BIOGRAPHIE UNIVERSELLE

EN SIX VOLUMES

TOME QUATRIÈME

PARIS. — IMPRIMERIE DE H. FOURNIER ET Cᵉ 7, RUE SAINT-BENOIT.

BIOGRAPHIE

UNIVERSELLE

ou

DICTIONNAIRE HISTORIQUE

CONTENANT

LA NÉCROLOGIE DES HOMMES CÉLÈBRES DE TOUS LES PAYS
DES ARTICLES CONSACRÉS A L'HISTOIRE GÉNÉRALE DES PEUPLES
AUX BATAILLES MÉMORABLES, AUX GRANDS ÉVÉNEMENTS POLITIQUES
AUX DIVERSES SECTES RELIGIEUSES, ETC., ETC.

DEPUIS LE COMMENCEMENT DU MONDE JUSQU'A NOS JOURS

PAR UNE SOCIÉTÉ DE GENS DE LETTRES

sous la direction

DE M. WEISS

BIBLIOTHÉCAIRE A BESANÇON

NOUVELLE EDITION

TOME QUATRIÈME

MAL — PLU

PARIS

FURNE ET Cie, LIBRAIRES-ÉDITEURS
55, RUE SAINT-ANDRÉ-DES-ARTS

M DCCC XLI

MALEZIEU (Nicolas de), né à Paris en 1650, manifesta fort jeune de rares dispositions pour l'étude ; son instruction précoce lui valut la protect. de Bossuet et de Montausier, qui le désignèrent pour précepteur de M. le duc du Maine. Cette place le mit en rapport avec les hommes les plus distingués, entre autres avec Fénélon, dont il fut l'ami sans cesser d'être celui de Bossuet, malgré leurs différends. Le mariage de son élève ne diminua point la faveur de Malezieu : il devint le principal ordonnateur des fêtes de la duchesse, pour lesq. il composa beauc. de petites pièces de vers qu'on trouve dans les *Divertissements de Sceaux* (1712, 1715, in-12). Une occupation plus grave pour Malezieu fut d'enseigner les mathématiques au duc de Bourgogne ; sa méthode a été l'objet de grands éloges. Lors de la querelle du duc du Maine contre les princes du sang, Malezieu prêta l'appui de ses talents à son bienfaiteur ; un emprisonnement de plusieurs mois qu'il subit pour avoir rédigé le *Mémoire* contre le duc d'Orléans ne put refroidir sa reconnaissance. Il mourut en 1727, membre de l'Acad. franç. et de celle des sciences. On a de lui : *Éléments de géométrie de M. le duc de Bourgogne*, Paris, 1715, in-8 ; on lui attribue deux comédies en musiq., impr. dans les *Pièces échappées du feu*, 1717, in-12.—Les *Amours de Ragonde*, et *Polichinelle demandant une place à l'Académie*.

MALFILATRE (Jacques-Charles-Louis de CLINCHAMP de), né en 1733 à Caen, de parents peu riches, manifesta de bonne heure de brillantes dispositions pour la poésie, et, sortant du collége, remporta quatre fois le prix décerné par l'acad. de Rouen. L'une des pièces couronnées était *le Soleil fixe au milieu des planètes*. Marmontel, en insérant cette ode dans le *Mercure*, prédit de glorieuses destinées à l'auteur. Appuyé sur un tel suffrage, Malfilâtre vint à Paris. Il y mourut en 1767, non *de faim* et *ignoré*, comme l'a dit poétiquem. Gilbert, mais protégé par M. de Savine, ancien évêque de Viviers, et par le duc de Lauraguais, et jouissant d'une réputation brillante. Il est vrai que sa conduite imprévoyante lui avait fait contracter des dettes, et qu'il se vit forcé de se cacher pour échapper à ses créanciers. Une tapissière dont il était débiteur le recueillit dans sa maison, et ce fut là qu'il mourut d'un tout autre mal que la faim, à

peine âgé de 34 ans. Son poème de *Narcisse dans l'île de Vénus* fut impr. un an après sa mort. Cet ouvr., dont le cadre et le sujet ont été critiqués, offre d'ailleurs des peintures pleines de grâce et de naïveté, et respire le vrai sentim. de la poésie. On trouve également de grandes beautés dans les fragm. que Malfilâtre avait trad. de Virgile. M. Miger les a recueillis et publ. sous le titre de *Génie de Virgile*, 1810, 4 vol. in-8. Les *OEuvres complètes de Malfilâtre* ont été publ., 1805, in-12, et réimpr. plus. fois, notamm. 1825, in-8, et 1826, in-32.

MALHERBE (François de), célèbre poète franç., né à Caen vers 1555, était d'une famille noble et ancienne ; à l'âge de 19 ans, il suivit en Provence le grand-prieur Henri d'Angoulême, servit quelq. temps sous ses ordres, et porta depuis les armes dans les troupes de la Ligue. Cette carrière n'était pas celle qui devait l'illustrer. Son ode sur l'arrivée de Marie de Médicis commença sa réputation ; déjà en 1587 il avait publié *les Larmes de St Pierre*, poème imité de Tansillo, qu'il désavoua plus tard comme peu digne de lui. Le nouveau style qu'il prêtait à la poésie, jusqu'alors restreinte aux composit. naïves, parut une sorte de prodige ; Henri IV lui ayant demandé des vers, fut tellem. satisfait de ceux que Malherbe lui présenta, qu'il le plaça sous la protect. de son écuyer Bellegarde, et peu après lui fit une pension. Dès ce moment, regardé comme l'oracle du bon langage, Malherbe prit à la cour les habitudes et le pouvoir d'un professeur, relevant avec rudesse les moindres fautes dans la bouche des princes comme dans celle des serviteurs ; on l'appelait le *Tyran des mots et des syllabes*. C'est ainsi qu'il vécut, publiant de loin à loin quelques pièces de vers regardées aussitôt comme des modèles, peu aimé personnellement, mais proclamé partout le *poète des princes et le prince des poètes*. Il mourut en 1628, âgé de 73 ans. Les bienfaits de Henri IV et de Marie de Médicis ne lui avaient procuré qu'une fortune médiocre. Marié vers 1580, il avait eu plusieurs enfants qui moururent avant lui. Boileau, dans son *Art poétique*, lui assigne le premier rang parmi les restaurateurs et les inventeurs de la langue. Il fonda l'école des grands écrivains qui depuis ont enrichi notre littérature ; cepend., on convient que dans ses productions le mérite du style l'emporte souvent sur celui des pensées, et que s'il imite heureusem. Horace, il est resté au-dessous du lyrique latin quand il a voulu créer. Sa *Vie* a été écrite par Racan, son disciple. Les *OEuvres de Malherbe* ont été impr. un grand nombre de fois; parmi ces édit., on distingue celle de 1723, 3 vol. in-12, publ. par Chevreau; le prem. vol. contient les odes, stances, épigrammes et chansons; le second, les traductions assez médiocres de quelques morceaux de Sénèque et de Tite-Live; le troisième, les observations de Ménage; celles de 1757, in-8; de 1764, in-12; de 1776, in-8; de 1797, in-4; mais on recherche surtout l'édit. avec les notes de tous les commentat., publ. par L. Parelle, Paris, 1825, 2 vol. in-8; elle fait partie de la *Collect. des classiques franç.* de Lefèvre. Ginguené a préparé une édit. de Malherbe avec un comment. Il existe une correspondance inédite de Malherbe avec Peiresc. M. Roux-Alpheran a publ. en 1825 des *Recherches biographiq. sur Malherbe*, Aix, in-8.

MALHERBE (JOSEPH-FRANÇOIS-MARIE), bénédict., né en 1733 à Rennes, professa la philosophie à St-Germain-des-Prés (1774). Exilé de son cloître par la révolut., il devint bibliothécaire de la cour de cassation, puis du tribunat, et enfin censeur de la librairie (1812); il eut à la restauration le titre de censeur royal honoraire. Il avait eu part à l'édit. *de St Ambroise* donnée par les bénédictins, et, après la mort de D. Bourotte, il fut choisi pour continuer l'*Hist. du Languedoc*. Dans l'intervalle de ces travaux, dont il ne put être détourné par les orages de la révolution, il continua les expériences chimiques dont il faisait ses délassements, et s'occupa de recherches historiques sur les états-généraux. En 1772, il avait remporté, pour le procédé qu'il découvrit de fabriquer la soude au moyen de la décomposition du sel marin, le prix proposé par le bureau de consultation des arts. Plus tard (1792-1793), il contribua à l'amélioration du savon. Il mourut en 1827. On connaît de lui, MS., deux opusc. historiq. et une trad. franç. de la *Physica subterranea* de J.-C. Becher.

MALIBRAN (MARIE-FÉLICITÉ), célèbre cantatrice, née à Séville en 1809, était fille de Manuel Garcia, music. égalem. célèbre comme chanteur et comme compositeur. Douée elle-même de l'organisation la plus parfaite, elle reçut de son père les leçons qui la mirent promptement à même de briller dans les concerts. Après avoir débuté en 1825 avec succès à l'Opéra-Italien de Londres, elle suivit son père en Amérique. La jeune cantatrice ne fut pas moins applaudie à Mexico qu'elle l'avait été à Londres, et dans peu de temps son père, qui avait organisé une troupe, réalisa des bénéfices considérables. En quittant Mexico, Garcia fut attaqué par des brigands qui le dépouillèrent entièrem., en sorte qu'il se trouvait sans ressource lorsqu'il arriva à New-York avec sa famille. Attachée au théâtre italien de cette ville, Félicité devint bientôt l'épouse de M. Malibran, banquier français qui passait pour très riche. Quelq. revers de fortune ayant amené la rupture de cette union, Mme Malibran revint en Europe, et se fit entendre pour la prem. fois à

Paris le 14 janv. 1828, dans la *Sémiramide*, rôle dans leq. elle obtint un triomphe éclatant. Elle excita le même enthousiasme dans tous les rôles qu'elle joua et dont plusieurs furent de véritables créations. Ses succès ne furent pas moins grands en Italie; d'abord engagée à Naples au théâtre St-Charles, elle se fit entendre successiv. à Milan, Venise, Florence, etc. Chaque année elle se dérobait au printemps à ses admirat., pour aller recueillir des applaudissem. à Londres, au théâtre de Drury-Lane. Cédant aux invitat. des dilettanti de Manchester, elle était allée dans cette ville aux fêtes musicales, lorsqu'elle tomba malade d'une fièvre nerveuse qui l'enleva le 23 sept. 1836, à peine âgé de 27 ans. A la voix la plus belle qu'on ait jamais entendue, elle réunissait un talent extraordinaire comme tragédienne, et les journaux du temps l'ont comparée souvent à Talma.

MALIN (JEAN-MICHEL), commis en second à la garde des livres imprimés de la bibliothèq. du roi, mort en 1791, à 93 ans, n'a rien publié en son nom, mais a coopéré avec Melot et Sallier à la publicat. de la *Vie de St Louis*, par Joinville. Il a de plus rédigé le *Catalogue de la bibliothèq.* pour la partie du droit, et on lui doit une partie du *Catalogue MS. des auteurs qui sont dans la bibliothèque royale.* Leprince le mentionne honorablem. dans son *Essai sur la bibliothèq. du roi*, p. 103.

MALINGRE (CLAUDE), historiographe de France, né à Sens vers 1580, mort vers 1653, fut un écriv. incorrect dans son style, chronolog. inexact, insipide et dangereux par son adulation. On lui doit de nouvelles édit. des *Mémoires* de Fr. de Boyvin, et du *Trésor des histoires de France* de G. Corrozet, avec des additions. Il a continué l'*Hist. de l'hérésie* de Florimond de Raimond; l'*Hist. romaine* de Coeffeteau; le *Mercure franç.*, et l'*Hist. des dern. troubles*, de P. Matthieu. Enfin on a de lui plus. ouvr., dont on ne citera que ceux qui sont encore recherchés des curieux : *Tr. de la loi salique*, etc., 1614, in-8.—*Hist. de la rébellion excitée en France par les prétendus réformés*, etc., 1622-29, 6 vol. in-8. — *Hist. des dignités honoraires de France*, 1635, in-8.—*Recueil tiré des registres du parlem., concernant les troubles qui commencèrent en 1588*, 1652, in-4.

MALIPIERI (PASCAL), doge de Venise, remplaça Fr. Foscari en 1457, lorsque ce malheureux doge eut encouru la haine des Dix. Son gouvernem. fut assez paisible, malgré son penchant pour la volupté. Il mourut en 1462, et Christophe Venieri lui succéda.

MALLÉOLUS (FÉLIX), dont le vrai nom était *Hœmmerlin*, qu'il traduisit en latin, suivant la coutume des savants de cette époque, né à Zurich en 1389, fut successivem. chanoine de Zurich, de Zoeffingen, et prevôt à Soleure. Bien qu'il eût adopté tous les articles dogmatiques du concile de Bâle, auquel il avait assisté, son zèle pour la réforme religieuse lui suscita des ennemis irréconciliables. Ayant composé, en 1439, *contre les Suisses*, un livre rempli de sarcasmes amers, et dans lequel il attaquait personnellement le vicaire épiscopal de Constance, celui-ci le fit arrêter et transférer dans les prisons de Lucerne, où il mourut vers 1457. Sébastien Brand publia, en 1497, la plus gr. partie des écrits de Malléolus sous ce titre : *Felicis Hœmmerlin variæ oblectationis opuscula et tractatus.* On peut consulter sur cet écrivain le t. Ier de la *Biblioth. helvétiq.* (en allem.), p. 1 à 107.

MALLEROT (PIERRE), sculpt. du 17e S., connu sous le nom de La Pierre, a laissé plusieurs beaux morceaux, parmi lesq. on cite : la *Colonnade du parc de Versailles*; le *Péristyle* et la *Galerie du château de Trianon*, et le *Tombeau du cardinal de Richelieu*, à la Sorbonne, fait sous la direction de Girardon.

MALLÈS (Mme, née de BEAULIEU), morte à Nontron en 1825, est aut. de plus. ouvr. destinés à l'amusement ou à l'instruction de la jeunesse. Les plus connus sont : *Contes d'une mère à sa fille*, 2e édit., 1820, 2 vol. in-12. — *Le Robinson de 12 ans*, hist. curieuse d'un mousse, etc., 6e édition, 1826, in-12. — *Contes à ma jeune fille*, 1826, in-12. — *Le La Bruyère des jeunes demoiselles*, etc., 2e édit., 1824, in-12. — *Conversations amusantes et instructives sur l'histoire de France*, etc., 1822, 2 vol. in-12.

MALLET (PIERRE), ingénieur ordinaire du roi, professeur de mathématiques, né à Abbeville vers 1630, conçut le projet de réformer l'ortogr. franç., et chercha à développer son système dans les deux ouvrages suiv. : *Architecture milit.*, *ou les Fortifications particulières, générales et universelles*, Paris, 1666, in-12. — *Le Jeu des dames..... et la méthode d'y bien jouer.* — *Ortografe nouvèle et rézonée*, Paris, 1668, in-12. Le principe fondamental de l'aut. est d'écrire comme on prononce, sans égard pour l'étymologie : son ortographe se rapproche assez de celle qu'Adanson a suivie de nos jours, et son dern. livre (*le Jeux des dames*) peut servir à faire connaître quelle était de son temps la prononciation de certains mots.

MALLET (EDME), littérateur, né à Melun en 1713, mort à Paris en 1755, professeur de théologie au collège de Navarre, fut un des plus laborieux collaborateurs de l'*Encyclopédie*, à laquelle il s'était chargé de fournir les articles de théologie et de littérature. En outre il est aut. des ouvrages suiv. : *Essai sur l'étude des belles-lettres*, Paris, 1747, in-12. — *Principes pour la lecture des poètes*, ib., 1745, 2 vol. in-12. — *Essai sur les bienséances oratoires*, ib., 1753, in-12. — *Principes pour la lecture des orat.*, ibid., 1753, 2 vol. in-12. — *L'Hist. des guerres civiles de France*, trad. de l'italien de Davila, Paris, 1757, 3 vol. in-4. Il avait laissé des matériaux pour une *Hist. gén. des guerres* jusqu'à Louis XIV, et pour une *Hist. du concile de Trente.* On trouve l'*Éloge* de Mallet en tête du 6e vol. de l'*Encyclopédie*, in-fol.

MALLET (DAVID), poète angl., dont le vrai nom était *Malloch*, né en Écosse en 1700, fut chargé fort jeune de l'éducation des fils du duc de Montrose et les accompagna dans leurs voyages sur le contin.;

dep. il devint sous-secrétaire du prince de Galles, père de George III, et, sur la fin de sa vie, fut chargé de tenir le registre des navires dans le port de Londres. Il mourut en 1765. On a de lui des pièces de théâtre, des *Poésies*, une *Vie de Bacon*, en tête d'une édition des œuvres de ce philosophe, imprimée séparément en 1740, in-8; et trad. deux fois en franç.; un pamphlet contre l'amiral Byng : *Play Man* (l'homme impartial). Les *OEuvres poétiques* de D. Mallet ont été recueillies, Londres, 1769, 3 vol. in-12; trad. en franç. par Lécuy, 1798, 3 vol. in-12. — Sa fille, mariée à un Italien nommé Cilesia, a donné au théâtre de Drury-Lane une tragédie intit. : *Almida.*

MALLET (FRÉDÉRIC), mathématic., né en Suède vers 1720, d'une famille française réfugiée dans ce royaume, professa long-temps les mathématiques à Upsal, devint membre de la société roy. de cette ville et de l'académie des sciences de Stockholm; il fut chargé de composer la partie astronomique de la *Descript. gén. de la terre*, que la société cosmographique d'Upsal s'était proposé de publier, et mourut vers 1780. On a de ce savant, outre le travail dont nous venons de parler et qui obtint un gr. succès, beaucoup de *Dissert.* en latin et en suéd., impr. de 1752 à 1774.

MALLET (JACQ.-ANDRÉ), astron., né à Genève en 1740, suivit à Bâle les leçons du célèbre Daniel Bernoulli, dont il devint l'ami, voyagea ensuite en France et en Angleterre, se lia dans ces deux pays avec les astron. les plus distingués, notamm. avec Lalande, qui le fit agréer par l'impératrice Catherine II et par l'acad. de Pétersbourg comme l'un des astronomes chargés de se rendre sur div. points du vaste empire russe, pour déterminer les circonstances du passage de Vénus sur le disque du soleil. Le poste de Mallet fut la ville de Ponoï dans la Laponie, au bord de la mer Blanche. Mais les nuages ne lui laissèrent voir que l'entrée de la planète, et son observation fut de peu d'utilité. De retour dans sa patrie en 1770, il y remplit une chaire d'astron. fondée pour lui, et ayant obtenu l'autorisation de construire un observatoire sur un des bastions de la ville, s'y livra pendant plusieurs ann. à des travaux qui ne furent pas sans import. Les troubles de Genève le décidèrent à se retirer en 1782 à la campagne, où il joignit à ses occupations astronomiques l'étude de l'hist. naturelle, et mourut en 1790. Il a laissé divers *Mém.* sur les probabilités, la mécanique et l'astronomie, insérés dans le rec. des *Savants étrang.*, dans les *Comment.* de l'acad. de Pétersbourg, dans les *Transact. philos.*, dans les *Acta helvetica*, etc. Son *Éloge* (que l'on croit de Lalande), a été inséré dans le *Guide astronomique* pour 1791.

MALLET (PAUL-HENRI), historien, né à Genève en 1730, professa successivement les belles-lettres à l'acad. de Copenhague et l'histoire à Genève, devint membre du conseil des deux cents, et résid. du landgrave de Hesse-Cassel près les républiques de Genève et de Berne. Après plusieurs voyages en Angleterre, en Allemagne, en Italie et en France,

1.

il revint dans sa patrie vers 1792, se flattant d'y jouir paisiblem. d'une fortune médiocre qu'il avait acquise par ses talents; mais la révolution le força de se retirer à Rome; il ne revint'à Genève qu'en 1801, et y mourut en 1807. Sur la fin de sa vie il reçut une pension du gouvernement franç.; il était membre associé de l'acad. des inscript., des acad. d'Upsal, de Lyon, de Cassel, etc. On a de lui : *Introduction à l'hist. de Danemarck,* etc., Copenhague, 1755-56, 2 part. in-4. — *Histoire de Danemarck, de 714 à 1699,* ib., 1758-63-77, 3 vol. in-4; et jusqu'à 1775, Genève, 1788, 9 vol. in-12. — *De la forme du gouvernement de Suède,* etc., 1756, in-8. — *Des intérêts et des devoirs d'un républicain,* etc., 1770, in-8. — *Hist. des Suisses,* etc., 1803, 4 vol. in-8. — *Histoire de la ligue anséatiq.,* 1805, in-8.— *Mém. sur la littérat. du Nord,* 1759-60, 6 vol. in-8. — La trad. des *Voy. de Will-Coxe en Pologne, Russie, Suède,* etc., 1786, in-4, etc. M. Simonde de Simondi a publié : *De la vie et des écrits de Ph. Mallet,* 1807, in-8 de 51 pages.

MALLET-DUPAN (JACQUES), écrivain politique, né à Genève en 1749, de la même famille, reçut une éducation très soignée, et fort jeune encore mérita l'estime de Voltaire, qui lui fit obtenir à Hesse-Cassel une chaire de littérat. franç.; mais, ennemi de tout assujétissement, Mallet regarda cet emploi comme une chaîne, et le quitta bientôt pour se lancer dans la politique, qui dès-lors occupa toute sa vie. D'abord collaborat. de Linguet à la rédact. des *Annales politiq.,* il ne tarda pas à sentir que cette association ne pouvait lui convenir, et, de retour à Genève, il y continua les *Annales* de 1779 à 1782, sous le titre de *Mém. politiq. et littéraires sur l'état présent de l'Europe.* Ce journal fit connaître Mallet, et lorsqu'il eut abandonné cette entreprise, il vint à Paris, où il rédigea le *Journal historique et politique de Genève,* qui fut réuni en 1788 au *Mercure.* Cet écrit périodique, d'une forme alors nouv. en France, obtint un succès prodigieux. Indépend. sous la censure, Mallet le fut encore après la révolution, et, repoussant avec dignité les offres des réformateurs, il défendit le trône lorsqu'il le vit en danger, et s'exposa par cette conduite à de fréquentes dénonciations. En 1792, chargé par le roi d'une miss. auprès des souverains coalisés, il n'hésita pas à s'en charger et partit pour Francfort; mais les événements se pressaient rapidement; il n'avait pas encore rempli sa mission qu'il ne lui était déjà plus possible de rentrer en France. Il retourna donc à Genève, et bientôt après se rendit à Berne, d'où il entretint une correspondance diplomatique avec plus. cabinets et les princes français émigrés; elle lui donna une gr. considération, mais peu de profit. Exilé de Berne pour avoir fait contre Bonaparte, un art. qui fut inséré dans un journ. de Paris, Mallet espéra trouver une existence plus tranquille en Angleterre : il se rendit à Londres en 1799, y publia le *Mercure britannique,* qui fit une gr. sensation; mais il ne jouit pas long-temps de ce succès. Affaibli par les chagrins et les agitat. continuelles, il mourut à Richmond en 1800, laiss. une veuve et 5 enfants,

pour lesquels une souscript. fut sur-le-champ ouverte et remplie : le gouvernement anglais fit une pension de 200 livres sterl. à sa veuve, et son fils aîné obtint un emploi avantageux. A l'exception de quelques opuscules de sa jeunesse, Mallet n'a écrit que des ouvrages politiq., tous remarquables par la variété des connaiss. et la force des pensées : le style en est peu correct, mais plein d'énergie. Outre les journaux que nous avons cités, il a publié : *Discours de l'influence des lettres sur la philosophie,* Cassel, 1772.— *Discours sur l'éloquence et les systèmes politiques,* Londres, 1775, in-12. — *De la dernière révolution de Genève en 1782.— Du principe des factions en général,* etc., 1791. — *Considérat. sur la nature de la révolut. de France,* etc., Londres, 1793, in-8. — *Correspond. polit.,* etc., Hambourg, 1796, in-8. — *Essai historique sur la destruction de la ligue et de la liberté helvétique,* Londres, 1798, in-8.

MALLET. — V. MALET.

MALLEVILLE (CLAUDE de), l'un des premiers membres de l'Acad. française, né à Paris en 1597, accompagna le maréchal de Bassompierre dans son ambassade en Angleterre, et lui rendit de gr. services pendant sa détent. à la Bastille. Ce seigneur le récompensa de sa fidélité en le nommant secrét. des Suisses et Grisons. Malleville mourut en 1647. Il s'était fait connaître par son sonnet sur *la belle Matineuse,* qui parut supér. à celui de Voiture. Ses *Poésies* ont été publiées, 1649, in-4, et 1659, in-12. Il est l'éditeur d'un rec. de *Lettres d'amour,* 1641, 2 vol. in-8, et le traduct. de deux romans de Luc Asserino : *Stratonice,* 1641, 2 vol. in-8; et *Almerinde,* ib., 1646, in-8. — V. MALEVILLE.

MALLINKROT (BERNARD de), savant philologue du 17e S., Écossais d'origine, fut nommé successivement aux evêchés de Ratzbourg et de Minden, et chaque fois il lui fut suscité des obstacles qui l'empêchèrent de prendre possession; il se mit sur les rangs pour succéder à l'évêque de Munster, mort en 1650; mais les suffrages se réunirent sur Christ. de Galen, son neveu, trésorier du chapitre. Ses efforts pour traverser cette élection, son audace et sa révolte, lui attirèrent les censures du nouv. év., il fut pris et enfermé dans le château d'Oltenstein, où il mourut en 1664. On a de lui : *De naturâ et usu litterarum,* Munster, 1638, in-8; 1642, in-4. — *De ortu ac progressu artis typograph.,* Cologne 1639 ou 1640, in-4, et dans les *Monum. typogr.* de Wolf, I, 547. — *De archicancellariis et cancellariis S. R. imp.,* etc., 1640, in-4; Iéna, 1666 et 1715, in-4. — *Paralipomenon de historicis græcis,* etc., 1656, in-4; réimpr. à Hambourg en 1709, in-8, sous ce titre : *Supplementa et observationes ad Vossium de historicis græcis et latinis.*

MALMESBURY (WILLIAM SOMMERSET, plus connu sous le nom de), bénédictin angl. du 12e S., mérita par son applicat. à l'étude et par son savoir le surnom. de *Bibliothécaire.* On ignore l'époque de sa mort. Il a laissé : *Regalium, sive de rebus gestis regum Anglorum lib. V* (de 449 à 1127). — *De historiâ novellâ lib. II* (de 1127 à 1143) : c'est l'histoire de son temps.—*De gestis pontificum anglorum libri IV* : ces trois ouvr. ont été publiés pour la première fois dans le recueil intitulé : *Anglicarum rerum scriptores post Bedam*, Londres, 1596. — *De pontificibus Anglorum liber V*, inséré par H. Warton dans le tome II de l'*Anglia sacra*, ainsi que *Vita S. Wulstani*, etc., que l'on trouve également dans les *Acta sanctorum*, au 25 mai.— *De antiquitate Ecclesiæ glastoniensis*, dans le recueil : *Historiæ britannicæ scriptores XV*, etc. — Plus. autres MSs., dont on trouve la liste dans les *Scriptores ecclesiast.*, par Oudin, etc.—Olivier de MALMESBURY, autre bénédictin anglais du 11e S., avait fait une étude particulière des mathémat. et de l'astrologie. S'étant fabriqué des ailes d'après la description qu'Ovide a laissée de celles de Dédale, il osa en faire l'essai en s'élançant du haut d'une tour; mais il ne put se soutenir dans l'air, se cassa les jambes en tombant, et mourut de cet accident en 1060.

MALMESBURY (JAMES HARRIS, comte de), pair d'Angleterre, conseiller privé, grand'-croix de l'ordre du Bain, né en 1746 à Salisbury, était fils de Harris, l'un des lords de l'amirauté de la trésorerie, qui a rendu son nom célèbre par un ouvr. intit. *Hermès*. Il termina ses études à l'université d'Oxford, où il fut reçu doct. ès-lois, et devint secrét. d'ambassade en Espagne (1768), puis ministre dans les Pays-Bas. Il fut nommé successivem. envoyé extraordinaire à Berlin (1772), à Pétersbourg (1776), à La Haye (1784). En récompense des services qu'il avait rendus pend. l'insurrection de Hollande en 1787, le roi de Prusse et le prince d'Orange l'autorisèrent à joindre à ses armes l'aigle prussienne et la devise de la maison d'Orange, distinct. que George III approuva en 1789. Le 19 avril 1794, il signa à La Haye, au nom de la Grande-Bretagne, un traité avec les gouvernem. de Prusse et de Hollande. Au mois de novembre il épousa, au nom du prince de Galles (depuis George IV), la princesse Caroline de Brunswick-Wolfenbuttel (*v.* CAROLINE), qu'il eut l'honneur d'accompagner en Angleterre. Pendant cette mission il avait été, ainsi que son père, élu par le bourg de Christchurch, membre du parlem. A son retour, il fut créé lord et chev. du Bain. En 1796, le roi le nomma ministre plénipotent. près le gouvernem. français, mais il reçut l'injonct. de quitter Paris sous deux fois 24 heures. Il revint en France l'année suiv., revêtu du même caractère. Les conférences tenues à Lille ayant eu le même résultat, il repartit pour Londres peu de temps après la révolut. du 18 fruct. (4 sept. 1797). Bientôt lord Malmesbury fut élevé à la dignité de comte. Il continua à être employé dans plus. cours du Nord, et mourut en 1820. On a de lui : *Introduct. to the History of the dutch republic for the last ten years from*, 1777, in-8, 1788; il a donné une très belle édit. des OEuvres de son père James Harris, 1801, 2 vol. in-4.

MALOET (PIERRE), médecin, né à Clermont en Auvergne dans les dernières années du 17e S., fut reçu docteur de la faculté de Paris en 1720, devint médecin de l'hôtel des Invalides, membre de l'académie des sciences en 1725, et mourut en 1742. On a de lui un écrit intit. *Chirurgia non est medicinâ certior*, Paris, 1756, in-4, et beaucoup d'observat. intéressantes de pratiq., dans les *Mémoires* de l'acad. — Son fils Pierre-Louis-Marie MALOET, né à Paris en 1730, fut reçu doct. en 1752, et devint professeur de physiol. et de matière médicale, médecin en chef de l'hôpital de la Charité, médecin de MESDAMES de France, filles de Louis XV, inspecseur-gén. des hôpitaux militaires et conseiller du roi. Ayant accompagné MESDAMES à Rome en 1791, il fut porté sur la liste des émigrés et ses biens furent vendus. A son retour en France il fut, sur la présentat. de Corvisart, nommé l'un des quatre médecins consultants de Napoléon, et continua de se livrer avec succès à la pratique de son art, jusqu'à sa mort en 1810. On a de lui une dissertation assez curieuse : *Ergò homini sua vox peculiaris*, 1757, in-4. — *Éloge historiq. de Vernage*, Paris, 1776, in-8.

MALOUET (PIERRE-VICTOR), min. de Louis XVI, né à Riom en 1740, entra en 1763 au service de la marine. Il fut employé à St-Domingue, où il séjourna plus. années et recueillit d'import. observations sur le régime des colonies. De retour en France en 1774, il fut renvoyé peu de temps après à Cayenne, d'où il revint en 1779. Il était intend. de la marine de Toulon, lorsqu'en 1789 le baillage de Riom l'élut député aux états-généraux. Dévoué à la cause du trône et de la liberté, il aurait désiré de voir s'établir en France un gouvernement à peu près semblable à celui d'Angleterre. Mais voyant les dangers où se trouvait exposé le roi, il ne pensa plus qu'aux moyens de le sauver. Les événem. prenant un caractère plus effrayant, Malouet fut appelé dans le conseil intime, et, échappé aux massacres de septembre, il se retira en Angleterre, où il publia la *Défense du roi Louis XVI*, et demanda le 8 novembre 1792 la permission de venir défendre ce prince au péril de sa vie. Le résultat de cette démarche fut son inscription sur la liste des émigrés. Rentré en France en 1801, il fut en 1803 nommé commissaire-général de la marine à Anvers, puis maître des requêtes en 1808, et conseiller-d'état en 1810. Disgracié en 1812, il se retira dans une petite terre en Touraine. Il revint à Paris le 2 avril 1814, fut appelé, par le gouvernement provisoire, au département de la marine, et confirmé dans ce ministère par Louis XVIII. Mais les travaux auxq. il se livra achevèrent de ruiner sa santé, déjà fort affaiblie, et il mourut le 7 sept. suiv. On a de lui : *Mémoires sur l'esclavage des nègres*, 1788, in-8. — *Mém. sur l'administration du départem. de la marine*, 1790, in-8. — La collection de ses *Opinions*, Paris, 1791-92, 3 vol. in-8. — *Défense de Louis XVI*, 1792, in-8. — *Examen de cette question : Quel sera pour les colonies de l'Amérique le résultat de la révolut. franç.?* etc., Londres, 1797, in-8. — *Mémoires et correspondances officielles sur l'administrat. des colonies*, 1802, 5 vol. in-8. — *Considérations historiques* sur *l'empire de la mer*, etc., 1810, in-8. — *Les quatre-parties du jour à la mer*, poème inséré par Béranger dans les *Soirées provençales*. Suard a publ. une *Notice sur Malouet* dans la *Gazette de France*, 14 sept. 1814.

MALOUIN (PAUL-JACQUES), médecin et chimiste, né en 1701 à Caen, fut reçu docteur à la faculté de Paris, puis devint successivement membre de l'acad. des sciences, profess. au collège royal de France, au Jardin-du-Roi, et mourut en 1778. On a de lui : *Traité de chimie*, 1754, in-12. — *Chimie médicale*, 1750-55, 2 vol. in-12. — Une *Histoire des maladies épidémiques observées à Paris*, dans les *Mémoires* de l'acad. On lui doit plus. articles de chimie dans l'*Encyclopédie*, et la description des arts du *meunier*, du *boulanger* et du *vermicellier*, dans la Collect. des arts et métiers. L'*Éloge* de Malouin, par Condorcet, se trouve dans le recueil de l'académie.

MALPEINES (LÉONARD des). — V. LÉONARD.

MALPIGHI (MARCEL), célèbre anatomiste, né près de Bologne en 1628, professa la médecine dans cette ville, puis à Pise et à Meduino; fut appelé à Rome par le pape Innocent XII, qui le nomma son premier médecin, et mourut en cette ville en 1694. Il a fait de nombreuses recherches sur l'organisat. de l'homme, des animaux et des plantes; ses écrits sont encore consultés de nos jours; le recueil en a été publié sous le titre de *Opera omnia*, Londres, 1686, 2 vol. in-fol.; Leyde, 1687, 2 vol. in-4; et *Opera posthuma*, 1697, in-fol., réimpr. à Amsterdam, 1698, 1700, in-4, et à Venise, 1698, 1743, in-fol. On trouve l'*Éloge* de Malpighi dans les *Décades* de Fabroni.

MALSEIGNE-GUYOT (le chevalier de), gentilhomme de Franche-Comté, avait le grade de capitaine dans le régiment de Baufremont en 1765, lorsque, ayant été réformé, il passa à St-Domingue en qualité d'aide-de-camp du marquis de Belzunce. De retour en France, après la mort de ce général, il entra dans les carabiniers dont il devint lieuten.-colonel, et fut fait maréchal-de-camp (1788). Chargé en 1790 d'aller recevoir les plaintes de la garnison de Nancy, pour y faire droit s'il y avait lieu, il faillit être victime de la fureur des soldats révoltés. Il fit avec les princes la campagne de 1792 en Champagne, et entra quelq. temps après officier-général au service de Prusse. On lui offrit, dit-on, de le placer à la tête des royalistes de la Bretagne, après la mort de La Rouairie ; mais son âge et l'affaiblissement de sa santé le décidèrent à refuser ce poste. Il mourut à Anspach en 1800.

MALTE (les chevaliers de), ordre relig., puis milit., et souverain, furent connus sous le nom d'*Hospitaliers*, ou *Frères de l'hôpital de St-Jean-de Jérusalem*. De toutes les associations que vit naître l'époque des croisades, c'est sans contredit la plus illustre, tant par la durée et l'éclat de son existence qu'à cause de l'objet même de son institution. Fondé, à ce qu'on croit, vers l'an 1050 par le B. Gérard, Provençal, pour desservir un hospice sous l'invocat. de St Jean-l'Aumônier (ou

St. Jean-Baptiste), à Jérusalem, alors au pouvoir des Sarrasins, cet ordre devint militaire après la conquête du St-Sépulcre, et le 1er de ses chefs qui prit le titre de grand-maître fut Raymond du Puy. Après la ruine de Ptolémaïs (*v.* l'art. CROISADES), les hospitaliers de St-Jean se réfugièrent en Chypre auprès de Lusignan, roi de Jérusalem, et s'établirent ensuite dans l'île de Rhodes, qu'ils avaient enlevée aux Sarrasins. Sous le gr.-maître Foulques de Villaret ils y soutinrent un siége fameux (1309); ce ne fut que plus de deux siècles après que Villiers de l'Isle-Adam se vit réduit, malgré des prodiges de valeur, à remettre cette île à Soliman II (1522). Les chevaliers se réfugièrent à Messine, aux îles d'Hyères, à Viterbe, et reçurent enfin de Charles-Quint l'île de Malte (1530) : le but de ce prince était d'élever ainsi un boulevard à la Sicile. Les Turks attaquèrent en 1565 le nouvel établissem. déjà nommé *de Malte ;* mais ils furent repoussés, grâce à la bravoure et aux talents du gr.-maître Jean de Vallette; et jusqu'à la révolut. franç. nul événem. ne troubla ses successeurs dans la possession de leur souveraineté. Bien qu'une stricte neutralité dût être la base de sa conduite, l'ordre ne s'était pas toujours montré inaccessible à l'influence au moins indirecte de la France : par les priviléges dont jouissaient chez elle les chevaliers cette puissance avait des droits particuliers à leur attachem.; et il en résultait pour elle une certaine prépondérance dans le commerce et la navigation de la Méditerranée. Lors de l'expédit. d'Égypte (1798), Bonaparte crut l'occupation de Malte nécessaire à son plan ; et cette île, que d'immenses fortificat. rendent inexpugnable, lui fut soumise par trahison. Mais l'importance de cette possession donna l'éveil aux Anglais, qui s'en emparèrent par famine en 1800. Errans et dispersés, les chev. de St-Jean se jetèrent alors sous la protection de l'emper. de Russie Paul Ier, qui accepta le titre de gr.-maître de l'ordre. A la mort de ce monarque le chapitre de St-Jean-de-Jérusalem, dont les biens se réduisent à quelq. commanderies en Espagne et en Italie, se fixa à Catane en Sicile, et tout récemment dans les états rom. — L'ordre des Hospital. se divisait en trois classes, les *chevaliers de justice*, faisant preuve de noblesse et voués au service militaire, les *chapelains conventuels ou clergé*, et les *servants d'armes*, chev. bourgeois tenus comme ceux de justice au service militaire, jouissant de quelq.-uns de leurs priviléges, mais exclus (sauf de rares except.) des principaux emplois. L'ordre se partageait en huit langues ou nations : Provence, Auvergne, France, Italie, Aragon, Allemagne, Castille, Anglo-Bavière : cette dern. remplaça au 18e S., la langue d'Angleterre (la 6e de l'ordre), qui n'existait plus que de nom depuis l'introduct. de la réforme religieuse chez cette nation. Les services que les chev. de Malte ont rendus à la chrétienté, la gloire dont ils se sont couverts pend. 7 siècles contre les infidèles, l'aide et les secours que trouvaient auprès d'eux les pauvres et les infirmes, les rendaient dignes d'un sort plus heureux et d'un intérêt moins stérile que celui qu'on leur a témoigné. — Les princip. ouvr. relatifs à l'hist. de Malte et à ses chev. sont : *Ancient and modern. Malta*, par L. de Boisgelin, Londres, 1804, 3 vol. in-4. — *Malta illustrata*, par G.-F. Abela, Malte, 1647, continué et augmenté par Ciantar, ib., 1772-80, 2 vol. in-fol. — *Malta antica illustrata, co' monumenti e l' istoria*, par Hon. Brès, Rome, 1816, in-4, fig. — *Statuta hospitalis Hierusalem*, par Veltronio, Rome, 1588, in-fol. — *Istoria della Sta milizia di San-Giovanni-Gierosolimitano*, par J. Bosio, ib., 1594-1602, et 1622-32, 3 vol. in-fol., continuée jusqu'à 1636, Vérone, 1703. — *Codice diplomatica del Sto ordine Gierosolimitano*, publ. par Sébast. Paoli, Lucques, 1733, 2 vol. in-fol. — *Histoire des chev. de Malte*, par Vertot, 1726, 4 vol. in-4. *Memorie de' Gran-Maestri del milit. ordine Gierosolimit.*, par P. Pacciaudi, Parme, 1780, 5 vol. in-4.

MALTE-BRUN (Conrad), l'un des plus savants géographes modernes, né en 1775 à Thye dans le Jutland, fils d'un conseiller de cette ville, fut destiné par sa famille à la carrière ecclésiastiq.; mais il y renonça bientôt pour suivre le penchant qui l'entraînait vers les sciences. Il s'était déjà fait connaître comme poète et comme sav., lorsqu'en 1796 il fut contraint de se réfugier en Suède, pour se soustraire aux persécut. qu'il avait encourues par la publicat. de quelques écrits en faveur de la liberté de la presse et de l'affranchissement des paysans. Pendant son séjour à Stockholm il publia un rec. de *Poésies* qui lui valut les encouragem. et les suffrages de l'acad. de cette ville. Mais c'est surtout aux travaux auxquels il s'est livré depuis son arrivée en France que le savant Danois dut sa réputat. européenne. Outre son importante coopération au *Journal des Débats*, dont il rédigea presque sans interrupt., dep. 1806, les articles de politiq. étrangère, il a publ. (en société avec Mentelle) : *Géographie mathématiq., physiq. et politiq.*, Paris, 1804-07, 16 vol. in-8 et atlas in-fol. — *Tabl. de la Pologne anc. et moderne*, in-8 avec atlas in-4. — *Précis de la géographie universelle*, 1820-27, 7 vol. in-8. — *Apologie de Louis XVIII*, 1815, in-8. — *Tr. de la légitimité*, 1825, in-8. Malte-Brun a donné des soins au *Nouv. Dictionn. géographique portatif*, 2 vol. in-16 ; et il a rédigé en commun avec M. Eyriès les *Annales des voyages*, de 1808 à 1826. Il mourut à Paris le 16 déc. 1826.

MALTRAVERSI, nom donné en 1320 à une fact. de Bologne, composée de ceux qui s'opposaient aux projets d'usurpation de Romeo et Pepoli, dont les adhér. s'appelaient le parti de l'échiquier, parce que Pepoli portait un échiquier dans ses armes. Après un siècle de dispute, le parti de l'échiquier l'emporta en affermissant le pouvoir souverain dans la maison Bentivoglio. — Une faction parut sous le même nom à Pérouse dans le 14e S., contre celle des Raspauti, qu'elle accusait de malversat. Le Catilina de Pérouse, Tribaldino de Manfredi, venait de la faction des Maltraversi.

MALUS (Étienne-Louis), célèbre physicien, naquit à Paris en 1775. Doué de disposit. extraordinaires pour les mathématiq., il avait été admis à l'âge de 17 ans à l'école du génie, et il allait obtenir le grade d'officier quand une vague accusat. de royalisme, le fit renvoyer comme suspect. Obligé de se cacher dans les rangs de l'armée, il servit quelq. temps comme simple soldat; mais son mérite ne resta pas ignoré. A la format. de l'école polytechnique, il fut placé par Monge au nombre des élèves destinés à devenir répétiteurs, et pendant trois ans il se livra avec une ardeur infatigable aux études les plus compliquées. Son peu de fortune ne lui ayant pas permis de continuer cette carrière, il rentra dans le génie, fit la campagne du Rhin (1797) et celle d'Égypte, et, de retour en France, reçut la direction de plus. travaux importants. C'est alors qu'il put s'adonner presque entièrement à ses recherches favorites sur les phénomènes de la lumière : une question proposée par l'Institut vint redoubler son activité : il s'agissait de déterminer les effets de la double réfract. Malus remporta le prix, et vit ses travaux couronnés par un résultat inespéré, c'est-à-dire, qu'il fut conduit à cette découverte de la *polarisation de la lumière*, qui a rendu son nom à jamais célèbre. L'Institut l'admit aussitôt parmi ses membres, et la société royale de Londres, malgré l'état de guerre qui divisait l'Angleterre et la France, lui décerna une médaille d'or. Malus ne jouit pas long-temps de sa gloire : à peine s'il entra dans la route nouv. qu'il ouvrit à la science de l'optique; épuisé par un travail excessif, il mourut en 1812, âgé seulement de 37 ans. On trouve dans les *Discours* prononcés à ses funérailles par MM. Delambre et Biot (*Mém. de l'Institut*, année 1812), le détail des découvertes de Malus, qui a laissé des *Essais d'optique analytique*.

MALVASIA (Charles-César, comte de), savant antiquaire, né à Bologne en 1616, mort dans cette ville en 1693, membre de l'acad. de *Gelati*, etc., a laissé un grand nombre d'ouvr. Les plus remarquables sont : *Felsina pittrice, vite e ritratti de' pittori bolognesi*, 1678, 2 vol. in-4, fig., ouvrage plein de recherches curieuses sur l'école de peinture de Bologne et sur les gr.-maîtres qui l'ont illustrée. — *Marmorea felsinea illustrata*, etc., 1690, in-fol. C'est un rec. d'inscript. découvertes à Bologne ou dans ses environs, avec des explicat.

MALVES. — V. Gua de Malves.

MALVEZZI (Virgilio, marquis de), littérateur, né à Bologne en 1599, fut reçu docteur en droit à 17 ans, étudia ensuite la théologie, la philosophie, la médecine, le génie militaire, passa en Espagne, se fit estimer de Philippe IV, qui l'envoya en ambassade à Londres, et, de retour dans sa patrie, y mourut en 1654. On a de lui : *Discorsi sopra Cornelio Tacito*, Venise, 1622, 1635, in-4. — *Ragioni per le quali i letterati credono di non potersi avanzare nelle corti*, publ. par Mascardi dans ses *Saggi accademici.* — *I Successi principali della monarchia delle Spagne nell' anno 1639*, Anvers, 1641, in-16. — *Introduzione al racconto dei prin-*

cipali successi accaduti sotto il comando di Filippo IV, Rome, 1651, in-4, etc.

MAMACHI (Thomas-Marie), dominicain, né en 1713 dans l'île de Chio, de parents grecs, mort en 1792 à Corneto, près de Montefiascone, secrétaire de la congrégat. de *l'Index*, maître du sacré palais, était, depuis sa fondat. en 1786, direct. du *Journal ecclésiastiq.* à Rome. Il a laissé : de *Ethnicorum oraculis*, etc., Florence, 1738. — *De Ratione temporum athanasiorum*, etc., ibid., 1748, in-8. — *Originum et antiquitatum christianorum lib. XX*, 1749-55, 12 t. in-4. — *De' Costumi de' primitivi cristiani*, Rome, 1755-57, 5 vol. in-8. — *De animabus justorum in sinu Abrahæ ante Christi mortem*, etc., 1766, 2 t. in-4. — *Del Dritto libero della Chiesa d'acquistare... beni temporali*, 1769, in-8. — *La Pretesa filosofia de' moderni increduli*, etc., 1770. — *De Palafoxii orthodoxiâ*, 1772-73, 2 vol. in-8. — *Epist... de ratione regendæ christ. reipublicæ*, etc., 1776-77, 2 vol. in-8. — *De laudibus Leonis X*, 1741, in-8. Mamachi a travaillé aux *Annales prædicatorum*, 1756, in-fol.

MAMBELLI (Marc-Ant.), jésuite, savant grammairien, né à Forli, dans la Romagne, en 1582, mort à Ferrare en 1644, est aut. d'un livre intit. : *Osservazioni della lingua italiana* (publ. sous le nom de *Cinonio*, acad. *filergite*), dont la 2e part. fut impr. à Ferrare en 1644, et la 1re partie longtemps après à Forli en 1685, 2 vol. in-12. Cet ouvr., quoique vieilli, est encore estimé et recherché des curieux. La meill. édit. est celle qu'a publ. Lamberti, avec des addit., Milan, 1813, 4 vol. in-8.

MAMBRUN (Pierre), jésuite, poète latin, né à Clermont-Ferrand en 1600, mort professeur de théol. à La Flèche en 1661, a publ. des *Églogues*, deux *Poèmes*, dont l'un, *Constantinus, sive Idolatria debellata, lib. XII*, fut bien accueilli du public, et une *Dissertat.* (en lat.), sur le poème épique. Tous ces ouvr. ont été réunis, La Flèche, 1661, in-fol.

MAMERANUS (Henri), né dans le Luxembourg, fut impr. à Cologne, et cultiva la poésie. On a de lui : *Gratulatorium carmen in Philippi, regis Angliæ*, etc., 1549-54-55. — *Epithalamium nuptiarum Philippi cum Mariâ*, etc., 1555, in-4. — *De Leone et Asino, strena....... ad amicos*, etc. —*Priscæ monetæ....... supputatio*, Cologne, 1551, in-8, et dans la collection de Budel.—Nic. Mameranus, frère du précéd., poète lauréat, est auteur de quelq. opusc., entre autres : *de Investiturâ regalium Mauritio, duci saxoniæ 24 februar.*, 1548 *factâ; de Rebus gestis Caroli Quinti, de 1515 à 1548*, insérés l'un et l'autre dans les *Script. rerum germanicar*: de Schard; *de Venatione*, poème héroïque, dont tous les mots commencent par la lettre C.

MAMERCUS (L. Æmilius), consul en 484, 478 et 473 avant J.-C., se signala la prem. année contre les Èques, sur lesquels il remporta d'importants avantages. Plus heureux encore dans son 2e consulat, il vainquit les Véiens et les força à demander la paix. Mais la modération qu'il montra dans les conditions du traité mécontenta les sénateurs, qui lui refusèrent les honneurs du triomphe, à moins toutefois qu'il n'allât délivrer son collègue C. Servilius Ahala, bloqué dans son camp par les Volsques. Mamercus se vengea en licenciant son armée et refusant son assistance. Aucune guerre ne marque son 3e consulat.

MAMERCUS (Æmilius), tribun milit. avec pouvoir consulaire l'an 458 avant J.-C., dictateur en 437, 433, 426, vainquit pendant sa prem. dictature l'armée combinée des Fidénates, des Falisques et des Véiens, rapporta à Rome les secondes dépouilles *opimes*, et obtint les honn. du triomphe. Il signala sa seconde dictature en restreignant à 18 mois la durée de la censure, qui jusque-là avait été de 5 ans. Pendant la troisième il vainquit de nouveau les Fidénates, et prit d'assaut la ville de Fidènes.

MAMEROT (Sébastien), l'un des plus anc. trad. franç., né à Soissons dans le 15e S., fut chapelain de Louis de Laval, gouvern. du Dauphiné. C'est à son invitat. qu'il entreprit en 1458 la *Traduction de la Chronique martinienne* (*v.* Martin le Polonais), à laq. il joignit des extraits de plus. ouvr. On connaît encore de Mamerot : une trad. française de *Romulus* (espèce d'histoire romaine attribuée à Benevenuti d'Imola); — *les Passages d'outre-mer du noble Godefroi de Bouillon, du bon roi St Louis et de plusieurs vertueux princes*, 1492, in-8, gothique. On trouve en tête de cette édit., devenue très rare, des alphabets arabe, hébraïque, grec et chaldaïque. Cet ouvr. a été réimpr. à Paris, Le Noir, 1518, in-fol.

MAMERT (St), archev. de Vienne, est célèbre par les querelles qu'il eut avec le roi de Bourgogne Gondioc, qui était arien, et par l'institution des Rogations (468). Il mourut vers 477. L'Église célèbre sa fête le 11 mai. On lui attribue deux *Serm.* insérées dans la *Biblioth. des Pères*, l'un sur les Rogations, l'autre sur la pénitence des Ninivites. — Claudien Mamert, son frère, d'abord moine, partagea ensuite le gouvernem. du diocèse avec le saint prélat. On ignore l'époq. précise de sa mort ; on sait seulem. qu'elle eut lieu avant celle de son frère. Il aimait et cultivait la littérat. Sid. Apollinaire le regardait comme le plus beau génie de son siècle. On a de lui, outre l'office des Rogations, un *Traité de la nature de l'âme*, Venise, 1482 et 1500, Anvers, 1607, 1610, in-16; Zwickau, 1655, in-8, et dans la *Biblioth. des PP.*, t. VI, avec un autre *Traité ;* enfin deux *Lettres* et des *Hymnes*, parmi lesq. on distingue le *Pange lingua*, faussem. attribué à St Fortunat.

MAMERTIN (Claude), orateur de Trèves, est connu par deux *Panégyriques* de l'emp. Maximien-Hercule, prononcés le 1er en 289, et le 2e en 292, et impr. dans les *Panegyrici veteres*. Le style de Mamertin est élégant, mais trop orné. — Un autre Claude Mamertin, que quelq. critiques croient fils du précéd., fut consul l'an 562, puis préfet du trésor, d'Italie et enfin d'Illyrie. Destitué sous Valentinien vers l'an 565 et accusé de malversation, il paraît qu'il sortit victorieux de ce procès. On a du second Mamertin un *Panégyrique* de Julien, inséré aussi dans les *Panegyr. veter.*

MAMGON, fondat. de la principauté des Mamigomans, en Arménie, dans le 3e S. de l'ère chrét., était neveu d'un emper. de la Chine. Des dissensions élevées dans sa famille forcèrent ce prince à chercher un asile en Perse auprès d'Ardeschir, prem. roi de la dynastie des Sassanides. L'emper. chinois ayant demandé l'extradition de son neveu, Ardeschir s'y refusa ; Schahpour, fils et successeur d'Ardeschir, ayant reçu une nouv. sommat., pour se tirer d'affaire et ne pas aller contre les intentions de son père, prit le parti d'envoyer Mamgon et ceux qui l'avaient suivi dans l'Arménie, qui dépendait alors de la Perse. Plus tard Mamgon fut investi de la principauté de Daron, qu'il transmit à ses descendants. On ignore l'époque de la mort de ce prince, qui eut pour success. son fils Vatché.

MAMMÉA (JULIA), impératrice romaine, fille de Julius-Avitus et de Mœsa, née à Émèse vers la fin du 2e S., fut mariée à Gensius-Marcianus, personnage consulaire, dont elle eut un fils, qui fut depuis l'emp. Alexandre-Sévère. Son mari étant mort, elle épousa Cl.-Julianus, et en eut une fille nommée Théoclie. Eusèbe assure qu'Origène l'instruisit des principes de la foi cathol. : ce qu'il y a de certain, c'est qu'elle aimait les chrét. et qu'elle fit partager ses sentim. à son fils. A l'amour du pouvoir, Mamméa joignait une avarice sordide. Les soldats, aigris contre elle, écoutèrent les proposit. de Maximin, et la massacrèrent avec son fils Alexandre-Sévère, l'an 235. On a de cette impér. des médailles en or, en argent et en bronze ; les prem. sont rares.

MAMOUN (ABOU'L-ABBAS ABDALLAH III, AL-), 7e khalyfe-abbasside, né à Bagdad l'an de l'hégyre 170 (de J.-C. 786), était fils du célèbre Haroun-al-Réchyd, et succéda en 198 (813) à son frère Amyn, dont la mère était du sang des Abbassides, tandis qu'il était lui-même né d'une concubine. Mamoun avait eu pour maître le célèbre Djàfarben-Yahia, et se montra toujours digne d'un tel instituteur. Il fut un prince éclairé et zélé pour les sciences, dont il peut être regardé comme le père chez les Arabes. Il mourut à Raccah, sur le Badendoun, en 218 (833) dans la 20e année de son règne et la 48e de son âge, laissant pour successeur son frère Motassem.

MAMOUN (YAHIA-AL-), roi de Tolède, succéda vers 1045 de J.-C. à son père Ismaël, fils d'Abd-er-Rahman-ibn-Dhou'l-Noun, et mourut à Cordoue en 469 (1077), laissant pour héritier du trône son fils Hescham, qui ne régna qu'un an, et eut pour success. Yahia, son frère. Celui-ci fut assassiné 7 ans après dans son sérail, en haine de sa tyrannie, par le cadhi Ahnaf-Ibn-Djahaf, qui s'empara de ses états.

MANASSÉ ou MANASSÈS, fils aîné de Joseph et d'Aseneth, naquit en Égypte vers l'an 1712 avant J.-C. Jacob le bénit un peu avant sa mort, ainsi que son frère Éphraïm ; mais quoique Manassé fût l'aîné, le patriarche, intervertiss. l'ordre par une intelligence prophétique, plaça la main droite sur la tête d'Éphraïm et la gauche sur celle de Manassé, dont la race devait être moins agréable à Dieu.

MANASSÈS, roi de Juda, fils et success. d'Ézéchias, monta sur le trône l'an 694 avant J.-C. Il n'avait alors que 12 ans. Les prem. années de son règne ne furent marquées que par des crimes et des sacrilèges. Il fit bâtir des temples aux idoles, éleva un autel à Baal au milieu du temple de Salomon, et fit scier en deux le prophète Isaïe, qui était venu de la part de Dieu lui reprocher son impiété. Quelq. temps après Assarhaddon, roi d'Assyrie, vint mettre le siége devant Jérusalem (672 avant J.-C.), emporta la ville, fit le roi prisonnier avec presque tout son peuple, et l'emmena à Babylone. Cette captivité dura trois ans, pendant lesq. Manassès reconnut ses fautes, et s'humilia devant Dieu. Enfin Assarhaddon étant mort, Saosduchin, qui le remplaça, permit au roi juif de remonter sur le trône de ses pères. Manassès ne s'occupa plus que d'anéantir l'idolâtrie dans son royaume, fortifia Jérusalem, organisa de grandes forces milit., et montra la piété de David réunie à la sagesse de Salomon. C'est au milieu de ces soins qu'il mourut l'an 659 avant J.-C., ayant régné 30 ans depuis sa conversion, en tout 52, ou, si l'on compte les trois ans de sa captivité, 55. Amon, son fils, lui succéda.

MANASSÈS Ier, archev. de Reims dans le 11e S., issu du sang royal, était de simple clerc parvenu au siége archiépiscopal par simonie; et sa conduite ne démentit pas les moyens qu'il avait employés pour son élévation. Déposé dans le concile tenu à Lyon en 1080, cette mesure fut confirmée la même année par celui de Rome. Une des présomptions les plus fâcheuses contre lui fut l'expulsion de St Bruno (v. ce nom), qui avait osé blâmer ses déréglements. Manassès, chassé de son siége, se rendit dans la Terre-Sainte, où il ne fut fait prisonn.; remis en liberté en 1099, il passa les dern. années de sa vie errant et proscrit; mais on croit qu'il mourut dans des sentiments de pénitence. — MANASSÈS II, 46e archevêque de Reims, né dans cette ville vers le milieu du 11e S., fut disciple de St Bruno, parcourut successivem. les différ. degrés de l'état ecclésiast., monta sur le siége archiépisc. en 1096, et assista aux conciles de Beauvais et d'Ypres en 1106.

MANASSÈS (CONSTANTIN), écriv. grec du 12e S., est aut. d'une *Chronique* en vers, depuis le commencement du monde jusqu'à l'an 1081 de J.-C.; dédiée à Irène, sœur d'Alexis Comnène. Elle a été trad. et publ. en latin par Leunclavius, Bâle, 1573, in-8, avec le texte grec, et des *Notes* de Meursius, Leyde, 1616, in-4. On l'a réimpr. dans la *Byzantine*, avec les mêmes *Notes* et le *Glossaire* de Fabrot. M. Boissonnade a, dans son édit. de *Nicétas Eugenianus,* publié des fragments, avec une version lat. et des *Notes*, d'un roman de Constantin Manassès intit. : *les Amours d'Aristandre et de Callisthée.*

MANASSÈS ou RABBI-MENAHEM *de Recanati,*

ville d'Italie' où il était né dans le 13e S. , a laissé en hébreu : *Sepher hadinum* (livre des jugem.), Cologne, 1558, in-4. — *Tachmi misvoth* (raisons des préceptes), Constantinople, 1544, in-8, Bâle, 1581, in-4. — *Comment. cabalistique* sur les cinq liv. de *la Loi*, jusqu'au 33e chap. du *Deutéronome*, Venise, 1523 et 1545, in-4 ; Bâle, 1581, in-4 ; Dublin, 1595, in-fol. Malgré les diverses édit. de cet ouvr., il est de la plus gr. rareté, parce que les exempl. en ont été soigneusement recherchés et brûlés par l'inquisit.).—*Traité des dix Sephiroth,* resté MS.

MANASSÈS AZARIA, ou RABBI - MENAHEM - AZARIAS MIPANO, rabbin du 16e S. , tint, dans une ville du duché de Reggio, une école très fréquentée par les Juifs d'Italie et d'Allemagne, et mourut à Mantoue. On a de lui plus. ouvr., écrits en hébreu, sur les sciences cabalistiques, fort estimés de ses confrères, et sur lesq. on peut voir la *Bibl. hébr.* de Rossi.

MANASSÈS ou MENASSÈS-BEN-JOSEPH-BEN-ISMAEL, rabbin, né en Espagne vers 1604, fut attaché dès l'âge de 18 ans à la synagogue d'Amsterdam , où il expliqua le Talmud avec beaucoup de succès. Plus tard l'inquisit. d'Espagne ayant confisqué les biens de son père, il se vit obligé de négliger l'étude pour se livrer au commerce, passa quelq. temps en Angleterre, où il fut bien accueilli de Cromwell, revint à Amsterdam, et y mourut en 1659. On a de lui plus. ouvrages en hébreu, dont quelq.-uns ont été trad. en espagnol et en lat.; les princip. sont : *Conciliator, sive de convenientiâ locorum. S. Scripturæ*, etc., Amst. , 1633, in-4; cette trad. est de D. Vossius. — *El thesoro de los dinim* , Amsterdam, 1645-47, 2 vol. in-8; c'est un abrégé de la *Mischna*.

MANASSÈS ou RABBI-MENAHEM *de Lonzano,* vivait dans cette ville d'Italie à la fin du 16e S.; il a composé en hébreu un ouvr. intit. : *Schte Jadoth* (les deux mains), dont la prem. est appelée la *main du pauvre*, la seconde la *main du roi*, et chaque main est divisée en cinq *doigts;* le 2e et le 3e *doigt* de la *main du roi* ont été impr. à Venise, 1598, in-4 ; la *main du pauvre* et le prem. *doigt* de la *main du roi*, publiés à Constantinople, l'ont ensuite été, Venise, 1618, et Amsterdam, 1659, in-4. Les autres doigts sont restés inédits.

MANCHESTER (sir ÉDOUARD MONTAGU, comte de), né en 1602, fut nommé député en 1641. parlement assemblé par Charles Ier, puis appelé à la chambre haute. Le noble usage qu'il faisait de sa fortune lui avait acquis une grande popularité. Charles Ier l'ayant accusé de haute trahison, avec cinq membres de la chambre des communes, Manchester, poussé à bout, s'engagea au service du parlement; Cromwell, qui lui devait son élévat., se montra peu reconnaiss. envers son bienfaiteur. Manchester n'ayant pu empêcher le roi de ravitailler Donnington-Castle, Cromwell, alors lieuten.-gén., l'accusa de haute trahison. Il plaida lui-même sa cause et se justifia complétement. Dès-lors Manchester fit ce qu'il put pour rétablir la paix entre le roi et les deux chambres. Après la mort de Charles Ier il s'éloigna des affaires, et ne reparut à la chambre des pairs qu'à la restaurat. , qu'il avait favorisée de tout son pouvoir. Charles II l'appela dans son conseil, le combla de faveurs, et en reçut des preuves constantes de fidélité. Lord Manchester mourut en 1671.

MANCINELLI (ANTOINE), grammairien, né en 1452 à Velletri, dès l'âge de 21 ans ouvrit dans cette ville une école qui fut très fréquentée, passa ensuite à Rome, puis dans quelques autres villes d'Italie, et revint se fixer à Rome, où il mourut en 1506. On a de lui plus. opusc. de grammaire et des poésies dont le rec. a été publié, Venise, 1498-1502; Bâle, 1501-1508; Milan, 1505-1506; Venise, 1519-1521, in-4. Toutes ces éditions sont rares ; la prem. est la plus recherchée, non comme la meilleure, mais à raison de sa date.

MANCINI (PAUL), fondateur de l'acad. des *Umoristi,* né à Rome dans le 16e S., d'une famille patricienne, embrassa la profession des armes, acquit de la réputation par sa valeur, quitta son emploi en 1600, et épousa Vittoria Capozzi. Ses noces furent célébrées avec pompe, et les beaux esprits firent beaucoup de vers à sa louange ; il engagea les auteurs à venir les réciter dans son palais, qui devint ainsi le berceau d'une acad., dont les membres s'appelèrent *Uomini di bell' umore,* d'où leur vint le nom d'*Umoristi*. Ayant perdu sa femme après 20 ans d'une heureuse union, Mancini renonça au monde, et reçut les ordres sacrés. Il mourut en 1635. L'acad. dont il était le fondat. n'a duré que jusqu'en 1670.

MANCINI (MARIE), petite-fille du fondateur des humoristes, et nièce du cardinal Mazarin, née à Rome en 1639, morte vers 1715, avait épousé en 1661 le prince Colonna, connétable de Naples, qu'elle quitta peu d'années après, à la suite d'une couche pénible, et finit par obtenir le divorce. On a sous son nom : *Discorso astrofisico delle mutazioni de' tempi e di altri accidenti dell' anno 1670,* Rome, in-4. Un anonyme a publ. : *Mémoires de M. L. P. M. M.* (Mme la princesse Marie Mancini) *Colonne, gr.-connétable du roi de Naples,* 1676, in-12, trad. en ital., 1678; c'est un roman mal écrit; l'ouvr. de Bremond mérite plus de confiance : il est intit. : *Apologie, ou les Véritables Mémoires de Mme M. Mancini,* etc., Leyde, 1678, in-12. — MANCINI (HORTENSE), sœur puinée de la précéd. et l'une des plus belles femmes de son siècle, né à Rome en 1646, fut amenée à Paris à l'âge de 6 ans , et élevée par les soins du cardinal Mazarin, son oncle. Elle épousa, en 1661, le duc de la Meilleraie, qui prit alors le nom et les armes de Mazarin. La légèreté de la jeune épouse, la jalousie et le caractère bizarre du mari, amenèrent une prompte séparation. Secondé par le duc de Nevers, son frère, Hortense s'enfuit (1668) en Italie, où elle comptait trouver un asile à Rome auprès de sa sœur la connétable Colonna. Ses ressources étant épuisées, elle repassa en France, afin de solliciter une pension sur les gr. biens qu'elle avait apportés à son mari. Louis XIV, qu'elle sut intéresser en sa faveur, lui fit allouer sur sa dot une pension annuelle de 24,000 liv., et 12,000 argent comptant pour les frais de son retour à Rome. Elle quitta cette ville peu de temps après, se retira à Chambéri où elle trouva un nouveau protecteur dans le duc de Savoie. A la mort de ce prince, elle passa en Angleterre ; Charles II lui fit sur sa cassette une pension de 4,000 liv. sterl., qu'elle perdit à la révolution qui donna la couronne à Guillaume de Nassau ; le nouveau roi, touché de sa situation, lui assura un secours annuel de 2,000 liv. sterling, dont elle jouit jusqu'à sa mort en 1699. On a sous le nom de la duchesse de Mazarin des *Mémoires* rédigés par l'abbé de St-Réal. Ces *Mémoires*, impr. en 1675, ont paru de nouveau dans le *Mélange curieux des meilleures pièces attribuées à St-Évremond*, et dans les œuvres de St-Réal. *La duchesse de Mazarin, mémoires écrits par elle-même*, Paris, 1808, in-8, et 2 vol. in-12, n'est qu'une réimpress. de l'ouvr. de St-Réal, défigurée par des additions tirées de sources suspectes. On trouve dans les *OEuvres de St-Évremond*, plus. morceaux qui concernent la duch. de Mazarin, dont ce spirituel écrivain était l'ami. — MANCINI (Marie-Anne), duchesse de Bouillon, née à Rome en 1649, sœur des précéd., et la cadette des nièces du cardinal Mazarin, épousa en 1662 Godefroi de la Tour-d'Auvergne, duc de Bouillon. Partageant ses loisirs entre la lecture, la société d'un petit nombre d'amis choisis, et les plaisirs de la cour de Louis XIV, sa destinée fut plus heureuse que celle de ses sœurs ; elle devina le talent du bon Lafontaine et fut sa prem. protectrice ; mais elle montra moins de goût dans la préférence qu'elle accorda sur Racine à Pradon. Lorsqu'en 1680, une chambre ardente fut créée pour rechercher les auteurs des crimes d'empoisonnement (*v.* BRINVILLIERS et VOISIN), la duch. de Bouillon fut citée devant cette commiss., et décrétée d'ajournem. personnel. L'accusat. ne portait que sur une curiosité ridicule, trop commune à cette époque ; mais la duch. s'étant vantée des plaisanteries qu'elle avait faites à ses juges, fut exilée à Nérac. Elle alla en Angleterre, visiter sa sœur la duch. de Mazarin, puis à Rome pour y voir son fils, le prince de Turenne, obtint, quelque temps après la permission de revenir à la cour, et mourut à Paris en 1714. Elle avait formé une biblioth. nombreuse et bien choisie, et composé beaucoup de petites pièces de vers qui n'ont point été recueillies ; on ne connaît d'elle qu'un *Rondeau*, inséré par St-Marc dans son *Comment. sur Boileau*, édit. de 1747, t. V, p. 93.

MANCINI (FRANÇOIS), peintre, né en 1725, à St-Angelo-in-Vado, mort en 1758, fut élève de Ch. Cignani. On cite de lui : *St Pierre et St Jean guériss. un boiteux ; l'Apparit. de J.-C. à St Pierre*. Il a beaucoup travaillé pour les galeries étrangères, dans lesq. on estime surtout ses tabl. d'histoire.

MANCINI. — V. NIVERNOIS.

MANCINUS (HOSTILIUS), consul l'an 158 av. J. C., et lieuten. de Calpurnius-Pison en Afrique l'an 149,

fut envoyé en Espagne contre les Numantins à la tête de 30,000 hommes, et, malgré la supériorité du nombre, se laissa battre par un corps de 4,000 ennemis. Il n'échappa même à une ruine totale qu'à la faveur d'une paix honteuse. Mais le sénat refusa de confirmer le traité, et livra Mancinus pieds et poings liés aux ennemis. Ceux-ci le renvoyèrent à Rome.

MANCO-CAPAC, fondat. et prem. Inca de l'empire du Pérou, réunit quelq. peuplades sauvages sur les bords du lac de Cusco, leur persuada qu'il était fils du Soleil, et envoyé sur la terre, ainsi que la reine Coya-Ocella, sa sœur et son épouse, pour rendre les hommes bons et heureux. A leur voix les hommes répandus dans les forêts se rassemblèrent. Manco les instruisit et les civilisa : il abolit les sacrifices humains, apprit à ses sujets à adorer intérieurem., comme un Dieu suprême mais inconnu, le *grand Pachamac*, c'est-à-dire l'âme ou le soutien de l'univers, et à offrir extérieurement leurs hommages au Soleil. Il bâtit la ville de Cusco, l'entoura de villages, partagea les Péruviens en plus. tribus, et préposa des chefs ou *curacas*, qui étaient ses lieutenants. Sentant ses forces diminuer, il dit qu'il allait reposer près du Soleil son père. Rocha-Inca, son fils aîné, lui succéda. — MANCO II, fils d'Huana-Capac, frère d'Huascar, devint l'unique espoir de la race des Incas, par le meurtre de son frère et la mort d'Athaualpa, condamné en 1533 par Pizarre. Manco, à la tête des Indiens, défendit Cusco contre les Espagnols, et se réfugia ensuite dans les montagnes : il consentit à recevoir de Pizarre la couronne de ses ancêtres ; mais, n'ayant pu obtenir d'être rétabli dans tous ses droits, et se voyant prisonn. dans sa capitale, il en sortit par une ruse en 1535, et revint l'assiéger ; il eût réussi à s'en emparer sans l'arrivée d'Almagro, à la tête d'un corps de troupes. Ce capitaine lui ayant proposé de se liguer avec lui contre Pizarre, il le refusa, et dit : « J'ai pris les armes pour recouvrer mes droits et rendre la liberté aux Péruviens, et non pour protéger les vils desseins d'un usurpateur contre un autre. » Manco licencia ensuite ses troupes, et se retira à Villapampa, au milieu des Andes, où il fut assassiné par un Espagnol auquel il avait donné asile. Il laissa deux fils que les Espagnols firent périr. Ainsi finit la race des Incas, après avoir régné 400 ans au Pérou.

MANDAJORS (JEAN-PIERRE DES OURS de), historien, né en 1679, à Alais, fut admis en 1712, comme élève, à l'acad. des inscript., devint associé, en 1715, obtint presque aussitôt la vétérance, et retourna dans sa ville natale où il mourut en 1747. On a de lui : *Histoire critique de la Gaule narbonnaise*, Paris, 1733, in-12 ; des *Mémoires* dans le *Recueil de l'acad. des inscript.* ; des *Réflexions sur les dissert. histor. et géogr. sur l'état de l'ancienne Gaule*, dans le *Journal des Savants*, mai 1712. Dans sa jeunesse il avait cultivé la poésie, et composé *Arlequin valet de deux maîtres*, et *l'Impromptu de Nîmes*, petites pièces de théâtre oubliées aujourd'hui. On lui doit l'inscription pour la statue érigée à Louis XIV. par les états de Languedoc (*Ludovico Magno post mortem*). Son *Éloge*, par Fréret, se trouve dans le rec. de l'*acad. des Inscript.*, t. XXI, p. 250. — Louis de MANDAJORS, père du précéd., mort vers 1716, bailli-général du comté d'Alais, a laissé les ouv. suiv. qui décèlent un homme d'esprit mais très paradoxal : *Nouvelles découvertes sur l'état de l'ancienne Gaule du temps de César*, Paris, 1696, in-12. — *Éclaircissements sur la dispute d'Alise* (*Alesia*), etc., Avignon, 1715, in-12. — *Conclusion de la dispute d'Alise*, in-12. — *Nouv. découv. sur Clodion et les Français*, in-4.

MANDAR (MICHEL-PHILIPPE, connu sous le nom de THÉOPHILE), né à Marines (Seine-et-Oise) en 1759, adopta les principes de la révolution avec enthousiasme, et s'acquit une certaine influence dans les sociétés populaires de Paris par une voix de tonnerre et quelque facilité oratoire; mais il ne participa point aux excès de cette époque. Vice-président de la section du Temple lors des massacres de septembre 1792, il réclama le premier et avec un courage remarquable des mesures propres à arrêter ce torrent de sang, qui, disait-il, souillerait à jamais le nom français. Pendant la terrible année 1793, il remplit l'emploi de commissaire national du pouvoir exécutif; depuis il vécut dans un état voisin de l'indigence, n'ayant voulu accepter aucune place sous le gouvernem. impérial, pour lequel il ne cachait point son aversion; cette circonstance lui mérita, en 1814, d'être présenté à l'emper. Alexandre. Il mourut en 1823. Parmi ses ouvr. le plus connu est intit. : *Des insurrect.*, 1793, in-8; il a trad. de l'anglais : *Voyage de W. Coxe en Suisse*, etc., 1790, 5 vol. in-8. — *Voyage au pays des Hottentots, par W. Paterson*, etc., 1791, in-8. — *De la souveraineté du peuple et de l'excellence d'un état libre, par M. Needham*, etc., 1791, 2 vol. in-8. — *Voyage en retour de l'Inde par terre*, etc., par *Th. Howel*, etc., 1796, in-4. Mandar eut part à la traduct. de *la description de l'Hindostan*, par Rennel; il a laissé deux ouvrages inédits : *La gloire et son frère*, et *le Phare des rois*, poème en XVI livres dont l'impression fut défendue en 1809.

MANDAT (ANT.-JEAN GALLIOT DE), né à Paris en 1731, commandait la garde nationale parisienne en 1792; peu de jours avant le 10 août, il fut requis par le départem. de faire augmenter le nombre des troupes qui devaient garder le roi, et le maire Pétion y joignit l'ordre écrit *de repousser la force par la force.* Mandat fit ses préparatifs en conséquence. Mais cet ordre écrit inquiétait les factieux : la mort de Mandat fut résolue pour ressaisir cette pièce importante. La nouvelle municipalité ordonna le 10, dès la pointe du jour, à Mandat, de se rendre à l'hôtel-de-ville. Il partit accompagné d'un seul aide-de-camp. Au moment où le conseil venait d'ordonner de le conduire à l'Abbaye, un coup de pistolet le renversa, et son corps fut jeté dans la Seine. — Son neveu, Étienne-Martial baron de MANDAT, né au château de Neuilly près de Brienne en 1770, sous-lieutenant à 18 ans, émigra

avec ses camarades, prit du service dans les pays étrangers, et reçut dans une affaire un coup de sabre au visage, d'où il fut surnommé *le Balafré*. Revenu en France pour servir dans la Vendée, il fut pris en 1708 les armes à la main, et fusillé à Caen. — Sa sœur, mariée à M. Thomassin de Bienville, comparut en juin 1794 au tribunal révolutionnaire de Paris; Fouquier-Tinville dit alors : « Il n'y a rien contre la citoyenne, mais elle s'appelle MANDAT; je conclus à la mort. » Elle périt à 24 ans.

MANDELSLO (JEAN-ALBERT de), voyageur, né en 1616 dans le Mecklembourg, page du duc de Holstein-Gottorp, suivit en 1633 une ambassade envoyée par ce prince en Russie et en Perse, et passa ensuite dans les Indes. De retour en Europe, il entra capitaine dans le régim. de cavalerie de Rantzau, au service de France, et mourut à Paris en 1644. Oléarius, secrétaire de l'ambassade et son ami, a publié en allemand : *Lettre de J.-A. de Mandelslo écrite à Oléarius en 1639, sur son voyage des Indes-Orientales, avec une notice succincte sur l'état actuel de la Chine*, etc., Sleswig, 1645, in-fol., trad. en franç. par Wicquefort, 1659, in-4, et avec le voyage d'Oléarius, 1666, 2 vol. in-4; Amst., 1737, 2 vol. in-fol., fig.

MANDER (CHARLES van), peintre, historien et poète, né à Meulebeke, près de Courtrai, en 1548, mort à Amsterd. en 1606, a laissé comme peintre, entre autres compositions : *Adam et Ève dans le paradis terrestre; le Déluge; la Passion de J.-C.* en 12 tabl.; une *Fête flamande; St Jean dans le désert; le Portement de croix; Jacob*, et *l'Adorat. des mages;* comme écrivain, la *Vie des peintres italiens et flamands;* la *Traduction d'Homère;* le *Nouveau-Monde;* la *Maison de Pan;* les *Métamorphoses d'Ovide*, et enfin la *Lyre de David*. — Son fils Charles cultiva la peinture comme son père, et fut attaché à la cour de Danemarck.

MANDEVILLE (JEAN de), *Magnovillanus* ou *Magdovillanus*, chevalier anglais, né à St-Albans vers 1300, quitta son pays en 1327, traversa la France, se rendit à la Terre-Sainte, servit le soudan d'Égypte, voyagea dans presque toute l'Asie, et séjourna quelque temps dans la ville de Cambalu (Pé-king). Enfin, après une foule d'aventures incroyables et une absence de 33 ans, il revit sa patrie, où il écrivit la relat. de ses voyages, dédiée à Édouard III; quittant une seconde fois l'Angleterre, il visita la France et les Pays-Bas, et mourut à Liége en 1372. On croit qu'il avait écrit son voyage dans les trois langues latine, française et anglaise. La bibliothèq. de Berne en possède une copie en vieux français; il en existe plus. en anglais; celle de la bibliothèq. cottonienne passe pour le meilleur. C'est sur cette dernière qu'a été faite l'édition de Londres, 1725 : *the Voiage and travaile of sir John Mandeville, Knight*, etc. Pietro de Cornero, d'après un MS., en a publié la trad. ital., Milan, 1480, in-4. L'édition latine : *Itinerarius à terrâ Angliæ in partes Jherosolymitanas*, paraît être du même temps. Purchas a donné l'extrait de l'ouvr. de Mandeville, et Bergeron l'a traduit en franç. dans sa *Collection de voyages, principalem. faits en Asie.* Il existe plusieurs trad. allem. de Mandeville, dont une très complète.

MANDEVILLE (BERNARD de), écrivain, né à Dort, en Hollande, vers 1670, mort à Londres en 1735, exerça d'abord la médecine; mais il négligea sa profession pour la philosophie et la littérature, et se fit connaître par des écrits où l'on trouve, avec des pensées fines et quelquefois justes, des principes erronés et une tendance générale à corrompre la morale publique. Ses ouvr. sont écrits en angl.; deux seulement ont été trad. en franç. : *la Fable des abeilles, ou les Fripons devenus honnêtes gens,* par J. Bertrand, Amst., 1740, 4 vol. petit in-8. — *Pensées libres sur la religion et sur le bonheur de la nation,* par van Effen, 1723, in-12.

MANDOSIO (PROSPER), littérateur et biographe, né à Rome, mort vers 1700, dans un âge peu avancé, est auteur des ouvrages suivants : *Centuria di enimmi,* 1670, in-8. — *L'Innocenza trionfante, scenico trattenimento,* 1676, in-12.—*L'Adargonte,* tragédie, id. — *Biblioth. romana, seu romanor. scriptorum centuriæ X,* 1682-92, 2 vol. in-4; cet ouvrage plein de recherches peut encore être consulté. — Θ έατρον *in quo maxim. christ. orbis pontificum archiatros spectandos præbet,* 1696, in-4, livre très curieux, mais surpassé par celui de Gaétan Marini sur le même sujet. — *Catalogo d'autori che hanno dato in luce opere spettanti al giubileo dell' anno santo,* 1700, in-16.

MANDRILLON (JOSEPH), littérateur, né en 1743 à Bourg-en-Bresse, fut destiné par ses parents à suivre la carrière du commerce, voyagea en Amérique, se fixa ensuite à Amsterdam, et partagea ses loisirs entre les affaires et l'étude. Lors. des troubles de la Hollande, il écrivit dans le sens des novateurs. Il adopta les principes de la révolution et revint en France; mais ayant tenté de s'opposer au système de la terreur, il fut arrêté et condamné à mort en 1794, comme prévenu de correspondance avec le duc de Brunswick. On cite de lui : *le Voyageur américain,* etc., Amsterdam, 1783, in-8 (cet ouvrage est trad. de l'angl.).—*Le Spectateur américain,* etc., 1784, in-8; 1785, 1795, in-8. — *Fragments de littérature et de politique,* suivis d'un *Voyage à Berlin,* 1784, 1788, in-8. — *Vœux patriotiques,* Bruxelles, 1789, in-8.—*Mémoire pour servir à l'histoire de la révolution des Provinces-Unies,* en 1787, 1791, in-8. On trouve dans ces ouvrages des observations judicieuses.

MANDRIN (LOUIS), fameux contrebandier, né à St-Étienne-de-St-Geoire en Dauphiné, était fils d'un maréchal-ferrant; il embrassa fort jeune le parti des armes et déserta; puis s'étant associé quelq. hommes déterminés, il se mit à faire la contrebande en 1754. Devenu chef d'une troupe assez considérable, il attaqua à main armée les employés des fermes, les dispersa, et se retrancha dans les montagnes du Dauphiné; il osa en plein jour attaquer Beaune et Autun, y forcer les prisons pour recruter sa bande, et piller les receveurs des fermes. Trahi par une femme, il fut pris au château

de Rochefort, conduit à Valence et condamné à la roue le 26 mai 1755. La Grange (de Montpellier) a composé *la Mort de Mandrin,* trag., Nancy, 1755, in-12; et Chopin fit représenter la même ann. *Mandrin pris,* comédie en un acte. On a plus. *Vies de Mandrin,* par l'abbé Regley, 1755, in-12, par Terrier de Cléron, 1755, in-12, souv. réimpr., etc.

MANES ou MANY, célèbre hérésiarque, fondateur de la secte des *Manichéens,* naquit en Perse vers le commencem. du 5e S., et porta d'abord le nom de Cubricus. Esclave dès l'âge de sept ans d'une veuve fort riche de Ctésiphon, elle le fit élever avec soin, l'affranchit et lui légua tous ses biens. Il était chrét. et même, dit-on, exerçait les fonct. sacerdotales dans l'Ahwaz et le Khousistan; mais il ne tarda pas à modifier les doctrines de l'Église d'après celles de Térébinthe et de Scythianus, ses auteurs favoris. Il commença à dogmatiser sur la fin du règne de Schahpour Ier (Sapor), publia un livre qu'il prétendait être descendu du ciel, et envoya douze disciples répandre sa doctrine dans l'Égypte, l'Inde et la Chine. Schahpour lui-même embrassa les principes de la nouvelle secte; mais bientôt il les abjura et devint un des plus ardents ennemis de Manès, qui, dit-on, malgré ses connaissances en médecine, n'avait pu arracher à la mort un des fils du prince. L'hérésiarque contraint de fuir erra dans le Turkestan, l'Indostan et l'empire chinois, et se retira un an entier dans une caverne où il avait porté des vivres. Ses partisans crurent que pendant ce temps, enlevé au ciel, il avait eu une conversation avec Dieu: Comme témoignage de cette entrevue il leur présenta une planche sur laquelle il avait tracé des figures extraordinaires et qu'il prétendait avoir apportée du ciel. Schahpour étant mort, Hormouz Ier, son successeur, rappela Manès en Perse, et fit bâtir pour lui un château dans le Seistan. Au comble de la gloire et des honneurs, Manès eut le déplaisir de se voir réfuter par l'évêque Archélaüs à la conférence de Casca qu'il avait provoquée lui-même. Une nouvelle persécution s'appesantit sur lui à la mort d'Hormouz. Behram Ier, son fils et son successeur, le fit écorcher vif, l'an 274, et ordonna que sa peau fût suspendue à une des portes de Djondischaour. Ses disciples ne furent pas traités avec plus d'indulgence; mais beaucoup échappèrent en se réfugiant dans les provinces romaines, et la secte de Manès subsiste encore dans l'Orient. Les points principaux de sa doctrine consistent à reconnaître deux principes créateurs, l'un du mal, l'autre du bien, nommés le premier Ahrimân, et le deuxième Ormouzd; à rejeter l'Ancien-Testament; à n'admettre que la venue et l'intervention spirituelle de J.-C., pour sauver le genre humain; et à regarder Manès comme le divin paraclet annoncé par le Sauveur à ses disciples.

MANESSE (DENIS-JOS.), chan. rég. de l'abbaye de St-Jean-des-Vignes (dioc. de Soissons), prieur, puis curé de Branges, né à Landrecies en 1743, mort en 1820 au château de Soupire (Aisne), où M. de La Villeurnois lui avait fait accepter une honorable hospitalité, exerçait gratuitem. la médecine avant la révolution. Réfugié successivement en Angleterre, en Allemagne et en Russie, il continua de consacrer à l'étude des sciences les instants qu'il n'employait point au soulagement de ses compagnons d'infortune, fut reçu des académies d'Erfurt et de St-Pétersbourg, et ne rentra en France qu'à la restauration. Outre un ouvr. intit. : *Oologie, ou Description des nids et des œufs d'un grand nombre d'oiseaux d'Europe*, qu'il a laissé MS., on a de lui : *Traité de la manière d'empailler et de conserver les animaux, les pelleteries et les laines*, 1787, in-8.

MANETHON, célèbre prêtre égyptien, originaire de Sébennytus, vivait sous le règne de Ptolémée-Philadelphe vers l'an 263 avant J.-C., et était garde des archives sacrées dans le temple d'Héliopolis. Il paraît qu'il avait composé plus. ouvr. import., entre autres, une *Histoire universelle de l'Egypte*, qui s'est perdue, mais dont on trouve quelques traces dans les fragments de la *Chronographie* de Jules Africain, recueillis par George-le-Syncelle. L'histoire d'Egypte qu'Annius de Viterbe a publ. sous le nom de Manethon est l'ouvrage d'un faussaire du 15e S. On attribue encore à Manethon un poème en vers grecs intit. : *Apotelesmatica, sive de viribus et effectis astrorum lib. VI*, publ. par Gronovius, Leyde, 1698, in-4; mais un critique angl., Thom. Tyrwitt, regarde ce poème comme une production des temps de la décadence de l'empire. Deux savants allem., Maur. Axte et Ant. Rigler, en ont donné une édit. enrichie de notes critiques, Cologne, 1832, in-8. Porphyre cite parmi les autres ouvr. composés par Manethon un *Traité des anciens rites religieux des Égyptiens*.

MANETTI (GIANNOZZO), l'un des hommes les plus savants de son siècle, né à Florence en 1356 d'une famille noble et ancienne, mort à Naples en 1459, a laissé un grand nombre d'ouvr., dont on trouve la liste exacte dans le t. 1er des *Dissertazioni vossiane* d'Apost. Zeno. Nous citerons seulement : *De dignitate et excellentià hominis lib. IV*, Bâle, 1532, in-8. — *Vita Petrarchæ*, dans le *Petrarcha redivivus* de Tomassini, et dans le *Specimen hist. litterariæ florentinæ XIII et XIV sæculi*, etc., Florence, 1747, in-8. — *Orationes ad regem Alphonsum*, etc., Hanau, 1611, in-4. — *Vitæ Nicolai V pont. max. libri III*, dans les *Scriptor. rer. ital.* de Muratori. — *Chronicon Pistoriense*, etc., dans le même recueil. On a plusieurs *Vies* de Manetti, en latin et en italien; la meilleure est celle qu'a donnée Nabbo-Nelli, insérée dans les *Script. rer. ital.*, t. XX; Requier en a donné une imitation en français, 1762, in-12.

MANETTI (RUTILIO), peintre ital., né à Sienne en 1571, mort en 1639, fut élève de Fr. Vanni, et travailla dans la manière du Guerchin. Il a laissé plus. tableaux à Pise, à Florence, à Sienne, etc. Son chef-d'œuvre est un *Repos de la Ste famille* placé dans l'église St-Pierre de Castel-Vecchio. La galerie de Florence possède son portrait peint par lui-même.

MANEVILLETTE (D'APRÈS de). — V. APRÈS.

MANFRED ou MAINFROI, roi de Naples, fils naturel de l'empereur Frédéric II, né en 1234, hérita des qualités de son père, qui, par son testament, le substitua à ses deux enfants légitimes Conrad et Henri, en cas qu'ils mourussent sans postérité. Il régna de 1254 à 1266, et périt dans la guerre contre Charles d'Anjou, frère de St Louis, auquel le pape avait offert la couronne de Naples. On connaît de lui une *Lettre* sur sa victoire contre l'armée d'Innocent IV en 1255; une *Suite* au *Traité de fauconnerie* de Frédéric II, et deux *Lettres* sur la mort de ce prince dans les *Miscellanea* de Baluze.

MANFREDI, maison de Faenza, qui parvint à la souveraineté vers l'an 1334. — Richard MANFREDI, profitant du séjour du pape à Avignon, s'empara des forteresses de Faenza et d'Imola, dont il se fit proclamer seigneur. —Jean et Rénier MANFREDI lui succédèrent vers 1350 sous Clément VI, et ce ne fut qu'en 1356 que le cardinal Egid. Albornoz, sous Innocent VI, les força à capituler, et ne leur laissa que quelques châteaux.

MANFREDI (ASTORRE Ier), seigneur de Faenza et d'Imola de 1377 à 1405, fut reconnu vicaire pontifical de ces deux villes à l'époque du schisme d'Occident. En 1404 il se vit forcé par Albéric de Barbiano de vendre Faenza à Balthazar Cossa, légat de Bologne; mais celui-ci, au lieu de lui payer le prix convenu de 25,000 florins, s'empara de sa personne par trahison, et lui fit trancher la tête en 1405. — Jean-Galeaz, fils d'Astorre, rentra par surprise dans Faenza en 1410, et fut proclamé souverain par les habitants. — GUID'-ANTONIO ou GUIDAZZO, petit-fils d'Astorre Ier, reçut du duc de Milan, en 1439, Imola et d'autres villes qu'il avait prises sur les Alidosi, et mourut en 1448. — Astorre II et Thadée, fils du précédent, reçurent de leur père les villes de Faenza et d'Imola. Astorre mourut en 1468, et son fils Galeotto lui succéda. Thadée vendit Imola à Jérôme Riario, neveu du pape Sixte IV, en 1473. — MANFREDI (Galeotto), fils et successeur d'Astorre II, régna de 1468 à 1488, et périt poignardé par sa femme, qu'avaient irritée ses galanteries. Il laissa un fils âgé de trois ans, que les habitants reconnurent pour leur seigneur, sous le nom d'Astorre III. César Borgia s'étant rendu maître de Faenza en 1500, fit périr Astorre avec un frère naturel qu'il avait, et la famille Manfredi perdit ainsi la souveraineté.

MANFREDI (BARTHÉLEMI), peintre, né à Mantoue vers 1572, mort à Rome en 1605, se perfectionna à l'école du Caravage, dont il parvint à imiter la manière au point qu'on a souv. confondu leurs tabl. Le musée en possède deux de Manfredi : une *Assemblée de buveurs*, et une *Femme assise*, qui se fait dire la bonne aventure par deux bohémiennes.

MANFREDI (EUSTACHIO), géomètre, né en 1674 à Bologne, donna naissance à l'institut de cette ville en réunissant chez lui ses camarades pour leur répéter les leçons des professeurs et éclaircir leurs doutes. Il fut, en 1698, nommé profess. de mathématiq. à l'université, puis, en 1704, placé à la tête du collége de Montalte, qu'il quitta pour se livrer entièrement à l'astronomie et à l'hydrostatique. Il mourut dans sa ville natale en 1759. On a de lui : *Rime e prose*, 1760, in-8, bonne édit.; mais celle des *Rime*, Parme, 1793, in-8, est un des chefs-d'œuvre de Bodoni. — *Ephemerides motuum cœlestium*, etc., 1715-25, 4 vol. in-4. — *De transitu Mercurii per solem, anno* 1723, 1724, in-4. — *Liber de gnomone merid. bononiensis*, etc., 1756, in-4. — *Elem. della cronologia*, 1744, in-4. — *Instituzioni astronomiche*, 1749, in-4. — Des *Dissertations* dans le *Rec. de l'acad. de Bologne.* — La *Vie de Malpighi*, dans les *Vite degli Arcadi illustri;* enfin il fut l'éditeur du traité de Guglielmi : *della Natura de' fiumi*, et des *Observations astronomiques et géographiq.* de F. Blanchini, Vérone, 1757, in-fol. — MANFREDI (Gabriel), frère d'Eustachio , né en 1681 à Bologne , mort en 1761, chancelier de l'université de cette ville, a laissé : *De construct. œquationum*, etc., 1707, in-4. — *Considerazioni sopra alcuni dubbii*, etc., 1759, in-4. — Des *Mém.* et des *Dissert.* dans le *Recueil* de l'institut de Bologne et dans les *Osservazioni letterarie*, 1757 et suiv.

MANFREDINI (Tribaldino), noble de Pérouse, surnommé dans l'histoire des républiques d'Italie *le nouveau Catilina* , né vers le milieu du 14° S., était attaché à la faction *Maltraversa*, opposée à celle des *Raspanti.* Dans sa haine féroce contre ses adversaires, il forma le plan d'une conjuration qui pouvait anéantir sa patrie. A un jour fixé, on devait mettre le feu aux divers quartiers de la ville, dont les portes seraient ouvertes aux habitants de la campagne ; les magistrats et tout le parti attaché au gouvernem. devaient être massacrés, et leurs biens livrés au pillage. Un des conjurés, épouvanté, révéla ce plan aux premiers magistrats ; mais Manfredini , averti à temps, se sauva avec la plupart de ses complices. On n'en put arrêter que deux avec quatre de leurs satellites, et ils furent exécutés. Manfredini, condamné à mort par contumace, ainsi que quarante-cinq gentilshommes, mourut en exil.

MANGEART (dom Thomas), bénédictin de la congrégat. de St-Vannes, né à Metz en 1695, se livra à l'étude de l'antiquité, tout en exerçant les devoirs de son état. Après avoir prêché avec distinct. dans les principales églises du diocèse de Toul, il fut appelé en 1747 à Vienne par le prince Charles de Lorraine, qui le chargea de lui former une collection de médailles. Dom Mangeart mourut à l'abbaye de St-Léopold de Nancy en 1762. Son principal ouvr., et le seul qui soit recherché des curieux, est l'*Introduction à la science des médailles*, etc., Paris, 1763, in-fol., avec 35 pl.

MANGENOT (Louis), ecclésiastique, né à Paris en 1694, mort en 1768, était neveu du poète Palaprat, qui lui fit obtenir un canonicat au Temple. Il a composé deux *Églogues* qui sont au nombre des meilleures qu'il y ait en français, et quelques pièces de société remarquables par le naturel et l'aisance. Ses *Poésies* ont été recueill., 1776, in-8. Mangenot

avait travaillé au *Journal des savants* depuis 1727 jusqu'en nov. 1731.

MANGET (Jean-Jacob), médecin et compilateur laborieux, né en 1652 à Genève, où il mourut en 1742, prem. médec. honoraire de l'élect. de Brandebourg, a laissé de nombreux ouvr., parmi lesq. on distingue : *Biblioth. anatomica*, 1685-99, 2 vol. in-fol. — *Biblioth. medico-practica*, 1695-98, 4 vol. in-fol. — *Biblioth. chimica-curiosa*, 1702, 2 vol. in-fol. — *Biblioth. pharmaceutico-medica*, 1703, 2 vol. in-fol. — *Biblioth. chirurgica*, 1721, 2 vol. in-fol. — *Biblioth. scriptor. medicor., veterum et recentiorum*, 1731, 4 vol. in-fol., avec 16 portraits. Manget est l'éditeur du *Theatrum anatomicum* d'Eustachi.

MANGIADORI (Benoît), chef de la famille la plus distinguée de San-Miniato, en Toscane, tenta en 1397 de délivrer sa patrie du joug des Florentins. Ayant obtenu une audience du gouverneur de la ville, il se présente à lui avec 17 conjurés, le tue, s'empare du palais, et s'y défend plusieurs heures contre la garnis. et les habitants, attendant le secours que Jean-Galeaz Visconti lui avait promis ; mais ce secours ne venant point, il parvint à s'échapper avec la plupart de ses compagnons, à travers les précipices qui entourent la ville.

MANGIN, adjud.-génér., né à Mayence, mort à Salzbourg en 1800, des suites d'une blessure, est l'inventeur d'une machine de guerre, à laquelle il donna le nom de *scaphandre*, et dont on fit l'expérience en 1798. Cette machine, propre à soutenir un homme sur l'eau dans une position verticale, était destinée à faire effectuer le passage des rivières par des corps de troupes sans ponts ni bateaux.

MANGIN (Charles), architecte, né à Mitry, près de Meaux, en 1721, fut chargé à Paris de travaux importants. On lui doit entre autres, la *Halle au blé;* le *séminaire du St-Esprit;* les fondat. et le portail de l'*église de St-Barthélemy;* l'*église du Gros-Caillou;* la restaurat. du *portail de St-Sulpice;* l'élévat. des deux tours et l'achèvement des chapelles basses. A l'âge de 75 ans il soumit au lycée des arts un projet d'embellissem. pour Paris, qui lui valut une mention honorable et une médaille. Retiré à Nantes, il y mourut en 1807.

MANGIN (Claude), préfet de police, né en 1786 à Metz, fils d'un négociant, embrassa la profession d'avocat. Nommé en 1815 procureur du roi dans sa ville natale, il fut en 1818 appelé par le ministre de Serres à la direct. des affaires civiles au minist. de la justice. Au mois de mars 1821, il fut envoyé proc.-gén. à la cour roy. de Poitiers, et chargé de poursuivre le général Berton, accusé de conspiration. Nommé en 1826 conseiller à la cour de cassation, il passa bientôt à la préfecture de police, qu'il occupait encore en 1830. Il fit preuve dans cet emploi d'une probité sévère. Lors des événem. de juillet, il existait dans la caisse des fonds secrets près de deux millions qu'il eût pu s'approprier, ou tout au moins remettre aux mains de Charles X; mais il poussa le scrupule jusqu'à ne point se payer de ses appointements échus; et ce fut M. Bavoux, son successeur, qui les lui fit parvenir. Retiré d'abord en Belgique, puis en Allemagne., il revint en France en 1834, avec l'intention de reprendre ses fonctions d'avocat à Metz. L'année suiv., forcé de faire un voyage à Paris, il y mourut presque subitement à l'âge de 49 ans, laissant une nombreuse famille sans fortune.

MANGOU ou MENGKO-KAN, 4° emper. ou grand-khan des Moghols, fils de Touly, 4e fils de Djenguyz-khan, succéda à Kaïouk, et mourut en 1259. L'é-vénem. le plus remarquable de son règne fut l'am-bassade que lui envoya le roi St Louis, dans la persuasion que le souverain moghol professait la relig. chrétienne, pour lui demander la permiss. de prêcher l'Évangile dans ses états (v. RUBRUQUIS); mais, faute de bons interprètes, cette ambassade n'eut aucun succès, et le khan ne vit dans les cé-rémonies religieuses faites en sa présence qu'un hommage rendu. à sa puissance au nom du mo-narque français.

MANGOURIT (MICHEL-ANGE-BERNARD), agent di-plomatique français, né en 1752 à Rennes, quitta l'état milit. pour entrer dans la magistrat., et rem-plissait en 1789 la place de lieuten.-criminel au bailliage. Ayant embrassé les principes de la révo-lution, il fut nommé consul à Charles-Town, puis occupa successivem. différ. emplois dans la diplo-matie. Envoyé par le directoire, en 1798, dans le Valais, lorsqu'il en fut rappelé, il fit abattre tous les signes et monum. de la féodalité. Il se rendit ensuite à Naples comme secrét. de légation; mais ne fut pas reconnu par la cour des Deux-Siciles, et passa commissaire à Ancône, avec la mission secrète de faire insurger les Grecs et d'opérer dans l'Albanie, l'Épire et la Morée une diversion favo-rable à l'expédition d'Égypte. Se trouvant enfermé dans Ancône lors du siége de cette place (1799), il s'occupa des détails de l'administrat. intérieure, et fut un des négociateurs de la capitulat. honorable qu'obtinrent les assiégés. Rentré en France, il pu-blia en 1802 la *Défense d'Ancône et des départem. romains*, 2 vol. in-8. Nous citerons de lui : *le Mont-Joux, ou le Mont-Bernard, suivi des Vingt-sept jours, ou la Journée de Viterbe*, 1801, in-8. Mangourit mourut à Paris en 1829.

MANICHÉENS. — V. BASILIDE et MANÈS.

MANILIUS (MARCUS), poète lat., dont le lieu de naissance n'est point connu, vivait vers la fin du règne d'Auguste. Son ouvr. intit. : *Astronomicon* (les astronomiques), est resté ignoré jusqu'au règne de Constantin. A cette époque Julius-Firmicus, en ayant recouvré une copie imparfaite, y ajouta un commentaire ou plutôt le traduisit en prose. Pogge découvrit ce poème dans le 15e S.; et Muller (Re-giomontanus) le publia le prem. à Nuremberg, 1473, petit in-fol. Parmi les édit. subséquentes, nous citerons celles de Strasbourg, 1655, in-4, avec les notes de Scaliger; de Paris, 1679, in-4, avec les notes de Michel Dufay, qui fait partie de la collect. *ad usum Delphini*; de Londres, 1739, in-4, avec les notes de R. Bentley; de Strasbourg, 1767, in-8, *cum notis Bentleii et variorum*, et

enfin de Paris, 1786, 2 vol. in-8, avec les notes et la trad. franç. de Pingré.

MANLEY (MARIE), née vers la fin du 17e S. à Guernesey, dont son père était gouvern., fut con-duite à Londres par un de ses parents, devenu son époux, quoiqu'il fût déjà marié, et qui l'abandonna bientôt. Après avoir été quelq. temps lectrice de la duchesse de Cleveland, maîtresse de Charles II, mistress Manley essaya de tirer parti de l'éducat. soignée qu'elle avait reçue, écrivit pour le théâtre, composa des romans, des poèmes, des écrits poli-tiques, et fut, après la mort de Switt, chargée de la rédaction de l'*Examiner*, dont elle s'acquitta pendant plus. années avec habileté. Ses occupat. littér. ne l'empêchèrent pas de se livrer à la dissi-pation; elle mourut en 1724. Le plus connu de ses ouvrages, et le seul qui ait été trad. en franç. est l'*Atlantis*, La Haye, 1713, 2 vol. in-8. C'est un recueil d'aventures scandaleuses, entremêlées de vues politiq. et de portraits satiriques calqués sur des personnages vivants. Les autres productions de mistress Manley sont tombées dans l'oubli.

MANLIUS CAPITOLINUS (M.), consul l'an de Rome 562 (av. J.-C. 592), remporta sur les Èques, au mont Algide, une victoire qui lui mérita les honneurs du triomphe. Deux ans après les Gaulois s'étant rendus maîtres de Rome, Manlius s'enferma dans le Capitole avec le sénat et l'élite de la jeu-nesse. L'ennemi ayant tenté de surprendre la for-teresse à la faveur de la nuit, il se réveilla au cri des oies, et renversa les Gaulois, déjà parvenus sur la muraille. Cet exploit lui valut le surnom de Capitolinus. Dans la suite mécontent du sénat, qui prodiguait les honneurs à Camille, son rival, il passa dans le parti de la multitude et proposa d'a-bolir les taxes qui pesaient sur les citoyens. Le dictateur Cornélius-Cossus le fit arrêter; mais le peuple le remit en liberté. Cet événement rendit Manlius plus audacieux, et les patriciens effrayés l'accusèrent d'aspirer à la royauté. Les tribuns de-vinrent eux-mêmes ses accusateurs, et le peuple, après avoir refusé de le condamner dans le Champ-de-Mars, d'où l'on apercevait le Capitole, fut con-voqué dans un autre endroit, et prononça la sentence fatale. Manlius fut précipité du haut de la roche Tarpéienne (370 av. J.-C.). Sa maison fut rasée et l'on défendit à ses descendants de porter le surnom de Marcus. La conspirat. de Manlius est le sujet d'une trag. de Lafosse, restée au théâtre.

MANLIUS-IMPÉRIOSUS (L.), père du célèbre Manlius Torquatus, fut nommé dictateur l'an 565 avant J.-C.; mais les tribuns soulevèrent le peuple contre lui et le forcèrent d'abdiquer. Son despo-tisme et ses violences lui firent donner le surnom d'*Impériosus*. Il ne montrait pas moins de hauteur et de dureté dans l'intérieur de sa famille (v. l'art. suivant), et peu s'en fallut qu'il ne fût accusé en sortant de charge.

MANLIUS TORQUATUS (L.), fils du précédent, fut relégué par son père à la campagne avec les esclaves, parce qu'il avait dans la prononciation un défaut qui devait l'empêcher de parvenir aux charges. Le jeune patricien languissait dans cet état humiliant, quand le tribun Pomponius accusa son père au sortir de sa dictature. Aussitôt Manlius, oubliant les torts de l'auteur de ses jours, se présenta chez le tribun avec un poignard, et lui fit jurer de renoncer à l'accusat. Le peuple touché de sa générosité le nomma l'année suiv. (362 avant J.-C.) tribun des soldats. On était alors en guerre avec les Gaulois. Manlius se signala par la défaite d'un Gaulois d'une taille gigantesque, et reçut le surnom de Torquatus, parce qu'après avoir renversé son ennemi, il le dépouilla de ses armes et se para de son collier (*torques*). Dix ans après il fut nommé dictateur sans avoir encore été consul; et le fait seul de sa nomination décida les Cérites a demander la paix. De nouveau dictateur en 348 et consul en 347, 344 et 340, il se distingua dans toutes les occasions par son courage. Pendant son dernier consulat, son fils ayant accepté le défi d'un chef latin, et revenant vainqueur, Manlius le fit décapiter en présence de toute l'armée. Cette sévérité le rendit odieux aux jeunes gens, et quand il rentra à Rome en triomphe, les vieillards seuls allèrent au-devant de lui. Mme de Villedieu a fait sur cet événement une tragédie intitulée *Manlius*, 1662.

MANLIUS-TORQUATUS (T.), consul en 235 et 224 avant J.-C., soumit la Sardaigne aux Romains pendant son 2e consulat, et ferma le temple de Janus; il ne l'avait pas été depuis le règne de Numa, et il ne le fut plus jusqu'à Auguste. Il s'opposa au rachat des prisonniers après la bataille de Cannes (216), retourna en Sardaigne (215), étouffa la révolte des habitants qui voulaient se joindre aux Carthaginois, et remporta sur ces derniers une victoire décisive. L'an 212 il refusa un troisième consulat. Mais plus tard il fut nommé censeur (209), dictat. (208) et député en Grèce.

MANN (A.-T.), physicien, littérat. et antiquaire, né vers 1740 dans la Flandre autrichienne, embrassa la vie monastique après avoir terminé ses études, devint prieur de la chartreuse anglaise de Nieuport, sollicita sa sécularisat. pour pouvoir se livrer plus particulièrem. aux sciences, fut pourvu d'un canonicat de la collégiale de Tournai, et mourut vers 1810. Il était secrét. perpétuel de l'acad. de Bruxelles, membre de la soc. royale de Londres, des académ. de Liége, Manheim, Milan, etc. On a de lui : *Mém. sur les diverses méthodes inventées pour garantir les édifices des incendies*, Bruxelles, 1778, in-4; Lyon, 1779, in-8. — *Tableau des monnaies*, etc., *des différ. nations*, 1779, 1788, in-8. — *Pour et Contre les spectacles*, 1782, in-8. — *Descript. de la ville de Bruxelles*, etc., 1785, 2 vol, in-8. — *Introduct. à la géographie, la polit.*, etc., 1786, in-8. — *Mém. sur les gr. gelées et leurs effets*, 1792, in-8. — Une édit. du *Dictionnaire géogr. de Vosgien* (Ladvocat), 1792, 2 vol. in-8. — *Tables chronolog. de l'hist. universelle, dep. 1700 jusqu'à la paix de* 1802 (Paris), 1804, in-4. — *Principes métaphysiques des êtres et des connaissances*, Vienne, 1807, in-4. — Un grand nombre de *Mém.*

et de *Dissertat.* scientifiques et historiq., dans le *Recueil* de l'acad. de Bruxelles.

MANNE (Louis-Charles-Joseph de), l'un des conservateurs de la biblioth. du roi, né à Paris en 1773, mort en 1832, s'occupa de recherches géographiques. Il publia en 1802 une *Notice raisonnée des ouvrages de d'Anville*, à laquelle Barbier du Bocage fournit des remarques et quelques détails. Seul propriétaire des planches gravées, des dessins et du fonds des cartes de d'Anville, il se proposait de donner une édition complète de ses *OEuvres*, en 6 vol. in-4; mais les 2 prem. ont seuls paru.

MANNI (Dominique-Marie), célèbre impr., grammairien et antiquaire, né à Florence en 1690, mort dans cette ville en 1788, publia un grand nombre d'ouvr. dont le catalogue se trouve à la suite de son *Éloge*, par le comte Tomitano, Venise, 1789, in-4. Manni s'attacha surtout à donner de nouv. édit. d'anciens ouvr. ital., enrichis de préfaces, de notes et d'addit. Il avait beauc. étudié l'hist. de la Toscane, et il en a éclairci les points les plus intéressants par des dissertat. publ. séparém., ou dans des ouvr. périodiques. Il était membre de l'acad. de la Crusca et de plus. autres. Ses ouvr. les plus import. sont : *Lezioni di lingua toscana*, 1737, in-8, réimpr. plus. fois. — *Degli occhiali da naso inventati da Salvino Armati trattato*, 1738, in-4.— *Istoria del decameron de Boccanio*, 1742, in-4, livre plein de curieuses recherches ; et la *Vita di Aldo Pio manuzio*, 1759, gr. in-8.

MANNORY (Louis), avocat au parlement, né à Paris en 1696, mort en 1777, était lié avec Voltaire, dont il avait été le condisciple sous le P. Porée : mais cette liaison fut rompue lorsque Mannory se chargea de la cause de Travenol contre le poëte. De là les épithètes injurieuses dont celui-ci accabla l'avocat, qui s'en vengea en publiant un recueil de *Libelles* contre l'aut. de la *Henriade*. On a de Mannory : *Plaidoyers et Mémoires*, etc., Paris, 1759, 18 vol. in-12. — Trad. franç. de l'*Orais. funèbre de Louis XIV* du P. Porée. — *Observat. sur la Sémiramis de Voltaire*, 1749, in-8. — *Apologie de la nouv. tragédie d'OEdipe* (de Voltaire), 1719, in-8 de 20 p. — *Voltariana, ou Éloges amphigouriq. de F.-M. Arouet*, 1748, in-8.

MANNOZI (Jean), peintre célèbre, dit *Jean de St-Jean*, d'un village près de Florence, où il naquit en 1576, mort en 1636, à 46 ans, réussit particulièrement dans la peinture à fresque : ses couleurs sont, après deux siècles, aussi fraîches que si elles venaient d'être employées, et ses bas-reliefs si parfaitement imités qu'il faut y porter la main pour s'assurer que ce ne sont pas des sculptures.

MANOEL (Francisco do Nacimento), poëte lyrique portugais, né en 1734 à Lisbonne, d'une famille distinguée, fut en 1778 réduit à chercher en France un refuge contre l'inquisition. Des rivalités littér. n'avaient pas peu contribué à appeler sur sa tête le glaive du St-office; mais c'est avec quelq. fondem. qu'on lui reprochait la hardiesse de ses sarcasmes contre les moines. Désigné comme chef d'un complot anti-religieux, il allait être saisi dans sa demeure même quand, y retenant enfermé le chevalier de l'ordre du Christ chargé de son arrestation, il en sort lui-même à la hâte, renversant tout ce qui s'oppose à sa fuite, et va se jeter dans les bras de quelq. Français, ses admirat. non moins que ses amis dévoués : au moyen de leur assistance, et grâce surtout à sa rare présence d'esprit, il parvient à se soustraire au terrible tribunal, dont il a encouru l'anathème. La persécution devait ajouter à l'illustrat. que Manoel s'était acquise ; et si pend. son long exil, qu'il passa alternativem. en France et en Hollande, il eut à regretter l'aisance, il put du moins toujours se consoler dans le doux commerce des lettres et de l'amitié. Manoel n'avait révélé qu'assez tard les heureuses dispositions dont il était doué : ce fut l'amour qui développa en lui le germe d'un génie que faillirent étouffer les études scolastiques. Pendant les 40 prem. années de sa vie, les inspirations de la galanterie, fécondant sa muse, lui prêtèrent aussi ces grâces naïves auxq. il devait plus tard associer la raison profonde et le goût pur des modèles de l'antiquité, en même temps que l'élégante verve des aut. classiques de la littérature moderne. En parcourant les compositions originales de ce poète, on a peine à concevoir qu'il ait pu recueillir assez de richesses littér. pour traiter avec tant de facilité, et d'une manière si supérieure, les divers genres dans lesquels il s'est exercé. Outre un nombre considérable de *Pastorales, Romances, Sonnets*, etc., la littérat. portugaise lui est redevable d'une élégante traduction du livre *de Rebus gestis Emmanuelis magni*, par l'évêque Osorio ; d'une autre des *Fables* de Lafontaine, de div. imitations de poèmes allem., angl., ital., et enfin d'une gr. quantité d'*Odes, Épîtres, Satires, Dithyrambes bacchiq.*, etc. Le recueil des *Poésies* de F. Manoel, sous le titre de *Versos de Filinto Elysio* (son surnom acad.), a été publ., Paris, 1818-19, 11 vol. in-8. Sous celui de *Poésies lyriques portugaises*, etc., A. M. Sané avait donné précédemm. la trad. d'un choix de ses odes, 1808, in-8. C'est à ce gr. poète que M. A. de Lamartine a adressé sa belle *Ode sur la Gloire*. Manoel mourut à Paris en 1819.

MANRIQUE (Ange), évêque de Badajoz, né vers 1577 à Burgos, mort en 1649, est aut. de plusieurs ouvr., dont le seul important est : *Annales cistercienses, seu veriùs ecclesiast. annal. à condito Cistercio*, Lyon, 1642-49, 4 vol. in-fol.—MANRIQUE (Sébastien), relig. augustin, fut missionn. apostolique dans les Grandes-Indes de 1628 à 1641, et à son retour publia : *Itinerario de las misiones en la India oriental, con una sumaria relacion del impèrio de Xa-Ziahan Corrombo Gran-Mogol, y de otros reyes infideles*, Rome, 1649, in-4.

MANSART (Franç.), archit., né à Aix en 1598, d'une famille originaire d'Italie, fut élève de son oncle Germain Gautier, architecte du roi, et fit des progrès rapides dans son art. Ses prem. ouvrages furent la restaurat. de *l'hôtel de Toulouse*, le *château de Berny*, une partie de celui de *Choisy-sur-Seine*, et le *château de Blois*, non achevé. La reine

Anne d'Autriche lui confia l'érect. du *Val-de-Grâce*. Il en était au 1er étage quand d'autres furent chargés de le terminer. Il bâtit ensuite *l'Église des dames de Ste-Marie* de Chaillot, le *château de Maisons* près de St-Germain-en-Laye, et mourut à Paris en 1666. C'est lui qui a inventé cette sorte de couverture brisée, qu'on a appelée de son nom *mansarde*. — MANSART (Jules Hardouin), prem. archit. et surintendant des bâtiments du roi, né à Paris en 1645, était fils de Jules Hardouin, prem. peintre du cabinet du roi, qui avait épousé une sœur de Franç. Mansart. Placé sous la direct. de son oncle, il sut profiter habilem. de ses leçons, et pour lui témoigner sa reconnaiss. voulut en porter le nom. Ayant eu le bonheur de plaire à Louis XIV, par ses talents et les grâces de son esprit, Mansart fut chargé des travaux d'architect. les plus importants de son règne. Il éleva les châteaux de *Marly* et du *Grand-Trianon*, celui de *Clagny*, la maison de *St-Cyr*, la *Place Vendôme*, celle des *Victoires*, etc., et mit le sceau à sa réputat. par la construct. du *château de Versailles* et de *l'hôtel des Invalides*. Tous ces trav. et la faveur constante de Louis XIV lui procurèrent une fortune très considérable. Il mourut presque subitem. à Marly en 1708. Son tombeau, placé dans l'église de St-Paul à Paris, et sculpté par Coysevox, fut transféré pendant la révolution dans une salle du Musée des monuments français. Il a été replacé dans une église lors de la suppress. de cet établissement.

MANSFELD (Pierre-Ernest, comte de), d'une des maisons les plus illustres d'Allemagne, né en 1517, mort à Luxembourg en 1604, avec le titre de prince de l'empire, commandait dans Ivoi sous le duc d'Albe, quand cette place fut prise par les Français, et il y fut fait prisonnier. Il servit depuis les catholiques à la bataille de Moncontour, et fut gouvern. d'Avesne, de Luxembourg et de Bruxelles. L'abbé Schannat a publ. *l'Hist. du comte de Mansfeld*, 1707, in-12.

MANSFELD (Ernest de), fils naturel du précéd., et l'un des plus gr. généraux du 17e S., né à Malines en 1585, fit ses prem. armes sous le comte Charles de Mansfeld, son frère (mort sans postérité en 1595), et passa ensuite au service du duc de Savoie, qui le créa marquis de Castel-Nuovo. A la paix, il prit parti pour les Bohèmes, révoltés contre l'emp., embrassa la religion réformée pour leur inspirer plus de confiance, fut investi du commandement en chef, força le comte de Bucquoi, gén. des impériaux, à évacuer tout le pays, et détermina les habitants à se choisir un roi pour assurer leur indépendance. Les insurgés se réunirent sur l'électeur palatin. Attaqué de nouveau, il se défendit long-temps avec des forces inférieures, opéra sur le Bas-Palatinat une sav. retraite (1621), ravagea l'Alsace l'année suiv., défit successivem. les Bavarois et les Hessois, alliés de l'Autriche, transporta ensuite le théâtre de la guerre dans les Pays-Bas, battit les Espagnols à Fleurus, et se retrancha si bien dans l'Oost-Frise, que le gén. autrichien Tilly n'osa pas tenter de l'en chasser. Ayant licencié ses troupes, il vint en France, puis alla en Angleterre, demander des secours pour rétablir l'électeur palatin sur le trône de Bohême. Rentré én Allemagne (1625) à la tête de 3,000 Écossais, Mansfeld, battu par le fameux Wallenstein, se retira dans la marche de Brandebourg, où il reçut de nouv. secours de l'Angleterre et du Danemarck, traversa la Silésie et la Moravie, et gagna Jablouka, où il fut joint par le duc de Saxe-Weimar; mais ayant appris que le prince de Transylvanie Betlem-Gabor venait de faire sa paix avec l'emper., il remit le commandem. au duc de Saxe-Weimar, et résolut de passer à Venise pour chercher de nouvelles aventures. Arrivé à Vranovitz, petite ville de Bosnie, il y tomba malade. Sentant sa fin approcher, il se fit revêtir de son uniforme, et expira debout, appuyé sur deux servit., le 4 nov. 1626. Telle fut la fin de ce gr. capit., qui, par ses qualités guerrières et politiq., avait forcé ses ennemis mêmes à l'admirer.

MANSFIELD (William MURRAY, lord, comte de), homme d'état, né en Écosse en 1705, fut amené à Londres dès l'âge de 3 ans, fit ses études à Oxford, voyagea en France et en Italie, et entra au barreau en 1730. Il s'y distingua, devint bientôt un des jurisc. les plus renommés, fut chargé d'importantes affaires, et les traita toutes avec habileté. Élevé en 1742 à la dignité d'avocat-génér. (*sollicitor*) et nommé membre de la chambre des communes, il y soutint avec un talent remarquable l'administrat. de lord Bath, prem. ministre. Après avoir été appelé successivem. aux emplois de procureur-gén. (*attorney*) (1754), de grand-juge ou présid. du banc du roi (*lord chief justice*) (1756), de chancelier de l'échiquier, *pro tempore*, lord Mansfield mourut en 1793. On lui a long-temps attribué un écrit intitulé : *Contre la prérogative de suspendre et de dispenser;* mais on sait que ce pamphlet est des lords Temple et Littleton, et d'une troisième personne dont le nom n'est pas connu. On peut consulter pour plus de détails sur lord Mansfield la *Vie* de ce magistrat par J. Holliday, Londres, 1797, in-4.

MANSI (Jean-Dominique), savant prélat, né à Lucques en 1662, entra dans la congrég. des clercs de la mère de Dieu, professa la théologie à Naples pend. plus. années, revint ensuite dans sa patrie, s'y livra à des travaux théolog. et histor., qui lui acquirent une gr. réputation, fut pourvu de l'archevêché de Lucques par le pape Clément XIII en 1765, et mourut en 1769. On a de lui, entre autres ouvr. : *Tractat. de casibus et excommunicationibus episcopis reservatis*, 1724, 1739, in-4; la trad. lat. du *Dictionn.* de la Bible, ainsi que des *Dissertat.* préliminaire et du *Comment.* sur l'Anc. et le Nouv.-Testam. par D. Calmet; un gr. nombre d'édit., parmi lesq. nous citerons : *Pii II (Æneæ Silvii) orat. polit. et eccles.*, Livourne, 1752, in-4. — *Sacrorum conciliorum nova et amplissima collectio*, etc., Florence et Venise, 1757 et années suiv., 31 vol. in-fol.; dans cette édit. est refondu le *Supplément,* 1748-52, 6 vol. in-fol., qui

compl. les différ. collect. des conciles publ. précédemment. Ant. Zatta a publ. : *Comment. de vitâ et scriptis J. D. Mansi*, etc., Venise, 1772.

MANSION (Colard), auteur et imprimeur, mort en 1484 à Bruges, où il avait apporté l'art de l'imprimerie en 1471. Le premier livre sorti de ses presses est le *Jardin de dévotion* (1473 ou 74). On lui doit comme traduct. : *les Métamorphoses d'Ovide moralisées*, 1484, in-fol., Paris, 1493, in-fol. — *De la pénitence d'Adam*, resté MS., etc. Une curieuse *Notice* sur Colard Mansion a été publiée par van Praët, 1829, gr. in-8, avec quatre *fac simile*.

MANSO (Jean-Baptiste, marq. de VILLA), littérat., né à Naples en 1570, mort dans cette ville en 1645, est moins connu par les ouvr. qu'il a publiés que par la fondat., dans sa patrie, d'une école destinée à instruire la jeune noblesse dans la piété, dans les sciences et la connaissance des beaux-arts, dans les exercices gymnastiq. et milit. Il obtint de la cour d'Espagne que ses biens seraient affectés à cette institution, nommée le *Collège des nobles*. Intime ami du célèbre et malheureux auteur de la *Jérusalem délivrée*, l'ouvrage dans lequel il a rassemblé les particularités de la vie de ce gr. poète, est le seul qui soit recherché. L'édit. de sa *Vita di Tasso*, Rome, 1634, in-12, est très estimée; mais la meilleure est sans contredit celle qu'a publiée le savant M. Gamba, 1825, in-16.

MANSON (Jean), capit. de l'amirauté, tué en 1658 dans un combat naval entre les Suédois et les Danois, est auteur d'une *Descript. nautique de la Baltique* (en suédois), Stockholm, 1644, réimpr. plus. fois (l'édit. la plus récente est de 1749), et trad. en allem. — V. Manzon.

MANSOUR (Abou-Djafar-Abdallah II al), 2e khalyfe de la dynastie des Abbassides, succéda à son frère Abou'l-Abbas-al-Saffah l'an 136 de l'hég. (754). Les prem. actes de son règne furent l'assass. de son oncle Abdallah, proclamé khalyfe à Damas, et celle d'Abou-Moslem, général de ses armées, deux personnages qui avaient le plus contribué à l'élévation de sa maison. Il entreprit ensuite quelques expédit. contre les Grecs, contre la faction des Ommiades et contre les Alydes, fonda la ville de Bagdad, qui devint le siége de l'empire musulman, fit quelques conquêtes au nord de la Perse et dans l'Asie-Mineure, perdit l'Espagne, qui fut pour jamais enlevée aux Abbassides par les Ommiades, persécuta les chrétiens de Syrie et de Mésopotamie, et mourut près de la Mekke l'an 158 (775). Il fut le premier khalyfe qui ait protégé les sciences et les lettres : sous ce rapport il prépara les règnes glorieux d'Haroun-al-Raschid et d'Al-Mamoun (*v.* ces noms).

MANSOUR-BILLAH (Abou-Thaher-Ismael al), 3e khalyfe fathimite d'Afrique, succéda à son père Caïm-Beamr-Allah l'an 334 de l'hég. (946), vainquit un imposteur nommé Abou-Yezid, qui, sous le règne précéd., s'était emparé de presque tout l'empire musulman d'Afrique, envoya l'un de ses émirs en Sicile pour gouverner cette île à titre de fief hérédit., et mourut à Mahadiah en 341 (953). Les histor. arabes louent le courage et l'éloquence de ce khalyfe.

MANSOUR Ier (ABOU-SALEH AL), 6e prince de la dynastie des Samanides, succéda encore enfant à son frère Abd-el-Melek Ier sur le trône de la Transoxane en 350 de l'hégyre (961); son règne fut l'époque de la décadence de l'empire samanide. Il mourut en 365 ou 566 (976-77), et eut pour successeur son fils Nouh II. — MANSOUR II (Abou'l-Hareth al), fils et success. de Nouh II, monta en 587 (997) sur le trône chancelant des Samanides, et fut déposé en 389 (999), par deux de ses émyrs, qui lui crevèrent les yeux, et mirent à sa place son frère Abd-el-Melek II.

MANSOUR (ABOU'L-CASSEM AL), 5e prince de la dynastie des Zairides ou Sanhadjites, succéda à son père Youçouf dans la souveraineté de l'Afrique-Septentrionale, de la Sicile et de la Sardaigne en 375 de l'hég. (984), et mourut en 386 (996). Aboulfeda loue la valeur et la générosité de ce prince, que d'autres histor. représentent comme un tyran sanguinaire.

MANSOUR (ABOU-AMER-MOHAMMED AL), l'un des plus fameux capit. qui aient paru chez les Maures d'Espagne, né à Torres près d'Algésiras en 327 (939), étudia à Cordoue, fit de rapides progrès dans les sciences, embrassa le parti des armes, parvint aux prem. grades, et mérita par ses exploits le surnom d'al Mansour (l'invincible). A la mort du khalyfe al Hakem II, appelé à la régence de Cordoue, il gouverna le royaume avec sagesse, porta la terreur des armes musulmanes dans toutes les parties de l'Espagne occupées par des princes chrétiens, en Castille, dans le roy. de Léon, en Navarre, en Catalogne, en Galice, jusque dans le Portugal, et mourut à Medina-Cœli l'an 592 de l'hég. (1002), du chagrin que lui causa la perte de la bataille de Calatanazor (dans la Vieille-Castille), où 50,000 Maures restèrent sur le champ de bataille, au dire des historiens espagnols. — Son fils ABOU-MERWAN-ABDEL-MELEK AL MODHAFFER lui succéda dans la régence, et mourut en 399 (1008), laissant le gouvernem. à son frère Abd-er-Rahman-al-Nasser, dont l'incapacité et les vices préparèrent la chute du khalyfat d'Occident.

MANSOUR (ABOU-YOUÇOUF-YACOUB AL MODJAHEB AL), 4e prince de la dynastie des Almohades (Mowahedoun), succéda à son père Abou-Yacoub-Youçouf sur le trône de l'Afrique-Septentrionale en 580 (1184). En lui s'éteignit la grandeur des Mowahedoun, qui disparut entièrem. sous son success., et après 15 ans d'un règne de guerres et de révoltes, il mourut à Salah en 595 (1199), laissant le roy. à Mohammed-al-Nasser, son fils.

MANSOUR (CHAH), 5e et dernier sulthan de la dynastie des Modhafériens, fils de Modhaffer et petit-fils de Mobarezz-Eddyn-Mohammed, fondat. de cette même dynastie dans la Perse-Méridionale, vainquit, après la mort de son oncle Chah-Choudja (l'an de l'hég. 786), ses compétit. à l'empire, s'empara du trône en 790, et eut à soutenir contre Timour-Khan (Tamerlan) une guerre où, malgré sa valeur, il fut forcé de céder au nombre. Poursuivi dans sa retraite sur Chiraz, atteint et renversé de cheval, il fut tué par un des officiers de Chah-Rokh, fils de Tamerlan, et sa tête fut portée à ce dern. l'an 795 (1393).

MANSTEIN (CHRISTOPHE-HERMANN de), né à Pétersbourg en 1711, servit long-temps, avec distinction, dans les armées de la Russie en qualité de colonel, passa au service de Prusse en 1745, fut nommé général-major d'infanterie en 1754, et fut tué près de Leutmeritz en 1757. Cet officier joignait aux talents milit. le goût de l'étude et la connaissance de la plupart des langues de l'Europe. On a de lui : Mém. histor., polit. et milit. sur la Russie de 1727 à 1744, Lyon, 1772, 2 vol. in-8. Hume, ayant reçu l'original franç. de ces mém., les fit traduire en anglais, et les publia à Londres. Il en parut bientôt après une traduct. allem. à Hambourg.

MANTEGNA (ANDRÉ), peintre et graveur, né à Padoue en 1430, mort en 1505, fut élève de Squarcione. Il a composé un gr. nombre de tableaux et de fresques dans le genre histor., où l'on remarque de la pureté dans les contours, de la beauté dans les formes, de la suavité dans le coloris, mais aussi une gr. négligence dans l'expression, et il a gravé lui-même plus. de ces composit. Le musée possède quatre des dern. et des plus beaux tableaux de cet artiste. L'un, et c'est le plus remarq., la Vierge de la victoire, représente la Vierge assise sur un trône, tenant l'enfant Jésus sur ses genoux, accompagnée des SS. protect. de Mantoue, etc.; les trois autres : le Parnasse, les Vices chassés par la Vertu et le Christ entre les larrons. Le musée possède encore deux dessins à la plume d'André, auquel plus. écriv. ital. attribuent l'invention de la gravure au burin. Les pièces gravées par lui sur cuivre et sur étain sont au nombre de 23. On peut en lire la descript. dans le Manuel des amateurs. —Ses deux fils, dont l'un portait le nom de François, terminèrent avec succès les peintures à fresque entreprises par leur père dans le château de Mantoue, et lui élevèrent un mausolée dans la chapelle de St-André, dont leur père avait exécuté le maître-autel, et dont ils avaient eux-mêmes peint les tableaux latéraux. — MANTEGNA (Charles), de la même famille, enseigna son art avec succès à Gènes vers 1514, on croit qu'il eut part aux travaux que les deux fils d'André exécutèrent dans le château de Mantoue.

MANTICA (FRANÇ.), card., né à Udine en 1534, enseigna le droit à l'univ. de Padoue, devint auditeur de rote, reçut le chapeau de card. des mains de Clément VIII, et mourut à Rome en 1614. On a de lui : De conjecturis ultimarum voluntatum lib. XI, 1734, in-fol., bonne édit. d'un ouvr. qui peut encore être utilem. consulté. Les autres écrits de Mantica n'offrent pas le même intérêt.

MANTOUAN (BAPTISTE), célèbre poète latin, né en 1448 à Mantoue, était fils naturel d'un gentilhomme de cette ville, qui, charmé de ses heureuses dispos. pour les lettres, les cultiva avec le plus grand soin. Ses études terminées, il entra dans l'ordre des carmes, dont il fut élu supérieur-général en 1513. Ayant inutilem. tenté d'y introduire la réforme, il se démit de sa dignité et se retira dans sa ville natale, où il mourut en 1516. Ses compatriotes le placèrent près de l'auteur de l'*Énéide*, né comme lui à Mantoue ; mais la postérité plus équitable n'a vu dans le nouveau Virgile qu'un versificat. fécond, mais diffus et sans génie. Ses *OEuvres*, recueillies vers la fin du 15e S. en un vol in-fol., ont été réimpr. plus. fois ; l'édit. la plus complète est celle d'Anvers, 1576, 4 vol. in-8, rare et recherchée. On y trouve *dix Églogues* qui ont été trad. en franç. par Michel d'Amboise, Paris, 1530, in-4 ; un poème en III livres, dont *St Nicolas* est le héros ; la *Parthenice Mariane* et la *Parthenice de Ste Catherine* ; les éloges des saints sous le titre des *Fastes*, en XII livres, etc. Un des confrères de Mantouan, le P. Florido Ambrosi, a publié sa *Vie* en ital., Turin, 1785, in-8.

MANUCE (ALDE), *Aldo Pio Manuzio*, dit *l'Ancien*, chef des impr. de ce nom, si justem. célèbres, né à Bassiano (bourg de l'état romain) en 1447, fit ses études à Rome, apprit le grec à Ferrare sous J.-B. Guarini, se lia avec le célèbre Pic de la Mirandole, et forma le projet d'établir une imprimerie destinée à multiplier les meilleurs ouvr. des auteurs grecs et lat. Secondé dans ce dessein par les princes de la Mirandole et de Carpi, il se rendit à Venise en 1488, y organisa son atelier typograph., et se plaça bientôt au prem. rang des imprimeurs. La guerre l'ayant obligé de s'éloigner de Venise en 1506, ses propriétés furent envahies et pillées, et lui-même fut fait prisonnier. Rendu à la liberté, il reprit dès l'année suiv. le cours de ses travaux; mais les pertes qu'il avait éprouvées l'empêchèrent d'entreprendre de grands travaux, et son imprimerie languit jusqu'en 1512, époque où il forma avec son beau-père, André Toresano, une société dont il restait le chef, et qui le mit à même de donner à son atelier une nouvelle activité. Il était sur le point de publier une Bible en 5 langues lorsqu'il mourut en 1515. Le prem. ouvr. sorti de ses presses est le poème d'*Héro et Léandre* de Musée, en grec et en lat. (1494), qui fut suivi de la *Grammaire* de Lascaris, de celle de Théodore de Gaza, des *OEuv.* de Théocrite, d'Aristote, etc. Ce fut Manuce qui conçut l'heureuse idée de publier une collection de classiques lat. dans un format plus commode que l'in-folio, exclusivem. usité jusqu'alors. Ses édit. grecques sont moins correctes que ses édit. lat. et ital.; mais il faut remarquer qu'il n'eut souv. qu'un MS. incomplet ou à demi-effacé pour reprod. tel ouvr., dont on doit la conservation à sa laborieuse patience. Manuce est auteur de plus. ouvr. qui auraient suffi pour le placer à un rang distingué parmi les savants de son siècle, s'il n'en eût été le prem. imprimeur. Nous citerons comme les plus remarq. : *Rudimenta grammat. ling. lat.*, etc., Venise, 1501, in-4, prem. édition, très rare. — *Grammat. institut. gr.*, 1515, in-4.—*Dictionnar. gr.-lat.*, 1497, in-fol. — *De metris horatianis,*

souv. réimpr. dans le 16e S., et dans l'édit. d'Horace publiée par Combe, Londres, 1792. On doit à Manuce plus. trad. d'anc. ouvr. grecs, tels que la *Batrachomyomachie* d'Homère, les *Vers dorés* de Pythagore, les *Fables* d'Ésope, etc. Sa *Vie* a été écrite par Nuger (Wittemberg, 1753, in-4, 2e édit.), et par Manni : cette dern. est la meilleure. — Paul MANUCE, fils du précéd., né à Venise en 1512, eut une prem. éducat. négligée ; mais les anc. amis de son père lui facilitèrent ensuite les moyens de se livrer à son penchant pour l'étude. Après la mort de son aïeul maternel, André Toresano (Turisan), il fit avec ses oncles un accord au moyen duquel il resta à la tête de l'imprim. paternelle, qu'il rouvrit en 1533. S'aidant, à l'exemple de son père, des conseils des sav., il publia de nouvelles édit., particulièrem. des classiques lat., plus correctes que les précéd., et qu'il enrichit de préfaces, de notes judicieuses et d'*index*, dont on commençait à reconnaître l'utilité. De nouvelles tracasseries avec ses oncles lui firent suspendre ses trav. en 1538, et par suite l'association fut rompue. L'imprimerie fut rouverte en 1540 sous le nom des fils d'Alde, et reprit son ancienne splendeur. Plus. années après, dans le temps où il songeait à transporter ailleurs ses presses, il fut nommé profess. d'éloquence et direct. de l'imprimerie de l'acad. vénitienne, qui venait d'être fondée en 1558, à peu près sur le plan adopté depuis par l'Institut de France. Mais ce bel établissem. ne subsista que jusqu'en 1561, et Paul Manuce, appelé à Rome pour surveiller l'impression des ouvr. des SS. Pères, ordonnée par le pape Paul IV, s'y établit avec sa famille, et dirigea la nouvelle imprimerie qui fut placée au Capitole. Après la mort de Paul IV, le traitem. de Manuce cessant de lui être payé, ce typographe retourna en 1570 à Venise, plus pauvre qu'il n'en était parti. Deux ans après, le désir de voir sa fille, qu'il avait laissée dans un couvent, l'ayant rappelé à Rome, il céda aux instances que fit Grégoire XIII pour l'engager à reprendre ses travaux; mais l'affaiblissement de sa santé le força bientôt de renoncer à toute espèce d'occupat., et après avoir langui quelq. mois, il mourut dans la capitale du monde chrét. en 1574. Comme impr. et édit., P. Manuce est l'égal de son père ; comme écrivain et comme critique, il s'est peut-être placé à un rang supérieur. On a de lui : *Epistolarum lib. XII, præfationes*, etc., Venise, 1580, in-8, réimpr. plus. fois. — *Lettere volgari divise in IV libri*, 2e édit., 1560, in-8, la plus complète et la meilleure. — *De gli elementi e di loro notabili effetti*, 1557, in-4. — *Antiquitat. romanarum liber*, etc., 1557, in-fol., 1559, 1569, in-8. — *Liber de senatu romano*, 1581, in-4. — *De comitiis Romanorum*, Bologne, 1585, in-fol.—*De civitate romanâ*, Rome, 1585, in-4 : ces 4 dern. traités ont été insér. par Grævius dans le *Thesaur. antiquitat. roman.* — Une trad. lat. des *Philippiques* de Démosthène, 1549, 1552, in-4 ; des. *Comment.* estimés sur les *Lettres* et les *Oraisons*, et des *Scolies* sur les *Livres orat. et philosoph.* de Cicéron. — Alde MANUCE, dit *le Jeune*, fils aîné de

Paul, né à Venise en 1547, annonça des disposit. prématurées que son père prit soin de cultiver. A l'âge de 11 ans il écrivit et publia lui-même les *Élégances des langues latine et ital.*, et trois ans après il fit paraître l'*Orthogr. ratio*, où l'on trouve un système complet d'orthographe lat. fondée sur les inscript., les médailles et les meilleurs MSs. Il suivit son père à Rome en 1562, revint à Venise en 1565 prendre la direct. de l'imprimerie aldine, et fut nommé profess. de b.-lettres aux écoles de la chancellerie et secrét. du sénat. Ayant remis son imprimerie à Nicol. Manassi, l'un de ses ouvriers, il quitta Venise en 1585 pour aller remplir à Bologne une chaire d'éloquence, passa 2 ans après à celle de Nice, puis en 1589 à celle que Muret avait occupée à Rome avec une si gr. distinct. L'année suiv. il obtint du pape Clément VIII la direction de l'imprimerie du Vatican, et mourut en 1597 d'une suite de débauche. Manuce-le-Jeune dut peut-être sa réputat. moins à son propre mérite qu'à la célébrité de son père et son aïeul. On a de lui : *Eleganze, insieme con la copia della lingua toscana e latina*, 1558, etc., in-8.—*Orthogr. ratio, collecta ex libris antiquis*, etc., 1561, 1566, in-8. — *Epitome orthogr.* (abrégé de l'ouvr. précéd.), 1575, in-8.—*Discorso intorno all' eccellenza delle repubbliche*, 1572, in-4, réimpr. sans nom d'aut. à la suite de l'ouvr. intit. : *Repubblica di Venetia*, 1591, in-8.—*Locuzioni delle epistole di Cicerone*, 1575, in-8. — *De quæsitis per epistolam libri III*, 1576, in-8. — *Oratio in funere B. Rottarii*, etc., 1578, in-4. — *Il perfetto Gentil-Uomo*, 1584, in-4. *Locuzioni di Terentio*, 1585, in-8. — *La Vita di Cosimo I de Medici*, etc., 1586, in-fol.—*Le Azioni di Castruccio Castracano*, 1590, in-4. — *Lettere volgari*, 1595, in-4.—*XXV discorsi politici sopra Livio*, etc., 1601, in-8.—Quelq. autres *Discours* et *Opuscules* littér. Apostolo Zeno a publié une très bonne *Notice* sur A. Manuce-le-Jeune en tête des *Epistole famigliari di Cicerone, trad.*, etc, Venise, 1756, 2 vol. in-8. On peut consulter les *Annales de l'imprimer. des Alde*, par A.-A. Renouard, Paris, 1825-26 (2e édit.), 5 vol. in-8, fig.

MANUEL (don JUAN), petit-fils de Ferdinand III et neveu d'Alphonse X, roi de Castille, né sur la fin du 13e S., fut régent de ce royaume pendant les dernières années de la minorité d'Alph. XI. Nommé ensuite gouverneur de la Castille-Méridionale, il soutint pendant 20 ans une guerre glorieuse contre les Maures du royaume de Grenade, et mourut en 1547. Ce prince joignit la culture des lettres à ses travaux politiques et militaires, et écrivit plusieurs ouvr. en prose et en vers. Le seul qui ait été impr. est : *el Conde de Lucanor*, espèce de roman politique et moral, Séville, 1575, 2e édit., Madrid, 1642, in-4.

MANUEL (LOUIS-PIERRE), né à Montargis en 1751, entra dans la congrégat. de la doctrine chrétienne, fut ensuite répétiteur à Paris, puis précepteur des enfants d'un homme riche, embrassa les principes de la révolution avec chaleur, et devint membre de la prem. municipalité de Paris dont Bailly fut nommé maire. Appelé en 1791 aux fonctions de procureur-général de la commune, il seconda puissamment les hommes qui voulaient renverser le gouvernem. royal, et concourut à l'insurrection du 20 juin 1792, prélude du 10 août. Deux jours après il se présenta à l'assemblée législat. pour demander la translat. du roi et de sa famille au Temple, et il y conduisit lui-même ces illustres victimes. Si Manuel ne prit point part aux massacres de sept., il ne fit pas tout ce que son devoir lui prescrivait pour les empêcher. Député de Paris à la convent., ce fut lui qui déclara à Louis XVI que la royauté était abolie. Mais bientôt changeant de conduite et de langage, il accusa la ville de Paris d'être complice des assassinats de sept., qu'il appelait *la St-Barthélemi du peuple*, fit la motion (6 déc.) que le roi fût entendu, le défendit avec énergie, vota l'appel au peuple, déclara qu'il reconnaissait dans les membres de la convention *des législateurs et non des juges*, donna sa démission et ne vota point dans la question du sursis. Retiré dans sa ville natale, il y fut poursuivi par ses ennemis; et bientôt, trad. au tribunal révolutionnaire de Paris, il fut condamné à mort, et décapité le 15 nov. 1793. Manuel parlait avec facilité : il ne manquait pas d'érudit.; mais sa diction se ressent de l'emphase qu'on peut reprocher à la plupart des orateurs de la même époque. Il a laissé : *Coup-d'œil philosophique sur le règne de St Louis*, 1786, in-8. — *Lettre d'un officier des gardes-du-corps*, in-8. — *L'Année française*; 1788, 4 vol. in-12. — *Les Voyages de l'opinion dans les quatre parties du monde*, 1790. — *Opinion de P. Manuel, qui n'aime pas les rois*, 1792, in-8. — *Lettres sur la révolut.*, recueillies par un ami de la constitution, 1792, in-8. Manuel fut l'édit. des *Lettres de Mirabeau à Sophie* (Ruffey, marquise de Monier), 1791. L'ouvrage fut saisi à la requête de la famille Mirabeau; mais l'affaire en demeura là.

MANUEL (JACQ.-ANT.), membre de la chambre des députés, né à Barcelonnette (Basses-Alpes) en 1775, alla en Piémont pour y suivre la carrière du commerce sous les auspices d'un oncle riche et sans enfants. La guerre l'ayant forcé de revenir dans sa ville natale, il y servit quelq. temps dans la garde nationale. Il entra en 1793 dans un bataillon de réquisition., ne tarda pas à être nommé officier, se distingua dans les campagnes d'Italie, et revint avec le grade de capitaine de cavalerie, à la paix de Campo-Formio. Il donna alors sa démission, et, s'étant décidé à suivre la carrière du barreau, il s'attacha d'abord au tribunal civil de Digne, qu'il quitta pour la cour d'Aix. Ses débuts furent brillants, et ses succès allèrent toujours croissants jusqu'au 20 mars 1815. Il fit alors un voyage à Paris, pendant lequel il apprit sa double élection à la chambre des députés par le collège de Barcelonnette et par celui du département des Basses-Alpes. Après la bataille de Waterloo, l'abdication de Napoléon et le manifeste pacifique des souverains alliés, un ministre ayant demandé la proclamation de Napoléon II, il s'ensuivit dans la chambre une violente agitat. dont les conséquences eussent été funestes, si Manuel n'eût donné le conseil de passer à l'ordre du jour qui fut adopté. Il était rapporteur de la commission chargée de présenter un projet de constitut., lorsque la chambre reçut un message par lequel le gouvernement provisoire déclarait avoir cessé ses fonctions. Cette fois encore il demanda et obtint qu'on passât à l'ordre du jour. — Manuel se fit inscrire sur le tableau des avocats de Paris, mais son admission fut indéfiniment ajournée à raison de ses opinions politiques. En 1818, élu par deux départem., il opta pour celui de la Vendée, et, rentré dans la carrière législative, prit part à toutes les discussions importantes : son opinion sur le budget de 1819 produisit une vive sensation. A l'ouverture de la session suiv., il combattit l'exclusion de Grégoire, nommé par le départem. de l'Isère, et proposa d'exposer au roi les dangers dont le trône lui paraissait menacé par les hommes qui s'en déclaraient les seuls amis. Sa mission étant terminée avec la session de 1822, il fut réélu par deux colléges du départem. de la Vendée. Le 27 février 1823, il répondait au ministre des affaires étrangères sur la question de la guerre d'Espagne, lorsqu'il fut rappelé à l'ordre pour des expressions qui blessèrent la majorité. On criait qu'il prêchait le régicide, qu'il fallait l'exclure à l'instant même de la chambre : pour mettre un terme au tumulte, le président fut obligé de lever la séance. Le lendemain M. de la Bourdonnaye demanda l'expulsion de Manuel qui put alors monter à la tribune. Il mit cette fois plus de réserve dans ses paroles : mais son expulsion définitive fut prononcée le 3 mars. Le lendemain, Manuel se présenta à la chambre, refusa d'accéder à l'invitation qui lui fut faite par le président de sortir, rejeta même un ordre signé de lui, et ne quitta son banc qu'au moment où les gendarmes, introduits dans la salle, étaient sur le point de le saisir : son but était de montrer qu'il ne cédait qu'à la force armée. Dès-lors il ne fut plus réélu. Il se livrait pourtant à de sérieuses études, dans l'espoir d'être un jour rappelé à la tribune, lorsqu'il mourut en 1827 au château de Maisons, chez M. Lafitte. La police, pour éviter les troubles, ne permit pas que le convoi de l'ancien député de la Vendée traversât Paris pour se rendre au cimetière du P. Lachaise.

MANUEL COMNÈNE, emper. grec, fils de Jean Comnène, lui succéda en 1143 au préjudice d'Isaac, son aîné, et signala son avénement au trône par une heureuse expédition contre les Turks en Bithynie. Depuis trois ans il avait épousé Gertrude, belle-sœur de l'empereur Conrad III, lorsqu'en 1147 ce prince débarqua en Thrace à la tête des troupes qu'il conduisait à la 2e croisade. Fidèle à la politique de ses aïeux, Manuel, tout en prodiguant les promesses aux croisés, ne leur facilita le passage du Bosphore que pour les mettre plus tôt en présence d'un ennemi qu'il avait informé de leur marche. Il ne fut pas plus franc à l'égard du roi de France Louis-le-Jeune. Mais une telle conduite ne demeura point impunie. Le roi de Sicile

Roger, allié des croisés, se chargea de leur vengeance : il pénètre en Grèce après avoir ravagé les côtes de l'Adriatique, s'empare de Thèbes et de Corinthe, et s'en retourne chargé de butin. A son tour Manuel se rend maître de Corfou sur les troupes de Roger ; et il n'est détourné d'une expédition en Sicile (1150) que par une révolte des Serviens, dont il fait le chef prisonnier (1151), après l'avoir vaincu en combat singulier. Cependant le roi de Sicile continuait ses agressions, et dans le même temps Andronic, cousin de l'emper., provoquait le soulèvem. des Hongrois. Manuel fait face à tout : il se rend en Arménie (1159) pour arrêter les incursions des Turks, signe à Antioche un traité d'alliance avec Raimond, dont il épouse la fille en 2e noces, et rentré dans Constantinople il a bientôt à punir la perfidie d'Azeddyn, sulthan d'Iconium, qui vient de payer sa bienfaisante hospitalité en ravageant les provinces de l'empire. De nouvelles révoltes des Serviens et des Hongrois sont encore comprimées ; et, au milieu de ces troubles intérieurs, Manuel ose entreprendre de réunir l'Égypte à son empire (1168). Cette expédition, commencée sous d'heureux auspices, ayant échoué par la trahison d'Amaury, allié de Manuel, il est contraint d'accorder la paix aux Sarrasins, qui n'attendront que l'occasion de la violer. Tandis que l'empire jouissait de quelque repos, le sulthan Azeddyn se préparait à lui porter de nouveaux coups (1175) ; mais, effrayé par l'appareil des forces que Manuel va déployer, il demande une paix qui cette fois lui est refusée. Dans sa belliqueuse impatience l'emper. repousse même les suggestions de ses plus prudents capitaines : il s'engage à la tête des siens dans d'affreux défilés près de Myriocéphales, et y est écrasé par l'ennemi, malgré des prodiges de valeur. Azeddyn est frappé de stupeur à la vue du carnage par lequel il lui faut acheter une victoire que d'abord il n'a pas osé se promettre : à son tour il dicte les conditions de la paix, l'emper., usant de représailles, la viole presque aussitôt, et défait le sulthan sur les bords du Méandre. Cet événement est le dernier de ceux qui remplissent le règne bien moins prospère que glorieux de Manuel ; ce prince, aussi habile que brave et actif, mais avare, hautain, dissolu et sans foi, expira en 1180, laissant le trône à Alexis II son fils.

MANUEL PALÉOLOGUE, emper. de Constantinople, second fils de Jean Paléologue Ier, associé à l'empire par son père en 1373, fut chargé plus spécialement du gouvernem. de la Macédoine et de Thessalonique. Amurat, empereur des Turks, dictait alors des lois aux princes grecs : Manuel essaya de se soustraire à ce joug ; mais les habitants de Thessalonique le secondèrent si mal qu'il fut obligé de se livrer entre les mains de l'empereur turk, qui se contenta de lui faire une forte réprimande. Il eut en 1387 à se défendre contre Andronic ; son frère, qui réussit à le faire enfermer ainsi que Jean, leur père, et se fit proclamer dans Constantinople. Les deux princes captifs s'échappèrent, et Andronic fut obligé de leur rendre la couronne.

Mais Bajazet, successeur d'Amurat, retint le jeune prince Manuel en ôtage à sa cour (1389). Il s'évada en 1390 à la mort de son père, et se mit en possession du trône. Bajazet furieux vint assiéger Constantinople, et ne consentit à lever le blocus qu'à condition que Manuel s'associerait Jean, son neveu, fils d'Andronic. Peu après Tamerlan envahit l'Asie et gagna la bataille d'Ancyre. Tandis que Bajazet au désespoir se donnait la mort, et que ses fils se disputaient l'empire, Manuel éloigna son neveu, reconquit les places que les Turks lui avaient enlevées, et se soutint quelque temps avec des succès variés. Il vit Amurat II devant Constantinople, avec quelques pièces d'artillerie dont l'effet était encore peu connu en Europe; mais il parvint à lui faire lever le siége, et mourut quelque temps après en 1425, laissant d'Irène sa femme 7 enfants, dont Jean Paléologue, son successeur, et Constantin Dracosès, dernier empereur de Constantinople.

MANYOKI (Adam de), peintre, né en 1673 à Szokolia, près de Novigrad en Hongrie, mort pensionn. de la cour à Varsovie, dans un âge avancé, peignit le portrait d'une manière si distinguée, qu'on ne fait pas de difficulté de le comparer au célèbre Nattier.

MANZI (Guillaume), né à Civita-Vecchia vers 1784, destiné par ses parents au commerce, entra dans la carrière des consulats; mais il ne tarda pas à la quitter pour se livrer à l'étude des langues et à la recherche des anc. MSs. Ses publicat. l'ayant fait connaître avantageusement, il visita la France et l'Angleterre pour en explorer les riches dépôts littéraires, et mourut bibliothéc. de la *Barberina*, à Rome en 1821, âgé de 37 ans. Parmi les ouvrages dont il est l'éditeur, on distingue le *Traité de la peinture* de Léonard de Vinci (Rome, 1818, 2 vol. in-4), dont Louis XVIII accepta la dédicace. — Le *Voyage de Frescobaldi en Égypte et en Palestine* (ibid., même année, 2 vol. in-4). On lui doit en outre d'excell. traduct. ital. de *Velléius-Paterculus*, 1813; et des *OEuvres complètes de Lucien*, 1819, et une *Dissertat. sur les fêtes, les jeux et le luxe des Italiens au 14e S.* Son *Éloge*, par G.-G. de Rossi, a été imprimé, Venise, 1822.

MANZOLLI ou MANZOLI (Pierre-Ange), poète latin, né à Stellata près de Ferrare au 16e S., prit par singularité, ou peut-être pour se dérober aux recherches de l'inquisit., le nom de *Marcello Palingenio* (anagramme de *Pier' Angelo Manzolli*). On ne connait ni les détails de sa vie, ni l'année de sa mort; mais on a de lui un poème curieux intit.: *Marcelli Palingenii stellati Zodiacus vitæ; hoc est de hominis vitâ, studio, ac moribus optimè instituendis*, dont la meill. édition est celle de Rotterdam, 1722, in-8. Ce poème, où l'on trouve de beaux vers, des allégories ingénieuses et parfois des réflexions très sensées, est d'une grande hardiesse. Les abus de l'Église romaine y sont attaqués sans ménagem.; et cependant rien ne prouve que l'aut. ait embrassé les principes des réformés: plusieurs critiques, tels que Bayle, Baillet, ont donné des éloges à ce poème, dont plus. poètes français, entre autres Scévole de Sainte-Marthe et Boufflers, ont

mis en vers quelques fragm.; il a été trad. en prose, avec des notes, par Lamonnerie, La Haye, 1731, 2 vol. in-12, réimpr. en 1733. L'auteur du *Zodiacus vitæ* n'a été connu qu'en 1725, époque ou Facciolati révéla son nom dans une lettre à Heumann. On attribue à ce poète, toujours sous le nom de Palingenio, un traité intit. *de Corallorum tincturâ*.

MANZON (Marie-Franç.-Clarisse ENJALRAN), née à Rodez en 1785, a obtenu une célébrité momentanée par sa conduite dans le procès des assassins du malheur. Fualdès. Sa vie antérieure n'offre point de détails remarquables: mariée contre son gré à un officier, elle en vivait séparée lorsque le hasard l'engagea dans cette cause extraordinaire. Amenée dans la maison Bancal par un motif particulier, et sous des vêtements d'homme, elle se trouva présente à la mort de Fualdès; Bastide ayant découvert sa retraite, voulut en la tuant se débarrasser d'un témoin aussi dangereux; mais Jausion la sauva en lui faisant jurer, par d'affreux serments prêtés sur le corps de la victime, de ne point révéler les détails dont elle était instruite. De là ses dénégations, ses demi-aveux, ses réticences, et le voile mystérieux dont elle s'enveloppa devant le tribunal de Rodez. Assise à Albi sur le banc des accusés, elle laissa enfin échapper le secret qui devait décider du sort des assassins de Fualdès. Le public, long-temps entretenu de la situat. réellem. peu commune où se trouvait Mme Manzon, reconnut bientôt qu'aux résultats d'une conduite inconséquente avait succédé le désir d'appeler sur elle l'attention générale, et l'intérêt qu'elle avait inspiré ne dura guère après la clôture du procès. Oubliée à Paris où elle était venue demeurer, elle y mourut en 1825. On a: *Mém. de Mme Manzon*, etc., 1818, in-8. M. Latouche est l'auteur de ces mémoires. Lorsqu'ils furent mis en vente, l'affluence des acheteurs était si grande qu'il fallut employer des gendarmes pour maintenir l'ordre. Sept édit. dans la même année purent à peine satisfaire la curiosité du public. — *Mon plan de défense dans le procès de Fualdès*, etc., 1818, in-8. — *Mme Manzon aux habitants de Rodez*, etc., 1818, in-8. — *Lettres inédites de Mme Manzon*, publ. par elle-même, etc., 2e édit. augm., 1819, in-8. On peut encore consulter: *Plaidoyer de Me Esquilat pour Mme Manzon, et Discours composé par Mme Manzon, et prononcé par elle-même*, etc.

MAPP (Marc), *Mappus*, médec. botaniste, né à Strasbourg en 1652, mort en 1701, a publié des thèses ou dissertat. médicales remarquables pour le temps où elles parurent; mais il a laissé aussi l'ouvrage auquel il doit sa réputation; c'est l'*Hist. plantarum alsaticarum*, etc., publié par J.-C. Ehrmann, 1742, in-4.

MARAÏ (Ebn Youçouf al-Mokdessi), historien arabe, périt en 1619, victime de son attachem. au parti de Mustapha, sulthan déposé. Il est auteur d'une *Hist. des khalifes et des sulthans d'Égypte*, dont Reiske a donné une trad. allemande dans le *Magasin pour l'hist. moderne et la géographie* de Busching.

MARAIS (MARIN), célèbre musicien, né en 1656 à Paris, mort en 1728, excella à jouer de la viole, et imagina le premier de faire filer en laiton les trois dern. cordes de la basse, afin de rendre cet instrument plus sonore. On a de lui div. *pièces de viole*, et les opéras d'*Alcide*, d'*Ariane et Bacchus*, de *Sémélé*, d'*Alcyone :* ce dernier passait pour son chef-d'œuvre.

MARALDI (JACQUES-PHILIPPE), astronome, né en 1665 dans le comté de Nice, s'appliqua à l'étude des mathémat., et y fit des progrès remarquables. Appelé à Paris en 1687 par le célèbre Cassini, son oncle, il cultiva l'astronomie avec succès, forma le projet de donner un nouv. catalogue des étoiles fixes, fut reçu membre de l'acad. des sc., et, peu de temps après, chargé de la prolongation de la méridienne et de la levée des gr. triangles jusqu'à l'extrémité des Basses-Alpes. Cette circonstance lui donna l'occasion de se rendre à Rome, où le pape l'employa quelq. temps au perfectionnem. du calendrier. De retour à Paris, il s'enferma à l'Observatoire pour s'y livrer presque exclusivement. aux trav. astronomiq. dont il ne se délassait qu'en s'occupant d'hist. natur. Il mourut en 1729, laissant MS. son *Catalogue d'étoiles fixes* qu'a rendu inutile l'*Atlas céleste* de M. Bode, astron. de Berlin. On a de Maraldi un grand nombre d'observations astronomiques ou physiq. dans les *Mém.* de l'acad. Fontenelle a fait son *Éloge.* — Jean Dominique MARALDI, neveu du précéd., né en 1709, fut nommé adjoint-astronome en 1731, associé à l'acad. des sciences en 1733, académic. pensionnaire en 1758, vétéran en 1772, et mourut en 1788. Il avait continué les observations météorologiq. à l'Observatoire, depuis la mort de son oncle jusqu'en 1770, époque où il se retira à Périnaldo (comté de Nice), sa patrie. On a de lui, dans le recueil de l'acad., un *Mémoire sur le mouvement apparent de l'étoile polaire vers les pôles du monde,* et plus. autres morceaux intéressants, entre autres *sur les satellites de Jupiter.* Son *Éloge* a été lu à l'Institut en 1810 par Cassini, son élève.

MARAN (D. PRUDENT), bénédictin de la congrégation de St-Maur, né à Sézanne (Brie) en 1683, s'appliqua particulièrement à l'étude des saintes Écritures et des PP., et mourut à Paris en 1762. On a de lui : *Dissert. sur les semi-ariens,* 1722, in-12. — *Divinitas D. N. Jesu Christi manifesta in script. et traditione,* 1746, in-fol. — *La divinité de Jésus-Christ prouvée contre les hérétiq. et les déistes,* 1751, 3 vol. in-12. — *La doctrine de l'Écriture et des Pères sur les guérisons miraculeuses,* 1754, in-12 : c'est une réfutation de la thèse de l'abbé de Prades. — *La grandeur de J.-C. et la défense de sa divinité,* etc., 1756, in-12. On doit encore à D. Maran l'édit. des *OEuvres* de St Justin, 1742, in-fol.

MARANA (JEAN-PAUL), historien et littérat., né à Gènes vers 1642 d'une famille noble, fut mis en prison pour n'avoir pas révélé la conjurat. ourdie en 1670 par le comte della Torre dans le but de livrer Savone au duc de Savoie, et y resta 4 ans. Il écrivit ensuite l'histoire de cette conjurat., vint à Lyon pour la faire imprimer, de là se rendit à Paris, où des protecteurs puissants le recommandèrent à Louis XIV, dont il obtint une pension, puis retourna en Italie en 1689, et y mourut dans une solitude en 1693. Outre la *Congiura di Rafaello della Torre,* etc., Lyon, 1682, in-12, on a de Marana l'*Espion du grand-seigneur dans les cours des princes chrétiens,* etc., 1684, et ann. suiv., 6 vol. in-12. C'est l'ouvr. le plus connu de cet écrivain spirituel mais un peu léger; il a été réimprimé, Amsterd., 1756, 5 vol. in-12, avec la continuat. de Cotolendi, etc. Son plus grand mérite est d'avoir donné à Montesquieu l'idée des *Lettres persanes.* Il est très inutile de citer ici les autres ouvrages de Marana, qu'on ne lit plus et qui ne méritent pas d'être lus.

MARANGONI (JEAN), savant antiquaire, né à Vicence en 1673, embrassa l'état ecclésiastique, devint chanoine d'Agnani et protonot. apostoliq., consacra aux lettres les moments que lui laissaient les devoirs de cette charge, fut nommé gardienadjoint des Sts. cimetières de Rome, et termina ses jours dans un couvent en 1753. On a de lui plus. ouvr., remplis de savantes recherches, dont on trouve la liste à la suite de son *Éloge* dans la *Storia letteraria d'Italia,* t. VII. Le plus remarq. est la dissert. : *delle Memorie sacre e profane dell' anfiteatro Flavio di Roma, volgarmente detto il Colosseo,* 1746, in-4.

MARAÑO (Fra ANTONIO), plus connu sous le nom de *Trapiste,* religieux espagnol de cet ordre, se signala, durant les troubles qui ont agité sa patrie dans ces dern. temps, par plus. actes qu'on a qualifié d'héroïsme religieux, mais qui, si leur souvenir parvient à la postérité, seront justement taxés de démence ou de fanatisme. Fra Antonio, obligé en 1824 par le gouvernement de S. M. C. de retourner au cloitre d'où une dévotion plus éclairée l'eût empêché de sortir, était déjà retombé dans son obscurité lorsqu'il mourut en 1826.

MARAT (JEAN-PAUL), l'un des personnages les plus horriblem. fameux qui aient figuré dans la révolution française, né dans la principauté de Neuchâtel (Suisse) en 1744, embrassa la profess. de médecin et l'exerça à Paris. Il obtint le titre de médecin des écuries du comte d'Artois, et parut s'occuper uniquement de sciences physiq. et d'objets relatifs à sa profession. Lorsque les prem. troubles éclatèrent en 1789, il s'en montra ardent instigateur; mais l'exagération de ses principes et l'extravagance de ses opinions ne lui attirèrent qu'un petit nombre de partisans. Bafoué dans l'assemblée dès son quartier, il s'en irritait, et dénonçait au peuple les *aristocrates* et les *assassins* qui se moquaient de lui. Les révolutionn. ne tardèrent pas à sentir que Marat pourrait leur être utile, et ils s'en emparèrent. L'un des premiers membres du club des cordeliers fondé par Danton, il devint le rédact. de l'*Ami du peuple,* journal dans lequel il consignait ses principes atroces. Dénoncé par Malouet, pour avoir dit qu'il fallait pendre 808 députés à 800 arbres des Tuileries, Mirabeau fit passer à l'ordre du jour. La commune de Paris le poursuivit, et sa demeure fut investie par les ordres de La Fayette; mais Danton le fit évader, et le boucher Legendre le cacha dans sa maison. D'autres fois il fut forcé de chercher un asile dans les caves du couvent des cordeliers; mais toutes ces poursuites ne faisaient que l'exaspérer et le rendre plus violent dans ses menaces. Peu de temps avant le 10 août, l'assemblée législat. le décréta d'accusat.; mais les événem. lui permirent de braver le décret. Il avait conseillé dep. long-temps dans ses feuilles l'attaque du château, et quelq. jours après il figura dans les massacres des prisons dont il avait été le provocat. et qu'il vanta comme une mesure salutaire. Député à la convention, il s'y montra plus audacieux que jamais. Dans le procès du roi, il s'opposa formellement à ce qu'on lui donnât des conseils, vota la mort sans sursis, et voua à l'exécration ceux qui avaient réclamé l'appel au peuple. Les succès éphémères des Autrichiens dans la Belgique lui servirent de prétexte pour demander la création du tribunal révolutionn. et l'arrestation des suspects. Il provoqua l'insurrection des faubourgs contre la convention dont il prétendait qu'il fallait réduire les membres au quart, et pour ce fait traduit au tribunal révolutionn., fut acquitté à l'unanimité. Plus puissant qu'il ne l'avait été, il décida les communes au 31 mai, à demander la proscription des girondins. Malade à cette époque, il cessa de paraître aux séances de la convention, et une mort naturelle aurait délivré le monde de cet insensé furieux, lorsqu'il fut assassiné, le 13 juillet par Charlotte Corday. Cet homme, qui a laissé une mémoire à jamais odieuse, possédait des connaissances assez étendues. Il a composé, entre autres ouvr. : *les Chaînes de l'esclavage*, en anglais, Édimbourg, 1774; en franç., 1792, in-8. — *De l'homme, ou des principes et des lois de l'influence de l'âme sur le corps, et du corps sur l'âme*, Amsterdam, 1775, 3 vol. in-12. Voltaire a donné une analyse de cet ouvrage. — *Recherches physiques sur l'électricité*, 1782, in-8. — *Recherches sur l'électricité médicale*, 1784, in-8, couronné par l'acad. de Rouen. — Traduct. de l'*Optique de Newton*, 1787, in-8. — *Le publiciste parisien*, journ. commencé en sept. 1789, et continué sous les titres d'*Ami du peuple* (jusqu'au 21 sept. 1792); de *Journal de la république franç.*, et de *Publiciste de la république* (jusqu'au 14 juillet.1793. — *Lettre aux ministres du roi, ou l'Ami du peuple aux ennemis du bien public*, in-8 de 8 p. — *Profession de foi de Marat, l'ami du peuple, adressée aux Français*, in-8.

MARATHON, village de l'Attique, à 10 milles d'Athènes, est à jamais célèbre par la victoire que 10,000 Athéniens et 1,000 Platéens, commandés par Miltiade, remportèrent sur l'armée des Perses, composée de 100,000 fantassins et de 10,000 cavaliers. Dans cette bataille, qui fut livrée 490 ans avant J.-C., les Athéniens ne perdirent que 192 hommes, tandis que la perte de leurs ennemis s'éleva à plus de 6,000.

MARATTI (CARLO), peintre, née à Camerino en 1625, fut élève d'André Sacchi, et commença par copier les *Loges du Vatican*. Il travailla pour les papes, depuis Alexandre VII jusqu'à Clément XI, reçut le titre de peintre ordinaire de Louis XIV, restaura les peintures des salles du Vatican et de la Farnésine, soutint seul l'école de Rome, l'empêcha de décliner comme celles des autres parties de l'Italie, et mourut en 1713. Parmi ses nombreuses compositions, on cite une *Nativité*, le prem. tableau où il donna l'essor à son talent; le *Baptême de J.-C.*; *St Stanislas Kotzka*; *St Xavier*; une *Madone* dans le palais Pamphili; *St André Corsini*, dans la chapelle de ce saint à Florence; *St François de Sales*; une copie de la *Bataille de Constantin* (par Jules Romain). Carlo Maratti se distingua comme architecte, et l'on a de lui un certain nombre de gravures à l'eau-forte, exécutées d'une manière pittoresque, mais d'une pointe peu fine. Le musée possède 4 tableaux de cet artiste : une *Nativité*, gravée par J.-B. de Poilly et F. Juvenis; *l'Enfant Jésus endormi*; *St Jean dans le désert*, gravé par Ch. Dupuis; le *Mariage mystique de Ste Catherine*. La *Vie de C. Maratti* a été écrite en ital. par Bellori et Crescimbeni, et en franç. par L'Épicié (*Catalog. des tabl. du roi*, t. Ier).

MARBODE, évêque de Rennes, né dans le 11e S., fut instruit avec soin dans les lettres et les sciences cultivées de son temps, gouverna son diocèse avec sagesse, fut souvent consulté par les prélats, ses voisins, se retira, vers la fin de sa vie, à l'abbaye de St-Aubin, où il prit l'habit monastique, et y mourut en 1123, âgé de près de 88 ans. On a de lui plus. ouvr. qui ont été réunis par D. Beaugendre, à la suite des *OEuvres* de St Hildebert, Paris, 1708, in-fol. On peut consulter, pour plus de détails, l'*Histoire littéraire* de France, t. X, p. 543-92.

MARBOT (ANTOINE), général, né vers 1750 à Beaulieu (Corrèze), garde-du-corps du roi, donna sa démission en sept. 1789, devint administrateur de son département, puis député à l'assemblée législative. N'ayant point été réélu à la convention, il rentra dans la carrière militaire, se signala, dès 1793, à la conquête de la Cerdagne, continua d'être employé à l'armée des Pyrénées-Occidentales en 1794 et 1795, et se distingua dans plusieurs affaires importantes. Destitué en 1795, puis rétabli dans son grade de général de division peu de jours avant le 13 vendém. (5 oct. 1795), il fut nommé, à cette époque, au conseil des anciens, où il se prononça vivement contre le parti de Clichi. En 1799 il demanda que la responsabilité des ministres ne fût plus un vain mot; sortit du conseil à cette époque, et remplaça Joubert dans le commandem. de Paris et de la 17e division; mais bientôt devenu suspect par ses liaisons avec le parti de l'opposit., il fut envoyé dans son grade à l'armée d'Italie, et mourut à Gênes à la fin de 1799, de l'épidémie qui régnait en cette ville.

MARC (St), un des quatre évangélistes, suivit St Pierre à Rome, et après sa mort prêcha dans la Pentapole et l'Égypte, et fonda l'église d'Alexandrie, dont il fut le premier évêque vers l'an de J.-C. 61. Il fut mis à mort environ sept ans après par des idolâtres. On célèbre sa fête le 25 avril. Ses reliques se voyaient à Bucoles, petit village d'Égypte. Les Vénitiens prétendent que son corps fut transporté par miracle dans la chapelle du doge en 815. D'autres villes, notamment Reichenau en Souabe, ont prétendu le posséder. L'évangile de St Marc est le second. C'est le plus court des quatre. Le style en est plein d'hébraïsmes et de latinismes, ce qui fait conjecturer que l'auteur était juif et avait écrit en latin. On paraît s'accorder à croire qu'il fut composé à Rome à la sollicitat. de St Pierre, dont il ne contient guère que les prédications. On attribue à St Marc une liturgie en usage dans l'église d'Alexandrie, insérée dans la *Collection* de Renaudot, 1716, in-4, et dans le *Codex liturgicus* d'Assemani, tome VII.

MARC (St), pape, successeur de St Silvestre, élu le 18 janv. 336, n'occupa le siége de Rome que huit mois et vingt-un jours, et fut remplacé par saint Jules Ier. Il fut enterré dans le cimetière qui porte aujourd'hui son nom. — Un autre MARC, évêque d'Aréthuse sous Constantin-le-Grand, est honoré comme un saint par l'Église grecque, qui célèbre sa fête le 22 mars. Il fut en butte aux persécutions sous Julien-l'Apostat pour avoir détruit un temple magnifique.

MARC, hérésiarque du 2e S., et fondateur de la secte des *marcasiens*, descendait de Basilides, l'un des chefs des gnostiques, et fut disciple de Valentin, dont il compliqua la doctrine. Aux spéculations théurgiques il associa l'enseignem. d'une nouvelle théogonie, dans laquelle, reconnaissant un principe du mal, et substituant à la Ste Trinité du dogme catholique une *quaternité* composée de l'*ineffable*, du *silence*, du *père* et de la *vérité*, il n'admettait ni la passibilité de J.-C. comme homme, ni même l'efficacité des sacrements pour le salut, qu'il plaçait dans la seule initiation à ses mystères. On croit que cet hérésiarque empruntait au somnambulisme magnétique les espèces de prodiges par lesquels il fascinait les yeux de ses sectateurs : ce qui tendrait à le prouver, c'est l'ascendant qu'il réussissait à prendre sur les femmes exaltées, qui croyaient devoir à ses communications le don de prophétie. Le symbole des marcasiens n'était pas moins merveilleux que leur théogonie; ils plaçaient toute force productrice dans les mots, même dans les lettres qui les composent, et croyaient pouvoir expliquer ainsi le grand œuvre de la création.

MARC-ANTOINE — V. ANTOINE et RAIMONDI.

MARC-AURÈLE (M.-AURÉLIUS-ANTONIUS), surnommé *le Philosophe*, le meilleur des emper., naquit à Rome en 121 et porta dans son enfance le nom de Catilius-Sévérus. Élevé par son aïeul paternel Annius-Vérus, il montra dès sa jeunesse un grand amour pour la philosophie et pratiqua de bonne heure toutes les vertus dont il donna l'exemple dans la suite. Adrien le nomma chevalier à six ans, lui fit prendre la robe virile à 15, et lui

confia la charge de préfet de Rome, dont il s'acquitta à la satisfaction générale ; quelques années après, Adrien désigna son success. Antonin, à condition qu'il adopterait le préfet de Rome. Celui-ci prit alors le nom de Marc-Aurèle, et ne songea plus qu'à se rendre digne du rang suprême. Il renonça à la chasse, aux jeux publics, aux spectacles et aux exercices du corps, et fit venir d'Athènes le philosophe Apollonius, dont il prit des leçons sur le grand art de gouverner les hommes. Empereur le 7 mars 161 par la mort d'Antonin, il s'associa L.-Vérus, son frère adoptif, et lui donna en mariage sa fille Lucile. Des fléaux de toute espèce accablaient l'empire. Marc-Aurèle en amortit les effets par sa sagesse. Il soulagea le peuple qui était en proie aux horreurs de la famine et que dévoraient des maladies pestilentielles, étouffa les séditions qui agitaient la Grande-Bretagne, repoussa les Cates et les Quades qui remuaient dans la Germanie, et envoya son collègue contre les Parthes : mais Vérus s'arrêta à Antioche, laissant à son lieutenant Avidius-Cassius, la gloire de vaincre l'ennemi. Pendant ce temps Marc-Aurèle accroissait l'autorité du sénat, régularisait la perception des impôts, fixait le taux de l'intérêt, faisait fleurir le commerce, établissait des greniers publics pour prévenir le retour de la disette et flétrissait les délateurs. Peu s'en fallut qu'il ne refusât le triomphe que le sénat lui décernait ainsi qu'à Vérus pour les victoires remportées sur les Parthes (166). Peu après (168) les Marcomans, peuples de la Germanie-Méridionale, se jetèrent sur l'Italie. Il courut au-devant d'eux avec Vérus et les repoussa. Vérus étant mort, il poursuivit ses succès, entra dans la Germanie, et après des événements variés, tailla en pièces les Jazyges, les Marcomans et les Quades qui demandèrent la paix. A peine revenu en Italie il apprit qu'Avidius-Cassius s'était révolté et déclaré empereur en Orient. Il marcha aussitôt à sa rencontre ; mais il n'eut pas la peine de combattre : Avidius avait été tué par ses soldats et on lui apporta sa tête en Grèce. Marc-Aurèle pleura sur ces tristes restes, brûla les papiers de son ennemi et accorda une amnistie complète à ses partisans. Il parcourut ensuite l'Asie et l'Égypte, et fit élever à Rome un temple à la Bonté. Les nouveaux mouvements des Marcomans ayant réprimaient à peine Pertinax et les deux Quintilius, ses lieutenants, le déterminèrent à retourner dans la Germanie. Il eut quelques avantages sur les Barbares ; mais les fatigues de la guerre l'avaient épuisé, il mourut à Sirmium en Pannonie le 17 mars 180. Commode, son fils, lui succéda. Ce grand prince réunissait toutes les vertus. La postérité ne lui a reproché que son indulgence pour les désordres de sa femme Faustine, sa faiblesse pour Commode qu'il n'eût point dû désigner son héritier, et sa partialité contre les chrétiens. Quant à cette dernière accusation, il faut remarquer que Marc-Aurèle n'eut d'autre tort que de ne point abolir les anciens édits dans les provinces : à Rome et dans l'Italie il n'y eut pas de persécutions. On a de Marc-Aurèle douze livres de réflexions morales en grec; elles sont intitulées : *Antonin à lui-même*, et contiennent la règle de conduite qu'il s'était faite. Les meill. édit. grecq. sont celles de Gataker, Londres, 1707, in-4; et de Schuzl, Sleswig, 1802, in-8. Stanhope les a trad. en lat.; Dacier et Joly en franç. La correspond. de Marc-Aurèle avec Frontin, décou. par Maï, dans la biblioth. du Vatican, a été publ., Rome, 1819. On a quelq. lettres de ce prince dans la *Vie* d'Avidius-Cassius et de Pessennius-Niger par Spartien. On peut consulter Capitolin, *Vie de Marc-Aurèle* (dans l'*Hist. Aug.*), Dacier, prolég. de sa traduct. des *Réflexions morales*. Gautier de Sibert a publ. *la Vie de Marc-Aurèle*, 1769, in-12; Thomas son *Éloge* et Ripault, *Marc-Aurèle, ou Histoire philos. de l'emper. Marc-Antonin*, etc., 1820, 4 vol. in-8; abrégé, 1825, in-8.

MARCA (Pierre de), sav. prélat, né à Gant (Béarn) en 1594, fut nommé dès 1615 conseiller au conseil souverain de Pau, composé de calvinistes, et s'y conduisit si bien que Louis XIII, ayant érigé ce conseil en parlement, il en fut nommé président. Devenu conseiller-d'état en 1639, il fut chargé par le card. de Richelieu de réfuter *Optatus-Gallus*, et publ. la prem. partie de son traité de *Concordiâ sacerdotii et imperii*. Ayant perdu sa femme, il embrassa l'état ecclésiastique, et fut nommé évêq. de Couserans. Les papes Urbain VIII et Innocent X mirent pour condition à l'expédit. de ses bulles, la rétractat. de quelq. endroits de son livre; et cette contestat. ne fut terminée qu'au bout de six ans. Dans l'intervalle, Marca fut nommé par le roi intendant de la Catalogne, alors occupée par les Français, et s'y concilia l'affect. des habit. Transféré sur le siége de Toulouse, il éprouva de nouvelles difficultés de la part de la cour de Rome, et ne les leva qu'en montrant beaucoup de zèle pour faire recevoir la bulle contre Jansénius. Pourvu de deux évêchés, sans y avoir résidé, Marca voulait se fixer dans son dernier siége en 1658; mais le roi le retint en le nommant ministre-d'état, puis archevêq. de Paris en 1661. Ce prélat mourut l'année suiv. (1662). Outre le traité de *Concordiâ sacerdotii et imperii*, dont Baluze publia une 2ᵉ édit. 1663, augment. des quatre dern. liv. et précéd. de la *Vie* de l'aut., on a de Marca quelq. autres ouvr. dont les principaux sont : *Hist. de Béarn*, 1630, in-fol. — *Marca Hispanica*, 1660; 2ᵉ édit., 1680, in-8. L'abbé Bombart a publié l'*Éloge de Marca*, 1762, in-8. On a l'*Oraison funèbre* de ce prélat, en lat., par J. Doujat, 1664, in-4.

MARCASSUS (Pierre de), poète, romancier et traduct., né en 1584 à Gimont (Gascogne), venu à Paris, fut chargé de l'éducat. d'un neveu du card. de Richelieu; devint ensuite profess. au collége de La Marche, et mourut en 1664. On a de lui deux romans : *Clorimène*, 1626, in-8; et *Timandre*, in-8; une trad. de l'*Amadis de Gaule*, 1629, in-8; *Éromène*, pastorale en 5 actes, et en vers, 1633, in-8; *les Pêcheurs illustres*, tragi-coméd., 1648, in-4; *Lettres morales*, 1629, in-8; *Hist. grecque*, 1647, in-fol.; 1669, 2 vol. in-12; des *trad.* et des

pièces de vers lat. ou franç., dont on trouve les titres dans Niceron, XXXI.

MARCEAU (François-Séverin des Graviers), général français, né à Chartres en 1769, était destiné par ses parents à la carrière du barreau; mais entraîné par un caractère bouillant, il s'engagea à seize ans dans un régiment d'infanterie, se trouva à Paris en 1789, le 14 juillet, et prit part au prem. mouvem. de la révolut. dont il embrassa la cause avec ardeur. Instructeur de la garde nationale de Chartres, il fut nommé command. du premier bataillon des volontaires d'Eure-et-Loir, qui faisait partie de la garnison de Verdun lors de la reddit. de cette place, et, bien qu'il eût protesté contre la capitulation, fut chargé d'en porter les articles au roi de Prusse. A la fin de cette campagne, il obtint une compagnie de cavalerie dans la légion germanique, qui fut envoyée pour combattre l'insurrection vendéenne. Arrivé à Tours, il y fut arrêté avec tout l'état-major, accusé de trahison. La dénonciation était absurde. Il rejoignit son corps, sauva la vie au convent. Bourbotte à la bataille de Saumur, et fut fait, en récompense, gén. de brigade, à 22 ans. Désigné par Kléber, son ami, pour commander les deux armées de l'Ouest, il remporte une victoire décisive sur les Vendéens au Mans (12 et 13 déc. 1795); mais il est dénoncé pour avoir arraché à la fureur des soldats une jeune royaliste, et, si Bourbotte n'eût pris sa défense, il aurait payé de sa vie cet acte d'humanité. Employé à l'armée de Sambre-et-Meuse, il commanda l'aile droite à la bataille de Fleurus, et contribua beaucoup à la victoire. Il servit avec la même distinction en 1795 dans le Palatinat et le Hundsdruck. Forcé de lever le blocus de Mayence en 1796, il couvrait la retraite de l'armée, et repoussa plus. fois l'avant-garde de l'archiduc Charles. Blessé d'un coup de carabine le 20 septembre, dans la forêt d'Hochsteinbach, l'archiduc, lui fit en vain prodiguer tous les secours, il succomba trois jours après, à 27 ans, et fut inhumé dans le camp retranché de Coblentz; Kléber dessina lui-même le monument funèbre élevé à son ami, près d'Altenkirchen. Lord Byron a dit de Marceau : « Sa vie fut glorieuse, courte, immortelle. Il se battit pour rendre la liberté à sa patrie : il fut pur comme la cause qu'il avait embrassée, noble comme Paul-Émile et Brutus. Il fut magnanime, et ses ennemis ont pleuré sur son tombeau. » (*Child-Harold*, chant III, 56.)

MARCEL Iᵉʳ (St), pape, success. de St Marcellin, élu le 30 juin 308, s'efforça de rétablir l'ordre et la discipline dans l'Église, et voulut obliger ceux qui étaient *tombés* durant la persécut. à faire pénitence de leur faute. Cette mesure, ayant semblé trop rigoureuse aux coupables, occasionna des querelles qui furent suivies de voies de fait et même de meurtres. St Marcel, condamné au bannissem. par Maxence, mourut en 309. St Eusèbe lui succéda.

MARCEL (St), évêque de Paris, célèbre par ses vertus et sa piété, succéda sur le siége épiscopal à Prudence dans le 4ᵉ S. St Fortunat rapporte d'après la tradit. qu'il détruisit un dragon monstrueux qui répandait l'effroi dans le pays ; et c'était en mémoire de cet événement, qu'à la procession des Rogations on portait un gr. serpent d'osier. Ce serpent n'était originairem. qu'un emblème du démon. St Marcel mourut vers 440, le 1er nov. Sa fête se célèbre le 3. Ses reliques ont été long-temps conservées dans l'église d'un village qui forme aujourd'hui le faubourg de St-Marceau.

MARCEL II (Cervius), pape, success. de Jules III, naquit à Fano, dans l'état ecclésiastique, en 1501, et devint successivem. secrét. de Paul III, cardin. du titre de Ste-Croix et président du concile de Trente. Élevé à la papauté le 9 avril 1555, il se montra l'ennemi du népotisme, établit partout la réforme et voulut retrancher la compagnie de ses gardes. Mais sa mort prématurée, qui l'enleva le 21e jour de son pontificat, ne lui permit point d'accomplir ses desseins. Il eut Paul IV pour sucess.

MARCEL (Étienne), prevôt des marchands. — V. l'art. du roi Jean.

MARCEL (Guillaume), chronologiste, né à Toulouse en 1647, vint à Paris, fut d'abord sous-bibliothécaire de l'abbaye de St-Victor, puis avocat au conseil. Ayant suivi M. de Girardin à l'ambassade de Constantinople, il fut nommé commissaire près du dey d'Alger, avec lequel il conclut le traité de 1677, qui rétablit nos relations commerciales dans le Levant ; il obtint ensuite la place de commiss. des classes de la marine en Provence, et mourut à Arles en 1708. On a de lui : Tablettes chronologiq. pour l'histoire de l'Église, 1714, in-8. Cette édit. d'un livre éminemm. utile est la meilleure. — Tablettes chronologiq. depuis la naissance de J.-C. pour l'hist. profane, 1682, gravé, format in-32, ouvr. dans le genre du précéd. et qui n'a point encore été surpassé. — Hist. de l'origine et des progrès de la monarchie française, 1686, 4 vol. in-12 : cet ouvr. a peut-être fourni au président Hénault l'idée de son Abrégé chronologique, etc.

MARCEL, maître de danse qui eut beaucoup de célébrité dans le 18e S., mort vers 1757, a composé quelques ballets oubliés aujourd'hui. Il était tellement infatué de son talent, qu'ayant été le maître de M. de Malesherbes, qui ne songea jamais à soigner son extérieur, il l'aborda un jour dans la galerie de Versailles, et lui dit : « Monsieur, permettez que je vous demande une grâce ; c'est de ne dire à personne que j'ai été votre maître à danser. » On cite encore de lui beauc. de traits originaux et ridicules. J.-J. Rousseau en a rapporté quelq.-uns dans son Émile.

MARCELLIN (St), pape et martyr sous Dioclétien, avait succédé en 295 à Caïus, et à sa mort, en 304, fut remplacé par St Marcel dans la chaire de St Pierre. Ce pontife était Romain de naissance et s'appelait Project. On n'a point de détails sur sa vie ; l'Église l'honore comme martyr le 26 avril, bien qu'il n'ait point fini sa vie dans les supplices, ainsi que l'apprend l'anc. calendrier romain dressé sous Libère. — Les légendes indiquent deux autres Sts du même nom, mais leurs actes sont contestés avec fondem. — Marcellin, comte d'Illyrie sous Justi-

nien, est cité comme aut. de quelq. ouvr. qui sont perdus, et d'une Chronique faisant suite à celle de St Jérôme, et publ. par le P. Sirmond.

MARCELLO (Nicolas), doge de Venise en 1473, n'exerça cette magistrature que pendant 15 mois, et mourut en 1474.

MARCELLO (Benedetto), célèbre compositeur, né à Venise en 1686, de la même famille, montra de bonne heure de gr. disposit. pour la musique, acquit un talent distingué sur le violon, et se livra, malgré la défense de son père, à la composit. Son prem. essai fut une Messe où l'on trouve des beautés du prem. ordre. Cette pièce fut suivie d'autres encore plus remarquables. Ayant atteint l'âge où sa naissance l'appelait à exercer des fonctions publiques, il fréquenta le barreau, devint successivement membre du conseil des 40, provéditeur à Pola, camerlingue à Brescia ; et mourut dans cette ville en 1759. On a ajouté aux titres de ces diverses dignités dans l'épitaphe placée sur son tombeau ceux de poète philologue et de prince de la musique. Son chef-d'œuvre est l'Estro poetico armonico, parafrasi sopra i L primi salmi, poesia di G.-A. Giustiniani, musica di B. Marcello, patrizi veneti, 1724-26, 8 vol. in-4, réimpr. en Angleterre vers la fin du 18e S. avec une trad. anglaise, et à Venise, 1803-05, 8 vol. in-fol. avec le portrait, la Vie de l'aut. et le catalogue de ses ouvr., tant impr. que MSs. Sa Vie, en lat. par Fontana, est dans les Vitœ Italorum, etc., de Fabroni, édit. de Pise, 1782 ; trad. en ital., 1788, in-8.

MARCELLUS (M.-Claudius), l'Ancien ou le Grand, illustre capit. rom., fut successiv. édile, augure, consul (222 ans av. J.-C.), battit à Clastidium les Gaulois, qui menaçaient le centre de l'Italie, tua de sa propre main leur roi Virdomare, prit Milan, réduisit la Gaule cisalpine en province romaine sous les noms de Ligurie et d'Insubrie, obtint les honneurs du triomphe et fit une entrée magnifique à Rome, où il rapporta les troisièmes dépouilles opimes. Cinq ans après il fut envoyé préteur en Sicile ; mais on le rappela presque aussitôt pour l'opposer à Annibal qui venait de remporter les victoires du Tésin, de Trasymène, de la Trébie et de Cannes. Marcellus répondit à la confiance publique en battant les Carthaginois près de Nole l'an 216 avant J.-C. Nommé consul pour la 2e fois l'année suiv., il remporta un nouvel avantage près de la même ville. Un 3e consulat fut sa récompense (214), et chargé d'opérer une diversion en Sicile, il alla mettre le siége devant Syracuse, qui succomba au bout de trois ans (212). La prise de cette ville porta un coup fatal à la puissance des Carthaginois. Opposé de nouveau à Annibal, et nommé consul pour la 4e fois en 210, Marcellus fut encore vainqueur à Canusium, reprit la plupart des villes samnites révoltées, et fit 3,000 prisonniers. Enfin, dans une dern. campagne (208), il eut l'imprudence de trop s'éloigner de son camp, et fut tué dans une embuscade. Il avait alors 60 ans, et venait d'être nommé consul pour la 5e fois. Les soldats le surnommèrent l'Épée de Rome, comme

Fabius en avait été surnommé le *Bouclier*. Sa générosité égalait son courage. Lors de la prise de Syracuse il avait ordonné d'épargner Archimède, et donna des larmes à sa mort. — MARCELLUS (M.-Claudius), consul l'an 51 av. J.-C., commit le premier acte d'hostilité contre César en proposant au sénat de lui retirer le gouvernement des Gaules. César, vainqueur à Pharsale, l'exila à Mitylène; mais dans la suite il le rappela à la prière du sénat, et ce fut à cette occasion que Cicéron prononça le *Pro Marcello*. Marcellus ne put jouir du bienfait de César : à la veille de s'embarquer pour l'Italie, il fut tué par un de ses esclaves qui se tua lui-même ensuite. — MARCELLUS (M.-Claudius), fils d'Octavie, sœur d'Auguste, et de M.-Claudius Marcellus-Æserninus, consul l'an 22 av. J.-C., fut adopté par son oncle, qui lui donna en mariage sa fille Julie, et le désigna pour son successeur. Mais le jeune prince mourut n'étant encore âgé que de 18 ans. Livie fut soupçonnée de l'avoir fait empoisonner. Virgile a déploré sa mort prématurée dans le 6ᵉ livre de *l'Énéide*.

MARCELLUS (ULPIUS), célèbre jurisc. romain, vécut sous les empereurs Antonin-le-Pieux, Marc-Aurèle, et fut proprét. de la Pannonie-Inférieure. On trouve dans les *Pandectes* des fragm. d'un ouvrage de ce jurisconsulte sur le digeste de Julien, d'un autre sur les règles de Pomponius, d'un digeste en 31 livres, d'un *Commentaire* sur la loi *Julia et Papia*, et de plusieurs autres écrits sur des matières de jurisprudence. La vie et les ouvr. de Marcellus ont fourni la matière de plus. bonnes dissertat., entre autres celles de Meinard Tydeman, Utrecht, 1762, in-4; de Seger, Leipsig, 1768, in-4; et enfin de C.-F. Walch : *de Ætate Ulp. Marcelli*, Iéna, 1758, in-8.

MARCELLUS, surn. *Empiricus*, né à Bordeaux dans le 4ᵉ S., fut archiâtre et *magister officiorum* sous le règne de Théodose, dit le Grand. On a de lui : *de Medicamentis empiricis, physicis et rationalibus*, Bâle, 1536, in-fol., Venise, Alde, 1547, in-fol.; avec les *Tetrabilia* d'Aétius, Paris, 1565, in-fol., avec les *Medici antiqui*, Bâle, 1567, in-fol., et enfin dans les *Medici principes*, H. Estienne, 1567, in-fol.

MARCET (ALEX.), méd., né à Genève, en 1770, se livra aux études de sa profession avec une ardeur qui présageait ses succès. A la suite des événem. de 1793 il passa en Écosse, prit ses grades à Édimbourg, et vint s'établir à Londres, où bientôt il s'acquit une brillante réputation comme médecin de plus. *dispensaires* ou hospices de cette capitale. La physique et la chimie l'occupèrent ensuite pendant 14 ans, et il y fit plusieurs découvertes import. Quoique naturalisé Anglais (1802), Marcet revint à Genève en 1814. L'accueil de ses concitoyens, qui le nommèrent aussitôt membre du conseil souverain, le détermina à se fixer dans cette ville; mais la mort l'atteignit en 1822 à Londres, où il était retourné pour régler ses affaires. Ses nombreux écrits ont été pour la plupart insérés dans les rec. de sciences méd. publ. à Londres,

ainsi que dans les *Philosophical transactions*, de 1809 à 1823. Il a publ. : *an Essay ont he chemical history*, etc., trad. en franç. sur la 2ᵉ édit. (1819), Paris, 1823; in-8. La *Bibliothèque universelle de Genève*, nov. et déc. 1822, contient une *Notice* détaillée sur la vie et les ouvr. de Marcet.

MARCHAIS, célèbre accoucheur, membre de l'ancien collége de chirurgie, mort à Paris en 1807, n'a publ. aucun ouvr., mais n'en a pas moins laissé un nom très recommandable par 40 ans d'une pratique aussi heureuse que savante.

MARCHAND (PROSPER), sav. bibliographe, né vers 1675 à Guise, en Picardie, ouvrit à Paris en 1698 un magasin de librairie, qui devint bientôt le rendez-vous des bibliophiles. Il passa en Hollande en 1711 pour y professer plus librement la religion réformée qu'il avait embrassée, s'établit à Amsterdam, renonça plus tard au commerce de la librairie pour se livrer uniquement à l'étude, et mourut en 1756. On lui doit des éditions estimées et recherchées de différ. ouvr. devenus très rares. Il a eu part au *Chef-d'OEuvre d'un inconnu* de Saint-Hyacinthe, a fourni des *Notes* sur la *Satire Ménippée*, et a été l'un des princip. rédact. du *Journal littéraire* de La Haye, de 1713 à 1737. Il a publié les *Catalogues* de quelq. biblioth., entre autres celle de Faultrier, 1709, in-8, précédé d'un nouveau système bibliographique. Enfin il est aut. et édit. d'un assez grand nombre d'ouvr., tels que l'*Hist. de la Bible de Sixte-Quint*, dans les *Amœnitates litter.* de Schelhorn. — *Histoire de l'origine et des premiers progrès de l'imprimerie*, La Haye, 1740, in-4. Cet ouvr. n'est point exempt d'erreurs : elles ont été relevées en partie dans le *Supplém.* de M. de Saint-Léger. — *Dictionn. histor., ou Mém. crit. et littér. concernant la vie et les ouvr. de div. personnages distingués, particulièrem. dans la républ. des lettres*, La Haye, 1758-59, 2 t. in-fol., publ. par Allamand, et faisant suite aux *Dictionnaires* de Bayle et de Chauffepié, etc., etc.

MARCHAND (LOUIS), musicien, né à Lyon en 1669, reçut de son père, maître de musique, les premières leçons de son art, toucha l'orgue dans plus. églises cathédrales de provinces avant de se fixer à Paris vers 1698, y devint organiste de la maison des jésuites, et ensuite de la chapelle de Versailles. Exilé de France en 1717 à cause de son humeur capricieuse, il passa en Allemagne, séjourna quelque temps à Dresde, obtint la permission de revenir à Paris, et y mourut en 1732 presque dans la misère (par suite de son peu d'ordre), avec la réputat. du plus grand organiste qui eût paru jusqu'alors en France. On connaît de lui : un *Livre de musique* pour le clavecin, Paris, 1705, in-4. — *Pièces de clavecin*, dédiées au roi, 1718, 2 vol. in-4; douze *Sonates*, pour flûte traversière. — La musique de l'opéra de *Pyrame et Thisbé*, paroles de Morfontaine.

MARCHAND (JEAN-HENRI); littérateur, avocat et censeur royal, mort à Paris, vers 1785, est auteur des opuscules suiv. : *Requête du curé de Fontenay au roi* (plaisanterie en vers), 1745, in-4. — *Ency-*

clopédie perruquière, 1751, in-12, mal à propos attribuée à Caylus. — *Avis d'un père à son fils*, 1751, in-12. — *Remontrances des comédiens français au roi*, 1755. — *La noblesse commerçable ou ubiquiste*, 1756, in-12. — *Mon radotage*, etc., 1759, in-12. — *Essai d'un Éloge histor. de Stanislas Ier, roi de Pologne*, 1766, in-4 et in-8. — *Hilaire* (parodie du roman de *Bélisaire*), 1767, in-12. — *Les délassements champêtres*, 1768, 2 vol. in-12. — *L'Esprit et le cœur*, 1768, in-12. — *Testament politique de M. de V***** (Voltaire), 1770, in-8.—*L'Égoïste* (pamphlet contre Palissot), 1771, in-12. — *Mém. de l'éléphant*, etc., 1771, in-8.—*Les Caprices de la fortune, ou Histoire du prince Menzikoff*, 1772, in-12 (en société avec Nougaret). — *Les panaches, ou les Coiffures à la mode*, comédie, etc., 1778, in-8. — Quatre rec. de *Poésies*, publ. en 1781, 1782 et 1784, in-8. Marchand était un plaisant de société. La plupart de ses écrits sont des facéties ; on connaît encore de lui quelques *Chansons* ou *Vaudevilles* sur des affaires du temps.

MARCHAND (Étienne), navigateur, né dans l'île de la Grenade en 1755, fit plus. voyages aux Antilles sur des bâtiments du commerce, alla ensuite dans l'Inde, et à son retour en France fut chargé, par une maison de Marseille, de visiter la côte N.-O. de l'Amérique, à l'effet de se procurer des pelleteries. Ayant mis à la voile le 14 déc. 1790 sur le Navire *le Solide*, construit exprès pour cette expédition, il fit plusieurs découvertes, traita de pelleteries avec les naturels des pays qu'il aborda, ne put introduire ces marchandises en Chine, revint en Europe, et mouilla le 14 août 1792 dans le port de Toulon. Il repartit bientôt après pour l'Ile-de-France, et mourut dans cette colonie en 1793. M. de Fleurieu a publ. (d'après le journal d'un officier de l'expédition, chargé de toutes les reconnaissances) : *Voyage autour du monde pendant les années* 1790, 1791 et 1792, par Étienne Marchand, etc., Paris, 1798, 4 vol. in-4.

MARCHAND-DUBREUIL, né à Paris en 1794, élève de l'école polytechniq., fut, en 1814, un de ceux qui. défendaient Paris aux buttes St-Chaumont. Après la capitulat., il suivit l'armée à Fontainebleau, et ne revint à Paris qu'après le licenciement. Il voulut d'abord entrer dans la marine ; mais, ne pouvant supporter la mer, il fit ses études de droit, et devint avocat aux conseils et à la cour de cassation. Après la révolut. de juillet il fut appelé à la sous-préfect. d'Abbeville, et plus tard à celle de Blaye, lors de l'arrestat. de la duchesse de Berri. Il fallait dans ce poste un homme sûr, capable d'égards et incapable de faiblesse. De Blaye il passa à la préfecture de l'Ain. Venu à Paris pour se marier, il y était le 13 avril 1834, au moment où les troubles éclatèrent. Quoiqu'il ne fît plus partie de la garde nationale, il se joignit à ses camarades de la 11e lég. Il rentra chez lui sans avoir déchargé son fusil. Le mardi 15, jour fixé pour la cérémonie religieuse (il était marié dès le 12), pend. qu'il s'habillait pour la messe, il poussa

par mégarde une chaise qui heurta le fusil déposé dans un coin. L'arme tomba sur le dossier de la chaise, et, le coup partant en ce moment, la balle vint frapper au cœur Marchand-Dubreuil, qui tomba raide mort.

MARCHANGY (Louis-Antoine de), né à St-Saulge (Nièvre), mort à Paris en 1826, s'est fait une réputation dans les lettres et dans la magistrature. Comme littérat., on doit lui reconnaître une imagination vive, une connaissance assez approfondie des mœurs, des usages et des événem. du moyen-âge de notre histoire. — Quant à son style, il est animé, mais il manque quelquefois de grâce et même de correction. Il débuta en 1804 par un poème *du Bonheur*, qui a eu le sort de ceux d'Helvétius et de Watelet sur le même sujet. *La Gaule poét., ou l'Histoire de la France considérée dans ses rapports avec la poésie, l'éloquence et les beaux-arts* (Paris, 1815 et suiv., 8 vol., et 1826, 6 vol. in-8), est un monument élevé à la gloire de la patrie, pour laquelle il a essayé de faire ce qu'un illustre écrivain a exécuté pour *le christianisme*. *Tristan le Voyageur, ou la France au XVe S.*, Paris, 1826, 6 vol. in-8, est en quelque sorte l'appendice et le complém. de *la Gaule poétique*. On y remarque les mêmes qualités et les mêmes défauts ; seulem. la forme adoptée par l'auteur lui a permis d'y jeter plus de variété et d'intérêt. Marchangy, dont les premières études avaient eu pour objet le barreau, fut attaché en 1815 au parquet du tribunal de 1re instance de Paris, d'abord en qualité de substitut, et ensuite de procureur du roi. C'est en ces deux qualités qu'il porta successivement la parole dans des affaires du plus haut intérêt. Appelé aux fonctions d'avocat-gén. près de la cour royale, il ne se fit pas moins remarquer que dans les deux emplois précéd. par son éloquence et son zèle, qui lui valurent le poste d'avocat.-gén. à la cour de cassat., et les témoignages de la satisfaction de plusieurs souver. étrangers. L'emper. Alexandre lui écrivit à cette occasion une lettre authogrape de félicitat. Nommé en 1823 à la chambre des députés par le gr. collége du départem. du Nord, son admission souffrit des difficultés : le nouvel élu ne payait pas depuis un an, le cens d'éligibilité. Il se défendit lui-même avec talent ; mais l'ajournement n'en fut pas moins prononcé. L'année suivante, il fut réélu par le même collége ; mais il y eut de nouvelles difficultés, et sa nomination fut encore une fois annulée. Il chercha une consolation à cette double disgrâce dans la culture des lettres et dans l'exercice de sa profession, qu'il sut toujours faire marcher de front. Outre les deux ouvr. déjà cités, il a publ. sous le voile de l'anonyme : *Siége de Dantzig en 1813, 1814*, in-8, et *Mém. histor. pour l'ordre souver. de St-Jean-de-Jérusalem*, 1816, in-8.

MARCHANT (Nicolas), médec. du duc d'Orléans (Gaston) et botaniste, enrichit le jardin du roi d'une belle collection de plantes étrangères, fut membre de l'académie des sciences dès sa formation, et mourut en 1678. On le croit auteur des *Descript. de plantes données par l'acad. en 1676, in-fol., et* publ. par Dodart. On connaît de lui trois *Observat.* insérées dans les *Mém.* de cette acad., t. I et X. Il à laissé MSs. plus. *Catalogue* de plantes tant indigènes qu'exotiques. — Jean MARCHANT, fils du précédent, fut aussi botaniste, membre pensionnaire de l'acad. des sciences, directeur de la culture des plantes du Jardin du Roi, et mourut en 1738. On a de lui un gr. nombre de *Descriptions* de plantes et d'*Observat.* dans le recueil de l'acad., depuis 1678 jusqu'à 1735. Il a consacré à la mémoire de son père une plante de la famille des hépatiques sous le nom de *marchantia,* dont on connaît huit espèces en France.

MARCHANT (FRANÇ.), littérateur, né à Cambrai vers 1761, mort dans cette ville en 1793, a publié différ. ouvr. *satiriques* sur la révolut, qui sont recherchés des curieux. Nous citerons : *Fénélon,* poème, in-8. — *La Chronique du manége,* 1790, 8 cahiers in-8; c'est un journal en prose et en vers. — *Les Sabats jacobites,* 1791-92, 3 vol. in-8, fig., autre pamphlet périodique, dont il paraissait deux numéros par semaine. — *La Jacobinéide, poème heroïcomi-civique,* en XII chants, 1792, in-8. — *La Constitut. en vaudevilles,* 1792, in-8, réimpr. in-32. — *Folies nationales* pour faire suite à l'ouvr. précéd., 1792, in-8, réimpr. in-32. — *Les Bienfaits de l'assemblée nationale,* 1792, in-8. — *L'A B C national, dédié aux républicains par un royaliste,* 1793, in-8, réimpr. in-32.

MARCHANT (le baron NICOLAS-DAMAS), antiquaire, né en 1767 à Pierrepont (Moselle), mort à Metz en 1833, se fit une réputat. méritée comme médecin, administrateur et savant. Les habitants de Metz se rappellent avec reconnaissance sa courageuse conduite lors du typhus en 1814 : alors maire de la ville, il arrêta les ravages de cette cruelle épidémie. Sous son administration commencèrent les embellisssements qui depuis ont été réalisés d'après ses projets. Marchant devint conseiller de préfecture, puis sous-préfet de l'arrondissement de Briey. Ses travaux comme antiquaire l'ont placé à un rang très distingué; il jouissait d'ailleurs d'une haute renommée comme médecin. Marchant avait formé une collection de médailles et une bibliothèque du plus grand prix. On a de lui : *Mélanges de numismatique et d'histoire, ou correspondance sur les médailles et monnaies des emper. d'Orient, des princes croisés d'Asie,* etc., 1818-29, in-8. Ce rec. très rare contient 28 lettres (*v.* la *France littéraire de Querard*). Marchant était officier de la légion-d'honneur et chev. de St-Michel.

MARCHE (OLIVIER de LA), poète et chroniqueur, né en 1426 dans le comté de Bourgogne, fut élevé à la cour du duc Philippe-le-Bon, devint capit. des gardes de Charles-le-Téméraire, suivit ce prince dans la guerre de Lorraine, fut fait prisonnier à la bataille de Nancy, paya sa rançon, rejoignit en Flandre l'héritière de Bourgogne Marie, et mourut à Bruxelles en 1501. On a de lui des *Mémoires* (de 1435 à 1492), publ. pour la première fois par Denis Sauvage, Lyon, 1562, in-fol.; 2e édit., Gand, 1566,

in-4; réimpr. à Bruxelles, 1616, à Louvain, 1645, in-4, et insérés dans la *Collect. des Mém. pour l'hist. de France,* t. VIII et IX.—*Le Chev. délibéré* (en rimes), Schiedam en Hollande, 1483, in-4, goth.; fig.; Paris, 1488, 1493, 1498, in-4; Lyon, sans date, in-4; trad. en espagn. par Fern. d'Acunha, Anvers, 1553, in-4. — *Le Parement et le Triomphe des dames d'honneur,* Paris, 1510, in-8; autre édit. sans date, in-4, publ. par Desray, qui y a joint un prologue en vers et des notes. — *La Source d'honneur pour maintenir la corporelle élégance des dames,* etc., Lyon, 1532, in-8, fig., très rare.—*Cy commence un excellent et très proufitable livre pour toute créature humaine, appelé le Miroir de le Mort,* sans date, in-fol., goth. et rare.—*Traités et advis de quelq. gentilshommes françois sur les duels et les gages de bataille,* assavoir : d'Olivier de La Marche, Jean de Villiers, sire de l'Ile-Adam, Hardouin de la Jaille, etc., Paris, 1586, in-8. On conserve plus. ouvr. inéd. de La Marche dans la *Biblioth. de l'Escurial :* on en peut voir les titres dans les Biblioth. de Duverdier, de Papillon, etc.

MARCHE (JEAN-FRANÇ. de LA), évêq. de St-Pol-de-Léon (Bretagne), né près de Quimper en 1729, suivit d'abord la carrière milit., et parvint au grade de capit. dans le régim. de la Reine (infanterie); mais après le traité d'Aix-la-Chapelle il entra au séminaire, reçut les ordres, devint chan. et grand-vicaire de Tréguier, et fut nommé évêq. de St-Pol en 1772. Assidu dans son diocèse, il y donnait l'exemple des vertus chrétiennes. Son siége ayant été supprimé en 1790, le prélat refusa de se soumettre aux décrets de l'assemblée constituante : mandé, le 16 févr. 1791, à la barre avec les évêq. de Tréguier et de Nantes, il prit le parti de passer en Angleterre, où il fut bien accueilli. Ce fut lui qui proposa une souscript. en faveur des prêtres franç. réfugiés dans la Gr.-Bretagne. Un mode régulier de secours fut établi à la suite d'un bill du parlem., et l'évêq. de Léon fut chargé de présider à la distribut. Ce prélat pourvut aussi aux besoins des prisonn. français que la guerre avait mis entre les mains des Anglais. Lorsqu'en 1801 Pie VII demanda les démissions des évêq. de France, M. de La Marche adhéra à l'avis du plus gr. nombre de ces prélats résidants en Angleterre, signa leurs lettres et leurs réclamations contre le concordat, et adressa de plus, en son propre nom, le 15 mars 1803, une lettre au pape. L'évêque de St-Pol mourut en 1806. On dit que, peu avant d'expirer, il déclara qu'il était loin de partager l'exagérat. de plus. des antagonistes du concordat de 1801.

MARCHENA (JOSEPH), écriv. espagn., né vers 1770 à Utrera (Andalousie), fut obligé de quitter sa patrie par suite de ses opinions peu orthodoxes, et vint en France, où ses talents littér. le firent favorablement accueillir. Emprisonné lors de la proscript. des girondins, avec lesq. il s'était intimem. lié, il ne dut sa délivrance qu'au 9 therm.; après cette époque, il fut employé dans les bureaux du comité de salut public, et concourut en même temps à la rédact. de l'*Ami des Lois.* Les circonstances ne tardèrent pas à le priver de ces ressources, il fut même éloigné comme étranger et suspect. Marchena obtint bientôt de rentrer en France; en 1801, Moreau se l'attacha comme secrétaire; plus tard il suivit le roi Joseph en Espagne, et fut employé dans le nouv. gouvernem. comme journaliste et comme chef de division au ministère de l'intérieur. Cette nouvelle situation ne pouvait être que de courte durée. Marchena reparut à Madrid en 1820; mais, regardé comme *joséphin*, il n'obtint point la considération qu'il pouvait attendre, et mourut dans cette ville en 1821. Ses écrits consistent principalement en traduct. espagn. d'ouvr. français; il a donné entre autres : *Emileo*, Bordeaux, 1817, 5 vol. in-12. — *Cartas persianas*, Nîmes, 1818, in-8; nouv. édit., Toulouse, 1821, in-12. — *Novelas de Voltaire*, Bordeaux, 1819, 5 vol. in-12. — *Julia, ó la nueva Heloïsa*, Toulouse, 1821, 4 vol. in-12. On lui doit en outre : *le Spectateur franç.*, 1795, t. Ier et uniq.; *Fragmenti Petronii ex Bibl. S. Galli excerptum*, 1800. Ce fragm. est supposé; mais il prouve dans Marchena des connaissances parfaites des formes de l'ancienne langue latine, puisqu'il a pu tromper des érudits; *Lecciones de filosofia, moral y elocuencia*, Bordeaux, 1820, 2 vol. in-8.

MARCHETTI (ALEXANDRE), sav. littérat., né en 1633 à Pontormo (Toscane), se livra d'abord à la poésie avec quelq. succès, étudia ensuite les mathématiq. à Pise sous le célèbre Borelli, fut nommé professeur de logique, puis de philos. à l'univ. de cette ville, succéda à Borelli dans la chaire de mathématiq., et mourut dans sa patrie en 1714. Il était membre de l'acad. de la Crusca et de plus. autres soc. littér. d'Italie. On a de lui : *de Resistentiâ solidorum*, 1669, in-4; une trad. ital. d'*Anacréon*, 1707, in-4, supprimée par l'inquisit., mais reproduite dans le *Rec.* des trad. ital. de ce poète, Venise, 1736, in-4, et séparém., Londres, 1803, in-8; une excellente trad. de *Lucrèce*, en vers *sciolti*, publ. par Paolo Rolli, Londres, 1717, in-8, puis à Paris (sous la rubrique d'Amsterd.), 1754, 2 vol. in-8; Londres, 1779, in-4. Les poésies de Marchetti ont été rec. sous ce titre : *Saggio delle rime eroiche, morali e sacre*, 1704, in-4, avec la *Vie* de l'aut., Venise, 1755, in-4. Il a laissé MSs. plus. ouvr. philosophiq., mathémat. et litttér. Fabroni a publ. la *Vie* de Marchetti dans les *Vitæ italorum doctr. excellent.* On trouve aussi l'*Éloge* de ce sav. dans la *Biblioth. pistoriens.* de Zaccaria.

MARCHETTIS (PIERRE de), médec., né à Padoue, professa la chirurgie et l'anatomie à l'université de cette ville, et mourut en 1673. On a de lui : *Sylloge observationum medico chirurgicarum rariorum*, 1664, in-8, recueil estimé des praticiens, imprimé plus. fois en Hollande et en Angleterre et dont il existe une traduct. allem. — Dominique, son fils, succéda à Veslingius dans la chaire d'anatomie à Padoue, et mourut en 1688. On connaît de lui : *Anatomia, seu responsiones ad Riolanum*, etc., 1652, in-4; 1688, in-12. — Antoine de MARCHETTIS, second fils de Pierre, aida son père dans ses trav.

anatomiques, le remplaça dans l'enseignement, et mourut en 1730, à 90 ans.

MARCHI (FRANÇ. de'), très célèbre ingén., né à Bologne dans le 16e S., fut attaché au service d'Alexandre de Médicis, prem. duc de Florence, puis à celui du pape Paul III, et servit en Flandre comme ingén. du roi d'Espagne, pend. 32 ans. On ignore l'époque de sa mort. On connaît de lui : *Della architettura militare libri III*, etc., Brescia, 1599, in-fol., avec 161 pl. impr. avec le texte : cette édit. est devenue extrêmem. rare; mais l'ouvr. a été réimprimé par les soins de L. Marini, Rome, 1810, 5 vol. gr. in-fol., ou 6 vol. in-4 : cette nouv. édit. est très belle. — *Relazione particolare delle gran feste o trionfi fatti in Portogallo e in Flandria*, etc., Bologne, 1566 : c'est un récit des fêtes données à l'occas. du mariage du prince Alexandre Farnèse avec l'infante Marie de Portugal. On trouve une *Notice* sur Marchi dans le tome VI des *Scrittori bolognesi* de Fantuzzi.

MARCHIN ou MARSIN (FERDINAND, comte de), maréchal de France, né en 1656, d'une famille originaire du pays de Liége, entra au service à 17 ans; après la mort de son père, fut fait, en 1688, brigadier de cavalerie, fit, en 1690, la campagne de Flandre, fut blessé à la bataille de Fleurus, se trouva à celle de Nerwinde, à la prise de Charleroi, et passa ensuite à l'armée d'Italie. Lieuten.-gén. en 1701, il fut envoyé la même année ambassadeur extraordin. près de Philippe V, roi d'Espagne, refusa la grandesse que lui offrait ce monarque, et fit connaître lui-même le motif de son refus, en écrivant à Louis XIV que son ambassadeur, pour conserver toujours la même influence sur le roi catholique, ne devait accepter de lui ni biens, ni honneurs, ni dignités. Louis XIV lui sut gré de son zèle, et lui donna, peu de temps après, le cordon bleu. Marchin remplaça Villars près de l'élect. de Bavière, fut nommé maréchal en 1703, commanda l'aile gauche à la bataille d'Hochstett, en 1704, et quoique blessé, prit si bien ses mesures pour la retraite que l'armée ne put être entamée. Il obtint, en 1705, le gouvernem. de Valenciennes. Employé l'année suiv. à l'armée d'Italie, il fut tué le 7 septembre 1706 à la défense des retranchem. entre la Doire et la Stiric, attaqués par le prince Eugène.

MARCHIONI (CARLO), architecte et sculpt., né en 1704 à Rome, a construit plusieurs édifices, au nombre desquels on distingue *le Tombeau de Benoît XIII*, dans l'église de la Minerve; *le Palais de la Villa Albani*; la nouv. *Sacristie du Vatican*, etc. Il dessinait avec goût, et l'on connaît de lui quelq. morceaux dans le genre dit *bambochade*. Il mourut vers 1780. Le poète Cordora a fait à sa louange un sonnet inséré dans les *Poesie Alessandrine*.

MARCIA-PROBA, reine des Bretons dans le premier siècle av. J.-C., leur donna des lois que Gildas-le-Sage a recueill. et trad. en latin sous le titre de : *Leges marcianæ.* — V. MARTIA.

MARCIEN, emper. d'Orient, né vers 391, s'enrôla fort jeune dans la milice, et obtint la faveur des généraux, qui facilitèrent son élévat. jusqu'au rang de sénateur. Théodose-le-Jeune étant mort, Pulchérie, sa sœur, épousa Marcien, pour l'aider à soutenir le poids de la couronne. Il fut proclamé empereur vers 450, et mourut en 457. Léon Ier lui succéda.

MARCIEN, géographe grec, né à Héraclée sur le Pont-Euxin, paraît avoir vécu vers le 4e S., un peu avant la translat. de l'empire à Constantinople. Il écrivit un *Périple* entier du monde, dont il ne nous reste que des fragments, publiés en grec en 1600, et insérés avec une traduction lat. et une dissert. de Dodwel dans le tome Ier des *Geographiæ veter. script. gr. min.* On a mal à propos publié sous le nom de Marcien d'Héraclée les fragm. qui restent de Scymnus de Chio.

MARCILE (Théodore), *Marsilius*, savant philologue, né en 1548 à Arnheim dans la Gueldre, après avoir terminé ses études à Louvain, vint en France, enseigna d'abord les humanités à Toulouse, fut, en 1578, nommé professeur de rhétorique du collège des Grassins à Paris, puis attaché à plus. autres collèges, notamment à celui du Plessis, où il professa 10 ans ; il devint en 1602 lecteur du collège de France pour la littérature, et mourut en 1617. On a de lui une traduction lat. des *Vers dorés* de Pythagore, avec des *Comment.*, in-12 ; des *Notes* sur les *Épigr.* de Martial, sur les *Satires* de Perse, sur les poésies d'Horace, Catulle, Tibulle, Properce, sur les *Nuits attiques* d'Aulu-Gelle, etc.; des *Disc.* académiq., 1586, in-8. — *Hist. strenarum*, etc., 1596, in-8. — *Lusus de nemine*, in-8 ; et d'autres opuscules dont Goujet a donné la liste dans l'*Hist. du collège de France.*

MARCILLAC (Pierre-Louis-Auguste de CRUSY, marquis de), né à Vauban (Bourgogne) en 1769, était en 1789 colonel du régim. Picardie-cavalerie ; il émigra dès les premiers troubles, et servit avec zèle la cause des princes. Devenu vers 1812 sous-préfet de Villefranche (Aveyron), il réorganisa dans le Midi les comités royalistes lors de l'invasion des armées alliées ; ses services lui obtinrent en 1815 la présid. du 1er conseil de guerre à Paris ; il fut employé à l'armée d'Espagne en qualité de colonel d'état-major du duc d'Angoulême, et, au retour de cette campagne, mourut à Paris en 1824. On a de lui : *Voy. en Espagne*, 1805, in-8.—*Aperçus sur la Biscaye, les Asturies et la Galice*, etc., 1806, in-8. — *Hist. de la guerre entre la France et l'Espagne pend. les années de la révolut. franç.*, 1808, in-8. —*Hist. de la guerre d'Espagne* en 1823, etc., 1824, in-8. — *Souvenirs de l'émigration, à l'usage de l'époque actuelle*, ouvrage posthume, 1825, in-8.

MARCION, hérésiarque du 2e S., né à Sinope dans l'Asie-Mineure, s'attacha d'abord à la vie monastique, et devint prêtre ; mais ayant séduit une vierge, il fut chassé de l'Église par son père, qui était en même temps son évêque. S'étant rendu à Rome, il fut rétabli dans la communion ecclésiastique, mais il en fut exclu de nouveau. C'est alors qu'il prit la résolution de faire un schisme dans l'Église. Il se mit à enseigner qu'il y avait deux prin-

cipes, l'un auteur du bien, l'autre du mal ; il attribuait au second la loi de Moïse, et celle de J.-C. au prem. C'était à peu près la doctrine de Cerdon, à laquelle il joignit les rêveries de Valentin sur la secte d'Éon. Ses disciples se répandirent en Italie, en Égypte, en Syrie et jusqu'en Perse. Ils portèrent le mépris de la mort jusqu'au fanatisme, et eurent plus. martyrs. Sur la fin de sa vie, Marcion se repentit de ses erreurs, et il avait promis d'en faire la rétractat. publique, lorsqu'il fut surpris par la mort. Il avait, dit-on, composé un livre intitulé : *les Antithèses*, pour établir les opposit. qu'il croyait exister entre les deux Testam. On peut consulter le *Dictionn. des hérésies*, par Pluquet, et le *Dictionnaire critique* de Bayle.

MARCK (La), anc. maison originaire de Westphalie. — Guill. de LA MARCK, chef de la branche de cette famille dite *de Lumain*, né vers 1446, élevé par les soins de l'évêque de Liège, se signala dès sa jeunesse dans les troubles des Pays-Bas, et mérita par sa férocité le surnom de *Sanglier des Ardennes*. Chassé par son bienfaiteur pour avoir assassiné un de ses officiers, il vint chercher un asile à la cour de Louis XI, offrit à ce prince de faire révolter les Liégeois, reçut de l'argent et des troupes pour cette entreprise, parvint à attirer l'évêque, Louis de Bourbon, dans une embuscade, et le tua de sa propre main. Il ravagea ensuite le Brabant, fut battu par l'archiduc Maximilien, et livré par trahison à ce prince, qui lui fit trancher la tête en 1485.

—MARCK (Robert II ; comte de LA), parent du précédent, était né vers 1480. Maître d'une partie du pays de Liège, du duché de Bouillon et de la principauté de Sedan, il s'unit à son frère Évrard pour faire la guerre à Maximilien. Allié avec la France, il fit partie de l'expédit. de Naples commandée par Trivulce, revint en Italie en 1515 avec le titre de lieutenant-général de La Trémoille, et se distingua éminemment à la bataille de Novare avec ses deux fils, Fleuranges et Jametz. Plus tard, il s'allia avec Charles-Quint, s'en repentit, et, s'étant réconcilié avec François Ier, déclara la guerre à l'emper. et envahit le pays de Luxembourg ; mais abandonné à ses propres forces, il fut battu, et se vit chassé successivement de toutes ses possessions. Il y fut rétabli par le traité de Madrid, dans leq. François Ier stipula ses intérêts, et il mourut en 1535. Brantôme lui a consacré un article dans ses *Vies des capit. franç.*—MARCK (Évrard de LA), frère cadet du précédent, fut élu évêque de Liège en 1505 ; il accompagna Louis XII dans son expédition contre les Génois, s'y signala par sa bravoure, et obtint en récompense l'évêché de Chartres. En 1518, il entra dans la ligue de l'Autriche contre la France, contribua par ses intrig. à l'élection de Charles-Quint, qui le nomma archevêque de Valence pour le dédommager de la perte de l'évêché de Chartres, et lui procura en 1520 le chapeau de cardinal. Il fut ensuite reconnu légat du St-Siége dans les Pays-Bas, et mourut à Liège en 1538. L. Doni d'Attichi a publié une *Vie* d'Évrard de La Marck, tome II de son *Histoire des cardinaux*.

MARCO-POLO. — V. Polo.

MARCONVILLE ou MARCOUVILLE (Jean de), né dans le Perche en 1540, est aut. des ouvr. suivants, qui sont la plupart recherchés des curieux : *la Manière de bien policer la républ. chrét.*, etc., Paris, 1562. — *Traité conten. l'origine des temples des juifs, chrétiens et gentils*, etc., 1563, in-8. — *Traité enseignant d'où procède la diversité des opinions des hommes*, 1563, in-8. — *Recueil mémorable d'aucuns cas merveilleux*, etc., 1564, in-8. — *Tr. de la bonté et mauvaistié des femmes*, 1564-1586, in-16. — *Traité de l'heur et malheur du mariage*, etc., 1564, 1571, in-8. — *Excellent opuscule de Plutarque : De la tardive vengeance de Dieu*, 1563, in-8. — *Chrétien avertissem. aux refroidis et écartés de la vraie et ancienne Église catholiq.*, 1571, in-8. — *Tr. de la bonne et mauvaise langue*, 1573, in-8. — *De la dignité et utilité du sel*, etc., 1574, in-8. Marconville est l'auteur du tome VI des *Hist. prodigieuses extraites des auteurs anciens et modernes*, Paris, 1598, in-16.

MARCOUL ou MARCULPHE (St), *Marculphus*, né à Bayeux à la fin du 5e S., fut, suivant les légendes, fondateur du couvent de Nanteuil, près de Coutances, et y mourut saintem. l'an 558. Il existe sous son invocation une église anciennem. célèbre à Corberi, diocèse de Laon.

MARCULFE, moine français, que l'on présume avoir vécu dans le 7e S., a recueilli les formules des contrats et des actes publics les plus usités à l'époque où il vivait. Cette collection, un des monum. les plus importants de notre histoire, et surtout de la jurisprud. française, a été publiée par J. Bignon, Paris, 1613, in-8, puis dans le *Codex legum antiquar.* de Lindenbrog, 1613, in-fol., et dans la *Biblioth. Patr.* Théod. Bignon a réuni les *Formules* de Marculfe aux notes de J. Bignon sur la loi saliq., 1666, in-4; ce vol. a été textuellement inséré dans la *Collect. des capitulaires des rois de France*.

MARCUS GRÆCUS, personnage presque inconnu, est l'auteur d'un ouvrage sur l'art d'exterminer les ennemis par le feu, dont il existe deux copies MSs. (nos 7156 et 7158) à la biblioth. du roi, sous ce titre : *Liber ignium ad comburendos hostes, auctore Marco Græco*. Ces exemplaires paraissent être, l'un du 14e, l'autre du 15e S., et aucun auteur de l'antiquité ne fait mention de ce Marcus-Græcus; des hellénismes nombreux feraient soupçonner que l'ouvrage primitif était écrit en grec. On conjecture que Marcus ou Marchus écrivait vers la moitié du 13e S., 150 ans environ avant la destruct. de l'empire d'Orient. Le *Liber ignium* a été publié par La Poste de Theil, 1804, in-fol.

MARCUZZI (Sébastien), né à Trévise en 1725, fut successivement professeur de musique et organiste, puis chapelain et organiste de la collégiale de Cividal dans le Frioul. De retour dans sa ville natale, il fut nommé professeur de droit canon au séminaire, remplit les fonctions d'examinat. synodal, et mourut en 1790. Son *Éloge* est dans le 45e vol. du *Giornale de' letterati*. On y trouve la liste de ses ouvrages tant impr. que MSs. : nous citerons : *Dissertazione sopra i miracoli*, 1761. — *Discorso sopra la passione di N. S. con un breve ragionamento intorno all' eloquenza sacra*, 1763. — *Hieron. Hen. Beltramini Miazzi, episc. feltrensis, elogium*, 1779, etc.

MARDAWIDJ, fils de Zaïar, fondateur de la dynastie des Zaïarides, dans la Perse-Septentrionale, voulut profiter de la décad. de l'empire musulman dans le 9e S. (3e de l'hég.), pour se créer une souveraineté et relever l'ancienne religion des mages, qu'il professait secrètem. Après avoir servi dans les armées des princes alydes du Tabaristan, et s'être ensuite attaché à la cause des Samanides, il se rendit maître d'une partie de la Perse, et l'aurait peut-être conquise en entier, sans la défection de l'un de ses génér. qui fonda dans le Farsistan la dynastie des Bowaïdes (v. Imad et Daulah). Ce prince fut assassiné dans son palais à Ispahan, l'an 935 de J.-C. (323), par des Turks qui servaient dans son armée. Il eut pour successeur son frère Wasch-Meghyr.

MARDOCHÉE, un des Juifs menés en captivité à Babylone par Nabuchodonosor vers l'an 595 avant J.-C., fit épouser Esther, sa nièce, au roi Assuérus, et découvrit une conspirat. tramée contre ce prince. Ayant refusé de s'agenouiller devant Aman, ce ministre voulut le faire mourir ainsi que tous les juifs ; mais la protection d'Esther le sauva, et Aman subit à sa place le dernier supplice.

MARDOCHÉE, *Japhe* ou *le Beau*, prince des synagogues de Posnanie, de Lublin, de Cremnitz et de Prague, mort en 1611 avec la réputat. d'un des hommes les plus savants de sa nation, a laissé le *Labusch Malchut, ou le Vêtement royal*, divisé en X livres qui portent le titre de divers vêtem., tels que *Habit blanc, Manteau de lin fin et d'écarlate, Habit de lumière, Habit de réjouissance*, etc.; les 5 premiers, qui traitent des rites et des cérémonies, ont été impr. à Cracovie, 1594-1599, 4 vol. in-fol.; Prague, 1609, 1623, 1688 et 1701 ; le 6e a paru à Prague, 1604, in-fol.; les 4 derniers n'ont point été imprimés.

MARDONIUS, général des Perses, fils du satrape Gobryas et d'une des filles de Darius, était cousin de Xerxès. L'an 496 av. J.-C., il vint à la tête d'une armée au secours des villes de l'Asie-Mineure, dont il détruisit les tyrans, et auxquelles il rendit le gouvernement démocratique ; puis il passa en Europe, où il soumit la Thrace et une partie de la Macédoine. Il engagea Xerxès à envahir la Grèce, et non-seulement il l'accompagna dans son expédition en 480, mais il resta dans ce pays lorsque Xerxès, découragé par la perte de la bataille de Salamine, rentra en Asie. Il parait qu'alors Mardonius fit preuve d'autant de prudence que de sagesse dans les mouvem. militaires qu'il fit opérer à son armée. Cependant, vaincu à Platée par Pausanias, il perdit la vie dans cette bataille l'an 579 avant J.-C.

MARDUEL (Jean), pieux ecclésiastiq., né près de Lyon en 1699, mort en 1787, curé de St-Roch à Paris, signala dans cette paroisse son zèle et sa bienfaisance pendant 40 ans, s'appliqua surtout à l'instruct. de la jeunesse, fonda des écoles, assura des secours pour payer des apprentissages dans les arts mécaniques analogues au goût des élèves ou de leurs parents, et consacra une partie de sa fortune à réparer et à décorer son église, dont il fit l'une des plus belles de la capitale.

MARDUEL (CLAUDE-MARIE), curé de St-Roch en 1787, ne voulut point prêter le serment, et fut obligé de quitter sa place, qu'il ne reprit qu'en 1801, après le concordat. En 1802 il attira sur lui l'attention par le refus qu'il fit d'admettre dans son église le corps de Mlle Chamerois, danseuse à l'Acad. de musique. Cet événement fournit à Andrieux le sujet d'une pièce de vers : *St Roch et St Thomas*. En 1815, Marduel refusa également l'entrée de son église au cercueil de Mlle Raucourt, actrice du Théâtre-Français. Cet ecclésiastique, mort en 1833, partageait sa fortune avec les pauvres de sa paroisse.

MARE (GUILLAUME de LA), *Mara*, poète latin, d'une famille noble du Cotentin, mort vers 1520, chanoine et trésorier de la ville de Coutances, a laissé deux ouvr. singuliers, l'un intit. *Chimœra*, Paris, 1514, in-4, et l'autre de *Tribus fugiendis*, *venere, ventre et plumâ*, 1521, in-4, qui sont très recherchés des curieux.

MARE (PHILIBERT de LA), savant littérateur, né à Dijon en 1615, conseiller au parlement de Bourgogne, donna tous ses loisirs à la culture des lettres, fut décoré de l'ordre de St-Michel, et mourut dans sa patrie en 1687. Il avait travaillé pendant 50 ans à réunir tous les ouvrages impr. ou MSs. relatifs à l'histoire de Bourgogne. Les MSs. ont été acquis pour la bibliothèq. du roi. On a de lui : *Comment. de bello burgundico* (année 1636), Dijon, 1641, in-4.—*Elenchus operum Leon. Aretini*, ib., 1653, in-4. — *De vitâ et moribus G. Philandri*, 1667, in-4 et in-8. — *Historicorum Burgundiæ conspectus*, 1689, in-4.—*Hub. Langueti vita*, Halle, 1700, in-12, publ. par Ludwig, professeur à l'université de cette ville. Il a laissé de nombreux MSs., dont on a la liste dans la *Bibliothèque de Bourgogne;* quelques-unes de ses *Lettres* sont insérées dans les *Epist. claror. vir.* de Burmann, et dans les *OEuvres* de Gassendi.

MARE (NICOLAS de LA), procureur, puis commissaire au Châtelet, né en 1639 à Noisy-le-Grand, conduit à Rome dans sa jeunesse par un goût très vif pour l'étude, en rapporta, avec des notions étendues sur les monuments historiques, une gr. aptitude pour les recherches. Le président Lamoignon, qui avait conçu le projet de réunir en un code les réglements de police du royaume, l'employa à ce travail, et lui facilita les moyens de l'exécuter. Mais La Mare perdit son protect. avant l'achèvement de son ouvrage, dont les deux prem. vol. parurent en 1705. Il mourut en 1723, laissant des suppléments à son utile ouvrage, qui ont été refondus dans la nouvelle édit. publ. à Paris, de 1722 à 1738, gr. vol. in-fol.; elle est intitulée : *Tr. de la police, où l'on trouve l'histoire de son éta-*

blissement, etc.; les t. III et IV furent publ. par Leclerc du Brillet, qui y mit la dernière main, et plaça en tête du dernier l'*Éloge* de l'aut. Ce grand ouvr. a été refondu par Désessarts dans son *Dict. universel de police*, et il en existe un extrait par Freminville sous le titre de *Tr. de la police*.

MARE (PIERRE-BERNARD LA), né à Barfleur en 1753, fut d'abord traducteur en sous-œuvre pour Letourneur, qui publia sous son nom, sans doute après les avoir retouchées, les traduct. des jeunes gens qu'il employait. En 1792, il fut nommé commissaire civil aux Iles-sous-le-Vent, puis secrét.-général du ministère des relations extérieures, secrétaire d'ambassade à Constantinople, et enfin consul à Varna. Il mourut à Bucharest (en Valachie) en 1809. On a de lui les trad. de plusieurs romans anglais, tels que : *Mathilde, ou le Souterrain*, 1786 ,5 v. in-12. — *Herbert, ou les Mariages*, 1787, 3 vol. in-12.—*Le Moine* (avec Benoit et Després), 1797, 4 v. in-12. — *Le Cultivateur angl.*, etc., d'Arthur Young (avec Benoit et Billecoq), 1800-1802, 18 vol. in-8. Il a publié (avec M. Noël) l'*Almanach des prosateurs*, etc., 1801-1803, 5 vol. in-12. Il n'a pris aucune part aux 5 vol. suiv.

MARÉCHAL (GEORGE), chirurgien, né à Calais en 1658, fit ses études à Paris, y fut reçu maître en chirurgie, acquit une gr. réputat. dans la pratique de son art, et particulièrem. dans l'opérat. de la taille. Devenu chirurgien en chef de l'hôpital de la Charité, il succéda ensuite à Félix de Tassy dans la place de prem. chirurg. de Louis XIV, occupa le même poste sous Louis XV, et mourut en 1736. On trouve de lui un gr. nombre d'*Observat.* intéress., ainsi que son *Éloge*, dans les *Mém.* de l'acad. royale de chirurgie, dont il avait sollicité l'établissem. en 1731.

MARÉCHAL (lord). — V. KEITH.

MARÉCHAL (PIERRE-SYLVAIN), né à Paris en 1750, débuta dans la carrière des lettres par quelq. pièces dans le genre pastoral, et qu'il souscrivit du nom de *Berger Sylvain*. Il obtint ensuite la place de sous-bibliothéc. du collége Mazarin, et publia en 1781 un second recueil de vers sur des sujets plus graves. Cette publicat. fut suivie d'un écrit intit. : *Livre échappé au déluge*, parodie indécente du style des prophètes, et qui lui fit perdre sa place de sous-bibliothéc. En 1788 il fut enfermé dans une maison de correct. pour avoir fait paraître sous le titre d'*Almanach des honnêtes gens*, un calendrier dans leq. il avait substitué au nom des saints ceux des hommes les plus célèbres du temps, et modernes. Sylvain Maréchal embrassa avec chaleur les principes de la révolut., et donna dans les excès qui signalèrent les années 1793 et 1794; mais on lui doit la justice de dire qu'il ne fut point persécuteur; et, bien qu'il professât hautem. l'athéisme, il rendit des services importants à plus. ecclés., ainsi qu'à des royalistes. Sous le gouvern. directorial, et dans les prem. années du consulat, il publia de nouv. ouvr., conformes à ses principes, et mourut en 1803 à Montrouge, où il s'était retiré depuis 1798. On trouvera la liste de ses ouvr. dans le *Recueil des poésies philos. du XVIIIe S.*, où il s'est donné lui-même une *Notice*. Les principaux sont : *Bergeries*, 1770, in-12.—*L'Age d'or, recueil de contes pastoraux*, 1782, in-8. — *Livre de tous les âges, ou le Pibrac moderne*, 1779, in-12. — *Fragm. d'un poème moral sur Dieu*, 1781, in-8, réimpr. en 1798. sous ce titre : *le Lucrèce français.* — *Livre échappé au déluge*, etc., 1784, in-12. — *Voyages de Pythagore en Égypte, dans la Chaldée*, etc., 1709, 6 vol. in-8. — *Hist. universelle en style lapidaire*, Paris, 1800, gr. in-8. — *Dictionnaire des athées*, Paris, 1800, in-8, très rare. Lalande y a ajouté deux supplém. plus rares encore. — *Pour et contre la Bible*, 1801, in-8. Maréchal a fourni des articles aux *Révolut. de Paris.*

MARENGO (la bataille de), a reçu son nom d'un hameau du Milanez, à 2 lieues E. S. E. d'Alexandrie. L'armée franç., dite *de réserve*, commandée par le 1er consul en personne, y remporta sur les Autrichiens, aux ordres du lieut.-gén. Mélas, une victoire décis. le 25 prairial an VIII (14 juin 1800). Après 12 heures de manœuvres et de combats, le succès de cette brillante action était encore incertain : il s'y fit de part et d'autre des prodiges d'intrépidité, et le carnage fut grand. Berthier, qui commandait sous les ordres immédiats de Bonaparte, porte dans la *Relation* qu'il a donnée de cette mémorable bataille (Paris, an XIV, 1815, in-8 et in-4), la perte des Autrichiens à 4,800 morts, 8,000 blessés et 7,000 prisonniers ; les Français n'eurent que 1,100 hommes tués, 3,600 blessés et 900 prisonniers. La journée de Marengo eut pour résultat de replacer l'Italie au pouvoir de la France, et de relever sa fortune milit., non moins compromise alors que sa sécurité intérieure. Chefs et soldats eurent une égale part à la gloire de cette journée ; mais parmi ceux qui y contribuèrent avec le plus d'éclat on doit distinguer Desaix, dont le trépas mêla des cyprès aux palmes du triomphe ; Champeau, dont la mort fut immédiatem. vengée par son intrépide cavalerie ; Lannes, Murat, Victor, Gardanne, Chambarlhac, Garrat-Saint-Cyr, Bessières, Boudet, Kellermann, Rivault, Watrin, etc., etc. Outre l'ouvr. du général Berthier, on peut consulter l'excellent *Précis des événem. militaires*, du général Mathieu Dumas, le t. XIII des *Victoires et conquêtes*, etc., etc.

MARESCOT (ARMAND-SAMUEL, marquis de), pair de France, né à Tours en 1758, mort à Vendôme le 25 déc. 1832, fut placé au collège de La Flèche, puis à l'École militaire, et entra dans le corps du génie. Capitaine en 1792, il fit partie d'un corps de 7 à 8 mille hommes commandé par le général Dillon. Cette petite armée, formée à Lille, se dirigea sur Tournai ; mais la garnison autrichienne fit une sortie contre les Français, qui, croyant avoir été trahis, massacrèrent Dillon et le colonel du génie Berthois ; peu s'en fallut que Marescot ne pérît victime de cette prévention. De retour à Lille, il se trouvait le seul officier du génie dans cette place, qu'il fallait mettre en état de défense. Marescot fut blessé pendant le siège d'un éclat de pierre. L'ar-

mée française se dirigeant en Belgique, il y suivit Champmorin, en qualité d'aide-de-camp, assista au siége d'Anvers, et servit même comme officier du génie. La perte de la bataille de Nerwinde, en 1793, le ramena sur la frontière du Nord. Dumouriez lui ayant fait part de son projet de fuite, Marescot refusa de l'accompagner. Parmi les travaux qu'il fit alors exécuter, on cite la ligne de la Deule et du canal de Lille à Douai, et un camp retranché sous Lille pour un corps de 15 à 18 mille hommes. Dénoncé par le club révolutionnaire, il fut appelé à Paris ; mais le ministre Bouchotte l'envoya avec le grade de chef de bataillon au siége de Toulon. C'est là qu'il connut Bonaparte, avec lequel il eut, après la prise de cette ville, une vive altercation, et même, selon quelq. mémoires, un duel. Rappelé (1794) sur la frontière du Nord pour défendre Maubeuge, il mit cette place hors de toute attaque. Chargé de la direction du siége de Charleroi, il le poussa avec zèle ; mais la défaite, essuyée le 3 juin 1794 par les généraux Desjardins et Charbonnier, força les Français à se retirer. Lorsque Jourdan eut réuni l'armée de Sambre-et-Meuse, Charleroi ne tarda pas à être investi. Un nouv. succès des ennemis (16 juin 1794) fit abandonner le siége une seconde fois. Néanmoins il fut repris le 18, mais poussé avec peu d'activité, faute de moyens. Saint-Just, alors commiss. de la convention à cette armée, donna l'ordre à Jourdan de faire fusiller Marescot ; mais le génér. refusa d'exécuter un pareil ordre, et Marescot, en poussant le siége, concourut au gain de la bataille de Fleurus (26 juin). Charleroi se rendit. La retraite des armées ennemies laissa à découvert Valenciennes, Condé, le Quesnoy et Landrecies. Cette ville se rendit après sept jours de tranchée. Les succès de Marescot lui valurent les grades de chef, puis de génér. de brigade. Il fut nommé général de divis. après le siége de Maëstricht, dont il s'empara (8 nov. 1794). Cependant on le porta sur la liste des émigrés ; mais il dut à Carnot d'être rayé. Envoyé l'année suiv. à l'armée des Pyrénées-Orientales, il fit démolir les fortifications de Fontarabie, et fut chargé du commandem. de tout le pays conquis. Il passa ensuite à l'armée du Rhin, défendit Landau, mais ne put empêcher la reprise du fort de Kehl. Pendant les années 1797 et 1798, il fut employé aux armées de Rhin-et-Moselle, d'Allemagne, de Mayence, du Danube et du Rhin. En 1799 il commandait Mayence. Après la révolut. du 18 brum. (9 nov. 1799), Bonaparte le nomma prem. inspect. du génie (5 janv. 1800). Marescot accompagna le 1er consul dans la campagne d'Italie, qui fut terminée par la victoire de Marengo. De retour à Paris, il donna ses soins à l'administration du corps du génie. Après avoir inspecté en 1802 et 1803, avec l'amiral de Rosilly, les côtes depuis Rochefort jusqu'à l'île de Walcheren, il eut le commandem. général du corps du génie dans tous les camps qui furent formés de Montreuil à Dunkerque. Il fit la campagne d'Allemagne, et assista à la bataille d'Austerlitz. Ayant été chargé, en 1808, d'inspecter les places des

Pyrénées, et, au-delà des monts, toutes les places espagnoles correspond. occupées par les Français, il suivit l'armée du général Dupont, qui, dans les plaines de Baylen, se rendit honteusem. Marescot, quoique étranger à ce traité, qu'il avait signé seulement comme témoin, fut cependant arrêté à son retour en France. Destitué, il subit en outre une détention de 3 ans, et fut exilé à Tours. Le 8 avril 1814, le gouvernem. provisoire le réintégra dans son grade, et le comte d'Artois le nomma commissaire du roi dans la 20ᵉ divis. milit. (Périgueux). Louis XVIII le nomma membre d'une commission chargée de déterminer le classem. des places fortes, et grand'croix de St-Louis. Après le 20 mars 1815, Marescot consentit à être employé comme inspecteur dans l'Argonne et dans les Vosges, et fut mis à la retraite sous la seconde restaurat. Néanmoins, compris dans la promotion à la pairie du 5 mars 1819, il reçut plus tard le titre de marquis. On a de lui : *Relation des principaux siéges faits ou soutenus en Europe par les armées franç. depuis 1792*, Paris, 1806, in-8. — *Mémoire sur l'emploi des bouches à feu pour lancer les grenades en gr. quantité* (dans la Collect. de l'Institut de 1799). — *Mémoire sur la fortification souterraine* (tome IV du *Journal de l'école polytechnique*). — Plusieurs autres *Mémoires* MSs. répandus dans le corps du génie ou déposés dans les archives de cette arme.

MARESTIER (JEAN-BAPTISTE), ingénieur de la marine, marqua ses premiers pas par des services réels rendus au port de Brest, et en 1814 au port de Bayonne. C'est là qu'il construisit, sur ses propres plans, des bâtiments de charge dont la marine se trouvait alors dépourvue. Ces travaux se prolongèrent jusqu'en 1818. A cette époque, le gouvernem. ayant voulu reconnaître les progrès de la navigation à vapeur en Angleterre et aux États-Unis, le ministre de la marine confia à Marestier une mission pend. laquelle il recueillit de précieux renseignements à ce sujet. L'ouvrage qu'il publia, à son retour, *sur les bateaux à vapeur des États-Unis*, 1804, in-4, avec pl., lui mérita les plus honorables suffrages. Chargé de construire le premier bateau à vapeur, il s'acquitta de cette tâche avec succès. Cet ingénieur savant et modeste promettait à notre marine d'importants perfectionnem. Il mourut à Brest en 1832.

MARET (HUGUES), médec., né à Dijon en 1726, acquit de bonne heure de la réputat. dans son art, s'appliqua avec succès à la chimie, donna une impulsion nouv. à l'acad. de Dijon, et mourut d'une fièvre pestilentielle dans un village près de Gray en 1785. Il était médecin des états de Bourgogne pour les épidémies, censeur royal, corresp. de l'acad. des sciences, membre de plus. autres acad. nationales et étrangères, et secrét. perpétuel de celle de Dijon, dont il a publié l'hist. en tête du *Recueil* de cette société sav. On a de lui un gr. nombre de *Mémoires, dissertat. et observat.* sur des matières médicales et physiques, des *Éloges académ.*, etc. Il a eu part avec Guyton de Morveau et Durande à la rédact. des *Éléments de chimie théoriq. et pra-*

tique, 1777, 3 v. in-12, et il a fourni plus. articles à l'ancienne *Encyclopédie*. Il avait été chargé du dictionn. de pharmacie dans l'*Encyclopédie méthodique*, mais il n'a pu donner que l'article *acide méphytique*. — Jean-Philibert MARET, son oncle, chirurg.-major de l'hôpit.-gén. et pensionn.de l'acad. de Dijon, mort dans cette ville en 1705, a laissé des *Mém. et Observ.* insér. dans le *Rec.* de la même acad. Son *Éloge* a été publié par H. Maret, 1781, in-8.

MARET. — V. BASSANO, au *Supplément*.

MARGARITONE, peintre, né à Arezzo en 1212, mort dans cette ville en 1289, tenait le prem. rang entre les imitat. des Grecs du Bas-Empire, avant que la renommée de Cimabué et de Giotto eût effacé celle de tous leurs contempor. On conserve quelq. fresques de lui, une *Madone* et un *Christ* dans l'église de St-François d'Arezzo, et un *St François* dans le couvent de Sargiano, près de cette ville. Cet artiste, comme tous ceux de son temps, cultivait aussi l'architecture et la sculpture. Il construisit dans sa patrie une cathédrale sur les dessins de Lapo. Les deux portraits (l'un en marbre, l'autre à fresque) de Grégoire X, qui se trouvent sur le mausolée de ce pape à Arezzo, sont égalem. de Margaritone, et passent pour ce qu'il a produit de plus parfait.

MARGERET, voyageur franç., né dans le 16ᵉ S., servit d'abord sous les drapeaux de Henri IV contre les ligueurs, passa ensuite en Transylvanie, en Hongrie, en Pologne, entra au service de Borisgodounof, tzar de Moscovie, puis à celui du success. de ce prince, Dmitri ou Demetri (Grégoire Otrepieff : v. l'art. des faux DÉMÉTRIUS), qui lui donna le commandem. d'une compagnie dans ses gardes : il revint en France après la mort de ce Dmitri, fit le récit de ses voyages et aventures à Henri IV; et, sur l'invitat. de ce monarque, publ. : *État présent de l'empire de Russie et grand-duché de Moscovie, avec ce qui s'y est passé de plus mémorable depuis l'an 1590 jusqu'en 1606*, Paris, 1607, in-8, ibid., 1669, in-12, ouvr. curieux et qui a été consulté par plus. historiens.

MARGGRAFF (GEORGE), médecin et voyageur, né à Liebstaedt (Misnie) en 1610, passa au service du comte de Nassau, gouvern. des établissements hollandais au Brésil, visita les contrées voisines des côtes, depuis Rio-Grande jusqu'au sud de Fernambouc, entreprit ensuite un voyage en Guinée, et mourut en 1644. Une partie des observations qu'il avait recueillies ont été publ. par J. de Laet, avec celles du médec. Pison que Marggraff avait accompagné au Brésil, sous ce titre : *G. Pisonis de medicinâ brasiliensi lib. IV; G. Marggravii historiæ rerum naturalium Brasiliæ lib. VIII*, Amsterd., 1648, in-fol., fig. On trouve dans ce vol. un autre écrit de Marggraff : *Tractatus topographicus et meteorologicus Brasiliæ*, etc. Plumier a nommé *Marggravia* un arbrisseau grimpant des Antilles, dont on a fait le type d'une nouvelle famille de plantes. — Son frère Christian, né à Liebstaedt, fut doct. de la faculté de médecine à Franeker, en 1659, et occupa la chaire de pathologie à Leyde jusqu'à sa mort en 1687. On a de lui deux traités qui ont été réunis sous ce titre : *Opera medica duobus libris comprehensa*, etc., Amsterdam, 1715, in-4.

MARGGRAFF (ANDRÉ-SIGISMOND), chimiste, né à Berlin en 1709, fut membre de l'académ. de cette ville, direct. de la classe de physiq., associé de l'acad. des sciences de Paris, et mourut en 1782. C'est lui qui le prem. a extrait la potasse du tartre et du sel d'oseille, a prouvé qu'on pouvait retirer avec avantage le sucre de la betterave, et trouvé l'acide formique. Ses nombr. opusc., presque tous écrits en français, et insérés soit dans les *Mém.* de l'acad. de Berlin, soit dans les *Miscellanea berolinensia*, ont été réunis par J.-G. Lehman, en 2 vol. in-8, Berlin, 1761-67, et trad. en allem. dans les *Récréations minéralogiques*, Leipsig, 1768, t. Ier.

MARGON (GUILLAUME PLANTAVIT de LA PAUSE, abbé de), littérat. médiocre, né près de Béziers, vint de bonne heure à Paris, et s'y fit connaître par quelq. écrits satiriques qui annonçaient moins de talent que de méchanceté. Les propos indécents qu'il se permettait contre les personnes les plus respectables le firent exiler aux îles de Ste-Marguerite, puis enfermer au château d'If, d'où il ne sortit que pour entrer dans un couvent de bernardins. Il ne se conduisit pas mieux dans cette retraite que dans le monde, et il mourut en 1760, détesté de tous ceux qui l'avaient connu. Les écrits qu'il a publiés sont tombés dans un juste oubli. Les seuls connus sont : *Mémoire du duc de Villars*, 1734, 3 vol. in-12. — *Mémoire du maréchal de Berwick*, 1737, 2 vol. in-12. — *Mém. de Tourville*, 1742, 3 vol. in-12.

MARGUERIT ou MARGARIT (BÉRENGER), gén. espagnol, que l'histor. de Saladin appelle *le Roi de la mer* et *le Nouveau Neptune*, fut chargé, en 1188, par Guillaume II, roi de Sicile, de porter du secours à Tyr, vivement pressé par Saladin. A l'aide d'un brûlot, il incendia plusieurs bâtiments de la flotte ennemie, mit le soudan dans la nécessité de regagner promptement les navires qui lui restaient, et de s'enfuir. — MARGUERIT (Jean), card. espagn., mort à Rome en 1484, fut successivement évêque d'Elne, puis de Girone, et de Patti en Sicile, reçut la pourpre de Sixte IV en 1483, et fut nommé chancelier d'Aragon pour avoir apaisé les troubles qui agitèrent la Catalogne sous le règne de Jean Ier. On a de lui une *Hist. d'Espagne*, depuis l'arrivée d'Hercule dans la péninsule jusqu'à la naissance de J.-C., imprimée à Grenade en 1545, sous le titre de *Paralipomenon Hispaniæ*, et insérée par André Schott dans le prem. vol. (p. 7-120) de l'*Hispania illustrata*. — MARGUERIT (Pierre) de la même famille que le cardinal, s'embarqua pour les Indes, en 1492, sur la flotte commandée par Colomb, avec lequel il eut quelq. différends qui les obligèrent de se séparer. Quelq. auteurs, notamment Blasius, ont prétendu qu'il découvrit l'île Marguerite, et lui donna son nom ; d'autres veulent que cette île ait reçu le nom de *Marguerite* à cause des perles qu'on trouve sur ses côtes. — Son petit-fils, don Joseph de MARGUERIT et de BIVRE, fut, en 1640, nommé

gouvern. de la Catalogne, alors que cette province révoltée se mit sous la protection de la France ; confirmé dans ce poste par Louis XIII qui lui donna le titre de son lieut.-gén., il reprit la vallée d'Aran aux Espagnols, leur prit Castel-Léon en 1646, soutint un siége de 15 mois dans Barcelone, et 5 ou 6 jours avant la capitulation, se sauva sur un frêle esquif en 1654. Tous ses biens, en Espagne, et qui étaient considérables, furent confisqués, et lui seul fut excepté de l'amnistie. La postérité de D. Joseph subsiste honorablem. en Normandie.

MARGUERITE (Ste), reine d'Écosse, née en Hongrie l'an 1046, suivit en Écosse son frère Altheling, et devint, en 1070, l'épouse de Malcolm III. Tendrem. attachée à son époux, dont ses vertus embellirent le règne, elle ne put survivre à sa perte et à celle de son fils, tués le même jour sur le champ de bataille, et mourut 3 jours après en 1093. L'Église célèbre sa fête le 10 juin. Thierri, moine de Durham, a écrit la *Vie* de cette reine, qui fut canonisée en 1251. — Les détails histor. manquent sur les autres saintes du même nom, dont la plus connue est une vierge et martyre du 3e S., patrone de Crémone, et que l'on croit d'Antioche en Pisidie. Sa fête est célébrée le 20 juillet.

MARGUERITE, reine de France, fille aînée de Raimond-Bérenger III, comte de Provence, fut mariée en 1234 à Louis IX, dont elle fit le bonheur par ses vertus, et qui de son côté lui témoigna toujours la plus vive tendresse, malgré les efforts de la reine Blanche pour empêcher sa bru de prendre de l'ascendant sur le roi. Marguerite ayant accompagné son époux dans l'expédition d'Égypte, se trouva dans Damiette assiégée par les Sarrasins ; elle était enceinte et n'avait plus d'espoir d'être secourue ; alors elle pria un vieux chevalier de lui couper la tête si la ville était prise, et celui-ci lui répondit : « *J'y avais déjà pensé.* » Elle sortit de Damiette avant la reddit. de cette place, et quand la mort de Blanche rappela Louis dans ses états, elle y revint avec lui, et, sans prendre part au gouvernement, lui donna d'utiles conseils. La France lui doit d'avoir empêché le saint et grand roi de renoncer au trône. Après la mort de son époux, elle vécut dans la retraite et multiplia les fondations pieuses. Elle mourut en 1295 à Paris, dans le couvent des religieuses de Ste-Claire, qu'elle avait fondé. Elle avait eu de son mariage onze enfants.

MARGUERITE, fille de Jacques Ier, roi d'Écosse, et prem. femme du dauphin, depuis Louis XI, fut fiancée en 1428 à ce prince, à peine âgé de 5 ans, et lorsqu'elle-même n'en avait que 3. Au bout de huit années le mariage fut conclu à Tours, malgré les Anglais, qui, après avoir voulu vainem. s'opposer à cette déterminat. du roi Jacques, essayèrent d'enlever la jeune princesse. Elle put regretter qu'ils n'eussent pas réussi, car elle n'obtint de son époux ni égards, ni affection, et mourut à Châlons en 1444, du chagrin profond que lui causèrent d'infâmes calomnies. Ses dernières paroles furent : *Fi de la vie, qu'on ne m'en parle plus.* Cette princesse réunissait à une rare beauté un esprit très cultivé et la passion des lettres (v. Alain CHARTIER).

MARGUERITE DE FRANCE, reine de Navarre, fille de Henri II, née en 1552, morte à Paris en 1615, épousa en 1572 le prince de Béarn, depuis Henri IV, qu'elle n'aimait point et dont elle n'obtint jamais une bien vive affection. Ce fut au milieu des fêtes de ce mariage, dicté par une politique perfide, que le massacre de la St-Barthélemi fut résolu. Marguerite nous apprend elle-même dans ses *Mémoires* qu'elle faillit être une des victimes de cette nuit fatale. Le roi de Navarre était déjà si mal avec son épouse, qu'il partit sans la voir; mais elle alla le rejoindre, non sans avoir éprouvé de grandes difficultés. Elle fut reçue en triomphe dans le Béarn, et vécut en assez bonne intelligence avec son époux pendant 5 ans. Un secrétaire du roi brouilla tout par son intolérance envers de pauvres paysans qui venaient à la messe dans la chapelle de la reine. Marguerite indignée demanda la punition du secrétaire, ne put l'obtenir et quitta bientôt le Béarn. Sa conduite à la cour de France ne fut pas, à beaucoup près, exempte de reproches. Perdue de réputation et criblée de dettes, elle accéda au désir de Henri IV, devenu roi de France, de faire casser leur mariage, et n'y mit d'autres conditions que le paiement de ses dettes et l'assurance d'une pension convenable. Retirée en Auvergne, elle fut ramenée à Paris en 1605 par le besoin d'agitation, et désespéra encore le bon Henri par ses désordres et ses folles dépenses : l'âge n'avait point mûri sa tête. On doit admirer toutefois qu'elle ait allié à cette extrême dissipation le goût des études sérieuses. Elle a laissé des *Poésies* très agréables pour le temps et des *Mém.* très curieux qui ont été publiés par Mauléon de Granier, 1658 et 1661, in-12. Godefroy en a donné une édit., Liége, 1713, in-8, et Petitot les a insér. dans sa collect., XXXVII. Mongez a écrit l'*Hist.* de cette princesse, 1777, in-8.

MARGUERITE DE FRANCE, duchesse de Savoie, fille de François Ier, né en 1523 au château de St-Germain-en-Laye, morte à Turin en 1574, avait épousé en 1559 Emmanuel-Philibert, duc de Savoie, prince digne d'apprécier les vertus et les rares qualités de sa femme. Elle avait protégé en France les littérateurs et servi efficacement Ronsard, Du Bellay, Jodelle, Dorat, Remi Belleau, et surtout le chancelier Lhôpital; elle attira à l'univ. de Turin les jurisconsultes les plus célèbres de son temps, se fit adorer des pauvres par sa charité, et chérir de tous ses sujets, qui la surnommèrent la *Mère des peuples*. Les vers composés sur sa mort ont été recueillis, Turin, 1575, in-8.

MARGUERITE DE VALOIS, sœur de François Ier, née à Angoulême en 1492, mort au château d'Odos dans le pays de Tarbes, en 1549, fut la princesse la plus accomplie de son siècle, et l'ornement de la cour de France par sa beauté, sa douceur, son esprit éclairé et l'élégance exquise de ses manières. François Ier, qui l'appelait sa *Mignone* et la *Marguerite des Marguerites*, lui confia plus. négociat. import. dont elle s'acquitta mieux que n'aurait pu

le faire l'homme d'état le plus consommé. Elle avait aussi pour son frère la plus tendre affection et la lui prouva pendant sa captivité, en se rendant à Madrid pour lui prodiguer des soins et des consolations, et traiter de sa rançon avec Charles-Quint. Veuve en 1525 de Charles IV, duc d'Alençon, premier prince du sang, qu'elle avait épousé en 1509, elle se remaria en 1527 à Henri d'Albret, roi de Navarre, dont elle eut un fils mort en bas âge, et Jeanne d'Albret, qui fut la mère de Henri IV. L'asile qu'elle accorda dans ses états aux novateurs donna lieu d'élever des doutes sur ses opinions religieuses; le peuple murmura, la Sorbonne la déclara hérétique, et les professeurs du collége de Navarre eurent l'audace de l'exposer sur le théâtre à la risée publique. Elle était pourtant bonne catholique, et la postérité doit lui savoir gré d'une modération qui commençait dès-lors à devenir bien rare. C'est à tort qu'on a soupçonné ses mœurs, parce que l'on trouve dans ses *Contes* une liberté qui approche trop souvent de la licence. Il faut se souvenir que c'était là le bon ton de la cour et le langage des honnêtes gens : son style est encore plus décent que celui de quelq. sermons du temps. On a de cette princesse : l'*Heptaméron, ou les nouvelles de la reine de Navarre*, 1558, souv. réimpr.; l'édition la plus belle est celle de Berne, 1780-81, 5 vol. in-8, avec les estampes de Chodowiecki.— *Le Miroir de l'âme pécheresse*, Alençon, 1533, in-8, recueil de poésies médiocres. — *Les Marguerites de la Marguerite des princesses*, poésies recueill. par Sylvius de la Haïe, Lyon, 1547, in-8, Paris, 1554, in-8. On conserve parmi les MSs. de la Biblioth. du Roi, 5 vol. in-fol. de ses *lettres*. L'*Hist. de Marguerite de Valois* (par Mlle de La Force), Amsterdam, 1696, 2 vol. in-12, Paris, 1719, 4 vol. in-12, est plutôt un roman qu'une œuvre historiq.

MARGUERITE D'ANJOU, reine d'Angleterre, fille de René, dit *le Bon*, roi titulaire de Sicile, née en 1425, épousa en 1445 Henri VI qui régnait en Angleterre sous l'impérieuse tutelle du duc de Glocester, son oncle. Elle devait ce mariage brillant à un parti redoutable qui espérait trouver en elle un appui contre le duc, et elle s'empressa de répondre à cette confiance, en se mettant à la tête du complot tramé par le comte de Suffolk, le cardinal de Winchester et l'archev. d'York. Bientôt l'oncle du roi, naguère si puissant, fut jeté dans une prison, où le lendemain il fut trouvé mort. Ce meurtre excita la compassion et la colère du peuple. Quelq. temps après on apprit que le Maine était rendu à la France (c'était là une des conditions secrètes du mariage de Marguerite), et l'on vit Charles VII reconquérir la Normandie et la Guyenne. Le mécontentement devint alors général et terrible : un prétendant à la couronne parut; c'était Richard, duc d'York, qui venait réclamer les droits de sa branche, usurpés par celle de Lancastre. A la même époque Henri tomba dans une imbécillité complète, et la reine crut devoir désarmer Richard en le faisant déclarer protecteur du royaume. Mais de nouveaux sujets de mécontentement portèrent ce prince à reprendre les armes. Les deux partis se rencontrèrent à St-Alban's dans l'Hertfordshire en 1455, et là fut versé le premier sang dans cette longue et cruelle guerre de la rose blanche et de la rose rouge. Richard, maître par le sort du combat de la personne de Henri, se contenta néanmoins de son prem. titre de protecteur; mais il s'assura l'assistance du comte de Warwick, le *Faiseur de rois*, qui livra bataille à la reine à Northampton, en 1460, la défit complétement et s'empara encore une fois de l'imbécile monarque. Bientôt Marguerite, plus heureuse, remporta près de Wackefield une victoire qui coûta la vie au protecteur. Mais son fils, deux mois après, se fit proclamer roi sous le nom d'Édouard IV, et soutenu par Warwick, força la reine de chercher un asile en France. Elle n'obtint de Louis XI qu'un faible secours, reparut dans l'arène des combats, malgré tous les obstacles, et vaincue de nouveau à Hexham, dans le Northumberland, en 1463, retourna en France à travers mille dangers. Au bout de 6 ans elle put espérer un moment de ressaisir la couronne. Le comte de Warwick, cédant au ressentim. d'un outrage, offre son épée à Marguerite, oblige Édouard à s'enfuir en Hollande, et bientôt, apprenant qu'il reparaît en Angleterre, vole à sa rencontre et trouve la mort dans la plaine de Barnet en 1471. Marguerite débarquait le même jour à Weymouth avec le prince de Galles, son fils, âgé de 18 ans. Un moment ébranlée et presque découragée, elle se décida pourtant à déployer encore une fois l'étendard de Lancastre, fut battue à Tewksbury en 1471, et tomba au pouvoir de son ennemi. Le trône fut perdu pour elle à jamais; elle recouvra la liberté par le traité d'Amiens (1475), après avoir vu massacrer son fils et son époux, et vint passer le reste de ses jours en France, où elle mourut en 1482. Cette héroïne, digne d'un meill. sort, avait soutenu dans 12 batailles rangées les droits de sa maison. L'abbé Prévost a écrit une *Histoire de Marguerite d'Anjou*, qui doit être rangée dans la classe des romans hist.

MARGUERITE DE BOURGOGNE, reine de Navarre, fille de Robert II, duc de Bourgogne, et petite-fille de St Louis par sa mère, fut fiancée à Louis-le-Hutin en 1299 et mariée en 1305. Convaincue d'adultère, elle fut rasée et enfermée au Château-Gaillard, où elle périt étranglée, par ordre de son mari, à l'âge d'environ 25 ans. Cette princesse joignait malheureusement à une beauté peu commune et à beauc. d'esprit un goût trop vif pour les plaisirs. Elle avait eu de Louis-le-Hutin une fille nommée Jeanne, née en 1312, morte à Conflans près de Paris en 1349, qui fut mariée en 1317 à Philippe, comte d'Évreux, et succéda au trône de Navarre, après la mort de Charles-le-Bel, son oncle. Cette princesse, loin d'imiter sa mère, fut un modèle de vertu.

MARGUERITE D'AUTRICHE, née à Gand, en 1480, fille de l'emper. Maximilien Ier et de Marie, héritière de Bourgogne, fut fiancée, en 1483, au dauphin (Charles VIII), qui la renvoya à son père

en 1491, lorsqu'il obtint la main d'Anne de Bretagne. Elle épousa en 1497, l'infant d'Espagne, fils de Ferdinand et d'Isabelle, et, en 1501, Philibert-le-Beau, duc de Savoie, qu'elle eut la douleur de perdre, après 4 ans de l'union la plus heureuse. Veuve pour la seconde fois à 24 ans, elle résolut de ne pas former de nouveaux liens. Maximilien, reconnu en 1506 tut. de Charles-Quint, son petit-fils, la nomma gouvernante des Pays-Bas, et lui abandonna la jouissance du comté de Bourgogne et du Charolais. Elle assista en qualité de plénipotentiaire aux conférences de Cambrai et conclut le tr. de 1508 avec le card. d'Amboise, ce qui ne l'empêcha pas de susciter sourdement des ennemis à Louis XII, puis à François Ier. Ce fut elle qui détermina le roi d'Angleterre à entrer, en 1513, dans une nouv. ligue contre la France, et qui conclut, en 1529, avec la duchesse d'Angoulême (Louise de Savoie), le traité qui fut si avantageux à l'Autriche. Ce fut le dernier acte important de sa vie. Elle mourut à Bruxelles, en 1530. Sous son administration l'agriculture et les arts firent des progrès remarq. dans les Pays-Bas. Elle aima les lettres et protégea les savants. La Biblioth. du roi possède un rec. MS. de ses *Chansons;* et l'on trouve plus. de ses lettres dans le *Rec.* de celles *de Louis XII.*

MARGUERITE D'YORK, sœur d'Édouard IV, devenue veuve de Charles-le-Téméraire, se fixa en Flandre, d'où elle suscita tant qu'elle put des obstacles à l'affermissem. de Henri VII, son neveu, en encourageant les menées de l'impost. Simnel et de Perkin Warbeck. On l'a nommée *la Junon* du roi d'Angleterre.

MARGUERITE, reine de Norvége, de Danemarck et de Suède, surnommée la *Sémiranis du Nord*, fille de Valdemar III, roi de Danemarck, née à Copenhague en 1353, montra dès son enfance une force d'esprit et de caractère qui fit dire à son père que la nature s'était trompée en la faisant naitre femme. Elle épousa en 1363, non sans de grandes difficultés, Haquin, roi de Norvége, qui venait d'être couronné roi de Suède. Mais les Suédois, mécontents de ce mariage; déposèrent Haquin, élurent à sa place Albert de Mecklembourg, et bientôt éclata entre le nouveau roi et le monarque dépossédé une guerre qui fut terminée en 1370 (v. HAQUIN VII et MAGNUS-SMEK). Quatre ans après, Valdemar étant mort, Marguerite, malgré tous les obstacles, fit proclamer Olaüs son fils, roi de Danemarck, en 1376, et se fit donner la régence du royaume. A la mort de son époux, en 1380, elle se fit donner égalem. la régence de Norvége, et dès lors sans doute elle jeta ses vues sur la Suède, qu'Albert était incapable de gouverner. Attaquée par ce prince en Scanie, elle le défit, dédaigna de le poursuivre, et remettant sa vengeance à un autre temps, elle s'occupa de rentrer dans la possession de la Scanie, engagée par son père aux villes anséatiques pour 15 ans, et de détacher ces villes de la Suède, en favorisant leur commerce. Elle put songer alors à l'accomplissem. de ses grands projets. Son fils Olaüs étant mort en 1387, elle eut d'abord à punir un aventurier qui, sous le nom de ce prince, cherchait à opérer une révolut. Bientôt après elle se fit déférer la couronne de Danemarck, puis celle de Norwége; seulement, pour obtenir celle-ci, elle se crut obligée d'associer à son nom celui d'un roi, et de régler la succession. Elle choisit en 1389 un prince âgé de cinq ans, son petit-neveu Éric, fils de Vratislas, duc de Poméranie. Cepend. les Suédois, mécontents de leur roi, consentirent à la reconnaître pour reine, à condition qu'elle maintiendrait les privilèges du roy. et le défendrait contre les prétentions d'Albert. Elle remporta une victoire éclatante sur ce compétiteur près de Falkœping en Vestrogothie, et, pour achever sa ruine, conclut un traité avec Jean, duc de Mecklembourg, qui soutenait le parti du roi, son neveu. Marguerite, maîtresse désormais des trois royaumes du Nord, après avoir fait élire son pupille en 1396 roi de Danemarck et de Suède, sans fixer l'époque précise où elle se démettrait de la régence, songea à réunir par un pacte solennel les peuples qui lui obéissaient, et en 1397 parut le célèbre traité de Calmar, daté du jour de Ste-Marguerite. Elle venait de fonder une monarchie dont la grandeur et la puissance rappelaient l'empire de Charlemagne; mais il fallait une autre main que celle d'Éric pour soutenir un tel édifice. Aussi la reine eut-elle plus d'une fois à se repentir de son choix. Tandis qu'elle rétablissait la confiance et la paix dans le peuple, qu'elle favorisait le clergé pour l'opposer à la noblesse, et qu'elle envoyait des missionnaires prêcher le christianisme en Laponie, Éric attirait sur les armes danoises, dans la guerre contre les comtes de Holstein, les premiers revers qu'elles eussent encore essuyées sous le règne de Marguerite; il faisait mourir injustement un fidèle ministre, Abraham Broderson, et se montrait, en un mot, aussi impatient qu'incapable de régner. Marguerite, après avoir ramené les esprits aliénés par le jeune prince, et conclu une convention avec les comtes de Holstein, se disposait à retourner en Danemarck, quand elle mourut en 1412, dans le port de Flensbourg, à bord d'un vaisseau. On voit son tombeau dans la cathédrale de Roskild. Holberg, dans son *Hist. des femmes célèbres*, a donné une biographie succincte de Marguerite.

MARGUERITE, comtesse de Richemont et Derby, fille de Jean de Beaufort, duc de Sommerset, et mère de Henri VII, roi d'Angleterre, née en 1441, morte en 1509, eut trois époux, le duc de Suffolk, Edmond Tudor et le grand connétable lord Stanley. Placée sous la surveillance et la responsabilité de ce dernier par Richard III, lorsqu'il découvrit la conspiration du duc de Buckingham, dans laquelle était entrée la comtesse pour donner le trône à son fils, elle sut gagner son époux et en faire l'instrum. le plus puiss. de la fortune du jeune prince. Marguerite fonda plus collèges, favorisa les sciences et les lettres, et publia elle-même la *Trad. du 4e liv. de l'Imitat. de J.-C.*, par Gerson; un *Réglement de costumes et d'étiquette pour les dames de la cour.* — V. Walpole, *Royal authors*, XI, 156, et Nichols, *Anecdotes of Bowyer*, vol. CXII.

MARGUNIO (Emmanuel), évêque de Cérigo, mort dans l'île de Candie en 1602, à l'âge de 80 ans, établit à Venise une imprimerie grecque, d'où sont sortis beauc. d'ouvr., et publia des *Hymnes anacréontiques* estimés, Augsbourg, 1592 et 1601, in-8, et dans le *Corpus poetar. græcor.*, Genève, 1606 et 1614, 2 vol. in-fol.

MARIALVA (don Juan Coutinho, comte de), l'un des plus braves chev. du Portugal au 15e S., issu des anc. seigneurs du comté de Léomil, servit avec distinction dans les guerres d'Alphonse V en Afrique, et fut tué à la prise d'Arzile en 1471. Alphonse, après sa victoire, se rendit à la gr. mosquée, purifiée par les chapelains de l'armée, offrit à Dieu ses actions de grâce devant une croix posée sur le corps du comte de Marialva, fit mettre le jeune prince son fils à genoux, et lui dit : « Dieu vous fasse aussi bon chevalier que celui que vous voyez devant vous, percé en divers endroits pour le service de Dieu et de son prince. — MARIALVA (don François Coutinho, 4e comte de), frère du précédent, mort en 1529, servit aussi avec distinct. dans les guerres d'Alphonse V contre Ferdinand et Isabelle de Castille, et sut se concilier la faveur des rois Jean II et Emmanuel. Possess. d'une fortune immense qui rendait sa fille le premier parti du royaume, il osa demander à Emmanuel d'unir son 3e fils, l'infant Ferdinand, avec cette riche héritière, nommée Guiomar. Le roi y consentit; mais l'union n'ayant pas été contractée à cause de la jeunesse des époux, le marquis de Lancaster, bâtard de Jean II, voulant s'emparer d'une si belle fortune, déclara impudemment qu'il avait dep. longtemps épousé secrètement la fiancée de l'infant Ferdinand. Le comte de Marialva, âgé alors de 70 ans, demanda justice au roi, qui fit enfermer le marquis de Lancaster, et ordonna l'instruction d'un procès; mais ce ne fut qu'après la mort du vieux comte que Ferdinand put épouser sa fiancée. — Le marquis de MARIALVA, grand écuyer de la cour de Portugal, etc., de la même famille que les précédents, et allié par les femmes à la maison de Bragance, fut en 1808 chargé d'une mission auprès de Napoléon, dans le but d'obtenir quelq. sursis aux injonctions qu'il venait de faire au gouvernement portugais de rompre immédiatement avec l'Angleterre. De Madrid Marialva se rendit à Bayonne pour y signer la fameuse adresse du 27 avril, où la noblesse portugaise exprimait le vœu de recevoir un roi du choix de l'empereur. Les circonstances le retinrent plusieurs ann. en France, et après les événem. de 1814, ce fut lui qui complimenta Louis XVIII au nom du prince des Algarves (depuis Jean VI). La même année il fut envoyé à Vienne pour demander la main de l'archiduchesse Léopoldine pour le prince de Beira, fils aîné du prince régent. On a conservé le souvenir de la magnificence que déploya le marquis de Marialva dans les fêtes qui furent célébrées à la cour de Vienne en 1817, à l'occasion de la ratification de cette demande. Il résidait en qualité d'ambassad. de Portugal près la cour de France, lorsque la révolution de 1821 amena son rappel;

mais il ne quitta point Paris, et y mourut en 1823 d'une apoplexie foudroyante.

MARIAMNE, femme d'Hérode-le-Grand, avait inspiré à ce prince une telle passion, que des envieux ayant réussi à la noircir dans son esprit en l'accusant d'infidélité, il resta inconsolable de sa perte après avoir eu la faiblesse de la faire mourir, l'an 28 av. J.-C. La fin cruelle de Mariamne a fourni des sujets de tragédie à Hardi, Tristan, Nadal et Voltaire; l'ouvr. de ce grand poète est le seul qui se lise aujourd'hui; encore n'est-il pas resté au théâtre.

MARIANA (JEAN), célèbre historien, né à Talavera, diocèse de Tolède, en 1537, fut admis chez les jésuites, professa la théologie à Rome pendant quatre ans, au bout desquels il en passa deux en Sicile, et fut envoyé à Paris, où il expliqua la doctrine de St Thomas avec succès. Mais l'affaiblissement de sa santé l'ayant forcé de renoncer à l'enseignement, il retourna en Espagne en 1574, se retira dans la maison des jésuites à Tolède, et composa les ouvrages auxquels il dut sa gr. célébrité, mais aussi des critiques et des persécut. qui troublèrent le repos de sa vie. Il y mourut en 1624. On a de lui : *Hist. de rebus Hispaniæ lib. XXX, cum append.*, Tolède, 1592, in-fol.; La Haye, 1733, 4 t. in-fol., avec la continuation du P. Joseph-Eman.-Miniana, dep. 1516, où finit Mariana, jusqu'à 1609; trad. en espagnol par l'auteur lui-même, Madrid, 1679; ibid., Ibarra, 1780, 2 vol. in-fol.; Valence, 1783-96, 9 vol. petit in-fol.; Madrid, 1819, augm. d'une nouvelle continuation par J. Saban y Blanco; trad. en français par le P. Charenton, Paris, 1725, 5 tomes en 6 vol. in-4, fig. — *De rege et regis institutione lib. III*, Tolède, 1599, in-4 : cet ouvr., où Mariana examine s'il est permis de tuer un tyran et penche pour l'affirmative, dut une gr. partie de sa célébrité à l'assassinat de Henri IV, et fut condamné au feu par le parlem. de Paris en 1610. — *Liber de ponderibus et mensuris*, 1599, in-4.— *Tractatus septem, theologici et historici : de Adventu B. Jacobi apostoli in Hispaniam; — pro Editione vulgatâ SS. Bibliorum; — de Spectaculis; — de monetæ Mutatione; — de Die mortis Christi et anno*, etc., 1609, in-fol. Le traité *de monetæ Mutatione* fit prohiber l'ouvr. et enfermer l'auteur pend. un an. — *Traité des choses qui sont dignes d'amendem. en la compagnie des jésuites*, 1625, in-8. La *Vie* de Mariana a été écrite par Tamaio de Vargas; Bayle lui a consacré dans son *Dictionn.* un article très intéress.

MARIANUS SCOTUS, historien et chronolog., né en 1028 en Irlande, mort à Mayence en 1086, fut regardé comme le plus sav. homme de son temps. Habile calculateur, théologien profond, excellent annaliste, il ne se fit pas moins remarquer par sa vie exemplaire, qui lui mérita la réputation d'un saint. Son principal ouvr. est une chronologie universelle, sous le titre de : *Chronicon universale à creatione mundi, libris III, per œtates sex usque ad annum Christi* 1083, continuée jusqu'à l'an 1200 par Dodechin, abbé de St-Disibod, au diocèse de Trèves, et publ. à Bâle en 1559, in-fol., par Basile-Jean Hérold, qui y joignit d'autres chroniques. —

MARIANUS, religieux de l'ordre de St-François, né à Florence vers 1450, mort dans cette ville en 1523, composa une *Chronique* de son ordre, qui se termine à l'an 1486, et que l'on conserve à St-Isidore de Rome, et quelques autres ouvr., dont Michel Poccianti fait mention dans son catalogue des écriv. de Florence.

MARIBAS - CATHINA, le plus ancien historien de l'Arménie, vivait sous Vagharschag ou Valarsace Ier, premier roi arsacide en Arménie (149-127 avant J.-C.), et sous Arsace, fils et successeur de ce prince (127-114), car Moïse de Khoren nous apprend qu'il avait écrit l'hist. de ces deux monarq. Pour composer son hist. d'Arménie, qui est perdue, mais dont Moïse de Khoren a conservé de nombr. fragments fort curieux, il avait fait des recherches dans les archives de Ninive, et recueilli de précieux renseignements sur les origines arméniennes.

MARIE, sœur de Moïse et d'Aaron, naquit en Égypte vers 1578 avant J.-C. C'est elle qui indiqua à la fille de Pharaon une nourrice pour Moïse que l'on venait de sauver des eaux. Quelques commentateurs lui donnent, mais très gratuitement, quinze ans de plus qu'à son frère, et la font épouse de Hur. Le mariage de Moïse avec une femme du pays de Chus ayant excité ses murmures, Dieu la punit en couvrant son corps d'une lèpre blanche; mais l'intercession de Moïse et d'Aaron fit bientôt cesser ce châtiment. Marie mourut près de Cadès l'an 1452 avant J.-C., âgée de 126 ans.

MARIE, mère de Jésus-Christ, était fille de Joachim ou Héli et d'Anne, et descendait par son père de la race roy. de David. Elle naquit sans la tache du péché originel, et cette particularité, que J.-C. seul partage avec elle, est expliquée par l'Église sous le nom d'immaculée conception. Fiancée à St Joseph dès l'âge de 15 ou 16 ans, elle fut saluée mère de Dieu par l'ange Gabriel, qui lui annonça qu'elle concevrait sans cesser d'être vierge. Son époux, s'apercevant de sa grossesse, voulut la renvoyer chez ses parents; mais un ange lui apprit dans son sommeil que Marie avait été choisie pour être la mère du Messie, et que, malgré son titre d'époux, il ne serait que le gardien de sa virginité. Peu après elle alla rendre visite à Ste Élisabeth, sa cousine, alors enceinte de St Jean-Baptiste, et passa trois mois avec elle. Au bout de ce temps un édit d'Auguste touchant le dénombrement de tout l'empire, força les deux époux à se rendre à Bethléem pour se faire inscrire : n'étant arrivés que très tard dans la ville, ils furent forcés de se contenter d'une étable à défaut de logement, et c'est là que Marie mit au monde le Sauveur dans la nuit du 24 au 25 décembre. Quarante jours après, elle alla présenter son fils au temple, puis partit pour l'Égypte avec Joseph et Jésus, pour soustraire son fils à la cruauté d'Hérode, qui avait ordonné de massacrer tous les enfants mâles au-dessous de deux ans. Les saintes Écritures présentent Marie comme rentrée en Judée après la mort d'Hérode; mais il n'y est plus parlé d'elle jusqu'au temps des noces de Cana et de la mort de J.-C. C'est elle qui, dans la prem. circonstance, sollicita en quelq. sorte Jésus à commencer ses miracles. Dans la seconde, elle se tint au pied de la croix et fut recommandée par l'Homme-Dieu mourant à St Jean, qui dès-lors la regarda comme sa mère et la prit chez lui. On ignore quand et comment la Ste Vierge mourut. Une. tradit respectable la fait monter au ciel en corps et en âme. Il paraîtrait cependant qu'elle mourut plus que septuagénaire à Éphèse ou à Jérusalem. L'Église lui rend un culte d'*hyperdulie;* mais les protestants rejettent son intercession. Les principales époq. de la vie de Marie sont célébrées par sept fêtes : la Conception (8 décembre), la Nativité (8 sept.), la Présentation au temple (21 nov.), l'Annonciation (25 mars), la Visitation (2 juillet), la Purification (2 février), l'Assomption (15 août). Un gr. nombre d'ordres relig. et de confréries l'honorent d'un culte spécial et en ont fait leur patrone. En 1638 Louis XIII, par un vœu particulier, mit la France sous la protect. de Marie. On attribuait à la Ste Vierge div. écrits apocryphes, tels qu'une lettre à St Ignace, une aux habitants de Messine, etc. Plus. ouvrages, entre autres l'*Évangile de la nativité de Marie;* l'*Histoire de la naissance, de la vie et de la mort de la Ste Vierge,* par Siméon Métaphraste; le *Protévangile de St Jacques,* etc., sont pleins de fausses traditions et ne doivent être lus qu'avec défiance. Nous nommerons avec plus d'honneur : *Imitat. de la Vierge; la Vie et les mystères de la très sainte Vierge,* par Lafitau; *les Grandeurs de Marie,* par le P. d'Argentan, et la *Dévotion à la Ste Vierge,* par Baillet.

MARIE, sœur de Marthe et de Lazare, née en Béthanie, marqua toujours à la vue de J.-C. la piété et la foi la plus vive. C'est elle et non Marie-Madeleine, la fameuse pécheresse, qui, lorsque le Sauveur soupait chez Simon-le-Lépreux, oignit ses pieds d'un nard précieux et les essuya de ses cheveux. Il est probable qu'elle resta toujours et qu'elle mourut en Orient. Cepend. , au 13e S. on crut découvrir son corps à St-Maximin (Provence), où, dit-on, elle serait venue avec Lazare et Marthe. Cette idée se lia bientôt avec celle de l'identité de Marie-Madeleine et de la sœur de Lazare, de sorte que le voyage de la première en Provence fut longtemps une tradition presque incontestée. Cepend. les meilleurs esprits nient et l'identité et le voyage, et quant à l'Église, elle s'est prononcée formellem. contre la première circonstance, et elle n'approuve nulle part la seconde. — Les légendes nomment beauc. d'autres saintes femmes du même nom.

MARIE DE BRABANT, reine de France, femme de Philippe-le-Hardi, était fille de Henri III, duc de Brabant. Venue en France en 1274, elle se vit exposée après deux ans de mariage, aux calomnies du favori du roi, La Brosse; mais son innocence fut bientôt reconnue. Marie mourut en 1321 à Murel près de Meulan, où elle s'était retirée sur la fin de ses jours. On a, sous le titre de *Marie de Brabant,* un roman historique, *par M. Maugenet* (anagramme de *Menegaut*), 1808, 2 vol. in-8. L'histoire

de cette princesse a fourni à Imbert le sujet d'une tragédie, et à M. Ancelot celui d'un poème en six chants, 1825, in-8 et in-4.

MARIE D'ANGLETERRE, fille de Henri VII, née en 1497, fut fiancée fort jeune à Charles d'Autriche (depuis Charles-Quint) : mais elle aimait le duc de Suffolk, favori de Henri VIII, qui ne parut pas désapprouver l'inclination de sa sœur. Cependant elle fut mariée en 1514 à Louis XII, veuf depuis quelques mois d'Anne de Bretagne. Elle vint en France, amenant à sa suite Suffolk. Louis XII, oubliant son âge, fit pour lui plaire des efforts qui abrégèrent sa vie; il mourut en 1515, et François Ier, qui n'avait pu être insensible aux charmes de Marie, n'écoutant plus que la politique, la maria secrètement au duc de Suffolk. Elle retourna bientôt après en Angleterre, où son mariage fut rendu public, et elle y mourut en 1534. Les aventures de Marie ont fourni le sujet d'un roman à Mlle de Lussan.

MARIE DE MÉDICIS, reine de France, et fille du grand-duc de Toscane François II, née à Florence en 1573, épousa Henri IV en 1600, lui donna bientôt un fils, et à cette occasion reçut du prince les témoignages d'une affection sincère : mais violente et jalouse à l'excès, elle ne tarda pas à troubler, par une humeur irascible, une union commencée sous de si heureux auspices. Les époux se rapprochèrent plusieurs fois, mais leur réconciliation ne fut jamais durable. Marie un jour leva le bras pour frapper le roi, et peut-être l'eût-elle frappé sans l'intervention de Sully. Ses prières furent assez puissantes pour engager Henri à la faire couronner en 1610. Le lendemain de cette cérémonie ce grand prince fut assassiné. On soupçonna la reine de n'avoir pas été étrangère à cet horrible attentat; elle n'en parut du moins ni assez surprise, ni assez affligée; mais malgré les insinuations de Mézeray et l'autorité des *Mémoires* de Sully, personne n'a osé placer le crime qu'on lui impute au rang des vérités historiques. Nommée régente par le parlement, Marie parut s'appliquer uniquem. à détruire l'ouvrage et à condamner les projets de son époux. Sully, Villeroi et Jeannin sortirent du conseil pour faire place au nonce du pape, à l'ambassadeur d'Espagne, au P. Cotton et à Concini, devenu prem. ministre et maréchal d'Ancre. On accabla le peuple d'impôts, on ne ménagea pas les grands, et la guerre civile fut le fruit sanglant de cette administration inquiète et imprudente. La majorité de Louis XIII ayant été reconnue au parlement en 1614, Marie vit chaque jour tomber sa puissance, qui finit avec Concini en 1617. Luynes qui gouvernait alors le roi la fit exiler; la reine-mère fit alors la guerre à son fils. Richelieu ménagea un rapprochem. en 1620, et fut récompensé de ses services par la protection de Marie; mais dès qu'elle le vit puissant, elle voulut l'écarter des affaires. Toute la politique italienne échoua contre l'habileté de Richelieu. Après la journée dite *des Dupes,* Marie fut enfermée à Compiègne. Elle s'en échappa et passa le reste de sa vie à Bruxelles, puis en Angleterre, se plaignant toujours et sans cesse occupée de nouvelles intrigues. Elle se retira sur la fin de sa vie à Cologne, où elle manqua plus d'une fois du nécessaire : on y montre encore le galetas où elle mourut en 1642. Le seul mérite de cette princesse, si coupable à la fois et si malheureuse, est d'avoir aimé et protégé les arts. On trouvera des détails dans les ouvrages suivants : *Mémoires d'état sous la régence de Marie de Médicis,* 1666, in-12 (par le maréchal duc d'Estrées). — *Mémoires concernant les affaires de France sous la régence de Marie de Médicis,* 1720, 2 vol. in-12, attribués à Philippeaux, comte de Pontchartrain. — *Histoire de la Mère et du Fils,* Amsterdam, 1730, 2 vol. in-12, qui porte le nom de Mézeray, mais qu'on attribue avec raison au cardinal de Richelieu. Mme d'Arnouville a écrit la *Vie de Marie de Médicis,* 1774, 3 vol. in-8.

MARIE-THÉRÈSE D'AUTRICHE, fille de Philippe IV, roi d'Espagne, née en 1638 à Madrid, fut mariée à Louis XIV en 1660 et mourut en 1683. Son époux la pleura, et dit : « Voilà le seul chagrin qu'elle m'ait donné. » Sa dévotion était celle d'une sainte et non d'une princesse : aussi ne sut-elle inspirer à Louis XIV que du respect, ne put la captiver, ne l'essaya peut-être pas, et ne le détacha jamais de ses maîtresses. Elle avait dans le caractère cette sorte de dignité que donne, surtout aux Espagnols, l'orgueil de la naissance. Bossuet, ayant à faire l'éloge funèbre d'une reine dont la vie avait été si peu remarquable, sut avec une heureuse adresse se rejeter sur ses vertus privées, sur sa piété et sur les grands événements dont elle fut témoin sans y prendre part.

MARIE-LECKZINSKA, reine de France, née en 1703, fille de Stanislas, roi de Pologne, fut assaillie au berceau par le malheur. Long-temps errante avec son père, elle venait enfin de trouver avec lui un asile en France dans une commanderie près de Weissembourg, quand elle apprit qu'elle allait épouser Louis XV. De ce mariage, célébré à Fontainebleau en 1725, naquirent dix enfants, deux princes et huit princesses. Le dauphin ayant épousé la fille de celui par qui Stanislas avait été dépouillé de ses états, Marie Leckzinska fut assez généreuse ou assez juste pour aimer sa bru à l'égal de ses propres enfants, et pour mettre en oubli tout ressentiment fâcheux. Elle avait l'esprit fin et cultivé et protégea les lettres. La reine mourut en 1768. L'abbé de Boismont prononça son *Oraison funèbre* devant l'Académie française. Sa *Vie* a été écrite par l'abbé Proyart, 2e édit., 1802, in-12.

MARIE-ANTOINETTE-JOSÈPHE-ANNE-D'AUTRICHE, reine de France, née en 1755 à Vienne, fille de l'emper. François Ier et de Marie-Thérèse, fut dès l'âge de 15 ans mariée au duc de Berri, depuis Louis XVI. Les fêtes données à Paris à l'occasion de ce mariage furent troublées par des malheurs qui semblèrent en présager de plus grands encore. Marie-Antoinette se trouva la première en butte aux attaques du parti que les fautes ou les torts de la cour enhardissaient à saper les fondements de l'antique monarchie. Des intrigues furent ourdies dans le but de lui enlever l'affection d'un peuple qu'elle était appelée à enchaîner au pied du trône par le plus puissant des liens ; et l'affaire du collier ne remplit que trop bien les vues de ceux qui épiaient l'occasion de répandre sur la reine les outrages de la plus audacieuse calomnie. Malgré les efforts de Marie-Antoinette, elle ne retrouva plus depuis que des élans passagers de cet enthousiasme qu'elle méritait d'inspirer et par les qualités de son cœur, par le rare assemblage des grâces douces et majestueuses qui distinguaient sa personne. On alla même jusqu'à lui faire un crime des démonstrations de dévouement que sa présence fit éclater en quelque circonstance parmi ses plus zélés serviteurs, notamment au banquet de Versailles, donné par les gardes-du-corps au régiment de Flandre (1er oct. 1789). L'animosité en vint contre elle à un tel point, qu'on a pu avancer sans invraisemblance que les mouvements des 5 et 6 octobre ne furent excités que pour attenter à sa vie. Après l'acceptation de la constitut. par Louis XVI, la reine, qu'on tenait séparée de lui depuis l'arrestation de Varennes, recouvra momentaném. une entière liberté ; mais elle en fut de nouveau privée par la journée du 10 août 1792. On ne peut s'attendre à trouver ici le tableau des tourments qu'elle eut à subir pendant sa captivité au Temple, puis à la Conciergerie, où elle fut transférée le 5 septemb. 1793. Leur touchant récit a fourni matière à divers mémoires qui peut-être laissent encore bien des lacunes à remplir. Marie-Antoinette fut arrachée de son cachot le 14 oct. pour paraître devant le sanglant tribunal, où son arrêt de mort était porté depuis long-temps. Elle entendit avec calme la lecture de son acte d'accusation, en releva la monstrueuse iniquité avec calme et noblesse, et par l'expression à la fois pathétique et solennelle de ses réponses attendrit jusqu'aux hideuses mégères qu'on trouve à cette époque mêlées à toutes les scènes d'horreur et d'effroi. Les débats du procès durèrent trois jours et trois nuits, et préparèrent d'une manière bien cruelle l'infortunée princesse à son supplice, qu'elle subit le 16 octobre 1793. Une partie de ses ossements fut retrouvée avec ceux de Louis XVI en 1815, et l'année suivante on construisit une chapelle expiatoire dans son cachot à la Conciergerie. On peut consulter sur Marie-Antoinette son *Histoire* par Montjoie ; sa *Vie* (par Babié), 1802, 3 vol. in-12 ; les *Mémoires* de Jean Weber, ceux de Mme Campan, insérés dans la *Collection de mém. sur la révolution ;* les *Mémoires secrets et universels des malheurs et de la mort de la reine de France,* par Lafont d'Aussonne, 1824, in-8 ; et enfin *Marie-Antoinette devant le* 19e *S.,* par Mme Simon-Vienot, 1838, 2 vol. in-8.

MARIE-ANNE-CHRISTINE-VICTOIRE DE BAVIÈRE, fille de Ferdinand, électeur de Bavière, née à Munich en 1660, épousa Louis, dauphin, fils de Louis XIV, en 1680 à Châlons-sur-Marne. Dès son début à la cour elle y parut tellement à son aise qu'on eût dit qu'elle était née au Louvre.

Elle avait de l'esprit et de la dignité dans le langage et les manières, et sut plaire à Louis XIV, auprès duquel elle aurait pu jouir d'un grand crédit. Mais aussitôt après les fêtes du mariage elle se renferma dans une société extrêmement bornée, et remplit tous ses moments par la lecture, la musique, la promenade et la dévotion. Elle mourut en 1690. Son *Oraison funèbre*, par Fléchier, est un des chefs-d'œuvre de cet orateur.

MARIE-ADÉLAIDE DE SAVOIE, mère de Louis XV, et fille aînée de Victor-Amédée II, duc de Savoie, née à Turin en 1685, épousa en 1697 le duc de Bourgogne, petit-fils de Louis XIV. Moins dévote que son mari et douée d'ailleurs de beaucoup d'esprit et de grâce, elle eut un grand succès à la cour de Versailles, et fut initiée par le vieux roi et par Mme de Maintenon dans la plupart des secrets de la politique. Duclos prétend qu'elle abusa de cette confiance et informa son père de toutes les décisions qui l'intéressaient. Elle mourut en 1712. — Sa sœur MARIE-LOUISE, morte à l'âge de 26 ans en 1714, avait épousé Philippe V, roi d'Espagne, et gouverné, en qualité de régente, avec beaucoup de sagesse et de courage, pendant que ce prince faisait la guerre en Italie. Mais elle servit aussi d'instrument à la politique de son père. — MARIE-JOSÈPHE DE SAXE, née à Dresde en 1731, fille de l'élect. Frédéric-Auguste II, épousa en 1747 Louis, dauphin de France, dont elle fit le bonheur par ses vertus et sa tendresse, et auquel elle ne survécut que peu de jours. (V. sa *Vie* à la suite de celle du dauphin, père de Louis XVI, par l'abbé Proyart.)

MARIE-THÉRÈSE D'AUTRICHE, impératr. d'Allemagne, reine de Hongrie et de Bohême, née en 1717, fille de Charles VI et d'Élisabeth-Christine de Brunswick-Wolfenbuttel, put croire, à la mort de son père en 1740, que ses droits au trône étaient solidement assurés par le règlement de succession connu sous le titre de pragmatique-sanction, que celui-ci avait publié en 1713, et dont la clause principale portait qu'à défaut des mâles de sa lignée, ses filles lui succéderaient préférablement à celles de l'empereur Joseph Ier, son frère. Mais la pragmatique-sanction fut tout à coup considérée comme non avenue. L'élect. de Bavière, l'un des gendres de Joseph Ier, et bientôt après l'électeur de Saxe, autre gendre du même prince, se présentèrent pour disputer à Marie-Thérèse l'héritage de ses pères. Le roi d'Espagne, Philippe V, réclama les couronnes de Hongrie et de Bohême; le roi de Sardaigne revendiqua le duché de Milan; Frédéric II, roi de Prusse, quatre duchés en Silésie; et deux mois après la mort de Charles VI il était au cœur de cette province avec une puissante armée. La cour de France voulant abaisser la maison d'Autriche, son anc. rivale, forma avec l'élect. de Bavière une ligue offensive, dans laq. elle fit entrer sans peine les rois d'Espagne, des Deux-Siciles, de Prusse, de Pologne et de Sardaigne. On se partagea d'avance les provinces de la monarchie autrichienne : il ne devait rester à la fille de Charles VI que la Hongrie avec la Basse-Autriche, les duchés

de Carinthie, de Styrie, de Carniole, et les prov. belgiques. Bientôt l'électeur de Bavière, à la tête d'une armée française, se fait couronner archiduc d'Autriche à Lintz, roi de Bohême à Prague, puis empereur d'Allemagne à Francfort sous le nom de Charles VII. Marie-Thérèse, obligée de quitter Vienne, court en Hongrie, assemble les ordres de l'état à Presbourg, leur montre son fils aîné (dep. Joseph II), et se met avec lui sous leur protection. Pleins d'enthousiasme, les palatins hongr. s'écrient : « *Moriamur pro rege nostro Mariâ-Theresiâ.* » Ils firent plus que mourir, ils vainquirent pour elle. L'Autriche est reconquise et la capitale même de la Bavière tombe aux mains des vainqueurs; le roi de Prusse, auq. la reine a cédé la Silésie et le comté de Glatz, pose les armes au milieu de la campagne de 1742; le roi de Pologne, électeur de Saxe, en fait autant; le roi de Sardaigne, pour obtenir des cessions de territoire, abandonne la coalition et se dispose à la combattre; le roi d'Angleterre, George II, plus désintéressé, arrive lui-même au secours de la jeune reine avec une armée composée d'Anglais, d'Hanovriens et de Hessois. L'usurpateur de l'empire est réduit en peu de temps à n'avoir d'autre asile que Francfort et d'autre protect. que Louis XV. Celui-ci, secondé encore une fois par le roi de Prusse, ranime un mom. la fortune de Charles VII; mais ce prince meurt, Frédéric se détache alors de la France, et la France, après avoir soutenu quelq. temps la guerre, seule et avec succès, signe le traité d'Aix-la-Chapelle en 1748. Marie-Thérèse, maîtresse alors des plus belles parties de son immense héritage, fit fleurir l'agriculture, le commerce et les arts, ouvrit ou agrandit des ports, des canaux, de grandes routes, établit des manufactures, fonda des universités, des collèges, des écoles spéciales pour le dessin, la peinture, l'architecture, la médec. et la chirurgie, enfin des observatoires et des bibliothèques publiques. Mille autres institutions gr. et utiles firent luire alors les plus beaux jours qu'ait vus la monarchie autrichienne. Cependant Marie-Thérèse conservait toujours l'espoir de reprendre au roi de Prusse la Silésie. Pour assurer l'exécut. de ses projets, elle conclut un traité avec la France en 1756, puis avec la Russie, la Suède et la Saxe. Alors commença cette guerre de sept ans, si glorieuse pour Frédéric, et dans laquelle les armes de l'impératrice obtinrent quelq. succès bien infructueux, puisque à la paix de Hubertsbourg (1763) elle fut obligée de confirmer la cession de la Silésie. En 1765 Marie-Thérèse perdit son époux, François Ier, qu'elle regretta toute sa vie. Ni sa douleur ni sa piété ne l'empêchèrent de participer à l'injuste démembrement de la Pologne. La bonne intelligence rétablie entre l'Autriche et la Prusse par ce grand abus de la force, ne tarda pas à être troublée de nouv. par la mort de Maximilien-Joseph, qui laissait vacante la succession de Bavière. Marie-Thérèse envahit cet état, Frédéric se porta sur la Bohême; mais la médiation de Louis XVI et de Catherine II mit fin à cette guerre, et l'Autriche renonça à toutes ses prétent. La paix de Teschen

Geoffroy sc.

MARIE STUART.

Publié par Furne, Paris.

(1779) fut le dern. acte politique de la vie de Marie-Thérèse. Elle mourut en 1780 avec le calme et la résignation d'une âme vraiment chrétienne, laiss. huit enfants, parmi lesq. on doit distinguer les empereurs Joseph II et Léopold II, et l'infortunée Marie-Antoinette, reine de France. On peut consulter les *Annales du règne de Marie-Thérèse*, par l'abbé Fromageot, Paris, 1775, in-8.

MARIE Ire, reine d'Angleterre, fille de Henri VIII et de Catherine d'Aragon, née en 1515, avait des droits incontestables à la couronne, après la mort de son frère Édouard VI, en 1553. Mais le duc de Northumberland, beau-père de Jeanne Grey, avait arraché au jeune prince un acte par lequel il excluait de sa succession ses deux sœurs, Marie et Élisabeth, pour y appeler Jeanne, sa parente éloignée. A peine Marie eut-elle appris la mort de son frère, que, prévoyant tout ce qu'elle avait à craindre du duc de Northumberland, elle adressa une proclamation au conseil et aux pairs du royaume. Déjà elle avait rassemblé toute la noblesse sous ses étendards et s'était fait proclamer dans Londres, avant même d'en prendre possession, tandis que le duc, généralement détesté, ne pouvait lever des troupes pour soutenir les prétendus droits de sa belle-fille. Marie, dès son entrée à Londres, manifesta son attachement à l'ancienne religion, en ordonnant un service pour Édouard selon le rit de l'Église romaine. Elle fut mal obéie par Cranmer, primat de l'Église anglicane, et dès le lendemain elle fit connaître par une proclamation ses opinions religieuses. A partir de ce jour elle employa tous les moyens pour détruire jusqu'au dernier vestige du culte protestant établi par Henri VIII. Elle fut secondée dans l'exécution de ce projet par le parlement, qui se laissa trop souvent entraîner à de cruelles réactions, dont la reine ne doit pas encourir seule le reproche. En 1554, elle épousa Philippe, fils de l'emper. Charles-Quint, et n'en eut que plus d'ardeur à établir dans ses états la foi catholique. Les persécutions dirigées contre les calvinistes ayant donné lieu à la conjuration du duc de Suffolk, père de Jeanne Grey, Marie fit répandre encore du sang. Elle n'en fut pas assez avare, et fut désapprouvée hautement par le cardinal Pole, légat du pape. Son époux, dégoûté d'elle, après 14 mois de séjour en Angleterre, s'embarqua pour la Flandre, et bientôt ayant succédé à son père, ôta tout espoir à Marie de le revoir. Elle le revit un moment, en 1557, lorsqu'il vint l'engager dans une ligue contre la France; mais le chagrin qu'il lui avait donné et surtout la douleur que lui causèrent la perte de Calais, enlevé par le duc de Guise, et le mauvais succès d'une expédition contre Brest, la conduisirent au tombeau en 1558. Cette princesse, mise par Horace Walpole dans ses *Royal Authors*, a laissé des *Lettres*, dont quelq. unes, en latin, ont obtenu les suffrages d'Érasme.

MARIE II, reine d'Angleterre, fille aînée de Jacques II et d'Anne Hyde, née à Londres en 1662, épousa en 1677 le prince d'Orange, depuis roi d'Angleterre sous le nom de Guillaume III. Ce mariage déplaisait beaucoup à Jacques, alors duc d'York; mais il fut obligé de faire céder son zèle pour la religion catholique aux raisons politiques de Charles II, qui voulait montrer combien il avait peu d'aversion pour la foi protestante, devenue depuis long-temps celle de l'état. La jeune princesse eut bientôt conçu pour son époux l'affection la plus vive et l'admiration que commandaient les qualités brillantes de cet homme extraordinaire : elle lui en donna des preuves, en refusant de siéger seule sur le trône britannique et lui remettant la lettre où le comte de Danby lui faisait à ce sujet quelq. ouvertures. Il faut avouer toutefois qu'elle oublia trop qu'avant tout elle était la fille du malheureux Jacques II. En usurpant le trône de son père elle devait au moins comprimer les transports d'une joie indiscrète et coupable, dont la cour et le peuple même furent scandalisés. Investie de la souveraine puissance pendant que son époux combattait Jacques en Irlande, elle déploya contre les partisans de l'autorité et de la religion de son père une rigueur que l'impartiale histoire doit condamner. A sa mort en 1677, elle refusa de voir la princesse Anne, sa sœur, dont le seul crime était de n'avoir pas voulu renoncer à l'amitié de la duchesse de Marlborough. Guillaume si froid, si impassible par caractère et par habitude, parut désespéré de la perte de sa femme.

MARIE DE LORRAINE, reine d'Écosse, et l'aînée des enfants de Claude, duc de Guise, née en 1515, fut mariée en 1534 à Louis d'Orléans, duc de Longueville, et, devenue veuve, épousa en 1538 Jacques Stuart, 5e de ce nom, roi d'Écosse. A la mort de ce prince en 1542, elle fut établie régente du royaume, avec un conseil dont le roi défunt avait nommé les membres. Elle avait l'esprit élevé et n'aurait sans doute pris conseil que de la modération, si elle eût eu plus de fermeté de caractère; mais vaincue par la sollicitat. de Nicolas de Pellevé, évêque d'Amiens, depuis cardinal, que le ministère de France lui avait envoyé pour la diriger, elle publ. en 1559 un édit. contre les protestants, de jour en jour plus nombreux, souleva le peuple par cette mesure, comme elle l'avait prévu, et pour apaiser la révolte, fut obligée de faire venir des troupes de France, et avec elles tous les malheurs d'une guerre intestine. Cette princesse mourut au château d'Édimbourg, en 1560. Elle est la mère de la belle et malheureuse Marie Stuart.

MARIE STUART, reine de France et d'Écosse, fille de Jacques V et de Marie de Lorraine, naquit en 1542 au château de Linlithgow, et par la mort de son père devint reine dès le berceau. Henri VIII l'avait déjà demandée pour épouse du prince Édouard, hérit. de la couronne d'Angleterre, lorsque, parvenue à sa 5e année et destinée à partager le trône de France avec le dauphin, depuis François II, elle fut conduite à Saint-Germain-en-Laye, et placée dans un monastère où son éducation allait être l'objet des plus grands soins. La princesse la plus belle de son temps réunit bientôt tous les talents, toutes les connaissances, aux charmes séduisants dont chaque jour voyait accroître le dangereux éclat; enfin elle atteignit sa 16ᵉ année, et fut conduite à l'autel par son jeune époux, qu'elle salua du nom de roi d'Écosse. A l'instigation des Guise, ses oncles, Marie prit à cette époque le titre de reine d'Angleterre et d'Irlande; cette nouvelle protestation contre les droits d'Élisabeth (*v.* ce nom) devait avoir pour Marie de terribles conséquences. L'établissement de la réforme avait coûté au peuple angl. d'assez grands efforts pour qu'il restât dans les esprits une méfiance exagérée du parti catholique. On se crut permis d'opposer intrigue à intrigue : le ministre Cécil n'épargna rien pour fomenter le soulèvem. des religionnaires écossais (*v.* Knox), et envenimer les mésintelligences qui s'élevèrent entre Catherine de Médicis et sa bru, aussitôt que celle-ci fut reine (1559). Presque à la fois orpheline, veuve et déchue du trône de *ce plaisant pays de France*, où elle n'avait régné qu'un peu plus de dix-sept mois (1560), et que dans sa célèbre ballade d'adieu elle nomme avec plus d'abandon que de prudence sa *patrie la plus chérie*, Marie, rappelée en Écosse par les vœux de ses sujets et sollicitée par Élisabeth de donner son accession définitive au traité conclu en son nom à Édimbourg, et par lequel il lui fallait renoncer à toute prétent. sur la couronne d'Angleterre, demandait que préalablem. il lui fût permis de traverser cet état pour aller prendre conseil de son parlement. Elle avait prévu et essuya effectivement un refus d'Élisabeth, qui ne manquait pas de raisons de craindre que la présence de sa rivale n'offrit l'occasion d'un soulèvement aux catholiques d'Angleterre; mais ce refus même détermine sa résolution, et elle s'embarque à Calais. Échappée à grand'peine aux écueils ainsi qu'à la flotte anglaise apostée pour l'enlever, Marie aborde à Leith (16 août 1561), après une traversée de cinq jours; elle est suivie de trois de ses oncles et de plusieurs gentilshommes français, notamm. du marquis de Damville et du jeune Chastelard. Aux transports de joie qui accueillirent l'aimable reine en Ecosse succéda rapidement une longue série d'outrageantes révoltes. En s'éloignant d'Écosse, où leur présence ne pouvait qu'accroître encore l'effervescence des calvinistes, les oncles de Marie lui conseillèrent de s'entourer de personnes populaires parmi ceux-ci; et dès-lors le comte de Murray, son frère, et le secrétaire-d'état Maitland devinrent les principaux dépositaires de son autorité, jusqu'à ce qu'elle eût épousé le jeune Henri Darnley, son cousin, et le plus bel homme du royaume (1565). Marie, qui, dans les premiers instants de cette union, source de tant d'infortunes, donna le titre de roi à son époux, eut bientôt à regretter sa précipitation : elle empira le mal en cherchant à le réparer. Ainsi, tandis qu'Elisabeth fondait par des mesures de prudence la tranquillité religieuse dans ses états, la reine d'Écosse, sous une influence contraire et ne trouvant qu'un homme faible et vicieux dans celui qui devait seconder son zèle contre le presbytérianisme, s'aban-

donnait follement aux conseils d'obscurs intrigants peu capables de ces grandes vues qui seules impriment une direct. soutenue à l'esprit des nations et rendent efficaces les lois répressives. Cependant saisi tout à coup d'une violente jalousie contre le musicien David Rizzio, secrétaire et favori de la reine, Henri le fait assassiner dans l'appartem. et sous les yeux mêmes de cette princesse alors enceinte (*v.* Jacques Iᵉʳ ou VI) : ce fut le lord Ruthven, l'un des seigneurs d'Écosse les plus dévoués à la nouvelle croyance, qui se chargea de porter les premiers coups au malheureux David, et l'on croit que le comte de Murray ne fut pas étranger à ce complot, que ses conséquences peuvent faire regarder comme un coup d'état. Les apologistes de Marie semblent avouer que le salut de la religion presque généralem. établie en Écosse put paraître un prétexte suffisant aux meurtriers du favori. Elle était perdue elle-même, si elle n'avait pas eu l'art de fléchir le cœur de son époux. Conduite au château de Dunbar, Marie revint à Edimbourg où elle accoucha (1566), d'un fils dont la naissance redoubla la rage de Murray et de sa faction. Darnley se rend peu après à Glascow pour y voir son père; il y tombe malade de la petite vérole. Dès qu'elle le peut sans danger pour elle et pour son enfant, elle se hâte de rejoindre son mari; tandis qu'elle lui prodigue les soins les plus tendres, une nouvelle conspiration s'ourdit, Darnley est étranglé; la maison dans laq. il était saute en l'air, et parce que Marie n'est pas ensevelie sous les débris, comme on l'espérait, ses ennemis osent l'accuser d'être la complice du meurtre de son mari. La malheureuse princesse, en allant voir son fils, est enlevée par Bothwell, calviniste et fortem. soupçonné d'être l'auteur de l'assassinat du roi; il l'enferme dans le château de Dunbar, et lui déclare qu'il ne lui rendra la liberté que lorsqu'il l'aura épousée de gré ou de force. Le désir d'assurer à son fils une protection puissante, lui arrache le consentement fatal; mais à peine le mariage est-il connu, qu'une insurrection éclate. La reine, arrêtée dans sa fuite, est ramenée à Edimbourg où elle signe, sans les lire, deux actes par lesq. elle cède la couronne à son fils et décerne la régence au comte de Murray. Délivrée un instant, elle est réduite à chercher un asile en Angleterre; elle n'y trouve qu'une prison, puis la mort (18 février 1587), après dix-huit ans de captivité (*v.* Élisabeth). Sans prétendre justifier complétement Marie des reproches qui lui ont été adressés, on ne peut se défendre d'une admiration mêlée d'enthousiasme, dès que se déroule l'histoire des derniers instants de cette princesse infortunée. « N'oubliez pas que j'ai été reine de France...., » disait-elle au comte de Kent, qui la veille de son assassinat juridique repoussait avec dureté sa demande d'être assistée à l'heure suprême par ses fidèles serviteurs. Après avoir pesé sans fiel comme sans flatterie les torts ou les erreurs de cette princesse, l'histor. peut dire avec une plus juste confiance : N'oublions pas qu'elle subit en héroïne et en martyre une mort infâme qui couvrira ses bourreaux d'une honte éternelle. On peut consulter pour les détails, outre l'histoire de de Thou, l'abbé de Choisi et Voltaire (*Histoire générale*, t. II), les t. V et VI de l'*Hist. d'Angleterre*, par Hume (trad. de M. Campenon, 2ᵉ édit., 1825); l'*Histoire de la rivalité de la France et de l'Angleterre*, par Gaillard ; le *Recueil* des histor. contemporains, Londres, 1725, 2 vol. in-fol.; enfin l'*Histoire de Marie Stuart rédigée d'après des actes authentiques et enrichie de pièces inédites*, par Sevelinges, 1819, 2 vol. in-8. M. le prince Labanoff se propose de publier le *Recueil des lettres originales* de Marie Stuart, tirées des bibliothèques de France et d'Angleterre. On a recueilli plus. pièces de vers de cette princesse dans l'*Anthol. franç.* Les événements de sa vie et de son règne ont fourni le sujet de plusieurs pièces dramatiques, parmi lesq. on peut remarquer la tragédie de Schiller, trad. en franç. par M. de La Touche, 1820, et par M. de Barante, 1821 (t. III des *OEuvres de Schiller*) : cette pièce a été reproduite avec un brillant succès en 1820 par Lebrun. Sir Walter Scott dans son roman intit. l'*Abbé*, a tracé quelq.- uns des attachants tableaux dont la vie de Marie Stuart offre le sujet.

MARIE D'ARAGON, reine de Sicile, était fille de Frédéric II, qui lui laissa la couronne en 1372; mais Pierre IV, *le Cérémonieux*, roi d'Aragon et aïeul de Marie, prétendit devoir succéder au trône de Sicile préférablem. à sa petite-fille : d'un autre côté, les barons de l'île se soulevèrent contre elle. La reine fut tour à tour retenue captive par Pierre et par Artus d'Alagone, chef du parti opposé aux Aragonais. Pierre, pendant ce temps, se fit nommer roi de Sicile, et choisit en 1382 son second fils Martin, pour être son vice-roi et son successeur dans cette île. Le fils de celui-ci, nommé aussi Martin, épousa Marie en 1391, et confondit ainsi les droits des deux branches de la maison d'Aragon; mais grâce aux troubles causés par l'humeur indépendante des nobles, par les factions des Italiens et des Catalans, par le schisme de l'Église partagée entre Urbain VI et Clément VII, Marie, son époux et son beau-père ne furent reconnus définitivement. par leurs sujets qu'en 1399. Elle mourut en 1401.

MARIE-FRANÇOISE-ÉLISABETH, reine de Portugal, du Brésil et des Algarves, née en 1734 à Londres, fut mariée en 1760 à son oncle, depuis Pierre III, et mourut le 16 mars 1816 à Rio de Janeiro, où elle avait été emmenée par son fils (*voy.* JEAN VI), lors de l'occupation du Portugal par les Français en 1807. Cette princesse, qui par la mort de son époux, en 1786, était devenue maîtresse de la couronne, fut atteinte en 1790 d'une aliénation mentale, et depuis cette époque demeura étrangère à l'administration des affaires, dont son fils se chargea avec le titre de régent.

MARIE-CLOTILDE-ADÉLAIDE-XAVIÈRE DE FRANCE, reine de Sardaigne, née à Versailles en 1759, eut pour père le vertueux dauphin, fils de Louis XV, pour mère, Marie-Joséphine de Saxe. Elle épousa en 1775 le prince de Piémont, fils aîné

du roi de Sardaigne, qui parvint au trône en 1796, sous le nom de Charles-Emmanuel IV. Elle partagea constamment sa bonne et sa mauvaise fortune, le consolant et se consolant elle-même par la pratique sévère d'une religion douce et éclairée. Elle mourut à Naples en 1802. La réputation de sa sainteté était universellem. répandue dans tous les lieux qu'elle avait habités, et Pie VII, qui avait été témoin de ses vertus, la déclara vénérable en 1808. On a publ. : *Éloge histor. de la servante de Dieu, Marie-Clotilde, reine de Sardaigne, traduit sur les mêm. ital.*, etc., Paris, 1806, in-12. — *Éloge historique*, etc., *avec des notes et des pièces inédites* (par M. Paroletti), 1814, in-8.

MARIE-THÉRÈSE-JEANNE-JOSÉPHINE, reine-douairière de Sardaigne, née le 31 octobre 1773, eut pour père Ferdinand de Lorraine, frère de Joseph II, emper. d'Autriche, et pour mère Béatrix d'Est, fille du duc de Modène. Elle fut mariée le 25 avril 1789 à Victor-Emmanuel de Savoie, duc d'Aost, puis roi de Sardaigne. Son époux, roi *de droit* depuis 1802, ne le fut de fait qu'en vertu du traité de 1814; car, pendant cet intervalle, la Sardaigne avait fait partie de l'empire français. En 1821 une révolut. éclata dans le Piémont, et une constitut. faite sur le modèle de celles des cortés d'Espagne et de Naples fut proclamée. Victor-Emmanuel, qui avait peu de goût pour les gouvernements constitutionnels, abdiqua le 13 mars en faveur de son frère Charles-Félix, ne se réservant que le titre de roi. Après la mort de ce prince, Marie-Thérèse, retirée à Gênes, y vécut dans les pratiques de la plus haute piété, et mourut au mois d'avril 1832.

MARIE-ÉLÉONORE DE BRANDEBOURG, reine de Suède, femme de Gustave-Adolphe et mère de Christine, était fille de l'électeur Jean-Sigismond. Gustave se rendit lui-même à Berlin pour lui offrir sa main. Marie-Éléonore n'avait pas un esprit supérieur; mais elle était belle, et joignait à une imaginat. vive une gr. sensibilité : elle sut gagner le cœur de son époux, que d'ailleurs elle adorait, et dont la mort la laissa inconsolable. Pour charmer sa douleur, elle institua un ordre, dont la marque était un cœur couronné, ayant d'un côté un cercueil et de l'autre une devise en vers allem. Elle mourut en Suède en 1655.

MARIE DE BOURGOGNE, fille unique de Charles-le-Téméraire, née à Bruxelles en 1447, morte à Bruges en 1482, des suites d'une blessure causée par une chute de cheval, n'était âgée que de 21 ans lorsqu'elle hérita des vastes états de son père. Elle se vit bientôt exposée aux attaques de Louis XI et aux révoltes de ses propres sujets, qui la tinrent prisonnière dans son palais et lui défendirent de rien entreprendre sans l'avis d'un conseil. Elle résolut alors de prendre un époux, ou plutôt un protecteur, et, parmi tous les prétendants qui s'offraient à elle, ou qu'on voulait lui imposer, elle choisit l'archiduc Maximilien, fils de l'emper. Frédéric III. Cette union, contractée en 1477, fut heureuse, mais de peu de durée; cette princesse, en transmettant à l'empereur les droits des duc de Bourgogne, établit entre la France et l'Autriche une rivalité dont Gaillard a développé le principe dans son *Hist. de Marie de Bourgogne*, 1557.

MARIE D'AUTRICHE, petite-fille de Marie de Bourgogne, fille de l'archiduc Philippe et sœur de Charles-Quint, née à Bruxelles en 1505, épousa en 1521 Louis II, roi de Hongrie et de Bohème, qui fut tué cinq ans après à la journée de Mohacz. Elle fit alors le vœu de rester veuve, et tint parole. Charles-Quint lui confia, en 1531, le gouvern. des Pays-Bas, qu'elle conserva jusqu'à l'abdication de ce prince. Elle déploya dans plus. circonstances difficiles une fermeté et un courage au-dessus de son sexe. En 1542, elle fonda dans les Ardennes une petite ville qu'elle appela de son nom Marienbourg. Retirée en Espagne, elle y mourut en 1558.

MARIE, reine d'Espagne. — V. MOLINA.

MARIE-CAROLINE, reine de Naples. — V. CAROLINE.

MARIE DE L'INCARNATION (La V. M. MARIE GUYARD, plus connue sous le nom de), institutrice et prem. supér. des ursulines de la Nouvelle-France, née à Tours en 1599, montra dès son enfance une piété fervente, beauc. d'éloignem. pour le monde; mais elle fut forcée de se marier pour complaire à ses parents. Veuve au bout de deux ans d'une union mal assortie, elle donna tous ses soins à l'éducat. de son fils, et quand elle le vit en état de se suffire à lui-même, elle prit le voile dans la maison des ursulines de Tours. Elle s'embarqua à Dieppe en 1639 pour aller au Canada se dévouer au soulagem. des Sauvages. Arrivée à Québec, elle vit bientôt s'élever un monastère pour ses religieuses, dont le nombre ne tarda pas à s'accroître par l'émulation que son exemple avait inspirée à ses sœurs de France. Pendant son long apostolat son courage fut tour à tour éprouvé par les Anglais et les Iroquois, qui menaçaient sans cesse la colonie, par l'incendie qui dévora son couvent, par les rigueurs de la faim et du froid, enfin par de cruelles maladies. Elle mourut en 1672. On a d'elle quelq. ouvr. remplis d'onction, des *Lettres*, 1677, 1681, in-4. — *Retraite avec une exposition succincte du Cantique des cantiques*, 1682, in-12. — *L'École chrétienne*, etc., 1684, in-12. D. Cl. Martin, son fils, a publié sa *Vie;* le P. Charlevoix en a donné une autre, 1724, in-12.

MARIE-MADELEINE DE LA TRINITÉ, fondatrice de l'ordre de la Miséricorde, née à Aix en Provence en 1616, morte à Avignon en 1678, refusa, à l'âge de 15 ans, la main d'un homme fort riche pour se mettre sous la direct. du Père Yvan, et, à la suite d'une maladie dont elle fut affligée, prit la résolut. de fonder l'ordre de la Miséricorde, pour y recevoir les filles de qualité sans biens et sans dot. Ce fut en 1637 qu'elle établit la première maison de son institut, dont elle fut la prem. supérieure (*v.* sa *Vie* par le P. Croiset, jésuite, Lyon, 1696, in-8).

MARIE. — V. AVRILLOT, ESCOBAR et LUMAGUE.

MARIE (JOSEPH-FRANÇOIS), doct. de Sorbonne,

né à Rodez en 1738, professa d'abord la philosophie au collége du Plessis, et succéda en 1762 à l'abbé Lacaille dans sa place de censeur royal et dans sa chaire de mathématiq. au collége Mazarin. Nommé sous-précept. des enfants du comte d'Artois en 1782, il sortit de France avec ses élèves. Il jouit de la confiance de Louis XVIII, qui l'employa dans différentes affaires, et fut trouvé mort dans son lit à Mittau, en 1801, le jour où il devait quitter cette ville pour rejoindre le roi à Varsovie. On lui doit des édit. estimées, avec des notes et des addit. nombr., des *Leçons de mathémat.*, des *Tables de logarithmes*, et des *Leçons d'optique* de Lacaille. L'abbé Marie aida l'abbé Godescard dans sa trad. des *Vies des saints* de Butler.

MARIESCHI (MICHEL), peintre et architecte, né à Venise en 1697, mort en 1744, travailla longtemps en Allemagne, puis, de retour dans sa patrie, en peignit les plus belles vues, qu'il grava ensuite à l'eau forte.

MARIETTE (JEAN), dessinat. et grav. à la pointe et au burin, né à Paris en 1654, élève de J.-B. Corneille, se destina d'abord à la peinture, mais se livra ensuite exclusivem. à la grav. par les conseils de Lebrun. Il mourut en 1742. Ses estampes les plus remarq. sont: *Jésus dans le désert* et une *Descente de croix*, d'après Lebrun; *Moïse trouvé sur le Nil*, d'après le Poussin; *Narcisse*, etc. Son œuvre se compose de 860 pièces, dont son fils a donné le *Catalogue raisonné*, etc. — Pierre-Jean MARIETTE, fils du préc., né en 1694, après la mort de son père, résolut de voyager, alla d'abord à Vienne, où sa réputat. l'avait devancé, et fut nommé direct. de la galerie impériale, passa ensuite en Italie, et y recueillit un gr. nombre de morceaux rares des plus gr. maîtres. De retour en France, il obtint la place de contrôleur de la gr. chancell., fut reçu membre de l'acad. de peinture, et mourut en 1774. Son cabinet, composé de plus de 1,400 dessins originaux et de plus de 1,500 collect. de grav. et de livres d'estampes, dont Bassan a dressé le *Catalogue*, 1775, in-8, fut vendu et dispersé dans toute l'Europe. On a de Mariette: *Tr. des pierres antiques gravées du cabinet du roi*, 1750, 2 vol. in-fol. — *Descript. sommaire des dessins des gr. maîtres d'Italie, des Pays-Bas et de France, du cabinet de Crozat*, 1741, in-8. — *Descript. du rec. d'estampes de Boyer d'Aguilles*, 1744, in-fol. — *Drescript. des travaux relatifs à la fonte de la statue de Louis XV de Bouchardon*, d'après les *Mém.* de Lempereur, 1768, in-fol., et quelq. autres *Opuscules*. Il a présidé à l'édition du *Recueil des peintures antiques*, d'après les dessins de P. Sante-Bartoli, 1757, in-fol. Mariette a gravé à l'eau forte quelq. pl. mentionnées dans le catalogue de son cabinet, par Basan.

MARIGNAN (J.-J. MEDICHINO, marquis de), l'un des capit. célèbres de son temps, né en 1497 à Milan, entra fort jeune dans la carrière des armes, et s'attacha au duc François Sforce, dont il obtint d'abord la confiance, et qui voulut ensuite se défaire de lui comme d'un complice dont il redoutait l'indiscrétion. Créé marquis par Charles-Quint, il commanda les troupes italiennes que ce monarque fit venir en Flandre en 1340 pour soumettre la ville de Gand, rendit de gr. services à l'emper. dans les guerres d'Allemagne et d'Italie, et mourut à Milan en 1353. Brantôme lui a consacré un article dans ses *Vies des gr. capit. étrangers*. Sa *Vie* a été écrite en ital. par M.-A. Misaglia, Milan, 1603, in-4.

MARIGNY (ENGUERRAND de), prem. ministre de Philippe-le-Bel, né vers la fin du 13e S. en Normandie, d'une ancienne famille dont le nom était *Le Portier*, sut captiver, par ses grâces extér. et le charme de son esprit, la bienveillance du monarque, qui, après l'avoir créé comte de Longueville, l'éleva successiv. aux postes de chambellan, de châtelain du Louvre, de gr.-maître d'hôtel, de surintendant des finances, et le fit enfin son *coadjuteur au gouvernem. du royaume*. Une si grande fortune et les malheurs du règne de Philippe, suscitèrent de puissants et nombr. ennemis au favori. Le plus acharné fut Charles de Valois, oncle de Louis X. Il accusa Marigny d'avoir dilapidé les finances, accablé le peuple d'impôts, en un mot d'être l'auteur de l'état de misère et de disette où se trouvait la France. Le ministre, malgré l'intérêt que le jeune roi lui portait, fut enfermé au Temple, jugé par une commission que le comte de Valois assembla à Vincennes, et condamné (sans aucune forme judiciaire) au supplice de la potence. Cette sentence fut exécutée en mai 1315 au gibet de Montfaucon, que Marigny avait lui-même fait construire. La mémoire de ce ministre fut réhabilitée par la suite, et tous les historiens (à l'except. de Mézéraï, toujours sévère pour les hommes de finances) ont considéré la condamnat. de Marigny comme une gr. iniquité. On trouve un *Mém. pour servir à la justificat. d'Enguerrand*, dans les *OEuvres du comte de B*** (Beaumanoir), 1770, 2 vol. in-12, et dans le *Barreau français* de MM. Clair et Clapier, 1821.

MARIGNY (JACQ. CARPENTIER de), littérateur, né dans le Nivernais, embrassa l'état ecclésiast., s'attacha au card. de Retz, eut part aux intrigues de la Fronde, fut un des principaux aut. des plaisanteries publ. contre le card. Mazarin, et mourut en 1670. On a de lui: *Recueil de lettres en prose et en vers*, 1658, in-12; un poème sur le *Pain bénit*, 1673, in-12, réimpr. en 1795, ouvr. singulier, sur lequel on trouve une curieuse *Notice bibliograph.* de Beffara dans la *France littéraire* de Querard. Gui Patin lui attribue la trad. du *Killing no Murder* (attribué au colonel Silas Titus) sous le titre de: *Traité polit... où il est prouvé... que tuer un tyran (titulo vel exercitio) n'est pas un crime*, Lyon, 1658, petit in-12.

MARIGNY (ABEL-FRANÇ. POISSON, marquis de), né en 1727, était frère de la marquise de Pompadour, qui le fit admettre à la cour à l'âge de 20 ans, et nommer survivancier de Lenormand de Tournehem, direct. général des bâtim. du roi. Le jeune Poisson, qui portait alors le nom de marquis de Vandières, s'était occupé dès sa jeunesse de géométrie et d'architecture. Sa sœur le fit voyager en Italie pour perfectionner les disposit. qu'il annonçait. Il y resta 10 ans, et revint avec des connaissances dont Soufflot, Cochin et l'abbé Leblanc, ses compagnons de voyage, lui avaient facilité l'acquisition. Ayant succédé à M. de Tournehem en 1751, il se livra avec un gr. zèle aux soins de sa place, dont le département. des beaux-arts faisait partie. Il ne perdit rien de son crédit à la mort de sa sœur. Nommé conseiller-d'état d'épée en 1772, il donna sa démission de direct.-gén., mais elle ne fut acceptée que six mois après, et Marigny conserva les honneurs et le titre de sa place. Il mourut à Paris en 1781. Son *Éloge*, par Cochin, fut inséré dans le *Journal de Paris*.

MARIGNY (AUG.-ÉT.-GASP. DE BERNARD de), officier et membre du conseil supér. des troupes roy. de la Vendée, né à Luçon en 1754, servit d'abord dans la marine royale, signala son dévouem. pour le roi à l'époque du 10 août, fut arrêté peu de temps après et conduit à Bressuire. A la prise de cette ville, délivré par son parent Henri de Larochejacquelin, il devint l'un des chefs de l'armée vendéenne, et, chargé spécialem. de l'artillerie, il donna des preuves de zèle et de capacité dans plusieurs rencontres; mais il ne put se soumettre aux ordres de Charette et de Stofflet, success. de Larochejacquelin, et malgré la convent. permit à ses soldats de rentrer dans leurs foyers. Cité pour ce fait devant un conseil de guerre, il fut quoique absent condamné à être fusillé en 1794. Sa mort a été reprochée à l'abbé Bernier, et l'on ne sait point s'il faut l'attribuer à un délit réel ou bien à la haine des ennemis qu'il avait dans l'armée (v. l'*Hist. de la guerre de la Vendée*, par Beauchamp).—Charles-René-Louis de BERNARD, vicomte de MARIGNY, parent du précéd., né en 1740 à Seez, entra de bonne heure dans la marine, fit plus. campagnes dans les Antilles, sur la côte d'Afrique et dans l'Inde, prit part au combat d'Ouessant, fut nommé capit. de vaisseau en 1779, chef de divis. et major de la prem. escadre en 1786, et major-gén. de la marine en 1789; incarcéré pendant la révolution, il eut le bonheur d'échapper à la mort, vécut dans la retraite jusqu'en 1814, fut à cette époque nommé vice-amiral command. du port de Brest, et mourut en 1816. — BERNARD de MARIGNY, de la même famille, né à Moreste en Dauphiné, entra au service vers 1792, passa par tous les grades milit. jusqu'à celui de colonel, et fut tué en 1806 à la bataille d'Iéna, où il commandait le 20e rég. de chasseurs à cheval. Il a laissé la réputat. d'un excell. officier.

MARILLAC (CHARLES de), l'un des plus habiles négociat. de son temps, né en Auvergne vers 1510, était fils d'un contrôleur-gén. des finances du duc de Bourbon. Il vint de bonne heure à Paris, suivit le barreau, accompagna, à l'âge de 22 ans, son parent J. de Laforêt, ambassad. à Constantinople, et malgré sa jeunesse fut nommé lui-même à ce poste par François Ier. De retour après 4 ans d'absence, il obtint une charge de conseiller au parlem., reçut une nouv. mission pour l'Angleterre en 1538, et fut employé plus tard en Allemagne et dans les Pays-Bas à des négociations qui réussirent complétem. Ses services furent récompensés par un titre de maître des requêtes, puis par l'évêché de Vannes, d'où il fut transféré à l'archevêché de Vienne. Il mourut en 1560, laissant des *Mémoires*, et l'on trouve un gr. nombre de ses dépêches dans le *Rec.* de Fontanieu, conservé à la biblioth. du roi. Marillac fut en relations particulières avec plus. des personnages célèbres de son temps., et notamm. avec Lhôpital. — Gabriel, frère du précéd., mort en 1551, fut avocat-général au parlem. de Paris. — Gilbert, autre frère de Charles, est auteur d'une *Histoire de la maison de Bourbon*, publiée en 1605.

MARILLAC (Michel de), neveu des précédents, né à Paris en 1563, témoigna d'abord le désir d'embrasser l'état ecclésiastiq., et même d'entrer dans l'ordre des chartreux; mais, d'après l'avis de son tuteur, il se décida pour la magistrat., et fut successivement conseiller au parlem. de Paris, maître des requêtes et conseiller-d'état. Quoiqu'il suivît le parti de la Ligue, il contribua cependant à faire rendre l'arrêt d'exclusion de tout prince étranger à la couronne, et vota pour la remise de la ville de Paris sous l'obéissance de Henri IV. Ses talents le firent recommander au cardinal de Richelieu, qui lui confia en 1624 la surintendance des finances, et deux ans après la charge de garde-des-sceaux. Il annonça l'intention d'opérer de sages réformes dans l'administrat. de la justice, et par-là se fit de nombr. ennemis. Plus tard, ayant pris parti pour la reine-mère Marie de Médicis, qui s'était brouillée avec Richelieu, il s'attira la haine de ce ministre. Ses amis l'exhortèrent en vain à prévenir le coup qui le menaçait. Il fut compromis avec le maréchal son frère dans le complot formé par la reine pour renverser le cardinal, et sa perte fut dès-lors décidée. Arrêté en 1630 dans sa terre de Glatigny, il fut conduit au château de Caen, puis à Lisieux, et enfin à Châteaudun, où il mourut deux mois après l'exécution de son frère, le 7 août 1632. Malgré les emplois éminents et lucratifs qu'il avait remplis, à peine laissa-t-il de quoi fournir aux frais de ses funérailles. On a de lui une trad. de l'*Imitation de J.-C.*, Paris, 1621, in-12, réimpr. un gr. nombre de fois. — *Traduction des Psaumes* en vers français, Paris, 1625, 1630, in-12. — *Examen des Remontrances... sur le livre du cardinal de Bellarmin*, 1611, in-8. — *Relation de la descente des Anglais dans l'île de Ré*, 1628, in-8. — *De l'érection des religieuses du Mont-Carmel en France*, 1622 et 1627, in-8. On lui doit aussi la rédaction de l'*Ordonn. de Louis XIII sur les plaintes et doléances faites par les députés des états de son royaume en 1614*, Paris, 1629, in-8: cette ordonn. a été appelée dérisoirement le *Code Michau*, du prénom de son habile aut. Il existe deux *Vies* inédites de Michel de Marillac, l'une par le P. Senault de l'Oratoire, l'autre par Lefebvre de Lezeau, à la biblioth. de Ste-Geneviève.

MARILLAC (Louis de), maréchal de France, frère du précédent, né en Auvergne en 1572, servit sous Henri IV et pend. la minorité de Louis XIII.

Ce fut lui qui donna au maréchal d'Ancre des instructions sur l'ordre et la police de la guerre. Maréchal-de-camp en 1620, il fut, au siége de La Rochelle, chargé des travaux de la digue; employé ensuite à l'armée de Champagne, puis gouverneur de Verdun, il obtint le bâton de maréchal en 1629. Dévoué à la reine-mère, Marillac entra dans le complot formé pour ôter le ministère au cardinal de Richelieu; mais, au mom. même où on le croyait perdu, le ministre triompha de ses advers. dans la journée *des Dupes* (11 nov. 1630). Le maréchal, arrêté au milieu de l'armée en Piémont, fut amené au château de Ste-Menehould. Sa conduite prêtait des armes contre lui; on fit des informations sur les contributions qu'il avait levées en Champagne et sur l'emploi des sommes destinées à la construction de la citadelle de Verdun. Une chambre de justice fut établie pour instruire son procès, et il fut condamné pour crime de péculat, à la simple majorité de 13 voix sur 24, à perdre la tête sur l'échafaud. Cette exécution eut lieu à Paris le 10 mai 1632. L'hist. du procès et de la mort de Marillac se trouve dans le *Journal* du card. de Richelieu, inséré dans l'*Hist.* de ce ministre par Leclerc, 1753, 5 vol. in-12. On doit lire avec quelque défiance les *Observations sur la vie et la condamnat. du maréchal de Marillac*, publ. dans le *Recueil des div. pièces pour servir à l'hist.*, par P.-H. du Chastelet, l'un des juges du maréchal.

MARILLAC (Louise de). — V. Legras.

MARILLIER (Clément-Pierre), dessinateur et grav. à l'eau forte, né à Dijon en 1740, mort près de Melun en 1808, a fourni un gr. nombre de dessins pour la *Bible* de Defer-Maisonneuve, les *OEuvr.* de l'abbé Prévost, de Dorat, etc., etc., et a gravé à l'eau forte une multitude de planches pour les *Voy. à Naples, en Grèce et en France*.

MARIN (St), ermite, né dans la Dalmatie au 4e S., vint en Italie, et fut employé à la reconstruction du pont de Rimini. Sa piété le fit remarquer de Gaudence, évêque de Brescia, qui l'ordonna diacre. Retiré sur le mont Titano, près de Rimini, il s'y construisit une cellule, où il passa le reste de sa vie dans la pratique des vertus chrétiennes. Après sa mort, son ermitage fut fréquenté par un grand nombre de pèlerins, qui bâtirent peu à peu des habitations dans les environs. Telle fut l'origine de la cité de *San-Marino*, petite république dont la fondation remonte au 5e S., et qui a conservé son indépend. jusqu'à nos jours. — V. *Memorie storiche della republica di San-Marino*, par Delfico, Milan, 1804, in-4.

MARIN de Tyr, géographe, vivait vers la fin du prem. siècle de l'ère chrétienne. On croit qu'il était Romain d'origine, établi à Tyr. Ses écrits ne nous sont point parvenus; mais Ptolémée, qui paraît en avoir tiré la plupart de ses connaissances sur les contrées éloignées, nous apprend que Marin jouissait de son temps d'une grande réputation, et qu'il avait composé un cours complet de géogr., dont cepend. lui, Ptolémée, blâme la rédaction. Gosselin a essayé de rétablir ce système de Marin de Tyr dans un de ses mém. sur la géographie ancienne, et il en résulte qu'on doit vivem. regretter la perte de l'ouvr. cité par Ptolémée.

MARIN, bourgeois de Lisieux, inventa au commencement du 17e S. les fusils à vent, dont les expériences furent faites devant Henri IV et le sieur de Ruzé, secrétaire-d'état. Un écrivain contemporain, D. Rivault, sieur de Flurance, qui avait vu le premier fusil fabriqué par Marin en 1602, en a donné la descript. dans ses *Éléments d'artillerie*, Paris, 1608, in-8. Le même écriv. fait un pompeux éloge de l'artiste. Marin, selon lui, était un homme d'un rare jugem., d'une grande imagination, qui, sans avoir appris d'aucun maître, était à la fois excellent peintre, rare statuaire, musicien, astron., et qui maniait le fer et le cuivre plus délicatement qu'aucun artisan de son temps.

MARIN (MICHEL-ANGE), écrivain ascétique, né à Marseille en 1697, entra fort jeune dans l'ordre des minimes, se consacra à la direction et à la prédicat., fut élu quatre fois provincial, refusa la place de général, et mourut à Avignon en 1767. Ses principaux ouvr. sont : *Virginie, ou la Vierge chrét.*, 1752, 2 vol. in-12. — *Le baron van Hesden*, etc., 1760, 5 vol. in-12.— *Théodule*, etc., in-12.— *Farfalla, ou la Comédienne convertie*, in-12.— *Agnès de St-Amour*, 2 vol. in-12. — *Angélique*, etc., 2 vol. in-12. — *La marquise de los Valientes, ou la Dame chrétienne*, 1765, 2 vol. in-12. — *Retraite spirituelle*, etc., 1763, 2 vol. in-12.— *Vies des solitaires de l'Orient*, 1761-64, 9 vol. in-12, ou 3 vol. in-4. — *Lettres spirituelles*, 1769, 3 vol. in-12. Son *Éloge*, qui se trouve en tête de ses *Lettres spirituelles*, a été imprimé séparément avec des addit., Avignon, 1769, in-12. — V. MARINI.

MARIN (FRANÇ.), cuisinier de Mme de Gesvres, puis maître-d'hôtel du maréchal de Soubise, mort vers 1760, a publié : *les Dons de Comus, ou les Délices de la table*, avec une préface par les PP. Brumoy et Bougeant, 1739, in-12.— *La Suite des Dons de Comus*, Paris, 1742, 3 vol. in-12, avec une nouvelle préface par de Queslon; nouv. édit., 1750, 3 vol. in-12, avec les deux préfaces refondues par Queslon.

MARIN (FRANÇ.-LOUIS-CLAUDE MARINI, dit), littérateur, né à la Ciotat (Provence) en 1721, embrassa l'état ecclésiastiq., et vint à Paris, où il fut chargé de l'éducation d'un jeune seigneur; mais, s'étant fait des amis et des protecteurs, il quitta le petit collet, fut reçu avocat au parlem., puis devint successivement censeur royal, secrétaire-général de la direction de la librairie, l'un des rédacteurs de la *Gazette de France*, enfin lieutenant-gén. de l'amirauté à la Ciotat, sa patrie. Il mourut en 1809. Il était membre des acad. de Nancy, Dijon, Lyon, Marseille, etc. On a de lui un gr. nombre d'écrits, la plupart très médiocres. Nous nous bornerons à citer : *Histoire de Saladin, sulthan d'Égypte et de Syrie*, 1758, 2 vol. in-12, avec 2 plans par Danville : c'est la meilleure des productions de l'aut. — *Mémoire sur l'ancienne ville de Taurentum en Provence; Histoire de la ville de la Ciotat; Mém.*

sur le port de Marseille, réunis en un vol. avec cartes et plans, 1782, in-12. — *Notice sur la vie et les ouvrages de Pontus de Thyard de Bissy*, 1786, in-8. — *Bibliothèque du Théâtre-Français*, Paris, 1768, 3 vol. in-8, attribuée au duc de la Vallière. Marin a été l'éditeur des *Œuvres du Philos. bienfaisant* (le roi Stanislas), 1763, 4 vol. in-12. Beaumarchais lui a donné une célébrité fâcheuse dans les *Mém.* qu'il publia contre Goezman, et qui restent comme des modèles de ce genre.

MARINA, Mexicaine, née au commencement du 16e S., était fille d'un cacique feudataire de la couronne. Vendue par trahison après la mort de son père à des marchands d'esclaves, elle tomba dans les mains du cacique de Tabasco, qui en fit présent à Cortez, ainsi que de 19 autres femmes, pour préparer du maïs aux troupes espagn. Marina, douée d'un esprit vif et d'une grande intelligence, apprit promptem. la langue castillane, et captiva par ses charmes le général espagnol, qui la fit son interprète, son conseil et sa maîtresse. Elle lui rendit de grands services dans ses diverses expéditions, et fut mariée à don Juan de Xaramillo, gentilhomme castillan. Elle avait eu de Cortez un fils qui devint chevalier de Calatrava, et fut mis à mort à Mexico en 1568, sur un soupçon de trahison vague et mal fondé.

MARINAS (HENRIQUE ou HENRI, dit de LAS), peintre espagnol, ainsi nommé du genre dans leq. il s'est fait une réput., né à Cadix en 1620, mourut à Rome en 1680. Le musée possède de lui un dessin à la plume et lavé, représentant une *Marine et des vaisseaux de différents échantillons*.

MARINELLI (LUCRÈCE), fille d'un médec. dont on a quelques ouvrages depuis long-temps oubliés, née vers 1571 à Venise, montra de bonne heure des dispositions pour la poésie et publia divers ouvr. qui lui valurent une réput. honorable, et mourut. en 1653. On a de cette dame : *la Colomba sacra, poema*, Venise, 1595.—*Amore innamorato e impazzato, in ottava rima*, 1598 et 1618. — *La nobiltà ed eccellenza delle donne, ed i difetti e mancamenti degli uomini, discorso*, 1600; un poème sur la Vierge, *in ottava rima*, suivi de sa *Vie*, en prose, 1602 et 1617; les *Vies* de Ste Justine, de St François, égalem. *in ottava rima*; un *Comment.* sur le poème de L. Tansillo : *le Lagrime di san Pietro*. Quelques-unes des poésies de Lucrèce ont été recueillies avec celles de deux autres dames poètes, par A. Bulifon, Naples, 1693.

MARINI (JEAN-BAPTISTE), poète italien, connu en France sous le nom de *cavalier Marin*, né à Naples en 1569, se voua de bonne heure au culte des muses, malgré son père qui le destinait à la magistrature, et qui finit par lui interdire sa maison. Il trouva un asile chez un seigneur napolitain qui lui fit obtenir la place de secrétaire du gr.-amiral du royaume. Étant passé ensuite à Rome, il y trouva de nouveaux protecteurs, accompagna le cardinal Aldobrandini dans sa légation de Savoie, se fit de mauvaises affaires à Turin par suite de son humeur satirique, et partit en 1615 pour la France, où il fut accueilli par la reine Marie de Médicis, qui lui assigna une pension de 2,000 écus. Pend. son séjour à Paris, il se lia avec le célèbre Poussin, et composa son fameux poème de l'*Adone*, ouvr. défectueux, mais qui fut prôné comme un chef-d'œuvre par les contemporains. De retour à Rome en 1622, il y fut nommé prince de l'acad. des *Umoristi*, fondée par V.-P. Mancini, et termina sa carrière en 1625 à Naples, où il était allé après la mort du pape Grégoire XV: On reconnaît dans Marini beauc. d'imaginat. et une grande facilité; mais il abusa de ces dons précieux, et tomba dans des écarts que son talent ne peut lui faire pardonner. Son style, semé de pointes et de *concetti*, fut imité par la plupart des écrivains que les Italiens désignent par le nom de *Seicentisti*, et qui sont tombés aujourd'hui dans le plus grand discrédit. Marini lui-même n'est plus guère consulté que par quelq. curieux. On trouve la liste de ses ouvrages dans les *Mém. de Niceron*, XXXII; nous nous bornerons à citer : *Rime amorose, sacre e varie*, Venise, 1602, in-16, souvent réimpr. — La *Murtoleide* (c'est un recueil de sonnets satiriques contre Murtola, secrétaire du duc de Savoie), 1626, in-4; 1643, in-12. — *L'Adone, poema in XX canti*, etc., Paris, 1623, in-fol., dédié à Louis XIII; Venise, 1623, in-4; Amsterd., Elzevir, 1651, 2 vol. in-12; Livourne, 1789, 4 vol. in-12. Fréron et le duc d'Estouville ont donné une imitat. du 8e chant de ce poème, sous ce titre : *les Vrais plaisirs, ou les Amours de Vénus et d'Adonis*, 1755, in-12, réimpr. sous le titre d'*Adonis*, 1775, in-8. — *Strage degli innocenti, poema*, Naples (S. D.), in-8, etc.—*Lettere gravi, argute, facete*, etc., 1627, in-8; 1673, in-12. Marini a eu de nombreux biogr., J.-B. Baiacca, F. Chiaro, G.-F. Loredano, Fr. Ferrari, G.-Ph. Camola, etc., et de plus la plupart des historiens de la littérat. italienne lui ont consacré des notices détaillées.

MARINI (JEAN-AMBROISE), romancier, né à Gênes, mort à Venise vers 1650, avait embrassé l'état ecclésiastique, et, par ce motif, ne crut pas devoir publier sous son nom ses productions littér. On a de lui : *il Caloandro fedele*, Venise, 1652, 2 vol. in-12, souvent réimpr.; l'une des meilleures édit. est celle de 1726, 2 vol. in-8; trad. en français par Scudéry, 1668, 5 vol. in-8, et par Caylus, Amst., 1740, 3 vol. in-12. Vulpius en a publié, en 1787, une imitat. allemande, et Poinsinet de Sivri en a donné un extrait dans la *Bibliothèq. des Romans*, octobre 1779.—*Le Gare de' desperati*, Milan, 1644, in-8, et plus. fois réimpr.; trad. en franç. par de Serré, sous ce titre : *les Désespérés*, Paris, 1755, in-12, et inséré par extraits dans la *Bibliothèq. des Romans*, mars 1779. Delandine a donné une édit. des deux ouvr. précéd., sous le titre de *Romans héroïques* de Marini, Lyon, 1788, 4 vol. in-12. On cite encore de cet écrivain : *il Cras nunquàm moriemur, cive domani bisogna morire e siamo immortali*, Rome, 1646, in-16.—*Il Casa non a caso*, 1650, in-16.—*Scherzi di fortuna, istoria favoleggiata*, 1662, in-12; Gênes, 1714, in-16.

MARINI (JEAN-PHILIPPE), jésuite, né en 1608

dans l'état de Gênes, s'embarqua pour les Indes en 1638, prêcha l'Évangile dans le Ton-king pendant 14 ans, fut nommé rect. de Macao, revint à Rome pour les affaires de sa compagnie, et s'embarqua de nouveau pour gouverner comme provincial une des missions du Japon. On ignore l'époque de sa mort. Il a laissé : *delle Missioni de' Padri della comp. de Giesu nella provincia di Giappone*, etc., Rome, 1657, 1663, in-4; Venise, 1665, 2 vol. in-12; trad. en franç.—*Relation nouvelle et curieuse du royaume de Tunquin et de Lao...., trad. de l'ital. du P. Mariny, par le P. Le Comte, célestin*, Paris, 1666, in-4.

MARINI (GAETAN), antiq., né en 1742 à Sant-Arcangelo (duché d'Urbin), embrassa l'état ecclésiastiq. et s'appliqua de bonne heure à la recherche des objets d'antiquité et d'hist. naturelle. En 1764, il se rendit à Rome où ses talents lui méritèrent d'illustres protecteurs. Il y exerçait depuis 24 ans l'emploi de préfet des archives du St-siége, lorsqu'il fut forcé de quitter cette ville en 1808, comme sujet du royaume d'Italie. Il y retourna en 1809, en sortit de nouveau 6 mois après, lors de la déportation du pape Pie VII, reçut l'ordre de venir à Paris en 1810, quand on y transporta les archives du Vatican; il y vécut dans la retraite, n'assista jamais aux séances de l'Institut dont il était correspondant depuis 1809, et mourut le 17 mai 1815. Pie VII lui avait envoyé de Rome le titre de prem. garde de la Bibliothèque du Vatican, vers la fin de 1814. On connaît de lui : *Degli archiatri pontifici*, Rome, 1784, 2 vol. in-4.—*Iscrizioni antiche delle ville e de' palazzi Albani*, 1785, in-4. — *Gli atti e monumenti de' fratelli Arvali*, etc., 1795, 2 vol. in-4. — *Papiri diplomatici descritti ed illustrati*, 1805, in-fol., avec 22 pl.; c'est un recueil de 157 actes sur Papyrus : le plus anc. est de 444. Marini a laissé plusieurs ouvr. inédits, dont on trouve les titres dans la *Notice* sur sa vie et ses écrits, que l'abbé A. Coppi a fait insérer dans les *Annales encyclopédiques*, de 1817, t. II. — Jean-Baptiste MARINI, archiprêtre de Ginestreto , au diocèse de Pesaro, a publ. : *De episcopatu Feretrano apologeticon*, 1752. — *Saggio di ragioni della città di San-Leo, detta gia Monteferetro*, 1758, in-4.

MARINIANA, 2e femme de l'empereur Valérien-l'Ancien, le suivit en Asie l'an 258, et partagea sa captivité lorsque le sort des armes le fit tomber au pouvoir de Sapor. Cette princesse aussi vertueuse que belle eut ainsi la douleur d'être témoin des humiliat. dont le roi de Perse accabla son époux, et mourut elle-même dans les fers. Il existe des médailles de Mariniana, frappées après son apothéose.

MARINIS (LÉONARD de), dominicain, né dans l'ile de Chio, en 1509, mort évêq. d'Albe, en 1573, fut envoyé nonce en Espagne par le pape Jules III, et chargé de div. affaires importantes par Pie IV et Pie V. Il se fit remarquer au concile de Trente, et fut un des évêq. chargés de rédiger les bréviaire et missel romains, et de dresser le *Catéchisme*, Rome, 1566, in-fol. —MARINIS (Jean-Baptiste de), domini-cain, petit-neveu du précéd., né à Rome en 1597, mort gén. de son ordre, en 1669, fut long-temps secrét. de la congrégat. de *l'Index*, et s'attira des reproches mérités de Théophile Rainaud, dans son livre *de Immunitate Cyriacorum*. On a de lui quelq. *Lettres* inédites. Il avait composé un *Traité de la conception de la Ste Vierge*, qui n'a pas vu le jour.

MARINO (JEAN-JACQ.), plumassier, né à Sceaux, fut membre de la fameuse commune de Paris en 1792. Le zèle qu'il y montra pour le triomphe des idées nouv. le fit adjoindre à l'administrat. de police. Dans les jours qui précédèrent le 51 mai, il fut décrété d'arrestat. par la commiss. des Douze; mais sur la réclamat. du conseil il fut mis en liberté. Il présida la commission temporaire établie à Lyon après le siége de cette ville, dont il pressa la démolition pour procurer du travail à 80,000 ouvriers sans ouvr. De retour à Paris, ayant insulté Pons-de-Verdun qui lui avait cepend. montré sa carte de représent., il fut destitué par le comité de salut public, et trad. au tribunal révolutionnaire qui le condamna comme suspect.— MARINO (Jean-Bapt.), son fils, peintre sur porcelaine, fut condamné à mort comme complice de la conspirat. de l'étranger, et.périt sur l'échafaud révolutionn. avec les prévenus de l'assassinat de Collot-d'Herbois, en 1754. Il avait alors 57 ans.

MARINONI (JEAN-JACQ.), mathémat., archit. et astronome, né en 1676 à Udine (Frioul), mort à Vienne en 1755, avec le titre de conseiller attaché à la direct. des bâtim. impér., membre de l'acad. de Berlin et de plus. soc. sav. d'Europe,-avait succédé au comte d'Anguisciola, son protecteur, dans la chaire de mathématiq. au collége des Nobles. Outre des *Observat.* insérées dans les *Acta Lips.*, dans l'*Osserv. litt.* du marquis Maffei, et dans le t. XXIV de la *Raccolta* de Calogera, on a de lui : *Columna herculea geometricè constructa*, etc., Vienne, 1752.—*De re ichnograph.*, etc., 1751, etc. Il est fréquemment cité par Apostolo Zeno dans ses *Lettres*.

MARINUS, du rang de centurion, fut élevé à la dignité d'emper., l'an 249 de J.-C., par les légions stationnées dans la Mœsie, et périt, au bout de quelq. mois, massacré par les mêmes soldats qui l'avaient porté sur le pavois, et qui lui donnèrent pour successeur Décius ou Dèce. D'après Tonchon d'Annecy (*Mém.*, etc., 1817, in-4, 3 pl.), les médailles gravées avec le nom de Marinus doivent être rapportées à un personnage qu'il présume être le père de l'emper. Philippe.

MARINUS, philosophe platonicien, né en Syrie, vint étudier la philosophie à Athènes, sous Proclus, lui succéda en 485, et mourut dans un âge peu avancé. Il avait composé des *Comment.* sur le *Tr. de l'âme* (d'Aristote), sur les *Dialogues* de Platon; des *Questions philosophiq.*, etc.; mais de tous ces écrits, il ne nous est parvenu que la *Vie de Proclus*, publiée par G. Xilander, avec une vers. lat. par un auteur inconnu, à la suite des *Réflexions* de Marc-Antonin, Zurich, 1558, in-8. J.-Albert Fabricius en a publ. une édit. plus estimée, avec une

nouvelle version latine et des notes, Hambourg, 1700, in-4; réimpr. à Londres, 1703, in-8; une 4e édit., avec des notes, a été publ. par M. Boissonade, Leipsig, 1814, in-8. L'*Anthologie* renferme quelq. épigrammes attribuées à Marinus, que l'on croit aussi l'aut. du *Theoremata geometrica, sive protheoria ad Euclidis Data*, imprimé avec les *Comment.* de Proclus sur les œuvres d'Euclide.

MARINUS (IGNACE), grav. flamand, né en 1627, mort à Anvers en 1701, a laissé des estampes d'après différents maîtres, parmi lesq. on distingue: une *Fuite en Égypte*, d'après Rubens; le *Martyre de Ste Apolline*, d'après Jordaens; des *Enfants de village formant un concert grotesque*, d'après Sachleeven.

MARION (SIMON), né à Nevers en 1540, exerça d'abord avec une gr. distinct. le ministère d'avocat, obtint la protection de Catherine de Médicis et du duc d'Alençon, auquel il fut attaché en qualité de conseiller, fut chargé par Henri III de fixer les limites de l'Artois, de concert avec les délégués du roi d'Espagne, obtint des lettres de noblesse en récompense de ce service, devint successivem. président aux enquêtes, conseiller-d'état, avocat-gén. au parlement, et mourut à Paris en 1605. On a de lui un recueil de plaidoyers sous le titre d'*Actiones forenses*, 1594, in-8, réimpr. en 1598, 1620 et 1629. Un de ces plaidoyers est contre les jésuites.

MARION (SIMON-ANT.), littérat., né en 1686 à Villeneuve, en Franche-Comté), embrassa l'état ecclésiastiq., vint à Paris en 1712, apprit rapidem. l'hébreu, l'allemand, l'italien, l'espagnol, le portugais et l'anglais, obtint une place à la bibliothèq. du roi, devint ensuite chef de bureau au conseil des affaires étrangères, puis fut nommé prieur de Rouvre, chan. de Cambrai, et mourut dans cette ville en 1758. Il avait des connaissances très étendues dans l'hist., les antiquités, la numismatique et la littérat. On lui doit : *le Recueil des statuts synodaux du diocèse de Cambrai*, 1739, 2 part. in-4; le *Pouillé* du diocèse, et un *Recueil de titres concernant le siége de Cambrai*; une *Lettre critique* sur la nouv. *Hist. de France* (de l'abbé Velly), dans le *Journal de Verdun*, avril 1755. Son *Éloge* est inséré au t. II du *Rec.* de l'acad. de Besançon.

MARION DU FRESNE, navigat. franç., commandait en 1761 le bâtiment qui transporta Pingré à l'île Rodrigue pour l'observat. du passage de Vénus sur le disque du soleil. Se trouvant à l'Ile-de-France en 1770, il se chargea de transporter, à ses frais, dans sa patrie, le Taïtien Aoutourou, que Bougainville avait amené d'Otaïti en France. Marion partit en 1771 accompagné de deux bâtim. du roi; mais Aoutourou étant mort dans les parages de Madagascar, l'expédit. changea de direction, et fit route au sud du cap de Bonne-Espérance. Après avoir découvert quelq. îles, et mouillé dans une baie de la terre de Van-Diemen, Marion longea la côte septentrionale de la Nouv.-Zélande, jeta l'ancre dans la baie des Iles, et fut d'abord bien accueilli; mais, étant descendu à terre avec quelq. hommes de son équipage, il y fut dévoré ainsi que ses compagnons par les insulaires. Le point de la côte où se passa cet événement tragique fut appelé *baie de la Trahison*. Duclesmeur, capit. du *Castries*, remplaça Marion dans le commandement de l'expédit. qu'il ramena en 1775 à l'Ile-de-France. On a publié la relation de cette malheureuse expédit., d'après les journaux de Crozet, l'un des officiers, sous le titre de : *Nouv. voyage à la mer du Sud commencé sous les ordres de M. Marion, et achevé sous ceux de M. Duclesmeur*, etc., Paris, 1783, in-8, avec pl.

MARION DE L'ORME. — V. DELORME.

MARIOTTE (EDME), physicien distingué, né en Bourgogne dans le 17e S., embrassa l'état ecclésiastique, fut membre de l'acad. des sc. à sa création, et mourut en 1684. Sans avoir fait des découvertes importantes, ce physicien a confirmé, par des expériences nombreuses, la théorie du mouvement des corps trouvée par Galilée et celle de l'hydrostatique, et a démontré un des premiers que l'application de la géométrie aux sciences physiques était le seul moyen de parvenir à de grands résultats. Le *recueil* de ses ouvr. a été publ. à Leyde, 1717; La Haye, 1740, 2 t. in-4. Son *Éloge* fait partie de ceux des académiciens morts dep. 1666 par Condorcet.

MARITI (JEAN), voyageur, né à Florence, embrassa l'état ecclésiastique, alla dans le Levant, séjourna 8 ans dans l'île de Cypre, parcourut la Syrie et la Palestine, revint dans sa patrie, et mourut vers 1798. On a de lui en italien : *Voyage dans l'île de Cypre, la Syrie et la Palestine*, 1769 à 1776, 9 vol. in-8, fig. : les 4 prem. ont été trad. en franç., 1791, 2 vol. in-8, et en allem., par C.-H. Hase, Altenbourg, 1777, in-8, fig. — *Histoire de la campagne d'Aly Bey dans la Syrie en* 1771, Florence, 1772, in-8. — *Essai sur le vin de Cypre*, 1772, in-8. — *Histoire du temple de la résurrect., ou de l'église du St-Sépulcre*, 1784 in-8, avec le plan de l'église. — *Histoire de Faccardin, grand émir des Druses*, 1787, in-8, trad. en allem. avec des notes, Gotha, 1790. — *Hist. de l'état présent de la ville de Jérusalem*, Livourne, 1790, 2 vol. in-8. — *Voyage dans les collines du Pisan et du Florentin*, Florence, 1797; in-8, t. 1er. La mort l'empêcha de terminer cet ouvrage.

MARITZ (JEAN), célèbre fondeur et mécanicien, né à Berne en 1711, d'une famille déjà connue avantageusement, parcourut la Hollande, l'Allemagne, et vint en France, où il obtint la direct. de la fonderie de Lyon. C'est dans cette ville qu'il fit, vers 1740, la prem. application d'une machine qu'il avait inventée pour forer et tourner les canons. Il obtint, en 1744, une pension de 2,000 fr., passa bientôt après à la direction de la fonderie de Strasbourg, puis à celle de Douai, fut nommé inspect.-général des fontes de l'artill. de terre et de mer, et reçut en 1758 des lettres de noblesse et le cordon de St-Michel. Sur la demande du roi Charles III, Maritz eut la permission de se rendre en Espagne, pour y établir ses procédés relatifs à la fonte des canons; il fit construire les belles fonderies de Séville et de Barcelonne, reçut comme récompense de ses services le grade de maréchal-de-camp, re-

vint en France, refusa les offres que lui fit faire en 1766 l'impérat. Catherine II pour l'attirer en Russie, obtint en 1768 une nouv. pension de 12,000 f., et mourut en 1790, dans une terre près de Lyon.

MARIUS (CAÏUS), fameux général romain, naquit à Cerretinum (territoire d'Arpino) vers l'an 155 av. J.-C., de cultivateurs obscurs dont il partagea d'abord les travaux. Il suivit Scipion au siège de Numance l'an 133 av. J.-C., et se signala également par sa bravoure et son respect pour la discipline. Sa réputat. l'éleva bientôt aux emplois publics; il fut élu tribun (l'an 120 avant J.-C.), puis préteur en Bétique. Métellus étant sur le point de passer en Afrique pour faire la guerre à Jugurtha, le choisit pour son lieutenant. Marius sut persuader aux soldats, et par eux au peuple, que lui seul était capable de terminer une guerre qui se prolongeait depuis si long-temps, et, revenu brusquement à Rome, il réussit à se faire décerner le consulat et la conduite de la guerre d'Afrique. Au reste il se montra digne de succéder à Métellus; Jugurtha fut défait et livré par trahison au gén. romain (106 ans av. J.-C.). Peu après Marius, élevé à de nouv. honneurs, remporta de nouv. victoires. 500,000 Barbares menaçaient les pays situés au midi du Rhin et du Danube; Marius, nommé consul à la nouv. de leur approche, fut, par une exception illégale, continué quatre ans dans le consulat (104-100 av. J.-C.). Il justifia cette marque de confiance en exterminant les Ambrones et les Teutons près d'Aix en 102, et les Cimbres près de Verceil en 101. Le peuple lui décerna les honneurs du triomphe et le titre de 3e fondateur de Rome. Il ne tarda point à ternir l'éclat de sa gloire en fomentant des séditions. Sur ces entrefaites éclata la guerre des Marses, et il y fut employé conjointement avec Sylla, autrefois son questeur. La fortune ayant favorisé plus particulièrem. son jeune rival, la haine qu'il lui portait déjà s'en accrut encore (91 et 90 av. J.-C.). Deux ans après les Romains déclarèrent la guerre à Mithridate, que Marius, dans l'espoir de se rendre nécessaire, avait engagé à des mesures qui devaient amener les hostilités (88 avant J.-C.). Sylla, alors consul, fut chargé du commandement. Marius fait casser le décret par le peuple, qui le proclame général en chef. Mais Sylla marche sur Rome avec son armée et y rentre en vainqueur. Marius n'a d'autre ressource que la fuite. Il veut s'embarquer pour l'Afrique; mais les vents contraires l'empêchent de partir; il est contraint de se réfugier dans les marais de Minturnes, où bientôt il est découvert, et traîné dans une prison. Un soldat cimbre reçoit des magistrats l'ordre de le tuer; mais à la voix du captif, qui s'écrie : « Cimbre, oseras-tu bien tuer Caïus-Marius! » le Barbare laisse tomber son épée, et les magistrats émus favorisent sa fuite. Arrivé en Afrique, il y rassemble quelq. forces, reparaît en Italie avec 1,000 hommes, et son armée se grossissant, il se présente devant Rome, dont le sénat lui fait ouvrir les portes. Maître, il se livre à la plus horrible vengeance, remplit la ville du sang des optimates, se fait proclamer consul pour la 7ᵉ fois avec Cinna, qui avait préparé cette révolut., et meurt avant que le terrible Sylla revienne troubler son triomphe et exercer sur ses partisans d'affreuses représailles (86 av. J.-C.). Les traits princip. du caractère de Marius ressortent de son histoire. Austère, ferme, intrépide, il était le seul peut-être qui pût préserver l'Italie de l'invas. des Barbares; ambitieux, cruel ennemi des patriciens, il fut le premier qui mit aux prises les deux castes romaines, et il fraya ainsi le chemin à toutes les ambitions. Plutarque, qui nous a laissé sa *Vie*, voulait le comparer à Pyrrhus. Ses proscriptions forment un des plus beaux épisodes de la *Pharsale* (ch. II). Arnault a choisi *Marius à Mainturnes* pour le sujet d'une tragédie. Le musée possède un tableau de Drouais sur le même sujet. — Marius (C.), neveu et fils adoptif du précédent, se réfugia chez Hiempsal, roi de Numidie, pend. la proscription de son père, rentra à Rome avec celui-ci, devint l'idole des soldats, et se fit nommer consul avec Carbon l'an 82 av. J.-C. Peu après, Sylla, vainqueur de Mithridate, rentra dans l'Italie, et gagna la bataille de Rome sur le jeune Marius, qui s'enfuit à Préneste, et se fit tuer par un de ses officiers pour ne point tomber entre les mains de son ennemi. Son séjour chez Hiempsal et sa mort ont fourni le sujet de deux tragédies, l'une par de Caux intit. *Marius*, jouée en 1715, l'autre, par Boyer, *le jeune Marius*, en 1669.

MARIUS (M.-Aurélius-Marius-Augustus), tyran dans les Gaules, prit la pourpre après la mort du jeune Victorin, et fut, trois jours après, assassiné par un soldat. Cependant le grand nombre de médailles qui portent son nom et son effigie ont fait douter que son règne n'ait eu réellem. que si peu de durée. Marius, dans sa jeunesse forgeron ou armurier, avait passé par tous les grades de la milice. Il était d'une force de corps extraordin., et les historiens en rapportent des exemples vraiment incroyables.

MARIUS (le B.), év. d'Avenches en Suisse, né à Autun vers l'an 532, fut élevé à l'épiscopat à 43 ans, assista au second concile de Mâcon en 585, transféra son siége épiscopal à Lausanne en 590, Avenches ayant été ruinée par les Barbares, et mourut le dern. jour de l'année 596. Son nom se trouve dans quelq. martyrologes. On a de ce prélat une *Chronique* abrégée de 455 au mois de sept. 581, et continuée par un anonyme jusqu'en 623. Cette chroniq., insérée dans les *Scriptor. francor.* d'A. Duchesne, t. Iᵉʳ, a été réimpr. dans le *Recueil des hist. de France*, par D. Bouquet, t II. Les aut. de l'*Hist. littér. de France* attribuent à Marius une *Vie de St Sigismond, roi de Bourgogne*, imprim. dans le *recueil* des bollandistes au 1ᵉʳ mai.

MARIUS (Adrien Nicolaïus), frère de Nicolas Grudius et de Jean Second (v. Everardus), mort à Bruxelles en 1568, a laissé des *Élégies*, des *Épigrammes*, une *Satire* et un *Chant funèbre*, impr. avec les *Poemata* de ses deux frères dans le recueil publ. par Bonav. Vulcanius, Leyde, 1612, in-12.

Les poésies de Marius sont estimées. On lui attribue une traduction en vers latins de quelques *Dialogues* de Lucien, et une en prose de son *Tr.* sur la calomnie.

MARIUS (Simon MAYER, plus connu sous le nom de), astronome, né en 1570 à Guntzenhausen dans la Franconie, cultiva d'abord la musique, apprit ensuite les principes de l'astronomie du célèbre Tycho-Brahé, puis alla étudier la médec. en Italie. A son retour en Allemagne, il devint astronome de l'élect. de Brandebourg, et mourut à Nuremberg en 1624. On a de lui : *Tabulæ directionum novæ universæ Europæ inservientes*, 1599, in-4. — *Frankischer Kalender oder practica*, 1610. — *Mundus jovialis anno 1609 detectus ope perspicilli belgici*, etc., 1614, in-4 : on trouve dans cet ouvr. une théorie fort imparfaite du mouvem. des *satellites de Jupiter*, que l'auteur prétend avoir aperçus le prem., ainsi que les taches du soleil. — Un *Discours* (en allem.) *sur la comète de 1618*, 1619, in-4. Marius a trad. en allem. les 6 premiers livres d'*Euclide*, 1610, in-fol.

MARIUS-ÆQUICOLA. — V. Equicola.

MARIVAUX (Pierre CARLET de CHAMBLAIN de), littér., né en 1688 à Paris, s'est exercé dans plus. genres, et sans avoir été transcendant dans aucun, tiendra toujours un rang distingué comme romancier et comme aut. dramatiq. Sa *Marianne* et son *Paysan parvenu* sont deux ouvrages remplis d'observations délicates, d'intérêt, et le style en est très agréable. Malheureusem. il ne les a terminés ni l'un ni l'autre : la conclusion du premier est de Mᵐᵉ Riccoboni; celle du second d'un écrivain sans goût, aux gages d'un libraire. De ses nombreuses pièces de théâtre, il n'en est resté que six au répertoire : *la Surprise de l'amour; les Jeux de l'amour et du hasard; la Mère confidente; le Legs; les Fausses confidences*, et *l'Épreuve*. La finesse de Marivaux dégénère trop souvent en subtilité, et son langage est quelquefois obscurci par des abstract. métaphysiq. qui ont valu à son style une qualification injuste par l'acception trop générale qu'on lui a donnée. Il y a du *marivaudage* dans Marivaux, mais il y est plus rare qu'on ne le pense communément. Ses autres ouvrages sont le *Don Quichotte moderne*, faible imitation d'un chef-d'œuvre inimitable; le *Spectateur français*, qu'on peut lire après celui d'Addison et de Steele, et deux parodies en vers, l'une de l'*Iliade*, l'autre du *Télémaque*, que l'on voudrait pouvoir retrancher de la collection de ses *œuvres*. Le succès de Marivaux lui ouvrirent en 1743 les portes de l'Acad. franç., où il avait pour concurrent Voltaire. Cette préférence ne dut pas contribuer à rapprocher du récipiendaire le poète qui lui était sacrifié : elle suffirait pour expliquer le silence presque absolu que Voltaire a gardé sur cet écrivain; cepend. on voit par un passage de sa correspond. qu'il estimait dans Marivaux l'honnête homme et l'homme de talent, double titre qui en effet convient à Marivaux. Il était bon, charitable, indulgent dans sa philosophie, plein de respect pour la religion, mais très ennemi du fanatisme et de l'hypocrisie. Il mourut à Paris en 1763. L'édition de ses *OEuvres complètes*, Paris, veuve Duchesne, 1781 , 12 vol. in-8, passe pour être impr. très correctem. La nouv. édit. avec *une notice sur la vie, le caractère du talent de l'aut., desjugements littéraires et des notes par Duviquet*, Paris, 1826-50 , 10 vol. in-8, se recommande par la beauté de l'exécution, et par la critique impartiale du commentateur. On doit à Lesbros l'*Esprit de Marivaux*, 1769, in-8.

MARIVETZ (Étienne-Claude de), physicien, né à Langres en 1728, acquit une charge à la cour et se livra d'abord aux plaisirs et à la dissipat.; mais, entraîné par son goût pour les sciences, il finit par leur consacrer presq. tous ses loisirs. Ayant éprouvé quelq. dérangem. dans sa fortune, il vivait retiré près de sa ville natale; mais il ne put échapper aux fureurs révolutionn. Dénoncé comme royaliste, il fut conduit à Paris, et périt sur l'échafaud, février 1794. On a de lui (avec Goussier) : *Prospectus d'un traité de géographie physique particulière du royaume de France*, Paris , 1779 , in-4. — *Physiq. du monde*, ibid., 1780-87, 8 t. in-4, rare. — *Système général, physique et économique des navigations naturelles et artificielles de l'intérieur de la France*, 1788-89, 2 vol. gr. in-8, avec un atlas in-fol.; il a publ. seul : *Lettre à Bailly sur un paragraphe de l'histoire de l'astronomie ancienne*, 1782, in-4; à *Lacépède sur l'élasticité*, 1782, in-4. — *Observations sur quelques objets d'utilité publique*, 1786, in-8.

MARKHAM (Gervais), écrivain anglais, né dans le comté de Nottingham, vécut sous les règnes d'Élisabeth, de Jacques et de Charles Ier, porta les armes pour la défense de ce malheureux prince, et mourut vers 1650. On a de lui plusieurs ouvrages, parmi lesquels les bibliographes angl. distinguent un *Traité sur l'équitation*, in-4; un autre sur l'*Art de la chasse aux oiseaux*, 1621, in-8; un 5e sur la *Pêche à l'hameçon*, 1656, in-4. — L'*Art de l'arquebuse*, 1634 , in-8. — *Les Rudiments et la gramm. du soldat*, 1635. — *Hérode et Antipater*, tragédie, 1622. — *Les Satires de l'Arioste*, 1608, in-4. — *La Muse de Sion*, en VIII églog., 1596, in-16. Il donna en 1616 une édition de la *Maison rustique* de Liébault, trad. en anglais par R. Surfleet, avec des additions tirées d'auteurs français, espagnols et ital.

MARKLAND (Jérémie), sav. philologue, né dans le Lancashire en 1693, mort en 1776, a publié une bonne édition des *Sylves* de Stace, avec des notes et des corrections, Londres, 1728, in-8. — *Remarq. sur les lettres de Cicéron à Brutus et de Brutus à Cicéron*, ib., 1745. — Un excellent *Traité sur la cinquième déclinaison des Grecs*, 1760, in-4. — Une édit. des *Suppliantes* d'Euripide, Londres, 1763, 1775 : cette édition est son chef-d'œuvre. — Une des deux *Iphigénies*, 1771, moins estim. Les *Suppliantes* et les *Iphigénies* ont été réun. dans l'édit. d'Oxford, 1811.

MARLBOROUGH (John CHURCHILL, duc de), célèbre général anglais, né en 1650 à Ash, comté de Devon, était fils de sir Winston Churchill, que Cromwel avait forcé de fuir sa patrie pour le punir de son attachement au roi Charles Ier. Après avoir reçu, dans la solitude où s'était retirée sa mère, une éducation austère et relig., le jeune Churchill, placé page auprès du duc d'York, manifesta bientôt son inclination pour les armes. Il obtint une commission d'enseigne dans les gardes qu'il n'avait pas encore atteint l'âge de 16 ans, s'embarqua presque aussitôt pour Tanger, et prit part à quelques engagements contre les Maures. De retour en Angleterre, il fut nommé capitaine dans le régiment de Montmouth, et servit dans le corps d'armée auxiliaire que Charles II avait envoyé à Louis XIV en Flandre. Ce fut à l'école de Condé et de Turenne que Churchill apprit l'art dont il devait donner plus tard de si funestes leçons à ceux qui étaient alors ses compagnons d'armes. Il se distingua dans cette prem. campagne (1672) au siège de Nimègue, et attira l'attention de Turenne. Promu l'année suiv. au grade de lieuten.-colonel, il continua de servir dans les armées françaises jusqu'en 1677, où il revint en Angleterre. Il y avait été devancé par sa réputation, et il y fut accueilli avec la plus gr. faveur par le duc d'York et le roi, qui lui donna un régiment. Vers 1680, Churchill affermit, sans l'avoir prévu peut-être, sa fortune naissante, en épousant Sarah Jennings, favorite de la princesse Anne, seconde fille du duc d'York. Il fut créé baron et nommé colonel du 5e régiment des gardes en 1682. Chargé d'annoncer à la cour de France l'avénement de Jacques II, il reçut à son retour le titre de pair. La révolte du duc de Monmouth lui fournit l'occasion de signaler ses talents : avec une poignée d'hommes rassemblés à la hâte, il réussit à contenir les forces du rebelle jusqu'à la réunion de l'armée royale. Toutefois son dévouement au roi ne se maintint point dans une plus gr. épreuve. Lorsque les fautes commises par son maître et l'ambition du prince d'Orange, secondé par tous les mécontents, eurent préparé la révolution qui devait renverser la dynastie des Stuart, Churchill ne rougit pas d'y contribuer. Sous le prétexte de son attachement à la religion de l'état, il abandonna son bienfaiteur au moment où Guillaume parut en Angleterre avec une armée de 15,000 hommes, et peu s'en fallut qu'il ne remit lui-même le roi entre les mains de ce prince. Abusant de l'ascendant qu'il avait, ainsi que sa femme, sur la princesse Anne et sur le prince George de Danemarck, son époux, il les détacha du parti de Jacques. Lieuten.-gén. des armées de Guillaume, il donna une nouvelle organisation aux troupes, et vota pour la résolution qui assurait la couronne au prince et à la princesse d'Orange. Nommé comte de Marlborough, il fut mis à la tête de l'armée anglaise dans les Pays-Bas, et contribua puissamment au gain de la bataille de Walcourt. En 1690 il passa au commandement des troupes en Irlande, et s'empara des places de Cork et de Kinsale. Rappelé en Flandre en 1691 pour servir sous les ordres du roi, il l'accompagna à son retour en Angleterre; mais, à peine débarqué, il se vit dépouillé de tous ses emplois et renfermé à la Tour

L. Wolff sc.

MARLBOROUGH.

Publié par Furne, Paris.

de Londres. Cette disgrâce était motivée sur la découverte d'une correspondance de Marlborough avec son ancien maître. Après une longue procédure, il fut mis en liberté faute de preuves suffis.; mais il dut rester en exil pend. plusieurs années. La paix de Ryswyck (20 sept. 1697) ayant consolidé l'autorité de Guillaume, ce prince oublia les torts du comte, et le nomma gouvern. du duc de Glocester, son neveu, qui mourut en 1700. Cette même ann. vit s'allumer la guerre de la success. Marlborough reçut du roi le commandement en chef des forces anglo-bataves dans les Provinces-Unies (Hollande), et fut nommé quelques jours après ambass. extraord. en France. La princesse Anne étant montée sur le trône après la mort de Guillaume (mars 1702), décora Marlborough de l'ordre de la Jarretière, et le renvoya en Hollande avec ses pleins pouvoirs. Deux mois après (15 mai 1702), nommé gr.-maître de l'artillerie et généralissime des troupes alliées, il obligea les Français à abandonner la Gueldre. Après avoir ouvert la campagne suivante dans les Pays-Bas, qui se borna à la prise de quelq. places et à des avantages peu décisifs, il marcha au secours de l'empereur en Allemagne, partagea le commandement en chef avec le prince de Bade, généraliss. des troupes impériales, envahit et ravagea la Bavière, gagna la célèbre bataille d'Hochstett (13 août 1704), et poursuivit les Français jusqu'au-delà du Rhin. En 1705, après avoir essayé vainement d'attirer au combat le maréchal de Villars, il revint dans les Pays-Bas, força les lignes du maréch. de Villeroi, s'empara de plusieurs places, et se rendit ensuite à Vienne pour y concerter avec le cabinet autrichien les opérations ultérieures. De retour à son armée, il battit complétement Villeroi à Ramillies (23 mai 1706); cette journée fut encore plus funeste à la France que celle d'Hochstett. Aux trophées de ces deux victoires, il joignit ceux d'Oudenarde (1708) et de Malplaquet (11 sept. 1709). Mais des intrigues de cour et l'opposition de Marlborough à la paix avec la France amenèrent sa disgrâce. D'abord restreint dans son autorité et contrarié dans ses mesures, il fut bientôt accusé de péculat dans l'administr. de l'armée, et le rapport de la commission des comptes publics lui étant défavorable, la reine le destitua de tous ses emplois le 1er janv. 1712. Retiré dans une de ses terres près de St-Alban, et n'y trouvant point le repos, il visita la Hollande, les Pays-Bas et l'Allemagne. Informé de l'état désespéré de la reine, il crut devoir retourner dans sa patrie, et arriva à Douvres le jour même de la mort de cette princesse (12 août 1714). George Ier, qui devait la couronne aux efforts du parti dont Marlborough était regardé comme l'âme, le rétablit dans ses emplois et lui accorda toute sa confiance. Marlborough ne jouit pas long-temps de ce retour de fortune. Après avoir apaisé la révolte occasionnée par le débarquement du prétendant en Écosse (1715), il fut frappé d'une attaque d'apoplexie (8 juin 1716) qui lui fit sentir le besoin de se retirer tout-à-fait des affaires. Il ne fit plus que végéter, avec quelq. légers intervalles lucides, jusqu'à sa

mort en 1722, à sa terre de Windsor-Lodge. Marlborough, doué d'un coup-d'œil sûr, sut toujours mettre à profit les fautes de ses adversaires. Peu de génér. ont été plus heureux que lui, et il n'éprouva jamais d'échec bien notable. Négociateur habile, il avait une éloquence insinuante et persuasive qui lui fit exercer un long empire sur les états-génér. de Hollande, sur le parlement, sur la reine Anne et sur le prince Eugène lui-même, qu'il ramena souvent à son opinion dans les discussions politiq. et militaires que ces deux grands hommes eurent ensemble : il faut mettre en opposition à ces qualités son ingratitude envers Jacques II, son ambit. démesurée, son amour sordide des richesses. Marlborough a été l'objet d'un grand nombre d'écrits, entre autres : *Hist. du duc de Marlborough*, par Th. Lédyard, Londres, 3 vol. in-4, fig. et pl.; c'est une vie complète de ce général, mais trop louangeuse, et renfermant des inexactitudes : elle a été traduite en franç. d'après l'ordre de Napoléon par Dutems et Madgett, 1806, 3 vol. in-8. — *Mém. de Marlborough*, etc., *avec sa correspondance originale*, etc., rec. par W. Coxe, Londres, 1818, 3 vol. in-4; réimpr. in-8 avec portr., cartes et plans ; c'est le plus complet et le meilleur des ouvrages de ce genre. — Sarah Jennings, duchesse de Marlborough, femme du précédent, née en 1660, fut admise à la cour de la duchesse d'York dès l'âge de 12 ans, s'y lia très étroitement avec la princesse Anne, seconde fille du duc, devint sa compagne inséparable, et épousa le jeune colonel Churchill en 1678. Lors du mariage de la princesse Anne avec le prince George de Danemarck, lady Churchill fut nommé l'une de ses dames d'honneur. Ce fut par les insinuations de cette confidente intime que la princesse se décida à s'éloigner du roi son père (Jacques II), à se joindre à ses ennemis, puis à céder à Guillaume d'Orange ses droits éventuels à la couronne. Son influence était au comble lorsque la princesse Anne monta sur le trône après la mort de Guillaume (1702); mais la reine se refroidit à l'égard de la favorite. La duchesse de Marlborough, voyant qu'Anne avait reporté toute son amitié sur mistress Masham, sa cousine, qu'elle avait placée elle-même auprès de la reine, se démit de toutes les charges qu'elle possédait à la cour. Elle accompagna son mari dans ses voyages, revint avec lui en Angleterre, et, à la mort du duc, refusa les proposit. de mariage qui lui furent faites, bien qu'elle trouvât des partis avantag. : elle mourut à Londres en 1744, laissant une success. évaluée à 3,000,000 sterl. Peu d'années avant sa mort, elle avait publié ses mém., rédigés sous ses yeux par Hooke, sous le titre de : *Relat. de la conduite que la duchesse de Marlborough a tenue à la cour*, etc., *écrite par elle-même dans une lettre à milord ***, Londres, 1742, in-8; trad. en franç. et publié la même année à La Haye. On peut encore consulter l'*Histoire de la reine Anne*, par Swift, et les *Mém.* de Coxe:— George Marlborough, petit-fils du duc par sa fille Anne, mariée au comte de Sunderland, cultiva les mathémat. et surtout l'astronomie. Il fit construire au château de Bleinheim un très bel observatoire, et l'enrichit d'excellents instrum. J. Lalande visita cet établissem. lors du voy. qu'il fit en Angleterre en 1788.

MARLET (Jér.), sculpt., mort en 1810, conserv. du musée de Dijon, a principalement travaillé pour les églises de sa province. Son dessin est assez correct. °

MARLIANI (Barthélemi), antiquaire, né à Milan, mort vers 1560 dans un âge avancé, a laissé : *Urbis Romæ topographiæ lib. V*, Lyon, 1554, in-8, réimpr. un grand nombre de fois à Rome, à Bâle, à Paris et à Francfort, et inséré dans plus. rec., notamment dans le *Thesaurus antiquitat.* de Grævius. — *Consulum, dictatorum, censorumque romanorum series*, etc., Rome, 1549, in-8. — *In annales consulum et triumphos commentaria*, Rome, 1560, in-fol.— Six dissert. réimpr. à la suite de quelq. édit. de l'*Urbis Romæ topographia.*

MARLOE (Christophe), littérateur anglais, né en 1562, suivit la carrière du théâtre, joua dans la même troupe que Shakespeare, et composa des tragédies au nombre de sept, dont une seule, retouchée dep. par mistress Behn, est restée au théâtre sous le titre d'*Abdelazer, ou la Vengeance du Maure.* Les titres de ces tragéd. sont : *Tamerlan-le-Grand, ou le Berger scythe*, 1590 et 1593, in-8. — *Le Massacre de Paris*, sans division d'actes, et imprimé S. D. — *Le docteur Faust*, 1604 ou 1616, in-4. — *Le Juif de Malte*, 1633, in-4.—*Lust's Dominion, or the lascivious Queen* (le Règne du vice, ou la Reine lascive) : c'est la tragéd. retouchée par mistress Behn sous le titre d'*Abdelazer.* — *Didon* (avec Th. Nash), 1594, in-4. On a de Marloe : *Héro et Léandre*, poème terminé par Chapman, Lond., 1616, in-8.

MARLOT (D. Guillaume), grand-prieur de St-Nicaise de Reims, né en 1596 dans cette ville, mort en 1667, contribua beaucoup à la réforme de la congrégat. de St-Maur. On a de lui : *Oraison funèbre de Gabriel de Sainte-Marie, archevêque de Reims*, Reims, 1629, in-4.—*Le Théâtre d'honneur et de magnificence préparé au sacre des Rois*, 1643, 1654, in-4. — *Le Tombeau du gr. St-Remi*, 1647, in-8.—*Monasterii S.-Nicasii rem. initia et Ortus*, dans l'*Append.* des œuvres de Guibert de Nogent, Paris, 1655, in-fol., p. 656. — *Metropolis remensis historia*, etc., 2 vol. in-fol.; Lille, 1666; Reims, 1679. Cette histoire pleine de recherches est très estimée.

MARMOL Y CARVAJAL (Louis), histor., né vers 1520 à Grenade, fit partie de la fameuse expédit. dirigée par Charles-Quint contre Tunis, et servit pend. 20 ans en Afrique, fut fait prisonnier par les Maures, qui le retinrent en captivité près de 8 ans, pendant lesq. il parcourut une partie des côtes de la Barbarie, traversa les déserts de la Libye, et vint jusqu'aux confins de la Guinée. De retour dans sa patrie, il s'occupa de décrire les contrées qu'il avait vues et celles sur lesquelles il avait recueilli des renseignem. On croit qu'il vécut jusqu'à la fin du 16° S. On a de lui, en espagnol : *Description*

génér. de l'Afrique et hist. des guerres entre les infidèles et les chrétiens, 2 vol. in-fol., traduit en franç. par Perrot d'Ablancourt, Paris, 1667, 3 vol. in-4.— *Histoire de la révolte et du châtiment des Maures dans le royaume de Grenade*, Malaga, 1600, in-fol.; Cordoue, 1698; Madrid, 1797, 2 vol. in-4. —Une traduct. des *Révélat.* de Ste-Brigitte, ainsi que des *Rubriques du Bréviaire romain.*

MARMONT DU HAUCHAMP (Barthélemi), littérateur, né en 1682 à Orléans, mort vers 1760, a publié : *Réthima, ou la belle Géorgienne*, 1723, 3 vol. in-12.—*Mizivida, ou la princesse de Firando*, 1738, 3 vol. in-12.—*Hist. du système des finances*, en 1719-20, et *Abrégé de la vie du régent et de Law*, 1739, 6 vol. in-12.—*Hist.... de la réduct. et de l'extinction des papiers royaux*, etc., de la compagnie des Indes, 1743, 2 vol. in-12. — *Ruspia, ou la belle Circassienne*, 1754, in-12. Contemporain du système de Law, Marmont, alors fermier des domaines de Flandre, fut à même d'apprécier cette gr. opération financière, et ses écrits à ce sujet offrent des docum. précieux qu'on chercherait vainement ailleurs.

MARMONTEL (Jean-Franç.), littérat., naquit en 1728 à Bord, petite ville du Limousin, apprit les prem. éléments du latin dans sa patrie, continua ses études à Mauriac et à Toulouse, et sembla d'abord se destiner à l'état ecclésiastiq. Quelq. prix obtenus aux Jeux-Floraux le mirent en rapport avec Voltaire, auquel il avait fait hommage de ses prem. opusc., et sur son invitat. il vint à Paris. Il y vécut quelq. temps dans la société de littérat. du même âge que lui, et tout aussi peu riches. Des prix à l'Acad. franç., des trag. oubliées aujourd'hui, telles que *Denis-le-Tyran, Aristomène, Cléopâtre*, les *Héraclides*, mais qui furent alors accueillies du public, lui valurent la protect. de Mme de Pompadour, et la place de secrétaire des bâtiments. Il obtint ensuite le privilége du *Mercure.* Une parodie de la fameuse scène de *Cinna*, fort injurieuse au duc d'Aumont, lui fut attribuée, et ce léger accident faillit devenir la cause de sa ruine. Le duc de Choiseul le priva de ses pensions, de sa place au *Mercure*, et le fit mettre à la Bastille; mais il n'y resta que peu de jours. Marmontel n'était coupable que d'indiscrétion. Il avait répété de mémoire une satire que son auteur, Cury, avait lue en sa présence. Les *Contes moraux* qu'il donna dans le *Mercure* rendirent à ce journal une vogue extraordin. En 1763 il fut admis à l'Acad. franç. Ce fut un peu plus tard qu'il travailla pour l'Opéra-Comique. *Lucile, Sylvain, Zémire et Azor*, et la *Fausse Magie* sont restés au théâtre. Marmontel se plaint vivement dans ses *Mém.* de Grétry qui, d'accord en cela avec l'opinion publiq., paraissait accorder à sa musique la meilleure part dans les succès prodigieux qui couronnèrent ces divers ouvrages. A l'occasion du mariage du dauphin (Louis XVI), il donna, toujours avec Grétry, *Céphale et Procris*, opéra qui ne survécut pas à la brillante circonstance pour laquelle il avait été composé; celui de *Démophon*, 1789, musique de Chérubini, avait été précédé de *Didon*, 1785, et de *Pénélope*, 1787 , deux pièces mises en musique par Piccini. Le succès de *Didon* fut immense , et se soutient encore. Dans la querelle des gluckistes et des piccinistes, la reconnaissance rangea Marmontel sous les drapeaux de son compositeur, et il n'épargna point les sarcasmes et les épigrammes aux défenseurs de Gluck. En 1767 il publia *Bélizaire*, ouvr. auquel la persécution procura une célébrité qu'il n'aurait jamais obtenue. *Bélizaire* est, comme les *Incas*, qui parurent 10 ans plus tard , une espèce de roman historiq. écrit avec élégance , mais fort inférieur aux ouvrages du même genre qu'ont donnés plus tard Mme de Genlis , Mme Cottin , et plus récemment Walter Scott et M. Cooper. Ses *Élém. de littérat.* se composent d'art. fournis à l'*Encyclopédie* : c'est le meilleur ouvr. de Marmontel; les jeunes gens ne doivent toutefois lire qu'avec défiance un aut. qui compare un épisode du 2e livre. de la *Pharsale* au 4e livre de l'*Énéide*. Lucain était en effet l'aut. favori de Marmontel ; il l'a trad. en l'écourtant, et le poète latin dans la traduct. n'est nullement reconnaissable. On doit au même écrivain des *Mém. sur la Régence ;* ces mém. sont amusants et d'une partialité révoltante en faveur d'une administrat. qui a fait et préparé tous les malheurs de la France. Ses *Mém. sur sa vie*, composés pour l'instruction de ses enfants, sont écrits avec plus de franchise; le père y raconte ses torts avec naïveté , mais en même temps avec une modestie qui force le lecteur à l'indulgence. Marmontel professa dans ses ouvr. des principes qui purent paraître répréhensibles, mais on n'a point à lui reprocher d'avoir attaqué les doctrines fondament. de la religion. En 1797 , député au conseil des Anciens par le départem. de l'Eure, il s'y montra constamm. modéré et religieux. Son élection fut annulée par suite des événements du 18 fructidor ; il revint à son village, près de Gaillon, où il se livra exclusivem. à l'éducat. de deux fils qu'il avait eus de son mariage avec une nièce de Morellet, et y mourut le 31 décembre 1799. Marmontel ne fut supérieur en aucun genre, mais il fut un écrivain agréable , pur , élégant. Le choix que fit de lui l'Acad. franç. pour remplacer d'Alembert dans les fonctions de secrét.-perpétuel , ne parut que l'acquit rigoureux d'une dette. Il fut injuste envers Boileau , et ce tort lui a été sévèrement reproché. Il était tout simple que l'admirateur passionné de Lucain appréciât Boileau comme il avait apprécié Virgile. La meill. édit. de ses *OEuvres complètes* est celle de Paris, 1819, 18 vol. in-8 avec figures. L'*Éloge* de Marmontel par Morellet se trouve en tête du 1er vol. Elle se divise ainsi : *Mémoires*, 2 vol.; *Contes moraux* , 4 vol.; les *Incas* , 1 vol.; *Théâtre*, 1 vol.; *Mélanges*, 1 vol.; la *Pharsale*, 1 vol.; *Éléments de littérature* , 4 vol.; *Gramm. et Logique* , 1 vol.; *Métaphysique et Morale*, 1 vol.; *Régence du duc d'Orléans*, 1 vol. On peut y joindre : *OEuvres posthumes*, contenant la *Neuvaine de Cythère* et *Polymnie.* L'édit. compacte, 1819-20 , 3 vol. in-8, est précédée d'une *Notice* par M. Villenave. Les

OEuvres choisies de Marmontel, avec une *Notice* par M. de St.-Surin, ont été publ. en 1824, 10 v. in-8.

MARMONTEL (Louis-Joseph), fils du précéd., né à Paris en 1789, privé de son patrimoine par la révolution, traîna une existence misérable en France , et finit par s'embarquer dans une de ces expédit. que la philanthropie envoyait à Guazacoalco. Chassé du Mexique par la mauvaise fortune, il parcourut une partie des villes des États-Unis ; mais la misère et le dénûment le conduisirent dans un hôpital à New-Yorck, où il succomba en 1830, à 41 ans. On trouva dans son portefeuille quelques *Pièces de vers* qui prouvent qu'il avait aussi cultivé la poésie.

MARNE (Louis-Ant. de), architecte et graveur, né à Paris en 1673, mort en 1755, est principalem. connu par une *Hist. sacrée de la Providence*, etc., tirée de l'Ancien et du Nouv.-Testam. , représenté en 500 tabl. , Paris; 1728, 3 vol. in-4; 2e édit., 2 vol. in-fol. Il fut aussi l'édit. de l'ouvr. suiv. dont il a gravé les planches : *Nouv. système sur la manière de défendre les places par le moyen des contremines*, par Dazin, 1731, in-12. — MARNE (Jean-Baptiste de), jésuite, né à Douai, en 1699, mort à Liége en 1755, est principalement connu par une *Hist. du comté de Namur*, Liége, 1754, in-4; 1780, 2 vol. in-8, cette édition, donnée par Paquot, est augm. de la *Vie* de l'auteur.

MARNIX (Philippe de), baron de Ste-Aldegonde, né à Bruxelles en 1538, mort à Leyde en 1598, défendit courageusement la ville d'Anvers , dont il était bourgmestre, contre Alexandre Farnèse , duc de Parme. On a de lui : *Épître circulaire aux protestants ; Tableau de la différence entre la religion chrétienne et le papisme*, Leyde, 1599, in-8; et une *Traduct.* en vers hollandais des psaumes de David. Marnix est un des écrivains auxq. la langue et la poésie allemandes ont le plus d'obligation.— MARNIX (Jean de), baron de Potes, né vers 1580, est auteur des *Résolut. politiques, ou Maximes d'état*, Bruxelles, 1612, in-4. Il existe d'autres édit.

MAROLLES (Michel de), abbé de Villeloin, littérateur médiocre et traduct. infatigable, né dans la Touraine en 1600, était fils de Claude de Marolles, zélé ligueur, mort en 1615 , qui n'est guère connu que pour avoir tué , en combat singulier , Marivault, l'un des gentilshommes de Henri III , le lendemain de l'assassinat de ce prince. Michel, ayant embrassé l'état ecclésiastiq., refusa l'évêché de Limoges qui lui fut offert en 1625 , et voué tout entier à la culture des lettres , borna son ambition à l'abbaye de Villeloin dont le revenu était de 5 à 6,000 livres. Il mourut à Paris en 1681. On a de lui un gr. nombre d'ouvr. tombés dans un juste oubli , mais dont quelq.-uns cependant. sont encore recherchés des curieux : *Mém.*, 1656, in-fol.; *Suite des Mém.*, contenant 12 traités sur divers sujets curieux , 1657, in-fol. — *Dénombrem. où se trouvent les noms de ceux qui m'ont donné de leurs livres , ou qui m'ont honoré... de leur civilité.* Ces trois ouvr., devenus très rares, ont été réimprimés par les soins de l'abbé Goujet, 1755, 3 vol. in-12, avec des notes.—*Catalectes, ou Pièces choisies des anc. poètes latins, depuis Ennius et Varron, jusqu'au siècle de l'emper. Constantin*, trad. en vers, 1667, in-8; ce vol. ne contient que la traduct. du prem. et d'une partie du 2e livre du recueil publié par Scaliger sous le titre de *Catalectes;* l'abbé de Marolles publia en 1675 un autre vol. in-4 qui contient les 2e, 3e, 4e, 5e et 6e livres du même rec.— *Tabl. du temple des Muses*, tirés du cabinet de M. Favereau, *avec les descript., remarques, annotations,* 1655, in-fol., avec 60 fig. grav. par Blomaert.—*Les OEuvres de Virgile, trad. en vers franç.,* 1675, 2 part. in-4. — *Les Hist. des anciens comtes d'Anjou et de la conspiration d'Amboise*, trad. du lat. d'un anonyme, 1681, in-4.—*Les 15 livres des Déipnosophistes d'Athénée,* 1680, in-4, ouvrage tiré à petit nombre et recherché dans les ventes. Marolles avait formé successivem. deux cabinets d'estampes très nombr. et dont il publia lui-même les *Catalogues*, le premier en 1666, in-8, le deuxième en 1672, in-12. La prem. de ces collections, achetée au nom du roi par Colbert, en 1667, est aujourd'hui au cabinet des estampes de la bibliothèq. du roi, où elle forme 224 vol. reliés en maroquin. — MAROLLES (Claude de), petit-neveu du précéd., né en 1712, entra dans l'ordre des jésuites, et après sa suppress., reparut dans le monde comme prédicat. Il mourut en 1792. On a de lui deux *Disc. sur la pucelle d'Orléans*, 1759 et 1760, in-12. — *Sermons sur la lecture des livres contraires à la religion*, 1785, in-8.—*Serm. pour les principales fêtes de l'année*, etc., 1786, 2 vol. in-12. On lui attribue : *Mélanges et fragments poétiques en lat. et en franç., par M. de Marvielles,* 1777, petit in-12. —MAROLLES (G.-F. MAGNÉ de), d'une autre famille, mort à Paris vers 1792, a publ. quelq. opuscules rares : *Observat. sur la traduction de Roland-le-Furieux,* par de Tressan, in-12 de 68 pag.—*Lettre de M. D. P*** à M. D. L. au sujet du livre intit.* : Origine de' volgari proverbij di Aloise Cinthio delli Fabrittij, *etc.,* 1780, in-12 de 14 pag., inséré dans *l'Esprit des journaux.* sept., 1780. — *Essai sur la chasse au fusil*, 1781, in-8. —*La Chasse au fusil,* 1788, in-8, édit. très augmentée de *l'Essai. — Tablettes bibliogr.*, in-8, 16 pages : le MS. est à la biblioth. du roi. — *Recherches sur l'origine et le prem. usage des registres. signatures, réclames et chiffres de pages dans les livres impr.,* 1783, in-8. MARON (St), né en Syrie dans le 4e S., se retira sur une montagne dans le voisinage de Cyr, y vécut dans la plus grande austérité, attira près de lui un grand nombre de disciples, et mourut en 433, le 14 février, jour où l'Église célèbre sa fête.—MARON (Jean), patriarche syrien, fut, dans le 7e S., suiv. Assemani, le fondat. de la secte des *maronites*, qui, après avoir partagé les erreurs du nestorianisme et de l'eutychianisme (*v.* EUTYCHÈS et NESTOR), rentrèrent dans la communion de l'Église catholique sous le pontificat du pape Grégoire XIII, lequel institua à Rome le séminaire des maronites, d'où sont sortis des orientalistes célèbres. On peut consulter pour plus de détails l'ouvrage de Faust.

Naironi : *Dissert. de origine, nomine ac religione maronitarum,* Rome, 1659, in-8; et le *Discours* du P. Ingoult *sur les mœurs et la religion des maronites,* etc., au tome VIII des *Mém. des missions du Levant,* faisant suite aux *Lettres édifiantes.*

MARON (THÉRÈSE de), sœur du célèbre Raphaël Mengs, épouse du chevalier de Maron, peintre italien, morte en 1806, cultiva la peint. avec quelq. succès, et obtint des pensions des rois de Pologne et d'Espagne. On a d'elle des tableaux, des émaux et des miniatures assez estimées.

MARONE (ANDRÉ), célèbre improvisat., né dans le Frioul en 1474, vint d'abord à la cour du duc de Ferrare, acquit la protect. du card. Hippolyte d'Este, et passa ensuite à Rome, où il parut avec éclat à la cour de Léon X; il mourut en 1527, quelq. temps après le sac de cette ville par l'armée impér. sous les ordres du connétable de Bourbon. Les auteurs contemporains parlent avec admirat. de la facilité avec laquelle Marone improvisait des vers lat. sur les sujets qu'on lui proposait : peu de ces pièces ont été imprim. Liruti a donné la liste dans les *Notizie de' letterati di Friuli,* et on peut consulter sur cet improvisat. les *Éloges* de Paul Jove, l'*Hist. de la littérature ital.* de Tiraboschi, et l'article sur les improvisateurs dans les *Mélanges de littérature* de Suard, tome III.

MARONITES (secte des). — V. MARON (le patriarche.)

MAROT (JEAN), poète français, né en 1463 dans un village près de Caen, eut une éducat. négligée, mais étudia de lui-même dans les écriv. nationaux l'histoire, la fable et la poésie. Quelques vers lui valurent la protection d'Anne de Bretagne, depuis femme de Louis XII. Il devint secrétaire et poète en titre de cette princesse, suivit Louis XII dans ses campagnes en Italie, et, après la mort de ce monarque, entra au service de François Ier, comme valet de garde-robe. On croit qu'il mourut en 1523. Il paraît certain que Marot n'était que le surnom de ce poète, dont le vrai nom était Jean Desmarets. Ses *OEuvres*, recueillies d'abord à Paris en 1536, ont été réimpr., 1723, et à la suite des *OEuvres* de son fils, 1731, 4 vol. in-4, et 6 vol. in-12.

MAROT (CLÉMENT), fils unique du précéd., dont il a éclipsé la réputation, né à Cahors en 1495, fut amené à Paris à 10 ans, et destiné d'abord à la profession d'avocat; mais entraîné par son goût pour la poésie et par l'amour du plaisir, il entra en qualité de page chez le seign. de Villeroy, puis passa en qualité de valet-de-chambre, au service de la duchesse d'Alençon, sœur de François Ier. Il suivit ce prince à Reims et à Ardres en 1520, accompagna le duc d'Alençon au camp d'Attigny en 1521, suivit de nouveau le roi dans son expédition d'Italie, assista à la bataille de Pavie, y fut blessé et fait prisonnier. De retour en France, accusé de partager les nouvelles opinions, il fut enfermé dans les prisons du Châtelet, et n'en sortit qu'en 1526, lorsque François Ier recouvra lui-même sa liberté. Mais bientôt les sentim. connus de Marot lui suscitèrent, malgré ses désaveux et la protect. du roi, de nouvelles persécutions. Ses papiers et ses livres furent saisis. Il se sauva en Béarn, ensuite à la cour de la duchesse de Ferrare, Renée de France, puis à Venise, où il obtint son rappel à la condit. d'une abjurat. solennelle, qu'il fit à Lyon entre les mains du cardinal de Tournon. Ayant obtenu la permiss. de reparaître à la cour, il entreprit la traduction en vers des *Psaumes* de David, à la sollicitat. de Vatable, et cette traduction eut le plus grand succès. François 1er chantait ces psaumes avec un grand plaisir, ainsi que les seigneurs et dames de la cour. Mais la faculté de théol. signala des erreurs dans cette traduct., en porta plainte au roi, et finit par défendre la vente de l'ouvr. Marot, craignant les suites de ce nouv. orage, s'enfuit à Genève, quitta cette ville l'année suivante, et se fixa à Turin, où il mourut dans l'indigence en 1544. On a de lui un grand nombre de poés., dont les meilleures édit. sont : Lyon, 1538 ; Niort, 1596, in-16, rare et recherchée ; Elzevir, 2 vol. in-16 ; La Haye, 1731, 4 vol. in-4, et 6 vol. in-12. M. Paul Lacroix en a publié une bonne édition avec des notes historiques et critiques, et un glossaire, 1824, 3 vol. in-8. « Le nom de Marot, dit La Harpe, est la prem. époque vraiment remarquable dans l'hist. de notre poésie, bien plus par le talent qui lui est particulier que par les progrès qu'il fit faire à notre versification. Ce talent est infiniment supérieur à tout ce qui l'a précédé, et même à tout ce qui l'a suivi jusqu'à Malherbe. » Marot recueillit et donna le prem. une édit. correcte des poés. de Villon.— Son fils uniq., Michel MAROT, dont on ne connaît ni le lieu ni la date de la naissance et de la mort, fut page de la princesse Marguerite de France, et séjourna quelque temps à Ferrare. On connaît de lui quelq. vers imprim. avec les *Contredits à Nostradamus* d'Ant. Couillard, sieur du Pavillon, Paris, 1560, in-8 ; puis à la suite des poésies de J. Marot, son aïeul, Paris, 1723, et de celles de son père, La Haye, 1731, etc.

MAROT (JEAN), architecte, né à Paris vers 1630, mort vers 1695, fut chargé de la construct. de plusieurs édifices remarquables, tels que l'hôtel de Mortemart, la façade de l'église des Feuillantines et le château de Lavardin dans le Maine. Il a publié avec son fils, dont l'article suit, les plans des principaux édifices anc. et modernes de Paris (1691). Mariette, possesseur des cuivres de cet ouvr., en a donné une nouv. édit. sous le titre d'*Architect. franç., ou Rec. des plans, élévat., coupes et profils*, etc., 1727, in-fol. On recherche encore de cet artiste le *Petit Marot*, recueil de différ. morceaux d'architecture en 220 planches, Paris, 1764, in-4. — *Le magnifique château de Richelieu*, etc., 28 feuilles grand in-fol. — *Plans et élévat. du château de Madrid*, grand in-fol. ; — *du Louvre*, 1676-78 ; — *de Vincennes*, chacune en 3 pl. in-fol. Cet artiste a gravé lui-même ses plans et ceux d'un gr. nombre d'ouvrages d'architecture.— Daniel MAROT, fils du précédent, né à Paris vers 1660, fut l'élève et le collaborat. de son père. Comme il était protestant, il passa en Hollande après la révocation de l'édit de Nantes, devint architecte de Guillaume

d'Orange, le suivit à Londres lorsque la révolution de 1688 plaça ce prince sur le trône d'Angleterre, et, de retour à Amsterdam, publia un *Recueil d'architect.*, 1712. On ignore l'époque de sa mort. — Un autre MAROT (Louis), pilote réal des galères de France, a publ. en 1675 une *Relat.* de ses aventures maritimes, sous les initiales L. M. P. R. D. G. D. F., impr. à la suite des *Beautés de la Perse* (par Daulier des Landes). — V. LAGARAYE.

MAROUF-KARKHI, personnage célèbre parmi les sofis ou mystiques musulmans, qui l'honorent comme un des fondateurs de leur secte, né dans le 8e S. de parents chrétiens, embrassa l'islamisme par suite des instigations de l'iman Ali Riza, dont il était le portier, et mourut l'an 200 de l'hégyre (815-816 de J.-C.). Son tombeau devint un lieu de pèlerinage très renommé. — MAROUF (Mohammed Ibn abd' al' Khalek al), lexicogr. arabe, qui paraît avoir vécu vers la première moitié du 9e S. de l'ère chrét., dans les contrées du Deylem et du Ghylan, sur les bords de la mer Caspienne, a laissé : *Kens Ellegath* (Trésor de la langue), dans leq. les mots sont expliqués en persan, et dont un exemplaire se trouve à la bibliothèque du roi. Golius, possess. de deux exemplaires de ce vocabulaire, en a fait un grand usage pour son dictionn. arabe.

MAROUTHA, écrivain syrien du 5e S., fut év. de Martyropolis ou Tagrit (Miafarakin), capitale de la Sophène, assista au concile d'Antioche en 391, fit plusieurs voyages à Constantinople pour solliciter l'empereur Arcadius d'intercéder auprès du roi de Perse en faveur des chrétiens de ce pays, et fut chargé d'une mission à la cour de ce prince ; il revint plus tard en Perse comme ambassad. de Théodose-le-Jeune, assembla un nouv. concile à Ctésiphon, l'an 414, et y fit adopter la foi de Nicée, qui n'était ni bien connue ni bien professée par les chrétiens de l'Orient. On ignore l'époque de la mort de ce prélat, que les Syriens vénèrent comme un saint, et dont ils célèbrent la fête le 16 févr. On connaît de lui une *Liturgie* MS. à Rome ; un *Commentaire sur les Évangiles* ; un gr. nombre d'*hymnes* dans les missels syriens, maronites, etc. ; une *Histoire du concile de Nicée*, avec une trad. syriaque des canons ; les *Canons du concile de Séleucie*, tenu en 410 ; une *Histoire des martyrs de Perse*, publ. en syriaque et en latin sous le titre d'*Acta sanctorum martyr. orientalium et occidentalium*, par E.-E. Assemani, Rome, 1748, 2 vol. in-fol.

MAROZIA, dame romaine, d'une famille riche et puissante, épousa en 906 Albéric, marquis de Camerino, l'un des premiers seigneurs de Rome, qui fut tué dans une sédit. Devenue veuve, Marozia, douée d'une éclatante beauté, fut recherchée par les princip. barons, leur vendit ses faveurs au prix de palais, de châteaux, de forteresses, et devint ainsi maîtresse de Rome et de son territoire. Elle établit sa demeure dans le château St-Ange, la plus importante de ses acquisitions, et offrit sa main à Guido, duc de Toscane. Les deux époux, également ennemis de Jean X, firent périr ce pape ainsi que son frère, et donnèrent successivement la tiare à deux de leurs créatures. Marozia, veuve pour la seconde fois, fit asseoir sur le St-siège l'un de ses fils (*v.* JEAN XI). En 932 elle épousa en 3mes noces Hugues de Provence, devenu roi d'Italie ; mais ce dernier ayant donné un soufflet au fils aîné de sa femme, Albéric, celui-ci, pour s'en venger, réunit la jeunesse romaine, massacra les gardes de son beau-père, le força de s'enfuir, et renferma Marozia dans un couvent, où elle termina ses jours.

MARPERGER (PAUL-JACQUES), l'un des premiers écrivains allemands qui aient abordé la science de l'économie politique, né à Nuremberg en 1656, fut envoyé par son père à Lyon pour y suivre le commerce, et mit à profit son séjour dans cette ville en observant et étudiant les branches d'industrie qui y étaient les plus florissantes. Il se rendit ensuite à Vienne, où il continua et étendit ses observ., devint plus tard conseiller aulique et commercial de l'électeur de Saxe, et mourut à Dresde en 1730. Il avait été admis à l'académie de Berlin en 1708. Entre autres opusc., on a de lui : *Descript. commerciales* de la *Moscovie* (1705), de la *Suède* (1706), *de la Prusse* (1710), *de la Silésie* (1714). — *L'Art de la préparation du lin et du chanvre* (1710); *de la préparation des poils et des plumes* (1715); *du marchand de laines* (1715); *du chapelier* (1719); *du drapier* (1723). — *Le Secrétaire commercial*, 1706, souvent réimpr. — Des *Instructions* sur la tenue des liv., sur les devoirs des commis, etc. — Des *Traités* sur les foires, sur les monts-de-piété, sur les banques, sur les plantations, sur les hospices, sur l'éclairage, sur les greniers d'abond., etc. — Des *Projets* de sociétés de secours pour les commerçants, de caisses d'assurances, de nettoiement des rues, de constructions de canaux. — *Projet de république bien organisée*, 1722. — *Mélanges de politique et de commerce*, 1713, in-4, etc. Dans ces ouvr., compilés sans ordre et sans choix, on trouve beaucoup de renseignem. utiles et de bonnes vues, dont quelques-unes ont été perfectionnées depuis, tant en théorie qu'en pratique.

MARPURG (FRÉDÉRIC-GUILLAUME), né dans la vieille marche de Brandebourg en 1718, fut direct. des loteries de Berlin et conseiller de guerre, vint dans sa jeunesse à Paris, où il rechercha la société de Rameau et de quelq. autres musiciens ; et, de retour en Prusse, s'appliqua au perfectionnement des méthodes musicales, surtout à la propagation des principes de Rameau sur la théorie de la basse fondamentale. On connaît de lui quatorze ouvrages didactiques, en allem., dont les principaux sont : *Manuel de la basse continue*, etc.; *Traité de la fugue*, etc.; *Recueil de lettres critiques sur la musique*; *Principes de clavecin*, trad. en franç., Berlin, 1756, in-8 ; *Introduction critique à l'histoire de la musique*, 1759, in-4. Il a publié un *Recueil de pièces de clavecin pour les commençants*, 1762, 3 vol, in-4.

MARQUAIS (JEAN-THÉOD.), anc. chirurgien principal de l'hôpital de la Charité de Paris, né vers 1760, mort en 1818, est aut. de plus. opusc., dont les plus importants sont : *Réponse au mémoire de*

Magendie sur le vomissem., 1813, in-8.—*Rapport sur l'état actuel de la médec. en France*, etc., 1814, in-8. — *Adresse au roi et aux deux chambres sur la nécessité de réorganiser les écoles de médecine et de chirurgie en France*, 1818, in-8.

MARQUET (FRANÇOIS-NICOLAS), médecin et botaniste, né à Nancy en 1687, fut reçu docteur à Pont-à-Mousson, exerça son art avec succès, obtint du duc Léopold un terrain pour y établir un jardin botanique, qui par ses soins devint bientôt florissant, et mourut en 1759. Il a laissé un catalogue des plantes de Lorraine, dont Buc'hoz, son gendre, s'est beaucoup servi pour sa *Descript. historique des plantes qui croissent en Lorraine et dans les Trois-Évêchés*, 1762, 10 vol. in-8. — *Méthode pour apprendre, par les notes de la musique, à connaître le pouls de l'homme, et les différents changements qui lui arrivent*, Nancy, 1747, in-4, ouvr. plus curieux qu'instructif. — *Observations sur la guérison de plus. maladies notables, aiguës et chroniques*, etc., 1770, 2 vol. in-12. — *Traité pratique de l'hydropisie et de la jaunisse*, revu par Buc'hoz, 1770, in-8. — *Médecine moderne*, par Buc'hoz et Marquet, Paris, 1777, in-8.

MARQUETTE (JOSEPH), jésuite missionnaire au Canada, dont il parcourut presque toutes les parties, fut, en 1672, chargé par l'intend. de la colonie, Talon, de reconnaître le cours du gr. fleuve Mississipi, avec un bourgeois de Québec, nommé Jolyet. Les deux voyageurs se séparèrent à Chicagou, sur le lac Michigan. Jolyet retourna à Québec pour y rendre compte de la mission, et Marquette resta chez les Miamis jusqu'à sa mort en 1675. On trouve la relation des *Voyage et découverte du P. Marquette et du sieur Jolyet*, dans le vol. in-8 que Thevenot publ. en 1681 pour faire suite à sa grande collection. Cette relation est précédée d'une carte du cours du Mississipi jusqu'à l'endroit où les deux voyageurs s'étaient arrêtés en le descendant.

MARQUIS (JOSEPH-BENOÎT), curé, né dans le dioc. de Metz, mort en 1781, ayant entendu parler des heureux effets de la fête de la rosière, instituée par St Médard au village de Salency, voulut fonder une institution semblable dans le village de Richecourt-le-Château, dont il était pasteur. La fondation fut autorisée par l'évêque de Metz en 1778 et par le parlement de cette ville l'année suivante. Marquis a publ. sur ce sujet : *le Prix de la rose de Salency aux yeux de la religion, avec le véritable esprit de celle de Richecourt-le-Château*, etc.,1780, in-8. — *Idée de la vertu chrétienne, tirée de l'Écriture, et suivie de conférences sur la fête de la rose*, etc., 1781, in-8.

MARQUIS (JEAN-JOSEPH), né en 1747 à St-Mihiel en Lorraine, y exerçait la profess. d'avocat à l'époque de la révolution. Député aux états-génér., il s'y fit peu remarquer, et à la fin de la session de l'assemblée constituante, il fut nommé gr.-juge à la haute cour d'Orléans. Réélu à la convention, il y vota la détent. de Louis XVI et l'appel au peuple. Marquis passa ensuite au conseil des cinq-cents, remplaça Rudler en 1799 en qualité de commissaire du gouvernem. à Mayence, et de 1800 à 1811 exerça les fonctions de préfet de la Meurthe. Il termina sa carrière politique en siégeant au corps législatif jusqu'en 1815. Depuis il vécut dans la retraite, et mourut dans sa ville natale en 1825. On lui attribue : *Observat. de la ville de St-Mihiel sur l'échange du comté de Sancerre*, Paris, 1787, in-8.

MARRACCI (HIPPOLYTE), bibliographe, religieux de la congrégation des marianistes, né à Lucques en 1604, mort en 1675, se distingua par sa piété et son zèle pour accroître le culte spirituel de la vierge Marie, et publia à cet effet un gr. nombre d'écrits, dont le principal a pour titre : *Bibliotheca mariana*, Rome, 1648, 2 vol. in-8. Un *Appendix*, qui contient le nom de plus de mille aut., oubliés dans cet ouvr. ou qui n'avaient écrit que dep. 1648, se trouve à la suite de son *Golyantha mariana*, Cologne, 1683, in-4. — MARRACCI (Louis), frère du précédent, religieux de la même congrégation, né à Lucques en 1612, fut professeur de langue arabe au collége de la Sapience à Rome, devint confesseur du pape Innocent XI, et mourut en 1700. On a de lui plus. ouvr. sur les langues orient. Le plus import. est: *Alcorani textus universus ex correctioribus Arabum exemplaribus summâ fide atque pulcherrimis characteribus descriptus*, Padoue, 1698, 2 vol. in-fol. la version latine a été réimpr. séparém. par les soins de Chr. Reineccius, Leipsig, 1721, in-8. — Louis MARRACCI, dit *le Jeune*, neveu des précédents, et comme eux religieux de la congrégat. des clercs de la mère de Dieu, se livra particulièrem. à la prédication, et mourut en 1732; il publ. en ital. 21 ouvr. ascétiques, dont on peut voir le détail dans Sarteschi, *de Script. congreg. matris Dei*. On lui doit en outre : *Onomasticon urbium ac locorum sacræ Scripturæ alphabet. redact.*, Lucques, 1705.

MARRE (JEAN de), poète holland., né à Amst. en 1696, mort dans cette ville en 1763, a enrichi le théâtre hollandais de deux tragédies en 5 actes : *Jacqueline de Bavière*, 1736, et *Marcus-Curtius*, 1758. Ses poésies ont été recueillies sous le titre de *Mélanges*, Amsterd., 1746, in-4.

MARRIER (dom MARTIN), savant bénédictin, né à Paris en 1572, mort dans cette ville en 1644, a publié : *Martiana, id est, litteræ, tituli, chartæ*, etc., *monaster Sti Martini à Campis*, 1606, in-8. — *Bibliotheca cluniacensis, in quâ antiquitates, chronica*, etc., *collecta sunt*, 1614, in-fol. : ce recueil, très recherché, contient des pièces importantes pour l'histoire. — *Monaster. regalis Sti Martini de Campis historia libris VI partita*, 1637, in-4. D. G. Cheval a publ. la *Vie de D. Marrier*, Paris, 1644, in-8.

MARRON (PAUL-HENRI), présid. de l'Église réformée de Paris, né à Leyde en 1754, d'une famille de réfugiés français, fit de savantes études sous la direction des Runkhen et des Wyttembach, et fut nommé, en 1776, pasteur de l'église de Dordrecht. Arrivé en 1782 à Paris, chapelain de l'ambassadeur de Hollande, c'est de cette année que datent ses 50 ans de ministère dans la capitale.

Cultivant les lettres latines avec succès, il eut l'idée de célébrer en vers le triomphe des armées françaises dans l'Amérique du Nord, ce qui lui valut auprès de l'autorité quelq. crédit dont il se servit pour être utile à ses coreligionnaires. Il était en 1787 pasteur de la nouvelle église de Paris ; par suite de ses liaisons avec Mirabeau, on lui attribua une gr. part à l'ouvr. intit. : *Aux Bataves, sur le stathoudérat*. Pendant la révolut., Marron, obéissant à la peur, porta, dès le 15 oct. 1793, à la convention, quatre coupes, en faisant remarquer que c'étaient les seules pièces d'argenterie de son culte. Cette démarche n'éloigna pas de lui la persécution. Incarcéré deux fois, il publia, peu de temps après la chute de Robespierre, une description piquante de sa captivité, sous ce titre : *Paul-Henri Marron à la citoyenne Hélène-Marie Williams*, an III. Ne touchant aucun salaire de ses fonctions, il prit part à la rédaction de quelq. feuilles publiques, et travailla au minist. des affaires étrangères. En 1802, lors de la réorganisation des cultes, il fut nommé présid. du consistoire. Depuis cette époque, sa vie fut entièrem. consacrée à son ministère ; il occupa ses loisirs à faire connaître à la France les trésors de la littérat. hollandaise, dont il écrivit en quelq. sorte l'histoire dans une série d'*articles* de la *Biographie universelle*. Atteint d'une infirmité douloureuse, il termina lentem. sa longue carrière le 31 juillet 1832.

MARS (myth.), dieu de la guerre, était fils de Jupiter et de Junon selon Hésiode, et de Junon seule, suivant Ovide. La poésie et la peinture ont souvent célébré les amours de ce dieu avec Vénus. On le représente armé de pied en cap, ayant à ses pieds un coq, symbole de la vigilance. Mars était particulièrem. adoré chez les Romains, qui le regardaient comme le père de Romulus et de Rémus, et avaient donné son nom au prem. mois de l'année.

MARS (ANTOINE-JEAN), né vers 1777, mort en 1824, conseiller à la cour royale de Paris, avait rempli les fonctions de substitut du procureur du roi près le tribunal de prem. instance de la Seine. Dans la cause de conspirat. portée en 1820 devant la cour des pairs, il fut l'un des substituts de M. de Peyronnet, ministre de la justice. On connaît de lui : *Corps de droit criminel, ou recueil complet*, etc., *des codes d'instruction criminelle et pénal, des lois, arrêtés du gouvernem.*, etc., *actuellement en vigueur*, etc., t. Ier, 1820 ; t. II, 1821, in-4.

MARSHALL ou MARESCHAL (THOMAS), ministre anglican, né à Barkly dans le Leicestershire en 1621, mort en 1685, doyen de Gloucester, était très savant dans les langues. On a de lui : *Observat. in evangeliorum vers. perantiquas duas, goth. scilicet et anglo saxon.*, Dordrecht, 1665, in-4 : et quelq. autres écrits moins import., entre autres une *épître* pour les lecteurs anglais en tête de la traduct. du Nouv.-Testam., en malais, par le doct. Hyde, Oxford, 1677, in-4.

MARSHAM (JEAN), écriv. anglais, né à Londres en 1602, éprouva quelq. persécut. pour son attachement à la cause de l'infortuné Charles Ier, et mourut en 1683. Il est auteur des ouvr. suivants : *Diatriba chronologica*, examen succinct des difficultés qui se rencontrent dans la chronologie de l'Ancien-Testam., 1649, in-4. — *Canon. chronicus ægyptiacus, ebraicus, græcus et disquisitiones*, 1682, in-fol., réimpr. en Allemagne; il y réduit considérablement l'excessive antiquité d'origine à laquelle ont prétendu les Égyptiens; mais il a été réfuté sur plus. points par Mencke, par Prideaux, le P. Noel Alexandre, etc. Marsham a laissé imparfaits : *Canonis chron. liber quintus, sive imperium persic.; de provinciis et legionibus romanis; de re nummariâ*.

MARSIGLI (Louis-Ferdinand, comte de), géographe et naturaliste, né à Bologne en 1658, d'une famille patricienne, rechercha de bonne heure la soc. des savants les plus illustres, et fit de rapides progrès dans les mathémat., l'anatom. et l'hist. natur. A vingt ans il entreprit un voyage à Constantinople, et recueillit, avec beauc. d'observat. scientifiq., des notes sur les forces militaires des Othomans et la discipline de leurs armées. A son retour, il offrit ses services à l'empereur Léopold, et fit, avec distinct., plus. campagnes contre les Turks. Ayant été employé comme officier général dans la guerre de la success., il se trouva renfermé dans Brissac, dont le comte d'Arco était gouvern. La reddition de cette place au duc de Bourgogne en 1703, après treize jours de tranchée ouverte, devint l'objet d'une enquête, et Marsigli fut condamné par la commission impériale à une dégradat. humiliante. Fort du témoignage de sa conscience, ce savant trouva dans la culture des sciences des consolat., à une disgrâce non méritée. Il parcourut la Suisse et la France en naturaliste, et fut rappelé à Rome, en 1709, par le pape Clément XI, qui voulait lui confier le commandement de ses troupes; mais Marsigli refusa les offres que le pontife lui faisait pour le retenir. Il revint à Marseille reprendre le cours de ses observat., fit encore plus. voyages dans sa patrie, en Angleterre, en Hollande, dans l'intérêt des sciences qu'il cultivait, et mourut à Bologne en 1750. Il était associé de l'acad. des sc. de Paris, membre de la soc. royale de Londres et de l'acad. de Montpellier. Parmi ses ouvr. nous citerons : *Osservazioni intorno al Bosforo Tracio, overo canale di Constantinopoli*, Rome, 1681, in-fol.— *Dissertat. de generatione fungorum*, etc., 1714, in-fol. — *Brieve Ristretto del saggio fisico intorno alla storia del mare*, Venise, 1711, in-fol. : traduit en franç. par Leclerc, sous le titre d'*Hist. physique de la mer;* Amsterd., 1725, in-fol., 40 pl. — *Danubius pannonico-mysicus observationibus geograph., astronom., hydrograph., histor., physicis perlustratus*, 1726, 6 vol. in-fol. max.; trad. en franç., 1744, in-fol., tiré à 250 exempl., très rare. — *État militaire de l'empire othoman, ses progrès et sa décadence*, en ital. et en français, Amsterd., 1732, in-fol. avec 44 pl. L'*Éloge* de Marsigli, par Fontenelle, est impr. dans les *Mémoires* de l'académie, année 1730. On a des *Mémoires*

sur la vie de M. le comte de Marsigli, par Quincy, Zurich, 1741, 4 part. in-8. — Son frère MARSIGLI (Antoine-Félix), né à Bologne en 1649, mort en 1710, évêque de Pérouse, est aut. d'un tr. intit. : *De ovis cochlearum*, 1684, in-4.

MARSIGLI-COLONNA (Marc-Antoine), archev. de Salerne, né à Bologne en 1542, mort préfet de Camérino en 1589, avait des connaissances très étendues en philosophie, en théologie et dans les langues grecque et hébraïque. On a de lui : *De ecclesiasticorum redituum origine ac jure*, Venise, 1575. — *Hydragiologia, seu de aquâ benedictâ*, Rome, 1566.

MARSOLLIER (Jacques), chanoine de Ste-Geneviève, né à Paris en 1647, mort archidiacre d'Uzès en 1724, a publié : *Histoire de l'origine des dixmes*, etc., Lyon, 1689, in-12, très rare; les exemplaires avec frontispice, Paris, 1694, portent le nom de l'auteur. — *Histoire de l'inquisition et de son origine*, 1693, in-12, réimpr. plus. fois sous la même date et insérée par Goujet dans son *Histoire des inquisitions*, 1759, 2 vol. in-12. — *Histoire du ministère du card. de Ximenez*, 1693, in-12, souv. réimpr. — *Histoire de Henri VII, roi d'Angleterre*, 1697, 1725 ou 1727, 2 vol. in-12. — *La Vie de St François de Sales*, 1700, in-4, 1701, 2 vol. in-12.— *Vie de l'abbé de Rancé*, etc., 1702, in-4, 1703, 1758, 2 vol. in-12. — *Vie de la B. Mère de Chantal*, 1715, 1779, 2 vol. in-12. — *Histoire de Henri de La Tour d'Auvergne, duc de Bouillon*, 1718-26, 3 vol. in-12. — *Apologie ou Justification d'Érasme*, 1713, in-12. — *Entretiens sur les devoirs de la vie civile*, etc., 1714-15, in-12.

MARSOLLIER DES VIVETIÈRES (Benoît-Joseph), auteur dramatique, né à Paris en 1750, annonça de bonne heure un goût prononcé pour le théâtre, et donna, en 1774, son prem. opéra comique, qui fut suivi de quelques comédies en prose pour le théâtre *Italien*, et d'un gr. nombre d'autres pièces à ariettes, dont la plupart eurent un grand succès. Il mourut à Versailles en 1817. Nous citerons parmi ses pièces : *Nina ou la Folle par amour*, représentée pour la 1re fois en 1786, et bien souvent dep.; *les Deux petits Savoyards*, opéra-comiq. qui n'eut pas moins de succès; *Camille, ou le Souterrain; Alexis, ou l'Erreur d'un bon père; Adolphe et Clara; Cange, ou le bon Commissionnaire; la Pauvre femme; Gulnare, ou l'Esclave persane; la Maison isolée; l'Irato*. Mad. d'Hautpoul, sa nièce, a donné une *Notice* sur Marsollier et ses écrits en tête de l'édit. de ses *OEuvres choisies*, Paris, 1825, 3 vol. in-8. Le prem. vol. contient un morceau intitulé *ma Carrière dramatique*, dans lequel Marsollier fait l'histor. des jouissances et des dégoûts qu'il a éprouvés pendant sa vie littéraire.

MARSUPPINI (Charles), littérat. connu aussi sous le nom de *Carlo Aretino*, né à Arezzo vers 1399, acquit une grande connaissance des langues et de la littérature ancienne, professa les belles-lettres à Florence, devint secrét. de la république florentine, et mourut en 1453. Les louanges que ses contemporains ont prodiguées à ce littérateur ne permettent guère de douter de son mérite ; mais on ne connaît de lui qu'une trad. en vers hexamètres de la *Batrachomiomachie* d'Homère, Parme, 1492, in-4 ; Pesaro, 1509, Florence, 1512, in-8 ; un *rec. de vers lat.* dont on conserve une ancienne copie dans la biblioth. Laurentienne, et quelques *lettres* adressées à Fr. Sforze, duc de Milan, publ. par l'abbé Lazzeri. On peut consulter pour plus de détails les *Scrittori ital.* par Mazzuchelli, t. 1er, 2e partie.

MARSUS (Domitius), poète latin, qui vivait sous Auguste, avait composé des *épigrammes :* il est souvent cité par Martial. Sa pièce de vers intitulée *Cicuta*, insérée par Philargirius dans son comment. sur Virgile a été reproduite par Burmann, dans l'*Anthologie latine*. Tous les fragments qui nous restent de ce poète, qu'Ovide place parmi les gr. épiques de son temps, ont été rassemblés par Broukhusius, à la fin de son édition de Tibulle.

MARSY (Franç.-Marie de), littérat., né à Paris en 1714, fut admis chez les jésuites après avoir terminé ses études, et se fit connaître par deux poèmes latins sur la tragédie et sur la peinture. Rentré dans le monde, il fut forcé par le défaut de fortune de se mettre aux gages des libraires, et publia successivem. plus. ouvr. qui n'ajoutèrent rien à sa réputation. Un de ces écrits le fit enfermer à la Bastille ; il en sortit au bout de quelques mois, et mourut à Paris en 1763. On a de lui : *Templum tragediæ, carmen*, 1734, in-12. *Pictura, carmen*, 1736, in-12. Ces deux poèmes, connus de tous les amateurs de beaux vers, paraissent destinés à sauver leur auteur de l'oubli. *Histoire de Marie Stuart*, 1742, 3 vol. in-12. — *Mém. histor. de Jacques Melvil*, trad. de l'anglais, 1745, 3 vol. in-12. — *Dictionn. abrégé de peinture et d'architecture*, 1746, 2 vol. in-12. — *Hist. moderne des Chinois, des Japonais*, etc., ibid., 1754-78, 30 vol. in-12; Marsy n'a publié que les 12 premiers : les autres sont d'Adrien Richer.—*Analyse des OEuvres de Bayle*, 1755, 4 vol. in-12 : c'est l'ouvrage qui fit mettre l'abbé de Marsy à la Bastille. On doit encore à ce littérateur la traduct. du *Disc. dogmatique et politique sur l'origine, la nature, etc., des biens ecclésiastiques*, 1750, in-12, et une nouv. édit. des œuvres de Rabelais, sous le titre de *Rabelais moderne*, 1752, 8 vol. in-12. En rajeunissant le style du curé de Meudon, il lui fait perdre sa naïveté. On trouve une *Notice* sur Marsy dans le *Nécrologe des hommes célèbres de France*, 1768.

MARSY (Balthazar et Gaspar), frères, habiles sculpteurs, nés à Cambrai, le premier en 1624 et Gaspar en 1628, vinrent à Paris en 1648, et travaillèrent d'abord chez différents maîtres ; mais leur talent les ayant fait connaître, ils furent chargés de la décoration de l'*hôtel de la Vrillère* et de *la chapelle basse des Martyrs* à l'abbaye Montmartre, ainsi que de la statue de *saint Denis* en albâtre. A Versailles ils firent les *figures* en bronze qui décorent les bassins du Dragon, de Bacchus et de Latone. Les *deux Tritons abreuvant les chevaux du Soleil*, au bassin des bains d'Apollon, sont un

de leurs chefs-d'œuvre. A Paris ils exécutèrent le *mausolée du roi de Pologne Casimir offrant à Dieu sa couronne*. Balthasar mourut en 1674, profess. à l'acad. de peinture, et Gaspar en 1681. Les ouvr. de ce dernier, tels que les figures du *Point du Jour*, de l'*Afrique*, de *Mars* et d'*Encelade* à Versailles, le *bas-relief* de la porte Saint-Martin du côté du faubourg, et le groupe de *Borée enlevant Orythie*, au jardin des Tuileries, sont infér. à ceux qu'il a faits en commun avec son frère.

MARSY (Claude-Sixte SAUTREAU de), littérateur, né à Paris en 1740, mort dans cette ville en 1815, entreprit en 1765, avec Maton de la Cour, la publicat. de l'*Almanach des Muses*, qui s'est soutenu jusqu'en 1833 ; il en demeure les 28 prem. vol. On lui doit en outre : *la Nouvelle Anthologie franç.*, 1769 ou 1787, 2 vol. in-12. — Les *Annales poét.*, 1778-88, 40 vol. in-12 (avec Imbert). *Poésies satiriques du* 18e S., 1782, 2 vol. in-18. — *OEuvres choisies de Dorat*, 1786, 3 vol. in-12. — *Tablettes d'un curieux*, 1789, 2 vol. in-12. — *Poésies du chev. de Bonnard*, 1791, in-8. — *Le Nouveau Siècle de Louis XIV* (avec M. Noël), 1793, 4 vol. in-8. — *OEuvres choisies de Pope*, 1800, 3 vol. in-12. — *Lettres choisies de Mme de Maintenon*, 1806, 6 vol. in-12.

MARTAINVILLE (Alphonse), homme de lettres, né en 1777 en Espagne, de parents français, fit ses études à Paris au collège Louis-le-Grand. Traduit à 17 ans au tribunal révolut., il dut son salut moins à sa gr. jeunesse qu'à l'influence d'Antonelle, l'un des jurés, qui avait connu sa famille. On consigna dans les journ. la réponse qu'il fit à Coffinal, présid. du tribunal : « Comment t'appelles-tu ? — Alphonse Martainville. — Oh ! de Martainville, sans doute? —Citoyen président, tu es ici pour me *raccourcir* et non pour me *rallonger*. » Martainville avait coutume de dire qu'il avait fait son entrée dans le monde par le guichet de la Conciergerie. Après le 9 thermidor, il joua un rôle honorable dans la courte réaction qui eut lieu contre le parti jacobin, et fut un des chefs des jeunes gens que ce parti appelait *la jeunesse dorée de Fréron*. Après un voyage de plus. années en Italie et dans le Levant, Martainville revint à Paris. A l'époque du sacre, du mariage de Napoléon, et dans plus. autres circonstances, il composa des chansons très hardies qui compromirent plus d'une fois sa liberté. En 1814, il arbora un des premiers la cocarde blanche, et rédigea, au mois de mars 1815, une *Adresse* énergique aux volontaires royaux, qui fut affichée sur tous les murs de la capitale. Peu de jours avant le départ du roi, à la tête d'une compagnie de ces volontaires, il se signala par plus. actions, et fut un des dern. à s'éloigner. Au moment où la chambre des représentants venait de décréter la peine de mort contre ceux qui provoqueraient le retour des Bourbons, il fit distribuer à la chambre même une *Adresse* signée, dans laquelle il déclarait aux représentants qu'ils n'avaient d'autre parti à prendre que d'aller se jeter aux pieds du roi. Attaché tour à tour au *Journal de Paris*, à la *Ga-*

zette, à la *Quotidienne*, au *Drapeau blanc*, il y publia des *articles* très piquants. Le compte qu'il rendit de la tragédie de *Germanicus* d'Arnault en 1817, lui attira de mauvais traitem. du fils de l'auteur. Martainville lui intenta un procès en police correctionn., qu'il plaida lui-même et qu'il gagna, et le même jour (25 juin), eut avec lui une rencontre au pistolet. Martainville mourut à Sablonville près de Paris, le 27 août 1830, un mois après la chute de l'anc. dynastie, dont il avait été l'un des amis les plus zélés et les plus désintéressés. Il a fait représenter sur les théâtres du second ordre une foule de pièces pleines de verve et de gaité, et qui la plupart ont obtenu beaucoup de succès. Les plus connues sont : *le Concert de la rue Feydeau; les Suspects et les Fédéralistes,* vaudev. en un acte, 1795, in-8. — *La Queue du diable; l'Intrigue de carrefour; M. Crédule; Pataquès; le Pied de mouton; Taconnet; une demi-heure de Cabaret.* Sa veuve, attachée à la chap. du roi et excell. musicienne, mourut du choléra en 1832.

MARTANGE (le gén. BONET de), né dans la Beauce en 1722, professa d'abord la philosophie en Sorbonne; mais, d'après les conseils de Lowendahl, il quitta la robe pour l'uniforme, et parvint au grade de lieuten.-gén., après avoir rempli avec distinction plus. missions diplomatiques assez importantes. Il sortit de France à l'époque de la révolut., et mourut à Londres en 1806. Comme littérateur, on a de lui : l'*Olympiade*, ouvr. politique, 1787 ; *le Roi de Portugal*, conte, suivi des *Deux Achilles*, conte dédicatoire, Neuwied, 1788, in-8. Grimm lui attribue un acte d'opéra intit. le *Ballet de l'Ennui.* Martange se trouvait à Londres dans le même temps que Delille ; il visitait souv. ce poète, auquel on croit qu'il a fourni le modèle de l'un de ses portraits du poème *de la Conversation.*

MARTEL (FRANÇOIS), chirurgien de Henri IV, lui sauva la vie par une saignée, et par ce service obtint le titre de prem. chirurgien après la mort d'Antoine Portail. Il occupait encore cette place au commencem. du règne de Louis XIII. On a de lui : *Apologie pour les chirurgiens*, contre ceux qui publient qu'ils ne doivent se mêler que de remettre les os rompus et démis, et plus. *Aphorismes très utiles pour la pratique de chirurgie,* Lyon, 1601, in-12. Eloi (*Dict. de Médecine*) dit que les œuvres de Martel ont été publiées avec celles de Philippe de Flesselles, Paris, 1635, in-12.

MARTELIÈRE (PIERRE DE LA), conseiller d'état, né vers 1560 dans le Perche, débuta dans la carrière du barreau à Tours, où le parlem. de Paris venait d'être transféré au temps de la Ligue, et acquit une gr. réputat. En 1611 il se montra le zélé défenseur de l'université, qui s'opposait pour la 5e fois à ce que l'on confiât l'enseignement aux jésuites ; sur la fin de sa vie il entra au conseil-d'état, mais il ne discontinua pas de donner des consultations jusqu'à sa mort, en 1631. Il a laissé beaucoup de plaidoyers ; on ne recherche que celui qu'il prononça contre les jésuites, 1612, in-12 et in-4. Quelques assertions hasardées dans cet écrit

ont été combattues par P. Gimon d'Esclavolles, dans son *Avis sur le plaidoyer de La Martelière*, 1612, in-12.

MARTELLI (LUDOVICO), poète, né à Florence en 1499, mourut en 1527, avant d'avoir terminé une tragédie de *Tullia* qui, malgré ses défauts, est mise par les critiques ital. au premier rang de celles qui signalent la renaissance de l'art dramat. Ses œuvres poét. (*Rime*) ont été recueillies, Rome, 1533, in-8. L'édition de Florence, 1548, in-8, contient la traduct. du 4e livre de l'*Énéide*, qu'on ne trouve pas dans la précédente. Les *odes* ou *canzoni* de ce poète sont très estim. — MARTELLI (Vincenzo), frère du précéd., et poète aussi, mais bien infér. en talent et en réputation, mort en 1556, vécut à Rome, puis à la cour de Salerne, et termina ses jours dans la retraite. On a de lui *Lettere e Rime*, Florence, 1563, in-4, 1606, même format. On trouve plus. de ses lettres dans le recueil des *Lettere volgari degli XIII uomini illustri*, Venise, 1564. — MARTELLI (Ugolin), ecclésiast. florentin, vint en France à la suite de la reine Catherine de Médicis, et fut nommé par sa protection en 1572 évêque de Glandèves. Il administra son diocèse avec sagesse, et mourut en 1592. Ce prélat était très instruit. On a de lui : *De anni integrâ in integrum restitutione*, Florence, 1578; Lyon, 1582, avec des addit. *Sacrorum temporum assertio* 1583, in-8. — *La Chiave del calend. greg.* — V. RICHAUD-MARTELLI.

MARTELLO (PIERRE-JACQUES), l'un des meilleurs poètes italiens, au jugem. de Maffei, né à Bologne en 1665, mort en 1727, professa les belles-lettres à l'université de cette ville, fut envoyé successivement à Rome, en France et en Espagne, pour différentes négociations dont il s'acquitta toujours avec succès, sans abandonner la littérature. Il réussit surtout dans le genre dramatique. On cite parmi ses meilleures tragédies l'*Ifigenia in Tauride*, l'*Alceste* et le *Cicéron;* mais on n'en joue plus aucune, parce qu'il a employé une espèce de vers nommés *martelliani*, à peu près semblables à nos alexandrins, et dont la monotonie déplaît aux oreilles italiennes. Ses OEuvres ont eu plus. édit.; la plus complète est celle de Bologne, 1723-35, 7 vol. in-4.

MARTÈNE (dom EDMOND), savant et laborieux bénédictin, né à St-Jean-de-Lône en 1654, mort en 1739, se livra entièrement à la diplomatique, d'après les conseils de Mabillon, employa 6 ans à visiter les archives de la France et des pays qui en ont été détachés par la succession des temps, et entreprit même un voyage dans les Pays-Bas et l'Allemagne, pour recueillir les monuments relatifs à l'hist. civile de France. Riche d'une abondante moisson de documents, il publia de nombreuses compilat., parmi lesq. on distingue : *De antiquis monachorum ritibus libri V, collecti ex variis ordinariis,* etc., Lyon, 1690, 2 vol. in-4. — *De antiquis Ecclesiæ ritibus libri III*, Rouen, 1700-02, 3 vol. in-4. — *Tractatus de antiquâ Ecclesiæ disciplinâ in divinis celebrandis officiis, varios di-*

versarum ecclesiarum ritus et usus exhibens, Lyon, 1706, in-4, Anvers (Milan), 1736, 4 vol. in-fol. — *Thesaurus novus anecdotorum*, avec dom Ursin Durand, Paris, 1717, 5 vol. in-fol. — *Veterum scriptorum et monumentorum historicorum, dogmaticorum et moralium, amplissima collectio*, Paris, 1724-29-33, 9 vol. in-fol. (*v.* pour plus de détails, l'*Hist. littér. de la Congrégat. de St-Maur*).

MARTENS ou MERTENS (Thierri), habile imprimeur, regardé par la plupart des biographes comme le plus anc. des Pays-Bas, né près d'Alost, petite ville aux envir. de Bruxelles, vers le milieu du 15e S., mort plus qu'octogén. en 1534, dans le monastère des Guillelmins de sa ville natale, voyagea en France, en Allemagne, dans les Pays-Bas et en Italie, exerça successivem. son art à Alost, à Anvers et à Louvain, se fit bientôt remarquer par ses belles édit., imprimées en caractères rom., et par ses édit. grecq., qui l'ont fait surnommer par Laserna-Santander *l'Alde des Pays-Bas, le père de l'imprimerie grecque de la Basse-Allemagne*, Marchand a donné une liste de 54 vol. imprimés par Martens : cette liste a depuis été doublée par d'autres découvertes. La marque de cet imprimeur est un double écusson renfermant les lettres initiales T. M., et suspendu à un arbre soutenu par deux lions; il a employé quelquefois la double ancre. On cite de lui, comme écrivain, *Dictionarium hébraicum, sive enchiridion radicum*, etc., *ex Jo. Reuchlino*, in-4, la biblioth. du roi en possède un exempl, (*v.* pour plus de détails, le *Dictionn. de Prosper Marchand, art. Martens*). — Martens (Frédéric), chirurgien et voyageur allemand au 17e S., fit un voyage au Spitzberg en 1671, et publia le récit de cette campagne pénible dans l'ouvr. allem. int. : *Voyage au Spitzberg ou Groenland, fait en 1671, écrit d'après les observations de l'auteur, et accompagné de figures qu'il a dessinées*, Hambourg, 1675, in-4, fig. Ce livre, le prem. qui ait été publié sur le Spitzberg, a été cité avec éloge par tous ceux qui l'ont consulté : on l'a traduit en anglais, Londres, 1695; en ital., Bologne et Venise, 1680, in-8, et en franç., dans le 2e des *Voyages au Nord*.

MARTENS (Guillaume-Frédéric de), diplomate allem., était profess. de droit public à Gœttingue et conseiller aulique du Hanovre quand Jérôme Bonaparte l'appela au conseil-d'état de Westphalie. Depuis, il remplit au congrès de Vienne, en 1814, les fonct. de rédact. des procès-verbaux des conférences, et fut chargé de notifier au prince Christian de Danemarck la réunion de la Norwége à la Suède. Il mourut à Francfort en 1821, député du Hanovre à la diète de cette ville. Il a publ. : *Précis du droit des gens*, etc., Gœttingue, 1789, 2 vol. in-12.—*Recueil des princip. tr. de paix*, etc., *qui ne se trouvent point dans le corps diplomatiq. de Dumont et Rousset*, Gœttingue, 1791-1800, 7 vol. in-8.—*Supplément*, 1802-24, 9 vol. in-8 : cet ouvrage est continué par son fils, M. le baron Ch. de Martens. — *Cours diplomatiq., ou Tableau*, etc., Berlin, 1801, 3 vol. in-8.

MARTHE, sœur de Lazare et Marie, recevait ordinairem. J.-C. lorsqu'il venait à Béthanie. Après la mort de son frère elle alla au-devant du Sauveur pour le prier de le ressusciter. On ignore ce qu'elle devint dans la suite. Les légendes la font aborder en Provence avec Lazare et Marie; mais depuis long-temps a reconnu tout ce qu'il y a d'hypothétique dans cette pieuse croyance.

MARTHE (Anne Biget, connue sous le nom de Sœur), née à Thoraise (Franche-Comté), était sœur converse au couvent de la Visitation à Besançon, lors de la suppress. des ordres relig. Elle se consacra dès-lors au soulagem. des malheureux; mais ce fut surtout dans les prisons et dans les hôpitaux milit. qu'elle donna des preuves constantes de son zèle infatigable. Elle fut en 1809 la providence des Espagnols prisonniers. La guerre amenait dans les murs de Besançon des soldats de tous les pays, et, comme elle le disait elle-même, tous les malheureux étaient ses amis. On a entendu des milit. sur les champs de bataille invoquer la sœur Marthe, et c'est le témoignage que lui rendit le duc de Reggio, auq. cette pieuse femme fut présentée à l'époque de la restaurat. Elle le fut aussi aux princes alliés, et tous lui témoignèrent leur reconnaissance par des présents et des médailles. Cette digne religieuse mourut en 1824. Son convoi fut simple comme sa vie; les pauvres suivirent son cercueil. On a gravé son *Portrait*. M. le comte d'Augicourt-Poligny lui a consacré une intéressante notice dans la *Biographie des hommes utiles*, 1833.

MARTI (Emmanuel), *Martinus*, sav. espagn., né en 1663 à Oropesa, roy. de Valence, mort en 1737, fut lié avec les plus sav. hommes de son siècle. Il publia un assez gr. nombre d'écrits dont les plus importants sont : *Soledad* (la solitude, sylve imitée de Louis de Gongora), Valence, 1682, in-4.—*Description du théâtre de Sagonte* (aujourd'hui Murviedro), *dans l'antiquité expliquée* de Montfaucon, t. III, 2e part., pag. 237.—*Amalthea geographica*, rec. d'élégies, Rome, 1686, in-8.—*Epist. lib. XII*, Madrid, 1735, 2 vol. in-8. Ce recueil a été publié par Grégoire Mayans qui l'a fait précéder d'une *Vie* de l'auteur. Parmi ses ouvr. inédits, on distingue un rec. d'élégies intit. : *Amores;* des *Odes*, des *Hendécasyllabes*, la trad. lat. des 2 prem. vol. des *Comment.* d'Eustathe sur Homère, etc.

MARTIA, dame romaine, femme de Régulus, se vengea des supplices que les Carthaginois avaient fait souffrir à son mari, en soumettant aux plus horribles tortures les prisonniers qu'on lui avait livrés. — Martia, femme de Caton d'Utique, qui la céda à Hortensius quoiqu'il en eût plus. enfants, revint ensuite dans la maison de son prem. époux beauc. plus riche qu'elle n'était lors de son divorce. — Martia, femme de Q.-Fabius-Maximus, confident d'Auguste, ayant appris de son époux un secret relatif à la succession de l'empire et probablement au jeune Posthume, dern. fils d'Agrippa, eut l'imprudence de le laisser transpirer devant Livie. Peu après Fabius disgracié se donna la mort, et Martia se poignarda en s'accusant de son trépas. Il est à croire que l'exil d'Ovide n'eut point d'autre cause que le malheur qu'il eut d'être initié par le mari ou par la femme au mystère politique dont la découverte causa leur mort. — MARTIA-MAJONIA, favorite de Commode, qui la faisait souvent habiller en amazone, et qui, en son honneur, donna au mois de janv. le nom d'*Amazonius*. Le hasard lui ayant fait découvrir que l'empereur l'avait portée, ainsi qu'Électe, préfet du prétoire, sur une liste de proscription, elle le prévint en le faisant étrangler par un gladiateur, 31 déc. 192. On a souvent répété qu'elle était chrétienne, et qu'elle usa de son influence sur Commode pour l'empêcher de tyranniser les partisans de la nouvelle religion.

MARTIAL (M.-VALÉRIUS), poète latin, naquit à Bilbilis (Bilbao) en Espagne, vers l'an 40 après J.-C., 793 de Rome. Envoyé de bonne heure dans cette capitale du monde pour y achever ses études, il ne tarda pas à s'y faire connaître par son talent pour la poésie, et rechercher des uns ou redouter des autres par les grâces ou la causticité d'un esprit qui dispensait la satire et l'éloge avec une égale facilité. Domitien, qu'il avait bassem. flatté pend. sa vie, et qui ne fut plus qu'un monstre pour lui après sa mort, le combla de faveurs, de dignités et de richesses : c'est Martial lui-même qui nous l'apprend ; et ces témoignages de sa reconnaissance n'auraient rien que d'honorable pour sa mémoire, si tant de bienfaits n'eussent été le prix des éloges prodigués à l'indigne fils de Vespasien, au frère plus indigne encore de Titus. Malgré l'idée peu avantageuse que doivent donner de ce poète la plupart de ses épigrammes, il est difficile cepend. de ne pas supposer des qualités estimables à celui qui compta au nombre de ses amis des hommes tels que Pline-le-Jeune, Quintillien, Juvénal, Valérius-Flaccus, Silius-Italicus, etc., qui relevaient leur mérite littéraire par une grande considération personnelle. On est étonné de ne pas trouver le nom de Stace, à la suite de cette liste d'honorables amis, et les conjectures s'épuisent inutilem. sur les causes du silence mutuel des deux poètes. Faut-il l'attribuer à l'ombrageuse rivalité du talent ? Il est fâcheux, mais il est vraisemblable que cette conjecture est la plus plausible. Après un séjour de 35 ans à Rome, Martial éprouva le désir de revoir sa patrie, et il retourna en Espagne la première ou la deuxième année du règne de Trajan. Mais le séjour de Bilbilis lui fit bientôt regretter celui de Rome ; et la grossièreté, l'ignorance de ses compatriotes, comparée à l'exquise urbanité, au goût et au savoir des hôtes qu'il quittait, lui inspirèrent un dégoût qu'il ne put ni souffrir ni dissimuler. C'est à cette époque de sa vie que presque tous ses biographes placent son prétendu mariage avec une dame espagnole fort riche, et qu'ils nomment *Marcella ;* mais ce fait, avéré pour les uns, et prouvé selon eux par quelques épigrammes du poète, a semblé aux autres au moins problématique ; et la question, en elle-même fort peu importante, est restée indécise. On ignore égalem. l'année précise de la mort de Martial, qui dut arriver vers l'an 100 ou 103 de l'ère chrétienne. Le temps, qui a dévoré tant de pages de Cicéron, de Tite-Live, de Salluste, de Tacite, etc., a respecté jusqu'à la moindre épigramme de Martial : elles sont au nombre de plus 1,500, et divisées en quinze livres, dont le prem., intit. *les Spectacles*, est consacré tout entier à célébrer les jeux donnés par Titus et Domitien : les deux dern. contiennent des espèces de devises destinées à accompagner les petits cadeaux que l'on se faisait mutuellem. aux Saturnales et à d'autres époques de l'ann. ; et voilà pourquoi ils sont intit. : *Xenia* et *Apophoreta*. Ce recueil, où le goût et la décence auraient tant de choses à retrancher, fut impr. pour la première fois à Venise vers 1470, et fréquemment reproduit dans les siècles suivants. Nous signalerons, comme les plus estimées, les éditions suiv. : Venise, 1501 ; Paris, 1617, in-fol. ; Leyde avec les notes de Scrivérius et de plusieurs autres, 1619, in-12 ; Mayence, 1627, in-fol. ; Amst., 1670 ; *cum notis variorum*, Paris, 1680, in-4 ; *ad usum delphini ;* celle enfin de l'abbé Le Mascrier, Paris, 1754, 2 vol. in-12, et de la *Collection des classiques latins* publ. par Lemaire, 1825, 3 vol. in-8, avec *index*. Nous avons en franç. plus. trad. complètes de Martial. L'abbé de Marolles en a pour son compte publ. deux : la prem. en prose, Paris, 1655, 2 vol. in-8, et la seconde en vers, 1675, in-4 : cette dern. est restée presque inconnue. La plus récente est celle d'E.-T. Simon, publ. par son fils, le baron Simon et P.-R. Auguis, Paris, 1819, 3 vol. in-8, avec le texte latin et les meill. imitat. en vers dep. Clém. Marot jusqu'à nos jours. Il en avait paru en 1806 une autre trad., aussi en 3 vol., et dont les aut. anonymes se disaient militaires.

MARTIAL D'AUVERGNE, poète du 15e S., né à Paris vers l'an 1440, d'une famille originaire d'Auvergne, mort en 1508, fut pendant 50 ans procur. au parlement, et notaire apostolique au Châtelet. L'abbé Goujet dit qu'il était l'homme de son siècle qui écrivait le mieux et avec le plus d'esprit. Il a laissé : *les Arrêts d'amour*, dont la plus anc. édit. connue, Paris, 1528, in-4, contient 51 arrêts ; celle de 1544, intit. : *Droits nouv. et Arrêts d'amour, publ. par MM. les sénateurs du parlement de Cupido*, etc., est augmentée de deux arrêts, les 52e et 53e ; l'édit. de Lyon, 1581, porte ce nouv. titre : *les Déclamations, Procédures et Arrêts d'amour, donnés en la cour et parquet de Cupido*, etc. ; celle d'Amsterd., 1731, 2 vol. in-12, publiée par Langlet-Dufresnoy, est augm. d'un glossaire des anc. termes et de différ. pièces rares. L'ouvr., qui eut un succès prodigieux, comme on peut en juger par les nombreuses réimpressions, a été trad. en latin par Ben. Court, et cette traduct. a eu plus. édit. : *Arresta amorum cum comment. Bened. Curtii*, Lyon, 1533, in-8. On doit encore à Martial d'Auvergne : *les Vigiles de la mort du roi Charles VII*, à 9 psaumes et 9 leçons, etc., en vers, Paris, 1490, 1493, in-fol. ; 1505, 1528, in-8. — *L'Amant rendu cordelier à l'observance d'amour*, Lyon, 1545, in-16, goth. — *Les dévotes Louanges à la vierge Marie*, Paris, 1489, 1492 et 1509, in-8. *Les Poésies* de

Martial d'Auvergne ont été rec. en 1724, 2 vol. in-8; mais cette édit. est fautive : *l'Amant rendu cordelier* ne s'y trouve pas.

MARTIAL (le P.); capucin, né à Brives-la-Gaillarde, mort en 1656, a laissé des poésies sacrées qui ont été recueillies par le P. Zacharie de Dijon sous le titre de *Parnasse séraphique*, etc., Lyon, 1660, in-8. Cette édit. est la plus recherchée des curieux.

MARTIANAY (dom JEAN), savant bénédictin, né à St-Séver-Cap, diocèse d'Aire, en 1647, mort à l'abbaye de St-Germain-des-Prés en 1717, a laissé un grand nombre d'ouvr., qui prouvent des connaissances et de l'imagination, mais peu de jugem. et de critique. Nous nous contenterons de citer : *Défense du texte hébreu et de la chronolog. de la Vulgate, contre le livre de l'antiquité des temps rétablie* (par Pezron), Paris, 1689, in-12: — *Continuation de la défense du texte hébreu*, etc., 1693, in-12. — *Tr. de la connaissance et de la vérité de l'Écriture sainte*, 1694, 4 vol. in-12. — *Vie de St Jérôme*, 1706, in-4. On lui doit en outre une édit. des *OEuvres de St Jérôme*, Paris, 1693-1706, 5 vol. in-fol., la meilleure que nous ayons des œuvres de ce Père. (V. *l'Hist. littéraire de la congrégation de St-Maur*, p. 585-97.)

MARTIGNAC (ÉTIENNE ALGAY de), littérat. laborieux, né à Brives-la-Gaillarde en 1620, mort en 1698, a trad. en franç. les 5 *comédies* de Térence omises par MM. de Port-Royal (*l'Eunuque, l'Heautontimorumenos* et *l'Hécyre*), Paris, 1675, in-12; les *OEuvres* d'Horace, 1678, 2 vol. in-12; de Virgile, 1681, 5 vol. in-12; les *Satires* de Perse et de Juvénal, 1682, in-12; les *Poésies* d'Ovide, 1697, 9 vol. in-12 ; *l'Imitation de J.-C.*, 1683, dont il se fit 12 à 15 édit. dans l'espace de quelq. années. Il a publ. : *Mém. contenant ce qui s'est passé en France de plus considérable depuis* 1608 *jusqu'à* 1636, ouvrage curieux, connu sous le nom de *Mém. de Gaston, duc d'Orléans*, Amst., 1683, in-12, etc.

MARTIGNAC (JEAN-BAPTISTE-SILVÈRE ALGAY, vicomte de), ministre de Charles X, né en 1776, fut d'abord avocat à Bordeaux, où son élocution brillante le fit remarquer. Il suivit comme secrét. l'abbé Sieyes, ambassad. à Berlin, en 1798. Sa conduite, sous la prem. restaurat. et pendant les *cent-jours*, lui valut, en 1815, la croix de la Lég.-d'Honn. Bientôt il devint procur.-gén. près la cour de Limoges. En 1821, le gouvernem. le chargea de présider le collège de Marmande: c'était le désigner à la députat., et il fut en effet nommé à la chambre, où les grâces de son esprit et son talent comme orateur lui acquirent de l'influence. Il suivit le duc d'Angoulême dans la campagne d'Espagne, en 1823, avec le titre de commissaire civil, et on le regarde comme l'aut. de la fameuse ordonnance d'Andujar. A son retour, il fut nommé ministre-d'état. Réélu à la chambre en 1824, il fut le rapporteur de l'élection de Benj. Constant, admis sur ses conclusions. Comme le talent de Martignac avait été plus d'une fois utile à M. de Villèle, ce ministre le fit nommer, le 4 août 1824, directeur-gén. de l'enre-

gistrement et des domaines. Appelé au ministère de l'intérieur en 1828, son caractère conciliant le portait à faire des concessions à une opposit. qu'il crut peut-être gagner, et dont son éloquence de tribune déconcertait souvent les projets. Dans la séance du 14 juin, il traversa la proposit. de Labbey de Pompières pour la mise en accusat. du précéd. minist. Il eut alors un beau mouvem. qui émut toute la chambre, et les cris de *Vive le roi!* furent répétés même par la gauche. Cependant, à la vue de cette opposit. violente qui se signalait chaque jour par quelque exigence, il s'écria, en pleine chambre : *Eh! messieurs, nous marchons à l'anarchie!* et, le 8 avril 1829, il fit retirer les deux projets de lois sur l'organisat. départementale et municipale, qui avaient été amendés de manière à dépouiller la royauté de toute influence. Le 8 août, le minist. Martignac fit place à un autre ministère. La révolut. de 1830 le blessa profondém. dans ses affections. Lorsque, reparaissant pour la prem. fois à la tribune, il parla du prince dont il avait eu la confiance, l'estime dont il jouissait le fit écouter au milieu de tant de passions qui agitaient les esprits. On admira plus encore sa générosité que son beau talent dans la défense du prince de Polignac, et l'orateur ajouta un nouveau lustre à son dévouement en refusant la magnifique récompense que lui offrait l'anc. ministre, désintéressement d'autant plus remarquable que Martignac n'était pas riche. La dernière fois qu'il parut à la tribune, ce fut dans la séance du 15 nov. 1831, pour combattre la proposit. Bricqueville contre la famille de Charles X. Il était déjà atteint d'une maladie de langueur, qui l'enleva le 3 avril 1832, à 54 ans. Sa fin fut chrétienne. MM. Roy, Hyde de Neuville et de Salvandy prononcèrent son éloge. Martignac a laissé : *Essai historique sur la révolution d'Espagne*, 1832, 3 vol. in-8; c'est le résultat de ses recherches lors de la campagne d'Espagne ; il en avait détaché l'année précéd. un épisode : *le Couvent de Ste-Marie-aux-Bois*. Dans sa jeunesse il avait fait représenter un joli vaudeville : *Ésope chez Xantus.*

MARTIN (St), évêque de Tours, naquit vers l'an 316 dans la Pannonie (aujourd'hui comté d'Eisenstadt), de parents qui vinrent se fixer à Pavie. Néophyte à 10 ans, il en avait 15 quand un édit de l'empereur Constance l'obligea, comme fils d'un tribun milit., d'entrer au service. Cette nouv. profession ne changea rien aux dispositions du jeune cathécumène; donnant tout ce qu'il avait aux pauvres, il ne se réservait sur sa solde que de quoi pourvoir à sa subsistance. Pendant un hiver rigoureux, il fit deux parts de son manteau pour en donner une à un mendiant; la nuit suiv., Jésus-Christ lui apparut en songe. C'est peu de temps après cette vision que Martin reçut le baptême. Ayant quitté le service, il se retira près de St Hilaire, évêq. de Poitiers; puis, avant d'entrer dans les ordres, que ce prélat souhaitait lui conférer, il voulut revoir sa famille, alors en Pannonie. Il revenait à Poitiers, après avoir réussi à gagner sa mère au culte de J.-C., lorsqu'il apprit l'exil de St Hilaire, il s'arrêta donc à Milan, d'où, l'an 360, il rejoignit le St évêq., rappelé dans son diocèse. C'est de cette époque que datent la mission apost. de St Martin et la série des miracles qu'il lui fut donné de faire pour la conversion des païens (on en peut voir le récit dans sa *Vie*, par Sulpice-Sévère, qui en fut le témoin). Il vivait solitaire dans une retraite qu'il s'était bâtie au lieu appelé Ligugé (*Locociagum*) à deux lieues de Poitiers, lorsqu'on l'en tira malgré lui pour le placer sur le siège de Tours (374). Toutefois le pieux prélat, ne voulant point renoncer à la vie érémitique, se créa dans les rocs, sur la rive droite de la Loire, une nouv. retraite où bientôt de nombreux disciples le suivirent. C'est ainsi que s'éleva la célèbre abbaye de Marmoutier, qui, du temps même de son fondat., comptait déjà 80 religieux. St Martin, qui s'était rendu à Cande pour apaiser une dissension parmi son clergé, y mourut l'an 400, suiv. l'opinion la plus probable, le 11 nov., jour où sa fête a été longtemps célébrée avec une gr. solennité. On venait de toutes parts honorer à Tours le tombeau de ce saint dans la basilique qui lui est dédiée. La garde en avait été confiée dans l'origine à une communauté régulière, qui depuis donna naissance au fameux chap. de St-Martin. Il existe plus. *Vies* de St Martin ; la plus estimée est celle qu'a donnée Nic. Gervaise.

MARTIN Ier (St), pape, succéda en juillet 649 à Théodore, et tint à Rome le concile dit *de Latran,* où il fit anathématiser les monothélites, et condamner, comme entachés d'hérésie, l'ecthèse et le type de l'empereur Constant. Celui-ci en fut tellement irrité qu'il le fit enlever et conduire à Constantinople. Condamné à mort sur la déposit. de témoins subornés, l'emper. se contenta de l'exiler à Cherson en Tauride, où il mourut le 15 septembre 655. Eugène Ier, élu de son vivant, fut universellement reconnu pour son success. — MARTIN II (ou MARIN Ier), pape, success. de Jean VIII, le 23 déc. 882, condamna Photius, rétablit Formose, év. de Porto, et mourut en février 884. Il avait été légat à Constantinople. Adrien III fut son success. — MARTIN III ou MARIN II, pape de 943 à 946, succéda à ÉtienneVIII, et fut remplacé par Agapet II. — MARTIN IV (Simon de BRION), success. de Nicolas III, le 22 févr. 1281, né dans la Touraine, avait été successiv. chanoine et trésorier de l'église de St-Martin, card. du titre de Ste-Cécile et deux fois légat en France. Élu après un conclave de six mois, il ne se résigna qu'avec peine à revêtir le manteau pontifical. Le massacre connu sous le nom de *Vêpres siciliennes* eut lieu un an après. Charles d'Anjou, chassé de Messine, ne conservait plus que des prétentions. Martin excommunia le roi d'Aragon, qui avait excité en secret cette révolte, et donna même son royaume à Philippe-le-Hardi. Mais son intervent. ne fut d'aucun secours au roi dépossédé. Il mourut le 28 mars 1285, et eut pour successeur Honorius IV. — MARTIN V (Othon COLONNA), succéda à Jean XXIII, déposé par le concile de Constance. Son élection, le

11 novembre 1417, termina le grand schisme d'Occident. Il présida le concile de Constance jusqu'à la fin de la session (22 avril 1418), fit anathématiser les partisans de Jean Huss, indiqua un autre concile à Pavie, d'où on le transféra à Sienne, et mourut le 20 février 1431, âgé de 63 ans, à l'instant où allait s'ouvrir le concile de Bâle. Eugène IV lui succéda.

MARTIN (St), abbé de Dume et archevêque de Braga, né au commencement du 6e S. dans la Pannonie, entreprit dans sa jeunesse un pèlerinage en Palestine, et vint ensuite en Galice, où les Suèves, maîtres du pays, avaient propagé l'arianisme. Il réussit à ramener leur roi Théodemir à la foi catholique, fonda plusieurs monast., entre autres celui de Dume, près de Braga, devint archev. de cette ville, et mourut en 580, le 20 mars, jour où l'Église célèbre sa fête. On a de lui : *Formula honestæ vitæ*, etc., publ. par les soins de Gilb. Cousin, Bâle, 1543, in-8; et reprod. en 1575 dans la *Bibl. des Pères.* —*Collectio canonum oriental. ex græcis synodis,* dans l'append. de la *Biblioth. cánon.* de Justel. — *Sententiæ SS. Patrum ægypt.*, trad. du grec, dans l'appendice à la *Vie des Pères,* par Rosweide, Anvers, 1615, 1628. (V. pour plus de détails la *Bibliothèque des auteurs ecclésiast.* de Dupin, et la *Notitia conciliorum Hispaniæ* du card. d'Aguirre, pag. 92.)

MARTIN, roi de Sicile, fils de Martin ; roi d'Aragon, fut obligé de combattre pour son trône, de concert avec Marie, sa femme, depuis 1392 jusqu'en 1399, époque à laquelle il commença réellement à régner. A la mort de Marie, il épousa en 1401 Blanche, fille du roi de Navarre. Appelé en Espagne en 1405 par le vœu des peuples qu'il devait gouverner, il fut forcé bientôt de retourner en Sicile pour y réprimer les projets ambitieux de son lieutenant Bern. Chiavera, et passa en Sardaigne, où il mourut en 1409.

MARTIN, surnommé *Gallus,* le plus anc. auteur dont le trav. sur l'histoire de Pologne soit parvenu jusqu'à nous, était Français, et fut du nombre de ces ecclésiastiques que les rois de Pologne, dans les temps qui suivirent immédiatement leur conversion, appelaient de France, d'Italie et d'Allemagne pour leur confier l'éducat. de la jeunesse. On croit qu'il fut aumônier et instituteur de Boleslas III. Il a écrit une histoire ou chronique de Pologne, que nous ne connaissons que par l'abrégé qui en a paru sous le titre de : *Chronica Polonor.*, avec un extrait de celle de Kadlubek, et avec une 3e chronique dans l'édit. que le comte Grabowski, évêque de Warmie, fit publier à Dantzig en 1749.

MARTIN (THOMAS), docteur en droit et chancel. de Winchester, né à Cearne, comté de Dorset, mort à Ilfield, dans le Sussex, en 1584, fut un des six commissaires choisis sous le règne de Marie dans le procès de Cranmer, ce qui le rendit odieux aux protestants, qui lui firent éprouver leur ressentiment sous le règne d'Élisabeth, en lui enlevant toutes ses places. Il a laissé : *Traité contre le mariage des prêtres et des religieux,* Londres, 1554, in-4.—*Vie* de Guillaume *Wiccam*, évêque de *Worcester*, Oxford, 1590 ; Londres, 1599, in-4.

· MARTIN (ANDRÉ), orat., né à Bressuire dans le Bas-Poitou en 1621, mort à Poitiers en 1695, fut le prem. professeur de sa congrégation qui enseigna publiquement la philosophie de Descartes. Son attachement pour la doctrine de ce grand homme lui fit croire qu'il en trouvait tous les principes dans les ouvrages de St Augustin, et il publia en 1653 à Angers, sous le nom de Jean Côme Vavins : *Philosophia moralis christiana*. Cet ouvrage ayant été mis à l'*index*, l'aut. lui substitua alors le titre de : *S. Augustinus; de Existentiâ veritatis Dei; de Animâ; de morali philosophiâ, Ambros. Victore theologo collectore*, 1656, 3 vol. in-12; Paris, 1667, 5 vol. in-12; 1671, 7 vol. Comme il soutenait le système de Descartes sur l'âme des bêtes, le P. Hardouin n'a pas manqué.de le placer dans la liste des athées, immédiatement après Jansénius, qui est le premier.

MARTIN (DAVID), théologien protestant, né à Revel, diocèse de Lavaur, en 1639, mort en 1721 à Utrecht, où il avait trouvé un asile et une place de pasteur après la révocation de l'édit de Nantes, entretint toute sa vie des relations avec plusieurs sav., entre autres Dacier, Sacy, Cuper. Comme il avait fait une étude particul. de notre langue, il adressa à l'Académie française des remarques sur la prem. édition du *Dictionn.*, qui lui valurent des remercîments. On a de lui l'*Hist. de l'Ancien et du Nouveau-Testament*, ouvrage connu aussi sous le nom de la *Bible de Mortier*, Amsterdam, 1700, 2 vol. in-fol., avec 424 pl. — *La Ste Bible*, Amsterdam, 1707, 2 vol. in-fol. : cette vers. estimée a été réimprimée plusieurs fois et répandue par la société biblique, 1820, 2 vol. in-8. — *Traité de la religion naturelle*, Amsterdam, 1713, in-8. — *Traité de la religion révélée*, 1719, 2 vol. in-8. (V. le *Dictionnaire* de Marchand.) — MARTIN (Jean), prem. médecin de Marguerite de Valois, répudiée par Henri IV, né à Paris, mort en 1609, a laissé : *Prælectiones in libr. Hippocratis de morbis internis*, 1637, in-4; *in libr. de aere, aquis et locis*, 1646, in-4. — MARTIN (Bernardin), chimiste du prince de Condé et de ses fils, né à Paris en 1629, a laissé : *Traité de l'usage du lait*, Paris, 1684 et 1706 in-12. — MARTIN, neveu de Voiture, né en 1616, mort en 1705, n'est connu que par une traduction en vers des *Géorgiques* de Virgile, 1713. — MARTIN (Edme), imprimeur distingué, mort vers le milieu du 17ᵉ S., devint directeur de l'imprimerie royale. Les principaux ouvrages sortis de ses presses sont les *OEuvres de St Jean Climaque*, les *Annales de Baronius*, les *Annales de Sponde*, les *Conciles des Gaules* par Sirmond, l'*Histoire de la maison de Montmorency*, etc.— MARTIN (Edme), fils du précédent et comme lui imprimeur, mort à l'âge de 70 ans, savait parfaitem. le latin et le grec. On lui doit les *OEuvres de Lamothe Levayer, de Palladio*; l'*Hist. de St Louis* par Joinville, etc.

MARTIN (FRANÇOIS), gouverneur de Pondichéri, fut le fondateur de cet établissement français. Le territ. où est cette ville avait été cédé à la France dès 1624. Lorsque Delahaye fut obligé d'évacuer St-Thomé en 1674, Martin, un des agents de la compagnie des Indes, se fit autoriser à recueillir les débris des colonies de Ceylan et de St-Thomé et à les transporter à Pondichéri, qui méritait à peine alors le nom de bourgade. Il eut d'abord à se concilier la bienveillance des princes indiens, et ensuite à lutter contre la puissance jalouse des Hollandais, qui vinrent l'attaquer, et dont il obtint une capitulation honorable en 1693. Pondichéri ayant été restitué à la France par le traité de Ryswick (1697), Martin, remis à la tête de cet établissem., fut nommé président du conseil supérieur qu'on y forma en 1702, et put jouir plusieurs années du fruit de ses trav. Il vivait encore en 1723 lors du voyage de Luillier dans l'Inde ; mais on ne trouve pas son nom dans un traité conclu avec un prince indou en 1727, ce qui fait présumer qu'il était mort. — MARTIN (Franç.), voyageur, né à Vitré en Bretagne, s'embarqua en 1601 sur un des deux vaisseaux que les marchands de St-Malo, Vitré et Laval envoyèrent aux Indes-Orientales. Il a publié une *Description du premier voyage fait aux Indes-Orientales par les Français, contenant les mœurs, les lois, façon de vivre, religion et habits des Indiens*, etc., Paris, 1609, in-12.

MARTIN (JEAN-BAPT.), peintre, surnommé *des Batailles*, né à Paris en 1659, mort dans cette ville en 1735, étudia la fortificat., et fut envoyé en qualité de dessinateur auprès du maréchal de Vauban, qui le recommanda vivement à Louis XIV, et lui fit avoir la place de directeur de la manufacture des Gobelins et une pension. Il peignit une gr. partie des victoires du roi pour la décoration du château de Versailles, et les principales actions de la vie de Charles V, en 20 tableaux, qui furent placés dans la galerie du château de Lunéville.

MARTIN (dom JACQUES), bénédictin, né à Fanjaux dans le Haut-Languedoc en 1684, mort à Paris en 1751, était un homme d'une vaste érudit., mais trop systématiq., et entêté dans ses opinions, dont quelques-unes sont au moins très singulières. Il a laissé : *la Religion des Gaulois*, Paris, 1727, 2 vol. in-4. — *Explicat. de plusieurs passages difficiles de l'Écriture sainte*, 1730, 2 vol. in-4. -- *Éclaircissem. littér. sur un projet de biblioth. alphabétique*, 1735, in-4. — *Explication de divers monuments*, etc., 1739, in-4. — *Éclaircissement sur les origines celte et gauloise*, 1744, in-12. — *Histoire des Gaules*, etc., 1752-54, 2 vol. in-4. — Une trad. française des *Confessions de St Augustin*, 1741, 2 vol. in-8.

MARTIN (GABRIEL), savant libraire, né à Paris en 1679, mort en 1761, acquit une grande réputat. comme bibliographe ; son nom est attaché au système suivi le plus généralement en France, et qui classe les livres en cinq grandes divisions : *théologie, jurisprudence, sciences et arts, belles-lettres et hist.* Les *Catalogues* de Martin, dont le nombre s'élève à 148, sont toujours recherchés. Les plus remarquables sont ceux de Dufay, 1725, in-8;

d'Hoym, 1758, in-8; de l'abbé Rothelin, 1748, in-8; de Boze, 1753, in-8.

MARTIN (BENJAMIN), opticien anglais, né en 1704, mort en 1782, rédigea, sous le titre de *Magazin*, un ouvr. périodique relatif aux mathémat., et publia : *Gramm. des sciences philos.*, 1755, in-8; trad. en franç. par Puisieux. — *Système..... complet d'arithm. décim.*, 1755, in-8. — *Le Livre-Mémorial des jeunes étudiants.* — *Description et usage de deux globes, la sphère armillaire et l'orréri*, 1736, 2 vol. in-8. — *Éléments des sciences et des arts littéraires;* trad. en franç. par Puisieux, 1756, 3 vol. in-12. — *Système de philosophie newtonienne*, 1759, 3 vol. — *Nouv. élém. d'optique*, 1759. — *Institut. mathémat.*, 1759. — *Hist. natur. de l'Angleterre*, avec cartes, 1759, 2 vol. — *Philologie et géographie philosophiq.*, 1759. — *Vie des philosophes*, etc., 1764. — *Introduct. à la philosophie newtonienne*, 1765. — *Institut. de calculs astronom.*, 1765. — *Descript. et usage de la machine pneumat.*, 1766. — *Descript. du baromètre de Torricelli*, 1766. — *Philosophie britannique*, 1778, 3 vol. — *Théorie de l'hydromètre.* — *Doctrine des logarithmes*, etc.

MARTIN (EDME), juriscons., né près de Sens en 1714, professa le droit canonique à l'université de Paris, contribua beaucoup à l'établissement de la nouv. école de droit, place Ste-Geneviève, et mourut à Ivry-sur-Seine en 1793. On a de lui *Institutiones juris canonici ad usum scholarum*, etc., 1788, 2 vol. in-8; 1789, in-4; et le discours pour l'ouverture de la nouv. école de droit. — MARTIN, botaniste, né en 1729 à Auxerre, où il mourut dans les dernières années du 18e S., membre de la soc. des sciences et belles-lettres de cette ville, y lut un assez gr. nombre de *mém.* sur des sujets d'hist. naturelle.

MARTIN (CLAUDE), major-gén. au service de la compagnie anglaise dans l'Inde, né à Lyon en 1732, fils d'un chonelier qui ne put lui donner qu'une éducation bornée, apprit seul les mathématiques, prit du service à l'âge de 20 ans, et bientôt après entra dans la compagnie des guides du général Lally, qui se rendait dans l'Inde, fit la guerre de 1756, et déserta pendant le siége de Pondichéri. Cette faute, qu'il pouvait payer de sa vie, devint pour lui la source d'une grande fortune. Le gouvernement de Madras, frappé de son intelligence, lui permit de lever parmi les prisonniers français une compagnie, et de la conduire au Bengale. Dans le trajet, il fit naufrage, et ne parvint qu'avec quelq. hommes à Calcutta, dont le gouvern. le fit passer dans la cavalerie, et le chargea de lever la carte du pays. Bientôt le nabab d'Aoude, enchanté de ses talents, le nomma surintend. de son arsenal, avec l'agrément de la compagnie, et lui accorda toute sa confiance. Dès-lors il marcha rapidem. à la fortune. Établi à Luknow, il y fit bâtir sur les bords de la rivière un palais magnifique; dans cette retraite il cultiva les sciences avec succès : il y donna le spectacle du premier aérostat que l'on eût vu dans le Bengale. Il possédait, sur les bords du Gange, un

château gothique, dans lequel il fit placer son tombeau. Il mourut en 1800, laissant une fortune de près de 12 millions, sur lesq. il légua 700,000 liv. à chacune des villes de Lyon, de Calcutta et de Lucknow, pour établir des maisons d'éducation, et sur lesq. en outre il prélevait des sommes considérables dont les revenus sont affectés au soulagem. des pauvres de Calcutta, de Chandernagor et de Lucknow. Il n'avait pas oublié d'accorder la liberté à ses esclaves (*v. Asiatic annual Register*, et la *Notice* lue à l'acad. de Lyon par M. Martin aîné, chirurgien de cette ville).

MARTIN (VINCENZO), composit., surnommé par les Italiens *lo Spagnuolo*, né à Valence en 1754, mort à Pétersbourg en 1810, conseiller impérial et chef d'orchestre, est auteur de plus. opéras, parmi lesquels on cite : *Una cosa rara*, Vienne, 1786; *l'Arbore di Diana*, ibid., 1787; *l'Accorta cameriera*, opéra buffa, Turin, 1783. Le premier fut joué avec succès à Paris. Mozart rendit à Martin un éclatant hommage et peut-être sans exemple : il a placé un des airs de cet opéra dans son *Don Giovanni*, et voulut que l'acteur s'écriât : *Bravo! Cosa rara!*

MARTIN (PIERRE), vice-amiral, né au Canada en 1752, vint en France à l'âge de 12 ans, embrassa par goût la carrière de la marine et en parcourut tous les grades. Dans la guerre de 1778, il se fit connaître avec avantage; plus tard il commanda la station du Sénégal. Nommé capit. de vaisseau en 1792, peu après contre-amiral, puis command. en chef des forces navales de la Méditerranée, il remporta plus. avantages sur les Anglais. Ses services furent récompensés en 1795 par le titre de vice-amiral. En 1799, il fut porté deux fois sur la liste des candidats au directoire, et lors de l'établissement des préfectures maritimes, il obtint celle de Rochefort, fut créé comte, etc. Sa santé le força de prendre sa retraite en 1810. Il mourut en 1820, laissant la réputat. d'un bon marin et d'un honnête homme.

MARTIN (BLAISE), célèbre chanteur, né en 1767 de parents pauvres, avait reçu de la nature les dispositions les plus étonnantes pour la musique. Un de ses oncles lui fit apprendre le violon. De rapides progrès l'encouragèrent à se perfectionner sur cet instrument, et quelques concerts dans lesquels il se fit entendre lui valurent des élèves. A dix-neuf ans il jouissait déjà d'une certaine réputat., lorsque le hasard fit découvrir en lui cette magnifique voix et ce talent inné pour le chant, auquel il a dû sa célébrité. Après une répétition, Martin, qui faisait partie de l'orchestre monta sur le théâtre, et en passant près de Garat se mit à fredonner quelques traits qu'il avait retenus. Garat étonné lui dit : « Avec une pareille voix que fais-tu d'un violon? Laisse là ton archet, mon ami, suis mes conseils, engage-toi au théâtre, et je réponds de ta gloire et de ta fortune. » Sous la direct. d'un pareil maître, il fut bientôt en état de débuter au théâtre de *Monsieur*, et les applaudissem. qui l'accueillirent confirmèrent le jugement que Garat avait porté de son talent. Le nombre des rôles qu'il a créés est immense. Tous les compositeurs célèbres de l'époque, Grétry, Dalayrac, Méhul, Boïeldieu, ont travaillé pour lui, et lui ont dû une partie de leurs succès. Il n'est pas d'exemple qu'un chanteur ait fourni une aussi longue carrière. A 70 ans il n'avait rien perdu de ses moyens d'exécution. Il mourut au château de Rousières, près de Lyon, au mois d'oct. 1837. Peu de semaines auparavant il chantait encore avec cette fraîcheur et cette puissance qu'on avait admirées en lui dans la force de l'âge.

MARTIN LE POLONAIS (*Martinus Polonus*), célèbre chroniqueur, ainsi nommé parce qu'il avait vu le jour en Pologne ou à Troppau, ville alors dépendante de ce royaume, embrassa la règle de St Dominique, et passa en Italie, où ses talents pour la chaire lui valurent la place de chapelain et de pénitencier du pape Clément IV, puis l'archevêché de Guesne en 1278. Il mourut la même année. Son principal ouvrage est une *Chronique* des papes et des empereurs, qui s'étend dep. St Pierre jusqu'à la mort de Jean XXI en 1277; elle a été publ. pour la prem. fois par Basile Hérold, à la suite de celle de Marianus Scotus, Bâle, 1559, in-fol., et insérée par Leibnitz dans les *Accessiones histor.*, etc. Un chanoine de Bonn ou de Liége la poussa jusqu'à la mort d'Urbain V en 1378. C'est cette chronique que Séb. Mamerot a traduite en français sous ce titre : *la Chroniq. martiniane de tous les papes qui furent jamais, et finit au pape Alexandre VI, dern. décédé*, etc., Paris, Vérard (vers 1504), 2 t. in-fol.

MARTINEL DE VISAN (JOSEPH-MARIE-PHILIPPE), conventionnel, né en 1762 à Renpot, dans le Comtat, exerçait la profess. d'avocat, lorsqu'en 1792 le départem. de la Drôme le nomma député à la convention. Dans le procès du roi, il vota la détention et le bannissem. à la paix. A la fin de 1794, désigné par le sort un des commissaires chargés d'examiner la conduite de Carrier, il le fit déclarer coupable et demanda sa mise en jugement. Après la session il parut au conseil des cinq-cents, et concourut à la journée du 18 fructidor (4 sept. 1794). Plus tard il fit assimiler les émigrés avignonnais aux autres émigrés. Après le 18 brumaire il entra au corps-législatif, dont il sortit en 1803. Depuis il n'exerça plus de fonctions publiques, et mourut à Avignon en 1833.

MARTINELLI (DOMINIQUE), architecte, né à Lucques en 1650, mort en 1718 à Vienne, où l'avait fait appeler sa réputat., donna les dessins du palais du prince de Lichtenstein, et d'un grand nombre d'autres dans diverses parties de l'Allemagne. Ses ouvr. sont pleins de magnificence, et annoncent un gr. jugem. dans l'invention, une entente parfaite des accessoires, et un véritable goût dans la manière dont il a su concilier la solidité des anciens avec l'élégance des modernes. Il a laissé des dessins à l'aquarelle, qui sont recherchés.

MARTINENGO (TITE-PROSPER), bénédictin de la congrégat. du Mont-Cassin, né à Brescia, mort en 1594, était très versé dans les langues grecque, latine et hébraïque, et fut chargé par le pape de

réviser les MSs. de St Jérôme, de St Jean-Chrysostôme, de la Bible grecque, etc., qui furent impr. par Paul Manuce. On a de lui quelq. *poésies* grecq. et lat. sur des sujets sacrés, dont le recueil parut à Rome en 1582 ou 1590, in-4, sous ce titre : *T.-P. Martinengi poematia diversa recensita et aucta.*

MARTINEZ (HENRIQUE), ingén. mexicain, fut élevé en Espagne, où il acquit de gr. connaissances en mathémat., en géographie et en hydraulique, et reçut du roi le titre de cosmographe. Étant passé au Mexique, il fut chargé en 1607, par le vice-roi, marquis de Salinas, du desséchement artificiel de cette contrée, afin de préserver des inondations la capitale de la Nouvelle-Espagne. Cette entreprise, poursuivie avec une gr. activité, fut achevée dans l'espace de 11 mois au moyen d'une galerie souterraine ; mais, contre toute attente et par des circonstances indépendantes des talents de l'ingén., Mexico resta inondé pend. 5 ans, de 1629 à 1634. Martinez, après avoir été long-temps persécuté, reprit ses travaux ; mais il mourut sans avoir vu ses plans accomplis. On a de lui un *Traité de trigonométrie*, impr. à Mexico.

MARTINEZ (GRÉGOIRE), peintre espagnol, né à Valladolid, florissait à la fin du 16e S. On connaît de lui un charmant tableau sur cuivre, représentant la *Vierge*, *l'enfant Jésus*, *St Joseph* et *St François d'Assise*. — MARTINEZ (Sébastien), l'un des plus grands peintres de l'école de Séville, né à Jaen en 1602, mort à Madrid en 1667, se distingua égalem. dans l'histoire et dans le paysage. Il reçut en 1660 le titre de peintre du roi ; Philippe IV allait souvent le voir travailler dans son atelier. On cite de lui : la *Nativité ;* le *St Jérôme ;* le *St François ;* la *Conception*, et le *Christ*, qu'il fit pour les religieuses du Sacré-Corps de Cordoue ; la *Conception* et le *St Sébastien* qui ornent la cathédrale de Jaen. — MARTINEZ (Joseph), peintre d'hist., né à Saragosse en 1612, mort en 1682, alla étudier la peinture à Rome, et de retour dans sa patrie, reçut le titre de peintre du roi Philippe et de don Juan d'Autriche. Ses productions se distinguent par la couleur ; mais il négligea trop souvent les autres parties de l'art. — MARTINEZ (Dominique), peintre d'histoire, né à Séville, où il mourut en 1750, a enrichi les églises de cette ville d'un assez grand nombre de productions, où l'on désirerait plus d'originalité et une composit. plus savante. — MARTINEZ (Thomas), peintre mystique, né à Séville, où il mourut en 1734, se livra à l'imitation de Murillo, et peignit, entre autres ouvr., une *Mère de douleurs*, vraiment digne de ce peintre, et qui, pour cette raison, a depuis été transférée à l'Alcazar. — MARTINEZ (don Joseph LUXAN ou LUZAN), peintre d'histoire et de portraits, né à Saragosse en 1710, mort dans cette ville en 1785, étudia avec fruit les meilleurs product. des peintres italiens, et forma lui-même une foule d'habiles élèves, parmi lesq. on distingue Bayeu, Goya, Bératon, Vallespin, etc. La plupart de ses tableaux sont dans les églises de Saragosse, de Huesca, de Calahorra et de Calatayud. — MARTINEZ DEL BARRANCO (don

Bernard), peintre d'histoire et de genre, né dans le village de Cuesta en 1758, mort à Madrid en 1791, se perfectionna en Italie et principalement à Rome par l'étude de l'antique et des ouvr. du Corrége. On cite de lui une *Décollation de St Jean*, faite pour l'académie de peinture de St-Ferdinand, à Madrid, et une *Vue du port de Santander*, qui jouit d'une gr. réputation.

MARTINEZ PASQUALIS, chef de la secte des martinistes, a souvent été confondu avec son disciple principal, Saint-Martin. On n'a jamais su précisément quelle était sa patrie; seulement, d'après son langage, on a présumé qu'il était Portugais, et même Juif. Il s'annonça, en 1754, par l'institution d'un rite cabalistique d'élus, dits *cohens* (en hébreu, *prêtres*), qu'il introduisit dans quelques loges maçonniques de France, notamm. à Marseille, à Toulouse et à Bordeaux. Après avoir professé quelq. temps sa doctrine à Paris, il quitta soudain cette ville, s'embarqua vers 1778 pour St-Domingue, et termina au Port-au-Prince, en 1779, sa carrière théurgique. Ses écrits et ceux de ses élèves donnent lieu de croire que sa doctrine est cette *cabale* des Juifs, qui n'est autre que leur métaphysique, ou la science de l'être, comprenant les notions de Dieu, des esprits, de l'homme dans ses divers états.

MARTINI (Simon), peintre, plus connu sous le nom de *Simon de Sienne*, né dans cette ville vers 1280, mort en 1344, aida Giotto dans la composit. du fameux tableau de mosaïque, représentant la *Barque de St Pierre battue par la tempête*, qu'on admire encore aujourd'hui à Rome. Choisi par le pape Benoît XII pour peindre les *Histoires des martyrs* dans le palais d'Avignon, il fit en cette ville un portrait de la belle Laure, dont il fut payé par deux beaux sonnets de Pétrarque. On voit de lui, dans le chapitre de Ste-Marie-Novelle à Florence, un tableau représentant *St Dominique et ses compagnons disputant contre les hérétiques*, désignés sous l'emblème de loups cherchant à dévorer des brebis que défendent des chiens *noirs et blancs*, par allusion aux couleurs de l'habit des dominicains.

MARTINI (Mathias), théologien et philologue, né en 1572 à Freienhage, mort dans un village près de Brême en 1630, a laissé des ouvr. de théol. et de controv. qui sont justement oubliés; mais on recherche encore son *Lexicon philologicum, præcipuè etymologicum*, etc., dont la meilleure édit. est celle d'Utrecht, 1697, 2 vol. in-fol., rare et publiée par Grævius.

MARTINI (Martin), jésuite missionnaire, né à Trente en 1614, mort à Hang-tcheou en 1661, après avoir opéré un gr. nombre de conversions, construit de nouvelles églises, réparé et embelli les anciennes, a laissé : *Atlas sinensis, hoc est, descriptio imperii sinensis unà cum tabulis geographicis*, Amste dam, 1655, in - fol.; traduit en français (1655), en espagnol (1656), en hollandais, en anglais, etc. — *Sinicæ historiæ decas prima*, 1658, in-4, trad. en franç. par l'abbé Le Pelletier, 1692, 2 vol. in-12. — *De bello tartarico*

in Sinis, Rome, 1654, in-12, trad. en franç. à la suite de l'*Histoire de la Chine*, par le P. Semedo, Lyon, 1667, in-4. — *Brevis relatio de numero et qualitate christianorum apud Sinas*, 1654, in-4.

MARTINI (Jean-Baptiste), religieux franciscain, né à Bologne en 1706, mort dans cette ville en 1784, fut d'abord employé aux missions de l'Inde; mais sa santé l'ayant forcé de revenir au bout d'un an dans sa patrie, il s'y livra à l'étude de la musique, et bientôt, à la demande des amateurs et même des artistes, ouvrit un cours d'enseignement musical. On vit des compositeurs tels que Jomelli, Mozart, Gluck et Grétry, assister à ses leçons. On a de lui : *Essai de contre-point* (*Saggio fondamentale prattico di contrapunto*). — *Hist. de la musiq.*, 1757-81, 3 vol. in-fol. et in-4. (V. les *Scrittori bolognesi* de Fantuzzi, t. V, p. 342 et suiv.)

MARTINI (Jean-Paul-Égide), composit. célèbre, né à Freystadt dans le Haut-Palatinat en 1741, vint à Paris en 1764, servit pendant six ans comme officier dans les hussards de Chamborand, puis, entraîné par sa vocation décidée pour la musique, s'y livra tout entier. On a de lui une multitude de marches militaires et de morceaux d'harmonie, et un assez grand nombre d'opéras, parmi lesquels on distingue : *l'Amoureux de quinze ans*, 1771; *la Bataille d'Ivry*, 1774; *le Droit du seigneur*, 1783; *Annette et Lubin*, 1800, etc. Martini est un des prem. qui aient remis à la mode le genre des *romances*. Il publia en 1790 un ouvrage très remarquable intitulé : *Mélopée moderne*, et une *École d'orgue*, 1804. A la restauration il recouvra la place de surintendant de la musique du roi, que la révolut. lui avait fait perdre, et mourut en 1816; il a laissé MS. un ouvrage élément. sur l'*harmonie et la composition*.

MARTINIEN (Martinus-Martinianus-Augustus), empereur romain, s'avança du rang de légionnaire aux grades supérieurs dans les armées de Licinius, et devint maître des offices du palais. Assiégé dans Byzance par Constantin, Licinius associa Martinien à l'empire en 323. Le nouvel auguste, après avoir fait de vains efforts pour arrêter l'ennemi commun, fut vaincu dans la bataille mémorable de Calcédoine (23 septembre 323), où Constantin remporta une victoire décisive. Abandonné à la fureur des soldats, ou, selon d'autres historiens, relégué dans la Cappadoce, Martinien fut bientôt après mis à mort par l'ordre du vainqueur. Il n'avait joui que deux mois du vain titre d'empereur.

MARTINIÈRE (Pierre-Martin de la), chirurg. et voyageur, né, autant qu'on peut présumer, à Rouen, s'embarqua de bonne heure, et fit plus. voyages en Asie, à la côte occidentale d'Afrique et à la côte de Barbarie, et enfin sur les mers du Nord, où il visita successivem. la Norwége, la Laponie, la Russie jusqu'à la Nouv.-Zemble, puis le Groënland et l'Islande. Outre quelques ouvrages de médecine oubliés, on a de lui : *Nouv. voyage vers le septentrion*, etc., Paris, 1671, in-12, fig., souvent réimprimé.

MARTINIÈRE (Antoine-Augustin BRUZEN de

LA), compilateur laborieux, né à Dieppe en 1662, mort à La Haye en 1746, a laissé un grand nombre d'ouvr., dont le principal est son *Dictionn. géogr., histor. et critiq.*, La Haye, 1726-50, 10 vol. in-fol., plusieurs fois réimpr. Sa meilleure édit. est celle de Paris, 1768, 6 vol. in-fol. On lui doit encore un gr. nombre de bonnes éditions avec des préfaces, des notices, etc. La politesse de ses manières et l'agrément de son esprit le firent rechercher par les personnages les plus disting., dont la recommandation lui valut les titres de consul du duc de Parme, de secrétaire du roi des Deux-Siciles et de prem. géographe du roi d'Espagne.

MARTINOT (HENRI), célèbre horloger, né à Paris en 1646, mort à Fontainebleau en 1725, fit des progrès si rapides dans toutes les parties de la mécanique, qu'il obtint à douze ans la promesse de la surviv. de la charge de son père, valet-de-chambre horloger du roi. Il n'avait que treize ans lorsque la mort de son père l'autorisa à réclamer la place qui lui avait été promise. Colbert hésitait à la lui donner, parce qu'il le trouvait trop jeune; mais le roi voulut que, s'il était capable de la remplir, on lui en expédiât le brevet; et il lui commanda en 1672 une horloge en forme de globe, indiquant les div. mouvements du soleil et de la lune. Cette pièce, achevée en 1677, fut regardée comme l'un des ouvrages les plus parfaits qu'on eût encore vus dans ce genre. D'autres ouvr., égalem. estimés des connaisseurs, valurent à Martinot la charge de directeur des horloges de toutes les maisons royales.

MARTINOVICZ (IGNACE-JOSEPH), physicien hongrois, né à Pesth vers le milieu du 18e S., fut nommé par l'empereur Joseph II professeur de physique et de mécanique à l'univers. de Lemberg. La manière brillante dont il remplit cette double chaire, et surtout le zèle avec lequel il soutint les réformes que l'empereur commençait à exécuter dans ses états, lui valurent les titres de conseiller impér., de prevôt titulaire de la cathédrale d'OEdenburg et d'abbé de Szazrar. Mais il faisait dès-lors partie de la société des illuminés, dont il devint bientôt l'un des chefs. Impliqué dans un complot tendant à exciter un soulèvem. à Vienne, il fut décapité à Bude en 1795. On a de lui : *Dissert. de micrometro*, 1784, in-4, fig. — *Dissertatio physica de altitudine atmosphærœ ex observationibus astronomicis*, 1785, in-4. — *Prœlectiones physicœ experiment.*, 1787, in-8, fig., t. Ier.

MARTINUSIUS (GEORGE), régent de Transylvanie, né dans la Croatie, prit d'abord l'habit relig. dans un couvent près de Bude ; mais, les austérités du cloître rebutant son esprit inquiet et ambitieux, il s'attacha au roi Jean Zapoli, qu'il avait connu simple gentilhomme, et fut employé par lui dans plusieurs négociations importantes. Il montra constamment beauc. de zèle, de fermeté et d'intellig. Mais Zapoli l'ayant nommé en 1540 tuteur de Jean-Sigismond, son fils unique, conjointem. avec la reine Isabelle, sœur de Sigismond II, roi de Pologne, et sous la protect. de Soliman, il développa tout à coup un esprit de dominat., une duplicité, une ambit. et une

avarice qu'on ne s'attendait pas à trouver en lui. Après s'être fait donner l'archevêché de Gran et le chapeau de cardinal, il sut adroitem. se servir de l'empereur Ferdinand pour chasser Isabelle de la Transylvanie, et des armées othomanes pour se délivrer des impériaux. Ferdinand le fit assassiner en 1548. Les immenses trésors trouvés dans le palais de ce gr. criminel purent faire penser qu'on avait autant songé à le dépouiller qu'à satisfaire un désir de vengeance.

MARTIRANO (CORIOLANO), excellent humaniste et bon poète latin, né à Cosenza dans la Calabre, nommé par le pape Clément VII à l'évêché de San-Marco, assista à la première session du concile de Trente, dont il fut l'un des secrétaires, obtint ensuite de l'empereur Charles-Quint la charge de secrétaire du conseil de Naples, et mourut en Espagne en 1557. On a recueilli quelques-uns de ses ouvrages, Naples, 1556, in-8 : ce volume contient 8 tragédies, deux coméd., etc. Debure en a donné la descript. dans la *Bibliogr. instructive*, n° 2904. On cite encore de lui : *Epistolœ familiares*, Naples, 1556, in-8.

MARTYN (JOHN), médecin, né à Londres en 1699, professeur de botan. à Cambridge, mort à Chelsea en 1768, a laissé, outre quelques trad. de Tournefort, etc. : *Tabulæ synopticœ plantarum officinalium ad methodum raianum dispositœ*, Londres, 1726, in-fol. de 20 pages. — *Methodus plantarum circa Cantabrigiam nascentium*, 1727, in-12. — *Hist. plantarum rariorum*, grand in-fol. — *Les Géorgiques de Virgile*, trad. en anglais avec des notes, 1741, in-4. — *Les Bucoliques*, 1749. — *Dissertations et remarques critiq. sur l'Énéide*, 1770, in-12, publiées par son fils : l'auteur y prétend justifier Virgile du reproche d'anachronisme relativement à l'époque de la fondat. de Carthage. Le genre *martynia*, de la famille des *bignones*, a été consacré à Martyn par son ami Houston et adopté par Linné.

MARTYN (THOMAS), fils du précéd., né en 1755, fit d'excellentes études sous la direct. de son père, fut nommé rect. de différentes paroisses, accepta les fonctions de gouvern. de jeunes gentilhommes, qu'il accompagna dans leurs voyages sur le continent. De retour en Angleterre, il reprit sa cure, puis remplaça son père dans la chaire de botaniq. à Cambridge qu'il occupa pendant 64 ans avec un talent remarquable. S'étant démis de cette place, il vint habiter le comté de Bedford où il mourut en 1825. Il était membre de la soc. roy. de Londres. On a de lui, entre autres ouvr. : *le Conchologiste univ.*, angl. et franç., Londres, 1784, 2 vol. in-fol. max. obl. Cet ouvr., publié d'abord sous le titre de *Figures des coquilles....recueillies dans plusieurs voyages faits à la mer du Sud depuis l'an 1764*, a été reproduit en 1785, gr. in-4. — *Flora rustica*, *exhibiting accurate figures of such plants*, etc., 1792-94, 4 vol. in-8, avec 144 pl. color. — *English entomologist*, etc., 1792, gr. in-4, fig.; traduit en franç., et publ. avec les mêmes pl. par l'auteur. — *Psyche, figures of non descript. lepidopterous insects*, etc., 1797, gr. in-4, fig. color. — *Aranei*, *or a natural history of Spiders*, etc., 1793, gr. in-4. Th. Martyn a donné une nouv. édition du *Dictionn. du jardin*, de Miller, et des traduct. de l'italien et du franç., notamment des *Élém. de botanique*, de Rousseau.

MARTYR (Pierre VERMIGLI, plus connu sous le nom de *Pierre*), l'un des plus célèbres théolog. réformés, né à Florence en 1500, entra dès l'âge de 16 ans dans la congrégat. des chanoines réguliers de St-Augustin à Fiesoli, et fut chargé d'enseigner la philosophie et la théologie aux jeunes religieux. Dans une de ses leçons, ayant exprimé ses doutes sur l'existence du purgatoire, il fut interdit. Il appela de cette sentence ; mais, cité au chapitre général de l'ordre, il craignit d'être arrêté s'il y comparaissait, et quitta l'Italie. Accueilli par les chefs de la réforme à Zurich, à Bâle, à Strasbourg, il embrassa le protestantisme, se maria en 1546, passa l'année suiv. en Angleterre, s'y fit recevoir doct. en théologie et fut aussitôt nommé professeur à Oxford. La crainte des persécutions, sous le règne de Marie, le fit revenir en 1553 sur le continent. Il obtint peu de temps après une chaire à Zurich, et il y mourut en 1562. Modéré par caractère, il ne tint pas à lui d'opérer la réunion des différ. sectes séparées de l'Église romaine, qu'il se repentit d'avoir abandonnée. Après Calvin, la réforme ne comptait point de meill. écrivain. La plupart de ses ouvrages ont été réunis sous ce titre : *Locorum communium theologicorum tomi III*, 1580-81-83, 3 vol. in-fol. Les curieux recherchent encore le rec. de ses lettres, *Petri Martyrii epistolæ*, etc., Elzevir, 1670, in-fol., impr. avec quelq. écrits de Ferdinand del Pulgar.

MARUCELLI (François), prélat distingué par la protection qu'il accorda aux lettres et aux arts, né à Florence en 1625, construisit à Rome un palais superbe, et l'enrichit d'une biblioth. nombreuse et bien choisie, dont il laissa la disposition aux littérateurs privés de fortune. Sa ville natale lui dut aussi l'établissem. d'une biblioth. publique, avec un fonds annuel pour son entretien. Il mourut à Rome en 1713. On a de lui un *Index général*, en 112 vol. in-fol., de toutes les matières traitées dans les ouvr. qu'il avait lus. Ce vaste répertoire est conservé à Florence. — Son frère aîné, Jean-Philippe MARUCELLI, mort à Florence en 1680, avec le titre de secrét.-d'état du gr.-duc, passait pour fort instruit dans le grec et l'hébreu. Il est cité avec distinction par Ménage, Heinsius, Gronovius, etc.

MARULLI (Michel TARCOGNOTA ou TARCHIANOTA), l'un des princip. personnages qui, après la prise de Constantinople, se réfugièrent en Italie, entra dans les troupes du gr.-duc de Toscane, Léon-le-Magnifique, et se noya dans la rivière la Cecina, qu'il traversait à cheval, vers l'an 1500. Marulli appartenait à l'acad. de Pontanus ; il fut lié avec Sannazar, s'éleva lui-même au rang des écriv. les plus célèbres de son siècle. Le rec. de ses poésies (gr. et lat.) se compose de 4 liv. d'*épigramm.*, de 3 liv. d'*hymnes*, et d'un poème inachevé *sur l'Éducation d'un prince*; publ. pour la prem. fois,

Florence, 1497, in-4, il a été réimpr. à Bologne, 1504 ; à Strasbourg, 1608 ; et à Paris, 1561 et 1582, in-16.

MARVELL (André), écrivain anglais, né à Kingston-upon-Hull, comté d'York, en 1620, mort en 1678, fut d'abord employé en qualité de secrét. de l'ambassade anglaise à Constantinople, adjoint, en 1657, à Milton, alors secrétaire latin du protecteur; il fut ensuite député plus. fois au parlement, où, sans prendre souvent la parole, il eut toujours une gr. influence. Quoique ses écrits et ses principes fussent opposés à l'esprit du gouvernement, Charles II, qui chercha vainement à le gagner, n'en conçut pas moins pour lui une extrême bienveillance, et goûta beaucoup sa conversat. spirituelle. On a de lui des poésies satiriq. et des pamphlets, qui le firent passer, suivant l'express. de Burnet, pour le drôle le plus éveillé de son temps. Swift en parlé aussi avec le plus grand éloge dans son *Conte du tonneau*. Le dern. ouvr qu'il fit imprimer, fut un *Tableau de l'origine du papisme et du gouvernement arbitraire en Angleterre*, 1678, in-fol.; réimpr. dans les traités politiq. (*State tracts*) en 1689. Après sa mort, une dame qui s'annonçait pour sa femme, quoiqu'il n'eût jamais été marié, publia en 1681, in-fol., ses *Poésies mêlées*. Cooke imprima en 1726, 2 vol. in-12, une édition des *Œuvres* de Marvell, où l'on ne trouve que ses poésies et ses lettres. Le capitaine Thompson en a donné une jolie édit., 1776, 3 vol. in-4.

MARX (Jacob), médec. juif, né à Bonn en 1743, mort à Hanovre en 1789, travailla toute sa vie à l'avancement de son art, et concourut à répandre en Allemagne l'usage du gland de chêne, comme topique, dans plus. affections des viscères et des poumons. On a de lui : *Dissertatio de spasmis, seu motibus convulsivis optimâque iisdem medendi ratione*, Halle, 1765, in-4. — *Deux cas de phthisie guérie par l'usage du gland*, *Magazin für Ærzte*, 2e part., 1775.—*Effets confirmés du gland*, 1776, in-8. —*Hist. du gland de chêne*, 1781, in-8, etc.

MASACCIO, célèbre peintre toscan, appelé aussi *Maso* ou *Thomas Guidi di San-Giovanni*, du lieu de sa naissance, situé dans le Valdarno, naquit en 1401, et mourut à Florence vers 1443, empoisonné, dit-on, par des rivaux jaloux de sa supériorité et de la faveur qu'elle lui avait procurée auprès du pape Boniface VIII, de Cosme de Médicis et des plus illustres personnages de l'Italie. Ses ouvrages font époque dans l'hist. de l'art; il fut le prem. qui sut donner la vie et le mouvement à ses fig. : la vue de ses ouvr. ne fut pas sans utilité pour Raphaël et Michel-Ange. Le temps où les restaurations maladroites ont malheureusement détruit ou dénaturé une grande partie de ses fresques ; mais ce qui en reste dans une chapelle des carmes à Florence et dans la chapelle de Ste-Catherine de l'église de St-Clément à Rome, suffirait à sa gloire, si l'on ne connaissait que le groupe d'*Adam et Ève*, si gracieux que Raphaël s'est approprié sans y faire presque aucun changement, et le *Baptême de St Pierre*, où l'on voit cette figure tant vantée que le froid semble faire frissonner. Le musée possède de cet artiste un dessin à la plume et lavé au bistre sur vélin, dont le sujet est le *Christ sur la croix entre les deux larrons.*

MASANIELLO. — V. MAZANIELLO.

MASBARET (JOSEPH du), prêtre de la congrégation des sulpiciens, né à St-Léonard, petite ville du Limousin, en 1697, mort en 1783, a fourni beaucoup d'articles et des corrections importantes pour l'édit. de 1752 du *Dictionn.* de Moréri, ainsi que pour le *Supplément* de 1759, et a laissé des *Remarques sur Moréri*, 6 gros vol. in-4. Barbier en a publ. quelq. articles dans le prem. vol. de son *Examen critique*, au complém. du *Dictionnaire.*

MASCAGNI (PAUL), célèbre anatomiste, né en Toscane en 1752, professa, dès l'âge de 22 ans, à Sienne, transporta ensuite son enseignem. à l'école plus renommée de Pise, fut appelé en 1801 à Florence pour y professer l'anatomie, la physiologie et la chimie au gr. hôpital de *Santa-Maria-Nuova*, reçut le titre d'associé de la première classe de l'Institut de France, et mourut en 1815. Il démontra le prem. la véritable structure du corps spongieux de l'urètre, et contribua puissamment à compléter la superbe collection des pièces d'anatomie en cire qui se trouvent dans le muséum de Florence. Les eaux minérales de la Toscane ont été analysées avec soin par Mascagni, et ce sav. scrutateur de la nature a fixé aussi l'attention de ses concitoyens sur la culture en grand de la pomme-de-terre, sur les prairies artificielles, et la propagat. des mérinos. On a de lui : *Dei lagoni del Senese e del Volterrano*, 1779, in-8. — *Vasorum limphaticorum corporis humani historia et iconographia*, Sienne, 1787, in-fol., avec pl.; réimpr., le texte seulem., en 1795, 2 vol. in-8. — *Anatomia per uso degli studiosi di scultura e pittura*, Florence, 1816, in-fol., avec pl. : ouvr. posthumes publ. aux frais et par les soins du frère et du neveu de Mascagni. — *Prodromo della grande anatomia*, Florence, 1819, in-fol., publ. au profit de la famille de Mascagni, sous la direction du doct. Antomarchi, l'un de ses élèves.—*Anatomia universa XLIV tabulis eneis juxta archetypum hominis adulti accuratissime repræsentat.*, Pise, 1823-32, in-fol. max. C'est le plus magnifique ouvr. d'anatomie qui existe. Les fig. gr. comme nature ne laissent rien à désirer par leur exécution. On doit encore à Mascagni une *Descript. de l'utérus humain et d'animaux d'espèce différente*, dans le t. XV des *Mémoires* de la société ital. Son *Éloge* a été publ. par le doct. Th. Farnèse, Milan, 1816, in-8, avec une addit. du même aut., ibid., 1818, in-8.

MASCARDI (JOSEPH), jurisconc., né à Sarzana dans l'état de Gènes, vers la fin du 16e S., fut vicaire-général de St-Charles-Borromée. Revêtu du même caractère à Naples, à Padoue et à Plaisance, il n'en cultiva pas moins la jurisprudence avec succès, et mourut vers 1630 dans sa patrie, protonotaire apostolique et coadjut. de l'église d'Ajaccio. On lui doit : *Conclusiones omnium probationum quæ in utroque foro quotidiè versantur*, etc., Tu-

rin, 1624, 5 vol. in-fol.; abrégé par J.-J. Stimpelius, Leipsig, 1677, in-4; Cologne, 1685, in-8. Leibnitz faisait un très grand cas de cet ouvr.—

MASCARDI (Alderano), frère du précéd., né à Sarzana, mort à Pavie en 1606, après avoir exercé la profession d'avocat dans les principales villes d'Italie, a laissé : *Conclusiones ad generalem quorumdam statutorum interpretationem accomodatæ*, Ferrare, 1608, in-4; réimpr. à Venise et à Francfort. — MASCARDI (Augustin), fils du précéd., né à Sarzana en 1591, mort en 1640, fut regardé comme l'un des écriv. les plus purs et les plus corrects de son temps. Il a laissé de nombr. ouvr., parmi lesq. on distingue : *Silvarum lib. IV*, 1622, in-4.— *Prose volgari*, 1646, in-4.— *Discorsi morali sulla Tavola di Cebete*, 1627, in-4.—*La Congiura del conte Giov.-Luigi de Fieschi*, 1627, 1629, in-4; trad. en franç. (par le card. de Retz), 1665, in-12.— *Saggi accadem. da diversi nobilissimi ingegni*, 1655, 1690, in-4. — *Dell' arte historica trattati V*, 1636, in-4; avec des addit., 1646, in-4: c'est le meilleur de ses ouvr. — *Dissertationes de affectibus, sive perturbationibus animi*, etc., 1639, in-4. — *Prolusiones ethicæ*, 1639, in-4.

MASCARON (JULES), célèbre prédicateur, né à Marseille en 1634, entra en 1650 dans la congrégation de l'Oratoire, et professa d'abord les belles-lettres dans plus. collèges. Mais il se sentit bientôt appelé à parcourir une carrière plus brillante que celle de l'enseignement. Il débuta en 1663 à Angers dans celle de la prédication, et parut l'année suiv. à Saumur avec tant d'éclat qu'il fallut dresser des échafauds dans l'église pour placer tous les auditeurs. Tannegui-Lefèvre, écrivait à son ami Boherel : « Malheur aux prédicateurs qui viendront après lui ! » Aix, Marseille, Nantes, et les principales églises de la capitale eurent tour à tour l'avantage de le posséder. La cour le demanda pour l'Avent de 1666 et le retint pour le carême de l'ann. suivante. Louis XIV le chargea en 1670 de l'oraison funèbre de Henriette d'Angleterre et de celle du duc de Beaufort, et le récompensa en 1671 par l'évêché de Tulle. Mascaron sut allier les devoirs de l'épiscopat avec les fonctions du ministère, et mit le sceau à sa réputat., en 1675, par l'oraison funèbre de Turenne, regardée comme son chef-d'œuvre. Voltaire l'a jugée bien inférieure à celle de Fléchier; mais on y trouve des morceaux qui rappellent Bossuet, dont jamais n'approcha l'élégant évêq. de Nimes. Transféré en 1679 à l'évêché d'Agen, où l'on comptait trente mille calvinistes, il en convertit le plus grand nombre. Il remplit encore des stations d'Avent et de Carême à la cour, en 1685, 84 et 94, termina l'année suiv. sa carrière oratoire par le discours d'ouverture de l'assemblée du clergé, se consacra dès-lors entièrem. au soin de son diocèse, et mourut en 1703. Les pauvres furent ses héritiers et le regrettèrent comme leur père. Une chose qui l'honore, c'est le courage qu'il eut dans le temps que Louis XIV donnait de grands scandales, de rappeler devant ce prince la mission du prophète Nathan, chargé de la part du Seigneur d'aller annoncer à David la punition de son adultère. Il osa même ajouter à cette allusion déjà si forte les paroles que St Bernard adressait aux princes de son temps : « Si le respect que j'ai pour vous ne me permet de dire la vérité que sous des enveloppés, il faut que vous ayez plus de pénétration que je n'ai de hardiesse, et que vous entendiez plus que je ne vous dis, etc. » Le P. Bordes publia en 1704 le recueil des *Oraisons funèbres* de Mascaron, au nombre de cinq, précédées de la *Vie* de l'auteur. On a réuni dans un rec. les *Oraisons funèbres de Bossuet, Fléchier et Mascaron*, Paris, 1758, 3 vol. in-12.

MASCARON (LOUIS BEAU de), officier français d'une rare valeur, né à La Rochelle en 1725, mort en 1746, après avoir subi l'amputation de la cuisse avec un calme héroïque, avait servi avec distinct. en Corse, en Bohème, en Flandre, au siége de Charleroi et à la bataille de Rocoux, et avait mérité la croix de St-Louis à vingt ans. On a publ. *l'Éloge de messire L. Beau de Mascaron*, Paris, 1771, in-12, extrait de *l'Encyclopédie milit.*, et impr. par ordre du gouvernement pour être distribué aux élèves de l'école royale militaire.

MASCH (ANDRÉ-THÉOPHILE), théolog. allemand, prédicat. à la cour ducale de Strelitz et surintend. ecclésiastique du district de Stargard, né en 1724 à Beseritz, dans le Mecklembourg, mort en 1807, a laissé : *Bibliotheca sacra post J. Lelong et C. F. Boerneri iteratas curas ordinè disposita, emendata, suppleta, continuata*, Halle, 1778-90, 4 vol. in-4.—*Mém. pour servir à l'hist. des livres curieux*, 9 cahiers, Wismar, 1769-76.—*Antiq. relig. des Obotrites*, Berlin, 1771, in-4. — *La Prérogative de l'Église*, Halle, 1789, in-8. — *Les Droits de la conscience... chez les protestants*, ibid., 1791.

MASCHERONI (LAURENT), mathématicien, né à Bergame en 1750, mort en 1808, se montra le partisan des changem. que l'arrivée des Français occasionna dans le système politique de l'Italie, et fut élu député au corps législatif de la république cisalpine. Envoyé quelq. temps après à Paris, pour y travailler à la rédaction du système des poids et mesures, il se fit aimer de tous les savants par sa douceur et sa modestie. Lalande a publ. une courte *Notice* sur cet habile géomètre dans le *Magasin encyclopédique*, 6e année, t. II, pag. 416, et dans le *Journal de Paris*, 1800, pag. 1496. On a de lui : *Sulle curve che servono a delineare le ore inequali degli antichi nelle superficie plane*, Bergame, 1784, in-4. — *Nouvelles recherches sur l'équilibre des voûtes* (en ital.), 1785, in-4, avec pl.—*Geometria del compasso*, etc., 1795, in-8; trad. en franç. par Carette, officier du génie, Paris, 1798, in-8.

MASCLEF (FRANÇ.), sav. hébraïsant, né en 1665 à Amiens, mort en 1728, chanoine de cette ville, est connu par son système sur la lecture de l'hébreu sans points-voyelles, à l'appui duq. il publ. : *Grammatica hebraica, à punctis aliisque inventis massorethicis libera*, Paris, 1716, in-12, et qu'il appliqua aux langues chaldéenne, syriaque et samaritaine dans une gramm. de ces langues, Paris,

1751, in-12; réimpr. en 1743, avec la grammaire hébraïque dont est formé le 2e vol.

MASCRIER. — V. LEMASCRIER.

MASDEU (JEAN-FRANÇOIS), savant jésuite espagnol, né vers 1740 à Barcelone, se fit remarquer dans son ordre, y obtint div. charges, et lors de sa suppress. fut, ainsi que ses confrères, transporté en Italie. Il habita plus. années Foligno. C'est de cette ville qu'il écrivait en ital. son histoire générale de l'Espagne ; mais peu satisfait de l'accueil que les critiques étrangers faisaient à son ouvrage, il le trad. lui-même en espagnol et le fit imprimer à Madrid. Lors du rétablissement des jésuites, il entra dans le collège romain ; et peu de temps après obtint l'autorisat. de retourner dans sa patrie : il mourut à Valence en 1817. On a de lui : *Historia critica de España y de la cultura española en todo genero*, Madrid, 1783-1800, 20 vol. in-4 : ouvrage diffus, mais où l'on trouve une immense érudition.

MASEN (JACQ.), *Masenius*, jésuite, né à Dalen, duché de Juliers, en 1606, mort à Cologne en 1681, professeur de belles-lettres, a composé un grand nombre d'ouvr., dont on trouve la liste dans la *Bibliotheca coloniensis* du P. Hartzeim. Toute sa réputation repose aujourd'hui sur son poème de la *Sarcotis*, divisé en V liv., et renfermant l'histoire de la désobéissance d'Adam et d'Ève, de leur expulsion du paradis terrestre, et des malheurs du genre humain, causés par l'orgueil. Encore faut-il dire que ce poème doit une gr. partie de sa célébrité à Guill. Lauder, crit. écossais, qui prétendit faussem. que Milton y avait puisé l'idée du *Paradis perdu*, et en avait imité ou traduit les plus beaux morceaux. La *Sarcotis* a été réimpr. avec un second poème du même auteur : *Caroli V imperatoris panegyris*, Paris, Barbou, 1771, in-12.

MASERS DE LATUDE (HENRI), si connu par sa longue captivité, né en 1725 au château de la Craisich, près de Montagnac dans le Languedoc, était destiné par ses parents à l'état militaire. Son goût pour les mathématiques lui fit désirer d'entrer dans l'arme du génie, et il vint à Paris en 1748 continuer ses études. Ayant voulu se concilier la faveur de Mme de Pompadour, il imagina, pour y parvenir, un moyen qui le perdit. Il jeta à la poste, sous le couvert de la favorite, un paquet renfermant une poudre, et courut à Versailles la prévenir d'un horrible complot tramé contre elle. Cet artifice grossier fut découvert, et Latude conduit à la Bastille. Transféré au bout de quelq. mois au donjon de Vincennes, il parvint à s'évader, fut repris et jeté dans un cachot de la Bastille. Dix-huit mois après il fut transporté dans une chambre, où il eut pour compagnon d'infortune un jeune homme nommé d'Alègre, victime aussi de la tyrannie de Mme de Pompadour. Il s'échappa avec lui en 1756, fut arrêté à Amsterdam et ramené à la Bastille. Cette fois on lui mit les fers aux pieds et aux mains ; cependant il finit par s'habituer à sa situation, et il a lui-même avoué qu'il goûta dans son affreux cachot quelq. moments d'une satisfaction sans mélange. Il apprivoisait des rats, rêvait des projets d'utilité publique, et se consolait par l'espoir d'être un jour libre. Mais son sort ne changeait pas : il tomba enfin dans le désespoir, et il était résolu à se laisser mourir de faim, si ses gardiens n'eussent adouci les rigueurs de sa captivité. La mort de Mme de Pompadour vint un moment ranimer ses espérances : il ne fit toutefois que changer de prison et fut transféré à Vincennes en 1764. Il s'évada encore, fut repris, ramené à Vincennes, et de là transporté à Charenton, où ses ennemis le firent traiter, pendant deux ans, d'une folie qu'il n'avait pas. Enfin l'ordre de le mettre en liberté fut expédié en 1777 : deux mois s'étaient à peine écoulés depuis son élargissem., lorsqu'il fut arrêté de nouveau et enfermé à Bicêtre. Il y languit plusieurs années, et dut sa liberté, en 1784, aux démarches de Mme Legros, marchande à Paris, entre les mains de laq. tomba un mémoire détaillé de ses infortunes qu'il avait écrit pour être présenté au président de Gourgues. Cette femme généreuse s'intéressa vivem. à un malheureux qu'elle n'avait jamais connu ; et non contente d'avoir brisé ses fers, elle fit révoquer l'ordre qui lui enjoignait d'aller vivre à Montagnac, et lui ouvrit sa maison. Latude mourut à Paris en 1805. M. Thierry, avocat, a publié le *Despotisme dévoilé, ou Mémoires de Latude, rédigés sur les pièces originales*, Paris, 1791-92, 3 vol. in-18 ; 1793, 2 vol. in-8.

MASETTI (Auguste), né à Rovère en 1737, fit à Mantoue ses études physiques et mathémat., puis se livra avec zèle à l'architect. et à l'hydraulique. Attaché en 1777 au collège des ingénieurs civils, il s'éleva par son talent au poste de direct.-général des travaux publics de la Lombardie. C'est à lui qu'on doit en grande partie tous ceux qui ont été faits depuis dans cette contrée pour améliorer le cours ou la navigat. de l'Adige, du Pô, du Tanaro, du Mincio, etc.; on lui doit aussi la construct. de plusieurs canaux, l'améliorat. et la conservat. de la plupart des routes du pays. Il sollicitait, après 57 années de service, une retraite honorable, lorsqu'une péripneumonie l'enleva, en 1833, à Milan, à 77 ans.

MASHAM (Damaris), dame anglaise, née à Cambridge en 1658, dut une partie de l'instruction qu'elle acquit en différents genres, au philosophe Locke, dont elle se montra digne d'être l'élève par ses vertus comme par ses talents. Elle mourut en 1708. On a de cette dame : *Discours sur l'amour de Dieu*, Londres, 1696, in-12, trad. en français, par P. Coste, 1705, in-12 ; et des *Pensées détachées relatives à une vie vertueuse et chrétienne*.

MASHAM (Abigaïl), favorite de la reine Anne, et cousine germaine de la duchesse de Marlborough, fut réduite dans son enfance, par suite des pertes qu'avait éprouvées son père, riche marchand de Londres, à servir dans de grandes maisons. Elle entra d'abord chez lady Rivers, puis chez sa cousine (alors lady Churchill), qui lui obtint une place de femme-de-chambre auprès de la princesse Anne. Abigaïl conserva le même emploi lorsque la princesse fut devenue reine, et sut si bien s'insi-

nuer dans ses bonnes grâces qu'elle supplanta bientôt la duchesse, dont l'humeur hautaine et les caprices impérieux avaient singulièrement refroidi la reine. Elle épousa secrètement en 1707, M. Masham, qui fut élevé en 1711 à la pairie, avec le titre de baron. Liée dès-lors avec Harley, depuis lord Oxford, elle travailla de concert avec lui à amener un changem. dans le ministère et la conclusion de la paix. A peine le crédit de Marlborough et de sa femme fut-il tombé, qu'Oxford s'efforça de diminuer celui de lady Masham, par l'influence de la duch. de Sommerset, nouvelle favorite. Cependant elle fut assez généreuse pour intercéder plus tard en sa faveur, dans une occasion où sans elle il eût été perdu. Oxford reconnut mal cette générosité. Des négociat. secrètes ayant été ouvertes en 1714, du consentem. de la reine, avec la cour de St-Germain, pour faire monter le prétendant sur le trône, lady Masham, placée à la tête de cette intrigue, découvrit que le lord trahissait cette cause qu'il semblait défendre, et lui fit ôter la charge de grand-trésorier. Mais bientôt la mort de la reine vint l'éloigner elle-même des affaires. Il paraît que lady Masham vécut encore long-temps dans la retraite ou du moins dans un repos forcé. On ignore l'époque de sa mort.

MASINI (Nic.), médec., d'une famille distinguée de Césène, eut de son temps la réputation méritée d'un homme savant ; mais il la ternit en laissant percer son faible pour la plus ridicule superstit. : comme Socrate il croyait avoir un démon familier, et il n'osait rien entreprendre sans l'avoir consulté. Le seul de ses écrits qui paraisse avoir été impr. a pour titre : *De gelidi potùs abusu lib. III*, Césène, 1587, in-4. On trouve sur lui de plus amples détails dans le *Dictionn.* d'Éloy, dans l'*Hist. de la littérature italienne*, de Tiraboschi, etc.

MASINISSA, fils de Gala, roi de Numidie, fut élevé à Carthage et fiancé à Sophonisbe, fille d'Asdrubal. La Numidie était alors divisée en 2 parties, la Massylie, où régnait Gala, et la Massessylie, possédée par Syphax. Celui-ci s'était déclaré l'allié des Romains. Masinissa le battit deux fois et conduisit son armée victorieuse en Espagne, où il contribua aux succès des Carthaginois. Mais les campagnes suiv. furent moins heureuses, et Masinissa eut la douleur de voir Massiva, son neveu, prisonnier du jeune Scipion. La générosité du vainqueur qui lui renvoya son neveu sans rançon le pénétra de reconnaissance ; et, tandis que Syphax, séduit par les charmes de Sophonisbe, dont on lui accordait la main, se rangeait sous les drapeaux de Carthage, Masinissa devint l'allié le plus fidèle des Romains. Cependant Gala, son père, n'était plus, et la mort de son frère aîné le laissa héritier du trône de Massylie. Syphax l'attaqua, le battit à diverses reprises, et le força de se cacher. A l'arrivée de Scipion en Afrique, Masinissa se hâta de le rejoindre, et contribua beaucoup à la victoire que Scipion remporta sur Syphax, l'an 203 av. J.-C. Envoyé à sa poursuite, il s'empara de Cirtha, sa capitale, et pour soustraire Sophonisbe aux humiliations qui l'attendaient, l'épousa solennellement. Mais Scipion désapprouva cette union, et Masinissa envoya du poison à son épouse. Il n'en servit pas moins fidèlement les Romains, et se distingua tellement à Zama, que le sénat, pour le récompenser, lui donna toute la Numidie. Il s'appliqua dès-lors à étendre la civilisat. dans son empire et à consolider son autorité. Il avait 90 ans quand, sur un léger prétexte, il déclara la guerre à Carthage, et remporta deux gr. victoires. Il mourut peu de temps après dans les bras du jeune Scipion-Émilien, laissant 54 fils, dont 5 seulem., Micipsa, Gulussa et Mastanabal, étaient issus de mariages légitimes, et lui succédèrent.

MASKELYNE (Névil), né à Londres en 1732, sentit naître en lui le goût de l'astronomie en observant l'éclipse du soleil en 1748, et se livra dès-lors avec une ardeur soutenue à l'étude de cette science. Envoyé à l'île de Ste-Hélène en 1761 pour observer le passage de Vénus, il ne réussit point dans les calculs qu'il s'était proposés; mais son voyage n'en fut pas moins une époque intéressante dans l'histoire de l'astronomie. Il imagina, pour les secteurs les quarts de cercle et autres instruments astronomiques, une suspension du fil à plomb, aujourd'hui généralem. adoptée. A son retour il publia son guide du marin (*british mariner's Guide*), 1763. Il y proposait le plan d'almanach nautique tracé par La Caille : à force de persévérance il parvint à le faire adopter, et fit paraître *the nautical Almanac*, etc., auquel il joignit des tables pour en faciliter l'usage à tous les marins, 1781. Enfin, après avoir, par une foule de moyens réunis, et que depuis tous les astronomes ont imités, conduit l'art des observat. à une précis. qu'il paraît désormais impossible de surpasser, il rendit encore un service à la science en obtenant du conseil de la société royale de Londres que toutes ses observat. seraient impr. par cahiers, et d'année en année. Ces cahiers forment aujourd'hui 4 vol. in-fol. Avant lui toutes les observat. demeuraient enfouies dans les observatoires où elles avaient été faites. Maskelyne mourut en 1811; il avait le titre d'astronome royal; et l'acad. des sciences de Paris le comptait au nombre de ses correspond. étrangers. Pour les détails, on peut consulter les *Mém. de l'Institut* (classe des sciences physiques et mathémat.), pour 1811, et le *Dictionnaire biogr.* de Chalmers.

MASNER (Thomas), conseiller de Coire, homme riche, puissant et attaché à l'Autriche, devint fameux, au commencement du 18e S., par un procès qui donna lieu à un gr. nombre de mémoires, d'arrestations et de représailles entre le parti français et le parti autrichien dans les Grisons. Il était accusé d'avoir commis des exact. et d'avoir fait dépouiller des courriers et des marchands de France. Le comte de Luc, ambassadeur de France en Suisse, après avoir essayé vainement de forcer le coupable à des restitutions, voyant que ses arrestations arbitraires n'avaient abouti qu'à faire arrêter aussi plusieurs personnages distingués, entre autres le

gr.-prieur de Vendôme, engagea les trois ligues à se charger de sa vengeance. Un tribunal spécial s'étant réuni à Hantz en 1711, Masner, qui s'était réfugié à Vienne, fut condamné au bannissement; sa tête fut mise à prix, et il fut ordonné que, si on le saisissait, il serait écartelé vif comme criminel de lèse-majesté divine et humaine, traître à sa patrie, rebelle, brigand public, faux-monnayeur, etc. Il fut défendu, sous peine d'être traité comme criminel d'état, de donner asile à Masner, ou d'avoir aucune correspondance avec lui. Celui-ci, longtemps soutenu par la cour de Vienne, perdit enfin cet appui, et alla se réfugier dans le comté de Glaris, où il fut reconnu et réclamé : en s'enfuyant, il périt misérablement (*v.* Zurlauben, *Hist. milit. des Suisses*, t. VII, p. 452). Parmi les apologies de Masner, on distingue le *Responsum de l'université de Tubingen*, 1712, in-fol.

MASO. — V. Finiguerra.

MASON (Charles), astronome anglais, mort en 1787 en Pensylvanie, où il avait été envoyé avec Dixon pour déterminer les limites de cette province et celle du Maryland, est surtout connu par son travail sur les tables lunaires de Mayer. Ces tables avaient été envoyées à Londres pour le prix des longitudes. Il s'agissait de les apprécier. Mason, assistant de Bradley à l'observatoire de Greenwich, recueillit 1220 observat. faites par Bradley de 1750 à 1760, les réduisit, les calcula, et les compara aux tables, dont l'exactitude fut dès-lors bien reconnue. Cependant l'on conçut l'espoir d'améliorer sensiblem. l'ouvrage de Mayer, qui n'avait pas eu à sa disposition un nombre aussi gr. d'excellentes observations. Mason fut chargé de ce travail par la *commission des Longitudes*. Maskelyne, en publiant ce nouvel ouvr. (*Mayer's Lunar tables improved by Ch. Mason*, Londres, 1787), crut pouvoir assurer qu'en aucun cas l'erreur des tables ainsi corrigées ne passerait 30". Lalande les réimprima dans son astronomie en 1792.

MASON (George), homme d'état de Virginie, mort en 1792 à 67 ans, fit partie de la convention générale qui établit en 1787 la constitution des États-Unis; mais il refusa de la signer. Il déploya encore une gr. fermeté dans la convention de Virginie, et s'honora surtout en protestant que, malgré son attachement au système de l'union, il ne souscrirait jamais à celle des états méridionaux, s'ils ne renonçaient à la traite des noirs, autorisée pour vingt années par un des articles de leur constitution.

MASON (William), poète angl., né à Saint-Trinity-Hall, dans l'Yorckshire, en 1725, mort en 1797, se persuada que le genre dramatique des anciens serait facilement introduit sur le théâtre moderne, et voulut confirmer ses théories par deux tragédies qui furent représentées à Covent-Garden, et n'eurent point de succès, quoique à la lecture elles parussent bien versifiées et riches en idées poétiques. Trois élégies, qu'il publia en 1762, furent plus heureuses, et signalèrent l'aut. comme un des prem. poètes du temps. Une place de *præ-*

centor, ou grand-chantre de la cathédrale d'York, qu'il obtint en sa qualité d'ecclésiastique, l'engagea à porter son attention sur la musique sacrée. Il fit paraître en 1782, à la tête d'une collection des *psaumes et hymnes* chantés dans les églises du rit anglican, un *Essai historique et critique sur la musique des cathédrales*. Il s'occupa aussi de la peinture, et traduisit, ou plutôt imita en très bons vers l'*Art de peindre* de Dufresnoy, qui parut en 1783, avec des notes de Reynolds. On lui doit encore le *Jardin anglais*, poème didactique en IV chants, 1783, in-8; 1803, in-12; et des poésies politiques où l'on remarque une versatilité qu'il faut bien pardonner à un poète, puisque les publicistes n'en sont pas exempts. Il fut l'ami de Gray, auprès duquel il est enterré à Westminster. Une édit. complète de ses *œuvres* parut à Londres, 1811, 4 vol. in-8.

MASOTTI (Dominique), chir. lithotomiste, né à Faënza en 1698, mort à Florence en 1779, inventa un nouvel instrument dilatoire pour extraire la pierre aux femmes sans avoir recours à l'opération de la taille, et publia à ce sujet une lettre imprimée en 1756, puis en 1763 sous le titre de *Lithotomie des femmes perfectionnée*. L'acad. de chirurgie de Paris porta de cet instrument un jugem. favorable.

MAS'OUD Ier (Schehab-Eddaulah-Djelal-el-Moulouk-Abousaïd), 5e ou 6e prince de la dynastie des Ghaznevides, et 4e souver. musulman de l'Hindoustan, était le fils aîné du fameux Mahmoud, qui ne lui laissa pourtant que l'Irak persan, le Kharism et une partie du Khoraçan, et nomma Mohammed, son second fils, héritier du trône de Ghaznah. Mais dès que Mas'oud eut appris à Hamadan la mort de son père et l'avénement de Mohammed au trône, l'an 421 de l'hégyre (1030 de J.-C.), il déclara la guerre à son frère, le vainquit et lui fit crever les yeux. Reconnu sulthan dans tout l'empire gahznevide, il commença par rendre la liberté et les sceaux de l'état au cél. visir Ahmed-al-Meïmendy, soumit en 422 la vaste province de Mékran; et, se trouvant maître alors de la plus grande partie de la Perse, quoique inquiété souvent par des révoltes, il entreprit en 424 une expédit. dans l'Hindoustan, et l'année suiv. dans le Thabaristan. Il y eut des succès, mais fut moins heureux contre les Seldjoukides, tribu turkomane qui déjà avait préludé par plus. incursions aux conquêtes qui devaient bientôt lui donner la domination de l'Asie. Il négligea trop ces peuples, et laissa croître leur puissance, qui ne tarda pas à devenir formidable. Une bataille dans laquelle la victoire long-temps indécise resta enfin aux Seldjoukides, les rendit maîtres du Khoraçan, vers 431 (1040). Mas'oud, après avoir exercé sur quelq. émyrs des cruautés qui ne rétablissent point ses affaires, porte encore les armes dans l'Hindoustan : mais une partie de son armée se révolte, brise les fers de Mohammed, que le sulthan traînait à sa suite, et le force de reprendre la couronne. Le prince aveugle ne pouvait régner lui-même. Son fils Ahmed, qui gouvernait en son nom, assassina Mas'oud (1041 ou 42 de J.-C.). Ce prince

était affable, magnifique, libéral jusqu'à la prodigalité, ami des lettres, qu'il cultivait avec succès. A ces qualités brillantes, il joignait l'avantage d'une force extraord. qui le fit surn. le second Roustam.

MAS'OUD III (Ala-Eddaulah-Abousaïd), 12e sulthan de la dynastie des Ghaznevides, succéda, l'an de l'hég. 492 (1099 de J.-C.), à son père Ibrahim, dont il imita la piété, la bienfaisance et l'amour pour la justice. Il mourut en 508 (1115), après un règne pacifique qui releva pour un moment sa dynastie. — Mas'oud Chah IV (Ala-Eddyn), 24e empereur musulman de l'Hindoustan, et 7e de la dynastie des Mamlouks Gaurides, succéda à son oncle Behram Chah II, l'an 639 de l'hég. (1241-42). Il se conduisit d'abord avec clémence et sagesse, montra du discernement dans le choix de ses ministres, de ses généraux et des gouv. de provinces, rétablit la paix et la confiance, fit fleurir là justice, et repoussa en 642 et 643 les invasions des Tatars-Moghols. Mais, de retour à Delhy, il se plongea dans la débauche, commit plus. actes d'oppression et de cruauté, et fut détrôné en 644 (1246) par son oncle Mahmoud, qui le laissa finir ses jours dans une prison (v. Mahmoud II).

MAS'OUD (Aboul-Fethah-Gaïath-Eddyn), 9e sulthan de la dynastie des Seldjoukides de Perse, n'avait que 9 ans lorsqu'il perdit son père, le sulthan Mohammed, l'an 511 de l'hég. (1118 de J.-C.). Trois ans après il osa disputer le trône à son frère Mahmoud, fut vaincu, et obtint néanmoins le gouv. de l'Arménie. A la mort de Mahmoud en 525 (1151), il fit la guerre à Daoud, fils et héritier de ce sultan, et à son propre frère Seldjouk Chah, s'unit ensuite avec ce dern., et après sa mort, qui arriva bientôt, au jeune Daoud pour résister au sulthan Sandjar, qui voulait donner le trône à Thogrul, autre frère de Mahmoud. Mais Thogrul étant mort en 529 (1134), Mas'oud devança Daoud à Hamadan, et se fit proclamer sulthan. Toutefois il ne jouit pas d'une autorité paisible. De grands troubles, dont la cause principale était l'installation du nouv. khalyfe Rasched à Bagdad, engagèrent Daoud à se faire proclamer à son tour sulthan dans cette ville et à prendre les armes. Mais son étoile pâlit encore une fois devant celle de Mas'oud, qui donna le khalyfat à Moctafy. Rasched et Daoud s'étant ligués pour recouvrer, l'un le khalyfat et l'autre lé sulthanat, leur adversaire toujours heureux les défait complétem., et bientôt la mort le délivre de l'un et de l'autre. Dès-lors, quoiqu'il ne fût nommé dans la khothbah qu'après son oncle, le sulthan Sandjar, il régna sans concurrents sur toute la Perse-Occidentale; et, après un règne de 19 ans, mourut en 547 (1152), dans sa 45e année. La grandeur et la prospérité des Seldjoukides en Perse s'évanouirent avec ce prince, que ses qualités brillantes et sa fermeté avaient rendu si redoutable aux khalyfes.

MAS'OUD Ier, 4e sulthan de la dynastie des Seldjoukides d'Anatolie et 2e fils de Kilidj Arslan Ier, monta sur le trône d'Iconium l'an 511 de l'hégyre (1117 de J.-C.), après avoir fait mettre à mort son frère aîné, que les histor. grecs nomment Saïsan, mais dont il n'est pas même parlé chez les auteurs orientaux, qui d'ailleurs ne nous ont pas transmis les détails du règne de Mas'oud. Ce prince eut à peine pris les rênes du gouvernem. qu'il se trouva engagé dans une guerre contre l'emper. grec Jean Comnène. Elle dura 26 ans, avec des succès variés, et ne l'empêcha pas de tenter une expédit. infructueuse contre Josselin Ier, comte d'Édesse, et de dépouiller de presque tous leurs états les fils de Mohammed Ibn Danischmend, roi de Cappadoce. Un traité signé en 538 (1143) entre le sulthan Seldjoukide et Manuel Comnène, fils et successeur de Jean, mit fin pour quelque temps aux hostilités qui ne furent absolument terminées qu'en 1147. Les deux princes, réunis alors par un intérêt commun contre les chrétiens d'Occident, travaillèrent à détruire les armées de Conrad III et de Louis-le-Jeune, et y réussirent, l'un par la fourberie, l'autre par des attaques ouvertes. Mas'oud, fier des avantages qu'il avait obtenus sur les chrétiens d'Europe, marcha en 1149 contre ceux de Syrie, s'empara de plusieurs places, et après avoir forcé Josselin III à demander la paix, retourna dans sa capitale, dont il sortit 2 ans après pour faire de nouvelles conquêtes en Syrie; mais il se vit forcé de les interrompre et de rentrer dans ses états. Il mourut en 551 (1156), après un règne de 40 ans.

MAS'OUD II (GAÏATH-EDDYN), 15e et dernier prince de la dynastie des Seldjoukides, fils d'Azz-Eddyn-Kaïkaous II, prit le titre de sulthan l'an 682 de l'hég (1283 de J.-C.), et soumit plus. émyrs turks retirés dans les montagnes, et qui l'inquiétaient par leurs incursions. Mais l'un d'eux, Amer Khan, implora le secours des Moghols, intéressés comme lui à empêcher le rétablissem. de l'empire des Seldjoukides. Mas'oud vaincu et dépouillé de ses états en 691 (1292) par Kandjatou Khan, rentra bientôt dans l'Anatolie, leva de nouvelles troupes, et fit égorger Amer Khan et sept de ses fils qui étaient venus se soumettre à lui. Aly, autre fils de cet émyr, attaqua Mas'oud, qui fut tué dans une bataille l'an 693 (1294). L'opinion la plus commune est que l'empire seldjoukide d'Iconium finit avec ce prince.

MAS'OUD Ier (Azz-Eddyn), 5e roi de Moussoul, de la dynastie des Atabecks, fils de Cothb-Eddyn-Maudoud, succéda l'an 576 de l'hég. (1180 de J.-C.) à son frère Saïf-Eddyn Ghazy II, et, l'année suiv., à son cousin Saleh-Ismaël, sur le trône d'Alep. Mais bientôt, dégoûté du séjour de cette ville par les insolentes prétent. de ses émyrs, il la céda en 578 en échange de Sindjar à son frère Zengy, dont les menaces l'intimidèrent. Une autre faute du roi de Moussoul fut de faire arrêter son ambitieux et puissant ministre Caïmaz, dont la disgrâce fit éclater plus. révoltes. Saladin lui-même soutint un des révoltés, le prince d'Arbelles, et n'accorda la paix à Mas'oud en 581 qu'à la condition qu'il s'obligerait à insérer le nom du sulthan dans la kothbah et sur les monnaies, et à lui fournir des troupes dans ses guerres contre les Francs. L'imprudent Mas'oud, qui d'ailleurs ne manquait pas

de qualités estimables, mourut en 589 (1193).

MAS'OUDY, célèbre histor. arabe, né à Bagdad, on ne sait précisément en quelle année, mort à Fostath en Égypte, dans un âge peu avancé, l'an 345 de l'hég. (956 de J.-C.), consacra une grande partie de sa vie à des voyages, dont il rapporta une riche moisson de connaissances litt., histor., géogr. et relig. Il revint fixer son séjour dans sa ville natale, dont il fut obligé de sortir quelque temps avant sa mort, sans doute à cause de ses idées sur la religion. Il a laissé un grand nombre d'ouvrages estimables, parmi lesq. on distingue son *Moroudj Eddheheb*, etc., ou *les Prairies d'or et les Mines de pierres précieuses, présent offert aux rois les plus illustres et aux hommes instruits*, véritable trésor histor. et litt. dont la traduct. serait un service signalé rendu aux lettres, et pourrait changer l'opinion défavorable que beaucoup de personnes se forment de la littérature arabe. L'auteur en donna 2 édit.; la prem., la seule connue en Europe, fut écrite l'an 332 de l'hég. La biblioth. du roi en possède un bon MS. en 2 petits vol. On peut encore citer de lui : *Kitab-Altenbih wa alischraf*, ou l'*Indicateur,* recueil de mélanges sur div. sujets histor., géogr., scientif. et philosoph. M. Sylvestre de Sacy a publ. une excellente *notice* de cet ouvrage dans le 8e vol. des *Notices et Extraits des MSs. de la Biblioth. du roi.*

MASQUE DE FER (l'homme au). C'est le nom sous lequel on a désigné un prisonnier inconnu qui a excité une curiosité d'autant plus vive qu'il paraît difficile qu'elle soit jamais complétement satisfaite. Ce prisonnier était d'une taille au-dessus de l'ordinaire, et de la figure la plus belle et la plus noble : il fut conduit vers 1662, dans le plus grand secret, au château de Pignerol, dont Saint-Mars était gouverneur; il portait un masque de velours noir. Le même gouvern. l'amena (en 1686) à l'île Ste-Marguerite. En 1698 Saint-Mars, ayant été nommé gouv. de la Bastille, y amena avec lui le prisonnier, toujours masqué. Il mourut le 19 nov. 1703, sur les 10 heures du soir, sans avoir eu une longue maladie, et fut enterré le lendemain à 4 heures de l'après-midi, au cimetière St-Paul, sous le nom de *Marthioli*. On brûla tout ce qui avait été à son usage; on fit gratter et blanchir les murailles de la chambre qu'il avait occupée, on en défit même les carreaux pour voir s'il n'y aurait pas caché quelq. billet. On assure que le marquis de Louvois, qui alla le visiter à l'île Ste-Marguerite, lui parla debout et avec une considération qui tenait du respect. Laborde, prem. valet-de-chambre de Louis XV, qui avait reçu de son maître plus d'une preuve de confiance, lui témoigna le désir de savoir quel était ce personnage mystérieux; le roi lui répondit : « Je le plains ; mais sa détention n'a fait de tort qu'à lui et a prévenu de grands malheurs ; tu ne peux pas le savoir. » C'était plus qu'il n'en fallait pour piquer la curiosité de tout le monde et donner naissance à des conjectures plus ou moins hasardées. On a dit que ce prisonnier était le comte de Vermandois, le duc de Beaufort, le duc de Monmouth, le comte de Girolamo Magni (ou Matthioli), prem. ministre du duc de Mantoue, un frère jumeau de Louis XIV, un enfant adultérin d'Anne d'Autriche et du duc de Buckingham, enfin le fruit d'un mariage secret de cette princesse, devenue veuve, avec Mazarin, etc. On peut consulter sur ce personnage un gr. nombre d'ouvr. : *le Siecle de Louis XIV*, par Voltaire, ch. 15 ; les *Mémoires secrets pour servir à l'hist. de Perse*, par Pecquet ; le *Traité des preuves qui servent à établir la vérité de l'hist.*, par le P. Griffet ; *les Mém. du maréchal de Richelieu*, t. III, p. 75 ; *l'Homme au masque de fer*, roman de Regnault-Warin, 1804, 1816, 4 vol. in-12 ; les *Mélanges d'hist. et de littérat.*, par Q. Craufurd, 1817, in-8 ; *Recherches histor. et critiq. sur l'Homme au masque de fer*, par Roux-Fazillac, 1801, in-8 ; *Hist. de l'Homme au masque de fer*, par J. Delort, 1825, in-8 ; d'après cet ouvr., comme d'après le précéd., le prisonnier serait le comte de Matthioli ; *du Masque de Fer, ou Réfutation de l'ouvr. de M. Roux-Fazillac et de l'ouvr. de M. J. Delort* par feu Taulès, in-8 ; *l'Homme au masque de fer, mémoire historiq....*, où l'on démontre que ce prisonnier fut une victime des jésuites, par le chevalier Taulès, 1825, in-8.

MASQUELIER (LOUIS-JOSEPH), grav., né à Cisoing, près de Lille, en 1741, mort en 1811, fut un des prem. qui essayèrent de graver à l'imitation du lavis, et il obtint un succès complet. Parmi ses nombreuses product., on doit distinguer sa *Marine* d'après Vernet. Il eut part à la *Galerie de Florence* (*v.* WICAR), dont il dirigea l'entreprise, et dans laquelle il grava plus. tableaux, statues, bas-reliefs ou camées, qui lui valurent une médaille d'or en 1802. On lui doit encore les 36 prem. livraisons des *Tableaux de la Suisse* (avec Noé) ; *les Garants de la félicité publique*, d'après Saint-Quentin ; et les *Vœux du peuple confirmés par la religion*, d'après Monnet, etc. —MASQUELIER (Nic.-Franç.-Joseph), dit *le Jeune*, graveur, de la même famille, né au Sars, près de Lille, en 1760, mort en 1809, travailla pour la *Galerie de Florence* et pour le *Musée franç.*, publié par Robillard et Laurent ; ses grav. n'ont pas toutes le même mérite d'exécution. Nous citerons seulem. : un *Intérieur de corps-de-garde hollandais*, d'après Leduc ; *César jetant des fleurs sur le tombeau d'Alexandre*, d'après Sébastien Bourdon ; *l'Extrême-Onction*, d'après Jouvenet.

MASSA (NICOLAS), célèbre médec., né à Venise, mort en 1563, pratiqua son art avec beauc. de succès dans sa ville natale, et y professa l'anatomie. On a de lui : *Liber de morbo gallico*, 1532, 1559, in-4. — *De Potestate ligni indici*, etc., 1563, in-4. — *Anat. liber introductorius*, 1536, 1539, 1559, in-4, etc. Portal lui a donné un article fort curieux dans le t. Ier de son *Hist. de l'anatomie*.

MASSABIAU (JEAN-ANT.-FRANÇ.), publiciste, né en 1765 à Figeac, venu jeune à Paris, y fut attaché à la bibliothèque de Ste-Geneviève, consacra ses loisirs à l'étude de l'histoire et de la politique, et publia plus. ouvr. dans lesquels il s'efforça ; mais vainement, de détruire les fausses opinions accréditées par la révolution. Étranger d'ailleurs à tous les partis, il se contenta de l'estime de quelques hommes éclairés, et mourut sous-bibliothécaire à Paris en 1837. Il était membre de l'Institut historique. Outre un assez gr. nombre d'articles dans le *Moniteur* de 1821 à 1826, et quelques brochures de circonstance, on a de lui : *Essai sur les nombres approximatifs*, 1799, in-8. — *De la Division des pouvoirs exécutif et législatif dans la monarchie*, 1818, in-8. — *De l'Esprit des institutions politiq.*, 1821, 2 vol. in-8.

MASSARD (JEAN), célèbre graveur, né en 1740, fils d'un cultivateur, se destina d'abord à l'état de libraire ; mais doué de disposit. extraordin. pour le dessin et la gravure, il apprit sans maître ces deux arts, et y excella. Il est mort en 1822, membre de l'anc. acad. de peinture. Ses princip. planches sont : la *Cruche cassée* ; la *Vertu chancelante*, d'après Greuze ; *Charles Ier*, d'après van Dyck ; et la *Mort de Socrate*, d'après David.

MASSE (CHARLES-ISIDORE), avocat à Nantes, mourut aux Herbiers, sa patrie, le 20 décembre 1831, Collaborateur du *Lycée armoricain*, de *l'Ami de la charte*, de la *Revue vendéenne*, son principal titre littér. est : *la Vendée poétique et pittoresque*, Nantes, 1830, 2 vol. in-8.

MASSÉ (JEAN-BAPTISTE), peintre du roi et grav. à l'eau-forte, né à Paris en 1687, mort en 1767, excella dans la miniature. Il dessina et fit graver sous ses yeux par les meill. maîtres les tableaux peints par Lebrun dans la *grande galerie de Versailles* et dans les deux salons qui l'accompagnent. Ce recueil parut en 1753, in-fol.—Il ne faut pas le confondre avec Charles Macé ou Macée, grav., né à Paris, en 1631, auteur d'une *Suite de 12 grands paysages tirés de l'Écriture*, d'après le Castiglione.

MASSÉNA (ANDRÉ), prince d'Essling, né en 1758 à Nice, d'une famille de commerçants, demeura bien jeune orphelin, et reçut à peine les premiers éléments de l'éducation. Il suivit dans des voyages un de ses parents, capitaine d'un navire ; mais dégoûté de la carrière nautique par cet apprentissage, il s'enrôla (1775) dans le régim. Royal-Italien, où l'un de ses oncles avait une compagnie ; et, après 14 ans de service, il prit son congé, n'ayant pu franchir le grade d'adjudant-sous-officier, malgré sa bonne conduite et sa capacité reconnues. Il venait de faire à Antibes un mariage avantageux, quand la révolution, réveillant ses inclinations militaires, et lui promettant un avancement rapide, il reprit du service et fut créé successivement adjudant-major, puis commandant du 3e bataillon du Var. Nommé général de brigade en 1793, il fut fait l'année suiv., gén. de division. Dans les campagnes de 1794 et 1795 en Italie, il coopéra puissamment aux affaires les plus importantes. Lorsque Bonaparte vint prendre le commandem., il trouva dans Masséna un lieutenant capable de donner sur les champs de bataille le plus grand développem. aux conceptions de son génie. Intrépide, opiniâtre, infatigable, il se montra au prem. rang dans presque toutes les actions si mémorables des campagnes de 1796 et 1797. Montenotte, Millesimo, Dego, Cherasco, le pont de Lodi, Lonato, Castiglione, Roveredo, Bassano, Caldiero, Arcole, Rivoli, etc., furent les théâtres des exploits de sa division, qui dans sa course victorieuse ne se serait arrêtée qu'à Vienne, si les Autrichiens n'eussent demandé un armistice. A la paix de Campo-Formio (17 octobre 1797), chargé de porter à Paris la ratification du traité par l'emper. François, il y reçut l'accueil le plus distingué. Le corps législatif le nomma candidat pour le directoire. En février 1798, il obtint le commandement de l'armée qui, sous les ordres de Berthier, venait d'occuper l'état de l'Église (v. Pie VI). La mission confiée à Masséna fut pour lui une source de désagréments. Accusé de favoriser les exactions des agents militaires, il vit un soulèvem. éclater contre lui à son arrivée à Rome, et revint à Paris; il y publ. un *Mémoire justificatif,* mais il n'en resta pas moins un an sans emploi. En 1799, nommé gén. en chef de l'armée d'Helvétie, il montra dans cette campagne, que termina d'une manière si brillante la victoire de Zurich, tous les talents d'un grand capitaine. Bonaparte, devenu 1er consul, l'envoya commander l'armée d'Italie qui venait d'être rejetée dans les Alpes et ne présentait plus que des débris. Sur ce nouv. théâtre, Masséna fit, avec une poignée de soldats exténués, tout ce qu'on pouvait attendre d'un homme supérieur. Séparé de son aile gauche forcée de repasser le Var, il se renferma dans Gênes, et s'immortalisa par la défense de cette place dont il contenait la populat. nombreuse et affamée, en même temps qu'il repoussait l'ennemi. Réduit à 5 à 6,000 hommes de troupes, Masséna consent à entrer en négociat. avec le général autrichien Mélas. Les troupes franc. sortent de Gênes avec les honneurs de la guerre. Dans le même temps Bonaparte triomphait à Marengo. Il laissa le commandem. de l'armée à Masséna, qui le remit l'ann. suiv. à Brune, pour venir siéger au corps législatif. Bonaparte, devenu empereur, le nomma maréchal, puis grand-aigle. L'année suiv. (1805) rappelé au commandement de l'armée d'Italie, il fit la campagne avec des chances variées, poursuivit avec vigueur l'archid. Charles dans sa retraite, et fit sa jonction avec la grande armée française en Autriche. Il retourna en Italie après le traité de Presbourg, marcha sur le roy. de Naples, dont Joseph Bonaparte allait prendre possession, et battit à plus. reprises les insurgés de la Calabre. En 1807, il prit le commandem. de l'aile droite de la gr. armée en Pologne, fit tête aux Russes à Wirbiza, à Pultusk, à Ostrolenska, les retint devant lui par des démonstrations pend. les opérations de Napoléon au nord. Après la paix de Tilsitt, Masséna, de retour à Paris, dans une partie de chasse, reçut un grain de plomb dans l'œil gauche qui en demeura paralysé. La guerre contre l'Autriche s'étant rallumée en 1809, il cueillit de nouveaux lauriers à Pfaffenhosen, à Ebersberg, et surtout dans les champs d'Essling. En récompense de sa conduite dans cette sanglante bataille, Mas-

séna reçut le titre de prince d'Essling. Chargé de défendre l'île de Lobau où l'armée s'était retirée, il présida aux préparatifs d'un nouv. passage sur la rive droite du Danube, et fit enlever les îles environnantes par un de ses aides-de-camp, le chef de bataillon Pelet. Masséna ne se signala pas moins à Enzerdorff et à Wagram, où, malgré une chute grave de cheval qui le forçait de rester en voiture, il dirigeait tous les mouvements de la gauche de l'armée. En 1810, Masséna accepta le commandement de l'armée destinée à la conquête du Portugal, que Junot et Soult avaient déjà tentée deux fois. Cette troisième tentative n'eut pas un meill. résultat; mais on s'accorde à reconnaître que, dans la retraite, le maréchal retrouva toute sa vieille énergie. Après avoir ramené l'armée à Salamanque, Masséna, remplacé par Marmont, ne fut pas employé pendant les fameuses campagnes de 1812 et 1813; mais vers la fin de cette année, Napoléon l'envoya commander à Toulon la 8e division milit. Il s'y trouvait lors des événem. d'avril 1814. Dès le 16 il adressa son adhésion au nouvel ordre de choses, et le 20, il fit reconnaître l'autorité de Louis XVIII. Au débarquem. de Napoléon à Cannes (1er mars 1815), sa conduite fut d'abord équivoq.; mais après la capitulation du duc d'Angoulême, il arbora le pavillon tricolore sur les murs de Toulon. Après la deuxième abdication, il accepta le commandement de la garde nationale de Paris, et sut maintenir la tranquillité dans les moments difficiles qui précédèrent le retour du roi. Membre du conseil de guerre chargé de juger Ney, il se prononça pour l'incompétence. Quelques mois après (16 février 1816), il fut dénoncé à la chambre des députés par un certain nombre d'habitants des Bouches-du-Rhône, pour sa conduite au retour de l'ex-emper. Cette dénonciat. n'eut aucune suite. Le maréchal publia un *Mém.* justificatif, écrit avec modération, et que ses ennemis essayèrent de réfuter dans une *Lettre d'un Marseillais au maréch. Masséna.* Cet illustre guerrier mourut le 4 avril 1817. Le général Thiébault prononça son *Éloge funèbre,* inséré dans le *Mercure* du 12 avril 1817, et impr. séparém. in-8. Sa vie milit. a été retracée par le colonel du génie Beaufort d'Hautpoul, qui avait fait avec le maréchal les campagnes de 1805, 1806, 1810 et 1811.

MASSIEU (Guillaume), littér., né en 1665 à Caen, entré d'abord chez les jésuites, en sortit au bout de quelq. temps pour se livrer à son goût pour les lettres que ses supérieurs contrariaient. Nommé, vers 1710 professeur de langue grecque au collège de France, il fut reçu en 1714 à l'Académie franç., quoiqu'il n'eût encore rien publié. Divers contretemps le frappèrent sur la fin de sa vie, mais il les supporta en sage, et mourut en 1722. On cite de lui des *dissertat.* sur les boucliers votifs, sur les serments des anciens, sur les grâces, etc., dans le *Rec.* de l'acad. des inscript. dont il était membre; et une *Hist. de la poésie franç.* (publ. avec une préface par de Sacy, fils du célèbre avocat au conseil), Paris, 1754, in-12. Ce dern. ouvr., écrit d'une manière agréable, abonde en assertions hasardées ou gratuites.

MASSIEU (JEAN-BAPTISTE), év. constitutionnel de l'Oise, né à Vernon en Picardie, mort à Bruxelles en 1818, à l'âge de 75 ans, fut député aux états-génér., puis à la convent., où il vota la mort de Louis XVI. Il quitta la France en 1816, lors de la promulgation de la loi contre les régicides. On a de lui une traduction de *Lucien* assez estimée, Paris, 6 vol. in-12, dont les 3 prem. vol. parurent en 1784 et les 3 dern. en 1787. (V. les *Annales de la religion*, t. 1er, p. 166; et les *Annales encyclopédiques*, t. IV, p. 130.)

MASSILLON (JEAN-BAPTISTE), l'un des premiers orateurs de la chaire, né à Hyères (Provence) en 1663, entra à l'âge de 18 ans dans la congrégat. de l'Oratoire, et révéla bientôt son talent par quelq. sermons et quelq. panégyriques qui déterminèrent ses supérieurs à l'appeler au ministère de la chaire. Il crut devoir résister à leurs désirs, et alla s'ensevelir dans le monastère de Sept-Fonts, dont il prit l'habit; mais il ne put rester inconnu, et le cardin. de Noailles le rendit à l'Oratoire. Après avoir professé les belles-lettres et la théologie à Pézénas, à Montbrison, à Vienne, il vint à Paris en 1696, pour diriger le séminaire de St-Magloire. Ce fut là qu'il composa ses conférences ecclésiastiq. Il prêcha le carême de 1698 à Montpellier et celui de l'année suiv. à Paris. Bourdaloue en fut si satisfait, qu'il dit de lui, comme le précurseur au sujet du Messie : *Hunc oportet crescere, me autem minui*. La même année, Massillon fut appelé à la cour pour y prêcher l'avent, et réussit à Versailles comme dans la capitale, parmi des courtisans spirituels et polis comme parmi les hommes des dernières classes du peuple. Dès-lors il ne marcha plus que de triomphe en triomphe, tantôt saisissant et épouvantant ses auditeurs par le beau mouvement si connu de son sermon sur le *Petit nombre des élus*, tantôt les touchant jusqu'aux larmes par son sermon sur l'*Aumône*, et opérant chaque jour d'illustres conversions. Resté le dern. des orateurs du gr. siècle, il fut appelé à prononcer l'oraison fun. du dauphin, et celle de Louis XIV, dont le premier mot est d'un sublime digne de Bossuet. Cependant, Massillon, après 20 ans de prédication, était arrivé à la fin du règne du grand roi, sans avoir reçu de lui d'autre récompense que des complim. Le régent, malgré son incrédulité et ses mauvaises mœurs, se montra plus juste envers un tel mérite : l'illustre oratorien fut nommé à l'évêché de Clermont en 1717, et chargé de prêcher devant le jeune roi Louis XV un nouveau carême. Il accepta avec plaisir cette mission si belle d'éclairer sur ses devoirs un jeune prince, l'espoir de la France, et acheva en six semaines les 10 sermons qui composent ce qu'on a nommé son *Petit-Carême*, chef-d'œuvre admirable de douceur, de grâce et de morale toujours éloquente, qui l'a fait surnommer le Racine de la chaire. Tous ses sermons, loin de rien perdre à la lecture, sont restés d'excellents modèles de l'art d'écrire en prose. Les portes de l'Acad. française

s'ouvrirent pour lui en 1719 : mais il partit bientôt pour son diocèse, d'où il ne sortit que pour venir prononcer à St-Denis, en 1721, l'oraison funèbre de MADAME, duchesse d'Orléans. Tout son temps, jusqu'à sa mort arrivée en 1742, fut consacré à ses diocésains. Il écrivit pour eux ses *Conférences*, si pleines de sévérité et d'onction tout ensemble, ses *Discours synodaux* et ses *Mandements* d'une élégance si simple et si naturelle. Le vertueux prélat s'honora par sa charité évangéliq.; il adressa plus d'une fois des réclamat. énergiques au cardinal de Fleury, et montra une rare modération dans les discussions qui s'élevèrent au sujet de la bulle *Unigenitus ;* en un mot, il fut le modèle des évêq. comme celui des orateurs. Les éditions les plus récentes des sermons et autres œuvres de Massillon, sont : celles de Renouard, 1810, 13 vol. in-8; de Baucé, 1817, 4 vol. in-8; et de Méquignon ainé, 1818, 15 vol. in-12. On a très souvent réimprimé le *Petit-Carême* et les *Oraisons funèbres*. Tabaraud a donné en tête d'une édition des *OEuvres choisies de Massillon* (Paris, 1824, 6 vol. in-8) une *notice* et le *fac simile* d'une lettre inédite de ce gr. orat. (V. l'*Éloge de Massillon*, par d'Alembert, dans l'*Hist. de l'acad.*, 1779; l'*Essai sur l'éloquence de la chaire*, par Maury; le *Cours de littérature* de La Harpe, etc.) La ville d'Hyères a décerné à cet illustre orateur une statue en 1817. — MASSILLON (Joseph), neveu du précédent, prêtre de l'Oratoire et préfet du collége de Riam, né à Hyères en 1704, mort à Paris en 1780, a composé plusieurs opuscules parmi lesq. on distingue un *Mémoire* franç. et lat. *sur l'état de l'Église de France sous Clément XIV*, 1774, refondu sous le titre de : *Lettres à un évêque sur les remèdes aux maux de l'Église de France*. On lui doit la première collection qui ait été publiée des *OEuvres* de l'évêque de Clermont.

MASSINGER (PHILIPPE), poète dramat. anglais, né en 1584 à Salisbury, mort à Londres en 1640, s'est fait une réputation qui se soutient encore. Ses poésies sont remarquables par la conduite de l'intrigue et la pureté du style; la meill. édition de ses œuvres est celle de W. Gifford, 1805, 4 v. in-8, réimpr. en 1813. Les pièces qu'il a publ. sont au nombre de 14, dont les plus connues sont : *Le duc de Milan*, trag.; *le Tuteur*, comédie, et le *Nouv. moyen de payer ses dettes*. Février a donné, dans les *Mém. de la société de Manchester*, t. III, p. 123, un *Essai sur les écrits dramatiq. de Massinger*.

MASSON (JEAN-PAPIRE), histor., né en 1544 à St-Germain-Laval, bourg du Forez, mort à Paris en 1611, substitut du procur.-gén., a joui d'une assez gr. réputation dans son temps; mais ses ouvr. sont aujourd'hui relégués dans les biblioth. publiques; voici les titres des princip. : *Analium libri IV, quibus res gestæ Francorum explicantur*, 1577, 1598, in-4. — *Libri VI de episcopis urbis*, 1586, in-4. — *Notitia episcopatuum Galliæ quæ Francia est*, 1606, 1610, in-8. — *Histor. calamitatum Galliæ*, etc., *à Constantino cæs. usque ad Majorianum*, dans le t. 1er des *Francor. scriptor.* de

Duchesne. — *Descriptio fluminum Galliæ*, 1618, 1678, in-12; 1685, in-8. — MASSON (Jean), frère cadet du précédent, mort à Paris en 1650, aumôn. du roi, publia quelq.-uns des ouvr. que son frère avait laissés MSs. On connaît de lui : *Descript. domûs quæ Conflans.... appellatur, in conspectu urbis Parisiorum*, 1609, in-4. — *Inauguratio Lud. XIII*, 1612, in-8. — *Histoire mémorable de Jeanne-d'Arc*, etc., 1612, in-8. — *La Vie de Jean, comte d'Angoulême*, trad. du lat. du P. Masson, 1613, in-8. — *La Vie de St Exupère*, patron de Baïeux, 1627, in-8. On lui attribue une édition de *Quinte-Curce*.

MASSON (ANTOINE), peintre et graveur, né en 1636 à Louri près d'Orléans, mort à Paris en 1702, membre de l'acad. royale de peinture, est auteur de 41 portr. et de 6 sujets histor., parmi lesquels on distingue la fameuse estampe des *Pélerins d'Emmaüs*, d'après le Titien, connue sous le nom de la *Nappe de Masson*, et l'*Assomption de la Vierge*, d'après Rubens. On trouvera sur ses autres ouvr. des détails dans le *Manuel des amateurs*. — Madeleine MASSON, sa fille, née en 1666, fut son élève dans la gravure et sut imiter habilement sa manière. On connaît d'elle les portraits d'*Élisabeth-Charlotte, princesse palatine, duchesse d'Orléans; d'Élisabeth d'Orléans, duchesse d'Alençon; de la reine Marie-Thérèse; de l'infante Élisabeth-Marie-Joséphine; de Victor-Amédée II, duc de Savoie; et de Louis-Henri de Gondrin de Montespan*, tous très grand in-fol.

MASSON (JEAN), savant distingué, né en France vers 1680 d'une famille protestante, fut conduit en Angleterre à la révocation de l'édit de Nantes, dut aux protect. que lui firent ses talents plus. riches bénéfices, partagea son temps entre l'étude et les fonctions du pastorat, et mourut vers 1750, dans un âge avancé. On cite de lui *Jani templum reserat., seu tractatus chronologico-historicus*, etc., Amsterd., 1700, in-8. — *Lettres critiques* sur le nombre des descendants de Jacob qui passèrent de Chanaan en Égypte, 1705, in-8. — *Vita Horatii*, 1707 ou 1708, in-8. — *Vita Ovidii*, 1708, pet. in-8. — *Vita Plinii*, 1709. — *Vita Aristidis*, à la tête de l'édition des *Disc.* de ce rhéteur, publ. par Jebb, Oxford, 1722. — *Notes sur les inscript. recueill. par Gruter*, dans l'édit. de Grævius, 1707, 4 vol. in-fol.; *sur les médailles des rois de la Comagène*, dans le *Tesoro britannico*, par Haym. — *Annus solaris antiquus*, etc., in-fol., dont on ne connaît que le prospectus. On lui attribue par erreur la *Vie de Bayle*, publ. sous le nom de Lamonnoie; Barbier la restitue à Durevest, écrivain réfugié. — Samuel, son frère, ministre à Dordrecht, est le principal auteur de l'*Histoire critique de la république des lettres*, 1712-18, 15 vol. in-12. — Jean et Philippe MASSON, leurs cousins, y ont fourni plusieurs articles : aussi les nommait-on tous trois les *maçons* et les *manœuvres* de la république des lettres. Samuel vivait encore en 1755.

MASSON (FRANÇOIS), botaniste anglais, né en 1741 à Aberdeen en Écosse, mort à Montréal dans le Canada en 1805, enrichit le jardin de Kew du fruit de ses voyages au cap de Bonne-Espérance, aux Canaries, aux Açores, à Madère et aux Antilles. Malgré toutes ses observat. et ses découv., on n'a de lui que les *Stapeliæ novæ*, Londres, in-fol., ouvrage surpassé 10 ans plus tard par Jacquin. Le nom de *massonia* a été donné par Thunberg à un genre de la famille des *asphodèles*.

MASSON (FRANÇOIS), statuaire, né en 1745 à la Vieille-Lyre en Normandie, mort à Paris en 1807, fut élève de Guill. Coustou, le dern. des sculpt. de ce nom. Après quelq. années d'études, il fut chargé par l'évêque de Noyon de l'exécut. d'une fontaine sur la place de l'Évêché; et le prélat satisfait l'envoya à Rome où il l'entretint pend. cinq ans. A son retour, il fut chargé de la décoration du palais du gouvernement à Metz. La révolution l'ayant privé de gr. trav., il fut obligé de se réduire au genre du portrait, et exécuta soit en marbre, soit en plâtre, les bustes des personnages les plus marquants de l'assemblée constituante. On a de lui, en outre; le buste du conseiller-d'état *Dufresne; le Sommeil; Hector au char d'Achille; Monument à J.-J. Rousseau;* une *statue de Périclès;* une de *Cicéron;* une du général *Caffarelli; Thétis plongeant Achille dans le Styx;* une *Bacchante endormie;* une *Veuve se regardant dans un miroir; Flore ou la jeunesse.* Regnault, de l'Institut, a publié une *Notice* sur Fr. Masson.

MASSON (CHARLES-FRANÇOIS-PHILIBERT), littérateur estimable, né en 1762 à Blamont, château-fort de la Franche-Comté, fit, dès l'âge de 18 ans, paraître ses prem. essais de poésie dans le *Mercure helvétique*, et obtint quelq. encouragem. Appelé à Pétersbourg par son frère aîné, officier au service de Russie, il se concilia la bienveillance du général Melissino, et, par son entremise, la protection du ministre de la guerre Soltikoff, qui le fit avancer rapidement du grade de sous-officier dans le corps des cadets de l'artillerie, à celui de major en second dans un des régim. de la garde. Son mariage avec une femme noble parut devoir le fixer en Russie. Catherine l'honorait de son estime et de sa confiance; mais il perdit ses emplois à l'avénement de Paul Ier, obtint, non sans peine, en 1799, la permission de rentrer en France, fut nommé secrét.-gén. de la préfecture de Rhin et Moselle, et mourut à Coblentz en 1807. Il était membre associé de l'Institut de France, de celui de Milan, de l'acad. celtique, etc. On a de lui : *Cours mémorial de géographie*, Pétersbourg, 1789-90, in-8. — *Elmine, ou la Fleur qui ne se flétrit jamais*, conte moral composé pour la princesse Wilhelmine de Courlande, Berlin, 1790, in-8. — *Mém. secrets sur la Russie*, etc., 1800, 1803, 4 vol. in-8.—*Les Helvétiens*, poëme en X chants, dont le sujet est la lutte des Suisses contre Charles-le-Téméraire, Paris, 1800, in-12. On a beaucoup trop vanté cet ouvrage, regardé, lorsqu'il parut, comme un phénomène en poésie et en politique. — *La Nouvelle Astrée, ou les Aventures romantiques du temps passé*, Metz, 1805, 2 vol. in-12, etc. M. Beuchot lui a coñsacré une *Notice nécrologique* dans la *Décade*, t. LIV, p. 565.

MASSON DE MORVILLIERS (NICOLAS), né vers 1740 à Morvilliers en Lorraine, mort à Paris en 1789, secrét.-gén. du duc d'Harcourt, gouverneur de Normandie, a publié : *Abrégé élémentaire de la géographie universelle de la France*, 1774, 2 vol. in-12. — *De l'Italie*, 1774, in-12. — *De l'Espagne et du Portugal*, 1776, in-12. — *OEuvres mêlées en vers et en prose*, 1789, in-8. On a publ. en 1810 un *Choix des poésies de Masson*, avec une *Notice* sur sa vie, à la suite de celles de Barthe, etc., Paris, in-18. L'un des collaborateurs de l'*Encyclopédie méthodique*, il a rédigé, conjointement avec Robert, le *Dictionn. de la géogr. moderne*.

MASSOULIÉ (ANTOINE), dominicain, né à Toulouse en 1632, mort à Rome en 1706, après avoir rempli les plus hautes charges de son ordre, a laissé plus. ouvr., dont les princip. sont : *D. Thomas sui interpres de motione divinâ et libertate creatâ*, etc., 2 vol. in-fol. — *Méditation sur la vie purgative, illuminative et unitive*, 1678.

MASSUET (RENÉ), savant bénédictin, né à St-Ouen, près de Bernai en Normandie, en 1666, mort à l'abbaye de St-Germain-des-Prés en 1716, a publié une bonne édit. des *OEuvres de St Irénée*, Paris, 1710, in-fol. ; une *lettre* au P. Langlois sur sa critique de l'édit. des *OEuvres de St Augustin* ; une autre à l'évêque de Bayeux, 1708, in-12 ; cinq *lettres* à D. Bern. Pez, dans les *Amœnitates litterar.* de Schelborn, t. XIII. Il a laissé MS. un vol. in-fol., intit. : *Augustinus græcis*. C'est lui qui a publié le 5e vol. des *Annales de l'ordre de St-Benoît*.

MASSUET (PIERRE), laborieux écrivain, né à Mouzon-sur-Meuse en 1698, mort en 1776, au château de Lankeren près d'Amersfort, avait d'abord pris l'habit de St-Benoît à l'abbaye de St Vincent de Metz. Mais il quitta son convent, et se réfugia en Hollande, où, ayant embrassé la réforme, il étudia la médecine sous le célèbre Boërhaave, et fut reçu docteur à Leyde en 1729. Outre différentes traduct., on a de lui : *Recherches sur l'origine et la formation des vers à tuyau*, etc., 1733, in-8. — *Histoire des rois de Pologne*, etc., 1733, 3 vol. in-12. — *Histoire de la guerre présente*, 1735, in-12. — *Histoire de la dernière, guerre, avec la Vie du prince Eugène de Savoie*, etc., 1736-37, 5 vol. in-12. — *La Vie du duc de Ripperda*, 1739 ; 2 vol. in-12. — *Hist. de l'emper. Charles VI*, etc., 1742, 2 vol. in-12. — *Table générale des matières contenues dans l'histoire et les mémoires de l'académie des sciences, de 1699 à 1734*, 1741, in-4, ou 4 vol. in-12. — *Éléments de philos. moderne*, 1752, 2 vol. in-12. On lui attribue encore *Anecdotes de Pierre Ier, dit le Grand*, et une édition augmentée de la *Science de l'homme de cour*, par Chevigny et Limiers, Amsterdam, 1752, 18 vol. in-12. Il est le princip. rédact. de la *Biblioth. raisonnée des ouvr. des savants de l'Europe*, Amsterd., 1728-53, 52 vol. in-12.

MASTELLETTA — V. DONDUCCI.

MASTROPETRO ou MALIPIERO (AUREO), doge de Venise, avait été élu unanimem. en 1172 ; mais il refusa cette dignité pour la déférer à Sébastien Ziani, après la mort duquel il l'accepta en 1179. Dégoûté des affaires publiques par la rébellion de Zara et la défaite des croisés dans le Levant, il se retira dans un monastère en 1192, et eut pour succes. Henri Dandolo.

MATAFLORIDA (BERNARD-MOZO-ROZALÉS, marquis de), ministre espagnol, né dans l'Andalousie, exerça la profess. d'avocat, fut député de Séville aux cortès de 1814, et l'un de ceux qui se prononcèrent contre l'établiss. du régime constitutionnel. Le roi Ferdinand le récompensa de son zèle par le titre de marquis, et le nomma ministre de la justice. Lors du mouvem. constitutionnel de Cadix, il fut présid. de la régence d'Urgel en 1822, et général de l'armée de la Foi, et ne revint à Madrid qu'avec Ferdinand. Mal accueilli par ce prince, il quitta la cour, et vint, avec ses deux fils, habiter Agen, où il mourut le 3 juillet 1832. Bien qu'autorisé à rentrer dans sa patrie, le marquis de Mataflorida avait préféré rester en France.

MATFEIEF (ARTEMON-SERGEIEVITSCH), premier ministre et confident intime du tzar Michel Michaelovitsch, né en 1625, se montra le protecteur des lettres et des arts, qu'il concourut à naturaliser dans sa patrie, et par ses abondantes aumônes se concilia la reconnaissance des habitants de Moscou, qui, voulant lui donner un témoignage de leur gratitude, se coalisèrent volontairement pour réunir sur l'emplacem. désigné, les matériaux nécessaires à l'erection de son palais. Les vertus et les talents de Matfeief ne le mirent point à l'abri de la calomnie. Privé de ses biens et de ses honneurs par le tzar Féodor, fils et successeur d'Alexis, il passa en exil tout le temps du règne de ce prince. A sa mort il fut réhabilité et rappelé à Moscou ; mais il ne s'y trouvait que depuis quatre jours, lorsqu'il périt victime de la première révolte des Strélitz, le 15 mai 1682. On lui attribue des ouvrages historiques restés MSs.

MATHA (St JEAN de), fondat. (avec Félix de Valois, de l'ordre des trinitaires, né en 1169 à Faucon en Provence, fut de bonne heure consacré à Dieu par un vœu solennel de sa mère. Après avoir commencé ses études à Aix, il se rendit à Paris pour perfectionner ses connaissances ; il y reçut la prêtrise. et bientôt conçut le plan d'une association destinée au rachat des captifs. Cet institut fut approuvé en 1198, sous l'invocation de la Ste Trinité, par Innocent III, qui en fit dresser les statuts par l'évêque de Paris et l'abbé de St-Victor. L'ordre fut établi d'abord en France par la protection de Philippe-Auguste. Gaucher III, seigneur de Châtillon, ayant abandonné à ses fondat. un lieu nommé Cerfroid, dans la Brie, ils y bâtirent un monastère qui devint le chef-lieu de l'association. Après avoir fait différents voyages à Tunis, d'où il ramena un gr. nombre de captifs, Jean de Mattha mourut à Rome le 21 déc. 1213. L'Église honore sa mémoire le 8 février. On peut consulter, pour de plus amples détails sur l'ordre des trinitaires, qui en France portaient le nom de *mathurins*, le tom. II de l'*Histoire des ordres monastiques*, par le P. Helyot.

MATHATHIAS, chef juif, et le premier de la race des Asmonéens, gouverna Israël environ un an, vers 166 av. J.-C., et fit en mourant reconnaître par ses fils Jean, Simon, Éléazar et Jonathas, leur frère Judas comme général des troupes (*v.* JUDAS MACHABÉE).

MATHER (COTTON), savant théol. de l'Église anglicane en Amérique, né à Boston en 1663, mort en 1728, dirigea tous ses travaux vers un but d'utilité publiq. : s'étant rendu familier l'idiome des Iroquois, il composa dans cette langue des instructions sur les principales vérités du christianisme. Outre un grand nombre de sermons, de dissertations, de programmes et d'essais, on cite de lui : *Magnalia Christi americana*, ou Histoire ecclésiastique de la Nouvelle-Angleterre, de 1620 à 1698 (angl.), in-fol. — *The Wonders*, etc. (les Merveilles du monde invisible, tirées de l'analyse des procès de différents sorciers, etc.), Boston, impr. par l'ordre du gouv. de Massachusett, réimpr. à Londres, 1693, in-4.

. MATHIAS ou MATTHIAS (St), l'un des 72 disciples de J.-C., puis apôtre à la place de Judas-Iscariote, obtint par le sort l'honneur de l'apostolat, sur Joseph Barsabas, dit *le Juste*. Les autres circonstances de sa vie sont inconnues ; mais une tradition conservée chez les Grecs, le présente comme ayant prêché l'évangile vers la Cappadoce et le Pont-Euxin, et scellé de son sang la foi en Colchide. L'église célèbre sa fête le 24 février ; l'*Évangile* et le *Livre des Tradit.* qui portent son nom ont été déclarés apocriphes. (*V.* sur St Mathias une *dissertation* d'Henschenius dans le recueil des bollandistes.)

MATHIAS, emper., né en 1557 de Maximilien II et de Marie, fille de Charles-Quint, montra de bonne heure ses vues ambitieuses, et tenta de se mettre hors de la dépendance de l'empereur Rodolphe II, son frère. Il accepta le gouvernem. des provinces belgiques soulevées contre l'Espagne ; mais il ne put le garder n'étant soutenu ni par l'emper. ni par l'empire. Il n'obtint qu'avec peine la permission de rentrer en Autriche, où il vécut dans le besoin et l'humiliation. Cependant les embarras où se trouva bientôt Rodolphe le forcèrent de recourir à Mathias, qu'il chargea du gouvernement de l'Autriche et du commandement de son armée de Hongrie (1593). Devenu, par la mort d'Ernest, son frère (1595), héritier présomptif de la couronne, il vit dès-lors croître sa popularité, à mesure que l'empereur tombait dans le discrédit. Il s'assura le rang de chef de sa maison, en 1606, par un pacte secret avec Maximilien, son frère, et avec ses cousins Ferdinand et Ernest, conclut la même année le traité le plus avantageux avec Botskai, prince de Transylvanie, et signa à Vienne avec le grand-seigneur une trève de vingt ans ; mais ce dernier acte ne fut point ratifié par Rodolphe qui, connaissant depuis long-temps les projets ambitieux de son frère, lança contre lui un rescrit violent, détacha de sa cause les autres archiducs, et le mit dans l'alternative de se soumettre sans condit. ou de résister à force ouverte. Mathias n'hésita pas long-temps : il mit dans ses intérêts les états de Hongrie et ceux d'Autriche ainsi que la Moravie, leva des troupes et réussit, par les armes et par les négociations, à faire décider que Rodolphe lui céderait ces trois provinces, qu'il ratifierait le traité de Vienne, et qu'à sa propre demande les états de Bohême déclareraient Mathias son success. Celui-ci, pour satisfaire ses nouveaux sujets, fut obligé de leur faire de gr. concess. A la couronne de Hongrie il joignit bientôt celle de Bohême qu'abdiqua son frère, et en 1612, après la mort de ce faible prince, il fut élu empereur à l'unanimité. Ce titre ne lui donna pas un grand pouvoir ; car les états de Hongrie, d'Autriche et de Bohême, auxquels il demandait des secours pour forcer les Turks d'exécuter le traité de Vienne, insistèrent sur la nécessité de maintenir la paix ; et il renonça à son dessein. Voulant assurer la stabilité du trône en se choisissant un success., il fit couronner à Prague, en 1616, Ferdinand, chef de la ligue styrienne sur laq. reposait tout l'espoir de la branche autrichienne d'Allemagne ; mais il vit bientôt qu'il s'était donné un maitre. Ferdinand montra une gr. intolérance envers les protestants qui se révoltèrent et que son caractère violent et ses actes arbitraires ne durent pas calmer. Le vieux Mathias, qui osait à peine se plaindre, et qui pourtant cherchait les moyens de rétablir la paix, mourut en 1619, déplorant ses injustices envers Rodolphe II, gémissant de l'ingratitude de Ferdinand, et prévoyant les malheurs inévitables qui allaient fondre sur ses états.

MATHIEU DE MIRAMPAL (JEAN-BAPT.-CHARLES), député à la convention par le départ. de l'Oise, y vota la mort du roi sans appel ni sursis. Envoyé en mission dans le département. de la Dordogne après le 31 mai, il ne tarda pas d'être rappelé, accusé *d'attiédir l'esprit public*. Après le 9 thermid., il devint membre du comité de sûreté génér., et concourut à toutes les mesures propres à prévenir le retour du régime anarchique. Réélu au conseil des cinq-cents, il y vota avec les partisans du directoire, fit après le 18 brumaire partie du tribunat, dont il sortit en 1804 pour aller occuper la place de directeur des droits réunis à Bordeaux. Il occupait la même place en 1814 dans le départ. de la Marne. Atteint par la loi dite d'amnistie, il se retira dans les Pays-Bas, obtint bientôt l'autorisat. de rentrer en France, et mourut en 1833 à Condat, près de Libourne, d'une apoplexie foudroyante.

MATHIEU DE LA REDORTE (MAURICE-DAVID-JOSEPH, comte), lieuten.-gén. et pair de France, né à Ste-Afrique, d'une famille protestante, entra à 15 ans dans le régiment suisse de Meuron, puis passa dans la légion de Luxembourg, qui fut envoyée dans l'Inde. De retour en France, il entra dans le régim. Royal-Dragons, et devenu capitaine fit les campagnes du Rhin de 1792 à 1798. A cette époque il fut envoyé à l'armée d'Italie avec le grade d'adjud.-général, et dut à sa valeur celui de général de brigade. Blessé devant Capoue, il fut obligé de quitter momentanément le service. Promu en 1799 au grade de général de division, il obtint le commandem. des côtes du Finistère et fut renvoyé en Italie. En 1805 il fut employé dans le Brisgaw sous les ordres d'Augereau. Pendant cette cam-.pagne, il conclut avec le général Jellachich, la capitulation en vertu de laq. l'armée autrichienne fut prisonnière de guerre. Il fit, avec non moins de gloire, en 1806 et 1807, les campagnes de Prusse et de Pologne. En 1808, envoyé en Espagne, il resta dans ce pays jusqu'en 1813. Après s'être illustré devant Baraguer et Tarragone, au col d'Ordal et à Villa-Franca, il rentra en France. C'était le plus anc. général de divis. de l'armée ; couvert de blessures, il était d'ailleurs décoré de presque tous les ordres milit. de l'Europe, comte et grand-officier de la Lég.-d'Honneur depuis 1804. Nommé chev. de St-Louis sous la restaurat., il fut inspecteur-gén. d'infanterie dans les 11e et 20e divisions. Pendant les *cent-jours*, il se retira dans sa terre de la Redorte. En 1817, il fut nommé commandant de la 19e division milit. à Lyon, où il remplaça le génér. Canuel. Créé pair en 1819, il siégea dans la chambre haute avec l'opposit. constitutionnelle, et mourut le 1er mars 1833. Il avait épousé une demoiselle Clary, belle-sœur de Joseph Bonaparte.

MATHIEU. — V. MATTHIEU.

MATHILDE ou MECHTILDE (Ste), reine de la Germanie, fille du comte de Ringelheim, épousa fort jeune Henri Ier, surnommé *l'Oiseleur*, dont elle eut deux fils, Othon et Henri. Restée veuve en 936, elle fonda plus. couvents, entre autres celui de Queldimbourg, où elle mourut en 968. Sa *Vie* se trouve dans le *Rec. des bollandistes* (14 mars), avec des notes du P. Henschenius.

MATHILDE (Ste), reine d'Angleterre, fille de Malcolm, roi d'Écosse, et de Marguerite, fut mariée en 1100 à Henri Ier, roi d'Angleterre, et mourut à Westminster en 1128 (le 30 avril), laissant de son mariage un fils nommé Guillaume Adeling, qui périt dans un naufrage en 1120, et une fille dont l'article suit.

MATHILDE, reine d'Angleterre, fille de Henri Ier, fut élevée sous les yeux de sa pieuse mère, et mariée en 1121 à l'emper. Henri V. Devenue veuve en 1125, elle épousa deux ans après Geoffroi Plantagenet, comte d'Anjou. Après la mort de Henri Ier, qui l'institua son héritière, elle eut à défendre sa couronne contre les prétentions d'Étienne, comte de Boulogne, neveu du roi défunt, fut obligée de fuir devant ses heureux compétit., rentra en Angleterre, fut victorieuse à son tour, et se fit couronner en 1141. Mais son caractère altier lui fit perdre encore une fois le trône, qu'elle disputa à ses ennemis tant qu'elle eut l'appui du comte de Glocester, son frère naturel. Ce prince étant mort en 1147, elle repassa en France, où elle mourut deux ans après, laissant de son second mariage un fils, le roi Henri II.

MATHILDE (la comtesse), souveraine de la Tos-cane et d'une partie de la Lombardie, née en 1046, de Boniface III, marquis de Toscane, et de Béatrix, se trouva, à la mort de son père, en 1054, héritière d'un des plus puissants états d'Italie, mais ne régna sans partage qu'à la mort de sa mère en 1076. Dès-lors elle n'eut d'autre but que celui d'augmenter la puissance du St-siége. Elle fut mariée deux fois : la première à Godefroi *le Barbu*, duc de Lorraine, et la seconde à Guelfe V, duc de Bavière ; mais elle se sépara de ses deux époux, parce qu'elle ne les trouva pas assez dévoués à l'Église romaine. Les partisans de Mathilde assurent qu'elle voulut garder le célibat dans le mariage ; elle ne dut donc pas tenir beaucoup à des maris qui contrariaient sa politique. Si elle ne fut pas toujours heureuse dans ses entreprises, elle fut toujours inébranlable. Lorsque Henri V passa en Italie en 1110, elle se contenta de lui envoyer des ambassad. pour lui promettre fidélité envers et contre tous, le St-siége seul excepté. Cette héroïne mourut en 1125, léguant tous ses biens à l'Église romaine. — V. MANSI, *Mem. della gran-contessa Matilda, da Fr. M. Fiorentino, edit. II, con molti documenti*, Lucques, 1756, in-4.

MATHILDE (CAROLINE), reine de Danemarck, 9e et dern. enfant de Frédéric-Louis, prince de Galles, père de George III, roi d'Angleterre, née en 1751, était âgée de 15 ans lorsqu'elle épousa Christian VII, roi de Danemarck, dont elle eut un fils, Frédéric VI. Cette princesse, victime de son inexpérience et plus encore de la haine implacable de la reine-douairière Julie-Marie, sa belle-mère, se laissa compromettre dans des intrigues avec le fameux Struensée. Condamnée comme adultère au divorce et à l'exil, elle mourut à Zell en 1775, à 24 ans. — V. *Mémoires d'une reine infortunée*, 1766, in-12. — *Mémoires authentiques*, etc., ou *Histoire des comtes Struensée et Brandt*, etc., par l'abbé Roman, 1807, in-8. — *Les cours du Nord*, trad. de l'anglais de John Brown, par M. Cohen, 1819, 3 vol. in-8.

MATHISSON (FRÉDÉRIC), poète, né en 1761 près de Magdebourg, y fit ses prem. études, qu'il acheva à l'université de Halles. Passionné pour les beautés d'Horace et d'Anacréon, il traduisit un choix de leurs odes, apprit l'ital. et l'anglais, et se rendit familiers les chefs-d'œuvre de ces deux langues. Sa santé ne lui ayant pas permis de se livrer à l'exercice du ministère, il se dévoua à l'enseignement, obtint à Dessau une chaire qu'il quitta pour se charger d'une éducat. particul. Conduit à Lyon, où demeurait la famille de son élève, il s'y trouvait lors du siége de cette ville en 1793, et y perdit tous ses papiers. Attaché depuis à la cour de Dessau, il obtint ensuite la charge de conseiller-privé et de légat. du roy. de Wurtemberg, et mourut en 1831 à Woerlitz, où il résidait depuis plusieurs années. Ses *Poésies* lui avaient acquis de la célébrité en Allemagne.

MATHON DE LA COUR (JACQUES), mathémat., né à Lyon en 1712, mort dans cette ville en 1770, partagea avec Euler l'accessit au prix proposé par l'acad. des sciences sur cette question : *Quelle est la manière la plus avantageuse de suppléer à l'action du vent dans les grands vaisseaux ?* Outre des *Éléments de dynamique et de mécanique*, publiés en 1762 , et plan pour l'intelligence des chap. 45 et 48 d'Ézéchiel avec un *Commentaire littéral*, dans le *Journal des savants*, 1759, on a de lui : *Lettre sur le parallèle de la physique de Newton et de celle de Descartes, par le P. Castel*, et autres morceaux (*Journal de Trévoux*, 1744-45). — *Essai du calcul d'une machine mue par la réaction de l'eau* (*Journal de physiq.*, tom. V et VI). — MATHON DE LA COUR (Charles-Joseph), fils du précédent et beau-frère du poète Lemierre, né à Lyon en 1738, remporta en 1767 un prix à l'acad. des inscript. par un *Mémoire* sur la ligislat. de Lycurgue, et trois ans après un autre à l'acad. de Rouen. Amateur éclairé des arts, il aidait de ses conseils et de sa bourse les jeunes gens sans fortune qui montraient d'heureuses dispositions ; il établit à Lyon un lycée à l'imitation de l'athénée de Paris, ainsi qu'une société philantropiq. Dans les années qui précédèrent la révolut. il indiqua les moyens qu'il croyait propres à opérer sans secousse les réformes nécessaires. Mais lorsqu'il vit que tout conseil devenait inutile, il garda le silence. A l'approche des armées révolut. il aurait pu fuir Lyon; mais il voulut partager les dangers de ses concitoyens, et périt sur l'échafaud en 1793. On a de lui : *Lettres sur l'inconstance*, etc., 1763, in-12. *Lettres sur les peintures, sculpt. et grav. exposées au salon*, 1763, 65 et 67, 3 part. in-12. — *Orphée et Eurydice*, opéra, trad. de l'ital., 1765, in-12. — *Disc. sur le danger de la lecture des livres contre la religion*, 1770, in-8. — *Lettres sur les rosières*, 1781, in-12.—*Testament de Fortuné Ricard*, 1785, in-8. — *Discours sur les meilleurs moyens de faire naître et d'encourager le patriotisme dans une monarchie*, 1788, in-8. — *Collection des comptes rendus concernant les finances de France*, depuis 1758, 1788, in-4.

MATHOS, l'un des chefs des mercenaires révoltés contre Carthage, parvint à rassembler 70,000 hommes, assiégea Utique et Hippacra, s'empara de l'isthme qui joignait au continent de l'Afrique la presqu'île où Carthage était située, et fit trembler cette capitale. Il donna l'ordre de crucifier le général carthaginois Annibal, tombé en son pouvoir ; mais, pressé par Amilcar, et attiré dans un piége, il fut pris, servit d'ornem. au triomphe du vainqueur, et périt d'une mort honteuse et cruelle 238 ans avant J.-C.

MATHUSALEM, le 8e des patriarches avant le déluge, est célèbre par sa longévité. Il était fils d'Énoch et fut père de Lamech, qui donna le jour à Noé. Il mourut l'an du monde 1656, âgé de 969 ans. Il ne faut point le confondre avec Mathusael, arrière petit-fils de Caïn.

MATIGNON (JACQUES GOYON de), maréchal de France, né en 1525 à Lonlay en Normandie, fit ses prem. armes sous Henri II, alors dauphin, à la prise des Trois-Évêchés. Doué d'une valeur brillante, il y joignit une rare prudence et se fit la réputation d'un habile politique. Resté neutre entre le duc de Guise et le connétable de Montmorenci, il ne vit jamais en France que le roi, et n'eut d'autre but que de maintenir l'autorité roy. contre les factions. Il sut gagner l'estime des protestants, dont il était chargé de surveiller les démarches, et qu'il combattit souvent avec succès, mais sans cruauté. Il battit le roi de Navarre à Nérac en 1588 et le força d'évacuer le Querci ; mais une fois Henri III mort, Matignon fut le prem. à reconnaître Henri IV pour son souverain légitime ; il lui donna les meilleurs conseils, et l'acompagna à son entrée dans Paris. Il mourut au château en Lesparre en 1597 (*v.* Brantôme, *Vies des grands capit. franç.*, et l'*Histoire de Jacques de Matignon*, etc., par de Callière, 1661, in-fol., etc.') — V. GACÉ.

MATON DE LA VARENNE (P.-A.-L.), homme de lettres, né à Paris vers 1760, essuya durant les troubles de la révolut. quelq. persécut. qu'il n'avait pas craint d'affronter, et mourut presque ignoré à Fontainebleau en 1816. On a de lui : *Réflex. d'un citoyen sur la nécessité de conserver la vénalité des offices infér.*, 1790, in-8.—*Mém. pour les exécut. des jugem. criminels.*—*Mém. adressé à l'assemblée nationale.*—*Plaidoyer pour Samson, exécuteur*, etc., contre Prudhomme, Gorsas, etc. — *Les crimes de Marat et autres égorgeurs*, etc., 1795, in-8.—*Valdeuil, ou les habitants de St-Domingue.*—*Camille et Formose*, hist. ital., 1795, in-8. — *Hist. particul. des événem. qui ont eu lieu en France pendant les mois de juin, juillet, août, septembre 1792, et qui ont opéré la chute du trône*, 1806 , in-8. Il fut l'éditeur du *Siècle de Louis XV*, par Arnoux Laffrey (ou plutôt Moufle d'Angerviles), 1796, 2 vol. in-8, ainsi que des *OEuvres posth.* du comte de Thiard de Bissy, précédées de son éloge histor. Barbier a signalé diverses impostures littér. de Maton de La Varenne (*Dictionnaire des anon.*, t. Ier, pag. xlij et suiv.).

MA-TOUAN-LIN, surn. *Koueï-iu*, célèbre lettré de la Chine, né à Lo-phing, province de Kiang-si, vers 1245, mort vers 1325, a composé, sous le titre de *Taï-hio-tsieï-tchouan*, un comment. sur le tr. de Confucius, intit. : *Tai-hio, ou la Grande étude*. Mais l'ouvr. qui rendra Ma-touan-lin à jamais recommandable à la postérité, c'est son *Wen-hianthoun-khao, ou Recherche approfondie des anciens monuments*, qui ne peut être comparé, quant à l'étendue, au nombre et à la diversité des matières, qu'aux *Mém.* de l'acad. des inscript. Abel Rémusat ajoute que cet excellent ouvr. vaut à lui seul une bibliothèque, et que n'y en eût-il pas d'autre, il vaudrait la peine que l'on étudiât le chinois pour le lire.

MATSYS (QUINTIN). — V. MESSIS.

MATTE-LAFAVEUR (SÉBASTIEN), publia en 1671 : *Pratique de chimie*, fut, en 1675, nommé démonstrateur à Montpellier et profess. de chimie à l'université de Paris, places qu'il occupa simultaném. jusqu'en 1684, et mourut en 1691. — Jean MATTE, son fils, né en 1660 à Montpellier, mort en 1742, syndic de l'hôpital général de cette ville, avait obtenu du roi la survivance de son père; il envisagea particulièrement la chimie sous ses rapports avec la médecine, et fut un des membres les plus laborieux de l'académie de Montpellier à sa création.

MATTEACCI (Ange), jurisconsulte, né en 1535 à Marostica, dans le Vicentin, mort en 1600 à Padoue, fut appelé deux fois à Rome par Sixte-Quint, qui voulait le consulter, et décoré par l'empereur Rodolphe II des titres de chevalier et de comte. On a de lui : *De viâ et ratione artificiosâ juris universi libri II*, Venise, 1591, 1593 et 1601. — *Epitome legatorum et fidei-commissorum methodo ac ratione digesta*, 1600. — *De jure Venetorum et juridictione maris Adriatici*, 1617, etc.

MATTEI (Loretto), l'un des prem. membres de l'académie *degli Arcadi*, né en 1622 à Rieti (Ombrie), occupa divers emplois de magistrature dans cette ville, puis, ayant perdu sa femme, embrassa l'état ecclésiastique, fut admis en 1692 parmi les *Arcadi*, et mourut en 1705. On a de lui : *Il Salmista toscano*, Macerata, 1671, souvent réimpr. : c'est une paraphrase en vers des *Psaumes*. — *La Cantica distribuita in egloghe*, 1686, paraphrase du *Cantique des Cantiques*. — *Innodia sacra*, etc., paraphrase des hymnes du Bréviaire, 1689. — *Metamorfosi lirica di Orazio parafrasato*, etc., Rieti, 1769, souv. réimpr.—*L'Arte poetica d'Orazio*, etc., Bologne, 1686, in-8. — *Teoria del verso volgare*, etc., Venise, 1695, in-12, livre curieux et rare. La plupart de ces ouvrages ont été recueillis à Milan en 1715. Son *Éloge*, par Jér. Vincentini, est inséré au tome II des *Vite degli Arcadi*.

MATTEI (Alexandre), cardin., issu des princes de ce nom, né en 1744 à Rome, fut nommé en 1777 archevêque de Ferrare. Pendant la révolution son diocèse devint un asile assuré pour les prêtres de France. Chargé en 1797 de négocier avec le général Bonaparte, il eut part au traité de Tolentino, qui sauva Rome un instant; mais l'année suiv., à la prise de cette capitale, il fut banni et privé de ses biens. Forcé de venir en France en 1810 avec ses collègues, il fut exilé à Rhétel par Bonaparte, pour avoir refusé de se trouver à la cérémonie de son mariage. C'est dans cette retraite qu'il composa l'ouvr. intitulé : *Méditat. des vérités éternelles*, etc., qu'il fit imprimer à Rome en 1814, in-12. Peu de temps avant la restaurat., le cardinal Mattei étant retourné en Italie, devint évêque d'Ostie, doyen du sacré collège, et mourut à Rome en 1820.

MATTEI (Stanislas), profess. de contrepoint au lycée de Bologne, sa patrie, mort le 12 mai 1825, maître de la chapelle de St-Petronio, membre de l'institut d'Italie, de celui de France, et de plus. autres acad., possédait à fond la théorie de son art, et composait avec talent. Il a laissé plusieurs morc. de musique remarquables par leur correction.

MATTEIS (Paul de), peintre, né en 1662 à Naples, élève de Morandi, fut appelé en France, y soutint sa réputation par de beaux ouvrages, passa ensuite à Rome, où le pape Benoît XIII le chargea de décorer les églises de la *Minerva* et d'*Ara-Cœli*, puis revint à Naples, où il mourut en 1728. On fait beaucoup de cas des tableaux qu'il a exécutés à Rome, à Gènes et dans d'autres villes d'Italie; mais son talent fut surtout distingué à Naples, où il séjournait habituellem. : il y a peint, tant à fresque qu'à l'huile, un grand nombre d'églises, de galeries, de salles et de plafonds, remarquables par une fougue d'exécution peu ordinaire.

MATTEUCCI (Petronio), astronome, de l'institut de Bologne, né dans les premières ann. du 18e S., observa avec Zanotti les comètes de 1739 et 1744, dirigea les réparations du gnomon de Cassini, observa le passage de Mercure en 1786, en rendit compte dans le 7e tome des *Mém.* de l'institut de Bologne, publia les éphémérides (*Ephemerides motuum cœlestium*, etc.), de 1797 à 1810, et mourut en déc. de cette année.

MATTHÆI (Christian-Frédéric), savant helléniste, né en 1744 à Grost en Thuringe, mort à Moscou en 1811 avec le titre de conseiller aulique et de professeur ordinaire de littérature classique à l'univ., a publié beaucoup d'ouvr., parmi lesquels on distingue : *Chrestomathia græca*, etc., Moscou, 1773, in-8.— *Glossaria græca minora*, etc., ib., 1774-75, 2 vol. in-4.— *Xiphilini et Basilii... orationes ineditæ*, 1775, in-8.—*Isocratis, Demetrii Cydone*, etc., *epistolæ*, etc., 1776, in-8.— *Gregorii thessal. orationes*, etc., 1776, in-8. — *Notitia codicum MSs. græcorum bibl. mosq.*, 1776, in-fol.; Leipsig, 1805, 2 vol. in-8. — *Plutarchi libellus de superstitione*, etc., 1779, in-12. — *Animadvers. ad Origenis Hexapla*, 1779, in-8.—*Lectiones mosquenses*, 1779, 2 vol. in-8.—*Euripide*, 1813-14, 2 vol. in-8.

MATTHESON (Jean), composit., né à Hambourg en 1681, montra dès son enfance des disposit. extraordin., composa d'abord de la musique sacrée, des fugues et des contrepoints, et devint, à l'âge de 16 ans, prem. chanteur du théâtre de sa ville natale, organiste de plusieurs églises, et professeur de musique. Ces diverses occupations ne l'empêchèrent point d'apprendre les principales langues de l'Europe, de composer des opéras pour son théâtre, et d'étudier même la jurisprudence. Ayant quitté la scène en 1705, il entra chez le résident d'Angleterre à Hambourg, qui lui confia l'éducat. de son fils. Ce ministre ayant reconnu toute la capacité du précepteur, le prit pour secrétaire de légation. Mattheson garda cet emploi jusqu'en 1746, reçut à sa retraite le titre de conseiller de légation, et mourut en 1764. Outre ses compositions musicales, qui sont nombreuses, on connaît de lui sur la musique ou l'art musical (en allemand) : *Le nouvel Orchestre*, 1713, in-12. — *L'Orchestre protégé*, 1717. — *Réflexions sur l'éclaircissem. d'un problème de musique*, 1720], in-4 (en franç.). — *L'Orchestre scrutateur*, 1721. — *Critica musica*, 1722-24, 2 vol. in-4. — *Le Patriote music.*, 1728, in-4. — *Le Chantre savant*, trad. du latin, 1750, in-4. — *Noyau des sciences mélodiq.*, 1757, in-4. — *Le parfait Maître de chapelle*, 1739, in-fol. — *Défense de la musique céleste*, 1747, in-8. — *Sept Dialogues entre la sagesse et la musique*, 1751. —

Nouvelle académie musicale, 1751 et 1752.— Trois écrits *sur la Basse continue*, 1724, 1751, 1755, in-4, etc. Les travaux littér. de Mattheson ne sont pour la plupart que des traduct. ou des brochures peu importantes. Ses opéras sont au nombre de 8. Il a publ. plusieurs recueils de sonates, un recueil de fugues, sous le titre de : *Langue des doigts ;* et un *Odeon morale, jucundum et vitale,* dont les paroles sont de lui ainsi que la musiq. Le nombre de ses écrits et de ses composit. publiés se monte à 88, et il en a légué peut-être autant MSs. aux établissements publics d'Hambourg.

MATTHEW (Tobie), diplomate anglais, né à Oxford en 1578, mort en 1655 chez les jésuites de Gand, avait été employé par Jacques Ier dans la négociation du mariage du prince de Galles avec l'infante d'Espagne. On a de lui : *Riche cabinet de précieux bijoux ; Recueil de lettres,* etc., Londres, 1660, in-8. — Div. *Lettres* insérées dans le *Cabala,* 1654, dans la *Scrinia sacra,* 1663. — *Recueil de lettres,* etc., 1660, in-8.—*Les bons effets de se laver la tête chaque matin avec de l'eau froide; la Vie de Ste Thérèse,* 1625, in-8. — *Le Bandit pénitent,* etc., 1625, 1663, in-8. — *Trad. des Confess. de St Augustin,* 1624, in-8. — *Trad. italienne des Essais de Bacon ; Hist.* de son temps, imparfaite et inédite.

MATTHEWS (Thomas), amiral angl., né en 1681, entra de bonne heure dans la marine, devint capitaine de vaisseau pend. la guerre de la succession d'Espagne, servit avec distinction sous les ordres de l'amiral Byng, passa ensuite dans les Indes pour combattre les pirates, obtint le grade de contre-amiral, revint en 1724 dans les ports d'Angleterre, resta inactif jusqu'en 1739, fut ensuite employé comme vice-amiral dans la Méditerranée, et mérita par ses services d'être élevé au grade d'amiral de l'escadre bleue. C'est en cette qualité qu'il commandait en 1744 29 vaiss. de ligne, dans le combat qui eut lieu dev. Toulon contre la flotte combinée de France et d'Espagne, et dont le succès demeura indécis. La cour de l'amirauté mit Th. Matthews en jugement; le procès dura plusieurs années, mais on n'en connaît pas l'issue. L'amiral, retiré dans sa terre d'Harrow, y mourut en 1751. Dans les dern. années de sa vie, il siégeait à la chambre des communes.

MATTHIÆ (Jean), év. de Strengnès en Suède, et précept. de Christine, né en 1592 dans la province d'Ostrogothie, mort en 1670, a laissé quelq. ouvrages de littérat. et de théologie, dont les plus remarquables sont : *Catéchisme élément. en cinq langues,* Stockholm, 1626, in-8.—*Grammaire latine* (à l'usage de Christine), 1655-1698 ; Leyde, 1650, in-12 ; et *Traité sur la tolérance religieuse,* 1656-1661, in-12. Ses enfants furent anoblis sous le nom d'*Oljequists,* c'est-à-dire *Rameau d'olivier.*

MATTHIEU ou LÉVI (St), apôtre et évangéliste, était Galiléen et publicain, c'est-à-dire percepteur des deniers publics. Il était assis dans son bureau, sur le bord du lac de Génésareth, quand J.-C. l'appela et lui ordonna de le suivre. Les écritures ne nous apprennent presque rien sur sa personne. On présume qu'il souffrit le martyre en Perse ; d'autres le font mourir à Naddaver en Éthiopie. Ses reliques furent portées en Occident. L'Église latine célèbre sa fête le 21 sept. Son Évangile fut, selon l'opinion commune, écrit 8 ans après l'ascension de J.-C. et dans l'idiome syro-chaldaïque que parlaient alors les Juifs. On a remarqué qu'il s'occupe peu dans son récit de suivre l'ordre chronologiq.; et que sa généalogie de J.-C. n'est pas la même que celle de St Luc. — V. sur ce sujet Millius, Vessius, Luc de Bruges, Louis de Dieu, l'*Histoire ecclésiast.* de Tillemont, le *Dictionn. de la Bible de* dom Calmet, et l'*Hist. critiq.* du texte du Nouveau-Testament, par Richard Simon.

MATTHIEU de *Vendôme,* abbé de Saint-Denis, fut régent du royaume pendant la 2e croisade de St Louis, principal ministre sous Philippe-le-Hardi, et mourut en 1286. On voyait encore son tombeau à St-Denis il y a quelques années. — MATTHIEU de *Vendôme, Matthæus Vindocinensis,* poète du 12e S., est auteur d'une paraphrase de *l'Histoire de Tobie* en vers élégiaques, Lyon, 1505, in-4 ; Brême, 1642, in-8, publ. par les soins de Héring. On cite de lui d'autres ouvrages moins connus des bibliographes. — MATTHIEU de *Westminster,* chroniqueur angl. du 15e S., appelé aussi *Florigerus,* mort vers 1507 à l'abbaye dont il porte le nom, a laissé une chronique intit. : *Flores historiarum,* insérée dans les *britannicar. rerum Script. vetustiores,* etc., Heidelberg, 1587, in-fol. Il n'a fait que compiler et abréger dans cet ouvr. des chroniques plus anc., surtout celle de Matthieu Paris. On lui attribue les *Chroniques* des monastères de Westminster, de St-Edmond, etc.

MATTHIEU (Pierre), poète et historien, né dans la Franche-Comté en 1563, possédait, avant l'âge de 15 ans, le latin, le grec et l'hébreu. A 20 ans il était principal du collége de Vercel (bourg de sa province). Peu de temps après il se rendit à Valence pour y étudier le droit, et reçut le bonnet de docteur en 1586. Depuis il exerça la profession d'avocat à Lyon, et suivit d'abord avec ardeur le parti de la Ligue ; mais Lyon s'étant soumis à l'autorité royale, en 1593, il fut l'un des députés envoyés à Paris, et devint dès-lors un des partisans les plus zélés de Henri IV. Il remplaça Du Haillan dans les fonctions d'historiographe, fut attaché à Louis XIII, qui lui témoigna les mêmes égards que son père, et l'ayant suivi au siége de Montauban, y fut attaqué de la fièvre, et mourut à Toulouse en 1621. Parmi ses ouvr. les plus remarq. sont : *la Guisiade, tragédie en laquelle est représenté le massacre du duc de Guise,* Lyon, 1589, in-8, réimpr. avec des notes dans le *Journal de Henri III,* 1744, t. III. — *Quatrains de la vanité du monde ou Tablettes de la vie et de la mort,* trad. en latin et dans la plupart des langues de l'Europe, et souvent réimpr. avec ceux de Pibrac et du président Favre. — *Hist. des derniers troubles de la France, sous les règnes de Henri III et de Henri IV,* etc., Lyon, 1594, in-8. — *Hist. véritable des guerres entre les deux maisons de France et d'Espagne* (de 1515 à 1598), Rouen, 1599. — *Hist. de France*, etc. (de 1598 à 1604), in-8, Paris, 1606, 2 vol. in-8, réimpr. plus. fois et trad. en ital. — *Histoire de Louis XI*, etc., 1610, in-fol., 1628, in-4, trad. en italien et en anglais. — *Histoire de la mort déplorable du roi Henri-le-Grand*, avec plus. *poésies* en l'honneur de ce prince, 1611, in-fol.; 1612, in-8. — *Histoire de St-Louis*, 1618. — *Hist. de France* (de François Ier à Louis XIII), 1631, 2 vol. in-fol., publ. par J.-B. Matthieu, l'un des fils de l'auteur, qui continua le règne de Louis XIII. — *La fille de P. Matthieu* se fit religieuse dans le tiers-ordre de St-François, et vécut d'une manière si édifiante, que le P. Alexandre, récollet, crut devoir publier la *Vie de la vénérable Mère Matthieu*, Lyon, 1691, in-8.

MATTHIEU PARIS, célèbre chroniqueur angl., prit en 1217 l'habit religieux au monastère de St Alban, ordre de Cluny, fut chargé par le pape d'établir la réforme dans div. monastères de Norwége, obtint la faveur du roi Henri III, et mourut en 1259. Ce religieux était poète, orateur, théologien, avait des connaissances en peinture et en architecture, et passait pour fort habile en mécanique. Le plus connu de ses ouvrages est *Historia major Angliæ*, etc., (de 1066 à 1259) dont le MS. se conserve au muséum britannique, et qui a été publiée par Matth. Parker, archevêque de Cantorbéry, Londres, 1571, in-fol.; réimpr. plus. fois; l'édit. de Londres, 1684, est la meilleure. Pàris en rédigea lui-même un abrégé qu'il intitula *Historia minor*. On lui doit encore les *Vies* de plus. abbés du monastère de St-Alban. Oudin lui a consacré un article très étendu dans les *Script. ecclesiast.*, t. III, pag. 204-17.

MATTHIEU DE KROKOW, cardin., né au château de Krokow, en Poméranie, vers le milieu du 14e S., professa d'abord la théologie à Prague, devint chancelier de l'univers. de cette ville, se réfugia ensuite à Paris, du temps de la guerre des hussites, puis repassa en Allemagne, où il fut successivement profess. à l'acad. d'Heidelberg, chancelier de l'emper. Robert de Bavière, et évêque de Worms. Envoyé comme ambassadeur à Rome, il y reçut le chapeau de cardinal; et, de retour dans son diocèse, il y mourut en 1410. On connaît de ce prélat : *Sermo de emendatione morum et cleri*, prononcé au synode de Prague en 1384.—*Liber de squalore curiæ romanæ*, Bâle, 1551, et dans le *Fasciculus rerum expetendar.* de Brown. — *De celebratione missæ*, etc., Memmingen, 1494, in-4. Barbier lui attribue l'*Ars moriendi*, petit in-fol., grav. en bois; ouvr. très rare et sur lequel on peut consulter le *Manuel* de Brunet, l'*Idée d'une collection d'Estampes*, par Heineken, pag. 599 et suiv., et le *Dictionn. bibliographique* de Laserna Santander, t. II, p. 102.

MATTHIOLE ou plutôt MATTIOLI (PIERRE-ANDRÉ), médecin et botaniste, né à Sienne en 1500, fut reçu doct. à Padoue, exerça successivem. l'art de guérir à Sienne, à Rome, à Goritz, se retira dans les dernières années de sa vie à Trente, et y mourut de la peste en 1577. Il n'est guère connu que par ses *Comment. sur Dioscoride*, répertoire immense qui renferme à peu près toute l'érudition botanico-médicale de cette époque. A la traduction de l'auteur grec, Matthiole a joint la description d'un assez grand nombre de plantes, d'animaux, ou de substances des trois règnes, qui lui avaient été envoyés ou qu'il avait découverts dans ses voyages en Italie et en Allemagne. Il consacra une grande partie de sa vie à rédiger et perfectionner ce travail. Son ouvr. fut publié d'abord en ital., Venise, 1544, in-fol.; avec des augmentations, 1548 et 1549, in-4; mais en 1554, il en donna une édit. latine: *Commentarii in sex libros Ped. Dioscorid.*, etc., in-fol. avec planches, réimpr. plus. fois, trad. en allem. (entre autres par A.-J. Camérarius), en franç. (par A. du Pinet et J. Desmoulins), et en d'autres langues de l'Europe. L'édit. latine de Valgrisi, Venise, 1565, fig., est très bien exécutée. G. Bauhin en donna une à Bâle en 1598, qui est supérieure à la précédente par les addit. et les observat. de l'édit., mais dont les fig. sont de moitié plus petites. On a encore de Matthiole: *Apologia adversùs Amathum lusitanum; Epistolarum medicinal, lib. V; De morbi gallici curandi ratione dialogus*, et quelq. autres écrits sur lesq. on peut consulter sa *Vie* dans les *Memorie istoriche per servire alla vita di piu uomini illustri della Toscana*, Livourne, 1757, in-4. — MATTHIOLE, médecin, né à Pérouse, mort en 1498 professeur à Padoue, est aut. d'un livre intit. *Ars memorativa*, Augsbourg, 1478, in-4.

MATTIOLI (le comte GIROLAMO MAGNI ou), premier ministre du duc de Mantoue, fut enlevé de Turin en 1679, par ordre du cabinet de Versailles, parce qu'on craignait que son habileté ne fît échouer les négociations entamées avec la cour de Piémont. On le conduisit au château de Pignerol où il mourut quelque temps après. Plusieurs écrivains ont prétendu que le malheureux ministre piémontais était l'*homme au masque de fer*. L'auteur de la *Véritable clef*, etc. partage cette opinion. Il a puisé aux mêmes sources que Roux-Fazillac, mais il donne de nouveaux détails, sur la personne et la famille de Mattioli, qu'il nomme Ercole-Antonio, suiv. cet écrivain Mattioli, né à Bologne en 1640, reçu doct. en droit à l'université de cette ville en 1669, est auteur de plus. ouvr. en ital. Senac de Meilhan assure que l'enlèvem. du ministre piémontais, se trouva confirmé en 1782, par des pièces trouvées dans les papiers du marquis de Prié, à Turin. Un article signé C. D. O. dans le *Magasin encyclopéd.* de 1800 (6e ann., VI, 472-484), apporte à l'appui de ce système, de nouvelles considérations et des rapprochements qui peuvent faire impression. Nous sommes loin cependant de nous rendre à ces raisons, et nous pensons qu'il faudrait se résoudre de bonne grâce à ne jamais rien savoir de positif sur ce personnage mystérieux qui a déjà été le sujet de tant d'hypothèses plus ou moins invraisemblables. (*V.* l'art. MASQUE DE FER.)

MATURIN (le révér. Charles-Robert), poète et romancier, né à Dublin en 1782, se maria de bonne heure par amour, eut plus. enfants, et ne tarda pas à se trouver dans une position difficile, que son goût pour la dépense devait lui rendre encore plus pénible. Pour augmenter son chétif revenu de curé de St-Pierre à Dublin, il prenait en pension des jeunes gens qu'il préparait aux examens du collége de la Trinité. Il s'avisa de chercher de nouvelles ressources dans la publicat. de quelq. *Nouvelles* (*Montorio, le jeune Irlandais, le Chef Milésien*), qui ne lui donnèrent que bien peu d'argent et de renommée. Il n'en fut pas de même de sa tragédie de *Bertram*, jouée sur le théâtre de Drury-Lane en 1816 avec un immense succès. On peut assez bien apprécier cette œuvre singulière par la traduct. libre qu'en ont donnée MM. Taylor et Ch. Nodier, sous le titre de *Bertram, ou le château de St-Aldobrand*, 1821, in-8. Le révérend Maturin, enivré de ce triomphe, donna un libre essor à son goût pour la dépense, qu'il essaya vainement de soutenir ensuite par ses tragédies de *Manuel* et de *Fredolpho*, qui n'eurent aucun succès. Son poème de *l'Univers* et ses romans *Pour et contre, ou les Femmes; Melmoth, ou l'Homme errant*, et les *Albigeois*, réussirent mieux. Tous les romans de Maturin ont été trad. en français. On cite comme assez remarquables 6 *Sermons* de controverse qu'il prêcha pendant le carême de 1824. Il mourut la même année à Dublin. Comme romancier et comme poète dramat., il a quelq. rapport avec Mᵉˢ Radcliffe, par sa touche énergique, son coloris sombre et son penchant pour les horreurs surnaturelles.

MATURINO DA FIRENZA, peintre italien, né à Florence vers la fin du 15ᵉ S., fut élève de Raphaël, travailla aux embellissements du Vatican, et se lia d'une étroite amitié avec Polydore de Caravage. Ces deux artistes exécutèrent ensemble un grand nombre de tableaux à fresque et à l'huile, dont les plus remarquables sont : *le Triomphe de Camille; le Supplice de Périllus enfermé dans le taureau de Phalaris;* plus. *batailles* très belles; *l'Histoire de Niobé* qui passait pour leur chef-d'œuvre. Chérub. Alberti et Sante-Bartoli ont gravé les composit. de ces peintres que le temps ou la barbarie ont épargné. Le sac de Rome, en 1527, ayant séparé les deux amis, Polydore s'enfuit à Naples, et Maturino, atteint de la peste, mourut quelq. temps après.

MATY (Matthieu), sav. médecin, né en 1718 à Montfort près d'Utrecht, passa en Angleterre en 1740, revint à Utrecht, puis retourna à Londres en 1752, fut nommé sous-bibliothéc. du muséum britannique lors de la création de cet établissem. en 1753, fut admis en 1758 à la société royale, en devint secrétaire perpétuel en 1765, et mourut en 1776, bibliothécaire en chef du muséum. On connait de lui : *Essai sur l'usage*, Utrecht, 1741, in-12. —*Essai sur le caractère du gr. médecin, ou Éloge critique d'Herm. Boerhaave*, Cologne, 1747, in-8. —*Journal britannique*, La Haye, 1750-55, 21 vol., gr. in-12 (Maty a rédigé les 18 prem.).—Des *Mém.* (en angl.) sur la *Vie* de lord Chesterfield, en tête

de ses *OEuvres mêlées*, 1777, 2 vol. in-4. — Des *Notices* dans les *Transact. philosophiques* et dans d'autres recueils. Prosper Marchand lui attribue des *Poésies licencieuses* et des *Comment.* sur Rabelais, non moins obscènes que ceux de Le Motteux. — Maty (Paul-Henri), fils du précéd., né à Londres en 1745, succéda à son père dans la place de bibliothécaire du muséum, fut admis, dans le même temps, à la société royale de Londres, en devint secrétaire en 1778, donna sa démission en 1784, entreprit un journal sous le titre de *Review* (la Revue), qui cessa de paraître en 1786, et mourut à Londres en 1787. Il a traduit en anglais les *Voyages de Riesbeck*. Quelques biographes lui attribuent la traduct. française du *Gemmæ marlburienses*, rédigé en latin par J. Bryant (Londres, 1780-91, 2 vol. in-fol.); mais en ce cas son travail s'est borné au prem. vol., puisqu'on sait que le 2ᵉ a été traduit par Louis Dutens. On a publié aussi sous le nom de Maty un volume de *Sermons* dont plus. sont de prédicat. connus. — Maty (Charles), oncle de Matthieu, a publié un *Dictionn. géographique universel*, tiré de celui de Baudrand et autres géographes, Amsterd., 1701, 1725, in-8.

MAUBERT DE GOUVEST (Jean-Henri), littérat., moins connu pour ses écrits que par ses aventures romanesques, né en 1721 à Rouen, entra d'abord dans l'ordre des capucins; mais ayant reconnu qu'il s'était trompé sur sa vocation, il s'enfuit en Hollande, où il obtint un passe-port pour l'Allemagne, prit du service dans l'armée saxonne, fut promu au grade d'officier d'artillerie, abandonna, à la paix, l'état militaire, et fut chargé de l'éducation du fils de son général. Ses indiscrét. l'ayant rendu suspect, il fut enfermé dans une forteresse d'où il ne sortit qu'en promettant de reprendre la robe de St-François; et on lui délivra à cet effet un passe-port pour Rome. Après quelques mois d'épreuves dans un couvent de cette ville, on le renvoya en France; mais arrivé à Mâcon, il prit la route de Genève, séjourna quelq. temps en Suisse, et passa ensuite en Angleterre. Bien accueilli d'abord par le lord Bolingbroke, il inspira ensuite des méfiances bien ou mal fondées, qui l'obligèrent à repasser en Hollande. Des brochures qu'il publia dans l'intérêt de la cour de Saxe indisposèrent le roi de Prusse Frédéric II, qui demanda son bannissement. Il passa à Bruxelles, se détermina ensuite à rentrer en France, avec l'espoir d'être employé par le maréchal Belle-Isle; mais la mort de ce ministre trompant son attente, il retourna en Allemagne, se fit direct. d'une troupe de comédiens, fut arrêté bientôt comme moine fugitif et vagabond, et jeté dans un cachot où il resta 11 mois. Étant parvenu à s'évader, il se rendit à Amsterd., où, deux jours après son arrivée, il fut remis en prison, à la requête d'un libraire de La Haye. Il y passa deux ans au bout desquels, ayant gagné son procès contre le libraire, il partit pour se rendre dans une cour du Nord, où il était, disait-il, appelé; mais il mourut en chemin, à Altona, en 1767. Dans le cours d'une vie aussi agitée, Maubert publia un gr. nombre d'écrits dont la liste se trouve dans la *France littéraire*, édit. de 1769. Les seuls connus maintenant sont : *Testament politique du card. Alberoni*, 1753, in-12. — *Hist. politique du siècle*, etc., 1754, 2 vol. in-12, Maubert publia sous le même titre un ouvr. dont le précéd. est en quelq. sorte le sommaire, Londres, 1754, t. Ier, in-4, le seul qui ait paru. — *Testam. politique du chev. de Walpole*, 1767, 2 vol. in-12. — *Lettres du chevalier de Talbot*, 1768, 2 vol. in-12.

MAUBURNE (JEAN), abbé de Livry, écriv. ascétique, né à Bruxelles vers 1460, entra dans la maison des chanoines réguliers du mont St-Agnès, et y remplit divers emplois, travailla à la réforme de son ordre en France, devint prieur de l'abbaye de Livry en 1500, et mourut à Paris en 1502. Il avait acquis une gr. réputation par ses pieux écrits, dont la liste détaillée se trouve dans Foppens et dans Fabricius. Nous citerons seulem. : *Rosetum exercitiorum spiritual. et sacrar. meditationum*, Bâle, 1491, 1504; réimpr. plus. fois. — *De Viris illustribus sui ordinis, seu venatorium canonicor. regularium*, ouvrage resté MS. à St-Martin de Louvain.

MAUCOU, lieuten.-gén., né à Bayonne en 1745, entra au service à l'âge de 21 ans. Parvenu au grade d'adjudant-sous-officier dans le régim. de Vivarais, il accepta en 1786 un emploi dans l'administrat. maritime à Bayonne : il était sous-chef au bureau des fonds quand éclata la révolut. Bientôt il repartit pour l'armée. Après avoir acheté tous ses grades par une action d'éclat ou une blessure, il fut nommé sur-le-champ de bataille général de brigade, le 17 pluv. an II, puis général de divis., le 25 germinal suiv. Il commandait la 11e division milit., lorsque Bonaparte, dans leq. il avait d'abord cru voir un second Monck, demanda l'empire : le vote du général Maucou fut négatif. On le mit aussitôt à la retraite avec une modique pension. Il mourut à Sallier près de Toulon, en 1827.

MAUCROIX (FRANÇOIS de), littérat., né à Noyon en 1619, fit ses études à Paris, suivit d'abord la carrière du barreau, et fut reçu avocat au parlem.; mais bientôt dégoûté de cette profess., il embrassa l'état ecclésiast., et par la protection de quelques personnages import., obtint un canonicat à Reims, puis un autre bénéfice qui lui assurèrent une fortune honnête et indépend. Une affection très vive qu'il avait conçue, étant avocat, pour Mlle de Joyeuse, depuis marquise de Brosses, fut la cause des seuls chagrins qui traversèrent sa vie. Après la mort de cette dame, il trouva de grandes consolat. dans la religion, la culture des lettres et l'amitié. La sagesse des goûts et la modération des désirs de Maucroix lui procurèrent une longue carrière qu'il termina à Reims en 1708. Sa célébrité est moins fondée sur ses ouvr. que sur ses liais. avec les gr. hommes de son siècle, et surtout avec La Fontaine. Ces deux hommes excellents avaient même franchise de caractère, même chaleur dans l'amitié ; et leur attachement qui avait commencé presque au sortir de l'enfance, n'éprouva jamais le moindre

nuage. On a de Maucroix des ouvr. assez nombr. qui consistent presq. tous en traduct. : *Homélies de St Chrysostôme au peuple d'Antioche*, Paris, 1671, 1689, in-8. — *Hist. du schisme d'Angleterre*, trad. de Saunders, ib., 1675, 2 vol. in-12. — *Vie des cardinaux Polus et Campége*, trad. du latin, 1677. — *De la mort des persécuteurs*, traduit de Lactance, 1679, in-12. — *Abrégé chronol. de l'hist. univers.*, 2e édit., 1690, et avec une continuation par Ch. Delisle, 1750. — *Ouvrages de prose et de poésie des sieurs de Maucroix et de La Fontaine*, Paris, 1685, 2 vol. in-12 : le second vol. est de Maucroix. — *Homélies morales*, trad. d'Astérius, 1695. — *OEuvres posthumes de F. de Maucroix*, 1710, in-12. — *Nouv. œuvres diverses de l'abbé de Maucroix*, 1726, publ. par la comtesse de Montmartin. — *Poésies*, publ. en 1820 par M. Walkenaer, à la suite des *Nouv. œuvres diverses de La Fontaine*.

MAUDOUD (COTHB EL MOULOUK SCHEHAB EL DAULAH ABOUL FETHAH), 7e sulthan de la dynastie des Ghaznévides, monta sur le trône en 1041 (432 de l'hég.), attaqua, sous le prétexte de venger la mort de son père, Mohammed, son oncle, qu'il accusait d'en être l'auteur, le poursuivit jusque dans l'Hindoustan, le prit à la suite d'une bataille sur les bords du Sind, et le fit mettre à mort. C'est en mémoire de cette victoire que fut fondée la ville de Feth-Abad. Maudoud, vaillant et actif, mais esclave de ses passions, changeant fréquemm. de visirs et de généraux, injuste et ingrat envers ses plus fidèles serviteurs, fit beaucoup de mécontents, donna lieu à plus. révoltes dans ses immenses états, et mourut à Ghaznah en 1049 (441), à l'âge de 29 ans, et dans la 9e année de son règne. — MAUDOUD (Scheryf Eddaulah), fameux capit. turk, fut fait roi de Moussoul l'an 1106 (500) par Mohammed, sulthan de Perse, et commanda en chef l'armée musulmane que le sulthan, secondé par ses vassaux, envoya en Syrie, dans l'année 1111, pour combattre les Francs, maîtres du royaume de Jérusalem. Après avoir ravagé la Mésopotamie, et assiégé vainem. les villes d'Édesse, d'Antioche, ainsi que plusieurs autres, Maudoud fut forcé de revenir à Moussoul. Mais l'année suiv., à l'issue d'une expédition plus heureuse contre les Grecs dans l'Asie-Mineure, il reparut en Syrie : surpris et battu d'abord par le comte Josselin, il prit bientôt sa revanche ; ayant joint ses troupes à celles du roi de Damas, il remporta sur Josselin et sur Baudouin, roi de Jérusalem, une victoire signalée dans les environs de Tibériade, le 30 juin 1113. Obligé ensuite de suspendre les hostilités, à cause des chaleurs excessives, il se retira à Damas, où bientôt il périt assassiné par un ismaélien, que les histor. croient avoir été l'instrument de la défiance ou de la haine du roi: Maudoud est désigné par les histor. grecs et latins des croisades par les noms corrompus de *Menduc*, *Malduc*, *Maledoctus* et *Mandulfe*. — MAUDOUD (Cothb Eddyn), 3e roi de Moussoul, de la dynastie des Atabeks, monta sur le trône l'an 1149 (544), ne prit qu'une part indirecte aux guerres de Nour-Eddyn, son frère, roi d'Alep, contre les chrétiens, et rendit ses états florissants par ses vertus pacifiques. Les histor. orientaux attribuent la prospérité du règne de ce prince aux grandes qualités de son visir Djemal Eddyn, qui avait conservé aux enfants de Zenghy les royaumes de Moussoul et d'Alep. Toutefois ce ministre ne put échapper aux traits de l'envie. Arrêté par l'ordre du roi, il termina ses jours dans une prison, l'an 559 de l'hég. Maudoud, à peine âgé de 40 ans, et après un règne de 21, mourut aussi en 565 (1170 de J.-C.), regretté de tous ses sujets, qu'il avait traités, grands et petits, avec la même bienveillance et une égale justice.

MAUDRU (JEAN-ANTOINE), évêq. constitutionnel de St-Dié, né en 1748 à Adomp, exerça les fonct. de vicaire, puis de curé dans la commune d'Ai-doilles, fut nommé en 1791 à l'épiscopat des Vosges. Arrêté pendant la terreur, il ne dut la liberté et peut-être la vie qu'à la révolution du 9 thermidor. De retour dans son diocèse, il y réorganisa le culte catholiq. avec le zèle le plus ardent et s'attira par-là de nouv. persécutions. Après la conclusion du concordat, il donna sa démission de son siège ainsi que tous ses collègues, et accepta la cure de Stenay qu'il desservit jusqu'en août 1815. Poursuivi de nouv., il se démit de sa cure, croyant se soustraire par ce sacrifice à l'acharnem. de ses ennemis ; mais il reçut l'ordre de se rendre à Tours, où il resta dans l'exil jusqu'après l'ordonnance du 5 sept. Il put alors venir habiter les environs de Paris, et mourut à Belleville en 1820. Maudru a publié div. opusc., réimpr. pour la plupart dans les *Annales de la religion*. Le plus curieux pour l'hist. du temps est le *Précis historique des persécut. dirigées par l'esprit de parti dans l'état et dans l'Église contre M. Maudru..... en* 1815, Paris, 1818, in-4.

MAUDUIT (MICHEL), savant théologien, né en 1644 à Vire en Normandie, entra jeune dans la congrégation de l'Oratoire, y professa long-temps les humanités, se voua ensuite à la prédicat. et à l'instruction du peuple des campagnes, et mourut retiré dans la maison de son ordre à Paris en 1709. Il possédait à fond le latin, le grec et l'hébreu, et avait cultivé la littérat. dans sa jeunesse. On a de lui : *Mélanges de div. poésies*, etc., 1681, in-12. — *Les psaumes de David*, trad. en vers franç., in-12. *Dissertation sur la goutte*, 1687, 1689, in-12. — *Tr. de la religion contre les athées, les déistes*, etc., 1697, 1698, in-12. — *Analyse de l'Évangile*, etc., avec des dissertat. sur les endroits difficiles, 1694 et années suivantes, 7 vol. in-12. — *Méditat. pour une retraite ecclésiastique de dix jours*, in-12, souv. réimpr. Il a laissé MSs. une trad. complète du *Nouv.-Testam.*, et un ouvr. sur le quiétisme dans les principes de Bossuet.

MAUDUIT (ISRAEL), écrivain politique, né en 1708 à Bermondsey, ou suivant d'autres à Exeter en Angleterre, renonça à l'état ecclésiastique pour s'adonner au commerce, et se fit connaître par la publication de quelq. pamphlets qui lui valurent d'être employé comme agent de la province de Massachusett. On croit que Mauduit vint habiter

quelq. temps la France ; il mourut en 1787. On a de lui : *Short View of the Hist. of the New Englands Colonies*, 1769. — *Letters of gov. Hutchinson*, 1774, etc. — *Considérat. sur la guerre d'Allemagne*, 1760, in-12, et la traduct. franç. du *Mémoire sur l'administrat. des finances de l'Angleterre*, par Grenville, 1768, in-4. Barbier lui attribue : *Situation des finances en Angleterre*, Paris, 1769, in-4.

MAUDUIT (ANTOINE-RENÉ), professeur de mathématiques à l'école des ponts-et-chaussées, et de géométrie au collège de France, né à Paris en 1731, mort en 1815, a été proclamé par J. Lalande, l'un des meill. profess. qu'on eût vus dans la capitale. On a de lui : *Éléments des sections coniques*, etc., 1757, in-8. — *Introduct. aux élém. des sections coniques*, 1761. — *Principes d'astronomie sphérique*, 1765, in-8. — *Leçons de géométrie théoriq. et pratique*, 1772, in-8 ; 1809, 2 vol. in-8. — *Leçons élémentaires d'arithmétiq.*, 1780, in-8 ; 1804, in-8. — *Psaumes trad. en vers franç.*, 1814, in-12 ; c'est un essai qui ne contient que neuf psaumes ou cantiques paraphrasés. Ennemi cepend. de toute innovat., il ne cessa de protester contre tout changement dans le mode d'enseigner, regardant en pitié tous les systèmes et leurs prétendus invent.

MAUDUIT-DUPLESSIS (THOMAS-ANTOINE), colonel français, né en 1753 à Hennebon (Bretagne), avait à peine-douze ans lorsqu'il prit la résolution d'aller visiter la Grèce. Ayant quitté furtivem. son collége avec deux de ses camarades qui partageaient son ardeur, il se rend à pied à Marseille, s'y embarque, parcourt la Grèce, ses îles, les côtes de l'Asie-Mineure, arrive en Égypte, est attaqué de la peste avec ses deux compagnons, échappe seul à ce fléau, et passe ensuite à Constantinople, où l'ambassadeur de France lui fournit les moyens de retourner dans sa famille. Revenu en France il se réconcilia avec son père, auquel il présenta pour excuse les plans, dessinés de sa main, des endroits les plus fameux qu'il avait visités. Quelque temps après il entra dans l'artillerie, et, lors de la guerre d'Amérique, servit avec distinction dans l'armée du général Rochambeau, fut élevé au grade de major, reçut la décoration de Cincinnatus et la croix de St-Louis, revint en France à la paix, et passa, en 1787, au commandem. du régim. du Port-au-Prince, à St-Domingue. Lors des prem. troubles de cette île, en 1789, Mauduit réussit à maintenir l'ordre, et concourut à la dissolut. de l'assemblée coloniale de St-Marc. Mais les régim. d'Artois et de Normandie, envoyés d'Europe et débarqués au Port-au-Prince, persuadèrent aux soldats du régiment de Mauduit, dont la discipline n'avait point été altérée jusqu'alors, que leur colonel les trompait par de faux ordres reçus de France. En vain quelques officiers se dévouèrent pour sauver ce chef : arraché de sa maison par ses propres soldats qu'excitait un rassemblement de colons forcenés, Mauduit fut massacré le 4 mars 1791. M. Delafosse de Rouville a publié l'*Éloge historiq. du chevalier Mauduit-Duplessis*, Senlis, 1818, in-8.

MAUGARD (Antoine), littérateur, né dans le diocèse de Metz en 1739, fut employé en 1744 pour la recherche et la vérification des anciens monum. de droit et d'hist., eut aussi le titre de généalogiste de l'ordre de St-Hubert de Bar et de plus. chapitres, se livra pend. la révolut. à des trav. sur les langues lat. et franç., fut compris par la convent., en 1795, au nombre des gens de lettres ayant droit à des secours, et mourut en 1817. On a de lui : *Remarq. sur la noblesse, dédiées aux assemblées provinciales*, 1787, 1788, in-8. — *Lettre à M. Chérin sur son Abrégé chronologiq.*, etc., 1788, in-8. — *Code de la noblesse*, 1789, in-8. — *Annales de France*, 1790, 2 vol. in-8 (c'est un journal). — *Discours sur l'utilité de la langue latine*, etc., 1808, in-8. — *Remarq. sur la gramm. latine de Lhomond*, 1808, in-8. — *Cours de langues franç. et latine*, 1809, 11 vol. in-8, ouvrage qui manque d'ordre, mais riche en exemples, et l'un de ceux que l'on ne peut trop recommander aux maîtres. Malgré son étendue qui peut bien paraître un peu longue, il n'est point terminé.

MAUGER, littérat., mort à Versailles vers 1755, avait servi dans les gardes-du-corps. On connaît de lui un poème sur l'*Origine des gardes-du-corps*, 1745, in-12, et trois tragédies très médiocres, *Amestris, Coriolan* et *Chosroës* : la dern. fut représentée sans succès en 1752. — Mauger, connu par le prénom de *Marat*, qu'il avait substitué à celui de son patron, fut un de ces féroces agents que le comité de salut public envoyait dans les départem. Sa conduite atroce à Troyes et à Nancy ayant excité les plaintes des autorités révolutionn., le comité directeur ordonna son arrestat.; et Marat-Manger, conduit à Paris, fut enfermé à la Conciergerie. Tourmenté de remords, il y mourut dans les plus horribles convulsions vers la fin de novembre 1793, âgé d'environ 30 ans. Ce malheureux avait reçu de l'instruction et s'exprimait avec facilité.

MAUGERARD (Jean-Baptiste), né à Auzeville (Lorraine) en 1740, entra, à l'âge de 18 ans, dans la congrégation de St-Vannes, devint successivem. professeur au collège de St-Symphorien à Metz, biblioth. de l'évêque de cette ville, secrét. perpétuel de l'académie et doyen de l'abbaye de Chimai. Il quitta la France à la révolution, y rentra deux ans après, fut nommé chanoine de la cathédrale de Metz, lors du concordat, commissaire du gouvernement pour les objets d'arts dans les quatre départements de la rive gauche du Rhin, et mourut à Metz en 1815. Il s'était livré spécialement à l'étude des antiquités et de la topographie de sa ville natale. On ne connaît de lui que deux morceaux publ. dans le *Journal encyclopédique*, et dans l'*Esprit des journaux* : le premier est une *Lettre sur une édition de Térence;* le second est une *Notice originale des OEuvres de Hrosvite.*

MAULÉON (Auger de), sieur de Grannier, né dans la Bresse vers la fin du 16e S., embrassa l'état ecclésiast., et fut admis au nombre des membres de l'Académie française en février 1635; mais il en fut exclu le 14 mai suivant, sur la proposition faite par le directeur de la part du card. de Richelieu, pour un manque de délicatesse. C'était un homme de beaucoup d'esprit et un bibliophile distingué. Il vivait encore en 1652, année où Pélisson publia son *Hist. de l'Acad.;* mais on ignore la date de sa mort. Il est connu comme éditeur des *Mém. de Villeroi*, 1622, in-4, et 1624, in-8; des *Mémoires de la reine Marguerite*, 1628, in-8; des *Lettres du cardinal d'Ossat*, etc.

MAULÉON (LOYSEAU de). — V. Loyseau.

MAULTROT (Gabriel-Nicolas), sav. canoniste, né à Paris en 1714, fut reçu avocat au parlement en 1733, plaida peu, mais publia de nombreux écrits qui lui acquirent de la réputation, et mourut en 1803. De tous ses ouvrages, dont on trouve la liste dans la *France littér.*, les plus importants sont : *les Droits de la puiss. temporelle*, défendus contre la 2e part. des actes du clergé de 1765, 1777, in-12; *Mém. sur la nature et l'autorité des assemblées du clergé de France*, 1777, in-12. — *Les droits du second ordre* (dans le clergé) *défendus contre les apologistes de la dominat. épiscop.*, 1779, 2 vol. in-12. — *Examen des décrets du concile de Trente et de la jurispr. franç. sur le mariage en France*, 1788, 2 vol. in-12. — *Discipline de l'Église sur le mariage des prêtres*, 1790, in-8.— *Origine et justes bornes de la puissance temporelle*, etc., 1789-90, 3 vol. in-12.

MAUNDRELL (Henri), était chapelain de la loge anglaise d'Alep, lorsqu'il partit en 1697, avec quatorze de ses compatr., pour aller visiter les saints lieux. La relation de cette course a été publ. sous ce titre : *Voyage d'Alep à Jérusalem, à Pâques de l'année 1697, suivi du voyage de l'aut. à Bir sur les bords de l'Euphrate et en Mésopotamie*, Oxford, 1698, in-8, fig.; trad. en français, Utrecht, 1705, Paris, 1706, in-12 : cette dernière est estimée.

MAUPAS (Charles CAUCHON de), conseiller-d'état, né à Reims en 1556, était fils d'un des principaux gentilsh. du roi de Navarre. Il embrassa le parti des armes, devint à la fois capit. de chevaulégers et conseiller-d'état, se distingua au siège d'Amiens en 1598, fut envoyé deux fois en ambassade auprès de Jacques Ier, roi d'Angleterre, et mourut chef du conseil de Lorraine en 1629. On a de lui quelq. poésies impr. à Reims en 1638, sous ce titre : *Reste de vers de la composit. de feu très généreux seigneur mess. Charles de Maupas*, etc.

—Maupas du Tour (Henri Cauchon de), de la même famille, né en 1606, fut tenu sur les fonds de baptême par Henri IV, embrassa l'état ecclésiastique, devint successivement abbé de St-Denis de Reims, grand-aumônier de la reine Anne d'Autriche, év. du Puy en Velay, puis d'Évreux, et mourut en 1680. Il passait pour un des bons prédicat. de son temps. On a de lui : *Disc. funèbre sur l'archev. de Reims, Gabr. de Sainte-Marie*, 1629, in-8. — *Vie de Mme de Chantal*, 1644, in-4, souv. réimpr. et trad. en ital. — *Vie de St François de Sales*, 1657, in-4, grav. — *Oraison funèbre de St Vincent de Paul*, 1661, in-4.—*Statuts synodaux*, Évreux, 1665, in-8.

MAUPEOU (René-Charles de), né à Paris en 1688,

7.

d'une famille anoblie en 1586, fut successivement avocat du roi au Châtelet, conseiller au parlem., président à mortier, premier président, et vice-chancel. Quoiqu'il eût épousé en 1712 Anne-Victoire de Lamoignon, petite-fille de M. de Basville, il exista toujours entre cette famille et Maupeou une inimitié qui fut souvent funeste aux deux parties. Engagé dans les querelles qui s'élevèrent entre le parlement et le clergé de Paris, à l'occasion des empiétements de juridiction que ces deux corps se reprochaient mutuellement, Maupeou ne montra ni la fermeté qui convenait à son caractère, ni les lumières exigées par sa position. Il céda à son fils la dignité de chancel., qu'il ne posséda que vingt-quatre heures, et mourut en 1775, après avoir vu la chute de son successeur.

MAUPEOU (RENÉ-NICOLAS-CHARLES-AUGUSTIN de), né à Paris en 1714, succéda à son père en 1768 dans la place de chancelier. Les querelles qui divisaient les parlements et la cour acquirent par son imprudence une activité plus alarmante. Il crut mettre fin à tous les désordres par un coup d'autorité. Le parlement de Paris fut exilé. Celui de Rouen eut le même sort. On installa le conseil du roi à la place des magistrats absents, et le nom de parlement fut donné à cette commiss. transitoire : cette mesure, considérée comme une violence exercée sur un corps illustre et aimé du peuple, souleva l'opinion publique ; les avocats refusèrent de plaider, et quatre d'entre eux ayant consenti à paraître devant ce tribunal éphémère, reçurent le surnom flétrissant des *quatre Mendiants*. Le trouble était dans l'état, l'irritation dans tous les esprits ; cependant le chancelier tint bon et sa persistance fut sur le point d'être couronnée du succès. Les plaintes s'apaisèrent peu à peu, la justice reprit son cours, et le nouveau parlement obtint un mom. de crédit. Mais ce calme n'était qu'apparent. Les divisions qui éclatèrent entre le chancelier d'un côté, le duc d'Aiguillon et une partie de la cour de l'autre, vinrent ranimer les troubles. Le parti qui tenait pour les parlements, fort de cette division, reprit de la consistance. La guerre recommença, d'innombr. pamphlets furent lancés de part et d'autre. Le procès de Beaumarchais contre le conseiller Goezman intervint au milieu de ces circonstances et acheva de rendre méprisable le parlem. Maupeou. Le crédit du chancelier commençait à baisser ; la mort de Louis XV y porta le dernier coup. A l'avénement de Louis XVI, les parlem. furent rappelés (en 1774), et Maupeou disgracié fut exilé dans ses terres. Il mourut ignoré au Thuit, près des Andelis, le 29 juillet 1792. Quelque temps avant il avait fait don à l'état d'une somme de 800,000 fr. — V. CHALOTAIS, CHOISEUL, MAIROBERT, etc., etc.

MAUPERTUIS (PIERRE-LOUIS MOREAU de), géomètre et astronome, né à St-Malo en 1698, mort à Bâle en 1759, montra dans sa jeunesse un penchant égal pour les mathématiq. et pour la guerre ; mais à peine eut-il obtenu une compagnie de cavalerie, qu'il abandonna la profession des armes pour se livrer entièrement aux sciences exactes. Il entra à l'académie des sciences en 1723, se rendit quatre ou cinq ans après à Londres, fut admis à la société royale, et, de retour en France, passa à Bâle, où il gagna l'amitié des frères Bernouilli. La réputat. qu'il s'était acquise le fit placer, en 1756, à la tête des académic. que Louis XV envoya dans le Nord pour déterminer la figure de la terre. Cette entreprise, à laquelle Maupertuis doit en partie son illustrat., fut exécutée en un an avec tout le succès qu'on pouvait justement espérer. Le roi de Prusse offrit en 1740 au chef de cette expédition la présidence et la direction de l'académie de Berlin. Le sav. servit dans la guerre contre l'Autriche, s'exposa beauc. à la bataille de Mollwitz, fut fait prisonn. et traité honorablem. par l'emper. et l'impératr.-reine, qui lui rendirent bientôt la liberté. Il en profita pour visiter sa patrie ; mais il retourna bientôt en Prusse. La faveur toujours croissante dont l'honora Frédéric devint pour lui la source de chagrins très vifs ; mais il se les attira par son caractère inquiet et peut-être un peu jaloux. Engagé dans une dispute avec Kœnig, professeur de philosophie à Franeker, sur une question scientifique, il vit bientôt Voltaire se ranger parmi ses plus ardents advers. Quoiqu'on ne puisse se défendre de sourire à la lecture de la diatribe du doct. Akakia, et des autres pamphlets du malin philos., il faut convenir qu'il eut le tort d'attaquer un homme qu'il avait autrefois loué sans mesure. Voltaire perdit l'amitié de Frédéric, et put attribuer sa disgrâce aux menées de son adversaire. Maupertuis resta le favori du roi de Prusse et n'en fut pas plus heureux. Après avoir fait un voyage en France pour rétablir sa santé délabrée, il alla mourir à Bâle dans les bras des Bernouilli. Comme écriv., il avait de l'esprit, du feu, de l'imagination ; mais on lui reproche des tours recherchés, une concision affectée, un ton sec et brusque, un style plutôt raide que ferme, des paradoxes, des idées fausses, une littérat. médiocre : en un mot, il fit moins d'honneur à l'Acad. franç., dont il était membre, qu'à celle des sciences. On a recueilli ses *OEuvres*, Lyon, 1756, 4 vol. in-8.

MAUPERTUY (DROUET de). — V. DROUET.

MAUPIN (Mme), actrice célèbre par son jeu, sa voix et sa figure, née à Paris en 1673, morte en 1707, épousa très jeune un nommé Maupin, employé dans les aides, l'abandonna bientôt pour suivre un prevôt de salle, et se vit forcée pour vivre d'entrer à l'opéra de Marseille. De retour à Paris, elle reprit le nom de son mari, et débuta en 1695. Environ dix ans après elle renonça au théâtre et se réconcilia avec son mari. On la vit plus d'une fois faire usage des leçons d'escrime que lui avait données son amant : un jour elle tua en duel trois hommes qui l'avaient insultée, et rentra tranquillement dans la salle de bal.

MAUPIN, agronome, sur leq. on a peu de renseignements, né vers 1740 à Versailles, avait été valet-de-chambre de la reine Marie-Antoinette. Il est auteur d'un grand nombre d'écrits sur l'agriculture, sur la plantation et la culture de la vigne, et principalement sur la manière de faire les vins, de les améliorer. On en trouve la substance dans la *Méthode de Maupin sur la manière de cultiver la vigne et l'art de faire le vin*, nouv. édition, Paris, an VII (1799), in-8, avec 2 pl.

MAUR (St), disciple de St Benoît, fut envoyé en France dans le 6e S. par ce saint fondateur, pour y établir des monast. Il est à remarquer que St Grégoire de Tours, Bède et Usuard ont gardé le silence sur cette mission, dont la tradition était cepend. répandue généralement en France dès le 9e S. Le nom de St-Maur est celui qu'avait adopté une congrégation réformée en 1621, et qui s'est rendue célèbre par le gr. nombre de savants qu'elle a prod. Dom Tassin en a donné l'*Hist. litt.*, in-fol.

MAURAND (Pierre), regardé comme le chef des Albigeois au 12e S., est un exemple mémorable de l'influence qu'exerçaient alors les papes. A force de caresses on parvint à le faire comparaître dev. un légat. Il fut déclaré hérétiq., jeté par le comté de Toulouse dans une prison, dont il ne sortit que pour être fustigé par les rues et faire publiquem. l'abjuration de ses erreurs. On confisqua ses biens, on le condamna à une amende de cinq cents livres pesant d'argent au profit du comte de Toulouse, son seigneur, et on lui ordonna de partir pour Jérusalem, d'y demeurer trois ans au service des pauvres, avec promesse, s'il revenait, de lui rendre ses biens, à l'except. de ses châteaux, qu'on laissait démolis en mémoire de sa prévarication. Maurand se soumit à tout, partit pour la Terre-Sainte, et, à son retour, fut nommé capitoul par ses concitoy. en 1183. Il mourut en 1199.

MAURE, député à la convention pour le départ. de l'Yonne, avait été marchand épicier à Auxerre. Deux mots suffisent pour le peindre. Il se glorifia un jour de ce que Marat le nommait son fils, et ajouta qu'il était digne de l'être : une autre fois, il rappela à l'assemblée qu'il avait pris Couthon dans ses bras, et l'avait porté à la tribune, pour qu'il fît plus aisément la motion de proscrire ses collègues. Dénoncé par la ville d'Auxerre à raison de sa conduite, il fut signalé le même jour à la convention comme ayant pris part à la conspirat. de prairial, et se brûla la cervelle pour prévenir le décret d'accusation qui le menaçait.

MAUREPAS (Jean-Frédéric PHELIPPEAUX, comte de), ministre, né en 1781, petit-fils du chancelier comte de Pont-Chartrain, fut nommé secrétaire-d'état en 1715, eut le département. de la maison du roi en 1718, celui de la marine en 1723, le titre de ministre d'état en 1738, et montra dans ces diverses fonctions de l'activité, de la pénétration et de la finesse. Exilé à Bourges en 1749, sur la demande de Mme de Pompadour, contre laquelle il avait fait une chanson, il subit sa disgrâce en riant, et bientôt obtint de revenir dans sa terre de Pont-Chartrain, à deux lieues de Versailles. Rappelé au ministère en 1774, par Louis XVI, qui lui accorda toute sa confiance, il ne montra à ceux qui l'avaient oublié ni desservi ni ressentiment ni dédain ; mais il faut dire que les circonstances difficiles où la France se trouvait placée, et qui de-

vaient bientôt amener une terrible catastrophe, réclamaient moins un homme indulgent et facile qu'un ministre supérieur : et Maurepas sembla borner trop souvent son ambition à lancer quelq. bons mots sur les événem. du jour. Ce ministre mourut en 1781. Il avait des talents incontestables, mais il n'en fit pas assez usage pour le bien de son pays. Le premier il a développé, dans un mémoire remis à Louis XV, les moyens d'ouvrir par le Canada un commerce avec les colonies anglaises, de leur apprendre à aimer le nom français, à regarder la France comme une alliée naturelle, et l'Angleterre comme une marâtre dont ils devaient briser le joug. On lui est redevable encore de gr. perfectionnem. dans la construction des vaisseaux. On a sous son nom des *Mém.*, 1790 et 1792, 4 vol. in-8. Ils sont de Sallé, son secrétaire, et méritent d'être consultés, à cause des faits curieux qu'ils renferment, et surtout de la pénurie de mémoires historiques originaux sur le règne de Louis XV.

MAURER (Josias), peintre, né à Zurich en 1530, mort en 1580, peignit sur verre avec beaucoup de talent, et fit graver sur bois le *Plan de Zurich*. — Maurer (Christophe), son fils, né à Zurich en 1558, mort en 1614, s'est distingué comme peintre et comme graveur, et a laissé des portraits qui jouissent d'une assez grande estime. — Maurer (Jean-Rodolphe), né à Zurich en 1752, mort curé d'Affoltern en 1805, a laissé une *Histoire abrégée de la Suisse*, Zurich, 1780, 1806, in-4.

MAUREY-D'ORVILLE, auteur d'une *Histoire de Séez*, publiée en 1827, et d'une *Histoire inédite de l'abbaye de la Trappe*, mourut en 1852.

MAURICE (St.), chef de la légion thébéenne, presque entière. composée de chrétiens, reçut la couronne du martyre, avec ses généreux compagnons, l'an 286, pour avoir refusé d'obéir à l'emper. Maximien qui leur ordonnait de sacrifier aux dieux. La mémoire de St Maurice et de ses compagnons est honorée par l'Église le 22 sept. Plus. années après on découvrit leurs corps au lieu d'Agaune (St-Maurice), où Sigismond, roi de Bourgogne, fit bâtir depuis une abbaye devenue célèbre. Les *Actes* de ces saints martyrs ont été rédigés par St Eucher, évêque de Lyon, publiés par D. Ruinart, dans les *Acta sincera*, et depuis dans le rec. des bollandistes. Plus. écrivains protestants ont nié le martyre de la légion thébéenne, mais leurs raisons ont été solidement réfutées. (*V.* entre autres l'*Eclaircissement sur le martyre de la légion thébéenne et sur l'époque de la persécution des Gaules sous Dioclétien et Maximien*, par de Rivaz, 1779, in-8.)

MAURICE (Tib.), emper. d'Orient, né en 539 à Arabisse (Cappadoce), occupa success. plus. charges import. à la cour de Constantinople, fit la guerre en Perse avec succès (580), et fut associé à l'empire par Tibère II, qui en même temps le nomma son gendre (582). Des guerres sanglantes contre les Perses (581-591), les Abares (591-599), et les Slavons occupèrent presq. toute la durée de son règne : ses généraux remportèrent plus. vict. import. : mais ils essuyèrent aussi des défaites d'autant plus désastreuses, que le découragem. et l'esprit de révolte se mirent parmi les soldats qui proclamèrent auguste un soldat de fortune nommé Phocas. Maurice n'eut d'autre parti à prendre que la fuite; mais ayant été obligé par la tempête de relâcher à huit lieues de Constantinople, il eut la tête tranchée après avoir été témoin du supplice de 5 de ses fils, le 27 novemb. 602. Ce prince était digne d'un meilleur sort. Brave, sobre, ami des lettres et de la justice, il remit les lois en vigueur, diminua les impôts, donna l'exemple des mœurs, et publia sur l'art militaire 12 liv. impr. à la suite de la *Tactique* d'Arrien, avec vers. lat. et notes par Scheffer, Upsal, 1664, in-8.

MAURICE (ANTOINE), ministre du St-Évangile, né en 1677 à Eyguières (Provence), forcé de quitter la France à la révocation de l'édit de Nantes, se rendit à Genève, où il fut nommé pasteur, puis successivem. profess. de belles-lettres, de langues orientales et de théologie, et mourut en 1756. Il était associé de l'acad. de Berlin. Outre plus. ouvr. MSs. sur les langues orient., on a de lui quelques *dissertat.* lat. sur des points de critique sacrée; un vol. de *Sermons*, 1722, in-8; et une édit. augmentée du *Rationarium temporum* du P. Petau, 2 vol. in-8. — Antoine MAURICE, son fils et son élève, né en 1716 à Genève, où il mourut en 1795, pasteur et professeur de théologie, a publié plus. *dissertat.* et laissé d'autres écrits qui n'ont pas vu le jour.

MAURICE (FRÉDÉRIC-GUILLAUME), agronome et l'un des rédact. de la *Biblioth. britannique*, naquit en 1750 à Genève, d'une famille protestante, originaire de France. Préparé aux emplois publics dès sa jeunesse par l'étude de la jurisprud., il fut membre du grand-conseil, administrateur de l'hôpital-général, eut la direction supérieure des travaux publics, fut long-temps l'un des chefs de l'artillerie, et occupa plus. années, notamment lors de l'invas. de son pays par les armées françaises, l'un des deux commandem. supér. du corps entier des milices. A l'époque des troubles de Genève, il se retira dans un domaine héréditaire, où il cultiva avec amour les diverses branches de l'industrie agricole. Ce fut en 1796, pendant cette triste période, qu'il commença, avec ses deux amis, Ch. et M.-A. Pictet, la publicat. de la *Bibliothèq. britannique*. Devenu maître de Genève sous Bonaparte, il sut ne pas lui déplaire, sans cesser d'être le protecteur et l'ami d'une populat. qui obéissait au vainqueur en gémissant : par cette conduite habile, il put faire et il fit beaucoup de biens à ses administrés. En 1814, il quitta la mairie pour entrer au conseil représentatif et souverain. Il était rentré dans la vie privée depuis plus. années, lorsqu'il mourut en 1826. Nous citerons de lui un excellent *Traité des engrais, tiré de différ. rapports faits au départem. d'agriculture d'Angleterre, avec des notes, suivi de la trad. du Mém.* (de Kirvan) *sur les engrais, et de l'explicat. des princip. termes chimiques employés dans cet ouvr.*, 1800, in-8; 2e édit., 1825, in-8.

MAURICEAU (FRANÇOIS), célèbre accoucheur, né à Paris vers le milieu du 17e S., mort en 1709, pratiqua son art avec le plus gr. succès et publia : *Traité des maladies des femmes grosses et de celles qui sont accouchées*, 1668, in-4, souvent réimpr., trad. par l'aut. en lat., et depuis en angl., en allemand, en flamand, en holland. et en ital.; on lui doit plus. autres *traités et observat.* sur la grossesse, l'accouchement, etc. Ses ouvrages ont été réunis en un vol. in-4, dont l'édit. la plus récente est de 1740.

MAURISIO (GÉRARD), chroniqueur, né à Vérone, florissait au commencement du 13e S., suivit le parti des gibelins, et fut nommé par Ezzelin, procurateur de la Lombardie. On a de lui : *Histor. de rebus gestis Eccelini de Romano, ab anno 1183 ad annum circiter 1237*, impr. dans un recueil de chroniques du même temps, Venise, 1636, in-fol., et insér. dans les *Scriptor. Brunswic. illustr.* de Leibnitz, dans le *Thesaur. antiq. ital.* de Burmann, et dans les *Rerum italicar. Script.* de Muratori.

MAURO (Fra), religieux camaldule au 15e S., fut le plus célèbre cosmographe de son temps. Il exécuta, de 1457 à 1459, une belle mappemonde, qu'on voit encore dans une des salles du monastère de St-Michel de Murano près de Venise. Un sav. camaldule a publié en 1806 une description de cette mappemonde, in-fol. — MAURO (Sylvestre), jésuite et professeur de philosophie, d'une famille noble de Spolette, mort recteur du collége romain en 1687, a laissé : *Nova et accurata ethicæ, politicæ et œconomicæ aristotelicæ edit. cum præclará paraphrasi*, 1698, 2 vol. in-4.

MAUROCORDATO-SCARLATI (ALEXANDRE), né à Scio vers 1636, mort à Constantinople en 1709, fut successivem. médecin du gr.-seigneur, interprète de la cour othomane, puis député par Soliman III à la cour de Vienne, et plénipotent. aux conférences de Carlowitz. On a de lui : *Instrumentum pneumaticum circulandi sanguinis, sive de motu et usu pulmonum*, Bologne, 1664, Francfort, 1665, in-12. — *Hist. sacrée*, in-fol. en grec, Bucharest, 1716. — MAUROCORDATO-SCARLATI (Jean-Nicolas), fils du précédent, le remplaça dans le poste de premier drogman de la Porte othomane, fut nommé en 1709 hospodar de Moldavie, devint en 1716 prince de Valachie, après la mort d'Étienne Cantacuzène, fut enlevé la même année par les troupes impériales, n'obtint sa liberté qu'en 1718 à la paix de Passarowitsch, en vertu d'une stipulation expresse, et rentra en Valachie, où il mourut en 1730, à l'âge d'environ 60 ans. On a de lui : *De officiis*, 1719, réimpr. avec une trad. lat., Leipsig, 1722, in-4. — La biblioth. du roi possède un MS. grec de Maurocordato, intit. : *Loisirs de Philotée.* — MAUROCORDATO (Constantin), frère et neveu du précéd., fit en 1739 la fam. réforme qui consomma l'asservissem. et la ruine de la Valachie. Pend. sa longue administrat., il fut déposé et réintégré plus. fois. Disgracié complètem. en 1763, il mourut peu d'années après. Ce fut le dern. hospodar de Valachie nommé par les boyards.

MAURICE DE SAXE.

Publié par Furne, à Paris.

MAUROLYCO (François), géomètre, né à Messine en 1494, mort en 1575, se mêla de prédire l'avenir, rencontra juste quelquefois, notamment lorsqu'il annonça à don Juan d'Autriche ses succès contre les Turks, et fut vanté par ses compatriotes pour ses connaissances astrologiques. Ils auraient dû plutôt rendre justice à ses profondes connaiss. dans les mathématiq. : c'est là son titre à l'estime de la postérité. On a de lui : *Emendatio et Restitutio conicorum Apollonii Pergæi*, 1564, in-fol. — *Euclidis phænomena*, 1591, in-4° — *Opuscula mathem.*, 1575, in-4, etc., etc. (V. pour ses ouvr. impr. les *Mém.* de Niceron, t. XXXVII; et pour ses MSs. la *Biblioth. sicula* de Mongifore.)

— Maurolyco (Sylvestre), neveu du précédent, passa fort jeune en Espagne, fut chargé par Philippe II de recueillir des MSs. pour en enrichir la biblioth. de l'Escurial, dont il était un des conservateurs; obtint plus tard le titre d'aumônier du roi, et revint en Sicile où il mourut après 1613. On a de lui : *Mare oceano di tutte le religioni del mondo*, etc., Messine, 1613, in-fol.

MAUROY (Alexis de), fils d'un contrôleur-génér. des finances, avait embrassé la carrière militaire; mais à l'âge de 20 ans, il fut, sur la demande d'un de ses parents, enfermé dans la maison de St-Lazare, où bientôt il prit le goût de la retraite et fit sa profession religieuse. Onze ans après il fut pourvu de la cure des Invalides; mais des plaintes auxq. il donna lieu par suite de sa conduite dissipée le firent priver de ce bénéfice. Il se trouva dans l'impossibilité de satisfaire à de nombreux créanciers, qui le firent incarcérer à la Conciergerie (1692). Il obtint sa translat. à l'abbaye de Sept-Fonds, et il y mourut postérieurem. à 1697, ayant passé le reste de sa vie dans les sentiments d'une piété fervente. Lenoble a publ. sous le nom de Mauroy : *le Dégoût du monde*, qui dans le temps eut une gr. vogue, et qui fut réimpr. sous le nom du véritable auteur, 1707, in-12.

MAUROYENI (Nicolas), nommé hospodar de Valachie en 1787, après la disgrâce d'Alexandre Maurocordato, dut son élévation au capitan-pacha Gazi-Hassan, dont il avait été le drogman. La cour de Constantinople ayant déclaré la guerre à la Russie et à l'Autriche, Mauroyeni obtint l'honneur sans exemple pour un Grec de commander un corps d'armée turk. Heureux dans la campagne de 1788, il éprouva des revers dans les suiv. : accusé de trahison et attiré dans le camp du grand-visir, il y fut mis à mort (1790) après avoir vainem. offert d'embrasser l'islamisme. Cette catastrophe amena le rétablissement de Maurocordato.

MAURY (Jean-Siffrein), cardinal, né en 1746 à Vauréas (comtat Venaissin), dans une condition obscure, dut son élévation à ses talents et aux circonstances. Après avoir terminé ses études, il vint à Paris, et s'y fit connaître comme orateur. Son *Éloge de Fénélon*, obtint en 1771 l'*accessit* à l'Acad. française. L'évêque de Lombez le choisit pour un de ses gr.-vicaires; mais il ne voulut pas s'éloigner de Paris. Désigné pour prononcer le pané-gyrique de St-Louis devant l'Acad. franç. en 1772, il fut chargé trois ans après de faire celui de St Augustin devant l'assemblée du clergé. Nommé prédicateur du roi, l'abbé Maury dut à l'éclat de ses succès d'être appelé à l'Acad., où il remplaça Lefranc de Pompignan (1785). L'abbé de Boismond, avec qui il était fort lié, lui ayant (1786) résigné le riche prieuré de Lions, ce fut en qualité de titulaire de ce bénéfice qu'il assista aux assemblées du clergé du bailliage de Péronne. Élu député aux états-généraux, il ne se fit d'abord remarquer que par son opposition à la réunion des ordres. Effrayé par les prem. secousses de la révolut., il prit la fuite; mais reconnu à Péronne, il fut arrêté dans cette ville et réclamé par l'assemblée constituante. Ayant repris ses fonctions de député, il parut vouloir balancer l'influence de Mirabeau. Une telle entreprise n'était point, à quelques égards, au-dessus de ses forces, mais il s'en fallait de beaucoup que sa position présentât les mêmes avantages que celle de son redoutable antagoniste : aussi ne soutint-il la lutte avec quelq. succès que dans les questions relat. aux intérêts du clergé. Après la session, il se hâta de quitter la France, fut chargé par Pie VI de négociat. près de div. cercles d'Allemagne, se rendit ensuite à Rome, fut créé archev. de Nicée *in partibus*, et nommé nonce apostol. à la diète qui se tenait à Francfort pour l'élection de l'empereur François II. Cette mission remplie, il fut promu au cardinalat, et mis en possession des sièges unis de Montefiascone et Corneto. L'invasion de l'Italie par les Français l'ayant obligé de s'éloigner, il n'y reparut que lors des succès de Suwarow; et se réunit, à Venise, au conclave pour l'élection d'un nouv. pontife. De retour à Rome à la suite de Pie VII, il fut accrédité près de S. S. par Louis XVIII, alors à Milan. Mais lorsque le sacré collège crut dans les intérêts de l'Église entrer en accommodem. avec le chef du gouv. français, le cardinal Maury, sur l'invitat. du souverain pontife, écrivit à Napoléon une lettre qui fut imprimée dans tous les journaux. C'est la fameuse lettre qu'on lui a reproché depuis avec tant d'amertume. Au mois de mai 1806, il reçut des passeports pour Paris, qu'il n'avait pas demandés; et de retour sur le premier théâtre de sa gloire, fut admis au traitement de cardinal franç. et nommé prem. aumônier de Jérôme Bonaparte. L'année suiv. il remplaça Target à l'Institut; mais l'éloq. panégyriste de St Louis et de St Augustin parut fort au-dessous de son ancienne renommée, et son discours de réception, dans leq. il crut devoir faire entrer l'*éloge de l'abbé de Radon-villiers* dont personne ne se souvenait, n'eut aucun succès. A la fin de 1809, lors de la rupture de Bonaparte avec le St-siége, Maury fut nommé membre d'une commission chargée d'aviser au moyen de régler les affaires ecclésiastiq. Plus complaisant sans doute que le cardinal Fesch, il le remplaça en 1810 sur le siège de Paris, et prit immédiatement l'administration du diocèse. Cette conduite lui mérita du souverain pontife un bref de réprimandes. L'année suiv., il fit partie de la commission chargée de résoudre deux questions touchant les dispenses et les bulles, et assista au concile. A la restauration, le cardinal Maury, ne pouvant conserver l'archevêché de Paris, reprit lentement la route de l'Italie. Arrivé à Rome, il y fut enfermé d'abord au château St-Ange, puis dans la maison des lazaristes, et ne recouvra sa liberté qu'après avoir donné sa démission du siége de Montefiascone; mais une pension lui fut assignée sur le trésor pontifical. Il mourut le 11 mai 1817. Ses principaux ouvr. ont été recueillis sous ce titre : *OEuvres choisies du ca r l. Maury*, contenant son *Essai sur l'éloquence de la chaire*, ses éloges, ses panégyriques, etc., Paris, 1827, 5 vol. in-8, réimpr. plusieurs fois.

MAUSOLE. — V. Artémise.

MAUSSAC (Philippe-Jacques de), habile helléniste et savant critique, né vers 1590 à Corncillan, près de Béziers, mort à Paris en 1650, après avoir été président à la cour des aides de Montpellier, a publié : *Harpocrationis lexicon X oratorum*, Paris, 1614, in-4; un *Recueil* de quelq. opusc. grecs. 1615, in-8; un autre contenant le *Ciceronianus* d'Érasme, deux *discours* latins de Jules Scaliger contre ce dernier, et quelq. *lettres* du même critique, Toulouse, 1621, in-4. Maussac était lié avec les hommes les plus érudits de son temps.

MAUTOUR (Philibert-Bernard MOREAU de), savant antiquaire, né à Beaune en 1654, fut admis à l'acad. des inscript. en 1701, communiqua dès-lors à cette compagnie le fruit de ses laborieuses recherches, et mourut à Paris en 1737. On a de lui des morceaux de littérat. et de poésie, en latin et en franç., des *dissertat.* et des *remarques* dans le *Mercure*, le *Journal de Trévoux*, celui de *Verdun*, le *Recueil de l'acad. des inscript.*, etc. Mautour a eu part avec Jussieu à la 3e édit. du *Dict. de Trév.*, Paris, 1752, 5 vol. in-fol.

MAUVILLAIN (Jean-Armand de), doyen de la faculté de médecine de Paris en 1666, fut l'intime ami de Molière, et mérite à ce titre d'être sauvé de l'oubli. Ce fut lui et Liénard qui apprirent au grand comique les termes de leur art, et lui fournirent la plupart des plaisanteries qui se trouvent dans ses pièces contre les médec. et les apothicaires.

MAUVILLON (Éléazar), histor., né en Provence en 1712, mort à Leipsig en 1779, a publié : *Droit public germanique*, 1749, 2 vol. in-8. — *Histoire du prince Eugène de Savoie*, 1740-55, 5 vol. in-12. — *Hist. de Frédéric-Guillaume Ier, roi de Prusse*, 1741, in-4. — *Hist. de Gustave-Adolphe, roi de Suède*, ibid., 1764, in-4, et quelq. autres ouvr. moins import. — Mauvillon (Jacques), fils du précéd., né à Leipsig en 1743, mort en 1794, fut étroitem. lié avec Mirabeau, qu'il aida dans la composit. de son ouvr. sur *la Monarchie prussienne*. On a de lui : *Introduction à toutes les sciences militaires*, Brunswick, 1783. — *Le système de la relig. chrét., le seul vrai en partie*, Berlin, 1787, etc. — *Essai histor. sur l'art de la guerre, pendant la guerre de trente ans* (en français), Cassel, 1782, 1789.—Des trad. en allem. de *l'Hist. philosophique* de l'abbé Raynal, de *la Monarchie prussienne*, de Mirabeau,

des *Lettres* de Malouet *sur la révolut.*, etc. — Son fils, capit. dans l'artillerie holland., a publié : *Correspondance de Mauvillon avec plus. sav. d'Allemagne*, 1801, in-8.

MAXENCE (M.-Aurélius-Valérius-Maxentius), fils de l'emper. Maximien-Hercule, prit la pourpre et le titre d'auguste à Rome après la mort de Constance-Chlore, dont le fils se faisait proclamer par les légions de la Bretagne; il invita Maximien, son père, à venir partager avec lui la puissance; l'empire compta donc alors six emper., Galérius, Constantin, Sévère, Maximin-Daza, Maximien et Maxence. Les quatre prem., qui reconnaissaient mutuellem. leur légitimité, s'accordaient à regarder les deux autres comme des usurpateurs. Aidé de Maximien, le nouvel auguste parvint à se soutenir contre les attaques qui furent dirigées contre lui.(v. Galère et Sévère). Affermi sur le trône, il éloigna son père, qui mettait ses services à un trop haut prix, tourna ses armes contre l'Afrique, et la conquit par ses généraux. Pendant ce temps, Galérius était mort (310); mais il restait à Maxence un ennemi plus redoutable : Constantin, entré dans l'Italie par les Alpes-Cottiennes (mont Cenis), battit près de Vérone Ruricius-Pompéianus, le plus habile génér. de Maxence, et marcha sans obstacle sur Rome. Endormi dans les plaisirs, l'emper. se décida enfin à se porter au-devant de son adversaire, et lui livra bataille à un mille de Rome; mais il fut vaincu, et le pont Milvius, sur lequel il passait avec son armée en déroute, s'étant écroulé sous le poids des fuyards, il se noya dans le Tibre le 28 oct. 312. L'hist. représente Maxence comme un prince avare, cruel, lâche et débauché. Il persécuta l'Église naissante, et les barbaries dont il se rendit coupable ne contribuèrent pas peu à sa chute.

MAXIME (St), évêque de Turin dans le 5e S., signala par ses prédications dans la Lombardie, assista comme évêque au concile de Milan en 451, souscrivit après St Hilaire à celui de Rome (465), et mourut peu après son retour à Turin. Il reste de lui un gr. nombre d'*homélies*, dont quelques-unes ont été attribuées à St Ambroise, à St Augustin, à Eusèbe d'Émèse, et insérées sous leurs noms dans la *Biblioth. des Pères*. Les *OEuvres de St Maxime* ont été réimpr. par ordre de Pie VI, Rome, 1784, in-fol. Cette édit. est la plus belle et la meilleure. On trouve sa *Vie* dans les bollandistes au 25 juin.

MAXIME de Constantinople (St), se distingua par son zèle contre les monothélites, qui lui firent souffrir d'affreuses persécutions, et le laissèrent mourir dans les fers en 662. Il reste de lui plus. ouvr., entre autres un *Commentaire sur St Denis-l'Aréopagite*, publ. par le P. Combéfis, grec-latin, Paris, 1675, 2 vol. in-fol.

MAXIME, Magnus-Maximus, emper. ou tyran dans les Gaules, était Espagnol et servit sous Théodose, père de l'emper. de ce nom. Il se distingua dans la Grande-Bretagne (368-375), et quelques années après il en fut nommé gouverneur. Il ne songea d'abord qu'à soumettre les Écossais et les Pictes; mais l'élévation du jeune Théodose à l'empire irrita sa jalousie, et il se fit lui-même proclamer en 581. Deux ans après il débarqua dans la Gaule avec une armée formidable, et marcha sur Paris, où résidait Gratien, un des deux empereurs d'Occident. Celui-ci s'enfuit vers Lyon; mais Andragate, général de Maxime, le poursuivit, et l'ayant atteint le fit égorger. Maxime envoya alors une députat. à Théodose, pour lui demander son alliance. Théodose, forcé de dissimuler, reconnut l'usurpateur, mais à la condit. qu'il laisserait à Valentinien l'Italie, l'Illyrique et l'Afrique, et se contenterait des Gaules, avec la Bretagne au nord et l'Espagne au sud. Maxime fixa sa résidence à Trèves, et il eût sans doute joui en paix de son vaste empire sans son ardeur guerrière. Aspirant à la possession de tout l'Occident, il passe les Alpes, arrive à Milan, et soumet toute la Haute-Italie presque sans tirer l'épée. Valentinien s'était enfui à Thessalonique, et de là implorait les secours de Théodose. Malgré son désir de conserver ses sujets en paix, Théodose prend les armes, bat Maxime près d'Émone, et le force à s'enfermer dans Aquilée. Ses soldats se tournèrent contre lui et le livrèrent pieds et poings liés à Théodose, qui lui fit trancher la tête, 26 août 388. Victor, son fils, qu'il avait associé à l'empire, subit le même sort quelques jours après.

MAXIME (FLAVIUS-ANICIUS-PÉTRONIUS), emper. d'Occident, était d'une des plus illustres familles de Rome. Admis dans le conseil d'Honorius à 19 ans, intend. des finances et préfet de Rome à 25, deux fois préfet d'Italie, deux fois consul (433 et 443) et patrice en 445, il n'avait que quelq. degrés à franchir pour arriver au trône. Une circonstance imprévue devint la cause de son élévation et de ses malheurs. Sa femme, d'une beauté remarquable, fut outragée par Valentinien III, et dèslors il ne s'occupa plus que de sa vengeance. Il commença par rendre suspect Aétius; et quand cet habile général, le seul soutien de l'empire, eut été sacrifié à de vaines calomnies, il fit assassiner Valentinien. Le lendemain on le proclama emper. Il ne montra dans cette place qu'une désespérante incapacité. Ayant épousé la femme de Valentinien, Eudoxie, il eut l'imprudence de lui révéler qu'il était l'aut. du meurtre de son mari. Celle-ci, pour se venger, appela Genséric en Italie; Maxime, hors d'état de se défendre, songeait à fuir quand il fut lapidé par le peuple le 12 juin 455; il avait régné 4 mois. Palladius, son fils, qu'il avait déclaré césar, subit probablem. le même sort. Draparnaud a donné en 1824 Maxime, ou Rome délivrée, tragédie.

MAXIME-PUPIEN (CLODIUS-PUPIÉNIUS-MAXIMUS), emper. romain avec Balbin, était né dans une condition obscure, et parvint, des derniers postes de la milice, aux grades les plus importants. Nommé successivem. général, préteur, consul (l'an 227), préfet de Rome, gouverneur de la Grèce, de la Bithynie, de la Narbonnaise, il fut enfin élevé à l'empire avec Balbin. Les vœux de l'armée forcèrent

les deux emper. à s'adjoindre le jeune Gordien. Ils songèrent ensuite à combattre Maximin, dont la tyrannie avait décidé le sénat à cette mesure: la mort inattendue de l'usurpateur, égorgé dans Aquilée par ses soldats, rendit inutiles leurs préparatifs. L'autorité des trois princes fut alors unanimement reconnue. Maxime profita du loisir que lui laissait la paix pour réformer les abus et faire quelq. bonnes lois. Il prit ensuite la résolution de combattre les Parthes; et il allait se rendre en Orient quand les soldats le massacrèrent, ainsi que Balbin, pour laisser régner seul Gordien III (239). Maxime n'avait régné que 15 mois.

MAXIME de Tyr, philosophe platonicien dans le 2e S., parcourut l'Arabie, la Phrygie et la Grèce, et fit un voyage à Rome sous Commode. On n'a du reste aucun détail sur sa vie. Il reste de lui 41 Discours ou Dissertat. sur des sujets philosophiques. Le style en est clair et agréable : ses principes sont très sages. Le texte grec des Discours de Maxime fut impr. pour la 1re fois par H. Estienne, 1557, in-8, avec une version latine de Pazzi. Parmi les autres édit. on distingue celles d'Hensius, Leyde, 1607, in-8, de Londres, 1740, in-4, et de Reiské, Leipsig, 1774, 2 vol. in-8. Combes-Dounous en a donné une bonne trad. franç., Paris, 1802, 2 vol. in-8. — Il ne faut point le confondre avec MAXIME (Claudius-Maximus), philosophe stoïcien, maître de Marc-Aurèle.

MAXIME, philosophe, né à Éphèse, et surn. le Cynique, fut un des maîtres de Julien, auquel il inspira la haine du christianisme, et qui, parvenu au trône, le combla d'honneurs, sans toutefois réussir à le fixer à sa cour. Pourvu de la charge de gr.-pontife de Lydie (361), Maxime fit preuve dans cette place de justice et de modération. Comme le philos. cynique était non moins célèbre par son habileté dans la magie que par ses autres connaissances, Julien vint le consulter (362) sur son expédition contre les Parthes. Maxime lui prédit des triomphes éclatants, ce qui n'empêcha pas que le prince victorieux ne fût blessé à mort. Maxime perdit alors sa place de grand-pontife, et peu après (366) poursuivi d'après l'édit de Valentinien contre les magico-sophistes, il eut la tête tranchée. Les divers ouvr. qu'il avait composés sur la philosophie et la rhétor. sont perdus. — MAXIME d'Épire, autre maître de Julien, composa un poème grec de 610 vers sur les influences de la lune et des astres, inséré dans la Biblioth. de Fabricius (édit. de Harles), tome IX.

MAXIME, dit le Grec, moine du mont Athos, étudia les belles-lettres à Paris et à Florence, et fut appelé à Moscou par le grand-duc Basile Ivanovitsch pour mettre en ordre la riche collection de MSs. grecs que possédait ce souverain. Chargé de traduire en russe les psaumes et d'y joindre des commentaires, il s'acquitta de cette tâche très promptement; il entreprit ensuite, par ordre du grand-duc, la révision des livres sacrés russes. Ce travail, dont il avait prévu toutes les difficultés, l'occupait depuis 9 ans lorsqu'injustement accusé (en 1525) d'hérésie et d'autres crimes, il fut enfermé dans un couvent où il resta jusqu'à sa mort en 1556. Maxime a laissé entre autres ouvrages des *Considérations sur l'utilité de la grammaire, de la rhétorique et de la philosophie*, insér. dans la *Grammaire russe* de Mélétius-Smotritzkii.

MAXIMIEN HERCULE (Marcus - Aurélius - Valérius-Maximinus), emper. romain, fils d'un laboureur des environs de Sirmium, fut d'abord le compagnon d'armes de Dioclétien, qui se l'associa en 286. Il apporta sur le trône toute la rudesse et la dureté dont il n'avait pu perdre l'habitude au milieu des camps, et se montra l'instrument docile des vengeances de son adroit collègue. L'abdication de Dioclétien entraina nécessairem. celle de Maximilien, qui se retira au fond de la Lucanie. Il avait quitté le pouvoir avec peine; aussi dès que son fils Maxence eut été proclamé par les gardes prétoriennes (306), il se hâta de revenir à Rome. Son extrême exigence amena des altercations entre les deux princes; Maximien chassé de Rome par les soldats, après avoir sollicité Dioclétien de reprendre les rênes de l'empire, alla chercher un refuge à la cour de Constantin, son gendre, dont bientôt il corrompit les troupes dans la Gaule-Narbonnaise pour se faire proclamer emper. Constantin s'étant avancé pour le réduire, il s'enferma dans Marseille, où bientôt, livré par les soldats révoltés, il fut réduit à se donner la mort l'an 310. Maximien fut l'un des plus ardents persécuteurs des chrétiens.

MAXIMILIEN Ier, empereur d'Allemagne, né en 1459, fils de Frédéric III et d'Éléonore de Portugal, fut nommé roi des Romains en 1486, se signala tout d'abord contre les Français, et monta sur le trône impérial en 1493, à la mort de son père. Heureux et fier d'avoir arraché au roi de France la Franche-Comté, l'Artois et le Chalonais, il forma une ligue avec les princes d'Italie pour chasser Charles VIII du royaume de Naples : mais les Français, au nombre de 8 mille, battirent à Fornoue l'armée des alliés, forte de 40,000 hommes. Engagé dans une lutte contre les Suisses, il ne put s'opposer à l'invas. de Louis XII en Italie. La ligue de Cambrai s'étant formée en 1508, Maximilien se hâta d'y entrer, et ses troupes s'emparèrent de Trieste, mais furent forcées de lever le siége de Padoue. Il s'unit ensuite avec la France contre Venise, puis avec l'Espagne et le pape contre la France. Il ménageait cependant Jules II dont il avait l'ambition d'être le successeur : le rétablissem. du pape ayant trompé son attente, il sollicita le titre de son coadjuteur qu'il ne put obtenir. Ennemi de la France, il consentit à servir comme volontaire au siége de Térouane sous les ordres de Henri VIII. Il dirigea les opérations de la campagne, et contribua beaucoup à la victoire de Guinegate qui força Louis XII à demander la paix. En 1516 il rentra en Italie, délivra Brescia et investit Milan. Mais les Suisses qu'il avait avec lui, qu'il ne payait pas, se mutinèrent, et Maximilien se vit forcé d'abandonner le Milanez. Il mourut à Inspruck, en 1519, d'une indigestion. Ce prince, qui eut de grandes qualités, a laissé

quelq. *poésies* et des *mémoires* sur sa vie, dont les événements remarquables ont été consignés par Melchior Plintzing, son secrétaire, dans un poème intit. : *Theuerdinck*. D.-H. Hegewisch a écrit en allemand l'*Histoire du règne de Maximilien Ier*, 1782, 2 parties in-8.

MAXIMILIEN II, empereur, fils de Ferdinand Ier, né à Vienne en 1527, fut élu roi des Romains en 1558, et succéda à son père, en 1564. Il laissa prendre Zigeth par les Turks, se trouva en position de monter sur le trône de Pologne, à la mort de Sigismond II, mais ne se mit pas sur les rangs. Il mourut à Ratisbonne en 1576, après avoir régné 12 ans avec une douceur qui inspira moins de reconnaissance à ses sujets que son administration faible n'avait excité de murmures. La postérité lui tiendra compte de n'avoir pas cru devoir réduire les protestants par la voie des armes. « Ce n'est point, disait-il, en rougissant les autels du sang hérétique qu'on peut honorer le père commun des hommes. »

MAXIMILIEN - JOSEPH, roi de Bavière, né en 1756, était avant la révolution colonel du régiment d'Alsace au service de France. Il passa, en 1790, au service de l'Autriche et fit les premières campagnes sur le Rhin; devint en 1795 duc de Deux-Ponts par la mort de son frère Charles II, et en 1799 succéda à Charles-Théodose, son oncle, électeur de Bavière. Marié deux fois, il eut de son prem. mariage deux fils et deux filles, dont l'aînée, la princesse Amélie, épousa en 1806 Eugène Beauharnais. Après s'être montré long-temps le fidèle allié de Napoléon, Maximilien-Joseph entra en 1813 dans la ligue générale des puissances d'Allemagne, et ne dut probablem. qu'à cette circonstance d'avoir conservé sa couronne après le gr. événem. de 1814. A cette même époque il fit un voyage à Vienne avec sa famille, et accepta de l'emper. d'Autriche un régiment dont il se fit recevoir colonel. Assez peu remarquable sous le rapport des événements milit., le règne de ce prince est devenu une ère nouvelle pour les améliorations introduites dans toutes les parties de son administration. Il mourut en 1825, laissant le trône à son fils aîné, le prince Louis.

MAXIMIN (St), prélat illustre, frère de St Maxence, évêque de Poitiers, né dans cette ville, étudia à Trèves sous l'évêque Agrèce, qui lui conféra les ordres, et auquel il succéda vers l'an 332. Il assista aux conciles de Sardique, de Milan, de Cologne, s'y distingua par la pureté de sa foi, et donna un asile à St Athanase, persécuté par l'empereur Constant. Il mourut en 397. Sighard, moine de St-Maximin, composa vers 960 une *Vie* de ce saint, insérée dans les Bollandistes.

MAXIMIN (C.-Julius-Vérus-Maximinus), emper. romain, né en 173 dans la Thrace, garda les troupeaux dans son enfance, s'enrôla dans la cavalerie à 20 ans, parvint à de hautes dignités milit. sous Septime-Sévère et Caracalla, resta dans l'inaction pend. les règnes de Macrin et d'Héliogabale, reparut avec éclat sous celui d'Alexandre-Sévère, et enfin profita de son crédit et de son influence sur les soldats pour exciter une révolte dont le résultat fut l'assassinat d'Alexandre et l'élévation de Maximin à l'empire. Arrivé à la souveraine puissance par un meurtre, le nouvel auguste crut ne pouvoir se soutenir que par la terreur. Ses violences, ses exactions et ses cruautés le rendirent odieux. L'atrocité avec laquelle il fit la guerre aux Germains, dont il mit le pays à feu et à sang dans un espace de 400 milles, le fit surn. *Phalaris* et *Busiris* par ses soldats. Il se préparait à marcher contre les Sarmates quand les légions d'Afrique portèrent les deux Gordiens à l'empire. A cette nouvelle, Maximin furieux vole vers l'Italie et met le siége devant Aquilée; mais ses soldats, fatigués de sa tyrannie, le poignardèrent sous les yeux des assiégés en 238. Ce prince, brutal, féroce, prodigue et soupçonneux, était d'une force et d'une voracité extraordin. Les historiens prétendent qu'il avait 8 pieds de haut, et qu'il mangeait par jour 40 liv. de viande. Il avait associé à l'empire son fils, jeune homme d'une rare beauté et d'une grande vertu, qui fut massacré en même temps que lui.

MAXIMIN (Galérius-Valérius-Maximinus), nommé d'abord *Daïa* ou *Daza*, fils d'un berger de Thrace ou d'Illyrie, et berger lui-même, était neveu de Galérius, qui lui fit donner en 304 le titre de césar par Dioclétien, à l'instant où ce prince abdiquait l'empire. Dans la suite (308), Daza se proclama auguste et se fit reconnaître comme tel par son oncle. Il paraît qu'il avait quelq. talents militaires, mais il eut peu d'occasions de les montrer avant la mort de Galérius. Celui-ci ayant cessé de vivre à Nicomédie en 311, et peu après Maxence ayant perdu la pourpre et la vie au pont Milvius, Maximin déclara la guerre à Licinius, qui, avec Constantin, semblait aspirer à rester seul possesseur de l'empire. Mais il fut vaincu à Andrinople en 313, et s'enfuit déguisé dans les gorges du mont Taurus, où il mourut au bout de quelq. mois, en proie aux maladies et à la misère. Moins vicieux que la plupart de ses collègues, ce prince avait le défaut de s'abandonner au vin; mais il avait eu la sage précaution d'enjoindre à ses officiers de ne point exécuter les ordres qu'il donnerait dans l'ivresse.

MAXWELL (sir Murray), capit. dans la marine anglaise, mort le 16 juin 1830, commença sa carrière sous l'amiral Hood, et fut, en 1796, élevé au grade de lieuten. de vaisseau. Il se distingua à la bataille de Ste-Lucie, de Tabago, de Demerara et d'Essequibo. Nommé capitaine en 1803, il fit à la marine française une guerre très active sur les côtes d'Italie. En 1816, il commandait *l'Alceste*, qui transporta lord Amherst à la Chine. Pend. tout le temps que dura cette célèbre ambassade, Maxwell mit à profit son séjour dans cette partie du globe pour y faire plus. relevés hydrographiq. fort importants. Au retour de lord Amherst, en 1817, le 18 févr., *l'Alceste* toucha sur un écueil dans les parages de Java. On a publié une relat. intéressante de ce naufrage. Depuis 1822 il commandait une station dans l'Amérique du sud, et venait d'être

nommé lieuten.-gouv. de l'île du prince Édouard, lorsqu'une courte maladie mit fin à son existence. Le *Voyage du capit. Maxwell sur la mer Jaune*, rédigé d'après ses papiers par Mac-Lead, a été trad. en franç. par Defauconpret, 1818, in-8.

MAY (Thomas), né à Mayfield, dans le comté de Sussex, vers 1594, mort en 1650, fut en grande faveur à la cour de Charles Ier, mais abandonna ce prince au commencement des guerres civiles pour se jeter dans le parti du parlement, dont il devint même le secrét. et l'historiographe. C'est à ce titre qu'il publia en 1647, in-fol., l'*Histoire du parlem. d'Angleterre, dep. le 3 nov. 1640 jusqu'à la bataille de Newbury en 1643*. Cette hist., trad. en franç., fait partie de la *Collect. des Mém. relatifs à la révolution d'Angleterre*, publ. par M. Guizot. On cite en outre de lui une traduct. de la *Pharsale* de Lucain, avec une continuation jusqu'à la mort de Jules-César, en latin et en anglais. Ce supplément a été réimprimé plus. fois à la suite de la Pharsale. Il a été trad. en franç. par Amar en 1816, et par Cormiliole, en 1829. C'est le meilleur ouvrage de May, dont les vers latins ont un véritable parfum d'antiquité. Il a laissé plus. pièces de théâtre assez estimées: l'*Héritier*, 1633; *Cléopâtre*, trag., 1639, etc.

MAY DE ROMAINMOTIER (Emmanuel), né à Berne en 1734, mort dans cette ville en 1799, est connu par son *Histoire militaire des Suisses dans les différents services de l'Europe jusqu'en 1771*, Berne, 1772, 2 t. in-8; réimpr. avec des augmentations, 1788, 4 t. ou 8 vol. in-8.

MAYANS Y SISCAR (Grégoire), savant espagnol, né à Oliva, roy. de Valence, en 1697, mort en 1781, est cité avec éloge par Muratori, par Menckenius, par Heineccius, par le D. Edw. Clarke, et a laissé un très gr. nombre d'ouvr. Les principaux sont: *Greg. Majansii ad quinque jurisconsultorum fragmenta comment.*, Valence, 1723. — *Institutionum philos. moralis*, Madrid, 1779. — *Vida de Miguel de Cervantes Saavedra*, ib., 1737, in-8, trad. en franç. par Daudé, 1740, 2 vol. in-12. — *Origenes de la lengua española*, 1737, 2 vol. in-8. — *Epistolarum libri VI*, 1732, in-4. — *Cartas morales, militares, civiles et litterar. de varios autores españoles*, 1773, 5 vol. in-8. — *Specimen biblioth. hispano-majansianna*, in-4. On trouve l'*Éloge* de Mayans dans l'*España sagrada* du P. Florez, et la liste de la plus gr. partie de ses ouvrages dans le *Ensayo de una Biblioteca española*, par Sempere y Guarinos.

MAYENNE (Charles de LORRAINE, duc de), 2e fils de François, duc de Guise, né en 1554, fit ses prem. armes contre les Turks, et s'acquit une réputat. de bravoure qu'il soutint dans les guerres civiles, à la défense de Poitiers, au siége de La Rochelle, à la bataille de Moncontour et surtout à la prise de Brouage. Après la mort de ses deux frères (le duc de Guise et le cardinal de Lorraine), dont il apprit la nouvelle à Lyon, il revint à Paris, et, sous le titre de lieutenant-général de l'état et couronne de France, domina dans le conseil de la ligue. A la mort du card. de Bourbon, voyant qu'il ne parviendrait pas à se faire décerner la couronne, il voulut du moins que le choix des ligueurs ne tombât pas sur un prince étranger, et fit en conséquence revivre le fameux arrêt du parlement pour le maintien de la loi salique. Après la reddition de Paris, Maïenne se réconcilia avec Henri IV, qui vécut avec lui dans la plus grande intimité, et le nomma gouverneur de l'Ile-de-France. Il mourut à Soissons en 1611. — MAYENNE (Henri de LORRAINE, duc de), fils unique du précédent, gr.-chambellan de France et gouverneur de Guienne, fut tué d'un coup de mousquet dans l'œil en 1621, au siége de Montauban, sans laisser de postérité.

MAYER (JEAN-FRÉDÉRIC), sav. théol. luthérien, surintendant-gén. des églises de Poméranie, né en 1650, mort à Stettin en 1712, a laissé : *Biblioth. biblica*, etc., Leipsig, 1711, in-4. — *Tractatus de osculo pedum pontificis romani*, ibid., 1712, in-4, rare.—*Dissertat.* en lat. sur un gr. nombre de passages curieux de l'Ancien et du Nouv.-Testament, publ. sous le titre d'*Eclogæ evangelicæ*, 1754, in-8; un gr. nombre d'*Opuscules* acad.

MAYER (TOBIE), l'un des plus gr. astronomes du 18ᵉ S., né dans le Wirtemberg en 1723, mort en 1762, apprit de lui-même les mathématiques, et fut appelé en 1750 à les professer à l'université de Gottingue. Il imagina plusieurs instruments utiles, fit apercevoir la source de bien des erreurs qui se commettent dans la géométrie pratique, calcula les mouvements de la lune et les assujettit à des tables auxq. les astronomes ont souvent recours, approcha enfin, plus que personne n'avait encore fait, de la solution du grand problème des longitudes, et mérita ainsi à ses héritiers une récompense du parlement d'Angleterre. Il s'occupa aussi, vers la fin de sa vie, de l'aimant, auquel il assigna des lois plus raisonnables que celles qu'on avait jusqu'alors reconnues. Ses princip. ouvr., écrits en allem., sont : *Traité des courbes pour la construction des problèmes de géométrie*, Eslingen, 1745, in-8.—*Atlas mathém. dans leq. toutes les mathém. sont représentées en 60 tables*, Augsbourg, 1745, in-fol. — *Tables du mouvement du soleil et de la lune*, dans le 2ᵉ vol. des *Mémoires* de la société royale de Gottingue. — MAYER (Fréd.-Christophe), membre de l'acad. des sciences de Pétersbourg, est cité par La Caille (*Leçons d'astronomie*), comme auteur d'une méthode d'interpellation utile dans les calculs astronomiques, et par Maupertuis dans son *Astronomie nautique*, comme auteur d'un problème dont il a donné une bonne solution. On trouve plus. *dissert.* et *remarques* de ce savant dans les *Mém.* de l'acad. de Pétersb., t. II et V. — MAYER (Christian), jésuite, astronôme, né en Moravie en 1719, mort en 1783, directeur de l'observatoire de Manheim, crut avoir fait une découverte qui devait immortaliser son nom. Il annonça, dans le discours préliminaire des *Tables d'aberration et de mutation* de Mesger (1778), que ses observations dans la partie méridionale du ciel l'avaient amené à soupçonner que les petites étoiles qui environnent les principales sont véritablement

leurs satellites, et qu'elles ont été ainsi placées afin que leurs mouvements propres ouvrissent aux astronomes une voie pour arriver à la connaissance des distances réciproques des étoiles, de leur distance à la terre, et de la variété des systèmes célestes. Cette prétendue découverte n'ayant point été confirmée par des recherches d'autres astronomes plus savants, et munis d'instruments bien plus puissants que ceux de Mayer, a été rangée parmi les illusions optiques. On a de cet astronome plus. ouvr., dont nous ne citerons que les principaux : *De transitu Veneris*, 1769, in-4. — *De novis in cœlo sidereo phenomenis*, 1780, in-4. — *Pantametrum pacechian., seu instrument. novum,* etc., 1762, in-4, fig. — *Nouvelle méthode pour lever en peu de temps une carte générale exacte de toute la Russie* (en franç.), Pétersbourg, 1770, in-8. On trouve dans les *Transact. philosophiq.*, Londres, et dans celles de la société américaine, un grand nombre d'observations du même astronome.

MAYER (ANDRÉ), profess. de physique et de mathématiques à Greifswald, né à Augsbourg en 1716, mort en 1782, s'est fait connaître par une bonne carte de la Poméranie-Suédoise et de l'île Rugen, 1763; par plus. *Dissertat.* académiques, et par le *Dessin du nouveau collége de l'acad. royale à Greifswald*, 1755, in-fol., 7 pl. On a encore de lui dans les *Transact. philosophiques*, 1769, *Observations de l'entrée de Vénus sur le soleil, le 3 juin*; et dans les *Mémoires de Pétersbourg*, pour 1781, des *Passages* de toutes les planètes qu'il avait observées au méridien.—MAYER (Jean-Christophe-André), que l'on croit fils du précédent, né à Greifswald en 1747, fut professeur d'anatomie au collége médico-chirurgical de Berlin, et mourut dans cette ville en 1801. On a de lui en allemand : *Traité des avantages de la botanique systématiq.*, 1772, in-8.—*Descript. des vaisseaux sanguins,* etc., 1777, in-8, avec 16 pl. — *Tr. anatomico-physiologique du cerveau*, 1779, in-4.—*Descript. anatom. du corps humain*, 1784-94, 8 vol. in-8. — *Champignons comestibles indigènes*, 1801, in-fol.; plus. *Art.* ou *Mém.* dans le *Rec.* de l'acad. de Berlin et dans la *Gazette d'Iéna.*

MAYERBERG (AUGUSTIN, baron de), conseiller de la chambre aulique impériale, fut envoyé en 1661 par l'empereur Léopold en ambassade auprès d'Alexis Michaelowitsch, gr.-duc de Moscovie, et publia une relation curieuse de son voyage, en lat., in-fol., sous ce titre : *Iter in Moscoviam Augustini liberi baronis des Mayerberg*. On en a une trad. franç. : *Voyage en Moscovie d'un ambassadeur-conseiller*, etc., Leyde, 1688, in-12.

MAYERNE-TURQUET (LOUIS de), traducteur et hist., né à Lyon vers 1550, mort à Genève en 1630, a publ. : *Hist. générale d'Espagne*, 2 vol. in-fol., le 1ᵉʳ en 1608, le 2ᵉ en 1636.—*La Monarchie aristo-démocratique, ou le Gouvernement composé et mêlé des trois formes de légitimes républiques*, 1611, in-4. — *Apologie contre les détracteurs de la monarchie aristo-démocratique*, etc., 1616, in-12, etc.; des trad. de l'espagnol d'Antoine de

Guevara et de L. Vivès.—Des *Paradoxes* de H.-Corn. Agrippa, etc. Mayerne-Turquet avait embrassé la religion réformée. — MAYERNE-TURQUET (Théodore de), fils du précéd., l'un des plus célèbres médec. de son temps, né à Genève en 1573, mort à Chelsea, près de Londres, en 1655, fut successivem. l'un des médecins ordinaires de Henri IV, roi de France, et premier médecin de Jacques Ier et de Charles Ier. Il est inventeur de *l'eau cordiale*. Ses *OEuvres* ont été impr. à Londres en 1700, en un gros vol. in-folio.

MAYET (ÉTIENNE), né à Lyon en 1751, fut appelé en Prusse vers 1777, par Frédéric II, qui le chargea d'établir à Berlin des fabriques de soie dont il le nomma direct. Les événements de 1806 anéantirent le résultat de ses travaux. Il obtint une modique pension de retraite. Pour se distraire il cultiva les lettres qu'il avait toujours aimées, et mourut en 1825. Outre un grand nombre de vers insérés dans les *Almanachs des muses*, 1778, 1780, 1791, etc., il a publ. : *Pièces fugitives*, 1783, in-8. — *Recueil de Poésies*, 1785, in-8. — *L'Agioteur puni*, comédie, 1788, in-8. — *Le Conservateur, ou Gazette littér. de Berlin*, 1792-93, in-8. Mayet a écrit, comme directeur des fabriques de soie de Berlin, plus. ouvr. et mémoires relatifs à son emploi, entre autres : *Mémoire sur la culture du mûrier*, etc., 1790, in-8. — *Traité sur la culture et les fabriques de soie dans les états prussiens*, 1796, 2 vol. in-8.

MAYEUL ou MAYOL (St), 16e abbé de Cluny, né dans le diocèse de Riez vers 906, établit la réforme dans l'abbaye de St-Denis à la prière d'Hugues Capet, et mourut au prieuré de Souvigni en 994. Il fut regardé comme le second fondateur de Cluny pour les soins qu'il prit d'augmenter les revenus de cette abbaye et de multiplier les monastères qui en dépendaient. Il a laissé quelq. écrits sur lesquels on peut consulter *l'Hist. littéraire de la France*, par D. Rivet, t. VI. Sa *Vie* a été écrite par St Odillon, son successeur.

MAYEUR (FRANÇOIS-MARIE), appelé aussi *Mayeur de St-Paul*, acteur et auteur, né à Paris en 1758, débuta au théâtre de l'Ambigu-Comique, passa ensuite à celui de Nicolet, alla jouer en 1789 la comédie en Amérique, revint en France quelques années après, fut mis en prison sous le régime de la terreur, et reparut en 1795 sur le théâtre de la cité. Il y créa le rôle de *Vilain* dans *l'Intér. des comités révolut.* Il eut ensuite la direction de div. théâtres, à Lyon, à Versailles, à Bordeaux et en Corse, et mourut à Paris en 1818. On a de lui un gr. nombre de pièces de théâtre, d'ouvr. et opuscules littéraires, dont on trouve la liste dans la *France littér.* de Quérard.

MAYNARD (FRANÇOIS), poète franç. et l'un des prem. membres de l'Acad. franç., né à Toulouse en 1582, eut le double travers de louer beaucoup son talent et de se plaindre sans cesse de la fortune. Il fit une cour assidue au cardinal de Richelieu, à la reine Anne d'Autriche, n'en obtint pas les faveurs qu'il désirait et se retira dans sa province,

où il mourut en 1646. Il est le prem. en France qui ait établi pour règle de faire une pause au troisième vers dans les stances de six, et une au septième dans les stances de dix. Ses *OEuvres poétiq.* ont été publiées l'année même de sa mort, in-4, avec une préface de Comberville. On a aussi ses *rec.* et ses *lettres*, 1653, in-4.—MAYNARD (Claude), père du précéd., conseiller au parlement de Toulouse, publ. un recueil des arrêts rendus par cette cour. La meilleure édit. est celle de Paris, 1751, 2 vol. in-fol.

MAYNE (JASPER), poète angl., né en 1604 à Haterlagh, comté de Devon, fut chanoine de l'église du Christ, archidiacre de Chichester, chapelain du roi Charles II, et mourut en 1672. Il a publ. : Οχλομαχια, *ou la Guerre du peuple examinée selon les principes de la raison et de l'Écriture* (en anglais), Londres, 1647, in-4; un poème sur la victoire navale remportée par le duc d'York sur les Hollandais en 1665; un rec. d'épigrammes, deux pièces de théâtre, une traduct. des *Dialogues* de Lucien, et des *Sermons*.

MAYOR (THOMAS), dominicain espagn., de Xativa, missionn. aux îles Philippines, a fait impr. à Binondoc en 1667 : *Simbolo de la fe en lengua y letra china*, in-8, c'est un des plus anciens livres imprimés en chinois par les missionn. Il publ. encore pendant son séjour aux Philippines un petit *Tr. sur l'excellence du Rosaire*, aussi en chinois.

MAYR (GEORGE), sav. jésuite, né en 1565 à Rain en Bavière, mort à Rome en 1623, après avoir catéchisé pend. 24 ans à Augsbourg, où il enseigna aussi avec de grands succès la langue hébraïque, a laissé : *Institutiones linguæ hebraicæ*, Lyon, 1622, in-8, réimpr. plus. fois, et des trad. d'ouvr. pieux, soit en grec, soit en hébreux. Sa traduct. grecque de *l'Imitat. de J.-C.* est très estimée, Augsbourg, 1615, etc.

MAYR (JEAN de), général prussien, né à Vienne en 1716, s'engagea comme simple soldat dans un régiment d'infanterie hongroise, obtint le grade de lieuten., passa ensuite dans les troupes saxonnes, puis entra au service du roi de Prusse, Frédéric II, en qualité d'adjudant. Chargé par ce prince d'organiser un corps de partisans dans la guerre contre l'Autriche, Jean de Mayr se distingua à la tête de cette troupe pend. toute la campagne (1758), exerça de grandes rapines en Franconie, fut le fléau des villes et des bourgades, couvrit la retraite de l'armée prussienne en Saxe, prit la ville de Weissenfels, se signala à la bataille de Rosbach, et fit une heureuse excursion en Bohême. Il ne se distingua pas moins dans la campagne suiv., fut promu au grade de général-major, défendit avec valeur les faubourgs de Dresde, poursuivit les assiégeants jusqu'à la frontière, et mourut à Plauen en 1759. Les Prussiens regardent ce général comme un de leurs plus habiles chefs de partisans.

MAYRE (JACQ.), jésuite, poète latin, né à Salins en 1628, professa la rhétorique et la philosophie à Dole, à Lyon et à Rome. A son retour en France il fut nommé rect. à Besançon, passa ensuite avec le même titre à Grenoble, puis à Avignon, et revint à Besançon, où il mourut en 1694. On a de lui : *Liladamus, ultimus Rhodiorum*, etc., *poema heroicum*, Paris, 1685, in-12; Avignon, 1680, in-8 ; Besançon, 1693, in-4. Ce poème, dont le héros est l'Ile-Adam, gr.-maître de l'ordre de Malte, et qui eut un gr. succès lors de sa publication, est aujourd'hui oublié; *Recaredus, poema*, Avignon, 1690, in-8, très rare. Le P. Mayre a laissé six autres.poèmes, quatre tragéd., trois drames, des odes, des silves, des élégies (en latin), dont les MSs. sont conservés à la biblioth. de Lyon.

MAZANIELLO (THOMAS ANIELLO, connu sous le nom de), chef d'une révolte à Naples, était né en 1622 à Amalfi, d'une famille de pêcheurs. Élevé dans la misère, mais plein de courage et doué d'une sorte d'éloquence naturelle, il souleva les Napolitains justem. mécontents de l'administrat. du duc d'Arcos, et se mit à leur tête. Le 7 juillet 1647 il parcourut les rues et les marchés de Naples, suivi par la populace, en criant : « Point de gabelles ! vive le roi d'Espagne, et meure le mauvais gouverneur! » Il se présente à la tête de 50,000 révoltés devant le palais du vice-roi, qui n'a que le temps de se réfugier au Château-Neuf. Encouragés par ce premier succès, les mécontents, dont le nombre s'accroît de minute en minute, se livrent à toutes sortes d'excès. Pend. que le vice-roi et l'archev. de Naples négocient avec Mazaniello pour apaiser la sédit., deux seigneurs napolit. soulèvent deux cents bandits pour l'assassiner. Les assassins sont massacrés à l'instant, et leurs têtes plantées sur des piques élevées autour de l'échafaud d'où Mazaniello rendait ses arrêts sanguinaires. Échappé à ce danger, il fit désarmer les nobles, distribuer leurs armes au peuple, et sut maintenir dans Naples une justice rigoureuse, mais arbitraire. Il consentit enfin à traiter avec le duc d'Arcos, et, quittant alors ses habits de pêcheur, se rendit à la tête d'une cavalcade magnifique auprès du vice-roi. Le traité signé, il déchira ses riches vêtem., et déclara que, n'ayant point eu d'intérêt personnel en prenant les armes, il allait retourner à son métier de pêcheur; mais le vice-roi le retint à un grand repas qu'il accepta. Dès ce moment il donna des marques de folie, et devint féroce. On soupçonna que c'était l'effet d'un philtre ou breuvage empoisonné qu'on lui avait fait prendre. Le peuple lui obéit cepend. encore; mais dès qu'il eut été abandonné de ses amis, le vice-roi le fit assassiner par quatre arquebusiers apostés le 16 juillet. Indifférent à sa mort, le lendemain le peuple reprit ses sentim. pour son chef, et lui fit des obsèques magnifiques, auxq. le vice-roi lui-même fut obligé d'envoyer ses pages. Il est le héros de deux opéras joués en France avec succès : *Mazaniello et la Muette de Portici.*

MAZARIN ou MAZARINI (JULES), card., prem. ministre de France, né en 1602 à Rome, selon quelq.-uns, mais, suivant l'opinion la plus commune, à Piscina, ville de l'Abruzze, d'une famille noble, passa en Espagne à l'âge de 17 ans, et suivit pendant trois ans les cours de droit aux universités d'Alcala et de Salamanque. De retour à Rome, il embrassa la carrière militaire, fut envoyé en 1625 dans la Valteline avec le grade de capit., et commença dès-lors à déployer son talent pour la négociation. Les généraux du pape lui confièrent plus. missions, il s'en acquitta avec adresse. A la paix il revint à Rome, reprit l'étude de la jurisprudence, reçut le laurier doctoral, et accompagna le cardin. Sacchetti, envoyé à la cour de Turin au sujet de la success. des duchés de Mantoue et de Montferrat. Il développa dans cette négociation difficile, où il agissait avec le titre d'internonce, une gr. activité, et mérita la confiance du légat ainsi que du card. Barberini, qui l'avait remplacé. Dans un voyage qu'il fit à Lyon, il eut un long entretien avec le cardin. de Richelieu. Ce ministre conçut la plus haute opinion du jeune diplomate et réussit à l'attacher aux intérêts de la France. De retour en Italie où les hostilités avaient commencé, il proposa aux génér. des deux partis et leur fit adopter la suspension d'armes qui amena le tr. de Cherasco (1631), que Mazarin négocia, puis fit avoir par ruse à la France la place de Pignerol. C'est à cette occasion que Richelieu écrivit de la part du roi, au pape, pour le féliciter sur l'habileté de son négociateur. Mazarin, qui venait de prendre l'habit ecclésiast., fut pourvu d'un bénéfice et d'une charge de référendaire dans la chancellerie pontificale (1632) ; plus tard, il fut nommé vice-légat d'Avignon (1634), puis nonce extraordinaire à Paris. Il eut son logement dans le palais du prem. ministre, et s'ancra tellem. dans la faveur de celui-ci, que Louis XIII lui promit de le nommer au cardinalat s'il n'était pas prévenu par le pape. Cependant les Espagnols, qui avaient à se plaindre de Mazarin, le firent rappeler à Avignon; et lui-même, craignant de rester oublié dans ce poste, demanda son rappel à Rome, qui lui fut accordé (1636). Après avoir donné de nouv. gages de son dévouement aux intérêts de la France, il y fut appelé au commencem. de 1639, et envoyé l'année suiv. ambassad. extraordinaire à Turin, le succès de sa mission lui valut enfin le chapeau demandé pour lui depuis long-temps : ce fut des mains de Louis XIII qu'il reçut la barrette le 25 fév. 1642. Vivement recommandé à ce monarque par Richelieu au lit de mort, Mazarin lui succéda. Mais à la mort de Louis XIII, qui l'avait nommé membre du conseil de régence avec le titre de ministre d'état, Mazarin se voyant en butte à l'animadversion de la reine, et prévoyant d'ailleurs que cette princesse attaquerait la déclarat. du 19 avril qui réglait la régence, prit le parti de se démettre du pouvoir, et feignit de vouloir retourner à Rome. Non-seulement on voulut le retenir, mais ses amis réussirent à changer les dispositions de la reine à son égard; il remplaça bientôt l'évêq. de Beauvais, Potier, dans la confiance de cette princesse, et sut, en se rendant de plus en plus agréable à la reine, se faire égalem. aimer du public par sa modestie et sa politesse. Mais avec la faveur arrivèrent les ennemis dont la jalousie finit par exciter les troubles connus sous le nom de guerre de la Fronde (v. ce

MAZARIN.

Publié par Furne, Paris.

mot, t. II, p. 680). Forcé de quitter la France à deux reprises différentes (1651 et 1652), Mazarin y rentra définitivem. en 1653, reprit l'autorité et le titre de prem. ministre, finit d'apaiser les troubles civils, et négligea la reine-mère pour s'insinuer dans l'esprit du jeune roi, devenu majeur. On lui devait le tr. de Westphalie (1648), conçu et commencé par Richelieu, il résolut d'éteindre une guerre qui n'existait déjà plus qu'entre la France et l'Espagne, et de faire épouser l'infante Marie-Anne à Louis XIV. Les prem. négociations qu'il entama à ce sujet ne réussirent point; mais les brillants succès remportés par les armées françaises ayant rendu les Espagnols moins difficiles, les conditions de la paix furent réglées à Paris, et Mazarin partit avec de pleins pouvoirs pour la ratifier sur la limite des deux roy. Le tr. des Pyrénées, chef-d'œuvre de ce ministre et son principal titre de gloire, fut signé le 7 novembre 1659; il donna à la France le rang qu'avait eu l'Espagne sous Charles-Quint, et ouvrit dignement la grande époque que l'hist. a désignée sous le nom de *Siècle de Louis XIV*. Mazarin, dont la santé dépérissait de jour en jour, ne survécut pas long-temps. De retour à Paris, où il fut reçu avec des honneurs extraordinaires, il ne sortit presque plus de son appartement où se tenaient les conseils et où le roi venait fréquemm. Après avoir recommandé spécialement au roi ses créatures le Tellier, Lionne et Colbert, et lui avoir donné, dit-on, le conseil de gouverner par lui-même, ce ministre termina sa carrière à Vincennes le 9 mars 1661, des suites d'une hydropisie de poitrine. Quelq. histor. ont regardé Mazarin comme un homme d'état du prem. ordre; d'autres n'ont vu en lui qu'un personnage méprisable, un ministre médiocre ou inhabile. Ces jugements sont égalem. erronés. On ne peut refuser à Mazarin de grands talents politiques, ni méconnaître ses services importants; mais il en ternit l'éclat par une honteuse avidité; il montra de la faiblesse et de l'imprévoyance dans une guerre civile qu'un ministre ferme eût prévenue ou plus promptem. terminée. Si l'on examine son administrat. pendant les huit années d'un pouvoir tranquille et absolu, on ne voit, aucun établissem. vraim. glorieux ou utile: il laissa languir le commerce, la marine et les finances; il négligea l'éducation de Louis XIV, dont la surveillance lui était confiée, de peur de trop éclairer le jeune prince, et de hâter le terme de sa propre puissance; enfin il fut ingrat envers la reine-mère qui seule l'avait soutenu contre ses ennemis. Mazarin, affecta par son testam. huit cent mille écus à la fondation d'un collége qui prit son nom ou celui des *Quatre-Nations*, parce qu'on y recevait les jeunes gens des provinces réunies sous son ministère. Les lettres écrites par Mazarin, pendant la négociation du traité des Pyrénées, ont été publ. en 1693. L'abbé d'Allainval les fit réimpr. en y en ajoutant 50, sous ce titre: *Lettres du cardin. Mazarin, où l'on voit le secret de la négociat.*, etc., 1745, 2 vol. in-12. En 1663 parut un *Testam. politique du cardinal Mazarin*, Cologne, in-12. Cet

ouvr., comme la plupart de ceux du même genre, ne mérite aucune attention. Il existe une autre espèce de testam. politiq. de Mazarin sous ce titre: *Breviarium politicorum, secundum rubr. Mazarinicas*: c'est une satire assez amère du ministère du cardinal. On a: *l'Hist. du card. Mazarin*, trad. de l'italien du comte G.-G. Priorato, Paris, 1668, 2 vol. in-12; une autre, par A. Aubery, 1688, 1695, 2 vol.; 1751, 4 vol. in-12.—Un *Abrégé de la Vie*, etc., par l'abbé de Longuerue, inséré dans le *Recueil des pièces intéressantes pour servir à l'histoire de France*, contient quelq. particularités peu connues. — *Éclaircissem. sur quelques difficultés touchant l'administrat. du card. Mazarin par J. de Silhon, conseiller-d'état*, 1650, trad. ensuite et publ. en latin. La Fronde enfanta contre Mazarin une quantité innombrable de pamphlets, satires, etc., dont on trouve des recueils dans plus. bibliothèques: le plus complet est celui de la bibliothèque de la ville de Chartres, en 140 vol. in-4. Naudet bibliothécaire du cardinal, entreprit de réfuter une partie de ces satires dans un écrit intit. *Mascurat, ou Jugem. de ce qui a été impr. contre le cardinal Mazarin depuis le 6 janv. jusqu'au 1er avril 1649*, 1650, in-4.—V. MANCINI.

MAZARREDO Y SALAZAR (JOSEPH-MARIE), amiral espagnol, né à Bilbao en 1744, entra dans la marine à l'âge de 16 ans, et se signala dès sa seconde campagne en sauvant par d'habiles manœuvres l'équipage d'un navire composé de 500 hommes. Il était premier adjudant du major-général d'escadre D. Franç. de Santistevan en 1775, lors de la malheureuse expédition des Espagnols contre Alger, et ce fut en suiv. ses conseils qu'on réussit à rembarquer les troupes qui avaient échappé au fer de l'ennemi. Nommé major-gén. d'escadre, il fit partie de la flotte espagnole qui se joignit en 1780 à celle de la France, lors de la guerre de l'indépendance américaine. Parvenu au grade de vice-amiral, il commanda en 1797 l'escadre qui protégea la ville de Cadix contre le bombardement des Anglais, remplaça en 1804 l'amiral Gravina en qualité d'ambassadeur, accepta de Joseph Bonaparte le ministère de la marine en 1808, et conserva le portefeuille jusqu'à sa mort, en 1812. Il avait publié en 1784 des *Rudiments de tactique navale* (en espagnol), Madrid, in-4, et rédigé en 1793 le projet d'ordonnance pour la marine qui est encore aujourd'hui en usage.

MAZDAK ou MASDEK, fameux impost. persan, né vers la fin du 5e S. à Istakhar (Persépolis), remplissait dans cette ville les fonctions de grand-pontife, lorsqu'une famine cruelle, bientôt suivie de la peste, vint désoler la Perse. Il prit occasion de ce fléau pour déclamer contre les richesses et le luxe des grands, la vanité des magistrats; puis, enhardi par le succès de ses premiers discours, il débita que tout ce qui est sur la terre, appartenant à Dieu, devait être à l'usage de tous les hommes indistinctement. Partant de ce principe, il prêchait la communauté des biens et des femmes, le partage de toutes les propriétés et l'égalité sans aucune restriction. Comme il affectait en même temps une gr. austérité de mœurs et une extrême piété, il parvint à séduire le roi Khobad lui-même, qui adopta la nouvelle doctrine. Cette révolution religieuse plongea quelque temps la Perse dans une effroyable anarchie. Enfin Khosrou, fils de Khobad, eut le courage de résister à son père, et obtint que la doctrine de Mazdek serait examinée et discutée dans une assemblée des ministres de l'état et de la religion. Mazdek, convaincu d'imposture, fut livré à Khosrou, qui le fit attacher à un arbre et tuer à coups de flèches. Sa mort fut suivie de celle d'un gr. nombre de ses partisans. Toutefois cette secte, bien que proscrite, se maintint encore en Perse jusqu'au temps de l'islamisme. Il y a plusieurs variantes sur la mort de Mazdek, que les Orientaux désignent sous l'épithète de *zendik* (l'impie). Nous avons suivi la relat. de l'histor. persan Ferdoucy.

MAZÉAS (Guillaume), chanoine de Vannes, né dans cette ville vers 1712, fit ses études à Paris, prit ses degrés dans la maison de Navarre, fut secrétaire d'ambassade à Rome, et mourut dans sa patrie en 1776. Il était correspondant de l'acad. des sciences et membre de la société roy. de Londres. On a de lui plus. *Mém.* dans le *Recueil des savants étrangers*, sur des objets d'histoire naturelle et de chimie appliqués à l'industrie; et quelques trad, de l'anglais, entre autres : *Pharmacopée des pauvres*, avec des notes, Paris, 1758, in-12. — *Essai sur les moyens de conserver la santé des gens de mer*, par Lind, 1760, in-8. — MAZÉAS (Jean-Mathurin), mathématicien, frère du précéd., né à Landernau en 1716, embrassa l'état ecclésiastique, fut professeur de philosophie au collège de Navarre, chanoine de N.-D. de Paris. La révolution l'ayant privé de son bénéfice, il alla demeurer à Pontoise avec un domestiq. fidèle, qui, après l'avoir nourri pendant trois ans du fruit de ses propres épargnes, hasarda de présenter au ministre de l'intér. (François de Neufchâteau) une pétition en faveur de son maître et à son insu. Le ministre s'empressa de faire accorder au vertueux professeur une pension de 1,800 livres, qui lui fut exactement payée jusqu'à sa mort, en 1801. On a de Mazéas : *Élém. d'arithmétique, d'algèbre et de géométrie*, etc., 1758, in-8, 7 éditions, dont la dernière est de 1788 (cet ouvr. a été abrégé par l'auteur, 1775, in-12). — *Institutiones philosophicæ, sive elementa logicæ, metaphysicæ*, 1777, 3 vol. in-12. Mazéas a fourni beauc. d'articles au *Dictionnaire des arts et métiers.*

MAZELINE (Pierre), sculpteur français, reçu à l'acad. en 1668, mort en 1708 à l'âge de 76 ans, a fait pour les jardins de Versailles plusieurs morc. estimés, parmi lesquels on distingue les statues d'*Europe* et d'*Apollon pythien*, d'après l'antique.

MAZEPPA (Jean), hetman ou prince des Cosaques, né dans le Palatinat de Podolie vers le milieu du 17e S., appartenait à une de ces familles nobles que leur manque de fortune contraint de s'attacher à des maisons plus opulentes. D'abord page du prince Jean-Casimir, il entra ensuite au service d'un gentilhomme polonais qui, l'ayant surpris avec sa femme, le fit lier nu sur le dos d'un cheval sauvage et l'abandonna à la course capricieuse de cet animal. Cette catastrophe devint le principe de son élévation. Porté par le coursier dans les déserts de l'Ukraine, Mazeppa fut recueilli par quelq. paysans, dont les soins le rappelèrent à la vie. La reconnaissance et l'habitude le fixèrent parmi ses libérat. Secrétaire, puis adjudant de Samoïlowitz, hetman des Cosaques, il remplaça ce chef déposé en 1687, pour avoir, par son impéritie, causé la perte d'une part. de l'armée nombr. qu'il commandait. Mazeppa sut se maintenir dans une autorité rarement conservée par ceux qui l'exercent, gagna la confiance du tzar Pierre Ier, et le servit pendant plus de 20 ans avec beaucoup de fidélité. Mais les progrès de Charles XII lui firent naître le désir de se rendre indépendant; il offrit au roi de Suède de mettre à sa disposit. toutes les ressources du pays où il commandait. Ses desseins furent découv. par le tzar, et devenu odieux à la plupart des Cosaques, il ne put en réunir qu'un petit nombre, avec lesquels il rejoignit en fugitif Charles XII. Ce fut lui qui décida ce prince à s'engager dans les plaines de Pultawa. Après cette bataille désastreuse il se réfugia en Valachie, puis à Bender, où il mourut en 1709. On peut consulter sur Mazeppa l'*Hist. de Charles XII*, par Voltaire, les *Annales de la Petite-Russie*, par Scherer, et l'*Hist. des Cosaques*, par Lesur, 1813. Mazeppa est le héros d'un poème de lord Byron.

MAZERS. — V. Masers.

MAZET (André), né à Grenoble en 1793, étudia de bonne heure la médecine, et fut nommé chirurgien-aide-major au 11e régim. d'infanterie. Reçu en 1819 docteur à la faculté de Paris, il fut envoyé la même année en Espagne avec M. Pariset, pour observer l'épidémie qui désolait Cadix. Leurs recherches sont consignées dans l'ouvrage intitulé : *Observ. sur la fièvre jaune faites à Cadix en* 1819 *par MM. Pariset et Mazet*, etc., 1820, in-4, fig.; et dans un article de Mazet, inséré au *Journal complément. du Dictionn. des sciences médic.*, n° 51. En 1821, une seconde épidémie s'étant déclarée à Barcelone, Mazet fut encore désigné, conjointem. avec MM. Bally, Pariset, François et Rochoux, pour aller la combattre. Mais à peine arrivé, il fut atteint de la contagion, et succomba le 22 octobre. La nouvelle de sa mort excita la plus vive douleur dans toute la France; les arts et la poésie célébrèrent à l'envi son généreux dévouement; une pension fut votée à la mère de ce jeune méd. par les deux chambres, et des souscript. s'ouvrirent pour ériger des monuments à sa mémoire à Grenoble et à l'acad. de médecine de Paris. M. Bally a publié l'*Hist. de la maladie du docteur Mazet.*

MAZOIS (François), architecte, élève de Percier, né en 1785 à Lorient (Morbihan), mort à Paris le 1er janv. 1827, inspect.-génér. des bâtim. civils, et membre de plus. acad., dut au mérite de ses trav. à Rome et à Naples, la faveur jusqu'alors refusée aux artistes étrangers de pouvoir dessiner les monum. de Pompéi. La reine de Naples, enchantée de son travail, lui accorda d'honorables encouragem., et une pension de 12,000 livres; dep. 1815 il trouva un nouveau Mécène dans le duc de Blacas, alors ambassad. à Rome. Les princip. titres de cet habile artiste sont les *Ruines de Pompeï*, Paris, 1814-55, 4 vol. in-fol. Cet import. ouvrage a été terminé par M. Gau; et *le Palais de Scaurus, ou descript. d'une maison romaine*, 1819; 2ᵉ édit., 1822, in-4 et in-8. Pour chacun de ces ouvr. une médaille d'or fut décernée à Mazois par l'académie de Bordeaux.

MAZOLINI (SILVESTRE), dominic., connu aussi sous le nom de *Silvestre Prierias*, né à Prierio (Montferrat) dans le 16ᵉ S., professa la théologie à Bologne, puis à Rome, et fut nommé maître du sacré palais. Il écrivit l'un des premiers contre Luther, et fut, avec l'évêque d'Ascoli, nommé l'un des juges de ce réformateur. On ignore le lieu et l'époque de sa mort. On a de lui 47 ouvr. en lat. et en italien sur la théologie, la philosophie et les mathémat. Prosper Marchand en a donné la liste; les princip. sont : *Summa Silvestrina, seu summa de peccatis*, etc., 1515, 2 vol. in-4. — *Dialogus, seu discursus contra præsumptuosas Lutheri conclusiones*, 1518, in-4. — *Replica, seu responsum ad Mart. Lutherum.* — *Errata et argumenta Mart. Lutheri*, 1520, in-4. — *Apologia de convenientiâ institutor. Eccles. rom. cum evangelicâ libertate*, 1525, in-4. — *De strigiis magorum dæmonumque prestigiis*, 1521, in-4. — *Opere volgari*, 1519, in-4.

MAZURE (F.-A.-J.), né à Paris en 1776, passa ses prem. années en Provence, où son père occupait un emploi de finances. Attaché en 1796 à l'école centrale de Niort, il s'y fit remarquer par d'heureux essais de poésie, et entra en correspondance avec Fontanes, qui, devenu gr.-maître de l'univ., le nomma inspecteur de l'acad. d'Angers. Trois ans après, il en fut fait recteur. Mazure, qui s'était honoré dans ce nouv. poste par son zèle et sa noble indépend., fut nommé en 1817 inspecteur-général des études. Il fit partie en 1820 de la commission de censure des journaux, et dès la même année il s'attacha à la rédaction de la feuille intit. *le Publiciste*, qui paraissait sous l'influence du ministre de Serres. Mazure ne cessa dès-lors d'allier à ses occupat. universit. les travaux du cabinet. Il mourut à Paris en 1828. Outre un écrit publié en 1822 sous ce titre : *De la représentation nationale*, et qui renferme le corps de ses doctrines politiq., on a de lui : *Vie de Voltaire*, 1821, in-8. — *Leçons choisies à l'usage des écoles primaires de France*, 1822, in-8, 2ᵉ édit. — *Hist. de la révolution de 1688 en Angleterre*, 1825, 3 vol. in-8. Une *Notice* lui a été consacrée dans *le Lycée*, 20 mars 1829.

MAZUYER (CLAUDE-LOUIS), convent., né à Bellevesvre en 1760, avoc., embrassa les principes de la révolut., fut nommé juge au tribunal de Louhans, puis député du départ. de Saône-et-Loire à l'assemblée législat. et à la convent., dont il se montra l'un des membres les plus modérés. Il signala les municipaux de Paris qui pillaient les maisons roy.

et les hôtels des émigrés, et fit mander à la barre les plus notoirem. coupables. Lors du procès du roi, il fit imprimer son opinion avec le jugem. et vota pour la détention jusqu'à la paix. Il se prononça contre le 31 mai, favorisa l'évasion de son collègue Lanjuinais, fut mis hors la loi, et périt sur l'échafaud le 21 mars 1794. On a de lui : *Plans d'organisation de l'instruct. publique et de l'éducation nationale en France*, Paris, imprimerie nationale, 1793, in-8.

MAZZOCCHI (ALEXIS-SYMMAQUE), savant antiquaire, né en 1684 près de Capoue, puisa dans la lecture des ouvr. de Cicéron le goût de l'antiquité qui devint sa passion dominante. Il apprit l'hébreu et le grec presque sans maître, professa ces deux langues au grand séminaire de Naples, et devint ensuite théologal, puis prof. de théol. au collège de cette ville. La découverte des ruines d'Herculanum lui fournit les moyens de satisfaire amplement sa passion pour l'antiquité; mais les dernières années de sa vie il perdit tout-à-fait la mémoire, et il mourut à Naples en 1771, dans un état de démence complète. Il était membre des principales acad. de l'Europe. On a de lui de nombr. ouvrages, dont on trouve la liste dans les *Vitæ Italor.*, etc., de Fabroni. Nous citerons seulem. : *De dedicatione sub asciâ*, Naples, 1738, in-8. Mazzocchi a le prem. donné, dans cette dissert., une explicat. satisfaisante de cette formule si usitée dans les inscript. sépulcrales des anciens. — *De antiquis corcyræ nominibus schediasma*, etc., 1742, in-4 : ouvrage recherché. — *In regii herculanensis musœi œreas tabulas heracleenses commentarii*, 1754-55, 2 vol. in-fol., fig. : c'est le plus sav. des ouvr. de Mazzocchi. — *Spicilegium biblicum*, 1763, 5 vol. in-4. — *Opuscula oratoria, epistolæ, carmina et diatribæ de antiquitate*, 1775, 2 vol. in-4. L'*Éloge* de Mazzocchi par Lebeau est inséré dans le 38ᵉ tome des *Mém. de l'acad. des inscript.* Un autre par Ignara, son élève, se trouve dans le *Giornale de' letterati*, Pise, 1772, t. V.

MAZZOLARI (JOSEPH-MARIE), jésuite, connu aussi sous le nom de *Mariano Parthenio*, né en 1712 à Pesaro, professa successiv. la rhétorique à Fermo, puis à Rome, où il mourut en 1786. On a de lui : *Ragguaglio delle virtuose azioni di D. Costanza Maffei Caffarelli, duchezza d'Assergio*, Rome, 1758. — *Electricorum libri VI* (poème sur l'électricité), 1767. — *Opera varia*, 1772, 3 vol. in-8. — Une édition du traité de Cicéron *de Oratore*, avec une préface en forme de lettre adressée à ses élèves. — Un *Disc.* latin sur la naissance du duc de Bourgogne, prononcé au collège romain en 1750. — La *Vie de Bernardino Perfetti*, dans la 5ᵉ part. des *Arcadi illustri*, etc. (v. le prem. supplément à la *Biblioth.* de Sotwell, par Caballero, p. 184).

MAZZOLENI (ANGELO), littérateur italien, né à Bergame en 1719, embrassa l'état ecclésiastique, devint recteur du collège de Mariano, se livra à la prédicat., et mourut en 1768. On a de lui : *Rime oneste de' migliori poeti antichi e moderni*, Bergame, 1750, 2 vol. in-8; Bassano, 1761, 1777;

8

— Regole della poesia si latina, che italiana, Bergame, 1761. — Plus. livres d'éducat., etc.

MAZZONI (Jacques), philosophe, né à **C**ésène en 1548, apprit rapidem. le latin, le grec et l'hébreu, étudia ensuite la jurisprudence et la philosophie à Padoue, fut admis à la cour du duc d'Urbin, à l'âge de 26 ans, se lia d'amitié avec le Tasse, professa la philosophie à Macerata, et accompagna de Florence à Rome le card. Duperron qui allait négocier la réconciliation de Henri IV avec l'Église. Ayant obtenu du pape Clément VIII la chaire de philos. du collége de la Sapience, Mazzoni ne l'occupa que peu de temps, et revint dans sa patrie où il mourut en 1591. C'était un homme d'un savoir prodigieux et d'une activité d'esprit surprenante; mais ses ouvrages philosoph. péchent par défaut de critique et de jugem. On a de lui : *De triplici hominum vitâ, activâ nempè, cmtemplativâ ac religiosâ, methodi tres,* Césène, 1576, in-4, très rare. *— Difesa della commedia di Dante,* 1573, in-4 : cet ouvr. lui mérita l'honneur d'être admis à l'acad. naissante de *la Crusca* (la seconde partie ne parut qu'en 1688, près d'un siècle après la mort de l'auteur. — *In universam Platonis et Aristotelis philosoph. præludia,* etc., Venise, 1597, in-4. — *Oraison fun.* de Catherine de Médicis (en lat.), Florence, 1589. — *Discours* (en ital.) dans le rec. des *Autori del ben parlar.* L'abbé Serassi, sur l'invitation du pape Pie VI, a composé et publié une *Vie* de Mazzoni, Rome, 1790, in-4. On en trouve l'analyse dans le t. VII de l'*Hist. littér. d'Italie,* par Ginguené.

MAZZUCHELLI (Jean-Marie, comte de), célèbre biographe, né à Brescia en 1707, fit ses études à Bologne, sous la direction des jésuites. A peine sorti des bancs, il conçut le projet de rassembler et de mettre en ordre des recherches sur la vie et les ouvr. de tous les écriv. d'Italie, depuis les temps les plus anciens. On conçoit qu'il lui était impossible d'achever un travail aussi considérable, mais ce qu'il en a publié suffit pour assurer à son nom une célébrité durable; il réunit dans sa maison des hommes qui partageaient son goût pour la littérat. et les sciences, et mit à leur disposition une bibliothèque choisie et une collect. précieuse de médailles, d'antiquités et d'objets d'hist. natur. qu'il avait recueillis lui-même. Conservateur en chef de la belle biblioth. donnée à la ville de Brescia par le card. Quirini, il enrichit considérablem. ce vaste dépôt. Une mort prématurée vint l'enlever aux lettres et à ses amis en 1765. Les travaux de Mazzuchelli l'avaient mis en relation avec les savants les plus distingués de l'Europe, et il était membre des princip. acad. d'Italie. Sa correspond. forme un rec. de 40 vol., dont on pourrait publ. un choix intéressant. Son gr. ouvr. est intit. : *Gli scrittori d'Italia, cine notizie storiche e critiche intorno alle vite ed agli scritti de' letterati italiani,* Brescia, 1753-63, 6 vol. in-fol. Cet ouvrage, rédigé par ordre alphabétique, ne contient que les deux prem. lettres; mais l'aut. a laissé d'immenses matériaux pour le continuer. Mazzuchelli avait publié d'abord quelq. notices séparém. pour sonder

le goût du public, et solliciter les conseils et les secours des savants. On cite celles d'Archimède, de Pietro Aretino, d'Abano, d'Alamanni (Louis), de Bonfadio (Jacq.), de Scipion Capèce et de Juste de' Conti. On lui doit encore : *Notizie intorno ad Isotta da Rimini,* Brescia, 1759, in-8; différents articles dans les rec. littér. italiens de son temps; des *lettres* dans le rec. de Calogera, t. VI; une édition des *Vite d'uomini illustri fiorentini* de Philippe Villani, avec des addit. et des corrections considérables. Il a laissé MSs. un gr. nombre d'ouvrages. La *Vie* de Mazzuchelli a été publ. par l'abbé Rodella, sous le pseudonyme de *Nigrelio academico agiato,* Brescia, 1766, in-8 (*v.* encore le t. XIV des *Vitæ italorum* de Fabroni, et les *Elogi de' Bresciani,* par A. Brognoli, 1785). — Mazzuchelli (P.-D.-Hector), frère du précédent, né à Brescia en 1711, mort en 1776, a laissé : *Capitolo d'un amico ad un amico sopra l'amor del Petrarca,* Brescia, 1767. — *Proverbi e maniere di dire della lingua toscana,* etc., Brescia, 1770. — Quelq. poésies et autres opusc. de peu d'intérêt.

MAZZUOLI (François), peintre célèbre, plus connu sous le nom de *Parmesan,* naquit en 1503. Son père, Philippe, et ses deux oncles, Pierre-Hilaire et Michel, exerçaient le même art avec quelque succès; et les deux derniers ont passé, mais à tort, pour avoir donné des leçons au Corrége. Élève de ces trois artistes, François peignit, dès l'âge de 14 ans, son tableau du *Baptême de J.-C.* que l'on voit encore à Parme dans la galerie des comtes de San Vitali. A 19 ans sa renommée s'étendait déjà hors de la Lombardie, où on le regardait comme un des prem. maîtres. C'est alors qu'il résolut de parcourir l'Italie pour perfectionner son talent. Après avoir étudié à Mantoue les chefs-d'œuvre de Jules Romain, il vint admirer à Rome ceux de Michel-Ange et de Raphaël. Chargé par le pape Clément VII de terminer la décoration de la salle des pontifes dans le palais du Vatican, il y exécuta le tableau de la *Circoncision,* si remarquable par la manière dont les couleurs sont distribuées. Après le sac de Rome (1527), où il faillit perdre la vie, il se rendit à Bologne, où il soutint sa réputat. par plus. ouvr. remarquables, et revint ensuite dans sa patrie qu'il ne quitta plus. Dans les dern. années de sa vie, ce gr. artiste, s'étant adonné à l'alchimie, fit de cette vaine science son occupation exclusive; il y épuisa toutes ses ressources, tomba dans une noire mélancolie, et mourut en 1540, à l'âge de 37 ans. Mazzuoli a passé pour l'inventeur de la gravure à l'eau forte, et ce point d'hist. n'est pas encore bien éclairci. Toutefois il est certain qu'il employa le prem. ce procédé, en Italie, pour reproduire plus. de ses composit. Un gr. nombre de graveurs se sont exercés d'après ses ouvrages, et son œuvre s'élève à plus de 500 pièces. Les plus remarq. sont celles que lui-même a fait graver en bois, d'après ses propres dessins, et impr. en clair-obscur par Ugo da Carpi, Antoine de Trente et d'autres artistes habiles de son temps. Le musée possède deux tableaux du Parmesan; une

Ste Famille, et *Ste Marguerite caressant l'enfant Jésus*. — Jérôme MAZZUOLI ou MAZZOLA, cousin et élève du précéd., s'attacha davantage à l'école du Corrége, dans le style duq. il peignit la plupart de ses tableaux. On a très peu de détails sur la vie de cet artiste; mais les villes de Parme et de Mantoue possèdent un gr. nombre de ses ouvr., parmi lesq. on cite le *Mariage de Ste Catherine;* la *Cène;* la *Multiplication des pains;* les fresques des églises du dôme et de la Steccata à Parme. Il eut un fils nommé Alexandre, dont quelq. ouvr. conservés à Parme ne présentent qu'une faible imitation du style de son père. — MAZZUOLI (Joseph), peintre de Ferrare, surnommé *il Bastaruolo* (vendeur de blé), de la profession de son père, fut, dit-on, élève de Sarchi, auquel il succéda dans la peinture du plafond de l'église de Jésus. Il mourut en 1589, en prenant un bain dans le Pô. Ferrare possède un gr. nombre de tabl. de cet artiste, entre autres une *Circoncision* et une *Ste Barbe*, où l'on admire le beau caractère des têtes, la fraîcheur et la force du coloris, et une bonne entente du clair-obscur.

MEAD (RICHARD), célèbre méd., né à Stepney, village près de Londres, en 1673, mort dans cette ville en 1754, fut vice-présid. de la société royale, médecin de l'hôpital St-Thomas et du roi George II. Possédant une fortune considérable, il forma une riche collect. de livres, de médailles, de pierres gravées et de monum. antiques, dont il laissa le libre usage à ses amis. Il fit exécuter en marbre la statue d'Harvey, placée au milieu de la salle d'assemblées du collége des médecins de Londres. On a de lui : *Mechanical account of poisons*, Dublin, 1729, in-8; trad. en latin par J. Nelson, Leyde, 1737, in-8; et en ital., 1744, in-4. — *A short Discourse concerning contagion and the method to be used to prevent it*, Londres, 1720, 1722, in-8; trad. en latin sous ce titre : *Dissertatio de pestiferæ contag. naturâ et remediis*, 1725, in-8. — *Dissertation on they scurvy*, 1749, in-8; il y décrit le scorbut qui attaqua la flotte d'Anson. — *Medica sacra, sive de morbis insignioribus qui in Bibliis memorantur commentar.*, etc., Leyde, 1749, in-8. La collection des ouvr. de Mead a été impr. en lat., Paris, 1751, in-8; en angl., Édimbourg, 1765, 5 vol. in-12; et en franç., avec 8 pl. en taille douce, par Coste, Bouillon, 1774, 2 vol. in-8. On doit à de Puisieux la trad. franç. des *Avis et préceptes de médecine*, 1758, in-12. — Mathew MEAD, ministre non-conformiste, né en 1629, fut chapelain d'Ol. Cromwell, obtint un bénéfice dans le comté de Buckingham, le perdit à la restaurat., et mourut en 1699, desservant d'une congrégation de sa secte à Stepney. Il avait été impliqué dans le complot de Rychouse, et faillit subir la peine capitale, qu'il n'évita que par une défense habile devant ses juges. Il existe de lui divers *traités* et *sermons*, aujourd'hui sans intérêt.

MEAULLE (JEAN-NICOLAS), conventionnel, né dans la Bretagne vers 1757, élu député suppléant à l'assemblée législat. par le départem. de la Loire-Inférieure, puis à la convention, vota la mort de

Louis XVI sans appel et sans sursis, fut envoyé en mission dans la Vendée, et à Lyon où il fit exécuter avec la dernière rigueur les décrets rendus contre cette malheureuse ville. Rappelé à la convention, il devint membre du comité de sûreté génér., et se prononça contre la réaction qui suivit le 9 thermidor. A la fin de la session il entra au conseil des cinq-cents, puis en mai 1797 fut nommé juge au tribunal de cassation, en 1804 procureur-impérial près le tribunal criminel de Gand; à la réorganisation des tribunaux en 1811, il fut fait substitut du proc.-génér. dans la cour de Bruxelles. Atteint par la loi du 12 janvier 1816, il se réfugia à Gand, où il mourut en 1826.

MÉCÈNE (C.-CILNIUS-MÆCENAS), favori d'Auguste, descendait, selon Horace, des anciens rois d'Étrurie; mais on révoque en doute cette généalogie. Il s'attacha de bonne heure à la fortune d'Octave, qu'il aida de ses conseils pour l'administration intérieure de l'état, et qu'il suivit aux batailles de Modène, de Philippe, de Pérouse, du cap Pélore et d'Actium, où il commandait les Liburnes. A une époque antérieure il avait négocié le mariage d'Octave avec Scribonie, et ménagé une paix entre son maître et Antoine. Après la bataille d'Actium, il étouffa dans Rome la conspiration du jeune Lépide. Lorsqu'Auguste feignit de vouloir abdiquer, il lui donna le conseil de garder l'empire, malgré l'avis d'Agrippa, dont Auguste fit son gendre. Les soins de l'administration l'occupèrent tout entier; il réforma beaucoup d'abus, cicatrisa bien des plaies, et fit entendre souvent des avis sévères au maître du monde. Ses soins vigilants, son humanité, sa magnificence, le rendirent l'idole du peuple. Il mérita non moins de gloire par là faveur judicieuse qu'il accorda aux lettres; chose assez rare, il ne prodigua les bienfaits qu'aux hommes vraiment remarquables de son siècle. Virgile, Horace, Varius, Properce, Marius urent ses amis et ses commenseaux plus que ses protégés. Mécène mourut l'an 9 av. J.-C., dans un âge avancé. L'histoire ne lui reproche qu'un goût trop prononcé pour la volupté et un luxe presque puéril. Il n'avait point de postérité. Il avait plus. fois quitté et repris Terentia, sa femme, ne pouvant vivre avec elle ni sans elle. Il laissa quelques morceaux oratoires qui ne sont point parvenus jusqu'à nous, mais dont Sénèque blâme l'affectation. Sa *Vie* a été écrite en italien par Caporali (1675), Cenni (1684), Dini (1704); en allem. par Bennemann, 1744; en espagn. par Martyr Rizo; en français par Richer, 1746; et en latin par Meibom, 1653. Il existe dans le *Recueil* de l'acad. des inscriptions, tome XIII, un excellent mémoire de l'abbé Souchay sur la *vie* de Mécène.

MÉCHAIN (PIERRE-FRANÇ.-ANDRÉ), astronome, né à Laon, en 1744, d'un architecte qui ne pouvait lui fournir les moyens de se livrer exclusivement à son goût pour les sciences, fut obligé, dans sa jeunesse, d'accepter une éducation particulière. Il consacra ses loisirs à l'étude des mathématiques, et sut mériter la bienveillance de Lalande, qui reconnut en lui de rares dispositions et le fit nommer astronome hydrographe du dépôt des cartes de la marine. Les travaux obscurs, longs et épineux, auxquels il était assujetti, ne l'empêchaient pas de trouver du temps, toutes les nuits, pour les observat. astronomiques, dont il faisait présenter de sa part les résultats par Lalande à l'acad., qui en ordonnait l'impression dans ses mémoires. Méchain se livra spécialement à la recherche des comètes, et fit en ce genre autant ou plus que personne; car, non content de découvrir une comète, de la signaler aux astronomes et de l'observer lui-même avec soin, il détermina les éléments auxq. on reconnaîtra la comète, si quelq. jour elle doit se remonter. Son admission à l'acad. des sciences lui donna une nouv. ardeur pour ses recherches, et en dix-huit ans il découvrit le prem. onze comètes. D'autres services rendus par lui à la science, en même temps qu'ils lui donnèrent une existence honorable, le firent choisir pour déterminer les différences terrestre et céleste entre les parallèles de Dunkerque et de Barcelone, lorsque l'assemblée constituante décréta l'établissement d'un nouveau système de mesures, fondé sur la grandeur du méridien. Ses prem. observat. étaient à peine transmises à l'acad., que la guerre le força d'interrompre son travail. Retenu en Espagne, il voulut répéter les mêmes observat., obtint un nouveau résultat qui différait sensiblement de celui qu'il avait envoyé en France, et craignant que cette différence ne fût imputée à sa négligence ou à son incapacité, il n'en donna point connaissance. Cependant le désir de rectifier son travail occupa tout le reste de sa vie, malgré mille obstacles, et ne contribua que trop à empoisonner ses derniers jours. Il mourut à Castellon de la Plana en 1805. Dans son délire, on l'entendit demander à chaque instant ses MSs. avec anxiété. Il n'a rien publié séparém. que les vol. de la Connaissance des temps, de 1786 à 1794, et quelques Mém. sur les comètes qu'il avait découvertes ou quelques longitudes géographiq. Tous ses autres travaux se trouvent dans les vol. de la Connaissance des temps, ou dans la Base du système métrique décimal, ou Mesure de l'arc du méridien compris entre les parallèles de Dunkerque et de Barcelone, etc., rédigée par M. Delambre, etc., Paris, 1806, 1807 et 1810, 3 vol. in-4.

MECKEL (Jean-Frédéric), célèbre anatomiste, né à Vetzlar en 1714, mort en 1774, a publié : Traité sur une dilatation extraordinaire du cœur, et la névrologie de la face, Berlin, 1755, in-4. — Diss. epist. de vasis lymphaticis glandulisq. conglobatis, 1757, in-4. — Nova experientia et observationes de sinibus venarum, etc., 1771, in-8. — Tractatus de morbo hernioso congenito singulari et complicat. feliciter curato, 1772, in-8, etc.

MECKEL (Philippe-Frédéric-Théodore), fils du précéd., né à Berlin en 1756, professa successivement à Halle et à Strasbourg l'anatomie et la chirurgie, et fut appelé à Pétersbourg en 1795, par Paul Ier, qui le nomma médec. de l'impératrice, conseiller privé et inspecteur des hôpitaux de sa capitale : il y mourut en 1803. On a de lui : De la-

byrinthi auris contentis, Strasbourg, 1777, in-4. — Principes des accouchements, Leipsig, 1785 et 1791, in-8 (trad. de Baudeloque). — Éléments de physiologie de Haller, Berlin, 1788, in-8. — Nouvelles archives de médecine pratique, Leipsig, 1789-95, in-8.

MECKEL (Jean-Frédéric), né à Halle en 1781, d'une famille déjà célèbre dans les fastes de la médecine, s'annonça de bonne heure comme un digne rejeton de ses savants aïeux, par sa thèse inaugurale : De conditionibus cordis abnormibus. Séduit par l'attrait de l'anatomie des animaux, il voyagea en Allemagne, en Italie et en France pour l'étudier avec plus de succès; et, de retour dans sa patrie, il publia, de 1809 à 1810, la traduct. des Leçons d'anatomie comparée de Cuvier, qu'il enrichit de notes et d'observat. nouv. et curieuses. Bientôt après parut son Essai sur l'anatomie comparée, 1809 à 1815, dans leq. il préluda dignem. à son Système d'anatomie comparée, dont le Ier vol., publié à Halle en 1821, produisit une vive sensat. Cet ouvr. mit le sceau à la réputat. de ce célèbre anatomiste. On lui doit cepend. quelq. autres traités sur l'Anatomie humaine et pathologique, qui attestent aussi ses profondes connaissances. Il était à peine âgé de 53 ans lorsqu'il mourut à Halle en 1833, laissant un musée anatomiq. magnifique, fondé par son aïeul, augmenté par son père, et considérablem. étendu et complété par lui-même.

MECKLENBOURG (Adolphe-Frédéric), fils aîné de Jean, duc de Mecklenbourg, lui succéda dans le duché de Schwerin en 1592, tandis que son frère, Jean Albert, reçut pour sa part le comté de Gustrow. Les deux frères, à l'exemple des autres princes protestants de l'Allemagne, se déclarèrent pour Frédéric, électeur palatin, élevé au trône de Bohême, encoururent le ban de l'empire, et furent chassés de leurs états par Wallenstein. Ils venaient d'être rétablis par Gustave-Adolphe, roi de Suède, quand le frère cadet mourut, ne laissant qu'un fils en bas âge, le duc Adolphe. Adolphe-Frédéric, après avoir réclamé vainement la tutelle de son neveu, le fit enlever pour qu'on ne l'élevât pas dans la religion catholique, mit le plus grand ordre dans le comté de Gustrow, qu'il lui rendit à sa majorité, et s'occupa de faire fleurir dans ses propres états l'agriculture et l'industrie, afin de réparer, autant que possible, les calamités de la guerre de trente ans. Il mourut en 1658, à l'âge de 90 ans, laissant un fils, ce Christian, si connu par son caractère bizarre et sa vie aventureuse. — Mecklenbourg-Schwerin (Frédéric, duc de), né en 1717, monta sur le trône en 1756, et mourut en 1785. Il aima les sciences et les arts, et sut mettre de l'ordre dans ses finances; mais il eut la singulière ambition de passer pour habile théologien.

MÉDA (Charles-André), entré au service à 17 ans dans la garde constitutionnelle de Louis XVI, était encore simple gendarme, lorsqu'à la journée du 9 thermidor, il fut chargé par le comité de salut public d'aller, à la tête d'un détachem. de la garde parisienne, arrêter Robespierre qui s'était réfugié à l'hôtel-de-ville ; après l'avoir renversé d'un coup de pistolet qui lui fracassa la mâchoire, il dispersa les autres conjurés, et s'empara d'Henriot, qui, déjà mis en arrestation par lui dans la même soirée en vertu d'un décret de la convent., s'était échappé facilement à la faveur du désordre et de la stupeur générale. Un service aussi import. ne valut à Méda, que le grade de sous-lieutenant ; la haine toujours menaçante des partisans, long-temps encore nombreux, de l'odieux tyran qu'il avait abattu, l'empêcha de parvenir promptement aux prem. grades : chacune de ses promotions fut le prix d'un brillant service. Il était général de brigade et baron de l'empire lorsqu'il trouva une mort glorieuse à la bataille de la Moskowa, en 1812. Il est auteur d'un *Précis historique sur les événements qui se sont passés dans la soirée du 9 thermidor ;* cet écrit, précédé d'une *Notice* sur sa vie, se trouve dans la *Collect. des mémoires relatifs à la Révolution.*

MÉDARD (St), né à Salency (Picardie) en 457, fit ses études à Vermand (St-Quentin), d'où il passa à la cour de Childéric Ier à Tournai ; mais peu après il s'engagea dans les ordres et devint en 530 évêque de Vermand. Cette ville ayant été peu après ravagée par les Huns et les Vandales, St Médard transporta le siège épiscopal à Noyon, où il est resté. Il fut en même temps chargé d'administrer l'évêché de Tournai, et ces deux diocèses furent réunis pend. 500 ans sous le même chef. La vertu et la piété de St Médard lui donnèrent, de son vivant même, une réputat. de sainteté ; le roi Clotaire vint le visiter en 545, et voulut en partant recevoir sa bénédiction. Le saint évêque mourut deux ans après dans un âge extrêmement avancé. On lui attribue la fondation de la rosière de Salency. Ses reliques furent transportées à Soissons dans une abbaye qui prit son nom. La *Vie* de St Médard a été écrite en prose et on vers par St Fortunat.

MÉDÉE (myth.), fille d'Éetès, roi de Colchide, et de la magicienne Hypsée, hérita de la science de sa mère. Ovide raconte qu'elle aima Jason, chef des Argonautes, et qu'ayant obtenu de lui la promesse d'être son épouse, elle l'aida à enlever la toison d'or, et le suivit en Thessalie. Elle y rajeunit Éson, son beau-père, et se vengea de son oncle Pélias, en le faisant égorger par ses propres filles. Lorsque Jason abandonna Médée pour épouser Créuse, la magicienne irritée empoisonna sa rivale, le père de cette princesse, les deux enfants qu'elle-même avait eus de Jason, et s'enfuit sur un char attelé de deux dragons. La tragéd. de *Médée* de Longepierre est restée au théâtre.

MÉDICIS (Salvestro de), gonfalonier ou chef de la république de Florence dans le 14e S., est le premier personnage illustre d'une famille qui a mérité d'attacher son nom à l'époque de la renaissance des lettres, des arts et des sciences en Italie. Quoique des généalogistes à gages aient fait remonter cette famille jusqu'aux paladins de Charlemagne, il est certain qu'elle n'était pas très ancienne ; seulement elle avait acquis de grandes richesses par le commerce, et les richesses lui avaient déjà donné

une grande influence, surtout dans le parti plébéien, lorsq. Salvestro devint gonfalonier en 1378. Il souleva le peuple contre le gouvernement des nobles, dont il était jaloux, quoiqu'il en fût momentaném. le chef, livra la république à la plus vile populace, et bouleversa tout pour humilier l'aristocratie. Son triomphe fut de courte durée : l'ancien parti aristocratique reprit son influence et le relégua à Modène en 1381. Cependant cette lutte des Médicis contre une faction puissante contribua à les mettre encore plus en évidence, et les persécutions qu'on exerça contre eux les firent décidément regarder comme les chefs du parti plébéien.

MÉDICIS (Cosme), surn. *l'Ancien* et *le Père de la patrie*, né en 1389 de Jean de Bicci, qui avait été gonfalonier de justice, et de Picarda Bueri, fut le chef de la république florentine de 1434 à 1464, année de sa mort. Doué d'un caractère plus ferme que son père, il montra plus de zèle à relever l'autorité du peuple et à limiter celle de l'oligarchie, et se conduisit constamm. avec une rare prudence. Cependant il vit sa fortune chanceler un moment. Arrêté en 1433 et enfermé dans la tour du palais par le crédit de Renaud des Albizzi, son adversaire, il subit un jugem. et fut exilé ; mais, après avoir passé une année à Venise, il fut rappelé dans sa patrie par ses partisans victorieux, et dès-lors sa vie fut marquée par une suite continuelle de prospérités. Fort de l'alliance des Vénitiens, de celle du pape, et de l'amitié de Franç. Sforce, il ne chercha point toutefois à faire des conquêtes, et se contenta de préserver ses concitoyens des craintes et des revers qui avaient si long-temps composé toute leur histoire. Protect. éclairé des lettres et de la philosophie, il fut l'ami de ceux qui les cultivaient, les aida de sa bourse et de son crédit dans leurs études et leurs voyages, fonda une académie pour l'enseignem. de la philosophie platonicienne, et la biblioth. connue sous le nom de *Laurentiana,* pour laquelle il fit acheter un gr. nombre de MSs. précieux par les correspond. de son commerce, des extrémités de la Grèce et de l'Égypte à celles de l'Allemagne et de l'Angleterre. Ces services importants lui permirent d'exercer un pouvoir presque absolu dans la république : du reste il n'avait pris aucun titre, et n'offrait rien, dans son train de vie, ses manières et son langage, qui le distinguât du plus simple de ses concitoyens. Toute la magnificence qu'il déploya fut moins pour lui que pour sa patrie. Fabroni a donné : *Magni Cosmi Medici vita,* Pise, 1789, 2 vol. in-4.

MÉDICIS (Pierre Ier), né en 1414, fils aîné de Cosme-l'Ancien, lui succéda en 1464 dans l'administrat. de Florence, et, comme lui protégea les lettres, et vécut entouré des poètes et des philosophes les plus distingués de l'Italie ; mais ses infirmités et la faiblesse de son caractère rendaient trop pesant pour lui le fardeau des affaires publiq. Il s'associa son fils Laurent, qui déjà montrait les plus rares dispositions ; mais il s'entoura aussi de faux amis, s'abandonna trop à leurs conseils, et fit de grandes fautes. Il eut d'abord l'imprudence de redemander aux clients de sa famille l'argent que son père leur avait prêté. Des murmures éclatèrent de toutes parts : plus. négociants firent faillite, et Pierre renonça à se faire payer, ne retirant ainsi de sa fausse démarche que la honte d'une rétractation et le regret d'avoir mécontenté tout le monde. Il acheva d'indisposer les Florentins par le mariage de son fils Laurent avec Clarisse Orsini, issue d'une famille de princes, et qui parut ne s'allier à un simple particulier que parce qu'elle le voyait sur le point d'asservir sa patrie. On résolut d'immoler en 1466 celui qu'on regardait déjà comme un tyran. Les conspirateurs échouèrent, mais ils excitèrent Venise à embrasser leur cause. Barthélemi Colleone fut chargé de leur vengeance (1467), et ne fut pas plus heureux. Dès-lors Médicis, toujours plus affaibli par la maladie, abandonna le pouvoir à ses partisans, qui usèrent insolemm. de leur victoire, et le firent songer à contrebalancer leur influence en rappelant les exilés. Mais il mourut en 1469, avant d'avoir exécuté son projet. Pierre fut loin d'égaler son père ou son fils.

MÉDICIS (Laurent), dit *le Magnifique*, né en 1448, succéda à son père Pierre en 1469 dans le gouvernem. de la république florentine. Son extrême jeunesse, la jalousie excitée contre sa famille, les troubles qui avaient signalé l'administr. précédente, tout semblait prédire qu'il ne pourrait dominer un peuple turbulent et des nobles ambitieux. Mais, dès les prem. jours de son administrat., il assura son empire sur tous les cœurs par son éloquence entraînante, la noblesse, la franchise, le charme de ses manières et sa générosité sans bornes, qui lui valut le surnom de *Magnifique*. D'ailleurs il ne rencontrait plus d'homme puissant qui essayât de lutter contre ses volontés : les anciens rivaux des Médicis étaient morts ou exilés, et personne ne s'était présenté pour les remplacer. La corruption générale des mœurs, fruit du luxe et de la paix, favorisait encore l'ambition de Laurent : il put déployer librement tous les avantages que lui donnaient sur ses concitoyens ses voyages et sa brillante éducat., dont le soin avait été confié par son père et son aïeul aux plus gr. littérat. et aux prem. philosophes du siècle. Bientôt la prise de Volterra, qui s'était révoltée en 1472, vint révéler ses talents militaires. Cepend. le pape Sixte IV, qui ne laissait échapper aucune occasion de lui nuire, engagea le roi de Naples, Ferdinand, le comte d'Urbin, les Siennois et plus. seigneurs de la Romagne, à entrer dans une ligue contre Florence. Laurent n'avait pour lui que Venise, le duc de Milan et sa patrie, dans laquelle il comptait encore beaucoup d'ennemis et d'envieux qui conspiraient avec les Pazzi et les Salviati, et faillirent l'assassiner dans l'église cathédrale de Florence en 1478 pendant la messe. Il dut la vie à sa présence d'esprit et à son courage, immola les princip. conjurés aux mânes de son frère Julien, qui n'avait pas été si heureux que lui, et se prépara à la guerre. Privé des secours qu'il espérait de Venise et de Milan, il obtint pourtant un prem. avantage près du lac de Pérouse,

grâce à l'habileté de Robert Malatesti, son général ; mais bientôt après ses troupes furent battues à Poggibonzi, et la terreur se répandit dans Florence. Laurent se rendit alors secrètement près du roi Ferdinand, dont la perfidie lui était connue, et 5 mois lui suffirent pour changer entièrem. les dispositions de ce prince et revenir en Toscane assuré de son amitié. Ses autres ennemis, toujours redoutables, allaient être forcés de mettre bas les armes et de signer la paix par un événement imprévu, l'invasion de l'Italie par les Turks (1480). Innocent VIII, qui, en 1484, succéda à Sixte IV, loin de partager la haine de ce pontife pour la maison de Médicis, la combla de faveurs. Le reste de l'administration de Laurent ne fut plus signalé par aucun gr. événem. ; mais il fut l'arbitre et l'oracle de l'Italie jusqu'à sa mort, en 1492. Grand homme d'état, habile politique, orateur insinuant, il mériterait encore d'être placé au premier rang, s'il n'eût été que littérat. Il aima les lettres, les cultiva, et toutefois sa grande âme ne ressentit point les atteintes de cette envie, qui trop souvent a tourmenté les ministres et les rois, dont l'étude faisait le délassement et ne pouvait faire la gloire. Il protégea de tout son pouvoir Michel-Ange, Granacci et Torregiani : le prem. habita 4 ans son palais, et fut constamment admis à sa table. Ange Politien et Pic de la Mirandole, qui avaient été ses condisciples, furent ses amis les plus chers. L'abbé Serassi a donné une édit. des *Poesie del magnifico Lorenzo de' Medici*, Bergame, 1763, in-8. On a ses *Poesie scelte*, Londres, 1801, 2 parties in-4. Sa *Vie* en latin par Valori, a été trad. en français par l'abbé Goujet, 1761, in-12. Fabroni a publié aussi une *Vie de Laurent-le-Magnifique* en latin, Pise, 1784, 2 vol. in-4 ; mais elle a été surpassée par celle qu'a donnée en anglais William Roscoe, trad. en franç. par Thurot, 1799, 2 vol. in-8. Petitot est aut. d'une trag. de *Laurent de Médicis*, 1799, in-8.

MÉDICIS (Pierre II), fils de Laurent-le-Magnifique, lui succéda dans l'administrat. de Florence ; mais il montra bientôt que la direction des affaires était un fardeau trop pesant pour lui. Sollicité par les mécontents, au nombre desquels se trouvaient Laurent et Jean de Médicis, petit-fils de Laurent-l'Ancien, frère de Cosme, le roi de France Charles VIII résolut en 1494 de passer de la Lombardie dans le royaume de Naples par la Toscane et par Rome, fit prendre d'assaut la forteresse florentine de Fivizzano, et se prépara à enlever celles de Sarzane, de Sarzanello et de Pietra-Santa, qui devaient lui ouvrir l'entrée de la Toscane. Pierre voulut imiter alors la conduite qu'avait tenue son père avec le roi de Naples, et se rendit au camp de Charles VIII ; mais ce fut pour céder, dès la prem. demande, les trois forteresses dont la conserv. était l'objet de son imprudente démarche, et pour y ajouter bientôt les villes de Pise et de Livourne, sans obtenir autre chose, par ces gr. sacrifices, que la neutralité de la France. A son retour il trouva les Florentins indignés, comme ils devaient l'être, d'une si ridicule négociation ; obligé de prendre la

Bosselman sc

LAURENT DE MEDICIS.

Publié par Furne, Paris.

fuite avec son frère Julien, il alla chercher un asile à Bologne, puis à Venise, refusa de retourner à Florence lorsque Charles VIII l'y rappela, et attendit la retraite des Français pour faire contre sa patrie trois tentatives malheureuses en 1496, 1497 et 1498. Il essaya une 4e fois, en 1501, secondé par César Borgia, de rentrer à Florence, ne réussit pas mieux, et, découragé de tant d'efforts inutiles, suivit les armées françaises dans le roy. de Naples. Il était, le 28 déc. 1503, sur les bords du Garigliano, lorsque les Français furent surpris par Gonzalve de Cordoue. Voulant échapper aux périls du combat, il s'embarqua sur une galère trop chargée, fit naufrage, et périt à la vue de Gaète.

MÉDICIS (Julien II), 3e fils de Laurent-le-Magnifique, né en 1478, eut sa part de toutes les infortunes de son frère dans l'exil, et ne fut pas étranger à ses vaines tentatives pour rentrer dans Florence. Il fut le chef de la républiq. en 1512 et 1513, reçut de François Ier, en 1515, le titre de duc de Nemours, et mourut en 1516. Son hist. est liée à celle de Pierre II, son frère aîné, et à celle de Laurent II, son neveu.

MÉDICIS (Laurent II), né en 1492, de Pierre II et d'Alphonsine Orsini, avait 2 ans lorsque sa famille fut obligée de quitter Florence, et 11 ans à la mort de son père. Il fut déclaré rebelle, dès cette époque, par la république florentine; mais le pape Jules II résolut de rendre aux Médicis leur puissance, pour se venger du gonfalonier Pierre Soderini, qui avait embrassé contre lui le parti de Louis XII. La ville de Prato étant tombée au pouvoir du pape, une trentaine d'amis des Médicis, encouragés par ce prem. succès, arrêtèrent le gonfalonier dans son palais, et bientôt après Julien entra dans Florence. Jean-Bapt. Ridolfi fut nommé gonfalonier pour une année : mais le card. de Médicis (depuis Léon X), et son neveu Laurent, déterminés à renverser le gouvernement populaire, forcèrent Ridolfi à renoncer à sa charge, et formèrent un conseil souverain, à la tête duquel ils mirent Julien de Médicis, qui fut reconnu chef de la républ. (1512). L'élévation du cardinal au trône pontifical, en 1513, affermit la puissance de sa maison, ou plutôt sa propre puissance dans la Toscane, qui, gouvernée dès-lors en commun par Julien et Laurent, ne fut véritablem. pendant la vie qu'une province des états de l'Église. Cependant, avant la fin de la même année, Julien, à la sollicitation de Léon X, s'était démis de la présidence de la république en faveur de son neveu Laurent. Celui-ci, plus hautain, plus ferme et plus entreprenant que son oncle, n'ayant d'ailleurs aucune affection pour un peuple loin duq. il avait été élevé dans l'exil, se rendit bientôt odieux. Il mourut à Florence en 1519, après avoir reçu du pape le duché d'Urbin, enlevé deux fois à son légitime possesseur, François-Marie de La Rovère. Il avait épousé en 1518 Madeleine de La Tour d'Auvergne : de ce mariage naquit Catherine de Médicis, qui fut reine de France (v. Catherine de Médicis).

MÉDICIS (Jean), génér. italien, surn. le Grand-Diable, né en 1498, descendait de Laurent-l'Ancien, frère de Cosme, l'ère de la patrie, et se trouvait ainsi parent du pape Léon X. Il demanda à ce pontife un commandem. milit., et fut employé par lui à soumettre les petits tyrans de la marche d'Ancône. Il servit en 1521 la républ. florentine contre le duc d'Urbin, retourna ensuite en Lombardie, où, dans la campagne de 1524, il remporta plus. avantages contre les Français, pour lesquels il prit du service, avant la fin de la même année, lorsqu'il vit son parent, le pape Clément VII, devenu l'allié de François Ier. Il mourut en 1526, des suites d'une blessure qu'il avait reçue près de Mantoue. Ses soldats, auxquels il était cher par un courage qui approcha souvent de la férocité, et par la licence dont il les laissait jouir, prirent tous le deuil à sa mort. Dès-lors on les nomma les bandes noires, et ils justifièrent ce titre par des cruautés qui firent croire que Médicis les commandait encore.

MÉDICIS (Alexandre), tyran de Florence, souvent désigné comme premier duc de cette ville, quoiqu'il ne fût que duc de Città di Penna, était fils illégitime suivant les uns, de Laurent, duc d'Urbin; suivant d'autres de Clément VII : du moins est-il certain que ce pontife lui témoigna toujours une gr. affection. Il le fit élever avec Hippolyte, bâtard de Julien II de Médicis, et nomma le cardinal de Cortone régent de la république florentine au nom de ces deux enfants; mais ce régent, homme dur et sans habileté, mécontenta extrêmem. le peuple qu'il avait à gouverner, se retira de Florence avec ses pupilles après la prise de Rome par les Espagnols en 1527, et laissa ainsi la républiq. maîtresse d'elle-même et du choix d'un nouv. gouvernem. Clément VII, impatient de réduire les Florentins, s'unit avec Charles-Quint en 1529 pour rendre le pouvoir aux Médicis et faire reconnaître Alexandre comme chef de sa famille et de la république. Florence capitula en 1530, et la même année le pontife se fit délivrer par son allié le diplôme impérial qui déclarait le duc Alexandre chef et prévôt de l'état florentin, avec le droit d'intervenir dans tous les conseils et le privilége d'hérédité pour sa race par ordre de primogéniture. Ce n'était point assez pour le pape et pour son protégé. Il fallut que de prétendus représentants de la républiq. abolissent l'ancien gouvernem. et déclarassent Alexandre en 1532 doge ou duc de Florence. Alors commença pour cette malheureuse cité la tyrannie la plus insupportable. Après la mort de Clément VII, en 1534, Alexandre ne connut plus de frein; il empoisonna son cousin, le card. Hippolyte, et même sa propre mère, s'il faut en croire les histor., pour qu'elle ne demeurât pas plus long-temps un témoignage de la bassesse de sa naissance. De pareils crimes dispensent de parler de ses débauches, de ses adultères, de ses persécutions journalières. Il fut enfin assassiné en 1537 par Lorenzino Médicis, homme d'un esprit ardent, d'un caractère mélancolique, et qui avait puisé dans les écrits des anciens une admirat. passionnée pour les héros dont la main pieusement criminelle avait su punir les tyrans et rétablir la liberté. Alexandre avait épousé Marguerite d'Autriche, fille naturelle de Charles-Quint: il n'en eut point d'enfant, et ne laissa qu'un fils naturel nommé Julien.

MÉDICIS (Hippolyte de), cardinal, fils naturel de Julien II de Médicis, duc de Nemours, né à Urbin en 1511, revêtu de la pourpre en 1529, parut d'abord destiné à gouverner Florence avec son cousin Alexandre, qui lui fut préféré par Clément VII. Hippolyte, déchu de ses espérances, alla s'établir à Rome, où sa maison devint le rendez-vous de toutes les victimes du tyran de Florence. Il conservait dans son exil un gr. crédit à Rome et à la cour de l'empereur, dont il ne se lassait pas d'implorer la protection pour sa malheureuse patrie. Il résolut enfin d'aller le joindre en Afrique; mais il fut empoisonné à Itri en 1535 par ordre d'Alexandre, qui craignait de le voir s'aboucher avec Charles-Quint. Le card. Hippolyte était généreux, affable, attaché à son pays, et adoré des gens de lettres, parmi lesq. il tenait lui-même un rang distingué. Il a laissé, entre autres ouvr. une trad. ital. en vers libres de l'*Énéide*, insérée dans les *Opere di Vergilio... da diversi autori tradotti*, publ. par L. Domenichi, 1556, in-8.

MÉDICIS (Cosme Ier), né en 1519, fils de Jean-le-Grand-Diable, fut déclaré chef de la république en 1537, après la mort d'Alexandre, dont il était à peine parent au dixième degré. Charles-Quint, en confirmant cette élection, mit garnison dans les forteresses de Florence, Pise et Livourne ; mais du moins il donna des troupes à Cosme pour résister aux Florentins mécontents qui suivaient la bannière de Philippe Strozzi. Cosme, victorieux de ses ennemis, en fit périr les princip., et, pour s'assurer la protect. des ministres même de Charles-Quint, épousa en 1539 Éléonore de Tolède, de la maison des ducs d'Albe. Dès-lors il devint un tyran comme son prédécesseur. Dans les quatre prem. années de son règne, 430 émigrés florent. furent condamnés à mort par contumace, et 55 virent leurs têtes mises à prix. Il supprima ou laissa sans force toutes les magistratures républicaines, décida toutes les affaires par sa seule autorité, sans s'inquiéter des lois ni des magistrats, fit un devoir à ses lâches partisans de l'espionnage et de l'assassinat des rebelles, confisqua les biens des familles suspectes, ruina le commerce en s'en attribuant le monopole, et spécula sur la misère générale pour élever des forteresses et des palais. Ce despote, si absolu chez lui, était au-dehors le plus souple des hommes, quand il s'agissait de se concilier l'amitié de Charles-Quint, qui lui coûta des sommes immenses et ne lui fut pas toujours fidèle. Cependant il sut faire craindre à l'empereur la perte de son alliance, et obtint de lui l'autorisation d'attaquer Sienne, qui capitula en 1555 et resta en son pouvoir, grâce à l'abdicat. de Charles, qui sans doute en aurait réclamé la possession. L'élection de Pie IV (Jean-Ange de Médicis), en 1559, fut son ouvrage; et ce pontife, qui portait le même nom que lui, quoiqu'il fût d'une

autre famille, le favorisa en toute occasion. Quant à Philippe II, Cosme sut se rendre digne de son alliance par des auto-da-fé et de sanglantes persécutions. Bientôt après, la mort de deux fils de Cosme, le cardinal J. de Médicis et D. Garcias, et celle de la grande duchesse Éléonore de Tolède, parurent aux yeux de l'opinion de nouveaux crimes ajoutés par le tyran à tant de crimes déjà commis. Les douleurs de la pierre, qui le faisaient beaucoup souffrir, le déterminèrent en 1564 à partager avec son fils François les charges, mais non les honneurs de l'administrat., encore moins le pouvoir et les revenus. Après la mort de Pie IV, il brigua l'amitié de Pie V, et l'acheta en abandonnant aux fureurs de l'inquisit. son favori Pierre Carnesecchi, coupable de protestantisme. Le pontife reconnaissant le déclara grand-duc de Toscane par une bulle en 1569, et le couronna l'année suivante. L'empereur et le roi d'Espagne ne voulaient point reconnaître ce nouveau titre; Alphonse d'Este soulevait l'Italie contre Florence, et Cosme, puni d'ailleurs de ses longs désordres par la goutte et par d'autres infirmités, traîna ses derniers jours dans l'inquiétude et la douleur. Il mourut en 1574, justem. détesté.

MÉDICIS (François), 2e grand-duc de Toscane, fils et successeur de Cosme Ier, régna avec son père en qualité de prince régent, de 1564 à 1574, et s'annonça dès-lors comme un despote sombre, orgueilleux et dissimulé. Quand il se vit seul à tenir les rênes du gouvernement, il s'attacha tout entier à la maison d'Autriche, se regarda, pour ainsi dire, comme un vice-roi de Philippe II, et obtint à ce prix de faire reconnaître en 1575 le titre de grand-duc, qui avait toujours été contesté à son père. Il accabla le peuple d'impôts, rendit la justice vénale et cruelle, ruina par des confiscations les premières familles, et, tranquille dans son laboratoire de chimie, ne vit rien, n'entendit rien que par ses ministres ou ses favoris. La fameuse Bianca Capello surtout prit sur lui un ascendant dont elle abusa. Voulant assurer à jamais sa faveur, elle supposa un enfant dont elle parut accoucher en 1576, et parvint en 1578 à épouser secrètement son amant après la mort de sa femme. Ce mariage, qui fut rendu public l'année suivante, et la rigueur avec laquelle François exigea en 1580 des impôts exorbitants, pendant que les maladies et la famine désolaient ses états, achevèrent de le rendre méprisable et odieux au peuple. Il tomba malade en 1587 en même temps que Bianca, et périt ainsi qu'elle après quelques jours de souffrance. On ne saurait assurer si leur mort fut l'effet du poison ou doit être attribuée à la nature seule : on sait toutefois que le cardinal Ferdinand de Médicis, long-temps exilé, venait de reparaître à la cour de son frère, et qu'il devait lui succéder. François, le plus mauvais souverain, le despote le plus cruel et le plus fourbe qu'ait eu la Toscane, tient un rang distingué parmi les protecteurs des lettres et des arts : on lui doit même quelques inventions dans les arts mécaniq. C'est lui qui fonda en 1580 la superbe galerie de Florence, et qui vit se former l'acad. de la Crusca.

MÉDICIS (D. Antoine), né d'une femme du peuple inconnue, fut l'enfant que Bianca Capello présenta comme étant le sien et celui du gr.-duc François de Médicis en 1576. Don Antoine reçut de son prétendu père de grands biens, dont la jouiss. lui fut conservée par le cardinal Ferdinand, successeur de François. Il entra dans l'ordre de Malte, fut considéré sous quatre règnes comme membre de la famille de Médicis, à laquelle il rendit d'importants services, et mourut en 1621, regretté de tous ceux qui avaient pu apprécier son caractère facile et aimable.

MÉDICIS (Ferdinand Ier), cardinal, gr.-duc de Toscane, fils de Cosme Ier, succéda, à l'âge de 36 ans, en 1587, à son frère François, et conserva les insignes de sa dignité ecclésiastiq. jusqu'à son mariage avec Christine, fille de Charles II, duc de Lorraine, et petite-nièce de Catherine de Médicis, en 1589. Nul homme n'était plus propre que lui à faire ressortir par ses vertus les vices de son prédécesseur. Il se montra tout d'abord affable dans ses manières, noble et fier dans sa conduite, généreux, plein de zèle pour la prospérité publique, sut se maintenir neutre entre l'Espagne et la France, et faire respecter de toutes deux l'indépendance de sa couronne : remettant les lois en vigueur, il réprima l'arrogance et la cupidité des ministres, et fit refleurir le commerce, l'agricult. et les beaux-arts. Il tira de la Toscane, sans l'épuiser, des revenus assez considérables pour secourir à la fois l'emper. Rodolphe II attaqué par les Turks, et Henri IV conquérant son royaume. Le prince franç. surtout lui eut les plus grandes obligations, et parut s'attacher à lui pour toujours et de la manière la plus intime, en épousant Marie de Médicis, fille du grand-duc François. Mais, presque à l'époque de ce mariage, Henri IV, en accordant la paix au duc de Savoie et renonçant à ses droits sur le marquisat de Saluces, se priva des moyens de secourir le gr.-duc s'il était attaqué. Ferdinand irrité se réconcilia avec la cour d'Espagne et s'éloigna de plus en plus du roi de France. Il donna en 1608 une preuve éclatante de ses nouveaux sentiments, en faisant épouser à son fils Cosme II une archiduchesse d'Autriche. Il vit ce mariage, mais n'en put recueillir les fruits, étant mort en 1609. Les Toscans le regrettèrent vivem.; mais la postérité doit dire que ses brillantes qualités furent ternies par une dissimulation trop souvent voisine de la perfidie. Au reste c'était là une vertu de son temps.

MÉDICIS (don Pierre), fils de Cosme Ier et frère puîné des grands-ducs François et Ferdinand Ier, commanda l'infanterie ital. au service d'Espagne, et passa la plus grande partie de sa vie à la cour de Philippe II, d'où il ne cessa de troubler le repos de ses deux frères par ses passions violentes, ses débauches effrénées et ses dettes. Il mourut à Madrid en 1604, laissant un grand nombre d'enfants naturels, que le gr.-duc Ferdinand mit dans des couv. Sa première femme, Éléonore de Tolède, avait été poignardée par lui en 1576, sur un soupçon d'infidélité.

MÉDICIS (Cosme II), 4e grand-duc de Toscane, succéda à l'âge de 19 ans, en 1509, à Ferdinand, son père, dont il n'avait ni la capacité ni la vigueur de caractère. Il fit toutefois beaucoup pour son pays. Sa marine, entretenue par des prises continuelles sur les infidèles, fit redouter le pavillon toscan dans toute la Méditerranée; il donna des secours aux Druses contre les Turks, et vit ses établissements à Tyr et à Sidon protégés par l'émyr de cette tribu reconnaiss. Un moment il se brouilla avec la cour de France, en 1617, à l'occas. du meurtre de Concini et du supplice d'Éléonore Galigaï; mais cette querelle n'eut pas de suites funestes. Il mourut en 1621, à l'âge de 32 ans, après un règne regardé comme l'une des époques les plus heureuses de la Toscane.

MÉDICIS (don Jean), fils naturel de Cosme Ier, né en 1566, se fit une haute réputation milit. sous le prince de Parme en Flandre, et devint un des princip. ministres de Ferdinand Ier et de Cosme II, qui l'employèrent dans plusieurs négociations importantes. Les scandales qu'il donna à la cour de Cosme II, par la licence de ses mœurs et de ses principes, le déterminèrent en 1616 à quitter Florence pour Venise, où il reçut le commandem. de l'armée destinée à soumettre les Uscoques. Il fit la folie alors d'épouser sa maîtresse, Livie Vernana, et mourut à Murano, près de Venise, en 1621.

MÉDICIS (Ferdinand II), 5e grand-duc de Toscane, succéda à l'âge de 11 ans, en 1621, à Cosme II, son père; mais il vécut sous la tutelle des deux gr.-duchesses, sa mère et son aïeule, jusqu'en 1628, époque à laq. il prit lui-même les rênes du gouvernement. Il n'avait pas la main assez ferme pour les tenir dignement dans les circonstances difficiles où se trouvait l'Italie; toutefois il montra un gr. courage dans la peste qui ravagea la Toscane en 1630. L'année suivante le pape s'empara de l'héritage du duc d'Urbin, qui venait de mourir; et Ferdinand, fiancé depuis long-temps avec la petite-fille et l'unique héritière du prince défunt, se contenta de réclamer les biens allodiaux de la maison de La Rovère. On peut lui reprocher encore d'avoir laissé traîner à Rome, en 1633, Galilée, alors septuagén. et infirme, et cité au tribunal de l'inquisition. La mort des deux anciennes régentes et de leurs principaux ministres parut devoir ouvrir une plus vaste et plus libre carrière à Ferdinand : mais en 1641, 42 et 43, il fit la guerre au pape avec une mollesse et une timidité qui rendent ridicule le récit même de ses expédit. Plus heureux et plus habile dans l'administrat. intérieure, il encouragea les lettres, les arts, et plus encore les sciences, se fit aimer par sa popularité, sa douceur, son affabilité, et mourut en 1670, âgé de 59 ans.

MÉDICIS (Cosme III), 6e grand-duc de Toscane, succéda à l'âge de 27 ans, en 1670, à son père Ferdinand II, mais il n'hérita pas de ses vertus et de ses qualités aimables. Il avait épousé en 1661 Marguerite-Louise d'Orléans, nièce de Louis XIV, qui témoigna toujours pour lui une aversion invincible, et parut en cela partager les sentiments de tout le peuple. Il fut obligé de la laisser retourner en France en 1675, et ce ne fut pas pour lui un médiocre sujet de dépit de savoir que, quoique retirée au couvent de Montmartre, elle se livrait en toute liberté à sa passion pour le plaisir. Il avait eu d'elle deux fils, Ferdinand et Jean-Gaston, et une fille, Anne-Marie-Louise; mais en vain chercha-t-il à perpétuer par ses fils et par ses parents la famille des Médicis prête à s'éteindre. Ferdinand fut marié en 1688 à la princesse Violente de Bavière, qui se trouva stérile; Jean-Gaston, le plus jeune, épousa en 1697 Anne-Marie de Saxe-Lauembourg, veuve du prince de Neubourg, dont ils n'eut point d'enfants, et avec laquelle il ne put vivre. Les deux frères, malheur. dans leur maison, se consolèrent par des débauches qui les mirent, et surtout l'aîné, hors d'état de remplir jamais les vues de Cosme. Celui-ci, pour dernière ressource, engagea son frère, le cardinal François-Marie, à renoncer à tous les avantages de son rang, et à épouser en 1709 Éléonore Gonzague, fille de Vincent, duc de Guastalla et de Sabionetta; mais la princesse, une fois le mariage conclu, refusa de le consommer, rebutée sans doute par la figure, par l'âge, et surtout par les désordres de son époux, qui d'ailleurs mourut hydropique en 1711. Ferdinand le suivit deux ans après. Ce fut alors que le grand-duc fit déclarer par le sénat que sa fille, la princesse Anne, qui avait épousé Guillaume, élect. palat., serait appelée à succéder à la souveraineté après l'extinct. du dern. mâle de la maison de Médicis; principe funeste qui aurait donné des prétent. légitimes aux Bourbons et aux Farnèses, descend. de cette famille par les femmes. Mais au reste tout cela devait être renversé en un moment. L'empereur, la France, l'Angleterre et la Hollande, par un traité publié à Londres en 1718, partagèrent l'Italie entre les maisons de Bourbon et d'Autriche, et réservèrent la succession de la Toscane et du duché de Parme à un infant d'Espagne, à l'exclusion de la princesse palatine. Cosme protesta vainement, de concert avec l'Espagne, contre cette décision tyrannique, et mourut en 1723, à 81 ans. Il laissa sa mémoire en exécrat. au peuple, son état ruiné par les impôts excessifs et par son faste insensé, sa famille désunie par la partialité qu'il montrait à sa fille contre son fils, et son ministère humilié par les lois que lui imposaient les autres puissances.

MÉDICIS (JEAN-GASTON), 7e et dernier gr.-duc de Toscane de la maison de Médicis, succéda à l'âge de 53 ans, en 1723, à Cosme III, son père, et montra de l'indifférence, et presque du dégoût à prendre possess. d'un trône dont il devait être plutôt l'usufruitier que le maître. Cepend. il signala son avénement par quelq. actes de sagesse et de vigueur qui firent un moment bénir par les Toscans le nom de Médicis, prêt à s'éteindre. Il lutta long-temps contre les cours de Madrid et de Vienne avec une gr. fermeté, et ne reconnut la successibilité de l'infant D. Carlos qu'en 1731, et en stipulant encore pour sa famille quelques avantages pécuniaires et honorifiq. Mais la guerre qui éclata entre les mai-

sons de Bourbon et d'Autriche ayant permis à D. Carlos, en 1733, de conquérir le royaume de Naples, les mêmes puissances, qui, pour maintenir l'équilibre de l'Italie, avaient voulu que le grand-duché appartînt à la maison de Bourbon, crurent alors devoir en assurer la souveraineté à un prince ami de la maison d'Autriche, François III, duc de Lorraine. Jean-Gaston se vit obligé de reconnaître un nouvel hérit. de son trône, et mourut en 1737, avant d'avoir pu conclure avec son successeur le traité qu'il avait ébauché pour la succession de ses biens allodiaux et pour les droits de sa sœur. Celle-ci mourut en 1743; avec elle s'éteignit l'illustre maison de Médicis. Cepend., d'une branche de cette famille établie anciennement dans le royaume de Naples, sont sortis les comtes d'Ottaiano, dont la famille existe encore. Pour plus de détails sur les Médicis, voyez : *J. M. Bruti. florent. hist. lib. VIII*, 1562, in-4; Varchi, *Hist. des révolut. de Florence sous les Médicis*, 1721, in-fol.; trad. en français par Requier, 1765, 3 vol. in-12; *Hist. du gr. duché de Toscane sous les Médicis* (par Galluzzi), Florence, 1781, 5 vol. in-4 ou 9 vol. in-8, trad. en franç. par Villebrune et Mlle Keralio, Paris, 1782-83, 9 vol. in-12.— V. CLÉMENT VII, LÉON X et XI, CATHERINE, MARIE, etc.

MÉDICUS (FRÉDÉRIC-CASIMIR), médecin et botaniste, né à Grumbach, 1736, mort en 1808, fut successivem. conseiller de régence en Bavière, direct. de l'univ. d'Heidelberg et conservat. du jardin botanique de Manheim. Il a publ. en allem. : *Lettre sur la destruction de la petite-vérole*, 1763, in-8. — *Hist. des maladies périodiques*, 1764, 1794, in-8. — *De la Force vitale*, 1774, in-4. — *Uber die Veredlung der Rosskastanje*, 1780, in-4 : il développe dans ce livre les avantages qu'on peut tirer du marron d'Inde.— *Observat. de botanique*, 1782, in-8. — *Abrégé de l'hist. et la description du Japon*, 1783, in-8.— *Philosophie botanique*, 1789, in-8. — *Petit plan d'économie rurale*, 1804, in-12. — *Lettre à Franç. de Neufchâteau sur le Robinier*, traduit de l'allem., 1804, in-12. Médicus a contribué puissamm. à propager la culture de cet arbre.

MEDINA-MEDENILLA (PIERRE), poète espagnol, né à Madrid dans le 16e S., fut en Amérique, l'intime ami de Lope de Véga, avec lequel il composa une églogue très estimée, qu'on trouve dans le *Parnasse espagnol, VII.* — MEDINA (Salvador-Giacinto-Polo de), poète lyrique espagnol, né à Murcie au commencement du 17e S., sut réunir la force à une fine plaisanterie. Ses *OEuvres* en prose et en vers ont été recueillies, Madrid, 1715, in-4.

MEDINA-SIDONIA (GARPAR-ALONZO-PEREZ de GUZMAN, duc de), était gouvern. de l'Andalousie à l'époque de la révolution qui plaça D. Juan de Bragance, son beau-frère, sur le trône de Portugal (1640). Il voulut, à l'exemple et d'après les sollicitations du duc de Bragance, faire soulever l'Andalousie et s'en déclarer souverain; mais la conjurat. ayant été découverte, il reçut l'ordre de se rendre à Madrid, où il avoua sa faute et obtint son pardon. Il fut obligé toutefois d'appeler en duel le roi de

Portugal, et d'aller l'attendre, au jour fixé, sur la frontière des deux royaumes, armé de toutes pièces et accompagné de toute la suite d'un chev. errant. Après s'être couvert de ridicule par cette démarche forcée, il retomba dans une obscurité complète.

MÉDUSE (mythol.), l'une des trois Gorgones, fille de la nymphe Céto et du dieu marin Phorcus, habitait les îles Orcades. Des serpents formaient sa chevelure, et sa tête avait le pouvoir de changer en pierre celui qui la regardait. Persée, guidé par les conseils de Minerve, coupa la tête de Méduse, et s'en servit contre ses ennemis; selon quelq.-uns le sang de la Gorgone produisit le cheval Pégase.

MÉDYN (Abou), doct. arabe, fils de Hamed ben Mohammed, était originaire de Fez, et mourut en 589 (1193 de J.-C.). On ne connaît de lui jusqu'ici qu'un abrégé de son ouvr. intit. : *Tohfet alazyb wa nozhet allabyb* (*Présent fait à l'homme d'esprit et amusement du sage*), par F. de Dombay, Vienne, 1805, in-8, avec une trad. latine dont M. Silvestre de Sacy a relevé les erreurs dans le *Magasin encyclopédiq. de* 1808, t. VI, pag. 426 et suiv.

MÉEL (Jean), peintre flamand, connu en France sous le nom de *Miel*, né en 1519, mort à Turin en 1664, a excellé dans les tableaux de chevalet : ses composit. historiq. se recommandent par la couleur et l'expression, mais péchent par le dessin, la grâce et la noblesse. Le musée possède six tabl. de ce maître : *un Pauvre demandant l'aumône à des paysans*, etc., et *le Barbier napolitain; une Halte militaire*, et *la Dînée des voyageurs; un Paysage* avec fig., et *l'Entrée d'une auberge*. Il a aussi gravé à l'eau-forte, avec esprit et d'une pointe facile et gracieuse.

MÉERMAN (Gerard), sav. magistrat, né à Leyde en 1722, fut nommé en 1748 conseiller pensionn. de Rotterdam, en 1766, conseiller au haut-tribunal de la vénerie de Hollande et de West-Frise, et mourut en 1771. Il avait été décoré par l'emper. du titre de baron. On a de lui entre autres ouvr. sur le droit civil et canonique : *Diatriba antiquario-juridica exhibens nonnullas de rebus mancipi et nec mancipi, earumque nuncupatione conjecturas*, Leyde, 1741, in-4. — *Specimen animadversionum criticarum in Caii institutiones*, Madrid, 1743, in-8; Paris, 1747, in-8. — *Novus Thesaurus juris civilis et canonici*, 1751-54, 7 vol. in-fol. — *Origines typogr.*, La Haye, 1765, 2 t. en un vol. in-4; cet ouvrage est son plus beau titre littéraire. Il en avait publié précédemm. le plan, qui a été traduit en franç. par l'abbé Goujet, 1762, in-8. — Méerman (Jean), fils unique du précéd., né en 1753, mort en 1815, consacra sa vie à la culture des lettres, fut directeur des beaux-arts et de l'instruction publique de Hollande, sous le règne de Louis Bonaparte, et, lors de sa réunion momentanée à la France, devint comte de l'empire et sénateur. Il légua à la ville de La Haye la riche bibliothèque de son père, qu'il avait lui-même beauc. augmentée. On a de lui : *Specimen juris publici de solutione vinculi quod olim fuit inter sacrum romanum imperium et fœderati Belgii respublicas*, Leyde,

1774, in-4. — *Supplementum novi Thesauri juris civilis et canonici*, La Haye, 1780, in-fol., formant le 8e vol. de l'ouvr. de son père; et en hollandais une *Hist. de Guillaume, comte de Hollande et roi des Romains*, 1783-97, 5 vol. in-8. — *Relat. de la Grande-Bretagne et de l'Irlande, de l'Autriche, de la Prusse et de la Sicile*, 1787-94, 5 part. in-8. — *Relat. du nord et du nord-est de l'Europe*, 1805-06, 6 vol. in-8. — *Parallèle entre Josias, Antonin-le-Pieux et Henri IV*, 1807, in-8; une traduct. de la *Messiade* de Klopstock, et d'autres ouvr. MSs. indiqués dans son *Éloge*, écrit en holland. par Water. Un autre *Éloge de Meerman* a été publié en lat. par H.-C. Cras, 1817, in-8, et trad. en franç. par Kraft dans les *Annales encyclopédiq.* de 1818.

MÉGABYSE, fut l'un des sept conjurés qui renversèrent du trône de Perse le faux Smerdis, l'an 521 avant J.-C. Lorsqu'il fut question de délibérer sur la forme de gouvernement qu'il convenait de donner à son pays, il opina pour le régime oligarchique. Il ne fut pas jaloux de l'élect. de Darius; il le servit en toute occasion, commanda ses armées, et étendit la domination de la Perse.—Mégabyse, fils de Zopyre et petit-fils du précéd., fut récompensé des services de sa famille par la main d'Amytis, fille de Xerxès et sœur d'Artaxercès, dont il eut bientôt à déplorer les désordres criminels. Il n'en servit pas ses maîtres avec moins de zèle et de loyauté. Artaxercès lui dut la découverte d'un complot tramé contre sa vie par Artaban, et plus. victoires qui affermirent son trône contre ses ennemis, tant extérieurs qu'intérieurs. Mais le faible prince eut la lâcheté de livrer à sa mère Inare 50 Grecs captifs dont la mort fut le partage; Mégabyse indigné, réunit 150 mille hommes et battit plus. fois les troupes du gr. roi. Cependant il consentit à poser les armes et à reparaître à la cour, pour s'en voir bientôt exilé. Il y revint au bout de 5 ans passés à Cyrthe, sur la mer Rouge, et mourut comblé d'honneurs à l'âge de 76 ans.

MÉGASTHÈNES, histor. et géogr. grec, remplit pour Seleucus-Nicator (vers l'an 295 avant J.-C.) une mission auprès de Sandrocottus, roi de l'Inde, et à son retour publ. une *Hist. des Indes* citée avec éloge par les anciens, mais qui ne nous est point parvenue. Celle qui existe aujourd'hui sous son nom et d'Annius de Viterbe; on croit toutefois qu'elle renferme des fragments défigurés du livre de Mégasthènes.

MÉGERLIN (David-Frédéric), théolog. et philologue, né dans le Wurtemberg au commencement du 18e S., mort à Francfort en 1778, à l'âge d'environ 75 ans, a publié : *Tractatus de scriptis et collegiis orientalibus*, etc., Tubingen, 1729, in-4. —*Hexas orientalium collegiorum philologicorum*, 1729, in-4.—*Preuve irréfragable de la vérité de la religion chrét.*, etc., (en allem.), Francfort, 1767, in-4.— *Die turkische Bibel* (la Bible turque), première traduct. allem. du Koran, faite sur l'arabe, Francfort, 1772, in-8, etc.

MEGGENHOFFEN (Ferdinand, baron de), l'un des chefs de l'illuminisme en Bavière, né à Burghausen en 1761, mort en 1790, a publié en allemand : *Hist. et apologie du baron de Meggenhoffen, pour servir d'éclaircissem. à l'hist. des illuminés; Supplément au sixième vol. du Monstre Gris*, 1786, in-8 de 103 p. On trouve sur lui une *Notice* dans le *Nécrologe* de Schlichtegroll, pour l'année 1790, t. II, pag. 279-328.

MÉGISER (Jérôme), laborieux philologue, né vers 1555 à Stuttgard, mort en 1616 à Lintz, dans la Haute-Autriche, avec les titres de comte palatin et d'historiographe de l'archiduc Charles, passa une grande partie de sa vie à voyager. Il sut pourtant maîtriser assez l'inconstance de ses goûts, pour professer quelq. temps à Clagenfurt, à Leipsig, et à Géra. Il conserva toujours son indépendance et vécut du produit de ses écrits, qui sont très nombreux, et parmi lesquels nous citerons : *Dictionarium quatuor linguarum* (allem., latin, illyrien et italien), Gratz, 1596, in-8.—*Specimen XL diversarum atque inter se differentium linguarum et dialectorum; videlicet* ORATIO DOMINICA *totid. linguis expressa*, Francfort, 1592, in-8; 1593, in-4. — *Thesaurus polyglottus, vel Dictionarium multilingue ex quadringentis circiter linguis, dialectis, idiomatibus et idiotismis constans*, 1603, in-8, ouvrage très rare, mais moins que le précéd. — *Institutionum linguæ turcicæ lib. IV*, Leipsig, 1612, in-8. — Les *Annales de Carinthie* (en allemand), Francfort, 1608; Leipsig, 1612, 2 vol. in-fol.

MÉHÉGAN (Guillaume-Alexandre de), littérat., né à La Salle, diocèse d'Alais, en 1721, d'une famille irlandaise venue en France à la suite du roi Jacques II, professa la littérat. française dans la chaire fondée à Copenhague par le roi Frédéric V, de retour en France, devint un des collaborateurs du *Journal encyclopédique*, et publia quelq. brochures oubliées aujourd'hui, mais qui firent dans le temps beaucoup de bruit et lui valurent une détention de quelq. mois à la Bastille. Il mourut à Paris en 1766. On citera de lui : *Zoroastre*, 1751, in-12. — *Origine des Guèbres, ou la Religion naturelle mise en action*, 1751, in-12. — *Origine, progrès et décadence de l'idolâtrie*, 1756, in-12. — *Tableau de l'hist. moderne, depuis la chute de l'empire d'Occident jusqu'à la paix de Westphalie*, 1766, 3 vol. in-12; cet ouvr.; le prem. titre littér. de Méhégan, a été réimpr. en 1778 par Drouet, avec une *Notice* sur l'aut.—*L'Hist. considérée vis-à-vis de la religion, de l'état et des beaux-arts*, 1767, 3 vol. in-12. Michel Beer a donné une notice sur Méhégan dans les *Mém. de l'académie de Nancy*.— MÉHÉGAN (Jacques-Antoine-Thadée de), frère ainé du précéd., capitaine au régiment de la couronne, se fit une haute réputation de bravoure pendant la guerre de sept ans, et mourut en 1792, avec le grade de maréchal-de-camp.

MEHEMED EL NASSER (Abou Abdallah), roi d'Afrique et d'Espagne, et 5e prince de la dynastie des Al-Mohades, succéda, l'an de l'hég. 595 (1199 de J.-C.), à son père Yacoub al Mansour. Après avoir mis ordre à ses affaires en Afrique, en ache-

vant de ruiner le parti des Al-Moravides, il repassa le détroit en 607, et alla reprendre la place de Silves en Portugal. Mais le roi de Castille, déterminé à tenter les plus gr. efforts contre les musulmans, avait fait alliance avec les rois de Navarre et d'Aragon et envoyé solliciter des secours dans tous les états de l'Europe. Mehemed, de son côté, fit proclamer en Afrique la guerre sainte et rassembla une armée formidable. Le 16 juillet 1212, fut livrée, près de Tolosa, la fameuse bataille qui assura pour jamais en Espagne la supériorité aux princes chrétiens sur les Maures. Mehemed, devenu méprisable aux yeux de ses sujets par sa défaite, se rendit encore odieux par de sanglantes exécutions. Toutes ses possessions en Espagne passèrent aux mains des autres princes musulmans. Il fit des préparatifs immenses pour retourner dans la péninsule, et déjà sa flotte avait mis à la voile du port de Salé, lorsqu'il mourut en 610 (1213), à l'âge de 34 ans, après en avoir régné 15. Avec lui périt la fortune des Al-Mohades.

MEHEMED, MOHAMMED ou MUHAMAD Ier (Abou Abdallah), 5e roi d'Espagne de la dynastie des Ommiades, monta sur le trône de Cordoue, l'an de l'hég. 238 (852). Son règne fut une suite continuelle de guerres civiles et étrangères, qui, selon les aut. espagnols, ébranlèrent la puissance des Ommiades ; mais les historiens arabes semblent dire tout le contraire. Cependant ils ne peuvent nier qu'il échoua plus. fois contre la fortune d'Alphonse-le-Grand, et qu'il laissa Omar Ibn Afsoun fonder dans l'Aragon une principauté, où lui et ses descendants résistèrent 70 ans aux Ommiades et causèrent de gr. maux à l'Espagne. Mehemet mourut d'apoplexie, en 273 (885), à l'âge de 65 ans, laissant la réputation d'un prince courageux, juste, humain, régulier dans ses mœurs, et protect. des lettres qu'il cultivait lui-même avec succès. Il eut 33 fils, dont l'aîné, Al Moundar, fut son success.

MEHEMED Ier (Abou Abdallah), prem. roi de Grenade, de la dynastie des *Beno-Nasser*, ou *Nassérides*, né à Ardjouna dans l'Andalousie, l'an de l'hégyre 591 (1194 de J.-C.), servit d'abord avec distinction sous les rois Al-Moades d'Espagne, se joignit, après la décadence de cette dynastie, à Motawakkel ben Houd, et combattit long-temps avec lui pour détruire à la fois la puissance et la doctrine hétérodoxe des Al-Mohades. Enfin il se révolta contre Motawakkel en 629 (1232), s'empara de Jaën, de Guadix, de Lorca, de Grenade dont il fit sa capitale, et prit le titre de roi. Il fut moins heureux contre St Ferdinand, roi de Castille, dont il se déclara vassal et tributaire, pour obtenir la paix en 643. Il voulut s'essayer encore une fois avec les chrétiens, sous le règne d'Alphonse X ; mais il fut forcé de renouveler la trêve, de payer un tribut plus fort, et même de se déclarer contre le roi de Murcie, son allié. L'infant don Philippe s'étant révolté contre Alphonse, Mehemed l'accueillit avec empressem., et, quoique âgé de 80 ans, entra en campagne contre les chrétiens ; mais la mort le surprit en chemin, l'an 671 (1273), après un règne de 42 ans. Ce prince fut juste, affable, ennemi du faste; plein d'ordre et d'activité dans ses affaires. Il protégea les lettres, les arts, le commerce et l'agricult., et consolida par sa politique, au milieu des revers, la puissance de sa dynastie qui, comme celle des Ommiades, dura environ 3 siècles.

MEHEMED II, surnommé *Al-Fakih*, 2e roi de Grenade, fils et success. du précéd., régna 30 ans avec autant de gloire que de bonheur, et mourut en 701 (1302), à l'âge de 68 ans. Il se rendit célèbre par sa magnificence, sa valeur, ses talents politiq. et milit., protégea les lettres, les sciences et le commerce, et sut profiter des fautes d'Alphonse X, roi de Castille, pour agrandir ses états aux dépens des chrétiens. Nous croyons utile de noter ici que ce n'est pas à ce personnage mais bien à Mahomet II que se rapporte l'ouvr. intit. : *Hist. de Mehemet II, enrichie de lettres originales*, trad. *du grec et de l'arabe sur les MSs. trouvés à Constantinople*, par M. B. de M. (Belin de Monterzi), Paris, 1764, 2 vol. in-12, et reproduit sous le titre de *Lettres turques.*

MEHEMED III ALAMASCH (Abou Abdallah), 3e roi de Grenade, fils du précéd., lui succéda l'an 701 (1302). Il réussit à apaiser plusieurs révoltes, mais fut moins heureux contre les rois de Castille et d'Aragon, dont il se vit forcé d'acheter la paix par des sacrifices. Ce traité avec des princes chrétiens fut le prétexte d'une sédition qui ôta le trône à Mehemed en 708 (1309). Son frère Nasser, proclamé à sa place, l'an 713 (1314), n'occupa que peu de temps le trône, qu'il fut obligé d'abandonner à un nouvel usurpateur, Ismaël ben Feragh, neveu de Mehemed. Ce malheureux prince avait 58 ans lorsqu'il mourut. A en croire quelq. biogr., il aurait été précipité dans un lac par ordre de Nasser; mais ce qui est plus certain, c'est que ce frère ambitieux lui fit rendre les honneurs funèbres avec une très grande pompe.

MEHEMED IV (Abou Abdallah), 6e roi de Grenade, fils et success. d'Ismaël ben Feragh, plus connu sous le surnom d'*Abou Walid* ou *Saïd*, n'avait que 12 ans, et même 10 suiv. les historiens arabes, lorsq. ce prince fut assassiné par un noble musulman appelé Muhamad, à qui il avait enlevé une jeune captive espagnole de la plus gr. beauté. Avant que la mort du roi fût connue, le commandant de ses gardes, Othman ou Ozmin, assembla les grands, et leur fit reconnaître le jeune Mehemed, qui fut proclamé sans contradict., et qui, à peine sorti de l'enfance, commença son règne sous les plus brillants auspices. Cepend. l'ambit., l'avarice et l'inquiète jalousie de l'hagib Mohammed Almahruc, sur leq. tomba le choix de Mehemed après la mort d'Aboul Hazan ben Masoud, anc. ministre d'Ismaël auquel il n'avait survécu que quelq. mois (an 726 de l'hég. — 1326), ne tardèrent pas à répandre de vives alarmes dans les esprits : deux frères du roi sont jetés dans un cachot, puis transportés en Afrique; et le fidèle Othman lui-même est disgracié; mais, jurant de tirer une vengeance éclatante de son affront, il soulève un parti qui

proclame roi Mohammed ben Feragh, frère d'Ismaël et oncle de Mehemed. Celui-ci, apercevant alors la cause de l'orage qui se formait, fait arrêter son hagib Almahruc, et marche en personne contre les rebelles. Dans le même temps les Castillans, appelés aux armes par ces circonstances favorables, et surtout par les menées du principal chef de l'insurrection, s'emparaient de plus. places et menaçaient d'envahir le roy. Mehemed, ayant perdu l'élite des siens dans un combat que lui livrèrent les Castillans non loin de Cordoue, revint dans sa capitale; et, après avoir voué au supplice l'indigne ministre, cause de tous ses désastres, il ranima le courage de ses fidèles Grenadins, et mit à leur tête son nouvel hagib Alkigiati, qu'il envoya combattre l'ennemi devant Algésiras. Les Castillans plus nombreux remportèrent encore une victoire complète : l'hagib perdit la vie dans le combat, qui fut des plus meurtriers. Il fallait au jeune roi tout son courage et toute sa constance pour faire face à de si fâcheux événements. Trouvant quelque froideur dans ses chefs les plus aguerris, il jure d'enlever sans eux aux chrétiens la place de Baëza, se présente devant ses murs avec une poignée de cavaliers résolus, chassant devant lui l'ennemi venu à sa rencontre, l'oblige à capituler, et en peu de temps il réussit, à force de persévérance, à rétablir sa fortune au-dehors et au-dedans. L'hist. a recueilli des paroles dignes d'un paladin qu'il adressa à quelques-uns de ses cavaliers qui s'élançaient pour retirer du flanc d'un guerrier castillan une lance de gr. prix dont il l'avait frappé : « Laissez, dit-il, ce malheureux ; s'il ne meurt point de sa blessure, qu'il ait au moins de quoi la guérir. » Gibraltar était en son pouvoir ; il avait repris les places conquises sur lui par les Africains, alliés des rebelles de son royaume, et venait de se mettre en mesure de soutenir, pour sa part, la ligue formée contre les Maures par Alphonse XI de Castille et les rois d'Aragon et de Portugal. La campagne, ouverte avec quelq. avantages pour Alphonse, fut bientôt suspendue par sa retraite précipitée de devant Gibraltar. Vainement ce prince avait-il espéré que Mehemed se montrerait peu empressé de porter au roi de Fez Aboul Haçan Ali, depuis peu son allié, des secours dans cette place, que ce dernier s'était un peu brusquement appropriée : le roi de Grenade était trop généreux ou trop clairvoyant pour ne pas sacrifier à des intérêts aussi graves que ceux qui se débattaient alors, l'intérêt de son orgueil offensé. Mais après avoir délivré, par un coup de main non moins vigoureux qu'imprévu, ses alliés d'un danger immédiat et pressant, il ne se crut pas obligé de leur épargner les railleries et les sarcasmes ; et les farouches Africains résolurent de payer par un assassinat le service qu'il leur avait rendu. Ils le firent poignarder, dès le lendemain, dans une partie de chasse, où il eut l'imprudence de se rendre presq. sans escorte. Son frère Youçouf Aboul Hegiagh fut proclamé à sa place par l'armée, qu'il ramenait de Gibraltar. S'il faut en croire les incript. placées sur sa tombe, et conservées par les histor. arabes (*v.* le t. III de l'*Hist. de la domination des Arabes en Espagne* par D. Jos.-Ant. Condé), Mehemed n'était âgé que de 18 ans lorsqu'il fut assassiné (15 dilhagia de l'an 755), et était dans la 8ᵉ année de son règne. Mais ces assert. ne pourraient-être admises sans infirmer la véracité du reste de son histoire.

MEHEMED V (ABOUL WALID), 8ᵉ roi de Grenade, succéda à son père Youçouf en 755 (1554), et fut obligé, dès l'année suiv., de marcher contre Isa, gouvern. de Gibraltar, qui s'était révolté et avait pris le titre de roi. Il le vainquit : mais il fut moins heureux contre ses propres frères, Soleïman et Ismaël, qui le chassèrent du trône et le forcèrent d'aller chercher un asile à Fez en 761 (1360). Cependant, la même année, Abou-Saïd, oncle paternel et beau-frère d'Ismaël, fit mourir ce prince ambitieux et s'empara du trône. Vaincu à son tour et mis à mort par Pierre-le-Cruel, roi de Castille, il laissa Grenade à Mehemed, son roi légitime, en 765 (1362). Mehemed recueillit le fruit de cette guerre d'extermination à laquelle il avait pris part dans le commencement, mais à laquelle aussi il avait renoncé bientôt, aimant mieux être privé de son roy. que de porter les armes contre ses sujets. Il occupa encore le trône pendant 18 ans, rendit de grands services à son indigne protecteur, le roi de Castille, dans ses guerres contre Pierre d'Aragon et Henri de Transtamare, et mourut en 781 (1379), à l'âge de 46 ans.

MEHEMED VI (ABOUL HEDJADJ), 11ᵉ roi maure de Grenade, fils du précédent, de la dynastie des Nassérides, lui succéda en 781 (1379). Il sut faire renaître, à l'ombre d'une paix durable, les beaux-arts, le commerce et l'agricult., et mourut en 1392, laiss. à son fils Youçouf II une succession florissante et tranquille.

MEHEMED VII, surn. *el Aïçar*, ou *le Gaucher*, 15ᵉ roi de Grenade, fils aîné de Youçouf III, lui succéda en 1423, et gouverna ses états en tyran. Détrôné par son cousin-germain Mehemed el Soghaïr en 1427, rétabli deux ans après par le secours du roi de Castille, détrôné de nouv. pour avoir refusé de payer tribut à son protect., proclamé encore une fois en 1432, dépouillé enfin pour toujours de son royaume par son neveu Mehemed el Aradj, ou *le Boiteux*, en 1445, il fut enfermé dans une prison où il mourut quelq. temps après. — A l'usurpateur Mehemed el Aradj, que des histor. désignent aussi sous le surnom de *Ben Ozim el Ahnaf*, et qu'une révolut. obligea en 1454 (859 de l'hég.) de chercher un asile dans les montagnes, succéda MEHEMED ben ISMAEL, son cousin, qui après plus. guerres de dévastation consentit (1463) à se reconnaître vassal du roi de Castille, Henri IV de Transtamare, pour obtenir la paix. Après un règne de 12 années, pend. lesquelles il se fit chérir des Grenadins pour sa douceur et sa bonté, ce prince mourut en 1466 (871), laissant deux fils, Muley Aly Aboul Hacem, son success., et Cid Abdala el Zagal, qui assista aux dern. moments de l'empire des Maures en Espagne.

MEHEMET-PACHA, gr.-visir de Soliman Iᵉʳ, de Sélim II et d'Amurath III, était né dans la religion chrét. Enlevé à l'âge de 18 ans par les Musulmans, il embrassa leur relig., sut plaire à Roxelane, et dut le commencem. de sa haute fortune à cette puissante favorite. On doit louer surtout en lui cette sagesse qui lui permit de voir sans effroi la ligue chrét. formée contre l'empire ottoman en 1571, et qui lui montra de suite les résultats insignifiants de la bataille de Lépante. Il fut assassiné en 1579, au milieu du divan, par un spahi qu'il avait injustem. privé de son *timar* ou fief militaire, et dont il avait deux fois rejeté la supplique. Il avait alors 76 ans.

MEHEMET BALTEZY ou plutôt BATALDJY, gr.-visir sous Achmet III, était fendeur de bois (*baltadjy*) dans le sérail, sous le sulthan Mustapha II, et, après avoir passé par plus. grades subalternes, fut nommé grand-visir en 1704. Déposé seize mois après, il reçut une seconde fois les sceaux de l'empire en 1710, et fut chargé de conduire 200,000 hommes contre le tzar Pierre, qu'il eut le bonheur d'enfermer avec toute l'armée russe sur les bords du Pruth. Mais il se contenta de lui faire souscrire une paix honteuse, et se vit accusé par Charles XII, près du sulthan, de lâcheté et de trahison. Dépouillé encore une fois de sa haute dignité, il partit pour Lemnos, lieu de son exil, où il mourut 5 ans après, en 1713.

MEHEMET-EFFENDI, defterdard, ou gr.-trésor. de l'empire othoman, fut plénipotent. au traité de Passarowitsch, conclu en 1718 entre les Turks et l'empereur, et fut nommé deux ans après ambassadeur près de la cour de France. Le but principal de sa mission était d'obtenir, par la médiation de cette cour, une trève avec Malte, dont les armem. faisaient beaucoup de mal à la Turquie. Il fut reçu à Paris avec les plus grands égards par le régent et par le vieux maréchal de Villeroi, gouverneur de Louis XV encore enfant; mais il n'obtint pas ce qu'il désirait. Cepend. il serait parvenu aux prem. charges de son pays sans la révolut. de 1730, qui coûta la vie à son protecteur, le gr.-visir Ibrahim-Pacha, et le trône à Achmet III, et qui le fit exiler lui-même dans l'île de Cypre, où il mourut. Ce musulman, qui aimait notre nation, a laissé une relation de son voyage, publ. en français, Paris, 1758, in-12; et lithograph. en turck, Paris, 1820. — Saïd, son fils, l'accompagna dans son ambassade comme secrét., fut dans la suite nommé beglierberg de Romélie, puis ambassadeur près de la cour de France en 1742. Ce fut lui qui établit l'imprimerie de Scutari, d'où sont sortis plus. ouvr. remarquables.

MEHEMET (EMIN), grand-visir, né en Circassie vers 1724, fit d'abord le commerce des soieries, entra dans les bureaux du reis-effendi, devint en peu de temps prem. commis et reis-effendi lui-même, et ne tarda pas à acquérir dans le divan une grande influence. Élevé à la dignité de grand-visir vers 1769, à l'époque où le sulthan se voyait obligé de prendre une part active dans la querelle des Russes et des Polonais, Mehemet fut chargé de conduire une armée nombreuse au secours de ces derniers : mais il ne sut point préserver ses soldats de la famine dans un pays étranger; il manifesta l'intention de traiter en peuple conquis les alliés qu'il était venu secourir, et bientôt le sulthan Mustapha III, convaincu que son ministre était coupable ou du moins trop faible, envoya chercher sa tête, qui fut exposée à la porte du sérail dans le mois d'août de cette même année 1769.

MEHEMET-RIZA-BEYG est le prem. ambassad. de Perse qu'on ait vu en France. Montesquieu, dans ses *Lettres persanes*, a paru nier, par la bouche d'un de ses voyageurs, le caractère diplomatique de ce personnage : et il faut dire que Mehemet eut plutôt l'air d'un aventurier que du représentant d'un souverain. Cepend. les archives du ministère des relat. extérieures constatent qu'il fut réellem. chargé par son maître d'une importante négociation. Il partit d'Érivan en 1714, essaya d'abord d'effectuer son passage par Smyrne, puis par Constantinople, où il fut arrêté par ordre du gr.-seigneur. Il parvint à s'échapper, grâce aux soins de l'ambassad. franç. à la Porte, arriva à Marseille, où il donna des fêtes et fit des dettes, s'achemina ensuite vers Paris, donnant partout des preuves d'extravagance, et ne se soumit qu'avec peine et après les refus les plus dédaigneux aux condit. du cérémonial que lui indiquaient les seigneurs chargés de le recevoir. Toute son énergie apparente s'évanouit lorsqu'il eut à discuter les intérêts de son pays avec les ministres de France. Il signa en 1715 un traité honteux pour la Perse, et qu'on eût cru dicté par des vainqueurs à des vaincus. Il s'embarqua la même année au Hàvre, séjourna successivement à Copenhague, à Hambourg, à Berlin, à Dantzig, traversa la Pologne et la Russie, et n'arriva sur les frontières de Perse que dans les premiers mois de 1717. Mais il avait mal rempli sa mission; il avait vendu pour entretenir son faste ou pour vivre pend. son long voyage, une partie des présents qu'il devait remettre au sofy de la part du roi de France; il se sentit coupable et prévint, en s'empoisonnant, le supplice qui l'attendait. Une marquise d'Epinay, qu'il avait emmenée avec lui de France, et qui se fit mahométane, rassembla ce qui pouvait rester des présents destinés au sofy, et les lui porta avec le frère de l'indigne ambassadeur.

MÉHUL (ÉTIENNE-HENRI), célèbre composit. et membre de l'Institut de France, né à Givet en 1763, montra dès son enfance un goût décidé pour la musique, et fit des progrès si rapides dans cet art, qu'à 10 ans les récollets de Charlemont lui confièrent l'orgue de leur couvent, et qu'à 12 il fut nommé adjoint à l'organiste de la riche abbaye de la Valledieu. Il vint à Paris en 1779, plein d'enthousiasme et d'espoir, et eut le bonheur de connaître Gluck, qui prit plaisir à cultiver ses heureuses disposit., et l'initia dans la partie philos. et poétiq. de l'art musical. Méhul, abandonné à ses seules forces par le départ de son illustre maître pour Vienne, présenta à l'acad. roy. de musique un opéra de *Cora et Alonzo* : mais, rebuté par les délais qu'il lui fallut subir, il fit recevoir à l'Opéra-Comique *Euphrosine et Coradin*, qui fut joué en 1790, et produisit une sensat. difficile à décrire.

Le succès prodigieux de ce chef-d'œuvre engagea l'administrat. de l'Opéra à faire enfin représenter (1791) *Cora et Alonzo*, qui fut accueilli froidem. par un public devenu exigeant envers un auteur si habile. *Stratonice*, qui parut l'année suiv., releva la réputat. de Méhul; et, encore aujourd'hui, c'est là son plus beau titre de gloire. Parmi les nombreuses compositions qui suivirent celle-ci, et qui presque toutes furent données à l'Opéra-Comique, nous distinguerons *l'Irato*, où le savant musicien sut assez bien saisir la manière ital. pour tromper le public de Paris ; *Uthal*, en style ossianique, où les violons sont exclus pour faire place aux quintes; *Joseph*, si remarquable par la couleur antique et l'onction religieuse; enfin, la *Valentine de Milan*, jouée pour la prem. fois en 1822. Indépendamment de ses ouvr. de théâtre, il a composé des *Sonates* de piano, six *Symphonies*, qui ont été exécutées avec succès au Conservat., et une foule d'*Hymnes* et de *Cantates* de circonstance. Son style se recommande généralem. par la force de l'expression dramatiq. et par une facture sav. Méhul mourut à Paris en 1817; son *Éloge* fut prononcé à l'acad. royale des beaux-arts, le 2 oct. 1819, par M. Quatremère de Quincy.

MÉHUS (LAURENT), l'un des plus sav. philologues du 18ᵉ S., né à Florence, mort dans cette ville en 1791, s'est fait une réputat. très étendue, quoiqu'il se soit borné à la tâche moins brillante qu'utile d'éditeur. On lui doit d'excellentes édit. des *Lettres* de Léon. Bruni d'Arezzo et de Colluccio Salutati, 1741, in-8; de *l'Itinéraire* de Cyriaque d'Ancône, 1742, in-8; du livre de Ben. Colluccio *de Discordiis Florentinorum*, 1747, in-8; de la *Vie de Laurent de Médicis*, par Nic. Valori, 1749, in-8; du recueil des *Lettres* d'Ambroise le Camaldule et des sav. de son temps, 1759, 2 vol. in-fol., etc. Toutes ces éditions sont enrichies de préfaces et d'intéressantes notices.

MEI (COSIMO), littérat., né en 1728 à Florence, mort à Venise en 1790, a laissé : *De amore sui dissertatio*, Padoue, 1741.—*Sermoni di Mimiso Ceo* (anagramme de Cosimo Mei), *indirizzati à S. E. Alviso Vallaresso*, Bergame, 1783. — Une traduct. ital. du *Museum Mazuchellianum*, Venise, 1761-63, 2 vol. in-fol.

MEIBOM (HENRI), *Meibomius*, dit *l'Ancien*, né en 1555 à Lemgow, dans le comté de la Lippe, mort en 1625, avait professé l'hist. et la poésie à l'université de Helmstadt, et fut anobli et nommé poète lauréat par l'empereur Rodolphe II. Il a rendu des services importants par la publication d'un grand nombre de chroniques et de pièces originales, relatives surtout à l'hist. de la Saxe. On lui doit de bonnes édit., enrichies de notes, de la *Chronique* d'Albéric, chanoine d'Aix-la-Chapelle, 1584, in-4; de celle de Gobelin Persona, 1599, in-fol.; de l'ouvr. de Sleidan ; *De quatuor summis imperiis*, 1586, in-8; de plus, monuments de l'ancienne langue saxonne, etc. On cite de lui, comme littérat., un rec. très rare intit. *Parodiarum Horatianarum libri II et Sylvarum libri II*, 1588, in-8.

MEIBOM (JEAN-HENRI), savant médecin, fils du précéd., né en 1590 à Helmstadt, où il occupa une chaire de profess. ordinaire, mort en 1655 à Lubeck. où il avait été appelé par l'évêq. de cette ville qui le nomma son médec., a laissé : *de Flagrorum usu in re venereâ*, Leyde, 1629, petit in-12 ; 1643, in-4 ; Londres, 1665 (ou plutôt Paris, 1757), in-32 ; Francfort, 1670, petit in-8 ; trad. en français par Mercier de Compiègne : quelq. fragments de cet ouvr. ont été égalem. trad. par F.-A. Doppet, dans son *Aphrodisiaque externe*, 1788, in-8, dont quelq. exemplaires portent le titre de *Traité de Fouet*. — *Hippocratis Orkos sive jusjurandum*, *græco-latinum cum comment.*, 1643, in-4. — *De Mithridato et theriacâ Discursus*, 1652, in-4. — *Mecænas, sive de C. Cilnii Mecænatis vitâ, moribus et rebus gestis commentarius*, etc., 1653, in-4. — *De cervisiis potibusque et ebriaminibus extrà vinum aliis commentarius*, 1668 ou 1679, in-4.

MEIBOM (HENRI), *le Jeune*, médecin, fils du précédent, né en 1638 à Lubeck, mort en 1700 à Helmstadt, où il avait professé pend. plus. années la médecine, la poésie et l'hist., a laissé un grand nombre d'ouvr. Les principaux sont : *de Incubatione in fanis deorum, medicinæ causâ, olim factâ*, 1659, in-4. — *Dissertatio historica de metalli fodinarum hartzicarum primâ origine et progressu*, etc., 1680, in-4. — *Script. rerum germanicarum*, etc., ibid., 1688, 5 vol. in-fol.

MEIBOM (MARC), sav. philologue, de la même famille, né vers 1630 à Tonningen, dans le duché de Sleswig, mort en 1711 à Utrecht, séjourna quelq. temps à la cour de Christine, reine de Suède, qui lui accorda une pension, se rendit ensuite en Danemarck, où le roi Frédéric III lui confia une chaire de l'univ. d'Upsal, avec la garde de sa bibliothèq., vint professer les belles lettres à l'acad. d'Amsterdam, et mena une vie aventureuse qui fut loin de l'enrichir. On cite de lui : des *Notes* sur Vitruve, dans l'édition donnée par J. de Laet, Amsterdam, 1649, in-fol. — *Dialogus de proportionibus*, Copenhague, 1655, in-fol. — *Antiquæ musicæ auctores VII, gr. et lat. cum notis*, Amsterd., Elzevir, 1652, 2 vol. in-4, rare. — *De veteri fabricâ triremium liber*, 1671, in-4, fig. ; et dans le t. XII du *Thesaur. antiquitat. romanar.* — Une édit. estimée des *Vies des Philosophes*, par Diogène Laërce, 1692, 2 vol. in-4, grec et lat.

MEICHELBECK (CHARLES), sav. bénédictin, né vers 1680 dans la Bavière, mort en 1754, professa la théologie dans différ. maisons de son ordre, et fut appelé ensuite à Freisingen par le prince évêq., qui le nomma l'un de ses conseillers. On cite de lui : *Historia Frisingensis ab anno 724 ad annum 1724*, Augsbourg, 1724-29, 2 vol. in-fol. — *Chronique abrégée de la ville de Freisingen* (en allem.), 1724, in-4. — *Chronicon Benedicto-Buranum*, 1753, in-fol.

MEIEROTTO (JEAN-HENRI-LOUIS), sav. profess., né en 1742 à Stargard en Poméranie, mort en 1800, remplit d'abord une chaire au collége Joachim à Berlin, dont il obtint le rectorat quelque temps après ; mais sa fortune demeura des plus médiocres, malgré les promesses du roi de Prusse, jusqu'à ce que Frédéric-Guillaume, héritier présomptif de la couronne, eut pris avec chaleur le parti d'un sav. si estimable. Ce prince, parvenu au trône, le fit nommer membre de l'acad., du consistoire et du conseil suprême des écoles, et le mit dans une position plus avantageuse. On a de lui en allem. : *des Mœurs et de la Vie sociale des Romains aux différentes époques de la république*, 1776, 2 vol. — *Histoire de l'éducation de la jeunesse romaine*, 1778. — *La langue d'un peuple représentant sa manière de penser et sa moralité*, 1795. — *Ciceronis vita ex oratoris scriptis excerpta*, 1785-88, in-8. — *De Rebus ad auctores quosdam classicos pertinentibus dubia*, etc., 1785. — *Observat. sur l'origine des pays basaltiques*, 1790.

MEIGRET (LOUIS), célèbre grammair. du 16e S., né à Lyon, vint se fixer à Paris, où il publia, dep. 1540 jusqu'en 1558, divers ouvr. sur notre langue, et plus. traduct., soit du grec, soit du lat. On cite de lui : *Tr. touchant le commun usage de l'Escriture franç.*, auquel est débattu des faultes et abus en la vraye et anc. puissance des lettres, 1542, in-4 ; 1545, in-8, l'aut. y réclamait l'introduction d'une orthographe entièrement conforme à la prononciation : il fut obligé toutefois, dans l'impress. de cet ouvrage, de se conformer aux règles anc., dont il ne s'écarta que plus tard, dans quelq.-uns de ses autres écrits, à mesure que ses idées parurent moins singulières. — *Trétté de la Grammère françoèse, fet par Loys Megret*, 1550, in-4. — *Défenses touchant son orthographie françoèze, contre les censures et calomnies de Gloamalis* (Guill. des Autels) *et de ses adhérans.* — *Réponse à la dezesperée replique de Glaomalis de Vezelet, transformé en Gyllaome des Aotels.* — *Le Menteur* (trad. de l'Incrédule de Lucien), 1548, in-4 de 59 p. ; ces ouvr. sont impr. selon la nouv. orthographie de l'auteur.— *Translat. de langue lat. en françoyse des septiesme et huitiesme liures de Plinius secundus*, Paris, 1543, petit in-8, selon l'anc. orthographe. Quoique le système de ce laborieux grammairien n'ait pas été adopté entièrem., quelq.-unes de ses innovat. ont été trouvées heureuses et ont reçu le droit de bourgeoisie dans notre langue. Duclos, d'Alembert, l'abbé de Dangeau, les aut. de la grammaire raisonnée de Port-Royal, Buffier, l'abbé de St-Pierre, Girard, Dumarsais, Voltaire, Beauzée, Wailly, l'Acad. franç. enfin, ont plus ou moins réclamé ou sanctionné les changements proposés par Meigret dep. long-temps : c'est là un beau titre de gloire qu'il faut lui restituer.

MEILLERAIE (CHARLES de LA PORTE, duc de LA), pair et maréchal de France, mort en 1664 à l'Arsenal, à Paris, à l'âge de 62 ans, était petit-fils d'un riche apothicaire de Parthenay en Poitou, et cousin-germain du card. de Richelieu, à la protection duquel il dut un rapide avancem., justifié d'ailleurs par son propre mérite. En 1629 il se signala à l'attaque du Pas-de-Suze, et, l'année suivante, au combat de Carignan. Nommé gr.-maître de l'artillerie de France après le siége de La Mothe en Lorraine, il servit en cette qualité dans les guerres du comté de Bourgogne et des Pays-Bas, et en 1639 reçut le bâton de maréchal, des mains du roi, sur la brèche de Hesdin. En 1640 il battit le marquis de Fuentes, prit Aire, La Bassée et Bapaume l'année suiv., en 1642 soumit la plus gr. partie du Roussillon, et, en 1646, après avoir servi encore dans les Pays-Bas, fut envoyé en Italie, où il s'empara de Porto-Longone et de Piombino. Nommé surintend. des finances en 1648, il abandonna cette charge en 1649. Il avait, dit Voltaire, la probité, mais non les ressources de Sully. Sa plus gr. gloire est d'avoir été considéré comme le meilleur gén. de son temps pour les siéges. Perrault lui a consacré une courte notice dans le rec. des *Hommes illustres du 17e siècle*. Son fils unique épousa la fameuse Hortense Mancini, nièce du cardinal Mazarin, dont il prit le nom et les armes.

MEIMENDY (Khodjah-Ahmed-Ibn-Haçan, surnommé AL), visir du célèbre Mahmoud, sulthan de Ghazna, remplit pend. 18 ans cette charge, où ses talents supérieurs et le crédit de Haram-Nour, prem. femme du sulthan, le maintinrent contre ses nombreux ennemis; mais après la mort de sa protectrice il ne put leur résister plus long-temps, et fut relégué dans une forteresse de l'Hindoustan. Dans la suite le sulthan Mas'oud, fils de Mahmoud, lui rendit la liberté et les sceaux de l'empire; mais l'habile visir ne les conserva que 3 ans, et mourut l'an de l'hég. 424 (1033).

MEINDARTZ (Pierre-Jean), archev. d'Utrecht, né en 1684 à Groningue, mort en 1767 dans la même ville, eut de la peine à trouver un évêque qui voulût lui conférer les ordres, parce qu'il était attaché à la cause de Codde et de ses adhérents. Il alla se faire ordonner en 1716 en Irlande, fut fait, à son retour, pasteur de Leuwarden en Frise, et en 1739 élu archev. d'Utrecht. Clément XII et Benoît XIV s'élevèrent contre l'élect. et la consécrat. de Meindartz, par des brefs dont celui-ci appela au futur concile, suivant l'usage établi dans sa secte. Il signala son opposit. par plusieurs actes hardis, s'attira des reproches et des censures qu'il méprisa, et toutefois publia plus. écrits pour sa justificat. : nous citerons seulem. : *Recueil de témoignages*, en faveur de son Église, 1765, in-4, réimpr. dep. en 2 vol. in-12, et *Lettre à Clément XIII*, datée du 10 oct. 1766, et impr. à Utrecht, 1768, in-12.

MEINDERS (Herman-Adolphe), sav. jurisc., né en 1665 dans le comté de Ravensberg, exerça successivem. les fonctions de juge au tribunal de sa ville natale et de conseiller à la cour de Halle, fut nommé président de cette même cour en 1713, et mourut en 1730. Le roi de Prusse l'avait honoré du titre de son historiographe. Il s'appliqua surtout à l'étude du droit et des antiquités germaniques, et publia plusieurs ouvr. pleins de recherches et d'érudition, parmi lesq. on cite : *Sciagraphia thesauri antiquitatum francicarum et saxonicarum, cùm sacrarum tùm profanarum, maximè in Westphaliâ*, Lemgow, 1710, in-4. — *Tractatus de statu*

religionis et reipublicæ sub Carolo Magno et Ludovico Pio in veteri Saxoniâ seu Westphaliâ et vicinis regionibus : accessit commentarius ad capitulationes binas Caroli Magni, 1711, in-4. — *De origine, naturâ et conditione hominum propriorum et bonorum amphitheoticor.; de manumissionibus et redemptionib. hominum proprior.*, etc., 1713, in-4. — *Dissertatio de judiciis centenariis et centumviralibus, sive criminalibus et civilibus veterum Germanorum, imprimis Francorum et Saxonum*, etc., 1715, in-4.

MEINER (Jean-Werner), philologue, né à Romershofen, village de Franconie, en 1723, mort en 1789, recteur au gymnase de Langensalza, a laissé plusieurs ouvr. estimés, tous écrits en allem. Les principaux sont : *Les véritables propriétés de la langue hébraïque*, Leipsig, 1748, in-8. — *Explication des principales difficultés de la langue hébraïque*, Langensalza, 1757, in-8. — *Essai d'une logique formée sur le modèle de la langue humaine, ou Grammaire générale philosophique*, Leipsig, 1784, in-8. — *Doctrine de la liberté de l'homme*, etc., Ratisbonne, 1784, in-8. — *Mém. pour améliorer la traduct. de la Bible*, 1784-85, 2 vol. in-8. — *Varia veterum librorum loca suæ integritati restituta*, Langensalza, 1764, in-4.

MEINERS (Christophe), philosophe, histor. et littérat., né en 1747 à Warstade près d'Otterndorf, dans le pays hanovrien de Hadeln, mort en 1810, se ressentit toute sa vie de l'indépendance de caractère qui lui avait fait dédaigner les leçons de ses maîtres, dans sa jeunesse, pour étudier à part et sans autre secours que des livres. Il montra une apparente aversion pour les systèmes; mais n'en fut pas moins constamm. séduit par ceux des écrivains à gr. talents ou à grande réputation. Du reste ses doctrines ou ses recherches sont estimables : quelq.-unes cepend., vantées par les uns, seront décriées par d'autres; nous voulons parler de celles qu'il a mises au jour dans son plus bel ouvrage (*l'Histoire de l'origine et des progrès de la philosophie chez les Grecs*), et qui ont fourni à la fois un modèle et un aliment à ces associat. secrètes, si puissantes en Allemagne depuis près d'un demi-siècle. Quant à ses opinions sur l'infériorité phys. et morale de la race nègre, qui ont été citées dans les débats du parlem. britannique par les défenseurs du plus infâme des commerces, nous croyons que tout homme de bien doit les condamner hardiment. La vie de Meiners n'offre pour tout événem. que des voyages dans quelq. parties de l'Allemagne et de la Suisse. Il professa la philosophie à l'univ. de Gottingue, remplit avec beaucoup de succès les fonct. de pro-recteur, fut un des membres assidus de l'acad. royale des sciences, reçut du gouvernement d'Hanovre le titre de conseiller aulique, et d'Alexandre, emper. de Russie, la mission délicate de choisir des profes. dignes de naturaliser les sciences et les lettres dans son vaste empire. On peut voir dans Meusel et autres biogr. allem. le détail des nombreux écrits de Meiners. Nous nous contenterons de citer les suiv. : *Tableau compara-*

9

tif des mœurs et de l'organisat. sociale, des lois et de l'industrie, du commerce et de la religion, des sciences et des établissem. d'instruction, des siècles du moyen-âge et du nôtre, etc., 1793, 5 vol. —Histoire des opinions et des croyances qui prévalurent dans les prem. siècles de notre ère, surtout parmi les néo-platoniciens, 1782. — *Hist. de l'origine, des progrès et de la décad. des sciences chez les Grecs et les Romains*, 1781., trad. en français en 1799, par Laveaux et Chardon-la-Rochette, 5 vol. in-8. — Historia de vero Deo, omnium rerum auctore atque rectore, 1780.—Essai sur l'histoire de la religion des plus anciens peuples, particulièrement des Égyptiens, 1775. — Vies d'hommes célèbres de l'époque de la restaurat. des sciences, 1795 et 1796. — Histoire de la décadence des mœurs et des institut. polit. chez les Romains, Leipsig, 1782; trad. en français par Binet, 1796, et par M. Breton, 1812, 2 vol. in-8, formant les tom. XXXI et XXXII de la Bibl. hist. à l'usage des jeunes gens. — Lettres sur la Suisse, 1784, 2 vol.; 1788, 4 vol.; trad. sur la 1re édit. par Michel Huber, 1786. — De munere cancellariorum in universitatibus litterariis, dans les Mém. de l'acad. de Goettingue, 1803 et 1805. — *Histoire de toutes les religions*, 1806, 2 vol. — Recherches histor. sur le luxe chez les Athéniens, depuis les temps les plus anciens jusqu'à la mort de Philippe de Macédoine, trad. de l'allemand (par M. Ch. Solvet fils), Paris, 1823, in-8. Cet ouvr. a été couronné par l'acad. de Cassel en 1780; l'auteur l'avait intit. : Histoire du luxe, etc.

MEISSEL (AUGUSTE-HENRI), doct. en droit, né à Dresde en 1789, remplit avec succès div. missions diplomatiq., résida à Berlin comme secrétaire de légation en 1818, fut envoyé peu de temps après à Madrid dans la même qualité, et mourut à Missolonghi le 22 oct. 1824, pend. un voyage qu'il avait entrepris pour visiter la Grèce, après avoir parcouru l'Italie. Il s'est fait connaître par plus. bons ouvr., dont la liste se trouve dans l'Allemagne savante; il faut y ajouter les suiv. : État polit. de la révolution d'Espagne, par un témoin oculaire, Dresde, 1821. — Matériaux pour servir à l'hist. de la révolut. française, no 1.—Cours de style diplomat., Dresde, 1823 et 1824, 2 vol.

MEISSNER (AUGUSTE-THÉOPHILE), littérat., né en 1753 à Bautzen en Lusace, mort en 1807 à Fulde, où il avait été appelé, environ deux ans auparav., pour diriger les hautes écoles, est connu par des romans, des histoires, des contes, des anecdotes qui eurent un très grand débit. De l'esprit, de l'imaginat., un style agréable, une composit. habilement ménagée, voilà ce qui le distingue. Le genre de la nouvelle est celui qu'il a cultivé avec le plus de succès. Voici quelq.-uns de ses princip. ouvr. : Esquisses, Leipsig, 1778-96, 14 vol., trad. en partie en français par Bonneville dans son choix de Petits romans.—Alcibiade, 1781-88, 4 vol., trad. en français par le comte de Bruhl, Dresde, 1787, 1791, 4 vol. in-8, et imité par Rauquil-Lieutaud, 1785, 4 vol. in-8, in-12, in-18, imité par L.-S.

Mercier, 1789, 4 vol. in-8. — Mazaniello, 1784, trad. en français par Lieutaud, 1788, 1789, et par Jourda, 1821, in-8.—Bianca Capello, 1785, 2 vol., trad. par Lieutaud, 1790, 2 vol. in-12, et par de Luchet, 1790, 3 vol. in-12. — Spartacus, 1792, imité en franç.—Vie d'Épaminondas, 1798. — Vie de Jules-César, 1799-1801, 2 vol. — Fragments pour servir à la vie du maître de chapelle Naumann, Prague, 1803, 2 vol.—Charles et Hélène de Moldorf, trad. par Mme de Montolieu, 1814, in-12.

MEISTER (ALBERT-FRÉDÉRIC-LOUIS), né en 1724 à Weickersheim, dans le Hohenlohe, mort en 1788, professa la philosophie à Goettingue, et fit aussi des cours sur l'art militaire, sans jamais avoir été au service. Il n'a écrit que des dissertat. et mém. détachés sur la physiq., l'optique, la mécanique, la plupart en latin, et insérés dans le recueil des Mémoires de la société de Gœttingue. On a publié séparém. : De catapultâ polybolâ, Goettingue, in-4. — Mémoire sur l'instruction militaire, et Notice sur les écoles milit. françaises (en allem.), 1766, in-4, etc.

MEISTER (LÉONARD), laborieux écrivain, né en 1741 à Nefftenbach, canton de Zurich, mort dans la cure de Cappel en 1811, a laissé de nombr. ouvr., tous assez utiles, mais médiocres, et qui lui ont attiré une des fameuses épigrammes de Goethe, intit. : Xenies. Nous nous contenterons de citer : Mémoires pour l'histoire des arts et métiers, des mœurs et des usages, Zurich, 1774, in-8. — Mém. pour l'histoire de la langue et de la littérat. allemandes, 1780, 2 part. in-8. — Les hommes célèbres de l'Helvétie, Zurich, 1781-82, 3 vol. in-8. Abrégé du droit public helvétique, St-Gall, 1786, in-8. — Dictionnaire historique, géographique et statistique de la Suisse, Ulm, 1796, 2 vol. in-8. Rotermund donne une liste des ouvr. de Meister, au nombre de 80, tous en allemand.

MÉJANES (JEAN-BAPTISTE-MARIE PIQUET, marquis de), savant bibliophile d'Arles, né en 1729, mort en 1786 à Paris, où il était syndic et député de la noblesse de Provence, consacra une fortune considérable à former une des plus complètes et des plus précieuses biblioth. qu'un particulier ait jamais possédées. Nommé prem. consul de la ville d'Aix en 1777, il y établit un jardin botanique, un laboratoire de chimie et une école vétérinaire. Il légua sa biblioth. à la Provence, pour être rendue publique à Aix, et affecta plus de 3,000 francs de rente perpétuelle à l'entretien et à l'augmentat. de cette belle collect. Elle ne fut ouverte définitivem. au public qu'en 1810. Pour en apprécier la richesse, il suffira de dire qu'elle est composée de 75 à 80 mille vol., et la plus considérable qu'il y ait en France, d'après les biblioth. de Paris, de Lyon et de Bordeaux. La Notice sur la biblioth. Méjanes, par M. Ronard, bibliothéc., 1831, in-8, est ornée du portrait du fondat., d'après le buste de Houden.

MEJEJ, prince du pays des Kenouniens, situé dans le Vasbouragan, province de l'Arménie, naquit vers la fin du 5e S. En 516 les Huns-Sabiriens s'étant jetés sur la Grande et la Petite-Arménie, et sur la Cappadoce, il réunit ses forces à celles de plus. princes voisins pour arrêter ces Barbares, qui se préparaient à retourner dans leur pays chargés de butin, les battit complétem., et reçut du roi de Perse, Kobad, le gouvernem. de l'Arménie, où il se fit aimer pendant une administrat. de 30 ans. Il mourut à Tovin en 548. — MEJEJ, petit-fils du précédent, et comme lui prince des Kenouniens, s'attacha en 620 à l'emper. Héraclius, lui rendit des services signalés dans la guerre que ce prince tint contre les Perses, jusqu'à la mort de Khosrou-Parwiz, et reçut pour récompense le gouvern. de l'Arménie grecque, qu'il conserva jusqu'en 648. Il fut rappelé, à cette époque, par Constant, petit-fils d'Héraclius, qui le combla de dignités. Ce prince ayant été assassiné à Syracuse, les grands forcèrent Mejej d'accepter la couronne impériale. Mais Constantin Pogonat, fils de Constant, arma une flotte à laquelle les rebelles n'opposèrent qu'une faible résistance, s'empara de la personne de son malheureux compétit., et l'emmena à Constantinople, où il le fit mettre à mort en 668.

MEKHITHAR, prêtre arménien, qui naquit et vécut à Any, capitale de la Grande-Arménie, florissait vers la fin du 12e S. Il avait composé une hist. anc. de l'Arménie, de la Géorgie et de la Perse, et trad. du persan plus. ouvr. relatifs à l'astronomie, que l'on croit perdus, ainsi que son histoire, jugée très estimable par Vartan et Étienne Orpélian. — MEKHITHAR, médecin arménien, né à Her, ville de l'Aderbaïdjan, vers le commencem. du 12e S., avait des connaiss. en philosophie et en astronomie, et possédait les langues grecque, arabe et persane. On a de lui un *Traité des fièvres*, qui se trouve à la biblioth. du roi, n° 107 des MSs. arméniens. — MEKHITHAR-KOSCH, c'est-à-dire *qui a peu de barbe*, doct. arménien, né à Kandsag ou Gandjah dans l'Arménie-Orientale, assista au concile assemblé à Lorhi, en 1205, par Zacharie, connétable de Géorgie et d'Arménie, pour régler la discipline de l'Église d'Arménie, donna son assentiment aux actes de ce concile, et mourut en 1213. Tous ses ouvr. sont inédits, à l'exception d'un *Recueil de fables et d'apologues*, fort estimé chez les Arméniens, et dont le docteur Zohrab a donné une édit. très correcte, Venise, 1790, in-12. — MEKHITHAR (Pierre), fondat. du couvent arménien de Venise, né à Sébaste, dans la Cappadoce, en 1676, se rendit à Constantinople en 1700, y prêcha pendant quelq. temps, et s'efforça de réunir les Arméniens de cette ville, divisés alors en deux partis ; mais n'ayant pu réussir, il se tourna vers l'Église romaine, prêcha la soumission au pape, et s'exposa ainsi à toute la fureur du clergé de sa nation. Poursuivi par le patriarche Ephrem, le chef de l'un des partis qu'il avait voulu réconcilier, et plus tard par Avedik'h, successeur d'Ephrem, il se vit enfin obligé de quitter Constantinople. Il se réfugia à Smyrne, fut contraint de se cacher dans le couvent des jésuites, et réduit à se retirer dans la Morée qui appartenait alors aux Vénitiens. Lorsque ceux-ci la perdirent en 1717, il chercha un asile à Ve-

nise, et obtint du gouvernem. la concession de l'île de St-Lazare, où il fonda le couvent dont nous avons parlé, qui devint la résidence des religieux armén., appelés de son nom *Mekhitharistes*. Il y mourut en 1749. On distingue, parmi ses ouvr., une *Bible arménienne*, 1733, in-fol. : une *Grammaire de l'arménien vulgaire*, et une autre *de l'arménien littéral*; un *Dict.*, en 2 vol., le prem. en 1749 et le 2e en 1769.

MÉLA (POMPONIUS), géographe rom., que quelques savants font à tort contemporain de César ou d'Auguste, naquit au commencem. du règne de Tibère ; mais on ignore le nom de sa patrie que des conjectures plausibles placent dans la Bétique. On a voulu le faire parent de Sénèque et de Lucain : selon les uns il serait fils de Sénèque le rhéteur, et par conséquent frère du philosophe; les autres voudraient qu'il fût le petit-fils du premier et le fils du second. Mais ces deux hypothèses sont, la prem. très peu probable, la deuxième totalement inadmissible. On ignore quand il mourut. Son ouv. intit. selon les uns *Géographia*, ou *Cosmographia*, ou *Chorographia*, selon les autres, *Descriptio situs orbis*, ou *de situ orbis*, est écrit avec assez de méthode et contient beauc. de descript. topograph. très précieuses, extraites d'Éphore, d'Hérodote et peut-être de Strabon ; mais l'auteur ne montre point de critique, et des lacunes, des inexactitudes impardonnables déparent l'ouvrage; il ne donne souvent que des dénominat. anciennes au lieu de celles qui étaient adoptées de son temps ; enfin ses mesures ne sont point réduites à une même échelle. Les meilleures édit. de la géographie de Méla sont celles dites *Variorum*, avec les notes de Jacques Gronovius, 1722, et de Tzschucke, Leipsig, 1806, 3 tom. en 7 vol. in-8. M. Fradin a donné une traduction de Pomponius Méla, Paris, 1804, 3 vol. in-8, peu estimée.

MELANCHTHON (PHILIPPE), célèbre réformat., né en 1407 à Bretten, dans le Bas-Palatinat, changea son véritable nom de *Schwartz-Erde* (Terre-Noire) pour celui de *Melanchthon*, qui en est la traduction grecque. Il montra dès son enfance des disposit. extraordin. pour les lettres, au progrès desq. il devait un jour contribuer si puissamment par ses écrits pleins d'ordre, de pureté et de douceur. Après avoir étonné ses maîtres par ses progrès, il fut nommé, en 1518, professeur de grec à l'acad. de Wittemberg, et s'y lia bientôt intimem. avec Luther, qui, dans le même temps, y enseignait la théologie. Ces deux hommes, de caractères si opposés, étaient réunis par le désir commun de voir enfin réformer les abus introduits dans l'Église romaine. Déjà le fougueux Luther avait rendu tout rapprochem. impossible, que le doux et pacifique Melanchthon se flattait encore de pouvoir conserver l'unité avec le chef visible de l'Église. Effrayé des progrès de la réforme et prévoyant qu'elle ferait couler des flots de sang, il adopta toutefois les principes de Luther qui l'avait subjugué; mais ce fut pour jouer le rôle de conciliateur. Il prit peu de part aux débats de son maître avec les délégués de

Léon X, reçut la mission de propager la nouvelle doctrine en Saxe, et ne s'y occupa guère que d'organiser des écoles ; enfin dans un voyage qu'il fit à Bretten, il conseilla à sa mère de continuer à croire et à prier comme elle avait fait jusqu'alors. Il rédigea la fameuse *Confession d'Augsbourg*, et y inséra quelq. articles tendant à amener un rapprochem.; mais on eut l'imprudence de la rejeter. François Ier, qui estimait ses vertus, ses lumières et sa modération, lui fit faire quelques ouvertures et reçut de lui un mémoire conciliatif dont le seul résultat fut de déchaîner contre le docteur trop raisonnable les fanatiq. de son parti. Le roi d'Angleterre, qui voulut aussi s'entendre avec les réformateurs par le moyen de Mélanchthon, ne fut pas plus heureux. Mélanchthon, après avoir erré en Allemagne pendant la guerre qui suivit la ligue de Smalcalde, assista aux conférences de Ratisbonne en 1541, et publia un grand nombre d'écrits pour les protestants, à l'occasion de l'*interim*. Luther étant mort, son vertueux disciple se vit plus que jamais exposé aux censures des réformat. Enfin, accablé de tant de disputes, il mourut en 1560, après avoir eu, en 1557, à Worms, une dernière conférence avec les théolog. catholiques. Quoiqu'il soit bien certain qu'il changea plus. fois de principes, nous l'excuserons facilement et nous croyons qu'il mérite moins de blâme pour sa versatilité que de louange pour sa modération. Ce qu'on ne saurait contester du moins, c'est qu'il est l'un des hommes qui ont le plus contribué à la renaissance des lettres en Europe. Ses *OEuvres* ont été publ. à Wittemberg, 1661-64, 4 vol. in-fol.; 1680-83, 4 vol. in-fol. Parmi les écrits dont se compose cette collect., on distingue : *Loci communes theologici*, 1521, in-8. — *Declamationes*, 1559-86, 7 vol in-8. — *Epistolar. lib. primùm editus*, 1647, in-8. — *Vita Mart. Lutheri breviter exposita*, 1548, in-8. On a la *Vie de Melanchthon*, en latin, par Camérarius, Halle, 1777, in-8; un *Melanchthoniana* publ. par G.-T. Strobel, Altdorf, 1771, in-8; enfin une *Vie* de ce réformateur en allemand par Tischer, Leipsig, 1801, in-8.

MELANDERHIELM (DANIEL MELANDER, anobli sous le nom de), géomètre et astronome suédois, né en 1726, mort en 1810, parut d'abord se destiner uniquement à l'analyse transcendante ; mais après avoir été quelq. années suppléant de Martin Stromer, devenu professeur en titre d'astronomie à Upsal en 1761, il consacra presque tous ses travaux aux théories astronomiques. Il fut anobli par Gustave III en 1778, nommé chevalier de l'Étoile polaire en 1789, et conseiller en la chancellerie en 1801. Après quarante ans de professorat, lorsqu'il voulut se reposer, on lui conserva son traitement. On cite de lui : *Lineamenta theoriæ lunaris*, publié par Frisi, sous ce titre : *Danielis Melandri et Pauli Frisii alterius ad alterum, de theoriâ lunari Commentarii*, Parme, 1769. — *Conspectus prælectionum astronomicarum continens fundamenta astronomiæ*, Upsal, 1779, 2 vol. in-8; trad. en Suédois par l'auteur, 1795, 2 vol.

in-8. — *Isaaci Newtoni Tractatus de quadraturâ curvarum, explicationibus illustrat.*, ouvr. d'analyse pure. — Des *remarques ou dissertations* dans les *Mémoires* de Stockholm, t. XXII et XXIII, et dans les *Nouveaux Mémoires* de l'acad. de Suède, 4e partie. On trouve une courte *Notice* sur sa vie dans la *Correspondance* de Zach, t. IX, 73-80.

MELANDRI CONTESSI (GIROLAMO), né en 1784 à Bagnacavallo dans les états pontificaux, étudia les sciences chimiques et pharmaceutiques d'abord à Ravenne, puis, en 1802, à Bologne, et vint compléter ses études médicales à Pavie jusqu'en 1806, où il fut reçu docteur. Lié d'amitié avec Moretti, ils publièrent de concert plus. *Mémoires* intéress. de chimie, qui, en 1807, firent confier à Melandri Contessi la chaire de chimie à l'univ. de Padoue. Il l'occupa avec éclat jusqu'à sa mort en 1833. De nombreux *Mémoires* sur divers sujets des sciences chimiques et sur leurs applications sont contenus dans le *Journal de chimie et de physiq. de Pavie*, dans les *Mém. de l'acad. de Padoue*, dans les *Annales des sciences du roy. lombardo-vénitien*. Il a déposé aussi, dans son *Traité de chimie*, publié en 1826, le fruit de ses observat. sur divers points intéressants de la science.

MÉLANIE, l'*Ancienne*, dame romaine, célèbre par sa piété, était petite-fille du consul Marcellin et parente de St Paulin de Nola. Née vers 343, elle resta veuve à 23 ans, parcourut les déserts de la Thébaïde, et se retira dans un couvent qu'elle fit bâtir à Jérusalem, et où elle demeura 27 ans. Elle fit un voyage en Italie pour décider sa petite-fille à imiter son exemple. Revenue en 410 dans son monastère, elle y mourut la même année. Quelques écrivains ont reproché à cette illustre romaine son penchant pour l'hérésie d'Origène; mais les louanges de St Augustin et de St Paulin ne doivent pas laisser de doutes sur son orthodoxie. — Ste MÉLANIE, la *Jeune*, petite-fille de la précédente, avait été mariée à 13 ans; mais la mort prématurée de ses enfants et les exhortations de son aïeule l'engagèrent à embrasser la vie monastique, ce qu'elle fit en 417 à Jérusalem avec Pinien, son mari. Elle mourut en 439, âgée de 56 ans, dans un couvent qu'elle avait fait élever sur le mont des Oliviers en 435, et dont elle fut obligée d'accepter la direction. Baillet et Godescard ont écrit la *Vie* de Ste Mélanie; l'abbé Fr. Macé a donné son histoire sous le titre de *Mélanie, ou la Veuve charitable*.

MÉLANTHE, peintre grec, condisciple d'Apelles, consentit comme lui à payer un talent d'or à Pamphile pour recevoir pendant dix années ses leçons. Le tyran de Sycione, Aristrate, voulut être peint par lui sur un char de triomphe. Après la révolution opérée par Aratus, on détruisit dans Sycione les images des tyrans; mais le chef-d'œuvre de Mélanthe trouva grâce par les instances du peintre Nealcès, qui se chargea de faire disparaître la figure en y substituant un rameau de palmier. Mélanthe avait écrit sur son art un ouvrage qui ne nous est point parvenu.

MÉLAS, général autrichien, fit ses premières

armes dans la guerre de sept ans contre la Prusse, combattit plus tard les Français sur la Sambre, dans le pays de Trèves et sur le Rhin, et reçut le commandement de l'armée d'Italie en 1796. Il eut d'abord quelques succès, se distingua à la bataille de Cassano, prit part à celles de la Trébia et de Novi, battit Championnet à Genola, et s'empara de Coni. Mais il perdit ensuite devant Gènes un temps précieux (1800), divisa ses forces, laissa le temps à Bonaparte d'envahir la Lombardie et de se placer sur les derrières de l'armée autrichienne, et vint se faire battre à Marengo (*v.* ce mot). Il obtint toutefois une capitulation qui lui permit de se retirer sur Mantoue, avec son armée et un immense bagage. Malgré cette défaite, attribuée à son imprévoyance, il continua d'être employé, fut même nommé commandant de la Bohème, et chargé six ans plus tard (1806), de présider la commission qui eut à prononcer sur la capitulation du général Mack à Ulm. Mélas mourut à Prague en 1807.

MELCHISÉDECH, roi de Salem (que l'on présume être Jérusalem) et grand-prêtre du Très-Haut, vint au-devant d'Abraham, vainqueur de Chodorlahomor. Le patriarche lui donna la dîme de tout ce qui avait été pris sur l'ennemi. On regarde généralement Melchisédech comme une figure de Jésus-Christ que l'Écriture qualifie de pontife éternel selon l'ordre de Melchisédech.

MELCHTHAL (ARNOLD de), appelé ainsi du nom de son habitation dans le pays d'Unterwald, fut l'un des trois fondat. de la liberté suisse. Handenberg, gouverneur du pays pour Albert d'Autriche, ayant fait enlever une paire de bœufs au père d'Arnold, riche propriétaire du Melchthal, le jeune homme frappa le valet du tyran, qui avait eu la lâcheté de joindre l'insulte à l'exécution de cette mesure arbitraire. Forcé de s'enfuir et de se cacher, il fut cruellem. puni dans la personne de son père à qui le gouverneur fit crever les yeux. C'est alors qu'altéré de vengeance, Arnold se concerta avec ses amis, Furst et Stauffacher, sur les moyens de secouer le joug de la tyrannie. Ils sondèrent les disposit. de leurs familles et de leurs amis ; et après s'être assurés chacun de dix hommes courageux qui voulussent mourir ou être libres, ils se réunirent, une nuit, dans la plaine solitaire de Gruttli, près des limites des pays d'Unterwald et d'Uri (nov. 1307). Là fut prêté par ces trente-trois héros de la liberté le serment de remettre l'antique Helvétie en possession de ses priviléges et de ses franchises, et de garder toutefois un secret inviolable, de tenir une conduite circonspecte jusqu'à ce que le moment d'agir fût arrivé. L'aventure de Guill. Tell hâta l'exécution de ces mesures, que la prudence des conjurés aurait peut-être rendues long-temps inutiles. (V. TELL.)

MÉLÉAGRE, poète grec, édit. de la première *Anthologie*, florissait selon les uns sous Démétrius II, (Nicator), suivant les autres sous Séleucus VI, ce qui peut s'accorder puisque ces deux princes ne sont séparés que par un intervalle de 50 ans. On ignore le lieu de sa naissance, qu'il nomme lui-même Atthis, et qui certainement était en Syrie. C'est lui qui le premier conçut, ou du moins réalisa l'idée de réunir en un corps les poésies éparses des meill. épigrammatistes grecs. Son recueil, intit. *Guirlande*, contenait des morc. tirés de 46 poètes tant anciens que récents, et semble avoir été fait avec beaucoup de goût. Il y a joint un assez grand nombre de pièces de sa façon. Elles sont généralement spirituelles, d'un tour facile et agréable, mais un peu gâtées par l'affectation. On a extrait et réuni plusieurs fois ce qui reste de Méléagre. Les meilleures édit. de ce genre sont celles de Manso, Iéna, 1789, et de Græfe, Leipsig, 1811.—Un autre MÉLÉAGRE, philos. cynique, auteur de 3 *satyres* en prose, a été à tort regardé comme identique avec le précéd.—Un autre MÉLÉAGRE, lieut. d'Alexandre-le-Grand, s'était prononcé fortem. à sa mort pour que l'on proclamât sur-le-champ Aridée, sans attendre l'accouchem. de Roxane. Il obtint ensuite dans le partage des provinces le gouvernem. de Lydie ; mais il fut peu après condamné à mort par Perdiccas.

MÉLÈCE (St), patriarche d'Antioche, issu d'une des familles les plus disting. de la Petite-Arménie, devint en 357 évêque de Sébaste ; mais les intrig. de ses ennemis l'engagèrent à se retirer à Bérée en Syrie. Un concile d'évêques catholiques et ariens lui offrit le patriarchat d'Antioche, qu'il accepta ; mais l'empereur Constance, mécontent de le voir condamner l'arianisme, le chassa de ce siége trente jours après son élection. Il fut même exilé en Arménie. Julien lui permit de revenir à Antioche ; mais une partie des habitants restèrent attachés au patriarche intrus élu pendant son absence, et refusèrent tout accommodem. Cepend. le but secret de Julien était de rétablir sur les débris du christianisme le culte de l'idolâtrie. L'opposition de Mélèce à son dessein lui attira un nouvel exil. Jovien, monté sur le trône en 363, le rappela sur-le-champ ; mais il fut encore exilé sous Valens, et ne revint qu'au commencem. du règne de Gratien, en 378. Il mourut l'année suivante (379), pendant la tenue du concile d'Antioche, qu'il présidait en qualité de patriarche, et où il fit confirmer l'élection de St Grégoire de Nazianze sur le siége de Constantinople. Son nom, vénéré dans tout l'Orient, fut inséré au 16e S. dans le martyrologe rom. Les deux Églises célèbrent sa fête le 12 fév. St Chrysostôme prononça en son honneur un beau *Panégyrique* 5 ans après la mort de Mélèce.

MÉLÈCE ou MÉLICE, *Melicius*, évêque de Lycopolis en Égypte, ayant été déposé dans un synode présidé par Pierre, évêque d'Alexandrie, comme prévenu d'avoir sacrifié aux idoles pendant la persécution, souleva un schisme, fut condamné par le concile d'Alexandrie, puis absous par celui de Nicée (325), et mourut l'année suivante, après s'être uni aux ariens contre St Athanase, et avoir institué, pour occuper après lui le siége de Lycopolis, un certain Jean, d'abord son serviteur, puis son disciple. On a désigné ses partisans sous le nom de *Méliciens*.

MÉLÈCE, *Mélétius*, médecin grec, florissait, dit-on, vers la fin du 4e S. Il ne paraît pas qu'on doive le distinguer de *Meletius monachus* (moine ou solitaire), qui s'occupait également de médecine à la même époque. On a de lui un *Traité de la nature de l'homme*, dont il existe plusieurs copies à la bibliothèque du roi, à celle de Vienne, et à la bibliothèque bodléienne à Oxford. Le texte grec de ce traité n'a pas encore été publié; mais il en existe une version latine par Nicol. Pétréius de Corcyre, Venise, 1552, in-4. Portal pense que la lecture de cet ouvrage peut être utile (*Hist. de l'anatomie*, t. Ier, p. 114 et 115). La bibliothèque du roi possède en outre de Mélétius un *Commentaire sur les Aphorismes d'Hippocrate*, et un petit traité, en vers, *sur les urines.*

MÉLÈCE-SYRIQUE, l'un des plus fameux théologiens de l'Église grecque, né dans la capitale de l'île de Candie en 1586, fut d'abord abbé d'un monastère; mais ayant été dénoncé comme schismatique, il se retira à Alexandrie, et de là, en 1630, à Constantinople, sur l'invitat. du patriarche Cyrille-Lucar, qui le nomma proto-syncelle de son église. Mélèce assista aux synodes de 1638 et 1642, dans lesquels les sentim. et la doctrine de Cyrille-Lucar furent condamnés. Il fut même chargé de réfuter la *Confess. de foi* du patriarche, et rédigea à cet effet un écrit qui fut imprimé à Iassi (Moldavie), puis à Bukharest en 1690, et publié plus tard en grec et en lat. par C. Simon, à la suite de la *Créance de l'Église orient. sur la transsubstantiation*, Paris, 1687, in-12, et par Renaudot dans le recueil des *Homélies* de Gennade, etc., Paris, 1709, in-4. Mélèce fut ensuite envoyé par son patriarche en Moldavie, pour examiner la *Profession de foi* du P. Mogila ou Mohila, métropolit. de Kief. De retour à Constantinople, il éprouva de la part du nouv. patriarche tant de vexations, qu'il sortit de la ville et erra d'un lieu à un autre jusqu'à la mort de son ennemi. Il revint alors (1651) à Constantinople, ouvrit une école qui fut brûlée dans le vaste incendie dont la capit. de la Turquie conservera long-temps le souvenir, et alla mourir à Galata en 1664. Il a laissé plus. ouvr. pour lesq. nous renvoyons à sa *Vie*, par Dosithée, dont on trouve l'analyse dans le tome IV du *Traité de la perpétuité de la foi.*

MELENDEZ VALDEZ (JEAN-ANTOINE), poète, né en 1754 à Ribera en Estramadure, fut reçu doct. en droit à l'âge de 22 ans, obtint au concours la chaire de belles-lettres à Salamanque, et débuta dans la carrière poétique par deux pièces couronnées à l'académie espagn. Encouragé par le succès de ces premiers essais, il se livra décidément à son génie, et composa des *poésies anacréontiq.*, des *odes*, des *romances*, des *poésies légères*, des *sonnets*, des *élégies*, des *églogues*, qui se distinguent par une pureté et une élégance soutenue, autant que par le bon goût, si rare chez les poètes de sa nation. Ses meilleures productions sont des épîtres, dans lesq., selon Esmenard, l'aristarque le plus difficile ne trouvera qu'une perfect. désespérante.

Il dut à ses talents la place de juge au tribunal d'appel de Saragosse en 1789, et celle de procur. du roi près la cour de justice criminelle de Madrid en 1797. Lors de l'invasion des Français, il s'attacha à la fortune de Joseph Bonaparte, qui le nomma conseiller-d'état et directeur-général de l'instruct. publique. Après le triomphe des cortès, il se retira en France, et mourut à Montpellier en 1817. Ses *OEuvres*, recueillies et publiées à Valladolid, 1798, 3 vol., ont été réimpr. plusieurs fois en Espagne et en France; l'édition la plus complète est celle de Paris, 1832, 4 vol. in-18, précédée d'une *Vie* de ce grand poète, par Quintana.

MÉLÉTIUS, géogr. grec, né à Janina en Épire en 1661, se rendit à Venise après avoir pris l'habit ecclésiastique, et s'y livra à de sérieuses études. De retour dans sa ville natale, il fut nommé profess. au collège d'Épiphanius, et plus tard, en 1692, archevêque de Naupacte et d'Arta. En 1703, il passa à l'archevêché d'Athènes, et en 1714 il fut appelé à celui de Janina, qu'il accepta, mais dont il fut écarté par un intrigant nommé *Hiérothéus Rhaptis.* Il était déjà malade, et ce contre-temps l'affecta au point qu'il en mourut le 12 décembre même année. Il avait composé plus. ouvrages de théologie morale, de philosophie, de médecine, de sciences exactes, etc.; mais l'ouvrage qui a surtout étendu sa réputation est sa *Géographie anc. et moderne*, Venise, 1728, in-fol.; 1807, 4 vol. in-8, avec des notes et des cartes. On cite encore de lui l'*Histoire ecclésiast.*, en grec ancien, trad. en grec moderne, et publié à Venise en 1800, 3 vol. in-4.

MELFORT (JEAN DRUMMOMD, duc de), frère de Jacques Drummond, duc de Perth, resta jusqu'à sa mort attaché à la personne de Jacques II, roi d'Angleterre, qui lui conserva la qualité de prem. ministre lorsqu'il effectua, avec l'appui de la France, une descente en Irlande (1689), et lorsqu'il revint à St-Germain après cette malheureuse expédit. Melfort consuma les débris de sa fortune en essais infructueux, souv. répétés, dans l'espoir de rétablir Jacques II sur son trône. Toutefois quelques historiens assurent qu'il ne jouissait d'aucune considération à la cour de Versailles, et qu'il avait même fini par être banni de celle de St-Germain. Il mourut en 1716. — V. DRUMMOND.

MÉLIK ARSLAN ou ABOUL MODHAFFER ZEIN-EDDYN ARSLAN CHAH, 13e sulthan seldjoukide de Perse, fut placé sur le trône à Hamadan l'an 555 de l'hégire (1160 de J.-C.); mais le khalife Mostandjed, qui ne craignait plus les Seldjoukides, refusa de faire prier pour lui à Bagdad, et dans le même temps, Mohammed, cousin du nouv. maître de la Perse, essaya de lui disputer la souveraineté. Son ambition lui coûta la vie. En 556 (1161), George III, roi de Géorgie, se déclara aussi contre Mélik Arslan, qui le battit l'année suivante. Mais tandis que le sulthan relevait la gloire de sa race dans la Perse-Occidentale, il la voyait s'éteindre dans le Khoraçan, et accordait lui-même l'investiture à plusieurs nouveaux souverains. Toutefois il faut dire qu'il montra de la fermeté contre les entreprises de plus. ambitieux, et qu'il obtint sur eux quelques avantages : de ce nombre fut Ynanedj. Melik Arslan mourut en 571 (1175), dans la 45ᵉ ann. de son âge et la 16ᵉ de son règne. Ce prince avait de gr. et de bonnes qualités.

MÉLIK CHAH Iᵉʳ (Moezz Eddyn Aboul Fethah), 3ᵉ sulthan de Perse de la dynastie des seldjoukides, succéda à son père Alp Arslan, par les soins du célèbre visir Nizam el Molouk, l'an 465 de l'hégire (1072 de J.-C.), et fut reconnu sans opposit. depuis le Djihoun jusqu'à l'Euphrate. Cependant il fut un moment inquiété par son oncle Cadherd ou Carout-Beyg, prince feudataire du Kerman, qu'il vainquit et qu'il fit empoisonner, pour ôter tout prétexte de révolte aux mécontents. En 467, il éleva au khalyfat Moctady Biamr Allah, et ordonna la réforme du calendr. persan, connu sous le nom d'*ère djélaléenne*. L'année suiv. il réussit, par ses lieutenants, à chasser les Grecs de l'Asie-Mineure et de la Syrie-Septentrionale, et à enlever au khalyfe fathémide Mostanser la partie méridion. de cette province. Il s'occupa ensuite de détruire ou de soumettre tous les petits dynastes qui désolaient la Syrie et la Mésopotamie ; mais il fut obligé de tourner ses armes contre son frère Takasch ou Tanasch, révolté dans le Khoraçan. Il triompha de ce rebelle (477) comme il avait fait des autres, et alla enlever Édesse, Halep et plusieurs autres places en Syrie, tandis qu'il achevait de dépouiller, par un de ses génér., le dernier prince de la dynastie des merwanides, Mansour, fils de Nasr, des états qu'il possédait en Arménie et en Mésopotamie. L'an 481 fut consacré par le sulthan à soumettre, à l'extrémité orient. de son empire, plusieurs princes rebelles, ou du moins assez puissants pour tenter un soulèvement. Mais pendant qu'il assurait ainsi sa vaste puissance, des intrigues dirigées par la sulthane Terkhan-Khatoun, le portaient à déposer son fidèle ministre Nizam el Molouk, qui fut assassiné en 485 (1092) par ordre du nouveau visir. Mélik Chah ne lui survécut que 18 jours, et mourut à Bagdad d'une maladie aiguë, à l'âge de 58 ans, après un règne glorieux de 20 ans. Ce prince, le plus puissant et le plus illustre de sa dynastie, réunissait à tous les avantages physiques les qualités les plus brillantes et les plus solides. — MÉLIK CHAH II (Moghaïth Eddyn Aboul Fethah), 10ᵉ sulthan de la même dynastie, succéda à son oncle Mas'oud en 547 (1152), fut déposé par ses émyrs le 4ᵉ mois de son règne et enfermé dans le château de Hamadan. Il parvint à s'évader, se joignit aux autres ennemis de son père Mohammed II, qui régnait en sa place, et obtint sur lui quelq. avantages. A la mort de Mohammed l'empire fut partagé entre trois compétiteurs. Mélik Chah, l'un d'eux, se rendit maître d'Ispahan ; mais il y mourut quelques jours après, en 555 (1160), à l'âge de 32 ans : on soupçonna qu'il avait été empoisonné.

MÉLIK EL ADEL (Saïf-Eddyn Aboubekr Mohammed), sulthan d'Égypte et de Damas, de la dynastie des ayoubides, et connu chez les histor. des croisades sous le nom de *Saphadin*, était frère puîné du grand Saladin, dont il eut le courage, l'ambit. et les talents, mais non pas toutes les vertus. Il rendit de gr. services à son frère, préserva même d'une ruine totale sa puiss. encore mal affermie, et obtint successivement les gouvernem. de l'Égypte, d'Halep et de Damas, les villes de Harran et d'Édesse à titre d'apanage, etc. Après avoir enlevé aux chrétiens plusieurs places importantes en Palestine, il fut chargé d'entrer en négociation avec Richard-Cœur-de-Lyon ; et telle fut son adresse, qu'il aurait épousé Jeanne, sœur du roi d'Angleterre et veuve de Guillaume II, roi de Sicile, et aurait été couronné avec elle roi de Jérusalem, si cette princesse n'eût refusé formellem. de donner sa main à un infidèle. Il est facile de reconnaître ici le canevas sur lequel Mᵐᵉ Cottin a brodé son roman de *Mathilde*. La paix eut lieu toutefois, mais sur d'autres bases, par les soins d'Adel, qui obtint de la reconnaissance de son frère de nouvelles concess. Mais ce fut surtout après la mort de Saladin, en 589 (1193), qu'il commença décidément à fonder sa puissance. Il sema où entretint la division entre les 3 fils du sulthan qui régnaient, le premier à Damas, le second en Égypte, le troisième à Halep. Il les affaiblit l'un par l'autre, devint le véritable souver. de Damas sous le titre d'atabek (généralissime), s'empara du Kaire en 596 (1200), et ceignit l'ann. suiv. la couronne d'Égypte. En vain le sulthan d'Halep, qui d'abord avait craint de s'opposer à la fortune de son oncle, voulut-il former une ligue contre lui : l'heureux Adel sut encore diviser ses ennemis et se rendre paisible possesseur des roy. d'Égypte, de Damas, de Jérusalem et de la plus grande partie de la Mésopotamie. Alors il tourna ses armes contre les chrétiens, leur fit la guerre avec des succès variés, et se consola de n'avoir pas toujours l'avantage par les triomphes de son fils Mélik el Awlad Nedjm Eddyn Ayoub, dans la Haute-Arménie, et par ceux qu'il obtint lui-même sur les atabeks de la Mésopotamie. Son principal but fut de ruiner l'autorité des anciens émyrs de Saladin et de se ménager l'appui de ses propres enfants, sans les rendre redoutables par de trop gr. apanages. La khothbah se faisait en son nom, non-seulement en Égypte et en Syrie, mais encore dep. les frontières de la Géorgie jusqu'aux extrémités de l'Arabie : il était heureux au sein de sa nombr. famille, lorsqu'en 614 (1217) une armée de croisés sous les ordres d'André II, roi de Hongrie, de Hugues Iᵉʳ, roi de Cypre, et des ducs d'Autriche et de Bavière, vint lui porter par ses succès un coup mortel, auquel il succomba en 615 (1218), à l'âge de 75 ans, après en avoir régné 23 à Damas et 19 en Égypte.

MÉLIK EL ADEL SAIFEDDYN ABOUBEKR II, petit-fils du précéd., fut reconnu sulthan d'Égypte et de Damas après son père Mélik el Kamel, en 635 (1238); mais il ne tarda pas à mécontenter, par ses désordres et son incapacité, tous les ordres de l'état, qui donnèrent le trône, en 1240, à son frère Mélik el Saleh Nedjm-Eddyn Ayoub. Adel fut relégué dans une prison, où, 8 ans après, sa fin, dit-on, fut avancée. Il avait alors environ 30 ans.

MÉLICK EL AFDHAL NOUR EDDYN ALY, fils aîné du grand Saladin, donna, dès l'âge de 17 ans, des marques de la plus brillante valeur; mais à peine eut-il hérité des royaumes de Damas et de Jérusalem par la mort de son père, en 589 (1193), que, se livrant à son goût pour les plaisirs et la mollesse, il ne connut d'autre occupation que celle des lettres. Il ne vit pas que, pour s'opposer aux projets ambitieux de son oncle Mélik el Adel, il devait se réunir franchement à ses deux frères Mélik el Aziz Othman et Mélik ed Dhaher Ghazy, qui régnaient, le prem. en Égypte, le second à Halep. Toujours malheur. par sa faute, il ne sut point profiter des secours momentanés de la fortune, fut dépouillé de ses états, et n'ayant plus en son pouvoir que les villes de Samosath, Saroudj et quelq. autres, se fit vassal du sulthan d'Iconium. Après une tentative inutile pour usurper le trône d'Halep en 613 (son frère Dhaher étant mort), il retomba dans l'obscurité. L'histoire ne parle plus de lui que pour nous apprendre qu'il mourut à Samosath en 622 (1225 de J.-C.), à 57 ans. Sa seule gloire est d'avoir cultivé avec succès les lettres, qui contribuèrent à le perdre, mais qui purent du moins le consoler.

MÉLIK EL ASCHRAF, 2ᵉ roi de Perse de la dynastie des Djounabides, s'empara du trône en 744 (1343), après la mort de son frère Haçan Koutchouk, et se montra bientôt le tyran le plus détestable. Fatigués de sa tyrannie, révoltés de ses infâmes débauches, ses sujets les plus distingués fuyaient dans les états voisins. L'un d'eux, le cadhi Mohy Eddyn, homme très éloquent, retiré à Seraï, capitale du Kaptchak, persuada à Djanibek Khan, qui gouvernait alors cet empire, que Dieu l'appelait à exterminer l'impie Aschraf. Djanibek, touché jusqu'aux larmes du discours entraînant du cadhi, entra de suite en campagne, vainquit et fit prisonnier en 759 (1357), sur les frontières d'Arménie, le tyran de la Perse, et le condamna au dern. supplice. Ce monstre avait déshonoré le trône pend. près de 15 ans.

MÉLIK EL DHAHER (ou *roi illustre*), surnom commun à plusieurs souverains turks et arabes, et que prirent entre autres Barkok et Bibars (*v.* ces noms).

MÉLIK EL KAMEL ABOUL FETHAH NASER-EDDYN MOHAMMED, fils aîné de Mélik el Adel, connu chez les histor. occidentaux sous les noms de *Meledin* et de *Melek el Quemel*, succéda à son père au trône d'Égypte en 615 (1218). Une armée de 400,000 croisés venait de forcer le port de Damiette, et le nouv. sulthan, sans argent, presque sans troupes, oublié de ses frères, se trouvait dans la position la plus critique. Enfin deux d'entre eux, Aschraf et Mélik el Moadham, sulthan de Damas, lui ayant amené des secours puissants, il put entamer avec les chrétiens des négociations pendant lesq. ceux-ci, pressés par la disette, et menacés bientôt d'une submersion totale, offrirent de rendre Damiette pour sauver leurs vies. Le sulthan accepta

ces condit. et entra dans Damiette en 618 (1221). Une querelle s'étant élevée entre Aschraf et Moadham, ses frères, Mélik el Kamel, prit le parti du premier, et, pour se fortifier contre le second et ses alliés, il commit l'imprudence d'inviter l'emp. Frédéric II à envahir la Palestine : mais bientôt il se repentit d'avoir appelé un allié si redoutable, et fut obligé, pour s'en débarrasser, de lui faire des concess. importantes (626—1229). Moadham était mort, et son fils Nasser, qui osa blâmer publiquement Kamel d'un traité si désavantageux aux musulmans, fut dépouillé de ses états par son oncle, qui les donna à son frère Aschraf, en échange de plusieurs places de Mésopotamie. Mélik alla exercer ensuite ses droits de suzerain en Syrie, puis revint en Égypte, où il exécuta des travaux utiles. En 629 il alla en Orient faire sur un prince ortokide un acte de haute justice. A son retour il se brouilla avec son frère Aschraf; et, après la mort de celui-ci, en 635, il eut à disputer le trône de Damas à son autre frère, Mélik el Saleh Ismaël. Il fut encore heureux dans cette entreprise; mais peu de temps après il mourut en 635 (1238) à l'âge de 70 ans; il en avait régné 40 en Égypte, tant comme gouvern. que comme sulthan. Ce prince, qui avait les meilleures et les plus gr. qualités tout à la fois, sut rendre ses peuples heureux. On peut lui reprocher cependant une excessive ambit. et un acte de vengeance exercé avec cruauté sur 50 soldats du prince d'Émesse, l'allié de Mélik el Saleh Ismaël, dans la guerre pour la success. au trône de Damas.

MÉLIK EL KAMEL NASAR-EDDYN MOHAMMED, neveu du précéd., succéda l'an 642 (1244) à son père Mélik el Modhaffer Schehab-Eddyn Ghazy dans la principauté de Meïafarekin. Il y fut assiégé en 656 (1258) par les Tatars, fut obligé de se rendre après une défense glorieuse de deux ans, et ne put trouver grâce devant ses cruels vainqueurs, qui lui tranchèrent la tête.

MÉLIK EL MOADHAM CHEMS ED DAULAH TOURAN-CHAH, fondat. de la dynastie des Ayoubides dans le Yémen, était le frère aîné du grand Saladin. Chargé par ce prince de conquérir la Nubie en 568 (1175 de J.-C.), il se contenta d'y lever des contributions. L'année suiv. il conduisit une autre armée dans l'Arabie-Heureuse, et s'empara du Yémen, qu'il gouverna quelq. temps au nom de Saladin. Il eut ensuite le gouvernem. de Damas, obtint encore la ville de Baalbek, qu'il échangea plus tard contre Alexandrie. Il mourut de débauche dans cette dernière ville en 576 (1181). Ce prince, brave par accès, mais trop passionné pour les plaisirs, favorisa par son indolence les progrès des chrétiens, et, après avoir dévoré d'immenses revenus, laissa plus de deux millions de dettes.

MÉLIK EL MOEZ SAIF EL ISLAM TOGHTE-GHYN, frère cadet du gr. Saladin, fut chargé par ce prince de conquérir une seconde fois le Yémen en 578 (1182). Il soumit cette contrée sans peine, y régna 15 ans, ruina ses sujets en s'attribuant le commerce exclusif de ses états, et, après avoir amassé des richesses incalculables, mourut à Zabid en 595 (1197), laissant la souveraineté à son fils , dont l'article suit. — Mélik el Aziz-Chems el Mou-louk Ismael, enorgueilli de sa puissance, prit le titre de khalyfe, récita lui-même la khothbah devant le peuple, usurpa tous les priviléges attachés à la famille du prophète, et révolta, par cette vanité extravagante, plus. de ses émyrs, qui l'assassinèrent en 599 (1202-03), la 6e année de son règne.

MÉLIK EL MOADHAM CHEREF-EDDYN ABOU-BEKR ISA, nommé *Coradin* par les histor. des croisades, était fils de Mélik el Adel. Il s'empara du trône de Damas aussitôt après la mort de son père. Après avoir défendu Damiette avec vigueur contre les chrétiens, il leur fit la guerre dans la Palestine, leur prit Césarée en 617, et contribua ensuite à faire rentrer Damiette sous la dominat. des musulmans. S'étant brouillé avec ses frères, Mélik el Aschraf el Mélik el Kamel, il se ligua contre eux avec le fameux sultan Djelal Eddyn Mankberny, parvint à s'attacher Mélik el Aschraf contre son autre frère, et mourut à Damas en 624 (1227), dans la 49e année de son âge, après un règne de 9 ans et demi. Ce prince avait l'âme grande, le caractère généreux, du goût pour les lettres et une simplicité dans ses manières et son habillement, qui mérita de passer en proverbe.

MÉLIK EL NASSER SALAH EDDYN DAOUD, fils du précéd., devint roi de Damas et de Jérusalem après la mort de son père en 624 (1227 de J.-C.), mais fut bientôt dépouillé de son héritage par ses oncles Mélik el Kamel et Mélik el Aschraf Mousa, qui ne lui laissèrent que la ville de Karak et quatre autres moins importantes. Nasser sut toucher Kamel, qui lui donna une de ses filles ; mais bientôt il la lui fit répudier. Le malheureux prince, après avoir imploré vainem. la protect. de Mostanser, khalyfe de Bagdad, refusa les offres avantageuses d'Aschraf, brouillé avec Kamel, et prit seul le parti de ce dernier contre tous les autres princes ayoubides de Syrie. Le sulthan reconnaissant lui rendit la main de sa fille, et lui donna des espérances flatteuses que la mort l'empêcha de réaliser. Nasser, demeuré sans appui, tenta de recouvrer Damas par les armes, fut vaincu par un lieuten. de Mélik el Adel II, sultan d'Égypte, dont il prit pourtant la défense plus tard contre Mélik el Saleh Nedjm Eddyn Ayoub. Sa générosité parut encore en cette occasion : ayant fait prisonnier ce prince, il refusa de le livrer à Adel, se lia même avec lui, et l'aida à conquérir l'Égypte ; mais il fut encore victime cette fois de sa trop grande confiance dans la fidélité de ses alliés. Forcé de se retirer à Karak, la seule place dont Nedjm Eddyn ne put le chasser, il se vit réduit, en 647, à implorer la protection de Saladin II, sultan d'Halep. Mais trahi par ses deux fils aînés, qui livrèrent Karak aux ennemis, et par le kalyfe Mostasem, qui refusa de lui rendre un dépôt considérable, seul débris de sa fortune, il alla vivre misérablem. parmi des Arabes nomades. Plus. fois il conçut l'espoir de rétablir ses affaires et de ressaisir le trésor confié au kalyfe ; mais toujours déçu,

il retournait à sa vie errante. Le perfide Mostasem, qui connaissait sa bravoure et sa grandeur d'âme, l'ayant prié de venir le secourir contre les Tatars, il consentit à déposer son ressentiment, se mit en route, et mourut de la peste au bourg de Bowaïda, près de Damas, en 656 (1258), à l'âge de 55 ans.

MÉLIK EL MOADHAM GAIATH EDDYN TOU-RAN-CHAH, 9e sultan d'Égypte de la dynastie des Ayoubides comme le précédent, succéda à son père Nedjm Eddyn Ayoub, en 647 (1250), et commença son règne par l'assassinat de son frère Adel Chah. Le seul service qu'il rendit à son pays fut d'intercepter les communicat. à l'armée de St Louis avec Damiette, et de la forcer ainsi à cette funeste retraite qui coûta la vie ou la liberté à plus de 50 mille Français. Incapable d'user noblem. de la victoire, il fit massacrer ses prisonniers, dont le trop grand nombre l'embarrassait, et ne respecta que St Louis, dont la fierté sut lui imposer. Sa conduite envers ses propres sujets, ses débauches, son ingratitude envers les Mamlouks Baharites causèrent sa perte. Les Baharites le firent périr en 1250, après un règne de 5 mois. En lui s'éteignit la dynastie des Ayoubides, qui avait possédé l'Égypte 81 ans, et qui fut remplacée par celle des Mamlouks Baharites.

MÉLIK EL MODHAFFER (Bibars, surnommé), 12e sultan des Mamlouks Baharites, Circassien d'origine, fut proclamé l'an 708 (de J.-C. 1309), après la 3e déchéance de Mohammed ben Kélaoum, dont il avait été l'esclave, et qui l'avait revêtu des premiers grades de sa milice. Vingt-quatre jours après, le gouv. d'Égypte Salar ayant replacé Mohammed sur le trône, celui-ci fit mettre à mort l'impolitique Bibars, qui eût pu éviter un tel sort en le faisant subir à Mohammed lorsqu'il en avait le pouvoir. — V. Kothouz.

MÉLIK EL MOEFF (*roi très élevé*), surnom que prit Aibek et le prem. sultan des Mamlouks Baharites (*v.* Aibek).

MELISSINO, gr.-maître de l'artillerie russe, né vers 1730 à Céphalonie, l'une des îles Ioniennes, obtint un avancem. rapide sous Catherine, contribua puissamment au gain de la bataille de Kagoul, s'empara, dans la Moldavie, de plusieurs batteries turques dont sa souveraine lui fit présent, en lui permettant de convertir tous les canons en pièces de monnaie. Melissino jouissait d'ailleurs de revenus considérables, grossis chaque année par des gratificat. de plus de 100,000 francs ; cepend. Catherine disait avec raison qu'il n'était pas en son pouvoir d'enrichir un homme dont la magnificence surpassait celle des princes. Il fut nommé grand-maître de l'artillerie à l'avénem. de Paul Ier. Déjà il avait rendu les plus gr. services à cette arme en perfectionnant l'art de fondre les canons, et en imaginant une nouvelle machine pour les forer. Il profita de l'influence que lui donnait son grade pour déterminer la création d'un corps d'artillerie légère. Une société de *Philadelphes*, qu'il fonda dans sa vieillesse, ayant éveillé les soupçons de l'emper., il vit avec douleur son fils unique destitué du grade de colonel, et ses amis exilés : dès-lors il tomba dans une noire mélancolie, qui termina ses jours en 1804. Melissino avait été long-temps chargé de la direct. des spectacles de la cour. Ses fêtes militaires, ses feux d'artifice et ses camps de plaisance feront vivre son nom en Russie autant que ses services et ses qualités personnelles. — V. les *Mém. sur la Russie*, de Masson, tom. III, pag. 425 et suiv.

MÉLISSUS, philosophe de Samos, disciple de Parménide et d'Héraclite, commanda la flotte samienne et remporta plus. avantages sur Périclès ; mais il ne put l'empêcher de s'emparer de Samos, dont les Athéniens rasèrent les murailles. Il supposait que l'univers est un être unique, continu, indivisible, que les formes ne sont que des apparences, des modificat. de l'être, et que le mouvement n'a point de réalité.

MÉLITON (St), évêque de Sardes sous Marc-Aurèle, avait long-temps voyagé dans la Palestine ; il composa plus. ouvr. théologiques et ascétiques, mentionnés par Eusèbe et St-Jérôme, mais perdus pour la plupart ; les plus célèbres sont : l'*Apologie de la relig. chrétienne adressée à Marc-Aurèle*, et le *Tr. de la fête de Pâques*, dont il fixe la célébrat. au 14e jour de la lune de mars. L'Église honore la mémoire de St Méliton le 1er avril. Ch.-Chr. Woog a publ. : *De Melitone Sardium in Asia episcop.*, Leipsig, 1774, in-4.

MÉLITUS, orat. et poète athénien, est moins connu par ses ouvrages que pour avoir été un des princip. accusat. de Socrate. On a beaucoup répété que les Athéniens ayant reconnu l'innocence de ce philos., lapidèrent Mélitus vers l'an 400 av. J.-C. ; mais le silence de Platon et de Xénophon doit faire rejeter cette trad. Mélitus avait composé plus. tragéd., un *Traité* sur l'être et des chansons de table.

MÉLIUS (Spurius), chev. romain, fut accusé d'aspirer à la tyrannie, parce que le peuple, auq. dans un temps de famine il avait fait distribuer gratuitement une immense quantité de blé acheté dans l'Étrurie, lui promettait hautem. le consulat. Ayant refusé de comparaître devant le dictateur Cincinnatus, que les sénateurs effrayés venaient de nommer pour prévenir cette usurpat. de leurs priviléges, Servilius-Ahala, général de la cavalerie, le tua au milieu de la place publiq., l'an 440 av. J.-C.

MELLAN (Claude), dessinat. et grav. au burin, né à Abbeville en 1598, mort à Paris en 1688, imagina une manière nouv. de graver avec une seule taille qu'il renflait ou diminuait suiv. le ton qu'il avait besoin d'obtenir ; mais ce genre, qu'il a poussé au plus haut degré de perfection, ne présente pas de plus gr. mérite que celui de la difficulté vaincue. Au nombre de ses planches, presque toutes de sa composit., on distingue la *Ste-Face*, gravée d'un seul trait en spirale, et *St Pierre Nolasque porté par des anges* : cette dernière pièce, la plus belle qu'il ait jamais faite, gravée en 1627, est devenue très rare.

MELLE (Jacq. de), *Mellenius*, sav. numismate,

né à Lubeck en 1659, exerça, pend. près de 60 ans, le ministère dans sa patrie, et mourut en 1745. Ses princip. ouvr. sont : *Historia antiqua, media et recentior lubecensis*, Iéna, 1677-79, in-4.—*Sylloge nummorum ex argento uncialium vulgò thalerorum seu imperialium*, Hambourg, 1698, in-4. — *Series regum Hungariæ è nummis aureis quos vulgò* Ducatos *appellant collecta et descripta*, 1699, in-4, fig. —*Notitia majorum, plurimas lubecensium aliorumque..... Vitas*, etc., *comprehendens*, 1707, in-4. Gœtten a publié sa *Vie* dans le *Gelehrte Europa*.

MELLIER ou MESLIER (Gérard), trésorier de France, et trésorier-général de la Bretagne, né à Nantes, fut élu maire de cette ville en 1720, et confirmé dix ans de suite dans les mêmes fonct., qu'il remplissait encore à sa mort en 1729. Louis XV lui avait décerné une médaille d'or, et le corps municipal de Nantes une épée, en reconnaissance de ses services. Du reste, il négligea tellement le soin de sa fortune, qu'il fut réduit à solliciter une pens. de mille livres. On a de lui quelq. ouvr. ; nous citerons seulement : *Mém. pour servir à la connaissance des fois et hommages des fiefs de la Bretagne*, Paris, 1714, in-12.

MELLING, célèbre dessinat., né en 1765 dans le duché de Bade, manifesta de bonne heure des dispositions pour la peinture du paysage. Après avoir voyagé dans différ. parties de l'Europe, il se fixa à Constantinople, où ses talents lui méritèrent la confiance de la sultane Hadiji et du sulthan Sélim III, dont il fut le dessinat. et l'architecte. Pendant son séjour dans l'Orient, il conçut et exécuta le projet de représenter, en une suite de 48 *Tableaux*, les sites les plus pittoresques du Bosphore. Cette collection, dont à son retour en Europe il exposa les princip. dessins, lui mérita l'admiration des connaisseurs. Melling se trouvait en Angleterre lors du départ de Louis XVIII pour la France, et ce fut ce moment qu'il choisit pour dessiner une vue du château d'Hartwel, qu'il eut l'honneur d'offrir au roi. Il revint à Paris avec ce prince, qui le nomma dessinat. de son cabinet, et mourut en juillet 1831, à 68 ans. Outre le *Voyage pittoresque de Constantinople*, Paris, 1809-19, très gr. in-fol., on a de Melling : *Voyage pittoresque dans les Pyrénées franç., ou Collect. de 72 grav. avec texte explicatif*, Paris, 1825-30, in-fol. obl.

MELLINI (Jean-Baptiste), card. et évêq. d'Urbin, né à Rome en 1405, mort dans cette ville en 1478, était un homme très instruit, et joignait aux vertus de son état un grand caractère. Sa *Vie*, par B. Platina, a été insérée par Louis Doni d'Attichy dans les *Flores historiæ cardinalium*, t. II, p. 582. —Savo Mellini, nonce en Espagne, mort en 1701 à 58 ans, fut créé card. pour avoir cherché à réfuter la déclarat. de Bossuet sur les libertés de l'Église gallicane. Sa réfutat. se trouve dans un rec. publié par le card. d'Aguirre, sous ce titre : *Autoritas infallibilis et summa cathedræ S. Petri, extra et supra concilia quælibet, atque in totam Ecclesiam, denuò stabilita, adversùs declarationem nomine cleri gallic. éditam*, etc., Salamanque, 1683, in-fol.

MELLO DE CASTRO (dom Julio), savant portugais, né à Goa en 1658, mort en 1721, suivit d'abord la carrière militaire qu'il abandonna pour se livrer plus librement à l'étude. Il se fit agréger à plus. sociétés littér., et fut admis en 1720, à la nouv. acad. formée par Jean V pour travailler à l'histoire générale du Portugal. Mello, chargé de recueillir les monuments des règnes de Sanche Ier et d'Alphonse II, qu'il comptait parmi ses ancêtres, fit marcher de front les recherches historiques et la poésie. On cite de lui les *Éloges des illustres Portugais*; une *Vie du comte de Galvéas*, son oncle, restée imparfaite, et plusieurs pièces de vers. Son *Éloge* par le P. Jos. Barbosa, se trouve dans le t. Ier des *Mém. de l'acad. royale de l'hist. portug.* —

MELLO (Franç.-Manuel de), né à Lisbonne en 1611, mort en 1666, a laissé : *las très Musas de Melodino*, 1649, in-4, réimpr. sous ce titre : *Obras metricas*, Lyon, 1665, in-4. — *Epanophoras de varia historia portugueza em cinco relaçocns que contem negocios publicos, politicos, tragicos, amorosos, bellicos, triumphantes*, 1660, 1676, in-4.

MELLO FREIRE DOS REIS (Pascoal-José de), sav. publiciste portugais, grand-vicaire du Crato, membre du conseil du roi et de la cour souveraine de justice, né en 1738 à la petite ville d'Anciào, comptait au nombre de ses ancêtres l'illustre histor. Jean de Barros, il fit avec un gr. éclat ses études à l'univ. de Coimbre, alors dirigée par les jésuites, et y reçut à 19 ans le grade de docteur. En 1772, le marquis de Pombal, qui venait d'introduire une organisation nouv. dans cette université, fit choix de Mello Freire pour y remplir la chaire de droit portugais récemment établie, et les leçons du jeune professeur lui valurent la réputation d'un homme aussi profond qu'habile. D'importants ouvr. concoururent encore à répandre le bruit de son savoir comme jurisconsulte, et lorsqu'en 1783 la reine Marie Ire, impatiente des lenteurs qu'apportait dans ses travaux le comité créé par elle pour refondre les lois du royaume en un nouv. code, voulut mettre à fin cette entreprise, elle fit venir Mello Freire à Lisbonne, et lui confia la rédaction de la principale part de ce travail immense. Celui-ci s'acquitta de sa tâche avec un zèle infatigable; mais la mort le frappa en 1798, sans qu'il eût la satisfaction de voir mettre au jour ses deux codes (*de droit public et de droit pénal*) que cependant il avait terminés depuis 10 années. Le prem. est resté inédit; l'autre a paru en 1823 avec d'intéressantes notes, par les soins de M. F. Freire de Mello, neveu de l'auteur, à qui est due également. la publication des deux écrits suiv. de son oncle : *Dissert. hist.-juridique sur les droits et la juridiction du gr.-prieur du Crato; et Allégat. jurid. sur les testam. des mélancoliques* : l'un et l'autre en portug. Les travaux dont nous venons de parler ne sont qu'une partie des titres de Mello Freire à la célébrité qu'il s'est acquise. Il avait déjà rendu un service immense à la législation portugaise en écrivant pour l'usage de l'université, où depuis il

fut nommé collégial des ordres militaires, ses *Institut. de droit public, privé et criminel du Portugal*, ainsi qu'une *Hist. du droit civil* de la même nation. Dans cette histoire, remontant jusqu'aux temps antérieurs à la conquête par les Romains, il parcourt d'une manière aussi savante que lumineuse toutes les vicissitudes de la législation qui a régi le Portugal pend. 20 siècles, et il donne sur chaque juriscons., en forme de notes biogr., des jugem. concis, mais fortem. tracés. Les questions les plus graves sont approfondies dans ses *Institutions du droit public;* l'auteur y expose les div. matières avec beaucoup de précision, et détermine avec une égale profondeur les prérogatives du trône, celles des *cortès*, et enfin les droits et les devoirs des citoyens; il suit, dans ses *Institut. du droit privé*, le même ordre que Tribonien dans les *Institutes*, c'est-à-dire celui des personnes, des choses et des actions; mais il se montre surtout penseur profond et vraiment philosophe dans ses *Institut. du droit pénal*, ouvr. que l'on peut, à beaucoup d'égards, placer à côté de ceux des Montesquieu, des Beccaria, des Filangieri et des Blackstone sur la même matière. Tous ces traités, écrits en latin, dans un style net et concis, ont été plus. fois réimpr.; la meilleure édit. est celle qui a été publ. à Coimbre en 1815 par le neveu de l'auteur.

MELLO-BREYNER (de), anc. ministre de Portugal à Paris, mort à Lisbonne le 31 déc. 1830, âgé de 85 ans, occupa dans son pays les places les plus importantes, et fut même appelé à représenter le Portugal à la cour de France. Ses talents, non moins que l'ardeur avec laquelle il avait embrassé les idées nouvelles, le rendaient cher aux libéraux portugais. Don Miguel, pour neutraliser son influence, le fit enfermer dans la tour de St-Julien. Ce vieillard, infirme et aveugle, privé tout à coup des soins de l'art et de ceux que lui prodiguait la piété filiale, ne tarda pas à succomber, dans la captivité, aux conséquences de la mesure politiq. qui était venue l'atteindre.

MELLOBAUDÈS, le plus ancien roi franc qui soit nommé dans l'histoire, fut tribun dans la garde de l'emper. Constance, vers l'an 354, et conserva ce grade sous Julien, Jovien et Valentinien. A la mort de ce dernier, il se trouva revêtu de la dignité de commandant des gardes. Il était en même temps roi des Francs. Ce fut en cette qualité qu'il défendit ses états contre Macrien, roi des Allemands. Il fut vainqueur et mérita ainsi la confiance de Gratien, qui le chargea, conjointem. avec le comte Nanniénus, de commander son armée contre les Lentiens. Mellobaudès remporta sur cette nation germanique une victoire signalée, en 378.

MELMOTH (William), jurisconsulte anglais, né en 1666, mort en 1748, publia, conjointem. avec Peere William, la collect. des *Rapports de Vernon* dans la cour de chancellerie, et se fit surtout connaître par le livre intit. : *Grande importance d'une vie religieuse*, qui fut tiré, après la mort de l'auteur, à plus de 100 mille exemplaires. On peut consulter sur sa vie les *Mémoires* publiés par son fils, dont l'article suit : — MELMOTH (William), fils du précéd., né en 1710, mort à Bath en 1799, entra au barreau, comme son père, fut nommé commissaire des banqueroutes, et passa néanmoins une grande partie de sa vie loin des affaires publiques. On connaît de lui : des *Lettres*, publiées vers 1742, sous le nom de Fitz Osborne, trad. en franç.; Paris, 1820, in-8; une trad. angl. très estimée des *Lettres de Pline*, 1747, 2 vol. in-8; des *Lettres de Cicéron à plusieurs de ses amis, avec des remarques*, 1753, 3 vol. in-8; des *Traités de la vieillesse et de l'amitié*, du même, 1773 et 1777, in-8, etc.

MÉLO, puissant citoyen de Bari, de concert avec Datto, son beau-frère, fit en 1010, révolter toute l'Appulie contre les Grecs. Il se vit bientôt assiégé dans Bari, fut obligé de s'enfuir pour n'être pas livré par ses propres concitoyens, et alla soutenir un nouv. siége dans Ascoli. Après avoir abandonné aussi cette place, et vainem. imploré l'assistance des princes de Salerne et de Bénévent, il rencontra, en 1016, au mont Gargano, une petite troupe de pélerins normands, et les engagea à attirer leurs compatriotes dans l'Appulie. Son conseil fut écouté. De nouveaux aventuriers arrivèrent en 1017; Mélo leur fournit des armes, s'étant mis à leur tête, battit plusieurs fois les Grecs. Défait à son tour à Cannes en 1019, il passa en Allemagne, et mourut à Bamberg en 1020, avant d'avoir pu obtenir l'assistance que l'emper. Henri II lui avait promise.

MELON (JEAN-FRANÇOIS), secrétaire perpétuel de l'acad. de Bordeaux, né à Tulle, mort à Paris en 1788, fut successivem. prem. commis du cardinal Dubois, de Law, et secrétaire du régent. On a de lui : *Mahmoud le Gaznevide, histoire orientale, fragment trad. de l'arabe*, avec des notes, 1729, in-8; Rotterdam, 1730, in-12 et in-8. — *Essai politique sur le commerce*, 1734, 1736, 1761, in-12. — *Notice sur l'abbé de Pons*, à la tête des *OEuvres* de cet auteur dont Melon fut éditeur.

MELOT (ANICET), savant modeste et laborieux, né à Dijon en 1697, mort à Paris en 1759, membre de l'acad. des inscriptions et conservateur de la bibliothèque du roi, partagea toute sa vie entre l'étude et l'exercice des plus aimables vertus. Il avait une connaissance approfondie des mathématiques, possédait le grec, le latin, l'hébreu, l'ital., l'angl., avait même étudié la jurisprud. et s'était fait recevoir avocat au parlement. Outre plus. mém. dans le *Recueil de l'acad. des inscriptions*, on lui doit le *Catalogue des MSs. de la Bibliothèque du roi*, 1739-1744, 4 vol. in-fol. (le 1er avec Fourmont); le 6e vol. du *Catal. des livres imprimés de la bibliothèque du roi*, conten. le droit canonique; et enfin il a coopéré, avec Sallier et Capperonnier, à la publication de l'édition in-fol. de l'*Histoire de St Louis* par Joinville.

MELUN (GUILL. de), dit le *Charpentier*, fut un des principaux chevaliers franç. qui aidèrent Godefroi de Bouillon à conquérir la Terre-Sainte. Les chroniques le disent parent de Hugues-le-Grand, frère du roi Philippe 1er, et comte de Vermandois, avec lequel il se croisa en 1096 (*v. Rec. des hist.*

de France, t. X, p. 51). Le surnom de *Charpentier* lui fut donné parce que rien ne pouvait résister aux coups de sa hache d'armes. Robert-le-Moine dit de lui (*Hist. de Jérusalem*, t. Ier p. 51) : *Villelmus de regali prosapiâ ortus, vicecomes cujusdam regii castelli quod Meledunum dicitur, Carpentarius cœpit cognominari, quia in bello nullus valebat ei occursari : nulla enim lorica erat, galea, vel clypeus, qui duros lanceæ illius, sive mucronis, sustineret ictus.*

MELUN (ADAM II, vicomte de), l'un des génér. les plus célèbres du règne de Philippe-Auguste, fut envoyé en 1208 dans le Poitou contre Aimeri VII, vicomte de Thouars, commandant les troupes de Jean, roi d'Angleterre, et contre Savari de Mauléon, qui avaient fait tous deux une incursion sur les terres du roi de France. Adam de Melun les mit en pleine déroute et fit le vicomte de Thouars prisonnier. Il eut une gr. part à la victoire de Bovines, en 1214 : à la tête de l'avant-garde, il soutint la prem. attaque des ennemis pour donner au roi le temps de ranger son armée. En 1215, il accompagna Louis de France, depuis Louis VIII, en Languedoc, dans sa croisade contre les Albigeois, et l'année suiv. il passa en Angleterre, avec ce prince, que les barons anglais sollicitaient de s'asseoir sur le trône de leurs rois. Adam de Melun mourut sur cette terre étrangère en 1220. (*Rec. des hist. de France*, t. XVII, p. 408.)

MELUN (SIMON de), maréchal de France, sire de la Loupe et de Marcheville, était allié par sa mère, comtesse de Sancerre, au sang royal d'Angleterre et de France. Il accompagna le roi St Louis en Afrique, en 1270; plus tard il soumit le roi de Majorque qui s'était révolté, et fut chargé d'arrêter les sires de Narbonne qui s'étaient ligués avec le roi de Castille. En 1297, il fut député près du roi d'Angleterre, pour faire observer la trève conclue entre ce prince et les Français. Il avait été déjà sénéchal de Périgord et de Limousin, et gr.-maître des arbalétriers, lorsque Philippe-le-Bel l'éleva à la dignité de maréchal. Il fut tué à la bataille de Courtrai en 1302. (*Diction. histor. des généraux français* par Courcelles.)

MELUN (CHARLES de), baron des Landes et de Normanville, parvint, sous Louis XI, au plus haut degré de la faveur et de la puissance, fut grand-maître de France en 1465, et lieuten.-gén. du roy. Sa conduite équivoque, lors de la guerre du *bien public*, pend. laq. il était gouverneur de Paris et de la Bastille, lui fit perdre la confiance du soupçonneux monarque. Cependant il fut chargé de négocier avec les chefs de la ligue et de concert avec son frère, Antoine de Melun, sire de Nantouillet, il signa le traité de Conflans, qui termina la guerre civile. Louis XI, devenu paisible possesseur du trône, se contenta de le priver de ses emplois; mais plus tard il fit rechercher les fautes de son ancien favori, et fut bien secondé par la haine que lui portaient le card. La Balue et le comte de Dammartin. Le premier lui devait pourtant sa haute fortune. Le résultat de l'enquête fut qu'il avait entretenu des liaisons secrètes avec les chefs de la ligue, et notamm. avec le duc de Bretagne. Il déclara qu'il en avait reçu l'autorisation du roi. Cette réponse obligea les commiss. à consulter Louis XI, qui assura n'avoir jamais donné de pareilles autorisations, et ajouta que depuis long-temps il était fort mécontent de Melun. Ce fut pour celui-ci un arrêt de mort; on lui trancha la tête sur la place du Petit-Andelys, en 1468. Un auteur contemporain prétend, qu'ayant été manqué au prem. coup, il se releva, pour dire qu'il mourait innocent. Sous le règne suiv., sa mémoire fut réhabilitée, et ses biens rendus à ses enfants. La confiscation les avait transmis au comte de Dammartin (v. les MSs. de Béthune, biblioth. du roi, n° 8458).

MELUN (Louis de), marq. de Maupertuis, lieutenant-général, né en 1634, mort en 1721, entra fort jeune dans la prem. compagnie des mousquetaires, et donna des preuves de la plus brillante valeur. Il se distingua au siége de Candie, dans la campagne de Hollande et dans la guerre contre l'élect. de Brandebourg, sous Turenne. En 1677, au siége de Valenciennes, à la tête d'une compagnie de mousquetaires, il enleva, en plein jour, les retranchem. et la ville, avant que l'on fût informé dans le camp de la prise du prem. ouvr. Le roi le créa, sur la brèche même, brigadier de cavalerie. Ce brave officier soutint sa réputation à la bataille de Cassel et au siége d'Ypres, où il renouvela le beau fait d'armes de Valenciennes. En le nommant capitaine-lieutenant de sa compagnie de mousquetaires (1684), le roi dit que, s'il connaissait quelqu'un plus digne que M. de Maupertuis de la commander, il le choisirait. Enfin, après avoir mérité par de nouv. services le grade de maréchal-de-camp et celui de lieut.-général, il fut envoyé, vers 1694, au Hàvre-de-Gràce, que les Anglais bombardaient, et cette ville dut, en grande partie, aux sages mesures qu'il sut prendre, le bonheur de n'être point réduite en cendres comme Dieppe.

MELVIL (sir James), historien, né à Hallhill, dans le Fifeshire, en 1530, mort en 1606, fut élevé à Paris, parce qu'on le destinait à être page de Marie Stuart, promise au dauphin. Il entra cependant au service du connétable de Montmorenci, après la disgràce duquel il voyagea en Allemagne, en Italie et en Suisse. Marie ayant pris possession du trône d'Écosse, Melvil retourna près d'elle en 1561. Nommé conseiller privé et gentilhomme de la chambre, il servit sa souver. avec autant d'intelligence que de fidélité dans plus. affaires délicates; mais il ne craignit pas de lui adresser les remontrances les plus fortes, lorsqu'il découvrit son funeste attachement pour Bothwel, et il fut même obligé de s'enfuir pour échapper à la vengeance de ce dern. Il obtint la confiance des quatre régents qui gouvernèrent successivem. le royaume, ce qui ne l'empêcha pas d'être nommé, par Jacques VI, membre du conseil privé, gentilhomme de la chambre, etc. Toute sa vie, dans des circonstances si diverses, fut celle d'un loyal sujet et d'un bon citoyen. Ses *Mémoires*, trouvés dans le château d'Édimbourg en 1660, furent publiés par George Scott, sous le titre de *Mémoires de Jacques Melvil d'Hallhill*, 1683, in-fol. Ils ont été souvent réimpr., et trad. en franc., par G. D. S., La Haye, 1694, 2 vol. in-12, et Paris, 1695, 2 vol. in-18 : l'abbé Marsy en a donné en 1745 une traduction fort augmentée.

MELVILLE (Henri DUNDAS, vicomte), homme d'état, né vers 1741, suivit d'abord la profess. d'avocat, mais il cessa de fréquenter le barreau, lors de sa nomination, en 1775, à l'emploi de lord avocat d'Écosse. Porté au parlem., comme représent. de la ville d'Édimbourg, par le parti de l'opposition; il ne tarda pas néanmoins à se ranger parmi les plus zélés défenseurs de lord North pendant la guerre d'Amérique. Lorsque la chute de ce ministre parut inévitable, Dundas résolut d'approfondir quelqu'une des grandes branches de l'administrat., afin de se rendre utile ou redoutable au ministère futur. Il s'attacha donc à connaître les affaires de l'Inde, et se fit nommer présid. du comité secret, chargé de rechercher les causes de la guerre du Carnate, et de la situation défavorable des possessions britanniques dans cette contrée. Ayant donné dans cette occasion une haute idée de ses talents, il fut admis au conseil privé et nommé trésorier de la marine, en 1782, sous l'administration de lord Shelburne, dep. marquis de Lansdown. Le ministère éphémère, dit *de la coalition*, le laissa sans emploi, et le vit figurer parmi les plus ardents adversaires du fameux bill de l'Inde. William Pitt, devenu prem. ministre en 1783, lui rendit le poste qu'il avait occupé, le nomma en même temps président du corps du contrôle pour l'Inde, et se donna ainsi un habile défenseur. De nouveaux services valurent à Dundas, en 1791, la place de principal secrét. d'état du départ. de l'intérieur, qu'il résigna 3 ans après pour celle de secrét.-d'état de la guerre. Il était en même temps lord du sceau privé et gouverneur de la banque d'Écosse, et tenait, pour ainsi dire, tout ce pays sous sa dépendance. Fidèle ami de Pitt, il se démit de tous ses emplois en 1801, lors de la retraite de ce grand ministre, qu'il appelait son *étoile polaire*. Cependant il obtint la pairie avec les titres de vicomte Melville et de baron Dundas, sous l'administration d'Addington, depuis lord Sidmouth. Lors du nouveau ministère de Pitt, en 1804, lord Melville fut nommé premier lord de l'amirauté; mais il se vit accusé de malversation dans la chambre des communes. Traduit en conséquence devant la chambre des pairs, après avoir été dépouillé de tous ses emplois, il fut acquitté à une assez gr. majorité (1806). Dès-lors il n'eut plus aucune charge : seulement il rentra au conseil privé et prit quelquefois part aux débats de la chambre héréditaire. Il mourut en 1811, laissant la réputation d'un ministre habile et d'un orateur précis et vigoureux, plutôt qu'éloquent. On cite de lui plus. broch. polit. : *Lettres sur l'établissement d'un arsenal naval à North-Fleet*, 1810, in-4. — *Lettres sur le commerce libre avec l'Inde*, 1813, in-8. — *Substance d'un discours sur le gou-*

vernement anglais et le commerce dans les Indes-Orientales, 1813, in-8.

MÉLY-JANIN (JEAN-MARIE JANIN, dit), littérateur, né à Paris en 1776, mort en 1827, travailla successivem. au *Journal de l'empire*, à la partie littéraire des *Petites-Affiches*, et enfin au feuilleton de la *Quotidienne*, qu'il rédigea depuis 1814 avec le plus grand succès. Il a fait représenter en 1821 à l'Odéon *Oreste*, trag. dont les représentat. furent interrompues par une cabale qui poursuivait non la pièce, mais l'un des aut. des *Lettres champenoises*. Outre quelq. pièces de circonstance, on lui doit encore *Louis XI à Péronne*, comédie historique tirée de *Quentin Durward* de Walter-Scott, et une *Vie de Laharpe.*

MEMMO (TRIBUNO), doge de Venise, succéda en 979 à Vital Candiano. Sous son règne éclatèrent les factions des Caloprini et des Morosini ; il seconda les premiers, et alluma ainsi une guerre civile dans Venise. Il mourut peu regretté en 991.

MEMNON, général perse, servit d'abord sous Ochus, puis sous Darius. Quand Alexandre parut en Asie, il donna le sage conseil à Darius de ne pas hasarder de bataille, et de se retirer devant l'ennemi, en ruinant le pays, afin de lui ôter les moyens de subsister. Son avis ne prévalut pas, et Darius fut vaincu au passage du Granique. Memnon proposa ensuite d'entrer dans la Macédoine, pour rappeler Alexandre dans son pays ; Darius agréa ce conseil et le chargea de l'exécution. Le général perse tomba malade au siége de Mitylène, et mourut l'an 333 av. J.-C. La perte de ce gr. capitaine entraîna la ruine de la Perse qu'il pouvait seul sauver. Sa veuve, Barsine, plut à Alexandre, qui eut d'elle un fils nommé Hercule.

MEMNON, historien d'Héraclée, ville du Pont, florissait dans le 1er ou le 2e S. de l'ère chrétienne. Il avait composé une histoire des tyrans d'Héraclée. dont il ne reste que des fragments dans la *Bibliothèque* de Photius. Henri Estienne a publié le premier ces *Fragments* en grec, avec les *Extraits* de Ctésias et d'Agatharchide, Paris, 1557, in-8, et avec la trad. latine de Laur. Rhodoman, Genève, 1564. La meilleure édition est celle de M. Conrad Orellius, Leipsig, 1816. L'abbé Gédoyn a donné une trad. de l'*Histoire d'Héraclée*, par Memnon, dans les *Mém.* de l'acad. des inscriptions, t. IV, p. 279-333.

MENÁ (Don JUAN de), poète qui a conservé le surnom de l'*Ennius castillan*, né à Cordoue en 1412, mort à Guadalajara en 1456, comblé de biens et d'honneurs, passa pour l'un des plus gr. génies de son temps, trouva un puissant protecteur dans le marquis de Santillane, son rival de talent, qui accueilli à la cour et mis au nombre des historiographes chargés de recueillir les annales de l'Espagne. Son principal ouvr. est le *Laberinto*, poème en vers de *arte mayor*, connu aussi sous le nom de *las trecientas Coplas*, du nombre des stances dont il est composé, Séville, 1496, in-4, et 1499, in-fol., goth., très rare ; Tolède, 1547. On cite encore de lui *la Coronacion*, poème en l'honneur du marquis de Santillane, Tolède, 1504, in-4 ; un poème resté imparfait, et qu'il avait intitulé : *Traité des vices et des vertus ;* enfin il a laissé MS. *Memorias de algunos linages antiguos y nobles de Castilla.* La plus ancienne édit. de ses œuvres est celle de Saragosse, 1509, in-fol. ; celles d'Anvers, 1552, in-8, et de Salamanque, 1552, in-8, ont aussi des partisans.

MENÆCHME, statuaire grec dont on ignore le temps de la naissance, était de Naupacte, ainsi que Soïdas, son contemporain. Ils firent ensemble une statue de Diane Laphyra ; elle était en habit de chasse et fabriq. en or et en ivoire.

MÉNAGE (GILLES), savant bel-esprit, appelé par Bayle le *Varron* du 17e S., né à Angers en 1613, mort à Paris en 1692, se livra d'abord à l'étude du droit. plaida dans sa ville natale et à Paris, quitta le barreau pour se livrer entièrement à la littérature. Il s'engagea dans l'état ecclésiastique, autant qu'il était nécessaire pour être apte à posséder des bénéfices simples, et bientôt il se fit connaître dans le monde par son érudition étendue et surtout par ses liaisons avec Balzac, Sarrasin, Benserade, Pélisson, Scudéry et Chapelain. Protégé par le cardinal de Retz, il renonça bientôt à son patronage pour vivre indépendant. Mazarin voulut tenir de lui la liste des savants ayant droit aux faveurs du gouvernem., et ne l'oublia pas. Ménage, qu'une honnête aisance avait mis à même d'étendre ses relat., reçut de l'acad. *della Crusca* un diplôme d'associé, fut vanté par les savants de l'Angleterre, de l'Allemagne et des Pays-Bas, fut invité par la reine Christine à venir grossir sa petite cour littéraire, et obtint la confiance de cette princesse lorsqu'elle vint visiter Paris. Enfin, il vit sa réputation pâlir devant l'influence de Boileau et de ses amis. Le satirique fut assez indulgent pour lui ; mais Molière, dont il avait été le délateur près de Montausier, l'immola, sous le nom de *Vadius*, dans les *Femmes savantes*. Il eut le bon esprit de rendre justice à un si rude adversaire, et professa pour Boileau l'estime qui lui était due. Ménage, qui s'attira bien des querelles par sa causticité, était, dit-on le plus doux des hommes par caractère, et n'avait de méchanceté que dans l'esprit. Grand parleur, conteur éternel et étudié, il se croyait un habile diseur de bons mots, quoique le plus souvent, grâce à sa mémoire étonnante, il fît que se parer de l'esprit d'autrui. N'ayant pu se faire recevoir à l'Acad., il se contenta d'épancher les richesses de son érudition dans le monde, et dans des réunions formées par lui et pour lui dans sa propre maison. On distingue parmi ses nombr. ouvr. : *Dictionnaire étymologique, ou Origines de la langue française*, Paris, 1650, in-4, la meill. édit. est celle de Jault, 1750, 2 vol. in-fol. — *Miscellanea*, 1652, in-4. — *Osservazioni sopra l'Aminta del Tasso*, 1655, in-4.—*Poemata*, 1656, in-12. — *Observat. sur la langue française*, 1672-1676, 2 vol. in-12. On peut consulter le *Menagiana*, etc., publ. à frais communs par ses amis Ant. Galland, Boivin, l'avocat Pinson, etc., 1693.

in-12; 3e édit., augm. (par la Monnoye), 1715 ou 1729, 4 vol. in-12.

MÉNAGEOT (François-Guillaume), peintre, né à Londres en 1744, vint en France à l'àge de 6 ans, fut successivement l'élève d'Augustin, de Deshais, de Boucher et de Vien, remporta le grand prix de peinture en 1766, et alla passer 5 ans à Rome. De retour à Paris, il fut agréé à l'acad. roy. en 1777, et reçu en 1780. Envoyé à Rome en 1787, comme directeur de l'école de France, il remplit ses fonctions avec zèle dans les temps orageux que fit éclore la révolution. A son retour, il fut nommé membre de l'Institut et de la Légion-d'Honneur, professeur de l'école de peinture à l'acad., et mourut en 1816, également regretté pour l'amabilité de son caractère et pour ses talents. Sans parler de ses nombr. tableaux de chevalet, nous citerons parmi ses tableaux d'histoire : *les Adieux de Polyxène à Hécube; la Mort de Léonard de Vinci; Astyanax arraché des bras de sa mère; Cléopâtre faisant ses adieux au tombeau d'Antoine; Mars et Vénus.* Intimement persuadé que la peinture doit être de la poésie, il a appliqué aux allégories les plus ingénieuses tout l'art de l'esprit et toutes les nuances du sentiment; et l'on a de lui plusieurs petits tableaux ou de charmantes esquisses qui rappellent souvent Ovide et l'Albane.

MÉNAGER. — V. Mesnager.

MÉNANDRE, célèbre poète grec, Athénien, né au bourg de Céphisia la 2e année de la 109e olympiade, 342 ans avant J.-C., et mort la 3e de la 122e, 290 av. la même ère. Il ne nous reste que les titres et quelq. fragments de 80 pièces qu'il avait composées dans le système de la *nouv. comédie,* où le tableau des vices et des ridicules remplaça les injurieuses personnalités de la *vieille comédie.* C'est une perte réelle que celle des ouvr. de Ménandre; mais Plaute et Térence, dont il fut le modèle, en adoucissent jusqu'à un certain point l'amertume. Ces précieux fragments ont été plusieurs fois recueillis, commentés et traduits. H. Estienne, Guill. Morel, Hertelius et Hugues Grotius les publièrent successivement, avec une trad. latine. Le recueil le plus complet est celui de Jean Leclerc, Amsterdam, 1709, in-8 : il y a réuni les fragments de Philémon; mais cette édition, très négligée sous tous les rapports, et qui devint à cette époq. l'occasion d'un grand scandale littéraire, a été bien surpassée par celle de Brunck, dans ses *Poetæ græci gnomici,* Strasbourg, 1784, et tout récemm. par celle de M. Auguste Meineke, Berlin, 1823. Quelq. fragments de Ménandre ont été traduits et insérés par Lévesque dans la *Collection des moralistes anc.,* 1782; et un bien plus grand nombre par Poinsinet de Sivry, à la suite de son *Théâtre d'Aristophane,* 1784; mais cette traduction en faisait désirer une meilleure, et M. Raoul-Rochette l'a donnée dans sa nouvelle édition du *Théâtre des Grecs.* Des fragm. inédits de Ménandre ont été publiés par le cardinal Maï dans le t. II des *Scriptor. vet. nova collectio,* Rome, 1827, in-4.

MÉNANDRE-PROTECTOR, historien byzantin,

né à Euphratas au 6e S, officier dans les gardes de l'empereur Maurice, conçut le désir d'écrire l'hist. de son temps; il en avait laissé huit liv., qui comprenaient depuis 559 jusqu'en 582. On en voit des fragments dans le livre : *Legationum eclogæ,* attribué à Constantin Porphyrogénète.

MÉNARD (D. Nicolas-Hugues), bénédictin, né à Paris en 1585, mort en 1644, est le premier qui ait fait revivre le goût des bonnes études dans la congrégation de St-Maur. A une mémoire prodigieuse, à la connaiss. la plus étendue des antiquités ecclésiastiques, il joignait un jugement exquis, et ses vertus surpassaient son savoir. On a de lui : *Martyrologium ordinis S. Benedicti, duobus observationum libris illustratum,* etc., Paris, 1629, in-8. — *D. Gregorii, papæ, cognomento Magni, liber sacramentorum, nunc demùm correctior et locupletior,* etc., 1642, in-4. — Ménard (Claude), historien, né à Angers en 1580, mort en 1652, s'appliqua à la recherche des antiq. de sa province, et avec tant de succès, que Ménage, son compatriote, le nomme le *père de l'hist. d'Anjou.* Outre plusieurs éditions, parmi lesquelles on distingue l'*Histoire de St Louis,* par Joinville, 1617, in-4, et l'*Histoire de B. Duguesclin,* 1618, in-4, on cite de lui : *Disquisitio novantiqua amphitheatri andegavensis Gromanii,* Angers, 1638, in-4, latin-franç. — Une *Hist. d'Anjou,* MS.; une *Hist. de l'ordre du Croissant,* conservés à la biblioth. du roi dans le rec. des MSs. dits *de Baluze.* — Ménard (Jean de La Noe), prêtre et théologien, né à Nantes en 1650, mort en 1717, travailla à la conversion des protestants, et fonda dans sa ville natale la maison du *Bon Pasteur,* pour les filles repenties. Le seul ouvrage de l'abbé Ménard qui ait vu le jour est le *Catéchisme de Nantes,* qui eut plusieurs éditions et fut approuvé par quelq. évêques.

MÉNARD (Léon), antiquaire, né à Tarascon en 1706, fut conseiller au présidial de Nîmes, s'occupa de recherches sur l'histoire de cette ville; dans un voy. qu'il fit à Paris, fut nommé membre de l'académie des inscriptions, dont il suivit assidûm. les séances, et mourut en 1797. Outre un gr. nombre de dissertat. dans le recueil, on cite de lui : *Hist. des évêques de Nîmes,* etc., La Haye (Lyon), 1737, 2 vol. in-12. — *Amours de Callisthène et d'Aristoclée,* La Haye (Paris), 1740, in-12; réimpr. avec additions en 1765, sous le titre de *Callisthène, ou le Modèle de l'amour et de l'amitié.* — *Mœurs et usages des Grecs,* 1743, in-12, ouvrage plein de recherches curieuses. — *Histoire civile, ecclésiast. et littéraire de la ville de Nîmes,* Paris, 1750-58, 7 vol. in-4, fig. On ne peut reprocher à cette hist. que son extrême prolixité.

MÉNAS, lieutenant du jeune Pompée (Sextus), dont il était affranchi, proposa à son maître de lui livrer par trahison Octave et Antoine, qui s'étaient rendus sur son vaiss. pour conclure la paix; mais cette offre fut généreusem. rejetée par Pompée. Il passa peu de temps après avec la flotte qu'il commandait sous les drapeaux d'Octave, qu'il trahit pour retourner à Pompée, puis revint au parti d'Octave, et périt en combatt. contre les Illyriens.

MENCE (FERD.), médec. espagnol du 16e S., professa quelque temps à l'université d'Alcala, devint premier méd. de Philippe II, et employa son crédit sur ce prince à faire fonder des chaires de médec. dans différ. univ. du royaume. On a de lui : *Galeni de pulsibus liber è græco conversus, et comment. illustratus*, Alcala, 1553, in-4. — *Libellus utilissimus de ratione permiscendi medicamenta quæ passim in usu veniunt*, 1555; Turin, 1587 et 1625, in-8.

MENCKE (OTHON), savant philologue, né à Oldenbourg (Westphalie) en 1644, mort en 1707, remplit avec beaucoup de distinction la chaire de morale à l'académie de Leipsig, et conçut le plan des *Acta eruditorum*, le premier journal littéraire qu'ait eu l'Allemagne, commencé en 1682, et qui fut soutenu pendant près d'un siècle avec un succès toujours croiss. La collect. de ce préc. rec. forme 119 vol. in-4. Mencke a donné plusieurs bonnes éditions, entre autres, de l'*Historia pelagiana* du card. Noris, et de l'*Hist. universalis* de Boxhorn. On lui doit : *Micropolitia, seu Respublica in microcosmo conspicua*, 1666, in-4. — *Jus majestatis circa venationem*, 1674, in-4. — MENCKE (Jean-Burckhard), fils du précéd., né à Leipsig en 1674, mort en 1732, remplit avec distinct. la chaire d'histoire dans sa ville natale, fonda une acad. pour le perfectionnement de la poésie allem., et continua les *Acta eruditorum*, de 1707 à 1732. On lui doit le premier *Dictionnaire* (biographique) *des sav.*, plusieurs éditions estimées, et des thèses, des dissertations, des harangues académiq. sur des sujets intéressants. On a encore de lui un rec. de poésies allem., sous le titre de : *Philander von Lindec*, 1705, 1706, 1710, 4 vol. in-8. — *De charlataneriâ eruditorum declamationes II*, 1715, 1716, 1717, in-8; trad. en français (par Durand), 1721, petit in-8, etc. Voyez sur cet ouvrage le *Je ne sais quoi*, par Cartier de Saint-Philip, t. II, 1re partie, page 107. — MENCKE (Frédéric-Othon), fils du précéd., né à Leipsig en 1708, mort en 1754, marcha sur les traces de son père et de son aïeul, continua les *Acta erud100or*. dep. l'année 1732, et publia, outre plus. éditions estimées : *Bibliotheca virorum, militiá æquè ac scriptis illustrium*, 1734, in-8. — *Hist. vitæ inque litteras meritorum Angeli Politiani*, 1736, in-4. — *Miscellanea lipsiensia nova ad incrementum scientiarum*, 1742-54, 10 vol. in-8. — *De hodiernâ litterar. per præcipuas Europæ cultioris partes facie et statu*, dans les *Acta societalis lat. jenensis*, t. II, pages 5-19.

MENDANA DE NEYRA (ALVARO), célèbre navigateur, né en Espagne en 1541, avait un oncle (don Pedro de Castro) gouvern. de Lima, qui lui donna les moyens de satisfaire sa passion pour les voy. et les découv. Le jeune homme appareilla du Callao de Lima en 1568, et dans une course à l'Ouest, qu'il estimait à 1,450 lieues, découvrit plusieurs îles placées par lui entre le 7e et le 12e parallèle sud. Les Espagnols n'oublièrent pas de doter ces îles nouv. de richesses imaginaires, et les nommèrent îles d'Or ou de Salomon. On sait mainten. qu'elles ne sont autres que la terre des Arsacides de Surville, ou la Nouvelle-Géorgie de Shortland. Mendana ayant obtenu en 1595 le commandement d'une expédition destinée à fonder une colonie dans quelqu'une de ces îles, ne put les retrouver. Toutefois il en découvrit une autre qu'il nomma *Santa-Cruz*, et dans laquelle il forma un établissem. Mais les Espagnols, toujours imprudents, ne ménagèrent pas assez les naturels, et ceux-ci eurent bientôt ruiné la colonie naissante. Mendana, trompé dans son espoir, mourut à la fin de 1595. Carteret, navigat. anglais, a retrouvé en 1767, l'île Santa-Cruz, qu'il appelle l'île d'Egmont; elle fait partie de ce groupe célèbre auquel l'orgueil britannique s'est cru autorisé à attacher le nom de la reine Charlotte. On peut consulter sur la vie et les voyages de Mendana : *Sucesos de las Philipinas*, par D. Antonio de Morga, Mexico, 1609, in-4, ch. VI, pag. 29. — *Décour. au sud-est de la Nouvelle-Guinée*, par Fleurieu, in-4, p. 4 et 201.

MENDELSSOHN (MOSÈS), c.-à-d. Moïse fils de Mendel, né à Dessau en 1729, de parents israélites, mort à Berlin en 1786, avait montré dès sa plus tendre enfance des disposit. extraordinaires. Après avoir reçu les prem. leçons de son père, qui était écrivain public et maître d'école, il passa plusieurs années dans une extrême indigence qui arrêta son essor, mais ne put étouffer son ardente passion pour les sciences. Il eut le bonheur d'entrer, assez jeune encore, chez un riche manufacturier de sa nation, et fit toujours sa principale affaire d'étudier la philosophie et la littérat., sans abandonner toutefois le commerce, où il trouvait des ressources indispensables à sa pauvreté. Dirigé par Lessing dans ses études, il devint lui-même un des plus célèbres écrivains de l'Allemagne, et se vit recherché et estimé par des hommes distingués de toute l'Europe. Non content d'être sorti de la condition ignominieuse qui depuis si long-temps est le partage de la nation juive, il consacra ses efforts à disposer ses coreligionnaires aux bienfaits d'une civilisation dans laq. ils lui doivent leurs prem. pas. Le jour de la mort de Mendelssohn, les Juifs de Berlin fermèrent leurs boutiques et leurs magasins en signe de deuil; coutume qu'ils n'observent qu'à la mort de leur premier rabbin. Ils disent qu'après Moïse le législateur et Moïse Maïmonides, ils n'ont eu que Moïse Mendelssohn. Nous citerons parmi ses ouvr. : *Lettre au diacre Lavater*, 1770, trad. en franç. sous le titre de *Lettres juives du célèbre Mosès Mendelssohn*, 1771. — *OEuvres philosophiques*, 1761, 1771 et 1777, 2 vol. in-8.—*Phædon sur l'immortalité de l'âme*, en 3 dialogues, 1767, in-8; 1768, 1769, 1776, trad en franç. par Junker, 1774.—*Les Psaumes*, trad. en allemand, 1783-88, in-8 (v. pour plus de détails le *Berlinische monatschrift*, 1786, mars, p. 205-216; l'écrit de Mirabeau sur Mosès Mendelssohn, 1787, 1788, in-8; et la *Vie* de Mendelssohn, en hébreu, par Isaac Euchel, 1788, in-8).

MENDOZA (D. INIGO-LOPEZ de), marquis de Santillane, né en 1398, mort en 1458, fut un des principaux ornem. de la cour poétique de Jean II, roi de Castille. Son rang, ses richesses, ses talents, lui acquirent une telle renommée, que des étrangers se rendirent, dit-on, en Castille, uniquement pour le voir. On a de lui : *los Refranes recopilados por mandato del rei don Juan*, 1541, in-8 ; *Chant funèbre sur la mort de Villena ; el Doctrinal de Privados* (le Manuel des Favoris); une *Dissertat. critique et historique*, très estimée des littérat. espagnols. — Un autre Inigo-Lopez de MENDOZA, 4e duc de l'Infantado, 2e arrière-petit-fils du marquis de Santillane, et mort en 1566, est auteur d'un *Memorial de cosas notables*, Guadalajara, 1664, in-fol.

MENDOZA (PIERRE GONÇALÈS de), connu aussi sous le nom de *Cardinal d'Espagne*, né en 1428, mort à Guadalajara en 1495, fut successiv. archevêque de Séville et de Tolède, reçut la pourpre romaine en 1473, et rendit d'importants services à Ferdinand et à Isabelle, pendant la guerre contre les Maures de Grenade, il fonda un collége magnifique à Valladolid, et un hôpital à Tolède.—Pierre-Salazar de MENDOZA, a publié *la Coronica del gran Cardinal de España*, Tolède, 1625, in-fol.; et *Origen de las dignidades de Castilla y Leon*, Madrid, 1657, in-fol.

MENDOZA (don PEDRO de), gentilhomme très riche de Cadix, offrit en 1529, à Charles-Quint, d'achever à ses frais la découverte et la conquête du Paraguay et de la rivière de la Plata, mit à la voile en 1534 avec 14 vaisseaux et 3,000 Espagnols, et fonda, le 2 févr. 1535, la ville de Buénos-Ayres. Une maladie l'ayant forcé de se rembarquer pour l'Espagne, il mourut dans la traversée.

MENDOZA (DIEGO-HURTADO de), né à Grenade, suivant l'opinion la plus commune, et mort en 1575, à l'âge de plus de 70 ans, fut tout ensemble guerrier, négociateur, géographe, histor. et poète. Non content de cultiver les lettres, il en fut aussi le protecteur, et s'occupa de rassembler un grand nombre de livres grecs, dont il céda la précieuse collection au roi d'Espagne pour la bibliothèque de l'Escurial. On cite de lui : *Guerra de Granada hecha por el rey de España, Felipe II, contra los Moriscos de aquel reino sus rebeldes*, Madrid, 1610, in-4 ; Lisbonne, 1627 ; Valence, 1676, in-4. — *Obras del insigne caballero D. Diego de Mendoza*, Madrid, 1610, in-4 ; et d'autres ouvr., restés inédits. On lui attribue le roman de *Lazarillo de Tormes*, que quelq. bibliographes donnent à J. de Orthega, relig. hiéronymite. — Diego de FUNEZ Y MENDOZA, de Murcie, a laissé : *Historia de aves y animales de Aristoteles, traducida del latin en romance, y añadida de los otros muchos autores, griegos y latinos que trataron de esta materia*, Valence, 1621, in-4.

MENDOZA (BERNARDIN de), frère germain de Laurent, comte de Cluni, se signala par ses exploits en Belgique, fut chargé d'ambassades en Angleterre et en France, et mourut au commencement du 17e S., dans un âge avancé. On cite de lui :

Comentarios de lo sucedido en los Paizes Baxos, desde el año 1567 hasta el de 1577, Madrid, 1592, in-4 ; trad. en franç., Paris, 1622, in-8. — *Theorica y practica de guerra*, Madrid, 1577, in-4 ; Anvers, 1595, in-4 ; 1598, in-8 ; trad. en franç. et en ital. — Un autre Bernardin de MENDOZA, docteur en théologie et chanoine de Tolède, a laissé un MS., conservé dans la biblioth. du Vatican, sous ce titre : *Tratado en defensa de los colegios seminarios que el sacro concilio de Trento dispone que se hagan en la sesion 22, cap. 18.*

MENDOZA (FERDINAND de), jurisconsulte espagnol, de la même famille que le *Cardinal d'Espagne*, né vers 1566, mort à Madrid dans un état d'aliénation mentale, a laissé : *Disputationes in locos difficiliores tituli de Pactis, in digestorum libris*, Alcala, 1586, in-fol. — *De concilio Illiberitano* (le concile d'Elvire) *libri III*, ibid., 1594, in-fol.; Lyon, 1665. — MENDOZA (Jean GONZALEZ de), célèbre missionnaire de l'ordre des augustins, né dans la Castille vers le milieu du 16e S., fut envoyé en 1580 par Philippe II à la Chine, en qualité d'ambassadeur. De retour en Europe il obtint l'évêché de Lipari en 1593, se rendit quelque temps après dans l'Amérique espagnole, fut fait évêque de Chiapa en 1607 et de Popayan l'année suiv. Il mourut vers 1620, dans un âge avancé. On a de lui une *Histoire de la Chine*, en espagn., Rome, 1585, 2 part. in-8, trad. en français par Luc de La Porte, sous ce titre : *Histoire du gr. royaume de la Chine, situé aux Indes-Orientales, divisée en deux parties*, Paris, 1589 ; Rouen, 1614, in-8.

MENDOZA (ANTOINE-HURTADO de), commandant de l'ordre de Calatrava, secrét.-d'état et membre de l'inquisition, né dans le diocèse de Burgos, mort postérieurem. à 1638, n'avait pas fait d'études, et composa néanmoins des comédies et des poésies lyriques, qui eurent du succès. Quelq.-unes de ces pièces ont été réunies sous ce titre : *El Fenix castellano, D. Antonio de Mendoça renascido*, etc., Lisbonne, 1690, in-4. — Antoine SARMIENTO DE MENDOZA, aussi de Burgos, chevalier de l'ordre de Calatrava, gouvern. de Cuença et de Cordoue, etc., mort en 1651, a laissé : *La Hierusalem del Tasso, trad. en octava rima*, Madrid, 1649, in-8.

MENDOZA (HIPPOLYTE - JOSEPH - HURTADO - DA COSTA), né à Colonia-do-San-Sacramento dans l'Amétique-Méridionale, prit le grade de docteur ès-lois à l'univ. de Coïmbre. Accusé de franç-maçonnerie, il fut incarcéré, mais il parvint heureusem. à s'évader et passa en Angleterre, où il devint secrétaire du duc de Sussex, et plus tard chargé d'affaires de l'empire brésilien à Londres. Mendoza mourut en 1823. Il a publié une histoire de sa persécut. en anglais (*Narative ofthe persecution*), 1811, 2 vol. in-8. Il a fait paraître aussi quelques numéros du *Correio brasilense*.

MÉNÉDÈME, philosophe d'Érythrée en Arcadie, né vers la fin du 4e S. av. J.-C., exerça dans sa ville natale l'état d'architecte, ou selon quelques aut. travailla à coudre des tentes. Il alla ensuite à Mégare, où il entendit Stilpon, puis à Elée. Revenu dans sa patrie il y enseigna la philosophie, et acquit par-là tant de réputation qu'il fut élevé aux prem. charges. Il mourut de douleur de voir sa patrie soumise au joug d'Antigone et de Démétrius-Poliocerte. — Un autre philosophe de ce nom, disciple de Colotès Lampsaque, n'est connu que par ses bizarreries et ses ridicules.

MÉNÉLAUS, géomètre grec, vivait l'an 80 de J.-C., avait composé deux ouvr., dont l'un en six liv. était relatif au calcul des cordes, et l'autre en trois livres, intit. : *Sphériques;* tous deux sont perdus; mais il reste du dernier deux traduct., l'une arabe et l'autre hébraïque. Une version latine, faite sur ces deux trad., a été imprimée avec les trois livres de Théodose, sur le même sujet, sous ce titre : *Theodosii Sphæricorum lib. III; Menelai Alexandrini Sphæricorum lib. III,* etc., Oxford, 1707, in-8.

MÉNÉNIUS-AGRIPPA, plébéien qui fut nommé sénateur par Brutus après l'expulsion des rois (509 ans av. J.-C.), devint consul six ans après et obtint le prem. le petit triomphe, dit aussi *ovation.* C'est lui qui, lorsq. le peuple se retira sur le Mont-Sacré, se chargea du rôle de négociateur, et ramena les rebelles par son apologue des Membres et de l'Estomac; mais en même temps il obtint pour eux du sénat la création des tribuns.

MENESES (D. Alexis de), né à Lisbonne en 1559, mort à Paris en 1617, entra fort jeune dans l'ordre des ermites de St-Augustin, fut nommé archev. de Goa, lors de la réunion du Portugal à l'Espagne, et vice-roi des Indes en 1607. Appelé à l'archevêché de Brague en 1608, il repassa en Portugal, reçut de Philippe III la vice-royauté de ce pays en 1614, et deux ans après vint à Madrid, pour présider le conseil chargé spécialem. des expédit. des affaires du Portugal. Ant. de Gouvea, religieux augustin, a publié, en portugais, le *Journal du Voyage* de D. Alexis dans les Indes, Coïmbre, 1606, in-fol. On trouve son *Éloge* dans l'ouvr. de Corn Curtius : *Viror. illustrium ex ordine eremitar. div. Augustini elogia,* p. 181-95.

MENESTRIER (Perrenin), pieux ecclésiastique, né dans le comté de Bourgogne vers la fin du 16e S., mort vers 1640, contribua beaucoup à l'établissement dans le village de Pin d'une impr. destinée surtout à reproduire les livres liturgiques, que les prêtres avaient beaucoup de peine à se procurer. On a de lui : *Doctrine salutaire, propre pour attirer les âmes à l'amour, à la crainte et au service de Dieu,* Besançon, 1628, in-12. — *Breves conciones super evangel. dominicar. totius anni,* Pin, 1633, in-8.

MENESTRIER (Jean-Baptiste Le), numismate, né à Dijon en 1564, mort en 1634, parvint à former une collection de médailles assez curieuse pour le temps, et publ. : *Médailles illustrées des anciens empereurs et impératrices de Rome,* 1627, in-4 : c'est la description des principales pièces de son cabinet. — *Médailles, monnaies et monuments antiq. d'impératrices rom.,* Dijon, 1625, in-fol., très rare.

MENESTRIER (Claude-François), l'un des plus savants hommes de son temps, né à Lyon en 1631, mort à Paris en 1705, entra chez les jésuites à 15 ans, professa les humanités et la rhétorique dans plus. colléges, et assista au fameux synode de Die, où il réduisit ses adversaires au silence. Quelques circonstances favorables lui ayant permis de se livrer à son goût pour les voyages, il visita l'Italie, l'Allemagne, la Flandre et l'Angleterre, recueillant partout de nouv. observations, et revint en France briller pend. 25 ans dans les principales chaires du royaume. Parmi les nombr. ouvr. on recherche : *la nouvelle Méthode raisonnée du blason, disposée par demandes et par réponses,* Lyon, 1754, in-12, et 1770, in-8. — *De la chevalerie ancienne et moderne avec la manière d'en faire les preuves,* Paris, 1683, in-12, rare et recherché. — *Traité des tournois, joutes et autres spectacles publics,* Lyon, 1669 ou 1674, in-4, fig., rare. — *L'art des emblèmes,* Paris, 1683, in-8, fig. — *Des ballets anc. et modernes,* ib., 1682, in-12. *Des représentations en musique anc. et modernes,* 1687, in-12 — *Histoire civile et consulaire de la ville de Lyon,* etc., 1696, in-fol. — *Histoire du règne de Louis-le-Grand par les médailles, emblèmes, devises, jetons,* etc., Paris, 1693, in-fol. — *Dissertat. sur l'usage de se faire porter la queue,* ibid., 1704, in-12, curieux et recherché, réimpr. à 100 exempl. avec des notes par MM. Breghot, de Luth, Duplessis et Péricaud, Lyon, 1829, in-8.

MENGHELY GHERAI Ier, 3e khan des Tatars de Crimée, fils de Hadjy Gheraï, mort en 1467, et frère de Nour-Eddaulah, détrôna celui-ci quelq.-temps après la mort de Hadjy, et fut détrôné à son tour par son frère Hayder, que soutenait le khan du Kaptchak. Replacé sur le trône par l'empereur othoman Mahomet II, il conclut avec ce prince un traité, 883 de l'hég. (1478), et fut accueilli favorablement par ses peuples. Chassé de nouveau par le khan du Kaptchak, il parvint bientôt à ressaisir le pouvoir, et cette fois le garda long-temps. Fort de l'appui des Turks et des Russes, il s'engagea dans de longues guerres qu'il soutint, avec des succès variés, contre les Polonais et leur allié, Seïd Ahmet, khan du Kaptchak. Ce dernier ayant vu sa puissance anéantie par l'imprudente perfidie du roi de Pologne, Alexandre, Menghely continua ses incursions avec plus d'assurance sur les états du prince qu'il avait su priver d'un utile allié. Il fit toutefois la paix avec Sigismond Ier, successeur d'Alexandre; mais ce fut pour rompre une alliance de trente ans avec la Russie, et attaquer le tzar Basile V. Il signa bientôt avec ce prince un traité, le rompit presq. aussitôt, et conclut enfin avec lui une nouvelle paix, à laquelle il ne survécut que deux ans. Ce fut en 920 ou 921 de l'hég. (1514 ou 1515 de J.-C.) que Menghely termina son règne long et heureux. — Menghely Gheraï II, 29e khan de Crimée, succéda à son frère Sadet en 1726, fut entraîné en 1730 dans la chute du sulthan Achmet III, son protecteur, remonta sur le trône l'an de l'hég. 1150 (1737-58), porta le fer et la flamme sur le territoire des Russes, et les battit complétem. en

Crimée l'an 1151 (1758-59). Il mourut en 1154 (1741-42), et fut remplacé par Sélamet Gheraï II.

MENGS (Antoine-Raphael), peintre célèbre, surnommé le *Raphaël* de l'Allemagne, né à Aussig (Bohême), en 1728, se montra non moins habile dans la théorie que dans la pratique des diverses parties de son art. Il reçut les prem. leçons de son père, Ismaël Mengs, peintre au pastel et en émail du roi de Pologne, et fit de tels progrès qu'à l'âge de sept ans il avait composé un sujet tiré de l'Enéide. Son père, émerveillé de ses talents, le conduisit à Rome en 1740. Le jeune artiste y étudia pend. cinq ans les chefs-d'œuvre des anciens et des modernes, et à son retour à Dresde en 1746, fut nommé prem. peintre du roi. Après plusieurs voyages de Rome à Dresde et de Dresde à Rome, il retourna en Italie en 1572, et fut nommé, au bout de deux ans, professeur de l'académie fondée au Capitole par Benoît XIV. Il fit un voyage à Naples, et à Madrid, où Charles III l'appela en 1761, avec le titre de son prem. peintre et un traitem. considérable. En 1769 le mauvais état de sa santé le força de faire un nouveau voyage à Rome, qui lui valut les titres de chevalier de l'Éperon-d'Or et de prince de l'acad. de St-Luc à Florence. De retour en Espagne, il y trouva le climat de plus en plus contraire, et reprit enfin la route de Rome en 1777. Il commençait enfin à se rétablir; mais la perte de sa femme, qu'il avait touj. tendrem. aimée, lui causa un si vif chagrin qu'il ne fit plus que languir, et mourut en 1779. Parmi les tabl. de ce gr. artiste, on cite une *Madeleine*, un *Cupidon* aiguisant une flèche, et l'*Ascension*, à Dresde; le beau plafond de la Villa Albani, représentant *Apollon sur le Parnasse, entouré de neuf Muses* (cet ouvr. passe à Rome pour son chef-d'œuvre); une suite de tableaux de la *Passion*, pour la chambre à coucher de Charles III, et la *Naissance de l'Aurore*, l'*Apothéose d'Hercule*, etc., dans la galerie royale de Madrid. Nicolas Guibal, son élève, a, dans l'*Éloge histor.* de Mengs, donné la descript. de ses princip. tableaux. Le musée ne possède de lui qu'un gracieux dessin d'une Ste-Famille. Mengs a consigné ses principes dans des *pensées* et des *considérat.* sur la beauté et le goût en peinture, etc. Le chev. Doray de Longrais a donné une édit. de ses *OEuvr.*, trad. en franç., 1782, in-8; mais cette édit. est très inférieure à celle qu'a publiée H. Janson, Paris, 1786, 2 vol. in-4. On peut encore consulter *Epilogo della vita del fu c. v. A.-R. Mengs*, par Ch.-J. Ratti, Gênes, 1779, in-fol.; Fabroni, *Elogi Toscani*, Pise, 1790; et Gorani, *Rome et ses habitudes à la fin du* 18e *siècle*. — V. MARON (Thérèse).

MENG-TSEU, nommé pendant sa vie *Meng-Kho*, et par nos anciens missionnaires *Mencius*, né dans la ville de Tseou, actuellem. dépendante de Yan-tcheou-fou, dans la province de Chanu-toung, mort vers l'an 314 av. J.-C., à l'âge de 84 ans, est regardé comme le prem. des philosophes chinois après Confucius. Il se livra de bonne heure à la lecture des Kings, fit de grands progrès dans l'intelligence de ces livres si respectés, et mérita d'être inscrit au nombre des disciples de Tseu-sse, petit-fils et imitat. de Confucius. La Chine se trouvait alors partagée en div. états, dont les princes, toujours en guerre les uns contre les autres, n'avaient guère le temps ni la volonté d'écouter les leçons de la sagesse. Meng-Tseu, après avoir tenté vainement de les éclairer et de leur faire suivre l'exemple des vertueux et pacifiques fondateurs des premières dynasties, revint dans son pays, et, de concert avec quelq.-uns de ses disciples, s'occupa de mettre en ordre le livre des vers et le Chou-king. Il composa aussi à cette époq. l'ouvr. en VII chap., qu'on a nommé le *Meng-steu*, et qui est le plus beau titre de gloire de son auteur. On le joint toujours aux trois ouvrages moraux qui contiennent l'exposé de la doctrine de Confucius, et il forme, avec ces ouvrages, ce qu'on appelle les *Sse-Chou* ou les *Quatre Livres* par excellence. Si les Européens lisaient ce traité, si estimé à la Chine, ils reviendraient de ce préjugé trop répandu qui prête aux Orientaux, et aux Chinois en particulier, un caractère bas et servile. On trouve dans Meng-tseu la hardiesse, la vivacité, l'aigreur même de Diogène, mais avec plus de dignité, de décence et surtout plus de zèle pour le bien public. Il existe de son livre des milliers d'édit., avec ou sans comment. Il a été trad. deux fois en mandchou; et la dern. version, revue par l'empereur Khian-long, forme avec le texte trois des six vol. dont est composé l'exemplaire des 4 livres de la biblioth. roy. de Paris. Le P. Noël a compris le *Meng-tseu* dans la traduct. lat. qu'il a faite des *six livres classiques de l'empire chinois* (Prague, 1711, in-4). On trouve une analyse étendue du *Meng-tseu*, par le P. Duhalde, dans la *Descript. de la Chine*, t. II, p. 334 et suiv. À la fin de l'excellent article qu'Abel Rémusat a consacré au philosophe chinois dans la *Biographie univ.*, il annonçait la publicat. prochaine d'une trad. franç. de Meng-tseu, mais sa mort prématurée l'a empêché de terminer cet utile ouvr. M. G. Pauthier en promet une dans la trad. des anc. philosophes chinois, dont il a déjà paru une livraison (1835). La société asiatique en a fait imprimer à ses frais une trad. lat. accompagnée d'un comment. par M. Stanislas Julien, 1824-26, 3 vol. in-8.

MENINSKI (Franç. MESGNIEN), savant orientaliste, né en Lorraine vers 1623, se rendit à Constantinople en 1652, à la suite de l'ambassad. de Pologne, y fut nommé, au bout de quelq. années, interprète de la diète, qui le chargea d'une nouv. mission et lui accorda des lettres de naturalisation et de noblesse. Cependant il offrit, dès 1661, ses services à l'empereur Léopold, qui le nomma son prem. interprète; en cette qualité il accompagna les ambassad. de l'empereur à la cour othomane, il revint en 1671 à Vienne, où il mourut en 1698. Meninski, pendant son séjour dans le Levant, avait fait une étude particulière des langues arabe, persane et turque; et, à peine fixé dans sa patrie adoptive, il s'occupa de faire participer les états chrétiens au fruit de ses travaux. On a de lui : *Thesaurus linguarum orientalium* (ou Dictionnaire

10.

arabe, persan et türk, accompagné d'un appendix et d'une sav. grammaire turke), 1680, 4 vol. in-fol.; Vienne, de 1780 à 1802, 4 vol. in-fol.—*Onomasticon* latin-turk-arabe-persan, Vienne, 1687, in-fol. — *Grammatica seu institutio polonicæ linguæ, in usum externorum edita*, Dantzig, 1649, in-8.

MÉNIPPE, philos. cynique de Gandara (Phénicie), s'établit à Thèbes, où, selon Diogène Laërce, il amassa par l'usure des biens considérables. Lucien, qui l'a choisi pour interlocuteur de plus. de ses dialogues, le représente, au contraire, comme très désintéressé et méprisant tous les biens que les hommes regardent comme nécessaires au bonheur. Ménippe avait composé treize livres de satires en prose mêlée de vers la plupart parodiés. Cet ouvr., qu'on a perdu, a donné l'idée de la fameuse satire Ménippée. — MÉNIPPE *de Stratonice*, réthoricien, passait du temps de Cicéron, qui alla l'entendre, pour l'homme le plus éloquent de l'Asie.

MÉNIUS (FRÉDÉRIC), sav. suédois, fut nommé en 1632 profess. d'histoire et d'antiquités à Dorpat en Livonie, et publia en 1644 un livre intitulé : *Consensus hermetico-mosaicus*, où le clergé vit plusieurs proposit. mal sonnantes. L'auteur fut en conséquence dépouillé de sa place et mis en prison; mais au bout de quelque temps il recouvra sa liberté par la protect. du grand-chancelier Oxenstiern. Il était inspecteur des mines de cuivre en Suède, lorsqu'il mourut en 1659.

MENJAUD, peintre d'histoire, d'un talent distingué, mourut à Paris le 27 févr. 1832, dans un âge peu avancé. *Le Tasse couronné* et la *Communion de la reine* sont au nombre de ses meill. composit. Cet artiste avait fourni au salon de 1832 la *Mort du duc de Berry*, Raphaël, le Tintoret et l'*Arétin*, etc.; et au salon de 1827 : *François I*er *tenant un sanglier*, les *Adieux de Girodet à son atelier*.

MENNANDER (CHARLES-FRÉDÉRIC), archevêque d'Upsal et vice-chancelier de l'université de cette ville, mort vers la fin du 18e S., a publ. sur la population, l'industrie et l'agriculture plus. *Mém.* qui le firent entrer à l'académie de Stockholm. La Suède lui doit le plus beau monument de sculpture qu'elle possède. C'est un groupe qu'il fit exécuter à Rome par un artiste habile, et qui représente la religion, les vertus cardinales, les sciences et les beaux-arts. Ce groupe a été placé sur son tombeau dans la cathédrale d'Upsal.

MENNO, appelé *Simonis*, c'est-à-dire fils de Simon, né en 1496 à Witmaarsum en Frise, fut d'abord prêtre catholique et se montra l'antagoniste zélé de la doctrine et de la conduite des anabaptistes; mais s'étant séparé de l'Église romaine, il se rapprocha des anabaptistes en ce qui concerne le baptême, et fonda une secte dont les adeptes, connus d'abord sous le nom de mennonites, préfèrent porter aujourd'hui celui de téléiobaptistes, parce que l'institution à laq. ils tiennent le plus est celle du baptême des adultes. Les mennonites furent compris dans les édits de proscription de l'emper. Charles-Quint en 1540, et la tête de leur chef fut mise à prix; mais il échappa aux poursuites par son

adresse et sa présence d'esprit. Après une vie errante et agitée, il alla mourir en 1561 à Oldeslohe, entre Hambourg et Lubeck. Ses ouvr., presque tous en hollandais, ont été rec. en un vol. in-fol., Amsterdam, 1651.

MÉNOCHIUS (JACQ.), célèbre jurisconsulte, né à Pavie en 1532, mort en 1607, remplit successivement et avec éclat les fonctions de professeur à l'université de Mondovi, à Padoue et dans sa ville natale, et fut nommé par le roi d'Espagne Philippe II, sénat. et l'un des présidents du conseil du Milanez. On a de lui : *De adipiscendâ, retinendâ et recuperandâ possessione*, 1606, in-fol.— *De præsumptionibus, conjecturis*, etc., Venise, 1609-17, 2 vol. in-fol. — *De arbitrariis judicum quæstionibus*, etc., Genève, 1630, 1685, in-fol.— MÉNOCHIUS (Jean-Étienne), jésuite, fils du précéd., né à Pavie en 1576, mort à Rome en 1655, après avoir été assistant de son supérieur-gén., a laissé plus. ouvrages, dont on trouvera la liste dans la *Biblioth. societ. Jesu*, p. 505. Les princip. sont : *Comment. totius Scripturæ*, Cologne, 1630, 2 t, in-fol.; Paris, 1719 ou 1724, 2 vol. in-fol.; Avignon, 1768, 4 vol. in-4.— *Le Storie, ovvero trattenim. eruditi*, Rome, 1646, 1654, 6 tom. in-4; Padoue, 1701, 3 vol. in-4.—*De republicâ Hebræorum*, Paris, 1648-52, 2 vol. in-fol.

MÉNODORE ou MONODORE, sculpt. athén: sous le règne de Néron, avait exécuté plus. statues de chasseurs et de guerriers; mais son chef-d'œuvre était un Cupidon en marbre qu'il avait fait pour la ville de Thespies, à l'imitat. de celui de Praxitèle.

MÉNOT (MICHEL), cordelier et prédicat., mort à Paris en 1518, reçut dans son temps le titre de *Langue d'or*. On ignore l'époque et le lieu de sa naissance; on sait seulement qu'il vécut sous les règnes de Louis XI, Charles VIII, Louis XII et François Ier. Ses *Sermons*, recueillis par ses auditeurs, renferment infiniment plus de grossièretés et de bouffonneries que ceux de Barlette et de Maillard eux-mêmes. Ils ont été impr. sous ce titre: *Sermones quadragesimales olim* (1508) *Turonis declam.*, Paris, 1519 et 1525, in-8. M. l'abbé Labarderie a réimpr. deux serm. de Ménot à un petit nombre d'exemplaires. Celui sur la *Parabole de l'enfant prodigue*, 1825, in-8, et le sermon de *la Madelaine*, 1833, in-8.

MENOU (JACQ.-FRANÇ., baron de), lieutenant-général, né en 1750 à Boussay de Loches, en Touraine, d'une anc. famille illustrée par les armes, était parvenu au grade de maréchal-de-camp avant la révolut. Député aux états-généraux en 1789 par la noblesse de Touraine, il fit partie de la minorité qui se réunit tout d'abord au tiers-état. Il parut souvent à la tribune, et s'il n'acquit point une gr. réputation d'éloquence, du moins il sut plus. fois faire transformer ses motions en lois. Membre et souvent rapporteur du comité militaire, il fit augmenter la paye du soldat, et proposa de substituer à l'ancien mode de recrutement une conscription, avec la faculté de se faire remplacer; projet à peu près semblable à celui qui fut reproduit depuis par le gén. Jourdan. Il fit passer le décret qui substitua au pavillon blanc, sur tous les vaisseaux de l'état, le pavillon aux trois couleurs. Ce fut encore sur sa motion qu'en 1791 fut ordonnée l'organisation et l'armement des gardes nationales, et une levée de 100 mille hommes. Quoiqu'il eût voté pour que le droit de paix et de guerre fût réservé à la nation, il se déclara pour le maintien du trône constitutionnel, après l'arrestation du roi à Varennes. Après la session, il fut employé dans son grade, et commanda en second le camp formé près de Paris en 1792. Il signala dans ce poste sa modération, fut ensuite employé dans la Vendée, où il montra plus de bravoure personnelle que de talents, et, dénoncé par Robespierre pour avoir été battu par la Roche-jacquelin, fut défendu par Barrère, dont les adroites apologies le sauvèrent vraisemblablem. de l'échafaud. Après le 9 thermidor il continua de servir en sa qualité de général de division. Chargé, au mois de prairial (mai 1795), de marcher contre le faubourg Saint-Antoine, dont le peuple s'était soulevé, il désarma les révoltés, mais refusa d'incendier le faubourg comme lui avait donné l'ordre la convent. lui en avait donné l'ordre. Nommé général de l'armée de l'intérieur, il eut encore le commandement des troupes au 13 vendém. an III. Mais cette fois il ne montra pas un dévouement aussi entier aux ordres de la convent., et fut remplacé par Bonaparte. Menou, traduit devant un conseil de guerre, fut acquitté. Bonaparte, l'emmena en Égypte, et lui donna le commandem. d'une division, à la tête de laq. il montra beauc. de bravoure, mais peu ou point de talents pour commander en chef. Il épousa une femme musulmane, se soumit à tous les préceptes de l'islamisme, et se fit appeler *Abdallad Jacques Menou*. A la mort de Kléber, il prit le commandement en chef de l'armée, ne sut point se faire obéir, fut battu complétement par Abercromby, près d'Alexandrie, et repassa en France. Le prem. consul le nomma bientôt gouvern. gén. du Piémont, et l'envoya ensuite avec le même titre à Venise, où il mourut en 1810.

MENOUX (JOSEPH PETIT, plus connu sous le nom de), jésuite, né à Besançon en 1695, mort à Nancy en 1766, d'abord régent dans divers colléges, parut ensuite avec éclat dans les princip. chaires de la Champagne et de la Lorraine, et sut plaire au bon roi Stanislas, qui le nomma son prédicateur ordinaire, et, lors de la fondation du séminaire des missions, l'en établit le prem. supérieur. On cite de lui : *Notions philosophiques des vérités fondamentales de la religion*, ouvr. didactique d'un ordre nouveau, Nancy, 1758, in-8, 7º édit. : il avait d'abord paru sous le titre de *Défi génér. à l'incrédulité.*—MENOUX (Bruno-Melchior de), jésuite, né à Mouthier-Haute-Pierre, bailliage d'Ornans, est aut. d'un poème intit. : *Speculum* (le Miroir), Lyon, 1719, in-8.

MENTEL (JEAN) ou MENTELIN, le plus anc. imprim. de Strasbourg, né dans cette ville ou aux environs vers 1410, mort en 1478, ne mettait, dans le commencem., ni nom ni date à ses impressions, afin

de les faire passer pour des MSs., qui se vendaient alors à des prix excessifs; le prem. ouvr. qu'il ait publié avec date est le *Speculum* de Vincent de Beauvais de 1473. Cepend. on ne peut guère douter qu'il n'eût une imprimérie en pleine activité plus années auparavant. On a même prétendu le faire passer pour l'invent. de l'imprimerie; mais cette assertion a été réfutée solidement par Schoepflin (*Mém. de l'acad. des inscript.*, t. XVII).—MENTEL (Jacques), médec., né à Château-Thierri en 1597, mort à Paris en 1671, prétend. descendre de Vimprien; il cultiva la littérature avec plus d'ardeur que de succès, si l'on en croit Gui Patin, qui dit de lui : *Il est meilleur médecin qu'il n'est éloquent.* On ne le connaît guère aujourd'hui que par les deux écrits suivants : *Brevis excursus de loco, tempore et authore inventionis typogr.*, Paris, 1644, in-4. —*De verâ typogr. origine, Parœnesis*, ib., 1650, in-4. Comme médecin, on a de lui quelques ouvr. que les progrès de la médecine rendent à peu près inutiles.

MENTELLE (EDME), géographe, né à Paris en 1730, mort en 1815, obtint, au sortir de ses classes, un petit emploi dans les fermes, et composa des vers et des pièces de théâtre dont on ne se souvient guère aujourd'hui. Cepend., entraîné bientôt vers des occupat. plus sérieuses, il se livra tout entier à l'étude réunie de la géographie et de l'hist. et fut nommé en 1760 profess. pour ces deux sciences à l'École-Militaire. Pendant la révolution, Mentelle fit des cours chez lui; et, quand le calme fut un peu rétabli, il fut appelé aux écoles centrales, puis à l'école normale. Il fut admis à l'Institut, dès sa format., mais il n'obtint la croix d'Honneur qu'après la restaurat., en 1814. Mentelle aurait pu s'élever au prem. rang des géographes de l'Europe; mais sa fortune trop modique le mit dans l'obligation de perdre une grande partie de son temps à composer des livres élémentaires; il ignorait d'ailleurs les langues étrangères, dont la connaissance est si utile à un géographe. Parmi ses nombreux ouvr., on citera : *Élém. de l'hist. romaine*, avec cartes, 1766, in-12, réimpr. en 1774.—*Tr. de la Sphère*, 1778, in-12.—*Géographie comparée, ou Analyse de la géographie anc. et moderne*, 1778 et années suiv., 7 vol. in-8; ouvrage demeuré incomplet.— *Cosmographie élément.*, 1781, in-8; 1799, 3º édit. —*Choix de lectures géogr. et histor.*, 1783-84, 6 vol. in-8.—*La Géographie enseignée par une méthode nouv., ou Application de la synthèse à l'étude de la géogr.*, 1795, in-8; 3º édit., 1799.— *Cours complet de cosmographie, de chronologie, de géographie et d'histoire ancienne et moderne*, 1801, 3 vol. in-8.—*Géographie classique et élémentaire* (la partie moderne n'a point paru), 1813, 2 vol. in-8. — *Atlas universel en 170 cartes* (avec Chanlaire).—*Géographie universelle* (avec Malte-Brun), Paris, 1803-04, 16 vol. in-8. Le docteur Larche a donné une *Notice* sur Mentelle dans le *Magasin encyclopédiq.*, 1816, t. I, p. 359.

MENTOR, ciseleur grec très renommé, surpassa ses contemporains Mys et Acragas dans l'art de sculpter le bronze, l'argent et l'or. Parmi ses chefs-d'œuvre on distinguait quatre vases placés dans le temple de Diane à Éphèse et dans celui de Jupiter capitolin; mais ils disparurent dans les incendies qui détruisirent ces deux édifices. En général les ouvr. de Mentor devinrent très rares, et cette rareté, jointe à l'habileté de l'artiste, les fit monter à un prix exorbitant. Crassus acheta 100,000 sesterces (20,000 fr.) deux coupes de Mentor. — Outre le MENTOR de la mythologie on connaît dans l'antiquité quelq. autres personnages de ce nom.

MENU DE CHOMORCEAU (JEAN-ÉTIENNE), littérateur, né à Villeneuve-le-Roi en 1724, fut lieut.-général au bailliage de sa ville natale, et député aux états-généraux, où il vota constamm. avec les défenseurs de la monarchie. Il mourut à Villeneuve-sur-Yonne en 1802. On a de lui : *Renaud, poème héroïque imité du Tasse*, Paris, 1784, 1786 et 1788, 2 vol. in-8. Il préparait un *Dictionnaire de l'ancienne chevalerie,* ouvr. qui manque à notre littérat.; mais pendant une longue détention, qu'il subit sous le règne de la terreur, ses amis brûlèrent par prudence tous ses MSs.

MENURET DE CHAMBAUD (JEAN-JACQUES), médecin, né à Montélimart en 1733, mort à Paris en 1815, rédigea pour l'*Encyclopédie* plus. articles parmi lesquels on distingue ceux de *Mort* et de *Somnambulisme,* devint le médecin de Dumouriez, qu'il accompagna à l'armée en 1792, et fut obligé, après la fuite du général, de chercher un asile en pays étranger. De retour à Paris, il fut nommé membre du comité de bienfaisance de son arrondissement, et consacra surtout aux indigents les secours de son art. On a de lui : *Nouveau traité du pouls*, 1768, in-12. — *Essai sur l'action de l'air dans les maladies contagieuses*, 1781, in-12, couronné par la société de médecine. — *Essai sur l'hist. médico-topographique de Paris*, 1786, in-12; 1805, in-12. — *Essai sur les moyens de former de bons médecins, sur les obligations réciproques des médecins et de la société*, 1791, in-8. — *Mém. sur la culture des jachères*, couronné par la soc. d'agriculture de Paris en 1790.

MENZ (FRÉDÉRIC), savant antiq. allem., né vers 1680, mort à Leipsig en 1749, a laissé : *Dissertatio de Solonis legibus*, 1701, in-4. — *De fastu philosophico virtutis colore infucato in imagine Diogenis Cynici*, 1712. — *Socrates nec officiosus maritus, nec laudandus paterfamilias*, 1716. — *Aristippus philosophicus socraticus*, 1719, in-4. — *De miseriâ eruditorum,* 1725. — *De usu poeseos in philosophiâ*, 1730. — *De Heraclito Ephesio*, 1736. — *De nimio hist. litter. studio*, 1737. — *De Socratis methodo docendi è scholis non omninò proscribendâ*, 1740, etc.

MENZIKOFF (le prince ALEX.-DANILOVITCH), prem. ministre et favori du tzar Pierre-le-Grand et de Catherine, offre l'un des exemples les plus bizarres des caprices de la fortune. Né à Moscou en 1674 d'un pâtissier, ou selon d'autres d'un valet-de-chambre, il plut au tzar, qui le forma aux affaires et aux armes, et lui donna un avancement rapide, justifié d'ailleurs par des services importants et par une fidélité à l'épreuve. L'heureux favori fut élevé en 1704 au rang de général-major, décoré du titre de prince, et nommé gouverneur de l'Ingrie. Il continua de servir avec zèle un maître qui savait si bien récompenser, commanda l'aile gauche à la bataille de Pultawa, et, s'étant mis à la poursuite des fuyards, força le général suédois Lewenhaupt à capituler avec son corps d'armée. Chargé du gouvernement de Pétersbourg pend. que Pierre marchait contre les Turks, en 1711, Menzikoff, possesseur d'une fortune immense, commença d'étaler un faste inconnu en Russie, et qui devait le perdre un jour. Cependant il jouit encore quelque temps d'un sort prospère. Il fit reconnaître Catherine pour impératrice après la mort de son époux, et obtint sous le nom de cette princesse la plus gr. influence. Mais la mort de Catherine et l'avénem. au trône de Pierre II, petit-fils du réformat. des Moscovites, fut le signal de la ruine de l'heureux et insolent favori. Il eut toutefois le tzar sous sa tutelle, le fit loger dans son palais, lui fiança sa fille, et continua ses exactions et ses violences : mais Ivan Dolgorouki, sous-gouverneur du jeune prince, l'excita à se défaire d'un tuteur incommode. Menzikoff, mis aux arrêts et exilé à Raninbourg, ville du gouvernement de Voroneje, eut l'imprudence, en exécutant les ordres de la cour, d'insulter à ses ennemis par un faste digne d'un souverain. Il vit ses biens confisqués, et fut condamné à passer le reste de ses jours à Berezof, sous un des plus durs climats de la Sibérie. Sa femme devint aveugle à force de verser des larmes, et succomba avant d'arriver. Sa fille aînée expira dans ses bras au bout de 6 mois : lui-même fut frappé d'apoplexie en 1729, après avoir montré dans l'adversité un rare courage. Il laissait un fils et une fille qui jouirent après sa mort d'un peu plus de liberté, et furent rappelés à Moscou lors de la disgrâce des Dolgorouki. Les malheurs de Menzikoff ont été le sujet de plus. tragéd.; la plus connue est celle de La Harpe, qui n'est pas restée au théâtre.

MENZINI (BENOIT), l'un des bons poètes de l'Italie, né à Florence en 1646 de parents pauvres et obscurs, embrassa l'état ecclésiastique; et, après avoir tenté vainement d'obtenir une chaire à l'univers. de Pise, se rendit à Rome, où Christine de Suède l'accueillit avec bonté, et l'admit en 1685 dans son acad. A la mort de son illustre protectrice, en 1689, il retomba dans le dénûment le plus absolu; mais le card. Albani, qui fut plus tard le pape Clément XI, lui donna un canonicat de l'église Sant-Angelo in Pescheria, et le fit nommer ensuite profess.-suppléant de philosophie et d'éloquence au collége de la Sapience. Menzini ne put jouir long-temps de ce retour de la fortune, et mourut en 1704. Il était membre des acad. des Arcadiens et de la Crusca. On trouverait peu de genres de poésie dans lesquels il ne se soit exercé avec succès. Il rivalise avec Chiabrera dans le genre anacréontique, et aucun poète italien ne lui a été supérieur dans le sonnet, l'élégie, l'hymne sacrée.

Toutes ses œuvres (à l'exception de ses *satires*) ont été recueill. sous le titre de *Rime di vari generi*, Florence, 1730-1734, 4 vol. in-8; 1731-32, 4 vol. in-4; et les *Satires*, très souv. impr. isolém., font partie de la *Collection des classiq. italiens*, Milan, 1808.

MÉON (DOMINIQUE-MARTIN), antiquaire, né en 1748 à St-Nicolas (Meurthe), mort à Paris en 1829, l'un des conservat. de la biblioth. du roi, remplit à l'époque de la révolut. un emploi dans les fourrages. Il en fut destitué lors du retour de Bonaparte d'Égypte, et c'est alors qu'il fit vendre une magnifique biblioth. qu'il avait mis 25 années à former. Elle se composait d'ouvr. rares et singuliers, rassemblés à gr. frais de patience et de savoir : aussi les bibliographes font-ils beauc. de cas du *Catalogue*, 1803, gr. in-8. Méon continua de se partager entre les recherches bibliogr. et les occupat. littér. On lui doit comme éditeur : *Blasons, poésies anc. des 15e et 16e S.*, etc., 1807, in-8.—*Fabliaux et contes des poètes franç. des 11e-15e S.*, par Barbazan, 1808, 4 vol. in-8.—*Roman de la Rose*, 1815, 4 vol. in-8.—*Nouv. rec. de fabliaux et contes inédits*, etc., 1823, 2 vol. in-8. — *Le Roman du Renard* (collationné sur 10 MSs.), 1825, 4 vol. in-8, avec un *Glossaire* des mots hors d'usage. Méon a eu part aussi à l'édit. (1828) du *Roman du Rou* (*v.* WACE), et c'est lui qui a préparé celle des *Lettres d'Henri VIII à Anne de Boleyn*. Il a laissé des matériaux pour d'autres publicat. curieuses, telles que le *Roman des Sept-Juges*, les *Vers de la Mort*, etc.

MÉRARD DE SAINT-JUST (SIMON-PIERRE), littérateur médiocre, né à Paris en 1749, mort dans cette ville en 1812, fut pend. quelq. temps maître-d'hôtel de MONSIEUR, frère du roi. Sa fortune lui permettait de faire imprimer ses ouvr. à ses frais; comme ils n'ont été tirés qu'à un petit nombre d'exempl., ils sont rares, et par cela même préc. à une certaine classe d'amateurs. C'est à peu près leur seul mérite. Nous citerons seulem. : *Éloge de Gresset*, 1788, in-12. — *Espiègleries, joyeusetés, bons mots, folies, des vérités*, 1789, 3 vol. in-18. — *Fables et contes en vers*, 1791, 2 t. in-12. — *Éloge historiq. de J.-S. Bailly*, 1794, in-18, tiré à 25 exempl. — *Imitation en vers français des odes d'Anacréon*, in-8, tiré à 36 exempl.

MERATI (GAETAN-MARIE), théatin, né à Venise en 1668, mort en 1744, professa la philos. et la théologie dans plus. colléges, fut appelé à Rome comme procur.-génér. de son ordre, y fut nommé consulteur de la congrégation des rites, et remplit cette place d'une manière si distinguée que Benoît XIV ordonna qu'à l'avenir elle fût toujours donnée à un théatin. Outre une excellente édit. du *Thesor. sacrorum rituum* par Gavanti, on lui doit : *La verità della religione cristiana e catholica dimostrata ne' suoi fondamenti*, Venise, 1721, 2 v. in-4. — *Novæ observ. et addit. ad Gavanti commentaria in rubricas Missalis et Breviarii romani*, Augsbourg, 1740, 2 vol. in-4. — MERATI (Joseph), théatin, neveu du précédent, né en 1704, mort à Venise en 1786, partagea sa vie entre l'étude et la

pratiq. de ses devoirs. On a de lui, en ital., une *Vie* de son oncle, 1755, in-4; mais il a laissé MS. un ouvrage de bibliographie très important : *Gli scrittori d'Italia Mascherati*, etc., 2 vol. in-fol. C'est le catalogue chronolog. des ouvr. anonymes et pseudonymes publ. par les Italiens, depuis l'origine de l'imprimerie jusqu'à l'année 1770.

MERCATI (MICHEL), ou *Mercado*, naturaliste, né à San-Miniato, petite ville de Toscane en 1541, fut nommé, à l'âge de 20 ans, intend. du jardin des plantes du Vatican, étudia la médecine avec succès. Revenu à Rome, il s'occupa à rassembler les product. de la nature, et en particulier celles du règne minéral dont il parvint à former une collection très curieuse. Son nom fut inscrit sur le registre des nobles de Florence et de Rome; il mourut en 1593. On a de lui : *Istruzione sopra la peste*, etc., Rome, 1576, in-4. — *De gli obelischi di Roma*, 1589, in-4. —*Metallotheca*, 1717, in-fol., fig. : c'est la description du muséum qu'il avait formé au Vatican. — Jean-Baptiste MERCATI, grav. toscan du 17e S., a exécuté plus. bas-reliefs d'après le Corrége et Piétro de Cortone.

MERCATOR (MARIUS), auteur ecclésiastiq., né vers la fin du 4e S., vivait encore en 450. Il fut l'ami de St Augustin; quoique laïc, il se montra plein de zèle pour le maintien de la pureté de la foi. Tous les écrits qui nous restent de lui sont dirigés contre les pélagiens et les nestoriens. Le P. Gerberon en a publié une partie sous le titre d'*Acta Marii Mercatoris*, Bruxelles, 1673, in-12; l'édit. de ses *OEuvres*, Paris, 1673, 2 vol. in-fol., est due au P. Garnier qui y a fait entrer de savantes dissertat. sur les hérésies de Pélage et de Nestorius; celle de 1684, in-8, publ. par Baluze, dégagée des recherches du prem. édit., est la plus généralement estimée.

MERCATOR (GÉRARD), habile géographe, né à Rupelmonde en 1512, mort à Duisbourg en 1594, fut honoré de l'estime de Charles-Quint et eut le titre de comographe du duc de Juliers. On a de lui : *Chronologia à mundi exordio ex eclypsibus et observat., ac Bibliis sacris*, Cologne, 1568, in-fol. — *Tabulæ geogr. ad mentem Ptolemæi restit. et emend.*, 1578, in-fol. — Un *atlas* précédé d'une dissertation : *De creatione ac fabrica mundi*, 1595, in-4 oblong.

MERCATOR (NICOLAS KAUFFMAN, nom qu'il traduisit par celui de), célèbre géomètre, né dans le Holstein, passa en Angleterre vers 1660, fut l'un des prem. membres de la soc. roy. de Londres, vint ensuite en France, travailla aux fontaines de Versailles, et mourut à Paris en 1687. On cite de lui : *Cosmographia sive descriptio cœli et terræ*, etc., 1651, in-8. — *Rationes mathemat.*, 1653, in-4. — *Logarithmotechnia, sive methodus construendi logarithmos nova; cui accedit vera quadratura hyperbolæ, et inventio summæ logarithmorum*, Londres, 1668-1674, in-4. — *Institutiones astron.*, ib., 1676, in-8.

MERCIER (NICOLAS), laborieux grammairien, né à Poissy, mort en 1657, après avoir rempli d'une manière distinguée les fonctions de sous-principal du collége de Navarre, a publ. : *De conscribendo epigrammate*, 1654, in-8. — *De officiis scholasticorum, sive de rectâ ratione proficiendi in litteris virtute et moribus*, 1657. Ce petit traité est estimé par son élégance. — *Manuel des grammairiens*, Paris, 1763, in-12; Cet ouvr., impr. plusieurs fois dans le 17ᵉ S., a été reproduit par Philippe Dumas, Paris, 1763, in-12, et par Boinvilliers sous le titre de *Manuel des étudiants*, 1810, in-12. — Il ne faut pas confondre Nicolas MERCIER avec un écriv. du même temps, et probablem. de la même famille, puisqu'il se dit né à Poissy, à qui l'on doit quelq. broch. aujourd'hui sans intérêt.

MERCIER (CHRISTOPHE), écrivain ascétique, de l'ordre des carmes déchaussés, connu sous le nom de *P. Albert de St-Jacques*, né à Dole au commencement du 17ᵉ S., mort vers 1680, se consacra à la prédication et à la conduite des âmes, et fut élu plus. fois provincial du comté de Bourgogne. On a de lui : *la Sainte solitude*, 1644, petit in-8 ; — *La lumière aux vivants par l'expérience des morts*, 1675, in-8, traduit de l'espagnol de D. Jean de Palafox, év. d'Osma. — MERCIER (Jean), imprimeur, né à Lyon dans le 17ᵉ S., est aut. d'un petit ouvr. intit. : *Jeu, ou méthode curieuse pour apprendre l'orthographe de la langue française en jouant avec un dé ou un toton, très utile pour les jeunes demoiselles*, etc., Lyon, 1685, in-12.

MERCIER (BARTHÉLEMI), génovéfain, connu aussi sous le nom d'*abbé de St-Léger*, l'un des plus sav. bibliogr. franç., né à Lyon en 1734, mort à Paris en 1799, entra dans le cloître pour satisfaire plus aisém. son amour de l'étude, remplaça Pingré en 1760 dans les fonctions de bibliothèc. de Ste-Geneviève, et fut pourvu par Louis XV de l'abbaye de St-Léger de Soissons. Il se démit de la place de bibliothéc. en 1772, fut privé de son bénéfice par la révolut., et tomba dans un état voisin de l'indigence. Laserna-Santander, bibliothécaire à Bruxelles, offrit alors de lui céder sa place ; François de Neufchâteau, ministre de l'intérieur, refusa l'offre de Santander, et fit accorder au sav. abbé une pension de 2,400 francs; mais les scènes déplorables de la révolut. lui avaient porté un coup mortel, qui avança ses jours. Indépendamment d'un grand nombre d'art. dans les *Mém. de Trévoux, l'Année littéraire*, le *Journal de Bouillon*, le *Journal des savants*, le *Magasin encyclopédiq.*, etc., on a de lui plusieurs ouvr. dont on trouvera la liste dans la *France littéraire*. Les principaux sont : *Supplément à l'hist. de l'imprimerie*, par Prosper Marchand, 1772-75, in-4. — *Lettres à M. le baron de H.* (Heiss) *sur différentes éditions rares du 15ᵉ S.*, 1783, in-8. — *Extrait d'un MS. intit. : le Livre du très chevaleureux comte d'Artois et de sa femme, fille du comte de Boulogne*, dans la *Biblioth. des romans*, 1783. — *Notice raisonnée des ouvr. de Gaspard Schott, contenant des observat.*, etc., 1785, in-8. — *Notice de deux anciens catalogues d'Alde Manuce*, 1790, in-12. — Enfin beaucoup de notes MSs. que M. Parison promettait de publier sous le titre de : *Mer-*

ceriana. Chardon de La Rochette a publié une *Notice sur Mercier*, dans le *Magasin encyclopédiq.* (1799), tome II.

MERCIER (CLAUDE-FRANÇ.-XAV.), littérat., édit. et compilat. infatigable, né à Compiègne en 1763, mort à Paris vers 1800, a publié des poèmes, des romans, des contes, des nouvelles, qui ne lui ont pas survécu, et dont on trouvera une liste exacte dans la *France littéraire* de Querard. Parmi ses ouvr. en vers les amateurs avaient remarqué : *les Palmiers, ou le Triomphe de l'amour conjugal*, 1796, in-18 de 16 p.

MERCIER, dit *la Vendée*, l'un des plus habiles chefs des royalistes, né à Château-Gontier en 1778, obtint à l'âge de 15 ans le commandement d'une compagnie, et servit comme capitaine jusqu'à la défaite du Mans. Après la déroute de son parti, il se rendit en Bretagne avec George Cadoudal, fut chargé en 1794 du commandem. d'une des divis. insurrectionnelles du Morbihan, fut fait prisonnier et jeté dans les prisons de Brest. Lorsque l'entreprise de Quiberon eut échoué, Mercier, qui était parvenu à tromper la vigilance de ses gardiens, se trouva avec Cadoudal le chef de l'insurrection bretonne. Nommé maréchal-de-camp par le comte d'Artois, en 1797, il accepta quelque temps après l'amnistie des républicains; mais ce fut pour recommencer les hostilités, en 1799, par la prise de St-Brieuc. Son triomphe fut de courte durée. Il fut tué en 1800, près de Loudéac.

MERCIER (LOUIS-SÉBASTIEN), littérateur connu par sa manie paradoxale, né à Paris en 1740, mort dans cette ville en 1814, débuta dans la carrière des lettres, dès l'âge de 20 ans, par quelques héroïdes; mais il renonça bientôt à la poésie, et ce fut pour se déclarer l'un des plus ardents adversaires. Dès-lors, et pendant toute sa vie, il fut le détracteur obstiné de nos prem. poètes. Voyant que ses drames imités de l'angl. et de l'allemand, n'obtenaient qu'un médiocre succès, il publia, pour éclairer le public, non encore préparé à ses innovations théâtrales, un *Essai sur l'art dramatique*, dans lequel il prétend détrôner Corneille, Racine et Voltaire, et propose de bonne foi de remplacer, par ses propres ouvr., les chefs-d'œuvre de ces gr.-maîtres. Les comédiens français n'étaient pas de son avis et ajournaient sans cesse la représentation d'un de ses drames; Mercier publia contre eux un mémoire virulent. En 1771 il fit paraître, sous le titre de l'*An 2440*, un écrit déclamatoire qui fut prohibé par l'autorité. En 1781, parurent les deux prem. vol. du *Tableau de Paris* sous le voile de l'anonyme. Toutefois l'aut., apprenant que son ouvr. était attribué à div. personnes, se présenta chez le lieuten. de police pour en prendre sur lui la responsabilité. Il partit alors pour la Suisse, et c'est à Neufchâtel qu'il ajouta 10 vol. à son *Tableau de Paris*, qui fut bien accueilli dans la province et dans les pays étrangers. Plusieurs améliorations qu'il réclamait dans cet ouvrage ont été depuis exécutées. Plus tard il gâta par une suite au moins inutile, ce livre intéressant sous plus. rapports, quoique déclamatoire, plein de néologismes, et, comme dit Rivarol, *pensé dans la rue et écrit sur la borne*. De retour en France, au moment où la révolution allait éclater, Mercier se déclara tout d'abord pour une sage liberté, et publia, de concert avec Carra, les *Annales patriotiques*, et quelque temps après là *Chronique du mois*, journaux dictés par une modérat. et un courage estimables. Député à la convention par le départem. de Seine-et-Oise, il demeura fidèle à ses principes, et, dans le jugement de Louis XVI, se prononça contre la peine de mort et vota pour la détention. Il passa au conseil des cinq-cents en 1795, accepta 2 ans après une place de contrôleur de la caisse de la loterie, dont il avait antérieurement provoqué la destruct., fut nommé ensuite professeur d'histoire à l'école centrale et membre de l'Institut lors de la formation de ce corps. Sur la fin de sa vie il cessa d'écrire, et dès-lors se survécut à lui-même. Cependant il ne manquait pas de talent; il avait surtout une gr. facilité et beaucoup d'imagination. Malheureusem. sa manie de contredire, pour se singulariser, l'emporta trop loin; et l'on put croire qu'il avait perdu la raison lorsqu'il en vint jusqu'à dénigrer le chant du *Rossignol* et attaquer le système de Newton sans savoir un mot de physique ni de mathématiques. Mais, quels qu'aient été les égarements de son esprit, son cœur demeura excellent, et c'est là un assez grand éloge qui efface bien des torts littéraires. On trouvera la liste complète de ses ouvr. dans la *France littéraire* de Querard. Outre ceux que nous avons cités dans le cours de cet article, les princip. sont : *Songes et visions philosophiq.*, Paris, 1768, in-12. — *Éloges et discours philosophiques*, Amsterd., 1776, in-8. — *Théâtre*, 1778-84, 4 vol. in-8. Une des principales innovations de Mercier dans l'art dramatique, fut la violation, tant condamnée alors, tant recommandée aujourd'hui par quelques écrivains, des deux unités de temps et de lieu, qu'il appelait unités de *cadran* et de *salon*. — *Mon bonnet de nuit*, 1783, 4 vol. in-8. — *Histoire de France depuis Clovis jusqu'au règne de Louis XVI*, 1802, 6 vol. in-8. — *Fragments de politique, d'histoire et de morale*, 1787, 3 vol. in-8. — *Le nouveau Paris*, 1800, 6 v. in-12. — *Néologie, ou vocabulaire de mots nouveaux, à renouveler ou pris dans des acceptions nouvelles*, 1801, 2 vol. in-8. — *De l'impossibilité des systèmes de Copernic et de Newton*, 1806, in-8. — *Satire contre Racine et Boileau*, 1808.

MERCŒUR (Philippe-Emmanuel de Lorraine, duc de), l'un des plus vaillants capitaines de son siècle, né à Nomeni en 1558, fils de Nicolas, comte de Vaudemont, épousa Marie, unique héritière de Sébastien de Luxembourg, duc de Penthièvre, et fut nommé peu de temps après gouvern. de la Bretagne. Il ne se déclara pas ouvertement en faveur de la Ligue; mais après l'assass. des Guises (1588), il eut des raisons légit. de se méfier de Henri III, se déclara le chef de la Ligue en Bretagne, traita directem. avec les Espagnols, leur livra le port de

Blavet, et fit la guerre aux royalistes avec différentes chances de fortune. Il signa une trêve avec Henri IV en 1595, se soumit en 1598, et eut l'honneur de marier sa fille unique au duc de Vendôme. En 1601, il alla prendre en Hongrie le commandem. de l'armée de l'emper. Rodolphe II, attaqué par les Turks, et mourut de maladie à Nuremberg, en 1602, après avoir signalé les derniers pas de sa carrière par quelq. succès. Bruslé de Montpleinchamp, a publié l'*Histoire* de ce prince, Cologne, 1689, 1697, in-12, dans laq. se trouve son *Oraison funèbre*, prononcée par St François de Sales à N.-D. de Paris.

MERCOEUR (Elisa), victime de son talent pour la poésie, née à Nantes en 1809, montra dans un âge tendre encore les plus heureuses dispositions pour la littérature. A dix ans elle donnait des leçons de langue française; elle composa une nouvelle en prose, à onze ans, et à douze ans elle fit une pièce de vers qui, malheureusem. pour elle, fixa l'attention de ses compatriotes. Sa renommée s'étendit bientôt au-delà de sa province. En 1826, l'académie de Lyon l'admit au nombre de ses correspondants, et la société littér. de Nantes suivit cet exemple. Le recueil de ses *Poésies*, imprimé à Nantes en 1827, obtint des éloges qui firent croire à la jeune fille qu'elle était appelée à prendre place sur le Parnasse français. Dans cette persuasion, elle vint à Paris avec sa mère en 1828. Elle y trouva d'abord de généreux et zélés protecteurs qui lui firent obtenir une pension de 1,200 fr. sur la cassette du roi Charles X. Une édition augmentée de ses *Poésies* parut en 1829, in-18, impr. avec élégance, et les journaux en rendirent un compte avantageux. Mais ce devait être là le terme de ses prospérités. La révolution de 1830 lui fit perdre la pension dont elle vivait avec sa mère; ses amis l'abandonnèrent; elle n'eut bientôt d'autre ressource pour vivre que le mince produit des leçons de lecture qu'elle donnait à des enfants du voisinage. Les travaux auxq. elle se livrait altérèrent sa santé, naturellement délicate; le chagrin et les privations augmentèrent son mal, et elle mourut au mois de janv. 1835.

MERCURE ou HERMÈS (mythol.), fils de Jupiter et de Maïa, est le dieu de l'éloquence, du commerce et des voleurs, le messager des dieux et le conducteur des âmes aux enfers. Il changea Battus en pierre de touche, déroba les armes et la lyre d'Apollon, et se servit de cette dernière pour endormir Argus; c'est encore lui qui délivra Mars de la prison où Vulcain l'avait renfermé, et qui attacha Prométhée sur le mont Caucase. On le représente sous la figure d'un beau jeune homme, avec des ailes à la tête et aux talons, et tenant un caducée à la main.

MERCURIALE (Jérôme), *Mercurialis*, célèbre médecin, né à Forli en 1530, mort en 1606, professa et pratiqua son art à Padoue, à Bologne, à Pise, et fut appelé à Vienne pour donner des soins à l'emper. Maximilien II, qui lui témoigna sa reconnaissance par des présents considérables et par les titres de chevalier et de comte palatin. Les habitants de Forli, qui lui avaient donné, pendant sa vie, de gr. preuves d'estime et de confiance, lui élevèrent, après sa mort, une statue sur la place publique. Parmi ses nombr. ouvr., nous citerons : *de Arte gymnasticâ libri sex*, impr. plusieurs fois dans le 16e S.; l'édit. d'Amsterdam, 1672, in-4, fig., est la plus estimée.—*Variarum lectionum libri IV: Alexandri Tralliani de lumbricis Epistola, ejusdem Mercurialis operâ gr. et lat. nunc primùm edita*, Venise, 1571, in-4. — *Tractatus de maculis pestiferis et de hydrophobiâ*, Padoue, 1580, in-4. — *Hippocratis Opera, gr. et lat.*, Venise, 1588, in-fol. — *Medicina practica*, 1627, in-fol. Bœrner a publ. *de Vitâ, moribus, meritis et scriptis Mercurialis*, 1751, in-4.

. MERCY (FRANÇOIS de), l'un des plus gr. généraux du 17e S., né à Longwy en Lorraine, d'une famille obscure, entra au service de l'électeur de Bavière et dut le grade de général à ses talents. Il se signala dans les guerres d'Allemagne, prit Rotweil, Uberlingem, Fribourg, et couvrit cette dernière ville par un camp retranché, qu'il abandonna cependant, après trois jours d'un combat opiniâtre contre le gr. Condé. Il opéra sa retraite devant Turenne avec une rare habileté, et battit ce grand capitaine à Marienthal, en 1645; mais la même année il fut vaincu par Condé dans les plaines de Nortlingue. Il mourut de ses blessures le lendemain de cette affaire meurtrière, et fut enterré près du champ de bataille. On grava sur sa tombe cette épitaphe : *Sta, viator, heroem calcas.*

. MERCY (FLORIMOND-CLAUDE de), petit-fils du précédent, né en Lorraine en 1666, alla offrir ses services à l'emper. Léopold, en 1682, après avoir fait avec distinction toutes les campagnes de la guerre de Hongrie, obtint le grade de major, et fut envoyé en Italie (1701), où deux fois il fut fait prisonnier. Échangé bientôt après, il rentra dans la carrière avec une nouvelle ardeur, obtint le grade de feld-major-général, et obligea les Français, en 1705, à se retirer sous le canon de Strasbourg. En 1709, il pénétra en Alsace, fut battu complétem. par le comte du Bourg, effectua sa retraite avec une précipitation qui fut fatale à un grand nombre de ses soldats, et n'en reçut pas moins le grade de feld-maréchal. Après s'être distingué aux batailles de Peterwaradin et de Belgrade, il fut nommé, en 1719, command.-général de la Sicile, qu'il parvint à soumettre à l'empereur. Lors de la reprise des hostilités, en 1734, il fut investi du titre de général en chef des troupes impériales en Italie, passa le Pô, s'avança dans le duché de Parme, et fut tué à l'attaque du village de Croisetta. — Son fils adoptif, Antoine, comte d'Argenteau, qui prit son nom et ses armes, se signala au service de l'Autriche, en Hongrie, en Bavière, en Alsace, dans les Pays-Bas, et mourut à Essex en 1767, commandant-général de l'Esclavonie.

. MÉRÉ (GEORGE BROSSIN, chevalier de), littérateur médiocre, né au commencem. du 17e S., d'une ancienne famille du Poitou, mort en 1685,

fit d'abord quelques campagnes en qualité de volontaire, et se consacra ensuite au commerce du beau monde et à la culture des lettres. L'exagération, l'affectation, la manie de se singulariser déparent le peu de bonnes qualités que pouvait avoir son style. Cependant Pascal le consultait sur des questions relatives aux sciences exactes, Ménage et Balzac goûtaient son entretien, la jeune d'Aubigné, depuis Mme de Maintenon, le choisit, à son entrée dans le monde, pour guide et pour maître. Mme de Sévigné, qui jugeait aussi bien que personne lorsqu'elle était sans passion, blâme quelq. part ce qu'elle appelle *son chien de style*, et la postérité a confirmé ce jugement. On cite du chevalier de Méré : *les Conversations du M. D. C. et du C. D. M.* (du maréchal de Clérambault et du chev. de Méré), Paris, 1669, in-12. Ses ouvrages ont été réunis, 1692, 2 vol. petit in-8.

MEREAUX (JEAN-NICOLAS LEFROID de), professeur de musique et compositeur, mort à Paris en 1797, à l'âge de 52 ans, a mis en musique l'*Oratorio de Samson*, paroles de Voltaire. Il a travaillé pour l'Opéra, où il a donné *OEdipe et Jocaste*, 1773, et pour le Théâtre-Italien où il a donné *la Ressource comique*, 1772; et *Laurette*, 1777.

MERGEY (JEAN de), gentilhomme protestant, né en 1536 à Sauvage-Mesnil, village de Champagne, fit ses prem. armes sous un capitaine Deschenetz, qui commandait 50 hommes, s'attacha ensuite au comte de La Rochefoucault, lieutenant de la compagnie du duc de Lorraine, assista à la bataille de St-Quentin, où ils furent tous deux faits prisonniers, et plus tard à celle de Dreux. Après la mort de La Rochefoucault, qui fut assassiné dans la journée de la St-Barthélemi, Mergey, qui n'avait échappé au massacre que par un coup merveilleux du hasard, s'attacha au comte de Marsillac, fils de son protecteur. Mais dégoûté d'une vie si aventureuse et si précaire, il se retira dans la terre de St-Amand en Angoumois, où il se livra tout entier à l'éducation de ses enfants. Il parvint à un âge très avancé. On a de lui des *Mém.* datés du 3 sept. 1613, à la suite des *Mélanges historiques* de Nic. Camusat, Troyes, 1619, in-8, et au t. XLI de la collect. des *Mémoires particuliers relatifs à l'histoire de France.*

MÉRIAN (MATTHIEU), célèbre graveur, né à Bâle en 1593, mort aux eaux de Schwalbalch en 1651, a surpassé tous les graveurs à l'eau forte par la quantité, la variété et la beauté de ses ouvr. Entre autres collect. ornées de ses estampes, on cite : *la Topographie de Zeiler*, en 27 vol. in-fol.; les prem. vol. du *Theatrum europœum ; l'Archontologia cosmica* de Gottfried, 1636 ; l'*Itinerarium Italiœ*, 1645; le *Florilegium plantarum*, 1641. — MÉRIAN (Matthieu), peintre, son fils, né à Bâle 1621, mort en 1687, s'appliqua particulièrement au genre du portrait, et prit van Dyck pour modèle. Le gr. électeur de Brandebourg lui donna le titre de conseiller et de son chargé d'affaires à Francfort; le margrave de Baden-Dourlach le fit son conseiller aulique. Parmi ses nombreux ouvr., on admire, surtout son *Artemisia* et le *Portrait* du comte Pierre Serini (décapité en 1671). — MÉRIAN (Marie-Sibille), sœur du précéd., née à Francfort en 1647, morte en 1717, se fit un nom par ses miniatures et ses dessins de fleurs et d'insectes. On cite d'elle : *Erucarum ortus, alimentum et paradoxa metamorphosis*, Nuremberg, 1679, 1685; trad. en allem. et en franç. — *Metamorphosis insectorum surinamensium*, Amsterdam, 60 pl. in-fol. Elle préparait, de concert avec sa fille aînée, Jeanne-Hélène, une continuation de cet ouvrage, que Dorothée-Marie-Henriette, sa fille cadette, douée aussi d'un talent remarq. pour la peinture, fit paraître sous le titre d'*Histoire des insectes d'Europe et de Surinam*, Amsterd., 2 vol. — MÉRIAN (Jean-Matthieu de), fils et petit-fils des deux Matthieu, se distingua comme peintre au pastel, reçut de l'électeur de Mayence le titre de conseiller et des lettres de noblesse, et mourut à Francfort en 1716.

MÉRIAN (JEAN-BERNARD), célèbre philosophe, né à Liechstall, au canton de Bâle, en 1723, mort en 1807, donna de grandes espérances dès sa première jeunesse, et manifesta un goût dominant pour la philologie et la métaphysique. Il entra dans les ordres, sans avoir une vocation prononcée, et prêcha avec le plus grand succès sans pouvoir être content de lui-même; il rêvait dès-lors un autre genre d'existence et de gloire. En 1750, Maupertuis lui fit accepter une modique pension et une place à l'acad. de Berlin, dont il était président. Mérian adopta la Prusse pour patrie, et après avoir prouvé sa reconnaissance à son protecteur en le défendant contre Kœnig dans cette querelle que Voltaire a rendue si fameuse, il se livra aux travaux que lui imposait sa qualité de membre de la classe de philosophie spéculative. Il inséra dans le *Recueil* de l'acad. un gr. nombre de *Mémoires*, qui tous portent l'empreinte d'un esprit vraim. philosophique, et dont les sujets, heureusem. choisis, tiennent aux questions les plus difficiles et les plus import. de la métaphysique, ou à des matières intéressantes par leurs rapports avec nos devoirs ou nos plaisirs, avec la morale ou le goût. Voici les titres de quelques-uns : *l'Apperception de notre propre existence*; *l'Existence des idées dans l'âme*; *l'Action*, *la Puissance et la Liberté*, etc. Devenu directeur de la classe des belles-lettres en 1770, il entreprit des travaux d'un genre différent avec tant de bonheur et de succès, qu'ils eussent pu faire oublier les services qu'il avait rendus à la philosophie, si la trace en eût été moins profonde et moins récente. C'est ainsi qu'il nous semble avoir démontré jusqu'à l'évidence, par toute l'histoire de la poésie, que les sujets tirés des sciences proprement dites sont des sujets ingrats, et que les idées scientifiques, introduites dans la poésie, même par de gr. maîtres, ont nui toujours à leur talent. Tous ces écrits, et d'autres encore, se trouvent épars dans les *Mém.* de l'acad. de Berlin, dont ils font un des plus beaux ornements. Il n'a pas voulu en faire lui-même la collection : il attachait trop peu de prix à la renommée. Ce véritable sage n'a

publ. séparém. que les trois ouvr. suiv. : *Essais sur l'entendement humain*, trad. de David Hume, Amsterdam, 1758, 2 vol. in-12. — *Système du monde*, Bouillon, 1770; Paris, 1784, in-8; et la traduct. du poème de Claudien sur l'*Enlèvement de Proserpine*, 2 vol. in-8. Si l'on en excepte ses dignités académiq., il n'a jamais occupé que deux places : celles d'inspecteur du collège français, et de directeur des études. Fréd. Ancillon a lu son *Éloge histor.*, à l'acad. de Berlin, en janv. 1810.

MÉRIC (JEAN de), l'un des plus braves officiers des armées françaises, sous le règne de Louis XV, né à Metz en 1717, entra dans le régim. de Piémont, en qualité de cadet, à l'âge de onze ans, obtint un avancement rapide, justifié par sa belle conduite au siège de Kehl, à la fameuse escalade de la capitale de la Bohème, pendant la désastreuse retraite de Prague, à la bataille d'Ettingen, aux sièges de Menin, d'Ypres, de la Knoque. Les maréchaux de Saxe et de Noailles lui accordèrent la plus haute estime; le prem. surtout se déclara son protecteur. Il s'enfermait souvent avec lui pour parler de la petite guerre. Méric forma sous ses auspices un corps-franc de cavaliers, à la tête duquel il rendit des services de la plus grande importance. Le plus glorieux de ses exploits fut sans doute la prise de Gand, en 1745. Il traversa à la nage, avec ses volontaires, les fossés de cette ville en plein jour, arracha les palissades, tailla en pièces les corps-de-garde, enfonça les portes, et se trouva maître de la place, ce qui entraîna la conquête de toute la Flandre. Enfin, après d'autres actions d'éclat qui lui valurent le grade de brigadier et le commandem. d'un corps-franc de cinq bataillons, dont tous les officiers furent à sa nomination, il s'embarqua, en 1746, pour l'Amérique-Septentr., toujours avec ses volontaires, se distingua encore dans cette expédit. malheureuse, revint au bout de six mois reprendre son poste à l'armée de Flandre, et fut tué de quatorze coups de fusil au pont de Walen, entre Malines et Anvers, en 1747.

MERIGHI (ROMAIN), relig. camaldule, et l'un des fondateurs de l'acad. *degli Arcadi*, né en 1658, dans le diocèse d'Imola, professa la théologie à Ravenne, devint abbé, puis procur.-gén., et enfin visiteur de son ordre, et mourut en odeur de sainteté à l'abbaye de Bagnacavallo, l'an 1737. Entre autres ouvr. tant en prose qu'en vers, on cite de lui : *Divozione alla gloriosa vergine Sta Gertrude, con alcuni sonetti*, etc., Bologne, 1707. — *Li misteri della corona del Signore e quelli del rosario, portati in vari sonetti*, etc., Forli, 1708, etc. La plupart de ses poésies ont été recueillies en 1708, 2 part. in-8. Sa *Vie*, écrite par D. Anselme Costadoni, se trouve dans le t. XXVI de la *Raccoltà* de Calogera, Venise, 1742.

MÉRILLE (EDMOND), jurisc., né à Troyes en 1579, professa le droit à Cahors et à Bourges, et mourut en 1647. Il ne ménagea pas assez Cujas dans ses écrits, et, en voulant porter atteinte à la réputation de ce gr. jurisc., il compromit la sienne, et ne parvint qu'à faire ressortir son infériorité. On a de lui : *Expositiones in L. decisiones Justiniani*, Paris, 1618, in-4. — *Ex Cujacio libri tres.... Digestorum*, etc., ibid., 1658, in-4. — *Commentarii in Institutionum quatuor libros*, ib., 1654, in-4; Utrecht, 1759, in-4. Tous ses ouvr., à l'exception du dern., ont été rassemblés dans une édit. donnée à Naples par Gennaro, 1720, 2 vol in-4. Sa *Vie*, par J. Héméré, est dans l'*Hist. du Berri*, de Thaumas de la Thomassières.

MÉRIMÉE (JEAN-FRANÇOIS-LOUIS), peintre d'histoire, né à Paris, en 1775, fut un chimiste habile non moins qu'un artiste distingué. Ayant dirigé ses recherches sur la fabrication des couleurs, il en publia le résultat dans un ouvrage remarquable intitulé : *De la peinture à l'huile, ou des procédés matériels employés dans ce genre de peinture depuis Hubert et Jean van Eyck jusqu'à nos jours*, Paris, 1830, in.8. Comme peintre, ses tableaux les plus remarquables sont : l'*Innocence*, gravée par Bervick, et des *Voyageurs découvrant dans une forêt les ossements de Milon de Crotone*. Il mourut à Paris, en 1836, secrét. perpétuel de l'académie des beaux-arts. Son fils, M. Prosper MÉRIMÉE, auteur du *Théâtre de Clara Gazul*, est un des littérateurs les plus spirituels de notre époque.

MÉRINVILLE (CHARLES-FRANÇOIS de MONSTIERS de), évêq. de Chartres, né à Paris en 1682, mort à Chartres en 1748 avec la réputat. d'un vertueux prélat, signala sa charité lors du violent incendie de Châteaudun en 1723, et pendant une disette qui affligea le Perche en 1739. On cite de lui une ordonnance pour condamner les *Nouvelles ecclésiastiques*, en 1736; et des *Sujets de conférences ecclésiast. sur la morale*, 1744, 2 vol. in-8. On a l'*Esprit et les vertus de M. de Mérinville*, Chartres, 1765, in-12.

MERLE (MATTHIEU de), baron de Salavas, né à Uzès vers 1548, entra dans la carrière militaire à l'âge de 20 ans, se dévoua à la cause des protestants, et signala sa valeur aventureuse dans une multitude de combats, de siéges, de surprises de places, et autres actions de guerre. Il obtint la confiance de Henri IV, encore roi de Navarre, aux ordres duq. il ne se soumit pas toujours avec docilité. On ignore l'époque précise de sa mort; seulement on sait qu'il vivait encore en 1587, après la bataille de Coutras, quoiqu'on ait prétendu qu'il était mort en 1584. Les écriv. catholiq. lui ont reproché de gr. cruautés, surtout contre les prêtres. Les *exploits faits par Mathieu Merle, baron de Salavas en Vivarais, depuis l'an 1576 jusqu'en 1580*, ont été publ. par le marquis d'Aubais dans le *Recueil de pièces fugitives pour servir à l'histoire de France*. — MERLE, député du tiers-état du bailliage de Mâcon aux états-généraux, en 1789, puis, l'année suiv., maire de cette ville, présenta plusieurs *rapports* à l'assemblée nationale au nom du comité des recherches, dont il devint bientôt secrét., et, rentré dans ses foyers après la session, fut enveloppé dans le massacre du 5 frimaire an II (5 déc. 1793).

MERLIN (AMBROSIUS), personn. fameux par les prophéties qu'on lui attribue et par le rôle qu'on

lui a fait jouer, comme enchanteur, dans tous les romans qui ont pour héros le roi Arthur et les chevaliers de la Table-Ronde, naquit au 5e S. dans les montagnes de la Calédonie, aujourd'hui l'Écosse. Parmi les écrivains qui nous ont transmis l'hist. fabuleuse de Merlin, les uns parlent de lui comme d'un gr. magicien, d'autres ont vu en lui un saint et un prophète visiblem. inspiré du ciel. Ce qui paraît certain, c'est qu'il l'emportait de beaucoup sur ses contempor. par la pénétrat. de son esprit. Si l'on en croit Leland (*Comment. de script. Britann.*, ch. 26 et 27), il possédait à fond les mathémat., et avait même dérobé à la nature quelq.-uns de ses secrets. Parmi les édit. prétendues des *Prophéties* de Merlin, on distingue une trad. française, attribuée par Barbier à Robert de Borron, Paris, Ant. Verard, 1498, 3 vol. petit in-fol., goth.; (Phil. Lenoir), 1528, 3 vol. in-4; une traduct. ital., Venise, 1480, in-fol.; Florence, 1495, in-4; une traduct. espagnole, Burgos, 1498, in-fol., goth., très rare. T. Heywood a donné en angl. la *Vie de Merlin surnommé Ambrosius*, avec une traduction de ses prophéties, Londres, 1641, in-4. Le libraire Boulard a publié une édit. du *Roman de Merlin l'Enchanteur remis en bon franç.*, Paris, 1797, 3 vol. in-12. Freytag a donné une thèse *de Merlino britannico*, Nuremberg, 1737, in-fol.

MERLIN (JACQUES), né vers la fin du 15e S. au bourg de St-Victurmen, diocèse de Limoges, mort au collége de Navarre à Paris en 1541, fut successivem. théologal de la cathédrale de Limoges, curé de Montmartre, chanoine et grand-pénitencier de N.-D., gr.-vicaire de l'évêque de Paris, et archidiacre de la Madelaine. Il fut l'un des trois députés nommés à l'hôtel-de-ville, en 1525, pour délibérer avec la reine régente sur les moyens de délivrer le roi, prisonnier à Madrid. On lui doit la première collect. des *Conciles*, Paris, 1523-24, in-fol.; Cologne, 1533, 2 vol. in-8; une édition d'Origène, 1511, etc.

MERLIN (ANTOINE-CHRISTOPHE), dit *de Thionville*, du nom de la ville où il était né, était huissier au commencem. de la révolut. Son zèle pour cette cause le fit nommer officier municipal et député de la Moselle à la législative, où il se fit remarquer par son caractère fougueux. De concert avec Chabot et Bazire, il dénonçait sans cesse la cour et les ministres. Membre des plus ardents du club des jacobins, il proposa la mise en accusation des princes frères de Louis XVI, et vota pour faire séquestrer les biens des émigrés. Le 28 mars 1792, il fit décréter d'accusat. M. de Castellane, évêque de Mende, qui fut depuis massacré à Versailles; fit le 23 avril la motion d'exporter en Amérique tous les prêtres insermentés, et dep. sollicita de nouv. mesures contre eux. Le 9 mai, il prêcha l'insurrect. avec tant de violence, que l'assemblée lui ôta la parole par décret. Le 10 août il se fit remarquer à la tête des ennemis de la cour, et dès-lors proposa sans relâche des accusat. et des arrestations. Le 24 août, il demanda que la maison de Lafayette fût rasée. Le surlendemain, il offrit d'aller servir dans le corps des tyrannicides. Réélu à la convention, il poursuivit Louis XVI de ses disc., se reprochant de ne l'avoir pas poignardé le 10 août, et s'opposa à ce que l'on accordât des conseils à ce prince. Absent lors du procès, il écrivit de Mayence, le 6 janv., qu'il votait la mort du tyran. Il montra beauc. de bravoure, mais aussi beauc. d'exaltat., à Mayence et dans la Vendée. Le 8 janvier 1794, il demanda que toutes les places prises aux ennemis fussent démantelées, et qu'on transportât en France les richesses, les bestiaux et les denrées des pays conquis. « Les peuples s'en plaindront, dit-il ; eh bien ! qu'ils abattent leurs rois ! » Cependant, sous Robespierre, cet homme si violent commença à trembler lui-même ; il se sépara des jacobins après la chute du tyran, et se déclara leur ennemi. Peu après son crédit diminua ; il eut peu d'influence aux cinq-cents. Il disait alors qu'il connaissait trop les révolut. pour en courir encore les terribles chances. Sa carrière législat. se termina à sa sortie du conseil, en 1798. Il remplit, pend. quelq. temps les fonct. de commissaire-ordonnat. à l'armée d'Italie, et fut nommé ensuite administrat.-général des postes. S'étant prononcé contre le consulat à vie, il donna bientôt sa démission, et se retira non-seulement des affaires, mais même du voisinage de Paris. Il avait acheté le Calvaire du mont Valérien, qu'il revendit alors. En 1816, craignant qu'on ne lui appliquât la loi sur les régicides, il adressa le 17 janvier aux ministres un *Mémoire* où il disait que dep. 18 ans il vivait retiré à la campagne, étranger à tous les partis ; qu'il avait été en 1814 un des prem. à adhérer au gouvernem. provisoire ; qu'il n'avait reçu ni emploi ni décoration de Bonaparte, et qu'il n'avait pas voté l'article additionnel. Il rappelait que lors du procès de Louis XVI il était absent, et que son vote n'avait pas compté. « J'avais 27 ans alors, disait-il, j'en ai plus de 50 aujourd'hui, et mes opinions sont bien changées ; je m'en rapporte à la clémence de S. M. et à sa justice. » En conséquence, Merlin de Thionville ne fut pas porté sur la liste d'exil. En 1822, il voulut prouver de nouv. que ses opinions s'étaient modifiées en réclamant publiquem. contre un passage des *Mémoires de Mme de Campan*, où il était désigné comme ayant insulté Marie-Antoinette dans les journées qui suivirent le 10 août. Quoi qu'il en fût, il put habiter paisiblem. son domaine de Commencho, près Chauny. A cette époque il vint habiter Paris, où il mourut en 1833.

MERLIN (le comte Christophe-Antoine), lieut.-génér., frère cadet de Merlin de Thionville, partit comme volontaire dans un des bataillons de la Moselle, et fut fait promptem. officier. Il était en 1799 capit. d'état-major à l'armée de Hollande, et, dans div. circonstances, il y donna des preuves de sa valeur et de ses talents. C'est en se distinguant sur les champs de bataille qu'il gagna tous ses grades. Nommé colonel de hussards en 1806, il fit avec son régim. la guerre en Italie sous le maréchal Masséna, qui le proposa pour le grade de général. Il suivit le roi Joseph à Naples, et plus tard en Espagne,

fut chargé de différ. missions de confiance, qu'il remplit avec succès, et rendit d'autres services, notamm. en 1812 à Talaveira, où il contribua beaucoup, par une charge de cavalerie, à la défaite des Anglais. Créé lieutén.-gén. en 1814, il commanda pend. cette campagne et la suiv., un corps de cavalerie sur le Rhin. La nouvelle qui se répandit en 1819 de sa nominat. au commandem. supérieur de Strasbourg fut accueillie avec joie par les habit. de cette ville, qui connaissaient son noble désintéressement et ses vertus privées ; mais elle ne se vérifia point. Il fut employé comme inspect.-gén. de cavalerie jusqu'à l'époque de sa retraite. Il mourut à Paris en mai 1839. Le maréchal Clausel prononça sur son cercueil un disc. recueilli dans le *Moniteur*.

MERLIN DE DOUAY (Philippe-Antoine), célèbre jurisconsulte, né en 1754 au village d'Arleux dans le Cambresis, fils d'un cultivat. aisé, fit ses études à Douay, et, reçu bientôt avocat au parlement de cette ville, ne tarda pas à jouir d'une réputat. qu'il devait à ses lumières et à sa probité. Député en 1789 du tiers-état de Douay à l'assemblée constituante, il y parut rarement à la tribune, mais il prit une part active aux travaux des comités. Après la session il fut élu présid. du tribunal criminel du départem. du Nord. Renvoyé par ce départ. à la convention, il y siégea parmi les hommes les plus exaltés. Dans le procès de Louis XVI il combattit l'opinion de Malesherbes et de Lanjuinais, qui demandaient que la condamnat. ne pût être prononcée qu'à la majorité des deux tiers des voix, vota pour la mort, et rejeta l'appel au peuple et le sursis. Au 31 mai il se prononça contre les girondins, et fut envoyé par le comité de salut public dans les départ. de l'Ouest pour y comprimer les chouans et les fédéralistes. De retour de cette mission, il fut chargé du rapport sur la loi des suspects, et concourut à l'organisat. du tribunal révolutionn. ; il fit aussi régler le mode de procéder envers les individus mis hors la loi. Après le 9 thermidor il passa du comité de sûreté générale au comité de constitution ; puis devenu membre du comité de salut public, il se prononça vivem. contre les agents de la terreur, parla des crimes de Carrier, demanda l'arrestat. de Billaud-Varennes, Collot-d'Herbois, Barrère et Vadier, et proposa de rappeler à la convention les représentants proscrits au 31 mai. Au mois de janvier 1795 il fit adopter des mesures rigoureuses contre les prêtres déportés et les émigrés rentrés. Envoyé dans le départ. du Nord, il y fit désarmer les jacobins, et, de retour, fit prononcer la réunion de la Belgique. Sous le directoire il fut nommé ministre de la justice, et signala son élévat. à ce poste import. par la concept. d'une police générale organisée au ministère. Lors de la conspirat. royaliste de Brottier et La Ville-Heurnois, il insista pour que les accusés fussent jugés par un conseil de guerre, et pressa leur condamnat. Merlin eut une gr. part à la journée du 18 fructidor, et fut élu membre du directoire, en remplacem. de Carnot, condamné à la déportat. Il n'occupa cette place que pend. quatre ans. Après le 18 brumaire, nommé commissaire, puis procureur-impérial près de la cour de cassation, il remplit cet emploi important jusqu'à la restaurat. Membre de la chambre des représentants pend. les *cent-jours*, il fut, au second retour du roi, compris sur la liste des proscrits, se réfugia à Bruxelles, d'où il revint en France après la révolut. de 1830. Il mourut à Paris en 1839. Ses princip. ouvr. sont : *Répertoire universel et raisonné de jurisprud.*, 4e édit., 1812 et années suiv., 17 vol. in-4. — *Recueil alphabétique des questions de droit*, 13e édit., 1819-20, 6 vol. in-4. Il a été l'un des collaborat. du *Répertoire de jurisprudence* de Guyot, des *Arrêts de la cour de cassat.*, et de l'*Encyclopédie moderne* de Courtin.

MERLINOT, député de l'Ain à la convent., y vota la mort du roi sans appel et sans sursis. L'année suiv. il fut envoyé en mission dans son départem. avec Amar, à la violence duquel il s'associa; et pour regagner de la popularité, il proposa à l'assemblée quelques mesures de justice. Membre, puis secrétaire du conseil des anciens, il passa en 1798 à celui des cinq-cents, en fut exclus après le 18 brumaire, et retourna dans son département, où il mourut en 1805.

MERLO (JACQUES). — V. HORSTIUS.

MERMET (CLAUDE), poète franç., né vers 1550 à St-Rambert, dans le Bugey, mort postérieurem. à 1601, a laissé : *la Pratique de l'orthographe française*, etc., en vers, Lyon, 1583, in-16. — *La tragédie de Sophonisbe*, 1584, in-8, très rare. — *Le temps passé, œuvre poétiq., sententieuse et morale*, 1585, in-8 ; 1601. — *La boutique des usuriers*, etc., en vers, Paris, 1575, in-8.

MERMET (le vicomte JULIEN-AUGUSTE-JOSEPH de), général, né au Quesnoy, en 1772, entra au service à quinze ans et fit la campagne des Antilles en 1791. De retour en France au moment où la guerre avec l'Autriche venait d'éclater, il fut nommé chef d'escadron dans un régiment de hussards, plus tard devint aide-de-camp, puis chef d'état-major de Hoche, et fut fait général à l'âge de 23 ans. L'Allemagne, l'Italie, l'Espagne et le Portugal furent tour à tour témoins de sa valeur et de son activité remarq. A la restauration, il fut nommé inspect.-général de la cavalerie et gr.-officier de la légion-d'honneur, dont il était commandeur depuis la création. Au mois de mars 1815, étant à Lons-le-Saunier, il reçut de Ney l'ordre d'aller prendre le commandement de Besançon au nom de l'emper. Il refusa d'obéir et fut mis aux arrêts. Le retour du roi le rétablit dans ses fonctions; et plus tard il devint un des aides-de-camp de Charles X. Fidèle à ses principes, il quitta le service après la révolut. de 1830, et mourut le 28 oct. 1837.

MERMET. — V. BOLLIOUD.

MÉROBAUDÈS Ier, commandant de la garde de l'emper. Valentinien, après la mort de ce prince, eut le crédit de faire associer Valentinien-le-Jeune à Gratien, perdit par ses intrigues le gén. Théodose, père de l'empereur de ce nom, fut nommé consul en 377 et 385, et, quoique resté fidèle à Gratien, conserva toute sa faveur sous Théodose.

Il mourut à Lyon, victime de la perfidie d'Andragathe. On l'a présumé, mais à tort, le même que Mellobaudès, roi des Francs.—MÉROBAUDÈS II, duc d'Égypte vers 384, était probablem. son fils.—MÉROBAUDÈS III, guerrier, savant et poète, à qui fut érigée à Rome, le 3 août 435, une statue qu'on a découverte en mars 1813, fut le gendre et le successeur du patrice Asturius dans le commandem. de l'Espagne, où il soumit quelques peuplades rebelles.

MEROLLA (JÉRÔME), missionnaire capucin, né à Sorrento (roy. de Naples), précha 6 ans l'Évangile aux nègres du Congo et du Cacongo, et rédigea en italien la relat. de ses voyages, qui parut pour la prem. fois, trad. en angl., dans le t. Ier de la collection de Churchill. On la trouve, par extrait, dans l'*Hist. générale des voyages*.

MÉROUAN. — V. MERWAN.

MÉROUJAN, prince arménien, dynaste des Ardzrouniens, refusa, seul avec Vahan, prince des Mamigonians, de se soumettre à Arsace II, après qu'il eut ressaisi le pouvoir souverain, offrit ses services à Schahpour II, roi de Perse, abandonna le christianisme pour la doctrine de Zoroastre, et prit part à plus. expédit. contre sa patrie, signalant toujours son passage par la plus affreuse dévastation. Arsace étant mort captif de Schahpour (370 de J.-C.), Méroujan, à qui était promis le trône d'Arménie, s'empara du royaume et y recommença ses ravages. Mais l'emper. Valens prit sous sa protection le jeune Bab, fils d'Arsace; et le cruel usurpateur, vaincu par une armée romaine, se retira en Perse, où il ne cessa de méditer des projets de vengeance contre son pays. Enfin dans une nouv. expédit. qu'il fit sous le règne et pend. la minorité d'Arsace III, il fut vaincu par Manuel, prince des Mamigonians, et tué dans sa fuite par Sahag, prince des Pagratides.

MÉROVÉE, le 3e de nos rois, chef de la race des *Mérovingiens*, était le 2e fils de Clodion-le-Chevelu : sa naissance doit être placée vers l'an 411. Envoyé à Rome par son père (vers 432) pour cimenter la paix conclue par les Francs, il reçut l'accueil le plus flatteur de Valentinien III, et demeura l'ami des Romains, quoiqu'il paraisse probable qu'Attila ait fait entrer dans une ligue contre eux Clodion et son fils aîné. L'ancienne *Chronique de St-Denis* donne à Mérovée 18 ans de règne, ce qui fait supposer qu'il prit le titre de roi en 440, du vivant de son père. Clodion mourut en 448. Son fils aîné était mort avant lui, laissant trois enfants, dont la tutelle fut confiée à leur oncle. Mais, craignant l'ambit. de ce tuteur, leur mère mit les trois jeunes pupilles sous la protect. d'Attila. Aétius et Mérovée marchèrent contre ce Barbare et lui livrèrent une bataille sanglante en 451, dans la plaine de Méry-sur-Seine, à 6 lieues au-dessous de Troyes. Ils eurent l'avantage; et le prince franc se vit affermi sur le trône, qu'il occupa jusqu'à sa mort, en 458. Il avait régné dix ans après son père, et laissait un fils qui lui succéda sous le nom de Childéric.

MÉROVEE, 2e fils du roi Chilpéric Ier et de la princesse Audouaire, fut chargé par son père, en 576, de s'emparer du Poitou; mais, négligeant ces ordres, il alla épouser à Rouen sa tante Brunehaut, qu'il aimait passionnément. Pour le punir de cette union, et surtout de la révolte des seigneurs austrasiens en faveur du fils de Brunehaut, dont il le croyait l'instigat., Chilpéric enferma Mérovée dans le monastère d'Anisole, aujourd'hui St-Calais, diocèse du Mans, où il le força de recevoir les ordres. Le jeune captif parvint à s'échapper, erra quelq. temps dans différentes provinces, et périt en 577, assassiné par un émissaire de Frédégonde.

MERRY (Robert), poète anglais, né en 1775 à Londres, occupa quelque temps une charge dans les gardes, puis épousa l'actrice miss Brunton, avec laquelle il passa en Amérique, où il mourut en 1798. Outre div. opusc. poétiques fournis aux journaux de Londres, et qu'il signait *della Crusca*, il a donné plus. pièces de théâtre, entre autres : la *Vengeance ambitieuse*; *Lorenzo*; *Fénélon*, etc.

MERSAN (Denis-Franç. MOREAU de), homme de lettres, né vers 1770 à Beaugency, agent national de cette ville, fut député du Loiret au conseil des cinq-cents, où il vota constamm. avec le parti modéré, et fit prendre div. mesures réparatrices. Accusé d'être l'agent de Louis XVIII et son intermédiaire avec les royalistes du conseil, il fut condamné à la déportat. au 18 fructidor. Rappelé après le 18 brumaire, il se dévoua dès-lors à la culture des lettres, et mourut à Paris en 1818, dans un âge peu avancé. Outre des articles dans la *Biographie univ.*, et d'autres dans div. journaux, on a de lui : *Pensées de Nicole*, précéd. *d'une introduction et d'une notice*, 1806, in-18, édit. stéréotypée.—*Pensées de Balzac*, précéd. *d'observations sur cet écrivain et sur le siècle où il a vécu*, 1807, in-12.

MERSENNE (Marin), savant religieux de l'ordre des minimes, né au bourg d'Oizé, dans le Maine, en 1588, a mérité un rang parmi les géomètres du 17e S., moins par ses propres travaux que par son rôle de correspondant et d'intermédiaire entre les principaux savants de l'Europe : c'est à lui qu'ils communiquaient leurs doutes pour être proposés, par son moyen, à ceux dont on en attendait les solutions. Doué d'un caractère doux et d'un esprit conciliateur, il voyait avec peine la république des lettres troublée par des discussions qui dégénéraient trop souvent en querelles, et faisait tous ses efforts pour y mettre un terme. Il avait été le condisciple de Descartes au collège de La Flèche, et demeura, jusqu'à sa mort, le partisan le plus déclaré de ce gr. homme, dont il ne cessa de propager la doctrine. Le P. Mersenne mourut à Paris en 1648. Ses écrits peuvent intéresser à la fois le théologien, le philosophe, le géomètre et le musicien. Les princip. sont : *Quæstiones celeberrimæ in Genesim, cum accuratâ textûs explicatione*, etc., 1623, in-fol.—*L'Impiété des déistes et des plus subtils libertins découv. et réfut.*, 1624, 2 vol. in-8.—*Questions théologiq., physiq., morales et mathé-*

matiq., etc., 1634, 2 vol. in-8.—*Les Méchaniq. de Galilée*, trad. de l'ital., 1634, in-8. — *Harmonie universelle, contenant la théorie et la pratique de la musique*, etc., 1636, in-fol, ouvr. curieux et que l'on trouve difficilement complet. — *Cogitata physico-mathematica*, 1644, in-4. — *Universæ geometriæ mixtæque mathemat. synopsis*, 1644, in-4. — *Novæ observationes physico-mathemat., quibus accessit Aristarchus Samius, de mundi systemate*, 1647, in-4. Sa *Vie* a été écrite par le P. Hilarion de Coste, minime, Paris, 1649, in-8; et son *Éloge* par M. Poté, Le Mans, 1816, in-8.

MERTENS (Henri), membre-adjoint de l'acad. de Pétersbourg, fit partie de l'expédit. russe dans son dern. voyage de circumnavigation. Les *Rapports* intéressants qu'il publia dans les journaux scientifiq., particulièrem. sur la botanique, donnèrent aux savants une idée avantageuse de ses talents. Chargé d'une immense quantité d'objets, résultat de ses longues explorations, il se vouait entièrem., sous les auspices de l'académie, à leur descript. Un nouv. voyage maritime de 4 mois interrompit ses travaux. De retour, il se proposait de les continuer, lorsqu'une fièvre nerveuse l'enleva en 1831. Sa perte est irréparable, car personne ne pourra faire connaître les découvertes import. dues à son zèle infatigable.

MÉRULA (George), l'un des restaurateurs des bonnes études en Italie, né vers 1424 à Alexandrie-de-la-Paille, mort en 1494 à Milan, où il était venu se fixer en 1482, sur l'invitat. du duc Louis Sforce, qui le chargea d'écrire l'histoire de cette ville, a rendu de très grands services aux lettres par ses correct. et ses publicat. des anciens auteurs. On lui doit, entre autres édit., la première des *Épigrammes* de Martial, Venise, 1470-72, gr. in-4; des *Rei rusticæ scriptores*, ibid., 1472; Reggio, 1482, in-fol., et des *Comédies* de Plaute, ibid., même année, même format. Ses devoirs d'édit. et de commentat. ne l'ont pas empêché de produire plus. ouvr., parmi lesquels on citera : *Bellum scodrense*, Venise, 1474, in-4. — *In Philelphum epistolæ II*, ibid., 1480, in-4 : ce sont des invectives contre Philelphe, son ancien maître, qui avait relevé dans le livre précéd. le mot *Turcas* employé pour *Turcos*, qui semblait préférable au vieux philologue. — *Antiquitatis vice-comitum libri X*, S. D., in-fol., de 1499 à 1512; Milan, 1529, in-fol.; réimpr. par Rob. Estienne, sous ce titre : *De gestis ducum mediolanensium*, Paris, 1549, in-4.

MERVEILLE, voyageur français, fut, en 1708, chargé par une compagnie de négociants de St-Malo d'aller avec deux navires à Moka, pour y faire le commerce. Ce voyage, pend. lequel il sut faire respecter le nom franç. et obtenir du gouvern. de Moka un traité avantageux, engagea la compagnie à entreprendre une seconde expédition, dont Merveille ne fit point partie. Il s'était contenté d'insérer dans le *Mercure de Trévoux* un extrait de la relat. de son voyage; mais c'est sur ses renseignem. que La Roque composa le *Voyage de l'Arabie-Heureuse*, etc., Paris et Amsterd., 1716, in-12, fig.

MERVILLE (Michel GUYOT de), aut. dramatiq., né à Versailles en 1696, se trompa d'abord sur le genre de son talent, et composa trois tragédies qui furent refusées. Alors il donna plus. comédies qui furent bien accueillies. Se trouvant à Genève en 1755; désespéré d'avoir attaché à son sort une femme qu'il adorait, et dont il avait eu une fille, il régla toutes ses affaires, chargea un ami d'acquitter ses dettes, et se précipita dans le lac : son corps fut trouvé près de la ville d'Évian. Son *Théâtre* a été publ. à Paris, 1766, 4 vol. in-12. *Le Consentement forcé* est la seule de ses pièces qui soit restée à la scène, où on la revoit toujours avec plaisir. On lui doit en outre : *Hist. littér. de l'Europe pendant l'année 1726*, La Haye, 6 vol. in-12. — *Voyage historiq. d'Italie*, 1720, 2 vol. in-12; et il a laissé MSs. : une *Critique des œuvres de Voltaire*, 4 vol.; *l'Esprit d'Horace* et *les Veillées de Vénus*. Petitot lui a donné une *Notice* dans le t. XXI du *Répertoire du Théâtre-Français*.

MERWAN Ier, 9e successeur de Mahomet, et 4e khalyfe de la race des Ommyades, surnommé *Ibn Tarid* (fils du banni), parce que son père avait été exilé par le prophète, fut d'abord secrétaire du khalyfe Othman, dont sa perfidie causa la mort. Après avoir tenu une conduite équivoque sous les règnes d'Aly, de Moawyah et de Yezid, il se retira en Syrie pour se soustraire aux ordres sanguinaires d'Abdallah, proclamé khalyfe à la Mekke, et fut lui-même élevé au khalyfat l'an 64 de l'hég. (684). Il remporta une victoire décisive sur un des chefs du parti de son compétit., fut reconnu sans opposition dans toute la Syrie, n'éprouva non plus aucune résistance en Égypte, et opposa avec succès aux mécontents, en Mésopotamie, le fameux Obeid-Allah. Cepend. Merwan, qui avait juré de garder le khalyfat comme un dépôt jusqu'à la majorité de Khaled, fils et frère des deux dern. khalyfes, venait de désigner son fils Abdel Melek pour son successeur. Khaleb fut vengé par sa mère, qui, devenue la femme du khalyfe, l'étouffa pendant son sommeil l'an 65 (685). Merwan était âgé de 63 ans, et avait régné environ 10 mois.

MERWAN II (Abou Abdel-Melek), 14e et dern. khalyfe ommyade, et petit-fils du précéd., fut d'abord gouvern. de l'Arménie. Il prit les armes contre le khalyfe Yezid III, l'an 126 de l'hég. (744 de J.-C.), pour venger la mort de Walid II, se laissa apaiser par des concessions avantageuses, mais refusa plus tard de reconnaître Ibrahim, frère et successeur d'Yezid. Sous prétexte de défendre les droits au khalyfat des fils de Walid, prisonniers à Damas, il s'avança contre cette ville, battit les troupes d'Ibrahim, et, apprenant que ses jeunes protégés venaient d'être assassinés, se fit proclamer lui-même khalyfe, et alla établir le siège de son empire à Harran en Mésopotamie. Il y reçut les soumissions d'Ibrahim et de ses autres ennemis; mais bientôt il fut obligé d'aller soumettre Émesse, Damas, et plusieurs places de la Palestine, et combattre son cousin Soléiman. Ce prince fut vaincu; et Abdallah, fils d'Omar II, qui osa prétendre au khalyfat, n'eut pas un meilleur sort. Merwan, par ces triomphes sur les chefs de sa famille, affaiblissait ses propres forces, et préparait l'élévation des Abbassides. En effet, ceux-ci levèrent l'étendard de la révolte en 128 (746); et Abou'l Abbas, marchant de succès en succès, vint se faire proclamer khalyfe dans la gr. mosquée de Koufah, l'an 132 (749). Enfin une bataille décisive fut livrée entre les deux armées rivales, presque sur le même terrain où Alexandre avait remporté la victoire d'Arbelles. Merwan vaincu se retira, toujours poursuivi, dans la Moyenne-Égypte, et fut tué dans une église chrét. l'an 132 (750), à l'âge de 62 ans, après en avoir régné près de 6. La domination des Ommyades en Orient avait duré 92 ans, depuis Moawyah.

MÉRY (Jean), anatomiste, né à Vatan en 1645, mort en 1722, prem. chirurg. de l'Hôtel-Dieu, avait été successivem. chirurgien de la reine, des Invalides et du duc de Bourgogne, encore enfant. En 1684, chargé de porter les secours de son art à la reine de Portugal, il ne put arriver avant la mort de cette princesse. A son retour il fut reçu à l'académie des sciences. On cite de lui : *Description exacte de l'oreille de l'homme*, Paris, 1677, 1687, in-12. — *Observat. sur la manière de tailler dans les deux sexes pour l'extraction de la pierre, pratiquée par le frère Jacques*, 1700, in-12. — *Nouveau système de la circulation du sang par le trou ovale, dans le fœtus humain;* etc., 1700, in-12. — *Problèmes de physique*, ib., 1711, in-4; et des *Dissertat.* intéressantes dans les *Mémoires de l'acad.* — François MÉRY, son fils, mort à Paris en 1760, avec la réputation d'un praticien habile, n'a fait impr. que quelques thèses et *Oratio quâ quid sit medicina docentur philiatri*, 1744, in-4. — V. MERRY.

MERZ (Louis), jésuite et controversiste, né à Donsdorf, dans la Souabe, en 1727, mort à Augsbourg en 1792, attaqua, même en chaire, les membres les plus distingués de la communion luthérienne, et se fit destituer par l'évêq. des fonct. de prédicat. de l'église cathédrale. Il a laissé un gr. nombre d'ouvr., tous écrits en allem. : ce sont des *Sermons*, des *Discours de controverse*, des *Livres ascétiques* et des *Pamphlets* auxq. il donnait les noms de ses adversaires, Less, Büsching, etc. — Merz (Philippe-Paul), théologien d'Augsbourg, fut converti à la relig. catholique en 1724, reçut les ordres, et mourut en 1754. Le plus estimé de ses ouvr. est : *Thesaurus biblicus*, Augsbourg, 1753-58, 2 vol. in-4; ib., 1751, 1791; Venise, 1758, in-4; Paris, 1825, 2 vol. in-8. — Merz ou Mærz (Ange), bénédictin de l'abbaye de Scheyren ou Scheurn, né à Schlechdorf, dans la Haute-Bavière en 1731, a laissé, entre autres ouvr., une lettre latine *de Oraculis paganorum*, et trois opuscules en allem. sur la magie, 1766-67, à l'occasion des guérisons opérées par Gassner à la même époque.

MERZ (Jacques), peintre de portraits et grav., né en 1783 d'un paysan du village de Besch, canton de Zurich, mort à Vienne en 1807, a laissé malgré la courte durée de sa vie, un gr. nombre de tableaux et de portraits, conservés pour la plupart par son bienfaiteur, le pasteur Veith, qui a publié une *Notice* sur sa vie en allem., Tubingue, 1810, in-8.

MESA (CHRISTOPHE de), poète espagnol, né en 1540 à Zafra en Estramadure, entra dans les ordres et se rendit à Rome, où il vécut dans la plus gr. intimité avec le Tasse. Les 3 poèmes épiques qu'il a laissés n'en sont pas moins médiocres : *las Navas de Tolosa*, Madrid, 1580 ; *la Restauration de l'Espagne ; le Patron de l'Espagne.* Cepend. ses poésies lyriques ont eu quelq. réputat., et ses traduct. de l'*Énéide*, des *Géorgiques* et des *Bucoliques*, sont estimées.

MESANGE (MATTHIEU), de Vernon, garde de la biblioth. de St-Germain-des-Prés, mort à Paris en 1758, à l'âge de 65 ans, a laissé : *Traité de la charpenterie en bois*, 1753, 2 vol. in-8. — *Calculs tout faits*, in-12 ; cet ouvr. est plus ample et les opérations y sont plus courtes, plus faciles que dans les comptes faits de Barème.

MESCHINOT (JEAN), écuyer, sieur de Mortières, né à Nantes, fut maître-d'hôtel du duc de Bretagne François II, et de sa fille Anne qui épousa Charles VIII. On a de lui des poésies sous ce titre : *Lunettes des princes*, Nantes, Est. Larcher, 1493, petit in-4 goth. ; réimpr. avec addit. et plus. *Ballades*, Paris, 1495, 1499, 1528, in-8, ibid., 1539, in-16.

MESENGUY (FRANÇOIS-PHIL.), né à Beauvais en 1677, mort à St-Germain-en-Laye en 1763, occupa div. emplois au collége de Beauvais, à Paris, et s'opposa vivem. en 1739 à la révocat. de l'appel par la faculté des arts. Ses écrits, la plupart dictés par le plus ardent jansénisme, firent beauc. de bruit. On cite de lui : *Idée de la vie et de l'esprit de M. N. Choart de Buzanval, év. de Beauvais*, avec un *Abrégé de la vie de M. Hermant*, 1717, in-12. *Abrégé de l'hist. et de la morale de l'Ancien-Testament*, etc., 1728, in-12, réimpr. en 1824. — *Les Vies des saints pour tous les jours de l'année*, etc., réimpr. en 1826, 2 vol. in-12. — *Abrégé de l'hist. de l'Ancien-Testament, avec des éclaircissem. et des réflexions*, 1755-53, 10 vol. in-12. — *Exposit. de la doctrine chrét.*, 1744, 6 vol. in-12 ; 1754, 4 v. in-12, condamnée par un bref de Clément XIII, en 1761, etc. Lequeux a publié *Mém. abrégé sur la vie et les ouvrages de Mésenguy*, 1763.

MESIHI, poète turk, contempor. de Soliman Ier était un des sept poètes dont on voyait les noms écrits en caractères d'or, et suspendus au temple de la Mekke. La biblioth. du Vatican conserve les œuvres de ces hommes de génie parmi les MSs. de Pietro della Valle. Abdul-Cufti, dans son livre intitulé : *Teskiret-Oschoara*, parle de 300 poètes turks qui ont brillé depuis l'an de l'hég. 761 (1359 de J.-C.) jusqu'au 16e S., et cite Mesihi parmi les plus ingénieux et les plus élégants.

MESLIER (JEAN), curé d'Estrepigny en Champagne, né au village de Mazerni, dans le Rhételois, mort en 1733, s'est rendu célèbre par son abjurat.

des principes et des dogmes religieux qu'il avait enseigné toute sa vie. On trouva chez lui, après sa mort, 3 copies d'un gros MS., entièrem. de sa main, et qu'il avait intit. : *Mon testament ;* c'est de la 1re partie que Voltaire a extrait l'ouvr. publié sous le titre de *Testament de J. Meslier*, et réimprimé sous celui d'*Extrait des sentim. de J. Meslier*, dans l'*Évangile de la raison*, 1768, in-24. Meslier, qu'on a présenté à tort comme un homme orgueilleux et misanthrope, respecta tant qu'il vécut la croyance de ses paroissiens, et légua le peu qu'il possédait aux pauvres de son église, dont il avait toujours été l'ami et le bienfaiteur. Naigeon a inséré le précis du testament de Meslier dans le *Dictionn. de philos. anc. et moderne de l'Encycl. méthodique*, et M. Beuchot, le premier, l'a réuni aux *OEuvres* de Voltaire dans son édit. de ce philosophe. L'ouvr. intit. *le Bon sens*, etc., qu'on a publié sous le nom de Meslier, est du baron d'Holbach.

MESMER (ANT.), médec., auteur de la fameuse doctrine du *magnétisme animal*, né en 1734 à Mersbourg en Souabe, révéla son existence au monde savant, en 1766, par une thèse dont le but était d'établir l'influence des corps célestes sur les corps animés, au moyen d'un fluide subtil qui remplit tout l'univers. Il imagina de joindre à cette influence l'action des aimants, et se rendit à Vienne pour y exposer son système. Il y trouva un rival dans l'art de guérir avec les aimants, et se tourna vers le magnétisme animal ; mais en vain chercha-t-il à accréditer cet agent nouv. parmi les médec. et dans les sociétés savantes : celles-ci dédaignèrent de lui répondre ou le traitèrent de visionnaire. Cepend. il fit un miracle, s'il faut l'en croire ; il rendit en 1777 la santé et la vue à Mlle Paradis, qui 7 ans après attira et étonna tout Paris par la réunion singulière de la cécité la plus absolue à un gr. talent sur le clavecin. Mesmer, désespérant d'être prophète parmi ses compatriotes, vint à Paris en 1778, et après avoir recherché vainem. les suffrages de l'acad. des sciences et de la société de médec., résolut de ne plus s'adresser qu'au public. Il eut bientôt un grand nombre d'adeptes dans les prem. classes de la société, dont l'enthousiasme n'eut point de bornes. Il parvint même à s'attacher un docteur-régent de la faculté, Deslon, qui prit la défense de son maître devant la société de médec. Mais une décision de la faculté et des dissert. particulières de ses membres renversèrent les espérances du confiant apologiste. Telle était toutefois la célébrité de Mesmer, que le ministère ouvrit avec lui des négociat. pour l'engager à révéler sa doctrine. Le charlatan, indigné des offres trop mesquines du gouvernem., se retira aux eaux de Spa, et laissa la place à Deslon, qui sut, en l'absence de son maître, exploiter avec succès la crédulité parisienne. Une souscript., ouverte par d'illustres adeptes au profit de Mesmer, et dont la valeur s'éleva à plus de 340,000 liv., dut bien le consoler de la trahison de son élève. Mais les désordres nombr. qui accompagnèrent les réunions présidées par le gr. opérateur dep. son retour à Paris éveillèrent enfin l'attention du gouvernem., qui livra le maître et sa doctr. à l'examen impartial de l'acad. des sciences et de la soc. de médecine. Les conclusions de ces deux corps furent également, défavorables au magnétisme animal, et reçurent une publicité extraordinaire qui força Mesmer à quitter la France, non sans emporter l'argent des souscript., auxq. il ne donna même pas son secret, comme il en était convenu. Cet homme, qui avait un moment occupé l'Europe, mourut ignoré dans sa ville natale en 1815. Ses ouvr. sont : *De planetarum influxu*, Vienne, 1766, in-12. — *Mém. sur la découverte du magnétisme animal*, Paris, 1779, in-12.—*Précis histor. des faits relatifs au magnétisme animal*, etc., Londres, 1781, in-8. — *Hist. abrégée du magnétisme animal*, Paris, 1783, in-8.—*Mém. de F.-A. Mesmer sur ses découvertes*, Paris, an VII (1799), in-8.—*Mesmerismus*, etc., *ou Système du magnétisme animal* (en allem.), Berlin, Nicolaï, 1815, 2 vol. in-8, fig., etc.

MESMES (JEAN-JACQUES de), seign. de Roissi, etc., né en 1490 de l'une des plus anciennes familles du Béarn, mort en 1569 à Paris, fut appelé dès l'âge de 20 ans à professer la jurisprudence à l'univ. de Toulouse. Il s'attacha bientôt à la maison roy. de Navarre, entra dans le conseil, et devint intendant-général des affaires de Catherine de Foix, épouse de Jean d'Albret. Lorsque Charles-Quint et François Ier traitèrent de la paix à Noyon, Mesmes fut chargé de revendiquer, au nom de sa souveraine, la portion de la Navarre dont s'était emparé Ferdinand-le-Catholique. Il remplit cette mission importante avec tant de talent et de succès, que le roi de France voulut l'attacher à son service. Mesmes refusa la place d'avocat du roi au parlem. de Paris, parce qu'il eût fallu en dépouiller Jean Ruzé, et n'accepta celle de lieuten. civil au Châtelet, qu'à condition qu'il lui serait permis de continuer à servir le roi de Navarre. Il fut chargé de plusieurs ambassades, devint successivem. maître des requêtes et premier président du parlement de Normandie. Sous le règne de Henri II, il fut un des membres du conseil-d'état qui obtinrent voix délibérative dans le parlement de Paris. Ce fut lui qui négocia le mariage de Jeanne d'Albret avec Ant. de Bourbon, duc de Vendôme, union qui donna plus tard à la France le meill. de ses rois. V. les *Elogia doctorum in Galliâ virorum* de Scévole de Sainte-Marthe.

MESMES (HENRI de), seigneur de Roissi, de Malassine, etc., fils du précéd., né à Paris en 1532, mort en 1596, remplit à Toulouse, dès l'âge de 16 ans et avec succès, la chaire de droit que son père avait occupée. Il revint à Paris en 1552, et fut nommé la même année conseiller à la cour des aides, puis conseiller au grand-conseil. La républ. de Sienne s'étant mise sous la protection du roi de France, Mesmes fut chargé en 1557 de rendre la justice dans ce pays. Il y resta deux ans, justifia la confiance de ses administrés par sa sagesse, et battit même les Espagnols en l'absence de Montluc, gou-

verneur du Siennois. A son retour en France, il fut nommé par Henri II conseiller-d'état, ce qui ne l'empêcha pas d'accepter sous Charles IX la place de chancelier de Jeanne d'Albret. Lorsque Catherine de Médicis offrit aux protestants cette paix trompeuse qui précéda de si peu de temps la St-Barthélemi, Mesmes fut envoyé à St-Germain avec Armand de Biron, depuis maréchal de France, pour traiter avec les chefs du parti qu'on voulait abattre d'un seul coup ; mais il n'était pas initié à cet horrible secret. Sous Henri III, il ne resta pas longtemps en fav., et se retira de la cour. Après avoir été le témoin des désastres de la guerre civile, il vécut assez pour voir Henri IV affermi sur le trône de France. Mesme a laissé des *Mém.* adressés à son fils et impr. dans le *Conservateur*, octobre 1760. Rollin en cite un passage (*Traité des études*, t. Ier, liv. Ier, chap. II).

MESMES (JEAN-JACQ. de), comte d'Avaux, neveu de l'habile négociateur (*v.* AVAUX), né à Paris vers 1640, mort dans cette ville en 1688, fut président à mortier au parlement et membre de l'Académie française. L'abbé d'Olivet lui a consacré un court *Éloge* dans l'*Hist. de l'Acad.*

MESMES (JEAN-ANT. de), comte d'Avaux, etc., né à Paris en 1661, mort en 1723, était entré de bonne heure dans la magistrat. Nommé dès l'âge de 18 ans substitut du procureur-général au parlement de Paris, puis conseiller en 1687, il devint l'année suiv. président à mortier. Il obtint en 1703 la charge de prevôt et gr.-maître des cérémonies, fut admis en 1710 à l'Acad. franç., et devint prem. président du parlem. de Paris en 1712. Il défendit faiblement les prétentions du duc du Maine à la régence contre les droits plus légitimes de Philippe d'Orléans : mais on croit que, gagné par ce prince, il trompait le duc du Maine. Lorsque le régent enleva aux princes légitimés le droit de succéder à la couronne, qui leur avait été conféré par Louis XIV, le premier président fit des remontrances timides qui déplurent également à celui qu'elles condamnaient et à ceux qu'elles voulaient protéger. De plus vives remontrances, qu'il fit à l'occasion du système de Law, le firent exiler avec tout son parlement à Pontoise. Plus tard il s'opposa, mais sans fruit, à la nomination de Dubois à l'archevêché de Cambrai. D'Alembert a donné l'*Éloge* de ce magistrat dans l'*Hist. des membres de l'Acad. franç.*—

MESMES (Jean-Jacq., dit *le bailli de*), frère puîné du précédent, mort en 1741 à l'âge de 61 ans, fut gr.-croix de Malte, gr.-prieur d'Auvergne, et ambassadeur de son ordre en France. —V. AVAUX.

MESNAGER (NICOLAS), habile diplomate, né en 1665 à Rouen, mort en 1700, député par les négoc. de cette ville près du conseil de commerce, se fit connaître avantageusem. de d'Aguesseau, qui le recommanda à Louis XIV, et lui obtint deux miss. en Espagne. Mesnager ayant conçu le projet d'assurer, de concert avec cette puiss., le commerce de toutes les nations de l'Europe au Nouv.-Monde, le roi l'envoya à La Haye en 1707 pour communiquer ce projet aux États-Généraux. Si l'adroit négociateur ne réussit pas complétement, par suite des prétentions exagérées des Hollandais, il remplit du moins le principal objet de sa miss., celui de dissiper leurs défiances relativement au commerce de l'Inde; et, à son retour, en 1708, il reçut beauc. d'éloges pour sa conduite. En 1711 il fut envoyé secrètement à Londres pour traiter de la paix avec la reine Anne, dont il reçut l'accueil le plus flatteur, ainsi que du grand-trésorier (Harley, comte d'Oxford). Les articles qu'il fit agréer à la reine, malgré de nombreux obstacles, servirent de base aux instruct. que Louis XIV donna pour les conférences d'Utrecht, auxquelles il prit une gr. part. A son retour d'Utrecht il fut accueilli par le roi, qui lui accorda une pension de 10,000 livres. Mais il ne put jouir long-temps de sa gloire, et mourut en 1714, laissant la réputat. d'un diplomate instruit et plein de sens, surtout dans les affaires commerciales. On peut consulter sur Mesnager les *Mém. de Torcy*, 1756, 3 vol. in-12. — L'*Histoire du congrès d'Utrecht*, etc., 1716, in-12 (par Casimir Freschot); et les *Mém. biographiques et littéraires des hommes célèbres de la Seine-Inférieure*, par Guilbert, 1812, 2 vol in-8.

MESNARDIÈRE ou **MÉNARDIÈRE** (HIPPOLYTE-JULES PILET DE LA), poëte français, né à Loudun vers 1610, étudia la médecine à Nantes, et mérita la faveur du cardinal de Richelieu par son *Traité de la mélancolie*, dans lequel il cherche à prouver que cette maladie ne peut être la cause des effets que l'on remarque dans les possédés de Loudun. Cet ouvr., impr. en 1635, in-8, était une justificat. de Richelieu, que l'on accusait d'avoir sacrifié le malheureux Urbain Grandier à ses vengeances. La Mesnardière, médecin du cardinal et du duc d'Orléans, frère du roi, devint par la suite maître-d'hôtel et lecteur ordin. du roi, fut reçu à l'Académie française en 1655, et mourut en 1663. Ses princip. ouvr. sont : *Raisonnem. sur la nature des esprits qui servent au sentiment*, 1638, in-12. — *Poésies franç. et latines*, 1656, in-fol. — *Lettres du sieur du Rivage, contenant quelques observations sur le poème épiq. et sur le poème de la Pucelle* (de Chapelain), 1656, in-4 de 65 pages.

MESNIL (JEAN-BAPTISTE du), célèbre magistrat, né à Paris en 1517, fils d'un procureur, fut nommé avocat du roi au parlem. en 1556, et apporta dans ses fonctions une probité ferme, un esprit conciliant et une grande lucidité dans l'exposit. des matières contentieuses. Il refusa la place de premier président du parlement de Rouen parce qu'il espérait obtenir celle de président à Paris; mais la disgrâce de Lhôpital, dont il partageait les vues politiques, renversa ses espérances et hâta sa mort, survenue en 1569. On a de lui un plaidoyer contre les jésuites imprimé en 1594, in-8, et deux autres parmi les *Opusc.* de Loysel, qui lui a consacré une longue *Notice*. Ses *Remontrances*, plusieurs fois réimpr., se trouvent dans le *Recueil des libertés de l'Église gallicane*, édition de 1731. Il eut part à la rédaction des *Édits* de Roussillon et de Moulins.— V. DUMESNIL et GARDIN.

MESROB-MASCHDOTS, personnage illustre de l'Église d'Arménie, né à Hatsegats-Avan, bourg de la province de Daron, vivait dans le 4e et le 5e S. Il fut successiv. secrét. du patriarche Nersès Ier et du roi Varaztad, et lorsque ce prince eut été détrôné par les Romains (382), il embrassa l'état ecclésiast. et se retira dans le Vasbouragan. Devenu coadjuteur du patriarche Sahag en 390, il s'occupa d'éteindre les restes de l'idolâtrie dans l'Arménie, composa l'alphabet qui fut adopté l'an 406 dans toute l'Arménie par l'ordre du roi Bahram-Schahpour, et donna à son Église une vers. complète de la Bible, qui jusqu'alors lui avait manqué. Sahag étant mort en 440, Mesrob fut pendant six mois administrat. du patriarcat, et mourut lui-même en 441. Comme il est le prem. qui ait réglé la liturgie de l'Église armén. tous les rituels portent le nom de Maschdots.

MESROB-EREZ, historien arménien et prêtre à Hoghots-Kéogh, dans le canton de Vaïotsdsor en Siaunie, né au village de Holatzïm, composa en 967 les *Vies de St Narsès Ier*, patriarche d'Arménie, et de Mouschegh Mamigonian, connétable d'Arménie et de la Géorgie. Cet ouvrage, dont la bibliothèque du roi possède deux copies, a été imprimé en arménien à Madras, 1775, in-4.

MESSALA-CORVINUS (MARCUS-VALÉRIUS), né l'an 49 avant J.-C., combattit aux deux journées de Philippes avec Brutus, qui lui confia même le commandement d'une division. Devenu général en chef à la mort de Brutus et Cassius, il conclut un traité avantageux avec Antoine, et s'attacha dèslors à sa fortune; mais prévoyant que l'extravagant amour d'Antoine pour Cléopâtre entraînerait sa perte, il le quitta pour se ranger du parti d'Octave, qui lui fit l'accueil le plus distingué, et le chargea de plus. expédit. dans les Gaules. Il soumit l'Aquitaine, et obtint, avec les honneurs du triomphe, la charge importante de préfet de Rome; mais il la résigna peu de temps après. Il fut collègue d'Auguste dans le consulat, et mourut septuagén., l'an de Rome 711 (de J.-C. 11). C'est lui qui le prem. salua Auguste du nom de *Père de la patrie*. Il avait composé des discours loués par Quintilien, et plusieurs autres ouvr.; mais il ne nous en reste aucun. L'opuscule *De progenie Augusti*, impr. en 1540, qu'on a voulu lui attribuer, est évidemm. supposé.

MESSALINE (VALÉRIE), impératrice romaine, fameuse par sa dissolution, avait pour père Valérius-Messalinus-Barbatus. Dès l'âge le plus tendre elle donna carrière à son goût effréné pour le plaisir, et telle était dès-lors la tache imprimée à son nom par ses désordres qu'elle ne put trouver d'époux que l'imbécile Claude. Lorsque le caprice du destin eut mis ce prince sur le trône, Messaline s'abandonna plus que jamais à ses honteux penchants. Mais aux emportem. de la débauche elle joignit la frénésie de l'ambition et l'amour du commandem. Les préfectures, les sacerdoces étaient distribués ou par elle ou par ses créatures. Les hommes les plus illustres et les plus riches sont forcés d'opter un genre de mort, et leurs biens confisqués deviennent la proie de l'impératrice. Sila-

:nus, son beau-père, refuse de satisfaire la passion qu'il a le malheur de lui inspirer, et il périt comme conspirat. Mais bientôt ce n'est plus dans les rangs des patriciens qu'elle cherche des complices. Elle s'abandonne aux histrions, aux affranchis. Souvent la nuit la voit sortir de son palais pour se mêler aux victimes de la prostitution publique et prendre leur place. L'hist. a conservé le nom de la courtisane Lycisca, dont Messaline empruntait le nom quand elle quittait le lit de l'emp. pour les réduits de la débauche. Enfin un acte plus audacieux encore couronne tant de crimes. Tandis que Claude est à Ostie, elle épouse publiquem. Silius, consul désigné. Mais Narcisse, son ennemi, annonce tout à Claude, dont la colère est excité par ce récit. Tous les amis de l'impératrice ont fui ; mais Claude ne sait s'il doit punir : « Qu'on fasse venir cette malheureuse, dit-il, et qu'elle essaie de se justifier. » Narcisse, qui l'entend et qui craint l'entrevue, donne à un tribun l'ordre de tuer Messaline. Celle-ci, à l'approche des soldats, essaya d'échapper par une mort volontaire aux outrages qui l'attendaient ; mais elle n'eut pas le courage d'enfoncer le fer, et reçut le coup mortel des mains du soldat l'an de J.-C. 48.

MESSALINE (STATILIE), impératr. romaine, petite-fille de Statilius-Taurus, se maria en 4e noces à Néron, sur leq. son esprit et sa beauté lui donnèrent quelque pouvoir. Ce prince ayant été forcé de se donner la mort l'an de J.-C. 68, Statilie conçut l'espoir d'épouser Othon, et peut-être y eût-elle réussi. Cet emper. éphémère ayant été trahi par la fortune, elle renonça à ses rêves ambitieux pour se consacrer à la littérat. et à l'éloquence, dans laq. elle acquit quelque réputation.

MESSENIUS (JEAN), histor., né en 1584 à Vadstena en Ostrogothie, mort à Uleo en 1637, professa le droit à l'univers. d'Upsal, passa ensuite au tribunal supérieur de Stockholm, fut accusé de correspondances secrètes avec Sigismond roi de Pologne et avec les jésuites, et envoyé prisonn. d'état à Cajanaborg en Finlande. Pendant sa détention, qui dura de 1616 à 1635, il se livra à de savantes recherches, et composa plus. ouvr. historiq. Le principal est la *Scondia illustrata*, 14 vol. in-fol., publ. par Peringskioeld, de 1710 à 1714 ; on cite encore de Messenius : *Disputatio theoremata encyclopædica comprehendens*, 1609, in-4. — *Detectio fraudis jesuiticæ contra Carolum IX*, 1610, in-4. — *Chronicon. episcoporum per Sueciam, Gothiam et Finlandiam*, 1611, in-8. — *Sueopenta-Protopolis*, 1611, in-8. — *Chorographia Scandinaviæ*, 1615, in-8 ; des *comédies* en suédois, dont les sujets sont tirés de l'hist. du pays.

MESSENIUS (ARNOLD), fils du précédent, partagea la détention de son père, et, comme lui, profita des loisirs forcés pour composer quelq. ouvr. Plus tard, il fut de nouveau emprisonné comme coupable de catholicisme et de correspond. secrète avec Sigismond, roi de Pologne. Mais tout d'un coup son sort changea ; Christine lui rendit la liberté, l'employa dans plusieurs affaires secrètes

et importantes, le nomma historiographe de Suède, et lui donna des lettres de noblesse. Cette fortune ne fut pas de longue durée. Arnold avait un fils nommé Jean, qui composa, en 1651, un libelle contre le sénat et contre la reine. Le père et le fils furent condamnés à mort. Le premier fut décapité, et le second fut écartelé, après avoir eu la main et la tête coupées.

MESSERSCHMIDT (DANIEL-THÉOPHILE), médec. et naturaliste, né en 1685 à Dantzig, a eu le mérite de faire connaître la Sibérie, ou du moins d'en ouvrir la route à Pallas, à Gmelin, à Géorgi, etc. En 1716 il se rendit à Pétersbourg et, s'étant fait connaître pour un homme instruit, il s'engagea, en 1719, à voyager pendant 7 ans dans l'empire russe, et surtout en Sibérie. Aucun voyage n'avait encore été aussi général dans son objet ; et il fut entrepris par un seul homme, moyennant 500 roubles par an, avec la promesse d'un cadeau à son retour. Il eut un moment pour compagnon le prisonnier suédois Tabbert, annobli depuis sous le nom de Stralenberg ; lorsqu'il fut obligé de s'en séparer, il tomba dans une noire mélancolie qu'accrut encore le peu d'empressem. qu'on lui témoigna lors de son retour à Pétersbourg. Il traîna ses derniers jours dans la misère et l'obscurité, et mourut en 1735. Ses journaux MSs., conservés dans la bibliothèque de l'académie de Pétersbourg, renferment beauc. de détails instructifs. Aucun de ses ouvr. n'a été impr. ; il a seulem. paru des extraits de ses journ. dans le 5e vol. des *Nouv. fragm. sur le nord*, etc., par Pallas. On trouve aussi quelq. détails sur lui dans la *Descript. géographique-physique de l'empire de Russie*, par J.-Théophile Géorgi, tome Ier. Linné a donné le nom de *Messerschmidia* à un genre de la famille des sébestiers.

MESSEY (LOUIS-FRANÇOIS-ANTOINE-NICOLAS, marquis de), maréchal-de-camp, né en 1748 à Braux (Champagne), et mort en 1821 à Paris, émigra en 1791 et servit dans l'armée des princes. En 1815 il suivit Louis XVIII à Gand, et à son retour exerça les fonctions de prévôt de Paris. Il a publié : *Mes souhaits pour l'année 1816*, in-8. — *Voyage d'un fugitif français*, etc.. 1816, in-12.

MESSIE. — V. MEXIA.

MESSIER (CHARLES), astronome, né en 1730 à Badonviller en Lorraine, n'avait, lorsqu'il vint à Paris (1751), d'autre recommandat. qu'une écrit. lisible, et quelq. habitude du dessin ; il entra chez Delisle pour tenir ses registres d'observation, et fut formé par Libour, son secrétaire, aux observ. journalières de l'astron., à celles des éclipses et à la recherche des comètes. Nommé plus tard, par le crédit de Delisle, commis du dépôt des cartes de la marine, avec des appointem. de 500 fr. par année, il reçut en outre de son protecteur le logement et la table. Celui-ci, qui croyait avoir suffisamment payé les trav. présents et futurs de son élève, garda pour lui les observations que Messier fit sur les comètes de 1758, 1759 et 1760. Lorsque le vieil astronome abandonna les sciences pour la dévotion, Messier, devenu libre, s'occupa de ses recherches favorites avec plus d'ardeur et de succès ; et, pendant 15 ans, presq. toutes les comètes qui furent découvertes le furent par lui seul. Il fut élu successivement aux acad. de Berlin et de Pétersbourg, et, en 1770, à celle de Paris; déjà dep. quelq. temps son titre de commis avait été changé en celui d'astronome de la marine. Cependant les blessures les plus graves, causées par une chute terrible, vinrent interrompre ses travaux pendant plus d'un an. Devenu académicien-pensionnaire à son tour, il vit supprimer quelq. jours après l'acad., sa pension et le traitement qu'il recevait de la marine : malgré les embarras de sa position, il continua ses trav., que l'Institut, le bureau des longitudes et la Légion-d'Honneur récompensèrent avec usure sous un régime meilleur. Il vit des jours heureux dans une vieillesse qui fut long-temps sans infirmités, et mourut en 1817. On n'a de lui que quelq. Mém. disséminés dans les vol. de l'acad. ou dans ceux de la *Connaissance des temps*. Lalande a consacré à la mémoire de cet infatigable observat. une nouvelle constell., sous le nom du *Messier* ou *Garde-Moisson*, qu'il forma de quelques étoiles éparses entre Céphée, Cassiopée et la Girafe.

MESSIS (QUINTIN), peintre, né en 1450 à Anvers, mort dans cette ville en 1529, est aussi connu sous le nom de *Maréchal d'Anvers*, parce que, dans sa jeunesse, il avait exercé la profess. de maréchal, ou plutôt de serrurier. A la suite d'une maladie qui le laissa trop faible pour continuer d'aussi rudes travaux, il se mit à dessiner de petites images de saints pour les pénitents de la confrérie des Lépreux. Ces prem. essais, qui furent heureux, l'attachèrent décidément à la peinture. Parmi ses tableaux, qui se ressentent trop des défauts de l'époque et rappellent la manière de van Eyck, avec plus de sécheresse encore, on distingue une *Ste Anne*, que l'on conservait dans l'église de St-Pierre de Louvain, et un *Christ entouré des Stes femmes*, qui fut placé d'abord dans l'église de Notre-Dame d'Anvers. Le musée possède de ce maître un tabl. représentant un *Joaillier qui pèse des pièces d'or, ayant auprès de lui sa femme, qui feuillette un livre orné de miniatures*. — Son fils, nommé Jean, sans avoir autant de talent que lui, a laissé un gr. nombre de tabl. qui existent presq. tous à Amsterdam, et dont les plus remarquables représentent des scènes d'usuriers.

MESTLIN. — V. MAESTLIN.

MESTREZAT (JEAN), théologien protestant, né en 1592 à Genève, acheva ses études à Saumur, où il refusa une chaire de philosophie à l'âge de 18 ans, desservit pendant 12 ans, avec une grande distinction, l'église réformée de Charenton, et y présida le synode en 1631. C'était un habile controversiste et un prédicateur aussi érudit qu'éloquent. Il mourut en 1657. Parmi ses ouvrages fort estimés de ses coreligionnaires, on distingue : *Traité de la communion de J.-C. dans l'eucharistie*, 1625, in-4. — *Sermons sur div. textes*, 1625, in-12. — *Traité de l'Écriture sainte*, 1632, in-8. — *Traité de l'Église*, 1649, in-4.

MESUÉ (JEAN ou IAHIA, fils de Masouiah, appelé vulgairem.), méd. arabe, né au bourg de Khouz, dans le voisinage de l'antique Ninive, mort sous le règne de Motawakkel vers 241 de l'hégyre (855 de J.-C. (, à l'âge d'environ 80 ans, fut attaché successivement au khalyfe Haroun Al-Raschid, puis à son héritier Al-Mamoun, et jouit de la confiance des successeurs de ces princes. Il a laissé beaucoup de *Traités* sur son art, fort estimés chez les Orientaux, et même pendant long-temps chez nous. On y distingue des *démonstrat.* en XXX liv., une *pharmacopée*, un liv. d'*anatomie*, des *traités* sur les fièvres, les aliments, les catarrhes, les bains, etc., dont on trouve quelq.-uns, soit en original, soit en hébreu, dans les princip. biblioth. de l'Europe. Parmi les éditions lat. des *OEuvres* de Mesué, on cite celles de Venise, 1471, 5 part. in-fol.; 1562, in-fol.; et de Lyon, 1478, in-fol. On en connaît une seule version italienne, Modène, 1475, in-fol. — MESUÉ (Jean), fils d'Hamec, né à Mardin dans la Mésopotamie, mort en Égypte à 90 ans, vers l'an 406 de l'hég. (1018 de J.-C.), était disciple d'Avicenne, et a écrit en arabe un *Traité des emplâtres, des onctions, des sirops*, etc. La biblioth. du roi en possède une trad. hébraïque.

MÉTAPHRASTE (SIMÉON le), ancien agiographe, né à Constantinople dans le 10e S., fut successiv. protosecrét. de l'emper. Léon, gr.-logothète, puis maître du palais. Il entreprit de rassembler les *Vies des saints*, restées jusqu'alors éparses dans les archives des églises et des monastères; mais, comme il s'est permis de supprimer des faits rapportés par les contempor. et d'en ajouter d'autres, sa compilation ne dispense pas de recourir aux originaux. Fabricius a donné la liste des *Vies* qu'elle renferme, *Biblioth. grecq.*, IX, p. 48-182. Un moine, nommé Agapius, en a fait un extrait publié sous ce titre : *Liber dictus Paradisus, seu illustrium sanctorum Vitæ, desumptæ ex Sim. Metaphraste, gr.*, Venise, 1541, in-4, rare. Les princip. *Vies* ont été insérées en grec et en latin dans les *Acta* des bollandistes : on en avait déjà les trad. latines dans les *Recueils* de Lippoman et de Surius. Indépendamm. de cette compilation, on attribue encore à Métaphraste plusieurs autres pièces dont Fabricius a donné la liste dans sa *Biblioth. grecq.*, t. VI.

MÉTASTASE (PIERRE-BONAVENT. TRAPASSI, dit), l'un des plus gr. poètes de l'Italie, né à Rome en 1698, fut initié dans les lettres grecq., lat. et ital., par le célèbre jurisconsulte Gravina, qui, charmé de ses disposit. précoces et de ses improvisations brill., voulut se charger de son éducat. Il changea son nom de famille en celui de *Metastasio*, mot grec qui a la même significat. Encouragé par son maître, il composa, n'ayant encore que 14 ans, sa tragéd. de *Giustino*, à laq. la critique ne reprocha qu'une imitation trop servile des anciens. Après la mort de Gravina, Métastase, âgé de 20 ans, se trouva maître d'une fortune considérable; mais il sut si mal l'administrer qu'au bout de quelque temps, environné de créanciers à Rome, il résolut d'aller s'établir à Naples (1721). Là il se livra à des études sérieuses sur l'art qu'il voulait cultiver exclusivement, et se lia bientôt avec une actrice distinguée nommée *la Romanina*, qui contribua au succès de ses prem. ouvr. Rien ne saurait exprimer l'enthousiasme qu'excita dans toute l'Italie la fameuse *Didone abbandonata*, représ. pour la prem. fois en 1724. Métastase, se voyant en état de satisfaire ses créanciers, retourna à Rome, où il n'eut d'autre maison que celle de son amie. Cepend. il la quitta pour se rendre en 1730, à Vienne, sur l'invitat. de l'emper. Charles, qui lui avait offert le titre de *Poeta cesareo* et un traitem. de 3,000 florins. Là, au milieu de nouveaux triomphes, il apprit la mort de sa chère *Romanina*, qui lui faisait un legs de 25,000 écus romains; mais il abandonna cette somme au pauvre Bulgarelli, époux presque inconnu de la célèbre cantatrice. Déjà il avait fait paraître, entre autres ouvr. : le *Giuseppe riconosciuto*, le *Demofonte*, la *Clemenza di Tito*, et cette *Olympiade*, que toute l'Italie surnomma la *Divine*. La mort de Charles VI et les guerres qui en furent la suite interrompirent les travaux dramatiq. du poète; mais il trouva d'agréables distract. dans la composit. de la cantate et d'autres pièces qui auraient suffi pour sa réputat. si elle n'eût pas été fondée sur des titres plus importants. Quoique Marie-Thérèse lui accordât autant de bienveillance que d'estime, peu à peu il se retira du monde et s'occupa presque uniquement de ses savantes analyses des poétiques d'Aristote et d'Horace, ou d'études analogues. Ce grand poète mourut à Vienne en 1782. Les œuvres poétiques de Métastase consistent en 63 *tragédies lyriques* et *opéras* de divers genres, 12 *oratorios*, 48 *cantates ou scènes lyriques*, une foule innombrable d'*élégies, idylles, canzonette, sonnets*, etc. Parmi ses ouvr. en prose, il faut citer : l'*Analyse de la poétique d'Aristote*, les *Observations sur le théâtre grec*, et une *Correspondance* assez étendue, souvent intéressante. Parmi les édit. prétendues complètes de Métastase, les plus estimées sont : Paris, 1755, 12 vol. in-8; Turin, 1757, 14 vol. in-4; Paris, 1780, 12 vol. gr. in-8; Gènes, 1802, 6 forts vol. in-8; Padoue, 1810; Milan, 1820, 5 vol. in-8. Le comte d'Ayala a publié à Vienne, en 1795, ses *Opere posthume*, 3 vol. in-8. On doit à Richelet une traduct. anonyme de ses tragéd., opéras, Paris, 1751-61, 12 vol. in-12. Les Italiens ont presque divinisé Métastase; Voltaire et Rousseau en ont fait le plus grand éloge.

MÉTAXI (FRANÇOIS), riche Maltais du 17e S., brilla à Rome dans la société des beaux-esprits de l'époque; il improvisait, sur quelque sujet qui lui fût proposé, des vers dont un petit nombre seulement a été conservé dans le rec. du temps.

MÉTEL — V. BOISROBERT et OUVILLE.

MÉTEL ou MÉTELLUS (HUGUES), littérateur, né à Toul, vers 1080, mort vers 1157, mena dans sa jeunesse la vie la plus licencieuse, puis embrassa la vie relig. dans l'abbaye des chanoines réguliers de St-Léon de Toul, mais ne cessa de tourner ses regards vers le monde, où il aurait voulu briller. Il écrivit un gr. nombre de lettres aux personnages célèbres de son temps, dans l'espoir que sa correspond. avec eux sauverait son nom de l'oubli. Il se vante quelq. part de pouvoir, en se tenant sur un pied, composer jusqu'à mille vers, etc. De ses nombreuses product. il ne nous reste que des *lettres* et des *poésies*, dont on trouvera quelq. chose dans le t. II des *sacræ antiquitatis Monumenta* (v. HUGO). Il y a une analyse intéressante de ses lettres dans l'*Hist. littér. de la France*, t. XII, p. 495-510.

METELLI (AUGUSTE), peintre, né en 1609, à Bologne, mort en 1660 à Madrid, où il avait été appelé avec Michel-Ange Colonna, excellait à peindre à fresque l'architecture et les ornements.

MÉTELLUS (C.-CÆCILIUS), surnommé *le Macédonique*, fut, quoique simple préteur, chargé de la guerre de Macédoine l'an 148 avant J.-C., et défit le faux Philippe (Andriscus), qu'il contraignit à prendre la fuite et qu'il fit prisonnier peu de temps après. Il vainquit égalem. l'aventurier Alexandre, et réduisit la Macédoine en province romaine. De là, il passa dans le Péloponèse dont les peuples s'étaient révoltés, écrasa les Achéens, commandés par Critolaüs, s'empara de Mégare, et de Thèbes, et acheva presq. la guerre avant l'arrivée de Mummius, son successeur. De retour à Rome, il reçut les honneurs du triomphe et le consulat (143 av. J.-C.). Il fut ensuite envoyé en Espagne avec le titre de proconsul, et combattit contre les Celtibères. Il mourut quelques années après, censeur et prince du sénat, et fut porté au bûcher par ses quatre fils, dont trois avaient été consuls. — Q.-Cæcil. MÉTELLUS *Numidicus*, un des fils du précéd., étudia à Athènes sous Carnéade. Il courut ensuite la carrière des honneurs, et fut successivem. questeur l'an 126 avant J.-C., tribun en 121, édile en 118, préteur en 115, gouverneur de Sicile en 114, et enfin, en 110, il parvint au consulat et fut chargé de conduire la guerre contre Jugurtha. Malgré l'adresse et la bravoure de ce prince, il changea, en moins d'un an, la face des affaires, battit les Numides sur les bords du Muthul, et força l'ennemi des Romains à demander une trève. Mais bientôt on reprit les armes; la gloire de soumettre Jugurtha n'était point réservée à Métellus, qui, à l'instant où il se préparait à de nouv. efforts, vit Marius, naguère son lieuten. et nouvellem. nommé consul, venir prendre le commandem. de l'armée d'Afrique. Métellus se résigna et revint à Rome, où on lui décerna les honneurs du triomphe. Quelq. années après il fut nommé censeur. La sévérité qu'il déploya dans cette charge lui attira beaucoup d'ennemis; et quand, l'an 101, il se présenta concurremm. avec Marius pour briguer un second consulat, loin de réussir, il fut condamné à l'exil. Il se retira à Rhodes, où il se consacra principalem. à l'étude de la philosophie; mais il fut rappelé au bout de quelques années. On ignore quand mourut cet illustre Romain. Aussi recommandable par son inflexible vertu et par la dignité de son caractère, que par son courage, il n'eut guère d'autr. défauts que l'orgueil dédaigneux de la caste patricienne. Il avait composé des *harangues* estimées, des *lettres* et plus. ouvr.; toutes ces product. sont perdues. Nous avons perdu de même sa *Vie*, par Plutarque. — Q.-Cæcilius MÉTELLUS *Pius*, fils de Numidicus, fit ses premières armes en Afrique sous son père, et revint à Rome avec lui. Les démarches qu'il multiplia pour obtenir le rappel de son père exilé lui valurent le surnom de *Pius*. Il obtint la questure, et le tribunat l'an 93 av. J.-C. Peu après, il combattit les Samnites pend. la guerre sociale, et défit le général Pompédius-Silo. Les guerres civiles l'obligèrent à quitter l'Italie, et il resta en Afrique pend. le court triomphe du fils de Marius. Revenu en même temps que Sylla, il se joignit à lui, battit Carinas et Carbon, fut nommé consul avec le dictat. en 81, et alla en Espagne pour s'opposer à Sertorius. Mais le redoutable transfuge refusa d'en venir à une bataille décisive, et s'attacha à ruiner l'armée romaine par des escarmouches. Métellus, sans doute, aurait été vaincu sans l'arrivée de Pompée à la tête de 30,000 hommes. Ce renfort donna lieu à Métellus de remporter un avantage sur son ennemi et sur Perpenna, son lieutenant, à Sagonte. L'assassinat de Sertorius rendit sa tâche plus facile, et les deux généraux, après avoir rétabli l'autorité du sénat en Espagne, revinrent triompher à Rome en 71. Métellus mourut 7 ans après, en 64, revêtu des fonctions de gr.-prêtre. Il eut Jules-César pour successeur. — Q.-Cæcil. MÉTELLUS *Creticus*, de la même famille, consul l'an 69 avant J.-C., fut chargé en 66 de faire la guerre en Crète, et parvint à soumettre cette île aux Rom. Pompée, qui commandait la flotte, avait voulu s'opposer à ses cruautés; il s'opposa ensuite à son triomphe, et ce ne fut qu'au bout de 5 ans que Créticus l'obtint en dépit de sa résistance.—Q.-Cæcil. MÉTELLUS *Nepos* (le *Dissipat.*), fils de Métellus Baléaricus, fut tribun du peuple en même temps que Caton d'Utique, l'an 63 av. J.-C., et s'opposa constamm. aux mesures de Cicéron qu'il détestait. Aussi lorsque Catilina eut succombé, fut-il obligé de se réfugier en Asie auprès de Pompée. Dans la suite, il fut revêtu du consulat et se réconcilia alors avec Cicéron au rappel duquel il se montra favorable. — Q.-Cæcil. MÉTELLUS *Celer*, préteur l'an 64 av. J.-C., se servit de son autorité pour sauver Rabirius des mains du peuple qui voulait le mettre à mort. Il fut envoyé avec le titre de proconsul dans la Gaule-Cisalpine. Revenu à Rome, et collègue de Pompée dans le consulat en 60, il s'opposa de toutes ses forces au triumvirat de César, de Crassus et de Pompée, et ne cessa de prédire les maux que cette ligue monstrueuse causerait à la république. L'année suiv., il fut envoyé gouvern. dans la Gaule-Transalpine; mais il y mourut au bout de quelques mois, et la rumeur accusa Clodia, sa femme, de l'avoir empoisonné. — METEREN (EMMANUEL van), histor., né à Anvers, en 1535, mort en 1612, en Angleterre, où il était consul de la nation hollandaise, a publié une *Hist. des Pays-Bas*, depuis l'avénem. de Charles-Quint au trône d'Espagne (1516), jusqu'à la fin des troubles religieux; elle parut d'abord en latin, Amst., 1597. in-fol, L'aut. la trad. lui-même en flamand, Delft, 1599, in-4, et la continua jusqu'à l'année 1612, Arnheim, 1614, in-fol. Elle a été trad. du flam. en franç. par J. de la Haye, 1618, in-fol.; 1670, in-fol., fig.; et en allem, Francfort, 1669, 4 vol. in-fol., fig.

METEZEAU (CLÉMENT), architecte, né à Dreux dans le 16e S., s'est rendu célèbre par la fameuse digue de La Rochelle, dont il donna les plans et surveilla la construction. C'est lui qui, en qualité d'architecte des bâtiments du roi, a continué la galerie qui règne depuis le vieux Louvre jusqu'au troisième guichet. On lui doit encore le plan de l'église des PP. de l'Oratoire et celui de l'hôtel de Longueville. — Paul METEZEAU, son frère, né à Paris vers 1582, mort à Calais en 1652, était âgé de 28 ans, lorsqu'il s'associa avec le P. de Bérulle, pour fonder la congrégation de l'Oratoire. Ses talents pour le prédicat. contribuèrent beaucoup à procurer à l'ordre divers établissem, dans leur roy. On a de lui : *Théologia sacra juxta formam Evangelii prædicat. distributa*, 1625, in-fol. — *De sancto sacerdotio, ejus dignit.*, etc., 1651, in-8, etc.

MÉTHERIE (JEAN-CLAUDE de LA), auteur de nombr. ouvr. de physiq. et d'hist. naturelle, né à la Clayette, petite ville du Mâconnais, en 1743, se livra, dès sa jeunesse, à l'étude de la médecine, ou plutôt des sciences qui s'y rapportent. Regardant le mouvem. comme essentiel à la matière, il prétendait expliquer par la cristallisat. non-seulement la formation du globe, mais celle de tous les corps organisés; et presque toutes ses idées reposent sur ces deux bases fondamentales. La Métherie remonta en 1817, profess. adjoint à la chaire d'hist. naturelle du collége de France, où il avait succédé à Daubenton. Nous citerons de lui : *Essai sur les principes de la philosophie naturelle*, 1778, in-12. — *Vues physiologiques*, 1780, in-12. — *Essai sur l'air pur*, 1785, in-8; 1788, 2 vol. in-8. — *Théorie de la terre*, 1791, 5 vol. in-8; 1797, 5 vol. in-8. — *Leçons de minéralogie données au collége de France*, 1812, 2 vol. in-8. — *De l'homme considéré moralement, de ses mœurs et de celles des animaux*, 1802, 2 vol. in-8. — *Considérations sur les êtres organisés*, 1804, 5 vol. in-8. — *Sur la nature des êtres existants*, 1805, in-8. Mais son principal titre est le *Journal de physiq.*, qu'il a dirigé depuis 1785 jusqu'à sa mort. Le no de juillet 1817 contient son *Éloge* par Blainville, suivi de l'énumération complète de ses ouvrages.

MÉTHODIUS (St.), surn. *Eubulius*, occupa successivem. les siéges d'Olympe, de Patare, de Tyr, fut exilé à Chalcide par les intrigues des ariens, et y subit le martyre en 311 ou 312. L'Eglise célèbre sa fête le 18 sept. Il avait composé plus. ouvr. import., entre autres un *poème* de 10,000 vers contre Porphyre, un *Traité du libre arbitre*, des *Comment.* sur la *Genèse* et le *Cantique des cantiq.*, etc.; mais il ne nous est parvenu que le *Festin des vierges*, espèce de dialogue inséré par le P. Combéfis dans le supplém. de la *Bibliothèque des PP.*,

1672, t. Ier, et par Fabricius dans son édition des *OEuvres de St Hippolyte*, 1718, t. II. Il ne reste de ses autres écrits que des fragm. recueillis par le P. Combéfis dans les *OEuvres d'Amphilochius*.

MÉTHODIUS, patriarche de Constantinople, né à Syracuse, fit ses études dans sa ville natale, reçut ensuite les ordres, fut député à Rome pour solliciter le pape en faveur du patriarche Nicéphore, chassé de son siége par Léon, et, de retour à Constantinople, fut enfermé par l'empereur Michel, partisan déclaré des iconoclastes. La mort de Michel ouvrit les portes de sa prison, mais son zèle lui attira bientôt de nouv. persécutions, il fut jeté vivant dans un tombeau où il ne subsista que par l'humanité d'un pêcheur. Porté sur le siége patriarcal de Constantinople en 842, son prem. soin fut d'assembler un concile pour rétablir le culte des images. Sa douceur contribua à ramener beaucoup d'iconoclastes. Il mourut le 14 juin 846. On lui attribue une *Vie de St-Denis l'aréopagite*, un *Sermon sur la croix*, un *Panégyr. de St Agathe* et quelq. *homélies*, insér. dans la *Biblioth. des PP.*, par Combéfis. — MÉTHODIUS II, patriarche de Constantinople en 1240, après Germain, ne siégea que trois mois.

MÉTHODIUS, moine et peintre, né à Thessalonique, se trouvait à Constantinople en 853, lorsque Bogoris, roi des Bulgares, l'appela à Nicopolis, pour lui faire peindre une salle de festins dans son palais. Il y représenta le jugem. dern., et produisit un tel effet sur l'âme du Barbare, que celui-ci se fit chrétien, et parvint, malgré quelque résistance, à décider son armée à embrasser la même croyance. Ce ne furent pas là les seuls travaux apostoliques de Méthodius : de concert avec St Cyrille ou Constantin, il alla prêcher l'évangile aux Moraves et à d'autres peuples slaves, et fut archevêque de la Moravie et de la Pannonie. L'Église l'a honoré d'un culte public : sa fête, célébrée par les Grecs et les Russes le 11 mai, est marquée au 9 mars dans le martyrologe romain.

MÉTIUS (Adrien), habile géomètre, né à Alemaer en 1571, mort en 1635, à Franeker, où il avait rempli, pend. 58 ans, la chaire de mathématiques, donna dans les rêveries de l'alchimie et vit s'évanouir en fumée une bonne partie de sa fortune. On a de lui : *Doctrinæ sphericæ libri V*, 1598, in-8 et in-12.—*Univ. astronom. Institutio*, etc., 1606, in-8; avec des addit., 1630, in-4. — *Praxis nova geometrica, per usum circini et reg. proportionalis*, 1623, in-4. — *Problemata astronomica geomet. delineata*, 1625, in-4. — *Calendarium perpetuum articulis digitorum computandum*, 1627, in-8 (en hollandais), etc.

MÉTIUS (Jacq.), frère puîné du précéd., passe pour l'inventeur du télescope par réfraction. On fixe l'époque de cette admirable découverte à l'an 1609. Dutens n'a pas manqué de la revendiquer pour les anciens, tandis que d'autres en ont fait honneur à J.-B. Porta et à Ant. de Dominis, à un certain Zacharie Jans, lunetier à Middelb, enfin à Jean Lapprey, de la même ville. Ce qui paraît le plus probable, c'est que l'on doit cet instrument à la ville de Middelbourg. Sur le bruit seul de cette découverte, Galilée construisit, en 1610, une lunette, qui a été perfectionnée successivement par Keppler et Huygens. On trouvera des détails curieux à ce sujet dans l'*Hist. des mathématiques*, par Montucla.

MÉTIUS-SUFFÉTIUS, second dictateur d'Albe, fit la guerre aux Romains sous le règne de Tullius-Hostilius. Les deux armées étant en présence, les chefs convinrent que la querelle serait vidée par un combat singulier entre trois guerriers albains et trois romains (v. HORACES). La victoire resta aux Romains, représentés par les Horaces, et Albe lui fut soumise. Cepend. Métius y garda la suprême autorité. Mais, soit impatience d'un joug étranger, soit désir de regagner la confiance de ses concitoyens, il engagea les Véiens et les Fidénates à attaquer Tullius, et leur promit de se joindre à eux au milieu du combat. En effet, quand l'action eut lieu, Métius fit un mouvement qui compromettait le sort de l'armée. Tullius, qui s'en aperçut, affecta de croire qu'il agissait d'après ses ordres, et lui envoya celui d'aller au lieu vers lequel il se dirigeait. Cette présence d'esprit rassura les Romains, et fit croire aux Fidénates que Métius les trahissait. Ils lâchèrent pied. Le lendemain Tullius rassembla les deux armées, accusa hautem. Métius de perfidie, et le fit écarteler, 665 av. J.-C. — MÉTIUS-TARPA (Spurius), un des 5 juges établis par Auguste, pour prononcer sur le mérite des ouvr. destinés à être admis dans le temple d'Apollon qui faisait partie du palais de ce prince, se distingua par la pureté de son goût, qui l'a fait citer deux fois par Horace comme le plus habile critique de son siècle.

METKERKE ou MEETKERCKE (Adolphe), antiquaire et philologue, né à Bruges en 1528, mort en 1591 à Londres, où il était ambassadeur, mérita la réputation d'un des meilleurs hellénistes de son temps, quoiqu'il eût été souvent distrait de ses études favorites par le rôle qu'il joua dans les troubles de la Flandre. Député en 1579 au congrès de Cologne, il en recueillit les actes, et les publia avec des notes, Anvers, 1580, in-4. On lui doit en outre la première édit. complète des *Idylles* de Moschus et de Bion, gr.-lat., avec des notes, Bruges, 1565, petit in-4; et *De veteri et rectâ pronunciatione linguæ græcæ*, 1576, in-8; réimpr. par Sig. Havercamp dans le *Sylloge scriptor.*, etc.

MÉTOCHITE (Théodore), l'un des hommes les plus savants de son temps, fut revêtu en 1314 de la dignité de grand-logothète (chancelier) par Andronic-l'Ancien, et maria sa fille Irène à Jean Paléologue, l'un des pet.-fils de ce prince. Dépouillé de sa charge par Andronic-le-Jeune, il fut exilé, vit ses biens confisqués, et obtint toutefois bientôt après la permission de revenir à Constantinople, où il mourut en 1632, dans un monast. qu'il avait fondé ou rétabli. Il a laissé un grand nombre d'ouvrages, dont la plupart inéd. restent ensevelis dans les bibliothèq. Nous nous contenterons de citer ;

Hist. romanæ lib. singularis, gr. et lat. ex recens. et cum notis J. Meursii, Leyde, 1628, in-4.— *Hist. sacræ libri II et constantinapolitanæ liber I.* J. Block a publié : *Specimina operum Theod. Metochitæ, cum præfat. et notis,* 1790, in-8.

MÉTON, astronome athénien, publia vers l'an 432 avant J.-C. sa fameuse *Ennéadécaétéride,* ou période de 19 ans, par laquelle il corrigeait les inexactitudes de l'octaétéride, et ramenait avec plus de précision l'année solaire à l'année lunaire. C'est ce que l'on appelle aujourd'hui le nombre d'or; mais ce cycle, devenu complétement inutile, n'est conservé dans les almanachs que par respect pour d'anciens usages. Méton avait élevé dans la place publique d'Athènes un instrum. appelé *héliotrope,* et qui probablement n'était qu'un gnomon dont les ombres indiquaient les jours où le soleil se trouvait dans l'un ou dans l'autre tropique. On ignore quand mourut cet astronome. On sait seulem. que les Athéniens ayant voulu le faire passer en Sicile, lorsqu'ils portèrent la guerre dans cette île, Méton contrefit le fou pour ne point y aller.

MÉTRODORE, de Chio, disciple de Démocrite, ouvrit une école dans sa patrie, et eut pour disciples Anaxarque et Hippocrate. Il avait composé un *Traité de la nature* et plus. ouvrages de médecine, dont la perte afflige ceux qui veulent étudier l'histoire de la science chez les anciens. Métrodore disait : « Nous ne savons pas même que nous ne savons rien. » Il regardait l'univers comme éternel et infini, admettait les atomes, niait l'existence du mouvem., mais s'écartait de Démocrite dans l'explicat. de la voie lactée.—Trois autres philosophes ont porté ce nom : l'un, disciple et ami d'Épicure, florissait vers l'an 274 av. J.-C.; un autre, de Stratonicée, embrassa d'abord la secte d'Épicure, et la quitta pour la philos. de Carnéade. Il mourut vers l'an de J.-C. 159. Enfin le 3e, après avoir pendant quelque temps fréquenté les écoles philosophiques, se voua à la politique, et devint un des favoris du grand Mithridate, qui, en 72, l'envoya en ambassade chez Tigrane, roi d'Arménie, pour demander du secours. Métrodore conseilla au roi d'Arménie de ne point céder à cette demande. Mithridate le fit mourir sitôt qu'il fut de retour.

MÉTRODORE, peintre et philosophe d'Athènes, fut choisi par Persée, roi de Macédoine, pour présider à l'éducation de ses enfants et pour peindre son triomphe. Il vivait vers l'an 168 av. J.-C.

MÉTROPHANE-CRITOPULE, théologien de la communion grecque, né à Berrhœa vers 1590, fut élevé à la dignité de protosyncelle de l'église de Constantinople, et plus tard placé sur le siége patriarcal d'Alexandrie. On cite de lui : *Epistola de vocibus in musicâ liturgicâ Græcorum usitatis,* Wittemberg, 1740, et insérée par Gerbert dans les *Script. ecclesiast. de musicâ,* en grec et en latin, tome III, p. 598-402; des notes et correct. sur le *Glossarium græco-barbarum* de J. Meursius-l'Ancien, 1787, in-8. Dietelmaire a publié une dissertation *de Metrophane Critobulo,* etc., Altdorf, 1770, in-4.

METTERNICH-WINNEBOURG), le prince FRANÇ.-GEORGE-JOSEPH-CHARLES de), ministre d'état en Autriche, né en 1746, fut employé d'abord comme ministre près du cercle de Westphalie, puis chargé en 1790 de pacifier le pays de Liége. L'année suivante, ministre plénipotent. près du gouvernem. des Pays-Bas, il conserva cette place jusqu'en 1795, et fut fait chevalier de la Toison-d'Or. Il fut un des plénipotent. autrichiens au congrès de Rastadt en 1797. Élevé en 1803 à la dignité de prince de l'empire, il présida, les deux années suivantes, le comité des princes médiatisés, vécut ensuite dans la retraite, et mourut à Vienne en 1818. Il est le père du prince actuel de Metternich.

METTRIE (JULIEN OFFRAY DE LA), médecin et littérat., né à St-Malo en 1709, reçut de Boerhaave des leçons dont il profita, et vint à Paris, où il eût fait une fortune rapide et honorable, s'il n'eût pas publié des ouvrages condamnables qui le forcèrent de se retirer à Leyde en 1746. Chassé bientôt après de la Hollande, comme il l'avait été de la France, pour de nouvelles publications plus coupables que les premières, il ne savait où fuir, quand Maupertuis lui écrivit de la part du roi de Prusse, qu'il trouverait un asile à Berlin. La Mettrie fut accueilli par Frédéric II (1748) comme un philos. victime de l'intolér., obtint une pension, le titre de lecteur du roi, une place à l'acad., et vécut dans la plus grande familiarité avec le monarque prussien. Cepend. le séjour de Berlin lui devint insupportable, et il faisait négocier par Voltaire son retour à Paris, lorsqu'il mourut en 1751, des suites d'une indigestion dont il avait prétendu se guérir par des bains et par 8 saignées. Médecin systématique et philosophe dangereux, il a été jugé sévèrem. même par ceux qu'on soupçonnait partager une partie de ses opinions. Outre ses *OEuvres de médecine,* réunies en un vol. in-4, Berlin, 1755, on a de lui : *La politique du médecin de Machiavel, ou le chemin de la fortune ouvert aux médecins,* Amst. (Lyon), 1746, in-12:—*La Faculté vengée,* coméd. (satir.) en 3 actes, 1747, in-8, réimpr. sous le titre de *les Charlatans démasqués, ou Pluton vengeur de la soc. de médecine,* 1772, in-8. — *Ouvrage de Pénélope, ou Machiavel en médecine,* 1748, 2 vol.; avec le supplément et la clef, Berlin, 1750, 3 vol. in-12. Ses *OEuvres philosophiq.* ont été recueillies, Londres (Berlin), 1751, in-4; 1774, 2 vol. in-8; Amsterd., 1774, 2 vol. in-12. Il nous suffira de citer l'*Hist. naturelle de l'âme;* l'*Homme machine,* brûlé par arrêt des magistrats de Leyde; les *Réflexions sur l'origine des animaux;* la *Vénus métaphysique, ou Essai sur l'origine de l'âme humaine.* Tout ce qu'on peut dire pour justifier La Mettrie, c'est qu'il était fou.

METZ (CLAUDE BERBIER du), lieuten.-gén., et l'un des plus braves officiers de son temps, né en 1638 à Rosnay, en Champagne, tué à la bataille de Fleurus en 1690, avait mérité par sa valeur d'être nommé successivem. command. de l'artillerie en Flandre et dans les autres pays conquis (1668), gouverneur de la citadelle de Lille (1676), puis de

Gravelines (1684), enfin lieuten.-général en 1688. Dès sa prem. campagne il avait eu le visage horriblement maltraité par des éclats de mitraille. Un jour la dauphine l'ayant aperçu dit tout bas au roi: « *Voilà un homme bien laid.* » Louis XIV répondit : « *Moi je le trouve bien beau ; car c'est un des hommes les plus braves du royaume.* » Ch. Perrault a publié son *Éloge* dans le *Recueil des hommes illustres qui ont paru en France,* t. XI, p. 41.

METZGER (JEAN-DANIEL), méd., né à Strasbourg en 1739, mort à Kœnigsberg, en Prusse, en 1805, occupa la chaire d'anatomie dans cette ville pend. 28 ans, fut en outre assesseur du collège qui surveille l'administration médicale du pays, devint physic. de la ville, profess. d'accouchem. et médecin de plusieurs hôpitaux. Il prit part à toutes les questions qui furent agitées de son temps sur les diverses parties de la science, et se fit estimer surtout par l'excellent journal d'observat. sur la médecine légale et la police médicale, qu'il publia, presque sans interruption, quoique sous divers titres, de 1778 à 1790. Parmi ses ouvr. on cite : *Adversaria medica,* 1774-78, 2 vol. in-8. — *Observat. de médec. légale,* 1778 et 1781, 2 vol. in-8. — *Biblioth. de médec. légale,* 1784-86, 2 vol. in-8. — *Esquisse de séméïotique et de thérapeutique,* 1785, in-8. — *Manuel de police médicale et de médecine légale,* 1787, in-8. — *Biolioth. du physic.,* 1787, 1789, 1790, 2 vol. in-8. — *Anthropologie philosophico-médicale,* 1790, in-8. — *Manuel de chirurgie,* 1791, in-8, etc. Il a donné sa propre biographie dans le 2e cahier de sa *Corresp. médicale.* — METZGER (Ch.), fils aîné du précéd., et profess. à Kœnigsberg, mort en 1797, a publié plusieurs *thèses.* — Un autre METZGER (George-Balthasar), médecin et membre de l'acad. des *Curieux de la nature,* sous le nom d'*Americus,* a laissé un grand nombre de *thèses,* qui attestent beauc. de savoir. Il mourut en 1687.

METZU (GABRIEL), peintre holland., né à Leyde en 1615, mort vers 1659, a laissé un gr. nombre de tabl. qui sont tous recherchés, et dont queq.-uns sont d'un prix excessif. Moins fini que Gérard Dow, plus vrai que Mieris, il se distingue par un meilleur goût de dessin. Il a plus. qualités excellentes ; mais c'est surtout par l'harmonie que ses productions sont admirables. Le musée possède de de lui huit tableaux : *Portrait de l'amiral Tromp, vu à mi-corps ;* un *Militaire faisant présenter des rafraîchissem. à une dame ;* un *Chimiste lisant près d'une fenêtre, dont l'extérieur est orné d'une vigne ;* une *Femme assise, tenant un pot de bierre et un verre ;* une *Cuisinière pelant des pommes ;* le *Marché aux herbes d'Amsterd.* ; la *Femme adultère,* et une *Femme à son clavecin.*

MEULAN (THÉODORE, comte), maréchal-de-camp, né à Paris en 1777, entra jeune au service, et fit les prem. campagnes de l'empire. Ses blessures l'ayant condamné à l'inactivité, il fut chargé en 1803 de la surveillance des prisonniers anglais à Verdun. Il se conduisit dans cette mission avec tant de délicatesse que le gouvernem. britannique, en

1814, lui offrit une épée d'honneur. Le commandement de l'école de La Flèche lui fut confié au retour du roi. Pendant les *cent-jours,* on l'arrêta à Rouen lorsqu'il tentait de se retirer en Angleterre. A la fin de 1815 il devint chef de la division du personnel au ministère de la guerre. Colonel d'état-major dep. 1814, il fut nommé en 1817 maréchal-de-camp, et président du conseil de révision de la 1re divis. milit. Après la révolut. de 1830, il obtint le commandem. du départ. de la Lozère, et mourut à Mende en 1832. Le comte de Meulan était le beau-frère de M. Guizot.

MEULEN (ANT.-FRANÇ. van der), peintre de batailles, né à Bruxelles en 1634, mort en 1690 à Paris, où il s'était rendu à la sollicitat. de Colbert, auq. son mérite avait été révélé par Lebrun, eut à son arrivée le brevet d'une pension de 2,000 liv., et fut logé aux Gobelins. Bientôt il fut chargé de suivre Louis XIV dans ses campagnes, pour dessiner, sur les lieux, les marches, les campem., les attaques, les grandes actions, et les vues des différentes villes assiégées ; circonstance à laquelle il dut cette vérité frappante d'imitation, qui lui assure un rang éminent parmi les peintres de batailles. Son talent toutefois ne fut pas borné à ce seul genre. Il a peint avec succès la plupart des vues des maisons royales, des paysages, des portraits. Personne ne dessinait mieux que lui les chevaux : aussi Lebrun lui confia-t-il l'exécut. de ceux qu'il a introd. dans ses batailles d'Alexandre. Enfin un grand nombre de tentures des Gobelins, dont il fournit les dessins, peuvent soutenir la concurrence avec celles qui ont été faites d'après les modèles de Raphaël, de Jules Romain et de Lebrun. Van der Meulen fut reçu à l'acad. en 1673. Les 3 réfectoires des Invalides sont ornés de ses tableaux, représentant les conquêtes de Louis XIV. Le musée du Louvre en possède 15, parmi lesq. on distingue : l'*Entrée de Louis XIV dans une ville conquise ;* l'*Entrée de Louis XIV à Arras ;* le *Siège de Maestricht.* Il existe 10 autres de ses tableaux des conquêtes de Louis XIV au château de Rambouillet. L'œuvre de cet artiste a été gravé, et contient une suite de 152 planches, exécutées par les plus habiles grav., et formant les tom. XVI, XVII et XVIII de la collect. d'estampes connue sous le nom de *Cabinet du roi.*

MEUNG ou MEHUN (JEHAN de), poète français, surn. *Clopinel,* né dans la petite ville de Meung-sur-Loire, près d'Orléans, au milieu du 13e S., mort à Paris dans l'intervalle de 1310 à 1318, ou au plus tard vers 1322, étudia l'astrologie, la géométrie, l'alchimie et les autres sciences alors en honneur, et s'éleva au-dessus de ses contempor. comme sav. et comme poète. Un de ses prem. ouvrages fut la traduct. de l'*Art militaire de Végèce* (1284). Vers le même temps, sur la demande de Philippe-le-Bel, il résolut de donner une suite au *Roman de la Rose,* composé par Guill. de Lorris, supprima, à cet effet, les 82 dern. vers qui en formaient le dénoûment, et y ajouta environ 18,000 vers. Ce livre, l'un des monuments les plus importants et les plus anciens de notre langue et de notre poésie, acquit à Jean de Meung le nom de *Père et d'inventeur de l'éloquence.* Clément Marot l'appelait l'*Ennius français;* Pasquier le plaçait au même rang que Dante; Lenglet-Dufresnoy le regardait comme notre Homère. Cepend. les prêtres et les femmes, pour qui l'auteur n'avait pas assez gardé de ménagem., firent long-temps la guerre à sa mémoire et à son livre, et contribuèrent peut-être à lui donner plus de lecteurs. Parmi les nombreux MSs. de ce poème que possède la biblioth. du roi, les plus curieux sont les n°s 2759 et 2742, fonds de la Vallière, et surtout le n° 196, fonds de Notre-Dame. Quant aux édit., la meill., sans contredit, est celle que l'on doit aux soins de Méon, Paris, 1814, 4 vol. in-8. Jehan Molinet, chanoine de Valenciennes, qui florissait vers 1480, a donné une espèce de version, ou plutôt de paraphrase inexacte, en prose, de ce roman poétique, Paris, Verard, S. D., in-fol.; Lyon, 1503, in-fol.; enfin, Paris, 1521, in-4, sous ce titre rimé : *C'est le romant de la Rose, moralisé, cler et net, translaté de rime en prose par vostre humble Molinet.* Nous avons encore de Jean de Meung son *Trésor, ou les sept articles de foi,* impr. avec ses *Proverbes dorez* et ses *Remontr. au roi,* Paris, 1503, in-8 (il en existe d'ailleurs plus. MSs. à la biblioth. du roi, fonds de Notre-Dame); les *Loys des trespassez avecques le pelerinaige de maistre Jehan de Meung,* 1481-84, in-8; le *Miroir d'alchimie,* 1612, in-8; la *Vie et les épitres de Pierre Abaylard et d'Héloïse, sa femme,* dont la bibliothèq. du roi possède un MS. sous le n° 7273 bis, etc., etc.

MEUNIER (Hugues, baron), lieuten.-génér., né à Mont-Louis en 1758, mort à Poitiers en 1832, entra au service à l'âge de 10 ans. Chacun des grades qu'il obtint fut la juste récompense de ses services. C'est sur le champ de bataille qu'il fut nommé colonel et maréchal-de-camp. Mis à la retraite en 1815, il accepta, après le 20 mars, le commandement de l'école de La Flèche, et cessa d'être employé au second retour du roi. On a de Meunier : *Dissertat. sur l'ordonnance de l'infanterie,* 1815, in-4. Il passe pour être l'auteur des *Évolutions par brigades, ou Instructions servant de développement aux manœuvres de lignes, indiquées dans les réglements,* 1814, in-8.

MEURSIUS (Jean Ier), laborieux antiquaire, né à Losdun, près de La Haye, en 1579, s'appliqua d'abord à éclaircir Lycophron, l'auteur grec le plus obscur dont les ouvrages nous soient parvenus, étonna par son travail les sav. les plus distingués, et se fit connaître avantageusem. du gr. pensionnaire Barneveld, dont il fut chargé d'accompagner les fils dans les différentes cours de l'Europe. De retour en Hollande, il fut nommé profess. d'hist., puis de langue grecque à l'acad. de Leyde, et reçut le titre d'historiographe des états-généraux; mais après le supplice de Barneveld, il se vit exposé à des outrages continuels qui le déterminèrent à accepter l'offre que lui fit le roi de Danemarck, en 1625, de la chaire d'histoire de l'acad. de Sora. Il

partagea le reste de sa vie entre les devoirs de son emploi et ses trav. littéraires, et mourut en 1639 à Sora. Ses *OEuvres* ont été recueillies par J. Lami, Florence, 1741-63, 12 vol. in-fol. On distingue parmi ses product. : *Glossarium græco-barbarum,* 1614, in-4. — *Athenæ Batavæ, sive de urbe Leydensi et academiá,* etc., 1625, in-4. — *Rerum belgicarum liber primus, de induciis belli belgici,* 1612, in-4, très rare. — *Ferdinandus, sive libri IV de rebus per sexennium sub Ferdinando, duce albano, in Belgio gestis,* etc., 1614, in-4. — *Guillelmus Auriacus, sive de rebus toto Belgio tàm ab eo quàm ejus tempore gestis lib. X,* 1620, in-4. — *Historia Danica, usquè ad annum 1523,* Copenhague, 1630, in-4; et un grand nombre de dissertations, insérées dans le *Thesaur. antiquit. græcarum.* Ses ouvrages historiques ont été rec., Amsterdam, 1638, in-fol. Sa *Vie* a été publ. par D. Guill. Moller, Altdorf, 1695, in-4; Nuremberg, 1732, in-4. La *Dissertat.* de J. Valérian Schramm : *De vitá et scriptis Joh. Meursii patris,* Leipsig, 1715, in-4, mérite aussi d'être consultée.

MEURSIUS (Jean II), savant littérateur, fils du précédent, né à Leyde en 1613, suivit son père en Danemarck, et mourut vers 1653. On a de lui : *Majestas veneta,* Leyde, 1640, in-12. — *De Tibiis veterum,* Sora, 1641, in-8, et inséré dans le t. VIII du *Thesaur. antiquitat. græcar.* — *Observ. politico-miscellaneæ,* Copenhague, 1641, in-8. — *Arboretum sacrum, sive de arborum consecratione,* Leyde, Elzevir, 1642, in-12; réimpr. à la suite du poème des *Jardins* de Rapin, 1668, in-12; Utrecht, 1672, in-8. — V. Chorier.

MEUSCHEN (Jean-Gérard), théolog. et philologue, né à Osnabruk en 1680, fut successivement profess. de philosophie à l'acad. de Kiel, pasteur dans sa ville natale, prem. prédicat. du comte de Hanau, enfin surintendant-gén. des églises de la principauté de Cobourg, et profess. de théologie à l'acad. de cette ville, où il mourut en 1743. Il était membre de la société royale de Berlin. Ses principaux ouvr. sont : *Bibliotheca medici sacri, seu recensio scriptorum qui scripturam sacram ex mediciná et philosophiá naturali illustrárunt,* 1712, in-8. — *Ceremoniale electionis et coronationis pontificis romani, et ceremoniale episcoporum, collecta, edita et præfatione illustrata,* 1732, in-4. — *Vitæ summorum dignitate et eruditione virorum,* 1735-41, 4 part. en un vol. in-4. — *Novum Testament. ex Talmude antiquitatibus Hebræorum illustratum,* 1736, in-4. — Meuschen (Frédéric-Christian), fils du précéd., conseiller et secrét. de légat. du prince de Cobourg à La Haye, né à Hanau en 1719, forma un riche cabinet de coquillages, et rédigea le catalogue raisonné des principales collect. de ce genre qui furent vendues en Hollande à cette époque. Il publ. ce recueil sous le titre de *Miscellanea conchyliologica,* Amsterdam, 1775, 5 vol. in-8.

MEUSEL (Jean-George), laborieux bibliogr., né en 1743 à Eyrichshof, près de Baunach en Franconie, mort en 1820, fut d'abord profess. d'hist. aux universités d'Erfurt et d'Erlang, puis nommé successivement conseiller aulique de la principauté de Quedlinbourg, de la cour électorale de Brandebourg et de celle du roi de Prusse. Sans parler des services qu'il a rendus aux lettres par ses édit. et ses trad., nous citerons quelques-uns de ses nombreux ouvrages : *De præcipuis commerciorum in Germaniâ epochis*, 1780, in-4. — *Bibliotheca historica*, 1782-1804, 11 t. en 22 vol. in-8. — *L'Allemagne littéraire* (gelehrte Teutschland), 1796 et suiv., 16 vol. in-8. — *Introduct. à la connaissance de l'hist. des états de l'Europe*, 1775, in-8, 4e édit., 1800. — *Dictionn. des artistes allemands vivants*, 1778-89, 2 vol. in-8 ; 1808-09, avec un 3e vol. publ. en 1814 et servant de supplém. aux deux édit. — *Littérature de la statistique*, 1790, in-8 ; 1806-07, 2 vol. in-8. — *Direction* (Leitfaden) *pour l'histoire de la littérat.*, 1799-1800, 3 part. in-8. — *Dictionn. des écriv. allemands morts de 1750 à 1800*, 1802 et suiv., 15 vol. in-8. Meusel a eu plus ou moins de part à la rédaction d'un grand nombre de journaux ou de recueils périodiques.

MEUSNIER (Philippe), habile peintre, né à Paris en 1655, mort en 1734, fut reçu à l'acad., dont il devint trésorier, obtint une pension et un logem. au Louvre, et fut honoré dans son atelier des visites de Louis XIV et de Louis XV. Il excellait à peindre l'architecture et entendait parfaitement la perspective. Il fut employé à représenter l'architecture de la voûte de la chapelle de Versailles, à décorer la galerie de Coypel au Palais-Royal et le château de Marly.

MEUSNIER (Jean-Baptiste-Marie), général, né à Paris en 1754, était déjà parvenu au grade de lieuten.-colonel du génie, avant la révolut. Il fut chargé, en 1790, d'établir, sur les côtes et les frontières, des lignes de signaux. Parvenu au grade de général de division, il se distingua par la belle défense du fort de Kœnigstein contre les Prussiens en 1793, fut fait prisonnier et presque aussitôt échangé. La même année il fut placé à un poste important, celui de Cassel, eut la jambe emportée d'un coup de canon, et mourut le 13 juin des suites de sa blessure.

MEXIA ou MESSIE (Pierre), histor. et compilateur, né à Séville vers la fin du 15e S., mort vers 1552, fut honoré du titre d'historiogr. de Charles-Quint. On a de lui : *Silva de varia leccion*, Séville, 1542, in-4, traduit dans la plupart des langues de l'Europe, et notamment en franç. par Cl. Gruget, sous le titre de *Diverses leçons*, 1554. Cette trad., réimpr. plus. fois, est recherchée. — *Historia imperial y cesarea desde Julio Cesare hasta Maximiliano*, 1546, in-fol.; trad. en ital. par Louis Dolce, 1561, in-4. — *Sept Dialogues*, 1547 ; trad. en ital. par Alphonse d'Ulloa, 1557, in-4 ; et en franç. par Cl. Gruget, à la suite des *Diverses leçons*.

MEXIQUE (le), contrée la plus remarquable du Nouveau-Monde, tant par l'étendue de territoire qu'occupaient ses div. peuplades, que par l'anc. présumable de leur établissem. d'après les vestiges de civilisat. qu'y trouvèrent les Espagnols lors de l'expédition de Fernand Cortez (1519-21), venait à peine d'être découvert par un jeune aventurier nommé Grijalva (1518), lorsque le premier armement sous pavillon de S. M. C. mit à la voile pour en prendre possession. Outre l'empire d'Anahuac, qu'avaient fondé par la conquête, et gouverné au milieu de guerres presque continuelles avec les peuplades voisines, plus. générations de souver. dont les dern. furent Montézuma II, Cuitlahuatzin et l'héroïque Guatimotzin ou Quauhtemotzin, le Mexique comprenait encore les petites républiques de Tlascala et de Cholula, les roy. de Tezcuco et de Mechoacan, enfin les autres peuplades éparses dans l'espace qui s'étend entre le golfe auquel il donne son nom, à l'est, et à l'ouest l'Océan pacifique, par les 14e et 21e degrés de latitude. Réduit à l'état de colonie sous le nom de Nouvelle-Espagne, il embrassa bientôt dans ses limites depuis l'isthme qui sépare les deux Amériques jusqu'aux côtes de la Nouvelle-Californie, par les 37° 10' de latitude. Si l'on en excepte les noms glorieux de Cortez et de quelq.-uns de ses lieuten., celui plus glorieux encore du vénérable Las Casas, et enfin d'un petit nombre d'autres hommes à jamais bénis des Mexicains, tels que les vice-rois Revillagigedo, Azanza, Juan de Acuna, marquis de Casa Fuerte (le seul Américain que, durant près de 3 siècles, la couronne espagnole ait préposé à ces importantes fonctions, et qui les remplit, avec autant d'habileté que de désintéressement, de 1722 à 1724), le digne archevêque D. Fr. Manso y Zuniga, quelques pieux et savants missionn., on ne trouve guère que de hideux souvenirs dans l'hist. de la domination espagnole sur ces contrées. Nos convulsions politiq., qui ébranlèrent l'Europe dans les dern. années du 18e S., étendirent leur influence jusqu'au sein de la Nouvelle-Espagne : l'exemple des États-Unis y avait d'ailleurs répandu déjà les prem. fermentat. de révolte contre la mère-patrie; des mesures d'une rigueur excessive de la part du gouvernem. devaient en hâter l'explosion. Toutefois ce ne fut qu'après avoir déployé l'étendard pour la cause de la métropole contre l'envahissem. de Napoléon que le Mexique s'insurgea pour sa propre cause. Dans l'incertitude où le plaçait la difficulté des communications avec le gouvernem. légitime d'Espagne, le vice-roi Iturrigary convoqua une junte pour l'organisation d'un gouvernem. provisoire, et fit faire ainsi aux colonies mexicaines un pas vers l'émancipation. Deux partis divisèrent tout d'abord cette assemblée, celui des *indépendants* et celui des *royalistes;* mais ils s'en tenaient à de simples démonstrations : c'est à un ecclésiastique, le moine Hidalgo, qu'appartient l'honneur de la première attaque (1810). Les troupes royales commandées par les généraux Cruz, Calleja, les colonels Lopès, Truxillo, etc., usant de stratagèmes dont plus. sont entachés d'odieux, défirent d'abord les insurgés commandés par Hidalgo revêtu du titre de généralissime. Venegas, qui avait succédé à Iturrigary, dépoya un tout autre zèle contre le parti *indépendant;* les principaux chefs, faits prisonn., périrent par ses ordres; mais ils trouvèrent des successeurs qui achevèrent leur ouvrage après une lutte héroïque de plus de 12 années. En vain l'orgueilleux Iturbide s'était flatté de recueillir seul le fruit de tant d'efforts; son règne éphémère fit bientôt place à celui de la liberté; une constitut. modelée sur celle des États-Unis, qui divise le Mexique en républ. fédératives, a été promulguée en 1824; et dès-lors les puissances de l'Europe ont reconnu l'indépendance de son gouvernem. Nous signalerons comme digne d'un haut intérêt l'immense ouvr. de MM. A. de Humboldt et Bonpland, intit. *Voyage aux régions équinoxiales du nouv. continent, fait en* 1799-1804, et dont la publicat., commencée en 1806, est à la veille d'être terminée. M. Beulloch a publ. en angl. : *le Mexique en* 1823, *ou Relat. d'un voyage dans la Nouvelle-Espagne*, précédée d'une *Introduct.* par sir John Byerley. Cet ouvrage a été trad. en franç. (par Mlle Sobry), Paris, 1824, 2 vol. in-8 et atlas. On peut consulter aussi l'intéressant *Résumé de l'hist. du Mexique*, par *Eugène de Monglave* (M. Garay), 1826, in-8.

MEY (CLAUDE), avocat, né à Lyon en 1712, mort en 1796 à Sens, où il s'était réfugié pendant la terreur, était fort instruit sur les matières canoniq. Il prit part à toutes les discussions religieuses de son temps, se rangea du côté des appelants, et plus tard se déclara contre la constitut. civile du clergé en signant la consultation dressée par Jabineau (15 mars 1790). Nous citerons de lui : *Apologie des jugem. rendus en France par les tribunaux séculiers contre le schisme*, 1752, 2 vol. in-12 : ouvr. supprimé par arrêt du parlement de Paris et condamné par Benoît XIV (la 2ᵉ part. est de Maultrot).—*Requête des sous-fermiers du domaine au roi, pour demander que les billets de confession soient assujettis au contrôle*, in-12 de 40 pag. (pièce satirique condamnée au feu par arrêt du parlem.).—*Maximes du droit public français, tirées des capitulaires, des ordonnances du royaume et des autres monum. de l'hist. de France* (avec Aubry, Maultrot et Blonde), 1772, 2 vol. in-12; 2ᵉ édit., 1775.—MEY (Ottavio), négociant de Lyon, de la même famille, mort en 1690, est l'invent. du procédé employé pour lustrer les soies. Il se forma une riche collection d'objets curieux et d'antiquités, parmi lesquels on voyait le fameux bouclier dit *de Scipion*, transporté depuis au cabinet des médailles.

MEYDANY (ABOU'L FADHL AHMED BEN MOHAMMED AL), écrivain arabe, né dans le quartier de Nischahpour, appelé Meydan, mort dans la même ville en 518 (1124), est aut. d'un traité *des noms propres et des synonymes*, augmenté par son fils Abou Sayd, et d'un traité de *grammaire en vers*. Mais il doit surtout sa gr. réputation à son *Rec. de proverbes* (Medjme-al-amtsal), au nombre de 6,000, source féconde à laquelle sont venus puiser les savants qui ont le plus contribué par leurs écrits à la propagat. des études orientales en Europe, notamm. Pococke, Reiske et Silvestre de Sacy. Le premier avait trad. tout l'ouvr. en latin et déposé son MS.

à la biblioth. bodléienne. C'est d'après ce MS. que Schultens le fils publia 120 proverbes en arabe et en latin, Londres, 1773, et que Macbride en a inséré un certain nombre dans les *Mines de l'Orient*. Schultens, qui en avait annoncé une édit. complète avec le texte, la traduct. lat. et des notes, s'est arrêté au 334ᵉ proverbe; et son travail a été continué par Schrœder, mais non complété. Scheid, Reiske, Rosenmüler, n'ont également donné que des commencem. d'édit. : ce dern. a publ. 17 nouveaux proverbes avec leur traduct. et de savantes notes, Leipsig, 1796.

MEYER (JACQUES), dit *Baliolanus*, historien, né à Vleter, village près de Bailleul, en 1491, mort en 1552 à Blankenberg, dont il occupait la cure, fut un des restaurateurs des bonnes études dans la Flandre. On a de lui : *Flandricarum rerum decas, de origine, antiquitate, nobilitate, ac genealogiâ comitum Flandriæ*, 1531, in-4 et in-8.—*Chronicon Flandriæ ab anno Christi* 445 *usque ad annum* 1278, 1538, in-4; continué par Ant. Meyer, son neveu, jusqu'à l'année 1476, et publié sous le titre de *Commentarii, sive Annales rerum flandricarum*, etc., 1561, in-fol., puis réimpr. dans le *Recueil* des histor. belges de Feyrabend, 1580, in-fol.

MEYER (THÉODORE), peintre et graveur, né en 1572 à Eglisau, canton de Zurich, mort à Zurich en 1658, a laissé un œuvre assez considér. dont font partie les *Douze mois*, les *Danses des paysannes*, l'*Armorial de Zurich*. — MEYER (Rodolphe), fils aîné du précédent, mort en 1758, dans un âge peu avancé, suivit la carrière de son père. On distingue ses grav., pour une édition de l'*Helvétie-Sainte* de Murer.

MEYER (CONRAD), peintre et graveur à l'eau forte, né à Zurich, en 1618, mort dans cette ville en 1689, fut élève de son père Théodore et de son frère Rodolphe. Il peignit avec un égal succès l'histoire, le paysage et le portrait, et fut le premier qui se servit habituellement du vernis mou pour graver à l'eau forte. Le nombre de ses peintures et de ses grav. s'élève à plus de 900 pièces. Gaspard Füssli en a donné un catalogue que l'on peut consulter, et dont Huber a inséré l'extrait dans le *Manuel des amateurs de l'art*. Son œuvre consiste en *portraits, sujets historiq., paysages et emblèmes*. — MEYER (Félix), peintre de paysages, né en 1653 à Winterthur, en Suisse, mort en 1713, trouva dans les sites variés de sa patrie une source féconde d'inspirations, et acquit, par un travail assidu, une telle promptitude d'exécution, qu'on en rapporte des effets incroyables. Devenu possesseur d'une fortune assez considérable, il fut nommé par ses compatriotes membre du gr.-conseil, et investi, en 1708, de la charge de gouvern. du château de Weyden près d'Hussen. Ses tableaux les plus recherchés sont ceux dont Roos ou Rugendas ont peint les fig.; car c'était la partie faible de son talent. Il a gravé à l'eau forte plus. paysages estimés: ces pièces, au nombre de 24, représentent des *sites de la Suisse*. MEYER (CONRAD), peintre sur verre, né à Zurich en 1695, mort dans cette ville en 1766, s'est fait un nom par la beauté et la netteté de ses peintures et par ses connaissances en physique. Il composa lui-même l'appareil nécessaire à la société physique de sa ville natale, où l'on conserve plus. de ses machines et instrum. — MEYER de KNONAN (Jean-Louis), amateur éclairé des sciences et des arts, né à Zurich en 1705, mort dans cette ville en 1785, a laissé cinquante *Fables* (Zurich, 1758), dont les figures ont été dessinées et gravées par lui-même, et quelques écrits sur l'agriculture, etc. — MEYER (Joseph-Léonce), né à Lucerne en 1720, mort dans cette ville en 1789, est auteur d'un gr. nombre de compositions musicales, d'opéras et d'autres pièces de théâtre. En 1775 il fonda une société patriotique, dite *de la Concorde*, qui devait resserrer les liens entre les cantons et les pays catholiques de la Suisse, mais qui cessa d'exister en 1783.

MEYER (JOSEPH-RODOLPHE-VALENTIN D'OBERSTAD), né à Lucerne en 1725, d'une famille patricienne, devint membre du sénat de sa ville natale, et s'annonça d'abord comme réformateur politique; toutefois son patriotisme apparent fut mêlé de beaucoup d'ambition, il se montra l'ardent ennemi des Schumacher, dont l'influence lui portait ombrage. Le trésorier de l'état, membre de cette puissante famille, fut accusé de malversation et condamné à des amendes; son fils fut décapité, par sentence du sénat, et Meyer, qui se vit décerner la couronne civique, fut appelé l'*Immortel* et le *Divin*. Mais en 1769, lorsqu'on eut reconnu l'injustice de ces deux sentences; il fut trop heureux de n'être puni que par un exil de 15 ans. Le terme de son bannissem. arrivé, il rentra dans sa patrie, reprit sa place au sénat, mais, loin de conseiller encore des réformes, donna lui-même dans tous les abus où il pouvait trouver son compte. Il se déclara contre la révolut. franç., et reçut du roi de Sardaigne l'ordre de St-Lazare en récompense de ses efforts, heureusem. inutiles, pour entraîner sa patrie dans diverses coalitions. Déplacé de nouveau par la révolut. suisse, il se retira chez son frère, abbé du couvent de Bleinau, où il mourut en 1808. On connaît de lui plus. ouvr. politiq., qui offrent souvent d'assez bonnes idées. En 1764 il écrivit l'*Éloge de M. F.-V. Balthasar.*

MEYER (JEAN-HENRI), direct. de l'Institut libre des beaux-arts de Weymar, né à Stüfa sur le lac de Zurich en 1759, mort à Iéna en 1832, est connu par la publicat. des *OEuvres de Winckelmann*, et par l'*Hist. des arts du dessin chez les Grecs*. C'était un des amis les plus sincères du célèbre Gœthe, mort peu de mois avant lui.

MEYER. — V. MAYER.

MEYNARD (FRANÇOIS, chev.), avocat à Périgueux, fut député à la convention par le départ. de la Dordogne. Dans le procès de Louis XVI; il vota pour l'appel au peuple, la détent. et le sursis. En 1795 il fut envoyé commissaire à l'armée de Sambre-et-Meuse. Membre du conseil des cinq-cents, il obtint que les ecclésiastiq. condamnés à la réclusion rentreraient dans l'administration de leurs biens. Sorti du conseil en 1798, il fut nommé par le directoire agent politique à Francfort. En 1811, on l'appela à la présidence du tribunal civil de Périgueux. Élu en 1815 membre de la chambre des représentants, il n'y siégea point; mais il se rendit à la chambre des députés, où le départ. de la Dordogne l'envoya, et où il resta jusqu'en 1817. Nommé à cette époque juge au tribunal d'instance de la Seine, il vint siéger de nouveau à la chambre des députés en 1820, où il votait avec le côté droit. Il entra en 1825 à la cour royale de Paris, et mourut en 1828 à Vaurain, près de Riberac.

MEYNIER (CHARLES), peintre d'histoire, né à Paris en 1759, mort en 1832, se destina d'abord à l'art de la gravure, qu'il étudia sous Choffart; mais, déterminé par sa passion pour la peinture, il entra en 1785 à l'acad., et eut pour maître Vincent. Il remporta en 1789 le gr. prix, et se rendit à Rome en qualité de pensionnaire. En 1793 il revint à Paris. Élu en 1815 membre de l'acad. des beaux-arts, il fut nommé profess. aux écoles royales en 1818, et membre de la Légion-d'Honneur en 1822. Meynier avait un beau talent de composition : ses tableaux ont un grand caractère de dessin et d'expression; on estime surtout ses allégories. Il passait aussi pour l'un des artistes les plus habiles à peindre les plafonds. Ses product. les plus remarquables sont: la *Naissance de Louis XVI; Apollon, Uranie, Clio, Polymnie, Érato et Calliope;* les *Adieux de Télémaque et d'Eucharis;* le 76e de ligne *retrouvant ses drapeaux dans l'arsenal d'Insprück;* l'*Entrée des Français dans Berlin;* les *Français blessés dans l'île de Lobau, reconnaissant leur général qu'ils avaient perdu;* la *Bataille d'Austerlitz;* la *Dédicace de l'église St-Denis en présence de Charlemagne,* dans la sacristie de cette église; la *Sagesse préservant l'Adolescence des traits de l'Amour*. Meynier a peint aussi trois gr. *Plafonds* au musée royal : l'un, à l'entrée des salles de sculpture, représente *Rome donnant à la terre le code de Justinien;* l'autre, sur la seconde partie du gr. escalier, a pour sujet la *France protégeant les beaux-arts sous les auspices de la paix;* le 3e, dans la salle carrée qui précède le grand salon, représente le *Génie préservant de la faux du Temps les chefs-d'œuvre de nos grands maîtres*. Le musée possède en outre plusieurs ouvr. de ce peintre, notamment les *Cendres de Phocion*, et le berger *Phorbas, présentant OEdipe à Péribée, reine de Corinthe*.

MEYRANX (P.-STANISLAS), né dans le départem. des Landes, fit ses études à Montpellier, et vint à Paris suivre avec plus de liberté son goût ardent pour les sciences naturelles. Sa carrière fut lente à s'ouvrir : il fit quelq. leçons à la société des bonnes études; puis il fut nommé profess. d'hist. natur. au collège Bourbon. M. de Montbel, alors ministre, lui donna une petite place à la biblioth. de l'Arsenal. Meyranx fit aussi quelq. leçons au collège de Juilly, et en dern. lieu il fut nommé professeur au collège Charlemagne. Doué d'un tact admirable pour l'enseignem. des sciences, toute son âme s'épanchait quand il parlait des merveilles de la création; il montrait Dieu partout, mais sans affectat. : aussi les enfants aimaient-ils à l'entendre. Dans ses dern. jours, désolés par d'horribles souffrances, l'amitié et la religion lui apportèrent leurs consolations. Il mourut à Paris en 1832. Meyranx n'a point été connu de son siècle; mais Cuvier avait apprécié son génie. Il a publié, avec M. Laurencet, une *Anatomie comparée*, en partie traduite de Meckel, et fourni à l'*Encyclopédie portative* le *Résumé d'anatomie*, 1827, et le *Résumé de mammologie*, 1828.

MEYSSENS (Jean), peintre d'hist. et de portr., né à Bruxelles en 1612, s'occupa aussi avec succès de la gravure au burin et à l'eau forte, et abandonna pourtant la culture des arts pour se livrer au commerce des estampes. Parmi ses portr. on distingue ceux du *comte Henri de Nassau*, de la *comtesse de Styrum* et des *comtes de Bentheim*. On a de lui une suite à l'eau forte de huit portraits de peintres, publ. en 1649, in-4. Il a laissé un livre, devenu rare, sous ce titre : *Images de divers hommes d'esprit qui par leur art et science debvroient vivre éternellem. et desquels la louange et renommée faict estonner le monde*, Anvers, 1649, in-fol. — Meyssens (Corneille), fils du précéd., né à Anvers en 1646, se distingua surtout dans le genre du portrait. Un de ses ouvrages les plus considérables est le recueil in-fol., d'après son père, des portraits des empereurs de la maison d'Autriche : *Effigies imperatorum domûs austriacæ*.

MEYSSONNIER (Lazare), médecin, né à Mâcon en 1602, mort vers 1672, pratiqua son art à Lyon avec beaucoup de succès, et y obtint un canonicat de l'église St-Nizier. Il s'adonna toutefois à l'astrologie judiciaire, composa des horoscopes, et publia un almanach intitulé le *bon Ermite*, que ses confrères firent supprimer. Nous citerons de lui : *OEnologie, ou les merveill. effets du vin, ou la manière de guérir avec le vin seul*, Lyon, 1656, in-8. — *Introduct. à la philosophie des anges*, ib., 1648, in-8. — *Almanach chrétien, catholique*, etc., ib., 1657, in-4. — *La belle magie, ou science de l'esprit*, ib., 1669, in-12, fig.

MEYTENS (Martin de), peintre, né à Stockholm en 1695, s'établit à Vienne, y fut nommé peintre de la cour, et mourut en 1770. Il peignit d'abord en émail, puis à l'huile, particulièrem. dans le genre du portrait : ses carnat. sont excellentes.

MÉZERAI (François EUDES de), célèbre historien, né en 1610 au village de Rye, près d'Argenteau, renonça à la poésie pour occuper une place de commissaire des guerres. Dégoûté de cet emploi, il vint se fixer à Paris; et c'est alors qu'il se fit appeler *Mézerai*, d'un hameau de la paroisse de Rye. Il débuta par quelq. pamphlets politiq., dont la composition, lui faisant sentir le besoin de comparer le présent avec le passé, le porta vers l'étude de l'histoire. Un travail trop opiniâtre, qui le rendit malade, lui valut la protect. de Richelieu et une petite gratification. Peut-être le cardinal n'aurait-

il fait de lui, par cette faveur anticipée, qu'un historiographe de France; mais il avait dans le caractère une indépend. à laq. il lui eût été impossible de renoncer quand il l'aurait voulu. Le prem. vol. de sa gr. *Histoire de France*, tout en paraissant, fit presque tomber dans l'oubli, malgré les efforts envieux de plus. savants, toutes les compilations qu'on avait eues jusqu'alors. Le 2e et le 3e vol., qui parurent en 1646 et en 1651, ne reçurent pas un accueil moins favorable. Ce ne fut qu'après s'être délassé par une vingtaine de pamphlets contre Mazarin, publ. sous le nom de Sandricour, qu'il commença l'abrégé de sa gr. histoire, dont la première édit. (1668) mit le sceau à la réputat. de l'aut. On y releva pourtant des erreurs nombreuses. Mézerai, uniquem. occupé de présenter les faits d'une manière pittoresque, parut attacher peu d'importance à des critiques même fondées. La manière dont il envisageait l'origine des tailles, de la gabelle et des impôts en général, déplut fort à Colbert, qui, après avoir exigé de l'aut. des corrections dont il s'acquitta de mauvaise grâce, lui ôta la moitié d'une pension de 4,000 fr., qui plus tard fut supprimée. Mézerai, riche du produit de ses ouvr. et des pensions de plus. princes étrangers, institua à sa mort en 1783 son légataire universel un certain Lefaucheur, cabaretier de La Chapelle, près St-Denis, avec leq., dans ses dern. années, il avait formé une liaison fort intime. Ses parens n'eurent que ses biens patrimoniaux, c'est-à-dire fort peu de chose. Il avait vécu incrédule, et mourut, comme tant d'autres, dans des sentim. plus chrétiens. L'Acad. franç. l'avait admis dans son sein, après la publicat. des deux prem. vol. de sa gr. histoire, et il remplaça Conrart dans les fonctions de secrét. perpétuel. Comme historien il manque d'exactitude et d'instruct. : comme écrivain, malgré son style dur, inégal, négligé, il a de la force, du nerf, et offre quelquefois des traits qui feraient honneur aux plus gr. peintres de l'antiquité. Voici la liste de ses principaux ouvr. : *Hist. de France*, 1643, 1646, 1651, 3 vol. in-fol. — *Abrégé chronologiq. de l'Histoire de France*, 1668, 3 vol. in-4; réimpr. en Hollande, 1673, 6 vol. in-12 : la meilleure édit. est celle de 1775, 14 vol. in-12. — *Traité de l'origine des Français*, Amsterd., 1688, in-12. On lui attribue l'*Histoire de la mère et du fils* (Marie de Médicis et Louis XIII), Amsterdam, 1730, in-4, ou 2 vol. in-12; mais cette production est peu digne de lui. Il est inutile de rappeler ici les différ. traduct. qui sont oubliées depuis longtemps.

MÉZIÈRE (Eugène-Éléonore DE BÉTHIZI, marq. de), lieutenant-général, mort en 1782 à Longwi, dont il était gouverneur, s'était signalé à la bataille de Fontenoi et dans les guerres du Hanovre. Il a publ., sous le voile de l'anonyme, quelques brochures peu import., parmi lesq. on cite : *Effets de l'air sur le corps humain, considérés dans le son, ou Discours sur la nature du chant*, 1760, in-8. — *Critique du livre contre les spectables, intitulé* : J.-J. Rousseau, etc., à d'Alembert, etc., 1765, in-8.

MÉZIRIAC (CLAUDE-GASPAR BACHET, sieur de), l'un des plus savants hommes de son temps, né à Bourg en Bresse en 1581, mort en 1638, possédait l'hébreu, le grec, le latin, l'italien et l'espagnol, et avait des connaiss. étendues dans les sciences mathématiq. Il fut reçu à l'Acad. franç., en 1635, quoique absent, et dispensé de prononcer lui-même son discours de remercim., qui fut lu par Vaugelas. On a de lui : *Problèmes plaisants et délectables qui se font par les nombres*, Lyon, 1613, ib., 1624, in-8. — *Diophanti Alexandrini Arithmetic. lib. sex et de numeris multangulis liber unus, gr. et lat. commentar. illust.*, Paris, 1621, in-fol.; ibid., 1670, in-fol. — Les *Épîtres d'Ovide*, traduites en vers franç., avec des comment. fort curieux, Bourg en Bresse, 1626, in-8, très rare; La Haye, 1716, 2 vol. in-8, augm. de divers morceaux. — *Chansons dévotes et saintes sur toutes les fêtes de l'année et sur divers autres sujets*, 1615, in-8. — Guillaume BACHET de VAULUYSANT, frère aîné du précéd., mort en 1631, a laissé des vers latins et franç., dont quelques-uns ont été impr. dans le recueil des *Chansons dévotes*. L'abbé Joly de Dijon a donné une bonne notice sur Méziriac, dans les *Éloges de quelques auteurs franç.*, p. 1-84.

MEZZABARBA (le comte FRANÇOIS), savant antiquaire et numismate, né à Pavie en 1645, mort à Milan en 1697 avec le titre de fiscal de l'empereur Léopold pour la Lombardie autrichienne, a donné une édition des *médailles des empereurs romains*, par Adolphe Occo, avec des addit. et des explicat., qui ont été complétées et rectifiées par Argelati dans la belle édition qu'il a donnée du même ouvr. en 1730. On cite en outre de lui : *Numisma triumphale ac pacificum, Joanni III, Poloniæ regi, oblatum*, Milan, 1687, in-4.

MEZZABARBA (CHARLES-AMBROISE), patriarche d'Alexandrie et légat du pape Clément XI en Chine, partit en 1720 pour cette mission, dont l'objet était de faire exécuter les décisions du St-siége, relativement aux cérémonies sur lesq. les missionnaires ne pouvaient s'accorder. Le légat, mal accueilli par l'empereur Kang-hi, et fatigué des désagrém. et des obstacles qu'il rencontrait, partit pour Macao, et y donna (1721) un mandem. pour exhorter les missionnaires à se conformer aux décrets de Rome; mais en même temps il modifiait ces décrets par quelq. concessions, qui furent annulées par Benoît XIV en 1742. Après son retour à Rome, la relation de sa mission fut publ. d'abord en franç., puis en ital. en 1739 : elle a été insérée dans les *Anecdotes de la Chine;* t. IV et V. Les jésuites y sont assez maltraités.

MEZZAROTA (LOUIS), connu aussi sous le nom de *Cardinal de Padoue*, né dans cette ville en 1391, s'appliqua d'abord à l'étude de la médecine, mais ayant eu le bonheur de gagner la confiance du cardinal Condolmiero, il le suivit à Rome, et renonça à la pratique de son art pour embrasser l'état militaire. Devenu l'un des chefs de la garde du pape Martin V et administrateur du diocèse de Trau, il se fit ordonner prêtre pour parvenir aux dignités de l'Église. Sous le pontificat d'Eugène IV (Condolmiero), il fut nommé successivem. archevêque de Florence, patriarche d'Aquilée et card. Il combattit avec succès les ennemis d'Eugène Colonna, le duc de Milan et le roi de Naples, et ne lui fut pas moins utile comme négociateur. Il continua de jouer un grand rôle sous les successeurs d'Eugène. Possesseur d'une fortune considérable, il ne sut pas se faire aimer des Romains, et se brouilla, par son insatiable avidité, avec le card. Barbo. Ce prélat ayant été élevé au siége pontifical sous le nom de Paul II,, Mezzarota mourut de chagrin en 1465, Thomasini a publ. son *Éloge* dans les *Vitæ viror. illustr.*

MEZZO-MORTO, fameux amiral othoman, né de parents maures, fit d'abord le métier de pirate, comme Dragut et Barberousse, et rendit de grands services à la régence de Tunis ; mais il fut pris par les Espagnols et resta 17 ans captif. Un si long esclavage ne fit qu'accroître sa haine contre les chrétiens. N'étant que simple commandant de vaisseau dans la flotte othomane, il osa proposer au divan la conquête de Chio, tombée au pouvoir des Vénitiens, tenta l'entreprise avec quatre sulthanes et huit galères, et s'empara de la ville et de l'île en 1695. Il reçut, en récompense de ce brillant exploit, la dignité de capitan-pacha, et les trois queues ainsi que le rang du coubé-visir. Lorsqu'il fut présenté au sulthan, on ne put le déterminer à paraître autrement qu'avec son habit de matelot. Cet exemple a servi de règle à ses successeurs.

MIACKZINSKI (JOSEPH), noble Polonais, né à Varsovie en 1750, se rendit fort jeune en France, et y vécut d'abord obscurément. A l'époq. de la révolution, il se montra partisan zélé des idées nouvelles, et s'attacha à Dumouriez qui l'avait connu dans sa patrie, et le fit employer lorsq. la guerre fut déclarée. Vers la fin de 1792, Miackzinski, redevable d'un avancem. rapide à son patron, obtint le grade de général de division à l'armée des Ardennes. Il fit la campagne de la Belgique sous les ordres de Dumouriez, se laissa surprendre à Rolduc par les Autrichiens, perdit du monde dans sa retraite sur Aix-la-Chapelle, et réussit toutefois à rejoindre le gros de l'armée. Après la bataille de Nerwinde, il fit tous ses efforts pour seconder Dumouriez dans ses projets contre la convention, fut arrêté à Lille au moment où il cherchait à soulever la garnison, conduit à Paris, et traduit au tribunal révolutionnaire, qui le condamna à mort le 17 mai 1793. Il crut se soustraire au supplice en annonçant des révélat. import.; mais ses déclarations étant reconnues vagues et sans preuves, il fut décapité le 25 mai.

MICAL (l'abbé), mécanic., né vers 1730, obtint un bénéfice dont le produit, joint à son patrimoine, lui permit de vivre indépendant, et d'employer ses loisirs à l'étude de la mécaniq., science pour laquelle il avait un goût décidé. Il construisit d'abord plusieurs automates musiciens qu'il brisa bientôt par des motifs qui n'ont jamais été bien connus, puis une tête d'airain qui articulait assez distinctement quelques petites phrases; mais il la brisa encore, indigné qu'on eût révélé dans le *Journal de Paris* l'existence d'un ouvrage qu'il jugeait trop imparfait pour mériter l'attention du public. Toutefois il reprit son travail, à la prière de ses amis, et fabriqua deux nouvelles têtes parlantes qu'il soumit, en 1783, à l'acad. des sciences. Cette société jugea favorablement ces pièces; mais le gouvernement, sur le rapport du lieutenant de police Lenoir, refusa d'en faire l'acquisition. Suiv. Montucla, l'abbé Mical mourut en 1790. On ignore ce que sont devenues ses deux têtes parlantes.

MICHAELIS (Sébastien), religieux dominicain, né en 1543, dans le diocèse de Marseille, obtint de gr. succès dans la prédication, et fut autorisé par son supérieur à instituer, dans un certain nombre de couvents, une congrégation particulière dont il fut le prem. vic.-gén. Ce réformat. mourut en 1617, à Paris, dans le couvent des jacobins de la rue St-Honoré qu'il avait fait fonder par le card. de Gondi. On a de lui : un opuscule sur les *Sœurs de Marie* de l'Écriture, Lyon, 1592, in-4. — *Hist. de la possession et conversion d'une pénitente séduite par un magicien,* ensemble, la *Pneumologie ou discours des esprits,* Paris, 1613, in-8. Nous ne citons ce dern. ouvr., rempli de détails absurdes, que parce qu'il contribua à conduire Gaufridi au bûcher (*v.* GAUFRIDI).

MICHAELIS (Jean-Henri), savant orientaliste, né dans le comté de Hohenstein, en 1668, professa d'abord la langue hébraïque à Leipsig, puis, fixé à Halle, y ouvrit des cours de grec, de chaldaïque, d'hébreu, de syriaque, de samaritain, d'arabe et de rabbinisme. En 1698, il alla étudier l'éthiopien à Francfort, sous la direction de Ludolf, et occupa, l'ann. suivante la chaire de grec à l'université de cette ville. Il devint ensuite inspect. de la biblioth. de l'univ. de Halle, profess. ordin. de théologie, doyen de cette même faculté, inspect. du sémin., et mourut en 1738. Entre autres ouvr., on a de lui : *Conamina brevioris manuductionis ad doctrinam de accentibus Hebræorum prosaicis,* 1693, in-8.— *Epicrisis philologica de R. Michaelis Beccki, disquisit.,* etc., 1696 et 1697, in-8. — *De peculiaribus Hebræorum loquendi modis,* 1702. — *De historiâ linguæ arabicæ,* 1706. — *De Isaiâ prophetâ, ejusque vaticinio,* 1712. — *Dissertat. de rege Ezechiâ,* 1717. — *Biblia hebraica,* 1720, in-fol., in-4 et in-8. — *Uberior. annotationum in hagiographos volumina tria,* 1720, in-4.—*De codicibus MSs. biblio-hebraicis, maximè efurtensibus,* 1706, etc.

MICHAELIS (Jean-David), savant orientaliste et théologien protestant, petit-neveu du précéd., et plus célèbre que lui, né à Halle en 1717, fit ses études dans cette ville, acquit les connaissances les plus étendues en histoire, mathématiques, sciences naturelles, métaphysique, langues anc. et orient., fut appelé à Gottingue par Munchhausen, principal fondat. de l'univ. de cette ville, y devint successiv. profess. de philosophie, secrét., puis directeur de la soc. roy. des sciences, bibliothéc. et direct. du séminaire philologique, rédacteur et

directeur du journal intit. : *Gelehrte Anzeigen,* et mourut en 1791. Cet illustre savant coopéra par ses travaux au voyage de découv. en Arabie, dont les ouvr. de Niebuhr et les observ. de Forskal furent le résultat. Mais ce qui lui assure une réputat. impérissable, c'est d'avoir appliqué ses profondes connaissances à éclairer l'exégèse, ou exposit. biblique. Il a laissé de nombr. ouvr. sur lesquels on trouvera des détails dans l'écrit intit. : *Réflexions sur le mérite littéraire de J.-D. Michaelis* (allem.), 3e vol. de la *Biblioth. univ. de la littérat. bibliq.* Nous citerons seulem. les suiv, : *Dissertatio de punctorum Hebræor. antiquitate,* 1739, in-4. — *Gramm. hébraïque,* 1745, in-8; 3e éd., 1778. — *Grammatica chaldaica,* 1771, in-8. — *Gramm. syriaca,* 1784, in-4. — *Chrestomathie syriaque,* 1768, in-8; 3e édit., 1817, in-8. — *Grammaire arabe avec une chrestomathie,* etc., 1771, 1781, in-8. — *De l'influence des opinions sur le langage et du langage sur les opinions,* en allem., trad. en franç. par Mérian et Prémontval, 1762, in-4. — *Compendium antiquitatum hebræarum,* 1755, in-4. — *Introduct. à la lecture des livres du Nouveau-Testam.,* en allem., 4e édit., 1787-88, 2 vol. in-4. — *Introduct. à la lecture de l'Anc.-Testam.,* 1787, in-4, ouvr. non terminé. — *Esquisse de théologie typique,* 1753, 1763, in-8. — *Compendium, theologiæ dogmaticæ,* 1760, in-8. — *Explication de l'hist. de la sépulture et de la résurrection de J.-C.* (allemand), 1783-85, in-4. — *Réflexions sur les univ. protestantes d'Allemagne* (allem.), 1769-73, 4 vol. in-12. — *Droit mosaïq.,* 1770-75, 6 vol. in-8. — *Biblioth. orient. et exégétique,* rec. périod., 1771-85, 23 vol. in-8; 24e vol., 1789. — *Nouv. biblioth. orientale,* etc., 1786-91, 8 vol. in-8. — *Supplementa ad lexica hebraica,* 1784-92, 6 vol. in-4. — *Morale philosophique,* 1792, 2 vol. in-8. — Un grand nombre de dissert. dans les rec. de la soc. roy. des sciences de Gottingue, dans le *Magasin scientifique* de la même ville, dans les *Comment. per annos* 1758-62, etc. Michaelis était membre de la soc. roy. de Londres, et associé de l'acad. des inscript. de France. Il a laissé des *notes* ou *mémoires* sur sa vie qui ont été réunis dans un vol. avec la *Notice* d'Eichhorn, et une autre de Heyne, 1793, in-8. — Chrétien-Frédéric, son fils, médec., né en 1754, fut reçu doct. à Strasbourg en 1775, séjourna quelque temps à Paris, visita l'Angleterre, devint, à son retour en Allemagne, médec. de l'armée hessoise, profess. de médec. et d'anatomie à Cassel, puis à Marpurg, où il mourut en 1814, avec le titre de conseiller aulique. On a de lui : des *Mém. de médec.,* Gottingue, 1785, t. Ier.—*Biblioth. de médec.-pratiq.,* ib., 1786, t. Ier (ces deux ouvr. n'ont point été terminés). — Trois *Dissertat.* impr. séparém.; et des articles de médec., de chirurgie et d'hist. naturelle dans div. rec. périodiq. d'Allemagne et d'Angleterre.

MICHAELIS (Jean-Benjamin), poète allem., né à Zittau en 1756, fit ses études dans sa patrie, abandonna la médecine pour la poésie, obtint un emploi de précepteur, puis la rédaction de la gazette de Hambourg intit. : *le Correspondant ;* mais ne pouvant s'assujétir à un travail qui demandait trop d'assiduité ; il s'enrôla dans une troupe de comédiens ambulants. Dégoûté de cette profess., au bout de quelques années, il trouva un asile auprès du poète Gleim, chez leq. il mourut en 1772. On a de lui des *Fables, Odes et Satires,* 1766, in-8. — Des *Poésies div.,* 1769. — Des *Opéras comiq.,* 1772. — Des *Épîtres,* 1772. — Un discours, *de Abusu linguæ vernaculæ,* 1767, in-4. — Des pièces de vers, insérées dans div. recueils, et réunies sous le titre d'*OEuvres de Michaelis,* Giessen, 1780, tome Ier. C.-H. Schmid, éditeur de ce rec., avait publié en 1775 la *Vie* de cet auteur, in-8.

. MICHALLON (CLAUDE), sculpteur, né à Lyon en 1751, montra dès l'enfance un goût prononcé pour son art, et débuta par exécuter quelques statues en bois qui le firent remarquer. Venu à Paris pour y perfectionner son talent naissant, il suivit les leçons de Bridan, puis celles de Coustou, et remporta le gr. prix de sculpture. Pend. son séjour à Rome, il se lia avec le peintre Drouais ; et, lorsq. celui-ci mourut en 1788, Michallon obtint au concours l'exécut. en marbre du tombeau de son ami, placé à Ste-Marie, *in viâ Latâ.* De retour à Paris, il fut chargé d'exécuter les *statues colossales* qui servaient alors aux fêtes nationales, obtint différents prix donnés par le *comité d'instruct. publiq.,* et mourut à Paris en 1799, d'une chute qu'il fit en travaillant à des bas-reliefs du *Théâtre-Français.* On lui doit un très beau buste du célèbre sculpteur Jean Goujon.

. MICHALLON (ACHILLE-ETNA), fils du précédent, peintre paysagiste, né à Paris en 1796, reçut les leçons de David et de MM. Valenciennes et Bertin, fit des progrès extraord. dans la peinture, et à l'âge de 12 ans excita par un de ses tableaux l'admirat. du prince russe Youssoupoff, qui dès-lors fit au jeune artiste une pension payée jusqu'au désastre de Moscou. Michallon tint ce que promettait son enfance ; en 1811 il remporta la médaille à l'acad., le second prix en 1812, et enfin le grand prix de paysage histor. en 1817, qui lui fut décerné à l'unanimité des suffrages. Pensionnaire à Rome, il envoya de cette ville aux expositions de Paris deux tableaux qui l'élevèrent au rang des maîtres ; ce sont : *Rolland à Roncevaux,* et le *Combat des Lapithes et des Centaures.* Ces deux tableaux sont au musée, ainsi que son beau paysage représentant une vue de Frascati. De retour en France, il accrut sa réputation par les *Ruines du Cirque,* une *Vue des environs de Naples,* etc.; Michallon succomba à 26 ans (1822), victime peut-être de la trop grande activité de son génie. On a : *Catalogue des tabl., études, peintures et dessins de feu A.-E. Michallon,* 1822, in-8. Le libraire Lami-Denauzan a publ. en 1827 : *Vues d'Italie et de Sicile, dessinées d'après nature par Michallon, et lithographiées par Villeneuve et Deroy,* in-fol., précéd. d'une notice biographique.

. MICHAUD (JEAN-BAPTISTE), conventionnel, né vers 1760 à Pontarlier, se fit recevoir avocat au parlement, et bientôt après acquit une charge municipale. Ayant adopté les principes de la révolut., il fut, en 1790, l'un des administrat. du département du Doubs, et successivement élu député à l'assemblée législative, puis à la convention, où il vota la mort du roi sans appel ni sursis. Secrétaire de l'assemblée en 1794, il entra plus tard au conseil des cinq-cents, devint en 1798 président du tribunal criminel de Besançon, puis, après avoir siégé en 1799 au conseil des anciens, il rentra dans la vie privée. Compris dans la loi d'exil du 12 janv. 1816, il se réfugia en Suisse, et mourut à Lausanne en 1819. C'était un bibliophile distingué.

MICHAUD (CLAUDE-IGNACE-FRANÇ., baron), lieutenant-gén., né en 1751 à Chaux-Neuve (Doubs), d'une autre famille que le conventionnel, s'enrôla jeune dans un régim. d'infanterie, et, son engagement terminé, revint se mettre à la tête d'une ferme que faisait valoir son père. La révolution de 1789 ne tarda pas à le rappeler sous les drapeaux. Nommé capitaine dans le bataillon de volontaires fourni par son arrondissem., il en devint bientôt lieut.-colonel. S'étant distingué par quelq. actions d'éclat, il fut fait en 1793 général de brigade, et la même année génér. de divis. Lorsque Pichegru fut appelé à l'armée du Nord, il remit le command. en chef de l'armée du Rhin à Michaud, qui reprit aux Autrichiens le fort Vauban, et remporta différents avantages pend. la campagne de 1794; il rejoignit ensuite Pichegru à l'armée du Nord, et s'empara de la Zélande. Renvoyé à l'armée du Rhin avec le titre de général en chef, il déclara lui-même qu'il se croyait plus propre à exécuter un plan de campagne qu'à la concevoir, et demanda d'être remplacé. Après avoir remis le commandem. à Kléber, il retourna en Hollande : depuis il fut employé à l'armée de l'Ouest, et à l'armée d'Angleterre, dont il eut par *intérim* le command. en chef. Plus tard il servit en Italie, où il se signala principalem. au passage de l'Adige et du Mincio. En 1805, Napoléon le nomma command. en chef des troupes françaises en Hollande, et l'année suiv. gouvern. des villes anséatiques. Il concourut en 1807 à la prise de Dantzig. Pend. l'occupat. de la Prusse, il fut successivem. command. à Berlin et gouvern. de Magdebourg. Mis à la retraite en 1816, il se retira dans le village de Luzancy, où sa fille était mariée, et il y mourut en 1835, doyen des lieuten.-génér. de France.

MICHAULT (PIERRE), poète du 15e S., né, à ce que l'on croit, en Franche-Comté, fut attaché au comte de Charolais, si connu dep. sous le nom de Charles-le-Téméraire, et mourut vers 1467. On a de ce poète : *le Doctrinal du temps présent,* Bruges, petit in-fol., goth., fig. et très rare ; réimpr. sous le titre de : *Doctrinal de court, par lequel on peut estre clerc sans aller à l'école,* Genève, 1522, petit in-4, goth., fig. Cet ouvr. remarquable, en prose mêlée de vers de 8 ou 10 syllabes, a été analysé par Legrand d'Aussy, dans le t. V des *Notices des MSs. de la Biblioth. du roi ; la Danse des aveugles,* Paris, in-4, goth., réimpr. plus. fois dans le 16e S., en différ. formats. Lambert Doux fils en a donné une belle et correcte édition, *augmentée d'autres poésies de la Biblioth. des ducs de Bourgogne,* Lille, 1748, ou Amst., 1749, petit in-8. Mercier de St-Léger distingue ce poète de P. MICHAULT-TAILLE-VENT, aut. d'un *Passe-Temps en vers,* MS., auquel G. Chastelain répondit par une autre pièce en vers, intit. le *Passe-Temps* de Michault. On croit que Michault ne fut pas étranger à la composition des *Cent Nouvelles nouvelles.*

· MICHAULT (JEAN-LÉONARD), philologue, né à Dijon en 1707, s'appliqua à la recherche des livres rares et curieux, et en fit des extraits en même temps qu'il s'occupait aussi de quelq. parties des sciences naturelles. Premier secrétaire de l'acad. de Dijon, il résigna ses fonctions, vint à Paris où il fut nommé censeur, et retourna dans sa patrie, où il mourut en 1770. On a de lui beauc. d'écrits dont Cl.-X. Girault a donné la liste complète dans ses *Lettres inédites,* Dijon, 1819, in-8. Les princip. sont : *Mélanges histor. et philologiq.,* Paris, 1754; 2 vol. in-12; reprod. en 1770, avec un nouv. frontispice.—*Vie de l'abbé Lenglet,* 1761, in-12.—*Dissertat. histor. sur le vent de galerne,* 1740, in-8.— *Explications des dessins des tombeaux des ducs de Bourgogne à la Chartreuse de Dijon,* 1758, in-8. On lui doit la prem. édit. des *Lettres de La Rivière,* 1751, 2 vol. in-12; et il a laissé MS. une *Vie de Crébillon.* Son *Éloge* fait partie des *Éloges historiq.,* composés par Guyton de Morveau.

· MICHAUX (ANDRÉ), célèbre voyageur et botaniste, né à Satory, près de Versailles, en 1746, fils d'un fermier de ce domaine royal, prit de bonne heure un goût très vif pour l'agriculture et pour la botanique, suivit les leçons de B. de Jussieu au Jardin des Plantes, et forma le dessein d'étendre ses connaissances en voyageant. Une excursion en Angleterre fut son début. Il parcourut ensuite l'Auvergne avec Delamarck et Thouin, puis les Pyrénées et l'Espagne, partit pour la Perse en 1782, parcourut cette contrée pendant 2 ans, et revint à Paris en 1785 avec une belle collect. de plantes et de graines. A peine arrivé, il témoigna le désir de retourner en Asie, avec le projet de pénétrer jusque dans le Thibet; mais le gouvernem. préféra l'envoyer dans l'Amérique-Septentrion., dont l'histoire naturelle avait été peu explorée jusqu'alors. Il fut chargé d'établir, dans les environs de New-York, une espèce d'entrepôt de culture pour des arbres et des arbustes qu'il devait faire passer en France. Parti en sept. 1785, Michaux arriva en oct. à New-York, parcourut le New-Jersey, la Pensylvanie, le Maryland, traversa les monts Alleghanys, visita la Floride, les rivières Tomakow et St-Jean, le lac St-George, les îles Bahama et Lucayes, les montagnes de la Caroline, la baie d'Hudson et le Canada. De retour à Philadelphie, le 8 déc. 1792, Michaux proposa à la société philos. un plan de voyage de découvertes dans les vastes pays à l'ouest des États-Unis. Tout était prêt pour cette entreprise, lorsque le ministère franç. chargea Michaux d'une mission relative à la Louisiane. Ce botaniste partit pour

cette destinat. en juillet 1793, fut obligé trois mois après de retourner à Philadelphie, et, le projet sur la Louisiane ayant été abandonné, il visita de nouveau la chaîne des Alleghanys, le Kentucky, les bords du Mississipi et le pays des Illinois. Il s'embarqua pour la France en 1796, arriva à Paris vers la fin de la même année, n'obtint que de légères indemnités en récompense de ses longs travaux, et s'occupa de mettre en ordre les matériaux qu'il avait apportés des États-Unis pour son *Hist. des chênes* et sa *Flore* de l'Amérique-Septentrionale. Michaux s'embarqua de nouv. en 1800, dans l'expédition du capitaine Baudin, profita d'un séjour de six mois à l'Ile-de-France pour parcourir ce pays dans toutes les directions en recueillant des plantes et des graines, y créa une pépinière comparable à celles qu'il avait formées à New-York et à Charlestown, et visita ensuite les côtes de l'Ile de Madagascar, dans l'intention d'y fonder un pareil établissem. Mais attaqué de la fièvre particulière à cette contrée, il y mourut en nov. 1802, au moment où il allait explorer un sol curieux et établir des relations avantageuses pour sa patrie, et plein du projet de visiter encore une fois l'Amérique-Septentrion. pour compléter ses recherches. On a de lui : *Hist. des chênes de l'Amérique-Septentrionale,* 1801, in-fol., 36 pl. dessinées par Redouté. — *Flora boreali americana,* 2 vol. in-8, avec 52 fig. égalem. de Redouté. Deleuze a publié en 1804, dans les *Annales* du muséum d'histoire natur., une *Notice* fort intéressante sur la vie et les voyages de Michaux. Le nom de *Michauxia* a été donné par le botaniste Aiton, à la plante appelée *mindium* par Jussieu, de la famille des campanulacées. — Franç.-André MICHAUX, fils du précéd., né en 1770, a rendu de gr. services à la botanique et à la culture. Il a été l'édit. des ouvr. de son père; et on lui doit une *Histoire des arbres forestiers de l'Amérique-Septentrionale,* Paris, 1810, 3 vol. in-8, un des ouvr. les plus compl. en ce genre.

MICHÉE (en langue hébraïque *Semblable à Dieu*), dit l'*Ancien,* vivait à Samarie dans le 9ᵉ S. av. J-C. Achab, roi d'Israël, voulant décider Josaphat, roi de Juda, son beau-père, à s'unir à lui pour faire la guerre à Ramoth de Galaad, l'engagea à consulter Michée sur ce dessein. Le prophète prédit la dispersion de l'armée d'Israël et la mort d'Achab, et ces événements s'accomplirent. La prophétie de Michée-l'Ancien a beaucoup exercé les commentat. — MICHÉE, le 6ᵉ des petits prophètes, ou le 3ᵉ selon la version des Septante, né dans une bourgade de la tribu de Juda, prophétisa sous les règnes de Jonatham, d'Achaz et d'Ézéchias, c.-à-d. dep. l'an 749 jusqu'à 679 av. J.-C. On ne connaît pas d'ailleurs les particular. de sa vie ni de sa mort. Sa prophétie en 7 chap. a eu un gr. nombre de commentat.

MICHEL Iᵉʳ, surn. *Rangabé,* emper. d'Orient, fut d'abord curopalate sous Nicéphore, puis devint gendre de ce prince par son mariage avec Procopia, et monta sur le trône en 812, à l'exclusion de Staurace, son beau-frère. Son prem. soin fut de réparer les maux causés par son beau-père ; il secourut les veuves et les enfants des soldats moissonnés dans les guerres, et marcha contre les Bulgares, tandis qu'il envoyait contre les Sarrasins Léon-l'Arménien, qui devait bientôt le remplacer sur le trône. Michel ne fut point heureux dans son expédit. : s'étant arrêté trop long-temps en Thrace, le désordre et l'indiscipl. se mirent dans son armée, qui d'ailleurs manquait d'approvisionnements. Attaqué par le roi des Bulgares au milieu de cet embarras, l'empereur fut forcé d'engager une action générale, où il fut défait par suite d'une fausse manœuvre de Léon, qui l'avait rejoint avec ses troupes. Sur ces entrefaites, de nouv. troubles excités par les iconoclastes ayant rappelé Michel à Constantinople, le perfide général, après quelq. refus affectés, se laissa saluer emper. : bientôt il força Michel, qui s'était retiré avec sa famille dans un monastère, à en sortir pour se rendre à l'île de Proté, où il prit l'habit religieux et le nom d'Anastase. Michel vécut 32 ans dans cette retraite : il en avait régné deux et demi. On a de lui des médailles d'or et de bronze. Son fils aîné, Théophylacte, fut mis, par ordre de Léon, hors d'état de monter sur le trône et d'avoir aucune postérité ; et Nicétas, son autre fils, devint patriarche de Constantinople sous le nom d'Ignace. — MICHEL II, dit *le Bègue*, né à Amorium en Phrygie, plut par ses qualités guerrières à l'emper. Léon-l'Arménien, qui le créa patrice et le revêtit d'une des prem. charges du palais. Il trempa néanmoins, l'an 820, dans un complot contre les jours de cet emper., qui le fit arrêter et condamner au feu. Mais, à l'instigation du coupable dont le supplice avait été différé, les autres conjurés assassinèrent Léon, qui fut remplacé sur le trône par Michel que l'on proclama dans sa prison même. Le nouv. souverain, nourri dans les erreurs d'une secte dite des *attingants*, formée du judaïsme et de plus. hérésies chrétiennes, crut devoir faire d'abord des concess. aux catholiques et aux iconoclastes. Il défit, avec le secours des Bulgares, un aventurier nommé Thomas, qui, s'étant fait passer pour le fils de l'impératrice Irène, était venu du fond de l'Asie jusqu'aux portes de Constantinople. L'imposteur, fait prisonnier dans Andrinople, périt au milieu des supplices les plus affreux. Après cette expédit., Michel vit les provinces de son empire désolées par la famine et la peste, et joignit lui-même à ces maux les persécut. religieuses. Il voulut contraindre les catholiques à adopter les rites des Juifs, et ramena tous les désordres de l'iconoclastie. Enfin son règne déplorable se termina par une maladie aiguë qui l'enleva en 829. On a de cet emper., auq. succéda son fils Théophile, des médailles en or et en bronze. — MICHEL III, surn. *Porphyrogénète*, petit-fils du précéd., n'avait que 3 ans lorsque la mort de Théophile, son père (842), le plaça sur le trône de Constantinople sous la tutelle de sa mère Théodora ; mais à peine eut-il atteint sa 15e année, qu'à l'instigat. de Bardas, frère de cette princesse, il l'obligea de se renfermer dans un monastère avec ses filles. Devenu

maître de l'empire, Michel se livra à tous les excès, se vantant hautement de suivre l'exemple de Néron. Le patriarche Ignace, qui s'était déclaré contre la conduite scandaleuse du jeune emper., fut chassé de son siége, et remplacé par Photius, neveu de Bardas, dans l'année 857 : c'est de cette époque que date le schisme qui sépare les Églises grecq. et latine. Cepend. un obscur favori, Basile (*v.* BASILE-LE-MACÉDONIEN), avait succédé aux dignités de Bardas après l'avoir fait périr ; l'emper. fit même asseoir avec lui sur le trône son nouv. ministre, qui dès-lors crut pouvoir lui reprocher l'inconvenance de sa conduite. Au moment où Michel indigné se disposait à renverser le hautain favori, il fut assassiné par lui dans son palais, l'an 867. Michel III avait deshonoré le trône pendant plus de 20 ans. S'abandonnant sans réserve à ses passions, il commit tous les crimes, et ne fit aucun acte estimable. Les intérêts de son empire le touchaient si peu, qu'il se mit un jour en fureur parce qu'on le dérangea d'une course de chars pour l'informer d'une invas. des Sarrasins, et qu'il fit abattre des phares et des signaux qui servaient à transmettre ces avis. — MICHEL IV, surn. *le Paphlagonien*, de sa province natale, vint dans sa jeunesse à Constantinople. Il y exerçait un commerce obscur, lorsque la beauté de sa figure ayant fixé les regards de l'impératrice Zoé, celle-ci, après avoir fait périr Romain Argyre, son époux (1034), plaça sur le trône Michel, sous le nom duquel elle se flattait de régner. L'eunuque Jean, frère de Michel, déjà puissant sous Romain, déconcerta les plans de Zoé, et, la voyant disposée à se défaire du faible Michel par le poison, il traversa les projets de cette femme ambitieuse et cruelle en faisant proclamer césar Michel Calafate, neveu de l'empereur et le sien. Michel eut à soutenir deux guerres avec les Sarrasins et les Bulgares, et s'en tira avec succès. Il revint à Constantinople et toujours dévoré de remords et sentant augmenter ses infirmités, il se retira dans un monastère où il mourut en 1041. — MICHEL V, neveu du précéd., appelé *Calafate*, parce que son père était calfateur de vaisseau, monta sur le trône d'Orient en 1041, après la mort de son oncle. Un de ses prem. actes fut de reléguer l'impératrice Zoé, qui avait fortem. contribué à son élévation, dans une des îles de la Propontide appelée du Prince. Il fit eunuques ses autres parents, et se livra sans retenue aux excès de la plus infâme débauche. Le peuple indigné se souleva contre lui, rappela Zoé et sa sœur Théodora, et les reconnut pour légitimes souveraines. Michel fut renfermé dans un couvent et eut les yeux crevés en 1042. On ignore l'époque de sa mort. — MICHEL VI, surn. *le Stratiotique* (guerrier), avait passé une gr. partie de sa vie dans les armées, et était parvenu aux grades supérieurs, lorsqu'il fut appelé au trône d'Orient, en 1056, après la mort de l'impératrice Théodora, qui l'avait désigné son success. Déjà vieux et infirme, ce prince était peu propre au gouvernem. En cherchant à gagner l'affect. du peuple, il s'aliéna les troupes et indisposa les princip. officiers de l'armée, qui élurent emper. Isaac Comnène en 1057. Le patriarche Michel Cérularius fit ouvrir les portes de Constantinople au nouv. élu. Michel quitta sur-le-champ la pourpre, et rentra dans la vie privée après un an et 8 jours de règne. — MICHEL VII, dit *Parapinace* (du monopole qu'il fit du blé), fils ainé de Constantin Ducas, fut déclaré empereur avec ses frères Andronic et Constantin au moment de la mort de leur père en 1067. Eudoxie, sa mère, ayant bientôt donné sa main et le trône à Romain Diogène, Michel se vit frustré de ses droits jusqu'en 1070, où Romain fut fait prisonnier par les Turks. Michel reprit alors la couronne, et se laissa gouverner par plusieurs hommes dangereux que son prédécesseur avait eu le bon esprit d'éloigner. L'empire fut désolé par les rapines des ministres, par les invasions des Turks en Asie, des Scythes ou Tatars, des Slavons et des Croates en Europe. Quelq. généraux habiles, tels que les deux frères Nicéphore et Jean de Brienne, ayant réussi à repousser ses nombreux ennemis, le faible Michel paya leurs services de la plus noire ingratitude. Enfin Nicéphore Botoniate, général de l'armée d'Asie, souleva ses troupes, se fit proclamer emper. à Nicée, et, secondé par les Turks, s'empara de Constantinople en 1078. Michel fut relégué dans un monastère, y prit l'habit religieux, et parvint ensuite à l'archevêché d'Éphèse. — MICHEL VIII (*Paléologue*), né dans les prem. années du 13e S., d'une ancienne et illustre famille de Constantinople, gouverna d'abord pour l'emper. Théodore Lascaris une province de l'Asie-Mineure. Nommé régent de l'empire durant la minorité de Jean Lascaris, fils de Théodore, il ne se contenta point de ce titre et des principales dignités qu'il y avait fait joindre. Aidé du patriarche Arsène et de quelq. autres personnages puissants, il se fit proclamer emper. en 1260, et relever du serment qu'il avait prêté à son jeune pupille, auquel plus tard il fit crever les yeux. Son premier soin fut de parcourir les provinces en y répand. des largesses; ensuite il renouvela l'alliance avec les Turks, marcha sur Constantinople, d'où il réussit à chasser Baudouin II. Après avoir réparé les ruines de cette ville, et conclu des traités d'alliance avec les Tatars, il fit plus. expéd. heureuses dans l'Archipel, en Grèce et en Thessalie, il s'assura des alliés en mariant son fils Andronic à la fille du roi de Hongrie et sa nièce à Constantin, roi des Bulgares, et proposa au pape de terminer le schisme. Cette réunion, à laq. il força de consentir le patriarche et les évêques grecs, fut décidée au concile de Lyon en 1274. Une partie du peuple ne ratifiant pas les concessions faites par son souverain et ses pasteurs, Paléologue voulut réduire les opposants par la violence, et punit les plus audacieux. Ce prince, après un règne glorieux de 24 ans, mourut dans une expéd. qu'il avait entreprise en Thrace, le 11 déc. 1282. On a des lettres de Michel aux papes St Grégoire et Jean XX : quelq.-unes sont insér. dans le livre de *Consensu utriusque Eccles.* d'Allatius; et d'autres sont conservées dans la bibl. Bodléienne.

MICHEL Ier (GEORGIEWITSCH), fils de George ou Jouri Ier, né dans le 12e S., partagea le gr.-duché de Russie avec les deux fils d'André, son frère ainé, son frère cadet Wsevolod, et eut dans son lot le duché de Wladimierz. Cette possess. lui fut disputée par un prince de la maison régnante, Jaropolk; mais il vainquit ce compétit., et mourut au bout de deux ans de règne en 1177. Son frère Wsevolod lui succéda.—MICHEL II (Jaroslawitsch), gr.-duc de Russie, succéda en 1304 à André III, par la protect. du khan des Tatars, dont la Russie était alors tributaire. Le prince George, duc de Moscou, compétit. de Michel, l'ayant supplanté dans la bienveillance du khan Usbek, vint l'attaquer à Twer, sa résidence ordinaire, et fut vaincu; mais cette victoire du gr.-duc lui devint fatale. Accusé d'avoir empoisonné la sœur du khan, épouse de George, qui était tombée entre ses mains, Michel fut mandé à la cour du souverain des Tatars, et mis à mort en 1317, par jugement, après avoir subi une longue torture. George, son ennemi, lui succéda.

MICHEL, grand-duc de Kiew ou Kiow, occupait cette ville importante en 1240, lorsque les Tatars firent cette irrupt. terrible qui causa tant de maux à la Russie. Chassé de ses états, Michel se réfugia en Hongrie, rentra après la retraite de l'ennemi dans la principauté de Tchernichow, qui lui appartenait, et reçut bientôt du grand khan l'ordre de venir faire hommage. Il obéit, se rendit auprès du souverain tatar; mais ayant refusé de se soumettre aux formalités usitées, il fut mis à mort en 1245.

MICHEL, vaivode de Valachie, se ligua avec l'empereur Rodolphe II contre les Turks en 1595. Secondé par Sigismond, prince de Transylvanie, il vainquit le pacha Sinan, et reconquit les villes de Bucharest et Tergovitz, dont ce dern. s'était emparé. Nommé ensuite général de l'armée impér., Michel combattit le card. Battori, à qui Sigismond avait cédé la Transylvanie, au mépris du traité qu'il avait fait précédemment avec Rodolphe II. Il s'empara d'Albe-Julie et d'Hermanstadt, et demanda pour prix de ses services la principauté qu'il venait d'enlever à Battori. Refusé, il eut à combattre à la fois Basta, génér. que Rodolphe envoya contre lui, et le prince Sigismond qui, aidé des Moldaves et des Othomans, cherchait à rentrer dans ses droits. Surpris et vaincu, il se réfugia en Valachie, se réconcilia ensuite avec l'emper. en lui donnant des garanties pour l'avenir, et mourut assassiné par les ordres de Basta, son rival, jaloux de sa faveur auprès de Rodolphe.

MICHEL (JEHAN), poète du 15e S., est auteur de trois *Mystères* (la Conception, la Passion et la Résurrection), joués soit à Paris soit à Angers, et impr. à Paris, S. D., puis en 1490 et 1507, in-fol. et in-4.—MICHEL (Guillaume), poète du commencement du 16e S., né à Tours, est aut. d'une trad. des *Géorgiques*, en vers.—MICHEL (Jean), poète languedocien, né à Nîmes vers le milieu du 17e S., mort en 1700, a laissé un poème intit. : *l'Embarras de la fieiro de Beaucairo*, qui a eu un gr. nombre d'édit.; des *sonnets* et des *chansons*, également en patois languedocien, insérés dans un recueil des poètes gascons.

MICHEL (François), maréchal-ferrant, né à Salon en Provence, vers 1660, vint à Versailles en 1697, fut admis, après beaucoup de difficultés, dans le cabinet de Louis XIV, demeura enfermé avec ce monarque pend. plus d'une heure, et revint dans sa ville natale, où il resta long-temps l'objet de la curiosité publique. Il ne répondait point aux questions qu'on lui adressait, et ne repéta jamais rien de ce qui s'était passé dans son entretien avec le roi. Fatigué enfin des visites qu'il recevait, il se retira dans un village près d'Aix, et y mourut en 1726, à l'âge de 65 ans. Quelques écriv. ont conjecturé que sa miss., résultat d'une vision qu'il avait eue quelq. temps avant son départ de Salon, avait pour but d'obliger Louis XIV à déclarer son mariage avec Mme de Maintenon; mais St-Simon dit dans ses *Mém.* que Michel ne nomma jamais cette dame et ne la vit point. L'abbé Proyart, dans sa *Vie du dauphin*, *père de Louis XV*, rapporte l'opinion populaire du temps, que le maréchal de Salon, comme un autre Nathan, était venu annoncer au grand roi la fin de ses prospérités. En 1819 on a fait jouer un rôle à peu près semblable à un paysan de la Beauce, nommé Martin, auprès de Louis XVIII.

MICHEL (le comte Pierre), lieuten.-général, né près de Dole vers 1770, mort aux champs de Waterloo le 18 juin 1815, était entré au service comme simple volontaire en 1792, et mérita un rapide avancem. par sa brillante conduite dans la plupart des affaires importantes, notamment aux batailles d'Austerlitz et d'Eylau. Il commandait une division à Montmirail, et contribua au succès de cette mémorable journée. C'est dans la bouche de ce brave que plus. histor. placent le mot fameux : *La garde meurt, et ne se rend pas!* attribué, mais à tort, au général Cambronne; dans tous les cas Michel confirma cette réplique solennelle à la tête de la vaillante élite qu'il commandait.

MICHEL-ANGE, plus connu sous son prénom que sous celui de BUONAROTI, est l'artiste le plus célèbre des temps modernes. Né en 1474 au château de Caprèse, dans le territoire d'Arezzo (Toscane), d'une ancienne et illustre famille, il annonça dès l'enfance des disposit. pour le dessin, qui contrariaient les projets de ses parents; mais bientôt ceux-ci furent forcés de reconnaître que tous les obstacles qu'ils opposeraient à sa vocat. seraient inutiles. Michel-Ange fut placé chez Dominique et David Ghirlandajo, les plus renommés peintres de l'époque. Sa supériorité sur tous ses condisciples et même sur ses maîtres ne tarda pas à se manifester, et à peine âgé de 15 ans, ne pouvant plus recevoir de leçons, il se vit obligé de puiser ses ressources en lui-même et de chercher un nouvel enseignem. dans quelq. ouvr. de son temps. C'est ainsi qu'on le vit étudier dans la chapelle *del Carmine* à Florence, les peintures de Masaccio, que Raphaël ne négligea pas de consulter aussi plus

tard. Laurent de Médicis, dit *le Magnifique*, ayant conçu le projet de former une école de sculpteurs, jeta d'abord les yeux sur Michel-Ange, lui assigna un logem. dans son palais et le traita comme son propre fils; mais la mort priva bientôt l'artiste de son digne protect. Pierre de Médicis n'hérita point des qualités de son père ni de son estime pour les arts et pour Michel-Ange. Le prieur de l'église du St-Esprit chercha à le distraire de son chagrin en lui command. un crucifix en bois et en lui donnant un logem. dans le couvent, où il lui procura des cadavres humains pour étudier l'anatomie. Michel-Ange s'y livra avec ardeur, et acquit, par la dissection, une connaissance profonde de la myologie, qui le rendit le plus sav. et le plus profond de tous les dessinat. Il quitta Florence lors de l'expédition des Médicis, mais il y retourna dès que le calme fut rétabli. Plus tard le card. de St-George l'attira à Rome et le logea dans son palais. Bien que Michel-Ange n'eût guère à se louer de ce nouveau protecteur, il mit à profit son prem. séjour dans cette capitale, en produisant de nouv. chefs-d'œuvre, entre autres la statue de *Bacchus* qui fut depuis transportée à Florence. Rappelé dans cette ville par des affaires domestiques, il y composa la statue de *David*, plus. tableaux, parmi lesquels on compte la *Ste Famille* et le carton de la *Guerre de Pise*, destiné à la décorat. de la salle du conseil, et qui fut détruit dans les troubles de Florence. Jules II, étant monté sur le siége de St Pierre, rappela Michel-Ange à Rome pour lui confier l'érection de son fameux mausolée. Il faut lire dans la *Vie* de Michel-Ange par A. Condivi et par Vasari le détail de tous les désagrém. que ce gr. artiste essuya de la part du pape pendant l'exécut. de ce monum. que l'on voit aujourd'hui dans l'église de St-Pierre-aux-Liens, et qui ne fut achevé que long-temps après la mort du pontife. Michel-Ange n'éprouva pas moins de dégoûts et de contrariétés en peignant à fresque la grande voûte de la chapelle Sixtine; mais enfin par l'achèvem. de ce superbe travail il se concilia l'affect. de Jules, qui le combla de faveurs et de richesses, et il fut non moins bien traité par Léon X. Il avait près de 40 ans lorsqu'il commença à s'adonner à l'architecture, sans négliger ses trav. de peinture et de sculpture. A cette époq. de troubles et de désastres pour l'Italie, il devint ingénieur, fut nommé commissaire-génér. des fortificat. de Florence, et défendit cette ville pendant un an. Forcé par Paul III d'accepter la place d'architecte de la basilique de St-Pierre, qu'avaient occupée avant lui Bramante et San-Gallo, Michel-Ange traça un nouveau plan, qui réduisit l'édifice à la forme d'une croix grecque. En supprimant le luxe des détails, il ajouta de la majesté à l'ensemble, et diminua le poids de la coupole sans rien retrancher de sa masse et de son diamètre. Pendant 17 ans il travailla, sans vouloir recevoir aucun traitem., à une entreprise qui avait enrichi les prem. architectes, et il n'avait point terminé la coupole de ce superbe édifice, lorsqu'il mourut en 1564. Ayant exclusivem. consacré ses dern. années

MICHEL~ANGE.

Publié par Furne, Paris.

à l'architecture, il joignit d'autres travaux à ceux de la Basilique de St-Pierre. Il continua après San-Gallo le palais Farnèse, qui fut terminé sur ses dessins, ainsi que plus. autres gr. construct., par Vignole. Le corps de Michel-Ange, enlevé secrète-ment, d'après les ordres du duc Cosme de Médicis, de l'église des SS.-Apôtres, fut transporté à Florence, où il fut reçu avec les plus gr. honneurs. On lui éleva dans l'église de St-Laurent un pompeux catafalque, à la décorat. duquel contribuèrent tous les arts qu'avait cultivés le défunt. Bientôt après un monum. plus durable remplaça cette fragile re-présentation. Le grand-duc donna tous les marbres pour l'exécut. du mausolée projeté par Vasari, qui y plaça le buste de son maître. On trouvera dans les deux écrits de Vasari et d'Ascanio Condivi, déjà cités, le détail des nombr. ouvr. de Michel-Ange. Parmi ses chefs-d'œuvre de peinture et de sculpt. dont la plupart sont à Rome et à Florence, et dont un grand nombre a été gravé, nous men-tîonnerons le *Jugement dernier,* peint à fresque dans la chapelle Sixtine, la statue de *Moïse,* qui fait partie du mausolée de Jules II; la statue de *Bacchus,* morceau qui trompa Raphaël par son ex-trême perfection, et que ce célèbre peintre attribua sans hésiter à Phidias ou à Praxitèle. La *Vie* de Michel-Ange par A. Condivi, dont la meill. édit. est celle de Florence, 1746, in-fol., fig., a été trad. ou plutôt résumée en franç. par l'abbé Hanchecorne, 1783, in-12. Richard Duppa, écriv. angl., a composé une autre *Vie* de Michel-Ange, plus circonstanciée, Londres, 1806, in-4, avec pl.: ce vol. est terminé par les *Lettres* et les *Poésies* de Michel-Ange. Celles-ci, consistant en sonnets, stances, etc., avaient été publ. pour la prem. fois en 1615, par les soins de Michel-Ange Buonarotti, dit *le Jeune,* petit-neveu de l'auteur. Biagioli a donné une bonne édit. de cet ouvr., avec un comment., 1821, 3 vol. in-8. On doit à M. Varcollier la traduct. française des *Poésies de Michel-Ange,* accomp. de notes littér. et critiq., Paris, 1825, in-8.

MICHEL-ANGE DES BATAILLES ou *des Bam-boches* (M.-A. CERQUOZZI, plus connu sous le nom de), peintre, né à Rome en 1600, reçut les prem. leçons d'un peintre flamand, nommé Jacq. d'Ase, se fit remarquer dès l'âge de 13 ans par son talent pour le dessin, s'appliqua d'abord à peindre des batailles, des naufrages, des sujets histor., etc., mais la renommée que s'était acquise Pierre de Laar, dit *le Bamboche,* le décida à suivre la ma-nière de cet artiste, et c'est ce qui lui fit donner alors le surnom de *Michel-Ange des Bamboches.* Il mourut à Rome en 1660. On cite parmi ses nombr. ouvr., les tableaux qu'il exécuta pour le cloître de St-André *delle Grotte,* où il a retracé quelq. traits de la vie de St François de Paule; *le Départ d'un courrier de l'armée; St Jean prêchant dans le dé-sert; la Place du marché de Naples,* où l'on voit un rassemblem. de lazzaroni applaudissant à une harangue de Masaniello. Le musée ne possède qu'un seul tableau de ce peintre, représentant une *Troupe de charlatans.*

MICHEL-CÉRULAIRE. — V. CÉRULARIUS.

MICHEL DE LA ROCHE-MAILLET (GABRIEL), avocat, né à Angers en 1561, mort en 1642, a pu-blié: *le Code Henri III,* avec des notes et des édits de Henri IV et de Louis XIII, Paris, 1622, in-fol. *Coutumes générales et particulières de France et des Gaules,* avec les notes de Dumoulin, 1640, in-fol., réimpr. depuis. — *Éloges des hommes il-lustres qui ont fleuri en France de 1502 à 1600,* in-fol. avec portraits. — *Vie de Scévola de Sainte-Marthe,* etc., 1629, in-4; réimpr. en tête des ou-vrages de Sainte-Marthe, édit. de 1632. — *Théâtre géographique du roy. de France,* sur les cartes de J. Leclerc, 1632, in-fol.; des trad. du *Comment.* de Chopin sur la coutume d'Anjou; du *Traité* des *bénéfices* de Duaren, et du *Comment.* de Boiceau sur un art. de l'ordonnance de Moulins. On lui doit encore la révision de la collection des édits et ordonnances des rois de France, publ. par Fonta-non, et qu'il conduisit jusqu'à Louis XIII, 1611, 4 vol. in-fol.

MICHEL ROMANOF, appelé par les Russes *Mi-khail Pheodorovitsch Iourieff,* tzar ou emper. de Russie, fut élu par les états assemblés à Moscou en 1613, pour occuper un trône que les séditions, les guerres malheureuses et un interrègne avaient fort ébranlé. Fils de Phéodor Nikitisch, que le tzar Boris Goudounof avait contraint d'embrasser l'état monastique, le jeune Michel se trouvait dans un monastère de Kostroma, où sa mère, égalem. forcée de se faire religieuse, l'élevait avec soin, lorsque les députés de l'assemblée de Moscou vinrent lui porter les hommages et les serments de la nation. Il fut sacré, deux mois après, dans la capitale de l'empire moscovite par le patriarche de Cazan. La prem. pensée du nouv. monarque fut de chercher à réconcilier la Russie avec la Suède et la Pologne; mais ses démarches n'eurent point de succès, et la guerre recommença. Le roi de Suède, maître de plus. provinces, battit un corps de troupes que Michel avait envoyé faire le siége de Novogorod. Le tzar invoqua la médiat. de la France, de l'Angleterre et de la Hollande: des négociat. furent entamées, et le 26 janvier 1616 on signa un traité d'après leq. le tzar fut remis en possess. de Novogorod, sous la con-dition qu'il céderait à la Suède l'Ingrie, la Carelie et le territoire situé entre l'Ingrie et Novogorod, qu'il renoncerait à la Livonie, à l'Esthonie, et qu'il paierait une somme en argent. Après plus. cam-pagnes malheureuses contre les Polonais, des con-férences s'ouvrirent et se terminèrent par un traité ou plutôt une trève de 14 ans et demi, dont une des conditions, pour la Russie, fut de céder à la Pologne Smolensk et ses dépendances. De son côté, Sigismond, roi de Pologne, consentit à remettre en liberté Phéodor Romanof, père de Michel, ainsi que tous les autres Russes qu'il retenait prisonn. Le tzar fit élever son père à la dignité de patriarche ou chef de l'Église russe. Après la mort de Sigis-mond, Michel, ne se croyant plus lié par ses trai-tés, voulut reprendre Smolensk, qu'il n'avait cédé qu'avec répugnance. Mais l'armée russe, bloquée dans son camp, fut réduite à capituler. Le tzar, découragé par ce gr. échec, fit avec Wladislas, successeur de Sigismond, un nouveau traité (1634) qui confirmait à la Pologne la possess. de Smolensk. Il s'occupa ensuite à rendre ses forces militaires plus redoutables, forma des régim. réguliers de cavalerie et d'infanterie, y appela des offic. étrangers (français, allem. et écossais), et fit construire des forteresses pour contenir les Tatars de Crimée. Ce prince, qui aurait peut-être hâté la civilisation de la Russie, s'il eût régné plus long-temps, mourut d'apoplexie en 1645, à l'âge de 49 ans. Son fils Alexis, né de sa seconde femme Eudoxie, lui succéda.

MICHELI, famille patricienne de Venise qui a donné 3 doges dans le 12e S. — Vitale MICHELI fut le success. du doge Vit. Faledro en 1096, et mourut en 1102. De son temps les Vénitiens, engagés dans la prem. croisade, rapportèrent de Grèce les reliques de St Nicolas et plusieurs autres.—Dominique MICHELI succéda en 1116 à Ordelafo Faledro, passa en Orient en 1123 pour porter du secours à Baudouin II, roi de Jérusalem, remporta une victoire signalée sur la flotte sarazine devant Joppé, contribua puissamment à la prise de Tyr, revint à Venise en 1125, et y mourut en 1130. — Vitale II MICHELI, success. de Dominique Morosini en 1156, fut engagé dans deux guerres également difficiles, l'une contre Étienne, roi de Hongrie, l'autre contre Manuel Comnène, emper. de Constantinople. Micheli reprit sur les Hongrois, Zara, Trau et Raguse, et fit ensuite une campagne malheureuse dans l'Archipel. Il perdit dans cette expédit. la moitié de la flotte et revint à Venise, y rapportant la contagion. Le peuple attribuant ces malheurs au doge, Micheli fut tué dans une sédition en 1172.

MICHELI (PIERRE-ANTOINE), sav. botaniste, né à Florence en 1679, manifesta dès l'enfance un penchant tout particulier pour l'étude des plantes, apprit seul la langue latine, et se livra à l'observat. de la nature; il s'attacha ensuite à P. Boccone, botaniste du gr.-duc de Toscane, et publ. un ouvr. sur les ombellifères qui lui valut la protection du comte Magalotti sous les auspices duquel il obtint tous les livres qui pouvaient l'aider dans ses travaux. Il succéda à Boccone auprès du grand-duc, s'appliqua particulièrem. à la recherche des plantes sauvages, parcourut l'Italie et l'Allemagne, entretint une correspondance savante dans les princip. contrées de l'Europe qu'il n'avait pas visitées, et mourut des suites d'une inflammation de poitrine contractée dans une de ses excursions sur le mont Baldo en 1737. Il avait fondé en 1754 une société de botanique, qui depuis exploita le domaine entier des sciences physiques. On a de lui, outre l'Essai sur les Ombellifères qu'il avait publié dans sa jeunesse : Relazione dell' erba detta da botanici orobanche, 1722, in-8. — Nova plantarum genera juxta methodum Tournefortii disposita, 1729, in-fol., avec 108 pl. — Catalogus plantarum horti cæsarei florentini, 1748, in-fol. — Des Voyages faits en 1728, 1733 et 1734, sur les montagnes du

Siennois et dans d'autres parties de la Toscane, dans les Relazioni di alcuni viaggi, etc., de Targioni, t. IX et X. Micheli a laissé un Comment. MS. sur les XVI livres de Césalpin. Beaucoup de plantes sont désignées sous le nom de micheliennes dans les ouvrages de Vaillant, de Boerhaave, de Tilli, etc. Cocchi a publ. l'Éloge de ce botaniste, 1737, in-4.

MICHELI DU CRET (JACQ.-BARTHÉLEMI), savant genevois, né en 1690, entra comme officier dans un régim. suisse au service de France en 1713, et y resta jusqu'en 1728. Rentré dans sa patrie, il prit beauc. de part aux troubles qui y éclatèrent, fut condamné à mort par contumace, se réfugia dans le canton de Berne, y fut renfermé au château d'Aarbourg pour avoir eu connaissance d'une conspiration à laquelle il n'avait aucune part, n'obtint sa liberté qu'au bout de 18 ans, et mourut à Zoffingue en 1766. Doué d'une capacité rare, possédant un savoir varié, profondément versé dans l'architecture civile et milit., porté par goût vers les sciences physiques, il était fait pour s'illustrer dans tout ce qu'il aurait entrepris, s'il ne se fût pas mêlé dans les intrigues politiques. On a de lui des Mém. sur différents objets scientifiques dans divers recueils, et une Descript. du thermomètre universel, qu'il avait construit, 1741, in-4. On trouvera la liste des écrits de Micheli dans l'Hist. littér. de Senebier, et les détails de sa vie politiq. dans les hist. de Genève.

MICHELOTTI (BIORDO et CECCOLINO de'), deux frères, originaires de Pérouse, acquirent une gr. réputat. dans le 14e S. comme chefs d'aventuriers ou condottieri. Biordo à la tête de la faction démocratique dans Pérouse, s'empara de plusieurs villes voisines, s'en fit déclarer seigneur avec le titre de vicaire du pape, qu'il obtint de Boniface IX, de qui ces mêmes villes relevaient, excita par ses succès la jalousie de ses concitoyens, et fut massacré en 1398 dans sa maison, à la suite d'une conspirat. formée par un prêtre nommé Guidalotti. — Ceccolino de' MICHELOTTI, capit. d'une compagnie d'aventuriers, rassembla les amis de son frère, empêcha l'oppression de son parti, s'engagea ensuite au service de J. Galéaz Visconti, duc de Milan, lui asservit sa patrie en 1400, puis continua de faire la guerre à la solde de div. puissances. Fait prisonnier par Braccio de Montone en 1416, il fut mis à mort par ses ordres.

MICHON (PIERRE), dit l'abbé Bourdelot, médec., né en 1610 à Sens, où il apprit les prem. éléments de son art, vint continuer ses études à Paris sous la direction de ses deux oncles maternels, Jean et Edme Bourdelot, qui lui firent prendre leur nom, et dont il hérita. Après avoir suivi le comte de Noailles, ambassad. à Rome, il fut attaché comme médec. au prince de Condé, obtint le titre de médecin du roi, fut appelé à Stockholm en 1651 près de la reine Christine, alors malade, et gagna la bienveillance de cette princesse, par les agréments de sa conversat. De retour en France il fut pourvu de l'abbaye de Macé, obtint des dispenses pour posséder ce bénéfice sans entrer dans les ordres, et mourut en 1685. On a de lui : *Recherches et observat. sur la vipère*, Paris, 1670, in 12.—*Réponse à une lettre de Boccone sur l'embrasem. du mont Etna*, 1671, in-12. — *Hist. de la maladie et de la mort de M. de ****, 1684, in-12. Gallois publ. en 1674 : *Conversat. académiq. tirées de l'académie de M. Bourdelot*, 2 vol. in-12.

MICHOT (Ant.), acteur du Théâtre-Français, mort en nov. 1826, s'était retiré de la scène en 1822, emportant les regrets du parterre, dont il avait mérité les suffrages par la vérité, le naturel et la rondeur de son jeu. Les principaux rôles qu'il a créés sont ceux du capit. Copp dans *la Jeunesse de Henri V*, de Lully dans *le Souper d'Auteuil*, du valet dans *les deux Frères*, de l'oncle dans *la belle Fermière*, etc. Michot, qui parut un instant sur la scène polit. pendant la révolution, remplit en 1792 les fonctions de commiss. dans la Savoie, et l'année suiv. chargé par le comité de salut public de div. missions dans l'intérieur de la France. Mais d'injustes dénonciat. auxquelles il se trouva en butte après le 9 thermidor, et qui n'ont entaché sa mémoire d'aucun reproche, lui firent prendre le parti de s'en tenir à la carrière dramatique, résolution dont il n'eut jamais à se repentir.

MICHU (Benoît), peintre sur verre, né à Paris au commencem. du 17e S., mort en 1703, s'appliqua particulièrem. à la pratiq. de ce qu'on appelle *peinture en apprêt*. Il a peint les vitres de la chapelle de Versailles, des Invalides et du cloître des Feuillans de la rue St-Honoré.

MICIPSA, fils de Masinissa, roi de Numidie, hérita des états de son père conjointement avec Gulussa et Mastanabal, ses deux frères, à la mort desq. il demeura seul maître de tout le royaume. Micipsa eut deux fils, Adherbal et Hiempsal, et de plus adopta Jugurtha, fils naturel de Mastanabal. Mais bientôt l'ambition précoce et les qualités supérieures de ce jeune prince déterminèrent le roi à l'envoyer en Espagne, où il comptait que le sort des combats débarrasserait ses fils d'un rival si dangereux. La fortune trompa son espérance, et Jugurtha revint couvert de gloire et comblé d'éloges par le second Scipion-l'Africain. Alors Micipsa renonça à ses projets, fit de Jugurtha l'égal de ses enfants, l'associa au trône, et peu de temps avant sa mort lui affecta une part à l'héritage de son royaume.

MICKLE (William-Jules), poète écossais, né en 1734 dans le comté de Dumfries, fut d'abord brasseur, réussit mal dans ce genre de commerce, et l'abandonna pour se livrer exclusivem. à la littérature ; il devint ensuite agent des prises maritimes, et mourut en 1788. On a de lui des poèmes et plus. autres pièces de vers, recueillies en un vol. in-4, et réimpr. dans la *Collection des poètes angl.*, publ. à Édimbourg par Anderson. Le plus remarquable des ouvr. de Mickle est sa trad. des *Lusiades* (os *Lusiadas*), précédée de *l'Hist. de la découverte de l'Inde, des progrès et de la chute de l'empire portugais dans l'Orient*, de la *Vie du* Camoens, etc., avec des *Notes* et *Éclaircissem.*, Oxford, 1775, in-4. Cette trad. passe en Angleterre pour la meilleure après *l'Iliade* de Pope.

MICON, peintre grec, vivait entre la 85e et la 89e olympiade (450 ans environ avant J.-C.). Émule de Polygnote, il orna comme lui la ville d'Athènes d'ouvr. import. Ces deux artistes introduisirent l'usage de plus. couleurs combinées, et peignirent ensemble le portique connu sous le nom de *Pœcile*. Micon fut vivement critiqué pour avoir représenté (dans un tableau de la bataille de Marathon) les Perses d'une stature plus élevée que les Grecs.

MICOUD-D'UMONS (Ch.-E.), d'abord ordonnat. de la marine, puis préfet du départem. de l'Ourthe, mort à Paris le 17 déc. 1817, âgé d'environ 64 ans, est aut. des ouvr. suiv. : *Essai sur le crédit public*, 1788, in-8. — *Lettres* (au nombre de trois) *sur les banques de crédit et l'administration des finances*, 1799, in-12. — *Sur les finances, le commerce, la marine et les colonies*, an XI (1803), 2 t. en un vol. in-8.

MICYLLUS (Jacq.), littérat., né en 1503 à Strasbourg, s'appelait *Moltzer* ; mais ayant rempli avec beauc. de naturel le personnage de Micyllus dans un des dialogues de Lucien (*le Songe*), le nom lui en resta. Il enseigna d'abord le grec et le latin au gymnase de Francfort, puis occupa la chaire de grec à l'univ. d'Heidelberg, et mourut en 1558. On a de lui : *De re metricâ lib. III*, 1539, in-8. — *Arithmet. logist. lib. II*, 1539, in-8. — Plusieurs pièces de vers dans les *Deliciæ poetar. german.*; des *Épigrammes*, et quelq. autres *Poésies* en grec et en latin ; des *Notices* sur Ovide, Martial, Lucain, Térentianus-Maurus et sur la *Généalogie des dieux* par Boccacc. Il a trad. en lat. quelq. *Dialog.* de Lucien, en allem. les *OEuvres* de Tacite. On lui doit encore des édit. des *Fables* d'Hygin, de la *Grammaire* de Melanchthon, et quelq. opuscules dont on trouvera les titres dans la *Bibliothèq.* de Gessner, et dans le t. Ier des *Éloges* de Teissier.

MIDDELBURG (Paul-Germain dé), évêque de Fossombrone, duché d'Urbin, né dans la capitale de la Zélande, en 1445, mort à Rome en 1534, sollicita vivem. les deux pontifes Jules II et Léon X, les cardinaux et les Pères du 5e concile de Latran, de réformer le calendrier, et publia même à ce sujet un ouvr. intit. : *Paulina de rectâ Paschæ celebratione et de die Passionis D. N. J. C.*, 1513, in-fol., où il examine non-seulement le calendrier romain, mais aussi ceux des Juifs, des Égyptiens et des Arabes.

MIDDLETON (Henri), navigat. angl., fut chargé du commandem. d'une flotte de quatre vaisseaux que la compagnie angl. envoya dans les Indes en 1604. Parti de Gravesend le 2 avril, il entra dans la rade de Bantam le 23 déc. suiv., fit un commerce avantageux, revint en Angleterre en 1606, retourna dans les mers de l'Inde en 1610, fut fait prisonnier dans une descente sur les côtes d'Arabie, parvint à s'échapper, força les Arabes, en courant sur leurs bâtiments, à lui faire réparat., fit naufrage en 1613, dans son retour en Angleterre, et mourut du chagrin que lui causa la perte de son bâtiment et de son équipage moissonné par les maladies contagieuses. — Son frère David MIDDLETON suivit la même carrière, et fit trois voyages à Bantam et à Banda, de 1607 à 1615. On trouve les relat. des voyages des deux Middleton dans Purchass, et dans *l'Hist. gén. des Voyages* de l'abbé Prévost, où elles sont mêlées avec celles d'autres navigat. qui commandaient des bâtiments de leurs flottes. — Jean MIDDLETON, parent des précéd., commandait en 1601 un vaisseau de la flotte de Lancaster, et mourut devant Bantam en 1603.

MIDDLETON (sir HUGUES), ingénieur angl., né à Denbigh vers la fin du 16e S., d'abord orfévre à Londres, abandonna cette profession pour étudier l'hydraulique et chercher les moyens de procurer de l'eau de source à cette capitale. Muni d'un privilége du parlement, reversible à ses héritiers, il commença son entreprise, vainquit tous les obstacles, obtint en 1619, pour lui et ses associés, la patente de *compagnie privilégiée,* mit en actions la fourniture d'eau, ne reçut pour récompense de l'important service qu'il avait rendu que le titre de baronnet en 1622, fut obligé d'accepter, pour vivre, une place d'inspect. des travaux publics, et mourut en 1631. Ce fut long-temps après que l'entreprise des eaux rapporta les bénifices calculés par Middleton. La valeur de l'action, d'abord cotée à 100 liv. sterl., monta jusqu'à 15,000, puis tomba de moitié par la concurrence de nouv. compagnies.

MIDDLETON (CONYERS), sav. théolog. et littérateur, né à Richemond en 1683, embrassa l'état ecclésiastiq. qu'exerçait son père, devint docteur en théologie à l'univ. de Cambridge, débuta dans la carrière littéraire en exposant les griefs du corps enseignant dont il faisait partie, contre le docteur Bentley qui venait d'en être exclu, et préluda ainsi par des pamphlets aux polémiques qui devaient tant l'occuper, et qui donnèrent à ses écrits ce caractère d'aigreur et d'arrogance qu'on leur reproche. Il voyagea ensuite pour sa santé en France et en Italie. De retour en Angleterre, il reprit ses travaux scientifiques, théologiques et littéraires, et acquit une gr. réputation. Mais son penchant à la controverse, ses hauteurs, la témérité de ses opinions, l'entraînèrent dans des voies imprudentes, nuisirent à sa fortune, et troublèrent par d'implacables inimitiés le reste de sa vie. Il mourut en 1750. On a de lui de nombreux ouvr., dont le plus estimé est la *Vie de Cicéron,* publ. pour la prem. fois, par souscript., Dublin, 1741, 2 vol. in-8. Cette belle product. fut suivie en 1743 d'une traduct. angl. des *Lettres* de Cicéron à Brutus, et de Brutus à Cicéron, avec le latin en regard, des notes (en angl.) sur chaque lettre, et une dissertation sur l'autorité de cette correspondance, dont lui, Middleton, avait fait un fréquent usage dans sa *Vie de Cicéron,* et dont l'authenticité était niée en Angleterre par Tunstal et Markland. Tous les écrits de Middleton, *l'Hist. de Cicéron* exceptée, ont été recueillis sous le titre d'*OEuvres mêlées,*

Londres, 1752, 4 vol. in-4, et depuis, 5 vol. in-8. Les pièces les plus intéressantes de ce rec. sont : *Lettre sur Rome,* etc. ; *Dissertat.* sur l'origine de l'imprimerie en Angleterre ; *Germana quædam antiquitat. eruditæ monumenta,* etc. ; *Tr. sur le sénat romain ; Réflexions* sur les variations et les contradictions des évangélistes dans l'exposé des mêmes faits ; *Dissertat.* sur la prononciation des lettres latines ; *Libres recherches sur le don des miracles ; Examen des discours de Sherlock sur l'usage et l'esprit des prophéties,* etc. ; *Défense* de l'ouvr. précéd. L'abbé Prévost a publ. une trad. très libre de la *Vie de Cicéron ;* le *Tr. du sénat* a été trad. par d'Orbessan, et la *Lettre sur Rome,* par un anonyme, à la suite de la *Conformité des cérémonies,* etc., de P. Mussard, Amsterd., 1744, 2 vol. in-12.

MIDDLETON (CHRISTOPHE), navigat. angl., est un de ceux qui ont essayé de trouver le passage au nord-ouest. Parti à cet effet d'Angleterre en 1741, sur une galiotte à bombes, il passa l'hiver dans la baie d'Hudson, et, l'année suiv., alla plus au nord qu'aucun des navigat. qui l'avaient précédé. Parvenu dans une baie située près du 67e degré N., qu'il nomma *Repulse-Bay,* les glaces ne lui permirent pas de pousser plus loin, et, de retour en Angleterre, il fut dénoncé au gouvernem. comme s'étant laissé corrompre par la compagnie des Indes pour ne pas faire la découverte projetée. Dans la suite, cette accusat. ayant été démontrée fausse, Middleton reçut une médaille pour récompense des observat. qu'il avait faites. Il devint membre de la société royale de Londres, et mourut en 1770. Les détails de sa navigation n'ont été connus que par l'extrait qui en fut publié, d'après son journal et ses lettres, par Ellis, il en est aussi quest. dans l'ouvr. intit. *Relat. des contrées voisines de la baie d'Hudson,* par Dobbs, 1748, in-8. Middleton avait fait dans son voyage des observat. sur la déclinaison de l'aiguille aimantée, qui ont été confirmées récemment par celles du capit. Parry. — Un autre MIDDLETON (Érasme), ecclésiast. méthodiste angl., mort en 1805, a publ. un ouvr. intit. *Biograph. evangelica,* 4 vol. in-8, et un *Dictionn. des arts et des sciences.*

MIDDLETON (THOMAS-FANSHAW), le prem. évêq. anglais de Calcutta, né en 1769 à Kedleston, dans le comté de Derby, mort en 1823, avait d'abord desservi une cure dans le Northampton, et était devenu successivem., par la protection de l'évêq. de Lincoln, auquel il s'était attaché, vicaire de St-Pancras, dans le Middlesex, et archid. de Huntingdon. Envoyé dans l'Inde pour y diriger les établissements ecclésiastiq. de la Grande-Bretagne, Middleton, qui déjà s'était acquis la réputat. méritée de sav., fut élevé en 1808 au siége épiscop. de Calcutta, et l'honora autant par son zèle éclairé que par ses vertus apostoliques. C'est à ses efforts qu'est dû en grande partie l'établissement du collége des Missions protest. à Calcutta. On cite de ce prélat, entre autres écrits, une espèce de journal intitulé *le Spectateur de province,* sous le voile de l'anonyme, des *Exhortations pastorales*, in-8, et un *Traité sur la doctrine de l'article grec, appliqué à l'éclaircissement du Nouveau-Testam.*, in-8.

MIÉCISLAS Ier, en polonais *Mieczyslaw* (glorieux par son sabre), prem. prince ou souverain chrétien de la Pologne, né en 931, de la famille des Piasis, succéda à son père Ziémomysl dans le gouvernement du duché de Pologne, et, quelque temps après, demanda en mariage Dombrowka, fille de Boleslas Ier, duc de Bohème. Cette princesse vint trouver son époux, accompagnée de prêtres slaves qui décidèrent Miécislas à se convertir à la foi chrétienne. Miécislas fut baptisé et marié le même jour, 5 mars 965, suiv. les chroniques polonaises, et les principaux seigneurs du pays reçurent l'ablution sainte avec leur prince. Celui-ci rendit aussitôt un édit par lequel il ordonnait, sous les peines les plus sévères, de détruire les temples, les autels et les simulacres consacrés aux faux dieux, et fonda des églises catholiques dans les principales villes de ses états. Pend. tout son règne il fut en guerre avec les petits princes qui gouvernaient les peuplades slaves habitant les bords de l'Elbe. Il fit hommage à l'emper. Othon Ier, pour les provinces entre l'Oder et l'Elbe, s'allia au duc de Hongrie, porta des secours à l'empereur Othon III qui assiégeait Magdebourg en 991, et mourut l'anné suiv. à Posen, où il fut enterré. Son fils Boleslas, dit *Chrobry*, lui succéda. — MIÉCISLAS II, fils de Boleslas-Chrobry, né en 990, succéda à son père en 1025, perdit une gr. partie des conquêtes que celui-ci avait faites, et ne conserva qu'avec peine les anc. frontières de la Pologne. Les Russes, les Bohêmes, les Moraves et les peuplades des bords de l'Oder, de l'Elbe et de la Sala, reprirent les territoires qui leur avaient été enlevés, ou secouèrent le joug des Polonais. C'est alors que s'établirent les principautés de Mecklenbourg, de Brandebourg, de Holstein, de Lubeck, et quelq. autres états du nord de la Germanie. Les Poméraniens seuls furent défaits par trois princes hongrois réfugiés en Pologne, et à l'un desquels Miécislas donna la Poméranie en fief, avec une de ses filles en mariage. Tombé en démence par suite de ses débauches, Miécislas mourut à Posen en 1034.

MIEL (J.). — V. MEEL.

MIÉRIS, peintres hollandais très distingués. — François, peintre de genre, né à Delft en 1635, fils d'un habile orfévre-bijoutier, entra de bonne heure dans l'école de Gérard Dow, et ne tarda pas à devenir le meilleur élève de cet artiste célèbre. Son père voulut alors le porter au genre de l'hist.; mais fidèle à sa vocation, il ne voulut point abandonner celui de son maître. Ses prem. ouvrages établirent sa réput., et quelq.-uns, transportés à l'étranger, lui attirèrent des propositions brillantes, qu'il refusa par attachement pour sa patrie. Le gr.-duc de Toscane prit alors le parti de lui commander div. tableaux qui furent payés généreusem. F. Miéris abrégea ses jours en se livrant aux excès de l'ivresse, et mourut en 1681, laiss. deux fils qui s'illustrèrent

dans la même carrière. Cet artiste est surtout remarquable par l'extrême fini de ses ouvrages, et l'emporta peut-être, sous ce rapport, sur Gérard Dow; mais les sujets qu'il a traités sont d'une dimension moins grande que ceux de ce maître. Le nombre de ses tableaux est très considérable, et il est peu de galeries où l'on n'en trouve quelq.-uns. Le musée possède les suiv. : *Portrait d'un homme vu à mi-corps, enveloppé d'un manteau rouge*; une *Femme à sa toilette, servie par une négresse*; deux *Dames prenant le thé dans un salon*, et l'*Intérieur d'un ménage*. — Jean MIÉRIS, fils aîné du précédent, né à Leyde en 1660, cultiva la peinture en grand, voyagea en Allemagne, en Italie, et mourut de la pierre en 1690 à Rome, où ses ouvr. l'avaient fait rechercher. Ce sont des tabl. d'hist. et des portraits qui annoncent de grandes disposit. — Guillaume MIÉRIS, frère puîné du précédent, né à Leyde en 1662, fût l'élève de son père, et annonça dès l'enfance le talent d'un maitre. Après s'être livré au genre dans leq. son père s'est acquis tant de renommée, il voulut se distinguer dans une autre route, étudia avec ardeur les ouvrages dé Lairesse et des autres peintres d'hist. de son temps, acquit par ses div. compositions une fortune considérable, et mourut dans sa patrie en 1747. Outre le genre et l'histoire, il peignait avec une égale supériorité le paysage, modelait en terre et en cire, et les morceaux qu'il a exécutés font juger qu'il aurait acquis la réputation d'un habile sculpteur, s'il se fût exclusivement livré à cette partie. Le musée possède trois de ses tableaux : un *jeune Garçon faisant des bulles de savon*; le *Marchand de gibier*; la *Cuisinière accrochant une volaille à sa fenêtre*. Parmi les tableaux d'histoire de Miéris on cite : une *Ste Famille*; un *Triomphe de Bacchus*, et un *Jugem. de Pâris*. On connaît aussi de lui quatre *Vases*, sur lesquels il avait modelé des *Bacchanales*. — MIÉRIS (François), fils de Guill., peintre et savant antiquaire, né à Leyde en 1689, ne se borna pas à être l'émule de la gloire paternelle, en cultivant la peinture; savant historiogr., investigateur passionné des antiquités, il forma une collection considérable de chartes, et les états de Hollande et de West-Frise favorisèrent ses études et ses recherches. Il mourut en 1763. Bien moins remarquable par ses travaux en peinture que par ses écrits, il a donné en hollandais : *Descript. des monnaies et des sceaux des év. d'Utrecht*, 1726, in-8. — *Hist. des princes des Pays-Bas*, etc., 1732-53-35, 3 vol. in-fol. : c'est l'histoire métallique des Pays-Bas. — *Mémoire sur la féodalité du comté de Hollande*, 1745. — *Grand recueil des chartes de Hollande, de Zélande et de Frise*, etc., 1753-56, 4 vol. in-fol. — *Traité sur la manière d'écrire l'histoire, celle de Hollande en particulier*, sous le nom de *Zographos*, 1757. — *Chartes, priviléges, octrois... de la ville de Leyde*, 1759, in-fol. — *Description et hist. de la ville de Leyde*, 1762, 1770, 2 vol. in-fol. Il a été l'éditeur d'une anc. *Chroniq. de Hollande*, dite *du Clerc*, 1740; d'une petite *Chronique d'Anvers*, 1743; et du *Fidèle narré de la consécrat. de Nicol. de Castro*, etc., par Quentin Weytsen, 1757.

MIFFLIN (Thomas), gouvern. de la Pensylvanie, né vers 1744, fut un des patriotes qui travaillèrent avec le plus d'activité et de zèle à assurer l'indépendance de son pays. Il s'opposa dès les commencements aux mesures du parlement d'Angleterre, fut membre du premier congrès en 1774, se décida bientôt à prendre les armes, et fut un des officiers chargés d'organiser l'armée du continent. Il fit partie en 1787 de la convention nationale qui donna une constitution aux États-Unis, succéda l'année suiv. à Franklin dans la présidence du conseil suprême exécutif de la Pensylvanie, fut nommé prem. gouverneur de cet état en 1790, et mourut à Lancastre en 1800.

MIGER (Simon-Charles), graveur, anc. membre de l'académie de peinture, né à Nemours en 1756, mort à Paris en 1820, avait reçu les leçons de Cochin. Parmi ses ouvrages, qui tous se distinguent par une touche ferme et un dessin correct, on remarque la collection des animaux de la *Ménagerie du muséum* (1801, in-fol.); quelques planches des *Voyages de Cassas*, beaucoup de portraits, notamment la plupart de ceux qui ornent l'*Histoire de la maison de Bourbon*; enfin la jolie grav. du *Jeune Espagnol*. Miger, qui joignait le goût des lettres et de la poésie à celui des beaux-arts, a publié, outre plusieurs morceaux de circonstance en vers lat. et en vers français : *Pensées d'Horace extraites de ses odes, satires, épitres,* etc., lat.-franç., 1812, in-18.

MIGLIORATI (Louis), marquis d'Ancône et seigneur de Fermo, dans le 15e S., neveu du pape Innocent VII, faillit causer la ruine de son oncle en faisant massacrer en 1405, près du pont St-Ange, les députés que les Romains avaient envoyés au pape pour traiter avec lui. Après la mort d'Innocent, Grégoire XII enleva la marche d'Ancône à Migliorati; mais celui-ci s'empara d'Ascoli et de Fermo, échangea la première de ces villes contre le comté de Monopello, et prit place ainsi parmi les seigneurs indépendants qui s'étaient partagé le patrimoine de St Pierre pend. le long schisme d'Occident; il eut part aux guerres des Malatesti contre le duc de Milan, et mourut vers 1450.

MIGNARD (Nicolas), né à Troyes en 1608, était fils de Pierre More, qui avait servi avec six de ses frères, tous officiers d'une belle figure, dans les armées de Henri IV. Le roi les voyant un jour réunis, leur dit en plaisantant : « Ce ne sont pas là des Mores, ce sont des mignards; » et ce dernier nom leur resta. Nicolas reçut les premières leçons de son art dans sa ville natale, visita ensuite l'Italie, puis, en revenant, se maria à Avignon, ce qui l'a fait surnommer *Mignard d'Avignon*, pour le distinguer de son frère Pierre, dont l'article suit, et que son long séjour à Rome a fait appeler *le Romain*. Le cardin. Mazarin, en passant par Avignon, eut occasion d'apprécier le talent de Nic. Mignard; il se ressouvint de lui lorsqu'il fut de retour à Paris, et l'appela dans cette capitale. Mignard fit le portrait du roi, de la reine, et de la plupart des seigneurs de la cour. Il peignit, pour les chartreux de Grenoble deux grands tableaux d'hist. qui soutinrent sa réputation. Admis à l'académie de peinture, il en devint profess. et recteur, fut employé par Louis XIV à la décoration de ses appartements du château des Tuileries, et mourut en 1668. Ses composit. sont généralem. ingénieuses et brillent par le coloris; ses attitudes ont de la grâce et son dessin est assez correct. Il est aussi connu comme graveur à l'eau forte; on a de lui en ce genre cinq pièces d'après Annibal Carrache. On a gravé d'après Mignard 50 morceaux : la plupart sont des portr.—

Pierre Mignard , frère du précédent, né à Troyes en 1610, élève de Vouet, alla en Italie, entreprit à Rome des trav. qui le firent connaître, parcourut successivement plusieurs autres villes, notamment Venise, où il fit les portraits du doge et de plusieurs patriciens. De retour à Rome, il fut appelé, en concurrence avec Pietre de Cortone, à peindre le tableau du maître-autel de St-Charles de Catenari; il fit le portrait du pape Alexandre VII, et toutes ces *vierges* appelées par la suite *mignardes*, et qui lui ont mérité d'être comparé, par les Italiens eux-mêmes, à Annibal Carrache. Après 22 ans de séjour en Italie, principalem. à Rome, il fut rappelé en France par Louis XIV. Il fit les portraits de ce monarque et de la reine-mère, fut chargé de peindre à fresque la coupole du Val-de-Grâce, la petite galerie de Versailles et l'ancien cabinet du grand-dauphin. Il serait trop long de citer tous les trav. de ce gr. artiste, que le roi nomma son prem. peintre après la mort de Lebrun (1690). Il eut pour amis Molière, Chapelle, Racine, La Fontaine, Boileau, et la plupart des hommes distingués de l'époque. Son esprit orné, son amabilité faisaient rechercher sa soc. On a retenu de lui plus. mots ingén. et piquants. Louis XIV, dont il faisait le portrait pour la 10e fois, lui dit un jour : « Mignard, vous me trouvez vieilli?— Sire, répondit-il, il est vrai que je vois quelq. victoires de plus sur le front de V. M. » Mignard avait refusé d'entrer à l'académie de peinture fondée sous les auspices de Lebrun, dont la hauteur et l'orgueil le choquaient; mais après la mort de ce peintre, il ne fit plus de difficultés et fut reçu le même jour académicien, profess., recteur, direct. et chancelier. Il mourut à Paris en 1695. Nous croyons inutile de rappeler les peintures dont cet habile artiste a décoré les édifices royaux, et il nous suffira de citer les tableaux qui sont au musée : son *Portrait en pied; Jésus sur le chemin du Calvaire,* etc.; les *Portraits en pied de Louis, dauphin, de son épouse et de ses enfants;* celui *de la marquise de Maintenon;* celui *de la marquise de Feuquières,* fille de Mignard; *la Vierge à la grappe,* et *Ste Cécile.* Mignard fut le plus habile coloriste du siècle de Louis XIV. Son pinceau est moelleux et plein de grâce; ses compositions sont bien entendues, mais il manque de chaleur et d'énergie. G. Audran, Nanteuil, Masson, Michel Lasne, Drevet, etc., ont gravé d'après ce peintre, dont l'œuvre se compose de 147 pièces. Il a gravé lui-même à l'eau forte une *Ste Scolastique* aux pieds de la Vierge. — Pierre MIGNARD, architecte, fils de Nicolas et neveu du précédent, né à Avignon en 1640, parcourut l'Italie et la France pour y étudier et lever les plans des plus beaux monuments d'architecture, vint ensuite rejoindre son père à Paris, fut chargé de plusieurs constructions importantes, parmi lesquelles on doit citer la façade de l'église de St-Nicolas et la porte St-Martin, fut un des six premiers membres de l'académie d'architecture, en devint l'un des professeurs, et mourut à Paris en 1725.

MIGNAULT (CLAUDE), *Minos*, jurisconsulte, né à Talant, près de Dijon, en 1536, professa d'abord les humanités au collége de Reims et à Paris, étudia ensuite le droit et prit ses degrés à Orléans, fut nommé peu après avoc. du roi au bailliage d'Étampes, revint à Paris occuper une chaire de droit canon, devint doyen de la faculté, et mourut en 1606. Le plus connu de ses ouvrages est son *Comment. sur les emblèmes d'Alciat*, Anvers, 1574, in-16, plusieurs fois réimpr.

MIGNON (ABRAHAM), ou plutôt *Minion* (lès Allemands écrivent *Minjon*), peintre de fleurs, né à Francfort-sur-le-Mein vers 1640, mort en 1679, occupe un rang distingué parmi les artistes de son genre. Le musée possède cinq tabl. de ce maître : *un Écureuil, des poissons, des fleurs et un nid d'oiseau, dans un fond de paysage; un Bouquet de fleurs des champs; des Roses, des Tulipes et autres fleurs, dans un vase de cristal,* et un pendant représentant des *Fleurs et des fruits.*

MIGNOT (JEAN), architecte franç. du 14ᵉ S., ne nous est connu que par les archives ducales de Milan, où l'on apprend qu'il fut appelé à concourir à l'érect. de la fameuse basilique, dite le *Dóme,* dont les fondem. furent jetés en 1586, sous Jean Galeaz Visconti, et qui, continuée après une assez longue interruption par Ludovic *il Moro,* ne fut terminée que durant le règne de Napoléon Bonaparte sur la Lombardie. Vers 1599, Mignot fut désigné au duc, sur sa réputat. d'habileté, comme capable de remplacer le *géomètre* (architecte) franç. Nicolas Bonaventure, que des contest. avec ses confrères lombards avaient forcé de se retirer. Muni de l'agrément du roi de France, il partit pour Milan avec deux autres artistes, l'un Normand et indiqué dans les mêmes archives sous le nom de Jean *Compariosi ou Compomosie;* l'autre natif de Bruges, et appelé Jacques *Cova.* Il avait terminé la belle sacristie du côté sud de l'église, quand s'étant pris de querelle avec les autres architectes de la basilique (contre l'opinion desq. il soutenait l'absolue nécessité de flanquer d'arcs-boutants les parois extérieures de l'édifice pour en supporter le poids), il fut destitué par le conseil de la fabrique, malgré la protection déclarée du duc, qui faisait grand cas de ses talents. On n'a plus d'autres détails sur cet artiste, sinon qu'il était de retour en France en 1402; mais il est fort vraisemblable qu'il concourut à la plupart des monum. remarquables érigés de son temps à Paris.

MIGNOT (JACQUES), maître-queux de la maison du roi, écuyer de bouche de la reine, et en même temps pâtissier-traiteur établi rue de la Harpe, fit sa fortune en cherchant à se venger du trait lancé contre lui par Boileau dans sa 3ᵉ *satire.*

Car Mignot c'est tout dire ; et dans le monde entier,
Jamais *empoisonneur* ne sut mieux son métier.

Un officier tel que lui ne pouvait souffrir qu'on le traitât d'empoisonneur : il rendit plainte au lieuten. criminel qui se mit à rire en l'exhortant à en faire autant. Mignot, pour se venger, à ses frais une *Satire* de Cotin contre leur commun agress., et s'en servit comme d'enveloppe pour ses biscuits. Cette singularité leur donna la vogue, et Despréaux lui-même en envoya souvent chercher pour se divertir avec ses amis.

MIGNOT (ÉTIENNE), docteur de Sorbonne, né à Paris en 1698, mort en 1771, membre de l'acad. des inscript., se montra très habile dans la science de l'Écriture sainte, des SS. Pères, de l'histoire de l'Église et du droit canonique. On a de lui plus. ouvrages qui n'offrent pas aujourd'hui le même intérêt qu'à l'époq. de leur publicat. On en trouve les titres dans la *France littéraire* de Querard. Mais ses *Mém.,* dans le rec. de l'acad. des inscript., sur les peuples de l'Inde, les Phéniciens, etc., sont toujours consultés avec fruit. Son éloge par Lebrun fait partie du t. XXXVIII de ce recueil.

MIGNOT (VINCENT), littérateur, neveu de Voltaire, né à Paris vers 1730, embrassa l'état ecclésiastique, occupa une charge de conseiller-clerc au gr.-conseil, s'en démit en 1765 pour ne conserver que le titre d'honoraire, fut l'un des légataires de son oncle dont il fit transporter les restes à son abbaye de Sellières, et mourut en 1790. C'était un écrivain laborieux et très instruit. On a de lui : *Hist. de l'impératrice Irène,* 1762, in-12. — *Hist. de Jeanne Iʳᵉ, reine de Naples,* 1764, in-12. — *Hist. des rois catholiques Ferdinand et Isabelle,* 1766, 2 vol. in-12. — *Histoire de l'empire othoman,* etc., 1771, 4 vol. in-12; trad. en allemand et en anglais; enfin des traduct. franç. des *Traités de Cicéron sur la vieillesse et l'amitié,* 1780, in-12; et de *Quinte-Curce avec les supplém. de Freinshemius,* 1781, 2 vol. in-8.

MIKE-FINK, *le Batelier,* peut être considéré comme le représentant fidèle d'une race d'hommes aujourd'hui éteinte, et qui se distinguait par des caractères aussi tranchés que les Gitanos. Malgré leurs durs travaux, les bateliers américains trouvaient du charme dans leur vie aventureuse. Leurs fréquentes échauffourées avec les naturels des différentes contrées qu'arrosaient les rivières où ils s'étaient établis, et avec les habitants moins civilisés de l'Ohio-Inférieur et du Mississipi, leur valurent cette réputat. d'hommes redoutables qui pénétra jusqu'en Europe. Parmi eux se distinguait Mike-Fink, remarq. par sa force physique, son adresse et son intelligence. A 17 ans, il s'enrôla dans un corps de batteurs d'estrades qui campaient au nord-ouest de la Pensylvanie, et qui menaient tout-à-fait la vie des Peaux-Rouges du désert, qu'il était chargé de surveiller. Après la retraite des Sauvages et la destruct. de ce pays, Mike-Fink se réunit aux bateliers, et acquit parmi eux autant de réputat. que dans les bois. Mais il périt vers 1835 d'une manière malheureuse. Plongé dans l'ivresse, il visa si mal le but à un jeu de tir, que la balle alla frapper un de ses compagnons. Aussitôt un ami de ce dernier, soupçonnant un guet-apens, fit feu sur Mike-Fink, et le tua.

MILCENT (C.-L.-M.), colon de St-Domingue, se proclama en 1791 et 1792 le défenseur officieux des hommes de couleur opprimés, fut accusé d'avoir fomenté l'insurrection des nègres, vint se justifier à la barre de l'assemblée législative et rédigea un journal, intitulé *le Créole patriote*. Dénoncé par Robespierre à la société des jacobins, pour avoir travaillé au *Bulletin aristocratique des amis de la vérité*, il fut condamné à mort par le tribunal révolutionnaire, le 26 mai 1794.

MILÉ ou MILET (JEAN-FRANCISQUE), peintre, né à Anvers en 1643, fut élève de Laur. Franck, parcourut la Hollande, la Flandre, l'Angleterre et même l'Italie, selon quelq. biographes, se fixa ensuite à Paris, fut admis à l'acad. roy. de peinture, y devint profess., et mourut en 1680. Admirat. du talent de Poussin, il s'appliqua surtout au paysage héroïque. Ses compositions décèlent une imaginat. féconde, mais on n'y trouve point ces gr. effets de lumière, ces effets piquants qui caractérisent les product. de Cl. Lorrain. Ses couleurs sont trop uniformes. Il a peint quelques sujets tirés de l'Hist. sainte, parmi lesquels on cite le *Sacrifice d'Abraham* et *Élisée dans le désert*, qui décoraient avant 1789 l'église St-Nicolas-du-Chardonnet. Théodore, un de ses élèves, et Coelemans ont gravé d'après lui un certain nombre de paysages. Il en a lui-même gravé quelq.-uns qui sont recherchés des curieux. On peut consulter sur cet artiste le *Manuel des amateurs de l'art*.

MILEAGH , MILE, MILEADG ou MILEAS EAS-PAIN , *Milesius Hispanus*, personnage fabuleux ou peut-être historiq., est regardé comme le père commun de toutes les anciennes dynasties hollandaises, adoptées par les chroniqueurs.

MILET DE MUREAU (LOUIS - MARIE - ANTOINE DESTOUFF), général de division, etc., né à Toulon en 1756, d'une famille originaire de Lorraine, entra fort jeune dans l'arme du génie, et y devint capitaine à l'âge de 23 ans. En 1789, il remplaça comme suppléant le député Lapoype à l'assemblée constituante, et vota quelque temps avec le côté droit. C'est sur son rapport que fut rendu le décret sur la fonte des cloches pour les convertir en monnaie; il fit décréter aussi l'impression des MSs. de La Peyrouse. Après la session, il fut envoyé à l'armée des Alpes et du Var, et concourut à l'occupation du comté de Nice. En 1793, devenu suspect aux commissaires de la convention, il fut éloigné de l'armée d'Italie, et revint à Paris; les amis qu'il avait dans les comités le firent charger de rédiger le *Voyage* de La Peyrouse, et cette commission en l'éloignant des affaires, le préserva du sort de son

frère, mort à cette époque sur l'échafaud. Rentré au service vers 1796, Milet fut nommé général de brigade, occupa quelques mois le ministère de la guerre, en remplacem. de Schérer, et, après le 18 brumaire, obtint la préfecture de la Corrèze, qu'il conserva jusqu'en 1810. Les événements de 1814 le rappelèrent momentanément aux fonctions publiq.; il fut nommé directeur par *intérim* du dépôt général de la guerre, et commissaire extraordinaire en Corse; mais en 1815, il fut mis à la retraite, et cependant une place au conseil d'administration de l'hôtel des Invalides. Milet de Mureau mourut à Paris en 1825; il était baron depuis 1809, et décoré des ordres de St-Louis et de la Légion-d'Honneur. Outre la rédaction du *Voyage de La Peyrouse*, 1797, 4 vol. in-4 et atlas, on connaît de lui : les *Dépositaires*, comédie en un acte, mêlée de vaudevilles, 1814, in-8.

MILHAUT (J.-B., comte), né en 1765 à Arpajno (Cantal), fut choisi en 1791 pour commander les gardes nationales de son départ., et envoyé l'année suiv. à la convention. Dans le procès du roi, il vota la mort en disant que *Louis XVI ne pouvait expier ses forfaits que sur l'échafaud*, et que, *si des législat. philanthropes ne souillaient point le code d'une nation par l'établissem. de la peine de mort, on devrait l'inventer pour un tyran*. Dans les missions qu'il remplit, il fit exécuter ponctuellem. toutes les mesures révolutionn. Après la session, il reprit du service, eut part à la journée du 18 brumaire, et fut nommé génér. de brigade. Chargé d'une mission diplomatiq. pour les roy. de Naples et de Toscane, il obtint le commandem. de Mantoue, et, en 1803, celui de Gênes, qu'il quitta en 1805 pour passer à la gr. armée. Il se distingua notamment aux environs de Brunn, où il fit 600 prisonniers et enleva 40 pièces de canon. Ses exploits pend. la campagne de Prusse lui valurent le grade de général de divis. Le 27 oct. 1806, il fit prisonn. 5,000 Prussiens, et cependant il n'avait que 1,600 chevaux : ce beau fait d'armes se passa à Passwalk à trois heures de Stettin. En 1808, il fit partie de l'armée d'Espagne, et détruisit la cavalerie du général Black au Rio-Almanzara. En 1813, il était à l'armée d'Allemagne, où il se couvrit de gloire pendant la retraite, à la tête de la cavalerie du 14e corps commandé par Augereau. Pend. la campagne de France, il se trouvait au 5e corps; il surprit et tailla en pièces, près de Colmar, une colonne de cavalerie russe (24 déc. 1813), se signala à St-Diez contre les Bavarois (14 janv. 1814), à Brienne et à Nangis contre le principal corps des alliés (29 janv. et 17 févr.). Il fut l'un des prem. à faire sa soumission au roi Louis XVIII. Nommé chev. de St-Louis et inspect.-général de cavalerie, il ne tarda pas à être mis à la retraite. Au 20 mars, il reprit du service sous Bonaparte, combattit contre les Prussiens entre Lagny et St-Amand, à la tête des grenadiers à cheval de la garde, et, après la bataille de Waterloo, se retira sur la Loire, et fit sa soumission au roi. La loi du 12 janvier 1816 le força de s'expatrier. Il était rentré en France depuis quelq. années lorsqu'il mourut à Aurillac le 8 janvier 1855.

MILIZIA (Francesco), né en 1725 à Oria, territoire d'Otrante, d'une famille noble, fit ses prem. études à Padoue, et dès l'âge de 16 ans déserta les classes pour parcourir l'Italie. Son père l'ayant ramené de Rome à Naples, il quitta cette ville après y avoir suivi quelq. temps les leçons de l'abbé Genovesi et du P. Orlandi, fit de nouv. excursions, puis se maria en 1750 à Gallipoli. Onze ans plus tard, il vint se fixer à Rome, et y obtint la place d'architecte-surintend. des bâtim. du roi de Sicile dans les états romains. Son inconstance le porta bientôt à se démettre de cet emploi, et dès-lors il s'adonna sans partage à l'étude théorétique des beaux-arts. Milizia mourut en 1798. Il avait été lié intimem. avec le chev. d'Azara et Raphaël Mengs, dans le commerce desq. il puisa les doctrines plus sensées qu'il a répandues dans un certain nombre d'écrits. Il suffira d'indiquer : *Vite de' più celebri architetti*, reprod. sous le titre de *Memorie degli architetti antichi e moderni*, Parme, Bodoni, 1781, 2 vol. in-8. — *Principj d'architettura civile*, Bassano, 1785, 5 vol. in-8, fig. : c'est le meill. de ses ouvr.—*Dizionario delle belle arti del disegno*, estratto in gran parte della Enciclopedia metodica, 1797, 2 vol. in-8. Il a paru, en 1827 : *Lettere di Milizia al conte Fr. di Sangiovanni*, ora per la prima volta pubb., Paris, Renouard, grand in-12, précéd. d'une *Notice* sur la vie et les ouvr. de l'aut. Salfi a rendu compte de cette publicat. dans la *Revue encyclopédique*. On peut encore consulter C. Ugoni, *Stor. della lett. ital. nella secunda metà del sec. XVIII*, et Cicognara, *Mem. intorna all' indole e agli scritti di Milizia*, etc. (*Atti della soc. ital.*, vol. II, pag. 440.)

MILL (John), helléniste, né à Shap, comté de Westmoreland, vers l'an 1645, fut chapelain de Charles II, principal du collége de St-Edmont, chanoine de l'église de Cantorbéry; et mourut en 1707. On a de lui une très belle édit. du Nouveau-Testament grec, précédée de savants *prolégomènes*, enrichie de *scholies* et de *notes explicatives*, etc., Oxford, 1707, in-fol. Ludolphe Kuster a ajouté de nouvelles recherches à celles de Mill et a perfectionné son ouvr. dans une 2e édit., Amst., 1709, in-fol., réimpr. à Leipsig en 1723 sous ce titre : *Nov. Testament. græc. cum lectionib. variantib.*, etc. J. Mill s'était fait une réputat. par ses *sermons*, mais il n'y a d'impr. que celui sur la fête de l'*Annonciation*.

MILL (Henri), ingén., né à Londres vers 1689, fut un des princip. coopérat. de l'entreprise des eaux, commencée par Hugues Middleton (*v. ce nom*), et s'acquit par ses services la reconnaissance de ses compatriotes. La ville de Northampton lui dut le même avantage, et il fournit aussi des eaux abondantes aux jardins d'Houghton de sir Robert Walpole. Cet habile hydraulicien mourut en 1770.

MILLAR (Jean), publiciste, né en 1735 à Shotts, dans le comté de Lanerke, en Écosse, professa le droit à l'université de Glasgow pend. 40 ans, s'acquit une gr. réputat. par ses leçons et par ses écrits, et mourut en 1801. On a de lui : *Observations sur la distinction des rangs dans la société*, 1771, in-8 ; trad. en franç. par Suard, 1773, in-12. —*Coup-d'œil histor. sur le gouvernem. angl.*, 1787, in-4. — *OEuvres posthumes*, 1803, 2 vol. in-8.

MILLE (Antoine-Étienne), avocat au parlement de Paris, né à Dijon vers 1750, conçut dès l'âge de 17 ans, l'idée d'approfondir l'hist. de sa province, se dévoua à cette étude avec persévérance, mit à contribution les dépôts publics et les bibliothèq. particulières, et publia l'*Abrégé chronologique de l'hist. ecclésiast., civile et littéraire de Bourgogne*, Dijon et Paris, 1772-73, 3 vol. in-8. Il avait promis de conduire cet ouvrage jusqu'au 18e S., et avait reçu des états de Bourgogne une gratification pour aider aux frais d'un 4e et d'un 5e vol.; mais il s'est borné aux 3 vol. déjà publiés, et qui se terminent à l'époque de la réunion du roy. d'Arles à l'empire des Carlovingiens, soit que les difficultés de son entreprise l'en eussent dégoûté, soit qu'il en ait été empêché par sa mort, dont l'époque est inconnue.

MILLER (James), poète dramat. anglais, né en 1703, mort en 1744, avait embrassé l'état ecclésiastique; mais son goût pour le théâtre indisposa contre lui l'évêque de qui dépendait son avancement, et il eut recours à sa plume pour subsister. On a de lui : 8 comédies, dont *la Belle-Mère*, imitée du *Malade imaginaire; Mahomet*, tragédie, traduite de Voltaire; *Joseph et ses frères*, oratorio: de petits *poèmes*, des *pamphlets* politiq. et quelq. *sermons*. Il-a trad., en société avec H. Baker, le *Théâtre de Molière*, publ. par Watts, avec le texte en regard. — Son fils a publ. un vol. de *poésies* et la trad. du *Cours de belles-lettres* de Batteux.

MILLER (Philippe), célèbre jardinier anglais, né dans l'Écosse en 1691, succéda à son père dans la place d'intendant du jardin de la compagnie des apothicaires à Chelsea, et mourut dans cette ville en 1771, membre de la soc. royale de Londres et de plus. soc. savantes de l'Europe. C'est par ses soins qu'un gr. nombre de plantes exotiq. ont été acclimatées sur le sol britannique. Joignant à la théorie et à la pratique du jardinage de gr. connaissances en botanique, il se fit connaître par plus. *Mém.* insérés dans les *Transact. philos.*, et publia : *Dictionn. du jardinier et du fleuriste, ou système complet d'horticulture*, Londres, 1724, 2 vol. in-8. — *Catalogue des arbres, arbustes, plantes*, etc., *des jardins aux envir. de Londres*, 1750, in-fol., avec 21 pl. color. d'après les dessins de van Huysum. — *Catalogus plantarum officinalium quæ in horto botan. chelseiano aluntur*, 1750, in-8. — *Dict. des jardiniers*, 1731, in-fol. : cet ouvr., qui mit le sceau à la réputat. de l'aut., a été traduit notamm. en franç. par Chazelles avec des notes de Hollandre, 1785-88, 8 vol. in-4 : la meill. édit. angl. est celle de Th. Martyn, Londres, 1807, 4 vol. in-fol. Miller publia, de 1755 à 1771, un rec. de 300 fig. col. pour joindre à son diction. — *Calendrier du jardinier*, 2e édit., 1732, in-8, réimpr. pour la 16e fois en 1775. — *Culture de la garance suivant la méthode pratiquée en Zélande,*

1758, in-4, avec pl. — *Courte introduction à la connaissance de la botanique*, 1760, in-8, avec pl. Le doct. Martyn a consacré un des genres de la famille des corymbifères à ce sav. jardinier sous le nom de *Milleria*. — Charles MILLER, fils du précédent, riche négociant dans les Indes-Orientales, a fait passer à la soc. roy. de Londres de curieuses expériences sur l'utilité de la transplantation du froment, et a fait insérer dans le tome LXVIII des *Transact. philosoph.* une *Descript. de Sumatra.* — MILLER (Edward), doct. en musique, ancien organiste de Doncaster, où il mourut en 1807, dans un âge avancé, s'est fait connaître par plus. composit., au prem. rang desquelles on place ses *Éléments of Thorough-bass and composition*, et ses *Psalms of David.*

MILLER (JEAN-MARTIN), littérateur allemand, né à Ulm en 1750, embrassa l'état ecclésiastiq., remplit les fonctions de past., professa pendant plus. années la théologie et la langue grecq., fut nommé en 1810 doyen et conseiller consistorial, et mourut en 1814. On a de lui 5 rom.: *Charles de Burgheim; Correspondance de trois amis d'université; Siegwart:* ce dern. a été trad. dans presque toutes les langues de l'Europe, notamm. deux fois en franç.; et des *poésies* (élégies, romances et chansons) qui sont devenues populaires en Allemagne. — MILLER (lady), morte à Bristol en 1781, a publié des *Lettres sur l'Italie*) où elle avait voyagé en 1770 et 1771), 3 vol. in-8; et un *Rec. de poésies.*

MILLEVOYE (CHARLES-HUBERT), poète élégiaq., né en 1782 à Abbeville, y commença ses études, qu'il vint terminer à Paris, et remporta en 1798 le prem. prix de littérat. au collége des Quatre-Nations. A 13 ans il avait perdu son père, et c'est du même temps que datent aussi ses prem. composit. Il renonça successivem. aux études du barreau et au commerce de la librairie pour se vouer sans partage au culte des muses. Ses concours académiques commencèrent sa réputation; il remporta dep. 1806 presq. chaque année le prix de poésie à l'Acad. franç. par des morceaux pleins de verve, et d'une pureté de style remarq. On cite surtout : *L'Indépendance de l'homme de lettres* (1806), *le Voyageur* (1807), *la Mort de Rotrou* (1811), *Belzunce, ou la peste de Marseille*, enfin *le Héros liégeois* (GOFFIN). En 1815 Millevoye, qui s'était marié, et dont la santé commençait à dépérir, retourna dans sa ville natale. Là, il se livrait paisiblement à ses travaux chéris, chantant parfois, comme le cygne mélodieux, sa dern. heure, qu'il voyait approcher. Des affaires l'appelèrent à Paris au mois de juin 1816; il y mourut le 12 août suiv., à 34 ans. Une grande sensibilité, de la verve, beaucoup de grâce et de pureté distinguent la plupart de ses compositions; au nombre de celles où les images sont le plus touchantes, il faut distinguer sa jolie romance *Priez pour moi*, qu'il composa tout d'une haleine 8 jours avant sa mort; son élégie du *Poète mourant*, celle de la *Chute des feuilles*, les morc. intit.: *Emma et Eginhard*, la *Rançon d'Egill*, enfin son poème d'*Alfred.* Les

OEuvres complètes de Millevoye, précédées d'une intéressante *Notice* sur sa vie par M. J. Dumas, ont paru en 1822, 4 vol. in-8 : on y trouve, outre sa trad. des *Bucoliques* de Virgile et celle de quelq. chants de l'*Iliade*, 5 tragéd. qui n'ont pas été représentées : *Corésus, Ugolin* et *Conradin;* elles ont été reproduites en 1827, chez Furne, 4 vol. in-8, dont le dern. contient des *OEuvres* inédites. Le même édit. a publ. les *OEuvres choisies* de Millevoye, 1833, 2 vol. in-8, avec une notice biogr. et littér. par Pongerville; cette édit. contient des pièces qui ne sont pas dans l'édition des *OEuvres complètes.*

MILLIÉ (JEAN-BAPT.-JOSEPH), sous-direct.-gén. des contributions directes, né vers 1772 à Beaune, mort à Paris en juillet 1826, fut d'abord professeur d'humanités au collége de Juilly, entra vers 1798 au ministère des finances, et s'y éleva par degrés aux prem. emplois. Il remplit avec distinct. plus. missions import. sous l'empire, et depuis la restauration refusa le portefeuille des finances du Portugal, qui lui fut proposé au nom du souverain de ce royaume. Millié associa toute sa vie les travaux littér. aux trav. administratifs : c'est à lui qu'est due la meill. trad. des *Lusiades* de Camoëns, Paris, 1825, 2 vol. in-8. Il avait publ. en 1821, *Lettre à M. Brennet*, député du départ. de la Côte-d'Or sur le dégrèvement de 1821, à l'occasion du fonds commun du cadastre; et en févr. 1826 le *prospectus* d'un ouvr. ayant pour titre : *Du cadastre tel qu'il est établi par la loi du 31 juillet 1821*, etc. : l'ouvrage devait former un vol. in-8.

MILLIÈRE (ANT.-LOUIS CHAUMONT de LA), administrateur, né à Paris en 1746, fut élevé à Lunéville, à la cour du roi de Pologne Stanislas, dont son oncle était chancelier, et devint successivem. avocat-gén. au parlem. de Nancy, maître des requêtes, intend. des ponts-et-chaussées, des mines, intend. des finances, charge dont il se démit en 1792. Quelq. jours après le 10 août, il fut mis à l'Abbaye; mais il en sortit heureusem. la veille du massacre des prisons. Il subit une seconde et plus longue détent. sous la terreur. Après le 18 fruct. il fut déporté, par ordre du gouvernem. directorial, sur le territoire de Genève, parce que son nom était inscrit sur la liste des émigrés. Il rentra en France au commencem. de 1800, refusa les offres brillantes qui lui furent faites par le premier consul, et mourut en 1803. On a de lui : *Mémoire sur le département des ponts-et-chaussées*, 1790, in-4. — *Supplément* à l'écrit. précité, et des *Observations* sur un écrit de M. Biauzat relatif à l'organisation des ponts-et-chaussées. La Millière avait refusé en 1787 le poste de contrôleur-général, que Louis XVI lui offrait comme étant, suivant les propres expressions du monarque, le pus honnête homme de son royaume.

MILLIÈRES (FRANÇ.), né en Normandie, cultivateur, embrassa avec enthousiasme les principes de la révolut., et ne tarda pas à se signaler parmi les hommes les plus exagérés. En 1792, il devint membre de la commune de Paris, et fut envoyé, en qualité de commissaire du pouvoir exécutif, dans le départ. de l'Eure et à l'armée de la Vendée. Constamment attaché au parti jacobin, malgré les réactions de thermidor et de prairial, Millières resta cependant sans être inquiété jusqu'en 1800; compris alors dans l'affaire de la *machine infernale*, il fut déporté au Sénégal, où il mourut en 1803.

MILLIET (JEAN-BAPTISTE), littérat., né à Paris en 1745, fut employé à la biblioth. du roi, et mourut en 1774. On a de lui: *les Étrennes du Parnasse, contenant les vies des poètes grecs et latins, des réflexions sur la poésie*, etc., Paris, 1770-74, 15 vol. in-12 : cette compilat. a été continuée par Le Prevost d'Exmes. On cite encore de Milliet une *Lettre sur les Guèbres et les Scythes*, tragédie de Voltaire, et des *Lettres sur la peinture au pastel*, 1772, in-12.

MILLIEU (ANT.), *Millieus*, jésuite, né à Lyon en 1575, professa les humanités, la rhétoriq. et la philosophie, fut ensuite recteur de divers colléges, puis provincial de son ordre, et mourut en 1646. Il avait cultivé la poésie latine avec succès; mais dans une maladie à laq. il ne croyait pas échapper, il demanda la cassette qui renfermait ses vers, au nombre de plus de 20,000, et les jeta au feu. Le prem. chant d'un poème héroïque fut seul sauvé de cette destruct. Millieu, à la prière de l'archev. de Lyon, acheva cet ouvr., qui fut impr. sous le titre suivant : *Moyses viator, seu imago militantis Eccles. lib. XXVIII*, 1636-39, 2 parties in-8.

MILLIN (AUBIN-LOUIS), savant archéologue et naturaliste, né à Paris en 1759, prit d'abord l'habit ecclés.; mais il renonça bientôt à la théologie pour se livrer entièrement aux lettres, qu'une fortune assez considérable lui permettait de cultiver avec indépendance. Après avoir appris la plupart des langues modernes et s'être familiarisé avec les classiques de toutes les nations, dont il traduisit les morceaux les plus intéressants, il dirigea ses études sur les sciences naturelles, et conçut le projet d'en écrire l'histoire sur le plan que Montucla et Bailly avaient adopté, l'un pour les mathémat., l'autre pour l'astronomie. Il fut ensuite l'un des fondat. de la société *Linnéenne*. Comme la plupart des savants de l'époque, il ne vit dans la révolution que la réforme des abus; mais, ennemi des excès, il les combattit avec un courage qui lui suscita de vives persécut. Arrêté en 1793, il fut enfermé dans une des prisons de Paris, et n'échappa à une mort certaine que par la journée du 9 thermidor. Il succéda en 1794 au sav. abbé Barthélemy dans la place de conservateur du cabinet des médailles, fut ensuite chef de divis. dans les bureaux de la commission d'instruct. publique, puis professeur d'histoire à l'école centrale de la Seine. Il avait entrepris en 1792, avec MM. Noël et Warnes, la rédact. du *Magasin encyclopédique;* abandonné de ces deux collaborateurs, il continua seul ce travail. Sous le gouvernem. impérial il fit un voyage dans le Midi de la France, dont il publia la relat. en 1807. Quatre ans après il entreprit celui d'Italie. De retour en 1813, il voulut mettre en ordre les notes et les docum. nombreux qu'il avait recueillis dans ses courses; mais ce travail acheva de ruiner sa santé, et il mourut le 14 août 1818. On a de ce sav. un très gr. nombre de product. dont on trouve le catalogue à la suite de sa *Notice nécrologique*, dans le tom. VI des *Annales encyclopédiq.*, année 1818. Nous nous bornerons à citer : *Mélanges de littérat. étrangère*, 1785, 6 vol. in-12. — *Discours sur l'origine et les progrès de l'hist. naturelle en France*, 1790, in-4 : ce discours sert d'introduct. au recueil des *Mém. de la soc. d'hist. naturelle.— Minéralogie homérique*, 1816, in-8. — *Antiquités nationales, ou Rec. de monuments pour servir à l'hist. de l'empire franç.*, 1790-98, 5 vol. gr. in-4, fig. — *Élém. d'hist. naturelle*, 1794, 1801, in-8. — *Introduct. à l'étude des monuments antiques*, etc., 1796-1811, 4 part. in-8. — *Monuments antiques inédits*, etc., 1802-04, 2 vol. in-4, avec 92 pl. — *Dictionnaire des beaux-arts*, 1806, 3 vol. in-8. — *Voyages dans les départem. du Midi de la France*, 1807-11, 5 vol. in-8, avec atlas in-4.—*Description des peintures, des vases antiques, vulgairement appelés étrusques*, 1808-10, in-fol. — *Galerie mythologique*, etc., 1811, 2 vol. in-8, fig. — *Voyage en Savoie, en Piémont*, etc., 1816, 2 vol. in-8.— *Voyage dans le Milanais*, etc., *et dans plus. autres villes de l'ancienne Lombardie*, 1817, 2 vol. in-8. — *Magasin encyclop.*, journal commencé en 1792 et continué jusqu'en avril 1816, 122 vol. in-8. — Plus. *articles* dans la *Biographie universelle.* On a publié en 1826 : *Introduct. à l'étude de l'archéologie, des pierres gravées et des médailles*, nouvelle édit., revue et mise en ordre par J. Roquefort, précédée d'une notice sur la vie et les ouvr. de l'auteur, par Dacier, et des *Discours prélimin.*, par M. Champollion-Figeac, in-8. Un *Éloge* de Millin, par M. Auguis, est inséré dans le t. II des *Mém. de la soc. roy. des antiq. de France*.

MILLOT (CLAUDE-FRANÇ.-XAVIER), histor., né en 1726, à Ornans (Franche-Comté), fit ses études chez les jésuites, fut ensuite admis dans la société, et après avoir enseigné les humanités dans plus. colléges, fut chargé de professer la rhétorique à Lyon. Un discours, couronné par l'acad. de Dijon en 1757, sur cette question : *Est-il plus utile d'étudier les hommes que les livres?* fut son début dans la carrière des lettres. Cet écrit, dans lequel il donnait la préférence à l'étude des hommes et osait faire l'éloge de Montesquieu, indisposa contre lui ses supérieurs. Les désagréments qu'il éprouva le décidèrent à rentrer dans le monde, et l'archevêque de Lyon le nomma un de ses gr.-vicaires. Après avoir prêché quelque temps sans succès à Versailles et dans la province, l'abbé Millot, dans le but d'être utile aux jeunes gens, entreprit quelq. traductions et des abrégés d'hist. Plus tard, sur la recommandation du duc de Nivernois il obtint la chaire d'hist. au collége de la noblesse, fondé à Parme par le marquis de Felino. En 1778, il fut nommé précepteur du duc d'Enghien, et mourut en 1785. Il avait été reçu à l'Acad. franç. en 1777. On a de lui : *Disc. académiques*, 1760, in-12.—

Discours sur le patriotisme franç., 1762, in-8. — *Disc. de réception à l'acad. de Châlons*, 1768, in-4. — *Disc. de réception à l'Acad. franç.*, 1778, in-4. — *Essai sur l'homme*, trad. de l'anglais de Pope, avec des notes, etc., 1761, petit in-12. — *Harangues d'Eschine et de Démosthène, pour la couronne*, 1764, in-12. — *Harangues choisies des historiens latins*, 1764, 2 vol. in-12, c'est la trad. des *Conciones*. — *Éléments de l'hist. de France*, ib., Paris, 1767-69, 3 vol. in-12; 1806, 4 vol. in-12, avec la continuation de M. Ch. Millon et de Delille de Sales. — *Élém. de l'hist. d'Angleterre*, 1769, 3 vol. in-12; 1810, augm. des règnes de George II et de George III par Ch. Millon. — *Élém. d'hist. générale ancienne et moderne*, ibid., 1772-83, 9 vol. in-12, ces trois ouvr. ont été réunis sous le titre d'*OEuvres de l'abbé Millot*, Paris, 1800, 15 vol. in-8; nouvelle édit., 1819-20, 12 vol. in-8. — *Hist. littéraire des Troubadours*, ib., 1774, 3 vol. in-12. — *Mémoires politiq. et milit. pour servir à l'hist. de Louis XIV et de Louis XV*, rédigés sur les MSs. du duc de Noailles, 1777, 6 vol. in-12 : cet ouvr., plus. fois réimpr., fait partie de la *Collect. des mémoires sur l'hist. de France*, publiée par Petitot. — *Extraits de l'hist. anc., de l'hist. romaine et de l'histoire de France*, impr. dans le *Cours à l'usage de l'école militaire*. Le second de ces extraits a été réimpr. sous le titre de *Tableau de l'hist. romaine*, ouvr. posthume, etc., 1796, in-4, avec 48 fig. — *Dialogue et Vie du duc de Bourgogne, père de Louis XV*, 1816, in-8. On a publ. sous son nom des *Élém. de l'hist. d'Allemagne*, qui depuis ont été avoués par M. Duchâtel. L'abbé Millot a laissé MSs. une *Hist. de l'Église gallicane*, une *Traduct. de l'hist. de la vie civile*, par Fergusson et un petit vol. intitulé *Examen de ma vie*. M. Lingay a composé l'*Éloge de l'abbé Millot*, couronné par l'acad. de Besançon en 1814. D'Alembert disait de cet hist. que c'était l'homme en qui il avait vu le moins de préventions et de prétentions.

MILLOT (Jacq.-André), chirurg., né à Dijon en 1758, vint terminer ses études à Paris, fut agrégé au collége de l'acad. de chirurgie, obtint, comme accoucheur une réputat. brillante, et mourut d'apoplexie en 1811. On a de lui l'*Art de procréer les sexes à volonté, ou Système complet de générat.*, Paris, 1800, in-8; cet ouvr. a eu 4 édit. — *L'Art d'améliorer les générat. humaines*, 1801, in-8. — *Supplément à tous les traités, tant étrangers que nationaux, sur l'art des accouchements*, 1804, in-4; réimpr. en 2 vol. in-8. — *La Géroconie, ou l'Art de parvenir à une longue vie sans infirmités*, in-8. — *Le Nestor franç., ou Guide moral et physiologique*, etc. (avec Coffin, son beau-fils), 1807, 3 vol. in-8. — *La Médecine perfective*, etc., 1809, in-8. — *Des Observat. ou Dissertat.* sur l'opération césarienne, la phtisie, la vaccine, etc.

MILLY (Nicolas-Christiern de THY, comte de), mestre-de-camp de cavalerie, né en 1728, d'une anc. famille du Beaujolais, embrassa à 14 ans la carrière des armes, servit avec distinct. jusqu'à la paix de 1762, s'adonna ensuite à la culture des sciences, publia des *Essais* sur différ. objets de physique et de chimie, qui le firent connaître des savants, et lui ouvrirent les portes de l'acad. des sciences et de plus. autres soc. savantes. Il avait malheureusem. trop de confiance dans la vertu de ces remèdes qu'on nomme *secrets;* et, après les avoir analysés, il voulut en faire l'essai. Sa constitution naturellem. robuste fut altérée par ces expériences, et il mourut en 1784. Outre plus. *Mém.* dans le *Journal de physiq.* et dans les *recueils* des acad. dont il était membre. On a de lui : *l'Art de la porcelaine*, 1771, in-fol.; trad. en allemand. — *Mém. sur la manière d'essuyer les murs nouvellem. faits*, 1778, in-8.

MILLY (Pierre-Antoine de), avocat au parlem. et procur. au Châtelet, né à Paris en 1728, mort en 1799, avait épousé la nièce du sav. abbé Mercier de Saint-Léger, dont il partagea le goût pour la bibliographie. Les amateurs recherchent encore le *Catalogue* de sa bibliothèq., rédigé par Chaillou. Il est précédé d'une *Notice* sur Milly, qui a été reproduite dans le *Magasin encyclopédiq.*, 5e année, t. III, p. 242.

MILLS (Charles), né en 1788 à Greenwich, abandonna successivem. la carrière du commerce et celle du barreau pour se consacrer à la littérat., publia, en 1817, l'*Hist. du mahométisme;* celle des croisades la suivit en 1820. Les *Voyages de Théodore Ducas à l'époque de la renaissance des lettres* parurent deux ans après, et l'*Histoire de la chevalerie* fut publiée en 1825. Une trad. complète des ouvr. de Mills avait été annoncée en 1825. Il n'en a paru qu'un seul vol.; c'est le prem. de l'*Histoire des croisades*. Mills mourut à Southampton en 1826.

MILNER (Isaac), sav. angl., né près de Leeds (comté d'York) en 1751, d'une famille très pauvre, perdit son père encore fort jeune; réduit à travailler du métier de tisserand, il cultiva néanmoins ses heureuses dispositions pour l'étude, et par le secours de quelq. généreux citoyens, acquit une gr. instruction; il entra ensuite au collége de Cambridge, où il s'appliqua particulièrem. aux sciences mathématiq., obtint, en 1782, l'office de procur. de l'université de cette ville, et y devint successivement profess. de physiq. expérimentale (1788), vice-chancelier (1792), et enfin profess. de mathématiques. D'un autre côté, quelq. *Mém.* scientifiques lui ouvrirent les portes de la soc. royale de Londres. Dans cette situation élevée, ayant pour amis les hommes les plus illustres de l'Angleterre, entre autres Pitt et Wilberforce, le doct. Milner n'oublia point l'état d'où il était sorti; il vint souv. visiter à Leeds ses anciens camarades, et entretint avec eux une liaison constante. Cet homme respectable mourut près de Londres en 1820. Outre plus. *Mém.* dans les *Philosophical transactions*, on a de lui : *Animadversions on doctor Haweis's history of the Church of Christ*, 1800, in-8. — *Strictures on some of the publications of the rev. Habert, Marsh*, etc., 1813, in-8. — Joseph Milner, théolog., frère du précédent, né à Leeds en 1744, mort en

Bosselman sc.

MILTON.

Publié par Furne Paris.

1797, a donné entre autres ouvr., en anglais, une *Hist. de l'Église chrét.*, dont il n'a fait paraître que 3 vol.; le 4e vol. a été rédigé sur ses MSs. par ses frères; *Réfutation des attaques dirigées par Gibbon contre le christianisme*, un *Essai sur l'influence de l'Esprit saint*, etc.

MILON de Crotone, le plus célèbre athlète de l'antiquité, fut sept fois vainqueur aux jeux pythiques et six fois aux jeux olympiques. Il s'y présenta une septième fois, mais il ne put combattre, faute d'antagonistes. On raconte de sa force une foule de traits prodigieux et dont probablement quelq.-uns sont exagérés. Sa mort n'est pas moins fabuleuse que sa vie; car on rapporte que, dans sa vieillesse, ayant trouvé un vieux chêne entr'ouvert, il voulut l'achever avec les mains, mais qu'il demeura pris entre les éclats de l'arbre et fut dévoré par un lion, vers l'an 700 avant J.-C.

MILON (TITUS ANNIUS MILO), Romain célèbre par ses démêlés avec Clodius et son amitié pour Cicéron, né à Lanuvium vers l'an 95 avant J.-C., était fils de Papius, l'un des hommes les plus illustres de l'armée des alliés pendant la guerre sociale, et épousa la fille de Sylla. Tribun l'an 57 av. J.-C., il agit avec beaucoup de zèle pour le rappel de Cicéron, et s'attira ainsi la haine de Clodius. Six ans après, Milon s'étant présenté pour obtenir le consulat, Clodius le menaça, s'il ne se départait de ses prétentions, que dans trois jours il aurait cessé de vivre. Clodius fut tué par les gens de Milon, dans une rixe qui s'était engagée entre les deux escortes; et Milon, trad. en justice pour ce meurtre, prit pour son défenseur Cicéron, qui, épouvanté de l'appareil menaçant que Pompée avait fait déployer autour du tribunal, ne parla qu'avec timidité. Milon, condamné, alla en exil à Marseille; il y resta environ 3 ans, au bout desquels, choqué de n'être pas rappelé par César lors de sa nomination à la dictature, il s'avança dans l'Italie, rassemblant des esclaves, des brigands, des prisonniers, pour composer une espèce d'armée, et déjà il assiégeait Compsa, quand une pierre lancée de dessus les murailles le blessa à la tête. Il mourut presque aussitôt l'an 48 avant J.-C.

MILONE, comte de Vérone, au 10e S., fut l'élève et le confident de l'emper. Bérenger dont il vengea la mort en 924, sur son assassin Hambert, et s'efforça de faire secouer à l'Italie le joug de Hugues qui régna ensuite en 934; il appela en Italie Arnolphe, duc de Bavière; et, en 945, ayant ouvert les portes de Vérone à Bérenger II, il contribua plus qu'aucun autre à placer sur le trône d'Italie ce prince, petit-fils de son bienfaiteur.

MILONOF (MICHEL-WASSILIEWITSCH), poète russe, né en 1792, mort en 1821, conseiller titulaire de l'empereur des Russies, avait montré de bonne heure des disposit. peu communes pour la poésie. Il n'a encore paru qu'une édit. incomplète de ses œuvres sous le titre suivant : *Satires, Épîtres et autres composit. légères de Michel Milonof*, Pétersbourg, 1819.

MILTIADE, l'un des plus illustres capit. athé-niens, était neveu d'un autre Miltiade, roi des Dolonces dans la Chersonèse de Thrace, et frère de Stésagoras, son success. A la mort de celui-ci, il s'empara de la souveraine autorité, conquit pour Athènes Lemnos et les Cyclades, et consolida sa propre puissance en épousant Hégésipyle, fille du roi de Thrace Olorus. Plus tard, ayant donné le conseil de rompre le pont jeté sur le Danube par Darius, avant d'entrer dans la Sarmatie, et voyant ce sage avis méprisé, il quitta la Chersonèse pour se dérober au ressentiment d'un monarque qui ne pouvait guère tarder d'apprendre à quel péril il avait été exposé. Cependant lorsque Darius, projetant de soumettre la Grèce, vint envahir l'Attique, Miltiade, ranimant le courage des siens, forma une petite armée, et, à la tête de 12,000 Grecs, battit 500,000 hommes dans les plaines de Marathon, l'an 490 avant J.-C. Il fut ensuite chargé de reprendre les îles de la mer Égée qui s'étaient soumises aux Perses. Mais, ayant appris que la flotte perse venait l'attaquer, il leva le siége de Paros, et revint à Athènes où on l'accusa de trahison. N'ayant pu se rendre devant les tribunaux à cause de ses blessures, il fut condamné à une amende de 50 talents, et comme il ne pouvait payer une somme aussi considérable, on le jeta dans une prison où il mourut des suites de ses blessures, l'an 489.

MILTIADE ou MELCHIADE (St), pape et successeur de St Eusèbe, Africain d'origine, fut élu en 311, présida, en 313, le concile tenu à Rome contre le schisme des donatistes, et mourut en 314, après huit ans et demi de pontificat. St Augustin fait les plus gr. éloges de ce pape, qui eut pour success. Sylvestre Ier.

MILTON (JOHN), le plus gr. poète qu'ait produit l'Angleterre, naquit à Londres le 9 déc. 1608. Son père, qui exerçait la profess. de notaire, ami des lettres et des arts, les cultivant même avec quelq. succès, et principalement la musique, ne négligea rien pour développer les heureuses disposit. que son fils manifestait. Il lui donna lui-même les premières instruct., puis le remit entre les mains des meilleurs maîtres. Le jeune Milton répondit avec ardeur aux soins paternels; il consacra même une partie des nuits à ses études, et son extrême applicat. affaiblit sensiblem. en lui l'organe dont plus tard il déplora la perte en vers si sublimes. A 18 ans il suivit les cours de l'univ. de Cambridge, où il ne tarda pas à se faire remarquer par des poésies latines d'une élégance et d'une harmonie peu communes alors dans le nord de l'Europe. Mais son humeur altière lui attira des désagrém. qui l'obligèrent de quitter Cambridge, après avoir pris le degré de maître-ès-arts. De retour près de son père, qui s'était retiré à la campagne, il continua à se livrer à l'étude avec la plus gr. ardeur, joignant aux connaissances qu'il avait acquises les langues modernes, l'histoire, la philosophie, les mathém., les antiquités, etc. : la poésie latine et angl. était la seule diversion qu'il se permit à ses travaux. En 1636 il obtint de son père la permission de visiter l'Italie, passa par la France, dont il connaissait la

15.

littérat., eut des relations à Paris avec le célèbre Grotius et plusieurs autres personnages distingués, et se rendit à Florence, où il eut plusieurs fois l'occasion de voir Galilée dans sa prison. A Rome, il fut bien accueilli du cardinal Barberini. Familiarisé dès long-temps avec la langue et la littérature italiennes, il avait composé, dans le pur toscan, des vers *qu'il lut avec succès dans plusieurs académ.* Il était à Naples et formait le dessein de parcourir la Sicile et la Grèce, lorsqu'il apprit les prem. troubles de l'Angleterre. Sa passion pour la liberté, non moins forte en lui que celle pour les lettres, le rappela dans sa patrie. En quittant l'Italie il visita de nouveau Rome et Florence, et pour la première fois Milan et Venise. De retour à Londres en 1640, il se jeta d'abord dans les querelles politico-relig. qui s'étaient élevées, et où l'esprit républicain se cachait sous l'argumentat. théologique. Il dirigeait en même temps l'éducation de quelq. jeunes gens, au nombre desquels étaient ses deux neveux : circonstance qui a fait dire à ses détract. qu'il avait été maître d'école. Il publia en 1641 un écrit sur l'épiscop., un autre sur le gouvernem. de l'Église ; et l'année suiv., un *Traité de la réformation ecclésiastique.* En 1643, il contracta un mariage qui lui fournit l'occasion de publier de nouveaux écrits. Sa femme, née dans une famille attachée au roi, le quitta par haine de ses opinions ; il publia 4 dissertations pour prouver la justice et la nécessité du divorce, et ses écrits l'ayant fait blâmer des presbytériens, il se jeta dans le parti des indépendants. Lorsque la défaite de l'armée roy. et la captivité de Charles Ier enhardirent Cromwell dans ses vues ambit., Milton publia, sous le titre d'*Areopagetica*, un écrit plein de force en faveur de la liberté de la presse, que Cromwell cherchait à étouffer, parce qu'elle s'élevait en faveur du roi ; mais il s'abstint de mettre au jour un autre écrit qu'il avait composé sur la responsabilité des magistrats et des rois. Toutefois, ses talents et l'ardeur de ses opinions décidèrent Cromwel à le nommer secrét. interprète du conseil-d'état pour la langue latine. Dès ce mom. Milton partagea le fanatisme des indépendants. Il aborda sans ménagement la question des droits et des devoirs respectifs des souverains et des peuples, dans sa réfutation de l'écrit intit. : Ηικὸν βασιλικὴ, faussement attribué à Charles Ier (*v.* GAUDEN), et dans sa réponse à l'ouvr. de Saumaise : *Defensio regis,* peu digne d'une cause aussi intéressante. En 1652, il fit paraître une seconde *Défense du Peuple anglais,* et quelque temps après, sa propre défense (*Defensio autoris*), écrite avec plus de calme et de dignité. C'est par cet écrit qu'il termina sa carrière polémique. Comme beaucoup d'autres indépend., il conserva près de Cromwell l'emploi qu'il occupait sous la république, et devint secrétaire du protecteur. Après la mort de Cromwel, et lorsque son fils Richard fut contraint d'abdiquer, Milton ne crut point la cause républic. perdue, et, l'année même de la restauration, il publia un pamplet intitulé : *Moyen prompt et facile d'établir une société libre* (*a ready and eays*

Way to establish a free commonwealth). Après s'être caché quelque temps, Milton fut arrêté le 13 septembre 1660, par ordre extraordinaire de la chambre des communes, mais relâché deux mois après par suite de l'intervention de Davenant (*v.* ce nom), auquel il avait rendu le même service dix ans auparavant, lorsque ce poète ingénieux, offic. dans l'armée royale, étant tombé au pouv. du parlement, courait risque de la vie. Milton libre, mais aveugle et pauvre, poursuivit avec ardeur la composition de son *Paradis perdu*, commencé vers la fin de la dictature de Cromwell. Il avait fait apprendre à ses filles à lire le grec et l'hébr. Chaque jour, en se levant, il entendait la lecture d'un chapitre de la Bible hébraïque, plus tard des passages d'Homère, de Platon, d'Euripide, etc., et entretenait ainsi sa mémoire des beautés de ces gr. modèles ; puis il dictait ses vers sublimes à sa femme, ou quelquefois à un ami, à un étranger qui le visitait. Pour se distraire, il touchait de l'orgue et chantait avec goût des poés. sacrées. Il vendit son MS. (1667) pour 20 livres sterling, payables à des conditions qui indiquaient la méfiance de l'éditeur. Ce poème n'eut d'abord aucun succès : l'esprit et la littérature, dit Samuel Johnson, se tournaient alors du côté de la cour, et celui qui briguait la faveur ou qui se conformait au ton dominant, aurait craint de se compromettre en louant le panégyriste du régicide. Toutefois la réputation de l'ouvrage s'établit, et le prix des édit. alla toujours en augmentant, jusqu'au moment où la révolut. de 1688 permit d'avouer hautem. l'estime que l'on gardait pour ce poème. Milton, attendant sans impatience les vicissitudes de l'opinion, poursuivit ses trav., et, trois ans après la publicat. du *Paradis perdu*, il mit au jour un *Abrégé de l'hist. d'Angleterre*, qui ne va que jusqu'à la conquête des Normands. Il fit paraître dans la même année *Samson agoniste*, tragédie mêlée de chœurs, à l'imitation des anc. ; et le *Paradis reconquis* (*the Paradise regained*), poème en IV chants, qui tomba d'abord dans l'oubli où il est resté. En 1672, il publia une logique nouvelle sous ce titre : *Artis logicæ plenior institut. ad Petri Rami methodum concinnata ;* et quelque temps après un *Traité de la vraie religion, de l'hérésie, du schisme, de la tolérance, et des meilleurs moyens d'arrêter les progrès du papisme.* Enfin, dans la dernière année de sa vie, il réunit et publia quelq. poèmes et quelq. lettres écrites en latin. Ce gr. poète termina sa laborieuse carrière le 10 nov. 1674. Cette même année parut la seconde édition du *Paradis perdu*, avec quelq. changements laissés par l'auteur. La 3e édition fut publiée en 1678, et le poème commença dès-lors à prendre faveur ; la 4e fut donnée en 1688. Les édit. subséq. les plus estimées sont celles de Londres, 1749, 3 vol. in-4, et 1753, 2 vol. in-4 ; de Birmingham (par Baskerville), 1760, 2 vol. in-8 ; de Glascow, 1770, in-fol. Le *Paradis perdu* a été trad. en prose par l'abbé de Boismorand, Dupré de Saint-Maur, L. Racine, Luneau de Boisjermain, Mosneron et Salgues ; en vers par H.-M. Leroy, Beaulaton,

Delille, Deloyne d'Autroche, J.-V.-A. de la Tour de Pernes. Les *OEuvres complètes* de Milton, avec la *Vie* de ce poëte par Toland, furent impr. pour la prem. fois à Londres, 1669, 5 vol. in-fol. L'édit. la plus estimée et la plus complète a été publ. par Todd, Londres, 1801, 6 vol. in-8, réimpr. en 1821. Mosneron a donné une *Vie* de Milton, 1804, in-8. Boulard a trad. de l'anglais de Johnson les *Vies de Milton et d'Addison*, 1806, 2 vol. in-18. On doit à F. Peck des *Mém.* sur la vie et les product. poétiq. de Milton, Londres, 1740, in-4. La *Vie* de Milton a aussi été écrite en anglais par Philips, son neveu, et par Hailey.

MIMEURE (JACQ.-LOUIS VALON, marquis de), lieutenant-général, membre de l'Académie franç., né à Dijon en 1659, fut d'abord placé en qualité de menin auprès du dauphin, fils de Louis XIV, puis, à 19 ans, entra au service et obtint un avancement rapide. Dès l'âge de 10 ans il s'était fait remarquer par ses dispositions pour la poésie; il réussissait surtout dans les vers latins. La traduct. libre d'une ode d'Horace lui ouvrit les portes de l'Académie en 1707. Il fit composer son discours de réception par Lamotte-Houdard, et cepend. il fut plus tard l'auteur de celui du cardinal Dubois. Le marquis de Mimeure mourut à Auxonne, dont il était gouverneur, en 1719. On lui attribue une traduct. en vers de l'*Art d'aimer* d'Ovide.

MIMNERME, poëte et musicien grec, contemporain de Solon, selon Suidas, était joueur de flûte et chantait les vers de sa composition. On lui attribue l'invention du vers pentamètre et celle de l'élégie. Il paraît seulement certain qu'il adapta le premier ce genre de poésie à des sujets d'amour. Il ne reste de ses productions, mentionnées par Pausanias et par Strabon, que quelques fragments, dont le plus considérable, qui n'est que de 10 vers, a été conservé par Stobée. Les fragm. de ce poëte ont été réunis par Brunck dans ses *Fragments,* dans ses *Analecta* et dans ses *Poetæ gnomici.*

MINA (marquis de LA), capitaine-général de la Catalogne, gouverna cette province pendant plus. années, plutôt comme un souverain indépend. que comme un délégué du roi d'Espagne; il embellit et assainit la ville de Barcelonne, fit fleurir son commerce et ses manufactures, et commença les constructions de Barcelonnette, espèce de faubourg de la capitale de la Catalogne, et devenu depuis une ville régulière. Il mourut en 1768.

MINA (don FRANCISCO ESPOZ Y), célèbre général espagnol, né en 1781 dans la Navarre, était fils d'un cultivat. dont il partagea long-temps les travaux, sans prévoir la destinée qui lui était réservée. Lors de l'invas. de l'Espagne par les Français en 1808, ému par un sentim. patriotique, il entra dans un corps de guérillas qui le choisit bientôt pour son capitaine. La junte d'Aragon ayant reconnu ses talents militaires, le nomma chef de toutes les guérillas de Navarre; et, confirmé dans ce titre par la régence du roy., il fut successiv. créé brigadier, maréchal-de-camp et command.-génér. de l'Aragon. C'est alors qu'il organisa le corps de par-

tisans qui fit éprouver tant de pertes aux Français pendant qu'ils occupèrent la Péninsule. En 1813 il fut, en récompense de ses services, nommé chef politique de la Navarre, et réunit ainsi tous les pouvoirs. Ferdinand VII, de retour dans ses états, témoigna le désir de voir un des hommes qui avaient le plus contribué à le rétablir sur le trône. Mina se rendit à Madrid, et, de retour en Navarre, mécontent du monarque, il conçut le hardi projet de s'emparer de Pampelune et d'y proclamer la constitution des cortès. Cette tentative ayant échoué, il vint chercher un asile en France, où Louis XVIII le prit sous sa protect. et lui donna le choix d'un lieu de résidence hors de Paris. Il s'établit à Bar-sur-Aube. Pend. les *cent-jours* il rejeta les propositions brillantes qui lui furent faites au nom de Napoléon, et se rendit furtivem. en Suisse. Il revint à Paris après la seconde restaurat., et y consacra ses loisirs à l'étude de la politique. Dès qu'il eut appris la proclamat. de la constitut. des cortès en 1820, il s'empressa de retourner en Espagne pour offrir son épée au nouv. gouvernem. Arrivé dans la Navarre, il y réunit quelq.-uns de ses anc. soldats, et fit son entrée à Pampelune, où il reçut sa nomination de capit.-général avec le grade de maréchal-de-camp. Mécontent de l'esprit de cette province, il obtint d'être envoyé dans la Galice, qu'il gouverna jusqu'en 1823. Lors de l'intervent. franç., nommé général en chef de la Catalogne, il reprit aux insurgés royalistes toutes les places fortes dont ils s'étaient emparés, battit l'armée de la Foi dans plus. rencontres, et contraignit officiers et soldats de se réfugier sur le territ. français. Dans la lutte inégale qu'il eut à soutenir ensuite contre l'armée du maréchal Moncey, il déploya toutes les ressources que peuvent offrir le courage, l'activité et la présence d'esprit. Ce ne fut que lorsque toute résistance eût été sans but qu'il signa, le 1er nov., avec le maréchal, une convent. d'après laq. Barcelonne et les autres places de la Catalogne furent remises aux Français. Mina s'embarqua sur un brick mis à sa disposit., et se rendit à Plymouth, dont les habitants l'accueillirent avec enthousiasme. Il alla s'établir à Londres, où il acheva de se guérir de ses blessures. Après la mort de Ferdinand VII, la reine Christine, reconnue régente d'Espagne, rappela Mina, qui fut chargé de combattre l'insurrection royaliste de la Navarre. Comme tous ses prédécesseurs il échoua dev. l'insurrection. On attribua ses revers à l'affaiblissem. de sa santé, qui le força bientôt de donner sa démission. Il vint alors à Barcelonne, où il mourut le 24 déc. 1836.

MINARD (ANTOINE), célèbre magistrat, né dans le Bourbonnais, dont son père était trésorier-général, débuta d'une manière si brillante au barreau de Paris, que François Ier le nomma bientôt avocat-général à la cour des comptes. Il devint ensuite président à mortier au parlement, et en 1553 il fut nommé curateur et principal conseiller de l'infortunée Marie-Stuart, reine d'Écosse. Son zèle pour la religion lui faisait appouver toutes les mesures prises contre les protestants. Se trouvant au nombre des magistrats chargés de faire le procès au conseiller Anne du Bourg, il continua de siéger, malgré les récusations de l'accusé, et cette obstinat. causa sa perte. Il fut tué d'un coup de pistolet en sortant du palais pendant la nuit, le 12 déc. 1559. Un Écossais, nommé Robert Stuart, soupçonné d'avoir commis cet attentat à l'instigation des calvinistes, fut mis à la question : mais il ne fit aucun aveu, et l'on se contenta de l'enfermer à Vincennes. C'est à cette occasion que le parlement rendit l'ordonnance appelée *la Minarde*, portant qu'à l'avenir les audiences de l'après-midi, depuis la St-Martin jusqu'à Pâques, s'ouvriraient à 4 heures. Mizauld publia un poème de 100 vers intitulé : *In violentam et atrocem cædem Antonii Minardi, præsidiis inculpatissimi, nænia*, Paris, 1559, in-4.

MINAS, de Mamith, patriarche arménien à Jérusalem, mort en exil dans l'île de Cypre, en 1706, a laissé : *Abrégé historique et chronologique des rois d'Arménie, depuis Haïk, contemporain de Bélus, jusqu'à l'an 1358 de J.-C.*, et *Petit abrégé de l'hist. des empereurs romains, grecs et occidentaux, depuis Auguste jusqu'à Charles IV*, impr. l'un et l'autre à Constantinople, 1735, in-12.

MINAS (marquis de las), gén. espagnol, commandait en 1735 le corps d'armée qui occupait la Toscane, et se signala dans cette campagne par la prise de Porto-Ercole et du fort Mont-Philippe. En 1739, il fut envoyé en France avec le titre d'ambassadeur extraordinaire, pour demander la main de Mme Élisabeth de France pour l'infant don Philippe. Quatre ans après, il reçut le commandement de l'armée espagnole en Savoie, sous les ordres du même infant. On ignore l'époque de sa mort.

MINCIO (bataille du), gagnée par le prince Eugène Beauharnais sur les Autrichiens, le 8 février 1814, est, sous le rapport des disposit. des parties adverses, l'un des plus singuliers engagem. dont les annales militaires fassent mention. Posté sur la rive droite du fleuve dont on a donné le nom à cette journée, et maître des têtes de pont de Goito et de Monzembano, le vice-roi d'Italie, se disposant à attaquer dans Villa-Franca le feld-maréchal Bellegarde, venait de traverser le Mincio lorsqu'il aperçoit le mouvement opéré à Valeggio et à Pozzolo par l'armée ennemie, qui de son côté le franchissait pour se porter sur Plaisance, où, suivant une convention faite à Bologne, elle devait se joindre aux-forces de Murat, à la veille de déclarer officiellement sa défection. Fondant aussitôt sur la division du feld-maréchal-lieuten. Merville, qui n'a pu encore traverser le fleuve, Eugène la taille en pièces en avant de Pozzolo, et les secours qui lui sont envoyés par Bellegarde, encore à Villa-Franca, la préservent à peine d'une défaite complète. Ce n'est qu'à la faveur de la nuit que les Autrichiens parviennent à reprendre leur position sur la rive gauche; après quoi le vice-roi ramène lui-même ses troupes en avant du pont de Goito. Le succès de cette action décida du reste de la campagne : l'armée autrichienne, qui n'avait pas eu moins de 6,500 hommes tués ou blessés et environ 2,500 pri-

sonniers, dut renoncer au projet de jonction avec Murat, et ses forces demeurèrent paralysées.

MIND (GODEFROI), peintre suisse, né à Berne en 1768, mort dans cette ville en 1814, fut élève de Freudenberger. Son goût particulier pour dessiner et peindre des animaux, spécialem. le chat, lui a fait donner le surnom de *Raphaël des chats*. Il en était constamment entouré, et il a saisi avec bonheur leurs diverses poses, leur physionomie doucereuse et rusée ; il a retracé avec une grande vérité leur poil soyeux. Plus. souverains, en traversant la Suisse, ont voulu avoir des chats dessinés par cet artiste, et beaucoup d'amateurs en conservent précieusem. dans leurs portefeuilles. Mind avait égalem. une prédilection pour les ours.

MINDANA, navigat. espagnol du 16e S., partit du Pérou en 1568, et fit la découverte des îles de Salomon. Dans un voyage qu'il fit avec Quiros, vers 1596, il découvrit encore les îles Marquises et de St-Bernard, l'île Solitaire et celle de Ste-Croix, et périt en retournant aux Philippines.

MINELL (JEAN), philologue, né à Rotterdam en 1625, professa les humanités, et devint recteur de cette ville où il mourut en 1683. On a de lui des édit. de classiques latins, principalement consacrées aux élèves et qui ont servi de modèle au P. Jouvenci. Les plus connues sont celles de Virgile, Salluste, Horace, Ovide, Florus, Valère-Maxime, etc. On lui doit aussi une traduct. de Térence en holland., avec le texte en regard, Rotterdam, 1663, in-8.

MINERVE ou PALLAS (mythol.), déesse de la sagesse, des arts et de la guerre, fille de Jupiter, qui la fit sortir de son cerveau. Lorsque Cécrops bâtit la capitale de son royaume, Neptune et Minerve se disputèrent à qui lui donnerait un nom : cet honneur était réservé à celui qui produirait la plus belle chose : la déesse créa l'olivier, et, le prix lui ayant été adjugé, elle appela cette ville Athènes. Elle y était particulièrem. adorée. On la représente avec le casque sur la tête, l'égide ou bouclier au bras, ayant auprès d'elle une chouette, son oiseau favori, et divers instrum. de mathém.

MINGARELLI (FERDINAND), relig. camaldule, né à Bologne en 1724, professa la théol. à l'univ. de Malte, puis, de retour en Italie, enseigna la grammaire et les belles-lettres à Faenza, où il mourut en 1777. Il était membre de l'acad. des arcadiens. On a de lui : un *Recueil de poésies*, 1754. — *Vetera monumenta ad classem ravennatem nuper eruta*, 1756, in-4. — *Veterum testimonia de Dydimo Alexandrino cœco ex quibus tres libri de Trinitate nuper detecti eidem asseruntur*, 1764, in-4. — *Epistola quâ Cl.-Nicolai Celotti emendatio XI-XVI Matthæi cap. 1, ejicienda ostenditur*, insér. dans la *Nuova raccolta calogerana*, et réimprimée séparém. avec des addit., 1764, in-4. — MINGARELLI (Jean-Louis), sav. bibliographe, frère aîné du précédent, entra dans la congrégation des chanoines régul. de St-Sauveur, fut appelé à Rome pour professer la littérat. grecque au collège de la Sapience, et mourut dans cette ville en 1793. On lui doit comme éditeur : les *Annotationes littera-*

les in psalmos, du P. Marini, avec des explicat. nouvelles sur les psaumes qui font partie de la liturgie rom., 1748-1750, 2 vol. — *Veterum patrum latinorum opuscula nunquàm antehac edita*, etc., 1751. — *Anecdotorum fasciculus, sive J. Paulini Nolani, anonymi scriptoris, etc..... opuscula aliquot, nunc primùm edita*, etc., 1766, gr. in-4. — *Epistola quarto sæculo conficta et à Basilio magno sæpiùs commemorata*, dans la *Nuova raccolta calogerana; Græci codices MSs. apud Nanios patricios venetos asservat*, 1784, in-4. — *Ægyptiorum codicum reliquiæ venetiis, in bibliothecâ nanianâ asservatæ*, 1785, 2 parties in-4.

MINIANA (JOSEPH-EMMANUEL), relig. espagnol de l'ordre de la Rédemption des captifs, né à Valence en 1671, mort en 1740, a continué l'*Histoire d'Espagne*, de Mariana, jusqu'à l'année 1600. Cette continuation; impr. d'abord dans l'édit. latine de Mariana (1733, 2 vol. in-fol.), a été trad. en espagnol, et impr. dans l'édition espagnole d'Anvers, 1737-1739, 16 vol. in-12. Miniana est encore aut. des ouvr. suivants : *De theatro saguntino dialogus*, dans le t. V des *Suppléments* de Poleni aux *Antiq. grecq. et rom.* de Gronovius. — *De circi antiquitate, etc., dialogus*, dans le même vol. — *De bello rustico valentino lib. III*, La Haye, 1752, in-8, avec carte. — Cinq *lettres* dans le second livre des *Epistolarum lib. VI* de Mayans. Il avait composé : *Sagunteida, poema de Sagunti excidio*; on croit qu'il n'a pas été imprimé.

MINOS (myth.), roi de Crète, fils de Jupiter et d'Europe, est célèbre dans l'antiquité par la sagesse des lois qu'il donna à ses sujets ; on prétendait qu'il les avait puisées dans ses entretiens avec le dieu son père. Platon dit que de son temps elles étaient encore en vigueur. On place le règne de Minos au milieu du 15e S. avant l'ère chrétienne. — MINOS II, petit-fils du précédent, est celui que les poètes ont placé aux enfers comme juge des humains après leur mort.

MINOT (LAURENCE), poète anglais du 14e S., a laissé quelques pièces qui ont été découvertes par M. Tyrrwhitt, et publ. par M. Ritson, 1794, in-8.

MINOT (GEORGE-RICHARD), historien, né à Boston en 1758, embrassa la profess d'avocat, remplit avec distinction la place de secrét. de la chambre des représentants de l'état de Massachusett, et d'autres emplois de magistrature, fut membre de l'acad. améric. des sciences et des arts, de la société historique de Boston, et mourut en 1802. On a de lui : *Disc. sur le massacre du 5 mars à Boston*, 1782. — *Hist. de l'insurrection de la province de Massachusett*, Boston, 1788, in-8 ; cet ouvrage a été comparé à l'*Hist.* de la conjuration de Catilina par Salluste. — *Éloge de Washington*, 1800, in-8. — *Suite de l'hist. de la baie de Massachusett*, de 1748 à 1765 (par Hutchinson), etc., ibid, 1798-1803, 2 vol. in-8. L'*Éloge de G.-R. Minot* a été inséré dans le t. VIII du *Recueil* de la société historique du Massachusett.

MINTO (GILB. ELLIOT, lord-comte), homme d'état, né en 1751, de l'ancienne famille Elliot,

établie dans le Midi de l'Écosse, fut élu, en 1774, membre de la chambre des communes d'Angleterre, et, quoique sa famille fût attachée au parti des *whigs*, il se rangea de celui qu'on appelait alors les *Amis du roi*, parce qu'on supposait qu'ils étaient prêts à sacrifier, dans tous les temps, leurs propres opinions et leurs amis aux volontés du prince. Sir Gilbert défendit successivement les opérations du ministère de lord North, et celles du ministère qui succéda à ce dernier. Il fut nommé vice-roi de Corse en 1794, pair de la Grande-Bretagne en 1797, ambassadeur auprès de la cour de Vienne en 1799, présid. du bureau du contrôle pour les affaires de l'Inde en 1806, et, l'année suiv., gouvern.-gén. du Bengale, poste qu'il conserva jusqu'en 1812. A son retour en Angleterre, le roi lui conféra les dignités de comte de Minto et de vicomte Melgund. Cet homme d'état mourut en 1814. — MINTO (Walter), mathématicien, né en 1753 en Écosse, se livra avec ardeur à l'étude des sciences exactes, passa aux États-Unis d'Amérique en 1782, fut nommé profess. de mathématiq. et de physique au collège de New-Jersey, et mourut en 1796. On a de lui (en angl.) : *Recherches sur quelq. parties de la théorie des planètes*, 1783, in-8. — *Discours sur les progrès et l'importance des sciences mathématiques*, etc., 1788, in-8.

MINUCCIO (MINUCCI), sav. prélat italien, né à Serravalle en 1551, fut d'abord secrétaire du pape Clément VIII qui le nomma ensuite archevêque de Zara. Il mourut en 1604. On a de lui : *Storia degli Uscocchi con i progressi di quella gente sino all' anno* 1602, continuée par P. Sarpi jusqu'à l'année 1616, Venise, 1616, in-4, 1617, in-8 ; trad. en franç. par Amelot de La Houssaye, Paris, 1682, in-12, cette trad. forme le t. III de l'*Hist. du gouvernem. de Venise*, Amst., 1705. Minuccio a écrit encore la *Vie de Ste Augusta, vierge et martyre*, insérée dans les bollandistes, au 27 mars, avec une préface et des notes ; et quelq. autres ouvr. historiques qui sont demeurés inédits.

MINUTIANUS (ALEXANDRE), littérat. et imprim. du 15e S.; né à San-Severo dans la Pouille, vers 1450, vint fort jeune à Venise, y étudia sous le savant G. Merula, et après avoir fait l'éducat. des enfants d'un seigneur milanais, fut nommé professeur de belles-lettres aux écoles palatines de Milan, se fit ensuite imprimeur, et mourut vers 1522. Il n'était encore que précepteur lorsqu'il fit impr. à ses frais une édit. d'Horace, 1486, in-fol.; neuf ans après, il publia, toujours à ses frais, une édit. de Tite-Live, 1495, in-fol., et s'occupa ensuite d'une édit. de Cicéron. Cette édit. *princeps* des œuvres compl. de l'orat. romain est en 4 vol. in-fol., dont les deux prem. sont de 1498, et les deux autres sans date. Tous les ouvr. qu'elle contient avaient déjà été impr. séparém. M. Aimé Guillon a inséré dans le *Journal de la librairie*, 1820, p. 317, 341, 348, une *Notice* sur Minutianus et ses édit. Le même *Journal* contient, p. 407, une lettre de Petit-Radel relative à cette notice.

MINUTIUS-FÉLIX (MARCUS), orateur latin, né

en Afrique sur la fin du 2e ou au commencement du 3e S., vint à Rome et s'y acquit une gr. réputat. par son éloquence. Il avait embrassé les principes du christianisme, et il en fut un zélé défenseur. On a de lui un dialogue, intit. *Octavius*, dans leq. un chrétien de ce nom et un païen disputent ensemble. Cet écrit a été long-temps regardé comme le 8e livre du traité *Adversus gentes*, d'Arnobe; mais F. Baudoin reconnut l'erreur et restitua l'*Octavius* à son véritable auteur; Heidelberg, 1560, in-8. Ce dialogue a souvent été réimpr. dep. avec des remarques, Paris, 1643, in-4; Leyde, 1672, in-8; ib., 1709, in-8, Cambridge, 1712, in-8. Il a été trad. en franç. par Perrot d'Ablancourt, Paris, 1660, in-12; et plus exactem. par l'abbé de Gourcy dans son *Recueil des anciens apologistes du christianisme.* Cette traduct. de l'*Octavius* a été surpassée par celle de M. Antoine Péricaud, Lyon, 1825, in-8, avec le texte en regard.

MINUTOLI (Vincent), littérateur, né à Genève, vers 1640, embrassa d'abord la carrière ecclésiastique, et fut appelé en Hollande pour y remplir les fonctions de pasteur; mais une intrigue galante l'ayant contraint de résigner cette place, il revint dans sa patrie où il fut nommé profess. d'histoire et de belles-lettres à l'acad., en 1676. Plus tard, la régularité de ses mœurs lui mérita d'être réintégré dans la compagnie des pasteurs, et il mourut en 1710. On a de lui : *Hist. de l'embrasement du pont du Rhône*, 1670, in-12. — *Dissertation sur un monum. trouvé dans le Rhône en 1778.* — Une *lettre* à Jurieu, dans la *Chimère de la cabale de Rotterdam.* — *L'Éloge de Spon*, impr. par extrait dans les *Nouvelles de la républ. des lettres*, juin 1686. — Les *dépêches du Parnasse, ou la Gazette des savants*, 1693, 5 nos in-12; quelq. pièces de vers latins dont on trouve les titres dans le *Dictionnaire de Moréri;* quelq. traduct. du hollandais, de l'allemand et de l'italien. Lié d'amitié avec Bayle, il correspondit long-temps avec lui sur les objets de littérature et de philosophie.

MIOLLIS (Sextius-Alexandre-Franç.), lieuten.-général, né à Aix en 1759 d'une famille honorable de Provence, entra au service à l'âge de 17 ans, dans le régim. de Soissonnais, y obtint bientôt le grade d'officier, fit les dernières campagnes de la guerre d'Amérique sous les ordres de Rochambeau, fut blessé au siège d'York-Town, devint capit. à son retour en France, et fut nommé en 1792 chef du 1er bataillon des volont. du départ. des Bouches-du-Rhône. Il se fit remarquer dans les prem. campagnes qui eurent lieu sur le Var et dans les Alpes-Maritimes, parvint au grade de général de brigade en 1795, fut employé à l'armée d'Italie, prit une part glorieuse aux princip. combats des campagnes de 1796 et 1797, se signala surtout dans la défense du faubourg St-George au siége de Mantoue, et reçut le commandem. de cette place lorsqu'elle eut capitulé. Après le traité de Campo-Formio, Miollis fut chargé d'occuper la Toscane, et reçut le grade de général de divis. Il partagea les fatigues et tous les dangers de la défense de Gênes sous les ordres

de Masséna (1799), fut nommé gouvern. de Belle-Ile-en-Mer (1803), employé l'année suiv., puis renvoyé en Italie à la fin de 1806 pour reprendre le gouvernem. de Mantoue. C'est par ses soins que fut érigé dans cette ville un monum. à la mémoire de Virgile. Il revint commander en Toscane en 1807, et reçut ensuite l'ordre d'aller occuper, avec une division, l'état ecclésiastique et la ville de Rome, que Napoléon réunit bientôt à l'empire français. Miollis resta gouvern. de ce pays jusqu'en 1814. Il revint alors en France, et reçut du roi le commandement supérieur des départem. des Bouches-du-Rhône et de Vaucluse. Appelé par Napoléon, le 20 mars 1815, au gouvern. de Metz, Miollis conserva ce poste jusqu'au mois d'octobre suiv., époque où il fut mis à la retraite. Il mourut à Aix en 1828. Les mesures politiq. qu'il fut chargé d'exécuter à l'égard de la reine d'Étrurie et du pape Pie VII ne peuvent entacher la mémoire de ce général, car le souverain pontife lui-même a rendu justice à sa modération.

MIQUE (Joseph), né en 1757 d'une famille très ancienne d'Alsace, qui fut anoblie en 1472 par l'emper. Frédéric III, était avant la révolut. avocat à la cour royale de Nancy. Dévoué à la cause de la monarchie, il fut obligé de se soustraire, en 1793, aux persécut. dirigées contre lui, et perdit une partie de la fortune que son père lui avait laissée. Aussitôt que l'ordre commença à se rétablir, il revint à Nancy, où il reprit ses anc. occupations. En 1814, porté par ses opinions bien connues, et surtout par son courage, à la tête de l'administr. provisoire, il fit offrir au comte d'Artois, alors à Vesoul, ses services et sa maison, en l'engageant à s'avancer jusqu'à Nancy, où il se trouverait plus à même d'imprimer une direct. au parti royaliste de l'Est. Le prince accepta, et fut reçu par Mique et deux conseillers municipaux qu'il avait seuls pu amener avec lui. Le prince resta dans l'hôtel de Mique, dont, par une fortune assez singulière, les ancêtres avaient déjà eu deux fois l'honneur de recevoir chez eux des têtes couronnées : l'emp. Mathias, en 1596, et 54 ans auparavant, en 1552, Charles-Quint. Avant de quitter Nancy, le comte d'Artois le nomma lieuten.-général de police pour les provinces de Lorraine et de Barrois, titre qu'il conserva jusqu'au moment où une ordonn. l'appela aux fonct. de préfet de la Meurthe. Pend. les *cent-jours*, plusieurs mandats d'amener furent décernés contre lui; mais il parvint à se soustraire à toutes les recherches dont il était l'objet. A la seconde restauration, sa préfecture ne lui fut pas rendue. L'extrême délàbrem. de sa fortune ne lui permit plus de redemander des fonct. dont il n'entendait pas faire une spéculat. financière. Mique tomba de sa voiture sur la route des Vosges, et mourut à Charmes en 1816. Son corps fut rapporté à Nancy en gr. pompe, et la douleur du peuple fut le plus bel éloge de son caractère et d'une administration qui avait épargné à Nancy l'exécut. des plus violentes menaces de la part des armées étrangères.

MIQUEL-FÉRIET (Louis-Charles), colonel d'artillerie, né en 1765 à Auxonne, où son père professait les mathémat.; entra de bonne heure au service. Quelques étourderies de jeunesse l'obligèrent de passer en Prusse, où il fut admis comme cadet dans le régiment d'artillerie de Tempelhof. Ses talents lui procurèrent de l'avancement; et il était capitaine lorsque la guerre éclata entre la France et la Prusse en 1792. Ayant déclaré qu'il ne voulait point servir contre son pays, il obtint la permission de rentrer en France, où il fut aussitôt employé dans son grade, sous la condit., demandée par lui, de ne point servir contre la Prusse. Ce fut d'après ses plans que l'artillerie légère fut organisée en France, sur le même pied qu'elle était en Prusse. Il consigna ses observat. sur cette arme dans un *Mém.* impr. à Paris, 1795, in-4. Attaché à la direct. d'Auxonne, il y fit exécuter un nouveau modèle de caissons, adopté depuis par l'administration de la guerre. En 1802 il fut envoyé à St-Domingue pour y commander l'artillerie dans la partie espagnole, et fut assez heureux pour échapper à l'épidémie. De retour en France en 1805, il avait obtenu la permission de se reposer de ses fatigues dans une propriété qu'il avait à Belleville, près de Paris, lorsqu'il mourut en 1806. — MIQUEL (Claude-Jean-François), son frère, né à Auxonne en 1768, mort en 1809, avait embrassé l'état ecclésiast., et était entré dans la congrégat. des eudistes, dont il devint un des missionnaires. J.-J. Lacoste a publié l'*Analyse des sermons* que ce respectable prêtre prononça dans la mission d'Agen en 1806, in-12.

MIRABAUD (JEAN-BAPTISTE de), littérat., né à Paris en 1675, mort en 1760, secrét. perpétuel de l'Acad. franç., porta les armes dans sa jeunesse et se signala dans différentes occasions. Entré dans la congrégat. de l'Oratoire pour se livrer plus tranquillem. à l'étude, il en sortit lorsqu'il fut nommé secrétaire de la duchesse d'Orléans, qui lui confia l'éducat. des princesses ses filles. Sa douceur et ses autres qualités lui firent beauc. d'amis; en profitant des critiques, il eut le bon esprit de mépriser les invectives des journalistes. Buffon, son success. à l'Acad., y lut son *Éloge;* d'Alembert lui a donné une *Notice* dans le tom. V de l'*Hist. des membres de l'Acad.* Il est principalem. connu par ses trad. de la *Jérusalem délivrée* du Tasse, 1724, 2 vol. in-12, réimpr. en 1824, bien qu'elle ait été surpassée par celle du prince Lebrun; du *Roland furieux*, de l'Arioste, 1740, 4 vol. in-12. On lui attribue *le Monde, son origine et son antiquité*, publ. par Dumarsais, 1751, in-8; des *lettres, dissertat.*, etc., impr. dans div. recueils. On a donné sous son nom le fameux *Système de la nature*, mais on sait que ce code de matérialisme est sorti de l'atelier du baron d'Holbach.

MIRABEAU (VICTOR RIQUETTI, marquis de), économ., naquit à Perthuis en 1715, d'une famille origin. de Toscane, et qui s'était réfugiée en Provence dans le 14e S. Fixé à Paris, il se lia avec Quesnay, chef de la secte des *économistes*, et se montra bientôt l'un des plus zélés propagat. de sa doctrine. Il composa, sur la science alors nouvelle, un gr.

nombre d'ouvr. écrits dans un style emphatique, obscur, bizarre et qui sont empreints de ce charlatanisme philanthropique propre à influencer l'opinion. Un de ses ouvr. (*la Théorie de l'impôt*, lui valut les honneurs de la Bastille, et donna à son nom la vogue qu'il ambitionnait. Mais cet homme qui prêchait si hautem. en faveur des libertés publiques, qui étalait dans ses écrits les principes les plus sévères de morale et de vertu, fut, s'il faut en croire les mémoires du temps, mauvais citoyen, mauvais époux et mauvais père. Quant au mérite de ses travaux, on peut s'en référer au jugem. de La Harpe, qui le peint comme un extravagant, bouffi d'orgueil et d'affectation. Il mourut à Argenteuil en 1789, le jour même de la prise de la Bastille. Ses OEuvres forment plus de 20 vol. Nous citerons : l'*Ami des hommes*, 1755, 5 vol. in-12, trad. en ital. — *Mém. sur les états provinciaux*, 1757, in-12. — *Mém. concernant l'utilité des états provinciaux*, 1757, in-8. — *Théorie de l'impôt*, 1760, in-4 et in-8. — *Philosophie rurale, ou Économie générale et partic. de l'agriculture*, 1764, 3 vol. in-12 : cet ouvr., abrégé sous le titre d'*Éléments d'économie rurale*, 1767 et 1768, in-12, a été composé en société avec Fr. Quesnay.—*Lettres sur le commerce des grains*, 1768, in-12. — *Les économiques*, 1769, 2 vol. in-4 et 4 vol. in-12. — *Lettres économiques*, 1770, in-12.—*Les Devoirs*, impr. à Milan au monast. de St-Ambroise, 1770, in-8. Ce titre est une allusion à l'un des traités les plus connus du saint archev. de Milan.—*La Science, ou les droits et les devoirs de l'homme*, 1774, in-12. — *Lettres sur la législat.*, etc., 1775, 5 vol. in-12. — *Entretiens d'un jeune prince avec son gouverneur*, 1785, 4 vol. in-12. — *Éducation civile d'un prince*, 1788, in-8. Il fut un des rédact. du *Journal de l'agricult., du commerce et des finances*, et des *Éphémérides du citoyen* avec l'abbé Baudeau.

MIRABEAU (HONORÉ-GABRIEL RIQUETTI, comte de), fils du précéd., et le plus grand orateur d'une époque qui a vu se former les Vergniaux, les Guadet, les Barnave, naquit à Bignon, près de Nemours, le 9 mars 1749. Dans quelq. circonstances que le sort l'eût placé, un homme doué de tant de passions fortes et impétueuses, d'une intelligence si vaste jointe à la plus imposante audace, ne pouvait manquer de se saisir du rôle marqué pour le génie, celui de dominer la masse entière des esprits, de diriger même les événem., ou de leur imprimer un mouvem. plus rapide. Les incidents de sa vie privée concoururent à façonner, pour le drame terrible où il devait figurer avec tant d'éclat, le caractère de ce prem. champion de la cause populaire dans la prem. phase de notre révolution. Jeté tardivem. dans un pensionnat militaire, après avoir reçu, sans beauc. de fruit, une éducation soignée, Mirabeau, dont la pénétration devança les études dès qu'il voulut s'y livrer, céda de bonne heure à l'entraînem. d'écrire. Son père, infatué de la même passion, loin d'éprouver le sentiment d'un noble et légitime orgueil en découvrant les germes d'un talent qui allait l'éclipser, n'en parut ressentir que de la jalousie : on ne saurait expliquer autrem. les rigueurs auxquelles fut soumise la jeunesse, à la vérité fougueuse, mais surtout irritée de Mirabeau. Il n'avait guère que 17 ans lorsque, volontaire dans un régim. de cavalerie, il fut, en punition d'une aventure amoureuse, conduit et enfermé à l'île de Ré sur les sollicitations de son père, à qui, dans la suite, de nouv. et plus graves écarts du jeune homme fournirent l'occasion de faire lancer contre lui successivem. seize autres lettres de cachet. Les privat. et les embarras pécuniaires qu'on lui imposait comme de salutaires entraves le portèrent, dès qu'il eut atteint sa 20e année, à rechercher la main ou plutôt la dot d'une demoiselle de Marignane, riche héritière dont il dissipa en peu de temps, et fort au-delà, tous les biens disponibles. Son père le fit alors interdire et confiner sur ses terres. Là le jeune comte trouva d'abord dans les plus sérieuses études un aliment pour sa bouillante activité; mais une affaire d'honneur, pour laquelle il rompit son ban, le conduisit bientôt, de prison en prison, à la plus scandaleuse de ses aventures, la liaison qu'il contracta pendant sa détention peu sévère au château de Joux, près de Pontarlier, avec Sophie Ruffey, aimable et jeune épouse du vieux marquis de Monnier. Tandis qu'il fuyait avec elle en Suisse, puis en Hollande, le parlement de Besançon le déclarait coupable de rapt, et le faisait exécuter en effigie. Mirabeau fit ressource de sa plume pour subsister jusqu'à ce que, leur extradition ayant été obtenue, on enleva les deux amants d'Amsterdam pour les conduire, Sophie, alors enceinte, dans une maison de surveillance à Paris, son séducteur au donjon de Vincennes, où il passa 42 mois : c'est de cette époque que date leur Correspond., que facilita Lenoir, lieuten. de police, et qui, trouvée plus tard au secrétariat de cette administrat., fut mise au jour par Manuel; mais une telle occupat., et d'autres encore moins futiles, ne furent pour Mirabeau pendant cet intervalle qu'un délassem. à des méditations sérieuses, à des travaux plus analogues à cette vigueur de conception qui devait bientôt lui donner une si gr. influence. Le prem. emploi qu'il fit de sa liberté fut de purger sa contumace : il obtint même que les procédures relat. à sa coaccusée fussent mises au néant; ensuite, voulant, suivant sa propre expression, se réinvestir de 60,000 livres de rentes, il requit juridiquement sa femme de se rapprocher de lui; mais un arrêt de séparation intervint, rendu sur la production, faite par lui-même, d'une lettre de sa femme, d'où semblait résulter la preuve d'une infidélité de la part de celle-ci, qu'il avait autrefois pardonnée, et dont alors il arguait en réponse aux griefs déduits à l'appui des refus qui lui étaient opposés. Cepend. la maturité de l'âge et du talent avançait pour Mirabeau : se consacrant désormais aux études politiq., il partit en 1784 pour Londres, et, tout en s'y occupant de l'examen des institut. de l'Angleterre, il suivait d'un œil habile la marche générale des affaires en Europe. Les plus importantes questions de polit. et de finances devinrent

sous sa plume le sujet d'une controverse piquante et neuve; mais plus. des écrits de circonstance qu'il lança à cette époque le firent taxer de vénalité; l'un entre autres, dirigé contre l'entreprise des eaux de Paris, l'engagea dans une très chaude polémique avec Beaumarchais. Enfin le ministre Calonne l'ayant chargé d'une mission secrète pour la Prusse, non-seulem. Mirabeau y servit avec le plus gr. zèle les intérêts de son pays, mais il sut encore tourner au profit des lettres son séjour dans la capitale de cet état. Malheureusement il abusa, dans une sanglante diatribe intit. : Histoire secrète du cabinet de Berlin (qui fut brûlée par arrêt du parlem. de Paris, en 1788), des secrets de l'hospitalité et de la confiance de ceux qu'avaient séduits son esprit insinuant et la magie de son langage. L'époque fixée pour la convocat. des états-génér. trouva Mirabeau rétabli à plusieurs égards dans la considérat. publiq.; son gr. ouvrage, la Monarchie prussienne (Paris, 1788, 4 vol. in-4 ou 8 vol. in-8, avec atlas), avait justifié, en la cimentant, la célébrité que lui avaient faite ses brochures politiq.; il vit son nom proclamé sur tous les points de la Provence à côté de celui de Raynal dans la liste des candidats populaires. Toutefois c'est à l'assemblée de la noblesse que se présenta Mirabeau pour y voter avec ses pairs, et ceux-ci furent assez aveugles pour abandonner au parti dont ils affectaient de méconnaître la force, un athlète de qui allait dépendre le succès de la grande lutte prête à s'engager. Proclamé à la fois député par le tiers-état d'Aix et de Marseille, il opta pour la prem. de ces villes, se rendit immédiatem. à Paris, et y devint presque aussitôt comme le centre autour duq. se rassemblèrent d'habiles publicistes, que semblait relever encore son patronage. Ainsi s'organisa le Journal des états-généraux, qui, sous la dénomination de Courrier de Provence, survécut à sa suppression prononcée par le conseil-d'état; ainsi d'utiles collaborat. s'empressèrent à l'envi d'entourer Mirabeau de leurs lumières, de consacrer leurs veilles à l'intérêt de sa gloire, qu'ils confondaient dans leur pensée avec celle de la France. Nous emprunterons à Chénier l'énumérat. des travaux du grand orateur à l'assemblée constituante. Après avoir signalé sa célèbre adresse au roi pour le renvoi des troupes : « On se rappelle encore, dit-il, la séance où, peignant à gr. traits le tableau hideux d'une banqueroute générale, il fit adopter sans examen le plan de finances proposé par un ministre alors favori du peuple (v. NECKER), et sur qui, par cette confiance même; il faisait tomber tout le poids d'une responsabilité sans partage; l'orateur improvisa sa courte harangue, et jamais improvisation plus énergique ne produisit de plus grands effets; sa réponse à l'abbé Maury sur les biens ecclés. (v. MAURY); un brillant discours sur la constitution civile du clergé; un discours très sage sur le pacte de famille, base d'une longue alliance entre la France et l'Espagne; deux discours sur la sanction royale, deux autres sur le droit de faire la paix et la guerre (qu'il voulait qu'on dévolût au roi), et le second surtout, où , combattant Barnave, et le prenant pour ainsi dire corps à corps, Mirabeau, sans changer d'opinion, parvint à ressaisir une popularité qui lui échappait.» Le 16 janvier 1791, il fut nommé membre de l'administrat. de Paris, et le 31 présid. de l'assemblée nationale. A cette époque déjà le rôle de Mirabeau n'était plus le même, bien qu'il fût encore en possess., sinon de toute sa popularité, du moins de cette irrésistible influence qui lui était acquise par la supériorité de son talent. Il paraît avéré que dès le principe Mirabeau n'avait cru la révolution possible qu'autant qu'elle se bornerait à détrôner l'arbitraire, et à établir sous la garantie des lois cette liberté que nous savons maintenant par expérience être le plus solide fondement de la puissance des rois et de la prospérité des peuples. Or elle était surtout menacée par les excès même dans lesq. préludait déjà le parti démagogique. Il n'était pas au-dessus des forces de Mirabeau d'étouffer l'hydre naissante; mais le temps lui manqua ; et tandis que , pour la dernière fois, il lançait contre ses *trente* têtes les foudres de son éloquence , il ressentait déjà les prem. atteintes du mal qui termina, le 2 avril 1791, une vie dont les dern. symptômes furent des élans d'amitié, des inspirat. de patriotisme. Quelques instants avant l'heure fatale, des coups de canons tirés pour une cérémonie ayant fait vibrer une dernière fois ses artères engourdies par le sommeil de la mort, il s'écria : « Seraient-ce déjà les funérailles d'Achille ? » Jamais pompe ne fut plus imposante que l'apothéose décernée au Démosthène français. Deux ans plus tard la populace exhuma du Panthéon et dispersa les restes de celui dont naguère les partis opposés s'accusaient d'avoir hâté la fin. Nous nous abstiendrons d'énumérer les titres de toutes ses product.; leur liste complète en offrirait plusieurs désavouées par la décence , entre autres l'*Erotica biblion ; le Libertin de qualité* , etc., ouvrages qui se rattachent à l'époq. de sa vie passée au sein d'une voluptueuse dissipation ou dans la nuit des bastilles, et qu'on voudrait pouvoir effacer de l'hist. d'un homme encore admirable, malgré de flétrissants écarts. On a publ. : *Chefs-d'OEuvre oratoires de Mirabeau, ou Choix*, etc., 1822, 1823, 2 vol. in-18. L'édit. des *OEuvres de Mirabeau, précédées d'une notice sur sa vie et ses ouvrages par M. Mérilhou*, Paris, 1825-27, 9 vol. in-8, est jusqu'ici le principal monum. élevé à sa mémoire. On avait publié en 1819 : *OEuvres oratoires de Mirabeau, précédées d'une Notice historique sur sa vie, par M. Barthe, et de l'Oraison funèbre* prononcée par Cérutti lors de ses funérailles, d'un *Parallèle entre Mirabeau et le card. de Retz*, par Boissy-d'Anglas, et des *Jugements portés sur Mirabeau par Garat et Chénier*, 3 vol. gr. in-8. On trouve sur lui une autre *Notice* en tête de l'*Esprit de Mirabeau*, publié par Chaussard, 1796 et 1804, 2 vol. in-8.

MIRABEAU (Boniface RIQUETTI , vicomte de), frère puîné du précéd., né en 1754 dans la terre du Bignon, près de Nemours, entra de bonne heure au service, fit plus. campagnes en Amérique dans la guerre de l'indépendance, devint colonel du régim. de Touraine , et fut nommé , en 1789, député aux états-généraux par la noblesse de la sénéchaussée de Limoges. Il s'opposa avec chaleur à la réunion des ordres, parla contre l'abus des pensions, l'envahissement des biens du clergé , et se montra le constant adversaire des nouv. doctrines. Son excessif embonpoint et son penchant à boire l'avaient fait surnommer *Mirabeau-Tonneau*. Son régim., en garnison à Perpignan, s'y étant insurgé en 1790, il se rendit dans cette ville; et après avoir vainem. essayé de le faire rentrer dans le devoir, il s'empara des cravates des drapeaux et revint à Paris. Cette démarche singulière excita une grande rumeur ; le vicomte fut arrêté en route et dénoncé à l'assemblée nation., où son frère le défendit. Cette dénonciat. n'eut pas de suite; mais bientôt après Mirabeau le jeune sortit dè France, envoya sa démission à l'assemblée avec une protestation contre tout ce qu'elle avait fait et tout ce qu'elle ferait par la suite, puis leva une légion, composée en partie de royalistes émigrés, et qui se réunit plus tard à l'armée de Condé. Il fut compris dans le décret, rendu le 2 janvier 1792, contre les frères du roi, l'ex-ministre Calonne, le marq. de La Queuille, etc., et mourut vers la fin de cette année d'une fluxion de poitrine, à Fribourg en Brisgaw. On a de lui : *le Voyage de Mirabeau cadet*, 1790, in-8 , de 52 p. — *La lanterne magiq. nationale* (1789), 3 nᵒˢ in-8, et quelq. pièces fugit. insérées dans les *Actes des apôtres* (*V*. PELTIER.).

MIRAMION (Marie BONNEAU , dame de), seconde fondatrice des *Filles de Ste-Geneviève*, connues sous le nom de *miramiones*, née à Paris en 1629, épousa en 1645 J.-J. de Beauharnais, seigneur de Miramion, conseiller au parlem. Devenue veuve au bout de quelq. mois de mariage, elle refusa tous les partis qui se présentèrent, attirés par sa fortune et sa beauté. Le comte de Bussy-Rabutin, l'un de ces prétend., la fit enlever par ses gens; mais s'apercevant que cette violence ne lui réussissait pas, il la rendit à la liberté. La frayeur qu'avait éprouvée Mᵐᵉ de Miramion lui occasiona une maladie grave; et après son rétablissem., elle fit une retraite de quelq. mois dans la communauté des *Sœurs-Grises* : ce fut alors qu'elle prit la résolution de consacrer tous ses revenus au soulagem. des malheureux. Pend. les troubles de la Fronde la misère ayant augmenté dans Paris, Mᵐᵉ de Miramion vendit jusqu'à ses diamants et sa vaisselle pour procurer des vivres à une population affamée et des médicam. aux pauvres malades. Elle eut part à l'établissem. de la maison du *Refuge* pour les femmes et filles de mauvaise vie qu'on y renfermait malgré elles, et de la maison de *Ste Pélagie* pour celles qui s'y retiraient volontairement. Elle forma en 1661, une congrégat., dite de la *Sainte-Famille*, composée de 12 relig. pour instruire les jeunes personnes de leur sexe et assister les malades; puis elle réunit cet établissement à celui de *Sainte-Geneviève*, qui avait le même objet, et fut nommée supérieure de cette nouv. maison, appelée de son nom *des miramiones*. Elle y fonda deux retraites par an pour les dames, et quatre pour les pauvres. Elle contribua, par ses libéralités, à l'érection du séminaire de St-Nicolas-du-Chardonnet; et, en général, il n'y eut à Paris aucun établissement de bienfaisance qui n'éprouvât sa générosité. Ses vertus l'avaient rendue un objet de vénération pour Louis XIV et toutes les personnes de la cour. Elle mourut à Paris en 1696. L'abbé de Choisy a publ. la *Vie* de cette dame, Paris, 1706, in-4; 1707, in-8.

MIRAMONT (Madeleine de SAINT - NECTAIRE, dame de SAINT-EXUPÉRY et de), née vers 1526, épousa en 1548 Gui de Miramont, seigneur de Saint-Exupery, fut veuve de bonne heure, et, quoique jeune et belle et entourée d'adorat., résista à tous les hommages. Mais elle profita de l'amour qu'elle inspirait'pour lever une petite troupe de gentilsh. dans l'intérêt du parti protestant. Elle fit la guerre avec succès à Franç. de Nozière, seign. de Montal, lieuten. de roi dans la Haute-Auvergne, combattant elle-même aux prem. rangs et donnant partout l'exemple de la plus intrépide valeur. Elle tua de sa main ce seigneur qui lui avait tendu une embuscade, et dans la suite défendit le parti du roi contre la Ligue. On ignore l'époque et les circonstances de sa mort.

MIRAN-CHAH (Mirza-Moez-Eddyn), 5e fils de Tamerlan, n'avait que 14 ans, lorsque son père le nomma, en 1580 (782 de l'hég.), gouv. du Khoraçan et le chargea d'achever la conquête de cette province. Il remplit cette mission avec bonheur, se distingua dans diverses autres expéditions, notamment à la prise de Bagdad, vainquit le sulthan Djelaïr, pénétra jusqu'à Bassorah, et reçut de son père, à titre de fief souverain, tous les nouv. pays qu'il venait de soumettre par ses armes. Il s'était acquis l'affection de ses sujets par les vertus qui signalent un gr. prince, lorsqu'en 1398, étant tombé de cheval dans une partie de chasse près de Tauriz, il fut blessé si dangereusement à la tête, que sa raison en demeura pour toujours altérée. Dès-lors ses actions furent cruelles, insensées; il donna dans tous les excès et perdit les bonnes grâces de son père. Après la mort de Tamerlan (1405), Miran-Chah, fut placé sur le trône de ce conquérant par son propre fils, Mirza Aboubekr, qui l'en fit descendre peu de temps après. Une conspirat. se forma pour l'y rétablir; Aboubekr en fit périr les chefs et relégua son père dans une prison. Rendu plus tard à la liberté, Miran-Chah perdit la vie dans une bataille que son fils livra à Cara-Youçuf, près de Serderoud, en 1408, et dans laq. ce dern. resta vainqueur. La vaste monarchie de Tamerlan ne tarda pas à se dissoudre après ce dernier événem. Babour, un des descendants de Miran-Chah, conquit l'Hindoustan et fut le fondateur de l'emp. moghol.

MIRANDA (François), général au service de France sous le régime républicain, né au Pérou, vers 1750, embrassa de bonne heure la profession des armes, et obtint un commandement dans les troupes du gouvernem. de Guatimala. Obligé de s'expatrier par suite de la découverte d'une conspiration qu'il avait ourdie pour soustraire ce pays à l'autorité du vice-roi, il parcourut diverses contrées du nouveau et de l'ancien monde, vint à Paris vers la fin de 1791, et se lia avec Péthion, auquel il était recommandé par des membres de l'opposit. anglaise. Ajournant l'exécut. des projets qu'il avait formés pour l'affranchissem. de sa patrie, il accepta le grade de général de division, prit part, sous les ordres de Dumouriez, à la campagne contre les Prussiens en Champagne, et fit ensuite celle de la Belgique en 1793. On l'accusa bientôt d'être complice de la défection du général en chef, et il fut traduit au tribunal révolutionn. Défendu par Tronçon du Coudrai, Miranda fut absous à l'unanimité des voix, et reconduit chez lui en triomphe; mais incarcéré de nouveau quelq. temps après à cause de ses liaisons précédentes avec les girondins et de son opinion bien prononcée sur la faction dominante, il fut condamné à la déportat., et se sauva en Angleterre. On le vit reparaître en France en 1803; mais le gouvernement consulaire le fit conduire hors du territoire. C'est alors qu'il prit le parti de retourner en Amérique; il souleva, en 1811, la capitainerie de Venezuala contre la métropole, organisa un gouvernem. républic. à Caracas, et s'y maintint avec avantage dans le cours de l'année 1812, à l'aide de l'Angleterre et des États-Unis. Il éprouva ensuite des revers, tomba entre les mains des Espagnols, et, transféré à Cadix, mourut dans les prisons de cette ville en 1816. Miranda avait beauc. d'instruction, de l'élévation des idées et une gr. fermeté de caractère. On a de lui : *Ordre de Dumouriez pour la bataille de Nerwinde et la retraite qui en a été la suite*, 1793, in-8. — *Opinion sur la situation de la France*, 1793, in-8; enfin *Correspondance avec Dumouriez*.

MIRANDOLE (Franç. PIC de LA), gentilhomme feudataire de l'état de Modène, dans le 14e S., se rendit indépendant à La Mirandole, petite ville du même état, dont ses ancêtres possédaient le château depuis plus. générations. Chef du parti gibelin, il soutint de longs combats contre les guelfes, fut vaincu et chassé de Modène, dont il était podestat, en 1512, rentra dans cette ville après la mort de l'empereur Henri VII, la vendit en 1317 à Passerino Bonacossi, seigneur de Mantoue, et se retira ensuite à La Mirandole, où il fut surpris, fait prisonn., et mis à mort en 1321, par ce même Bonacossi. — François III de La Mirandole fut créé, en 1414, comte de la Concordia, par l'emper. Sigismond. Les autres princes du même nom n'acquirent aucune célébrité jusqu'à celui dont l'article suit.

MIRANDOLE (Jean PIC de LA), né en 1463, 3e fils de J.-F., seigneur de la Mirandole et de la Concordia, fut dès sa plus tendre jeunesse un prodige de mémoire, de travail et d'érudition. Confié par sa mère aux maîtres les plus habiles, il avait à peine dix ans que déjà le suffrage public le plaçait au premier rang des orateurs et des poètes. Après avoir étudié le droit canon à Bologne, il parcourut pendant sept ans les plus célèbres universités de l'Italie et de la France, étudia la méthode de Lulle, suivit les leçons des plus illustres profess., acquit une facilité d'élocution étonnante, et apprit dans une gr. perfect. les langues latine, grecque, arabe, hébraïque et chaldéenne. Après avoir terminé ses voyages scientifiques, il se rendit à Rome en 1486, y publia une liste de 900 propositions. *De omni re scibili*, c'est-à-dire sur tous les objets des sciences qu'il s'engageait de soutenir contre tous les savants qui se présenteraient pour les attaquer. Ce trait de vanité puérile lui suscita des ennemis. Quelques graves personnages irrités de se voir éclipsés par un jeune homme à peine sorti des bancs de l'école, lui firent défendre toute discussion publique, et dénoncèrent treize de ses proposit. (comme entachées d'hérésie) au pape Innocent VIII qui les censura. Pic quitta Rome pour retourner en France, et revint en Italie, sinon guéri de la passion pour la gloire, du moins bien résolu de ne plus l'acheter au prix de son repos. Il jeta au feu des poésies amoureuses, composées dans sa prem. jeunesse ; et, renonçant aux lettres et aux sciences profanes, il s'appliqua exclusivem. à l'étude de la religion et de la philosophie platonique. Il avait cédé tous ses domaines à l'un de ses neveux, et il vivait modestem. à Florence, au milieu de ses livres et de quelq. amis distingués, lorsqu'il mourut le 17 nov. 1494, jour où le roi Charles VIII fit son entrée dans la capitale de la Toscane. Les ouvr. laissés par ce prince savant ont été recueillis et publiés pour la prem. fois à Bologne, 1496, in-fol. : édit. très rare ; une seconde parut à Venise en 1498, et fut suivie de sept autres dans le 16e S. La dern. est celle de Bâle, 1573, 2 vol. in-fol. C'est la plus complète. On trouvera le détail des écrits qu'elle renferme dans les *Mém.* de Niceron, t. XXXIV. — Jean-François III Pic de La Mirandole, neveu du précédent, né en 1470, cultiva, à l'exemple de son oncle, les lettres et les sciences. Sa vie fut très agitée, il fut deux fois chassé de ses domaines : la première par un de ses frères en 1500 ; la seconde par les Français en 1512. Il y rentra trois ans après ; mais Galeotto, son neveu, le surprit la nuit dans son château, et l'assassina avec son fils Albert en 1532. On trouve quelques-uns de ses écrits dans le recueil de son oncle, édit. de Bâle. — Galeotto II Pic de La Mirandole, neveu du précéd., après s'être emparé de la principauté de La Mirandole en massacrant son oncle et son cousin, se mit sous la protection de François 1er. Plus tard il livra sa principauté à Henri II, moyennant une compensation qu'il reçut en France, et il mourut en 1551. — Frédéric, son petit-fils, reprit les titres de prince de La Mirandole et de marquis de Concordia, et eut pour successeur son frère Alexandre qui fut créé duc de La Mirandole en 1619 par l'empereur Ferdinand II, et mourut en 1637. — Alexandre II, petit-fils de Frédéric, succéda à son grand-oncle,

et mourut en 1691.—Enfin, François-Marie, petit-fils d'Alexandre II, né en 1688, ayant embrassé le parti de la maison de Bourbon, dans la guerre de la success. d'Espagne, perdit le duché de la Mirandole par décret du conseil impérial. La famille des Pics de La Mirandole se retira en France, où elle s'est conservée jusqu'à nos jours.

MIRAULMONT (Pierre de), histor, né à Amiens vers 1550, acheva ses études à Paris, remplit pendant vingt-deux ans une charge de conseiller du roi en la chambre du trésor, fut ensuite nommé lieuten.-gén., puis prevôt de l'hôtel et gr.-prevôté de France, et mourut en 1611. On a de lui : *Mém. sur l'origine et institutions des cours souveraines et justices royales*, etc., 1584, in-8 ; réimpr. sous ce nouv. titre : *De l'origine et établissement du parlem. et autres juridictions royales*, etc., 1612, in-8. — *Le prevôt de l'hôtel et grand-prevôt de Paris*, 1610, in-8 ; réimpr. avec les arrêts, réglements et ordonnances, concern. la juridiction du prevôt, 1615, in-8. — *Tr. de la chancellerie, avec un recueil des chanceliers et garde-des-sceaux de France*, 1610, in-8.

MIRBECK (Frédéric-Ignace de), jurisconsulte, né à Neuville en Lorraine en 1752, fut d'abord avoc. à la cour souveraine de Nancy et membre du conseil du roi Stanislas, duc de Lorraine. Il vint ensuite à Paris, s'y fit recevoir avocat au conseil en 1774, et publia plusieurs mém. remarquables par une forte dialectiq. et une éloquence chaleureuse. On cite surtout celui où il réclame l'affranchissem. des serfs du Jura (1777, in-4), et qui, bien que resté sans effet, lui valut les éloges de Voltaire. Il fut l'un des commissaires du roi envoyés à St-Domingue, lors des troubles de cette colonie en 1791, et sauva un mom. le cap menacé par 10,000 noirs. De retour en France, il obtint, sous le ministère de François de Neufchâteau, la direct. de l'Opéra, prit part aux travaux de l'académie de législation, et mourut en 1818. Il a fourni des articles au *Répertoire de jurisprudence*.

MIREPOIX (Gui de LÉVIS, seigneur de), guerrier du 12e S., est la tige commune des différentes branches de la très ancienne famille de Lévis, ainsi nommée d'une terre ou fief située près de Chevreuse. Il suivit les drapeaux de Simon de Montfort, son voisin et son ami, déclaré chef de l'expédition contre les Albigeois, et reçut lui-même le titre de maréchal de l'armée des croisés. Ses exploits dans cette guerre déplorable lui valurent la concession de la terre de Mirepoix et de plusieurs autres, dont on dépouilla les vaincus. Il mourut vers 1230. Le titre de *maréchal de la foi*, qu'il avait pris, fut transmis à ses descendants, qui le portèrent jusqu'à l'époque de la révolut. — Gui de Lévis, seigneur de Mirepoix, 3e du nom, petit-fils du précédent, suivit Charles d'Anjou dans son expédition de Naples, et se distingua au combat où périt Manfred, près de Bénévent, en 1266. De retour en France, il fut maintenu par arrêt du parlement de Toulouse, dans la prérog. de connaître et de juger les délits d'hérésie dans l'étendue de ses fiefs.— MIREPOIX (Charles-Pierre-Gaston-François de LÉVIS, marquis, puis duc de), maréchal de France, n'était que colonel, lorsqu'il fut appelé à remplir les fonctions d'ambassad. à la cour d'Autriche en 1757. Il revint de cette mission l'année suivante, et fut promu successivem. aux grades de maréchal-de-camp (1758) et de lieutenant-général (1744), après avoir servi avec distinction en Italie. En 1749 le roi le nomma à l'ambassade de Londres, et lui conféra le titre de duc. Deux ans après il reçut le bâton de maréchal, remplaça en 1756 le maréchal de Richelieu dans le gouvernem. du Languedoc, fut nommé capit. des gardes, et mourut à Montpellier en 1757. — MIREPOIX (Charles-Philib., comte de LÉVIS), de la même famille, maréchale-de-camp, député de Paris aux états-généraux de 1789, fut condamné à mort par le tribunal révolutionnaire en 1794.

MIREVELT (MICHEL-JAANZOON), peintre, né à Delft en 1568, apprit le dessin et la gravure sous Jérôme Wiérix, et la peinture sous Blockland. Il s'était d'abord attaché au genre de l'histoire; mais ensuite il s'adonna plus particulièrem. au portrait, aux sujets familiers et à la nature morte. La plupart des souverains de son temps voulurent être peints par lui. Après quelques voyages en Angleterre et dans les Pays-Bas, il se fixa à Delft, où il mourut en 1641. On cite parmi ses plus belles product. les portr. en pet., sur cuivre, de Guillaume-Maurice Ier, de Philippe et Frédéric-Henri de Nassau. Sandrart évalue le nombre des portraits de Mirevelt à plus de 10,000. — Pierre, son fils aîné, se distingua également dans le portrait. Le musée possède de Michel 3 portr., deux d'hommes et un de femme, tenant une fraise dans la main droite et ses gants dans la gauche.

MIRKHOND (HAMAM EDDYN MIRKHAWEND MOHAMMED, vulgairem. appelé), célèbre historien persan, né en 1433 ou 1454 (836 ou 837 de l'hégyre), mort en 1498 (903 de l'hég.), avait fait une étude spéciale et acquis une profonde connaissance de l'histoire. Retiré dans un monast. d'Hérat, il y écrivit son Rouzat al safa (Jardin de la pureté), conten. l'histoire des prophètes, des rois et des khalyfes, ouvr. dont Khondemyr, son fils, a fait un abrégé. Les morceaux qui en ont été publ. jusqu'à ce jour sont : la Préface, trad. par Silvestre de Sacy, t. IX des Notices et extraits des MSs. de la bibliothèque du roi; l'Hist. des rois de Perse de la dynastie des Sarsanides, trad. par le même dans les Mémoires sur div. antiquités de la Perse, 1793, in-4 ; l'Hist. des dynasties des Tahérides et des Soffarides, traduite en lat. par le baron de Ienisch, Vienne, 1792, in-4 ; l'Histoire des Samanides, et celle des Cabous, en pers., par Fréd. Wilken, Gottingue, 1808, in-4 ; l'Hist. des Ghasnevides ; plus. autres fragm., trad. en latin par le même dans sa Chrestomathia persica, Leipsig, 1805, in-8 ; des extraits de l'Histoire de Djenghys Khan et de son code, trad. par Langlès dans le tome V des Notices et extr., etc.; l'Hist. des Ismaéliens de Perse, ou Assassins, traduite par Jourdain dans le t. IX des Notices, etc.;

fragm. sur l'Hist. d'Alexandre-le-Grand, traduits en anglais et en français par M. Shea. L'ouvrage intit. : Relaciones de Pedro Teixiera del origen, descendencia y sucesion de los reyes de Persia, 1610, in-8, traduit en franç. par Cotolendi, Paris, 1681, n'est qu'une imitation très abrégée, très incomplète et très infidèle de l'hist. de Mirkhond. La bibliothèque du roi possède cinq MSs. de la prem. partie du Rouzat al safa, cinq de la seconde, deux de la troisième, quatre de la cinquième, trois de la sixième, un de la septième, et un appendice. La quatrième partie manque; mais on la trouve aux archives du ministère des affaires étrangères. La bibliothèque de l'Arsenal possède aussi de l'ouvrage de Mirkhond les 2e, 4e, 6e part. et l'append.

MIR-MAHMOUD ou MAHMOUD-CHAH, roi de Perse de la dynastie afghane de Khaldjeh, était fils de Mir-Weis, qui l'avait fondée dans le Candahar au commencement du 18e S. A Mir-Weis avait succédé, vers 1716, son frère Mir-Abdallah ou Abdel-Aziz. Ce prince pacifique, écoutant les proposit. de la Perse, où régnait encore un monarq. de la race des Sofys, négocia la reddition du Candahar; mais Mir-Mahmoud, à peine âgé de 18 ans, s'indignant que son oncle disposât d'une couronne qui devait lui appartenir, le poignarda, et s'empara du trône six mois après la mort de son père. Enhardi par divers succès, et profitant de l'anarchie qui régnait en Perse, il osa marcher sur Ispahan (1722), réduisit cette capitale par la famine, fit descendre le faible Houcein du trône des Sofys, et prit lui-même le titre de chah. Il étendit ses conquêtes en div. parties de la Perse ; mais ses succès furent bientôt suivis de revers. Il attribua ce changement de fortune au courroux céleste, et crut l'apaiser en s'imposant les privations les plus austères. Épuisé par le jeûne, il perdit la raison et tomba dans les plus violents accès de frénésie. Les Afghans, qui composaient sa garde, le voyant dans cet état, tirèrent de prison son cousin Aschraf, qu'ils placèrent sur le trône le 23 avril 1725; et le prem. acte du nouv. souverain fut de faire trancher la tête au meurtrier de son père, Mir-Abdallah.

MIRO ou MIRON (GABRIEL), médecin, né à Perpignan, professeur à la faculté de Montpellier, devint en 1489 prem. médecin du roi Charles VIII, et mourut l'année suivante à Nevers. On voit encore sur la façade de l'école de Montpellier une inscription où il est appelé Oraculum medicinæ. — Son frère, François MIRO, fut conseiller et médecin du même roi Charles VIII, accompagna ce monarque dans son expédit. de Naples, et mourut à Nancy. — Gabriel II MIRO, fils du précédent, fut médec. ordinaire du roi, chancelier de la reine Anne de Bretagne, et ensuite de la reine Claude, femme de François Ier. On a de lui : De regimine infantum tractatus III, Tours, 1544, in-fol.

MIROMÉNIL (ARMAND-THOM. HUE de), garde-des-sceaux, né en 1723 dans l'Orléanais, fut d'abord attaché au gr.-conseil. Nommé prem. présid. du parlement de Rouen, il partagea sous Maupeou la disgrâce de la magistrat., et fut récompensé de sa fermeté par la place de garde-des-sceaux. Ayant approuvé et appuyé au conseil du roi les plans de Calonne, il fut obligé de donner sa démiss. en 1787; il sortit du minist. aussi peu riche qu'il y était entré, et mourut en 1796. Ce magistr., doué d'un esprit de sagesse et de modérat., eut le mérite de seconder les vues d'humanité de Louis XVI, en rédigeant la *Déclaration du 24 août* 1780, portant abolition de la question préparatoire.

MIRON (Marc), fils de Gabriel II Miro (*v.* ce nom), médecin, fut reçu docteur de la faculté de Paris, remplit les fonctions de médecin ordinaire de Charles IX et de Henri III, et mourut l'ancien des écoles en 1608. On a de lui : *Relation curieuse de la mort du duc de Guise et du cardinal, son frère*, insérée dans le tome III du *Journal de Henri III*, et dans d'autres recueils. — François MIRON, fils du précédent, mort en 1609, fut lieutenant civil, puis prévôt des marchands de Paris. Cette ville lui dut un grand nombre d'embellissements. Il adressa des *Remontrances* au roi Henri IV sur son projet de réduire les rentes constituées sur la ville; on les trouve dans les *OEuvres de J. Leschassier.* — Robert MIRON, frère du précéd., mort en 1641, présidait le tiers aux états-gén. de 1614, fut ensuite ambassadeur en Suisse, puis intendant en Languedoc, et remplit ces différ. charges avec une grande distinct. — Charles MIRON, frère des précédents, fut nommé évêque d'Angers en 1588, à l'âge de 18 ans, se démit de ce siége en fav. de Guill. Fouquet de La Varenne, y fut replacé après la mort de ce prélat, en 1622, puis transféré 4 ans après à l'archev. de Lyon, où il mourut en 1628.

MIROUDOT DU BOURG (Jean-Bapt.), év. de Babylone, né en 1716 à Vesoul, entra dans l'ordre de Cîteaux, devint aumôn. du roi Stanislas, duc de Lorraine, fut nommé év. *in partibus* en 1776, et quelq. temps après consul de France à Bagdad. Forcé par sa mauv. santé de revenir en France, il embrassa les principes de la révolution, prêta son ministère pour la consécration des évêques constitutionnels, et mourut dans la plus grande détresse à l'hôpital des Incurables de Paris, en 1798. Il était membre des académies de Nancy et de Metz, et s'était occupé avec succès de la recherche des antiquités de la Lorraine. On ignore ce que sont devenues ses collections. Le seul ouvrage qui reste de lui est un *Mém. sur le ray-grass, ou faux seigle*, 1760, in-8; trad. en allemand par J.-J. Reinhard. — MIROUDOT de Saint-Ferjeux (Gabriel-Joseph), frère du précédent, a publié : *Essai sur l'agricult. du comté de Bourgogne*, 1762, in-8. — *Mém. sur le bailliage de Vesoul*, 1774, in-8.

MIR-WEIS, chef de la tribu afghane de Khaldejh, *kalenter*, ou intend. de la province de Candahar, entreprit en 1709 d'affranchir son pays de la domination des Sofys, qui occupaient le trône persan. Après avoir tué par trahison le gouverneur Gourghin-Khan, il s'empara du Candahar, et se fit proclamer roi par les div. tribus d'Afghans, peuples montagnards de cette province, belliqueux et féroces, plus ennemis que sujets des Sofys. Dans le cours de son règne il battit constamm. les troupes envoyées contre lui par la cour d'Ispahan, et mourut en 1715.

MISHA-PALÉOLOGUE, connu aussi sous le nom de *Mesih-Pacha*, Grec renégat, issu de la maison impériale des Paléologues, embrassa la relig. musulmane lors de la prise de Constantinople par les Turks en 1455, et devint le plus dévoué des esclaves de Mahomet II, comme aussi l'ennemi le plus implacable des chrétiens. Il obtint en 1480 le commandement de l'expédition contre l'île de Rhodes; mais l'intrépidité et les talents du gr.-maître d'Aubusson, l'ayant fait échouer, Mahomet le dépouilla de son titre de pacha, et l'exila à Gallipoli. Il recouvra tous ses emplois sous Bajazet II, et causa par sa méchanceté la perte du vertueux gr.-visir Achmet. Il n'est plus question de lui dans l'hist. après ce crime odieux.

MISRI-EFFENDI, poète turk, né en Égypte, était mollah (ministre de la religion) de Bursa (Pruse), dans l'Asie-Mineure. En 1693 (1104 de l'hég.), il réunit une troupe de 3000 fanatiques, traverse le Bosphore, aborde sur la côte d'Europe à Rodosto (l'anc. Héraclée), et s'avance jusqu'à Andrinople, où se trouvait alors le sulthan Achmet II. Suivi de son nombreux cortége, il entre dans la principale mosquée à l'heure de la prière de midi, et là devant tout le peuple annonce que le succès de la guerre que les Turks allaient entreprendre contre les impériaux dépend de la punit. des traitres qui étaient à la tête du gouvernement. Le sulthan, n'osant point faire punir l'audacieux mollah, le fit reconduire à Rodosto, d'où il retourna à Pruse. Les prosélytes de Misri se dissipèrent. Deux jours après un violent incendie s'étant manifesté dans le camp turk, on attribua ce désastre au renvoi de Misri. Le sulthan, par politique ou par superstition, fit inviter le mollah à revenir continuer ses prédications. Mais celui-ci déclara que sa mission était finie. Misri avait célébré dans une pièce de vers l'incarnation de J.-C. Sur la décision du muphti, ces vers furent réputés orthodoxes. Toutefois le divan ordonna que les copies des poésies sacrées du mollah de Bursa porteraient en tête cette déclaration : « Quiconque parle ou pense comme Misri doit être livré aux flammes; mais Misri seul doit être épargné, parce qu'il ne faut pas condamner ceux qui sont possédés de l'enthousiasme. » Le prince Cantimir nous apprend (*Hist. ottomane*, t. IV.) que ce mollah fut ami du patriarche grec Callinique.

MISSIESSY (Jos.-Marie BURGUES, comte de), vice-amiral, né à Quies (Provence) en 1755, entra de bonne heure dans la marine, se signala dans la guerre de l'indépendance américaine, et jeune encore fut décoré de la croix de St-Louis en récompense d'actions d'éclat. A la paix, il fit différents voyages dans le but de perfectionner ses connaissances dans la science navale, et publia des ouvr. qui donnèrent une haute idée de sa capacité. L'émigrat. des officiers de la marine royale vint hâter son avancem. Nommé contre-amiral en 1793, il se trouva chargé des opérations de la flotte que commandait alors Turquet. Il cessa bientôt d'être employé et passa dans la retraite dix ans qui ne furent point perdus pour les sciences. Il prit, en 1805, le commandem. de l'escadre de Rochefort, composée de cinq vaisseaux de ligne et de trois frégates, fit voile pour la Martinique et se dirigea sur la Dominique, où les troupes brûlèrent la ville des Roseaux. L'escadre se porta ensuite sur Sto-Domingo, assiégé par les noirs, qui, à son approche, levèrent le siége, et le général Lagrange ravitailla la ville. De retour après une campagne d'environ cinq mois, pendant laq. il fit tout ce qu'on pouvait attendre de ses talents et de sa valeur, il demanda de l'avancem. qui lui fut refusé, et il quitta son commandem.; mais cette disgrâce fut passagère. Appelé en 1809 à Anvers en qualité de vice-amiral sous les ordres de Bernadotte, il commanda la flotte de l'Escaut jusqu'à l'évacuation de la Belgique en 1814; et, rentré en France, il fit partie des deux commiss. chargées de l'organisation de la marine. En 1815 il fut envoyé comme préfet maritime à Toulon; plus tard il fut nommé vice-président du conseil d'amirauté, et continua de rendre d'importants services à la marine. Il donna sa démiss. en 1830, et mourut à Toulon le 24 janv. 1832. On a de lui : *Signaux des armées navales*, 1786. — *Arrimage des vaisseaux*, 1789, in-4. — *Traité de l'installation des vaisseaux*, 1757. — *Moyens de procurer aux vaisseaux de différ. rangs des qualités pareilles et une égale activité dans leurs manœuvres et le service de leur artillerie*, 1803, in-8.

MISSON (MAXIMILIEN), litt., né en France vers le milieu du 17e S., de parents protestants, fut d'abord conseiller au parlem. de Paris, et perdit cet emploi à la révocat. de l'édit de Nantes. Réfugié en Angleterre, il y montra un grand zèle pour sa croyance. Chargé de l'éducation d'un jeune seigneur, il l'accompagna dans ses voyages en Hollande, en Allemagne et en Italie, mit en ordre les notes qu'il avait recueillies, et les publia sous le titre de *Nouveau Voyage d'Italie*, dont la meill. édit. est celle de La Haye, 1702, 5 vol. in-12, fig.: cet ouvr. eut un gr. succès, et depuis on y ajouta *Remarques sur divers endroits d'Italie, pour faire suite*, etc., par Addison; on y trouve beaucoup d'érudition, mais mal digérée, et de la partialité. Misson mourut à Londres en 1721. On a encore de lui : *Observat. faites par un voyageur en Angleterre*, La Haye, 1698; in-12. — *Théâtre sacré des Cévennes, ou Récit des prodiges arrivés dans cette partie du Languedoc*, Londres, 1707, in-8.

MITCHELL (ANDRÉ), diplomate anglais, né vers la fin du 17e S., fut d'abord secrét. du marquis de Tweedale, ministre pour les affaires d'Écosse, siéga à la chambre des communes en 1747, obtint ensuite la place de résident à Bruxelles en 1751; puis celle d'ambassadeur extraord. en Prusse, et mourut à Berlin en 1771. Ce fut lui qui détacha Frédéric de l'alliance française. On trouve quelq. détails intéressants sur ce personnage dans les *Souvenirs* de Thiebault.—André MITCHELL, amiral

anglais, né en Écosse vers 1757, entra de bonne heure dans la marine, et fut nommé capitaine de vaisseau en 1784, après plus. campagnes dans les mers de l'Inde. Il obtint le grade de contre-amiral en 1795, et celui de vice-amiral en 1799, en récompense de ses brillants services. Il commanda ensuite diverses croisières, fut envoyé en 1802 comme commandant en chef dans les mers de l'Amérique-Méridionale, à la station d'Halifax; remplacé en 1818 dans ce poste, il mourut en Angleterre quelque temps après.

MITCHILL (SAMUEL-L.), médecin, né en 1763 à Long-Island, état de New-York, fit ses études à Édimbourg, revint dans sa patrie en 1786, et fut successivem. professeur de chimie et d'histoire naturelle au collége de sa ville natale. Membre de l'assemblée législative de l'état de New-Yorck et sénateur au congrès des États-Unis, il rendit dans ses doubles fonctions des services à son pays. Il contribua puissamment à l'expédit. de Lewis et Clarke, dont le but était de franchir les montagnes Rocheuses, et d'établir la communication de l'Hudson avec les gr. lacs. Il encouragea Robert Fulton dans ses expér. sur les bateaux à vapeur. Parmi un grand nombre de *Mémoires*, on distingue ses *Excursions géologiques et minéralogiques sur les bords de l'Hudson*, 1796. Mitchill mourut en 1831, dans sa 63e année.

MITELLI (AUGUSTIN), peint., né à Bologne en 1697, fut élève du Dentone, peignait à fresque l'architecture ainsi que les ornements, et mourut en 1660 à Madrid, où Philippe IV l'avait appelé pour décor. ses appartem. On a, d'après ses dessins, plus. ornements composés avec goût, entre autres un rec. de 48 frises et de 24 cartouches et ornem. gravés à l'eau forte par Fr. Curti et par son fils. — Jos.-Marie MITELLI, qui s'est distingué dans la grav. On a de ce dern. un gr. nomb. d'estampes parmi lesq. on cite la *Nuit* du Corrége, la *Fondation de Rome* (en 17 pièces), les *Cris de Bologne* d'après Annibal Carrache. J.-M. Mitelli mourut en 1718.

MITFORD (WILLIAM), colonel de la milice du South-Hampshire, représent. de New-Romney à la chambre des communes, etc., mort en 1827, memb. de la soc. royale de Londres, avait suivi le barreau dans sa jeunesse, et occupé en 1778 l'office de juge du district de Newforet. Il a publié en anglais : *Essai* (Inquiry) *sur les principes de l'harmonie dans le langage*, in-8, 1774, 1804. — *Tr. sur les forces milit., et particulièrement sur la milice du royaume*, in-8. — *Hist. de la Grèce*, 1784, 4 vol. in-4, réimpr. en 8 vol. in-8, cet ouvr. a été abrégé par Breton dans la *Biblioth. histor. à l'usage des jeunes gens*.

MITHRA ou MIHR, divinité persane, que les Grecs et les Romains ont regardée comme le soleil, lorsqu'ils adoptèrent le culte, cent ans environ après l'ère chrét.; ils la représentaient alors sous la figure d'un jeune homme domptant un taureau, et célébraient en son honneur des sacrifices humains. Mais, d'après le témoignage d'Hérodote, il paraît que chez les Persans Mithra était le nom de la Vénus-Céleste, ou Uranie.

MITHRIDATE Ier, roi de Pont, fils d'Ariobarzane Ier, monta sur le trône vers l'an 406 av. J.-C., et mourut après un règne de 28 ans, qu'il passa dans d'inutiles efforts pour s'affranchir du joug des Perses dont il était tributaire. On présume que c'est celui dont parle Justin, et auquel il attribue une tentative inutile contre Héraclée. — MITHRIDATE II, surnom. *Ctistès*, c'est-à-dire *fondateur*, fils de Mithridate Ier, et successeur de l'usurpat. Ariobarzane II, monta sur le trône l'an 336 avant J.-C., la même année qu'Alexandre-le-Grand, et fut dépouillé de ses états par ce conquérant; mais il vint à bout de les reprendre sur Antigone, auquel ils étaient échus en partage après la mort du prince macédonien. C'est ce qui l'a fait regarder comme le fondateur de la monarchie, qu'en effet il rendit le prem. indépendante. Il mourut âgé de 84 ans en 301 av. J.-C. — MITHRIDATE III, fils du précéd., commença à régner en 301, et resta environ 40 ans sur le trône. On ignore l'époque précise de sa mort. L'hist. se tait également. sur Mithridate IV. — MITHRIDATE V, surnom. *Évergète*, ou *bienfaiteur*, fils de Pharnace Ier, fut le prem. roi de Pont qui fit alliance avec les Romains, et reçut d'eux en récompense la Phrygie, démembrée des états de Pergame. Il périt l'an 121 av. J.-C., dans la ville de Sinope, dont il venait de faire la conquête, et laissa sa couronne à son fils aîné Mithridate-le-Grand, si fameux par sa haine contre les Romains.

MITHRIDATE VI, surn. *Eupator* ou *le Grand*, né vers l'an 133 av. J.-C., se trouva roi à 12 ans. Formé de bonne heure à la dissimulat. et à la méfiance par les dangers au milieu desquels il avait été nourri, ce prince, après avoir étudié les poisons, alla observer les hommes en vivant plusieurs années parmi les peuples les plus belliqueux et les plus sauvages, soit de son empire, soit des contrées voisines; il fit ensuite un voyage dans toute l'Asie-Mineure, et lorsqu'il reparut à sa cour, où on le croyait mort, il fit périr Laodice, sa sœur et sa femme, qui s'était remariée. Tournant bientôt ses armes contre la Colchide et l'empire du Bosphore, il les soumit en peu de temps, fomenta des troubles en Cappadoce dans une prem. expédit., raffermit Ariarathe VII sur son trône, puis rentra en campagne pour dépouiller ce même prince, qu'il poignarda lui-même, en plein jour, et à la vue des deux armées. Immédiatem. après il plaça sur le trône un de ses fils, auquel il donna le nom d'Ariarathe VIII, et qu'il voulut faire passer pour le fils du monarque assassiné. Nicomède, roi de Bithynie, qui voyait d'un œil jaloux le rapide agrandissem. de Mithridate, suborna alors un jeune homme qui, par ses ordres, se dit fils d'Ariarathe VII, et alla en cette qualité à Rome revendiquer son héritage. Cepend. Mithridate avait déjà plus d'un sujet de haine contre les Rom. Dans son enfance ils lui avaient enlevé la Phrygie, concédée à Évergète, son père, en reconnaissance de ses

services. Plus tard ils s'étaient opposés aux prétentions qu'il avait sur le trône de Paphlagonie, vacant par la mort de Pylémène II. Néanmoins il envoya des ambassad. à Rome, affectant toujours d'avoir à cœur le titre d'ami et d'allié du peuple romain, et obéit au décret du sénat qui proclama libre la Paphlagonie et la Cappadoce, et prescrivit aux deux rois d'abandonner ces deux provinces. Mais il s'appliqua à rendre encore plus redoutables ses armées, et s'attacha par des alliances la plupart des peuples voisins. Enfin il leva le masque, et, après avoir envahi la Cappadoce et la Paphlagonie, il tourna ses armes contre les autres provinces occupées par les Romains, conquit l'Asie-Mineure entière, moins la Cilicie, et remplit de ses troupes les Cyclades, la Thrace et Athènes. Pour ôter tout espoir de réconciliation, il ordonna un massacre général de tous les Romains qui se trouvaient en Asie, et 80,000, selon le calcul le plus modéré, périrent en quelq. jours. L'instant où Mithridate commençait ainsi les hostilités était d'autant mieux choisi que ses ennemis avaient alors à combattre dans l'Italie même, où la guerre des Marses ne leur donnait déjà que trop d'occupation. Cepend. Sylla marcha vers l'Asie et prit en passant Athènes, qui alors obéissait à Mithridate ou à son influence. Il remporta ensuite sur Archélaüs, son lieut., les victoires de Chéronée et d'Orchomène, puis conquit sur lui l'Ionie, la Mysie et la Lydie. Des intrigues avec les chefs des autres provinces enlevèrent aussi des alliés à Mithridate. En moins de 4 ans il perdit plus de 200,000 hommes; sa flotte, défaite déjà par les génér. de Sylla, fut battue par une tempête; et il se vit contraint de signer un traité par lequel, en lui enlevant toute sa marine, les Romains le réduisaient aux états de son père. Ainsi finit la première guerre de Mithridate et des Romains. L'exécut. de ce traité donna lieu à quelq. combats contre Muréna, lieut. de Sylla, et l'armée du roi de Pont, combats que les histor. sont dans l'habitude de regarder comme une deuxième guerre. Mais la troisième fut plus grave et plus sérieuse. Mithridate, toujours dominé par le désir de chasser les Romains de l'Asie, avait encore rassemblé une armée d'environ 160,000 hommes, et n'attendait qu'un prétexte pour se mettre en campagne. La mort de Nicomède, roi de Bithynie, qui avait légué ses états aux Romains, le lui fournit. Il envahit cette province l'an 75 av. J.-C., parvint sans obstacle à en faire la conquête, et battit Cotta, qui voulait s'opposer à ses progrès. Mais bientôt après Lucullus, non-seulem. le força de lever le siège de Cyzique, mais encore le poursuivit jusque dans ses états héréditaires, d'où il s'échappa avec peine pour aller en Arménie demander du secours à Tigrane, son gendre. Celui-ci lui donna une nouvelle armée; mais Lucullus, toujours vainqueur, franchit l'Euphrate, et parvint au cœur de l'Arménie. Heureusement il fut rappelé peu après, et Mithridate vainquit à Zela, dans le Pont, Triarius, son lieut., l'an 67 av. J.-C., et recouvra presque tout son roy. Les Romains envoyèrent alors Pompée contre lui avec des pouvoirs très étendus, et celui-ci l'ayant vaincu dans un combat nocturne près de l'Euphrate, il n'eut d'autre ressource que de s'enfuir dans le Bosphore. Là il méditait encore de vastes desseins, et ne songeait à rien moins qu'à porter la guerre en Italie. Mais ses soldats, effrayés des difficultés que devait présenter l'accomplissem. d'un projet aussi gigantesque, se révoltèrent, et proclamèrent roi Pharnace, fils de Mithridate, qui lui envoya l'ordre de mourir. Celui-ci essaya d'abord de s'empoisonner : mais l'usage fréquent qu'il avait fait des poisons empêcha l'effet de celui qu'il prenait. Il se frappa alors de son épée, et se fit achever par un Gaulois qui lui était resté fidèle, l'an 64 av. J.-C. Ce prince était sans contredit un des hommes les plus distingués de son temps. Actif, ardent, laborieux, rusé, fécond en ressources, et toujours supérieur à la fortune, il était le seul prince de l'Asie-Occidentale capable de lutter 40 ans contre les Romains. Mais sa froide cruauté, sa jalousie, son ambition doivent le rendre un objet d'horreur autant que d'admiration. Peut-être doit-on révoquer en doute sa capacité milit. Du reste il aimait les lettres, écrivit un traité de botanique, ou plutôt de toxicologie, et parlait 22 langues différentes. C'est cette circonstance qui a engagé Conr. Gesner et depuis Adelung à donner le nom de Mithridate à leur célèbre ouvr. de linguistique. Les derniers projets et les derniers moments de Mithridate ont fourni à Racine le sujet d'une tragédie.

MITHRIDATE Ier, roi des Parthes, fils de Priapatius, succéda à Phraate, son frère aîné, l'an 164 avant J.-C., subjugua les Mèdes, les Perses, la Babylonie, l'Élymaïde, la Mésopotamie, la Bactriane, et poussa ses conquêtes jusqu'à l'Indus ; de sorte que l'empire des Arsacides, ayant désormais pour bornes, d'une part l'Euphrate et de l'autre l'Inde, se trouva au-dessus de celui des Séleucides. Il fit prisonnier le roi de Syrie Démétrius II, et le traita en souver.; après lui avoir assigné l'Hyrcanie pour demeure, il lui donna en mariage sa fille Rodogune. Mithridate Ier mourut l'an 136 ou 159 avant J.-C., et eut pour successeur Phraate II. On lui attribue un code de lois très sages, rédigé par son ordre pour servir de règle à son empire.— MITHRIDATE II, fils et successeur d'Artaban III, régna 40 ans, de l'an 126 à 86 avant J.-C., avec beaucoup de gloire. Il fit la guerre aux Arméniens, dont il obligea le roi à lui envoyer son fils pour otage, rétablit Antiochus-Eusèbe dans ses états, remporta plus. avantages sur les Scythes, et fut surn. le Grand par ses sujets. Il eut pour success. son fils Mnaskirès. — MITHRIDATE III, fils aîné de Phraate III, succéda à son père l'an 61 avant J.-C., fut chassé de ses états, et se rendit à son frère Orode qui, pour régner à sa place, le fit égorger l'an 55.

MITTARELLI (JEAN-BENOÎT), savant camaldule, né à Venise en 1707, professa d'abord la philosophie et la théologie au monastère de St-Michel, devint ensuite maître des novices, et successivement procureur, supér. des maisons de son ordre dans les états vénitiens, supérieur-général, et mourut en 1777. On a de lui un grand nombre d'ouvrages, dont les principaux sont : Memoriæ della vita di San Parisio, etc., 1748. — Memorie del monistero della Ssma Trinità, 1749. — Annales camaldulenses ordinis S. Benedicti, etc., 1755-73, 9 vol. in-fol. — Ad scriptores rerum italicarum Cl. Muratorii accessiones faventinæ, 1771, in-fol. — De litteraturâ Faventinorum, sive de veris doctis et scriptoribus urbis faventinæ, 1775, in-fol. — Biblioth. codicum, MSs. S. Michaelis Venetiar., etc., 1779, grand in-fol.

MITTIÉ (JEAN-STANISLAS), médecin, né à Paris en 1727, fut d'abord attaché comme médecin ordinaire au roi Stanislas, duc de Lorraine, et, à la mort de ce prince, revint exercer son état à Paris, où il mourut en 1795. On a de lui : Dissertat. lat. sur les blessures de poitrine, 1766, in-4. — Étiologie nouv. de la salivation, 1777, in-8. — Suite de l'étiologie, etc., 1781, in-8. — Lettre à l'auteur de la Gazette de santé, 1780, in-8. — Observations sommaires sur tous les traitem. des maladies vénériennes, etc., 1779, in-12. — Avis au peuple (sur les maladies vénériennes), 1793, in-8, et quelques autres opuscules sur le même sujet, dont il s'était occupé spécialement.

MIZAULD (ANTOINE), médecin et astrologue, né vers 1520 à Montluçon en Bourbonnais, prit ses degrés en médec. à Paris, s'y livra ensuite à la pratique de son art, qu'il exerçait concurremm. avec l'astrologie, et mourut en 1578. On a de lui un gr. nombre d'ouvrages, parmi lesquels les curieux recherchent encore : le Miroir du temps, autrement dit Éphémérides perpétuelles de l'air, etc., 1547, in-8. — Cometographia, item Catalogus cometar. usque ad annum 1540, etc., 1549, in-8. — Planetographia, 1551, in-4 ; trad. en français par Montlyard. — De mundi spherâ, sive cosmographiâ, libri III, 1552, 1567, in-8. — Nouvelle invention pour incontinent juger du naturel d'un chacun par la seule inspection du front et de ses linéam., 1565, in-8. — Memorabilium, utilium et jucundor. centuriæ IX arcanor., 1566, in-8. — Les secrets de la lune, etc., 1570, in-4 ; 1613, in-8, rare. — Historia Hortensium quatuor opusculis methodicis contenta, etc., 1577, in-8 ; trad. en français par A. de La Caille, sous ce titre : le Jardinage de Mizauld, etc., 1578, in-8.

MNÉSICLÈS, archit. grec, construisit à Athènes, sous le gouvernement de Périclès, le vestibule et les portiques connus sous le nom de Propylées, qui formaient l'entrée de l'Acropolis, ou citadelle de cette ville. Il employa cinq ans à cette construct., dont les frais s'élevèrent à 2,012 talents (10,864,800 francs). Il reste encore de beaux débris de ce monument.

MOAB, fils de Loth, fut le père du peuple appelé de son nom Moabites, qui se fixa à l'orient du Jourdain et du lac Asphaltite, sur les bords du fleuve Arnon. Dans la suite, les Amorrhéens envahirent une partie du territoire mohabite.

MOAWIAH, 6e successeur de Mahomet, premier

khalyfe de la dynastie dite des *Ommiades*, né à la Mekke dans le commencem. du 7ᵉ S. de l'ère chrétienne, était l'arrière-petit-fils d'Ommiah ou Ommaya, parent de l'aïeul du prophète. Après l'assassinat d'Othman, Moawiah fut proclamé khalyfe en Syrie, province dont il était gouvern. Il soumit ensuite par ses lieuten. l'Egypte, Médine, la Mekke, l'Yémen, et recula les bornes de l'empire musulm. par des conquêtes que les guerres civiles avaient interrompues sous ses prédécess. En Occident, ses troupes pénétrèrent jusqu'à l'Océan-Atlantique ; en Orient, elles traversèrent l'Oxus, envahirent la Sogdiane, s'emparèrent de Samarcande et d'une partie de la Tatarie. Les armes de Moawiah eurent moins de succès contre les Grecs. Son fils Yezid assiégea vainement Constantinople pendant 6 à 7 ans. La flotte des Arabes fut détruite en gr. partie par le feu grégeois ; leur armée fut complétement battue par celle de Constantin-Pogonat, et Moawiâh fut obligé d'acheter la paix l'an 58 de l'hégire (678 de J.-C.). Ce khalyfe mourut à Damas 2 ans après (680 de J.-C.), après avoir fait reconnaître son fils Yezid pour son successeur. Il fut le premier souverain musulm. qui établit des relais sur les routes, le premier qui se plaça dans un lieu distinct et exhaussé à la mosquée, et qui s'y tint assis en parlant au peuple. La mém. de Moawiah est odieuse aux musulm. chyites, ou sectateurs d'Aly, parce qu'il usurpa le khalyfat sur ce gendre de Mahomet, qui avait été choisi d'abord pour succéder à Othman. — MOAWIAH II, 3ᵉ khalyfe ommiade, petit-fils du précédent, succéda à son père Yezid Iᵉʳ l'an 64 de l'hégire (683 de J.-C.). Mais au bout de quelques mois de règne, ce prince, âgé de 21 ans, faible de complexion, très pieux, austère dans ses mœurs, abdiqua le khalyfat, se renferma dans son palais, et mourut peu de temps après. Sa retraite lui fit donner par les musulmans le surn. d'*Abou-leylah* (Père de la nuit). Les historiens arabes disent qu'il mourut de la peste ou par le poignard.

. MOBAREZ EDDYN MOHAMMED CHAH, fondat. de la dynastie des Modhafférides en Perse, fils de Modhaffen, d'origine arabe, et gouvern. de Mibad, se distingua de bonne heure par une valeur extraordinaire, fut nommé à 19 ans gouvern. d'Yezd, puis gouverneur du Kerman, se fit proclamer souverain dans cette province, s'empara du Farsistan sur le chah Cheikh-Abou-Ishak-Indjou, fit tran-cher la tête à ce prince, et étendit ses conquêtes sur plusieurs autres provinces de l'empire persan. Mais dès qu'il eut affermi sa puissance, il s'abandonna aux excès les plus honteux, et se rendit odieux à ses sujets par ses cruautés. Ses fils et son gendre conspirèrent contre lui, se saisirent de sa personne et lui firent crever les yeux. Il vécut encore cinq ans, et mourut l'an 765 de l'hégire (1364 de J.-C.), après avoir régné 42 ans. Son fils Djelal-Eddyn-Chah lui succéda.

· MOCENIGO, famille patricienne de Venise qui a donné plusieurs doges. — Thomas, élu en 1414, et mort en 1423. Les Vénitiens s'emparèrent sous son règne du territoire d'Aquilée. — Pierre, doge

en 1474, s'était signalé comme général de la république dans la guerre contre les Cypriotes et contre les Turks. Il mourut en 1476. — Jean, frère du précédent, succéda en 1479 au doge André Vendramino, et mourut en 1485. Ce fut sous son règne que la république entreprit, en 1482, une guerre de pure ambition, et dont elle ne tira aucun profit, contre Hercule III, duc de Ferrare. — Louis succéda en 1570 au doge Pierre Loredano. La républ. était alors en guerre avec les Turks, qui s'emparèrent de l'île de Cypre en 1571. Mocenigo fit la paix avec eux, et mourut en 1577.

MOCENIGO (André), historien, de la même famille, né à Venise vers la fin du 15ᵉ S., fut chargé de plusieurs négociat. dont il s'acquitta avec autant de zèle que de capacité, et occupa plus. emplois importants. On ignore l'époque de sa mort. Il est auteur d'une histoire de la ligue de Cambrai, publiée sous ce titre : *Belli memorabilis cameracensis adversus Venetos historiæ libri VI*, 1525, in-8, insérée dans le 12ᵉ vol. du *Thesaur. antiquitatum ital.*, de Grævius et P. Burmann ; trad. en italien, 1544, et de nouveau, 1560, in-8. Quelques autres écrits du même auteur, dont Foscarini rapporte les titres dans la *Letteratura veneziana*, se sont perdus. Plusieurs biographes lui attribuent encore un traité de théologie sous ce titre singulier : *Pentadopon et Pentateuchon*, Venise, 1511, in-8. Ghilini a consacré un article à Mocenigo dans le *Teatro d'uomini letterati*.

MOCHI (Franç.), sculpteur florentin, né au château de Mont-Varchi en 1580, mort en 1646, avait appris le dessin sous Santi-di-Tito, et l'art de modeler et de manier le ciseau sous Camille Mariani. S'étant rendu à Rome sous le pontificat de Clément VIII, il s'y plaça au rang des prem. artistes par deux statues de bronze, dont l'une est celle du duc Alexandre et l'autre du duc Ranuccio Farnèse, que l'on admire dans la place de Plaisance. On cite encore de lui une *Ste Véronique* dans le jubé du Vatican ; une *Ste Marthe* à St-André *della Valle ;* un *St Pierre* et un *St Paul* à la porte *dèl Popolo*, etc.

MOCLAH (Abou-Aly-Mohammed Ibn), inventeur des caractères arabes modernes, né à Bagdad l'an 272 de l'hég. (886 de J.-C.), fut gouverneur de plusieurs provinces de Perse sous le khalyfat de Moctader, devint ensuite visir de ce prince, que son frère Caher et de Radhy, fut trois fois dépouillé de ce titre, eut successivement la main droite et la langue coupées, et périt misérablement l'an 528 de l'hég. (940). Il avait cultivé la poésie, et quelques-uns de ses vers ont été conservés par El-Makin. Mais il est surtout célèbre dans l'Orient pour avoir substitué aux anciens caractères koufiques l'écriture arabe nommée *neskhi*. Cette invention, que quelques auteurs attribuent à Abou-Abdallah El-Haçan, frère de Moclah, fut perfectionnée un siècle après par Aboul-Haçan-Aly-Ibn-Hallal.

MOCLAH ou MOCLÈS (Seïd), supérieur d'un monastère de derviches à Ispahan en 1675, sous le règne de Chah Soliman, avait traduit en persan, dans sa jeunesse ; des comédies indiennes dont on

14.

croit qu'il existe à la bibliothèque du roi une version turq., sous le titre d'*al Faradj baad al Schidda* (la Joie après l'affliction). Moclah mit ces coméd. en contes, auxquels il donna le titre d'*Hezariek-Rouz* (mille et un jours). Petis de La Croix les a trad. en français.

MOCQUET (JEAN), voyageur, né dans le Dauphiné en 1575, fut apothicaire de la cour sous le règne de Henri IV, obtint la permiss. de voyager à l'étranger pour y recueillir des raretés destinées à orner le cabinet du roi, partit en 1601, et, jusqu'en juillet 1612, visita successivem. la côte occident. d'Afrique, la Guiane et Cumana, Maroc, Goa, la Palestine, déposant après chaque voyage, au château des Tuileries, les objets qu'il rapportait. Il obtint pour récompense le titre de garde du cabinet des *singularités*, avec 600 francs d'appointements. En 1614, il partit pour l'Espagne dans l'intention de faire le tour du monde; mais, n'ayant pu obtenir la faculté de passer en Amérique, il revint à Paris, où il mourut, on ne sait à quelle époque. Il a publié la relation de ses diverses excursions sous ce titre : *Voyages en Afrique, Asie, Indes-Orient. et Occident., divisés en VI liv., avec fig.*, Paris, 1617, in-12; Rouen, 1645, 1665; trad. en hollandais et en allemand.

MOCTADER-BILLAH (ABOUL FADHL DJAFAR II, surnommé AL), 18e khalyfe abasside de Bagdad, n'avait que 13 ans lorsqu'il succéda, l'an 295 de l'hég. (908 de J.-C.), à son frère Moktafy. Il se laissa gouverner par ses eunuques et par ses femmes, fut le jouet des factions qui troublèrent son règne, et négligea tellement les soins de son empire, déjà ébranlé depuis un demi-siècle par l'insolence et l'insubordination de la garde turque, qu'il en hâta la chute. Après avoir vu plus. ambitieux s'établir dans diverses provinces et y assurer leur indépendance, Moctader, contraint d'abandonner Bagdad, fut massacré par des soldats africains de l'armée d'un eunuque révolté, nommé Mounès, l'an 520 de l'hég. (932 de J.-C.). Il était âgé de 58 ans, et en avait régné 22.

MODÉER (ADOLPHE), sav. suédois, né à Stockholm en 1738, mourut en 1799, membre de la soc. patriotiq. et de l'acad. des sciences de cette capitale. Habile physicien, il avait fait un gr. nombre d'observat. et d'expériences qui ont été consignées dans les *Mém.* de la même acad. On a en outre de lui : une *Hist. du commerce de la Suède* (en allemand), 1770, in-8.—*Bibliotheca helminthologica*, etc., 1776, in-8.—Trois *Opuscules* (en allem.) *sur l'améliorat. de l'agriculture, les colonies et l'économie domestique*, 1774, 1776, 1780, in-8.

MODEL, médec. et pharmacien allemand, né à Neustadt en Franconie, passa en Russie en 1737, eut la direction des apothicaireries impériales, et mourut à Pétersbourg en 1775. Il a publ. en allemand plus. opuscules de chimie et d'économie, trad. par A.-A. Parmentier en franç. sous le titre de *Récréat. physiq., économiques et chimiques*, 1774, 2 vol. in-8.

MODÈNE (ducs de).—V. ESTE.

MODÈNE (ESPRIT DE RAYMOND DE MORMOIRON, comte de), historien, né en 1608 à Sarrians, près de Carpentras, d'une des plus anc. familles du comté Venaissin, fut d'abord page de MONSIEUR, frère de Louis XIII, puis suivit en Italie le duc de Guise, qui était appelé à Naples pour se mettre à la tête de l'insurrection dont Masaniello avait été le prem. moteur. Nommé, sous le duc de Guise, mestre-de-camp-général de l'armée du peuple, il obtint d'abord quelq. succès sur les troupes espagnoles; mais fait prisonnier, il fut renfermé pend. 2 ans dans le château de Naples, revint en France, et mourut en 1670. On a de lui : *Hist. des révolut. de la ville et du royaume de Naples*, Paris, 1666, 1667, in-4 ou 3 vol. in-12; un fragment du *Livre des Rois* écrit en prose intit. : *Salomon, ou le Pacifique* (c'est une paraphrase du 2e chapitre du 3e livre); une *Paraphr.* du psaume 50. Il a laissé MSs. un ouvrage burlesque sur les mœurs de ses compatriotes; des *Prières* (en vers) *pour la messe*, des *Odes*, des *Sonnets*, et des *Mém. depuis l'expédition de Béarn jusqu'au siége de Montauban*, dont le président de Gramond a fait usage dans son *Hist. lat. de Louis XIII.*—MODÈNE (Pierre, chevalier de), de la même famille que le précédent, chev. de Malte, mort maréchal-de-camp en 1765, écrivait en vers avec facilité. On cite de lui quelq. pièces légères, et notamment un quatrain au sujet d'un bal donné par Louis XV à son armée quelq. temps après la bataille de Fontenoy.

MODESTINUS ou MODESTIN (HÉRENNIUS), jurisconsulte romain du 3e S. de l'ère chrét., fut disciple d'Ulpien, devint conseiller des empereurs Alexandre-Sévère et Maximin, et consul avec Probus en 228. Il avait composé un gr. nombre d'ouvr. qui lui méritèrent d'être au nombre des neuf jurisconsultes aux opinions desq. l'emper. Théodose imprima force de loi. On ne connaît que des fragm. de ses ouvr. Jacques Lect, jurisconsulte genevois, a publ. : *Ad Modestinum de pœnis liber;* et H. Brenkmann, *De eurematicis diatriba, seu in Herenn. Modestini librum singularem comment.*, Leyde, 1706, in-8.

MODESTUS, abbé du monastère de St-Théodose, puis évêq. de Jérusalem, mort l'an 633, avait composé des *Homélies* dont Photius nous a conservé quelques extraits.

MODHAFFER ou MOUZAFFER CHAH II, 14e et dern. souver. musulman du Gouzerât, ne fut d'abord qu'un fantôme couronné sous le nom duquel gouverna pendant plus. années un ministre ambitieux nommé Etmad. L'emper. moghol Akbar s'étant emparé du Gouzerât en 1573, emmena Modhaffer prisonnier, l'admit ensuite au nombre de ses courtisans, et l'adjoignit à l'un de ses généraux, Khan-Kkanna, chargé (en 1581) de conquérir le Bengale. Modhaffer se voyant libre, souleva les peuples du Gouzerât, vainquit Etmad, qui en était gouvern. pour l'emper. moghol, et reprit la couronne. Attaqué ensuite par les troupes mogholes, il se défendit long-temps avec courage, fut vaincu à diverses reprises, et se coupa la gorge pour ne point orner le triomphe du gén. ennemi, en 1592 (1001 de l'hégyre). Après sa mort le Gouzerât fut réuni à l'empire moghol.

MODRÉVIUS (ANDRÉ-FRICIUS), secrét. de Sigismond-Auguste, roi de Pologne, au milieu du 16e S., travailla beaucoup à réunir les sociétés chrét. dans une même commun., et ne réussit qu'à se faire mépriser des unes et des autres. Il fut chassé de Pologne et dépouillé de ses biens pour son traité de la réforme de l'état, *De republicâ emendandâ*, Bâle, 1569, in-fol., en V *liv.* On a encore de lui : *De originali peccato*, 1562, in-4.

MOEHSEN (JEAN-CHARLES-GUILLAUME), médecin, né à Berlin en 1722, mort en 1795, membre de l'acad. des sciences et des arts de Prusse, et de plus. autres sociétés sav., est aut. d'un gr. nombre d'ouvr., dont les principaux sont : *Dissert. inaugural. de passionis iliacæ causis*, etc., 1742. — *De MSs. medicis quæ inter codices biblioth. reg. Berolin. servantur Epistolæ I et II*, 1749 et 1747. — *De medicis equestri dignitate ornatis*, 1768, in-4. — *Collect. d'expériences remarquables pour déterminer l'utilité de l'inoculation de la petite-vérole* (en allem.), 1782. — *Addition à l'hist. des sciences dans la marche de Brandebourg*, 1783. — *Sur l'hist. de la marche de Brandebourg dans le moyen-âge*, 1792, dans les *Mém.* de l'académie de Berlin, où l'on trouve plus. autres dissertations de Mœhsen.

MOELLENDORF (RICHARD-JOACHIM-HENRI, comte de), feld-maréchal prussien, né en 1724, dans la marche de Prignitz, fut d'abord page de Frédéric II, et accompagna ce monarque dans la prem. guerre de Silésie. Placé comme officier dans un des bataillons de la garde, il se distingua dans les campagnes suivantes, devint colonel (dans la garde) en 1760, puis major-général en 1762, commanda un corps de l'armée du prince Henri dans la guerre de la succession de Bavière avec le titre de lieutenant-général, et à la paix fut nommé gouvern. de Berlin. Sous le règne de Frédéric-Guillaume, il reçut le titre de général d'infanterie; commanda en 1793 le corps chargé d'effectuer le démembrement de la Pologne, et fut ensuite nommé feld-maréchal et gouvern. de la Prusse-Méridionale. En 1794, il remplaça le duc de Brunswick dans le commandement de l'armée prussienne sur le Rhin, et battit les Franç. à Kaiserslautern. Après la reprise des lignes de Weissembourg, le vieux feld-maréchal, qui avait déjà manifesté quelque opposition à la guerre contre la France, profita du crédit dont il jouissait pour faire les prem. ouvertures du traité qui fut conclu à Bâle le 12 mai 1795. Lorsqu'en 1806 la Prusse déclara la guerre à Napoléon, Mœllendorf, alors plus qu'octogénaire, se montra encore opposé à cette résolut.; mais, entraîné par le mouvem. général, il accompagna le roi dans cette campagne sans avoir de commandem. spécial, fut blessé à la bataille d'Iéna, et retiré dès-lors à Havelsberg, y mourut en 1816. Élevé à l'école du gr. Frédéric, Mœllendorf avait acquis les talents nécessaires pour bien commander une division ou un

corps d'armée; mais on n'a point reconnu en lui la capacité d'un grand capitaine.

MOESER (JUSTE), littérat., né à Osnabruck en 1720, exerça dans cette ville la profess. d'avocat, fut député à Londres, par le duc de Brunswick, lors de la guerre de 7 ans, afin d'y diriger l'envoi des subsides pour l'armée alliée, profita de son séjour pour étudier les mœurs et les institutions anglaises, mérita par son patriotisme et par ses écrits le surnom de *Franklin allemand*, et mourut en 1794. On a de lui un assez gr. nombre d'ouvr.; les principaux sont : *Essai de quelq. tableaux des mœurs de notre temps*, 1747, in-8. — *Arminius*, tragédie, 1749, in-8. — *De veterum Germanorum et Gallorum theologiâ mysticâ et populari*, 1749, in-4. — *Histoire d'Osnabruck*, 1761, 1780, 2 vol. in-8. — *De la langue et littérat. allemandes*, 1781. — *Le célibat des prêtres sous le rapport politique*, 1783. — *Idées patriotiques*, rec. périodiq., 4 vol.; 4e.édit., 1820, augm. du jugement de Gœthe sur Mœser. C'est à cet ouvr. que l'aut. doit principalement sa réputat. On trouve un *Éloge* de Mœser et de ses écrits dans le t. II des *Mém. de Gœthe.* De Bock, dans ses *OEuvres diverses*, a trad. en franç. quelq. essais de cet auteur.

MOET (JEAN-PIERRE), littérateur, né à Paris en 1721, mort à Versailles en 1806, est aut. des ouvr. suivants : *la Félicité mise à la portée de tous les hommes*, 1742, in-12. — *Code de Cythère, ou le Lit de justice d'amour*, 1746, in-12. — *Lucina sine concubitu*, etc., 1750, in-8 et in-12, trad. de l'anglais de sir John Hill, qui l'avait donné sous le masque d'Abraham Johnson, cette trad. fut brûlée par arrêt du parlem.; il en a paru une autre sous ce titre : *la Femme comme on n'en connaît point, ou Primauté de la femme sur l'homme*, 1786, in-12. — *Conversat. de la marquise de L****, etc., 1755, in-8. — *Traité de la culture des renoncules, des œillets, des auricules, des tulipes*, etc., 1754, 2 vol. in-12; le dern. vol. du *Spectateur*, traduit d'Addison, etc., 1755, in-12; des *Dissertat.* dans les 10 prem. vol. du *Journal étranger*. Moet a donné une édit. de l'*Aloysia*, 1757, in-8 (v. CHORIER), et il a publié les 4 dern. vol. du *Moreri* espagnol.

MOEZZ-ED-DAULAH (ABOUL-HOUCEIN-AHMED), 5e prince de la dynastie des Bowaïdes, fut le prem. de sa famille qui régna à Bagdad; il soumit le Kerman, le Khourdistan, et plus. autres provinces de la Perse, fit déposer et aveugler le khalyfe Mostakfy, et lui donna pour success. Mothy-Lillah qui ne fut qu'un fantôme de souverain. Moezz-ed-Daulah gouverna l'empire musulman pend. 22 ans, et mourut l'an 356 de l'hég. (967 de J.-C.), il eut pour successeur son fils Azz-ed-Daulah, qui fut détrôné et mis à mort par son cousin Adhad-ed-Daulah.

MOEZZ-ED-DYN DJIANDAR CHAH, fils aîné de l'emper. moghol Behader Chah, monta sur le trône de l'Hindoustan en 1124 de l'hég. (1712). Il s'était fait admirer dès son jeune âge par son courage et de brillantes qualités; mais, devenu souver. absolu, il s'abandonna à la mollesse et aux plaisirs. Épris des charmes d'une *bayadère*, il oublia tout pour elle et lui remit les rênes du gouvernem. Mohammed Ferakh-Syr, neveu de Moezz-ed-Dyn, profitant de l'indignation générale qu'excitait une pareille conduite, se fit proclamer empereur, vainquit les troupes mogholes commandées par son cousin Azz-Eddyn, et fit trancher la tête à son oncle, l'an 1125 (1714 de J.-C.).

MOEZZ-LEDIN-ALLAH (ABOU-TEMYM-MAAD AL), 4e khalyfe fatimite d'Afrique, né à Mahdiah, succéda à son père Mansour-Billah, l'an 341 (952 de J.-C.), conquit la Sicile en 352, puis l'Égypte en 357 et 58, par les armes de son général Djewbar, fondateur de la ville du Kaire (*al Kahirah*, la Victorieuse), y transporta le siége de son empire, en 562, s'affermit dans cette conquête, sans s'inquiéter des anathèmes et des manifestes du Khalyfe, chassa les sectaires carmathes (*v.* CARMATH) qui avaient envahi le pays, et mourut en 365 (976 de J.-C.) dans la 46e année de son âge, après avoir régné, par lui-même et sans visir, plus de 20 ans dans son empire de Mahdiah, et 3 en Égypte. C'est lui qui fit creuser dans le Delta un canal qui a long-temps porté son nom, et il a embelli le Kaire de plusieurs beaux édifices, *entre autres la grande mosquée*, où il est enterré.

MOEZZ-SCHERYF ED-DAULAH (ABOU TEMYM AL), 5e prince de la dynastie des Zeirides ou Badicides, succéda sur le trône de Tunis et de Tripoli à son père Badis, en 406 de l'hég. (1016), secoua le joug des khalyfes fatimites d'Égypte, et se mit sous la protect. du khalyfe abbasside de Bagdad, Caim Beamr-Allah. Mostanser, khalyfe d'Égypte, fit un traité avec plus. tribus arabes, et les envoya ravager les états de Moezz, qui s'occupait alors d'arrêter les progrès des Normands en Sicile. Affaibli par les désastres qu'il avait éprouvés dans cette entreprise, le souverain de Tunis ne put opposer une gr. résistance à l'invasion des Arabes. Après plus. défaites successives, Moezz, assiégé dans Mahdiah, y mourut de chagrin, l'an 455 ou 454 de l'hégyre (1061 ou 1062 de J.-C.). C'est ce prince qui introduisit en Afrique la doctrine de l'iman Malek, à l'exclus. de celle de l'iman Chafei.

MOFFAN (NICOLAS de), historien du 16e S., né dans le bailliage de Poligny (Franche-Comté), fut d'abord destiné à la magistrature, et prit ensuite du service dans l'armée que Charles-Quint leva vers 1550 pour s'opposer aux progrès des Turks en Allemagne. Le corps dans lequel il servait ayant été attaqué à l'improviste, Moffan, blessé grièvement, fut fait prisonnier et conduit à Constantinople. Il y resta 3 ans, puis ayant recouvré sa liberté, il rejoignit l'armée en Allemagne. On ignore l'époq. de sa mort. Ce fut à la prière du duc de Wirtemberg, son patron, qu'il écrivit la relation des particularités recueillies par lui sur la mort de Mustapha, fils du sulthan Soliman. Ce livre est intit. : *Soltani Solymani, Turcar. imperatoris, horrendum facinus in proprium filium*, etc., Bâle, 1555, in-8; trad. en franç., Paris, 1556. On a du même écriv. : *De origine domûs ottomanæ et de bello turccio sui*

temporis. Cet ouvr. n'existe qu'en MS.; mais on en trouve plus. copies.

MOGILA (PIERRE), prélat russe, né en Moldavie vers 1590, fit ses études à Paris, suivit d'abord la carrière des armes en Pologne, se fit moine en 1625, et en 1633 fut élevé au siége métropolitain de Kief. Il s'attacha à combattre l'influence que les principes de la religion catholique pouvaient acquérir sur le clergé grec de son diocèse alors soumis à la Pologne. L'acad. de Kief lui doit une partie de sa splendeur; il la réorganisa, y appela des profess. étrangers, y adjoignit une imprimerie et lui fit divers legs. Mogila a laissé un *Catéchisme abrégé en polonais et petit-russien*, Kief, 1645 et 1646. On a de lui des *poésies sacrées* dans les rec. du temps.

MOGLIANO (GENTILE de), aventurier italien, s'empara de la seigneurie de Fermo, dans la Marche d'Ancône, vers le milieu du 14e S., soumit ensuite cette ville à Egidio Albornoz, général des troupes papales, et fut nommé en retour gonfalonier de l'Église, en 1354. Mais, l'année suivante, il provoqua par d'imprudentes mesures un soulèvement dans Fermo, dont il avait la garde, et le peuple l'en chassa. Il finit ses jours dans l'exil. L'histoire de cet aventurier se lie à celle des Malatesti, princes de Rimini.

MOHALHAL (ADY BEN REBIAH), l'un des plus anciens poètes arabes, composa le prem. des pièces de 30 vers, appelés *gazidah*, ainsi que d'autres d'un moindre nombre, et fit servir la poésie à chanter les charmes de l'amour. C'est ce qu'indique le nom de *Mohalhal* que lui donnèrent ses contemporains. Il était antérieur de quelques années à Mahomed. Avant lui les poésies arabes ne consistaient que dans des vers isolés d'un style grave et sentencieux.

MOHAMMED Ier, empereur de l'Hindoustan. — V. MAS'OUD et MAUDOUD.

MOHAMMED II, *al Ghaury* (ABOUL MODHAFFER CHAH-CHYR-ZAD CHEHAB-ED-DYN), 5e sulthan de la dynastie des Ghaurides en Perse, et 17e souverain musulman de l'Hindoustan, fut associé au trône, l'an 567 de l'hég. (1171 de J.-C.), par son frère Gaïrath-Eddyn qui lui donna le roy. de Gharnaz. Il recula les bornes de ses états du côté de l'Orient, et mourut assassiné sur les bords du Sind (Indus), l'an 602 de l'hég. (1206), après avoir régné 32 ans à Chaznah, et un peu plus de trois comme sulthan dep. la mort de son frère.—MOHAMMED III, 53e emper. de l'Hindoustan, succéda à son père Touglouk-Chah, l'an 725 de l'hég. (1325 de J.-C.), forma le projet de conquérir la Chine, échoua dans ses tentatives, perdit, par la révolte, une grande partie de ses états, et mourut sur les bords du Sind, en marchant contre les rebelles, l'an 752 (1552), après un règne de 27 ans.—MOHAMMED-CHAH IV, petit-fils du précéd., fut reconnu sulthan ou empereur de l'Inde en 790 de l'hég. (1388), après la mort de son père Fyrouz-Chah, eut à combattre un de ses parents qui s'était déclaré son compétit., le vainquit, et resta paisible possesseur de l'empire jusqu'à sa mort, en 796 (1394). — MOHAMMED-CHAH V, 43e souverain de Dehli, fut mis sur le trône en 857 (1454) par la fact. qui avait fait périr Moubarek II, son oncle et son prédécesseur. Prince sans énergie, il fut le jouet des factieux, et mourut en 847 (1443). — Mohammed VI. — V. Babour ou Babr. — Mohammed VII (Houmaioun), fils de Mohammed Babour, lui succéda en 1546, vit ses états envahis par les Afghans ou Patans, peuples des montagnes du Candabar, et mourut en 1555. — Mohammed VIII, prince afghan, usurpa le trône de Dehli l'an 956 (1549) en faisant périr le jeune Fyrouz-Chah IV, dont il était oncle maternel. Ce fut un monstre de débauches et de cruautés. Il régna deux ans et demi, et fut assassiné en 959 (1551) par ses deux beaux-frères qui occupèrent successivement le trône de Dehli.— Mohammed IX, X, XI et XII.—V. Akbar, Djian Guyr, Chah Djihan et Behader Chah. — Mohammed XIII (Ferakh-Syr), emp. moghol de l'Hindoustan, né vers le commencement du 12e S. de l'hég. (sur la fin du 17e de J.-C.), fut d'abord gouvern. du Bengale sous son gr.-père Behader-Chah, et sous son père Azem-al-Khan. Après la mort de ce dern. il fut proclamé emper. à Patnah en 1713, puis à Dehli en 1714. Le principal événem. de son règne fut la destruction des Seikhs, peuples septentrionaux de l'Inde. Mohammed fut détrôné en 1718 par ses deux frères, Abdallah, son visir, et Haçan-Aly, son trésorier-général, qui l'avaient fait monter sur le trône et qui l'empoisonnèrent après sa déchéance. — Mohammed XIV (Aboul-Modhaffer-Nasser-ed-Dyn), emp. de l'Hindoustan, l'un des pet.-fils de Behader-Chah, et cousin du précéd., fut placé sur le trône en 1719 (1131 de l'hég.) par les deux frères Abdallah et Haçan-Aly, dont il est question dans l'article précédent. Son règne fut l'époque de la dissolut. totale de l'empire moghol dans l'Inde. Nadir-Chah, usurpat. du trône de Perse, fit dans l'Hindoustan une invasion désastreuse, se fit céder par Mohammed toutes les provinces à l'ouest de l'Indus, et retourna ensuite en Perse, emportant un butin évalué à 1,500 millions, et même à plus de deux milliards suiv. quelq. relat. Après la mort de Nadir, l'un de ses généraux, Ahmed-Abdally, qui s'était formé un royaume des provinces récemm. cédées à la Perse, fit une nouv. invas. dans l'Hindoustan et pénétra jusqu'à Serhind, mais il fut battu par le fils de Mohammed, et forcé de se retirer au-delà du Sind. Mohammed XIV mourut d'apoplexie le 8 avril 1748, après un règne orageux de 30 ans. Ahmed-Chah, son fils, lui succéda.

MOHAMMED (Abou Abd-Allah), connu sous les surn. d'Ebn Batouta, de Lewati et de Tandji, célèbre voyageur arabe, né l'an 703 de l'hég., partit à 22 ans de Tanger, parcourut, durant l'espace de 22 ans, l'Égypte, l'Arabie, la Syrie, plus. provinces de l'empire grec, les îles de Ceylan et de Java, enfin les Maldives et la Chine. De retour dans sa patrie, vers 1345, il repartit bientôt pour visiter l'Espagne, puis se rendit dans l'Afrique-Septentrionale, et revint de là à Tanger, où il écrivit la relation de ses voyages. On n'en connait que

quelq. fragm., ainsi qu'un abrégé dû à Mohammed Kélébi. On peut consulter pour plus de détails : *de Mohammede ebn Batutá arabe Tengitano, ejusque itineribus*, par M. Kosegarten; Iéna, 1818, in-4; et *Descript. terræ Malabar, ex arab. ebn Batulæ itinerario*, par M. H. Apetz, 1819, in-4.

MOHAMMED (Abou-Choudjah Gaïath-ed-Dyn Ier), 5e sulthan seldjoukide de Perse, 2e fils de Melik-Chah, disputa le trône à son frère Barkyarock, fut proclamé souverain après cinq ans de guerre, et son frère étant mort, l'an 498 de l'hég. (1105), devint maître de toute la Perse. Il eut à combattre les gr. vassaux, dont l'ambition préparait déjà la ruine de l'empire seldjoukide, et les chrétiens de Syrie qui étendaient leur domination. Ce prince mourut à Ispahan l'an 511 (1118) dans la 37e année de son âge et la 14e de son règne.— Mohammed (Abou-Choudjah-Gaïath-ed-Dyn II), 10e ou 11e sulthan seldjoukide de Perse, petit-fils du précéd., eut à soutenir une guerre longue et difficile contre son frère Melik-Chah II, et mourut en 554 (1159) à l'âge de 33 ans, après en avoir régné 8. Soleïman-Chah son oncle lui succéda.

MOHAMMED (Ala-ed-Dyn), 6e sulthan de Kharizm, né dans le 6e S. de l'hég. (12e de J.-C.), fut d'abord gouverneur du Khoraçan sous le règne de son père Takasch, et fut reconnu sulthan l'an 596 (1200). Plus. victoires signalées qu'il remporta sur des peuples voisins de ses états lui firent donner le surn. de *Second Alexandre*. Enflé de ses succès, il refusa imprudemm. le traité de commerce que lui faisait proposer Djenguyz-Khan. Le conquérant moghol, irrité, envahit les états de Mohammed et les ravagea. Le sulthan de Kharizm, forcé de se réfugier dans une île de la mer Caspienne, appelée Abiscoun, y mourut en 617 (1220), abandonné de presque tous ses serviteurs et dans la plus profonde misère.—V. Fazary, Mahdy, Mousa et Nassir-ed-Dyn.

MOHAMMED (Gaïath-ed-dyn-Aboul-Fethah), 3e sulthan de la dynastie des Chaurides dans la Perse-Orientale, succéda l'an 556 de l'hég. (1161 de J.-C.) à son cousin Saïf-ed-Dyn-Mohammed, assassiné par un des siens dans une bataille, vengea la mort de ce prince par celle de l'assassin et de ses complices, rétablit la tranquillité dans ses états, fixa sa résidence dans la ville d'Herat, recula les bornes de son empire, se fit proclamer sulthan, titre que n'avaient point encore porté ses prédécess. et mourut en 599 (1203 de J.-C.), dans la 43e année d'un règne plein de gloire et de bonheur. Mohammed joignit de grandes vertus privées à ses talents milit. et politiques.

MOHAMMED (Agha), khan, 2e prince de la dynastie des Kadjars, aujourd'hui régnante en Perse, né vers le milieu du 18e S., était fils de Mohammed Haçan khan qui avait disputé long-temps le trône à Kerym. Pris, après la mort de son père, avec quatre de ses frères, il fut emmené à Chyraz où Kerym-khan le rendit eunuque. Ayant trouvé le moyen de s'évader lorsque ce prince mourut en 1779, Mohammed retourna dans la province d'Esterabad, dont son père avait été gouverneur, s'en rendit maître, fit la conquête du Mazanderan, et força le gouvern. du Ghylan de se reconnaître son vassal. Arrêté quelq. temps dans sa carrière ambitieuse par Aly-Mourad-Khan, souver. de Chyraz et de la plus gr. partie de la Perse, Mohammed fit des progrès plus rapides après la mort de ce dern. en 1785, se rendit maître d'Ispahan la même année, triompha successivem., par la force des armes ou par l'astuce, de plus. compétit. redoutables, devint maître de toute la Perse-Méridionale, et affermit le trône dans sa famille, en exterminant tous les princes de la dynastie Zend qui tombèrent en son pouvoir. Il battit ensuite les troupes géorgiennes du prince Héraclius qui s'était rendu, en 1783, vassal de la Russie, prit et saccagea Teflis, reçut la soumission des khans du Chyrwan et du Daghestan, dépouilla Chah-Rokh, petit-fils de Fadir-Chah, de la souveraineté du Khoraçan, et traversa l'Araxe en 1797 pour chasser les Russes des places qu'ils occupaient de ce côté. Son projet, après la fin de cette guerre contre les Russes, était de tourner ses armes contre les Othomans, lorsqu'il fut assassiné dans sa tente en mai 1797, par un officier de sa maison gagné par Sadek-Khan-Chakaky, l'un de ses génér. Ce *Narsès* moderne, spoliateur et tyran de sa propre famille, avait fait périr ou aveugler presque tous ses frères et rendu eunuques la plupart de leurs fils, « afin, disait-il, avec une ironie féroce, de se voir revivre dans ces enfants. » Sadek-Khan, après l'assassinat de Mohammed, s'était rendu à Tauryz dans le dessein de disputer le trône au neveu de ce prince, Baba-Khan; mais celui-ci, vainqueur du général rebelle et de quelq. autres compétit., fut proclamé souverain des états de son oncle, sous le nom de Feth-Ali-Chah.

MOHAMMED, souverain de Perse. — V. Khoda-bendeh et Oldjaitou.

MOHAMMED-ALY-HAZIN, littérat. persan, né à Ispahan en 1691, mort à Benarès, dans l'Inde, en 1779, est aut. de plus. ouvr. en prose et en vers. Sir William Ouseley a inséré dans le t. II de ses *Oriental's collections* quelq. fragm. des *Mém.* de cet écriv., qui renferment le récit de ses voyages en Perse, en Arabie et dans l'Inde. Ces *Mémoires* forment un vol. in-8 de 155 pag. seulem. Le recueil de ses *Poésies* forme, dit-on, deux forts vol. — V. Tomrut.

MOHAMMED-BEN-ALBAREZI, dit aussi *Aldjohni*, poète arabe, né à Hamath vers la fin du 7e S. de l'hég., fut chef des scribes du gouvernem. en Égypte. Il est aut. d'un poème, en l'honneur du prophète, sous le titre de *Bediyt* (chose excellente ou admirable), composé l'an 725 de l'hég. (1524 de J.-C.), et dont il existe deux exemplaires à la bibliothèque royale. On y trouve aussi un *Comment.* sur ce poème par Taki-ed-Dyn.

MOHAMMED-BEN-CACEM, écrivain arabe, né en 864 de l'hég. (1460) à Amasia dans la Natolie, est auteur d'un livre intit.: *Raud alkhiar* (Jardin des Gens de bien): c'est un abrégé d'un ouvr. de Za-

machscari intitulé *Rebi alabrar* (Printemps des Justes), espèce de biogr. des doct. arabes. On en trouve des MSs. à la biblioth. royale, et dans celle de Dresde.

MOHAMMED-BEN-THAHER, 5e et dern. prince de la dynastie des Thanerides, fut confirmé par le khalyfe Mostaïn-Billah, l'an 248 de l'hég. (862), dans la souveraineté des états que Thaher Ier, son bisaïeul, avait reçu du khalyfe Al-Mamoun, c'est-à-dire de toute la Perse-Orientale. Ce prince affable, humain, généreux, ne manquait pas de bravoure; mais son goût pour les plaisirs éteignit en lui ces qualités et tout sentim. d'énergie. Yacoub-ben-Leïth et Haçan-ben-Zeid, lui enlevèrent d'abord plus. provinces et s'y rendirent indépendants. Le prem., poussant plus loin ses entreprises, réduisit Mohammed à la dernière extrémité, le fit prisonnier et le retint auprès de sa personne. Mohammed recouvra la liberté après la défaite de Yacoub à Waseth (v. Yacoub), et se réfugia à Bagdad, dont il fut nommé gouvern. Mais Amrou, frère et successeur d'Yacoub, ayant regagné les bonnes grâces du khalyfe, Mohammed fut dépouillé de son gouvernem., et mourut dans l'obscurité.

MOHAMMED-BEN-ZEIN-EL-ABEDIN-ALY, le 5e des 12 imams regardés par les chyites comme les seuls héritiers légitimes du khalyfat, né à Médine, l'an 57 de l'hég. (677), mort en Syrie en l'an 114 ou 116 (732 ou 734), avait acquis de profondes connaissances qui lui firent donner le surnom de *Baker* (Scrutateur). On l'a surnommé encore *Hady* (Directeur) et *Schaker* (qui rend grâce à Dieu). — Mohammed, 9e imam, surn. ad *Djawad* (le Généreux), al *Taki* (Craignant Dieu), et al *Zaki* (le Pur), né à Médine, l'an 195 (810-11), était fils d'Aly-Riza, que le khalyfe Al-Mamoun avait déclaré son successeur. Il épousa la fille de ce même khalyfe, et mourut à Bagdad l'an 220 (835).

MOHAMMED-BEN-ABDALLAH-BEN-HOUCEIN, fut le prem. prince alyde qui prit le titre de khalyfe à Médine l'an 151 de l'hég. (749 de J.-C.). Forcé de céder à la puissance d'Abou-Djafar-Al-Mansour et de s'enfuir aux Indes, il en revint plus tard, rentra en possession de Médine, de la Mekke et de l'Yemen, fut vaincu par Isa, neveu de Mansour, et périt, les armes à la main, sur les remparts de Médine, l'an 145 (762). Il avait pris les surnoms de *Mahdy* (Directeur) et de *Nafs zahi* (Ame pure).

MOHAMMED-BEYG, surnommé *Abou-Dahahb*, success. du fameux Aly-Beyg dans le gouvernem. de l'Égypte, avait été acheté par lui comme esclave en 1758. Admis au nombre des mamlouks, Mohammed devint le favori d'Aly, qui le fit son gendre, puis l'un des 24 beys de l'Égypte en 1766. Il répondit d'abord à la confiance de son maître, et par ses victoires multipliées il le rendit redoutable à tous ses ennemis. Mais son ambition croissant avec ses succès, il se révolta contre Aly, le chassa du Kaire, devint maître de l'Égypte en 1773, fit sa soumission au sulthan de Constantinople et obtint le titre de pacha du Kaire avec l'autorisat. de faire la guerre au scheikh Dhaher. Il passa en Syrie au mois de février 1776, s'empara successivem. de Gaza, de Jaffa et de St-Jean-d'Acre, livra cette dernière ville au pillage, et y mourut de la peste au mois de juin même année. Le surnom d'*Abou-Dhahab* (Père de l'Or) lui avait été donné à cause de son avidité et de son luxe.

MOHAMMED-BEN-ABD-EL-WAHAB (le Cheikh), fondateur de la secte musulmane des wahabis ou wahabites, né en Arabie vers le commencem. du 18e S. dans la tribu de Témim, était de la race des Seids ou descend. de Mahomet. Après avoir étudié la théologie et la jurisprudence musulmane avec succès à Sanà, doué d'une éloquence persuasive et contrefaisant l'homme inspiré, il s'érigea en réformat. de l'islamisme, visita la Mekke, les principales villes de l'Arabie et celle de la Syrie, telles que Bassorah, Bagdad, Damas, etc., fut d'abord mal accueilli dans ces diverses excursions, et finit par trouver d'ardents prosélytes, qui en moins de 12 ans, se virent en état de dicter la loi à ceux qui les avaient d'abord méprisés. Mohammed mourut dans un âge très avancé, laissant plus. fils, dont l'aîné Houceïn lui succéda dans les fonctions de pontife suprême de la secte. — V. Akbar, Cotbb-ed-Dyn, Ibn-Doreid, Mehemed et Nasser-Mohammed.

MOHAMMED-HAÇAN-KHAN, fondateur de la dynastie des Kadjars, actuellement régnante en Perse, était fils de Feth-Aly-Khan, gouvern. du Mazanderan, sous le règne de Chah-Thahmasp II, en 1723, depuis détrôné par Thahmasp-Kouli-Khan (v. Nadir-Chah). Gouverneur d'Esterabad, sous Nadir, Mohammed commanda avec succès plusieurs corps de troupes, et, après la mort de ce prince et de son success. Adel-Chah, fut un des prem. à lever l'étendard de l'indépend. en 1748. Il vainquit le gouvern. du Mazanderan, s'empara de cette province, battit le roi de Candahar, maître du Khoraçan, soumit le Ghylan, prit possession d'Ispahan, mais fut forcé d'abandonn. cette ville, et poursuivi par les troupes de Kerym-Khan, tomba au pouvoir de ce prince qui lui fit trancher la tête en 1758. Agha-Mohammed, l'un des fils de Mohammed-Haçan recouvra par la force des armes les états de son père; et en étendit les limites (v. Agha Mohammed).

MOHAMMED-IBN-HANÉFIAH, 3e fils du khalife Aly et de Hanéfiah, l'une de ses femmes, fut regardé comme le chef de la maison d'Aly, après la mort de son frère Houceïn. Le khalyfe Abdallah, fils de Zobeir, informé que Mohammed intriguait sourdement contre lui, le fit arrêter ainsi que toute sa famille, l'an de l'hég. 66 (685 de J.-C.), et les menaça de la mort s'ils ne lui prêtaient serment de fidélité dans un délai qu'il leur fixa. Deux jours avant l'expirat. du terme fatal, 700 cavaliers délivrèrent les prisonniers, se saisirent d'Abdallah, et l'auraient tué si Mohammed n'eût sauvé généreusement les jours de son rival, dont le parti fut détruit par le khalyfe ommiade ou ommayade Abdel-Melek (v. ce nom). Mohammed-Ibn-Hanéfiah mourut à Médine l'an 81 (700 de J.-C.). Les chyites

prétend. que ce fils d'Aly est encore vivant sur le mont Redhwa, près de la Mekke, qu'il est le *mahdy* (directeur, messie), prédit par Mahomet, et qui doit venir, à la fin des siècles, faire régner la justice et le bonheur sur la terre. — V. Sidi Mohammed.

MOHAMMED-IBN-BATOUTA. — V. Mohammed-Abou-Abdallah.

MOHAMMED SULTHAN, né à Hérat l'an 821 de l'hég. (1418 de J.-C.), arrière-petit fils de Timour (Tamerlan), reçut de son aïeul, Chah-Rokh, le gouvernem. d'une grande partie de l'Irak-Adjem, avec les droits et les attributs de la royauté, et perdit bientôt presque tout cet apanage par suite de sa mauvaise administrat.: il tourna ensuite ses armes contre Chah-Rokh, s'empara d'Ispahan sans coup férir, et mit le siège devant Chyraz, ou régnait Mirza-Abdallah, son cousin germain. Forcé d'abandonner ses conquêtes par la marche des troupes de son aïeul, qui, malgré son grand âge, s'était mis à la tête de l'armée, Mohammed s'enfuit dans le Louristan; mais après la mort de Chah-Rokh, il rentra dans Ispahan en 851, vainquit Abdallah, se fit reconnaître sulthan dans l'Irak-Adjem, le Farsistan et le Kerman, et reçut les soumissions de tous les princes tributaires de la Perse. Quatre ans après il fut vaincu dans une bataille que son frère Babour lui livra vers les frontières de l'Esterabad, et mis à mort par les ordres de ce prince en 855 (1452 de J.-C.), dans la 10me année de son règne. Babour, malgré sa victoire, ne put s'emparer des états de son frère, qui passèrent sous la dominat. de Djihan-Chah, beau-père de Mohammet.

MOHAMMET-TARAGHY. — V. Oulough-Beygh.

MOHDANO (les frères Raphael et Pierre Rodriguez), tous deux relig. de la Merci dans le couvent de St-Antoine de Grenade au 18e S., se sont fait une réputat. par leur hist. littéraire de l'Espagne. C'est d'après leurs instances que des chaires de langues orientales, de mathémat. et de physique, furent établies dans les collèges de leur ordre. Tous deux furent admis dans l'académie d'hist. à Madrid, et reçurent du roi une pension de mille ducats. On croit qu'ils moururent à peu de distance l'un de l'autre, vers la fin du 18e S. Leur ouvr. principal a pour titre : *Historia literaria de España , origen , progresos , decadencia y restauracion de la litterat. española*, Madrid, 1766-1785, 9 vol. in-4. Cet ouvr. ayant été critiqué dans certaines parties, ils en publièrent une apologie sous le titre de *Apologia del tomo V de la Historia literaria de España*, ibid., 1779, in-4 : plus tard don J. Suarez de Tolède publia une autre défense de cette même histoire, ib., 1783, in-4. Les PP. Mohedano ont laissé en MSs. plus. autres dissert. et mém. sur le même sujet.

MOHSIN-FANI ou MOHSAN, poète indien du 17e S., est connu en Europe par un ouvr. int. *Dabistan*, écrit en persan, et où il est traité d'un gr. nombre de sectes religieuses, anc. et modernes de l'Asie. Né à Cachemire, Mohsin se rendit à

Dehly, après avoir terminé ses études, fut nommé par l'emper. moghol, Schah-Djiham, *sadder* ou juge suprême de la ville d'Allahabad. Ayant perdu cette place, il se retira dans sa patrie, où il mourut vers 1670. Il donnait chez lui des leçons de littérat. et de morale, dont le sujet lui était fourni par les ouvr. des plus célèbres écrivains qu'il commentait. Ses œuvres poétiques se composent, dit-on, de six à sept mille distiques. Le surnom de *Fani*, qu'il avait adopté pour se conformer à l'usage des poètes persans, signifie dans cette langue *périssable, sujet à la destruction.*

MOHTADY-BILLAH (ABOU-ABDALLAH-MOHAMMED VI, AL), 14e khalyfe abbasside, fils de Wathek, fut appelé de Bagdad et proclamé à Sermenraï en 255 de l'hég. (869 de J.-C.), après la déposit. de Motaz, son cousin germain. Ce prince, élevé dans des principes austères, voulut ramener dans l'empire la simplicité des prem. temps de l'islamisme; ses réformes, portées d'abord sur les mœurs et sur le luxe, embrassèrent aussi l'administrat. de la justice. Il donnait audience publique à tous ses sujets, écoutait leurs plaintes et redressait leurs griefs. Il supprima la moitié des impôts établis par ses prédécesseurs. Toutefois la sévérité de son gouvernem. suscita de nombr. mécontentements, principalem. dans la garde turque, qui avait puissamm. contribué à le placer sur le trône. Investi et forcé dans son palais par une troupe de séditieux, Mohtady fut accablé d'outrages, et poignardé en 870 de J.-C., à l'âge de 38 ans, après un règne de 11 mois et demi. Ce khalyfe, digne d'un meilleur sort et d'un autre siècle, eut pour successeur Motamed.

MOINES ou *Solitaires*, ainsi appelés du grec μόνος (seul), à cause de leur genre de vie, étaient dans l'origine des laïcs qui, se consacrant à un plus pur exercice des vertus chrétiennes, et séparés volontairem. du commerce des hommes, partageaient leur temps entre la prière et le travail des mains, et abandonnaient aux pauvres tout ce qui excédait leurs modiques besoins. Passant condamnation sur les ridicules hypothèses qui feraient remonter l'institution des moines (et conséquemment celle de quelques-uns des ordres religieux dont ceux-ci furent la souche commune) jusqu'aux temps antérieurs à l'établissement de l'Église de J.-C., c'est-à-dire aux prophètes Élie et Élisée, les plus savants canonistes s'accordent à reconnaître que ce fut d'après l'exemple de St Paul que les premiers solitaires s'établirent en Egypte; ils s'y trouvaient déjà en gr. nombre lorsque St Antoine en réunit quelq.-uns en communauté monastique (270). La Syrie, le Pont, la Cappadoce, l'Éthiopie, les Indes mêmes, virent bientôt se former de pareilles associations, dont les principaux fondat. furent St Pacôme, St Hilarion et St Basile. En publiant à Rome le *Vie* de St Antoine, St Athanase y accrédita ce genre de dévot., qui ensuite se propagea dans tout l'Occident. Après l'établissem. des monastères, il resta toutefois beaucoup de moines qui, comme au temps de St Paul, demeurèrent tout-à-fait solitaires: tels étaient ceux qu'on nomme *anachorètes* ou *ascètes*, et qui vivaient seuls dans les déserts, et les *remobotes* ou *sarabaïtes*, qui habitaient deux ou trois ensemble une case ou cellule; mais les uns et les autres étaient en moins gr. nombre que ceux réunis en communautés, et appelés *cénobites*. Ces relig., que dans le principe leur profess. écartait des fonct. cléricales, et qui n'étaient engagés à cet état par aucun autre lien que celui de la ferveur ou de la volonté de mener une vie pénit, n'affectaient point un costume particulier; savants ou ignorants, robustes ou faibles, ils étaient admis au monast. sans autre condit. que leur inclinat. propre; enfin des hommes de tous les âges et de toutes les classes s'y confondaient avec les esclaves mêmes à qui leurs maîtres permettaient d'y entrer. Chaque évêque à la juridiction duquel ils appartenaient confirmait l'élection de leurs supérieurs ou pères (*abbés*), s'il ne les nommait lui-même, et c'était toujours de ses mains qu'ils recevaient des prêtres pour desservir leurs chapelles, quand il arrivait qu'on les dispensât de l'obligation d'assister aux offices dans l'église paroissiale. Ainsi que nous l'apprend St Jérôme, les moines cénobites vivaient en commun sous la direction du même chef, dans un monastère ordinairement écarté des villes; presque tous renonçaient à leur patrimoine pour subsister du produit de leurs travaux, auquel suppléait au besoin la part qu'ils avaient aux aumônes de l'évêque diocésain ainsi qu'aux charités du peuple. Un monast. pouvait comprendre jusqu'à 40 maisons, régies chacune par un supér., un prévôt, et où habitait un nombre à peu près égal d'individus, dont chaque dizaine obéissait à un doyen. Peu à peu, en se rendant utiles aux évêques, les moines en obtinrent des exemptions ou priviléges; et comme l'Église ne comptait pas de membres plus distingués, non-seulement on favorisa leurs établissements, mais on finit par les rapprocher des villes, comme de précieuses pépinières d'où l'on pouvait tirer des pasteurs zélés autant que pieux. Enfin, dès le 8e S., on comprit sous le nom de clergé ces associations, sans pourtant les confondre avec les ecclésiastiq.; et à partir du 11e S., on n'a plus compté pour moines que les clercs, c.-à-d. les hommes destinés à chanter au chœur, ou versés dans les lettres lat. Moins de 300 ans plus tard, le concile général de Vienne (1311) ordonnait à tous les moines de se faire promouvoir aux ordres sacrés, n'exceptant de cette règle que la classe des religieux uniquem. propres au travail des mains, et qu'on nomma frères *lais* ou *convers* (laïcs convertis). Il est naturel de croire que des associations aussi nombreuses ne purent se soustraire à l'influence de l'esprit du siècle; aussi trouve-t-on dans les monast., au temps que nous nommons le moyen-âge, toute la barbarie et les vices qui infestaient la société. Mais si, en se reportant à l'origine des établissements monastiques, on recherche la cause de leur multiplicité prodigieuse, on la découvre dans l'esprit même du christianisme, le renoncement aux passions humaines pour une meill. vie. Telle avait été de bonne heure la progression d'accroissement des monast., qu'on s'occupa au concile de Chalcédoine d'en circonscrire le nombre, et de limiter les prérogat. de ces associations. Elles n'avaient dû sans doute leurs priviléges qu'à l'éclat des vertus qui distinguaient leurs membres ; et l'on peut croire qu'en accordant aux moines certaines exemptions, telles que l'affranchissement de la législation canonique, la remise d'une pleine puissance aux abbés pour la conduite de ce troupeau d'élite, etc., les évêques n'avaient entendu autre chose, sinon de donner un témoignage de confiance à de si parfaits observateurs des règles de l'Évangile, à des administrés dont le zèle prévenait l'intervention de toute autorité extérieure. Mais lorsque les richesses et la puissance eurent amené parmi ces religieux et leurs chefs un relâchement inévitable, il s'engagea entre eux et les évêques une lutte dans laquelle intervint le St-siége, naturellem. peu disposé à prêter les mains au plein développement des droits affectés à l'épiscopat par différ. passages du Nouveau-Testament (*v. Joann., cap. XX, vers.*, 21 *et seqq. ; Act. apostolor., cap. XX, vers.* 28) ; et ce ne fut pas sans de grands efforts que St Bernard et quelques autres saints réformateurs parvinrent à arrêter les progrès de cette lutte dangereuse (*v.* au mot ORDRES RELIGIEUX).

MOISANT DE BRIEUX. — V. BRIEUX.

MOISE ou MOYSE, législateur des Hébreux, fils d'Amram et de Jocabed de la tribu de Lévi, naquit en Égypte vers l'an 1571 av. J.-C. Le roi d'Égypte ayant ordonné de faire mourir tous les enfants mâles de la postérité de Jacob, Jocabed, après l'avoir tenu caché pend. plus. mois, se vit obligé de l'exposer sur le Nil dans un panier de jonc. Thermutis, fille du roi, l'ayant trouvé, le sauva, et voulut le faire élever. Marie, sœur de l'enfant, qui se trouvait à une certaine distance, ayant offert de lui trouver une nourrice de la race des Hébreux, la princesse y consentit, et Moïse se trouva ainsi nourri par sa propre mère, que Marie amena sur-le-champ. Dans la suite Thermutis l'adopta pour son fils, et le fit élever avec soin dans les sciences des Égyptiens. Josèphe et Eusèbe assurent qu'il commanda les armées, entra sur les terres des Éthiopiens, et prit Saba, leur capitale. A 40 ans il quitta la cour ; mais ayant tué un Égyptien qui maltraitait un Israélite, et craignant de se voir poursuivi, il se retira dans le pays de Madian, où il épousa Séphora, fille d'un prêtre nommé Jéthro. Un jour qu'il faisait paître les troupeaux de son beau-père, Dieu lui apparut dans un buisson ardent sur le mont Horeb, lui déclara qu'il l'avait choisi pour être le libérateur de son peuple et lui commanda de retourner à la cour de Pharaon. Moïse obéit, et s'étant présenté devant le roi, il lui ordonna de la part de Dieu de laisser sortir le peuple d'Israël pour aller sacrifier dans le désert ; et, pour confirmer sa mission, il fit un miracle devant lui en changeant sa baguette en serpent. Mais le roi rejeta sa demande, et l'Égypte fut alors affligée de dix fléaux connus sous le nom de *plaies d'Égypte.* Tant de maux réunis décidèrent enfin Pharaon à laisser partir les Hébreux, l'an 1691 av. J.-C. Moïse se mit à leur tête, et marcha vers la Terre-Promise. Mais à peine étaient-ils arrivés à la mer Rouge qu'ils virent le Pharaon accourir à la tête d'une armée innombrable. Moïse étendit sa baguette sur la mer, et les eaux, en se séparant, laissèrent un passage aux Hébreux ; mais elles se réunirent lorsque le Pharaon et son armée y furent entrés. Échappés à ce danger, les Israélites arrivèrent dans le désert, et là Moïse opéra encore un gr. nombre de miracles, fit tomber la manne du ciel, fit jaillir l'eau des rochers, reçut la loi sur le mont Sinaï, régla les cérémonies et le culte, vainquit les rois qui s'opposaient à son passage, et réprima plus. séditions. Cepend. Dieu, irrité des murmures continuels des Hébreux et de leur promptitude à adorer les idoles, voulut qu'ils errassent 40 ans dans le désert sans trouver le chemin de la Terre-Promise, et Moïse lui-même ayant une fois manqué de confiance dans la parole du Seigneur, n'eut pas la joie d'y entrer. Seulement Dieu, touché de son repentir, lui en fit voir les frontières de la cime du Nebo chez les Moabites : peu après Moïse expira, l'an 1451 av. J.-C., âgé de 120, et fut enterré dans la vallée de Moab, où depuis on a vainem. cherché sa sépulture. C'est lui qui est l'auteur du *Pentateuque*, c'est-à-dire des 5 prem. livres de l'Ancien-Testament. Le premier comprend l'hist. du monde jusqu'à la mort de Joseph ; le second est consacré à raconter la délivrance du peuple de Dieu et sa sortie d'Égypte. Dans le troisième est la législation tant civile que religieuse donnée aux Juifs par l'auteur. On le regarde aussi comme aut. de quelq. *psaumes*, entre autres du 90e, on peut consulter sur Moïse sa *Vie* par Philon ; le tom. 1er de Fabricius (*Codex pseudo-epigr. Vet. Testam.*) ; *De vitâ et morte Mosis lib. III*, trad. de l'hébreu par Gaulmin, Paris, 1629, et avec une préface de Fabricius, Hambourg, 1714, in-8 ; les *Antiquités judaïques* de Josèphe ; *the Divine legation of Moses demonstrated*, par G. Waburton, 5 vol. in-8, souv. réimpr., et réfuté par Lowth ; enfin *Moïse considéré comme législat.*, par M. de Pastoret, Paris, 1788, in-8.

MOISE (FRANÇ.-XAVIER), théologien, né en 1742 dans un village de Franche-Comté, fut professeur au collége de Dole, où sa réputation lui attira un gr. nombre d'auditeurs. En 1790 il prêta le serment, et fut nommé l'année suiv. évêque du Jura. Obligé de se cacher pend. la terreur, il n'en persista pas moins dans ses opinions, adhéra aux deux encycliques publ. par les constitutionn. en 1795, parut aux conciles tenus à Paris en 1797 et 1801 ; fut, après le concordat, nommé chanoine honoraire de Besançon, et mourut en 1815. On a de lui : *Réponses critiques aux incrédules sur plus. endroits des livres saints*, Paris, 1785, in-12, formant le 4e t. de l'ouvr. de l'abbé Bullet ; plusieurs petits écrits dans les *Annales de la religion*, par Desbois de Rochefort ; plus. *lettres pastorales, man-*

dements, etc. Il a laissé MS. une *Défense des libertés de l'Église gallicane*.

MOISE-ALSCHECH, rabbin du 16ᵉ S., né à Saphet en Palestine, acquit une gr. réputat. parmi ses coreligionnaires comme prédicateur et comme interprète des livres saints. On a de lui des *comment.*, égalem. estimés des juifs et des chrétiens, sur tous les livres de l'*Ancien-Testament*. Ceux sur l'*Ecclésiaste, les Lamentations, Ruth et Esther*, ont été impr. ensemble, Venise, 1601, in-4; Prague, 1610, in-fol.; Amsterd., 1698, in-12; ceux sur les *Grands Prophètes*, Venise, 1620; Francfort-sur-le-Mein, 1719, in-fol.; ceux sur les *Petits Prophètes*, Iéna, 1720; sur les *Psaumes*, Venise, 1605; in-4; Iéna, 1721, in-fol.; sur le *Pentateuq.*, Venise, 1601, in-fol.; Prague, 1616, in-fol.

MOISE BEN NACHMAN, rabbin espagnol, né à Gironne en 1194, étudia et pratiqua la médecine avec succès, ainsi que les sciences qui conduisent à l'intelligence de la loi et du Talmud. Ses contemporains lui donnèrent les surnoms de *Père de l'éloquence et de la sagesse*, de *Luminaire*, de *Fleur de la couronne de sainteté*. Il eut des conférences à Barcelone avec plus. docteurs catholiques, et en publia les actes, dans lesquels il paraît s'attribuer tout l'honneur de la controverse. Rabbi-Moïse, que les juifs appellent *Ramban*, nom formé des initiales des quatre mots *Rabi-Mose ben Nachman*, mourut l'an 1300. On a de lui un gr. nombre d'ouvrages : les plus connus sont : *Ighereth Hakkodesch* (Lettres de sainteté), Rome, 1546, in-8. — *Milmoth Jehovah* (guerres du Seigneur), Venise, 1552, in-fol. — *Thorab Adam* (loi de l'homme), ib., 1595, in-4. — *Tephilah* (prière sur la ruine du Temple), etc., 1626, in-8. — *Saar Hamonah* (porte de la foi), 1601, et Cracovie, 1648.

MOITTE (PIERRE-ÉTIENNE), graveur à la pointe et au burin, né à Paris en 1722, élève de Beaumont, cultiva égalem. le genre du portrait et celui de l'histoire, fut reçu membre de l'académie de peinture en 1770, et mourut en 1780, avec le titre de grav. du roi. On a de lui plus. estampes d'après les tabl. des galeries de Dresde et du comte de Brulh, d'après Greuse, et quelq. portraits. — Fr.-Aug. MOITTE, fils du précéd., né à Paris en 1748, fut l'élève de son père, et se fit remarquer par la netteté de son burin et la finesse de son exécut. L'époque précise de sa mort est inconnue. Il a gravé d'après différents maîtres, et notamment d'après Greuse. On distingue dans son œuvr. une suite de 24 feuilles publ. par cahiers, sous le titre de *Divers habillements, suivant le costume d'Italie, dessinés d'après nature par J.-B. Greuze*, etc. — J.-B.-Philib. MOITTE, son frère, mort en 1808, professeur à l'école de Dijon, avait obtenu en 1792 un prix à l'acad. sur la présentat. d'un projet de cathédrale et d'un arc-de-triomphe.

MOITTE (JEAN-GUILLAUME), fils aîné de Pierre-Étienne, habile sculpteur, né à Paris en 1747, manifesta dès son enfance un goût très vif pour le dessin; son père s'empressa de cultiver ces heureuses dispositions, et le plaça dans l'atelier de

Pigalle, regardé comme le prem. sculpteur de l'époque. Le jeune Moitte passa ensuite dans celui de Lemoyne, et ne tarda pas à se distinguer; après avoir remporté presque toutes les médailles dans les différents concours de l'acad., il obtint, en 1768, le grand prix, sur une fig. de *David portant en triomphe la tête de Goliath*, et partit pour l'Italie comme pensionnaire. A Rome, Moitte acquit le goût pur et sévère qu'il imprima dans la suite à tous ses ouvrages. De retour en France en 1773, il reçut à Paris, des artistes et des amateurs, l'accueil le plus distingué. Il dessina d'abord à la plume plus. gr. frises d'un beau style, et fit pour Auguste, orfèvre du roi, d'autres dessins qui servirent de modèles à ses plus beaux ouvr., et qui lui donnèrent une gr. supériorité sur les autres orfèvres. Moitte fut reçu à l'acad., en 1783, sur une figure représentant un *sacrificateur*, et fut ensuite chargé de plus. trav. import., tels que les *bas-reliefs* de plusieurs des barrières de Paris, les figures colossales représent. les *provinces de Bretagne* et de *Normandie*, à la barrière de Passy; des *bas-reliefs* et autres morceaux au château de l'Isle-Adam; la *statue* en pied de *Cassini*; l'ancien *fronton* du Panthéon (aujourd'hui Ste Geneviève), représentant la *Patrie couronnant les vertus civiques et guerrières*, au-dessous duquel on lisait l'inscript. composée par M. de Pastoret : *Aux gr. hommes la patrie reconnaissante*. Lors de la création de l'Institut, Moitte fut désigné par le gouvernem. avec David, pour former le noyau de la classe des beaux-arts; il fut chargé, après la bataille de Marengo, du *mausolée* en bas-relief du général Desaix pour l'église de l'hospice du Mont-St-Bernard. Il exécuta le bas-relief d'un des avant-corps de l'intérieur de la cour du Louvre, représentant la *Muse de l'histoire*, et les deux figures de *Moïse* et de *Numa*, une *Statue équestre en bronze de Napoléon*, les *bas-reliefs* en bronze de la colonne du camp de Boulogne, et les modèles de plus. autres ouvr. qui lui avaient été commandés, et qu'il ne put achever. Cet artiste distingué mourut le 2 mai 1810. M. Quatremère de Quincy a prononcé sur sa tombe un disc. inséré dans le *Moniteur* du 6 du même mois. Plusieurs sculpteurs distingués sont sortis de son école.

MOIVRE (ABRAHAM), géomètre, né en 1667 à Vitry, en Champagne, de parents protestants, apprit les mathématiq. sous le célèbre Ozanam, se retira en Angleterre à la révocation de l'édit de Nantes, perfectionna ses études à Londres, et s'y fit connaître avantageusem. de l'astronome Halley, qui se chargea de communiquer ses prem. écrits à la société royale, et l'en fit recevoir membre en 1697. Moivre fut l'un des commissaires désignés pour prononcer sur la contestat. qui s'était élevée entre Leibnitz et Newton au sujet de l'invention du calcul intégral; et peu après il communiqua à la société royale un petit traité de *Mensurâ sortis*, qui ajouta encore à l'opinion qu'on avait de son talent. Il mourut à Londres en 1754, peu de temps après avoir été reçu correspond. de l'acad. des sciences de Paris; il l'était depuis long-temps de celle de Berlin. Outre de nombr. *Mém.* dans les *Transactions philosophiq.*, on a de lui : *The Doctrine of chances*, 1716, 1738, 1756, in-4. — *Miscellanea analytica de seriebus et quadraturis*, 1730, in-4. — *Annuities on Lives* (des rentes à vie), 1724, 1742, 1750, in-8; trad. en italien par le P. Fontana, 1776, in-8. Moivre a revu et publié la traduct. latine de l'*Optique* de Newton. On peut consulter pour plus de détails le *Mém. sur sa vie*, par Maty, in-12, et son *Éloge* par Grandjean de Fouchy dans le *Rec.* de l'acad. des sciences.

MOKHTAR, célèbre capitaine arabe, né dans la prem. année de l'hég. (622 de J.-C.), était fils d'Abou-Obeidah, qui commandait les musulmans à la journée de Koss-Alnteff, et qui, ayant tué l'éléphant sur lequel était monté le général persan, avait été écrasé par la chute de l'animal. Mokhtar devint le plus ferme appui de la famille des Alydes. Il se prétendait inspiré de Dieu, et il assurait que l'ange Gabriel lui apparaissait sous la forme d'une colombe. Il remporta une victoire signalée sur le khalyfe Obeid-Allah, ennemi des Alydes, et se rendit maître de la Mésopotamie. Quelq. années après, il fut vaincu, fait prisonnier par Mosab, gouv. de Bassorah (au nom du khalyfe Abdallah, son frère), et mis à mort l'an 67 de l'hég. (687 de J.-C.). Les histor. arabes rapportent que Mokhtar avait immolé de sa propre main plus de 50,000 victimes aux mânes de Houceïn, second fils d'Aly, assassiné par les ordres du khalyfe Yezid Ier (*v.* Hoceïn).

MOKTADY BIAMR-ALLAH (Aboul-Cacem ABDALLAH VI, al), 27e kalyfe abasside, succéda à son aïeul Caim Biamr-Allah en 467 de l'hég. (1074 de J.-C.). Ami des sciences et des lettres, ce prince favorisa les opérations astronomiques qui furent faites pour la réforme du calendrier. Il épousa en 480 la fille de Melik-Chah; mais cette union fut malheureuse et amena une rupture entre le beau-père et le gendre. Celui-ci allait être forcé d'abandonner Bagdad et de se retirer à Bassorah, lorsque Melik mourut. Moktady ne lui survécut que de 15 mois, et fut frappé d'apoplexie en 487 (1094), dans la 39e année de son âge et la 20e de son règne. On trouve quelques vers de ce prince dans l'*Hist. mahomét.* d'Elmacin.

MOKTAFY BILLAH (Abou MOHAMMED ALY II, al), 17e khalyfe abasside, succéda à son père Motadhed l'an 289 de l'hégire (902). Sous son règne les Carmathes exercèrent de gr. ravages en Syrie; mais il marcha contre eux en 291, et, après des succès divers, ses armées parvinrent à réduire ces barbares sectaires. Moktafy mourut à la fin de l'an 295 (908), dans la 31e ou 33e année de son âge. Ce prince, disent les histor. arabes, sévère à l'égard des rebelles et des gr. coupables, était d'ailleurs humain et généreux; il aurait relevé la gloire et la puissance du khalyfat, si la mort n'eût arrêté ses projets.

MOKTAFY LEAMR ALLAH (Abou Abdallah MOHAMMED IX, al), 31e khalyfe abasside, petit-fils de Moktady Biamr-Allah, monta sur le trône l'an 530 de l'hég. (1136), fit tous ses efforts pour affranchir le khalyfat du joug humil. des *émyrs al omrah*, et pour rétablir l'antiq. puissance de ses ancêtres, parvint à gouverner par lui-même, et avec un pouvoir absolu, Bagdad, l'Irak-Araby, et mourut en 555 de l'hég. (1160), à l'âge de 66 ans. Il eut pour successeur son fils Mostandjed.

MOLAI (Jacques de), dernier grand-maître des templiers, né dans le comté de Bourgogne, de la famille des sires de Longwic et de Raon, fut admis en 1265 dans l'ordre, et, à peine arrivé en Palestine, se signala contre les musulmans. A la mort de Guillaume de Beaujeu, il fut élu à l'unanimité gr.-maître, bien qu'il ne fût pas alors dans l'Orient. En 1299, il se trouva à la reprise de Jérusalem par les chrétiens. Forcé ensuite de se retirer dans l'île de Cypre, il fut appelé en France par le pape Clément V en 1305, et il s'y rendit avec 60 chevaliers et un trésor considérable. Le prétexte de ce rappel du gr.-maître était le projet de réunion des templiers à l'ordre des hospitaliers; mais le motif réel était la destruction du premier de ces ordres, concertée entre le souverain pontife et le roi Philippe-le-Bel. Molai fut accueilli avec une gr. distinction par le monarque, qui le choisit pour parrain d'un des enfants de France. Deux ans se passèrent sans que les templiers et leur chef soupçonnassent le moins du monde ce qui se tramait contre eux; mais le 13 octobre 1307, Molai et tous les chev. furent arrêtés à la même heure dans tout le royaume. La veille, le grand-maître avait porté le poêle à l'enterrement de la princesse Catherine, épouse du comte de Valois, et héritière du trône de Constantinople. La majeure partie des chevaliers furent voués au supplice comme hérétiq. le 11 mai 1308; mais ce ne fut qu'environ 7 ans après cet événem. que Molai, dont on avait différé l'exécution, grâce aux aveux que plus tard il rétracta, fut conduit avec Gui, dauphin d'Auvergne, et Hugues de Peralde, au bûcher où ces infortunés expirèrent le 18 mars 1314, en protestant de leur innocence et de celle de l'ordre entier (*v.* l'art. Templiers).

MOLANS (Philibert de), noble franc-comtois, né au 14e S., fut écuyer du duc de Bourgogne et maître-visiteur des arsenaux et artillerie des rois de France et d'Angleterre. Il entreprit deux fois le voy. de la Terre-Sainte, et en rapporta une partie des reliques de St-Georges, dont il fit présent à l'église de Rougemont, où il institua une confrérie sous l'invoc. de ce martyr. Thomas Varin a publié en 1663 l'*État de l'illustre confrérie de St-Georges en ladite année.* Poutier de Gouhelans est l'édit. des *Statuts de l'ordre de St-Georges, avec la liste des chevaliers depuis* 1390, Besançon, 1768, in-8. Le marquis de Saint-Mauris Chastenay, dern. chef de cette association, a publié : *Aperçu succinct sur l'ordre des chev. de St-Georges*, Vesoul, 1834, in-8.

MOLARD (Étienne), grammairien estimable, né à Lyon vers 1765, et mort en 1825 dans cette ville, où il avait constamment professé les langues française et latine, est auteur des *Lyonnoisismes*, *ou Rec. d'express. vicieuses usitées à Lyon*, etc., Lyon, 1792, in-8; 4e édit., 1810, sous le titre du *Mauvais langage corrigé*, 8e édit., 1815, sous le titre de : *Dictionn. du mauvais langage.* On lui doit en outre plus. art. dans les journaux et quelq. opuscules en vers.

MOLARD (Emmanuel-François), frère cadet du précédent, né près de St-Claude (Jura), mort en 1829, fut atteint par la réquisition de 1793. Après deux campagnes sur le Rhin, il fut admis comme élève à l'école aérostatique établie à Meudon, sous la direct. de Conté. Reçu à l'école polytechnique, il en sortit pour servir dans l'artillerie, où il parvint au grade de capitaine. A la paix d'Amiens, il accepta la direct. des travaux et de l'instruct. des élèves de l'école des arts et métiers, qui s'organisait à Compiègne par les soins de Chaptal, alors ministre de l'intérieur. Lorsqu'en 1805 cet établissement fut transféré à Châlons-sur-Marne, Molard fit disposer ce local, creuser le canal, établir l'usine, et dirigea tous les trav. des ateliers jusqu'en 1811. Envoyé à Beaupréau (Maine-et-Loire) pour diriger la nouv. école d'arts et métiers qu'on y établissait, il la transféra en 1815 à Angers. En 1817, il devint sous-directeur du conservatoire des arts et métiers. C'est à lui qu'on est redevable de l'art de fabriquer les vis à bois ; du mécanisme au moyen duquel, sans rien changer à une scierie ordinaire, on débite des jantes de roue et des courbes quelconques ; des freins à Vison à leviers, dont on se sert pour modérer le mouvem. des voitures dans les descentes ; de l'usage des câbles plats dans l'exploitation des mines ; d'une machine agissant avec des vis pour l'assemblage de ces câbles ; des grues à engrenage et pivotantes, pour le chargem. et le déchargem. des bateaux. Dès l'année 1818, il introduisit en France la construction régulière d'une foule d'instrum. à l'usage de l'agricult., tels qu'une charrue en fer et en fonte, des machines à battre, vanner et nettoyer les grains, à couper la paille et les racines pour la nourriture des bestiaux ; à raper les betteraves, les pommes-de-terre, etc. En 1819, le gouvern. le chargea d'aller en Angleterre pour recueillir des observat. comparatives sur l'industrie de ce pays et l'industrie française. En 1820, il publia le *Système d'agriculture* de Coke. Molard était collaborateur du *Dictionnaire technologique* et des *Annales de l'industrie française.*

MOLARD (Claude-Pierre), ingén.-mécanicien, frère aîné du précéd., naquit en 1758 près de St-Claude, de parents pauvres, mais qui, frappés de ses disposit., s'imposèrent des sacrifices pour lui faire faire ses études. Il les commença au collége même de St-Claude, et les termina à Lyon avec beauc. de succès. Placé dans le corps du génie à La Fère comme appareilleur, il se mit bientôt en relat. avec Vaucanson, qui lui confia plus. travaux. Il vint à Paris en 1785, travailla sous la direction de Vander Monde, devenu direct. du cabinet de machines que Vaucanson avait légué au gouvernement, et plus tard lui succéda dans cette place. A la même époque il suivait les cours de clinique de

Desault, et, soutenu par le duc de Lévis, faisait sur le platine des expériences qui commencèrent sa réputation. En 1792 il confectionna des canons à la mécanique. L'année suiv. il fut un des commiss. chargés d'établir les bases du *maximum*, et termina presque seul une opération qui présentait des difficultés de plus d'un genre. En l'an IV il présenta le plan du conservatoire des arts et métiers, qui fut adopté sur le rapport de l'abbé Grégoire, et dont Molard fut le prem. directeur. Il l'accrut d'un gr. nombre de machines de son invention, entre autres du métier à tisser le linge damassé, d'un instrument propre à forer à la fois plusieurs canons de fusil, d'une presse à cylindre, d'un moulin à meules plates en fer fondu, pour concasser le grain, très répandu en Angleterre et en Amérique, etc., etc. Pendant les *cent-jours*, il fut nommé membre de l'académie des sciences, à la place vacante par la retraite de Bonaparte, qui ne pouvait pas partager les travaux d'une société dont il était le protect.; et sa nominat. fut confirmée par Louis XVIII. Molard mourut en 1837, présid. de la section de mécanique de l'acad. Outre un gr. nombre de *Mém.* et de *Rapports* dans le *Bulletin de la soc. d'encouragem.*, on lui doit le t. Ier de la *Description des machines et procédés spécifiés dans les brevets d'invent.*, 1812, in-4. — Les suiv. sont de Christian. Il avait entrepris un gr. et utile ouvr., qui devait contenir la description de tous les outils, avec l'indicat. de leurs princip. usages.

MOLDOVANDGI-PACHA, grand-visir du sulthan Mustapha III, fut d'abord simple *bostandji*, ou jardinier dans le sérail de Constantinople, devint ensuite chef de ce corps, puis pacha ou gouvern. d'une petite province ; il commanda un corps de 4,000 hommes en Valachie et en Moldavie dans la guerre contre les Russes en 1767, fit lever le siége de Choczim en 1769, et fut élevé la même année à la dignité de grand-visir, en remplacement de Méhémet-Émyn, que Mustapha III fit décapiter. Ayant perdu bientôt cette place importante, il fut relégué par le sulthan aux Dardanelles, avec le titre de command. de ces deux châteaux, et mourut dans ce poste obscur vers l'an 1780. On peut consulter, pour plus de détails, les *Mém.* du baron de Tott.

MOLÉ (Édouard), conseiller, puis procureur-général, et enfin président à mortier au parlement de Paris, né vers 1550, était fils de Nicolas Molé, conseiller, dont la famille était originaire de Troyes, où elle avait exercé des fonctions honorables dans le 15e S. Édouard Molé n'était encore que conseill. lorsqu'il se trouva enveloppé avec toute sa compagnie dans les événements funestes de 1589, et emprisonné par les ligueurs à la Bastille. N'ayant pu quitter Paris, il fut contraint d'accepter la place de procureur-génér., et de prêter serment à la Ligue. Dans cette position difficile, il ne craignit point de s'exposer à la fureur des seize, et fut assez heureux pour leur échapper. Il négocia en secret l'abjuration du roi Henri IV ; et ce fut sur ses conclusions que le parlement rendit le célèbre arrêt qui renfermait cette déclaration : « que la couronne de

France ne pouvait passer à des femmes ni à des étrangers. » Henri IV donna à Molé une charge de président à mortier qui est restée dans sa famille jusqu'à la destruction des parlements, en 1790; ce magistrat mourut en 1614. On trouve dans le *Journal de l'Étoile* (18 août 1604) un arrêt prononcé par le président Molé, dont la sévérité étonnerait un peu nos mœurs actuelles.

MOLÉ (MATTHIEU), fils du précédent, né à Paris en 1584, fut successivement conseiller, président aux requêtes, procureur-général, premier président du parlement, et garde-des-sceaux de France. Ce modèle des magistrats déploya pendant tout le cours de ses hautes fonctions, surtout dans les temps orageux de la Fronde, autant de zèle que de grandeur d'âme. « Au milieu des dangers, des agitations qui exercèrent son courage, il faut remarquer surtout cette suite, cette tenue, cette force de caract. qui ne le laissa jamais dévier de la ligne droite qu'il s'était tracée dans les deux époq. si différ. de sa vie politique (sous l'empire absolu de Richelieu, et sous le ministère souv. trop faible de Mazarin). » Le card. de Retz s'exprime ainsi : « Si ce n'était pas une espèce de blasphème de dire qu'il y a quelqu'un dans notre siècle de plus intrépide que le gr. Gustave et M. le prince (de Condé), je dirais que ça été M. Molé, premier président. » Un jour de sédition, un bourgeois, en plein parlement, appuya son mousqueton sur le front de Molé en le menaçant de la mort. Le premier président, sans détourner la tête, sans écarter l'arme, lui dit froidement : « Quand vous m'aurez tué, il ne me faudra que six pieds de terre. » Molé mourut en 1656. Son *Éloge* a été publ. par Henrion de Pansey, 1775, in-8. M. le comte Molé, pair de France, arrière-petit-fils du grand magistrat, a publié aussi la *Vie de son aïeul* en tête de ses *Essais de morale et de politique*, 2e édit., Paris, 1809. — Matthieu-François MOLÉ, petit-fils de Matthieu, né en 1705, fut premier président du parlement de Paris après la démission de Maupeou en 1757, se démit ensuite lui-même en faveur du fils de ce dern., et mourut à Paris en 1793. — MOLÉ de CHAMPLATREUX (Édouard-François-Matthieu), fils du précéd., né en 1760, devint présid. à mortier en 1788, émigra en 1789, rentra en France au temps prescrit par les décrets de l'assemblée nationale, et périt sur l'échafaud révolutionnaire en 1794, laissant un fils (le comte Molé) dont nous avons parlé plus haut.

MOLÉ (FRANÇ.-RENÉ), célèbre comédien, dont le vrai nom était *Molet*, né à Paris en 1734, débuta au Théâtre-Français en 1754 dans le rôle de Britannicus et dans celui d'Olinde (de *Zénéide*). On jugea qu'il n'avait pas assez d'usage de la scène pour être admis, et il n'obtint cette faveur qu'en 1761. Il joua pendant 20 ans la tragédie avec assez de succès, mais fut beaucoup plus heureux dans la comédie, dont il remplit les premiers rôles jusqu'à l'âge de 67 ans. Son talent était naturel, varié, brillant, son débit très animé. Bien peu d'acteurs ont su comme lui parler aux hommes avec autant de sens et de raison que de dignité, aux

femmes avec autant de grâces, de politesse, et un ton plus décent et plus aimable. Molé fut admis à l'Institut dans la classe des beaux-arts, et mourut en 1802. On a de lui quelques opuscules, tels que les *Éloges* de Mlle Clairon, de Préville, de Mlle Dangeville, prononcés au lycée des arts; une comédie intit. : *le Quiproquo*, qui n'eut pas de succès; plusieurs *lettres* dans le *Journal de Paris*, et quelq. *Poésies* dans divers recueils. MM. Étienne et Nanteuil ont publié : *Vie de F.-R. Molé*, coméd. français, etc., Paris, an XI (1803), in-12, devenu très rare. Les *Mém. de Molé*, précédés d'une *Notice*, par M. Étienne, ont été publ. en 1825 dans la *Collection des mém. sur l'art dramatique*.

MOLESWORTH (ROBERT), diplomate, né à Dublin en 1656, fut nommé conseiller-d'état sous le règne de Guillaume d'Orange, et fut, en 1692, envoyé extraordinaire à la cour de Danemarck, où il demeura 3 ans. Sa conduite ayant déplu au monarque danois, il partit sans audience de congé, et revint en Angleterre. Il publia quelque temps après une *Relation du Danemarck*, dans laquelle il s'attacha à représenter le gouvernem. de ce roy. comme arbitraire et tyranniq. Cette product., dont l'ambassad. de Danemarck porta des plaintes, fut bien accueillie du public et trad. en plus. langues. Molesworth entra dans la chambre des communes d'Irlande et d'Angleterre, devint successiv. conseiller privé de la reine Anne et de George Ier, et pair d'Irlande, avec les titres de baron de Philipstown et vicomte de Molesworth de Swordes. Il mourut dans le comté de Dublin en 1725. Outre sa *Relat. du Danemarck*, on connaît de lui une *Adresse à la chambre des communes pour l'encouragement de l'agricult.*, et la trad. de l'ouvr. latin du jurisc. Hotman, intit. : *Franco-Gallia*, réimpr. en 1721, in-8, avec des additions et une nouvelle préface du traducteur.

MOLEVILLE (ANTOINE-FRANÇ., marquis de BERTRAND de), ancien ministre de la marine, né à Toulouse en 1744, d'abord maître des requêtes, était intendant de Bretagne, lorsqu'en 1778 il fut chargé comme commissaire du roi, de dissoudre le parlement de Rennes; il courut les plus grands dangers dans cette circonst. Sa probité reconnue et les opinions modérées qu'il avait montrées lors des prem. troubles, lui firent confier le portefeuille de la marine en 1791. Trois jours après l'installat. de l'assemblée législative, il fit un rapport sur la situation des colonies, annonçant en même temps le départ prochain de l'expédition de St-Domingue. Son inflexible attachement à la monarchie ne tarda pas à l'engager dans une lutte assez vive avec le comité de marine, et bientôt il se trouva en butte à des accusat. multipliées; elles furent produites par Hérault de Séchelles dans les observations qu'il fut chargé de présenter au roi sur la conduite de son ministre. Ce prince répondit qu'il lui conservait sa confiance, et il n'accepta quelq. jours après la démiss. de Moleville, qu'en lui donnant de nouvelles preuves de son estime. Celui-ci y répondit par son zèle; mais la marche des événements fut plus forte que les moyens que l'ex-ministre tentait de leur opposer. Un décret d'accusation fut lancé contre lui le 15 août 1792, sur le rapport de Gohier, et il ne parvint à s'y soustraire qu'en fuyant en Angleterre au milieu de mille dangers. Pendant près de 22 ans qu'y séjourna Moleville, il s'occupa de travaux littéraires, qu'il continua dans la retraite après sa rentrée en France à la restaurat. Il mourut en 1817. On a de lui : *Histoire de la révolution de France*, 1801-1803, 10 vol. in-8. — *Costumes des états héréditaires de la maison d'Autriche*, en 50 grav. col., texte angl.-français, trad. de l'angl. de Dallas, Londres, 1804. — *Hist. d'Angleterre, depuis l'invasion des Romains jusqu'à la paix de 1763*, etc., Paris, 1815, 6 vol. in-8. — *Mémoires particuliers pour servir à l'hist. de la fin du règne de Louis XVI*, 1816, 2 vol. in-8.

MOLIÈRE (FRANÇOIS de), sieur de Molière et d'Essertine, littérat., né vers la fin du 16ᵉ S. dans le diocèse d'Autun, vivait à la cour de France lorsqu'il fut assassiné en 1623. On a de lui : *la Semaine amoureuse*, roman, 1620, in-8. — *Le Mépris de la cour*, imité de l'espagnol de Guevara, 1621, in-8. — *La Polixène*, avec la suite et conclus. par Pomeray, 1632, 2 vol. in-8. — *Lettres* (au nombre de 7), insérées dans le *Recueil* de Faret, 1627, in-8 ; et quelques pièces de vers dans les *Délices de la poésie française*, édit. de 1620. — Anne PICARDET, dame de MOLIÈRE, épouse du précédent, a publié des *Odes spirituelles sur l'air des chansons de ce temps*, Lyon, 1623, in-8.

MOLIÈRE (JEAN-BAPT. POQUELIN, dit), naquit à Paris, où il fut baptisé le 15 janvier 1622. Sa famille exerçait depuis long-temps la profession de tapissier ; et son père, qui se livrait également à ce commerce, le destina dès son bas âge à lui succéder. L'office de tapissier valet-de-chambre du roi, qui lui fut concédé quelque temps après, le confirma encore dans ce dessein. Il obtint pour son fils la surviv. de cette charge, et, s'étant borné à lui procurer les notions les plus élémentaires de l'éducation, lui fit prendre part à ses travaux jusqu'à l'âge de 14 ans. Le caractère ardent du jeune Poquelin ne put se plier long-temps à une semblable vie ; il témoigna le plus vif désir de s'instruire, et ce ne fut pas sans peine qu'il parvint à déterminer son père à satisfaire ce besoin d'apprendre. Il suivit comme externe les cours du collége de Clermont, dirigé par les jésuites, et eut pour condisciples Armand de Bourbon, Bernier, Chapelle, Hesnaut, et plus tard Cirano de Bergerac, parmi lesquels ses rapides progrès le firent bientôt remarquer. A peine eut-il terminé son cours de philosophie sous Gassendi, qu'en sa qualité de valet-de-chambre survivancier du roi, il accompagna Louis XIII à Narbonne, dans ce voyage que signala l'exécution des malheureux Cinq-Mars et de Thou. A son retour du Midi de la France, à la fin de 1642, il alla étudier le droit à Orléans, puis revint à Paris se faire recevoir avocat. C'est à cette époque que se développa chez lui le goût de la scène. Bientôt il se mit à la tête d'une société de jeunes gens, qui, après avoir joué la comédie par amusement, la jouèrent par spéculat. Cette troupe était appelée l'*Illustre Théâtre*. Par égard pour ses parents, Poquelin prit alors le nom de Molière, que depuis a consacré l'admiration de la postérité. De 1646 à 1658, il fit avec sa troupe deux longues tournées en province, pendant lesquelles il fit représenter à Bordeaux la tragéd. intit. : *la Thébaïde*, qui n'eut aucun succès ; à Lyon, en 1653, l'*Étourdi*, et à Montpellier, en 1654, le *Dépit amoureux*. En 1658, il obtint la permiss. de s'établir à Paris dans la salle du Petit-Bourbon ; c'est sur ce théâtre, puis sur celui du Palais-Royal, que, de 1658 à 1673, furent représentées toutes ses pièces, dont le plus gr. nombre sont des chefs-d'œuvre. Nous ne rappellerons pas ici leur nomenclature et cette série de succès ; mais nous ne devons pas omettre ce qu'on aura déjà pressenti, c'est que l'envie ne garda pas le silence. Ses lâches efforts, joints à ceux des faux dévots, empoisonnèrent plus d'une fois les triomphes de l'auteur du *Tartufe* ; et sans sa noble fermeté, et surtout sans la royale protection de Louis XIV, il eût succombé à tant et à de si perfides attaques. Admiré par le publ., estimé par le prince, Molière fut encore recherché par tous les hommes distingués qui vivaient de son temps. La Fontaine, Boileau, Chapelle, Mignard, formaient sa société intime ; et s'il est une tache dans la vie de Racine, c'est de s'être brouillé avec celui qui avait été son premier guide et son bienfaiteur. Chef de troupe, Molière fut souvent en butte aux contrariétés sans nombre d'un semblable emploi, et malheureusem. jamais la paix domestique n'en compensa pour lui les pénibles soins. Doué d'une âme ardente, et emporté par le besoin d'aimer, il s'était attaché à une actrice de sa troupe, Madeleine Béjard, femme aussi peu digne de ses vœux que peu propre à les fixer long-temps. Plus tard, un penchant non moins aveuglé et plus déplorable encore, l'enchaîna à la jeune sœur de cette première maîtresse, Armande Béjart, chez laquelle, sinon la beauté, du moins les grâces de la personne semblaient seules destinées à racheter, s'il est possible, les défauts du cœur ; il l'épousa, et ne tarda pas à maudire son choix. Mais cette union ne ressemblait pas à celles qui se forment chaque soir sur la scène : elle était indissoluble ; et l'amour malheureux, la jalousie trop fondée empoisonnèrent les jours de Molière. Une santé faible et languissante contribuait encore à rendre plus triste l'existence de notre prem. comique. Cepend., l'intérêt qu'il portait à ses camarades l'empêchait de quitter le théâtre, et de prendre un repos dont il avait tant besoin. Un jour qu'on devait donner le *Malade imaginaire*, il se sentit plus indisposé que de coutume ; mais la crainte de priver quelques pères de famille de leur salaire ne lui permit pas de remettre la représentat. Les efforts qu'il fit pour jouer lui furent funestes : pris d'une convulsion pend. la *cérémonie de la réception.*, il fut ramené chez lui, et mourut le soir même, 17 février 1673, entouré de ses camarades, de quelques amis, et de deux religieuses auxq. il

MOLIÈRE.

Publié par Furne, à Paris.

avait donné l'hospitalité. La sépulture ecclésiast. lui fut refusée. Sa profession, qui lui attirait l'anathème des ministres des autels, lui avait aussi fait fermer les portes de l'Académie française. Toutefois elle voulut, un siècle après (1778), donner une réparation tant soit peu tardive à sa mémoire. Son buste fut placé dans la salle de ses séances avec cette incription de Saurin :

Rien ne manque à sa gloire ; il manquait à la nôtre.

Déjà, en 1769, son *Éloge* avait été mis au concours, et le prix décerné à Chamfort, dont le discours est à la fois spirituel et parfaitement senti. Mais l'éloge le plus irrécusable de Molière est dans le grand nombre d'éditions de ses œuvres. Nul aut. n'a été plus souvent réimpr. Les principales éditions sont celles de Lagrange et Vinot, la première complète, 1682, 8 vol. in-12 ; de Joly et Là Serre, 1734, 6 vol. in-4 ; de Bret, 1773, 6 vol. in-8, et 1778, 8 vol. in-12 ; de Petitot, 1813, 6 vol. in-8 ; d'Auger, 1819-27, 9 vol. in-8 ; de M. Taschereau, 1823-24, 8 vol. in-8 ; de M. Aimé-Martin, 1823-26, 8 vol. in-8. Les *Mém. sur Molière et sur Mᵐᵉ Guérin, sa veuve*, insérés dans la collection des *Mém. sur l'art dramatique*, 1822, ne sont autre chose que la *Vie de Molière*, par Grimarest, et des extraits de la *Fameuse comédienne* (par Mᵐᵉ Boudin), ouvr. dont la première édition est de 1688, in-12. On doit à Beffara : *Dissertat. sur J.-B. Poquelin Molière, sur ses ancêtres, l'époq. de sa naissance, qui avait été inconnue jusqu'à présent*, etc., Paris, 1821, in-8. M. Taschereau a publié : *Histoire de la vie et des ouvrages de Molière*, 1825, in-8 ; 2ᵉ édit. augmentée, 1828, même format. Un monument a été érigé à ce grand homme dans la maison où il est mort, rue de Richelieu.

MOLIÈRES (JOSEPH PRIVAT de), physicien, né à Tarascon en 1677, reçut de la nature une constitution délicate avec une grande aptitude. Il fit de bonnes études, surtout en mathématiques, science dont il s'occupa bientôt exclusivement. Ayant embrassé l'état ecclésiast. en 1701, il entra quelque temps après dans la congrégation de l'Oratoire, et enseigna dans différents collèges. Conduit à Paris par le désir de voir Malebranche, il vécut plusieurs ann. dans sa société intime. Reçu en 1721 membre de l'acad. des sciences, il remplaça deux ans après Varignon dans la chaire de philosophie au collége de France, fut un des plus zélés défenseurs du système des tourbillons (*v.* DESCARTES), et mourut en 1742. C'était un philosophe obligeant, serviable, et quelquefois si absorbé dans ses méditat. qu'il ne voyait pas ce qui se passait autour de lui. Il a laissé : *Leçons de mathématiques*, 1726, in-12 ; traduit en anglais par Huselden. — *Leçons de physique*, etc., 1733-39, 4 vol. in-12, trad. en italien. — *Élém. de géométrie dans l'ordre de leur génération*, 1741, in-12, ouvr. non terminé. — Plusieurs *Mém.* dans le *Recueil* de l'acad, et dans le *Journal des savants*. L'abbé Lecorgue de Launay a publié : *Principes du système des petits tourbillons, ou Abrégé de la physique de l'abbé de Molières*, 1743, in-8. L'*Éloge*

de ce sav. a été composé par Mairan. On peut consulter, pour plus de détails, l'*Hist. du collége de France*, par Goujet, tome.II ; et les *Vies des philosophes modernes*, par Saverien, tome VI.

MOLIN (JACQ.), plus connu sous le nom de *Dumoulin*, célèbre médecin, né dans le Gévaudan en 1666, étudia son art à Montpellier, y reçut le bonnet de docteur, vint ensuite à Paris, y fut nommé professeur d'anatomie au jardin du roi, et fut désigné par le maréchal de Noailles méd. en chef de l'armée française en Catalogne. De retour dans la capitale en 1706, il augmenta sa réputation en guérissant le prince de Condé d'une maladie grave, et fut bientôt recherché de la cour et de la ville. Louis XIV l'appela dans les dernières années de sa vie. En 1721, il contribua au rétablissement de la santé du jeune roi Louis XV, dont il devint méd. consultant en 1728, et qu'il guérit presque miraculeusem. à Metz en 1744. J. Molin mourut à Paris en 1755, sans postérité, et laiss. plus de 1,500,000 francs. Il fut le plus habile praticien de son temps. On raconte que, pressé un jour par quelq. jeunes médecins de désigner celui de leurs confrères qu'il jugeait digne de le remplacer, il répondit : « Je laisse après moi trois grands médecins : la diète, l'eau et l'exercice. » On croit que c'est Molin que Lesage a désigné sous le nom du doct. *Sangrado* (dans *Gil-Blas*), parce que ce médecin saignait fréquemment, prescrivait la diète et l'eau, et se laissait lui-même s'abstenait de vin pour éviter la goutte. J.-B. Chomel a publié un *Éloge histor. de Molin*, Paris, 1761, in-8.

MOLINA (MARIE de), reine de Castille et de Léon, fille d'Alphonse de Molina, issue du sang royal, épousa en 1282 Sanche IV, son cousin-germ., qui, après avoir détrôné son propre père, se fit déférer le titre de roi par les états. Marie travailla avec succès à réconcilier l'ambitieux Sanche avec son père. Devenue veuve en 1295, elle fit déclarer roi, sous sa tutelle, Ferdinand, son fils, âgé de 10 ans. Mais don Juan, oncle du jeune prince, refusa de le reconnaître, alléguant que Marie et Sanche étant cousins germ., leur union avait été déclarée nulle par le pape. La reine réussit, non sans de grandes difficultés, à obtenir du pape Boniface VIII, en 1301, une bulle qui légitimait ses enfants. Reconnue enfin régente du royaume, elle chercha à gagner l'affection des peuples en diminuant les impôts, et convoqua les états à Valladolid pour les consulter sur les intérêts du roy. Elle en obtint des sommes considérables qui lui servirent à payer la fidélité des gr. restés attachés à son fils, ou à en acheter d'autres. Mais bientôt l'ingrat Ferdinand, séduit par des courtisans, signifia à sa mère qu'il voulait régner par lui-même. Marie quitta sans se plaindre les rênes du gouvernement, et sut toutefois conserver un reste d'autorité, qu'elle n'employa qu'à garantir son fils des fautes où l'entraînait un caractère cruel et emporté (*v.* FERDINAND IV). Ce prince mourut en 1312, et la sage princesse fut appelée une seconde fois à la régence pendant la minorité d'Alphonse XI ; mais une partie des états s'étant déclarée en fav. de Constance, mère du roi, Marie remit l'autorité aux infants, oncles d'Alphonse, en conservant la surveillance sur son petit-fils, qui fut élevé sous ses yeux. Marie de Molina mourut à Valladolid en 1322, vivem. regrettée de ses sujets.

MOLINA (ALPHONSE de), missionnaire espagnol, conduit fort jeune au Mexique par ses parents, apprit la langue des indigènes, et devint l'interprète de la mission des cordeliers dans cette partie de l'Amérique. Admis dans cet ordre, il fut attaché pendant 50 ans à différentes missions, convertit un gr. nombre de naturels, et mourut en 1580 dans le couvent de son ordre à Mexico. Il a publié une *gramm.* et un *dictionnaire mexicain*, et traduit dans la même langue les *Évangiles de l'année*, des *Instructions familières sur les vérités de la religion*, une *Méthode pour la confession*, et quelq. ouvr. ascétiq. Le dictionnaire de Molina a pour titre : *Vocabulario y lengua castillana y mexicana*, Mexico, 1571, 2 part. in-fol. C'est le plus ancien livre connu imprimé en Amérique.

MOLINA (LOUIS), célèbre théologien espagnol, né en 1535 à Cuença, entra dans l'ordre des jés. à 18 ans, fit ses études à Coïmbre, enseigna pendant 20 ans la théologie à Évora, quitta ensuite le Portugal, et mourut à Madrid en 1601. On a de lui un *comment.* latin sur la *Somme* de St Thomas, 1593, 2 vol. in-fol. C'est en travaillant à cet ouvr. qu'il fut conduit à chercher les moyens de concilier le libre arbitre de l'homme avec la prescience divine et avec la prédestinat., matières qui sont traitées dans la prem. partie de la *Somme* de St Thomas. Il fit un ouvr. séparé de son commentaire, et le publia in-4, à Lisbonne, en 1588, sous ce titre : *De liberi arbitrii cum gratiæ donis..... Concordiâ*, avec un *appendix*, impr. en 1589. Ce livre, approuvé par le censeur, et dédié à l'archiduc d'Autriche, inquisit.-gén. d'Espagne, fut réimprimé à Lyon en 1593, à Venise, 1594, et à Anvers, 1595. Molina y expose le système qui depuis a si fort agité les écoles. Il n'admet point de grâces efficaces par elles-mêmes, et accorde beaucoup au libre arbitre qu'il définit « la faculté d'agir ou de ne pas agir. » Il suppose en Dieu une science qu'il appelle moyenne relativement aux actes *conditionnels*, et croit que la prédestinat. est postérieure à la prévision des mérites. Le P. Suarez, confrère de Molina, modifia un peu son système, et imagina celui qu'on a appelé le *Congruisme*. Le livre *de liberi Arbitrii*, etc., attaqué par les dominicains et défendu par les jés., fut déféré à l'inquisiteur d'Espagne, ensuite à Rome, où le pape Clément VIII nomma, en 1597, une congrégation pour prononcer à ce sujet. Cette congrégat., qu'on appela *de Auxiliis*, tint un gr. nombre de séances où les deux partis furent entendus. Après la mort de Clément VIII, Paul V congédia les contendants et leur prescrivit de ne rien publier sur cette matière. Cette recommandation, renouvelée par plus. de ses successeurs, n'a pas empêché chaque parti de faire paraître des hist. de la congrégat. *des Auxiliis* ; et les advers. de Molina ont présenté son système

comme monstrueux en lui-même, et horrible dans ses conséquences. Le *molinisme* et le *congruisme*, qui en est la modification, sont abandonnés aujourd'hui. Le P. Molina a publié d'autres ouvrages théologiq. oubliés dep. long-temps, à l'exception du traité *de Justitiâ et Jure* (Mayence, 1659, 6 vol. in-fol.), dans lequel on a trouvé quelq. proposit. de morale relâchée dont on a grossi l'*Extrait des assertions*, etc., compilation qui a servi de prétexte à la suppress. des jés. dans le dern. siècle.

MOLINE.(PIERRE-LOUIS), auteur dramatiq., né à Montpellier, avait été d'abord avocat au parlem.; et, pendant la révolution, fut attaché à la convent. en qualité de secrét.-greffier; il a composé un nombre considérable d'écrits en prose et en vers, et de pièces de théâtre, qui pour la plupart ne s'élèvent pas au-dessus du médiocre. Les principales sont : *Orphée et Eurydice*, opéra en 3 actes, musique de Gluck, représentée en 1774; le *Duel comique*, opéra-bouffon en 2 actes, mêlé d'ariettes, représ. en 1776; l'*Inconnue persécutée*, comédie mêlée d'ariettes, 1776; *Ariane dans l'île de Naxos*, opéra en un acte représ. en 1782; la *Réunion du 10 août, ou l'Inaugurat. de la république franç.*, opéra en un acte, musique de Porta, 1793. Cet écrivain mourut à Paris en 1820.

MOLINA (JEAN), né en 1740 au Chili, fit de brillantes études et entra dans l'ordre des jésuites, dont il était bibliothécaire à San-Yago à l'âge de 20 ans. A la suppression de l'ordre en 1767, il vint en Europe, et se fixa à Bologne, où il se consacra à l'instruction de la jeunesse. On lui doit plusieurs ouvrages estimés sur l'histoire naturelle du Chili. Son *Essai* a été traduit en français, 1788, in-8. En 1815, ayant hérité d'une gr. fortune par la mort d'un de ses neveux, il en consacra une partie à fonder une bibloth. dans la ville de Talia, lieu de sa naissance. Le P. Molina est mort en Italie dans un âge avancé.

MOLINET (JEAN), poète franç. du 15e S., né dans un village du Boulonais, fit ses études à Paris, et retourna en Flandre, où il se maria. Devenu veuf, il prit l'habit ecclésiastique, devint chanoine de la collégiale de Valenciennes, et mourut dans cette ville en 1507. On a de lui : la traduct. en prose du roman de *la Rose* de Jean de Meung (*v.* ce nom). Lyon, 1503; Paris, 1521, in-fol., goth. — *Faits et dits, contenant plusieurs beaux traités, oraisons et chants royaux*, etc., Paris, 1531, in-fol.; 1537 et 1540, in-8, édit. rares et recherchées. C'est de ce rec. qu'on a extrait les poésies div de Molinet, impr. à la suite de la *Légende de maître Pierre Faifeu* (*v.* BOURDIGNÉ); la plus curieuse des productions qui en font partie est la *Recollection des merveilles advenues en notre temps*, commencée par Chatelain. — *Le temple de Mars, dieu des batailles*, Paris, in-8, goth.; in-16, goth., réimpr. dans les *Faits et dits*. — *Le calendrier mis par petits vers*, in-8, et réimpr. dans les *Faits et dits*. — Moralité intit. : *Vigile des morts, mise en rimes françoises, et par personnaiges*, Paris, in-16, goth., très rare. — Hist. *du rond et du quarré à cinq personnaiges*, etc., impr. sans nom de lieu et S. D., de la plus grande rareté, puisque Duverdier est le seul biographe qui la cite. Molinet a laissé MSs. : *l'Art de rimer*, conservé à la bibliothèq. du roi sous le n° 1188; et une *Chronique* de 1474 à 1504. Cette chronique a été publiée pour la prem. fois par M. Berchon, d'après les MSs. de la bibliothèque du roi, Paris, 1827-28, 5 vol. in-8. Elle fait partie de la *Collection de chroniq. nation. franç.*

MOLINIER (Guill.), chancelier de l'association toulousaine connue sous le nom de *Collége du Gai-Savoir*, dont l'académie des Jeux-Floraux tire son origine, fut chargé en 1348 de préparer une poétique dont il devait soumettre les difficultés aux sept poètes qui, sous le nom de *mainteneurs*, composaient le *gai-consistoire*. Il fondit leurs observations dans son ouvr. qui fut terminé en 1356; une grammaire et un traité étendu des figures de rhétorique complètent cette production qui a pour titre les *Leys d'Amors* en prose mêlée de quelq. vers. Raynouard en a publié des fragments dans sa *Gramm. romane*, et MM. Descouloubre et d'Aguilar, académic. des Jeux-Floraux, promettaient la publicat. des textes avec la trad. en regard.

MOLINIER (Étienne), prédicat., né à Toulouse vers la fin du 16° S., y exerça d'abord la profession d'avocat, puis entra dans l'état ecclésiast., et se fit un nom dans la chaire. Il prononça le discours d'usage au sacre de Louis XIII en 1610; pourvu d'une cure dans sa province, il y mourut en 1650. On a de lui des *Sermons*, 1631-52, 9 vol. in-8.—*OEuvres mêlées*, 1651, in-8.

MOLINIER (Jean-Bapt.), prédicat., né à Arles en 1675, entra dans la congrégat. de l'Oratoire en 1700, passa des travaux de l'enseignem. à ceux de la chaire, prêcha avec succès à Grenoble, à Aix, à Toulouse, à Lyon, à Orléans et à Paris, quitta l'Oratoire en 1720, se retira au diocèse de Sens, et revint ensuite à Paris dans l'intention de reprendre ses travaux apostoliq. Mais l'archev. Vintimille lui ayant interdit la prédicat., il ne s'occupa plus que de la révision des sermons qu'il avait prononcés, et mourut en 1745. On a de lui des *Sermons*, 1750 et années suiv., 14 vol. in-12; une traduct. des *Psaumes*, in-12 ; une de l'*Imitat. de J.-C.*, in-12, etc.

MOLINISTES, nom sous leq. on désigne les partisans de Louis Molina (*v.* ce nom).

MOLINOS (Michel), théolog., né en 1627 dans le diocèse de Saragosse, alla se fixer à Rome, et y acquit une gr. réputat. de piété et de talent pour la direction. Il publia en 1675, avec l'approbat. de cinq docteurs, un livre intit. : *la Guide spirituelle*, dans leq. il prétendait diriger les âmes en la voie de la perfection. Cet ouvr., publié d'abord en espagnol, puis trad. en ital. et en latin, fut attaqué par le jésuite Segneri et défendu par le P. Petrucci et Fr. Malaval. L'inquisition fit arrêter Molinos en 1685. Le 28 août 1687, 68 proposit. extraites de son ouvrage, furent condamnées par un décret dans leq. Molinos lui-même est qualifié *enfant de perdition*, et le 3 sept. suiv., il fit une abjuration publique. Ce jugem. fut confirmé le 19 déc. par le

pape Innocent XI. Molinos mourut en prison le 29 déc. 1696. Outre *la Guide spirituelle*, il avait publié un petit *Traité de la communion quotidienne*. On trouve dans l'édit. des *OEuvres de Fénélon*, par Lebel, t. IV, une analyse de la doctrine de Molinos, avec la réfutat., par l'archev. de Cambrai, des 68 proposit. condamnées. La doctrine de Molinos diffère du quiétisme mitigé de Mme Guyon et du système encore plus adouci de Fénélon. Le *Recueil de pièces concernant le quiétisme* (publ. par Cornand de la Croze), 1688, in-8, contient la traduct. franç. de *la Guide spirituelle* et du *Traité de la communion*.

MOLLER (Daniel-Guillaume), savant philologue, né à Presbourg en 1642, visita, au sortir de ses études, les princip. villes d'Allemagne, s'arrêta plus années à Wittemberg, où il suivit des cours de théologie, de médec. et de langues orientales, parcourut ensuite la Prusse, la Pologne, l'Angleterre, la Suisse, la France, l'Italie, revint dans sa patrie en 1670, fut nommé en 1674 professeur de métaphysique et d'histoire, bibliothéc. à l'univ. d'Altdorf, et mourut dans cette ville en 1712. On a de lui de nombr. ouvr., parmi lesq. nous citerons: *Oratio de confusione linguarum Babylonicâ*, 1662, in-4. — *Meditatio de insectis quibusdam hungaricis prodigiosis*, etc., 1673, in-12. — *Curriculum poeticum*, 1674. — *Mensa poetica*, 1678, in-12. — *De typographiâ*, 1692, in-4 ; réimpr. dans les *Monum. typogr.* de J.-C. Wolf, t. II. — Des *Dissert.* sur Quinte-Curce, Cornélius-Népos, Salluste, Florus, Justin, Suétone, Tacite, etc., et les princip. histor. du moyen-âge. Daniel Czvittinger a rassemblé beauc. de détails sur la vie et les ouvr. de Moller dans le *Specimen Hungariæ litter.*

MOLLER (Jean), célèbre philologue, né en 1661 à Flensbourg, duché de Sleswig, fréquenta successivem. les univ. de Kiel, d'Iéna et de Leipsig, fit de gr. progrès dans la philosophie, la théologie et la littérature, visita les bibliothèq. de Hambourg et de Copenhague, fut nommé régent au collège de sa ville natale, puis recteur en 1701, refusa différentes chaires qui lui furent offertes en pays étrangers, et mourut en 1725. On a de lui : *Prodomus Cimbriæ litteratæ*, 1687, in-4. — *Isagoge ad histor. Chersonesi cimbricæ*, 1691, in-8. — *Homonimoscopia histor.-philologica-critica*, 1697, in-8. — *Bibliotheca Septentrionis eruditi*, 1699, 2 parties in-8. — *Diatribe de Helmoldo presbytero*, etc., 1702, in-4. — *Cimbria litterata*, *seu historia scriptorum*, etc., 1744, 3 vol. in-folio. C'est son ouvr. le plus important. Bern. et Olaüs-Henri, fils de J. Moller, ont publié sa *Vie* en lat., 1734, in-4. — Olaüs-Henri, né à Flensbourg en 1715, fut nommé en 1744 professeur honor. d'histoire littér. à Copenhague, et mourut en 1796 dans sa ville natale, où il était devenu recteur. On a de lui un gr. nombre de *tables* généalogiq. et des *Notices* historiq. sur Flensbourg et autres villes du duché de Sleswig, et sur divers points de l'hist. du Danemarck. Il fut le rédact. de la *Bibliothèque danoise* (en allem.) dep. le 4e jusqu'au 9e cahier.

— Moller (Christian), pasteur à Landau, a publ. : *Nov. Testament. germanic. litteris hebræo-teutonicis* , 1700, in-4, très rare.

MOLLET (Claude), jardinier de Henri IV et de Louis XIII, mort vers 1615, avait de grandes connaissances dans son art. Henri IV l'aimait beaucoup, et s'entretenait familièrem. avec lui. Mollet introduisit dans les jardins de Fontainebleau et d'autres maisons royales des plantes qui y étaient inconnues. Il s'appliqua à tracer des jardins à gr. compartiments et à dessins figurés ; c'est d'après ces principes qu'il planta les jardins de St-Germain-en-Laye, et qu'il fit des plantations dans le jardin des Tuileries. Après sa mort, ses deux fils, André et Noël, publièrent son ouvr. intit. : *Théâtre des plans et jardinages, contenant des secrets et inventions incognus,* etc., *avec un traité d'astrologie propre pour toute sorte de personnes,* etc., avec 22 pl. de dessins invent. par André-Jacques et Noël, fils de l'auteur, Paris, 1652, 1660 et 1676, in-4. La prem. édit. est la meilleure.

MOLLET, député à la convention par le départ. de l'Ain, vota dans le procès de Louis XVI l'appel au peuple, la détention jusqu'à la paix et le sursis, ne passa point dans les conseils à la fin de la session, et ne reparut pas sur la scène publique. Il mourut en mars 1834.

MOLYNEUX (Guill.), mathématicien, né à Dublin en 1656, forma en 1683 le plan d'une société philosophique, et en fut le prem. secrétaire. Il fut nommé l'année suiv. ingénieur en chef et surintend. des bâtiments de la couronne ; et la société royale de Londres l'admit dans son sein en 1685. Il mourut en 1698. On a de lui : *Sciothericum telescopium,* ouvr. contenant la description et l'usage d'un cadran solaire à lunette de son invention, Dublin, 1686 ; Londres, 1700, in-4. — *Dioptrica nova,* traité revu par Halley, 1692. — *The Case of Ireland stated in relation to its being bound by acts of parliament made in England,* Dublin, 1698, Londres, 1720, in-8 ; et plus. *Mém.* dans les *Transact. philosophiq.* — Samuel Molyneux, fils du précédent, né à Chester en 1689, hérita du goût de son père pour les études astronomiques, contribua comme lui aux progrès de l'optique, fut secrét. du prince de Galles (depuis Georges II), ensuite commissaire de l'amirauté, et mourut dans un âge peu avancé, laissant des notes et observations MSs., dont Rob. Smith a fait usage dans son traité d'optique. — Thomas Molineux, oncle du précédent, médecin, mort en 1733, a publié des *Letters to Mr. Locke,* Londres, 1708, in-8, et plus. *Mém.* dans les *Transact. philosophiques.*

MOLYNEUX est le nom d'une anc. famille d'Angleterre, descendante de William des Moulins ou de Molines, gentilhomme normand qui accompagna Guill.-le-Bâtard dans son expédit. de la Grande-Bretagne. Plus. individus de cette famille se sont signalés par leur valeur, leur dévouement, et occupent une place honorable dans l'histoire d'Angleterre.

MOLZA (François-Marie), l'un des meilleurs poëtes de son siècle, né à Modène en 1489, termina ses études classiques dans sa patrie, puis suivit à Bologne les leçons de J. Mayno, célèbre jurisconsulte, et se rendit ensuite à Rome pour se perfectionner dans la connaissance des langues et de la littérature anc. Les talents qu'il acquit lui auraient procuré une grande fortune si sa conduite eût été plus régulière. Il mourut dans la misère en 1544. Sa fin malheureuse fit oublier ses vices, et on ne se rappela que ses talents et ses qualités aimables. Une médaille fut frappée en son honneur par les soins de Léonard Arétin. Ses *Œuvres* ont été recueillies par P.-A. Serassi, Bergame, 1747-54, 3 vol. in-8, avec une *Vie* de l'aut. remplie de détails intéressants. Molza réussit égal. dans tous les genres, et joignit à l'élég. du style la noblesse des pensées et la vivacité des images. Un de ses écrits, intitulé : *Capitolo in lode de' fichi,* publié à la suite des *dialogues* de l'Arétin (ce qui indique le sujet traité par l'auteur), a été impr. pour la prem. fois avec un *commentaire* d'Annibal Caro (sous le nom d'Agresto), sous ce titre : *Commento di ser Agresto da Ficaruolo sopra la prima ficata del P. Siceo.* Ce dernier nom est celui qu'avait pris Molza dans l'acad. *della Virtù,* dont il était membre. On conserve dans les bibliothèques d'Italie beaucoup de morceaux encore inédits du même aut. — Molza (Tarquinia), sa petite-fille, née à Modène en 1542, fut supérieure à son aïeul, non par ses poésies, mais par l'étendue et la variété de ses connais. Elle étudia avec succès le lat, le gr., l'hébr., la philos., les mathémat., l'astron. et cultiva en même temps les arts d'agrém. Un décret du sénat lui conféra en 1600 le titre de citoyenne romaine, transmissible à perpétuité aux personnes de sa famille ; le pape et les plus illustres prélats la pressèrent en vain de se fixer à Rome ; elle ne voulut point quitter sa patrie, où elle mourut en 1617. Ses ouvr. ne justifient guère les éloges dont elle a été comblée par le Tasse, Guarini et les plus illustres écrivains de son temps. On a d'elle la traduct. de deux *dialogues* de Platon (le *Carneade* et le *Criton*), des *sonnets, des madrigaux* et des *épigrammes,* en latin, en italien, etc. : toutes ces pièces ont été recueillies dans les t. II et III des *Œuvres* de Franç. Molza, son aïeul. On peut consulter sur cette dame la *Biblioth. modenese* de Tiraboschi.

MOMORO (Ant.-Franç.) impr., né à Besançon en 1756, vint de bonne heure à Paris , y fut admis en 1787 dans la communauté des libraires, embrassa les principes de la révolution, et figura parmi les membres marquants du *club des cordeliers.* Après la catastrophe du 10 août, il fut nommé membre de la commission administrative qui remplaça le départem., et fut envoyé deux fois, en 1793, pour surveiller les opérations des généraux. Danton et Robespierre, dont il s'était séparé , le firent comprendre dans le décret d'accusation porté contre Hébert, Chaumette, et il fut condamné à mort le 24 avril 1794, à 58 ans. Il a publié : *Épreuve d'une partie des caractères de sa fonderie,* 1787, in-16. — *Manuel des impositions typographiques,* 1789, in-12; 2e édit., augm., 1792; 3e édit., Bruxelles, 1819, avec 33 pl. — *Traité élémentaire de l'imprimerie*, 1793, in-8, estimé. — *Rapport sur les événements de la guerre de la Vendée fait à la société des cordeliers le 14 nivôse an II*, in-8. On lui attribue : *Réflexions d'un citoyen sur la liberté des cultes*, etc., in-8 ; et le *Journal des Cordeliers*, dont il a paru 10 nᵒˢ, format in-8, du 28 juin au 4 août 1791.

MONACI (LAURENT de), chroniq., né à Venise dans le 14e S., remplit quelq. temps les fonctions de secrét. du sénat, et fut nommé chancelier du royaume de Candie, où il mourut en 1429. On a de lui : *De rebus Venetor. ab urbe conditâ ad annum* 1354, publ. par Fl. Cornaro, avec une *préface* et des *notes*, 1758, in-4. On conserve dans les MSs. de la biblioth. de Trévise son *Oraison funèbre de Vital Landi*, en latin ; et on cite de lui deux pièces de vers : *Carmen metricum de Caroli Parvi, regis Hungariæ, lugubri exitio* et *Pia descriptio miserabilis casûs illustrissimæ reginæ Hungariæ.*

MONACO (la princesse GRIMALDI), fille du maréchal de Choiseul-Stainville, né à Paris en 1767, quitta la France en 1791, mais y rentra l'année suiv., fut arrêtée comme suspecte, s'évada, et, de nouv. arrêtée, fut traduite au trib. révolutionn., et conduite à l'échafaud le 8 therm. an II (1794). On prétend que dans la fatale charrette elle dit au peuple : « Vous venez nous voir mourir ; il fallait venir nous voir juger. »

MONALDESCHI, famille noble de la ville d'Orviette. — Benoît MONALDESCHI s'empara du pouvoir suprême dans sa ville natale, alors gouvernée en républ. sous la protection du St-siége, et se maintint dans son usurpat. jusqu'en 1355, que le légat Egidio Albornoz reprit Orviette. — Louis-Bonconte de MONALDESCHI, chroniqueur, né à Orviette en 1327, fut élevé à Rome, où il vécut jusqu'à l'âge de 115 ans, sans avoir éprouvé, dit-on, aucune maladie. Il a laissé une *chronique* de 1228 à 1340, écrite dans le dialecte alors en usage à Rome, et qui a beaucoup de rapports avec l'idiome napolitain. La biblioth. du roi en possède une copie. Muratori en a publ. un fragment assez court dans les *Script. rer. ital.*, t. XII. — MONALDESCHI (Jean, marquis de), entra au service de la célèbre Christine, reine de Suède, devint son grand écuyer, l'accompagna dans ses voyages, et fut assassiné par ses ordres dans la galerie du château de Fontainebleau le 10 oct. 1657. Le P. Lebel a écrit la *Relation* de cet événement.

MONANTHEUIL (HENRI de), mathématicien, né à Reims vers 1536, fit ses études à Paris, s'appliqua particulièrem. aux mathématiques et à la médec., se fit recevoir docteur, et joignit la pratique à l'enseignement. Il avait obtenu en 1574, à la recommandation du secrét. d'état P. Brulart, la chaire de mathémat. au collège de France; mais Amyot s'étant opposé à sa nomination, il fut d'abord rayé du tableau des professeurs; puis, sur la requête que ses collègues présentèrent en sa faveur à Henri III, réintégré dans ses fonctions en 1577.

Il mourut en 1606. On a de lui : *Ludus iatro mathematicus musis factus*, 1597, in-8; une traduct. latine du *Traité des mécaniques* d'Aristote, 1599, in-4. — *De puncto, primo geometriæ principio, liber*, 1600, in-4. — *Problematis omnium quæ à MCC. annis inventa sunt nobilissimi demonstratio*, 1600.—Deux *Discours* lat. prononcés au collège royal en 1574 et 1577. On trouve son *Éloge* dans le *Mém.* de Goujet *sur le collège royal*, t. II.

MONARDES (NICOLAS), médecin, né à Séville au commencem. du 16e S., pratiqua son art avec un gr. succès, s'attacha à l'étude de la botanique, publia sur les propriétés des plantes médicales plusieurs ouvr. estimés, et mourut dans sa patrie en 1578. On connaît de lui : *De secandâ venâ in pleuritide*, etc., 1539, in-4. — *De rosâ et partibus ejus*, etc., 1565, in-8. — *Libro de dos medicinas excellent. contra todo veneno*, 1569-80, in-8. *Libro que trata de la Nieve*, 1571, in-8. — *De las cosas que se traen de las Indías occidentales*, etc., Séville, in-4. Ces différents ouvr. ont été trad. en latin par C. Lécluse. Linnée, dans sa *Bibliothèque botanique*, cite un Jean MONARDES auquel il attribue des *Epistolæ medicinales*, mais il est probable qu'il ne faut pas le distinguer de Monardes de Séville.

MONBORGNE (J.-M.), commissaire à Paris, où il périt sur l'échafaud révolut. le 4 mars 1794, est aut. du *Tableau général du maximum de la république franç.*, an II (1794), 3 vol. in-8.

MONBRON (FOUGERET de), littérat., né à Péronne, mort en 1761, avait servi quelq. temps dans les gardes-du-corps, avant de se vouer au métier d'écrivain. On a de lui : *la Henriade travestie*, 1745, in-12 : très inférieure au *Virgile travesti* de Scarron, elle a cependant eu plus. édit. — *Préservatif contre l'anglomanie*, in-8.—*Le Cosmopolite, ou le Citoyen du monde*, in-12.—*Margot la ravaudeuse*, etc., romans licencieux.

MONCABRIÉ (JOSEPH-SATURNIN PEITES, comte de), contre-amiral, né à Toulouse en 1741, entra dans la marine à l'âge de 15 ans comme garde du pavillon, s'embarqua sur le vaisseau *le Vaillant*, donna bientôt des preuves de bravoure et d'une gr. intelligence, devint enseigne en 1764, lieuten. en 1777, capitaine en 1782, et servit successivem. avec une constante distinct. sous les ordres des amiraux d'Estaing, de Guichen et de Grasse. Après la paix de 1783 il fut employé dans plus. expédit., et continua de signaler son zèle, son dévouement et son expérience navale. Pendant la révolut. il fut destitué comme noble, et subit une longue détent. En 1814 il fut nommé par le roi commandeur de l'ordre de St-Louis, contre-amiral en retraite; et il mourut en 1819.—Pierre-Élisabeth PEITES de MONCABRIÉ, second fils du précéd., né à Toulouse en 1771, entra fort jeune à l'école militaire, fit une partie des campagnes de la révolut., devint officier supérieur, et fut tué sous les murs de Lubeck en 1806.

MONCADE (HUGUES de), vaillant capit. espagn., né vers la fin du 15e S., descendait d'une des plus anc. et des plus illustres maisons de Catalogne. Il vint très jeune offrir ses services à Charles VIII, et suivit ce monarque dans son expédit. d'Italie en 1495. Après la retraite des Français il s'attacha à la fortune de César Borgia, passa ensuite dans l'armée espagnole sous les ordres de Gonzalve de Cordoue, s'y distingua par des actions éclatantes, fut fait prisonnier par André Doria sur la côte de Gènes, et renvoyé à Charles-Quint sans rançon. De retour en Italie, Moncade embrassa le parti des Colonne contre le pape Clément VII, pénétra dans Rome à la faveur de la nuit, et s'empara du Vatican dont il abandonna le pillage à ses troupes. Nommé vice-roi de Naples, il eut à défendre cette ville contre les Français, et fut tué dans un combat naval devant le port en 1528. — MONCADE (François de), comte d'Ossuna et marquis d'Aytona, de la même famille, né à Valence en 1586, servit d'abord avec une gr. distinction dans l'armée espagnole, et remplit ensuite plus. emplois importants, tels que ceux de conseiller-d'état, et d'ambassad. à la cour de Vienne. Nommé généralissime de l'armée des Pays-Bas, sous les ordres de l'infante Isabelle : il fit échouer les tentatives du prince d'Orange sur la Meuse, et mourut en 1635 au camp de Glock dans le duché de Clèves. Il avait publié à l'âge de 27 ans : *Hist. de l'expédit. des Catalans et des Aragonais contre les Turks et les Grecs, sous le règne de l'empereur Andronic-Paléologue* (en espagn.), Barcelone, 1623, in-4. On cite encore de lui une *Vie de Manlius-Torquatus*, Francfort, 1642, et une *Hist. du célèbre monastère de Montserrat :* ces deux ouvrages sont en latin.

MONCADE (Louis-Ant. DE BELLUGA de), card., de la même famille, né en 1662 à Motril (royaume de Grenade), fut reçu doct. en théologie à Séville en 1686, devint ensuite chanoine de Zamora, puis de Cordoue, évêque de Carthagène en 1705, vice-roi de Valence et capit.-général de Murcie en 1706; il reçut le chapeau de cardin. en 1720, refusa l'archevêché de Tolède, le siège le plus riche de la chrétienté, et mourut à Rome en 1743. Ce prélat, que Clément XI et Benoît XIV citent avec honneur, a laissé, entre autres écrits : un *Mém.* dogmatique sur la conception de la Ste Vierge; *Epistola dogmatica ad Armenos*, in-fol.; *Explicat. de la doctrine chrét. à l'usage des missionn.* chez les *infidèles*, in-8; des *Lettres pastorales*, 2 vol. in-4, etc.

MONCE (Ferdinand de La), peintre et archit., né à Munich en 1678 de parents originaires de Dijon, vint en France pour se perfectionner dans les arts dont son père, prem. peintre et architecte de l'électeur de Bavière, lui avait donné des leçons. Il visita successivement Rome et les principales villes d'Italie, revint en France par Marseille, s'arrêta quelque temps à Grenoble, s'y fit connaître par plus. ouvr., s'y maria, et alla se fixer à Lyon en 1731, où il mourut en 1753. Il a construit à Lyon l'église des chartreux, le portail de celle de St-Just, celui du gr. Hôtel-Dieu et son vestibule, et une part. du quai du Rhône. C'est d'après ses dessins que furent exécutées les planches de l'édition

de l'*Essai sur l'homme* de Pope, publ. à Lausanne, et celles de la *Description de la chapelle des Invalides* à Paris.

MONCHESNAY (Jacq. DE LOSME de), littérat., né à Paris en 1666, montra dès son enfance de gr. dispositions pour les lettres, se fit recevoir avocat pour avoir un titre, mais ne parut point au barreau, et continua de se livrer au goût primitif et dominant que sa fortune indépendante lui permettait de cultiver. La chute du système de Law dérangea ses affaires ; il prit alors le parti de se retirer à Chartres, pays de sa femme, et il y mourut en 1740. On a de lui cinq comédies représentées au Théâtre-Ital. de 1687 à 1693, et impr. dans le recueil de Gherardi; *Satires nouv.* sur l'esclavage des passions et sur l'éducation des enfants, 1698, in-4. — *Bolæana,* ou entretiens avec Boileau, inséré dans les pièces préliminaires des œuvres de ce gr. poète, 1740, in-4; réimpr. avec les poésies de Sanlecque, 1742, in-12, et dans le tome V du *Boileau* de Saint-Marc, avec des additions et des corrections de l'édit. Il a laissé MSs. des *épîtres,* des *satires* et des *épigrammes,* trad. de Martial.

MONCHY (Charles de), plus connu sous le nom de *maréchal d'Hocquincourt,* est moins célèbre par ses services, qui cependant ne sont pas sans gloire, que par l'écrit attribué à Saint-Évremond ou à Charleval, et qui a pour titre : *Conversat. du maréchal d'Hocquincourt avec le P. Canaye.* Né au commencement du 17e S., d'une ancienne famille de Picardie, il entra de bonne heure au service, se distingua dans les différentes campagnes contre les Espagnols, à La Marfée, à Ville-Franche, etc., commanda l'aile gauche à la bataille de Rhétel en 1650, reçut l'année suiv. le bâton de maréchal, battit ensuite les Espagnols en Catalogne, puis força leurs lignes dev. Arras, fut battu à Bleneau en 1652 par le gr. Condé, et fut tué en 1658 dev. Dunkerque.

MONCONYS (Balthasar), voyageur, né à Lyon en 1611, obtint de son père la permiss. d'achever ses études et de prendre ses degrés en droit à Salamanque. Il parcourut une partie de l'Espagne, revint en France, d'où, malgré la volonté de son père, qui voulait lui acheter une charge de conseiller, il partit pour le Portugal, s'y embarqua, visita successivem. les côtes de Provence, l'Italie, l'Égypte, la Syrie, la Palestine, la Natolie, Constantinople, et retourna dans sa patrie en 1649. Il fut ensuite chargé par le duc de Luynes d'une négociation importante à Rome, puis accompagna son fils, le duc de Chevreuse, dans ses voyages en Angleterre, dans les Pays-Bas et en Allemagne : revenu à Lyon en 1664, il y mourut en 1665. On a les *Voyages de M. de Monconys,* etc., publiés par son fils, Lyon, 1665, 3 vol. in-4, fig.; Paris, 1667, 2 vol. in-4; 1695, 5 vol. in-12; trad. en allem., Leipsig, 1697, in-4.

MONCOUSU (Pierre-Augustin), capit. de vaiss., né en 1756 à Beauné en Anjou, entra dans la marine à 17 ans, comme simple matelot, fut fait officier en 1779, et nommé capitaine de haut-bord en 1794. Il commandait le vaisseau *l'Indomptable* au·

combat d'Algésiras le 5 juillet 1801, fit dans cette action des prodiges de valeur; mais trahi par le sort, il fut emporté par un boulet sur son banc de quart. Il fut vivem. regretté par ses camarades qui le considéraient comme un vaillant officier.

MONCRIF (FRANÇ.-AUGUSTIN PARADIS de), littérateur, né à Paris en 1687, dut à sa figure prévenante, à son esprit, à des talents agréables, l'avantage d'être accueilli de bonne heure dans les sociétés brillantes, où il forma des liaisons utiles à sa fortune. Poète, music., acteur, il devint l'âme des divertissements à la mode, fut reçu à l'Acad. française en 1733, obtint l'année suivante la place de lecteur de la reine (Marie Leckzinska), puis celle de secrétaire-général des postes par la protect. du comte d'Argenson, alors ministre de la guerre, dont il était l'ami depuis long-temps, et qu'il accompagna dans sa disgrâce et son exil en 1757. Moncrif mourut en 1770 au palais des Tuileries, où il avait un logem. On a de lui un certain nombre d'opusc. tant en vers qu'en prose, recueillis sous le titre d'*OEuvres*, Paris, 1751, 3 vol. in-16; 1768, 4 vol. in-12; 1791, 2 vol. in-8; 1801, 2 vol. in-18. Les morceaux les plus connus sont : *Essais sur la nécessité et sur les moyens de plaire*, 1738, in-12. *les Amies rivales; Hist. des chats*, etc., 1727, 1748; Amsterdam, 1767, in-8. On lui doit encore quelq. petits *opéras-ballets; des poésies chrétiennes*, des *poésies fugitives*, et des *chansons*. Il fut l'un des collaborateurs du *Journal des savants*, et eut part aux *Étrennes de la St-Jean*.

MONDENARD (JEAN SARDOZ DE MONTAGU, marquis de), mort à Paris en 1823, avait émigré pendant la révolution. On a de lui : *Considération sur l'organisation sociale*, etc., *de la France et de l'Angleterre*, Paris, 1802, 3 vol. in-8. — *Examen du budget de 1817*, in-8. — *Dialogue entre un militaire et un député*, *ou petit Catéchisme politique*, etc., 1819, in-12.

MONDESIR (THIROUX de), lieutenant-général, né vers 1739, était fils de Thiroux d'Arconville, président au parlement. Ayant embrassé jeune l'état militaire, il servit avec distinction, émigra, ne rentra en France qu'en 1814, et mourut à Paris en 1822. On a de lui : *Manuel du dragon*, etc., 1780, in-12.— *Manuel pour le corps de l'infanterie*, etc., 1781, in-12.

MONDINO (abréviation de RIMONDINO), *Mundinus*, célèbre anatomiste, né à Milan, ou selon d'autres à Florence, vers la fin du 13e S., mort à Bologne en 1326, avait enseigné pendant long-temps dans cette ville. On a de lui : *Anatome omnium humani corporis interior. membrorum*, Pavie, 1478, in-fol., prem. édit.; ib., 1512, in-4 et in-8, avec les comment. de Matth. Curtius; Bologne, 1481, in-fol.; ib., 1521, avec ce titre : *Carpi comment. cum ampliss. annotationibus super anatomiam Mundini*, etc.; Padoue, 1484, in-4; Strasbourg, 1513, avec ce titre : *Mundinus de omnibus humani corporis inter. membr. anatomia*; Lyon, 1528, in-8; Marbourg, 1741, in-4.

MONDONVILLE (JEANNE de JULIARD, dame de),

fille d'un conseiller au parlement de Toulouse, épousa en 1646 un gentilhomme languedocien, devint veuve au bout de 5 ou 6 ans de mariage, se consacra dès-lors aux œuvres de charité sous la direction de l'abbé de Ciron, et institua une congrég. dite des *Filles de l'enfance de Notre Seign.*, qui fut approuvée en 1662 par le pape Alexandre VII. Accusée d'intrig. dans les affaires du jansénisme et de la régale, cette dame eut défense, en 1685, de recevoir aucune novice et de prendre des pensionnaires; puis un arrêt du conseil, du 12 mai 1686, supprima la congrégation : la fondatrice fut exilée à Coutances, où elle mourut en 1703. Ant. Arnauld avait pris la défense des Filles de l'enfance dans son livre intit. : *l'Innocence opprimée* (1688, in-12). On essaya vainement de les rétablir en 1717. Reboulet a publié une *Hist. de la congrégation des Filles de l'enfance*, 1724, 2 vol. in-12, où il donne une idée peu avantageuse de cet institut et de sa fondatrice : cet ouvrage fut condamné par le parlement de Toulouse en 1735.

MONDONVILLE (JEAN-JOSEPH CASSANEA de), compositeur, né à Narbonne en 1715, se fit remarquer par un talent précoce sur le violon, parcourut différentes villes de France, vint se fixer en 1737 à Paris, où il composa et publia successivement des *motets*, des *sonates*, des *trio*, des *concerto* et des *opéras* qui obtinrent un grand succès. Il mourut à Belleville, près de Paris, en 1772. Ses sonates de clavecin, ses opéras, *le Carnaval du Parnasse*, *Titon et l'Aurore*, *Daphnis et Alcimadure*, quelq.-uns de ses motets et oratorio, exécutés au concert spirituel (dont il était directeur), et qui eurent beaucoup de vogue dans le temps, sont entièrem. oubliés. Ces diverses composit. sont sans verve, sans génie, et ses chants aussi monotones que ses récitatifs. — Son fils, mort en 1808, avait publié des sonates de violon en 1767.

MONET (PHILIBERT), jésuite, né en 1566 à Bonneville (Savoie), fonda le collége de Tonon en 1597, enseigna les humanités et la théol. morale à Lyon, où il fut pendant 22 ans préfet des études au collége de la Trinité, et où il mourut en 1643. On a de lui de nombr. écrits, dont les plus remarq. sont : *Delectus latinitatis*, 1623, in-12, ouvr. estimé et qui a eu un gr. nombre d'édit.— *Origine et pratiq. des armoiries à la gauloise*, Lyon, 1631, in-4. — *Inventaire des deux langues latine et franç.*, 1636, in-fol. — *Abrégé du parallèle des langues franç. et latine*, 1637, in-4. *Nomenclatura geographica Galliarum*, 1643, in-12. — MONET, de la même famille, né en 1703, entra d'abord dans la société des jésuites, et la quitta pour raison de santé, étudia le droit à Turin, puis fut nommé capitaine d'infanterie, passa en Pologne, y parvint au grade de lieutenant-général, fut appelé en France, et reçut de Louis XVI et du roi de Sardaigne le titre de comte. On ignore l'époque de sa mort. Il a publié en 1779 : *Essai historique sur la maison de Savoie*, in-8.

MONETI (FRANÇOIS), astrologue, poète, et l'un des esprits les plus agréables, mais en même temps les plus bizarres de son temps, né à Cortone vers 1635, prit l'habit de frère mineur dans le couv. de St-François de sa ville natale, et publia un nombre considérable d'ouvrages, dont les titres sont plus ou moins singuliers, et où domine un esprit satirique. On cite, entre autres, de lui un poème contre les missionnaires jésuites, intit. : *Cortona convertita*, l'aris (Florence), 1759. F. Moneti mourut en 1712. On trouve des détails sur cet écrivain dans les *Veglie piacevoli* de D.-M. Manni.

MONGAULT (NICOLAS-HUBERT), très bon traducteur, né à Paris en 1674, entra à 16 ans dans la congrégation de l'Oratoire, et professa les humanités au collège de Vendôme; mais la faiblesse de sa poitrine ne lui permettant pas de soutenir les fatigues de cet emploi, il quitta l'Oratoire pour se retirer au collège de Bourgogne. Il fut ensuite attaché à l'archev. de Toulouse, Colbert, puis revint à Paris, fut reçu à l'acad. des inscriptions, dirigea l'éducat. du fils aîné du régent, et fut récompensé de ses soins par des bénéfices et par la place de secrét.-génér. de l'infanterie, dont son élève était colonel-général. Le succès de sa traduction des *Lettres* de Cicéron à Atticus lui ouvrit en 1718 les portes de l'Académie française, et il mourut en 1746. On a de lui la trad. de l'*Hist. d'Hérodien*, Paris, 1700, in-12; celle des *Lettres de Cicéron à Atticus*, ib., 1714, 4 vol. in-12, réimpr. dans l'édit. de *Cicéron* publiée par J.-V. Leclerc; deux *Dissertat. :* l'une sur les honneurs divins rendus aux gouvern. des provinces du temps de la république romaine, et l'autre sur le *Fanum* de Tullia, insérées dans les *Mém.* de l'acad. des inscriptions, où l'on trouve, tome XVIII, son *Éloge* par Fréret.

MONGE (GASPARD), comte de Péluse, créateur de la géométrie descriptive et l'un des fondateurs de l'école polytechniq., naquit à Beaune en 1746, d'un père qui, malgré son peu d'aisance, ne négligea rien pour lui assurer une bonne éduc. Placé d'abord au collège que les oratoriens tenaient dans sa ville natale, il fut ensuite envoyé à celui de Lyon. Il s'y appliqua surtout aux mathématiques, et, dès l'âge de 16 ans, fut jugé digne de professer lui-même. Ce fut à cette époque, et pendant les courts loisirs des vacances, qu'il exécuta, sur de grandes dimensions, un plan de la ville de Beaune, qui lui valut d'être recommandé par un officier supérieur au chef de l'école du génie à Mézières. Il ne put toutefois y être admis que parmi les appareilleurs et conducteurs des travaux de fortifications, et n'eut d'abord d'autre occasion de se faire connaître que comme dessinateur. Cepend. on le chargea un jour de faire les calculs pratiq. d'une opération de défilement, il inventa pour cela une méthode qui ne tarda pas à être reconnue la plus expéditive et la meilleure. Ce triomphe en amena d'autres qui le firent nommer suppléant de Bossut pour les mathématiques, et de l'abbé Nollet pour la physique; il remplaça même bientôt ce dernier comme professeur : il avait alors à peine 20 ans. Se trouvant conduit par ses essais à la solution d'importants problèmes, il fit l'application de ses découvertes aux différents arts de construction, et devint le créateur d'une doctrine lumineuse qui, développée dep., a reçu le nom de *géométrie descriptive;* c'est là un de ses princip. titres de gloire. Mais cette méthode, si éminemm. utile, se trouva en conflit avec l'ancienne routine, et n'en triompha qu'après vingt ans de lutte. Un charpentier obtint même le droit d'enseigner le reste de sa vie à l'école de Mézières sa pratique particulière pour les tracés de charpente, en dépit de la théorie génér. et des démonstrations du jeune géomètre, auquel il ne fut permis que de perfectionner la coupe des pierres : encore lui fut-il défendu par le corps du génie de donner de la publicité à ses procédés nouveaux. Il se dédommagea de cette contrainte par d'autres découvertes et par plusieurs *Mém.* sur le calcul intégral, qui le firent nommer correspond., puis membre de l'acad. des sciences en 1780. Il fut adjoint la même année à Bossut, professeur d'un cours d'hydrodynamique nouvellement ouvert au Louvre; mais il ne quitta l'école de Mézières qu'en 1783, lorsqu'il remplaça Bezout comme examinat. de la marine. Il composa pour les élèves de cette arme un *Traité de statique*, qui dep. a été adopté pour les aspirants à l'école polytechnique, et fut appelé à populariser la science en faisant des cours au lycée de Paris nouvellem. fondé. Mais bientôt la révolution vint le jeter dans une carrière à laq. l'avait mal préparé sa vie studieuse. Nommé ministre de la marine après la journée du 10 août 1792, et chargé provisoirement du portefeuille de la guerre, il se vit forcé de revêtir de sa signature l'ordre de mise à exécution du jugement du roi. On sait qu'il regretta toujours d'avoir attaché son nom à cette grande catastrophe, et que, fatigué de concourir malgré lui à des mesures violentes, il donna sa démission quelques semaines après, sans être effrayé du péril qu'il y avait pour lui à marquer ainsi son improbation aux pouvoirs tyranniques de l'époque. Au reste il avait su donner une impulsion nouvelle aux trav. des différ. ports de la France; il avait sauvé son prédécesseur, M. Dubouchage; il avait empêché Borda de quitter le service : on peut lui reprocher seulement des choix indignes, qui d'ailleurs doivent être attribués plutôt à l'influence de la convention. Le jour même que sa démission fut acceptée, il fut dénoncé aux jacobins, qui pourtant n'eurent point la lâcheté d'immoler un savant peu redoutable. Monge devait rendre encore d'importants services à son pays, en créant, avec l'aide de Berthollet et de plusieurs hommes précieux, les armes et les munitions de guerre que réclamait la France, levée en masse contre la coalition de l'Europe. Il avait osé dire : « On montrera la terre salpêtrée aujourd'hui, et dans trois jours on en chargera le canon. » Il tint sa promesse, et conquit l'admiration et la reconnaiss. de ses compatriotes. Appelé à faire partie de l'école normale, il put enfin mettre au jour sa *Géométrie descriptive;* et bientôt la part qu'il prit à la fondation de l'école polytechnique mit le comble à sa gloire. En 1796, il alla recueillir en Italie les chefs-d'œuvre des arts que la victoire nous avait donnés, en restaura quel-ques-uns qu'on laissait dépérir, et en facilita le développement par des procédés mécaniq. Bonaparte l'envoya l'année suiv. porter au directoire le traité de Campo-Formio. Monge reçut du jeune héros l'invitation de l'accompagner dans sa brill. et aventureuse expédition d'Égypte. Plein d'enthousiasme pour la science, et aussi pour la glorieuse destinée du conquérant, il accéda à cette proposition, et rejoignit l'armée française à Malte en 1798. On est d'accord sur les immenses résultats de cette entreprise pour les sciences et les arts. Monge ne resta pas en arrière de ses illustres compagnons, et fut nommé président de l'institut formé au Kaire sur le modèle de celui de France. Les soldats murmuraient parfois contre le *vieux savant*, auquel ils attribuaient cette malheureuse expédition; mais ils ne pouvaient se défendre pour lui d'un sentiment d'estime et d'affection, quand ils le voyaient partager leurs travaux, leurs fatigues, souvent même leurs périls, et consacrer toutes les ressources de son génie à améliorer leur situation. De retour en France avec Bonaparte, qui le nomma sous son consulat président de la commission des arts et sciences d'Égypte, Monge surveilla avec zèle l'exécution du grand ouvrage qui devait réunir tant de richesses précieuses. Il avait repris ses fonctions de professeur à l'école polytechnique, et ne désirait rien autre chose, lorsque le chef du gouvernement lui fit accepter une place au sénat, le titre de comte, la sénatorerie de Liége, le grand cordon de la Légion-d'Honneur, celui de l'ordre de la Réunion, une dotation en Westphalie, et un don de 200,000 francs. Les revers de nos armes portèrent un coup terrible au cœur de Monge. La restaurat. le priva de tout emploi, et une épuration qui eut lieu en 1816 lui ôta même sa place à l'Institut. Ses facultés s'altérèrent par le chagrin, et déjà il avait presque cessé de vivre lorsqu'il mourut en 1818. Ne pouvant énumérer les *analyses*, les *observat.*, les *mém.*, etc., qu'on trouve de lui dans les *Collections* de l'acad. des sciences, dans le *Journal* de l'école polytechnique, dans le *Dictionn. de physique de l'encyclopédie méthodique*, dans les *Annales de chimie*, dans la *Description de l'Égypte*, et enfin dans la *Décade égyptienne*, nous citerons les ouvrages qu'il a publiés séparément : *Traité élémentaire de statique*, 1786, in-8 ; 6e édit., 1826. — *Description de l'art de fabriquer les canons*, an II, in-4. — *Leçons de géométrie descriptive*, publ. dans le *Journ.* des séances de l'école norm.; 5e édit., 1813, in-8. — *Application de l'analyse à la géométrie des surfaces du prem. et du deuxième degré*, 4e édition, 1809, in-4. — Deux frères de Monge, plus jeunes que lui, se vouèrent aussi à l'enseignement. Le premier, qui lui succéda dans la place d'examinateur de la marine, est mort en octobre 1827; il avait le titre d'inspecteur en retraite des écoles royales de marine. Le second était profess. d'hydrographie à Anvers, où il est mort.

MONGELLAZ (FANNY BURNIER, dame), nièce de l'abbé Burnier-Fontanel, doyen de la faculté de

théologie de Paris, née à Chambéry en 1798, morte le 30 juin 1830, fut élevée à Genève. Son ouvrage *de l'Influence des femmes sur les mœurs*, 1828, 2 vol. in-8, est remarquable par la sagesse des leçons que l'aut. y donne aux femmes dans toutes les situations de la vie où elles peuvent se trouver. En 1825, elle avait fait paraître anonyme *Louis XVIII et Napoléon dans les Champs-Élysées*. Elle a laissé une *Histoire de St François de Sales* et un roman inachevé : *Pierre, comte de Savoie*, dans leq. elle se proposait de peindre, à la manière de Walter-Scott, les mœurs et les coutumes de son pays.

MONGEZ (JEAN-ANDRÉ), chanoine régulier de Ste-Geneviève, savant physicien et naturaliste, né à Lyon en 1751, partit en 1785 avec La Pérouse, en qualité de physic. et comme aumôn. de l'expédit., et partagea vraisemblablement le sort de ses malheureux compagnons de voyage, dont on a cessé de recevoir des nouvelles en 1788. Il reste de Mongez : *Description, usage et avantages de la machine pour la fracture des jambes*, d'Albert Piéropan, 1782, in-8. — *Manuel du minéralog.*, etc., traduit de Bergmann. Il eut part aux prem. vol. du *Cours d'agriculture* de l'abbé Rozier, et, dep. 1779, rédigea le *Journ. de physique* commencé par ce même abbé. On a mal à propos confondu J.-A. Mongez avec son frère aîné Ant. Mongez, membre de l'Institut.

MONGEZ (ANTOINE), frère aîné du précéd., né à Lyon en 1747, était comme lui chanoine de la congrégation de Ste-Geneviève. Dès sa jeunesse, la culture des lettres occupa ses loisirs; il y joignit celle des sciences et de l'archéologie. Nommé garde du cabinet des antiquités de Ste-Geneviève, il obtint en 1785 un prix à l'acad. des inscript. pour une *Dissertation* sur les noms et les attributs des divinités infernales. Deux ans après il fut admis à l'acad, dans la classe des académiciens libres, et fut presque aussitôt chargé de la rédact. de deux gr. ouvr. qui ne devaient être terminés que beaucoup plus tard, le *Dictionn. d'antiquités*, qui fait partie de l'*Encyclopédie méthodique*, et l'*Explication de la galerie de Florence*. A la révolut., dont il embrassa les principes, il fut du nombre des ecclésiast. qui renoncèrent à leurs fonctions et ne se crurent pas obligés à garder le célibat; mais d'ailleurs il ne cessa jamais d'être très modéré dans ses opinions et dans sa conduite. Il fit partie de l'Institut à sa création, fut nommé commissaire du directoire près de l'administrat. des monnaies, et devint en 1800 membre du tribunat. La restaurat. le dépouilla de tous ses emplois. Il fut éliminé de l'Institut en 1816; mais il y remplaça Dupont de Nemours en 1818. Sa place d'administrateur des monnaies lui fut enlevée en 1827. Il était pauvre; mais le goût de l'étude, que l'âge n'avait pas affaibli, lui fit supporter courageusement les épreuves qu'il devait subir. Il mourut à Paris en 1835. Le 1er août, M. Daunou prononça sur la tombe du plus ancien de ses confrères un discours inséré en partie dans le *Journal des savants*. Outre un gr. nombre de *Mém.* dans les recueils de l'acad. et de l'Institut, on citera de lui : *Hist. de la reine Marguerite de Valois*, prem. femme de Henri IV, 1777, in-8. — *Mém. sur les cygnes qui chantent*, 1783, in-8. — *Vie privée du cardinal Dubois*, 1789, in-8; réimpr. en 2 vol. — *Iconographie romaine*, 1817, in-fol., ou 3 vol. in-4, fig. C'est la suite de l'*Iconographie grecque*, d'En. Visconti.

MONGIN (Edme), né dans le diocèse de Langres en 1668, se consacra de bonne heure à la prédication, remporta trois prix d'éloquence à l'Académie franç., dont il devint membre en 1708, fut nommé en 1724 év. de Bazas, et mourut dans cette ville en 1746. Ses *OEuvres*, qui consistent en sermons, discours et oraisons funèbres, ont été publiées à Paris, 1745, in-4. D'Alembert a fait son *Éloge* dans son *Hist. des membres de l'Acad. française.*

MONGITORE (Antonin), antiquaire et biogr., né à Palerme en 1663, embrassa l'état ecclésiast., devint chanoine de l'église cathédrale, puis consulteur du St-office, et mourut en 1743. On a de lui une *Vie de Ste Rosalie* (en italien), 1703. — *Biblioth. sicula, sive de scriptoribus siculis notitiæ locupletissimæ*, 1708-14, 2 vol. in-fol., dont l'introduction a été insérée sous ce titre : *Regni Siciliæ delineatio*, dans le *Thesaur. antiquitat. ital.*, tome X. — *Divertimenti geniali*, 1704, pet. in-4. — *Vie de St François de Sales* (en italien), 1695, in-12. — *Palermo santificato della vita de' suoi santi cittadini*, 1708, in-8. — *Parlamenti generali di Sicilia, dall' anno 1446 sino all' 1748, con le ceremonie istoriche dell' antico e moderno uso del parlamento appresso varie nazioni*, etc. (publié avec des notes et des additions par un parent de l'auteur), 1749, in-fol.; et plus. mém. ou recherches historiques sur quelques antiquités de la Sicile, sur la fondat. de div. couv. et églises, etc. On doit à Mongitore une nouvelle édition augm. de la *Sicilia sacra* de Roch Pirrho.

MONGODIN (André-Jacques), pieux ecclésiast., né de parents pauvres, mort en 1775, a mérité d'être proposé pour modèle à tous les prêtres qui n'aspirent point aux éminentes dignités de l'Église, ou qui ne se reconnaissent pas le droit d'y prétendre. Nommé rect. ou curé de St-Aubin, l'une des paroisses de Rennes, vers 1755, il ne permit jamais qu'on fît des quêtes pour les pauvres, ne consentit point à faire des emprunts pour sa paroisse, malgré l'autorisation du parlem., employa ses dîmes à pourvoir aux besoins des indigents, avec lesquels il partagea même souvent son repas, et auxq. il légua une rente d'environ 700 livres. Il disait que son revenu appartenait aux malheur., et qu'il ne se regardait que comme leur caissier.

MONEGARIO (Dominique), doge de Venise, fut élu en 756, en remplacem. de l'usurpateur Gallo, qui avait été déposé et privé de la vue. Après avoir gouverné la république pendant 8 ans, Monegario éprouva le même sort que son prédécesseur; des conspirateurs s'emparèrent de sa personne en 764, lui arrachèrent les yeux, et lui substituèrent Maurice d'Héraclée.

MONI (Dominique), peintre assez estimé, né d'une illustre famille de Ferrare en 1550, mort en 1602, fut toute sa vie le jouet de son imaginat. ardente. Il se jeta d'abord dans un couvent de chartreux, rentra bientôt après dans le monde, voulut se faire prêtre, finit par se marier, et résolut d'étudier la philosoph.; mais ayant trouvé cette science nue et pauvre, il se tourna vers la médecine, puis vers l'étude des lois, enfin vers la peinture, s'y fixa et y devint habile en peu de temps. Toujours agité, toujours malheureux par son caractère impatient et sensible, il perdit sa femme, et en conçut une telle douleur qu'il tomba dans un état de frénésie et commit un meurtre. On remarque dans les ouvr. de ce peintre, très nombr. en Italie, un coloris gracieux, des teintes agréables, un dessin correct, et surtout de l'invention. Il a saisi avec bonheur la manière du Tintoret.

MONIGLIA (Jean-André), médecin et littérat., né vers 1640 à Florence, fut archiâtre du gr.-duc de Toscane, professeur à l'université de Pise, et sut concilier son goût pour les lettres avec les devoirs de son état. Il mourut en 1700, membre de l'acad. de la Crusca et de celle *degli Arcadi*. On a de lui : *De viribus arcani aurei antipodagrici epistola*, Florence, 1666, in-4. — *De aquæ usu in febribus*, ibid., 1682. — *Opere drammatiche*, ibid., 1689, 5 vol. in-4. Il a placé dans ce recueil des pièces de théâtre qui ne sont pas de lui, mais dont il avait composé le prologue et les divertissements. — MONIGLIA (Thomas-Vincent), théologien de l'ordre de St-Dominique, né à Florence en 1686, se distingua de bonne heure par ses talents pour la discussion. Séduit par les avantages que le ministre d'Angleterre, près de la cour Toscane lui avait fait entrevoir, il s'échappa de son couv., s'embarqua pour l'Angleterre, visita les princip. bibliothèq. de Londres, rechercha la société des savants, et acquit dans leur commerce des connaiss. très étendues. Ses ressources pécuniaires étant épuisées, il se vit forcé d'accepter l'emploi de précepteur chez un seigneur auquel il avait inspiré quelq. intérêt. Après trois ans de séjour en Angleterre, il obtint de son ordre, par l'entremise du gr.-duc de Toscane, le pardon de son escapade, revint en Italie, et se dévoua dès-lors à la prédication avec le plus gr. zèle. Plus tard il professa successivem. la théologie à Florence et à Pise, et mourut dans cette ville en 1767. On a de lui : *De origine sacrarum precum rosarii B. M. Virginis dissertatio*, Rome, 1725, in-8. — *De annis Christi Salvatoris et de religione utriusque Philippi-Augusti, dissertationes II*, ibid., 1741, in-4. — *Dissertazione contro i fatalisti*, 1744, in-8. — *Contro i materialisti ed altri increduli*, 1750, 2 tom. in-8. — *Osservazioni critico-filosofiche contro i materialisti*, 1780, 2 tom. in-8. — *La mente umana, spirito immortale, non materia pensante*, 1766, 2 vol. in-8.

MONIQUE (Ste), mère de St Augustin, qui donne sur elle, dans ses *Confessions*, les plus touchants détails, naquit en 332, et quoique élevée dans le christian. fut mariée à un gentilh. nommé

Patrice, bourgeois de Tagaste en Numidie, qu'elle réussit à convertir, et dont elle demeura de bonne heure veuve avec trois enfants. Ayant appris qu'Augustin s'était laissé séduire par les erreurs des manichéens, elle partit pour Milan où elle le trouva rendu à de meilleurs sentim. par les conseils de St Ambroise; et après être demeurée quelq. temps auprès de ce fils chéri, elle se disposait à se rembarquer à Ostie, lorsqu'elle y mourut en 384, le 4 mai, jour où l'Église célèbre sa fête. Godescard a écrit la *Vie* de Ste Monique, et le pape Martin V a rédigé l'*Histoire* de la translation de son corps à Rome en 1430.

MONK (GEORGES), l'un des personnages les plus célèbres du 17e S., né en 1608 dans le comté de Devon, de parents nobles, mais sans fortune, entra comme volontaire à l'âge de 17 ans dans un régiment d'infant. commandé par un de ses parents, et fit ses prem. armes dans une expédit. maritime contre les Espagnols. De retour en Angleterre, il fut employé comme enseigne, d'abord dans l'expédition contre les îles de Ré et d'Oleron ; puis en Flandre, où il fit dix campagnes. A l'époque où les mécontents d'Écosse commencèrent la guerre civile, il obtint une place de lieut.-colonel dans le régiment de lord Newport, qui faisait partie de l'armée royale rassemblée sur les frontières d'Écosse. L'année suiv. il fut nommé colonel du régim. de Leicester employé en Irlande, et il y fit une guerre très vive aux rebelles jusqu'à la trêve conclue en 1643. De retour en Angleterre, il y fut arrêté sur le soupçon de favoriser le parti du parlement, et on lui ôta le commandem. de son corps. Quelque temps après, étant parvenu à se justifier auprès de Charles Ier, ce monarque l'éleva au grade de général-major. A peine Monk avait-il pris possession de ce nouveau poste, qu'il fut fait prisonnier dans une surprise nocturne par les troupes parlementaires aux ordres du général Fairfax, et envoyé à la Tour de Londres, où il resta détenu pendant près de 2 ans. Il obtint sa liberté sur les instantes sollicitations de lord Lisle, fils aîné du comte de Leicester, alors en faveur auprès du parlement; mais ce fut sous la condition qu'il adhérerait au *covenant*, et qu'il irait servir en Irlande. Peu de temps après son arrivée dans cette île, il y reçut le commandem. de la partie septentrion., et marcha au secours de Londonderry dont il força les royalistes de lever le siége. Des forces supérieures l'ayant contraint à repasser en Angleterre, il y vit pour la prem. fois Cromwell, qui le nomma lieuten.-gén. d'artillerie et l'emmena avec lui en Écosse. Monk s'y distingua à la bataille de Dunbar, resta chargé du commendem. de l'armée après le départ du protecteur, et soumit la plus gr. partie de ce royaume. En 1653 il reçut le commandem. d'une division de l'armée navale sous les ordres de l'amiral Blake, et soutint pendant deux jours un engagem. très vif avec Tromp. Deux mois après, commandant en chef de la flotte anglaise, il livra bataille au même amiral qui fut tué dans l'action : les Hollandais y perdirent 30 vaisseaux pris ou dé-

truits. Cette victoire fut célébrée à Londres par une fête extraordinaire, et Cromwell, passa une chaîne d'or au cou de Monk. Celui-ci prit ensuite le commandement en chef de l'Écosse, fit proclamer le protecteur à Édimbourg, et parvint à désarmer les montagnards. A la mort de Cromwell, Monk ne fit aucun mouvem., et ne parut occupé que du soin de se maintenir dans son gouvernem. d'Écosse. Il eut l'adresse de perdre le génér. Lambert, son rival, dans l'esprit du parlem., et de le faire arrêter. Devenu ainsi le seul chef militaire redoutable, il entra en Angleterre à la tête de son armée, vint occuper Westminster, se rendit l'organe de la nation auprès du *long parlement*, et pressa cette assemblée de se dissoudre elle-même et d'abandonner la place à des députés élus librement. Bientôt après il s'aboucha avec sir John Greuville, principal agent du roi Charles II, fit échouer la tentative du génér. Lambert qui, s'étant échappé de sa prison, avait rallié autour de lui un assez gr. nomb. de républicains, proclama le souverain légitime dans Londres le 8 mai 1660, et alla le recevoir à son débarquem. à Douvres. Le prem. soin de Charles II fut de récompenser le gén. qui venait de lui rendre un si grand service. Monk fut nommé chev. de l'ordre de la Jarretière, membre du conseil privé, gentilh. de la chambre, gr.-écuyer, prem. commissaire de la trésorerie, et enfin duc d'Albermarle, titre auquel furent attachés des biens considérables. Les gouvern. du Devonshire et du Middlesex complétèrent cette série de récompenses. Dans le procès des régicides, Monk, qui était au nombre de leurs juges, se montra modéré, excepté envers le comte d'Argile dont il produisit des lettres confidentielles que cet accusé lui avait adressées en Écosse lorsque lui Monk y commandait au nom de Cromwell. Il fut adjoint au duc d'York dans le commandem. et la direction des armées navales, lorsque la guerre éclata contre la Hollande en 1664, fit les campagnes de 1667 et 1668, et mourut d'hydropisie le 3 janvier 1670. Charles II le fit enterrer avec une pompe presque royale à Westminster, dans la chapelle d'Henri VII. Plus hist. anglais s'accordent à représenter Monk comme un homme médiocre, et attribuent bien plus au cours des événem. qu'à sa coopération le rétablissem. de la monarchie. Pendant sa captivité à la Tour de Londres, Monk avait composé un écrit qui fut publié après sa mort sous le titre d'*Observations on military and political affairs*, 1671, in-fol. On a une *Vie* du général Monk, par Thomas Gumble, son aumônier, et trad. en franç. par Gui Miége, 1672. M. Desvaulx-d'Oinville, maréchal-de-camp, a publié en 1816 une seconde édit. de cette traduct. dont il a rajeuni le style. — Marie MONK, femme du précédent, morte à Bath en 1715, joignait à la connaissance des langues latine, italienne et espagnole, un talent assez distingué pour la poésie. Ses productions ont été recueillies et imprimées en 1716, in-8, sous le titre de *Marinda, poems and translations on several occasions*.

MONMOUTH (Jacques, duc de), fils naturel de Charles II, roi d'Angleterre, et de Lucy Walters ', né à Rotterdam en 1649, fut élevé en France dans les principes de la religion catholique. Le roi son père le fit venir à Londres après la restauration, et le créa successivem. comte d'Orkney, duc de Monmouth, chev. de la Jarretière et capitaine des gardes. Monmouth fit ses premières armes dans les Pays-Bas sous le prince d'Orange, commanda un corps d'Anglais et d'Écossais à la bataille de St-Denis en 1678, fut ensuite employé en Écosse contre les rebelles qu'il défit complètement. Mais bientôt l'ambition lui fit oublier ses devoirs. On le vit entrer dans plus. conspirat. contre son père, ou plutôt contre le duc d'York, son oncle, auquel il prétendait enlever la couronne, en faisant répandre le bruit qu'il y avait droit lui-même comme fruit légitime de l'union de Charles II avec miss Walters. Le roi lui pardonna en faveur des révélations qu'il fit ; mais Monmouth ne tarda pas à renouer ses liaisons avec les mécontents. Il reçut l'ordre de ne plus paraître à la cour, et se retira en Hollande, où il fut bien accueilli du prince d'Orange. A la mort de Charles II, Monmouth croyant le moment favorable pour faire valoir ses prétendus droits, et voulant profiter de la diversion que le comte d'Argyle allait opérer en Écosse, s'embarque au Texel avec 80 hommes, débarque sur les côtes du Dorsetshire, publie une proclamation dans laquelle il traite Jacques II d'usurpateur, et l'accuse d'être l'auteur de l'incendie et d'avoir empoisonné le roi son frère. Il parvient à rassembler 2 ou 3,000 hommes ; mais sa tête est mise à prix ; l'armée royale se réunit sous les ordres du jeune d'Albemarle, fils du fameux Monk ; une action s'engage à Sedgemore, dans le Sommersetshire ; les rebelles sont vaincus, et Monmouth, fait prisonn. le lendemain du combat, est conduit à la Tour de Londres. C'est en vain qu'il essaya de fléchir le juste courroux de Jacques par les plus humiliantes soumissions ; il fut décapité le 15 juillet 1685, après avoir montré dans ses dern. moments plus de résignat. et de fermeté qu'il n'en avait eu pendant sa détention à la Tour.

MONNEL (S.-E.), curé de Valdelancourt, fut nommé par le départem. de la Haute-Marne députe à l'assemblée nation., prêta serment, et après la session remplit différents emplois administratifs. Réélu à la convent., il y vota la mort de Louis XVI, sans appel ni sursis. Cependant il n'approuva point les excès de la terreur, et après le 9 thermidor, il demanda que les comités révolut. fussent tenus d'indemniser les détenus injustem. poursuivis. En sortant de la convent. il devint commiss. du directoire près d'une administrat. départementale. Le 18 brumaire le fit rentrer dans l'obscurité. En 1816 il fut banni de France, et mourut à Constance en 1822.

MONNET (Jean), littér., né à Condrieux, près de Lyon, fut placé près de la duchesse de Berri (fille du régent). Après la mort de cette princesse, il mena pend. plus. ann. une vie dissipée et orageuse et fut

successivem. directeur de l'Opéra-Comique (1745), du théâtre de Lyon (1745), et d'une troupe d'acteurs franç. à Londres (1748). Il reprit la direction de l'Opéra-Comique en 1752, passa de nouveau à Londres en 1766, puis revint à Paris, où il mourut obscurém. en 1785. De tous les ouvr. que Monnet dit (dans ses *Mém.*) avoir publié, on ne connaît que les suivants : *Anthologie franç., ou Chansons choisies, depuis le 15e S. jusqu'à présent*, Paris, 1765, 3 vol. in-8. — *Choix de Chansons joyeuses, supplément à l'Anthologie*, in-8 de 110 pages, à la suite desquelles on trouve les *Chansons gaillardes* qui ne sont autre chose que les *Chansons joyeuses*, etc., de Collé. — *Supplément au Roman comique, ou Mém. pour servir à la Vie de J. Monnet, écrits par lui-même*, 1772, 2 vol. in-12. Barré, Radet et Desfontaines en ont tiré le joli voudev. de *J. Monnet*, Paris, 1799.

MONNET (Antoine-Grimoald), chimiste et minéralogiste, né en 1754 à Champeix en Auvergne, s'appliqua de bonne heure à l'étude des sciences physiques, s'établit pharmacien à Rouen, vint ensuite à Paris, obtint la place d'inspecteur-général des mines en 1774, perdit cet emploi à la révolut., et mourut en 1817. Il était membre des académies de Stockholm, de Rouen et de Turin. On a de lui : *Tr. des eaux minérales*, 1768, in-12. — *Catalogue raisonné minéralogique*, 1772, in-12. — *Nouveau tr. d'hydrologie*, 1772, in-12. — *Tr. de la dissolut. des métaux*, 1775, in-12. — *Nouv. système de minéralogie*, 1779, in-12. — *Dissertation et expérience relatives aux principes de la chimie pneumatique*, 1789, in-4. — *Mém. histor. et polit. sur les mines de France*, 1790, in-8. — *Démonstrat. de la fausseté des principes des nouv. chimistes*, 1798, in-8. — Quelq. trad. d'ouvr. allemands sur la minéralogie, des *analyses*, des *mém.* et des *dissertat.* dans le *Journal de physique*.

MONNET (Mariette Moreau, dame), née à La Rochelle, morte en 1798, fut liée avec d'Alembert, Diderot, Thomas et autres littérat. distingués de son temps. Elle avait obtenu dès l'âge de 16 ans plus. succès littér. On a d'elle *Contes orientaux*, Paris, 1779, in-12. — *Hist. d'Abdal-Masour*, suite des *Contes orient.*, 1784, in-12. — *Lettres de Jenny Bleinmore*, 1787, 2 vol in-12. — Quelques pièces de théâtre ; enfin des *poésies* insérées dans divers recueils du temps, et parmi lesquelles on doit remarquer *l'idylle sur les fleurs*.

MONNIER (Louis-Gabriel), graveur, né à Besançon en 1733, mort à Dijon en 1804, membre de l'acad. de cette ville, a gravé la *Carte topographiq. de la Bourgogne*, dessinée par Paucher, 3 feuilles ; la *Carte des chaînes des montagnes et des canaux de France*, par le même ; la *Carte synoptique* qui accompagne les *Notions élément. de botanique* de Durande ; un gr. nombre de *vignettes* et d'*estampes* pour l'*Hist. de Bourgogne* de D. Plancher ; le *Salluste* du présid. de Brosses, etc. ; des *jetons* et des *médailles* recherchés des curieux.

MONNOIE (Bernard de La), savant littérat. et philologue, né à Dijon en 1641, suivit d'abord la carrière du barreau pour obéir aux vœux de son père ; mais cédant à l'ascendant de son goût pour les lettres, il se livra entièrement à leur culture. Lié avec tous les personnages distingués dans les sciences et la littérat. que Dijon renfermait alors, La Monnoie se partagea entre l'étude et le commerce de tels amis. Il remporta en 1671 le prix proposé par l'Académie française, dont le sujet était l'abolition du duel. Ce triomphe fut suivi de quatre autres à la même acad.; et le bruit courut que ses juges l'avaient fait prier de s'abstenir désormais du concours dont sa supériorité écartait trop de rivaux. Sur la réputation qu'il acquit bientôt, ses amis le pressèrent à différentes reprises de venir à Paris ; mais il leur répondait qu'il n'y serait considéré que comme un bel esprit, ce dont il se souciait fort peu. Il céda enfin à leurs vœux, vint dans la capitale en 1707, fut reçu à l'Acad. franç. en 1713, se vit dépouillé, par le système de Law, de toute sa fortune, convertie en rentes sur l'état, vendit sa biblioth. dont l'acquéreur lui laissa l'usage pend. sa vie, et mourut en 1728, à plus de 86 ans. On a de lui un gr. nombre d'ouvrages tant en prose qu'en vers, grecs, lat. et franç.; mais c'est uniquement comme critique et philologue qu'il a conservé sa célébrité. Voici la liste de ses princip. product. : *Noei borguignons de Gui Barozai* (à Dijon), 1720, petit in-8, avec le glossaire et la musique. M. Louis Dubois a donné le texte le plus épuré et le plus complet des *Noëls* et autres poésies bourguignonnes de La Monnoie, Châtillon, 1817, in-12. — *Menagiana*, Paris, 1715, 4 vol. in-12; il a joint aux pensées, bons mots, notes, etc., de Ménage, des remarques curieuses et différentes dissertations qu'il avait lui-même en portefeuilles. — *Remarq. sur les jugem. des savants*, de Baillet. — *Observat. sur le Cymbalum mundi*, et *sur les Contes* de Bonav. Desperriers. — *Remarq. sur le Poggiana* (de Lenfant), 1722, in-12. — *Une préface* et des *notes* sur les *Nuits* de Straparole, etc. Les vers grecs et latins de La Monnoie ont été insérés dans le rec. des *recentiores poetæ selecti*, par d'Olivet ; ses *Poésies franç.* ont été publ. d'abord par Sallengre sur des copies incorrectes et tronquées, La Haye, 1716, in-8, et l'abbé Joly en a rassemblé de nouvelles pour faire suite au vol. précédent, Dijon, 1743, in-8. Rigoley de Juigny a publ. les *OEuvres choisies* de La Monnoie, La Haye (Dijon), 1770, 2 vol in-4, ou 5 vol. in-8. Il a entassé sans méthode et sans goût tous les matériaux qui se sont trouvés sous sa main; mais il n'a pas jugé à propos de comprendre les *Noëls* dans cette compilation.

MONNOT (Pierre-Étienne), sculpteur, né à Orchamps-en-Vennes (Franche-Comté) en 1658, alla jeune en Italie, et s'y perfectionna dans la pratiq. de son art par les leçons des maitres habiles et l'étude de l'antique. Il se fixa à Rome, devint l'un des directeurs de l'acad. de St-Leu, et mourut en 1733. Il est enterré dans l'église de St-Claude-des-Bourguignons, où l'on voit son épitaphe. On cite plus. ouvr. remarq. de sa composition, entre autres le tombeau du pape Innocent XI dans une des chapelles de St-Pierre, et les deux statues colossales de *St-Pierre* et de *St-Paul* à St-Jean-de-Latran. —

MONNOT (Antoine), anatomiste, né à Besançon en 1765, fut d'abord démonstrat. d'anatomie à l'univ. de cette ville, puis attaché aux hôpitaux militaires, profess. d'accouchem., et profess. de chirurgie à l'école secondaire de médec., emploi qu'il exerça jusqu'à sa mort en 1820. On a de lui différ. opusc. : *Réflexions servant d'introduct. à l'étude de l'anatomie*, 1791. — *Précis d'anatomie*, 1799, in-8. — *Observat. sur l'hydrophobie*, 1799, in-8. — *Observations sur une perte de sang*, 1818, in-8.

MONOD (Pierre), jésuite, né en 1586 à Bonneville en Savoie, professa les humanités au collége de La Roche, puis occupa les chaires de rhétoriq. et de philos. du collége de Turin, dont plus tard il devint recteur, et fut fait enfin confesseur de Christine de France, femme de Victor-Amé Ier, duc de Savoie. Cette princesse sacrifia Monod au ressentiment du cardinal de Richelieu, contre leq. ce jésuite avait intrigué à la cour de France, où il était chargé d'une mission politique. Il fut enfermé au fort de Montmélian, puis transféré à celui de Miolans, où il mourut en 1644. C'était un homme habile, éclairé, fier et entreprenant. On prétend qu'il avait refusé l'archev. de Turin et celui de Tarentaise. On a de lui : *Hermes christianus*, Lyon, 1619, in-12, trad. d'un ouvr. franç. du P. Jacquinot, jésuite, ayant pour titre : *Adresse pour vivre selon Dieu dans le monde*. — *Recherches historiq. sur les alliances royales de France et de Savoie*, 1621, in-4. — *Amedeus pacificus, seu de Eugenii IV et Amedei Sabaudiæ ducis..... controv. comment.*, 1624, in-4 ; Paris, 1626, in-8. — *Apologie française pour la sérénissime maison de Savoie*, etc., 1631, in-4. — *Apologia seconda per la casa di Savoja*, etc., 1632, in-4. — *Trattato del titolo regio dovuto alla seraniss. casa di Savoja*, etc., 1633, in-fol. — *Il capricorno, ozzia l'oroscopo d'Augusto Cesare*, etc., 1633, in-8. — *L'Extirpation de la rébellion, ou déclaration des motifs que le roi de France a d'abandonner la protection de Genève*, 2 vol., dont le prem. seulement a été imprimé. Ses MSs. sont à la bibliothéq. de l'univ. de Turin.

MONOD (Henri), ancien landaman, né à Morges, canton de Vaud, en 1753, mort en 1833, étudia le droit à l'université de Tubingen, où il se lia avec Laharpe, précept. d'Alexandre. Revêtu successivement de diverses magistratures, il prit une part active à la révolut. qui détacha le canton de Vaud de celui de Berne, en assurant son indépendance. Cette révolution avait éclaté sans lui ; mais il crut devoir concourir à la diriger, et c'est à sa prudence, unie à beaucoup de fermeté, qu'il faut attribuer en partie le caractère modéré des événem. Monod, l'un des rédact. de la nouvelle constitution helvétique, fut l'un des dix députés suisses qui allèrent discuter à Paris l'acte de médiation, par lequel la paix fut rétablie et maintenue pend. onze ans. Se débarrassant des fonctions publiques dès qu'il vit la tranquillité de la Suisse assurée par son traité d'alliance avec la France en 1803, il ne quitta sa famille que pour remplir quelques missions, il retraça les événem. auxquels il avait participé dans des *Mémoires*, 1805, 2 vol. in-8. Il publia aussi, lors du renouvellem. des élections, un opuscule. intit. : *le Censeur*, dans lequel il disait au peuple qu'en s'occupant du choix de ses représentants il pouvait exercer une utile censure. En 1811, il se détermina à rentrer au petit-conseil, dont il avait été naguère présid.; il se trouva donc en fonction pend. la crise de 1813 et 1814, qui remit presque au hasard le sort de la Suisse. Alexandre, auq. il se présenta avec des lettres de Laharpe, l'assura qu'on maintiendrait l'intégrité du territoire. Envoyé à la diète de Zurich, elle le chargea d'aller complimenter Louis XVIII. A la nouvelle du débarquem. de Bonaparte, il eut la commiss. de protéger avec la milice les frontières du canton de Vaud. Enfin, quand la nouv. constitut. de la Suisse eut été garantie par les huit principales puissances de l'Europe, il fut nommé l'un des landamans de son canton, et siégea dans le conseil-d'état. Telle fut la vie politique de Monod.

MONOTHÉLITES (secte des). — V. Sergius.

MONOYER (Jean-Baptiste), nommé plus communément *Baptiste*, peintre de fleurs, né à Lille en 1635, vint fort jeune à Paris, et travailla avec Lebrun à la décoration du palais de Versailles. Il fut reçu à l'acad. en 1665, passa en Angleterre, où il exécuta un grand nombre de tableaux de fleurs et de fruits, et mourut à Londres en 1699. Ses ouvrages, peu communs en France, sont assez nombreux en Angleterre. Il eut un fils qui cultiva le même genre de peinture, mais qui n'a point acquis la réputation de son père.

MONPER (Josse), paysagiste, né à Anvers en 1580, quitta la manière de ses compatriotes pour en prendre une plus large et plus expéditive. Ses ouvr., vus de près, n'offrent que des esquisses imparfaites; mais à distance, ils sont d'une gr. vérité. Corn. Viffcher a gravé d'après lui le *Printemps;* van Panderen l'*Été*, et Th. Galle les deux autres *Saisons*. Adrien Collaërt a gravé, d'après cet artiste, les *douze Mois de l'année*. Monper a gravé lui-même à l'eau forte diverses pièces de sa composition, entre autres un *grand paysage* terminé par d'énormes rochers sur lesq. on voit des personnages. Cette pièce est très rare.

MONRO (Alexandre), profess. d'anat. à l'univ. d'Édimbourg, né à Londres en 1697, mort en 1767, avait voyagé en France et en Hollande pour y suivre les leçons des meilleurs maîtres, entre autres de Boherhaave. Étant venu se fixer dans la capitale de l'Écosse en 1719, il y acquit la réputation d'un des meilleurs anatomistes de son temps. On a de lui : *Anatomie du corps humain* (en angl.), Édimbourg, 1726, in-8 : la partie qui traite du système nerveux a été trad. en latin sous le titre d'*Anatome nervorum contracta*, Franeker, 1759, in-8, réimpr. plus. fois et trad. en franç. par Le Bègue de Presle : la partie qui traite de l'*ostéologie* a été traduite en

français par Sue, Paris, 1759, 2 vol. in-fol., avec pl. — *Essai sur les injections anatomiques* (en anglais), dans le rec. de la société d'Édimbourg, et trad. en lat. par J.-C.-F. Bonnegarde, Leyde, 1741, in-8, etc., etc. L'un des fils d'Alex. Monro a réuni ses *OEuvres*, 1781, in-4. — Donald Monro, fils du précédent et médecin comme lui, mort en 1802, a publ. : *Essai sur l'hydropisie*, trad. en franç. par Jacques Savary, 1760, in-12. — *La Médecine d'armée, ou Traité des maladies les plus communes parmi les troupes*, trad. par Le Bègue de Presle, 1765, 2 vol. in-8. — *Observat. sur les moyens de conserver la santé des soldats*, 1780, 2 vol. in-8. — *Matière méd.*, 1788, 4 vol. in-8.

MONROE (Ulysse), noble Écossais du 17e S., se distingua par son dévouem. à la cause de Charles Ier en Écosse et en Irlande, battit plus. fois les troupes de Cromwell, fut proscrit, dépouillé de ses biens, et ne reçut aucune indemnité sous le règne de Charles II. Ses deux fils, Edmond et Charles, suivant l'exemple de fidélité qui leur avait été donné, restèrent constamment attachés à Jacques II, et le dern. accompagna ce monarque détrôné en France. — Deux des petits-fils de Charles Monroe, après avoir servi avec distinct. dans les troupes de l'empereur d'Allemagne, parvinrent au grade de général-major, et moururent, l'un en 1801, l'autre en 1816.

MONROÉ (James), 5e présid. des États-Unis, né dans l'état de Virginie en 1757, exerça la profess. d'avocat sous la direction de Jefferson. Député au congrès à 21 ans, il crut qu'il serait plus utile à son pays sur les champs de bataille qu'à la tribune. Parvenu au grade de major, il combattait aux côtés de Lafayette quand celui-ci fut blessé à la bataille de Brandywine. Washington lui confia ensuite l'organisat. d'un nouveau corps d'armée, puis le fit nommer colonel d'un régim. de Virginie. Ses concitoyens l'enlevèrent encore au barreau, où il était rentré, pour le députer au congrès, dans leq. il siégea pend. 10 ans de suite. La sympathie qu'il éprouvait pour les républicains français le fit nommer ambassadeur près de ce gouvernem., et le 15 août 1794 il fut présenté au présid. de la convention, qui lui donna publiquem. l'accolade fraternelle. Les relations d'amitié qui existaient entre la France et les États-Unis ayant cessé sous la présidence de John Adam, qui était dévoué aux Anglais, Monroé revint en Amérique, blâma la direction qu'avait prise son gouvernem., et publia toute sa correspondance pend. sa mission diplomatique. Il fut ensuite deux fois gouverneur de l'état dans lequel il était né; puis, employé dans des négociations diplomatiques, il coopéra, avec le chancelier Livingston, à la conclusion du traité avec la France, par leq. les États-Unis obtinrent la Louisiane. En 1806, il se rendit à Londres, afin de mettre un terme aux différ. qui divisaient encore les États-Unis et l'Angleterre; mais, ses efforts ayant échoué, il revint l'année suiv. à Philadelphie. Nommé en 1811 secrét.-d'état des affaires étrangères, il fut chargé en 1814 du commandem. général des troupes américaines, qu'il conserva jusqu'à la paix avec le portefeuille de la guerre. Il reprit alors le départem. qui lui était confié auparavant, et ne le remit qu'en 1817. A cette époque, on l'élut présid. des États-Unis. La sagesse de son administrat. le fit réélire le 4 mars 1821. Rentré dans la vie privée, il mourut à New-York en 1831, âgé de 75 ans, le jour anniversaire de la déclarat. de l'indépendance de l'Amérique du Nord.

MONSIGNY (Pierre-Alexandre), compositeur, né en 1729 à Fauquemberg en Artois, vint fort jeune à Paris, y exerça d'abord un emploi de commis. Il sentit s'éveiller en lui le goût de la musiq. à la représentation de la *Serva padrona*, de Pergolèse. Dès-lors il s'occupa de la composition musicale, en reçut les premières leçons de Gianotti, contre-basse de l'Opéra, et débuta par un petit opéra intit. : les *Aveux indiscrets*, représenté en 1759 sur le théâtre de la foire St-Laurent. Encouragé par le succès, il donna successivem. le *Maître en droit* (1760), le *Cadi dupé* (1761), et fut ainsi l'un des créateurs de l'opéra comiq. à ariettes, qui ne date que de 1755. S'étant lié avec Sedaine, l'alliance de leurs talents produisit plus. ouvrages qui sont restés au répertoire. Monsigny travailla aussi avec Collé, Anseaume, Favart, Marmontel, et cessa de composer pour le théâtre à l'âge de 48 ans, après avoir donné *Félix*, en 1777. Cette retraite prématurée fut attribuée à quelq. désagréments qu'il essuya de la part des acteurs. Il perdit à la révolut. qui lui enleva une partie de sa fortune, la place de maître-d'hôtel que le duc d'Orléans lui avait donnée dans sa maison. En 1798 les artistes du théâtre Favart lui décernèrent une pension de 2,500 fr., et acquittèrent ainsi une dette que l'ancienne Comédie-Ital. avait trop long-temps négligée. En 1800, il succéda à Piccini dans la place d'inspecteur de l'enseignem. au Conservatoire; il s'en démit au bout de deux ans, fut nommé membre de l'Institut en 1813, après la mort de Grétry, et mourut en 1817, âgé de 88 ans. Son *Éloge* a été prononcé par Quatremère de Quincy, dans la séance publiq. de l'acad. des beaux-arts, oct. 1818. Outre les opéras mentionnés plus haut, nous citerons encore de Monsigny : *On ne s'avise jamais de tout*, 1761.— *Le Roi et le Fermier*, 1762. — *Rose et Colas*, 1764. — *Le Déserteur*, 1769. — *Le Faucon*, 1772. — *La belle Arsène*, 1775. Le caractère dominant de sa musique est le naturel et la vérité. Le violon était le seul instrument dont il se servait pour composer.

MONSON (William), amiral anglais, né à South-Carlton dans le comté de Lincoln, en 1569, entra de très bonne heure dans la marine, au commenc. de la guerre que la reine Élisabeth eut à soutenir contre l'Espagne, parvint en 1589 à l'emploi de vice-amiral sous le comte de Cumberland, dans l'expédition aux îles Açores, où il contribua à la prise de Fayal. Il fut nommé en 1604 amiral de la Manche, et soutint pendant 12 années l'honneur du pavillon anglais contre les entreprises de la républ. naiss. de Hollande. Mais ensuite la haine de quelq. cour-

tisans puissants le fit tomber dans la disgrâce, et il fut enfermé en 1616 à la Tour de Londres. Ayant réussi à se justifier, il fut appelé au conseil en 1617 pour donner son avis sur les moyens de détruire les pirates d'Alger, et démontra l'impossibilité de s'emparer de cette ville. Il fut également opposé en 1625 et 1628 à deux projets, l'un sur Cadix, l'autre sur l'île de Ré, et ne fut point employé dans ces expéditions. En 1735, il fut nommé vice-amiral de la flotte employée contre les Français et les Hollandais, continua à donner des preuves de son talent, puis se retira du service, et mourut en 1643. On a de lui des traités sur la marine (*naval tracts*), publiés dans la *Collection* des voyages de Churchill.

MONSTIER (Artus du), récollet, né dans le diocèse de Rouen au commencement du 17e S., s'appliqua particulièrement à rechercher et à rassembler les titres et chartes relatifs à l'histoire de la Normandie, publia quelques ouvrages de piété, et mourut en 1662. Son *Éloge*, par l'abbé Saas, lu à l'académie de Rouen, est inséré dans les registres de cette compagnie.

MONSTRELET (Enguerrand de), chroniqueur, né vers l'an 1390 dans la Flandre, fut prevôt de Cambrai, que l'on croit être son lieu de naissance, et de Walincourt; il écrivit les événements arrivés de son temps, principalement la relat. des guerres de France, d'Artois, de Picardie et d'Angleterre, et mourut en 1453. Les *Chroniques* de Monstrelet embrassent les ann. de 1400 à 1453, et commencent où finissent celles de Froissart. Le premier chapitre remonte à 1380, et présente un abrégé de l'histoire de Charles VI depuis son couronnement : cet ouvr., écrit avec la naïveté et la simplicité qui faisaient le principal caractère des écrivains de l'époque, a été continué par Jacques Duclercq, suiv. l'opinion de Dacier, jusqu'à l'année 1467, et différ. édit., par d'autres continuations, l'ont porté jusqu'en 1516. Voici l'indication des différentes édit. des *Chroniq.* de Monstrelet : A. Vérard, de Paris, en a donné deux, S.-D., chacune en 3 vol. in-fol., qui ne vont que jusqu'à 1467. Les plus anciennes éditions, avec date, sont celles de J. Petit et Lenoir, Paris, 1512, et de Fr. Regnault, 1518, 3 vol. in-fol. Pierre L'Huillier en a publié une, ib., 1572, avec un titre très long qui est presque une analyse de l'ouvrage. L'édition publiée par Denis Sauvage, Paris, Chaudière, 1572, 3 vol. in-fol., est des moins estimées, parce que cet éditeur a changé beauc. de mots et de phrases, dont même il n'a pas toujours rendu le sens. Th. Johnes en a donné une traduct. angl., 1809, 4 vol. in-4 et in-fol., réimpr. à Lond., 1810, 12 vol. in-8. On doit à M. Buchon la meill. édition des *Chroniques de Monstrelet*, *entièrem. refondues sur les MSs.*, *avec notes et éclaircissem.*, 1826-27, 15 vol. in-8 : à la tête du premier vol. est un sav. mémoire de Dacier sur la vie de l'auteur. Cette édition fait partie de la *Collect. des chroniq. nation. françaises.*

MONTAGNAC (François de Gain de), évêque de Tarbes, né en 1744 au château de Montagnac dans le Limousin, fut d'abord aumônier du roi et grand-vic. de Reims. Il s'opposa avec chaleur aux innovations de l'assemblée constituante, passa en Espagne en 1790, et revint inopinément à Tarbes en 1791, pour y motiver son refus du serm. Remplacé dans son siége, il se vit obligé de repasser en Espagne, d'où il se rendit en Italie en 1794. Après plus. ann. de séjour à Lugo, il passa en Portugal en 1800, envoya volontairem. sa démiss. de l'évêché de Tarbes, et mourut dans un couvent près de Lisbonne en 1806. Il avait publié 57 écrits sur les matières ecclésiastiques de l'époque; on en trouve la liste dans l'ouvr. intit. : *Extrait de quelq. écrits de l'auteur des mém. pour servir à l'histoire de la révolution franç.*, Pise, 1814, tome II. — V. GAIN-MONTAGNAC.

MONTAGU ou MONTAGUE, nom d'une ancienne famille anglaise du comté de Northampton, dont l'origine remonte à Drogo de *Monte-Aculo*, l'un des guerriers qui accompagnèrent Guillaume-le-Bâtard en Angleterre. Un des descendants de ce Drogo, William, lord Montacute, fut créé comte de Salisbury. Les Montagu qui suivent appartiennent tous à cette famille.

MONTAGU (ÉDOUARD), magistrat anglais, né à Brigstock (comté de Northampton) vers la fin du 15e S., était président (*speaker*) de la chambre des communes lorsque Henri VIII, ayant un pressant besoin d'argent, proposa un bill de subsides qui fut rejeté (1523). Le roi, qui connaissait l'influence du présid., le fit venir, et lui fit des menaces telles que celui-ci fit passer le bill dans la séance du lendemain. Montagu fut nommé avoc. du roi en 1532, et élevé au rang de chevalier l'année suivante; il exerça ensuite la place de grand-juge à la cour du banc du roi, résigna cet office en 1545, et accepta cette même année celui de présid. du tribunal des plaids-communs, emploi moins honorable mais plus lucratif que le précéd. Il fut aussi l'un des membres du conseil privé, et Henri VIII le nomma l'un des seize exécuteurs de son testam. Sous le règne d'Édouard VI, Montagu contribua beauc. au renversement du protecteur Sommerset; mais ayant pris part aux menées du duc de Northumberland, successeur de ce même Sommerset, qui voulait changer l'ordre de la succession au trône en faveur de Jeanne Grey, il fut enfermé à la Tour de Londres et privé de ses emplois. Remis en liberté, il se retira dans ses propriétés du Northampton, où il mourut en 1556.

MONTAGU (ÉDOUARD), comte de Sandwich, général, amiral, et homme d'état, né en 1625, servit d'abord dans l'armée du parlem. contre Charles Ier, fut nommé membre de la chambre des communes, et y siégea avant d'avoir atteint l'âge requis, obtint une place dans la trésorerie sous l'administration de Cromwell, entra ensuite dans la marine, et fut associé au célèbre Blake dans le commandem. de la flotte de la Méditerranée. Après la mort du protecteur, Montagu se déclara pour les Stuarts. Adjoint à Monk dans le commandement de la flotte de la Manche, il ramena Charles II en Angleterre; et

deux jours après le roi lui donna l'ordre de la Jarretière, le créa baron, vicomte Hinchingbroke, comte de Sandwich, puis le nomma membre du conseil privé, maître de la garde-robe, amiral de la Manche, et lieutenant du duc d'York. Lorsque la guerre éclata avec la Hollande en 1664, le comte de Sandwich, amiral de l'escadre bleue, prit un grand nombre de vaisseaux à l'ennemi. De retour à Londres, il fut envoyé à Madrid pour négocier la paix entre l'Espagne et le Portugal; il réussit complétem. dans cette miss., et conclut en même temps un traité de commerce très avantag. à l'Angleterre. Au renouvellem. des hostilités avec la Hollande, en 1672, il s'embarqua de nouv. avec le duc d'York, et commanda l'escadre bleue au célèbre combat du 28 mai, lorsque le *Royal-Jacques*, qu'il montait, ayant été abordé par un brûlot ennemi, il refusa de se sauver, et périt au milieu des flammes avec presque tous ses officiers. Son corps, trouvé sur la plage de Harwick 15 jours après l'action, fut embaumé, porté à Londres d'après les ordres du roi, et enterré avec une grande solennité à l'abbaye de Westminster. Walpole, dans son *Catal. of royal and noble authors*, cite de Montagu : *Lettre au secrétaire Thurloe*, dans le 1er vol. des *Papiers d'état de Thurloe*; diverses *Lettres* écrites pendant son ambass. en Espagne, publ. dans les *Lettres d'Arlington* et dans les *Lettres origin. et négociations de sir Richard Fanshaw*, etc. Il a traduit de l'espagnol en anglais la *Métallurgie* d'Alonzo Barba, 1674, petit in-8; et l'on trouve de lui quelques observations astronomiques dans le no 21 des *Transactions philosoph.*

MONTAGU (JOHN), 4e comte de Sandwich, né à Westminster en 1718, se distingua par ses talents politiques, fut chargé de plus. négociat. import., occupa div. emplois supérieurs, fut trois fois lord de l'amirauté, et mourut en 1792. Il avait fait dans sa jeunesse un voyage dans la Méditerranée, dont John Cook, son chapelain, a publié la relat. sous ce titre : *Voyage fait par le comte de Sandwich dans la Méditerranée pendant les années 1738 et 1739, écrit par lui-même.* On lui attribue un pamphlet intitulé : *État de la question relative à l'hospice de Greenwich*, 1779, en réponse à l'écrit du capitaine Baillie intitulé : *État de l'hospice royal de Greenwich*, publ. en 1778.

MONTAGUE (lady MARY WORTLEY), née dans le comté de Nottingham en 1690, fille aînée d'Évelyn Pierrepoint, duc de Kingston, montra dès son enfance les dispositions les plus heureuses, apprit le grec, le latin, le français, l'italien et l'allemand dans une gr. perfection, épousa en 1712 Édouard Wortley-Montague, et l'accompagna en 1716 à Constantinople, où il était envoyé en ambassade. Elle visita d'abord la Hollande, l'Allemagne, la Hongrie, et, arrivée près de son mari, elle s'empressa d'apprendre la langue turque, qu'elle parvint au bout d'un an à parler purement. Ayant obtenu du sulthan Achmet III la permission de visiter le sérail, elle se lia d'amitié avec la sulthane favorite Fatima. Ses fréquentes visites au palais du grand-seigneur la mirent à portée d'en bien connaître l'intérieur, de redresser bien des préjugés à ce sujet, et surtout de donner du harem des idées plus justes que les Européens n'en avaient eu jusqu'à elle. C'est à Belgrade qu'elle eut la prem. connaissance de l'inoculation de la petite-vérole, qu'elle conçut l'idée d'introduire en Europe. Son mari ayant été rappelé après environ trois ans de séjour à Constantinople, elle traversa avec lui la Méditerranée, visita Tunis et les ruines de Carthage, aborda ensuite à Gênes, et retourna en Angleterre par la France. Sa maison de Twickenham, à trois lieues de Londres, devint bientôt le rendez-vous des plus illustres littér., Pope, Addison, Steele, Young, etc. Mais quelques désagréments qu'elle éprouva de la part de Pope, et les dégoûts dont l'accabla le parti des toris, par suite de son attachem. aux opinions des wighs, la décidèrent à se rendre en Italie, où elle passa 22 ans dans les états de Venise, joignant la culture des lettres à des occupat. champêtres. Après la mort de son mari, qui avait consenti à l'accompagner dans cet exil volontaire, lady Montague crut devoir retourner en Angleterre en 1761, et elle y mourut l'année suivante au sein de sa famille. Elle avait écrit la relation de ses voy. sous la forme de lettres adressées à div. personnages ; ces lettres ne furent publ. qu'après sa mort, par les soins de Cléland, 1763, 3 vol. in-12. Encouragé par le succès de cette publication, il en donna une 2e édit., 1767, 4 vol., même format ; mais comme il n'existe pas de MSs des lettres du 4e vol., on est fondé à croire que Cléland en est l'auteur. On a de lady Montague quelques fragm. et des poésies qui ont été recueillis et impr. avec ses *Lettres*, Londres, 1803, 5 vol. in-12, d'après les originaux remis par la famille à l'éditeur, et accompagnés de mém. sur sa vie par Dallaway. Les OEuvres de lady Montague ont été trad. en français, Paris, 1804, 4 vol. in-12 ; il y a une trad. des *Lettres* par Anson, 1805, 2 vol. in-12, avec les *Poésies*, traduites par Germain Garnier. Il faut ranger parmi les fables ce qu'on a dit de la pass. qu'Achmet III avait conçue pour cette dame, et à laquelle elle ne se serait pas montrée indifférente. — Édouard Wortley-Montague, fils aîné de la précédente, né vers 1714 dans le comté d'York, s'est fait remarquer par la bizarrerie de sa conduite et par les aventures singulières de sa vie. Placé par ses parents à l'école de Westminster, il disparut un jour. Après de longues recherches, un ami de la famille le retrouva au service d'un marchand de poisson. Ramené à l'école de Westminster, il disparaît de nouv., s'embarque comme mousse à bord d'un bâtim. qui faisait voile pour le Portugal, et à peine arrivé dans ce pays, déserte et se fait conducteur d'ânes. Il est découvert et ramené une seconde fois chez ses parents, qui le font voyager sous la conduite d'un homme instruit. De retour en Angleterre, après avoir assez bien profité de son voyage sous le rapport littér., il joue, s'endette et passe en France, où sa prem. aventure le conduit dans les prisons du Châtelet. Il réussit à en sortir, revint en Angleterre, et mal-

gré la tache que son affaire de Paris devait laisser sur sa réputation, il fut élu en 1754 membre du parlement. Devenu plus sage, il vécut ensuite plus. années à la campagne, s'occupant de l'étude de l'histoire ; mais après la mort de son père, il reprit son ancien goût pour la vie aventureuse, parcourut, à différentes reprises, l'Italie, la Syrie, l'Égypte, l'Arménie, l'Asie-Mineure, séjourna plus. années à Constantinople, prit l'habit musulman et adopta tous les usages, mœurs et coutumes des Turks. Sur la fin de sa vie il se retira à Venise, et il y mourut en 1776. Une notice détaillée sur sa vie a été insérée dans l'*Hist. du comte de Leicester*, et réimpr. dans les *Anecdotes littéraires du 18e S.*, par J. Nichols, Londres, 1812. On a de ce personnage singulier : *Réflexions sur les progrès et la chute des anciennes républiques, avec des applicat. à l'état actuel de l'Angleterre*, 1759 ; trad. en franç. par Mlle Legeai d'Ourxigné et retouché par Turpin, sous ce titre : *Hist. du gouvernement des anciennes républiques*, Paris, 1769, in-12. Cantwel en a donné une autre traduction, sous ce titre : *De la naissance et de la chute des anciennes républiques*, 1793, in-8. — *Voyage du Caire au mont Sinaï ; Observat. sur la colonne de Pompée*. Ces deux mém. ont été insérés dans les 56e et 57e vol. des *Transact. philosophiq*.

MONTAGUE (Élisabeth), dame anglaise distinguée par son esprit et son érudition, née à York en 1720, était fille de Matthews Robinson, riche propriétaire. Elle épousa en 1742 Édouard Montague, petit-fils du prem. comte de Sandwich, et se fit remarquer comme auteur de plus. ouvr. qui obtinrent un gr. succès. Devenue veuve en 1775, avec une fortune considérable, elle en fit le plus noble usage jusqu'à sa mort, en 1800. Elle avait vécu dans l'intimité d'un grand nombre de personnages illustres de son temps, tels que Pope, Johnson, Goldsmith, lord Bath, Lyttleton, Burke, le doct. Beattie, etc. On a d'elle des *Dialogues des morts*, publiés avec ceux de lord Lyttleton. — *Essai sur le génie et les écrits de Shakespeare*, 1769 : trad. en franç. sous le titre d'*Apologie de Shakespeare*, et où l'on trouve beaucoup plus de savoir et de critique qu'on n'en devait attendre d'une femme du gr. monde : elle l'avait entrepris pour venger Shakespeare des sarcasmes de l'auteur de la Henriade. Voltaire a réfuté cet ouvr. dans sa *Nouvelle Lettre à l'Académie française*, à la tête d'*Irène*.

MONTAIGNE (Michel, seigneur de), célèbre moraliste, né en 1533 au château de Montaigne, en Périgord, d'une famille anciennement nommée Eyghem originaire d'Angleterre, reçut une éducat. à laquelle il dut sans doute en grande partie la tournure originale de son esprit et la vivacité franche et hardie de son langage. Son père lui fit apprendre le latin, dès le berceau, et l'idiome vigoureux de Tacite et de Lucrèce fut véritablem. la langue maternelle de cet enfant qui devait un jour donner au français tant d'énergie, de précision et de grâce. Il fut recommandé à ceux qui l'entouraient de ne jamais le tirer avec violence du sommeil si nécessaire à l'enfance, mais de l'éveiller insensiblement aux sons d'une musique agréable. Plus tard, son père, n'ayant plus auprès de lui ceux qui l'avaient secondé dans ses vues, fut obligé de rentrer dans le sentier de la routine; mais les premières impressions devaient être durables dans le jeune Montaigne. Placé à l'âge de 6 ans au collége de Guienne, à Bordeaux, il y eut pour maitres des hommes du plus grand mérite, Buchanan, Muret, etc., et fit des progrès si rapides, qu'à 13 ans il avait achevé ses études. Ennemi de toute contrainte, il fut peu disposé à suivre la carrière militaire, et aima mieux étudier le droit informe et compliqué de cette époque. Il fut pourvu, vers 1554, d'une charge de conseiller au parlem. de Bordeaux, et sut se faire estimer de Pibrac et de Paul de Foix, ses confrères, et du chancelier de Lhôpital. Un autre de ses confrères fut ce La Boétie, dont le nom semble désormais inséparable du sien. Tous deux s'estimaient avant de s'être vus, sur les rapports qu'ils entendaient faire l'un de l'autre : ils se rencontrèrent, et quelq. moments suffirent pour établir entre eux cette amitié parfaite qui faisait dire à Montaigne, 9 ans après la mort de *ce sien cher frère : « Nous étions à moitié de tout t.il me semble que je lui dérobe sa part. »* Quoique notre philosophe ne crût pas les femmes aussi propres à l'amitié, il eut un grand attachem. pour Marie de Gournay, sa *fille d'alliance* ou d'adoption, aimée de lui *plus que paternellement.* Il eut aussi beaucoup d'affection pour sa femme, quoiqu'il donne à entendre qu'en formant un engagement, il ait cédé plutôt à la convenance et à l'usage qu'à son inclination naturelle. Enfin il conserva toujours de son père le plus tendre souvenir, et dans la retraite où les agitations de la France ne tardèrent pas à le confiner, il éprouva plus que jamais le besoin de s'abandonner à ce pieux sentiment. Il était bien résolu de passer en repos le reste de sa vie; mais il fallait un aliment à l'ardeur de son esprit, qui comme un *cheval échappé*, se donnait plus carrière dans la solitude qu'il n'avait fait en la compagnie d'autrui. Montaigne se mit donc, vers 1572, à écrire ses *Essais*, où, dès l'un des prem. chapitres, il annonce avoir atteint l'âge de 39 ans. La première édit. de ce *livre de bonne foi* parut en 1580 : elle ne contient que les deux prem. livres. Le voyage de l'auteur en Allemagne, en Suisse, en Italie, est postérieur à cette publicat., il donna une édit. de ses *Essais*, en 1588 (Paris, Langelier, in-4.), avec un 3ᵉ livre qui forme le tiers de l'ouvr., et 600 additions aux deux prem. : c'est dans ce nouveau livre qu'il s'est surtout montré le peintre et l'histor. de l'homme. On peut se faire une idée de sa manière de travailler, d'après la marche incertaine de son ouvrage. Tantôt à la promenade, tantôt dans le cabinet, passant de la méditation à la lecture, de l'étude des autres à celle de lui-même, il observait, réfléchissait, remarquait, extrayait tour-à-tour : c'est ainsi qu'il parcourt dans son livre, dans ses chapitres même, tous les

sujets, tous les textes, sans plan arrêté, sans objet suivi, mais non sans un but indirect ou éloigné. On a dit que ses principes n'étaient pas plus fixes que sa manière de procéder en écrivant; on l'a accusé de scepticisme. Nous ne chercherons pas à le justifier de cette accusation que plus d'un sage a méritée; lui-même avait pris pour devise : *Que sais-je ?* Cette incertitude, cette hésitation, qui venait sans doute de son esprit juste et nullement passionné, devint presque de l'indifférence, lorsqu'il s'agit de faire un choix entre les opinions politiq. de sa malheureuse époque. Aussi ne réussit-il pas toujours à conserver son château *vierge de sang et de sac*, au milieu des guerres civiles dont la Guienne était le foyer : il finit, comme les autres royalistes sincères et les catholiques modérés, par être *pelaudé à toutes mains; au gibelin, il était guelfe; au guelfe, gibelin.* Malgré la vogue de ses *Essais*, ce tout gentilhomme studieux voulait avoir sur sa cheminée, il ne tenait plus beaucoup à la vie, et s'en détachait chaque jour par l'effet du mécontentem. moral autant que des douleurs physiques. Enfin, sentant sa mort approcher, il fit dire la messe dans sa chambre, et au moment de l'élévation, s'étant soulevé comme il put sur son lit, les mains jointes, il expira dans cet acte de piété (1592). Montaigne eut sans doute des faiblesses, peut-être une grande vanité, puisqu'il parle toujours de lui et de lui seul; mais ses contemporains les plus vertueux, de Thou, Pasquier, l'honorèrent et l'estimèrent. Enfin son livre sera toujours lu par ceux qui veulent réfléchir sur eux-mêmes sans fatigue et sans ostentation, parce qu'il fut véritablement l'homme de son livre, un homme de bonne foi. Les éditions de Montaigne sont très nombreuses; les plus estimées sont celles d'Amaury Duval *avec des sommaires analytiques et de nouvelles notes*, Paris, 1822-1826, 6 vol. in-8; et de J.-V. Leclerc, *avec les notes de tous les commentateurs*, 1826-1827, 8 vol. in-8 : cette dern. fait partie de la *Collection des classiques franç.*, publiée par M. Lefèvre. Nous ne mentionnerons, parmi les ouvr. relatifs à Montaigne, que les *Notices et Observat. pour préparer et faciliter la lecture des Essais*, par Vernier, 1810, 2 vol. in-8. En 1812 l'Institut mit au concours l'*éloge* de Montaigne; le prix fut décerné à M. Villemain. Parmi ses concurrents, dont les composit. parurent à la même époque, on distingue MM. J.-V. Leclerc, Droz, Jay, Mazure, Biot et Victorin Fabre.

MONTAIGU (Pierre GUÉRIN de), gentilhomme d'Auvergne, maréchal des hospitaliers de St-Jean-de-Jérusalem, fut élu 13ᵉ grand-maître de cet ordre en 1208, et peu de temps après secourut les chrét. d'Arménie. Après avoir contribué à la vict. qu'ils remportèrent sur Soliman, sulthan d'Iconium, il se signala à la prise de Damiette, et parcourut ensuite la plupart des états de l'Europe pour solliciter des secours. A son retour, il trouva la Palestine livrée à l'anarchie, et chercha, mais en vain, à rapprocher les hospitaliers des templiers avec lesquels ils étaient en guerre ouverte. En 1228, il engagea le pape à rompre la trève conclue entre les musulmans et les croisés ; il refusa la même année de se rendre à l'armée, tant qu'elle serait commandée par l'empereur Frédéric II, que le pape avait excommunié. Il mourut dans la Palestine, en 1250.

MONTAIGU (Gille-Aycelin de), l'un des plus célèbres prélats du 13e S., né en Auvergne, de la même famille, fut élu archevêque de Narbonne en 1290, avant d'avoir été ordonné prêtre, et se rendit à Rome où il fut sacré. En 1299, il convoqua à Béziers un concile provincial dont les actes ont été publiés par Martène, tome IV du *Thesaur. nov. anecdotor.* Il se prononça pour Philippe-le-Bel dans les démêlés que ce prince eut à soutenir contre Boniface VIII, déclara que ce pontife était déchu, et interjeta appel de sa sentence au futur concile. Plus tard il fut l'un des commiss. nommés pour examiner la conduite des templiers, et ouvrit l'avis que ces malheureux ne fussent point entendus dans leur défense ; son zèle fut récompensé par la place de chancelier. En 1311, il passa du siége de Narbonne sur celui de Rouen, et mourut en 1318. Il avait fondé en 1314 le collège qui a long-temps porté son nom à Paris, et il lui légua une partie de ses biens.

MONTAIGU (Gille-Aycelin de), cardinal, arrière petit-neveu du précédent, né dans les prem. années du 14e S., fut d'abord évêque de Térouanne. Il assista en 1356 à la désastreuse bataille de Poitiers, et suivit le roi Jean en Angleterre avec le titre de chancelier. Ce monarque obtint pour lui la pourpre romaine, du pape Innocent VI, en 1361 ; il fut nommé par le pape Urbain V l'un des commissaires chargés de réformer l'université de Paris. Il fut envoyé en Espagne pour travailler à réconcilier le roi d'Aragon avec le duc d'Anjou. Sur la fin de sa vie il se retira à Avignon, où il mourut en 1378. — Montaigu (Pierre-Aycelin de) son frère, connu sous le nom de *cardinal de Laon*, entra dans l'ordre de St-Benoît, devint ensuite prieur de St-Martin-des-Champs, prov. de Sorbonne, chancelier du duc de Berri, fut élu en 1371 évêq. de Laon, élevé au cardinalat en 1384, se démit de son évêché quelque temps après, et° mourut à Reims en 1388. Son corps, rapporté à Paris, fut inhumé dans l'église de St-Martin-des-Champs. — Jean Montaigu, vidame du Laonnais, d'abord surintendant des finances, fut revêtu de la charge de gr.-maître de France en 1408, et plaça deux de ses frères sur les siéges de Sens et de Paris ; mais il ne sut pas jouir de sa fortune avec modération : ses emportem., son orgueil dédaigneux, ses violences soulevèrent contre lui les prem. personnages du royaume. Le duc de Bourgogne et le roi de Navarre profitèrent de la maladie de Charles VI pour faire arrêter son surintendant, et le livrèrent à des commissaires (1409) comme coupable de sortilége, d'empoisonnem. et de malversation. La dernière de ces imputat. était la seule fondée ; mais les autres ne contribuèrent pas moins à le faire condamner. Il eut la tête tranchée aux halles de Paris la même année, et son corps fut attaché au gibet de Mont-

faucon. Sa mémoire fut réhabilitée, 5 ans après, à la requête de Charles de Montaigu, son fils, tué plus tard à la bataille d'Azincourt. Les célestins de Marcoussi, qu'il avait fondés, lui firent de magnifiques funérailles, et lui érigèreht un tombeau. François Ier, frappé un jour qu'il visita ce tombeau de ce que lui dit le religieux qui l'accompagnait de la condamnation du malheureux Montaigu, jura de ne jamais renvoyer de coupable devant des commissaires.

MONTAIGU ou MOUNTAGU (Richard de), sav. théologien anglican, né en 1578 à Dorney, comté de Buckingham, fut nommé évêque de Chichester en 1628, passa 10 ans après sur le siége de Norwich, et mourut en 1641. On dit qu'il avait résolu de se retirer en Flandre pour y faire une profession publique du catholicisme, mais que la mort l'empêcha d'accomplir ce dessein. On a de lui une *réfutation* en angl. du traité *de Decimis* de Selden. — *Analecta exercitationum ecclesiasticarum*, etc., 1622, in-fol. — *Antidiatribœ ad priorem partem diatribarum J.-C. Bulengeri adversùs exercitationes Is. Casauboni*, 1625, in-fol. — *Apparatus ad origines ecclesiasticas*, 1635, in-fol. — *Origines eccles.*, 1636-40, 2 vol. in-fol. — Une édition des deux *discours* de St Grégoire de Nazianze contre l'empereur Julien. — Des *notes* sur Eusèbe dans l'édition de Paris, 1628, in-fol. — Une trad. lat. des *Lettres* de Photius, avec notes, Londres, 1631, in-fol.; et plus. ouvr. de controverse en anglais et en lat. Il a laissé MS. une traduction latine de 214 *lettres* de St Basile.

MONTALBANI (le comte Jean-Baptiste), né en 1596 à Bologne, d'une ancienne famille, fut reçu la même jour doct. en droit et en philosophie. Après avoir voyagé en France, en Allemagne, en Pologne et en Turquie, il parcourut l'Asie-Mineure, se rendit en Perse, et explora une partie de la Haute-Asie. Il apprit les langues dérivées de l'arabe ; et, d'après le témoignage d'Orlandi, il en parlait treize avec facilité. De retour à Bologne, il passa bientôt en France pour y demander du service, puis en Savoie, où il obtint le grade d'offic.-général. Il fut fait prisonnier par les Espagnols, qui le traitèrent avec rigueur. Ayant recouvré sa liberté, il alla demander de l'emploi à la républiq. de Venise, et fut envoyé avec un commandem. à l'île de Candie, où il mourut en 1646. On a de lui : *De moribus Turcarum comment.*, Rome, 1625, 1636, in-12; Leyde, 1643. Il a laissé plus. MSs. dont on trouvera les titres dans les *Scrittori bolognesi* d'Orlandi. — Montalbani (Marc-Ant.), fils du précéd., né en 1650, s'appliqua spécialem. à l'étude de la minéral., parcourut en natural. les pays du Nord de l'Europe, et fut bien accueilli par le roi de Pologne Jean-Casimir, qui le décora du titre de marquis. De retour en Italie, il exploita les côtes de l'Adriatique, revint à Bologne mettre en ordre ses collections, et y mourut en 1695. On a de lui : *Catascopia minerale*, etc., 1676, in-4. — *Relazione dell' acque minerale del regno d'Ungaria*, 1687, in-4. — Castor Montalbani, fils de Marc-Antoine, né en

1670, cultiva les sciences et les lettres à l'exemple de son aïeul, suivit cepend. la carrière des armes, et fut gouvern. de Carrare pour les Vénitiens. Il revint à Bologne en 1723 pour y occuper la chaire d'architecture militaire, et mourut dans cette ville en 1752. On a de lui des *discours*, des *poésies*, des *dissertat.*, des *almanachs*, dont Orlandi (*Scrittori bologn.*) rapporte les titres. — MONTALBANI (Ovidio), savant et fécond écrivain, frère puîné de Jean-Baptiste, acquit comme lui de vastes connaiss., fut nommé en 1634 profess. de logique à l'univers. de Bologne, où il remplit successivem. les chaires de physiq., de mathémat. et de morale, fut appelé, en 1657, à la place de conservateur du cabinet d'histoire naturelle, légué par Aldrovande, obtint le titre d'astronome du sénat, et mourut en 1671. On a de lui un grand nombre d'ouvr., parmi lesq. nous citerons : *Index omnium plantarum exsiccatarum.... quæ in proprio musæo conspiciuntur*, 1624, in-4. — *De illumanibili lapide bononiensi epistola*, 1654, in-4. — *Epist. variæ ad eruditos viros*, etc., 1654, in-4. — *Minervalia bonon. civium anademata, seu bibliotheca bononiensis*, 1641, in-16. — *Bibliotheca botanica*, ibid., 1657, in-24, très rare. — *Vocabolista bolognese*, etc., ib., 1660, in-12, de 272 pages, rare et cur. C'est O. Montalbani qui a rédigé la *Dendrologie, ou Histoire naturelle des arbres*, pour faire suite aux différ. *traités* publiés par Aldrovande ou par ses continuateurs.

MONTALEMBERT ou MONTALAMBERT (ADRIEN de), fut aumônier et prédicat. de François Ier. On ignore l'époque de sa mort. Il a publié : *La merveilleuse hist. de l'esprit qui depuis naguère s'est apparu au monastère des religieuses de St-Pierre de Lyon*, Paris, 1528; Rouen, 1529, in-4 ; 3e édit.; Paris, 1580, in-12; reproduit par l'abbé Lenglet dans le *Recueil des dissertat. sur les apparitions*, tome Ier, et par d'Artigny dans ses *Nouveaux mémoires*, tome VII. Corneille Agrippa appelle A. de Montalembert *homo nequam et impostor* ; mais il n'était au fond que crédule et superstitieux.

MONTALEMBERT (MARC-RENÉ, marquis de), officier-général, né à Angoulême en 1714, de la famille du maréchal d'Essé, entra au service à 18 ans, fit plus. campagnes en Allemagne, et, pend. les loisirs que lui laissait la paix, s'adonna à la culture des sciences, principalement de celles qui ont des rapports avec le métier des armes. Reçu à l'acad. des sciences en 1747, il y lut plus. mém. qui se trouvent dans le *Recueil* de cette compagnie. La lecture du traité de l'*Attaque des places*, par Vauban, lui fit étudier avec un soin particulier l'art de la fortification. D'autre part il établit dans l'Angoumois et le Périgord des forges qui fournirent bientôt à la marine des canons et des projectiles, dont elle n'était pas assez pourvue. Pend. la guerre de 7 ans, il fut attaché à l'état-major des armées de Suède et de Russie ; et, consulté sur les opérations concertées entre les génér. alliés, il en rendait compte au ministère français. A la paix de 1762, Montalembert avait terminé l'ouvr. sur la fortificat., qu'il méditait depuis long-temps ; mais le duc de Choiseul, auq. il communiqua son MS., en ajourna la publicat., qui n'eut lieu qu'en 1776. Dès qu'il parut, le corps entier du génie se prononça contre le livre et l'auteur, dont les principes étaient opposés à ceux de Vauban. Toutefois il obtint du gouvernem. la permiss. d'appliquer sa doctrine, et fut chargé, en 1779, de la construct. d'un fort destiné à garantir l'île de Ré des attaques des Anglais. Ce fort, exécuté tout en bois, ne coûta que 800,000 fr., au lieu de plus. millions que portait le devis des ingénieurs, et n'éprouva pas le moindre dérangem. par l'effet de la détonation de toutes ses batteries, bien que les mêmes ingénieurs eussent annoncé qu'il s'écroulerait si l'on voulait faire usage des pièces dont il était armé. A la révolut., Montalembert perdit la plus gr. partie de sa fortune, et n'en abandonna pas moins, pour les besoins de l'état, une pension qu'il avait reçue du roi pour la perte d'un œil. Carnot, chargé spécialem. des opérat. milit., l'appela, ainsi que Darçon et Marescot, au comité de salut public pour consulter leur expérience. Montalembert mourut en 1800, doyen des généraux français et de l'acad. des sciences. Il avait été proposé pour une place à l'Institut, dans la section de mécanique ; mais il se retira quand il apprit qu'il avait pour concurrent Bonaparte. On a de lui : *Fortification perpendiculaire, ou l'Art défensif supérieur à l'offensif*, 1776-96, 11 vol. in-4 ; avec un gr. nombre de pl. Les prem. vol. ont été trad. en allem. par le major du génie Lindenau. — *Correspondance pend. la guerre de* 1757, 1777, 3 vol. gr. in-8. — *Réponse au colonel d'Arçon sur son apologie des principes observés dans le corps du génie*, 1790, in-4. — *L'Ami de l'art défensif, ou Observat. sur le journal de l'école polytechniq.*, an IV (1796), 6 nos in-4. — *Relat. du siége de St-Jean-d'Acre*, 1798, in-8. — Plus. *Mém.* dans le *Recueil* de l'académie des sciences. On connaît encore de Montalembert trois pièces de théâtre : *la Statue*, *la Bergère de qualité* (musique de Cambini), et *la Bohémienne supposée* (musique de Thomeoni), impr. en 1786 à un très petit nombre d'exempl., et des *Poésies* inéd. Delisle de Sales et de la Platière ont publié son *Éloge histor.*, 1801, in-4 de 76 pag. On peut consulter aussi la *Notice* que Lalande a publiée sur cet habile ingénieur dans le *Magasin encyclopédique*, 6e année, tom. Ier, p. 123.

MONTALEMBERT (LOUIS-FRANÇOIS-JOSEPH-BONAVENTURE DE TRYON, comte de), né en 1758, eut pour parrain le prince de Conti. Après avoir reçu son éducat. à l'école militaire de la Flèche, il fut nommé sous-lieuten. au régim. de la Marche-cavalerie. Élevé au grade de capit. à la suite du régiment de Conti, il ne tarda pas à devenir chef d'escadron au régim. de chasseurs de Gévaudan. Il faisait partie du camp de St-Denis en 1789, lorsqu'il donna sa démission. Depuis cette époque, il resta dans la vie privée, d'où il ne sortit qu'en 1809, époque où le départ. de la Vienne le nomma membre du corps-législat.; il fut un des candidats pour la présidence après Fontanes (1810), fut élu questeur, et ne cessa de faire partie de la chambre qu'en 1815. Il mourut en 1831.

MONTALEMBERT (MARIE-RENÉ-ANNE-MARIE, comte de), pair de France, né en 1777, mort à Paris en 1832, fut obligé de quitter la France avec sa famille en 1792. Destiné comme ses aïeux à la carrière des armes, il fut d'abord capit. dans une légion. Lors du licenciem. des corps émigrés en 1799, il entra au service angl., et fut attaché à l'état-major, qu'il suivit en Égypte, aux Grandes-Indes, en Espagne, à Walcheren. En 1814, il était parvenu au grade de colonel. A la prem. restaurat., il revint en France, conserva son grade de colonel, et fut nommé second secrétaire d'ambassade, puis en 1816 ministre plénipotent. à Londres. Créé pair en 1819, il fut peu après envoyé comme ambass. à Copenhague, et fut rappelé l'année suiv. Il rentra en 1826 dans la carrière diplomatique, fut envoyé ministre plénipotent. en Suède, et conserva cette place jusqu'à la révolut. de juillet.

MONTALEMBERT (MARIE DE COMMARIEU, marquise de), femme de Marc-René, née en 1750, s'était acquis une réputat. par ses talents, son esprit, sa physionomie enchanteresse. Émigrée, elle trouva dans l'exil des ressources et des succès dans ses travaux littéraires. On lui doit le joli roman d'*Élise Dumesnil*, et *Horace, ou le Château des ombres*, 1822, 4 vol. in-12. Elle mourut à Paris le 3 juillet 1832.

MONTALIVET (JEAN-PIERRE BACHASSON, comte de), pair de France, naquit à Sarreguemines en 1766, où son père, d'une famille noble du Dauphiné, commandait avec le grade de maréchal-de-camp. Destiné par sa famille à la magistrature, il fut, à 19 ans, pourvu d'une charge de conseiller au parlem. de Grenoble, que la révol. lui fit perdre. Echappé aux troubles de cette époque, il fut nommé maire de Valence; en 1801 le gouvernement l'appela à la préfecture de la Manche, puis à celle de Seine-et-Oise. Les talents qu'il déploya dans ces div. fonct. devaient lui procurer une élévat. rapide : aussi devint-il successivem. conseiller-d'état, command. de la Lég.-d'Honneur, comte, direct.-général des ponts-et-chaussées (1805), et enfin ministre de l'intérieur (1809). En 1814 il accompagna Marie-Louise à Blois, et rentra dans la vie privée. Ayant accepté pend. les *cent-jours* l'emploi d'intendant-général de la couronne, et siégé à la chambre des pairs instituée par Bonaparte, il se vit exclu de la nouvelle chambre; mais il y fut rappelé en 1819. Il votait avec le parti constitutionnel, bien qu'il prît peu de part aux discussions. Il mourut en 1823 à La Grange, près de Pouilly. Daru prononça son *Éloge* à la chambre des pairs le 20 mars 1823.

MONTALTO (LÉONARD), doge de Gênes, né dans le 14e S., d'une famille considérée dans l'ordre populaire, avait acquis la réputat. d'un habile jurisconsulte, et depuis long-temps était chef du parti gibelin, lorsque ses concitoyens l'appelèrent à la prem. magistrature en 1383. Il mourut l'année suivante. — André MONTALTO, parent du précédent,

fut élu doge à l'âge de 23 ans en 1395. Obligé de quitter ce poste par les intrigues d'Antoniotto Adorno, l'un de ses rivaux, il le recouvra l'année suivante, et en fut dépossédé de nouveau. Gênes ayant été livrée plus tard au roi de France Charles VI par Adorno, Montalto fit de vains efforts pour lui rendre sa liberté; et lorsque la république fut affranchie ensuite, en 1411, il ne put obtenir d'être réintégré dans la place qu'il avait occupée.

MONTAMY (DIDIER-FRANÇ. D'ARCLAIS, seigneur de), prem. maître-d'hôtel du duc d'Orléans, mort à Paris en 1765 à l'âge de 62 ans, cultiva les sciences et les lettres en amateur éclairé. On a de lui : *la Lithogéognosie, ou Examen chimique des pierres et des terres*, etc., trad. de l'allemand de J. Pott, 1753, 2 vol. in-12. — *Traité des couleurs pour la teinture en émail et sur la porcelaine*, précédé de l'*Art de peindre sur l'émail*, 1765, in-12. L'*Éloge* de l'auteur est à la tête de cet ouvr., dont Diderot fut l'éditeur.

MONTAN, *Montanus*, hérésiarque du 2e S., né dans un bourg de la Mysie, embrassa le christianisme dans l'espoir de parvenir aux prem. dignités de l'Église; mais trompé dans son attente, il résolut de se faire chef de secte, débuta par annoncer qu'il était le prophète que le St-Esprit avait choisi pour révéler aux hommes les gr. vérités qu'ils n'étaient pas en état d'entendre au temps des apôtres, et réunit en peu de temps un gr. nombre de disciples qui l'appelaient *le Paraclet*. Sans rien changer aux articles du symbole, il ajoutait à la rigueur des pénitences prescrites par les canons, refusant d'admettre à la communion ceux qui étaient coupables de quelq. crime, soutenant que nul n'avait le droit de les absoudre; condamnant les secondes noces comme des adultères, etc. Il établit jusqu'à trois carêmes très rigoureux et des jeûnes extraordinaires. L'Église d'Orient condamna, vers l'an 172, cette nouvelle doctrine; mais Montan persista dans son schisme, vit augmenter le nombre de ses disciples, et vécut, dit-on, jusqu'à l'an 212. Quelq. écriv. prétendent qu'il mit fin à son existence en se pendant. Les montanistes subsistèrent plus d'un siècle en Asie, particulièrement en Phrygie, pénétrèrent même jusqu'en Afrique, et furent divisés en deux sectes : les uns suivirent les opinions de Proclus, et les autres adoptèrent les erreurs du sabellianisme (*v.* SABELLIUS).

MONTANARI (GERMINIANO), astronome, né à Modène en 1632, étudia d'abord la philosophie et la jurisprudence, puis les mathémat. à Florence, exerça la profess. d'avocat dans cette ville, devint astronome des Médicis, puis mathémat. du duc de Modène Alphonse IV, fut nommé plus tard profess. de mathématiq. à Bologne, passa de cette ville à Padoue pour y professer l'astronomie et la météorologie, et mourut d'apoplexie en 1687. Il a laissé plusieurs écrits sur des sujets d'astronomie (notamment sur les comètes de 1664, 1665, 1680, 1681 et 1682), dont on trouvera les titres, ainsi que des détails sur la vie de l'auteur, dans les *Vitæ*

Italor. de Fabroni, et dans la *Bibliot. Modenese* de Tiraboschi.

MONTANCLOS (Marie-Émilie MAYON de), née à Aix en 1736, morte à Paris en 1812, cultiva la poésie avec quelq. succès. On connait d'elle un gr. nombre de poésies fugitives et plusieurs pièces de théâtre, parmi lesquelles il faut distinguer *Robert-le-Bossu*, opéra-comique. Ses composit. ont été recueillies sous le titre d'*OEuvres div.*, Paris, 1790, 2 vol. in-12. Celles qui sont sorties de sa plume postérieurem. sont disséminées dans l'*Almanach des Muses.*

MONTANI (Cola de'), appelé par d'autres Niccolo Montano ou Montanaro, parce qu'il avait pris naissance dans les montagnes du Milanez, au lieu nommé Gaggio, était de la famille des Capponi. Élève chéri du célèbre Giorgio Trapczunzio, il devint, vers 1450, profess. à Milan, et se fit une gr. réputation autant par la vigueur de son éloquence que par la hardiesse et l'indépendance de ses principes. Ainsi que toute la jeunesse milanaise, Galéaz-Marie Sforce avait passé sur les bancs de son école. Lorsqu'en 1446 ce prince succéda à son frère François sur le trône ducal, il eut l'odieuse fantaisie de venger par la peine du talion une correction infligée en son enfance par l'austère pédagogue; et, sous un prétexte si vague que les historiens ne le peuvent indiquer avec certitude, il le fit fustiger publiquement. Montani, égaré par ses ressentim., excita ses élèves à la révolte, et les détermina à passer sous les étendards du fameux Barthél. Colleone de Bergame, qui s'avançait contre Milan pour y renverser le despotisme de la noblesse. Cepend., son parti ayant eu le dessous, Montani, obligé de quitter la ville, passa à Rome, et après y avoir séjourné quelque temps, se rendit à Bologne, puis revint à Milan, où les écoliers et les profess. l'honorèrent d'une sorte de triomphe. Il recommença bientôt à s'élever contre la tyrannie du duc, qui le chassa de nouveau, mais n'en périt pas moins sous les coups de quelq. conjurés. On fit mourir dans les tortures ou la provoqua mit en pièces les aut. de ce meurtre. Quant à Montani, il trouva un protect. dans Ferdinand, duc de Naples; ce fut pour complaire à ce prince qu'il prononça une *harangue* pour détourner les Lucquois de contracter aucune alliance avec Laurent de Médicis. Celui-ci, violemment irrité contre l'incommode rhéteur, le fit arrêter sur les montagnes de Bologne, et le fit pendre sans aucune forme de procès. On conserve à la biblioth. ambroisienne le *discours* de Montani; c'est la seule pièce qui soit restée de ce profess., auquel le chev. Casio a consacré une place dans ses *Epitafi*, etc., p. 55 (v. aussi le tom. VI, p. 64, des *Scritt. bolognesi* de Fantuzzi).

MONTANO (Jean-Bapt. MONTI, ou), *Montanus*, célèbre médec., né à Vérone dans les dern. années du 15e S., fit ses études et reçut le laurier doct. à Padoue, s'établit à Brescia, et y pratiqua plusieurs années son art avec succès; il se rendit ensuite à Naples, Rome, Venise, et se vit partout recherché des grands. De retour à Padoue en 1536, il y rem-

plit pend. 11 ans la chaire de médecine, attirant à ses leçons une foule d'audit. de toutes les parties de l'Europe. Il mourut jeune encore à Terrazo en 1551, des suites d'une maladie de vessie. On a de lui un grand nombre d'ouvr., presque tous publiés par ses élèves, et dont les titres se trouvent dans le *Dictionn. de médecine* d'Éloy, etc. Mart. Weindrich a publié : *Medicina universa ex lectionibus Montani cæterisque opusculis collecta*, Francfort, 1587, 2 vol. in-fol. Les ouvr. de Montano ont eu de nombr. édit. dans le 16e S. en France, en Italie et en Allemagne; mais les progrès de l'art et de nouvelles expériences les ont fait tomber presque tous dans l'oubli.

MONTANSIER (Marguerite BRUNET, connue sous le nom de Mlle), née à Bayonne en 1730, passa en Amérique les prem. années de sa jeunesse. De retour en France, elle joua quelq. temps la comédie dans les provinces, devint directr. du théâtre de Nantes, et de là, par le crédit de M. de Saint-Conty, obtint (1775) le privilége exclusif de tous les spect. de Versailles. En 1789 elle s'établit à Paris dans la salle Beaujolais, et en 1793 elle fit construire, rue Richelieu, une salle qu'elle inaugura sous le titre de *Théâtre national.* A cette époque de délire révolutionn., elle fut accusée d'avoir fait bâtir cette salle de l'argent des Anglais, dans l'intent. de brûler la bibliothèque nationale. Une pareille accusation motiva la fermeture du théâtre et l'arrestat. de la directrice. Telle est l'origine des réclamations que Mlle Montansier fit entendre sous tous les gouvernements, depuis 1795, demandant une indemnité pour les pertes que lui avait fait éprouver cette circonstance. Son droit fut reconnu, mais ses prétentions, réellement exagérées, n'obtinrent point un entier succès. Un décret, daté de Moscou, liquida la créance au moyen de 100,000 fr. sur le gr.-livre, et de 1,200,000 fr. à l'arriéré. En 1801 Mlle Montansier avait rouvert le théâtre des Bouffes; cette nouvelle entreprise ne réussit point. Depuis elle s'associa pour l'exploitat. du théâtre des Variétés, auquel son nom est souvent appliqué. Elle mourut à Paris en 1820, à l'âge de 90 ans. On trouve une *Notice* sur Mlle Montansier dans l'*Annuaire dramatique* de MM. Armand Ragueneau et Audiffred.

MONTARGON (Robert-François de), relig. augustin, né à Paris en 1705, portait dans son ordre le nom de P. Hyacinthe de l'Assomption. Il prêcha devant Louis XV et devant le roi Stanislas, duc de Lorraine, qui lui donna le titre de son aumônier. Il périt à Plombières, dans une inondat. que cette ville essuya en 1770. On lui doit quelq. ouvrages, entre autres le *Dictionn. apostolique*, 1752 et années suiv., 15 vol. in-8 et 12 vol. in-12, dont les édit. plus récentes prouvent l'utilité pour les ecclésiastiques.

MONTARGUE (Pierre de), major-gén. et chef du corps des ingén. dans l'armée prussienne, né à Uzès (Languedoc) en 1660, de parents protestants, passa dans le Brandebourg à la révocat. de l'édit de Nantes, entra au service, se distingua par sa valeur et ses talents, obtint un avancem. rapide, fut chargé de plus. missions import., dirigea le siége de Stralsund, et mourut à Maestricht en 1755. On conserve dans les archives milit. de Prusse un gr. nombre de cartes et de plans levés par cet habile ingénieur.

MONTAUBAN (Jacques POUSSET de), avocat au parlem. et échevin de Paris, mort en 1685, était d'un commerce agréable, et fut lié avec Boileau, Chapelle et Racine. On trouve dans la compilation de Gayot de Pitaval (*Causes célèbres*), des extraits de quelq. plaidoyers de Montauban. Il fit imprimer, en 1654, la collection de ses *OEuvres dramatiques*, qui se composent de 4 trag. et de 2 coméd., tombées dans un juste oubli. On prétend qu'il eut part à la conception des *Plaideurs*.

MONTAUBAND, fameux flibustier, né en France dans le 17ᵉ S., commença ses excursions à l'âge de 16 ans, courut pend. plus de 20 autres années les côtes du Mexique, de Carthagène, de la Floride, de l'Amérique-Septentrionale jusqu'à Terre-Neuve, d'Afrique depuis les Canaries jusqu'au Congo, détruisit plus. établissem. anglais, surprit un grand nombre de vaisseaux hollandais, et mourut en 1700 à Bordeaux, que l'on présume être aussi son lieu de naissance. On a de lui : *Relation du voyage du sieur de Montauband, capitaine des flibustiers en Guinée, en l'an* 1695, *avec une descript. du roy. du Cap-de-Lopez, des mœurs*, etc., à la suite de la trad. de Las-Casas, Amst., 1698, un vol. in-12.

MONTAUSIER (Charles de SAINTE-MAURE, duc de), pair de France, né en 1610, d'une très anc. famille de Touraine, entra au service en 1630, se distingua en Italie, en Lorraine, obtint, à 28 ans, le grade de maréchal-de-camp, fut nommé, vers la même époque, gouvern. de la partie de l'Alsace alors soumise à la France, devint lieuten.-général en 1646, et reçut peu de temps après le gouvernement de la Saintonge et de l'Angoumois. Fidèle au parti de la cour pendant la guerre de la Fronde, il reçut dans une action des blessures graves qui le forcèrent de quitter le service. Il remplaça, en 1662, le duc de Longueville, gouvern. de la Normandie, fut nommé duc et pair en 1664, et gouverneur du dauphin en 1668. Depuis plus. années Louis XIV avait su apprécier l'homme auq. il confiait l'éducation de son fils. Montausier justifia pleinem. le choix du monarque ; il rassembla près de son auguste élève tout ce que la France comptait de plus illustre dans les sciences et dans les lettres. En même temps qu'il cultivait le germe de ses bonnes qualités, il éloignait du dauphin tout ce qui pouvait le corrompre en flattant ses passions, et ne mettait sous ses yeux que des exemples de vertu. Si la nature ne permit pas qu'en sortant des mains d'un tel instituteur, le fils de Louis XIV fût un gr. prince, Montausier en fit au moins un prince bon, juste et humain. Dans une des promenades qu'ils faisaient ensemble, ils étaient arrivés devant une chaumière, et le sage gouvern. lui dit : « Sous ce chaume, dans ce misérable asile, logent un père, une mère et des enfants qui travaillent tout

le long du jour pour payer l'or dont vos palais sont ornés, et qui supportent la faim pour subvenir aux frais de votre table somptueuse. » Montausier cessa ses fonct. en 1680 ; mais le roi voulut qu'il conservât auprès du dauphin la même autorité, avec le titre de prem. gentilh. de la chambre du prince. Deux ans plus tard il obtint de se retirer tout-à-fait, et dit au dauphin : « Monseigneur, si vous êtes honnête homme, vous m'aimerez ; si vous ne l'êtes pas, vous me haïrez, et je m'en consolerai. » Cet homme vertueux mourut en 1690. Fléchier, alors évêque de Nîmes, qui avait prononcé, en 1671, l'oraison funèbre de la duchesse de Montausier, fit celle du duc. Sa *Vie* a été écrite par Nicol. Petit, jésuite, 1729, 2 pet. vol. in-12 ; et Puget de Saint-Pierre a publié l'*Hist. du duc de Montausier*, 1784, in-4. Son *Éloge*, par Garat, obtint le prix de l'Acad. franç. en 1781.—MONTAUSIER (Julie-Lucine d'ANGENNES DE RAMBOUILLET, duchesse de), femme du préc., née en 1607, du marquis de Rambouillet et de Catherine de Vivonne, devint unique héritière de ces deux maisons par la mort de ses deux frères et la profess. relig. de ses trois sœurs. Elle forma de bonne heure son goût dans les entretiens des personnes d'esprit et de savoir qui fréquentaient l'*hôtel Rambouillet*. Le désir de connaître une personne si accomplie engagea le duc de Montausier à se faire présenter chez la mère de Mˡˡᵉ de Rambouillet ; il sollicita bientôt sa main ; mais ne l'obtint que 12 ans après (1645). Mᵐᵉ de Montausier fut nommée, en 1661, gouvernante des enfants de France, et quelque temps après dame d'honneur de la reine ; mais, ne pouvant remplir les devoirs que lui imposaient ces deux places, elle quitta celle de gouvern. en 1664. Le mauvais état de sa santé la força, en 1669, de renoncer aux fonct. de dame d'honneur, et elle mourut en 1671. Plusieurs années avant son mariage, Montausier avait fait exécuter pour elle le recueil de vers et de fleurs connu sous le nom de *Guirlande de Julie*. Les vers des plus beaux esprits du temps avaient été écrits par le fameux calligraphe Jarry, et les fleurs peintes par Robert. Après la mort de Mᵐᵉ de Montausier, ce préc. MS. resta dans les mains de son mari, et il s'est conservé jusqu'à ce jour dans la famille du duc de La Vallière. Une copie de ce MS. a été impr. par Didot jeune en 1784, in-8, pap. vél., et réimpr. en 1818, avec fig. coloriées, in-18.

MONTAZET (Antoine MALVIN de), archevêque de Lyon, né dans l'Agenois en 1712, débuta par être chanoine, gr.-vicaire de l'évêque de Soissons et aumônier du roi par quartier. Nommé à l'évêché d'Autun en 1748, il se fit remarquer dans plusieurs assemblées du clergé, et de concert avec ses collègues, en 1755, réclama soit pour les immunités de cet ordre, soit contre les entreprises du parlement. Il remplaça en 1758 le card. de Tencin sur le siége de Lyon, et se rangea alors du parti de la minorité des prélats, qui, tout en reconnaiss. l'autorité des constitut. reçues dans l'Église, soutenaient cependant ceux qui les combattaient. Il supprima la signature du formulaire, changea tous les livres liturgiques du diocèse, et se mit en opposition avec la majorité de son clergé. Il mourut à Lyon en 1788. Il avait été reçu en 1757 à l'Acad. franç., où il fut remplacé par Boufflers. On connaît de lui : *Lettre de M. l'archev. de Lyon, primat de France, à M. l'archevêque de Paris*, 1760, in-4. — *Lettre pastorale*, du 30 juin 1765, in-4. — *Mandem. et instruct. pastorale contre l'Histoire du peuple de Dieu*, de Berruyer, 1762, in-12. — *Mandement et instruct. pastor.* pour la défense de son catéchisme, 1772, in-4 et in-12. — *Instruct. pastorale sur les sources de l'incrédulité*, etc., 1776, in-4, rédigé par le P. Lambert. — Plus autres *mandem.* pour les *jubilés*, pour le *carême*, etc. — Des *rapports* aux assemblées du clergé de 1755 et 1772. On trouve une notice sur ce prélat dans l'*Ami de la religion*, t. XXII, p. 161.

MONTBARREY (ALEXANDRE-MARIE-LÉONOR de SAINT-MAURICE, prince de), ministre de la guerre sous le règne de Louis XVI, né à Besançon en 1732, d'une anc. famille, entra au service à l'âge de 12 ans comme capit. au régim. de Lorraine, fit plus. campagnes en Allemagne, fut nommé colonel en 1649, commanda en 1758 le régim. de la Couronne, se distingua par diverses actions d'éclat, et reçut plus. blessures. Après la paix de 1763 il obtint la place de capitaine des cent Suisses dans la maison de MONSIEUR, et fut admis au conseil de la guerre en 1776. Au bout de quelq. mois, nommé adjoint du comte de Saint-Germain, il devint son success. en 1777, et fut remplacé par le marquis de Ségur en 1780. A l'époque de la révolut. il courut de gr. dangers; le marquis de La Salle l'arracha des mains du peuple le jour même de la prise de la Bastille. Il retourna en Franche-Comté, se fixa quelque temps à Besançon, passa en Suisse en 1791, s'établit avec sa famille à Constance, et mourut dans cette ville en 1796. Il a laissé des *Mém.* publiés à Paris, 1827, 3 vol. in-8. — Le prince de SAINT-MAURICE, son fils, colonel du rég. de Monsieur, fut du nombre des gentilshommes franc-comtois qui se prononcèrent en 1788, aux états de la province, pour la suppression des priviléges de la noblesse. En 1791, il se rendit à Coblentz pour offrir ses services aux princes; mais le mauvais accueil qu'il reçut le détermina à revenir à Paris, où il fut arrêté comme complice d'une conspiration contre Robespierre, traduit au tribunal révolutionn., et condamné à mort en 1794.

MONTBARS, surn. l'*Exterminat.*, fameux chef de flibustiers, était né en Languedoc, d'une famille honorable. Le hasard ayant mis entre ses mains les relations des cruautés exercées dans le Nouveau-Monde par les Espagnols, il en conçut contre eux une haine qui dégénéra bientôt en fureur. Jouant au collége le rôle d'un Français dans une pièce de théâtre, il aurait tué son camarade qui représentait un Espagnol, si l'on ne fût pas accouru pour le tirer de ses mains. La guerre ayant été déclarée en 1667, il rejoignit au Hàvre un de ses oncles, capitaine de vaisseau. Arrivé dans les mers des Antilles, il se signala par des faits d'armes

extraordin., alla chercher partout les Espagnols, et les combattit tantôt sur terre, à la tête des boucaniers, tantôt sur mer, à la tête des flibustiers. Charlevoix lui rend ce témoignage qu'il ne tua jamais un homme désarmé, et qu'il ne partageait pas « les brigandages et les dissolutions qui ont rendu un si gr. nombre d'aventuriers abominables devant Dieu et devant les hommes. » Montbars est le héros d'un roman de M. Picquenard, 1807, 3 vol. in-12; et d'un mélodrame.

MONTBÉLIARD (LÉOPOLD-ÉBERHART, prince de), né en 1670, était fils du prince George qui fut dépouillé de ses états par Louis XIV, et contraint de chercher un asile en Silésie. Entré de bonne heure au service de l'empereur, il fit plus. campagnes en Hongrie, défendit avec succès la place de Toquay contre les Turks, et les chassa de toute la contrée. Il succéda en 1699 à son père, réintégré dans sa principauté par le traité de Riswich; et dès-lors peu soucieux d'ajouter à sa gloire, il s'oublia dans les plaisirs, et étonna l'Europe par les scandales de sa vie privée. Il ne rougit point d'afficher ses désordres, obtint de la condescendance de l'empereur des titres honorifiques pour ses concubines, et du duc d'Orléans, régent, des lettres de naturalité pour ses bâtards, auxq. il fit ensuite contracter des alliances entre eux. Ce prince mourut en 1723. Le comte George de Sponeck, l'aîné de ses fils, prit possession de la principauté de Montbéliard; mais il en fut expulsé par décision du conseil aulique, et tous les individus de cette race bâtarde furent réduits à une pension alimentaire.

MONTBRUN (CHARLES DUPUY, seigneur de), dit *le Brave*, l'un des plus vaillants capitaines de son temps, né en 1530 au château de Montbrun, près de Gap, d'une anc. famille, fit ses prem. armes en Italie, et servit ensuite avec distinction dans les guerres de Flandre et de Lorraine. De retour en Dauphiné, il embrassa les principes de la réforme, séduit par Théod. de Bèze, et se mit en tête de faire suivre son exemple par tous ses vassaux. La violence qu'il employa pour les y contraindre détermina le parlem. de Grenoble à instruire contre lui. Montbrun fit prisonnier le prevôt Marin Bouvier, qui venait pour l'arrèter, leva quelq. troupes, envahit le comtat venaisin, pilla et profana les églises, et mit le pays à contribut.; le pape lui fit demander la paix, et il y consentit sous la promesse de n'être jamais inquiété pour tout ce qui s'était passé. Reportant alors la guerre en Dauphiné, il égorge les prêtres partout où il éprouve de la résistance, puis surprend le lieutenant du roi, Gondrin, dans un défilé, et taille sa troupe en pièces. Malgré ce succès, il prit le parti de se retirer à Genève avec sa famille, et, pendant son absence, son château fut rasé. En 1562, il revint offrir ses services au baron des Adrets, chef des protestants du Dauphiné, et lui succéda dans le commandem. Il assista aux batailles de Jarnac et de Montcontour, y fit des prodiges de valeur, rentra dans le Dauphiné en 1570, défit l'armée catholique, commandée par le marquis de Gordes, et se porta en Provence. Après le massacre de la St-Barthélemi, il leva de nouvelles troupes et soumit plus. villes à son parti. En 1574 Henri III donna l'ordre au marquis de Gordes de marcher contre cet audacieux partisan et de le saisir mort ou vif. Montbrun se défendit quelq. temps avec la plus gr. résolution, mais ses troupes, exténuées de fatigues, se débandèrent à la suite de trois combats successifs. Se voyant lui-même en danger d'être pris, il voulut franchir un canal, mais il se cassa une cuisse, fut fait prisonnier, conduit à Grenoble, où une commission le condamna à perdre la tête. Il subit ce supplice avec une gr. fermeté le 12 août 1575. Sa grâce arriva deux heures après son exécution. Le traité de 1576 réhabilita sa mémoire par un article spécial, et toutes les pièces de la procédure furent détruites. Gui Allard a publié la *Vie du brave Montbrun*, 1675, in-12. J.-C. Martin en a donné une plus étendue sous le titre d'*Hist. de Charles Dupuy, surnommé le Brave, seigneur de Montbrun*, 2ᵉ édit., Paris, 1816, in-8.

MONTCALM DE SAINT VERAN (Louis-Joseph, marquis de), lieutenant-général, né au château de Candiac, près de Nimes, en 1712, entra au service à quatorze ans, ne tarda pas à se distinguer dans les guerres du Piémont et de l'Italie, et devint successivem. colonel et brigadier. Nommé maréchal-de-camp en 1756, il reçut en même temps le commandem. en chef des troupes chargées de la défense des colonies françaises dans l'Amérique-Septentr. Malgré l'abandon où le laissait le ministère, et la supériorité de l'ennemi, il remporta de fréquents avantages pend. sa première campagne dans le Canada, et au commencem. de la suiv., il défit complètement le général Abercromby. Mais forcé à un combat inégal sous les murs de Québec, il y reçut une blessure mortelle, et mourut deux jours après, le 14 sept. 1759. Le général anglais Wolf, tué dans la même affaire, eut la consolation, avant d'expirer, d'apprendre que ses troupes étaient victorieuses. Bougainville, alors aide-de-camp de Montcalm, a publié une lettre pleine d'intérêt sur la mort de ce général, et fait graver sur sa tombe une épitaphe composée par l'acad. des inscript. — Paul-Joseph de Montcalm, de la même famille, né en 1756 dans le Rouergue, entra dans la marine à 14 ans, et fit en Amérique la guerre de l'indépendance sous d'Estaing et Suffren en qualité de capitaine de vaisseau. Député de la noblesse de Villefranche aux états-généraux en 1789, il s'y réunit au parti constitutionnel, appuya la suppression des droits féodaux, et prononça sur des questions graves plus. disc. qui lui firent beaucoup d'honneur. Effrayé de la marche des événements qu'il n'avait pu prévoir, il quitta l'assemblée vers la fin de 1790 pour se retirer en Espagne, et s'établit ensuite dans le Piémont où il mourut en 1812.

MONTCHAL (Charles de), archevêque de Toulouse, né en 1589 à Annonay, fit ses études à Paris, où il devint princip. du collège dit d'*Autun*, fut ensuite nommé chanoine d'Angoulême, et succéda en 1628, sur le siège de Toulouse, au cardinal de la Vallette, qui avait été l'un de ses disciples. Député aux assemblées générales du clergé, il fut exclu, en 1641, de celle de Mantes, pour s'être opposé aux volontés du cardin. de Richelieu; et cette disgrâce lui mérita l'honneur d'être président de l'assemblée de 1645. Il mourut en 1651 à Carcassonne, où il s'était rendu pour assister aux états du Languedoc. Ce savant prélat s'était attaché particulièrement à l'étude des historiens ecclésiast., et ses confrères l'avaient engagé à s'occuper d'une nouv. édit. de l'*Histoire* d'Eusèbe, dont il avait rétabli le texte et corrigé la version latine. Toulouse lui dut la fondation d'un séminaire, d'une maison de secours pour les pauvres valides et de divers autres établissem. pieux. On a publié de lui : des *Mém. contenant des particularités de la vie et du ministère du cardinal de Richelieu*, Rotterdam, 1718, 2 vol. in-12. Le Courayer, en ayant découvert un MS. plus complet, a inséré dans l'*Europe savante* (nov. 1718) des correct. et addit., qu'il a fait suivre d'une *dissertation* attribuée au même prélat, *pour prouver que les puissances séculières ne peuvent imposer aucunes tailles, taxes, subsides et autres droits sur les biens de l'Église, sans son consentement.*

MONTCHEVREUIL (Jean-Baptiste de MORNAY, comte de), lieuten.-général, signala sa valeur à la bataille de Senef; le grand Condé écrivit au roi : « Montchevreuil a fait des merveilles; il aspire aux grandes choses; » il était au siége de Mons, 1691, à celui de Namur, 1692; fut fait l'année suiv. gr.-croix de l'ordre de St-Louis, à la créat. de l'ordre, et fut tué trois mois après (août 1693) à la bataille de Nerwinde, après avoir enlevé le village dont la prem. attaque lui avait été confiée par Luxembourg.

MONTCHRESTIEN (Antoine), poète dramatiq., né à Falaise, eut une jeunesse aventureuse, prit le nom de Watteville, passa en Angleterre pour se dérober aux poursuites qu'on dirigeait contre lui, y composa une trag. sur la mort de Marie Stuart, et par cette product. intéressa le roi Jacques, qui demanda à Henri IV la grâce du poète. De retour en France, il se mit à travailler l'acier; on prétend qu'il fabriquait en cachette de la fausse monnaie. Plus tard il prit parti pour les réformés, leva des soldats et fut chargé de délivrer des commissions d'officier. Découvert le 7 oct. 1621 dans un bourg de Normandie et attaqué pend. la nuit, il se défendit vaillamment, et fut tué de plus. coups de pistolets. Son cadavre fut traîné sur la claie, rompu et brûlé. On a de lui : *Tragédies et autres OEuvres*, Rouen, 1627, in-8; cette édit., la plus complète, contient deux tragédies et une *bergerie* en prose. — *Traité de l'économie politique, dédié au roi et à la reine-mère*, Rouen, 1615, in-4. Il avait trad. en vers franç. les Psaumes de David, et commencé une hist. de Normandie.

MONT-DORÉ (Pierre), *Mons-Aureus*, conseiller, ou, selon d'autres, maître des requêtes, né à Paris, mort en 1570 à Sancerre, où il s'était retiré pour fuir la persécution que lui avait valu son attachement au calvinisme; cultiva la poésie latine avec succès et remplaça Pierre du Châtel dans la place de maître de la librairie du roi. C'était la biblioth. royale, déposée alors à Fontainebleau, et qui renfermait : 1° les livres de Charles V, au nombre de 910 vol.; 2° la bibliothèque de Blois, formée par Charles VIII et Louis XII, et augmentée de celle que les Visconti et les Sforce, duc de Milan, avaient établie à Pavie, et de celle de Pétrarque; 3° la bibliothèque de Louise de Savoie, mère de François Ier; 4° enfin celle de Marguerite de Valois, sœur de ce prince.

MONTEBELLO (Jean LANNES, duc de), maréchal de l'empire, né à Lectoure en 1769, d'une famille pauvre, exerça d'abord la profession de teinturier, puis s'enrôla en 1792 dans un bataillon du départ. du Gers. Nommé sergent-major, il fit dans ce grade sa première campagne à l'armée des Pyrénées-Orientales, où il obtint ensuite, par son courage, un avancem. rapide. Il était chef de brigade, ou colonel, en 1794; mais il cessa momentaném. d'être employé après le 9 thermidor. Remis en activité au mois d'oct. même année, il se rendit à l'armée d'Italie, fut placé à la suite dans la 52e demi-brigade dont il partagea la gloire dans les journées de Montenotte et de Millesimo, remplaça dans le commandement du même corps Rampon (nommé général), continua de se distinguer dans cette campagne, fut fait général de brigade en 1797, et justifia ce nouv. titre par de nouv. exploits jusqu'à la paix de Campo-Formio. Il suivit Bonaparte en Égypte, où il ne se signala pas moins qu'en Italie, et fut fait général de division. Du petit nombre des officiers qui accompagnèrent Bonaparte à son retour en France, il le servit utilem. au 18 brum. (9 nov. 1799), et fut placé par lui à la tête de la garde consulaire. Dans la campagne de de 1800 il commanda une division à l'armée d'Italie, eut part à la victoire de Marengo, et se signala principalement au combat de Montebello, qui devint plus tard son titre. Envoyé ministre plénipotentiaire à Lisbonne en 1801, ses formes, toutes militaires, ayant amené quelques difficultés, il ne tarda pas d'être rappelé. Bonaparte, devenu empereur, comprit Lannes dans la création de ses maréchaux, et le fit, quelques temps après, duc de Montebello. Il commandait l'aile gauche de la grande armée dans la campagne de 1805 contre l'Autriche, et eut une gr. part à ces brillants succès que couronna la bataille d'Austerlitz, où deux de ses aides-de-camp furent tués à ses côtés. Les campagnes de 1806 et 1807 en Prusse et en Pologne ne furent pas moins glorieuses pour lui. A la fin de la dernière il fut nommé colonel-général des Suisses. En 1808 il accompagna Napoléon en Espagne. Il y commanda le siége de Saragosse en 1809, et toujours il ne parla qu'avec enthousiasme du dévouement héroïque de ses habitants. Lannes quitta l'Espagne pour aller prendre le commandement de l'un des corps de l'armée contre l'Autriche. Dans cette dernière campagne, qui ne fut pas la moins glorieuse de sa carrière militaire, il concourut avec Masséna à sauver l'armée française du

péril imminent où des circonstances imprévues l'avaient placée, et fut atteint d'un boulet à Essling (22 mai 1809). Il n'expira pas sur-le-champ, et subit encore la douloureuse amputation des deux jambes. Napoléon, qui eut avec lui une entrevue touchante dans l'île de Lobau; témoigna vivement les regrets que lui causait la perte d'un si digne lieuten., et fit transporter son corps à Paris, où on lui rendit, par son ordre, les plus gr. honneurs. Lannes, avant son élévation, avait contracté un prem. mariage, qui, plus tard, fut annulé par le divorce. Il épousa ensuite Mlle de Guéhéneuc, fille d'un ancien commissaire des guerres, et en eut trois fils, dont l'aîné, succédant au titre de duc, fut créé pair par le roi, en 1815. Un fils de sa première femme avait été déclaré précédemm. adultérin par les tribunaux. On a une *Vie militaire de J. Lannes*, etc., par M. René Perin, 1810, in-8.

MONTECLAIR (Michel), musicien, né à Chaumont en Bassigny en 1666, mort près de St-Denis en 1737, fut le premier qui joua de la contre-basse à l'orchestre de l'Opéra. On a de lui : *les Fêtes de l'été*, 1716; *Jephté*, 1731; *Daphné*, 1748; *Alphée et Aréthuse*, 1752.

MONTECUCULLI, ou plus exactement MONTE-CUCCOLI (Sébastien de), gentilh. de Ferrare, fut d'abord employé au service de l'emper. Charles-Quint, vint en France à la suite de Catherine de Médicis, et fut attaché au dauphin (premier fils de François Ier) en qualité d'échanson. Il accompagnait ce prince dans un voyage sur le Rhône, au milieu de l'été de 1536; à Tournon, le dauphin s'étant échauffé en jouant à la paume, demanda de l'eau fraîche, que Montecuculli lui présenta dans un vase de terre : il en but avec avidité, tomba malade, et mourut au bout de 4 jours. Montecuculli, appliqué à la question, déclara qu'il avait empoisonné le dauphin à l'instigation d'Antoine de Lève et de Ferdinand de Gonzague, deux des plus habiles génér. de Charles-Quint. Il fut condamné à être traîné sur la claie, puis écartelé. L'arrêt fut exécuté à Lyon le 7 octobre 1536. Montecuculli cependant n'était point coupable du prétendu crime dont les tortures lui avaient arraché l'aveu, et tous les historiens impartiaux ont reconnu que le dauphin était mort d'une pleurésie déterminée par l'eau fraîche qu'il avait bue abondamm. On trouve l'arrêt rendu contre Montecuculli dans le t. IV des *Mém. d'état*, et dans les pièces justificatives des *Mém.* de du Bellay, édit. de Lambert, tome VI. — Charles, comte de Montecuculli, a traduit du grec en latin, et le comte François, son frère, du latin en ital., le traité de la *Physionomie* de Polémon, Venise, 1652, in-8.

MONTECUCULLI (Raymond), un des plus illustres capitaines des temps mod., né en 1608, d'une famille disting. du duché de Modène, fit ses prem. armes fort jeune, comme volontaire, dans l'armée autrichienne, sous Ernest Montecuculli, son oncle, général d'artillerie. Il passa par tous les grades, servit dans plusieurs armes, et, comme Turenne, affectionna particulièrement la cavalerie. Le prem.

commandement important qu'il obtint fut celui de 2,000 chevaux, avec lesquels il surprit et battit les Suédois en Silésie ; il avait alors environ 30 ans. L'année d'après, 1639, le fameux Bannier, l'un des meilleurs élèves de Gustave-Adolphe, vengea l'armée suédoise, battit Montecuculli à Hoeckirch et le fit prisonnier. Pendant deux années que dura sa captivité, il étudia la théorie de l'art dans la pratique duquel il était déjà avancé. En 1646 il rentra en Silésie, et ayant joint l'armée de Jean de Werth, poussant devant lui les Suédois, il leur fit, presq. sans combattre, évacuer la Bohême. Après la paix de Westphalie il parcourut la Suède, fit ensuite un voyage dans sa patrie, pend. lequel il eut le malheur, dans un tournois célébré pour les noces du duc de Modène, de tuer d'un coup de lance un de ses amis (le comte Manzani). De retour en Allemagne, il fut élevé au grade de génér., et marcha au secours de Casimir, roi de Pologne, que Ragotzki, aidé des Suédois, avait obligé de quitter Cracovie. Montecuculli reprit cette capitale. Le roi de Danemarck avait fait une diversion heureuse en sa faveur ; mais peu de temps après il fut lui-même assiégé dans Copenhague, et Montecuculli dut aller le dégager. La paix rétablie dans le Nord (1661), il fut envoyé en Hongrie contre les Turks, et gagna sur eux la bataille de St-Gothard, le 10 août 1664. La paix fut la suite de cette victoire, qui valut à Montecuculli les plus hautes récompenses. En 1673, ayant reçu ordre de conduire des secours aux Hollandais, il se trouva pour la prem. fois en présence de Turenne, qui ne put l'empêcher de faire sa jonction avec le prince d'Orange. En 1675 il fut de nouveau opposé à Turenne. Cette dernière campagne des deux rivaux sera toujours mémorable par la mort de l'un et la retraite de l'autre. Montecuculli mourut à Lintz le 16 octobre 1681, âgé de 72 ans et comblé d'honneurs. Il a laissé des *Mém.* sur la guerre, écrits en ital., publ. par Henri de Huyzen, Cologne, 1704, in-12; trad. en latin sous le titre de : *Commentarii bellici*, Vienne, 1718, in-fol., fig., et en franç. par Jacques Adam de l'Académie française. Cette traduction souvent réimpr. est divisée en trois livres : le premier traite de l'art militaire en général, le second, de la guerre contre les Turks; le troisième est une relat. de la campagne de 1664. Turpin de Crissé a donné un bon *Commentaire* sur ces *Mémoires*, 1769, 3 vol. in-4. On connaît encore de Montecuculli un *Traité sur l'art de régner*. Ses *OEuvres* ont été publiées en italien, avec des notes d'Ugo Foscolo, Milan, 1807-08, 2 vol. grand in-fol. Cette édition n'a été tirée, dit-on, qu'à 170 exempl.; mais cette édition magnifique est très inférieure pour la correction du texte et pour les notes à celle qu'a donnée M. Jos. Grassi, Turin, 1821, 2 vol. in-8. *On croit qu'il s'est peint lui-même dans le portrait qu'il fait du chef de guerre pour leq. il demande un génie martial, un tempérament sain et robuste, un sang rempli d'esprits, d'où naissent l'intrépidité dans le péril, la bonne grâce dans les occasions où l'on doit paraître, et une activité infatigable dans le travail.*

MONTEFELTRO (Bonconte et Taddeo, comtes de), furent la souche de la famille de ce nom, d'où sont sortis les comtes devenus ensuite ducs d'Urbin. Ils descendaient d'une branche des comtes de Carpegna, laq. ayant acquis le château de Montefeltro (dans la marche d'Ancône), en prit le nom. Bonconte et Taddeo se firent agréger en 1228 à la bourgeoisie de Rimini, ville alors sous un régime républicain. Le premier embrassa le parti gibelin, le second s'attacha au parti guelfe. — Montefeltro (Guido, comte de), seigneur de Pise et d'Urbin, fut choisi pour chef par les gibelins du pays entre Ancône et Bologne, lors de la guerre qui éclata dans Bologne en 1272 entre les partisans de l'empereur et ceux du pape. Il développa dans cette guerre de grands talents milit., et battit les guelfes à plus. reprises. En 1290, les Pisans, accablés par les forces supér. des Florentins, des Lucquois et des Génois, invitèrent Guido à se mettre à leur tête, le déclarèrent seigneur de la ville, et, sous sa conduite, reprirent les forts et le territoire que leurs ennemis leur avaient enlevés. Guido commanda dans Pise jusqu'en 1293, où il procura à cette ville une paix honorable. De retour à Montefeltro, il s'empara de la ville d'Urbin, qui fut plus tard la capitale des états de sa famille, et en 1296, n'ayant plus d'ennemis à combattre, il prit l'habit de l'ordre de St-François. On ignore l'époque de sa mort. — Son fils aîné, Frédéric Ier de Montefeltro, qui lui avait succédé en 1296 dans la seigneur. de ses fiefs, continua d'avoir la direction du parti gibelin dans la marche d'Ancône et la Romagne, réunit de gré ou de force plusieurs villes à ses états, fut excommunié par le pape, et massacré dans une insurrection suscitée contre lui à Urbin, en 1322. — Speranza de Montefeltro, cousin du précédent, seul héritier de cette maison qui eût conservé sa liberté après la catastrophe de Frédéric, réussit à faire rentrer sous son obéissance les villes de Fermo, d'Osimo et de Fabbriano, et partagea plus tard (1324) avec le jeune Nolfo, fils du même Frédéric, la seigneurie d'Urbin : mais la jalousie du pouvoir les ayant divisés en 1335, Speranza fut contraint de céder tous ses droits à son associé.—Nolfo de Montefeltro, dont nous venons de parler, soutint de longues guerres en Romagne, commanda les Pisans dans la campagne qu'ils entreprirent en 1342 contre les Florentins, et fut plus tard dépossédé de ses états par le cardinal Egidio Alborno, que le pape avait envoyé en Italie pour recouvrer le patrimoine de l'Église. — Ant. de Montefeltro, seigneur d'Urbin, recouvra l'héritage de Nolfo, son aïeul, en 1375, fut constamm. attaché au parti gibelin, soutint plus. guerres contre les Malatesti, chefs du parti guelfe, et mourut en 1404. — Son fils, Guido-Antonio, lui succéda, enleva la ville d'Assise à Braccio de Montone, qui demeura maître du château, fut ensuite défait par Piccinnino, et mourut en 1443. — Oddo-Antonio, fils et successeur du précédent, se rendit odieux à ses vassaux par ses débauches et sa tyrannie, et fut massacré par des conjurés en 1444. — Frédéric II de Montefeltro, premier duc d'Urbin, frère du précédent, lui succéda en 1444, se rendit recommandable par la protection qu'il accorda aux lettres et aux arts, eut à soutenir plusieurs guerres contre Sigismond Malatesti, le vainquit dans div. rencontres, fut élevé à la dignité de duc d'Urbin par Sixte IV, dont le neveu, Jean de la Rovère, avait épousé sa seconde fille, seconda ce pape dans tous ses projets ambitieux, et mourut en 1482. — Guid' Ubaldo de Montefeltro, fils du précédent, le dernier des ducs d'Urbin de sa maison, fut un prince doux et pacifique, ami des lettres et des arts. Inférieur à son père et à ses aïeux quant à la gloire militaire, il l'emporta sur eux par sa munificence et par la douceur de son gouvernem. Il fit la guerre avec peu de succès, soit pour lui-même, soit comme *condottiere* au service d'autres princes. Expulsé de son duché d'Urbin par César Borgia en 1502, il en reprit possession la même année, et mourut en 1508. N'ayant point d'enfants, il avait adopté Franç.-Marie de la Rovère (fils de sa sœur et nev. du pape Jules II), qui lui succéda, et dont les descend. conservèrent le duché d'Urbin jusqu'en 1631. La *Vie* de Guid' Ubaldo a été écrite en latin par Balthasar Castiglione.

MONTÈGRE (Antoine-François Jenin de), médecin, né à Belley en 1779, prit le parti des armes en sortant du collège, vint ensuite à Paris étudier la médec. et y reçut ses grades; mais n'ayant point de clientelle, il accepta une place d'ingénieur du cadastre, qu'il exerça quelque temps en province. Dégoûté de cet emploi, il revint dans la capit. avec la résolution de se consacrer entièrem. à l'art qui avait été l'objet de ses prem. études. En 1810, il prit la direction de la *Gazette de santé;* et cette feuille, qui depuis plusieurs années n'était qu'un dépôt de charlatanisme, devint bientôt sous sa plume un des journaux scientifiq. les plus intéressants. En 1818, Montègre partit pour St-Domingue, où depuis quelque temps il avait le dessein d'aller porter les lumières de l'Europe, en même temps qu'il étudierait les véritables caractères de la fièvre jaune endémique dans ces parages. Accueilli par Péthion, présid. de la républ. d'Haïti, il fut bientôt atteint du fléau dévastateur qu'il venait reconnaître et combattre, et mourut au Port-au-Prince le 14 sept. de la même année. Outre ses articles dans la *Gazette de santé*, on a de lui : *Du magnétisme animal et de ses partisans, ou Rec. de pièces importantes sur cet objet*, etc., 1812, in-8. — *Expériences sur la digestion dans l'homme*, etc., 1814, in-8. — *Examen rapide du gouvernem. des Bourbons en France, depuis le mois d'avril* 1814 *jusqu'au mois de mars* 1815, 1815, in-8. — *Traité analytique de toutes les affections hémorroïdales*, 1819, in-8, inséré au mot *Hémorroïdes* dans le *Dictionn. des sciences médicales*, auquel Montègre a fourni d'autres articles. — Des *Mém.* lus à l'acad. des sciences, *sur la digestion, le vomissem.*, et *sur les habitudes des lombrics ou vers de terre.* Ce méd. était un très bon physiolog. Son *Éloge*, par M. Colombel, est dans l'*Abeille haïtienne* du 1er oct. 1818.

MONTEGUT (Jeanne de Segla, dame de), née en 1709, à Toulouse, où elle mourut en 1752, a laissé des poésies parfois galantes, plus souvent morales et chrét., où l'on trouve de la douceur, du naturel, de la facilité. Elle cachait ses talents avec autant de soin que d'autres en mettent à les faire briller. Un homme d'esprit disait : « C'est la seule femme à qui je pardonne d'être savante. » On a recueilli ses *OEuvres*, Paris, 1768, 2 vol in-8. — Montegut (Jean-François de), son fils, conseiller au parlem. de Toulouse, dans cette ville en 1730, mort à Paris sur l'échafaud révolutionnaire en 1794, fut lié avec les littérat. les plus distingués de son temps notamment avec Marmontel, composa des poésies et en inséra quelques-unes dans les œuvres de sa mère, dont il fut l'éditeur et dans le recueil de l'acad. des Jeux-Floraux.

MONTÉLÉGIER (Jean-Gabriel de Bernon, comte de), né en 1734, entra aux mousquetaires en 1753, fut successivem. capitaine de cavalerie, lieuten.-colonel de chevau-légers, et maréchal-de-camp sous Louis XVI. Il obtint la croix de St-Louis en 1778; Louis XVIII le nomma, en 1823, commandeur de cet ordre et cordon rouge. Les dern. années de ce vieillard furent toutes à la religion. Son médecin, qui était protestant, croyant qu'il s'assoupissait, lui demanda s'il sentait le besoin du repos? « Non, répondit le malade, je priais Dieu qu'il vous éclairât. » Il mourut le 11 octobre 1833, au château de Montélégier, près de Valence, doyen des officiers de France. — Montélégier (Gaspard-Gabriel-Adolphe de Bernon de), son fils, né à Romans en 1780, prit du service comme soldat en 1797, fit la campagne d'Égypte dans un régim. de hussards, se distingua dans différ. circonstances, et fut nommé capit. par Kléber en 1800. Il était colonel de dragons en 1810, et fit en cette qualité la guerre d'Espagne. Maréchal-de-camp, il commanda la prem. brigade de dragons pend. la campagne de Leipsig. Après la restauration, il devint aide-de-camp du duc de Berri, fut fait lieutenant-général, et mourut en 1825, gouverneur de l'île de Corse.

MONTEIL. — V. Adhémar.

MONTELONGO (Grégoire de), cardin., se fit remarquer dans le 13e S. comme un des principaux adversaires de l'emper. Frédéric II. Nommé légat du pape Grégoire IX en Lombardie, il acquit une gr. influence dans les conseils de la république de Milan, enrôla des prêtres et des moines dans les troupes lombardes, conduisit cette armée guelfe contre Ferrare, en 1240, et s'empara de cette place. En 1247, il délivra Parme assiégée par Frédéric II, et remporta, l'année suivante, une victoire signalée sur ce prince. Il fut nommé par le pape Innocent IV, patriarche d'Aquilée en 1252, et mourut peu de temps après.

MONTEMAGNO (Buonaccorso da), gonfalonier de Pistoie, sa patrie, en 1564, fut un des plus heureux imitat. de Pétrarque, auquel il survécut quelques années, et l'un des auteurs qui s'appliquèrent à perfectionner la langue toscane. Ses poésies ital. ont été plus. fois imprimées : une des bonnes édit. est celle de Florence, 1718.

MONTEMAYOR (GEORGE de), poète célèbre, regardé comme l'inventeur du genre pastoral en Espagne, naquit vers 1520 à Montemor, petite ville du Portugal, d'une famille obscure. Enrôlé très jeune dans un bataillon de milice, il y prit le nom de sa ville natale, le seul sous lequel il soit connu. Un goût naturel le portait vers les arts. Il cultiva la musique, parvint à se faire admettre au nombre des chanteurs de la chapelle de l'infant, depuis Philippe II, et suivit ce prince dans ses voyages en Italie, en Allemagne et dans les Pays-Bas. Bientôt familiarisé avec l'idiome castillan, il l'adopta de préférence au portugais. L'amour le rendit poète. Montemayor célébra sa bien-aimée, sous le nom de *Marfida*, dans des vers harmonieux, naturels, et qui contribuèrent à épurer le goût de ses contempor., auxquels on reprochait justement l'enflure et l'exagération. A son retour en Espagne, il trouva sa maîtresse mariée, et c'est à cette occasion qu'il composa le célèbre roman pastoral *la Diana*, où il a exprimé les divers sentim. dont il était agité. Sa réputation lui fit obtenir un emploi honorable à la cour de Portugal, et il mourut à Lisbonne en 1562, à l'âge de 41 ans. La *Diana* a eu un gr. nombre d'édit., dont la plus récente est celle de Madrid, 1795, in-8. Ce roman en vers castillans a été trad. en latin, en allemand, en hollandais, et en franç. par Nic. Colin, Gab. Chapuis, Pavillon, Abr. Remy, Ant. Vitray, Levayer de Marsilly. On en trouve l'analyse dans la *Biblioth. des Romans*, dans l'*Hist. de la Littérat. espagn.*, par M. Bouterweck, tom. Ier, et dans la *Littérat. du midi de l'Europe*, par M. Sismondi, tom. III. Les autres product. de Montemayor ont été recueillies sous le titre de *Cancionero*, Saragosse, 1561, souv. réimprimé.

MONTEMERLO (JEAN-ÉTIENNE), littérat. et poète, né à Tortone en 1515, employa 20 ann. à recueillir tous les mots italiens, à en déterminer les différ. accept. par des exemples tirés des meill. auteurs, et publia ensuite. *Delle frasi toscane lib. XII*, Venise, 1566, in-fol. ; reproduit en 1594, sous ce titre plus étendu : *Tesoro della lingua toscana, nel quale, con autorità de' più approvati scrittori copiosamente s'insegnana*, etc., etc. Le libraire s'est borné dans cette édit. prétendue nouvelle à changer le frontisp. et à ajouter une épître dédicat. Montemerlo mourut en 1572, laissant, MSs., un poème intit. : *de Gestis apostolorum.* — MONTEMERLO (Nicolas), fils du précéd., est auteur d'une hist. de la ville de Tortone, sous ce titre : *Raccogliamento di nuova istoria della città di Tortona*, etc., 1618, in-4.

MONTERCHI (JOSEPH), garde du cabinet des médailles du cardinal Carpegna, en a publié un choix, sous ce titre : *Scelta de' medaglioni più rari*, etc., Rome, 1679, in-4. On attribue les explicat. à J.-P. Bellori, parce que l'auteur parle dans la 9e de sa descript. de la colonne antonine; mais il y a tout lieu de croire que Bellori n'a fourni que ce seul art. à Monterchi. Il a paru une traduct. lat. de cet ouvr. (Amst., 1685, in-12), qui est moins rare que l'original italien.

MONTEREAU (PIERRE de); un des plus anciens architectes franç., vivait sous le règne de St Louis, et fut honoré de la confiance de ce monarque. On l'a confondu mal à propos, avec Eudes de Montreuil, architecte contemporain qui suivit le saint roi dans son expédit. de Syrie. P. de Montereau construisit à Paris la chapelle de Vincennes, le réfectoire de St-Martin-des-Champs, le dortoir, la salle capitulaire, la chapelle de Notre-Dame de l'Abbaye, St-Germain-des-Prés et la Ste-Chapelle (son chef-d'œuvre). Cet architecte, qui joignait à de grands talents une rare probité, mourut en 1266, et fut enterré dans le chœur de la chapelle qu'il avait construite à l'Abbaye St-Germain. On y voyait encore son tombeau avant la destruction de cet édifice pendant la révolut. (*v. Musée des Monum. franç.* par Lenoir).

MONTESPAN (FRANÇOISE-ATHÉNAÏS DE ROCHE-CHOUART DE MORTEMART, marquise de), l'une des maîtresses de Louis XIV, née en 1641, fut connue d'abord sous le nom de Mlle de Tonnay-Charente, et mariée à 22 ans à H.-L. de Pardaillan de Gondrin, marquis de Montespan, qui la produisit à la cour, et, par le crédit de MONSIEUR, auquel il était attaché, obtint pour elle une place de dame du palais de la reine. La tournure d'esprit de la jeune marquise : ses grâces agaçantes et une conversation enjouée, firent sur le monarque une impress. que les courtisans s'attachèrent à rendre durable, dans le but de supplanter mad. de La Vallière. Après avoir feint quelq. scrupules qui ne la rendaient pas moins intéressante que les mauvais traitements que lui faisait éprouver son époux, la marquise de Montespan ne tarda pas à jouir pleinement de la faveur qu'elle avait briguée secrètement par orgueil autant que par ambition (1670) ; et du double adultère des illustres amants naquirent 8 enfants, dont l'éducat. fut confiée à Mme de Maintenon. Celle-ci, mettant fin à la faveur de sa belle protectrice, fit du moins cesser un scandale dont la vie pénitente et les longs regrets de la marquise de Montespan n'ont point effacé le souvenir. Avant qu'elle fût momentanément supplantée par la duchesse de Fontanges, à qui succéda Mme de Maintenon, la marquise de Montespan avait régné despotiquem. sur Louis XIV pend. près de 14 ans. Elle mourut encore belle à 66 ans, en 1707, à Bourbon-l'Archambault. Les dernières années de sa vie furent marquées par de gr. austérités : elle réussissait à peine à calmer par de bonnes œuvres les inquiétudes de son repentir, faisait de fréquents voyages, voulait que des gens veillassent la nuit dans son appartem., et montrait une appréhension extrême de la mort.

MONTESQUIEU (CHARLES DE SECONDAT, baron de LA BREDE et de), le plus célèbre public. franç., né au château de la Brède, près de Bordeaux, le 18 janvier 1689, d'une famille distinguée de Guienne, montra dès son enfance les plus heureuses disposit. pour l'étude, et toute la vivacité d'esprit nécessaire pour en recueillir les fruits. Destiné à la magistrat. il s'appliqua de très bonne heure à étudier le rec. immense des différ. codes, à saisir les motifs et à démêler les rapports compliqués de tant de lois obscures ou contradict. Pour faire diversion à une occupat. aussi aride, il lisait, par forme de délassem., les livres d'hist. et de voyages, et méditait les productions des siècles classiq. de la Grèce et de Rome. A 20 ans il composa un ouvr. dans leq. il cherchait à prouver que l'idolâtrie de la plupart des païens ne semblait pas mériter une damnation éternelle ; mais il ne le fit point paraître. En 1714, il fut reçu conseiller, et deux ans après président à mortier au parlem. de Bordeaux. Sa compagnie le chargea, en 1722, de présenter des remontrances à l'occasion d'un impôt sur les vins, dont son éloquence et son zèle obtinrent la suppression, mais qui reparut sous une autre forme. A cette époque, il s'était déjà fait connaître par les *Lettres persanes*, publiées en 1721. Cet ouvr., dont l'idée première est empruntée des *Amusem. sérieux et comiques* de Dufresny, eut un gr. succès. Au milieu de détails voluptueux et un peu libres, de sarcasmes irréligieux qui flattaient le goût du siècle pour les plaisirs et son penchant à l'incrédulité, on y trouva une satire tout à la fois énergique et gracieuse des vices et des ridicules de la nation ; un tableau animé et vrai des mœurs franç.; des aperçus lumineux sur le commerce, le droit public, les lois criminelles, et sur les plus chers intérêts des nations ; un grand amour de l'humanité, un zèle courageux pour le triomphe de la raison. L'auteur s'était couvert du voile de l'anonyme, mais on sut bientôt que c'était l'un des présidents d'une des principales cours souveraines du roy.; et cette opposition entre l'écrit et la profession grave de l'écrivain augmenta le succès des *Lettres persanes*. En 1725, Montesquieu fit paraître le *Temple de Gnide*, production ingénieuse, mais froide et sans intérêt, appelée spirituellement par Mᵐᵉ du Deffant, l'*Apocalypse de la galanterie*. Il vendit sa charge en 1726, pour se livrer entièrement à la philosophie et aux lettres, et se présenta, quelque temps après, comme candidat pour la place vacante à l'Académie française par la mort de Sacy. Le cardinal de Fleury, alors premier ministre, écrivit à l'académie que le roi refusait son approbation à la nomination de l'auteur d'un ouvr. dans lequel se trouvaient des sarcasmes impies. Voltaire a écrit que Montesquieu porta lui-même les *Lettres persanes* au cardinal, « qui ne lisait guère et qui en lut une partie. » Il ajoute : « Cet air de confiance, soutenu par l'empressement de quelq. personnes en crédit, ramena le cardinal, et Montesquieu entra à l'acad. » Il y a lieu de douter de la démarche de celui-ci, bien qu'elle n'ait point été contredite par les contempor. On doit croire toutefois qu'il désavoua d'une manière quelconque celles des *Lettres persanes* qui fournissaient un prétexte légitime pour l'écarter de l'Académie. Après sa réception Montesquieu se mit à voyager

dans la plupart des pays de l'Europe. Il alla d'abord à Vienne, passa en Hongrie, puis en Italie, visita Venise, Rome, Gênes, parcourut la Suisse, les pays arrosés par le Rhin, s'arrêta en Hollande ; il y retrouva Chesterfield, qu'il avait connu à Venise et qui le conduisit en Angleterre, où il résida pend. deux ans, et fut reçu membre de la société roy. de Londres. De retour en France, Montesquieu se retira dans son château de la Brède, et publia en 1734 ses *Considérations sur les causes de la grandeur et de la décadence des Romains*, suiv. du *Dialogue de Sylla et d'Eucrate*. Douze ans après (1748), parut son gr. ouvr., l'*Esprit des lois*, auq. il travaillait depuis plus de vingt ans, qui mit le sceau à sa réputat., et qui seul a donné la mesure de son génie. Montesquieu fut considéré dès-lors dans toute l'Europe comme le législateur des nations ; mais loin d'être ébloui de l'éclat de sa gloire, il continua de vivre en sage, et de jouir de lui-même et de ses amis, partageant son temps entre le château de la Brède et Paris, c.-à-d. entre l'étude et le monde, s'occupant d'améliorat. agricoles, adoré de ses paysans, toujours disposé à secourir les malheureux, à rendre justice aux talents et à les protéger au besoin. Quoiqu'il tînt par quelques-unes de ses opinions à la secte philosophiq., de même que Buffon, Duclos et presque tous les bons esprits, il n'aimait pas le prosélytisme de l'impiété, ni les excès de l'esprit de cabale. Il consentit à travailler à l'*Encyclopédie*, et c'est pour ce gr. ouvr. qu'il composa l'*Essai sur le goût*. Depuis la publicat. de l'*Esprit des lois*, les forces physiq. de Montesquieu diminuèrent sensiblem., et il ne put, comme il en avait le dessein, donner plus d'étendue et de profondeur à quelq. endroits de cet immortel ouvr. Il mourut à Paris le 10 févr. 1755, d'une fièvre inflammatoire qui l'emporta au bout de 15 jours. Les ouvr. mentionnés dans cet article ont été réunis avec ses lettres et quelques opuscules sous le titre d'*OEuvres compl.*, souvent réimpr. Les meill. édit. sont celles d'Auger, Paris, 1816, 6 vol. in-8, précéd. d'une *Vie* de l'auteur ; de M. Lequien, 1819, 8 vol. in-8, et de M. L. Parelle, 1826, dans la collect. des classiques de Lefèvre. Cet illustre écriv. avait laissé un gr. nombre de MSs. Parmi ceux qui n'ont pas vu le jour, on cite une *Relation de ses voyages*, très imparfaite ; des *Morceaux qui n'avaient pu entrer dans l'Esprit des lois*, et qui forment des dissertat. particulières ; trois gros vol. in-4, renfermant des extraits de ses lectures, avec des réflexions à la suite ; une introduct. à l'hist. de Louis XI, histoire, dit-on, écrite en entier par Montesquieu, et dont son secrét. brûla, par mégarde, la copie au net, tandis que lui-même jeta au feu le brouillon, croyant que cette copie existait encore. Mais cette anecdote, souvent réimpr., est maintenant regardée comme apocryphe. En 1816 l'Acad. franç. mit au concours l'*Éloge de Montesquieu ;* le prix fut décerné à M. Villemain : ce morceau fait partie du 1ᵉʳ vol. de ses *Mélanges littér.* — Le baron de MONTESQUIEU, son petit-fils et son dern. descendant en

ligne directe, mort sans postérité près de Cantorbéry en 1824, avait servi sous Rochambeau aux
États-Unis, et, après la révolut., dans l'armée des
princes français. Marié en Angleterre, il refusa,
dit-on, la pairie que M. Decaze lui fit offrir. Le
comte Lynch a publié une *Notice sur le baron de
Montesquieu*, Paris, 1824, in-8. Un trait de générosité qui honore sa vie est d'avoir transmis à un
parent de son nom, connu par son attachem. aux
Bourbons, l'usufruit des biens non aliénés que lui
avait rendus le gouvernem. consulaire.

MONTESQUIOU, très ancienne famille de l'anc.
comté d'Armagnac, qui subsiste encore. — Le
baron de MONTESQUIOU, capitaine des gardes du duc
d'Anjou (dep. Henri III), acquit une triste célébrité
en assassinant Louis Ier, prince de Condé, prisonn.
et désarmé, à la bataille de Jarnac, le 19 mars 1569.
— MONTESQUIOU d'ARTAGNAN (Pierre de), maréch.
de France, né en 1645, entra de bonne heure dans
la 1re compagnie de mousquetaires, se signala aux
siéges de Tournai, de Lille et de Besançon (1666 et
1667), passa ensuite dans les gardes, devint successivem. major d'infanterie, brigadier des armées,
maréchal-de-camp, lieuten.-général, commanda
l'aile droite de l'armée à la bataille de Malplaquet
en 1707, reçut le bâton de maréchal, en récompense de sa belle conduite dans cette journée, fut
nommé commandant en Bretagne en 1716, membre
du conseil de régence en 1720, et mourut en 1725.
— MONTESQUIOU-FEZENSAC (Anne-Pierre, marquis
de), lieutenant-général, né à Paris en 1741, fut
d'abord attaché comme menin aux enfants de
France, entra ensuite au service, devint premier
écuyer du comte de Provence (dep. Louis XVIII)
en 1771, et fut nommé maréchal-de-camp en 1780.
Il remplaça, en 1784, M. de Coetlosquet à l'Acad.
franç; son admission dans ce corps littéraire fut
le sujet de nombreuses épigrammes. En 1789, élu
par la noblesse de Paris député aux états-génér.,
il se réunit, un des prem. de son ordre, au tiers-
état, s'occupa plus particulièrem., dans l'assemblée
constituante, des quest. de finances, et développa
des connaissances qu'on ne lui avait pas reconnues
jusqu'alors. A la fin de la sess., nommé command.
de l'armée du Midi, il se rendit d'abord à Avignon,
et prit des mesures pour prévenir le retour des
troubles qui venaient d'ensanglanter cette ville.
Ayant rejoint le corps de troupes réuni sur les
frontières du Dauphiné, il pénétra en Savoie (sept.
1792), et l'occupa sans coup férir. Un mois après
il fut décrété d'accusation, sous le prétexte ridicule
qu'il avait compromis la dignité nationale dans une
négociation dont il avait été chargé avec la république de Genève, pour l'éloignem. des troupes
suisses. Ayant cru devoir se soustraire à l'exécut.
de ce décret, il se retira en Suisse où il vécut assez
ignoré jusqu'en 1795. A cette époque il adressa à
la convention un mémoire justificatif de sa conduite, obtint sa radiation de la liste des émigrés,
et revint à Paris où il mourut en 1798. On a de lui :
Disc. de récept. à l'Acad. franç., 1784. — *Émilie,
ou les joueurs*, comédie, 1787, in-18, tirée seule-

ment à 50 exempl., et non représentée. — *Correspondance*, in-8. — *Mém. justificatif*, 1792, in-4.
— *Du gouvernem. des finances de France, d'après
les lois constitutionnelles*, etc., 1797, in-8. — Des
rapports et des *mém.*, publ. pendant la session de
l'assemblée constituante; quelq. pièces de vers
assez faciles, etc. On peut consulter la *France littéraire* de Quérard.

MONTESQUIOU-FEZENZAC (FRANÇOIS-XAVIER-
MARIE-ANTOINE de), pair de France, né en 1757 au
château de Marsan, embrassa l'état ecclésiastique.
Nommé en 1785 agent-général du clergé, il exerça
ces fonctions jusqu'à la révolution. Député par le
clergé de Paris aux états-génér., il montra beauc.
de modérat. dans la défense des priviléges et s'acquit une très gr. influence. Mirabeau, qui la redoutait, ne put s'empêcher de s'écrier un jour de sa
place, au moment où il allait prendre la parole :
Méfiez-vous de ce petit serpent; il vous séduira.
Porté deux fois à la présid. (5 janvier et 28 février
1798), il mérita les remercîments de l'assemblée.
Il ne s'était réuni au tiers-état que sur l'invitation du roi, après avoir toutefois déclaré que
« son ordre regardait non comme un sacrifice,
mais comme un acte de justice, l'abandon de ses
priviléges pécuniaires. » Lors de la discussion relative aux biens ecclésiastiques, il démontra que
le clergé en était propriétaire, et qu'avant de les
lui enlever, il fallait au moins assurer ses dépenses.
La création des assignats trouva en lui un antagoniste vigoureux. Malgré cette opposition, il fut l'un
des douze commissaires chargés de l'exécution de
la loi qui ordonnait la vente des biens ecclésiast.
Dans la délibérat. sur la suppress. des monastères,
il prouva que l'assemblée n'avait pas le droit de dispenser les religieux de leurs vœux. Lorsque la loi
sur le serment eut été votée, plusieurs évêques se
réunirent pour savoir s'il pouvait être prêté : l'abbé
de Montesquiou soutint l'affirmative. Néanmoins,
l'opinion contraire ayant prévalu, il se soumit à
cette décision, et demanda même, dans la séance
du 27 nov., que le roi fût prié d'écrire au pape
pour avoir sa sanction. Sur la question de la guerre
ou de la paix, il soutint que le roi seul devait jouir
de cette prérogative; mais il la subordonnait à la
ratification de l'assemblée. Il vota avec le côté droit
dans toutes les occasions importantes, et signa la
protestation du 12 sept. 1791. Pendant la session
de l'assemblée législative, il demeura à Paris, se
retira en Angleterre après la journée du 10 août,
et rentra en France après le 9 thermid. A l'époque
où le Ier consul se fit donner le titre d'emper., il
exila l'abbé de Montesquiou à Menton près de Monaco, puis le laissa vivre tranquillement à Paris.
Il fit partie du gouvernement provisoire (avril
1814). L'un des commissaires chargés de la rédaction de la charte, il fut nommé le 13 mai ministre de l'intérieur, présenta le 12 juillet à la
chambre des députés un rapport sur la situation
du roy., et quelque temps après proposa une loi
sur l'exercice de la liberté de la presse. Bonaparte,
à son retour de l'île d'Elbe, comprit l'abbé de

Montesquiou dans le décret qui exceptait de l'amnistie les personnes soupçonnées d'avoir tramé le renversem. de l'empire. Il se rendit en Angleterre, d'où il ne revint qu'après les *cent-jours*. Seul des ministres de cette époque, il refusa l'indemnité de 100,000 fr. que Louis XVIII leur accorda. Il conserva le titre de ministre-d'état, et fut élevé à la dignité de pair. Il fut élu en 1816 membre de l'Académie franç. Le roi le nomma duc en 1821. Après la révolut. de juillet il cessa de prendre part aux délibérat. de la chambre des pairs; mais il n'envoya sa démission que le 9 janv. 1832. Il mourut le mois suiv. à 75 ans. On lui attribue l'*Adresse aux provinces, ou Examen de l'opération des assemblées nationales*, 1790, in-8.

MONTESQUIOU-FEZENZAC (Philippe-André, comte de), frère aîné du précéd., né en 1753 au château de Marsan, entra dans le régim. de Royal-Vaisseaux infanterie, passa dans Lorraine-dragons, et fut nommé, en 1788, colonel du régim. de Lyonnais. Sévère, mais juste, il sut se faire aimer et respecter du soldat. A la révolution il ne quitta point son régim., dans lequel il sut maintenir la discipline, et fut en 1792 nommé par le roi maréchal-de-camp. Envoyé la même année à St-Domingue pour y commander les troupes stationnées au Cap, il donna sa démission à la nouvelle de la mort de Louis XVI, et fut arrêté par ordre des commissaires Polverel et Sonthonax, pour l'envoyer à la convention dès que la mer serait libre. Après le 9 thermidor il se rendit aux États-Unis, où il demeura jusqu'à l'époque du consulat. De retour en France, il y vécut dans la retraite jusqu'à la restauration. Nommé lieutenant-génér. et command. du départ. du Gers en 1814, il quitta son commandem. pendant les *cent-jours*, n'y fut point rétabli par le roi, et dès-lors vécut dans la retraite jusqu'à sa mort en 1833.

MONTESSON (Charlotte-Jeanne BERAUD de LA HAIE de RIOU, marquise de), né en 1757, d'une famille noble de Bretagne, fut mariée à 17 ans à un riche gentilhomme du Maine, lieut.-gén. des armées du roi, mais déjà sur le retour de l'âge. Veuve à 32 ans, elle fut recherchée dans le monde autant pour ses talents et son esprit qu'à cause de ses qualités aimables. Le duc d'Orléans, petit-fils du régent, qui depuis plusieurs années nourrissait une passion très vive pour Mme de Montesson, l'épousa en 1773 avec l'agrément du roi; et cette union, qui devait rester secrète, fut bientôt connue à la cour et à la ville. Toutefois l'épouse du prem. prince du sang sut se créer des titres à l'estime par les soins mêmes qu'elle mit à paraître digne d'une qualité dont l'excluait sa naissance; et grâce à l'habileté de sa conduite, à des manières à la fois nobles et liantes, elle sut, en désarmant l'envie, s'affranchir des difficultés de sa position. Devenue veuve une seconde fois en 1785, elle n'eut presq. rien à réformer dans le train de sa maison, si l'on en excepte les a .nusements de société qu'elle avait coutume de ménager à son illustre époux, et qui consistaient surtout en petits spectacles; enfin elle

continua de fréquenter le même cercle, et de répandre les mêmes libéralités, bien que l'acquittem. de son douaire eût rencontré plus d'un obstacle. Reconnu comme dette légitime par Louis XVI (juill. 1792), il ne fut définitivement liquidé que sous l'empire, et assis sur les canaux d'Orléans et du Loing. La liaison que Mme de Montesson avait contractée avec Mme de Beauharnais fut la source des égards et des distinctions qu'eut toujours pour elle Bonaparte; et celle que ses actes d'humanité et de bienfaisance avait préservée de tout péril durant les orages révolutionn., employa surtout son crédit, dans des temps meill., à obtenir que le chef du gouvernement augmentât les pensions que recevaient dans l'exil quelq.-uns des membres de la famille royale. Elle mourut à Paris en 1806, et fut enterrée auprès de son second époux, dans une chapelle de l'église de St-Port, près de Melun. A des talents distingués dans les sciences et dans les arts d'agrément, Mme de Montesson joignait le goût des lettres; passionnée pour les spectacles, elle composa un très grand nombre de pièces pour le petit théâtre de sa maison, où elle-même jouait, ainsi que le duc d'Orléans, avec beaucoup d'intelligence et de grâce. Parmi les pièces dont elle est auteur, on distingue *Robert Sciarts*, drame en 5 actes et en prose; *l'heureux Échange; la Femme sincère*, et *l'Amant romanesque*. Elle fit imprim. pour ses amis, sous le titre d'*OEuvres anonymes* (Paris, Didot, 1782, 8 vol. gr. in-8), un rec. de ses écrits tant en prose qu'en vers; et en 1785 elle donna au Théâtre-Français, sans se nommer, *la comtesse de Chazelles*, comédie en cinq actes et en vers, qui fut assez mal accueillie. On assure qu'elle laissa MSs. 2 tragédies (*Elfrède* et *la Prise de Grenade*), et deux coméd.; Barbier lui attribue une trad. du *Ministre de Wakefield*, 1767, in-12.

MONTET (Jacques), chimiste, né en 1722 près du Vigan (Languedoc), se procura très jeune la collect. des mém. de l'acad. des sciences, et puisa dans ce recueil un goût très vif pour la chimie, qui décida sa vocation dès l'âge de 20 ans. Un Anglais, qu'il accompagna dans un voyage en Suisse, mit le jeune adepte à portée de suivre à Paris les leçons du célèbre Rouelle. De retour en Languedoc, Montet présenta quelques mémoires à la société royale de Montpellier, qui le reçut au nombre de ses membres, à 26 ans, dans la classe de chimie. Il professa long-temps cette science avec Venel, et ne contribua pas moins que lui à en répandre le goût dans le Midi de la France. Montet mourut à Montpellier en 1782. On a de lui un grand nombre de mém., dissert., analyses, etc., sur des sujets de chimie, de physique, d'histoire natur., d'agricult., dans le *Rec.* de la société roy. de Montpellier, et dans celui de l'acad. des sciences de Paris.

MONTEVERDE (Claude), compositeur, né à Crémone vers la fin du 16e S., mort à Venise dans un âge très avancé, publia dans cette ville, où il était maître de la chapelle du doge, des madrigaux à 3, 4 et 5 voix, sorte de poésie chantante très à la mode alors dans les concerts d'Italie. Il osa enfreindre quelques règles importunes à son génie, mais qui jusqu'alors avaient été regardées comme inviolables, s'entendit traiter d'ignorant et d'innovateur dangereux, pour avoir voulu reculer les limites de son art, et parvint cependant, par la beauté de sa musique, à ramener le public et la plus gr. partie des amateurs; il fit adopter ses écarts avec quelq. modifications, et commença ainsi une révolution musicale dans son pays. L'acad. de Bologne l'admit dans son sein en 1620, et célébra son admiss. par une grande solennité. On a de lui : *Selva morale e spirituale*, Venise, 1640; et les opéras suivants : *Proserpina rapita*, 1630; *Arianna*, par Rinuccini, 1640; *l'Incoronazione di Poppea*, 1642.

MONTEZUMA Ier, surnommé *Huéhué* (le vieux), 5e roi du Mexique, monta sur le trône en 1455, fit la conquête de Chalci, république guerrière de la mer du Sud, se fit craindre et respecter des nations voisines, donna de nouvelles lois à ses sujets, et mourut en 1483. — MONTEZUMA II, surn. *Xocojotzin* (le jeune), succéda à son grand-père Ahuitzotl en 1502, s'aliéna l'affection d'une partie de ses sujets par son caractère arrogant, par ses règlements sévères, soumit plusieurs pays révoltés contre sa domination, et porta, par ses conquêtes, l'empire d'Anahuac ou du Mexique à sa plus gr. étendue. Mais en 1519 le débarquem. de Cortez vint mettre un terme aux prospérités de Montezuma. Ce monarque, après avoir tenté inutilement d'éloigner, par des négociations, le gén. espagnol de Mexico, devint le prisonnier de ces hôtes, et fut blessé par ses propres sujets dans une insurrection qu'ils entreprirent pour le délivrer. Dédaignant de prolonger une vie devenue pour lui honteuse et insupportable, il déchira l'appareil qu'on avait mis sur ses blessures, refusa de prendre aucune nourriture, et expira le 30 juin 1520. Il existe des contradict. dans les divers récits de la mort de Montezuma, suivant qu'ils ont été écrits par des Espagnols ou des Mexicains. Ce prince laissait plus. enfants; trois de ses fils périrent dans une action contre les Espagnols, le lendem. même de sa mort; un 4e, nommé Tlacahuépan-Tohuolicahuatzin, fut baptisé par les Espagnols sous le nom de don Pedro, et eut un fils qui épousa une demoiselle de la famille de la Cueva. C'est de celui-ci que descendent les comtes de Montezuma et de Tula, en Espagne. Trois maisons de Mexico, les Cano-Montezuma, les Andrade-Montezuma, et les comtes de Miravalla, tirent leur origine d'une fille du roi nommée Temicpotzin. Un des Montezuma d'Espagne fut vice-roi du Mexique vers la fin du 17e S.

MONTFAUCON (BERNARD de), savant bénéd. de la congrégation de St-Maur, né en 1655 au château de Soulage en Languedoc, d'une famille noble, avait acquis, dès l'âge de 17 ans, des connaissances très étendues dans la géographie, l'histoire et les usages des peuples anciens et modernes. Ses idées se portant d'abord sur la carrière milit., il fut admis en 1672 dans le corps des cadets à Perpignan, entra l'année suivante, comme volontaire, dans le régiment de Languedoc, et fit deux campagnes sous les ordres de Turenne. Mais la perte successive de son père et de sa mère lui fit bientôt prendre la résolution de renoncer au monde. Il prit l'habit de St-Benoît au monast. de la Daurade, à Toulouse, en 1675, fut envoyé par ses supérieurs à l'abbaye de Sorèze, s'y livra à l'étude du grec et fit des progrès rapides. Appelé à Paris en 1687, il se lia avec deux critiques célèbres, Ducange et Bigot, et mit à profit leurs conseils dans divers travaux littér., il obtint ensuite la permission de visiter l'Italie, se rendit à Rome en 1698, y fut accueilli avec distinction par le pape Innocent XII, parcourut plusieurs autres villes principales, et revint à Paris mettre en ordre les riches matériaux qu'il avait amassés dans le cours de son voyage. Après avoir publié de nombreux ouvrages, presque tous remarquables par leur importance et leur étendue, par une érudition aussi solide qu'abond., le P. Montfaucon, parvenu à l'âge de 87 ans, mourut subitement le 21 déc. 1741, à l'abbaye de St-Germain-des-Prés. Il avait été membre de l'académie des inscript. en 1719. On trouve la liste très détaillée des ouvr. de ce laborieux écrivain, dans l'*Hist. littéraire de la congrégat. de St-Maur*, par D. Tassin; on distingue les suivants : *Analecta sive varia opuscula græca*, Paris, 1688, in-4.—*La Vérité de l'histoire de Judith*, 1690, 1692, in-12. — *Diarum italicum, sive monumentor. veterum bibliothecar... Notitiæ singulares itinerario italico collectæ*, 1702, in-4. — *Collectio nova Patrum et scriptor. græcorum*, 1706, 2 vol. in-fol. — *Palæographia græca, sive de ortu et progressu litterar. græcar.*, 1708, in-fol., fig. — *Bibliotheca coisliniana, olim segueriana, sive MSs. omnium quæ in eâ continentur accurata descriptio*, 1715, in-fol. — *L'Antiquité expliquée et représentée en figures*, latin et franç., 1719-24, 15 vol. in-fol. (ouvrage immense et qui suffirait seul à la gloire de l'auteur). — *Les monum. de la monarchie française*, etc., 1729-33, 5 vol. in-fol. — *Bibliotheca bibliothecarum MSs. nova*, 1739, 2 vol. in-fol.—D'excellentes édit. des *OEuvres* de St Athanase, des *Hexaples* d'Origène, et des *OEuvres* de St Chrysostôme. — Une traduct. française des livres grecs de Philon *sur la vie contemplative*, 1709, in-12.

MONTFERRAT, famille de l'Italie-Septentr., qui a disputé long-temps à la maison de Savoie la souveraineté du Piémont, et qui a régné en même temps à Casal, en Thessalie et à Jérusalem. — ALDERAME, prem. personnage connu de cette famille, obtint des chartes de possession, de Hugues et de Lothaire, roi d'Italie, en 938, fut fait marquis de Montferrat par Othon-le-Grand en 967, et mourut, à ce que l'on croit, vers 995. — Ses successeurs furent ses 3 fils qui régnèrent l'un après l'autre : GUILLAUME Ier, BONIFACE Ier et GUILLAUME II. — A ce dernier succéda GUILLAUME III, et vint ensuite Renier qui fut père de Guillaume IV, dont nous allons parler. Mais cette généalogie est fort incertaine; et l'hist. des marq. de Montferrat, pendant les 10e et 11e S., est enveloppée de la plus grande obscurité. — GUILLAUME IV, surnommé *le Vieux*, parce que, dès sa jeunesse, il avait les traits d'un vieillard, épousa une sœur utérine de l'empereur Conrad III; il accompagna ce prince dans la seconde croisade avec ses fils; de retour en Italie, prit part aux guerres de Lombardie pour l'emper. Frédéric Barberousse, dont il devint dans la suite l'un des plus intimes conseillers, et mourut vers 1183. — GUILLAUME V, fils aîné du précédent, passa en Orient avec son père et ses 4 frères, se signala dans la troisième croisade et y acquit le surnom de *Longue-Épée*, épousa la sœur de Baudouin, dit *le Lépreux*, roi de Jérusalem, reçut en dot le comté de Joppé, et mourut en 1185. Il laissa un fils qui succéda, l'année suiv., à son aïeul maternel, sous le nom de Baudouin V, et mourut quelq. mois après. — CONRAD V, frère de Guillaume V, fut seigneur de Tyr de 1187 à 1192, et roi de Jérusalem, en concurrence avec Gui de Lusignan, successeur de Baudouin V. Les princes d'Occident avaient reconnu les droits de Conrad; le seul Richard-Cœur-de-Lion embrassa la cause de Gui de Lusignan. La discorde se mit dans le camp des chrétiens qui assiégeaient St-Jean-d'Acre, et pendant leurs démêlés Conrad fut assassiné en 1192, par deux Sarrasins, émissaires, dit-on, du fameux scheik musulman, connu sous le nom de *Vieux de la montagne*. — BONIFACE III, frère du précéd., fut roi de Thessalonique, de 1183 à 1207, comme héritier de son frère Regnier, 6ᵉ marquis de Montferrat, gendre de Manuel Comnène. A l'exemple de son père Guillaume V et de ses frères, Boniface crut devoir employer les ressources de ses états à la défense de la Terre-Sainte. Il passa en Syrie où il fut fait prisonnier à la bataille de Tibériade en 1187. Échangé, il revint dans le Montferrat en 1191, augmenta ses états par des concess. de l'empereur. Henri IV, fut nommé en 1202, chef de la 5ᵉ croisade, contribua d'une manière brillante à la conquête de l'empire de Constantinople, et fut remis, en 1204, en possession de son royaume de Thessalonique, auquel le conseil des croisés joignit l'île de Candie, que ce prince vendit aux Vénitiens. Il prit ensuite Napoli de Romanie et Corinthe sur les Grecs, et fut tué par une flèche empoisonnée, en 1207, en combattant les Sarrasins devant Satalieh, ville de l'Asie-Mineure. — GUILLAUME VI, fils aîné du précéd., fut chargé, en 1203, du gouvernem. du Montferrat, par son père, lorsque celui-ci eut passé dans l'Orient. Après la mort de Boniface il vint à Thessalonique pour affermir son frère Démétrius dans la possession de ce petit royaume, revint ensuite en Italie, passa une seconde fois à Thessalonique pour rétablir Démétrius sur le trône que les Grecs lui avaient enlevé, et y mourut vers 1225, laissant un fils qui lui succéda dans la souveraineté du Montferrat. — DÉMÉTRIUS, frère du précédent, roi de Thessalonique, fut dépouillé de ses états par Théodore Lascaris en 1219, implora les secours de son frère, et fut remis par lui en possession de sa capitale en 1224. Mais après la mort de Guillaume, Démétrius fut contraint de passer en Italie avec son neveu Boniface, et mourut à Casal

en 1227, laissant par testament, à l'emper. Frédéric II, tous ses droits sur le royaume de Thessalie. — BONIFACE IV, marquis de MONTFERRAT, fils et success. de Guillaume VI, prit part à l'expédition de Thessalonique en 1224, revint l'année suiv. à Casal avec son oncle Démétrius, et fut remis par ses sujets en possession de tout le Montferrat, malgré le contrat d'hypothèque que son père avait passé avec Frédéric II, qui lui avait avancé une somme de 9,000 marcs pour armer en faveur de Démétrius. Boniface obtint même, en 1230, de l'emper., que celui-ci renonçât à tous les droits que lui avait transmis Démétrius par son testam. Ce prince mourut en 1254. Il avait épousé la fille d'Amédée, comte de Savoie. — GUILLAUME VII, fils et successeur du précéd., régna sur le Montferrat, de 1254 à 1292. Ce fut lui qui ouvrit l'entrée de l'Italie, en 1264, à Charles d'Anjou; mais lorsque ce prince ambitieux, après avoir conquis le roy. de Naples, eut entrepris d'asservir la Lombardie, Guillaume lui opposa la plus vive résistance, chassa les garnisons franç. du Piémont, et força plusieurs seigneurs et villes d'Italie à l'alliance du roi de Naples. A la tête d'une armée formidable, il sut la maintenir en activité en la mettant à la solde des princes ses voisins, lorsque lui-même n'avait point de guerre. Profitant de son influence, il se fit déférer, par les habitants eux-mêmes, la seigneurie de plus. villes indépendantes, maria sa fille Iolande avec Andronic Paléologue, emper. de Constantinople, et lui donna pour dot tous ses droits sur le royaume de Thessalonique. Ce prince, auq. les annalistes contemporains ont décerné le surn. de *Grand*, termina sa carrière d'une manière peu glorieuse. S'étant rendu à Alexandrie pour y réprimer une sédition fomentée par les citoyens d'Asti, ville voisine et indépend., il y fut fait prisonnier en 1290, et enfermé dans une cage de fer, où il mourut après 17 mois de captivité, le 16 fév. 1292. — JEAN Iᵉʳ, marquis de MONTFERRAT, fils et successeur du précéd., se trouvait à la cour de Charles II, roi de Naples, lorsque son père mourut. Matth. Visconti, seigneur de Milan, profitant de son absence, lui enleva les villes de Trino, Ponte-Stura, Moncalvo et Casal. Jean accourut à la défense de ses états, et ne se sentant pas assez fort pour résister à l'agresseur, lui demanda la paix : Visconti consentit à lui laisser le gouvernem. du Montferrat pend. 5 ans, avec le titre de son lieutenant, et une paie de 3,000 livres milanaises. Au bout de ce terme, Jean, qui s'était fortifié de l'alliance d'Amé III, comte de Savoie, en épousant sa fille Marguerite, voulut rentrer en possess. de la souveraineté : il se préparait à la guerre, lorsqu'Albert Scott, avec lequel il s'était aussi allié, lui en épargna les chances, en excitant à Milan, en 1302, une révolut. qui chassa Matthieu Visconti de cette ville. Jean mourut en 1305, à l'âge de 28 ans, sans postérité. Sa sœur Iolande ou Irène (les Grecs lui avaient donné ce dernier nom), succédant aux droits de sa maison, les transmit à son second fils. — THÉODORE PALÉOLOGUE, marquis de MONTFERRAT,

2e fils de l'emper. Andronic, et d'Iolande, ou Irène de Montferrat, neveu de Jean, succéda à ce prince. A son arrivée à Gênes, en 1306, il trouva le Montferrat occupé presque en entier par Manfred, marquis de Saluces, et par Charles II, roi de Naples; mais secondé par ses sujets, attachés à leurs anciens maîtres, appuyé par les Génois et par plusieurs seigneurs de la Lombardie, il combattit avec succès les troupes qui avaient envahi ses états, et se fit reconnaître par l'emper. Henri VII, avec leq. il contracta ensuite une alliance avantageuse à tous deux. A la mort de sa mère, en 1316, il passa en Grèce, demeura près de deux ans auprès de son frère, Andronic-le-Jeune, alors emper. d'Orient, et l'aida à repousser les Turcks. Il revint dans ses états en 1319, puis retourna à Constantinople, et finit par se fixer définitivement dans le Montferrat, où il mourut (à Trino) en 1338. Pendant son séjour en Orient, il avait composé en grec un *traité* sur la discipline militaire, qu'il traduisit lui-même en latin. — JEAN II PALÉOLOGUE, fils et success. du précéd., résolut, en recueillant l'héritage paternel, de travailler à recouvrer les pays qui avaient été détachés des possess. de la prem. maison de Montferrat par les princes de Savoie, le roi de Naples ou les guelfes de Lombardie. Le succès couronna son entreprise. Secondé par Othon de Brunswick, son parent, qui vint s'établir à sa cour, il soumit les villes envahies par le roi de Naples et une gr. partie du Piémont, il accompagna, en 1355, l'emper. Charles IV dans son expédit. en Toscane et à Rome, et obtint, en récompense des services qu'il rendit dans cette circonstance, le vicariat de l'empire en Italie. Cette nouv. dignité le brouilla avec la maison Visconti de Milan, et il eut à soutenir une longue guerre avec Galeaz Visconti, à la suite de laq. il perdit Valence et Casal. Le chagrin et l'inquiétude qu'il éprouva de ces revers lui causèrent une maladie dont il mourut en 1372. — SECONDOTTO PALÉOLOGUE, fils et success. du précéd., né en 1360, eut pour tuteur, ainsi que ses trois frères, le prince Othon de Brunswick, qui conclut une paix glorieuse avec Galeaz Visconti en 1376. Marié l'année suiv. avec Violante Visconti, sœur de Jean Galeaz, Secondotto fut investi du pouvoir par son tut., quoiqu'il n'eût pas atteint sa majorité, fixée à 25 ans par son père, Mais bientôt son caractère violent hâta le terme de son existence. Étant entré en fureur contre un de ses palefreniers, et le poursuivant dans l'écurie pour le tuer, ce jeune prince reçut d'un autre valet, qui prit la défense de son camarade, un coup si violent à la tête qu'il en mourut quatre jours après, en déc. 1378. — JEAN III PALÉOLOGUE, frère du précédent, lui succéda, et fut tué dans une bataille que le prince Othon de Brunswick, son frère et mari de la reine Jeanne, livra en 1381 à Charles III d'Anjou, qui avait envahi le roy. de Naples. — THÉODORE II PALÉOLOGUE, 3e fils de Jean III, fut appelé, par la mort de ses 2 frères, à la succession de Montferrat; élevé à la cour de Jean Galeaz Visconti, où il était retenu comme en

otage, il se vit d'abord forcé de céder tous ses droits sur Asti; mais à la mort du duc de Milan, il recouvra son indépendance, se fit restituer Casal, sa capitale, que Jean Galeaz avait toujours occupée, fit alliance avec Amé VII, comte de Savoie, déclara ensuite la guerre (1408) à Jean-Marie Visconti, le contraignit à recevoir un gouverneur de son choix dans Milan, aida les Génois à chasser de leur ville la garnison française (1409), et se fit élire capitaine de cette république, avec les émoluments accordés aux doges; mais ses troupes furent chassées de Gênes en 1413. L'année suiv., Théodore fut reconnu, par l'emper. Sigismond, vicaire impérial en Italie, et cette dignité fut confirmée dep. à tous ses success. Il mourut en 1418. — Jean-Jacques PALÉOLOGUE, fils unique et successeur de Théodore II, né en 1395, régna sur le Montferrat de 1418 à 1445, époque de sa mort. Ce fut un des princes les plus malheureux de sa maison. Il perdit successivement, dans les guerres avec le duc de Milan, presque toutes ses villes et ses forteresses, et fut contraint de remettre en dépôt, au duc de Savoie, ce qui lui restait de ses états. Les Vénitiens, dont il implora le secours, obligèrent bien le duc de Milan à restituer ses conquêtes; mais il fut plus difficile d'amener le duc de Savoie à rendre le dépôt qu'il avait reçu. Amé VII fit arrêter le fils du marquis, et ne le rendit à son père que lorsque celui-ci eut consenti à faire hommage du Montferrat à la maison de Savoie. — JEAN IV PALÉOLOGUE, fils et success. du précéd., fit quelq. conquêtes dans le Milanez, fut obligé de les rendre ensuite au duc François Sforze, et mourut au château de Casal en 1464. — GUILLAUME VIII, frère du précédent, s'était acquis la réputat. d'un bon capitaine dans les guerres de Lombardie, avant d'entrer en possession des états de Jean IV, et avait obtenu du duc de Milan, Franç. Sforze, la seigneurie d'Alexandrie, à laq. il fut obligé de renoncer en 1450. Ce prince s'affranchit de l'hommage et de la dépend. féodale que le duc de Savoie, Amé VII, avait imposés à son père, et mourut en 1483, sans laisser de fils. — BONIFACE V PALÉOLOGUE, 3e fils de Jean-Jacques, était déjà parvenu à un âge assez avancé lorsqu'il succéda à son frère Guillaume VIII. N'ayant pas eu d'enfants d'une première femme, Hélène de Penthièvre, qu'il avait épousée l'année même de la mort de Guillaume, il se remaria, en 1485, avec Marie, princesse de Servie, qui le rendit père de deux fils, et trompa ainsi les espérances de Louis, marquis de Saluces, gendre de Guillaume, et désigné par lui comme success. de Boniface. Ce dern. mourut en 1493. — GUILL. IX PALÉOLOGUE n'était âgé que de 7 ans lorsqu'il succéda à son père Boniface V. On a peu de particularités sur ce prince, dont les états demeurèrent ouverts aux armées de Charles VIII et de Louis XII, lors de leurs expédit. en Italie. Il mourut en 1518, âgé de 30 ans. — BONIFACE VI, fils du précédent, n'eut pas plus de part que son père aux grands événem. d'Italie, et mourut en 1531 d'une chute de cheval, en chassant le sanglier. — Jean-George

PALÉOLOGUE, dernier héritier mâle de la maison de Montferrat, abbé de Bremida et de Lucedio, déposa l'habit ecclésiast. pour recueillir la success. de son neveu Boniface VI, épousa, en 1533, Julie, princesse de Naples, de la maison d'Aragon, et mourut d'apoplexie la même année, à l'âge de 45 ans. Avec lui s'éteignit la maison de Montferrat-Paléologue, après avoir régné 228 ans sur cette partie de l'Italie : la prem. maison, dont Alderame était la tige, en avait régné 358. Le marquisat de Montferrat passa ensuite à la maison de Gonzague, qui le conserva uni au duché de Mantoue, et qui s'éteignit en 1708.

MONTFLEURY (ZACHARIE-JACOB, dit), né en Anjou à la fin du 16e S., d'une famille noble, fut d'abord page du duc de Guise, puis, entraîné par son goût pour le théâtre, s'enrôla dans une troupe de province. Les succès qu'il obtint le firent appeler à Paris, où il fut admis à l'Hôtel-de-Bourgogne ; il joua d'original dans le *Cid* et les *Horaces,* et donna lui-même en 1647 une tragédie d'*Asdrubal*, mal à propos attribuée à son fils. Il eut la réputat. d'un grand acteur dans les deux genres, et mourut en 1667, dans le cours des représent. d'*Andromaque*. Molière s'est moqué de la déclamation outrée de Montfleury dans l'*Impromptu de Versailles*. — MONTFLEURY (Antoine-Jacob, dit), fils du précéd., né en 1640, eut beauc. de succès dans ses études, les termina d'une manière brillante, et pour obéir à son père se fit recevoir avocat ; mais il quitta le barreau pour le théâtre, fut à la fois auteur et acteur à l'Hôtel-de-Bourgogne, auq. il donna longtemps la vogue. Lorsqu'il eut passé l'âge de la jeunesse, il se dégoûta du théâtre. Colbert, dont il était aimé, le chargea d'une mission en Provence ; il allait obtenir une place dans la ferme-générale lorsqu'il mourut à Aix en 1685. Ses *OEuvres dramatiq*. ont été réunies en 3 ou 4 vol. in-12. L'édit. de 1775 est la plus complète ; elle contient seize pièces. On y a joint la tragédie d'*Asdrubal* de son père. De toutes ses pièces, *la Femme juge et partie* est la seule qui soit restée au répertoire. Elle balança dans le temps le succès du *Tartufe*, joué la même année, 1669. M. Ones. Leroy l'a redonnée en 1821 avec des changem. Montfleury a des intentions comiques et de la gaîté dans le style ; mais il est incorrect et trop souvent licencieux. Il a puisé dans le théâtre espagnol les sujets de la plupart de ses comédies.

MONTFORT (SIMON, comte de), 4e du nom, né dans le 12e S., d'une ancienne et illustre maison, se croisa en 1199 avec Thibaut V, comte de Champagne. Il se distingua en Palestine par divers exploits ; à son retour en France, il s'engagea dans la croisade formée en Languedoc contre les Albigeois. et en fut déclaré chef par les barons. En 1213, il remporta une grande victoire à Muret sur le roi d'Aragon et Raimond VI, comte de Toulouse, qui était accusé de favoriser les hérétiques. Raimond ayant été privé de ses états, les barons les adjugèrent au comte de Montfort, qui en rendit foi et hommage à Philippe-Auguste. Le fils du comte de

Toulouse, Raimond VII, étant parvenu en 1217 à rentrer dans cette ville et à s'y faire reconnaître, Simon, alors occupé à faire la guerre dans le dioc. de Nîmes, revint promptement mettre le siège devant la place ; depuis neuf mois il faisait des efforts inutiles pour s'en emparer, lorsque, dans une dernière attaque, une grosse pierre lancée par une machine de guerre l'atteignit à la tête. Il expira peu de temps après, percé en outre de cinq coups de flèches. On peut consulter sur ce personnage fameux l'*Hist. gén. du Languedoc*, par D. Vaissette, tome III, livres XXI, XXII et XXIII. Il parut en 1767 un opuscule intitulé : *les Jeux de Simon de Montfort, ou les Jardins du parlem. de Toulouse*, attribué à Voltaire, mais qui ne se trouve dans aucune édition de ses œuvres. — MONTFORT (Amauri, comte de), fils aîné du précédent, revendiqua tous les droits de son père, se fit reconnaître dans ses nouveaux états, et continua la guerre contre les Albigeois. Il fut d'abord secondé par le prince Louis, fils de Philippe-Auguste, qui, à la sollicitation du pape Honoré III, était venu en Languedoc avec une armée de 600 hommes d'armes et de 10,000 fantassins. Mais livré ensuite à ses propres forces par le rappel du prince royal, et reconnaiss. qu'il n'était plus en état de résister à Raimond VII, dont les succès allaient toujours croissants, Amauri prit le parti d'abandonner à Philippe-Auguste tous ses droits aux états adjugés à son père. Le roi n'accepta point cette offre ; mais son fils Louis VIII étant monté sur le trône, la cession eut lieu. En 1231 le comte de Montfort reçut du saint roi Louis IX la charge de connétable, et quatre ans après prit la croix avec Thibaut VI, roi de Navarre. Dans une expédition près de Gaza, en 1240, il fut fait prisonnier et conduit au Kaire. Ayant recouvré sa liberté l'année suivante, il revenait en France lorsqu'il mourut à Otrante. Il fut enterré à St-Pierre de Rome, où l'on voit son épitaphe.

MONTFORT (SIMON VI de), comte de Leicester, fils puîné de Simon, quitta la France en 1231, ou, suivant d'autres, en 1236, par suite d'une discuss. assez vive avec la reine Blanche, mère de St Louis, et se retira en Angleterre, où il fut bien accueilli par Henri III. Il y recouvra le titre de comte de Leicester et les terres considérables dont son père ou son aïeul avaient été dépossédés par le roi Jean, et qui provenaient de la success. d'Amicia, sa gr.-mère patern. Il fut en même temps nommé sénéchal de Gascogne, acquit un gr. crédit parmi les Anglais, et gagna l'affect. des individus de toutes les classes. Disgracié par Henri III, puis rentré en faveur, il gouverna si despotiquem. et commit tant d'exact., que les Gascons adressèrent de vives plaintes au roi d'Angleterre, qui lui retira ce commandement pour le lui rendre ensuite, et le lui ôter encore. Toutefois son adresse, ses intrigues, ses déclamations contre le gouvernement, son extérieur dévot, son zèle apparent pour les libertés nationales, lui concilièrent l'amitié du peuple et la confiance de la noblesse. Il réunit secrètement les princip. barons, concerta avec eux un plan pour réformer l'état, et força Henri III de convoquer un parlem. extraordinaire à Oxford, où ce prince jura de nouveau l'exécution de la gr. charte et consentit à de nouv. et import. concessions connues sous le nom de *statuts* ou *provisions d'Oxford.* Le comte de Leicester fut placé à la tête d'un conseil suprême de 24 barons investis de toute l'autorité législative et exécutive. Mais ce conseil et son chef, abusant bientôt d'un pouvoir usurpé, s'en servirent pour exercer un despotisme sans frein et pour se gorger de richesses. Le roi voulut reprendre son autorité prem.; Montfort la lui disputa les armes à la main; mit en déroute l'armée royale, fit prisonn. le prince Édouard, et força Henri à souscrire un traité ignominieux en 1263. Mais Édouard étant parvenu à s'échapper rassembla de nouv. troupes, marcha sur le comte rebelle, le joignit à Évesham, dans le comté de Worcester, et lui livra bataille le 5 août 1265. Montfort perdit la vie dans cette action, ainsi que son fils aîné, Henri, et un gr. nombre de barons de son parti. Son corps fut coupé par morceaux, et sa tête envoyée à la femme de Roger Mortimer, son implacable ennemi. En avouant la violence, la tyrannie, la rapacité et beauc. d'autres vices qui déshonorèrent la carrière du comte de Leicester, que quelques écriv. ont surnommé le *Catilina anglais,* les historiens reconnaissent en lui le talent de gouverner les hommes et de conduire les affaires. Il était aussi habile général que politique profond. « Un prince (dit un judicieux biographe) d'un autre caractère que Henri aurait pu faire servir les talents de cet homme extraord. à la gloire de son pays et au soutien de sa couronne; mais l'administrat. faible et versatile de ce prince fit tourner les avantages immenses qu'il avait accordés à Montfort à la ruine de l'autorité royale. Toutefois les désordres qui furent la suite de leurs dissensions servirent à étendre les libertés nationales et à perfectionner la constitut. de l'Angleterre.

MONTFORT (JEAN de), duc de Bretagne. — V. CHARLES DE BLOIS.

MONTFORT (LOUIS-MARIE GRIGNION de), missionnaire, né en 1673 dans la petite ville de Montfort, fit ses études chez les jésuites de Rennes, reçut les ordres à Paris en 1700, et se consacra à la prédicat. Employé dans les missions de Nantes et de Poitiers, il devint ensuite aumônier de l'hospice de la Salpétrière à Paris. Il partit pour Rome en 1706 à pied, vêtu en pèlerin, et demanda au pape Clément XI d'être employé dans les missions étrangères. Le souverain pontife lui ayant ordonné de retourner en France, Montfort parcourut les prov. de l'Ouest, tomba malade de fatigues dans un village du diocèse de la Rochelle, et y mourut en 1716. Dans ce lieu même il avait jeté les bases de deux associat. qui subsistent encore; l'une de missionnaires, dite du St-Esprit, et l'autre d'hospitalières sous le nom de *Sœurs de la sagesse.* René Mulot, son success., mit la dern. main à ces deux établissem. On a de Grignion un recueil de *Cantiques spirituels,* souv. réimpr. Sa *Vie* a été écrite par J. Grandet, 1724, in-12.

MONTGAILLARD (BERNARD DE PERCIN de), connu dans l'hist. de la Ligue sous le nom de *Petit-Feuillant,* né en 1563 au château de Montgaillard, en Languedoc, vint à Paris vers 1579, entra dans l'ordre des feuillants, nouvellem. fondé, se livra avec succès à la prédicat., embrassa le parti de la Ligue, et se signala parmi les prédicat. fanatiques qui soulevèrent les Parisiens contre l'autorité roy. Après la réduct. de Paris il se réfugia à Rome, où le pape Clément VIII l'accueillit et le fit passer dans l'ordre de Cîteaux. De Rome il se rendit à Anvers : appelé ensuite à Bruxelles, il y devint prédicat. de l'archiduc Albert, fut fait abbé de Nivelles, puis d'Orval, où il mourut en 1628. Il paraît que D. Bernard se repentit, dans les dern. années de sa vie, d'avoir prêté à la Ligue l'appui de son nom et de ses talents. Peu de temps avant sa mort il brûla tous ses écrits, mais on a conservé son *Oraison funèbre de l'archiduc Albert,* 1622, et sa *réponse* à une lettre que lui avait écrite Henri de Valois (Henri III), *en laquelle il lui remontre chrétiennement et charitablem. ses fautes, et l'exhorte à la pénitence,* 1589, in-8 : cet écrit est des plus violents. A. Valladier a publié : *les Stes montagnes et collines d'Orval et de Clairvaux, vive représentation de la vie exemplaire et du religieux trépas de D. Bernard de Montgaillard,* etc., 1629, in-4. —

MONTGAILLARD (Pierre-Jean-Franç. de PERCIN de), parent du précéd., né en 1633, était fils du baron de Montgaillard, décapité sous Louis XIII pour avoir rendu la place de Bremme, dans le Milanez, mais dont la mémoire fut réhabilitée. Ayant embrassé l'état ecclésiastique, il devint successivem. docteur de Sorbonne, abbé de St-Marcel, puis fut nommé au siége de St-Pons en 1664. Il fut un des prélats qui se déclarèrent en 1667 pour les quatre évêques dans l'affaire du formulaire, et il signa la lettre écrite en leur faveur au pape et au roi par 19 évêques. Il mourut dans son diocèse en 1713. On a de lui plus écrits, parmi lesq. nous citerons : *Trois lettres* adressées à Fénelon, dans lesq. il prétend réfuter la doctrine de cet illustre prélat sur l'infaillibilité de l'Église dans le jugement des faits dogmatiq. (ces lettres furent condamnées à Rome). — *Instruction sur le sacrifice de la messe pour les nouveaux convertis du diocèse de St-Pons,* 1687, in-12. — J.-J. de PERCIN de MONTGAILLARD, parent du précéd., religieux dominic., mort à Toulouse, sa patrie, en 1771, est auteur d'un ouvr. intitulé : *Monumenta conventûs Tolosani ord. fratrum prædicatorum,* dans lequel on trouve des anecdotes curieuses sur l'inquisit., l'université et les princip. familles de cette ville.

MONTGAILLARD (GUILL.-HONORÉ ROCQUES de), histor., né en 1772 au bourg de Montgaillard, d'une famille noble, mais différente de celle de Percin de Montgaillard, fut d'abord destiné à la carrière des armes. Il venait d'obtenir une place à l'école militaire, lorsqu'une chute de cheval changea sa vocation. Il embrassa alors l'état ecclésiastique; mais il n'eut jamais d'abbé que le titre. Sorti de France dès les prem. années de la révolut., il se rendit d'abord en Espagne, vint ensuite à Gibraltar et finit par s'embarquer pour l'Angleterre, où il résida deux ans. De retour sur le continent, il visita l'Allemagne et rentra dans sa patrie vers 1798. Compromis avec ses frères dans des conspirat. royalistes, il fut enfermé au Temple; mais tandis que ses compagnons d'infortune gémissaient encore dans les cachots et l'exil, l'abbé de Montgaillard était employé dans les administrat. milit. et financ.; il ne cessa de l'être qu'au retour des Bourbons, employa ses loisirs à rédiger les ouvr. dont on va parler, et mourut à Ivry, près de Paris, en 1825. On a de lui : *Revue chronolog. de l'hist. de France depuis la première convocat. des notables jusqu'au départ des troupes étrangères*, Paris, 1820, in-8; 2e édit., 1823, in-8. Cet ouvr. eut beaucoup de vogue.—*Histoire de France depuis la fin du règne de Louis XVI jusqu'à l'année 1825*, etc., Paris, 1826-27, 9 vol. in-8, avec une table analyt. rédigée par M. Lallement. C'est le même sujet sur un plan plus étendu. Querard, dans la *France littéraire*, a porté sur l'aut. et ses ouvr. un jugem. sévère, mais impartial. On a publié en 1827 : *Observat. de M. le lieuten.-gén. comte Dupont sur l'Hist. de France, par M. l'abbé de Montgaillard.*

MONTGERON (Louis-Basile CARRÉ de), conseiller au parlem., né à Paris en 1686, eut, d'après son propre aveu, une jeunesse très déréglée; mais ayant entendu parler des miracles opérés au tombeau du diacre Pàris, la curiosité le porta à visiter le cimetière de St-Médard, théâtre de ces prodiges. Un pareil spectacle le frappa d'enthousiasme; et cet homme, qui jusqu'alors n'avait pas eu la moindre foi aux vérités démontrées de la religion, fut converti en voyant exécuter des parades de saltimbanques. Dès-lors son zèle ne connut plus de bornes, et les plus gr. extravagances trouvèrent en lui un patron intrépide; il accueillit publiquement les convulsionnaires, et résolut d'écrire pour démontrer la vérité des miracles du bienheureux Pàris. En 1757 il se rendit à Versailles pour présenter au roi son livre de la *Vérité des miracles du diacre Pàris*, conten. la relat. de sa conversion, les détails de neuf miracles, et les conséquences qui, selon lui, en résultaient. Le roi fit mettre l'auteur à la Bastille, et sans écouter les remontr. que le parlem. présenta en sa faveur, l'exila d'abord à Villeneuve-les-Avignon, peu après à Viviers, et enfin à Valence. En 1741 il publ. un second vol. sous le titre de *Continuat. des démonstrat. des miracles, avec des observat. sur les convulsions*, in-4; et un troisième parut en 1748. Malgré le désaveu des évêques appelants et de plus. écriv. du parti janséniste, le conseiller fanatique trouva des défenseurs. On publia : *les Suffrages en faveur de M. de Montgeron*, 1749, in-12; et il y eut, de part et d'autre, un assez gr. nombre d'écrits sur cette controverse, qui fut vive et animée. Montgeron mourut à Valence en 1754. Il a paru en 1799 un *Abrégé des 3 vol. de Montgeron sur les miracles de M. Pàris*, 3 vol. in-12. Cet ouvr., impr. à Lyon, est attribué à l'abbé Jacquemont, ancien curé, par-

tisan déclaré des miracles et même des convulsions.

MONGLAT (François-de-Paule de CLERMONT, marquis de), maréchal-de-camp, gr.-maître de la garde-robe du roi, mort en 1675, avait été témoin d'un gr. nombre d'événem. qu'il se plaisait à raconter; ce qui l'avait fait surn. *Monglat-la-Bibliothèque*. Il a laissé des *Mémoires*, 1727, 4 vol. in-12, dont le P. Bougeant a été l'édit. Cet ouvr., rempli de faits, présente les événem. militaires du règne de Louis XIII et de la minorité de Louis XIV, ainsi que ce qui s'est passé de plus remarquable à la cour. Ces *Mémoires* ont été reproduits par Petitot dans la *Collect. des Mém. relatifs à l'Hist. de France*, 2e série, t. XLIX et L.

MONTGOLFIER (Joseph-Michel), l'un des deux frères invent. des aérostats, né en 1740 à Vidalon-les-Annonai, était fils d'un fabricant de papiers dont la famille s'était vouée depuis long-temps à la pratique des arts. Il fut placé au collége de Tournon avec deux de ses frères; mais, ne pouvant se plier à un mode régulier d'enseignem., il s'enfuit à l'âge de 15 ans, avec l'intent. de gagner les bords de la mer où il comptait vivre de coquillages. Découvert par ses parents, il fut remis entre les mains de ses profess.; mais il n'apprit que ce qu'ils ne lui enseignaient pas, les mathématiq. et les élém. de l'hist. naturelle. Ses études terminées, il rentra dans la maison paternelle, qu'il quitta bientôt pour aller s'enfermer à St-Étienne, dans un réduit obscur, où il vécut du produit de la pêche : se livrant seul à des expériences chimiques, il fabriqua du bleu de Prusse et des sels utiles aux arts, qu'il colportait lui-même dans les bourgs du Forez et du Vivarais. Il fit ensuite un voyage à Paris pour se mettre en communicat. avec les savants. Son père le rappela pour partager la direct. de sa manufacture. Contrarié dans ses vues de perfectionnem., il s'associa un de ses frères, et créa deux établissem., l'un à Voiron, l'autre à Beaujeu. Il simplifia la fabricat. du papier ordinaire, améliora celle des papiers peints, imagina une machine pneumatique à l'effet de raréfier l'air dans les moules de sa fabrique, et seconda de toute l'activité de son génie les expériences aérostatiq. de son frère (v. l'art. suiv.). On a raconté de div. manières l'origine de la découverte dont la gloire est commune aux deux frères. Deux voyages aériens furent faits en 1783, l'un au château de la Muette par Pilastre de Rozier et le marquis d'Arlondes, et l'autre dans le jardin des Tuileries par Charles et Robert; Joseph Montgolfier exécuta l'année suivante le troisième à Lyon, dans un aérostat de 102 pieds de diamètre sur 126 de hauteur. Il eut le prem. l'idée de l'emploi des parachutes, et il en essaya d'abord l'appareil à Avignon, puis l'ajouta aux globes qu'il fit enlever à Annonai. Pendant la révolut. il se tint à l'écart, poursuivant, sans être inquiété, ses méditations utiles. Les services qu'avait rendus le aérostat à Fleurus, n'attirèrent point sur l'inventeur les regards du gouvernement, mais il n'échappa point à ceux de Bonaparte, et reçut la décoration de la

Légion-d'Honneur. Plus tard il fut nommé administrateur du conservatoire des arts et métiers, membre du bureau consultatif des arts et manufactures, et membre de l'Institut en 1807. Il mourut aux eaux de Balaruc, le 26 juin 1810. On a de lui, outre quelques petits écrits insérés dans différents recueils : un *Discours sur l'aérostat*, 1783, in-8. — *Mém. sur la machine aérostatique*, 1784, in-8. — *Les voyageurs aériens*, 1784, in-8. Delambre et M. Degérando ont composé chacun l'*Éloge* de ce savant. — Jacques-Étienne MONTGOLFIER, frère du précéd., né en 1745, fit ses études au collège de Ste-Barbe, et destiné d'abord à l'architecture, suivit les leçons de Soufflot. Il se livrait tout entier à sa profession, lorsque la mort de l'aîné de ses frères décida son père à le rappeler pour le mettre à la tête de sa manufacture. Il rendit bientôt fructueuses les connaissances qu'il avait acquises pend. son séjour à Paris, introduisit des procédés plus simples dans la fabricat. du papier, inventa plus. machines, des formes pour le papier dit *grand-monde*, alors inconnu, trouva le secret du papier vélin, et devina plus. méthodes des ateliers holland. et angl. La lecture de l'ouvr. de Priestley, *sur les différentes espèces d'air*, lui ayant fait entrevoir la possibilité de rendre l'espace navigable en s'emparant d'un gaz plus léger que l'air atmosphérique, il approfondit cette idée, en médita les moyens, les résultats, et la communiqua à son frère Joseph, qui l'accueillit avec transport. Les calculs, les expériences, tout se fit en commun. Après l'essai de plus. combustibles, du gaz inflammable, du fluide électrique, après plus. tentatives particulières, d'abord avec des globes de papiers à Vidalon, ensuite par Jos. à Avignon avec un ballon de taffetas, les deux frères firent aux Célestins, près d'Annonai, le prem. essai du globe de 110 pieds de circonférence avec lequel eut lieu, dans Annonai même, le 5 juin 1783, une expérience publiq. qui eut un plein succès. Étienne se rendit alors à Paris avec son frère pour y exposer une découverte dont la gloire leur était commune. Tous deux furent nommés correspond. de l'acad. des sciences. Étienne reçut le cordon de St-Michel, Joseph une pension de 2,000 livres, et leur vieux père des lettres de noblesse. Rentré dans sa manufacture pend. la révolut., Étienne continua ses études industrielles avec son frère ; ils travaillèrent à l'invention du *bélier hydraulique*, dont les prem. essais sont de 1792, et s'occupèrent en commun de changem. heureux dans la fabricat. du papier. Dénoncé plus. fois pend. le régime de la terreur, Étienne n'échappa à la proscription que par l'affect. de ses nombr. ouvriers. Atteint d'une maladie au cœur, il s'était rendu à Lyon avec sa famille pour y réclamer les secours de la médec.; mais voyant qu'ils devenaient inutiles, et voulant épargner à sa femme et à ses enfants le spectacle de sa mort, il partit seul pour Annonai; et, comme il l'avait prévu, il mourut en chemin le 2 août 1799. Il n'a laissé aucun écrit.

MONTGOMERY, ancienne famille d'Angleterre et d'Ecosse dont l'origine remonte à Roger de Montgomery, gentilh. normand, l'un des compagnons de Guillaume-le-Bâtard dans la conquête de l'Angleterre, et qui commanda le corps principal de l'armée normande, à la mémor. bataille d'Hastings. — ROBERT, fils aîné du précéd., fut armé chevalier par Guillaume, dans la 6e année de son règne, et jouit constamment de la faveur de ce prince; mais après la mort de Guillaume, il se joignit à Robert Curthose contre Henri Ier, et se trouva à la bataille dans laquelle le prem. fut vaincu et fait prisonnier. Henri punit la défection de Montgomery, par le bannissem. On croit qu'à cette époque Montgomery s'établit en Écosse. Les descendants de Robert gagnèrent la faveur des rois de cette contrée, et y portèrent le titre de baron, jusqu'à Hugues, créé comte d'Églintoun en 1502 par Jacques IV. Le 12e comte d'Eglintoun fut créé pair de la Grande-Bretagne en 1806, sous le titre de lord Ardrossan.

MONTGOMERY (JACQUES de), seign. de Lorges, dans l'Orléanais, était fils d'un Robert, noble Écossais, venu en France, au commencement du règne de François Ier, et qui se mit au service de ce monarque. Jacques, plus connu sous le nom de *Capitaine de Lorges*, se distingua de bonne heure à la cour de France. On l'a toujours regardé comme l'aut. de l'accident arrivé à François Ier, en 1521. On sait que le monarque, s'amusant un jour avec des seigneurs à faire le siége de l'hôtel du comte de St-Pol, fut atteint à la tête d'un tison enflammé qui le blessa au menton; et que cet accident donna lieu à la coutume, qui dura près de 100 ans, de porter la barbe longue et les cheveux courts. Le capit. de Lorges ravitailla Mézières, si vaillamment défendu par Bayard. Pour soutenir les prétentions de sa naissance, il acheta, en 1543, le comté de Montgomery en Normandie, qu'il disait avoir appartenu à ses ancêtres. Il fut colonel de l'infanterie française en Piémont, et succéda en 1545, à Jean Stuart, comte d'Aubigny, dans la charge de capitaine de la garde écossaise. Il mourut vers 1560, laissant plus. fils qui se distinguèrent par leur vaillance : le plus célèbre est Gabriel de MONTGOMERY, héritier de la valeur de son père. Il passa en Écosse en 1545, à la tête des troupes que François Ier envoyait à la reine Marie de Lorraine, mère de Marie Stuart, et régente pendant la minorité de sa fille. De retour en France, il fut, en 1559, chargé par Henri II d'arrêter quelques conseillers, qui avaient embrassé les nouv. doctrines relig.; ce fut peu de temps après que lui arriva le malheur qui eut des suites si terribles pour lui et pour la France. Henri II, après avoir conclu les mariages de sa fille et de sa sœur, donna des fêtes magnifiq. à cette occasion, entre autres un tournoi, dont la rue St-Antoine fut le théâtre. Le prince se retirait avec les honneurs du combat, lorsqu'il eut la fantaisie d'engager une nouv. lutte avec Montgomery. Celui-ci, dans la chaleur de l'action, frappe le roi du tronçon de sa lance brisée, avec tant de force qu'il lui traverse la tête et le renverse sans connaiss. Henri mourut au bout de 11 jours. Montgomery, sentant qu'il ne pouvait plus rester à la cour, où il avait à redouter la haine d'une reine violente, blessée dans ses plus chères affections, se retira dans ses terres de Normandie, d'où il partit pour voyager en Italie et en Angleterre. Il revint dans sa patrie en 1562 ; et, sectat. de la nouv-relig., il se fit remarquer parmi les ennemis du gouvernem. N'ayant pu malgré sa résistance empêcher la prise de Rouen par l'armée royale, il se retira au Hâvre et se jeta en Basse-Normandie où il ne fit rien de remarquable. Réuni de nouv. aux protestants armés en 1565, il fut sommé comme tous les autres chefs de mettre bas les armes ou de déclarer qu'il persistait dans la rébellion. En 1569, il rassembla une petite armée dans le Languedoc, attaqua les royalistes dans le Béarn, les battit, prit d'assaut la ville d'Orthez et reconquit tout le pays. Vers le même temps il fut condamné à mort, de même que Coligni, par le parlem. d'Angleterre ; et la sentence fut exécutée en effigie. Il était à Paris lors du massacre de la St-Barthélemy : poursuivi avec acharnem., il dut son salut à la vitesse d'une jument qu'il montait et qui fit 30 lieues tout d'une traite ; il se retira en Angleterre. A la tête d'une flotte armée dans les ports, il parut en 1573 devant La Rochelle assiégée par l'armée royaliste, mais se retira bientôt sans avoir rien entrepris pour secourir cette ville, et exerça quelq. ravages sur les côtes de Bretagne. En 1574 il repassa en Normandie, y fut assiégé par Matignon, dans St-Lô, d'où il s'échappa, puis dans le château de Domfront. Forcé de se rendre aux troupes royales le 27 mai, il demanda la vie sauve ; mais Catherine de Médicis ordonna qu'il fût amené à Paris, où on le renferma dans une des tours de la Conciergerie, qui depuis a gardé son nom. Il fut jugé par une commission, condamné à perdre la tête, et exécuté le 26 juin. Ses enfants furent dégradés de noblesse ; mais l'arrêt porté contre leur père et contre eux n'entacha point leur réputat. — GABRIEL, l'aîné, n'eut qu'une fille qui épousa Jacques de Durfort de Duras, auquel elle apporta la seigneurie de Lorges. — JACQUES, le second, eut plus. enfants, dont les descendants, divisés en trois branches, existent encore en Angleterre.

MONTGOMERY (RICHARD), général américain, né en 1737, en Irlande, embrassa de bonne heure la profession des armes, et servit comme officier dans la guerre du Canada, en 1756. Ayant obtenu sa démiss. à la paix de 1763, il acquit une propriété dans la province de New-York, et se maria. Lors de la guerre de l'indépendance, il eut le commandem. d'un petit corps de troupes destiné à agir dans le Canada, s'empara des forts Chambly et St-Jean, réduisit la ville de Mont-Réal, et fut tué au siége de Québec le 31 déc. 1775, également regretté des Anglais et des Américains. Le congrès lui consacra un monum., exécuté par J.-J. Caffieri, sculpt. franç., et placé au-devant de la principale église de New-York.

MONTGON (CHARLES-ALEXANDRE de), né à Versailles en 1690, fut élevé à la cour, embrassa l'é-

tat ecclésiast., passa en Espagne pour s'attacher au service de Philippe V, gagna la confiance de ce monarque, qui l'envoya en France avec la mission secrète d'intriguer pour lui assurer la succession à la couronne dans le cas où Louis XV mourrait sans enfants. Mais l'agent de Philippe V commit l'imprudence de communiquer ses instructions au cardinal de Fleury, prem. ministre, qui l'éloigna de Versailles. Montgon se retira dans les Pays-Bas, où pour se distraire du chagrin que lui causait sa mésaventure, il rédigea les *Mémoires de ses différentes négociat. dans les cours d'Espagne et de Portugal, depuis 1725 jusqu'à 1731.* Il passa le reste de sa vie dans cet exil, et mourut tout-à-fait oublié en 1770. Ces *Mém.* ne furent publiés qu'après la mort du cardinal de Fleury, 1748-53, 8 vol. in-12. On y trouve des particularités intéressantes ; mais ils sont écrits avec une diffusion qui en rend la lecture fatigante.

MONTHASSER (ABOU-IBRAHIM-ISMAEL-AL), 6e et dern. prince de la dynastie des Samanides, dans la Perse-Orientale, fut arrêté à Bokhara, l'an 389 de l'hég. (999 de J.-C.), avec ses frères Mansour, Abdel-Melek et les autres rejetons de cette illustre famille, par ordre d'Ilek-Khan, roi du Turkestan, qui les fit tous renfermer dans des prisons séparées. Monthasser, parvenu à s'échapper, se réfugia dans le Kharizm, y leva des troupes, défit celles d'Ilek-Khan, rentra dans Bokhara, fut obligé d'en sortir, vint dans le Khoraçan, et abandonna cette province pour chercher un asile dans le Djordjan, auprès de Cabous. Secouru d'abord par ce prince, Monthasser se brouilla ensuite avec lui, s'enfuit dans le désert, enrôla sous ses drapeaux des Turkomans-Ghozzes, remporta une victoire sur Ilek-Khan, et malgré ce succès se vit réduit au rôle de partisan. Ses soldats ayant formé le complot de le livrer au roi du Turkestan, il se sauva dans le camp d'une tribu arabe dont le chef le fit égorger pend. son sommeil en 395 de l'hég. (1004). Les historiens orientaux font un grand éloge du courage de ce prince, de son activité et de sa constance dans les revers.

MONTHASSER BILLAH (ABOU-DJAFAR MOHAMMED IV, surnommé AL), 11e khalyfe abasside de Bagdad, monta sur le trône en 247 de l'hég. (862), le jour même où son père Motawakkel fut assassiné par les officiers de la garde turque, crime auquel il n'était pas étranger. Par suite des concessions qu'il se vit forcé de faire à ses complices, les milices turques commencèrent à jouer dans l'empire musulman le même rôle qu'autrefois à Rome les gardes prétoriennes. Elles exigèrent du nouv. khalyfe qu'il exclût de leurs droits à la couronne ses frères Motaz et Mowaied qui avaient manifesté l'intention de venger un jour la mort de leur père. Monthasser, chercha sur le trône à réparer par de sages mesures les maux qu'avait causés à l'islamisme l'intolérance fanatique de Motawakkel. Il aimait la justice, était brave, généreux, cultivait les lettres et surtout la poésie avec succès. Mais rien ne put dissiper la noire mélancolie que lui donnaient ses remords ; elle le conduisit au tombeau en 248 (862) dans sa 26e année, après un règne de cinq mois.

MONTHOLON (Jean de), doct. en droit et chan. régulier de St-Victor, né en Bourgogne vers la fin du 15e S., fut promu au cardinalat en 1528; et mourut avant d'avoir pu jouir de cette dignité. On a de lui : *Promptuarium, sive breviarium juris divini et utriusque humani*, 1520, 2 vol. in-fol. Il avait publié le *Traité* latin d'Étienne d'Autun sur le sacrement de l'Autel. — Franç. de Montholon, frère du précéd., suivit le barreau de Paris ; la réputation qu'il s'y acquit lui fit confier la cause du connétable de Bourbon contre la reine, mère de François Ier, et contre le roi lui-même, pour la succession de la maison de Bourbon. Il fut nommé avocat-gén. en 1532, président à mortier en 1534, garde-des-sceaux en 1542, et mourut l'année suiv. à Villers-Cotterets. Ce magistrat était, dit Mézerai, « d'une probité rare et qui a toujours été hérédit. dans la famille. » — François II de Montholon, fils du précéd., fut un catholique très zélé, et fort estimé des ligueurs comme avocat. Pour leur complaire, Henri III lui confia les sceaux en 1588; mais après la mort de ce prince, Montholon les rendit à Henri IV, dans la crainte, dit-on, d'être forcé à signer quelque édit favorable aux huguenots. Il mourut à Tours en 1590.— Jacques de Montholon, célèbre avocat, fils du précéd., est connu surtout par le plaidoyer qu'il prononça en 1611 pour les jésuites, attaqués par quelq. membres de l'université. Il le fit imprimer après l'avoir retouché, et et y ajouta les pièces justificatives. Il mourut en 1622, peu après avoir publié les *Arrêts de la cour du parlem.*, prononcés en robe rouge, dep. 1580, in-4, plus. fois réimprimés.

MONTHYON.— V. Montyon.

MONTI (Philippe-Marie), card., né à Bologne en 1675, embrassa l'état ecclésiast. au sortir de ses études, se rendit à Rome, fut élevé successivem. à plus. emplois honorables, décoré de la pourpre en 1743, par Benoît XIV, et mourut en 1754. On a de lui : *Elogia cardinalium pietate, doctrinâ ac rebus pro Ecclesiâ gestis illustrium, à pontificatu Alexandri III ad Benedictum XIII*, 1751, in-4.— *Roma tutrice delle belle arti, scultura ed architettura*, 1710, inséré dans le t. III des *Prose degli arcadi.*—Plus. MSs. conservés à Bologne. Il légua à l'institut de cette ville sa bibliothèque et une collection de portraits des sav. italiens et étrangers, qu'il avait formée à grands frais.

MONTI (Vincenzo), l'un des plus célèbres poètes de l'Italie moderne, né à Fusignano, dans le Ferrarais, vers 1733, se passionna pour la poésie du Dante, après avoir imité d'abord la versificat. du Varan. Se trouvant trop à l'étroit dans le Ferrarais, il se rendit à Rome, où il devint le secrét. de dom Louis Braschi, neveu du pape Pie VI. Il portait alors l'habit ecclésiastiq. et le titre d'abbé. Le désir de lutter contre Alfieri, qui venait de faire représenter à Rome quelq.-uns de ses ouvr. dramatiques, lui dicta deux tragédies, *Galeotto Man-*

fredo et *Aristodemo*, dont on ne put admirer que le style plein d'éclat. Un sonnet infâme de l'Eschyle italien contre le gouvernem. et les mœurs des Romains fournit à Monti l'occasion de faire sa cour au pape, au clergé et aux patriciens, en répliquant par un autre *Sonnet* sur les mêmes rimes. Plus tard il eut l'idée de célébrer, comme un événem. poétique, la mort de Basseville, envoyé de la république française, et composa sa *Basvilliana*, poème dans le genre du Dante, qui le plaça au premier rang des poètes de l'époque. Il fut moins heureux dans deux autres poèmes, faits égalem. pour le gouvernem. papal, et dont il donna depuis, pour se conformer aux circonstances, une nouv. édit., où il retourna contre les souverains coalisés, et particulièrem. contre l'emper. d'Autriche, les invectives qu'il avait lancées contre Bonaparte et son armée. Étant devenu secrétaire du direct. de la république cisalpine et l'un de ses commiss. en Romagne, il fut accusé de concussions, et n'en conserva pas moins ses emplois, grâce à son talent poétique. A cette époque il ne portait plus le titre d'abbé; il s'était marié, et s'appelait le citoyen Monti. Il chercha un asile en France lors de l'invas. de l'Italie par les Austro-Russes, en 1799, et y resta jusqu'à ce qu'en 1800 Bonaparte eût, à la suite de sa victoire de Marengo, rétabli la république cisalpine. Nommé profess. de b.-lettres au collége de Milan, et presque aussitôt profess. d'éloquence à l'univ. de Pavie, il ne parut point du tout dans la première, et parut très rarem. dans la seconde de ces chaires; mais, en revanche, il paya son tribut à Napoléon et à Joseph Bonaparte par diverses flatteries poétiques, parmi lesq. on cite son *Bardo della selva Nera*, production bizarre et peu estimée : il est vrai de dire qu'il se trouvait, par ses titres d'historiographe du royaume et de poète du roi d'Italie, obligé de louer à tout propos ce qui touchait à la nouv. dynastie. Pendant cette période de faveur il lui donna une tragédie de *Caio Gracco*, trad. dans les *Chefs-d'Œuvre du théâtre italien*, et plus. opéras qui n'eurent aucun succès, parce que la poésie n'en était pas lyrique. Il publia aussi une traduct. en vers des *Satires de Perse* et même de l'*Iliade* d'Homère, quoique, de son propre aveu, il ignorât la langue grecque. La chute de Bonaparte ne priva Monti que de ses emplois d'historiographe et de poète de cour, et lui laissa toutes ses autres distinctions; car il avait composé, au nom des Milanais, une *Cantate* pour l'empereur d'Autriche en 1815. A partir de cette époque, son plus grand travail fut la refonte, qu'il acheva avec succès, du grand vocabulaire *della Crusca.* Il mourut en 1828. Un choix de ses *Œuvres* avait été publié à Milan, 1825, 8 vol. in-16 et in-8. Un de ses poèmes, *le Vingt-un janvier* 1793, a été trad. et publié en franç. en 1817, par Jos. Martin, avec le texte en regard.

MONTI (Jean-Baptiste). — V. Montano.

MONTIGNI (de), commissaire des guerres, est aut. de l'écrit licencieux intit. *Thérèse philosophe, ou Mém. pour servir à l'histoire de D. Dirrag et*

Mlle *Eradice*, La Haye, 1748, 2 parties in-8. La publicat. de ce livre fit mettre l'aut. à la Bastille, où il resta enfermé pendant 8 mois. Caylus grava, dit-on, les estampes de cet ouvrage infâme.

MONTIGNOT, chanoine de Toul, membre de la société roy. des sciences et belles-lettres de Nancy, n'est guère connu que par les ouvr. suivants : *Remarques théologiq. et critiq. sur l'hist. du peuple de Dieu, par le P. Berruyer*, 1755, in-12.—*État des étoiles fixes, au second siècle, par Claude Ptolémée, comparé à la position des mêmes étoiles en 1786, avec le texte grec et la traduct. franç.*, Strasbourg, 1787, in-4.

MONTIGNY (GALON de), chev., portait l'étendard royal à Bovines, en 1214. Dans cette journée il sauva la vie à Philippe-Auguste, qui, renversé de cheval, allait être foulé aux pieds. L'hist. ne fait point connaître la récompense accordée à ce service.

MONTIGNY-LE-BOULANGER (JEAN de), était fils de Raoul, grand-panetier du roi, et capitaine des gardes du duc de Bourgogne. Dans un temps de disette, l'aïeul de Raoul avait employé une partie de sa fortune à nourrir les pauvres de Paris, et le peuple, par reconnaissance, l'avait surnommé *le Boulanger*, dénominat. restée à la famille. Jean ayant rendu des services importants à Louis XI dans la guerre du bien public, fut placé par ce monarque à la tête du parlem. de Paris, en 1471. Ce fut lui qui instruisit les procès du cardin. La Balue, du connétable de St-Paul et du duc de Nemours. Il mourut en 1481, d'une maladie contagieuse. Ses descendants sont restés dans la magistrature.—Un des derniers, Jacques-Louis LE BOULANGER, présid. à la chambre des comptes avant la révolution, est mort en 1808.

MONTIGNY (FRANÇOIS de LA GRANGE-D'ARQUIEN, sieur de), maréchal de France, né en 1554, fut élevé à la cour de Henri III, dont il devint l'un des favoris, occupa successivement plus. charges honorables, et se signala en 1587 à la bataille de Coutras. Fait prisonnier par le roi de Navarre, qui le renvoya sans rançon, il se déclara contre les ligueurs après la mort de Henri III, servit Henri IV avec un grand zèle, et fut un de ceux qui arrêtèrent l'assassin Jean Châtel. Après s'être distingué au siége de Rouen et au combat de Fontaine-Française, il commanda la cavalerie légère à l'attaque d'Amiens en 1597; il fut nommé gouverneur de Paris en 1601, de Metz en 1603, des Trois-Évêchés en 1609, reçut le bâton de maréchal en 1615, et mourut en 1617. On a son *Oraison funèbre* par Jacq. de Neuchaises, Bourges, 1618, in-4.

MONTIGNY (JEAN de), né en 1637, en Bretagne, d'une famille de robe, fut évêque de St-Pol-de-Léon, et mourut en 1671 aux états de Vitré. Il avait été reçu cette même année à l'Acad. franç., à la place de Gille Boileau. On a de lui une *Lettre à Éraste*, en réponse à un écrit contre la *Pucelle* de Chapelain, 1656, in-4; une *Oraison funèbre d'Anne d'Autriche*, 1666, in-4; quelq. pièces de vers dans les rec. du temps. Saint-Marc annonçait le projet de les recueillir et de les publier avec des notes; mais ce projet est resté sans exécution.

MONTIGNY (ÉTIENNE MIGNOT de), né à Paris en 1714, était neveu de Voltaire. Il annonça de bonne heure un goût marqué pour la géométrie, devint commissaire des ponts-et-chaussées, occupa div. autres emplois d'administrat., et mourut en 1782, membre de l'acad. des sciences et associé de celle de Berlin. Il a trad. en franç. l'exposition faite par La Bélye des méthodes qu'a cet ingén. a employées pour fonder les piles du pont de Westminster. On a en outre de lui plus. *Mémoires* dans le Rec. de l'acad., des *Instructions et avis aux habitants des provinces méridionales de la France sur la maladie putride et pestilentielle qui détruit le bétail*, 1775, in-8. — *Méthode d'apprêter les cuirs et les peaux, telle qu'on la pratique à la Louisiane*, trad. en allem. dans le *Hamburg. Magas.*, t. XXIII. L'*Éloge* de Montigny se trouve dans le *Recueil* de la soc. royale de médecine, 1781, t. II, dans celui de l'acad. des sciences, 1782, t. II, et dans le *Journal des Savants*, mai 1785.

MONTIGNY (FRANÇ.-EMMANUEL DEHAIES de), gouvern.-gén. des établissem. franç. au Bengale, né à Versailles en 1743, entra comme sous-lieutenant au régiment de Médoc en 1768, devint lieutenant en 1770, capitaine en 1772 dans la légion de Lorraine, fit la guerre de Corse, fut employé aux reconnaissances des frontières des Alpes, de Flandre et d'Artois, et passa, en 1776, major au service de la marine. Le gouvernem. l'ayant chargé de missions importantes dans l'Inde, il s'y rendit par Vienne, Constantinople, l'Égypte et la mer Rouge, et eut à vaincre mille dangers, auxq. il n'échappa qu'à force d'adresse, de présence d'esprit, et en parlant les différentes langues des pays qu'il parcourait et dont il revêtait alternativement les costumes. Il visita Goa, Delhy et Pounah, et, après avoir rempli les missions qui lui étaient confiées, il revint en France en 1779. Louis XVI le renvoya dans l'Inde en 1781 avec de nouv. instructions pour la cour des Mahrattes. Il séjourna à Pounah pendant 7 ans, y fut comblé d'honneurs et de distinctions, et reçut de l'empereur moghol le diplôme de nabab. En 1788, il fut chargé d'une miss. près le soubab du Décan, fut ensuite nommé gouverneur de Chandernagor, se signala dans ce poste par son zèle et son désintéressem., et trouva, sous sa seule garantie, des ressources de toute espèce qui soutinrent long-temps les établissements franç. dans l'Inde. A l'époque de la révolut., Montigny fut arrêté à Chandernagor, mis en prison et embarqué par ceux dont il avait réprimé les abus dans cet établissem. Mais il fut délivré et conduit à Calcutta par les ordres de lord Cornwallis, gouvern. anglais. Il revint à Paris en 1791, après avoir fait naufrage et essuyé mille contrariétés. Bonaparte, prem. consul, nomma Montigny général de brigade en 1800, et le fit repartir, en 1803, pour Chandernagor. Mais forcé de se replier sur les îles de France et de Bourbon, par suite de la rupture du traité d'Amiens, il resta dans ces colonies jusqu'au moment de leur prise en 1810, et rentra en

France à cette époque. Il reçut du roi, en 1817, le grade de lieuten.-gén., et mourut à Paris en 1819. Il se proposait de livrer au public la relat. de ses longs et périlleux voyages; mais, affaibli par l'âge et par ses blessures, privé de la vue et de l'usage de la main gauche, ayant perdu à plus. reprises ses livres, ses cartes, ses notes, etc., il n'a laissé que des fragments MSs.

MONTJOIE (Félix-Christophe GALART de), littérat., né à Aix en Provence, vers 1756, se fit recevoir avocat, et vint à Paris, où il fréquenta quelque temps le barreau. En 1790, il travaillait avec Geoffroi et Royou à l'*Année littéraire*, il devint ensuite l'un des rédacteurs de l'*Ami du Roi*, journal destiné à combattre les principes de la révolution. Échappé aux proscript. qui suivirent la mort de Louis XVI, il reprit la plume en 1795, et dans plusieurs ouvr. s'occupa de rechercher les causes de la chute du trône et de flétrir les auteurs de cette catastrophe. Un royaliste aussi prononcé ne pouvait manquer d'être compris dans la liste des déportat. qui fut donnée au 18 fructidor (1797). Il se retira en Suisse, et ne revint en France qu'après le 18 brumaire. Il parut alors renoncer à la politique, publia des romans, et fournit des art. au *Journal gén. de France* et au *Journal des Débats*. Nommé par Fontanes profess. de rhétorique au lycée de Bourges, il remplissait cette chaire depuis peu de temps, lorsque la restauration survint. Une pension de 3,000 fr. récompensa son zèle, et il fut nommé l'un des conservateurs de la biblioth. Mazarine. Il mourut d'apoplexie en 1816. Indépendamm. de quelq. brochures sans intérêt, on a de lui : *des Principes de la monarchie franç.*, 1789, 2 vol. in-8. — *L'Ami du roi, des Français, de l'ordre, et surtout de la vérité, ou Hist. de la révolut. de France*, etc., 1791, 5 part. in-4, c'est la suite et le complém. du journal de l'abbé Royou. — *Avis à la convent. sur le procès de Louis XVI*, 1792, in-8. — *Almanach des honnêtes gens*, 1792-93, 2 vol. in-18. — *Almanach des gens de bien*, 1795-97, 3 vol. in-18. — *Hist. de la conjurat. de Robespierre*, 1794, in-8. — *Hist. de la conjurat. de d'Orléans*, 1796, 3 vol. in-8; cette hist., remplie de faits apocryphes, a été réfutée dans l'*Explicat. de l'énigme du roman intit.: Histoire*, etc., Paris, S. D., 4 vol. in-8, très rare; l'ouvr. de Montjoie n'en a pas moins été réimpr. avec des retranchem. et des additions dep. la révolut. de 1830. — *Éloge histor. de Louis XVI*, 1797, in-8. — *Éloge histor. de Marie-Antoinette*, 1797, in-8; refondu sous le titre d'*Hist. de Marie-Antoinette*, 1814, 2 vol. in-8, fig. — *Hist. de la révolut. de France*, 1797, 2 vol. in-8. — *Hist. des quatre Espagnols*, 1801, 4 vol. in-12; 5e édition, 1803, 6 vol. in-12. — *Manuscrit trouvé sur le mont Pausilippe*, 1802, 5 vol. in-12. — *Éloge historique de Bochart de Saron*, 1800, in-8. — *Les Bourbons, ou Précis histor. sur les aïeux du roi*, etc., 1815, in-8, avec 20 portraits.

MONTJOSIEU (Louis de), *de Montiosius*, antiq., né dans le Rouergue, au 16e S., s'appliqua d'abord aux mathémat., fut chargé d'en donner des leçons au duc de Joyeuse, accompagna ce prince à Rome en 1583, et profita de son séjour dans cette ville pour se livrer à la recherche des antiquités. L'hist. de Thou nous apprend qu'il avait écrit sur la mécanique; et nos anc. bibliothéc., Lacroix-du-Maine et Duverdier, donnent les titres de plus. de ses ouvr., qui sont tout-à-fait inconnus. Des product. de Montjosieu, la seule qui soit recherchée est : *Gallus Romæ hopes, ubi multa antiquorum monumenta explicantur*, Rome, 1585, in-4, en V liv. dont le 3e et le 4e ont été insérés par Laet dans son édition de Vitruve, Amsterd.. 1649; et par Gronovius dans le *Thesaur. antiq. gr.*, t. IX.

MONTLINOT (Charles-Antoine LECLERC de), né à Crespi en Valois en 1732, était ecclésiastique, devint chanoine de St-Pierre à Lille, quitta cette ville en 1765, après avoir résigné son bénéfice, vint à Paris où il exerça quelq. temps l'état de libraire, fut relégué à Soissons, par une lettre de cachet, y fut bien accueilli par l'intendant, et placé à la tête d'un dépôt de mendicité. Lorsque la révolution arriva, il en adopta les principes, ét fut l'un des rédact. de *la Clef du cabinet des souverains*. Il mourut à Paris en 1801. On a de lui : *Préjugés légitimes contre ceux du sieur Chaumeix*, 1759, in-12. Cet écrit, attribué par erreur à Diderot, a été réimpr. en 1760, sous ce titre : *Justificat. de plus. articles de l'Encyclopédie*, etc. — *Esprit de Lamothe Le Vayer*, 1763, in-12. — *Hist. de la ville de Lille, depuis sa fondat. jusqu'en 1434*, Paris, 1764, in-12. Elle n'a point été continuée. — *Disc.* (sur les moyens d'éteindre la mendicité) *qui a remporté le prix de la soc. d'agriculture de Soissons, en 1779*, in-8. — *État actuel du dépôt de Soissons*, précédé d'un *Essai sur la mendicité*, 1789, in-4 : l'*Essai* a été impr. à part, in-8. — *Observations sur les enfants trouvés de la généralité de Soissons*, 1790, in-8. — *Essai sur la transportation comme récompense, et la déportat. comme peine*, 1797, in-8, etc.

MONTLOSIER (Franç.-Dominiq.-Reynaud, comte de), né en 1755 à Clermont, fut nommé en 1789 député suppléant de la noblesse de Riom aux états-gén., où il fut appelé dès l'ouverture de la session par la démission du titulaire. Il s'y distingua parmi les défenseurs les plus zélés de la monarchie, et ne cessa pendant toute la session de soutenir avec un courage remarquable, et souvent avec une haute éloquence les prérogat. de la couronne et de la noblesse. Moins zélé pour les intérêts du sacerdoce, il convint que la nation, sans être précisément propriét. des biens ecclésiast., pouvait en disposer, et consola les évêques en leur rappelant qu'*une croix de bois avait fait la conquête du monde*. Signataire de toutes les protestat. de la minorité, il sortit de France après la clôture de l'assemblée et se rendit à Coblentz, où il ne reçut pas l'accueil que semblait devoir lui mériter son dévouem. chevaleresque. Il quitta donc les princes, et partit pour l'Angleterre, où il devint le principal gérant du *Courrier de Londres*. Chargé en 1800 de venir proposer au 1er consul de céder le gouvernement. de la France au légitime success. de Louis-XVI, moyennant une petite souveraineté en Italie, il fut arrêté en débarquant à Calais, et conduit à Paris. Enfermé au Temple, il en sortit au bout de quelq. jours par l'ordre de Fouché, qui ne lui permit pas de voir le consul, mais qui lui confia ses intentions à l'égard des émigrés. Cette confidence modifia les dispositions de Montlosier à l'égard du gouvernem. français; et ce changem. d'opinion s'étant fait remarquer dans son *Journal*, le ministère anglais cessa de le protéger. Rayé peu de temps après de la liste des émigrés par un décret spécial, il revint à Paris continuer son journal qui fut bientôt supprimé, et se rendit alors en Suisse, où il y passa plus. années, occupé de la rédact. de son import. ouvr. intit. : *De la monarchie française depuis son établissement jusqu'à nos jours*. L'ouvrage ne fut point impr.; mais Napoléon, à qui l'on en avait rendu compte, fit revenir Montlosier, lui manifesta le désir de connaître ses plans politiques, et lui permit d'en faire l'exposit. dans une correspondance privée qui dura jusqu'au retour de la campagne de Russie. Montlosier était en 1814 en Italie, d'où les événem. le ramenèrent à Paris, où il fit impr. son ouvrage de la *Monarchie*, avec un appendice sur les causes de la catastrophe de Napoléon. N'ayant point été élevé, comme il l'espérait, à la dignité de pair, il se retira mécontent dans les montagnes de l'Auvergne, où il avait recouvré quelq. propriétés, et y vécut dix ans oublié presq. entièrem. Ce fut en 1826 qu'il fit paraître son fameux *Mémoire à consulter*, dans leq. il signalait les envahissem. du clergé, qu'il désignait par le nom de *parti-prêtre*. Prévoyant bien que cet ouvrage lui vaudrait les éloges des personnes dont il ne partageait pas les opinions polit., il les répudia d'avance. « Ceux, disait-il, qui par des principes de révolution ou d'impiété, me donneront des éloges, m'en verront attristé. Repoussé par des hommes qu'on chérit, accueilli par des hommes qu'on repousse, une telle vie n'est pas douce. Dieu me l'a faite ainsi. » Cette précaution n'empêcha pas le parti libéral d'accueillir avec une sorte d'enthousiasme ce livre, dont huit édit. furent enlevées dans quelq. mois. Le ministère supprima la pension dont jouissait Montlosier, qui n'en continua qu'avec plus de zèle à dénoncer le *parti-prêtre* devant les chambres et les cours royales. Il s'était, peut-être à son insu, rapproché du parti libéral, lorsqu'arriva la révolut. de 1830. Nommé alors membre de la chambre des pairs, il y parla plus. fois dans des circonstances et sur des questions importantes. Son âge avancé ne lui permettant plus de prendre part aux discuss. politiq., il retourna en Auvergne, et y mourut en 1838. N'ayant pas voulu signer les rétractat. qui lui furent demandées au lit de mort, M. l'évêque de Clermont lui refusa la sépulture catholique. Le conseil-d'état a déclaré qu'il y avait *abus* dans la conduite du prélat.

MONTLUC (Blaise de LASSERAN-MASSENCOME, seigneur de), maréchal de France, né au château de Montluc vers 1502, fut placé comme page auprès d'Antoine, duc de Lorraine, et fit ensuite partie de sa compagnie d'archers, commandée alors par Bayard. Il avait à peine 17 ans, lorsqu'il rejoignit en Italie le maréchal de Lautrec, ami de sa famille, et auprès duquel deux de ses oncles servaient. Il se fit remarquer au combat de la Bicoque en 1522, et suivit en Béarn Lautrec, dont il reçut, après une action d'éclat, le commandem. d'une compagnie. Il combattit à la bataille de Pavie, y fut fait prisonnier, et renvoyé sans rançon. Il accompagna Lautrec dans l'expédit. de Naples, fut blessé au siége d'Ascoli, et devint l'ami du célèbre Pierre de Navarre. Les Français n'ayant pu se maintenir dans le royaume de Naples, il vint se renfermer dans Marseille, assiégée par Charles-Quint. En 1538, il se rendit en Piémont, avec le brevet de capit. de gens de pied, et Brissac (*v.* Cossé-Brissac) lui confia le soin de réduire les petites places qui environnaient Turin. A la bataille de Cérisoles, il se couvrit de gloire à la tête des arquebusiers. Le duc de Guise lui fit conférer le grade de mestre-de-camp et le commandement de 1,200 hommes. Après une courte campagne en Picardie, et une autre en Piémont, il retourna en 1550, sous les ordres de Brissac, il continua à se distinguer de la manière la plus brillante, fut envoyé au secours de Sienne, assiégée par le marquis de Marignan, défendit cette place avec une rare intrépidité, refusa de capituler en son nom, et n'en sortit pas moins avec tous les honneurs de la guerre. Le roi Henri II le récompensa par le cordon de St-Michel, lui donna une compagnie d'hommes d'armes, et mit à sa disposition deux charges de conseiller au parlement de Toulouse. Employé en Picardie, après le désastre de St-Quentin, il se signala; il reprit au duc de Guise, aux siéges de Calais et de Thionville, et remplit les fonct. de colonel-gén. de l'infanterie franç., après la destitution de d'Andelot. Pend. les guerres de religion, Montluc mérita par ses cruautés le surnom de *Boucher royaliste*, qui lui fut donné par les protestans. Nommé, en 1564, lieuten.-gén. au gouvernement de Guienne, il multiplia les exécutions contre les réformés; il en a retracé lui-même les détails dans ses *Mém.*, avec une odieuse gaîté. En 1570, il reçut, à l'assaut de Rabasteins, une arquebusade dans la figure, qui le contraignit de porter un masque le reste de sa vie; il se vengea en passant au fil de l'épée tous les habitans. La cour lui donna enfin un successeur plus humain. Il assista en 1573 au siége de La Rochelle; ce fut le dernier acte de sa vie militaire. L'année suivante, il reçut de Henri III le bâton de maréchal, et se retira dans sa terre d'Estillac, près d'Agen, où il mourut en 1577. C'est dans cette retraite qu'il rédigea ses *Comment.*, ou mémoires de sa vie milit., en VII livres, dont les 4 prem. s'étendent depuis 1519 à la paix de Cateau-Cambresis en 1559, et les 3 autres embrassent le règne de Charles IX. Ces *Comment.* ont eu 7 édit., avant d'être compris dans le rec. des *Mém. relatifs à l'hist. de France*.

La prem. édit. est celle de Bordeaux, 1592, in-fol., publ. par les soins de Florimond de Raimond, conseiller au parlement de Toulouse. — MONTLUC (Pierre de), dit le capit. PEYROT, fils du précéd., équipa trois vaisseaux, et partit de Bordeaux, en 1568, pour visiter les côtes d'Afrique et y ménager des retraites aux marchands français en bâtissant des forts. Une tempête l'ayant porté sur la côte de Madère, on fit feu sur lui, et il eut quelq. gens blessés. Irrité de cette perfidie, il descendit à terre, prit la place, la saccagea et y reçut une blessure mortelle. Sa perte découragea les soldats qui l'avaient suivi, et ses vaisseaux revinrent promptem. en France. — Un autre fils du maréchal de Montluc, héritier de sa haine féroce contre les protestants, ne *s'épargna pas*, dit Brantôme, à la journée de la St-Barthélemi.

MONTLUC (JEAN de), frère du maréchal, destiné par ses parents à l'état monastique, portait l'habit de dominicain, lorsque la reine de Navarre, sœur de François Ier, le tira de son couvent pour l'amener à la cour. Il sut bientôt s'insinuer dans l'esprit du roi, s'éleva encore à une plus haute faveur sous Henri II, entra dans la carrière diplomatique, et fut successivem. envoyé en Irlande, en Pologne, en Italie, en Angleterre, en Ecosse, en Allemagne et à Constantinople. Ses services furent récompensés, dès 1553, par l'évêché de Valence et de Die. Il avait adopté les principes de tolérance de Lhopital; mais il mesurait sa politiq. sur celle de Catherine de Médicis, à laq. il demeura constamment attaché. Il contracta, malgré sa profession, un mariage clandestin avec une demoiselle nommée Anne Martin, dont il eut un fils (*v.* l'art. suiv.); et il sut dérober pend. long-temps la connaissance de cette union au public. L'ambiguité de sa conduite fut dénoncée à la cour de Rome, et Pie IV le condamna comme hérétiq. Montluc traduisit son accusat. par-devant le parlem. de Paris, et obtint des dommages et intérêts, par arrêt du 14 oct. 1560. Sur la fin de sa vie, il parut rentrer tout-à-fait dans la communion romaine, publia en 1573 une apologie de la St-Barthélemi, et mourut à Toulouse dans les bras d'un jésuite, en 1579. On a de lui des *Sermons*, Paris, 2 vol. in-8. Les détails de son ambassade en Pologne ont été publ. par J. Choisnin de Châtelleraut, son secrét., sous le titre de *Disc. au vrai de tout ce qui s'est passé pour la négociation de l'élect. du roi de Pologne*, 1574, petit in-8. Dans cette mission, Montluc avait su réunir les suffrages de la diète, en faveur de Henri de Valois, qui régna depuis en France sous le nom de Henri III. — V. CRAMAIL.

MONTLUC (JEAN de), seigneur de Balagny, fils naturel du précéd., fut légitimé en 1567. Il suivit son père en Pologne, et s'attacha, à son retour, au duc d'Alençon qui lui fit obtenir le gouvernem. de Cambrai. Il se jeta depuis dans le parti de la Ligue, mais il y acquit peu de considération. Sa femme, sœur de Bussy d'Amboise, le fit rentrer dans les bonnes grâces de Henri IV, et obtint pour lui, en 1594, le bâton de maréchal et la principauté de Cambrai. Les habitants de cette ville, mécontents de leur nouveau prince, ouvrirent leurs portes aux Espagnols. Le maréchal de Balagny mourut en 1603.

MONTLYARD (JEAN de), écuyer, sieur de Méleray en Beauce, et conseiller-secrét. du prince de Condé, a publié div. traduct., entre autres, des *Métamorphoses ou l'Ane d'or* d'Apulée; et des *Amours de Théagènes et de Charyclée*, par Héliodore, dont on recherche les édit. ornées des fig. de Mich. Lasne et de Crisp. de Pas.

MONTMAUR (PIERRE de), fameux parasite, né en 1576, à Bétaille, près de Martel (en Querci), mort en 1648, admis chez les jésuites, remplit les fonctions de régent au collége de Périgueux, et fut envoyé à Rome, où il enseigna la grammaire lat. Étant sorti de la soc., il vint à Paris, où il obtint, en 1623, la chaire de grec au collége de France. Quoiqu'il possédât une fortune indépendante, Montmaur, qui d'ailleurs n'était pas sans mérite, faisait bassement sa cour aux grands pour être admis à leur table où il débitait des bons mots farcis de longues et pédantesques citations. On cite de lui une *Invective* en prose contre Auger Busbec, et une *Élégie* sur la mort d'Éléonor d'Orléans, duc de Fronsac, tué à Montpellier : ce sont ces deux pièces qu'Adrien de Valois fit réimprimer sous ce titre pompeusement ironique : *P. Montmauri, grœcarum litterarum professoris regii, opera in duos tomos divisa, quorum alter solutam orationem, alter versus complectitur, iterùm edita et notis nunc primùm illustrata à Januario Frontone*, Paris, 1643, in-4. Les différ. satires publ. contre lui par les auteurs contemporains, ont été recueillies par Sallengre sous le titre d'*Histoire de P. de Montmaur*, La Haye, 1715, 2 vol. in-8, fig.

MONTMIGNON (JEAN-BAPTISTE), sav. ecclésiast., né en 1737 à Lucy, près de Château-Thierry, et mort grand-vicaire à Paris en 1824, avait été archidiacre de Soissons. Obligé de quitter la France en 1793, il n'y rentra qu'après le concordat de 1802. Ses principaux ouvr. sont : *Système de prononciation figurée applicable à toutes les langues*, etc., Paris, 1785, in-8. — *Vie édifiante de Benoît-Joseph Labre*, etc., trad. de l'italien, 5e édit., 1784, in-12. — *Choix de lettres édifiantes*, 2e édit., 1824-25, 8 vol. in-8. — *La Clé de toutes les langues*, etc., 1811, in-8.

MONTMIRAIL (CHARLES-FRANÇOIS-CÉSAR LE TELLIER, marquis de), officier distingué par ses qualités aimables et son instruct., né en 1734, mort en 1764, fit sa prem. campagne en 1757, en qualité d'aide-de-camp du maréchal d'Estrées, son oncle; il servit à la tête de son régim. de carabiniers dans celle de 1761, fut nommé brigadier l'année suiv., et plus tard colonel des cent-suisses. Admis à l'académie des sciences en 1761, il en devint président en 1763. Son *Éloge historique*, mis à la tête du 10e vol. des *Mélanges intéressants et curieux*, par Surgy, a été impr. séparém., Paris, 1766, in-8.

MONTMORENCI (MATTHIEU Ier de), n'est pas le premier personnage connu de son illustre famille, mais le prem. sur leq. l'hist. donne quelq. détails.

Son immense fortune, la dignité de connétable qu'il reçut vers 1130, sa prem. alliance avec Aline, fille naturelle de Henri Ier, roi d'Angleterre, et surtout son second mariage avec Alix ou Adélaïde de Savoie, veuve de Louis-le-Gros et mère de Louis-le-Jeune, le rendirent le plus puissant seigneur du royaume. Lorsque le jeune roi se croisa, en 1147, Matthieu, resté en France, partagea les soins de l'administrat. avec Suger et Raoul, comte de Vermandois. Il mourut en 1160, comblé d'honneurs et de richesses. Des auteurs ont fait remonter l'origine des Montmorenci jusqu'au temps de la fondation de la monarchie; mais ils ne s'appuient que sur de simples conjectures et sur des tradit. qui prouvent toutefois l'antiquité de cette noble maison. On commence à avoir sur elle quelq. données certaines, vers 950. On voit alors un Bouchard, *sire de Montmorenci par la grâce de Dieu*, se distinguer dans les armées franç. La filiation de ses descend. est prouvée sans aucune interruption. La charge de connétable, possédée six fois par des Montmorenci, le fut d'abord par Albéric, qui vivait en 1060. Cet office, avant lui, répondait à sa dénominat. (*comes stabuli*); c'était à peu près ce qu'est aujourd'hui la charge de gr.-écuyer : Albéric en fit un office de la couronne et un office milit. Thibaut, neveu d'Albéric, devint connétable vers 1090. Ce Thibaut était le grand-oncle du Matthieu, dont on a parlé plus haut.

MONTMORENCI (MATTHIEU II de), surnommé *le Grand* et *le Grand-Connétable*, petit-fils de Matthieu Ier, se signala, sous Philippe-Auguste, à la conquête de la Normandie, qui fut enlevée à Jean-sans-Terre (1203), prit part à toutes les guerres jusqu'à la bataille de Bouvines (1214), au gain de laquelle il contribua puissamm., se croisa en 1215 contre les Albigeois, et fut créé connétable en 1218. Ce fut lui qui joignit pour toujours à ce titre le commandem. des armées. Il jouit de la plus gr. autorité sous le règne de Louis VIII, commanda avec ce prince l'armée qui prit Niort, St-Jean-d'Angely, le Limousin, le Périgord, l'Aunis, etc., et tourna encore une fois ses armes contre les Albigeois, qu'il combattit jusqu'à l'accommodem. de 1226. Après la mort de Louis VIII, qui lui recommanda son fils en bas âge, Matthieu aida la régente, Blanche de Castille, à soumettre les gr. vassaux de la couronne, obtint sur eux plusieurs avantages, mais n'eut pas le temps de voir son ouvrage consolidé, et mourut justem. regretté de son maître, en 1250. Il mérita le surn. de *Grand* par son courage, par son habileté dans les affaires, et plus encore par ses vertus.

MONTMORENCI (CHARLES de), maréchal de France en 1343, se distingua par ses exploits milit. et par ses talents comme négociat. Il commanda l'armée que Jean, duc de Normandie, envoya en Bretagne au secours de Charles de Blois, son cousin, combattit avec courage à la bataille de Crécy, en 1346, et mérita d'être nommé gouvern. de Normandie. Il contribua beaucoup à la conclusion du traité de Bretigny, en 1360, fut choisi par le roi

Charles V pour être parrain du dauphin, depuis Charles VI, et mourut en 1381.

MONTMORENCI (ANNE de), connétable de France, né à Chantilly en 1493, se lia dès son enfance avec le comte d'Angoulême, qui régna depuis sous le nom de François Ier : telle fut l'origine de l'immense autor. dont il jouit plus tard sous ce prince. Il fit ses prem. armes en Italie, sous l'héroïque Gaston de Foix, eut ensuite l'honneur de seconder Bayard dans sa belle défense de Mézières (1521), et montra partout la plus brillante valeur. Les Suisses qui combattaient sous Lautrec en Italie, mécontents de ne point recevoir leur paye, menacèrent de se retirer, si on ne les menait à l'ennemi, retranché dans l'imprenable château de la Bicoque, près de Milan. Montmorenci, leur colonel-général, céda à leurs vœux malgré lui, et tomba dans la foule des mourants, couvert de blessures, qui ne l'empêchèrent pas, quelq. temps après, de marcher contre le connétable de Bourbon, de lui faire lever le siége de Marseille, et de le forcer même à évacuer la Provence. Ce fut alors (1522) qu'il fut nommé maréchal. Après s'être opposé vainement, l'année suiv., au projet d'une nouv. expédit. dans le Milanez, il fut fait prisonn. à la funeste journée de Pavie (1525). Il traita bientôt de sa rançon, s'occupa avec ardeur des moyens de rendre à la liberté un prince qui était aussi son ami, et fut récompensé de son zèle par le gouvernem. du Languedoc, la charge de gr.-maître de France, et l'administrat. des affaires de l'état. Son premier soin fut de conclure des traités avec le roi d'Angleterre et le pape, pour opposer des ennemis à l'empereur, qui recommença la guerre en 1536. Il évita de livrer à Charles-Quint, qui commandait une armée de 60,000 hommes en Provence, une bataille dont la perte eût entraîné la ruine de la monarchie; mais il sut le forcer à une retraite malheur. par son habile temporisat., et mérita par cette conduite les noms de *sage Cunctateur* et de *Fabius français*. Il préserva ensuite la Picardie d'une invasion des impériaux, transporta le théâtre de la guerre dans le Piémont, et se prépara à conquérir le Milanez; mais des négociat. furent alors entamées. L'épée de connétable, qui lui fut donnée en 1538, et les import. dignités de gr.-maître et de chef des conseils, le rendirent l'arbitre de toutes les affaires, et lui valurent auprès des plus puissants monarq. une considérat. égale à celle de son maître. Mais l'austérité de ses mœurs et la rudesse de ses manières le perdirent. Il n'était aimé que du dauphin, depuis Henri II : on eut l'art de persuader à François Ier, devenu morose et soupçonneux par l'effet de sa cruelle maladie, que cette liaison de l'héritier du trône avec le prem. dignitaire de l'état était fondée sur des motifs criminels, et le connétable fut disgracié (1541). Sa fermeté et sa hauteur ne se démentirent point dans l'exil. Rappelé à la tête des affaires, à l'avénem. de Henri II (1547), il marcha, l'année suiv., contre les habitants de la Guienne et de la Saintonge, justem. révoltés des vexations de la gabelle, et les traita avec barbarie.

En 1557, il voulut secourir St-Quentin, assiégé par les Espagnols; il fit une faute, dont l'avait averti le maréchal de Saint-André, fut fait prisonn., et dès ce moment la fortune parut l'avoir abandonné sans retour. Il paya pour sa rançon 165 mille écus (plus de 2 millions de la vâleur actuelle), et vint conclure la malheureuse paix de Cateau-Cambresis (1559), qui satisfaisait sa jalousie, en enchaînant l'activité et le courage des Guises, ses rivaux déjà redoutables. Écarté des affaires sous François II, il reparut à la cour sous Charles IX, mais ne retrouva pas son anc. influence. Sa haine pour les princes lorrains ne l'empêcha pas de s'unir avec le duc de Guise et le maréchal de Saint-André dans le fameux *triumvirat;* et malgré son attachem. à la religion catholique, il n'en fit pas moins cause commune avec le prince de Condé et le roi de Navarre, pour combattre l'ascendant des Guises. En un mot, toute cette époque de sa vie fut indigne de sa réputat., et ne lui valut que le sobriquet de *capitaine Brûle-Bancs*, qu'il reçut pour avoir dispersé et détruit quelq. prêches huguenots. Vainqueur, en 1562, à la bataille de Dreux, il fut fait prisonn. néanmoins par les protest.; mais, remis en liberté l'année suiv., il chassa les Anglais du Hàvre, et vint enfin chercher la victoire et la mort dans les plaines de St-Denis, en 1567. Il expira dans son hôtel, à Paris, deux jours après cette sanglante bataille. On sait qu'il répondit au cordelier qui l'exhortait : *Croyez-vous qu'un homme qui a su vivre près de 80 ans avec honneur ne sache pas mourir un quart-d'heure?* Telle fut la vie et la mort de ce Montmorenci, *homme intrépide*, dit Voltaire, *à la cour comme dans les armées, plein de grandes vertus et de défauts, général malheureux, esprit austère, difficile, opiniâtre, mais honnête homme, et pensant avec grandeur.* Sa politique ne fut point assez éclairée, et servit trop des ressentiments et des intérêts de position, aux dépens du bien public. Cette sagesse qui, dès son jeune âge, lui fit donner le nom de *Caton*, passerait peut-être de nos jours pour de la dureté pédantesque (*v.* pour plus de détails, Brantôme; *la grande Histoire de la maison de Montmorenci*, par Duchesne; l'*Histoire des hommes illustres de France*, par d'Auvigny, etc.).

MONTMORENCI (FRANÇOIS de), fils aîné du précéd., commença à porter les armes au siége de Lanz en Piémont, en 1551, se signala dans plus. occasions, et fut envoyé, en 1572, ambassadeur en Angleterre. Accusé à son retour d'avoir trempé dans la conjuration de St-Germain-en-Laye, qui avait pour but d'enlever le duc d'Alençon, il fut mis à la Bastille; mais Catherine de Médicis l'en fit sortir bientôt et se servit de lui pour ramener le duc qui avait quitté la cour. Il mourut au château d'Écouen, en 1579, dans sa 49e année, laissant la réputation d'un grand capit. et d'un habile négociateur. Il avait cédé la dignité de grand-maître de France au duc de Guise, et reçu comme en échange le bâton de maréchal et le gouvernem. du château de Nantes.

MONTMORENCI (HENRI Ier, duc de), 2e fils du connétable Anne, fit sa prem. campagne en Allemagne et en Lorraine (1552), passa ensuite à l'armée de Piémont, où il commanda la cavalerie légère, et à son retour en France (1557), reçut le collier de l'ordre de St-Michel, à l'âge de 24 ans. Il fit prisonnier le prince de Condé, à la bataille de Dreux (1562), obtint le gouvernem. de Languedoc l'année suiv., et le bâton de maréchal en 1566. Il avait été investi, pend. la guerre civile, de la dignité d'amiral de France, qu'il remit, lors de la paix, à son cousin Coligni. La guerre s'étant rallumée en 1567, il se distingua à la bat. de St-Denis, ce qui ne l'aurait pas plus empêché que sa qualité de catholique d'être compris par Catherine de Médicis et les Guises dans le massacre de la St-Barthélemi, s'il n'eût cherché un asile dans son gouvern. de Languedoc. Là il se mit à la tête des mécontents qu'on nommait les *politiques*, et vécut en souverain, levant des troupes et de l'argent, fortifiant ou rasant les places, et faisant à son gré la paix ou la guerre avec les Huguenots. Henri IV, qu'il fit proclamer, après la mort de Henri III, dans toutes les villes où il commandait, lui envoya l'épée de connétable en 1595. Montmorenci, connu aussi sous le nom de *Damville*, mourut à Agde en 1614, à l'âge de 70 ans, laissant la réputation d'un général plus heureux qu'habile.

MONTMORENCI (HENRI II, duc de), maréchal de France, fils du précéd., naquit en 1595 à Chantilly. Filleul de Henri IV, qui lui assura la survivance du gouvernem. qu'occupait son père, il fut revêtu par Louis XIII (1612) de la dignité de chev. de l'ordre du St-Esprit, et commença à se signaler en 1620 dans la prem. guerre contre les religionnaires du Languedoc. Chargé en 1625 du commandement de la flotte envoyée par les Hollandais à Louis XIII, il reprit sur les huguenots les îles de Ré et d'Oléron, et dans cette expédition ne fit pas moins admirer son désintéressem. que son habileté et son courage. Après avoir obtenu en 1628 de nouv. avantages sur les protestants du Languedoc, commandés par le duc de Rohan, et contribué à l'armistice qui leur fut accordé, il partit l'année suiv. en qualité de lieut.-génér. pour le Piémont; l'un de ses plus beaux faits d'armes fut le combat de Veillane (10 juillet) : les impériaux y perdirent 700 hommes et eurent 600 prisonniers, au nombre desquels se trouvait Doria, un de leurs génér. Le bâton de maréchal fut la récompense de ce succès, qui détermina la levée du siége de Casal. Cepend. des intérêts plus chers que ceux de la faveur, dominant l'âme fière et généreuse de Montmorenci, lui firent sacrifier son devoir et courir à sa perte. Moins sage qu'intrépide, il avait écouté les propositions que lui fit Gaston d'Orléans pour l'entraîner dans sa rébellion, et il tenta de soulever en faveur de ce prince le Languedoc, dont il avait le gouvernement, sans calculer l'issue d'une démarche où il entrevoyait l'occasion de terminer, à ses propres périls, les mésintelligences qui divisaient la famille royale. Richelieu fit jouer tous les ressorts de sa politiq. pour parer les coups dont il se voyait menacé, et déjà il ne restait plus d'espoir de pardon pour le maréchal rebelle lorsque celui-ci engagea contre les troupes roy., commandées par Schomberg, l'inégal combat de Castelnaudary (1er sept. 1632). Après avoir tenté de relever le courage de Gaston, il se précipite à la tête des plus intrépides d'entre ses amis sur la ligne de l'armée royale, s'y fait jour en écrasant tout ce qui lui résiste, et pénètre à travers une grêle de balles jusqu'au 7e rang. où il tombe enfin, non de l'épuisem. d'une blessure qu'il a reçue dans la mâchoire, mais parce que le cheval qu'il monte est abattu sans vie. L'illustre prisonn. fut conduit au château de Lectoure, et de là transféré à Toulouse, où le roi s'était rendu, et où il fit instruire son procès; il dura 5 jours, au bout desquels la sentence de mort fut prononcée. La seule grâce qu'accorda Louis XIII aux sollicit. qui lui étaient adressées en faveur du coupable mais héroïque Montmorenci fut qu'au lieu d'être décapité publiquem., il le serait dans l'intérieur de l'hôtel-de-ville, et cette apparente condescendance ne lui réservait que la douleur plus cuisante d'être exécuté devant la statue de Henri IV, son parrain. Il vit l'appareil de son supplice avec calme, et eut la tête tranchée le 30 octobre 1632, à l'âge de 38 ans. En lui s'éteignit la prem. branche ducale des Montmorenci; tous ses biens demeurèrent à sa sœur, mère du gr. Condé. On n'a cru pouvoir expliquer l'inflexibilité du roi à l'égard du duc de Montmorenci qu'en lui supposant de justes motifs de vengeance contre ce seigneur, l'homme le plus aimable et le mieux fait de France; on est même allé jusqu'à dire qu'au moment où il fut pris il portait au bras un bracelet avec le portrait d'Anne d'Autriche. Mais la fausseté de ces imputat. romanesques est reconnue dep. long-temps. Pour plus de détails on peut consulter le t. VII des *Memorie recondite* de Vittorio Siri; l'*Hist. de Henri, dern. duc de Montmorenci, pair et maréchal de France*, par Sim. Ducros, Paris, 1663, in-4, etc.

MONTMORENCI (Marie-Félice ORSINI, duchesse de), femme du précéd., née à Rome en 1600, morte supérieure du couvent de la Visitation de Moulins en 1666, a été présentée par l'auteur anonyme d'une *Vie du duc de Montmorenci*, impr. en 1699, comme complice et même comme cause principale des torts si graves de son époux. Presque tous les histor., et Désormeaux entre autres, ont répété la même assert.; mais d'autres écriv. l'ont démentie. D'ailleurs Gaston, pend. un séjour qu'il fit à Moulins, en 1634, justifia hautem. la duchesse d'avoir pris la moindre part à ce qui s'était passé de contraire à l'autorité du roi en Languedoc. Quoi qu'il en soit, huit jours après l'exécution de son mari, elle fut conduite au château de Moulins. Rendue à la liberté au bout d'un an, mais toujours inconsolable, elle entra dans le couvent de la Visitation, où elle prit le voile en 1657, après y avoir placé le corps de son époux dans un superbe mausolée. Là tout entière à sa douleur et à la religion qui la consolait, elle fut honorée des visites des plus gr. personnages, entre autres de Louis XIV, de Christine, reine de Suède, et de Henriette de France, cette veuve infortunée de Charles Ier, qui vint souvent mêler ses larmes à celles d'une veuve égalem. malheureuse.

MONTMORENCI (Charlotte-Marguer.), sœur du duc Henri II, et belle-sœur de la précéd., née en 1594, avait été destinée par son père, le connétable de Montmorenci-Damville, à être l'épouse de Bassompierre; mais Henri IV, sur qui sa rare beauté avait fait une vive impression, la maria au prince de Condé, qu'il croyait sans doute pouvoir tromper plus facilement. Cepend. le jeune prince, après avoir long-temps tenu sa femme éloignée de la cour, prit le parti de l'emmener en toute hâte à Bruxelles, d'où bientôt il se retira en Italie, pour échapper aux poursuites du roi de France. Toutefois la princesse resta en Flandre : aussi a-t-on dit, sans trop de fondem., qu'elle était le véritable objet de la guerre dont Henri IV faisait les préparatifs, lorsqu'il fut assassiné. Cette mort cruelle permit aux deux époux de se réunir. La princesse s'enferma avec son mari, en 1617, à la Bastille, et y subit volontairem. avec lui plus de deux ans de détention. Restée veuve en 1646, elle mourut en 1650, laissant trois enfants : le grand Condé, le prince de Conti et la duchesse de Longueville.

MONTMORENCI (Jeanne-Marguerite de), connue sous le nom de la *Solitaire des Rochers*, née vers 1649, résolut, en 1666, d'aller vivre loin du monde, On sait que sa naissance était très distinguée, mais on n'a aucun renseignem. sur ses prem. années, ni même rien de positif sur sa famille : ce qui a fait croire qu'elle appartenait aux Montmorenci, c'est qu'une demoiselle de cette illustre maison, qui disparut vers ce temps, avait précisément le même âge. Quoi qu'il en soit, elle avait profité, pour s'échapper, d'un pèlerinage qu'on lui permit de faire au mont Valérien, et, après avoir servi ou mendié pend. plus. années, se choisit dans une gorge des Pyrénées une retraite qu'elle nomme dans ses lettres la *Solitude des Rochers*. Plus tard elle se rendit à 50 lieues de là, et plus près de l'Espagne, dans un autre ermitage qu'elle nomme la *Solitude de l'Abyme des ruisseaux*. Ce fut là qu'elle commença à entretenir une correspond. avec un Père Debray, cordelier, jadis son confess., une correspond. qui dura 8 ans, et dont on a recueilli 38 lettres. Elle quitta sa solitude pour aller à Rome participer aux grâces du jubilé, et mourut, à ce qu'on présume, dans ce voyage. Elle devait avoir environ 51 ans. Il a paru en 1787 une *Vie de la Solitaire des Rochers* (v. l'*Hist. ecclésiast.* de Berault de Bercastel, liv. 80e).

MONTMORENCI (Matthieu-Jean-Félicité DE MONTMORENCI-LAVAL, vicomte, puis duc de), pair de France, ministre d'état, etc., né à Paris en 1767, porta les armes dans la guerre d'Amérique, sous les ordres de son père, colonel du régiment d'Auvergne, et y puisa les principes de liberté et d'indépendance qu'il manifesta dès le commencement de la révolution. Nommé en 1789 député aux états-génér. par la noblesse du bailliage de Mon-fort-l'Amaury, dont il était grand-bailli d'épée, il se réunit des prem. au tiers-état, et pend. toute la session de l'assemblée constituante, prit une part active aux mesures qui devaient assurer le triomphe des nouvelles doctrines politiq.; ce fut même sur sa proposit. que l'abolit. de la noblesse fut adoptée. Aide-de-camp du maréchal Luckner jusqu'à l'établissem. du régime républiq., il quitta la France à cette époque et se réfugia en Suisse, où il se lia d'une étroite amitié avec mad. de Staël, dont il reçut les secours d'une généreuse hospitalité. Revenu à Paris après le 9 thermidor, il ne se déroba qu'avec peine aux périls des réact. en vivant dans la retraite, et toujours suspect sous le gouvernem. impér., dont il ne voulut accepter que des fonctions de bienfaisance, il fut même exilé momentaném. en 1811. La restaurat. le trouva dans des sentim. diamétralem. opposés à ceux qu'il professait lors de la chute de la monarchie; accueilli avec bonté par Monsieur (Charles X), il devint son aide-de-camp, accompagna en 1815, comme chevalier d'honneur, Madame, duchesse d'Angoulême, à Bordeaux et à Londres, puis se rendit à Gand, d'où il revint à Paris avec le roi. Il fut compris dans la deuxième organisation de la chambre des pairs, y combattit avec chaleur les principes qu'il avait rétractés, et vit accroître à un tel point la confiance que lui valut cette conduite, qu'il obtint en 1822 le portefeuille des affaires étrangères avec la présidence du conseil. Appelé au congrès de Vérone, il s'y trouva avec M. de Châteaubriand, qui bientôt le remplaça au ministère. Livré aux pratiques d'une dévot. fervente, et sans cesse occupé de bonnes œuvres, le duc de Montmorenci put recevoir sa démission comme une faveur nouvelle ; toutefois une place à l'Acad. succéda pour lui, en 1825, au fauteuil ministériel, et bientôt il fut choisi par le roi comme gouvern. du duc de Bordeaux. Il ne remplit que fort peu de temps ces import. fonctions; la mort le frappa le vendredi-saint, 24 mars 1826, tandis qu'il faisait ses dévotions à St-Thomas-d'Aquin, sa paroisse. Le *Journal de Paris* a donné sur lui une *nécrologie* assez étendue, reproduite dans le *Moniteur* du 29 mars 1826, p. 596, et M. le duc de Doudeauville a lu son *éloge funèbre* à la chambre des pairs dans la séance du 28 mars (*Moniteur* p. 400). M. Billecoq prononça à la société pour l'améliorat. des prisons, dans la séance du 6 déc., un autre *discours* à l'occasion de la mort du duc de Montmorenci, membre de cette société, égalem. impr. dans le *Moniteur* du 23 déc., p. 1702. Barbier lui attribue : *Observat. sur la marche suivie dans l'affaire du concordat* (de 1817), Paris, 1818, in-8.

MONTMORENCI-LAVAL (Louis-Adélaïde-Anne-Joseph, comte de), lieuten.-général, né en 1752, entra en 1768 dans les gardes-du-corps, fut nommé en 1771 capit. au régim. Dauphin; en 1777, colonel en second; en 1784, colonel du régim. des Trois-Évêchés chasseurs, et en 1791, maréchal-de-camp.

Obligé de quitter la France, il fit la campagne de 1792 à l'armée des princes, joignit ensuite l'armée de Condé, et combattit comme simple soldat. Lorsque cette armée passa au service de Russie, plusieurs offic. étant restés sans emploi, le prince de Condé en forma une compagnie dont il confia le commandem. au comte de Montmorenci-Laval. Celui-ci se trouva au siége de Maestricht en 1793, fut nommé major au régim. de Béthisy en 1794, et fit les campagnes de 1794 à 1801 dans l'armée anglaise. Lors de la restaurat., le roi le nomma lieutenant-général. Il mourut en 1828.

MONTMORIN - SAINT - HÉREM (J.-B.-François, marquis-de), lieut.-génér., gouvern. de Fontainebleau et de Belle-Isle, né en 1704, mort en 1779, après 55 ans de service, se trouva aux batailles de Parme et de Guastalla, força le prem. les lignes de Weissembourg en 1744, se distingua à la bataille de Raucoux, commanda les troupes qui montèrent les prem. à l'assaut au siége de Bergop-Zoom, et contribua à la reddit. de Maestricht en 1748. — Montmorin (Louis-Victoire-Luc, comte de), fils du précéd., et, comme lui, gouvern. de Fontainebleau, né en 1762, était colonel du régim. de Flandre, au commencem. de la révolut. Il donna de gr. preuves de fidélité et de dévouement au roi et à la famille roy., et fut massacré le 2 sept. 1792.

MONTMORIN-SAINT-HÉREM (Armand-Marc, comte de), parent du précéd., fut d'abord menin du dauphin (Louis XVI), puis ambass. à Madrid, et ensuite commandant en Bretagne. Appelé à la première assemblée des notables, en 1787, il fut chargé bientôt après du portefeuille des affaires étrangères, et se trouva ainsi ministre lors de l'ouverture des états-génér. en 1789. Il adopta les opinions et les principes de Necker, fut renvoyé avec lui (1789), et rappelé quelq. jours après la révolut. du 14 juillet. Il se trouva entraîné dans le club des jacobins, qui ne portait encore que le nom de *société des amis de la constitution;* mais incapable de partager les exagérat. des clubistes, il se vit expulsé par eux (1791), comme un traître vendu aux puissances étrangères. Chargé néanmoins du ministère de l'intérieur, par *intérim*, il fut accusé, lors du voyage de Varennes, d'avoir donné des passe-ports à la famille roy., et parvint à se justifier. Lorsqu'il donna connaissance aux souver. étrang. de l'acceptat. de l'acte constitut. par Louis XVI, et à l'assemblée législative de leurs réponses officielles, sa conduite, ainsi que celle des autres ministres, parut tellem. équivoque, que l'assemblée les manda tous à sa barre. Montmorin montra, dans cette circonstance, beaucoup de noblesse et de fermeté, et après avoir offert sa démission, forma avec Malouet, Bertrand de Moleville et quelq. autres réformat. mixtes, un des conseils particuliers de Louis XVI. Forcé de se cacher après les événem. du 10 août 1792, il fut découvert presque aussitôt, et conduit devant l'assemblée législative, qui le fit mettre en prison. Il périt peu de temps après sur l'échafaud.

MONTMORT (Pierre-Rémond de), mathématicien, né à Paris, en 1678, mort en 1719, fut d'abord destiné à la magistrature; mais fatigué de l'étude du droit, il s'appliqua entièrem. à la philosophie et aux mathémat., après la mort de son père, qui lui avait laissé une fortune assez considérable. Les instances de son frère cadet lui ayant fait accepter un canonicat, il devint l'exemple de ses nouv. confrères par son assiduité à ses devoirs, jusqu'au moment où il connut Mlle de Romicourt, petite-nièce et filleule de la duchesse d'Angoulême. Il l'épousa en 1706, et renonça avec plaisir à son canonicat, qui d'ailleurs ne l'avait pas détourné de ses études favorites. Il fut l'élève de Malebranche, l'ami de Nicolas Bernouilli, et eut le bonheur de connaître Newton à Londres, où il fit plusieurs voyages. Agrégé à la société royale de cette ville, il fut admis à l'acad. des sciences en 1716, en qualité d'associé libre. Il s'était attaché particulièrem. à étudier la théorie de la probabilité, dont presque aucun géomètre ne s'était encore occupé. Telle était sa force de tête qu'il pouvait travailler aux problèmes les plus embarrassants dans une chambre on l'on jouait du clavecin, et tandis que son fils courait et le lutinait. Il employait une partie de ses revenus à faire imprimer de bons ouvr., dont les libraires n'auraient pas voulu se charger, et consacrait l'autre à faire en secret des œuvres de charité. On cite de lui *Essai d'analyse sur les jeux de hasard*, 1713 ou 1714, in-4. — *Traité des suites infinies*, impr. dans les *Transactions* de 1717, avec une addition, par les soins de son ami Taylor. *Voy.* son *éloge* par Fontenelle, *Hist. de l'acad. des sciences*, 1719.

MONTOLIEU (Pauline-Isabelle DE POLIER, baronne de), féconde romancière, née en 1751, à Lausanne, morte dans cette ville le 28 déc. 1832, épousa M. de Crousaz, et devenue veuve se remaria au baron de Montolieu. Une longue maladie la condamna à l'inact. dans ses dern. années. Publ. en 1781, *Caroline de Lichtfield* commença sa réputat., qu'elle soutint par des publicat. si nombr. que leur collection forme 105 vol. Les ouvrages de Mme de Montolieu, presque tous pleins de charme et d'intérêt sont au nombre de 32. Ce sont pour la plupart des traductions ou des imitations de l'allemand d'Aug. Lafontaine. Parmi ses productions originales, indépendamm. de *Caroline de Lichtfield*, regardée comme son chef-d'œuvre, on distingue : *Lettres de M. Henley*, publ. par son amie, 1784, in-12. — *Le Mari sentimental, ou le Mariage comme il y en a quelq.-uns*, 1785, in-18. — *Recueil de contes*, 1804, 3 vol. in-12. — *Emmerich*, 1810, 6 vol. in-12.—*Douze nouvelles*, 1812, 4 vol. in-12. — *Suite des nouvelles*, 1813, 3 vol. in-12. — *Dix nouvelles*, 1815, 3 vol. in-12. — *Le Chalet des Hautes-Alpes*, 1813, in-18. — *Les Châteaux suisses*, anciennes anecdotes et chroniq., 1816, 3 vol. in-12. — *Les Châteaux suisses*, 1817, 4 vol. in-8. — *Histoire du comte Rodrigo*, de W., 1817, in-8. — *Exaltation et piété*, 1818, in-12. Un choix des *ouvr.* de Mme de Montolieu a été publié en 1829, 40 vol. in-12.

MONTPENSIER (François de BOURBON, duc de), connu aussi sous le nom de *Prince-Dauphin*, né en 1539, mort à Lisieux en 1592, était dauphin d'Auvergne et fils de Louis II de Bourbon, duc de Montpensier. Il obtint en 1574 le commandem. d'une des trois armées chargées d'agir contre les protestants, justifia la confiance de ses maîtres par quelq. exploits, et fut un des prem. à reconnaître les droits de Henri IV à la couronne. Il se distingua aux batailles d'Arques et d'Ivri, et soumit Avranches.

MONTPENSIER (Catherine-Marie de LORRAINE, duchesse de), fille du duc de Guise, assassiné devant Orléans, née en 1552, épousa à 18 ans Louis II, duc de Montpensier, et mourut à Paris en 1596. On la trouve dans toutes les conspirat. qui, depuis la tenue des états de Blois, se succédèrent contre l'état ou contre la personne de Henri III. Elle eut des prédicat. à ses gages pour faire insulter ce prince en chaire, et poussa l'audace jusqu'à tenter de le faire enlever. Elle sauta au cou du prem. qui lui annonça que Henri III venait d'être assassiné : et l'on assure que dans son délire, elle s'écria : « Je ne suis marrie que d'une chose, c'est qu'il n'ait pas su avant de mourir que c'est moi qui ai fait le coup. » Elle monta en carrosse avec la duch. de Nemours, sa mère, et parcourut les rues de Paris en criant : *Bonne nouvelle!* Lorsque plus tard elle apprit que les portes de la capitale avaient été ouvertes aux troupes royales, elle demanda s'il n'y avait pas quelqu'un qui pût lui donner un coup de poignard dans le sein. Cepend. elle parut se réconcilier avec le bon Henri, qui, dès le soir même de son triomphe, la reçut et joua aux cartes avec elle.

MONTPENSIER (Anne-Marie-Louise d'ORLÉANS, duchesse de), connue sous le nom de *Mademoiselle*, née à Paris en 1627, de Gaston, duc d'Orléans, eut quelq.-uns des défauts de son père, mais non point sa faiblesse, et déploya dans sa vie orageuse quelq. gr. qualités. Une des singularités les plus remarquables de son histoire, c'est la quantité de mariages qu'elle eut en vue ou qui lui furent proposés sans aucun résultat. Louis XIV, encore enfant, Louis de Bourbon, comte de Soissons, le cardin. infant, frère d'Anne d'Autriche, et gouvern.-génér. de la Flandre, le roi d'Espagne, Philippe IV, le prince de Galles, depuis Charles II, l'emper. lui-même, puis l'archiduc Léopold, frère de l'emper., enfin le duc de Savoie, furent tour-à-tour ceux auxquels elle put espérer de donner sa main. Toutes ces alliances manquèrent ou par sa faute ou par celle de Mazarin, qui dès-lors fut en butte à sa haine. L'occasion de se venger du ministre lui fut offerte par les frondeurs, qui, connaiss. son esprit fier et entreprenant, cherchèrent à l'attirer dans leur parti. Tout en servant la Fronde secrètem., elle resta, par devoir, attachée à la cour jusqu'au moment où son père fit cause commune avec le prince de Condé contre la reine et le ministre. Elle rendit d'import. services à son nouv. parti pend. la guerre civile, fut inquiétée et obligée de quitter la capitale, lorsque les troubles furent apaisés, et ne rentra à la cour qu'en 1657. De nouv. projets de mariage l'occupèrent alors. Il fut question de plus. petits princes qu'elle refusa, du fils du prince de Condé, enfin du roi de Portugal, tout cela sans succès. Un simple cadet d'une illustre maison, Lauzun, devait être plus heureux que tant de princes. *Mademoiselle*, éperdument amoureuse de ce favori du roi, obtint assez facilement, en 1670, la permission de l'épouser, permission bientôt révoquée, mais qui ne l'empêcha pas de s'unir à son amant par un mariage secret. Lauzun subit une détent. de dix ans, ne recouvra la liberté que grâce aux sacrifices immenses de la princesse, et montra pour cette femme qui l'avait tant aimé beauc. d'ingratitude. Elle s'en consola en se jetant dans la dévot., et s'en vengea en instituant Monsieur son légataire universel. Elle mourut en 1793. « Ses *Mém.*, dit Voltaire, sont plus d'une femme occupée d'elle que d'une princesse témoin de gr. événements. » L'édit. de 1746, 8 vol. in-12, est augmentée de plus. opuscules. Ces *Mém.* forment les t. XL, XLI et XLII de la 2ᵉ série de la *Collect. des Mém. relatifs à l'Hist. de France*, publiée par Petitot. On trouve en tête de l'édition une *Notice* curieuse.

· MONTPENSIER (Antoine-Philippe d'Orléans, duc de), né en 1775, 2ᵉ fils de Louis-Philippe-Joseph et de Louise-Marie-Adélaïde de Bourbon-Penthièvre, montra de bonne heure du goût pour les arts, qu'il cultiva dep. avec succès. A l'époque de la révolution, il vola avec son frère le duc de Chartres à la défense du territoire français, se fit remarquer à Valmy et à Jemmapes, et passa ensuite à l'armée d'Italie, commandée par Biron. Arrêté à Nice en 1793, par ordre du comité de salut public, il fut transféré à Marseille, au fort Notre-Dame-de-la-Garde, où il subit 43 mois d'une pénible captivité. Il dut enfin son élargissement au directoire, ou plutôt à la généreuse résignation de son frère aîné, le duc d'Orléans, qui, cédant au vœu de cette administrat. inquiète et faible, consentit à se rendre en Amérique. Le duc de Montpensier alla l'y rejoindre avec le comte de Beaujolais en 1797, et réuni à ses deux frères, il parcourut les États-Unis, visita Washington dans sa retraite de Mount-Vernon, et connut plus d'une fois, dans ces courses sur une terre étrangère, le besoin, les périls et les vexat. de tout genre. Les trois frères vinrent chercher un asile en Angleterre en 1800, et choisirent pour leur séjour Twickenham. C'est là que le duc de Montpensier mourut en 1807, d'une maladie de poitrine dont il portait depuis long-temps le germe. On lui donna un tombeau à Westminster. Il a laissé des *Mém.* concernant sa captivité, impr. en 1824, in-8, et qui font partie de la collect. des *Mém.* sur la révolution.

· MONTPERLIER (Jos.-Ant.-Mar.), auteur dramatique, né à Lyon, mort à Paris en 1819, à l'âge de 52 ans, s'est fait connaître par plusieurs pièces jouées avec succès sur le théâtre de la Porte-St-Martin. Les principales sont *Mon oncle Tobie*, les *Femmes infidèles*, le *Panier de Cerises*, et la co-

médie du *Gouverneur*. Cette dern. pièce est une comédie de mœurs, et son succès pouvait faire concevoir aux amis de l'art de légitimes espérances.

MONTPETIT (Armand-Vincent de) artiste recommandable, né à Mâcon en 1713, mort à Paris en 1800, peignit le portrait avec succès, et imagina une nouvelle manière de peindre la miniat., qu'il nomma *éludorique*, parce qu'on n'y emploie que l'huile et l'eau. Il s'occupa beauc. de la mécanique, à laq. il fit faire quelq. progrès. Ses invent. sont décrites dans le *Dictionn. des Arts*, de l'abbé Jaubert. On a de lui : *Note sur les moyens de conserver les portraits peints à l'huile*, etc., 1776, in-8. — *Prospectus d'un pont de fer d'une seule arche* (de 400 pieds d'ouverture), 1785, in-4. — *Observations physico-mécan. sur la théorie des ponts de fer*, dans le *Journ. de Physique*, 1788, tom. Iᵉʳ. Lalande a donné une *Notice* sur cet artiste, dans le *Magas. encyclopéd.*, année 1800, tom. Iᵉʳ.

MONTPEZAT-LETTRES (Antoine de), maréchal de France en 1545, mort en 1544, n'était que simple gendarme dans la compagnie du maréchal de Foix, à la bataille de Pavie. Il fut fait prisonn. dans cette malheur. journée, se présenta de la meilleure grâce du monde pour servir de valet-de-chambre à François Iᵉʳ pend. sa captivité, sut gagner la confiance de ce prince, et fut chargé par lui de porter en France des ordres secrets à la régente. Plus tard il se fit remarquer dans plusieurs siéges ou batailles, et parut un personnage assez import. pour être mis au nombre des 8 otages que fournit François Iᵉʳ à Henri VIII pour la reddition de Tournay à la France.

MONTPLAISIR (René de Bruc, marquis de), poète franç., se fit autant de réputat. dans les armes que dans les lettres, et fut nommé, en 1671, lieut. de roi à Arras, où l'on croit qu'il mourut vers 1675. Ses vers, disséminés dans les *Recueils* du temps, en ont été extraits par Lefèvre de Saint-Marc, et forment un petit vol. qu'on trouve ordinairem. joint aux *Poésies* de Lalane, Amst. (Paris), 1759, in-12. On suppose qu'il a eu quelq. part aux *Élégies* publiées sous le nom de la comtesse de La Suze.

MONTRÉAL d'Albano ou *Fra Moriale*, gentilhomme provençal et chev. de St-Jean-de-Jérusalem, au 14ᵉ S., se distingua au service du roi de Hongrie, dans les guerres du roy. de Naples. Il commandait une de ces troupes de brigands, qu'on nommait compagnies d'aventure, avec laquelle il resta dans le roy. de Naples en 1351, après le départ du roi. Vaincu et chassé l'année suiv., par Malatesti, seigneur de Rimini, il se mit à la solde du préfet de Vico, seigneur de quelq. villes du patrimoine de St-Pierre. Bientôt il parvint à attirer sous ses drapeaux 1,500 gendarmes et 2,000 fantassins, qu'il soumit à une discipline régulière, tout en les autorisant à un brigandage également régulier. Il fondit avec cette troupe sur les états de Malatesti en 1353, et y porta la désolation. Ayant accru sa petite armée d'un gr. nombre de partisans, avides de pillage, il alla mettre à contribut. Sienne, Florence et Pise. Il engagea sa bande à la solde d'une ligue formée en Lombardie contre les Visconti, et se rendit, avec une suite peu nombr., à Pérouse et à Rome, pour se ménager des intelligences dans le Midi de l'Italie. Mais à son arrivée à Rome, il fut traduit devant un tribunal, comme coupable de brigandages que le prétendu droit de la guerre ne pouvait excuser, et eut la tête tranchée (1554).

MONTRÉSOR (CLAUDE DE BOURDEILLE, comte de), gr.-veneur et favori de Gaston, duc d'Orléans, né vers 1608, mort en 1663, sut captiver ce prince au point qu'il n'osait rien entreprendre sans ses conseils. Il facilita plus. entrevues entre son maître et le comte de Soissons, et fut le chef secret du complot tramé par eux contre le cardin. de Richelieu. Mais lorsque MONSIEUR, dont les menées ne purent demeurer cachées, se hâta de faire la paix avec le ministre, il ne stipula rien pour son favori, qui alla passer 5 ou 6 ans dans sa terre pour éloigner de lui tout soupçon d'intrigue. Montrésor entra malgré lui dans la conspirat. de Cinq-Mars, et se vit abandonné une seconde fois par Gaston. Obligé de chercher un asile en Angleterre, tandis que l'on saisissait ses biens, il ne revint en France qu'après la mort de Richelieu (1643), et vendit bientôt sa charge de grand-veneur. Il paraissait disposé à vivre loin de la cour, il annonçait même l'intention de se retirer en Hollande, lorsqu'il se rendit suspect à Mazarin par une correspond. assez insignifiante avec la duchesse de Chevreuse, alors exilée. Il subit quatorze mois de détent., et, rendu à la liberté, ne manqua pas de se lier avec le coadjut. contre le ministre. Il joua un rôle très actif dans les troubles de la Fronde, se réconcilia avec la cour en 1653, et passa les dern. années de sa vie étranger aux intrigues, sans toutefois cesser d'entretenir des liaisons d'amitié et de reconnaiss. avec le cardin. de Retz. On a de lui des *Mémoires* pleins de candeur et de bonne foi, qui ont été insérés dans le *Recueil de plusieurs pièces servant à l'hist. moderne*, Cologne (Elzévire), 1663, in-12, et réimpr. par les mêmes en 1664. Cette édit. est plus belle que la prem.; enfin ils en donnèrent une 3ᵉ édit., augm. de div. pièces, Leyde, 1665, 2 vol. in-12. Les *Mém.* de Montrésor, dans la *Collect.* de Petitot, LIV, son précédés d'une curieuse *Notice* par M. de Monmerqui.

MONTREUIL (JEAN de), ou *Montereul*, négociat., né à Paris en 1615, mort en 1651, fut envoyé à Rome, puis en Angleterre, en qualité de secrét. d'ambassade, passa de là en Écosse avec le titre de résident, et, à son retour en France, accepta la place de secrét. des commandem. du prince de Conti. Il était membre de l'Acad. franç., où il avait remplacé J. Sirmond en 1649, et chanoine de Toul. — Matthieu, frère du précéd., né à Paris en 1620, mort à Valence en 1692, porta l'habit ecclésiast. sans être engagé dans les ordres, fit négligemm. de petits vers, écrivit des lettres galantes, et réunit à toutes les faiblesses d'un abbé petit-maître les

fadeurs obligées de la galanterie du temps. Ses œuvr. ont été publiées, Paris, 1666, in-12; 2ᵉ édit., 1671, soignée par l'aut. M. Campenon a publié, en 1806, les *Lettres choisies* de Montreuil, dans le recueil de celles de Balzac, Voiture, etc., 2 vol. in-12. On trouve un *Mém.* sur sa vie dans les *Mélanges* histor. de Michault.

MONTRICHARD (HENRI-RENÉ, comte de), né vers 1756, page de Marie-Antoinette, entra au service, et rejoignit en 1791 l'armée des princes. Rentré dans sa patrie en 1799, il exécuta plusieurs missions dans l'intérêt des Bourbons, et néanmoins fut nommé, en 1806, maire de St-Pierre-le-Roaille (départem. de la Loire). A la restaurat., le gouvernement l'appela à la sous-préfect. de Villefranche. Révoqué en 1817, par suite des troubles qui éclatèrent alors, il publia contre ses accusat. un *factum* intit.: *Un et un font un*, ou M. *Fabvier* et M. *Sainneville*, Paris, 1818, in-8, deux édit.; une 3ᵉ fut publiée à Lyon en 1818. Le comte de Montrichard mourut en 1822, au château de Marcengis (Haute-Loire).

MONTROSE ou MONTROSS (JACQUES GRAHAM, comte et duc de), l'un des plus zélés défenseurs de Charles Iᵉʳ, né à Édimbourg en 1612, offrit ses services au roi avant que les troubles civils éclatassent; mais, se voyant écarté par le duc d'Hamilton, il n'écouta que son ressentiment, et se jeta dans le parti des covenantaires. Chargé d'une mission import. auprès de Charles Iᵉʳ, qui était alors à Berwick, il se laissa surprendre aux manières affables de ce prince, et, dès ce moment, se voua en secret à son service. Toutefois les covenantaires lui ayant confié un gr. command. dans la seconde insurrect., il fut le prem. qui passa la Tweed pour envahir l'Angleterre. A cette époque, une lettre qu'il écrivit au roi tomba entre les mains d'Hamilton, qui en envoya une copie à Leven, général écossais. Montrose, accusé de haute trahison, avoua tout, mais pour en tirer gloire, et dès ce jour tâcha d'engager ceux qui pensaient comme lui à se lier par un acte d'association. Débarrassé d'un ennemi redoutable par la disgrâce d'Hamilton, il négocia directem. avec les royalistes les plus zélés, parvint à former un petit corps d'Irlandais et d'Écossais, et se déclara décidém. (1645) contre son ancien parti. Mais après avoir battu successiv. lord Elcho à Perth, lord Burleig à Aberdeen, le comte d'Argyle à Innerlochy, enfin Baillie et Urrey, il reçut de Charles Iᵉʳ l'ordre de désarmer, et, proscrit par le parlem. d'Écosse, excommunié par l'Église puritaine, se retira en France, et de là en Allemagne, où il prit part aux dern. campagnes de la guerre de trente ans, et fut élevé au grade de maréchal de l'empire. Dès qu'il eut appris la mort tragique de Charles Iᵉʳ, il courut offrir ses services à Charles II, alors à La Haye, qui les accepta. Fort de l'assentim. de son maître, et de l'appui du roi de Danemarck, du duc de Holstein, de la reine Christine et du prince d'Orange, il se transporta dans les Orcades, en arma les princip. habitants, et descendit avec sa petite troupe sur les côtes de

Caithnesse (1650); mais il se flattait vainem. de trouver de nombr. partisans dans un pays qu'il venait troubler encore au nom de la cause royale : mal secondé par ses propres soldats, et forcé par la faim et la fatigue de réclamer l'assistance d'un de ses anc. officiers nommé Aston, il fut livré par cet ami perfide, et condamné à être pendu. La sentence portait de plus que ses membres seraient attachés aux portes des princip. villes d'Écosse. L'intrépide défenseur des Stuarts s'écria : « Que ne me coupe-t-on en un assez grand nombre de morceaux pour rappeler à chaque village du royaume la fidélité qu'un sujet doit à son roi! » Il mit même cette pensée en assez beaux vers ; il avait toujours cultivé les lettres. Son courage ne se démentit pas au moment du supplice. Le card. de Retz dit de lui : « C'est un de ces hommes qui ne se rencontrent plus dans le monde, et qu'on ne retrouve que dans Plutarque. » On a des *Mém. de Montrose, contenant l'hist. de la rébellion de son temps;* ils ont été trad. en franç. par l'abbé Gaudin,

MONTUCLA (JEAN-ÉTIENNE), savant mathémat., né à Lyon en 1725, vint de bonne heure à Paris, où les savants et les artistes s'empressèrent de l'admettre dans leur société. Il concourut à la rédaction de *la Gazette de France*, journal presque uniquement consacré alors à la littérature et aux sciences, fut appelé à Grenoble en 1761 pour y remplir les fonct. de secrét. de l'intendance, et 5 ans après accompagna, comme prem. secrét. et comme astronome du roi, le chev. Turgot, chargé d'établir une colonie à Cayenne. De retour en France, il fut nommé prem. commis des bâtim. de la couronne et censeur royal; mais la révolut., en le privant de ses traitem., le laissa sans fortune. On lui accorda toutefois une pension de 100 louis, dont il ne jouit que quatre mois, et un bureau de loterie qui, pendant deux ans, fut la seule ressource de sa famille. Ce savant, recommandable par ses vertus autant que par ses talents, mourut à Versailles en 1799. Outre une excellente édit. des *Récréations mathématiques* d'Ozanam (1778, 4 vol. in-8), et la traduct. des *Voyages de Carver dans l'intérieur de l'Amérique-Septentr.*, avec des remarques et addit. (1784, in-8), il a laissé *Hist. des recherches sur la quadrature du cercle*, 1754, in-12, fig.— *Rec. de pièces concernant l'inoculat. de la petite-vérole*, trad de l'angl., 1756, in-12. — *Histoire des mathématiques*, 1758, 2 vol. in-4, 1799-1802, 4 vol. in-4. On trouve une *Notice sur Montucla*, dans le *Magasin encyclop.*, 1799, t. V, page 406-10.

MONTVALLON (ANDRÉ BARRIGUE de), savant magistrat, né à Marseille en 1678, mort en 1759 à Aix, où il était l'oracle du parlement, fut consulté par d'Aguesseau lorsqu'il préparait ses ordonnances sur les donations, les testam. et les substitutions. Il a fourni plus. observations aux *Mém. de l'acad. des sciences*, 1730 et suiv. On lui doit en outre : *Nouv. système sur la transmiss. et les effets des sons, sur la proportion des accords et la méthode d'accorder juste les orgues et clavecins*, Avi-

gnon, 2ᵉ édit., 1756; mais il est principalement connu par les deux ouvr. suiv., qui lui assurent une place honorable parmi les anc. jurisconsultes : *Précis des ordonnances*, etc., 1752, in-12. — *Epitome juris et legum roman. frequentioris usus, juxta seriem digestorum*, 1756, in-12.

MONTYON (ANT.-JEAN-BAPTISTE-ROBERT AUGET, baron de), l'un des bienfaiteurs de l'humanité, né à Paris en 1733, entra au conseil du roi, fut successivem. intend. de la Provence, de l'Auvergne et du pays d'Aunis, et fut disgracié pour avoir refusé de coopérer à la suppress. des cours de justice, par l'installat. des magistrats que le chancel. Maupeou prétendait mettre à la place des anciens parlem. Déjà, en 1766, il s'était opposé seul, dans le conseil du roi, à l'infraction des lois de l'état, par laquelle ce conseil se trouvait transformé en commission criminelle pour juger La Chalotais. Il passa en Angleterre lors de nos premiers troubles politiques, fut nommé membre de la société roy. de Londres, et revint en France en 1814 avec le roi Louis XVIII. Les fondations de prix faites par ce vertueux magistrat se montaient, avant la révolution, à un capital de plus de 60,000 fr. : elles devinrent nulles par la suppression, en 1793, des acad. auxq. elles avaient été confiées ; mais il les a remplacées depuis. De 1815 à 1820, il fit aux bureaux de charité des arrondissem. de Paris divers dons très considérables, qui ont été employés à des achats de rentes pour les indigents. M. de Montyon mourut en 1820. Par une clause particulière de son testament, les deux sommes de 10,000 fr. qu'il a léguées à l'Acad. franç., l'une pour *prix de vertu*, l'autre pour *l'ouvr. le plus utile aux bonnes mœurs*, devaient être multipliées selon l'évaluat. de sa succession et la nature de ses autres legs : il en résulte que le total de ces deux sommes s'est porté à près d'un million, le fondateur ayant laissé de quatre à cinq millions de fortune. M. de Montyon peut encore être cité comme écrivain. Ses principaux ouvr. sont : *l'Éloge du chancelier de Lhôpital*, qui obtint un accessit en 1777 à l'Acad. franç. — *Rapport fait à S. M. Louis XVIII, à l'occasion du tableau de l'Europe en 1795*, par de Calonne, 1796, in-8, plus. fois réimprimé. — *Quelle espèce d'influence ont les diverses espèces d'impôts sur la moralité, l'activité et l'industrie des peuples*, 1818, in-8. — *Particularités et observat. sur les ministres des finances de France les plus célèbres, dep. 1660 jusqu'en 1791*, 1812, in-8 : cette édit. est précédée d'une *Épître dédicatoire aux mânes de William Pitt*, qui ne se trouve pas dans la réimpression de Paris. — *État actuel du Tunkin*, 1812, 2 vol. in-8. Cet ouvr., publ. sous le nom de M. la Bissachère, a été rédigé par M. de Montyon : il avait paru en 1811 sous le titre d'*Exposé statistiq. du Tunkin*. En 1826 l'*Éloge* de Montyon fut proposé par l'Acad. franç. comme sujet de poésie; le prix fut décerné à M. Alfred de Wailly.

MONVEL (JACQ.-MARIE BOUTET de), acteur et aut. dramat., né à Lunéville en 1745, mort à Paris en 1811, avait débuté en 1770 à la Comédie-

Française, et y fut reçu deux ans après. Double de Molé, pour l'emploi des jeunes premiers, il était loin d'avoir autant de grâce; mais le public lui tint compte de ses efforts, et surtout de la flexibilité de talent qui lui permit de jouer avec un gr. succès quelq. rôles tragiques. A la mort de Lekain, il se crut en droit de réclamer les prem. rôles; mais la faiblesse de sa santé et les désagrém. de sa personne et de son organe le forcèrent bientôt de renoncer à cet emploi, ainsi que Molé, son rival et son ennemi. Il jouissait des applaudissements dus à son talent quand un ordre de la haute police le fit sortir brusquement de France (1781). Accueilli par le roi de Suède, qui l'employa comme lecteur et comédien ordinaire, il resta à Stockholm jusqu'en 1786. De retour à Paris, il s'attacha aux Variétés du Palais-Royal, qui prit, en 1792, le nom de Théâtre de la République, et auq. se réunirent sept ans après, presque tous les anc. acteurs de la Comédie-Française. Il fut alors forcé par son âge de renoncer aux rôles tragiq., pour prendre ceux de pères nobles et de gr. raisonneurs. On se souvient de lui en avoir vu jouer quelq.-uns, entre autres l'*Abbé de l'Épée*, avec une supériorité remarquable. Moins disgracié de la nature, il eût égalé peut-être Baron et Lekain. Ses désavantages physiques n'étant sensibles que sur la scène, il se montrait, dans le monde, le lecteur le plus séduisant. Un grand nombre de ses product. ont eu du succès, et quelques-unes sont restées au théâtre. Pourquoi faut-il dire que, transformé en apôtre de l'impiété la plus audacieuse, il prononça, dans l'église de St-Roch, pour la fête de la Raison (1793), le plus horrible discours? Ajoutons toutefois qu'il ne s'est jamais consolé de ces blasphèmes arrachés à sa faiblesse par des insensés. Parmi ses ouvrages dramatiques, on distingue : l'*Amant bourru*, comédie en 3 actes et en vers libres, 1777, in-8. — *La Jeunesse du duc de Richelieu, ou le Lovelace franç.*, drame en 5 actes et en prose (avec M. Alex. Duval), 1796, in-8.—*Blaise et Babet*, en 2 actes, musique de Dezède, 1783, in-8.—*Raoul, sire de Créqui*, en 3 actes, musique de Dalayrac, 1789, in-8. — *Ambroise, ou Voilà ma journée*, en un acte, musique de Dalayrac, 1793, in-8.—*L'Heureuse indiscrétion*, comédie en 3 actes et en vers, 1789. On cite de lui en outre un roman historique, *Frédégonde et Brunehaut*, 1776, in-8, grav.

MOOLA FEROOZ, BEN MOOLA CAWOOS, grand-prêtre des Parsées, mort à Bombay en 1831, âgé de 72 ans, est auteur de *George Nama*, poème épique en langue persane, sur la conquête de l'Inde par les Anglais. Ce poème, qui contient plus de 40,000 vers, ne va cependant que jusqu'à la guerre de Poona en 1816 et 1817. Moola est en outre auteur d'une foule d'ouvrages persans d'un grand intérêt. Sa biblioth., qui forme une collect. très précieuse de MSs. et d'ouvr. orientaux, a été léguée au public et doit être déposée dans un temple parsée sous la direction des prêtres de ce culte.

MOOR (KAREL van), peintre, né à Leyde en 1656, mort en 1738, fit des portraits où l'on trouve la

manière de Rembrandt et quelquefois celle de van Dyk. Mais il mit le sceau à sa réputat. par *le Jugement de Brutus contre ses deux fils*, tabl. demandé par les États pour orner la salle du conseil.

MOORE (sir JONAS), mathématicien anglais, né à Whitle, dans le Lancashire, en 1617, mort à Godalming, entre Portsmouth et Londres, en 1679, fut nommé par Charles II intendant de l'artillerie, et se servit du crédit qu'il avait à la cour pour faire ériger la maison de Flamsteed en observatoire public, et pour fonder une école de mathémat. à l'hôpital du Christ. L'Angleterre lui doit l'établissem. d'un système régulier d'instruction mathémat. Il a laissé plus. traités *sur l'arithmétiq., la géométrie pratique, la trigonométrie* et *la cosmographie*. Perkins et Flamsteed y ont ajouté quelq. autres ouvr. Ce recueil fut publié par la famille de Moore en 1681, in-4.

MOORE (FRANÇ.), voyageur angl., alla en Afrique en 1730, et y resta jusqu'en 1735. Il remonta la Gambie jusqu'à la distance de deux cents lieues de la mer. A son retour en Angleterre, il publia : *Voyages dans les parties intérieures de l'Afrique, contenant une description de plusieurs nations qui habitent le long de la Gambie, dans une étendue de six cents milles*, 1738, in-8; 1742, in-4, fig.; 1776, in-8. Cet ouvr. a été extrait et trad. en franç., avec les relations de Stibbs et de Leach, par M. Lallemant. Ces extraits forment le 2ᵉ vol. des *Voyages de Ledyard et de Lucas en Afrique*, Paris, 1804, 2 vol. in-8.

MOORE (le doct. JOHN), méd. et littérat. écossais, né à Stirling en 1730, mort à Londres en 1802, fut d'abord employé à l'armée de Flandre (1747), comme aide dans les hôpitaux de Maestricht et de Flessingue, fut ensuite nommé chirurgien-adjoint du régiment des gardes à pied, revint à Londres en 1748, et, après avoir étudié successivem. dans cette ville et à Paris, alla exercer la chirurgie à Glascow. Chargé, vers 1770, d'accompagner sur le continent un fils de la duchesse d'Argyle, en qualité de gouvern., il mit 5 ans à visiter la France, l'Italie, la Suisse et la Hollande, et de retour à Londres, consigna ses observat. dans plus. ouvr., entre autres : *Coup-d'œil sur la société et les mœurs en France, en Suisse et en Allemagne*, 1779, 2 vol. in-8.—*Coup-d'œil sur la soc. et les mœurs en Italie*, 1781, 2 vol. in-8. Ces deux ouvr. ont été trad. en franç. par Henri Rieu, Genève, 1799, 4 vol. in-8 : Mˡˡᵉ de Fontenay a publ. une nouvelle traduct. du prem., sous le titre de *Voyage de John Moore en France*, etc., Paris, 1806, 2 vol. in-8. — *Zeluco*, 1786. — *Édouard*; ce roman et le précéd. ont été trad. en franç. par Cantwell. — *Vues des causes et des progrès de la révolut. française*, 1795, 2 vol. in-8. — *Mordaunt, ou Esquisses de la vie, des mœurs et des caractères de divers pays, contenant l'hist. d'une Française de qualité*, 1798, 2 vol. in-8. On lui attribue encore des *OEuvres morales*, dont Prevost et Blagdon ont publié des extraits, Londres, 1803, 2 vol. in-8, en angl.

MOORE (sir JOHN), gén. angl., fils du précéd.,

né à Glascow en 1761, obtint, à l'âge de 15 ans, par la protection du duc d'Hamilton, élève de son père, le grade d'enseigne dans un régim. d'infanterie, fut employé dans la guerre d'Amérique, et réformé à la paix de 1783. Peu de temps après, il représenta au parlement le bourg de Lanark. Ayant repris du service en 1788, il fit partie de l'expédit. de 1794 contre la Corse, se distingua au siége de Calvi, et fut élevé au grade d'adjud.-général. De retour en Angleterre, l'année suiv., il fut nommé brigadier-gén., et reçut l'ordre, en 1796, de conduire une brigade à sir Ralph Abercrombie, dans les Indes-Occidentales. Employé par ce gén. dans les postes les plus importants, il reçut de lui le gouvernement de Ste-Lucie : mais l'insalubrité de cette île le força de retourner en Angleterre (1797), d'où il passa bientôt en Irlande. Ce pays, alors en état de rébell., devint pour lui le théâtre de nouv. exploits qui lui valurent le grade de major-gén., et un régim. Après avoir accompagné le duc d'York en Hollande (1799) et sir Ralph Abercrombie en Égypte (1800), couvert de blessures reçues dans ces deux expéditions, il revint en Angleterre, fut créé chevalier, décoré de l'ordre du Bain et investi d'un commandement dans l'intérieur. En 1808, il mena un corps de 10 mille hommes au secours du roi de Suède, attaqué par la Russie, la France et le Danemarck ; mais ayant eu à se plaindre de ce prince, il abandonna sa cause, et, à peine de retour de la Baltique, fut envoyé en Portugal avec les troupes qu'il avait ramenées. Il y arriva au moment de la convention de Cintra, et fut aussitôt nommé commandant en chef. Il avait cru pouvoir compter sur l'assistance des Espagnols ; mais bientôt il fut séparé de sa propre armée, et, convaincu du peu de fond qu'il devait faire sur les promesses du peuple pour lequel il combattait. Il était décidé cependant à marcher sur Madrid, lorsqu'il fut informé que Bonaparte cherchait à se placer entre l'armée anglaise et la mer. Craignant d'être coupé par ce redoutable adversaire, il effectua sa retraite, à marches forcées, vers la Corogne. Rien n'était préparé pour son embarquement. Le 16 janv. 1809, les Français vinrent lui livrer une bataille, qui lui coûta la vie et força ses troupes à abandonner l'Espagne. Moore jouit d'une gr. réputation chez ses compatriotes : il ne lui a manqué que d'être heureux comme lord Wellington. On trouvera des détails sur ses actions dans l'ouvr. de James Moore, son frère : *Hist. des campagnes de l'armée anglaise en Espagne.*

MORA Y JARABAS (Pablo de), jurisconsulte espagnol, et membre du conseil du roi, né dans la Vieille-Castille en 1718, mort à Madrid en 1792, a laissé, sur divers points de droit civil et ecclésiat., un gr. nombre de dissertat. MSs., citées par Sempère dans la *Bibliothèq. espagnole.* Son principal ouvr. est un traité critiq. *sur les Erreurs du droit civil et les abus de la jurisprudence*, Madrid, 1748, in-4.

MORABIN (Jacques), secrétaire du lieuten. de police de Paris, né à la Flèche, mort à Paris en 1762, fut agrégé comme docteur de la faculté de Navarre, et protégea la jeunesse indigente de Chamfort. On a de lui des traduct. du *Traité des lois*, de Cicéron, 1719, 1777, in-12 ; du *Dialogue* sur les causes de la corruption de l'éloquence romaine, 1722, in-12 ; du *Traité de la consolation*, de Cicéron, 1755, in-12 : réimpr. avec la *Divination*, trad. par Régnier-Desmarais, 1795, in-12. — *Hist. de l'exil de Cicéron*, 1725, in-12. — *Histoire de Cicéron*, 1745, 2 vol. in-4. — *Nomenclator ciceronianus*, 1757, in-12.

MORAD. — V. Amurat et Mourad.

MORALÈS (Ambroise), né à Cordoue en 1515, mort en 1590, fut historiographe de Philippe II, et profess. de b.-lettres à l'univers. d'Alcala ; c'est l'un des écrivains qui contribuèrent à rétablir en Espagne le goût de la saine littérature. On a de lui : *Coronica general de España, prosiguiendo adelante de los cinco libros que el maestro Florian de Ocampo ha escritos*, Alcala, 1574-77 ; Cordoue, 1586, 3 vol. in-fol. — *Antiquités des villes d'Espagne*, 1575. — *Relation du voyage littéraire* qu'il fit par ordre de Philippe II dans les roy. de Léon, de la Galice et des Asturies, 1765, in-fol. On a publ. ses *OEuvres complètes*, 1791-92.
— Moralès (Jean-Bapt.), dominic. espagnol, né à Ejicia vers 1597, mort en 1664, à Fo-ning-cheou, capitale de la province de Fo-kien en Chine, fut envoyé, n'étant que simple diacre, dans ce roy., et découvrit bientôt parmi les nouveaux chrétiens quelq. pratiq. d'idolâtrie autorisées par les jésuites. Il se rendit à Rome et fit condamner ces pratiques, au nombre de 17, par le St-office, en 1644. Cette condamnation ayant été approuvée en 1645 par le pape Innocent X, le P. Moralès quitta l'Espagne avec 30 religieux de son ordre, arriva à la Chine en 1649, après bien des traverses, et donna connaissance du décret au P. Emmanuel Dias, vice-provincial des jésuites. Quelq. années après, il eut la douleur de voir qu'on lui opposait un autre décret d'Alexandre VII, qui rendait nul le premier. Il n'en persista pas moins à se conformer à la saine doctrine, et refusa toujours le baptème aux néophytes qui ne voulurent point renoncer entièrement au rit chinois, voulant moins assurer des sujets à la cour de Rome, que faire de vrais chrétiens.

MORALÈS (Louis). — V. Divino.

MORAND (Jean), chirurgien, né en 1658, mort chirurgien-major de l'hôtel des Invalides en 1726, fut un des plus habiles opérateurs de son temps. — Morand (Sauveur-Franç.), son fils, né à Paris en 1697, mort chirurgien en chef de l'hôtel des Invalides en 1773, était membre des académies des sciences et de chirurgie, de la plupart des académ. nationales et étrangères, et chevalier de St-Michel. On a de lui : *Traité de la taille au haut appareil*, etc., *avec une dissertation de l'auteur, et une lettre de Winslow sur la même matière*, 1728, in-8 ; trad. en angl. par Douglas, 1729, in-8. — *Réfutation d'un passage du traité des opérations*, publ. en angl. par Sharp, 1739, in-12. — *Discours pour prouver qu'il est nécessaire à un chirurgien d'être lettré*, 1743, in-4. — *Recueil d'expériences et d'observations sur la pierre* (avec Bremond), 1743, 2 vol. in-12. — *Opuscules de chirurgie*, 1768; 2° partie, 1772, in-4; trad. en allem., Leipsig, 1776. Son *Éloge*, par Grandjean de Fouchy, se trouve dans le *Recueil* de l'acad. des sciences, 1773, H., p. 99.

MORAND (PIERRE de), poëte dramatique, né à Arles en 1701, mort en 1757, fut reçu avocat au parlement de Paris, en 1759, cessa d'être inscrit au tableau de l'ordre en 1755, et ne put conserver que 8 mois la place de correspondant littéraire du roi de Prusse, qu'il avait obtenue en 1749. Accablé de revers de tout espèce, malheureux en mariage et au théâtre, il conserva toujours son courage et sa gaîté, et plaisanta presque jusqu'à sa dernière heure. Le caractère intraitable de sa belle-mère lui fournit le sujet de sa meilleure pièce, l'*Esprit de divorce*, qu'il fit jouer avec succès sur la scène italienne, en 1758. Déjà, en 1756, il avait donné une tragédie de *Childéric*, imprimée en 1737, et qui méritait de reparaître au théâtre, ainsi que l'*Esprit de divorce*. On cite encore de lui : *les Muses*, ambigu joué en 1738; *la Vengeance trompée*, coméd. jouée à Arles en 1743; *Mégare*, tragédie sifflée par une cabale, au Théâtre-Franç., en 1748, et dont la 2° représentation n'a jamais eu lieu. Toutes ces pièces ont été réunies avec quelques autres moins connues, sous ce titre : *Théâtre et œuvres diverses de Morand*, 1751, 3 vol. in-12. On a en outre de lui : *Justification de la musique française contre la querelle qui lui a été faite par un Allemand et et un Allobroge* (Grimm et J.-J. Rousseau), etc., 1654, in-8. Morand a été, avec Rousseau de Toulouse et l'abbé Prévost, l'un des fondateurs du *Journal encyclopédique*, en 1756.

MORAND (JEAN-FRANÇ.-CLÉMENT), docteur en médecine et profess. d'anatomie, fils de Sauveur-Franç., né à Paris en 1726, mort en 1784, fut bibliothécaire de l'académie des sc., et membre de la plupart des soc. savantes étrangères. Nous citerons de lui : *Histoire de la maladie singulière et de l'examen du cadavre d'une femme devenue en peu de temps toute contrefaite par un ramollissement général des os*, 1752, in-12, fig. — *Nouv. description des grottes d'Arcy*, 1752, in-12. — *Lettre sur l'instrum. de Roonhuysen*, 1755, in-12. — *Mém. sur les eaux thermales de Bains, comparées dans leurs effets avec celles de Plombières*, Journal de médecine, ann. 1757. — *Du charbon de terre et de ses mines*, 1769, in-fol. — *Mémoire sur la nature, les effets, propriétés et avantages du charbon de terre, apprêté pour être employé commodément, économiquement et sans inconvénient, au chauffage et à tous les usages domestiques*, 1770, in-12, fig. — *L'Art d'exploiter les mines de charbon de terre*, 1769, 1779, in-fol., fig. Son *Éloge* se trouve dans le *Rec.* de l'académie des sciences, 1784, H., p. 48.

MORAND (JEAN-ANTOINE), archit., né à Briançon en 1727, mort à Lyon sur l'échafaud révolut.,

en 1794, avait étudié la perspective et la décorat. sous Servandoni, et reçu des leçons de Soufflot, dont il devint l'ami. Il exécuta, d'après les plans de ce grand artiste, la salle de spectacle de Lyon, fut appelé à Parme, en 1759, à l'époque du mariage de l'archiduchesse avec l'emper., pour construire un théâtre à machines, et obtint le suffrage des artistes même de l'Italie. De retour à Lyon, il fit servir à l'embellissement de cette ville les nouvelles connaissances qu'il avait acquises pend. un court séjour à Rome. Entre autres ouvr., il fit exécuter le fameux pont de bois sur le Rhône, qui porte son nom. L'école des ponts-et-chaussées a donné son approbat. aux principes qui ont présidé à cette construct.; et leur exposit. fait partie de son enseignement.

MORAND (LOUIS - CHARLES - ANTOINE - ALEXIS, comte), lieuten.-gén., né vers 1770 à Pontarlier, partit en 1792 dans un des bataillons de volontaires du Doubs, fit les campagnes sur le Rhin et en Italie, et suivit Bonaparte dans son expédition d'Égypte. Général de brigade, il servit en cette qualité dans les guerres d'Allemagne, et mérita par ses talents aussi-bien que par la bravoure qu'il déploya à Austerlitz, le grade de général de divis. Son nom est attaché aux mémor. bataille d'Iéna, Eylau, Friedland, Esling et Wagram. Il fut présenté, en 1807, comme candidat au sénat conservateur, nommé la même année grand-offic. de la Légion-d'Honn., et, en 1808, décoré par le roi de Saxe, de l'ordre de St-Henri. La campagne de 1813 lui fournit de fréquentes occasions de faire briller sa valeur; il fit des prodiges à Mojaïsk, à Lutzen, à Bautzen, et sauva l'armée par son sang-froid à Dennewitz. Il reçut la croix de St-Louis lors de la prem. restaurat. en 1814. Après le 20 mars, il fut nommé aide-de-camp de Napoléon, colonel des chasseurs de la vieille-garde, pair de France, et commandant des 12°, 13°, 21° et 22° divis. milit. Il se rendit à Nantes, après s'être fait précéder d'une proclamation, qui devint, après la seconde restauration, le prétexte des poursuites dirigées contre lui. Condamné à mort par contumace par le conseil de guerre de La Rochelle, il attendit que les esprits fussent calmés pour demander la révis. de son jugem., et fut acquitté. Mis en disponibilité, il fut, après la révolut. de juillet nommé commandant de la 6° divis. milit., élevé à la pairie et mourut à Paris en 1835. On lui doit un ouvr. intitulé : *l'Armée selon la charte*, in-8.

MORANDE (CHARLES THÉVENOT DE), pamphlétaire, né à Arnai-le-Duc en 1748, vint, jeune encore, à Paris, et s'y livra à des désord. honteux qui le firent enfermer d'abord au Fort-l'Évêque, puis à Armantières. Élargi au bout de 15 mois, il passa en Angleterre, où il la composit. de quelques libelles devint sa ressource. Il se crut appelé à rançonner les puissances, et réussit en effet à faire acheter son silence par la Dubarry, moyennant une somme de 500 guinées et une pension de 4,000 fr., dont la moitié reversible à sa femme. Voltaire, auquel il voulait aussi arracher un tribut par des menaces de diffamation, répondit aux ouvertures d'un aussi méprisable adversaire, en les rendant publiques. Le comte de Lauraguais, depuis duc de Brancas, fit mieux encore : il distribua à Morande des coups de canne dont il eut soin d'exiger quittance. La pension que ce vil pamphlétaire avait obtenue sous Louis XV ayant été supprimée sous le règne suiv., il fit paraître en 1776 les *Anecdotes secrètes sur la comtesse Dubarry*, dont le prix, joint au salaire qu'il recevait comme agent de la police franç. et au produit de sa feuille périodique le *Courrier de l'Europe*, lui permirent de vivre à Londres dans l'aisance. Revenu en France à l'époque de la révolut., il végéta dans la foule des journalistes, et, flottant entre les partis, il finit par se rendre suspect à celui qui dominait. Son *Argus patriotique* fut signalé comme une feuille indirectem. favorable à la cour, et l'auteur périt dans les massacres de sept. 1792. Nous citerons de lui : le *Philosophe cynique*, et les *Mélanges confus sur des matières fort claires*, Londres, 1771, in-8. — *Le Gazetier cuirassé, ou Anecdotes scandaleuses sur la cour de France* (1772), in-12 (avec des *Recherches sur la Bastille*, etc.).

MORANDI-MANZOLINI (Anne), femme célèbre par ses connaissances en anatomie, née en 1716 à Bologne, où elle mourut en 1774, avait épousé J. Manzolini, habile anatomiste, dont elle apprit la science qu'il professait. Après la mort de son mari, en 1755, elle fut pourvue d'une chaire d'anatomie à l'université de Bologne; et sa réputat., comme modeleuse en cire, s'étant répandue dans toute l'Europe, diverses académies se l'agrégèrent. Elle reçut des offres brillantes pour aller s'établir, soit à Milan, soit à Londres, soit à St-Pétersbourg; mais elle préféra rester dans sa patrie, où les sav. et les étrangers les plus illustres s'honorèrent de venir la visiter.

MORANT (Philippe), antiquaire et biographe, né dans l'île de Jersey en 1700, mort en 1770, publia un gr. nombre d'ouvr. dont M. George Crabb donne les titres avec détail (*Univ. hist. Dict.*, Londres, 1825, in-fol.), et parmi lesq. nous citerons seulement : *Histoire et antiquités de Colchester*, 1748, in-fol.; réimpr. en 1768. — *Hist. du comté d'Essex*, 1760-68, 2 vol. in-fol.

MORARD DE GALLE (Justin - Bonaventure), vice-amiral, naquit à Gonselin (Dauphiné) en 1741. Après avoir servi quelq. années dans les gendarmes de la garde, il entra dans la marine, comme garde du pavillon, en 1757. Nommé enseigne en 1765, il fit diverses campagnes dans l'Inde et en Amérique, jusqu'en 1772, qu'il fut attaché à la direction des constructions du port de Brest. Promu, en 1777, au grade de lieuten., il passa sur *la ville de Paris*, et assista au combat d'Ouessant (27 juillet 1778). Il était sur *la Couronne*, faisant partie de l'armée du comte de Guichen, aux combats des 17 avril, 15 et 19 mai 1780. Embarqué, l'année suivante, sur l'escadre aux ordres du bailli de Suffren, il fit toute la campagne de l'Inde, assista aux divers combats livrés par cet amiral, et reçut une blessure grave à celui de la Praya. Il fut nommé contre-amiral en 1792, et fait vice-amiral l'année suiv. Après avoir exercé pend. quelque temps les fonct. de commandant d'armes au port de Brest, il prit, en 1798, le commandem. de l'armée navale qui y était réunie. Il mourut à Guéret le 23 juillet 1809. A cette époque, il était comte, grand-officier de la Légion-d'Honneur, et titulaire de la sénatorerie de Limoges. Peu d'hommes de mer ont fourni une carrière aussi remplie que celle de Morard de Galle : il avait fait 37 campagnes, exercé 11 commandem., et assisté à 15 combats.

MORATA (Olympia Fulvia), l'une des femmes les plus savantes de son siècle, née à Ferrare en 1526, fut admise à partager les leçons de la jeune princesse Anne d'Este, et devint bientôt l'objet de l'admirat. de toute la cour par ses rapides progrès dans la philosophie et dans les langues anc. Mais elle perdit presque en même temps son père et les bonnes grâces de la duchesse de Ferrare, et se trouva seule avec une mère infirme, sans fortune et sans appui, chargée de l'éducation de 3 sœurs et d'un frère en bas âge. Ayant épousé, en 1548, André Grundler, jeune médecin allemand, elle alla s'établir avec lui à Schweinfurt; cette ville, cernée par les troupes de l'empire, fut prise d'assaut, après un siége de 14 mois, livrée au pillage et réduite en cendres. La malheureuse Olympia, long-temps errante et sans asile, à travers mille dangers, avec son jeune frère et son mari, commençait à espérer un sort plus prospère, grâce à la nominat. de Grundler à une chaire de médecine à Heidelberg, lorsqu'elle mourut, épuisée de fatigue, en 1555. Ses ouvr. avaient été détruits en partie dans l'incendie de Schweinfurt. Cœl.-Secund. Curion en a recueilli les fragments échappés aux flammes, et les a publ. sous ce titre : *Olympiæ Fulviæ Moratæ, fœminæ doctissimæ ac planè divinæ, opera omnia quæ hactenùs inveniri potuerunt*, Bâle, 1562, in-8; réimpr. avec quelq. augmentat., en 1570 et 1580 (*v.* sur cette femme remarquable les *Mém.* de Niceron, tom. XV, et la dissertat. *de Olympiá Fulviá Moratá*, Zittau, 1808, in-4.

MORATIN (Nicolas-Fernandez), savant espagn., mort en 1780, était avocat, membre de l'acad. latine, de la société économique de Madrid, et des Arcadiens de Rome. Il se proposa de rapprocher le théâtre comique de sa nation de celui des Français, et débuta en 1762, dans la carrière dramatique, par la comédie de *la Petimetra*, qui paraît être la prem. pièce espagn., vraiment conforme aux règles de l'art. On cite encore de lui plus. tragédies, parmi lesq. il faut distinguer celle d'*Hormesinda*, jouée et impr. en 1770. Il rédigea pend. quelq. temps deux feuilles périodiques : *el Desengañador del teatro espanol* et *el Poeta*. Ses autres écrits sont : *Diane, ou l'Art de la chasse*, poème en VI chants, Madrid, 1765, in-8. — *Las Naves de Cortez destruidas*, chant épique, ibid., 1785, publ. par les soins de D. Leandro, son fils, qui y a joint des réflexions critiq. très curieuses ; une églogue

(*Dorisa et Amarilis*), lue en 1778, à la distribut. des prix de la société économique, et une *Lettre historiq.* sur l'origine et les progrès des combats de taureaux en Espagne, 1777, 1801, in-8.

MORATIN (don LEANDRO - FERNANDEZ), surn. le *Molière* espagnol, fils du préc., remporta dans sa jeunesse deux prix de poésie lyrique à l'acad. royale. Mais ses disposit. naturelles et la lecture assidue et passionnée de Molière devaient faire de lui un poète comique. Il donna successivem. plus. coméd., parmi lesq. on distingue : *le Café, le Baron, la jeune Hipocrite, le vieux Mari et la jeune Femme, le Oui des jeunes filles.* Quoique la morale de toutes ses pièces n'offre rien de répréhensible, la dern. ne put échapper à la censure de l'inquisition, qui la mit à l'*index.* Moratin a traduit en espagnol le *Hamlet* de Shakespeare et deux coméd. du maître de notre scène, *l'École des maris* et le *Médecin malgré lui.* Dans toutes ses productions, il se distingue par un style pur, gracieux et original, par des peintures vraies et plaisantes, et par un amour sincère de la vertu, qu'il rend touchante et aimable. Il a fait en Espagne une révolut. dans l'art dramatique. Avant lui on ne connaissait, ou du moins on ne respectait aucune règle, et on suivait en cela l'exemple de Lope de Vega et de Calderon. C'est lui qui le premier a fait apprécier à ses compatriotes la régularité de notre théâtre, en l'imitant avec bonheur. Une telle réforme ne pouvait être opérée que par un homme d'un talent très remarquable et d'un goût parfait. Moratin avait reçu de la nature ces précieuses qualités, et les avait développées par ses voyages en France, en Angleterre et en Italie. De retour dans sa patrie, il vit s'ouvrir devant lui la carrière des fonct. publiques. Nommé par Charles IV chef du bureau de l'interprétat. des langues et membre honoraire du conseil royal, il conserva, sous le gouvernem. de Joseph Bonaparte, sa dignité de membre honoraire du conseil, et devint en outre chef de la bibliothèque royale. Son attachem. à la cause de Joseph le mit dans la nécessité de quitter l'Espagne, lorsque les affaires de ce prince s'embrouillèrent. Il vécut d'abord à Bordeaux, se consolant de l'exil par la culture des lettres, puis il vint en 1827 se fixer à Paris, où il mourut en 1828. Ses œuvres dramat. et lyriq., publiées en 1825, 3 vol. in-8, ont été réimpr. en 1829, dans le format in-12. Les quatre pièces citées plus haut ont été trad. dans les *Chefs-d'OEuvre des théâtres étrangers.* Entre autres MSs. laissés par Moratin, on cite une hist. de la scène espagnole, depuis sa naissance jusqu'à Lope de Vega, sous ce titre : *Origines del teatro español.* Cet ouvr., fruit de longues veilles et de précieuses recherches, avait été revu par l'auteur.

MORATO ou MORETO (FULVIO - PELLEGRINO), littérat., né à Mantoue, professa les b.-lettres dans différ. villes avec beauc. de réputation, notamm. à Ferrare, où l'avait attiré le duc d'Este ; mais obligé de quitter cette ville, comme suspect de partager en secret les opinions des novateurs, il se retira à Vicence vers 1550, et passa ensuite à Venise. Il

était de retour à Ferrare en 1538 ; le reste de sa vie fut partagé entre les lettres, l'amitié et le soin d'élever sa fille (la célèbre Olympia Morata). Il mourut en 1547. On a de lui : *il Rimario di tulte le cadentie di Dante e Petrarca*, Venise, 1528, in-8, réimpr. avec des addit., 1565, in-8. — *Carmina quædam latina*, 1553, — *Del significato de' colorie de mazzoli*, 1534, 1545, in-8.

MORCELLI (ÉTIENNE-ANTOINE), sav. archéologue, né à Chiari en 1737, fit ses prem. études chez les jésuites qui l'envoyèrent les terminer à Rome, où plus tard il remplit la chaire d'éloquence. Son ordre ayant été supprimé, en 1773, il s'attacha au cardinal Albani, qui lui confia le soin de sa riche bibliothèque. C'est au milieu de ce vaste trésor qu'il entreprit et exécuta son immense ouvr. sur le *Style des inscriptions*, ainsi que plus. autres écrits non moins import., et qui lui acquièrent une grande réputat. En 1791, il revint à Chiari. Nommé prévôt du chapitre, il refusa l'archevêché de Raguse par attachem. pour ses compatr., auxq. il donna des preuves de son affection en fondant des établissem. d'instruct. et de charité. On a de lui : *De stylo inscriptionum lat. libri III*, 1780, in-4. —*Inscriptiones commentariis subjectis*,1783,in-4. — *Sermonum lib. II*, 1784, in-8. — *Indicat. des antiquités de la maison Albani*, 1785.—*Kalendarium Ecclesiæ constantinopolitanæ*, etc., 1788, 2 vol. in-4. — *Sancti Gregorii*, etc., *libri X*, etc., *græcè primum, et cum latiná interpretatione ac commentariis vulgati*, etc., 1791. — *Electorum libri II*, 1814. — *Agapeja*, 1816.] — *Sulla Bolla d'ora dei fanciulli romani*, 1816. — *Sull' Agone capitolino*, 1817. — *Africa christiana, in tres partes tributa*, Brescia, 1817-18, 3 vol. in-4. — MIKAHAEÏA, *sive Dies festi principis angelorum apud Clarenses*, 1817, in-4. — ΠΑΡΕΡΓΟΝ *inscriptionum novissimarum ab anno* 1784, etc., 1818, in-fol. — *OEuvres ascétiques* (lat. et ital.), 1820, 3 vol. — *Dello scrivere degli antichi romani*, etc., 1822, in-8. M. Labuz, édit. de plus. des ouvr. de Morcelli, a publ. sur son illustre ami une *Notice* trad. en franç. dans la *Revue encyclopéd.*, tom. IX.

MORDANT DE LAUNAY (JEAN-CLAUDE-MICHEL), né vers 1750, abandonna le barreau pour se livrer à l'étude des sciences naturelles, obtint une des places de bibliothéc. au muséum, et mourut au Hàvre en 1816. Il a publié depuis 1804, le *Bon Jardinier*, in-12, espèce d'almanach qui remonte à 1754. On lui doit en outre : *Herbier général de l'amateur*, 1811-12, II liv. gr. in-8, ouvrage terminé par M. Loiseleur de Longchamp. Enfin il a donné une édit. de l'*École du Jardinier*, de La Bretonnerie, avec augm., 1808, 2 vol. in-12.

MORE (THOMAS), *Morus*, gr.-chancelier d'Angleterre, né à Londres en 1480, fit de brillantes études à l'univ. d'Oxford, entra ensuite au barreau, s'y acquit une gr. réput., et dès qu'il eut atteint l'âge fixé par la loi, fut élu membre du parlement où il débuta par faire refuser un subside onéreux que voulait imposer Henri VII. Introduit auprès de Henri VIII, par Wolsey, qui lui ouvrit la porte du conseil privé, il fut admis à la dangereuse intimité de ce monarque, nommé trésorier de l'échiquier, puis employé avec succès dans plus. missions import., notamm. aux conférences de Cambrai. Ses services furent récompensés par la charge de gr.-chancelier après la disgrâce de Wolsey. Lorsque More quitta ses hautes fonct., au bout de 2 ans d'exercice, son revenu ne se montait pas à plus de 100 livres sterl.; son activité et son zèle pour la justice avaient égalé son désintéressement. Ce fut de son propre mouvem. qu'il se démit du grand-sceau, et il le fit dans la persuasion que les changem. entrepris par Henri VIII amèneraient une rupture avec le St-siége, et que le gr.-chancelier serait dans la nécessité de prendre part à cette révolut. hasardeuse, et selon lui coupable. Ce n'est pas qu'il ne désirât, avec tous les hommes éclairés, la réforme des abus qui s'étaient glissés dans le gouvernement de l'Église; mais il voulait corriger et non détruire. Le fougueux Henri VIII avait résolu de frapper un gr. coup; mais il aurait voulu s'assurer le suffrage d'un homme tel que More, quoique [celui-ci ne fût plus chancelier. More, enlevé à sa paisible retraite de Chelsea, pour avoir refusé de prêter le serment de suprématie, fut enfermé à la Tour de Londres. Sans être ébranlé ni par les larmes de sa famille, ni par les séduct., ni par la colère d'un prince qui n'avait jamais menacé en vain, le gr. citoyen subit avec courage un jugement dont il pouvait prévoir l'issue, renouvela sa profession de foi sur la suprématie qu'il regardait comme contraire aux lois de l'Église et de l'Angleterre, et se prépara à mourir en chrét. Il eut la tête tranchée sur la plate-forme de la Tour, en 1535. Personne ne vit arriver la mort avec plus de gaîté ni avec une fermeté plus stoïque. Il passait pour un des hommes les plus aimables et des meill. littérat. de son époque. Ses ouvr. ont été recueillis en 2 vol. in-fol.: l'un renferme ceux qu'il avait composés en angl., Londres, 1559, et l'autre ceux qui sont écrits en latin, Louvain, 1566. Le plus connu de tous est son Utopie: *De optimo reipublicæ statu, deque novâ insulâ utopia,* Louvain, 1516, in-4; Bâle, 1518, in-4: Ralphe Robinson en a donné en 1551 une traduction anglaise qui a été réimpr. à Londres en 1809, 2 vol in-8, par les soins de Th. Frognall Dibdin; il en existe plus. trad. franç.: par J. Leblond, 1550, in-8; par Gueudeville, 1715; par Th. Rousseau, 1780, 1789, in-8, avec un précis de la vie de l'auteur. M. Cuyley a publ. en angl. les *Mém. de Th. Morus,* etc., Londres, 1808, 2 vol. in-4. On a plus. *Vies* de Morus; l'une des plus intéress. est celle que l'on doit à son gendre, Will. Roper, publiée par Th. Hearne, Oxford, 1716, in-8. — More (Marguerite), l'aînée de ses filles, mariée à Roper, professa hautem. la foi orthodoxe en Angleterre, et ne négligea rien pour avoir la liberté de consoler son père pend. sa captivité, et pour l'affermir dans la résolut. de mourir plutôt que d'abandonner les intérêts de l'Église. Elle racheta de l'exécuteur la tête de l'illustre victime,

la mit dans une boîte de plomb, et voulut qu'à sa mort elle fut placée entre ses bras. Cette femme courageuse, non moins remarquable par ses connaissances que par ses vertus et sa piété, chercha dans les lettres un soulagement à sa douleur, et publia divers ouvr. — V. ROPER.

MORE ou MOORE (ÉDOUARD), littérat. angl., né en 1711, mort en 1757, a laissé: un recueil de *Fables pour le sexe féminin;* deux comédies, *l'Enfant trouvé* et *Gilblas;* une tragéd. du *Joueur,* trad. en franç, par l'abbé Bruté de Loirelle, 1762, in-12, etc. Il est aussi l'auteur de célèbres feuilles périodiques, intit. le *Monde,* dont on a fait un recueil après sa mort, en 4 vol. in-12. Ses autres œuvres ont été impr. en 1 vol. in-4, 1756.

MORE (miss HANNAH), née en 1745 à Hanham près de Bristol, se livra d'abord à l'éducat. des jeunes personnes dans un des plus célèbres établissem. de ce genre en Angleterre, qui était dirigé par sa sœur. Frappé de la rectitude de son jugem. et de son esprit, le doct. Stonehouse l'engagea à publier quelq. ouvr. Le premier qu'elle mit au jour en 1772, sous le titre de *Recherche du bonheur,* drame pastoral, eut un tel succès qu'elle le fit suivre de plus. autres qui recurent égalem. un accueil favorable. Introduite dans la société de Garrick, celui-ci lui conseilla d'écrire pour le théâtre, et c'est à son instigation qu'elle publia ses tragédies de *Percy* et du *Mensonge fatal.* Elle ne tarda pas à renoncer à ce genre de littérature, et à composer des ouvr. plus sérieux qui sont en gr. nombre, et parmi lesq. nous citerons: *Réflexions sur les mœurs des grands; Aperçu sur la religion des personnes du beau monde; les Politiques de village; Cœlebs, ou la Recherche d'une femme,* 1809; *Piété pratique,* 1811; *Morale chrétienne,* 1813. Cette femme distinguée mourut à Londres en 1833, âgée de 88 ans.

MOREAU (RENÉ), né à Montreuil-Bellai, en Anjou, vers 1587, mort à Paris en 1656, professa pendant 40 ann., avec distinction, la médec. et la chirurg. à la faculté de Paris. On a de lui: *Schola salernitana, de valetudine tuendâ,* 1625, réimpr. en 1672, in-8. — *Traité du chocolat,* trad. de l'espagn. d'Antoine de Colmenero, 1643, in-4, — *De Missione sanguinis in pleuritide,* 1622, in-12. — Une *Lettre* à Baldi, à ce sujet, 1640. — Une *Laryngotomia,* jointe au traité de Bartholin *de Anginâ puerorum,* 1646, in-8.

MOREAU (JACOB-NICOLAS), historiographe de France, né à St-Florentin en 1717, mort à Chambourci, près de St-Germain, en 1803, fit son droit à Aix, fut reçu avocat, et devint conseiller à la cour des comptes de Provence. Il renonça bientôt à la magistrature, pour venir à Paris cultiver les lettres, mais après quelq. essais de poésie dont le peu de succès lui prouva que ce n'était point là sa vocation, il se mit à étudier les intérêts des cours de l'Europe, les bases de l'ancien droit public de France, l'hist. et ses monuments, et la science de l'administ. On doit lui reprocher d'avoir trop écrit pour le gouvern. absolu et contre les protestants; mais ses doctrines furent toujours l'expression de sa pensée et de ses sentiments. Les récompenses cependant ne lui manquèrent pas : il devint premier conseiller de Monsieur (depuis Louis XVIII), bibliothéc. de la reine, historiogr. de France, et fut préposé à la garde du *dépôt des chartes et de législation*, qu'il avait été chargé de former. Nous citerons de lui : *Ode sur la bataille de Fontenoi*, 1745, in-4. — *L'Observateur hollandais, ou Lettres de M. Van**, à M. H***, sur l'état présent des affaires de l'Europe, 1755-59, 5 vol. in-8. — *Mémoires pour servir à l'hist. de notre temps, par l'observateur hollandais*, 1757, 2 vol. in-12. — *Nouveau Mémoire pour servir à l'histoire des Cacouacs*, 1757, in-12. —|*Entendons-nous, ou Radotage d'un vieux notaire sur la richesse de l'état*, 1765, in-8. — *Lettres historiques sur le comtat Venaissin, et sur la seigneurie d'Avignon*, 1768, in-8. — *Principes de morale politique et du droit public, puisés dans l'histoire de France*, Paris, 1777-89, 21 vol. in-8. — *Plan des travaux littéraires ordonnés par S. M., pour la recherche, la collection et l'emploi des monum. de l'hist. et du droit public de la monarchie franç.*, 1782, in-8. — *Progrès des travaux littéraires relatifs à la législation, à l'hist. et au droit public de la monarchie franç.*, 1787, in-8. — *Lettre d'un magistrat, dans laquelle on examine ce que la justice du roi doit aux protestants*, 1787, in-8.— *Exposé historique des administrations populaires aux plus anciennes époques de notre monarchie*, 1789, in-8. — *Exposition et défense de la constitution de la monarchie française*, 1789, 2 vol. in-8. On trouve une *Notice* sur sa vie et ses écrits dans les *Annales littéraires et morales*, tom. 1er, p. 259-264.

MOREAU (Jean-Victor), célèbre général, né à Morlaix en 1763, fils d'un avocat estimé, était destiné à la même profession; mais son inclination le portait ailleurs. Comme Folard il s'engagea dans un régim., fut comme Folard dégagé par ses parents, et continua ses premières études. Une figure ouverte, des manières franches, des connaiss. acquises, le firent aimer et estimer de ses camarades. Il était regardé comme le chef de la jeunesse de Rennes, et les circonstances où se trouvait la magistrature lui firent donner le nom de général du parlement. Prevôt de droit en 1787, il contribua beaucoup, dans les journées des 26 et 27 janvier, à calmer l'effervescence de la populace. Au commencem. de la révolut. il forma une compagnie de canonniers qu'il commanda jusqu'en 1792. A cette époque il entra dans un bataillon de volontaires, dont il devint bientôt le chef. Il fit ses prem. armes sous Dumouriez, fut fait général de brigade en 1793 et général de division en 1794. Pichegru lui ayant confié le commandement d'un corps destiné à agir dans la Flandre-Maritime, il s'empara de Menin, de Bruges, d'Ostende, de Nieuport, de l'île de Cadsandt et du fort de l'Écluse. Au milieu de ces succès il apprit la mort de son père, traîné à l'échafaud sous prétexte qu'il admi-

nistrait les biens de quelq. émigrés. Moreau, justement indigné, ne vit plus la patrie que dans les camps. Dans la campagne d'hiver de 1794 il commanda l'aile droite de l'armée du Nord. Quand Pichegru fut appelé à l'armée de Rhin-et-Moselle., il prit le commandem. de l'armée du Nord, et fit toutes ses opérat. sans daigner consulter le gouvernem. révolut. établi en Hollande. Il remplaça Pichegru le commandem. en chef des armées de Rhin-et-Moselle, et ouvrit en juin sa belle campagne de 1796. Il repoussa Wurmser vers Manheim, passa le Rhin près de Strasbourg, attaqua l'archiduc Charles à Rastadt, lui fit abandonner le Necker, et lui livra à Heydenheim un combat de 17 heures, à la suite duquel les Autrichiens se replièrent sur le Danube. Moreau se porte en avant, et se trouve en tête du général Latour qui recevait sans cesse des renforts. Ne pouvant être soutenu par Jourdan, il commence le 11 sept. cette retraite dont nos annales n'offraient plus de modèle depuis Turenne. Son armée est dans un tel état qu'il peut, sans imprudence, envoyer un fort détachem. à Bonaparte, qui en avait besoin en Italie. A l'ouverture de la campagne suiv., il passa de nouveau le Rhin en plein jour, en face de l'ennemi, reprit Kell, et fit 4,000 prisonniers. Au 18 fructidor, Moreau ne se prêta à dénoncer Pichegru que quand cet acte ne pouvait produire aucun effet : ainsi en jugea Pichegru lui-même, qui n'en témoigna jamais le moindre ressentim. à Moreau. Le directoire, mécontent du retard qu'il avait mis à lui livrer la correspond. du prince de Condé avec Pichegru, l'obligea de demander sa retraite. Il reçut le titre d'inspecteur-général vers la fin de 1798. En avril 1799 l'Italie était sur le point d'être enlevée aux Français : Moreau rejoint sur l'Adige Scherer, qui lui remet le soin de sauver l'armée. Forcé sur l'Adda et dans la posit. de Cassano, il se replie sur le Tesin, appuie sa droite aux Apennins, et s'établit momentaném. entre Alexandrie et Valence, dans un camp retranché, couvert par le Pô et le Tanaro. Le 11 mai, après avoir repoussé les Russes près de Bassignano, il passe la Bormida. Mais bientôt, ayant sur les bras presque toutes les forces de Suvarow, il doit évacuer Valence et Alexandrie. Les habitants se joignent aux Russes, et la guerre prend un caractère politique. Moreau se replie sur Coni, prend position au col de Tende, et cherche à opérer sa jonction avec Macdonald, qui accourt du roy. de Naples. Afin de le hâter, il pénètre dans le pays de Gênes, part avec 15,000 hommes, bat le général Bellegarde, débloque Tortone, et pousse l'ennemi jusqu'à Voghera : mais la nouv. des journées malheur. de la Trebbia, le ramène auprès des Apennins. C'est alors qu'il est appelé de nouv. au commandem. de l'armée du Rhin. Joubert, qui vient le remplacer en Italie, veut lui laisser la direction d'une bataille imminente : Moreau veut bien combattre, mais ne consent pas à commander. Joubert trouve à Novi une mort glorieuse ; Moreau, qui l'a cherchée en vain, qui a eu 5 chevaux tués sous lui et ses habits percés d'une balle, préside à la retraite, et réduit à peu de chose les avantages de l'ennemi. Passant à Paris pour rejoindre l'armée du Rhin, il refuse le rôle qu'acceptera bientôt Bonaparte revenant d'Égypte : toutefois il se montre favorable à la révolut. du 18 brum. (9 nov. 1799). La discussion du plan de campagne en Allemagne amène quelq. dissentim. entre Moreau et le nouv. maître de la France, qui ne cède qu'à regret à son rival l'honneur de la concept. la plus heureuse. Au printemps de 1800 comme à la fin de 1796, il ménage le territ. de la Suisse, passe le Rhin au grand coude que fait ce fleuve, bat l'ennemi à Stockach, à Engen, à Mœschirch, à Biberach, et l'accule enfin sur Ulm. Bientôt, par une succession de manœuvres toujours habiles, et sur une échelle qui s'agrandit tous les jours, il arrache le génér. Kray à la belle position qu'il avait prise, le force à la retraite, d'abord sur la Bavière, ensuite sur les états hérédit., le pousse et le bat alternativement sur l'une et sur l'autre rive du Danube, à Bleinheim, à Neubourg, à Landshut, et signe enfin sur l'Inn, le 15 juillet, l'armistice de Parsdorff. Ainsi furent suspendues, pendant plus. mois, les hostilités en Allemagne et en Italie. Moreau, qui avait profité de cet armistice pour faire un voyage à Paris, était de retour à son armée à la fin de nov. (1800). Il prépara, pend. quelq. jours, et livra le 3 déc. cette bataille de Hohenlinden, si glorieuse, gagnée, ainsi que l'a très judicieusem. remarqué le général Matthieu Dumas (*Précis des événem. militaires*), « par l'exécution loyale et littérale de tous les ordres donnés d'avance : exemple rare dans les fastes de la guerre ; » 11,000 prisonniers, 100 pièces de canon sont les trophées de cette journée. Chacune des suiv. éclaire de nouvelles pertes pour l'armée autrichienne, dont la retraite ressemble à une déroute. Au bout de 25 jours, et presque aux portes de Vienne, cette armée épuisée, découragée, effraie l'archiduc Charles, qui vient d'en prendre le commandement : l'armistice de Steyer sauve cette fois la capitale de l'Autriche. Mais ce qu'il faut surtout estimer et louer, c'est que l'armée française est plus belle, plus forte, en meilleur état sous tous les rapports, qu'au moment où elle a passé le Rhin pour entrer en campagne ; et cette armée, unanime de sentiments pour son chef, alla peu après périr à St-Domingue ! Après la paix de Lunéville (1801), Moreau, sentant sa position, se voua à une espèce de retraite, mais il ne dissimula point assez ses sentiments ; environné d'espions et de délateurs, il se rapprocha de Pichegru, et noua des intelligences avec George Cadoudal. Subitement emprisonné, tenu trois mois au secret le plus rigoureux, trad. au bout de ce temps devant le tribunal criminel de Paris, Moreau devint l'objet du plus vif intérêt. Condamné à 2 ans de détention, les efforts de sa famille et de ses amis, et l'influence de Mme Bonaparte, firent commuer cette peine en un exil aux États-Unis. Moreau, suivi de sa jeune épouse (Mlle Hulot), parcourut long-temps en observat. ces vastes contrées, laissant les *Anglo-Américains* étonnés de sa sagesse

et de sa simplicité ; il semblait avoir oublié l'Europe et la France ; mais l'impolit. guerre d'Espagne, l'expédit. insensée de Russie, le bruit de nos désastres, répandu sur le continent américain, le frappèrent successivem. d'une douleur profonde, d'un violent désespoir. Dans cette disposition d'esprit, hautement manifestée, on conçoit aisément quelles ouvertures purent lui être faites. Celles qui lui vinrent de la part de l'emper. Alexandre lui montrèrent les vues de ce monarque sous un jour si favorable que Moreau s'embarqua secrètem. le 21 juin 1813 avec M. de Swinine, conseiller de l'ambass. russe. Ils débarquèrent à Gothembourg le 24 juillet. Moreau fut reçu partout avec de vives marques d'affection et d'espérance. Il passa trois jours à Stralsund en conférences avec son ancien compagnon d'armes, Bernadotte, devenu prince royal de Suède. Sur son passage à Berlin et dans toute la Prusse, il recueillit les acclamations dont on saluait celui de qui les conseils semblaient devoir promptem. effectuer la libération de l'Allemagne. Le général franç. pensait surtout au salut de sa patrie ; il se flattait, dit-on, de pouvoir l'opérer en lançant dans l'armée alors fatiguée et mécontente une proclamat. qui l'eût détachée d'un chef qui ne voulait point entendre aux seuls modes possibles et solides de pacification. Mais la présence de Moreau au quartier-général des alliés ne fut connue dans l'armée française qu'en même temps que le coup dont il fut frappé, et qui ne laissa aucune espérance pour sa vie. Napoléon venait de recommencer les hostilités. Le 26 août (1813) Dresde fut attaquée par les alliés ; Moreau s'en approcha à côté de l'empereur Alexandre ; ils parcoururent assez long-temps le front des colonnes au milieu des boulets et des bombes, recommencèrent le lendemain, et au moment où Moreau, après avoir communiqué quelques réflexions au monarque russe, s'avançait pour observer de plus près les mouvements de l'armée franç., un boulet lui fracassa le genou droit, et, traversant le ventre de son cheval, lui emporta le mollet de la jambe gauche. Il fut porté sur un brancard de piques dans une auberge voisine ; et l'emper. Alexandre en pleurs vint prodiguer à Moreau tous les secours de l'amitié. Le chirurgien de ce prince fit l'amputation de la jambe droite. Moreau lui demanda s'il pouvait espérer de conserver la gauche ; sur la réponse négative : « Coupez-la donc, » dit-il sang-froid. Il expira dans la nuit du 1er au 2 sept., consolant les amis et les admirat. dont il était entouré. Son corps, conduit d'abord à Prague pour être embaumé, fut ensuite dirigé vers l'église catholique de Pétersbourg, où il fut inhumé avec les plus gr. honneurs. Telle fut la vie et la mort d'un des plus gr. capit. de nos temps modernes : il avait l'instinct de la guerre ; le trouble et le danger le rendaient plus calme et plus grand. L'école de guerre dont Moreau a de nos jours été le chef conserve les armées ; ménage les peuples, décide les campagnes moins par les gr. engagements que par les marches et les manœuvres ; elle assure, si l'on est vainqueur, une longue supériorité ; elle laisse, si l'on est vaincu, des chances d'honorable paix ou de favorable retour de la fortune ; elle menace le moins possible la civilisation ; elle seule enfin peut guider un général qui n'est pas souverain, surtout quand il sert un gouvernem. à la fois légitime et constitutionnel. Telles sont les considérations qui recommandent la mémoire militaire de Moreau à un long et honorable souvenir. Garat a écrit l'*Éloge* de ce général, 1814, in-8.

MOREAU (JEAN-MICHEL), dessinateur du cabinet du roi, né à Paris, en 1741, est ordinairement désigné sous le nom de *Moreau jeune*, pour le distinguer de son frère Louis, mort à Paris plus. années avant lui, et duquel on a plus. paysages à la gouache. Artiste presque en naissant, celui qui est l'objet de cet article ne se rappelait pas lui-même l'époque de ses premiers essais. Emmené en Russie, à l'âge de 17 ans, par Le Lorrain, son maître, il revint à Paris au bout de 2 années, qui n'avaient pas été inutiles au développement de son talent : mais il vécut d'abord dans la gêne ; la protection du comte de Caylus, l'ami ou plutôt le père des artistes, améliora son sort. Bientôt il se vit chargé presque seul de la composition de la plupart des estampes destinées à orner les belles éditions imprimées à la fin du dern. S. Il remplaça Cochin, comme dessinateur des menus-plaisirs du roi, en 1770, et quelq. temps après, mérita, par des ouvr. import., une place à l'acad. et la charge de dessinateur du cabinet, avec une pension et un logement au Louvre. Un voyage en Italie (1785) agrandit encore son talent. Il embrassa le parti de la révolut. avec chaleur, et fut en 1793 membre de la commission temporaire des arts ; ce qui lui fournit l'occasion de soustraire aux fureurs des nouv. Vandales beaucoup d'objets précieux. En 1797, il fut appelé à professer aux écoles centrales. Louis XVIII, à son retour, ne se souvint que du talent de l'artiste et lui rendit sa place et sa pension. Il mourut peu de mois après en 1814. L'œuvre de Moreau se monte à plus de 2,000 pièces gravées d'après lui, pour l'histoire de France, pour les Évangiles et les Actes des apôtres, pour les œuvres de Voltaire, J.-B. Rousseau, Molière, Ovide, Marmontel, Racine, Gessner, Montesquieu, Raynal, Regnard, La Fontaine, Delille, et surtout pour les belles éditions de *Psyché*, d'*Anacharsis*, des *Entret. de Phocion*, etc. Il existe deux *Éloges* de Moreau jeune, l'un par M. Feuillet, bibliothéc. de l'Institut, dans le *Moniteur* de 1814 (n° 353), et tiré à part, l'autre par Ponce, dans le *Mercure* du 15 juin 1816.

MOREAU (JEAN), avocat, né vers 1760, fut nommé en 1790 procureur-syndic du départem. de la Meuse, et en 1791 membre de l'assemblée nationale, où, adhérant à l'adresse présentée par la section de la Croix-Rouge, il fit décréter la formation d'une commiss. chargée d'examiner les dangers *qui menaçaient la patrie*. Il passa en 1792 à la convention, et s'y montra modéré. Lors du procès de Louis XVI, il vota pour le bannissem. de ce

prince jusqu'à la paix. Moreau se retira en août 1793, donnant pour motif que la constitut. ayant été acceptée, il avait terminé sa mission. Il se démit aussi de sa place de membre du conseil des anciens, dont il faisait partie depuis 1795.

MOREAU, ingénieur à Châlon, député de Saône-et-Loire à la convention, se prononça, dans le procès de Louis XVI, contre l'appel au peuple. Il fut un des commiss. chargés d'examiner la conduite de Lebon ; et, après le 13 vendémiaire, il appuya la demande en liberté de d'Aubigny et de Rossignol, le bourreau de la Vendée. Devenu receveur-général du départ. de Saône-et-Loire, il fut remplacé à la restauration, et mourut à Charbonnière, près de Mâcon, en 1833.

MOREAU DE COMMAGNY (C.-F.-J.-B.), né à Paris en 1783, se voua d'abord à la littérat. dramatique, et composa, tant seul qu'en société, une foule de vaudevilles, d'opéras-comiques, etc. Entre autres pièces, il a donné au Vaudeville : *Voltaire chez Néron ; l'Anglais à Bagdad ; les deux Gaspards*, et un gr. nombre de pièces de circonstances ; aux Variétés : *les Chevilles de maître Adam ; les deux Précepteurs ; le Réveillon de la Courtille*. L'un des fondat. du *Caveau moderne*, et l'un de ses plus actifs rédacteurs, il fournit un gr. nombre d'articles à l'*Aristarque*, au *Journal des arts*, etc. Moreau finit par abandonner le théâtre et la littérature légère pour la politique ; il devint maître des requêtes après la révolut. de 1830, et mourut en 1832.

MOREAU DE LA ROCHETTE (FRANÇ.-THOMAS), inspect.-général des pépinières royales de France, né en 1720 à Rigni-le-Feron, près de Villeneuve-l'Archevêque, mort dans sa terre de *La Rochette*, en 1791, a prouvé combien la culture peut féconder et embellir les lieux les plus ingrats. Dans le petit village de *La Rochette*, presque à la porte de Melun, se trouvait un domaine rocailleux, stérile, et d'un revenu presque nul ; il l'acheta, et obtint du gouvernement l'autorisation de tirer des hôpitaux cent enfants trouvés, destinés à l'aider dans ses défrichements et à se former, sous sa direction, aux travaux agricoles. D'heureux essais transformèrent en peu de temps cette lande infructueuse en une campagne riante, parée de tout le luxe et de toutes les richesses de la culture. Dans l'espace de 13 années, il sortit des pépinières de La Rochette un million d'arbres de tige et trente-un millions de plants forestiers, dont une grande partie a servi à repeupler les bois et les forêts du domaine, et pend. le même espace de temps, les leçons de l'habile agronome formèrent 400 élèves, presque tous devenus de bons jardiniers, d'excellents pépiniéristes, quelques-uns même des dessinateurs et des planteurs de jardins d'agrément. Les services de Moreau ne demeurèrent pas sans récompense : outre sa place d'inspect.-gén. des pépinières royales, il avait été nommé à celle d'inspect.-général des familles acadiennes restées sur les ports de mer, puis fait commissaire du roi, chargé d'aménager les bois servant à l'approvisionnement de Paris, et de rendre flottables les ruisseaux affluents aux communications avec la Seine. Dès 1769, le roi lui avait accordé des lettres de noblesse, et l'avait décoré de l'ordre de St-Michel. On trouve une *Notice* de François de Neufchâteau, sur les pépinières de La Rochette, dans les *Mémoires* de la société d'agriculture du départem. de la Seine, t. IV. — MOREAU de La Rochette (Jean-Étienne), fils du précéd., né à Melun en 1750, mort en 1804, n'est connu que pour avoir continué de diriger les établissem. agricoles dont on vient de parler.

MOREAU, baron de LA ROCHETTE (ARMAND-BERNARD), fils du précéd. et petit-fils du célèbre agronome, né près de Melun en 1787, cessa de cultiver la poésie pour entrer dans la carrière administrative; fut fait successivem. audit. au conseil-d'état (1810), commissaire spécial de police à Caen (1811), sous-préfet à Provins (1814), préfet de la Vendée sous le ministère de 1817, et préfet du Jura sous celui de 1820. En 1815 un travail relatif à l'organisation de la garde nationale lui mérita la décoration de la Légion-d'Honneur, il mourut en 1822. On a de lui : *l'Amour crucifié, trad. d'Ausonne*, 1806, in-12.—Les *Adieux d'Andromaque et d'Hector*, trad. du grec en franç., in-8. On trouve une *Notice* sur Moreau de La Rochette dans le *Nobiliaire universel de France*, par M. de Saint-Allais, tom. II, pag. 82.

MOREAU DE LA SARTHE (JACQUES-LOUIS), professeur honoraire et anc. bibliothéc. de l'école de médecine, né en 1771 à Montfort, près du Mans, fit, chez les oratoriens de cette ville, ses études, qu'il vint terminer à Paris, et obtint très jeune encore, au concours, une place d'officier de santé dans les armées. Forcé, par une blessure qu'il reçut à la main droite, de renoncer à cette carrière, il revint à Paris, se consacra à la littérat. médicale, et se fit bientôt un nom très distingué dans le monde savant. Il mourut à Paris le 3 juin 1826, membre de la société médicale d'émulation, etc. Un disc. funèbre fut prononcé devant sa tombe par M. le profess. Cruveilhier, au nom de la faculté de Paris. Outre de nombreux articles dans le *Journal de médecine* (dep. l'année 1797), dans la 82e livraison de l'*Encyclopédie*, etc., on a de lui, entre autres ouvr. : *Essai sur la gangrène humide des hôpitaux*, 1796, in-8 (avec Burdin).— *Éloge de Vicq-d'Azyr*, 1797, in-8. — *Esquisse d'un cours d'hygiène*, etc., 1799, in-8. — *Quelques réflexions philos. et morales sur l'Émile* (de J.-J. Rousseau), 1800, in-8. — *Tr. histor. et pratiq. de la vaccine*, 1801, in-8.—*Hist. naturelle de la femme*, suivie d'un *Traité d'hygiène* appliqué à son régime, etc., 1803, 3 vol in-8. Il a publ. comme édit. les *OEuvres de Vicq-d'Azyr*, 1804, 6 vol. in-8 et atlas, et en 1806, l'*Art de connaître les hommes par la physionomie*, par Lavater, avec des addit. import.

MOREAU-SAINT-MÉRY (MÉDÉRIC-LOUIS-ÉLIE), conseiller-d'état, né au Fort-Royal de la Martinique en 1750, vint à Paris à l'âge de 19 ans, pour y compléter son éducation, qui jusqu'alors avait été

fort négligée. Désirant étudier le droit, il entreprit sans maître l'étude du latin, et y fit des progrès si rapides, qu'au bout de 14 mois, il écrivit et soutint dans cette langue sa thèse de bachelier. Il suivit aussi avec assiduité les cours de mathématiq. et de géométrie du collége royal. Comme son goût pour le plaisir était presque aussi vif que son amour de la science, il avait imaginé de ne dormir qu'une nuit sur trois. Devenu avocat, il repartit pour la Martinique, et de là passa au Cap-Français, où il exerça 8 ans la profession d'avocat et parvint à se créer une fortune indépend. Nommé conseill. au conseil supérieur de St-Domingue, il profita de ses loisirs pour se livrer à des études import. relatives aux colonies; il parcourut ensuite, afin de compléter ses recherches, la Martinique, la Guadeloupe et Ste-Lucie, et fut appelé à Paris par Louis XVI, qui savait apprécier l'utilité de ses travaux. L'un des plus chauds partisans de la révolut.; il présida pendant quelq. temps l'assemblée électorale, qui, en se séparant, lui vota des remercîments et une médaille. Appelé à l'assemblée constit., comme représentant de la Martinique, il y défendit, contre l'opinion dominante, les véritables intérêts de la métropole et de ses colonies, et se déclara courageusement pour les principes d'une sage liberté. Après la session, proscrit par les anarchistes et maltraité par la populace, il chercha vainem. un asile en France, et fut obligé de s'embarquer pour les États-Unis, en 1793. Là il fut d'abord commis d'un marchand de New-York, puis libraire et imprim. à Philadelphie. Après 5 ans d'absence, il revint à Paris, sous les auspices de son ami, l'amiral Bruix, ministre de la marine, qui le nomma historiogr. de ce départem. L'établissement du consulat fut pour lui l'époque d'une fortune aussi brillante que passagère. Nommé conseiller-d'état et command. de la Légion-d'Honn., il fut désigné pour l'ambassade de Florence, et envoyé à Parme, auprès de D. Ferdinand, pour lui faire connaître les traités qui le spoliaient, et réclamer de lui la renonciation à son duché. Il sut remplir cette mission délicate avec tant de ménagem. que Ferdinand et l'archiduchesse son épouse le comblèrent de marques d'affect. et de confiance. A la mort de ce malheureux prince (1802), il prit possession de ses états au nom de la France, et les gouverna avec le titre d'administrateur-général. Revêtu d'une autorité immense, puisqu'il exerçait les droits régaliens, et même celui de faire grâce, il administra ces contrées d'une manière toute paternelle; ce fut ce qui lui fit perdre la faveur dont il jouissait auprès du gouvernement franç. S'étant opposé fortement aux rigueurs inutiles que déployait le général Junot contre quelq. compagnies de milice révoltées un moment, il fut rappelé, et complétement disgracié. On le priva de ses appointements de conseiller-d'état; on lui refusa même le remboursement de 40 mille fr. d'arrérages, et sans les bienfaits de Mme Bonaparte, sa parente, une petite pension, qui ne lui fut accordée qu'en 1812, et une somme de 15 mille fr. qu'il reçut de Louis XVIII en 1817, il aurait vécu dans la misère dont ces faibles secours purent à peine le préserver. L'étude fut presque la seule consolat. de sa vieillesse malheureuse. Il mourut en 1819. Nous citerons de lui : *Lois et constitut. des colonies françaises de l'Amérique sous le vent, de 1550 à 1785*, 1784-90, 6 vol. in-4.—*Description de la partie espagnole de St-Domingue*, 1796, 2 vol. in-8. — *Idée générale ou abrégé des sciences et des arts, à l'usage de la jeunesse*, 1795, in-12. — *Relation de l'ambassade de la compagnie des Indes-Orientales hollandaises à la Chine*, traduit du hollandais de Van-Braam, 1796-97, 2 vol. in-4. —*Descript. de la partie française de la colonie de St-Domingue*, 1797-98, 2 vol. in-4. Parmi ses ouvrages MSs., on distingue: *Hist. génér. des Antilles françaises.—Observat. sur le climat, l'hist. naturelle, les mœurs et le commerce des États-Unis d'Amérique.—Hist. des états de Parme, Plaisance et Guastalla.—La Vie de l'auteur, écrite par lui-même.* Il existe deux *Éloges* de Moreau-Saint-Méry, l'un prononcé sur sa tombe par Fournier-Pescay, imprimé par l'ordre de la soc. d'agricult., l'autre lu à la même société par Sylvestre, son secrétaire perpétuel.

MOREL (Guill.), sav. imprimeur, né en 1505, au Tilleul, bourg du comté de Mortain, en Normandie, mort en 1564, fut admis, en 1549, dans la corporation des imprim. de Paris, et reçut le brevet de direct. de l'imprimerie royale en 1555. On connaît de lui plus. bonnes édit., enrichies de notes et de variantes tirées des meilleurs MSs. : Maittaire les a indiquées, pag. 53-46 de ses *Vitæ typogr. paris.* Il publ., en 1544, un comment. sur le traité de Cicéron, *de Finibus*, et s'adjoignit, 4 ans après, à Jacq. Bogard, pour une édit. des *Institutions oratoires* de Quintilien, à laquelle il ajouta des notes. Ses travaux ne purent préserver sa famille d'un dénuement absolu.— MOREL (Jean), frère cadet du précéd., né dans le comté de Mortain, fut lié avec les chanceliers Olivier et Michel de Lhospital, dont la protection ne fut pas assez puissante pour le faire triompher d'une accusation d'hérésie. Il mourut en 1559, à l'âge de 20 ans, dans la prison du Fort-l'Évêque, et l'on eut la barbarie de déterrer son cadavre pour le brûler.— MOREL (Frédéric), dit *l'Ancien*, imprim. du roi, né en 1523 dans la Champagne, mort en 1583, se fit une gr. réputat. comme savant et comme typographe. Il établit un atelier dans la rue St-Jean-de-Beauvais, à l'enseigne du *Franc Meurier*. Maittaire a donné le *Catalogue* des éditions de Fréd. Morel, parmi lesq. on doit distinguer celle des *Déclamations* de Quintilien, 1563, in-4, et surtout celle de *l'Architecture* de Philib. de Lorme. Parmi ses ouvrages, nous nous contenterons de citer sa traduct. franç. des trois traités de St Chrysostôme : *de la Providence, de l'Ame, de l'Humilité*, 1557, in-16. — *Disc. du vrai amour de Dieu*, même année et même format. — MOREL (Frédéric II), fils aîné du précéd., né à Paris en 1558, mourut en 1630, doyen des imprim. et des profess. du roi, laissant la réputat. d'un des plus sav. hellénistes de son temps.

Outre les nombr. éditions qu'il a publiées avec des préfaces, des avertissem. et des corrections, on a de lui des *notes* sur Strabon, Catulle, Tibulle et Properce, *les Sylves* de Stace, Dion-Chrysostôme, etc.—*Alexander Severus, Tragœdia togata*, 1600, in-8. — *Discours des PP. grecs*, trad. en français, 1604, in-8 ; et d'autres *traduct.* de divers auteurs, en vers grecs et latins, en prose latine et française.—MOREL (Nicolas), l'un de ses fils, interprète du roi, a inséré quelq. petites pièces de vers dans les édit. publ. par son père, et trad. en vers les *Sentences* de Ménandre et de Philistien.—MOREL (Claude), frère cadet de Frédéric II, né en 1574, mort en 1626, fut admis en 1599 dans la corporation des imprim. de Paris, et placé, dès l'année suiv., à la tête de l'atelier de son frère, que celui-ci lui céda en 1617. Claude ne prit toutefois le titre d'imprimeur du roi qu'en 1625. Parmi les belles édit. qu'il a publiées, les plus remarq. sont celles des *OEuvres* de St Basile, de St Cyrille, de St Grégoire de Nazianze, etc., d'Archimède, de Philostrate, etc., etc. — MOREL (Charles), fils aîné du précéd., né vers 1602, mort vers 1640, si l'on s'en fie à l'autorité douteuse de Lottin, fut reçu imprimeur en 1627, obtint l'année suiv. le titre d'imprimeur du roi, et renonça à l'exercice de son art en 1639, pour acquérir une charge de secrétaire du roi. Il s'est surtout attaché à donner de nouvelles édit. des ouvr. des PP. grecs. — MOREL (Gille), frère du précéd., lui succéda dans la place d'imprimeur du roi, qu'il remplit jusqu'en 1646; acheta ensuite une charge de conseiller au grand-conseil, et mourut, dit-on, vers 1650. Dans le petit nombre d'édit. publiées par lui, on distingue celle de la *Grande Biblioth. des Pères*, en 17 vol. in-fol. (v. sur tous ces imprim. les *Vitæ typograph. paris.* de Maittaire).

MOREL (Jean), seigneur de Grigny, né à Embrun en 1511, mort en 1581, fut le plus fidèle ami d'Érasme, dont il avait été le disciple. Chargé par Catherine de Médicis de l'éducation de Henri d'Angoulême, fils naturel de Henri II, il devint maître-d'hôtel ordinaire de la maison du roi. Il existe un vol. sous le titre de *Royal mausolée* (1583), contenant les vers grecs, lat. et franç. dont les gens de lettres honorèrent sa mémoire. Antoinette de Loynes, sa femme et leurs trois filles, Camille, Lucrèce et Diane, faisaient des vers grecs et latins. Camille surtout fut un prodige d'érudition.

MOREL (Joseph), surnommé *le Prince*, né à Arbois dans le 16e S., s'acquit la réputat. d'un bon officier dans les guerres qui désolèrent à cette époque le comté de Bourgogne. Byron ayant reçu l'ordre de pénétrer dans cette province, dont Henri IV refusait de reconnaître la neutralité, se présenta devant Arbois, dont Morel essaya de lui défendre l'entrée, quoiqu'il sût la place peu tenable. L'inflexible maréchal, maître de la ville, fit pendre le capit. bourguignon (1595) à un tilleul, qu'on montrait encore, il y a quelques années, à l'entrée de la promenade d'Arbois. On trouve une *Notice sur Joseph Morel dans l'Annuaire du Jura* pour 1807, et dans les voyages romantiques en Franche-Comté, par M. Nodier. M. Bousson de Mairet a publié : *Le capitaine Morel, dit le Prince, ou le Siége d'Arbois en* 1595, avec notes histor. et pièces justificatives, suivi de la relation du second siége d'Arbois en 1674, un vol. in-18, Arbois, 1836.

MOREL (dom ROBERT), bénédictin de la congrégation de St-Maur, né en 1653 à la Chaise-Dieu, petite ville d'Auvergne, mort à St-Denis en 1731, en odeur de sainteté, après avoir rempli avec succès la charge de prieur dans différentes maisons, a laissé : *Entretiens spirituels,* en forme de prières, sur les Évangiles, etc. — *Effusions de cœur,* etc., 1716, 4 vol. in-12. — *Imitation de J.-C.,* traduct. nouv., etc., 1722, in-12. — *Médilat. chrétiennes sur les évangiles de toute l'année,* 1726, in-4, ou 2 vol. in-12. — Pierre MOREL, né à Lyon en 1725, mort en 1812 à Paris, est auteur des opusc. suiv. : *Concordances des participes; Essai sur les voix de la langue française, ou Recherches sur les voyelles,* imprimés ensemble, Paris, 1804, in-8. Il a communiqué à l'Acad. française des remarques pour la nouv. édit. de son *Diction.,* et fourni divers articles au *Journal grammat.* de Domergue. Morel était membre de l'acad. de Lyon, et il y a lu plus. dissertat. sur des questions de philologie.

MOREL (JEAN-ALEXANDRE), né à Loisey (Meuse) en 1775, mort à Paris en 1825, fut l'un des élèves les plus distingués de l'école polytechnique, et y occupa la place de sous-inspecteur en 1817, après avoir été profess. à l'école d'artillerie de la garde. Fortem. passionné pour la musique, il s'était livré à de grandes études sur cette science. On lui doit : *Principe acoustique nouveau et universel de la théorie musicale,* etc., 1816, in-8. — *Système acoustique nouveau et universel de la théorie musicale,* etc., 1824, in-8, abrégé dans le *Diction. des découvertes.* — *Observations sur la seule vraie théorie de la musique de M. de Momigny,* 1822, in-8. — *Chant de paix,* 1816, in-8. Il a fourni au *Moniteur* plusieurs articles sur la musique.

MORELL (ANDRÉ), sav. numismate, né à Berne en 1646, mort en 1703, vint à Paris en 1680. Adjoint à Rainssant, alors conservateur du cabinet royal des médailles, il se livra avec une ardeur infatigable à la classification et à l'arrangement de la riche collection confiée à ses soins. Indigné de ne pas recevoir la récompense qu'on lui avait promise, il s'en plaignit, et fut deux fois incarcéré. Relâché la seconde fois à la sollicitation du gouvernement, il retourna dans sa ville natale, d'où il se rendit en Thuringe (1664) auprès du comte de Schwartzenburg-Arnstad, qui le chargea du soin de son cabinet. Ce fut dans cette occupation qu'il passa les dern. années de sa vie. Pend. son séjour à Paris, il avait entrepris la publication génér. de toutes les médailles antiques qui existaient alors dans les divers cabinets de l'Europe ; mais il ne put terminer cet ouvrage immense. On a de lui : *Specimen universæ rei nummariæ antiquæ,* 1683.— *Thesaurus morellianus, sive familiarum romanarum numismata omnia,* publ. par Havercamp,

1754, 2 vol. in-fol., dont un de planches et un de texte. — *Thesauri morelliani numismata aurea, argentea, ærea, cujusque moduli XII priorum imperatorum,* publié par Havercamp, Schlegel et Gori, avec d'amples comment., Amsterd., 1752, 3 vol. in-fol., fig., etc. La *Vie* d'André Morell, en latin, par. A.-P. Giulanelli, a été publiée en 1752 par Gori, à la tête de sa *Columna trajana.*

MORELL (THOMAS), docteur en théologie, né en 1703 à Éton, prit ses degrés à Cambridge, obtint une cure en 1731, y joignit quelques autres bénéfices, et mourut en 1784. Il consacra sa longue vie à la pratique de ses devoirs ecclésiastiques et à la culture des langues anciennes. Les services qu'il a rendus aux bonnes études seront appréciés tant que l'érudition elle-même sera en honneur. Ses principaux ouvrages sont : une collect. de *poèmes théologiques,* tant originaux que traduits, avec des notes, Londres, 1732-36 ; une édition des *Contes de Cantorbéry,* par Chaucer, avec les imitat. modernes, 1737 ; *l'Hécube, l'Oreste, les Phéniciennes* et *l'Alceste* d'Euripide, avec les scholies anc. et des notes, 1748 ; une édition du *Prométhée* d'Eschyle, avec les scholies et une traduction angl. en vers blancs ; des éditions correctes et soignées du *Lexique grec* de Hédéric, et du *Diction. latin* de Ainsworth. Son chef-d'œuvre est le *Thesaurus græcæ poeseos,* etc. (fait à l'imitation du *Gradus ad Parnassum*), Éton, 1762. Le docteur Maltby en a donné une édition très estimée, 1815.

MORELLET (ANDRÉ), littérateur, né à Lyon en 1727, mort en 1819, entra de bonne heure au séminaire des Trente-Trois à Paris, et fut ensuite admis en Sorbonne, où il se délassa des études théologiques par la lecture de Locke, Bayle, Buffon, Voltaire, etc., et par des recherches et des entretiens sérieux sur l'économie polit. Loménie de Brienne et Turgot étaient ses condisciples, et dès cette époque il s'était lié d'amitié avec Diderot et d'Alembert. Une éducation qu'il se chargea de faire en 1752 lui fournit l'occasion et les moyens de voyager en Italie. De retour à Paris, il fut introd. dans plus. sociétés brillantes, où les agréments de sa conversation, la droiture de son caractère, et la tournure franche et originale de son esprit le firent généralement aimer et estimer. Pour venger quelques-uns de ses amis, traduits sur la scène par Palissot, il composa la *Préface des philosophes, ou Vision de Charles Palissot,* plaisanterie mordante qui réussit beaucoup, mais qui le fit mettre à la Bastille, où il passa deux mois. Rendu à la liberté par le crédit de la maréchale de Luxembourg, que J.-J. Rousseau intéressa en sa faveur, il dut s'applaudir d'une persécution qui avait augmenté l'affection et le nombre de ses amis. Il était loin de partager l'exagération des philosophes qu'il rencontrait dans la société du baron d'Holbach, il les combattait au contraire dans l'occasion, et plus d'une fois il les embarrassa. Parmi les écrits qu'il publia successivement, il faut distinguer sa trad. du *Traité des délits et des peines* de Beccaria (1766), et ses *Mém. sur la compagnie des Indes,* qui con-

19

tribuèrent à faire supprimer le privilége de cette association (1769). Il fit un voyage en Angleterre en 1772 , s'y lia avec les membres les plus distingués du parlement, avec Franklin, dont il était digne d'apprécier la grande âme, et y renoua les liens d'une amitié plus ancienne avec lord Shelburne, dep. marquis de Lansdown, qui plus tard, par le brillant éloge qu'il fit de lui au ministère français, lui procura une pension de 4,000 francs (1785). Une autre faveur, non moins douce pour Morellet, et qu'il obtint l'année suivante, fut une place à l'Académie franç. Habitué à l'analyse, et doué d'un esprit éminemment méthodique, il fut un des collaborateurs les plus utiles du *Dictionn.* Mais bientôt les événements le jetèrent dans une carrière plus large et où ses études profondes lui permettaient d'entrer hardiment. Il écrivit successivem. pour défendre l'opinion du bureau de Monsieur sur la double représent. du tiers-état, pour relever le vice des opérat. faites sur les biens du clergé, pour proposer d'autres mesures plus équitables, enfin pour attaquer l'inconcevable doctrine de Brissot sur la propriété. Nommé directeur de l'Acad. en 1792, il emporta et cacha chez lui, pendant la tourmente révolutionnaire, les archives, les registres, les titres de créat. de sa compagnie, et jusqu'au MS. du *Dictionnaire :* grâce à lui, ce travail ne fut point perdu. Après le 9 thermidor, rompant le silence qu'il ne gardait que depuis un an, et bravant l'esprit de terreur qui survivait à Robespierre, il publia le *Cri des familles,* en fav. des enfants et des héritiers naturels des victimes immolées par les tribunaux révolutionn., et contribua, par ses accents énergiq., à fortifier l'opinion, qui déjà se prononçait pour la restitut. des biens des condamnés, et qui parvint à arracher à la convention une mesure de stricte justice. Au *Cri des familles* succédèrent d'autres écrits dictés par le même sentiment. Cepend. il avait perdu ses pensions et ses bénéfices, et il se vit obligé, pour vivre et pour soutenir sa sœur, de consacrer presq. tout son temps à des traduct. de voyages et de romans anglais. Appelé à l'Institut (2e classe) en 1803, il entra au corps législ. 4 ans après ; mais une chute qu'il fit en 1815 le laissa dans un état d'immobilité sans remède et sans espérance. Il s'occupa toutefois de faire un choix de ses ouvr. inédits ou déjà publ., qu'il fit imprimer sous le titre de *Mélanges de littérature et de philosophie du XVIIIe S.*, 1818, 4 vol. in-8. Il a paru en 1821 : *Mém. de l'abbé Morellet sur le XVIIIe S. et sur la révolution,* précédés de son *Éloge* par Lémontey (avec une préface et des notes par J.-V. Leclerc), Paris, 2 vol. in-8 ; 2e édition, 1823, avec un supplément.

MORELLI (l'abbé JACQUES), bibliothécaire de St-Marc, né à Venise en 1745, mort en 1819, a contribué plus qu'aucun de ses prédécess. à donner au magnifique établissement confié à ses soins plus de richesse, d'ordre et d'éclat. Sa douleur fut très vive lorsqu'en 1797 et à d'autres époques postér. il se vit contraint de livrer, pour être transportés en France, un grand nombre d'ouvr. imprimés et

MSs.; mais la seule nouvelle de la translation de sa bibliothèque chérie au palais ducal suffit pour le faire fondre en larmes et s'évanouir, tant il redoutait la perte de quelques-uns de ses livres. Placé au milieu de tant de richesses, il était devenu un critique habile, un bon archéologue, et s'était rendu familière l'hist. de tous les peuples et celle des sciences et des arts. L'estime des étrangers et l'affection de ses compatr. furent la récompense de ses études persévérantes. Il était de presque toutes les acad. d'Italie, de celles de Berlin et de Gottingue, et correspondant de l'acad. des inscriptions. Étranger au monde politique et à ses passions, il avait vu, sans éprouver aucune vicissitude dans sa place ni dans sa fortune, l'état vénitien passer successivement sous la domination de la France et de l'Autriche. Le nombre des ouvr. qu'il a composés ou édités s'élève à 61. Les plus remarquables sont : *Dissertazione storica intorno alla pubblica libreria di San Marco in Venezia*, 1774, in-8. — *Codices MSs. lat. bibliothecæ nanianæ relati, cum opusculis ineditis ex iisdem depromptis,* 1776, in-4. — *Catalogo di storie generali e particolari d'Italia,* etc., 1782, in-12. — *Aristidis oratio adversus Leptinem, Libanii declamatio pro Socrate, Aristoxeni rhythmicor. elementor. fragmenta, ex biblioth. D. Marci nunc primùm edita, gr. et lat.,* 1785, in-8. — *Catalogo di lib. ital. raccolti dal balì Farsetti,* 1785, in-12. — *Lettere di Apostolo Zeno emendate ed accresciute di molte inedite,* 1785, 6 vol. in-8. — *Catalogo di lib. lat. raccolti dal balì Farsetti,* con annotazioni, 1788, in-12. — *Biblioth. Maphæi Pinelli,* 1787, in-8. Les div. opusc. de Morelli ont été réunis sous le titre d'*Operette,* 1820, 3 vol. in-8, avec portrait.

MORELLI (MARIE-MADELEINE), célèbre improvisatrice, née à Pistoie en 1728, morte à Florence en 1800, était membre de l'acad. des Arcadiens, où elle avait le nom de *Corilla olympica,* par lequel on la désigne communément. On la vit quelquefois réciter d'inspiration des tirades considérables et jusqu'à des scènes entières de tragédie. Elle reçut au Capitole, en 1766, la couronne de laurier, que le Tasse n'obtint que pour sa tombe : mais Pasquin protesta, par de nombreux sarcasmes généralem. approuvés, contre cet hommage solennel. Bodoni a publié dans un recueil intitulé : *Actes du couronnem. de Corilla,* les pièces composées à cette occasion.

MORELLY, écrivain paradoxal, était régent au collège de Vitry-le-Français ; il est auteur de quelques ouvrages qui firent du bruit lors de leur publication, mais qui sont maintenant à peu près oubliés. Les plus connus sont : *le Prince, les délices du cœur, ou Traité des qualités d'un grand roi, et système d'un sage gouvernement,* 1751, 2 vol. in-12. — *Basiliade, ou Naufrage des îles flottantes,* poème héroïque en prose, supposé traduit de l'indien de Pilpaï, 1753, 2 vol. in-12. — *Le Code de la nature, ou le véritable Esprit de ses lois, de tout temps négligé ou méconnu,* 1755, in-12. C'est sans fondem. que La Harpe attribue cet ouvr.

à Diderot. Morelly fut l'édit. des *Lettres de Louis XIV aux princes de l'Europe, à ses généraux, ses ministres*, rec. par Roze, 1755, 2 vol. in-12.

MORENAS (Franç.), compilateur infatigable, né en 1702 d'une famille obscure d'Avignon, mort à Monaco en 1774, fut d'abord soldat, puis cordelier, se fit relever de ses vœux, et se livra à plusieurs spéculations littéraires. Il fut le fondat. et le principal rédact. du *Courrier d'Avignon*, journal qui eut de la vogue dans les provinces, et surtout dans les pays étrangers. Outre quelques brochures de circonstance, on peut citer de lui : *Parallèle du ministère du cardinal de Richelieu et de celui du cardinal de Fleury*, 1743, in-12.—*Abrégé de l'histoire ecclésiastique de Fleury*, 1750 et années suiv., 10 vol. in-12. — *Dissertation sur le commerce*, traduit de l'ital. du marquis Belloni, 1755, in-12. — *Dictionn. portatif comprenant la géographie, l'histoire universelle, la chronologie*, etc., 1760-62, 8 vol. in-8.

MORÉRI (Louis), prem. aut. du *Dictionn. histor.* qui porte son nom, né à Bargemont en Provence en 1643, mort à Paris en 1680, fit ses premières études à Draguignan et à Aix, alla ensuite étudier la théologie à Lyon, et prit les ordres dans cette ville. Il s'était annoncé, jeune encore, par quelq. productions frivoles ; mais bientôt il résolut de consacrer sa vie à la composit. de son *Dictionnaire*, qui parut à Lyon, 1673, in-fol. Venu à Paris en 1675 avec l'évêque d'Apt, son protecteur, il s'y lia promptement avec les littérateurs les plus distingués ; il y connut aussi Pomponne, qui se l'attacha ; mais à la disgrâce de ce ministre, il se livra de nouveau tout entier à ses études, et prépara une nouvelle édition de son *Dictionnaire*. L'excès du trav. avait épuisé ses forces, et il ne put faire imprimer que le premier volume de cette édition. Un prem. commis de M. de Pomponne surveilla l'impression du 2e vol., achevée en 1681, et dédia l'ouvrage au roi. On a fait plusieurs reproches mérités au *Dictionnaire* de Moréri ; toutefois on doit savoir gré au savant compilateur de l'heureuse idée qu'il conçut le premier ; d'ailleurs c'est aux imperfections même de son travail qu'on doit celui de Bayle, qui ne s'était proposé d'abord que de réfuter les erreurs ou de suppléer aux lacunes de son devancier. Le *Dictionnaire* de Moréri a été porté successivement par ses continuateurs à 5 vol. in-fol. en 1718, à 6 vol. en 1729 et 1732, et enfin à 10 vol. en 1759 par Drouet, au moyen de la refonte des supplém. de l'abbé Goujet. On doit à Moréri quelques autres trav. littér. qu'on a oubliés pour ne se souvenir que du grand monum. qu'il a élevé en l'honneur de la science. L'abbé du Masbaret a laissé des *Remarques sur le Dictionn. de Moréri.*

MORET (Ant. de BOURBON, comte de), fils naturel de Henri IV et de Jacqueline de Beuil, comtesse de Bourbon-Moret, né à Fontainebleau en 1607, légitimé en 1608, était abbé de Savigni, de St-Victor de Marseille, de St-Étienne de Caen, et de Signi. Il avait eu pour précepteur Scipion Dupleix, dep. historiogr. de France, et Lingendes,

dep. év. de Mâcon, et avait beauc. profité de leurs leçons. A peine sorti du collége de Clermont, où il avait soutenu avec un gr. succès des thèses de philosophie et de théologie, il se trouva jeté dans les intrigues de la cour, et s'attacha au duc d'Orléans. Par div. arrêts d'une chambre du domaine, composée de conseill.-d'état et de maîtres des requêtes (1631), le comté de Moret fut confisqué avec les biens de plus. autres partisans du faible Gaston. Mais lorsq. Montmorenci donna dans le Languedoc le signal d'une nouv. révolte, le comte de Moret fut mis par Gaston à la tête de 500 Polonais. A la bataille de Castelnaudari, la première à laquelle il se fût encore trouvé, ce fut ce jeune guerrier qui commença l'attaque ; mais on le vit aussitôt tomber, atteint d'un coup de mousquet. Les uns on dit qu'il mourut sur le champ de bataille à l'instant même, les autres qu'il n'expira qu'au bout de quelques heures. D'autres enfin ont prétendu qu'ayant été secrètem. pansé et guéri, il passa en Italie, se fit ermite, parcourut div. pays sans être connu, et se retira ensuite dans l'ermitage de Gardelles, à 2 l. de Saumur, où sous le nom de *Frère Jean-Baptiste*, il mourut en odeur de sainteté en 1692.

MORETO Y CABANA (Augustin), poète espagnol du 17e S., écrivit pour le théâtre, mais avec moins de fécondité que Caldéron, son contempor. Plus tard étant entré dans l'état ecclésiastiq., il renonça à la carrière dramat. pour se livrer exclusivement aux pratiques de dévotion. Ses comédies ont été recueillies en 3 vol. in-4, Valence, 1676 et 1703 : le prem. vol. avait déjà paru à Madrid en 1654. Moreto n'avait pas l'imagination aussi brillante, ni une composit. aussi facile que Lope et Caldéron ; mais ses pièces, déparées par les mêmes défauts que celles de ces gr. poètes, sont généralement mieux conçues, et contiennent peut-être plus de vrai comique. Quelques-unes ont été utiles à Molière lui-même, notamment pour sa *Princesse d'Élide* et pour son *École des maris.*

MORGAGNI (Jean-Bapt.), l'un des plus grands méd. du 18e S., né à Forli en 1682, étudia d'abord à Bologne, et fit marcher de front les sciences naturelles, la physiq. et surtout l'astronomie. Il se rendit ensuite à Venise, puis à Padoue, où il remplit successiv. la chaire de méd. théorique et celle d'anatomie. Admis à la société royale de Londres, à l'acad. des sciences de Paris, à celles des curieux de la nature, de Pétersbourg, de Berlin, etc., il vit son buste placé, de son vivant, dans le palais principal de Forli, et reçut les plus grandes marq. de bienveillance du roi de Sardaigne, Charles-Emmanuel III, et des souverains pontifes Clément XII, Benoît XIV et Clément XIII. Incapable de se resserrer dans le champ déjà si vaste de la médecine, il embrassait encore la philologie, la critiq., l'hist. et les antiquités. Il ne cessa de travailler qu'à la fin de sa carrière, et mourut en 1771. Ses principaux ouvr. sont : *Adversaria anatomica*, Padoue, 1719, in-4 ; Leyde, 1723, 1741, in-4, fig. ; Venise, 1762, in-fol. — *Novæ institutionum medicarum Ideæ*, 1712, in-4 ; Leipsig, 1735, in-4. — *De sedibus et* causis morborum per anatomen indagatis libri V, 1761, 2 vol. in-fol.; Leyde, 1768, 4 vol. in-4; Yverdun, 1779, 5 vol. in-4, avec une *préface* de Tissot, contenant l'hist. de la vie et des ouvr. de Morgagni; Paris, 1820, 8 vol. in-8, par les soins de MM. Chaussier et Adelon; traduit en français par MM. Désormeaux et Destouet, Paris, 1821, 1824, 10 vol. in-8. — *Miscellanea opuscula*, 1763, in-fol. Les ouvr. de Morgagni ont été réunis en 1765, 5 t. en 2 gros vol. in-fol. Sa *Vie* a été écrite par Fabroni (*Vitæ Italor.*), et par Jos. Mossea, 1768, in-8.

MORGAN (HENRI), fameux chef de flibustiers anglais, était fils d'un riche fermier du pays de Galles. S'étant fait connaître par quelq. heureuses expédit., il fut pris en amitié par Mansfield, vieux flibustier, qui le nomma son vice-amiral, et mourut peu de temps après en 1668. Morgan, auquel ses compagnons ne disputèrent point le commandem., parvint bientôt à rassembler 12 bâtim. de différ. grandeurs, montés de 700 hommes. Il attaqua d'abord, et rançonna une ville de l'île de Cuba, emporta d'assaut Porto-Bello, y commit les plus horribles excès, et vit le nombre de ses compagnons s'accroître rapidem., grâce au bonheur qui favorisait tous ses brigandages. Après avoir détruit le fort de Maracaïbo et rançonné une ville voisine nommée Gibraltar, il se retira à la Jamaïque (1669) avec l'intention d'y jouir paisiblement de sa fortune, déjà considérable. Mais l'année suivante, cédant aux instances de ses camarades, il se mit de nouveau en course avec une flotte de 37 voiles, la plus gr. qu'un flibustier eût jamais commandée dans ces mers. S'étant rendu maître de l'île Santa-Catalina, à l'est de la côte de Nicaragua et d'un fort situé à l'embouchure du fleuve de Chagres, il marcha sur Panama (1671) avec 1,300 hommes, s'empara de cette ville, dont il fit un monceau de cendres, traita Porto-Bello avec une égale cruauté, et s'arrogea, au détrim. de ses camarades, une part illégale dans le butin qui était immense. Craignant de leur part un soulèvem., il mit à la voile avec trois autres bâtiments, dont les capit. n'avaient pas eu plus de bonne foi que lui, et conçut avec eux l'idée d'exercer plus en grand le métier de pirate, qu'il ne songeait plus à quitter. Mais tout à coup un déclarat. du roi d'Angleterre, qui voulait vivre désormais en bonne intelligence avec l'Espagne, mit fin à tant de ravages et de massacres. Morgan reçut même l'ordre de se rendre en Europe pour y répondre aux plaintes que le roi d'Espagne et ses sujets avaient portées contre lui. Il faut croire qu'il parvint à se disculper, car il revint à la Jamaïque, s'y maria, y remplit des emplois brillants, et y finit tranquillement ses jours.

MORGAN (WILLIAM), né dans le pays de Galles, s'adonna d'abord à l'étude des sciences médicales, qu'il quitta bientôt pour les sciences mathémat. et l'économie publique. Ses ouvr. sur le crédit, la dette nationale, obtinrent un succès populaire. Les principaux sont : *Doctrine des annuités et des assurances sur la vie*, 1799. — *Tableau comparatif de l'état du crédit public*, 1801, etc. Il mourut en

1833, après avoir été pend. 56 ans directeur d'une société d'assurance sur la vie, qui, sous son administrat., s'est élevée à un degré remarquable de splendeur.

MORGENSTERN (JACQUES-SALOMON), géogr. et de plus bouffon de la cour de Prusse, né à Pegau, dans l'électorat de Saxe, en 1706, sut plaire à Frédéric-Guillaume par ses reparties vives et singulières, et fut investi par ce prince de la charge de lecteur et interprète des gazettes, et de conseiller-bouffon de son cercle de fumeurs. Il est vrai qu'à ces titres ridicules fut joint celui de conseiller-aulique, avec un traitem. de 500 écus, un logement à Postdam, et l'obligat. d'entretenir le roi sur l'hist. ancienne et moderne. Sous le règne de Frédéric II, Morgenstern, qui sentait le besoin d'avoir des droits plus réels à la munific. royale, demanda d'être employé à la fixat. des limites de la Silésie, et mérita par son travail la confirmation de sa pension. Il en jouit jusqu'à sa mort en 1785. On a de lui : *Nouv. géographie politique, dans laquelle on trouve un tableau exact de l'état naturel, politiq., ecclésiastique et civil de chaque pays*, tom. Ier, Iéna, 1735, in-4. — *Jus publicum imperii Russorum*, Halle, 1736, in-8. — *Sur Frédéric-Guillaume* (1793), ouvr. posthume, etc. Morgenstern a été le sujet de plus. *notices spéciales*, parmi lesquelles on cite celle J.-F. de Nicolaï.

MORGHEN (RAPHAEL), célèbre graveur, né en 1761 à Portici, près de Naples, où son père Philippe Morghen, travaillait aux estampes des antiquités d'Herculanum, apprit dans la maison paternelle les prem. élém. de l'art sur lequel il jeta tant d'éclat. Il n'avait pas encore atteint sa 20e année lorsque son père l'envoya à Rome, en 1778, se perfectionner sous Jos. Volpato, le plus célèbre artiste italien de l'époque. Sous un tel maître il fit des progrès si rapides et si brillants, que Volpato ne tarda pas à l'associer à ses travaux et à l'attacher plus étroitement en lui donnant, en 1781, sa fille en mariage. En 1792 le roi de Naples lui fit des offres très avantageuses, mais il préféra céder aux sollicit. du gr.-duc Ferdinand III, qui l'appelait à Florence, où il se rendit en 1795, et où il fut nommé profess. de gravure à l'acad. des beaux-arts. C'est là qu'il mourut des suites d'une affection du cœur, le 8 avril 1833, à 73 ans. L'*OEuvre* de cet habile artiste est très considérable; on lui doit surtout une foule d'excell. *Portraits*, tels que ceux de *Dante*, *Pétrarque*, *Arioste*, *Tasse*, *Vinci*, *Volpato*, *Turchi*, *la Fornarina*. Parmi ses estampes les plus recommandables, on cite *la Madonna della Seggiola* d'après Raphaël, *la Madonna del Sacco* d'André del Sarto, *la Madonna col Bambino* du Titien, *l'Aurore* du Guide, *le Printemps* de Mengs, *la Chasse de Diane* du Dominiquin, *la Jurisprudence* de Raphaël, *le Repos en Égypte* de Poussin, *le Portrait de Moncade* de van Dyck, etc., enfin *la Cène* de Léonard de Vinci, gravée sur le dessin de Théod. Matteini, en 1800, et *la Transfiguration* d'après Raphaël.

MORGIER (FRANÇ.), littérat. agréable, né à Villeneuve-les-Avignon en 1688, mort dans cette ville en 1726, étudia d'abord la jurispr., et se fit recevoir avocat; mais son goût pour la poésie le détourna de la carrière du barreau. Admis très jeune encore dans une soc. de gastron. connue à Avignon sous le nom d'*ordre de la Boisson*, il devint bientôt le principal rédacteur de la gazette qu'elle publiait. Cette gazette intit. : *Nouvelles de l'ordre de la Boisson*, et impr., disait-on, *chez Museau-Cramoisi, au Papier-Raisin*, offrait, à travers une foule de bouffonneries, de calembours et de quolibets dignes d'une réunion d'ivrognes, quelques traits qui décelaient des gens d'esprit. Ce badinage eut une gr. vogue, et fit à Morguier une réputation qui lui facilita, lorsqu'il vint à Paris, les relations les plus honorables. Il composa, pour l'amusement de la princesse de Conti (Louise-Élisabeth de Bourbon), d'autres petits ouvrages qui n'ont pas vu le jour.

MORGUES (Matthieu de), mauvais historien, connu aussi sous le nom de *sieur de Saint-Germain*, né dans le Velai en 1582, mort à Paris en 1670, fut successivem. prédicateur de Marguerite de Valois et de Louis XIII, et aumônier de Marie de Médicis. Il commença par écrire quelques pamphlets, sous l'inspiration et pour la défense de Richelieu, alors simple évêque de Luçon et conseill. intime de la reine-mère. Mais lorsque l'ambitieux prélat se fut brouillé avec son ancienne protectrice, Saint-Germain demeura fidèle à la princesse, et se retira dans le Velai pour échapper à la colère du ministre, qui déjà avait empêché que sa nominat. à l'évêché de Toulon fût confirmée à Rome. Il alla ensuite rejoindre Marie de Médicis à Bruxelles, et ne revint à Paris qu'après la mort du card. Outre des pamphlets, on a de Matthieu de Morgues : *Diverses pièces pour la défense de la reine-mère et de Louis XIII*, Anvers, 1637, 1643, 2 vol. in-fol.— Des *Sermons*, illisibles par le style comme par le ton qui y règne, Paris, 1665, in-8.

MORHOF (Daniel-George), l'un des plus sav. et des plus laborieux philolog. de l'Allemagne, né à Wismar, dans le Mecklenbourg, en 1639, mort en revenant des eaux de Pyrmont, à Lubeck, en 1691, avait visité les principales universités de Hollande et d'Angleterre, et occupé successivem. la chaire de poésie à Rostock, celles de b.-lettres et d'hist. à l'université de Kiel, et la charge de bibliothéc. de l'acad. de cette ville. Il a beaucoup contribué à répandre en Allemagne le goût des bonnes études. Ses principaux ouvrages sont : *Princeps medicus*, 1665, in-4.—*Epistola de scypho vitreo per sonum humanæ vocis rupto*, Kiel, 1672, in-4. — *Traité de la langue et de la poésie allemandes*, etc. (en allemand), 1682, in-8. — *Polyhistor., sive de notitiâ auctor. et rerum comment.*, 1732, 2 vol. in-4. Cette édit., que l'on doit au savant J.-Alb. Fabricius, est encore recherchée.

MORICE de BEAUBOIS (dom Pierre-Hyacinthe), bénédictin de la congrégation de St-Maur, né à Quimperlé en 1693, mort en 1750, a laissé MS. une *Hist. généalogique* de la maison de Rohan, 2 vol. in-fol., avec les preuves. Son principal titre littér.

est une édit. de l'*Hist. ecclésiastique et civile de Bretagne*, par D. Lobineau, dont il fit paraître le prem. vol. en 1750, et qui fut terminée après sa mort par les soins de D. Taillandier (1756). Déjà D. Morice avait publ., de 1742 à 1746, 3 vol in-fol. de *Pièces justificatives*, et y avait joint de savantes *Dissert*. sur l'orig. des Bretons, leurs mœurs, etc.

MORIGIA (Buonincontro), chroniqueur, né à Monza, dans le duché de Milan, faisait en 1320 partie du conseil des douze, qui avait l'administration de cette ville, alors sujette de l'empereur Louis de Bavière. Il a laissé une *Chronique latine* de sa ville natale, dep. son origine jusqu'en 1349 : elle a été publiée par Muratori dans les *Scriptores rerum italicar.*, tome XII. — Morigia (Jacques-Antoine), dit *l'Ancien*, l'un des fondateurs de la congrégation des barnabites, né à Milan vers 1493, mort en 1545, remplit deux fois la charge de prévôt de son ordre avec beaucoup de sagesse, et édifia ses confrères par ses vertus. — Morigia (le card. Jacques-Antoine), de la même famille, né à Milan en 1632, mort en 1708 à Pavie, dont il était évêq., avait occupé les sièges de San-Miniato et de Florence, et refusé l'archevêché de Milan. On a de lui trois *Oraisons funèbres* et des *Lettres pastorales* adressées aux fidèles de Florence.—Morigia (Paul), jésuate, né à Milan en 1525, mort en 1604, fut élevé quatre fois à la dignité de supérieur-génér. de son ordre. Ses principaux ouvrages sont : *Origine di tutte le religioni*, lib. III, Venise, 1569, 1581, 1586, in-8; traduit en français, Paris, 1578, in-8. — *Storia dell' antichità di Milano*, lib. IV, 1592, in-4.—*Della nobiltà di i signori LX del consiglio di Milano*, lib. VI, 1595, in-4, et avec un supplément de Borsieri, 1619, in-8.

MORILLO (Grégoire), poète satirique, né à Grenade vers le milieu du 16e S., jouit en Espagne d'une assez grande réputat. Ses *poésies* ont été recueillies et publiées par Pierre Espinosa dans la *Première partie des fleurs des meilleurs poètes espagnols*. Michel Cervantes a fait de Morillo le plus gr. éloge dans son *Chant de Calliope*.

MORILLO (don Pablo), général espagnol, naquit en 1777 à Fuente de Malva, d'une famille obscure. Simple sergent de marine à l'époque de la révolution de France, il commandait un corps de guérillas lors de l'invasion de la Péninsule. Il concourut à la prise de Vigo sur les Français, fut fait colonel et chargé d'organiser un régim. d'infanterie qui reçut le nom de *la Union*, et qui s'est illustré dans les deux mondes. Il servit ensuite avec distinct. en Estramadure à la tête d'un corps de partisans, puis en Portugal. Élevé plus tard au grade de brigadier, il se porta sur Cordoue pour inquiéter les Français; mais forcé de se replier, il servit dès-lors à l'avant-garde des divis. espagn. sous les ordres de Wellington, dont il mérita les éloges par sa valeur. Une blessure qu'il reçut à Vittoria lui valut le grade de maréchal-de-camp. Après la rentrée de Ferdinand VII il fut nommé chef de l'armée expéditionn. destinée à soumettre les insurgés de Venezuela et de la Nouvelle-Grenade. La prise de Carthagène, dont il reçut le nom avec le titre de comte, signala le début d'une guerre qui n'eut pas le résultat que ce prem. succès semblait promettre. Son armée, ne recevant aucun secours de la métropole, s'affaiblissait de jour en jour par les suites des fatigues et des combats journaliers, et son embarras devenait extrême, lorsqu'à la suite de la révolution de 1820 il reçut l'ordre de proclamer la constitut. des cortès, et d'entamer des négociat. avec les chefs des insurgés. Le congrès de Colombie demanda que le gouvernement espagnol reconnût l'indépend. de la république colombienne. Morillo n'avait pas les pouvoirs nécessaires pour traiter sur cette base; il conclut donc un armistice avec Bolivar, et sembarqua pour l'Espagne. Il fut bien accueilli par Ferdinand, et, quelq. temps après nommé commandant-général de la Galice et des Asturies. Informé que les cortès avaient prononcé la déchéance du roi, il protesta contre cet acte avec énergie, et se hâta de conclure un traité avec les Français qui venaient de rentrer dans la péninsule pour délivrer Ferdinand. Cepend. après la pacificat. de l'Espagne, Morillo destitué vint chercher un asile en France. Il s'établit avec sa famille à Rochefort; c'est là qu'il s'occupa de revoir ses *Mém. sur ses campagnes d'Amérique de 1815 à 1821*, dont il a paru une traduct. franç. par M. de Blosseville, 1826, in-8. Morillo mourut aux eaux de Barèges au mois d'août 1837.

MORILLON (dom JULIEN-GATIEN de), bénédictin de St-Maur, né à Tours en 1633, mort à l'abbaye de St-Melaine de Rennes en 1694, est connu par son poème de *Joseph, ou l'Esclave fidèle*, Turin (Tours), 1679, in-12; Breda, 1705, in-12. Le bon Père ne s'était pas contenté de peindre d'une manière très vive les amours de la femme de Putiphar; mais il avait supposé Putiphar lui-même amoureux de Joseph. Son livre, défendu par l'autorité, n'en fut que plus recherché, on y trouve des morceaux touchants. — MORILLON (Latigant) servit d'abord dans la grande gendarmerie, dont il fut chassé, devint successiv. musicien, espion, faux-monnoyeur, émigra en 1790, trahit à Coblentz les intérêts des princes, rentra en France pour se vendre aux jacobins, et fut employé dans les intrigues secrètes de la police. Il fit de nombr. arrestations en Provence et en Dauphiné, et parvint à découvrir les papiers qui dévoilaient la conspiration de La Rouarie; mais au moment où il jouissait du fruit de ses rapines, de ses vexations et de son impudente vénalité, il fut arrêté (1794) et condamné à mort par le tribunal révolutionn.

MORIN (PIERRE), sav. critique, né à Paris en 1531, mort à Rome en 1608, fut employé à Venise dans l'imprimerie du célèbre Paul Manuce, enseigna ensuite le grec et la cosmographie à Vicence, fut appelé à Rome par St Charles Borromée, et y travailla, par ordre de Grégoire XIII et de Sixte V, à l'édit. des *Septante*, 1587; à celle de la *Bible* lat., trad. sur le texte des *Septante*, 1588, in-fol.; à l'édit. des *Décrétales* jusqu'à Grégoire VII, 1591,

3 vol. in-fol., etc. On a de lui un *Traité du bon usage des sciences*, publ. par le Père Quétif, en 1675. — MORIN (Jean), peintre et graveur, élève de Philippe de Champagne, né à Paris en 1639, a gravé à l'eau-forte beaucoup de sujets et de portraits d'une touche fine et expressive. Ses principaux ouvr. sont : *la Vierge ayant sur ses genoux l'enfant Jésus, qui tient un bouquet de fleurs devant le sein de sa mère*, d'après Raphaël; *la Vierge qui adore l'enfant Jésus couché sur de la paille*, d'après le Titien.

MORIN (JEAN-BAPT.), astrologue plus connu par ses travers que par des services réels rendus à la science, né à Villefranche, dans le Beaujolais, en 1583, mort à Paris en 1656, renonça de bonne heure à la médec. pour prédire l'avenir, rencontra quelquefois juste, et gagna la confiance du cardinal de Richelieu. Il lui fit part des moyens qu'il avait imaginés pour trouver les longitudes en mer; mais les commissaires chargés d'examiner cette découverte ne lui ayant pas été favorables, il se brouilla avec le prem. ministre. Plus heureux sous Mazarin, il obtint une pension de 2,000 liv., somme considérable pour le temps. Il est fâcheux qu'il se soit établi le champion de l'astrologie judiciaire et l'un des contradict. les plus opiniâtres de Copernic et de Gallilée. Parmi ses ouvr. on peut citer encore. *Famosi problematis de telluris motu vel quiete hactenùs optata solutio*, 1631, in-4. — *Longitudinum terrestrium et cœlestium nova et hactenùs optata scientia* 1634, in-4; reproduit avec des addit. sous ce titre: *Astronomia jàm à fundamentis integrè et exactè restituta*, 1640. — *Epistola de tribus impostoribus* (ces trois imposteurs sont Gassendi, Bernier et Mathurin de Neuré), 1654, in-12. — *Astrologia gallica*, 1661, in-fol. (v. pour plus de détails l'*Hist. de l'astronomie moderne*, par Delambre, tom. II, p. 233-274).

MORIN (JEAN), sav. orator., né à Blois en 1591, mort à Paris en 1659, avait été élevé dans la religion protestante, qu'il abjura entre les mains du cardinal Duperron. Bientôt sa passion pour l'étude lui fit chercher du loisir (1618) dans la congrégat. de l'Oratoire, nouvellem. fondée. Il fut compris par le P. de Bérulle, en 1625, parmi les douze prêtres du son ordre qui devaient former la chapelle de Henriette de France, reine d'Angleterre; mais il revint à Paris au bout de quelque temps, et s'y occupa avec succès de la conversion des Juifs et de ses anc. co-religionnaires. Appelé à Rome par Urbain VIII, qui cherchait à réunir l'Église grecque, il fut adjoint aux théol. chargés d'un travail préparatoire, nécessaire à cette gr. entreprise, et justifia l'idée que le pape avait conçue de son savoir et de sa sagacité. Le card. de Richelieu le fit revenir en France, on ne sait trop pour quelle raison, après 9 mois de séjour dans la capitale du monde chrétien. On a de lui un grand nombre d'ouvr., parmi lesquels nous citerons : *Exercitationes ecclesiasticæ in utrumque Samaritanorum Pentateuchum*, etc., 1631, in-4. — *Exercitationes biblicæ de hebraici græcique textûs sinceritate, de germanâ LXX interpretum translatione dignoscendâ*, etc., 1669, in-fol., précédée de la *Vie* de l'aut. par le P. Constantin, de l'Oratoire.— *Opuscula hebræo-samaritana*, 1657, in-12. — *Commentar. historic. de disciplinâ in administratione sacramenti pœnitentiæ*, etc., 1651, in-fol. — *Commentarius de sacris ecclesiast. ordinationibus, secundùm antiquos et recentiores Latinos, Græcos, Syros et Babylonicos*, etc., 1655; in-fol.

MORIN (Simon), visionnaire, né vers 1623 à Richemont, près d'Aumale, dans le pays de Caux, vint à Paris chercher des ressources, en trouva, les perdit par sa faute, et fut emprisonné une première fois, on ne sait trop pour quelle raison. Rendu à la liberté, il se mit à répandre, tant par des discours que par des écrits, une doctrine aussi extravagante qu'impie ; mais comme il enseignait, entre autres choses, que les plus gr. péchés sont salutaires, en ce qu'ils abattent l'orgueil humain, et que les actes impurs ne souillent pas l'âme dans ceux que leur raison rend *saints et divins*, il ne manqua pas de prosélytes. Emprisonné plus. fois à la Bastille, à la Conciergerie, enfin aux Petites-Maisons comme fou incurable, il parvint chaque fois à obtenir son élargissem., moyennant une abjurat., et n'en continua pas moins à débiter ses erreurs. Mais enfin il fut dénoncé par un autre fou, le poète Desmarets de Saint-Sorlin, pour avoir dit qu'il fallait que le roi le reconnût pour ce qu'il était, ou qu'il mourrait. On instruisit le procès du misérable fanatique, et une sentence du Châtelet (1662) le condamna à faire amende honorable et à être brûlé vif : elle fut confirmée au parlement par arrêt du 13 mars 1663, et exécutée le lendem. On cite de Morin : *Pensées*, dédiées au roi, in-8 de 174 p. très rare. — *Requête au roi et à la reine-régente, mère du roi*, du 27 oct. 1647, 8 p. — Deux *Rétractations*, ayant toutes deux 4 p. in-4, la prem. du 7 fév. 1649, l'autre du 14 juin suiv.— *Témoignages du deuxième avénement du fils de l'homme*, janvier, 1641.

MORIN (Étienne), sav. orientaliste, né à Caen en 1625, de parents protestants, mort en 1700, fut successivem. pasteur au bourg de St-Pierre-sur-Dive et dans sa ville natale. Il se retira en Hollande lors de la révoc. de l'édit de Nantes, et fut nommé peu après professeur de langues orientales à l'université d'Amsterdam. Entre autres ouvrages on a de lui : *Exercitationes de linguâ primævâ ejusque appendicibus*, 1694, in-4. — *Explanationes sacræ et philolog. in aliquot Vet. et Novi Testam. loca*, Leyde, 1698, in-8, etc. Pierre Francius a donné l'*Éloge* de Morin dans la 2e édit. de ses *Orationes*. — Morin (Henri), fils aîné du précédent, né à St-Pierre-sur-Dive en 1655, mort à Caen en 1728, se convertit de bonne heure à la foi catholique, et obtint l'amitié de l'abbé de Caumartin, depuis év. de Blois, qui se l'attacha comme secrét. et facilita son admission à l'acad. des inscriptions. On a de lui, dans le *Rec.* de cette société, 14 *mém.* sur les sacrifices de victimes humaines, sur le chant

mélodieux attribué aux cygnes, sur les souhaits en faveur de ceux qui éternuent, etc.

MORIN (Louis), médecin, né au Mans en 1635, mort en 1715, vint étudier la médecine à Paris, et s'y fit recevoir docteur vers 1662. Après quelques années de pratique, qui lui concilièrent l'estime de Fagon, il fut admis comme expectant à l'Hôtel-Dieu, et obtint ensuite la place de médecin pensionnaire. Mais aussitôt qu'il avait touché son traitement, il le remettait en secret dans le tronc de l'hospice. « Ce n'était pas, dit Fontenelle, servir gratuitement les pauvres, c'était les payer pour les avoir servis. » Au reste, sa manière de vivre était celle de l'anachorète le plus austère. Il laissa une bibliothèque de près de 20,000 écus, un médailler et un herbier, mais nulle autre acquisition. On a de lui, dans le *Rec.* de l'acad. des sciences : *Projet d'un système touchant les passages de la boisson et des urines*, année 1701 ; *Observat. sur la guérison faite à l'Hôtel-Dieu de plus. scorbutiques par l'oseille cuite avec des œufs* ; *Examen des eaux de forges*, ann. 1708. L'*Éloge* de Morin est un de ceux qu'a écrits Fontenelle. — Morin, de Toulon, chimiste et naturaliste, reçu à l'acad. des sciences en 1693, nommé 6 ans après à la seconde place d'associé botaniste, et mort en 1707, avait communiqué à l'académie, l'année de sa récept., un *Mém. sur une mine de fer malléable*, et, l'année précédente, deux mém., l'un *sur la Porcelaine*, l'autre *sur l'Azur des cendres bleues de la montagne d'Usson, en Auvergne, et son usage dans la médec.*

MORIN (Benoît), ancien libraire, né en 1746 à Paris, où il mourut en 1817, a donné : *Dictionnaire universel des synonymes de la langue française publiés jusqu'à ce jour*, etc., 1802, 3 vol. in-12.— *Ésope en trois langues, ou Concord. de ses fables avec celles de Phèdre, Faerne, Desbillon, Lafontaine*, etc., 1803, in-12 ; etc., 1810, in-12.

MORISON (Robert), l'un des botanistes les plus distingués de son temps, né en 1620 à Aberdeen en Écosse, mort en 1683, embrassa avec ardeur la cause de Charles Ier, reçut dans un combat une blessure grave à la tête, et passa en France, où il se fit recevoir docteur en médecine. Gaston, duc d'Orléans, lui confia la direction de son jardin de Blois, et pend. les 10 ans qu'il occupa cette place, il fit plusieurs voyages, et recueillit une gr. quantité de plantes. Rappelé en Angleterre par Charles II, qui le nomma son médecin et professeur royal de botanique, aux appointements de 200 liv. sterl., avec une maison, en qualité de surintend. de ses jardins, il se fit recevoir docteur à Oxford en 1669, et bientôt après obtint la chaire de botanique à la même université. Il a rendu des services incontestables à la science, comme on pourra s'en convaincre par la lecture des ouvrages suivants : *Hortus blesensis auctus*, etc., 1669, in-8. — *Plantarum umbelliferarum distributio nova*, etc., 1672, in-fol., fig.- *Hist. universelle des plantes*, etc., ib., 1680, in-fol., fig. : le titre porte 2e part. L'auteur devait traiter dans la prem. des arbres et arbustes ; mais ce fut Jacques Bobart qui composa sur le même plan et publia cette première partie de l'*Histoire*, en 1699, in-fol. Morison a publié en outre l'ouvrage de Paul Boccone intitulé : *Figures et descriptions de plantes rares cueillies en Sicile, à Malte, en France et en Italie*, Oxford, 1674, in-4 de 96 p., accomp. de 52 pl. Plumier a donné le nom de *morisonia* à un genre de la famille des *capriers*.

MORISOT (CLAUDE-BARTHÉLEMI), né à Dijon en 1592, mort dans cette ville en 1661, se fit recevoir avocat par complaisance pour son père; mais les travaux littéraires et scientifiq. furent à peu près la seule occupation de sa vie. Tous ses ouvr. sont en latin. Nous citerons : *Henricus magnus*, Leyde (Dijon), 1624, in-8, réimpr. à Genève. — *Peruviana*, 1644, in-4 : c'est l'hist. des démêlés du cardinal de Richelieu avec la reine-mère et Gaston ; il faut y joindre une suite de 55 pl.— *Conclusio et interpretatio totius operis*, 1646. — *Alitophili veritatis lacrymæ, seu Euphormionis Lusinini continuatio*, 1624, in-8. — *Orbis maritimus, sive rerum in mari et littoribus gestarum generalis historia*, 1643, in-fol., fig. — *Ovidii fastorum lib. XII, quorum sex posteriores à Morisoto substituti sunt*, 1649, in-8.

MORISOT (JOSEPH - MADELEINE - ROSE), l'un des architectes-vérificat. des bâtim. de la couronne, né en 1767 à Champeaux (Seine-et-Marne), mort en 1821, après avoir consacré de longues années à des recherches et des essais sur ce qu'on nomme la comptabilité des bâtim., a laissé sur cette matière : *Essai sur un nouveau mode de mesurer les ouvrages de bâtiment, en supprimant les usages*, 1802, in-8. — *Tableaux détaillés des prix de tous les ouvr. de bâtiment, suivis d'un traité particulier pour chaque espèce*, Paris, 1804, 7 vol. in-8. Le 5ᵉ vol. contient un *vocabulaire* des termes de bâtiment, et les deux derniers des planches. L'auteur a donné une 2ᵉ édit. des 4 prem. vol., 1820, 1821. L'*Introduction* contient une bibliogr. critiq. des auteurs qui ont écrit sur le même sujet.

MORISSON (CHARLES-FRANÇ.-GABRIEL), conventionnel, né dans le Poitou, exerçait, en 1789, la profession d'avocat à Fontenay. L'un des premiers administrat. du départem. de la Vendée, il fut élu député de ce départem. à la législat., puis à la convention. Le 13 nov. 1792, il établit dans un discours que le roi était inviolable, et que par conséquent il ne pouvait pas être mis en jugem. Lors de la discussion sur la peine, il dit : « Je ne crois pas Louis justiciable de la convention ni d'aucun tribunal, et je m'abstiens donc de prononcer. » Accusé plus tard de liaisons avec les royalistes, cette dénonciation n'eut pas de suite; il fut même un des commissaires envoyés dans la Vendée pour sa soumission. Devenu membre du conseil des cinq-cents, il y fit adopter un décret d'amnistie en faveur des chouans (1796). Nommé l'année suivante juge à la cour d'appel de Bourges, il en remplit les fonctions avec zèle et mourut en 1816.

MORITZ (CHARLES-PHILIPPE), écrivain allem., né à Hameln en 1757, mort en 1793, fit lui-même le malheur de sa vie par son caractère fantasque et

bizarre. Ses études, commencées à Hanovre, continuées à Erfurt et achevées à Wittemberg, furent plus. fois interrompues par des voyages aventur. Dès-lors, on le vit tel qu'il devait être toujours, se livrant tour à tour à des excès de travail ou de débauche, et plongé parfois dans la plus sombre mélancolie. Sa passion pour l'étude, ses voyages en Angleterre, en Suisse et en Italie, son mariage avec une femme qu'il aimait, les div. places de professeur qu'il occupa à Dessau, à Potsdam, à Berlin, rien ne put le satisfaire ou lui donner plus de raison. La misère même, dont il connut quelquefois les tourments, ne put le guérir de son inconstance. Il a raconté les bizarreries de son caractère et les aventures de sa vie dans deux romans, *Antoine Reiser*, et *André Hartknopf ;* ses amis y ont ajouté les traits qui manquaient. Nous citerons en outre de lui : *Mémoire pour servir à la philosophie du cœur humain*, 3ᵉ édit., 1791. — *Opuscules sur la langue allemande*, 1782. — *Grammaire allemande pour les dames*, en forme de lettres, 1762. — *Voyage d'un Allemand en Angleterre*, 1785. — *De l'orthographe allemande*, 1784. *Essai d'une prosodie allemande*, 1786. — *Voyage d'un Allemand en Italie*, ib., 1792-93, 3 vol. — *De la bonne expression en allemand*, 1792. — *Dictionn. grammatical de la langue allemande*, t. 1ᵉʳ, 1793, in-8. Les 2 vol. suiv. ont été rédigés par Sturtz et Stenzel. Les travaux de Moritz sur la langue allemande sont très estimés.

MORIZOT, avocat, né en 1744 à Avalon, tenait à Paris, depuis plus. années, un cabinet de consultat., quand, poussé par le désir de se faire remarquer, il publia successiv. plus. pamphlets qui n'aboutirent qu'à lui attirer des persécutions sans éclat. Il en a lui-même consigné le récit dans ses *Notices historiq. sur M. Morizot, avocat de Paris, qui, pend. la révolut. de 1789, défendit le roi et la reine de France*, etc., *dédiées aux souverains*, Francfort, 1793, in-12. Obligé de sortir de France avant 1789 pour se soustraire aux répressions qu'il avait encourues, il revint à Paris lors de la convocat. des états-généraux, lança dans le public mémoires sur mémoires sans parvenir à se faire une réputation. N'ayant pu se faire distinguer du roi, dont il voulait être le défenseur, il s'ingéra, sans mission, d'envoyer à toutes les cours de l'Europe des adresses pour l'auguste famille à laq. il s'était dévoué. Tout ce que gagna Morizot à ces démarches, dans lesq., à défaut de talent, perçait du moins une gr. force de volonté, fut d'être incarcéré à l'Abbaye, puis à la Force. Il fut assez heureux pour échapper aux massacres de sept.; mais, relâché par le crédit de Danton, il faillit compromettre son protect. par de nouvelles menées, et depuis alla se réfugier dans quelq. ville de Suisse ou d'Allemagne, où il est mort obscur à la fin de 1805. Outre les *Notices* et tous les *Mém.* (aujourd'hui oubliés), qu'a publ. Morizot, on a de lui : *Dénonciation contre les comités des rapports de l'assemblée nationale*, 1791, in-8. — *Appel au roi, contenant un essai historiq. sur les empires troublés ou renversés par les compagn. d'avocats,* 1792, in-8. — *Placet à la reine,* 1792, in-8. — *Tableau abrégé des espiègleries de la cour pendant les six premiers mois de 1792,* in-8. Barbier conjecture que cet avocat pamphlétaire est l'aut. de *l'Inauguration de Pharamond,* 1772, in-12, dont M. Dufey (de l'Yonne) a publié en 1822 une nouv. édit. sous ce titre : *Du sacre des rois de France, ou de l'Inauguration,* etc.

MORLAND (sir SAMUEL), baronet, mécanicien angl., né vers 1625, mort en 1697, se voua d'abord à la carrière diplomatiq., sous le protectorat de Cromwell, dont il se disait parent, fit partie, en 1655, de l'ambassade chargée de proposer à la reine de Suède une alliance offensive et défensive, et fut envoyé, deux ans après, à la cour de Savoie pour intercéder en faveur des Vaudois, et transmettre à ces malheureux, au nom de la nation anglaise, un secours de plus de 30 mille liv. sterl. De retour en Angleterre, il fut instruit d'un complot tramé contre la vie du prince, depuis Charles II; et dès-lors, ne pouvant plus que détester le gouvernem. d'Olivier Cromwell, il travailla à la restauration du trône royal. Mal récompensé, selon lui, et dégoûté des grands et de la cour, il ne s'en livra qu'avec plus d'ardeur aux mathémat. et à la mécaniq., et fut envoyé par son souver. à Louis XIV, pour lui expliquer ses inventions. Nous citerons de lui : *Méthode du comte de Pagan de tracer toute sorte de fortificat., réduite à la mesure anglaise,* 1672. — *Description de la tuba stentorphonica ou porte-voix,* 1671, in-fol., trad. en franç. dans le *Journal des savants.* — *Élévation des eaux par toute sorte de machines, réduite à la mesure, au poids et à la balance,* etc., 1683. Cet ouvrage est terminé par les *Principes de la nouvelle force du feu, inventée par le chev. Morland, l'*an 1682, etc. — *Hydraustatique ou instructions concernant les travaux hydrauliques,* 1697. On trouve la descript. des principales machines inventées par Morland dans le *Biogr. Dictionary* de Chalmers, t. XXII, p. 413-423.

MORLAND (GEORGE), peintre angl., né en 1764, mort en 1804, ne reçut aucune éducation, et passa toute sa vie dans la compagnie des gens de la dernière classe, et dans la plus dégoûtante misère, ne connaissant d'autre plaisir que celui de s'enivrer. Il ne peignait ordinairem. que la basse nature, et il n'avait qu'à regarder autour de lui pour trouver des sujets. Cet homme dégradé ne manquait pourtant pas de talent. Son chef-d'œuvre est un extérieur d'étable qu'il exposa à l'acad. royale en 1791.

MORLIÈRE (ADRIEN de LA), chanoine de l'église d'Amiens, né à Chauny, a laissé : *Recueil de plus. nobles et illustres maisons du diocèse d'Amiens et des environs,* 1630, in-4. — *Antiquités et choses les plus remarquables de la ville d'Amiens,* dont la meilleure édit. est celle de 1642, in-fol.

MORLINO (JÉRÔME), jurisconsulte napolitain qui florissait dans le 16e S., s'essaya dans le genre de Boccace, mais avec moins d'esprit et de goût, et publia, en latin, des *contes* dont la licence est presque le seul mérite. Ce recueil ordurier, impr. avec privilége de l'empereur et du pape, sous le titre de *Novellæ* (80), *fabulæ* (20), *et comœdia,* Naples, Pasquet de Sallo, 1520, 3 part. in-4, révolta la plupart des lecteurs, et fut condamné et livré au feu. Le comte Borromeo a inséré dans ses *Notizie di novellieri italiani,* deux nouvelles inédites de Morlino, où l'indécence est remplacée par la platitude. Quant aux fables et à la comédie, elles sont également insignifiantes.

MORNAC (ANTOINE), célèbre jurisconsulte, né près de Tours, débuta au parlem. de Paris en 1580, et demeura pendant 34 ans attaché au barreau. Il se montra constamment opposé aux ligueurs, et mourut en 1620, sans avoir eu le temps d'achever son gr. ouvr. sur le droit romain mis en rapport avec l'ancien droit franç. : une partie de ce travail avait été publiée de 1616 à 1619, sous le titre d'*Observationes in-XXIV priores libros Digestorum et in IV priores libros Codicis.* Franç. Pinson, rassembla les notes rédigées par Mornac pour faire suite à ces prem. observat., et les fondit dans une édit. des œuvres de ce jurisconsulte, Paris, 1654-60; 1721-24, 4 vol. in-fol. On a imprimé à part un opuscule de Mornac : *De falsâ regni Yvetoti narratione ex majoribus commentariis fragmentum,* 1615, in-8.

MORNAY (PHILIPPE de), plus connu de son temps sous le nom de seigneur du Plessis-Marly, né en 1549 à Buhi, dans le Vexin-Français, était allié aux plus illustres familles du royaume, et même à la maison de Bourbon. Sa mère lui inculqua les principes du calvinisme, que la mort de son père, en 1560, lui permit d'embrasser ouvertem., quoiqu'il fût destiné à l'état ecclésiastiq., où il pouvait espérer d'obtenir les plus hautes dignités. A peine âgé de 18 ans, et déjà riche de connaiss., il sentit le besoin de les étendre et de les perfectionner par les voyages, et visita successivement la Suisse, l'Allemagne, l'Italie, la Hongrie, la Bohême, l'Autriche et les Pays-Bas. De retour en France, il fut témoin et presque victime des massacres de la St-Barthélemi, qui lui firent chercher une retraite en Angleterre. Il revint, l'année suiv., mais se tint sur la frontière jusqu'en 1575, époque à laq. il fut appelé au service du roi de Navarre, depuis Henri IV, et chargé de l'administration des finances. Ce prince lui accorda dès-lors une confiance sans bornes, et lui donna entre autres la mission d'aller réclamer l'assistance de la reine Élisabeth. Lorsq. le duc d'Anjou, frère de Henri III, alla se mettre à la tête des catholiques de Flandre contre l'Espagne, il emmena avec lui Mornay, qui lui fut très utile, sans cesser pour cela de surveiller les intérêts du roi de Navarre, et dès que le duc d'Anjou lui en eût fourni l'occasion il s'empressa de revenir près de son maître. La Ligue se déclara en 1584. Mornay, déjà chargé des finances, et créé depuis surintend.-gén. de la Navarre, dut supporter presque tout le fardeau de la nouvelle guerre; aussi le vit-on se multiplier, pour servir à la fois son prince, de son bras, de ses conseils et de sa plume. Lorsque Henri III, après le meurtre des Guises, fit des proposit. de paix au Béarnais, une des clauses du traité fut que Saumur serait donné pour place de sûreté au roi de Navarre, et le gouvernem. de cette ville à Mornay. Celui-ci en assura la possession à son maître lors de l'assassinat du roi de France, s'empara presque en même temps (1589) de la personne du cardinal de Bourbon, que les ligueurs avaient reconnu pour leur roi, et courut partager les périls de Henri IV à la bataille d'Ivry. Chargé de négocier la paix avec Mayenne en 1592, il dérogea cette fois, il faut le dire, aux lois de la délicatesse et de la probité. Le prince lorrain lui avait déclaré, sous le sceau du secret, quelles étaient ses condit. : Mornay divulgua tout, espérant nuire beaucoup au chef de la Ligue, lequel ne s'était pas oublié lui-même; mais quelques-unes des choses stipulées étaient aussi très favorables aux seign. et au peuple, et ce fut surtout Henri IV qui souffrit de la mauvaise foi de son ministre. Mornay reprit bientôt toute sa franchise pour plaider la cause des huguenots, et pour s'opposer à l'abjuration de son maître. Toutefois il resta fidèle au roi de France catholique comme il l'avait été au roi de Navarre protestant, et lui rendit encore d'importants services : mais enfin son zèle excessif pour le calvinisme le fit disgracier. Un traité *de l'Institution de l'Eucharistie*, qu'il publia en 1598, in-fol., fournit au pape, qui l'appelait franchem. son *ennemi*, l'occasion de le faire condamner en 1600, dans une conférence tenue à Fontainebleau. Mornay se retira dans son gouvernem. de Saumur, où il n'usa de sa grande influence sur son parti que pour le maintenir dans le devoir. Lors de l'assassinat de Henri IV, il fit reconnaître l'autorité de la régente; mais plus tard, quand elle se brouilla avec son fils (1620), il resta fidèle au jeune roi. Cependant il parut, à cette époque, ouvrir son cœur à l'idée d'une opposition armée contre la cour, qui venait d'obtenir le rétablissement de la religion catholique dans le Béarn : aussi fut-il dépouillé par ruse de son gouvern., pour leq. il se vit obligé d'accepter une indemnité de 100,000 liv. Il mourut en 1623, dans sa baronie de la Forêt-sur-Sèvres, en Poitou, après avoir été, pendant près de 50 ans, l'oracle et le véritable chef des religionn., au point qu'on le surnommait *le Pape des huguenots*. Nous citerons de lui comme écrivain : *Traité de l'Église*, 1577. — *Traité de la vérité de la religion chrétienne*, 1580, in-8. — *Disc. sur le droit prétendu par ceux de la maison de Guise*, 1582, in-8, inséré dans les *Mémoires de la Ligue*, t. Ier. — *Le mystère d'iniquité, ou Hist. de la papauté*, 1607, in-4. — *Mém. de Philippe de Mornay*, 4 vol. in-4, mis en ordre et publiés par Daillé, et impr. séparém., les deux prem. à la Forêt-sur-Sèvre, en 1624 et 1625, les deux dern. à Leyde, chez les Elzevirs, en 1651 et 1652; et enfin des *Lettres* publiées par J. Daillé en 1624 : ces deux dern. ouvr. ont été réunis sous ce titre : *Mém. et correspond. de Duplessis Mornay, pour servir à l'hist. de la réformat. et des guerres civiles*

et relig. en France, Paris, 1822-25, 12 vol. in-8. Cette édit. a été publ. (par M. Auguis) sur les MSs originaux : elle est précédée des *Mémoires de Mme de Mornay sur la vie de son mari*, écrite par elle-même pour l'instruction de son fils. La *Vie de Mornay* a été écrite par ses deux secrétaires, Meslai et Chalopin, et par David de Liques, Leyde, 1647, in-4. — V. Montchevreuil.

MORO (Christophe), doge de Venise, remplaça Pasqual Malipieri sur le trône ducal en 1462, et mourut en 1471. Son administr., d'abord prospère, fut marquée par la perte de Négrepont, dont Mahomet II prit d'assaut la capitale. On accuse ce doge d'avoir été hypocrite, vindicatif, perfide et avare.

MORO ou MOOR (Ant.), peintre, né à Utrecht en 1512, mort à Anvers en 1568, se distingua surtout dans le genre du portrait. Il fut nommé peintre de Charles-Quint et comblé de faveur par ce prince et par Philippe II, son successeur; mais une familiarité un peu trop forte qu'il se permit avec ce prince, l'obligea de se retirer dans les Pays-Bas, où le duc d'Albe l'accueillit dans sa disgrâce. Le musée possède de cet artiste trois beaux portraits : un homme vêtu de rouge, coiffé d'une toque ornée de plumes; un autre vêtu de noir, la tête nue, la main posée sur une table; un troisième, aussi vêtu de noir, avec une toque et tenant des gants. Moro a peint aussi avec succès des sujets d'histoire.

MOROGUES (Sébastien-Franç. BIGOT, vicomte de), lieut.-général des armées navales, corresp. de l'acad. des sciences et honor. de celle de marine, né au Hàvre en 1703, ou, selon Rozier, à Brest en 1705, servit dans l'armée de terre de 1723 à 1736, entra dans la marine, et, par sa belle conduite, s'éleva jusqu'au grade de lieuten.-général (1771). Il conçut le désir d'arriver au ministère, et il était sur le point d'y réussir, lorsque, par une intrigue de cour, il fut exilé à Ville-Fayer, près d'Orléans, où il mourut en 1781. On cite de lui : *Essai sur l'application de la théorie des forces centrales aux effets de la poudre à canon*, 1737, in-8. — *Traité des évolutions et des signaux*, 1764, in-4. — *Mémoire sur la corrupt. de l'air dans les vaisseaux, et sur les moyens d'y remédier* (acad. des sc., savants étrangers, t. Ier, p. 394), etc. Il a laissé d'autres ouvr. MSs., et l'on voit à Brest, dans le cabinet des modèles d'artillerie et de marine, une collection de ce genre qu'il avait formée.

MOROGUES (Jacq.-Adrien-Isaac BIGOT, seign. de VILLANDRY et de), cousin du précédent, né à Utrecht en 1709, fut successivem. gentilhomme du stathouder, major des gardes-du-corps de ce prince, général-major de la cavalerie de la république de Hollande, etc. Il est aut. de l'*Essai de tactique sur l'infanterie*, Amsterdam, 1761, 2 vol. in-4, attribué faussem. à son cousin, dont l'art. précède.

MORONE (Jérôme), habile négociateur, né vers 1450, se forma à l'école de Louis-le-Maure, le plus dissimulé des princes d'Italie, s'attacha ensuite aux fils de ce duc, et fut nommé en 1512 vice-chancelier de Maximilien Sforza, au nom duquel il gouverna le duché de Milan. Mais, après la bataille de Marignan, il donna le lâche conseil à son maître de se rendre prisonn. des Français, et l'abandonna pour aller rejoindre à Trente Marie-François Sforza, second fils de Louis-le-Maure, auq. il connaissait plus de résolution. Il réussit à armer Charles-Quint et Léon X contre les Français, et prit possession de Milan en 1521 au nom de son nouv. maître. Cepend. il vit bientôt que, plus les impériaux remportaient de victoires, plus leur joug s'appesantissait sur le duché de Milan, et il proposa aux Vénitiens et au pape de s'unir à la France, ainsi que Sforza; mais Pescaire, général de l'emper., qui parut d'abord entrer dans ses projets, le fit arrêter et jeter dans les cachots de Pavie (1525). Morone recouvra sa liberté, moyennant 20,000 florins payés au connétable de Bourbon, dont bientôt il sut gagner la confiance au point de devenir son secrétaire et son prem. conseiller. Après la mort de ce prince, il conserva le même emploi auprès de son success., Philibert, prince d'Orange, et fut un des princip. médiat. du traité qui rendit la liberté à Clément VII (1527). Créé en 1528 duc de Bovino, dans le roy. de Naples, il mourut subitem.. l'année suiv., au siége de Florence. — Jean MORONE, son fils, l'un des plus illustres prélats de son temps, né vers 1508, fut placé par Clément VII sur le siége épiscopal de Novarre, passa sur celui de Modène, et fut envoyé en 1542 comme nonce pontifical en Allemagne pour y jeter les bases d'un concile général. Le succès de sa nonciature lui valut le chapeau de cardinal et la présidence du futur concile de Trente. Envoyé ensuite par Jules III à la diète d'Augsbourg, il y soutint avec chaleur les intérêts du St-siége. Cepend., sous le pontificat de Paul IV, on censura la modérat. dont il avait usé envers les protestants, et ses envieux parvinrent à le noircir au point qu'on le tint enfermé jusqu'à l'intronisat. de Pie IV. Mais ce pontife confondit ses détract. en le nommant présid. du concile de Trente. Il remplit encore deux légat. sous Grégoire XIII, et mourut à Rome en 1580. Sa *Vie* a été écrite par Jacobelli, évêque de Foligno.

MORONE (Mathias), médecin à Casal, puis protoméd. du duché de Montferrat, fut attaché ensuite à la personne de Louis XIII, roi de France, et mourut en 1650. On cite de lui: *Directorium med.-practicum*, Lyon, 1647-50, in-4; Francfort, 1663, in-4, par les soins et avec les addit. de Sébastien Schœffer.

MOROSINI (Dominique), doge de Venise en 1148, signala son règne par la conquête de Corfou, la prise de Pola et de plus. villes d'Istrie qui s'étaient révoltées, et mourut en 1156. — Morosini (Michel), succéda sur le trône ducal à André Contarini le 10 juin 1832, et mourut le 15 oct. de la même année.

MOROSINI (André), histor., de la même famille que les précédents, né à Venise en 1558, mort en 1618, s'était occupé dans sa jeunesse de belles-lettres, de droit et surtout de philosophie; il fut élu successivem. *sage des ordres, sage de terre-ferme, et sage grand*, fit partie du conseil des dix

pend. 3 sessions, fut nommé 3 fois réformateur de l'univ. de Padoue, et faillit réunir tous les suffrages pour succéder au doge J. Bembo. Il avait été choisi pour continuer l'hist. de la républ. commencée en ital. par Paul Paruta; mais, admirat. du style de Bembo, et aspirant à un succès européen, il résolut d'écrire comme lui en langue latine, et pour présenter un ensemble de faits complet et indépendant du travail de son devancier, il fit remonter ses annales à l'an 1521 et les poussa jusqu'à l'année 1619. L'*histoire* de Morosini, divisée en 18 liv., fut publiée en 1623, in-fol., par les soins de Paul Morosini, son frère; elle fut réimpr. (1719, in-4), dans le *Recueil des historiens de Venise* dont elle forme les t. V, VI et VII; et a été trad. en italien par le sénat. Jérôme Ascagne Molino, qui a placé en tête une *Vie* de l'aut., Venise, 1782. On doit encore à Morosini: *Opusculorum et epistolar. pars prima*, 1625, in-8. — L'*Imprese ed espeditioni di Terra Santa, e l'acquisto fatto dell' imperio di Constantinopoli dalla republica di Venitia*, 1627, in-4, etc.

MOROSINI (Franç.), l'un des plus gr. capitaines de son temps, né à Venise en 1618, embrassa jeune la profession des armes, et se signala sur mer contre les Turks dans plus. rencontres, de 1638 à 1648, époque à laq. il fut nommé génér. des galères de la républiq. De nouv. exploits, notamm. à la bataille de Naxos, sur la côte de Morée et dans l'île d'Égine, lui valurent successiv. le titre de command. en chef de la flotte vénitienne et le gouvernem. de Candie, et bientôt il obligea à la retraite la flotte des Turks qui couvrait les côtes de cette île. Nommé généralissime après la mort de Mocenigo, il prit l'île de Charcie (1658), tenta vainem. de s'emparer de la Canée (1660), et fut rappelé l'année suiv., moins pour le mauvais succès de son entreprise que pour sa sévérité excessive envers le provéditeur Ant. Barbaro. Mais il fut chargé, en 1667, d'aller défendre Candie contre les Turks, et fit l'admirat. de toute l'Europe pendant les 28 mois que dura ce siége. Malgré la capitulat. honorable qu'il obtint (1669), il se vit exposé aux fureurs du peuple de Venise; il parvint toutefois à se maintenir dans la dignité de procurateur de St-Marc, mit à la voile lors de la guerre de 1684, prit Ste-Maure, se rendit maître du Péloponèse en deux campagnes, et cette fois fut récompensé magnifiquem. par ses compatriotes. Il vit son buste placé dans une salle du palais ducal, et fut élu doge peu de temps après (1688). Il revint l'année suiv. à Venise, laissant à Cornaro la conduite du siége de Négrepont; mais la nécessité de sa présence se faisant sentir à l'armée, il fut nommé pour la quatrième fois généralissime, conduisit la flotte vénitienne dans l'Archipel (1699), et vint mourir, l'année suiv., épuisé de fatigues à Napoli de Romanie. La *Vie de François Morosini* a été écrite en lat. par Jean Graziani, Padoue, 1698, in-4, et par Ant. Arrighi, ib., 1749, in-4. — Les généalogistes italiens mentionnent plus. autres personnages de la même famille, mais dont la vie offre peu de particularités intéressantes.

MORRES (Harvey Redmond), vicomte et baron de Mountmorres en Irlande, se tua d'un coup de pistolet en 1797 par le désespoir que lui causèrent les fâcheuses affaires de son pays. Il s'était montré le plus ardent défenseur de la prérogative royale, dans les discuss. qui eurent lieu au parlem. irlandais sur la fameuse question de la régence. Parmi ses écrits politiques, on remarque : l'*Histoire des principaux actes du parlement irlandais de 1624 à 1666* (pend. l'administrat. du comte de Strafford et du premier duc d'Ormond), etc., 1792, 2 vol. in-8. — *La Crise, collection d'essais, écrits en 1792 et 1793, sur la tolérance, le crédit public,* etc. — *Dissertat. historiq. sur l'origine, la suspension et le rétablissement de la judicature et de l'indépend. du parlem. irlandais,* 1793, in-8. — *Lettres de Thémistocle,* 1795, in-8. — *Réflexions impartiales sur la crise actuelle,* 1796, in-8.

MORTCZINNI (Frédéric-Joseph, baron de), imposteur dont le nom véritable était Jean-Théophile HERMAN, dit *Eichhornl,* né à Bautzen en Lusace vers 1750, de parents catholiq., travailla d'abord chez un avocat, puis s'engagea dans un régiment d'artillerie saxon, déserta, et se mit à courir le monde, changeant fréquemment de nom, faisant des dupes, et les rançonnant sans pitié. On le vit tour à tour dans le Mecklenbourg, à Wittemberg, à Zittau, dans la Thuringe, à Nuremberg, à Berlin, à Stettin, à Marienbourg, à Elbing, à Kœnigsberg, en Lithuanie, en Silésie, etc., prêchant de manière à séduire la populace, mais aussi à mécontenter l'autorité, et excitant partout des scènes scandaleuses. Il fut enfin arrêté à Elberfeld en Westphalie (1784), et dès-lors il ne fit plus que de vains efforts pour reconquérir, notamment à Copenhague, la vogue dont il avait joui parfois, on ne sait comm. Privé du moyen de faire des dupes, il tomba dans une telle obscurité, qu'on ignore ce qu'il devint après l'année 1790. On a de lui sous le nom de Mortczinni (en allemand) : *Pensées raisonnables sur la religion révélée,* 1781, in-8. — *Petit rec. de poésies mêlées pour mes amis,* 1782, in-8. — *Vie et aventures du baron de Mortczinni,* 1783, in-8, etc.; — sous le nom de Pallini : *le Précept. habile, pour les trois princip. relig. chrét.,* ouvr. pour les élèves en théologie, 1785, in-8.— *Le Mystagogue, ou de l'origine et de la naissance de tous les mystères et hiéroglyphes des anciens qui se rapportent aux francs-maçons, dérivés et extraits des sources les plus anciennes, par un vrai franc-maçon,* 1789, in-8, etc. Les jongleries de Mortczinni furent dévoilées dans *l'Aventurier spirituel, ou le Chevalier errant de l'ordre de St-Étienne, baron de Mortczinni, voyageant comme vainq. dans la foi et virtuose en prédication,* par C.-J. Krauf, 1784, in-8. L'*Almanach de l'Église et des hérétiques* de 1797 contient un article sur cet imposteur.

MORTELLARI (Michel), composit., né à Naples vers le milieu du 18e S., mort vers 1790, se fit connaître à Rome, à Milan, à Modène et à Venise par des opéras où l'on trouve des morc. d'une facture agréable et facile. Les principaux sont : *le Astuzie amorose,* 1775; *l'Ezio* de Métastase, 1775; et *l'Alessandro nell' Indie* du même, 1778.

MORTEMART (Gabr. de ROCHECHOUART, marquis, puis duc de), né en 1600, fut en 1630 attaché à Louis XIII en qualité de gentilh. de la chambre, créé duc et pair en 1650 par Louis XIV, et nommé en 1669 au gouvern. de Paris. Il mourut en 1675, laissant un fils, le maréchal de Vivonne, et quatre filles, dont trois ont une place dans l'hist., Mme de Montespan, la marquise de Thianges, et Mme de Rochechouart, abbesse de Fontevrault. Le duc de Mortemart fut un des seigneurs les plus aimables et les plus instruits de la cour.

MORTEMART (Victurnien-Henri-Elzéar de ROCHECHOUART, vicomte de), petit-fils du maréchal de Vivonne, né à Paris en 1757, entra dans la marine, fut nommé lieutenant de vaisseau (1779), se distingua dans la guerre d'Amérique sous les ordres des comtes d'Orvillier et de Grasse, notamment à la malheureuse affaire du 12 avril 1782, et fut chargé de porter à Versailles la nouvelle du désastre de notre armée navale. Le roi lui fit un accueil flatteur, et le nomma capitaine de vaisseau à 25 ans. Il reconnut cette faveur par de nouv. exploits; mais, au moment où la paix allait lui permettre de revoir sa patrie, qu'il était digne de servir plus long-temps, il succomba à une maladie aiguë (1783). — Le marquis de Mortemart, lieutenant-général et pair de France, mort à Paris en 1825, député par la noblesse du Poitou à l'assemblée constituante, y siégea parmi les défenseurs de la monarchie. Il quitta la France en 1791, fit la campagne des princes, et en 1794 devint colonel d'un corps français au service d'Angleterre. Étant passé en Portugal, il y resta jusqu'à la paix d'Amiens, revint en France à cette époque, et y vécut ignoré jusqu'à la restauration.

MORTEMART (Victor-Louis-Victurnien de ROCHECHOUART, marquis de), pair de France, né aux environs de Dieppe en 1780, mort à Paris en 1834, suivit son père en Allemagne; mais comme les lois sur l'émigrat. ne pouvaient lui être appliquées, il revint en France dès 1799. Deux ans après, il épousa la sœur du duc de Montmorenci, et resta étranger aux affaires jusqu'à l'époque où Napoléon crut, dans l'intérêt de sa politique, devoir appeler à sa cour quelq. représentants des familles historiq. de la France. Alors Mme de Mortemart fut choisie pour dame du palais, avec sa belle-sœur Mme de Montmorenci, Mme de Chevreuse et Mme Maret, depuis duchesse de Bassano. Deux ans plus tard, Mortemart fut nommé gouverneur du château impérial de Rambouillet, et dans le cours de 1809, comte de l'empire. En 1817, il remplaça son père au conseil-général du départ. de la Seine-Inférieure; en 1819 et 1820, il présida une des sections du collège électoral du même départem., sans se placer au nombre des candidats pour la députation. La mort de son père le fit entrer à la chambre des pairs.

MORTIER (Édouard-Adolphe-Casimir-Joseph),

duc de Trévise, pair et maréchal de France, né à Cambrai en 1768, était fils d'un propriét. qui fut député par ses compatr. à l'assemblée constit. Capit. en 1791 dans le 1er bataillon de volont. du départ. du Nord, il prit part en 1792 avec sa compagnie à l'affaire de Quiévrain, où il eut un cheval tué sous lui. Le 13 oct. 1793 il fut fait adjud.-gén. Blessé d'un éclat de mitraille sous les murs de Maubeuge, il combattit à Mons, à Bruxelles, à Louvain, à Fleurus, et prit une part glorieuse aux batailles de Jemmapes et de Nervinde. Après la paix de Campo-Formio on lui offrit le grade de général ; mais il préféra garder le commandem. du 23e régim. de cavalerie. A l'ouverture de la campagne de 1799 il fut envoyé comme général de brigade aux avant-postes de l'armée du Danube ; il y rendit de gr. services, fut fait général de division, et envoyé à l'armée d'Helvétie, où il se couvrit de gloire. En mars 1800 il fut appelé au commandem. des 15e et 16e divisions milit. A la reprise des hostilités avec l'Angleterre en 1803, il fut chargé de s'emparer du Hanovre. La manière dont il s'acquitta de cette mission lui valut les éloges de Bonaparte, qui le fit l'un des quatre command. de la garde consulaire. L'année suiv. il fut créé maréchal de l'empire. En 1805 il commandait sur le Danube une divis. de la grande armée, et défit complétem. le général russe Kutusoff. En 1806 il occupa Cassel, soumit tout le pays de Hesse sans combat, et entra dans Hambourg. Il battit l'année suiv. les Suédois à Auklam, et prit une part brillante à la victoire de Friedland. Il passa en Espagne en 1808, se distingua au siége de Saragosse, gagna en 1809 la bataille d'Ocana, concourut avec le maréchal Soult à la prise de Badajoz, fut chargé du siége de Cadix, et défit de nouv. les Espagnols en 1811 à la bataille de Jebora. En 1812 il fit partie de l'expédit. contre la Russie, et reçut de Napoléon l'ordre de faire sauter le Kremlin. Il contribua dans la retraite à sauver les débris de l'armée, et réorganisa la jeune garde, dont il eut le commandem. en 1813. Il soutint sa réputat. pend. la campagne de 1814, défendit Paris avec le duc de Raguse, et donna son adhésion aux mesures prises par Marmont pour préserver la capitale. Créé pair de France par le roi, il fut fait gouvern. de la 16e division à Lille, et, lors du retour de Napoléon, il facilita la retraite du roi sur les Pays-Bas. Après la seconde restauration il fut nommé gouvern. de la 15e divis. à Rouen. Membre du conseil de guerre chargé de juger le maréchal Ney, il fut d'avis de l'incompétence. En 1816, élu par le départ. du Nord à la chambre des députés, il y siégea jusqu'en 1819, qu'il fut rétabli dans les honneurs de la pairie, dont il avait été momentanément privé pour avoir siégé dans la chambre des cent-jours. Après la révolut. de juillet il prêta serment au nouveau monarque, qu'il avait autrefois connu dans les camps. Au mois de nov. 1834 il accepta par dévouement le portefeuille de la guerre avec la présid. du conseil. Lorsqu'en 1835 vinrent les anniversaires des journées de juillet, la famille du maréchal, alarmée des bruits d'attentat qui cir-

culaient sourdem., voulut le détourner d'aller à la revue du 28 ; mais il persista dans sa résolut. d'y paraître. « Je suis grand, dit-il à ceux qui lui parlaient de complots, peut-être couvrirai-je le roi. » Parvenu avec le cortége au boulevard du Temple, il se plaignait de la pesanteur qui l'accablait, lorsqu'eut lieu l'explosion de la machine dirigée par Fieschi. Frappé d'une balle à la tête, il fut transporté dans une salle du Jardin-Turc, où il expira quelq. moments après. Cette mort eût été digne d'un vieux guerrier, s'il l'eût reçue sur un champ de bataille. La ville de Cambrai a fait ériger sur une de ses places la statue du maréchal Mortier.

MORTIMER (Roger, comte de), puissant baron anglais, né vers 1287 sur les confins du pays de Galles, fut reçu chevalier en 1306 avec Édouard II, alors prince de Galles, et fit la guerre en Écosse, en Irlande et en Gascogne, pendant les 14 prem. années du règne de ce prince, qui le nomma son lieutenant en Irlande. Cepend. il se joignit en 1520 aux barons mécontents comme lui de la faveur que le roi accordait aux Spenser, et leva l'étendard de la révolte. Mais il ne réussit point, et fut enfermé à la Tour de Londres. Étant parvenu à s'évader, il se réfugia en France, et y devint l'amant de la femme de son maître, la reine Isabelle, qui, brûlant de renverser les Spenser, s'unit à lui pour rentrer à main armée en Angleterre. Appuyés du comte de Hainaut, ils débarquèrent sans opposit. sur la côte de Suffolk (1326), virent le nombre de leurs partisans s'accroître de jour en jour, et réussirent à déposer le roi et à placer la couronne sur la tête de son fils (1327). La même année, Mortimer fit assassiner le malheureux Édouard II, qu'il tenait en prison. Il ne chercha point à se faire admettre dans le conseil de régence établi par le parlement ; mais il rendit ce conseil inutile, usurpa toute l'autorité royale, et fut bientôt aussi abhorré que les anciens favoris du roi défunt. Dans une invasion que les Écossais firent en Angleterre, il empêcha Édouard III de leur livrer bataille, et s'exposa ainsi à toute la colère des patriotes angl. Ce fut alors que, pour se débarrasser au moins des ennemis extérieurs, il consentit à reconnaître Robert Bruce comme souverain indépendant du roy. d'Écosse. Ce traité porta au comble l'exaspération publ. : mais Mortimer effraya pour quelque temps encore les mécontents par l'assassinat juridique du comte de Kent et l'emprisonnement du comte de Lancastre, oncles du jeune Édouard. Incapable désormais de prendre conseil de la prudence et de la modération, l'ambitieux seigneur afficha une hauteur et une magnificence si extravagantes, que son propre fils Godefroi l'appelait le roi de la folie. Cependant Édouard III, parvenu à l'âge de 18 ans, et se sentant la force de gouverner par lui-même, fit arrêter et juger son insolent ministre. Le parlem. le condamna d'après la notoriété supposée des faits, sans enquête préalable, sans entendre sa réponse ni interroger un seul témoin : Mortimer fut pendu près de Smithfield en 1530.

MORTIMER (Thom.), écriv. angl., mort à Londres

en 1809 dans sa 80e ann., a donné un gr. nombre d'ouvrages utiles, mais écrits d'une manière un peu prolixe, parce que, travaillant pour vivre, il n'avait pas le temps d'être concis. Nous citerons : *le Plutarque anglais, ou Vies des plus illustres personnages de la Grande-Bretagne*, dep. *le règne de Henri VIII jusqu'à George II*, 1762, 12 vol. in-8; traduit en français par la baronne de Vasse, Paris, 1785-86, 12 vol. in-8. — *Dictionnaire du commerce*, 1766, 2 vol. in-8. — *Éléments du commerce, de la politique et des finances*, 1772, in-4. — *Diction. de poche de l'étudiant, ou Abrégé de l'histoire universelle, de la chronologie et de la biogr.*, etc., 1777. On trouve sur cet auteur une *Notice*, avec portrait, dans l'*European Magazine*, vol. XXV, page 219.

MORTO ou MORTUO (Louis), peintre du 16e S., né à Feltre, dans la marche de Trévise, vint de bonne heure à Rome, s'y livra à l'étude des souterrains, qu'il peignit avec succès, passa ensuite à Venise, où il travailla avec le Giorgion, et fut un des premiers qui mirent en honn. la manière dite *égratignée*. Après avoir séjourné à Florence et dans le Frioul, il se vit réduit, faute d'ouvr., à prendre du service dans un corps vénitien, et fut tué à l'âge de 45 ans, dans un combat près de Zara, dans l'Esclavonie. On peut consulter sur cet artiste et ses productions le tome V des *Elogj de' più illustri pittori*, etc.

MORTON (JEAN), card., archevêque de Cantorbéry, grand-chancelier d'Angleterre, né en 1410 dans le petit bourg de Bare, au comté de Dorset, remplit d'abord une chaire de droit civil, puis la place de principal de Peckwaters'inn, obtint successivement divers bénéfices ecclésiastiques et la charge de maître des rôles en 1473. Tout dévoué à la cause de Henri VI et des Lancaster (parti de la rose rouge), il sut toutefois s'accommoder au gouvernem. légitime d'Édouard IV, qui lui donna l'év. d'Ély (1477), l'admit dans son conseil privé, et le nomma même un de ses exécuteurs testam. Sous le règne de Richard, duc de Glocester, Morton, arrêté par ordre de ce prince et mis à la disposit. du duc de Buckingham, parvint à le brouiller avec Richard. Mais Buckingham n'ayant pas réussi dans sa tentative, Morton se vit forcé d'aller chercher un asile sur le continent. Il reparut en Angleterre à l'avénem. au trône du comte Henri de Richemond, et, par le mariage de Henri VII et de la fille d'Édouard IV, réunit les partis des deux roses. Rappelé au conseil, il devint premier ministre du nouveau roi, archevêque de Cantorbéry en 1486, grand-chancelier du royaume l'année suiv., card. en 1493, et mourut en 1500. La *Vie* de ce prélat a été écrite par J. Rudden, Londres, 1607. Quelq. auteurs lui ont fait honneur d'une *Vie de Richard III*, plus généralem. attribuée à Th. Morus.

MORTON (JACQUES, 4e comte de), de la puiss. famille des Douglas, se trouvait en 1557 l'un des chefs de la ligue formée par les religionn. contre Marie de Lorraine, régente d'Écosse. Après la mort de cette princesse, il eut pendant quelque temps la confiance de sa fille, Marie Stuart, et fut même élevé par elle à la dignité de gr.-chancelier; mais, de concert avec Henri Darnley, Murray et plusieurs seigneurs mécont., il projeta et facilita le meurtre de David Rizzio. Abandonné presque aussitôt par le roi et par Murray, il s'enfuit en Angleterre avec les autres conjurés, et ne revint en Écosse qu'après avoir obtenu sa grâce par l'entremise de Bothwell. Les nobles écossais s'étant réunis à Stirling, y formèrent contre Bothwel, et pour la défense du fils de Marie, une association dont Morton fut un des chefs, et qui eut bientôt mis sur pied une armée considérable. Bothwell s'enfuit; Marie, enfermée au château de Lochleven, parvint à s'échapper, vit ses partisans battus, et chercha un refuge en Angleterre. Après l'assassinat de Murray (1570), le parti du roi fut un mom. dans la plus gr. consternation; mais Morton eut recours à la reine Élisabeth, et, de concert avec elle, leurra les deux partis d'un vain espoir de conciliation. Cepend. on en vint aux armes; Morton s'empara de Leith et le fit fortifier, mais tomba bientôt entre les mains de ses ennemis (1571). Rendu à la liberté, grâce aux efforts du comte de Marr, il essaya vainem. de disputer la régence à ce seigneur; mais il l'empêcha d'opérer la réunion des partis, et le fit mourir de chagrin (1572). Nommé régent par le protect. d'Élisabeth, il conclut un traité à Perth avec un des chefs des partisans de Marie (1573), s'empara d'Édimbourg, et ramena la tranquillité dans le royaume. Mais il se rendit odieux par ses exact., par ses procédés arbitraires, par sa hauteur, et fut obligé de se démettre de la régence (1578). Habile à profiter des chances favorables, il saisit bientôt le pouvoir; mais il retrouva dans le conseil privé les mêmes ennemis qui déjà l'avaient forcé de s'éloigner des affaires, et qui n'étaient pas plus disposés en sa faveur. Au lieu de les ménager, il les aigrit encore, et se vit en butte à leurs accusat. En vain Élisabeth, pour le sauver, menaça, pria, rassembla un corps de troupes sur les frontières d'Écosse, et envoya Randolph comme ambassad. dans ce pays. Toutes ces démarches ne firent qu'accélérer la perte de Morton. Enveloppé dans une procéd. irrégulière dictée par la violence et l'oppression, il fut condamné à mort comme coupable de trahison (1581). Il montra dans ses dern. mom. une tranquillité d'âme admirable.

MORTON (THOMAS), Anglo-Améric., commença vers 1625 la première plantation de Braintrée (état de Massachusett), fut puni d'une amende pour avoir commis, dans des vues d'intérêt, l'imprud. de confier des armes à feu et d'abondantes munit. de chasse aux Indiens, se vengea en publiant un pamphlet contre ses juges, et mourut vers 1644 dans un âge assez avancé, laissant un ouvrage intitulé : *la nouvelle Canaan angl.*, etc., Boston, 1632, in-4. — Charles MORTON, mort en 1698, past. de l'église de Charlestown, au Massachusett, s'était fait un nom en Angleterre dans les querelles entre les épiscopaux et les puritains (dont il avait entraîné le parti), lorsqu'il passa en Amérique (1685). Il y fonda l'acad. de Newinton-Green, d'où sont sortis plusieurs élèves distingués, notamment le célèbre auteur du *Robinson-Crusoé* (*v.* Foe). Nous ne citerons pas tous les opusc. de controverse, de dévotion et de politique dont il est auteur, et qui décèlent une érudit. assez étendue ; ses deux ouvrages les plus import., restés MSs., sont : *Compendium physicæ ex autoribus extractum*, et *Système complet de physique générale et spéciale*. — Nathaniel MORTON, secrétaire de la colonie de Plymouth, a écrit un *Précis de l'hist. ecclésiast. de Plymouth*, conservé aux archives de cette église ; et un *Mémorial de la Nouvelle-Angleterre, ou Récit*, etc., 1669, in-4.

MORTON (RICHARD), médecin, né dans le comté de Suffolk, mort dans le Surrey en 1698, médecin du prince d'Orange, s'était fait une grande réput. dans le traitement des maladies chroniques de la poitrine. Il fut un des prem. promoteurs du kina en Angleterre ; mais il fut malheureusement trop imbu de cette ridicule chimiatrie qui a déshonoré long-temps la médec. On cite de lui : *Phthisiologia, sive exercitationes de phthisi*, Londres, 1685, in-8. — *Exercitationes de morbis universalibus acutis*, 1692, in-8. — *De febribus inflammatoriis*, 1694, in-8. — *Opera omnia*, Leyde, 1757, 2 vol. in-4. Cette édition est la plus estimée.

MORTON (JACQUES DOUGLAS, comte de), pair et surintendant des archives d'Écosse, président de la société royale de Londres, membre de l'acad. des sciences de Paris, né à Édimbourg en 1707, mort en 1768, cultiva les sciences en amat. éclairé. Il forma dans sa ville natale, à l'âge de 26 ans, une société de philosophes qui est devenue l'une des plus célèbres acad. de l'Europe, et soutint avec éloquence les intérêts de l'Écosse dans le parlement. Son *Éloge* par Grandjean de Fouchy, est dans le *Recueil* de l'acad. des sciences, 1770.

MORUS (ALEXANDRE), ministre protestant, né à Castres en 1616, fut d'abord principal du collège que les calvinistes avaient dans sa ville natale. Il occupa ensuite les chaires de grec et de théologie, et remplit les fonctions de ministre à Genève. S'étant rendu en Hollande sur l'invitat. de Saumaise, il fut nommé professeur de théol. à Middelbourg, puis d'histoire à Amsterdam. Sur la fin de sa vie, il vint exercer le ministère à Charenton, où ses sermons attirèrent la foule par les allusions satiriq. et les bons mots dont il les semait. Il mourut à Paris en 1670. Milton l'a cruellem. déchiré dans ses écrits polémiques ; on cite de lui une réponse à Milton sous ce tit. : *Alexandri Mori fides publica*, 1654, in-8. Le *Panégyrique* de ce ministre a été impr. à Amsterdam, 1695, in-8.

MORUS (SAMUEL-FRÉDÉRIC-NATHANAEL), humaniste et théologien, né à Lauban dans la Lusace-Supérieure, en 1756, se distingua parmi les élèves de l'université de Leipsig, à laq. il demeura attaché par divers emplois import. et mourut en 1792. Les étudiants de l'université prirent spontaném. le deuil et le portèrent plusieurs semaines. Ses principaux ouvr. sont : *Longinus, cum animadv.*

et versione novâ, 1769, in-8. — *Libellus animadversionum ad Longinum*, 1773, in-8. — *M. Antonini imperator.* comment., 1774, in-8. — *Vita J.-J. Reiskii*, 1776, in-8. — *Dissertat. théol. et philog.*, 1787-74, 2 vol. in-8. — *Epitome theolog. christ.*, 1789, in-8 (prescrit comme manuel dans plus. états de l'Allemagne).

MORUS (THOMAS). — V. MORE.

MORVEAU. — V. GUYTON.

MORVILLE (CHARLES-JEAN-BAPTISTE FLEURIAU, comte de), fils du garde-des-sceaux Fleuriau d'Armenonville, né à Paris, en 1686, débuta par les fonctions d'avocat du roi, au Châtelet à l'âge de 20 ans, devint successivem. conseiller au parlem. de Paris, puis procur.-gén. au gr. conseil. Ayant été nommé à l'ambassade de Hollande (1718), il détermina les états-généraux à signer la quadruple alliance, et fut envoyé au congrès de Cambrai (1721) comme plénipotentiaire. Chargé du département de la marine après son père, en 1722, il obtint l'année suiv. un fauteuil à l'Acad. française et le portefeuille des affaires étrangères. Il quitta l'administrat. en 1727, mais on peut croire qu'il n'était point disgracié, puisque le roi lui accorda une pension de 20,000 livres et un logement à Versailles. Il passa le reste de ses jours dans la retraite, et mourut en 1732.

MORVILLIERS (JEAN de), chancelier, né à Blois en 1506, embrassa l'état ecclésiast., et fut bientôt pourvu de plus. riches bénéfices. Entré au grand-conseil, par la protection des Guises, il fut un des juges du chanc. Poyet, remplit ensuite l'ambassade de Venise avec beaucoup d'adresse et de succès, et, de retour en France, fut élevé à l'évêché d'Orléans (1552). Il assista aux conférences d'Ardres, parut avec éclat au concile de Trente, conclut un traité entre Charles IX et la reine Élisabeth (1565), et se démit de son évêché l'année suiv. Il avait refusé les sceaux après la mort du chanc. Olivier, et contribué à les faire donner à Lhospital ; mais à la retraite de ce grand homme, il fut obligé de les accepter. Il les remit en 1571, après les avoir gardés deux ans et quelq. mois, se retira dans son abbaye de Saint-Pierre de Melun, et fit toutefois encore de fréquents voyages pour les intérêts de l'état. Il revenait de Poitiers lorsqu'il mourut à Tours en 1577. Morvilliers était un homme faible, mais qui avait une gr. expérience des affaires. Il crut sagement que le seul moyen de rétablir l'autorité royale était de traiter les protestants avec douceur. Il a laissé des *lettres* et des *négociations*, qui sont à la bibliothèque du roi, et des *mémoires de son temps*, dont on conservait une copie dans le cabinet de M. Guyot à Dijon.

MORY D'ELVANGE (F.-D. de), sav. numismate, né en 1758, à Nancy, devint membre de l'acad. de cette ville, consacra sa vie à l'étude des médailles dont il avait formé une riche collect., et, traduit pour ses opinions au tribunal révolutionn., périt sur l'échafaud en 1794. Il a publ. : *Notice d'un ouvrage intit. : Recueil pour servir à l'histoire métallique des duchés de Lorraine et de Bar*, 1782, in-8. — *Essai historique sur les progrès de la gravure en médailles chez les artistes lorrains*, 1785, in-8. — *Notice d'une collection métallique donnée à la biblioth. de Nancy pour le roi Stanislas Ier*, 1787, in-8.

MOSCATI (Pierre), né à Milan en 1740, fils d'un chirurgien de cette ville, devint, à l'âge de 22 ans, profess. de médec. à l'univ. de Pavie, et acquit en peu de temps une gr. réputat. Entraîné dans la carrière politique par les événements de 1796, il fut membre du conseil, puis du directoire de la république cisalpine; et, sous les gouvernem. qui se succédèrent en Italie, occupa la direction générale de l'instruction publique, et obtint successivem. les dignités de sénateur, comte, conseiller-d'état, grand dignitaire de la couronne de fer et chevalier de la Légion-d'Honneur; il était en même temps médecin du vice-roi Eugène et de sa famille. Les changements politiques de 1814 l'éloignèrent des affaires; mais malgré le rôle assez important qu'il avait joué pend. la domination de Bonaparte, il resta dans sa patrie, et ne cessa point d'y jouir de la haute considération due à ses talents, à son caractère, ainsi qu'à sa fortune. Il mourut à Milan en 1824. Les sciences physiques et chimiques, qu'il avait cultivées avec beauc. de succès, lui doivent plus. mémoires intéressants. Le seul que l'on connaissse trad. en franç., est intit. : *De l'emploi des systèmes dans la médecine pratique*, 1800, in-8.

MOSCHEROSCH (Jean-Michel), littérateur allemand, né en 1600 à Wildstadt, sur le Rhin, à 4 licues de Strasbourg, fut successivem. conseiller des guerres de la couronne de Suède, secrét. fiscal de la ville de Strasbourg, président de la chancellerie et conseiller de la chambre de finances du comté de Hanau. Il mourut à Worins en 1669. On cite de lui : *Winderliche*, etc. (Visions merveilleuses et réelles), Strasb., 1660-65, 2 vol. in-8. —*Technologie allemande et française*, 1656, in-8. *Anthologia seu florilegium epigrammatum selectissimar.*, ibid., 1650; Francfort, 1655; Iéna, 1672, in-12.

MOSCHION est le nom de quatre auteurs cités par Galien, Soranus, Pline et Plutarque. On ne sait auq. on doit attribuer les *vers qui se trouvent* dans les poètes grecs de Plantin, 1568, in-8. On n'est pas moins incertain sur l'aut. du livre *de mulieribus morbis*, publ. en grec à Bâle, 1566, in-4; grec et latin par J. Spacius dans *Cinædior. libri*, Strasbourg, 1597, in-fol., et par F.-O. Dewez, Vienne, 1493, in-8.

MOSCHOPULE (Manuel), est le nom de deux grammairiens grecs, que Hody a mal à propos confondus et qui étaient cousins. Le plus ancien, né dans l'île de Crète, florissait sous l'empereur Manuel Paléologue vers la fin du 15e S.; le second, de Byzance, fut du nombre des Grecs qui, après la prise de Constantinople, cherchèrent un asile en Italie. Moschopule de Crète est aut. d'une *Gramm.*, publ. en 1540 à Bâle, et de *scholies*, encore inédites, sur les héroïques de Philostrate. Il faut lui donner aussi les *scholies* sur Hésiode, qu'un MS.

d'Espagne lui attribue formellem., mais que Trincavelli a publ. sous le nom de Manuel de Byzance. Ces scholies se trouvent aussi dans l'Hésiode de Heinsius, et ont été réimpr. en 1820 par Gaisford. Manuel de Byzance est bien certainem. l'auteur du *Choix de mots attiques*, qui a paru à Venise en 1524, et à Paris en 1532, mais nous ne saurions prendre sur nous de lui attribuer aussi, avec d'autres bibliographes, le traité de grammaire élément., d'orthographe et de prononciation, connu sous le titre de *Perischedón*, dont Robert Étienne a donné une magnifique édition en 1545, et qui a été réimpr. à Vienne en 1775 et en 1807. Nous ne *pouvons dire non plus auquel des deux Moschopule l'on doit attribuer les scholies sur les deux prem. livres de l'Iliade*, que Scherpezeel a fait imprimer à Utrecht en 1719; la *Vie d'Euripide* qu'on lit au commencem. de plus. édit. de ce poète, et le traité *sur les carrés magiques*, trad. en latin et lu par La Hire en 1691, à l'acad. des sciences, etc.

MOSCHUS, poète bucoliste grec, naquit à Syracuse. On ne sait rien sur sa vie, rien sur l'époque de sa mort : celle même de sa naissance n'est pas sans incertitude. On la place à tort, selon nous, vers la 156e olympiade, sous le règne de Ptolémée-Philométor, environ 180 ans av. J.-C. Disciple et ami de Bion, il se distingua comme lui dans un genre de poésie (l'idylle) dont ils doivent être regardés comme les inventeurs. Un petit nombre de pièces ou plutôt de tableaux charmants, pleins de grâce dans le sujet et de talent dans l'exécution, ont fait à Moschus une réputation égale à celle de Théocrite et de Bion. *L'Amour fugitif, l'Enlèvement d'Europe*, sont des modèles parfaits de la manière dont le genre gracieux doit être traité; et l'idylle *sur la mort de Bion* est peut-être la plus belle élégie que nous ait laissée l'antiquité. Anciennem. confondues avec les poésies de Théocrite, celles de Bion et de Moschus en furent détachées, pour la prem. fois, par van Metkerke, Bruges, 1556, in-4, et elles en ont toujours été distinguées depuis; mais la mort n'a point séparé les deux poètes que l'amitié avait si étroitem. unis pend. leur vie; et toutes les édit. placent les poésies de Moschus à la suite de celles de Bion, où elles sont jointes le plus souvent à celles de Théocrite, notamment dans les excellentes édit. de Brunck, Gaisford et de MM. Kiesling, Briggs et Boissonade. Ces deux poètes ont été trad. en vers franç., par Longepierre et Poinsinet de Sivry, en prose par Gail, et par Coupé dans ses *Soirées littéraires*.

MOSCHUS (Jean), moine grec, surn. *Eucratès*, vécut sous les règnes de Tibère et de Maurice, et mourut en 620. On sait qu'il habita sur les bords du Jourdain, qu'il remplit l'office de *præcentor* (gr. chantre) au nouv. monastère de St-Saba, qu'il visita les solitudes de la Syrie et de l'Égypte, et vint même jusqu'en Occident. Il a laissé un ouvrage intitulé *Leimon*, etc., c.-à-d. le pré ou le verger spirituel; c'est le recueil des vies des saints solitaires de son temps. Ambroise le Camaldule en a donné une traduct. latine, qui a été impr. dans le

t. VII des *Vitæ sanctor.* de Lippomani, et qui forme le 10ᵉ livre des *Vitæ patrum* de Rosweyde. Enfin le texte grec, divisé en 219 chapitres, a été publ. par Fronton du Duc dans le t. II de l'*Auctarium Bibl. Patr.*, d'où il a passé dans le t. XIII de la *Bibl. Patr.* Quelques fragm. de ce texte étaient restés inédits : Cotelier les a publiés, avec une version latine, dans le t. II des *Monument. ecclesiast. græc.* Arnauld d'Andilly a trad. en français l'ouvr. de Moschus; mais il en a retranché plus. passages.

MOSELEY (BENJAMIN), médecin, né dans le comté d'Essex, mort en 1819, fut d'abord chirurg. et apothicaire à Kingston (Jamaïque), pendant la guerre des colonies anglaises contre la métropole, et devint chirurgien en chef de l'île. A la paix, il visita New-York, Philadelphie et la plupart des provinces américaines, fut élu membre de la soc. philosophiq., passa quelque temps à Londres, alla prendre son prem. grade comme médecin à Leyde, et après avoir parcouru l'Europe, revint se fixer définitivem. à Londres en 1785. Il fut nommé médecin de l'hôpital milit. de Chelsea, et soigna le célèbre Fox dans sa dern. maladie. Malheureusement pour sa réputation, il se montra l'un des plus ardents ennemis de la vaccine, qu'il regardait comme une innovation des plus dangereuses. On cite de lui : *Observations sur la dyssenterie des Indes-Occidentales*, 1785, in-8. — *Traité sur les propriétés et les effets du café* (1785, in-8), qui eut dans la même année une 5ᵉ édit. et une 6ᵉ en 1792, et qui a été trad. en franç. par Lebreton, in-8. — *Traité sur les maladies des Tropiques* (4ᵉ édit., 1806, in-8). — *Traité sur le sucre*, 1799, in-8. — *Traités médicaux*, 2ᵉ édit., 1803, in-8. — *Traité sur la Lues Bovilla ou vaccine*, 1806, in-8, traduit en français par Depping et inséré dans le livre intit. : *La vaccine combattue dans le pays où elle a pris naiss.*, 1807, in-8. — *Comment. sur la Lues Bovilla*, 1804, in-8, et 1805, in-8, etc.

MOSEOSO D'ALVARADO (LOUIS), l'un des compagnons de François Pizarre dans la conquête du Pérou, suivit Ferdinand Soto dans son voyage de Floride, et lui succéda en 1542 dans la dignité de général de cette colonie. Mais ne trouvant plus que des troupes rebutées et découragées, il ne poursuivit pas les conquêtes de son prédécesseur, revint à Passico, dans la Nouvelle-Espagne, avec 311 soldats, et passa ensuite au Mexique, où il servit le vice-roi de ses conseils et de son épée.

MOSER (GEORGE-MICHEL), peintre, né à Schaffhouse en 1707, mort à Londres en 1783, se voua spécialem. au travail de l'orfévrerie, pendant un séjour qu'il fit à Genève; mais s'étant rendu à Londres en 1726, il y établit une petite académie de peinture, qui acquit de la réputation, et dont il fut nommé vice-président, avec une pension de 100 liv. sterling. Ses peintures, ses médaillons en émail et ses travaux d'orfévrerie, qu'il ne discontinua pas, furent très recherchés.—Sa fille Marie, née en 1744, fut aussi habile que lui dans la peinture, surtout pour les fleurs.

MOSER (JEAN-JACQUES), publiciste, né à Stuttgard en 1701, mort dans cette ville en 1785, fut nommé profess. extraordin. à l'univ. de Tubingue à l'âge de 19 ans, conseiller de régence à Stuttgard en 1726, accepta ensuite une chaire de droit à Tubingue, puis à Francfort-sur-l'Oder (1736), dont il dirigea en même temps l'univ. Il eut partout des désagréments provoqués sans doute par son humeur un peu difficile, et se retira dans la petite ville d'Ébersdorf (pays de Reuss), où il se trouva engagé avec les hernutes dans des querelles religieuses. Il entra, en 1747, au service du prince de Hesse-Hombourg, qu'il quitta bientôt, fut rappelé dans sa patrie vers 1751, et y remplit la charge d'avocat consultant près des états de Wurtemberg. Ces états ayant eu quelq. démêlés avec le souverain, celui-ci, au mépris de leurs droits, fit arrêter Moser, et l'envoya dans la forteresse de Hohentwiel. Moser recouvra sa liberté, au bout de cinq ans, sur un ordre du conseil aulique de l'empire; et dès-lors, cessant de prendre part aux affaires publiques, il se livra exclusivem. à l'étude. Meusel a donné une liste de ses ouvrages, qu'il divise en 51 classes et qui s'élèvent au nombre de 484, dont 17 sont inédits, 16 lui sont contestés, et 4 ne lui sont dus que comme édit. Cette immense collect. se compose de 702 vol. publiés séparément, dont 71 sont in-fol. Ses ouvr. sur le droit public sont encore très estimés. Nous nous contenterons de citer : *Ancien droit public d'Allemagne*, 1727, 1753, 26 vol. in-4. — *Nouveau droit public*, 1766 et ann. suiv.— *Manuel du droit public de l'empire*, 1768-69, 2 vol. in-8. On a sa *Vie* écrite par lui-même, 1777-83, 4 vol. in-8. — MOSER (Frédéric-Charles de), fils du précéd., né à Stuttgard en 1713, mort dans le Wurtemberg en 1798, se forma, sous la direction de son père, aux affaires publiq., et fut successivement conseiller aulique de Hesse-Hombourg, député des deux Hesses au cercle du Haut-Rhin, et administrat. du comté de Falkenstein. En 1770 il fut mis à la tête des affaires à Darmstadt, avec le titre de premier ministre et de chancelier ; mais plus tard, se voyant disgracié, il intenta un procès à son souverain devant le conseil aulique de l'empire, et obtint une éclatante satisfact. du landgrave qui lui assigna même une pens. de 5,000 fl. Parmi ses nombreux ouvr., dont quelques-uns ne sont guère que des compilat., nous citerons : *Rec. des recès du St empire romain*, 1747, 3 vol. in-4. — *Des langues de cour et d'état en Europe*, 1750, in-8.—*Le Maître et le Serviteur, ou les Devoirs réciproques d'un souver. et de son ministre*, 1759, trad. plus. fois en franç. La version la plus complète est celle que Verdier a donnée en 1762, 3 vol. in-12, et reprod. en 1769 sous ce titre : *Le prince et les courtisans.— Apologie du comte de Goertz*, ministre de Suède, tirée des actes authentiques, 1776.— *Archives patriotiques pour l'Allemagne*, 1784-90, 12 vol. in-8.— *Nouvelles archives*, 1792-94, 2 vol. in-8. — MOSER (Guill.-Godefroi), conseiller intime et présid. à Darmstadt, puis député de cercle à Ulm, né à Tubingue en 1729, mort en

1793, a publ. : *Principes de l'économie forestière,* 1757, 2 vol. in-8. — *Archives forestières*, 1788-96, 17 vol. in-8. — Son père, pasteur wurtembergeois, est auteur d'un *Lexicon manuale hebraicum et chaldaicum,* publ. en 1795.

MOSHEIM (Jean-Laurent de), théolog. protest., né à Lubeck en 1694, s'annonça par des écrits sur des questions de théologie et d'hist., qui le firent rechercher de plus. gouvernem. Il donna la préférence au duc de Brunswick, et alla professer la théologie à l'univ. de Helmstadt, de 1723 à 1747. Comblé de toutes les dignités qu'il fut au pouvoir du duc de lui conférer, membre du conseil chargé de la direction suprême de l'Église et de l'instruct. publique, abbé de Marienthal et de Michaëlstein, inspecteur-gén. de toutes les écoles du duché de Wolfenbuttel et de la principauté de Blanckenburg, il reçut aussi des souverains étrangers et de div. sociétés sav. des marques de la plus haute considération. En 1747 le gouvernem. d'Hanovre réussit à lui faire accepter une chaire de théologie à Gottingue, avec le titre de chancelier de l'université. Mosheim mourut, épuisé de travail, en 1755. Les services qu'il a rendus à l'hist. ecclésiast. ont été appréciés par les savants des différentes communions; l'influence qu'il a exercée sur la littérature de son pays par ses sermons si purs, si élégants, si harmonieux, n'est pas moins digne d'être remarquée. Gellert, son émule, a dit que la postérité désignerait peut-être l'époque du bon goût de l'éloquence allemande par le nom de siècle de Mosheim. Comme Fénélon, avec leq. il paraît avoir eu beauc. d'analogie, il puisait une partie de son talent dans son âme. La liste complète de ses écrits, au nombre de 161, se trouve dans les bibliographes allemands. Nous nous contenterons de citer : six vol. de *Sermons*, Hambourg, 1747, in-8. — *Morale de l'Écriture sainte,* 5e édit., Leipsig, 1773, 9 vol. in-4. L'édit. la plus récente est de 1764. Cette histoire a été trad. sur la vers. anglaise en franç.; les 4 dern. sont de J.-P. Miller. — *Institutionum historiæ ecclesiasticæ, antiquioris et recentioris, libri IV,* par Eidous, Maestricht, 6 vol. in-8, et Yverdun, 1776, 7 vol. in-8. — *Hist. des hérésies* (en allem.), 1746, in-4. Des mém. relatifs à l'hist. de l'Église, impr. dans plus. de ses recueils suiv. : *Dissertat. ad hist. eccles. pertinentes,* 1731 et 1743, 2 vol. in-4; 1767, in-8. — *Dissertat. ad sanctiores disciplinas pertinentium syntagma,* 1753, in-4. — *Commentationes et orationes varii argum.,* 1751, in-8.

· MOSKWA (bataille de la), dite aussi de Mojaïsk ou de Borodino, des lieux qui en furent le théâtre, est moins fameuse par l'importance de ses résultats que par le carnage qui s'y fit de part et d'autre. Livrée le 7 sept. 1812 par Napoléon en personne aux Russes, sous les ordres du feld-maréchal Koutousoff, elle dura plus de 12 heures; la lutte fut terrible. Les Français demeurèrent maîtres du champ de bataille; mais la stupeur de leur chef, en le parcourant le lendemain, fut telle qu'il semblerait que cette même journée, à l'aurore de laq. il se flattait de voir briller *le soleil d'Austerlitz,*

ne lui apparut dès-lors que comme le prélude de ses désastres. Il est difficile d'évaluer avec précision les pertes qu'essuyèrent les parties belligérantes; toutefois, il y a lieu de penser, d'après les évaluations contradictoires, qu'elles ne s'élevèrent pas à moins de 30,000 hommes mis hors de combat dans chacune des deux armées : six généraux franç. y trouvèrent la mort. C'est à l'hist. qu'il appartient de montrer quelles causes empêchèrent Napoléon de poursuivre un avantage si chèrement payé, et d'achever l'extermination des Russes, réduits alors à 70,000 hommes, lui qui dans tant d'autres occasions moins pressantes tenta les chances d'une action décisive sans avoir, comme dans celle-ci, la supérioté du nombre. Peut-être que, sûr d'investir Moscou, il sacrifia, cette fois, à des sentim. d'humanité, les maximes de sa tactique meurtrière : dans tous les cas il est permis de croire que ce conquérant, ne prévit point les ressources que suggérerait aux Russes, un sauvage mais héroïque patriotisme (*v.* les articles Russie et Ney).

MOSLEMAH ou MASELMAS, célèbre capit. arabe, l'un des fils du khalyfe Abd-el-Melek, commanda les armées musulmanes sous le règne de ses frères Walid Ier, Soleiman, Yezid II et Hescham. Ses principaux exploits sont la conquête du Pont et de l'Arménie (705), le siége de Constantinople, qui dura plus de deux ans (717), sa victoire sur Yezid-Ibn-Mahleb, et sur les Turks-Khozars, et la réduction du Chirvan. Il mourut en 739.

MOSSAILAMAH, chef d'une tribu arabe et contemporain de Mahomet, embrassa d'abord l'islamisme, puis, séduit par l'ambition d'imiter cet heureux imposteur, il s'érigea aussi en prophète, et parvint à se faire un parti considérable, augmenté bientôt des prosélytes d'une prétendue prophétesse qu'il épousa. Ce triomphe dura peu : Mossailamah périt en 632, dans une bataille sanglante que lui livra Khaled, l'un des génér. musulmans. Avec lui s'éteignit sa secte, qui n'avait eu que deux ans d'existence.

MOSTACFY-BILLAH (Abou'l Cacem Abdallah IV, al), fils de Moktafy, et 22e khalyfe abbasside de Bagdad, monta sur le trône en 944. Son règne ne dura que seize mois. Trop confiant dans l'émir Moezz-ed-Daulah, il fut déposé par cet audacieux ministre, privé de la vue et relégué dans une prison, où il mourut au bout de quatre ans (949).

MOSTADHER-BILLAH (Abou'l Abbas Ahmed IV, al), 28e khalyfe abbasside de Bagdad, fils et successeur de Moctady, s'assit sur le trône à 16 ans, en 1094, et mourut en 1118, après un règne de 25 ans. Généreux, protecteur éclairé des lettres, il n'avait cependant point les qualités d'un prince : durant son khalyfat les croisés s'emparèrent de Jérusalem (1099); cette nouv. répandit dans Bagdad une telle épouvante qu'on y oublia les prières et les jeûnes d'obligation pendant le ramadhan, ce qui, selon les historiens arabes, avait été jusqu'alors sans exemple.

MOSTADY-BIAMR-ALLAH (Abou-Mohammed Haçan II, al), 33e khalyfe abbasside, succéda à son père Mostandjed en 1170, et mourut en 1180, après un règne glorieux. Son khalyfat est célèbre par la soumission de l'Égypte, qu'il affranchit du joug des khalyfes fathémides, et replaça sous l'influence religieuse des success. de Mahomet.

MOSTAIN-BILLAH (ABOU'L-ABBAS-AHMED Ier, AL), 12e khalyfe abbasside de Bagdad, succéda à son cousin Monthasser en 862. Trop faible pour régner par lui-même, il s'abandonna aux conseils de ses favoris, et vit ses sujets se soulever plus. fois contre son autorité; enfin, assiégé dans Bagdad par les rebelles, Mostain fut obligé de résigner le khalyfat en faveur de son cousin Motaz, qui, au mépris des traités, fit périr ce malheureux prince (866); il n'avait que 31 ans. — MOSTAIN-BILLAH (Abou'l Fadhl-El-Abbas), fils et success. de Motawakkel-Mohammed XI, et 11e khalyfe abbasside d'Égypte, porta ce titre honorifique de 1406 à 1415; déposé à cette époque, il fut relégué à Alexandrie, où il mourut de la peste vers 1430. Pendant 1412 ce prince avait momentaném. été revêtu de la dignité de sulthan.

MOSTALY ou MOSTALA-BILLAH (ABOU'L-CACEM-AHMED, AL), 6e khalyfe fathémide d'Égypte, succéda à son père Montanser en 1094. Sans génie et sans caractère, il ne prit aucune part aux événements qui se passèrent sous son règne, et laissa toute l'autorité à son ministre Afdhal. Mostaly mourut en 1101. La prise de Jérusalem par les croisés (1099) eut lieu sous son khalyfat.

MOSTANDJED-BILLAH (ABOU'L-MODHAFFER-YOUÇOUF, AL), 52e khalyfe abbasside de Bagdad, succéda à son père Moktafy en 1160. Il eut d'abord à réprimer la révolte d'un de ses frères; devenu paisible possesseur du trône, il gouverna ses états avec une grande sagesse, et les préserva de toute attaque étrangère. Mostandjed mourut en 1170, victime de la perfidie de son médecin, qui, gagné par un des émirs, fit périr le prince dans le bain.

MOSTANSER-BILLAH (ABOU'L-HASS AL-HAKEM II, AL), 9e roi ommiade de Cordoue, succéda en 961 à son père Abdérame III, et mérita l'amour de ses peuples et la reconnaissance de la postérité par sa piété, sa magnificence, sa justice, et la protection efficace qu'il accorda aux savants. Mostanser fonda un grand nombre de collèges, rassembla une immense biblioth., et institua l'académie de Cordoue; il était lui-même très versé dans les sciences morales et physiques. Il se montra peu guerrier; toutefois la conquête de plus. villes de l'Espagne chrét. signala son courage. Ce prince mourut subitement en 976, dans la 16e année de son règne et la 66e de son âge.

MOSTANSER-BILLAH (ABOU-TEMIM-MAAD, AL), 5e khalyfe fathémite d'Égypte, né au Caire en 1029, fils et successeur de Dhaher, monta sur le trône en 1036. Son règne, le plus long dont il soit fait mention dans les annales du khalyfat, est surtout remarquable par les malh. qu'il attira sur l'Égypte. D'abord assez heur. dans ses démêlés avec Caim, qui lui contesta l'héritage de Mahomet, Mostanser vit ensuite ses états en proie à la famine et aux dis-

sensions intérieures. Ses génér., profitant de son incapacité, s'emparèrent du pouvoir et le réduisirent à un tel dénûment, qu'il ne dut la vie qu'aux aumônes d'une femme charitable. Dans cette extrémité, il appela à son secours le célèbre Bedr-el-Djemaly, qui soumit les révoltés, pacifia les tribus arabes, et, par une sage administration de 20 ann., rendit à l'Égypte l'ordre et la prospérité. Mostanser mourut au Caire en 1094, laissant pour successeur son fils Mostaly.

MOSTANSER-BILLAH (ABOU-DJAFAR AL MANSOUR, AL), 36e khalyfe abbasside de Baghdad, succéda en 1226 à son père Dhaher, et obtint l'amour de ses sujets par sa générosité et par la protect. éclairée qu'il accorda aux lettres et aux arts. Une invasion des Moghols signala les dernières années de son règne; ces barbares s'avancèrent jusque sous les murs de Baghdad; mais la conduite courageuse de Mostanser les contraignit à se retirer. Ce prince mourut en 1242, à l'âge de 51 ans.

MOSTANSER-BILLAH (ABOU'L-CACEM-AHMED, AL), premier khalyfe abbasside d'Égypte, frère ou neveu du précédent, échappa aux massacres qui suivirent la prise de Bagdad par les Tatars (v. MOSTASEM). Parvenu en Égypte, il y fit valoir ses droits de successeur de Mahomet, fut reconnu en cette qualité par le sulthan Bibars Ier, et en obtint même des troupes pour reconquérir la capitale des khalyfes. Son entreprise ne fut point heureuse : surpris par les Tatars, Mostanser périt dans un combat avec la plupart des siens.

MOSTANSER-BILLAH (ABOU-ABDALLAH-MOHAMMED, AL), roi hafside de Tunis, succéda en 1249 à son père Abou-Zakhariah-Yahia. Après avoir comprimé une révolte de ses frères, il eut à combattre St Louis, qui, à la tête de 36,000 Français, vint mettre le siége dev. Tunis (1270). Mostanser vaincu dut le salut de ses états à la contagion qui ravagea le camp de ses adversaires, et fit périr le roi; profitant de cette circonst., il proposa la paix à Philippe-le-Hardi, et l'obtint au prix de grands sacrifices. Il mourut en 1276, laissant la réputat. d'un prince courageux et libéral.

MOSTARCHED-BILLAH (ABOU-MANSOUR-AL-FADHLL II, AL), 29e khalyfe abbasside de Bagdad, succéda en 1118 à son père Mostadher. Après avoir réprimé une révolte de son frère Aboul-Hassan, et triomphé de Dobaïs, émyr des Arabes açadides, ce prince, plus guerrier que ses prédécesseurs, essaya de s'affranchir de la tyrannie des émyrs al-omrah; mais cette entreprise hardie causa la fin malheureuse de son règne : vaincu par Mahmoud en 1126, il eut la gloire de vaincre, en 1132, les généraux de Masoud; mais la fortune le trahit, et fait prisonnier par Masoud en 1133, il n'obtint la liberté qu'à des conditions onéreuses. Il se disposait à retourner dans sa capitale, lorsqu'il fut assassiné par une troupe d'ismaéliens. Mostarched était âgé de 44 ans, et en avait régné 18.

MOSTASEM-BILLAH (ABOU-AHMED-ABDALLAH VII, AL), 37e et dernier khalyfe abbasside de Bagdad, fils et successeur de Mostanser, monta sur le trône l'an 640 de l'hég. (1242 de J.-C.). Aussi faible qu'orgueilleux, ce prince joignait un faste excessif à une avarice sordide, et, tout entier aux plaisirs, abandonna le soin des affaires à ses femmes et à ses courtisans. Une querelle religieuse existait alors à Bagdad entre les sunnites et les chyites : Mostasem fit piller les propriétés de ces derniers, que protégeait son visir Mowaied-Eddin. Celui-ci, résolu de se venger, persuada à son maître de diminuer le nombre des troupes ; il éloigna ensuite les meilleurs officiers, puis informa Houlagou, frère du khan des Moghols, que Bagdad n'était pas en état de résister à une attaque. Bientôt le conquér. tatar investit la capitale du malheureux khalyfe ; Mostasem sortit enfin de sa léthargie, mais il ne sut prendre aucune résolution courageuse, et capitula après un siége de quelq. semaines. Au milieu du massacre et du pillage, il se rendit au camp d'Houlagou, qui lui reprocha durement ses fautes, et le fit condamner à mort avec ses deux fils, l'an 656 de l'hég. (1258) : selon le récit des historiens, Mostasem, enveloppé dans un sac de cuir, fut foulé aux pieds des vainqueurs ; il était âgé de 46 ans, et en avait régné 17. En lui s'éteignit la première dynastie des Abbassides, qui avait régné à Bagdad pendant 508 ans.

MOTADHED-BILLAH (Abou'l-Abbas-Ahmed III, al), 16e khalyfe abbasside, succéda à son oncle Motamed l'an 279 de l'hég. (882 de J.-C.). Ce prince allia la prudence à la fermeté, maintint les grands dans l'obéissance, diminua les impôts qui pesaient sur le peuple, et protégea les savants. Il mourut en 902, après un règne de 9 années, troublé seulement par les incursions des carmathes, qui commencèrent à propager leur secte.

MOTAMED-BILLAH, ou ALA-ALLAH (Abou'l-Abbas-Ahmed II), 15e khalyfe abbasside de Bagdad, succéda à son cousin Mohtady l'an 256 de l'hégire (870 de J.-C.). Prince incapable, n'ayant d'autre goût que celui des plaisirs, il régna 23 ans, pendant lesquels il ne prit aucune part aux événements, laissant toute l'autorité à son frère Mowaffek. Motamed mourut à la suite d'une débauche en 892, à l'âge de 51 ans. Son neveu Motadhed lui succéda, au préjudice de son fils Djafar.

MOTANABBI. — V. Motenabby.

MOTASEM-BILLAH (Abou-Ischak-Mohammed III, al), 4e fils d'Haroun-el-Raschid, et 8e khalyfe abbasside de Bagdad, succéda à son frère Almamoun l'an 218 de l'hég. (833 de J.-C.). Intolérant et cruel dans les disputes de relig., barbare dans ses guerres avec l'empereur Théophile, Motasem mourut en 842, peu regretté de ses sujets. Il créa la milice turque, qui dans la suite devint si fatale aux khalyfes, et, pour l'éloigner de Bagdad, fonda à 12 lieues de cette capitale la ville de Sermenraï. Les histor. arabes remarquent que Motasem avait régné 8 ans et 8 mois, qu'il était le 8e de sa famille, qu'il se trouva dans 8 batailles, et qu'il laissa huit fils et 8 filles, 8,000 esclaves, 8 millions de dinars d'or, et 8 fois dix millions de drachmes d'argent :

cette circonstance lui a mérité un surnom équivalent à celui de *huitainier*.

MOTAWAKKEL ALA-ALLAH (Abou-Abdallak Mohammed ben-Youçouf al Djezamy, al), prince de la famille des Ben-Houd, régna au 13e s. sur la plus grande partie de l'Espagne musulmane, qu'il avait enlevée aux Almohades. Guerrier habile et bon politique, il releva momentanément la puissance des Maures, et balança les armes du roi de Castille, Ferdinand, et de Jayme Ier, roi d'Aragon. Motawakkel périt assassiné, l'an de l'hég. 634 (1236 de J.-C.), au moment où il se disposait à secourir la province de Valence contre les chrétiens.

MOTAWAKKEL ALA-ALLAH (Abou-Djafar-Mohammed XII, al), 17e et dernier khalyfe abbasside d'Égypte, succéda à son père Mostanser-Yacoub. Son règne eut une courte durée : une victoire de l'emper. Sélim Ier (1516), renversa en même temps le trône des sulthans mamlouks et la puiss. khalyfale. Ayant été fait prisonn., Motawakkel fut forcé de renoncer à tous ses droits et à ceux de sa famille, et reconnut le vainqueur pour chef suprême de la religion musulm. Il resta quatre ans captif à Constantinople, et revint en Égypte, où il mourut l'an de l'hég. 945 (1538). En lui s'éteignirent le pouvoir et l'illustrat. de la race des Abbassides, qui pendant 800 ans avait occupé la chaire pontificale de l'islamisme. Motawakkel laissait deux fils, dont on ignore la destinée.

MOTAWAKKEL-BILLAH (Abou'l-Fadhl-Djafar Ier, al), 10e khalyfe abbasside de Bagdad, succéda en 232 de l'hég. (847) à son frère Wathek. Pend. son règne, qui dura quinze ans, les troupes musulmanes conquirent l'Arménie, et vainquirent l'empereur grec Michel III dans une bataille sanglante. Motawakkel mourut assassiné en 861 ; il s'était attiré la haine des grands par son intolér. et par sa cruauté à leur égard : d'ailleurs affable pour le peuple, il avait protégé les lettres et les arts.

MOTAZ-BILLAH (Abou-Abdallah-Mohammed V, al), fils du précéd. et 13e khalyfe abbasside, succéda en 251 de l'hég. (866) à son cousin Mostain. Ce prince indolent et cruel fut déposé à la suite d'une révolte des milices turques (869), et mourut peu après dans une prison ; il avait régné environ trois ans, et n'en avait que vingt-deux.

MOTÉNABBY (Abou'l-Tayyb-Ahmed, al), célèbre poète arabe, né l'an 303 de l'hég. (915 de J.-C.), mort en 354 (965), voulut d'abord s'ériger en prophète, se fit même quelques partisans, mais fut emprisonné par Loulou, gouverneur d'Émès. Rendu à la liberté, il trouva tous ses prosélytes dispersés, et, devenu plus sage, il tourna son imagination ardente vers l'étude de la poésie, et fut accueilli honorablement dans plusieurs cours asiatiques. On a de lui un *Diwan*, ou *Rec. de poésies*, très estimé en Orient, et dont la bibliothèque du roi possède plus. MSs. Sylvestre de Sacy a, dans la *Chrestomatie arabe*, publié la traduct. de quelq. poésies de Moténabby.

MOTHARREZ (Abou-Omar-Mohammed, al), écrivain arabe, né en 261 de l'hégyre (874), et mort en

345 (956), obtint de son vivant une immense réputat. dans les sciences et dans l'hist. On cite parmi ses ouvrages, qui sont fort nombreux, une *Hist. des Arabes*, intit. : *Akhbar-al-Arab*, et div. écrits *sur les klepsidres (kitab essaat), sur le jour et la nuit, sur les tribus arabes*, etc.

MOTHARREZY (Abou'l-Fath-Nasser-Ibn-Abd-Elsayd, al), savant arabe, né à Khiva en 538 de l'hég. (1144 de J.-C.), s'occupa de jurisprudence, de philologie et de poésie ; sa réputation devint si grande, qu'on le proclamait un digne success. de Zamakschary. Il mourut dans sa patrie en 1213. Ses principaux ouvr. sont un dictionn. arabe destiné à expliquer les termes de jurisprudence ; il est intitulé : *Al-Mogreb filloghat* ; un commentaire sur les *Mehkemat* de Hariri, intit. : *Idhah ;* un traité de grammaire intit. : *Misbah*, ou Flambeau.

MOTHE-HOUDANCOURT (Philippe de La) duc de Cardone, maréchal de France, né en 1605, fit ses prem. armes à l'âge de 17 ans sous le duc de Montmorenci, et se distingua dans un gr. nombre de combats en France, dans les Pays-Bas et en Piémont, où sa conduite aux siéges de Chiers et de Turin le signala comme digne d'un commandem. supér. En effet, La Mothe reçut en 1641 le titre de vice-roi de Catalogne, et se mit à la tête de l'armée franç. qui agissait dans cette province. Vainqueur à Tarragone, à Villefranche, où il gagna le bâton de maréch., et à Lérida, il fut moins heureux dans un second combat livré près de cette ville, et se vit obligé d'abandonner le fruit de ses premiers succès. Ses ennemis, prompts à saisir l'occasion de l'éloigner du commandement, l'accusèrent de négligence coupable. Enfermé au château de Pierre-Encise, il se vit traîner devant les tribun., jusqu'à ce qu'enfin le parlem. de Grenoble le déchargea de toute imputation, et le rendit à la liberté après une détention de quatre ans. La Mothe ne prit qu'une faible part aux troubles de la Fronde ; l'injustice dont il avait été victime l'aurait rangé dans le parti des mécontents ; mais ses talents, tout militaires, ne le destinaient pas au rôle de chef de faction. Les progrès des Espagnols dans la Catalogne rappelèrent ce brave maréchal sur le terrain où il avait déjà triomphé, et où il soutint de nouveau l'honn. des armes françaises, surtout dans sa belle défense de Barcelone. Revenu à Paris en 1657, La Mothe y mourut la même année, âgé de 52 ans.

MOTHE-LE-VAYER (François de La), membre de l'Acad. franç., né à Paris en 1588, fit de profondes études dans les lettres, l'hist. et le droit. Son père lui avait transmis la charge de substitut du procureur-général au parlement ; mais éloigné par goût des affairs, il s'en démit pour se livrer entièrement à ses recherches favorites. Toutefois il avait près de cinquante ans lorsqu'il mit au jour ses prem. écrits. Son *Tr.* de l'instruct. à donner à M. le dauphin (Louis XIV), lui mérita d'être désigné par le card. de Richelieu comme le précept. de ce prince : mais ce ne fut qu'après avoir dirigé les prem. études du jeune duc d'Orléans, que La Mothe obtint le poste éminent dont il était digne par ses

vastes connaissances. Après le mariage de son auguste élève (1660), il termina l'éducation de Monsieur, frère de Louis XIV. La Mothe, que Naudé a surnommé *le Plutarque de la France*, mourut en 1672, à l'âge de 85 ans. Ses ouvrages, fort nombr. et remarquables par l'immense érudition sinon par le style, ont été réunis plus. fois ; l'édition la plus complète est celle de Dresde, 1756-59, 14 vol. in-8. Nous citerons entre autres : *Discours de la contrariété d'humeurs qui se trouve entre certaines nations*, etc., 1636 ; *Considérations sur l'éloquence française*, 1638 ; *de l'Instruct.* de M. *le dauphin*, 1640 ; *de la Vertu des païens*, 1642 ; *Jugem. sur les anciens et principaux historiens grecs et lat.*, 1646 ; *Pet. traités en forme de lettres*, 1659 ; *Hexameron rustique*, 1670 ; *Dialogues faits à l'imitation des anciens*, 1698. Montlinot a publié l'*Esprit de La Mothe-le-Vayer*, 1763, in-12. Alletz a donné un autre rec. sous le même titre, 1783, in-12.— J.-F. de La Mothe-le-Vayer, de la famille du précéd., maître des requêtes, mort en 1764, est aut. d'un *Essai sur la possibilité d'un droit unique*, 1764, in-12.

MOTHY-LILLAH ou BILLAH (Abou'l-Cacem-Fadhl ou Moffad'al al), 25e khalyfe abbasside et fils de Moktader, succéda à son cousin Mostakfy l'an 334 de l'hég. (946 de J.-C.). Entièrem. soumis à l'émyr Al-Omrah, ce prince porta vingt-neuf ans le titre de khalyfe, sans prendre la moindre part aux affaires, et vécut à peu près dans l'obscurité. Pendant son règne les charges publiques furent rendues vénales, et l'Égypte s'affranchit du joug des Abbassides. Mothy-Lillah mourut en 974, après avoir abdiqué en faveur de son fils Taïe-Lillah.

MOTIN (Pierre), poète, né à Bourges, mort vers 1615, a laissé quelq. pièces de vers publ. dans les recueils du temps. C'est de lui que Boileau a dit :

J'aime mieux Bergerac et sa burlesque audace,
Que ces vers où Motin se morfond et se glace.

MOTRAYE. — V. Mottraye.

MOTTAKY-BILLAH (Abou-Ishac-Ibrahim II, al), 21e khalife abbasside, succéda à son frère Rabdy-Billah l'an 329 de l'hég. (940 de J.-C.). Ce prince, après un règne de quatre ans, devint la victime des querelles élevées entre les prétendants à la charge d'émyr-al-omrah. Le Turk Touroun, resté maître de ce poste élevé, s'empara par trahison de la personne du khalyfe, lui fit crever les yeux (944), et ne lui laissa qu'une ombre de puissance. Mottaky survécut 25 ans à son infortune ; il mourut en 965. C'est lui qui céda à l'emper. Romain-Lécapène le fameux mouchoir conservé à Édesse, lequel, suiv. une tradition, avait servi à essuyer la face de J.-C.

MOTTE (Antoine HOUDAR de La), membre de l'Acad. franç., né à Paris en 1672, était fils d'un chapelier originaire de Troyes. Après avoir fait ses humanités chez les jésuites, il étudia le droit, mais l'abandonna bientôt pour se livrer à son goût pour les lettres. Il travailla d'abord pour le théâtre. Sa première pièce, *les Originaux*, ne réussit point. Rebuté par cet échec, il voulut renoncer au monde, et se rendit au célèbre monast. de la Trappe. De sages conseils l'ayant décidé à revenir dans sa famille, son penchant pour le théâtre l'entraîna de nouveau à rechercher les suffrages du public, et il donna successivem. à l'Opéra et au Théâtre-Français un gr. nombre de pièces qui pour la plupart obtinrent un grand succès; il suffit de citer *Issé*, *le Triomphe des arts*, *Sémélé*, la comédie du *Magnifique*, et la tragédie d'*Inès de Castro* : cette dernière rappela le succès du Cid. La Motte ne fut pas aussi heureux dans ses *odes*, où l'on remarque de belles strophes, mais qui parfois sont dépourvues de chaleur et de poésie. Une entreprise singulière, et qui lui attira les sarcasmes de ses contempor., fut l'*Abrégé de l'Iliade*, qu'il trad. sans savoir un seul mot de grec, et réduisit de douze chants, sous prétexte de l'améliorer; ce malencontreux travail n'est plus connu que par l'épigramme de J.-B. Rousseau. Du reste La Motte se défendit dans un excell. discours *sur la critique*, modèle de diction, de clarté et de discussion, comme tous ses écrits en prose sur les div. genres de littérature; il y parut, bien au-dessus de son adversaire, Mme Dacier, qui néanmoins avait la raison de son côté. Les *églogues* et les *fables* de La Motte, publ. vers le même temps, obtinrent un brillant succès, surtout aux séances de l'Acad., où l'art de son débit déguisait la faiblesse ou la dureté des vers. On s'étonne, après la réputat. méritée dont il jouissait, de le voir tout à coup décrier l'art de Corneille et de Racine, s'élever contre les entraves de la versification et contre les illusions de l'enthousiasme poétique, proscrire la règle des unités théâtrales, et, pour prouver ses assertions, écrire une tragédie et des odes en prose, armes puissantes pour ses ennemis, et fort peu propres à militer en faveur de sa cause. On accuserait son jugement si l'on ne savait qu'alors il devina le génie de Voltaire. Poursuivi sans cesse par les épigrammes et par d'injurieuses satires, La Motte montra dans ses réponses une rare urbanité; sa douceur inaltérable, son caractère plein de bonté et de droiture le firent respecter et estimer même de ses antagonistes. Accablé de bonne heure par les infirmités, aveugle dès l'âge de 40 ans, il mourut le 26 décembre 1731; il n'avait point été marié. Il fut l'ami intime de Fontenelle, à qui on l'a souvent comparé. Les *OEuvres de La Motte* ont été recueillies en 10 vol. in-12, 1754 : on a publié ses *OEuvres choisies* en 2 vol. in-18.

MOTTE (Guillaume MAUQUEST de LA), chirurgien, né à Valogne en 1655, mort dans cette ville en 1737, fit ses études dans les hôpitaux de Paris, et de retour dans sa patrie, y obtint une gr. réputation comme opérateur et comme accoucheur. La science doit beaucoup à ses ouvrages, qui ont été souvent réimpr. et trad. dans plusieurs langues; en voici le titre : *Traité complet des accouchements*, etc., 1715, in-4; l'édit. de Devaux, 1722, enrichie de *réflexions et d'observat.*, a servi de type à toutes les suiv. : *Dissertation sur la génération, sur la superfétation*, etc., 1718, in-12. — *Traité complet de chirurgie*, etc., 1722, 5 vol.

in-12 ; nouv. édit., 1771, 2 vol. in-8, revue et corrigée par Sabathier.

MOTTE-PIQUET (le comte Toussaint-Guillaume PICQUET de La MOTTE, connu sous le nom de La), célèbre officier de marine, né à Rennes en 1720, entra au service en 1735, et durant 46 ans soutint dignem. l'honneur du pavillon et l'intérêt du commerce français : il fit 28 campagnes, de 1757 à 1783; les plus remarq. sont celles d'Amérique, où il fut nommé chef d'escadre; celle de 1779, signalée par le combat de Fort-Royal, où il eut à soutenir, avec 5 vaisseaux, le feu de 10 vaisseaux anglais, et celle de 1781, où il causa les plus gr. dommages au commerce britanniq. Né sans fortune, La Motte recevait depuis 1775 une pension de 800 livres ; le roi lui en accorda une de 5,000 livres en 1781. Ce brave marin jouit peu de cette nouv. faveur : affaibli par les fatigues continuelles de sa vie, il mourut en 1791.

MOTTE (Jeanne de Luz, de SAINT-REMY, de VALOIS, comtesse de La), célèbre par l'affaire *du collier*, était née en 1756, au sein d'une extrême indigence, et descendait, par un fils naturel de Henri II, de la maison royale de Valois. Son illustre origine ayant été prouvée, il lui fut accordé une pension, et, en 1780, elle épousa le comte de La Motte, offic. dans les gardes de M. le comte d'Artois. C'est quelques années après ce mariage que se noua l'intrigue déplorable qui a commencé les malheurs de Marie-Antoinette. On parlait alors à la cour d'un riche collier, dont la reine avait refusé de faire l'acquisition à cause de son prix exorbitant (1,600,000 fr.) : Mme de La Motte conçut le projet de se l'approprier, et pour venir à son but compromit le nom de la reine de la manière la plus imprudente. Elle avait été introduite chez le cardinal de Rohan, et en avait même reçu quelq. secours pécuniaires; instruite du faible de ce prince, et du vif désir qu'il avait de rentrer dans les bonnes grâces de Marie-Antoinette, elle se donne à lui comme jouissant de la confiance intime de la reine, et lui offre son entremise auprès de cette princesse. On sait par quels odieux moyens (*v.* Rohan) elle détermina le crédule prélat à acquérir le collier; usant d'une signature contrefaite, elle se le fit livrer au nom de Marie-Antoinette (1er février 1785), et partagea cette brillante dépouille avec ses complices. L'intrigante n'eut pas le temps de sortir de France avant la découv. de son crime; arrêtée à Bar-sur-Aube, confrontée avec le cardinal, avec Cagliostro, qu'elle avait désigné comme l'agent principal de l'affaire, elle nia effrontément toute participat. frauduleuse, relativem. à la disparition du collier, et se peignit comme une victime sacrifiée pour sauver l'honneur de ceux qui l'avaient mise en avant. Tant d'audace et d'impudeur ne pouvait imposer aux juges; par arrêt du parlement, rendu le 31 mai 1786; Mme de La Motte fut condamnée à faire amende honorable la corde au cou, à être fouettée et marquée sur les deux épaules, et à être enfermée à la Salpêtrière pour le reste de ses jours. Elle trouva peu après le moyen de s'échapper et rejoignit son mari, qui avait réussi à passer en Angleterre. Mme de La Motte ne jouit pas long-temps des fruits de son infamie; elle mourut à Londres en 1791, des suites d'une chute. Sa conduite ne pouvait être justifiée que par un tissu d'impostures; c'est ainsi qu'on doit considérer : *Vie de Jeanne de Saint-Remy, de Valois, comtesse de La Motte, etc., etc., écrite par elle-même*, 2e édit., Paris, an I, 2 vol. in-8; la 1re édit., publiée sous un autre titre au commencem. de la révolution, avait été brûlée par ordre de la cour. Quelques exempl., trouvés aux Tuileries après le 10 août, servirent pour la réimpress. de ce libelle. On connaît encore : *Mém. justificat. de la comtesse de Valois de La Motte, écrits par elle-même*, 1788, in-8. — 2e *Mémoire*, 1789, in-8.

MOTTE (L.-F.-GABRIEL DORLÉANS de LA). — V. DORLÉANS.

MOTTEUX (PIERRE-ANTOINE), littérateur, né à Rouen en 1660, quitta la France lors de la révocation de l'édit de Nantes, se retira en Angleterre, où il se familiarisa tellem. avec la langue de cette nouv. patrie, que les traduct. anglaises qu'il publia de l'espagnol ou du franç. semblent des compositions originales. On cite particulièrem. sa trad. de *Don Quichotte*, et celle de Rabelais, qui, revue par Ozell, demeure, au jugem. de Tyttler, un des plus parfaits modèles de l'art de traduire. Mais ces travaux et d'autres encore, qui n'eurent pas moins de succès, ne suffisant point pour lui assurer une existence honorable, il eut recours au commerce, fit sa fortune, et sans doute il aurait vécu heureux, s'il n'eût été l'esclave d'un vice honteux qui avança ses jours, après avoir fait l'opprobre de sa vieillesse et le tourment de sa nombr. famille. On le trouva mort en 1717 dans un mauvais lieu près de Temple-Bar. On soupçonna qu'il y avait été assassiné.

*MOTTEVILLE (FRANÇOISE BERTAUD, dame de), fille de Pierre Bertaud, et descendante par sa mère de la maison espagnole de Saldaña, était née vers 1621. Elle fut placée, dès l'âge de 7 ans, près d'Anne d'Autriche, mais bientôt éloignée de cette princesse par le card. de Richelieu, qui prétendit que la jeune Bertaud pouvait faciliter les intelligences de la reine avec l'Espagne. En 1639 elle épousa Langlois de Motteville, qui la laissa veuve après 2 ans de mariage. A la mort de Louis XIII (1643), Anne d'Autriche, devenue régente, rappela Mme de Motteville, qui dès-lors ne la quitta plus, et devint sa confidente intime; la reine en mourant lui légua 50,000 liv. Attachée à cette princesse par le devoir comme par la reconnaiss., elle résolut d'écrire son histoire. Telle est l'origine des *Mém. pour servir à l'hist. d'Anne d'Autriche*, 1723, 6 vol. in-12; ib., 1739 ou 1750. Cet écrit, souv. altéré par l'éditeur anonyme, est d'une grande simplicité, et porte surtout le caractère de la bonne foi : personne mieux que l'auteur n'avait pu connaître la vie privée de la mère de Louis XIV, et la politique secrète de la cour pendant les troubles de la Fronde; aussi les *Mémoires* de Mme de Motteville sont-ils consultés avec fruit pour l'histoire de cette époque. Cette

dame mourut en 1689. Deux lettres, écrites par elle à Mlle de Montpensier, ont été imprimées dans le *Recueil de pièces nouvelles et galantes*, Cologne, 1667.

MOTTRAYE (AUBRY de LA), voyageur, né vers 1674, et mort à Paris en 1743, avait parcouru, de 1696 à 1729, la plus gr. partie de l'Europe et plusieurs contrées de l'Asie et de l'Afrique; ses ouvr., qui dénotent un observat. peu profond, sont curieux par le gr. nombre d'anecdotes et de détails qu'il donne sur tous les noms histor. Ses liaisons avec Fabrice, l'un des agents de Charles XII, ont aussi fourni quelq. documents pour l'histoire de ce prince et de son ministre Goertz. La relation des voyages de La Mottraye, publiée d'abord en angl., 1724, parut en français à La Haye, 1727, 2 vol. in-fol., sous le titre de *Voyages en Europe, Asie et Afrique, où l'on trouve une gr. variété de recherches*, etc. Plus tard il publia : *Voyages en diverses provinces de la Prusse ducale et royale*, etc., *fait en 1726*, en anglais et en franç., 1732, in-fol. — *Remarques historiques et critiques sur l'hist. de Charles XII, par M. de Voltaire*, 1732, in-12.

MOUCHERON (FRÉDÉRIC), peintre de paysages, élève de J. Asselyn, né à Embden en 1633, obtint de grands succès en France et en Hollande. Pend. son séjour à Paris, Helmbreker peignit les figures et les animaux qu'il introduisait dans ses ouvr.; van den Velde lui rendit le même service à Amsterdam, où Moucheron mourut en 1686. Le musée ne possède qu'un tableau de ce maître; c'est une *Vue d'un parc en terrasse, avec un escalier orné de deux grands vases;* les fig. et les animaux sont de van den Velde. — MOUCHERON (Isaac), fils du précédent, né à Amsterdam en 1690, mort dans cette ville en 1754, a suivi la carrière de son père d'une manière brillante, il peignait les fig. et les animaux aussi bien que le paysage, et entendait parfaitem. la perspective et l'architecture. Il s'est adonné aussi à la gravure, et a publié des estampes très recherchées, entre autres une suite qui a pour titre : *Plusieurs belles et plaisantes vues, et la cour de Heemstede dans la prov. d'Utrecht*, etc., 26 feuilles numérotées, petit in-fol.

MOUCHET (GEORGE-JEAN), lexicographe, né à Darnetal, près de Rouen, en 1737, fut l'ami de Sainte-Palaye et de Bréquigny, qui l'associèrent à leurs travaux scientifiques. Le prem. avait conçu le plan d'un *Glossaire de l'ancienne langue française;* ayant besoin d'un auxiliaire, il fit choix de Mouchet, qui, en 1770, demeura seul chargé de continuer les recherches. Il les continua jusqu'à l'époque de la révolut.; privé dès-lors de la pension de 2,000 fr. que le gouvern. lui avait allouée, Brequigny lui fit don de sa bibliothèque, dont la vente le soutint, et plus tard il dut à Legrand d'Aussy la modeste place d'employé à la biblioth. impériale; il l'occupait à sa mort, en 1807. Les matériaux que Mouchet avait rassemblés pour le *glossaire* sont consignés dans plus de 60 vol. in-fol., conservés à la bibliothèq. royale. L'impression du 1er vol., commencée en 1780, s'arrête à la syllabe

Ast. Barbier a donné une notice sur Mouchet dans le *Magasin encyclopédique.*

MOUCHET (François-Nicolas), peintre, né en 1750 à Gray (Franche-Comté), reçut à Paris des leçons de Greuze, et remporta, en 1776, le prem. prix à l'académie. Les événem. de la révolut. l'arrachèrent à son atelier ; il en adopta les principes avec chaleur ; mais ayant manifesté son indignation contre les excès de 1793, il fut emprisonné, et ne recouvra la liberté qu'au 9 thermidor. De retour dans sa ville natale, Mouchet s'y livra tout entier à la pratiq. de son art, et mourut en 1814. On connaît de lui un grand nombre de portraits et de petits sujets gracieux, et deux compositions exposées au salon, représ. *l'Origine de la peint.,* et *le Triomphe de la justice.*

MOUCHI, sculpt., gendre du célèbre Pigale, était profess. à l'école royale avant la révolution, et membre de l'acad. Déjà vieux, et d'ailleurs étranger aux intrigues, il ne fit point partie de l'Institut à sa création ; mais il continua d'être employé comme profess. Il mourut en 1801. Sa statue du *Silence* est regardée comme l'une des productions qui, sur la fin du 18ᵉ S., ont le plus honoré la sculpture. On cite encore de cet artiste quelq. bustes en marbre, entre autres celui de *Sully,* commandé pour le premier consul et qui parut à l'exposition de 1800.

MOUCHON (Pierre), prédicateur, né à Genève en 1733, mort en 1797, fut ami de J.-J. Rousseau, qui le nomme son *cousin* dans une lettre du 29 octobre 1762. On lui doit : la *Table analytique et raisonnée des matières contenues dans l'Encyclopédie,* 1780, 2 vol. in-fol. Il a été publié un choix de ses *Sermons,* 1798, 2 vol. in-8.

MOUCHY (Antoine de), en latin *Demochares,* doct. de Sorbonne, accompagna le cardinal de Lorraine au concile de Trente en 1562 ; à son retour en France il prit le titre d'*inquisiteur de la foi,* et se chargea de surveiller les partisans des opinions nouvelles. Sa conduite, que les contemporains ont qualifiée d'espionnage, était peu propre à lui concilier les esprits. Mézerai a vu dans son nom l'origine de la dénomination de *mouchard ;* mais ce n'était qu'une plaisanterie. Mouchy était assez éloquent, et parut avec avantage au concile de Reims et au colloque de Poissy. Il mourut à Paris en 1574, laissant, entre autres écrits, un tr. *de Sacrificio Missæ.*

MOUCHY (Philippe de NOAILLES, duc de), maréchal de France, né en 1715 à Paris, fils d'André-Maur. de Noailles, dont on a des *Mémoires,* entra fort jeune au service, et fit toutes les guerres de 1733 à 1759 ; il se distingua surtout à la retraite d'Hilkersperg, où l'armée fut sauvée par son courage et sa prudence. Le maréchal de Mouchy vécut long-temps à la cour de Louis XV. Chargé par ce prince de plus. missions importantes, il remplaça Richelieu dans le commandement de la Guienne, et fut fait gouvern. de Versailles ; il fit partie des assemblées des notables de 1787 et 1788. Son grand âge semblait l'éloigner des affaires, les événements

de la révolution le rappelèrent près de Louis XVI ; dévoué serviteur de ce prince, il le protégea de sa personne pend. la journée du 20 juin. Retiré dans ses terres après la chute du trône, ce respectable vieillard en fut arraché sur une vague dénonciat., et conduit devant le tribunal révolutionnaire, qui le condamna à mort ; il fut exécuté le 27 juin 1794, à l'âge de 79 ans.

MOUCHY (Charles de NOAILLES, duc de), né en 1771, mort à Paris en 1834, entra au service dans le régiment de Noailles au sortir du collège. Obligé de quitter la France au moment de la terreur, il y rentra bientôt, et vécut dans la retraite jusqu'au retour des Bourbons. A la mort de son père, il lui succéda dans la charge de capit. des gardes, qu'il remplit successivement auprès de Louis XVIII et de Charles X. A la révolut. de juillet, il resta à la chambre des pairs pour le procès des ministres, mais s'en éloigna ensuite.

MOUGIN (Pierre-Antoine), né en 1735 à Charquemont (Franche-Comté), mort en 1816, curé de la Grand'Combe-des-Bois, consacra sa vie entière aux études astronomiques, et, depuis l'ann. 1766, entretint une savante correspond. avec Lalande, qui a souv. fait mention des trav. de ce digne ecclésiastique ; on lui doit un grand nombre d'*observations* insérées dans la *Connaissance des temps,* de 1775 à 1803, et dans le *Journ. des sav.*

MOULIÈRES (Ant.-Jos. RAUPT DE BAPTISTIN de), né en 1747, mort en 1827, fut secrétaire de la compagnie des cent-suisses de 1768 à 1774, devint inspect. de l'imprimerie et de la librairie dep. 1810 jusqu'en 1815, et fut enfin attaché aux archives du ministère de la maison du roi jusqu'en 1825, où il fut admis à la retraite. On a de lui : *le Roi martyr, ou Esquisse du portr. de Louis XVI,* 1815, in-8. — *Petite Biographie conventionnelle,* 1815, in-12. — *Le Livre rouge, ou Notice histor, sur les procès de Charles Iᵉʳ, suivi du tableau des juges de Louis XVI,* 1816, in-18. — *Nouv. abrégé chronolog. de l'Hist. de France depuis Pharamond jusqu'à Louis XVIII,* 1819, 3 vol. in-12.

MOULIN, général, né à Caen en 1752, entra dans les ponts-et-chaussées, où il resta jusqu'en 1789, époque à laquelle il fut nommé adjudant-major, puis adjud.-gén. de la garde nationale parisienne ; il fut ensuite employé comme général de division à l'armée des Côtes-du-Nord, puis à celle des Alpes, qu'il commanda quelq. temps en 1794. Appelé en 1798 au commandem. de la divis. milit. dont Paris est le chef-lieu, il fut l'ann. suiv. nommé membre du directoire exécutif. Après la révolut. du 18 brumaire, il vécut quelq. temps dans une petite propriété champêtre, sa seule fortune ; il reprit ensuite du service, fut chargé du commandement de la place d'Anvers, et mourut en 1810. — Moulin, frère ainé du précéd., fut employé en 1793 comme général de brigade dans l'armée contre les Vendéens. Attaqué dans Chollet en février 1794, il y fut blessé de deux coups de feu, et se brûla la cervelle au moment où il allait être fait prisonnier. La convention décréta qu'un monum. lui serait élevé dans le bourg de Tiffauges, avec une inscription portant qu'il s'était donné la mort « pour ne pas tomber vivant au pouvoir des royalistes. »

MOULIN (Onuphre-Benoît-Claude), ancien procureur, né près de Lyon vers 1758, et mort dans cette ville en 1823, est aut. d'un assez gr. nombre de *notices* biographiq., d'*articles* de journaux et de *pamphlets* politiq., dont quelques-uns sont recherchés à cause de leur bizarrerie. Le titre suivant, choisi parmi ceux que M. Mahul a pris la peine de recueillir dans son *Annuaire nécrologiq.* de 1824, suffira pour faire apprécier le style et les pensées de ce fécond pamphlétaire : *l'Enseignem. mutuel dévoilé, ainsi que ses jongleries et ses pretintailles révolutionn., etc., dédié à la jeunesse pensante, réfléchissante, agissante, et surtout bien impressionnée, etc.; accompagnée d'aperçus neufs et de notices sur quelqu'uns des professeurs de morale qui dogmatisèrent le peuple lyonnais, et vésicalisèrent la jeunesse,* etc., 1820, in-8.

MOULIN (Pierre du), théologien protestant, né en 1678 au château de Buhi (Vexin), étudia en Angleterre sous les meill. professeurs, et, s'étant rendu en Hollande, obtint, à l'univers. de Leyde, la chaire de philosophie qu'il occupa plus. années. De retour en France (1599), il devint chapelain de la princesse Catherine de Bourbon; ce fut lui qui prononça à Charenton l'oraison funèbre de Henri IV. Ses écrits l'avaient déjà rendu célèbre ; le roi d'Angleterre lui commanda plus. ouvr., et le fit venir à Londres en 1615 pour rédiger un plan de réunion des Églises protestantes. En 1620 il présida le synode d'Alais. Quelque temps après, craignant d'être inquiété par suite de sa correspond. avec le monarq. anglais, il se retira à Sedan, où le duc de Bouillon l'accueillit avec empressem. et le nomma profess. de théologie. Du Moulin mourut dans cette ville en 1658, âgé de 90 ans. On a de lui 75 ouvr., tous consacrés à la défense de la communion réformée ou à la critique de ses adversaires; la liste en a été insérée dans les *Synodes des Églises réformées de France,* par Aymon; nous citerons seulem. : *De monarchiâ temporali pontificis romani liber,* etc., 1614, in-8. — *Nouveauté du papisme, opposée à l'antiquité du christianisme,* 1627, in-fol.; 1633, in-4. — *L'Anti-Barbare, ou du Langage étrange et incognu ès-prières,* 1629, in-8. — *Anatomie de la messe,* 1638, in-12. — *Le Capucin, traité auquel est décrite et examinée l'origine de ces moines* 1641, in-12. On a publié : *le Récit des dernières heures du P. du Moulin.* — Pierre, son fils aîné, chapelain de Charles II, roi d'Angleterre, et chanoine de Cantorbéry, mort en 1684, a publié : *Clamor regii sanguinis,* 1652, in-12, mal à propos attribuée à Alex. Morus, qui n'en a été que l'édit. — *Défense de la religion protestante,* en angl., etc. — Louis, son frère, mort en 1683, est auteur de quelq. écrits, entre autres : *Parænesis ad edificatores imperii,* in-4, dédié à Olivier Cromwell.

MOULIN (Gabriel du), histor., né au commencement du 17e S. à Bernay (Normandie), mort vers 1660 curé de Manneval, est auteur des deux compilations suiv., encore recherchées pour les détails curieux qu'elles renferment: *Hist. générale de Normandie,* 1631, in-fol. — *Les Conquêtes et les trophées des Normands franç.,* 1658, in-fol.

MOULINES (Guillaume de), littérateur, né à Berlin en 1728, mort en 1802, était d'origine franç.; nommé pasteur de la colonie de Bernau, il se distingua bientôt comme prédicat., et fut présenté à Frédéric, qui se plut à favoriser ses travaux. Il renonça en 1785 aux fonct. pastorales pour l'emploi de résident du duc de Brunswick à la cour de Berlin, et fut chargé de donner des leçons de philosophie au prince roy. Le roi de Prusse l'anoblit, et le nomma membre de son conseil privé. Il a laissé : *Réflexion d'un jurisconsulte sur l'ordre de la procédure,* trad. de Steck, 1764. — *Lettre d'un habitant de Berlin à son ami de La Haye,* 1775, in-8, et des traduct. estimées d'*Ammien-Marcellin,* etc., 1775, 3 vol. in-12, et des *Écrivains de l'Hist. d'Auguste,* 1783, 3 vol. in-12. L'édition de Paris, 1816, est précédée d'une notice par Barbier sur la vie et les ouvr. du traducteur.

MOULTRIE (Guillaume), major-général dans l'armée d'Amérique, se consacra dès sa jeunesse au service de son pays, et préluda, en 1760 et 1761, dans la guerre contre les Chérokées, aux exploits qui devaient plus tard le placer parmi ses plus braves défenseurs. Colonel d'un régiment, il défendit contre les Anglais le fort de l'île de Sullivan, qui dep. s'est appelé de son nom *Fort-Moultrie,* gagna sur eux la bataille de Beaufort en 1779, et, après avoir servi constamm. avec la même valeur dans toute la guerre, revint en 1782 dans la Caroline-Méridion., dont il fut nommé gouvern. Il mourut à Charlestown en 1805, à 76 ans. On a de lui des *Mém.* sur la révolution d'Amérique, dans les deux Carolines et dans la Géorgie, 1802, 2 vol. in-8.

MOUNDAR (Abou'l-Hakem, al), premier roi maure de Saragosse, était gouvern. de cette ville sous Soleiman; profitant des troubles qui agitaient alors l'Espagne musulmane, il secoua l'un des prem. le joug des Ommiades, et prit le titre de roi vers 405 de l'hég. (1014 de J.-C.). Il mourut assassiné en 1039, après un règne glorieux : les histor. vantent ses talents militaires et sa munificence envers les poètes et les savants.

MOUNIER (Jean-Joseph), homme d'état, né à Grenoble en 1758, d'une famille de négociants, se fit recevoir avocat en 1779, acquit peu après la charge de juge royal, et, pendant six ans qu'il en exerça les fonct., sut se concilier l'estime publiq. par ses talents et son intégrité. Les événements ne tardèrent pas à révéler en lui toutes les autres qualités d'un gr. citoyen. On sait que les états du Dauphiné donnèrent les premiers à la France l'impulsion constitutionnelle. Mounier en fut l'âme et dirigea les opérations de l'assemblée de Vizille (21 janv. 1788), dont il fut le secrétaire et l'orateur. La réunion des trois ordres et le vote par tête sont dus à ses propositions. Lors de la convocation des états-généraux, il y parut avec l'influence que lui avait donnée sa conduite antérieure; dans la fameuse séance du *Jeu de Paume*, ce fut sur sa proposition que tous les députés, moins un seul, jurèrent de ne se séparer qu'après avoir donné une constitution à la France. Cependant il crut devoir s'opposer au système qui prévalut, après le 14 juillet; il combattit avec force les restrictions imposées au pouvoir roy., et voyant ses efforts inutiles, cessa de participer aux travaux du comité de constitution. Président de l'assemblée pendant les 5 et 6 octobre, il prévint beaucoup de maux par sa fermeté héroïque. Le lendemain il envoya sa démiss., et se retira à Grenoble, où il fut reçu de la manière la plus honorable; mais il ne put y prolonger son séjour. Dénoncé chaque jour comme un traître, il se vit forcé, dans le mois de janvier 1790, d'aller chercher un asile avec sa famille dans les pays étrangers. Il resta deux ans en Suisse, se rendit ensuite en Angleterre, refusa, par patriotisme, la place de gr.-juge au Canada, mais se chargea de l'éducation du fils d'un pair, et parcourut avec son élève la Suisse et une partie de l'Italie. En 1797 il fonda à Weimar, sur l'invitation du duc, un établissement où se compléterait l'instruction des jeunes gens destinés à des fonctions publiq. : le succès en fut brillant et lui attira la plus grande considérat. Dominé par un vif amour de la patrie, il se hâta de rentrer en France dès que les circonstances le lui permirent; ses anciens collègues le décidèrent, en 1802, à accepter la préfecture d'Ille-et-Vilaine. L'état de sa santé lui fit désirer d'être dans un département du Midi ; mais Napoléon le nomma conseiller-d'état en 1804. Mounier mourut en janvier 1806. Ses principaux ouvr. sont : *Nouv. observat. sur les états-génér.*, 1789, in-8. — *Considérations sur le gouvernem.*, etc., *qui convient à la France*, 1789, in-8. — *Exposé de la conduite de Mounier*, etc., 1790, in-8. — *Appel à l'opinion publique*, 1790, in-8. — *Recherches sur les causes qui ont empêché les Français de devenir libres*, 1792, 2 vol. in-8. — *Adolphe*, 1794, in-8. — *Relat. des malheurs de Genève*, 1794. — *De l'influence attribuée aux philosophes, aux francs-maçons*, etc., 1801; Paris, 1821, in-8. M. Berriat-Saint-Prix a publ. : *Éloge histor. de Mounier*, 1806.

MOUNTFORT (GUILLAUME), comédien, né en 1659 dans le comté de Stafford, obtint une grande réputation dans les rôles d'amoureux et de petits-maîtres; il avait le talent de contrefaire d'une manière admirable la voix et les gestes de ceux qu'il voulait imiter. Mountford périt en 1692, victime d'une misérable intrigue à laq. il était étranger. On a de lui : *les Amants outragés*, tragédie, 1688; *Édouard III*, 1691 ; *le Parc de Greenwich*, comédie, 1691 ; *les Heureux étrangers*, 1696; *la Vie et la Mort du doct. Faust*, 1697; *Zelmane*, trag., 1705.

MOURAD-KHAN (ALY), 5e prince de la dynastie des Zend en Perse, régna 4 ans sous le titre de *vekkil* (régent), après avoir renvoyé l'usurpateur Sadek, qu'il fit mettre à mort avec toute sa famille (1781). Maître d'Ispahan, de Chyraz et de la plus grande partie de la Perse, il songeait à rétablir la tranquillité dans ce pays, depuis long-temps en proie à l'anarchie, lorsque la révolte de l'eunuque Agha Mohammed l'obligea de reprendre les armes. Mourad-Khan mourut avant la fin de cette guerre en 1785.

MOURAD-BEY, célèbre chef de mamelouks, était né en Circassie vers 1750. Devenu l'un des vingt-quatre beys d'Égypte, il s'unit à son rival Ibrahim contre les autres beys qui voulaient leur disputer le gouvernement du Kaire, et après une longue alternative de succès et de défaites, resta maître de l'Égypte avec son collègue. Le gouvern. que la Porte continua d'entretenir au Kaire n'avait l'autorité que de nom, et malgré les efforts du pacha turk Ghazy-Haçan, les deux beys conservèrent le pouvoir, et cessèrent même d'envoyer un tribut à Constinople. Telle était la situat. de Mourad-Bey lorsque les Français débarquèrent en Égypte. Le chef mamlouck, abandonné de son collègue Ibrahim, supporta seul le poids de cette guerre, et, pendant 3 ans, résista aux meilleures troupes de l'Europe, combattant des ennemis supérieurs en nombre, sans cesse battu, ne se décourageant jamais, et reparaissant lorsqu'on croyait ses forces anéanties. Une lutte aussi héroïque lui avait mérité l'estime des vainqueurs; il demanda à traiter, fut favorablement accueilli de Kléber, obtint de ce général le titre de gouverneur d'une partie de la Haute-Égypte, lui promit une fidélité qui ne s'est jamais démentie (1800), et s'engagea au besoin à se joindre aux Français pour expulser les Turks. Plus tard, le refus imprudent que fit Menou des services de Mourad-Bey ne refroidit point la reconnaissance du mamlouck, qui d'ailleurs craignait pour sa sûreté après le départ des Français. Il se disposait à se rendre au Kaire près du général Belliard, lorsqu'il mourut de la peste, le 22 avril 1801.

MOURADGEA D'OHSSON (IGNACE), Arménien d'origine, était né à Constantinople en 1740; il entra fort jeune dans la légation de Suède, devint en 1782 chargé d'affaires de ce royaume, et en 1795 reçut le titre de ministre de Suède près de la Porte. Mouradgea travailla toute sa vie à rassembler les matériaux d'un ouvrage destiné à faire connaître à l'Europe l'hist., les lois et la civilisat. des Turks; c'est en français qu'il le rédigea pend. son séjour à Paris de 1784 à 1795. L'emper. Sélim, qui voyait dans les travaux de Mouradgea un honneur rendu à sa nation, les favorisa de tout son pouvoir, et fit mettre à sa disposition les archives de Constantinople. En 1799, il revint à Paris pour y continuer son gr. ouvr.; devenu veuf, il y épousa une Française qui se chargea de corriger le style de ses MSs. La rupture de la Suède avec la France lui ayant rendu le séjour de Paris impossible, il obtint l'autorisation d'habiter le château de Bièvre, où il mourut en 1807. On a de lui : un *Tableau général de l'empire othoman*, 1787-90, 2 vol. in-fol., avec 137 pl. Un 3e vol. publié en 1821, par les soins de M. d'Ohsson fils; complète la législation mahométane et l'état de l'empire othoman. L'histoire de cet empire, qui devait former la seconde division de ce gr. et import. ouvr., est restée MS. Une 2e édit. de la partie impr. a paru de 1787 à 1824, 7 vol. in-8. On doit encore à Mouradgea : *Tableau historique de l'Orient*, 1804, 2 vol. in-8 ; c'est une introduction à l'ouvr. précéd.

MOURAVIOF (Michel-Nikititsch), poète, historien et moraliste, né à Smolensk en 1757, mort à Pétersbourg en 1807, était officier supérieur dans la garde impériale lorsque la réputation qu'il s'était acquise décida Catherine II à le nommer chev. d'honneur et instituteur de ses enfants. Tout entier à d'aussi importants devoirs, il ne composa plus que des ouvr. propres à former l'esprit et le cœur des deux jeunes princes confiés à ses soins. Tels sont : *le bon Enfant, les lettres d'Émile, les Dialogues des morts, l'Habitant du fauxbourg*, 1789 ; *Essais d'hist., de morale et de littér.*, 1796. Mouraviof, qui avait abandonné la carrière militaire, devint, sous le règne d'Alexandre, sénateur, conseiller privé, puis adjoint du ministre de l'instruction publique, et prit une grande part à l'organisation de cette branche importante de l'administration. Outre les divers ouvr. déjà cités, on lui doit : *Traits divers relatifs à la géographie de la Russie et à la réunion de ses nombreuses principautés en une seule monarchie*, 1810. Les *OEuvres complètes* de Mouraviof ont été impr. en 1820.

MOURET (Jean-Joseph), composit., né à Avignon en 1682, vint à Paris en 1707, fut nommé surintendant de la musique de la duchesse du Maine, et composa pour les fêtes de Sceaux un gr. nombre de divertissem. dont la plupart des airs sont restés populaires. Mouret devint musicien du roi, direct. du concert spirituel et compositeur de la Comédie Ital. Il perdit ses div. places en 1736. Le chagrin qu'il en ressentit, aliéna sa raison, et le conduisit au tombeau en 1738. On a de lui un gr. nombre de compositions instrumentales et vocales, trois livres d'*Airs sérieux et à boire*, et plus. opéras, entre autres les *Amours des Dieux*, le *Triomphe des Sens*, etc.

MOURGUES (Michel), jésuite, né en Auvergne vers 1642, mort en 1713 à Toulouse, où il professait la rhétorique et les mathémat., a publ. quelq. ouvr. estimables dont les princip. sont : *Tr. de la poésie franç.*, 1754, par les soins du Père Brumoy. Cette édit. la plus récente est aussi la meilleure.— *Plan théologique du Pythagorisme et des autres sectes sav. de la Grèce*, etc., 1712, 2 vol. in-8. — *Parallèle de la morale chrétienne avec celle des anc. philosophes*, etc., 1701, in-12 ; 1769, in-12.

MOURRE (Joseph-Henri-Louis-Grégoire, baron), procur.-général à la cour de cassat., né en 1762 à Lorgues (Provence), entra dans la congrégat. des doctrinaires, et y remplit div. chaires. Il en sortit pour étudier le droit, et s'étant fait recevoir avocat au parlem. d'Aix, il commençait à exercer sa profession lorsque la révolut. supprima les parlements. Forcé de chercher un asile à Paris en 1792, il obtint peu après la place de chef de division au ministère de la justice. Il quitta cette place en 1796 pour celle de juge au tribunal de la Seine, et fut en 1800 conseiller à la cour d'appel, dont quelq. jours après il devint procur.-génér. L'un des présidents de la cour de cassation lors de sa réorganisat. en 1814, il remplaça Merlin de Douai comme procur.-gén. Pend. les *cent-jours* il donna sa démission. Aussi rentra-t-il de droit dans ses fonct., qu'il exerça avec talent et intégrité jusqu'après la révolut. de 1830. Un *Discours*, dans lequel il avait paru donner des regrets au régime détruit par cette révolution, fut l'occasion de sa mise à la retraite. Il mourut à Paris en 1832.

MOURTEZA, Géorgien, devint pacha de Bagdad en 1063 de l'hég. (1653 de J.-C.), après avoir été selikhdar du gr.-seigneur, visir et pacha d'Erzeroum. Libéral et juste, mais inconstant, capricieux et bizarre il se montra mauvais politique dans sa conduite envers les habitants de Bassorah, qui l'avaient appelé à leur secours. Il fut battu par les Arabes révoltés, et à son retour à Bagdad (1655) se vit privé de son pachalik. Cependant, il obtint celui de Diarbekir, regagna la faveur du divan en lui envoyant la tête d'un pacha rebelle, et reparut à Bagdad en 1659. Son nouveau pouvoir ne dura que trois ans. Accusé d'intelligence avec la Perse, il fut déposé, obligé de fuir, et mis à mort par les ordres du pacha de Diarbekir (1662).

MOUSA, fils de Bajazet Ier, reçut du vainqueur de son père l'investiture de l'Asie-Mineure. Après le départ de Tamerlan, les Turks, honteux d'obéir à un prince sans courage, se soumirent à Soleiman, qui régnait dans les provinces européennes. Mousa céda sans combattre, ne reparut qu'après la mort de Soleiman, mais trouva bientôt un nouveau compétiteur dans Mahomet, son second frère. Atteint dans sa fuite par les soldats de Mahomet, il montra quelque résolution, et périt les armes à la main en 816 de l'hég. (1413 de J.-C.).

MOUSA AL KADHEM, 2e fils de Djafar-al-Sadik, né entre la Mekke et Médine vers l'an 129 de l'hég. (746 de J.-C.), fut le 7e des douze imans révérés par les musulmans chyites comme khalyfes légitimes. Haroun-al-Reschid, craignant qu'il n'occasionnât des troubles, le fit secrètem. périr en 799 (183 de l'hég.). Mousa était hautement révéré par les musulmans. Son tombeau, situé à Bagdad, est encore un lieu de pélerinage très fréquenté.

MOUSA BEN-CHAKIR, vivant au commencement du 9e S., est aut. d'un ouvr. intit. les *Sources de l'histoire*.—Admed, Haçan et Mohammed-ben Mousa, ses trois fils, célèbres dans tout l'Orient vers le milieu du 9e S., ont publié en commun plus. ouvr. scientifiques. Mohammed mourut en 873, laissant des *Tables astronom.* très estimées de son temps. Admed passe pour avoir écrit un *Livre de musique* et un *Traité de machines*. Haçan a composé un *Traité du cylindre* et divers ouvr. de géométrie et de mécanique.

MOUSA BEN-NASER (Abou-abd-al-Rahman), gén. du khalyfe Walid Ier, fut nommé par ce prince vice-roi de l'Afrique en 703. Il méditait la conquête de l'Espagne et même l'asservissement de l'Europe-

Méridionale, lorsque la trahison du comte Julien favorisa ses projets ambitieux. De concert avec son lieuten. Tarik, il subjugua, dans l'espace de deux ans, les plus riches contrées de la Péninsule, franchit les Pyrénées, et s'avança en France jusqu'aux portes de Carcassone. Politiq. habile autant qu'heureux guerrier, Mousa laissait aux habitants le libre exercice de leur religion, et garantissait la conservation de leurs propriétés. Accusé d'injustices envers Tarik, dont il avait cherché à usurper la gloire, Mousa fut rappelé à Damas, et, malgré ses éclatants services, condamné à être battu de verges et à payer une amende de 200,000 dinars d'or. Exilé à la Mekke (715), le malheureux gén. mourut dans cette ville vers 718, de la douleur que lui causa la fin tragiq. de son fils Abd-el-Aziz.

MOUSCHEGH, prince des Mamigonians, succéda à son père Vasag dans le gouvernem. du Daron en 570, et fut investi de la charge de connétable par l'emper. Valens. Pendant plus. années, il défendit l'Arménie contre les Persans, rétablit et maintint sur le trône Bab, roi de cette province, et périt assassiné par les ordres de Varaztad, dont il avait favorisé l'avénement. — MOUSCHEGH, de la famille du précédent, et comme lui prince du Daron, succéda à son père en 555, et reçut de l'emper. Maurice le titre de duc de l'Arménie-Romaine. Il contribua à rétablir sur le trône Khosrou, roi de Perse; néanmoins, desservi près de ce prince par quelq. courtisans, il fut obligé dans la suite de repousser ses attaques. Mouschegh mourut en 604, après avoir désigné Vahan comme son successeur.

MOUSIN (JEAN), médecin, né à Nancy en 1575, mort en 1645, parcourut l'Espagne, l'Allemagne, l'Italie, séjourna long-temps à Padoue, et se fit partout remarquer par la supériorité de son esprit et l'étendue de ses lumières. On a de lui quelques ouvr.; mais le suiv. est le seul qui soit recherché des curieux : *Discours de l'ivresse et ivrognerie, auquel les causes, nature et effets de l'ivresse sont amplement déduits, avec la guérison et préservat. d'icelle, ensemble, la manière de carrousser, et les combats bachiques des anc. ivrognes,* 1612, in-12.

MOUSLEM CHÉRYF ED-DAULAH (ABOU'L MOCREM), 5e ou 6e prince okaïlide de Mossoul, succéda à son père Coraïsch en 453 de l'hég. (1061 de J.-C.); et étendit sa dominat. depuis Alep jusqu'à Bagdad, se distingua par son courage et sa justice; et fut tué en 1085 dans un combat contre le prince seldjoukide Soleiman.

MOUSSET, poète français du 16e S., passe pour avoir le prem. composé des vers scandés à la manière des Grecs et des Latins; il avait traduit de cette manière l'*Iliade* et l'*Odyssée :* cet ouvr. ne se trouve cité dans aucun catalogue; Daubigné seul en fait mention dans ses *Petites œuvres mêlées.*

MOUSSINE-POUSCHKINE (le comte ALEXIS-IWANOWITSCH), sénateur, conseiller privé et présid. de l'acad. des beaux-arts de Pétersbourg, né en 1744, mort en 1817, mit toute sa vie un grand zèle à la recherche des antiquités russes. On lui doit la découverte et la publication de plus. des maté-

riaux les plus précieux de l'histoire de Russie, et entre autres le *Récit de l'expédit. d'Igor*, MS. du 12e S. d'un grand intérêt.

MOUSTIER, échevin de Marseille, a mérité dans l'histoire une place à côté du généreux Belzunce. Dès les prem. ravages de la peste de 1720, il se mit à la tête de toutes les corvées dont ses collègues n'osaient point se charger. Il fallait enlever les cadavres que la mort entassait chaque jour par milliers, et les forçats, pour obtenir la liberté, remplissaient ces dangereuses fonctions. Mais il fallait un magistrat qui voulût les suivre et les encourager. Moustier fut cet homme intrépide. Tantôt à cheval, tantôt à pied, l'épée dans une main et la bourse dans l'autre, on le vit, toujours infatigable, punir, récompenser et travailler lui-même à la tête de ces ignobles bandes, qu'il avait su rendre utiles à la société. Il mourut victime de son beau dévouement.

MOUSTIER (ÉLÉONORE-FRANÇOIS ÉLIE, marquis de), né à Paris en 1751, d'une ancienne famille de Franche-Comté, entra fort jeune au service, accompagna son beau-frère, le marquis de Clermont-d'Amboise, dans les ambassades de Lisbonne et de Naples, et en 1778 fut nommé ministre du roi à Trèves. Voué désormais à la carrière diplomatiq., il remplit successivement les fonctions de ministre plénipotent. en Angleterre (1783), aux États-Unis (1787) et en Prusse (1790). Mandé en 1791 à Paris par le roi, qui le pressa vainem. d'accepter le ministère des affaires étrangères, il refusa de retourner à Berlin, et fut nommé à l'ambassade de Constantinople. Les événements l'ayant bientôt forcé de chercher un asile hors de France, il rejoignit les princes, servit leur cause en Angleterre et en Prusse, suivit Louis XVIII à Hartwell, et ne rentra en France qu'en 1814. Il mourut en 1817. De ses nombreux écrits, les suiv. seuls ont été impr. : *De l'intérêt de la France à une constitution monarchique*, 1791. — *De l'intérêt de l'Europe dans la révolution française*, 1793. — *Observations sur les déclarations du maréchal prince de Cobourg aux Français*, 1793.

MOUSTIER (FRANÇOIS-MELCHIOR, comte de), maréchal-de-camp, mort en 1828, était garde-du-corps à l'époque de la révolution. Louis XVI lui confia, ainsi qu'à deux de ses camarades, le dangereux honneur de l'accompagner dans son voyage de Varennes. Arrêté avec le roi, il fut en butte aux insultes de la populace. Heureusem. il échappa à la hache révolutionnaire; aussitôt il s'empressa de se rendre à l'armée des princes, puis à celle de Condé. Il servit ensuite en Russie, devint colonel, et fut décoré de l'ordre de Ste-Anne et de la médaille d'argent. Lorsqu'il revint de l'émigration en 1815, il fonda un service annuel et expiatoire à la mém. de Louis XVI dans l'église de St-Eustache. Il a publié une *Relat. du voyage de S. M. Louis XVI lors de son départ pour Montmédy, et de son arrestation à Varennes,* in-8.

MOUSTIER (DE).—V. DEMOUSTIER et MÉRINVILLE.

MOUTON (GABRIEL), sav. ecclésiastique, né à

Lyon en 1618, mort en 1694, vicaire d'une des paroisses de cette ville, consacra ses loisirs à l'étude de l'astronomie. On lui doit l'ouvr. suiv., dont Lalande a fait un éloge mérité : *Observationes diametrorum solis et lunæ apparentium, meridianarumque aliquot altitudinum*, etc., in-4, 1670. Il est encore auteur d'une table de logarithmes avec sept décimales, insérée dans les *Tables* de Gardiner, Avignon, 1770.

MOUTON (JEAN-BAPT.-SYLVAIN), écrivain janséniste, né vers 1740 à la Charité-sur-Loire, se fixa en Hollande près de l'abbé Dupac de Bellegarde, et le seconda dans sa vaste correspondance, ainsi que dans la rédaction de ses écrits. Il est auteur de la continuation des *Nouvelles ecclésiastiques*, qu'il commença en 1793, époque où ce recueil cessa d'être publié à Paris, et qu'il poursuivit jusqu'à sa mort, arrivée à Utrecht en 1803.

MOUTON-DUVERNET (RÉGIS-BARTHÉLEMY), lieutenant-général, né en 1769 au Puy, s'enrôla dès l'âge de 17 ans dans le régiment de la Guadeloupe, et fit dans la colonie les campagnes de 1787 à 1791. De retour en France, il servit à l'armée des Alpes, puis en Italie où il se signala lors de la prise du pont d'Arcole. Nommé major en 1806, puis commandant au 63e de ligne, il fit avec ce corps les campagnes à la gr.-armée d'Allemagne. Envoyé en Espagne, il y donna de nouvelles preuves de son courage, fut fait général de brigade en 1811 et général de division en 1813. Lors du retour de Napoléon de l'île d'Elbe, il fut nommé membre de la chambre des représent. et gouverneur de Lyon. Ses discours à la tribune ayant donné lieu à sa mise en jugement après la deuxième restauration, il fut arrêté à Montbrison, mars 1816, puis conduit à Lyon, où, le 19 juillet, il subit avec courage la peine capitale.

MOUTONNET CLAIRFONS (JULIEN-JACQ.), littérateur, né au Mans en 1740, mort en 1813 à Paris, où il occupait un emploi dans l'administration des postes, est auteur de plus. ouvr. estimés : *Les baisers de Jean Second*, trad. avec le texte latin, 1771, in-8. — *Les Iles fortunées*, etc., 1771 ; inséré dans la collect. des *Voyages imaginaires*. — *Anacréon, Sapho, Bion, Moschus*, etc., traduit du grec, 1773, in-8 ; 1779, 2 vol. in-12. — *Léandre et Héro*, trad. de Musée, 1774-75, in-12. — *L'Enfer du Dante*, trad. de l'ital. avec le texte en regard, 1776, in-8. — *Manuel épistol., ou choix de lettres puisées dans les meilleurs aut. franç. et lat.*, 1785, in-12. — *Lettre à M. Clément*, etc., 1772, in-8. *Le véritable philanthrope*, 1790, in-8. — *La Galéide, ou le chat de la nature*, 1798, in-8. On trouve une *Notice* sur Moutonnet dans les *Consolations d'un solitaire* par M. Duronceray, 1815.

MOUVANS (PAUL-RICHIEUD), dit le *Brave*, officier protestant, né à Castellane en Provence, se signala dans les guerres civiles du 16e S. Il prit les armes pour venger la mort de son frère tué à Draguignan dans une émeute, et ne consentit à licencier sa troupe qu'après avoir obtenu des condit. avantageuses du comte de Tende. Il se retira pendant quelque temps à Genève. Le duc de Guise, qui voulait le détacher du parti protestant, lui fit faire vainement les offres les plus brillantes. Les nouveaux troubles qui éclatèrent à l'occasion du massacre de Vassy, en 1562, le ramenèrent en France, où il continua de se distinguer. Enfin en 1568 il fut tué ou peut-être se tua lui-même dans un combat malheur. livré à Mésignac en Périgord.

MOWAFFEK-BILLAH (ABOU-AHMED-TELHAH AL), prince abasside, et 5e fils du khalyfe Motawakkel, fut exclu du trône par l'injustice de son père ; mais dépositaire de l'autorité souveraine sous son frère Motamed, il releva la gloire du khalyfat, rétablit la paix dans Bagdad, et triompha de plus. rebelles, entre autres du fameux Yacoub et d'Aly, prince des Zendges, auq. il fit trancher la tête en 270 de l'hég. Associé à l'empire par le frère indolent dont il soutenait le pouvoir. Mowaffeck ne vécut pas assez pour régner ; il mourut de la lèpre en 278 de l'hég. (891 de J.-C.). Son fils Mothadhed succéda à ses droits.

MOYLE (WALTER), presbytérien, né en 1672 à Baks (Cornouailles), mort en 1726, avait siégé en 1695 dans la chambre des communes. Il est auteur de plusieurs écrits historiques et scientifiques, entre autres d'un *Essai sur le gouvernement de Rome*, trad. par Barrère en 1801, et de quelques traduct. de Xénophon et de Lucien. Ses *OEuvres* ont été recueillies à Londres en 1726, 2 vol. in-8. Hammond a publié un supplément.

MOYSANT, né près de Caen en 1755, mort en 1813 bibliothécaire de cette ville, avait exercé la profession de médecin. On a de lui : *Bibliothèque des écrivains français*, etc., Londres, 1800, 4 vol. in-8. — *Recherches historiques sur la fondation du collège de N.-D. de Bayeux*, etc., 1785, in-4. Une *Notice historique* sur sa vie a été publiée par M. Hébert, son neveu, 1814, in-8.

MOZART (WOLFGANG-AMÉDÉE), célèbre compositeur, né à Salzbourg en 1756, commença dès l'âge de trois ans ses études musicales, et devint en peu de temps un habile pianiste. A six ans il fut présenté à l'emper. François Ier qui le nomma son *petit sorcier* ; et bientôt on parla dans toute l'Europe de l'enfant extraordin., pour qui la musique semblait être sa langue naturelle. Il n'avait pas encore huit ans lorsqu'en 1763 il parut à la cour de Versailles ; ses prem. productions datent de cette époque ; ce sont deux œuvr. de sonate qu'il dédia l'un à Mme Victoire, fille de Louis XV, l'autre à la comtesse de Tessé. L'année suivante, il passa en Angleterre ; le roi George III, lui-même très bon musicien, se plut à lui faire exécuter les morceaux les plus difficiles. Après une absence de trois ans, il revint à Salzbourg pour se livrer à l'étude de la composition et méditer les grands maîtres. Il avait douze ans lorsque Joseph II lui ayant demandé un opéra buffa, il composa *la Finta semplice*. En 1771 Mozart donna sur le théâtre de Milan son *Mithridate*, qui eut vingt représentations consécutives. Comblé d'honneurs et de gloire pend. son séjour en Italie, il revint à Vienne, où il se lia avec Haydn.

il fit ensuite un second voyage à Paris dans le dessein d'y donner un opéra; mais ayant assisté à la prem. représentat. de l'*Alceste* de Gluck, qui, comme on sait, fut d'abord peu goûté du public, il retourna près de Joseph dont il ne quitta plus le service. Dès-lors chaque année vit éclore de nouv. chefs-d'œuvre, entre autres *don Juan, les Noces de Figaro, la Flûte enchantée, la Clémence de Titus*, etc. Son âge lui promettait encore de longs triomphes, lorsque tout-à-coup sa santé s'altéra, et après une courte maladie, il mourut le 5 déc. 1791, n'ayant pas encore 36 ans. Mozart avait essayé tous les genres et excellé dans tous. Doué d'une facilité de création inconcevable, il a composé un nombre infini d'ouvr., dont la liste seule remplit un catalogue volumineux. Nous avons cité ses principaux chefs-d'œuvre dramatiques : nous nommerons encore l'admirable *Messe de requiem*, qui fut pour lui le chant du cygne : l'édit. donnée en 1805 par le conservat. est précédée d'une *Notice* sur Mozart par Sevelinges. On peut encore consulter la *Notice* de Schlichtegroll, dans le *Nécrologe allemand* de 1793, t. II, et trad. en franç. par Winckler dans le *Magasin encyclopédique*, 1801, t. III; la *Vie de Mozart*, par le professeur Niemtschek; *l'Esprit de Mozart*, 1804; les *Anecdotes sur Mozart*, par Cramer, 1801, in-8.

MOZZI (MARC-ANTOINE), *Mutius*, chanoine de Florence, né en 1678, mort en 1756, avait cultivé avec succès les lettres et les beaux-arts : en 1701 il prononça, par ordre de Côme III, l'oraison funèbre de Charles II, roi d'Espagne, et en 1703, celle de Léon Strozzi, archev. de sa ville natale. Il mourut en 1756, membre de l'acad. de *la Crusca*, profess. de littérat. toscane à l'acad. de Florence, et théologien de la princesse Béatrix de Bavière. On a de lui : *Discorsi sacri*, 1717. — *Sonetti sopra i uomi dati ad alcune dame fiorentine*, etc., 1705, — *Istoria di S. Cresci e de' santi martiri suoi compagni*, etc., 1710, in-fol. — *Vita di Lorenzo Bellini Fiorentino*, insérée dans les *Vies des illustres Arcadiens.* — *Traduzione in versi sciolti degli inni di Prudenzio*, 1740.

MUCIEN (P.-LICINIUS-CRASSUS), *Mucianus*, favori de Vespasien, appartenait à une des plus illustres familles de Rome, et parvint au consulat l'an de J.-C. 52. Mais son faste et son amour pour les plaisirs le ruinèrent complètem. Claude l'envoya ou plutôt l'exila en Orient avec un commandem. subalterne. Lorsq. l'empire fut tombé entre les mains de Vitellius, Mucien se trouva au nombre de ceux qui engagèrent Vespasien à se déclarer son compétiteur, et rassembla de gr. forces pour marcher contre Vitellius. Mais Antonius-Primus avait déjà battu les troupes de ce prince, et ses soldats l'avaient mis à mort. Mucien courut alors vers les rives du Danube que les Daces avaient franchies, et il les repoussa au-delà du fleuve. Arrivé à Rome, il y gouverna en maître pendant l'absence de Vespasien, qui, lorsqu'il fut arrivé dans sa capitale, ne diminua en rien l'autorité de son favori. Mucien abusa quelquefois de son autorité et

se fit reprocher soit des exactions, soit la protect. qu'il accordait aux accusateurs. Au reste, il paraît qu'il conserva toujours sa faveur, car on retrouve encore deux fois son nom dans les fastes consulaires, l'an 70 et l'an 74 de J.-C., et il mourut deux ans avant Vespasien, c'est-à-dire en 79.

MUDGE (THOMAS), célèbre mécanicien anglais, né à Exeter en 1715, montra fort jeune encore des disposit. extraordin. pour l'horlogerie, et acquit en peu de temps une grande supériorité dans cette science. Au nombre des ouvrages précieux qu'il a exécutés, on cite deux montres, l'une à équation, l'autre à répétition, commandées par le roi d'Espagne Ferdinand VII; et un garde-temps qui mérita à son auteur une prime de 500 liv. sterl. On doit à Mudge le perfectionnem. des montres marines, et l'invention d'un nouvel échappem. pour les montres ordinaires. Cet artiste, mort en 1794, a publ. : *Pensées sur les moyens de perfectionner les montres, particulièrement celles de la marine*, 1766. — MUDGE (William), fils du précéd., major-général dans l'armée anglaise, né à Plymouth en 1762, servit d'abord dans l'artillerie, et y obtint le grade de capitaine. Mais bientôt la publication de quelque *Mémoire* dans les *Transactions* de la soc. royale de Londres dont il était membre, appelèrent sur lui l'attention du gouvernem., qui le chargea de lever le plan trigonométrique de l'Angleterre. En récompense de ses laborieux travaux, Mudge fut promu au grade de major-général. En 1819 il accompagna M. Biot aux îles Orcades pour y déterminer la longitude de plusieurs points. Ce savant mourut à Londres en 1820. Il était correspond. de l'Institut de France et de l'acad. de Copenhague. On lui doit : *An Account of the operations for accomplishing the trigonometrical survey of England and Wales*, 1799, 1811, 3 vol. in-4.

MUGUET DE NANTHOU (FRANÇOIS-FÉLIX-HYACINTHE), constituant, né à Besançon en 1760, était avocat du roi et lieuten.-gén. au bailliage de Gray. Les services qu'il avait rendus dans des circonstances difficiles le firent élire aux états-généraux de 1789, où il se distingua par une élocution facile. Membre du comité des recherches, il présenta de fréquents rapports sur les troubles qui éclatèrent sur les différ. points du roy., et provoqua la punition de leurs auteurs. Après le départ du roi, il fut l'un des commiss. chargés de maintenir l'ordre dans Paris; et dans les différ. rapports qu'il fit au nom des comités réunis, ne se montra point au-dessous de la gravité des circonstances. A la fin de la session il fut juge à l'un des tribunaux de Paris; mais, résolu de ne plus prendre part aux affaires publiques, il fit agréer sa démission et se retira dans ses propriétés près de Gray. L'obscurité dont il s'entoura ne put le préserver des persécutions de la terreur. Arrêté deux fois, il dut la vie à sa fermeté. Élu en 1798 au conseil des cinq-cents, il refusa cet honneur, ainsi que les offres de Bonaparte, et n'accepta que la place de maire de Soing. Cette commune lui dut de nombreuses améliorations : il s'occupait de lui procurer des eaux de source, lorsque, saisi de la fièvre, il mourut victime de sa philanthropie en 1808.

MUHLENFELS (JEAN-HENRI MULLER DE), charlatan, né vers 1579 à Wasselone (Alsace), avait été barbier ; ayant acheté de Daniel Rapold quelq. secrets d'alchimie, il conçut le projet d'exploiter la crédulité publique, à une époque où le manque général de connaissances laissait un vaste champ à ceux qui se disaient possesseurs du grand-œuvre. Peu heureux à la cour de Wurtemberg, le nouvel alchim. se présenta devant l'emper. Rodolphe II, charma ce prince crédule par sa dextérité et par l'étalage de ses prétendus secrets, et en reçut de riches présents, ainsi que le titre de noble sous le nom de Muhlenfels. L'habile charlatan trompa de la même manière plus. seigneurs allemands, vendant aux uns de la teinture d'or, extorquant aux autres des sommes considérables, en leur promettant la découverte du gr.-œuvre. Le rhingrave de Stein, le margrave d'Anspach et le duc de Wurtemberg se laissèrent tour à tour abuser ; mais enfin ses jongleries trouvèrent un terme. Un imposteur, nommé Sendivog, venait d'obtenir à Stuttgard un gr. succès ; Muhlenfels, en cherchant à perdre un rival aussi dangereux, vit ses propres intrigues dévoilées. Il ne devait trouver aucune commisération dans ceux qu'il avait si long-temps trompés ; condamné à être pendu, il fut exécuté au commencem. de 1607. On n'a de lui aucun ouvrage.

MUIR (THOMAS), l'un des chefs de la conspirat. qui eut lieu en Écosse en 1792, et membre de la convention, qui s'assembla ensuite à Édimbourg, fut condamné à une détention de 14 années à Botany-Bay. Cet arrêt fut exécuté, malgré l'éloquente opposition de lord Stanhope, de Shéridan et de Fox, et malgré les efforts que fit le comité de salut public en France pour intercepter la frégate qui le transportait. Cependant Muir s'échappa du lieu de son exil sur un bâtiment américain, et vint en France sur une frégate espagnole, après avoir été pris et relâché par les Anglais, qui ne le reconnurent pas à cause des blessures nombreuses qu'il avait reçues dans le combat. Mais il mourut en 1799, des suites de ces blessures, au moment où l'expédition préparée contre l'Angleterre semblait lui permettre l'espoir de la vengeance.

MUIS (SIMÉON MAROTTE de), né à Orléans en 1587, mort à Paris en 1644, professeur d'hébreu au collége royal, a été justement célèbre par sa profonde érudition dans la science rabbinique. On a de lui : *In Psalmum XIX trium eruditissimor. rabbinorum commentarii hebr. cum lat. interpretatione*, 1620, in-8. — *R. Davidis Kimchi commentarius in Malachiam, hebr. et lat.*, 1618, in-4. — *Bellarmini Institutiones hebraicæ*, 1622, in-8. Ses autres écrits, égalem. très estimés, ont été recueillis en plus. vol., Paris, 1650 ; on cite surtout son *Commentaire des Psaumes*, que Bossuet regardait comme le meilleur.

MULEY-ABD-ALLAH, emper. de Maroc, de la dynastie régnante des Chéryfs-Filely, fils de Muley-Ismaël, succéda en 1729 à son frère Muley-

Ahmed-Dahaby. Son règne offre une longue série de meurtres et d'expédit. malheureuses. Il échoua dans toutes les entreprises qu'à l'instigat. du duc de Ripperda il tenta contre les Espagnols d'Afrique. D'un autre côté, continuellem. en guerre avec ses frères, il fut cinq fois déposé par eux, et ne resta paisible possesseur de l'empire que vers 1742. Malgré sa férocité et son avarice, Muley-Abd-Allah se montra accessible aux Européens ; il conclut la paix avec les Anglais et les Hollandais, et autorisa l'établissem. de plus. comptoirs dans ses états. Il mourut en 1757.

MULEY-ABD-EL-MELEK, roi de Fez et de Maroc, de la prem. dynastie des Chéryfs, servit d'abord dans les armées othomanes. A l'avénement de son neveu Abd-Allah (981 de l'hégire, 1574), il craignit d'être sacrifié à la jalousie barbare de ce prince, et, levant l'étendard de la révolte, se rendit maître du royaume (1576). Encore mal affermi sur son trône, atteint d'ailleurs d'une maladie dangereuse, Abd-el-Melek se vit menacé par don Sébastien, qui, prompt à saisir l'occasion de combattre les infidèles, débarquait sur la côte d'Afrique avec 20,000 Portugais. Le roi musulman essaya d'acheter la paix ; mais, trompé dans ses désirs, il se fit porter en litière à la tête de ses troupes, qu'il commanda en personne à la célèbre bataille d'Alcazar-el-Kebyr. On connaît l'issue de cette journée, si funeste au Portugal, et qui lui coûta son roi. Les Maures victorieux eurent aussi à regretter leur vaillant capitaine : Muley-Abd-el-Melek, épuisé par les fatigues, mourut le jour même de son triomphe.

MULEY-AHMED-DEHABY, empereur de Maroc, succéda en 1727 à son père Muley-Ismaël ; sa généreuse conduite envers son frère Abd-Allah, qui s'était révolté contre lui, semblait promettre un prince humain et juste ; mais cet espoir fut bientôt déçu : Ahmed souilla le trône par toutes sortes d'infamies et de crimes : ni les biens de ses sujets, ni leurs femmes, ni leurs personnes ne furent sacrés pour lui. Déposé momentanément par son frère Abd-el-Melek, il parvint à ressaisir la puissance, et fit mettre à mort les révoltés et leur chef (1729). Ahmed ne survécut que peu de jours à sa victoire.

MULEY-AHMED-LABASS-AL-MANSOUR, roi de Fez et de Maroc, fut proclamé sur le champ de bataille d'Alcazar, après la mort de son frère Muley-Abd-el-Melek, en 986 de l'hég. (1578 de J.-C.). Son règne offre un contraste frappant avec celui des autres monarq. africains : pend. 25 ans la tranquillité de l'empire fut à peine troublée ; une guerre heureuse portée au sein des pays voisins du Niger agrandit les états de Muley-Ahmed, et y répandit d'immenses richesses. Ce prince mourut en 1603, regretté de ses sujets, dont il avait mérité la reconnaissance.

MULEY-ARCHYD, 3e prince de la dynastie des Chéryfs-Filely, est le prem. de cette famille qui ait régné à Maroc. Son père Muley-Aly et son frère Muley-Mohammed avaient possédé Tafilet. Muley-

Archyd, ayant détrôné ce dernier (1664), marcha à la conquête de l'Afrique-Septentrionale, se rendit successivement maître de Fez et de Maroc, et prit le titre d'empereur. Devenu le plus puissant des souverains maures, il chercha à en être le plus riche, n'épargnant ni les exact. ni les crimes pour parvenir à ce but. Quelq. belles qualités, un gr. courage, étaient ternis dans ce prince par une cruauté extraordinaire, l'office de bourreau, qu'il exerçait souvent, lui paraissait le plus bel attribut de son pouvoir. Muley-Archyd mourut en 1672, âgé de 41 ans ; il en avait régné 8.

MULEY-HAÇAN, roi de Tunis, de la dynastie des Hassides, parvint au trône en 940 de l'hég. (1533 de J.-C.), après avoir fait périr ou aveugler la plupart de ses frères et de ses neveux. L'un des prem. ayant imploré le secours de Barberousse, ce cél. capitaine arma une flotte considérable, et, dans le but réel de soumettre Tunis au sulthan de Constantinople, vint attaquer Muley-Haçan, qui, vaincu, abandonné de ses sujets, eut recours à l'emper. Charles-Quint. Une victoire sur Barberousse et la prise de Tunis remirent Muley-Haçan en possess. du trône (1535) ; mais son alliance avec les chrétiens l'avait rendu odieux aux musulmans. Les villes se révoltèrent ; le monarque, obligé de fuir, demanda de nouv. l'assistance de Charles-Quint, et reparut avec 2,000 h. devant Tunis. Battu par son fils Muley-Homaïdah, il fut jeté dans une prison, et privé de la vue. Sa captivité dura peu. Muley-Haçan, délivré par les Espagnols, se réfugia en Italie, où il mourut vers 1545. — **MULEY-HOMAIDAH**, fils du précéd., et dern. roi de Tunis de la dynastie des Hassides, fut proclamé en 950 de l'hég. (1543 de J.-C.). Après sa victoire sur son père, il essaya d'échapper au ressentim. de Charles-Quint en le reconnaissant pour suzerain. Néanmoins les Espagnols mirent à sa place le frère du malheureux Haçan, nommé Abd-el-Melek : ce dern. étant mort, son fils Mohammed lui succéda. Cette nouvelle tyrannie fatigua les Maures, qui rappelèrent leur ancien souverain. Muley Homaidah signala son retour par le massacre de tous ceux qui lui avaient été contraires, et régna paisiblem. jusqu'en 1570, qu'il fut chassé de ses états par Kilidj-Aly, dey d'Alger. Il ressaisit momentanément la puissance (1573) ; mais, repoussé par ses sujets, il alla mourir en Sicile. L'année suivante, Sinan-Pacha soumit Tunis aux Turks, et mit fin à la dynastie des Hassides.

MULEY-ISMAEL, emper. de Maroc, de la dynastie des Chéryfs-Filely, était né vers 1646. Après la mort de son frère Muley-Archyd (1672), il s'empara de Fez, tandis que Tafilet et Maroc reconnaissaient d'autres souverains. Trois ans de guerres signalées par d'atroces cruautés mirent Muley-Ismaël en possession de tout l'empire. La prise de Tanger sur les Anglais (1680), celle de Mahmorah (1681) et de Larache (1689) sur les Espagnols, le siège infructueux de Ceuta, qui dura 26 ans et coûta 100,000 h., enfin un traité de commerce conclu en 1699 avec Louis XIV, sont les princip. événem. de ce long règne ; remarquable par les talents avec lesq. Muley-Ismaël sut faire supporter sa tyrannie. Une expédition contre les Algériens, tentée en 1700 par le monarque en personne, n'aboutit qu'à une honteuse défaite. Les inquiétudes que lui donnait le gr. nombre de ses enfants mâles, la révolte de l'un d'eux, et les préparatifs d'un immense armement contre les Espagnols, que la tempête dissipa en 1722, occupèrent la dern. partie de sa vie. Muley-Ismaël mourut en 1727, à l'âge de 81 ans ; il en avait régné 55.

MULGRAVE (CONSTANTIN-JEAN-PHIPS, lord), navigateur angl., né en 1754, entra de bonne heure dans la marine, où en peu de temps il acquit la réputation d'officier instruit. Depuis plusieurs années on avait mis en discussion la possibilité d'un passage au nord-est de l'Amérique, une expédit. vers le pôle boréal ayant été résolue, Phips, alors simple capit. de vaisseau, offrit ses services à l'amirauté, qui les accepta. Il partit en 1773 avec deux bombardes ; et, après un voyage pénible et souvent dangereux, constata l'impossibilité de franchir les glaces des mers septentrionales ; il s'était élevé au-delà du 80e degré de latitude-nord. A son retour, il fut nommé membre de la chambre des communes (1775), et l'un des commissaires de l'amirauté en 1777 ; ces fonctions ne l'empêchèrent pas de commander un vaisseau de ligne jusqu'à la paix de 1783. L'année suiv. il obtint le rang de pair. Lord Mulgrave mourut à Liége en 1794 ; depuis 3 années le mauvais état de sa santé l'avait forcé à se rendre sur le continent. La relat. de son expédition, publiée par lui-même, a pour titre *Voyage au pôle boréal, entrepris par ordre du roi en 1773*, Londres, 1774, in-4 ; trad. en français par Demeunier, 1775, même format.

MULLER (JEAN), célèbre astronome, plus connu sous le nom de *Regiomontanus*, né en 1436 à Unfind, près de Kœnigsberg, étudia l'astronomie et les mathématiq. sous Purbach, devint bientôt l'associé de son maître, et, après la mort de ce dern., continua les travaux qui lui avaient été confiés par le card. Bessarion. Muller suivit ce prélat en Italie, où sa réputation s'était déjà étendue. A Padoue on lui demanda un cours d'astronomie qui attira un grand concours d'auditeurs (1463). De retour en Allemagne, il résida quelq. années à Bade près de Mathias Corvin, et s'établit ensuite à Nuremberg ; il fonda dans cette ville une imprimerie d'où sont sortis un assez gr. nombre d'ouvr. scientifiques, dont Weidser donne la liste. Attiré à Rome par les vives instances du pape Sixte IV, Muller y mourut en 1476, âgé seulem. de 40 ans. On attribua cette fin prématurée au ressentiment des fils de George de Trébizonde, dont il avait critiqué les traduct. Muller a beaucoup écrit, et la plupart de ses product. eurent de son temps un grand succès ; les plus import. sont : *Ephemerides astronomicæ ab anno 1475 ad annum 1506*, in-4. —*Kalendarium novum*, 1476, in-8, et 1699, sous le titre de *Kalendarium magistri de Monteregio*, etc.—*Tabulæ directionum perfectionumque,*

1485, in-4, réimpr. plus. fois, entre autres en 1584, par Reinhold.—*J. Regiomontani et G. Purbachii Epitome in Almagestum Ptolomœi*, 1496, in-fol., souvent réimpr. — *De triangulis planis et sphœricis libri V, unâ cum tabulis sinuum;* cet ouvr., publié vers 1561, l'avait été d'abord en 1541, in-4 : c'est le plus important. De Murr a mis au jour ses *Lettres inédites* dans les *Memorabilia bibliothecar. norimbergens.* Il a aussi donné : *Notitia trium codicum autographorum J. Regiomontani*, 1801.

MULLER (André), savant orientaliste, né vers 1659 à Greiffenhagen (Poméranie), a beauc. contribué au progrès des langues orient. en Prusse; il s'était particulièrem. appliqué au chinois, et avait fait des travaux considérables sur cet idiome; mais, dans un accès de misanthropie, il brûla une partie de ses écrits; du reste, un caractère difficile et capricieux éloigna de lui ses contemporains. Dix ans de séjour à Londres, où il travaillait à la Bible polyglotte de Walton, et ses relations avec le P. Kircher sont les principaux événements de la vie de Muller; il avait été pasteur de Bernow. En 1667, nommé prévôt de l'église de Berlin, il résigna cet emploi 18 ans après pour se retirer à Stettin, où il mourut en 1694. On a de lui, entre autres ouvr., une bonne édit. des *Voyages de Marco Polo*, 1671, in-4. — *L'Oraison dominicale*, en chinois, comparée avec cent autres versions, 1676, 1680, et 1703, avec la *Vie* de Muller par Stark, et la liste de ses ouvrages. — *Opuscula nonnulla orientalia*, 1695, in-4. — *Speciminum Sinicorum deciniæ de decimis*, etc., 1685, in-fol., ouvrage très rare.

MULLER (Jean-Henri), physicien et astronome, né près de Nuremberg en 1671, mort en 1731 à Altorf, où il professait les mathématiques et la physique, avait été collaborateur d'Eimmart, qui lui donna sa fille en mariage, et lui légua ses MSs. On a de lui, entre autres écrits : *Exercitatio academica de extispiciis veterum*, 1711, in-4. — *Collegium experimentale*, 1721, in-4. — *Observationes astronomicæ*, etc., *in speculá altorfianâ ab anno* 1711, etc., 1723, in-4.— *Dissert. de inœquali claritate lucis diurnæ in terrâ et planetis*, 1729, in-4.

MULLER (Gérard-Frédéric), savant historien, né en 1705 à Hervorden (Westphalie), se rendit à l'âge de 20 ans en Russie, où il passa la plus gr. partie de sa vie, et qui l'a adopté en quelq. sorte comme l'un de ses plus grands hommes. Peu de savants en effet ont été aussi utiles à cet empire. Membre de l'acad. de Pétersbourg, elle le désigna pour faire plusieurs voyages scientifiques; le plus célèbre est celui de Sibérie (de 1733 à 1743), où il accompagna Gmelin et Delisle de la Croyère. A son retour, il obtint successivem. les places d'historiographe, de conservateur des archives impér. aux affaires étrangères, de directeur de l'école des enfants trouvés, et de conseiller d'état. Son mérite supérieur l'éleva constamment au-dessus de ses ennemis; et jusqu'à sa mort, en 1783, il jouit de la faveur de l'impératrice Catherine, et d'une immense réputation acquise par ses importants tra-

vaux. Muller, correspondant de l'académie des sciences de Paris, membre de la société royale de Londres, a écrit en russe, en allemand, en latin et en français; ses principaux ouvr. sont : *Gazette allemande de Pétersbourg*, de 1728 à 1730, in-4. — *Rec. pour l'histoire de Russie* (en allem.), 1752-64, 9 vol. in-8; nouv. édition moins complète, Offenbach, 1777-80, 5 vol. in-8. — *De scriptis tonguticis in Siberiâ repertis*, etc., 1747, in-4. — *Origines gentis et nominis Russorum*, 1749. — *Hist. des voyages et découvertes des Russes*, 1766, 2 vol. in-8. Il a été l'édit. de plus. ouvrages. Il a en outre coopéré à un gr. nombre de rec. et d'écrits scientifiques et littéraires. Ses *Remarques sur le 1er tome de l'Histoire de Russie par Voltaire* sont imprimées dans le *Magasin des amis des sciences utiles*, Hambourg, 1760-61.

MULLER ou MILLER (Jean-Sébastien), peintre et botaniste, né à Nuremberg en 1715, mort en 1783 en Angleterre, où il résidait dep. long-temps en qualité de peintre-graveur, a mis au jour un gr. nombre de gravures et de tableaux; mais son principal ouvrage est son *Illustratio systematis sexualis Linnœi*, texte latin-anglais, Londres, 1777, 15 cahiers grand in-fol. — Muller (Frédéric-Adam), est connu pour avoir réuni une riche collection de grav. relatives à l'hist. du Danemark; la descript. en a été imprimée sous le titre de *Pinacotheca dano-norvegica œre incisa, collecta et in ordinem redacta à F.-A. Muller*, Copenh., 1797, 25 vol. in-fol.

MULLER (Othon-Frédéric), célèbre naturaliste, né à Copenhague en 1730, mort en 1784, obtint de bonne heure, par ses immenses travaux, la réputation d'un observat. égalem. laborieux et éclairé. Le gouvernement danois lui accorda div. emplois, entre autres ceux de conseiller de chancellerie et d'archiv. de la chambre des finances de Norwége; mais dès 1772 Muller renonça à toute fonction publique pour se livrer entièrement à ses goûts. Ses principaux ouvrages sont : *Traité sur quelques champignons*, 1763. — *Fauna insectorum friedrichslatiana*, 1764, 2 vol. in-8. — *Flora friedrichsdaliana*, 1767. — *Traité sur certains vers de l'eau douce et de l'eau salée*, 1771, in-4. — *Vermium terrestrium et fluviatilium succincta hist.*, 1773-74, in-4.— *Hydrachnœ quas in aquis Daniæ palustribus detexit et descripsit*, 1781, in-4. — *Entomostraca, seu insecta testacea*, etc., 1785, in-4. — *Animalcula infusoria fluviatilia et marina*, etc., 1786, in-4.— *Zoologia danica, seu*, etc., 1788-1806 : cet ouvr. a été terminé par MM. Abildgaardt et Rathké. On doit à Muller les deux dern. vol. de la *Flore de Danemark*, commencée par OEder.

MULLER (Louis), ingénieur prussien, né en 1735 dans la marche de Pregnitz, mort en 1804, a beauc. contribué, par ses travaux et par ses écrits, au perfectionnement de l'art militaire en Prusse, surtout en ce qui a rapport au système d'attaque et de défense des places. Il avait servi durant la guerre de sept ans, et obtenu le grade de major en 1797. Ses principaux ouvrages sont : *l'Art des retranchements et des cantonnem. d'hiver*, 1782, in-8.—

Précis des trois campagnes de Silésie, 1785, in-4. — *Tabl. des guerres de Frédéric-le-Grand*, 1785, in-4, trad. en français par Laveaux, 1788, in-4.— *Tactique pure pour l'infanterie, la cavalerie et l'artillerie*, traduit par le même Laveaux, 1787, in-8. Ses *OEuvres milit.*, publiées après la mort de l'auteur, 1806, 2 vol. in-4, ont eu beauc. de succès en Allemagne.

MULLER (CHRISTOPHE-HENRI), né à Zurich en 1740, mort dans cette ville en 1807, professa la philosophie à Berlin, et fit des recherches sur les poëtes allemands du 12e au 14e S., dont il publia un *Choix*, d'après des MSs. peu connus, 1784, 2 vol. in-4. Ses propres écrits ont été recueillis à Zurich en 1792, 2 parties in-8. — MULLER (Frédéric-Auguste), poète allemand, né à Vienne en 1767, mort dans cette ville en 1807, a obtenu chez ses compatriotes une assez grande réputation dans le genre de l'épopée romantique. On cite comme ses chefs-d'œuvre le poème de *Richard- Cœur- de-Lion*, publié en 1790, et celui d'*Alonzo*.

MULLER (JEAN de), célèbre historien suisse, né à Schaffhouse en 1752, montra de bonne heure le goût des sciences histor. Au sortir de ses études, il publia sa *Guerre cimbrique (Bellum cimbricum)*, 1772, in-8, qui lui mérita les éloges et l'amitié d'un grand nombre de sav., entre autres de Bonstetten. Muller occupa d'abord la chaire de langue grecq. dans sa ville natale; il habita ensuite Genève et Berne, où il ouvrit des cours d'histoire univers., et fit paraître le commencement de son *Histoire de la confédération suisse* (1780). Cette prem. publication diffère essentiellement de l'ouvrage tel qu'il a paru quelq. ann. plus tard. En 1780 il se rendit à la cour du grand Frédéric, reproduisit en 1782 ses cours d'hist. à Cassel ; et, après un nouv. séjour en Suisse, fut appelé auprès de l'électeur de Mayence, qui le nomma secrétaire de son cabinet. et son conseiller intime. Lors de l'invasion des armées françaises, il se retira à Vienne, où il obtint la charge de conseiller de la chancellerie d'état ; cependant, contrarié dans ses opinions politiques et religieuses, il quitta l'Autriche en 1804 pour accepter la place que Frédéric-Guillaume lui offrait à l'acad. de Berlin. Les événements changèrent encore sa position : Bonaparte, empressé de s'attacher les hommes illustres des pays qu'il soumettait, le nomma secrétaire d'état du royaume de Westphalie, puis directeur-général de l'instruction publique. Mais le tourm. des fonctions publiques s'accordait mal avec le génie de l'histor.; des trav. multipliés, et le peu de succès de ses soins administratifs altérèrent sa santé; il mourut le 29 mai 1809. Les *OEuvres* de Muller ont été recueill. en 27 vol. in-8, Tubingue ; le dern. vol. porte la date de 1819. Les 5 prem. renferment son *Cours d'histoire universelle*, qui a été trad. en français par J.-G. Hess, 1814-17, 4 vol. in-8 ; les autres comprennent div. écrits, sa *Correspond.*, traduite en français par de Steck, 1810 et 1812, in-8, et l'*Hist. de la confédération helvétique ;* ce dernier ouvrage a été traduit en français par Labaume, 1795-1803, 12 vol. in-8.

On peut consulter sur Muller la notice publiée par Mme Guizot dans le *Mercure de France* du 17 févr. 1810, et une autre trad. de l'allemand de Boettiger, *Magasin encyclopéd.* d'octobre 1809.

MULLER (JEAN-FRÉDÉRIC-GUILLAUME), graveur, né à Stuttgard en 1782, réunissait à une grande habileté dans son art la connais. intime du dessin et de la peinture. Venu à Paris à l'âge de 20 ans, il y coopéra au *Musée* de Robillard, pour lequel il grava entre autres la célèbre *Vénus d'Arles*. Cette œuvre commença sa réputation, qui s'accrut bientôt par plus. autres publications à Dresde et à Stuttgard. La *Madona di Santo Sisto*, d'après Raphaël, son dernier ouvrage , est son chef-d'œuvre. Épuisé par des travaux excessifs, il mourut à Dresde en 1816, à l'âge de 34 ans. On trouve une *Notice* sur cet artiste dans le *Morgen-Blatt* de Stuttgard, août 1816, et dans le *Kunst-Blatt*, p. 81.

MULLER (ADAM), écriv. allem., connu surtout par ses travaux sur l'économie politiq. , fut frappé d'une telle douleur en apprenant la mort de Frédéric Schlegel, arrivée au commencem. de 1829, qu'il expira lui-même peu de temps après. Sa vie avait eu, du reste, une conformité assez remarquable avec celle de son illustre ami. Comme Schlegel, il était né protestant et avait embrassé la religion catholique ; comme lui encore, il était entré au service de l'Autriche, et avait été employé, en qualité de publiciste, au quartier-gén. de l'armée qui tenta vainement de lutter contre la fortune de Bonaparte ; comme lui enfin, il avait professé dans diverses villes d'Allemagne. Il paraît aussi que tous deux appartenaient à l'école dont de Maistre était un des principaux chefs. En 1816, Muller fut nommé consul-gén. en Saxe, et dans la même année il publia à Berlin un ouvr. intéress. sur les finances de l'Angleterre. On cite égalem. ses *Mélanges sur la philosophie, les arts et la pratique.*

MULLER (JEAN GODARD de), graveur, né en 1747, à Bernhausen-sur-le-Feldern, près de Stuttgard, mort en 1830, étudia la théologie, puis céda à la passion qu'il éprouvait pour le dessin. Il apprit aussi la gravure, et vint à Paris, où il s'adonna exclusivem. au burin, depuis 1770 jusqu'en 1776, époque où il fut admis à l'académie royale. Le duc Charles de Wurtemberg, qui lui avait fait un traitement annuel, le rappela à Stuttgard pour y fonder une école de gravure dans laq. il fut profess. Muller était surtout renommé pour le portrait. Il revint en France, en 1785, pour faire celui de Louis XVI. C'est un ouvrage remarquable par la netteté et la finesse du burin. On distingue aussi celui de Jérôme Bonaparte, qui parut en 1813, et qui fut le dernier qu'il exécuta. Parmi ses autres estampes on remarque la *Madona della sedia* d'après Raphaël, et la *Mater sancta ;* le *Combat de Bunkerschill*, d'après un dessin de Trombull. Muller était chev. de plus. ordres, et membre d'un grand nombre d'acad. L'un de ses meill. élèves fut son fils Jean-Fréd. Guillaume, auq. il eut le malheur de survivre.

MULLER (GUILLAUME-CHRÉTIEN), né à Wasungen en 1752, se livra dans sa jeunesse à l'étude des sciences et de la musique, fit de 1770 à 1775 un cours de théologie à Goettingue, passa quelque temps à Kiel, se fixa à Altona pend. l'année 1777, et alla définitivem. s'établir à Brème en 1778. En 1785, il fut fait directeur du chœur et profess. au lycée luthérien de cette ville; il en remplit les fonct. jusqu'en 1817, où il fut pensionné. On lui doit un ouvr. intit. : *Aesthetisch historich Einleitungen in Wissenschaft der tonkunst.* Une attaque d'apoplexie l'enleva le 6 juillet 1832, dans sa 80e année.

MULOT (FRANÇOIS-VALENTIN), né à Paris en 1749, était prieur et curé de Saint-Victor à l'époque de la révol., dont il embrassa les principes. Nommé membre de la commune provisoire en 1789, puis de la municipalité, il fit partie de plusieurs députat. envoyées à l'assemblée constit., et y porta deux fois la parole. En 1791, le roi le nomma l'un des commiss. médiateurs dans le comtat Venaissin; après le départ de ses collègues, il s'opposa de tout son pouv. aux réactions qui signalèrent la réunion de ce pays à la France. Mais, privé des secours nécessaires, il ne put empêcher les massacres d'Avignon. De retour à Paris, il justifia sa conduite devant l'assemblée législative, dont il était membre, et signala les véritables criminels; néanmoins il n'osa s'opposer à l'amnistie décrétée le 6 avril 1792. Pend. la terreur, il fut arrêté à cause de ses opinions modérées; sous le directoire, il se rendit à Mayence en qualité de commissaire du gouvernement, et professa quelque temps les b.-lettres à l'école centrale de cette ville. Il mourut à Paris en 1804. On a de lui un certain nombre d'opuscules, entre autres un discours qui a partagé le prix proposé par l'Institut sur cette question : *Quelles sont les cérémonies à faire pour les funérailles ?* etc., an IX, in-8. — *Le muséum de Florence*, gravé par David, avec des explications franç., 1788 et suiv., 6 vol. in-8.— *Un Essai de poés. légères*, 1799, in-8.

MUMMIUS (LUCIUS), consul romain, issu d'une famille plébéienne, commanda d'abord en Espagne avec le titre de préteur, et, l'an 608 de Rome, il fut chargé de continuer la guerre contre la ligue des Achéens. Mummius vint mettre le siège devant Corinthe, qu'il réduisit en cendres après avoir massacré les habitants. On l'a loué du désintéressement qu'il montra à la prise de cette ville célèbre par ses richesses; on doit ajouter que, complétement étranger aux arts, il n'attachait aucun prix à leurs productions. A son retour à Rome, Mummius reçut les honn. du triomphe et le surn. d'*Achaïque;* il fut ensuite porté à la censure (613 de Rome), et mourut peu de temps après.

MUMMOL (ENNIUS), guerrier bourguignon du 6e S., fils de Poénius, comte d'Auxerre, obtint en 561 de Gontran, roi d'Orléans et de Bourgogne, l'office de ce comté à la place de son père. Nommé ensuite patrice, c.-à-d. généralissime des troupes du royaume de Bourgogne, il battit à plusieurs reprises les Lombards et les Saxons, enleva la Tou-

raine et le Poitou à Chilpéric, roi de Soissons, qui les avait enlevés à Sigebert II. Mais il ternit bientôt l'éclat de ses services par une noire ingratitude. Il entreprit en 585 de mettre sur le trône de son maître et de son bienfaiteur un aventurier nommé Gombaud; mais il se vit forcé de s'enfermer dans Comminges, y tint quinze jours contre le roi de Bourgogne, et se voyant à la veille d'être pris, livra Gombaud, et le lendemain se fit tuer les armes à la main, pour se soustraire au supplice qui lui était réservé.

MUNARI (PELLEGRINO, nommé aussi ARETUSI), peintre de Modène, mourut dans cette ville en 1523, fut l'élève de Raphaël, qui l'employa dans ses travaux de la galerie du Vatican. On voit quelques ouvrages de cet artiste dans les églises de Rome; on retrouve quelque chose du talent de son maître dans les airs de tête de ses figures, dans leur pose et leur arrangement.

MUNCER, MUNTZER, ou MUNZER (THOMAS), chefs des anabaptistes *conquérants*, naquit à Zwickaw (Misnie) vers la fin du 15e S. D'abord sectateur de Luther, il voulut jouer à son tour le rôle de réformat., s'attacha un gr. nombre de prosélytes par les apparences de la dévotion la plus austère, et s'annonça comme un nouveau Gédéon, chargé de rétablir le royaume de J.-C. au moyen de l'épée. Des soulèvements eurent lieu dans une partie de l'Allemagne; déjà Muncer comptait sous ses ordres 30,000 fanatiques, lorsqu'il se vit attaqué par l'armée des princes confédérés; défait et pris, il fut conduit à Mulhausen, condamné à mort, et exécuté à la fin de 1525.

MUNCHHAUSEN (GERLACH-ADOLPHE, baron de), homme d'état allem., né dans le Hanovre en 1688, siégea durant 37 ans dans le conseil privé de l'électeur, et, en 1768, parvint à la place de premier ministre, qu'il remplit jusqu'à sa mort, arrivée en 1770, dans la ville de Hanovre. L'université de Gottingue, qu'il dirigea pend. 32 ans, lui a dû son éclat et sa suprématie sur les autres universités d'Allemagne. Heyne a écrit deux fois l'*Éloge* de Munchhausen; le prem. est inséré dans ses *Opuscula acad.*, tom. II; le 2e dans les *Novi Comment. societatis gottingensis*, tom. II.

MUNCK (JEAN), navigat. danois, partit d'Elseneur en 1619 pour aller à la recherche d'un passage aux Indes par le nord-ouest de l'Europe. Cette expédition, qui n'eut aucun résultat fut la source de nombreux malheurs pour Munck et son équipage. Échappé aux dangers de cette navigation pénible, il continua d'être employé dans la marine danoise, servit en 1624, 1625 et 1627 sur la mer du Nord et sur l'Elbe, et mourut en 1628. Son voyage publ. en danois sous ce titre : *Relation de la navigat. et du voyage au Nouveau-Danemarck,* 1623, in-4, a été trad. en allem., 1650, in-4, et en hollandais, 1678, in-4.

MUNIER (ÉTIENNE), né en 1752 à Vesoul, fut nommé en 1759 ingénieur ordinaire à Angoulême, où il resta jusqu'en 1786. Appelé alors à Paris comme ingén. en chef, il retourna à Angoulême en

'1790, avec le même titre. Il demanda sa retraite en 1809, et mourut en 1820, laissant peu d'endroits de l'ancienne province d'Angoumois où il n'existe quelq.-uns de ses travaux. On a de lui plusieurs écrits, parmi lesq. nous citerons : *Essai d'une méthode générale propre à étendre les connaissances des voyageurs, ou Recueil d'observations relat. à l'hist., à la répartition des impôts, au commerce, aux sciences*, etc., Paris, 1779, 2 vol. in-8.

MUNNICH (Burchard-Christophe, comte de), né en 1683 dans le comté d'Oldenbourg, acquit de bonne heure des connaissances étendues dans l'architecture hydraulique; et, venu en France à l'âge de 16 ans, se disposait à entrer comme ingénieur au service de ce royaume, lorsque la guerre de la succession le détermina à se rendre en Allemagne, où il obtint une compag. sous les ordres du prince Eugène. Munnich fit son apprentissage à l'école de ce gr. génér., le suivit en Italie et en Flandre, et, de retour dans sa patrie, obtint le grade de colonel, et fut chargé de l'exécution d'un canal destiné à joindre la Fulde au Weser. Mais naturellement ambitieux et passionné pour la guerre, Munnich chercha un plus vaste théâtre; il entra d'abord au service de Pologne, puis se rendit à la cour de Pierre-le-Grand, qui bientôt lui confia la grande entreprise du canal de Ladoga. Ces travaux, continués jusqu'au règne d'Anne Iwanowa et terminés en 1738, furent pour Munnich une source de fortune et d'honn. Devenu feld-maréchal et membre du conseil privé, il acquit une nouvelle gloire par ses succès en Pologne. En 1736, l'impératr. le mit à la tête des troupes destinées à agir contre la Turquie; quatre campagnes successives, mêlées de quelques revers, mais signalées par la prise d'Oczakoff et de Chocsim, par les victoires de Pérécop et de Stawusbane, placèrent le favori au plus haut degré de sa gloire. Mais aussi de puiss. ennemis, entre autres Biren, conspiraient pour lui ravir le fruit de ses services. Munnich retarda quelq. temps la révolution qui devait le renverser; il fit même exiler son rival, et parvint au rang de prem. ministre. Enfin les intrig. et le triomphe de la princesse Élisabeth sur les partisans du jeune Iwan III achevèrent sa ruine. Munnich et Ostermann, son collègue, furent arrêtés, jugés par leurs accusat., et condamnés à mort (1742). La peine fut cependJ. commuée en un bannissement à Pélim, au centre de la Sibérie, dans le lieu même où Biren avait été relégué. L'ex-ministre se montra plus grand dans cette circonstance que pend. l'éclat de sa fortune. Depuis vingt ans il vivait, pour ainsi dire, séparé du monde, cultivant un jardin pour subvenir à sa subsistance, quand un ordre du success. d'Élisabeth le rappela en Russie. Malgré son âge (82 ans) et les rigueurs de la saison, il entreprit une route qui d'ailleurs fut un triomphe continuel. Pierre III lui rendit tous ses titres, et chercha par mille bienfaits à racheter l'ingratitude dont il avait été victime. Aussi Munnich se montra fidèle à la mémoire de ce malheur. prince. Sa noble conduite fut admirée de l'impératrice Catherine, près de laquelle il demeura environné de la plus haute considérat. Il mourut en 1767, à l'âge de 84 ans. On a de lui : *Ébauche pour donner une idée de la forme du gouvernem. de l'empire russe*, en français, 1774, in-8. — *Recueil des écluses et des travaux du canal de Ladoga*, vol. de dessins, 1765. Munnich avait écrit ses *Mém.*, qui probablement ont été déposés aux archives impériales. On peut consulter, parmi les ouvr. publiés sur ce grand homme, les *Mém. sur la Russie*, de son aide-de-camp Manstein, et l'ouvr. de Halem, trad. en français sous le titre de *Vie du comte de Munnich*, etc., 1807, in-8.

MUNNIKS (Winold), savant médec., né à Joure (Frise) en 1744, fit d'excellentes études en France et dans sa patrie, fut reçu en 1769 à l'univers. de Leyde, et en 1771 remplaça Camper dans sa chaire de l'acad. de Groningue. Il mourut en 1806, membre d'un grand nombre de sociétés savantes. Sa coopération aux travaux de Camper et à ceux des commissaires de surveillance médic. lui a mérité une honorable réputation. On a de lui quelques opusc., entre autres un disc. qui a remporté le prix proposé par la soc. royale de médecine de Paris sur cette question : *Quels sont en France les abus à réformer dans l'éducation physique*, etc. Une notice sur Munniks a été publiée par son fils, Groningue, 1812, in-8. — Munniks (Jean), médecin et professeur à Utrecht, né vers 1652, mort en 1711, est auteur de quelques ouvr., entre autres d'une *Praxis chirurgica*, 1715, in-4.

MUÑOZ (Gille de), anti-pape sous le nom de Clément VIII, était chanoine de Barcelone et docteur en droit canonique; il fut élu par les cardin. dissidents à la place de Benoît XIII, et solennellem. installé dans la ville de Peniscola. La réconciliat. du roi Alphonse avec le pape Martin V mit fin à la vaine puissance de Muñoz; invité par ce prince à se démettre du pontificat, son abdication solenn. termina le schisme qui désolait l'Église depuis 51 ans. Muñoz reçut l'évêché de Mayorque en récompense de sa soumission. On ignore l'époque de sa mort.

MUÑOZ (Sébastien), peintre d'histoire, né en 1654 à Naval-Carnero, fut élève de Coello, et marcha sur les traces de son maître; on lui reproche cependant d'avoir introduit en Espagne le mauvais goût qui de son temps régnait dans l'école ital. Charles II le nomma son peintre. Il mourut en 1690, d'une chute qu'il fit en réparant une voûte peinte par Herrera. Son chef-d'œuvre est le *Martyre de St Sébastien*, que l'on a vu quelque temps au musée; on cite encore sa composit. de *Psyché et l'Amour*, et huit sujets tirés de la *Vie de St Éloi*. — Munoz (Évariste), autre peintre d'histoire, né à Valence en 1671, est auteur d'une grande partie des tabl. qui décorent les églises de cette ville. Il fonda une école de dessin très suivie jusqu'à sa mort, en 1757.

MUÑOZ (Jean-Bapt.), sav. espagnol, né en 1745 à Museros près de Valence, est un de ceux qui ont le plus contribué aux progrès de la philos. dans les écoles espagnoles. Nommé cosmographe en chef des Indes et official de la secrétairerie d'état et dépêches gén. du même départem., il reçut l'ordre d'écrire une histoire de l'Amérique, et commença ce trav. vers 1782; mais il mourut avant de l'avoir achevé, en 1799. Un seul vol. en avait paru sous le titre de : *Historia del Nuevo-Mundo*, 1793, in-8; on l'a traduit en allemand, 1795, in-8, et en angl., 1797, in-8. Muñoz est encore auteur des opuscules suiv. : *Juicio del tratado del Cesareo Pozzi*, etc., 1778, in-8. — *Elogio de Antonio de Lebrija*, 1796, in-8. Il a donné une édition des *OEuvres latines* du P. Louis de Grenade, et une autre du *Collectanea moralis philosophiæ*, 1775, qu'il a fait précéder d'un traité fort estimé : *De scriptorum gentilium lectione et profanarum disciplinar. studiis*, etc.

MUÑOZ (Thomas), lieutenant-général de la marine espagn., né vers 1743, a obtenu dans sa patrie la réputation d'habile ingénieur. C'est sous sa direction que furent exécutés les travaux destinés à préserver Cadix des attaques de la mer, ainsi que les fortifications ajoutées à l'arsenal de la Caraque. Ayant embrassé le parti de Joseph Bonaparte, Muñoz fut contraint de s'exiler, et vint à Paris, où il resta jusqu'en 1820; la révolution de cette époque lui permit de rentrer en Espagne. Il est mort à Madrid en 1823, laissant inédit un *Traité de la fortification*.

MUNSTER (Sébastien), savant allemand, né en 1489 à Ingelheim (Bas-Palatinat), professa l'hébr. et la théologie à Bâle, où il mourut de la peste en 1552. On a de lui un grand nombre d'ouvr. très renommés par ses contemporains, et dont plusieurs sont encore recherchés; les princip. sont : *Biblia hebraica*, etc., 1534-05, 2 vol. in-fol.; 1546, 2 vol. in-fol., avec d'import. addit. et correct. — *Fides christianorum, etc., sive Evangelium... secundùm Matthæum*, hébreu-latin, 1537, in-fol. — *Aruch, dictionnarium hebraicum*, etc., 1548, in-8. — *Grammatica chaldaica*, 1527, in-4. — *Dictionnarium chaldaicum*, etc., 1527, in-4. — *Dictionnar. trilingue*, etc. (hébr.-grec-latin). — *Isaias propheta hebr., gr., lat.*, etc., in-4. — *Catal. omnium præceptorum legis mosaicæ*, etc., 1533, in-8. — *Horologiographia*, 1531, 1533, in-4. — *Organum uranicum*, etc., 1536, in-fol. — *Cosmographia universalis*, 1544, en allem., souv. réimpr.; trad. en français, 1555, in-fol.; en italien, 1558, in-fol. On trouve une notice détaillée sur Munster et sur ses ouvr.; au nombre de 40, dans Hager (*Geogr. Buchersaal*, t. I).

MUNTER (Frédéric), évêque de Sélande, né à Gotha en 1760, mort en 1830, fut amené à l'âge de 4 ans à Copenhague. Plusieurs voyages qu'il fit en Europe, dans sa jeunesse, lui fournirent l'occasion de former des relat. étendues avec les princip. savants de la France et de l'Italie. Il étudia surtout la littérat. des anc. Cophtes, et prit rang parmi les plus célèbres antiquaires. En 1788, il fut nommé profess. de théologie à l'univ. de Copenhague, et reçut en 1817 la décorat. de grand'croix de l'ordre de Danebrog. Les écrits qu'il a publiés en danois, en latin et en allem., sont nombr. Nous citerons seulem. : *Notice curieuse sur les traduct. en vers*

de *l'Apocalypse dans les div. langues de l'Europe;* des *Mémoires*, des *Dissertations* et des *Recherches sur les inscriptions antiques de Babylone*, et sur celles des anciens *Étrusques*, etc.; sur les anciennes *Inscript. grecques et latines qui éclaircissent l'histoire du chistianisme*, etc.; sur les *Ordres de chevalerie du Nord;* sur l'*Évangile apocryphe de Nicodème;* sur la *Guerre des Juifs sous les empereurs Trajan et Adrien;* sur l'*Introduction du christianisme dans le Nord;* les *Biographies de St Auschaire, évêq. de Hambourg*, et du pape *Lucius Ier;* des *Fragments d'une ancienne version lat.*, antérieure à *St Jérôme*, des *prophètes Jérémie, Ézéchiel, Daniel et Osée;* la *Doctrine des montanistes;* enfin *Primordia Ecclesiæ africanæ*, 1829. A Rome, Munter avait retrouvé les réglem. de l'ordre des Templiers, et publié un volume en allem. sur ce sujet; mais la règle n'a pas encore été imprimée. Il l'a communiqué à Fabré-Palaprat, qui se disait le gr. maître des templiers de Paris. Cette société conserve un *MS. grec de l'Évangile de St Jean*, qui a été l'objet d'une *Dissertat.* de Munter.

MUNTING (Henri), né à Groningue, mort en 1658 dans cette ville, où il remplissait les chaires de médec. et de botan., avait rassemblé un assez gr. nombre de plantes curieuses, dont il a donné le catalogue sous ce titre : *Hortus universæ materiæ medicæ gazophylacium*, 1646, in-12. — Munting (Abraham), fils du précéd., né à Groningue en 1628, succéda à son père dans les chaires de médecine et de rhétor., et mourut en 1683. Il s'était adonné à la culture des plantes, et a publié sur ce sujet : *Waare oeffening der planten*, 1672, in-8. — *Aloidarium*, etc., 1680, in-4. — *De verá antiquorum herbá britannicá*, 1681, in-4. — *Descript. exacte des plantes*, etc., 1696, in-fol. : cet ouvr. a été reproduit en latin par Kiggelaer, sous le titre de *Phytographia curiosa*, etc., 1713 et 1727, in-fol.

MURA (Francesco de), dit le *Franceschiello*, peintre napolitain, né vers la fin du 17e S., mort vers 1740, a orné de ses ouvrages le palais du roi de Sardaigne, et plus. églises de Turin et d'autres villes d'Italie. On cite de lui une *Annonciation*, à Mantoue, composit. origin., où l'on voit la Vierge prête à prendre du chocolat qui chauffe dans une caffetière d'argent, et ayant auprès d'elle un chat, un perroquet, etc. On trouve des détails sur la vie et les ouvrages de cet artiste dans les *Vite de pittori, scultori*, etc., de Bern. Dominici, 1745.

MURAIRE (Honoré, comte), sav. juriscons., né en 1750 à Draguignan, exerçait la profess. d'avocat en 1789, et jouissait d'une gr. réputation dans toute la Provence. Nommé présid. du district de sa ville natale, il fut en 1791 député par le départ. du Var à l'assemblée législat., où il siégea parmi les royalistes constitutionnels. Membre du comité de législation, il en fut plus. fois le rapporteur sur des questions importantes. Ainsi ce fut sur son rapport que l'état civil fut réglé; il fit aussi décréter que le mariage pouvait, dans des cas prévus, être dissout par le divorce. N'ayant point été réélu à la convention, il disparut quelq. temps de la scéne politique; mais en 1795 il fut nommé par le départem. de la Seine au conseil des anciens. Il s'y prononça vivem. contre les mesures spoliatrices du directoire, et fut compris dans la proscript. du 18 fructid. S'étant dérobé par la fuite aux poursuites de la police, il fut rappelé par les consuls en 1800, et nommé commiss. du gouvernem. près le tribunal d'appel, puis juge au tribunal de cassat., dont quelq. temps après il fut fait prem. présid. Nommé en 1805 conseiller-d'état, il prit une part très active à la discuss. et à la rédact. des codes qui régissent la France. En 1815 il fut remplacé par Desèze dans la place de prem. présid. de la cour de cassation. Réintégré dans ses fonct. pend. les *cent-jours*, il dut les résigner une seconde fois après la rentrée du roi. Depuis cette époque il resta complétement étranger à tout mouvem. politique, et mourut à Paris en déc. 1837.

MURAT (Joachim), roi de Naples, né en 1771, était fils d'un aubergiste de la Bastide, près de Cahors. Le goût et la dissipation, son peu d'aptitude pour des études suivies l'entraînèrent fort jeune dans les rangs de l'armée, où une grande activité, beauc. d'intelligence et surtout ses principes exaltés en faveur de la révolution, lui procurèrent un avancement rapide; il était lieutenant-colonel en 1794, lorsque la réaction du 9 thermidor amena sa destitution. C'est alors qu'il connut Bonaparte, comme lui sans emploi, et attendant à Paris des circonstances plus favorables. Les événements du 13 vendémiaire le rétablirent dans son grade et lui facilitèrent un rapide avancement. Attaché de plus en plus à son général, il devint son aide-de-camp, combattit sous ses yeux en Italie (1796-97), et le suivit en Égypte, déployant partout une audace et une bravoure peu commune. De retour en France, avec le grade de général de division, il contribua efficacement au coup d'état de St-Cloud; c'est lui qui, à la tête de soixante grenadiers, dispersa le conseil des cinq-cents. Bonaparte récompensa son dévouement en lui donnant la main de sa sœur Caroline (*v.* Lipona (*comtesse de*), au supplément). Murat, était à la tête de la cavalerie à Marengo; en 1801 il commanda l'armée d'observation en Italie, gouverna ensuite avec le titre de gén. la république cisalpine, fut nommé en 1804 gouvern. de Paris, et, à l'avénement de Napoléon, fut élevé successivem. au rang de maréchal de l'empire, de prince et de gr.-amiral. Les hostilités ayant recommencé avec l'Autriche (1806), il prit une part active aux succès de la campagne, entra l'un des premiers à Vienne, et se distingua surtout à la bataille d'Austerlitz. Nommé gr.-duc de Berg, il fit la campagne de 1807 en Allemagne, et fut ensuite envoyé en Espagne, où ses artifices mirent la famille royale aux mains de Napoléon. Cependant sa conduite à Madrid inquiéta ce dern. Murat, rappelé en France, exhala un vif mécontentem. contre son beau-frère, qui satisfit son ambition en le plaçant sur le trône de Naples, en remplacement de son frère Joseph (1808). Une tournure chevaleresque, beaucoup de faste, une grande bienveillance pour ses nouveaux

sujets, gagnèrent à Murat l'amour des Napolitains. En 1812, l'invasion de la Russie le ramena près de Napoléon; mais les désastres de la retraite, dont il eut à supporter tous les dangers, lui firent craindre pour son royaume. De retour à Naples, Murat fit des ouvertures à la cour d'Autriche, reparut momentanément à l'armée française, la quitta après la défaite de Leipsig, et dès-lors se détermina à séparer sa cause de celle de Napoléon chancelant. Par un traité avec les puissances alliées, signé le 11 janvier 1814, il s'engagea à fournir trente mille hommes à la coalition. En effet, il se mit en marche le 7 févr., et par son mouvement obligea le prince Eugène à se replier sur l'Adige. Là se bornèrent ses démonstrat. hostiles. Redoutant les triomphes de Napoléon autant que ceux des alliés, attendant avec anxiété le résultat de la campagne, Murat prouva visiblement aux deux partis qu'il se déciderait pour le plus fort. La chute de Napoléon changea peu ses projets. Le roi de Naples pensait bien que son trône était mal assuré quand en Espagne, en Hollande, en France, on voyait les rois légitimes reprendre leur pouvoir. Tout en tenant avec le congrès de Vienne un langage pacifique, Murat augmentait ses moyens de défense, et préparait le soulèvem. général de l'Italie. L'évasion de Bonaparte décida ses irrésolut. En déclarant que la cause de l'emper. des Français était la sienne, il appela les peuples italiens à l'indépendance, et commença brusquement les hostilités contre les troupes autrichiennes. Ses prem. succès en Toscane inquiétèrent les monarques alliés; on lui assura la conservat. de son trône s'il se joignait à la coalit. européenne; mais Murat, enivré d'espérances, répondit par des bravades, et continua sa marche vers la Haute-Italie. Son plan de campagne était habilem. conçu; le manque de promptitude en détruisit l'effet; d'ailleurs il avait compté sur une diversion de Bonaparte dans le Piémont et la Lombardie. Abandonné à ses propres forces, repoussé dans plusieurs combats successifs, enfin complétement défait à Tolentino (2 mai 1815), Murat ne reparut à Naples que pour fuir sur une barque qui le conduisit à Cannes. Napoléon irrité lui refusa l'accès de Paris, et le prince détrôné vivait incognito près de Toulon quand il apprit le désastre de Waterloo. Sa cause était perdue pour toujours : Murat se tint caché jusqu'au 22 août, qu'il parvint à s'embarquer pour la Corse. Là, entouré de quelques-uns de ses anciens officiers, il crut à la possibilité de reconquérir le royaume de Naples, en y reparaissant; mais à peine débarqué sur la plage de Pizzo, Murat fut arrêté, jugé et fusillé (13 oct. 1815). Le courage qu'il montra à ses derniers moments n'a pas justifié sa tentative téméraire. On a dit que le malheureux roi avait été appelé à Naples par des traîtres, qui, en flattant ses illusions, le livrèrent ainsi à ses ennemis : la postérité saura si ce crime a eu lieu. On peut consulter : *Vie de Joachim Murat,* etc., 1815, in-8. — *Catastrophe de Murat,* 1815, in-8.—*Faits intéressants relatifs à la chute et à la mort de J. Murat,* par son aide-de-camp Macirone; trad. de l'angl., 1817, in-8. — *Hist. des six derniers mois de la vie de J. Murat*, trad. de Coleta par L. Gallois, 1821, in-12.—*Mém. du gén. Franceschetti....*, 1826, in-8.

MURAT (HENRIETTE-JULIE DE CASTELNAU, comtesse de), né à Brest en 1670, épousa, à l'âge de 16 ans, le comte de Murat; exilée à Loches à la demande de Mme de Maintenon, qui l'accusait d'avoir coopéré à un libelle dans leq. la cour de Louis XIV était insultée, Mme de Murat composa, pendant sa retraite, plus. romans remarquables par la grâce des tableaux et le goût du style. En 1715, le duc d'Orléans fit cesser son exil. Elle mourut l'année suiv. au château de la Buzardière (Maine). Nous citerons parmi ses écrits : *Mém. de ma vie*, 1697, in-12. — *Nouv. contes de fées*, 1698, 2 vol. in-12. — Le *Voyage de campagne*, 1699, 2 vol. in-12. — *Les Lutins du château de Kernosy*, 1710, 1717, 2 vol. in-12; souvent réimpr. — *Hist. sublimes et allégoriques*, 1699, 2 vol. in-12. Mme de Murat a composé des *Chansons* et des *Poésies* fugitives, insérées dans les recueils du temps.

MURATORI (DOMINIQUE), peintre, né à Bologne en 1661, est l'aut. du tableau des Apôtres, le plus gr. tableau d'autel qui soit à Rome, et de plus. autres ouvr. de moindre dimension, mais précieux par la pureté du dessin et l'entente du coloris.

MURATORI (LOUIS-ANT.), un des sav. les plus distingués qu'ait produits l'Italie, naquit en 1672 à Vignola (Modenais). Déjà célèbre à l'âge de 20 ans pour son esprit et son érudition, il fut appelé en 1694 à Milan, pour y remplir une place de conservateur à la bibliothèque ambrosienne. Il revint, en 1700, à Modène sur les instances du duc, qui le nomma son bibliothéc. et lui donna la charge de conservat. des archives publiques. Écrivain infatigable, il a enrichi l'histoire de sav. dissertations, et publ. un grand nombre de documents précieux, sans négliger la littérat. agréable ni même la controverse religieuse. Il mourut en 1750 à l'âge de 77 ans. Prêtre et jouissant de la plus grande considération à Rome, connu dans toute l'Italie, il n'eut jamais d'autre bénéfice que la prevôté de Ste-Marie, qu'il n'avait pas sollicitée. Ses *OEuvres* ont été publ., Arezzo, 1767-80, 36 vol. in-4, et Venise, 1790-1810, 48 vol. in-4; on y distingue : *Della perfetta poesia italiana*, dont la meilleure édit. est celle de Venise, 1724 et 1748, 2 vol. in-4, avec les notes de l'abbé Salvini. — *De ingenior. moderatione in religionis negotio*, 1714, in-4, souv. réimpr.— *De superstitione vitandâ*, 1740, in-4.— *Della publica felicità*, 1749, trad. en franç. par le P. de Livoy.—*Annali d'Italia dall' era volgare sino all' ann.* 1749, 12 vol. in-4. Cet important ouvr. a été réimprimé avec des addit., et continué par l'abbé Oggeri jusqu'à 1786; l'édit. la meilleure et la plus commode est celle de Milan, 1818-21, 18 vol. in-8; elle fait partie de la *Collect.* des classiq. ital. On doit encore à Muratori comme édit. : *Rerum italicar. scriptores præcipui ab anno 500 ad 1500*, Milan, 1723-51, 29 vol. in-fol., rec. précieux. — *Antiquitates ital. medeii œvi*, 1738-43, 6 vol. —

Novus Thesaurus veterum inscriptionum, etc., 1739-42, 6 vol. in-fol. Muratori a été l'objet d'un gr. nombre de *Notices*. Sa *Vie*, publ. en ital. par son neveu, 1756, in-4, est recherchée.

MURDOC, roi d'Écosse, fils d'Amberkelleth, succéda en 715 à Eugène IV. Son règne, qui dura 15 ans, ne fut troublé par aucune guerre. Murdoc mourut en 730. Il eut pour successeur Etfin.

MURE (JEAN-MARIE DE LA), docteur en théolog., chanoine de Montbrison, a publié : *Antiquités du prieuré des religieuses de Beaulieu*, etc., 1654, in-12.— *Hist. ecclésiast. du diocèse de Lyon*, etc., 1671, in-4.—*Hist. universelle, civile et ecclesiast. du pays de Forez*, 1674, in-4, rare et recherché.

MURE (FRANÇOIS-BOURGUIGNON DE BUSSIÈRE de LA), médec., né en 1717 au fort St-Pierre (Martinique), mort en 1787 à Montpellier, professeur et doyen de la faculté de cette ville, était venu fort jeune en France pour y faire son éducation. Il en rapporta un goût très vif pour la médecine, qui s'accrut encore par l'opposit. de son père. A 19 ans, il quitta secrètement sa famille, revint en France, et se rendit à Montpellier, où il se livra sans relâche à ses études favorites. Reçu doct. en 1740, il obtint en peu de temps une gr. réputat. par ses cours publics. En 1748, il se mit sur les rangs pour disputer une chaire vacante à la faculté; ses thèses furent brillantes; mais la jalousie l'exclut de l'honn. qu'il méritait. Affligé de cette injustice, il vint à Paris réclamer la protection du chancelier d'Aguesseau, qui reconnut ses droits, et le nomma candidat perpétuel à la prem. chaire vacante à la faculté de Montpellier. Il y entra en 1751. Son rare talent pour l'enseignement, une très grande pratique de son art, de sav. *Mém.* sur plus. questions importantes, ont placé La Mure au rang des prem. médecins du 18e S. Ses écrits, peu nombreux, ont été réunis en 2 vol. in-12. Vicq-d'Azyr a écrit son *Éloge*.

MURENA (LUCIUS-LICINIUS), consul romain, vaincu par Mithridate l'an 82 avant J.-C., est surtout connu par la harangue que Cicéron prononça pour sa défense.

MURENA (CARLO), architecte, né à Rome en 1715, mort dans cette ville en 1764, eut part à la construct. du lazaret d'Ancône, éleva le château royal de Caserte, dans le roy. de Naples, le monastère et l'église du mont Olivet, et plus. autres édifices et monum. remarquables dans plusieurs villes d'Italie.

MURET (MARC-ANTOINE), célèbre humaniste, né près de Limoges en 1526, était à 18 ans très versé dans l'étude des classiques anciens; il professa à Auch, à Poitiers et à Bordeaux, où il compta Montaigne parmi ses élèves. Vers 1547 il vint à Paris, où il donna des leçons sur la philosophie et sur le droit civil, qui attirèrent un concours prodigieux d'auditeurs, mais excitèrent aussi la jalousie de ses rivaux. On l'accusa d'hérésie et de penchant à un vice infâme. Emprisonné au milieu de ses succès, Muret ne sortit du Châtelet que pour trouver de nouveaux persécut. à Toulouse, où des juges aussi crédules qu'ignorants le condamnèrent à être brûlé vif; la fuite seule put le sauver du bûcher. L'accueil qu'il reçut en Italie vengea suffisamment Muret des calomnies répandues par ses ennemis : les princes et les grands le recherchèrent à l'envi, et le card. d'Este se félicita de l'avoir fixé à Rome auprès de lui. En 1561 il accompagna son protecteur au colloque de Poissy. De retour à Rome (1565), il ouvrit un cours de philosophie, et professa ensuite le droit civil et les belles-lettres à Ascoli. En 1576, il embrassa les ordres, et refusa les offres brillantes du roi de Pologne Battori pour s'attacher à Grégoire IX. Muret mourut à Rome en 1585, dans de vifs sentiments de piété. Ses travaux d'érudition, tels que les *Variæ lectiones* et ses *comment.* sur les aut. grecs et latins, justifient assez sa gr. réputat. Quant à ses *harangues*, à ses *poésies*, à ses *épîtres*, la postérité n'a point confirmé les éloges des contemporains ; on rappellera que Muret osa faire l'éloge de la St-Barthélemi. Ses *OEuvres* ont été impr., Venise, 1727-50, 5 vol. in-8; et Leyde, 1789, 4 vol. in-8 ; cette dern. édition, donnée par Ruhnkenius, est la seule estimée.

MURET (Pierre), né à Cannes en 1650, mort à Marseille, aumônier du duc de Vivonne, s'était distingué par quelque talent pour la chaire. On a de lui : *Cérémonies funèbres de toutes les nations*, 1675, in-12. — *Traité des festins des anc.*, 1682, in-12. — *Oraison funèbre du duc de Mortemart*, 1688, in-4.

MURET (Jean-Louis), savant économiste, né à Morges (Suisse) en 1715, mort en 1796 à Vevay, dont il était pasteur depuis 1747, s'est acquis dans sa patrie une honorable réputation par ses nombr. efforts pour améliorer l'état moral et politique de ses concitoyens. On lui doit plusieurs *mém.* insérés dans les *Recueils* de la soc. économique de Berne, entre autres : *Lettre sur le perfectionnem. de l'agriculture*, 1762. — *Mémoire sur l'état de la population dans le pays de Vaud*, couronné en 1766. On trouve une *Notice* sur Muret dans le tom. VI du *Conservat. suisse* de Bridel.

MURILLO (Barthélemi-Esteban), célèbre peintre espagnol, né à Séville en 1618, reçut les premières leçons de Jean del Castillo, son parent. Abandonné à lui-même à l'âge de 16 ans, mais déjà coloriste habile et doué d'une gr. facilité, il conçut le projet de se rendre en Italie, et partit avec très peu de ressources. Arrivé à Madrid, il y trouva un généreux protecteur dans le peintre Velasquez, qui, frappé de ses dispositions, le détourna de faire le voyage de Rome, et, en lui procurant de nombr. travaux, servit efficacement sa réputat. et ses intérêts. Murillo reparut à Séville en 1645, étonna par ses productions, et donna bientôt à l'école espagnole un chef digne d'être opposé aux Raphaël, aux Rubens, aux Lesueur. Ce gr. maître mourut à Séville en 1682, des suites d'une chute qu'il avait faite à Cadix en exécutant son tableau du *Mariage de Ste-Catherine*. Ses product. sont en très grand nombre, et décorent les princip. églises d'Espagne et d'Amérique. Le musée possède sept tableaux de ce maître : le *Mystère de la concept. de la Vierge*;

la *Vierge au chapelet*; *Dieu le père et le St-Esprit contemplant l'enfant Jésus*; *Jésus sur la montagne des Oliviers*; *le Christ à la colonne*; *un saint personnage inspiré du ciel*; *un jeune mendiant assis*. Nous citerons encore comme les chefs-d'œuvre de Murillo, *Ste Élisabeth de Hongrie*; l'*Adorat. des bergers*, et l'*Emplacement de Ste-Marie-Majeure désigné au patrice Jean par un espace couvert de neige*.

MURIS (Jean de), docteur de Sorbonne et chanoine de l'église de Paris au milieu du 14e S., était originaire de Normandie. Il est célèbre pour avoir le premier réuni dans un ordre méthodiq. les procédés employés par les musiciens de son temps. Son ouvr., *Tractatus de musicâ*, conservé MS. dans les biblioth. de Paris, de Vienne, de Berne, etc., a été inséré par le savant Martin Gerbert, abbé de St-Blaise, dans le tome III des *Scriptores eccles. de musicâ*; on en trouve l'analyse dans l'*Harmonie universelle* du P. Mersenne, dans le *Dictionnaire de musique* de Rousseau, etc. On connaît encore de Muris quelques écrits extrèmem. rares, entre autres : *Arithmeticæ speculativæ lib. II*, Mayence, 1538, in-8; et *Arithmetica communis ex Boetii arithmeticâ excerpta*, Vienne, 1515, in-4.

MURITH, religieux de St Bernard, né en 1742 à St-Branchier (Valais), mort en 1818, prévôt à Martigny, s'est distingué par son goût pour les sciences. L'hospice du Grand-St-Bernard lui a dû son cabinet de minéralogie et de nombr. augmentations dans son cabinet d'antiquités. On a de lui quelq. *Lettres* dans les *Mém.* de l'acad. celtique et de la soc. des antiquaires de France, dont il était membre; et le *Guide du botaniste qui voyage dans le Valais*, 1810, in-4.

MURNER (Thomas), religieux cordelier et poète satiriq., né à Strasbourg en 1475, mort vers 1533, a joui de son temps d'une grande réputation, justifiée sous quelque rapport par son esprit, par la vivacité de son imaginat., et même par l'étendue de ses connaissances; mais la plupart des ses écrits ont perdu tout intérêt. Murner fut l'un des plus ardents adversaires de la réforme. Après avoir professé le droit et la théol. à Cracovie, à Francfort, à Strasbourg, à Fribourg (Brisgau), à Trèves, il assista au fameux colloque de Bade (1526) comme député des cantons catholiq. Ses invectives contre les novateurs lui firent dans la Suisse un grand nombre d'ennemis, et son exil fut l'une des condit. de la paix entre les cantons. On peut consulter sur ses nombr. ouvrages, en latin et en allemand, la *Notice* de Waldau, Nuremberg, 1775, in-8. Nous citerons seulement : *Chartiludium logices*, etc., 1509, in-4. — *Narrenbeschwerung, id est exorcismum stultorum*, 1518, in-4. Murner a le premier tenté une trad. en allemand de l'*Énéide*; elle a été publiée, Strasbourg, 1515, in-fol.

MURPHY (Arthur), né à Clooniquin (Irlande) en 1727, d'une famille de commerçants, chercha dans la littérature une occupation plus conforme à ses goûts. Tour à tour acteur, journaliste, auteur dramatique, avocat de 1762 à 1787, il n'obtint une

MURILL©.

Publié par Furne Paris

grande réputation dans aucune des div. carrières qu'il parcourut. Le chagrin qu'il éprouva de se voir préférer les amis de sa jeunesse pour des postes éminents avait affaibli son jugem., lorsqu'il mourut en 1805. A cette époque il jouissait d'un emploi important à la banque de Londres et d'une pension de 200 liv. sterl. Murphy a donné lui-même le rec. de ses *OEuvres*, 1786, 7 vol. in-8 ; mais cette édit. ne contient ni la trad. de Tacite, 1793, 4 vol. in-4, ni quelques autres écrits publiés postérieurement. La plupart de ses coméd. sont restées au théâtre ; on distingue dans le nombre : *Connaissez-vous vous-même*, *l'École des tuteurs*, *Tout le monde a tort*, *le Bourgeois*, *la vieille Fille*, *le Mariage clandestin*, *l'Ile déserte*, *le Moyen de se fixer*, traduit en français par Mme Riccoboni, etc. Parmi ses tragédies on remarque : *Alzuma*, *Zénobie*, *Arminius*. John Foot a publié une *Vie* de Murphy, 1812, in-4.

· MURPHY (Jacques-Cavanah), voyageur et antiquaire, né en Irlande, mort à Londres en 1816, avait fait un voy. en Portugal et en Espagne pour y observer les monuments des arts ; il consigna ses observations dans plus. écrits, où l'on remarque de grandes connaissances en architecture et en archéologie. On a de lui : *Voyage en Portugal*, etc., durant les années 1789 et 1790, etc., Lond., 1795, in-4 ; traduite en franç. par Lallemant, 1797, in-4 ou 2 vol. in-8. — *Plans, élévations, coupes et vues de l'église de Baralha*, etc., trad. du portugais de Fr.-L. de Souza, 1795, in-fol. — *Antiquités des Arabes en Espagne*, 1816, gr. in-fol.

MURR (Christophe-Théophile de), savant, né à Nuremberg en 1733, mort en 1811 dans cette ville, où depuis 1770 il occupait la place de direct. des douanes, s'est rendu célèbre par l'étendue de ses connaissances dans les langues, la biographie et les antiquités. Ses voyages en Angleterre, en Italie, en Hollande, en France, en Allemagne ; ses liaisons et sa correspondance continuelles avec les hommes les plus instruits de l'Europe ; enfin ses immenses lectures lui avaient formé un fonds inépuis. d'observations curieuses, de rapprochements intéress. répandus dans ses nombr. écrits. De Murr a publié lui-même en 1802 et en 1805 la liste de ses ouvr., impr. ou inédits, tant en français qu'en latin et en allemand. Nous citerons les plus importants : *Bibliothèque de peinture, de sculpture et de gravure*, 1770, 2 vol. in-8. — *Memorabilia biblioth. publicarum norimbergensium et universitatis altdorfinæ*, 1786-91, 3 vol. in-8. — *Conspectus biblioth. glotticæuniversalis propediem edendæ*, 1804, in-8. — *Antiquités d'Herculanum*, Augsbourg, 1777-93, sept parties in-fol. — *Mémoires pour la littérat. arabe*, 1805, in-4. De Murr a publié : *Journal pour l'histoire des arts et de la littérat.*, 1775-89, 17 vol. in-8. — *Nouveau journal pour l'hist. de la littér. et des arts*, Leipsig, 1798-1800, 2 vol. in-8. De plus il a enrichi de notes bibliogr. et historiq. un grand nombre d'ouvr. dont il s'est fait éditeur. On peut consulter la *Notice* sur sa vie par J.-F. Roth ; l'*Allemagne littér.* de Meusel ; le *Dictionn.*

des *savants nurembergeois*, par Will et Nopitsch, et le *Dictionn.* de Rotermund.

MURRAY (Jacques, comte de), régent d'Écosse, fils naturel du roi Jacques V et de Marguerite Erskine, né en 1531, accompagna en France Marie Stuart, sa sœur consanguine, lorsque cette princesse fut mariée au dauphin, depuis François II. Il avait alors 17 ans et portait le titre de prieur de St-André. Il s'était fait donner pleins pouvoirs de gérer les affaires de la jeune reine-dauphine, comme on appelait alors Marie. Ses fréquents voy. de France en Angleterre et en Écosse lui donnèrent les moyens de tramer d'odieuses intrig., qui avaient pour but d'enlever la couronne d'Écosse à sa sœur et de la placer sur sa propre tête. Ce ne fut pas la faute de Murray, agissant d'intelligence avec la reine Élisabeth, si Marie échappa aux vaisseaux qui croisaient sur sa route, à son retour de France en Écosse. Rentrée dans ses états héréditaires, la jeune reine, sans expérience et sans appui, se livra presque sans réserve aux conseils de son perfide frère. Toutefois Murray ne put empêcher le mariage de Marie avec son cousin lord Henri Darnley. Ce dernier ayant été assassiné, Murray, accusé ouvertement d'être le chef du complot, passe en France, et y médite le plan de rejeter sur la reine le meurtre de son époux. Il excite le comte de Bothwell à enlever Marie et à la forcer de lui donner sa main. Mais quand le rapt et le mariage sont consommés, il fait chasser d'Écosse le trop crédule Bothwell, et arrêter Marie qui reçoit l'ordre de remettre le gouvernem. entre les mains de son barbare frère. Revêtu du titre de régent, de concert avec la reine Élisabeth, Murray confine Marie dans le château de Lochleven, et fait périr sur l'échafaud le duc de Norfolk, qui a conçu le dessein de tirer cette princesse de sa prison. Ce fut le dernier acte de l'ambitieux régent. Il fut tué d'un coup d'arquebuse, dans une rue de Linlithgow, en janvier 1569, par J. Hamilton, dont il avait injustem. confisqué les biens, après avoir séduit sa femme. On peut consulter sur le comte de Murray l'un des six *Mém.* recueillis par Chalmers à la suite de la *Vie* de Marie Stuart.

MURRAY (Adolphe), médecin, né à Stockholm en 1750, mort en 1803 à Upsal, où il professait l'anatomie depuis 1774, était membre de plusieurs sociétés savantes, et a publié un grand nombre de thèses et de mémoires sur des sujets intéressants. — L'aîné de ses frères, Jean-Philippe-Murray, né à Sleswig en 1726, mort en 1776, a trad. en allem. les *Observations critiq.* de Nordberg sur l'*Hist. de Charles XII* par Voltaire. — L'autre, Jean-André Murray, né à Stockholm en 1740, mort en 1791, professeur de médecine et directeur du jardin botanique de Gottingue, a publ., entre autres ouvr. : *Enumeratio librorum præcipuorum medici argumenti*, Leipsig, 1773, in-8 ; nouv. éd., 1792, in-8. — *Biblioth. de médec. pratique*, 1774-81, 3 vol. in-8. — *Apparatus medicamin.*, 1776-92, 6 vol. in-8 ; réimpr. en 1793.

MURRAY (John), médecin, né en Écosse, professa la physique, la chimie et la matière médicale à Édimbourg avec une grande réputat., et mourut dans cette ville en 1820. Il a publié, entre autres ouvr. (en angl) : *Éléments de chimie*, 1801, 1810, 2 vol. in-8. — *Éléments de matière médicale et de pharmacie*, 1801, 2 vol in-8. —*Système de chimie*, 1806, 4 vol. in-8, avec un *Supplément*, 1809, in-8.

MURRAY (Lindley), né dans la Pensylvanie en 1745, fut d'abord destiné au commerce, qu'il abandonna pour le barreau, où il obtint des succès. Les troubles d'Amérique interrompirent pour lui cette carrière ; il rentra dans celle du commerce, la quitta de nouveau, passa en Angleterre, où il ne s'occupa plus que de littérature, et mourut à Londres en 1826. Il est auteur de la meill. *Grammaire anglaise* qui existe, elle a eu un gr. nombre d'édit. tant complètes qu'abrégées.

MURVILLE (Pierre-Nicolas ANDRÉ, plus connu sous le nom de), auteur dramatique, né en 1754, concourut dès l'âge de 19 ans pour le prix de poésie à l'Acad. française, qu'il n'obtint point ; mais en 1776 il le partagea avec Druet, élève de l'abbé Delille. En 1779 il mérita l'*accessit* pour une *Épître à Voltaire*, et en 1785 il reçut le prix d'encouragem. décerné par l'Acad. pour sa comédie de *Melcourt et Verseuil*, qui donna des espérances qu'il n'a pas justifiées. Pendant les guerres de la révolution, Murville servit dans les armées en qualité de capitaine. Revenu à Paris, il s'y livra de nouveau aux lettres, et mourut presq. dans l'indigence en 1815. Parmi ses nombr. productions, qui, pour la plupart, ne s'élèvent guère au-dessus du médiocre, nous citerons : les *Adieux d'Hector et d'Andromaque*, pièce qui partagea le prix en 1776 ; la tragéd. d'*Abdelazis et Zuleima*, représentée en 1791, et l'*Année champêtre*, poème en IV chants et en vers libres, suivi de *Poésies diverses*, 1807, in-8. Les *Almanachs des Muses* et autres recueils contiennent beaucoup de pièces de Murville.

MUSA (Antonius), célèbre médecin, était un affranchi de la famille Pomponia. Il guérit l'emper. Auguste d'une maladie contre laq. avait échoué tout l'art des médec., fut comblé de richesses par le maître du monde, et obtint de la reconnaissance du peuple romain une statue dans le temple d'Esculape. Il soigna Marcellus dans la maladie qui l'emporta ; mais sa réputation ne souffrit en rien de ce malheur, parce qu'on crut le jeune prince empoisonné. Il avait aussi la confiance d'Horace, et était l'ami de Virgile, qui a loué son esprit et son goût dans une jolie épigr. Il paraît qu'il avait laissé des observations sur les propriétés médicales de quelques plantes, du cloporte et de la vipère (*Pline*, liv. XXIX, chapitre 6). On lui attribue un pet. *Tr. de la bétoine*, publié par Humelberg, avec des notes. Les fragments qui nous restent de lui ont été publiés par Floriano Caldani, Bassano, 1800, in-8. Voy. la dissertat. d'Ackermann : *De Ant. Musa et libris qui illi adscribuntur*, 1786, in-4.

MUSÆUS (Jean-Charles-Auguste), littérateur, né à Iéna en 1735, mort en 1788, se trouva dès sa jeunesse dans l'obligat. de se créer des ressources par ses travaux littéraires. Nommé pasteur à Eisenach, il ne put se faire agréer aux paysans qui se souvenaient de l'avoir vu danser ; et plus tard, les places qu'il obtint de précept. des pages du duc de Saxe-Weimar et de profess. au gymnase de Weimar, n'auraient pu fournir aux besoins de sa famille. Ses ouvrages eurent du succès, mais ne l'enrichirent pas. On cite de lui : *Grandison der zweite* (le second Grandisson, etc.), Eisenach, 1760-62, 5 vol. in-8 ; reimpr. sous le titre de *Der deutsche Grandison* (le Grandisson allemand), ib., 1781, 2 vol. — *Das Gartner madchen* (la Jardinière),opéra-comique.en 5 actes, joué à Leipsig et impr. à Weimar en 1771, in-8.—*Physiognomische Reisen* (Voyages physiognomiques), Altenbourg, 1778-79, 4 vol. in-8 ; ibid., 1781, 4 vol. in-8. — *Volksmarchen der Deutschen* (Contes populaires), Gotha, 1782, 5 vol. in-8 ; 1787, 6 vol.; 1806, 8 vol. — *Freund Heins Erscheinungen*, etc. (Apparit. de l'ami Hein), sous le nom supposé de Schellenberg, Winterthur, 1785, in-8, 24 fig. — *Straussfedern* (Plumes d'autruche), 1787-97, 7 vol. in-8. C'est un recueil de petits romans et de contes, dont le prem. vol. seul est de Musæus ; trad. en franç. par M. Paul de Kock, 1826, 5 vol. in-18. —*Moralische kinder-klapper* (imitation des *Hochets moraux* de Monget), 1788, in-8 ; 1794. Kotzebue, son neveu, a publié ses *OEuvres posthumes*, 1791, in-8.

MUSCULUS (Wolfgang), théologien protestant, né en 1497 à Dieuze en Lorraine, mort à Berne en 1563, se vit souvent, dans sa jeunesse, réduit à la plus extrême misère : il fut même sur le point un jour de travailler, comme manœuvre, aux fortifications pour gagner sa vie. Enfin, après quelques traverses, il fut élu diacre de l'église réformée de Strasbourg, puis ministre à Augsbourg, député du sénat de cette ville aux conférences de Worms et à celles de Ratisbonne, et professeur de théologie à Berne. Il a laissé un grand nombre d'ouvr., dont on trouve la liste dans les *Éloges des savants*, par Teissier, entre autres : *Commentarii in Genesim*, 1557, in-fol. — *Enarrationes in totum Psalterium*, 1550, in-fol. — *Commentarii in Matthæum*, 1541, 1544, 3 t. en un vol. in-fol. — *Loci communes*, 1554 et 1560.

MUSÉE, poète grec, auteur du petit poème de *Héro et Léandre*. Une erreur, que le nom de Scaliger était bien capable d'accréditer, attribua quelq. temps cette agréable product. à Musée-l'Athénien, que Virgile place, dans ses Champs-Élysées, à la tête des poètes qui ont fait de leurs talents un usage digne d'Apollon. Mais une semblable hypothèse devait tomber devant l'examen de la critique. Elle reconnut sans peine l'impossibilité d'accorder à un poète supposé plus ancien qu'Homère, un ouvrage qui porte les caractères d'une école si différente de la sienne. Toute la difficulté fut alors de rechercher l'époque où avait écrit l'auteur de *Héro et Léandre*. L'un des plus récents et sans contredit des plus ingénieux interprètes de Musée, M. Heinrich, prenant un milieu entre ceux qui placent ce poète long-temps avant Ovide, et ceux qui le font naître au 13e ou 14e S., croit pouvoir lui assigner pour époque celle du 2e ou 4e S. Le fond, les formes et le style de ce petit poème semblent confirmer cette opinion. Il y a de l'intérêt dans le plan, de la grâce et de la vigueur tour à tour dans les tableaux; et dans le style une harmonieuse flexibilité. Mais en vain y chercherait-on cette vérité de sentiments, cette justesse et cette franchise d'expression qui donnent tant de prix aux ouvr. de l'antiquité : c'est une product. toute moderne, comparée aux anc. Ce petit chef-d'œuvre parut impr. pour la prem. fois à Venise, dans le courant de 1494. Cette édit. *princeps* fut suivie d'un grand nombre d'autres, parmi lesq. nous signalerons celles de Kromayer, Halle, 1721, in-8; de Matth. Roëver, Leyde, 1757, in-8; de Joh. Schræder, Leevarden, 1742, in-8; de C.-F. Heinrich, Hanovre, 1793, petit in-8, regardée comme la meill.; celle enfin de L.-H. Tencher, Halle, 1801, in-8. Ce poème a fourni à notre Gentil-Bernard le sujet et les détails principaux de *Phrosine et Mélidor*, et à Le Franc de Pompignan, un drame lyrique en 5 actes. Il a été trad. en vers par Cl. Marot; et par M. Mollevaut, Paris, 1805 et 1816. Deux de nos plus sav. hellénistes, La Porte du Theil et Gail, l'ont trad. en prose, 1784-1796; ils avaient été devancés en 1774, par Moutonnet de Clairfons. — On compte encore un MUSÉE, Thébain, qui florissait long-temps avant la guerre de Troie. — Un autre d'Éphèse, auteur d'une volumineuse Épopée, intit. *la Perséide.* — Et enfin un poète latin, contemporain de Martial, qu'il révoltait par l'obscénité de ses écrits.

MUSES (myth.). Elle étaient filles de Jupiter et de Mnémosyne. Hésiode est le premier qui ait fixé leur nombre à neuf, et voici selon lui leurs noms et leurs attributs, où l'on reconnaît que le poète a réuni toutes les qualités nécessaires pour exceller dans les sciences et les arts : *Clio*, muse de l'hist., est représentée sous la figure d'une jeune fille couronnée de lauriers, tenant d'une main un livre et de l'autre une trompette; *Euterpe,* muse de la musique, est couronnée de fleurs, et tient une flûte; *Thalie*, muse de la comédie, porte une couronne de lierre, et tient un masque d'une main et un brodequin de l'autre; *Melpomène*, muse de la tragédie, est personnifiée par une femme d'un maintien grave, chaussée d'un cothurne, tenant d'une main des couronnes et de l'autre un poignard; *Terpsichore,* muse de la danse, est une jeune fille couronnée de guirlandes et tenant une harpe; *Érato*, muse de la poésie érotique, est une nymphe couronnée de myrte et de roses, ayant auprès d'elle un petit amour ailé, un arc et un flambeau allumé; *Polymnie*, préside à la rhétorique : on la représente habillée de blanc, couronnée de perles, la main droite étendue et un sceptre dans la gauche; *Uranie,* muse de l'astronomie, est vêtue de draperies azurées et couronnée d'étoiles : à ses pieds est un globe; *Calliope* enfin, muse de la poésie héroïq., est représentée comme une jeune fille couronnée de lauriers, ornée de guirlandes, tenant de sa main droite une trompette et un livre dans la gauche.

MUSGRAVE (GUILLAUME), médec. et antiquaire, né en 1657 à Charlton-Musgrave, dans le comté de Sommerset, mort en 1721, membre du collége des médecins de Londres et de la société royale, dont il avait été élu secrétaire en 1684, a publié, entre autres ouvrages : *De athridite anomalâ sive internâ dissertatio*, 1707, in-8. — *De aquilis romanis epistola*, 1713, in-8. — *Geta britannicus ; accedit domûs severianæ synopsis chronologica, et de iunculâ quondàm M. regis Alfridi dissertatio*, Exeter, 1716, in-8, fig. — *Belgium Britannicum, in quo illius limites, fluvii, urbes, viæ militares, populus, lingua, dii, monumenta, aliaque permulta, clariùs et uberiùs exponuntur*, 1719, in-8. — MUSGRAVE (le docteur Samuel), petit-fils du précéd., et membre aussi de la société royale de Londres, pratiqua la médecine à Exeter, sa ville natale, et mourut en 1782, laissant : *Exercitationes in Euripidem*, 1762, in-8. — *Animadversiones in Sophoclem*, 1800, 3 vol. in-8. — *Apologia pro medicinâ empiricâ*, 1763, in-4, etc.

MUSH (JEAN), missionnaire anglais, né dans le Yorkshire au 16e S., prêcha surtout dans le nord de l'Angleterre, où il s'acquit la confiance génér. par son savoir, sa sagesse et son expérience. On lui attribue, entre autres écrits : *Declaratio motuum et turbationum inter jesuitas et sacerdotes seminariorum, in Angliâ*, 1601, in-4.

MUSIUS ou MUYS (CORNEILLE), supérieur du monastère de Ste-Agathe à Delft, né dans cette ville en 1503, se fit généralement aimer par la douceur de ses mœurs et sa charité envers les pauvres, et fut honoré de l'estime de Guillaume Ier, prince d'Orange; il périt en 1572 sous les coups de la soldatesq. effrénée de Lumey, comte de La Marck. On a de lui : *Solitudo, sive vita solitaria laudata* (en vers rimés), *et alia poemata*, 1566, in-4. Quelq.-unes des pièces de Musius ont été recueill. dans les *Deliciæ poetar. belgicor.*

MUSLU, chef de rebelles, vendait des fruits à Constantinople, en 1370, lorsque Patrona Khalil l'associa à ses ambitieux projets. Après la déposit. d'Achmet III et la proclamat. de Mahmoud Ier, Muslu déclara, de son chef, qu'il allait faire les fonct. de kyaya, ou prem. lieuten. des janiss. Il osa, malgré les lois, paraître au divan, le cimeterre à la ceinture, et n'en fut pas moins poignardé en plein conseil, avant d'avoir eu le temps de se mettre en défense.

MUSONIUS RUPUS (CAÏUS), philos. stoïcien, fut exilé de Giara, sous le règne de Néron, et rappelé par Vespasien. — Un philosophe cyniq., du même nom et de la même époque, fut lié avec le célèbre Apollonius de Tyane. On a plus. *lettres* qu'ils s'écrivent, dans les *Mémoires de l'acad. des inscript.*, t. XXXI, p. 151.

MUSSARD (PIERRE), ministre de l'Église réformée, né à Genève vers 1625, mort en 1681, a publié : *Conformités des cérémonies modernes avec les anciennes, où l'on prouve, par des autorités incontestables, que les cérémonies de l'Église romaine sont empruntées des païens*, 1667, in-8, réimpr. à Amsterdam, 1744, in-12.

MUSSATO (Albertino), poète latin et historien distingué, né à Padoue en 1261, acquit au barreau une grande réputation et une fortune considérable, fut créé chevalier en 1296, remplit ensuite plus. missions auprès de l'emper. Henri VII, avec plus d'habileté que de bonheur, et fut tour à tour l'objet de l'ingratitude et de la reconnaissance exaltée de ses concitoyens. Cane de la Scala ayant été nommé vicaire impérial pour la marche trévisane, Mussato chercha d'abord à détourner les Padouans d'une révolte qu'il prévoyait devoir leur être funeste; mais dès qu'il vit la guerre commencée, malgré ses conseils, il ne songea plus qu'à défendre sa patrie, et s'illustra encore en la servant de son épée. Exposé aux fureurs d'une populace aveugle, il fut obligé de s'enfuir à Vico-d'Aggere, d'où l'on ne tarda pas de le rappeler, pour l'honorer d'un triomphe en même temps que de la couronne poétique (1314). Peu de jours après, il rejoignit l'armée sous les murs de Vicence, fut fait prisonnier, et traité avec distinction par Cane de la Scala. Une trève signée au bout d'un mois lui permit de retourner à Padoue, et d'y rédiger l'hist. des événements auxquels il avait eu une part glorieuse. La guerre ayant recommencé en 1317, il rendit encore aux Padouans d'importants services qui ne purent le mettre à l'abri de leurs injustes soupçons. Exilé à Chiozza, en 1325, il mourut loin de son ingrate patrie, en 1329. On a de lui : *Historiæ augustæ de rebus gestis Henrici VII cæsaris libri XVI; de Gestis Italicorum post Henricum VII, libri XII;* 2 tragédies, *Eccerinus,* et *la Mort d'Achille;* des *poèmes,* des *épitres,* des *élégies,* des *églogues,* etc., en latin. Ses ouvr. ont été publiés avec des notes de Félix Osio, Laur. Pignorio et Nicol. Villani, Venise, 1636, in-fol. Il a laissé aussi quelq. vers licencieux, que l'on conserve MSs. — Un autre Mussato (J.-F.), littérat., né à Padoue en 1553, mort dans cette ville en 1613, fut un des principaux soutiens de l'académie de sa patrie. Il était très savant dans les langues grecque, latine et hébraïq., mais on ne connait de lui que quelques *vers grecs* dans les recueils du temps, et plusieurs *inscriptions* et *épitaphes,* sur des édifices publics et dans des églises de Padoue.

MUSSCHENBROEK (Pierre van), célèbre physicien, né à Leyde en 1692, mort dans cette ville en 1761, contribua par ses leçons, ses exemples et ses euvr., à l'introduct. de la physiq. expérimentale et du newtonianisme en Hollande. Nommé en 1719 professeur de philosophie et de mathématiq., et professeur extraordinaire de médecine dans l'université de Duisbourg sur le Rhin, il acquit bientôt une grande réputation. Les curat. de l'académie d'Utrecht l'appelèrent dans cette ville en 1723 pour y occuper la chaire de philosophie et de mathémat. Cette ville, où il resta jusqu'en 1735, fut le théâtre de ses travaux les plus importants. Il refusa les offres que lui firent le roi de Danemarck pour l'attirer à Copenhague, et le roi d'Angleterre, électeur de Hanovre, à Gottingue; et les curat. de l'acad. d'Utrecht, sachant de quelle importance il était

pour eux de conserver un professeur de cet ordre, lui conférèrent en 1732 la chaire d'astronom.; mais invité, en 1739, à venir remplacer à Leyde Wittichius dans la chaire de philosophie, il ne put résister aux vœux de ses compatriotes, et prit possession de sa nouv. charge en 1740; il demeura depuis constamm. attaché à cette univers., malgré les propositions qui lui furent faites par plusieurs souverains. Il était correspondant de l'académ. des sciences de Paris, de celles de Pétersbourg, de Berlin, de Montpellier et de la société royale de Londres. Parmi ses ouvr. on distingue : *De aeris præsentiâ in humoribus animalium,* 1718. — *De certa methodo philosophiæ experimentalis,* 1723. — Des *Éléments de physiq.,* publ. en latin, 1726, et réimpr. plus. fois avec des addit. import., notamm. après sa mort, sous le titre de *Introductio ad philosophiam naturalem ;* la traduction en français par Sigaud de Lafond. est intit. : *Cours de physique expérimentale et mathémat.,* 1769, 3 vol. in 4. — *Dissertationes physicæ experimentalis et geometrica,* 1729, in-4. — *De methodo instituendi experimenta physices,* 1730.

MUSSET-PATHAY (Victor-Donatien), littérat., né à Vendôme en 1768, fut élevé à l'école milit. de cette ville, et servit pend. 11 ans dans l'arme du génie. Arrêté en 1793 comme suspect et frère d'émigré, il passa dans les prisons tout le temps de la terreur. En 1795 il fut employé dans les bureaux d'un commiss. des guerres à Tours. Plus tard le général Clarke, depuis duc de Feltre, le nomma chef de bureau au ministère de la guerre, d'où il passa en 1811 avec la même qualité au ministère de l'intérieur; il cessa d'être employé en 1818; mais ses amis parvinrent, au bout de quelq. années, à le faire rentrer au ministère de la guerre comme chef du bureau de la justice militaire. Il mourut du choléra en 1832. Long-temps attaché au général Marescot, il lui était resté fidèle dans toutes les fortunes. Parmi ses ouvr. on distingue : *Voyage en Suisse et en Italie fait avec l'armée de réserve,* 1800, in-8. — Les trad. de l'angl. de Golsmith, de *l'Abrégé de l'histoire grecque,* 1801, in-8, et de *l'Abrégé de l'histoire romaine,* 1801, in-8, réimpr. plus. fois.—*Vie milit. et privée de Henri IV,* etc., 1803, in-8. —*Relation des princip. siéges faits ou soutenus en Europe par les armées françaises depuis* 1792, 1806, in-4, avec atlas. — *Recherches historiques sur le card. de Retz,* 1807, in-8. — *Bibliographie agronomique,* 1810, in-8. Il fut l'un des collaborat. du *Cours d'agricult.,* par Sonnini. Musset-Pathay publia en 1824 une édit. des *OEuvres de J.-J. Rousseau,* classées dans un meill. ordre, avec des notes historiq. et des éclaircissem. Deux de ses enfants, Paul et Alfred, sont connus dans les lettres.

MUSSO (Cornelio), l'un des plus célèbres prédicateurs de son siècle, né à Plaisance en 1511, mort à Rome en 1574, fut nommé par Paul III év. de Bertinoro, puis de Bitonto, et assista au concile de Trente. On a de lui des *Sermons,* Venise, 1582 et 1590, 4 vol. in-4. Ils furent extraordinairement applaudis ; il serait curieux de les lire pour se convaincre du mauvais goût d'érudit. et d'éloquence qui régnait alors dans la chaire comme partout ailleurs.

MUSTAPHA Ier, proclamé emper. des Turks après la mort d'Achmet Ier, son frère, l'an de l'hég. 1026 (1617), se fit bientôt mépriser et haïr par sa conduite aussi insensée que tyrannique, et fut déposé au bout de quatre mois. Son successeur, le jeune Othman, fils d'Achmet Ier, ayant été déposé à son tour par les janissaires qu'il voulait anéantir, Mustapha fut placé de nouveau sur le trône, l'an 1031 (1622) : mais son imbécillité se changea presque aussitôt en démence et en fureur. Les janissaires se soulevèrent l'an 1032 (1623), et cette fois l'indigne sulthan fut condamné à une prison perpét. Amurath IV, son neveu et son successeur, le fit étrangler en 1639. Ce prince avait alors 34 ans.

MUSTAPHA II, 22e sulthan des Othomans, fils de Mahomet IV, succéda à son oncle Achmet II en 1106 (1695). La première année de son règne fut signalée par quelq. avantages obtenus sur les Vénitiens et les impériaux, mais toutefois sans résultats décisifs. En 1697, il perdit contre le prince Eugène la bataille de Zenta, livrée sur les rives de la Theiss, et 2 ans après, il conclut avec les chrét. le traité de Carlowitz. Cette paix, à la fois glorieuse et utile à l'empire, ne tarda pas à exciter les murmures du peuple, qui lui-même l'avait sollicitée. Le sulthan fut obligé de se retirer à Andrinople et de laisser sa capit. en proie à une sédit. toujours croissante. La tête du grand-visir Daltaban, qui désapprouvait la paix, tomba par l'ordre de Mustapha, et cette exécution détermina la révolte de 1703. En vain le malheureux monarque s'abaissa jusqu'à essayer de gagner par des concessions les chefs des séditieux, au lieu de leur résister ouvertement et avec vigueur ; il fut réduit à remettre l'aigrette impériale à son frère Achmet III (1703), et mourut l'année suiv. dans l'intérieur du sérail, à l'âge de 40 ans, après en avoir régné 8.

MUSTAPHA III, l'aîné des enfants d'Achmet III, succéda à son cousin Osman III en 1757, et, dès son avénement, montra un jugem. sain, de bonnes intentions, de la fermeté, mais un esprit médiocre. Après avoir laissé son grand-visir Raghib-Pacha, il s'occupa de réformes utiles pend. quelq. années, et s'engagea en 1769 dans une guerre contre la Russie, qu'il aurait dû commencer 6 ans auparavant. La prem. campagne eut pour résultat de faire perdre au sulthan Choczim, la Moldavie et une partie de la Valakie : celle de 1770 fut encore plus désastreuse, et celles de 1771 et 1772 furent loin de réparer les pertes qu'avait éprouvées l'empire othoman. Ce ne fut qu'en 1773 que Mustapha vit ses armes obtenir quelques avantages. Cependant ses forces physiques ne répondaient plus à la vigueur de son caractère ; et au moment où il allait se mettre lui-même à la tête de ses troupes, il mourut à l'âge de 58 ans (1774). C'est sous le règne de ce prince que la Russie inspira aux Grecs cet esprit d'indépendance qui s'est manifesté par de si généreux efforts, et dont le résultat a été l'affranchissement de la Grèce.

MUSTAPHA IV, 29e empereur othoman, fils aîné du sulthan Abdulhamid, fut porté sur le trône par la révolut. qui en précipita Sélim III, son cousin-germain, en 1807. Il publia un firman pour renouveler la déclaration de guerre contre la Russie, abolit toutes les institutions de son prédécesseur, et détruisit même l'imprimerie de Scutari. Le capitan-pacha, Seid-Aly, combattit avec avantage la flotte russe près de Ténédos, et bientôt furent conclus deux armistices, l'un entre la Russie et la Porte othomane, l'autre entre cette puissance et les Serviens. Les Anglais, qui voulaient s'emparer de l'Égypte, furent battus par les troupes du caïmakan Mohammed-Aly. Malgré ces succès, et les mesures qu'il prit pour paralyser les insolentes prétentions des janissaires, il ne put éviter le sort de Sélim. Le chef des partisans de ce dern. prince, Mustapha-Baïracdar, pacha de Roudschouk et commandant l'armée d'observat. sur le Danube, força le grand-visir Tcheleby-Mustapha de se joindre à lui, entra dans Constantinople le 28 juillet 1808, et fit prononcer la déposition du sulthan, à la place duq. fut proclamé Mahmoud II, son frère, le souverain actuel de la Turquie. Le malheureux Mustapha, relégué d'abord dans la prison qu'avait occupée Sélim, fut étranglé le 15 nov. de la même année.

MUSTAPHA, prétendu fils de Bajazet Ier, est regardé comme un imposteur par quelques historiens ; mais c'est encore un problème de savoir si Mustapha, le fils aîné de Bajazet Ier, qui combattait auprès de son père à la funeste journée d'Ancyre, resta dans la foule des morts. Mahomet Ier et Amurath II firent mettre à mort trente individus qui prirent le nom du légitime héritier du trône othoman. Le plus remarquable de tous est celui qui fait l'objet de cet article. Douze ans après la bataille d'Ancyre, il parut en Valakie, et se rendit bientôt redoutable. Mais vaincu par Mahomet Ier, il se jeta dans Thessalonique, et dut son salut à Lascaris, gouverneur de cette place, et à l'emper. Manuel, qui refusèrent de le livrer. Il resta comme emprisonné dans l'île de Lemnos jusqu'à la mort de Mahomet, en 1421. Manuel lui rendit à cette époque la liberté ; mais l'indigne prétendant reconnut par une prompte ingratitude cet import. service, et se vit justem. abandonné, saisi, et livré à Amurath II, par les ordres duquel il termina sur un gibet son équivoque destinée.

MUSTAPHA, fils aîné du sulthan Mahomet II, reçut de son père la souveraineté de la Caramanie. Il défit en 1469 un général d'Ouzoun-Haçan, roi de Perse, et remporta, la campagne suiv., une victoire complète sur Ouzoun-Haçan lui-même, dont il tua de sa main le fils, Zeinel-Beyg. De retour à Constantinople, le jeune vainqueur fit forcer l'entrée des bains pour enlever une femme du grand-visir Sadik-Ahmed, s'attira pour sa conduite, de la part de son père, les plus durs reproches, et ayant osé s'en plaindre, fut étranglé 3 jours après.

MUSTAPHA, fils aîné de Soleiman Ier, joignait à ses droits l'affection des peuples et celle des soldats; mais il fut renversé des marches du trône où il devait monter un jour par les intrig. de Roxelane. Cette ambitieuse épouse du vieux Soleiman s'unit au grand-visir Roustam pour perdre le jeune héros, et n'y réussit que trop bien. Le sulthan, devenu trop soupçonneux dans ses derniers jours, ouvrit facilement son cœur à la crainte non fondée d'éprouver le même sort que Sélim Ier et Bajazet II. Le jeune prince était dans son gouvern. d'Amasie : Soleiman se rendit à l'armée qui campait dans le voisinage, et ordonna à son fils de venir le trouver. La victime se livra elle-même à ses bourreaux qui l'étranglèrent, l'an de l'hég. 960 (1553), sans que son père, témoin caché de cette horrible scène, daignât écouter le cri de la nature. Cette catastr. a fourni le sujet de trois tragédies : de Belin, intitulée *Mustapha et Zéangir*, 1705; de Chamfort, sous le même titre, 1777; et de Maisonneuve, sous celui de *Roxelane et Mustapha*, 1785.

MUSTAPHA (*le Faux*), prétendu fils de Soleiman-le-Grand, n'était qu'un esclave dont la parfaite ressemblance avec l'infortuné Mustapha donna l'idée à l'ambitieuse Roxelane de l'opposer à son époux. Elle eut toutefois l'adresse d'agir sans paraître. L'an de l'hégire 961 (1554), l'imposteur se montra près de Nicopolis, parcourut tout le pays entre le Danube, la Valakie et la Moldavie, et se vit bientôt à la tête d'une armée. Il annonçait le projet de marcher sur Constantinople, lorsque le sulthan ordonna à son grand-visir d'aller le combattre. Abandonné de la plupart de ses partisans à l'approche du danger, le faux Mustapha tomba entre les mains d'Achmet, avec ses complices les plus intimes, et fut jeté secrètement dans la mer par un ordre du sulthan. Il avait fait des révélat. qui ne compromirent que Bajazet, fils de Roxelane; car il ignorait que c'était surtout pour cette femme artificieuse qu'il avait conspiré.

MUSTAPHA (Jean-Armand), voyageur mahométan, né vers la fin du 16e S., vint en France, où il embrassa la religion chrétienne, et se rendit utile au cardinal de Richelieu, qui ne laissa pas ses services sans récompense. Il accompagna le commandeur de Razilly dans deux voy. à la côte occident. de Maroc, et en écrivit la relation sous ce titre : *Voyages d'Afrique, où sont contenues les navigat. des Français, entreprises en 1629 et 1650 ès côtes des royaumes de Fez et de Maroc : le traité de paix fait avec les habitants de Salé et la délivrance de plus. esclaves français, ensemble la descript. des susdits royaumes, villes, coutumes, relig., mœurs et commodités de ceux du pays*, Paris, 1652, in-12.

MUSTAPHA-BAIRAKDAR, célèbre grand-visir othoman, né à Rasgrad vers le milieu du 18e S., exerça d'abord la profession de laboureur, se livra ensuite au commerce des chevaux, et s'enrôla enfin sous les drapeaux du pacha de sa province. Il succéda en 1804 à Tersanik-Oglou, pacha de Roustchouk, sous lequel il s'était distingué dans plus. campagnes, et détruisit en 1807, à Musahib-Kiou,

une partie de l'armée russe qu'il n'avait pu empêcher d'entrer dans Bukharest. Revêtu la même année de la charge de séraskier, il ne chercha plus à dissimuler son attachem. à la cause de Sélim III, qui venait d'être détrôné. Il marche sur Constantinople, se présente au sérail, redemandant Sélim pour le couronner de nouv. Les portes s'ouvrent, mais c'est pour lui rendre le cadavre du malheur. prince. A cette vue, Baïrakdar jure de le venger. Il ordonne le supplice des conseillers et des exécuteurs de ce crime, la déposit. du sulthan Mustapha IV, et l'installation de son frère Mahmoud II. Après cette révolut., qui arriva le 28 juill. 1808, Baïrakdar, devenu gr.-visir, s'occupa sans relâche de tout réformer, et principalement de remplacer le corps des janissaires par celui des *seymens*. Mais bientôt le mécontentement gén. fut à son comble. Le visir, forcé de céder au nombre des révoltés, se retira dans le sérail, et réduit enfin à la dern. extrémité, mit le feu au magasin à poudre et se fit sauter, après avoir fait étrangler Mustapha IV, le 15 novembre 1808.

MUSTAPHA-DALTABAN, gr.-visir, commença par être simple janissaire, et fut élevé dans le palais du grand-visir Achmet-Kiuperli. Après la mort de son protect. et celle de Cara-Mustapha il resta quelque temps oublié, puis, sous le nouv. grand-visir, il devint successivem. agha des janissaires, pacha de Silistrie, avec le titre de séraskier (1692), et beglierbey de Natolie. Exilé en 1697 dans la Bosnie, il y vivait retiré, lorsque les Othomans, vaincus par les impériaux à la funeste bataille de Zenta, le forcèrent de se mettre à leur tête. Il reprit aux ennemis, en une seule campagne, 24 châteaux ou villages fortifiés, sur les deux rives de la Save, et fut confirmé sans peine dans le commandem. qu'il avait accepté sans l'aveu de Mustapha II. Il battit les Arabes quelque temps après, et reçut le gouvernement de Bagdad en 1700. Cependant il se vit dès-lors sur le point de succomber sous les calomnies de ses nombr. ennemis, et fut obligé d'acheter l'amitié du moufty, qui le fit nommer en 1702 pacha de Kioutaya, et bientôt après grand-visir. Il ne tarda pas à vouloir secouer le joug de ce protecteur; mais les efforts qu'il fit pour le renverser et pour provoquer la violation du traité de Carlowitz lui coûtèrent la vie, l'an de l'hég. 1114 (1703). Il vit approcher les bourreaux et la mort avec l'intrépidité qu'il avait montrée tant de fois sur les champs de bataille.

MUSTAPHA-KIRLOU, visir et beau-frère de Soleiman Ier, prit Belgrade en moins d'un mois (1521), sous les yeux du sulthan qui venait de l'élever au visirat, et commanda en chef, l'année suiv., la seconde expédition tentée par les Othomans contre l'île de Rhodes; mais, pour n'avoir pu la soumettre, il encourut la disgrâce de son maître. Relégué en Égypte, il se conduisit d'abord en sujet fidèle, et eut le bonheur de soumettre des révoltés qu'il était chargé de combattre; mais ayant appris que le sulthan avait nommé grand-visir le célèbre Ibrahim, son ennemi, il jura de se venger, et sut dissimuler toutefois jusqu'à ce qu'il eût obtenu le sandjakat d'Égypte. Ce fut alors (1525) qu'il leva le masque. Trahi par Méhémet-Effendi, son secrét., et vaincu par les soldats mêmes qu'il avait commandés, il périt percé de leurs flèches, par l'ordre de Soleiman.

MUSTAPHA-PACHA, favori de Sélim II, devait la bienveillance de ce prince au courage qu'il avait eu de l'arrêter dans sa fuite, sous les murs d'Iconium, en 1557. Chargé par le sulthan de la conquête de l'île de Cypre (1570), il déshonora sa victoire par une barbarie qui n'eut d'égale que son avidité, et se vit dépouillé de ses honneurs et relégué dans un sandjakat éloigné de la cour. Amurath III, successeur de Sélim II, le rappela et lui donna le command. de l'armée qu'il envoya contre les Persans en 1578; mais Mustapha, après s'être emparé de la Géorgie et du Chyrwan, se laissa battre par son imprud., reçut l'ordre de revenir à Constantinople (1581), et s'empoisonna de honte et de douleur.

MUSTERS (MARIE-ANNE), descendait en ligne directe de l'anc. famille franco-normande des Caducis. L'une des femmes de cette famille avait épousé Jean de Gand, duc de Lancaster, dont les descendants sont montés sur le trône d'Angleterre. Marie-Anne Musters fut, sous le nom de *Marie* ou de *miss Chaborth*, l'objet des prem. inspirat. de lord Byron. Cette liaison avec un poète aussi célèbre, paraissait avoir fait une vive impression sur l'imagination de cette dame, qui vivait retirée de la société, occupée à des actes de bienfaisance et de piété. Tous ceux qui l'ont approchée assurent qu'elle joignait à une délicatesse et une sensibilité exquises, un esprit véritablem. élevé et plein de noblesse. Elle mourut en 1831, de la terreur que lui avait fait éprouver le pillage de son château par les ouvriers de Nottingham.

MUSURUS (MARC), l'un des Grecs qui ont contribué à répandre le goût des lettres en Europe, né vers 1470 à Retimo dans l'île de Crète, fut amené fort jeune en Italie par son père, et placé sous la direct. de Jean Lascaris. Il mérita bientôt d'être admis à [l'académie qui s'assemblait dans l'atelier de Manuce-l'Anc. Plus tard il fut nommé professeur de lettres grecq. à l'université de Padoue, et remplit ces fonctions avec un zèle et un talent qui lui attirèrent un nombre infini d'audit. de toutes les parties de l'Italie, de la France et de l'Allemagne. Le pape Léon X l'appela à Rome en 1516, et le nomma archev. de Malvasie. Il mourut l'année suiv., âgé d'environ 50 ans. On doit à Musurus, comme éditeur, la prem. édit. des *Coméd.* d'Aristophane, Alde, 1498, avec une préface; celle de l'*Etymologicum magnum*, Calliergi, 1499, avec une préface; celle des *OEuvres* de Platon, Alde, 1513, etc. Comme poète, on a de lui des *Épigr.* dans le *Dictionnar. græcum copiosiss.*, Venise, 1497, et dans l'édit. de *Musée*, 1517; mais la plus étendue comme la plus célèbre de toutes ses pièces, est un poème grec de 200 vers hexamètres et pentamètres à la louange de Platon, imprimé dans l'édition des *OEuvres* de ce philosophe, de 1513,

et séparém. avec une version en vers latins, Amsterdam, 1676, in-4. Voy. sur Musurus, Paul Jove, le *Dictionn.* de Bayle, etc.

MUTAHER, prince du Yémen et imam de la secte des zéidis, était fils de Chérif-Eddin Yahia, qui s'était arrogé le titre et la dignité d'*imam* et d'*emir al-moumenyn* dans les montagnes du Yémen, vers l'an 940 de l'hég. (1533 de J.-C.), et qui le déshérita en mourant. Mutaher, quoique boiteux et peu digne d'ailleurs de gouverner, manifesta l'intention de ressaisir ses droits prétendus. Mais chassé de Sanâ, en 954 (1547), par Ezdemir, pacha de Zabid et du Ras-Yemen, au nom de la Porte-Othomane, et assiégé dans Thela deux ans après, il fut réduit à accepter le gouvernem. de quelq. districts. En 974 (1566), il se déclara le chef des Arabes mécontents, enleva de nouv. territoires au pacha Redwan, et l'année suiv., après avoir vaincu et tué Mourad-Pacha, s'empara de Sanâ et y fit faire la khothbah en son nom. Bientôt, grâce à ses avantages rapides, il ne resta plus aux Turks que la ville et le district de Zabid. Mais Sinan-Pacha, chargé par Sélim II de réduire le Yémen, en 976 (1569), enleva en peu de temps à Mutaher toutes ses conquêtes, et l'obligea à demander la paix, qui lui fut accordée (977), à condition qu'il aurait le district de Saada à titre de ferme, que le nom du sulthan figurerait seul dans la khothbah et sur les monnaies, etc. Mutaher mourut en 980 (1572-1573). Ce qu'il y a de plus remarquable en lui, c'est une avarice dont rien n'approche, et qui causa peut-être une partie de ses disgrâces.

MUTIS (don JOSEPH-CELESTINO), célèbre naturaliste, né à Cadix en 1732, mort en 1808, astronome royal à Santa-Fé de Bogota, n'a guère été connu jusqu'ici en Europe que par ses vastes connaissances en botaniq., qui lui valurent de la part du grand Linné les plus brillants éloges. Cepend., il a rendu d'import. services à toutes les branches de l'hist. naturelle, et exercé sur la civilisation des colonies espagnoles une influence qui lui assure à jamais un rang distingué parmi les bienfaiteurs du Nouveau-Monde. Mutis se livra d'abord à l'étude de la médec. dans sa ville natale, et fut nommé, en 1757, suppléant d'une chaire d'anatomie à Madrid; mais dès-lors il montra plus de goût pour les excursions botaniq. que pour la visite des hôpit., et ce fut à cette époque qu'il commença à correspondre avec l'illustre natural. d'Upsal. En 1760, il consentit à suivre en Amérique le vice-roi don Pedro Mesia de la Cerda, en qualité de médec. Nommé profess. de mathémat. dans le Colegio mayor de Nuestra-Senora del Rosario, à Santa-Fé, il y répandit les prem. notions du vrai système planétaire, et fut assez heureux pour être protégé par le vice-roi contre les dominicains, ces tyranniq. adversaires des *hérésies de Copernic*. On doit à ses recherches beaucoup de genres du règne végétal (*vallea, barnadesia, escallonia, manettia*, etc., publiés dans le *Supplément* de Linné). Ce dernier, parlant du genre *mutisia*, ajoute : *Nomen immortale quod nulla ætas unquam delebit.* C'est Mutis qui le premier a fait connaître les différ. espèces de cinchona (le quinquina), et les véritables caractères de ce genre si précieux. Parmi d'autres plantes, utiles dans la médecine et dans le commerce, qu'il a décrites le premier, il faut compter le *psychotria emetica*, ou ipécacuanha du Rio-Magdalena, le *taluifera* et le *myroxylum* qui donnent les baumes de Tolu et du Pérou, la *wintera grenadensis*, et l'*alstonia theœformis*, qui fournit le thé de Santa-Fé. C'est encore lui qui découvrit et fit connaître la plante nommée *vejuco del guaco* par les Indiens, et employée par eux depuis long-temps comme l'antidote le plus puissant contre la piqûre des serpents venimeux. Il n'existe de ce laborieux naturaliste qu'un petit nombre de *dissertat.* impr. dans les *Mémoires* de l'acad. roy. de Stockholm (année 1769), et dans un journal publié à Santa-Fé en 1794, sous le titre de *Papel periodico*. Mais le *Supplém.* de Linné, les ouvr. de l'abbé Cavanilles et de M. de Humboldt, le *Semanario del Nuevo-Reino de Granada*, en 1808 et 1809, ont fait connaître une partie de ses observations. Mutis, qui avait embrassé l'état ecclésiastique dès 1772, et avait été nommé chanoine de l'église métropolit. de Santa-Fé, fut aussi bon prêtre qu'il était savant estimable.

MUTIUS, architecte romain, qui vivait du temps de Marius, embellit par les plus riches ornements de l'architecture le temple de l'Honneur et de la Vertu, bâti par Marcellus. Il existe des médailles d'argent, qu'on croit avoir été frappées en l'honneur de cet architecte : on y voit les initiales HO. et VIRT., et dans l'exergue, cet autre mot CORDI... Le surnom de Cordus était particulier à l'une des branches de la famille Mutia.

MUTIUS. — V. SCÉVOLA.

MUY (LOUIS-NICOLAS-VICTOR DE FÉLIX, comte du), maréchal de France, né à Marseille en 1711, mort en 1775, fut d'abord chev. de St-Jean-de-Jérusalem, et fit, sous Berwick et Coigny, son apprentissage dans la guerre de 1734, entreprise pour soutenir l'élect. de Stanislas au trône de Pologne. Attaché ensuite à la cour, comme menin du dauphin, père de Louis XVI, il devint plutôt l'ami que le serviteur de ce vertueux prince. Il assista à la bataille de Fontenoi, fut fait lieuten.-général en 1748, se distingua aux batailles d'Hastembeck, de Crevelt et de Minden, et commanda un corps considérable de troupes, pend. toute la campagne de 1760. Malgré un échec qu'il éprouva près de Warbourg, il fut créé chev. des ordres du roi en 1762, et reçut le commandem. de la Flandre. Il refusa, sous Louis XV, le ministère de la guerre, qu'il accepta de Louis XVI, en 1774. Compris à cette époque dans une promotion de maréchaux, il ne put jouir long-temps de ces nobles récompenses. Il a laissé des MSs. pleins d'excellentes vues sur différents objets de l'administrat. On a trois *Éloges* du maréchal du Muy : l'un par Le Tourneur, traducteur d'Young, couronné par l'acad. de Marseille, en 1778 ; un 2e par M. de Beauvais, év. de Senez, et un 3e par M. de Tresséol, 1778, in-8.

MUYART DE VOUGLANS (PIERRE-FRANÇ.), le seul des anciens criminalistes franç. dont on lise encore les ouvr., né à Moirans, près de St-Claude, en 1713, mort à Paris en 1791, fit partie du parlement formé par le chancelier Maupeou, et devint ensuite conseiller au grand-conseil. On a de lui : *Institutes au droit criminel*, etc., avec un *Traité particulier des crimes*, 1757, in-4. — *Instruction criminelle suivant les lois et ordonnances du royaume*, 1762, in-4. — *Réfutation des principes hasardés dans le traité des délits et des peines*, 1767, petit in-8. — *Motifs de ma foi en J.-C.*, ou *Points fondamentaux de la religion chrétienne*, 1776, in-12. — *Les lois criminelles de la France dans leur ordre naturel*, 1783, in-fol. — *Preuves de l'authenticité de nos Évangiles contre les assertions de certains critiques modernes*, 1785, in-12. — *Lettre sur le système de l'auteur de l'*Esprit des lois *touchant la modérat. des peines*, 1785, in-12. — MUYART DE VOUGLANS, bailli de Moirans, oncle du précéd., mort en 1781, avait formé une belle collection de médailles et d'antiquités. On a de lui une *Dissert. sur les antiquités de la ville d'Antre*, dans le *Journal encyclopédiq.*, année 1778, t. III, p. 317-321, avec un supplém., t. V, p. 141-142.

MUZIANO (JÉRÔME), ou *le Mutien*, peintre italien, né vers 1528, à Aquafredda, dans le Brescian, mort en 1592, vint fort jeune à Rome, et s'y fit d'abord une telle réputation par ses paysages, qu'on l'appela *le Jeune homme aux paysages*. Bientôt il se livra au genre historique, et enrichit de ses tableaux plus. églises, entre autres celles du *Jésus*, d'*Ara-Celi* et de la *Conception*. L'église des Chartreux en possède un très beau, qui représente une *Troupe d'anachorètes écoutant la parole d'un Père du désert*. Cet artiste excellait à représenter les personnages d'une physionomie grave, et surtout les pénitents exténués par l'abstinence. Mais on peut, en général, reprocher de la sécheresse à son dessin. On lui doit d'ailleurs le perfectionnem. de l'art de la mosaïque. Le musée possède de lui deux tableaux : le *Lazare ressuscité* et l'*Incrédulité de St Thomas*.

MUZZARELLI (ALPHONSE), jésuite, né à Ferrare en 1749, mort en 1813 à Paris, où il avait été obligé de se rendre à la suite de Pie VII, a laissé de nombreux écrits sur les matières de piété, ou sur des points de critique et de théologie. Les plus connus sont : *Recherches sur les richesses du clergé* (en ital.), 1776, in-8.—*Deux opinions de Charles Bonnet* (de Genève), *sur la résurrection et les miracles réfutés*, 1781, in-8. — *Émile détrompé*, 1782, 4 vol. —*Du bon usage de la logique*, en matière de relig., 1787.—*De l'obligation des pasteurs dans les temps de persécution*, 1791, in-8. — *Des causes des maux présents, et de la crainte des maux futurs, et leurs remèdes*, 1792, in-8.—*Jean-Jacques Rousseau accusateur des nouveaux philosophes*, 1798, réimprimé à Ferrare sous le titre de *Mémoires du jacobinisme, extraits des OEuvres de J.-J. Rousseau*. Tous ces ouvr. sont en italien. Muzzarelli a laissé beauc. de MSs.

MYDORGE (Claude), sav. géomètre, né à Paris en 1585, mort en 1647, fut d'abord conseiller au Châtelet, puis trésorier de la généralité d'Amiens. Il se lia d'une étroite amitié avec Descartes, auquel il rendit d'importants services. Il dépensa près de cent mille écus à faire fabriquer des verres de lunettes et des miroirs ardents, et à tenter divers essais. On a de lui : *Examen du livre des récréat. mathémat.* (du P. Leurechon), 1630, in-8; réimpr. en 1643 avec des notes de D. Henrion.—*Prodromi catoptricorum et dioptricorum, sive conicorum, lib. IV, priores*, 1639, in-fol., inséré par le P. Mersenne dans le rec. intitulé : *Universæ geometriæ, mixtæque mathematicæ synopsis.*

MYLE (Abraham van der), *Mylius*, sav. hollandais, né en 1558, à St-Herenberg en Zélande, fut ministre du saint évangile à Dordrecht, et y mourut en 1637. Son principal ouvr. est un traité *De antiquitate linguæ belgicæ, deque communitate ejusdem cum latinâ, græcâ, persicâ et plerisque aliis*, Leyde, 1611, in-4.—Myle (Arnold), savant imprim. originaire du comté de Meurs, né en 1540, mort en 1604 à Cologne, où il exerçait sa profess., a publ. : *Locorum geographicorum nomina antiqua et recentia*, dans le *Theatrum geographicum* d'Abraham Ortelius, 1573, in-fol.—*Principum et regum Polonorum effigies, cum commentario*, 1594, in-fol.

MYLIUS (Jean-Christophe), bibliographe, né en 1710, à Buttstæd, dans la principauté de Weimar, mort en 1757, à Iéna, dont l'université le comptait au nombre de ses professeurs et l'acad. latine au nombre de ses membres, a laissé plus. ouvr. parmi lesquels on distingue : *Bibliotheca anonymorum et pseudonymorum*, 1740, 2 vol. in-8.—*De sanctâ quorumdam in abolendis vel mutilandis auctoribus classicis simplicitate*, 1741, in-4. — *Memorabilia bibliothecæ academicæ Jenensis*, 1746, in-8.

MYNORS (Robert), chirurgien anglais, mort à l'âge de 67 ans, en 1806, à Birmingham, où il avait exercé sa profession d'une manière distinguée, a laissé : *Réflexions sur les amputations*, 1783, in-8.—*Histoire de l'opération du trépan*, 1785, in-8; et quelq. articles dans les *Commentaires médicaux* du docteur Duncan.

MYNSICHT (Adrien), médec. du duc de Meckelbourg et de plus. autres princes d'Allemagne, au 17e s., a donné à la médecine le sel de *duobus* ou l'*arcanum*, encore en usage aujourd'hui. Il a rendu ainsi un plus gr. service qu'en écrivant son *Arma-* *mentarium medico-chimicum*, 1631, in-4, réimpr. plus. fois dans le format in-8.

MYRMECIDES, sculpt. grec, né à Lacédémone, s'occupa, comme Callicrates de petits ouvr., tels qu'un chariot, un vaisseau en ivoire qu'une aile de mouche pouvait couvrir.

MYRO ou MOERO, femme poète, née à Byzance, 3 siècles avant J.-C., épousa le grammairien Andromachus, dont elle eut Homère-le-Jeune, poète tragique célèbre. Ses œuvres furent nombr. et variées. Athénée cite d'elle un fragm. épique, où elle décrit l'éducat. d'Achille dans l'île de Crète. Une ou deux épigrammes de l'*Anthologie* (dans les *Analectes* de Brunck) portent son nom (v. sur Myro, J.-Chr. Wolf, *Poetriarum octo fragmenta*, 1734, in-4).

MYRON, sculpteur grec, célébré par les poètes grecs et latins, naquit à Éleuthère, et fut le condisciple et l'émule de Polyclète. Lucien le range au nombre de ceux qui sont adorés comme des dieux. La *Génisse* de Myron est, de tous ses ouvr., celui qui paraît avoir mérité et obtenu la plus gr. célébrité. Il paraît que cet artiste excellait à représenter les animaux, et à leur donner l'apparence de la vie. Auteur d'un gr. nombre d'ouvr. estimés, que citent Pline et Pausanias, il mourut néanmoins, à ce que l'on croit, dans la pauvreté. Vinckelman, Éméric-David et M. Quatremère de Quincy on fait des recherches sur cet artiste.

MYRONIDE, général athénien, s'est acquis une gloire immortelle par la campagne qu'il fit 458 ans avant J.-C. Les Thébains s'étant alliés avec les Lacédémoniens contre Athènes, Myronide, avec une armée peu nombreuse, marcha vers la Béotie, et, malgré l'avis des autres chefs athéniens, livra bataille aux ennemis. Sa victoire fut complète et décisive : il prit ensuite toutes les villes de la Béotie, Thèbes exceptée, soumit les Locriens-Opontiens et les Phocéens, et pénétra dans la Thessalie. Après l'ann. de son commandem., il revint à Athènes; mais soit que tant de succès eussent excité la défiance ou la jalousie, soit que les circonstances, devenues moins difficiles, exigeassent moins d'efforts, on ne retrouve plus son nom dans l'histoire.

MYRTIS, femme poète, née à Anthédon, en Béotie, 500 ans avant J.-C., avait composé des *Chants lyriques*, dont plus. subsistaient encore au temps de Plutarque. La célèbre Corinne et Pindare lui-même furent ses élèves. On lui érigea une statue de bronze, qui fut l'ouvr. de Boïscus (v. Suidas et Plutarque dans ses *Questions grecques*).

N

NAAMA (Bible), Ammonite, l'une des femmes de Salomon, fut mère de Roboam, et éleva son fils dans sa religion.

NAAMAN (Bible), général de l'armée de Benadad, roi de Syrie, fut guéri de la lèpre par le prophète Élisée vers l'an 884 avant J.-C. (v. Élisée.)

NABAL (Bible), riche Israélite de la tribu de Juda, excita la colère de David, en lui refusant des vivres pour sa troupe, et mourut de frayeur, lorsqu'il apprit de sa femme Abigaïl le danger qu'il avait couru par ce refus. — V. Abigaïl.

NABEGA (Ziad-Ben-Moavia al Dobiani, surnommé), ancien poète arabe du temps de Noman Ben Mondar, roi de Hira, et de Khosrou-Parviz, vers la fin du 6ᵉ S., a laissé des *Poésies* qui ont été réunies en un *divan*, MSs. qui se trouve à la bibliothèque du roi sous les nᵒˢ 1455 et 1626. On trouve, dans la *Chrestomathie* de Sylvestre de Sacy, un poème de cet auteur avec la trad. franç., et des notes savantes.

NABIS, tyran de Sparte, success. de Machanidas, l'an 205 avant J.-C., se signala par toutes espèces de cruautés, pend. un règne de 14 ans. Ayant fait alliance avec Philippe, roi de Macédoine, alors en guerre avec les Romains, il tenta de s'assurer la possession de la ville d'Argos, que celui-ci lui avait confiée; mais bientôt il fut forcé de se soumettre aux condit. que lui imposèrent les Macédoniens et les Romains réunis contre lui sous les murs de Sparte : c'est en vain qu'il essaya de recouvrer ses avantages après le départ de Flaminius; attaqué par Philopœmen, général des Achéens, il appela à son secours les Étoliens, qu'il croyait ses amis, et périt assassiné par Alexamène leur chef, l'an 192 avant J.-C.

NABONASSAR, roi de Babylone, célèbre pour avoir donné son nom à une ère qui remonte au 26 févr. 747 avant J.-C., occupa le trône dep. l'automne de l'an 748 jusqu'en 754, et eut pour successeur *Nadius*. L'hist. ne nous apprend presque rien sur tous ces souverains de Babylone qui, jusqu'à l'avénement de Nabuchodonosor le père, relevèrent des rois assyriens de Ninive.

NABOPOLASSAR, roi de Babylone, monta sur le trône l'an 644 avant l'ère chrét., s'allia à Cyaxare, roi des Mèdes, pour détruire l'empire d'Assyrie, et s'empara de Ninive, qu'il réunit à ses états. Il mourut l'an 625 av. J.-C., après un règne de 21 ans.

NABUCHODONOSOR, dit *le Grand*, roi de Babylone, fils de Nabopolassar, lui succéda l'an 625 av. J.-C., envahit la Judée, prit Jérusalem l'année suiv., emmena captif le roi Joachim, ainsi que les jeunes gens les plus distingués de sa cour, au nombre desquels se trouvait Daniel, et rendit ensuite la liberté à ce prince. Quelques années après, la Judée s'étant révoltée, Nabuchodonosor y rentra, s'empara une seconde fois de Jérusalem, après un an de siége, fit crever les yeux au roi Sédécias, rasa les fortificat. de la ville, détruisit son temple et ses autres édifices, et emmena tous ses habitants en Chaldée. Il fit ensuite la guerre aux Tyriens, assiégea leur ville pend. 13 ans, s'en empara au bout de ce terme, porta ensuite ses armes en Égypte, fit la conquête de ce royaume, se rendit maître de tous les établissements des Phéniciens sur les côtes d'Afrique, et pénétra, dit-on, jusque dans la partie méridionale de l'Espagne. Ce fut après son retour à Babylone, suivant la sainte Écriture, que dans l'enivrem. de son orgueil, il fit fondre sa statue en or, et commanda à tous ses sujets de l'adorer. Mais il fut puni de cet acte de vanité par une maladie singulière. Tombé dans un état complet de démence, il se persuada qu'il avait été transformé en bœuf, et ne recouvra la raison qu'au bout de

7 ans. Suivant les calculs de Larcher, Nabuchodonosor mourut l'an 580 av. J.-C. Avec lui s'écroula le vaste empire qu'il avait créé. Son fils, Evil Merodach, lui succéda sur le trône de Babylone.

NABUCHODONOSOR, roi d'Assyrie, nommé Arphaxad dans la Bible, monta sur le trône l'an 646 avant J.-C., vainquit Phraortes, roi des Mèdes, le tua de sa propre main, et pénétra en Judée, où Holopherne, l'un de ses lieutenants, ayant mis le siége devant Béthulie, fut tué par Judith. On croit que ce prince périt en défendant sa capitale assiégée par Cyaxare, fils de Phraortes, et par Nabopolassar.

NACHOR, patriarche hébreu, fils de Sarug et père de Tharé, vécut 147 ans.— Son petit-fils, appelé du même nom, fut père de Bathuel, dont Rebecca fut la fille.

NADAB, roi d'Israël, fils de Jéroboam, monta sur le trône l'an 954 avant J.-C., se livra à tous les excès, et fut tué après un règne de deux ans par Baasa, l'un de ses généraux, qui prit le titre de roi.

NADAL (Augustin), littérat., né à Poitiers en 1659, vint à Paris, embrassa l'état ecclésiastique, fut successivem. précepteur d'un jeune seigneur, secrét. de la province du Bourbonnais, secrét. de l'ambassade franç. au congrès d'Utrecht, obtint, pour prix de ses services, l'abbaye de Doudeauville, et mourut dans sa ville natale en 1741. On a de lui cinq tragédies, dont aucune n'est restée au théâtre : *Saül*, *Hérode*, *les Machabées*, *Marianne* et *Osarphis* ou *Moïse;* une parodie de *Zaïre*, jouée au théâtre italien en 1752 sous le titre d'*Arlequin au Parnasse*, ou la *Folie de Melpomène*, et quelq. autres product., publ. sous le titre d'*OEuvres mêlées*, 1738, 3 vol. in-12, qui, ainsi que les précéd., ont beauc. moins contribué à faire connaître leur aut. que le joli triolet de Voltaire sur le Parnasse français, exécuté en bronze aux frais de Titon du Tillet :

> Dépêchez-vous, monsieur Titon;
> Enrichissez notre Hélicon :
> Placez-y sur un piédestal
> Saint-Didier, Danchet et Nadal, etc.

NADASI (Jean), jésuite, né à Tyrnau (Hongrie) en 1614, professa d'abord au collége de Gratz la rhétorique, la philosophie, la théologie et la controverse, fut ensuite appelé à Rome, et y rédigea pendant 5 ans les Lettres annuelles (*annuœ Litterœ*) sur l'état des missions. A son retour en Allemagne il fut nommé directeur spirituel du collége de Vienne, puis confess. de l'impératrice Éléonore, et mourut à Vienne en 1679, laissant un gr. nombre d'ouvrages, dont on trouve la liste dans le *Specimen hungar. litterat.* Parmi ses ouvr. historiques on distingue : *Reges Hungariæ à S. Stephano usque ad Ferdinandum III*, 1637, in-fol. Il est l'édit. de deux ouvr. d'Alegambe : *Mortes illustres*, etc., et *Heroes victimæ charitatis*, etc., qu'il a continué jusqu'à son temps.

NADASTI ou NADAZD (Thomas), seigneur hongrois, commandant de Bude au nom de Ferdinand d'Autriche, qui avait enlevé cette ville à Jean Zapoli, se disposait à défendre la place menacée par

Soleiman en 1529, lorsque la garnison et les habitants eurent la lâcheté d'ouvrir les portes à l'ennemi, et de livrer leur commandant; mais Soleiman punit la trahison en passant la garnison au fil de l'épée, et récompensa la fidélité de Nadasti en le renvoyant sans rançon. Ce brave officier servit ensuite dans les armées de Charles-Quint, et enseigna l'art de la guerre au duc d'Albe. — NADASTI (François de), comte de Forgatsch, petit-fils du précéd., entra l'un des prem. dans la ligue que formèrent les nobles hongrois vers 1666 pour obliger l'emper. Léopold à leur rendre leurs anciens priviléges et à convoquer une diète. Élevé aux fonctions de président du conseil souverain, Nadasti aspirait au titre de comte palatin; mais cette dignité lui ayant été refusée, il en devint plus actif à seconder les projets de la ligue. On a même prétendu qu'il employa vainement contre Léopold le fer et le poison, mais ces accusations n'ont pas été prouvées. Des papiers saisis en 1671 firent connaître les chefs de la ligue; Nadasti fut arrêté, conduit à Vienne, condamné à mort, et exécuté le 30 avril 1671. Il s'était appliqué à l'étude de l'hist., et laissa : Cynosura juristarum, 1668, contenant, par ordre alphabétique, les lois et ordonnances du roy. de Hongrie jusqu'en 1659.—Mausoleum regni apostol. hungarici regum et ducum, cum versione germanicá, 1664, in-fol., en style lapidaire; cet ouvr., orné de belles estampes et fort recherché, a été trad. en hongrois par le P. Horanyi, 1771, in-4. On lui doit en outre une édit. de l'hist. de P. de Reva, de Monarchiâ et S. Coronâ regni Hungariæ, 1659, in-fol.

NADAUD (JOSEPH), savant ecclésiast., né à Limoges, mort en 1792, après avoir consacré sa vie entière à étudier l'hist. et à déchiffrer les vieilles chroniques de sa patrie, est auteur de plus. écrits dont l'abbé Vitrac a publié la liste; nous citerons entre autres la Chronologie des seigneurs suzerains de Limoges, des gouverneurs-généraux, intendants, impr. dans le Calendrier de Barbou, 1770-1785.

NADAULT (JEAN), né à Montbar en Bourgogne en 1701, a trad. en français avec Daubenton un vol. des Acta Academiæ naturæ Curiosorum; il a fourni quelq. mém. au recteur de l'acad. de Dijon, et un sur le sel de chaux, au recueil des savants étrangers de l'acad. des sciences. Correspond. de cette acad., depuis 1749, il mourut en 1782.

NADIR-CHAH, roi de Perse, fameux d'abord comme général sous le nom de Thamas-Kouly-Khan, né l'an 1100 de l'hég. (1688 de J.-C.) dans un village de la tribu de Kirklou, près de Méchehd, capitale du Khorançan, se signala, dès l'âge de 15 ans, contre les tribus voisines de la sienne. Il avait acquis une haute réputation de bravoure lorsque le faible Chah-Houcein, souverain de la Perse, fut détrôné (1722). Les prov. de l'empire devinrent alors la proie des Russes et des Othomans, et Nadir, profitant de ces circonstances, s'empara de tout le Khoraçan jusqu'aux frontières du Kharizm. Appelé à prêter son appui à Chah-Thahmas, héri-

tier légitime de la couronne, Nadir montra à ce prince un gr. dévouem., et le plaça sur le trône; mais en même temps il s'empara de toute l'autorité, et eut soin de gagner l'affection des soldats. Ce n'était pas encore assez pour son ambition d'avoir rendu à la Perse ses anciennes limites, il marche contre les Turks en 1730, leur enlève la plupart de leurs conquêtes, et il allait s'emparer de la ville d'Érivan, lorsque la révolte des Abdallis le rappela dans le Khoraçan. Pendant son absence, Chah-Thahmas, voulant ressaisir l'autorité dont son général l'avait dépouillé, marche lui-même sur Érivan; mais il échoue, essuie plusieurs défaites, et achète la paix en cédant à l'ennemi toute la rive gauche de l'Araxe (1732). Nadir s'oppose à l'exécution de ce honteux traité; il fait déposer son souverain, place sur le trône un fils de ce prince, Abbas III, encore au berceau, s'empare de la régence, et devient, par le fait le véritable souver. de la Perse. Vainqueur de tous ses ennemis, et maître de la puiss. suprême par suite de la mort du jeune Abbas III, Nadir convoque les gr. et les notables de la Perse, et se fait proclamer souver.; quoiqu'il eût déjà quitté le nom de Thamas-Kouly-Khan, c'est sous ce nom qu'il se fit couronner. Il cherche bientôt de nouv. ennemis à combattre, se signale par ses exploits contre les Arabes, les Moghols et les Indiens; mais il ternit l'éclat de sa gloire par son avarice et ses vexations; il essuie des revers, perd son ascendant sur ses peuples épuisés, devient un objet d'horreur, et périt assassiné par quelq.-uns de ses généraux, dans la nuit du 19 au 20 juin 1747 (11 djoumadj 1160). Aly-Kouly-Khan, son parent, et capitaine de ses gardes, prit le titre de roi sous le nom d'Adel-Chah. L'Hist. de Nadir-Chah écrite en persan par Mohammed-Mahdy-Khan, a été trad. en franç. par Will. Jones, 1770, in-4.

NADJAH, esclave parvenu au timon des affaires pendant la minorité d'Ibrahim, dern. souver. de la dynastie des Zéïadides, rassembla une armée d'Arabes et de noirs pour combattre Caïs, usurpateur du trône du Yémen, le vainquit, prit sa place, et mourut en 452 (1060), après un règne de 40 ans. On croit qu'il fut empoisonné par Aly-le-Solahide, fondateur de la dynastie des Solahides en 455.

NÆVIUS (CNÉSIUS), poète tragique et comique, né dans la Campanie, mort vers l'an 550 de Rome, avait écrit un poème sur la Ire guerre contre Carthage. On a conservé les titres de quelq.-unes de ses tragédies qui sont imitées des Grecs. Il donna également des drames nationaux, parmi lesquels s'en trouvait un intit. Alimoniæ Remi et Romuli. Ayant dans quelq.-unes de ses pièces lancé des traits satiriques contre plus. citoyens notables, il fut banni de Rome et alla terminer ses jours en Afrique. Nævius fut aussi poète épique, et Cicéron le trouvait supérieur, sous plus. rapports, à Ennius, qui n'a écrit qu'après lui.

NÆVIUS (JEAN), médec. saxon, né à Chemnitz, Misnie, en 1499, mort en 1574, avec la réputation

22.

d'un des meilleurs médec. de son temps, a laissé des consultations très estimées parmi lesquelles on remarque : *Medicamenta contra pestem*, *pro republicâ dresdensi.*

NAGOT (François-Charles), ecclésiastiq., né à Tours en 1754, professa la théologie au séminaire de Nantes, devint ensuite supérieur du petit séminaire de St-Sulpice, puis directeur du gr. séminaire, fut envoyé, en 1791, fonder un séminaire à Baltimore, et y mourut en 1816, après avoir établi dans les États-Unis un gr. et un petit séminaire, et un collége qui a les priviléges des universités. On a de lui quelq. traduct. de livres de piété écrits en anglais, et d'autres ouvr., parmi lesq. nous citerons : *Conversions de quelq. protestants*, 1796, in-12, édit. augment. — *Vie de M. Ollier*, 1813, in-8.

NAHL (Jean-Augustin), statuaire, né à Berlin en 1710, mort en 1795 à Cassel, après y avoir rempli avec distinction pendant 30 ans la chaire de sculpture, a laissé, entre autres ouvr. estimés, une statue du landgrave Guillaume, placée sur l'esplanade à Cassel, plus. morceaux pour la décoration des jardins de Potsdam et de Charlottenbourg, un tombeau dans la petite église d'Hindelbanck en Suisse, etc. ; ce tombeau a été décrit dans la plupart des ouvr. sur la Suisse, principalement dans le tom. Ier des *Tableaux pittoresq. de Laborde.*

NAHUM, le 7e des petits prophètes, vivait dans le temps qui suivit la ruine du royaume d'Israël par Salmanasar, sous Achab ou Manassé, et prédit la 2e ruine de la cité de Ninive par Nabopolassar et Astyage. Les Grecs et les Latins font la fête de ce prophète le Ier déc.

NAIGEON (Jacques-André), l'un des collaborat. de *l'encyclop. méthodique*, et memb. de l'Instit., né à Paris en 1738, mort dans cette ville en 1810, a publ. un gr. nombre d'ouvr. On lui reproche d'avoir fait des Dictionn. de la Philosophie anc. et moderne, d'el'Encyclop., le recueil de tous les principes d'athéisme en vogue dans le 18e S., au lieu de se borner, comme il le devait, à présenter une analyse de tous les systèmes. Ses ouvrages, presque tous dirigés contre le christianisme, sont tombés dans le plus profond oubli. On lui doit comme édit. la publicat. des *OEuvres de Sénèque*, trad. par Lagrange, de la *Collect. des moralistes anciens*, avec un *Discours préliminaire*, et dans laquelle il a donné une nouv. traduct. du *Manuel d'Épictète*, 1782, Dijon, 1795, in-8 ; des *Fables* de la Fontaine avec *Notice*, Dijon 1795, in-8, dont il a été tiré des exemplaires séparém.; du *Théâtre de Racine*, avec une *Notice* ; des œuvres de Diderot (1798) dont il avait été l'intime ami et sur leq. il a laissé des *Mém. histor.*, publ. en 1823, mais qui n'ont pas répondu à l'attente des curieux ; de J.-J. Rousseau (1801), et de Montaigne (1802), avec des notes tirées d'un exemplaire conservé à la bibliothèq. de Bordeaux, et que Montaigne ne destinait pas à être publiées.

NAIGEON (Jean), conservateur du musée du Luxembourg, né à Beaune en 1757, mort à Paris en 1832, débuta de bonne heure dans la carrière de la peinture. On distingue parmi ses premiers ouvr. : *Pyrrhus enfant*, et *Énée partant pour la guerre de Troie*. On lui doit encore les deux *bas-reliefs* du plafond de la galerie du Luxembourg, et plus. *portraits* remarquables, notamment ceux de Monge et de Laplace.

NAILLAC (Philibert de), 33e grand-maître de l'ordre de St-Jean-de-Jérusalem, élu en 1383, fournit des secours à Sigismond, roi de Hongrie, contre le sulthan Bajazet, dit *l'Éclair*, et combattit avec valeur à la fameuse journée de Nicopolis, en 1396. En 1409, il assista au concile de Pise, convoqua un chapitre général de son ordre en 1421, y fit adopter plus. décrets pour le rétablissement de la discipline et des finances, et mourut à Rhodes, la même année, regretté des Rhodiens dont il s'était constamment montré le père.

NAIRONI (Antoine-Faust), sav. maronite, neveu du célèbre Abraham *Echellensis*, et profess. de langue syriaque ou chaldaïque au collége de la Sapience à Rome, depuis 1666 jusqu'en 1694, mort à Rome en 1711, est auteur des ouvr. suiv.: *Officia sanctorum juxtà ritum Ecclesiæ maronitarum*, Rome, 1646 et 1666, in-fol. — *De saluberrimâ potione cahuè seu cafe nuncupatâ discursus*, 1671, in-12, trad. en ital. et en français. — *Dissertatio de origine, nomine ac religione maronitarum*, 1679, in-8, ouvr. utile mais surpassé par celui d'Assemanni. — *Evoplia fidei catholicæ romanæ historico dogmatica*, 1694, in-8.

NALDI (Naldo), l'un des littérat. florentins les plus distingués du 15e S., mort vers 1470, avait fait, pendant plus. années, des leçons de littérat. aux jeunes profès de l'ordre des servites. Il a laissé : une *Vie de Giannozzo Manetti*, publ. par Burman dans le *Thesaur. antiquit. ital.* tom. IX, et par Muratori, dans les *Scriptor. rer. ital.*, t. XX ; une *épître* à Math. Corvin ; un *poème* en IV liv. sur la fameuse bibliothèque de Bude, inséré par Pierre Jœnich dans les *Melctemata thorunensia*, 1751, in-8, tom. III, et d'autres pièces de poésies dont Negri a donné la liste dans les *Scrittori fiorentini.*

NALDINI (Baptista), peintre, né à Florence en 1537, mort vers 1592, a laissé un assez grand nombre de tableaux, dispersés dans les églises de Rome, de Florence, de Pistoia et de Palerme, et dans plus. galeries particulières. Vasari loue sa touche facile, sa couleur et son expression. — Naldini, sculpteur et stucateur romain, a égalem. décoré d'un gr. nomb. d'ouvr. les princip. églises de Rome, où il mourut vers 1660.

NALDIUS, ou NALDI (Mathias), prem. médec. du pape Alexandre VII, né à Sienne, et mort en 1682 à Rome, où il professa la médecine avec la plus gr. distinction, a publ. : *Regole per la cura del contagio*, 1656, in-4. — *Adnotationes in aphorismos Hippocratis*, 1667, in-4. — *Rei medicæ prodromi, præcipuorun physiologiæ problematum tractatus*, 1682, in-fol.

NALIAN (Jacques), patriarche des Arméniens à Constantinople, né vers la fin du 17e S., mort en 1764, a écrit en arménien plusieurs ouvrages qui lui assignent un rang distingué parmi les littérat. de sa nation; le plus remarquable, intit. *Kandsaran, ou Trésor* (1758, in-4) est intéressant sous le rapport historique et géographique. La plupart des autres sont relatifs à la théologie.

NANCEL (Nicolas de), médecin, disciple du fameux Ramus, né en 1539 au village de Nancel, dans le Noyonnais, fut attaché en 1587 à l'abbaye de Fontevrault, et mourut en 1610, laiss. un gr. nombre d'ouvr., tant impr. que MSs. Les princip. sont : *Discours très ample de la peste*, 1581, in-8. Ambr. Paré en faisait beaucoup de cas.— *P. Rami Vita*, 1599, in-8; on y trouve des détails intéress. sur la vie et les ouvrages de ce profess. — *Analogia microcosmi ad macrocosmum, id est Relatio et propositio universi ad hominem*, etc., 1611, in-fol. etc. — NANCEL (Pierre de), fils du précéd., né à Tours en 1570, mort à Paris vers 1620, avait rempli dans cette ville les fonctions de substitut du procureur du roi; il a publié : *Théâtre sacré*, Paris, 1606, in-12, vol. très rare, contenant trois tragédies : *Dina, ou le Rapt; Josué, ou le Sac de Jéricho*, et *Débora, ou la Délivrance*. Il est aussi auteur d'un poème épique en III liv. : *De la souveraineté des rois*, 1610, in-8, suivi d'une *Élégie* sur la mort de Henri IV.

NANEK, fondateur d'une secte devenue célèbre dans le nord de l'Hindoustan sous le nom de *sikh*, né en 1469 à Talwendy, petit village de la province de Lahor, se sentant entraîné à la méditat., abandonna la carrière des emplois publics, dans lesq. son père voulait le lancer. Il parcourut l'Inde, prêchant l'unité, la toute-science et la toute-puiss. de Dieu, et cherchant à fondre en une seule relig. le brahmisme et l'islamisme, qui reconnaissent tous deux l'unité de Dieu. A sa mort, en 1539, son code, nommé *Adi-Granth*, resta le dépôt. de sa doctrine et le guide de ses prosélytes. On trouvera des détails plus étendus sur la doctr., les cérémonies et les pratiques religieuses des sikhs dans les t. I et II des *Asiatic Researches*; dans le *Sketches relating to the history of the Hindoos*, par Crauffurd; dans les *Tracts of India* par Brown; dans le *Voy. du Bengale à Pétersbourg* par Forster, tome III; et dans le *Mercure étranger*, tome II.

NANI (Jean-Bapt.-Félix-Gaspar), historien, né à Venise en 1616, d'une famille patric., accompagna son père nommé à l'ambassade de Rome en 1638, puis fut envoyé lui-même en France en qualité d'ambassadeur en 1643, et conserva cette mission pendant 25 ans. De retour dans sa patrie, les titres d'historiographe et d'archiviste de la républ., de réformateur de l'université de Padoue, furent la récompense de ses services; et après de nouv. missions tant en Allemagne qu'en France, il fut promu à la dignité de procurateur de St-Marc, la prém. après celle de doge. Il mourut en 1678. On a de lui : *Istoria della republica veneta ;* cette histoire, souvent réimpr., forme les 8e et 9e vol. de la *Collection des histor. de Venise*, édit de 1720, in-4, avec une *Vie* de l'auteur par Catarino Zeno. Elle a été trad., la prem. partie par l'abbé Tallemant, 1679-80, 4 vol. in-12, et la seconde par Masclary, 1702, 2 vol. in-12. On doit à Nani l'idée du recueil publié par les soins du jurisc. Marino-Angeli, sous le titre de *Legum venetarum compilatarum methodus*, 1678, in-4. — NANI (Bernard), de la même famille, mort en 1761, a publié : *Dissertatio de duobus imperator. Russiæ nummis monetis, ac documentis adhuc ineditis aucta*, Venise, 1752.

NANNI D'ANTONIO DI RAMO, sculpteur, né à Florence en 1585, fut élève de Donatello. On voit plusieurs de ses ouvrages dans les églises de Florence, entre autres une *Assomption de la Vierge*, qui passe pour son chef-d'œuvre.

NANNING (Pierre), *Nannius*, né en 1500 à Alckmaer, mort en 1557 à Louvain, où il occupait dep. long-temps une chaire consacrée à l'explicat. des auteurs anciens, a laissé un recueil d'*Observ. critiques*, inséré dans le 1er vol. du *Thesaurus criticus* de Gruter.— *Dialogismi V heroinarum*, Louvain, 1541, in-4, et d'autres ouvr. moins connus soit imprimés, soit MSs. On trouve une notice sur Nannius dans l'*Acad. des sciences* d'Isaac Bullart.

NANNONI (Angelo), célèbre chirurg. florentin, né en 1715, commença ses études dans sa patrie sous la direction d'Antoine Benevoli, alla les continuer en France, et à son retour fut nommé prof. et chirurgien en chef du grand hôpital de Ste-Marie-la-Neuve, perfectionna l'opération de la taille par la méthode latérale, et combattit avec succès, dans ses leçons cliniques et théoriques, ainsi que dans ses écrits, l'humorisme galénique qui régnait de toutes parts. On lui reproche d'avoir rejeté trop exclusivement la méthode opératoire de la cataracte par l'extraction, inventée par Dariel, et d'avoir blâmé la perforat. qu'on fait à l'os *unguis* dans certains cas de la fistule lacrymale, pour introduire une canule propre à entretenir le cours des larmes. A sa mort, en 1790, il passait pour l'un des plus savants et des plus habiles opérateurs de son temps. On a de lui un grand nombre d'ouvr.; le plus remarquable est intit. : *Della simplicità del medicare*, 1761-67, 3 vol. On distingue parmi les autres : *Trattato sopra i mali delle mammelle*, 1746, in-4. — *Dissertazioni chirurgiche cioè della fistola lagrimale ; delle cataratte ; de medicamentis exsiccantibus ; de medicamentis causticis*, 1748. — *Discorso chirurg. per l'introduzione al corso dell' operazioni da dimostrarsi sopra del cadavere*, 1750. — Deux *Traités sur les maladies des mamelles*, 1764, 1770, in-4 , et *Sull' anevrisma della piegatura del cubito*, 1784.

NANQUIER (Simon), *Nanquerus*, poète latin, mort au commencement du 16e S., est auteur d'un poème en forme d'églog. sur la mort de Charles VIII, roi de France, Paris, 1805; Lyon, 1557; Paris, 1565, in-8, et d'un recueil de poésies publié à Paris, S. D., in-4.

NANSOUTY (Étienne-Ant. Marie CHAMPION,

comte de), lieutenant-général, né à Bordeaux en 1768, fut admis à 10 ans à l'école milit. de Paris, obtint un brevet de sous-lieutenant d'infanterie en 1785, et celui de capitaine en 1788, d'abord dans les chasseurs de Franche-Comté, puis dans le 6ᵉ hussards, alors commandé par le duc de Lauzun, depuis duc de Biron. Au commencement de la révolut., Nansouty fut désigné pour commander une compagnie. Dès que la guerre eut éclaté, il gagna successiv., sur le champ de bataille, les grades de lieutenant-colonel, puis de colonel du 9ᵉ régiment de cavalerie, de général de brigade, de génér. de division, et enfin de colonel-général des dragons (16 janvier 1813). Il fit la campagne d'Allemagne avec Moreau, et celle de Portugal avec Leclerc; il commandait la grosse cavalerie sous les ordres de Mortier à la conquête du Hanóvre, se signala à Wertinghen et à Ulm, acheva la victoire à Austerlitz, commença celle de Wagram, prit part à celle de Friedland, fut blessé à la Moskwa; il commandait la cavalerie de l'armée et de la garde à Leipsig, et sut rouvrir à nos troupes le chemin de la France en s'emparant du défilé de Hanau. Dans la campagne de 1814, il assista à tous les combats livrés aux bords de la Marne et de la Seine, protégea la retraite à Brienne, ouvrit l'attaque à Montmirail, à Berry, au Bac, à Craonne; et quoiqu'il ressentit déjà les atteintes de la maladie à laquelle il devait bientôt succomber, il ne posa les armes qu'après l'abdication de Napoléon. Monsieur (Charles X) l'accueillit avec bonté; Louis XVIII le chargea de parcourir la Bourgogne en qualité de commissaire, et le nomma capitaine-lieutenant de la prem. compagnie des mousquetaires. Nansouty mourut le 12 février 1815, laissant la réputat. d'un des meilleurs généraux de cavalerie de son temps.

NANTERRE (Matthieu de), premier président du parlement de Paris sous Louis XI, permuta en 1465, par ordre du roi, avec Dauvet, premier président au parlement de Toulouse. Plus tard il fut rappelé à Paris, et ne dédaigna point d'accepter l'emploi de présid. à mortier dans la même compagnie dont il avait été le chef.

NANTEUIL (Robert), célèbre graveur de portr., né à Reims en 1630, mort à Paris en 1678, joignait à une grande facilité l'amour de son art : aussi a-t-il laissé une grande quantité de pièces. L'abbé de Marolles en avait rassemblé plus de 280, parmi lesquelles on compte 14 portraits de princes ou princesses, 85 de personnages illustres dans la guerre, la politique, les sciences ou les arts, et 7 thèses ou morceaux historiques. Il a gravé huit fois et dans des formats divers, le portrait de Louis XIV. Il saisissait la ressemblance avec une extrême habileté, excellait à rendre avec du noir et du blanc la valeur des tons, pour lesquels les peintres ont la ressource des couleurs, et savait habilem. varier son travail suivant la nature de l'ouvrage. On regarde comme ses chefs-d'œuvre les portraits de *J.-Baptiste van Steenbergen*, dit *l'Avocat de Hollande;* de *Simon-Arnaud de Pomponne*, *secrét. d'état*, très grand in-fol., et du *petit Millard*.

NANTEUIL (Pierre), coméd. de la reine, mort en 1681 dans un âge avancé, est auteur de quelq. pièces qui ont obtenu du succès : *l'Amour sentinelle*, *ou le Cadenas forcé*, comédie en 5 actes et en vers, 1672, in-12. — *Le comte de Roquefeuille; ou le Docteur extravagant*, comédie en un acte et en vers, 1672, in-12. — *L'Amante invisible*, comédie en 5 actes et en vers, 1670, in-8.

NANTILDE ou plutôt NANTICHILDE, reine de France, épouse de Dagobert Iᵉʳ, morte en 1642, fut mère de Clovis II, et régente du roy. avec Éga, maire du palais.

NAPIER (Jean), NÉPER ou NEPAIR, baron de Merchiston ou Markinston, en Écosse, est à jamais célèbre par l'invent. des *logarithmes*, dont la découverte, en simplifiant la science du calcul, a merveilleusement servi aux progrès de l'astron., de la géométrie pratique et de la navigation. Né en 1550, il mourut en 1617, laissant les ouvrages suivants : *Logarithmorum canonis descriptio, seu arithmeticarum supputationum mirabilis abbreviatio*, etc.; *Mirifici logarithmorum canonis constructio, et eorum ad naturales ipsorum numeros habitudines*, etc., Lyon, 1620, 2 parties in-4, très rare; les moyens de l'aut. sont exposés avec tous les détails nécessaires dans la nouvelle *Histoire de l'astronomie moderne*, tome Iᵉʳ. — *Rabdologia, seu numerationis per virgulas, lib. II*, 1617, in-12. on en trouve l'explication dans les *Récréat. mathématiques* de Montucla, t. Iᵉʳ. On lui doit en outre deux formules génér. pour la solution des triangles sphériques rectangles.

NAPIONE (Jean-Franç.-Galéa), surintend. et présid. en chef des archives roy. de Turin, viceprésid. et direct. de la classe des sciences morales, historiq. et philologiq. de l'acad. des sciences de cette ville, mort le 12 janv. 1830, à l'âge de 82 ans, est aut. de plus. ouvr. qui ont été réunis en 16 vol. in-8. Les principaux sont : *Dell' uso et pregi della lingua italiana*, 1791, 2 vol. in-8. — *Della patria di Cristofor. Colombe*, 1803. L'aut. s'efforce d'y prouver que cet illustre navigateur est né dans le Montferrat.—*Dissertaz. intorno all autor del libro de imitatione Christi*, 1803, il y revendique ce subl. ouvr. pour un Piémontais, l'abbé Gersen, de Verceil. — *Dell' origine dell' ordine di san Giovanni di Gerusalemme, de i templari e dell' abolegiose del loro ordine;* il s'y prononce contre les templiers. — Des poésies, des traduct. des *Tusculanes* et de la *Vie d'Agricola*, etc.

NAPOLÉON (Bonaparte ou Buonaparte), général, puis chef du gouvernem. français sous les dénominat. successives de prem. consul et d'empereur, roi d'Italie, etc., naquit à Ajaccio, dans l'île de Corse, le 15 août 1769, de Charles Bonaparte, issu d'une famille noble de Toscane, et de Lætizia Ramolino. Élevé à l'école milit. de Brienne, et passé à celle de Paris, il fut en 1785 nommé lieuten. en second au 4ᵉ régim. d'artillerie, et devint capitaine le 6 février 1792. C'est dans ce grade qu'il servit au siége de Lyon en 1793 sous les ordres du général Kellermann. Employé après ce siége à

NAPOLÉON.

Publié par Furne, à Paris.

celui de Toulon, il fut promu au grade de chef de bataillon, et commanda l'artillerie jusqu'à la prise de la place. L'activité, la bravoure, et les talents qu'il avait déployés pend. la campagne, le firent nommer adjudant-général chef de brigade. En mai 1794, une expédition fut dirigée sur la Corse, qui avait secoué le joug français. Bonaparte en eut le commandem.; mais il échoua dans ses tentatives pour reprendre Ajaccio sur les insurgés soutenus par les Anglais, et fut obligé de revenir à l'armée sur le Var. Toujours placé à la tête de l'artillerie, il se distingua à la prise de Saorgio, dans le comté de Nice, et fut récompensé par le grade de général de brigade. Mais la révolut. du 9 thermidor faillit compromettre sa fortune naissante, parce qu'il s'était prononcé pour le parti de la montagne. Un mandat d'arrêt fut lancé contre lui : il fut incarcéré, puis remis en liberté peu de temps après. Il éprouva encore quelques persécut. et contrariétés jusqu'au 5 octobre 1795 (13 vendémiaire an IV), époque où éclata l'insurrect. parisienne contre la convention. Cette journée mémorable devait fixer la destinée de Bonaparte. Nommé gén. en second des troupes de la convention, il eut une gr. part au succès qu'elles obtinrent sur les insurgés : le poste de général en chef de l'armée d'Italie lui fut confié peu de mois après. Sur ce théâtre, il allait développer les gr. conceptions qu'il avait seulem. laissé entrevoir jusqu'alors, et atteindre, en moins d'un an, les plus hautes renommées militaires anciennes et modernes. Avec des forces inférieures, il gagne successivem. les batailles de Montenotte, Millesimo, Mondovi, les 12, 15 et 22 avril 1796; force le passage du pont de Lodi le 10 mai, entre dans Milan le 17, triomphe à Castiglione le 5 août, à Arcole le 17 nov., après trois jours de combat, à Rivoli et sous Mantoue les 14 et 15 janv. 1797, sur les rives du Tagliamento le 16 mars; signe les préliminaires de la paix avec l'Autriche à Léoben le 18 avril, et conclut le traité définitif à Campo-Formio le 17 octobre. Dans le cours si rapide de ses succès, Bonaparte fit voir que son génie et ses vues n'étaient point bornés à la direct. des troupes sur le champ de bataille : les pays conquis furent organisés et administrés ; il conclut des armistices et signa des traités. Son nom avait jeté dans l'Europe un éclat qui devait alarmer le directoire exécutif; menacé par le parti anti-révolut., ce corps sentit la nécessité de se ménager l'appui du vainqueur de l'Italie par une condescendance calculée sur la prépondérance que celui-ci pouvait donner à la majorité des deux conseils formant l'opposition. C'est ainsi que le coup d'état du 18 fructidor (3 septembre 1797) fut frappé par le directoire, de concert avec Bonaparte, qui, pour en effectuer la partie militaire, détacha le général Augereau de l'armée d'Italie sous le prétexte d'un envoi de drapeaux. A la paix de Campo-Formio, le directoire nomme Bonaparte général en chef de l'armée des côtes de l'Océan, destinée à agir contre l'Angleterre, et lui donne l'ordre de se rendre préalablement au congrès de Rastadt pour y présider la lé-

gation française. Le 5 déc. 1797, Bonaparte vient à Paris et y est accueilli en triomphateur par le gouvernem., les deux conseils et le peuple. Au bout d'un séjour de deux mois, il visite les côtes de l'Océan, et reparaît dans la capit., où sa présence et ses prétentions jettent de nouveau le directoire dans l'embarras. Lui-même croyait avoir à se plaindre du gouvernem., qui, disait-il, ne reconnaissait ses services que par d'injustes défiances. C'est à cette position du directoire et du général qu'est due l'expédit. d'Égypte. Le projet en avait été conçu par Bonaparte à la lecture d'un mémoire déposé sous Louis XIV au ministère des affaires étrangères, et tendant à former dans cette contrée d'Afrique une colonie destinée à l'entrepôt du commerce de l'Inde. Il avait conféré de ce projet avec Talleyrand, alors ministre des relations extérieures. Le plan de l'expédit. fut adopté par le directoire et les moyens réunis pour l'exécuter. Parti de Paris le 3 mai 1798, Bonaparte arriva le 9 à Toulon, où il trouva réunies les troupes destinées à l'embarquem., les transports nécessaires, et la force maritime qui devait protéger le convoi. L'armée étant à bord, les transports et l'escorte mirent à la voile le 19 mai, et arrivèrent devant Malte le 9 juin. La ville fut occupée le 13 en vertu d'une convention, et un gouvernem. de l'île organisé à la place de celui des chev. de l'ordre de St-Jean-de-Jérusalem. Le 1er juillet, treize jours après le départ de Malte, l'expédition parut en vue des côtes d'Égypte. L'armée, débarquée dans la nuit du 1er au 2, s'empara dans la matinée de la ville et du port d'Alexandrie. Trois jours après, elle marcha sur le Kaire, capitale de l'Égypte, battit les mamloucks pour la prem. fois à Chebreiss, et les défit complétement le 23 juillet entre Embabeh et Gisèh, sur la rive gauche du Nil, en vue des pyramides. Le Nil fut traversé dans la journée du lendemain, et Bonaparte fit son entrée au Kaire le 25. On n'attend point ici les détails de cette expédition : il suffira de savoir qu'après avoir conquis l'Égypte jusqu'aux cataractes, par lui-même ou par ses lieutenants, Bonaparte échoua dans son entreprise en Syrie contre St-Jean-d'Acre, résidence du fameux pacha Ahmed-Djezar, et que cet échec ne fut pas compensé par le succès obtenu sur l'armée du pacha de Damas au pied du Mont-Thabor. Forcé de revenir en Égypte par les pertes que la peste et les divers combats avaient fait éprouver à son armée, il vainqueur des mamloucks le fut aussi des troupes du sulthan de Constantinople à la bataille d'Aboukir, le 15 juillet 1799. Un mois après, le 22 août, laissant le commandem. au général Kléber, l'un de ses lieutenants. Bonaparte s'embarque à Alexandrie pour revenir en France, soit qu'il y fût appelé par la nouvelle des progrès de la coalition européenne, et des désordres qui affligeaient la patrie, ou par des ouvertures qui lui auraient été faites avant l'expédit. pour le placer à la tête d'un complot contre le directoire. Débarqué à Fréjus le 9 octobre, et par une exception étrange, affranchi des délais de la quarantaine que prescrivent les lois sanitaires, annoncé par le télégraphe, il arriva à Paris le 16 octobre. Le complot dont on vient de parler s'ourdit, ou se renoua : le directoire succomba le 9 déc. (18 brumaire an VIII), non sans de vives oppositions de la part du conseil des cinqcents, et Bonaparte fut nommé le premier des trois consuls institués en remplacem. du directoire. Dèslors tout prit une face nouvelle en France : un système de modérat. succéda au régime oppressif de la pentarchie; l'ordre se rétablit dans l'intérieur, et la victoire, rappelée par Masséna dans les champs de Zurich, revint se fixer pour long-temps sous les drapeaux français après la journée de Marengo. Mais la première place dans une république ne put point satisfaire l'ambition d'un nouveau César. Sans passer brusquem. le Rubicon comme le héros romain, Bonaparte sut préparer, avec une lenteur habilement calculée, les voies qui devaient le conduire à l'empire, et il ne rencontra point de Pompée pour le lui disputer sur un champ de bataille. On verra dans d'autres articles (v.·Enghien (duc d'), Moreau, Pichegru, Cadoudal, etc.) sous quels auspices finit le consulat et commença le régime impérial (30 novembre 1804). Bonaparte fit venir le pape à Paris, afin de se faire sacrer par lui le 2 déc. Sous son règne le rêve de la liberté politique cessa de bercer l'imagination des Français de bonne foi; mais une gr. partie de la nation devait rester pendant 9 années sous le charme d'une gloire milit., achetée par des flots de sang versé dans des guerres sans cesse renaissantes. Les troupes françaises, dirigées par le vainqueur de Lodi, d'Arcole, de Rivoli, de Mantoue, du Tagliamento, triomphent à Ulm, Austerlitz, de l'Autriche et de la Russie. Cependant le nouvel empereur ajoute une nouvelle couronne à celle de Charlemagne. Reconnu roi d'Italie par le traité de Presbourg (25 déc. 1805), il élève à la même dignité les ducs de Bavière et de Wurtemberg, ses alliés, avec un accroissement de territoire pris sur la maison d'Autriche; il réunit Venise au royaume d'Italie; la Toscane, Parme et Plaisance à l'empire français. Deux jours après (27 décembre), il appelle son frère Joseph au trône de Naples, dont il expulse la famille des Bourbons par une simple proclamation. A la même époque il venait de créer son beau-frère Murat grand-duc de Berg. Le 17 janvier de l'année suiv. (1806), il marie le fils de sa femme Joséphine, Eugène de Beauharnais, avec la princesse Amélie, fille du nouveau roi de Bavière, l'adopte pour son fils, et le nomme vice-roi d'Italie. Le 5 juin, il crée un trône en Hollande pour y placer son frère Louis. Le 12 juillet, il signe à Paris, avec les souverains allemands du second ordre, un traité qui les sépare de l'empire germanique, et les réunit sous la dénomination de confédération du Rhin, dont il se déclare le protecteur. La conquête de la Prusse est le fruit de la bataille d'Iéna; les victoires d'Eylau et de Friedland (1807) sont suivies de l'entrevue de Tilsitt. C'est là, sur un bateau, au milieu du Niemen, que l'empereur de Russie et le roi de Prusse se présentent devant le soldat couronné qui les a vain-

cus, et qui, deux ans auparavant, avait reçu l'empereur d'Allemagne dans la même attitude à son bivouac d'Austerlitz. Ils reconnaissent ses trois frères Joseph, Louis, Jérôme, comme rois de Naples, de Hollande et de Westphalie, et ils accèdent à toutes les mesures relatives au blocus continental. Napoléon signalait presque toujours la fin d'une campagne par l'abolition de quelq.-unes des institut. libérales qu'il n'avait point osé détruire à son avénement à l'empire. C'est ainsi qu'il supprima le tribunat le 19 août 1807. Le 2 février 1808, il créa un gouvernement général des départem. formés de l'ancien Piémont, etc., pour en investir son beau-frère Camille Borghèse. Le 1er mars, un sénatus-consulte donne une noblesse à la monarchie impériale, et rétablit les majorats supprimés par l'assemblée constituante en 1790 avec tous les titres, armoiries et insignes de la féodalité. Cette même année (1808), Napoléon commit la plus gr. des iniquités, en enlevant encore l'une des plus importantes couronnes de l'Europe, celle d'Espagne, à son légitime possesseur, pour la donner à son frère Joseph, qui dut céder le trône de Naples à Joachim Murat, en même temps que celui-ci remettait le grand-duché de Berg au fils aîné du nouv. roi de Hollande (Louis Bonaparte). « Les Bourbons ne peuvent plus régner en Europe, avait dit Napoléon, dans une proclamation aux Espagnols, et je chasserai les Anglais de la péninsule. » Les Anglais, forcés d'abandonner l'Espagne, mais vainqueurs dans le Portugal, envahi dès 1807 par une armée française, ne sont point chassés de la péninsule, où ils feront échouer plus tard les desseins de Napoléon; et cette guerre, malgré de nombr. et brillants succès, est pour lui « comme une plaie dévorante qui consume la plus pure substance de ses armées, inquiète ses jours de prospérité, et doit bientôt humilier ses jours de revers. » L'Autriche, croyant avoir trouvé le moment favorable d'effacer la honte du traité de Presbourg pendant qu'une gr. partie des forces franç. étaient occupées en Espagne, envahit subitem. le territoire bavarois. Napoléon part de Paris le 13 avril 1809, et, par une réaction aussi rapide que l'agress. autrichienne a été imprévue, n'ayant alors à sa disposit. que des troupes inférieures en nombre, presque toutes de la confédération germanique, il ouvre la campagne le 19, bat l'archiduc Charles à Ratisbonne le 23, et entre dans Vienne le 12 mai. Une bataille sanglante, indécise, est livrée le 22 dans les plaines d'Essling, sur la rive gauche du Danube : l'armée franç. y fait des prodiges de valeur; Napoléon y perd l'un de ses plus fidèles compagnons d'armes, son plus sincère ami, le maréchal Lannes. La victoire de Wagram, gagnée le 5 juillet, met la monarchie autrichienne à la disposition du vainqueur. Soit modération, soit prévoyance, celui-ci n'abuse point de sa fortune, et la paix est signée le 14 octobre. Pend. la suspension d'armes qui précède ce dernier traité avec l'Autriche, la France est gouvernée du château de Schœnbrunn, où Napoléon avait établi son quartier-général. Ce n'est pas la prem. fois qu'il affectait de dater ses décrets sur l'administr. intérieure de son empire des résid. royales des monarques auxquels il faisait la guerre. De retour en France, il fait dissoudre son mariage avec Joséphine Beauharnais, qu'il avait épousée en 1796, pour contracter une nouv. union avec l'archiduch. Marie-Louise, fille de l'emper. d'Autriche. Cette alliance fut célébrée à St-Cloud le 1er avril 1810. Napoléon avait rendu à la religion catholique une gr. partie de son lustre par le concordat fait avec le pape Pie VII en 1801; mais il eut depuis des querelles avec le clergé, qui déploya dans cette lutte la fermeté et la circonspection qui constituent le courage relig. Sans entrer dans les détails, il suffira de dire qu'un décret impérial du 19 mai 1809 enleva d'abord au success. de St Pierre la souveraineté tempor. de Rome, et qu'un sénatus-consulte réunit, le 18 févr. 1810, à l'empire franç. cette capitale du monde chrétien, ainsi que les états de l'Église. Dans la même année, la Hollande et le Valais subissent le même sort; les villes anséatiq. perdent leur indépend. en 1811, et le titre de roi de Rome, donné par Napoléon à son fils, annonce combien son union avec la fille de François II a exalté son ambition. Cepend. un concile français trompe, par sa résistance, les vues du dominateur qui l'a convoqué pour réunir illégitimem. dans ses mains les deux puissances spirituelles et temporelles. La Russie, cédant aux conseils du gouvernement anglais, se dispose à reprendre les armes en 1812; Napoléon veut la prévenir: il resserre son alliance avec la Prusse et l'Autriche, déclare le prem. la guerre à l'emper. Alexandre, et prétexte le rétablissem. du roy. de Pologne. Le Niémen est franchi; la bataille de Smolensk ouvre à l'agresseur la route de Moscou; la bataille de la Moskwa lui livre cette ancienne capit. de l'empire moscovite; il y entre le 11 sept. pour la voir bientôt consumée par un incendie allumé par ses propres habitants. Le 17 octobre commence la plus désastreuse des retraites, pendant laquelle une conspirat. éclate à Paris pour renverser du trône le monarque déjà vaincu par les éléments. Le 3 décembre Napoléon remet le commandem. des déplorables débris de son armée, naguère menaçante, au roi de Naples Murat, et le 18 il arrive à Paris, où il se fait féliciter par toutes les autorités. Le théâtre de la guerre est reporté en 1813 au cœur de l'Allemagne. Napoléon a créé une nouv. armée avec laquelle il gagne les batailles de Lutzen et de Bautzen les 2, 20 et 21 mai. Un armistice est convenu entre le vainqueur et les alliés vaincus; mais ceux-ci rentrent en campagne au moment où la paix paraît près de se conclure. L'emper. d'Autriche se déclare contre son gendre; ses troupes sont battues devant Dresde. Bientôt Napoléon est contraint par les manœuvres de l'un de ses anciens lieutenants, Bernadote, devenu prince royal de Suède, de quitter la ligne de l'Elbe et de rétrograder. Il accepte une bataille générale dans les plaines en avant de Leipsick; mais l'armée française, après

avoir fait des prodiges de valeur, ayant épuisé presque toutes ses munitions, continue son mouvement rétrograde vers la frontière du Rhin. Le désordre qui accompagne cette retraite est réparé glorieusem. par Napoléon devant Hanau, où l'armée bavaroise est défaite. De retour à Paris, désespérant de conserver l'Espagne, Napoléon rend la couronne à Ferdinand VII; et, dans la situation critique où se trouve la France, il cherche à ramener l'opinion qui s'éloigne de lui, en annonçant des dispositions pacifiques au sénat et au corps législatif. Bientôt il dissout cette dern. assemblée, et se prépare à repousser les ennemis qui déjà ont envahi le territoire français. Mais il a négligé de rappeler convenablem. l'énergie de la nation que des revers successifs ont abattue, et à laquelle il n'offre qu'un joug de fer pour prix de nouveaux sacrifices. Les efforts de son génie, les prodiges de valeur qu'il obtient encore des débris de son armée, ne peuvent empêcher les alliés de pénétrer jusqu'à Paris, et d'entrer dans cette capitale, où se rétablit spontanément (31 mars 1814) le trône légitime des Bourbons. Un traité conclu le 11 avril proclame l'abdication de Napoléon. Une île de la Méditerranée est accordée à l'homme qui avait voulu l'empire du monde. Il la quitte après un séjour de 9 mois, traverse la France avec un corps de 500 hommes, que de nombreuses défections transforment bientôt en une armée formidable, et rentre dans Paris le 20 mars 1815. En peu de temps le gouvernem. impérial est reconnu presque sans opposition sur tous les points du royaume; mais à peine relevé, ce gouvernem., à quelques mesures et mouvem. milit. près, reste comme frappé de paralysie, et Napoléon, considérant les dispositions que manifestent les nombr. partisans de la doctrine politique dite liberalisme, ne voit qu'un danger pressant là où la nouvelle révolut. pouvait seule puiser des forces. Il se refuse aux concessions que ce parti demande, et le 21 avril il publie l'acte additionnel aux constitut. de l'empire, espèce de charte nouvelle qui consacre le régime impérial de 1812, et tous les abus que l'on avait reprochés à la monarchie de 1788. Cet acte excite l'indignation générale, et dès-lors l'opinion n'est plus divisée qu'en deux partis; celui de la royauté sous les Bourbons et celui de la révolut. sans dictateur. Il ne reste plus guère à Napoléon que l'armée. Il part avec elle pour combattre la coalition sur les frontières du Nord, et il est vaincu à Waterloo. De retour dans la capitale, il est forcé d'abdiquer en faveur de son fils, et de reconnaître l'autorité d'un gouvernem. provisoire qui le presse de quitter la France. Escorté jusqu'à Rochefort, il s'y embarque pour aller implorer l'hospitalité des Anglais: elle lui est refusée; le gouvernement britannique le constitue prisonnier et le fait conduire à l'île Ste-Hélène, rocher de l'Océan indien. Il y reste six années sous la garde des troupes anglaises, et y meurt le 5 mai 1821. Ainsi finit Napoléon. Après avoir pend. 12 ans, tenu entre ses mains les destinées de l'Europe, de cette vieille Europe qu'il trouvait trop étroite pour s'y mouvoir, dévoré de regrets, il expire sur un rocher!... Mais son âme s'est élancée dans l'avenir avec l'espoir, si consolant pour l'orgueilleux enfant de la terre, de remplir les pages les plus remarquables de l'hist. de son siècle, et de vivre bien long-temps dans la mémoire des hommes. On ne doit pas s'attendre à trouver dans un cadre aussi resserré aucune autre réflexion sur cet homme extraordinaire. Les documents ne manqueront point d'ailleurs à ceux dont cette notice ne satisferait point la curiosité. Nous croyons devoir placer ici les ouvrages qu'on peut attribuer à Bonaparte, et les plus importants de ceux qui le concernent. Ouvrages de Bonaparte : I. *Lettre de M. Buonaparte à M. Matteo Buttafuoco, député de Corse à l'assemblée nationale*, 1790, in-8, réimpr. dans le n° 5 ci-après. — II. *Le souper de Beaucaire*, Avignon, 1793, in-8 (anonyme), réimpr. dans le n° 5 ci-après. — III. *Collection générale et complète des lettres, proclamations, discours, messages*, etc., classés suivant l'ordre des temps, avec des notes, par Ch.-Auguste Fischer, Leipsig, 1808 et 1813, 2 vol. in-8.—IV. *Correspond. inédite, officielle et confident.* (publiée d'après les copies authentiques recueillies et rassemblées par Napoléon lui-même), 1818, 1820, 7 vol. in-8. Ce recueil mérite toute confiance.—V. *OEuvres de Napoléon Bonaparte*, Paris, Panckoucke, 1821 et 1822, 5 vol. in-8. Quelques vol. de la précéd. collect. font partie de celle-ci.— VI. *Mém. pour servir à l'hist. de France en 1815, avec le plan de la bataille de Mont-St-Jean*, Paris 1820, in-8. — VII. *Manuscrit de l'île d'Elbe; des Bourbons en 1815*, publié par le comte *** (écrit par le comte de Montholon, et publ. par M. O'Meara), Londres, 1818, in-8. L'édit. de Bruxelles porte à tort sur le frontispice le nom de M. le comte Bertrand. On sait aujourd'hui que M. Bertrand, officier et parent de M. le comte Siméon, est aut. du *Manuscrit venu de Ste-Hélène d'une manière inconnue*, 1817, in-8.—VIII. *Mém. pour servir à l'histoire de France sous Napoléon, écrits à Ste-Hélène par les génér. qui ont partagé sa captivité, et publ. sur les MSs., entièrem. corrigés de la main de Napoléon*, par le gén. Gourgaud et le comte de Montholon, Paris, 1822-25, 8 vol. in-8. Les ouvr. sur Napoléon sont : I. *Quelq. notices sur les prem. années de Bonaparte, recueillies en anglais dans ses disciples, mises en franç. par le cit.* B. (Bourgoing), Paris, 1797, in-8. — II. *Mém. pour servir à l'histoire de France sous le gouvernem. de Napoléon Bonaparte*, etc., par Salgues, 1814-25, 4 vol. in-8. — III. *Mém. pour servir à l'hist. de la vie privée, du retour et du règne de Napoléon en 1815*, par M. Fleury de Chaboulon, 1820, 2 vol. in-8. — IV. *Recueil de pièces authentiques sur le captif de Ste-Hélène*, avec des notes de Regnault-Warin, 1822, 10 vol. in-8. — V. *Napoléon en exil, ou l'Écho de Ste-Hélène, ouvr. contenant les opinions et les réflexions de Napoléon sur les événem. les plus import. de sa vie*, rec. par Barry E. O'Meara, trad. de l'angl., Paris, 1825, 2 vol. in-8. Les édit.

angl. sont complètes.—VI. *Mémorial de Ste-Hélène*, par M. le comte de Las Cases, Paris, 1823, 8 vol. in-8 et in-12, réimpr. en 1825.—VII. *Mém. du docteur Antomarchi, ou les derniers moments de Napoléon*, 1825, 2 vol. in-8.—VIII. *Vie polit. et militaire de Napoléon*, par Arnault, Paris, 1822-26, 2 vol. in-fol. — IX. *Hist. de Napoléon Bonaparte, offrant le tableau complet des prem. opérat. militaires, politiques*, etc., par S.-F. H. (Henry). — X. *Galerie milit. de Napoléon Bonaparte*, gravée au trait par Normand père et fils, in-fol., 40 livraisons.—XI. *Hist. de Napoléon*, par M. de Norvins, Paris, 1827, 4 vol. in-8. Cet ouvrage, qui est à sa 9e édit., est publié cette année par la maison Furne et compe en un beau vol. in-8, orné de 100 vignettes sur acier, par Raffet, et s'est vendu à 20,000 ex.— XII. *Victoires et conquêtes, désastres, revers et guerres civiles des Français de 1792 à 1815*, par le génér. Bauvais et autres, 1817-24, 28 vol. in-8. — XIII. *Mém. sur la guerre en Allemagne*, par le général Pelet, 1824-26, 4 vol. in-8. — XIV. *Hist. de Napoléon et de la gr. armée pend. l'année 1812*, par M. le gén. comte de Ségur, 1825, 2 vol. in-8.— XV. *Napoléon et la grande armée en Russie, ou Examen critique de l'ouvr. de M. le comte Ph. de Ségur*, par le général Gourgaud, 1825, in-8. — XVI. *Histoire métallique de Napoléon*, Londres et Paris, 1819, in-4.—XVII. *Les quatre concordats, suivis de considérat. sur le gouvernem. de l'Église en général, et sur l'Église de France en particulier*, par de Pradt, 1818-20, 4 vol. in-8.—XVIII. *Précis des contestat. qui ont eu lieu entre le St-siége et Napoléon Bonaparte*, par Schoell, Paris, 1819, 2 vol. in-8.

NAPPER-TANDY (James), Irlandais, se montra partisan de la révolution française, publia en 1791 une déclaration sur les réformes nécessaires dans le gouvernement britannique, devint secrét. d'une association de catholiques romains à Dublin, quoiqu'il fût lui-même protestant non conformiste, se rendit suspect, passa en France pour se soustraire aux poursuites de la police anglaise, vint à Paris, fut accueilli par le directoire exécutif, retourna en Irlande avec l'expédition française destinée pour cette île, et débarqua sur la côte de Donegal. L'entreprise ayant échoué, il s'échappa sur un brik français, et vint à Hambourg, où il fut arrêté sur la réquisition du ministre d'Angleterre Crawfurd. Transporté dans les prisons d'Irlande, il comparut devant la cour du ban du roi, et fut condamné à mort; mais, sur la réclamation du gouvern. franç., il obtint de repasser en France, et mourut à Bordeaux en 1803, avec le titre de colonel.

NARBONNE (les vicomtes de), anc. famille de la Septimanie ou Languedoc, dont l'illustration remonte au 11e S. Bérenger, vicomte de Narbonne, aida Raimond-Bérenger, comte de Barcelone, à repousser les Maures en 1048, et obtint en récomp. la seigneurie de Tarragone; mais ses successeurs ne la conservèrent pas. — Aimery Ier, petit-fils du précédent, réunit toute la vicomté de Narbonne, partagée entre lui, son frère Pierre, év. de Rhodez, et Bernard Pelet (*Peletus*), son autre frère. Ce dern. fut la souche des Narbonne-Pelet, branche qui subsiste encore. Aimery partit pour la Terre-Sainte en 1104, et y mourut 2 ans après, laissant quatre fils. — Aimery II, fils et successeur du précédent, fut tué dans une bataille contre les Maures, en 1134, devant Fruga, qu'assiégeait Alphonse Ier, roi d'Aragon. Il laissa de deux mariages deux fils et deux filles, dont l'aînée fait le sujet de l'article suivant.

NARBONNE (Hermengarde de), fille d'Aimery II, mariée en 1142 à un seigneur espagnol, contracta une seconde alliance en 1745 avec Bernard d'Anduze, connu dans l'histoire des troubadours. Elle réunissait aux plus mâles vertus le goût des arts et de la poésie. Son palais, séjour de la politesse et des fêtes, fut long-temps le rendez-vous des poètes méridionaux. Elle marcha, en 1148, au secours de Tortose, assiégée par les Sarrasins; et, en récompense de ses services, obtint du roi de France, Louis-le-Jeune, en 1155, l'autorisation de rendre la justice en personne, quoique les femmes fussent exclues de ces fonctions par les lois romaines, en vigueur dans la province. En 1167, Hermengarde conclut un traité de commerce avec les Génois; l'an 1177, après la mort d'Aimery de Lara, son neveu et son héritier, elle forma, avec le roi d'Aragon, les vicomtes de Nîmes et de Carcassonne et le seigneur de Montpellier, une coalition contre Raymond, comte de Toulouse, qui la menaçait de ses armes. En 1182, elle abdiqua en faveur de Pierre de Lara, son autre neveu, et mourut en 1197 à Perpignan où elle s'était retirée.

NARBONNE-PELET-FRITZLAR (Jean-François comte de), lieutenant-général, mort en 1784, avait servi au siége de Minorque, sous le maréchal de Richelieu, en 1736 : l'année suiv. il était passé, avec le grade d'aide-major-général de l'infanterie, à l'armée du Bas-Rhin, commandée par le maréchal d'Estrée, et s'était signalé par sa valeur pendant la guerre de sept ans, notamment en 1761 à Stalberg, où il avait fait prisonnier un bataillon de la légion britannique. Devenu ensuite colonel d'un régim. de grenadiers royaux, et chargé de la défense du poste de Fritzlar, il avait, en arrêtant les Prussiens pend. trois jours, donné le temps au maréchal de Broglie de dégager l'armée qui courait le risque d'être forcée à capituler. En récompense de cette brillante action, Louis XV voulut que Narbonne ajoutât à son nom celui de Fritzlar.

NARBONNE-LARA (le comte Louis de), ministre de la guerre, né à Colorno dans le duché de Parme, en 1755, fut amené en France, en 1760, par sa mère, d'abord dame d'atours, puis dame d'honneur de Mme Adélaïde. Dès qu'il eut fini ses études il entra au service, et fut successivem. capitaine de dragons, guidon de la gendarmerie, colonel du régiment d'Angoumois, puis du régiment de Piémont. Son service ne l'empêcha point d'apprendre presq. toutes les langues de l'Europe, et d'étudier la diplomatie, pour laquelle il se sentait un goût particulier. Lorsque la révolution arriva, quoique

attaché à la maison de Bourbon, autant par devoir que par reconnaissance, et dévoué spécialement à Mme Adélaïde dont il était le chev. d'honneur, il adopta plus. des idées nouvelles. En 1790, le régiment de Piémont, dont il était colonel, ayant causé des troubles dans la ville de Besançon où il tenait garnison, il parvint à rétablir le calme à force de fermeté. En 1791, choisi pour accompagner Mesdames de France à Rome, il eut le bonheur de remplir sa mission avec plus de succès que ne semblaient le promettre les circonstances orageuses où l'on se trouvait. Lors du départ du roi pour Varennes, nommé maréchal-de-camp par l'assemblée constit., il refusa, et ne consentit à être porté sur le tableau qu'après l'acceptation de la constitution par Louis XVI. Nommé ministre de la guerre, le 6 déc. 1791, il ne vit le salut de la France et celui du roi que dans l'exécut. franche de la constitut. : il constata l'état des frontières en allant les visiter lui-même, donna tous ses soins à les mettre en défense et prépara la formation de trois armées, sous le commandem. des généraux Rochambeau, Luckner et Lafayette. — Bientôt, découragé par l'opposit. constante du ministre de la marine, Bertrand-Molleville, Narbonne se disposait à sortir du ministère, lorsque le portefeuille lui fut retiré, le 10 mars 1792. Après quelque séjour à l'armée, il fut rappelé à Paris par le roi, et s'y trouvait depuis 3 jours lors du 10 août. Décrété d'accusation par l'assemblée, mis hors la loi par la commune, et forcé de fuir, il se rendit en Angleterre. Ayant appris le procès du roi, il réunit tous les anciens ministres qui étaient à Londres, et leur proposa de demander en commun à la convention un sauf-conduit pour être admis à la barre pend. la durée du procès, afin de pouvoir prendre la responsabilité de leurs actes ministériels ; mais il eut seul la gloire d'un si beau dévouement qui l'exposait à la mort si la convention lui eût accordé ce qu'il demandait. Il voulut au moins se ranger parmi les défenseurs du roi, et fit parvenir à l'assemblée un *Mémoire* justificatif de Louis XVI, que l'on trouve parmi les pièces du procès. Lorsque l'Angleterre déclara la guerre à la France, il se réfugia successivem. en Suisse, en Souabe, puis en Saxe; il revint en France au commencem. de 1800, fut rappelé au service avec son grade de lieuten.-général en 1809, nommé gouverneur de Raab jusqu'à la paix de Schœnbrunn, puis de Trieste, et ensuite ministre plénipotentiaire près le roi de Bavière. Peu de temps avant la guerre de Russie il fut appelé auprès de Napoléon en qualité d'aide-de-camp, revint en France après cette campagne, fut chargé de l'ambassade de Vienne au commencem. de 1813, puis employé inutilem. à Prague pour négocier la paix, et enfin envoyé à Torgau, où il mourut le 17 nov. 1813.

NARBOROUGH (Jean), navigateur anglais, fut chargé, en 1669, par Charles II, d'aller reconnaître le détroit de Magellan, la côte de l'Amérique-Méridionale et les ports espagnols qui en sont le moins éloignés dans le Grand-Océan. Il trouva dans sa navigat. dés obstacles qui ne lui permirent pas d'en recueillir tous les fruits qu'en attendait son souverain. Toutefois, en considérat. du zèle qu'il avait montré, il fut créé chevalier. Sa relation, aussi instruct. que peu amusante, dit Desbrosses, contient des détails exacts sur la position géographique de la côte des Patagons et de celle du détroit : elle a été publ. dans un recueil intit. : *An account of several late voyages and descoveries to the south and north*, etc., 1694, in-8, et impr. en franç. à la suite du *Voyage de Coréal*, Amsterdam, 1722, 5 vol. in-12. Narborough a donné son nom à une île, au sud de l'Archipel de Chiloé.

NARCISSE (mythol.), fils du fleuve Céphise et de la nymphe Liriope, méprisa l'amour de la nymphe Écho qui en sécha de douleur. Les dieux, pour le punir de son indifférence, lui inspirèrent l'amour de sa propre image qu'il avait vue dans une fontaine ; cette passion déréglée le porta à se détruire lui-même, et il fut métamorphosé en la fleur qui porte son nom. Cette fable a fourni à Malfilâtre le sujet d'un poème estimé.

NARCISSE, affranchi de Claude, eut le plus gr. crédit auprès de cet empereur, et ne s'en servit que pour perdre ceux qui pouvaient nuire à sa fortune, et pour s'enrichir de leurs dépouilles. Messaline, jalouse du crédit de ce favori, voulut le renverser et fut immolée à sa vengeance. Agrippine fut plus heureuse : elle fit exiler l'insolent affranchi, qui se donna la mort l'an 54 de l'ère chrétienne.

NARCISSE (St), patriarche de Jérusalem, gouverna cette Église jusqu'à l'âge de 116 ans, et mourut vers l'an 216. Il avait assisté, en 195, au concile de Césarée en Palestine, convoqué pour décider du jour où l'on devait célébrer la solennité de Pâques.

NARDI (Jacq.), Florentin, né en 1476, occupa plus. postes honorables dans sa patrie, fut envoyé en ambassade à Venise en 1527, et mourut vers 1540. Il est aut. d'une comédie intit. l'*Amicizia*, dans le prologue de laq. se trouve le modèle des prem. vers appelés *sciolti* ; d'une *Histoire de Florence*, en ital., 1580, in-4 ; et d'une *traduction de Tite-Live*, très estimée.

NARDI (Jean), médecin et littérateur, né en Toscane, exerça la médecine. On a de lui : *Lactis physica analysis*, 1634, in-4. — *Apologeticon in Fortunii Liceti mulctrum, vel de duplici calore*, 1636, in-fol. et in-4. — *De igne subterraneo*, etc., 1641, in-4. — *De rore disquisitio physica*, 1642, in-4. — *Noctium genialium physicarum annus primus*, 1656, in-4. — *De prodigiosis vulnerum curationibus*, 1652, in-4. Il a donné une édit. de Lucrèce, *de Naturâ rerum*, enrichie de notes sav.

NARDIN (Thomas), négociateur, né à Besançon vers 1540, remplit successivem. les premiers emplois de la magistrature dans sa ville natale, et fut chargé de différentes missions en Italie. Député à la diète de Ratisbonne, il parvint, avec l'appui de Henri IV, à faire respecter les franchises de la ville de Besançon menacées par l'empereur, et

mourut en 1616. On a de lui une traduction de l'ouvr. italien de Jérôme Conestaggio, *l'Union du royaume de Portugal à la couronne de Castille*, Besançon, 1596 ou 1601, Arras, 1600, in-8, et Paris, 1680, 2 vol. in-12.

NAREG (Grégoire de), un des plus célèbres écrivains ascétiques de l'Arménie, né en 951, mort en 1003 au monastère de Nareg, dans la province de Rechdouni, a laissé entre autres ouvr. un *Rec. de pièces*, Constantinople, 1774, in-12 ; Venise, 1789, in-12, souv. réimpr. ; des *homélies*, des *hymnes*, un *Commentaire sur le Cantique des Cantiques*.

NARES (James), habile et savant organiste, né à Stanwell, dans le comté de Middlesex, en 1715, mort en 1785, a enrichi la chapelle du roi d'Angleterre d'une foule de pièces remarquables. Quelq.-unes ont été gravées et plus. autres sont restées en MSs. ; toutes continuent à être exécutées avec succès. On a en outre de lui des *Leçons de clavecin*, un *Traité du chant*, etc.

NARSÈS, 7e roi sassanide de Perse, surnommé *Nakhdjirkan*, fils de Bahram ou Varanès II, succéda à son frère Bahram III, en 296, et fut en guerre avec les Romains pend. toute la durée de son règne. Il battit Maximien en 301, s'empara de la Mésopotamie, et força Tiridate, roi d'Arménie, de se ranger de son parti ; mais en 302 Maximien prit sa revanche. Narsès, complétement vaincu, abandonna la Mésopotamie, et fut contraint en outre de céder cinq de ses provinces au-delà du Tigre. Ce prince mourut en 303. Il eut pour successeur son fils Hormisdas II.

NARSÈS (l'eunuque), général de l'empereur Justinien, sans force physique, d'une stature petite et grêle, s'éleva de la condition la plus abjecte aux postes les plus brillants, par l'énergie de son caractère, l'activité de son esprit, et l'étendue de ses talents. Dans sa jeunesse, domestiq. de Justinien, il fut distingué par ce prince, devint successivem. chambellan, trésorier privé, et déploya dans plus. missions diplomatiq. une sagesse, une habileté qui justifièrent la confiance que son maître avait en lui. En 540, la jalousie des courtisans contre Bélisaire détermina Justinien à choisir Narsès dont il connaissait le dévouement, pour commander un corps de troupes envoyé en Italie dans le but apparent de soutenir les opérat. de Bélisaire, mais avec l'intent. secrète de les contrarier. Narsès joignit Bélisaire à Sirmium, et ces deux génér. firent lever le siège de Rimini ; mais bientôt l'eunuque, excité par les ennemis de l'illustre général, affecta de blâmer ouvertem. ses plans, et proposa de diviser les forces de l'armée. Bélisaire fut confirmé par Justinien dans le commandem. en chef de l'armée ; mais Narsès, malgré cette décision, se sépara de Bélisaire au siège d'Urbin, et sa défection entraîna la perte de Milan qui fut entièrement ruinée par les Goths. Rappelé à Constantinople, il ne perdit rien de la faveur du souverain. En 552, il fut renvoyé de nouv. en Italie où les affaires des Romains étaient dans un état presque désespéré. Bélisaire avait quitté cette contrée dès 548. Totila, roi des Goths, était maître de Rome et de presque toute la péninsule italique. Narsès, succédait à Germanus, neveu de Justinien, dans le commandement de l'armée. Il commença par se concilier l'affection des troupes par des libéralités bien entendues, et de nombreux auxiliaires vinrent se ranger sous ses drapeaux. L'armée avait été rejetée au-delà des provinces de la Vénétie. Au moyen d'une manœuvre habile autant que hardie, il se trouva en peu de jours à Ravenne, et marcha contre Totila qui l'attendait près de Nocera. C'est là que les Goths essuyèrent une défaite complète, leur roi Totila y fut tué d'un coup de lance. Narsès marcha de suite sur Rome, s'en empara, et acheva d'exterminer les Goths dans les plaines de la Campanie. Toutefois la conquête entière de l'Italie fut retardée par une invasion des Germains sous la conduite de Bucelin et Lothaire. Narsès n'eut point l'imprudence de lutter contre ce torrent dévastateur. Disséminant ses troupes dans des places fortes, mais de manière à pouvoir les réunir, et se contentant de harceler ses adversaires, l'habile général laissa pénétrer les Germains jusqu'aux extrémités de la Péninsule, où ils arrivèrent décimés par les maladies, suite de leur intempérance. Quand il aperçut le moment favorable, il joignit Bucelin auprès de Casilinum, et dans une seule bataille détruisit l'armée des Germains; Bucelin lui-même fut tué dans la mêlée. Déjà Lothaire avait péri avec presque toute son armée par une maladie contagieuse sur les bords du lac Benacus. Narsès rentra dans Rome en triomphateur, et bientôt toutes les villes de l'Italie furent remises sous la puissance romaine. Resté dans la Péninsule, avec le titre d'exarque, il eut l'art de conserver long-temps la faveur de Justinien, s'occupa de rétablir l'ordre dans les provinces et de maintenir la discipline dans l'armée; il établit des ducs dans les principales villes, et étouffa des émeutes suscitées par des Francs et des Goths. Dans la 14e année de son exarchat, des députés de l'Italie portèrent à Constantinople des plaintes contre lui. Justin, neveu et successeur de Justinien, le rappela, et l'impératrice Sophie lui écrivit une lettre pleine de reproches. Narsès furieux se retira à Naples, et vit avec joie les Lombards menacer l'Italie. Les Romains, effrayés des progrès de ces nouv. agresseurs, employèrent la médiat. du pape Jean III auprès de Narsès. Celui-ci consentit à retourner à Rome, et mourut peu de temps après. Les conquêtes des Lombards firent bientôt sentir la perte de ce général. — Il y eut dans le même siècle (le 6e) deux autres personnages du même nom, qu'on a confondus quelquefois avec Narsès : 1° un l'ersarménien, qui abandonna les drapeaux du roi de Perse, et servit en Italie sous Bélisaire. Procope en parle avec éloge; 2° un Persan, mis à la tête d'une armée en Syrie, par l'empereur Maurice, qui se révolta contre Phocas, fut conduit à Constantinople, et brûlé vif dans l'hippodrome.

NARO (Benoît), card., préf. de la congrégation de la discipline régulière et archiprêtre de Ste-Marie-Majeure, né à Rome en 1744, mort le 6 oct. 1832, reçut de Clément XIII un canonicat du Vatican et le titre de camérier secret. Pie VI le déclara prélat domestique référendaire des deux signatures, et lui donna place parmi les membres de la consulte. Pie VII le nomma, en 1800, clerc de la chambre; en 1807, majordome et préfet du palais apostoliq. Devenu cardinal le 8 mars 1816, sous le titre de St-Clément, Naro se distingua par son zèle pour le culte divin, et par les dons qu'il fit soit à l'église de son titre, soit à la basilique de Ste-Marie-Majeure, soit à d'autres églises ou pieux établissem. dont il était protecteur.

NARUSZEWICZ (Adam-Stanislas), jésuite, év. de Smolensk, né en 1733, dans la Lithuanie, fut élevé successivement aux prem. dignités de l'état de l'Église, après la suppression de son ordre sous le règne de Stanislas-Auguste, et mourut en 1766 avec la réputation d'un des poètes polon. les plus distingués. On a de lui : une *Histoire de Pologne*, 6 vol. in-8., dont il existe à la biblioth. de l'Institut une trad. franç. — *La Vie de Ch. Chodkiewicz*, 1805, 2 vol. in-8. — Une *Traduction de Tacite*, 1772, 4 vol. in-4. — *Description de la Tauride, ou Histoire des Tatars de Crimée; le Voyage de Stanislas-Auguste à Kaniou en 1786, lors de son entrevue avec l'impératrice Catherine II; des Poésies diverses*, telles qu'*odes, satires, églogues, épîtres, poésies érotiques*, etc. Ses Œuvres font partie du *Choix d'aut. polonais*, publ. en 26 vol. in-8, par Motowski, Varsovie, 1803-1805.

NARVAEZ (Pamphile de), guerrier espagnol, né à Valladolid, passa dans les îles de l'Amérique peu de temps après leur découverte, et se signala dans plus. occasions. Chargé en 1520, par Velasquez, d'aller combattre Cortez injustement accusé de trahir les intérêts de l'Espagne, il perdit la bataille, tomba entre les mains de celui qu'il était venu combattre, et fut renvoyé à Cuba. En 1526, il partit avec 400 soldats dans l'intention d'aller former un établissem. à la Floride, et découvrit la baie de Pensacola; mais s'étant imprudemm. avancé dans le pays, il fut enveloppé par les Indiens, et périt avec tous les siens.

NASELLI (François), peintre, né à Ferrare dans les dern. années du 16e S., mort en 1630, a laissé plus. tableaux estimés que l'on voit dans quelq. églises de Bologne et dans diverses galeries. On connaît de lui quelques copies des Carrache, du Guerchin et du Guide, si exactes qu'on les a souvent confondues avec les originaux.

NASER (Abou'l Haçan), 3e prince de la dynastie des samanides, qui régnait dans la Perse-Orientale et la Transoxane, surn. *Emyr al-saïd* (le prince heureux), n'avait que 8 ans lorsq. son père Ahmed fut assassiné, l'an 301 de l'hég. (914 de J.-C.) Son visir Abou-Abdallah-Mohammed et son général Hamouyah le firent triompher de tous ses ennemis et l'élevèrent au degré de gloire et de puissance où nul de ses ancêtres n'était parvenu et où nul de ses successeurs ne put atteindre. Par sa clémence, sa justice, sa libéralité, son amour pour les lettres et la protection qu'il accorda aux savants, il mérita d'être placé au rang des plus illustres monarq. de son temps. Après 50 ans d'un règne glorieux, il mourut l'an 331 (943), laissant le trône à son fils Nouh Ier.

NASER-ED-DAULAH (ABOU-MOHAMMED AL HAÇAN), fondateur de la dynastie des hamdanides, s'érigea en souverain l'an 323 de l'hégyre (935 de J.-C.) à Moussoul et dans plus. autres places de la Mésopotamie que son aïeul Hamdan et son père Abou'l-Hidja-Abdallah avaient possédées avant lui. Après plus de dix années de guerre dans lesq. il eut successivem. de gr. succès et de grands revers, il fut détrôné par son fils aîné Abou-Taglab., et renfermé dans un château où il mourut en 358 (févr. 969). Ses états passèrent, dix ans après, sous la dominat. des Bowaïdes. — NASER-ED-DAULAH (Abou'l Haçan Aly), arrière-petit-neveu du précédent, dépouillé de ses états d'Alep dès sa plus tendre enfance, l'an 319 (1001), se retira en Égypte, et parvint à de hautes dignités. Il se mit à la tête des rebelles sous le règne du khalyfe Montanser, et fut massacré avec ses deux frères, l'an 465 (1070).

NASINI (JOSEPH-NICOLAS), peintre, né à Sienne eu 1650, mort dans sa patrie en 1756, a laissé un grand nombre de copies des plus beaux tableaux de Rome, de Venise et de quelq. villes de la Lombardie : ces différents ouvr., entrepris par ordre de la cour de Toscane, prouvent que Nasini avait fait une étude particulière de Paul Véronèse et de Piètre de Cortone. Il a gravé la *Vierge*, *l'Enfant Jésus* et *St-Jean*.

NASMYTH (PETER), mort en 1833 à Londres, à l'âge de 46 ans, était fils d'Al. Nasmyth, célèbre peintre de paysage à Édimbourg. Dès ses plus jeunes ans, il se livra avec une sorte de fureur à l'étude des beautés de la nature. Muni de son album et de son crayon, il passait des semaines, des mois entiers, sans rentrer dans la maison paternelle. Son père avait tenté en vain de lui faire adopter un autre genre de vie, lorsque le jeune enthousiaste eut, dans une excursion, le malheur de se briser le poignet droit. Cet accident, loin de le décourager, ne fit que doubler son zèle, et ce qu'il ne pouvait plus faire avec la main droite, il l'apprit avec la main gauche, avec laquelle il fit en peu de temps des *Paysages* admirés des connaisseurs par leur fidélité et leur fraîcheur. Arrivé à Londres à l'âge de 20 ans, il ne tarda pas à y trouver de nombreux protecteurs parmi des amateurs éclairés, dont il enrichit les collections d'une multitude de compositions originales.

NASREDDYN-HADJA, fabuliste, surn. *l'Ésope turk* par les écrivains orientaux, vivait à Yénishéir, dans la Natolie, à l'époque où Tamerlan envahit ces contrées. Il eut l'adresse de ramener le vainqueur à des sentim. d'humanité qui démontrèrent que Tamerlan n'était pas incapable d'éprouver quelquefois le sentiment de la clémence.

NASSAU (ENGELBERT, comte de), gouvern. de Brabant, rendit d'import. services à Charles, dern.

duc de Bourgogne, surtout dans sa guerre contre les Gantois, et fut nommé chev. de la Toison-d'Or en 1473. Il eut le malheur d'être fait prisonnier à la bataille de Nancy, où Charles périt avec la fleur de sa noblesse; mais dès qu'il eut acquitté sa rançon, il offrit ses services à la jeune héritière de Bourgogne, dep. l'épouse de Maximilien; se signala en 1479 à la bataille de Guinegate, signa en 1493 le traité de Senlis, par lequel Maximilien renonça au titre de duc de Bretagne pour être mis en possession du reste de l'héritage de Bourgogne, et ne cessa, jusqu'à sa mort, en 1504, de combattre pour affermir la domination de l'Autriche dans les Pays-Bas. Son tombeau subsiste encore dans la cathéd. de Breda : il est orné de statues qu'on a prétendu être l'ouvr. de Michel-Ange.

NASSAU (MAURICE de), un des plus gr. capit. des temps modernes, né au château de Dillenbourg en 1567, était le 2e fils de Guillaume de Nassau, prince d'Orange, fondateur de la république de Hollande. A 20 ans on le regarda comme l'homme le plus propre à défendre la liberté que son père avait conquise, et, mis à la tête de l'armée, il justifia bientôt l'opinion que l'on avait conçue de son habileté. Après avoir rétabli la discipline parmi les troupes, il tomba à l'improviste sur les Espagnols pendant que le duc de Parme était en France à soutenir les ligueurs, leur enleva plus. places importantes, telles que Breda en 1590, Zutphen, Deventer, Hulst et Nimègue en 1591, Groningue en 1592, et mit le sceau à sa réputation par sa belle défense d'Ostende, dont le siége coûta aux Espagnols plus de 60,000 hommes et cent millions. Constamment vaincus, les Espagnols demandèrent la paix en reconnaissant l'indépendance de la Hollande; Maurice voulait la leur refuser, mais l'influence d'Olden-Barneveldt l'obligea à consentir une trève de 12 ans, signée en 1609. Irrité des obstacles qui venaient enchaîner ses projets ambitieux, il en poursuivit l'auteur avec une honteuse persévérance, et parvint à faire traîner à l'échafaud ce vieillard dont tout le crime était d'avoir songé aux véritables intérêts de sa patrie. La haine des Hollandais vengea Barneveldt. A l'expiration de la trève, Maurice eut à combattre Spinola, l'un des prem. hommes de guerre de son temps, éprouva quelq. échecs qui contribuèrent à l'affaiblissement de sa santé, et mourut en 1625. On trouvera le récit de ses exploits dans l'ouvr. intit. : *Généalogie et lauriers de la maison de Nassau*, Leyde, 1615, in-fol., cart. et fig. Les *Mémoires* de Louis-Aubery du Maurier, 1687, in-12, contiennent des détails curieux sur le caractère de ce prince.

NASSAU (GUILLAUME de). — V. ORANGE.

NASSAU-SIEGEN (JEAN-MAURICE, prince de), petit-fils de Jean, comte de Nassau, dit *le Vieil*, chef de la branche de Dillenbourg, naquit en 1604. Nommé capitaine-général des possess. hollandaises dans le Brésil en 1636, il enleva aux Portugais plusieurs places importantes, ruina leurs établissem. sur la côte d'Afrique, et revint dans sa patrie en 1644, ramenant une flotte chargée de richesses. En récompense de ses services, il fut nommé gouverneur de Wesel et général en chef de la cavalerie hollandaise. A sa mort en 1679, il était gouvern. du duché de Clèves, pour le duc de Brandebourg : les dern. années de sa vie avaient été consacrées à l'embellissem. de la ville de Clèves; il y avait établi un jardin magnifique dont Voltaire a donné la description dans son *Voyage à Berlin*. La bibliothèq. royale possède un ouvr. de la main de ce prince en 2 vol. in-fol., qui contiennent les animaux les plus remarq. de l'Amérique-Méridion., dessinés et enluminés avec de courtes descript. Bloch a donné une notice sur ce MS. dans la préface de la 6e part. de l'*Ichthyologie*. L'*Histoire du Brésil* sous le gouvernement de Maurice de Nassau, a été écrite en latin par Gasp. Baërle.

NASSAU-SIEGEN (CHARLES-HENRI-NIC.-OTHON , prince de), né en 1745, s'est rendu célèbre par sa vie aventureuse. Dépouillé de ses biens par le conseil aulique qui lui contestait sa légitimité, il entra au service à l'âge de 15 ans, simple volontaire, et fut successivem. aide-de-camp, lieutenant d'infanterie, puis capitaine de dragons. En 1766 il suivit Bougainville dans son voyage autour du monde, s'enfonça dans les déserts, et mérita, par son intrépidité, la réputation d'un dompteur de monstres. De retour en Europe, il s'attacha au service de France comme colonel, essaya vainem. de surprendre l'île de Jersey en 1779, combattit pour l'Espagne à l'époque du siége de Gibraltar, et reçut en récompense de ses services trois millions en cargaison de vaisseaux , le brevet de major-général de l'armée espagnole et la reconnaissance de ses droits à la grandesse de prem. classe. Appelé par Catherine II au commandement d'une escadre contre les Turks, il détruisit entièrement leurs forces sur la mer Noire. En 1790 il rendit de nouveaux services à l'impératrice, en battant la flotte suédoise sur les côtes de la Finlande; mais au moment où il se croyait maître de Gustave III, il vit ses lignes forcées et perdit 44 bâtiments. La coalit. formée contre la France réclamait les services du prince de Nassau; mais il refusa son bras, ne fit plus que voyager en Europe, vint en France à l'époque du traité d'Amiens, afin de voir l'homme extraordin. qui déjà semblait tenir dans ses mains les destinées de l'Europe, et mourut quelq. années après dans l'obscurité.

NASSER (ABOU'L-DJOIOUSCH), 4e roi de Grenade, de la dynastie des nasserides, ravit le trône à Mehemed III, son frère, en 708 de l'hégyre (1308 de J.-C.), à l'âge de 23 ans. Il fut obligé de soutenir son usurpation par la force des armes, et tandis qu'il faisait la guerre à son frère, les chrétiens , commandés par Ferdinand IV, roi de Castille, et Jacques II, roi d'Aragon, lui enlevèrent Gibraltar, et fomentèrent des troubles dans ses états. Profitant de ces troubles, Mehemed l'attaqua avec plus de vigueur, le força à capituler l'an 713 (1314) et à descendre du trône après un règne de 5 ans. Nasser mourut à Guadix en 1322. C'était un prince aussi distingué par ses avantages physiques que par

ses qualités et ses connaissances. Il avait étudié l'astron. sous la direct. d'Abou-Abdallah-ben-al-Racam, le plus grand mathématicien de son temps et y avait fait de tels progrès qu'il avait dressé lui-même des tables astronomiq. fort exactes, et construit une horloge avec une précision remarq.

NASSER-LEDIN-ALLAH (ABOU'L-ABBAS AHMED IV), 34e khalife abbasside, monté sur le trône l'an de l'hég. 575 (1180 de J.-C.), régna pendant 47 ans. Uniquement occupé du soin d'amasser des trésors, il prit peu de part aux grands événements de son temps : cependant il fit respecter son autorité au-dedans et au-dehors, recula les frontières de ses états, et sut, au milieu de circonstances difficiles, établir dans ses états et surtout à Bagdad une excellente police ; il fonda des mosquées, des hôpitaux, des colléges, des caravenserails, et mourut en 662 (1225), laissant des richesses immenses à Dhaher Biam' Allah, son fils et son successeur.

NASSER-MOHAMMED (MELIK AL-), 9e sultan mamlouck d'Égypte et de Syrie , de la dynastie des bahrites, et fils de Kelaoun, succéda à l'âge de 9 ans à Khalil, son frère, l'an 693 de l'hég. (1293 de J.-C.). Éloigné du trône par Ketbogha, son tuteur, qui lui-même fut dépossédé par Ladjyn, il ne fut rappelé qu'après la mort de ce dern. en 698 (1299), Les dix prem. années du règne de Mohammed furent agitées par des guerres sanglantes, tantôt contre des ennemis extérieurs, tantôt contre des émirs révoltés. Vainqueur de tous ses ennemis, il étendit son autorité jusqu'à Malathiah et Anah sur l'Euphrate, et l'affermit en déployant des talents et des qualités qui l'ont placé au rang des plus célèbres souverains de l'Égypte : il diminua les impôts, protégea les arts, encouragea l'agriculture, éleva des ponts , des digues, perça des routes, creusa plus. canaux, entre autres celui d'Alexandrie, embellit ses états de monum. vastes et somptueux, parmi lesq. on doit remarquer la gr. mosquée et le palais du Kaire. Enfin, sous le règne de ce prince, l'Égypte atteignit presque le haut degré de prospérité dont elle avait joui sous ses anc. rois. Mohammed mourut en 741 (1341), après avoir régné environ 44 ans, et laissa une nombreuse postérité qui occupa le trône jusqu'à la fin de la dynastie des Bahrites. Son fils aîné, Aboubekr, lui succéda.

NASSIR-EDDYN (ABOU-DJAFAR MOHAMMED BEN HAÇAN), astronome persan, cité quelquefois par les Orientaux sous le nom de *khodjah* (docteur), et fréquemment désigné par le surnom d'*Al-Thoussy*, du nom de Thous, dans le Khoraçan, où il naquit l'an 597 (1201), possédait des connaissances étendues sur toutes les matières; il a écrit sur la théologie et la jurisprudence, sur la philosophie, l'économie politique, la métaphysiq., l'hist. naturelle, la géographie, la médecine, etc., etc. Mais c'est surtout comme astronome et mathématicien qu'il s'est rendu illustre. Ce savant, que les Orientaux égalent à Ptolémée, a perfectionné plus. instrum. particuliers à ces deux sciences, et en a inventé de nouveaux, dont on peut voir la description dans l'*Hist. de l'astronomie du moyen-âge*. On trouvera des détails sur la personne et les travaux de ce sav., ainsi que la liste d'un grand nombre de ses ouvr., dans le *Mémoire sur l'observat. de Meregah*, par Jourdain, 1818, in-8. Le plus remarquable est celui qui, sous le titre de *Tables ilkhaniennes* (Zeidje-Ilkhany), renferme ses observat. astronomiques et le résumé de toutes celles qui avaient été faites avant lui. La *Table des longitudes et des latitudes*, publ. par Greaves, Londres, 1652, en latin, et réimpr. en 1711 dans le t. III des *Petits géographes*, a été extraite des *Tables* de Nassir-Eddyn. Ce doct. mourut l'an de l'hég. 672 (1274).

NAT DE MONS, troubadour du 13e S., a laissé six pièces de vers, conservées dans un MS. de la bibliothèq. du roi, n° 2701, fonds de La Vallière. Raynouard a donné des fragm. de trois dans son *Choix de poésies*, V. 268.

NATALE (JÉRÔME), jésuite espagnol, mort en 1580, fut un des prem. compagnons de St Ignace de Loyola, et contribua puissamm. à consolider son institut, dont il devint vicaire-gén. On a de lui : *Meditationes in evangelia totius anni*, Anvers, 1594, in-fol., fig. de Viez. Cette édit. est très recherchée à cause de la beauté des épreuves. Il existe au moins un exemplaire des fig. sur peau de vélin. Van Praët ne l'a pas connu.

NATALI (PIERRE), évêque d'Iesolo, né à Venise dans le 14e S., est auteur des *Vite di Santi*, impr. pour la prem. fois en 1493, réimpr. depuis dans différ. villes d'Italie, et trad. en français, 1523-24, 2 vol. in-fol. On peut consulter sur ce personnage les *Dissertaz. vossiane* d'Apostolo Zeno, t. II.

NATALIS COMÈS. —V. CONTI (Noël).

NATHAN, prophète d'Israël, sous le règne de David, prédit à ce prince que l'honneur de bâtir un temple au Seigneur dans Jérusalem était réservé à son fils Salomon, et lui reprocha ensuite, par ordre de Dieu, le meurtre d'Urie, ainsi que l'adultère qui y avait donné lieu.

NATHAN-BEN-JÉCHIEL, présid. de la synagogue de Rome, mort en 1106, avec la réputat. d'un des écrivains juifs les plus distingués et les plus sav. de son temps, a laissé un dictionnaire talmudique intit. *Aruch*; la prem. édit. est de 1480, in-fol., S. D.; l'abbé de Rossi en a donné la descript. dans ses *Annales hebr.-typ.* Cet ouvr. a été souvent réimpr.; l'une des édit. les plus estimées est celle de Paris, 1629, in-fol. On trouve dans la *Biblioth. hebraïque* de Wolf une liste des imitations et des traduct. qui en ont été faites.

NATHAN ou RABBI-ISAAC-NATHAN, écrivain juif du 15e S., est le prem. aut. de cette nation qui ait fait une concordance hébraïque de la Bible, sur celle qu'Arlot, général des cordeliers, avait composée en lat. Cet ouvr. a été souv. réimpr. sous le titre de *Meir Netiv* (lumière des sentiers); la meilleure édit. est celle que Buxtorf a publ. à Bâle en 1632. Rabbi-Nathan a laissé quelques autres écrits ou traités MSs.

NATHANAEL, docteur de la loi chez les Juifs, et l'un des 72 disciples de J.-C., est, selon quelq. interprètes, le même personnage que St-Barthéle-

mi. Parmi ceux qui ont partagé cette opinion, nous citerons le P. Roberti, jésuite, qui a publié à ce sujet : *Nathanael Bartholomœus*, Douai, 1619; le P. Fabricio Pignatelli, aut. du livre intitulé : *de Apostolatu B. Nathanaelis Bartholomœi*, Paris, 1660; et le P. Stilting, *Acta sanctorum*, août, t. V.

NATIVELLE (PIERRE), Franç., a publié un *Tr. d'architecture*, Paris, 1729, 2 vol. in-fol., avec pl.

NATIVITÉ (JEANNE LE ROYER, dite la Sœur de la), fille d'un laboureur de la Chapelle-Samson, près de Fougères, née en 1732, entra domestique à l'âge de 18 ans dans un couvent de religieuses de Ste-Claire, appelées urbanistes à Fougères, et fut ensuite reçue sœur converse. Elle se crut favorisée d'apparitions et de révélations, et dictait à l'abbé Genet, direct. de la maison, ce qu'elle disait avoir vu ou entendu. La révolut. l'ayant obligée à sortir du couvent, elle se retira à Fougères et y mourut en 1798. L'abbé Genet, après avoir recueilli de nombreux MSs. dictés par cette sœur, mourut subitement en 1817. Ce rec. a été publ. sous le titre de *Vie et révélat. de la sœur de la Nativité*, Paris, 1818, 3 vol. in-12; réimpr. en 1819, 4 vol. in-8 et in-12.

NATOIRE (CHARLES), peintre, direct. de l'acad. de France à Rome, né à Nîmes en 1700, mort à Castel-Gandolfo en 1777, fut élève de Lemoine et maître de Vien. Ses compositions les plus estimées sont celles qui ornaient les appartements du prem. étage du château de Versailles, un salon de l'hôtel de Soubise, et la chapelle des Enfants-Trouvés. Quelq.-uns de ses tableaux ont été reproduits par les plus habiles grav. du temps, tels que Fessart, Aveline, J.-J. Flipart, etc.

NATTA (GEORGE), juriscons., né à Casal, mort vers 1500, professa le droit civil et le droit canon aux universités de Pavie et de Pise, et fut chargé de plusieurs missions diplomat. par le marquis de Montferrat, son souverain. On a de lui quelq. tr. de jurisprudence dont on trouve la liste dans la *Biografia piemontese* de Carlo Tenevelli, Turin, 1785. — NATTA (Marc-Antoine), de la famille précédente, né à Asti, Piémont, fut magistrat à Gênes, et refusa la chaire de droit canon que lui offrait le sénat de Pavie. On a de lui plus. ouvr. de théologie et de jurisprudence, tels qu'un traité de *Deo*, 1559, très rare. — *Conciliorum lib. III*, 1587, in-fol. — *De immortalitate animœ, libri V.* — *De passione Domini*, 1570, in-fol. — *De doctrina principum libri IX*, 1564, in-4. — *De Pulchro*, 1555, in-fol.

NATTIER (LAURENCE), graveur en médailles, né à Biberach en Souabe, mort en Russie en 1763, avec le titre de premier graveur de l'impératrice Catherine II, est auteur d'un *Traité sur les anc. pierres gravées*, en allemand. Parmi les médailles qu'il a exécutées, on cite celles de sir *Robert Walpole*, et du *prince d'Orange*. — NATTIER (Jean-Marc), peintre, né à Paris en 1685, mort en 1766, fut professeur à l'acad. de peinture, peintre ordinaire du roi, et s'attacha particulièrem. au portrait. On a de lui plus. esquisses histor. au crayon noir et blanc, entre autres celles de la galerie du Luxembourg, gravées au burin, Paris, 1710, in-fol.

NAU (MICHEL), jésuite missionn., né à Paris en 1631, mort dans cette ville en 1683, a publ. : *Voyage nouveau de la Terre-Sainte*, 1679 et 1702, in-12. —*Ecclesiæ romanæ græcæque vera effigies*, 1680, in-4. — *État présent de la religion mahométane*, 2e édit., 1685, 2 vol. in-12.— Son frère, Nicolas NAU, de la même société, a composé en latin une *Oraison funèbre* du cardin. de La Rochefoucauld, 1645, in-8.

NAUBERT (BÉNÉDICTE), romancière allemande, née à Leipsig en 1755, morte dans cette ville en 1819, a publ., sous le voile de l'anonyme, un gr. nombre de romans qui ont obtenu beaucoup de succès. Quelq.-uns ont été trad. en français, entre autres : *Hermann d'Unna*, *Élisabeth de Toggenburg*, *Walther de Montbarry*, et *Thekla de Thurn*.

NAUCHE (LÉONARD), curé de Rochechouart, est auteur d'une *Oraison funèbre de Mar. de Rochechouart, marquise de Pompadour*, Brive, 1666, in-4. — NAUCHE (Louis). — V. GUYON.

NAUCLERUS (JEAN VERGEN, plus connu sous le nom de), célèbre chroniqueur, né dans la Souabe, vers 1450, entra dans les ordres, fut successivem. prevôt de l'église de Stuttgard, puis de celle de Tubingen, profess. en droit-canon à l'univ. de cette ville, ensuite recteur, enfin chancelier, et mourut vers 1510, laissant une *Chronique* en lat., depuis Adam jusqu'en 1500, estimée particulièrem. pour les faits historiq. du 15e §. L'édit. la plus complète est celle de Cologne, 1564, 2 vol. in-fol., avec une continuat. par Laur. Surius. On trouve une courte notice sur Nauclerus dans les *Vitæ* de Melchior Adam ; Dan.-Guill. Moller a publ. une *Dissertation lat.* sur cet écrivain, Altdorf, 1697, in-4.

NAUCYDES, sculpt. grec, né à Argos, florissait entre la 90e et la 95e olympiade, 420-400 ans avant J.-C. A l'exemple de Phidias et de Polyclète, il employa l'ivoire et les métaux. On cite comme ses plus beaux ouvr. un *Mercure*, un *Sacrificateur immolant un belier*, et surtout un *Discobole*, dont on croit reconnaître la répétition dans plus. statues antiques, entre autres dans une de celles du Musée.

NAUDÉ (GABRIEL), sav. bibliographe, né à Paris en 1600, s'appliqua d'abord à l'étude de la médec.; mais son goût pour les livres le détourna de cet art pendant quelq. années; il y revint en 1633, époque à laquelle il fut nommé médecin ordinaire du roi Louis XIII. Après avoir été successivem. chargé de plus. bibliothèq., entre autres de celles des cardinaux Bagni et Barberini, à Rome, et du cardinal Mazarin, à Paris, il fut appelé à Stockholm par la reine de Suède. Le climat de ce pays ayant altéré sa santé, il revint en France, et mourut presque au terme de son voyage, à Abbeville, en 1653. On trouvera des détails curieux sur ce savant dans les *Recherches sur les bibliothèq.*, par Petit-Radel, et dans les *Mém.* de Nicéron, t. IX, ainsi que dans les *Dictionn.* de Moréri et de Chaufepié, les titres d'un gr. nombre d'opuscules qu'il a composés. Les principaux sont : le *Marfore ou Discours contre les*

libelles, 1620, in-8, très rare. — *Instruction à la France sur la vérité de l'histoire des frères de la Rose-Croix*, 1623, in-8 et in-4. — *Avis pour dresser une bibliothèq.*, 1627, in-8.—*Addition à l'hist. de Louis XI*, contenant plus. recherches curieuses sur diverses matières, 1630, in-8, réimpr. dans le supplém. à l'édit. des *Mém.* de Phil. de Comines, publiés par Godefroy. — *Bibliographia politica*, 1633, in-12, souv. réimpr. et trad. en franç., par C. Challine, 1642, in-8. — *Considérat. politiques sur les coups d'état*, Rome, 1639, in-4, très souv. réimpr. et reproduites par un plagiaire anonyme, sous le titre de *Réflexions histor. et polit. sur les moyens dont les plus gr. princes et habiles ministres se sont servis pour gouverner et augmenter leurs états*, Leyde, 1759, in-12.—*Jugement de tout ce qui a été impr. contre le card. Mazarin*, dep. le 6 janv. jusqu'à la déclaration du 1er avril 1649, in-4, écrit dans lequel il y a beaucoup d'érudition et des notes curieuses. On a publ. sous le titre de *Naudeana* un rec. d'anecdotes tirées de ses conversations.

NAUDÉ (PHILIPPE), géomètre, né à Metz en 1654, se réfugia en Prusse après la révocation de l'édit de Nantes, devint membre de la société royale de Berlin, en 1701, fut professeur de mathémat. des jeunes princes de Brandebourg, et mourut à Berlin en 1720. On a de lui un *Traité de géométrie* en allem., et quelques autres écrits insérés dans les *Miscellanea* de la société de Berlin.—Son fils aîné, aussi géomètre, membre de l'acad. de Berlin et de la soc. royale de Londres, mort en 1745, a publié quelq. opuscules, égalem. insérés dans les *Miscellanea berolinensia*.

NAUDET (THOMAS-CHARLES), peintre de paysages, né à Paris en 1774, mort dans cette ville en 1810, a laissé une collect. de près de 3,000 dessins des plus beaux sites et des monuments tant anc. que modernes de l'Italie, de l'Espagne, de l'Allemagne et de la Suisse. Les dessins des vues de la Haute-Italie ont été publ. dans l'ouvrage de Néergard : *Voyage pittoresque et histor. au nord de l'Italie*, 1820, in-fol. Cet ouvr. avait été annoncé en dix-sept livraisons ; il n'en a paru que neuf.

NAUMANN (JEAN-AMÉDÉE), directeur de la chapelle de l'électeur de Saxe, né à Blasèwitz, près de Dresde, en 1745, alla fort jeune en Italie, et y passa huit années, uniquem. occupé de ses études musicales. Il y retourna vers 1772, et composa pour les théâtres de Venise et de Naples des pièces qui ont fait le fondem. de sa réputation. Tous les souverains de l'Europe voulaient l'attacher à leur cour; mais Naumann se fixa dans sa patrie, et mourut à Dresde en 1801. On a de lui des *opéras* italiens, allemands et suédois; une quantité prodigieuse de morceaux pour clavecin, la plupart avec accompagnements de violon, basse et flûte; de la musique sacrée dans laq. on distingue la *Passion* de Métastase, qu'il fit deux fois, l'une à Padoue, et l'autre à Dresde, et le *Giuseppe reconosciuto* du même poète, qu'il mit aussi deux fois en musique, sur les paroles italiennes pour Dresde, puis sur des parôles franç. pour Paris. Naumann possédait une connaissance parfaite de la prosodie italienne; la pureté des motifs, la grâce des détails, un style facile et suave, sont les caractères principaux de cet artiste justement célèbre.

NAUSEA (Frédéric), célèbre théolog., né près de Wurtzbourg vers 1480, professa d'abord les b.-lettres, et se plaça par son talent au premier rang parmi les littérat. de son temps. Il enseigna successivement le droit et la théologie, puis il parut avec éclat dans la chaire, remplit pendant 12 ans les fonctions de prédicateur à Mayence, fut appelé en 1533 à Vienne, en qualité de prédicateur de la cour, de lecteur en théol., de chanoine de la cathédrale et de conseiller du roi. Ses lettres prouvent que jusqu'à cette époque il avait essuyé des persécutions qui avaient nui à son élévation et à sa fortune. Il obtint l'évêché de Vienne en 1541, ainsi que le titre d'ambassadeur du roi des Romains au concile de Trente, et mourut dans cette ville en 1550, laissant un grand nombre d'ouvr. de grammaire, de poésie, de musique, d'arithmétiq., de dialectique, de physique, d'astronomie, d'hist., de droit civil et canonique, dont il avait donné un Catalogue raisonné en 1547. Ils ont été recueillis à Cologne, 1616, in-fol.

NAUZE (Louis JOUARD de La), membre de l'académie des inscriptions, né à Villeneuve-d'Agen en 1696, mort en 1773, s'était fait connaître, lors de la dispute que fit naître le système chronologique de Newton, par la publication de 5 Lettres, dans lesquelles il répond au P. Souciet, qui avait attaqué ce système. Ces lettres sont impr. dans le recueil du P. Desmolets, intit.: Continuation des mém. de littérature de Sallengre, tomes V et VI. Les autres écrits de La Nauze consistent en trente Mém., relatifs à divers points de chronologie anc.; ils font partie de la collect. de l'acad. des inscript. Il a traduit en français, sous le titre du Directeur des âmes religieuses, 1726, in-18, un traité latin de Louis Blosius.

NAVAGERO (André), littérateur, né à Venise en 1483, remplaça Sabellicus dans les fonctions de bibliothécaire de St-Marc et d'historien de la république, et fut envoyé en ambassade auprès de Charles-Quint, après la défaite de François Ier à Pavie. Plus tard, les Vénitiens sentant la nécessité de contrebalancer l'influence de l'empereur en Italie, chargèrent Navagero d'une mission importante auprès du roi de France; mais la mort le surprit à Blois, où il était venu trouver la cour en 1529. On a de lui des Leçons sur Ovide et sur les Oraisons de Cicéron; une trad. lat. des Oraisons funèbres d'Alviano et du doge Loredano; un Voy. en Espagne et en France, écrit en italien; des poésies italiennes, des lettres, des épigr. et des églogues lat.: le tout a été recueilli par les frères Volpi, et publ. à Padoue, 1718, in-4. Plus. des poésies érotiques de Navagero ont été trad. en français par E.-T. Simon de Troyes (1786).—Bernard NAVAGERO, de la même famille, évêque de Vérone, l'un des Pères du concile de Trente, mort card. en 1565, a

laissé des harangues et une Vie du pape Paul IV. On trouve sa Vie dans le livre d'August. Valerio: De cautione adhibendâ in edendis libris, 1719, in-4.

NAVAILLES (Philippe de MONTAULT de BENAC, duc de), maréchal de France, né en 1619 dans le Bigorre, entra au service en 1638, fut nommé colonel d'un régiment de son nom en 1641, fit toutes les campagnes d'Italie, et se signala par sa valeur et son sang-froid. Pend. les guerres de la Fronde, il combattit les rebelles dans l'Orléanais et l'Anjou. Nommé gouvern. de Bapaume en récompense de ses services, il prit part aux affaires de Flandre, fut chargé d'une ambassade extraordin. en Italie en 1658, et la même année succéda au duc de Modène dans le commandement des troupes franç. Chargé en 1669 de conduire des secours à Candie assiégée par les Turks, il ne s'acquitta point de sa miss. au gré de Louis XIV, et resta pendant 3 ans exilé dans ses terres. L'invasion de la Franche-Comté, en 1674, le fit rappeler; il enleva la ville de Gray et facilita la prise de Dole et de Besançon, qui acheva la conquête de la province. Renvoyé la même année en Flandre, il commanda l'aile gauche à la bataille de Senef, reçut l'année suivante le bâton de maréchal, passa en 1676 dans la Catalogne, s'empara de Figuières, et remporta plus. avantages sur les Espagnols. De retour en France après la paix de Nimègue, il fut nommé gouverneur du duc de Chartres (Philippe d'Orléans, depuis régent), et mourut en 1684, laiss. des Mém. (de 1635 à 1683), 1701, in-12. — NAVAILLES (Suzanne de BAUDEAN de NEUILLANT, maréchale de), femme du précédent, qu'elle avait épousé en 1651, a joué un rôle plus important à la cour d'Anne d'Autriche qu'à celle de Louis XIV. Reçue au nombre des filles d'honn. de cette princesse, elle obtint la confiance du cardin. Mazarin, et se trouva, par cette voie, initiée à quelques-uns des secrets de la politiq. Le card. ayant été forcé de quitter la France, Mme de Navailles, qui était demeurée auprès de la reine, eut la plus grande part à son retour. En 1660, elle fut nommée dame d'honneur de Marie-Thérèse, et chargée en cette qualité de la surveillance des filles d'honn. de la reine. Mais sa vertu et sa vigilance dans l'accomplissem. de ses devoirs contrariaient trop les passions du roi, pour que cette charge restât entre ses mains: elle fut disgraciée, et mourut en 1700.

NAVARETTE (Ferdinand), missionn. espagnol de l'ordre de St Dominique, est l'un de ceux qui ont le plus contribué à faire connaître la Chine, où il avait séjourné depuis 1659 jusqu'en 1672. De retour en Europe, il fut nommé à l'archevêché de St-Domingue, et mourut dans sa ville épiscopale en 1689. On a de lui plus. ouvr., dont on trouve l'indication dans la Biblioth. des PP. Échard et Quétif, tome II; le plus remarquable est celui qui a été publié à Madrid, 1676, in-fol., sous le titre de Tratados historicos, politicos, ethicos y religiosos de la monarquia de China. L'aut. y traite de la géographie, du gouvernement, des usages civils et relig. de la Chine, de la doctrine de Confucius, des livres classiq. des Chinois; il y donne aussi une relation de ses différents voyages, et des décisions de la cour de Rome sur les pratiques superstitieuses des Chinois. On trouve un extrait intéressant de cet ouvrage dans l'*Hist. gén. des voy.* de l'abbé Prévost.

NAVARRE (Pierre), célèbre capitaine espagn., servit d'abord comme simple matelot, puis vint en Italie, s'enrôla dans les bandes génoises, et se trouva en 1487 au siége de Seranessa, où, pour la prem. fois, on fit l'essai de la mine. Il perfectionna cette découverte pendant la conquête du royaume de Naples par le grand Gonzague, et par ce moyen habilement mis en œuvre emporta d'assaut le château d'OEuf, regardé comme imprenable. En récompense de sa valeur, qui avait beauc. contribué à l'expuls. des Français, Navarre reçut des lettres de noblesse et l'investiture du comté d'Alvello. Nommé command. d'une flotille, il donna la chasse aux pirates qui infestaient les côtes de l'Italie ; bientôt après il fut mis à la tête de l'expédition d'Afrique entreprise par le cardinal Ximenès ; mais ses succès furent balancés par des revers. Renvoyé en Italie en 1511, il fut fait prisonnier à la bataille de Ravenne, en 1512. Voyant que Ferdinand, son souverain, n'était pas disposé à payer sa rançon, il se mit au service de François Ier, entra dans le Milanez à la tête de 6,000 Basques et Gascons, contribua à la prise de Novare, de Vigevano et de Pavie, se signala en 1515 à la bataille de Marignan, ainsi qu'à l'attaque du château de Milan, conduisit des secours à Lautrec arrêté par des forces supér. en 1522, et se couvrit de gloire au combat de la Bicoque. Pendant la retraite de l'armée française, Navarre tomba entre les mains des Espagnols, et fut mené à Naples, où on dit qu'il mourut de mort violente, par ordre de Charles-Quint, en 1528. Sa *Vie* ou plutôt son *Éloge* a été publié par Paul Giovio et par Philippe Tomasini.

NAVARRE (Martin AZPILCUETA, plus connu sous le nom du docteur), fameux théologien, né à Varosaïn, près de Pampelune, en 1493, professa d'abord en France, remplit ensuite à Salamanque la première chaire du droit canonique pendant 14 années, puis enfin fut appelé à l'univ. de Coimbre, où pend. 26 ans il forma un gr. nombre de sujets distingués. Il était déjà d'un âge avancé lorsqu'il se rendit à Rome pour y défendre Barthélemi Carranza, archevêque de Tolède, accusé d'hérésie. Il eut la douleur de ne pouvoir le sauver, et mourut à Rome en 1586, laissant des traités qui ont joui de l'estime des casuistes : ils ont été impr. séparém. et à diverses époq., puis recueillis en 3 vol. in-fol., Lyon, 1589 ; en 6 vol in-4, Venise, 1602 ; et en 5 vol. in-fol., Cologne, 1616. La *Vie* de ce docteur a été publiée en latin par Simon Magnus, Rome, 1593, in-4.

NAVIER (Pierre-Toussaint), médecin, né à St-Dizier en 1712, mort en 1779 à Châlons, où il pratiqua la médecine pendant un grand nombre d'années avec un brill. succès, est auteur d'une foule d'intéressants mémoires et dissertations insérés dans les recueils de l'académie des sciences, dont il était correspondant, dans ceux de l'académie de Châlons et dans la *Gazette de médecine*. Parmi ses autres ouvr. on distingue : *Réflexions sur les dangers des inhumations précipitées et sur les abus de l'inhumation dans les églises*, 1775, in-12. — *Précis des moyens de secourir les personnes empoisonnées par les poisons corrosifs*, 1778, in-8. — *Contre-poisons de l'arsenic, du sublimé-corrosif, du vert-de-gris et du plomb, avec trois dissertat. sur le mercure et sur l'éther nitreux* (dont on lui doit la découverte), 1778, 2 vol. in-12, ouvrage estimé. Son *Éloge*, par Vicq-d'Azir, est dans le *Rec.* de la société royale de médecine, 1779.

NAVILLE (Franç.-André), né à Genève en 1752, fut reçu avocat en 1775, parvint en 1782 à la place de procur.-gén., et, 6 ans après, fut élu conseill.-d'état. Il fit de vains efforts pour attacher les Genevois à leurs institut., et rentra dans la vie privée le 29 déc. 1792, époque du renversem. de l'ancienne constitution. Arrêté en juillet 1794 avec une foule de citoyens, à la suite d'une insurrection qui éclata à Genève, il fut mis à mort le 2 août de la même année. Il avait publié en 1790, in-8, l'*État civil de Genève*, ouvr. estimé, qui renferme des vues nouvelles et profondes sur les points les plus import. du droit.

NAZALLI (Ignace), cardinal, né à Parme en 1750, mort à Rome le 2 déc. 1831, fut fait par Pie VII prélat de sa maison et référendaire de deux signatures, ensuite lieuten. civil du tribunal du vicariat, et l'un des prélats de l'immunité ecclésiastique. Le 27 déc. 1819, Pie VII le nomma archevêque de Cyr et nonce près la confédération helvétique. En 1826, ce prélat fut chargé d'une mission extraordinaire près la cour des Pays-Bas. Léon XII le promut au cardinalat le 25 juin 1827, et lui conféra le titre presbytéral de Sainte-Agnès hors des murs. Nazalli, soutenant avec honneur cette haute dignité, donna pend. toute sa vie des preuves et des exemples de vertu.

NAZOUH, NASSOUH-PACHA, grand-visir sous le sulthan Achmet Ier, fils d'un prêtre grec de Serrès, près de Salonique, avait été envoyé à Constantinople vers l'an 1568, comme enfant de tribut pour le service du sérail, et paraissait destiné à vivre et à mourir dans les emplois subalternes. La sulthane Validé l'ayant pris à son service, l'envoya en Syrie comme intendant de ses domaines ; à force d'exactions, Nassouh amassa une fortune considérable ; mais en même temps sa cruauté le rendit odieux aux peuples, et il n'échappa que par adresse au juste ressentim. de Mahomet III. Il avait égalem. fléchi plus. fois la colère d'Achmet Ier ; mais ce sulthan, commençant à redouter l'influence de son visir, le fit étrangler en 1614. On trouvera une relation circonstanciée de la catastrophe de Nassouh-Pacha dans les *Voy.* de Piétro della Valle, tome Ier.

NAZZARI (François), littérat., né vers 1634 dans le Bergamasque, embrassa l'état ecclésiastiq., fut chargé d'enseigner la philosophie au collége de la Sapience, et mérita, par la manière dont il s'acquitta de ses fonctions, les suffrages des hommes

-les plus distingués de son temps. Il fut ensuite successivem. attaché, comme secrét., à Jean Lu--cius, sav. dalmate qu'il aida dans la rédaction de ses ouvr.; à Adrien Auzout, célèbre mathématic., qu'il suivit en France, et mourut à Rome en 1714. On a de lui une traduct. ital. de l'*Exposition de la doctrine de l'Église catholique*, par Bossuet, 1678, in-8; une bonne édit. des *Lettere discorsive*, de Diomède Borghesi, 1701, in-4; et un journal sur le plan du *Journal des Savants*, 1668 à 1679.

NEALCÈS, peintre grec, contempor. d'Aratus, qui rendit la liberté à Sicyone, vivait dans la 133ᵉ olympiade, 248 ans av. J.-C.; il eut pour disciples Érigonus et Pasias, frère du modeleur Æginetas. Pline cite une *Vénus* comme le plus bel ouvr. de Nealcès.

NÉANDER (Michel), sav. philologue, né à Soraw, dans la Silésie, en 1525, mort en 1595, recteur du gymnase d'Ilfeld, est auteur d'un assez grand nombre d'ouvr.; les suiv. sont encore recherchés des amateurs : *Aristologia pindarica græco-lat.*, 1556, in-8. — *Aristologia græco-latina Euripidis*, 1559, in-4. — *Gnomonologia græco-latina*, 1557, in-8. On lui doit des édit. de plus. auteurs grecs. — NÉANDER (Jean), médec., né à Brême, est aut. d'un ouvr. curieux et assez rare, *Tabacologia, id est tabaci seu nicotianæ descriptio*, etc., 1622, in-4, trad. en franç., 1625, in-8. On a encore de lui : *Sassafralogia*, 1627, in-4, etc.

NÉARQUE, amiral d'Alexandre-le-Grand, né dans l'île de Crète, fut après la conquête de l'empire de Perse, chargé d'explorer l'océan Indien, pour trouver des communicat. directes entre Babylone et les provinces les plus éloignées. Il conduisit la flotte macédonienne depuis l'embouchure de l'Hydaspe jusqu'à celle de l'Idus, puis le long des côtes de la Gédrosie, de la Carmanie et de la Perside jusque dans l'Euphrate, et s'acquitta de sa mission de la manière la plus habile, ainsi que le constatent les fragm. du journal qu'il avait tenu. On en trouve un extrait dans l'*Hist. indique* d'Arrien, et dans le Iᵉʳ vol. des *Geographi minores* de Hudson. Des détails plus étendus sur l'expédit. de Néarque sont consignés dans le *Voyage of Nearchus*, etc., *illustrated by W. Vincent*, Londres, 1797, in-4, trad. en français par Billecoq, 1800, in-4; et dans les *Recherches sur la géographie des anciens*, par Gosselin, tom. III.

NEBRISSENSIS (Antoine de Lebrixa, plus connu sous le nom d'Æl-Antonius), l'un des hommes les plus sav. de son siècle, né au commencement de l'année 1444, à Lebrixa, ou Lebrija, dans l'Andalousie, a rendu à la littérat., à la jurisprudence, et à la critique sacrée des services importants. Il obtint des succès brillants dans la carrière de l'enseignem., à l'université de Salamanque, puis à celle d'Alcala; devint l'un des plus utiles collaborat. de la *Bible polyglotte*, entreprise sous les auspices du cardinal Ximenès, et mourut en 1522. Il a composé un gr. nombre d'ouvr., tous fort rares. Nicol. Antonio, dans sa *Biblioth. hispana nova*, et Nicéron, dans ses *Mém.*, t. XXXIII,

n'en ont donné qu'une liste incomplète. Le *Specimen biblioth. hispano-majansianæ*, offre des détails sur les différents ouvr. de Lebrixa, que le sav. Mayans avait recueillis : nous citerons les princip. : *Introductiones lat.*, Salam., 1481, in-fol. (c'est le prem. ouvr. impr. dans cette ville); l'aut. y développe des vues nouv. sur l'enseignem. de la langue latine; cette grammaire a été refondue par La Cerda; mais il a conservé sur le frontispice le nom de son prem. aut.; *Grammatica sobre la lengua castellana*, ibid., 1492, in-4 : c'est la prem. gramm. qui ait paru dans cette langue. — *Lexicon latino-hispanicum, et hispano-latin.*, ibid., 1492, 2 vol. in-fol.; Madrid, 1685, in-fol. : ce dictionn., le prem. qu'aient possédé les Espagnols, a été surpassé depuis long-temps. — *Juris civilis lexicon*, Salam., 1506, in-fol.; cet ouvr., qui a mérité à son aut. le titre de prem. restaurateur du droit civil, a été réimpr. Paris, 1549, in-8, avec un comment. de Fr. Jamet. — *Lexicon artis medicamentariæ*, Alcala, 1518, imprimé à la suite du traité de Dioscoride, revu par Lebrixa : ce lexique indiquait aux jeunes gens les ouvr. qu'ils devaient étudier, et les mettait en garde contre les empiriques si communs à cette époque. — *Rerum à Fernando et Elizabethâ gestarum decades II*, etc., Grenade, 1545, in-fol. — *Reglas de ortografia en la lengua castellana*, publ. par Mayans, Madrid, 1735, in-8; cet ouvr. est encore regardé comme le meilleur que l'on ait sur cette partie de la grammaire. On trouve dans les *Mélanges* de Chardon de La Rochette, une notice sur Lebrixa, extraite de son *Éloge* par J.-B. Muñoz, couronné par l'académie royale de Madrid en 1796.

NECHAO, ou NECHOS, nom de deux rois d'Égypte, dont le prem. commença à régner vers l'an 691 av. J.-C., et fut tué 8 ans après dans un combat par Sabacos, roi d'Éthiopie. Il eut pour successeur Psammélicus, son fils. — NECHAO II monta sur le trône vers l'an 617, fit la guerre à Nabopolassar, roi d'Assyrie, défit Josias, roi de Juda, qui voulait s'opposer au passage de son armée, étendit ses conquêtes jusqu'à l'Euphrate, et fut ensuite vaincu par Nabuchodonosor, qui le resserra dans ses anciennes limites. Ce roi mourut vers l'an 600, av. J.-C.

NECKER (Noel-Joseph), botaniste, né dans la Flandre en 1729, se fit recevoir doct. en médec. à l'université de Douai, fut successiv. botan. de l'électeur palatin, historiographe du Palatinat, des duchés de Berg et de Juliers, agrégé honoraire au collège de médec. de Nancy, et memb. de plus. acad. Il mourut à Manheim en 1793. Necker est aut. d'un assez gr. nomb. d'ouvr. sur la science qui fit l'occupation de sa vie entière. Les seuls qui soient encore recherchés sont : *Physiologia muscorum*, 1794, in-8; trad. en franç. sous le titre de *Physiologie des corps organisés*, 1775, in-8. — *Elementa botanica*, 1790, 5 vol. gr. in-8, Willemet a publ. une *Notice* sur Necker, dans le *Magasin encyclop.*, 2ᵉ ann., t. Iᵉʳ.

NECKER (Jacques), ministre des finances et

principal ministre d'état sous Louis XVI, né à Genève en 1732, vint de bonne heure à Paris et y fit une fortune brillante comme associé de la maison du banquier Thélusson. Nommé résident de Genève à la cour de France, il eut, avec le duc de Choiseul, des rapports qui le firent connaître avantageusement : bientôt il fut appelé au syndicat de la compagnie des Indes françaises; mais tous ses efforts ne purent en prévenir la destruction en 1770. Des écrits qu'il publ. à cette époque, et dans lesq. il se montrait fortem. préoccupé des intérêts et des besoins du peuple, prouvèrent qu'il était en état d'occuper un haut rang dans l'administration des finances : il y fut appelé en 1776, au moment où le crédit publ. était fortem. ébranlé par l'appréhension de la guerre d'Amérique. D'abord direct. du trésor et conseiller adjoint au contrôleur-génér. Taboureau, puis directeur-génér. des finances, il sentit que la publicité, l'ordre et le désintéressem. pouvaient seuls rétablir le crédit sur des bases durables : il réussit à enrichir le trésor, tout en soulageant les peuples par l'abolition ou la diminut. de plus. impôts, tels que ceux du droit de mainmorte et de la taille : enfin il établit, en 1778, des assemblées provinciales, qui devaient s'introduire successivem. sur divers points de la France, et ranimer la confiance publique. Après 5 ans de ministère, Neker présenta le fameux *Compte rendu* de son administrat., dans leq. il montrait un état de finances où la recette annuelle excédait de 10 millions la dépense ordin. : mais on lui fit un reproche d'avoir publ. le résultat de ses opérations ; des intrigues de cour le décidèrent à quitter le ministère en 1781 ; il emporta avec lui les regrets univers. ; sa retraite fut regardée comme une calamité. Après de malheureux essais pour le remplacer, on le rappela à une époque où la pénurie du trésor, le discrédit des effets publics, l'exil du parlem., l'agitat. des provinces, la disette des vivres, menaçaient déjà l'existence de la société. A peine avait-il repris le maniem. des affaires que l'ordre se rétablit ; mais des conseils secrets lui enlevaient la confiance du roi, et 10 mois après il reçut l'ordre de sortir du royaume sans éclat. Son départ fut le signal d'un soulèvem., de l'incendie des barrières, du siége et de la prise de la Bastille. La cour se vit forcée de le rappeler; son retour fut pour lui un véritable triomphe : mais il ne tarda pas à reconnaître qu'il ne pourrait résister au parti qui voulait le perdre. Il essaya vainem. de déterminer le roi à user des débris de son pouvoir pour ralentir les progrès de la révolut. Perdu dans l'esprit de la cour qui ne lui pardonnait pas son attachem. à la monarchie constitutionnelle, attaqué par les jacobins qui traitaient sa fidélité au roi d'*apostasie liberticide*, Necker demanda sa retraite, quitta Paris en 1790, se retira à Copet, en Suisse, et ne cessa de s'occuper des intérêts financ. de la France jusqu'à sa mort, arrivée en 1804. Ses *OEuvres complètes*, réunies en 15 vol. in-8, ont été publ. en 1821 par son petit-fils, le baron de Staël-Holstein ; elles sont précédées d'une *Notice* sur sa vie

par l'édit. On trouve à la fin du dernier volume la liste chronologiq. des écrits de Necker. — NECKER (Susanne CURCHOD de NASSE), femme du précéd., auquel elle s'était unie, en 1764, à l'âge de 25 ans, descendait d'une anc. famille de Provence, que la révocat. de l'édit de Nantes avait obligée à se retirer en Suisse. Elle avait été élevée par son père comme aurait pu l'être un homme destiné à la carrière des sciences ; elle possédait très bien les langues anc. et modernes, et n'avait de connaissances superficielles en aucun genre. Dès-lors on ne doit point s'étonner qu'elle se plût à réunir autour d'elle les savants et les hommes de lettres les plus distingués. Pendant les deux ministères de son mari, elle profita de sa position pour répandre des bienfaits continuels ; elle contribua beauc. à faire réformer les abus qui s'étaient introduits dans les prisons, ainsi que dans les hôpitaux, et fonda, à Paris, un hospice qui porte son nom. Elle publia en 1794, des *Réflexions sur le divorce*, et mourut la même ann., laissant plus. autres écrits dont son mari a donné des extraits en 5 vol. sous le titre de *Mélanges*. — NECKER (Charles-Frédéric), père du ministre des finances, mort en 1760, professa le droit civil à Genève; on a de lui 4 *Lettres sur la discipline ecclésiastique*, et une *Description du gouvernem. du corps germanique*.

NECTAIRE, en lat. *Nectarius*, patriarche de Constantinople, remplaça sur ce siége St Grégoire de Nazianze en 381, mourut en 392, et eut pour success. St Jean-Chrysostôme. On lui attribue un *Sermon sur l'aumône et le jeûne*, impr. en grec, Paris, 1554, in-8; trad. par Joach. Périon. en latin.

NECTAIRE, élu patriarche de Jérusalem, après la mort de Paisius, ne garda ce siége que peu d'années, abdiqua à cause de son gr. âge, et mourut en 1668. On a de lui : *Confutatio imperii papæ in Ecclesiam*, Londres, 1702, in-8, trad. du grec en lat. par Pierre Alix, ministre calviniste. — *Écrit contre les principes de Luther et de Calvin sur l'Eucharistie*, publ. en grec et en lat., par Eusèbe Renaudot, 1700, in-4, avec les *Homélies* de Gennadius sur l'eucharistie, des notes et un abrégé de la *Vie de Nectaire*.

NECTANEBUS, NECTANCHIS ou NECTANEBO, roi d'Égypte, monta sur le trône vers l'an 375 av. J.-C., et mourut assassiné par Tachos ou Taos, après un règne de 12 ans. — NECTANEBUS II, petit-fils du précédent, fit alliance avec Agésilas, roi de Sparte, fut défait par Artaxercès-Ochus, roi de Perse, et s'enfuit en Éthiopie, où il mourut vers l'an 350 av. J.-C. C'est à cette époque que l'Égypte devint tributaire de la Perse.

NEDEY (ANATOLE-FRANÇOIS), chirurgien, né à Besançon en 1730, s'appliqua particulièrement à l'art des accouchements, fut nommé démonstrat. au collége de chirurgie, puis attaché, comme chirurgien en chef, à l'un des hôpitaux milit. de sa ville natale, où il mourut en 1794, victime du typhus. On a de lui : *Principes sur l'art des accouchements*, par demandes et réponses, 1793, in-8, et quelques autres ouvr. restés MSs. entre les mains de son fils aîné, mort en 1838, médecin à Vesoul.

NEDJM-EDDIN-AYOUB (Mélik el Saleh), sulthan d'Égypte et de Damas, de la dynastie des Ayoubides, se fit proclamer l'an 637 de l'hég. (1240 de J.-C.), après avoir vaincu son frère Mélik el Adel II, et son cousin, Mélik el Djawad Younas, qui voulaient démembrer l'empire. Il régna 10 ann., pendant lesquelles il fut occupé à des guerres contin., et mourut en 647 (1249), à l'âge de 44 ans, laissant l'Égypte ouverte à St Louis. On attribue à ce prince l'établissement de la milice des Mamloucks.

NÉDONCHEL (le marquis de), lieuten.-général, d'une ancienne famille de la Flandre-Française, avait fait, comme capitaine de cavalerie, les quatre dern. campagnes de la guerre de sept ans. Il était, en 1789, maréchal-de-camp et gr.-bailli d'épée du Quesnoy. Nommé député suppléant aux états-généraux par la noblesse de Hainaut, il ne tarda pas à remplacer le duc de Croï, démissionnaire, et siégea au côté droit, avec lequel il vota constamm. Signataire des protestat. des 12 et 15 sept. contre les décrets rendus par l'assemblée nationale, il se perdit dans l'obscurité de la vie privée, et mourut à Valenciennes en 1834, âgé de 92 ans.

NÉE DE LA ROCHELLE (Jean-Franç.), né à Paris en 1751, petit-fils d'un avocat au parlem., dont on a plus. ouvr. sur l'hist. du Nivernais, était destiné à suivre la carrière du barreau ; mais sa mère restée veuve le plaça dans la maison de librairie de Gogué, dont plus tard il devint l'associé. Les soins qu'exigeait son commerce ne l'empêchèrent pas de cultiver son goût pour les lettres ; sa *Vie* du célèbre et malheureux Dolet, 1779, et son *Supplém. à la Bibliographie instruct.* de Debure, 1782, le firent connaître d'une manière avantageuse. En 1786, par la retraite de Gogué, il se trouva seul à la tête d'une des principales maisons de librairie de Paris. Les craintes que lui causa la marche des événements le décidèrent en 1793 à remettre la suite de ses affaires à son beau-frère Merlin ; il se retira dans le Nivernais, et consacra les loisirs que lui laissait la surveillance d'une exploitat. rurale à terminer des ouvrages qu'il avait commencés à Paris. Il remplit aussi les fonctions d'officier municipal et de juge de paix, et mourut en 1838. Parmi les nombreux écrits de Née on citera : *le Guide de l'histoire*, 1804. — *L'Éloge de Guttemberg*, 1811. — *Médée*, roman mytholog., 1813, 4 vol. in-12. — *Mémoires pour servir à l'hist. du départ. de la Nièvre*, 1827, 3 vol. in-8. — *Recherches sur l'établissem. de l'art typographique en Espagne et en Portugal*, 1831, in-8. Il a laissé plus. MSs. import., entre autres la *Biographia et bibliographia aldina*, 2 vol. in-4, et l'*Hist. des imprimeurs célèbres*, 4 vol. in-8.

NEEDHAM (Marchamont), publiciste, né en 1620 à Burford, comté d'Oxford, entreprit en 1643 un journal hebdomadaire intitulé : *Mercurius britannicus*, rédigé avec une véhémence qui lui donna une grande vogue. Plus tard il se jeta dans le parti de la cour et publia son *Mercurius pragmaticus*, pamphlet périod. qui exaspéra au plus haut point les presbytériens : dep. il revint à la secte des in-

dépend., et publia dans leurs principes son *Mercurius politicus*, qui paraissait depuis onze ans, lorsqu'un ordre du conseil-d'état le supprima en 1660. Après la restaurat. de Charles II, Needham se livra à la médec., et passait parmi les non-conformistes pour un habile praticien, lorsque la mort l'enleva en 1678. On a de lui une traduct. du *Mare clausum* de Selden, augm. de nouvelles preuves à l'appui des droits de l'Angleterre à l'empire de la mer, 1652 et 1662 ; un *Discours touchant la supériorité d'un état libre sur le gouvernement monarchique*, 1750 et 1676 ; cet écrit, d'abord impr. dans le *Mercure politiq.*, a été traduit en 1791 par Théophile Mandar, et publié avec des notes de J.-J. Rousseau, de Mably, de Bossuet, Condillac, Montesquieu, Raynal ; on a en outre de Needham *Medela medicina*, 1665, ouvrage rempli de paradoxes que J. Twisden et Robert Sprackling ont réfutés, le premier dans sa *Medicina veterum vindicata*, et le 2e dans sa *Medela ignorantiæ*.

NEEDHAM (Jean-Turberville), physic., membre de la société royale de Londres et associé de l'académie des sciences de Paris, né à Londres en 1713, mort en 1781 à Bruxelles, où il avait été appelé par l'impératrice Marie-Thérèse pour concourir à l'organisat. de l'acad. de cette ville, est connu par des observations microscopiq. consignées dans ses propres écrits et dans ceux de Buffon, dont il a partagé les recherches sur les animaux spermatiq. et infusoires. Il avait des idées étendues ; mais il manquait de méthode et de clarté. On a de lui : *New microscopical discoveries*, etc., 1745, traduit en français sous le titre de *Découvertes faites avec le microscope*, Leyde, 1747, in-12, et Paris, 1750, in-12, avec des augmentations et 7 planches. — *Recherches physiques et métaphysiques sur la nature et la religion, et nouvelle théorie de la terre*, 1769, in-8, à la suite des *Nouv. Recherches* de Spallanzani, sur les découvertes microscopiq. — *Idée sommaire, ou Vue générale du système physique et métaphysique de Needham sur la génération des corps organisés*, 1781. — Différents *Mém.* et *Observat.* dans le *Rec.* de l'acad. de Bruxelles, ainsi que dans les *Transact. philos.* ; et des *Lettres* contre Voltaire, faisant partie d'une collection sur les miracles, 1767, in-8.

NEEFS (Pierre ou Peeter), peintre, né à Anvers vers 1570, fit une étude particulière de l'architecture et de la perspective, et s'appliqua à peindre des intérieurs d'église. Il avait d'ailleurs peu de talents pour la figure, et celles que l'on voit dans ses tableaux les plus estimés sont de Van-Tulden et de Téniers. On ignore l'époque de sa mort. Le musée possède de lui cinq vues intérieures, dont une de la *Cathédrale d'Anvers*, et une d'un *Édifice goth.*, servant de prison. On y a représenté l'ange qui délivre St Pierre, tandis que ses gardes sont endormis.

NÉEL (Louis-Balthasar), né à Rouen et mort dans cette ville en 1754, est auteur du *Voyage de Paris à St-Cloud par mer, et retour de St-Cloud à Paris par terre*, très souvent réimpr. On lui doit en outre : *Histoire du maréchal de Saxe*, 1752, 2 vol. in-12.—*Hist. de Louis, duc d'Orléans* (mort en 1752), in-12.

NEER (EGLON VAN DER), peintre, né à Amsterd. en 1645, mort à Dusseldorf en 1703, élève de Jacq. van Loo, a laissé quelques tableaux d'hist. et des paysages estimés. Le musée possède de cet artiste un *Paysage* avec fig., et un second tableau représentant une *Femme qui tient sur le bord d'une fenêtre un baquet où sont des harengs.*

NEERCASSEL (JEAN de), évêque de Castorie, né à Gorcum en 1623, entra dans la congrégation de l'Oratoire, enseigna la philosophie et la théologie à Malines, puis à Cologne, fut ensuite provicaire apostolique, puis coadjuteur de Catz, auq. il succéda sur le siége de Castorie, et mourut à Zwol, Over-Yssel, en 1686. On a de lui plusieurs ouvr., parmi lesquels on cite : *Amor pœnitens de recto usu clavium*, trad. en français par l'abbé Guilbert, 1741, 5 vol. in-12. — *Tractatus de sanctorum et præcipuè B. Mariæ Virginis cultu*, trad. en franç. par Leroi, 1679, in-8 ; et des *Lettres* à Bossuet, impr. dans la correspond. de ce gr. prélat.

NEFI-OGLOU ou OGLI, *Fils de l'exilé*, ainsi nommé parce que son père avait été banni par le gr.-visir Achmet Kiuperli, sous Mahomet IV, né dans le 17e S., fut un des musulm. les plus éclairés de son temps; il possédait le latin, l'arabe, les sciences et toutes les parties de la littérat. de son pays. Il exerça long-temps une grande influence sur le reis-effendi Rami Mehemet, fut l'un des principaux moteurs de la paix de Carlowitz, et se fit auprès de ses concitoyens la réputat. d'un prophète, pour avoir prévu la catastrophe que préparaient les fautes de Mahomet IV.

NEGELEIN (JOACHIM), savant théologien et numismate, né à Nuremberg en 1675, fut attaché en 1701 à la maison des orphelins, nommé en 1709 diacre de l'église St-Laurent, puis past. de l'église Ste-Marie, et enfin chargé en 1722, au collége de St-Égide, d'une chaire d'éloquence, de poésie et de littérature grecque, qu'il conserva jusqu'à sa mort, en 1749. On a de lui : *Thesaurus numismatum modernor. hujus sæculi, cum lat. et germanâ explicatione* (avec Melchior Kornlein), 1701-10, 21 part. en 5 vol. in-fol., fig.— *Ulysses litterarius, sive oratio de singularibus et novis quibusdam in orbe litterato*, 1726, in-8, auq. il a joint l'*Ulysses scholasticus* de Gaspar Dornau, et la harangue de Gasp. Hoffmann *de Barbarie imminente.*

NEGRI (VIRGINIE), appelée aussi *Angélique-Paule-Antoinette*, noms qu'elle prit à son entrée dans le couv. des Angéliques de St-Paul converti à Guastalla, née à Milan, avait une éloquence naturelle dont elle se servit avec succès pour ramener à la vertu des personnes égarées. Elle mourut en odeur de sainteté en 1555, âgée de 47 ans. On a : *Lettere spirituali della devota e religiosa Angelica*, etc.; *Vita (della medesima) raccolta pel Giov.-Bat. Fontana de' Conti*, 1576.

NEGRI (JEAN-FRANÇ.), littérateur, né à Bologne en 1593, cultivait à la fois la peinture, l'architect. et les lettres. Après avoir visité les princip. villes de l'Italie, il revint dans sa patrie, contribua en 1640 à la fondation de l'acad. des *Indomiti*, dont les prem. assembl. eurent lieu chez lui, et mourut en 1659. On a de lui une trad. de *la Jérusalem délivrée*, en idiôme bolonais, 1628, in-fol. (les 12 prem. chants seulement et 54 stances du 13e ont été publiés). — *Prima crocciata, ovvero lega di milizie cristiane liberatrice del sacro sepolcro*, 1658, in-fol.— *Basilica petroniana, ovvero vita di S. Petronio, con la descrizione della chiesa*, etc., 1680, in-4; et quelques ouvrages MSs. — NEGRI (Alexandre), fils du précédent, protonotaire apostoliq. et chanoine de St-Pétrone à Bologne, mort en 1661, s'était appliqué à l'étude des monuments antiq. et des inscriptions. Il a publié : *Maniliani bononiensis monumenta historico-mystica lat.; Epistola de vetustissimâ lapideæ cujusdam inscriptionis erasione*, etc.; *Ad præsidiarum aquæductum Lucii Publicii Asclepii villici investigatio; Ælia Lælia Crispis.* Ces dissertations ont été insérées dans les *Marmorea felsinea* du comte Malvasia, 1690, in-4.

NEGRI (FRANÇ.), savant ecclésiastique de Ravenne, entreprit des voy. pénibles dans les pays du Nord, pour étudier les mœurs, les usages, les rites religieux, et connaitre l'état de la civilisation des peuples de cette contrée. Après avoir visité le Danemarck, la Suède, la Norwége et la Finlande, il revint en Italie en 1666, se chargea du gouvern. d'une paroisse dans sa patrie, et mourut en 1698. Les lettres dans lesquelles il rend compte de tout ce qu'il avait observé ont été impr. sous le titre suivant : *Viaggio settentrionale diviso in otto lettere*, Forli, 1701, in-4. On y a joint ses *Annotazioni sopra la storia di Olao magno*. Negri est en outre auteur d'un *Discorso pratico della riverenza dovuta a sacri templi, ed el modo più facile ed efficare per conseguirla*, 1688. Sa *Vie*, par Gian-Franc. Vistoli, a été impr. avec le *Viaggio*.

NEGRI (JULES), biogr., né à Ferrare en 1648, entra dans la société des jésuites, s'occupa pend. presque toute sa vie à rassembler des notes sur les écrivains florentins depuis la renaiss. des lettres, et mourut dans sa ville natale en 1720. Ses confrères mirent la dern. main à son travail et le publièrent sous ce titre : *Istoria degli scrittori fiorentini*, 1722, in-fol. On trouve des détails sur la vie et le caractère de Negri dans une lettre de Barufaldi, *Giornale de letterati d'Italia*, tome XXXIV. — NEGRI (Pierre), peintre vénitien, mort vers la fin du 17e S., a laissé plus. tableaux estimés, parmi lesquels on cite une *Agrippine mourante*, qui fait partie de la galerie de Dresde.

NEGRI (SALOMON), en arabe *Soleyman Alsadi*, prêtre de l'Église grecque, originaire de Damas, fut envoyé en France par les jésuites mission. qui avaient conçu l'espoir de le convertir à la foi catholique. Après avoir suivi les cours de Sorbonne et s'être perfectionné dans la connaissance de l'arabe sous Michaëlis, Negri voyagea en Italie, en Hongrie ; il se rendit ensuite à Constantinople, à Venise, à Rome, et enfin à Londres, où il obtint une place d'interprète pour les langues orientales, et où il mourut en 1729. On a de lui un recueil de stances arabes, trad. en latin par Rostgaard et publié avec des notes par Christian Kall, sous ce titre : *Arabum philosophia popularis, sive sylloge nova proverbiorum*, Copenhague, 1764, in-8. — Une version arabe et syriaque d'une homélie du pape Clément XI (*v.* Pfaff, *Introd. in histor. theol. litt.*); et une édit. de la version arabe des quatre évangélistes et des Psaumes, par Athanase, patriarche grec d'Antioche. La *Vie* de Negri, écrite par lui-même, a été publiée par Anast. Freylinghausen, sous le titre de *Memoria negriana*, Halle, 1764, in-4.

NEGRI (FRANÇ.), littérateur, né à Venise en 1769, mort en 1827, a publ. plus. ouvr. parmi lesq. on distingue une très élégante trad. ital. des *Lettres d'Alciphron*; la *Vie d'Azuztolozeno*, un des plus célèbres littérat. et critiques du commencement du 18e S.; et les *Vies* de cinquante hommes illustres des provinces de Venise. Il a légué ses MSs. à un ami.

NEGRISOLI (ANT.-MARIE), littérateur, né à Ferrare dans le 16e S., est auteur d'une traduct. italienne, en vers libres, des *Géorgiques* de Virgile, Venise, 1543, 1552, in-8.

NEGRO (FRANÇ.), littérateur, né à Bassano au commencement du 16e S., entra dans l'ordre de St-Benoît; bientôt après il adopta les principes de la réforme, se rendit en Allemagne, et assista à la fameuse diète d'Augsbourg. Craignant les persécutions que ses opinions pouvaient lui attirer, il voyagea plusieurs ann., finit par se retirer à Chiavenne, ville des Grisons, y ouvrit une école pour l'enseignement des langues anciennes, fut chargé des fonctions du pastorat, et mourut dans cette ville en 1560. On a de lui : *Rudimenta grammaticæ ex auctoribus collecta*, Milan, 1541, réimpr. sous le titre de *Canones grammaticales*, 1555, in-8. — *Ovidii metamorphosis in epitomen phaleucis versibus redacta*, 1542. — *Tragedia del libero arbitrio*, 1546, in-4, et 1550, in-8; trad. en français sous le titre de *la Tragédie du roi franc-arbitre*, 1548, in-8. — *Rhætia, sive de situ et moribus Rhætorum libellus*, 1547, in-4. — *De Fanini faventini ac Dominici bassanensis morte... , brevis hist.*, 1550, in-8. Il a publié sous le titre de *Turcicarum rerum commentarius*, 1558, in-8, une traduct. de l'ouvr. de Paul Giovio.

NÉHÉMIE (Bible), juif, captif en Perse dans le 5e S. av. J.-C., s'acquit la faveur d'Artaxercès-Longuemain, roi de Perse, dont il était échanson, obtint de ce prince la permission d'aller rebâtir le temple de Jérusalem, et termina cette gr. entreprise en 454 av. J.-C., malgré les oppositions des ennemis de sa nation. Il gouverna ensuite le peuple hébreu pend. près de 29 ans, avec une grande sagesse, et mourut l'an 430. On lui attribue le second livre d'Esdras.

NEIPPERG ou NEUPERG (GUILL. - REINHARD, comte de), feld-maréchal autrichien, né en 1684, entra au service en 1702, obtint en 1717 le grade de colonel d'infanterie, se distingua aux affaires de Temeswar et de Belgrade, et fut chargé de l'éducation de l'archiduc, depuis François Ier. En 1730, on le nomma commandant de la forteresse de Luxembourg, et en 1733 on l'envoya en Italie avec le grade de feld-maréchal. Quelques années après il fit la campagne de Hongrie contre les Turks, se distingua au combat de Kornéa en 1738, couvrit la retraite de l'armée autrichienne après la bataille de Groctka et reçut des pleins-pouvoirs pour négocier la paix. Lors de la guerre de la succession de Bavière, il fut mis à la tête de l'armée de Silésie; ayant été blessé à la bataille de Molwitz, en 1742, il se retira en Moravie, alla ensuite remplacer le duc d'Aremberg dans les Pays-Bas et prit part à la bataille de Dettingen. Il se retira dans son gouvernement de Luxembourg en 1743, fut appelé à Vienne en 1753 pour entrer au conseil de guerre, et mourut dans cette ville en 1774. — NEIPPERG (Léopold, comte de), fils du précéd., chambell. et ambassad. d'Autriche à Naples, né en 1728, mort à Schweiger près de Heilbronn en 1792, a publ. : *Hist. fondée sur les documents originaux, de toutes les transactions relatives à la paix conclue le 18 sept. 1758 entre l'empereur Charles VI, la Russie et la Porte ottomane*, 1790, in-8. On lui doit l'invent. d'une machine à copier les lettres qu'il nomma le *copiste-secret* et dont il publia la descript., 1764, in-4 avec 6 fig. in-fol.

NELIS (CORNEILLE-FRANÇOIS de), évêque d'Anvers, un des premiers membres de l'académie de Bruxelles, né à Malines en 1736, mort en 1798, à Parme, dans le couvent des camaldules où il s'était retiré en 1794, lors de l'invasion de son diocèse par l'armée franç., a publ., sur plus. points d'histoire et de morale, des dissertations qui l'ont fait connaitre avantageusem. : plus. de ses ouvr. sont restés MSs. Parmi ceux qui ont vu le jour nous citerons : *l'Aveugle de la Montagne, ou Entretiens philosophiques*, Parme, 1795, in-4, et Rome, 1796, in-4. — *De historiá belgicá et ejusdem scriptoribus præcipuis commentatio*, Parme, 1793, in-8.

NELLI (JEAN-BAPT.), célèbre architecte florentin, né en 1661, mort en 1725, après avoir rempli dans sa patrie des fonctions distinguées, telles que celles de sénateur, de direct. des ponts-et-chaussées, etc., a laissé plus. ouvr. MSs., entre autres une *Vie de Galilée*, plus étendue que celle de Brenna, et dont Tiraboschi souhaitait la publicat. : on a publ. ses *Discorsi di architettura*, 1753, in-4, précédés de sa *Vie*. On y trouve une fort bonne description de la cathédrale de Florence. — Un autre NELLI (Baptiste-Clément), de la même famille, est auteur des *Plans et Élévations* de la cathédrale de Florence, 1755, lesquels ont été quelquefois attribués par erreur au précédent.

NELSON (ROBERT), écrivain angl., qui, par sa conduite et le caractère de ses ouvr., a mérité le surnom de *Pieux*, né à Londres en 1656, voyagea en France et en Italie, et mourut à Kinsington en 1714. On a de lui plus. ouvr., tous sur des sujets

NELSON.

Publié par Furne, Paris.

religieux, dont on trouve les titres dans l'*Universal historical Dictionary*, etc., de G. Crabb. — NELSON (Valentin), ministre anglican, né dans le comté d'York en 1671, mort en 1724, a laissé un recueil de *sermons* estimés. NELSON (Samuel), journaliste, né en 1759, dans le comté de Down en Irlande, rédigeait à Belfast une feuille intit. l'*Astre du Nord*. Arrêté en 1796 et enfermé au fort George, il n'en sortit qu'en 1802, pour s'exiler volontairement en Amérique, où il mourut quelque temps après.

NELSON (HORACE), célèbre amiral anglais, né dans le comté de Norfolk en 1758, s'embarqua dès l'âge de 12 ans sur un vaisseau de guerre commandé par un de ses oncles, et donna bientôt des preuves d'une force de caractère qui firent présager ce qu'il deviendrait un jour dans une carrière dont sa constitution délicate semblait d'abord devoir l'éloigner. Chargé, à 14 ans, du commandem. d'un cutter à la station de Chatam, il explora les bancs de la Tamise, navigation difficile et périlleuse qui le rendit très habile dans la manœuvre. En 1773 il fut employé dans l'expédition envoyée au pôle nord, sur la demande de la société royale, et se fit remarquer pend. la campagne par plus. traits d'intrépidité. Au retour de cette expédit. il partit pour les Indes-Orientales, sur un cutter de 20 canons, faisant partie de l'escadre aux ordres de l'amiral Edward Hughes, revint peu de temps après en Angleterre pour rétablir sa santé, et en repartit presque aussitôt (1776) sur une frégate, destinée pour les Indes-Occidentales. Nommé enseigne de vaisseau, il reçut successivem. le commandem. de plus. bricks ou corvettes. Étant mouillé dans la rade d'Elseneur en 1781, il y acquit cette gr. connaissance des côtes de Danemarck, dont il retira plus tard de si gr. avantages. A la paix de 1783, il fut mis en demi-solde, passa en France, et se fixa à St-Omer, où il resta près d'un an. En 1784 il fut nommé, sans qu'il l'eût sollicité, au commandem. du *Boréas*, corvette de 28 canons destinée à la station des Iles-sous-le-Vent; et c'est à la fermeté qu'il déploya dans ces parages contre les Américains, à la stricte exécution des instructions qu'il avait reçues, que la Grande-Bretagne dut l'*acte d'enregistrement*, mesure si favorable à son commerce. Au mois de janvier 1793, un ordre de l'amirauté appela Nelson, alors marié et retiré avec demi-solde dans le comté de Norfolk, au commandem. du vaisseau l'*Agamemnon*, qui faisait partie de l'escadre de l'amiral Hood, destinée à agir contre la France. Envoyé à Naples pour hâter l'envoi des troupes qui devaient former la garnison de Toulon, qui venait d'être livré aux Anglais, Nelson commença alors sa liaison avec la fameuse lady Hamilton, et, après avoir rempli sa mission, il rejoignit l'amiral Hoode, qui, forcé d'évacuer Toulon, s'était rendu devant Bastia. Il contribua à la prise de cette ville, à celle de Calvi, et prit une part très active au combat du 13 mars 1795, livré par l'amiral Hotham à l'escadre française sous les ordres du contre-amiral Martin. Deux ans après (janv. 1797), il vint joindre l'amiral Jervis, à la hauteur du cap St-Vincent, reçut le commandem. du vaisseau le *Capitaine*, et coopéra puissamment au succès du combat livré à la flotte espagnole sous les ordres de D. Jos. de Cordova. C'est à cette époque qu'il fut élevé au grade de contre-amiral, et créé chevalier du Bain. La prem. opération dont il fut chargé comme officier-général fut une expédition contre l'île de Ténériffe. Cette entreprise échoua, et Nelson reçut un coup de canon qui lui fracassa le bras droit et nécessita l'amputation. De retour en Angleterre, il y fut comblé d'honneurs et de récompenses. Rétabli de sa blessure, il reçut l'ordre de rejoindre l'amiral Jervis, nommé lord-comte St-Vincent, qui venait d'être envoyé dans la Méditerranée. Chargé de surveiller l'armem. qui se faisait dans le port de Toulon, il fut contraint par un coup de vent de relâcher en Sardaigne, et ne put joindre la flotte franç. que lorsqu'elle était mouillée dans la baie d'Aboukir. La victoire qu'il y remporta est une des plus décisives qui aient été obtenues en mer depuis l'invent. de la poudre, puisque de treize vaisseaux franç. deux seulem. purent échapper. Ce succès plaça l'amiral anglais au faîte de la gloire. Le roi d'Angleterre le créa baron du Nil et de Burnham-Thorpe, son lieu de naissance, en lui assign. une pension de 2,000 liv. sterl., reversible à ses héritiers jusqu'à la 3e générat. La compagnie des Indes lui vota un don de 10,000 liv. sterl. Après cette expédit., il se rendit à Naples; mais au bout de quelques mois passés en plaisirs et en festins, dans l'enivrement d'une passion déshonorante, il fut forcé, par suite de l'invasion des Français, de conduire le roi, la reine et la cour à Palerme. Toutefois cet éloignem. ne fut pas de longue durée : les Français ne tardèrent pas à évacuer Naples. Les partisans de la révolut. avaient obtenu du cardinal Ruffo, command. en chef de l'armée royale, une capitulation qui leur assurait l'inviolabilité de leurs propriétés et de leurs personnes; mais Nelson traita les capitulés comme des rebelles, et fit périr les plus marquants par la main du bourreau. Le roi de Naples approuva la conduite sanguinaire de l'amiral anglais, le créa duc de Bronte et le combla de richesses. Au commencement de 1801, Nelson, alors vice-amiral, fut nommé command. en second de la flotte envoyée dans la Baltique pour dissoudre l'alliance qui venait d'être conclue entre la Russie, la Suède et le Danemarck. Nelson, commandant l'av.-garde dans l'action qui eut lieu avec la flotte danoise devant Copenhague, obtint seul l'honneur du combat, l'amiral en chef Parker, par sa position, n'ayant pu y prendre part, Nelson fut fait vicomte en récompense de sa conduite en cette circonstance mémorable. Sa dern. expédit., pend. cette guerre, fut une attaque infructueuse contre l'armem. préparé dans le port de Boulogne en 1801. Lors de la rupture du traité d'Amiens, il fut nommé command. en chef de la flotte de la Méditerranée, et tint bloquée, pend. deux ans, l'escadre française, réunie dans le port de Toulon. Toutefois l'amiral Villeneuve sut échapper à cette surveillance et appareilla de Toulon avec 11 vaisseaux de ligne, 7 frégates et 2 bricks, le 18 janv. 1805, pour aller opérer sa jonct. avec l'escadre espagnole au Férol. Nelson, après avoir long-temps cherché l'escadre française dans la Méditerranée, arriva enfin, le 29 sept., devant Cadix, où se trouvait en rade la flotte combinée, forte de 33 vaiss., dont 18 franç. et 15 espagnols. Après div. évolut., les deux armées se formèrent en présence, à la hauteur de Trafalgar, le 21 oct. Nelson disposa sa flotte sur deux colonnes, se mit à la tête de la prem., composée de 12 vaisseaux, et confia le commandem. de la seconde, qui était de 15, au vice-amiral Collingwood. Le combat s'engagea à midi, après que Nelson eut fait hisser à bord de son vaisseau ce signal, devenu depuis si célèbre : « *L'Angleterre compte que chacun fera son devoir.* » Les Anglais remportèrent la victoire; mais ils l'achetèrent par la perte du héros qui l'avait assurée. Nelson, blessé d'une balle partie de la hune du vaisseau franç. le *Redoutable*, expira peu de temps après que son capitaine de pavillon, Hardy, lui eut annoncé que le succès était complet. Tous les honneurs qu'une nation reconnaissante peut dispenser furent décernés à la mémoire du vainqueur de Trafalgar. Son corps, rapporté à Londres, fut exposé à Greenwich, pend. plus. jours, avec l'appareil le plus magnifique : de là il fut transporté à Westminster, puis inhumé dans la cathédrale de St-Paul. Les sept fils du roi George III, un grand nombre de pairs, de membres de la chambre des communes, d'officiers de mer et de terre, furent présents à ses obsèques. Les Anglais considérèrent sa mort comme un malheur national, et se montrèrent presque indifférents à une victoire qu'ils croyaient trop chèrement achetée par une telle perte. La *Vie de Nelson* a été écrite par Samuel Clarke, Londres, 1810, 2 vol. in-4; par Churchill, 1813, in-4; par Robert Southey, 1815, in-8 : cette dern. a été trad. en franç., 1820, in-8.

NÉMÉSIEN (M.-Aurélius-Olympius), poète didactique et bucoliste latin, naquit à Carthage. On n'a rien de précis sur l'époque de sa naisssance et de sa mort; mais il vivait au 3ᵉ S., sous le règne de Numérien. Il eut même avec ce prince un combat poétique, où la victoire lui resta; et, plus heureux que Lucain avec Néron, dans une circonstance semblable, il trouva dans son rival un protecteur. Némésien composa, sous le titre de *Cynégétiques, Halieutiques* et *Nautique,* trois poèmes sur la chasse, la pêche et la navigation. Il ne nous reste que 525 vers du prem. de ces ouvrages, et quelq. vers des autres. On lui attribue aussi, mais d'après des motifs peu plausibles, un petit poème, *les Louanges d'Hercule,* que Wernsdorf a fait entrer dans sa collect. des *Poetæ latini minores.* C'est avec plus de raison, et sur de meilleures autorités, que la même éditeur restitue à Calpurnius, contemporain, émule et ami de Némésien, quatre églogues constamment placées, depuis l'édition d'Ange Ugoletti, 1600, à la suite des fragments connus du prem. de ces poètes. Au surplus cette

opinion n'est pas encore celle de tous les savants. L'amitié paraît avoir constamment uni Calpurnius et Némésien, et le peu d'ouvr. qui nous restent d'eux ont été rassemblés. Les prem. édit. sont celles de Rome, 1471, et de Parme, 1500. La plus récente est celle que Lemaire a publiée dans le t. LII de sa *Bibliothèque classique latine,* c'est le prem. des *Poetæ minores.*

NÉMÉSIS (mythologie), fille de Jupiter et de la Nécessité, déesse de la vengeance, punissait le crime et récompensait la vertu. Les Grecs lui donnaient aussi les noms d'*Adrastée* et de *Rhamnusie.*

NEMOURS (Jacq. d'Armagnac, duc de), fils de Bernard, comte de La Marche, gouvern. du dauphin, depuis Louis XI, épousa en 1462 la cousine de ce prince, Louise, fille du comte du Maine, et reçut l'investiture du duché de Nemours avec les titres, rang et prérogatives de duc et pair. Comblé des bienfaits de son souverain, il eut la faiblesse d'accéder à la ligue dite du *Bien public :* cette première trahison lui fut pardonnée; il obtint même le gouvernement de Paris et de l'Ile-de-France en vertu du traité de Conflans en 1465. Louis XI, connaissant la versatilité de son caractère, surveilla ses démarches, acquit la preuve qu'il continuait à le trahir, le fit saisir et poursuivre comme criminel de lèse-majesté; mais il céda aux prières du coupable et lui pardonna de nouveau. Cette clémence, loin de corriger le duc de Nemours, ne servit qu'à l'encourager à tremper dans les complots des mécontents : il fut arrêté, transféré à la Bastille, enfermé dans une cage de fer, et mis à mort le 4 août 1477, âgé à peine de 40 ans. La cruauté réfléchie qui présida à son jugement et à son supplice, la barbarie des tortures qu'éprouvèrent ses jeunes enfants ont donné, à ce qui n'était d'abord qu'un acte de justice, tous les caractères de la vengeance et de la tyrannie. Les pièces du procès du duc de Nemours sont conservées à la biblioth. du roi, en 3 vol. in-fol. On trouve dans les *Mémoires* de Comines, édit. de Godefroy, une *Lettre* de Nemours à Louis XI, dans laquelle ce malheureux implorait sa grâce.

NEMOURS (Louis d'Armagnac, duc de), 3ᵉ fils du précédent, n'avait que 8 ans lors du supplice de son père; il fut jeté dans un cachot de la Bastille, et n'en sortit qu'à l'avénem. de Charles VIII au trône. Il le suivit à la conquête du roy. de Naples, ne le quitta pas pendant la retraite, et eut l'avantage de se signaler plus. fois sous ses yeux. Lors de la nouvelle invasion de ce roy. en 1501, il en fut nommé vice-roi par Louis XII; mais il ne sut pas maintenir son autorité : la discorde se mit dans son camp, et Gonzalve, profitant de la mésintelligence des chefs de l'armée franç., les attaqua séparément, les battit et les força d'opérer leur retraite. Obligé de se frayer un passage l'épée à la main dans la plaine de Cérignole, le duc de Nemours s'élançait à la tête de l'avant-garde lorsqu'il fut atteint d'une balle qui l'étendit mort le 28 avril 1503. Brantôme parle de lui dans ses *Vies des grands capitaines français.*

NEMOURS (JACQUES DE SAVOIE, duc de), l'un des grands capit. de son temps, né en 1531 à l'abbaye de Vauluisant, en Champagne, fut mis à la tête de 200 chevau-légers en 1546, et d'abord se distingua en 1552 au siége de Lens, se jeta l'un des prem. dans la ville de Metz, menacée par Charles-Quint, et concourut à la glorieuse défense de cette place. Il servit ensuite en Flandre et en Italie jusqu'à la trêve qui suivit la prise de Pont-de-Sture en 1555. En récompense de ses services, il fut fait colonel-général de la cavalerie légère, et continua de se signaler sous le règne de Charles IX. Il commandait les Suisses qui ramenèrent à Paris ce prince, que les protestants avaient voulu enlever à Meaux. Il donna de nouv. preuves de bravoure à la bataille de St-Denis, fut chargé en 1569, avec le duc d'Aumale, de s'opposer au passage des troupes que le duc de Deux-Ponts amenait au secours des protest. : mais, ayant échoué dans cette expédit. par la faute du duc d'Aumale, il se retira dans son duché de Genevois, s'y livra à la culture des lettres et des arts, en sortit pour peu de temps lors du passage de Henri III à Lyon, et mourut à Anneci en 1585. Brantôme fait de lui un portrait magnifique dans ses *Vies des gr. capitaines français.*

NEMOURS (HENRI DE SAVOIE, duc de), 2e fils du précéd., d'abord connu sous le nom de marquis de Saint-Sorlin, né à Paris en 1572, reçut du duc de Savoie, en 1588, le commandem. d'une armée avec laq. il s'empara du marquisat de Saluces. Il se jeta ensuite dans le parti de la Ligue, et fut nommé gouvern. du Dauphiné, en 1591. Ayant fait sa paix avec Henri IV, il assista en 1596 aux états de Rouen, et se signala l'ann. suiv. au siége d'Amiens. Il ne prit aucune part à la guerre qui éclata entre la France et la Savoie au sujet du marquisat de Saluces, réclamé par Henri IV, se retira en France, où il épousa, en 1618, Anne de Lorraine, fille unique du duc d'Aumale, se fit remarquer à la cour par son goût pour les fêtes, et mourut à Paris en 1632.

NEMOURS (HENRI II DE SAVOIE, duc de), fils cadet du précéd., né à Paris en 1625, était destiné à l'état ecclésiast., et avait été nommé en 1651 à l'archevêché de Reims; mais la mort de Charles-Emmanuel, son frère, tué en duel par le duc de Beaufort, le décida à rentrer dans le monde. Il épousa en 1657, Marie d'Orléans, fille unique du duc de Longueville, et mourut 2 ans après. — La duchesse de NEMOURS, sa veuve, fut reconnue en 1694 souveraine de la principauté de Neuchâtel, et mourut à Paris en 1707 à l'âge de 82 ans. Après sa mort, la principauté de Neuchâtel fut adjugée au roi de Prusse, malgré les réclamat. de la France et de la Savoie. La duchesse de Nemours a laissé des *Mém.* remarquables par leur exactitude, leur fidélité et l'agrément du style : ils sont ordinairem. impr. avec ceux de Retz et de Joly. La prem. édit. a été publ. par Mlle L'Héritier, sur les MSs. de l'auteur, avec un *Avertissem.* et quelq. *Notes.*

NEMROD (Bible), petit-fils de Cham, l'un des fils de Noé, fut le prem. qui exerça la puissance sur la terre (*cœpit esse potens in terrá*). S'étant livré particulièrem. à la chasse des bêtes farouches avec une troupe de jeunes gens qu'il avait réunis, il les accoutuma à une espèce de discipline et à manier les armes avec adresse. On lui attribue la fondat. de Babylone et du prem. empire qui porta ce nom. Plus. commentateurs confondent Nemrod avec Assur, bien que l'Écriture sainte distingue clairem. ces deux personnages. Au surplus il est très difficile de débrouiller la chronologie de cette époque si reculée de l'hist. du monde.

NENY (PATRICE MAC), issu d'une anc. famille irlandaise réfugiée en Belgique après l'expuls. des Stuart, né à Bruxelles en 1712, devint successivement secrét. des conseils d'état et privé, conseiller privé, membre du conseil suprême des Pays-Bas à Vienne, l'un des commiss. pour l'exécution du traité d'Aix-la-Chapelle, trésorier-gén. des finances, chef et président du conseil privé. Il eut la plus grande part à la direction des affaires de la Belgique sous le gouvernem. de Marie-Thérèse, qui le nomma l'un de ses conseillers-d'état intime, et lui conféra le diplôme de comte avec le collier de commandeur de l'ordre de St-Étienne. Après la mort de cette princesse, il sollicita sa retraite, et mourut à Bruxelles en 1784. On a de lui des *Mém. histor. et politiq. sur les Pays-Bas autrichiens*, 1784, in-8 ; et une édit. des *Decisiones brabantinœ* du comte de Winants, son beau-père.

NÉOBAR (CONRAD), sav. impr., originaire d'Allemagne, agrégé en 1537 à la corporat. des libraires de Paris, nommé en 1538 impr. de François Ier, et chargé spécialem. de la publication des MSs. grecs, mourut en 1540. On ne connaît que douze ouvrages sortis de ses presses, huit grecs et quatre latins, dont Maittaire a donné les titres (*Ann. typogr.*, t. III, p. 451). Outre les préfaces dont il a enrichi ses édit., on a de lui : *compendiosa facilisque artis dialecticæ ratio*, 1536, in-8. — *De inveniendi argumenti disciplinâ libellus*, 1536, in-8.

NÉOPLATONICIENS. On distingue sous ce nom les adhérents de la nouv. école de philosophie qui se forma à Rome vers le milieu du 2e S. La pure doctrine de Platon avait été altérée par Arcésilas et Carnéade. Dans la suite, d'autres académies s'étaient formées successivem., mais les théories mystiq. du philosophe d'Égine étaient tout-à-fait oubliées, lorsque Plotin, Porphyre, et après eux Jamblique et Proclus, tentèrent de les faire revivre et de les développer. On a appelé aussi, par extension, *néoplatoniciens* des théologiens chrétiens du moyen-âge qui amalgamaient la théorie des *idées* avec les préceptes de l'Évangile.

NÉOPTOLÈME, nom de deux rois d'Épire ; le premier, mort en 360 avant J.-C., laissa trois enfants, dont Olympias, mère d'Alexandre ; le 2e s'empara du trône pendant l'absence de Pyrrhus-le-Grand, et fut mis à mort par ce prince à son retour d'Italie, en 295 avant J.-C.

NEPHTALI, 6e fils de Jacob et tige d'une des tribus d'Israël, laquelle, suivant la Bible, renfermait, au bout de 200 ans, 53,000 hommes en état de porter les armes.

NÉPOMUCÈNE (St Jean), chan. de Prague, né vers 1330 à Nepomuck, dans la Bohême, avait refusé plus. riches bénéfices que l'emper. Wenceslas lui avait offerts ; mais il crut devoir accepter la place d'aumônier de ce prince, dans l'espoir que ses fonctions le mettraient à même d'être utile aux malheureux. Malgré la régularité de la conduite de l'impératrice Jeanne, Wenceslas avait conçu sur sa fidélité des soupçons qu'il résolut d'éclaircir en forçant Népomucène, directeur de cette princesse, à trahir le secret de la confession. Les menaces, les promesses, les tortures, ne furent point capables de l'ébranler. Wenceslas, furieux de ne pouvoir réussir, le fit précipiter, pieds et mains liés, dans la Moldau le 16 mai 1383. Népomucène a été canonisé en 1729 par le pape Benoît XIII ; sa *Vie* a été écrite en latin, 1° par le P. Balbin, et publ. avec des *Notes* par le P. Papebrock dans les *Acta sanctorum* ; 2° par Berghaner, 1736 ; 3° en français, par le P. de Marne, 1741.

NÉPOS (Flavius-Julius), emper. d'Occident, né en Dalmatie, fut d'abord gouvern. de cette province, puis proclamé auguste à Ravenne, en 475, par l'empereur Léon, qui lui avait donné en mariage une nièce de sa femme. Népos marcha aussitôt contre Glycérius son rival, le força d'abdiquer, et l'envoya évêque à Salone. Cepend. les Visigoths continuaient à étendre leur domination dans les Gaules ; Népos, reconnu empereur, mais se sentant incapable de résister à de tels ennemis, fit demander la paix à Euric ou Éveric, leur roi, qui ne l'accorda qu'en retenant l'Auvergne dont il s'était emparé ; mais cette paix fut troublée par la révolte d'Oreste, commandant pour l'empereur dans les Gaules. Ce rebelle envahit l'Italie et s'avança sur Ravenne, résidence habituelle de Népos. Celui-ci s'enfuit aussitôt à Salone en Dalmatie. Il conserva son autorité sur cette province pendant 4 ans, au bout desq. il fut assassiné par des serviteurs que Glycérius avait, dit-on, excités à ce crime. On a des médailles de ce prince, en or, en argent et en cuivre ; il en existe en petit bronze avec des revers, très rares.

NÉPOS. — V. Cornélius-Népos.

NÉPOTIEN ou NÉPOTIANUS (Flavius-Popilius), l'un des tyrans éphémères qui usurpèrent quelq. instants le titre d'empereur, était fils d'Eutropie, sœur de Constantin, et, suivant plus. historiens, du consul Népotien. Il fut lui-même consul en 336. Après la mort de l'emper. Constant, son cousin, Népotien prit le titre d'auguste, en 350, marcha sur Rome et vainquit Anicet, préfet du prétoire. Tandis qu'il s'efforçait d'affermir son autorité dans l'ancienne capitale de l'empire, Marcellin, l'un des lieutenants de Magnence, accourut sous les murs de Rome, dispersa les soldats de Népotien et lui ôta la vie avec le trône, qu'il n'avait occupé que 28 jours. On a de ce prince des médailles en moyen bronze assez rares.

NEPTUNE (mythologie), fils de Saturne et de Rhée, eut en partage l'empire de la mer. Mécontent de son apanage, il prétendit à celui de Jupiter,

son frère ; mais il fut banni du ciel pour quelque temps, et c'est alors qu'il se réunit à Apollon pour bâtir les murs de Troie. Les anciens représentaient ce dieu tenant un trident à la main, porté sur un char en forme de conque, traîné par des chevaux marins.

NEPVEU (Franç.), jésuite, né à St-Malo en 1639, mort en 1708 au collège de Rennes, dont il était recteur, a laissé plus. écrits ascétiques, souvent réimprimés, les principaux sont : *de l'Amour de J.-C. ; Retraite selon l'esprit et la méthode de St Ignace ; Pensées et réflexions chrét. pour tous les jours de l'année ; Méthode facile d'oraison ;* et *De l'importance de se donner tout à Dieu,* etc.

NERCIAT (André-Robert-Andréa de), né à Dijon en 1759, gendarme de la garde, fut compris dans la réforme qu'opéra le comte de St-Germain ; mis à la retraite avec le grade de lieuten.-colonel, il voyagea dans plus. contrées de l'Europe, remplit diverses charges auprès de différents princes d'Allemagne, telles que celles de conseiller et sous-bibliothécaire à Cassel, puis de direct. des bâtim. du prince de Hesse-Rothenbourg. A son retour en France il avait été chargé, ainsi que plus. autres officiers, d'aller soutenir les insurgés de la Hollande contre le stathouder, et avait reçu la croix de St-Louis en 1788. Au commencem. de la révolution il émigra, se rendit à Naples, fut chargé d'une mission à Rome par la princesse Caroline, tomba entre les mains des Français, fut enfermé dans le château St-Ange, n'en sortit que vers 1800, et mourut à Naples peu de temps après. On a de lui : *Contes nouveaux*, 1777, in-8. — *Félicia, ou mes fredaines*, 1778, 2 vol. in-18, ouvr. très libre. — *Monrose*, 2 vol. in-18, suite de *Félicia.* — *Constance, ou l'Heureuse témérité*, 1780, in-8. — *Dorimon, ou le Marquis de Clavelle*, comédie en 5 actes et en prose, 1777, in-8. — *L'Urne de Zoroastre, ou la Clef de la science des mages*, in-8. — *Les galanteries du jeune chevalier de Faublas, ou les Folies parisiennes*, 1785, 4 vol. in-12. On lui attribue un livre fort obscène, intitulé *le Diable au corps*, 1803, 6 vol. in-18.

NÉRÉE (myth.), dieu marin, fils de l'Océan et de Thétis, s'unit à sa sœur Doris, et fut le père de 50 nymphes, appelées de son nom *Néréides.*

NÉRI (St Philippe), fondat. de la congrégat. de l'Oratoire en Italie, né à Florence en 1515, se rendit à Rome en 1533, y fit ses études classiq., ainsi que ses cours de philos., de théol. et de droit canon., et se consacra tout entier au service des malades et des pèlerins. En 1548, il établit la confrérie de la Ste-Trinité, destinée à procurer des secours aux étrangers que la dévotion amène à Rome, et fonda peu de temps après l'hospice des Pèlerins, qui, lors du jubilé de 1600, donna, dit-on, l'hospitalité pendant trois jours à 444,500 hommes et à 25,000 femmes. Ayant reçu les ordres en 1551, il se chargea du soin d'instruire les enfants, s'associa quelques jeunes ecclésiastiq. (qui furent nommés *oratoriens,* parce qu'ils se plaçaient devant l'église pour appeler le peuple à la prière), donna à ses disciples des status particuliers qui fûrent approuvés par le pape Grégoire XIII en 1575, et mourut en 1595. On a de lui : des *Lettres*, 1751, in-8. — Des *Avis spirituels* (*ricordi*), et quelq. *Poésies*, insérées dans les *Rime Oneste*, t. 1er. Sa *Vie* a été écrite en latin par Ant. Gallonio, l'un de ses disciples ; en espagnol par Louis Bertrand, 1625, trad. en latin par le P. Jacques Bacci, 1645, in-4, et par le P. Jérôme Bernabe. Elle se trouve aussi dans les *Acta sanctorum* avec des notes de Papebroch.

NERI (Antoine), chimiste florentin du 16e S., l'un des prem. qui aient écrit sur la fabrication du verre, embrassa l'état ecclésiast. ; mais il refusa les emplois et les bénéfices, afin de se livrer entièrement à son goût pour les sciences, et de parcourir la plus gr. partie de l'Europe en visitant les laboratoires des chimistes. On n'a de lui qu'un seul ouvr. : *Arte vetraria distinta in libri sette ; ne' quali si scoprono maravigliosi effetti, e s'insegnano segreti bellissimi del vetro nel fuoco, ed altre cose curiose*, Florence, 1612, in-4 ; Venise, 1633, in-12, et 1678, in-8 ; trad. en anglais par Merret ; en allemand par Kunckel ; en latin par un anonyme, et en français par d'Holbach, avec les remarq. de Merret, de Kunckel et des addit. nouv.

NERINI (D.-Félix-Marie), relig. hiéronimite, né à Milan en 1705, fut successivem. procur. et abbé général de son ordre, puis consulteur du St-office sous le pontificat de Benoît XIV ; il se retira sur la fin de ses jours au monastère de St-Alexis, à Rome, et y mourut en 1787. On a de lui : *Hieronimianæ familiæ vetera monumenta*, 1754, in-4. — *De suscepto itinere subalpino epistolæ III*, 1755, in-4. — *De templo et cœnobio sanctorum Bonifacii et Alexii historica monumenta*, 1752, in-4.

NERLI (Philippe), histor. florentin., né en 1485, mort en 1556, jouit de l'estime du grand-duc Cosme Ier, qui le nomma sénateur, et le députa en 1550, vers le pape Jules III, pour le complimenter sur son avénement au trône pontifical. On a de lui : *Commentari de' fatti civili occorsi nella città di Firenze dall' anno* 1215 *al* 1537, publ. pour la première fois en 1728, in-fol. — NERLI (François), de la même famille, étudia la jurisprud. avec succès, remplit l'emploi de secrétaire pour les lettres lat. sous Innocent X, qui le nomma à l'évêché de Pistoie, et ensuite à celui de Florence. Il fut décoré de la pourpre par Clément IX, et mourut en 1670.

NÉRON (Lucius-Domitius-Néro-Claudius), empereur, auquel ses débauches et ses crimes ont assuré une effroyable immortalité, naquit à Antium, l'an de Rome 788 (37 dep. J.-C.), fils de Domitius-Ænobarbus et d'Agrippine, eut pour prem. instituteur un histrion et un barbier. Après le mariage de sa mère avec Claude, il fut adopté par ce faible prince, et eut pour gouverneurs Burrhus et Sénèque, dont les sages avis ne purent que comprimer pour quelque temps son mauvais naturel. Claude expira, et Néron, salué empereur par les prétoriens, reconnu par le sénat, prononça lui-même l'éloge funèbre de son prédécesseur, qu'il mit au rang des dieux. Il promit de prendre Au-

guste pour modèle, et parut, dans les prem. temps, vouloir tenir sa promesse. Quelq. actes de modérat. et de sagesse signalèrent le commencement de son règne. On sait qu'ayant à signer la sentence de mort de deux criminels, il dit : « Que je voudrais ne pas savoir écrire ! » Ce n'était là, sans doute, que de l'hypocrisie : il le prouva bientôt. Il s'assura l'affection du peuple et des prétoriens par ses largesses, et se débarrassa de ses gouverneurs. Cet essai l'enhardissant à secouer aussi le joug de sa mère, qu'il avait laissé régner jusque-là sous son nom, celle-ci le menaça de rendre le trône à Britannicus : ce fut l'arrêt de mort de ce jeune prince, le légitime héritier de Claude. A partir de cette époque, un changement total s'opère dans l'empereur : il fait assassiner sa mère, qui le gêne depuis long-temps, et, pour apaiser ses remords, il rappelle en Italie les histrions et les pantomimes, se mêle au milieu d'eux, et se plaît à conduire un char dans le cirque. Bientôt Burrhus expire, et l'on a lieu de croire qu'il a été empoisonné ; Sénèque cesse de prendre part aux affaires, dont la direction est laissée à Tigellin ; la malheureuse Octavie, répudiée et exilée fait place à l'infâme Poppée. Tandis que le tyran se délasse de ses cruautés par les plus honteuses débauches à Antium, il apprend que Rome est en proie à un vaste incendie, et il y vole pour contempler, du haut d'une tour cet affreux spectacle, et chanter, la lyre en main, un poème qu'il a composé sur l'embrasement de Troie. Cependant il tendit une main secourable aux victimes de cette grande calamité ; mais il en rejeta tout l'odieux sur les chrétiens, et leur fit subir la prem. et la plus violente persécution que l'on connaisse. La conspiration de Calpurnius-Pison, qui ne réussit point à délivrer l'univers de ce monstre, anima encore davantage sa fureur. Les conjurés, parmi lesq. on cite le poète Lucain, leurs parents, leurs amis, tous ceux qui avaient eu quelque rapport avec eux, périrent dans les supplices. Bientôt il ne fallut plus même de prétexte à Néron pour faire couler le sang : il fit étouffer dans un bain chaud le consul Vestinus, par la seule raison qu'il lui déplaisait ; Sénèque, Poppée, Pétrone, le vertueux Thraséas furent en peu de temps immolés aussi. Mais au retour d'un voyage en Grèce, dans lequel il avait fait briller son talent de poète et de musicien et remporté 1,800 couronnes, et pendant qu'il *célébrait ses triomphes au sein de Rome*, il apprit que Vindex, gouvern. de la Gaule celtique, et Galba, gouvern. de l'Espagne, marchaient sur l'Italie ; il se livra à une colère d'enfant, au lieu de songer aux moyens de salut qui pouvaient lui rester. Galba fut proclamé empereur par les prétoriens, et reconnu presque aussitôt par le sénat, tandis que Néron, déclaré ennemi public, et forcé de s'ôter la vie, s'écriait : « *Faut-il qu'un si bon musicien périsse !* » Enfin, son secret. Epaphrodite l'aida à se poignarder, l'an 68 de l'ère chrétienne. Ce monstre avait 31 ans et en avait régné 14 (*v.* sur sa vie Tacite et Suétone). *L'Hist. secrète de Néron*, par Layaur, 1726, 2 vol. in-12, n'est qu'un extrait de Pétrone. Cardan a fait l'éloge de Néron; mais il a fait aussi l'éloge de la goutte. Quand les horreurs de son règne auraient été exagérés par les histor. Néron n'en resterait pas moins un homme abominable.

NERSÈS Ier, surnommé *le Grand*, 6e patriarche d'Arménie, de la race des Arsacides, et arrière-petit-fils de St Grégoire-l'Illuminateur, apôtre de l'Arménie, succéda à Pharhnerseh l'an 340, et se distingua pendant toute la durée de son patriarcat par son zèle pour établir la religion chrétienne et en maintenir la pureté. Il eut une grande part aux affaires publiques sous les règnes d'Arsace et de Bah, fils de ce dern., parvint plus. fois à rétablir la paix dans sa patrie, et mourut empoisonné par les eunuques, qui s'étaient emparés de l'esprit du jeune Bah, l'an 374, après un sacerdoce de 34 ans. — NERSÈS II, patriarche d'Arménie, né à Aschdarag, dans la province de Pakrevant, assembla un concile à Doving, l'an 527, pour rétablir la discipline de l'Église d'Arménie, et mourut en 733, après un patriarcat de 9 ans. On a de lui 38 *canons*, qu'il a composés de concert avec Nerschabouh, év. des Mamigoniens, et Pierre, évêque de Siounie. Jean II lui succéda. — NERSÈS III, surnommé *Schinogh* (le fondateur), parce qu'il fonda un gr. nombre d'édifices, de monastères et d'églises, naquit à Ischkhanats-avan, dans la province de Daik'h, et fut élevé au patriarcat l'an 640 après la mort d'Esdras. Les irruptions des Arabes, qu'il avait vainement tenté de prévenir et de repousser, l'obligèrent à quitter sa résidence patriarcale en 649. Il se retira dans sa patrie, et y mourut en 661. Anastase lui succéda. — NERSÈS IV, patriarche d'Arménie, surnommé *Klaïetsi*, et appelé ordinairem. *Schnorhali* (le Gracieux), né vers la fin du 11 S., fut fait év., en 1135, par Grégoire, son frère, qui avait succédé au patriarche Basile. Il prêcha la foi aux fidèles persécutés par les musulmans, se rendit au concile d'Antioche, convoqué en 1141 pour juger la conduite de Raoul, patriarche lat. de cette ville, ne cessa d'aider Grégoire dans toutes les fonctions d'un ministère que rendaient pénible les troubles de l'Arménie, et fut choisi pour lui succéder l'an 1166. Il entama des négociations avec l'empereur Manuel Comnène, au sujet de la réunion de l'Église d'Arménie avec l'Église grecque; mais il mourut en 1173, avant de les avoir terminées. Ce patriarche passe pour l'inventeur de la poésie rimée chez les Arméniens. Il a composé des *hymnes*, des *cantiq.* remplis de beautés, et qui ont été traduits dans le rituel de l'Église d'Arménie, et laissé un très grand nombre d'autres écrits, dont la plupart ont souv. été impr. à Constantinople et en Russie. Parmi ceux qui sont restés MSs., on distingue le livre intitulé: *Hisous orti*, qui contient une histoire abrégée de l'Ancien et du Nouveau-Testament; une *Histoire d'Arménie* très succincte, et une *Élégie* sur la prise d'Édesse par les Turks, en 1144. Les *prières* de Nersès Klaïetsi ont été publ. en 14 langues, Venise, 1818, in-24. — NERSÈS, archev. de Tarse au 12e S., un des principaux Pères de l'Église d'Arménie, surnommé

Lampronatsi, du nom de Lampron, en Cilicie, où régnait Oschin, son père, naquit en 1153, se renferma fort jeune dans le monastère de Segevra pour se livrer à l'étude, et devint fort habile dans toutes les sciences sacrées et profanes. Élevé à l'archiépiscopat en 1176, il fut appelé au concile convoqué à Hrhomkla, en 1179, pour l'union des Arméniens avec l'Église grecq., et prononça à l'ouverture de cette assemblée un discours regardé par ses compatriotes comme un chef-d'œuvre. Il eut pendant toute sa vie une grande influence à la cour du roi d'Arménie, Léon II, et mourut en 1198, laiss. plusieurs ouvr. Son discours a seul été publié avec une version italienne, Venise, 1812, in-8. Il a été publié la même année en grec moderne, in-8.

NERVA (M.-COCCÉIUS), empereur romain, né à Narni, ville d'Ombrie, était petit-fils de M.-Coccéius-Nerva, qui avait été consul sous Tibère, et fils d'un savant jurisconsq. que Vespasien avait comblé d'honneurs et de bienfaits. Il avait plus de 70 ans lorsqu'il fut proclamé empereur, après la mort de Domitien, l'an 96 de J.-C. Son premier soin fut de rappeler ceux qui avaient été exilés injustem. sous le règne précédent. Il abolit les nouveaux impôts, et ne négligea rien pour rendre à l'empire son ancien éclat; mais quelque doux que fût son gouvernement, son règne ne fut pas exempt des complots que la tyrannie provoque. Les prétoriens, qu'il ne comblait pas de largesses, comme son prédécesseur, se révoltèrent. Se sentant trop vieux pour opposer une digue aux rebelles, et soutenir seul le poids des affaires, il adopta Trajan, et mourut bientôt après l'an 98 de J.-C. Nerva fut un des meilleurs princes qui occupèrent le trône. On a de lui des médailles de tous métaux.

NERVÈZE (ANTOINE, sieur de), littérateur médiocre, né vers 1570, dans le Poitou, donna des preuves de dévouement à Henri IV dans le temps que ce prince n'était que roi de Navarre, fut nommé dans la suite secrétaire de la chambre du roi, puis passa au service de Henri II, prince de Condé, qu'il chercha vainem. à détourner de prendre part aux troubles qui éclatèrent sous la régence de Marie de Médicis, et mourut après 1622. On a de lui : *Les amours de Filandre et Marizée*, 1603, in-16. — *Les Amours diverses en sept histoires*, 1605, in-12. — *Les amours d'Olympe et de Birène* (à l'imitation de l'Arioste), 1605, in-12. — *Essais poétiques*, 1605, in-16. — *Les Poèmes spirituels*, 1606, in-12. — *Les Aventures guerrières et amoureuses de Léandre*, 1608, 2 part.; 1610, in-12. — *Le Songe de Lucidor, ou Regrets sur la mort de Théophile* (Henri IV), 1610, in-12. — *Discours funèbre sur le trépas du roi Henri IV*, 1610, in-12. — *Oraison funèbre du duc de Mayenne*, 1611, in-12. — *Lettre de consolation au duc de Montmorenci sur la mort du connétable son père*, 1614, in-8. — *Lettre écrite au prince de Condé*, 1614, in-8.

NESAWY (MOHAMMED BEN AHMED AL-MONSCHY, surnommé El), gouvern. de la ville de Nesa, dans le Khoraçan, au commencement du 7e S. de l'hég.

(13e de l'ère chrétienne), puis secrétaire-d'état du sulthan Djelad-Eddyn-Manberny, a composé une histoire du règne de ce prince, et de la destruct. de l'empire du Kharizm par les Tatars, sous Djenguyz-Khan : la biblioth. du roi en possède un MS.

NESLE. — V. MAILLY.

NESMOND (HENRI de), prédicateur distingué, origin. de l'Angoumois, fut élevé au siége épiscop. de Montauban, puis à l'archevêché d'Alby ; remplaça Fléchier à l'Acad. franç. en 1710, obtint l'archevêché de Toulouse, et mourut en 1727, regretté même des protestants de son diocèse, qu'il avait essayé de ramener par des voies douces et persuasives. On a de lui des *Disc. et serm.*, 1754, in-12.

NESSEL (DANIEL de), bibliographe, né à Minden en 1644, fut nommé en 1679 conservateur de la biblioth. impériale à Vienne, et continua la description des MSs. commencée par Lambécius. Il obtint un peu plus tard des lettres de noblesse, ainsi que le titre de conseiller de l'empereur, et mourut en 1699, regardé par les uns comme un vrai savant, et par d'autres comme un plagiaire et un intrigant. On a de lui : *Breviarium ac Supplementum commentariorum lambecianorum, sive Catalogus aut recensio specialis codicum MSs. græcor., necnon linguarum orientalium august. Bibliothecæ cæsareæ vindobonensis*, 1690, 7 part. en 2 vol. in-fol. —*Prodromus historiæ pacificatoriæ*, 1690, in-fol. — *Sciagraphia magni corporis historici*, etc., 1692, in-4. C'est le prospectus d'un recueil histor. qu'il se proposait de publier. Il a donné un *Supplément à l'hist. des évêchés et des monast. de l'Allemagne*, par Bruschius, tiré des MSs. de la biblioth. de Vienne.

NESSIMI (EMAD'-EDDIN), poète mystique, originaire de Nessim, dans le territoire de Bagdad, et honoré du titre de *Seyd*, comme descendant direct de Mahomet, s'enfonça dans tous les mystères de la science de l'alphabet, dont tout le secret consiste dans la miraculeuse valeur des 32 lettres qui le composent, et dont chacune est censée représenter une figure particulière. Ses absurdes rêveries et ses opinions indiscrètes sur la nature de l'être infini le firent accuser d'athéisme; il fut cité devant les docteurs d'Alep, et condamné à être écorché vif. On a de lui trois recueils de poésies turque, arabe et persane.

NESSIR-KHAN, souverain et législateur du Béloutchistan, contrée maritime située entre l'Hindoustan et la Perse, était fils d'Abdallah - Khan, dont les ancêtres régnaient dans ce pays dep. trois générations. Après la mort de ce prince, Hadji-Mohammed, frère aîné de Nessir, monta sur le trône; mais il ne sut pas gagner le cœur de ses sujets, et bientôt ses états furent remplis de troubles. Dans ces circonst., Nessir, qui s'était acquis une gr. réputation de prudence et de courage en combattant dans l'Inde avec Nadir-Chah, se présenta dans le Béloutchistan, et fut accueilli comme libérateur. Ayant vainem. tenté la voie des remontrances auprès de son frère, il lui ôta la vie et se fit proclamer souverain. Il rétablit la paix, fit de sages réglem. qui favorisèrent l'extention du commerce, acquit bientôt assez de puiss. pour être en état de se déclarer indépendant et d'accroître ses domaines. Sa mort, en 1795, laissa des regrets si vifs, que son nom a depuis passé en proverbe pour désigner un prince accompli.

NESSON (PIERRE de), poète franç. du commencement du 15e S., fut attaché à Jean Ier, duc de Bourbon. Lacroix du Maine a conservé dans sa *Bibliothèque* les titres de plusieurs pièces de vers de Nesson. La plus remarq. est le *Lay de la guerre*, qu'il envoya au duc son maître, alors prisonn. des Anglais, pour charmer les ennuis de sa captivité.

NESSUS (myth.), centaure, fut tué d'un coup de flèche par Hercule, pour avoir voulu enlever Déjanire. Il donna à cette nymphe, en mourant, une chemise teinte de son sang et imprégnée d'un poison subtil qui fit perdre la vie à son puiss. rival.

NESTOR (myth.), roi de Pylos, échappa, selon Homère, à la catastrophe de ses frères, qui furent tous tués par Hercule, combattit contre les centaures aux noces de Pirithoüs, assista, dans un âge avancé, au siége de Troie, aida de ses sages conseils les chefs de cette longue entreprise, et vécut trois siècles.

NESTOR, le père de l'hist. russe, né l'an 1056, dans la Russie-Méridionale, embrassa l'état ecclésiastique dans le couvent des Cavernes, à Kiew, et mourut en 1116. On a de lui une *Chronique* que l'on regarde comme le plus ancien monument que les Russes possèdent pour l'histoire de leur pays et de leur littérature. Cette chronique, que Nestor commence à l'an 852 et qu'il a terminée à l'année 1116, a été continuée, d'abord par Sylvestre, abbé de St-Michel, mort à Kiew en 1123, puis par deux autres relig. jusqu'à l'année 1203. Elle a été trad. en allemand, mais d'une manière très inexacte, et publiée pour la prem. fois à Pétersbourg en 1752 : elle a été reproduite dep. dans différentes collect. de chroniques russes. Schloeser a commencé à la publier, avec une traduction et des notes en allemand, Goettingen, 1802, in-8.

NESTORIUS, célèbre hérésiarque du 5e S., né à Germanicie, ville de Syrie, fut élevé dans un monastère d'Antioche, et instruit sous des maîtres habiles dans les lettres sacrées et la pratique des vertus. Nommé par Théodose-le-Jeune, en 1428, patriarche de Constantinople, il parut n'accepter ce siége émin. que pour mettre un terme aux dissensions de l'Église grecque, et poursuivit avec un zèle outré les disciples d'Arius et de Novat, soit par ses discours et ses anathèmes, soit en provoquant contre eux les rigueurs de l'autorité. Mais bientôt on le vit protéger une secte nouvelle, non moins condamnable que celles qu'il s'efforçait de détruire. Un prêtre d'Antioche, nommé Anastase, avait osé prêcher qu'on ne devait point donner à la vierge Marie le nom de *mère de Dieu*. Nestorius entreprit de justifier cette doctrine. « Il faut distinguer, disait-il, deux personnes dans J.-C., ainsi que deux natures : l'une divine et l'autre humaine, qui conservent chacune leurs attributs. Marie est la mère du Christ, considéré comme homme ; mais il est absurde de croire qu'elle est la mère de Dieu. » Ainsi Nestorius niait l'union hypostatiq. du Verbe avec la nature humaine, et détruisait conséquemment tout le mystère de l'incarnat. Cette opinion, qui trouva un grand nombre de partisans, fut attaquée par St Cyrille d'Alexandrie, et condamnée par le pape Célestin l'an 430. St Cyrille assembla dans Alexandrie un synode où les principes de Nestorius furent anathématisés. De son côté, l'emper. Théodose convoqua, l'an 431, un concile général à Éphèse. Nestorius se rendit dans cette ville avec une escorte nombreuse, déclina l'autorité du concile, et refusa de comparaître devant cette assemblée. Sa conduite n'en fut pas moins condamnée par plus de deux cents évêques, et il fut lui-même déposé de son siège. C'est en vain qu'il essaya de s'y maintenir en réclamant la protect. impériale ; Théodose le renvoya dans un monast. d'Antioche, et comme il continuait de publier ses erreurs, il fut renvoyé dans un oasis du grand désert de la Lybie, où il mourut l'an 439. Son corps fut inhumé à Chemnis ou Panapolis, ville de la Haute-Égypte. Il avait composé un gr. nombre d'écrits qui furent brûlés par ordre de Théodose. Toutefois il reste encore de lui quelq. *homélies* publiées par le P. Garnier dans son édit. des *OEuvres* de Marius Mercator, et des *lettres* dans le rec. des actes du concile d'Éphèse. On lui attribue l'*Évangile* apocryphe *de l'enfance*, dont il s'est conservé une version arabe qui a été publiée, avec une traduct. latine et des notes, par Henri Sike, 1697, in-8. On peut consulter l'*Hist. du nestorianisme*, par le P. Doucin.

NETSCHATI, NEJATI ou NEDJATI (Issa), célèbre poète turk, né vers le milieu du 15e S. dans l'Asie-Mineure, montra de bonne heure du goût pour la poésie, et adressa à Mahomet II une petite pièce de vers qui lui valut la place de secrétaire du divan. Après la mort de ce sulthan, il accompagna le prince Abd'allah dans son gouvernement comme secrétaire. Il remplit ensuite les fonctions de chancelier auprès du prince Mahmoud, puis il se retira à Constantinople, et mourut dans cette ville en 1509. On a de lui des trad. en turk 1° de l'ouvr. de l'iman Gazali sur la chimie ; 2° du rec. historique persan connu sous le titre de *Djami-el-Hikaiat wa lame alrevaiat;* 5° de l'*Histoire des amours de Medjnoun et Leila*, poème persan de Djamy : il a laissé en outre un recueil de poésies dont la bibliothèque de Vienne possède un MS.

NETSCHER (Gaspar), peintre allemand, né en 1639 à Prague ou à Heidelberg, se fixa à La Haye, et mourut dans cette ville en 1684. Il s'était surtout appliqué au portrait, et il a laissé dans ce genre des tableaux fort remarquables. Le musée possède deux tableaux de ce maître : l'un représente une *Jeune femme recevant une leçon de chant*, et l'autre une *Jeune femme jouant de la basse de viole*. Jacob van der Does fut un de ses élèves. — Théodore Netscher, fils du précéd., mort à Huls en 1732, peignit le portrait avec quelq. succès. — Constantin, son frère, né en 1670, mort à La Haye

en 1722, s'est fait aussi une réputat. dans la peinture. Le musée possède de lui un tableau qui représente *Vénus pleurant Adonis métamorphosé en fleur.*

NETTELBLADT (Christian, baron de), jurisc., né à Stockholm en 1696, obtint au concours la chaire de droit à l'acad. de Gripswald, puis fut nommé en 1745 assesseur à la cour impér. de Wetzlar, reçut l'ordre de l'Étoile-Polaire, et mourut en 1776, laissant un grand nombre d'ouvr., parmi lesq. on distingue : *Theses de variis mortuos sepeliendi modis apud Suecones et urnis sepulcralibus in Pomeraniâ succicâ*, Rostock, 1727, in-4. — *Die schwedische biblioth.*, etc. (bibliothèq. suédoise), 1728-36, 5 parties in-4. — *Memoria virorum in Suecià eruditissimor. rediviva, sive*, etc., 1728-51, 4 part. in-8. — *Themis romano-suecica*, 1729, avec une préface intéressante : *De Suecorum in jurisprudentiam romanam meritis.* — Nettelbladt (Daniel), né à Rostock en 1719, d'abord professeur de droit naturel à l'univ. de Halle, puis membre du conseil privé, enfin directeur de l'université, mort à Halle en 1791, avec la réputation d'un des plus profonds jurisons. de l'Allemagne, a composé un grand nombre d'ouvr. sur toutes les parties de la science du droit, entre autres : *Initia historiæ litterariæ juridicæ universalis*, ibid., 1764 et 1774, in-8, avec 5 catalogues propres à faciliter les recherches de ceux qui s'occupent de l'hist. et de la jurisprudence. — Henri Nettelbladt, son frère, né à Rostock en 1715, mort dans la même ville en 1761, après avoir occupé div. fonctions judiciaires et administratives, a publié plus. ouvr., tant en latin qu'en allem.

NEUENAR (Herman, comte de), *Nuenarius* ou *de Novâ Aquilâ*, l'un des plus zélés protecteurs des lettres en Allemagne, né en 1491, dans le duché de Juliers, embrassa l'état.ecclésiastiq., remplit successivem. différents emplois, s'attacha à faire fleurir les bonnes lettres à l'université de Cologne, dont il était chancelier, assista en 1530 à la diète d'Augsbourg, et mourut peu de jours après le rejet de la profession de foi présentée par Mélanchthon à cette assemblée. On a de lui, entre autres ouvr. : *brevis Narratio de origine et sedibus priscorum Francorum*, Cologne, 1521, in-4, réimpr. dans différents recueils. — *De novo hactenùsque Germaniæ inaudito morbo ὁροπυρετου, hoc est, sudatoriâ febriquam vulgò sudorem britannicum vocant*, etc., ou Traité sur la suette anglaise, 1529, in-4. — *De Gallià belgicá commentarius*, 1584, in-8. On trouve des détails sur la personne et les écrits de Neuenar, dans les *Analecta* de Jacq. Burckhard, Halle, 1749.

NEUFCHATEL (Jean de), cardin., né vers le milieu du 14e S., fut pourvu, dès l'âge de 15 ans, d'un canonicat au chap. d'Autun, élevé en 1371 à l'évêché de Nevers, et transféré l'ann. suiv. à celui de Toul. Robert de Genève ayant été élu pape par une fract. du sacré collége, sous le nom de Clément VII, le fit son camérier et le nomma cardinal en 1585. Neufchâtel donna tous ses soins à l'extinction du schisme que causa cette élection et celle de Pierre de Lune, dit Benoît XIII ; mais il mourut en 1398, avant le rétablissem. de la paix dans l'Église. On trouve des *Notices* sur ce prélat dans la *Bibl. ord. prædicator.*, et dans l'*Hist. des hommes illustres de l'ordre de St Dominique*, par le P. Touron.

NEUFCHATEL (CHARLES de), archevêq. de Besançon, de la même famille, né en 1442, n'avait pas encore 21 ans quand il fut promu à l'archiépiscopat. Ses largesses, sa sollicitude pour le bien de son diocèse, lui méritèrent l'affection génér. Après la mort du dern. duc de Bourgogne, il détourna Louis XI de faire le siége de Besançon ; mais s'étant montré favorable à la réunion du comté de Bourgogne à la France, il encourut la disgrâce de l'archiduc Maximilien, et se vit obligé de chercher un asile à la cour de Louis XI, qui le fit élire évêq. de Bayeux. Il n'en conserva pas moins toute son autorité sur l'Église de Besançon, et mourut en 1498 à Neuilli, près de Bayeux, à son retour de Reims où il avait assisté au sacre de Louis XII. Il avait favorisé l'établissem. de l'imprim. dans la Franche-Comté, et fait impr. le *missel*, du diocèse de Salins, en 1485, et le *Recueil des statuts synodaux*, à Besançon, en 1487.

NEUFGERMAIN (LOUIS de), nommé *poète hétéroclite* du duc d'Orléans, n'avait d'autre mérite que celui de jouer sur les noms des personnes auxq. il adressait ses vers. Ses *Poésies et Rencontres*, formant 2 vol. in-4, impr. en 1630 et 1637, se trouvaient encore chez les libraires au temps de Boileau, qui les envoie chez l'épicier avec celles de La Serre (Satire IX).

NEUHOF (THÉODORE-ÉTIENNE, baron de), aventurier qui régna quelque temps sur la Corse, était né à Metz vers 1690. Page de la duchesse d'Orléans, il entra lieutenant au régiment de La Mark, puis passa au service de Suède. Employé par le baron de Goertz, ministre de Charles XII, pour préparer avec Albéroni le rétablissement des Stuart sur le trône d'Angleterre. Neuhof développa une véritable aptitude pour l'intrigue. La mort tragique de Goertz rompit toute cette trame, et le négociateur se retira en Espagne. Il y épousa lady Sarsfield, fille de lord Kilmarnock, et fonda sur cette union des espérances de fortune qui ne se réalisèrent point. Alors il passa en France, spécula malheureusem. sur les effets de Law, erra pendant plus. années dans div. contrées de l'Europe, fuyant ses créanciers, et finit par se rendre à Florence avec le titre de résid. de l'emper. Charles VI. La lutte des Corses contre la tyrannie générale favorisant ses vues ambitieuses, il eut l'art de persuader aux chefs de ces insulaires qu'il avait assez d'influence pour intéresser à leur sort toutes les puissances de l'Europe, et leur insinua que le titre de roi devait être la récompense de ses services. Ceux-ci réduits à l'extrémité acceptèrent ses offres : le baron de Neuhof aborda le 15 mars 1736 au port d'Aleria avec un bâtiment sous faux pavillon angl., et apportant avec lui mille sequins, quelq. canons, 4,000 fusils, 300 pistolets et divers objets d'approvisionnement qui lui avaient été fournis par la régence de Tunis. Il fut proclamé roi le 15 avril, sous le nom de Théodore Ier. Huit mois après, les murmures de la population s'élevèrent contre lui ; les Génois le pressèrent vigoureusem., et le nouv. souverain, voyant son autorité méconnue et sa vie en danger, quitta la Corse, laissant le gouvernem. entre les mains d'un conseil de régence. Depuis il ne cessa d'errer en Italie, en France et en Hollande, poursuivi par ses créanciers. En 1738, secondé, dit-on, par les États-Généraux, il fit pour remonter sur le trône des tentatives infructueuses qu'il recommença vainement en 1742, avec la protect. du gouvernem. anglais. Forcé de renoncer à ses prétent., il se retira à Londres, fut arrêté par ses créanciers, subit une détention de 7 années, et mourut dans cette ville en 1755, n'ayant pour subsister que les produits d'une souscription qui avait été ouverte en sa faveur. On trouve des détails sur ce personn. dans les histor. de la Corse, Pommereul, l'abbé Germanes, et le colonel Frédéric, fils de Théodore.

NEUSER (ADAM), théol., né dans la Souabe au 16e S., de parents luthériens, embrassa le parti de la réforme de Calvin, s'établit dans le Palatinat et fut nommé pasteur de l'église de St-Pierre de Heidelberg. Ayant été révoqué en 1569, à cause de son opposit. aux projets de l'électeur qui voulait établir dans ses états la police ecclésiastiq. de Genève, Neuser chercha à introduire le socinianisme dans le Palatinat. A cet effet il songea à s'assurer la protection du sultan Sélim ; mais ce complot fut découvert : Sylvanus, complice de Neuser, fut décapité en 1572 ; Neuser eut le bonheur de s'évader, se retira à Constantinople, prit le turban, et mourut en 1576. Il a laissé un gr. nombre d'écrits qui ont été recueillis par les sociniens ; on cite entre autres : *Scopus septimi capitis ad Romanos*, Ingolstadt, 1585, in-8 ; sa *lettre* à l'emper. Sélim, insérée dans les *Monumenta pietat. et litterat.* de Mieg, 1702, in-4 ; et une *lettre* contenant l'apologie de sa conduite, impr. dans les *Mélanges tirés de la Biblioth. de Wolfenbuttel*, en allem., t. III.

NEUVILLE (PIERRE-CHARLES FREY DE), jésuite, né à Vitré en Bretagne en 1692, parcourut les div. emplois de son ordre, fut revêtu deux fois de la charge de provincial, se retira à Rennes lors de la dissolut. de sa société, et mourut dans cette ville en 1773. On a de lui le *Livre de Judith*, avec des réflexions morales et des notes critiq., 1728, in-12 ; et des *Sermons*, au nombre de 16, Rouen, 1778, 2 vol. in-12. — NEUVILLE (Anne-Joseph-Claude FREY DE), jésuite, frère du précéd., né en 1693 au diocèse de Coutances, se fit remarquer de bonne heure par sa piété, perfectionna son éducat. en se consacrant pend. 18 années à l'instruct. de la jeunesse, parut avec éclat dans la chaire en 1736, et y obtint pendant 30 années des succès brillants qui le placent au rang des prem. prédicat. du 18e S. A la dissolution de la société, il se retira à St-Germain-en-Laye, et y mourut en 1774. Ses *OEuvres*, recueillies par son ancien confrère

Querbeuf, et publiées en 1876, 8 vol. in-12, renferment des sermons, des panégyriq., des oraisons funèbres, des médilat., des exhortat., etc. — Un autre P. Neuville, coopérat. des *Lettres édifiantes*, est aut. d'une *Vie de St François Régis*, et de la *Morale du Nouv.-Testam.*, *partagée en réflexions pour tous les jours de l'année*, 1758 , 4 vol. in-12. — V. Lequien.

NEVALI, précepteur du sulthan Amurat III , est auteur d'un ouvr. de politique et de morale, intil.: *Ferah-Nami*, qui le place au prem. rang des philosophes et des moralistes de sa nation. Il y traite de la religion mahométane et de ses ministres, des qualités , des vertus et de l'instruct. d'un souver. On en trouve l'analyse détaillée dans l'ouvrage de Toderini sur la *Littérature des Turks*.

NEVELET (Pierre), sieur de Dosches , né à Troyes ou dans les environs de cette ville, d'une famille calviniste, fut forcé de s'expatrier, et mourut en Suisse vers 1610. On a de lui : *Vie de François Hotman*, en lat., 1595 , in-4, et réimprimée en tête de la *Collect. des œuvres d'Hotman*, publ. par Jacq. Lect, 1599 , 3 vol. in-fol. ; quelq. *pièces* de vers lat., parmi lesq. on remarque : *Lacrymœ Neveleti Doschii in funere avunculi Pithœi*, etc., 1603, in-4. — Isaac-Nicolas Nevelet, son fils, à publ. quelq. *Fables* qui ont mérité d'être réimpr.

NEVERS (Louis de GONZAGUE, duc de), un des capitaines les plus expérimentés de son temps, 3e fils de Frédéric II , duc de Mantoue, fut élevé à la cour de Henri II , entra fort jeune au service, et fut fait prisonnier à la bataille de St-Quentin, en 1557. Devenu duc de Nevers en 1565, par son mariage avec Henriette de Clèves, hérit. de ce duché, et nommé peu après gouverneur du marquisat de Saluces, il se signala dans la seconde guerre civile, enleva plus. places aux protestants, notamment celle de Mâcon. En 1573, il se trouva au siége de La Rochelle, et s'opposa de tout son pouvoir à la restitution des places de Pignerol et de Savillan, les seules que la France eût conservées en Italie. Il entra dans le parti de la Ligue , mais il y figura peu de temps, fut chargé en 1588 d'attaquer les protestants dans le Poitou , leur reprit plusieurs places, et les aurait chassés de cette province s'il n'eût été appelé au secours d'Orléans. Après la mort de Henri III, il garda la neutralité pendant quelq. temps, puis il se déclara pour Henri IV, et rejoignit ce prince dans les plaines d'Ivri avec 500 gentilsh. armés et équipés. Envoyé à Rome en qualité d'ambassad. extraordin. pour travailler à la réconciliation de Henri avec le St-siége, il fut fait à son rétour gouvern. de Champagne, quitta cette province pour combattre le duc de Parme en Picardie, et mourut à Nesle en 1595 à l'âge de 56 ans. Nous avons : 1° les *Mém. du duc de Nevers*, publ. par Gomberville et Cusson, 1665, 2 vol. in-fol. — 2° *L'Histoire de Louis de Gonzague, duc de Nevers, contenant les principaux événements de la Ligue*, par Turpin, 1789, in-8.

NEVERS (Philippe-Julien MANCINI MAZARINI, duc de), neveu du cardinal Mazarin et frère des belles Mancini, né à Rome en 1641, mort à Paris en 1707, s'était distingué à la cour de Louis XIV par ses talents agréables et l'aménité de son caractère. Voltaire, dans son catalogue des écrivains du siècle de Louis XIV, le cite comme aut. de vers singuliers, *qu'on entendait très aisément et avec grand plaisir*. Parmi les productions légères du duc de Nevers, on distingue ses vers contre l'abbé de Rancé, son *Épître* à Bourdelot, médecin de la reine Christine, qui a été insérée par François de Neufchâteau dans les *OEuvres posthumes* du duc de Nivernais, et la pièce intit. : *Défense du poème héroïque*, composée en société avec Régnier-Desmarais et l'abbé Testu, et suivie de quelq. *remarques* sur les œuvres satiriques du sieur D.*** (Despréaux), 1674, in-12. — On lui attribue le livre intitulé *le parfait Cocher*, publié par La-Chesnaye-des-Bois. Paris, 1744, in-8.

NEVIZAN (Jean), jurisconsulte, né à Asti, mort en 1540, après avoir, pendant plus. années, professé le droit à Turin, a laissé div. ouvr. de jurisprudence. Il est plus connu comme aut. de *Sylvœ nuptialis libri VI*, etc., Paris, 1521, Lyon, 1526 et 1572, in-8, ouvr. singul., dans leq. il n'épargne point les sarcasmes contre les femmes.

NEWCASTLE (William CAVENBISH, lord OGLE, comte, marquis et duc de), général anglais très distingué, né en 1592, jouit d'une gr. faveur à la cour de Jacques Ier et de Charles Ier, auq. il conserva une fidélité inviolable, sacrifia toute sa fortune pour nourrir la guerre en Écosse, dep. 1639 jusqu'à la défaite des troupes royales à Hesdom ou Marston-Moor, en 1644, et souffrit pendant un exil de 18 ans toutes les rigueurs de l'adversité. A son retour en Angleterre, il fut nommé principal juge (chef de justice) des comtés au nord de la Trente, passa le reste de sa vie uniquem. occupé de littérature, et mourut en 1676. On a de lui : *Méthode nouvelle de dresser les chevaux*, Anvers, 1657, in-fol. en français, avec 42 pl. et Londres, 1743, 2 vol. in-fol. en anglais. — *Méthode nouvelle et invention extraordinaire pour dresser les chevaux*, Londres, 1667, in-fol., en anglais, et ibid., 1671, en franç., ouv. différ. du prem. et regardé comme classiq.—Des comédies: *le Capitaine campagnard*, 1649; *l'Exilé; Variétés*, 1649, in-12; *les Amants capricieux*, 1677, in-4; *la veuve triomphante*, 1677, in-4. — Newcastle (Marguerite, duchesse de), seconde femme du précéd., né à St-John en Essex, vers la fin du règne de Jacques Ier, montra dès sa jeunesse un penchant décidé pour la littérature, accompagna en France la reine Henriette-Marie en qualité de fille d'honneur, épousa le marquis de Newcastle à Paris, se fixa avec lui à Anvers, y demeura jusqu'à la restaurat., et mourut à Londres en 1673. Pend. toute la durée de son exil, et depuis son retour dans sa patrie, elle ne cessa de s'occuper d'écrire. Ses ouvr., dont nous donnons la liste, formaient 15 vol. in-fol. : *The world's Olio*, Londres, 1655, in-fol.—*Nature picture drawn by francy's pencil to the life*, 1656, in-fol., avec une *Notice* sur sa vie.— Des *Discours*

NEWTON.

Publié par Furne, Paris.

sur divers sujets, 1662, in-fol. — Des *Comédies*, 1662.—*Opinions philosophiques et physiq.*, 1663, in-fol. — *Observat. sur la philosophie expérimentale*, 1666, in-fol. — *Lettres philosophiques*, 1664, in-fol.—*Poèmes et fantaisies*, 1653 et 1664, in-fol. —*Lettres de société*, 1664, in-fol.—Une *Vie* de son mari, trad. en lat., 1668, in-fol.—*Pièces de théâtre qui étaient restées inédites*, 1668.

NEWCASTLE (Thomas PELHAM HOLLES, duc de), homme d'état angl., né en 1693, fils de lord Pelham, qui avait rempli les fonct. de lord commissaire de la trésorerie sous Guillaume III, joignit ses efforts à ceux des whigs pour assurer le trône à la maison de Brunswick, prodigua sa fortune pour soutenir la cause de George Ier, et pour apaiser la sédit. fomentée par les jacobites et les torys en faveur du prétendant. La faveur du roi le récompensa de ses services : il fut nommé ministre d'état, donna sa démission en 1756, après la prise de Port-Mahon par Richelieu, fut rappelé au ministère en 1757, avec Pitt, se retira en 1766 pour prendre le repos que lui commandaient ses infirmités, et mourut en 1768.

NEWCOMB (Thomas), littérateur anglais, né en 1675, chapelain du 2e duc de Richmond et recteur de Stopham, comté de Sussex, mort vers 1766, a laissé entre autres ouvr. : la *Bibliothèque*, petit poème fort estimé, publié vers 1718, et réimpr. dans les *Select collection of miscellany poems*, de Nichols.—*Le Jugement dernier des hommes et des anges, en XII chants, dans la manière de Milton*, 1723, in-fol.—*Recueil mêlé de poésies originales, odes, épîtres, traductions*, etc., principalem. sur des sujets polit. et moraux, 1756, in-4. — *Novus epigrammatum delectus, ou Épigrammes politiq. et odes appropriées au temps*, 1760, in-8. — *La mort d'Abel*, d'après Gessner, 1763, in-12. — *Méditations d'Hervey, mises en vers blancs*, 1764. On lui attribue un poème philosophique et satirique, intit.: *Préexistence et transmigration, ou la Nouvelle métamorphose*, 1743.

NEWCOME (Guillaume), archev. d'Armagh, en Irlande, mort à Dublin en 1799, à 71 ans, avait été gouvern. particulier de Ch.-J. Fox, à l'université d'Oxford, puis successivem. évêque de Dromore, d'Ossory et d'Armagh. On a de lui : *Harmonie des Évangiles*, 1778, in-fol. — *Considérat. particulières sur la durée du ministère de N.-S., en réponse au doct. Priestley*, 1780, in-12. — *Observat. sur la conduite de N.-S., comme instituteur divin, et sur l'excellence de son caractère moral*, 1782, in-4. — *Essai de traduct. perfectionnée, d'arrangement métrique, et Explication des douze petits prophètes*, 1785, in-4.—*Des Sermons.*

NEWCOMMEN, simple serrurier à Darmouth, dans le Devonshire, vers la fin du 17e S., s'est immortalisé par l'invent. du procédé au moyen duq. l'eau, réduite à l'état de *vapeur*, est employée comme force motrice. Long-temps avant lui on avait remarqué la gr. force expansive de la vapeur, et on avait imaginé de l'employer comme puissance; mais c'est à lui que l'on en doit l'applicat.

Watt a perfectionné l'appareil de Newcommen, et en a répandu l'usage dans toutes les branches de l'industrie manufacturière.

NEWDIGATE (Roger), né en 1719, représenta le comté de Middlessex au parlem. de 1742, et l'université d'Oxford aux parlem. de 1751, 1754, 1761, 1768 et 1774, fit plus. voyages en Italie, recueillit un gr. nombre d'antiquités, des copies des plus beaux tableaux et des plus belles statues de Rome et de Florence, et mourut à sa terre d'Arbury, au comté de Warwick, en 1806. Il a laissé quelques ouvr., parmi lesquels on cite une *Harmonie des Évangiles*, qui paraît n'avoir pas vu le jour.

NEWTON (John), mathématicien, né en 1622 à Oundle, dans le comté de Northampton, fut successivem. chapelain de Charles II, puis recteur de Ross, dans le Hereford, où il mourut en 1678. On a de lui : *Astronom. britannica*, en 3 part., 1656, in-4.—*Aide de la science du calcul*, 1657, in-4.— *Trigonometria britannica*, 1658, in-fol., en II liv., dont le 2e est trad. du latin de Henri Gellibrand.— *Éléments de mathémat.*, en 3 part., 1660, in-4. — *L'Art du jaugeage pratique*, etc., 1669.—*Récréation scolaire pour les jeunes enfants*, etc., 1669, in-8; et quelq. autres liv. élémentaires.

NEWTON (Isaac), le créateur de la philosophie naturelle et l'un des hommes les plus extraordin. que le monde ait produits, mériterait d'occuper plus. pages de notre Dictionnaire; mais la forme abrégée que nous avons adoptée nous impose l'obligat. de ne tracer qu'une esquisse rapide, dont nous avons tiré les princip. traits de l'excellente notice publiée par M. Biot. La vie de Newton offre peu d'événem.; elle est tout entière dans ses ouvr. Il naquit le jour de Noël, l'an 1642, à Woolsthrope, dans le comté de Lincoln : il annonça, dès son enfance, un goût extraordinaire pour toutes les inventions physiques et mécaniq., une passion irrésistible l'entraîna à l'étude des sciences, malgré l'opposition de sa mère, qui voulait seulement lui donner l'instruct. nécessaire à l'administrat. de ses propres affaires. Ayant enfin surmonté ces obstacles, Newton fut envoyé d'abord à la gr. école de Grantham jusqu'à 18 ans, puis à l'univ. de Cambridge. Là, sous la direct. du doct. Barrow, l'un des plus gr. mathém. de son temps, il fit des progrès tels, qu'à peine âgé de 24 ans, il possédait déjà les trois import. découv. qui lui font le plus d'honn., savoir : 1° la méthode des fluxions, à laq. il était parvenu au moyen de sa célèbre formule connue sous le nom de *bitôme de Newton*, et qui, onze ans plus tard, inventée de nouv. par Leibnitz et présentée sous une autre forme, a constitué la méthode du calcul différentiel, employé aujourd'hui; 2° la théorie de la pesanteur universelle; 3° la décomposit. de la lumière. Ces recherches sav. étaient même déjà rédigées et rassemblées dans un écrit intit. : *Analysis per æquationes numero terminorum infinitas*, qui ne vit le jour qu'en 1711. Les talents de Newton ne se révélèrent au monde savant qu'en 1668, à l'occasion de la *logarithmotechnia*, de Mercator; il était alors agrégé et maître ès-arts de l'univ. de Cambridge. En 1669, chargé de remplacer Barrow et de donner les leçons d'optique, ses expériences sur la réfract. de la lumière à travers des prismes, le conduisirent à une foule d'observations du plus haut intérêt, qu'il sut enchaîner les unes aux autres, de manière à coordonner un corps complet de doctrine dans leq. les propriétés fondamentales de la lumière se trouvèrent, pour la prem. fois, établies sur des faits, sans aucun mélange d'hypothèses. Peu de temps avant son admission à la soc. roy. de Londres en 1672, Newton lui présenta la descript. d'une disposit. nouv. qu'il avait imaginé de donner aux télescopes catoptriq., et dont l'effet était de diminuer leur longueur sans affaiblir leur pouvoir amplifiant; mais cette invention, dans laq. il avait été précédé, sans le savoir, par le géomètre écossais Grégory et par un Français nommé Cassegrain, offrit des inconvénients dans l'usage pratique et fut très peu employée, quoiqu'elle eût produit d'abord une vive sensation. Son travail sur l'analyse de la lumière, communiqué à la même compagnie, fut inséré dans les *Transact. philosophiques*, n° 80, ainsi qu'un nouv. mémoire impr. en nov. 1672, qui compléta cette analyse. Les débats scientifiq. auxq. ces différents écrits donnèrent naissance lui inspirèrent un tel dégoût pour la publicité qu'il résolut de garder le silence sur ses découvertes : toutefois il mit la dern. main à l'exposition de ses vues sur la physiq. de la lumière, et adressa à la soc. royale, le 9 déc. 1675, un mémoire qui fut impr. dans le tome III de l'hist. de cette société, et qui, réuni presque textuellem. aux précéd. sur le même sujet, devint la base du gr. ouvr. qu'il publia en anglais, sous le nom d'*Optique*, en 1704, et dont le doct. Clarke a donné une traduct. lat. en 1706. Cet écrit était suivi de deux dissertat. analytiq. intit. l'une : *De quadraturâ curvarum* (c'était l'exposit. de la méthode des fluxions) ; et l'autre : *Enumeratio linearum tertii ordinis*, qui présentait la classificat. des courbes du 3ᵉ ordre et l'exposit. de leurs propriétés. En 1679, Newton, consulté par la société roy. au sujet d'un système de physique, proposa de vérifier le mouvem. de la terre; ses observat. l'amenèrent à découvrir les lois de la gravitat. univers. qu'il développa dans son immortel ouvr. des *Principes de la philosophie naturelle*, publ. en 1687, et trad. plus tard par Mᵐᵉ Duchatelet : cette traduct. est enrichie de notes que l'on attribue à Clairaut. La grandeur et la sublimité des vues que ce livre renferme ne pouvaient être appréciées que par trois ou quatre des contempor. de Newton; mais, soit rivalité, soit prévent., ils méconnurent ce qui leur était dévoilé, et il s'écoula plus de 50 ans av. que la gr. vérité physique de l'attract. universelle, d'où découlent les phénomènes du système du monde, fût même comprise par la généralité des savants. Pendant l'impress. de ce livre, Newton se vit choisi pour aller soutenir, devant la cour de haute commission, les priviléges de l'université de Cambridge, auxq. le roi Jacques II avait porté atteinte : ayant rempli cette

mission avec succès, il fut encore nommé représentant du même corps au parlem. de convent. qui déclara la vacance du trône et y appela Guillaume. Chargé ensuite d'opérer la refonte générale des pièces d'or et d'argent, Newton mit à profit une foule d'expériences chimiques qu'il avait faites depuis long-temps, et qui le rendirent plus qu'aucun savant de son temps, capable de réussir dans cette entreprise. Malheureusement les sciences furent privées de cette partie des travaux de Newton : le feu prit à ses papiers et anéantit ceux où ils étaient consignés. La douleur que lui causa cette perte altéra sa santé et même troubla sa raison pendant quelque temps : il avait 45 ans. Depuis, il se contenta de faire connaître, en les complétant, les écrits qu'il avait composés long-temps auparav. Le services qu'il rendit dans l'importante opération de la refonte lui valurent la charge honorable et lucrative de directeur de la monnaie en 1699. La même année il fut nommé membre associé de l'acad. des sciences de Paris. En 1701 l'univers. de Cambridge le choisit encore pour son représentant ; en 1703 il fut élu présid. de la soc. roy. de Londres, et en exerça les fonct. pendant 25 ans, jusqu'à sa mort ; enfin la reine Anne le créa chevalier en 1705. Des débats scientifiques troublèrent la fin de la carrière de Newton, aigrirent son caractère et le rendirent même injuste envers Leibnitz, l'un de ses antagonistes : toutefois on doit avouer que celui-ci, de son côté, ne se montra ni moins passionné, ni moins injuste. On trouvera des détails sur ces querelles dans les lettres de Leibnitz et de Clarke sur l'analyse infinitésimale, rassemblées par ordre de la soc. royale et publ. en 1712, sous le titre de *Commercium epistolicum*, et impr. en France par Desmaizeaux. Pour compléter la liste des ouvr. de Newton, il faut ajouter son traité intit. : *Arithmetica universalis*, publié par Whiston en 1707, et qui n'était que le texte des leçons d'algèbre que Newton avait données à Cambridge : l'édit. de Londres, 1722, est meill. et plus complète ; un petit écrit intit. : *Methodus differentialis*, publié en 1711, et dans leq. il apprend à déterminer la courbe du genre parabolique qui peut passer pour un nombre donné de points quel qu'il soit ; un *Système chronologiq.*, dont il avait remis une copie à la princesse de Galles, et dont il avait préparé une édit. qui parut en 1728 (on doit à Fréret l'*Abrégé de la chronologie de Newton*, avec des observat. critiques, 1727, in-12) ; un *Mémoire histor. sur deux altérat. notables du texte de l'Écriture ;* des *Observations sur les prophéties de l'Écriture sainte, particulièrement sur les prophéties de Daniel et sur l'Apocalypse de St Jean :* cet ouvr. singulier embrasse les époques principales, les événem. les plus import. des temps anc. et d'une partie du môyen-âge; il renferme, sur la chronologie et les antiquités, une foule d'observat. qui prouvent une érudit. variée et profonde. On est étonné que ce gr. génie se soit occupé d'un pareil sujet; mais on doit remarquer que les sav. anglais de ce temps aimaient à mêler les discussions théologiq. à leurs recherches sur les sciences. Les trois dern. product. scientifiques de Newton sont : un *mém.* inséré dans les *Transactions philos.* en 1701, donnant une échelle comparable de température, étendue depuis le terme de la glace fondante jusqu'à celui de l'ignition du charbon, au moyen de laq. il opéra trois découvertes importantes, savoir : 1° la manière de rendre les thermomètres comparables, en déterminant les termes extrêmes de leur graduat. d'après des phénomènes de températures constantes ; la détermination de la loi du refroidissem. des corps solides à des températures peu élevées ; et enfin l'observation de la constance des températ. dans les phénomènes de fusion et d'ébullition, laq. est devenue l'un des fondem. de la théorie de la chaleur ; 2° le projet d'un instrument de réflexion destiné à observer en mer, sans que l'observateur soit troublé par les mouvem. de la mer ; 3° enfin la solution du problème proposé par Bernoulli aux savants de l'Europe en 1716, et qui consistait à découvrir une ligne courbe telle qu'elle coupât à angles droits une infinité d'autres courbes d'une nature donnée, mais expressibles par une même équation. Depuis ces trois dern. écrits, Newton cessa de s'occuper de mathématiq.; sa tête, fatiguée peut-être par de longs et de profonds efforts, avait besoin de repos. Il fut nommé deux fois membre du parlem., mais il ne s'y fit point remarquer, et même il s'y conduisit avec une timidité puérile, en 1715, à l'occasion du bill d'encouragem. pour la découv. d'une méthode propre à faire trouver la longitude en mer. Sa santé ne s'altéra qu'à l'âge de 80 ans ; néanmoins il put jouir de longs intervalles de tranquillité jusqu'à sa mort, arrivée le 20 mars 1727 ; il avait 85 ans. Il n'y a point d'édit. réellement complète des *OEuvres de Newton*, bien que Horsley ait prétendu en donner une en 5 vol. in-4, Londres, 1779-85 : pour la rendre complète, il faudrait y joindre les 4 vol. d'*opuscules*, publ. par Castillon, Berlin, 1744, ainsi que les *lettres scientifiques* de Newton, rapportées dans la *Biographia britannica* et dans le *Commercium epistolicum.* Parmi les nombr. traduct. qui ont été faites de ses principaux ouvr. nous ne citerons que celle de la *Philosophie naturelle*, par Mme Duchatelet, et celle de l'*Optique*, par Marat, publ. par Beauzée, 1787, 2 vol. in-8. On peut consulter sur Newton l'ouvr. fort rare intit. : *Collections for the history of the town and soke of Grantham, containing authentic memoirs of sir Isaac Newton, now first published from the original MSs.*, Londres, 1806.

NEWTON (Thomas), prélat anglais, né en 1704, dans le comté de Stafford, fut successivement pasteur de l'une des églises de Londres, chapelain ordinaire du roi, chanoine de Westminster et évêque de Bristol, où il mourut.en 1782. On a de lui, entre autres opuscules, une *dissertation sur les prophéties.* Ses écrits ont été réunis, Londres, 1782, 2 vol. in-4 ; 1787, 6 vol. in-8, avec la *Vie* de l'aut. On lui doit une édit. des *OEuvres* de Milton, précédées de la vie de ce poète.—William NEWTON,

architecte, mort à Londres en 1791, a publ. une traduct. angl. de Vitruve, et le 2e vol. des *Antiquités d'Athènes*, par Stuart.

NEY (François), né à Anvers ou dans la province de Zélande, abjura la religion protest. pour embrasser la foi catholique, et prit l'habit religieux dans l'ordre des cordeliers. Envoyé en Hollande pour entamer des négociat. avec cette république naissante, il fit adopter une suspension d'hostilités, et posa les prem. bases du traité qui termina la guerre en 1603, malgré les efforts combinés de la France et de l'Angleterre, qui désiraient voir continuer la lutte sangl. des Hollandais et des Espagn. Après avoir terminé cette mission, le P. Ney retourna en Espagne, fut élu en 1607 supérieur-général de son ordre, ne s'occupa plus que de l'exercice des devoirs de sa profession, et mourut dans l'obscurité.

NEY (Michel), prince de la Moskwa, duc d'Elchingen, pair et maréchal de France, etc., naquit à Sarre-Louis en 1769. Fils d'un simple artisan, il fut, en sortant de l'école, placé chez un notaire où il acquit quelque instruction. En 1787 il s'engagea dans le régiment de Colonel-Général hussards ; où il était sous-officier lorsque la révolution éclata. Bientôt les circonstances vinrent lui ouvrir une immense carrière. Nommé capitaine, il fit les deux prem. campagnes comme aide-de-camp du général Lamarche. Plus tard, chargé par Kléber de plus. missions, il mérita dès-lors le surn. d'*Infatigable*, et fut fait adjud.-gén., puis en 1796 général de brigade. Employé à l'armée du Rhin, sous les ordres de Hoche, il y déploya dans div. circonstances une rare intrépidité. Nommé général de division en 1798, il passa successivem. à l'armée du Danube et à celle du Rhin, et commanda la cavalerie de l'armée chargée d'exécuter l'invasion de la Suisse. Il revint en 1800 à l'armée du Rhin, et seconda dignem. Moreau dans la glorieuse journée de Hohenlinden. De retour à Paris après la paix de Lunéville, le prem. consul le nomma ministre plénipotent. près de la républ. helvétiq., et lorsqu'il fut lui-même proclamé emper., le créa maréchal, gr.-aigle de la Légion-d'Honn., et command. de la 7e cohorte. La guerre qui éclata bientôt avec l'Autriche offrit au nouv. maréchal l'occasion de justifier tant de marques d'estime : il fait plus, il en mérite d'autres. L'ennemi, fort de sa position d'Elchingen, est culbuté, et le résultat immédiat de cet admirable fait d'armes est la prise d'Ulm, suivie d'immenses avantages. Ainsi fut gagnée par Ney ce titre de duc d'Elchingen, qui ne lui fut conféré que deux ans après. De nouv. ennemis l'appellent dans le Tyrol, ou plutôt de nouv. triomphes, auxquels la paix de Presbourg (1805) met seule un terme. La guerre recommence en 1806, et il prend part à toutes les opérat. de cette campagne étonnante, qui écrase la Prusse à Iéna et à Averstadt, et force la Russie à la paix. La capitulat. d'Erfurth, celle de Magdebourg, le passage de la Vistule et la prise de Thorn, la destruction totale d'un corps prussien à Deppen, l'heureux combat de Schmodilten qui coupa la retraite des Russes sur Kœnigs-berg, enfin sa *belle conduite* à la journée d'Ams-kerdof, où, pour la prem. fois, il déploya cette profonde connaiss. de l'art des retraites, qui lui *assure une place remarquable parmi nos meilleurs généraux d'arrière-garde*, tels furent quelques-uns des exploits auxq. il dut le surnom de *Brave des braves*. Transporté dans la Péninsule en 1808, il eut sa part de gloire dans les divers combats qui ouvrirent aux Français le chemin de Madrid, et soumit la Galice et les Asturies. En Portugal, la prise de Ciudad-Rodrigo et la reddit. d'Almeida doivent lui être attribuées, quoiqu'il servît alors sous Masséna. Avant que ses querelles avec ce chef aussi impérieux qu'habile l'eussent forcé de quitter l'armée, il avait eu le temps de la sauver par la belle retraite qu'il lui fit faire des murs de Lisbonne à Miranda del Corvo, en présence des nombr. phalanges anglo-portugaises. Aussi Bona-parte ne l'oublia pas au moment d'envahir la Russie avec la plus formidable armée qui fut jamais, Ney, à la tête du 3e corps, se signala au combat de Liady, à la prise de Smolensk, à l'affaire de Valon-tina, se surpassa à la bataille sangl. de la Moskwa, et mérita ainsi d'ajouter un nouv. titre à son nom déjà si glorieux; mais ce qu'il faut admirer surtout, c'est cette vigueur d'âme qui soutint chez lui la force du corps dans la déplorable retraite de Russie, et qui lui valut l'honneur de sauver les débris de l'armée franç. au passage de la Bérésina. L'année suiv. (1813), on le voit reparaître, avec la fortune, à Lutzen, à Bautzen, à Dresde et dans vingt autres lieux illustrés par cette campagne terrible, qui fut presque la dern. adieu des Français à la vic-toire. Bientôt notre territoire fut envahi par la coali-tion européenne. Ney, qui n'eut point de com-mandement fixe, fut presque toujours auprès de Napoléon, et le seconda puissamment à la journée de Brienne, aux sanglants combats de la Rothière et de Dienville, aux batailles de Champ-Aubert, de Montmirail, etc. Il fallut enfin succomber, non sans gloire. Le prince de la Moskwa, chargé par l'empereur de négocier la paix avec les souve-rains alliés, fut un de ceux qui le pressèrent le plus vivement d'abdiquer, mais seulement lors-qu'il vit que la nécessité et le bonheur de la France exigeaient ce sacrifice. Resté fidèle jus-qu'au dern. moment à Bonaparte, il fut jugé digne de servir aussi Louis XVIII, et reçut de ce prince entre autres faveurs, la dignité de pair. Bonaparte sort de l'île d'Elbe, et l'adversaire que les Bour-bons lui opposent avec le plus de confiance est le prince de la Moskwa, l'un de ses plus anc. servi-teurs. Celui-ci adresse à ses troupes, à Lons-le-Saulnier, une proclamat. au nom de l'ex-emper., et se réunit à lui à Auxerre. Ney, avec tout son courage militaire, était un homme faible dans un mouvem. politique, et, avec un cœur généreux, il fit une lâcheté. S'il lui répugnait d'opter entre ses devoirs nouv. et le prestige d'une anc. amitié, il pouvait n'accepter aucun commandement, et ne reparaître sur la scène qu'à la journée du Champ-

de-Mai, comme tant d'autres, non pas plus louables, mais plus habiles. Si quelque chose pouvait faire oublier sa déplorable conduite, ce serait la gloire dont il se couvrit dans cette dern. campagne de Waterloo, qui aurait dû être le tombeau de Napo-léon et le sien. Mais il était destiné à offrir par sa mort un gr. exemple à ceux qui, dans les troubles politiques, voudraient chercher l'honneur et le salut ailleurs que dans une fixité inébranlable de principes et d'opinion. Il fut arrêté le 5 août 1815, et cité d'abord devant un conseil de guerre, qui se fit déclarer incompétent, puis devant la chambre des pairs, qui fut obligée de subir cette pénible responsabilité. En vain ses avocats, MM. Berryer père et Dupin aîné, réclamèrent-ils en sa faveur l'exécution des art. 11 et 12 de la convention du 3 juillet, qui semblaient devoir le rassurer, comme tous ceux que leur conduite politique rendait ré-préhensibles : il fut condamné à une immense ma-jorité. Sa fermeté d'âme avait été admirable pend. toute la durée du procès; sa mort fut digne de sa vie. Après avoir reçu les consolat. de la religion, il fut fusillé le 7 déc. 1815, dans l'avenue de l'Ob-servatoire, derrière le Luxembourg. On peut con-sulter : *Vie du maréchal Ney avec l'Histoire de son procès*, 1816, in-8. — *Biogr. des généraux français*, par de Courcelles. — *Victoires et con-quêtes des Français*. — *L'Hist. de Napoléon et de la grande-armée, pend. l'année* 1812, par le géné-ral de Ségur. — *Examen critique* de cet ouvr. par Gourgaud. — *L'Histoire de l'expédition de Russie* (par Chambray), 1820, 3 vol. in-8. — *Histoire milit. de la campagne de Russie*, en 1812, par le colonel Boutourlin, 1824, 2 vol. in-8.

NEYN (Pierre de), né à Leyde en 1596, fils d'un tailleur de pierre, et destiné au même métier, ap-prit seul les mathém., l'architecture et la perspec-tive, et se mit en état de les enseigner. Il se livra ensuite à la peinture sous la direction de van den Velde, produisit plus. tableaux fort recherchés, fut nommé en 1652 architecte de la ville de Leyde, et mourut dans cette ville en 1639.

NEYRA. — V. Mendana.

NEZMY-ZADEH-EFFENDY, historien turk qui vivait vers la fin du 17e S., est aut. d'un ouvr. intit: *Golchen al Kholofa* (le jardin des khalyfes), con-tenant une hist. de la ville de Bagdad depuis sa fondat., l'an 145 de l'hég. (762 de J.-C.), jusqu'à la fin de 1108 (1689), et une hist. des khalyfes abbassides, celle des pachas de Bagdad sous la dominat. othomane, etc., La bibliothèq. royale en possède une trad. MS. par Choquet, drogman de France.

NIALL ou **NEILL** (O'), monarque suprême d'Ir-lande, surnommé *le Grand*, ou *le Héros des neuf Otages*, parce qu'il avait imposé à neuf régions différ. l'obligation d'avoir toujours des otages près de lui, fut proclamé roi de Momonie l'an 90 de J.-C. 379, à l'âge de 27 ans. Profitant du déclin de la puissance romaine en Bretagne, il se réunit aux Pictes, aux Scots ou Écossais, aux Albaniens et aux Saxons contre les Romains, qui occupaient la partie méridionale de la Bretagne, appelée depuis l'Angleterre, pénétra jusqu'au détroit qui sépare Douvres de Calais, détruisit les garnisons, démolit les forts, rançonna les habitants, et emporta un butin immense. L'an 388, il envahit l'Armorique avec le même succès. A son retour il eut à soutenir une guerre·intestine contre Eocha, roi provincial de Leinster ou de Lagénie, qui refusait de payer son tribut, vainquit ce prince, rétablit la paix dans l'intérieur de ses états, et recommença dans la Bretagne des invas. dont les succès faillirent enlever cette province aux Romains. Il périt vers l'an 402, assassiné par Eocha; mais le sceptre d'Irlande, qu'il avait tenu si glorieusem., demeura pendant 500 ans entre les mains de ses descendants, dont le plus célèbre est Aod ou Hugue, le grand O'Neill du 16e S., qui, après avoir passé 20 ans de sa vie à la cour d'Élisabeth, et inspiré à cette princesse une fausse sécurité, leva.tout à coup l'étendard de la révolte, s'empara des forts que les Anglais occupaient dans l'Ultonie, soutint pendant sept ans tous les efforts de·la reine d'Angleterre, et fut sur le point de rendre à l'Irlande son ancienne indépendance.

NICAISE (St), évêque de Reims au 5e S., fut martyrisé par les Vandales.— Il ne faut pas le confondre avec St NICAISE qui fut, dit-on, le premier archevêque de Rouen dans le 3e S., et souffrit également le martyre.

NICAISE (CLAUDE), antiquaire, né à Dijon en 1623, embrassa l'état ecclésiast., se rendit à Rome au commencem. du pontificat d'Alexandre VII, et visita Naples afin d'étudier les monuments antiq. De retour en France, il se démit d'un canonicat de la Ste-Chapelle de Dijon, le seul bénéfice qu'il eût possédé, se retira à Villey, près d'Is-sur-Tille, et ne cessa jusqu'à sa mort, en 1701, de s'occuper de l'accroissem. de sa biblioth. et d'un commerce épistolaire avec les sav. et les artistes qu'il avait connus en Italie. On a de lui un grand nombre d'écrits, parmi lesquels on distingue : *De nummo panteo Adriani imper.*, 1689, in-8. — *Dissertat. sur les Syrènes, ou Discours sur leurs forme et figure*, 1691, in-4, très rare. Un recueil des lettres adressées à l'abbé Nicaise, 5 vol. in-4, est conservé à la bibliothèque du roi.

NICANDER, médecin grec, né à Colophon, dans l'Ionie, mort un siècle avant l'ère chrét., écrivit en vers plusieurs ouvrages de matière médicale et de pharmacie, dont il ne reste plus que les poèmes intitulés : *Theriaca* et *Alexipharmaca*, imprimés séparément un grand nombre de fois, et insérés dans le *Corpus poetarum græcorum*, 1606 - 14, 2 vol. in-fol. Ils ont été traduits en latin par Lonicer, Cologne, 1531, in-4; en vers lat., par E. Cordus, Francfort, 1572, in-4; en franç., par J. Grévin, Anvers, 1567, 1568, in-4.

NICANOR (Bible), général des armées d'Antiochus-Epiphane, roi de Syrie, fut envoyé par ce prince en Judée pour s'opposer aux entreprises de Judas-Machabée. Vaincu dans un prem. combat, il périt dans une seconde action; et son corps ayant

été reconnu sur le champ de bataille, Judas lui fit couper la tête et la main droite, qui furent portées à Jérusalem vers l'an 142 avant J.-C.

NICANOR, grammair. d'Alexandrie, vivait sous l'emper. Adrien. Il avait composé plus. ouvrages, dont il ne reste plus que des fragments publ. par Villoison dans les *Anecdota græca*, Venise, 1781; 2 vol. in-4.

NICANOR. — V. SÉLEUCUS et DÉMÉTRIUS.

NICCOLAI ou NICOLAI (ALPHONSE), jésuite, né à Lucques en 1706, passa la plus gr. partie de sa vie à Rome et à Florence, se distingua dans l'explication des saintes Écritures par la pureté de son goût et l'élégance de son style, reçut le titre de théologien impérial sous l'emper. François II, le conserva sous Léopold, et mourut à Florence en 1784. Il a laissé : *Mémoire historiq. sur St Blaise, évêque et martyr*, 1762, in-4. — *Dissert. et leçons sur l'Écriture sainte*, 13 vol. in-4.— *Discours sur le sacré cœur de Jésus, et Panégyr. du B. Alexandre Sauli.* — *Pièces en prose dans les genres oratoire, scientifique et historique*, 5 vol. in-4. — *Entretiens sur la religion*, 1770, 8 vol. in-8 : tous ces ouvr. sont en ital.

NICCOLAI (JEAN-BAPT.), savant mathématicien, né à Venise en 1726, embrassa l'état ecclésiastiq., et fut pourvu de l'archiprêtré de Padernello : il ne cessa point pour cela de cultiver les mathématiq. avec beaucoup de zèle; mais son goût pour les innovations l'empêcha d'aller aussi loin qu'il l'aurait pu. Il mourut à Schio, dans le Vicentin, en 1793, laiss. plus. *Mém.* dans le *Rec.* de l'acad. de Padoue, dont il était membre, et : *Nova analysis elementa*, 1791, 2 vol. in-4.

NICCOLI (NICOLAS), savant ital., né à Florence en 1363, est l'un des prem. érudits de son pays qui se soient occupés de rassembler les MSs. des anc. auteurs : il employa à ses recherches une fortune considérable, qu'il avait héritée de son père, et à sa mort, en 1437, il laissa à la disposit. du publ. sa biblioth., composée de 800 vol., nombre considérable à cette époque. Cosme de Médicis lui avait acheté tous ses MSs., et les avait placés dans le monastère des dominicains de St-Marc. Niccoli n'a rien composé : il s'était contenté de copier ou de corriger de sa main un très grand nombre de MSs. Sa *Vie*, écrite par Gianozzo Manetti, se trouve dans le *Specimen histor. litter. florentinæ.*

NICÉPHORE (St), souffrit le martyre à Antioche sous l'emper. Valérien, vers l'an 260.

NICÉPHORE (St), patriarche de Constantinople, né dans cette ville vers 750, succéda à Taraise en 806, prit la défense du culte des images contre l'emper. Léon-l'Arménien, fut exilé par ce prince dans le monastère de St-Théodore, et y mourut en 828. On a de lui : *Breviarium historicum*, publié par le P. Petau, avec une vers. latine, 1616, in-8, réimprimé dans la collection de l'*Histoire byzantine*, et trad. en franç. par Cousin dans le tome III de son *Hist. de Constantinople.-- Chronographia brevis*, trad. en franç. par Anastase-le-Bibliothéc., et publ. à la suite de celle de Syncelle, Paris, 1652.

— *Stichometria librorum sanctorum*, impr. à la suite de la *Chronographie* et dans les *Critici sacri*, tome VIII. — *Antirrhetici*, pet. écrits contre les iconoclastes, dont quelques-uns sont trad. en latin dans la *Biblioth. des Pères*, dans l'*Auctarium* du P. Combefis, et dans les *Lectiones antiquæ* de Canisius. — 17 *Canons* dans le tome VII de la *Collection des conciles*; et d'autres opusc. inéd. dont on trouve la liste dans l'*Hist. des auteurs ecclés.* par D. Ceillier, tome XVIII.

NICÉPHORE Ier, empereur d'Orient, surnommé *Logothète*, parce qu'il avait rempli les fonctions de chancelier de l'empire (λογοθητος) avant de monter sur lé trône, était né dans la Séleucie au 8e S. Étant entré dans une conspiration contre Irène, il fut revêtu secrètement de la pourpre en 802, relégua l'impératrice dans l'île de Médelin (l'ancienne Lesbos), et fit crever les yeux au patrice Bardanes, bien que ce compétiteur à l'empire se fût soumis et eût demandé à s'enfermer dans un cloître. Il envoya des ambassad. à Charlemagne pour l'inviter à régler les limites des deux empires d'Orient et d'Occident, essaya vainem. de se soustraire au joug humiliant que lui avait imposé le khalyfe Aaroun-al-Raschid, ralluma, par la protection qu'il accordait aux sectaires, les querelles religieuses qui troublaient l'empire, dépouilla les églises de leurs trésors, et accabla d'impôts les provinces. En 811, il fit la guerre aux Bulgares qui désolaient la Thrace, et, surpris dans sa tente pendant la nuit, fut assassiné le 28 juillet de la même année. — NICÉPHORE II, surnommé *Phocas*, empereur d'Orient, né en 912, était fils du patrice Bardas, qui avait acquis une juste célébrité par ses exploits. Élevé dans les camps, il se signala dans tous les grades qu'il parcourut avant de ceindre le bandeau impér. Nommé généralissime des troupes pendant la minorité du fils de l'empereur Romain, il parut n'accepter qu'avec répugnance un titre qu'il avait brigué en secret; mais bientôt, appuyé par le clergé et feignant de céder au vœu général, il se laissa couronner empereur en 963. Il battit, par ses lieutenants, les Sarrasins en plusieurs rencontres, et leur enleva la Cilicie, l'île de Cypre et la Syrie. Ces conquêtes lui ayant fourni le prétexte d'augmenter les charges de l'état, il perdit l'affection de ses sujets, accablés d'impôts. Théophanon, son épouse, entretenant de coupables intelligences avec Jean Zimiscès, l'un des meilleurs génér. de l'empire, l'introduisit avec plusieurs assassins dans la chambre de l'emper., qui succomba sous les poignards le 11 déc. 969, après six ans de règne. Zimiscès fut immédiatement proclamé empereur. On a de Nicéphore II des médailles en or et en moyen bronze. — NICÉPHORE III ou BOTONIATE, empereur d'Orient, né dans le 11e S., passait pour être d'une ancienne et illustre famille de l'ancienne Rome. Il suivit de bonne heure la carrière des armes, parvint au commandement de l'armée d'Asie sous le règne de Michel Ducas, et se fit couronner emper. à Constantinople en 1078, après que les grands, séduits par ses largesses, eurent forcé ce même Michel à se retirer dans un monast.; il opposa avec succès Alexis Comnène à Bryenne, qui s'était fait élever à l'empire par les soldats de l'armée d'Illyrie; mais bientôt, sur des rapports mensongers de ses courtisans, et croyant la fidélité de son lieuten. suspecte, il résolut de le faire périr. Alexis, instruit du complot qui se tramait contre lui, se hâta d'en prévenir l'exécution, et se fit proclamer emper. Botoniate n'entreprit point de lutter contre ce nouveau compétit., se retira dans un cloitre en 1081, et y acheva ses jours obscurément. On ne connait de ce prince que des médailles d'or, qui sont fort rares.

NICÉPHORE, métropolitain de Kief avant 1121, était Grec d'origine, et s'était fixé en Russie l'an 1168. On connaît de lui un traité du *Carême et de la continence des sens*, imprimé dans la prem. partie des docum. publiés par la société d'hist. et des antiquités de Moscou. La biblioth. synod. de cette ville possède en MS. une *Épître* de Nicéphore *au gr.-duc Vladimir Vsevolodovitsch Monomaque, sur la séparat. des Églises d'Orient et d'Occident.*

NICÉPHORE-BLEMMIDAS, abbé du monastère du mont Athos, dans le 15e S., y avait établi une école qui a produit plusieurs personnages distingués. Ses talents étendirent sa réputat. dans tout l'Orient, et on lui offrit en 1256 le patriarcat de Constantinople; mais il refusa cette dignité pour continuer la direct. de son monastère. On ne connait pas l'époque précise de sa mort; on a de ce pieux abbé un grand nombre d'opuscules, dont on trouvera la liste dans la *Bibliotheca græca* de Fabricius, tome VI. Nous citerons seulement : *Ratio de compendiariâ arte disserendi et de astrolabio*, 1498, in-fol. — *De quinque vocibus, et cur sint quinque tantùm, neque plures neque pauciores*, 1542, in-8. — Une *Logique*, 1605, in-8. — Un *Abrégé de physique*, 1606, in-8. — Deux *Discours* sur la procession du St-Esprit, publiés avec la traduction d'Allatius à la fin du tome Ier de la continuat. des *Annales* de Baronius, par Rainaldi, etc.

NICÉPHORE-BRYENNE. — V. BRYENNE.

NICÉPHORE-CALLISTE, historien grec, vivait au 14e S., sous le règne de Paléologue-l'Ancien. Il prit l'habit monastique, et mourut, à ce que l'on croit, vers 1350, dans un âge avancé. Il avait composé une *Hist. ecclésiast.* en XXIII livres, dont il ne reste plus que les 18 premiers, qui s'étendent depuis la naiss. de J.-C. jusqu'à la mort de l'empereur Phocas, en 610. Ce n'est qu'une compilat. des hist. d'Eusèbe, de Socrates, de Sozomène, etc. Le seul MS. qu'on connaisse de cette histoire est à Vienne dans la bibliothèque impériale. Jean Lang en a donné une version latine, Bâle, 1553, in-fol., réimpr. plusieurs fois dans la même ville, trad. en français par G. Gillot, Paris, 1567, in-fol. Le texte grec a été publ. par Fronton-du-Duc, Paris, 1630, 2 vol. in-fol. On a de Nicéphore-Calliste plusieurs opuscules dont on trouve la liste dans la *Biblioth. græca* de Fabricius, t. VI.

NICÉPHORE-GRÉGORAS. — V. GRÉGORAS.

NICERON (JEAN-FRANÇ.), relig. minime, connu

par ses recherches sur l'optique, né à Paris en 1613, mort à Aix en 1646, a publié : *la Perspective curieuse, ou Magie artificielle des effets merveill. de l'optique par la vision directe*, 1638, in-fol. — *L'Interprétation des chiffres, ou Règle pour bien entendre et expliquer facilement toutes sortes de chiffres simples*, tirée de l'italien, et traduite en partie d'Ant.-Marie Cospi, 1641, in-8.

NICERON (Jean-Pierre), de la même famille, né à Paris en 1685, entra dans la congrégation des barnabites, professa pendant quelques ann. la rhétorique et les humanités dans différents colléges, abandonna l'enseignement pour se livrer tout entier à l'exécution de ses travaux littér., et mourut en 1738, laiss. un des ouvrages les plus utiles qui aient été publiés en France sur l'hist. littéraire : ce sont les *Mém. pour servir à l'histoire des hommes illustres de la républ. des lettres, avec un catal. raisonné de leurs ouvr.*, Paris, 1727-45, 43 vol. in-12. Il a trad. de l'ang. *le gr. Fébrifuge*, par Jean Hanckock, *ou Discours où l'on fait voir que l'eau commune est le meilleur remède pour les fièvres et pour la peste*, 1724, réimpr. sous le titre de *Traité de l'eau commune*, 1730, 2 vol. in-12. — *Voyages de Jean Ovington à Surate*, 1724, 2 vol. in-12. — *La Conversion de l'Angleterre au christianisme*, 1729, in-8. — Les *Réponses* de Woodward aux observations de Camérarius sur la géographie physique. L'*Éloge* de Niceron, par l'abbé Goujet, se trouve dans le 40e vol. de ses *Mém.*

NICET (Flavius), *Nicetius*, orateur et jurisconsulte des Gaules dans le 5e S., fut l'ami de Sidoine Apollinaire, qui fait de lui un grand éloge.

NICET ou NICÉTIUS (St), 25e évêq. de Trèves, né dans le Limousin, suivant les auteurs du *Gallia christ.* (cette opinion a été réfutée par D. Rivet, *Hist. littér. de la France*, tome III), destiné par ses parents à l'état cénobite, devint abbé d'un monastère, puis fut placé sur le siége de Trèves en 527. Exilé par Clotaire, il fut rendu à son église par Sigebert, assista aux conciles de Clermont, d'Orléans et de Paris, et mourut en 566. On a de lui 2 *Lettres*, l'une à l'empereur Justinien, l'autre à Clodesinde, reine des Lombards, insérées toutes deux dans les *Recueils* de Freher, de Duchesne, dans les *Collect.* des conciles et dans le *Spicilége* de D. Luc d'Achery ; 2 traités ascétiques : *de Vigiliis servor. Dei*, *et de psalmodiæ Bono*, dans le *Spicilége* de d'Achery. — Nicet (St), 23e évêque de Besançon, jouit de toute la confiance du pape St Grégoire-le-Grand, fut l'ami de St Colomban, qu'il déroba aux fureurs de Brunehaut, en le tenant caché quelque temps à Besançon, et mourut vers l'an 612. Sa *Vie* est impr. dans le *Recueil des bollandistes*.

NICÉTAS (St), né à Césarée en Bythinie, abbé du monastère des acémètes sur le mont Olympe, mort en 824, fut persécuté, sous le règne de Léon l'Arménien, à cause de son zèle pour le culte des images.

NICÉTAS (David), écriv. grec du 9e S., né en Paphlagonie, est auteur d'une *Vie de St Ignace, patriarche de Constantinople*, trad. en lat. par Fré-

déric Mutius, et par le P. Matthieu Rader (Ingolstadt, 1604). On connaît encore de lui des *Panégyriques* des apôtres et d'autres saints, recueillis dans la dern. continuat. de la *Biblioth. des Pères*, par Combefils.

NICÉTAS-ACOMINIATUS ou CHONIATE, parce qu'il était de Chone en Phrygie, exerça plus. emplois distingués à la cour de Constantinople vers la fin du 12e S. A la prise de cette ville par les croisés en 1204, il se retira à Nicée, où il mourut en 1216. On a de lui des *Annales*, en XXI liv., qui commencent à la mort d'Alexis Comnène en 1118, et finissent au règne de Baudouin. Elles ont été publiées avec une *version* lat. par Jérôme Wolf, Bâle, 1557, in-fol. — Une nouv. édit., revue et corrigée par Annib. Fabrot, fait partie de l'*Hist. byzantine*. Cette *Hist.* de Nicétas a été trad. en français par le présid. Cousin. On a encore de cet historien : un *Discours sur les monum. détruits ou mutilés par les croisés*, publ. avec une *vers. lat.* par Banduri, dans la 3e partie de l'*Imperium orientale*, et dans la *Biblioth. græca* de Fabricius, trad. en franç. par le comte d'Hauterive, dans la nouv. édit. de l'*Hist. du Bas-Empire*, t. XII. — *Orthodoxæ fidei lib. XXVII*, dont quelq.-uns seulement ont été trad. en latin, d'après un MS. du mont Athos, acquis par J. de St-André, doyen de Carcassonne. Le P. de Montfaucon a publ. les *Sommaires* du 27e liv., avec une *version* lat., dans sa *Palæographia græca*.

NICÉTAS-EUGÉNIANUS, écriv. grec du 12e S., n'est connu que par un *roman* en vers, intitulé : *Les amours de Dorile et Chariclée*, dont la publication, 1819, 2 vol. in-12, est due aux soins de M. Boissonade, l'un de nos plus sav. philologues. Le 1er vol. contient le *texte* d'Eugénianus, la *vers.* latine en regard, et les *Fragments* du roman de Constantin Manassès, publ. aussi pour la première fois ; le 2e renferme le *commentaire* de l'éditeur. Le *Journal des savants*, mai 1820, p. 270, donne des détails sur l'ouvr. de Nicétas et sur le travail de son traducteur.

NICÉTAS-SERRON, diacre de l'église de Constantinople au 11e S., puis évêque d'Héraclée, est aut. d'une *Chaîne des PP. grecs sur le livre de Job*, Londres, 1637, in-fol., grec et latin ; d'une autre sur *les Psaumes et le Cantique des Cantiques*, Bâle, 1552 ; de *Commentaires* sur une partie des *OEuvres* de St Grégoire de Nazianze, etc.

NICHOLSON (William), habile chim. et physic., l'un des prem. qui aient reconnu l'action chimique de la pile galvanique, né à Londres en 1753, embrassa la carrière du commerce, puis il la quitta pour se livrer à l'étude des sciences, et ouvrit à Londres, en 1775, une école qu'il dirigea pendant quelq. années avec le plus gr. succès. On lui doit plus. invent. mécacaniq. qui lui font le plus grand honneur, entre autres l'*Aréomètre*, qui porte son nom ; mais l'exécut. de ces instruments ayant dérangé sa fortune, il fut mis en prison pour dettes. Il mourut à Londres en 1815, laiss. un gr. nombre d'ouvr., parmi lesq. on distingue : *Introduction à la philosophie naturelle et expérimentale*, 1781, 2 vol. in-8. — *Prem. principes de chimie*, 1789, in-8. — *Dictionnaire de chimie*, 1795, 2 vol. in-4. — *Journal de philosophie naturelle, de chimie et des arts*, 5 vol. in-4, de 1797 à 1800, etc.

NICIAS, célèbre général athénien, ayant eu la gloire de terminer la guerre du Péloponèse, fut chargé avec Eurymédon et Démosthène du commandement de l'armée que la république envoya contre la Sicile. Les trois généraux assiégèrent en vain Syracuse pendant plus de deux ans; enfin, voyant leurs troupes découragées, ils résolurent de se retirer. Après avoir tenté sans succès de s'échapper par mer, ils furent obligés de chercher à se frayer sur terre un chemin, qui leur fut également fermé. Nicias se rendit, avec son collègue Démosthène, à condition qu'on leur laisserait la vie, et qu'on ne les retiendrait pas dans une prison perpétuelle. On le leur promit, et cepend. on les fit périr l'an 413 av. J.-C. Athènes pleura surtout Nicias, capitaine aussi prudent que brave. — On connaît un autre NICIAS, grammairien, ami de Pompée et de Cicéron, qui en parle avec éloge dans deux lettres.

NICIAS, peintre grec, l'un des plus habiles de son temps, florissait vers la 112e olympiade, 332 ans av. J.-C. On cite comme ses plus beaux ouvr. : une *Pythonisse évoquant les ombres*, dont Ptolémée offrit 60 talents; ses tableaux d'*Io*, de *Calypso*, d'*Andromède;* un *Alexandre*, qui ornait les portiques de Pompée à Rome; un *Bacchus*, placé dans le temple de la Concorde, et un *Hyacinthe*, qu'Auguste avait fait transporter d'Alexandrie à Rome.

NICIUS-ÉRYTRÆUS. — V. ROSSI.

NICOCLÈS, roi de Paphos, abandonna, pour le parti d'Antigone, celui de Ptolémée, roi d'Égypte et fils de Lagus, sous la protection duquel il avait régné jusqu'alors. Ptolémée chargea quelq. officiers qu'il avait en Chypre de le faire périr. Ceux-ci pressèrent vivem. Nicoclès de les prévenir par une mort volontaire. C'est le parti qu'il prit. La reine, après avoir donné le coup mortel à ses filles, se tua, non sans avoir exhorté les princesses, ses belles-sœurs, à suivre son exemple. La mort de ces dernières fut suivie de celle de leurs époux, qui mirent d'abord le feu aux quatre coins du palais. Cette horrible tragédie se passa en Chypre, l'an 310 avant J.-C. (*v.* Diodore de Sicile, liv. XX.) — NICOCLÈS, fils et successeur d'Évagoras, roi de Chypre et de Salamine, est celui auq. Isocrate a adressé ses deux discours intitulés *Nicoclès*.

NICODÈME, un des principaux chefs de la secte pharisaïque chez les Juifs, visita plus. fois J.-C., crut en sa mission divine, et se fit baptiser par ses disciples. Cette conduite l'ayant rendu odieux aux autres chefs, il fut déposé de sa dignité de prince ou sénat. des Juifs, se réfugia chez Gamaliel, son oncle, et mourut peu de temps après. L'Église honore sa mémoire, comme confesseur de la foi, le 5 août, ainsi que celle de Gamaliel. Des écrits attribués à St Justin et à Tertullien, citent un *évan-*

gile de Nicodème, et on a, en effet, sous son nom et sous celui de Joseph d'Arimathie, un *Évangile de la passion*, imprimé en latin, Leipsig, 1516, in-4, dans le *Codex apocryphus Novi Testam.*, de J.-A. Fabricius, etc., etc., et réimpr. plus. fois dans les 16e et 17e S. Une inscription mise en tête de cet Évangile porte qu'il a été découvert sous Théodose-le-Grand, ce qui a donné lieu de penser qu'il aurait été écrit au plus tôt sous le règne de ce prince. Le texte grec se conserve MS. dans plusieurs biblioth. Voltaire en a donné une version française à la suite de sa *Bible enfin expliquée;* mais il a manqué le but qu'il se proposait, puisque cet Évangile est reconnu pour apocryphe.

NICOLAI (JEAN), savant et laborieux philologue saxon, né vers 1660, visita une partie de l'Allemagne et de la Hollande, fut nommé, en 1700, profess. d'antiquités à l'acad. de Tubinge, et mourut dans cette ville en 1708. La liste de ses ouvrages se trouve dans la *Biblioth. antiquar.* de Fabricius; les principaux sont : *Demonstratio quâ probatur gentilium theologiam, deos, sacrificia, ex fonte scripturæ originem traxisse*, Helmstadt, 1681, in-8. — *De sepulchris Hebræorum libri IV, in quibus variorum populorum mores proponuntur*, Leyde, 1706, in-4. — *Tractatus de Mercurio et Hermis, seu statuis mercurialibus*, Francfort, 1687, in-12. — *De ritu antiquo, hodierno, bacchanalium commentatio*, Marpurg, 1696, in-8. — *Tractatus de siglis veterum*, Leyde, 1703, in-4. — *Antiquitates eccles. in quibus mores christianorum veterum ostenduntur*, Tubinge, 1703, in-12, etc. On lui doit aussi des édit. de différents ouvr., relatifs aux antiquités, et des *Notes* sur les *Mœurs des Israélites*, de Fleury, 1740, in-8.

NICOLAI (JEAN), conseiller au parlem. de Toulouse, avait accompagné Charles VIII à Naples et y avait été laissé avec le titre de chancelier du royaume. Après son retour en France, il fut nommé, en 1506, premier présid. de la cour des comptes, charge qui passa, en 1636, à un de ses descend. en ligne directe, et se conserva de générat. en générat. dans la même famille. — Jean-Aimar NICOLAÏ, marié en secondes noces à Françoise-Élisabeth de Lamoignon, sœur du chanc., avait d'abord suivi la carrière des armes et s'était signalé par sa valeur à la prise de Valenciennes en 1677. Louis XIV lui fit quitter le service pour remplacer son père dans la prem. présid. de la chambre des comptes. C'est lui qui fut chargé de la tutelle de Voltaire et de son frère ainé, par leur père, qui craignait que tous ses biens ne se perdissent en prodigalités. — Aimar-Jean, son fils, né en 1709, devint à son tour prem. présid., et épousa une demoiselle de Vintimille dont il eut 1° Aimar-Charles-François, appelé le marquis de Nicolaï, né à Paris en 1737, d'abord colonel de la légion royale, puis premier présid. du gr. conseil de 1776 à 1788; mis à mort le 28 avril 1794; 2° Aimar-Charles-Marie, né en 1747, nommé en 1768 prem. présid. de la cour des comptes, se signala par les remontrances qu'il fut chargé de porter aux pieds de Louis XVI, dans des circonstances import., fut nommé à l'Acad. franç., en remplacement du marq. de Chastellux, et périt sur l'échafaud 3 mois après son frère aîné et 2 jours avant son fils, le 7 juillet 1794. — Antoine-Chrétien, chevalier de Malte, frère de Aimar-Jean, né en 1712, connu d'abord sous le nom de chevalier de Nicolaï, mourut maréchal de France. — Il avait un frère évêque de Verdun. — Renée de NICOLAÏ, femme du prem. présid. Mathieu Molé, morte en 1641, est connue par son *Éloge* impr. sous le titre de *Lettres funèbres sur la mort de la présidente Molé*, par le P. Léon de St-Jean, carme déchaussé, Paris, 1653, in-12.

NICOLAI (GUILLAUME), littérateur, né à Arles en 1716, remporta à l'âge de 19 ans le prix proposé par l'acad. des inscript. sur les connaissances géographiques des anciens du temps d'Alexandre, fut encore couronné l'année suiv. par la même compagnie qui le reçut comme associé, composa une longue suite de Mémoires historiq. et géographiques sur le fleuve du Rhône et la province de Languedoc, fournit à l'acad. quelq. mém., parmi lesq. on remarq. celui qui a rapport à la vie et aux ancêtres d'Alexandre Molossus, roi d'Épire, et mourut en 1788, dans sa ville natale, où il remplissait dep. plus. années des fonct. municipales.

NICOLAI (ERNEST-ANTOINE), sav. médecin, né à Sondershausen en 1722, fit ses études à l'univ. de Halle, la plus célèbre de l'Allemagne à cette époque, puis fut nommé conseiller du roi de Prusse, profess. extraordin. et enfin profess. et doyen de l'université d'Iéna. Il mourut en 1802 avec la réputat. d'un des hommes les plus vertueux et les plus érudits de son temps. On a de lui un gr. nombre de thèses et de mémoires dont on trouve la liste dans les bibliographies de l'Allemagne, et plus. ouvr. parmi lesq. on distingue sa *Pathologie*, en 9 vol., commencée en 1769, et finie en 1784 ; et ses *Recettes et méthodes curatives*, en 5 vol., 1798, 3e édit.

NICOLAI (CHRISTOPHE-FRÉDÉRIC), libraire et auteur, né à Berlin en 1733, mort dans cette ville en 1811, montra beauc. d'ardeur pour l'étude, acquit des notions au moins superficielles dans toutes les parties, et fut associé des académies de Munich, de Berlin et de Pétersbourg. Ses grandes entreprises littéraires, telles que *Lettres concernant la littérature moderne* ; *Biblioth. des belles-lettres* ; et *Biblioth. allemande universelle*, ont eu beauc. d'influence en Allemagne. Il a composé un grand nombre d'écrits sur la politique, les sociétés secrètes, la poésie, l'hist. des arts, la philosophie, la biographie, la théologie, et même des romans ; les principaux sont : *Description de Berlin et de Potsdam*, 3e édition, 1786, abrégé sous le titre de *Guide de Berlin*, trad. en franç. par Mila. — *Vie et opinions de Sebolde Nothanker*, maître d'école, 4e édit., 1799, 3 vol. in-8, fig.; ce roman philosophique eut un gr. succès et fut traduit en français, en hollandais, en danois et en suédois. *Relation d'un voyage fait en Allemagne et en Suisse dans l'année* 1781, avec des remarques sur l'état des sciences, de l'industrie, de la religion et des mœurs, 3e édit., 1788-96, 12 vol. in-8. — *Anecdotes caractéristiques du roi Frédéric II*, 1788-92, 6 cahiers. — *De mon éducation scientifique, de mes connaissances relatives à ma philosophie critique, de mes écrits qui la concernent, et de Kant, Erhard et Fitche*, 1799. — *Recherches historiques sur l'usage des cheveux postiches et des perruques dans les temps anciens et modernes*, 1801, avec 17 pl. conten. 66 fig., trad. en franç. (par Jansen), 1809, in-8. — *Dissertat. philosophiques.*, 1808, t. 1er. Sa *Vie* et ses *OEuvres posth.* ont été publ. par M. G. de Gockinghe, 1820, in-8.

NICOLAI (NICOLAS-MARIE), audit.-général de la chambre apostoliq. et secrét. de la congrégat. économique, né à Rome en 1756, mort le 18 janvier 1833, fut d'abord employé de la Rote. Pie VI le chargea de veiller aux intérêts du trésor dans les trav. des marais Pontins. En 1806, il devint commissaire de la chambre apostolique. Pendant l'occupation des états pontificaux par les Français, la consulte extraordin. le nomma sous-préfet de Viterbe ; mais il refusa de prendre part à l'administration impér. Lorsque Pie VII fut remis en possession de ses états, il le fit clerc de la chambre et présid. de l'anneau. Léon XII le fit audit.-général, et le chargea d'inspecter les travaux de l'armée à Tivoli. Homme instruit et capable, il aimait la conversation des gens de lettres ; il était lui-même présid. de l'acad. archéologique. Parmi ses ouvr. on cite : *Des améliorations du territoire pontin*, 1800, in-fol. — *De la basilique de St-Paul*, 1815, in-fol. — *De la basilique du Vatican et de ses priviléges*, 1817, in-fol. — *Éloge du cardinal Lante*. —*Des lieux autrefois habités et aujourd'hui déserts dans la campagne de Rome*. Cet ouvrage n'est pas terminé. Nicolaï s'était beaucoup occupé de recherches sur l'hist. de son pays.

NICOLAI (NICOLAS de). — V. NICOLAY.

NICOLAS Ier, dit *le Grand*, fils de Théodore, et diacre de l'église de Rome, sa patrie, fut élu pape après Benoît III, en 858, et mourut en 867. Son zèle et sa fermeté à défendre les prétentions du siége de St Pierre lui ont valu une place dans le *Martyrologe*. En 860 il envoya des légats à Constantinople pour examiner l'affaire de St Ignace, et frappa d'anathème Photius. Ce fut là l'origine du schisme qui subsiste encore entre l'Église grecq. et l'Église latine. Les évêques de France montrèrent peu d'égards pour ses censures ; mais il trouva plus de docilité dans Bogoris, roi des Bulgares, qui embrassa la relig. chrétienne avec une partie de ses sujets, en 865. On a de Nicolas 100 *Lettres* sur divers points de morale et de discipline, recueillies à Rome en 1542, in-fol., et insérées dans la collection des conciles. — NICOLAS II (Gérard de BOURGOGNE, pape sous le nom de), fut d'abord évêque de Florence. Élevé sur le siége de Rome en 1058, il fut couronné l'année suivante. Il eut un compétiteur, Jean, évêque de Veltri, connu sous le nom de Benoît X, qu'il fit déposer par les évêques de Toscane et de Lombardie. Il fit un traité avec les

Normands, leva l'anathème qu'ils avaient encouru, et se fit restituer par eux les domaines de l'Église; mais aussi Richard, l'un de leurs chefs, fut confirmé dans la principauté de Capoue, et Robert Guiscard fut maintenu dans le duché de la Pouille et de la Calabre, et vit légitimer ses prétentions sur la Sicile. Cependant, comme ce fut à titre de vassal du pape, Fleury pense que telle fut l'origine de la suzeraineté du St-siège sur le royaume de Naples. Nicolas, qui avait conservé l'évêché de Florence pendant son pontificat, mourut dans cette ville en 1061. On trouve de lui 4 *Lettres* dans la collection des conciles (*v.* les *Scriptores rerum italicar.* de Muratori, tome III, partie 1re, et l'*Histoire littér. de la France*, tome VII). — NICOLAS III (Jean-Gaëtan ORSINI, pape sous le nom de), succéda à Jean XXI en 1277, et mourut en 1280. Il montra beaucoup de zèle pour les intérêts temporels du St-siège, se fit rendre par l'empereur Rodolphe Imola, Bologne, Faenza et plus. autres villes de l'état ecclésiastiq., et obligea le roi de Sicile, Charles d'Anjou, de renoncer au vicariat de l'empire en Toscane, ainsi qu'au titre de patrice de Rome. Il voulut jouer le rôle de médiateur entre le roi de Castille et le roi de France, Philippe-le-Hardi, et ne fut pas plus heureux que dans ses négociations avec l'emper. d'Orient, Michel Paléologue, pour la réunion des deux Églises. — NICOLAS IV (Jérôme d'ASCOLI, pape sous le nom de), fut élu tout d'une voix et au premier scrutin, en 1288, après Honorius IV. Il avait été général de l'ordre des Frères mineurs, qu'il ne tarda pas à combler de ses bienfaits. On remarqua en lui un penchant singulier à favoriser le parti gibelin, ennemi des papes, et un zèle pour la relig. qu'il manifesta par l'envoi de mission. jusqu'en Chine, et par d'inutiles efforts pour ranimer l'esprit des croisades. Il mourut en 1292. Sa *Vie*, par Jérôme Rubéo, a été publ. en latin par le P. A.-F. Mattéi, Pise, 1761, in-8. Plus. de ses *Lettres* ont été publiées par Bzowius et Wading. — NICOLAS V (Thomas PARENTUCELLI ou de SARZANE, pape sous le nom de), succéda à Eugène IV en 1447, et mourut en 1455. Il eut le bonheur d'obtenir l'abdicat. de l'anti-pape Félix, et de finir ainsi le schisme qui désolait l'Église dep. plusieurs années. Il forma le projet de réunir les princes chrétiens contre les Turks, dont les succès croissants alarmaient l'Europe entière, et, pendant qu'il envoyait en Allemagne un légat pour publier des indulg. et solliciter des secours pécuniaires, il faisait les instances les plus vives auprès des Grecs, pour les déterminer à recevoir les décrets du concile de Florence. Sa plus gr. gloire est d'avoir embelli Rome d'édifices magnifiques et d'avoir recueilli les MSs. les plus précieux, grecs et latins, pour enrichir la bibliothèque du Vatican, dont on peut le regarder comme le fondat. Sa *Vie*, par Giannozzo Manetti, a été publiée par Muratori. Le prélat Giorgi en a donné une autre en 1742.

NICOLAS V, anti pape. — V. CORBIÈRE (Pierre de).

NICOLAS, roi de Danemarck, 7e fils de Suénon II, succéda en 1104 à son frère Éric 1er, au pré-

judice de ses neveux, gagna d'abord l'affection de ses sujets par la douceur de son caractère, et repoussa les Slaves qui infestaient ses frontières. Mais bientôt, s'abandonnant à l'indolence, il laissa ravager les côtes du royaume par Harald, l'aîné de ses neveux, se rendit odieux à ses sujets en faisant périr le roi des Slaves, Canut, son neveu, dont il redoutait l'influence, fut forcé d'abdiquer après la perte d'une bataille livrée à Fodvick en Scanie l'an 1134, et périt la même année, assassiné par les amis de Canut.

NICOLAS (AUGUSTIN), littérateur, né à Besançon en 1622, suivit d'abord la carrière des armes, fit plus. campagnes en Italie, et se trouvait à Naples au moment de la sédit. de Mazaniello. Devenu secrétaire du cardinal Trivulce, il aurait pu assurer sa fortune en embrassant l'état ecclésiastiq., mais il préféra passer en Espagne, où il s'occupa des intérêts du duc de Lorraine, Charles IV, prisonnier à Tolède, qui, ayant recouvré sa liberté à la paix des Pyrénées, le nomma conseiller-d'état et son résident à Madrid. Il quitta ces fonctions pour revenir dans sa patrie avec le titre de maître-des-requêtes au parlement de Dole. La conquête de la Franche-Comté, en 1668, lui fit perdre cette place, qui ne lui fut rendue qu'après la paix de Nimègue. Plus tard il fut tranféré à Besançon, et mourut dans cette ville en 1695. Il était membre de l'académie des Arcadiens et de celle de la Crusca. Ses principaux ouvrages sont : *Historia dell' ultima rivoluzione del regno di Napoli*, Amsterd., 1660, petit in-8. — *Parthenope furens*, Lyon, 1668, ou Paris, 1670, in-4, poème divisé en V liv., dont le sujet est la révolte de Mazaniello. — *Discours et relation véritable sur le succès des armes de la France dans le comté de Bourgogne*, 1673, in-4. — — *Dissertation morale et juridique, si la torture est un moyen sûr à vérifier les crimes secrets* (dédiée à Louis XIV), Amsterdam, 1681, petit in-8; trad. en latin, Strasbourg, 1697, in-8.

NICOLAS-DAMASCÈNE, ainsi surn. de Damas, sa patrie, histor., poète et philosophe, né vers l'an de Rome 680 (74 avant J.-C.), d'un père riche et puissant, fut élevé avec le plus grand soin, et fit de rapides progrès dans les lettres. A peine sorti de l'école, il composa des tragéd. qui furent jouées avec succès. Il s'appliqua ensuite à la rhétorique, cultiva en même temps la musique, les mathém. et la philosophie, et adopta le système d'Aristote. Lié d'amitié avec Hérode, roi de Judée, il accompagna ce prince dans un voy. qu'il fit à Rome pour apaiser Auguste, prévenu contre lui. Le philosophe parvint à justifier le prince, et se concilia la bienveillance particulière de l'empereur. Après la mort d'Hérode, Nicolas contribua par son crédit à faire partager la Judée entre Archélaüs et Antipas. On ignore l'époque de sa mort. Il avait écrit des *mémoires* de sa vie, dont il nous reste des fragments assez étendus. L'abbé Sévin en a inséré les principaux traits dans ses *Recherches* sur l'histoire de la vie et des écrits de Nicolas de Damas (*Mémoires de l'acad. des inscriptions*, tome IX). Nicolas avait encore composé beaucoup d'autres ouvrages. Les fragments qu'on a de son *Histoire universelle* ont été publiés par Henri de Valois dans son recueil : *Excerpta ex collectaneis Constantini Augusti Porphyrogenetæ*, gr.-lat., 1634, in-4. Coray a donné le texte le plus correct de ces *Fragments* dans son *Prodromos biblioth. græcæ*, 1805, in-8. Les fragments de la vie d'Auguste (*De institutione Augusti*) ont été publiés par J.-A. Fabricius, à la tête de l'ouvrage intitulé : *Augusti temporum notatio ; Genus et scriptorum fragmenta*, Hambourg, 1727, in-4. — Trois patriarches du nom de Nicolas ont occupé le siége de Constantinople. Leurs *Vies* n'offrent point de particularités remarquables.

NICOLAS DE PISE, sculpteur et archit., connu aussi sous le nom de *Maitre Nicolò dell' Arca*, né à Pise au 13e S., reçut les prem. principes de son art de quelques sculpteurs grecs employés à la décoration du dôme de Pise, les surpassa bientôt, et fut regardé comme le plus habile sculpteur de son siècle. Après avoir été employé par les papes et les princes italiens pour la construction d'une foule d'édifices, dont on trouve la liste détaillée dans la *Pisa illustrata* de Morrona, il mourut comblé d'honn., dans un âge très avancé, à Sienne, vers 1270. On trouve une *Notice* sur sa vie, par Vasari, dans les *Vite de' più eccellenti pittori*, etc., liv. Ier. Parmi les monum. les plus remarquables dont il a embelli sa patrie, on distingue le clocher des Augustins et la chaire en marbre du baptistère, décorée de bas-reliefs, dont l'un des principaux, le jugem. dernier, porte son nom et la date de 1260. On regarde comme son chef-d'œuvre en sculpt. le tombeau de St Dominique à Bologne, embelli d'un gr. nombre de bas-reliefs, dont les sujets sont tirés de la vie du saint.

NICOLAY (Nicolas de), voyageur dauphinois, né en 1517 à La Grave en Oysans, sortit de son pays à l'âge de 25 ans pour aller au siége de Perpignan ; il voyagea ensuite pendant seize ann., servit dans les armées de terre et de mer de la plupart des pays de l'Europe-Occidentale qu'il parcourut, fut nommé à son retour géographe ordinaire et valet-de-chambre du roi Henri II, et mourut en 1583 à Soissons, où il était commissaire d'artillerie. On a de lui : *l'Art de naviguer*, traduit de l'espagnol de Pierre de Medina, et augm. d'observations et de dessins, Lyon, 1554, Rouen, 1577, in-4. — *Les quatre premiers livres des navigations et pérégrinations orientales, avec les figures et les habillem. au naturel tant des hommes que des femmes*, Lyon, 1568, in-fol.; réimpr. sous le titre de *Navigations et pérégrinations, contenant*, etc., Anvers, 1576 ou 1577, in-fol., et 1586, in-4; traduit en allemand, Nuremberg, 1572, in-fol., fig., et Anvers, 1576, in-4; en italien, par Fr. Flori, Anvers, 1576, in-4, fig., et Venise, 1580, in-fol., fig.; enfin en flamand, Anvers, 1576, in-4.— *La Navigat. du roi d'Écosse Jacques V du nom autour de son royaume et des îles Hébrides et Orcades, recueillie et rédigée en forme de description hydrographiq.*, Paris, 1583, in-4, figures.

NICOLE (Claude), poëte franç., né à Chartres en 1611, conseiller du roi et présid. de l'élection de Chartres, mort dans cette ville en 1686, est auteur d'une paraphrase de l'*Enlèvement de Proserpine*, par Claudien; d'une traduction en vers franç. du poëme de Santeul : *Bibliotheca Thuano-Menarciana, carmen;* de poésies sacrées, de poésies érotiques, etc. Le rec. de ses *OEuvres* parut en 1660, 2 vol. in-12, dédié au roi, et réimpr. en 1695 avec des augmentations. — Nicole (Jean), son cousin, avec qui on l'a quelquefois confondu, avocat et juge official à Chartres, a publié une traduction des *Déclamations* attribuées à Quintilien, Paris, 1642, et laissa MSs. des poésies que jeta au feu son fils, dont l'art. suit.

NICOLE (Pierre), célèbre moraliste, né à Chartres en 1625, enseigna les belles-lettres pend. plusieurs années dans les écoles de Port-Royal ; il vint à Paris en 1655 pour travailler sous la direction du docteur Arnauld, et fit en 1658 un voyage en Allemagne dans les intérêts du jansénisme, dont cependant il n'adoptait pas toutes les opinions. Les persécutions auxquelles se trouvèrent exposés ses amis de Port-Royal le décidèrent à sortir de France, où il ne se croyait plus en sûreté. Il se retira d'abord à Bruxelles en 1679, puis à Liége ; mais enfin il obtint, par l'intervention de l'archevêq. de Harlay, la permission de revenir à Chartres, puis de se fixer à Paris, où il mourut en 1695. Sa *Vie*, par l'abbé Goujet, est suivie de la liste très étendue de ses ouvrages ; les principaux sont : *Epigrammatum delectus, cum dissertat. de verâ pulchritudine*, 1659, in-12.—*Les Imaginaires et les visionnaires, ou Lettre sur l'hérésie imaginaire*, Liége, Beyers, 1667, 2 vol. pet in-12, jolie édit. très recherchée. — *La perpétuité de la foi de l'Église catholiq. touchant l'eucharistie*, défendue contre le ministre Claude, 1669-72-76, 3 vol. in-4 (les tomes IV et V, publiés en 1711 et 1713, sont de l'abbé Renaudot). — *Essais de morale et instructions théologiques*, 1671 et ann. suiv., 25 vol. in-12, réimpr. en 1741 et 1744. On doit à l'abbé Cerveau l'*Esprit de Nicole*, 1765, in-12, ouvr. bien supér. aux *Pensées* recueillies sans ordre par Mersan, 1806, in-18.

NICOLE (Franç.), savant géomètre, né à Paris en 1683, se fit connaître dès l'âge de 19 ans par la solution d'un problème sur la rectificat. de la cissoïde (*Journ. des savants*, 1703, p. 158), présenta successivement à l'acad. 26 mém., qui ont été insérés dans le rec. de cette compagnie, et mourut en 1758. Son *Éloge*, par Fouchy, est impr. dans l'*Hist. de l'acad.*, année 1758. Ses mémoires les plus intéress. sont ceux qu'il publia sur le *Calcul des différences finies* (1717) ; sur la *Théorie des lignes du 3e ordre*, et sur une *Méthode pour découvrir l'erreur de toutes les prétendues solutions du problème de la quadrature du cercle*.

NICOLE (Nicolas), architecte, né à Besançon en 1701, mort en 1784, mérita la confiance des intendants qui se succédèrent dans l'administration de la Franche-Comté, et fut consulté sur tous les projets d'embellissem. et de construction exécutés de son temps. Il construisit l'église du *Refuge* à Besançon, commença celle de Ste-Madelaine dans la même ville, et donna le plan de la collégiale de *Ste-Anne* à Soleure. Dans les dern. années de sa vie, il avait inventé et exécuté un *fusil* qui se chargeait par la crosse, et dont la batterie mobile procurait 8 détonations.

NICOLEF (Nicolas-Pétrovitsch), poète russe, né en 1758, mort en 1816, fut élevé dans la maison de la princesse Daschkof, servit dans la garde russe, et se retira avec le grade de major. Ayant perdu la vue, il chercha des consolat. dans la culture des lettres. La tragéd. en 5 actes de *Surena*, son meilleur ouvr., impr. en 1781, lui ouvrit les portes de l'académie russe.

NICOLEAU (Pierre), littérat., né à St-Pé (Bigorre) en 1734, professa d'abord avec distinction la rhétorique à Toulouse pendant 18 ans, et remporta plus. prix à l'acad. des Jeux-Floraux. Il établit ensuite à Angers une maison d'éducation pour la jeune noblesse. En 1784, il quitta l'enseignement et vint à Paris, dans l'intention d'y jouir tranquillement du fruit de son travail; mais la révolution l'arracha au repos. Après avoir rempli successivement les fonctions d'électeur, de membre du conseil de la commune, d'officier municipal, et enfin de président de l'administration centrale, il finit par être nommé bibliothécaire de la ville de Paris, et conserva cette place jusqu'à sa mort en 1810. On a de lui : *Épître, ou Instruct. de la reine Christine aux souverains*, 1770, in-8. — Deux discours académiques, dont l'un tend à *déterminer ce qu'il y a de fixe et d'arbitraire dans le goût*, 1770, in-8.—Des *Stances philosophiq.*, couronnées en 1771 par l'acad. de Rouen, 1772, in-8. — Des *Élém. du calcul numérique et algébrique*, in-12.

NICOLLE (Gabriel-Henri), né à Fresquienne (pays de Caux), en 1767, de cultivateurs aisés, fut envoyé à Paris au collège de Ste-Barbe, où il avait été précédé par un frère aîné qui était alors un des prem. élèves de cette maison, et qui depuis rendit de gr. services à l'instruction publique. Henri se destinait comme son frère Charles à l'éducation de la jeunesse, lorsque la révolut., en détruisant tous les établissem. universit., renversa les projets des deux frères. L'aîné, obligé, en qualité de prêtre, de quitter sa patrie, alla chercher en Russie des moyens de se rendre utile, et il a laissé à Pétersbourg et à Odessa des monum. durables de son zèle et de ses lumières. Le cadet, resté à Paris, s'associa avec quelques amis de collège pour lutter, la plume à la main, contre les oppresseurs sous l'autorité desquels gémissait alors la France. Dans sa préface de l'*Hist. de la révolut.*, M. Lacretelle cite le nom de Nicolle à côté de ceux de MM. Bertin, Dussault, Fiévée. Plus. journ. sortirent de cette courageuse coalition, tous rédigés dans un but que les auteurs prenaient à peine le soin de dissimuler. Aussi, aux époques les plus désastreuses de la révolut., au 10 août, au 21 janv., aux jours qui précédèrent le 9 thermidor, au 13 vendém., Nicolle et ceux qu'on appelait ses com-

plices furent-ils enveloppés dans une semblable proscription. Nicolle eut l'adresse ou le bonheur de ne payer son dévouement que de la perte de sa liberté. Affranchi de ses liens il dirigea ses vues vers le commerce de la librairie, et conçut le projet de faire tourner au profit de l'instruct. les entreprises commerciales auxquelles il se livrait. La confiance et la facilité de Nicolle étaient extrêmes; il en fut victime. Dès cette époque, il songea à se retirer des affaires pour reprendre, avec la dignité qui convenait à son âge, la profession à laquelle sa jeunesse avait été, dès l'origine, destinée. Il existait à Paris une institution formée par d'anc. élèves de Ste-Barbe; Nicolle supposa que le nom seul de l'établissem., appuyé de son zèle et de la collaboration de quelq. vieux camarades, suffirait pour lui rendre son anc. splendeur. Au bruit de la restauration d'une maison qui lui était toujours chère, l'abbé Nicolle accourut du fond de la Russie-Méridion., et se joignit à son frère : de cette double coopération sortit une maison qui en peu d'années conquit l'estime de l'université et la confiance de 400 familles. Nicolle, heureux dans son intérieur, pouvait se promettre un long et brillant avenir; mais une maladie l'enleva le 8 avril 1828. Comme libraire-éditeur, il a donné une immense collect. de livres classiq., connus sous le nom d'*Éditions stéréotypes*, remarquables par leur extrême correction. Il conçut le prem. le plan de la *Biblioth. latine*, ou réimpress. des commentaires allemands sur les auteurs classiques latins, entreprise à laq. il dut renoncer après en avoir publié quelques volumes, pour éviter une concurrence fâcheuse. Les *Dictionn. franç.-latin* et *latin-franç.* de M. Noël; le *Dictionn. grec-français* de M. Planche, etc., furent imprimés sous sa direct., pour la première fois, en 1817.

NICOLLE DE LACROIX. — V. Lacroix (de).

NICOLO (Nicolas ISOUARD, dit), compositeur, né à Malte en 1777, d'une père d'origine française, fut élevé à Paris, retourna dans sa patrie en 1790, et fut envoyé successivement à Palerme, à Naples et à Florence en qualité de commis d'une maison de banque. La musique n'avait été d'abord pour lui qu'un délassem., mais elle fut bientôt l'unique objet de ses études; et ne se sentant aucun attrait pour le commerce, il retourna à Malte occuper la place d'organiste de la chapelle de l'ordre. Après la capitulation de l'île, Nicolo vint en France, fréquenta pendant quelque temps l'Opéra-Comique, et conçut le projet de faire de ce théâtre l'élément de sa fortune. Il y donna successivem. 29 pièces, dont les plus remarq. sont : *Baiser et quittance*, 1802; *les Confidences*; *Michel-Ange*; *le Médecin Turc*, 1803; *Joconde*; *Jeannot et Colin*, 1814; il s'occupait d'*Aladin, ou la Lampe merveilleuse*, et il en avait terminé les 3 premiers actes, lorsque la mort le surprit en 1818; cet opéra, achevé par Benincori, a été représenté en 1822.

NICOLSON ou NICHOLSON (William), sav. bibliographe, membre de la société roy. de Londres, né en 1655 à Plumland dans le Cumberland, visita les principales bibliothèq. de l'Allemagne, prit ensuite les ordres, fut pourvu de quelq. bénéfices, élevé à l'évêché de Carlisle en 1714, transféré à celui de Londonderry en Irlande en 1718, et venait d'être promu à l'archevêché de Cashel quand il mourut subitement à Derry en 1727. On a de lui : *English historical Library*, 1736, in-fol. : on y trouve une notice de tous les ouvrages qui avaient paru sur l'hist. civile et ecclésiastiq. des trois roy. — *Leges Marchiarum*, 1705 et 1747, in-8. — *Dissertatio de jure feodali veterum Saxonum*, impr. avec les *Leges anglo-saxonicæ*, publ. par David Wilkins, 1721, in-fol., et divers autres écrits sur la topographie, l'hist. et les antiquités du diocèse de Carlisle, sur les médailles d'Écosse, etc.

NICOMAQUE, peintre grec, contemporain d'Apelle et de Mélanthe, fils et élève d'Aristodème de Carie, qui avait écrit un livre sur les anciens peintres et sur les princes et les villes qui avaient fait fleurir les arts, fut un des quatre peintres que Pline signale comme n'ayant employé que quatre couleurs (le blanc, le jaune, le rouge et le noir). Cicéron n'hésite point à le comparer à Aétion, Apelle et Protogène. On cite comme ses chefs-d'œuvre l'*Enlèvement de Proserpine*, placé depuis au Capitole dans le temple de Minerve ; une *Victoire* traversant les airs sur un quadrige ; *Cybèle* assise sur un lion ; des *Bacchantes* près desquelles se glissent des satyres ; *Apollon et Diane*, et un *Scylla* qui a orné le temple de la Paix. Il eut, entre autres élèves, Philoxène d'Érétrie, qui peignit pour Cassandre une bataille d'Alexandre — NICOMAQUE, graveur en pierres fines, qu'il faudrait, suivant Stosch, appeler *Niconas*, ne nous est connu que par un *Faune* assis sur une peau de tigre, qui paraît être la répétit. de quelque statue célèbre. — NICOMAQUE de Stagire, père d'Aristote, fut médecin du roi Amintas, père de Philippe de Macédoine. Il avait composé six livres sur la médecine, et un autre de physique ; mais ces ouvr. ne nous sont point parvenus.

NICOMÈDE Ier, roi de Bithynie, succéda à son père Zipoetès, l'an 278 avant J.-C. Du massacre épouvantable qu'il fit de ses frères, un seul, nommé Zyboeas, échappa comme par miracle, et lui donna bientôt des inquiétudes. Nicomède, après l'avoir forcé de chercher un asile dans les états voisins, s'allia avec les Héracléens et avec les Gaulois, maîtres de la Lysimachie et de la Chersonèse, pour résister à Antiochus, roi de Syrie, dont il redoutait avec raison les projets ambitieux. Mais celui-ci n'ayant pas voulu s'exposer au hasard d'un combat, la paix fut conclue, et le roi de Bithynie s'attacha dès-lors à faire fleurir les arts et le commerce dans son royaume. Une ville qu'il fonda fut appelée, de son nom, *Nicomédie*.— NICOMÈDE II, roi de Bithynie, fut conduit à Rome vers l'an 166 avant J.-C., par son père Prusias, dont il était l'héritier présomptif. Mais plus tard, ayant découvert que ce faible prince, écoutant les conseils d'une seconde épouse, cherchait à le faire périr, il ceignit lui-même le bandeau royal, entra dans la Bithynie,

vint assiéger le roi dans Nicomédie, et trempa ses mains dans le sang de son père (148 avant J.-C.); maître du trône, il s'occupa d'agrandir ses états, malgré les Romains, et mourut l'an 89 avant J.-C. Sa vie a fourni au grand Corneille le sujet d'une belle tragédie. — NICOMÈDE III, fils du précédent et d'une danseuse de Rome, nommée Nysa, prit possession du royaume de Bithynie après la mort de son père. Expulsé bientôt par son frère Socrates, que Mithridate, roi de Pont, protégeait secrètem., il implora le secours des Romains, qui le rétablirent sur le trône : mais ayant osé faire quelques incursions sur les terres de Mithridate, il fut battu par ce redoutable adversaire, et forcé d'abandonner une seconde fois ses états. Sylla parvint à réconcilier ces deux princes, et Nicomède put rentrer dans sa capitale. Il mourut l'an 75 av. J.-C., après avoir institué les Romains héritiers de la Bithynie, qui fut réduite en province. — NICOMÈDE, géomètre grec du dern. siècle avant J.-C., est principalement connu comme invent. de la *conchoïde*.

NICON, *de Pergame*, architecte, mort dans le 2e S. de l'ère chrét., était fils du célèbre Gallien ; il avait lui-même des connaiss. en médec., et passait pour un des plus sav. mathématiciens de son temps. — NICON, moine grec du 10e S., mort en 998 à Corinthe, a laissé un *Traité* sur l'ancienne religion des Arméniens, à la conversion desquels il avait travaillé. Ce traité est inséré dans la *Bibliothèque des Pères*.

NICON, patriarche de l'Église russe, et savant historien, né en 1613, gagna, par ses talents et son caractère, la confiance du tzar Alexis, et n'usa de son crédit que pour le soulagem. des malheureux. Après les revers qu'Alexis essuya en Suède et en Pologne, il se retira dans un monastère, en conservant le titre de patriarche, s'occupa dans sa retraite de revoir les chroniques russes depuis Nestor, et forma, en langue slavone, un corps d'histoire qui va jusqu'à l'an 1630, Schlozer en a publ., 1767-68, 2 vol. in-4. Accusé par ses ennemis, dont la haine le poursuivait dans sa retraite, de tramer des complots contre son souverain, il fut dépouillé du patriarcat, et relégué dans un monastère éloigné de la capitale. Après la mort d'Alexis, il obtint la permission de revenir à Moscou, mais il mourut en chemin l'an 1681. On a des *Mém.* en allem. sur sa vie, par Bacmeister, Riga, 1788, in-fol.

NICOT (JEAN), seigneur de Villemain, né à Nîmes en 1530, secrétaire du roi Henri II, ambassad. de François II en Portugal, mort à Paris en 1600, est beaucoup plus connu pour avoir enrichi la France de la graine de pétun, appelée de son nom *nicotiane* ou *tabac*, que pour avoir rempli d'utiles fonctions diplomatiques, et composé le *Trésor de la langue françoise, tant anc. que moderne*, etc., Paris, 1606, in-fol., c'est le prem. *Dictionn.* dans notre langue. On lui doit une édit. très correcte de l'histoire d'Aimoin, 1566, in-8, mal à propos attribuée au sav. Pithin.

NICUESSA (DIEGO de), capitaine espagnol, fixé à l'île de Cuba, où il jouissait d'une fortune considérable, voulut prendre part au projet qu'Ojeda était chargé d'exécuter dans le continent de l'Amérique-Méridionale, et concourir à la formation de nouveaux établissem. Il obtint le consentem. de sa cour et partit de San-Lucar en 1509. La mésintelligence qui s'établit entre lui et Ojeda fut la source d'une foule de revers et de malheurs qui s'opposèrent à l'exécution de ses projets. Trahi par les siens, repoussé par les Indiens, Nicuessa fut abandonné avec 17 hommes, sur un mauvais brigantin dont on n'entendit plus parler.

NIDER, NYDER ou NIEDER (JEAN), célèbre dominicain du 15ᵉ S., contribua autant par sa modération que par ses talents à maintenir l'intégrité de la foi dans la Franconie contre les hussites, et prêcha l'Évangile avec beaucoup de succès dans la Haute-Allemagne. On lui reproche de n'avoir point montré les mêmes dispositions pacifiques dans une seconde mission, dont il fut chargé contre les taborites. Il mourut en 1458 ou 1440, laissant un gr. nombre d'ouvr., dont les principaux sont : *Formicarium, seu dialogus ad vitam christianam exemplo conditionum formicæ incitativus*, Paris, 1519, in-4 : livre singulier dans lequel l'aut. a recueilli tous les contes sur les revenants, les fantômes, la divination, les sortiléges, les diables, etc.—*Tractatus de visionibus et revelationibus*, Strasbourg, 1517. — *Præceptorium, seu de decem præceptis tractatus*, Cologne, 1472, in-fol., édit. très recherchée, que le *Manuel du libraire* signale comme le plus anc. livre avec date qui ait des signatures.

NIDHAMI. — V. NIZAMI.

NIÉBUHR (CARSTEN), célèbre voyageur, né en 1733 à Lüdingsworth, duché de Lauenbourg, employa son modique patrimoine à acquérir des connaissances qui le mirent en état d'entrer dans le corps des ingénieurs hanovriens. En 1761 le gouvernem. danois le chargea d'aller explorer l'Arabie, et lui adjoignit Von Haven, orientaliste, Forskaal, naturaliste, Cramer, médecin, et Baurenfeind, peintre. Après six années de fatigues qui avaient coûté la vie à ses quatre collaborateurs, Niébuhr revint en 1767 à Copenhague, rapportant des matériaux nombreux dont le gouvernem. lui laissa la propriété ; il quitta le service militaire, accepta, en 1778, la place d'administrat. à Meldorf, dans la Ditmarsie-Méridionale ; il reçut plus tard, en récompense de ses travaux, le titre de conseiller et la croix de Danebrog, fut nommé associé étranger de la 3ᵉ classe de l'Institut de France, et mourut en mai 1815. On a de lui en allemand : *Descript. de l'Arabie, d'après les observat. faites dans le pays même*, Copenhague, 1772, cartes et fig.; traduit en franç. (par Mourier), 1773, etc. — *Voyage en Arabie et d'autres pays circonvoisins*, 1774-78, 2 vol. in-4, cartes et fig.; trad. en hollandais et en franç., 1776-80, 2 vol. in-4. — *L'Intérieur de l'Afrique*, contenant le résumé des entretiens de l'aut. avec l'ambassad. tripolitain, inséré dans le *Musée germanique* de 1790. — *État politique et militaire de l'empire turk*, dans le même recueil, 1789, et traduit en danois, 1791. Niébuhr fils a publié, en allemand, la *Vie* de son père, Kiel, 1817, in-8.

NIÉBUHR (BERTHOLD-GEORGE), histor. allemand, fils du précéd., né à Copenhague en 1776, n'avait pas deux ans quand son père obtint une place à Meldorf en Holstein. Celui-ci, qui voulait en faire un voyageur, se proposait de l'envoyer en Orient, mais un gr. obstacle à ce projet était le goût de Niebuhr pour l'antiquité, et son insouciance pour les langues asiatiques. Envoyé plus tard à l'école du commerce de Hambourg, il se rendit ensuite à l'univ. de Kiel, où il apprit le droit ; puis à Édimbourg, où il s'instruisit des sciences naturelles et surtout de la chimie. Niebuhr parcourut l'Angleterre, revint en Danemarck en 1801, fut secrét. du ministre des finances, et sous-bibliothéc. de Copenhague ; il contribua à sauver la bibliothèq. de cette ville du bombardem. opéré par les Anglais. Bientôt il publia la *première Philippique de Démosthène* en allem. Appelé à la cour de Berlin, il jouit pendant long-temps de la confiance du roi de Prusse, fut conseiller-d'état, membre de l'univ. et de l'acad. des sciences. Quand la Prusse voulut secouer le joug de Bonaparte, Niebuhr rédigea le *Correspond. prussien*, fit prendre les armes à la jeunesse, et marcha lui-même. De retour dans sa patrie adoptive, il fut envoyé en Hollande, où il s'opposa à la réunion de la Belgique. Quelq.-uns de ses écrits ayant déplu à la cour de Berlin, il fut envoyé à Rome comme ambassad. près le St-siége en 1816, et conclut en 1821, au nom du roi de Prusse, un concordat avec le souver. pontife. Avant de quitter la Prusse, il avait publié, de concert avec Heindorf et Buttmann les *Fragments de Fronton*, découverts par l'abbé Maï. Arrivé à Vérone, il parcourut la bibliothèq. du chapitre, et y trouva les *Institutes de Gaïus*. A Rome, où il se lia avec le sav. Maï, il découvrit deux *Fragments* inédits de Cicéron, l'un qui sert de complément au discours *pro Marco Rabirio*, l'autre qui est un morceau de l'oraison *pro Plancio*. Déjà en 1807 il avait trouvé quelq. *Passages* inconnus des *OEuvres de Sénèque*. Sa réputat. d'érudit était européenne. On avait lu avec intérêt ses *Mémoires* dans les *Recueils* scientifiq. de l'Allemagne. Mais ce qui le fit surtout connaître, c'est son *Histoire romaine*, ouvrage bien systématique pourtant, dont le 1ᵉʳ vol. parut à Berlin en 1811. Une 2ᵉ édit. fut publ. dans la même ville en 1830, 2 vol. in-8. M. de Golbéry traduisit en franç. le 1ᵉʳ vol. sous les yeux mêmes de l'auteur. Du reste, Niébuhr ne termina point cet ouvrage. Après un séjour de 7 années à Rome, il donna sa démiss. en 1823. En revenant d'Italie, il s'arrêta à St-Gall, où il trouva les *Fragments Mérobandas*. Il se rendit ensuite à Heidelberg, puis à Bonn, où il donna des cours dans l'univ., fonda des prix pour la solution de questions de philologie, et soutint de ses deniers les élèves qui annonçaient des disposit. Il revit alors son *Hist. romaine*, surveilla les réimpress. du *Corpus historiæ byzantinæ*, et donna plus. auteurs, notamm. Agathias. Au commencement de 1830, un incendie détruisit l'étage supérieur de sa maison et une partie de ses

MSs. La révolution de juillet, en lui inspirant des inquiétudes sur l'avenir de l'Europe, hâta sa fin. Il mourut à Rome le 2 janvier 1831. Niébuhr était d'une société difficile, et ses collègues avaient souvent des querelles très vives avec lui sur des objets d'érudition. Outre les ouvr. déjà cités, on lui doit un écrit diplomatique qui parut en 1814 sous ce titre : *Droits de la Prusse sur la cour de Saxe*, et une *Notice* sur son père.

NIEL (Laurent), compositeur agréable, mort à Paris vers 1760, a fait la musique de plus. grands ballets de l'Opéra et celle des *Voyages de l'Amour*, paroles de Bonneval ; des *Romans*, du même ; et de l'*École des amants*, de Fuzelier, représentée en 1744.

NIELLY (Joseph-Marie, baron), vice-amiral, né en 1751, d'une anc. famille de Bretagne, mort en 1833 à Brest, était offic. de la marine roy. et chev. de St-Louis à l'époque de la révolut. La plupart des officiers de son corps ayant émigré, il parvint rapidement au grade de contre-amiral ; ce fut en cette qualité qu'il commanda une division dans le combat mémorable du 13 prairial an 11 (1er juin 1794), où son courage et l'habileté de ses manœuvres justifièrent le choix du gouvernement. Chargé du commandem. de la flotte qui sortit la même année du port de Brest, il s'empara du vaisseau angl. l'*Alexandre*, de 74 canons. En 1796, il fut employé sur l'escadre destinée à porter les troupes qui devaient opérer une descente en Irlande sous les ordres de Hoche, opérat. qui ne manqua que parce que les vaisseaux français, dispersés par la tempête, ne purent se rallier. En 1798, Nielly fut nommé command. d'armes à Lorient, et, en 1804, il présida le collége électoral du Finistère. Le commandement de la flotte de Brest lui fut confié vers la fin de la même année, et l'année suiv. il devint préfet maritime. Il vivait dans la retraite en 1814. C'est depuis qu'il fut créé baron et vice-amiral.

NIEMEYER (Auguste-Hermès), chancelier de l'univ. de Halle, où il était né en 1754, et où il mourut en 1828, avait vu célébrer vue auparavant, par une fête touchante, le 50e anniversaire de son professorat. Conduit en France vers 1812 comme l'un des otages de l'univ. de Halle, il fut rendu à la liberté en 1814, et fit une excursion en Angleterre avant de retourner dans sa patrie. Il a laissé un grand nombre d'écrits sur la théologie et sur l'éducation. L'un des plus, intit. : *Observat. sur les voyages*, 1812, 3 vol. in-8, contient une relat. intéress. de ses voyages en Angleterre et en Hollande. On possède des traduct. franç. de deux de ses ouvr. : l'*Essai sur l'éducat. intellectuelle et morale de l'enfance*, et l'*Examen raisonné de la méthode d'enseignem. de Pestalozzi*, 1832, in-8.

NIEPPERG (Adam-Albert, comte de), feld-maréchal-lieuten. autrichien, chambellan de l'empereur, naquit en 1771 à Salzbourg, d'une ancienne famille wurtembergeoise attachée au service de l'Autriche. Ministre plénipotentiaire à Stockholm en 1812, il prit une part active aux négociations qui décidèrent l'accession de Bernadotte à la coa-

lition contre Napoléon. Il passa l'année suivante à Naples, près de Murat, et vint à bout de lui faire signer, le 11 janv. 1814, un traité d'alliance offensive et défensive avec l'Autriche. Envoyé à Mantoue près du prince Eugène Beauharnais pour l'engager à suivre l'exemple du roi de Bavière son beau-père, cette fois il échoua, malgré l'habileté dont il avait déjà donné tant de preuves. Il reprit alors son service à l'armée, et dans le mois de juillet 1814 il se trouvait aux environs de Genève lorsque l'impératr. Marie-Louise se rendit aux eaux d'Aix en Savoie. Admis près de cette princesse, il sut gagner sa confiance ; après la saison des eaux, il l'accompagna dans un voyage en Suisse, et revint avec elle à Vienne. Des difficultés s'étant élevées au congrès sur la cession faite à Marie-Louise des duchés de Parme, Plaisance et Guastalla, Niepperg y lut un mémoire dans leq. les droits de l'Autriche étaient soutenus avec chaleur. L'archiduch. Marie-Louise fut mise en possess. de ses nouv. états, mais sous la condit. expresse que son fils ne l'accompagnerait pas. Niepperg fut chargé de lui arracher ce nouveau sacrifice. Ce fut encore lui qui, lors du retour de Napoléon, fit signer à Marie-Louise la déclarat. qu'elle était étrangère aux projets de son époux. Au mois d'avril 1815, il prit le commandement de l'armée autrichienne en Italie, et concourut à renverser Murat du trône de Naples. Nommé gouverneur de cette ville, il passa peu de temps après en France avec sa division, et fut chargé du commandem. du Gard. Il fit désarmer les habitants de Nîmes, et par des mesures sages rétablit la tranquillité dans le Midi. A la fin de cette campagne il suivit l'archiduchesse Marie-Louise dans ses nouv. états, avec des pouvoirs illimités. On a dit qu'un mariage secret l'unit quelq. années après à la princesse ; mais on n'en a d'autres preuves que les témoignages d'affection qu'elle lui donna dans plusieurs circonstances, et notamm. dans la maladie à laquelle Niepperg succomba le 31 décembre 1828, à 57 ans. L'administrat. de cet habile ministre a laissé des regrets à Parme.

NIEREMBERG (Jean-Eusèbe), jésuite, l'un des écrivains les plus distingués de la société, né à Madrid en 1590, fut d'abord envoyé dans les montagnes de l'Algarie, pour instruire les habitants de ces contrées. Il se livra dans ses courses évangéliques à l'étude des plantes et des minéraux, et acquit dans l'histoire naturelle des connaissances qui lui valurent une chaire de cette science à Madrid, où il professa pendant 14 ans avec le plus gr. succès. Il fut ensuite chargé de l'explicat. des saintes Écritures, se consacra sur la fin de sa carrière à la direct. spirituelle, et mourut à Madrid en 1658. Sotwel, dans la *Bibl. societ.*, pag. 444 et suiv., donne les titres de 51 ouvr. de Nieremberg ; les principaux sont : *De arte voluntatis lib. VII*, Lyon, 1631, in-8. — *La curiosa filosofia y tesoro de Maravilas de la naturaleza*, Madrid, 1634, in-4. — *Historia naturæ maximè peregrinæ, libri XVI*, Anvers, 1635, in-fol., grav. en bois. — *La Vie de St Ignace de Loyola*, Madrid, 1631, in-8, en espagnol.

NIETO (David), savant rabbin, né à Venise en 1654, d'une famille espagnole ou portugaise, d'abord prédicateur et médecin à Livourne, puis président de la synagogue et de l'université des juifs portugais à Londres, où il mourut en 1728, est aut. de plus ouvr. qui attestent son profond savoir.

NIEUHOF ou NIEUWHOF (Jean), voyageur, né à Usen en Westphalie, entra de bonne heure au service de la compagnie hollandaise des Indes-Occidentales, et fut envoyé au Brésil en 1640. Après la perte de cette contrée, il passa au service de la compagnie des Indes-Orientales, et s'acquitta avec autant de zèle que d'intelligence des diverses missions dont il fut chargé à Batavia, à la Chine, à la côte de Coromandel et à Ceylan, dont il fut gouverneur. En 1671, étant allé sur la côte de Madagascar pour faire la traite, il descendit à terre avec des marchandises et ne reparut plus. On suppose qu'il a été massacré par les naturels du pays. Pendant le cours de ses voyages il avait recueilli un gr. nombre d'observat. qui ont été publ. sous les titres suiv. : *Ambassade de la compagnie hollandaise des Indes-Orientales au grand khan de Tartarie, emper. de la Chine*, avec la descript. de ce pays, Amsterdam, 1665, in-fol., fig.; trad. en franç. par J. Le Carpentier, Leyde, 1664, in-fol., fig.; en allemand, Amsterdam, 1666; en anglais, par Ogilvy, Londres, 1671; en latin, par G. Hornius, Amst., 1668.—*Voyage curieux au Brésil, par mer et par terre*, Amsterdam, 1682, in-fol., fig.—*Voyages par mer et par terre à différents lieux des Indes-Orientales, avec une descript. de la ville de Batavia*, Amsterd., 1682, 1693, in-fol., fig.

NIEULANT (Guillaume), peintre et graveur à l'eau forte, né à Anvers en 1584, reçut les prem. éléments de la peinture de Roland Savery; il alla passer ensuite trois années à Rome pour étudier les plus beaux édifices de l'antiquité, et revint se fixer à Amsterdam, où il mourut en 1635. Comme graveur, il a exécuté une suite de 60 paysages, tant de sa composition que de celle de Paul Bril, offrant des sites d'Italie. — Nieulant (Adrien), peintre de paysages et de marines, né aussi à Anvers, mort à Amsterdam en 1601, a laissé une suite de paysages, dont la collect. a été gravée par Peter Nolphe et Guillaume de Leeuw.

NIEUPOORT (Guillaume-Henri), écrivain estimable, né dans la Hollande vers 1670, mort vers 1750 à Utrecht, où il occupait une chaire d'hist. ancienne à l'académ., est auteur de deux ouvrages qui lui assurèrent une place distinguée parmi les savants dont les travaux ont eu pour but l'instruct. de la jeunesse : *Rituum qui olim apud Romanos obtinuerunt succincta explicatio*, Utrecht, 1712, in-8, souv. réimpr. avec des addit., et trad. en franç. par l'abbé Desfontaines, sous le titre de *Explication des cérémonies et coutumes des Romains*, 1741, in-12, etc. — *Hist. reipublicæ et imperii Romanorum, ab urbe conditâ ad imperium Augusti, contexta ex monum. veterum*, 1723, 2 vol. in-8, avec deux dissert. sur les anciens peuples d'Italie, sur l'établissem. des Romains dans cette contrée.

NIEUPORT (Charles-Ferd.-Ant.-Florent LEPRUD'HOMME D'HAILLY, vicomte de), diplomate, né à Paris en 1746, d'une illustre famille de Belgique, fut admis dès l'enfance dans l'ordre de Malte, et devint, vers 1786, son chargé d'affaires près la cour des Pays-Bas. Il obtint vers le même temps une commanditée située dans la Brie, et qu'il échangea plus tard contre celle de Villampont, près de Nivelle, perdit ce bénéfice en 1793, et après le rétablissement du royaume des Pays-Bas, reçut du prince d'Orange le titre de chambellan et la décoration du Lion-Belgique. Il mourut en 1827 membre de l'acad. de Bruxelles, de celle de Stockholm et de plus. autres soc. savantes. On a de lui, entre autres ouvr., des *mém.* dans les t. II et IV des *rec.* de l'anc. acad. de Bruxelles, et le prem. vol. des nouv. *mém.* de cette compagnie. — *Mélanges de mathématiques*, 1794-99, 2 vol. in-4, avec un supplém. publ. en 1802. — *Essai sur la théorie du raisonnem.*, 1805, in-12. — *Un peu de tout, ou Amusement d'un sexagénaire*, 1818, in-8.

NIEUWENTYT (Bernard), médecin et mathém., né en 1654 à Wastgraafdyk en Hollande, mort en 1718, se déroba avec soin aux emplois qui auraient pu contrarier ses habitudes spéculatives. Il exerça toutefois les fonct. de bourgmestre de Purmerend, et fit partie de l'assemblée des états de sa province. Son ouvr. le plus connu est le *Véritable usage de la contemplation de l'univers, pour la conviction des athées et des incrédules*, Amsterd., 1715; trad. en franç. par Noguez, médecin, 1725, in-4 : ce livre est d'un écrivain souvent judicieux et toujours honnête. L'auteur du *Génie du christianisme* en a donné (liv. V de la prem. partie) un court extrait, en le dépouillant de ses formes rebutantes. On trouve un *Éloge* de Nieuwentyt dans l'*Europe savante*, t. VIII, p. 394, et dans la *Biblioth. bremens*, t. II, p. 356.

NIEUWLAND (Pierre), savant mathémat. hollandais, né en 1764, eut une précocité de talents fort remarquable. A 7 ans il avait lu la Bible tout entière, des livres de géométrie, et fait un poème adressé au Créateur; à 8 ans il démontrait le théorème du triangle-rectangle ou du carré de l'hypoténuse, et donnait aux problèmes les plus difficiles des solutions qui montraient une pénétration extraordin. Les sciences et les lettres partageaient également ses soins lorsqu'il fut nommé, par l'amirauté d'Amsterdam, membre de la commission chargée de la détermination des longitudes et de la construction des cartes hydrographiq. En 1789 il fut appelé à une chaire de mathém. à Amsterdam, et se vit avant 30 ans chargé du triple enseignem. de la physique, des mathémat. et de l'astronomie à Leyde. Mais il ne jouit pas long-temps de la considération que ses talents lui avaient acquise, car la mort l'enleva en 1794, à l'âge de 30 ans et 9 jours. On a de lui : *Dissert. philosophico-critica de Musonio Rufo, philosopho stoico*, 1783, in-4. — Une *Dissertat.* (en hollandais) *sur la construction des octans de Hadley, et sur la déterminat. des longitudes en mer, par les distances de la lune au soleil* et aux étoiles fixes, 1788, in-12. — Discours (en holland.) sur les moyens d'accélérer les progrès de l'art nautique, 1789, in-4. — De ratione disciplinarum cum ratione elegantiorum quæ vocantur litterarum, comparatá et ex utrarumque naturá illustratá, 1793, in-4. — L'Art de la navigation, t. 1er, 1793, in-8. — Tr. de la méthode de Cornelis Douwes, pour trouver la latitude par deux hauteurs observées en d'autres instants que celui de midi. — Poésies hollandaises, 1797, in-8. — Un grand nombre de mém. ou de traités insérés, pour la plupart, dans le Recueil de la société de La Haye; et des Recherches sur la cause physique de l'inclinaison des orbites planétaires, avec une méthode de calcul pour ramener ce phénomène au système de la force attractive dans l'Annuaire de Bode.

NIFO (Augustin), Niphus, célèbre philosophe italien, né vers 1473, professa successiv. à Padoue, à Naples, à Pise, et à Salerne où il mourut en 1538, laissant un grand nombre d'ouvrages très estimés dans leur temps, mais qui sont à peu près oubliés; nous citerons : De intellectu libri VI, Padoue, 1492. — De immortalitate animæ, Venise, 1518, 1524, in-fol. : c'est une réfutation de Pomponace. — De falsá diluvii prognosticatione, 1519, in-4, écrit publié pour rassurer les esprits que Stoffler avait effrayés en annonçant un déluge univ. pour l'année 1524. — De auguriis libri II, 1531, in-4, inséré dans le Thesaurus antiquit. roman., t. V. — Opuscula moralia et politica, 1645, in-4.

NIGIDIUS-FIGULUS (Publius), condisciple et ami de Cicéron, qui lui a adressé l'une de ses épîtres (ad Fam. lib. IV, 13), fut lui-même l'un des plus savants hommes de son temps : à de gr. connaiss. en astrologie, il joignait un savoir plus réel comme humaniste et comme philosophe. Il eut, en qualité de sénateur, quelq. part à l'instruct. du procès de Catilina, fut élu préteur l'an de Rome 695 (59 av. notre ère), remplit ensuite en Asie une mission au retour de laquelle il séjourna quelque temps à Mythilène auprès de Cicéron, et partisan de Pompée durant les guerres civiles, fut envoyé par César en exil, où il mourut l'an 45 avant J.-C. Des nombr. ouvr. qu'il avait écrits, il ne reste que des fragm. conservés par Aulu-Gelle, Pline et les anc. grammairiens; ils ont été recueillis par Rutgersius dans ses Variæ lect. Outre le Dictionn. de Bayle, on peut consulter sur la vie et les ouvr. de Nigidius un Mémoire de Burigny dont l'analyse se trouve au t. XXIX du Rec. de l'acad. des inscript.

NIHUS (Barthold), Nihusius, sav. controvers. que Bayle appelle un fameux converti et convertisseur, év. de Myre et suffragant de l'év. de Mayence, né en 1584 à Wolpe, dans le duché de Brunswick, mort à Erfurt en 1657, est aut. de quelq. Traités de controverse dont on trouve le détail dans le Dictionnaire de Bayle : on lui doit aussi Epistola philologica excutiens narrationem Pomponii Melæ de navigatione, 1622, in-4. — Adnotationes de communione Orientalium sub unicá specie, à la suite de l'ouvr. d'Alacci : De Eccles. perpet. consensione, 1648, in-4. — Tractatus chorographicus de nonnullis Asiæ provinciis ad Tigrim, Euphratem, etc., 1658, in-8. — Epigrammatum libri II, 1641, in-16, etc.

NIKBY BEN MAS'OUD, histor. persan du 8e S., de l'hég. (14e de l'ère chrét.), est aut. d'une Hist. universelle, depuis les anciens rois de Perse jusque et y compris le règne de Djenguyz-Khan. La bibliothèq. du roi possède une copie de cette hist., dont Sylvestre de Sacy a donné un extrait dans le t. II des Notices des MSs.

NIL ou NILUS (St), moine grec, disciple de St Chrysostôme, né dans le 4e S., à Ancyre, en Galatie, vécut d'abord dans le monde, et fut élevé à la dignité de préfet de Constantinople. Effrayé de la corruption qui régnait à la cour, il se sépara de sa femme, et se retira sur le mont Sinaï, avec son fils Théodule. On a peu de détails authentiques sur la vie de ce pieux solitaire. Il a laissé 19 opuscules ascétiques, recueillis et trad. en latin par Suarez, évèque de Vaison, Rome, 1673, in-fol., rare. — Un rec. de lettres, publ. en grec et en latin par Allatius, 1668, in-fol. Les opuscules et les lettres de St Nil ont été insérés dans la Biblioth. Patrum, t. VII et XXVII. Fontaine a publ. quelques-uns des opuscules en franç. à la suite de la traduction des Œuvres de St Clément d'Alexandrie, Paris, 1696, in-8. — Nil, archevèq. de Thessalonique dans le 14e S., a écrit un traité contre la suprématie du pape, impr. avec un autre sur le même sujet, par Barlaam, 1644, in-4, avec des notes de Saumaise. — Nilus, surnommé Doxopatrios, archimandrite grec, composa, sur l'invitation de Roger, roi de Sicile, à la fin du 11e S., un Tr. des cinq patriarcats (de Rome, d'Antioche, d'Alexandrie, de Jérusalem et de Constantinople), inséré par L. Allatius dans son ouvr. de Consensu Eccles. occid., et dont Ét. Lemoine a donné une édition grecque et lat., Leyde, 1685, in-4.

NIMMO (Alexandre), né à Kirkcaldy en Écosse en 1783, et mort en 1832 à 49 ans, embrassa la profess. d'ingénieur, et se distingua bientôt. C'est à lui qu'on doit la délimitat. des comtés écossais, le relèvem. de toutes les parties marécageuses de l'Irlande, ainsi qu'une multitude d'ouvrages d'art dans l'intérieur et sur les côtes de ce pays. Nimmo possédait une variété étonnante de connaissances ; il est auteur de l'art. Navigat. intérieure de l'Encyclopédie de Brewster ; d'un Ouvr. sur les ponts, et de l'Art du charpentier, le prem. avec Telford, et l'autre avec Nicholson, etc.

NINUS, roi d'Assyrie, l'an 2048 avant notre ère, n'est pas le premier conquérant dont les hommes aient eu à déplorer la gloire sanglante : Vexoris, roi d'Égypte, et Tanaüs, roi de Scythie, avaient paru long-temps avant lui; mais leurs guerres n'avaient été que des expéditions passagères et lointaines. Ninus fut le prem. qui mit une certaine suite dans ses entreprises. Après avoir rassemblé une armée formidable, il fit un traité d'alliance avec Ariéus, roi d'Arabie, et marcha contre ses plus proches voisins, les habitants de la Babylonie (car Babylone n'existait pas encore). Il les eut bientôt subjugués. Passant de là en Arménie, il se fit un allié utile de Barsanès, roi de ce pays, et entra dans la Médie. De nouveaux succès lui donnant une nouvelle ambition, il poussa plus loin ses conquêtes, subjugua en 17 ans toute l'Asie, excepté la Bactriane et les Indes, et pénétra même en Égypte. Il bâtit, sur les bords du Tigre, une ville qu'il appela *Ninive*, et qui paraît n'avoir point eu d'égale dans les temps anciens. Ce fut après la fondation de cette ville qu'il songea à conquérir la Bactriane. Il rassembla, à cet effet, une armée presq. innombrable, et, après avoir essuyé un premier échec, s'empara successivem. de toutes les villes, à l'exception de Bactres (aujourd'hui Balk), la capitale, dont le siége traîna en longueur. Ce fut Sémiramis qui eut l'honneur de le terminer : elle était la femme de Ménonès, chef du conseil de Ninus et gouvern. de Syrie ; elle devint celle du roi lui-même. Ninus lui laissa le trône, à sa mort, l'an 1996 avant notre ère. Il avait régné 52 ans, selon Ctésias et Jules Africain, et 55, selon Eusèbe. Rollin et d'autres écrivains pensent qu'il n'est autre que le Nemrod dont parle la Genèse. Il ne faut pas le confondre avec Ninus, fils de Bélus, petit-fils d'Alcée et arrière-petit-fils d'Hercule : car celui-ci est postérieur au précédent de plusieurs siècles. — NINUS-LE-JEUNE, ou NINIAS, fils du précédent et de Sémiramis, succéda à sa mère, qui abdiqua l'empire, ou, selon d'autres auteurs, fut mise à mort par son fils. Celui-ci, dans les 38 ans de règne qu'on lui donne, se montre peu digne du sang dont il sortait, par son incurie et sa honteuse mollesse. Il est le principal héros de la tragédie de *Sémiramis* de Voltaire.

NIOBÉ (myth.), fille de Tantale et femme d'Amphion, roi de Thèbes, fière de sa nombreuse famille, osa se préférer à Latone, qui n'avait que deux enfants, et prétendit mériter plus que cette déesse des temples et des autels. Latone remit sa vengeance aux mains d'Apollon et de Diane, qui tuèrent à coups de flèches tous les enfants de Latone, à l'except. d'Amiclès et Mælibée. Cette perte plongea Niobé dans la plus vive douleur, et elle fut métamorphosée en rocher.

NIRAM, poète persan, passe pour l'auteur de *Fables* et de *Contes,* qu'un éditeur anonyme a publiés pour la première fois à Leipsig, 1802, in-fol. de 120 pages, avec une version latine, des notes et un vocabulaire.

NISAS (HENRI de CARRION, marquis de), lieutenant-gén., etc., né au château de Nisas en Languedoc vers 1660, suivit de bonne heure la carrière militaire. Il commandait un régiment de son nom au siége de Barcelonne, en 1697 ; placé ensuite à la tête du régiment de la *Vieille-Marine*, il se distingua à la bataille de Luzzara (1702), contribua à la défense de Toulon (1707), fut nommé brigadier, et commanda un corps de grenadiers réunis au siége de Gironne (1711). Il reçut successiv. les grades de maréchal-de-camp et de lieutenant-génér., devint

lieutenant de roi dans la province de Languedoc, prit sa retraite, et mourut en 1754, âgé de 94 ans. Il a laissé quelques essais *sur l'art de la guerre,* dont son petit-fils, le colonel Carrion de Nisas, a tiré plusieurs observat. importantes pour la composition de son *Essai sur l'histoire générale de la guerre,* 1824, 2 vol. in-8. On doit au marquis de Nisas l'établissement des cantonniers sur les gr. routes, mesure qu'il fit adopter par les états de Languedoc, dont il était l'un des barons. Il en avait reconnu l'utilité en Italie, lorsqu'il était gouvern. d'Acqui et de la province du Montferrat, pendant la guerre de la succession. Pinard a consacré un article détaillé à cet officier général dans sa *Chronologie militaire.*

NISUS (myth.), roi de Mégare, avait parmi ses cheveux, blanchis par l'âge, un cheveu de couleur pourpre, d'où, selon l'oracle, dépendait la conservation de son royaume. Sylla, sa fille, éprise de Minos, qui vint assiéger Mégare, coupa le cheveu fatal pendant le sommeil de son père, le porta à son amant, et celui-ci devint bientôt maître de la ville. Les dieux changèrent Nisus en épervier et sa fille en chouette. — Nisus est le nom d'un des guerriers troyens qui suivirent Énée en Italie, et que Virgile a immortalisé dans le plus touchant épisode de son *Énéide.*

NITARD, NITHARD ou NIDHARD (JEAN-ÉVERARD), cardinal, né dans le duché d'Autriche en 1610, entra dans l'ordre des jésuites en 1631, devint confesseur de l'archiduchesse Marie, qui dep. épousa le roi d'Espagne Philippe IV, fut ensuite nommé inquisiteur-génér. du royaume, acquit un grand crédit à la cour de Madrid, et entra dans le ministère. Mais un parti s'étant formé contre lui, il se retira à Rome, où il eut plus tard le titre d'ambassadeur d'Espagne auprès du pape, fut élevé au cardinalat par le pape Clément X en 1672, et mourut en 1681. On a de lui quelques opuscules ascétiques réunis et publiés à Paris, 1677, 2 vol. in-12.

NITHARD (appelé quelquefois par corruption *Wichtard, Guitard* et *Vilald*), l'un des plus anc. historiens français, fils du célèbre Angilbert et de Berthe, fille de Charlemagne, naquit antérieurem. à l'année 790. On croit qu'il servit, en qualité de duc ou comte de la côte maritime, dans les armées de Charlemagne, et qu'après la mort de Louis-le-Débonnaire il s'attacha à Charles-le-Chauve, gagna la confiance de ce prince, et mit tout en œuvre pour apaiser la guerre civile entre les trois frères. Ayant pris les armes pour repousser les Normands, qui ravageaient la Neustrie et l'Amiénois, il reçut à la tête une blessure dont il mourut vers 858. Il est auteur d'une *Histoire des divisions entre les fils de Louis-le-Débonnaire,* composée par ordre de Charles-le-Chauve : elle a été mise au jour par Pithou en 1588, puis réimpr. par Duchesne en 1636, et insérée d'une manière plus correcte dans le *Recueil des historiens des Gaules et de la France,* par dom Bouquet, tome VII. Le président Cousin en a donné une traduction française dans son *Hist. de l'empire d'Occident,* tome Ier, édit. de 1685.

NITOCRIS (fable), reine de Babylone, détourna l'Euphrate pour construire un pont sur ce fleuve, et fit mettre sur son tombeau une inscription par laquelle elle promettait de gr. biens à ceux que la nécessité forcerait d'y chercher une ressource. Darius, fils d'Histaspes, fit ouvrir le monum., et n'y trouva qu'un cadavre avec cette nouv. inscript. : « Si tu n'étais insatiable et dévoré par une basse avarice, tu n'aurais pas violé ma sépulture. »

NITSCH (PAUL-FRÉDÉRIC-ACHAT), savant et laborieux littérateur, né en 1753 à Glaucha, dans le comté de Schœnbourg, mort en 1794 à Bibra, dans la Thuringe, où il exerçait le ministère évangélique, a laissé un grand nombre d'ouvr. estimés, parmi lesquels on distingue : *Manuel de l'histoire jusqu'à Constantin-le-Grand*, tome I er, 1784, in-8. — *Description de l'état civil, scientifique, moral, ecclésiastique, etc., des Grecs*, 1791, 2 vol. in-8, et 1806, 4 vol. in-8, édit. augmentée par Kœpke et Hœpfner. — *Descript. de l'état civil des Romains*, 1806, 2 vol. in-8, édition donnée par Kœpke et Ernesti. — *Théologie des modernes, ou Exposit. de la croyance chrétienne*, 1790, in-8. — *Introduct. à la connaissance des auteurs classiques grecs et latins*, 1790, in-8. — *Plan abrégé des antiquités grecques, d'après les époques nationales*, 1791, in-8. — *Leçons sur les poètes classiques romains*, 1792-93, 2 vol. in-8. — *Introduction à l'étude des anciens monuments, à l'usage des artistes et des amateurs*, tome I er, 1792, in-8. — *Plan abrégé de la géographie ancienne*, ouvrage très estimé ; Mannert en a donné une édition augmentée, 1798, in-8. — *Nouveau dictionnaire de mythologie*, 1793, in-8. — *Introd. à la mythol. et à la théologie des Grecs*, 1794, in-8. On trouve une *Notice* sur Nitsch dans le *Nécrologue* de Schlichtegroll, 1794, tome II.

NIVERNOIS (LOUIS-JULES BARBON MANCINI MAZARINI, duc de), ministre d'état, pair de France, brigadier des armées, etc., né à Paris en 1716, fit ses prem. armes à l'âge de 18 ans, sous le maréchal de Villeroi, en Italie, et fut nommé colonel du régiment de Limousin. Les fatigues qu'il essuya dans la campagne de Bavière, en 1743, et la faiblesse de sa santé l'obligèrent à quitter le service. Dès-lors il se voua à l'étude. L'Acad. franç. l'appela à remplacer Massillon, et l'acad. des inscript. l'admit dans son sein. Il fut successivement ambassadeur à Rome en 1748, à Berlin en 1756, enfin à Londres, où il négocia la paix de 1762. Lors de la lutte entre le parlem. et le ministère en 1771, il soutint constamm. les droits de la pairie, fut appelé un mom. aux conseils de Louis XVI sous le minist. de Vergennes, et se trouva au nombre des serviteurs dévoués qui entouraient le roi en 1791. Dénoncé par Chaumette, il fut arrêté le 13 sept. 1793, perdit presque toute sa fortune, ne recouvra la liberté qu'après le 9 thermidor, présida la même année l'assemblée électorale de la Seine, et mourut le 23 février 1798. Ses product. ont été rassemblées et publiées par lui-même, Paris, 1796, 8 vol. in-8, contenant des fables ; une traduction en vers français de l'*Essai sur l'homme* de Pope, des 1 er, 2 e et 15 e liv. des *Métamophoses d'Ovide* ; du 4 e chant du *Paradis perdu*, du *Joseph* de Métastase, de l'épisode de *Médor* de l'Arioste, et du *Richardet* de Forteguerri ; — des imitations de Virgile, de Properce et d'Anacréon ; — des réflexions sur le génie d'Horace, de Despréaux et de J.-B. Rousseau ; un morc. estimé sur l'élégie ; une trad. de l'*Agricola* de Tacite, et de l'*Essai* de Walpole sur les jardins anglais ; des recherches sur la religion des prem. Chaldéens ; les vies de quelq. troubadours d'après les MSs. de Ste-Palaye ; et autres mélanges en prose. François de Neufchâteau a publié les *OEuvres posthumes du duc de Nivernais*, 1807, 2 vol. in-8, précédées de l'*Éloge* de l'auteur. Ces deux vol. contiennent des *Lettres familières* concernant ses ambassades à Rome et à Londres, de pet. drames de société ; deux dissertat., l'une *sur la politique de Clovis*, l'autre *sur l'indépendance de nos rois par rapport à l'empire*, présentés à l'acad. des inscriptions ; neuf disc. prononcés au nom de l'Académie franç. à des récipiendaires. — La 2 e femme du duc de Nivernais, Marie-Thérèse de BRANCAS, veuve du comte de Rochefort, a donné, en un pet. vol. in-16, impr. en 1784 chez Didot, *Mylis et Aglaé*, histoire grecque en III part., accompagnée de pensées diverses et d'un sermon.

NIVERS (GABRIEL), organiste de St-Sulpice et de la chapelle du roi, né à Paris, et mort vers 1707 dans un âge avancé, a publié des ouvrages théoriques assez estimés : *Traité de la composition de la musique*, 1668, in-8. — *La gamme du si*, ouvrage qui contribua à faire disparaître le système des nuances. — *Dissert. sur le chant grégorien*, 1683, in-8. — *Traité de la musique des enfants*, et 15 liv. de morceaux pour orgue.

NIZA (MARCO de), religieux franciscain, chargé par don Antoine de Mendoza, vice-roi du Mexique, d'aller reconnaître le pays au nord de ce royaume, partit de Culiacan le 7 mars 1539, s'avança jusqu'à une petite distance de Cibola ou Cibora, capitale d'une province du même nom. Les disposit. hostiles des habitants l'ayant forcé à rétrograder, il adressa au vice-roi une relation impr. dans le tome III de Ramusio. — Un autre NIZA (Taddeo de), Indien baptisé, a écrit une *Hist. du Mexique* qui n'a pas été publiée.

NIZAM EL MOLOUK (KHOTJAH-HAÇAN), célèbre grand-visir en Perse sous la dynastie des Seldjoukides, né l'an 408 de l'hég. (1017-8 de J.-C.) dans un village du Khoraçan, exerça div. emplois sous le règne de Mas'oud, sulthan des Ghaznevides, puis fut nommé visir l'an 455 (1064), à l'avènement au trône de Alp-Arslan, successeur de son oncle Thogroul. Nizam, pendant 30 années de visirat, joignit à une extrême prudence l'amour des lettres et des sciences : il assoupit la révolte du gouverneur du Kerman, diminua les impôts, fonda des collèges dans plusieurs villes, ne négligea rien pour le bonheur des peuples comme pour la gloire du souverain, et mérita d'être regardé comme l'un des plus grands hommes de l'Orient. Malgré les services signalés qu'il avait rendus à l'empire,

Il ne put prévenir sa disgrâce, provoquée par les intrigues de la sulthane Terkhan-Khatoun, et périt à l'âge de 77 ans, assassiné par ordre du visir qui était appelé à le remplacer, en 485 (1092). Il avait composé un ouvrage célèbre en Orient sous le titre de *Wassaix*, espèce de testament politiq., dans lequel il donne aux princes des préceptes et des exemples pour bien gouverner.

NIZAM-EL-MOULOUK ou NIZAM-AL-MOULK, nom et titre d'honneur sous lesquels les voyageurs et les histor. modernes de l'Inde désignent *Tchyn-Qélytch-Khan* (prince tirant l'épée), qui joua un grand rôle dans les événements politiq. de l'Inde pendant la première moitié du 18e S. Né à Châh-Djihân-Abad (ou Dehly) vers 1648, il fut élevé à la cour des grands moghols, et exerça au commencement du règne de Behader-Chah, fils d'Aureng-Zeyb, une influence qu'il eut l'adresse de conserver sous le règne des successeurs de ce prince. A force de ruses et de politique, il parvint à rendre indépendant son gouvern. du Dekhan, l'agrandit aux dépens de plusieurs autres provinces, administra en souverain pendant 4 ans des états qui formaient au moins le quart de l'empire du gr. moghol, et mourut en 1748, âgé de 104 années lunaires, emportant avec lui la haine des habitants de la presqu'île et du Haut-Hindoustan, et le mépris des Français, des Anglais et des Persans.

NIZAMI ou NIDHAMI, célèbre poète persan du 6e S. de l'hég., surnommé *Candjéwi*, du nom de la ville de Candjèh, dans la province d'Arran, où il était né, est aut. de 5 poèmes qui ont été réunis après sa mort (l'an 576 de l'hég., 1180-81 de J.-C.) en un recueil nommé en arabe *Khamsèh*, c.-à-d. *cinq*, et en persan *Pentch Ghandj*, c.-à-d. *les cinq Trésors*, formant ensemble 28,000 distiques : on y trouve un poème moral mêlé d'apolog. et de contes, *les Amours de Khosrou et de Shérin, les Amours de Leïla et Medjnoun, l'Histoire romanesque du roi Bahramghour et de sept princesses, l'Hist. romanesque d'Alexandre*, en II parties, dont la première a été imprimée avec un comment. persan à Calcutta, 1812, in-4 ; on en trouve aussi une partie dans les *Selections for the use of the students of persian class*, 1810, tome IV. Quelques apologues ou anecdotes de Nizami ont été impr. avec une traduction anglaise dans le tome II *the Asiatick miscellany*, 1786. On trouve aussi la traduct. de div. morceaux de Nizami dans l'ouvr. intit. : *Geschichte der schœaen Redekunste Persiens*, Vienne, 1818.

NIZZOLI (MARIO), *Nizolius*, savant littérateur et philosophe, né en 1498 dans le Modenèse, mort à Brescello en 1566, remplit une chaire à l'univ. de Parme, et fut enfin chargé de la direction de l'académie fondée à Sabionetta par Vespasien de Gonzague pour l'enseignement des langues anciennes. Sans parler de ses div. écrits polémiques, nous citerons de lui : *Observat. in Marcum Tullium Ciceronem*, Pratalboino (nom d'une terre du comte J.F. Gambara, son Mécène), 1535, in-fol.; Venise, Alde-Manuce, 1570, in-fol., sous le titre plus convenable de *Thesaurus ciceronianus*, Francf., 1613,

in-fol.; publ. de nouveau par Facciolati, avec des augmentat., sous celui de *Lexicon ciceronianum*, Padoue, 1734. — *De veris principiis et verâ ratione philosophandi contra pseudo-philosophos*, Parme, 1553, in-4. Leibnitz en a donné une édit., avec une préface, Francfort, 1670, in-4. Voy. Tiraboschi, *Biblioth. modenese*, tome III, p. 353-56.

NOAILLES (ANTOINE de), né en 1504 d'une anc. famille du Limousin, entra fort jeune dans la carrière des armes et dans celle de la diplomatie; il accompagna (1530) en Espagne le vicomte de Turenne, son parent, chargé d'épouser, pour François Ier, Éléonore d'Autriche, sœur de Charles-Quint et veuve du roi de Portugal; il fut revêtu la même année de la charge de chambellan des enfants de France. Il se distingua pendant la seconde guerre de Françoir Ier contre Charles-Quint, notamment à la bataille de Cérisolles en 1544; reçut le titre d'amiral de France, à l'avénem. de Henri II à la couronne; fut envoyé en ambassade en Angleterre: négocia la trêve de 5 ans, conclue à Vaucelles en 1556, entre l'emper. et le roi de France, et mourut dans son gouvernem. de Bordeaux en 1562. Ses négociations en Angleterre ont été publ. par l'abbé de Vertot, avec celles de son frère, 1763, 3 vol. in-12. — NOAILLES (Franç. de), frère du précédent, et le plus habile diplomate de son siècle, né en 1519, embrassa l'état ecclésiast. et se trouvait pourvu de l'évêché d'Aqs lorsque Henri II l'envoya en ambassade à Venise en 1558 : il fut ensuite successivem. chargé des ambassades de Londres, de Rome et de Constantinople. Pendant qu'il était en Turquie, il rétablit la paix entre Sélim II et les Vénitiens. De retour en France, il continua de jouir d'une grande considérat. à la cour, et mourut à Bayonne en se rendant aux eaux des Pyrénées en 1585.

NOAILLES (LOUIS-ANTOINE de), cardin., archevêque de Paris, né en 1651, fut promu de bonne heure aux prem. dignités de l'Église; il assista en 1681 à l'assemblée extraordin. du clergé tenue à l'occasion de la régale, et à celle où furent adoptés les 4 articles, dits de 1682. Dans la controverse du quiétisme, il parut d'abord comme médiat. entre Bossuet et Fénelon; mais bientôt, entraîné par l'ascendant du premier, il publia quelques écrits contre l'archevêque de Cambrai. En 1697, il fut nommé commandeur des ordres du roi; en 1700, créé cardinal, il alla à Rome recevoir le chapeau. La douceur de son caractère et la pureté de ses vues, semblaient promettre une paix profonde à l'église de Paris; mais les proposit. du P. Quesnel et les écrits auxquels elles donnèrent naissance, les querelles de la bulle *Unigenitus*, l'interdiction des jésuites, furent la source d'une foule de dissensions qu'un mélange d'entêtem. et de faiblesse ne contribuait pas peu à entretenir : en sorte qu'à sa mort, en 1720, son diocèse était en proie à une agitation extrême. On lui doit de nouvelles édit. des livres liturgiques de son diocèse. Dans la désastreuse année de 1709, il avait fait fondre son argenterie pour venir au secours des pauvres : plus tard il avait rebâti le palais de l'archevêché, et réparé et embelli l'église de Notre-Dame. On trouvera des détails sur les controverses de ce temps dans les *Mémoires chronologiq.* du P. d'Avrigny, dans l'*Hist. de Fénélon*, par le cardinal de Bausset, etc. On a publ. en 1718 un recueil des mandements du card. de Noailles.

NOAILLES (ANNE-JULES), frère du précéd., né en 1650, obtint en 1661 la survivance de la charge de capit. des gardes-du-corps du roi, fit sa prem. campagne en 1664, et command. les 4 compagnies des gardes-du-corps à la conquête de la Franche-Comté en 1668. Pend. la guerre de Hollande, en 1672, il donna de ses talents une si haute opinion que le roi lui confia le gouvernem. du Languedoc : c'était au moment où se préparait la révocat. de l'édit de Nantes. Après avoir inutilem. tenté les voies de la douceur pour apaiser les rebelles, il fut forcé de recourir aux armes ; cependant il ne cessa de montrer un esprit conciliant, et disposé à la clémence envers des sujets égarés. Rappelé en 1689 pour être mis à la tête d'une armée destinée à seconder les Catalans qui voulaient secouer le joug de l'Espagne et se mettre sous la protection de la France, il se signala par quelques expéditions préparées avec prudence et exécutées avec adresse, telles que la prise du château de Campredon : ayant été forcé d'évacuer cette place, il la fit démolir et priva l'ennemi d'un point de défense très important. Il fut nommé maréchal en 1693. La prise de Roses, la bataille du Ter, gagnée le 27 mai 1694, la prise de Palamos et celle de Girone, celle du château d'Hostalrich, le 20 juillet 1694, et de Castel-Follit, mirent le sceau à sa réputat. militaire. En 1695, sa santé l'obligea à quitter l'armée ; il revint à la cour, y passa plus. années et mourut en 1708. Il avait épousé en 1671 Marie-Françoise de Bournonville, qui donna le jour à 21 enfants, dont l'aîné et le plus célèbre fut Adrien-Maurice, dont l'article suit.

NOAILLES (ADRIEN-MAURICE, duc de), fils du précéd., né en 1678, entra fort jeune au service, et fit ses prem. armes en Catalogne sous les ordres de son père ; il se signala ensuite sous le duc de Vendôme, et fut choisi en 1700 pour accompagner le duc d'Anjou à Madrid. La guerre de la success. d'Espagne lui ouvrit une carrière qu'il parcourut avec gloire ; il ne se distingua pas moins par son courage que par ses talents militaires. Lieut.-gén. en Roussillon, malgré le petit nombre de ses troupes, il tenta dans différentes circonstances des diversions en Espagne ; il remporta, en 1708 et 1709, plusieurs avantages sur l'ennemi, prit Girone au milieu de l'hiver de 1710, et força, par cet exploit, le reste de l'Aragon à poser les armes. Philippe V et Louis XIV récompensèrent ses services par le titre de grand d'Espagne de première classe, et celui de duc et pair. Malgré le mécontentement que le roi témoigna contre le cardinal de Noailles au sujet des querelles de la bulle *Unigenitus*, Adrien-Maurice conserva toujours sa faveur. Après la mort de Louis XIV, membre du conseil

général de régence, il fut nommé présid. du conseil des finances (1718), et fit des réformes utiles. L'entrée de Dubois au conseil fut pour lui la cause d'une disgrâce passagère pendant laq. il conserva un crédit extraordinaire qu'il fit tourner au profit de sa province. La mort de Dubois mit un terme à sa disgrâce (1723). Dans la guerre de 1733, il força les Allemands à évacuer Worms, et se trouva au siége de Philisbourg où il reçut le bâton de maréchal ; en 1735, il se distingua en Italie, puis en 1741 et en 1743 en Allemagne. Après cette dern. campagne, son âge avancé l'obligea à ne plus servir l'état que de ses conseils ; il entra dans le ministère et mourut à Paris en 1766. On a de lui des *Mém.* publiés en 1777 par l'abbé Millot, 6 vol. in-12.

NOAILLES (Louis, duc de), fils aîné du précéd., né en 1713, d'abord comte, puis duc d'Ayen, fut successivement mestre-de-camp du régiment de Noailles, maréchal-de-champ et lieuten.-gén. : il fut créé chevalier des ordres du roi en 1749, succéda à son père dans le gouvernem. de St-Germain-en-Laye en 1754, et fut l'année suiv. créé maréchal de France. Sa vie n'offre rien de bien marquant : on a souvent cité ses bons mots ; ils sont quelquefois un peu piquants, mais ils ne l'ont pas empêché de conserver la réputation d'un homme qui réunissait les qualités du cœur à celles de l'esprit. Il mourut à St-Germain-en-Laye le 22 août 1793 : sa veuve, née Cossé-Brissac, périt sur l'échafaud révolutionn. le 4 thermidor an II, à l'âge de 70 ans, ainsi que sa belle-fille, la duchesse d'Ayen, et sa petite-fille, la vicomtesse de Noailles.

NOAILLES (LOUIS-MARC-ANTOINE, vicomte de), second fils du maréchal de Mouchy, né en 1756, entra de bonne heure dans la carrière des armes, et se livra sur la tactique à des études approfondies. Dans le Nouveau-Monde, où il combattit sous les yeux de Washington, il avait puisé un enthousiasme de liberté qui le plaça dans les rangs des plus zélés partisans de la révolution ; cependant il n'en professait pas les principes à la chambre de la noblesse avant la réunion des ordres ; il se prononça même contre la réunion, et voulut conserver à chacune des chambres le *veto* qu'elles exerçaient l'une sur l'autre : ce ne fut qu'après la réunion de la noblesse au tiers-état qu'il se plaça du côté gauche. Dans la nuit du 4 août 1789, il proposa l'égale répartition des impôts, le rachat des droits féodaux, et la suppression des servitudes personnelles. Ce fut là le premier signal des sacrifices patriotiques. Ses talents lui donnèrent de l'influence dans le comité militaire : ce fut sur ses rapports que l'on décréta l'organisation de l'armée et de la gendarmerie. Après le départ de Louis XVI pour Varennes, il prêta serment de fidélité à la nation et à l'assemblée, fut ensuite employé comme maréchal-de-camp à Sedan, puis chargé du commandement des avant-postes du camp de Valenciennes en 1792. Peu après il donna sa démission et passa en Angleterre. Lorsque le calme parut renaître en France, Noailles se fit rayer de la liste des émigrés, reprit du service et se rendit à St-Domingue avec le garde de général de brigade. Chargé de la défense du môle St-Nicolas, et réduit à la dern. extrémité, il réussit à échapper à la surveillance de l'ennemi; ayant été rencontré par une corvette anglaise, il l'attaqua avec audace, monta le prem. à l'abordage et s'en rendit maître : mais il avait reçu *une blessure mortelle; il expira* le 9 janv. 1804 à la Havane, où il avait réussi à faire entrer sa prise. —Mme de NOAILLES, son épouse et sa nièce, avait péri à l'âge de 34 ans comme complice de la prétendue conspiration des détenus du Luxembourg.

NOAILLES (JEAN-LOUIS-FRANÇ.-PAUL, duc de), né en 1739, fils aîné du duc d'*Ayen*, fut admis dans les gardes-du-corps à 13 ans, devint, en 1755, colonel du régiment de cavalerie levé par sa famille, fit à la tête de ce régiment la guerre de la succession d'Espagne et les 4 dernières campagnes de la guerre de 7 ans; capitaine de la compagnie écossaise des gardes-du-corps, il en exerça les fonct. sous Louis XV et Louis XVI. A la révolut. il émigra, mais dès qu'il sut que le roi était en danger il revint à son poste et se tint constamm. près de sa personne pendant la journée du 10 août. Il retourna en Suisse, passa dans le canton de Vaud trente années, au sein de l'étude et entouré de la considération publique. Il reparut un moment en France à l'époque de la restaurat.; il siégea quelquefois à la chambre des pairs, vint en 1824 à Fontenay-en-Brie, entouré de quatre générat. de sa famille. Il avait été reçu en 1777 membre de l'acad. des sciences, et en 1816 il fut compris dans la réorganisation de l'Institut avec le titre d'acad. libre. C'est à lui qu'est due la carte d'Allemagne connue sous le nom de *Chancharet*, la première bonne de ce pays, de l'aveu même des nationaux. *L'Éloge* du duc de Noailles, prononcé à la chambre des pairs par M. le prince de Poix (Noailles-Mouchy), se trouve dans le *Moniteur* du 5 févr. 1825.

NOBLE DE LA LAUZIÈRE (JEAN-FRANÇOIS), né à Marseille en 1718, entra en 1740 sous-lieutenant dans les gardes françaises, et se trouva aux batailles de Dettingen et de Fontenoy, aux siéges de Fribourg et de Tournai; il quitta le service en 1746, vint se fixer à Arles, et fut élu premier consul de cette ville en 1763. En 1788, il retourna à Marseille, fut nommé membre associé-résident de l'acad. de cette ville, et mourut en 1806. On a de lui : *Abrégé chronologique de l'histoire d'Arles jusqu'à la mort de Louis XIV*, 1807, in-4, avec pl.; et un *Mém.* sur cette question : *Quels sont les moyens de détruire les obstacles qui s'opposent à la navigation de l'embouchure du Rhône?* proposée par l'acad. de Marseille en 1779, réimpr. en 1780.

NOCETI (CHARLES), jésuite, né à Pontremoli vers 1695, professa d'abord avec talent et succès au collége Romain, fut, en 1756, nommé coadjuteur du savant Dominique Turano, théologien de la pénitencerie, et mourut en 1759. Les attaques contre l'ordre des jésuites l'engagèrent à prendre la plume pour leur défense, et il publia plus. écrits qui n'offrent pas le même intérêt qu'à l'époque où ils parurent. On lui doit en outre : des *Églogues*

latines, impr. à Rome en 1741, avec celles de Rapin; et deux poèmes l'*Iris* et l'*Aurore boréale*, publ. par le P. Boscovich à Rome, 1747, avec des *Notes*, et inséré dans les *Poemata didascalica*, du P. Oudin. On trouve une imitation du second dans les *Mois* de Roucher.

NODAL (BARTHÉLEMI-GARCIA de), navigat. espagnol, fut chargé par Philippe III d'aller, avec deux caravelles de 80 tonneaux, reconnaître le détroit que Lemaire et Schouten venaient de découvrir, et d'examiner s'il était possible de le garder en construisant des forts sur le rivage, il partit de Lisbonne le 27 décembre 1618, remplit sa mission avec autant de bonheur que d'intelligence, et revint en Espagne après neuf mois et douze jours de navigation. Son frère Gonzalo faisait partie de la même expédit., ils publièrent ensemble en espagnol : *Relation du voyage fait par les capitaines Barth.-Garcia de Nodal et Gonzalo de Nodal, frères, natifs de Pontevedra, pour la découverte du nouveau détroit*, Madrid, 1621, in-4, avec une carte.

NODOT (FRANÇOIS), munitionnaire des armées de Louis XIV en Allemagne, est principalement connu par la publication de quelq. *Fragments de Pétrone* (Paris, 1694), qu'il prétendit avoir découverts à Belgrade, mais les savants en contestèrent l'authenticité; il tenta de réfuter leurs objections dans un écrit intit. la *Contre-Critique*. Nodot a refait, d'après Jean d'Arras, l'*Histoire de Mélusine*, 1698 et 1700, in-12, ainsi que l'*Hist. de Geoffroy à la Grand'-Dent*, suite du roman de *Mélusine*, 1700, in-12. On lui doit encore quelq. ouvr., mais ils n'offrent plus aucun intérêt.

NOÉ (*Repos, Consolation*), fils de Lamech, naquit l'an 2978 avant J.-C. Il fut vertueux dans un temps que l'Écriture nous représente comme le règne de la plus profonde corrupt. : aussi trouva-t-il grâce devant le Seigneur, qui, se repentant d'avoir créé l'homme, voulait l'anéantir avec tous les êtres vivants. Noé reçut l'ordre de construire une arche de *trois cents coudées de long.* (env. 512 pieds), *cinquante de larg.* (85 pieds), *et trente de haut.* (51 pieds), et de s'y enfermer avec sa femme, ses fils Sem, Cham et Japhet, et les femmes de ses fils, après y avoir fait entrer aussi sept paires de tous les animaux purs et deux des impurs : il n'y eut d'exception que pour les reptiles, dont une paire seulement, dans chaque espèce, dut être recueillie, *afin d'en conserver la race sur la terre.* Lorsque Noé eut rempli toutes les instructions qui lui avaient été données, les sources du gr. abime des eaux furent rompues, les cataractes du ciel furent ouvertes, et la pluie tomba sur la terre pend. 40 jours et 40 nuits. Les eaux s'élevèrent de 15 coudées par-dessus les plus hautes montagnes; mais l'arche était portée sur les eaux, qui, lorsqu'elles eurent repris leur cours ordinaire, lui permirent de s'arrêter sur les mont. d'Arménie (le mont Ararath, dit-on, près de la ville d'Érivan). Enfin le 27e jour du 2e mois de l'an 601 de la vie de Noé, la terre étant entièrement séchée, le patriarche sortit de l'arche avec tous les êtres vivants qu'il y avait enfermés. On a demandé souvent s'il était vrai qu'il y eût eu un déluge, et, cette hypothèse admise, si le déluge avait été universel. On peut opposer aux incrédules l'autorité de Leibnitz, de Newton, de Bonnet, de Cuvier et de tant d'autres physic. illustres, dont l'énumérat. serait trop longue. On sait d'ailleurs que tous les peuples orientaux ont conservé la tradition de Noé, souvent même sous son vrai nom. On a dit, non sans de gr. probabilités, qu'il est l'*Orus*, l'*Apollon*, l'*Ogygès*, le *Saturne*, le *Janus*, le *Protée*, le *Vertumne*, le *Bacchus* des Grecs et des Romains, l'*Osiris* et le *Mercure* des Égyptiens, le *Xisutre* des Chaldéens, le *Vichnou* des Indiens. Quoi qu'il en soit, Dieu répandit ses bénédict. sur Noé et sa famille au sortir de l'arche, et leur dit : *Je mettrai mon arc* (l'arc-en-ciel) *dans les nues, et il sera le signe de mon alliance.* Noé planta le prem. la vigne, but du vin et s'enivra; les railleries de Cham furent punies par la malédiction paternelle qui s'étendit à toute sa race. Le patriarche vécut 350 ans après le déluge, et mourut ainsi à l'âge de 950 ans. Ses trois fils repeuplèrent la terre : on croit communém. que les habitants de la Syrie et de l'Asie-Orientale descendent de Sem ; ceux de l'Arabie et de l'Afrique de Cham, et ceux de l'Asie-Mineure et de l'Europe de Japhet, sauf les nombr. mélanges et les migrations qui ont eu lieu depuis (*v.*, pour plus de détails, entre autres écrits, les *Réponses critiques* de Bullet, où sont rapportées et combattues la plupart des difficultés des incrédules sur la certitude du déluge, sur l'arche, le corbeau, la colombe, l'arc-en-ciel, etc.).

NOÉ (Marc-Antoine de), né au château de la Grimaudière, diocèse de La Rochelle, en 1724, fut d'abord gr.-vic. de Rouen, puis évêque de Lescar. Député du clergé de Rouen aux états-génér., il n'y siégea point ; il protesta contre la suppression de son siége par la nouv. divis. ecclésiastiq. du roy. et passa en Espagne, d'où plus tard il se rendit en Angleterre. Après le concordat, il fut nommé à l'évêché de Troyes, et mourut dans cette ville en 1802, peu de jours après avoir été présenté, dit-on, pour un chapeau de cardinal. Ses *OEuvres* ont été publ. par M. Auguis, 1818, in-8. On y distingue un *Discours* prononcé pour une bénédiction de drapeaux en 1781 ; une *Lettre pastorale* à l'occasion d'une mortalité de bestiaux qui avait fait de grands ravages dans son diocèse ; un *Éloge d'Évagoras*, trad. d'Isocrate ; un *Éloge des guerriers morts dans la guerre du Péloponèse*, extrait de Thucydide, et une paraphrase de l'*Épître de St Paul aux Romains.*

NOÉ-MÉNARD (Jean de La). — V. Ménard.

NOEL (François), savant jésuite allemand, missionnaire à la Chine, né vers 1640, a publ. : *Observationes mathematicæ et physicæ in Indiâ et Chinâ factæ, ab anno 1684 usque ad annum 1708,* Prague, 1710, in-4. — *Sinensis imperii libri classici VI,* 1711, in-4 : ces livres sont du second ordre ; trois avaient été déjà trad. par les PP. Intorcetta, Costa, Couplet, etc. ; mais le P. Noël a travaillé sur les originaux, et n'a pas reproduit la version de ses prédécesseurs ; il a très bien entendu les écrits de Confucius et de ses disciples ; mais on lui reproche un style diffus et prolixe. — *Philosophia sinica,* 1711, in-4, ou *Recueil* d'extraits des plus célèbres philosophes de la Chine sur la connaissance du vrai Dieu, sur l'esprit et le sens des cérémonies mortuaires, et sur la morale et les devoirs de l'homme ; les autres ouvrages de ce savant missionnaire ne peuvent plus offrir aucun intérêt.

NOEL (Jean-Bapt.), conventionnel, né en 1727 à Remiremont, exerça d'abord la profession d'avocat. Chargé des intérêts du chapitre noble de cette ville, en qualité d'officier principal de l'insigne église, il fut membre de l'assemblée provinciale de Lorraine en 1788, puis procur.-syndic du district de Remiremont en 1789, et député à la convention en 1792. Il fut l'un des sept membres de cette assemblée qui refusèrent de prendre part au jugement qui condamna Louis XVI ; il paya de sa tête cet acte de courage, et mourut sur l'échafaud le 8 oct. 1795, peu de temps après avoir sauvé la vie aux officiers municipaux de Tours, que son collègue Léon Bourdon voulait envoyer à la mort.

NOEL, peintre de marine, né à Rouen, était fort jeune lorsque Vernet, son maître, lui conseilla d'accompagner Choppe d'Auteroche dans son voyage en Californie. Cette dangereuse campagne ne fit qu'irriter son goût pour la navigat. ; il partit pour Lisbonne, accompagna l'amiral don Joseph de Mello dans son expédit. à Gibraltar, et, par sa protection, eut les moyens d'exécuter le dessin le plus parfait de cette forteresse inexpugnable. Enfin il entreprit de faire connaître les ports princip. de la Péninsule, et exécuta ce grand projet avec perfection. Cet artiste mourut en janvier 1834, âgé de 81 ans. Ses tableaux, d'un ton de couleur et d'une vérité remarquables, sont très nombreux. Noël peignait comme en se jouant, avec une étonnante facilité, le lever et le coucher du soleil à la mer, la sortie d'une flotte, la rencontre de deux vaiss. en pleine mer, etc. Ce sont les sujets qu'il traitait de préférence ; mais il en a exécuté une foule d'autres, et toujours avec cette vérité qui fait le charme de toutes les composit. pittoresq. comme littéraires.

NOEL DE LA MORINIÈRE (Simon-Barthélemi-Joseph), ichthyographe, né en 1765 à Dieppe, mort à Drontheim (Norwège) en 1822, à son retour d'un voyage au Cap-Nord, avait obtenu successivem. les titres d'inspect. de la navigat., d'inspecteur-gén. des pêches, et était associé aux acad. de Pétersbourg, de Turin, de New-York, de Philadelphie, etc. Ce savant, qui embrassa dans ses études la statistique, les antiquités, les langues étrangères, et particulièrem. l'histoire et la théorie de la pêche, a publié entre autres ouvr. : *Hist. naturelle de l'éperlan de la Seine-Inférieure,* 1795, in-8. — *Prem. essai sur le départ. de la Seine-Inférieure,* 1795, in-8.—*Tableau historiq. de la pêche de la baleine,* 1800, in-8.—*Tableau statistiq. de la navigat. de la Seine depuis la mer jusqu'à Rouen,* etc., 1805, in-8. — *Histoire générale des pêches anciennes et modernes dans les mers et les fleuves des deux continents*, 1815, in-4, il n'en a paru que deux vol. Il a fourni divers articles à l'*Histoire naturelle des poissons* de Lacépède, au *Magasin encyclopédique*, à la *Biogr. univ.*, etc.

NOÉMI, femme d'Élimelech, de la tribu de Benjamin, suivit son mari dans le pays des Moabites, l'y perdit, et maria ses deux fils à deux filles moabites, dont l'une était Ruth. Ayant ensuite perdu ses deux fils, elle retourna en Judée avec Ruth, qui épousa Booz. — V. RUTH.

NOGARET (GUILLAUME de), chancelier de Philippe-le-Bel, né au 13ᵉ S. à St-Félix-de-Caraman dans le Lauragais d'une famille qui a été la tige des ducs d'Épernon; professa d'abord le droit à l'univ. de Montpellier. Il devint ensuite juge-mage de la sénéchaussée de Nîmes, fut anobli vers l'an 1300 par Philippe-le-Bel, en récompense de ses services, notamm. pend. les discuss. de ce prince avec le pape Boniface VIII, et mourut à Paris en 1314 avec le titre de chancelier ou de garde-dessceaux. L'*Histoire du Languedoc*, t. IV, note 11, fournit des recherches sur sa vie.

NOGARET (D.-V.-RAMEL de), conventionnel, était avocat à Carcassonne. Député par la sénéchaussée de cette ville aux états-génér., il s'occupa principalem. de finances et de contribut., fut chargé d'une mission dans le Finistère, qu'il remplit avec succès, et devint secrét. de l'assemblée. En 1792 le départ. de l'Aude le nomma député à la convention. Dans le procès du roi, il vota pour la mort, sous la condit. que le jugement serait soumis à la sanction du peuple; cependant par une déplorable contradiction il rejeta le sursis. Il s'opposa à l'établissem. du *maximum*, fut rapporteur de la commission des contribut., et fit rendre le décret sur l'emprunt forcé d'un milliard. Envoyé en mission en Hollande, lors de la conquête de ce pays par Pichegru, pendant le reste de la session il se livra exclusivem. à la partie financière. Au conseil des cinq-cents, où il fut réélu, on le vit souvent à la tribune parler sur cet objet. Nommé ministre des finances en 1796, il montra de la capacité dans ce poste qu'il remplit jusqu'au 20 juillet 1799. Il ne fut appelé à aucune fonction sous le gouvernem. impérial, et ne reparut qu'en mai 1815. Nommé préfet du Calvados, il fut ensuite obligé, comme régicide ayant accepté des fonctions pendant les *cent-jours*, de sortir de France. Retiré à Bruxelles, il s'y fit inscrire sur le tableau des avocats, et mourut dans cette ville en 1829. On a de lui plus. *Écrits* importants sur les finances.

NOGAROLA (ISOTTA), dame de Vérone, célèbre par sa beauté et ses talents, morte en 1466, joignait un talent agréable pour la poésie, à des connaissances assez étendues dans la plupart des sciences cultivées à cette époque. On a d'Isotta : *Dialogus quo utrùm Adam vel Eva magis peccaverit, quæstio satis nota, sed non adeò explicata, continetur*, Venise, Alde, 1563, in-4. La Biblioth. royale possède un recueil de *Lettres* de cette dame, et Maffei donne les titres de plus. pièces inédites dont elle

est l'auteur, et qui se trouvent dans les biblioth. d'Italie. Isotta Nogarola a été quelquefois confondue avec Isotta de Rimini, maîtresse de Sigismond-Pandolfe Malatesti. On trouvera dans le t. V des *Mémoires* de d'Artigny des *remarques* sur ces deux dames par l'abbé Saas. — NOGAROLA (Léonard), frère d'Isotta, protonotaire apostolique, est aut. de deux traités : l'un *de mundi Æternitate*, Vicence, 1480, et l'autre *de Beatitudine*, Bologne, 1481. — NOGAROLA (Louis), de Vérone, habile helléniste du 16ᵉ S., a trad. du grec en latin *Ocellus Lucanus de Naturâ universi*, avec des *notes* et une *Lettre* sur les hommes illustres d'Italie qui ont écrit en grec, Genève, 1596, in-8.

NOGHERA (JEAN-BAPT.), jésuite, né à Berbeno, dans la Valteline, en 1719, professa la rhétorique à Milan, puis l'éloquence sacrée à Vienne jusqu'à la suppression de la société, et mourut dans sa patrie en 1784. Parmi ses ouvrages on cite : *De l'éloquence sacrée moderne*, 1752. — *Discours de Démosthène, trad. et enrichis de notes*, 1753. — *Sur les anciens et les modernes*, 1774. Ses différents écrits ont été publ. à Bassano en 1790, 17 vol. in-8. Tiraboschi, dans son *Hist. littéraire d'Italie*, et le comte Giovio, dans ses *Hommes illustres du diocèse de Côme*, citent avec éloge ce littérateur.

NOINTEL (CHARLES-FRANÇOIS OLIER, marquis de), ambassadeur de France à Constantinople, de 1670 à 1678, fils d'un conseiller au parlement de Paris, suivit d'abord la même carrière que son père, et fut nommé conseiller en 1661; quelques années après il eut le titre de conseiller-d'état, puis fut envoyé à Constantinople avec la mission de renouveler les anciennes capitulations entre la France et la Turquie, en y faisant insérer une réduction sur les droits de douane, d'obtenir le rétablissement des Échelles du Levant, et un libre commerce par la mer Rouge, enfin de protéger la religion catholique et les saints lieux. Il déploya pend. son ambassade une fermeté de caractère à laquelle il dut le succès de ses négociations, et les nouv. capitulat. furent signées le 6 juin 1673. Pour s'assurer de leur exécution dans les différentes Échelles où les Français portaient leur commerce, Nointel les parcourut toutes; il prit à sa suite deux peintres habiles, auxq. il fit dessiner tous les objets d'antiquités qui frappaient son attention; il achetait les médailles, copiait les inscriptions, enlevait des marbres : plus. de ses dessins existent dans des collect. particulières; un vol. de dessins précieux du temple de Minerve à Athènes est dep. 1770 dans la Biblioth. du roi, et la plupart des inscriptions qu'il a recueillies sont au musée des antiques. Les dépenses énormes qu'il faisait, autant pour soutenir la dignité de son poste que pour faire des acquisit. d'objets rares et précieux, ayant mécontenté la cour, Nointel fut rappelé en 1678, et mourut à Paris en 1685. On trouve à la bibliothèque les deux ouvrages suiv., que l'on suppose composés par un parent de l'ambassad. : *Mémoire concern. la province entière de Bretagne, dressé par ordre du roi en 1698, par M. de Nointel, in-*

tend. de ladite province, in-fol.—*Projet d'une ordonnance générale sur le fait des monnaies, avec les preuves tirées des ordonnances, édits, déclarations et arrêts des conseil et cour des monnaies, par M. de Nointel, revu et corrigé par M. d'Aguesseau, procur.-gén. au parlem.*, in-fol.

NOIR (le prince) ou de Galles. — V. ÉDOUARD.

NOIRET (JEAN-ADRIEN), né à Paris le 1er août 1769, mort dans la même ville le 14 août 1832, enlevé par le choléra, employé supérieur à la banque de France, se livra aux calculs de l'escompte et fit plus. ouvr. sur cette partie. On cite entre autres : *Tarif de l'escompte à 4 p. 100* (deux édit.), in-12. — *Tarif des anciennes monnaies des Francs*, in-18. — *Tarif des comptes faits, ou Nouveau Barême décimal présentant 126,600 comptes faits*, in-8. — *Tableau de l'intérêt à tant pour cent par an*, in-12.

NOIROT (CLAUDE), avocat et juge en la mairie de Langres, né dans cette ville en 1570, a publ. l'*Origine des masques, momeries, bernés et revannés ès jours de carême-prenant, menées sur l'âne à rebours, et charivaris*, 1609, in-8, livre singulier et recherché des curieux. — *Le Jugem. des anciens Pères et philosophes sur les mascarades*, 1609, in-8, ouvrage plus rare, mais moins recherché que le premier.

NOLASQUE (St PIERRE), fondateur de l'ordre de la Merci, né vers l'an 1189, près de St-Papoul dans le Languedoc, montra dès son enfance une disposition particulière à soulager les malheur. Brûlant de signaler son zèle pour la foi, il suivit Simon de Montfort dans son expédition contre les Albigeois, et ne se distingua pas moins par sa valeur et ses talents que par sa piété. Chargé de l'éducation de Jacques, fils de Pierre d'Aragon, tué à la bataille de Muret, il suivit le jeune prince à Barcelonne en 1215, et trouva plus tard en lui un puissant coopérateur à l'œuvre qu'il entreprit pour la rédemption des captifs. La fondation de son ordre remonte à 1223. Dans deux voyages qu'il fit au royaume de Valence, il racheta plus de 400 esclaves chrétiens ; il visita ensuite les côtes de l'Afrique dans le but de porter des consolations aux captifs. Sa réputat. parvint jusqu'à St Louis : ce prince voulut l'emmener en Palestine ; mais ses infirmités ne lui permirent pas d'entreprendre cette longue navigation. Il mourut en 1256. L'ordre de la Merci, confirmé en 1230 par le pape Grégoire IX, subit quelques modifications dans la règle que lui avait donnée son fondateur ; il comptait 18 maisons en France, plusieurs en Espagne, en Italie et en Amérique. On trouve des détails sur cet institut dans l'*Hist. des ordres monastiq.*, par Hélyot, et la *Vie* de Pierre de Nolasque dans Baillet, Godescard et les bollandistes.

NOLLET (DOMINIQUE), peintre, né à Bruges en 1640, fut attaché au duc Maximilien de Bavière en qualité de surintend. de son cabinet de tableaux ; il suivit ce prince dans ses disgrâces, et vint avec lui à Paris. Lorsque ce prince retourna dans ses états, il l'y accompagna ; mais après la mort de l'é-

lect., il revint à Paris, où il mourut en 1736. Parmi ses meill. tabl., on cite un *St Louis débarquant à la Terre-Sainte et reçu par les relig. carmes.* La manière de ce maître se rapproche de celle de van der Meulen ; ses paysages ainsi que ses batailles sont estimés des amateurs : ses ouvrages se distinguent en gén. par la chaleur et l'harmonie des tons.

NOLLET (l'abbé JEAN-ANT.), l'un des hommes qui ont le plus contribué à répandre en France le goût de la physiq., naquit en 1700 à Pimpré, dans le Noyonnais. Associé par Dufay à ses recherches sur l'électricité, puis favorisé dans ses études par Réaumur, il acquit bientôt des connaissances très étendues. D'après les conseils de ses amis, il donna un cours de physiq. qui jeta les fondements de sa réputat. L'acad. des sciences lui ouvrit ses portes en 1739. Après avoir répété ses expériences à Turin et à Bordeaux, il publia en 1743 la prem. part. de ses *Leçons de physique*, ouvrage le plus clair et le plus méthodique qui eût encore paru sur ce sujet. Chargé en 1749 d'aller en Italie recueillir des notions sur l'état des sciences dans cette contrée, il en rapporta de nombr. MSs. qu'il communiqua à l'acad. Une chaire de physique expérimentale fut créée pour lui en 1756 ; il reçut bientôt après le brevet de maître de physique et d'histoire natur. des enfants de France. Il fut nommé professeur de physique expérimentale à l'école d'artillerie de La Fère, puis à celle de Mézières, et mourut à Paris en 1770, aux galeries du Louvre, où le roi lui avait donné un logement. Ou a de lui : *Leçons de physique expérimentale*, 1743, 6 vol. in-12 ; 1759, etc. — *Recherches sur les causes particulières des phénomènes électriques*, 1749, in-12. — *Essai sur l'électricité des corps*, 1750, in-12. — *Rec. de lettres sur l'électricité*, 1753, 3 vol. in-12. — *L'art des expériences*, 1770, 3 vol. in-12, fig. — *L'Art du chapelier*, dans la *Descript. des arts* de l'acad. — Un grand nombre de *Mémoires* dans le recueil de cette société et dans les *Transactions philos.* On trouve un extrait de son *Éloge*, prononcé à l'acad. par Grandjean de Fouchy, dans le *Nécrologe* des hommes célèbres de France, tome VII, et dans la *Galerie française.*

NOLLIKINS (JOSEPH-FRANÇ.), peintre paysagiste, né à Anvers, élève de Tillemans, mort en 1748 en Angleterre, a laissé quelq. tableaux estimés, dans le genre de Watteau et de Panini.

NOLPE (PETER), peintre et grav., né à La Haye en 1601, a laissé quelq. estampes estimées ; dans le nombre on distingue les *Huit mois de l'année*, publiés depuis sous le titre des *Quatre saisons* et des *Quatre éléments*, avec le nom du peintre Peter Poter : on regarde comme un chef-d'œuvre sa *Digue rompue.* Le *Manuel de l'amateur* donne le détail de 56 pièces, dont se compose l'œuvre de cet artiste.

NOMBRET - SAINT - LAURENT, vaudeviliste, mort à Boulogne en 1833, occupait depuis longtemps une place import. à l'administrat. des ponts-et-chaussées, et termina, jeune encore, une carrière qu'il avait marquée par de nombr. succès. Parmi ses ouvr., représentés presque toujours sous le voile de l'anonyme, on cite : *les Couturières et le Mardi-Gras*, aux Variétés ; *le Coiffeur et le Perruquier*, au Gymnase ; *le Bandit*, aux Nouveautés ; *Bonaparte, lieutenant d'artillerie ; les Cartes de visite* et *le Mari par intérim*, au Vaudeville, etc. Il avait un talent particulier pour la chanson.

NOMÉNOÉ, NOMÉNOÏ ou NOMINOÉ, seigneur breton, né vers la fin du 8ᵉ S., gouverneur ou duc de Bretagne en 824 ou 825, essaya de se rendre indépendant à l'avénement de Charles-le-Chauve, obtint d'abord quelques succès, et prit le titre de roi : il mourut à Vendôme en 851, au milieu de la guerre qu'il soutenait contre son souverain : elle fut continuée avec assez de bonheur par Érispoë, son fils, qui parvint à conserver l'intégrité du duché que lui avait légué son père.

NONIUS-MARCELLUS, grammairien et philos. péripatéticien, né à Tibur (Tivoli), près de Rome, dans le 5ᵉ S. de l'ère chrétienne, a laissé un ouvr. intit. : *De proprietate sermonum*, composit. assez médiocre, mais que relèvent quelques fragments de div. auteurs (perdus pour nous), qui s'y trouvent conservés. Ce livre a eu plusieurs édit.; les plus anciennes et les plus rares sont celles de 1471 et 1476 ; la meilleure est celle de Paris, 1614, publiée par J. Mercier, sieur Desbordes, avec de savantes notes. On a joint quelquefois à ce livre celui de Fulgence Planciades, *De prisco sermone*.

NONIUS ou NONNIUS (PEDRO NUÑEZ), plus connu sous le nom latin de), médecin et mathématicien portugais, né en 1492, mort en 1577, fut précept. de don Henri, fils du roi Emmanuel, et professeur de mathématiques à l'université de Coimbre. Il est auteur de 2 liv. *de Arte navigandi*, qui ont attiré l'attention des géomètres sur les problèmes nouv. auxquels l'usage de la boussole avait donné naiss. On lui doit aussi : *In theoricas planetarum Georg. Purbachii annotat. aliquot; de Erratis Oroncii Finœi delphinatis*, et *de Crepusculis liber I :* le tout a été recueilli, Bâle, 1592, in-fol.

NONNOTTE (DONAT), peintre du roi, membre de l'acad., né à Besançon en 1707, mort à Lyon en 1785, a laissé un grand nombre de portr. estimés, entre autres ceux de Lelorrain, sculpteur, et de Gentil-Bernard. Les *Rec.* de l'acad. de Lyon contiennent de cet artiste un *Disc.* sur les avantages des sciences et des arts ; un *traité* complet de peinture en 14 mém., et une *Vie de Lemoine* fort intéressante.

NONNOTTE (CLAUDE-FRANÇ.), frère du précéd., jésuite, né à Besançon en 1711, est particulièrem. connu par ses démêlés avec Voltaire. Il prêcha successivem. à Paris, à Versailles et à Turin. Après la suppression de son ordre, il revint à Besançon, prit la défense de la religion dans plus. écrits, fut nommé en 1781 membre de l'acad. de cette ville, et mourut en 1793. Ses *OEuvres*, 1818, 7 vol. in-8 et in-12, avec portrait, contiennent les *Erreurs de Voltaire*, souvent réimpr. et trad. en ital., en allemand et en espagnol ; *Dictionnaire philosophique de la religion*, traduit en italien et en allemand ;

les *Philosophes des trois prem. siècles de l'Église*, trad. en allemand. Il a trad. de Maffei : *de l'Emploi de l'argent*, 1787, in-8. On lui attribue : *Principes de critique sur l'époque de l'établissem. de la religion chrétienne dans les Gaules*, 1789, in-12. On trouve une notice sur sa vie et ses ouvrages dans l'*Ami de la religion et du roi*, tome XXV, p. 385.

NONNUS, poète gr., surnommé *Panopolitanus*, de Panopolis (Égypte), lieu de sa naiss., vivait, suivant Suidas, vers 410 : on a peu de détails sur sa vie. Les deux ouvrages qui nous sont parvenus sous son nom sont d'un genre si opposé, que plus. critiques ont douté qu'ils fussent du même auteur. Le prem. est un poème en XLVIII liv., intit. les *Dionysiaques*, contenant l'hist. de Bacchus, depuis sa naissance jusqu'après la conquête des Indes, publ. par Ger. Falkemberg, sur un MS. de la biblioth. de Sambucus, Anvers, 1569, gr. in-8 ; réimpr. à Hanovre, 1605, in-8, avec une mauvaise traduction lat. littér. d'Eilhart Lubin. Fréd. Creuzer a publié à Heidelberg, 1809, in-8, les 6 livres des *Dionysiaques* (du 8ᵉ au 13ᵉ), qui contiennent les aventures de Bacchus avant son expédit. des Indes, avec une préface, des notes mythologiques de G.-H. Mozer, et les argum. en latin des 42 autres livres. On a de Boitet une traduction française des *Dionysiaques*, Paris, 1625, in-8. Le second ouvrage de Nonnus est une *Paraphrase en vers de l'évangile de St Jean*, publiée par Manuce, Venise, vers 1501 ; trad. en lat. par Christophe Hegendorp, Jean Bordat, le P. Nic. Abram, Érard Hedeneccius, et réimpr. un grand nombre de fois, séparément et dans des rec., avec des notes de div. sav. Cas. Oudin et d'autres bibliographes attribuent encore à Nonnus un *Rec. d'hist. fabuleuses*, cité dans les deux disc. de St Grégoire de Nazianze contre Julien ; mais Rich. de Bentley (*Dissert. sur les lettres de Phalaris*), a démontré que ce recueil est d'un autre Nonnus, abbé d'un monastère dans l'Orient.

NOODT (GÉRARD), jurisconsulte, né à Nimègue en 1647, mort en 1725 à Leyde, où il était profess. en droit, a composé un gr. nombre d'ouvr. estimés : on y trouve une connaissance approfondie de la jurisprudence romaine et des auteurs de l'antiquité qui se sont efforcés de l'éclaircir. La meill. édit. de ses œuvr. est celle de Leyde, 1735, 2 vol. in-fol., précédés d'une *Vie* de l'aut. par Barbeyrac.

NOOMS (REMI), peintre et graveur à l'eau forte, né à Amsterdam vers 1612, s'est distingué surtout comme peintre de marine, et a mérité le surnom de *Zeeman* ou le *marin*. Sur sa réputation il fut appelé à Berlin, et décora de ses tableaux plus. maisons royales. Comme graveur, son œuvre, composé de 48 pl., est très recherché des amateurs : on cite surtout : l'*Émeute des matelots ; le Lazaret des pestiférés hors d'Amsterdam*, et l'*Incendie de l'hôtel-de-ville*.

NOORT (OLIVIER VAN), navigateur hollandais, fut expédié, en 1598, par une compagnie de marchands pour faire le tour du monde, et attaquer les établissements espagnols et portugais dans les deux Indes ; il ne revint qu'en 1601. La relation de cette expédit., qui ne procura aucune découverte, a été publiée en holland., in-fol., sans date ; elle a été trad. en franç. sous le titre suiv. : *Description du pénible voyage fait autour de l'univers par Sr Olivier du Nort, d'Utrecht, où sont déduites ses étranges aventures et pourtraict au vif en diverses figures, plus. cas étranges à lui advenus, qu'il a rencontrés et veus*, Amst., 1602, in-fol.

NOOT (HENRI-NICOLAS VAN DER), avocat au gr.-conseil du Brabant, né à Bruxelles en 1750, joua un gr. rôle dans l'insurrect. des Pays-Bas autrich., en 1789. L'empereur Joseph II voulut, comme on sait, introduire quelques réformes dans ses états. Mais les changements qu'il prétendait opérer dans l'enseignem. théologique des Pays-Bas et dans l'organisat. de l'univ. de Louvain, furent traités d'attentat par le clergé et les nobles, qui craignaient pour leurs priviléges. Peut-être aussi que les agents subalternes de l'autorité impériale mirent trop de rigueur dans l'exécution des mesures qui leur étaient prescrites. Van der Noot, décrété de prise de corps pour avoir publié un écrit contre le système et contre la personne même de Joseph II, alla chercher un asile en Hollande, où vinrent bientôt le joindre une foule de mécontents. Les princip. formèrent une réunion qui prit le nom de *Comité de Breda*, et dont tous les efforts se dirigèrent vers un seul but, l'expuls. des Autrichiens des Pays-Bas. L'ex-avocat du conseil de Brabant se vit placé, moins pour ses talents qui n'avaient jamais été remarquables, que par son exaltat., à la tête de ce comité insurrectionnel. Des intelligences ayant été pratiq. par lui dans les provinces belges, et le parti des mécontents grossissant chaque jour, on se trouva bientôt en état d'armer un corps de volontaires qui, sous les ordres du colonel van der Mersch, brave et habile officier, remporta un prem. avantage sur les Autrichiens, aux environs de Turnhoot, s'aguerrit, se recruta, et détermina par ses succès un mouvem. général d'insurrection. En peu de temps les troupes impériales eurent disparu de la Belgique. On établit à Bruxelles un congrès national chargé du pouvoir exécutif, et dont le présid. fut van der Noot, auquel l'enthousiasme du peuple, des nobles et des prêtres réunis décerna le plus beau triomphe. Mais les chefs du gouvernem. laissèrent voir trop vite et trop bien qu'ils n'avaient entendu faire prendre les armes que pour les intérêts du haut clergé et de la noblesse. Le nouveau régime fut fondé sur des bases aristocratiq., et les prélats dominèrent avec les seigneurs dans les états provinciaux, auxq. fut conservée la puissance législative. En vain les hommes éclairés du tiers-état réclamèrent des modificat. : les deux prem. ordres, s'y opposèrent. Il se forma alors, dans le sein de la classe que l'on dédaignait, des comités qui devinrent redoutables. Les chefs de l'aristocratie ameutèrent la populace contre leurs adversaires, appelés *Vonckistes*, du nom de l'avocat Vonck, et les firent massacrer ou piller. Quelq.-uns cepend. de ces patriotes honorables échappèrent, par un exil volontaire, à la

fureur des aveugles instruments du pouvoir. Van der Noot gémissait en secret de ces excès, et ne savait point les empêcher. Il était dominé par le secrétaire du pouvoir exécutif, van Eupen, qui était l'âme de tous les conseils. Le général van der Mersch finit par se déclarer ouvertem. contre l'oligarchie ; et, quand il marcha contre les Autrichiens qui ne tardèrent pas à reparaître avec des forces considérables, il se vit abandonné du gouvernem., et ensuite de ses troupes. La domination impériale fut rétablie presque sans efforts sur les débris de l'éphémère république des Pays-Bas (1790). Van der Noot alla vivre en Hollande dans l'obscurité et l'inaction. En 1792, il publia une adresse à ses concitoyens, dans laq. il les exhortait à se joindre aux Français ; mais son manifeste fut à peine remarqué. Cet acte de dévouement à notre nation ne put le dérober aux soupçons du directoire exécutif de France, qui le fit arrêter en 1796, et le retint, pend. près d'un an, dans la citadelle de Bois-le-Duc. Il vécut dep. complètem. ignoré dans ce Bruxelles, qui l'avait vu un moment si glorieux, et il mourut à Stroombeck, près de cette ville, en 1826.

NORBERG ou NORDBERG (GEORGE), chapelain et historien de Charles XII, né à Stockholm en 1677, fut nommé, en 1703, aumônier de l'armée suédoise ; il la suivit en Pologne, en Saxe et en Russie, fut attaché à la personne du roi en 1707, le suivit en Poméranie, et revint mourir à Stockholm en 1744, après avoir rempli dans cette ville les fonct. pastor. Il a écrit une *Vie de Charles XII* par ordre de la reine Ulrique-Eléonore, sœur de ce prince : cette *Vie* a été publiée à Stockholm en 1740, 2 vol. in-fol., et trad. en franç. par Warmholtz, La Haye, 1742, 5 vol. in-4. Norberg s'attira le persifflage de Voltaire pour avoir relevé les erreurs dans lesq. celui-ci était tombé en traitant le même sujet. — NORBERG (Matth.), mort à Upsal en 1826, âgé de 79 ans, a laissé la réputat. d'un profond orientaliste. Nous citerons seulem. son *Codex nasarœus*, *liber Adami appellatus, syriacè transcript.*, etc., 1815-17, 5 vol. in-4, Sylvestre de Sacy a rendu compte de cette publicat. dans le *Journal des savants* (juin et nov. 1819) : à cette édit., donnée sur un MS. sabéen de la bibliothéque roy. de France, sont joints deux autres vol. : *Lexidion Codicis nasaræi*, 1816, in-4, et *Onomasticon (ejusdem codicis)*, 1817, in-4.

NORBERT (St), fondat. de l'ordre de Prémontré, né vers l'an 1092 à Santen, ville du duché de Clèves ; prit de bonne heure les ordres, fut nommé aumônier de l'emper. Henri V, et accompagna ce prince dans son voyage à Rome en 1110. Il avait d'abord menée une vie assez dissipée ; mais à la suite d'un accident où il faillit perdre la vie, il quitta la cour et se renferma au monastère de Sigebert pour y faire l'apprentiss. de la vie spirituelle. Après avoir reçu le diaconat et la prêtrise en 1116, il se livra aux travaux de la mission ; puis, sur la demande de Barthélemi, évêque de Laon, il tenta la réforme des chanoines réguliers de St-Martin dans un faubourg de la ville : n'ayant pas réussi dans cette tentative, il jeta les fondem. de son ordre en 1120, dans un vallon désert et marécageux nommé *Prémontré*. Ses prédications lui gagnèrent des disciples., et à peine un siècle s'était écoulé que l'ordre des Prémontrés comptait mille abbayes, trois cents prevôtés, cinq cents communautés de filles, sept archev. et neuf évêchés. Honorius II, confirma les établissem. de Norbert par une bulle en date du xiv des calendes de mars (16 févr. 1126). Nommé la même année archev. de Magdebourg, il réprima les abus dans son diocèse, et rétablit partout l'ordre et la discipline. Il rendit à l'Église des services signalés pend. le schisme qui s'éleva à la mort d'Honorius II. En récompense il fut investi de la primatie des deux Saxes par Innocent II. Il mourut en 1134, et fut canonisé par Grégoire XIII en 1582. On lui attribue plus. écrits, mais on ne reconnaît comme incontestablem. de lui qu'une *exhortation* insérée dans la *Biblioth. des Pères*, et un *discours* à son peuple. Sa *Vie* a été écrite par plus. aut., en vers et en prose : la plus estimée est celle de Louis-Charles Hugo, abbé d'Estival, 1704, in-4.

NORBERT (Pierre PARISOT, plus connu sous le nom de Père), capucin de Lorraine, fameux par ses démêlés avec les jésuites, né en 1697 à Bar-le-Duc, entra fort jeune dans l'ordre de St-François. Il suivit son provincial à Rome en 1734 en qualité de secrétaire, se fit nommer, en 1736, procur.-génér. des missions étrangères, et se rendit à Pondichéry, dont il obtint la cure. Ses attaq. contre les jésuites, qui auraient pu troubler la colonie, obligèrent le gouverneur à l'envoyer en Amérique. Il y passa deux ans. De retour à Rome en 1740, il y soumit au pape son ouvrage sur les *Rits malabares*, dans leq. il critique la conduite des missionn. avec une extrême violence. N'ayant pu obtenir la permission de l'imprimer à Rome, il partit, emportant son MS. qu'il publia bientôt. Cette conduite lui attira des persécut. qui l'obligèrent à se retirer successivement en Hollande, en Angleterre, en Allemagne, en Portugal, etc. Il revint enfin en Lorraine, et mourut en 1769 près de Commerci. Ses ouvr. sont oubliés; mais on cite encore quelquefois ses *Mémoires historiques sur les missions des Indes-Orient.*, Lucques (Avignon), 1744, 2 vol. in-4., auxquels il faut joindre un 3e vol. publié à Londres en 1750. Cet ouvr. a été refondu par l'aut. sous ce titre: *Mémoires historiq. sur les affaires des jésuites avec le St-siége*, Lisbonne, 1766, 7 vol. in-4.

NORBY (Séverin), amiral danois, issu d'une illustre famille de Norwége, devint la terreur des villes anséatiq. sous le règne du roi Jean, et rendit des services signalés à Christian II, qui, pour le récompenser, lui donna en fief l'île de Gotland. Lorsque ce prince eut perdu le Danemark et la Suède, Norby fit de longs mais inutiles efforts pour le rétablir dans ses états; forcé de se soumettre, il reçut le gouvernement de Solvitsborg en Scanie. Bientôt après ayant recommencé ses courses sur mer et ayant tenté d'armer Frédéric contre la

Suède, il se vit attaquer simultanément par ce prince et par une escadre suédoise, n'échappa qu'avec peine, s'enfuit à Moscou, où il fut retenu prisonnier jusqu'en 1529; passa ensuite au service de l'emper. Charles-Quint, et fut tué d'un coup de canon au siége de Florence en 1530.

NORDEN (Frédéric-Louis), célèbre voyageur, né en 1708 à Glückstadt, dans le Holstein, fut reçu à l'école des cadets à Copenhague, et nommé en 1732 lieutenant dans la marine de Danemarck. Envoyé en Hollande et en France pour étudier tout ce qui a rapport à la marine; il passa ensuite en Italie, puis en Égypte avec la mission de décrire et de dessiner les monum. antiques. A son retour il fut promu au grade de capit. et nommé membre de la commission chargée de surveiller la construction des vaisseaux. Pend. la guerre de 1740 entre l'Espagne et la Grande-Bretagne, il alla servir comme volontaire dans la marine anglaise, et, de retour à Londres en 1741, fut reçu membre de la soc. roy. Étant venu en France en 1742, avec l'intention de se fixer dans l'une des provinces méridionales, il mourut à Paris la même année. On a de lui : *Mém. sur les ruines et les statues colossales de Thèbes en Égypte* (en angl.), Londres, 1741, in-4, pl. — *Voyage d'Égypte et de Nubie*, en franç., Copenhague, 1752-55, 2 vol. gr. in-fol., avec 159 pl. et cartes; trad. en angl. par Tempelman, avec des notes et observat., Londres, 1757, 2 vol. in-fol.: on en trouve un extrait dans les *Voyageurs modernes*, 1760, 4 vol. in-12, avec une carte. Langlès a donné une excell. édit. de cet ouvr., 3 vol. gr. in-4, Paris, 1795-98, avec des notes et des additions tirées des aut. anciens et modernes et des géographes arabes.

NORDENANKAR (Jean de), vice-amiral suédois, mort au commencem. du 19e S., fit dans les mers du Nord, des voyages qui ont eu pour résultat d'en signaler la vraie situation, les phénomènes et les profondeurs. On doit à ce navigateur plus. observat. intéress. dans les Mémoires de l'acad. des sciences de Stockholm, dont il était membre, et un *discours* sur les courants de la Baltique, lu dans une séance de cette société en 1792.

NORDENFLYCHT (Hedwige-Charlotte de), dame suédoise, née en 1718, morte en 1763, se distingua par des talents poétiques qui méritèrent les éloges des hommes les plus distingués de son temps. Ses princip. product. sont : des *idylles*, des *élégies*, la *Victoire de la Duna*; le *Passage des Belts*, les *Poètes suédois*; l'*Apologie des Femmes* contre J.-J. Rousseau.

NORDENHEIM (Jean-Christophe), médec. suédois, attaché pendant quelq. temps à l'armée de Charles XII, mort en 1719 à Stockholm, où il exerça l'art de guérir a publ.: *De morbis hereditariis*, 1705; une *dissertation* contenant plusieurs thèses qu'il soutint en suédois, à l'univ. de Lund en 1717, par ordre et en présence de Charles XII; un *traité*, en suédois, des *eaux minérales de Warby*, près de Stockholm, 1708, et un autre, égalem. en suédois, *sur la rougeole*, 1722.

NORDIN (Charles-Gustave), antiquaire, né à Stockholm en 1749, occupa plus. emplois distingués dans sa patrie. Il fut en 1786 nommé membre de l'acad. suédoise et de l'acad. des belles-lettres. En 1792, Gustave l'appela au nombre de ses conseillers; en 1805 il fut nommé évêq. d'Hernosand. Après la révolution de 1809, membre de l'assemblée des représentants du royaume, il coopéra au projet de la nouvelle constitution, et reçut de Charles XIII le cordon de commandeur de l'ordre de l'Étoile polaire, il mourut dans son diocèse en 1812. Il a laissé des matériaux pour l'histoire de Suède, formant une collection de 2,400 vol.; le catalogue en a été dressé par le profess. Fant; ils ont été achetés par le prince Bernadotte, depuis roi sous le nom de Charles-Jean, et donnés à l'acad. d'Upsal. On trouve dans les *Mém.* de l'acad. des belles-lettres de Suède, 1816, une *Notice* très étendue sur Nordin par le baron Adlerbeth, conseiller-d'état.

NORFOLK (Roger BIGOD, comte de), maréchal d'Angleterre, assista, comme ambassadeur du roi et des barons, au concile général de Lyon en 1245, et combattit les prétent. du pape, qui s'arrogeait le titre de seigneur suzerain du roy., en se fondant sur un acte de Jean-sans-Terre. Il fut aussi du nombre des barons anglais qui forcèrent Henri III à confirmer la *grande charte* et la *charte des forêts*, et à se conformer aux *provisions* d'Oxford, qui lui enlevaient toutes ses prérogatives. Il avait épousé Isabelle, fille d'Alexandre, roi d'Écosse, et mourut sans enfants en 1270.

NORFOLK (Roger BIGOD, comte de), neveu du précéd., et comme lui maréchal d'Angleterre, contraignit Édouard Ier à confirmer la *grande charte* et la *charte des forêts;* il contribua à lui faire signer le fameux statut connu sous le nom de *confirmat. des chartes*, et un autre intitulé : *Articles sur les chartes*. Craignant que la manière violente dont il avait soutenu les droits du peuple ne l'exposât au ressentim. d'Édouard, il fit ce prince son héritier universel en 1501.

NORFOLK (Jean HOWARD de), le prem. duc de cette illustre famille, fils de sir Robert, comte-maréchal d'Angleterre, se fit remarquer par sa bravoure dans les guerres de Henri VI contre la France. En 1462, il ravagea les côtes de la Bretagne et du Poitou à la tête d'une flotte dont Édouard III lui avait confié le commandement, et fut souvent employé comme négociat., tant auprès du roi de France et du duc de Bourgogne qu'auprès du roi de Portugal. Sous le règne d'Édouard IV, Howard se montra constamm. à la tête des antagonistes de la nation, dont le crédit prenait un accroissem. rapide; et, après la mort de ce prince, il se joignit aux ennemis d'Édouard V. Richard III le récompensa de son dévouem. en le nommant pour sa vie lord-amiral d'Angleterre, d'Irlande et d'Aquitaine. Norfolk ne jouit pas long-temps de ces avantages; il fut tué, ainsi que le roi, à la bataille de Bosworth en 1485.

NORFOLK (Thomas HOWARD, 2e duc de), fils aîné du précédent; fait prisonnier à la bataille de Bosworth, où périt son père, ne recouvra la liberté qu'après 5 ans et demi. Chargé par Henri VII du commandem. d'un corps de troupes destiné à soumettre les révoltés, il gagna la faveur de ce monarque, et obtint en 1501 la place de lord-chancelier d'Angleterre. Il la conserva pend. une partie du règne de Henri VIII, et mourut dans une retraite volontaire en 1524.

NORFOLK (Thomas HOWARD, 3e duc de), fils aîné du précéd., né vers 1474, de concert avec son frère Édouard donna la chasse, en 1511, à Andrew Barton, pirate écossais qui infestait les côtes d'Angleterre. Il accompagna le marquis de Dorset dans l'expédition de Guyenne, fut nommé grand-amiral après la mort de son frère Édouard, réprima les pirateries des corsaires franç., et contribua puissamment au gain de la bataille de Flodden (1513), où le roi d'Écosse fut tué. Le comté de Surrey fut la récompense de ses services. Il en rendit de nouveaux lors de la rébellion d'Irlande, qu'il parvint à comprimer; mais, malgré tous ses titres à la confiance du roi, il fut accusé de trahison, et décapiter son fils comme coupable du même crime. A l'avénem. de Marie, il fut réhabilité, et mourut en 1554, dans sa terre de Kenning-Hall, au comté de Norfolk, il avait servi sous huit monarques.

NORFOLK (Thomas HOWARD, 4e duc de), petit-fils du précéd., et fils aîné du comte de Surrey décapité quelq. jours avant la mort de Henri VIII, naquit vers 1536. Après avoir joui de la confiance et de la faveur d'Élisabeth, il entama une correspondance avec Marie Stuart, qu'il projetait d'épouser : mais ces intelligences ayant été découvertes à deux reprises, il fut condamné comme coupable de haute trahison, et exécuté en 1572. — Thomas, 10e duc de Norfolk, catholiq. zélé, que sa croyance fit exclure du parlem., mourut en 1786, il est aut. de 3 ouvrages, le premier *sur les lois pénales*, le deuxième sur différents sujets; le troisième est intitulé : *Anecdotes historiques de quelques-uns des membres de la famille des Howards*.

NORFOLK (Charles HOWARD, 11e duc de), né en 1746, fils d'un gentilhomme campagnard qui devint héritier des titres et de la fortune du dern. duc de Norfolk, prit le titre de comte de Surrey en 1777, et renonça trois ans après au catholicisme, afin de jouir de ses droits parlementaires et d'exercer l'office de comte-maréchal d'Angleterre, qui était héréditaire dans sa famille depuis 1661. Député à la chambre des communes en 1780, il entra dans le parti de l'opposition, et contribua beauc. à la chute du ministère de lord North. Les mêmes principes le dirigèrent sous l'administrat. de Rockingham, de Shelburne et de Pitt : il s'opposa long-temps aux plans de ce dernier contre le gouvernem. intérieur de la France; mais, voyant que la majorité du parlem. les avait adoptés, il se joignit au ministère pour que la guerre fût faite avec succès. Il mourut en 1815, laissant ses titres et sa fortune à un parent éloigné, descendant comme lui du 4e duc de Norfolk.

NORIS (le card. Henri), un des.plus sav. théol.

et des critiques les plus distingués de l'Italie, né à Vérone en 1631, entra fort jeune dans l'ordre des religieux de St-Augustin, et se livra sans relâche à l'étude de la théologie, de l'hist., des antiquités et de la numismatique ; après avoir enseigné la théologie dans plus. maisons de son ordre, il fut nommé professeur d'hist. ecclésiastique à l'univ. de Pise. Sur sa réputation, Christine, reine de Suède, lui conféra le diplôme de membre de l'acad. qu'elle avait établie dans son palais ; le pape Innocent XII l'attacha à la biblioth. du Vatican, et le nomma cardinal en 1695. Noris mourut à Rome en 1704, laissant un grand nombre d'ouvr. estimés. Ses *OEuvres complètes* ont été publiés par les soins de Maffei et de Pierre et Jérôme Ballerini, 1729-41, 5 vol. in-fol. Sa *Vie*, par les frères Ballerini, se trouve en tête du 5e vol.

NORMANBY. — V. Buckinghamshire.

NORMAND, né en 1697 à Paris, avocat, puis conseiller au parlement de Dijon, est auteur de deux ouvr. de jurisprudence estimés, l'un : *Des partages par souche et par représentation*, 1730, in-8 ; et l'autre *du double Lien, suivant la coutume de Bourgogne*, 1750, in-8. — Il ne faut pas le confondre avec Alexis Normant, célèbre émule de Cochin, mort en 1745.

NORMANN-EHRENFELS (Charles-Frédéric-Lebrecht, comte de), général wurtembergeois, né à Stuttgard en 1784, entra en 1799 au service de l'Autriche comme porte-étendard de régim. du duc Albert (cuirassiers), et obtint le grade de sous-lieuten. Rappelé par son souverain en 1805, il fut nommé lieutenant dans ses gardes, et fit, avec la France, en 1805, la campagne contre l'Autriche. Sa brillante conduite durant la guerre contre la Prusse, en 1807, lui mérita le grade de major. Parvenu à celui de colonel en 1809, il commanda pendant la campagne de Russie les chevau-légers de la garde impériale en 1813. Chargé du commandement de plus. escadrons de cavalerie, il dispersa le corps franc de Lutzow, qui, au mépris de la suspension d'armes, inquiétait les derrières de notre armée. Normann, refusant, à la journée de Leipsig, de tourner ses armes contre la nation qu'il avait servie, chercha un refuge en Saxe, puis en Autriche, où il fut chargé de l'éducat. milit. des fils du comte Ernest de Hesse-Philipsthal. Après la mort du roi Frédéric, il revint dans le Wurtemberg ; et il y vivait tranquille lorsqu'éclata l'insurrect. des Grecs. Leur cause trouva dans Normann un partisan : il s'embarqua à Marseille le 24 janv. 1822 avec un certain nombre d'officiers allemands. Reçu empressement par le gouvernement grec, il fut nommé commandant du fort Navariuo. Après avoir organisé un bataillon à Corinthe, il se joignit à Mavrocordato, eut une part brillante au combat gagné près de Combotti, et blessé assez grièvement à l'affaire de Péta, il se retira, non sans peine, à Missolonghi, où il mourut d'une fièvre nerveuse le 4 nov. 1822.

NORRMAN (Laurent), né en 1654, enseigna, tant à Upsal qu'à Lund, le grec, la théologie, la logique, la métaphysique, fut nommé évêque de Goteborg en 1703, et mourut la même année avec la réputat. d'un des hommes les plus savants que la Suède ait produits. On ne connaît de lui aucun ouvr. : on sait seulem. qu'il avait réuni les matériaux d'un dictionn. grec, auquel la mort l'empêcha de mettre la dernière main.

NORRY (Charles), architecte, né à Bercy en 1756, fit partie de l'expédit. d'Égypte, fut membre de l'institut fondé au Caire, et lors de son retour, en 1799, publia : *Relation de l'expédit. d'Égypte, suivie de la descript. de plusieurs monum. de cette contrée*, in-8. Il fit partie du conseil des bâtim. civils au ministère de l'intérieur, et mourut en juin 1832.

NORTH (Francis), lord-garde-du-grand-sceau sous les règnes de Charles II et de Jacques II, naquit vers 1640. Les talents dont il fit preuve dès son entrée au barreau engagèrent le roi à le charger de différentes fonctions judiciaires par lesquelles il passa avant d'arriver à celles de sollicit.-général, qui lui furent conférées en 1671 avec le titre de chevalier. A peu près à la même époque, il fut élu par le bourg de Lynn à la chambre des communes. En 1673 il fut élevé à la place de procur.-général ; mais, désirant s'éloigner de la cour, il quitta cette place l'année suiv. pour celle de présid. des plaids communs. En 1679, Charles II l'appela près de lui, le chargea de la présid. de la chambre des lords après la mort de Nottingham, lui donna le grand-sceau en 1683, et le créa pair et baron de Guilford. Il résigna ses fonctions après la mort de Charles II, et mourut en 1685. On a de lui quelq. écrits politiq., des compositions musicales et des ouvr. sur différents sujets : entre autres : *Index alphabétiq. des verbes neutres*, dans la grammaire de Lilly. — *Mémoire sur la gravitat. des fluides*, considérée dans les vessies d'air des poissons, impr. dans l'*Abrégé des Transact. philosophiq.* donnée par Lowthorp, vol. XI. — *Essai philosophique sur la musique*, 1677, de 35 p. — John North, frère du précédent, né en 1645, mort en 1683, embrassa l'état ecclésiast., et fut principal du collège de la Trinité à Cambridge. On a de lui une édition de quelques écrits de Platon, tels que *le Phédon*, *le Criton*, etc., 1675, in-8.

NORTH (George), antiquaire, né à Londres en 1710, mort en 1772, a laissé : un *catalogue* des médailles du cabinet du comte d'Oxford ; *des remarques sur plus. mónnaies de la Grande-Bretagne trouvées dans différentes provinces*, et une *table* MS. de toutes les monnaies d'argent d'Angleterre depuis la conquête jusqu'au protectorat de Cromwell.

NORTH (Frédéric, comte de GUILFORD, plus connu sous le nom de lord), homme d'état, de la même famille que le précéd., né en 1732, débuta d'une manière brillante à la chambre des communes, et fut, à l'âge de 26 ans, nommé l'un des lords de la chancellerie. En 1767, il succéda au célèbre Charles Townshend dans le poste de chancelier de l'échiquier, et, au commencem. de 1770, il remplaça le duc de Grafton comme premier lord de la trésorerie. Les affaires d'Amérique, qui commençaient alors à devenir sérieuses, la guerre déclarée successivem. à l'Angleterre par la France, l'Espagne et la Hollande, rendirent sa position difficile, et on a remarqué qu'aucune autre époque de l'histoire d'Angleterre n'est marquée par plus d'événements malheureux. Les attaques violentes du parlem. le déterminèrent à quitter le ministère en 1782. Il y fut rappelé en 1783, après la signature du traité où l'indépendance des États-Unis d'Amérique fut reconnue, mais ce fut seulement pour quelq. mois; il se distingua deux fois encore : en 1787, lors des débats du parlement, au sujet de la motion relative à la révocation de l'acte du *test* en faveur des dissidents, et en 1789, au sujet du plan de régence proposé par Pitt à l'époq. de la maladie mentale du roi. Ses infirmités ne lui permirent plus de s'occuper des affaires publiques jusqu'à sa mort en 1792.

NORTHAMPTON (Henri HOWARD, comte de), frère puîné du 4e duc de Norfolk, joignait à une instruction profonde une grande connaissance des affaires. Il fut élevé successivem. aux emplois de membre du conseil privé, de gardien des cinq ports, de gouverneur de la ville de Douvres, et créé baron du roy., comte de Northampton et chev. de l'ordre de la Jarretière; enfin il arriva au poste de lord-garde du sceau privé, qu'il conserva jusqu'à sa mort en 1614. On lui doit la fondat. de trois hôpitaux, dont l'un est encore connu à Greenwich sous le nom de *Collége de Norfolk.*

NORTON (lady Françoise), dame anglaise, de l'ancienne famille des Frekes au comté de Dorset, morte en 1720, est auteur de deux ouvr. qu'elle composa sur la mort de sa fille : *les Éloges de la vertu,* in-4; et *Memento mori, ou Méditation sur la mort.*

NORVÉGE ou NORWÉGE. Ce roy., dont le nom est formé de *nord* et de *weg* (chemin du nord), est situé dans la partie septentrion. de l'Europe. On le divise en deux parties, la Norvége proprement dite et ses dépendances. La Norvége propre comprend quatre gouvernem. généraux, qui sont ceux d'Aggerhus, de Berghen, de Christiansand et de Drontheim-Hus. Quelq.-unes de ses dépendances sont l'Islande, les îles de Féröe, de Maggeroë, de Wardhus. La stérilité même de la Norvége devint une source de gloire pour une grande partie de ses enfants, qui immortalisèrent le nom de *Normands* par des conquêtes durables en Angleterre, en France, et jusqu'en Italie et en Grèce. Le roi Olaüs, dit *le Saint,* établit le christianisme en Norvége, dans le 11e S., par la violence. Les premiers mouvements de la réformation s'y firent sentir vers 1528, et elle y fut introduite en 1537. Dèslors le luthéranisme y devint la religion dominante. En 1607 un nouveau rit fut établi; chaque diocèse a son évêque, mais celui de Christiana a la préséance. La Norvége fut gouvernée, à partir de temps fort réculés, par des princes nés dans le pays même. Les historiens en ont donné une longue liste : celle qui va suivre n'offre que des noms authentiques.

Rois de Norvége par ordre chronologique.

Harald Ier, roi en 868, détrôné en 929, mort en	931
Éric Ier	929
Haquin Ier	936
Harald II	961
Haquin II	976
Olaüs Ier	996
Suénon Ier, roi de Danemarck et usurpateur de la Norvége, régna jusqu'en 1015.	
Olaüs II	1030
Suénon II, usurpateur, chassé en 1034.	
Magnus Ier	1048
Harald III	1067
Magnus II	1069
Olaüs III	1093
Magnus III } partagèrent le trône, et moururent en	1103
Eysten Ier }	1123
Sigurd Ier }	1131
Olaüs IV }	1117
Magnus IV	1136
Harald IV	1157
Sigurd II	1155
Ingon Ier	1162
Eysten II partagea le trône avec les deux précédents, et mourut en	1157
Magnus V	1178
Swerre ou Sverrir	1202
Haquin III	1204
Jngon II	1217
Haquin IV	1262
Magnus VI	1281
Éric II	1299
Haquin V	1319
Magnus VII	1374
Haquin VI	1380

Haquin, ayant épousé Marguerite, fille de Valdemar, héritière présomptive de Danemarck, les deux couronnes restèrent depuis unies (*v.* l'art. Danemarck) jusqu'en 1814. A cette époque, Bernadotte, prince royal de Suède, obtint des Danois, par le traité de Kiel, la cession de la Norvége : les Norvégiens, ne voulant pas consentir à cet arrangement, offrirent d'abord la régence et ensuite le trône à Christian-Frédéric, prince héréditaire de Danemarck; mais celui-ci, après une courte résistance, qui fut vive pourtant, consentit à signer un traité, par lequel il mettait sa couronne à la disposition de la diète nationale. Cette assemblée arrêta que la Norvége serait gouvernée désormais par le même souverain que la Suède, mais comme un état distinct, auquel on conserverait sa constitution et ses lois particulières. Bernadotte, devenu roi, a respecté ce pacte d'alliance.

NORWOOD (Richard), géomètre anglais, connu surtout pour avoir le premier en Angleterre mesuré l'arc du méridien (1635), est auteur de plusieurs ouvr., tels qu'une *Trigonométrie;* la *Pratique du marin;* un *Traité de la fortification* qui n'offrent rien de remarq. On lui doit en outre des *lettres* et des *mémoires* dans les *Transact. philosophiques; sur le flux et le reflux, et les puits d'eau douce creusés au bord de la mer aux îles Bermudes, et sur la pêche de la baleine,* 1667, n° 30; *sur l'hist. naturelle de la Jamaïque,* 1668, n° 4; et *sur la mesure de l'arc du méridien,* 1676, n° 126.

NOSSIS, femme grecque, né à Locres vers la 114e olymp. (324 ans av. J.-C.), cultivait la poésie. Il nous reste douze de ses *Epigrammes* dans le dialecte dorique; qui nous ont été conservées par Planude, Agathias, Suidas et autres; elles ont été réunies par Oléarius, et publiées avec des *notes* dans sa *Dissertatio de poetriis græcis,* Leipsig, 1708. J.-Chr. Wolf et Brunck les ont insérées, le premier dans ses *Poetriarum octo fragmenta,* Hambourg, 1734, in-4; et le second dans ses *Analecta;* t. Ier.

NOSTREDAME (MICHEL de), *Nostradamus,* fameux astrologue, né en 1503 à St-Remi en Provence, d'une famille juive, étudia la médecine à Montpellier, et s'établit à Agen. Quelques années après, ayant perdu sa femme et deux enfants qu'il en avait eus, il quitta cette ville, parcourut la Guienne, le Languedoc et l'Italie, revint en Provence après une absence de douze années, et se fixa à Salon, où il se remaria. Appelé successiv. à Aix et à Lyon, affligés par des maladies contagieuses, il employa pour les combattre quelques remèdes secrets qui lui réussirent et commencèrent sa réputation. Ses confrères, jaloux de ses succès, le déterminèrent par leurs tracasseries à s'éloigner de la société. Ce fut alors que, vivant dans la retraite, il crut posséder la faculté de lire dans l'avenir; il écrivit d'abord ses *prédictions* dans un style énigmatique; mais bientôt après il les mit en vers; en composa des quatrains, dont il publia 7 centuries à Lyon en 1555. Ce recueil eut un succès extraordinaire. Catherine de Médicis voulut en voir l'aut.; elle l'envoya à Blois tirer l'horoscope des jeunes princes; et le combla de présents. Le duc de Savoie et son épouse firent le voyage de Salon exprès pour le voir, et Charles IX lui donna le titre de son médecin ordinaire et une gratification de 200 écus d'or. Cependant Nostradamus ne jouissait que d'une très médiocre réputation à Salon, et il mourut dans cette ville en 1566, regardé comme un imposteur par la plus grande partie de ses compatriotes. Les éditions les plus recherchées de ses *Centuries* sont celles de Lyon ou Troyes, 1568, pet. in-8, et celle d'Amsterd., 1668, pet. in-12, qui fait partie de la *collection* franç. des Elzeviers. On trouve des détails sur les éditions des *Centuries* de Nostradamus et sur ses commentateurs dans le *Polyhistor* de Morhof, liv. Ier, ch. 10, et dans les *Mémoires* de l'abbé d'Artigny, t. II, III et VII. Il avait publié, de 1550 à 1567, un *Almanach* qui a été contrefait de son vivant, et a donné naissance à une foule d'écrits du même genre. Duverdier cite plusieurs autres ouvrages de Nostradamus, qui sont aujourd'hui complétem. oubliés. On trouve, dans

le *Mercure* d'août et sept. 1724, deux *lettres* sur la personne et les écrits de Nostradamus. — NOSTREDAME (Jean de), frère puîné du précédent, procur. au parlement d'Aix, mort en 1590, est auteur des *Vies des plus célèbres et anciens poètes provensaux qui ont flouri du temps des comtes de Provence,* Lyon, 1515, in-8. Cet ouvrage a été trad. en ital. par Crescimbeni, Rome, 1710, in-4, avec des correct. et des addit.; il l'a reproduit dans le t. II de sa *Storia della volgar poesia.* Jean de Nostradamus avait laissé des *Mémoires dep. l'an* 1080 *à* 1494, qui ont été utiles à son neveu. — NOSTREDAME (César de), second fils de Michel, né à Salon en 1555, mort dans cette ville en 1629, est aut. d'une *Histoire et chronique de Provence, où passent de temps en temps et en bel ordre les anciens poètes, personnages et familles illustres qui ont fleuri depuis 600 ans,* etc., Lyon, 1614, in-fol. On cite en outre de lui un recueil de *Pièces héroïques* et *Poésies,* 1608, in-12; et un *Discours sur les ruines et misères de la ville de Salon,* 1598, in-12. Il prend en tête de ce dernier écrit les titres de gentilhomme et de prem. consul de la ville. — NOSTREDAME (Michel), dit *le Jeune* pour le distinguer de son père, essaya de pronostiquer l'avenir; mais l'événem. n'était jamais d'accord avec ses prédict. Il avait prédit que la petite ville du Pouzin dans le Vivarais, assiégée par les troupes royales, périrait par les flammes; et, voulant avoir raison au moins une fois, il mit lui-même le feu à plus. maisons lors de la prise de la ville. St-Luc, l'ayant surpris, lui fit passer son cheval sur le corps, et le tua l'an 1574. On a de Nostredame-le-Jeune un *Traité d'astrologie,* Paris, 1563.

NOTARAS (CHRYSANTHE), patriarche de Jérusalem au 18e S., possédait à fond le grec ancien et moderne, le latin, le français et l'italien; très versé dans les mathématiques, il était habile géographe et profond théologien : c'est par ses soins que le temple du St-Sépulchre fut rebâti, en 1719, avec le consentement de la Porte. Il mourut en 1733. On a de ce savant prélat : *Recueil de traités concernant les rits et les dogmes de l'Église orient.,* 1715.—*Introduction à la géographie et à la sphère,* écrite en grec moderne, Paris, 1716, in-fol. avec une préface du prince J.-N. Alex. Maurocordato.— Des *Lettres pastorales* et des *Homélies* en latin, Alep, 1711. Notaras avait publié en 1715 une *Hist. des patriarches de Jérusalem,* par Dositheüs, son oncle et son prédécess. sur le siége de Jérusalem.

NOTHNAGEL (JEAN-ANDRÉ-BENJAMIN), peintre et graveur à l'eau forte, né à Buch, principauté de Saxe-Cobourg, en 1729, passe en Allemagne pour celui de tous les graveurs qui se rapproche le plus de Rembrandt. Il a laissé des petits tableaux dans le genre de Téniers qui sont très estimés. Le catalogue de son œuvre a été publ. par Husgen sous le titre de *Artistis ches Magasin,* Francfort, 1790, in-8; les pièces les plus remarquables sont : le *Buste d'un Turk;* le *Portrait d'Aly-Bey;* celui du *juif Baer* de Francfort; celui du *prince Radziwill,* et deux *Paysages ornés de ruines et de tombeaux.*

NOTKER (le B.), surn. *Balbulus* ou *le Bègue*, né à Heiligau, près de l'abbaye de St-Gall, où il fut élevé et où il mourut en 912, est aut. de plus. opuscules, parmi lesq. on distingue : *De interpretibus divinarum Scripturarum*, publ. par Bernard Pez, dans le *Thesaur. anecdotor.*, 1re part.; *Sequentiœ*, ou proses et prières rimées qu'on chante dans les églises de France et d'Allemagne aux messes solennelles, impr. en partie à la suite du précéd.; *Carmina sacra*, dans les *antiq. Lectiones* de Canisius et dans la *Bibl. maxim. Patrum*, t. XXVII; *Martyrologium*, publ. par Canisius; et un *opuscule* sur la valeur des notes musicales, publ. par Mabillon dans l'*Appendix* au t. IV des *Annales* de St-Benoît, et par Gerbert dans les *Script. ecclesiast. de musicâ*. On attribue à Notker une *Vie de Charlemagne*, insérée dans les *Script. rer. Francor.*, de Duchesne, et dans la *Collect. monumentor.* de Frédéric Hahn.

NOTKER, dit *Labeo*, moine de St-Gall, né dans le 10e S., mort en 1022, avait dirigé long-temps les écoles de l'Abbaye. Il a trad. en langue teutonique ou francique, le Psautier de David, le Livre de Job, les Morales de St-Grégoire, Boèce, l'*Organum* d'Aristote, et l'écrit intit. *de Nuptiis Mercurii et Philologœ*, par Martianus Capella. Le *Psautier*, qui passe pour un des prem. monum. de la littérat. allemande, a été publ. par le professeur Frick dans le *Thesaurus* de Schilter sous ce titre : *Notker tertii Labeonis Psalterium davidicum à latino in theotiscam veterem linguam versum*, etc., Ulm, 1726. Il est précédé d'une savante *Notice* sur Notker, par le P. Franke, biblioth. de St-Gall. Gley a donné dans la *Langue et Littérature des anciens Francs*, une partie du Psautier de Notker avec notice des divers MSs. de ce livre.

NOTTINGHAM (CHARLES HOWARD, comte de). V. HOWARD.

NOUAL DE LA HOUSSAYE (ALEXANDRE de), membre de l'acad. celtique et de plus. autres sociétés littéraires, né en 1778, à Rennes, avocat, puis chef de bureau de justice criminelle au ministère du gr.-juge, mort dans sa ville natale en 1812, est auteur d'un *Voyage au Mont-St-Michel, au Mont-Dol et à la Roche-aux-Fées*, Paris, 1811, in-8. On lui doit en outre un *Éloge de Duclos*, couronné par l'acad. de Rennes; et différents *Mémoires* présentés à l'acad. celtique, aujourd'hui société royale des antiquaires de France. Il était au nombre des rédact. de la *Biographie universelle*. Son *Éloge*, par Paganel, se trouve dans les *Mémoires de la société des antiq. de France*, t. II.

NOUE (FRANÇOIS de LA), gentilhomme breton, né en 1531, embrassa fort jeune la carrière des armes, fit les guerres d'Italie et des Pays-Bas. Ayant adopté les nouvelles opinions des réformés, il surprit Orléans en 1567, et s'empara de plusieurs autres places. Après le traité de pacification, il fut envoyé dans les Pays-Bas, et surprit Valenciennes en 1571; mais l'année suivante il ne put empêcher la prise de Mons où il s'était renfermé. De retour en France, il reçut la mission d'amener les Rochellois à se soumettre ; mais, irrités par les massacres de la St-Barthélemi, ceux-ci ne voulurent écouter aucune proposit. Nommé commandant milit. de cette ville, La Noue accepta dans l'espoir d'opérer plus facilement une conciliation. Voyant que sa modération le rendait suspect, il se retira dans le camp du duc d'Anjou, auquel il fut très utile en faisant échouer une conspiration tramée contre lui par le duc d'Alençon. Bientôt il se convainquit que les calvinistes n'avaient de salut à attendre que de leurs armes ; il fut le premier à engager les Rochellois à faire cause commune avec tous les réformés de France ; il mit leur ville en état de défense, rendit leur marine formidable, et couvrit les frais de la guerre avec les prises qu'il faisait. Étant ensuite rentré au service des Hollandais, il fut nommé maréchal-de-camp, et se signala en plus. rencontres ; mais il tomba entre les mains des Espagnols et resta leur prisonnier pend. 5 ans. A son retour il offrit ses services à Henri III, alors uni au roi de Navarre contre la Ligue. Chargé du commandem. de l'armée royale, il engagea ses biens pour subvenir aux besoins des soldats, et remporta sur le duc d'Aumale une victoire complète. Envoyé en Bretagne en qualité de lieutenant-général contre le duc de Mercœur, il périt en 1591, au siége de Lamballe. On a de lui : *Discours politiques et militaires*, Bâle, 1587, in-4, et 1638, in-8. Il a fait des *remarques* sur l'*histoire* de Guichardin : elles sont impr. en marge de la traduct. franç. de Chomedey, Paris, 1568 et 1577; Genève, 1577 et 1583. — ODET DE LA NOUE, son fils aîné, l'un des capitaines de Henri IV, mourut entre 1610 et 1620. C'est à lui que ce prince dit publiquem. : *La Noue, il faut payer ses dettes, je paie bien les miennes*, et le tirant à l'écart lui remit des pierreries pour dégager son équipage saisi par ses créanciers. On a de lui : *Poésies chrétiennes*, Genève, 1594, in-8. On lui attribue un ouvr. intit. : *Vive description de la tyrannie*, Reims, 1577, in-16; et un *Dictionn. des rimes françaises selon l'ordre des lettres de l'alphabet*, ... *plus un amas d'épithètes, recueillies des OEuvres de Dubartas* (Genève), Vignon, 1596, in-8, et Coligny (Genève), 1624. L'*Amas d'épithètes* doit être attribué à Simon Goulard, commentat. de Dubartas. — NOUE (Stanislas-Louis de LA), comte du Vair, petit-neveu du précéd., né en 1729, se signala dans la guerre de sept ans à la tête des volontaires, et fut tué dans une retraite à Saxenhausen en 1760, à l'âge de 31 ans. Louis XV manifesta le regret que lui causait cette perte. On a de lui : *Nouvelles constitutions militaires, avec une tactique adaptée à leurs principes*, 1760, gr. in-8, 20 pl. Sa *Vie*, par le vicomte de Toustain, major de cavalerie, a été publié à Rennes, 1782, in-8, sous le titre de *Précis histor. sur le comte du Vair, commandant les volontaires de l'armée*.

NOUE (JEAN SAUVE, surn. de LA), né à Meaux en 1701, se fit comédien à l'âge de 20 ans, débuta en 1742 à Fontainebleau, dans le rôle d'Essex, et fut reçu sur-le-champ au Théâtre-Français. Sa fi-

26.

gure était ingrate, sa voix faible et rauque, son geste et son débit égalem. froids; mais il rachetait tous ces désavantages par une intelligence rare. *Zélisca*, comédie-ballet, qu'il fit représenter en 1746 pour le mariage du dauphin, réussit beaucoup à la cour, et lui valut la place de répétiteur des spectacles des petits appartements et la direction du théâtre du duc d'Orléans à St-Cloud. Sa mauvaise santé le força de se retirer peu d'années avant sa mort arrivée en 1761. On a de lui : *les deux Bals*, joués à Strasbourg en 1754; *le Retour de Mars*, pièce de circonstance qui eut un grand succès au Théâtre-Italien, eu 1755; *Mahomet II*, tragédie, en 1739, et la *Coquette corrigée*, comédie, 1755. Ces deux pièces sont restées au répertoire. Les *OEuvres* de La Noue ont été réunies, 1765, in-12.

NOUET (Jacques), jésuite, né au Mans en 1605, se distingua dans le ministère de la prédication, fut pendant 25 ans rect. des collèges d'Alençon et d'Arras, et mourut vers 1680, à Paris, dans la maison professe de son ordre. On a de lui : *Méditations sur la vie cachée, souffrante et glorieuse de J.-C.*, 7 vol. in-12. — *La Vie de Jésus-Christ dans les saints*, 2 vol. — *L'Homme d'Oraison*, 5 vol. — *La dévotion à Jésus-Christ*, 3 vol. in-4. Tous ces ouvr. publ. de 1674 à 1678, ont été souvent réimpr. Une édit. complète des *OEuvres* du P. Nouet a paru à Lyon en 1830, in-12.

NOUET (Nicolas-Antoine), astronome, né en 1740, à Pompey en Lorraine, entra dans l'ordre de Cîteaux et concourut dès-lors à la *Connaissance des temps*. Il vint se fixer à Paris en 1780, et eut une gr. part aux calculs qui se publièrent chaque année dans les *mémoires* de l'acad. sous le nom du direct. de l'Observatoire. En 1784 il fut envoyé à St-Domingue en qualité d'astronome, pour y lever la carte des débouquements et de la côte franç. de cette île. En 1795, il fut appelé au dépôt de la guerre pour lier à la France, par de grands triangles, les départem. du Rhin; en 1796, des opérations du même genre l'appelèrent en Savoie. Attaché à l'expédition d'Égypte en 1798, Nouet y commença la triangulat. dont devait résulter une nouvelle carte de cette contrée. A son retour en France, il reprit sa place d'ingénieur au bureau de la guerre, puis il alla continuer ses triangles en Savoie, en qualité de chef de section et directeur des opérations topographiq. de la carte du Mont-Blanc, il mourut subitement à Chambéri en 1811. Il ne reste de lui que deux mémoires : *Exposé des résultats des observat. astronomiques faites en Égypte, depuis le 1er juillet 1798, jusqu'au 28 août 1800*, et un autre contenant des observat. thermométriq. et hygrométriq.; tous deux font partie de la *Description de l'Égypte*, t. 1er.

NOUGARET (Pierre-Jean-Baptiste), compilateur et romancier infatigable, né à La Rochelle en 1742, s'adonna aux lettres dès sa prem. jeunesse, sans avoir fait d'études suffisantes, et parut aussi sur la scène politique, où son rôle ne fut guère plus brillant. Il mourut à Paris en 1823, laissant,

tant en pièces de théâtre qu'en romans et compilations historiq., une centaine d'ouvr. dont on trouve l'indicat. dans la *France littéraire* de Quérard.

NOUH Ier, 4e prince de la dynastie des Samanides, fils et successeur de Naser, l'an 531 de l'hégyre (943 de J.-C.), surnommé *Emyr-Hamid* (le prince louable) à cause de ses vertus et de la pureté de ses mœurs, mourut vers la fin de l'année 954 de J.-C., après un règne de 12 ans qui avait été fréquemm. troublé par les révoltes des visyrs. Son fils Abdel-Melek Ier lui succéda. — NOUH II (Aboul-Cacem), 8e prince de la même dynastie, petit-fils du précédent, monta sur le trône de la Transoxade l'an 365 de l'hég. (976), après la mort de son père Mansour Ier, et sous la tutelle de sa mère. Il n'eut ni la force, ni le courage nécessaire pour soutenir le trône que lui avaient légué ses ancêtres; les 22 années de son règne ne sont marquées que par des revers et des actes de faiblesse. Il mourut en 387 (997), laissant à ses enfants un empire qui ne tarda pas à se dissoudre.

NOULLEAU (Jean-Bapt.), né en 1604 à St-Brieuc, entra à l'âge de 20 ans dans la congrégat. de l'Oratoire, et s'y distingua par son talent pour la chaire. Mais il montra un zèle réformat. que rien ne pouvait contenir; il prêchait dans les rues, sur les routes, dans les villages : ses supérieurs voulant y mettre un frein, lui interdirent toutes les fonctions du ministère. Noulleau se retira dans un lieu solitaire du diocèse de Dol, exerçant sur son corps des macérations inouïes qui affaiblirent sa santé, et terminèrent sa vie en 1672. Il avait composé sur la théologie, la morale, la réforme du clergé, etc., un assez gr. nombre d'ouvr. qui sont aujourd'hui complétement oubliés.

NOUR-DJIHAN, femme de l'empereur moghol Djihan-Ghyr, était fille d'un officier tatar, parvenu de grade en grade jusqu'à la charge de grand-trésorier de l'emper. Akbar : elle fut élevée au rang de sulthane l'an 1019 (1611), et prit sur son époux un ascend. dont elle ne fit usage que pour le bonheur de ses sujets. Son pouv. fut tel, que son nom et le titre de padischah (impératrice) fut ajouté à celui de l'emper. sur les monnaies. Après la mort de Djihan-Ghyr, elle fut reléguée dans le palais de Lahor, et y mourut l'an 1055 (1645), à l'âge de 60 ans. On lui attribue la découverte de l'essence de roses.

NOUR-EDDYN MAHMOUD (Melik-el-Adel), célèbre sulthan de Syrie et d'Égypte, de la dynastie des Atabeks Zenghides, et fils ainé du fameux Imad Eddyn Zenghy, monta sur le trône d'Alep l'an 540 de l'hégire (1145 de J.-C.), tandis que son frère Séïf-Eddyn Ghazy prenait possession de celui de Moussoul. Tous deux réunirent leurs armes contre les monarques chrétiens qui s'étaient croisés pour la 2e fois. Nour-Eddyn vainquit et fit prisonnier Alphonse, fils du roi de Sicile, étendit ses états jusqu'en Mésopotamie et en Syrie, aux dépens de son frère, et continua de se signaler contre les croisés qui le regardaient comme le plus puissant des monarq. musulm. Il se disposait à prendre des mesures contre les projets de Saladin, son ambitieux lieut., lorsqu'il fut attaqué d'une esquinancie, dont il mourut l'an 569 (1174) à Damas, à l'âge de 58 ans, après en avoir régné 29. Il est regardé par les musulmans non-seulement comme un grand monarq., mais encore comme un saint. Il partageait son temps entre les devoirs de la religion, les soins du gouvernement et la guerre ; il releva les remparts de plusieurs villes et forteresses, fonda un gr. nombre de mosquées, de colléges, d'hôpitaux, de caravansérails, et accueillit avec distinction les sav. et les docteurs. Il est l'invent. de la *poste aux pigeons*. On trouvera des détails à cet égard dans le liv. intitulé : *la Colombe messagère, plus rapide que l'éclair*, etc., par Michel Sabbagh, trad. de l'arabe par Sylvestre de Sacy, 1805, in-8.

NOURRIT (Louis), acteur de l'Opéra, né à Montpellier en 1780, fit ses prem. études musicales comme enfant de chœur du chapitre de sa ville natale, et vint à Paris, en 1796, pour les terminer. Admis comme élève au Conservatoire en 1802, il reçut des leçons de Guichard. L'année suivante, il passa sous la direct. de Garat, qui, charmé de sa voix de ténor, lui donna des soins assidus, et en fit un de ses élèves les plus distingués. En 1805, il débuta à l'Opéra par le rôle de Renaud, et y obtint du succès. Sa voix était pure, ses intonat. justes, et sa diction musicale, bien que peu chaleureuse. Plus. autres rôles, entre autres celui d'Orphée, achevèrent de montrer sa supériorité. En 1812, à la retraite de Lainez, il devint chef de l'emploi des ténors, qu'il partagea ensuite avec Lavigne, et qu'il reprit seul en 1817 jusqu'à l'époq. de sa retraite en 1826. Les princip. rôles dans lesq. il se distingua sont, outre les précéd., ceux du Harem dans *la Caravane*, de Colin dans *le Devin de village*, de Demaly dans *les Bayadères*, et d'Aladin dans *la Lampe merveilleuse*. Jusque dans les dern. temps, il conserva le joli timbre de son organe. Nourrit mourut à Paris en 1832, laissant deux fils, dont l'aîné, Adolphe Nourrit, chanteur et acteur encore plus distingué que son père, devait lui survivre bien peu d'années.

NOURRIT (Adolphe), fils du précéd., né en 1802 à Paris, fit ses études au collége de Ste-Barbe, et fut ensuite placé dans les bureaux d'une compagnie d'assurance. Doué d'un sentiment très vif pour les arts, il y joignit le goût de la poésie, et composait des vers agréables avec beaucoup de facilité. Il n'avait que 19 ans lorsqu'il parut pour la prem. fois, le 10 septembre 1821, à l'Opéra, dans le rôle d'Oreste d'*Iphigénie en Tauride*. Son début fut un triomphe, et dès-lors il brilla sans rival sur la scène lyrique. Peu de temps après il fut nommé profess. de déclamation au Conservatoire. En 1836 il alla recueillir des applaudissem. au théâtre de Bruxelles ; il prit ensuite un engagem. pour le fameux théâtre de St-Charles à Naples, et depuis quelques mois il y exerçait son talent avec le plus grand succès, lorsque dans un accès de mélancolie il se tua, au mois de février 1839. Ses restes, apportés en France, y ont été reçus avec une pompe

inusitée, même pour les plus grands hommes.

NOVA (Juan da), navigat., né en Galice, entra au service d'Emmanuel de Portugal en 1501, partit pour les Indes avec une escadre de quatre vaiss. montée par 400 hommes, et après une navigation heureuse, dans laq. il n'acquit pas moins de gloire que de richesses, il découvrit l'île Ste-Hélène, alors entièrem. déserte. C'est à tort que l'on a attribué cette découv. à Jean Nunez Gallego, ou de Hora.

NOVAIRI. — V. Nowaïri.

NOVAT, hérésiarque, diacre de l'église de Carthage au 3e S., avait déjà déshonoré le caractère sacré dont il était revêtu, en s'appropriant les revenus des pauvres et en flattant les grands par de basses complaisances, lorsque St Cyprien le cita, en 249, dev. un synode, pour y rendre compte de sa conduite. Il n'obéit point ; et, sommé une seconde fois, il s'enfuit secrètem. à Rome, l'an 251. Les Pères du concile n'en continuèrent pas moins l'instruction de la procédure en son absence, et le déclarèrent excommunié. Novat se lia à Rome avec Novatien, et ils renouvelèrent ensemble l'hérésie des monotanistes, dont les principes étaient totalement opposés à ceux que Novat avait soutenus en Afrique. (Il avait avancé que les laps, *lapsi*, c.-à-d. les chrét. tombés dans l'idolâtrie par la crainte des persécutions, devaient être admis à la communion sans avoir été soumis à aucune pénitence.)

NOVATIEN, anti-pape en 251, fut le prem. qui donna à l'Église chrét. le scandale de deux élections ennemies. Jaloux de l'élévation de St Corneille au pontificat, il affecta une doctrine sévère contre les fidèles *tombés* pendant la persécution de l'emper. Dèce, et prétendit que l'Église elle-même n'avait pas le droit de les absoudre. Trois évêques fanatiques ayant partagé cette opinion, nommèrent Novatien évêque de Rome. Cette élection fut rejetée par St Cyprien et condamnée dans les conciles de Carthage et d'Antioche. On ignore ce que devint Novatien ; mais sa secte, qui subsista long-temps après lui, se mêla dans le 4e S. à d'autres hérésies qui attaquaient le dogme de la relig. ou l'autorité du St-siége.

NOVELLA, fille de Jean d'Andréa, savant jurisconsulte, et l'une des femmes les plus étonnantes de son temps, possédait dans la philosophie et la jurisprudence des connaissances profondes qui lui méritèrent le laurier doctoral. Elle mourut à Bologne, sa patrie, en 1366.— Bettina, sa sœur, non moins célèbre par son érudition, épousa Jean de Saint-Georges, habile jurisconsulte et professeur en droit à Padoue, et mourut dans cette ville en 1355. Plusieurs biographes l'ont confondue avec Bettina Gozzadini, savante dame de Bologne, qui florissait un siècle auparavant.

NOVERRE (Jean-George), réformateur des ballets en Europe, né à Paris en 1727, montra de bonne heure un goût décidé pour l'art qu'il était appelé à perfectionner ; il prit des leçons de Dupré, débuta devant la cour à Fontainebleau, et passa à Berlin, où l'appelaient de brillantes espérances. De retour à Paris en 1749, il donna à l'Opéra-Comique un ballet chinois qui ne produisit pas la sensation que l'on pouvait attendre de l'éclat des costumes et des décorat. : ce ballet fut bientôt suivi de celui des *Recrues prussiennes*, de la *Fontaine de Jouvence* et des *Fêtes flamandes*. Appelé en Angleterre par Garrick, la perfection du jeu de ce célèbre acteur lui fit naître la pensée que la danse pouvait concourir à exprimer les passions. Il revint à Paris dans l'espoir que ses idées seraient accueillies par les direct. de l'Opéra ; mais, malgré la protection de Mme de Pompadour, il ne put les décider à faire un essai. Il s'attacha alors au théâtre de Lyon, où il donna *la Toilette de Vénus, les Fêtes du sérail*, *le Jugement de Pâris* et *le Jaloux sans rival*. Les innovations que présentaient ces pièces soulevèrent contre lui presque tous les danseurs de l'Europe. Loin de se décourager, Noverre proposa ses réformes dans les *Lettres sur la danse*, 1767. Appelé à diriger les fêtes d'hiver que donnait le prince de Wurtemberg, il composa pour son théâtre une suite de ballets charmants. Il fit ensuite représenter à Vienne, pour les fêtes de mariage de l'archiduchesse Caroline, *Iphigénie en Tauride, les Grâces, Alceste, Roger et Bradamante, Énée et Didon, Adèle de Ponthieu, les Horaces, la Mort d'Agamemnon*. De Vienne il passa à Milan, et donna à la cour de l'archid. Ferdinand *Apelle et Campaspe, la Rosière de Salency, la Foire du Caire, Ritiger et Wenda, Galeaz, duc de Milan, Eutime et Eucharis, Belton et Élisa, Hyménée et Chryséis*. La reine Marie-Antoinette, voulant le fixer à Paris, lui fit donner le titre de maître des ballets en chef de l'Acad. royale de musique. Il devint l'ordonnat. des fêtes du petit Trianon, et composa les ballets des opéras de Gluck et de Piccini. Pendant un court séjour qu'il alla faire à Londres, il y fit représenter *les Noces de Thétis* et *Iphigénie en Aulide* : cette dernière pièce causa un enthousiasme tel que l'aut. fut couronné sur le théâtre. La révolution lui enleva une partie de la fortune qu'il avait acquise par son travail ; il mourut à St-Germain-en-Laye en 1810. Il avait donné en 1807 une nouvelle édit. de ses *Lettres sur les arts imitateurs, et sur la danse en particulier*, 2 vol. in-8. Il y a joint deux *Lettres sur Garrick, adressées à Voltaire*, et impr. à la suite de la traduction française de la *Vie de Garrick*, 1801, in-8, et une *Lettre à un artiste sur les fêtes publiques*, 1801, in-8. —

NOVES (Pierre Bremond, ou Richard de), troubad. du 15e S., surn. *de Noves* du nom du village où il avait reçu le jour, fut attaché au service des princes d'Aragon, comtes de Provence, et vécut à la cour de Raimond Bérenger III. Il obtint après la mort de celui-ci la place de receveur des droits du comte de Provence, et mourut en 1270 dans un âge avancé. On a sous son nom 22 pièces, dont quelques-unes sont attribuées à d'autres troubadours. Raynouard en a publié plus. dans le *Choix de poésies*, t. IV, et des fragments, tome V.

NOVES (Laure de), moins connue sous son nom de famille, long-temps ignoré, que sous celui de *la belle Laure*, fille d'Audibert de Noves, d'une an-

cienne famille de Provence, et syndic de la ville d'Avignon, naquit en 1307 ou 1308. Elle fut mariée à 17 ans, en 1325, à Hugues de Sade, âgé de vingt ans, dont les ancêtres, depuis deux ou trois générations, exerçaient les premières charges municipales à Avignon. Elle ne brilla pas moins par les charmes de son esprit que par les grâces de sa personne. Le jeune Pétrarque, réfugié dans le comtat Venaissin par suite des guerres civiles des guelfes et des gibelins, n'avait que 23 ans lorsqu'il la vit pour la première fois, le lundi-saint 6 avril 1327, dans une église d'Avignon ; il conçut pour elle une passion violente, et fit de vains efforts pour séduire celle qui en était l'objet, ou pour étouffer un amour sans espoir. Pendant 21 ans il chanta les vertus et la beauté de Laure, dont le nom devint célèbre en Europe. En 1348 une peste affreuse ravagea la ville d'Avignon ; Laure périt victime de ce fléau, à l'âge d'environ 40 ans. Elle avait eu 11 enfants, dont 9 survécurent, 6 garçons et 5 filles. Les portraits de cette femme célèbre sont nombreux ; mais on a lieu de croire que très peu sont la fidèle ressemblance de leur modèle. Le plus parfait sous ce rapport est en tête de la *Vie de Pétrarque*, par l'abbé Roman, publ. par l'Athénée de Vaucluse, 1804, in-18. On trouvera des détails sur la belle Laure dans les ouvrages suivants : *Mém. pour la vie de Pétrarque*, par l'abbé de Sade, 1764-67, 3 vol. in-4. — *Hist. de la littérat. italienne*, par Tiraboschi. — *del Petrarca*, etc., par Badelli, 1797, in-4. — *Pétrarque à Vaucluse, et Retour de la fontaine de Vaucluse*, par l'abbé Arnavon, 1805, in-8. — *Descript. de la fontaine de Vaucluse*, par M. Guérin, 1804, in-12. — *Hist. littér. d'Italie*, par Ginguené. On peut en outre consulter les *Mém.* de Bimard de la Bastie et celui de Ménard dans la collection de l'acad. des inscriptions. Mme de Genlis a publié un roman intitulé : *Pétrarque et Laure*, 1819, 2 vol. in-12.

NOVIDIUS (Ambroise), poète lat., né à Forenza dans la Pouille, vécut sous les pontific. de Léon X, d'Adrien VI, de Clément VII et de Paul III. Il a dédié au dernier son poème intitulé : *Sacrorum fastorum libri XII*, Rome, 1557, in-4 ; réimpr. à Anvers, 1559, in-12. On a de lui un autre poème qui a pour titre : *Consolatio ad Romanos (post directionem*, Rome, 1558, in-12, accomp. gné d'une pièce de vers assez longue adressée à son protect. Alexandre Farnèse, et portant le titre de *Color ex aucta mercede*.

NOVIKOF (Nicolas-Ivanovitsch), né en 1744 à Tichwensk, près de Moscou, est un des Russes qui ont le plus contribué au progrès des lumières dans sa patrie. A 18 ans, il servait comme bas-officier dans la garde impériale. C'est alors seulem. qu'il commença à cultiver les heureuses disposit. dont la nature l'avait doué. Quittant bientôt la carrière militaire pour se vouer aux lettres, il publia, en 1770, un journal intit. : *le Peintre*, dont le mérite est encore généralem. reconnu. Plus tard, il acheta l'imprimerie de l'univ. de Moscou, et s'efforça de multiplier les ouvrages utiles, visant à en réduire le prix. La *Gazette de Moscou*, confiée à ses soins, vit le nombre de ses souscript. s'élever de 600 à 4,000. A l'époque de la révolut. franç., il eut à essuyer des tracasseries et même des persécutions. Elles eurent un terme, et ce savant coula en paix le reste de sa vie, qui finit en 1818. Outre les journaux littér. dont il a été le principal redact., on lui doit : *Bibliothèque ancienne de la Russie*, 10 vol., 1773-75; continuation, 1786-93, 9 vol. — *Essai d'un dictionnaire historique des auteurs russes*, 1772.

NOVION (JEAN-VICTOR, comte de), député suppléant de la noblesse du bailliage de Vermandois aux états-génér., remplaça en 1790 à l'assemblée constituante le comte de Miremont, démissionn., vota avec le côté droit, et signa les protestat. des 12 et 13 septemb. 1791. Il émigra, et, après avoir fait partie de l'armée des princes, et séjourné quelq. temps en Angleterre, entra au service de Portugal. Il y obtint bientôt une grande considération, et contribua à faire créer un corps de maréchaussée, qui reçut le nom de garde royale milit. de police, et dont il prit le commandem. en 1802. Ce fut lui qui donna le plan de ces douanes militairem. organisées, dont le Portugal fit une heureuse épreuve, et que la France a depuis adoptées. Nommé commandeur de l'ordre du Christ en 1805, command. d'armes de Lisbonne en 1807, après l'entrée des Français dans cette capitale, et enfin maréchal-de-camp par le général Junot, en 1808, il rentra en France la même année lorsque l'armée franç. évacua le Portugal. Lors de la création des cours prevôtales, il fut appelé aux fonctions de prevôt du départ. de la Moselle, qu'il remplit pend. 2 ans. Novion mourut à Nantes en 1825.

NOWAIRI (SCHÉHAB-EDDYN-AHMED), écrivain célèbre, né en Égypte, et mort en 732 de l'hégyre (1331-32 de J.-C.), à l'âge d'environ 50 ans, se distingua comme jurisconsulte et comme historien. Le seul ouvr. de lui que nous connaissions est une sorte d'encyclopédie intit. : *Nihayat alarab fi fonoun aladab*, c'est-à-dire tout ce qu'on peut désirer de savoir concernant les différentes branches des belles-lettres. Cet ouvrage, divisé en V livres, forme 10 vol. La bibliothèque roy. de Paris et celle de l'Escurial en possèdent quelques vol.; celle de l'univ. de Leyde en possède un exemplaire complet. On trouve un aperçu de ce livre dans les *Prodinagmata ad Hadji khalifæ tabulas* de Reiske, impr. à la suite de la *Descript. de la Syrie* d'Aboul Féda, Leipsig, 1766. La partie de l'hist. de Nowaïri qui concerne la Sicile sous le gouvernement des Arabes a été publ. en arabe et en lat. par le chan. Gregorio Rosario dans la *Collezione di cose arabe-siciliane*, Palerme, 1790. Caussin a donné une trad. franç., Paris, 1802, à la suite du *Voyage en Sicile*, etc., de Riedesel. Quelq. autres écriv. ont donné des fragm. du même ouvrage.

NOYERS (HUGUES de), évêq. d'Auxerre en 1183, mort en 1206. Ayant lancé une excommunication contre P. de Courtenai, comte d'Auxerre, qui, à la suite de démêlés avec son évêque, avait chassé tous les ecclésiastiq. de l'église cathédrale, exigea, l

avant de la lever, que le comte, pieds nus et en chemise, déterrât un enfant qu'il avait enterré dans une salle de l'évêché, et le portât dans le cimetière. —NOYERS (Milès de), arrière petit-neveu du précédent, bouteillier de France en 1302 sous Philippe-le-Bel, puis porte-oriflamme, se signala à la bataille de Cassel en 1328, et à celle de Crécy en 1546. Il fut nommé exécut. testamentaire de Louis-le-Hutin, et mourut en 1350.

NUCCI (AVANZINO), peintre, né à Castello, dans l'Ombrie, élève de Nicolas Pomarancio, travailla avec son maître aux peintures ordonnées par les souverains pontifes, et mourut en 1629. On voit plus. de ses ouvr. dans les principales églises de Rome.

NUCK (ANT.), célèbre anatomiste allemand, né vers 1660, exerça d'abord la médec. et la chirurgie à La Haye, puis appelé à Leyde, il y remplit avec succès la chaire d'anatomie, devint président du collége des chirurgiens, et mourut en 1692 Ses travaux le placent au rang des prem. anatomistes de son temps. On lui doit l'invention de plusieurs instrum. pour l'extraction des dents, des observat. utiles sur les maladies des yeux et de l'oreille, sur le cancer, sur les meilleurs procédés pour la ponction de la poitrine et de l'abdomen, et surtout des découvertes sav. relatives aux glandes et aux vaisseaux lymphatiques. Tous ses ouvr., à l'exception de celui qui a pour titre : *De vasis aquosis oculi*, Leyde, 1685, ont été réunis en 3 vol. in-12, Lyon, 1722.

NUGENT (THOMAS), littérat., né en Irlande, mort à Londres en 1772, s'est particulièrement occupé de la langue et de la littérat. françaises. On lui doit un *Dictionn. portatif franç.-angl. et angl.-franç.*, qui a eu un grand nombre d'édit.; une *Hist. de la Vandalie*, 1776, 3 vol. in-4, et div. trad. estimées, parmi lesquelles nous citerons : *Principes de droit politiq.* de Burlamaqui, 1752, in-8. — *Essai sur l'origine des connaissances humaines*, de Condillac, 1756, in-8. —*Abrégé chronologique de l'hist. romaine*, de Macquer, 1759, in-8. — *Abrégé chronologique de l'hist. de France*, du président Hénault, 1762, 2 vol. in-8. — *Voyages en Allemagne*, etc., 2 vol. in-8. — *Vie de Benvenuto Cellini*. — *Voyage à Londres*, par Grosley.—NUGENT (Christophe), médecin, membre de la société royale de Londres, mort en 1772, est auteur d'un *Essai sur l'hydrophobie*, publ. en 1753.

NUGENT (ROBERT CRAGGS), homme d'état, né en Irlande vers 1709, contrôleur de la maison du prince de Galles, et successivem. commissaire de la trésorerie en 1754, conseiller-privé et vice-trésorier d'Irlande en 1759, commissaire du commerce et des plantations en 1766, fut créé baron Nugent de Carlanston et vicomte Clare, représenta à différentes sessions du parlem. St-Mawe's et Bristol, et mourut en 1788. On a de lui un recueil d'*Odes* et d'*Épitres* publ. en 1758, et une *Ode au genre humain*, impr. en 1741 : elles ont été réimprimées dans la *Collection* de Dodsley.

NUMA-POMPILIUS, législat. et 2e roi de Rome,

était né, dit-on, à Cures, dans la Sabinie. Il mérita, par ses vertus, de devenir le gendre de Tatius, roi des Sabins ; mais tout entier à la simplicité des mœurs domestiques et aux attraits de la vie méditative, pendant que son beau-père partageait l'autorité de Romulus, il demeura sur le sol natal, et s'y vit environné de la vénération de ses concitoyens, qui, frappés de sa haute sagesse, crurent devoir l'attribuer aux inspirations de la nymphe Égérie. Il entrait dans sa 40e année lorsqu'une députation vint lui annoncer que la royauté lui était offerte par les Romains, fatigués de l'interrègne qui avait suivi la mort de Romulus. Numa, qui parut n'accepter qu'à regret le trône, suivit en tout un système différent de celui de son prédécess. Il supprima les 300 gardes qui, sous le nom de célères, étaient destinés à veiller autour du roi, et se plut à créer une milice sacerdotale. La fondation des temples de Vesta, de Janus, de la Bonne-Foi, la consécration du culte du dieu Terme, l'institut. des prêtres saliens, des vestales et du collége des pontifes, l'élévat. de Romulus à la dignité de dieu, telles furent les plus remarquables de ses créations religieuses. Voulant faire de la crainte du ciel la base la plus solide de ses vues politiques, il eut recours aux prodiges, et ne craignit point d'imposer aux Romains une foi aveugle, qui peut-être est le meilleur code pour des peuples grossiers. Dans le but d'inspirer des dispositions pacifiques au ramas de brigands qu'il était appelé à policer, il substitua les offrandes de fruits, les libations de vin et de lait, aux sacrifices sanglants ; il distribua des terres aux plus pauvres citoyens, établit un rit pour le mariage, modifia la loi de Romulus qui autorisait les pères à vendre leurs enfants, inventa les saturnales, ou fêtes des esclaves, et créa des féciales, ou ministres du droit des gens. L'année, qui commençait auparavant en mars, dut commencer en janvier, et fut augmentée de 2 mois : elle n'en avait eu jusqu'alors que 10. Enfin le sage législateur eut l'heureuse idée de répartir tout le peuple en corps de métiers, et d'effacer ainsi la dangereuse distinction de Romains et de Sabins. La douce influence de ces réformes s'étendant aux peuplades voisines, la paix extérieure de Rome ne fut pas plus troublée que son repos intérieur pend. les 43 ans du règne de Numa. Ce bon prince mourut dans un âge avancé, laissant un petit-fils en bas âge, Ancus-Martius, qui régna sur les Romains après Tullus-Hostilius. Outre les Vies de Plutarque, v. Jacques Meyer, Delineatio vitæ gestorumque Numæ Pompilii, Bâle, 1765, in-8. Numa-Pompilius a fourni à Florian le sujet d'un poème en prose.

NUMÉNIUS, philosophe chrétien du 2e S., né à Apamée, en Syrie, suivait les opinions de Pythagore et de Platon. Il prétendait que ce dern. avait emprunté du législat. des Hébreux, Moïse, ce qu'il dit de l'Être-Suprême et de la création du monde. On trouve des fragments de Numénius dans Origène, dans Eusèbe, etc.

NUMÉRIEN, NUMÉRIANUS, empereur romain, fils de Carus, accompagna son père dans son expé-

dition contre les Perses. Carus étant mort, Numérien laissa le commandem. de l'armée à Arius-Aper, son beau-frère, pour se livrer à toute sa douleur. Aper, qui, selon toute apparence, avait avancé les jours de Carus, fit assassiner Numérien, et tint sa mort cachée pendant plus. jours. Mais les soldats, avertis de la mort du nouvel emper. par l'odeur de son cadavre, renfermé dans une litière, élurent à sa place Dioclétien, qui punit Aper de sa perfidie en le poignardant, l'an 284. Suivant Vopiscus, qui a écrit la Vie de Carus et de ses deux fils, Carin et Numérien, ce dernier avait composé quelq. Harangues et d'autres ouvr. remarquables (scripta nobiliora). On a des médailles de ce prince en toutes sortes de métaux.

NUMITOR, fils de Procas, roi d'Albe, et frère d'Amulius, fut, s'il faut en croire les anciens historiens romains, le père de Rhéa-Sylvia, mère de Rémus et de Romulus. — V. AMULIUS.

NUNNÈS ou NUÑEZ (FERDINAND), en lat. Nonnius, surnommé Pincianus, l'un des savants qui ont le plus contribué aux progrès des lettres en Espagne, né à Valladolid dans le 15e S., se dévoua à la carrière de l'enseignement, professa la langue grecque à l'université d'Alcala, la rhétorique à Salamanque, et mourut dans cette ville en 1553, à 80 ans. On a de lui : Annotationes in Senecæ philosophi opera, Venise, 1536, in-4, et dans les principales édit. de Sénèque. — Observationes in Pomponium Melam, 1543, in-8. — Observationes in loca obscura et depravata historiæ naturalis C. Plinii, etc., 1544. — Un Commentaire sur les œuvres de Juan de Mena, 1520. — Refranos y proverbios glosados, 1555. — Des Lettres à Jérôme Zurita, insérées par Joseph Dormer dans l'ouvrage intit. : Progressus historiæ in regno Aragonum.

NUNNEZ ou NUÑEZ (JEAN), peintre d'hist., né en Espagne vers la fin du 15e S., fut élève de Jean Sanchez de Castro. Ses tableaux se distinguent par l'exécution soignée des draperies et par la finesse et le précieux des détails. On cite entre autres un St Jean-Baptiste, un St Michel, un St Gabriel, auquel il a donné des plumes de paon ; et une Vierge accompagnée de St Michel et de St Vincent, et tenant le Christ mort entre ses bras. Ces tableaux ornent la cathédrale de Séville. — NUNNEZ (Pierre), peintre d'histoire et de portraits, né à Madrid vers 1614, élève de Jean Soto, exécuta une partie des Portraits des rois d'Espagne, destinés à orner la salle de comédie du palais de Madrid. Il mourut dans cette ville en 1654.

NUNNEZ ou NUÑEZ DE SEPULVEDA (MATTHIEU), un des plus habiles peintres à fresque de son temps, fut en 1640 nommé peintre de Philippe IV, mérita le privilége exclusif de dorer et de diriger les peintures destinées à orner les vaisseaux et les galères. On cite de lui quelq. tableaux de dévotion qui se font remarquer par une belle couleur. — NUNNEZ ou NUNEZ DE VILLAVICENCIO, peintre d'hist. et de portraits, chev. de Malte ; né à Séville en 1635, est. de tous les élèves de Murillo, celui qui a le plus heureusement imité la manière de ce maître. On cite comme son meilleur tabl. des *Enfants jouant dans une rue*. Il mourut en 1700.

NUVOLONE (Pamphile), peintre d'histoire, né à Crémone vers la fin du 16ᵉ S., élève du chevalier Trotti ou *le Molosso*, a fondé à Milan une école d'où sont sortis d'habiles artistes ; il mourut dans cette ville en 1651. On connaît de lui une *Résurrection de Lazare*, peinte dans la voûte du couv. des religieuses de St-Dominique et de St-Lazare de Milan ; une *Assomption de la Vierge*, qui décore la coupole de l'église de la Passion dans la même ville, et un tableau très estimé représentant *la Vierge et l'enfant Jésus qui écrasent la tête du serpent, et apparaissent à St Charles Borromée et à St François d'Assise*. — Charles Nuvolone, son fils et son élève, né à Milan en 1608, mort en 1661, est regardé comme l'un des plus heureux imitateurs de Jules-César Procaccini. Il réussit également à se rapprocher du Guide, et mérita le surn. de *Guido de la Lombardie*. Ses compositions se distinguent par la grâce des fig. et la délicatesse des formes. Milan, Parme, Crémone et Come possèdent plus. tableaux de ce maître ; ses *vierges* sont particulièrement estimées. — Joseph Nuvolone, son frère, né à Milan en 1619, mort en 1705, fut aussi élève de son père ; mais il resta au-dessous de lui. Ses tableaux sont très connus dans la Lombardie.

NUZZI (Mario), peintre de fleurs, né à Penna dans le roy. de Naples en 1603, se fixa à Rome, et mourut dans cette ville en 1673. Ses product. occupent un rang disting. dans les galeries de Rome ; cependant elles ont perdu tout le brillant qui les distinguait dans leur fraîcheur. On cite comme son meilleur élève Laure Bernasconi.

NUZZI (Ferdinand), cardin., né en 1645 à Orta (états de l'Église), est compté parmi les plus habiles juriscons. de l'Italie. Il mérita la confiance du pape Innocent XI et des successeurs de ce pontife, remplit avec zèle différentes fonctions, fut nommé à l'évêché d'Orviète en 1715, et mourut en 1717. On a de lui : *Discorso intorno alla coltivazione della campagna di Roma*, 1702, in-fol.— Innocent Nuzzi, son neveu, camérier d'honn. de Benoît XIV, a traduit en ital. l'*Histoire de la bulle* Unigenitus, par Lafitau, Cologne (Rome), 1757, in-4.

NYERUP (Érasme), historien danois, né en 1759 en Fionie, mourut en 1829. Les ouvr. de ce laborieux écriv. sont nombr., et embrassent l'hist., la philo-logie et l'archéologie. Les plus import. sont : *Recueil de mémoires pour servir à l'hist. danoise*, 4 vol. in-4. — *Dictionn. littér. de Danemarck, de la Norwége et de l'Islande*, 1820, 2 vol. in-4. — *Tableau histor. et satistiq. de l'état du Danemarck et de la Norwége dans les temps anciens et modernes*, 1803-06, 5 vol. in-12.

NYMPHES (mythologie), divinités subalternes, filles de l'Océan et de Thétis, étaient répandues dans l'univers. On nommait *uraines* celles qui gouvernaient la sphère du ciel, et *épigies* les nymphes de la terre et des eaux, subivisées encore en *néréides, naïades, oréades, dryades* et *hamadryades*. Chaque divinité supérieure avait aussi ses nymphes.

NYSTEN (Pierre-Hubert), savant médecin, né à Liége en 1771, fit à Paris ses études médicales, devint en peu d'années élève de première classe de l'école-pratique, et obtint au concours, en 1798, une place d'aide d'anatomie à la faculté de médec. Les découvertes de Galvani et de Volta fixèrent particulièrement son attention. Il fit une longue suite d'expériences, dont il a consigné les résultats précieux dans un écrit qu'il publia en 1803. Ses connaissances lui méritèrent plus. miss. honorables du gouvernem. En 1802, il fut adjoint à la commiss. médicale envoyée en Espagne pour étudier le caractère de la fièvre jaune ; et, en 1804, il fut chargé de rechercher les causes d'une épidémie meurtrière sur les vers à soie, qui se manifesta dans le midi de la France. De retour à Paris, il s'occupa de la littérature médicale et de la publication de ses ouvr.; il se consacra aussi à la pratique, et obtint, par le crédit de Hallé, la place de médecin de l'Hospice des Enfants ; il mourut peu de temps après, en 1818. On a de lui : *Nouvelles expériences faites sur les organes musculaires de l'homme et des anim. à sang rouge*, 1805, in-8.— *Recherches sur les maladies des vers à soie*, 1808, in-8. — *Nouveau Dictionn. de médec., chirurgie, chimie, botanique, art vétérinaire*, etc., avec l'étymologie, suivi de deux vocabulaires (latin et grec), 2ᵉ édit., 1810, in-8, refaite avec Capuron. — *Dictionn. de médecine et des sciences accessoires à la médec.*, 1814, in-8.— *Recherches de physiologie et de chimie pathologique*, pour faire suite à celles de Bichat sur la vie et la mort, 1811, in-8. — *Manuel médical*, 2ᵉ édit., 1816, in-8. On lui doit une édition du *Tr. de matière médic.*, par Schwilgué, 1809, 2 vol. in-8.

O

O (Franç., marq. d'), né vers 1535, d'une noble et ancienne famille de Normandie, renonça de bonne heure à l'état milit. pour suivre une carrière plus convenable à ses inclinations. Nommé surintend. des finances par Henri III, en 1578, ses dilapidat., ses prodigalités et de nouveaux impôts lui attirèrent la haine univers. ; mais soutenu par une puissante cabale qui était à ses gages, il conserva cette place à l'avénement de Henri IV. Cet homme, qui avait eu si long-temps à sa disposition les trésors de la France, mourut en 1594 dans le plus complet dénûment, et ses dettes surpassèrent de beaucoup ses biens. D'Auvigny a donné la *Vie* du marq. d'O dans le t. II des *Hommes illustres de France*.

OATES (Titus), né vers 1619 dans une condit. obscure, fit ses études à l'université de Cambridge, et embrassa l'état ecclésiastiq. Ayant encouru une condamnat. comme faux témoin, il passa dans les Pays-Bas, y fit profession du catholicisme, et prit l'habit de jésuite. De retour à Londres, il espéra qu'une éclatante abjuration lui procurerait quelq. bénéfices dans l'Église anglic.; trompé dans cette attente, il chercha d'autres ressources dans le métier de délateur. Il dénonça en 1678 une prétendue conspirat. des catholiques contre Charles II et les protestants. Le parlem. s'empara de cette affaire, où périrent plus. illustres personnages, et le délateur obtint une pension de l'état. La fausseté de ses révélat. ne tarda pas à être reconnue; et Jacques II étant monté sur le trône, Oates fut condamné à une prison perpétuelle et à être fustigé quatre fois l'an par le bourreau. La révolution de 1688 lui rendit la liberté et sa pension. Il mourut en 1705. On peut consulter, sur la prétendue conspiration dénoncée par Oates, l'*Apologie des catholiques*, par A. Arnauld, apologie d'autant moins suspecte qu'elle tend à justifier les jésuites, que ce docteur regardait comme ses ennemis.

OBED, fils de Booz et de Ruth, fut l'aïeul de David, et conséquemm. l'un des ancêtres de J.-C. selon la chair. Il vivait dans le 15e S. av. la naissance du Sauveur.

OBÉID-ALLAH, fameux capitaine arabe dans le 1er S. de l'hégire, obtint le gouvernement du Khoraçan sous le khalyfat de Moawyah Ier, passa ensuite au gouvernement de Basrah, puis à celui de Koufah, se rendit redoutable aux Turks par sa valeur, mais se fit détester par ses cruautés dans les états placés sous sa dominat. Il perdit la vie dans une bataille qu'il livra à Mokhtar, l'an 67 de l'hég. (685 de J.-C.).

OBÉID-ALLAH AL-MADHY (Abou Mohammed), fondateur de la célèbre dynastie des khalyfes fathimites; né vers l'an 269 de l'hég. (882 de J.-C.), se disait issu d'Ismaël, arrière-petit-fils d'Houcein, fils du khalyfe Aly et de Fathimeh, fille de Mahomet; de là les noms d'Alydes, d'Ismaélites, mais plus particulièrement d'Obéides et de Fathimites qu'on a donnés aux princes de cette famille. Mais la plupart des historiens orient. ont accusé Obéid-Allah d'imposture. Quoi qu'il en soit, ce prince se donnant d'abord pour le *madhy* (chef ou directeur des fidèles) annoncé dans le *Koran*, parvint à réunir sous sa domination les diverses provinces musulmanes de l'Afrique-Septentrionale, prit le titre d'*émyr-al-moumenyn* (prince des fidèles), réservé aux seuls khalyfes, successeurs de Mahomet, se mit ainsi en révolte ouverte contre les Abbassides qui régnaient à Damas, et fut le premier auteur du gr. schisme qui divisa les musulmans pendant près de trois siècles. Il fonda la ville de Mahdiah, à trente lieues au sud de Tunis, et en fit la capitale de son empire. Il essaya de conquérir l'Égypte; mais cette gloire était réservée à son arrière-pet.-fils (v. Moez ed Daulah). Ses flottes ravagèrent à plusieurs reprises les côtes d'Italie, particulièrement celles de la Calabre. Ce prince mourut en 322 de l'hég. (934 de J.-C.), dans la 63e année de son âge et la 25e de

son règne. Il eut pour success. son fils Caïm-Biamr-Allah.

OBEL (Mathias d'), ou de LOBEL. — V. Lobel.

OBELERIO, doge de Venise (que no anc. historiens nomment *Willère* ou *Willerin*), exerçait cette magistrature suprême lors de la prem. guerre que les Vénitiens aient soutenue contre les Français, en 810, sous le règne de Charlemagne. Déposé pour avoir montré de la faiblesse ou même de la partialité pour les Français, il fut envoyé prisonnier à Constantinople en 811. Il recouvra sa liberté en 830, essaya de soulever ses compatriotes de Malamocco, qui était alors la capitale de la républiqus, pour se faire rétablir dans la dignité qu'il avait perdue, fut fait prisonn. dans un combat, et eut la tête tranchée.

OBERKAMP (Franç.-Joseph), médecin, né en 1710 à Amorbach, voyagea d'abord en France et dans les Pays-Bas, revint professer la médec. dans sa patrie en 1741, et quelques années après obtint une chaire de médecine pratique et de botanique à Heidelberg, où il mourut en 1768. On a de lui: *Dissertatio de mutatione esculentorum poculentor*. 1745, in-4. — *Mechanismus, sive fabrica intestinorum tenuium*, 1747, in-4. — *De febribus malignis*, 1748, in-4. — François-Philippe, son fils, mort en 1793, profess. d'anatomie et de chirurgie à Heidelberg, sa patrie, a publié, de 1773 à 1790, 22 *Dissert*. mentionnées dans le *Biogr. méd.*, t. VI, page 331.

OBERKAMPF (Christophe-Philippe), fondat. de la manufacture de toiles peintes de Jouy, naquit à Weissembach (marquisat d'Anspach) en 1738. Son père, habile teinturier, était venu fixer son industrie à Arau en Suisse, et y avait formé un établissement prospère. Oberkampf vint à Paris à 19 ans, et y apporta les connaissances qu'il avait acquises dans la maison paternelle sur l'art, alors nouveau en Europe, du manufacturier de toiles peintes. Malgré de nombreux obstacles, il parvint avec un capital de 600 fr. à jeter les bases de la première manufacture de ce genre, et à naturaliser en France une branche d'industrie qui affranchit bientôt le sol d'onéreux tributs payés à l'étranger. Il avait 24 ans lorsqu'il s'établit dans une chaumière de la vallée de Jouy, et se chargea seul du dessin, de la gravure, de l'impress. et de la teinture des toiles. Le terrain qu'il occupait était marécageux; il l'assainit en le desséchant par des saignées habilem. ménagées pour l'écoulement des eaux, et en resserrant le lit de la petite rivière de Bièvre qui arrose la vallée de Jouy. Le pays était presque désert; il y appela, par le fait seul de son industrie, une populat. de 1,500 âmes. L'abbé Morellet écrivit en faveur de l'établissement nouveau; un arrêt du conseil-d'état étouffa les efforts malveillants des industries rivales. La réputat. d'Oberkampf ne tarda pas à devenir européenne, et s'étendit même jusq. sous les tropiques où ses agents allèrent tenter de dérober aux Indiens le secret de leurs couleurs. La manufacture de Jouy prit le plus grand développement; et depuis plus de 500 établissements se sont formés sur son modèle. Plus de 200,000 ouvriers y sont employés, et la France en retire un bénéfice immense de main-d'œuvre. Oberkampf fut récompensé de ses services par des lettres de noblesse que lui donna Louis XVI. En 1790, le conseil-gén. du département de Seine-et-Oise lui décerna une statue dont sa modestie empêcha l'érect. Dix ans après, une place lui fut offerte dans le sénat ; il la refusa ; mais il ne put refuser la décoration en or de la Légion-d'Honneur que Napoléon détacha de sa boutonnière pour la lui remettre, en déclarant que personne n'était plus digne de la porter. A cette époque Oberkampf élevait à Essonne sa filature de coton, le premier et le plus bel établissem. de ce genre en France. Ce vénérable citoyen, honneur du pays qu'il avait adopté, mourut le 14 oct. 1815.

OBERLIN (JÉRÉMIE-JACQUES), savant antiquaire et laborieux philologue, successivement associé de l'académie des inscriptions, et correspondant de l'Institut, membre d'un gr. nombre de sociétés sav., bibliothéc. de l'école centrale du départem. du Bas-Rhin, naquit à Strasbourg en 1735. Il fut dirigé dans ses études par son père, instituteur au gymnase de cette ville, et dès l'âge de 20 ans, il fut chargé de le suppléer dans ses pénibles fonctions. Il trouva du temps pour se faire recevoir docteur en philosophie et pour étudier la théologie, en s'attachant surtout à la critiq. du texte sacré, et pour ainsi dire à l'archéologie des livres saints. La place de conservat.-adjoint de la biblioth. de l'université lui fut donnée en 1764 ; le cours public de langue latine qu'il fut autorisé à ouvrir la même année, sa nomination à la chaire de son père en 1770, et ensuite à celle d'éloquence latine à l'acad., comme professeur-adjoint, ne l'empêchèrent point de faire des cours publics d'archéologie, de géographie ancienne, etc., et d'en former des espèces de manuels élémentaires qui ont été adoptés dans plus. écoles de l'Allemagne. Après avoir augmenté ses connaissances par quelques voyages, il devint professeur extraordinaire à l'université de Strasbourg (1778), fut nommé à la chaire de logique et de métaphysique (1782), et chargé de la direct. du gymnase (1787). La révolution vint successivem. l'investir de fonctions publiques et le frapper d'une détention rigoureuse (1793). Des amis puissants le rendirent à la liberté au bout de trois mois, et le 9 thermidor lui permit de retourner dans sa ville natale, où il fit encore avec succès un cours de bibliographie. Il mourut en 1806, laissant un grand nombre d'ouvr., parmi lesquels nous citerons : *Jungendorum marium fluviorumque omnis ævi molimina*, 1770-75, 4 part. in-8. — *Miscellanea litteraria maximam partem Argentoratensia*, 1770, in-4. — *Essai sur le patois lorrain des environs du comté du Ban-de-la Roche*, 1775, petit in-8. — *Des Dissertat. sur les minnesingers*, ou troubad. de l'Alsace, et sur divers autres sujets, de 1782 à 1789, in-4. — Enfin de bonnes édit. d'*Horace*, 1788, in-4 ; de *Tacite*, 1801, 2 vol. in-8. On trouve une *notice* sur Oberlin dans le *Magasin encyclopédiq.*, 1807, t. II, p. 72-140.

OBERLIN (JEAN-FRÉDÉRIC), frère du précédent,

né à Strasbourg en 1740, mort le 1er juin 1826, pasteur à Valdbach, au Ban-de-la-Roche, s'est rangé au nombre des bienfaiteurs de l'humanité en consacrant sa vie entière à répandre dans la paroisse confiée à son zèle infatigable, les bienfaits d'une civilisation qui avant lui n'y était connue qu'à peine. De cette partie des Vosges naguère presq. inculte et sauvage, il parvint à faire une contrée florissante et couverte d'une populat. laborieuse et éclairée. On peut consulter le *Rapport de François de Neufchâteau, sur l'agricult. et la civilisation du Ban-de-la-Roche*, Paris, 1818, in-8. La même année une médaille d'or fut décernée à Oberlin par la société royale d'agriculture. Il a paru en 1826 deux *notices*, in-4 et in-8, sur ce respectable pasteur, à qui l'on a donné place aussi dans les *Archives de l'hérésie*.

OBERTO (FRANÇOIS d'), poète provençal du 14e S., plus connu sous le nom de *Monge des Iles-d'Or*, parce qu'il aimait à se retirer dans un ermitage des îles d'Hières, descendait d'une ancienne et illustre famille de Gênes. Il embrassa la vie monastique, recueillit dans la bibliothèque du monastère de Lérins les œuvres oubliées de plusieurs poètes provençaux, composa lui-même différents ouvr., et mourut en 1048. On cite de lui : *OEuvres* en rime provençale ; un recueil intitulé : *Fleurs de différentes sciences et doctrines ;* un autre *rec.* de vers provençaux, italiens, gascons et français ; un autre contenant les *Victoires des rois d'Aragon*, *comtes de Provence ;* et enfin les *Vies des poètes provençaux*, qui ont été fort utiles à Jean de Nostredame.

OBICINI ou OBIZZINO (THOMAS), né vers la fin du 16e S., près de Novarre, d'où il prit le nom de *Thomas à Novarrià*, sous lequel il est souvent désigné, entra dans l'ordre des frères mineurs, fut destiné aux missions du Levant, et devint commissaire apostoliq., gardien du couvent de son ordre à Jérusalem. De retour à Rome, il fut chargé d'enseigner l'arabe, le syriaque et le copte dans le monastère de St-Pierre in Montorio, où il mourut vers 1636. On a de lui : *Grammatica arabica agrumia appellata, cum vers. lat. ac dilucida expositione*, 1631, in-8 ; il avait déjà publié : *Isagoge, id est, breve Introductorium arabicum in scientiam logices : ac theses sanctæ fidei*, 1625, in-4 ; il avait laissé MS. : *Thesaurus arabico-syro-latinus varrià*, qui fut imprimé par les soins d'un de ses élèves en 1636.

OBRADOWITSCH (DÉMÉTRIUS-DOSITHÉE), sav. hongrois, né dans le banat de Themeswar vers 1740, étudia dans les univers. d'Allemagne, voyagea en Turquie, en Italie et en Angleterre, s'établit en Servie où il fut précepteur des enfants de Czerni-George, qui le nomma directeur de l'instruction publique, ministre du culte et des affaires étrangères. Il mourut à Belgrade en 1811. On a de lui plus. ouvr. en servien, publ. à Vienne, Leipsig et Venise, et qui sont à peu près les seuls que l'on connaisse dans cette langue. Nous citerons celui dans lequel l'auteur donne l'hist. de sa vie, de ses voyages, etc., et qui a pour titre : *Zchiwotj i Priklju*tcheniga*, etc., Leipsig, 1785, in-8, imprimé avec les caractères russes de Breitkopf. — *Sowwjeti sdrawago rasuma* (conseils de la saine raison), ibid., 1785, in-8. — Une géographie universelle, sous le titre de *Zemli opisanie*, Venise, 1794, in-8.

OBRECHT (ULRIC), sáv. juriscons. et philologue, né à Strasbourg en 1646, fit ses études au gymnase de Montbéliard et à l'acad. d'Altdorf, voyagea en Allemagne et en Italie, et, de retour dans sa patrie, succéda au célèbre Boecler dans la double chaire d'éloquence et d'histoire. L'Alsace étant passée sous la domination franç., Obrecht fit son abjuration à Paris, entre les mains de Bossuet, en 1684, et fut nommé, l'année suivante, préteur roy. de Strasbourg. Louis XIV le chargea d'une mission diplomatiq. à Francfort, en 1698. L'excès du travail affaiblit sa santé; il revint à Strasbourg, où il mourut en 1701. On a de lui un grand nombre d'ouvr.; les plus connus sont : *De vexillo imperiali*, 1673, in-4. — *De legibus agrariis populi romani*, 1674, in-4. — *Alsaticarum rerum Prodromus*, 1681, in-4 : c'est le plan d'une hist. complète de l'Alsace. — *Dissertationes, orationes et programmata*, recueillis par J Kunch, 1704, in-4. On lui doit en outre des éditions estimées de Dictys de Crète, de Quintilien; des *Écritures de l'hist. auguste;* des *notes* sur le traité *de Jure belli et pacis* de Grotius, et une version latine de la *Vie de Pythagore* par Jamblique.

OBREGON (BERNARDIN), instituteur des frères infirmiers, qui soignent les malades dans les hôpitaux en Espagne, né à Las-Huelgas près de Burgos en 1540, mort à Madrid en 1599, avait d'abord suivi la carrière des armes et vécu dans la dissipat. Il quitta le monde en 1569, touché d'un exemple d'humilité évangélique que lui donna un homme du peuple qu'il avait frappé. On a imprimé, sous son nom, un manuel à l'usage des infirmiers, intitulé : *Instruccion de infermos, y verdadera Practica como se hace, de aplicar los remedios que enseñam los medicos*, Madrid, 1607, in-8. La *Vie* de B. Obregon a été écrite en espagnol par Fr. Herrera ; on en trouve l'analyse dans l'*Hist. des ordres monastiq.*, par Helyot, t. VII.

OBSÉQUENS (JULIUS), vivait, suivant les conjectures les plus vraisemblables, vers la fin du 4e S., un peu avant le règne d'Honorius ; il composa un livre intitulé : *de Prodigiis*, extrait en grande partie des historiens qui l'ont précédé, et principalement de Tite-Live. Une partie de cet ouvrage s'est perdue; ce qui en reste s'étend depuis l'an 254 de Rome jusqu'à l'an II avant J.-C. Conrad Lycosthènes a fait des addit. pour suppléer à ce qui manque, et a donné le prem. une édition séparée de ce livre, qui jusqu'alors n'avait été publ. qu'avec un abrégé des *Hommes illustres* d'Aurélius-Victor. Cette édition fut publiée à Bâle en 1552. La meill. est celle de Hof, 1772, in-8. George de La Bouthière a donné une traduction franç. d'Obséquens, Lyon, 1547, in-12.

OCAMPO (FLORIAN d'), historien espagnol, né à Zamora au 16e S., embrassa l'état ecclésiastique, devint historiographe de l'emper. Charles-Quint, s'appliqua à la recherche des antiquités de l'Espagne, visita les bibliothèques et les archives des principaux monastères, et publia le résultat de son travail sous ce titre : *los cinco Libros primeros de la Corònica general de España*, Zamora, 1544, in-fol.; Alcala, 1578, et continué par Ambr. Morales, successeur d'Ocampo dans la charge d'historiographe.

OCARIZ (don JOSEPH, chevalier d'), diplomate espagnol, né vers 1750 dans la petite province de la Rioxa, débuta dans la carrière diplomatique comme secrét. d'ambassade à Turin, fut nommé en 1788 consul-général à Paris, puis exerça les fonctions de chargé d'affaires d'Espagne, près du gouvernement français, en 1792. Lorsque le roi Louis XVI, renfermé au Temple à la suite de la révolution du 10 août, fut mis en jugem., d'Ocariz écrivit à la convention plus. lettres énergiques en faveur de l'infortuné monarq., et essaya de gagner, en semant l'argent, les membres les plus influents de l'assemblée; mais toutes ses démarches furent inutiles. De retour à Madrid, il fut employé dans les négociations avec les agents du comité de salut public; et, après la paix de Bâle (1795), il revint à Paris reprendre son poste de consul-gén. Quelq. années après, il fut nommé ministre résident à Hambourg, puis ministre plénipotent. en Suède. Il venait d'être nommé ambassad. à Constantinople, lorsqu'il mourut en 1805 à Varna, en se rendant à cette destinat. Sa veuve obtint du roi Louis XVIII, à la restauration de 1814, une pension de 6,000 fr. sur le trésor, « en récompense, est-il dit dans le brevet, de la belle conduite de son mari à l'époque du procès de Louis XVI. »

OCCAM ou OCKHAM (GUILLAUME), cordelier anglais, philos. scholastique et chef de la secte des *nominaux*, né au village d'Occam (comté de Surrey), vers la fin du 13e S., fut le disciple dr. célèbre Scot, dont il devint par la suite l'un des plus violents adversaires. Il embrassa toutes les sciences cultivées de son temps, et se signala dans les disputes de l'école par la vivacité de son espr t. Banni de l'univ. d'Oxford pour y avoir excité des troubles parmi les élèves, il vint à Paris, y professa la théologie, et prit la défense du roi Philippe-le-Bel contre le pape Boniface VIII. Élu en 1322 provincial des cordeliers anglais, il assista en cette qualité à l'assemblée de son ordre, qui eut lieu à Pérouse, et prit part à la discussion qui s'éleva su sujet de l'article de la règle qui ne permet pas aux cordeliers d'avoir rien en propre. Il prétendait que cette mesure devait s'étendre à tous les membres de l'Église chrétienne; mais le pape lui imposa silence. De retour en France, il se livra aux plus vives déclamations contre les vices des pontifes romains. Excommunié en 1330, il se réfugia à la cour de l'empereur Louis de Bavière, qui l'accueillit, et par reconnaissance, il écrivit en faveur de ce prince dans ses longues querelles avec le St-siége. Occam mourut dans le couvent de son ordre, à Munich, en 1547, dans un âge avancé. Il a composé un gr. nombre d'écrits, presque entièrement oubliés aujourd'hui, mais qui lui valurent de son temps les titres de docteur invincible, vénérable, etc. Goldast a réuni, dans le t. XI de la *Monarchia S. imperii romani*, ceux de ses ouvr. qui concernent les droits des empereurs d'Allemagne; de Brown en a recueilli quelques-uns du même genre dans l'appendice du *Fasciculus rerum expetendarum*. On trouve la liste de tous les ouvr. d'Occam dans la *Biblioth. scriptor. ordin. minor.*, et dans les *script. ecclesiastici* de Cave. Quant à la secte des *nominaux*, dont ce moine fut le chef, on peut consulter la Dissertat. de J. Thomassin de *Doctoribus scholasticis latinis*, 1676, et l'*Hist. critique de la philosophie*, par Brucker.

OCCHIALI (KILIG-ALY, vulgairem.), capitan-pacha ou gr.-amiral othoman, né en Calabre dans le 16e S., fut pris dans sa jeunesse par les Turks, embrassa la religion musulmane, fit d'abord le métier de corsaire sous le célèbre Dragut, s'éleva successivem. aux plus hautes dignités dans la marine, eut un commandem. à la bataille de Lépante en 1572, y donna de gr. preuves d'habileté et de valeur, ramena les débris de la flotte turque à Constantinople, et fut récompensé de sa belle conduite par la place de capitan-pacha, que lui conféra le sulthan Sélim II. Il enleva aux Espagnols, en 1573, le fort de la Goulette, sur les côtes d'Afrique, rétablit par d'autres exploits la réputation de la marine othomane, et mourut en 1577 (985 de l'hég.). Il avait fondé à Constantinople, dans le quartier de Tophana, une fort belle mosquée, où il fut enterré. La capitale de l'empire othoman lui doit encore un collége ou académie qu'il avait établi près de sa mosquée, pour 100 étudiants.

OCCO (ADOLPHE), célèbre numismate, né en 1624 à Augsbourg, se livra d'abord à la médecine et fut nommé sous-doyen du collège médical; son obstination à s'opposer à l'introduct. du calendrier grégorien dans son école, le fit priver de tous ses emplois; dès-lors l'étude des antiquités et de la numismatique l'occupa tout entier. Il mourut en 1605 ou 1606. On a de lui : *Pharmacopœa augustana*, le modèle de tous les ouvr. de ce genre; des trad. latines d'un *fragment* de Platon et de l'opuscule de Gemiste Plethon, *de Quatuor Virtutibus*, 1552, in-8. — Un *Recueil d'anciennes inscriptions trouvées en Espagne*, 1592-96, in-fol. — *Numismata imperator. romanorum à Pompeio Magno ad Heraclium*, Anvers, 1579, in-4; c'est le plus import. et le plus connu de ses ouvr. Il a eu plus. édit., dont la plus recherchée est celle qu'a donnée Phil. Argelati, Milan, 1750, in-fol ; Brucker a inséré une bonne *Notice* sur Occo, dans son *Historia vitæ Adolphorum Occunorum*, 1754, in-4.

OCELLUS-LUCANUS, philosophe grec, né dans la Lucanie (la Basilicate, roy. de Naples), dans le 5e S. avant l'ère vulg., paraît avoir reçu les leçons de Pithagore, qui venait de s'y établir en Italie. On a peu de détails sur sa vie. Il avait composé plus. ouvr., dont un seul, écrit originairement en dorique, nous est parvenu, traduit en dialecte commun par quelque ancien grammairien. Cet ouvrage, qui a pour titre de la *Nature de l'univers*, a été publ. pour la 1re fois, Paris, Conrad Néobar, 1539, in-4. L'édit. la plus récente et la plus estimée est celle de Rudolph, Leipsig, 1801, in-8. Le traité d'Ocellus a été trad. en franç. par d'Argens, 1762, et par l'abbé Batteux, 1768, in-8. Stobée a conservé un fragment d'un livre d'Ocellus intit. : des *Lois*.

OCHIN (BERNARDIN), moine apostat, né à Sienne en 1487, prit, quitta, reprit l'habit de cordelier, passa ensuite dans l'ordre des capucins, dont ses talents et sa conduite austère le firent nommer deux fois vic.-gén.; mais, en 1542, il abandonna sa dignité pour se réfugier à Genève, où il embrassa la réforme et épousa une jeune fille qu'il avait enlevée. Il mena depuis une vie errante, fut chassé d'Angleterre, de Suisse et de Pologne, et mourut de la peste dans la Moravie en 1564. On a de lui : en ital., des *Sermons*, 1543, 4 vol. in-8.— Deux *lettres*, où il donne les raisons de son départ d'Italie, 1543, in-8. — *Apologues contre les abus, les erreurs de la synagogue papale, de ses prêtres, moines*, etc., 1554, in-8. — *Dialogues*, trad. en latin par Sébastien Castilion, 1563, 2 vol. in-12. — *L'Image de l'Antechrist*, ouvr. très rare, trad. en français ; et plus. autres écrits contre l'Église romaine.

OCHOSIAS, roi d'Israël, fils et successeur d'Achab, monta sur le trône l'an 808 avant J.-C., ce prince fut aussi irrélig. que son père. Se voyant en danger de mourir par suite d'une chute, il envoya consulter Beelzébuth, dieu des Philistins : mais le prophète Élie fit descendre le feu du ciel sur les envoyés de ce prince et lui annonça sa mort, qui eut lieu en effet l'an 896 avant J.-C. — OCHOSIAS, roi de Juda, dern. fils de Joram et d'Athalie, marcha, dit l'Écriture sainte, dans les voies d'Achab, dont il descendait par sa mère. Il se joignit à Joram, roi d'Israël, pour faire la guerre à Hazaël, roi de Syrie, et fut tué par Jéhu, l'an 884 avant J.-C.

OCHS (PIERRE), chancelier et grand tribun du canton de Bâle, directeur de la république helvétique, puis conseiller-d'état, né à Bâle en 1749, se fit recevoir docteur en droit, entra dans les affaires publiques, contribua à la guerre entre la France et l'Espagne, en 1795, devint le principal instrum. des desseins du directoire de France sur la Suisse, et fut, avec le colonel La Harpe, l'instigat. de la révolution qui s'opéra dans ce pays en 1798. Cette même année, il fut nommé membre du directoire helvétique, et donna sa démission en 1799. Il prit part ensuite à la *consulta*, convoquée à Paris en 1802, ainsi qu'à la rédaction de la nouvelle constitut., qui tendait à fédéraliser la Suisse. Nommé conseiller-d'état, Ochs vécut dans une espèce d'obscurité, s'occupant de travaux littér., et mourut à Bâle en 1821. On a de lui : *Lettre d'un cit. de Bâle à un de ses amis*, 1781. — *Histoire de la ville et du territoire de Bâle*, 1786, 1821, 5 vol. in-8 : ouvr. un peu prolixe, mais estimé (en allem.); l'auteur y parle avec franchise de sa conduite à l'époque de la révolut. suisse. — *L'Incas d'Otahis*, tragédie, 1807; *Prométhée*, opéra en 5 actes, 1808; *l'Homme à l'heure*, comédie en 5 actes et en prose, 1808, in-8; ces trois pièces sont au-dessous du médiocre.

OCHUS — V. ARTAXERCÈS.

OCKLEY (SIMON), ecclés. et sav. orientaliste, né à Exeter en 1678, fut profess. d'arabe en l'université de Cambridge, et contribua par ses leçons et par ses ouvr. à répandre dans sa patrie le goût des langues de l'Orient. Écrivain et traduct. laborieux, il vécut et mourut dans la misère en 1720. On a de lui. *Introduct. ad linguas orientales*, etc., 1706, in-8. — *Le perfectionnement de la raison humaine*, etc., trad. de l'arabe de Jaafar-ebn-Tophaïl, en angl., et orné de fig., 1708-11, in-8. — *Hist. de la conquête de la Syrie, de la Perse et de l'Égypte par les Sarrasins*, 5e édit., 1757, 2 vol. in-8, trad. en franç., par Jault. — *Sentence d'Aly, gendre de Mohomet*, trad. sur un MS. arabe de la biblioth. boldléienne, 1717, in-8. — *Nouv. trad. du 2e livre apocryphe d'Esdras*, d'après la version arabe, 1712. — Des *Sermons*, et une *Lettre* sur la confusion des langues.

O'CONNEL (DANIEL, comte), lieuten.-gén., né en 1742 à Derrinant, comté de Kerry, en Irlande, le plus jeune de 22 enfants issus d'un seul mariage, entra, en 1757, au service de France, dans le régim. irlandais de Clare, fit ses prem. armes pendant la guerre de sept ans en Allemagne, fut attaché au corps du génie dès le moment de sa format., et reconnu bientôt pour un sav. ingénieur. Il se distingua au siége et à la prise du Port-Mahon en 1779, et servit au siége de Gibraltar en 1782, en qualité de lieut.-colonel. On se rappelle les batteries flottantes employées contre Gibraltar. O'Connel fut un des trois ingén. au jugem. desq. fut soumis le plan d'attaque quelq. jours avant son exécution. Son opinion formelle avait été que ce plan ne pouvait réussir; mais l'avis contraire l'emporta, et l'événement ne confirma que trop la justesse de son jugement. Par un point d'honneur connu dans l'armée française, il réclama le droit de partager les dangers d'une attaque résolue contre son avis, et fut nommé commandant en deuxième d'une des batteries qui entamèrent l'action. Dès le commencement du combat, une balle lui enleva une partie de l'oreille, et lorsque les batteries firent feu, une bombe lancée par les mortiers anglais éclata à ses pieds et lui fit neuf blessures. L'année suivante il reçut le grade de colonel-commandant du régim. de Salm-Salm. Élevé peu après au rang d'inspect.-général, on lui confia la rédact. de l'ordonnance pour l'infanterie, qui fut adoptée en 1791 pour les armées franç., et depuis par les autres nations. La révolut. le priva tout ensemble de la gloire et de la fortune auxq. il pouvait prétendre. Dumouriez et Carnot le pressèrent plusieurs fois d'accepter le commandem. d'une armée; mais il refusa. Après

la chute du trône au 10 août 1792, O'Connel alla joindre les princes français à Coblentz, et fit la désastreuse campagne de 1793 sous les ordres du duc de Brunswick, comme colonel des hussards de Berchiny. Retournant près de sa famille dans le comté de Kerry, il fut retenu à Londres pour concerter un projet de restauration des Bourbons. Sur l'examen de son plan de campagne pour 1794, Pitt arrêta la formation de la brigade irlandaise composée en totalité d'émigrés de France, et distribuée en six régim., dont l'un fut confié au général O'Connel. Mais, avant que ces régiments pussent être complétés, les soldats qui les composaient furent ballottés d'un corps dans un autre, et envoyés, pour y périr, au milieu des neiges de la Nouvelle-Écosse ou sous le soleil des Indes-Occidentales. Ils ont tous cessé d'être. O'Connel revint en France à la paix de 1803; mais, mis en arrestation comme sujet de la Grande-Bretagne, il demeura en prison jusqu'à la chute de Napoléon. La restauration lui rendit son rang de général en France, en même temps qu'il était colonel en Angleterre. A la révolut. de 1830 il refusa le serment de fidélité à Louis-Philippe, fut par suite destitué, et se retira à Meudon, près de Blois, où il mourut en 1833. O'Connel conserva jusqu'à la fin l'usage facile de sa langue maternelle, et, quoiqu'il possédât aussi bien l'espagnol, l'italien, l'allem., le latin et le grec, que le français et l'anglais, il n'avait pas de plus gr. plaisir que de rencontrer une personne avec laq. il pût parler le pur gallique des montagnes où il avait pris naissance.

OCTAVIE, sœur de l'emper. Auguste, fut mariée à Marcellus, puis à Marc-Antoine qui, épris de Cléopâtre, se montra insensible à sa beauté et à ses vertus. Après avoir fait d'inutiles efforts pour prévenir la perte de son indigne époux, elle revint auprès d'Auguste qui choisit pour gendre le fils qu'elle avait eu de Marcellus; mais la perte de ce prince, « l'amour et l'espérance » du peuple romain, la plongea dans une profonde mélancolie qui hâta la fin de ses jours, l'an de Rome 744, 11 ans avant J.-C.

OCTAVIE, sœur de Britannicus, fut mariée à Néron, qui, parvenu au trône, la répudia pour épouser la courtisane Poppée. Elle périt à l'âge de 20 ans par les artifices de sa cruelle rivale, l'an 62 de J.-C. Ses malheurs ont fourni le sujet de l'une des tragédies qu'on a sous le nom de Sénèque; Alfiéri les a reproduits sur le théâtre italien.

OCTAVIEN, anti-pape sous le nom de Victor III, protégé par l'emper. Frédéric, fit déposer le pape légitime Alexandre III, et mourut haï et méprisé à Lucques en 1164.

ODASSI (TIFI degli), *Typhis Odaxius*, né à Padoue vers le milieu du 15e S., fut l'inventeur de la poésie macaronique, genre dans lequel il a été surpassé par le fameux Merlin Coccaie, ou plutôt Folengo. Il ne reste de lui qu'un poème fort court, intit. : *Carmen macaronicum de quibusdam patavinis arte magica de lusis*, qui, malgré ses nombr. édit., est devenu de la plus gr. rareté : il en existe deux exemplaires dans la biblioth. royale de Parme. — Un autre Odazzi (Jean), peintre et graveur, né à Rome en 1663, mort dans cette ville en 1731, s'est placé par la peinture de la coupole du dôme de Velletri, au rang des artistes distingués.

, ODDI (Muzio), géomètre distingué, né à Urbin en 1569, embrassa la profess. des armes, se distingua et obtint de l'avancem. dans cette carrière; mais le duc d'Urbin ayant eu à se plaindre de son indiscrétion, le fit enfermer dans un des cachots du château de Pesaro, où il passa un an dans l'attente du supplice. Toutefois cette situation fâcheuse ne l'empêcha pas de composer divers traités de mathématiq., qui sont conservés dans la biblioth. Vincenzi à Urbin. Remis en liberté après neuf ans de détention, il se rendit à Milan, y devint professeur de mathématiques, passa en 1626 à Lucques pour diriger les fortificat. de cette ville; rappelé à Milan par le cardinal Trivulce, pour y exercer les fonct. de direct. de l'artillerie, il préféra la place d'ingénieur à Lorette, obtint plus tard la permiss. de revenir à Urbin, et mourut en 1639. On a de lui : *Degli orologi solari nelle superficie piane*, 1614, in-4; — Un autre ouvr. sur le même sujet, 1638, in-4. — *Dello Squadro*, 1625, in-4. — *Della fabrica e dell'uso del compasso polimetro*, 1633, in-4. — Matthieu Oddi, frère du précéd., a publié: *Precetti di architettura militare*, 1627, in-8.

. ODEBERT (Pierre), né en Bourgogne vers la fin du 16e S., président au parlement de Dijon, remplit cette charge pend. 40 ans avec une gr. intégrité, donna 80,000 liv. pour élever de jeunes filles dans l'hôp. Sainte-Anne de Dijon, et 50,000 pour établir, dans le collége des jésuites de la même ville, quatre professeurs de théologie. On connaît de lui : *l'Académie des afflictions, où se trouvent les biens solides*.

· ODELEBEN (Ernest-Othon-Innocent, baron de), colonel saxon, né en 1777 à Riesa, entra de bonne heure au service, prit part à la campagne de 1806, et en 1813 fut envoyé près de Napoléon comme un des officiers les plus capables de donner les renseignements et les détails les plus précis sur la Saxe, qui allait être le théâtre de combats sanglants. Il accompagna l'empereur dans cette campagne; et, témoin oculaire de tous les événem., il en retraça le tableau dans son excellente *Histoire de la campagne de* 1813, qui parut en 1815, eut plus. édit., et fut traduite dans plusieurs langues. Rentré au sein de sa patrie, il s'occupa de travaux géodésiques, et commença, en 1824, la publicat. d'une *Carte des montagnes de la Misnie*, qui n'a pas été achevée par suite des pertes que lui fit éprouver une contrefaçon lithographiée à Berlin. En même temps paraissait sou *Cyclomara*, ou tableau de tous les objets qu'on découvre à l'horizon du sommet du Winterberg. Dans les dern. années de sa vie, il s'occupa beaucoup de *Recherches géologiques*, surtout dans le Harz et la Thuringe. Cet estimable officier mourut à Dresde en 1833.

ODENATH (Septimius), prince arabe, connu surtout comme l'époux de Zénobie, a cependant des titres à une célébrité personnelle. Sa famille, l'une des plus considérables de Palmyre, était attachée à l'empire par d'anciens traités, et en recevait des subsides pour protéger la Syrie contre les incursions des autres Arabes ou des Persans. Il était lui-même phylarque, ou roi des tribus de Sarrasins fixées dans les plaines désertes de la Palmyrène, et sénateur de la colonie romaine de Palmyre, quand l'Arabe Philippe se fit déclarer empereur, après le meurtre du jeune Gordien (244). Les abus du nouveau gouvernement causèrent une révolte générale en Syrie, l'an 248; un certain Jotapianus fut élu emper., et, après sa défaite et sa mort, d'autres usurpateurs se maintinrent dans quelques parties de la même province, tandis que Palmyre, révoltée aussi, conservait son indépendance. Des monum. irrécusables nous attestent qu'en 251, Septimius Aïranès était prince de cette ville, et que son fils Odenath en était chef milit. On voit bientôt après Odenath portant le titre de son père et jouant le rôle d'un souverain. Il fut d'abord l'allié de Sapor, roi de Perse, contre les Romains, et le seconda dans ses opérations en Syrie, vers l'an 256 : mais changeant avec la fortune, il le harcela dans sa retraite, et lui enleva une partie de son butin. Plus tard, lorsqu'il vit l'emper. Valérien au pouvoir du prince persan, il brigua l'alliance de ce dernier comme une faveur insigne, et n'obtint qu'un dédaigneux silence. Il jura de se venger, et se jeta dans le parti des Romains. Sapor, dont les nombreux bataillons inondaient la Syrie et la Cilicie, fut arrêté dans sa marche victorieuse par celui dont il avait rejeté les propositions d'amitié, perdit une bataille importante sur les bords de l'Euphrate, et, de défaite en défaite, recula jusque sous les murs de Ctésiphon, où il fut bientôt forcé de se renfermer et de soutenir un siége. Le roi de Palmyre (c'était le nom qu'il prenait alors) tenta vainement de s'emparer de la capitale de l'empire persan. Appelé en Syrie par le désir d'embrasser le parti du lâche et faible empereur Gallien contre l'usurpateur Macrien, il y apprit que celui-ci avait succombé dans une bataille; mais alors il marcha sur les autres ennemis que pouvait encore craindre l'emper., et les écrasa. Il fut nommé, en récompense de ses services, gén. de tout l'Orient (263). Toutefois ce rang ne satisfit pas son ambition : il prit la pourpre, et força Gallien à lui donner le titre d'auguste, et à partager avec lui l'empire. De nouveaux succès contre les Persans, et ensuite contre les Scythes et les Goths, accrurent la gloire du roi de Palmyre en même temps qu'ils excitèrent la jalousie de Gallien, contre leq. il eût été sans doute obligé de lutter, s'il n'eût été assassiné lui-même à Émesse par son neveu, dont il est probable que Zénobie avait conduit les coups. On a de fortes raisons de croire que cette princesse fut coupable : nous n'en allèguerons qu'une seule, c'est qu'elle fit déclarer empereur un fils qu'elle avait eu d'un prem. mari, de préférence aux enfants qu'elle avait d'Odenath.

ODERIC de PORTENAU (du nom de son lieu de

naissance *Pordenone*), l'un des voyageurs célèbres du 14ᵉ S., naquit dans le Frioul vers 1286. Il embrassa la règle de St François, parcourut comme missionnaire l'Asie, les îles de Ceylan, de Sumatra, de Java, de Borneo, etc., et revint en Europe, après seize ans d'absence, mourir dans le couvent de son ordre à Udine, en 1331, avec la réputation d'un saint, appuyée, suivant les historiens de sa vie, sur un gr. nombre de miracles. Il avait écrit la *Relation* de ses voyages, dont il ne reste que des fragments, imprimés pour la première fois dans le tome II du *Recueil* de Ramusio, 1ʳᵉ édit. de 1563. Haym en cite une traduct. ital., Pesaro, 1573, in-4. Ces fragments se trouvent encore dans le *Recueil* d'Hackluyt, en lat. et en anglais; et dans les *Acta sanctorum* des bollandistes, 14 janvier, tome Iᵉʳ. Venni, l'un des biographes d'Oderic, en a donné une édit. d'après un MS. de 1401, dans son *Elogio istorico del beato Odorico*, 1761, in-4. Le P. Basile Asquini, barnabite, a publié aussi *la Vita e viaggi del B. Odorico da Udine*, 1737, in-8.

ODERICO (GASPARD-LOUIS), savant numismate et antiq., né à Gênes en 1725, entra dans l'ordre des jésuites, professa quelque temps la théologie à Rome, s'y occupa de la recherche des monum. antiques, et mourut en 1803. Ses principaux ouvr. sont : *Dissertationes et adnotationes in aliquot ineditatas veterum inscriptiones et numismata*, 1765, in-4. — *De argenteo Orgetorigis numo conjecturæ*, 1767, in-4. — *Numismata græca non antè vulgata, cum notis*, etc., 1777, in-4. — *De marmoreâ didascaliâ in urbe repertâ Epistolæ duæ*, 1777-84, in-4. — *Lettere liguriche, ossia osservazioni critiche sullo stato geographico della Liguria*, etc., 1792.

ODERIGI DA GUBBIO, peintre en miniature, contemporain de Giotto et de Dante, fut employé à Rome par Benoît XI, dans la bibliothèq. pontificale, à décorer des MSs. Dante l'a immortalisé par ces vers de son *Purgatoire :*

> O, dissi lui, non se' tu, Oderigi,
> L'onor d'Agobbio, e l'onor di quall' arte, etc.

ODIER (LOUIS), médecin, correspond. de l'Institut, etc., né à Genève en 1748, prit ses degrés à l'univ. d'Édimbourg, publia en 1798 la traduct. de l'ouvr. de Jenner, et fut le prem. qui signala en France la découverte de la vaccine. Citoyen aussi zélé qu'écrivain laborieux, il fut pendant 50 ans membre du consistoire de Genève et mourut en 1817. On a de lui plus. ouvrages dont on trouve la liste complète dans la *Notice sur sa vie et ses écrits*, Genève, 1818. Les principaux sont : sa trad. franç. de Jenner *sur la Vaccine*, dans le 9ᵉ vol. de la *Biblioth. britannique.—Manuel de médecine pratique*, 1803, 1811; traduit en ital. Odier rédigea long-temps la partie médicale dans la *Bibliothèque britannique.*

ODIER (PIERRE-AGATHANGE), sous-intendant militaire, né à St-Marcellin (Isère) en 1774, mort à Paris en 1825, entra comme volontaire dans un bataillon de son départ. Il passa dep. dans l'administration militaire, et fut employé en qualité de

commissaire des guerres et d'inspect. aux revues, dans les campagnes d'Italie, d'Allemagne et d'Espagne. En 1815, il fut élu membre de la chambre des représentants. Nommé plus tard professeur d'administration militaire à l'école d'état-major, il a publ. le recueil de ses leçons sous le titre de *Cours d'étude sur l'administrat. milit.*, 1824-25, 7 vol. in-8. Cet ouvr., très estimé, est analysé dans la *Revue encyclopédiq.*, t. XXVII, p. 551-63.

ODIEUVRE (MICHEL), peintre et marchand de tableaux et de grav., né en Normandie vers 1690, est surtout connu par la collect. de 600 personnages célèbres qu'il fit graver à ses frais, et dont il a enrichi *l'Europe illustre* de Dreux du Radier. Il mourut à Rouen en 1756.

ODILON (St), 5ᵉ abbé de Cluny, né en Auvergne, l'an 962, fut en relation avec l'empereur St Henri, l'impératrice Ste Adélaïde, les rois de France Hugues Capet, Robert et Henr. Iᵉʳ; le roi de Bourgogne Rodolphe, les rois de Navarre Sanche et Garcias, le roi de Pologne Casimir, qui avaient tous pour lui une gr. vénération. Il refusa l'archevêché de Lyon, et mourut à Savigny, en Bourbonnais, en 1048. On a de lui, dans la *Bibliotheca cluniacensis*, quelques *Vies de saints*, des *Sermons*, des *Lettres* et des *Poèmes*. Il ne faut pas le confondre avec un autre *Odilon*, moine de St-Médard de Soissons, qui vivait à peu près dans le même temps, et dont on a un traité *sur les translations des reliques des saints*, inséré dans les *Acta benedictinor.*, de Mabillon.

ODIN est le nom de la principale divinité des anciens Scandinaves, et généralem. de tous les peuples du Nord. On conçoit que le dieu le plus respecté de ces hommes féroces ne pouvait être que le dieu de la guerre et du carnage. Aussi le terrible Odin présidait-il aux combats, et n'offrait d'autre récompense aux élus, c'est-à-dire à ceux qui périssaient les armes à la main, que la perspective de massacres continuels. Les sacrifices humains n'étaient pas épargnés pour apaiser sa colère ou gagner sa bienveillance. Il paraît bien démontré qu'il exista quelque guerrier redoutable sous le nom d'Odin; mais les uns ont dit que ce fut un homme qui parut dans le Nord, environ 70 ans avant J.-C., et qui mérita par ses exploits d'être mis au rang des dieux; d'autres ont prétendu (v. Mallet, *Introduction à l'hist. de Danemarck*), que la divinité existait avant le guerrier, et que celui-ci reçut ou prit ce nom formidable, après avoir conquis la Suède et ravagé tout l'Occident de l'Europe. Les uns et les autres s'accordent à le faire mourir d'une manière digne de sa vie belliqueuse. Lorsqu'il se sentit près du tombeau, il ne voulut pas laisser trancher le fil de ses jours par la maladie, et, après avoir convoqué ses principaux compagnons d'armes, se fit, sous leurs yeux, avec la pointe d'une lance, neuf blessures en forme de cercle. On lui attribue la création de la poésie erse et des caractères runiques, et un poème moral intitulé *Hawiaal*, c'est-à-dire *Discours sublime.*

ODOACRE, roi d'Italie (de 476 à 493), était fils

d'Éderon, ministre d'Attila; ayant perdu son père vers l'an 465, il mena d'abord une vie errante dans la Norique, rassembla quelq. compagnons d'armes, jadis dévoués à son père, se les attacha par le pillage, passa avec eux en Italie, et s'engagea dans les gardes impériales, où il occupa bientôt un rang élevé. Ces gardes, de même que toute l'armée romaine, ne se composaient que de Barbares. Odoacre se mit à leur tête une insurrect. contre l'empereur Augustule, et promit de leur abandonner le tiers des terres de l'Italie. Après la prise de Pavie, où Oreste, père d'Augustule, fut mis à mort, Odoacre, ayant relégué le simulacre d'emper. dans la Campanie, se fit proclamer roi par son armée, et gouverna l'Italie avec le titre de patrice que lui conféra l'empereur d'Orient. Il montra des talents et des vertus dignes du rang où il avait su s'élever, respecta les lois, les mœurs, les usages, rétablit le consulat dans l'Occident, laissa aux magistrats de Rome le soin de recueillir les impôts, fit respecter les frontières de l'Italie par les conquérants de la Gaule et les peuples de la Germanie, vainquit les Rugiens, peuple de la Norique, et soumit la Dalmatie. Il régnait ainsi glorieusem. dep. 12 ans, lorsque Théodoric, roi des Ostrogoths, cherchant à former un établissem., menaça d'envahir l'Italie. Odoacre s'avança jusque sur les bords de l'Izonce, près des ruines d'Aquilée, pour défendre ses états; mais il fut défait le 28 août 489. Ayant formé une nouvelle armée, il entreprit de défendre le passage de l'Adige, fut battu de nouv. à Vérone, voulut se réfugier à Rome, qui lui ferma ses portes, revint sur Ravenne, et s'y prépara pour soutenir un siége. Il réussit d'abord à se rendre maître de la campagne, en battant l'avant-garde de Théodoric; mais les Visigoths ayant amené du secours à ce dernier, Odoacre fut vaincu dans une 3e bataille qui eut lieu sur les bords de l'Adda en 490. Rentré dans Ravenne, il s'y défendit long-temps avec le plus gr. valeur, jusqu'à ce que le manque de vivres le contraignît à capituler, le 27 février 493. Théodoric, après lui avoir accordé des condit. honorables, le fit massacrer dans un banquet. C'est sans aucun fondement que plus. histor. modernes ont représenté Odoacre comme roi des Hérules, peuple barbare, à la tête duquel ils lui font faire, sans plus de raison, la conquête de l'Italie.

ODOLANT-DESNOS (Pierre-Joseph), historien et compilat. laborieux, né en 1722 à Alençon, professa quelque temps la médecine, et se livra ensuite à l'étude de l'hist., surtout à celle de sa ville natale, où il mourut en 1801. Indépendamment de quelq. dissertat. et d'opuscules moins import., on a de lui : *Mémoires historiques sur la ville d'Alençon*, etc., 1787, 2 vol. in-8.

ODON (St), né en Angleterre vers la fin du 9e S., de parents danois, fut employé par les rois Alfred et Edouard dans les affaires les plus importantes, devint chapelain du roi Athelstan, puis évêque de Wilton, archevêque de Cantorbéry, et mourut en 961. Ce saint, que de son vivant on appelait *le Bon*, est célèbre dans les martyrologes d'Angle-

terre, où son nom se trouve placé au 4 juillet. — St Odon, 2e abbé de Cluny, né en 879, mort en 942, a laissé plus. ouvr. qui ont été publ. dans la *Biblioth. Clun.* de D. Marrier, Paris, 1614, in-fol.; on y trouve aussi la *Vie* de ce saint.

ODON, fils d'Herluin de Conteville, et frère utérin de Guillaume-le-Bâtard, duc de Normandie, fut nommé, en 1049, à l'âge de 14 ans, par l'influence. de son frère et malgré l'autorité des canons, évêq. de Bayeux. Lorsque Guillaume partit pour la conquête de l'Angleterre en 1066, Odon fit équiper à ses frais cent navires, et voulut partager les périls de cette grande entreprise. Chargé de gouverner le royaume conquis, il se livra à des prodigalités inouïes, chargea le peuple d'impôts excessifs, le força de se révolter, et donna à son frère le conseil de dépouiller les Anglais de leurs terres, qui furent partagées aux Normands. Il eut pour sa part 255 fiefs dans div. cantons, outre le château de Douvres et le comté de Kent qu'il possédait déjà. Il conçut alors l'idée de se faire élire pape, et dans ce but il se livra audacieusem. à de nouvelles concussions qui ouvrirent enfin les yeux au roi. L'indigne prélat fut conduit à Rouen, où il resta en prison jusqu'à la mort de Guillaume. Mais il reparut alors pour semer la division entre les princes ses neveux, tenta d'arracher le sceptre à Guillaume-le-Roux, en faveur de son frère Robert, et ne réussit qu'à perdre tous ses biens en Angleterre, et à être renvoyé honteusem. en Normandie. Devenu premier ministre du duc Robert, il manqua de bouleverser ses états, partit avec lui pour la Terre-Sainte en 1096, et mourut l'année suiv. à Palerme, déchiré de remords et chargé de mépris et d'exécrat. par les peuples dont il avait exploité les infortunes. — Odon ou Odoard, évêque de Cambrai, né à Orléans, mort en 1113, a donné une *Explication du canon de la Messe*, Paris, 1640, in-4; et d'autres Tr. dans la *Biblioth. des Pères*.

ODON ou EUDES DE DEUIL (*Odo de Diogilo*), ainsi nommé d'un village de la vallée de Montmorency, où il naquit dans le 12e S., fut chapelain et secrétaire de Louis-le-Jeune, qu'il accompagna en Palestine, et succéda à son retour au célèbre Suger dans le gouvernement de l'abbaye de St-Denis, où il mourut vers 1162. On a de lui : *De Ludovici VII, Francorum regis, profectione in Orientem ab anno* 1146-48; cet opuscule, publié par le P. Chiflet, sur un Ms. de Clairvaux, en tête de *S. Bernardi genus illustre*, 1660, in-4, a été trad. en français dans la *Collection de mém.* publiée par M. Guizot, tome XXIV. Les auteurs de l'*Hist. littéraire de la France* en avaient donné précédemm. les passages les plus intéressants. Cet écrit contient des détails assez curieux pour l'histoire de la seconde croisade.

OEBOAS, Achéen, ayant remporté le prix de la course aux jeux olympiques dans la 7e olympiade (751 avant J.-C.), ses compatriotes lui érigèrent une statue à laq. les vainqueurs, dans ces mêmes jeux attachaient leurs couronnes.

OECOLAMPADE (Jean), célèbre théologien réformé, né en 1482 à Weinsberg, Franconie, s'appelait *Hausschein*, nom allem. qui signifie *lumière domestique;* mais il le changea en celui d'*OEcolampade*, qui a la même signification en grec. Ses parents le destinèrent au commerce, puis à la jurisprudence; mais préférant la théologie, il étudia le grec et l'hébreu à Stuttgard, se livra ensuite à la prédication, vint à Bâle, où il se lia étroitement avec Érasme, puis se retira dans le couvent d'Alton-Munster, près d'Augsbourg, et y prononça ses vœux. Il en sortit pour se rendre dans un château d'Alsace, où il séjourna deux ans, et traduisit en latin quelques ouvr. de St Jean-Chrysostôme. En 1522, il retourna à Bâle, et obtint une chaire de théologie, puis une cure. C'est alors qu'attaquant dans ses sermons le culte et les dogmes de la foi catholique, il contribua beaucoup aux progrès de la réforme. Jetant tout à fait le masque, il se maria, à l'exemple des autres chefs des différentes sectes qui divisaient l'Église. Il entra dans la grande querelle entre Luther et Carlostad, et publia en 1525 son traité *De vero intellectu verborum :* Hoc est corpus meum, où il se déclare pour Zuingle contre Luther. Les deux partis, après s'être dit beaucoup d'injures, terminèrent leurs disputes par la profession de foi dite *de Marbourg*, sans proscrire ni changer leurs sentiments respectifs. OEcolampade employa le reste de sa vie à prêcher, à enseigner la nouvelle doctrine, à écrire et à disputer; il assista aux conférences de Bade en 1526, à celles de Berne en 1528, à celles de Bâle en 1529, et mourut en 1531. On a de lui, outre le traité mentionné plus haut, des *Comment.* sur plus. livres de l'Anc. et du Nouveau-Testament, des trad. lat. de quelques ouvrages de St Jean-Chrysostôme; des *Lettres* publiées avec des notes histor. par Ch. Buttinghausen, 1777, in-8. Sa *Vie*, en latin, par Volfgang Capiton, a été insérée dans les *Vitæ viror. eruditor.* de Fichard, et dans l'*Athenæ rauricæ*. Elle a été publiée en français, Lyon, 1562, in-12; et en allemand, par Hess, Zurich, 1793, in-8.

OECUMÉNIUS, écrivain grec du 10e S., a laissé des *Commentaires* sur les Actes des apôtres, sur l'épître de St Jacques, etc.; et quelq. autres opuscules recueillis avec ceux d'Arétas, évêque de Césarée, par Fréd. Morel, Paris, 1630, 2 vol. in-fol., grec et latin.

OEDIPE (myth.), roi de Thèbes, fils de Laïus et de Jocaste, fut voué à la mort par son père, à qui l'oracle avait prédit que ce fils le tuerait. Laïus remit l'enfant, pour le faire périr, à l'un de ses serviteurs; mais celui-ci se borna à attacher l'enfant par les pieds à un arbre. Un berger l'ayant trouvé le porta à Polybe, roi de Corinthe, qui le fit élever comme son fils. OEdipe devenu grand, et menacé par l'oracle du malheur déjà prédit à Laïus, crut que cette prédiction s'appliquait à son père adoptif, et quitta Corinthe pour en éviter l'accomplissem. Ayant rencontré le véritable auteur de ses jours dans un chemin de la Phocide, il prit querelle avec lui, le tua, poursuivit sa route, délivra la ville de Thèbes du monstre appelé Sphinx (*v.* ce nom), et

reçut en récompense la main de Jocaste, sa mère. Les dieux, irrités de ce nouveau crime, frappèrent les Thébains d'une peste qui ne cessa que lorsque le berger qui avait sauvé OEdipe découvrit sa naissance. Le fils de Laïus se creva les yeux de désespoir, et s'exila de Thèbes. Cette fable, dont il nous paraît impossible de deviner le but moral, a fourni des sujets de tragédie à plusieurs poètes anciens et modernes.

OEFELS (André-Félix d'), en latin *Evelius*, historien allem., né à Munich en 1706, fit ses études à Ingolstadt et à Louvain, et publia dès l'âge de 16 ans, en latin, des *Remarques* critiques sur l'hist. de Bavière, et un *Essai* sur les savants qu'a prod. cette contrée. Après avoir achevé ses cours, il visita la France, les Pays-Bas, l'Allemagne, fut, de retour à Munich, chargé de l'éducation des jeunes princes Maximilien et Clément, obtint en 1746 la place de conservateur en chef de la biblioth. électorale, devint membre de l'académie de Munich en 1759, et mourut dans cette ville en 1780. C'est lui qui a publié le rec. intit. : *Rerum boicarum scriptores nusquam antehàc editi*, etc., Aug.-b., 1763, 2 vol. in-fol. Il a laissé MSs. une suite de cet ouvrage, etc.

OELRICHS (Jean-Charles-Conrad), historien et bibliographe, né à Berlin en 1722, se vit d'abord obligé de travailler pour les avocats les plus accrédités, entreprit ensuite, avec un de ses amis, en 1747, la *Biblioth. berlinoise* (4 vol. in-8), journal qui eut du succès, devint professeur d'histoire et de droit civil à l'acad. de Stettin, fut nommé en 1784 conseiller de légation et résident du duc de Deux-Ponts à la cour de Prusse, fut honoré de la confiance de différents autres princes, et mourut à Berlin en 1798. On a de lui un grand nombre d'ouvrages littér. et scientifiq., dont on trouve le catalogue dans le *Nouv. Berlin littéraire*, tome II, p. 70-92 et 506; les princip. sont : *Commentationes historico-litterariæ quarum prior...*, etc., etc., 1751-52, 2 vol. in-8. — *Essai d'hist. de la bibliothèque roy. de Berlin* (allem.), 1752, in-8. — *Dissertatio de bibliothecar. ac libror. fatis imprimis libris comestis*, à la tête du *Catalogue de* la bibliothèque de J. de Pérard, 1756, in-8. — *Mélanges d'hist. et de littérat.* (allem.), 1760, in-8. — *Supplément à l'hist. de Brandebourg* (allem.), 1761, in-8. — *Mélanges historiques et diplomatiq.*, pour l'histoire littéraire en particulier du duché de Poméranie, 2e édit., 1790, 2 vol. in-4. — *Specimen reliquiarum linguæ slavonicæ in nominibus quibusdam regionum et locorum in Brandeburg. et Pomeranià*, 1794, in-4. OElrichs a laissé un grand nombre de MSs., dont il a publié lui-même le catalogue raisonné, avec son portrait gravé.

OELSNER, né dans la Silésie en 1760, vint en France au commencem. de la révolut., séduit par des illusions que les Français ne furent pas les seuls à partager. Il résida à Paris, sous le directoire, comme chargé d'affaires de la ville de Francfort, et fut dep. investi des mêmes fonctions, mais momentanément, par les villes anséatiques. Le roi de Prusse le nomma, en 1814, son conseiller de légation à Paris, et le chargea particulièrem. de la correspond. littéraire. Il mourut à Paris en 1828. Ses *Mémoires sur l'influence de la relig. de Mahomet*, couronné par l'Institut en 1809, est remarquable par l'étendue des recherches et la nouveauté des aperçus. Lié très intimem. avec Sieyes, dont il partageait les opinions, OElsner a trad. en allem. les *OEuvres* de ce publiciste, et publié en français l'apologie de sa conduite pend. sa mission législat. et administrat. On lui doit encore quelq. brochures politiq. Il a laissé MS. une *Histoire de l'islamisme*, et une *Hist. de la guerre des Hussites*.

· OENOMAUS, philosophe cynique, né à Gadara en Syrie, vivait sous l'empereur Adrien. Parmi les écrits qu'il composa et qui se sont perdus, on cite un *Traité de la philosophie d'Homère*, et un livre des *Prestiges dévoilés*. Eusèbe, dans sa *Préparat. évangélique*, livres V et VI, donne un extrait de ce dernier ouvrage, qui est une *Diatribe* contre les oracles du paganisme.

· OENOPIDAS ou OENOPIDÈS, philosophe pythagoricien, né à Chio, vivait dans le 5e S. av. J.-C. Il avait de grandes connaissances dans les sciences naturelles, dans les mathématiques et l'astron. On croit qu'il imagina quelq.-uns des problèmes contenus dans les *Éléments* d'Euclide. Il partagea en physique les erreurs de ses contemporains; mais il établit un cycle au bout duquel les révolutions solaires et lunaires doivent être d'accord, et fit graver sur une table d'airain la série de ses calculs astronomiq., appliqués à une période de 59 ans. C'était là, selon lui, la *grande année*, par laq. les anc. entendaient le retour de deux ou plusieurs astres au même point du ciel; et il consacra cette table dans l'enceinte des jeux olympiques, pour servir aux usages publics.

· OERN (Nicolas), voyageur lapon, né dans le 17e S., fut amené jeune à Stockholm par les ordres du roi Charles XI, qui lui fit donner quelque instruction, et l'envoya ensuite à l'univers. de Wittemberg. Ordonné prêtre à son retour, il alla prêcher la foi à ses compatriotes; mais, dégoûté bientôt de cette miss., il résolut de voyager, s'arrêta quelque temps en Allemagne, où il prit le titre de prince de Laponie, puis vint en France, où il fut présenté à Louis XIV en 1706. Revenu en Allemagne, il en fut chassé pour avoir pris un titre qui ne lui appartenait pas. Il passa en Russie, où sa mauvaise conduite le fit enfermer, en 1715, dans les prisons d'Astracan. L'époque de sa mort est ignorée. On a de lui, en allemand : *Description de la Laponie*, 1707, in-12.— *Lettres du fameux voyag. et prince lapon Nicolas OErn, écrites pendant ses voyages à ses compatriotes*, 1708, in-4. On peut consulter sur ce personnage la *Biblioth. historique de Suède*, t. Ier, p. 261, et Hallebeck, *Dissert. histor. de Nic. OErn, se principem Laponiæ professo*, Lund, 1808, in-4 de 10 pages.

OERNSCHOELD (Pierre-Abraham, baron d'), né en Suède dans les prem. années du 18e S., a mérité une place parmi les hommes distingués de son pays pour y avoir introduit une branche d'industrie très importante. Gouverneur pendant 20 ans des districts du Norrland, situés entre la Norwége et le golfe de Botnie, il naturalisa dans ces provinces la culture du lin, éleva des fabriques de toile, et procura ainsi à la Suède une économie d'importat. de plus. millions par an. Le baron d'OErnschoeld obtint ensuite le gouvernement de Sudermanie, et mourut vers 1770 à Nikœping.

OERTEL. — V. Ortel.

OESER (Adam-Frédéric), peintre, mouleur et graveur, né à Presbourg en 1717, fut l'ami du célèbre Winckelmann et lui fut utile dans ses premiers essais. Il enrichit plus. édifices publics et particuliers de ses compositions à la fresque et à l'huile, composa des tableaux estimés parmi lesq. on cite la *Pythonisse d'Endor*. On doit à son ciseau la *statue* de l'électeur de Saxe à Leipsig, morceau qui mérita les éloges de Pigalle. Cet artiste mourut à Leipsig en 1799. — Son fils Frédéric-Louis OEser, mort à 40 ans en 1792, a laissé quelques paysages agréables.

OETTER (Samuel-Guillaume), historien, né en 1720 dans le margraviat de Bareuth, fut nommé correcteur du gymnase d'Erlang, puis pasteur à Linden, d'où il passa en 1762 à Makterlebach, où il mourut en 1792. Ses travaux historiq. lui avaient valu le titre d'historiographe de Brandebourg, Anspach et Bareuth. On a de lui un gr. nombre d'ouvrages dont on trouve la liste dans le *Nécrologe* de Schlichtegroll, 1792, et dans le *Bareuth littéraire* de Fikenscher, t. VI. Nous nous bornerons à citer : *Essai d'une histoire des burgraves et des margraves de Brandebourg*, etc., Francfort, 1751-58, 2 vol. in-8, fig. — *Biblioth. historique*, Nuremberg, 1752, in-8. — *La Médecine en Allemagne, dans l'antiquité et au moyen-âge, exposée par des faits historiques*, 1777, in-8, supplément, 1790, in-8. Le fils d'OEtter a publ. une *Notice* sur sa vie, 1792, in-8.

OEUVRE (Jacques de L'), prêtre du diocèse de Coutances, principal du collège des Lombards, puis d'Harcourt à Paris, a publié, sous le nom d'*Operarius*, l'édit. de Plaute *ad usum Delphini*, 1679, 2 vol. in-4.

OEXMELIN (Alexandre-Olivier), voyageur et historien, était, à ce que l'on croit, Flamand d'origine. Conduit en 1666 à l'île de la Tortue, comme engagé de la compagnie des Indes, il y fut vendu 50 écus à un habitant. Après un service de 3 ans, il prit parti avec les flibustiers, et resta dans leur troupe jusqu'en 1674. Il profita de l'occasion d'un navire hollandais pour retourner en Europe. Il fit ensuite trois autres voyages en Amérique sur des bâtiments hollandais ou espagnols, et assista à la prise de Carthagène en 1697. Quelq. passages de sa relation donnent lieu de présumer qu'il exerçait à bord la profession de chirurgien. On ne connaît pas l'époque de sa mort. Ses MSs. étant tombés entre les mains de Frontignières, celui-ci les publia sous ce titre : *Histoire des aventuriers qui se sont signalés dans les Indes, contenant ce qu'ils* ont fait de plus remarquable, avec la vie, les mœurs et les coutumes des boucaniers, et des habit. de St-Domingue et de la Tortue, etc., Paris, 1686, 2 vol. in-12; Trévoux, 1744, 1775, 4 vol. in-12. Le ton de vérité qui règne dans les écrits d'OExmelin les fait lire avec plaisir.

O'FARRIL (GONZALO), général espagnol, né en 1784 à la Havane, vint étudier au collége de Sorèze. Son séjour dans les écoles milit. que Charles III avait créées en Espagne, et de longs voyages dans la plupart des contrées de l'Europe, achevèrent de former ce jeune officier. Il était ministre de la guerre et membre de la junte du gouvernement, lorsque Joseph Bonaparte vint occuper le trône d'Espagne. O'Farril, qui embrassa la cause de l'étranger, en fut puni par l'exil. Il retourna en France, qu'il ne quitta que pour aller en Espagne à l'époque de la révolut. de 1820. O'Farril revint ensuite à Paris, où il mourut en 1831. Andrès Muriel a publié une Notice sur O'Farril, in-8.

OFFA, roi de Mercie, le plus considérable des roy. de l'heptarchie anglaise, succéda en 757 à Éthelbald, son oncle. A l'exemple de ses prédécesseurs, il fit la guerre aux autres rois de l'heptarchie, s'empara du roy. d'Estanglis, après avoir fait assassiner Éthelbert, qui en était le souver., et se rendit à Rome en 794, pour y implorer son pardon du souverain pontife, qui le déclara absous, à condition qu'il ferait des aumônes aux églises et aux monastères. Ce prince mourut en 796 après un règne de 39 ans, et eut pour successeur son fils Egfrid, qui ne lui survécut que de quelq. mois. Il avait fait recueillir les lois qui régissaient ses états, et que l'on retrouve en grande partie dans le Code anglo-saxon, publ. depuis par Alfred-le-Grand. La vie d'Offa, pleine de détails fabuleux, est impr. dans l'Appendix de l'hist. de Matthieu-Pàris. On y trouve quelques lettres de ce roi à Charlemagne avec lequel il était lié.

O'FLAHERTY. — V. FLAHERTY.

OFTERDINGEN (HENRI d'), célèbre minnesinger ou troubadour allemand, vivait vers la fin du 12e S., à la cour de Léopold VII, duc d'Autriche. On lui attribue la plus gr. partie des fabliaux qui composent l'Heldenbuch (livre des héros), qui est pour l'Allemagne ce qu'est pour la France la Chronique de Turpin, ou le Roman des douze pairs. La première édit. de ce recueil, Haguenau, 1509, petit in-fol., est très rare; celles de Francfort, 1545, 1560, 1590, sont encore recherchées des bibliomanes.

OG (Bible), roi de Basan (contrée de la Syrie au-delà du Jourdain), attaqué dans ses états par les Israélites, qui venaient occuper la Terre-Promise, fut vaincu et tué par Moïse, ainsi que ses enfants et tout son peuple, sans qu'il restât un seul individu.

OGÉE (JEAN), ingénieur-géogr., né à Nantes en 1728, fit la guerre en Flandre dans la gendarmerie royale, et quitta ce corps à la paix d'Aix-la-Chapelle, en 1748, pour entrer dans les ponts-et-chaussées, d'abord comme ingénieur ordinaire à Nantes et à Rennes, puis comme ingénieur-géo-

graphe de Bretagne. Le travail excessif auquel il se livrait abrégea ses jours, et il mourut à la suite d'une longue maladie en 1789. On a de lui : Carte du comté nantais, 1768. — Carte géographique de la Bretagne, 1771, en 4 feuilles. — Carte de cette même province, réduite en une feuille. — Carte itinéraire, idem. — Atlas itinéraire de la Bretagne, 1769, in-4. — Dictionn. historique et géographiq. de la Bretagne, 1778, 1779 et 1780, 4 vol. in-4. C'est cet ouvr. qui coûta le plus de soins et de veilles à l'aut. Ogée annonçait un vol. de supplément qui n'a pas paru.

OGER, dit le Danois, appelé aussi Otger ou Autcaire, origin. d'Austrasie, est célèbre dans les romans de chevalerie comme un des plus braves paladins de Charlemagne et le compagnon des Roland et des Olivier. Las du métier des armes, il se retira, dit-on, avec Benoît, son ami, dans l'abbaye de St-Faron, à Meaux, où il mourut dans de grands sentiments de piété vers la fin du 9e S. Duchesne a prétendu que l'Oger mort dans l'abbaye de St-Faron était un autre que le Danois ; mais Mabillon, dans ses Vies des SS. de l'ordre de St-Benoît, a établi que le tombeau qui se voyait dans cette abbaye fut érigé au guerrier de la cour de Charlemagne.

OGERON DE LA BOUÈRE (BERTRAND d'), fondateur de la colonie de St-Domingue, né en Anjou vers 1615, était capit. dans le régim. de la marine ; il se laissa entraîner, en 1656, par des aventuriers qui projetaient un établissem. sur le continent de l'Amérique-Méridionale. Arrivé à la Martinique, il vit qu'on l'avait trompé, et résolut de s'établir dans cette île ; mais, n'ayant pu s'arranger avec Duparquet, qui en était gouvern. et propriétaire, il accepta les propositions de quelques boucaniers venus de France avec lui, et les suivit à St-Domingue. Il fit naufrage en abordant à Léogane, perdit toutes ses marchandises et ses provisions, et se vit obligé de vivre avec les boucaniers, qui le traitèrent avec beaucoup d'égards. Il repassa en France, et en revint avec une nouv. pacotille et de nouv. moyens d'établissem. Après avoir commencé au port Margot une petite habitat., il se transporta au petit Goave et à Léogane, où quelques Français s'étaient établis après en avoir chassé les Espagnols. Il accrut la population de ces deux postes, et voulut aussi fonder une habitat. à la Jamaïque, chez les Anglais ; mais il y perdit ses avances. Quelque temps après, la compagnie des Indes-Occidentales jeta les yeux sur lui pour lui confier l'administrat. de la colonie franç. à St-Domingue, et le fit agréer par le ministère en 1665. Ses projets furent d'abord mal secondés par le ministère ; mais l'île de la Tortue et la côte de St-Domingue n'en prirent pas moins une nouvelle face. Insensiblement toute la partie de la côte, entre le port Margot et le port de Paix, se trouva peuplée. Il voulait profiter de la guerre de 1673 entre la France et l'Espagne pour enlever à cette puissance tout ce qui lui restait de St-Domingue ; et il avait commencé l'exécution de ce dessein, en s'emparant de plus. ports occupés par les Espagnols , lorsque ses vues furent dérangées par l'érection d'une nouvelle compagnie des Indes qui remplaça l'ancienne. Ce changement fit repasser Ogeron en France pour y faire goûter ses plans par le gouvernement; mais, arrivé malade à Paris, il y mourut vers la fin de 1676, sans avoir eu audience du roi ni du ministère. La colonie reçut un grand accroissem. sous l'administrat. de Poincy, neveu et success. d'Ogeron (*v.* l'*Histoire de l'île de St - Domingue* du P. Charlevoix).

OGIER (CHARLES), littérateur estimable, naquit en 1595 à Paris , étudia le droit, et fut secrétaire du comte d'Avaux , qu'il accompagna dans ses ambassades en Suède, en Danemark et en Pologne. Il mourut en 1654 , laissant div. pièces de vers lat. adressées à des personnages distingués dans les lettres ; et le journal de ses voyages dans le Nord sous le titre d'*Ephemerides, sive Iter danicum, suecicum, polonicum,* 1656, in-8. — François OGIER, frère du précéd., embrassa l'état ecclésiastique, se distingua dans la prédicat., prit la défense des gens de lettres, attaqués par le P. Garasse , remplaça son frère dans la confiance du comte d'Avaux au congrès de Munster, et mourut en 1670. On a de lui : *Jugement et censure de la doctrine curieuse du P. Garasse,* 1623 , in-8. — *Apologie pour Balzac,* 1627, in-8; une rec. de sermons sous le titre d'*Actions publiques,* 1652-55 , 2 vol. in-4; quelq. *opuscules* peu remarquables, et des *vers franç.* dans les recueils du temps.

OGILBY, OGILVY ou OGLEBY (JEAN), littérat., géographe et impr., né à Édimbourg en 1600 , d'abord maître de danse, devint direct. d'un théâtre à Dublin, fut ruiné par suite de la rébellion qui éclata en 1641, vint à Londres recommencer ses études, qu'il avait fort négligées, et entreprit la traduct. en vers angl. de *Virgile,* qu'il publia en 1650, in-8. Il apprit le grec à l'âge de 54 ans pour traduire les *œuvres* d'Homère, travail dans lequel il fut aidé par J. Shirley, un de ses amis. Il fit paraître l'*Iliade* en 1660, et l'*Odyssée* en 1665. Les traduct. d'Ogilby eurent une gr. reputation de son temps, même sous le rapport de la poésie. En 1661, il fut chargé de diriger la partie poétique des fêtes pour la solennité du couronnement de Charles II, et il publia la *relation* de cette cérémonie. La maison dont il avait fait l'acquisition ayant été brûlée dans l'incendie de 1666, il perdit toute sa fortune ; mais il ne se laissa point abattre par ce revers, fit des *traductions*, des *cartes*, des *poèmes,* etc., rebâtit sa maison, y établit une imprimerie, et fut nommé ingénieur-cosmographe et géographe du roi. Il mourut à Londres en 1676. On a de lui entre autres ouvr. : les *Fables d'Ésope, paraphrasées en vers,* 2ᵉ édit. 1674, 2 vol. in-8. — Un *Atlas* en plus. vol. in-fol. — *Le guide du voyageur,* etc., 1674, in-fol. — *Itinéraire oriental,* 1689, in-8. — *Hist. et descript. de l'Asie,* 1673, in-fol. — *Atlas chinensis,* ou *Histoire de la Chine,* traduite de Dapper, 1667-71, in-fol. — *Hist. du Japon,* 1671, in-fol, — *Descript. de l'Afrique,*

1670, in-fol. — *Hist. de l'Amérique,* 1671, in-fol. avec 122 pl.

OGIVE, reine de France, fille d'Édouard Iᵉʳ, roi d'Angleterre. — V. CHARLES III, dit *le Simple,* et LOUIS III , dit *d'Outremer.*

OGLETHORPE (JACQ.-ÉDOUARD), officier angl., fondateur de la colonie de la Géorgie, dans l'Amérique-Septentrionale, né à Londres en 1698, entra de bonne heure au service, combattit en Allemagne sous le prince Eugène et le duc de Marlborough, devint membre du parlem., s'associa ensuite avec plus. riches particuliers, et fut l'un des directeurs d'une nouvelle compagnie qui se proposait de fonder une colonie dans l'Amérique du nord. Il s'embarqua en 1732, aborda au commencem. de l'ann. suivante à la Caroline, s'occupa aussitôt de reconnaître un emplacement convenable pour bâtir une ville, conclut des traités d'alliance avec les indigènes, et visita l'intérieur du pays, ainsi que le littoral, pour fixer les endroits propres à d'autres établissements. Étant repassé en Angleterre en 1734, il présenta au roi plusieurs chefs indiens qui l'avaient accompagné, et, de retour en Amérique en 1736, il trouva son établissement, qu'il avait nommé Géorgie, augmenté de nouveaux colons, l'étendit et le fit prospérer par sa vigilance et son activité. Il revint en Angleterre en 1745 pour se disculper d'une entreprise mal combinée contre les Espagnols, et fut honorablem. acquitté. La rébellion de 1745 ayant éclaté, Oglethorpe , fut envoyé en Écosse contre les partisans du prétendant (*v.* Éd. STUART) avec le grade de général-major. Accusé de négligence dans la poursuite des rebelles, il fut mis en jugement et acquitté. En 1750, il prit une part très active à l'établissement des pêcheries anglaises dans le Nord. Ayant ensuite éprouvé des revers de fortune, on dit qu'il fut réduit pour vivre à exercer la médecine. Il mourut en 1785, doyen des généraux de l'armée anglaise. Pope et Thomson ont célébré dans leurs vers les hautes qualités d'Oglethorpe, et Samuel Johnson lui offrit d'écrire sa *Vie,* tant il la trouvait riche en aventures remarquables.

OGYGÈS (mythol.), fils de Neptune, fonda plusieurs villes en Grèce. De son temps, un déluge inonda l'Attique, la Béotie et l'Achaïe. Les mythologues placent l'époque de ce déluge, auquel ils donnent le nom d'Ogygès, avant celui de Deucalion.

O'HALLORAN (SILVESTRE), chirurgien anglais, mort à Limerick en 1807, à 79 ans, avait étudié son art à Paris et à Londres. Il a laissé quelques ouvr. peu remarq. sur la médecine et sur la politique, et une *Histoire générale d'Irlande jusqu'à la fin du* 12ᵉ *S.,* dans laquelle il se montre encore plus crédule qu'O'Flaherty.

OIHENART (ARNAULT), historien, né à Mauléon, comté d'Armagnac, vers la fin du 16ᵉ S., fut avocat au parlem. de Navarre, et s'occupa beaucoup de la recherche des antiquités nationales. On a de lui : *Notitia utriusque Vasconiæ, tùm ibericæ, tùm acquitanicæ,* etc., Paris, 1638, in-4, rare et recherchée. — *Proverbes basques, recueillis par la* sieur d'Oihenart, *plus les poésies basq. du même auteur*, 1657, in-8, en 2 parties, qui ont chacune leur pagination, très rare. On lui attribue : *Déclaration historiq. de l'injuste usurpation et retent. de la Navarre par les Espagnols*, 1625, in-4; et un ouvr. inédit, en latin, sur le même sujet, dont on trouve un long extrait dans les *Mémoires pour l'hist. de la Navarre*, etc., par Aug. Galland.

OISELAY (Jean d'), poëte français d'une anc. famille du comté de Bourgogne, vivait du temps de Charles-le-Téméraire qu'il accompagna au siège de Nancy. Il se signala en 1481 à la défense de son château d'Oiselay attaqué par Charles d'Amboise, fut fait prisonnier, conduit en Champagne, et composa pendant sa captivité, suivant l'aut. des *Mém. de la républiq. séquanaise* (Gollut), quelq. poëmes et trad. des histoires passées. On ignore l'époque de sa mort.

OJEDA (Alphonse d'), capitaine espagnol, né à Cuença, suivit Christophe Colomb dans son second voyage, et s'étant brouillé dans la suite avec lui, commanda l'expédit. de 1498, dont Améric Vespuce fit en partie les frais. Le caractère hardi et ambitieux, la force extraordinaire d'Ojeda, le précipitèrent dans une foule d'entreprises aventureuses; et il mourut dans la plus grande pauvreté, avec le chagrin d'avoir conduit l'expédition dont Améric Vespuce recueillit seul toute la gloire.

O'KEEFE (John), auteur dramat., né à Dublin, où il fut élevé dans la relig. catholique, par le savant jésuite Austin, se laissa néanmoins entraîner vers le théâtre. Auteur facile, il avait écrit une pièce à l'âge de 15 ans. Arrivé jeune à Londres, il ne put parvenir à monter sur la scène, mais il publia un nombre considérable de pièces de tout genre, excepté des tragédies. En 1800, il eut le malheur de devenir aveugle, et cessa de travailler pour le théâtre. Peu favorisé de la fortune et mal récompensé de ses travaux, il se retira dans la ville de Southampton, où on ne plut à rendre sa vieillesse moins misérable. Ses pièces se distinguent toutes par l'esprit et la gaité, et plusieurs figurent au répertoire des grands théâtres de Londres. Il a paru un recueil des *OEuvres-dramatiq.* d'O'Keefe, 1778, 4 vol. in-8, contenant vingt-huit pièces. On n'en connaît cependant aucune traduct. ou imitat. en français. O'Keefe mourut en 1833, à 87 ans.

OKTAI-KHAN, 3e fils et successeur de Djenguyz-Khan au trône de la Grande-Tatarie, en 1226, poursuivit les conquêtes de son père, détruisit la dynastie des Kin en Chine, et maître de Moscow, de la Pologne et de la Hongrie, fit trembler le reste de l'Europe. Les Monghols dans le même temps envahissaient l'Asie-Orientale et le midi de la Chine, lorsque la mort d'Oktaï, en 1241, vint suspendre quelque temps leurs rapides progrès. Ce prince eut un sage ministre Ye-lin Tchou-tsaï, qui rétablit la justice dans son vaste empire, et conseilla souvent, avec succès, l'humanité aux vainqueurs, mais qui ne put adoucir le caractère féroce de cette nation.

OLAFSEN (Magnus), sav. islandais, né en 1575,

fit ses études à l'univ. de Copenhague, et mourut en 1636, pasteur de l'église luthérienne à Laufaas en Islande. On a de lui : *Specimen Lexici runici,* publ. par Worm, Copenhague, 1650, in-fol. — *Discursus de poesi islandicâ*, dans l'*Appendix* de Worm, *ad litteraturam runicam.* — Une traduct. latine de l'*Edda*, et plus. lettres parmi celles de Worm. — Olafsen (Étienne), né en Islande, fut pasteur de Vallenaes, dans cette île, et mourut en 1688. On a de lui : *Voluspa, philosophia antiquissima, norvago-donica, item Havamal ex biblioth. P.-J. Resenii islandi*, Copenhague, 1665, in-4. Il a traduit en latin l'*Edda* de Snorro Sturleson, et en islandais *les Psaumes de Kingo*, 1646.

OLAFSEN (Eggert), naturaliste et voyageur, né en 1721, en Islande, fit ses études en Danemarck, et fut chargé par l'acad. de Copenhague, de faire un voyage scientifique dans son pays natal avec Paulsen, son compatriote. A son retour en Danemarck, il s'occupa de mettre ses observations en ordre, puis repassa en Islande où il exerça les fonctions de vice-grand-bailli dans les quartiers du sud et de l'est, et où il mourut en 1768. On a de lui : *Enarrationes historicœ de Islandiœ naturâ et constitutione*, 1749, in-8. — *Disputationes duæ de ortu et progressu superstitionis circa ignem Islandiæ subterraneum*, 1751, in-4. — *Voyage en Islande, contenant des observat. sur les mœurs et les usages des habitants, la description des Lois, rivières, glaciers, sources chaudes, volcans*, etc. (en danois), Soroe, 1772, 2 vol. in-4, avec cartes et fig.; trad. en franç. par Gauthier de la Peyronie, 1802, 5 vol. in-8, avec atlas. — *Lachanologia islandica, ou Traité des plantes potagères de l'Islande*, 1774, in-8. — Un *Livre d'agriculture* (islandais), 1783, in-8. Il a laissé MS. un *Index geographicus veterum Islandorum*, dont Thorkelin a publié un fragment. — Olafsen (Jean), frère du précéd., né en 1731, mort à Copenhague en 1811, a publ. : *Syntagma de baptismo sociisque sacri ritibus in boreali quondam Ecclesiâ usitatis*, Copenhague, 1770, in-4. — Un petit traité en danois sur la poésie des habitants du Nord. Le recueil de la société littér. d'Islande contient quelq. articles de ce savant, qui a trad. en latin les morc. island. qui se trouvent dans le t. II du *Scriptores rerum danicarum*. — Olafsen (Magnus), frère des deux précédens, né en 1728, fut successeur d'Eggert, dans la place de vice-grand-bailli d'Islande, devint bailli en 1791, et mourut en 1800. On a de lui, en danois, un *Rapport sur divers essais relatifs à l'amélioration de l'agriculture et de la navigation en Islande*, 1765, in-8.

OLAHUS (Nicolas), archev. et palatin de Hongrie, né en 1493 à Hermanstadt, d'une illustre famille, fut conseiller intime de Marie, veuve de Louis II, gouverneur des Pays-Bas. De retour dans sa patrie, il fut nommé par le roi Ferdinand chancelier, puis évêque de Zagrab. Il passa en 1552 au siège archiépiscopal de Strigonie, admit les jésuites dans son diocèse, et leur fit obtenir le collège de Tyrnau qui a produit un grand nombre de mathématiciens et d'astronomes. Nommé en 1562 palatin de Hongrie, il eut l'honneur de couronner Maximien II à Presbourg. Cet illustre prélat mourut à Tyrnau en 1568. On a de lui une *Histoire d'Attila*, en latin, publ. en 1538, et réimprimée à la suite de l'*Histor. pannonica* d'Ant. Bonfini. — *Hungaria, sive de originibus gentis*, etc., *liber singularis; compendiarium chronicon*. Ces deux opuscules, insérés dans la *Notitia Hungariæ novæ* de Matth. Belius. t. II, ont été réunies avec l'*Hist. d'Attila*, par A.-F. Kollar, Vienne, 1763, gr. in-8.

OLAI (ÉRIC). — V. ÉRIC.

OLAUS Ier, roi de Norwége, surn. *Trygveson*, né vers 955, était arrière-petit-fils de Harald Ier. A la mort de son père Trygve, assassiné en 974, il alla chercher un asile à la cour de Vladimir, gr.-duc de Moscovie. Accueilli par ce prince, Olaüs équipa plusieurs vaisseaux, et, suivant l'esprit du temps, entreprit des courses dans la Baltique. Il offrit ensuite ses services à l'emper. d'Allemagne qui faisait la guerre au roi de Danemarck, puis parcourut la Basse-Saxe, se maria en Poméranie, perdit sa femme, et visita Constantinople. De nouvelles expéditions maritimes le conduisirent sur les côtes de France, d'Écosse et d'Angleterre. Haquin-le-Mauvais, qui occupait le trône de Norwége, ayant envoyé vers lui un agent chargé de l'attirer en Norwége pour se défaire de sa personne, Olaüs se laissa tromper par les discours de cet homme qui lui annonçait le désir que la nation avait de revoir le descendant d'Harald. A son arrivée en Norwége, il apprend qu'un soulèvement vient d'avoir lieu, et que Haquin est en fuite : il se défait du traître qui l'a accompagné, s'avance dans le pays sans obstacle, et monte bientôt sur le trône de ses pères, après que le roi fugitif a été assassiné par un de ses domestiques. Décidé à établir dans ses états le christianisme qu'il avait embrassé dans ses voyages, Olaüs mit, dans l'exécution de ce projet, une politique habile, mais en même temps une rudesse analogue à l'esprit de son siècle. Il était allé en Poméranie afin de réclamer les biens de sa femme, lorsq. les rois de Danemarck et de Suède armèrent contre lui. Il s'embarqua pour repousser cette agression : mais enveloppé par leur flotte, et sur le point d'être pris après une vigoureuse défense, il se précipita dans la mer, et y périt le 9 octobre de l'an 1000.

OLAUS II, dit *le Gros*, puis *le Saint*, né vers 992, descendait directement, par son père Harald-Grœnske ou le Groenlandais, du roi Harald-Haarfæger. Pendant que son pays était occupé par les rois de Suède et de Danemarck, il entreprit div. expéditions dans les mers du Nord, combattit ensuite en Normandie, secourut Éthelred, roi d'Angleterre, et revint dans son pays après plus. autres campagnes dans les mers d'Espagne et d'Italie. C'est alors qu'il résolut, pend. que Canut-le-Grand était occupé loin de ses états, de faire valoir ses droits sur la Norwége. Il entra dans ce royaume, et après quelq. succès, il monta sur le trône, en 1015. Son prem. soin fut de travailler à l'affermis-

sement du christianisme dans ses états ; mais les moyens vigoureux qu'il employa soulevèrent ses sujets, excités par Canut. Celui-ci, après avoir paralysé les efforts d'Olaüs, se fit couronner roi à Drontheim. Olaüs, après de nouv. et inutiles tentatives pour recouvrer ses états, se retira en Suède avec sa famille, puis en Russie auprès du gr.-duc Iaroslaw qui lui offrit la Bulgarie en lui proposant de convertir ce pays au christianisme. Mais Olaüs partit pour la Suède en 1033, se rendit par les chemins les plus difficiles sur les frontières de Norwége, et périt dans un combat livré près de Drontheim, au mois d'août de la même année. Un an après sa mort, son corps, enterré secrètem., fut déterré avec solennité, pour être exposé à la vénération publiq., et, sous les règnes suivants, ses reliques furent placées dans une église qui devint ensuite la cathédrale de Drontheim. Eynar Skuldesein, scalde ou poète du 12e S., a composé sur St Olaüs un *poème* inséré dans l'édition de Snorro Sturleson, publiée à Copenhague. — OLAUS III, surn. *Kirre* (le Pacifique), était fils de Harald III. Son frère, Magnus II, lui céda une partie du roy. de Norwége en 1067, et mourut deux ans après. Olaüs, resté seul roi, ne négligea rien pour vivre en paix avec ses voisins, créa une législation pour l'affranchissement des esclaves faits à la guerre ; fonda la ville de Bergen, lui accorda de grands priviléges, organisa des associations religieuses pour étendre la civilisation, fit venir des ouvriers étrangers pour étendre dans ses états les arts mécaniq., accorda un revenu fixe au clergé, et tint la main à ce que les cérémonies religieuses fussent célébrées convenablement. Il mourut en 1093, après s'être montré aux peuples du Nord comme un véritable phénomène au milieu de ces temps barbares. — OLAUS IV, fils de Magnus III, après la mort de son père, partagea le roy. avec ses deux frères aînés, Sigurd et Eysten, et eut dans son lot les provinces du centre. Il mourut en 1116 ; son frère Eysten étant mort en 1122, leur aîné Sigurd régna seul sur toute la Norwége. — OLAUS V, fils de Haquin VII, né en 1370, succéda en 1376 à son gr.-père maternel, Valdemar, roi de Danemarck, et en 1380 à son père, qui lui laissa de plus des prétentions au roy. de Suède. Après sa mort, arrivée en 1387, sa mère, la célèbre Marguerite (*v.* Marguerite, reine de Norwége, etc.), réunit sur sa tête les trois couronnes de Norwége, de Suède et de Danemarck.

OLAUS Ier, roi de Danemarck, ne régna que dans une partie de ce pays nommée la Jutie, en 813, et périt dans un combat contre les Francs, en 814.— OLAUS II, 3e fils de Suénon II, monta sur le trône après la mort de son frère Canut IV, en 1086. Le Danemarck jouit sous son règne d'une paix profonde, mais fut désolé par une famine terrible qui fit donner à Olaüs le surn. de *Hunger* ou l'affamé. Ce prince mourut en 1095, peu regretté de ses sujets.

OLAUS, premier roi chrétien de Suède, né en 984, fut surn. l'*Enfant* ou *Roi du giron*, parce qu'il sortait du berceau quand Éric, son père, le fit reconnaître pour succès. au trône. Il fut baptisé, ainsi que toute sa famille et plus. des grands du royaume, par Siegfrid, moine anglais, en 1008. Ce prince eut des guerres avec les Norwégiens, qui reculèrent à ses dépens leurs frontières. Il mourut en 1026, et fut le premier prince des Suédois qui porta le titre de roi de Suède, ses prédécesseurs s'étant contentés de celui de roi d'Upsal, ville où ils faisaient leur résidence, et qui était le centre de l'administration et du culte religieux.

OLAUS (PIERRE), religieux de l'ordre des Frères mineurs, né en Danemarck, vivait vers 1560. Il existe de lui un MS. dans la bibliothèq. de Copenhague, intit. : *Petri Olai collectanea parolipomena, chronica, adversaria*. Langebeck en a tiré plus. morceaux pour les insérer dans son recueil. P. Olaüs avait continué l'*Hist. danoise* de Saxo-Grammaticus, depuis Canut VI jusqu'à Frédéric II, et trad. en latin les VIII livres des *Révélations de Ste Brigitte*.

OLAVIDÉ (PAUL-ANT.-JOSEPH), homme d'état espagnol, connu aussi sous le nom de comte de Pilos, né à Lima vers 1725, vint perfectionner son éducation à Madrid, suivit le comte d'Aranda dans son ambassade en France, en qualité de secrét., et, de retour en Espagne, fut créé comte par Charles III, et nommé intendant de Séville. Il conçut alors et exécuta le gr. projet de défricher la Sierra-Morena, ou Montagne-Noire. Il y appela des colonies de toutes les nations, et surtout de l'Allemagne, fit élever de bonnes hôtelleries, et même des villes dans ces lieux jusqu'alors déserts, où le voyageur trouve aujourd'hui plus de commodités peut-être que dans tout autre canton de l'Espagne. Mais l'homme qui avait fait et qui voulait faire encore tant de bien à son pays, ne fut pas assez fort pour triompher d'une accusat. d'hérésie. Trad. devant le tribun. de l'inquisition, il fut condamné à vivre exilé à 20 lieues de la cour et de toutes les gr. villes, après avoir passé d'abord 8 ans dans un couv., pour y faire pénitence de ses prétendus crimes. On prononça en outre son exclusion perpétuelle de tout emploi, on lui enjoignit de ne jamais aller qu'à pied, et de ne plus porter que les habits les plus humbles. Le souvenir de ses services fut assez puiss. pour lui faciliter les moyens de s'échapper. En 1780 il vint chercher un asile en France, où il fut accueilli comme un martyr de la philosophie. Son extradit. fut demandée par la cour d'Espagne; mais il put gagner l'Italie, d'où il revint à Paris, où il passa dix ans dans les sociétés les plus distinguées. Quoiqu'il eût adopté les principes de la révolution, il n'en fut pas moins persécuté pend. la terreur. Il obtint en 1798 la permission de retourner en Espagne, et s'établit en Andalousie, où il mourut en 1803. On a de lui : *El Evangelio in trionfo* (*Triomphe de l'Évangile, ou Mémoires d'un philosophe converti*), trad. en français par Buynand Deséchelles, Lyon, 1805, 4 vol. in-8. (*v. sur Olavidé l'Ami de la relig. et du roi du 6 févr. 1822, n° 782, t. XX, p. 585*).

OLDCASTLE (JOHN), appelé *le bon lord Cobham*, né sous Édouard III, épousa l'héritière de ce lord Cobham qui se distingua par son patriotisme sous Richard II. Il hérita des biens et de la pairie, comme de l'esprit d'indépendance de son beau-père. Imbu des sentim. hérétiques de Wiclef, il chercha. tous les moyens de propager sa doctrine, dénonça à la chambre des communes la corruption du clergé, et fut bientôt lui-même livré aux censures ecclés. par Henri V, qu'il avait offensé de ses invectives contre le pape. Jugé par contumace et frappé d'excommunication, il fut bientôt saisi et transféré à la Tour. Il parvint à s'échapper et se réfugia dans le pays de Galles; mais ses ennemis le représentèrent à la cour comme un sectaire dangereux par le nombre de ses prosélytes; sa tête fut mise à prix, et il fut arrêté et suspendu avec des chaînes à un gibet placé au-dessus d'un bûcher qui le consuma.

OLDECORN, jésuite flamand, se signala en Angleterre, sous Jacques Ier, par un zèle inconsidéré pour la religion catholique; il fut impliqué dans la conspiration des poudres, et pendu à Worcester avec son confrère H. Garnet, le 17 avril 1606.

OLDENBURG (HENRI), physicien, né dans le 17e S. à Bremen, suivit un jeune seigneur anglais, d'élève, à Oxford, se lia avec la plupart les savants qui concoururent à la formation de la société royale, dont il devint secrét., et mourut à Charlton en 1678. On lui doit la publication des vol. des *Transactions philosoph*. de 1665 à 1677, qu'il a enrichies de plus. dissertat. remarquables et des traductions latines de plus. ouvr. de Boyle, son ami. Il entretenait une correspond. très étendue avec les sav. les plus illustres d'Angleterre, de France et d'Allemagne.

OLDENDORP (CHRÉTIEN-GEORGE-ANDRÉ), né en 1721 dans l'évêché d'Hildesheim, entra dans la communauté des Frères moraves, et remp. it pend. plus. années l'emploi d'instituteur. En 1765 il fut envoyé dans les colonies danoises aux Antilles, pour y recueillir des renseignements sur la mission que les Frères avaient établie dans les îles de Ste-Croix, de St-Thomas et de St-Jean. Il parcourut ces trois établissem., passa ensuite dans l'Amérique-Septentrionale, visita les communautés de New-York et de la Pensylvanie, revint en Europe, et mourut à Ébersdorf en 1787. On a de lui des *Opusc., des Cantiq. moraves*, et l'*Hist. de la miss. des Frères évangéliques dans les îles Caraïbes de St-Thomas, Ste-Croix et St-Jean* (en allem.), Barby, 1777, 2 vol. in-8, fig. On y trouve des détails géographiq. et d'histoire naturelle assez intéressants.

OLDERIC. — V. ODERIC.

OLDFIELD (ANNE), célèbre actrice anglaise, née à Londres en 1683, morte en 1730, obtint les plus grands succès dans la comédie et la tragédie: ses talents et sa générosité envers des poètes malheureux ont fait excuser quelques faiblesses communes dans la carrière où elle était entrée. Elle fut enterrée à l'abbaye de Westminster, près de Congrève, son auteur favori. Sa *Vie* a été publiée à Londres, 1751, in-8.

OLDHAM (John), poète satirique anglais, né en 1653, vécut dans la société des comtes Rochester et de Dorset, et dans celle de Dryden. Il avait un talent du premier ordre; mais son goût pour les plaisirs l'empêcha d'entreprendre aucun ouvrage de longue haleine. Il mourut de la petite-vérole en 1683, à peine âgé de 30 ans. Ses *Poésies*, parmi lesquelles on remarque plusieurs satires pleines d'énergie, ont été imprim. plus. fois in-8 et in-12. On les trouve aussi dans la *Collection* des poètes anglais.

OLDJAITOU ou ALDJAPTOU (Gaïath Eddyn Mohammed Khodabendeh), 8e empereur persan de la dynastie de Djenguyz-Khan, monta sur le trône en 1304, fonda la ville de Sulthanieh, où il établit sa résidence, et fit avec succès la guerre aux Monghols. La protection qu'il accorda aux chrétiens et aux rois d'Arménie a fait soupçonner qu'av. d'embrasser l'islamisme il avait été baptisé. Il fit fleurir la justice, diminua les impôts, et mourut en 1316, regretté de ses sujets.

OLDMIXON (John), historien et littérateur, né dans le comté de Sommerset, mort en 1742, a laissé un assez grand nombre d'ouvr. écrits avec un talent remarquable, mais dans lesquels il se montre trop partial. Nous citerons seulement : *Hist. des Stuart*, in-fol., où il peint cette famille malheur. des couleurs les plus défavorables.

OLDOINI (Augustin), jésuite, né en 1612 dans l'état de Gênes, mort vers 1685, professa long-temps les humanités dans plusieurs collèges de son ordre. Les seuls de ses ouvr. assez nombreux qui soient encore recherchés sont : *Athenæum romanum, in quo pontificum, cardinalium*, etc., *scripta exponuntur*, 1676, in-4. — *Athenæum augustum, in quo Perusinor. scripta publicè exponuntur*, 1678, in-4. — *Athenæum ligusticum, seu Syllabus scriptorum ligurum*, etc., 1680, in-4. — *Catal. eorum qui de romanis pontificibus scripserunt*, 1752, in-4, publ. par Meuschen. Oldoini a laissé MS. : *Athenæum pistoriense*, complété et publié par le P. Zaccaria dans sa *Bibliotheca pistoriensis*, 1752, in-fol.

OLDSWORTH (Édouard), écrivain anglais, né en 1688, ne voulut pas prêter serment au gouvernement qui avait remplacé celui des Stuart, passa sa vie à voyager avec des jeunes gens dont l'éducat. lui était confiée, et mourut en 1747. On a de lui un poème latin, *Muscipula* (la Souricière), qui est regardé comme un chef-d'œuvre en son genre, et dont on trouve une trad. anglaise dans le 5e vol. des *Mélanges* de Dodsley ; *Pharsalia et Philippi, ou Essai pour expliquer avec l'hist. les deux Philipps des Géorgiques de Virgile*, 1741, in-4. — *Remarq et Dissert. sur Virgile*, et autres observ. classiq., publ. avec des notes par Spence, 1768, in-4.

OLÉARIUS (Adam OELSCHLÆGER, plus connu sous le nom latin d'), sav. voyageur allem., né vers 1600 dans le pays d'Anhalt, fit ses études avec succès à Leipsig, entra ensuite au service du duc de Holstein-Gottorp, et fut nommé secrétaire de l'ambassade que ce prince envoya au tzar de Mos-

covie et au roi de Perse, en 1633, pour établir des relations commerciales avec ces deux potentats. Cette mission dura près de six ans. Les ambassad., après avoir séjourné quelq. temps à Moscou, obtinrent du tzar Michel Fédérovitsch l'objet de leur demande, revinrent à Gottorp en 1635, et repartirent la même année. Ils traversèrent une seconde fois la Russie pour se rendre à Astrakhan, gagnèrent la mer Caspienne, et, après une longue et incommode navigation, arrivèrent à Derbend, d'où ils se rendirent à Ispahan. Ils revinrent par le même chemin, et furent de retour à Gottorp le 7 janvier 1639. Oléarius fut récompensé de ses services par le titre de conseiller et les places de bibliothéc. et de mathématicien du duc de Holstein. Il mourut en 1671. On a de lui (en allem.): *Voyages très curieux et renommés faits en Moscovie, Tatarie et Perse, dans lesq. on trouve une descript. exacte des pays*, etc., Sleswig, 1647, in-fol., avec fig. et cartes. Cet ouvrage a eu 4 édit.; il a été trad. en français par Wiquefort, Paris, 1656, 1659, 1666, in-4, avec cartes ; Leyde, 1719 ; Amsterd!, 1727, 2 vol. in-fol. On doit encore à Oléarius des trad. allem. de l'*Histoire de la conquête de la Chine*, de Martini, *et de la prise de Formose sur les Hollandais* ; du *Gulistan* de Saadi ; des *Fables de Locman*, et un gr. nombre d'ouvr. dont on trouve la liste dans Jœcher et son continuat. Rotermund. Il fut aussi l'éditeur des *Voyages de Mandelslo*, qui avait fait partie de l'ambassade, et des *Voyages* de G. Anderson en Orient.

OLEASTER ou OLEASTRO (Jérôme), dominic. portugais, fut envoyé par le roi Jean III au concile de Trente, refusa un évêché, et mourut en 1563. On a de lui des *Comment. sur le Pentateuque*, dont l'édit. de Lisbonne, 1656, in-fol., est fort recherchée ; des *Comment. sur Isaïe*, 1628, in-fol.

OLEG, 2e grand-duc de Moscovie, fut en 879 nommé par Rourik, son parent, tuteur du jeune prince Igor, et régent des états moscovites, dont Novogorod était la capitale. Ce prince, par l'éclat de ses victoires et l'étendue de ses conquêtes, peut être regardé comme le fondateur de la monarchie russe. Après avoir soumis tous les pays jusqu'au Dniéper et jusqu'à la mer Noire, il porta ses armes devant Constantinople, où régnait alors l'empereur Léon, dit *le Philosophe*, et ne consentit à s'éloigner qu'après avoir reçu de riches présents et conclu un traité de commerce tout à l'avantage des Moscovites. Oleg établit sa résidence à Kiew, et mourut en 912. « A sa mort, dit l'historien Nestor, le peuple versa des larmes et poussa de profonds gémissements. » — Oleg, prince russe, fils du gr.-duc Swientoslaw, eut en apanage le pays des Drzewliens en 972, et périt dans une guerre qu'il eut à soutenir contre son frère aîné Yaropolk, gr.-duc de Russie, en 977. — Oleg, prince russe, petit-fils du gr.-duc Yaroslaw, fut enfermé en 1078 dans un château par ses oncles, qui craignaient son esprit ambitieux. Étant parvenu à s'échapper, il se mit à la tête d'une troupe d'aventuriers, et désola longtemps son pays par ses brigandages et ses cruautés ;

chassé des frontières de la Russie, il s'établit dans la principauté de Tmoucorokan, et mourut en 1124.

OLEGGIO (Jean-Visconti), tyran de Bologne dans le 14e S., passait pour être fils de l'archevêq. Jean Visconti, seigneur de Milan. Il se maintint long-temps dans son usurpation par la politique la plus adroite, et finit par échanger une souveraineté qui allait lui échapper contre une seigneurie nouvelle. Il céda Bologne au St-siége contre le marquisat de Fermo, où il transporta tous ses trésors, et mourut paisiblem. en 1366.

OLESNIKI (Sbignée), l'un des hommes les plus remarquables qu'ait produits la Pologne, né vers 1389, mort à Sandomir en 1455, fut d'abord secrétaire du roi Ladislas Jagellon, qu'il accompagna dans ses expéditions militaires, et auquel il eut le bonheur de sauver la vie dans un combat. Il embrassa ensuite l'état ecclésiastiq., obtint l'évêché de Cracovie, puis le chapeau de cardinal, fut employé par Ladislas dans les ambassades et les affaires les plus import., et reçut de ce prince mourant, comme une marque de sa bienveillance, l'anneau qu'il tenait de la reine Hedwige, sa première femme. Le prélat reconnaissant fit élire à Posnanie, en 1434, le jeune Ladislas, fils aîné de son bienfaiteur : après la mort de ce prince en 1444, il empêcha l'élect. de Boleslas, duc de Moscovie, sur leq. on avait jeté les yeux, et eut assez d'habileté ou d'influence pour faire élire Casimir, frère du jeune Ladislas. Une vieillesse honorable et paisible fut la récompense des longs travaux et des importants services du vertueux évêque.

OLGA, épouse d'Igor, 3e gr.-duc de Russie, introduisit le christianisme dans cette vaste contrée, et mourut en 968, après avoir défendu qu'on célébrât des fêtes sur sa tombe, à la manière des idolâtres. L'Église grecque a placé cette princesse dans le calendrier de ses saints.

OLGIATI (Jérôme), serviteur de Galeaz Sforce, duc de Milan, fut l'un des assassins de ce prince, avec Visconti et Lampugnani. Cet attentat eut lieu le 26 déc. 1746. Arrêté bientôt avec ses complices, Olgiati montra la plus grande intrépidité dans les supplices.

OLHAGARAY (Pierre), historiographe, né dans le Béarn au 16e S., d'une famille protestante, fut pasteur à Mazères, et obtint de Henri IV le titre de son historiographe. On a de lui une Hist. de Foix, Béarn et Navarre, Paris, 1609, in-4, dans laq. on trouve d'intéress. détails sur les troubles religieux de ces prov. et la jeunesse de Henri IV.

OLIBRIUS. — V. Olybrius.

OLIER (Jean-Jacques), curé de St-Sulpice et fondateur de la soc. des prêtres de ce nom, était né en 1608. Il répandit ces utiles établissem. dans toute la France, et jusqu'au Canada, et mourut en 1657, accablé d'infirmités précoces, suite de ses travaux et de ses austérités. Ami de St Vincent de Paul, Olier a été loué par Bossuet et Fénelon. On a de lui : Traité des saints ordres, 1676, in-12. — Introduction à la vie et aux vertus chrétiennes, 1689, in-24. — Catéchisme chrétien pour la vie intérieure, 1691, in-24. — Journée chrétienne, 1672, in-12. — Explication des cérémonies de la grand'messe, 1655, in-12. — Recueil de lettres, 1674, in-12. Le P. Giry a publié Abrégé de la vie d'Olier, et l'abbé Nagot une Vie du même pasteur, 1818, in-8. La congrégation des prêtres de St-Sulpice a survécu à la révolut. et dirige encore plus. séminaires.

OLINA (Jean-Pierre), naturaliste, né à Novare dans le 16e S., est auteur d'un traité sur divers oiseaux, intit. : l'Uccelliera, imprimé à Rome en 1622, in-4, avec des planches grav. par Tempesta et Villamena. Cet ouvr. est rare et recherché.

OLIVA (Fernand-Perez d'), savant littérat., né à Cordoue en 1497, est le prem. écriv. espagnol qui ait donné à la prose l'élégance et l'harmonie qui semblaient jusqu'alors réservées pour la poésie. Il mourut à peine âgé de 36 ans, lorsqu'il venait d'être nommé précept. du fils de Charles-Quint. Ambr. Morales, neveu et disciple d'Oliva, a publ. le recueil de ses OEuvres, Cordoue, 1586 ou 1588, in-4. Parmi les pièces que renferme ce vol., on distingue le Traité de la langue castillane, celui des puissances de l'âme; le Dialogue de la dignité de l'homme, prem. modèle que la littérat. espagnole ait offert d'une discussion nette et franche, dans un langage correct, élégant et noble.

OLIVA (Jean), littérat. et antiquaire, né à Rovigo en 1689, entra fort jeune dans l'état ecclésiastique. Ses talents le firent distinguer par le card. de Rohan, qui lui offrit une place de bibliothéc. en France. Il accepta cette proposit., vint à Paris en 1722, et publia les Histoires et les Lettres de Pogge sur les MSs. Ce sav. bibliographe mourut à Paris en 1757, laissant div. ouvr. pleins d'érudit. et de sagacité. Quelques-uns de ses opuscules ont été réunis sous le titre d'OEuvres diverses, 1758, in-8, précéd. de l'Éloge de l'auteur par Ch.-Arm. Lescalopier, son ami.

OLIVAREZ (Gaspar GUZMAN, comte-duc d'), célèbre ministre espagnol, de l'ancienne et illustre maison de Guzman, gouverna pendant 22 ans l'Espagne sous Philippe IV, qui livré à ses plaisirs lui abandonnait toutes les affaires. Ayant à lutter contre Buckingham, ministre d'Angleterre, et surtout contre Richelieu, prem. ministre en France, son administrat. fut signalée par la révolte du Portugal et le soulèvem. de la Catalogne, que lui suscitèrent ces deux habiles rivaux. Le roi, cédant aux représentations des grands, éloigna Olivarez, qui mourut de chagrin quelques mois après en 1643. Après avoir gouverné l'Espagne pendant 22 ans, il laissa moins de fortune qu'il n'en avait à son entrée au ministère. La Vie d'Olivarez a été écrite en italien par don J.-J. d'Ischia, 1653, in-24; L'Hist. de son ministère, par le comte de la Roca, a été traduite en français avec des Réflexions politiq., Cologne, 1673, in-12; la Relat. de sa disgrâce, publ. en ital. par le P. Cam. Guidi, Ivrée, 1644, in-4, a été trad. en franç. par A. Félibien, 1650, in-8.

OLIVE (Pierre-Jean), cordelier de Sérignan, diocèse de Béziers, mort au couvent de son ordre à Narbonne, en 1297, se déclara pour la pauvreté évangéliq. avec un zèle qui déplut à ses confrères. Ceux-ci cherchèrent dans son *Traité de la pauvreté* et dans son *Commentaire sur l'Apocalypse*, des erreurs qu'ils firent censurer. Olive confondit ses accusat. devant le chap. général tenu à Paris en 1292 ; mais ses restes n'en furent pas moins déterrés, par ordre de Jean XXII, et brûlés publiquem. avec ses écrits, en 1325.—OLIVE (Simon d'), sav. magistrat, né à Toulouse, d'une famille distinguée de la robe, fut nommé conseiller au parlement de sa ville natale en 1628, et fut chargé, après la soumiss. de Montauban, d'exécuter l'édit qui y réglait l'instruct. publique. Il sentit l'un des prem. que l'éloquence était incompatible avec cet amas de citat. que l'on prodiguait alors dans les plaidoyers. Ses *OEuvres* ont été publiées à Lyon, 1650, in-fol. Ses *Questions notables de droit* ont été impr. séparém. in-4. — OLIVE (Jean), jésuite de Cahors, mort en 1656, à l'âge de 50 ans, à Bordeaux, où il professait la grammaire, a laissé quelq. *odes* lat. et franç., insér. dans la *Couronne du Parnasse de Guienne*, Bordeaux, 1620.

OLIVECRANTZ (JEAN-PAULIN), homme d'état suédois, né à Strengnès en 1633, jouit de la faveur de la reine Christine, qui, lors de son abdication, le fit nommer gouvern.-gén. des domaines qu'elle s'était réservés. Il fut envoyé comme ambassad. de Charles XII au congrès de Nimègue, et mourut à Stockholm en 1707. Il joignait à de grands talents pour les affaires, de vastes connaiss. en littérat. On a de lui un *Discours* en grec, à la louange de la reine Christine, Upsal, 1646. — *Tabulæ in Hug. Grotii de jure belli et pacis libros*, Kiel, 1688, in-fol. — Des *poésies* grecques et lat.

OLIVER (JEAN), peintre anglais, né en 1556, peignit avec succès les personnages les plus distingués de son temps. On conserve précieuscm. ses portraits d'*Élisabeth*, de *Marie Stuart* et de *Ben Johnson*. Il existe dans le palais de Kensington plus. tableaux d'hist. de son fils, Pierre Oliver, qui surpassa son père par le fini de ses ouvr., et mourut vers 1654. — Jean OLIVER, peintre et graveur, que l'on croit cousin du précédent, excella dans la peinture sur verre, comme le prouvent les beaux vitraux de l'église du Christ, à Oxford, qu'il exécuta à l'âge de 80 ans. Il mourut vers 1700.

OLIVEROTTO-DI-FERMO, capit. ital. du 15e S., acquit quelq. réputation comme *condottiere*, s'attacha à César Borgia, qui l'employa dans plusieurs guerres, s'empara ensuite de la souveraineté de Fermo, sa patrie, en faisant égorger les plus notables citoyens. S'étant déclaré contre Borgia, celui-ci l'attira dans un guet-apens et le fit massacrer en 1502.

OLIVET (JOSEPH THOULIER D'), l'un de nos meilleurs grammairiens, né à Salins en 1682, fut admis jeune encore chez les jésuites, qui l'envoyèrent successivem. au collège de Reims, à Dijon et à Paris, pour y faire son cours de théologie. Il s'était d'abord exercé à faire des vers français ; mais il les brûla, et se mit à étudier les orateurs

anciens, et surtout Cicéron, pour se préparer à la carrière de la chaire. Cepend. ses confrères, voulant lui faire continuer l'*Hist. de la Société*, l'envoyèrent recueillir des docum. à Rome, en 1713. D'Olivet, qu'effrayait ce travail, s'en débarrassa en sortant de la société, et se voua dès-lors sans partage à des études plus chères. En 1723, il fut admis à l'Acad. franç., à laquelle il fut très utile pour la révision du *Dictionnaire*, et dont les suffrages l'engagèrent à publier, en 1738, des *Remarques grammaticales* sur Racine. Il allait essayer le même travail sur Boileau, lorsqu'une proposition qui lui fut faite par le ministère anglais de préparer une édition complète des *OEuvres* de Cicéron, lui donna l'idée d'élever ce monument à la gloire de son pays même et de le consacrer à l'éducation du dauphin. Un autre honneur lui était réservé, celui de recevoir à l'acad. Voltaire, dont il avait dirigé les prem. études littér., et qui lui conserva toujours la tendresse la plus respectueuse. D'Olivet, par sa brusque franchise, se fit quelq. ennemis qui ne laissèrent pas que de troubler son repos; mais il faut dire aussi qu'il resta constamm. fidèle aux hommes qui furent vraiment ses amis. Le présid. Bouhier, Boileau, J.-B. Rousseau et d'autres encore furent de ce nombre. Le savant abbé mourut à Paris en 1768, laissant une réputat. qui durera autant que la langue française : il était né grammairien et traducteur, comme d'autres naissent poètes. Comme éditeur, nous citerons de lui : *Ciceronis opera omnia, cum delectu commentariorum*, Paris, 1740-42, 9 vol. in-4. — *Poemata didascalica nunc primùm vel edita vel collecta*, 1749, 3 vol. in-12. — *Opuscules sur la langue franç.*, par divers académiciens, 1754, in-12. Parmi ses traductions : *Entretiens de Cicéron sur la nature des dieux*, 2 vol. in-12.—*Philippiques* de Démosthène, et *Catilinaires* de Cicéron, in-12.—*Pensées* de Cicéron, 1744, in-12; souvent réimpr. Enfin, comme écrivain : *Hist. de l'Acad. franç.*, dep. 1652, où Pellisson avait fini son travail, jusqu'à l'année 1700, Paris, 1729, 2 t. in-4; 1730, 2 vol. in-12.—Six *Lettres au président Bouhier*, publ. d'abord séparément, et réunies ensuite.— Un rec. d'*Opusc. littér.*, 1767, in-12. — Enfin un *Tr. de la prosodie franç.*, et des *Essais de grammaire* (v. son *Éloge* dans le t. VI de l'*Histoire des membres de l'Acad. franç.*, par d'Alembert).

OLIVETAN (PIERRE-ROBERT), parent de Calvin, né à Noyon vers la fin du 15e S., fut un des prem. à propager les principes de la réforme à Genève, où il remplissait l'emploi de précepteur. Forcé de s'éloigner de cette ville, il se retira dans le comté de Neuchâtel, où il publia une traduct. de la Bible, sous ce titre : *la Bible qui est toute la sainte Écriture*, etc., Neuchâtel, 1535, 2 part. in-fol. Cette prétendue trad. n'est que la version retouchée de Lefèvre d'Estaples; mais Olivetan n'en eut pas moins l'impudence de se vanter d'avoir trad. sur les textes originaux. Son édit., qui est la prem. à l'usage des protestants, est très rare; mais elle n'a guère d'autre mérite. Olivetan mourut à Ferrare en 1538.

OLIVEYRA (Franç.-Xavier d'), né à Lisbonne en 1702, d'une famille distinguée, succéda à son père dans le poste de secrét. d'ambassade auprès de la cour de Vienne. C'est là que ses liaisons avec quelq. luthériens lui inspirèrent contre la religion catholique des préventions qui lui firent perdre sa place. Il se rendit en Hollande, puis en Angleterre, et mourut à Hackney en 1783. Parmi ses écrits, dont on trouve la liste dans le *Gentleman's Magazine*, mai 1784, on distingue les *Mémoires* de ses voyages, 1741-42, 2 vol. in-8 (en portugais); des *Lettres familières*, histor., politiq. et critiq., 1743 (en franç.). Il a laissé sous le titre d'*Oliveyriana*, des *Mém. hist.*, *littér.*, etc., 27 vol. in-4.

OLIVIER (Jacq.), né à Paris vers 1460, était fils d'un procureur, et s'éleva successivement par son mérite aux charges d'avocat-général, de président à mortier et de chancelier du duché de Milan. Ses services dans ce dernier emploi furent récompensés par la prem. dignité du parlem. de Paris, que lui conféra François Ier en 1517. Il mourut en 1519.—OLIVIER (Jean), son frère, entra dans l'ordre de St-Benoit, devint gr.-aumônier et vicaire-gén. de l'abbaye de St-Denis, puis abbé de St-Médard, enfin évêque d'Angers, et mourut dans son château près de cette ville en 1540. On a de lui un poème intit. *Pandora*, 1542, in-12; trad. en vers franç., par Guillaume Michel de Tours.

OLIVIER (François), chancelier de France, né à Paris en 1497, était fils de Jacques, dont l'article précède. D'abord simple avocat, puis conseiller au grand-conseil, maître des requêtes, ambassadeur, chancelier de Marguerite, reine de Navarre, il obtint en 1543 le rang de présid. à mortier, et, deux ans après, la place éminente de chancelier du roy. Il ne tarda pas à se signaler dans cet emploi par des réglem. sages, des mesures prévoyantes; mais il échoua dans son projet de mettre un frein aux excès du luxe. Ses lois somptuaires restèrent sans exécution; et sa rigidité lui attira de nombreux ennemis, à la tête desquels se trouvait Diane de Poitiers. Cette célèbre favorite parvint à ébranler son crédit auprès du roi. Invité à donner sa démission, il déclara que, n'ayant pas démérité, il ne pouvait renoncer à son inamovibilité. Toutefois il consentit à ce que l'on détachât de son office toute la partie active, qui fut donnée, avec le titre de garde-des-sceaux au présid. Bertrandi. Olivier, réduit ainsi au titre seul de chancelier, se retira dans une terre qu'il avait près de Montlhéri, et s'y livra aux douceurs de l'étude et à la culture des champs. C'est alors que Lhôpital, placé à la chambre des comptes, et abreuvé des dégoûts que lui suscitait sa surveillance sévère sur les finances de l'état, trouva des consolat. dans les conseils et l'approbation d'Olivier, avec lequel il était lié dep. longtemps. Rappelé au conseil sous le règne si court et si orageux de François II, Olivier, affaibli par la vieillesse, manqua de force pour contenir le card. de Lorraine, qui, en tirant le chancelier de sa retraite, n'avait eu pour but que de couvrir ses propres actes de la réputat. de ce vertueux ministre.

Lors de la découverte de la conjurat. d'Amboise, Olivier insista en vain pour que les listes de proscription ne s'étendissent qu'aux chefs. Il ne put arrêter les supplices commandés par les Guises. Un grand nombre des victimes lui reprochèrent en face d'avoir sacrifié ses propres principes à la faveur. Une profonde mélancolie s'empara de ce respectable vieillard, et il mourut le 30 mars 1560.

OLIVIER (Séraphin), card., né à Lyon en 1538, embrassa l'état ecclésiastiq., professa le droit canon à Bologne, et vint à Rome, où Pie V le fixa par une charge d'auditeur de Rote. Il fut attaché pendant 40 ans à ce tribunal. Clément VIII, le créa cardinal à la recommandation de Henri IV. Il mourut en 1609, laissant un recueil intit. : *Decisiones rotæ romanæ*, Rome, 1614, 2 vol. in-fol.; réimpr. à Francfort en 1615, avec des notes et des addit. Le cadin. Olivier, communément désigné sous son prénom de Séraphin, était, suivant la *Gallia christiana*, de la même famille que le chancelier, et, suivant de Thou, le fils naturel de ce magistrat.

OLIVIER (Claude-Matthieu), avocat au parlem. d'Aix, né en 1701 à Marseille, se fit une gr. réputation dans le barreau de Provence, fut un des fondateurs de l'acad. de Marseille, et mourut en 1736. On a de lui : *Hist. de Philippe, roi de Macédoine et père d'Alexandre*, 1740, 2 vol. in-12; quelq. *Dissertat.* dans les *Mém. de littér. et d'histoire* de Desmolets, et dans le *Recueil de l'acad.*

OLIVIER (Guillaume-Antoine), voyageur et célèbre entomologiste, né près de Fréjus en 1756, s'adonna avec passion à l'étude des plantes et des insectes, et publ. plus. ouvr. fort importants pour les sciences naturelles. La révolution l'ayant détourné de ses occupat., il accepta avec Bruguière une ambassade que le ministre Roland avait eu l'idée d'envoyer au roi de Perse. Il supporta les fatigues et les dangers d'une expédit. aussi longue que périlleuse, et revint seul en France après six années d'absence (déc. 1798), rapportant de nombreuses collect. sur toutes les parties de l'histoire naturelle. Admis à l'Institut en 1800, il se livra avec une nouvelle ardeur à ses travaux scient.fiq., fit des rapports, et rédigea de nombreux mém., tant pour l'Institut que pour la société d'agriculture, dont il faisait également partie. Attaqué dep. plus. années d'une maladie de langueur, il mourut en 1814 à Lyon, en revenant de Provence, où les médecins l'avaient envoyé pour respirer l'air natal. On a de lui des *Mém.* sur l'entomologie, l'agricult. et la botanique, épars dans les recueils scientifiq.; *Hist. naturelle des coléoptères*, 1789-1808, 6 vol. in-4, avec 363 pl. — *Dictionn. de l'hist. naturelle des insectes*, dans l'*Encyclopédie méthodiq.*, 1789, 1819, 9 vol. in-4. Il a eu pour collaborat. dans cet ouvrage Mauduyt, Latreille et Godard. — *Voyages dans l'empire othoman, l'Egypte et la Perse*, 1802-07, 3 vol. in-4, ou 6 vol. in-8, avec atlas.— Plus. articles dans le *Nouv. Dictionn. d'histoire natur. appliquée aux arts*, de Déterville. L'*Eloge d'Olivier*, lu à l'Institut par Cuvier, se trouve dans le t. Ier du recueil de ses *Eloges historiq.*

OLIVIER.—V. Marche et Malmesbury.

OLIVIERI ou OLIVIERO (Dominique), peintre, né à Turin en 1679, adopta le genre de l'école flamande, et ses tableaux pleins d'imaginat. et de gaîté ne tardèrent point à être recherchés dans toute l'Italie. Il mourut en 1755. On conserve de lui à Turin deux tableaux d'une assez gr. dimension, dont l'un représente un *Marché*, avec un grand nombre de figures, et deux autres tableaux d'église, plus petits, représentant les *Miracles du St-sacrement*.

OLIVIERI DEGLI ABBATI (Annibal-Camille), antiq., né à Pesaro en 1708 d'une famille noble, embrassa l'état ecclésiastiq. et renonça à tout espoir d'élévation pour se consacrer entièrement à l'étude. Il a laissé un gr. nombre de dissertations pleines de savoir et de critique sur l'hist et la numismatique. On les trouve pour la plupart dans la *Raccolta* de Calogera, et dans les *Mém.* de l'acad. de Cortone. L'*Oraison funèbre* d'Olivieri, par Fortunato Marignoni, a été publ. à Pesaro, 1789, in-8.

OLMOS (Franç.-André), missionn. espagn., né vers la fin du 15e S. dans le diocèse de Burgos, passa une grande partie de sa vie dans le Nouveau-Monde, livré à tous les travaux d'un pénible apostolat. Il a composé des *Grammaires* et des *Vocabulaires* en langue mexicaine, fort utiles à ses confrères des missions, et des *Livres* d'éducat. et de piété à l'usage de ses néophytes. Le P. Wading donne la liste de ces ouvr., au nombre de quinze.

OLONNOIS (Jean-David NAU, dit l'), ainsi nommé du lieu de sa naissance, les Sables-d'Olonne, fut un des plus fameux flibustiers du 17e S., et surnommé *le Fléau des Espagnols*. Chef d'un gr. nombre d'aventuriers réunis dans l'île de la Tortue, il s'élançait de là sur les établissements espagnols, portant sans relâche le pillage et la désolat., et, soit vainqueur soit vaincu, ne tardait point à reparaître. Mais étant tombé entre les mains des Indiens, ces barbares le rôtirent et le mangèrent en 1667 : digne fin d'un homme dont le courage n'avait été égalé que par la cruauté (v. l'*Hist. de l'île de St-Domingue* par le P. Charlevoix).

OLOUG-BEIG. — V. Ouloug-Beyg.

OLYBRIUS (Anicius), emper. d'Occident, descendait de l'anc. famille *Anicia*. Lors de la prise de Rome par Genseric, il s'enfuit à Constantinople où il épousa Placidie, fille de Valentinien III, à laquelle il était fiancé. Cette alliance lui mérita la faveur de l'emper. Léon qui le revêtit du consulat en 464. Ricimer s'étant révolté contre l'empereur d'Occident, fit proclamer Olybrius en avril 472; mais celui-ci, qui joignait, suiv. quelq. historiens, à des vertus privées les talens d'un gr. capitaine, n'eut point le temps de signaler son règne, et mourut au bout de 3 mois et 12 jours. On a de cet empereur éphémère quelques médailles en or, en argent et en bronze.

OLYMPIAS, fille de Néoptolème, roi d'Épire, et mère d'Alexandre-le-Grand, fut mariée vers l'an 360 avant J.-C. à Philippe, roi de Macédoine. Il soupçonnait sa vertu, ou du moins il se servit de ce prétexte pour la répudier après plus de 25 ans d'union, et devenir l'époux de Cléopâtre, nièce d'Attale. Olympias, fière et vindicative, ne put supporter cet affront ; et tout fait présumer qu'elle ne fut point étrangère au meurtre de Philippe. Lorsque Pausanias, l'assassin du roi de Macédoine, eut reçu le châtiment de son crime, elle réclama ses restes et lui fit élever un tombeau. Elle poursuivit ensuite Cléopâtre avec un tel acharnement, qu'elle la réduisit à se pendre. Fatigué de tant d'excès, Alexandre, partant pour l'Asie, établit Antipater son lieutenant dans la Macédoine, ne laissant à sa mère aucune autorité. Après la mort de son fils, Olympias se retira encore en Épire ; mais elle revint au bout de six ans. Rappelée par Polysperchon, elle fit en arriv. mourir Aridée, frère naturel et successeur d'Alexandre, Eurydice, sa femme, et Nicanor, un des fils d'Antipater. Tant de cruautés lui enlevèrent l'affection de ses sujets. Cassandre, frère de Nicanor, marcha sur la Macédoine, battit les troupes de la reine, et l'assiégea dans Pydna. Contrainte de se rendre, elle stipula qu'elle aurait la vie sauve ; mais Cassandre éluda la promesse en ameut. les parents de ceux qu'elle avait fait massacrer ; ils l'égorgèrent l'an 316 avant J.-C. Olympias, reine d'Épire, était fille de Pyrrhus ; elle épousa, suiv. la coutume de l'Orient, Alexandre, son frère, dont elle eut 3 enfants. Restée, par la mort de son mari, tutrice de ses deux fils, elle gouverna l'Épire en leur nom. Les Étoliens ayant voulu lui enlever l'Acarnanie, elle réussit à les en expulser avec le secours de Démétrius, roi de Macédoine. Elle eut la douleur de survivre à ses deux fils Pyrrhus et Ptolémée, qui régnèrent chacun un instant; et le chagrin qu'elle ressentit de cette double perte fut si vif qu'elle y succomba peu après l'an 240 avant J.-C.

OLYMPIODORE, philosophe péripatéticien, vivait à Alexandrie vers le milieu du 6e S. On a de lui un *commentaire* sur les 4 livres des *Météores* d'Aristote, publ. par J.-B. Camozzi, avec une traduct. lat. Venise (fils d'Alde Manuce), 1551, 2 t. in-fol. Gab. Naudé attribue au même philosophe la *paraphrase* sur les *Morales* d'Aristote, qu'Heinsius a publ. sous le nom d'Andronicus de Rhodes, et qu'un MS. de la Bibliothèque royale donne à Héliodore de Pruse. — On a confondu cet Olympiodore avec un philos. du même nom, qui lui est antér. de plus d'un siècle, et dont on a une *Vie de Platon*, faisant partie de son *commentaire* sur le 1er *Alcibiade*. Cette *Vie* a été impr. dans le t. II du *Diogène Laërce*, édit. de Ménage, avec une trad. latine et des notes. — Olympiodore, diacre d'Alexandrie, qu'Oudin confond avec les deux précédents, vivait vers le milieu du 7e S.; il a composé des *commentaires* sur *le livre de Job*, insérés presq. en entier dans la *Catena græcorum Patrum*; une *scholie* sur *l'Ecclésiaste*, trad. en lat. par Zenobio Acciajuoli ; des *comment.* sur *la Prophétie et les Lamentations de Jérémie*, insérés aussi dans la *Catena gr. Patr.*

OLZOFFSKI (André), né en 1618, mort à Dantzig en 1678, obtint la faveur de Ladislas IV, roi de Pologne, qui le nomma chanoine à Gnesne, chancelier de l'archevêché de cette ville, le fit ensuite son secrét. pour la langue latine, et l'envoya son ambassadeur à Vienne au sacre de Léopold. A son retour il fut nommé prébendier de la couronne et évêque de Culm. Plus tard il encourut la disgrâce de la reine Marie-Louise de France, veuve de Ladislas, pour s'être opposé à l'élection d'un prince français au trône de Pologne; mais il n'en fut pas moins élevé à la dignité de vice-chancelier de la couronne. Lorsque Michel Koribut eut été placé sur le trône, Olzoffski négocia le mariage de ce prince avec une princesse d'Autriche, et obtint la charge de grand-chancelier de la couronne. Enfin à la mort de Michel, il eut beaucoup de part à l'élection de Jean Sobieski, qui le nomma archevêque de Gnesne et primat du royaume, et l'employa dans des affaires importantes.

OMAR (ABOU-HAFSA-IBN-AL-KHATTAB), second khalyfe ou success. de Mahomet, né vers la fin du 6ᵉ S. de l'ère chrétienne, fut d'abord l'un des plus ardents persécut. du prophète, son cousin à la 4ᵉ générat. du côté paternel; mais la lecture du Koran, qu'il trouva entre les mains de sa sœur et qu'il lui arracha de force, le convertit tout à coup à l'islamisme. Il alla trouver Mahomet, fit la profession de foi musulmane, et devint dès-lors (vers 615 de J.-C.) un des plus zélés sectateurs de la nouv. religion. Sa fille fut une des femmes du prophète. A la mort de celui-ci, Omar soutint que le corps de son gendre n'était point périssable. Chancelier du prem. khalyfe Aboubekr (v. ce nom), il lui succéda l'an 13 de l'hég. (634 de J.-C.), et joignit au titre de khalyfe (vic.-lieutenant) celui d'*emyr al moumenyn* (prince des croyants ou fidèles). Omar fut pour les musulmans un modèle de sagesse, de modération et de vertu. Il étendit, par lui-même ou par ses lieuten. (v. ABOU-OBEI-DAH, KHALED, AMROU), les bornes du nouvel empire arabe aux dépens de celui de Constantinople, enleva la Syrie à l'emper. Héraclius, fit la conquête de la Perse et celle de l'Égypte, et porta ses armes jusqu'à Barkah et Tripoli sur la côte septentrionale de l'Afrique. On lui a reproché d'avoir ordonné à son lieuten. Amrou d'incendier la fameuse biblioth. d'Alexandrie, comme inutile si les vol. qu'elle contenait s'accordaient avec le Koran, et comme dangereuse s'ils étaient contraires à ce livre divin : mais il faut moins en accuser le caractère d'Omar, que les mœurs du siècle d'ignorance et d'enthousiasme relig. où il vivait. Après avoir échappé une prem. fois au poignard d'un Arabe gagné par un scheik, ennemi juré de l'islamisme et du khalyfe, Omar succomba six ans plus tard tous celui d'un esclave persan, qui le frappa dans la mosquée de Médine l'an 25 de l'hég. (644 de J.-C.), et se tua lui-même après, afin de se dérober au supplice. Ce khalyfe était alors dans la 63ᵉ année de son âge, et en avait régné 10. Il avait plus contribué que Mahomet lui-même aux progrès de l'islamisme. Suivant l'histor. Khondemir, il fit

détruire, dans le cours de ses conquêtes, plus de 40,000 temples chrétiens, et fonda 1,400 mosquées. Il introduisit le prem. l'ère si célèbre de l'hégyre, qui commence au 16 juillet 622 de J.-C., et qui sert à fixer les époques de l'histoire de toutes les nations musulmanes. Il créa des registres de contrôle où étaient inscrits les noms de ceux qui servaient dans ses armées, afin qu'ils reçussent une solde régulière. La mémoire d'Omar est dans la plus haute vénération parmi les musulmans appelés *sunnites* ou traditionnaires; mais elle est en horreur parmi ceux qu'on nomme *chyites* ou hétérodoxes, qui regardent les trois prem. khalyfes, Abou-Bekr, Omar et Othman, comme usurpateurs du khalyfat, lequel, suivant eux, devait tenir sans intermédiaires à Aly, gendre et cousin de Mahomet. — OMAR II, huitième khalyfe omayade (v. OMAYAH), arrière-petit-fils (par sa mère) d'Omar Iᵉʳ, et fils d'Abdel-Aziz, neveu du khalyfe Abdel-Melek, fut fait d'abord gouvern. de Médine par Walid Iᵉʳ, son cousin-germain, et succéda ensuite au fils de ce dernier, Soléiman, l'an 99 de l'hég (717 de J.-C.). Ce fut un prince simple, modeste et juste. Il supprima les malédictions fulminées dans toutes les mosquées, depuis le règne de Moawiah Iᵉʳ, contre Aly et ses descend., auxquels il restitua un domaine dont Mahomet avait gratifié Aly en le prenant pour gendre. Cette conduite généreuse d'Omar ayant alarmé les princes omayades, et particulièrem. son cousin Yezid, qui devait lui succéder, ils lui donnèrent un poison lent, dont il mourut l'an 101 de l'hég. (720), après un règne de 2 ans et 5 mois, dans la 41ᵉ année de son âge. Les histor. grecs accusent ce khalyfe d'avoir persécuté les chrétiens.

OMAR (ABOU-HAFS-AL-GALEDH-BEN-SCHOAIB), fameux capitaine arabe, né en Espagne, près de Cordoue, vers la fin du 2ᵉ S. de l'hég. (7ᵉ de J.-C.), prit parti dans une révolte contre Abdérame II, roi de Cordoue. Ne voulant pas se soumettre après la défaite des révoltés, il s'embarqua suivi de sa famille et des troupes qui voulurent s'attacher à son sort, parcourut la Méditerranée en pirate, ravagea une partie de l'Archipel, s'empara de la Crète, vers l'an 207 de l'hég. (823 de J.-C., et il y bâtit une forteresse qu'il appela *al Kandah* (le retranchement). C'est de ce nom que s'est formé, par corruption, le nom de *Candie*, devenu commun à cette île. Abou-Hafs-Omar fut ainsi le premier prince ou gouverneur musulman de l'île de Crète, et y mourut, suiv. Casiri, l'an 240 (854-55). Cette île demeura 135 ans sous la dominat'on des Arabes, et leur fut enlevée l'an 350 (961 de J.-C.) par Nicéphore Phocas, depuis empereur.

OMAR-AL-MOTAWAKKEL-AL-ALLAH (ABOU-MOHAMMED), surn. *al Aftas*, 5ᵉ et dern. roi maure de Badajoz, dont les états renfermaient la plus gr. partie du Portugal, disputa long-temps le trône à Yahia, son frère aîné, et y monta après lui vers l'an 470 de l'hég. (1079 de J.-C.) Ce prince se rendit célèbre par ses richesses, sa prospérité et son goût pour les arts. S'étant joints à Youçouf-ben-

Taschfin, roi de Maroc, contre Alphonse VI, roi de Léon et de Castille, il se repentit bientôt de contribuer à l'accroissem. de sa puissance aux dépens des musulmans d'Espagne. Mais, pendant son absence, une partie de ses sujets s'étaient détachés de lui pour se donner aux princes almoravides; il ne lui restait plus que sa capitale, dans laquelle il ne tarda pas à être assiégé par Saïr, un des lieuten. du roi de Maroc. Trahi par les siens, Omar, fut livré au général ennemi, qui lui fit trancher la tête, ainsi qu'à ses deux fils, l'an 487 (1094 de J.-C.). On a conservé des vers que ce prince fit dans sa prison.

. . OMAR EBN FAREDJ. — V. Ibn-Fareedh.

OMAR (Nadjm-Eddyn-Abou-Hafs), surnommé *al Nasafi*, célèbre docteur musulman de la secte orthodoxe des hanefites, né l'an 461 de l'hégyre (1068-69 de J.-C.) dans la ville de Nakscheb ou Nasaf, mort à Samarcande en 537 (1142-43), a composé, suiv. d'Herbelot, plus de 100 ouvr., tant sur le droit musulman que sur les traditions. On cite principalem. un ouvr. en vers connu sous le titre d'*Al man dhouma*, sur toutes les questions de droit controversées parmi les sectes orthodoxes musulmanes. Ce poème a été commenté par plus. docteurs, entre autres Mahmoud, fils de Daoud, et Hafedh-Eddyn. Un traité des princip. dogmes de la religion musulmane, intit. : *Akaïd*, et un petit poème moral *sur la Vanité du monde*. Ces divers ouvr. et leurs commentaires sont conservés dans les MSs. de la Biblioth. du roi.

. OMAR (ben-Hafsoun, ben-Djafar), fameux chef de bandits en Espagne, né à Ronda, vers le milieu du 5e S. de l'hég. (9e de J.-C.), était chrétien d'origine. Après avoir exercé pendant quelq. temps la profess. de tailleur, il se rendit à Truxillo, y prit le parti des armes, et devint bientôt célèbre par son audace et ses exploits. S'étant mis à la tête d'une troupe de vagabonds, il profita des troubles qui agitaient le roy. de Cordoue, sous le règne de Mehemed, pour exercer les plus affreux brigandages : il s'empara de Tolède, résista successivement à quatre rois de Cordoue, et mourut sous le règne d'Abdérame III, l'an 306 (919 de J.-C.), dans la ville d'Huescar, après avoir fondé dans les monts Alpujarras une principauté, renferm. plus. villes considérables, et qui subsista 70 ans sous lui et ses trois fils, Djafar, Soléiman et Hafs. On trouve beaucoup de confusion dans les récits des histor. espagnols et des auteurs arabes sur cet Omar, que Casiri appelle aussi Khaled, ce qui ferait supposer qu'il s'agit de deux personnages de la même famille.

. OMAR, pacha, dey ou prince d'Alger, fut élevé à ce poste éminent en 1815, à la suite d'une révolut. qui, dans l'espace de 15 jours, avait coûté la vie à deux de ses prédécess. Il était auparavant agha ou commandant des troupes de la régence. En 1816, lord Exmouth, se présenta devant Alger avec une flotte de 5 vaisseaux de ligne, 7 frégates et plus. autres bâtiments de guerre, pour obliger la régence, ainsi que les autres puissances barba-

resques, à reconnaître les îles Ioniennes comme possessions anglaises, à faire la paix avec les rois de Sardaigne et de Naples, et à renoncer à l'esclavage des chrétiens. Omar admit ces conditions à l'exception de la dernière, sous le prétexte qu'étant sujet du sulthan de Constantinople, il ne pouvait, sans la permission de son suzerain, consentir à l'abolition de l'esclavage. Trois mois lui furent accordés pour obtenir ce consentem. Au bout de ce terme, lord Exmouth reparut devant Alger. Omar ayant fait tirer sur la flotte anglaise, l'amiral commença le bombardement de la place, incendia la flotte et les bâtiments qui se trouvaient dans le port, et menaça le dey de continuer le feu s'il ne souscrivait à toutes les condit. demandées. Omar, forcé de subir la loi du vainqueur, ne tarda pas à réparer ces revers ; il fit relever les fortifications, réorganisa sa marine, et les pirateries recommencèrent. Mais en 1817 la peste s'étant déclarée avec violence dans Alger, la milice attribua cette nouv. calamité à Omar, et l'étrangla dans son palais. Ce prince s'était fait distinguer de la plupart de ses prédécess. par des qualités estimables. Pendant le bombardement d'Alger, son prem. ministre avait à son insu ordonné d'égorger 1,500 captifs chrétiens renfermés dans une caverne ; Omar, informé à temps, fit arrêter l'exécution qui n'avait encore coûté la vie qu'à 52 victimes.

OMAYAH ou OMMYAH, tige de la célèbre dynastie des princes omayades ou ommiades, était fils d'Abd-Schems, et pet.-fils d'Abd-Menaf, prince de l'ancienne tribu arabe de Coraïsch ou Kareïch, qui dominait à la Mekke. On ne sait rien de ce personnage, qui mourut au commencement du 7e S. de l'ère chrétienne, avant que Mahomet eût entrepris sa prédication. Son petit-fils, Abou-Sofyan, après avoir été l'un des persécut. les plus acharnés de Mahomet, embrassa l'islamisme l'an 8 de l'hég. (630 de J.-C.), et mourut 22 ans après. C'est d'Omayah qu'ont pris leurs noms les khalyfes omayades, séparés en deux branches, l'une, fondée en Syrie par son arrière-petit-fils Moawiah, et l'autre, en Espagne, l'an 139 de l'hégyre, par Abdel-Rahman (v. Abderame), échappé au massacre des princes de sa famille à Damas.

OMER (St), en lat. *Audomarus*, né près de Constance en Helvétie, vers la fin du 6e S., renonça de bonne heure au monde et se retira dans le célèbre monastère de Luxeuil. Tiré de cette retraite par le roi Dagobert en 636, pour occuper le siége épisc. de Térouane, en Artois, il travailla avec un grand zèle à rétablir la discipline dans son diocèse, et bâtit le monastère de Sithin, auquel St Bertin, qui en fut le 2e abbé, donna son nom. St Omer mourut vers l'an 668.

OMMEGANCK, un des premiers paysagistes de l'Europe, mort à Anvers, sa patrie, en 1826, membre de l'institut royal des Pays-Bas, excellait à représenter les beautés simples et gracieuses de la nature. Ses nombreux tableaux, dont plusieurs ont soutenu la concurrence avec les principales productions en ce genre, tant anciennes que modernes, lui ont mérité le surnom de *Racine des Moutons*.

ONÉSICRITE, histor. grec, né dans l'île d'Égine, ou, selon d'autres, à Astaphilée, dans le 4ᵉ S. av. J.-C., fut disciple de Diogène-le-Cynique, accompagna Alexandre-le-Grand dans son expédit. aux Indes, en qualité de commandant de ses trirèmes (galères), et composa sur ce sujet un ouvr. calqué sur le plan de la *Cyropédie* de Xénophon, et rempli, au jugem. de Strabon, des récits les plus étranges et les plus absurdes. Cette histoire s'est perdue; mais Strabon, Élien et Pline en rapportent, d'après Plutarque, un grand nombre de faits relatifs à la géographie et à l'hist. naturelle des Indes. Onésicrite eut deux fils, Androstène et Philisque, disciple de Diogène, à qui l'on attribue les tragédies qui portaient le nom de son maître.

ONIAS Iᵉʳ, grand-prêtre des Juifs, les gouverna de l'an 321 à 500 avant J.-C.; ce fut sous son administration que Ptolémée-Soter s'empara par surprise de Jérusalem. — ONIAS II, grand-prêtre l'an 242 avant J.-C., refusa de payer le tribut que ses prédécesseurs avaient payé jusqu'alors aux rois d'Égypte. Mais les préparatifs formidables du roi Ptolémée-Évergète effrayèrent le pontife, et la paix ne fut point troublée. Il mourut vers l'an 229 av. J.-C. — ONIAS III, petit-fils du précédent, succéda à son père Simon II dans la grande sacrificat. vers l'an 200 de J.-C., et gouverna avec autant de modérat. et de sagesse que de justice. C'est sous ce pontife que le roi de Syrie, Séleucus, envoya Héliodore pour s'emparer des trésors dont il croyait le temple rempli. Héliodore, renversé miraculeusem. lorsqu'il posait le pied sur le seuil du lieu saint pour s'acquitter de sa commission, ne dut la vie qu'aux prières d'Onias. Success. de Séleucus, Antiochus-Épiphane donna la grande sacrificature aux frères d'Onias, Jason et Ménélas, selon qu'ils enchérissaient l'un sur l'autre cette haute dignité. Onias, en apprenant cette honteuse profanat. des choses saintes, éclata en reproches contre Ménélas, et le menaça de toute la colère du vrai Dieu. Celui-ci résolut de se débarrasser d'un censeur importun, et chargea de ce soin Andronique, gouverneur d'Antioche, qui poignarda Onias de sa propre main vers l'an 168 avant J.-C. — ONIAS IV, fils du précédent, ne pouvant succéder à son père à cause des intrigues de ses oncles Jason et Ménélas, se retira en Égypte, où il fut accueilli par Ptolémée-Philométor. Ce prince lui permit d'élever un temple dans les environs de Bubastis, et lui conféra la gr. sacrificature. Dans la suite il s'établit autour de ce temple une ville qui prit le nom d'Onium ou Onim. Il paraît qu'après la mort de Ptolémée, Cléopâtre, sa veuve, voyant son beau-frère, Ptolémée-Physcon, disposé à ravir la couronne à son fils, chargea Onias de lui faire la guerre. Mais Physcon l'emporta et fit mourir le grand-prêtre.

ONKELOS est le nom d'un rabbin que les uns prétendent avoir été disciple de Gamaliel, condisciple de St Paul, et que d'autres confondent avec Aquila, auteur d'une version grecque de l'Anc. -

Testament, sous le règne d'Adrien : la prem. opinion est la plus accréd. On lui attribue le *Targum*, ou la paraphrase chaldaïque sur le Pentateuque, qu'il composa des diverses explication. recueillies de la bouche de ses maîtres, Gamaliel, Hillel, Schammai et autres. Les Juifs en lisent tous les samedis un chapitre avec un chapitre du texte de la loi, et ils ont imprimé un grand nombre de fois cette paraphrase, avec ou sans le texte hébreu. La plus ancienne édition que l'on connaisse est celle de Bologne, 1482. Les MSs. du même ouvrage sont très communs. Il en existe trois traductions lat., par Alphonse de Zamora, par Paul Fagius et par Bern. Baldi : cette dern., restée inédite, est conservée dans la biblioth. Albani.

ONOSANDER, philosophe, que l'on croit avoir vécu sous l'empereur Claude, avait commenté les traités politiques de Platon. Ces commentaires se sont perdus; mais la réputation d'Onosander s'est conservée par son livre intitulé : Στρατηγικὸν λόγου, ou *la Science du chef d'armée;* la prem. vers. lat. de cet ouvr. est celle de Nicolas Sagundino, impr. à la suite des *Institutions milit. de Végèce*, Rome, 1493. Camérarius a reprod. l'original grec sur des MSs. inexacts, 1595, in-8. Rigault en a donné une édit. plus correcte, accompagnée d'une trad. lat., Paris, 1599, in-4 ; cette édition servit de modèle à toutes les suivantes jusqu'à celle de Schwebel, la plus complète et la plus soignée, 1761, in-fol., avec une trad. française de Zurlauben. L'emper. Léon faisait cas du traité d'Onosander, et le maréchal de Saxe pensait que les préceptes en étaient dignes d'une étude particulière.

ONS-EN-BRAY (Louis-Léon PAJOT, comte d'), mécanicien, né à Paris en 1678, fut directeur-général des postes sous Louis XIV, qui l'honorait de sa bienveillance. Il forma un cabinet, alors le plus curieux de l'Europe par l'immense collect. de machines qu'il contenait, et dont plusieurs étaient de son invention. Il légua toutes ses collect. à l'acad. des sciences, dont il était membre honoraire, et mourut en 1753. On a de lui : *Méthode facile pour faire tels carrés magiq. que l'on voudra*, dans le *Rec.* de l'acad., ann. 1750; et *Mém. sur les moyens de remédier aux abus qui se sont glissés dans l'usage des différentes mesures*, ibid., 1759.

OOST (JACQUES van), dit *le Vieux*, peintre d'histoire et de portraits, né à Bruges en 1600, se fit connaître de bonne heure par ses talents. Il avait pris pour modèle Annibal Carrache, dont il imita si bien la manière, qu'il étonna tous les artistes de Rome, où il était allé perfectionner son talent. Le nombre de ses ouvr. est immense. La *Descente du St-Esprit sur les apôtres*, qu'il exécuta pour l'abbaye de St-Troer, passe pour son chef-d'œuvre. Le musée possède de cet artiste un *St Charles Borromée communiant les pestiférés*, regardé comme un de ses meilleurs ouvrages. Il mourut à Bruges en 1671, laissant un fils, Jean-Jacques van Oost, dit *le Jeune*, son élève et l'héritier de ses talents.

OOSTERWICK (MARIE van), peintre de fleurs, née à Nootdorp, près de Delft, en 1630, fut placée par son père dans l'école de Jean de Heem, célèbre peintre de fleurs, y fit des progrès rapides, et exécuta des tableaux qui se répandirent bientôt à l'étranger, et balancèrent même la réputat. de ceux de son maître. Elle mourut à Eutdam en 1695. Ses tableaux sont encore du plus grand prix pour les amateurs.

OPERMAN (le comte), génér., né en Allemagne, passa en Russie en 1735, avec le grade de lieuten. du génie, et ne dut qu'à son mérite l'avancem. qu'il obtint dans cette arme. En 1801, il publia la superbe *Carte* militaire des frontières occidentales de l'empire, et les *Atlas* complets et détaillés des forteresses de la Russie. En 1805 il présenta à l'empereur une *Carte* détaillée de la Russie en 100 feuilles, l'une des meill. publicat. topographiques sur ce pays. Comme ingénieur, on doit à Operman la réparation des forteresses de Cronstadt en 1809 ; la construction de la forteresse de Bobrouïsk ; la direction des travaux du siége de Thorn en 1813. On peut dire que c'est à lui que la Russie est redevable de l'organisation de l'arme du génie, et du dépôt topographique militaire du départem. des construct. maritimes. Il succomba à St-Pétersbourg aux attaques du choléra, le 20 juillet 1832, après 50 années de services rendus à sa patrie adoptive.

OPIE (John), peintre, né en 1761 dans un village du comté de Cornouailles, était fils d'un charpentier. Sa rudesse, son défaut d'éducat. eurent une grande influence sur les sujets et le caractère de ses tableaux, et l'empêchèrent de réussir dans le grand monde à Londres. Ses composit. les plus estim. sont l'*Assassinat de Rizzio en présence de Marie Stuart*, le *Meurtre de Jacques Ier* et la *Mort de Saphira*. On admire son coloris et la vérité de son exécut. Il mourut en 1807. — Sa femme, mistress Opie, est auteur de plus. romans estimés.

OPIMIUS (Lucius), consul, fameux par son opposition aux Gracques. Les habitants de Régilles ayant manifesté la prétention de jouir des mêmes droits que les citoyens romains, il accusa Caïus-Gracchus de ce mouvem. populaire. Opimius était alors préteur. L'an 152 avant J.-C. il brigua le consulat et ne put l'obtenir. Mais, plus heureux l'ann. suivante, il prit sur-le-champ des mesures contre les novateurs. La mort d'un misérable licteur, tué par ceux qu'il insultait, servit de prétexte pour conférer à Opimius un pouvoir illimité. Aussitôt il entoure le Forum de gens armés, et met à prix la tête de Caïus-Gracchus, qui, dans la même journée, est mise à ses pieds. Opimius éleva un temple à la Concorde. Dans la suite, flétri par un jugem. pour s'être laissé corrompre par l'or de Jugurtha, il passa le reste de sa vie en butte à la haine et au mépris public.

OPITZ (Martin), en latin *Opitius,* poète et littérateur allemand, né en 1597 à Bunzlau en Silésie, acquit de vastes connaissances aux gymnases de Breslau, de Benthen et à l'université de Francfort-sur-l'Oder, visita successivem. Heidelberg, Strasbourg, Tubingen, le Holstein, la Hollande, vint à Paris en 1630, se lia avec Grotius, obtint la place

de secrét. et d'historiographe du roi de Pologne, passa les dernières années de sa vie à Dantzig, et y mourut de la peste en 1639, à 42 ans. Les Allem. l'ont nommé le *père* et le *restaurat.* de leur poésie. Opitz s'est exercé dans tous les genres de littérat., et l'on a de lui un gr. nombre d'ouvr. dont il existe plus. édit. La prem. est celle de Strasbourg, 1624, in-4, et la meilleure, qui est la 10e, celle de Breslau, 1690, 3 vol. in-8. Opitz a exercé une grande influence sur la lang. allemande, tant par ses préceptes que par l'emploi qu'il en fit lui-même. Il est, suiv. les critiques allemands, le représent. d'une époque pour ainsi dire isolée entre les *meistersengers* et les écoles de Lohenstein et de Gottsched.

OPITZ (Henri), orientaliste, né en 1642 à Altenbourg en Misnie, occupa successivement la chaire d'hébreu et celle de théologie à l'univ. de Kiel, et mourut dans cette ville en 1712. Les philologues, tout en rendant justice à sa profonde érudit., le traitèrent d'*homme singulier* et de visionnaire. Rotermund, dans son supplém. au *Dictionn.* de Joecher, a donné le catalogue complet de ses ouvrages, au nombre de 33 ; les plus importants sont : *Græcismus facilitati suæ restitutus, methodo novâ,* etc., 1676, in-4. — *Atrium linguæ sanctæ,* 1671, in-4, souv. réimpr. — *Biblia hebraica ex optimis... MSs. codicibus..... accuratissimè emendata,* etc., 1709, 2 vol. in-4, édit. très estimée. — *Nov. Testamentum syriacum cum vers. lat.,* 1694, in-8. — *Theologia exegetica tabulis decem comprehensa, seu Hermeneutica sacra,* 1708, in-fol.

OPORIN (Jean), célèbre imprimeur, né à Bâle en 1507, s'appelait *Herbst,* mot allemand qui signifie automne, et changea ce nom contre celui d'Oporin, qui a la même significat. en grec. Il fit ses études à Strasbourg, et, de retour dans sa patrie, y fut d'abord correcteur dans l'imprim. de Froben. Il fut ensuite nommé directeur du gymnase; mais il quitta cette place pour étudier la médecine sous Paracelse. Plus tard il occupa la chaire de langue grecque à l'acad. de Bâle, et finit par établir, en société avec Robert Winter, son parent, une imprimerie qui obtint bientôt une grande célébrité, et qu'il dirigea ensuite seul jusqu'à sa mort, en 1568. C'est un des imprimeurs qui ont le plus contribué à l'avancement des lettres. Le catalogue des ouvr. sortis de ses presses se trouve à la suite de son article dans les *Vitæ selectæ eruditissimorum virorum* de Ch. Gryphius, Breslau, 1711, in-8.

OPPÈDE (Jean MEYNIER, baron d'), premier président du parlement d'Aix, né dans cette ville en 1495, s'est acquis une triste célébrité par les rigueurs et les cruautés qu'il exerça envers les vaudois. Chargé par François Ier de faire exécuter l'arrêt rendu, en 1540, par le parlem. d'Aix contre ces malheureux sectaires établis à Gabrière et Merindot, d'Oppède s'acquitta de cette mission avec une violence naturelle à son caractère, et qu'augmentaient encore, dit-on, des ressentiments particuliers. La belle comtesse de Cental, qui lui avait refusé sa main, et les autres nobles, dont les possessions avaient été ravagées, firent retentir leurs plaintes à la cour. D'Oppède y parut pour se justifier : le roi refusa de le voir. Les choses en restèrent là jusqu'à la mort de François Ier; mais en 1551, le président, quatre conseillers qui s'étaient associés à ses fureurs, et avec eux le baron de La Garde, furent traduits devant le parlem. de Paris. Cinquante audiences furent consacrées aux débats. D'Oppède, déclaré innocent, fut rétabli dans ses fonct. de prem présid.; mais quelq. ann. après « la justice du ciel suppléa, dit de Thou, à celle de la terre; » d'Oppède mourut en 1558 d'une maladie assez semblable, dit-on, à celle qui, dans la suite, emporta Charles IX. On a de lui une traduction en vers français des *Triomphes* de Pétrarque, Paris, 1558, in-8, rare.

OPPENHEIMER (DAVID BEN ABRAHAM), rabbin, célèbre par son savoir, et peut-être plus encore par sa bibliothèque, une des plus riches qu'un particulier ait jamais possédée en livres hébreux, était né à Worms. Il présida successivem. les synagogues de Nicolsbourg et de Prague, et mourut dans cette ville en 1737. Il avait composé un grand nombre d'ouvr. sur toutes sortes de matières, notamm. sur le droit judaïque et le Talmud. Le *catalogue* de sa biblioth., publ. à Hambourg, 1782, in-4, par Isaac Seligman, en contient la liste complète. Le plus étendu est le *comment*. du Talmud et des livres saints, intit. *Jad David* (main de David).

OPPENORD (GILLE-MARIE), architecte, né à Paris en 1672, mort dans cette ville en 1742, fut nommé par le régent direct. des manufactures et intend. des jardins des maisons royales. Médiocre architecte, c'était un excellent dessinateur, comme on peut s'en convaincre en parcourant la suite considérable de dessins qu'a gravés d'après lui Huquières. Il fut le maître de Jacq.-Fr. Blondel.

OPPIEN, poète grec, était de Coryce ou d'Anazarbe, en Cilicie; son père, qui tenait un rang distingué dans le sénat, lui donna une éducation solide. Ce fut dans l'exil où il accompagna volontairement ce digne père, qui n'avait pas voulu fléchir devant l'usurpateur Septime-Sévère, que le jeune Oppien composa les deux poèmes que nous avons sous son nom, *la Chasse* et *la Pêche*. Il vint à Rome et les présenta au fils de Septime, Antonius-Caracalla, qui en fut, dit-on, si charmé qu'il permit au poète de lui demander ce qu'il voudrait. Oppien demanda le retour de son père, qui lui fut accordé sur-le-champ, et l'empereur y ajouta une somme considérable. Oppien n'en jouit pas long-temps : une maladie contagieuse, qui ravageait Anazarbe, l'enleva à l'âge de 30 ans. Schneider, frappé de la disparité qu'il remarquait entre le poème de *la Chasse* et celui de *la Pêche*, a cru qu'ils étaient de deux auteurs ; mais Belin de Ballu a constamment réfuté cette hypothèse. Les ouvrages d'Oppien ont été publ. pour la prem. fois par les Juntes, Florence, 1515. La meill. édit. est celle de Schneider, gr. et lat., 1777, in-8. Celle de Belin de Ballu, 1786, in-8, ne renferme que les *Cynégétiques*, dont il publia l'année suivante une excellente traduction avec des *notes* critiques. Deux autres traductions

de ce poème avaient déjà paru : celle de Florent Chrestien vers 1550, et celle de Fermat en 1590. M. Limes a donné celle des *Halieutiques*, 1817, in-8. Un autre poème attribué à Oppien, les *Ixeutiques, ou la Chasse aux oiseaux*, ne nous est point parvenu : il n'en reste que la paraphrase en prose du sophiste Eutechnius.

OPPORTUNE (Ste), abbesse du monastère de Montreuil, près de Sion, était sœur de St Godegrand, évêque de Sens, et mourut en 770.

OPTAT (St), évêque de Milève, ville de Numidie, joignait à des connaissances étendues des vertus qui lui méritèrent l'épiscopat. On conjecture qu'il mourut vers l'an 384. St Augustin, St Jérôme et St Fulgence en parlent avec éloge. On lui doit un traité *de Schismate donatistarum*, publ. pour la prem. fois par Jean Cochlée, Mayence, 1549, in-fol. La meill. édit. et la plus complète est celle de Dupin, Paris, 1700, in-fol., reprod. dans le même format, Amsterd., 1701, et Anvers, 1702. L'éditeur y a joint une savante *préface* et deux *dissertations*, l'une sur l'histoire des donatistes, et l'autre sur la géographie sacrée de l'Afrique.

OPTATIEN (PUBLIUS-PORPHYRIUS), *Optatianus*, poète latin, que l'on a souvent confondu avec le philosophe Porphyre, vivait sous le règne de Constantin, au commencement du 4e S. C'est à ce prince qu'il adressa ses ouvrages. Le temps n'en a épargné qu'un seul. Ce poème, qui est à proprem. parler le *Panégyrique de Constantin*, fut retrouvé à Vienne, et publ., par Pithou, dans les *Poemata vetera*, Paris, 1590. M. Welser en donna une 2e édit. avec un *comment.*, Augsbourg, 1595, in-fol., et il a été réimpr. à la suite des *OEuvres* de Welser, 1682, avec de nouvelles *remarques* de Christ. Daum. C'est une collection de vers tourmentés dans tous les sens, contournés de toutes les manières, formant différentes figures, telles qu'un *autel*, un *orgue hydraulique*, etc. Optatien a eu des imitateurs, entre autres Raban Maur, Abbon, moine de Fleury, Panard, etc.

ORANGE (PHILIBERT de CHALLON, prince d'), l'un des plus grands capitaines de son temps, né en 1502 au château de Nozeroi, petite ville du comté de Bourgogne, réclama vainement, en 1517, contre les droits de suzeraineté que François Ier prétendait sur la principauté d'Orange, et dès-lors n'attendit plus que l'occasion de se venger. Bientôt le roi de France déclara la guerre à Charles-Quint, et Philibert se hâta d'aller joindre ce prince qui l'accueillit avec empressem., et lui donna le comté de St-Pol et d'autres terres considérables, pour le dédommager de la perte de la principauté d'Orange, confisquée par François Ier. Philibert, après avoir rendu quelques services à son nouveau maître, fut fait prisonnier (1525), et resta enfermé au château de Lusignan, en Poitou, jusqu'au traité de Madrid. En 1527, il se trouvait au siége de Rome avec le connétable de Bourbon, auquel il succéda dans le commandement de l'armée impériale Il se rendit maître du château St-Ange, obligea le pape de souscrire à toutes les conditions qu'il voulut lui imposer, s'empara de Naples, dont il fut nommé vice-roi (1528), et força les Français à lever le siége de cette ville et bientôt à sortir du royaume. Il déshonora son triomphe par les barbaries qu'il exerça contre les barons napolitains qui avaient suivi le parti de la France. Il prit ensuite le commandem. de l'armée impériale en Toscane, et pressa vivem. le siége de Florence, qui en était aux dernières extrémités, lorsqu'il fut tué (1530), à l'âge de 28 ans. Gilb. Cousin a publ., dans un recueil intitulé *Consolatoria*, l'*Oraison funèbre* de Philibert, par Louis Pelletan d'Asti. Brantôme lui,a consacré une notice intéressante dans les *Vies des gr. capitaines étrangers.*

ORANGE (GUILLAUME de NASSAU, prince d'), fondat. de la république de Hollande et l'un des plus grands hommes des temps modernes, naquit au château de Dillembourg en 1533, de Julienne de Stolberg et de Guillaume, dit *le Vieil*, comte de Nassau. Il prit le titre de prince d'Orange en 1544, à la mort de son cousin, René de Nassau, dont il était l'héritier. En 1554, Charles-Quint, à la cour duquel il avait été élevé, lui confia le commandement de l'armée de Flandre contre les Français, pend. l'absence d'Emmanuel-Philibert de Savoie, et n'eut pas lieu de se repentir de son choix. Lors de son abdication, l'emper. n'oublia pas de le recommander à son fils, et le combla, en se retirant des affaires, de marques d'estime et d'affect. Mais Guillaume ne tarda pas à s'apercevoir que Philippe II n'avait pas pour lui les sentim. de son père. Sur la proposition du prince d'Orange, les états demandèrent le renvoi des troupes étrangères, qui étaient une charge inutile pendant la paix ; Philippe promit de faire droit à cette demande, et quitta les Pays-Bas, dont il confia le gouvern. à la duchesse de Parme, Marguerite d'Autriche, sous la direct. du card. de Granvelle. Le prince d'Orange, blessé de cette préférence, fit cause commune avec les seigneurs flamands, et bientôt le cardinal fut obligé de se retirer. Le duc d'Albe ayant été nommé pour le remplacer, les mécont. alarmés remirent entre les mains de la gouvernante une protestat. contre l'établissem. de l'inquisition, l'érection des nouv. évêchés et la réception du concile de Trente. Désignés comme des *gueux* par un des conseillers de Marguerite, ils acceptèrent cette dénomination qui rendit leur cause populaire. Guillaume était d'avis qu'on profitât de la disposit. des esprits, pour fermer au duc d'Albe l'entrée des Pays-Bas ; mais il ne fut point écouté, et alla chercher un asile en Allemagne. Condamné à mort par une commission dont le duc d'Albe avait choisi les membres, il appela de cet arrêt à Philippe, qu'il ne fit qu'irriter davantage. Ce fut alors qu'il se décida à en appeler au sort des combats. Les prem. troupes qu'il leva, commandées par son frère, Louis de Nassau, furent battues par le duc d'Albe. Averti par cet échec, il se met à la tête d'une nouvelle armée, et pénètre lui-même dans le Brabant, où il avait de nombr. partisans ; mais la tyrannie et ses sanglantes exécutions avaient glacé tous les courages, et il se vit

obligé de licencier son armée, sans avoir rien fait. Il se joignit au duc de Deux-Ponts, qui conduisait des secours au jeune roi de Navarre, et après avoir assisté à la défaite des protestants dans le Poitou, regagna avec peine l'Allemagne. Enfin il rentra dans le Brabant à la tête d'une nouvelle armée, et fut reçu cette fois comme un libérateur ; mais bientôt, ne pouvant solder ses troupes et trompé par les promesses du roi de France, qui, au lieu de le secourir, faisait la St-Barthélemi, il se retira sur le Rhin. Pendant ce temps la fortune préparait sous lui la ruine des Espagnols. Les Hollandais se souvinrent pourtant de ses efforts et de son patriotisme, et l'appelèrent pour les gouverner. Il commença par les engager à proscrire entièrement le culte catholique. Dans ces circonstances difficiles, le duc d'Albe fut remplacé par D. Louis de Requesens, dont un des lieutenants remporta sur les insurgés une victoire qui lui ouvrit la Hollande (1575) ; mais la rupture des digues le força à une retraite précipitée. L'armée d'invas. se perdit elle-même, l'année suiv., par ses cruautés, qui jetèrent dans le parti de l'insurrection les provinces demeurées jusqu'alors fidèles à l'Espagne. Le 8 novemb. 1576, tous les Bataves s'engagèrent par la paix de Gand à délivrer leur pays du joug étranger. D. Juan d'Autriche, nommé gouverneur des Pays-Bas, ayant violé ce traité qui lui défendait de garder auprès de lui des soldats étrangers, les Flamands donnèrent au prince d'Orange le titre de gouvern.-gén. du Brabant. Celui-ci ne tarda pas à avoir pour compétiteur l'archiduc Mathias, l'élu des seigneurs du pays ; mais il sut gagner sa confiance, fut nommé son lieuten.-général et eut toute l'autorité. Après la mort de D. Juan, l'Espagne nomma, pour administrer les Pays-Bas, Alexandre Farnèse, qui remit sous l'ancien joug plus. provinces. Ce fut alors que Guillaume fit adopter à celles qui avaient embrassé la réforme évangél., et qui abhorraient la croyance autant que la tyrannie des Espagnols, le fameux traité connu sous le nom d'*Union d'Utrecht.* Il voulut aussi s'assurer l'appui de la France, alla jusqu'à proposer au duc d'Alençon la souveraineté des Provinces-Unies, sous la condition qu'il respecterait leurs priviléges et leur conserverait la liberté de conscience. Pour prix de ses efforts, il vit sa tête mise à prix par Philippe ; mais en 1581, les états déclarèrent le roi d'Espagne déchu de la souveraineté des Pays-Bas ; et, l'année suiv., le duc d'Alençon fit son entrée à Anvers. Les fêtes de sa réception furent troublées par une première tentative d'assassinat sur le prince d'Orange : c'était un coup de l'Espagne. Bientôt la conduite du duc d'Alençon fit perdre à Guillaume de son crédit et le décida de se retirer à Delft. Il fut assassiné dans cette ville par Balthasar Gérard, le 10 juillet 1584. (*V.* l'*Abrégé de l'hist. belgique,* par Dewez ; l'*Hist. de Guillaume de Nassau,* par Amelot de la Houssaye, Londres (Paris), 1754, 2 vol. in-12, et *les Bataves,* par Bitaubé.)

ORANGE (FRÉDÉRIC-HENRI de NASSAU, prince d'), stathouder de Hollande, né à Delft en 1584, l'année même que Guillaume de Nassau, son père, fut assassiné par le fanatique Gérard, fut élevé par son frère, Maurice de Nassau, l'un des plus grands capit. de son siècle, et se signala de bonne heure dans la carrière des armes. Revêtu de la dignité de stathouder et de celle de maréchal héréditaire de Hollande, à la mort de son frère, en 1625, il assura l'indépendance de la républiq. par plusieurs combats glorieux et par la conquète de Bois-le-Duc, de Venloo, de Ruremonde, de Maëstricht, de Limbourg, de Breda, de Hulst. Sous son gouvernem. la marine hollandaise obtint de brillants succès sur les flottes espagnoles, et fit affluer vers le Texel l'or du Mexique et du Pérou. De nouvelles découvertes et de nouveaux établissem. dans les Indes-Orientales étendirent les relations commerciales et accrurent la puissance de la Hollande. Frédéric-Henri mourut en 1647, au mom. où la suspension d'armes avec l'Espagne allait faire jouir la républ. d'une paix glorieuse et nécessaire à son affermissement. Ce prince eut une partie des talents de son frère, fut vaillant et infatigable comme lui, mais n'eut pas son ambition inquiète, et sut respecter la liberté de son pays, qui s'éleva sous son administrat. au plus haut degré de puissance et de richesse.

ORCAGNA (Bernard), peintre florentin, était fils d'un habile orfévre, et se fit une réputat. par ses peintures à fresque ; mais il fut surpassé par son frère André Orcagna, qui, à la fois peintre, sculpteur et architecte, fut regardé de son temps comme un prodige. Ce furent ces deux frères qui, dans leurs peintures du *Parad.* et de l'*Enfer*, d'après Dante, donnèrent l'exemple imité tant de fois depuis, de placer parmi les réprouvés leurs ennemis, et leurs amis parmi les élus. André Orcagna, que Michel-Ange estimait beaucoup comme architecte, mourut en 1389, laissant une école féconde en artistes disting. Le musée possède d'André un petit tableau représentant la *Naissance de la Vierge.*

ORDELAFFI, nom d'une famille de Forli dans la Romagne, de la faction des gibelins, célèbre dans les guerres d'Italie du 14e S. — Cecco Ordelaffi s'empara en 1315 du gouvernement de sa patrie, qui resta dans sa famille jusqu'en 1480. Chassés de Forli et de la Romagne par les troupes pontific., sous le pape Sixte IV, les Ordelaffi se réfugièrent à Venise, où ils servirent la républiq. dans la profession des armes.

ORDERIC, ORDRIC ou OLDERIC VITAL, historien, né en Angleterre en 1075, prit l'habit monastique à onze ans dans l'abbaye de St-Évroul, en Normandie, et y mourut vers 1150, laiss. une histoire qui commence par la vie de J.-C., et se termine à l'année 1141. Elle est divisée en trois part., dont la dernière contient des détails intéress. sur les événements contemporains. Cet ouvr., du reste assez mal écrit et indigeste, a été recueilli dans les *Normanorum scriptores* de Duchesne, Paris, 1619, in-fol. Dom Brial en a donné un bon extrait dans le tome XII du *Recueil des histor. de France.* L'*Hist. de Normandie*, par Orderic Vital, traduite pour la première fois en français par M. Dubois,

Paris, 1827, 4 vol. in-8, fait partie de la collection des *Mém. relatifs à l'hist. de France*, publiée par M. Guizot.

ORDINAIRE (Claude-Nicolas), naturaliste, né à Salins en 1736, entra de bonne heure dans la congrégat. de l'Oratoire, professa les humanités dans div. colléges, fut pourvu d'un canonicat à Riom en Auvergne, et se livra dans ce pays à l'étude de l'hist. natur. avec assez de succès pour être appelé à en montrer les élém. à Mesdames de France, filles de Louis XV. Ayant refusé de prêter le serment, il fut condamné en 1793, et se retira en Angleterre. Rentré en France en 1802, il fut nommé bibliothéc. de la ville de Clermont, et y mourut en 1809. On a de lui : *Histoire naturelle des volcans, comprenant les volcans sous-marins, ceux de boue et autres phénomènes analog.,* Paris, 1802, in-8 : ouvrage regardé comme élément. dans cette particqil a laissé MSs. plus. ouvrages, entre autres une *Statistique de l'Auvergne,* dont on promettait la publication.

ORDRES RELIGIEUX. Le cadre de ce dictionn. ne pouvant admettre des détails complets sur une histoire aussi compliq. et aussi étendue que celle des ordres religieux, nous avons cru devoir reproduire au moins la liste chronologique des plus importants et des plus connus. Leur consacrer des notices particulières, c'eût été s'exposer à des redites ; les indications principales sur le but de ces instituts, leurs usages, leurs règles, se trouvant liés à la biographie des div. fondateurs. Il n'a été dérogé à cette règle que pour les congrégations les plus fameuses. Du reste, on a donné sur l'origine commune des associations religieuses, des notions sommaires à l'art. Moines ; et la liste suivante en forme l'unique complément que puisse comporter notre plan.

Dates.	Noms des ordres.	Fondateurs.
310	Moines de St-Antoine.	St Antoine, ermite.
320	Tabennites ou moines de Tabennes.	St Pacôme.
363	Moines de St-Basile ou basiliens.	St Basile.
395	Chanoines réguliers de St-Augustin.	St Augustin.
400	Relig. du Mont-Carmel.	Jean, patriarche de Jérusalem.
420	Moines de Lérins ou religieux de St-Honoré.	St Honoré, évêque d'Arles.
529	Bénédictins ou moines noirs.	St Benoît.
565	Moines de St-Colomban.	St Colomban, abbé hybernois.
763	Clercs ou chan. réguliers de St-Chrodegand.	St Chrodegand.
910	Moines de Cluny.	L'abbé Bernon.
997	Camaldules.	St Romuald.
1060	Ordre de Wallombreuse.	St Jean Gualbert, noble de Florence.
1076	Relig. de Grandmont.	St Étienne de Thiers en Auvergne.

Dates.	Noms des ordres.	Fondateurs.
1086	Chartreux.	St Bruno.
1095	Religieux de St-Antoine de Viennois.	Gaston, gentilh. du Dauphiné.
1098	Moines de Citeaux ou bernardins.	St Robert, abbé de Molème.
1104	Hospitaliers ou Joannites, auj. chev. de St-Jean-de-Jérusal. ou de Malte.	(V. Malte.)
1107	Chanoines réguliers de la congrégat. de St-Ruf.	St Ruf, archevêque de Lyon.
1117	Ordre de Fontevrault.	Robert d'Arbrisselles.
1118	Templiers ou chevaliers du Temple.	(V. Templiers.)
1120	Chanoines régul. de Prémontré.	St Norbert, archev. de Magdebourg.
1124	Monastère du Mont-de-la-Vierge.	Guillaume de Verceil.
1140	Notre-Dame de la maison de la Trappe ou trappistes.	Rotrou, comte de Perche (v. Rancé.)
1148	Gilbertins.	Gilb. Sempringam.
1152	Ermites de St-Guill., ou blancs-manteaux.	Guill., duc d'Aquitaine et comte de Poitou.
1170	Beguines.	Ste Beque, sœur de Ste Gertrude.
1196	Humiliés, qu'il ne faut pas confondre avec ceux qu'Innocent III condamna comme hérétiq.	Quelques gentilsh. milanais.
1197	Relig. de la Trinité.	St Jean de Matha et St Félix de Valois.
1198	Chevaliers du St-Esprit.	Guy, fils de Guillaume, seigneur de Montpellier.
1203	Relig. du Mont-Dieu.	Alexandre, archev. de Madgebourg.
1205	Carmes.	Albert, patriarche de Jérusalem.
1208	Franciscains ou cordel., ou Frères mineurs.	St François d'Assise.
1212	Religieuses de Ste-Claire, divisées plus tard en damiènes ou clairistes et en urbanistes.	St François d'Assise.
1212	Relig. du Val-des-Écoliers.	Un profess. nommé Guillaume.
1213	Relig. du Val-des-Choux.	Le frère Viard.
1215	Dominicains ou Frères-prècheurs, ou jacobins.	St Dominique, Espagnol.
1215	Hermites de St-Paul.	Eusèbe, archev. de Strigonie.
1216	Religieux de Ste-Croix (connus en Italie avant l'an 1160, ne s'établirent en France, en Flandre et en Allemagne que vers l'an 1216.	

Dates.	Noms des ordres.	Fondateurs.
		Jacques, roi d'Aragon, d'après le
1218	Religieux de la Merci.	conseil de St-Raimond de Peñafort et de St Pierre-Nolasque.
1221	Religieux du tiers-ordre de St-François.	
1226	Filles-Dieu pour retirer les femmes de mauvaise vie.	
1251	Sylvestrins.	Le B. Sylvestre Gozzolin ou Gonzolin, chanoine d'Osma. (Une fausse tradition leur donnait St Marc pour père.)
1251	Chanoines de St-Marc.	
1251	August.-de-la-Pénitence.	Le pape Innoc. IX.
1270	Célestins.	Pierre de Mouron, pape en 1294, sous le nom de Célestin.
1276	Augustins ou ermites de St Augustin.	
1313	Congrégation du Mont-Olivet.	Bernard Ptolémée, ou Ptolomée, noble siennois.
1565	Relig. de Ste-Brigite.	Ste Brigite.
1366	Briciens, ordre militaire.	Inst. sous Urbain V.
1366	Cellites ou alexiens.	Alexius Romain.
1367	Jésuates.	Jean Colombin.
1574	Jéronimites ou moines de St-Jérôme, milice relig.	Pierre Ferrand, Espagnol.
1376	Frères de Vie commune.	Gérard, docteur de Paris.
1380	Ermites de St-Jérôme.	Pierre Gambacurta, gentilhomme de Pise.
1380	Congrégat. de St-Jérôme, dite *Fésulane*.	Le B. Charles, fils d'Antoine, comte de Monte - Gravelli.
1395	Congrégation frisonnaire ou de Latran.	Barthélemi Colonne.
1408	Congrégation de Ste-Justine ou du Mont-Cassin.	Louis Barbe, Vénitien.
1408	Congrégat. des chanoines réguliers de St-Sauveur ou des scopetins.	Étienne de Sienne.
1408	Congrégat. des chanoines réguliers du St-Esprit.	Gabriel Spoletto.
1419	Observantins cordel.	St Bernardin de Sienne.
1424	Ermites de St-Jérôme.	Loup d'Olmédo.
1425	Congrégat. des religieux de St-Bernard.	Martin Vasga, moine de Citeaux.
1429	Congrégation des moines de Bursfeld.	Jean Rodius.
1432	Carmes mitigés ou Billettes.	(Eugène IV adoucit leur règle.)

Dates.	Noms des ordres.	Fondateurs.
1433	Congrégation de St-Ambroise.	(Soumise à la règle de St Augustin.)
1435	Minimes.	St Franç. de Paule.
1444	Augustins de la congrég. de Lombardie.	Grégoire Rocchius de Pavie et Grégoire de Crémone.
1484.	Barnabites ou apostoliq.	(Institués par Innocent VIII.)
1493	Pénitentes ou repenties.	Le P. Jean Tisserand, cordelier.
1497	Filles pénitentes.	Jean - Simon de Champigny, évêq. de Paris.
1497	Girondins.	Jean Biclare , év. de Gironne en Catalogne.
1498	Religieuses de l'Annonciation de la Ste-Vierge.	Jeanne de France, fille de Louis XI.
1524	Théatins.	Jean-Pierre Caraffa, év. de Théate, depuis Paul IV.
1525	Capucins.	Matthieu Baschi, cordelier.
1525	Guastallines.	Louise Torelli, comtesse de Guastalla V.
1525	Haudriettes.	Étienne Haudri, secrét. de St Louis.
1531	Somasques.	Jérôme Émiliani, sénat. de Venise.
1532.	Récollets.	(De l'étroite observance de St François.)
1533	Barnabites de St Paul ou congrégation des clercs réguliers.	Jacques - Antoine Morigia.
1534	Jésuites.	Ignace de Loyola (v. JÉSUITES).
1534	Jésuitesses.	Warda et Tuittia , Anglaises.
1537	Ursulines (prem. institution).	Angela Merici.
1538	Capucines.	
1550	Pénitentes de Jésus.	
1550	Pénitentes de la Madeleine.	
1568	Carmes déchaux et carmélites.	Ste Thérèse.
1568	Missionnaires minimes.	Bernard. Obregon.
1572	Pères de la Charité ou de Jean-de-Dieu.	Le B. Jean, Portugais.
1577	Feuillants et feuillantines.	Jean Barrière, abbé de Citeaux.
1578	Oblats de St-Ambroise.	St Charles Borromée.
1579	Religieux de St Basile (en Occident).	Grégoire XIII.
1588	Clercs mineurs.	Augustin Adorne.
1593	Augustins déchaussés.	(Clément VIII l'approuva.)
1598	Doctrinaires de France.	César de Bus.

Dates.	Noms des ordres.	Fondateurs.
1600	Congrégat. de St-Vanne.	Les PP. Daniel, Picart, etc.
1608	Jacobins réformés ou dominicains réformés.	Fondateur Jean Michaëlis, et réformateur Paul V.
1610	Religieuses de la Visitation de la Ste-Vierge.	Ste Jeanne-Françoise Frémiot de Chantal, et St François de Sales.
1612	Ursulines (2e instit).	Marie L'Huilier.
1615	Congrég. des chanoines régul. de St-Sauveur.	(Le B. Pierre Fourrier de Mataincourt, réformat.)
1615	Congrég. des religieuses de Notre-Dame.	Jeanne de Lestonac.
1615	Pères de l'Oratoire.	M. de Bérulle (v. BÉRULLE et NÉRI).
1617	Congrégation des sœurs hospitalières, dites de St-Charles.	
1617	Congrégation Pauline.	Joseph Cacalini.
1618	Religieuses du Calvaire.	Antoinette d'Orléans.
1621	Congrégation de St-Maur (en France).	Didier de La Cour, bénéd. de Verdun.
1624	Lazaristes.	St Vincent de Paul.
1624	Hospitalières de la Charité de Notre-Dame.	Simonne Gaugin, dite la Mère Françoise de La Croix.
1625	Prêtres de la Mission.	St Vincent de Paul.
1631	Dames du Refuge.	Marie-Élisabeth de la Croix de Jésus.
1637	Ordre de la Miséricorde.	Marie-Madeleine de la Trinité
1640	Barthélemistes.	Barthélemi Holzanter.
1643	Eudistes.	Eudes , ci-devant oratorien.
1645	Sulpiciens.	M. Olier, curé de St-Sulpice.
1645	Béthlémistes.	Pierre de Béthencourt.
1662	Pénitentes d'Orviette.	Antoine Simonelli.
1668	Chevalières de la Vraie-Croix.	L'impérat. Éléonore de Gonzague, veuve de Ferdinand III.
1732	Cennonistes.	Alphonse de Varsovie, prêtre napolitain.
1755	Liguoristes ou congrég. du Très-St-Rédempt.	Le B. Alph.-Marie de Liguori.

OREGIO (AUGUSTIN), card., et l'un des plus célèbres théolog. de son temps, né dans la Romagne en 1577, de parents pauvres , ne dut son élévation qu'à ses talents et à sa vertu. Les card. Bellarmin et Barbérin se chargèrent de sa fortune , et ce dernier, parvenu au souverain pontificat sous le nom d'Urbain VIII, le décora de la pourpre romaine et le nomma à l'archevêché de Bénévent. Oregio jouit peu de temps de ces honneurs, et mourut en 1635 dans sa ville épiscop. On a de ce prélat des traités *de Deo, de Trinitate, de Incarnatione, de Angelis, de Opere sex dierum*, etc., impr. d'abord séparém., et recueillis par Nicol., son neveu, Rome, 1637 et 1642, in-fol. On trouve une notice sur Oregio dans les *Additions* d'Oldoini *aux Vies des papes* d'A. Chacon.

O'REILLY (ALEXANDRE), général, né en Irlande vers 1735, entra de bonne heure au service d'Espagne, fit avec distinction plus. campagnes, obtint la faveur de Charles III, et parvint aux plus hautes dignités militaires. Nommé en 1774 command. de l'expédition contre Alger, sa réputation souffrit du mauvais succès d'un armem. aussi considérable; il avait été néanmoins choisi pour diriger la guerre contre les Français en 1794, lorsqu'il mourut subitement dans un âge avancé.

O'REILLY (ANDRÉ, comte), génér. de cavalerie, mort à Vienne, à l'âge de 92 ans en 1832, peut être considéré comme le dernier des généraux qui se distinguèrent sous les règnes de Marie-Thérèse et de Joseph II, c'est-à-dire pendant la guerre de sept ans et la campagne contre les Turks. Né en Irlande, il s'était engagé de bonne heure au service autrichien, où il conquit successivem., par sa bravoure, tous les grades. Il serait trop long de faire connaître les événem. divers de sa longue et aventureuse carrière. Nous nous contenterons de rappeler que les charges brillantes des dragons d'O'Reilly à la bataille d'Austerlitz sauvèrent l'armée autrichienne d'une complète extermination. Gouverneur de Vienne en 1809, ce fut lui qui rédigea les articles de la capitulation. Quand Napoléon reçut le bourgmestre et les princip. citoyens, il loua « la sagesse et la présence d'esprit du respectable O'Reilly » (ce sont ses propres termes), accepta ses propositions, et exigea, par le 14ᵉ article du traité que le général le porterait lui-même à l'empereur, afin de lui faire connaître la vraie position de l'empire autrichien.

ORELLANA (FRANCISCO), né à Truxillo dans les premières ann. du 16ᵉ S., accompagna les Pizarre au Pérou, eut l'ambit. d'égaler, par quelq. brill. découv., ces illustres aventuriers, et s'abandonna sur un léger brigantin au cours du fleuve des Amazones. Après avoir exécuté ce dangereux voy., il revint en Europe faire des récits merveill., qui décidèrent Charles-Quint à lui accorder des lettres patentes pour établir des colonies dans les pays qu'il avait visités. Il repartit dans ce dessein en 1549, avec trois vaisseaux ; mais une maladie contagieuse lui enleva la plus gr. partie de ses équipages et deux de ses bâtiments. Il perdit bientôt après, sur la côte de Caracas, le seul navire qui lui restât, et succomba en peu de jours au chagrin. On ne connaît guère que le résultat du prem. voy. d'Orellana : les historiens Zarate et Herrera en ont négligé les détails. Ce voyageur est le premier Européen qui ait parcouru le grand fleuve, dit des Amazones, dep. l'endroit où le Napo s'y jette jusqu'à la mer, et qui ait fait connaître sa marche de

l'ouest à l'est dans une direction presque parallèle à l'équateur.

ORELLE (RIGAUD d'), chevalier, comte de Novogarola en Italie, baron de Villeneuve en Auvergne, conseill.-chambellan et maître-d'hôtel du roi, gouvern. et sénéchal d'Agénois et de Gascogne, etc., né à Villeneuve-de-l'Ambron, fut appelé à la cour de Louis XI vers 1481, et sut se maintenir dans la faveur de ce prince soupçonneux et de ses deux successeurs. En 1488, il fut chargé d'une mission importante auprès du grand-maître des chevaliers de St-Jean-de-Jérusalem, à Rhodes. Il suivit Charles VIII à la conquête de Naples (1494), et, l'année suivante, fut envoyé en ambasse auprès des ducs de Savoie, de Milan et d'autres souverains d'Italie. Louis XII le nomma en 1508 son ambassadeur à la cour de l'empereur Maximilien. Sous le règne de François Iᵉʳ, Rigaud d'Orelle, qui vit sa faveur décliner avec son âge, se retira en Auvergne, où il se consola en faisant bâtir le magnifique château de Villeneuve.

ORESME (NICOLAS), l'un des premiers écrivains du 14ᵉ S., né à Caen, suivant la conjecture du savant Huet, fut reçu docteur en théologie de la faculté de Paris, devint grand-maître du collége de Navarre en 1355, puis successivement archidiacre de Bayeux, doyen du chapitre de Rouen, trésorier de la Ste-Chapelle de Paris, et enfin précepteur du dauphin, depuis Charles V. Son élève, monté sur le trône, le nomma évêque de Lisieux en 1377, et l'admit dans ses conseils. Ce savant prélat mourut en 1382. On a de lui des trad. des *Éthiques*, 1488, in-fol.; de *la Politique*, 1489, 2 vol. in-fol.; des *Liv. du Ciel et du Monde* d'Aristote; et des *Remèdes de l'une et de l'autre fortune* de Pétrarque, 1535; un traité latin sur la *Communication des idiomes*; 115 *Sermons*, dont un a été inséré dans la *Bibliothèque des Pères*; un ouvr. singulier, imprimé par Martène et Durand, dans l'*Amplissim. Collectio*, intitulée : *De Anti-Christo ejusque ministris, ac de ejusdem adventu*, etc. On attribue encore à Oresme différents écrits; mais rien ne prouve qu'ils lui appartiennent.

ORESTE (myth.), fils d'Agamemnon et de Clytemnestre, après s'être purifié à Delphes du meurtre de sa mère, et avoir détruit, conjointement avec Pilade, son ami, le culte sanguinaire de la Tauride (*v.* THOAS), épousa Hermione, fille de Ménélas et d'Hélène, qui lui apporta en dot le roy. de Sparte. Il était lui-même roi de Mycènes.

ORFANEL (HYACINTHE), missionnaire espagnol, né à Valence en 1578, brûlé vif au Japon en 1622, est auteur d'une *Hist. de la prédicat. de l'Évang. au Japon*, publ. avec des additions par Didier Collado, son confrère, Madrid, 1633, in-4.

ORFIREUS ou ORFFYRÉ (JEAN-ERNEST-ÉLIE), mécanic., dont le véritable nom était *Bessler*, né en 1680 près de Zittau en Lusace, se livra d'abord à l'étude de la théol. et de la médec., quitta ces deux sciences pour la mécaniq., s'essaya dans plusieurs arts, tels que la fonderie, la verrerie, l'horlogerie, etc., et fit de nombr. voyages pour les exercer.

Dégoûté du monde, il entra comme frère lay dans un couvent, se battit, fut blessé, jeta le froc pour s'enrôler dans les troupes autrichiennes, déserta, se fit empirique, et accompagna un grand seigneur en Italie. De retour à Prague, il se livra, en société avec un jésuite et un rabbin, à la recherche du mouvem. perpétuel ; mais cette réunion n'ayant produit aucun résultat, il passa en Hollande, puis en Angleterre, revint au métier de charlatan. Il retourna en Allemagne, reprit son idée du mouvement perpétuel, eut encore recours à l'empirisme, épousa la fille d'un bourgmestre d'Annaberg qu'il avait eu le bonheur de guérir ; et, après avoir travaillé pendant plus. années à sa merveilleuse machine, il l'exposa en 1712. Avec cette mécaniq. à laquelle il donna successivement plus de développement, il s'établit dans diverses villes de Saxe, la fit voir gratis, puis moyennant une légère rétribution, et la brisa lorsque le gouvernem. eut mis un droit sur ses recettes ; il fut ensuite appelé à Cassel par l'élect., reçut le titre de conseiller de commerce, obtint un local pour sa demeure et l'établissem. de sa machine, qu'il avait reconstruite, et publia un écrit intitulé : *le Mouvement perpétuel triomphant* (allem. et latin), 1719, in-4. Sa machine ayant été soumise à l'examen de S'gravesande, Orfireus, qui ne fut pas content du rapport de ce célèbre physicien, brisa une seconde fois son ouvrage, et se livra à la dévotion. Il conçut le plan d'un établissement appelé *le Gottesburg*, où l'on recevrait des chrétiens, des Turks, etc., pour les instruire dans la piété et dans les arts et les sciences, surtout dans les mathématiq. Il publia aussi, sous le titre d'*Orffyréen orthodoxe* (1725, in-4), un projet de réunion de sectes religieuses, qu'il reproduisit en 1724, sous le nouv. titre de *Précis de la religion chrét. unie* (allem.), in-4. Ramené par le besoin aux arts mécaniq., il publia en 1738 trois inventions nouvelles, un jet d'eau perpétuel, un orgue d'horloge et le *vaisseau orffyréen*, ou la machine de conservation. En 1743 il se rendit dans le Brunswick, où il voulait construire des moulins, une fabrique de polissage de marbre et une autre de maroquin. Il mourut en 1745 à Fürstenberg. On trouve des détails sur son invention dans les *Acta eruditorum*, 1715 et 1718, dans la *Vie* de S'gravesande par Allamand, et dans les *Mém. de Trévoux* de 1717, tome IV.

ORGEMONT (Pierre d'), chancelier de France, né à Lagny-sur-Marne dans le 14e S., exerça cette charge de 1375 à 1580, époque à laquelle son gr. âge l'obligea de remettre les sceaux au roi ; il mourut en 1389. Une chose import. à remarquer, c'est que, suivant les actes anciens de la chambre des comptes de Paris, il fut élu chancelier par voie de scrutin, en présence du roi Charles V.

ORGÉTORIX, illustre Helvétien, ayant formé le dessein de s'emparer de l'autorité souveraine, persuada à ses compatr. d'abandonner le pays qu'ils occupaient entre le Rhin et les Alpes, en leur promettant de les mettre en possess. des campagnes de la Gaule, dont il exagérait la fertilité. César a décrit les préparatifs de cette expédit. dans le 1er liv. de ses *Commentaires*. Les projets d'Orgétorix furent découv. et le peuple allait en faire justice, lorsque cet ambitieux mourut subitem. vers l'an 62 avant J.-C.

ORIANI (Barnabé), prêtre, directeur de l'observatoire de Milan, né à Garignano, près de cette ville en 1753, annonça de bonne heure son goût pour les sciences exactes, et publia dès 1777 des observat. qui fixèrent son rang parmi les astronomes distingués que l'Italie possédait alors. Il fut envoyé en 1786 à Londres pour faire const'uire par Ramsden un cercle mural et plus. autres instrum. destinés à l'observatoire de Milan. Dans ce voyage il fit la connaiss. d'Herschel, avec leq. il entretint depuis une correspond. active. De retour à Milan, il prit part à la mesure d'un arc du méridien, et dirigea avec Reggio et Cesaris la triangu lat. pour la nouv. carte de Lombardie. Lorsque Pazzi découvrit en 1801 la planète Cérès, qu'il prit d'abord pour une comète, Oriani trouva, en calcu ant l'orbite de la nouvelle étoile, que c'était une planète. A la créat. de l'institut italien, il fut compris dans la nominat. des 30 prem. membres. Plus tard il reçut le titre de comte, et fut nommé sénateur du roy. d'Italie. Le gouvernem. autrichien le confirma dans la place de direct. de l'observatoir. Oriani mourut en 1852. Ses ouvr. sont : *Sur les interpolations des lieux de la lune*, 1788. — *Tables du mouvement horaire de la lune*, 1779. — *Sur la réduction des lieux des étoiles*, 1779. — *Sur les occultations des étoiles*, 1782. — *Sur la précession des équinoxes*, 1783. — *Tables d'Uranus*, 1785. — *Sur les lunettes acromatiques*. — *Theoria planetæ Urani*, 1789, in-4. — *Sur les perturbations de Mercure par l'action de Vénus*, 1796. — *Correction des tables de Mercure*, 1797. — *Sur la manière de corriger les tables pour les observations*, 1797. — *Theoria planetæ Mercurii*, 1798, in-8. — *Formules analytiques pour la perturbation des planètes*, 1802. — *Éléments de trigonométrie sphérïdique*, 1806, in-8, ouvr. classique. — *Opuscules astronomiques*, 1806, in-8.

ORIBASE, médec. grec du 4e S., né à Pergame, fut disciple de Zénon de Cypre, fit de grands progrès dans les sciences, devint médecin de Julien, surnommé *l'Apostat*, qu'il suivit dans les Gaules, eut assez de crédit pour l'aider à monter sur le trône impérial, fut nommé par lui questeur de Constantinople, l'accompagna dans son expédition contre les Perses, et tomba plus tard dans la disgrâce des empereurs Valentinien et Valens, qui le dépouillèrent de ses biens, et l'obligèrent à se réfugier chez les Barbares. La réputation qu'il s'acquit parmi ces peuples abrégea son exil. Oribase vécut jusque vers le milieu du 5e S. : il avait composé beaucoup d'ouvr., dont près des deux tiers se sont perdus. Ceux qui restent sont : *Collectanea artis medicæ, ex Galeni commentariis*, in-8. — *Synopseos ad Eustathium filium lib. IX*, etc. : c'est un abrégé du grand ouvrage dont les *Collectanea* ne sont qu'un fragment. — *Euporipstorum, hoc* est paratu facilium, lib. IV. — Commentarii in Hippocratis aphorismos. — De victûs ratione. — Anatomia ex libris Galeni. — Libri II de fractis et luxatis. Oribase a fait plus. découv. import. en physiologie.

ORIENT (Joseph), peintre de paysages, né en Hongrie vers la fin du 17e S., se plaisait à représenter des orages, des coups de vent, etc. : ses compositions sont vastes et riches. Il mourut à Vienne en 1747, après avoir formé plus. élèves distingués.

ORIENTIUS (St ORIENT, ou), fut év. d'Auch, ville qui le reconnait pour son patron, et mourut vers 430. On lui attribue un poème intitulé Commonitorium, recueil d'instructions dont les principes valent mieux que la poésie. Le 1er liv., publ. par le P. Delrio, 1599, in-12, a été réimpr. plus. fois. L'ouvrage entier a été inséré par D. Martène dans le Thesaurus anecdotorum, tome V, suivi de quelques pièces de poésie du même aut. sur des sujets pieux. H.-L. Schurtzfleisch en a publié une nouvelle édit., 1706, in-4.

ORIGÈNE, docteur de l'Église, naquit à Alexandrie vers l'an 185, de parents chrétiens, fut instruit dans les arts libér., les belles-lettres, et surtout dans les saintes Écritures. Il avait 17 ans quand la persécut. s'éleva contre les chrétiens en 202, par suite d'un édit de l'emper. Sévère. Léonide, père d'Origène, eut la tête tranchée, et ses biens furent confisqués. Pour subvenir aux besoins de sa famille, Origène enseigna la grammaire, et bientôt il remplaça St Clément dans la direction de l'école chrétienne d'Alexandrie, que ce Père avait été forcé d'abandonner pour se soustraire à la persécution. Dès-lors il mena la vie la plus austère; et, pour se mettre en sûreté contre la tentation et contre les discours de la méchanceté dans ses relations avec les jeunes catéchumènes, il ne craignit point de se mutiler, prenant à la lettre les paroles de l'Évang. Dans la suite il condamna lui-même la conduite qu'il avait tenue en cette circonstance. Après la mort de l'empereur Sévère en 211, il se rendit à Rome, où il se fit des admirateurs et des amis. De retour à Alexandrie, il reprit ses fonctions de catéchiste sous l'évêq. Démétrius. Une émeute qui survint l'obligea de se retirer à Césarée, où il donna des leçons publiques. Sur les instances de Démétrius, il revint à Alexandrie reprendre ses prem. fonctions, et continua d'étonner les fidèles par ses lumières, son zèle et l'austérité de ses mœurs. Obligé d'aller à Athènes pour secourir les églises de l'Achaïe, Origène passa de nouveau à Césarée, où l'évêq. de cette ville et celui de Jérusalem l'ordonnèrent prêtre en 230 : il avait alors 45 ans. Cette ordinat. fut désapprouvée par l'évêque Démétrius, qui publia la mutilation d'Origène, qui, suiv. les canons, le rendait inapte au sacerdoce : les évêq. soutinrent ce qu'ils avaient fait. Un grand trouble s'éleva dans l'Église, et les choses en vinrent au point qu'un concile fut assemblé contre Origène. Excommunié par Démétrius, il se retira de nouv. à Césarée; et continua d'expliquer l'Écrit. sainte.

La persécution contre les chrétiens ayant recommencé sous l'emper. Maximin, Origène fut obligé de quitter la Palestine, se cacha pend. deux ans, et revint à Alexandrie après la mort de son persécuteur : ce fut dans cette ville qu'il acheva ses Comment. Avant lui, les auteurs ecclésiast. avaient expliqué diverses part. de l'Écriture sainte; il fut le premier qui commenta la Bible en entier. Ce gr. docteur subit une troisième persécution sous l'empereur Dèce, en 249. Chargé de chaînes, mis à la torture, il trompa l'attente de ses bourreaux. De sa prison, il ne cessait d'écrire à ses compagnons pour les consoler et les encourager, et c'est alors qu'il composa le dernier, et peut-être le plus utile de ses ouvr., son livre contre Celse. Peu de temps après l'avoir terminé, il mourut en 253, âgé de 69 ans, n'ayant, jusqu'à sa dernière heure, cessé de servir l'Église par ses écrits et ses discours. On trouve dans la Biblioth. gr. de Fabricius les différ. éditions des ouvr. d'Origène; celle de Paris, 1759, 4 vol. in-fol., peut tenir lieu de toutes les autres. On distingue parmi ses écrits les Commentaires sur toute l'Écriture sainte (gr. et latin), avec des notes de Huet, Rouen, 1668, 2 vol. in-fol. Les Hexaples ont été publ. par le P. Montfaucon, 1713, 2 vol. in-fol.

ORIGNY (Pierre d'), sieur de Sainte-Marie, poète du 16e S., né à Reims, a publié : le Temple de Mars tout-puiss., poème, 1559. — Le Hérault de la noblesse française, 1578. — ORIGNY (Pierre-Adam d'), de la même famille, né à Reims en 1697, entra de bonne heure au service, devint capitaine de grenadiers au régim. de Champagne, fut blessé à l'attaque des lignes de Weissembourg en 1745, prit sa retraite, et se livra à l'étude de l'histoire, principalement des anciens Égyptiens, et mourut en 1774, avant d'avoir terminé le grand trav. qu'il avait entrepris sur cette matière. On a de lui : Mémoire sur la famille des d'Origny, publ. par Anquetil, aut. de l'Hist. de la ville de Reims, 1757, in-12, de 28 pages. — L'Égypte ancienne, ou Mémoires historiq. et critiques sur les objets import. de l'hist. du grand empire des Égyptiens, 1762, 2 vol. in-12. Cet ouvrage a été vivem. critiqué par Paw, dans ses Recherches sur les Égyptiens. — Chronologie des rois du gr. empire des Égyptiens, 1765, 2 vol. in-12. — Nicolas-Pierre d'ORIGNY, neveu du précédent, officier au régiment de Champagne, fit avec distinction la campagne de 1757 en Hanovre, et mourut des suites d'une blessure en 1761. On trouve l'Éloge de ce jeune officier à la fin de la préface de l'Égypte ancienne. - Antoine-J.-B.-Abraham d'ORIGNY, de la même famille, né à Reims en 1734, fut conseill. à la cour des monnaies, cultiva la littérature, et mourut en 1798. On a de lui : Dictionnaire des origines, ou Époques des invent. utiles, des découvertes, etc., 1776-78, 6 vol. in-8. — Abrégé de l'histoire du Théâtre-Français, dep. le mois de septembre 1780 jusqu'au 1er janv. 1785, t. IV, in-8 : les trois prem. vol. sont du chevalier de Mouhy. — Annales du Théâtre-Italien, 1788, 3 vol. in-8. — ORIGNY (Jean d'), de la famille des précédents, jésuite, né à Reims, a publié : *Vie du P. Canisius*, 1707, in-12. — *Vie du P. Ant. Possevin*, 1712, in-12.—*Vie de St Remi*, 1714, in-12. — *Vie du P. Edm. Auger*, 1716, in-12.

ORIOL (Pierre), en latin *Aureolus*, théologien du 15e S., né à Verberie en Picardie, succéda à Jean Scot, son maître, dans une des chaires de l'université de Paris, mérita le surnom de *Doctor facundus*, et fut élevé, dit-on, à la dignité d'archevêque d'Aix en 1321. Suiv. les aut. du *Gallia christiana*, Oriol mourut en 1322; mais l'abbé Dutems retarde sa mort jusqu'en 1345. Outre des sermons, un *Abrégé de théologie* et quelq. traités ascétiques dont on trouve la liste dans la *Biblioth. minor.* de Wading, on cite d'Oriol : *Breviarium Bibliorum*, 1507; des *Comment.* sur le Maître des Sentences, 1595-1605, 2 vol. in-fol., très rare.

ORIOLLE (Pierre d'), chancelier de France, fils d'un maire de La Rochelle, s'éleva par son mérite, exerça la première magistrature de 1472 à 1483, et mourut en 1485. Deux ans avant sa mort, il fut forcé de se démettre des fonctions de chancel. par Louis XI, qui le fit premier présid. de la chambre des comptes.

ORKHAN, surnommé *al Ghazy* ou *le Victorieux*, 2e sulthan des Turks othomans, succéda, l'an 726 de l'hég. (1326 de J.-C.), à son père Othman Ier; il conquit la Bythynie et tout ce que les Grecs possédaient encore en Asie, se distingua par sa justice et son humanité, laissa aux chrét. vaincus l'exercice de leur religion, se montra supérieur en politique aux empereurs grecs, ses ennemis, donna à ses sujets musulmans leurs premiers réglem. civils et politiques, fit élever dans la relig. musulmane les jeunes esclaves chrétiens, et en forma un corps de troupes qui, sous le règne suivant, devint la fameuse milice des janissaires. Maître du Bosphore, il fit passer ses troupes en Europe, sous la conduite de Soléiman, son fils, qui s'empara de plus. places dans la Thrace et la Bulgarie, et forma ainsi comme la première ligne du blocus de Constantinople, qu'achevèrent les successeurs d'Orkhan. Ce sulthan mourut l'an 761 de l'hég. (1360), à l'âge de 80 ans, et après un règne de 35. Il eut pour successeur Mourad, son second fils.

ORLANDI (Pellegrino-Antonio), relig. carme, né à Bologne en 1660, s'adonna à l'étude avec ardeur, et composa plusieurs ouvrages qui attestent de grandes recherches, mais qui manquent de méthode et d'exactitude. Il fut membre de l'acad. clémentine, et mourut dans sa patrie en 1727. On a de lui : *Notizie degli scrittori bolognesi*, etc., 1714, in-4. — *Origine e progressi della stampa*, 1722, in-4. — *Abecedario pittorico*, dont la meill. édit. est celle de Florence, 1776-78, in-4. On trouve un comment. sur Orlandi dans le tome VI des *Scrittori bolognesi* de Fantuzzi.

ORLANDINI (Nicolas), prem. historien de l'institut des jésuites, né à Florence en 1554, entra dès l'âge de 18 ans dans la société, fut destiné à la carrière de l'enseignement, devint recteur du collège de Nola, puis directeur du noviciat à Naples.

Appelé à Rome pour être employé à l. secrétairerie générale, il se fit remarquer par la facilité de sa rédaction, et fut chargé de travailler à l'histoire de son institut; malgré le mauvais état de sa santé, il en avait terminé le premier vol. lorsqu'il mourut en 1606. On a de lui : *Annuæ litteræ societatis*, de 1583 à 1585; une *Vie du Père Fabre*, l'un des dix premiers compagnons de St Ignace, 1617, in-8. — *Historia societatis Jesu, pars prima*, Rome, 1615; Anvers, 1620, in-fol. Fr. Sacchini, le P. Pierre Possin, Jouvenci et Jules Cordara ont été les continuateurs de cet ouvrage, qui forme 7 vol. in-fol., rare et recherché, à raison de la suppress. rigoureuse qui fut faite en France du 6e vol., rédigé par Jouvenci.

ORLÉANS (Louis Ier de France, duc d'), né en 1371, second fils de Charles V, eut beauc. de part aux affaires publiq. pend. le règne de Charles VI, son frère. Il était éloquent, affable, et passait pour le plus bel homme du royaume; mais il abusa trop de ces dons heureux, et s'attira peut-être autant d'ennemis par ses bonnes fortunes et so. indiscrétion que par ses projets ambitieux. Jean-sans-Peur, duc de Bourgogne, son rival et peut-être aussi l'une des victimes de ses galanteries, le fit assassiner dans la rue Barbette, au Marais, en 1407. Ce meurtre fut l'origine de la division, si fatale à la France, des maisons d'Orléans et de Bourgogne.

ORLÉANS (Gaston-Jean-Baptiste du France, duc d'), 5e fils de Henri IV et frère de Louis XIII, né à Fontainebleau en 1608, était doué des plus heureuses dispositions; mais il fut mal élevé. De Brèves, son gouverneur, ayant été entraîné dans la chute de Concini, le comte du Lude, qu'on mit auprès du jeune prince, se déchargea de ses devoirs pénibles sur honorables sur Contade, homme grossier et inhabile, qui eut bientôt effacé les bonnes impress. qu'avait reçues son élève. Ceux qui succédèrent à du Lude ne montrèrent pas moins de négligence ou d'incapacité. Au reste, Gaston, avec un esprit vif et pénétrant, un cœur honnête, généreux et bienfaisant, manquait entièrement de cette fermeté de caractère, plus précieuse dans un prince que les dons les plus brill. de la nature et de l'éducation. Objet constant de la jalousie du roi son frère, poussé par les favoris que lui donnait sa faiblesse, il tenta plus. fois de perdre le card. de Richelieu; mais il s'arrêta toujours au milieu de ses entreprises, et, pour rentrer en grâce, abandonna ses conseill. et ses complices à la vengeance de l'implacable ministre. Montmorency, Bouillon et Cinq-Mars furent tour à tour victimes de sa pusillanimité. Nommé lieuten.-général du roy. après la mort de Louis XIII, il rétablit sa réputation par la prise de Gravelines, de Courtrai et de Mardick; mais il se mit bientôt à cabaler contre Mazarin, et fut relégué à Blois, où il mourut en 1660, laissant (dit le P. d'Avrigny) la réputation d'un prince né avec des inclinations qui lui auraient fait honneur, si elles avaient été mieux cultivées. Gaston eut de son mariage avec Marie de Bourbon-Montpensier, Mlle Montpensier, si connue sous le nom de *la Gr.*

Mademoiselle. Il contracta un second mariage avec Marguerite de Lorraine-Vaudemont, dont il n'eut pas d'enfants. On lui attribue des *Mém. dep.* 1603 jusqu'en 1635, revus par Martignac, et réimpr. en 1756 à Paris, in-12, à la suite des *Mémoires particuliers pour servir à l'histoire de France sous Henri III, Henri IV et Louis XIII.*

. ORLÉANS (Philippe de France, duc d'), frère unique de Louis XIV, né à St-Germain-en-Laye en 1640, fut un prince faible et sans passions. La nature avait peu fait pour lui, et l'éducation qu'on lui donna à dessein acheva de le dégrader. On sait que Mazarin disait à La Mothe-le-Vayer, précept. du jeune prince : *De quoi vous avisez-vous de faire un habile homme du frère du roi?* Anne d'Autriche travaillait, de son côté, à empêcher ce malheur : elle défendait de *viriliser* le jeune prince. Elle se plaisait à le faire paraître en jupes dev. les courtisans, et à lui donner ainsi des habitudes dont ses mœurs ne se ressentirent que trop dans la suite. Philippe épousa en 1661 Henriette-Anne d'Angleterre, princesse charmante, qu'il n'aima point, mais pour laquelle Louis XIV eut les prévenances les plus délicates. Monsieur ne laissa pas que d'en concevoir de la jalousie. Aussi, lors de la mort cruelle et imprévue de Madame, des soupçons s'élevèrent contre lui et contre le chev. de Lorraine, qui avait enlevé à la princesse les affections de son mari et cherché vainement ensuite à la consoler. Quoi qu'il en soit des véritables causes de la mort de Henriette, il paraît constant qu'on négligea de les approfondir. Les preuves disparurent et les soupçons restèrent. Cependant un procès-verbal dressé lors de sa mort, et la déclarat. de Bossuet qui l'assista dans ses derniers moments, attestent qu'elle mourut d'un *cholera-morbus.* Bientôt Philippe, cédant aux instances de son aumônier, chercha la gloire des armes et alla prendre part à la guerre des Pays-Bas (1667). On lui fit épouser en 1671 la princesse Charlotte-Élisabeth de Bavière, grosse Allemande bien laide, mais aimable et spirituelle, qui travailla 30 ans à gagner l'estime et l'affection de son apathique mari, et n'y réussit qu'avec peine dans les dern. années de leur triste union. Monsieur suivit son frère à la conquête de la Hollande, en 1672. La prise de Zutphen, de Bouchain et de St-Omer, et la victoire qu'il remporta sur le prince d'Orange à Cassel (1677), révélèrent en lui la plus brill. valeur, et firent prendre au roi la résolution de ne lui donner jamais le command. d'une armée. Les soldats disaient de lui : « Il craint plus que le soleil ne le hâle qu'il ne craint la poudre et les coups de mousquet. » Dès-lors Philippe, éloigné du seul théâtre où il pouvait briller, fut contraint de rentrer dans la vie oisive à laq. une polit. jalouse l'avait condamné. Prétendant, en sa qualité de fils d'Anne d'Autriche, à la success. d'Espagne, il signa une protestation énergique contre le testament de Charles II, qui appelait à lui succéder le duc d'Anjou, second fils du dauphin, et Philippe V reconnut la justice de ses droits par une déclarat. du 29 octobre 1703. Philippe mourut

à St-Cloud en 1701. Son précepteur, La Mothe-le-Vayer, lui avait fait traduire l'histoire romaine de Florus : cette version, dont Lenglet-Dufrénoy fait l'éloge, n'est plus recherchée.

ORLÉANS (Philippe, duc d'), régent de France, fils du précédent et de Charlotte-Élisabeth de Bavière, né à St-Cloud en 1674, annonça les plus heureuses disposit.; mais il perdit successivem. cinq gouvern. qui avaient commencé à le diriger vers le bien, et se trouva abandonné à son sous-précept. Dubois, qui fit tout pour gâter leur ouvrage. Toutefois il fit les plus rapides progrès dans tous les genres d'étude, débuta dès l'âge de 17 ans dans la carrière des armes, et se signala au siége de Mons, à Steinkerque et à Nerwinde par la plus brillante valeur. Sa gloire donna même quelque ombrage à Louis XIV, qui ne lui permit pas de faire la campagne de 1694, l'accueillit froidement à Versailles, et contribua peut-être, par cette conduite blâmable, à le jeter dans les désordres les plus scandaleux pour occuper son ardente activité. Le jeune duc consentit à épouser vers le même temps Mlle de Blois, une des filles légitimées du roi et de Mme de Montespan; mais ce fut à condit. qu'il aurait toutes les prérogatives de premier prince du sang, après la mort de son père, à l'exception du titre de *monsieur.* Devenu duc d'Orléans en 1701, il se forma une cour, et mena une vie plus licencieuse que jamais. Cependant il sortit de son engourdissement à la mort de Charles II, roi d'Espagne, et protesta contre le testament de ce prince, qui appelait la maison de Savoie à lui succéder après la branche aînée de la maison de France, au préjud. de celle d'Orléans. Tous ses entretiens dès-lors roulèrent sur l'art de la guerre et sur les affaires politiques. Le roi le sut, et l'envoya commander l'armée d'Italie (1706). Ce ne fut pas toutefois sans donner au maréchal de Marchin des ordres secrets qui contrarièrent les dispositions du prince, et ne lui laissèrent que l'honn. de sauver une partie des troupes françaises par une habile retraite. Envoyé l'année suivante à l'armée d'Espagne, il arriva le lendem. de la victoire d'Almanza, et se dédommagea de ce contre-temps par la soumission de plus. provinces et la prise de plusieurs places import. La campagne suiv. (1708) fut encore très glorieuse pour lui ; mais les incertitudes et les terreurs du faible Philippe V lui donnèrent le désir de s'asseoir sur le trône chancelant d'Espagne. Il ne fut pas assez discret, et c'en était fait de sa vie peut-être, s'il n'eût été défendu par le duc de Bourgogne, qui l'empêcha d'être jugé comme criminel d'état : il en fut quitte pour renoncer formellement à ses prétentions. Un autre orage allait éclater bientôt sur sa tête : le dauphin, le duc, la duchesse de Bourgogne et leur fils aîné moururent dans l'espace d'une année presque subitement. On parla d'empoisonnem., on accusa le duc d'Orléans, on se souvint qu'il avait long-temps étudié la chimie, et le peuple se serait porté contre lui aux dernières violences, sans les précautions actives du lieuten. de police d'Argenson. Le second fils du duc de Bourgogne étant tombé malade, les soupçons devinrent plus violents. Philippe alla se jeter aux pieds du roi, et demanda des juges : le fier monarque ne voulut point faire juger son neveu. Cependant le jeune dauphin se rétablit, et le public commença à se repentir de ses inculpat. précipitées. Louis XIV garda pour le duc d'Orléans la même froideur et la même défiance, et fit un testament dont toutes les dispositions lui étaient contraires. Mais Philippe les connaissait; il savait qu'il n'était désigné que comme le président d'un conseil de régence, et que la personne du jeune roi était confiée au duc du Maine. Dès le lendemain de la mort de Louis XIV il se rendit au parlement, et se fit déclarer régent du royaume avec un pouvoir absolu. Cette fois il fut reconduit en triomphe dans son palais par le peuple; il vit se presser aussi autour de lui tous les courtisans, et leur pardonna leurs calomnies autant par générosité que par politique. Tout en un instant changea de face et de direction. Les jansénistes supplantèrent les jésuites, les parlements furent réintégrés dans le droit de faire des remontrances, la paix fut maintenue à tout prix (chose remarquable!) par un prince, jeune encore, qui avait connu l'enivrement de la gloire militaire; 25,000 soldats furent réformés, la France ne s'épuisa plus à soutenir la cause perdue des Stuart, et en 1718 on avait éteint 400 millions de dettes; mais ces moyens d'économie et d'autres encore n'avaient pu combler le déficit des finances, et l'on parlait de banqueroute. Le régent eut la sagesse et le courage de repousser cette odieuse ressource. Law parut, et bientôt l'enthousiasme et toutes les apparences d'une richesse imprévue succédèrent au découragement et à la détresse : mais on abusa imprudemment de cette faculté, quelquefois si utile, de créer des valeurs imaginaires, et la détresse ne tarda pas à se montrer plus effrayante que jamais. Philippe défendit Law contre le parlem., qui n'avait jamais été dupe, et la nation, qui ne l'était plus; il fit même taire toute opposition par un lit de justice, où il déploya une fermeté et une présence d'esprit admirables (18 août 1718). La duchesse du Maine, seule de tous les ennemis du régent, ne fut point intimidée, et jura de se venger. De concert avec le duc de Cellamare, ambassadeur d'Espagne, et le card. Alberoni, elle conspira pour faire passer la régence de France à Philippe V. Tout fut découvert, et le duc d'Orléans s'efforça d'abord, en ne punissant personne, de faire regarder cette conspiration, véritablem. très vaste, comme une misérable intrigue; plus tard, il fit arrêter le duc et la duchesse du Maine, et, sur les dénonciations de celle-ci, pour se sauver, elle et son époux, quatre malheureux Bretons périrent à Nantes. Cellamare ayant été nommé vice-roi de Navarre, le régent se décida à signer, avec les cours de Vienne et de Londres, un traité d'alliance, déclara la guerre à l'Espagne (1719), et força par ses succès Philippe V à renvoyer Alberoni. La paix rétablie, la France fut en proie à plus. fléaux, la peste de Marseille, les désastreuses conséquences du système de Law et les querelles religieuses, Le parlement fut exilé

pour avoir refusé d'enregistrer les édi s favorables au système; les jésuites furent réhabilités pour concilier la fav. de Rome à l'infâme Dubois; enfin le prince, qui tenait encore dans ses mains les destinées du royaume, s'enfonçait chaque jour davantage dans ses habitudes vicieuses. On ne trouve rien à louer en lui à cette époque, si ce n'est la modération qu'il montra au milieu des excès auxquels se porta le peuple mécontent. Il s'empressa de remettre tous ses pouv. à Louis XV, incapable encore de régner (1723), et resta à la tête des affaires pour obéir aux instances de son royal pupille; mais il était parvenu à un âge où les désordres ne restent point impunis, et, d'un autre côté, il n'avait plus la force de changer. Il mourut subitem. la même année entre les bras d'une nouvelle maîtresse, la duchesse de Phalaris. Ce prince, aussi heureusement né pour la guerre que pour l'administration, avait des talents pour la musique, la peinture et la gravure, qui eussent fait honneur à un artiste. Voyez les *Mém. de la régence* (par le chev. de Piossens), édit. de 1749, 5 vol. in-12; les *Mém.* de Saint-Simon et de Duclos; *Louis XIV, sa cour et le régent*, par Anquetil; l'*Histoire de la régence*, par Marmontel; le *Siècle de Louis XIV et de Louis XV*, par Voltaire, et surtout le 1er vol. de l'*Hist. de France pend. le 18e S.*, par M. Lacretelle.

ORLÉANS (Louis, duc d'), fils du précédent, né à Versailles en 1703, épousa la princesse de Bade en 1724; mais, ayant eu le malheur de la perdre après deux ans d'une union dont rien n'avait troublé la douceur, il en fut inconsolable, ne parut plus à la cour que lorsque son devoir le forçait de s'y présenter, et se vit dépouiller sans peine, par le cardinal de Fleury, de la charge de colonel-général de l'infanterie. En 1730, il prit un appartement à l'abbaye de Ste-Geneviève, où il se fixa tout-à-fait en 1742. Dès-lors il partagea son temps entre les exercices de piété et l'étude. Il apprit l'hébreu, le syriaque, le chaldéen et le grec, pour approfondir la religion dans ses sources. Il n'en cultiva pas avec moins d'ardeur les sciences naturelles, et les savants trouvèrent toujours en lui un protecteur généreux et éclairé. L'excès du travail et l'austérité de sa vie ayant ruiné sa santé, il vit approcher le dernier terme avec calme et résignat. Le curé de St-Étienne-du-Mont (Bouettin), après avoir tenté vainem. de lui faire rétracter quelq. opinions suspectes de jansénisme, lui refusa la communion. Le prince se fit administrer par son aumônier, demanda que l'on ne poursuivit point le curé, et mourut avec la sérénité d'une âme vraiment chrétienne (1752). Parmi les ouvrages qu'il a laissés MSs., on remarque : une *Traduction littérale des psaumes*, faite sur l'hébreu, avec une *paraphrase* et des *notes;* des *trad. littérales* d'une partie des livres de l'Ancien-Testament, et des *Épîtres* de St Paul ; un *Traité contre les spectacles.* Neel a publié *Histoire de Louis, duc d'Orléans*, 1753, in-12.

ORLÉANS (Louis-Philippe, duc d'), fils du précédent, né à Paris en 1725, porta le nom de duc de Chartres jusqu'à la mort de son père. Nommé colonel d'un régiment d'infanterie de son nom en 1737, il fit, en 1742, sa prem. campagne en Flandre, commanda la cavalerie l'année suiv. sur les bords du Rhin, et, après avoir montré beaucoup de valeur à la bataille de Dettingen, fut créé maréchal-de-camp. A son retour, il épousa Louise-Henriette de Bourbon-Conti, princesse aussi belle que spirituelle, mais qui fut loin de le rendre heureux. Élevé au grade de lieuten.-général en 1744, il assista aux siéges de Menin, d'Ypres, de Furnes, de Fribourg, et aux batailles de Fontenoi, de Raucoux, de Laufeld, et obtint ensuite le gouvernem. général du Dauphiné, en survivance de son père. Le plus grand service qu'il rendit à la France, fut d'y populariser l'inoculation par l'heureux essai qu'il en fit faire par Tronchin, en 1756, sur son fils unique et sa fille, depuis duchesse de Bourbon. Devenu veuf en 1759, il fit construire un théâtre dans sa délicieuse campagne de Bagnolet, y joua lui-même les rôles de financier et de paysan avec beaucoup de naturel et de vérité, et s'entoura de plus. gens de lettres, auxq. il ne donna pas seulement de stériles éloges. Lors de la querelle des parlem., il refusa de se mettre à la tête du parti qui le désirait pour chef. Son attachement sincère au monarque, lui valut l'autorisation d'épouser secrètem. M⟨me⟩ de Montesson en 1773. Il mourut, généralem. regretté, en 1785. On sut, après sa mort, qu'il donnait chaque année aux malheureux 240,000 fr., sans compter les pensions et les gratifications qu'il payait en son nom ou au nom de ses ancêtres. Trois oraisons funèbres furent consacrées à sa mémoire dans les églises de Paris, l'une de l'abbé Maury, l'autre de l'abbé Bourlet de Vauxcelles, la troisième de l'abbé Fauchet. Une quatrième fut prononcée à Orléans, en 1786, par l'abbé Rozier, chanoine de la cathédrale.

ORLÉANS (Louis-Philippe-Joseph, duc d'), fils du précéd., né à St-Cloud en 1747, et connu d'abord sous le nom de duc de Montpensier, puis de duc de Chartres, fut marié en 1769, à la fille unique du vertueux duc de Penthièvre. Il n'était alors connu que par ses manières élégantes, son esprit naturel, son goût pour la dépense; mais bientôt il préluda, par quelq. actes d'une honorable indépendance, au rôle moins heureux qu'il devait jouer par la suite. Il fut un de ceux qui s'opposèrent à la dissolut. des parlements en 1771, et qui furent exilés de la cour pour avoir refusé de prendre place, en sa qualité de pair, inhérente à celle de prince du sang, au parlement Maupeou. L'insurrection des colonies anglaises ayant fait prévoir une guerre prochaine entre la France et l'Angleterre, le duc de Chartres, tourmenté par le besoin d'occuper sa vie, et pour se préparer aux événements de cette grande lutte, peut-être aussi pour obtenir la survivance de la charge de gr.-amiral, dont son beau-père était investi, fit plus. campagnes sur mer. On a sous les yeux une lettre qu'il écrivit à cette époque, et qui n'a jamais été publiée; on y remarque ces lignes : « ..... Je suis

vraisemblablement condamné à une oisiveté éternelle... Quand même il surviendrait une guerre, à quoi puis-je aspirer? J'ai 27 ans, et je ne l'ai pas encore faite!... le service de mer est ma seule ressource;.... c'est le seul parti que je puisse prendre pour acquérir l'estime et la considérat. publique, qui sont pour nous la seule fortune réelle, et sans lesquelles notre naissance ne fait que nous mettre au-dessous des autres, etc...... » Nommé en 1777 lieuten.-général des armées navales, il commanda l'escadre bleue au combat d'Ouessant. A son retour, il reçut l'accueil le plus flatteur, quoique déjà ses ennemis cherchassent à ternir sa réputation de bravoure par des rapports invraisemblables, et qui depuis ont été démentis. Son départ pour une nouv. croisière permit à la calomnie de recueillir ses forces; et, lorsqu'il vint demander la survivance de la charge de grand-amiral, qu'il croyait avoir méritée, il essuya des refus, des humiliat., sollicita même vainem. l'autorisation de rejoindre la flotte, et fut obligé de se contenter de la charge de colonel-général des hussards, récompense au moins singulière pour des services maritimes, et qu'un homme de sa naissance avait le droit de regarder comme une ironie insultante. Les mouvem. précurseurs de la révolut. trouvèrent le duc d'Orléans (il avait pris ce titre en 1785, à la mort de son père) plein de ressentiments contre la cour. Il fut appelé en 1787, par le droit de sa naissance, à présider le 3⟨e⟩ bureau de la prem. assemblée des notables, qui se sépara sans avoir remédié aux maux de la France. On le vit, la même année, déclarer dans le parlement que le droit de voter des impôts n'appartenait qu'aux états-généraux, et protester en présence de Louis XVI, dans la fameuse séance royale du 19 nov., contre l'enregistrement illégal des édits burseaux. Il fut exilé le lendemain à Villers-Cotterets. Le parlement se rendit à Versailles pour demander la liberté du duc d'Orléans. Le prince ne revint à Paris que l'année suiv., et n'obtint qu'après plusieurs semaines la permission de se présenter à la cour. Après avoir encore présidé le troisième bureau dans la seconde assemblée des notables, il fut député aux états-généraux (1788) par la noblesse de Paris, de Villers-Cotterets et de Crespy-en-Valois, et opta pour la représentat. de ce dernier baillage. On chercha dès-lors à faire croire que la plupart des instructions données aux députés de cette contrée par leurs commettants avaient été rédigées sous l'influence du duc d'Orléans, comme si la voix d'un seul homme avait pu être comptée pour quelque chose dans ce gr. mouvem. national. Le duc d'Orléans ne fut point le chef ni le meneur de la révolut. : il en fut le partisan le plus riche et l'un des plus influents, rien autre chose. Il n'hésita pas, dans la chambre de la noblesse, à se ranger du parti de la minorité, et, après s'être déclaré pour la vérification des pouvoirs en commun, et pour le vote par tête et par ordre, il fut du nombre des 47 députés nobles qui se réunirent au tiers-état, déjà constitué en assemblée nationale. Il en fut nommé président, mais il refusa cette fonction, en déclarant qu'il ne se croyait pas capable de la remplir. Dans la soirée du 12 juillet, son buste fut porté en triomphe avec celui de Necker; mais rien ne prouve qu'il ait pris plus de part à ces troubles que le ministre genevois. C'est avec aussi peu de fondement qu'on attribua à son influence les funestes effets des 5 et 6 oct. En effet, l'assemblée, après avoir pris connaissance de la procédure instruite contre *le duc d'Orléans et le comte de Mirabeau*, pendant le court voyage du prince en Angleterre, déclara, à une grande majorité, *qu'il n'y avait lieu à accusation* ni contre l'un ni contre l'autre. Cependant beaucoup de gens persistèrent à croire le prince coupable, et les gr. embarras pécuniaires qu'il éprouva donnèrent de la consistance à ces inculpations; mais on pouvait bien trouver la cause de ces embarras, dans la difficulté, commune à tout le monde à cette époque, de *percevoir les revenus territoriaux*. Après la session de l'assemblée constituante, il se rendit à l'armée du Nord avec l'autorisation du roi, et y servit quelque temps, ainsi que ses fils, les ducs de Chartres et de Montpensier et le comte de Beaujolais ; mais bientôt le maréchal Luckner reçut l'ordre de ne point le garder plus long-temps sous ses drapeaux. Le trône fut renversé le 10 août 1792, et le duc d'Orléans, que ses ennemis mêmes n'ont point osé accuser d'avoir pris part à cette catastrophe, fut invité par les communes de Paris à prendre le nom de *Louis-Philippe-Joseph Égalité*. C'est sous ce nom qu'il fut élu député à la Convention; il y siégea comme à la constituante à l'extrême gauche, mais les temps n'étaient pas les mêmes. Entraîné par ses redoutables amis à voter la mort de Louis XVI, il fut poussé ainsi au seul crime qu'on puisse justement lui imputer. Mais les instigateurs d'une détermination qui n'eut sans doute rien de volontaire, le punirent bientôt de ce qu'il ne s'était rendu le plus coupable des régicides, que parce qu'il avait été le plus faible des hommes. Arrêté le 4 avril 1793, il fut emprisonné d'abord à l'Abbaye, puis transféré le 5 oct. à Marseille où il fut enfermé au fort St-Jean. Lorsqu'un décret mit en accusat. 45 girondins, Billaud Varennes proposa d'ajouter à la liste le nom de Philippe; et cette motion absurde, puisque celui qui en était l'objet avait toujours lutté contre les Girondins, passa sans la moindre opposit. Dans l'acte général d'accusat., on laissa subsister l'imputat. adressée au girondin Carra, d'avoir voulu placer le duc d'York sur le trône de France; bien que le principal grief imputé au duc d'Orléans fût d'avoir aspiré à la couronne. Philippe, amené à Paris pour être sacrifié par le tribunal révolutionnaire, daigna à peine se défendre, et, après avoir entendu son arrêt, demanda la grâce d'être exécuté sur-le-champ. Il obtint facilement de ses bourreaux cette triste faveur; mais, par un raffinement de cruauté, ils firent arrêter quelques minutes la fatale charrette devant son palais. Il montra une grande fermeté dans ses derniers moments, et reçut le coup fatal sur la place Louis XV, le 6 novembre 1793.

ORLÉANS (Louise-Marie-Adélaïde de Bourbon-Penthièvre, duchesse d'), femme du précéd., née en 1753, fit un voyage en Italie environ sept ans après son mariage, et se lia d'une étroite amitié avec la reine Caroline, à Naples. Éloignée de la cour, avec laquelle son époux était brouillé, délaissée par cet époux lui-même, la révolution vint ajouter à ses infortunes. Retirée avec son père au château de Vernon, elle eut à pleurer la mort de cet homme vertueux en 1793, et bientôt la captivité ou l'exil de ses enfants. Arrêtée elle-même en 1794 par un ordre du comité de sûreté générale, auquel les habitants de Vernon avait essayé de la soustraire, en prenant les armes, elle fut enfermée à la prison du Luxembourg, où les insultes cruelles des geôliers lui firent payer cher le respect que lui portaient les autres prisonniers. Transférée, pour cause de maladie, dans un hospice, rue de Charonne, elle en sortit le 18 fructidor après trois ans de captivité pour être exilée en Espagne, avec une pension de 100,000 fr. qu'on voulut bien lui accorder, en échange de ses immenses propriétés, confisquées par un décret : mais cette ressource lui fut bientôt ravie. De l'Espagne, où elle vécut plusieurs années, elle se rendit à Mahon, puis à Palerme, où elle eut la double joie de revoir sa constante amie la reine Caroline, et de marier son fils le duc d'Orléans avec la princesse Amélie de Sicile (1809). Elle revint en France lors de la première restauration, et dut trouver de grandes consolations dans les témoignages de respect que lui prodigua le peuple. Au mois de janvier 1815, elle fit une chute sur un escalier et se cassa une jambe. Bonaparte, lors de son retour de l'île d'Elbe, respecta le malheur de Mme la duchesse d'Orléans, et lui accorda la permission de rester à Paris. Elle mourut à Ivry en 1821. Elle donna à son fils les deux tiers de ses biens, l'autre tiers à sa fille, et fit un grand nombre de legs à des serviteurs fidèles (*v. Journal de la vie de S. A. R. Madame la duchesse d'Orléans*, par E. Delille, son secrétaire, 1822, in-8).

ORLÉANS (Marie-Christine-Caroline-Adélaïde-Françoise-Léopoldine, princesse d'), née à Palerme le 12 avril 1813, fille de Louis-Philippe et de Marie-Amélie, princesse de Naples, revint en France avec sa famille. Dès son enfance elle annonça des disposit. extraordinaires pour les arts du dessin, et, sans doute que, dans une autre position que celle où la Providence l'avait placée, elle ne se fût fait un nom parmi les plus gr. statuaires. Éminemm. Française, elle choisit dans l'hist. de France le sujet de ses composit. : une statuette de *Bayard mourant* fut son coup d'essai, et la *Jeanne d'Arc*, que l'on voit maintenant au musée de Versailles, son chef-d'œuvre. Dans l'intervalle la princesse composa plus. beaux bas-reliefs, d'après Dante et les poètes modernes dont elle faisait sa lecture habituelle. Mariée en 1837 au prince de Wurtemberg, sa santé, naturellem. délicate, s'affaiblit encore lorsqu'elle eut donné le jour à un fils. Les médecins, ne trouvant aucun remède à son mal, lui.conseillèrent le voyage d'Italie. Elle s'arrêta quelque temps dans une *villa* près de Gênes, puis vint à Pise, où elle mourut le 2 janv. 1839, à 26 ans, vivem. regrettée pour sa bienfaisance et ses autres vertus. Le *Moniteur* du 15 janvier contient un article plein d'intérêt sur cette princesse.

ORLÉANS (ANT.-PHILIPPE d'). —V. MONTPENSIER.

ORLEY (BERNARD van), peintre flamand, né à Bruxelles en 1490, alla fort jeune en Italie, où il devint élève de Raphaël. De retour dans sa patrie, il fut employé par Charles-Quint et le prince de Nassau; et donna à ses composit. un éclat et une correction dignes de l'école d'où il était sorti. On cite entre autres son beau tableau du *Jugem. dernier*, placé dans la chapelle des aumôniers à Anvers. — Richard van ORLEY, parent du précédent, né à Bruxelles en 1651, mort dans cette ville en 1732, se fit une réputation comme peintre en miniature, s'attacha au dessin et fit paraître une foule de compositions ingénieuses et piquantes. Il grava aussi à l'eau-forte plusieurs pièces d'après Luca Giordano, Rubens et quelq. autres maîtres.—Jean van ORLEY, son frère, se distingua égalem. comme peintre et graveur. Il a fait plus. tableaux estimés pour les églises de Bruxelles, sa ville natale. On a de lui 28 sujets tirés du Nouveau-Testament, gravés d'une pointe fine et spirituelle.

ORLOFF (GRÉGOIRE), gentilhomme russe, né vers 1740, servit d'abord dans l'artillerie, et devint aide-de-camp du gr.-maître, le comte Schouwaloff. Après une aventure galante avec la princesse Kourakin, maîtresse de Schouwaloff, il était sur le point d'être exilé en Sibérie, lorsqu'il fut sauvé par une haute protection. Son aventure, ayant fait un grand éclat à Pétersbourg, avait retenti jusque dans la retraite où vivait la gr.-duchesse Catherine (*v.* CATHERINE II). Cette princesse désira voir le jeune officier, et prit pour lui le plus vif intérêt. Orloff, secondé par ses trois frères, surtout Alexis, prépara et exécuta le fameux coup d'état qui eut lieu à la cour de Russie en 1762. Favori de l'impératrice, il devint gr.-maître de l'artillerie, et accumula tous les honneurs auxquels sa position lui permettait de prétendre. Catherine supporta longtemps ses indiscrétions et ses vues ambitieuses, et lui proposa un mariage secret auquel il eut la maladresse de se refuser. Vivement piquée de ce refus, l'impératrice s'en vengea en faisant choix d'un autre favori ; mais Orloff, en perdant la faveur, reçut 100,000 roubles, le brevet d'une pension de 150,000, un mobilier magnifique et une terre de 6,000 paysans. A ces conditions, il consentit à voyager, avec le titre de prince, en France, en Italie et en Allemagne, éclipsant par son luxe les plus grands seigneurs. Ramené plus. fois par l'ambition vers le trône sur lequel il s'était flatté de monter, il ne put supporter l'aspect de la puissance de Potemkin, le second de ses successeurs dans la faveur de Catherine, et mourut en 1783, dans un horrible état de démence, à Moscou, où il avait reçu

l'ordre de se rendre. On a dit que Potemkin l'avait fait empoisonner; mais d'autres ont pensé avec raison que c'eût été pour le nouv. favori un crime tout-à-fait inutile.—Alexis ORLOFF, frère du précédent, commença par être simple soldat aux gardes russes, dans le régiment de Preobazinski. Doué de la force d'Hercule, d'une taille de géant, d'une audace à toute épreuve, il contribua puissamm. à la révolution de 1762, qui mit le sceptre impérial dans les mains de Catherine, et fut, dit-on, l'un des trois assassins du tzar Pierre III. Récompensé avec magnificence, il continua de servir avec le plus grand zèle l'impératrice, qui le nomma, lui et trois de ses frères, lieuten.-colonels dans sa garde. Lorsque Catherine résolut de faire la guerre aux Turks, Alexis fut nommé amiral sans avoir jamais servi dans la marine, et sans être capable de conduire une chaloupe. Ce fut lui qui dirigea les expédit. de la Morée et de l'Archipel. Guidé par les conseils d'un officier anglais, Elphinston, il remporta la célèbre victoire navale de Tchesmé, sur les côtes de l'Asie-Mineure, qui lui valut le surnom de *Tchesminski*. Il donna une nouvelle preuve de son dévouem. à Catherine en enlevant de Rome, où le prince de Radziwill l'avait conduite, la jeune princesse Tarakanoff, fille de l'impératrice Élisabeth, et, après l'avoir épousée secrètement, la fit transporter en Russie, où elle périt dans un cachot. Là se bornèrent les exploits d'Alexis Orloff, qui continua de jouir de la plus grande faveur jusqu'à la mort de Catherine. Le premier soin de Paul Ier, à son avénement au trône, ayant été de réhabiliter la mémoire de son père, il tira de ses meurtriers, dont deux, Alexis Orloff et Baratinski, existaient encore, une vengeance bien remarquable : il ordonna qu'ils tiendraient les coins du drap funéraire. Pendant trois heures que dura la cérémonie, tous les regards demeurèrent fixés sur eux comme pour leur reprocher le crime qu'ils avaient commis 35 ans auparavant. On croyait que l'emper. ne s'en .tiendrait pas à cette punition; mais il se contenta d'ordonner l'exil d'Alexis. Celui-ci partit alors pour l'Allemagne, où il vécut pendant plus. années à Leipsig. Après la mort de Paul Ier il retourna à St-Pétersbourg, et termina son existence dans cette ville en janvier 1808. — ORLOFF (Grégoire-Wladémir), parent des précédents, conseiller-privé de l'emper. de Russie, sénateur, mort à Pétersbourg en 1826, avait voyagé et séjourné long-temps en France et en Italie. On a de lui : *Mém. historiq., politiq. et littér. sur la révolution de Naples*, publiés par Amaury Duval, Paris, 1819-21, 5 vol. in-8; 2e édit., 1823.—*Essai sur l'état actuel de la peinture en Italie*, 1823, in-8.—Quelq. *Opuscules* peu remarquables. On lui doit la publication des *Fables russes, tirées du recueil de M. Kriloff, et imitées en vers français et italiens par divers auteurs*, précéd. d'une *Introduct. franç.* par Lémontey, et d'une *Préface ital.* par Salfi, 1825, 2 vol. in-8.

ORME (ROBERT), histor. anglais, né en 1728 à Andjinga, ville de l'Hindoustan, où son père était chef du comptoir anglais, .fut envoyé dès l'âge de

2 ans, en Angleterre pour y être élevé. Après avoir terminé ses études, il revint dans l'Inde en 1742, fut placé dans une maison de commerce de Calcutta, puis entra au service de la compagnie des Indes. Il fit un voyage en Europe, en 1753, pour donner au gouvernem. anglais des renseignem. sur la situat. des affaires politiques dans l'Hindoustan et le Bengale, fut, à son retour, nommé membre du conseil de Madras, contribua, par ses sages avis, au succès des armes anglaises, prit une part très active à toutes les opérations, et fut nommé gouvern. éventuel de Madras. Obligé, par le mauvais état de sa santé, de s'embarquer pour l'Europe, il fut fait prisonnier dans la traversée, conduit à l'Ile-de-France, puis à Nantes, où il obtint sa liberté en 1760. La compagnie des Indes-Anglaises le nomma son historiographe, et il mit le plus gr. zèle à s'acquitter de la tâche honorable qui lui était confiée. Il mourut dans le comté de Middlesex en 1801. On a de lui en anglais : *Hist. de la guerre des Anglais dans l'Hindoustan de 1745 à 1763*, Londres, 1763-76, 2 vol. in-4, avec cartes et plans ; le premier vol. a été trad. en français par Targe sous le titre d'*Histoire des guerres de l'Inde*, 1765, 2 vol. in-12. Archenholz a publ., en allem., un extrait de l'ouvr. entier sous le titre de l'*Anglais aux Indes*, d'après Orme, 1786-88, 3 vol. in-8, trad. en franç. par L.-F. Kœnig et par Lanteires, 1791, 3 v. in-12. — *Fragments histor. sur l'empire moghol, sur les Marattes et sur les affaires des Anglais dans l'Inde depuis 1659, 1782*, in-8 ; 1805, in-4, avec une *Vie* de l'aut. et des cartes.

ORME (DE L'). —V. Delorme.

ORMEA (Charles-Franç.-Vincent FERRERO, marquis d'), ministre piémontais, né vers la fin du 17e S. à Mondovi, d'une famille obscure, était juge à Carmagnole lorsqu'il gagna la confiance du roi Victor-Amédée II, qui l'employa dans les affaires les plus importantes. Il jouit du même crédit sous Charles-Emmanuel, à qui son père, Victor-Amédée, en abdiquant, 1730, l'avait recommandé. Lorsque dans la suite Victor-Amédée, excité par la comtesse de Spino, qu'il avait épousée, voulut essayer de remonter sur le trône, d'Ormea, oubliant son prem. bienfaiteur, ne songea qu'à l'intérêt de l'état, et provoqua contre ce prince les mesures les plus sévères. Parvenu au faîte des honneurs, il s'occupa de réformer les lois du royaume et de terminer les longs différends des ducs de Savoie avec le St-siège. Il décida Charles-Emmanuel à s'allier avec la France, et accompagna ce prince à la bataille de Guastalla. Dans la lutte qui s'engagea ensuite entre la France et la Sardaigne, Ormea provoqua la levée du siége de Coni, en introduisant un convoi et des renforts dans cette place, et mourut l'année suiv., 1745. Infatigable dans le travail, doué d'un esprit pénétrant, d'Ormea montrait tour à tour de la hauteur et de la modération, et traitait les affaires de l'état comme les siennes propres. Il était à sa mort ministre de l'intérieur et des affaires étrangères, grand-chancelier de robe et d'épée du royaume de Sardaigne.

ORMESSON (Olivier LEFÈVRE D'), intend int et contrôleur-général des finances, né en 1525, d'une famille déjà connue avant le règne de Franço s Ier, fut appelé par le chancelier de Lhôpital au conseil du roi Charles IX, et, quelq. années après, chargé de l'administrat. des finances. Il quitta cet emploi en 1577, accepta plus tard une charge de présid. à la chambre des comptes, et fut l'un des prem. à reconnaître Henri IV, qui le combla de marques d'estime et d'affection. Il mourut en 1600.—André d'Ormesson, 2e fils du précéd., fut successivement conseiller au parlem. de Paris, conseiller-d'état, et mourut en 1665, dans la 89e année de son âge. —Olivier II d'Ormesson, fils d'André, marcha sur les traces de son père, et mourut conseiller-d'état en 1686. Il rapporteur dans le procès du surintendant Fouquet, il opposa une noble résist.nce aux ministres, qui voulaient absolum. la mort de l'accusé. Il fut l'un des magistrats appelés en 1666 à composer les célèbres *Ordonnances* de Louis XIV, qui forment encore aujourd'hui un des principaux éléments du droit français. — André d'Ormesson, fils du préc., né en 1644, remplit différ. charges de magistrat. avec la capacité et la probité qui étaient héréditaires dans sa famille, fut ensuite nommé intendant de Lyon, et mourut dans cette ville en 1684. — Henri-François-de-Paule d'Ormesson, fils du précéd., né en 1681, fut appelé par le duc d'Orléans au conseil de régence, et reçut de ce prince différentes missions honorables. Il mourut intend. des finances en 1756. — Ormesson (Louis-Franç ois de Paule Lefèvre d'), fils du précéd., né en 17.8, élevé sous les yeux du chancelier d'Aguesseau, son oncle, fut nommé avocat du roi au Châtelet en 1739, puis avocat-général du gr.-conseil en 1741, avocat-gén. du parlem. dans la même année, président à mortier en 1755, enfin prem. président en 1788. Il ne jouit pas long-temps de cette dernière place, et mourut le 26 janvier 1789. Ce magistrat, aussi intègre qu'éclairé, fut plus d'une fois le médiateur entre la cour et le parlem. Louis XV avait conçu pour lui une profonde estime. En 1771, dans le temps de l'exil du parlement, le roi, ne pouvait l'excepter de cette mesure, lui assigna pour rés - dence une maison qu'il possédait dans les environs de Choisy. D'Ormesson était membre honoraire de l'acad. des inscript. Son *Éloge* y fut lu par Dacier au mois de novembre 1789. Un *Éloge funèbre* de ce magistrat fut prononcé en latin au nom de l'université par l'abbé Charbonnet, un troisième, composé par Gaubert, a été impr., 1789, in-8.—Anne-Louis-François-de-Paule Lefèvre d'Ormesson de Noyseau, fils du précédent, né en 1753, fut reçu conseiller au parlement en 1770, et remplaça son père dans la charge de président à mortier lorsque celui-ci fut nommé prem. président. Nommé député de la noblesse de Paris aux états-génér. en 1789, il se fit remarquer dans l'assemblée constituante par ses principes modérés, et signa la protestat. du 15 sept. 1791. Après la session, il reprit les fonct. de bibliothéc. du roi, que Louis XVI lui avait confiées avant la révolution. Il ne put échapper aux proscriptions qui suivirent le renversem. du trône. Arrêté en 1795, il fut traduit au tribunal révolutionnaire, et condamné à mort le 20 avril 1794, avec Bochart de Sarron et un gr. nombre de ses confrères.— Henri-François-de-Paule LEFÈVRE D'ORMESSON D'AMBOILE, cousin-germain du précéd., avec lequel on l'a confondu, né en 1751, fut successivement conseiller au parlement, maître des requêtes, intend. des finances, contrôleur-gén. et conseiller-d'état. Lors de la réforme de l'ordre judiciaire, en 1791, d'Ormesson d'Amboile, alors officier-supérieur dans la garde nationale parisienne, fut élu président d'un des tribunaux de la capitale. Il refusa en 1792 la place de maire, à laquelle il venait d'être élu à une immense majorité, et se retira à la campagne. Ayant échappé de cette manière aux proscriptions de la terreur, il remplit des fonctions municipales sous les gouvernem. directorial et consulaire, et mourut à Paris en 1807.

ORMOND (JACQUES BUTLER, duc d'), homme d'état, né à Londres en 1610, d'une ancienne et illustre famille irlandaise, consacra sa vie et ses talents à la cause des Stuart, fut le dern. appui de l'infortuné Charles Ier, et l'un des princip. auteurs de la restaurat. qui replaça son fils Charles II sur le trône. Long-temps vice-roi d'Irlande, il s'appliqua à relever le commerce et l'agriculture trop négligés de cette province. Souvent en butte aux cabales de la cour, il n'en conserva pas moins une fidélité inébranlable à Charles II et à ses fils, et emporta dans la tombe, en 1688, la réputat. d'un homme d'état distingué et d'un général habile. La *Vie du duc d'Ormond* a été écrite en anglais par Th. Carte. — ORMOND (Jacq. BUTLER, 2e duc d'), petit-fils du précédent, né à Dublin en 1665, embrassa le parti du prince d'Orange, et jouit de la plus grande faveur sous son règne et celui de la reine Anne. Il se distingua à l'affaire de Vigo, gouverna quelque temps l'Irlande, et fut nommé, en 1712, généralissime des troupes anglaises dans les Pays-Bas. A la mort de la reine Anne, son penchant connu pour les Stuart le fit disgracier de George Ier. Condamné comme coupable de haute trahison, tous ses biens furent confisqués, et le duc d'Ormond, obligé de quitter l'Angleterre, rejoignit le prétendant à St-Germain. Il ne désespéra point de la cause de ce prince; mais il vit bientôt., à la mort de Louis XIV et à la chute d'Alberoni, s'évanouir toutes ses espérances, et mourut, retiré à Avignon, en 1747. Carte a aussi écrit la *Vie* de ce 2e duc d'Ormond. Les *Mém.* publ. en Hollande sous son nom sont évidemment apocryphes.

ORNANO (ALPHONSE d'), maréchal de France, né en Corse vers le milieu du 16e S., était fils du fameux Sanpiétro, et prit le nom de sa mère, Vanina d'Ornano, qui appartenait à l'une des familles descendues des souverains de la Corse. Il fut élevé à la cour de Henri II comme enfant d'honneur, et se rendit en Corse, à l'âge de 18 ans, avec quelques hommes et de faibles munitions pour soutenir la lutte que son père avait engagée avec les Génois. Sanpiétro étant mort dans une embuscade, les

Corses proclamèrent son fils leur général, malgré son extrême jeunesse. Las de poursuivre une guerre douteuse, et n'espérant plus de secours de la France, Ornano ne tarda pas à entrer en accommodement avec ses adversaires. Il stipula en 1568 une amnistie générale pour ses compatriotes, et sa sortie de l'île avec ceux de ses amis qui voudraient le suivre, sans qu'ils fussent censés bannis. Ayant réuni 800 Corses qui consentirent à suivre sa fortune, il passa en France, fut bien accueilli par Charles IX, et nommé colonel-gén. des Corses au service du roi. Il demeura attaché à Henri III pendant les troubles de la Ligue. Après l'assassinat du duc de Guise, Ornano fut envoyé dans le Dauphiné pour calmer les esprits disposés à la révolte. Il fut l'un des prem. à se ranger sous les drapeaux de Henri IV, contribua, avec Lesdiguières et le connétable de Montmorenci, à la soumission des villes de Lyon, Grenoble et Valence, et fut envoyé contre le duc d'Espernon en Provence. Ses services furent récompensés par le cordon du St-Esprit, le titre de lieut.-général en Dauphiné, et le bâton de maréchal-de-France. Il fut fait ensuite lieut.-général de Guienne, et mourut dans l'opérat. de la pierre en 1610. Henri IV appréciait le désintéressem. et la franchise d'Ornano, et l'avait admis dans son intimité. — ORNANO (Jean-Baptiste d'), fils aîné du précéd., né à Sisteron en 1581, succéda à son père dans la place de colonel-général des Corses, fut nommé gouverneur de Gaston d'Orléans, frère de Louis XIII, et suggéra à ce prince, qui n'avait pas encore atteint sa 16e année, le désir d'entrer au conseil, afin de s'y introduire ensuite lui-même. Éloigné de la cour par suite de cette intrigue, Ornano y fut rappelé sur les vives réclamations de son pupille, qui le nomma bientôt prem. gentilh. de sa chambre, surintend.-général de sa maison, et obtint pour lui le brevet de maréchal de France en avril 1626. Richelieu, imputant à Ornano la résistance de Gaston aux volontés du roi, l'accusa d'avoir déterminé MONSIEUR à contracter, avec une princesse étrangère, une union qui le rendrait indépendant. Le 4 mai de la même année (1626) il donna l'ordre d'arrêter le nouveau maréchal, qui se trouvait aussi impliqué dans la conspiration du prince de Chalais (v. TALLEYRAND). Ornano fut conduit au château de Vincennes, et y mourut le 2 septembre 1626. Cette fin si prompte fit soupçonner qu'il avait été empoisonné. Sa famille s'éteignit en France en 1674; mais une autre branche s'est continuée en Corse. La *Vie du maréchal d'Ornano*, par Carrant, secrét. des commandem. de Gaston, a été impr. sur un MS. de la biblioth. de l'abbaye de St-Germain-des-Prés, dans le *Conservateur*, août et sept. 1760.

ORNEVAL (d'), aut. dramat., mort à Paris en 1766, travailla pour le théâtre de la Foire-St-Germain, soit seul, soit en société avec Lesage, Fuselier, Lafont, Piron, Autreau. On trouve la liste de ses pièces dans le t. II de l'*Hist. du théâtre de l'Opéra-Comique*, de Desboulmiers. D'Orneval a été, avec Lesage, l'édit. du *Théâtre de la Foire*, 1721-37, 9 vol. in-12.

OROBIO (Isaac de CASTRO), écrivain juif, né en Portugal ou en Espagne, fut élevé dans la religion chrétienne, fit ses études à Salamanque, et devint profess. de philosophie dans l'université de cette ville. Il cultiva ensuite la médec., et en donna des leçons à Séville; mais ayant eu ensuite l'indiscrétion de faire connaître son attachement au judaïsme, il fut jeté dans les cachots de l'inquisition, où il resta trois ans. Étant passé en France, après sa captivité, il enseigna quelque temps la médec. à Toulouse. Il se rendit ensuite à Amsterdam, où il abjura solennellem. le catholicisme; il y exerça la médec. le reste de sa vie, et mourut vers 1687. On a de lui trois écrits en latin, publ. et réfutés par Ph. de Limborch, dans son livre intitulé *de Veritate religionis christianæ*, etc., Gouda, 1687, in-4; Bâle, 1740, in-8. — *Certamen philosophicum propugnatæ veritatis divinæ ac naturalis*, etc., in-12, contre le système de Spinosa. On peut consulter sur Orobio, les *Escritores rabinos españoles* de Rodriguez de Castro; le *Dizionurio storico degli autori ebrei*, etc.

OROSE (Paul), historien, naquit vers la fin du 4e S., à Tarragone. S'étant destiné de bonne heure à la carrière ecclésiast., il alla trouver St Augustin à Hippone, demeura un an auprès de lui, et fit, sous la direct., de grands progrès dans les sciences sacrées. Il entreprit ensuite le voyage de la Palestine, pour consulter St Jérôme sur l'origine de l'âme. Pendant son séjour à Bethléem, il fut invité d'assister à un synode convoqué à Jérusalem, au sujet de l'hérésie de Pélage. Le zèle qu'il montra dans cette occasion indisposa l'évêq. de Jérusalem, nommé Jean, qui l'accusa de blasphème. Orose se défendit par l'écrit intit. *Apologeticus de arbitrii libertate*, où il démontre toutes les fâcheuses conséquences de la doctrine des pélagiens. Il retourna près de St Augustin, et travailla, par ses conseils, à un ouvrage destiné à répondre aux plaintes des païens qui accusaient le christianisme d'être la cause de tous les malheurs qui affligeaient l'empire. On ignore l'époque de la mort d'Orose. Son grand ouvr., dont nous venons de parler, intitulé *Historiarum adversùs paganos lib. VII* (depuis l'origine du monde jusqu'à l'an 316 de J.-C.), a été impr. pour la prem. fois, Augsbourg, 1471, in-fol. Cette édition est rare et recherchée: plus. autres édit. ont paru dans les 15e, 16e et 17e S. La meill. et la plus .commode est celle qu'a donnée Sig. Havercamp, avec des notes, Leyde, 1758 ou 1767, in-4. L'hist. d'Orose a été trad. dans presq. toutes les langues de l'Europe. La trad. franç., publiée à Paris, Vérard, 1491, in-fol., et que Mercier de Saint-Léger attribue à Claude de Seissel, est assez recherchée. Nous devons citer parmi les traduct. en d'autres langues, la version anglo-saxone faite par le roi Alfred-le-Grand, à la fin du 9e S., et qui parut pour la . prem. fois avec une nouv. version anglaise par les soins de Barrington, sous ce titre : *The anglo-saxon version from the histor. Orosius by Aelfred the Great*, etc., Londres, 1773, in-8. L'histoire d'Orose ne doit être consultée qu'avec défiance, parce qu'elle renferme une foule de faits, qui n'ont d'autre fondement que des traditions populaires.

ORPHÉE, poète célèbre, a été regardé quelquefois comme un personnage imaginaire. On a débité sur son compte plus. fables; mais elles ne doivent pas faire conclure qu'il n'a point existé. Il faut savoir faire la part de la vérité et du mensonge. S'il n'y eut jamais d'Orphée qui traînât à sa suite les arbres et les rochers, qui suspendit le cours des fleuves, qui vit les bêtes féroces s'attrouper autour de lui pour l'entendre, enfin qui pénétrât jusqu'aux enfers pour en tirer son Eurydice, la regarder, malgré la défense singulière du capricieux Pluton, et la perdre encore, il est bien certain qu'il y eut un homme de ce nom. Homère, Hérodote, Hésiode, Pindare, Euripide, Aristophane, Platon, Isocrate, Pausanias, nous l'attestent. Il paraît qu'Orphée était né dans la Thrace près d'un siècle avant le siége de Troie, et que son père était OEagre, l'un des rois ou chefs du pays. Ses talents et son génie lui ont fait donner pour mère, tantôt Calliope, tantôt Polymnie. C'est ainsi qu'on l'a supposé aussi fils d'Apollon. Orphée prit part à l'expédition des Argonautes, voyagea ensuite en Égypte, rapporta dans sa patrie les mœurs et les sciences de cette contrée, et institua les jeux de Cérès-Eleusine et de Bacchus, qui furent appelés de son nom jeux *orphiques*. La mort de son épouse Eurydice le jeta dans une douleur telle qu'il rompit tout commerce avec les humains: les femmes de Thrace, furieuses de le voir dédaigner leur sexe, le mirent en pièces, s'il faut en croire les poètes. Les *hymnes* d'Orphée, qui renfermaient toute sa doctrine, s'altérèrent insensiblem., quoique conservés parmi ses disciples, et l'on y en substitua d'autres, que l'on continua de décorer de son nom. Les autres ouvrages qu'on lui a attribués, sont également d'écrivains très postérieurs. Ils ont été publ., pour la prem. fois, à Florence en 1500, in-4. Cette édition, très rare, a servi de base à celle de Venise, Alde, 1517, in-8. Andr.-Chr. Eschenbach en a donné une édit. bien supérieure à toutes celles qui l'avaient précédée, Utrecht, 1689, petit in-8; mais la plus complète est celle qu'a publiée Godefr. Hermann, sous le titre d'*Orphica*, Leipsig, 1805, in-8. Les ouvrages attribués à Orphée ont été traduits en latin dès 1519, par Grivello, poète milanais. Ses *Hymnes* ont été réunis avec ceux d'Ariphron, Paris, 1615, in-4; trad. en lat. par Jos. Scaliger et Fréd. Morel.

ORRENTE (Pedro), peintre d'hist. et de genre, né vers 1550 à Monte-Allegro, dans le royaume de Murcie, mort à Tolède en 1644, fut élève du Greco, imita la manière du Bassan, et composa un grand nombre de tableaux conservés dans les villes de Tolède, Valence, Murcie, Cordoue, Madrid et Séville. Orrente eut plusieurs élèves distingués.

ORRERY, comte de CORK. — V. Boyle.

ORSANNE. — V. Dorsanne.

ORSATO (Sertorio), *Ursatus*, littérat. et antiquaire, né à Padoue en 1617, d'une famille patricienne, se distingua par des succès précoces et un goût décidé pour les investigations archéologiques. Il obtint la chaire de physique dans l'université de sa patrie en 1670, et mourut en 1678, décoré du titre de chev. de St-Marc. Parmi ses ouvrages on distingue : *Monumenta patavina*, etc., 1652, in-fol. — *I Marini eruditi*, etc., 1669, in-4. — *De notis Romanorum commentarius*, etc., 1672, in-fol. — *Istoria di Padova*, etc., 1678, in-fol.

ORSEOLO (PIERRE Ier), doge de Venise, provoqua la chute de Candiano IV, auquel il succéda le 12 août 976. Il gouvernait glorieusem. la républiq. lorsque les éloquentes prédications de St Romuald, fondat. de l'ordre des camaldules, lui inspirèrent un si vif désir de retraite, qu'il s'enfuit du palais ducal en 978, pour suivre les missionnaires dans le couvent de St-Michel en Gascogne. Il y vécut 19 ans dans la pénitence, et mourut révéré comme un saint. — ORSEOLO (Pierre II), fils du précéd., devint doge en 991. Son règne fut signalé par la soumission de la Dalmatie et de l'Istrie. Il mourut en 1009. — Othon ORSEOLO, fils du précédent, lui succéda par un droit qu'il regardait comme hérédit. Il avait eu pour parrain l'emper. Othon III, avait épousé la nièce de St Étienne, roi de Hongrie, et en conçut tant d'orgueil qu'il devint odieux à ses concitoyens qui le chassèrent en 1023. Il mourut à Constantinople en 1032.

ORSI (LELIO), peintre, né à Reggio en 1511, est aussi connu sous le nom de *Lelio da Novellara*, ville où il a passé la plus grande partie de sa vie. Cet artiste, oublié par la plupart des biographes italiens, a été vengé de ce silence injuste par Tiraboschi, qui lui a consacré une notice très détaillée. Orsi avait exécuté à Reggio et à Novellara plus. belles fresques, dont on regrette les pertes. Il existe peu de tableaux de lui. Tiraboschi lui accorde l'entente du clair-obscur, l'empâtement des couleurs, un dessin gracieux. Il mourut à Novellara en 1587. — Benedotto ORSI, né à Pescia en Toscane, dans le 16e S., s'est fait un nom par son beau tableau de *St Jean l'Évangéliste*. — Prosper ORSI, peintre romain, né vers le milieu du 16e S., fut employé dans tous les travaux que Sixte-Quint fit exécuter à Rome. Lié d'abord avec le Joseppin, il devint l'un de ses adversaires les plus acharnés par les insinuations du Caravage. Il mourut à Rome en 1635. — ORSI (Jean-Joseph), né à Bologne en 1652, mort en 1733, cultiva avec succès les belles-lettres, la philosophie, les mathématiques et la poésie. On a de lui la *défense* de quelques auteurs italiens, entre autres du Tasse, contre le P. Bouhours; des *sonnets*; des *pastorales* et quelques autres pièces de poésie; des *lettres* et une traduct. latine de la *Vie du comte Louis de Sales* par le P. Buffier. —

ORSI (JOSEPH-AUGUSTIN), card., né à Florence en 1692, entra dans l'ordre de St-Dominique, enseigna la philosophie et la théologie au couvent de St-Marc dans sa patrie, devint ensuite membre de plus. congrégations à Rome, secrétaire de l'index, maître du Sacré-Palais en 1749, et cardinal de la promotion de Clément XIII en 1759. Il mourut à

Rome en 1761. On a de lui plus. ouvr., dont les plus remarquables sont : une *Hist. ecclésiastique*, Rome, 1746-62, 21 vol. in-4. On peut regarder cette histoire comme la continuation de celle de Fleury, continuée par Philippe-Ange Becchetti, en 17 vol. — *De la puissance du pape sur les conciles généraux et sur leurs canons* (latin), 1740, 3 vol. in-4. — *De l'infaillibilité et de l'autorité du pontife romain*, etc., (ital.), 1741, in-4. — *De l'origine du domaine et de la souveraineté des pontifes romains* (ital.), 1742. Fabroni a publié une *Vie* du card. Orsi, Rome, 1767.

ORSINI, nom d'une puissante et illustre famille de Rome, plus connue en France sous le nom des *Ursins*, est célèbre par sa longue rivalité avec la famille des Colonna. Imposant tour à tour des souverains pontifes à l'Église, ces deux familles régnèrent long-temps dans Rome. La famille Orsini, alliée à celle de Médicis, étendit ses possessions dans l'état de l'Église, et se dédommagea ainsi de ce qu'elle avait perdu dans le royaume de Naples, où plus. de ses membres s'étaient distingués dans la profession des armes. — Nicolas ORSINI, comte de Pitigliano, général des Vénitiens pendant la ligue de Cambrai, né en 1442, acquit lentement la gr. réputat. militaire dont il jouit au commencem. du 16e S. Mis à la tête des armées vénitiennes, il mérita le surnom de *Fabius*. Associé avec Barthélemi Alviano, il perdit à la vérité la fameuse bataille d'Agnadel (14 mai 1509); mais resté seul général en chef, il rassembla de nouvelles troupes, leur inspira une gr. énergie, reprit Padoue qu'il défendit avec succès contre l'emper. Maximilien, et mourut l'année suiv. (1510) à Lunigo, par suite des fatigues de la guerre. Le sénat lui fit ériger une statue dans l'église de St-Jean et de St.-Paul, où son corps fut inhumé. — ORSINI (Lorenzo), seigneur de Ceri, nommé souvent *Renzo de Ceri*, cousin du précéd., se mit comme lui à la solde des Vénitiens, pend. la guerre de la ligue de Cambrai, forma le prem. un corps d'infanterie ital., en état de résister aux redoutables bataillons des Suisses et des Espagnols, signala sa valeur au siége de Bergame, accusa Alviano de l'avoir sacrifié en cette occasion, passa en 1515 au service de Léon X, et fut employé à la conquête du duché d'Urbin. Après la mort de Léon X, Orsini passa au service de François Ier, et fit pour lui une guerre de partisan en Italie. Il se distingua ensuite dans les défenses de Marseille et de Rome contre le connétable de Bourbon; et lorsque la capitale de la chrétienté fut prise, il se retira à Barlette, et mourut en 1536.

ORSINI (FULVIO), sav. antiquaire et philolog., fils naturel d'un commandeur de l'ordre de Malte, de l'illustre famille de ce nom, né à Rome en 1529, surmonta tous les obstacles que lui opposait la misère à laquelle sa mère était réduite, et devint l'un des hommes les plus érudits de son temps. Ayant embrassé l'état ecclésiastique, il fut nommé bibliothécaire du cardinal Farnèse, honoré des bienfaits du pape Grégoire XIII, et lié avec ses plus sav. contemporains. Il consacra toute sa fortune à la fondation d'un magnifique cabinet qu'il légua au cardinal Odoard Farnèse, neveu de son protecteur, et mourut en 1600. Entre autres ouvr. on a de lui : *Virgilius collatione scriptorum græcor. illustratus*, 1568, in-8. — *Familiæ romanæ quæ reperiuntur in antiquis numismatibus, etc.*, 1577, in-fol. — *Imagines et elogia virorum illustrium et eruditor. ex antiq. lapidibus et numismat.* expressa, Rome, 1570, in-fol., rare, traduit en français par Baudelot de Dairval, sous ce titre : *Portraits d'hommes et de femmes illustres*, Paris, 1710, in-4.

ORSINI. — V. Benoît XIII et Ursins.

ORTE (vicomte d'), gouverneur de Bayonne à l'époq. de la St-Barthélemi, est un de ces hommes qu'un seul jour, une seule action a immortalisés, sans qu'ils aient songé à autre chose qu'à remplir leur devoir. L'histoire a inscrit dans ses fastes le billet que ce vertueux citoyen écrivit au roi Charles IX, dont il avait reçu l'ordre d'égorger les calvinistes de son gouvernem. Nous retracerons ici cette réponse si courte et si noble : « Sire, j'ai communiqué la lettre de votre majesté à la garnison et aux habitants de cette ville. Je n'y ai trouvé que de braves soldats, de bons citoyens, et pas un bourreau. »

ORTEGA (Casimir Gomez de), botaniste espagnol, né à Madrid en 1730, fit ses études à Bologne, devint professeur au jardin royal de botanique de sa patrie, et mourut en 1810, membre des acad. de médec. et d'hist. On a de lui un assez gr. nombre d'ouvr., dont plus. ont contribué à répandre en Espagne le goût de la botaniq. Les princip. sont : *Commentarius de cicutá*, Madrid, 1761, trad. en espagnol. — *Tabulæ botanicæ*, 1773, in-4. — *Tratado de las aguas termales del Trillo de Madrid*, 1778, in-4. — *Instruccion sobre el modo mas seguro y economico de trasportar plantas vivas*, 1779, in-4. — *Hist. natural de la malagueta*, etc., 1780, in-4.—La continuat. de la *Flora española* de Jos. Quer, t. V et VI, 1784, in-4. — *Curso elemental de botanica*, etc., 1785, in-8. — *Sex novarum aut rariorum plantarum horti regii botanici matritensis*, etc., 1797-98-1800, dix parties, in-4. — Ortega a trad. en espagnol le *Voyage du commodore Byron autour du monde*, etc.; le *Voyage autour du monde*, par Magellan et Seb. del Cano; plus. ouvr. de Duhamel du Monceau, et du physicien Sage. Lœfling a donné le nom d'*ortegia*, à un genre de plantes de la famille des caryophyllées.

ORTELL ou OERTEL (Abraham), *Ortelius*, savant géographe, surn. le *Ptolémée* de son siècle, né à Anvers en 1527, parcourut, au sortir de ses études, les Pays-Bas, une partie de l'Allemagne, l'Angleterre, l'Écosse, l'Irlande et l'Italie, recueillit dans ses voyages des médailles, des bronzes et des antiques, dont il forma un cabinet des plus curieux de l'époque, s'appliqua ensuite à l'étude de la géographie, et conçut le prem. l'idée de réunir les cartes publ. jusqu'alors par différents auteurs.

Ce recueil ou atlas obtint le plus grand succès, et lui valut en 1575 le titre de géogr. de Philippe II, roi d'Espagne. Il mourut en 1598. On a de lui entre autres ouvr. : *Theatrum orbis terrarum*, 1570, in-fol. : c'est l'édit. originale de son atlas, qui a été trad. en ital., en espagnol et en franç. — *Synonymia geographica*, 1578, in-4. — *Theatri orbis terrarum parergon, sive veteris geographiæ tabulæ*, 1595, in-fol., et réuni à l'atlas universel du même aut. — *Itinerarium per nonnullas Galliæ Belgicæ partes*, 1584, in-8. — *Deorum dearumque capita, e veteribus numismatibus*, 1573, in-4.

ORTIGUES ou de LORTIGUES (Annibal d') poète franç., né à Apt en Provence l'an 1570, servit avec distinction dans les armées royales contre les ligueurs, et visita presque toutes les cours de l'Europe, dont il a tracé des portraits satiriques assez ressemblants. Ce poète avait de la verve et beaucoup de naturel. Malherbe composa ce quatrain pour mettre en tête d'un recueil de ses vers :

Vous dont les censures s'étendent
Dessus les ouvrages de tous,
Ce livre se moque de vous,
Mars et les Muses le défendent.

On a d'Ann. d'Ortigues : *La trompette spirituelle*, Lyon, 1605, in-12. — *Poésies diverses*, etc., Paris, 1617, in-12. — *Le Désert du sieur de l'Ortigues, sur le mépris de la cour*, 1637, in-8.

ORTIZ (Alphonse), chanoine de Tolède vers le milieu du 15e S., se livra à l'étude des sciences ecclésiastiq. Le card. Ximenès, connaissant sa capacité, le chargea de rédiger et de revoir la lithurgie mozarabique. Il mourut vers 1530. On a de lui : *Missale mixtum, secundùm regulam beati Isidori, dictum Mozarabes*, Tolède, 1500, in-fol., avec une sav. préface. — *Breviarium mixtum, secundùm regulam beati Isidori, dictum Mozarabes*, 1502, pet. in-fol. — *De la Herida del rey don Fernando-el-Catholico; Consolatorio à la princesa de Portugal; Oracion à los reyes catolicos*, en espagnol et en latin; quelq. autres opuscules peu remarq. en espagnol, impr. tous ensemble, Séville, 1493, in-fol. — Ortiz (Blaise), parent et contemporain du précéd., né au village de Villa-Robledo, fut successivem. vicaire-général de Talavera, chanoine théologal, et vicaire-général de Tolède. Il n'était pas moins distingué par son savoir que par sa piété. On a de lui : *Itinerarium Adriani VI, ab Hispaniá Romam usque*, etc., Tolède, 1548, in-8. — *Descriptio graphica summi templi toletani*, Tolède, 1544, in-8.

ORVILLE (Jacques-Philippe d'), sav. littérateur et antiquaire, né à Amsterdam en 1696, annonça de bonne heure des dispositions remarq. pour la littérature, auxquelles son père, riche négociant, se vit forcé de céder. Après avoir fait d'excellentes études sous des professeurs renommés, il parcourut successivement l'Angleterre, la France, les Pays-Bas, l'Allemagne et l'Italie, et se lia avec les savants de ces diverses contrées. De retour en Hollande, vers 1730, il fut nommé profess. d'humanités à l'athénée d'Amsterdam, remplit cette chaire avec une haute distinction jusqu'en 1742, qu'il s'en démit volontairem. pour travailler sans obstacle aux différ. ouvr. qu'il avait commencés. Il mourut de la pierre en 1751. Il avait été dès 1732 le collaborat. de Burmann dans la rédaction des *Miscellaneæ observationes*, qu'il continua seul dep. 1740 sous le titre d'*Observat. miscellan. et criticæ novæ*. Les prem. observat. sont en 10 vol., les nouvelles en 12 t. ou 4 vol. On doit en outre à ce sav. littérat. : un *Voyage en Sicile*, publ. par P. Burmann II, sous le titre de *Sicula*, Amsterd., 1764, in-fol., fig.; et des édit. d'un grand nombre d'aut. grecs ou lat., avec des *notes*. Le catalogue des MSs. qu'il a laissés, et qui font aujourd'hui partie de la biblioth. bodléienne, a été impr. sous ce titre : *Codices MSs. et impressi cum notis MSs., olim Dorvilliani, qui in biblioth. bodleianâ...... adservantur*, 1806, in-4. — Pierre d'ORVILLE, frère du précéd., mort en 1739, avait composé des vers latins, dont Jacques Philippe a donné une belle édit., 1740, in-8. — Nicolas-Philippe d'ORVILLE, parent des précédents, a laissé un *Rec. de dissertations chrétiennes, morales et historiq.*, en 10 vol. in-fol., MSs.

ORVILLIERS (Louis GUILLOUET, comte d'), né à Moulins en 1708, était lieutenant d'infanterie, lorsqu'il passa dans la marine en 1728, en qualité de garde. Après plus. campagnes sur div. vaisseaux ou frégates, dans les mers de l'Amérique-Septentrionale, il obtint la croix de St-Louis en 1746, et le grade de capitaine de vaisseau en 1754. Vers le commencement de 1777, il fut élevé au grade de lieuten.-gén., et reçut le commandem. de l'armée navale qui était réunie dans le port de Brest et qui formait trois escadres. Ce fut avec cette armée qu'il triompha de la flotte anglaise, commandée par l'amiral Keppel, le 27 juillet 1778. L'année suiv. il fut chargé d'opérer une descente sur les côtes d'Angleterre, de concert avec une flotte espagnole; mais div. événem. le forcèrent de rentrer dans le port de Brest, au mois d'octobre de la même année 1779. Il donna sa démission et se rendit à Rochefort, où il obtint sa retraite définitive. Quelques mois après, en 1785, il se retira au séminaire de St Magloire, et y resta jusqu'à la révolut. Ayant quitté la France, il finit ses jours en pays étranger. On ignore le lieu de sa mort.

ORVILLIERS (JEAN-LOUIS TOURTEAU-TORTOREL, marquis d'), pair de France, était maître des requêtes de l'hôtel lorsqu'il émigra. De retour en France, il vécut dans la retraite. Après la restauration, nommé pair de France, il fut fait conseiller-d'état honor. en 1816. Il fit souvent, à la chambre des pairs, des *rapports* import., surtout en matières de finances. Dans la session de 1828, il était membre de la commission du budget des recettes pour 1829. Devenu président de la commission de surveillance de la caisse d'amortissem., il fit, à la séance des députés du 19 mars 1829, un lumineux *rapport* sur la situation de cette caisse et de celle des dépôts et consignations. Après la révolut. de 1830, maintenu dans son double titre de pair et de

conseiller-d'état, il mourut à Paris en mai 1832, âgé d'environ 70 ans.

ORZECHOWSKI (STANISLAS), en lat. *Orichovius*, né en Pologne au 16e S., sous le règne de Sigismond-Auguste, était chanoine de Presmilie, lorsq., au milieu des querelles religieuses de cette époq., il épousa la fille d'un gentilhomme dissident. Son évêq. le dégrada du sacerdoce et l'excommunia. Mais après la mort de sa femme, Orzechowski, ayant fait une profession de foi au synode de Petricovie, fut relevé des censures ecclésiastiques. Il fut ensuite nonce et député à la diète de 1561. On ignore l'époque de sa mort. Il a laissé : *Annales de la Pologne* (en latin), depuis la mort de Sigismond 1er, trad. en polonais, et imprimé dans le *Choix d'aut.* de cette nation, 1803-06. — *Annales du règne de Sigismond-Auguste* (latin), publ. en 1611 et réimpr. en 1712 avec l'hist. polonaise de Dlugosz. — *Oraison funèbre du roi Sigismond-Auguste* (en Polonais), 1548, réimpr. dans plus. collections. Ce dern. écrit fit donner à son auteur le surnom de *Démosthène de la Pologne*.

OSBORNE (FRANÇOIS), écrivain anglais, né en 1589, mort en 1659, avait pris parti pour le parlement et Cromwell dans la guerre civile de 1640, et occupé divers emplois publics. S'étant retiré à l'univ. d'Oxford pour y surveiller l'éducat. de son fils, il a publ. divers écrits, parmi lesquels nous citerons : *Avis à un fils*, qui eut un grand nombre d'édit. Tous les opusc. d'Osborne ont été réunis, 1689, in-8, et 1722, 2 vol. in-12. — Un autre OSBORNE (Jean) a trad. de l'angl. en franç. : *Paméla, ou la vertu récompensée*, de Richardson, Paris, 1743, 4 vol. in-12.

OSÉE, fils de Beeri, le 1er des 12 petits prophètes dans l'ordre des Bibles, vécut sous les règnes de Jéroboam II, roi d'Israël, d'Osias, Joathan, Achaz et Ézéchias, rois de Juda, et mourut âgé de plus de 80 ans, vers 784 av. J.-C. Sa prophétie est divisée en IV chap. Les Grecs célèbrent sa fête le 17 octobre et les Latins le 4 juillet. — OSÉE II, fils d'Éla, dern. roi d'Israël, conspira contre Phacée, le tua et s'empara du trône; mais il ne le garda que 9 ans : assiégé dans Samarie par Salmanazar, roi d'Assyrie, il fut pris et conduit en captivité dans la Médie, ainsi que les dix tribus d'Israël.

OSIANDER (ANDRÉ), célèbre théol. protestant, né en 1498 à Gunzenhausen (Franconie), fit ses études à l'acad. de Wittemberg, embrassa l'un des premiers la réforme de Luther, devint pasteur de Nuremberg en 1522, se trouva à toutes les assemblées où furent discutés les articles de la profess. de foi si connue sous le nom de confession d'Augsbourg, émit plusieurs idées nouvelles qu'il soutint avec emportem., et notamm. celle sur la justificat., qu'il prétendait avoir lieu, non par l'imputat. de la justice de J.-C., mais par l'intime union de la justice substantielle de Dieu avec nos âmes (v. l'*Hist. des variations*, etc.). Il enseigna publiquem. cette doctrine après la mort de Luther qui l'avait combattue, et mourut d'épilepsie à Kœnigsberg en 1552. Ses principes dominèrent en Prusse, où il s'était réfugié, et ses disciples y sont encore connus sous le nom d'*osiandéristes*. On a de lui un gr. nombre d'ouvr. tombés aujourd'hui dans l'oubli, et dont on trouve les titres dans la *bibliothèque* de Gessner, dans les *éloges* de Teissier, etc. Le seul que l'on cite encore, pour sa rareté, est intitulé : *Harmoniæ evangelicæ lib. IV*, Bâle, 1557, in-fol.

OSIDIUS-GÉTA, vivait l'an de Rome 802, et de l'ère chrét. 47. C'est lui qui, suivant Tertullien (*Lib. de præscript.*, cap. 39), commença à mettre en vogue ce genre bizarre de composition qu'on appelle *centons*, et composa une *tragédie* de Médée, dont presque tous les vers étaient tirés de Virgile. Scrivérius a publié quelq. fragm. de cette œuvre ridicule dans sa collect. des anciens tragiq.

OSIO (FÉLIX), écrivain savant et fécond, né à Milan en 1587, d'une anc. famille, embrassa l'état ecclésiastique, et professa la rhétoriq. à l'univ. de Padoue. Tout en composant des harangues, des discours, en remplissant de ses vers les recueils du temps, il s'occupait de publier la *collection* des histor. italiens du moyen-âge, lorsqu'il mourut de la peste en 1631. Ses *notes* et *remarques* critiq. et historiq. ont été publ. dans différents rec., tels que le *Thesaur. antiquitat. ital.*, les *rerum italicarum Scriptor.*, la *collect.* de Muratori, etc.

OSIRIS (mythol.), fils de Jupiter et de Niobé, fit la conquête de l'Égypte, et épousa Isis. Il fut assassiné par son frère Typhon. On croit que les Grecs, ayant eu connaissance du culte que les Égyptiens rendaient au soleil sous le nom d'Osiris, forgèrent à leur gré une généalogie à ce dieu-législateur, que les anciens Grecs croyaient être aussi le même que Bacchus. La vérité est qu'Osiris et Isis étaient des divinités purement allégoriq., emblèmes du soleil et de la terre.

OSMAN ou plutôt OTHMAN Ier, surn. *el Ghazy* (le victorieux ou conquérant), fondateur de l'empire othoman et de la dynastie des Osmanlis, naquit à Soukout, en Bithynie, l'an 657 de l'hég. (1259 de J.-C.). Chef d'une tribu de Turkomans établie dans l'Asie-Mineure, il partagea d'abord, avec plus. autres émirs ou princes, les débris de l'empire seldjoukide qui venait d'être renversé en 1294 (*v.* MAS'OUD II), fit battre monnaie dans la ville de Cara-Hissar, s'empara d'une grande partie de l'Asie-Mineure jusqu'à la mer de Marmara, et mourut en 726 de l'hég. (1326 de J.-C.), après un règne glorieux de 27 ans. Ce prince conquérant, moins gr. par lui-même que par la dynastie qu'il fonda, a laissé une réputation de bonté, de justice et de modération, qui s'est conservée religieusem. chez les Othomans. A l'avénement de chaque nouveau sulthan, le peuple de Constantinople et des provinces fait le souhait unanime et consacré, qu'il ait un règne heureux, une longue vie et les vertus d'Osman. — OSMAN ou OTHMAN II, 16e sulthan othoman, monta sur le trône de Constantinople, à l'âge de 15 ans, après la déposit. de Mustapha Ier, son oncle, l'an de l'hég. 1027 (1618 de J.-C.). La prem. année de son règne il envoya une ambassade au roi Louis XIII, en réparation de l'insulte faite

l'année précéd. au baron de Sancy ambassadeur de France. Il dirigea ensuite des troupes sur la Perse, fit passer des secours aux Hongrois soulevés contre Ferdinand Ier, et marcha en personne contre les Polonais, en 1621, avec une armée formidable. La fureur aveugle des janissaires ayant échoué contre la valeur d'un peuple qui combattait pour sa patrie et la liberté, les Othomans rebutés s'indignèrent contre leur jeune sulthan, qui, de son côté, les accusait avec raison d'être dégénérés. Osman voulut punir les janissaires d'une paix honteuse qu'il souscrivit la même année. Mais, prévenu dans ce dangereux projet qui lui avait été conseillé par Omar-Effendi, son ancien précepteur, il fut étranglé en 1622 (de l'hég. 1031), au château des Sept-Tours, par les janiss. révoltés, qui remirent Mustapha Ier en possession de l'empire. Le P. *Pacifique de Provins* a publié une relat. de la catastrophe qui termina la vie d'Osman II. — OSMAN ou OTHMAN III, 25e sulthan othom., succéda à son frère Mahmoud Ier en 1754, et signala son règne de trois ans par son incapacité, son indécision et sa cruauté. Il fit empoisonner deux princes, fils d'Achmet III, dont l'existence lui faisait ombrage, déposa ou fit mettre à mort 6 grands-visirs et autant de caïmakans, et mourut presque subitem. en 1757, laissant le trône à son cousin Mustapha III.

OSMAN-BEY (NEMSEY), renégat, était né en Hongrie vers 1740, d'une famille noble. Étant colonel au service d'Autriche, il fut accusé d'avoir soustrait la caisse de son régim., dégradé, et détenu long-temps dans une forteresse. Indigné de la rigueur du traitement qui lui avait été infligé, il passa à Constantinople, prit le turban sous le nom d'Osman-Bey, et reçut, en considérat. de son rang, un apanage du grand-seigneur. Une somme d'argent qu'il venait de recevoir le fit assassiner par ses domestiques en 1785. Il avait une collect. assez nombreuse de médailles, qui est passée avec celle de Cousinery dans le riche cabinet de Munich.

OSMAN-TOPAL. — V. TOPAL.

OSMOND (St), né en Normandie dans la prem. moitié du 11e S., était fils du comte de Seez. Il accompagna en 1066 Guillaume-le-Conquérant en Angleterre, et devint son chancelier, puis évêque de Salisbury en 1078. Il adoucit autant que possible les maux de la conquête, réforma la lithurgie anglaise, mourut en odeur de sainteté en 1099, et fut canonisé en 1458.

OSMOND (J.-BAPT.-LOUIS), libraire à Paris, mort en 1775, est auteur du *Dictionnaire topographiq. et critiq. des livres rares et singuliers*, etc., Paris, 1768, 2 vol. in-8.

OSORIO (JÉRÔME), illustre écrivain portug., né à Lisbonne en 1506, embrassa l'état ecclésiastique, et voyagea en France et en Italie pour y étudier la philosophie et les langues orientales qui pouvaient lui faciliter la connaiss. exacte des livres saints. De retour dans sa patrie, il enseigna d'abord les lettres sacrées à Coimbre, fut nommé archidiacre d'Évora, puis évêque de Silvès, et obtint la confiance du roi Sébastien, qu'il eut la douleur de voir succomber dans sa dangereuse et chevaleresque expédition contre les Maures d'Afrique. Accusé de favoriser les prétentions de l'Espagne sur le Portugal, il publia une apologie qui calma un peu la fureur de la malveillance, mais qui ne l'étouffa point. Il mourut à Tavira en 1580. On a de lui un gr. nombre d'ouvrages sur des sujets philosophiques, théologiques, critiq. et historiq., qui ont été recueillis à Rome, 1592, 4 vol. in-fol. Le plus remarq. est le suivant : *De rebus Emmanuelis virtute et auspicio gestis*, Lisbonne, 1571 ; Cologne, 1681, in-8 ; 1597, in-fol.; Coimbre, 1791, 3 vol. in-12 ; trad. en angl., 1752. Simon Goulard en a donné une version en vieux français.

OSSAIGNE (Raimond d'), mériterait une place à côté des héros des Thermopyles. En 1479, l'archiduc Maximilien, à la tête d'une armée de près de 40 mille hommes, s'avançait dans la Picardie. Il était de la plus haute importance de retarder sa marche. Raimond se jeta dans le château de Malannoi avec 160 Gascons, y soutint plus. assauts pend. 5 jours, et, après avoir perdu presque tous ses compagnons, affaibli lui-même par ses blessures, et ne pouvant trouver la mort qu'il cherchait, tomba entre les mains de Maximilien, qui eut la lâcheté de le faire pendre.

OSSAT (Arnaud d'), cardin., né en 1536 dans le diocèse d'Auch, fils d'un opérateur de campagne, surmonta le double obstacle de sa naissance et de sa pauvreté, devint secrét. de Paul de Foix, ambassadeur d'Henri III à Rome, puis un des commissaires envoyés pour recevoir du St-siége l'absolution au nom de Henri IV. Le succès de cette négociation, aussi difficile qu'habilem. conduite, lui valut l'évêché de Rennes et le titre de conseill.-d'état. De nouv. services, le divorce de Henri IV avec Marguerite de Valois qui fut encore son ouvr., lui méritèrent l'évêché de Bayeux et le chapeau de cardinal. Il mourut en 1604. On a de lui un recueil de *Lettres* adressées au ministre Villeroi, impr. pour la prem. fois, Paris, 1624, in-fol. La meill. édit. est celle qu'a donnée Amelot de la Houssaie, Paris, 1697, 2 vol. in-4. Cet ouvr. était autrefois regardé comme classique ou diplomat. Mme d'Arconville a publ. une *Vie du card. d'Ossat*, Paris, 1771, 2 vol. in-8 ; elle y a inséré la traduct. d'un *Mém.* remarquable sur les effets de la Ligue, écrit en ital. par le même cardinal.

OSSELIN (Charles-Nicolas), conventionnel, né à Paris vers 1760, était avocat et signala sa jeunesse par des écarts qui le précipitèrent avec ardeur dans la révolut. Membre de la municipalité de 1789, puis de celle du 10 août, il figura parmi les juges chargés de prononcer, après cette journée, sur les victimes échappées à la fureur populaire. Élu député de Paris à la convention, il vota la mort de Louis XVI, et poursuivit les émigrés et les girondins avec un égal acharnem. Ayant inspiré de la jalousie à Robespierre, il fut sur un léger prétexte condamné à la déportation, et détenu prisonnier à Bicêtre. En 1794 au mois d'août, compris dans une conspiration de prison, il fut traduit au tribunal révolutionnaire ; il essaya vainem. d'éviter l'échafaud en se donnant la mort. Osselin, dominé par un caractère violent, était susceptible de mouvements de sensibilité. Il avait fait paraître en 1792 un petit livre élémentaire, sous le titre d'*Almanach du juré*, in-18.

OSSENBEECK (Josse ou Jean van), peintre et graveur, né à Roterdam en 1627, mort en 1678, passa la plus gr. partie de sa vie en Italie, et sut unir, dans ses composit., la pureté de l'école ital. à la piquante originalité de l'école flamande. Son œuvre, comme graveur, se compose d'environ 60 pièces, dont 27 d'après ses propres dessins.

OSSIAN, célèbre barde écossais, paraît avoir vécu dans le 2e et dans le 3e S. Il était fils de Fingal, roi de Morven, qui défendit avec succès son pays contre les invasions des Romains. Ossian suivit les traces de son père : dans une de ses prem. expéditions en Irlande, il épousa Évirallin, fille de Branno, roi de Rego, dont il eut un fils, nommé Oscar, qui périt par une trahison au moment où il allait être uni à la belle Malvina. Ossian et Malvina restèrent pour pleurer ensemble le fils et l'amant qu'ils avaient perdu. Devenu vieux, il fut privé de la vue, et, pour comble d'infortune, il survécut à sa chère Malvina : il mourut le dernier de sa race, chargé de chagrins et d'années. Ses poésies, écrites en langue gallique, demeurèrent, pend. 1,400 ans, presque entièrem. inconnues en Angleterre. Macpherson en traduisit quelques fragments en prose poétique anglaise, et les publia vers 1760. Encouragé par le succès de cette première publication, il recueillit d'autres poèmes dans les montagnes de l'Écosse, et en fit impr. la traduct. avec le texte, Londres, 1765, 2 vol. in-fol. J. Smith publia aussi 14 poèmes d'Ossian et autres bardes, Édimbourg, 1780. Mais on ne tarda pas à révoquer en doute l'authencité de ces poésies, et la querelle fut vive. Il paraît aujourd'hui presque certain que Macpherson et Smith ne firent que modifier les idées et les expressions de l'original, mais qu'ils n'inventèrent rien. La société littéraire, connue sous le nom de *Highland Society*, a fait rédiger et publier par son président, Mackensie (Édimbourg, 1805, in-8), un rapport très favorable à leur authenticité. On doit à la société écossaise de Londres une édit. du texte gallique avec une traduct. lat. littérale, 1807, 3 gros vol. in-8. Le Tourneur a donné la traduction franç. des poèmes publiés par Macpherson : celle des 14 autres, publiés par Smith, est de Griffet-Labaume et David de St-Georges, 1794, 3 vol. in-18. Ces diverses traductions ont été réunies par Ginguené, qui les a fait précéder d'une *Notice sur l'état actuel de la question relative à l'authenticité des poèmes d'Ossian*, 1810, 2 vol. in-8. Tout le monde connaît les heureuses imitat. d'Ossian en vers français, par Baour-Lormian. Un beau tableau de Girodet, et l'opéra des *Bardes*, par Le Sueur et de Jouy, ont été composés sous l'inspiration du poète écossais.

OSSOLINSKI (George), grand-chancelier de Pologne, né en 1595, rendit les plus gr. services à sa patrie comme ministre et comme diplomate. Il venait d'employer toute l'influence de son caractère et de sa position pour faire élire Jean Casimir, après la mort de Wladislas, lorsqu'il fut frappé d'une attaque d'apoplexie en 1650. On peut consulter, sur la vie de cet illustre personnage, le t. III de la *Biograph. polonaise*, par M. Thadée Mostowski, Varsovie, 1805.

OSSONE, ou mieux OSSUNA (don Pedro TELLEZ Y GIRON, duc d'), homme d'état espagnol, né à Valladolid en 1579, fit ses études à l'univ. de Salamanque, parut de bonne heure à la cour de Philippe II, et ne tarda pas à s'attirer la haine des courtisans et la disgrâce du monarque par la causticité de son esprit. Ayant reçu l'ordre de s'éloigner de Madrid, il alla en France, d'où il passa en Portugal, revint en Espagne après la mort de Philippe II, et s'attacha au duc de Lerme, prem. ministre du nouveau roi. Mais les courtisans, que ses sarcasmes ne cessaient d'irriter, trouvèrent le moyen d'indisposer contre lui Philippe III, et l'entrée à la cour lui fut interdite une seconde fois. Il se rendit alors en Flandre, y fit six campagnes à la tête d'un régim. levé à ses frais, se distingua autant par son intelligence que par sa valeur, et, dans l'intervalle de ses campagnes, voyagea en France et en Angleterre. Rappelé à la cour en 1607, sur les sollicitations du duc de Lerme, le duc d'Ossone fut nommé gentilhomme de la chambre, membre du conseil de Portugal, et chev. de la Toison-d'Or. En 1610, il fut nommé à la vice-royauté de Sicile, fit chérir son administrat. dans cette île, retourna en Espagne en 1615, et reçut l'accueil le plus flatteur de Philippe III, qui le nomma l'année suiv. vice-roi de Naples. Il montra, dans ce nouveau poste, la même habileté qu'en Sicile, obtint de brillants succès sur les Vénitiens, et donna aux pavillons espagnol et napolitain un éclat qu'ils n'avaient point encore obtenu dans la mer Adriatique. Son refus d'établir l'inquisit. dans le royaume de Naples lui suscita de puissants ennemis à Rome et à Madrid. Prévoyant que l'intrigue lui enlèverait tôt ou tard le pouvoir auquel il s'était accoutumé, il osa former des desseins sur la souveraineté de Naples, sonda sur cette entreprise le duc de Savoie, le sénat de Venise et la cour de France, entama des négociations avec la Hollande, et chercha même à se rendre favorable le *divan* (cabinet) de Constantinople. Une partie de ce projet ambitieux transpira, et un capucin dénonça formellement, à la cour de Madrid, le vice-roi, qui fut remplacé par le cardinal Borgia. Le duc d'Ossone, de retour à Madrid, ne fut point inquiété, grâce à l'influence du duc de Lerme; mais ce prem. ministre ayant été disgracié à l'avénem. de Philippe IV, l'ex-viceroi fut arrêté aussitôt avec ses secrétaires et ses principaux amis, et renfermé au château d'Almeida, où il mourut en 1624, sans s'être laissé abattre par ses malheurs, et ayant conservé jusqu'à la fin son esprit malin et caustique. Gregorio Leti a écrit la *Vie du duc d'Ossone*, Paris, 1700, 3 vol.

OSSORY (Thomas Butler, comte d'), fils de Jacques, duc d'Ormond, né en 1634, fut longtemps enfermé par Cromwell dans la Tour de Londres, et devint, à la restauration, pair d'Angleterre. Il contribua au succès de plus. combats sur mer, et commandait les troupes anglaises à la bataille de Mons. Il mourut avant son père, en 1680.

OSTADE (Adrien van), peintre, né à Lubeck en 1610, fut élève de l'école flamande, et se fixa à Amsterdam où il mourut en 1681. Meilleur coloriste que Teniers, il n'a pas sa touche spirituelle, et imite plus la nature qu'il ne l'embellit. Ses compositions sont nombreuses. Le musée possède sept tableaux de ce maître : *la Famille d'Adrien van Ostade; le Maître d'école; l'Intérieur d'un ménage rustique; Marché aux poissons; le Notaire dans son étude; un Fumeur allumant sa pipe; et un Buveur* tenant un verre d'une main et de l'autre un pot de bierre, etc. — Isaac van Ostade, frère du précédent, né en 1612, enlevé fort jeune aux beaux-arts, a laissé dans le même genre quelques tableaux estimés. Le musée en possède quatre : *une Halte de voyageurs; un Paysan dans sa charrette; un Canal glacé couvert de patineurs; un Canal glacé*, à droite une chaumière.

OSTERMANN (André, comte d'), chancelier de Russie, fils d'un pasteur luthérien du comté de la Marck, entra en 1704 dans la marine russe. Les services qu'il rendit à Pierre Ier, dans la campagne du Pruth, furent récompensés par le titre de baron et de conseiller intime. Sa fortune s'accrut sous Catherine, et, à l'avénem. de l'impératrice Anne, il fut nommé ministre et gr.-chancelier. Sa faveur se soutint sous Ivan IV; mais Ostermann, si habile à se maintenir dans les divers changem. de règne, fut proscrit par Élisabeth, dont les intrigues pour arriver au trône n'avaient pu lui échapper. Condamné à mort, on le tira des mains du bourreau pour commuer son supplice en un exil perpétuel en Sibérie, où il mourut en 1747. — Ostermann (le comte d'), fils du précéd., vice-chancelier de Russie sous Catherine II, fut chargé, en 1788, de négocier un traité de quadruple alliance avec les cours de Versailles, Vienne et Madrid, contre l'Angleterre et la Prusse; mais cette négociat. échoua par l'infidélité d'un commis de la chancellerie. Le comte d'Ostermann, parvenu au poste de chancelier, mourut disgracié sous le règne de Paul Ier.

OSTERWYCK (Marie van), née à Delft en 1630, morte en 1693, excellait à peindre les fleurs et la nature morte.

OSTIENSIS. — V. Suze (Henri de).

OSTIUS, contemporain de Salluste, a écrit en vers l'*Hist. de la guerre d'Istric*. Macrobe en cite quelq. fragments, et prétend que Virgile l'a imitée en plus. endroits (*lib. V, Saturnal., cap. 5*).

OSTROJSKII (Constantin-Constantinovitsch, prince), vaivode de Kief et maréchal de Volhynie, est moins célèbre comme auteur que comme protecteur des lettres, qu'il chercha constamment à répandre dans la Russie-Occidentale. Très attaché à la religion grecque, il ne suivit pas l'exemple de presque tous les évêques et princes lithuaniens et volhyniens qui s'étaient faits catholiques, et il publia contre eux un écrit intit.: *Exhortation circulaire aux églises de Lithuanie et de Volhynie*, Ostrog, 1595. Le prince Ostrojskii mourut en 1608. Un de ses fils, *Janus*, châtelain de Cracovie, se convertit à la relig. catholiq.; l'autre, *Alexandre*, vaivode de Volhynie, resta grec, et tous deux se distinguérent dans la carrière des armes.

OSWALD (St), roi de Northumberland, embrassa le christianisme, gouverna sagem. ses états, et fut tué en 642, dans une bataille contre Penda, roi de Mercie. — Oswald (St), neveu de St Odon, archevêque de Cantorbéry, embrassa la vie monastique dans l'abbaye de Fleury ou de St-Benoît-sur-Loire. De retour en Angleterre, il fut élevé sur le siége épiscopal de Worcester, auquel il réunit ensuite le siége archiépiscopal d'Yorck. Il mourut en 922, le 29 févr., jour auquel on célèbre sa mémoire.

OSYMANDYAS, roi d'Égypte, célèbre par les conquêtes et les monum. magnifiques que Diodore lui attribue, vivait, selon cet historien, huit générations avant Uchoréus, un de ses descendants en ligne directe, et par conséquent très long-temps avant Sésostris. Il porta ses armes jusque dans la Bactriane. De ce fait et de l'analogie du nom de ce prince avec celui d'un Ismandès, aussi roi d'Égypte, dont parle Strabon, et qu'il prétend être le même que Memnon, on a conclu avec une espèce de vraisemblance qu'Osymandyas n'est autre que le fameux guerrier et roi mytholog. Memnon. On a été plus loin, et, rapprochant les exploits des deux Sésostris de ceux d'Osymandyas, on a émis cette opinion, que l'un des deux, et sans doute le premier, était le même que Memnon Ismandès, et par conséquent Osymandyas. On sent, au reste, que la lecture attentive de plus. milliers de lignes hiéroglyphiques serait nécessaire pour résoudre avec certitude des questions aussi délicates. Quoi qu'il en soit, on voyait à Thèbes, en Égypte, un immense édifice dans lequel, entre autres curiosités, se remarquaient des peintures représentant les exploits du roi contre les Bactriens, une biblioth. et le tombeau du roi Osymandyas, surmonté par un cercle d'or de 365 coudées, qui faisait le tour de ce monum., et qui probablem. était destiné à des usages astronomiques.

OTACILIA (Marcia-Sévèra), impératrice rom., épousa vers l'an 237 Philippe, qui parvint à l'empire par l'assassinat de Gordien-le-Jeune. Elle était chrétienne, et rendit son époux favorable à ses coreligionnaires. Après la mort de Philippe et de son fils, tués par Dèce, Otacilia s'ensevelit dans une solitude, et y finit ses jours. On a de cette princesse des médaillons grecs et lat., et des médailles sur toutes sortes de métaux.

OTBY (Abou'l Naser Muhammad ben Mohammed al Djabbar al), historien et poète arabe, né vers le milieu du 4e S. de l'hég., 11e de J.-C.), est aut. d'un ouvrage intitulé : *Tarickh-Otby*, ou plus correctement *Tarickh-Yeminey* (histoire de Yemin ed-Daulah Mahmoud). Il a été trad. en persan, et cette version fait partie des MSs. de la biblioth. du

roi. Silvestre de Sacy en a donné un curieux extr. dans le 4e tome des *Notices*, etc.

OTFRID, poète du 9e S., né en Alsace, moine dans l'abbaye de Weissembourg, s'attacha l'un des premiers à perfectionner la langue théostique ou tudesque. Sa *Traduction* de l'Évangile en vers rimés, le plus ancien monument de cette langue, a long-temps été populaire. C'est d'après le célèbre MS. connu sous le nom de *Codex palatinus*, et qui appartient à l'université d'Heidelberg, que ce curieux ouvr. fut publ. par Francowitz et A.-P. Gasser, Bâle, 1571, in-8; cette édit. est très rare. La traduction d'Otfrid a été réimpr. plus correctement dans le tome Ier des *Antiquités teutoniques*, avec une version latine de Schiller.

OTHER, OHTHER ou OTTAR, voyageur norwégien du 9e S., était né dans la province de Nordenland, où il possédait des propriétés considérables. On ignore les motifs qui lui firent quitter sa patrie. Établi en Angleterre, il prit, à ce que l'on présume, du service à la cour du roi anglo-saxon Alfred. Ce fut à ce prince qu'il communiqua les relations de ses deux voyages, regardées comme les plus anc. que l'on ait sur le Nord. Alfred les inséra avec celles d'un autre voyageur du Nord, Wulfstan, dans l'introduction à sa version anglo-saxone d'Orose. Les relations d'Other et de Wulfstan ont été souv. imprimées et commentées. Hakluyt, en 1598, et depuis Purchas en insérèrent des traductions angl. dans leurs collect. de voy. Le texte anglo-saxon, accompagné d'une traduction latine et de quelques notes, parut pour la première fois dans la *Vie d'Alfred*, par Spelman, 1678. Plusieurs savants angl., allem., danois, tels que Barrington, Forster, Beckmann, Rask, ont commenté ces relations, qui sont un monument précieux pour l'ancienne géogr.

OTHMAN. — V. Osman.

OTHMAN AL RADHY (Abou'l Said), roi de Fez et de Maroc, de la dynastie des Mérinides, monta sur le trône l'an 1310, apaisa les troubles qui avaient agité les règnes précédents, gouverna ses sujets avec sagesse, fit une heureuse expédition sur les côtes d'Andalousie en 1327, et mourut en 1331.

OTHMAN IBN AFFAN, le troisième des khalyfes successeurs de Mahomet, gendre de ce prophète, succéda à Omar l'an 23 de l'hég. (644 de J.-C.). Ce fut un prince pieux, humain, mais peu capable de gouverner un vaste empire. Sous son règne, les musulmans firent de nouvelles conquêtes; mais son injustice envers ses généraux, ses prodigalités pour ses favoris, finirent par exciter un mécontentement général. Mohammed, fils d'Aboubeckr, profitant de la disposition des esprits, conspira contre le khalyfe, le surprit dans son palais, et le poignarda l'an 35 de l'hég. (656 de J.-C.). C'est à Othman que la ville de Djeddah, port de la Mekke, doit sa fondation.

OTHON (M.-Salvius), emper. romain, né l'an 32 de J.-C., signala son adolescence par des prodigalités et des débauches dont l'éclat lui concilia les bonnes grâces de Néron. Il devint un de ses favoris; mais bientôt la fameuse Poppée, sa femme, plut à l'emper., qui, pour la lui ravir, le nomma questeur en Lusitanie. Othon, dans son exil, fit preuve de talents, de modérat. et d'intégrité; mais il n'attendait que l'occas. pour se déclarer contre Néron. Il fut un des premiers à seconder la tentative audacieuse du vieux Galba, proclamé empereur par les troupes. Il espérait que ce prince septuagén., en l'adoptant, lui donnerait le rang d'héritier présomptif de l'empire. Austère et rude dans ses mœurs, Galba, vainqueur et maître de Rome, lui préféra Pison. Othon, que sa position forçait à convoiter le trône, se décide à une grande entreprise. Vingt-un soldats l'enlèvent et le mènent au camp des prétoriens, où ils le proclament césar : bientôt son parti se grossit de tout ce que heurte la froide sévérité du vieil empereur; la soldatesque et la populace sont à ses pieds, les têtes de Galba et de Pison sous ses yeux. Peu de jours après les légions de Germanie proclament aussi Vitellius, et la guerre civile recommence avec plus de fureur que sous Vindex. Othon, aussi actif dans le danger que voluptueux dans le calme, organise ses forces avec un art qui leur assure la supériorité en Ligurie, sur les côtes de la Narbonaise, à Plaisance et près de Crémone. Mais impatienté des délais et de la prolongat. de la guerre, il veut en finir d'un seul coup, et, sans attendre les légions de Mésie et d'Illyrie qui doivent plus que doubler ses forces, il livre bataille à Cécina et à Valens près de Bédriac. Quarante mille des siens tombent sur le champ de bataille, et tous cependant brûlent de retourner au combat. Cette défaite accablante est loin d'être décisive. Mais Othon a pris son parti : ennemi des guerres civiles, et voyant qu'il a vainement espéré de s'asseoir sur le trône sans obstacle, il se donne la mort le 20 avril 69. Il n'avait encore que 37 ans. Tous les historiens se sont accordés à louer l'héroïsme calme et simple dont Othon fit preuve dans cette extrémité. Il brûla les lettres de ses amis, pourvut à la sûreté de ses partisans, et distribua tout ce qui lui restait entre ses serviteurs. Ses soldats, qui le regrettaient, ne montrèrent à Vitellius qu'une fidélité douteuse.

OTHON (St), évêque de Bamberg en 1102, porta le prem. dans la Poméranie le flambeau de l'Évangile. De retour dans son diocèse, le vénérable pasteur s'occupa de raffermir la foi chancelante des habit. de Stettin et de Camin, et mourut le 30 juin 1159. On célèbre sa fête le 2 juill. Sa *Vie* se trouve dans le recueil des bollandistes.

OTHON Ier, dit *le Grand*, est le premier prince allemand qui ait porté réellem. le titre d'emper. Né en 912, il était fils de Henri, dit *l'Oiseleur*, et fut élu roi des Romains en 936, par les prélats et les seigneurs assemblés à Aix-la-Chapelle. Ses premières opérat. furent contre les Huns et les Hongrois qu'il battit en plusieurs rencontres, et auxq. il ferma l'Occident, qu'ils dévastaient depuis tant d'années. Il rendit ensuite la Bohême tributaire de la Germanie, marcha contre Louis-d'Outremer qui était entré en Lorraine, défit les ducs de Franconie et de Lorraine, et s'avança jusque dans la Cham-

pagne. La révolte de son frère Henri le força de revenir sur ses pas; il rentra en France en 946, mais cette fois pour secourir Louis-d'Outremer, qu'Hugues-le-Grand, son vassal, retenait prisonn. Othon s'avança jusqu'auprès de Paris, et assiégea Rouen; mais, abandonné par le comte de Flandre, il fut encore contraint de retourner dans ses états. Pensant à renouveler l'empire de Charlemagne, après avoir abaissé plusieurs grands vassaux, il conquit l'Italie, et se fit couronner successivement roi des Lombards et empereur par le pape Jean XII, qui lui prêta serment de fidélité sur le tombeau de St Pierre. Victorieux sur tous les points, ce monarq., le plus puissant de l'Occident, acheva de civiliser l'Allemagne, et mourut en 973 à Minsleben en Thuringe. On peut consulter sur son règne l'*Hist. des républ. italiennes*, de M. Sismondi, t. Ier; l'*Hist. des Allem. sous Othon-le-Grand*, par T.-G. Voigtel, Halle, 1802, in-8 (en allem.). — OTHON II, dit *le Roux*, fils du précéd. et d'Adélaïde de Bourgogne, né en 955, fut sacré roi de Germanie en 961, et proclamé empereur en 973, après la mort de son père, dans une assemblée tenue à Magdebourg. Dans le même temps, Henri de Bavière, son cousin, était couronné emper. par l'évêque de Freisengen. Othon marcha contre son compétiteur, qui n'avait point encore d'armée, le fit prisonnier, et l'envoya en exil à Elrick. Il fit ensuite la guerre, avec des chances variées, en France, en Italie, contre les Grecs et les Sarrasins, et mourut à Rome en 983, avec la réputation d'un prince cruel. — OTHON III, fils unique du précédent, né en 980, fut sacré empereur à Aix-la-Chapelle en 983. Henri de Bavière, qui avait déjà disputé la couronne à Othon II, troubla une seconde fois l'Allemagne par ses prétentions. S'emparant de la personne du jeune empereur, il le conduisit à Magdebourg; mais les prélats et les seigneurs le forcèrent de céder la régence à l'impératrice-mère. Othon III passa les Alpes en 996, assiégea Milan, s'empara de cette ville, et fut couronné roi des Lombards; puis, ayant fait élire pape Grégoire V, son parent, il vint à Rome pour recevoir la couronne impériale des mains du nouv. pontife, et retourna en Allemagne pour s'opposer aux incursions des Slaves. Il revint deux fois en Italie, la première pour rétablir sur le St-siége Grégoire V, qui en avait été chassé par Crescentius; la deuxième pour chasser les Grecs et les Sarrasins du pays de Naples; mais s'étant arrêté à Rome pour y attendre l'arrivée de ses troupes, il y fut assiégé dans son palais par les Romains révoltés, n'eut que le temps de s'enfuir avec le pape pour se soustraire à la fureur de la populace, et mourut à Paterno en 1002, empoisonné par la veuve de Crescentius, qui s'était insinuée dans ses bonnes grâces afin de mieux trouver l'occasion de venger la mort de son mari, à qui ce prince avait fait trancher la tête. — OTHON IV, empereur d'Allemagne, né vers 1175, était le troisième fils de Henri, duc de Bavière, surnommé *le Lion*, et de Mathilde, princesse d'Angleterre. Il se rendit de bonne heure à la cour de Richard-Cœur-de-Lion, son oncle, qui l'accueillit avec bonté, et lui assigna plusieurs domaines dans ses états. Après avoir servi Richard avec un gr. zèle dans ses guerres contre Philippe-Auguste, Othon, qui avait conservé ou s'était créé un grand nombre de partisans en Allemagne, fut élu empereur à la mort de Henri VI, en 1197, par une portion des élect. assemblés à Cologne, puis reconnu par toute l'Allemagne en 1208 (v. PHILIPPE, empereur d'Allemagne). Il confirma les droits dont jouissaient les villes d'Italie, fit de grandes concessions au pape Innocent III, qui le couronna en 1209, et l'excommunia peu de temps après, parce qu'il voulait enlever à Frédéric (v. FRÉDÉRIC II) la Pouille, seule portion que ce jeune prince conservât de l'héritage paternel. Soutenu par le roi d'Angleterre, Othon conserva sa puiss. en Allemagne, et s'unit à Jean-Sans-Terre pour faire la guerre au roi de France. Il s'était avancé en Flandre avec une armée de plus de 120,000 hommes, lorsqu'il fut défait entièrement à Bouvines par Philippe-Auguste. Honteux de cette défaite, Othon se retira dans le duché de Brunswick, où il passa 4 ans oublié, et il mourut dans le château de Hartzbourg en 1218, après s'être fait relever de l'excommunic. Comme il ne laissait aucun enfant de ses deux mariages avec Béatrix, fille de Philippe, et avec Marie, fille du duc de Brabant, Frédéric II lui succéda sans obstacle.

OTHON de *Freisengen*, célèbre chroniqueur, né vers la fin du 11e S., était fils de Léopold, marquis d'Autriche, et d'Agnès, fille de l'emper. Henri IV. Après avoir fait ses prem. études à Nuremberg, il se rendit à Paris pour fréquenter les cours de l'université, déjà fameuse. L'amour de la retraite le porta à embrasser la règle de St Bernard dans le monastère de Morimond, dont il devint abbé. Ses vœux se bornaient à finir ses jours dans ce poste tranquille; mais son frère, Conrad III, devenu emper., le rappela en Allemagne, et le plaça sur le siége épisc. de Freisengen. Othon suivit Conrad dans son expédit. de Syrie, et vint reprendre l'administrat. de son diocèse. Il mourut en 1158 dans l'abbaye de Morimond, où il était allé revoir quelques amis de sa jeunesse. On a de cet illustre prélat une *Chroniq.* en VII liv., depuis la créat. du monde à 1146. Les quatre premiers livres ne sont qu'une compilat. d'Orose, d'Eusèbe, d'Isidore de Séville, de Bède, etc.; mais les trois derniers sont intéressants, surtout pour l'hist. d'Allemagne. Cette chronique a été continuée jusqu'à l'an 1210 par Othon, abbé de St-Blaise. On a encore de l'évêque de Freisingen un *Traité de la fin du monde, du Règne de l'Ante-Christ et du Jugement dernier*, et deux liv. *De gestis Friderici I Ænobarbi*. Cette vie de Frédéric Barberousse a été continuée depuis l'an 1157, où s'arrête Othon, jusqu'en 1160, par Radewik, chanoine de Freisengen, et terminée par un anonyme. Les ouvrages d'Othon ont été publ. par Cuspinianus, 1515, in-fol., et réimprimés à la suite du poème de Gonthier (*de Gestis Friderici I*), 1569, in-fol., avec une préface de Mélanchthon; et enfin dans le t. VIII de la *Biblioth. Patrum cistercen-*

sium de Tissier. La vie de Frédéric Barberousse a été insérée par Muratori dans le tome VI des *Rer. italic. scriptor.*

OTHONIEL (Bible), premier juge des Israélites dans la Terre-Promise, était parent de Caleb, dont il épousa la fille, Axa, après s'être emparé de la ville chananéenne de Kariath-Sepher. Dans la suite, ses compatriotes ayant été 8 ans soumis au joug du roi de Mésopotamie, Chusan-Rasathaïm, Othoniel devint leur libérateur l'an 1405 avant J.-C., et fut nommé chef suprême du peuple, sous le nom de juge. Il gouverna 40 ans en paix, et mourut l'an 1365 av. J.-C.

OTT (PIERRE-CHARLES, baron), feld-maréchal autrichien, né en Hongrie, se distingua dans la campagne contre les Turks en 1789, et figura plus tard avec distinction dans les guerres d'Italie, sous Wurmser, Souwarow et Mélas. Il commanda le corps d'armée qui assiégea Gênes en 1799, fut battu le 9 juin 1800 à Montebello, partagea en 1805 les nouveaux revers de l'armée autrichienne, et mourut à Pesth en 1809.

OTTAVIANI (JEAN), dessinateur et graveur, né à Rome en 1735, fut élève de Wagner. Il est principalement connu par la gravure des *Loges de Raphaël au Vatican*. — Son frère, Charles OTTAVIANI, a gravé les peintures de la chapelle pontificale du palais Quirinal.

OTTER (JEAN), orientaliste, né en Suède en 1707, abjura le luthéranisme, et vint à Paris, où le comte de Maurepas, frappé de ses disposit. pour les langues, l'envoya dans le Levant en qualité d'agent du commerce français. A son retour, récompensé par une pension et une chaire de profess. de langue arabe, il mourut en 1748. Il avait été, cette même année, reçu membre de l'académie des inscript. On a de lui : *Voyage en Turquie et en Perse, avec une relation des expédit. de Thamas-Koulikan*, Paris, 1747, 2 vol. in-12. L'*Éloge* d'Otter, par Bougainville, est dans le *recueil* de l'académie, t. XXIII.

OTTINI (PASCAL), peintre, né à Vérone vers 1570, mort en 1630, fut élève de Félix Brusaforti. Ses compatriotes le regardent comme un des peintres qui ont le plus approché de Paul Véronèse. Son chef-d'œuvre est un *St Nicolas* que l'on voit dans l'église St-George, à Vérone.

OTTO (ÉVERHARD), sav. jurisconsulte, antiq. et philologue, né en 1685 à Ham (Westphalie), fut professeur à l'univ. d'Utrecht pendant près de 20 années, et mourut syndic à Brême, en 1756. On a de lui un assez grand nombre d'ouvrages, dont les plus estimés sont : *de Ædilibus coloniarum et municipior. liber singularis*, etc., nouvelle édit. augm., 1732, in-8. — *Thesaurus juris romani*, etc., 1725, 4 vol. in-fol.; 1733-35, 5 vol. in-fol. — *Ad Instituta Justiniani notæ crit. et commentaria*, 3e édit., 1760, in-4. — *De tutelâ viarum publicarum liber*, 1731, in-8. Bouchaud n'a fait que reproduire cet ouvr. dans les *mémoires* qu'il a lus à l'Institut, sur la police des Romains concernant les grands chemins.

OTTO (Louis-Guillaume), comte de Mosloy, né en 1754 dans le grand-duché de Bade, vint perfectionner ses études à Paris, accepta la place de secrétaire du chev. de La Luzerne, ambassad. franç. en Bavière, entra ensuite au ministère des affaires étrangères, fut chargé successiv., sous les gouvernements républicain, consulaire et impérial, de plus. missions importantes à Berlin, à Londres, à Munich, et devint ambassadeur à Vienne, où il eut une grande part au mariage de l'emper. Napoléon avec l'archiduch. Marie-Louise. Depuis la 2e restauration (1815), il vécut dans la retraite, et mourut en 1817. Homme aimable et instruit, il se fit remarquer dans les postes les plus élevés par une grande modestie et un rare désintéressement.

OTTO-VÆNIUS. — V. Veen.

OTTOCARE II, dit *le Victorieux*, roi de Bohême dans le 13e S., signala le commencement de son règne par d'importantes et glorieuses conquêtes. Il se trouvait en 1270 le prince le plus puissant de l'Allemagne, et refusa avec dédain le titre d'empereur que lui offraient les électeurs. Rodolphe de Habsbourg, son gr.-maréchal, fut élu, et somma son ancien seigneur de lui rendre hommage. La guerre s'engagea, et le superbe Ottocare fut contraint de plier les genoux devant celui qui avait été un de ses serviteurs, et dont il devenait le grand échanson. Il reprit bientôt les armes, fut vaincu, et tomba percé de coups à la bataille de Laa, le 26 août 1278. Son fils Wenceslas lui succéda sur le trône de Bohême.

OTTOMAN. — V. Osman Ier.

OTWAY (Thomas), poète dramatique anglais, né dans le comté de Sussex en 1651, mort en 1685, fut à la fois auteur et acteur, et, malgré le succès qu'obtinrent plus. de ses pièces, n'en vécut pas moins dans un état de misère bien honteux pour la philanthropie anglaise. Enlevé dans la force de l'âge, Otway ne put remplir toute la mesure de son talent. Toutefois ses compatriotes, fortem. émus par ses conceptions théâtrales, lui ont donné la prem. place après Shakespeare. Les Œuvres d'Otway ont été recueill., 1736, 2 vol. in-12; réimpr. en 1768, 3 vol. in-12. Parmi ses comédies il n'en est aucune qui lui ait survécu; mais trois de ses tragédies: *Venise sauvée, don Carlos*, et *l'Orphelin ou le Mariage malheureux*, ont été trad. en franç. dans les *Chefs-d'Œuvre des théâtres étrangers*. *Venise sauvée*, dont il prit le sujet dans la *Conjuration de Venise*, de Saint-Réal, a été imitée par Lafosse dans *Manlius*, et son *Don Carlos* a inspiré Schiller. Ce sont là les véritables titres d'Otway, qui, malgré ses défauts, tiendra toujours un rang honorable sur le théâtre anglais.

OUBOUCHA ou, suivant les écriv. chinois, OU-BA-CHÉ, était khan ou prince monghol de la tribu des Tourgauts, établie dans les steppes qui sont entre le Don et le Wolga, lorsqu'à la fin de 1770 il disparut subitem. avec tout son monde, emmenant quelq. officiers et soldats russes qui auraient pu faire connaître sa marche, et se dirigea par le pays des Kirgis vers les contrées soumises à la dominat.

chinoise. Avant d'habiter le territoire russe, les Tourgauts avaient quitté le pays qui sépare la Toula et l'Orgou, pour fuir l'oppression des souverains kalmouks; mais ne pouvant s'accommoder des institutions régulières que la cour de Russie voulait introduire parmi eux, et décidée par les intrigues du gouvernem. chinois, cette populat. avait pris la résolution de rentrer dans les contrées dont elle était originaire. Composée de 50,000 familles, et formant une masse de 500,000 individus, la tribu des Tourgauts arriva sur les bords de la rivière d'Ili en août 1771, après avoir éprouvé de grandes pertes dans une marche de 8 mois à travers les déserts de la Gr.-Tatarie, et en combattant d'autres hordes qui voulaient s'opposer à son passage. L'empereur de la Chine, prévenu du départ des Tourgauts, avait pris des mesures pour les recevoir. Il leur assigna des terres sur les bords de l'Ili, et Ouboucha, appelé à la cour impériale, y reçut des honneurs et des présents. On ignore l'époque de la mort de ce khan; mais il est probable qu'il revint finir ses jours parmi les siens. On trouve des détails sur cette transmigration des Tourgauts dans le t. II des *Mémoires concernant les Chinois*.

OUDEAU ou ODEAU (Sœur Françoise), religieuse du monastère de St-Louis de Poissy, où elle mourut en 1644, a donné une traduction des *Sermons méditatifs du dévot P. St Bernard, abbé de Clairvaux, sur les cantiques*, etc., Paris, 1621, in-8.

OUDEGHERST (Pierre d'), juriscons. de Lille, publia, en 1571, les *Chroniques et Annales de Flandre de 620 à 1476*, Anvers, in-4. Il est à regretter qu'il n'ait point continué cet ouvr., précis plein de recherches et d'exactitude de tout ce qu'on avait écrit avant lui sur cette province.

OUDENARDE (Robert van), peintre, né à Gand en 1663, alla se perfectionner à Rome dans l'école de Carle Maratte, dont il a imité la manière et la touche. Il a orné de ses tableaux les églises de sa ville natale, et gravé à l'eau forte la plupart des composit. de son maitre. Les curieux recherchent le gr. ouvrage qu'il composa par ordre du comte Barbarigo: *Numismata virorum illustrium ex gente barbadigâ*, Padoue, 1762, grand in-fol., très rare. Van Oudenarde mourut à Gand en 1743.

OUDET (Jacques-Joseph), un des officiers les plus distingués de l'armée républicaine, était né à Meynal, départ. du Jura, vers 1773. Entré volontaire dans un bataillon en 1791, il venait d'acquérir un grade supér. sur le champ de bataille, quand Napoléon arriva d'Égypte. Oudet, dévoué aux institutions républicaines, prévit avec douleur un tyran dans le héros, et afficha hautement ses soupçons. Il fut relégué dans une province, comme adjoint de l'adjudant-général Mallet, depuis si célèbre. On fait remonter à cette époq. l'origine d'une société secrète qui menaça souvent la puissance de Napoléon. Tour à tour, rappelé à l'armée ou repoussé par la destitut. et par l'exil, Oudet s'était trouvé en relation avec la plus grande partie des officiers, et il avait laissé en eux tous une impression profonde qui résultait de l'ascendant de sa parole et de son caractère. A l'époque de la conspiration de Moreau, il fut renvoyé le premier loin du centre des affaires; mais sa popularité militaire l'empêcha d'être jamais compromis essentiellem. dans une instruction publique, quoique Méhée l'eût évidemment désigné comme chef des républicains de France, dans la brochure intit. : *Alliance des jacobins avec le ministère anglais*. Il resta dans un oubli apparent jusqu'à la campagne de Wagram, où il commanda le 6ᵉ régim. supplémentaire de ligne. La journée qui a donné son nom à cette campagne mémorable mit le comble à sa gloire, et eût peut-être été le commencem. d'une fortune plus digne de lui, s'il n'y avait honorablement succombé sous de nombr. blessures. On trouvera sur cet officier des détails qui nous paraissent hasardés, dans le *Voyage en Moldavie*, de Cadet-Gassicourt, dans les *Mémoires du sergent Guillemard*, et dans ceux d'*une Contemporaine*. L'*Histoire des sociétés secrètes de l'armée*, 1815, in-8, offre sur Oudet des renseignem. curieux, et dont le temps a confirmé en partie l'authenticité.

OUDIN (CÉSAR), fils d'un grand-prévôt du Bassigni, fut aimé de Henri IV, qui le chargea de plus. missions importantes en Allemagne, et le nomma secrétaire-interprète pour les langues étrangères en 1597. Il mourut en 1625. On a de lui : une trad. de *don-Quichotte*, 1639, 2 vol. in-8. — *Recueil de sentences et de proverbes*, trad. de l'espagnol, 1614, in-8. — *Deux Dictionn.*, espagnol et italien, refaits dep. par son fils aîné. — Une *Gramm. ital.*, 1645, in-8. — Une *Grammaire espagn.*, 1675, in-12. — Antoine OUDIN, fils aîné du précéd., le remplaça dans les fonctions d'interprète pour les affaires étrangères, fut envoyé, sous Louis XIII, en Savoie et à Rome, mérita l'amitié du pape Urbain VIII, donna des leçons d'italien à Louis XIV, et mourut en 1653. On a de lui : *Curiosités françaises, pour servir de supplément aux dictionn.*, etc., 1649, 1656, in-8. — *Grammaire franç.*, etc., 1633, 1645, in-12. — *Recherches ital. et franç., ou Dictionnaire*, etc., 1640, 2 vol. in-4. — *Trésor des deux langues espagn. et franç., ou Dictionn.*, etc., 1645, in-4. — *Hist. des guerres de Flandre*, traduit de l'ital., 1634, in-4. — César OUDIN, probablement de la même famille, fut attaché à Mᵐᵉ de Sévigné, et lui dédia un *Recueil de divertissements comiques*, 1670, in-12.

OUDIN (CASIMIR), sav. bibliogr., né à Mézières en 1638, entra chez les prémontrés à 17 ans, et, s'étant lassé de la vie monastique, se retira en Hollande, où il abjura ses vœux et sa religion. Il est auteur de plus. ouvr. de critique et de bibliographie ecclésiastiq. assez recherchés, mais pleins de sarcasmes contre ses devanciers et les écrivains de son ordre. On en trouve la liste dans les *Mém.* de Niceron, t. X. Nous citerons seulement le plus remarquable : *Commentarius de scriptoribus Ecclesiæ antiquis*, etc., 1722, 3 vol. in-fol.

OUDIN (FRANÇ.), jésuite, né à Vignori, bourg de Champagne, en 1673, mort à Dijon, en 1752, s'était rendu familières les langues grecque, latine, anglaise, ital., portugaise et espagnole, sans négliger pour cela l'étude des livres saints et des Pères. On trouve quelq.-unes de ses poésies dans les *Poemata didascalica*, dont il fut réellem. l'éditeur, sous le nom de d'*Olivet*. Parmi les judicieuses remarques sur les classiques anc. on remarque : sa dissertat. sur le *Culex*, t. VII des *Mém.* du P. Desmolets, ses *Observat.* répandues dans le *Cicéron* de d'Olivet, enfin, son édit. des *Sentences* de P. Syrus, avec de courtes notes, 1734, in-8. Il cultivait aussi la numismatique et les antiquités avec succès, et l'on cite son *Essai sur les Ambrons*, qui se trouve dans le 4ᵉ vol. des pièces d'hist. et de littérat. de Granet, et ses *Étymologies celtiques*, reproduites dans les *OEuvres posthumes* de Gédoyn. Tous ces travaux n'étaient que des distractions de la tâche qui lui avait été imposée par ses supérieurs, de conduire à sa fin une bibliothèque latine des écriv. de la soc. Mettant en œuvre les matériaux amassés par ses prédécess., Ribadeneira, Alegambe, Tournemine, etc., il acheva les 4 prem. lettres de ce vaste répertoire, ainsi que les notices les plus importantes qui devaient suivre, au nombre d'environ 700. Le P. Oudin a trouvé, dans Michault, de Dijon, un biographe que l'on peut consulter pour plus de détails.

OUDINET (MARC-ANTOINE), antiquaire et numismate, né à Reims en 1643, d'abord avocat et professeur distingué, ensuite garde des médailles du cabinet de Louis XIV, fut admis en 1701 à l'acad. des inscript., et mourut en 1712. Ce sav. n'a laissé que quelq. *Mém.*, insérés dans le t. Iᵉʳ du *Recueil* de l'acad. On conserve de lui, à la bibliothèque du roi, l'*Hist.* de l'origine et des progrès de cet établissement. Boze a prononcé son *Éloge* à l'acad.

OUDRY (JEAN-BAPTISTE), peintre et graveur, né à Paris, en 1686, mort en 1755, fut élève de Largillière, peignit d'abord l'hist., le portrait, le paysage et les fleurs, et se fit ensuite une réputation par ses tableaux d'animaux. Le musée en possède deux : la *Chasse au loup* et celle *au sanglier*. Oudry a gravé d'après ses propres tableaux; mais son œuvre le plus estimé est sa suite de dessins pour les *Fables de La Fontaine*, Paris, 1755, 4 v. in-fol.

OUEL ou OWEL, dit *le Bon*, en gallois *Hiwel-Dda*, souverain et législateur du pays de Galles, était fils du roi Cadell, et commença à régner en 907. Il conçut le projet, remarquable pour l'époque, de rétablir la législation de ses états sur des bases conformes à l'esprit national, travailla avec une sage lenteur à cette œuvre difficile, assembla un conseil, composé de clers et de laïcs, et entreprit le voyage de Rome pour soumettre à la sanction du pape les lois adoptées par les représentants du peuple gallois. Ce prince mourut en 948. Son code, promulgué dès 940, a transmis le nom de son aut. à la postérité. Il a été impr., pour le prem. fois, en gallois, avec une trad. lat. et des notes explicatives, par le docteur Wotton, sous le titre de *Leges Wallicæ*, 1730, in-fol., rare. Une nouv. traduct. a été entreprise en anglais, et commencée dans le *Cambrian register*, t. I et II, puis reprise et continuée dans le tom. II du *Cambro-Briton*, 1821. La *Charte d'Hoel-le-Bon*, par M. A.-B.-M. (Mangourit), 1819, brochure de 26 pages, est, dans un cadre fictif, l'hist. résumée de cette charte.

OUEN (St), en latin *Audœnus*, connu aussi sous le nom de *Dodon*, était né à Sanci près de Soissons, et fut élu en 639 évêque de Rouen. Ce prélat gouverna son diocèse avec autant de zèle que de sagesse, usa plusieurs fois de l'ascendant de ses lumières et de ses vertus pour concilier les princes français, et mourut à Clichy en 683, le 24 août, jour où l'église célèbre sa fête. On a de lui une *Vie de St Éloi*, publ. par Surius dans les *Vitæ sanctorum*. On peut consulter le *Gallia christiana*, l'*Hist. littér. de France*, et l'*Hist. de l'abbaye de St-Ouen*, par Pommerey, 1662, in-fol.

OULOUGH-BEYG (MYRZA-MOHAMMED-TARAGHY), roi de la Transoxane et de la Perse-Orientale, et l'un des plus gr. astronomes de l'Orient, né à Sultanieh, l'an de l'hég. 796, succéda à son père Chah-Rokh en 850 (1446), et fut dépouillé et mis à mort par son fils Abdallatif, en 853 (1459). Il a laissé des *Tables astronomiques*, dont on trouve plus. exemplaires dans la bibliothèque du roi. J. Greuves, Thomas Hyde et Burckardt en ont publié des fragments.

OULTREMAN (HENRI), historien, né en 1546, à Valenciennes, mort prevôt de cette ville en 1605, a écrit une *Hist. de la ville et comté de Valenciennes*, depuis son origine jusqu'au 16e S., Douai 1639, in-fol. Cet ouvr. a été corrigé et augmenté par le plus jeune de ses fils, dont l'art. suit.—OULTREMAN (Pierre d'), né en 1591, entra chez les jésuites en 1611, s'y distingua comme prédicateur, se livra ensuite à l'étude de l'hist., et mourut à Valenciennes en 1656. On a de lui : *Vie de Pierre-l'Hermite*, etc., nouv. édit., augmentée, 1645, in-12. — *Constantinopolis Belgica, sive de rebus gestis à Balduino et Henrico, imperator. constantinopolit.*, etc., 1643, in-4; quelq. ouvr. ascétiq. et des traduct. dont on trouve les titres dans la *Bibliothèq.* de Sotwel.

OUTHIER (REGINALD ou RENAUD), astronome, né en 1694 dans le bailliage de Poligny, embrassa l'état ecclésiastique, étudia l'astronomie, et fut nommé correspondant de l'acad. des sciences en 1731, et devint secrét. du card. de Luynes, évêq. de Bayeux. Il partit en 1736 avec Maupertuis, que le roi envoyait dans le Nord pour mesurer un degré du cercle polaire. A son retour de cette expédit., Outhier obtint un canonicat à la cathédrale de Bayeux, le résigna ensuite pour mieux s'appliquer à l'étude, et mourut en 1774. Il était membre de la société royale de Berlin et des acad. de Caen et de Besançon. On a de lui : *Journal d'un voyage fait au Nord en 1736 et 1737*, Paris, 1744, in-4, avec cartes et planches dessinées par l'aut.; réimpr. à Amsterdam, 1746, in-12, fig. — *Cartes topographiques* de l'évêché de Bayeux, en 2 feuilles. — *Observations météorologiques*, faites à Bayeux, insérées, ainsi que quelq. *Observat. astronomiq.*, dans le *Recueil* de l'acad., t. IV des *Mém. des sav. étrangers*.

OUTREMONT (ANSELME d'), fils d'un avocat et avocat lui-même, né à Paris en 1746, entra à vingt ans conseiller au parlem., et, lors de sa supression en 1771, fut exilé à Crévant, où, pendant un séjour de quatre années, il s'adonna exclusivement à la culture des lettres. Chargé ensuite de la rédaction de quelques *Remontrances*, notamment contre les édits de Turgot, il s'en acquitta avec succès, parvint en 1785 à la grand'chambre, fut un des opposants à la convocation des états-généraux, et termina sa carrière judiciaire par cette dernière chambre des vacations, qui, depuis le mois de septembre 1789 jusqu'en octobre 1790, demeura chargée de attributs du parlem. Il émigra l'année suiv. en Belgique, puis passa en Hollande, et de là fut appelé à Hamm, où MONSIEUR (Louis XVIII), le nomma conseiller de régence. Retiré en Angleterre peu de temps après et fixé à Londres, il ne rentra en France qu'à la restauration, époque où il fut nommé conseiller-d'état. Il mourut à Paris en 1822. Entre autres ouvr., on a de lui : *le nouv. Siècle, ou la France encore monarchie*, 1796, 2 vol. — *Examen critique de la révolution franç., considérée comme système politique*, 1805, in-8. Il ne paraît pas qu'aucune des pièces de théâtre qu'il avait composées ait été représentée ou imprimée; mais on cite deux de ses tragédies, la *Mort de Charles Ier*, et *Marguerite d'Anjou*. La *Quotidienne* du 2 octobre 1822 contient une *Notice* étendue sur ce magistrat.

OUTREPONT (CHARLES-LAMBERT d'), juge au tribunal de cassation, né à Bruxelles, mort en 1809, fut successivem. avocat près le conseil souverain de Brabant, membre de l'administrat. centrale de ce pays, député au conseil des cinq-cents, et se montra l'un des plus zélés partisans de la révolut. qui, en 1788, éclata dans la Belgique. Il avait signalé ses opinions politiques, dès 1780, dans un écrit intitulé : *Essai historique sur l'origine des dîmes*, in-8. Trois ans après il composa, pour un concours académique, un *Discours sur l'autorité du droit romain dans les Pays-Bas*, qui obtint l'accessit. En 1785, il publia une *Défense* de son *Essai historique sur l'origine des dîmes*, et une *Réponse* à la critique qu'en avait faite l'abbé Ghesquière.

OUVILLE (ANTOINE LE METEL, sieur d'), frère de Boisrobert, né à Caen, mort en 1656 ou 1657, a laissé plusieurs comédies, oubliées aujourd'hui, mais dont on trouve les titres dans l'*Histoire du théâtre français*, des frères Parfaict; quelq. romans trad. de l'espagn., et des *contes* assez libres, qui seuls ont sauvé son nom de l'oubli. Ils ont été recueillis sous le titre de l'*Élite des contes du sieur d'Ouville*, 1669, 2 vol. in-12 : les meill. sont tirés du *Moyen de parvenir*, de Beroalde de Verville.

OUVRARD (RENÉ), compositeur, né à Chinon vers 1620, fut d'abord maître de chapelle à Paris, puis chanoine de St-Gratien de Tours, où il mourut en 1694. On a de lui, outre quelques ouvr. de controverse oubliés : *Secret pour composer en musique par un art nouveau* , Paris , 1660. — *Biblia sacra in lection. ad singulas dies per legem*, *prophetas et evangel. distributa et* 529 *carminibus mnemonicis comprehensa* , 1668, trad. en franç., 1669. — *L'Art et la science des nombres*, lat.-franç., avec une préface , 1677. — *Défense de l'ancienne tradit. des églises de France* , sur la mission des prem. prédicateurs évangéliques dans les Gaules , 1678, in - 8. — *Architecture harmonique* , etc., 1679, in - 4. — *Calendarium novum perpetuum et irrevocabile* , 1682, in-4. Il a laissé MSs. plusieurs autres écrits dont les curieux trouveront la liste dans la *Bibliotheca Ecclesiæ Turonensis* , 1706 , in-8.

OUWATER (ALBERT van), peintre , né à Harlem dans le 14e S., fut l'un des premiers artistes hollandais qui se servit de la peinture à l'huile récemment découverte par van Eyck, dont il était le contemporain et le rival. Les scènes animées et les paysages de ses tableaux remarquables pour l'époque , présageaient la perfection à laquelle les peintres hollandais devaient porter ce genre.

OUYN (JACQUES), poète dramatiq.,né à Louviers dans le milieu du 16e S., fit jouer, en 1597, *Tobie*, tragédie en 5 actes et en vers, sans distinction de scènes . Rouen, 1606, in-12.

OUZBEK-KHAN, prince tatare , khan ou souverain du Kaptchak dans le 14e S., était fils de Thogroul, et succéda à Thoghtagou , son oncle. A cette époque la Russie était tributaire des Tatars, et l'un des prem. actes du nouv. khan fut de confirmer dans leur dignité le gr.-duc Michel Yaroslawitsch et le métropolit. Pierre , et d'exempter le chargé russe de toute espèce de tribut et d'impôt. Michel obtint en outre un corps de troupes contre George Danielowitz, prince de Moscou, que les Novogorodiens avaient élu pour gr.-duc. Mais plus tard, accusé d'avoir fait empoisonner la sœur d'Ousbek, épouse de George , Michel fut jugé, condamné et mis à mort par les ordres du khan. En 1527, Ouzbek prit prétexte du massacre de quelques Tatars dans la ville de Tver, pour ravager la Russie dont il partagea les diverses provinces entre Ivan , frère de George, et Constantin, fils de Michel. Il fit ensuite deux expéditions contre la Perse , s'empara de la province de Chyrwan, et mourut en 1348. Ce prince, pend. un règne glorieux de 30 ans , s'était tellement concilié l'affection de ses peuples, qu'ils lui en donnèrent une preuve éclatante en prenant le nom d'*Ouzbeks*, sous lequel ils sont encore connus.

OUZOUN HAÇAN-BEYG (ABOU NASR MODHAFFER EDDYN), nommé par les voyageurs vénitiens et les historiens occident. *Uzum Cassan*, roi de Perse de la dynastie turkomane *Ak-Koiounlu* (du Mouton blanc), né dans le 16e S., était petit-fils de Cara-Osman, à qui Tamerlan avait concédé une principauté dans le Dearbekr. Après avoir détrôné et fait périr son fils Djihanghyr, il résolut de s'emparer de toute la Perse-Occidentale, sur laq. régnait un autre prince turkoman, et réussit complètement

dans cette entreprise en 1469 (874 de l'hégyre). Comme il avait épousé une sœur de David Comnène , dern. emper. de Trébisonde , les chevaliers de St-Jean-de-Jérusalem, alors maîtres de Rhodes, et les Vénitiens lui envoyèrent plus. ambassades pour le décider à tourner ses armes contre Mahomet II, conquérant de Constantinople. Ouzoun-Haçan entra dans la Natolie (Asie-Mineure) en 1472, et y obtint d'abord quelques succès; mais il fut vaincu l'année suiv. En 1476, il conquit la plus gr. partie de la Géorgie, et il mourut en 1478 (882 de l'hég.). Les longues et sanglantes guerres de ses fils et petits-fils qui se disputèrent le trône, facilitèrent l'élévation de la dynastie des Sofys et la conquête de la Perse par Ismaël, dont la mère et l'aïeule étaient, l'une fille, l'autre sœur d'Ouzoun-Haçan. — V. ISMAEL-CHAH.

OVANDO (NICOLAS), gentilhomme espagnol, fut nommé en 1501 gouvern. de l'île de St-Domingue en remplacem. de Bovadilla, et publia d'abord de nouv. réglem. qui adoucirent le sort des Indiens. Mais bientôt cette modération fit place à la barbarie la plus révoltante. On peut lire dans l'*Histoire de St-Domingue*, du P. Charlevoix , les détails des moyens atroces employés par Ovando ou ses agents, pour contenir les Indiens dans la soumission. Un horrible massacre eut lieu à Xaragua (où depuis fut bâtie Léogane). En 1507, il ne restait plus dans l'île que 60,000 indigènes; et ce nombre ne suffisant pas pour les travaux que les Espagnols exigeaient d'eux, Ovando dépeupla les îles Lucayes, et, en peu d'années , cet archipel devint un désert. Rappelé en 1508 et remplacé par Diego Colomb , fils de l'amiral, Ovando finit ses jours en Espagne dans une retraite honorable. Le massacre de Xaragua a été dévoué, par Las-Casas et l'histor. Herrera, à l'exécration de la postérité.

OVERBEECK (BONAVENTURE van), né à Amsterdam en 1560, étudia l'antique à Rome, et rapporta une riche collection de dessins dans sa patrie. Il se livrait avec la même fougue au travail et au plaisir : ses excès en tout genre usèrent bientôt ses forces, et il mourut en 1706. On estime les dessins et les planches de son gr. ouvr., intit. *Reliquiæ antiquæ urbis Romæ*, etc., Amsterdam, 1709, gr. in-fol., avec 150 pl. La traduct. franç. a été réimpr. à La Haye en 1763, 3 part. in-fol.

OVERBURY (sir THOMAS), aut. anglais, moins connu par ses écrits que par sa fin tragique, était né en 1581. Ami de Robert Carr, depuis comte de Sommerset, il encourut la haine de cet indigne favori de Jacques Ier pour s'être montré contraire à son mariage avec lady Essex, et Robert Carr se vengea en le dénonçant au roi comme ennemi de l'état. Arrêté et enfermé dans la Tour de Londres, Overbury y mourut empoisonné en 1613. Le mystère de cet empoisonnement, dont Sommerset était l'instigateur, ne se dévoila que deux ans après , et les agens subalternes subirent seuls le dernier supplice. On a de lui quelq. écrits en vers et en prose , réunis en un vol., souv. réimpr., et dont la 15e édit. est de 1752, in-12. L'auteur y décèle une grande connaissance du monde et le talent de saisir le ridicule.

OVIDE (Publius-Ovidius-Naso), l'un des poëtes latins les plus célèbres, naquit à Sulmone dans le territoire des Péligniens, le 13 des calendes d'avril, ou le 20 mars, de l'an de Rome 711 (av. J.-C. 43), sous le consulat de C. Vibius Pansa et de A. Hirtius. Son père, qui le destinait au barreau, l'envoya de bonne heure à Rome, où l'orateur célèbre Messala, dirigea ses prem. études : mais son talent et ses soins ne parvinrent point à faire un avocat de celui que la nature avait fait poète. Il nous apprend lui-même qu'il bégayait des vers au sortir du berceau. Ses illustres contemporains, Virgile, Properce, Tibulle, Horace, s'empressèrent d'accueillir et de protéger auprès du prince le jeune émule qui devait un jour s'asseoir avec eux sur le Parnasse romain. Auguste lui prodigua les honneurs, les récompenses, et lui donna publiquem. des marques d'estime ; mais cette faveur eut plus d'éclat que de solidité ; et après en avoir joui quelque temps, celui qui en était l'objet se vit condamné tout à coup à un exil rigoureux, dont la cause véritable, toujours dissimulée par Ovide, est demeurée un problème insoluble. Relégué par Auguste à l'extrémité du Pont-Euxin, au milieu d'un peuple barbare, le malheureux Ovide y languit huit ans et quelq. mois, dans l'espoir toujours trompé d'un retour qu'il ne cessa de solliciter auprès de l'inflexible empereur, et qu'il n'obtint pas même de son successeur Tibère : circonstance qui suffirait peut-être pour prouver que la faute qu'il expiait si cruellement n'était pas personnelle à Auguste, mais intéressait sa famille adoptive. Ovide mourut âgé de 59 ans, l'an 17 de notre ère, et fut enterré à Tomes, lieu même de son exil. Peu de poètes ont écrit autant de vers, et se sont exercés avec autant de succès dans des genres différents. Quintilien parle avec éloge de la *Médée* d'Ovide, et la donne comme preuve de ce qu'il eût pu faire s'il avait su régler la marche de son génie : cette pièce a partagé le sort commun à plusieurs autres écrits d'Ovide, entièrement perdus pour nous, et parmi lesq. on doit regretter surtout les six derniers liv. des *Fastes* : c'était l'un des fruits de son exil, où il composa égalem. l'admirable et volumineux rec. de ses *Élégies* (les *Tristes* en V livres, et les *Pontiques* en IV). C'est sans contredit aux *Métamorphoses*, son chef-d'œuvre, qu'Ovide doit cette popularité classique qu'il partage avec Horace et Virgile : on dit que, mécontent de l'état d'imperfection où il les laissait, l'aut. les jeta au feu avant de partir pour son exil ; mais des copies s'en étaient multipliées, et les lettres n'eurent point à déplorer une perte irréparable. Les *Héroïdes*, genre qu'Ovide se glorifiait d'avoir le prem. fait connaître aux Romains, sont, avec les *Fastes*, l'ouvrage le plus achevé du poète, et celui qui a fait le plus d'imitat. Les cinq livres des *Amours*, réduits par la suite à trois, sont les caprices d'une imagination libertine plutôt que voluptueuse, et les jeux d'un esprit facile et léger plutôt que l'ex-

pression d'un sentiment qu'Ovide ne semble guère avoir connu dans sa jeunesse. Il fut marié trois fois, et de ses trois femmes, la dernière paraît seule lui avoir inspiré une affection véritable ; elle en était digne, par celle qu'elle lui conserva dans son malheur. Néanmoins l'ouvr. que nous venons de citer, et l'*Art d'aimer*, sont des monuments précieux, non-seulem. du génie brillant et fécond de leur auteur, mais de l'état moral de la société romaine, à cette époque de luxe et de corruption. Nous n'indiquerons ici que les édit. et les traduct. princip. d'Ovide. Le prem. livre impr. à Bologne en 1471, fut les *OEuvres d'Ovide*, in-fol.; elles le furent la même année à Rome, 2 vol. in-fol. On estime les édit. suiv. : Venise, Alde, 1502, 1503, ib., 1515, 1516, 3 vol in-8; Leyde, *cum notis variorum,* 1661-62. — Lyon, *ad usum Delphini,* 1689, 4 vol. in-4 ; Amsterdam, 1727, 4 vol. in-4, excellente édition, publiée par P. Burmann, et devenue la base de presque toutes celles qui ont été données depuis ; l'édition d'Amar, faisant partie de la *Bibliothèque latine* de Lemaire, 1820-25, 10 vol. in-8, avec une *Notice littéraire* revue par Barbier sur les *édit. et trad. d'Ovide*. Il existe deux trad. en prose des *OEuvres compl.* d'Ovide ; l'une est de Martignac seul, Lyon, 1697, 9 vol. in-12. On a réuni dans l'autre les trad. des *Métamorph.* par Banier ; des *Fastes*, par Bayeux ; des *Tristes et des Pontiques*, par Kervillars, etc., 1789, 7 vol. in-8. Les *Métamorphoses* ont été traduites en vers par Thomas Corneille, 1697, 3 vol. in-8; par F. de Saint-Ange, 1800, 1808, 2 vol. in-8, et 1823, in-12. — Les *Fastes*, par le même, Saint-Ange, 1804. — L'*Art d'aimer*, par le même, Paris, 1807. — Les *Héroïdes*, par de Boigelin, in-8, Philadelphie (Paris), 1786. Les *Amours*, par M. P. D. C. (M. Pirault des Chaulmes), 1825, dans la collect. de Saint-Ange. — Une trad. nouv. en prose des *Métamorph.* préc. d'une *Vie* d'Ovide a été publ. par M. T.-G. Villenave, Paris, 1805 et suiv., 4 vol. in-4 et in-8., fig., et 4 vol.in-12, à l'usage des classes.

OVIEDO Y VALDEZ (Gonzalve-Ferdinand d'), voyageur et histor., né en 1478 dans les Asturies, avait été successivement au service de Don Juan, infant d'Espagne, du roi de Naples, et enfin de la reine, lorsqu'il se rendit en Amérique en 1513, avec le titre d'intend. des mines d'or de la Darie, dont il jouit deux ans. Après plus. autres voyages, il fut nommé intendant de l'île d'Haïti en 1535. Il ne fut rappelé qu'au bout de dix ans, et obtint la charge d'historiographe du roi en 1548. Il profita du pouvoir que lui donnaient ses places pour arracher sa part des dépouilles du Nouv.-Monde. Voulant ensuite se justifier de ses exact. aux yeux de Charles-Quint, il peignit les malheur. Indiens comme un peuple qui, par sa perversité incorrigible, avait mérité l'extermination. Les hypothèses qu'il mit en vogue sur la syphilis entrèrent sans doute dans son plan de calomnie. Il affirma qu'elle était originaire des Indes-Occidentales, et qu'elle devait même y être endémique, et cela, parce que la Providence, qui place toujours le remède à côté du mal, a fait croître dans le pays le gaïac, qu'on regardait alors comme un spécifique contre cette maladie. Les médecins ont aujourd'hui, pour la plupart, d'autres idées sur *l'origine de la syphilis* (*v.* l'art. Oviédo dans la *Biographie médicale*). Ses autres ouvr. sont : *Sumario de la historia general y natural de las Indias-Occidentales,* Tolède, 1525, in-fol. — *La historia general y natural de las Indias-Occidentales,* Madrid, 1535, in-fol.

OWAIN-GLENDWR ou plutôt OWEN-GLEN-DOUR, né en 1348, fut le dern. rejeton des princes souverains de Galles. Nommé chevalier par Richard II, roi d'Angleterre, il vit, sous le règne suivant, ses terres confisquées et données au lord Grey. Il rassemble alors ses amis, fait Grey prisonnier, ne lui rend la liberté que moyennant une rançon considérable, et, poursuivant le cours de ses succès, soumet le comté de Glamorgand, et se fait reconnaître souverain de Galles. Il obtient l'appui de la France (1404), et s'empare de Caermarthen. Mais dès cette époque, sa puissance commença à décliner, et bientôt il se trouva réduit à errer en fugitif, méditant de vains projets de vengeance. Il mourut en 1415.

OWEN (Jean), *Audoenus,* poète lat. du 16e S., né dans le pays de Galles, fit ses études à Oxford, d'où il ajouta l'épithète d'*Oxoniensis* à son nom, sans être pour cela de cette ville, comme quelques biographes l'ont cru. Mort en 1622 dans l'indigence, Owen obtint un magnifique tombeau dans l'église St-Paul à Londres. Ses épigrammes, d'un style assez facile, sont infectées de traits licencieux et d'invectives contre le clergé. Sur ce recueil, impr. complet chez les Elzevirs, Leyde, 1628, in-24, Amst., 1647, in-12, on peut s'en tenir au jugem. de l'auteur :

Qui legis ista, tuam reprehendo, si mea laudas
Omnia, stultitiam; si nihil invidiam.

M. Auguste La Bouisse a publié les *Épigrammes choisies d'Owen,* trad. en vers franç. par Kerivalant et d'autres imitateurs, Lyon, 1819, in-8. — Thomas Owen, magistrat anglais du temps d'Élisabeth, mort en 1598, est principalement connu comme auteur de l'ouvr. suivant : *Raports in the king's bench and common pleas in the reign of queen Elisabeth,* 1685, in-fol. — V. Goronwy-Owen.

OXENBRIDGE (John), l'un des plus célèbres théologiens et des meilleurs prédicateurs de son temps, né en 1609 en Angleterre, mort en 1674 à Boston, où il était ministre, a publié : *Proposition de propager l'Évangile par le moyen des colonies chrétiennes dans le continent de la Guiane,* 1671, et quelq. autres écrits peu remarquables.

OXENSTIERNA (Axel, comte d'), homme d'état célèbre, sénateur et chancelier de Suède, né en 1583 dans la province d'Upland, perfectionna ses études dans plusieurs universités d'Allemagne, et s'appliqua particulièrement aux langues savantes, à l'histoire et à la politique. De retour en Suède, il fut employé, par le roi Charles IX, à des négo-

ciations import. ; puis, à l'avénement de Gustave-Adolphe, il devint chancelier ou ministre principal. Sa prudence, son zèle infatigable, ses combinaisons profondes le rendaient digne de ce poste sous un prince tel que Gustave, et leurs noms sont devenus inséparables dans l'histoire comme ceux de Henri IV et de Sully. Oxenstierna suivit son maître dans ses campagnes contre les Russes, et négocia en 1617 la paix de Stolbova, qui fit gagner à la Suède un territoire considérable le long de la Baltique. Il dirigea ensuite quelques opérations de la guerre de Pologne, et après la conquête de la Prusse par les Suédois, en devint gouvern.-génér. Appelé par Gustave en Allemagne, il eut la douleur d'apprendre en route la mort glorieuse de ce monarque aux champs de Lutzen; mais ce fatal événement n'abattit point son zèle et sa fermeté. Après avoir concentré les troupes de la Suède et des alliés, il fit un voyage en Brandebourg et en Saxe, et combina si sagement toutes ses mesures et ses démarches, qu'il obtint une confiance générale. Plus tard, lorsqu'après la perte de la bataille de Nordlingen, plus. princes se détachèrent de l'alliance de la Suède, Oxenstierna réunit les débris de l'armée suédoise, soutint le courage des soldats, demanda des secours à sa patrie, entama de nouv. négociations, fit un voyage à Paris pour conférer avec Richelieu, conquit l'estime de ce ministre, son rival, et parvint en 1630 au but qu'il s'était proposé. La fortune étant retournée sous les drapeaux des Suédois, Oxenstierna revint à Stockholm, rendit compte de son administration, prit sa place parmi les tuteurs de la jeune reine Christine, veilla à son éducation, à ses intérêts comme à la gloire du royaume, devint l'âme de son conseil, et gouverna réellement la Suède jusqu'à la majorité de cette princesse. Christine suivit long-temps les sages avis de son chancelier; mais les courtisans et les favoris écartèrent peu à peu l'homme sage qui le gênait. Toutefois Oxenstierna ne cessa point de se montrer dans les occasions importantes, et de manifester son dévouement au bien général. Il retarda quelq. temps, par ses représent. énergiques, l'abdication de la reine, et refusa d'assister à l'acte solennel où Christine remit le sceptre à son cousin Charles-Gustave. Retiré des affaires, il ne cessa pas d'être consulté dans les circonstances import. par le nouv. roi qui avait su apprécier son expérience et ses vertus, Oxenstierna mourut en 1654. Ce grand homme, dont la perte fut vivement sentie par ses compatriotes, s'était toujours montré le protecteur zélé de tous les talents. Il écrivait avec la même facilité en suédois et en latin; et une partie de sa correspondance dans ces deux langues a été conservée. On le regarde comme l'auteur du 2e vol. de l'*Historia belli sueco-germanici,* dont le premier est de Phil. Chemnitz. — Oxenstierna (Benoît), de la famille du précéd., né en 1625, fut nommé chancelier de Suède sous le règne de Charles XI. Long-temps investi de la confiance de ce monarque, il vit avec peine Charles XII s'éloigner du système pacifique suivi par son père, et prévit dès-lors les malheurs qui devaient bientôt accabler la Suède. Il venait de remettre au roi un mémoire énergique à ce sujet (inséré depuis dans plus. recueils historiq.), lorsqu'il mourut en 1702. Il avait été, comme son illustre parent, un protecteur zélé des sciences et des lettres. — OXENSTIERNA (Gabriel THURESON , comte d'), arrière-neveu d'Axel, né à Stockholm en 1641, après avoir terminé ses études, parcourut une partie de l'Europe, embrassa ensuite la carrière militaire, fut nommé ambassad. de Suède au congrès de Ryswick, et appelé en 1699 par Charles XII, au poste de gouverneur du duché de Deux-Ponts, qui venait d'échoir à la maison royale de Suède. Il mourut en 1707. Ce fut pend. les dern. années de sa vie qu'il écrivit, en franç., l'ouvrage connu sous le titre de *Pensées sur divers sujets avec des réflexions morales*, publ. par Bruzen de la Martinière. — On a publié à Stockholm, 1803, 3 vol. in-8, une édit. complète des ouvr. en prose et en vers du comte J.-G. OXENSTIERNA, qu'il ne faut pas confondre avec le précédent, comme on l'a fait dans le *Magasin encyclopédique* de 1805 (t. Ier, p. 383) : celui-ci était membre de l'acad. des sciences de Stockholm depuis 1786.

OXFORD. — V. HARLEY.

OZANAM (JACQUES), laborieux mathémat., né en 1640 à Bouligneux, dans la princip. de Dombes, étudia les sciences exactes malgré son père qui le destinait à l'état ecclésiastique. Après la mort de son père, il renonça à la cléricature, et alla vivre à Lyon du produit de quelques leçons, auquel suppléait celui du jeu. Il vint à Paris sur l'invitat. du père du chancelier d'Aguesseau, renonça dès-lors au jeu pour se livrer tout entier aux mathématiq., et eut bientôt un gr. nombre d'élèves. Il donnait des leçons pendant la paix, et il employait les loisirs que lui laissaient les temps de guerre à composer des ouvr. qui ajoutèrent à son aisance et à sa réputat. Mais la perte qu'il fit, en 1701, d'une femme qu'il adorait, et la guerre de la succession, qui lui enleva ses écoliers, portèrent un coup funeste à son bonheur. Il fut admis à l'académie des sciences en 1702, et mourut en 1717. Il avait une piété sincère et une foi docile; il disait qu'il *appartient aux docteurs de Sorbonne de disputer, au pape de prononcer, et aux mathématiciens d'aller au paradis en ligne perpendiculaire.* Nous citer. de lui : *Traité de gnomonique*, 1673, in-12, augmenté sous le titre de *Méthode générale pour tracer les cadrans*, 1685, in-12. — *Traité des lignes de premier genre, de la construction des équations*, etc., 1687, in-8. — *Usage du compas de proportion expliqué*, etc., nouv. édition revue par Garnier, 1794, in-12. — *Récréations mathématiq. et physiques*, nouv. édition augmentée par Montucla, 1778 ou 1790, 4 vol. in-8. — *Nouv. éléments d'algèbre*, Amsterdam, 1702, in-8. (v. son *éloge* par Fontenelle, les *Mém.* de Niceron, et le *Dictionn.* de Chauffepié).

OZANNE (CHRISTOPHE), simple paysan des environs de Mantes, se fit, à la fin du 17e S., une

réputation extraordin. par ses cures merveilleuses et son désintéressem. On peut voir dans le t. VIII des *Diversités curieuses* de l'abbé Bordelon plus. détails singuliers sur cet honnête charlatan, qui ne dut, à ce qu'il paraît, sa renommée qu'à la recommandation qu'il faisait à ses malades d'observer une diète austère et de boire beaucoup d'eau.

OZANNE (NICOLAS-MARIE), dessinateur de la marine, né à Brest en 1728, fut choisi pour diriger l'éducation des enfants de France, sous le rapport de la construction des vaisseaux, de leurs manœuvres et de la tactiq. navale, et mourut en 1811. On a de lui des dessins remarquables par une gr. facilité dans l'exécution. Il a gravé à l'eau-forte, d'après ses propres dessins, près de 300 pl. notamment un *Traité de marine militaire*, dédié au duc de Choiseul. Cet ouvr., qui contient 50 pl. in-8, représente les vaisseaux de guerre et les manœuvres relatives aux combats, ainsi qu'à l'attaque et la défense des ports. — OZANNE (Pierre), frère du précédent, ingén.-construct. de la marine, né à Brest en 1737, mort dans cette ville en 1813, acquit une gr. réputat. dans son art. On a de lui une suite de dessins gravés représentant des *vaisseaux*, des *ports de mer*, des *paysages*. Il a gravé, conjointement avec son frère Nicolas et ses deux sœurs, de *nouv. vues perspect. des ports de France* d'après ses propres dessins et ceux de son frère. — Yves-Marie OZANNE, sœur du précéd., morte à Paris en 1786, a gravé une *Vue du port de Livourne* d'après J. Vernet, le *Temps serein* d'après le même, les *Relais flamands* et la *Ferme flamande* d'après Wouwermans. — On doit à Jeanne-Franç. OZANNE, sa sœur, morte en 1795, une *Vue de Dieppe*, une *du port de St-Valeri*, une seconde *Vue du port de Livourne* d'après Vernet, et différentes *Vues des colonies françaises.* On peut consulter sur cette famille la *notice* impr. en tête du *Catalogue d'objets d'arts des cabinets Ozanne et Coiny*, Paris, 1811, in-8.

OZAROWSKI (PIERRE), hettman ou grand-général de la couronne de Pologne, embrassa la cause de la Russie, et prit beaucoup de part à la confédération de Targowitz, qui produisit la constitut. de 1792. Aussi, lors de l'insurrection qui éclata à Varsovie contre les Russes en 1794, il fut condamné à être pendu, et la sentence exécutée sur-le-champ. Une potence était déjà plantée pour lui avant son jugement.

OZERETSKOVSKI, membre de l'académie des sciences de Pétersbourg en 1783, mort en 1827 dans sa 77e année, est aut. de plus. ouvr. estimés. Les princip. sont : *Éléments d'hist. natur.*, 1791, 7 vol. — *Voyage aux lacs Ladoga et Onéga*, 1792. — *Description* des lieux compris entre St-Pétersb. et Staroï-Rouss, 1808.

OZEROF (VLADISLAS-ALEXANDROVITSCH), le prem. tragique russe, né en 1770 près de Tver, fut reçu à six ans dans le corps des cadets nobles de terre, en sortit (1788) après avoir fait de brillantes études, et avança rapidem. dans la carrière militaire. Il la quitta avec le grade de général-major, entra dans les emplois civils, obtint sa retraite en 1808, et mourut en nov. 1816, des suites d'une maladie très longue qui avait affecté ses facultés intellectuelles, aussi-bien que son physiq. La tragédie russe doit à Ozerof, nous ne dirons pas sa splendeur, car de tous les genres de littérat., c'est le seul qui soit encore négligé dans ce pays, mais son existence. Les pièces de Kniajenine et de Soumorokof, les meilleures que possédât alors la scène russe, n'étaient point dénuées de beautés ; elles étaient même assez riches en beaux vers ; mais elles manquaient de cette action, de cet ensemble qui constituent la vraie tragédie. Ozerof en créa une tout-à-fait nationale. Sans négliger les beaux exemples de Racine et de Voltaire, il s'affranchit de cette imitation servile des étrangers qui avait caractérisé ses prédécess. On lui doit cinq tragédies : la *Mort d'Oleg*, 1798 ; *OEdipe à Athènes*, 1804, son chef-d'œuvre ; *Fingal*, 1805 ; *Dmitri Donskoï*, 1807 ; *Polyxène*, 1809. *Fingal* et *Dmitri*, trad. en franç. par le comte Alexis de Saint-Priest, font partie des *Chefs-d'OEuvre des théâtres étrangers*. Ozerof a composé quelq. *Poésies* lyriques, et traduit, d'après Colardeau, l'*Épître d'Héloïse à Abailard*. Ses *OEuvres complètes* ont été impr.

(avec une *Notice* sur sa vie et ses ouvrages, par le prince Viasemskii), Pétersbourg, 1818, 2 vol.

OZI (ÉTIENNE), musicien, prem. basson de la chapelle du roi, né à Nîmes en 1754, mort à Paris en 1805, a laissé quelques *concertos* estimés, et une *Méthode nouvelle et raisonnée pour le basson*, 1800, 2e édit.

OZIAS ou OSIAS, roi de Juda, que la Bible nomme aussi Azarias, n'avait que 16 ans lorsqu'il remplaça sur le trône Amasias son père. Il enleva aux Philistins les villes de Geth et de Jamnia, dont il rasa les murailles, fit la guerre aux Arabes avec succès, et construisit sur les bords de la mer Rouge une forteresse pour les tenir en bride. Il remporta ensuite plus. victoires sur les Ammonites, et après avoir conquis la paix, releva les murailles de Jérusalem, qu'il embellit et fortifia. Mais enflé par tant de prospérités, il voulut usurper les fonctions du sacerdoce et porta une main sacrilège à l'encensoir. Sa témérité fut punie ; une lèpre hideuse lui couvrit le visage. Forcé par cette tache indélébile d'abdiquer, il remit le gouvernem. à son fils Joatham et se retira dans la solitude, où il mourut l'an 758 av. J.-C., à l'âge de 68 ans, dont il en avait régné 52.

P

PABO, prince breton, vivait dans le 5e S. Vaincu par ses voisins, il se réfugia dans le pays de Galles, où il fut généreusem. accueilli par le roi de Powys. Il embrassa ensuite la vie religieuse, et fut compté au nombre des saints. Son tombeau se trouve encore, avec une inscription, dans l'église de l'île de *Mona* (l'île du Man), dont il fut le fondateur.

PACATIEN, *Pacatianus* (TITUS-CLAUDIUS-MARCIUS), empereur romain, n'est connu que par les médailles : le cabinet du roi en possède plus. de ce prince en argent. On conjecture qu'il fut proclamé auguste dans la partie méridionale des Gaules, et que, défait par Dèce, son règne fut de très courte durée. On rapporte ces événem. à l'année 249.

PACCHIAROTTO (JACOB), peintre, né à Sienne, florissait dans la première partie du 16e S. Il fut élève du Pérugin, ou du moins il imita son style de manière à tromper les connaisseurs. Plusieurs de ses tableaux décorent les églises de sa ville natale. On estime surtout celui qui représente *Ste Catherine visitant le corps de Ste Agnès de Montepulciano*.

PACCHIONI (ANTOINE), médecin, et l'un des anatom. les plus disting. du 17e S., né à Reggio en 1665, mort à Rome en 1726, a laissé plusieurs ouvrages relatifs à sa profess., qui ont été recueillis, 1741, in-4.

PACCI (CÔME), archevêq. de Florence au 16e S., fut le premier qui fit connaître, par une traduct. latine, les *Discours de Maxime de Tyr*.

PACCIOLI (LUC), *Paciolus*, mathématic., surn.

de Burgo, parce qu'il était né à Burgo-San-Sansépolcro, en Toscane, entra dans l'ordre de St-François, et professa les mathématiques à Naples, à Rome et à Venise. Il vivait en 1509 ; mais on ignore la date de sa mort. C'est dans son traité : *Summa de arithmeticâ*, 1494, in-fol., que l'on trouve les prem. notions de l'*Art de tenir les liv. en partie double*. Il a publié quelques autres ouvrages dont la rareté fait le principal mérite. Cepend. il faut en excepter son traité d'architecture sous ce titre : *De divinâ proportione*, orné de planches d'un très bon goût.

PACCORI (AMBROISE), écrivain ascétique, né à Céaucé dans le Bas-Maine, devint principal du collége de cette ville, fut ensuite chargé de la direction du petit séminaire de Meung, sous l'épiscopat du card. de Coislin, et occupa ce dern. emploi pendant 18 ans ; mais, après la mort du cardinal, il fut contraint de sortir du diocèse, et vint se fixer à Paris, où il mourut en 1750, à l'âge d'env. 81 ans. Pacciori était diacre et passait pour être attaché aux opinions de Port-Royal. Ses princip. ouvr. sont : *Avis salutaires aux pères et mères pour bien élever leurs enfants* ; *Entretiens sur la sanctificat. des dimanches et fêtes* ; *Règles chrétiennes pour faire saintement toutes ses actions* ; *Journée chrétienne* ; les *Regrets de l'abus du Pater* ; *Pensées chrétiennes* ; *Devoirs des vierges chrétiennes* ; *Société chrétienne* ; *Abrégé de la loi nouvelle* : tous ont été souvent réimpr.

PACE (RICHARD), né dans le dioc. de Winchester

en 1482, obtint par son mérite la fav. de Henri VIII, qui le nomma secrétaire-d'état, et l'employa dans les négociations les plus importantes. Quoique jeté dans la carrière polit., il prit les ordres en 1514, et fut successivem. chanoine d'York, archidiacre de Dorset, doyen d'Exeter et de St-Paul de Londres. Ayant été envoyé à Rome après la mort de Léon X, pour solliciter les suffrages en faveur du cardinal Wolsey, il ne put réussir dans sa mission, et le ressentim. de l'ambitieux prélat le poursuivit jusqu'à sa mort, arrivée à Stepney en 1532. On a de lui : *De fructu qui ex doctrinâ percipitur*, 1517, in-4. — *De lapsu hebraicor. interpretum; Traité contre le mariage de la reine Catherine*, en angl.; *Sexdecim orationes ad principes; Carmina diversa;* des *Lettres à Érasme*, et quelques trad. lat. d'auteurs grecs.

PACHE (Jean-Nicolas), ministre de la guerre et maire de Paris, était Suisse d'orig. Né en France, fils d'un portier, il fut d'abord précept. des enfants du duc de Castries, qui lui fit obtenir un emploi lucratif dans les bureaux de la marine. Il fut ensuite intendant de la marine royale à Toulon, munitionnaire-génér. des vivres de la marine, et enfin contrôleur de la maison du roi sous le ministère de Necker. Il donna sa démission de ses emplois, fit remise au trésor de ses pensions, et, satisfait de la modeste fortune qu'il devait à son travail, alla s'établir en Suisse avec sa famille. La mort de sa femme le décida à revenir à Paris peu de temps avant la révolution. Il se fit remarquer bientôt par ses principes démocratiques, et par une austérité qui n'était pas sans affectat. Il consentit en 1792 à partager avec Roland le fardeau du ministère de l'intérieur, et fut ensuite adjoint à Servan, alors ministre de la guerre. Plus tard il remplaça Servan, et ne tarda pas à se brouiller avec Roland, Brissot et les girondins. Son administration, à laquelle Vincent, Ronsin et quelques autres désorganisateurs imprimèrent un mouvem. aussi violent que désordonné, coûta cher à la France. L'amour inconsidéré de la réforme l'entraîna dans une foule d'actes de vexat. et de gaspillages, qu'il eut le tort de tolérer. Il fut remplacé sur le rapport de Barrère (2 février 1793). Devenu, par sa disgrâce et malgré la douceur de son caractère, l'un des chefs des montagnards, il fut élu maire de Paris, et manqua peu d'occasions d'attaquer la Gironde dans le sein et au-dehors de l'assemblée. Il nia toutefois l'existence de complots ourdis sous l'influence démagogique, ne prit aucune mesure pour protéger la convention contre le mouvement du 31 mai, et porta témoignage quelques mois après contre les girondins, dont une multitude furieuse avait obtenu le jugement ou plutôt la proscription. Bientôt les vainqueurs du 31 mai se divisèrent. Pache était dans les rangs des cordeliers. Lors de la conjurat. d'Hébert, qui amena la chute de cette faction, il fut écarté de la municipalité par l'influence de Robespierre, et resta emprisonné jusqu'au 9 therm. Inquiété un moment par le directoire à propos de la conspirat. de Babeuf, il publia trois mémoires

pour sa justification. Dégoûté du monde et des affaires, il se retira à Tym-le-Moutiers, près de Charleville, où il vécut jusqu'en 1823, n'ayant qu'un très modique revenu, dont il consacrait une partie à des actes de bienfaisance, mais ne voulant pas entendre parler des affaires publiq., ne lisant pas même les journ., et ne parlant jamais des événem. de sa vie politique. Il avait consacré de longues années à un ouvrage de métaphysique qui se trouve entre les mains de son fils.

PACHECO (dona Maria), dame espagnole d'un courage héroïque, née vers la fin du 15e S., était femme de don Juan de Padilla (v. ce nom), chef de l'insurrection qui avait pris le nom de *Sainte-Ligue*, sous le règne de Charles-Quint. Après la perte de la bataille de Villalor, Pacheco ayant été condamné à périr sur l'échafaud, dona Maria, loin de se laisser abattre par sa douleur, ne songea qu'aux moyens de venger son époux. Elle ranima par son exemple le courage des habitants de Tolède, les détermina à se défendre contre les forces réunies de Charles-Quint, combattit vaillamment à leur tête, et remporta plusieurs avantages sur les assiégeants. Mais, abandonnée par le peuple, auquel on persuada qu'elle était sorcière, elle se renferma dans la citadelle, où elle se soutint pend. 4 mois, et ce ne fut que quand elle eut épuisé ses vivres et ses munitions qu'elle renonça enfin à combattre. S'étant échappée à la faveur d'un déguisement, cette femme héroïq. se réfugia en Portugal, où elle finit ses jours dans l'indig. et l'obscurité, regrettant plus son époux et sa patrie que sa gloire et ses honneurs.

PACHECO (François), peintre, écriv. et poète distingué, né à Séville en 1571, mort en 1654, fut choisi pour peindre au couvent de la Merci, concurremment avec Antoine Vasquez, six gr. tabl. tirés de la vie de St Raimond. Il ouvrit à Séville une école dont est sorti Jacq. Velasquez, qui devint son gendre. Le chef-d'œuvre de Pacheco est son tabl. du *Jugement universel*, qu'il fit en 1618. On cite encore comme un de ses plus beaux ouvr. le *St Michel* qu'il exécuta pour le collège de St-Albert. On a de lui un *Traité élément. de la peinture,* qui est très estimé, et quelques poésies. — Pacheco (Christophe), peintre de l'école de Madrid, vivait en 1568. Son talent pour le portr. lui acquit de la célébrité. Il travailla beaucoup pour le duc d'Albe, dont il avait gagné la faveur.

PACHECO DE NARVAEZ (Louis), né à Baeça en Andalousie, eut de la réputat. comme maître d'escrime, et donna des leçons à Philippe IV. Il a publié plusieurs ouvrages, entre autres : *Compendio de la filosofia y destreza de las armas del Ger. Carranza*, Madrid, 1612, in-4. — *Libro de las grandezas de la espada*, 1600, in-4. On ne connaît ni la date de sa naissance ni celle de sa mort. — Pacheco est le nom d'un des assassins d'Inès de Castro.

PACHECO, marq. de VILLENA. — V. Villena.

PACHO (Jean-Raymond), voyageur, né à Nice en 1794, fit ses études au collège de Tournon, visita l'Italie, séjourna à Turin, vint à Paris en 1816, et partit en 1818 pour Alexandrie en Égypte, où son frère était établi. N'ayant pu, comme il en avait le projet, explorer l'Égypte, il revint à Paris en 1820, et s'y occupa de peindre le portrait et d'écrire pour les journaux littéraires. En 1820, il retourna en Égypte, qu'il parcourut cette fois en partie, dessinant les monuments et recueillant les plantes de quelque intérêt. Bientôt il conçut l'idée de visiter la Cyrénaïque et la Marmarique, où, d'après les habitants des oasis, il existait des monuments d'une beauté remarquable. Sa résolution fut décidée par l'arrivée du *Programme de la société de géographie,* qui proposait cette course difficile aux investigations des voyageurs. Il partit avec M. Müller, jeune orientaliste, en nov. 1824, revint au mois de juillet suiv. au Caire, se rendit à Paris, fit part des résultats de son voyage à la société de géographie, et reçut la couronne qu'il avait si bien méritée par sa persévérance. Il faut attribuer au travail excessif auquel il s'était livré, l'égarem. de sa raison et la catastrophe qui en fut la suite : il se donna la mort au commencem. de 1829. La relat. de son *Voyage dans la Marmarique et la Cyrénaïque,* a été impr., 1827-29, in-4, avec un atlas de 100 pl. gr. in-fol. Le vol. de texte est précédé d'une intéress. notice sur l'auteur, par M. La Renaudière. Pacho a laissé MS. *Tableau des tribus nomades anciennes et modernes.*

PACHYMÈRE (GEORGE), l'un des écriv. les plus distingués de l'histoire byzantine, était né à Nicée vers l'an 1242. S'étant rendu à Constantinople lorsque Michel Paléologue reprit cette ville sur les Latins, il parvint aux premières dignités de l'Église et de l'état, et mérita la confiance de Paléologue, qui le chargea de différentes négociat. Pachymère mourut vers 1310. L'*Histoire* qu'il a laissée commence à l'an 1258 et finit à 1308. Elle fait suite à celles de Nicétas et d'Acropolite. Le P. Poussines, jésuite, la publia à Rome, 1666-69, 2 vol. in-fol., avec une vers. latine et de savantes notes. Le président Cousin l'a traduite en français. On attribue encore à Pachymère une *Paraphrase* des *OEuvres* de St Denis-l'Aréopagite, que le Père Cordier a insérée, avec les *Scholies* de St Maxime, dans l'édit. qu'il a donnée de St Denis. On trouve dans le *Recueil* d'Allatius, Rome, 1651, un petit *Traité* de Pachymère *sur la procession du St-Esprit.*

PACIAUDI (PAUL-MARIE), religieux théatin, l'un des plus savants et des plus laborieux antiquaires du 18e S., né à Turin en 1710, obtint les premières dignités de son ordre, devint en 1761 bibliothéc. du duc de Parme, et mourut dans cette ville en 1785. Il était correspondant de l'acad. des inscriptions. Ses princip. ouvrages sont : *De sacris christianorum balneis,* 2e édit., 1758, in-4.—*De athletarum cubistesi in palæstrâ Græcor. comment.,* 1756. — *Monumenta peloponesiaca,* 1761, 2 vol. in-4. — *Memorie de' gran-maestri dell' ordine gerosolimitano,* 1780, 3 vol. in-4.—*De libris eroticis antiquorum :* cette savante dissert., insérée

dans l'édition de Longus de Bodoni, a paru séparément, Leipsig, 1803. — *Lettres au comte de Caylus,* Paris, 1802, in-8, avec une *Notice* sur Paciaudi par Sérieys.

PACIEN (St.), *Pacianus,* évêque de Barcelone, vivait sous le règne de Valens, et mourut vers l'an 390, sous celui de Théodose, après s'être distingué par ses vertus, son savoir et son éloquence. On a de lui : trois *lettres* au donatiste Sempronien ; une *Exhortation à la pénitence,* et un *Discours sur le baptême.* Ces ouvr. ont été publ. par Jean du Tillet, Paris, 1538, in-4.

PACIFICUS, archidiacre de Vérone, dans le 9e S., fut, dit-on, l'inventeur des horloges à roues et à ressorts, divisant le jour en 24 parties égales. Il est principalem. connu par l'épitaphe consacrée à sa mémoire dans la cathédr. de Vérone. Onuph. Panvinio est le prem. qui ait publié une partie de cette pièce, donnée depuis en entier par Scipion Maffei dans la préface *ad Complex. Cassiodori,* et par Muratori dans les *Antiquit. ital. medii avi.* Tiraboschi la trouve si obscure, qu'il la compare à une énigme dont l'auteur a laissé à la postérité le soin de découvrir le véritable sens. Plus. savants antiquaires se sont efforcés de l'expliquer.

PACIFICUS (PICENUS), frère mineur, né au 12e S., dans la marche de Fermo, se fit tant de réputation comme *trouvère,* que l'emper. Frédéric II le couronna et le surnomma le *Roi des vers.* Converti par un des sermons de St François, il devint un de ses disciples, et fut nommé Pacificus à cause de l'extrême douceur de son caractère. Quatre ou cinq ans après sa conversion on l'envoya en France, où il fut le premier provincial des frères-mineurs. On ignore l'époque de sa mort. Wading lui attribue un gr. nombre de chansons et d'autres poésies, composées avant sa conversion.

PACIFICUS (MAXIMUS), poète latin, né à Ascoli, d'une famille noble, mort à Fano vers l'an 1500, âgé de près de cent ans, a laissé un grand nombre d'élégies et d'autres pièces imprimées sous le titre suiv. : *Hecatelegium, sive Elegiæ nonnullæ jocosæ et festivæ; Laudes summorum viror., urbium et locor.; Invectivæ in quosdam; Laudes patriæ æsculanæ et alia quædam jucunda et docta,* Florence, 1489, in-4, édit. originale et fort rare. Magliabecchi a donné une édit. des *Poésies* de Pacificus (Padoue, 1691, in-4), dont il a retranché les poésies obscènes. Ce poète, qu'on a osé comparer à Ovide, ne manque pas de facilité ; mais il est en général dépourvu d'élégance.

PACIFIQUE DE PROVINS (le P.), missionnaire capucin, né dans la ville dont il porte le nom, après avoir parcouru différentes régions et avoir été supérieur-préfet de son ordre en Amérique, revint à Paris, où il mourut en 1655. On a de lui : *Lettre sur l'étrange mort du Grand-Turk, empereur de Constantinople,* 1622, in-12. — *Voyage de Perse contenant les remarques particulières de la Terre-Sainte et le testament de Mahomet,* 1631, in-8; 1642, in-12. — *Relation ou description des îles Saint-Christophe et de la Guadeloupe en Amérique,*

1648, in-12. On lui attribue une *Apologie de Raimond Lulle*, 1645, in-12.

PACINO (Eustachio), gentilhomme milanais, ministre du duc Philippe-Marie Visconti, au commencement du 15e S., s'acquit une gr. réputation en combattant les flottes vénitiennes, avec une marine formée sur les lacs et les rivières de Lombardie, et manœuvrée par des bateliers qui, pour la plupart, n'avaient jamais vu de vaisseaux. Il fut d'abord battu par l'amiral François Bembo; mais il remporta une victoire éclatante, le 23 mai 1431, sur Nicolas Trevisani, qui commandait la plus belle flotte que les Vénitiens eussent équipée dans ce S.

PACOME (St), né dans la Haute-Thébaïde vers l'an 292, de parents idolâtres, porta d'abord les armes; mais ayant reçu le baptême, il se mit sous la discipline d'un saint solitaire nommé Palémon, et fit de tels progrès dans la vertu, que par ses soins la Thébaïde fut peuplée de monastères ; il ne comptait pas moins de 5,000 cénobites sous sa direction. Cet illustre patriarche mourut le 3 mai 348. On a de lui : *Præcepta, judicia et monita*, trad. en latin par St Jérôme; et onze *lettres*, impr. dans le recueil de Benoît d'Aniane. Un ancien auteur grec écrivit la *Vie* de St Pacôme. Denis-le-Petit la traduisit en latin : Arnauld d'Andilly l'a mise en franç. dans les *Vies des PP. du désert.*

PACORUS, fils aîné d'Orodes, roi des Parthes, neveu de Mithridate, s'est rendu célèbre par les expéditions qu'il fit en Syrie après la défaite de Crassus. Ventidius le défit vers l'an 37 avant J.-C. — Pacorus, roi des Parthes, contemporain de Domitien et de Trajan, n'est connu que par quelques légères indicat. des aut. anciens. Les Arméniens, qui lui donnent le nom d'*Ardaschès*, c'est-à-dire *grand roi*, le croient fils d'Artaban IV, et placent son avénenem. au trône vers l'an 91. Suiv. la chronique d'Arménie ce prince mourut vers l'an 111. — Pacorus, roi de Médie, frère de Vologèse Ier, qui le fit roi de la Médie-Atropatène vers l'an 51; Pacorus fut vaincu par les Alains. Depuis cette époque il n'est plus question de lui dans l'histoire. — Pacorus (Aurélius), roi d'Arménie, n'est connu que par un passage du troisième livre des Parthéniques d'Asinius-Quadratus. Contemporain de Lucien-Vérus et de l'emper. Marc-Aurèle, il régnait en Arménie sous la protection des Romains, et fut dépouillé de la couronne l'an 163, par Lucius-Vérus.

PACORUS, prince de l'Arménie, qui vivait au 4e S. de notre ère, descendait de Sennachérib, roi d'Assyrie. Il était dynaste de l'Arzanène, et commandant milit. de la partie méridionale de l'Arménie. Vers l'an 315, ayant voulu se rendre indépendant, il se révolta contre Kosrou ou Chosroës, fils de son souverain, fit alliance avec les Persans, et après plus. combats, trouva la mort sur le champ de bataille. Toute sa famille fut massacrée à l'exception de deux de ses enfants qui plus tard furent rétablis dans les possessions paternelles. — Pacorus Ier, roi d'Ibérie, fils de Vatché, régna depuis l'an 231 jusqu'en 246. Son fils Mirda lui succéda.

— Pacorus II, roi du même pays, vivait au commencem. du 5e S. — Pacorus III, fils de Datchi Ier, monta sur le trône l'an 528, et fut remplacé par Pharasman V. — Pacorus IV, fils et successeur de Pharasman VI, régnait l'an 557. L'emper. de Constantinople le fit remplacer en 568.

PACUVIUS (Marcus), poète dramatique latin, né à Brindes vers l'an 218 av. J.-C., était fils d'une sœur d'Ennius. Il se distingua par le double talent de peintre et de poète. Son caractère doux et obligeant lui concilia l'affection des personnages les plus illustres. On connaît surtout l'étroite amitié qui le lia avec Accius. Sur la fin de ses jours il se retira à Tarente, où il mourut âgé de plus de 90 ans. Il ne nous reste de Pacuvius que quelq. fragm. qu'on trouve avec la trad. dans le dernier vol. du *Théâtre des Latins*, publié par M. Levée.

PACK (Richardson), poète anglais, né vers 1680 dans le comté de Suffolk, mort en 1728, a laissé plus. écrits, tant en vers qu'en prose, recueillis et publiés à Londres, 1729, in-8.

PADERNA (Paul-Antoine), peintre d'hist. et de paysages, né à Bologne en 1649, et mort en 1708, a laissé des tableaux estimés.

PADILLA (dona Maria de), demoiselle espagnole, d'une rare beauté, mais d'un esprit artificieux, inspira une violente passion à Pierre-le-Cruel, dont elle eut plus. enfants qui furent élevés comme héritiers présomptifs de la couronne. Cette favorite mourut à Séville en 1361, et ses funérailles furent célébrées avec la même magnificence que celles d'une reine. Un an après, Pierre, ayant déclaré qu'il était uni à Marie par un mariage secret, ses restes, qui avaient été déposés dans un monastère dont elle était fondatrice, furent transférés dans le lieu de la sépulture des rois de Castille.

PADILLA (don Juan de), fils du commandeur de Castille, allié aux plus gr. familles d'Espagne, se déclara pour le parti du peuple dans les guerres civiles de 1520 à 1522. Sa femme, dona Maria Pacheco, fut la confidente et l'associée de tous ses projets : tous les deux avaient le même courage et le même dévouement pour la cause de la liberté. Don Juan commanda les troupes que Tolède envoya au secours de Ségovie. Dans l'assemblée d'Avila il organisa la ligue des communes; bientôt il s'empara de Tordesillas et de la personne de la reine Jeanne qui y résidait. Ce fut au nom de cette princesse, privée de la raison, que furent promulgués les décrets des *communeros*. Padilla s'empara de Valladolid, où siégeait le conseil royal, présidé par le cardinal Adrien. Quelques concessions que Charles-Quint crut devoir faire aux insurgés servirent de prétexte à plus. nobles pour abandonner leur parti. Le clergé se détacha aussi peu à peu de la cause des communes, à l'exception du fameux évêque de Zamora. Don Pedro Giron avait été élu général de la ligue : soit trahison, soit incapacité, il se laissa tromper et vaincre. Don Juan le remplaça trop tard. Les soldats se débandaient; les coffres devenaient vides; dona Maria les remplit en dépouillant la cathédrale de Tolède d'une partie de ses trésors ; mais cet acte et un impôt exigé des chanoines achevèrent d'aliéner les ecclésiastiques. Le connétable de Castille s'empara de Tordesillas, et marcha contre don Juan, qu'il rencontra à Villalar (1522). Le désavantage du terrain et du nombre fut fatal aux communes ; leur déroute fut complète : Don Juan voulut périr les armes à la main ; mais il fut fait prisonnier et exécuté par la main du bourreau, comme traître : il mourut en héros et en chrétien, martyr de la liberté. Avec lui périrent les priviléges de la Castille, et de sa mort data le despotisme de Charles-Quint. On trouve dans les *OEuvres* de Martinez de la Rosa, t. III, une tragédie intit. : *la Viuda* (la veuve), *de Padilla*.

PADILLA (LAURENT de), chroniqueur espagnol ; né vers la fin du 15e S. à Antequera, fut élevé à la dignité d'archidiacre de Ronda, et devint historiographe de Charles-Quint. Il mourut vers l'an 1540. On a de lui : *Catalogo de los santos de España*, Tolède, 1538, in-fol. — PADILLA (François de), son neveu, professeur en théologie à Séville, chanoine de Malaga, mort en 1607, a publié : *Conciliorum omnium index, chronographia seu epitome*, 1587, in-4. — *Historia eclesiástica de España hasta el año 700 de Cristo*, 1605, 2 vol. in-fol.

PADOUAN (JEAN LE). — V. CAVINO.

PAESIELLO. — V. PAISIELLO.

PAEZ (FRANÇOIS), jésuite, né à Olmedo en Espagne en 1564, prêcha l'Évangile dans l'Abyssinie avec tant de succès, qu'il convertit le monarque et toute sa cour. Il mourut à Gorgora en 1622, des fatigues de son apostolat. Ce zélé missionnaire avait composé, en idiome amharique, un *traité des mœurs des Abyssins*, et trad. dans cette langue un traité de la *doctrine chrétienne*. On a de lui diverses lettres dans les *Litteræ annuæ*, et un ouvr. inédit qui va de 1555 à 1566, où il parle fort au long des affaires d'Abyssinie. — PAEZ (Gaspard), aussi jésuite, était né en 1582 en Andalousie. Il fut également envoyé en Abyssinie, lorsqu'après sa conversion Melec Seghed, roi de ce pays, demanda un renfort de jésuites ; mais six ans après la mort de François Paez, le catholicisme n'ayant pu résister aux attaques des prêtres abyssins, les catholiques furent proscrits, et Gaspard Paez fut mis à mort en 1635. On trouve des lettres de lui dans les *Litteræ annuæ* de 1624 à 1626.

PAGAN (BLAISE-FRANÇOIS, comte de), ingénieur et astronome, né en 1604 près de Marseille, se distingua par sa valeur et ses talents dans les guerres d'Italie, de Picardie, de Flandre, obtint des rois Louis XIII et Louis XIV des témoignages de satisfact., et mourut à Paris en 1665. Ses principaux ouvr. sont : *Traité des fortifications*, 1645 et 1689, in-fol. — *Théorèmes géométriques*, nouv. édit., 1654, in-8. — *Relation historiq. et géographique de la rivière des Amazones*, 1655, in-8, rare. — *Théorie des planètes*, 1657, in-4. — *Tables astronomiques*, 1658-81, in-4. — *OEuvres posthumes*, 1669, in-12, préc. de l'*Éloge* de l'auteur.

PAGANEL (PIERRE), conventionnel, né à Ville-

neuve-d'Agen en 1745, embrassa l'état ecclésiastique, et suivit avec succès la carrière de l'enseignement. A la révolut. il jouissait d'une pension qui lui avait été accordée après douze années de professorat, et il venait d'être nommé à la cure de Noaillac près d'Agen. En 1790 il remplit les fonct. de procureur-syndic du district de Villeneuve, et, l'année suiv. il fut élu député à l'assemblée législative. Au 10 août, quand l'infortuné Louis XVI venait chercher un asile dans la salle des représentants, Paganel fut le prem. à s'offrir pour faire partie d'une députation qui devait aller au-devant du roi pour l'imposer à la fureur de la multitude. Membre de la convention, il publia un écrit dans lequel il demanda que le jugem. du roi fût laissé aux tribunaux. Sa demande n'ayant pas été accueillie, il vota la mort avec l'amendem. de Mailhe, et réclama le sursis. Chargé plus tard de différ. missions dans les provinces méridionales, il s'y conduisit avec assez de modérat. pour être rappelé par le comité de salut public. Malgré les efforts des jacobins, il reprit sa place à la convention, et fut attaché au comité des secours publics. Nommé, sous le directoire, chef du contentieux et secrét.-général du ministère des relat. extérieures, il fut en 1803 appelé comme chef de divis. à la gr. chancellerie par Lacépède, son ami d'enfance, et l'une des nombreuses victimes qu'il avait arrachées à la mort dans des jours de proscription. En 1816, Paganel, obligé de sortir de France comme régicide, se réfugia à Liége, puis à Bruxelles, où il termina sa carrière en 1826. Il a publié *Essai historique et critique sur la révolut. franç.*, 1810, 3 vol. in-8, ouvr. mis au pilon par le gouvern. impérial, et réimpr. en 1815 et 1816 ; une traduct. en prose des *Animaux parlants* de Casti, et deux mémoires, l'un sur l'*ancienneté du globe*, l'autre sur les *causes de la durée de l'empire chinois*. Paganel était membre de plus. sociétés savantes. Il a laissé un fils qui a débuté avec succès dans la carrière du barreau.

PAGANI (VINCENZO), peintre, qu'on croit élève de Raphaël, naquit à Monte-Rubiano vers la fin du 15e S. Il a laissé plus. ouvr. très estimés, parmi lesquels on cite une *Assomption*, tableau conservé dans la collégiale de sa ville natale. — PAGANI (Lattanzio), fils du précéd., surnommé *Lattanzio della Marca*, ou *da Rimini*, fut élève de son père, et succéda à Giov. Bellini dans plusieurs entreprises importantes. Il devint *bargello* de Pérouse en 1553, et renonça dès ce moment à l'art de la peinture. — PAGANI (Francesco), né à Florence vers 1531, imita avec succès la manière du Caravage, et orna le palais de *Giuiano di Ricasoli* de plus. fresques, dont la plus belle représentait *Jupiter et Junon*. Il mourut en 1561. — PAGANI (Gregorio), fils du précéd., naquit à Florence en 1558, et mourut en 1605. Élève de Cigoli, il égala la réputat. de son maître par un gr. tableau représentant l'*Invention de la croix*, qui fut détruit par un incendie. On cite encore de lui une *Descente du St-Esprit* à Pistoie ; *le Sommeil de Diane*, et *le dieu Pan en-*

trant dans une grotte.. — PAGANI (Paul), peintre, né à Milan en 1661, mort en 1716, a laissé un gr. nombre d'ouvr. qu'on voit dans les églises et dans la plupart des galeries de Milan. On a de lui à Venise un tableau représentant une des OEuvres de miséricorde, et à Dresde une Madeleine en méditation sur un livre et un crucifix.

PAGE (PIERRE-FRANÇOIS), né en 1764 à la Gardelle, départem. de la Haute-Garonne, passa à St-Domingue, où il acquit une grande fortune, et fut envoyé, en 1791, en qualité de commissaire de la colonie près du gouvernem. français. Il mourut à Paris en 1805. On a de lui : Traité d'économie politiq. et du commerce des colonies, 1801, 2 vol.; un troisième annoncé n'a pas été publié.

PAGEAU (MARGARIT), poète, né à Vendôme dans le 16e S., a publié des OEuvres poétiques, Paris, 1600, in-12. On y trouve deux tragéd. en 5 actes, en vers, avec des chœurs. — Un autre PAGEAU (Guy), poète, né au Mans, a laissé des Cantiques et Noëls, 1584, in-12.

PAGENSTECHER (ALEXANDRE-ARNOLD), né à Brême, dans la Basse-Saxe, sur la fin du 17e S., mort vers 1730, abusa de ce qu'il savait de jurisprudence pour composer sur cette matière des traités aussi obscènes que burlesques. Celui qui est intit. : De jure ventris, et auquel sont jointes deux dissertations, de Cornibus et de Cornutis, est recherché pour sa singularité. Ces trois petits ouvrages, ne formant ensemble qu'un vol. in-12, ont paru à Brême en 1714 ou 1737.—PAGENSTECHER (Franç.-Guillaume), parent du précéd., a publié : De barbâ liber singularis, Lemgow, 1715, in-8, 5e édit.

PAGES (PIERRE-MARIE-FRANÇOIS, vicomte de), né à Toulouse en 1748, entra dans la marine à 19 ans, et conçut le projet de visiter les mers de l'Inde en s'y rendant par l'ouest, afin de découvrir le passage du nord. Son service l'ayant conduit de Rochefort à St-Domingue, il fit les préparatifs de cette longue excursion, qu'il commença en 1767 par la visite de la Louisiane, et dont il était de retour en 1771. Nommé deux ans après pour faire partie de l'infructueuse expédit. aux terres australes, sous le commandem. de Kerguelen, il y recueillit du moins des observat. qu'il fit concourir à l'exécut. de nouveaux projets. Ses services lui avaient valu le grade de capit. de vaisseau, le titre de correspondant de l'acad., etc. Il fut employé dans la guerre d'Amérique terminée par la paix en 1783, et s'établit à St-Domingue. Il y vivait paisiblement dans son habitat. lorsqu'il fut égorgé dans une révolte des nègres en 1793. Cet estimable voyageur a laissé : Voyage autour du monde et vers les deux pôles, par terre et par mer, 1767-76; Paris, 1782, 2 vol. in-8, avec cartes et fig.

PAGES (FRANÇOIS-XAVIER), né à Aurillac en 1745, d'une famille distinguée, s'était fixé à Paris avant la révolut., dont il embrassa les principes. Privé de sa fortune par la marche des événem., il fit ressource de sa plume, et mourut dans l'obscurité en 1802. Entre autres ouvr. on cite de lui : les

Discours de la collection des Tableaux historiques de la révolut. française, Paris, 1791-1804, 5 vol. in-fol., avec 222 pl. — Histoire secrète de la révolution franç., 1796-1801, 6 vol. in-8. — Nouveau voyage autour du monde, etc., 1797, 3 vol. in-8. — Cours d'études encyclopédiq., etc., 1799, 6 vol. in-8 et atlas.—Amour, haine et vengeance, 1799, 2 vol. in-12.—Le délire des passions.—Le triomphe de l'amour et de l'amitié. — Les amants comme il y en a peu, 1800, 2 vol. in-12. — Vies, amours et aventures de plusieurs illustres solitaires des Alpes, etc., 1800, 4 vol. in-12.—Vie et aventures de Jean-Louis de Fiesque, 1802, 4 vol. in-12. On lui attribue le poème intitulé : la France républicaine, et l'Histoire du consulat, ou Annales de France, in-8.

PAGET (lord WILLIAM), né vers la fin du 15e S. à Londres, fils d'un simple huissier, s'éleva par son mérite aux premières charges de l'état sous Henri VIII et sous Édouard VI, qui lui confièrent diverses ambassades. Lié d'une étroite amitié avec Cranmer, il l'aida dans les importantes réformes que celui-ci fut chargé d'opérer. Plus tard il partagea la disgrâce du duc de Sommerset et fut enfermé dans la Tour de Londres, après avoir été privé de tous ses emplois, et condamné à 6,000 l. sterl. d'amende. A l'avénem. de la reine Marie, rétabli dans ses fonct., il continua de prendre une gr. part aux affaires publiques, et fut un des membres du conseil qui engagèrent cette princesse à se marier avec Philippe II. Paget mourut en 1564, dans la 6e année du règne d'Élisabeth, qui lui fit faire de magnifiques funérailles aux dépens du trésor.

PAGGI (JEAN-BAPT.), peintre, né à Gênes en 1554, mort dans cette ville en 1627, était élève du Cambiaso. Sur sa réputat. il fut appelé en France et en Espagne, et de retour dans sa patrie, il orna les églises et les galeries de ses tableaux, parmi lesq. on distingue une Transfiguration dans l'église St-Marc, et le Massacre des Innocents dans le palais Doria. Il avait composé, pour l'instruct. des élèves, un écrit intitulé : Definizione ossia divisione della pittura, Gênes, 1607. On a de lui quelq. gravures sur cuivre.

PAGI (ANTOINE), relig. cordelier, né à Rognes en Provence en 1624, mort à Aix en 1690, joignait une grande érudition à beaucoup de modestie. Il entreprit l'examen des Annales de Baronius, ouvrage très important, mais rempli d'erreurs chronologiques, et les rectifia année par année. Le premier tome parut en 1689, in-fol. : Critica historico-chronologica in annales ecclesiasticos card. Baronii. Les trois autres volumes n'ont été publiés qu'après sa mort, en 1705, par les soins de son neveu François Pagi. Cet ouvrage important a été réimprimé en 1727, et inséré dans l'édition des Annales de Baronius, Lucques, 1738. Le P. Pagi a encore donné : Dissertatio hypatica, seu de consulibus cæsareis, 1682, in-4. — Dissertat. sur les consulats des emper. romains (Journal des savants, nov. 1688). — PAGI (François), neveu du précéd. et cordel. comme lui, naquit à Lambesc en 1654, et mourut en 1721. Il a aidé son oncle dans la critiq. des *Annales* de Baronius, et donné une histoire des papes sous ce titre : *Breviarium historico-chronologico-criticum, illustriora pontificum romanor. gesta, conciliorum generalium acta, necnon complura tùm sacrorum rituum, tùm antiq. eccles. disciplinæ capita, complectens*, 1717-27, 4 vol. in-4. — PAGI (Antoine), cordelier, neveu du précéd., fut éditeur de l'*Hist. des papes* de son oncle, qu'il termina. — PAGI, autre neveu du P. François, né à Martigue vers 1690, entra dans l'ordre des jésuites, et en sortit pour être chanoine, puis prevôt de l'église de Cavaillon, et mourut vers 1740. On a de lui : *Histoire des révolutions des Pays-Bas*, 1727, 2 vol. in-12. — *Hist. de Cyrus-le-Jeune et de la retraite des dix mille*, 1736, in-12.

PAGLIA (FRANCESCO), peintre, né à Brescia en 1636, mort dans les prem. années du 18ᵉ S., fut élève du Guerchin, et suivit avec succès les traces de son maître. Son principal talent était le portrait. Il a fait aussi quelq. tableaux d'église, parmi lesquels on cite une *Charité*. — Antonio PAGLIA, son fils et son élève, né en 1680, acquit une grande réputat. en imitant la manière des anc. maîtres de l'école vénitienne, particulièrem. celle du Bassan; il enrichit de ses tableaux la plupart des églises de sa patrie, et mourut en 1747, assassiné par un de ses domestiques.

PAGLIARINI (JEAN-BAPT.), né à Vicence dans le 15ᵉ S., est auteur d'une *Chronique* de cette ville, depuis son origine jusqu'à 1458. Cet ouvr. a été publié en italien, Padoue, 1623, d'après le MS. latin qui était en la possess. de l'abbé Louis-Marie Canonici à Venise, et dont la biblioth. de Vicence conserve une copie.

PAGNINI (LUC-ANTOINE), littérat., né à Pistoie en 1737, entra chez les carmes de Mantoue, professa la philosophie et la rhétorique dans plusieurs maisons de son ordre, fut agrégé ensuite à l'univ. de Pise comme profess. d'humanités, et mourut en 1814, chanoine de l'église cathédrale de sa patrie. On a de lui de bonnes traduct. ital des *Bucoliques de Théocrite, Bion et Moschus*, Paris, 1780, in-4; d'*Hésiode*, d'*Anacréon*, de *Calimaque*, d'*Horace*, d'*Épictète*, et d'un gr. nombre d'autres ouvr. grecs, latins, anglais, allemands et français. En 1813 l'acad. della Crusca décerna le prix de poésie à sa belle traduct. en vers des *OEuvres d'Horace*. Il n'est presque aucun genre de littérat. sur lequel Pagnini ne se soit exercé; on connaît de lui, outre des poésies légères, des épigrammes grecques, lat. et ital., des *discours* sur différents sujets, en latin et en italien, et des opuscules mathématiq. On trouve dans le *Magasin encyclopéd.* (janv. 1815) un extrait de l'*Éloge* de Pagnini, écrit en lat. par Sébast. Ciampi, avec la liste bibliographique de tous les ouvr. de ce sav. abbé.

PAGNINO (SANTE), en latin *Sanctes Pagninus*, savant orientaliste, né à Lucques en 1470, entra dès l'âge de 16 ans dans l'ordre de St-Dominique, et mourut à Lyon en 1536. On a de lui *Thesaurus*

linguæ sanctæ, 1548, in-4, et 1614, in-fol. Ces deux édit. sont les plus belles. — *Veteris et Novi Testam. nova translat.*, Lyon, 1542, in-fol., avec des notes de Servet. — *Catena argentea in Pentateuchum*, 1536, 6 vol. in-fol. — *Isagoges, seu introductionis ad sacras litteras liber I*, 1536, in-fol.—*Hebraicarum institutionum lib. IV*, etc., 1526, in-4. — *Abrégé*, 1546 et 1556, in-4. — *Isagoge græca*, 1525, in-fol. On trouve la liste complète de ses ouvr. tant imprimés qu'inédits dans l'*Histoire littér. de Lyon*, par Colonia, tome II.

PAIN (JOSEPH), littérat., né à Paris en 1773, mort dans cette ville en 1831, composa seul ou en société un gr. nombre de petites pièces pour le Vaudeville ou le théâtre de Montansier. Il occupa une place dans le comité de censure dramatique. Il a composé à lui seul : *l'Appartement à louer*, 1793.—*Allez voir Dominique*, 1801.—*Amour et système, ou Lequel est mon cousin?* 1807. — *Les deux paravents, ou Rien de trop*, 1811. — (Avec M. Dumersan) *les Mines de Beaujon*, 1812. — (Avec M. Bouilly) *Téniers, Florian, Fanchon la vielleuse, Berquin*, etc. On a de Pain des *Poésies*, 1820, in-8.

PAINE (THOMAS), né à Thetford, dans le comté de Norfolk en 1737, fut d'abord, comme son père, fabricant de corsets, puis employé dans l'accise, et ensuite sous-maître dans des écoles des faubourgs de Londres. S'étant dégoûté de ces div. professions, d'après l'avis de Franklin qu'il avait connu à Londres, il passa en Amérique, et s'y fit connaître par des art. de journaux, où il soutenait l'indépendance des colonies. Ce fut pour la défense de cette cause qu'il publia, en 1776, son pamphlet du *Sens commun*, trad. en français par Labaume, 1793, in-8. Dès que la guerre fut déclarée, il se rendit à l'armée où il continua de soutenir l'esprit public par des pamphlets. Quoique Anglais, il sut gagner la confiance des Américains. Il obtint (1779) une place de secrétaire dans le comité des affaires étrangères, et plus tard (1781) il fut envoyé en France pour y négocier un emprunt, puis retourna aux États-Unis. La faveur dont il jouissait et les biens dont il s'était vu combler, ne purent dominer l'instabilité de son caractère; il revint à Londres, et prévoyant la grande crise dont la France était menacée, il en étudia les symptômes. Ses opinions démocratiques le rendirent le partisan naturel de la révolution. Il en prit la défense contre Burke dans son ouvr. intit. les *Droits de l'homme*, 1791. La 2ᵉ partie (contenant la théorie et la pratique), publ. en 1792, fut considérée comme contenant des principes séditieux. Paine, traduit devant la cour du banc du roi, fut déclaré coupable malgré l'éloquent plaidoyer d'Eskine, son avocat, et réduit à chercher un refuge en France, où il fut accueilli avec enthousiasme. Élu député à la convention, par le département. du Pas-de-Calais, il fut un des juges de Louis XVI, quoiqu'il entendît à peine le franç., vota pour le bannissem. et la détention. jusqu'à la paix. Il motiva ensuite son opinion en faveur du sursis. Sa modération ayant déplu à Robespierre, Paine fut rayé de la liste des membres de la convention, et peu après enfermé au Luxembourg. C'est là qu'il mit la dernière main à son trop fameux pamphlet, intit. : *l'Age de la raison.* Rendu à la liberté sur la réclamation du ministère américain, il reprit sa place à la convention en 1794, et présenta en 1795 sa *Dissertation sur les premiers principes du gouvernement.* Mais à dater de cette époque il vit décroître son influence, et à la paix d'Amiens, il retourna aux États-Unis, où il recommença à prendre part aux affaires par la publicat. de nouv. pamphlets. Il y mourut en 1809.

PAISIELLO (JEAN), et non *Paësiello*, célèbre compositeur, né à Tarente en 1741, fut élève de Durante, fit des progrès rapides sous ce maître habile, composa d'abord des messes, des motets, des oratorio, et débuta dans la composition dramatique en 1763, par deux opéras comiques, la *Pupilla* et *il Mondo al Rovescio*, qui lui firent tant de réputat., que les principales villes d'Italie se disputèrent l'avantage de le posséder. *La Madama umorista, Demetrio, Artaserce, le Virtuose ridicole, il Negligente, il Marchese Tulipano, l'Idole Cinese, le due Contesse,* et la *Disfatta di Dario,* qu'il donna successivem., rendirent bientôt son nom célèbre dans toute l'Europe. Les cours de Londres, de Vienne et de Pétersbourg, lui firent les offres les plus avantageuses; il se rendit de préférence à l'invitat. de l'impératrice Catherine qui le combla de bienfaits. Après avoir passé neuf ans en Russie, il vint à Varsovie où il mit en musique, pour le roi de Pologne, l'oratorio de la *Passion* par Métastase, et à Vienne, où il composa, pour l'empereur Joseph II, l'opéra *il re Teodoro.* C'est dans ce bel ouvr. qu'il offrit le modèle des gr. morceaux d'ensemble dit *finals*, dont ses prédécess. n'avaient eu que l'idée. De retour en Italie, il donna à Rome, en 1785, *l'Amore ingegnoso*, et se fixa pend. 10 ans à Naples, où il produisit un gr. nombre de chefs-d'œuvre, parmi lesquels on cite surtout la *Molinara* et la *Nina.* Sollicité de venir en France, il céda enfin à la volonté de Napoléon, et fit représenter à Paris en 1801, son opéra de *Proserpine*, qui n'eut qu'un médiocre succès; déjà l'âge commençait à glacer l'imagination du célèbre compositeur. Après deux ans et demi de séjour en France, il obtint, non sans peine, de retourner à Naples, où il mourut le 5 juin 1816, à 75 ans. Paisiello était membre de plus. acad. et associé étranger de l'Institut de France. Outre les opéras déjà cités, il en a donné une foule d'autres, parmi lesquels on distingue : *il Barbiere di Siviglia, il Tamburro notturno, la Serva padrona, l'Antigono, l'Elfrida, l'Andromacha, la Fedra, Catone in Utica*, etc. On lui doit un grand nombre de morceaux de musique d'église.

PAITONI (JACQUES-MARIE), savant bibliographe, né vers Venise en 1710, embrassa la règle des somasques, devint conservateur de la biblioth. de leur maison *di Salute*, et mourut en 1774. On a de lui une dissertat. intit. : *Venezia la prima città fuori della Germania dove si esercito l'arte della stampa*, 1756, in-8. — *Biblioteca degli autori antichi greci e latini volgarizzati*, 1766-67, 5 tom. in-4; la trad. des *Problèmes* de Diophante, dans les *Elementi di fisica* de Crivelli, 1744; celle du *Traité de l'amitié* de Cicéron, ib., 1763; et plus. notices dans les *Memorie della storia letterar.* (Venise, 1758). — Jean-Marie PAITONI, médecin, de la même famille, s'appliqua successivem. aux mathématiq., à la botaniq., à l'anatomie et aux div. parties de la médecine, cultivant de préférence celles qui se rattachent à l'hist. naturelle. Partisan décidé du système des ovistes, il le défendit dans les opusc. suiv. : *della Generazione dell' uomo*, 1722-26, 2 part. in-4. — *Vindiciæ contra epistolas Petri Bianchi*, 1724, in-4. On lui doit encore : *de Vita et meritis Fabr. Bartholeti comment.*, 1740, in-8.

PAJOT (MARIE-ANNE). — V. CHARLES IV DE LORRAINE et LASSAY.

PAJOU (AUGUSTIN), statuaire, né à Paris en 1730, était fils d'un sculpteur ornemaniste du faubourg St-Antoine. A 18 ans, il remporta le grand prix, et fut envoyé à Rome, où il travailla pendant 12 années à se perfectionner par l'étude approfondie de l'antique. De retour à Paris, il présenta, pour son morceau de réception à l'acad., le groupe de *Pluton tenant Cerbère enchaîné*. De cet ouvrage si remarquable date une nouv. ère pour la sculpt. en France. Cette route qu'il venait d'ouvrir, il la parcourut avec assez de succès pour mériter le titre de restaurateur de l'art. Beaucoup de ses ouvrages ont été détruits pend. la révolut. Nommé professeur en 1767, il fut un des prem. membres de l'Institut à sa création, et mourut à Paris en 1809. Ses statues en marbre de *Descartes*, de *Pascal*, de *Turenne*, de *Bossuet* et de *Buffon*, peuvent être rangées parmi les plus belles productions de la sculpture à cette époque. Il fut moins heureux dans celle de *Psyché abandonnée de l'Amour*. Son dernier ouvr. est le *Démosthène* qu'il fit pour le palais du Luxembourg. Pajou a laissé un fils qui cultive la peinture avec succès.

PALADINI (FILIPPO), et non *Palladino*, peintre florentin, né vers 1544, mort à Mazzarino (Sicile) en 1614, fut élève de Poccetti. On ne connaît de lui à Florence qu'un seul tableau représentant la *Décollation de St Jean-Baptiste;* mais cette production suffit pour donner une idée très avantageuse de son talent. — Arcangela PALADINI, sa fille, née à Pise en 1599, cultiva la peinture, la poésie et la musique avec tant de succès, qu'elle fut appelée à la cour de Madeleine d'Autriche, femme du gr.-duc Cosme, qui la combla de bontés, et lui procura un mariage avantageux. Arcangela jouit peu du bonheur que ses grâces et ses talents lui avaient mérité; elle mourut en 1622, emportant les regrets de tous ceux qui l'avaient connue.

PALAFOX (JEAN de), prélat espagnol, né en 1600, dans le royaume d'Aragon, d'une famille illustre, fut nommé en 1639 à l'évêché d'Angélopolis dans le Mexique; il avait en même temps part à l'administrat. civile, et pendant l'absence du vice-roi il remplit les fonctions de gouverneur de la province. Ce prélat ne négligea rien pour adoucir le sort des malheureux Indiens. Un démêlé fort vif qu'il eut avec les jésuites de son diocèse, le fit repasser en Espagne, où il fut fait évêque d'Osma en 1655. Il fit éclater sa charité et son zèle sur ce nouveau siége, et mourut en 1659, après s'être dressé lui-même cette épitaphe : *Hic jacet pulvis et cinis, Joannes Oxamiensis*. On lui doit : le *Pasteur de la nuit de Noël*, trad. en franç., 1676 ; des *homélies ;* une édit. des *Lettres de Ste-Thérèse*, avec des remarq.; l'*Histoire de la conquête de la Chine par les Tartares*, trad. en franç., par Collé, 1670, in-12 ; l'*Hist. du siége de Fontarabie en* 1628. Les OEuvres de ce prélat ont été publ. à Madrid, 1762, 13 vol. in-fol., qui se relient en 15.

PALAMÈDE (myth.), fils de Nauplius, roi d'Eubée, contraignit à se rendre au siége de Troie Ulysse qui, pour s'en dispenser, feignait d'être fou. Voulant se venger de Palamède, le roi d'Ithaque l'accusa d'intelligence avec les Troyens, et le fit lapider. La fable attribue à Palamède, entre autres inventions, celle des poids et mesures, ainsi que l'art de ranger un bataillon et de régler l'année sur le cours du soleil.

PALAPRAT (JEAN DE BIGOT), poète dramatiq., né à Toulouse en 1650, d'une famille de robe, se signala de bonne heure par son talent pour la poésie. Créé capitoul en 1675, et chef du consistoire en 1684, ces honneurs ne purent le retenir dans sa patrie. Après différents voyages, il s'établit à Paris, et plut au duc de Vendôme, ainsi qu'à son frère le gr.-prieur, qui le fit secrétaire de ses commandements ; il vécut avec ces deux princes dans une grande familiarité. Son goût naturel pour le genre dramatique augmenta lorsqu'il eut fait connaissance avec l'abbé Brueys ; mais il n'eut que la moindre part aux pièces auxq. ils travaillèrent en commun ; et Brueys finit par revendiquer ses ouvrages. Palaprat, qui joignait, dit-on, à une imaginat. vive et plaisante, la candeur et la simplicité d'un enfant, mourut à Paris en 1721. Les pièces auxq. il a concouru avec Brueys sont : le *Secret révélé*, le *Sot toujours sot*, le *Grondeur*, le *Muet*, le *Concert ridicule*. Celles qu'il a faites seul sont : *Hercule et Omphale*, les *Sifflets*, le *Ballet extravagant* et la *Prude du temps*. Le théâtre de Brueys et Palaprat a été publ. en 1755, 5 vol. in-12. Ces deux poètes ont fourni à M. Étienne le sujet d'une jolie comédie.

PALAZZI (JEAN), historien médiocre, né à Venise en 1640, fut nommé chanoine de l'église ducale et professeur de droit canon à l'université de Padoue. Il donna sa démission de sa chaire pour prévenir sa destitution, reçut de l'empereur Léopold le titre de conseiller aulique, et mourut vers 1713. On lui doit : *Monarchia occidentalis, scilicet Aquila inter lilia, Saxonica sancta sive Bavarica, Franca, Sueva et vaga Austriaca, Romana*, etc., Venise, 1671-73, 9 vol. gr. in-fol. Cet ouvr., impr. avec un luxe extraordinaire, est tombé

dans l'oubli. *Aristocratia ecclesiastica*, 1703, 5 vol. in-fol. — *Vita Justiniani Venetorum ducis*, 1688, in-fol. — *Fasti ducales Venetorum*, etc., etc.

PALEARIUS (AONIUS), dont le vrai nom est *Antonio della Paglia*, bon écrivain du 16e S., né à Veroli, dans la campagne de Rome, professa d'abord le grec et le latin avec beaucoup de réputat. à Sienne ; mais quelq. paroles indiscrètes lui ayant suscité des ennemis, il fut obligé de se retirer à Lucques, où ses talents lui procurèrent des avantages considérables. Appelé à Milan pour y professer l'éloquence, il y fut accueilli avec distinction. Mais accusé d'avoir parlé en faveur des luthériens et contre l'inquisition, il fut arrêté par ordre du pape Pie V, conduit à Rome et condamné à être pendu et brûlé. Il subit cet arrêt en 1570, après avoir rétracté ses erreurs. On a de lui plus. ouvr. en vers et en prose, parmi lesq. on distingue ses *harangues* et son poème de *Immortalitate*, Lyon, 1536, in-16. Les meilleures édit. de Palearius sont celles d'Amsterdam, publ. par Witt, 1696, in-8 ; ou d'Iéna, 1728, in-8. On a publié en 1826, son *Plaidoyer pour Servius Sulpicius contre Murena*, trad. pour la prem. fois en franç. par *A. Péricaud*, Lyon, in-8.

PALÉMON (Q. RHEMMIUS), grammairien de Vicence, fils d'un esclave, enseigna à Rome avec une gr. distinction sous Tibère et sous Claude ; mais sa vanité et ses déréglements ternirent sa réputation. On a de lui un traité *De ponderibus et mensuris*, Leyde, 1587, in-8, et quelq. fragments dans les *Poetæ latini minores*.

PALÉOLOGUE (JEAN VI), emper. d'Orient, né à Constantinople en 1332, était fils d'Andronic-le-Jeune, auquel il succéda en 1341, sous la tutelle de sa mère et de Cantacuzène, grand-domestique du palais ; mais cet officier ayant usurpé l'autorité souveraine, Paléologue fut obligé de partager le trône avec son tuteur, ils régnèrent ensemble jusqu'en janvier 1355, que Cantacuzène abdiqua volontairem. pour se retirer dans un cloître. Cantacuzène avait su contenir les ennemis de l'état par sa prudence et ses rares talents ; mais dès que Paléologue fut seul possesseur du trône de l'Orient, les Turks le dépouillèrent de ses plus belles provinces. Trop faible pour les reconquérir, il se vit réduit à aller mendier des secours en Italie, et n'obtint partout que de vaines promesses. Abreuvé d'humiliations, il revint à Constantinople, où la cruauté et l'ambition d'un fils rebelle lui causèrent d'autres disgrâces. Il mourut vers 1391, bravé par ses ennemis, et méprisé de ses sujets. Son fils Manuel lui succéda. — PALÉOLOGUE (Jean VII), petit-fils du précéd., né en 1390, fut associé à l'empire en 1419, par Manuel son père, lui succéda en 1425, et ne fut pas plus heureux que lui. Craignant que son empire ne devînt la proie des Turks, qui ne cessaient de lui faire la guerre, et n'attendant de secours que des Latins, il voulut opérer l'union des deux Églises grecque et latine ; le pape Eugène IV favorisa ce projet ; un concile fut indiqué à cet effet à Ferrare. Jean s'y rendit en 1438, suivi de plus.

prélats et princes grecs, et y fut reçu avec des honneurs extraordinaires. La peste s'étant déclarée à Ferrare, on fut obligé de transférer le concile à Florence, et l'union des Grecs et des Latins s'y conclut en 1439; mais cette union ayant excité un soulèvement général parmi les Grecs, l'emper. essaya vainem. de la soutenir; la division se glissa jusque dans sa famille, et après un règne de 29 ans, rempli par les agitations de toute espèce, il mourut de chagrin en 1448. Constantin-Dracosès qui lui succéda, fut le dernier des emper. grecs en Orient.— V. ANDRONIC II et III, et MICHEL VIII.

PALÉOLOGUE (JACQUES), hérésiarque, né vers 1520 dans l'île de Scio, descendait des Paléologue qui occupèrent le trône de Constantinople. Fixé dans la Transylvanie, il devint recteur du gymnase de Clausenbourg. Ayant adopté les dangereux principes des budnistes, que Fauste Socin lui-même s'empressa de réfuter, le scandale qu'il excita attira l'attention des magistrats; il fut arrêté sur la demande du pape Grégoire XIII, conduit à Rome et condamné à être brûlé vif, en 1585. On ne connaît de lui que quelq. opuscules, dont on trouve la liste dans la *Biblioth. anti-trinitariorum* de Sandius, pag. 58-59. Le plus remarquable est intitulé : *de Magistratu politico.*

PALÉOLOGUE-MISHA. — V. MESIH-PACHA.

PALEOTTI (GABRIEL), cardin., né en 1522 à Bologne, mort à Rome en 1597, fut lié d'une étroite amitié avec St Charles Borromée, et se fit une telle réputat. de savoir et d'intégrité que le pape Pie IV, avant de l'avoir décoré de la pourpre romaine, l'envoya au concile de Trente pour y diriger les délibérations des cardinaux. Le success. de ce pontife créa Paleotti évêque de Bologne; et celui-ci, par ses vertus et sa sage administration, mérita qu'on songeât à l'élever sur le siége de St-Pierre. Les travaux apostoliques ne l'empêchèrent pas de se livrer à l'étude des sciences; il a laissé divers ouvrages, parmi lesquels on cite : *de Bono senectutis*, 1595.—*Archiepiscopale bononiense*, 1594. — *De nothis spuriisque filiis*, 1573. — *De sacri consistorii consultationibus*, 1596.—*Discorso intorno alle immagini sacre e profane*, 1582. — PALEOTTI (Alphonse), parent du précéd., dont il fut d'abord le coadjuteur, et auquel il succéda sur le siége archiépiscopal de Bologne, né dans cette ville en 1531, mort en 1610, a publié : *Esposizione del sagro lenzuolo, ove fu involto il Signore*, etc., 1599. — *Instruzioni per li predicatori*, 1598, etc.

PALÉPHATE, Athénien, vivait avant Homère, selon Suidas, qui lui attribue une *Cosmopée, ou Création du monde* en 5,000 vers. — Un autre PALÉPHATE, qui vivait sous le règne d'Artaxerxès-Mnémon, vers la 77e olympiade, est regardé par Suidas comme l'aut. du traité *des Choses incroyables*, en V livres, dont le premier est parvenu jusqu'à nous. Polier de Bottens en a donné une traduction franç., 1771, in-12.—PALÉPHATE, historien grec de la ville d'Abydos, qui vivait sous Alexandre-le-Grand, avait écrit des *Mém.* sur l'île de Cypre, sur celle de Délos, sur l'Attique et sur l'Arabie.—

Enfin Strabon cite un quatrième PALÉPHATE, sur la naissance et la patrie duquel on ne possède aucun renseignement; il avait traité de la philosophie des Égyptiens, et donné une *Interprétat. des fables*, ainsi qu'une *Hist. de Troie.*

PALESTRINA (JEAN-BAPTISTE-PIERRE ALOIS DA), proclamé par ses contemporains *le Prince de la musique*, né à Palestrina en 1529, prit, selon l'usage du temps, le nom du lieu de sa naissance. Son mérite est d'avoir le premier mis en pratique toute la théorie de l'art, en se proposant la plus rigoureuse exécut. des règles. La plupart de ses composit. sont considérées comme des chefs-d'œuvre, et produisent encore une admiration qui ne se dément pas. Il mourut en 1594. On a de lui plusieurs *Messes*; des *Offertoires*; des *Motets*; des *Hymnes*; des livres de *Madrigaux* à quatre et cinq voix; des *Litanies* à quatre voix; un *Miserere*; des *Psaumes*, etc. Les plus remarquables de ses compositions sont : la fameuse *Messe du pape Marcel*, un *Stabat* et le célèbre motet *Popule meus.*

PALETTA (JEAN-BAPTISTE), né en 1747 à Montecrestese, village de la vallée d'Ossola, vint à Milan suivre les cours d'anatomie, de médecine et de chirurgie, de Patrini, de Gallardi et de Moscati; ses succès rapides et son zèle soutenu lui valurent bientôt la place d'élève pensionné du grand hôpital. Il possédait déjà des connaissances chirurgicales approfondies, quand il se rendit à Padoue pour suivre les leçons de Morgagni, et prendre le grade de docteur en médecine. Dès cette époque sa réputation était commencée, et Marie-Thérèse voulut le nommer à la chaire d'anatomie de l'université qu'elle se proposait de fonder à Mantoue; mais l'amour de son pays lui fit refuser cette place honorable, et il revint à Milan en 1774. Il se livra dèslors avec une nouv. ardeur à l'étude, et en 1778 il alla se faire recevoir docteur en chirurgie à l'univ. de Pavie. De retour à Milan, Paletta y occupa successivem. la place de chirurgien-adjoint, de chirurgien ordinaire, de démonstrateur d'anatomie, et de profess. de clinique chirurgicale; en 1787 il fut nommé chirurgien en chef du grand hôpital de Milan. Ses talents comme professeur et les divers ouvrages dans lesquels il se montre à la fois profond anatomiste et praticien habile, donnèrent un nouv. lustre à l'université milanaise. Il mourut en 1832, à 85 ans, membre de l'institut national ital. et de différ. sociétés médic. et littér. Outre un gr. nombre de *Mém.* dans le *Recueil* de l'Institut et dans div. collect. scientifiques, on a de lui : *Nova gubernacula testis Hunteriani, et tunicæ vaginalis anatomicâ descriptio*, Milan, 1777, in-4.—*De nervis crotaphitico et buccinatorio*, 1784, in-4, fig. — *Adversaria chirurgica prima : Nempè, de claudicatione congenitâ.* — *Saggio di sperienze sul sangue umano caldo.* — *Osservazioni anatomico-patologiche sulla cifosi paralitica*, 1785, in-4, fig. Paletta a traduit en ital. l'ouvr. de Rosen sur les *Maladies des enfants*, et celui de Brüninghausen sur le *Traitement de la fracture du col du fémur.*

PALEY (William), théologien anglican; né en 1743 à Peterborough, au comté de Northampton, mort à Sunderland en 1805, est aut. de plusieurs ouvr., parmi lesquels on distingue : *Principes de philosophie morale*, trad. sur la 19e édit. par Vincent, 1817, 2 vol. in-8. Cet ouvr. fut, dit-on, payé 2,000 livres sterl. par un libraire. — *Théologie naturelle, ou Preuves de l'existence et des attributs de la divinité*, trad. par Pictet, 1817, in-8. — *La vérité de l'hist. de St Paul*, telle qu'elle est rapportée dans l'Écriture, 1821, in-8.

PALFIN (Jean), chirurg., né à Courtray en 1649, mort en 1730 à Gand, où il avait enseigné publiquement son art, s'acquit dans le temps, par de prétendues découvertes, une gr. réputat. de savoir qui lui est fortem. contestée. Toutefois, en le destituant du rang où ses contemporains l'avaient placé comme anatomiste, les critiques conviennent qu'il a rendu à la chirurgie des services réels, notamm. par ses réformes dans div. procédés d'accouchem., et par l'invent. du forceps, encore usité sous le nom de *tire-tête de Palfin*. Ses principaux ouvr. sont : une *Ostéologie*, traduite en franç. par l'auteur lui-même, 1731, in-12. — Une *Anatomie chirurg.*, trad. égalem. par l'aut., et dont la meilleure édit. est celle qu'a donnée Ant. Petit, 1753, 2 vol. in-8.

PALICE (Jacques II de CHABANNES, seigneur de La), maréchal de France, gouvern. du Bourbonnais, de l'Auvergne, du Forez, du Beaujolais, du Lyonnais, fut un des plus gr. capitaines de son temps. Il suivit Charles VIII à la conquête de Naples, et Louis XII dans son expédit. pour recouvrer le duché de Milan, et contribua beaucoup au gain de la bataille de Ravenne en 1512. Fait prisonnier l'année suivante à la journée des Éperons, il échappa à ceux qui l'avaient arrêté, et l'Italie fut encore témoin de ses exploits. Il se trouva à la prise de Villefranche, à la bataille de Marignan et au combat de la Bicoque en 1522. Étant passé de l'Italie en Espagne, il secourut Fontarabie, puis vint combattre dans la Provence le connétable de Bourbon, qu'il força de lever le siége de Marseille. Il fut tué en 1525, à la bataille de Pavie. On trouve la vie de La Palice dans les *Hommes illustres* de Thevet, dans les *Capitaines franç.* de Brantôme, et dans les *Vies de plus. grands capit. de France* de Fourquevaux, 1643, in-4.

PALINGENIO. — V. Manzoli.

PALISOT DE BEAUVOIS (Ambroise-Marie-François-Joseph, baron de), célèbre naturaliste, membre de l'Institut, né à Arras en 1752, se fit recevoir avocat au parlem. de Paris en 1772. Ses observat. sur les cryptogames lui valurent, dès 1781, le titre de correspondant de l'acad. des sciences. En 1786 il entreprit un voyage en Afrique pour explorer les royaumes d'Ovrare et de Benin, qui n'avaient encore été visités par aucun naturaliste, et, dans l'espace de 18 mois, il rassembla une quantité considérable de fleurs et d'insectes, qu'il fit parvenir en Europe. Doué d'une constitution robuste, il résista long-temps à l'influence d'un climat brûlant et meurtrier, et se fraya un chemin à travers les déserts, sans que les périls de toute espèce, qui se multipliaient sous ses pas, pussent ralentir son ardeur; mais, attaqué pour la seconde fois de la fièvre jaune, il fut enfin obligé d'abandonner ces contrées dangereuses, et s'embarqua presque mourant sur un vaisseau français, qui le transporta à St-Domingue. Étant rétabli, il reprit ses excursions, et devint membre du conseil supérieur du Cap. La révolut. qui éclata bientôt à St-Domingue l'ayant forcé de fuir sans pouvoir même emporter ses riches collections, qui furent détruites dans l'incendie du Cap, il alla chercher un asile à Philadelphie, où il fit de nouv. récoltes de plantes et d'animaux, qu'il rapporta en France quand il y put rentrer sans danger. Ce savant naturaliste mourut à Paris le 21 janvier 1820. Ses princip. ouvr. sont : *Flore d'Oware et de Benin, en Afrique*, 1804-21, 2 vol. in-fol., avec 120 pl. — *Insectes recueillis en Afrique et en Amérique*, etc., Paris, 1805-1821, in-fol., avec 90 pl. — *Mém. sur un nouveau genre d'insectes trouvés à Oware*, 1804, in-8. — *Prodrome des cinquième et sixième familles de cryptogamie, les mousses et les lycopodes*, 1804, in-8. — *Essai d'une nouvelle agrostographie*, 1812, in-4 et in-8. Il a fourni des articles au *Diction. des sciences naturelles*, aux *Éphémérides des sciences naturelles*, et à plus. autres recueils scientifiques. Cuvier a prononcé son *Éloge* à l'Institut où il avait remplacé Adonson en 1806. M. Mirbel lui a consacré, sous le nom de *Belvisia*, un genre de la famille des fougères.

PALISSOT DE MONTENOY (Charles), littérat., né en 1730 à Nancy, fit de tels progrès dans ses études qu'à l'âge de 13 ans il soutint une thèse de théologie, et se fit recevoir à 16 bachelier dans cette faculté. Il entra alors dans la congrégation de l'Oratoire, mais il en sortit peu de temps après pour se livrer avec plus de liberté à la littérature et à la poésie. A 19 ans il avait composé deux tragédies; la première ne fut point représentée; la seconde qu'il appela *Zarez*, et ensuite *Ninus II*, n'eut qu'un médiocre succès. Esprit observateur, caustique et malin, il se fit un gr. nombre d'ennemis, surtout parmi les encyclopédistes qu'il attaqua dans sa comédie du *Cercle*, dans ses *petites Lettres*, et enfin dans sa comédie des *Philosophes*, qui parut en 1760, et qui porta l'exaspération des esprits au plus haut degré. Il se vit attaqué avec violence dans tous les mémoires, toutes les correspondances, les satires et les libelles du temps; mais, loin de céder à la fureur de ses adversaires, il continua la guerre avec une nouvelle ardeur, et fit paraître en 1764 le poème de la *Dunciade*, où il attaque égalem. avec l'arme du ridicule des écriv. sans nom et sans talents, et des littérat. en possess. de l'estime. Ce poème, d'abord en III chants, fut dans la suite porté jusqu'à X. Après la révolution, il y ajouta de longues tirades contre Robespierre, Marat, Couthon, etc. Pendant ce temps de troubles, Palissot se fit peu remarquer. Il fut nommé plus tard administrat. de la bibliothèq. Mazarine, puis correspondant de l'Institut, et mourut à Paris en

1814. Outre les ouvr. que nous avons cités, on a de lui : *Mém. pour servir à l'histoire de la littérat. française depuis François Ier jusqu'à nos jours :* cet ouvr. eut du succès, et en méritait à plusieurs égards : il contient d'excellents morceaux, et en général la critique y est judicieuse ; mais il faut se défier de la partie qui regarde les contemporains, parce que dans les div. édit. que l'aut. a publiées, il encense et déchire tour à tour les mêmes écriv., selon qu'il a eu à s'en louer ou à s'en plaindre d'une édit. à l'autre. — *Hist. des prem. siècles de Rome, depuis sa fondation jusqu'à la république,* 1756, in-12. — *Le génie de Voltaire,* 1806, in-8 ; et quelq. comédies auxq. on reproche le manque d'intérêt et de chaleur, mais écrites avec pureté. Palissot a donné en 1801 une édition des *OEuvres* de Corneille enrichie de *Notes* judicieuses qui modifient les décisions trop sévères de Voltaire. Il a aussi publié une édit. de Voltaire avec des *Notes,* 1792 et années suivantes, 55 vol. in-8. On a les *OEuvres de Palissot,* Paris, Didot, 1788, 4 vol. in-8 ; l'édition de 1809, 6 vol. in-8, est la dernière que l'auteur ait pu revoir et corriger ; ainsi c'est dans celle-là que l'on trouve son dernier mot sur les littérat. contemporains.

PALISSY (BERNARD), l'un des hommes de génie dont la France s'honore, né à Agen au commencement du 16e S., mort vers 1589, était simple potier. Il se fit bientôt remarquer par son esprit et par son ardeur pour étendre le cercle de ses connaiss. Il porta fort loin l'observation, étudia les monum. de l'antiquité, et fit sur les terres et sur les pierres des remarques d'une grande sagacité. Nous avons de lui deux livres singuliers et difficiles à trouver; le prem. est intit. : *De la nature des eaux et fontaines, des métaux, des sels et salines, des pierres, des terres, du feu et des émaux,* Paris, 1580, in-8 ; le second a pour titre : *le Moyen de devenir riche par l'agriculture.* On a réimpr. les ouvr. de Palissy, Paris, 1777, in-4, avec les notes de Faujas de Saint-Fonds et des recherches sur la vie de l'aut. par Gobet.

PALITZSCH (JEAN-GEORGE), paysan saxon, né en 1723 au village de Prohliz, près de Dresde, mort en 1788, s'occupait obscurément d'astronomie et de botanique ; il aperçut le premier, c'est-à-dire le 25 et le 26 décembre 1758, la comète dont le retour avait été prédit par Halley, que tous les astron. attendaient et recherchaient inutilem. dep. longtemps. Signalé au monde savant par cette découv., Palitzsch fut nommé correspondant de la société royale de Londres et de l'acad. de Pétersbourg.

PALLADE, *Palladius,* né en Galatie l'an 368, se retira chez les moines de Nitrie en 388, et devint en 402 évêque d'Hélénopolis, en Bythinie. Il était l'ami de St Jean-Chrysostôme, pour leq. il essuya de grandes persécutions. On a de lui l'*Histoire des solitaires,* connue sous le nom d'*Hist. Lausiaque.* Hervet en a donné une traduction franç., Paris, 1750, in-4. — St PALLADE, diacre de l'Église de Rome, fut ordonné év. et envoyé dans l'Hibernie en 431. Il fut le premier évêque et le prem. apôtre

des Scots, et mourut à Fordun, près d'Aberdeen, vers 450. L'ancienne liturgie écossaise célèbre sa mémoire le 6 juillet.

PALLADE ou **PALLADIUS,** surn. l'*Iatrosophe* ou *le Sophiste,* médecin grec de l'école d'Alexandrie, enseigna son art à Antioche dans le 6e S. C'est à lui qu'est dû l'ouvr. trad. par Jan-Paul Crasso sous le titre de *Breves interpretationes VI libr. de morbis popularibus Hippocratis,* et insér. dans les *Medici antiqui gr.,* Bâle, 1581, in-4. Il a laissé en outre *Scolia in librum Hippocratis de fracturis,* impr. plusieurs fois en grec et en lat., entre autres dans l'édit. de Foes. — *De febribus concisa synopsis,* Paris, 1646, in-4 ; Leyde, 1745, grec et latin. — Un autre PALLADE ou PALLAS (Palladius), surn. *Niger* ou *Fuscus,* de Padoue, est cité par Sabellico dans son *De clar. Patav.,* livre III, comme auteur d'un *Comment. sur Catulle* et d'un *Traité des îles.*

PALLADINO (GIACOMO), plus connu sous le nom de *Jacobus de Teramo,* ou de *Giacomo d'Ancarano,* né en 1349 à Teramo, dans l'Abbruze-Ultérieure, se livra d'abord à l'étude du droit à l'université de Padoue, puis, ayant embrassé l'état ecclésiastiq., fut pourvu d'un canonicat du chapitre de sa ville natale, et ensuite de l'archidiaconat de l'église d'Aversa. Appelé à l'emploi de secrétaire des brefs et de la pénitencerie, puis, en 1391, à l'évêché de Monopolis, il fut, 9 ans après, promu au siége archiépiscopal de Tarente, passa en 1401 à celui de Florence, et devint en 1410 évêq. et administrateur du duché de Spolette. Le pape Martin V, qui l'honorait de son estime, le fit son légat en Pologne, et c'est dans cette province que ce prélat mourut en 1417. Outre divers ouvr. restés MSs., et dont on peut voir les titres dans le t. III des *Scriptor. eccles.* de Casimir Oudin, Palladino a écrit une espèce de roman ascétiq., que les curieux recherchent encore. Il a été réimpr. plusieurs fois et sous divers titres dans le 15e S., et il en a été fait à la même époque des traductions dans la plupart des langues d'Europe. La plus anc. édition avec date a pour titre : *Juc. de Teramo compend. perbreve, cousolatio peccatorum nuncupatum, et apud nonnull. Belialvocatum,* Augsb., 1472, in-fol.

PALLADIO (ANDRÉ), célèbre architecte, né à Vicence en 1518, eut pour Mécène son compatriote J.-G Trissino, et pour maître J. Fontana, sous lequel il se livra d'abord à la sculpture. Le premier travail important qu'il exécuta comme archit. dans sa patrie fut le vaste portique à trois faces qu'il éleva autour de l'ancienne basilique, monument égalem. connu sous le nom de *Palais de la Raison.* La réputation que lui valut ce bel ouvrage le fit charger d'autres grandes construct. dans les principales villes d'Italie, telles que le palais ducal à Venise, celui des comtes Valmarana et le théâtre olympique à Vicence. Palladio mourut en 1580. Il avait joint la culture des lettres à celle des arts, et il a laissé un *Traité d'architect.* divisé en IV liv., Venise, 1570, in-fol., avec fig., très recherché des connaisseurs, et traduit dans presque toutes les langues. Dubois l'a traduit en français, La Haye,

1726, 2 vol. in-fol. On a réimprimé l'*Architecture* de Palladio en italien et en français, Venise, 1740, 5 tomes en 8 vol. in-fol. L'édit. de Vicence, 1776-83, 4 vol. in-fol., est très recherchée. MM. Chapuis et Amédée Beugnot ont publié une nouvelle édit. des *OEuvres* de Palladio, Paris, 1827 et ann. suiv., in-fol. L'architecte Temenza a donné en italien une *Vie* de Palladio, Venise, 1762.

PALLADIUS (RUTILIUS-TAURUS-ÆMILIANUS), l'un des plus anciens agronomes dont les ouvrages nous soient parvenus, était, suivant Barth et D. Rivet, fils d'Exsupérantius, préfet dans les Gaules. Né au commencement du 5° S., il alla étudier la jurispr. à Rome, et s'établit ensuite, à ce que l'on croit, dans la campagne de Naples. Son traité *De re rusticâ*, imprimé dans les *Rei rusticæ scriptores*, a été trad. en franç. par Saboureux de la Bonneterie dans un recueil d'anc. ouvr. relatifs à l'agriculture.

PALLAS, affranchi de l'emper. Claude, jouit du plus gr. crédit sous le règne de ce prince. Il l'engagea à épouser Agrippine, sa nièce, et peu après à adopter Néron. Son crédit l'éleva si haut, que les courtisans placèrent sa statue en or parmi celles des dieux domestiques. Agrippine acheta ses services, et, de concert avec elle, Pallas accéléra la mort de Claude; mais il ne jouit pas long-temps de son crime. Quoique Néron lui dût sa couronne, il ne put supporter l'arrogance de l'orgueilleux affranchi. Non content de le disgracier, il le fit empoisonner, l'an de Rome 813, et s'empara de ses biens, qui montaient à plus de 60 millions de notre monnaie. Pallas était frère de Félix, gouvern. de la Judée, connu par ses exactions et par la conduite qu'il tint à l'égard de l'apôtre St Paul. — PALLAS, philosophe, excita de gr. troubles dans l'empire du temps de Valens. Ayant été arrêté, les tourments de la torture lui firent déclarer le nom de ses complices, philosophes qui cherchaient à perdre l'état par de fausses apparences de doctrine et de vertu. Sa secte fut proscrite.

PALLAS (PIERRE-SIMON), célèbre voyageur et naturaliste, né à Berlin en 1741, s'était établi à Leyde, et avait acquis une réputation méritée par quelq. ouvrages sur les sciences natur., lorsqu'il accepta la place que Catherine II lui offrait à l'académie de Pétersbourg. Adjoint aux astronomes envoyés dans la Sibérie pour y observer le passage de Vénus sur le soleil, il employa plusieurs années à parcourir, dans l'intérêt de la science, les différ. parties de la Russie, de la Sibérie et de la Tauride, pénétra jusqu'aux frontières de la Chine, et ne revint à Pétersbourg qu'en 1774, avec une santé ruinée par les fatigues. Il n'en fut pas moins obligé de redoubler d'activité pour publier les observat. de ses compagn., dont la plupart avaient succombé avant d'avoir mis leurs notes en ordre. « Rarem., dit Cuvier, des hommes aussi laborieux ont-ils assez de calme pour concevoir de ces idées mères, propres à faire révolution dans les sciences; aussi Pallas fit except. à cette règle. Il avait tenu à peu qu'il ne changeât la face de la zoologie; il a vraim. changé celle de la théorie de la terre. Une considé-

ration attentive des deux grandes chaînes de montagnes de la Sibérie lui fit apercevoir cette règle générale, qui s'est ensuite vérifiée partout, de la succession des trois ordres primitifs de montagnes, les granitiques au milieu, les schisteuses à leurs côtés, et les calcaires en dehors. On peut dire que ce grand fait a donné naissance à toute la nouvelle géologie. » Pallas, comblé d'honneurs par l'impératrice, parut, à raison de sa santé, préférer au séjour de Pétersbourg celui de la Tauride, et reçut de la généreuse souveraine deux villages dans le plus riche canton de la presqu'ile, une gr. maison à Sympheropol, et une somme considérable pour son établissement. Il retourna donc dans cette contrée en 1795, et y passa près de 15 années, qui furent employées à continuer ses grands ouvrages. Mais, las enfin de ce pays, et même de la Russie, il alla reposer sa vieillesse dans sa ville natale, et y termina ses jours en 1811. Villedenow lui a consacré un genre de plantes (*pallasia*) de la famille des corymbères. Parmi ses ouvr., nous citerons : *Elenchus zoophitorum, generum adumbrationem, specierum descriptiones; cum selectis synonymis*, La Haye, 1776, in-8. — *Spicilegia zoologica*, Berlin, *fasc.* I-X, 1767-75; XI, 1776; XII, 1777; XIII, 1779; XIV, 1780, in-4. — *Voyages dans différentes provinces de l'empire russe*, de 1768-73 (en allemand), Pétersbourg, 1771-76, 5 vol. in-4; trad. en français par Gautier de la Peyronie, Paris, 1788-95, 5 vol. in-4; 1794, 8 vol. in-8, avec des notes de Langlès et de Lamark. — *Observations sur la formation des montagnes et les changem. arrivés à notre globe*, Pétersbourg, 1777, in-8; Paris, 1782, in-12. — *Tableau physique et topographique de la Tauride*, Pétersb., 1795, in-4; Paris, 1799, in-8 et in-4. — PALLAS (Auguste-Frédéric), frère du précédent, né à Berlin en 1731, y enseigna la médecine, et publia : *Dissertatio de variis calculos secandi methodis*, 1754, in-4. — PALLAS (Simon), père des deux précédents, et chirurgien estimé, né en 1694 à Berlin, où il mourut en 1770, a laissé quelques écrits, parmi lesquels nous citerons : *Anleitung zur praktischen chirurgie*, Berlin, 1763, 1770, in-8.

PALLAS. — V. MINERVE.

PALLAVICINI ou PELAVICINO (OBERTO), capitaine ital. du 13° S., suivit le parti de Frédéric II contre Grégoire IX, et fut chargé de conduire la guerre que l'empereur faisait aux Génois. Il y déploya de grands talents militaires, forma un corps redoutable de cavalerie, acquit une gr. influence en Italie, et eut une grande part à la victoire de Cassano (1259) remportée sur le féroce Ezzelin (v. ROMANO), qui, fait prisonnier, mourut peu après de ses blessures. Pallavicini s'étant créé une souveraineté indépend. en Italie, devint chef du parti gibelin en Lombardie, et eut des succès presque continuels jusqu'au passage de l'armée de Charles d'Anjou, qui marchait à la conquête de Naples. Alors commença pour lui une suite de revers; il fut dépouillé d'une gr. partie de ses conquêtes, et mourut de chagrin en 1269,

PALLAVICINO (Sforza), cardinal, né à Rome en 1607, était membre des congrégat. romaines, de l'acad. des humoristes, gouverneur de Jesi, d'Orviette et de Camerino; mais en 1638 il renonça à tous ces avantages pour entrer dans la société des jésuites. Il fut chargé par Innocent X de plusieurs affaires importantes, et décoré de la pourpre par Alexandre VII en 1657. Pallavicino mourut à Rome le 5 juin 1667. Son principal ouvrage est l'*Histoire du concile de Trente*, Rome, 1656-57, 2 vol. in-fol., prem. édit. et la plus recherchée. Elle a été trad. en latin par Giattino, Anvers, 1672, 3 vol. in-4. Le P. Pucciñelli en a donné un bon abrégé, et Dumarsais en a extrait son petit ouvrage de la *Politique charnelle de la cour de Rome*, etc., 1729, in-12. On a encore de Pallavicino : *Trattato dello style et del dialogo*, Rome, 1662, in-12, et des *Lettres*, 1669, in-12.—PALLAVICINO (Étienne-Benoît), poète, né à Padoue en 1672, mort à Dresde en 1742, fut secrét. et conseiller d'Auguste II, roi de Pologne. On cite de lui, parmi quelq. ouvrages peu remarquables, une traduct. en italien des *Odes* d'Horace, Leipsig, 1736.

PALLAVICINO (Ferrante), littérateur, né à Plaisance vers 1618, fut forcé par ses parents de prendre l'habit des chanoines de Latran, et, après avoir terminé ses études, vint habiter la maison de son ordre à Venise. Mais bientôt il montra pour la satire des talents qui furent cause de tous ses malheurs. Ayant attaqué dans ses écrits la maison des Barberins, il s'attira la haine de la cour de Rome, qui mit sa tête à prix. Il pouvait braver sa colère à Venise, sous la protection du sénat, lorsqu'il se laissa persuader par un perfide ami de passer en France, où on lui promettait l'appui du cardinal de Richelieu. Il fut arrêté dans le comtat Venaissin, et conduit à Avignon, où il eût la tête tranchée en 1644. On a donné à Venise, 1655, 4 vol. in-12, ses *OEuvres permises;* mais ce que l'on recherche le plus, ce sont ses *OEuvres choisies*, Villefranche (Genève), 1660, en un vol., qui se relie en 2 in-12. On y trouve le *Divorce céleste*, qui a été trad. en franç. par Brodeau d'Oiseville, Cologne (Amsterd.), 1696, in-12, avec une *Vie de l'auteur*. — PALLAVICINO (Nicolas-Marie), jésuite génois, né en 1621, théolog. de la reine Christine, fut l'un des fondateurs de l'académie établie par cette princesse, fut décoré de la pourpre par Innocent XI, et mourut à Rome en 1692. Ses principaux ouvr. sont : *Vita di S. Gregorio Taumaturgo*, 1649. — *Considerazioni sopra l' eccellenze di Dio*, 1693. — *L'eterna Felicità de' giusti*, 1694. — *Difesa del pontificato romano e della chiesa cattolica*, 1686, 3 vol. in-fol. — *Difesa della Provvidenza divina contra i nemici di ogni religione*, 1679.

PALLIÈRE (Vincent-Léon), peintre, né à Bordeaux en 1787, d'une famille d'artistes, vint à Paris à l'âge de 15 ans, et fut admis dans l'école de Vincent. Ses progrès furent rapides ; et, après s'être essayé avec succès dans plusieurs concours, il remporta le prem. prix en 1812, par un tableau remarquable, *les Prétendants de Pénéloppe ma sacrés par Ulysse*. Il travailla beaucoup à Rome, accrut sa réputation par plus. envois estimable De retour à Paris, il parut avec éclat à l'expositio de 1819, et déjà il voyait s'ouvrir pour lui la ca rière de la fortune, et peut-être même de la gloir lorsqu'il mourut dans sa ville natale, en 182(d'une affection de poitrine, que l'excès du trava avait aggravée. Parmi ses tableaux on distingue la *Flagellation du Christ*, à Rome, dans l'églis de la Trinité-du-Mont ; un *Berger en repos*, a musée de Bordeaux ; *St Pierre guérissant un bo teux*, dans l'église St-Séverin à Paris ; et surtou un *Tobie rendant la vue à son père*, au musée d Bordeaux.

PALLIOT (Pierre), généalogiste, né à Paris e 1608, s'appliqua de bonne heure à l'étude du bla son, épousa la fille d'un imprimeur de Dijon, c succéda à son beau-père. S'étant attaché à la re cherche des antiquités de la province de Bourgogne devenue sa patrie adoptive, il obtint le titre d'his toriographe du roi et de généalogiste des états Exact et laborieux, il travaillait lui-même à l'im pression de ses livres, et il a gravé les planche nombreuses dont ils sont remplis. Il mourut Dijon en 1698. Parmi ses ouvr., les curieux recher chent principalem. : le *Parlement de Bourgogne son origine, son établissement, ses progrès*, 1649 2 vol. in-fol. — *Science des armoiries*, de Géliot augm. de plus de 6,000 écussons, 1650, ou 1661 ou 1664. Michault a publ. un *Mémoire sur l vie et les ouvrages de P. Palliot*, in-12 de 12 pages

PALLISER (sir Hugh), marin anglais, né e 1721, entra fort jeune au service, et fut nommé capitaine en second en 1746. Il eut part à la pris de Québec, fut nommé contrôleur de la marine, e créé baronnet, cinq ans après, il servait comm amiral en second sous Keppel, au combat d'Oues sant. Dans sa vieillesse, on lui donna le gouvernem de l'hôpital de Greenwich, où il mourut en 1796.

PALLUAU. — V. Clerembault.

PALLUCCI (Noël-Joseph), chirurgien, né à Florence en 1719, vint terminer ses études à Paris, où il reçut le grade de bachelier à la faculté de médecine, exerça son art dans sa patrie, fut ensuite appelé à Vienne où il pratiqua long-temps avec succès, et mourut en 1797. Pallucci s'est fait connaître par l'invention d'un procédé pour l'opération de la fistule lacrymale. Il s'occupa du perfectionnement des méthodes du petit et du haut appareil (pour l'extraction de la pierre), et publia divers ouvr. parmi lesq. on distingue : *Description d'un nouvel instrument pour abattre la cataracte avec tout le succès possible*, Paris, 1750, in-12. — *Nouvelles remarques sur la lithotomie, suivies de plus. observations sur la séparation du pénis et sur l'amputation des mamelles*, 1750, in-12. — *Nouvelles remarques sur la lithotomie nouvellem. perfectionnée*, Vienne, 1757, in-8. — *Ratio facilis atque tuta narium curandi polypos*, 1763, in-8. — *Saggio di nuove osservazioni e scoperte*, Florence, 1764, in-8.

PALM (JEAN-PHILIPPE), libraire, né en 1766 à Schorndorf (Wurtemberg), était établi à Nuremberg. Accusé, en 1806, d'avoir distribué une brochure intitulée : *l'Allemagne dans son profond abaissement*, dont M. Gentz était cru l'auteur, et qui était dirigée contre Napoléon, il fut arrêté d'après les ordres de l'empereur, condamné à mort par une commission militaire, et fusillé trois heures après à Braunau, le 26 août. Le comte de Soden a publ. en allemand : *J.-P. Palm, libraire à Nuremberg, exécuté par ordre de Napoléon*, 1814, in-8.

PALMA (JACOPO), dit *le Vieux* ou *l'Ancien*, peintre, élève du Titien, né à Serinalta, territoire de Bergame, vers 1518, mort à Venise en 1574, imita la manière de son maître et celle de Giorgion, et ne réussit pas moins dans le portrait que dans l'histoire. Le musée possède quatre tableaux de ce maître : *le Portrait du chevalier Bayard, remettant son épée au fourreau après avoir donné l'accolade à François Ier; la Vierge et l'Enfant Jésus, recevant les hommages de six saints personnages; la Vierge et St Joseph présentant l'enfant Jésus à l'adoration d'un jeune berger; la Vierge, l'enfant Jésus, Ste Catherine, St Jean et St Agnès.* — PALMA (Jacopo), dit *le Jeune*, petit-neveu du précédent, et comme lui peintre distingué, né à Venise en 1544, reçut les principes de son art d'Antoine Palma, son père, peintre médiocre, fut ensuite envoyé à Rome par le duc d'Urbin, son patron, et resta 8 ans, pendant lesquels il copia les plus beaux ouvrages de Michel-Ange, de Raphaël, et les monochromes de Polydore, et retourna à Venise, où il mourut en 1628. Ce peintre a réuni dans ses tableaux les excellents principes de l'école romaine aux meilleurs de l'école vénitienne. On cite dans le nombre : *la Victoire navale remportée par F. Bembo*, qui orne une des salles du palais de St-Marc; un *St Benoît*, exécuté pour l'église de St-Côme et de St-Damien; une *Annonciation* qui se trouve à Pesaro; et une *Invention de la croix* à Urbin. Le musée possède de cet artiste un dessin à la plume et lavé au bistre, représentant *J.-C. porté au tombeau*. Palma a gravé à l'eau-forte plus. pièces que les amateurs recherchent avec empressement.

PALME (MARC D'ALVERNY DE LA), savant ecclésiastiq., né à Carcassone en 1711, mort à Paris en 1759, fut un des rédacteurs les plus distingués et les plus spirituels du *Journal des savants*, auq. il travailla depuis 1752. Fréron lui a consacré une notice dans son *Année littéraire*, 1760, t. IV, p. 18.

PALMER (SAMUEL), sav. imprimeur de Londres au 18e S., maître de Francklin, a publié en Angleterre une *Histoire de l'imprimerie*, 1738, in-4. — Herbert PALMER, puritain écossais, né à Wingham, fit partie de l'assemblée des théologiens de sa secte, et mourut en 1647. On a de lui : *Memorials ofs Godliness*, dont la 30e édit. a paru en 1708, in-12.

PALMER (JOHN), célèbre acteur anglais, né en 1741, était fils d'un concierge du théâtre de Drury-

Lane. D'abord comédien ambulant, il parvint dans la suite à jouer à Londres les premiers rôles, et mourut en 1798, en représentant le rôle de l'étranger dans *Misanthropie et Repentir*. On assure que la cause de cette fin soudaine fut un mouvement violent de douleur qu'il ressentit à l'instant où (suiv. son rôle), il dut répondre à cette question : *Comment se portent vos enfants?* Il venait de perdre un fils tendrement aimé, et dont la mort avait suivi de près celle de sa femme.

PALMIERI (MATTHIEU), historien, né à Florence en 1405, mort dans cette ville en 1475, assista au concile tenu dans sa patrie en 1439, et fut plus tard chargé de négociations importantes. On a de lui : une continuat. de la *Chronique* de St Prosper jusqu'en 1449, imprimée pour la 1re fois à la suite de l'édit. d'Eusèbe et de St Prosper vers 1475; un traité *della vita civile*, Florence, 1529, in-8, trad. en franç., 1557, in-8. — *La Vita di Niccolo Acciajuoli*, 1588, in-4. — *De captivitate Pisarum Historia*, 1656, in-8; et un poème intitulé : *Città di Vita.* Cet ouvrage, resté MS., fut condamné par l'inquisition après la mort de l'auteur, et c'est ce qui l'a sauvé de l'oubli. PALMIERI (Mathias), prélat de la cour de Rome, né à Pise en 1423, mort en 1483, a continué la *chronique* de Matthieu Palmieri jusqu'en 1481; cette continuation parut pour la prem. fois, dans l'édit. de Venise, 1483, in-4. On lui doit encore une trad. latine de l'*Hist. des septante interprètes*, par Aristée, qui parut en tête de la Bible, Rome, 1471, 2 vol. in fol.

PALNATOKE, chef de pirates danois du 10e S., se fit remarquer par sa bravoure et son intrépidité. Il forma une espèce d'association de piraterie, dont le chef-lieu était le fort de Jomsbourg. Plus. auteurs danois ont donné des détails sur ce personnage, entre autres P.-E. Muller, dans le t. III de la *Biblioth. des sagas* (Copenhague, 1820), et Vedel Simonsen dans le t. II des *Annales archéol.* du Danemarck (1813), Palnatoke est le héros d'une tragédie du poète Oehlenschlæger.

PALOMINO DE CASTRO Y VELASCO (ACISCLE-ANTONIO), l'un des plus gr. peintres de l'Espagne, né à Bajalance en 1653, mort à Madrid en 1726, fut élève de Valdès, obtint le brevet de peintre du roi, et exécuta des travaux considérables à Madrid, à Valence, à Grenade et à Cordoue. Il avait embrassé l'état ecclésiastique dans sa vieillesse. On cite, parmi ses ouvr. les plus remarq., une *Confession de St Pierre*, à Valence; les cinq tableaux du chœur de la cathédr. de Cordoue, les fresques de l'église St-Étienne à Salamanque, celles du chœur des chartreuses de Grenade et du Paular. On a de lui : *el Museo pictorico, y escala optica*, etc., Madrid, 1715-24, 3 vol. in-fol. La 3e partie de ce grand ouvrage, qui renferme les *Vies* des peintres espagnols, a été réimpr. à Londres, 1742, in-8; et la *notice* des villes, églises et couvents qui possèdent leurs ouvr., 1746. On a une trad. franç. de l'*Hist. abrégée des plus fameux peintres espagnols*, par Palomino, Paris, 1749, in-12.

PALSGRAVE (JOHN), né à Londres vers 1480,

mort vers 1554, s'adonna à l'étude de la langue franç., et fut choisi pour l'enseigner à la princesse Marie, sœur de Henri VIII, fiancée à Louis XII. C'est à lui que l'on doit la plus ancienne grammaire franç. que l'on connaisse : elle a pour titre : *les Éclaircissements de la langue franç.*, 1530, petit in-fol. gothiq. de 1134 p., ou 567 feuillets en deux séries. Il a encore publié une traduction, ou paraphrase mot à mot, en angl., d'une pièce composée en latin sur le sujet de *l'Enfant prodigue*, par G. Fullonius, intit. : *The comedye of Acolastus*, 1540, in-4.

PALU (PIERRE de LA), l'un des hommes les plus distingués qu'ait produits l'ordre des dominicains, né dans la Bresse vers 1280, fut nommé en 1329 patriarche de Jérusalem, et mourut à Paris en 1342, après avoir fait de vains efforts pour exciter une nouvelle croisade. Il a laissé un gr. nombre d'ouvrages dont on trouve la liste dans la *Biblioth.* des PP. Échard et Quétif : ce sont des *Comment.* sur la Bible, sur les IV liv. des Sentences de P. Lombard, des *Postilles*, des *Sermons*, et une hist. des croisades intit. : *Liber bellorum Domini*. On peut consulter, pour les détails, l'*Histoire des hommes illustres de l'ordre de St Dominique*, par Touron, tome II.

PAMÈLE (JACQUES de), *Pamélius*, savant théologien, né à Bruges en 1536, fut chanoine de la cathédrale de cette ville, prevôt de St-Sauveur à Utrecht, et mourut en 1587, lorsqu'il allait prendre possession de l'évêché de St-Omer, où Philippe II venait de le nommer. Outre des édit. de divers ouvrages, avec des notes, on a de lui : *Liturgica Latinorum*, Cologne, 1576, 2 vol. in-4. — *Catalogus commentariorum veterum selectiorum in universam Bibliam*, Anvers, 1566, in-8. — *Relatio ad Belgii ordines de non admittendis unâ in republ. diversarum religionum exercitiis*.

PAMPHILE, peintre grec, né en Macédoine sous le règne de Philippe, fonda l'école de Sicyone, fut maître d'Apelles, et joignit à son talent d'artiste de grandes connaiss. dans les lettres et les mathém.

PAMPHILE (St), prêtre et martyr, né vers le milieu du 3e S. à Beryte, occupait une des premières places de magistrature dans cette ville, lorsqu'il embrassa le christianisme. Appliqué dès-lors à l'étude des liv. saints, il suivit les leçons de Pierius, successeur d'Origène dans la direction de l'école d'Alexandrie, et bientôt en établit une nouvelle à Césarée de Palestine. Quand le tyran Maximin eut renouvelé en 307 les persécut. de Dioclétien et de Maximien, Pamphile fut arrêté par ordre du gouverneur de Césarée, détenu pend. 2 ans, et mis à mort avec plus. autres saints confess. Eusèbe de Césarée prit le nom de Pamphile par respect pour la mém. de ce martyr, avec leq. il avait été renfermé dans les prisons. On doit à Pamphile une bonne révision de la Bible, et un savant comment. sur les Actes des apôtres, publ. par Montfaucon. Il avait écrit, pendant sa détention, une apologie d'Origène en V liv., dont il ne reste que le prem., trad. en lat. par Rufin, et inséré parmi les *OEuvres* de St Jérôme.

PAMPHILE-MAURILIEN est le nom sous leq. a été donné au 15e S., par un auteur inconnu, le roman en vers latins de *Pamphile et Galatée*. Cet ouvrage, impr. plusieurs fois S. D. sous le titre de *Pamphyli codex*, etc., in-4, a été trad. en français, 1494, in-fol., sous celui du *Livre d'amour*, *auquel est relaté*, etc. Il avait été composé, dit-on, pour Charles VIII. On l'a réimpr. avec la traduction en vers franç., Paris, 1594, in-18.

PAN (myth.), fils de Jupiter et de Callisto, et l'un des 8 gr. dieux, a été confondu par quelq. mythologues, mais à tort, avec Sylvain et Faune. Les poètes le représentent avec un visage enluminé, des cornes sur la tête, l'estomac couvert d'étoiles, un bâton recourbé à la main, et la partie infér. du corps semblable à celle d'un bouc. Il présidait aux campagnes et surtout au sort des bergers. On lui attribue l'invention de la flûte. Ses fêtes, appelées lupercales, étaient particulièrement en honn. chez les Arcadiens. Dans la suite, elles furent célébrées aussi à Rome. Les anciens croyaient que Pan courait la nuit par les montagnes, et c'est ce qui a fait nommer terreur panique cette épouvante dont on est saisi pend. l'obscurité de la nuit, ou qui vient d'un danger imaginaire.

PANÆTIUS, philosophe stoïcien, né à Rhodes, ou, selon d'autres, dans la Phénicie, florissait vers l'an 150 avant J.-C. Il étudia d'abord à Athènes, où il refusa le droit de bourgeoisie, et étant allé à Rome, il y ouvrit une école qui fut bientôt fréquentée par les jeunes gens les plus distingués. Scipion, l'un de ses disciples, voulut que le philosophe s'établît dans sa propre maison, et l'accompagnât dans les diverses missions dont il fut chargé par la suite. Panætius profita de son crédit auprès de Scipion pour rendre plusieurs services aux Rhodiens, ses compatriotes. Plus tard, il se retira à Athènes, où il mourut presque nonagén. Panætius avait composé un *Livre des sectes*, où il soumettait les philosophes à la censure (on en trouve quelq. fragm. dans les *Vies* de Diogène-Laërce); un traité *des Magistrats*; deux autres, *sur la Divination* et *sur la Tranquillité d'esprit*. Comme la plupart des anciens philosophes, il admettait l'éternité de la matière, et niait le dogme si consolant de l'immortalité de l'âme. Posidonius fut un des disciples de ce philosophe éclectiq. On peut consulter pour plus de détails les *Recherches* de l'abbé Sevin sur la vie et les ouvrages de Panætius, dans les *Mém.* de l'acad. des inscriptions, et la *Dissert.* de M. van Linden, *de Panætio Rhodio, philosopho stoïco*, Leyde, 1802, in-8.

PANAJOTI (PANAGIOTES NICOSIOS, plus connu sous le nom de), né dans l'île de Scio, commença à se faire connaître vers 1667 au siège de Candie. Il était alors attaché au gr.-visir Achmet Koproli, en qualité d'interprète. La prise de Candie, à laq. il contribua par son adresse, le mit en grande fav. auprès de son patron, et lui valut le poste de premier drogman, qui n'avait été occupé jusque-là que par des renégats. Après avoir exercé ces fonctions pendant quelques années, il mourut en 1673.

De cette époque les Grecs continuèrent de remplir la place de premier interprète de la Porte othom., qui les conduisit plus tard aux deux postes émin. d'hospodar, ou prince de Valachie et de Moldavie. Panajoti avait fait imprimer une *Confession de foi des Églises catholiques d'Orient*, Amsterd., 1662, trad. en latin par Laur. Normann, Leipsig, 1695.

PANARD (CHARLES-FRANÇ.), poète, né à Nogent-le-Roi près de Chartres vers 1694, mort à Paris en 1765, se distingua par ses chansons faciles et piquantes, mais dont les traits ne furent jamais dirigés contre personne. Marmontel l'avait surnommé le *La Fontaine du vaudeville*, et il se rapprochait encore plus du bonhomme par l'insouciance de son caractère que par son talent. Ses pièces se montent à plus de 80; toutes ne sont pas dignes de lui. On a recueilli ses meilleurs ouvrages sous ce titre : *Théâtre et œuvres diverses*, 1763, 4 vol. in-12, qui contiennent cinq comédies, 15 opéras-comiques, des chansons, des fables, et autres petites pièces galantes, bachiques et morales. Armand-Gouffé a publié ses *OEuvres choisies*, 1803, 3 vol. in-18.

PANASSAC (BERNARD de) fut avec Camo l'un des sept fondateurs de l'acad. des Jeux-Floraux à Toulouse, dans le 15e S.

PANAT (le chevalier de), contre-amiral, né en 1762, entra dans la marine à l'âge de 14 ans, sous les auspices de son père, qui était chef d'escadre. Il fit quelq. campagnes, et fut employé dans l'administrat. par le maréchal de Castries. Capitaine de vaisseau à l'époque de la révolut., il émigra en Angleterre où il resta jusqu'au 18 brumaire, et, rentré alors en France, il fut employé dans les bureaux de la marine. En 1814, il devint secrét. de l'amirauté; la restauration l'éleva même au rang d'officier-général. Il mourut à Paris en 1834. Le chev. de Panat était l'ami de Rivarol, de Mallet-Dupan, de Delille, de Mme de Staël, etc.

PANCEMONT (ANT.-XAVIER MAYNAUD de), év. de Vannes, né à Digoing-sur-Loire en 1756, fut d'abord grand-vicaire de l'archevêque de Toulouse, puis obtint en 1788 la cure de St-Sulpice, place dans laquelle il montra toutes les vertus d'un véritable pasteur. Ayant refusé de prêter serment en 1790, il se retira en Allemagne. De retour en France, il fut en 1801 nommé à l'évêché de Vannes après le concordat, et quelque temps après à la place d'aumôn. de la princesse de Piombino. Il se montra reconnaissant des faveurs du gouvernem. impérial, et mourut en 1817.

PANCIROLI (GUI), jurisconsulte, né à Reggio en 1523, professa le droit avec distinct. à Padoue, et fut ensuite appelé par le duc de Savoie Emmanuel-Philibert à l'université de Turin; mais le séjour du Piémont lui étant contraire, et menacé de perdre la vue, il revint à Padoue, où il mourut en 1599. Parmi les ouvrages qui ont fait sa réputat., nous citerons : *de Rebus inventis et perditis* : ce traité curieux et instructif, composé en italien, a été traduit en latin par Henri Salmuth, 1599, 2 vol. in-4, et en franç. par Pierre de La Noue, Lyon, 1617, in-8.—*Notitia utráque dignitat. cùm orien-*

talis tùm occidentalis imperii, Lyon, 1608, in-fol. — *De claris juris interpretibus*, Francfort, 1721, in-4 : cette édit. est la meilleure d'un recueil précieux surtout pour l'hist. des jurisc. d'Italie, etc.

PANCKOUCKE (ANDRÉ-JOSEPH), libraire, né à Lille en 1700, mort en 1753, avait fait de bonnes études, et, non content de vendre des livres, s'adonna à la culture des sciences et des lettres. On a de lui : *Dictionnaire historique et géographiq. de la châtellenie de Lille*, 1733, in-12. — *Éléments d'astronomie*, 1739, in-12. — *Éléments de géographie*, 1740, in-12 : ces deux ouvrages réunis furent réimpr. en 1748, 2 vol. in-12.—*Essai sur les philosophes, ou les Égarements de la raison sans la foi*, 1743, in-12, réimpr. en 1753 sous le titre d'*Usage de la Raison*. — *La bataille de Fontenoi*, poème héroïque en vers burlesques, etc., 1745, in-8. — *Manuel philosophiq., ou Précis universel des sciences*, 1748, 2 vol. in-12. — *Diction. des proverbes français*, 1749, in-12. M. de la Mésangère a publié sous le même titre un ouvr. plus complet, 1821, in-8. — *Études convenables aux demoiselles*, 1749, 2 vol. in-12. — `Amusements mathématiq.*, 1779, in-12.—*Art de désopiler la rate*, 1749, in-12; nouv. édit., 1773, 2 vol. in-12. — *Abrégé chronologique de l'hist. de Flandre*, etc. (ouvr. posth.), 1762, avec une introduction par l'abbé Montlinot.

PANCKOUCKE (CHARLES-JOSEPH), fils du précéd., imprimeur-libraire et homme de lettres, né à Lille en 1736, vint s'établir à Paris à l'âge de 28 ans, et s'y fit bientôt connaître par quelques écrits littéraires, et par des mémoires sur des sujets de mathématiques, adressés à l'acad. des sciences. Sa maison devint le rendez-vous des écrivains les plus distingués. Devenu propriétaire du *Mercure*, il sut lui redonner la vogue. Dans le même temps il faisait paraître les *OEuvres de Buffon*, le *Grand Vocabulaire français*, le *Répertoire universel de jurispr.*, l'*Abrégé des voyages*, par La Harpe, etc. Il conçut le projet d'une nouv. édit. des *OEuvres de Voltaire*, et fit à ce sujet des démarches auprès du philosophe de Ferney, qui approuva le plan de classification proposé par l'éditeur. Après la mort du gr. poète, Panckoucke crut convenable de donner à son entreprise un puissant appui en la plaçant sous le patronage de l'impératrice de Russie; il lui offrit la dédicace de son édition. Catherine ne répondit que sept mois après, et lorsque Panckoucke venait de prendre des engagements avec Beaumarchais. La réponse de l'impératrice, accompagnée d'une lettre de change de 150,000 francs, annonçait qu'elle acceptait la dédicace et se chargeait des frais. Beaumarchais ne voulut pas rompre l'engagement, et fit paraître les *OEuvres* de Voltaire au fort de Kehl. Panckoucke conçut alors le plan de l'*Encyclopédie méthodique*, puis, en 1789, celui du *Monit. universel*, qui devint plus tard la feuille officielle du gouvernement. Enfin, sous le régime directorial, après avoir cédé ses presses et son gr. opérat. à son gendre, M. Agasse, il créa la feuille intitulée : *la Clef du cabinet des souverains*, qui fut supprimée par le gouvernement consulaire. Panckoucke mourut à Paris au mois de déc. 1798, laissant un fils qui a dignement soutenu la réputation paternelle. Il avait trad., en société avec Framery, les poèmes du *Tasse* et de l'*Arioste*, et publ. seul : *Traité historique et pratique des changes*, 1760, in-12. — *De l'homme et de la reproduction des différ. individus*, 1761, in-12. — *Contreprédiction au sujet de la Nouvelle-Héloïse*, etc., dans le *Journal encyclopédique*, juin 1761. — *Traduct. libre de Lucrèce*, 1768, 2 vol. in-12. — *Disc. philosophique sur le beau*, 1779, in-8. — *Plan d'une encyclopédie méthodique*, etc., 1781, in-8. — *Avis d'un membre du tiers-état sur la réunion des ordres*, 1789. — *Observat. sur l'article import. de la votation par ordre*, etc., 1789, in-8. — *Discours sur le plaisir et la douleur*, 1790, in-8. — *Nouvelle grammaire raisonnée à l'usage d'une jeune personne*, 1795, in-8. — *Mém. sur les assignats*, etc., 1795, in-8. — *Nouv. mém. sur les assignats*, etc., 1795, in-8. — *Grammaire élémentaire et mécanique à l'usage des enfants*, etc., 1795, in-12. — Divers articles dans le *Journal* et dans le *Magasin encyclopédique*. — PANCKOUCKE (Henri), cousin du précédent, est auteur de la *Mort de Caton*, tragédie en 3 actes et en vers, 1768, in-8 ; et de *don Carlos à Élisabeth*, héroïde, avec des imitations de Gessner, 1769, in-8.

PANDENOLFE, 4e prince de Capoue, success. de Landolphe II, régna de 879 à 884, et eut pour successeur son frère Landenolfe. Il avait été presq. continuellement en guerre, d'abord avec Guaifer, prince de Salerne, ensuite avec la république de de Gaëte (882), et enfin contre les Sarrasins, qui commençaient à envahir l'Italie.

PANDOLFE Ier, dit *Tête-de-Fer*, fils et success. de Landolfe IV, prince de Capoue, se reconnut vassal d'Othon-le-Grand, qui réunit à ses états le marquisat de Camerino et le duché de Spolette, et devint un des souverains les plus puissants de l'Italie. Il entreprit de chasser les Grecs du reste de l'Italie, et vint assiéger Bovino ; mais il fut fait prisonnier et envoyé à Constantinople (juin 969). Rendu à la liberté par suite de la révolution qui, en 970, priva Nicéphore-Phocas du trône et de la vie, il punit les Napolitains de leurs tentatives contre ses états, et mourut en 981, laissant pour successeurs ses fils Landolfe VI et Pandolfe II. Othon II détacha de ses états, pour les donner à Trasmondo, les duchés de Spolette et de Camerino. — PANDOLFE II, fils du précéd., ne conserva que peu de temps la principauté de Salerne, que Gisolfe II lui avait léguée en 978. Après la mort de Tête-de-Fer, les Salernitains, que la crainte avait retenus dans l'obéissance, ne tardèrent pas à chasser Pandolfe II pour se soumettre à Mansone, duc d'Amalfi. — — PANDOLFE III, neveu de Tête-de-Fer, après sa mort réussit à s'emparer de la souveraineté de Bénévent, qui fut ainsi détachée de celle de Capoue ; il régna jusqu'en 1021 : et moins d'un an après, son fils Pandolfe, qui lui succéda, s'était vu dépouillé de son héritage. — PANDOLFE IV, fils de Landolfe VII, et prince de Capoue en 1007, fut en-

voyé prisonnier en Allemagne par l'empereur Henri II, en 1022, ne recouvra la liberté qu'en 1025, vint alors assiéger Capoue, qui bientôt lui ouvrit ses portes, et mourut sur le trône en 1051, PANDOLFE V, fils et successeur du précédent, avait été associé à son père dès 1026. Il mourut en 1060, laiss. sa principauté à Landolfe VIII, son fils, qui avait été son collègue.

PANDORE (mythol.), la prem. des femmes, fut modelée par Vulcain, et reçut le souffle de Minerve. Chaque divinité concourut à l'orner de qualités précieuses ; ensuite Jupiter, songeant à punir Prométhée d'avoir ravi le feu céleste, la lui envoya comme épouse après lui avoir fait don d'une boîte où tous les maux étaient enfermés. Celui-ci ayant refusé Pandore et la boîte funeste, ce fut son frère Épiméthée qui l'ouvrit, aussitôt les maux inondèrent la terre ; mais l'espérance resta au fond. Telle est, suiv. les poètes, l'origine de l'âge de fer.

PANEL (ALEXANDRE-XAVIER), savant jésuite, né en 1699 à Nozeroi (Franche-Comté), professa d'abord les humanités et la rhétoriq. dans divers collèges de son ordre, puis fut appelé en 1738 en Espagne, où il obtint le double emploi de précepteur des infants et de garde du cabinet du roi, places auxq. fut joint ensuite le titre de profess. de rhétorique au collége royal de Madrid. Le P. Panel mourut dans cette ville en 1777, après s'être fait une réputation qui aurait été plus durable s'il eût su diriger, au moyen de plus de critique, la vive pénétration dont il était doué. Parmi ses écrits, qui presque tous roulent sur des points d'histoire et de numismatiq., nous citerons : *de Cistophoris seu numis quœ cistas exhibent*, Lyon, 1734, in-4, fig. — *Explicat. d'une médaille d'Auguste, frappée à Lyon*, dans les *Mémoires de Trévoux* (juin 1758, p. 1263). — *Remarq. sur les premiers vers du prem. livre des Macchabées*, Lyon, 1739, in-4. — *De numis Vespasiani fortunam et felicitat. reduces exprimentibus*, Lyon, 1742, in-4. — *De coloniœ Tarraconœ nummo, Tiberium Aug.*, etc., *exhibente*, Zurich, 1748, in-4, fig.

PANET (BERNARD-CLAUDE), évêque de Québec, né en 1753 au Canada, de parents français, était destiné au barreau ; mais il obtint la permission d'entrer au séminaire de Québec, où il reçut l'ordre de la prêtrise en 1778. Chargé de professer la philosophie au collége, il y compta parmi ses disciples M. Plessis, qui depuis fut son prédécess. sur le siége de Québec. Ses supérieurs le chargèrent des paroisses de Batiscan, Champlain et Ste-Geneviève ; mais au bout de quelques mois ils le placèrent à La Rivière-Ouelle, où il résida près de 45 ans. C'est par ses soins que furent fondés un couvent de sœurs de la congrégation et une école qu'il a pu voir richem. dotée. En 1806, nommé coadjuteur de Québec, il remplaça Plessis sur ce siége en 1825. C'est avec peine que Panet quitta La Rivière-Ouelle, où sa piété, sa charité et sa douceur l'avaient fait aimer. Il ne fut pas moins chéri dans la ville épiscopale, qu'il dota de plus. établissem. de bienfaisance. Au mois d'oct. 1832, le dépérissem. de ses forces lui fit sentir la nécessité de résigner ses fonctions. Il remit le gouvernem. du diocése à son coadjuteur, et se retira à l'Hôtel-Dieu de Québec, où il mourut en 1833.

PANIGALORA (FRANÇOIS), prédicat. célèbre, né en 1548 à Milan, eut une jeunesse dissipée; mais changeant de conduite après la mort de son père, dont il n'avait pu recueillir les dern. embrassem., il prit l'habit chez les cordeliers de Florence (1567), et devint bientôt l'exemple de ses confrères. Ses prem. succès dans la chaire furent brillants. Appelé en 1571 à Rome pour prêcher devant le chapitre général de l'ordre, il se rendit ensuite à Paris sur l'invitation de Pie V, pour y suivre des cours de théologie, et ne retourna qu'au bout de 13 ans en Italie, dont toutes les villes se disputèrent l'honneur de le posséder. Suffragant de l'évêque de Ferrare en 1586, il fut dépouillé de cette dignité comme prévenu d'entretenir, avec le cardinal de Médicis, une correspondance suspecte; mais il n'en fut pas moins accueilli avec distinction à Rome, et nommé peu après évêq. d'Asti. Sixte-Quint l'ayant envoyé en France avec le cardinal Cajetan, pour appuyer le parti de la Ligue, il se montra l'un des plus ardents adversaires de Henri IV; mais après l'entrée de ce prince dans sa capitale, il se hâta de revenir dans son diocèse, où il mourut en 1594. Les *sermons* de Panigalora, aujourd'hui justem. oubliés, furent impr. à Rome en 1596, in-4. Parmi ses autres ouvrages., le plus connu est un traité de l'éloquence de la chaire : *il Predicatore, ossia parafrasi e commento intorno al libro dell' eloquenza di Demetrio Falereo*, Venise, 1609, in-4, plusieurs fois réimpr.

PANIN (NIKITA IVANOVITSCH, comte de), homme d'état russe, né en 1718 de la famille des Pagnini, de Lucques, était fils d'un des généraux du tzar Pierre 1er. Il fut successivem. chambellan et gr.-écuyer de l'impératrice Élisabeth, remplit div. missions diplomatiq., et devint gouverneur du gr.-duc Paul, puis ministre de Catherine II. Ce fut au prix d'une soumission sans bornes aux volontés de sa souveraine qu'il obtint cette faveur; il la justifia du moins, à défaut de génie, par son application aux affaires et par des vues utiles : il mourut en 1783. On a : *Précis historique de la vie du comte de Panin*, 1784, in-4. — PANIN (le général Pierre), frère du précédent, se signala dans la guerre contre les Turks, notamment à Bender, puis dans l'expédition contre le chef de la révolte Pougatchef, dont il triompha. Courtisan moins habile que son frère, il osait murmurer hautement contre l'ingratitude de Catherine à son égard; mais cette princesse lui prouva qu'elle n'avait point oublié ses services, puisqu'elle ne songea jamais à réprimer ses murmures.

PANIS, conventionnel, né dans le Périgord, était en 1787 un des membres les moins connus du barreau de Paris. Devenu le beau-frère du brasseur Santerre, qui exerçait déjà une grande influence sur la population des faubourgs, avant d'être nommé commandant-général de la garde nationale, Panis figura dans les rassemblements qui se portèrent au château des Tuileries dans la matinée du 10 août; dans la nuit du 11 au 12, il s'installa à l'Hôtel-de-Ville, et devint un des membres de cette commune monstrueuse qui, usurpant tous les pouvoirs, se constitua de sa propre autorité. La nouvelle municipalité choisit dans son sein une commission composée des démagogues les plus violents, et à laq. elle donna le nom de *Comité de salut public*. Panis en fit partie et signa en cette qualité l'épouvantable circulaire envoyée dans tous les départ. pour rendre compte des massacres des 2 et 3 sept., et pour engager les autres communes à imiter l'exemple donné par celle de Paris. Au lieu de l'effet que les signataires s'étaient promis, un cri presque génér. d'indignation et d'horreur s'éleva dans la France contre les provocateurs de cette St-Barthélemi politique. La terreur, qui laissa le champ libre à quelques démagogues forcenés, contribua puissamm. à l'élection de Panis, qui fut nommé député à la convention. Il se fit peu remarquer à la tribune, et ne prit guère la parole que pour repousser les vives sorties des membres de la députat. de la Gironde, qui ne cessaient d'attaquer les égorgeurs de septembre et de demander leur mise en jugem. Dans le procès du roi, Panis vota pour la mort, contre l'appel au peuple et contre le sursis. Il devint ensuite, pendant quelq. temps, membre du comité de sûreté générale, et parut dévoué à la faction de Robespierre, jusqu'à l'époque où ce dernier demanda la tête de Danton. Panis osa même l'interpeller en le sommant de déclarer s'il l'avait aussi porté sur la liste des proscrits, et prit une part active aux événem. des 9 et 10 thermidor (27 et 28 juillet 1794). Dans la journée du 1er prairial an III (20 mai 1795), il tenta de défendre les chefs des insurgés, dont la convention venait d'ordonner la mise en accusation; mais il ne put parvenir à se faire écouter, et le 7 (27 mai), ayant voulu parler pour la défense de son ami, le député Laignelot, Panis fut lui-même décrété d'arrestation; on lui reprocha son adhés. aux massacres de septembre : il protesta vainem. de la pureté de ses *intentions*, vanta son humanité et ses vertus, invoqua Dieu, et parla quelq. temps comme un homme en délire. Un de ses collègues, Augüis, dont il implora le témoignage, et qu'il appela son ami, s'écria : « Point d'amitié avec le colportéur de la mort. » Arrêté à la sortie de la séance, Panis ne recouvra sa liberté que par l'amnistie du 4 brumaire an IV (26 oct. 1795). Il fut employé depuis dans l'administration des hospices de Paris. Resté pauvre, on ne l'a du moins jamais accusé de s'être approprié les dépouilles des proscrits. Il a même rendu quelq. services individuels, et n'était point inexorable envers les infortunés qui s'adressaient directement à lui. On l'a souvent entendu déplorer le malheur de s'être laissé entraîner à jouer un rôle en 1792. Panis s'était depuis long-temps retiré de la scène politique. En 1816, atteint par la loi contre les régicides, il se retira en Italie, où il vécut d'une pension que lui faisaient ses enfants. La révolution de 1830 lui permit de rentrer en France, et il mourut à Marly-le-Roi en 1833.

PANNARTZ (Arnold), imprim., sortit de l'atelier de Guttemberg à Mayence pour porter l'imprimerie en Italie au commencement du pontificat de Paul II. S'étant établi avec Conrad Swenheym dans le monastère de Sublac, ils imprimèrent le *Donat S. D.*, le *Lactance* de 1465, et la *Cité de Dieu* de 1467. Appelé à Rome par François de Maximis, il y publia en 1467 les *Épîtres familières de Cicéron*, l'année suivante les *Lettres* de St Jérôme, 2 vol. in-fol., et la prem. édition du *Speculum vitæ humanæ*. Il mourut de la peste en 1476.

PANNEELS (Guillaume), graveur, né à Anvers en 1600, fut élève de Rubens, et travailla d'après son maître. Ses princip. estampes sont : *Esther devant Assuérus; la Nativité; l'Adorat. des Mages; la Madeleine chez le pharisien;* deux tableaux de *Ste famille; le Portrait de Rubens*, etc.

PANNINI (Jean-Paul), habile paysagiste, né à Plaisance en 1691, vint à Rome, où il fréquenta l'école de Benoît Luti, et mourut en 1764. On voit à Rome, dans la *Villa Patrizi*, quelques-unes de ses ouvrages : le musée en possède quatre, dont un, représentant des *Ruines d'architecture d'ordre dorique*, passe pour l'un de ses plus beaux ouvr., après ses *Vendeurs chassés du temple*. — Son fils François Pannini se distingua dans le même genre de peinture. Le musée possède de lui 16 dessins lavés à l'aquarelle : on en peut voir le détail dans la *Notice des dessins exposés au Louvre, dans la galerie d'Apollon.*

PANOENUS, peintre grec, frère de Phidias, fut employé comme lui à orner et embellir le temple de Jupiter-Olympien, où il peignit divers sujets de la mythol. Il fit dans Athènes le tableau de la bataille de Marathon, et représenta en Élide, sur le bouclier d'une Minerve, le combat des Athéniens contre les Amazones.

PANSA (Caïus-Vibius), consul romain, collègue d'Hirtius, ami de Cicéron, commandait les armées romaines contre Antoine avec Octave et son collègue. Il fut blessé dans un combat, et mourut de sa blessure.

PANSERON (Pierre), architecte, né à Provins, a dessiné et gravé plus. volumes de planches pour jardins anglais et autres.

PANTAGATHUS (Octavio BACATO, plus connu sous le nom de), religieux servite, né à Brescia en 1494, mort à Rome en 1567, se distingua par une vaste érudit., et fut regardé de son temps comme un oracle en littérature. Il n'a fait imprimer par modestie aucun ouvrage. Parmi les traités qu'il avait composés, on en remarque un intitulé : *Notitia rerum romanorum*, et une *Hist. ecclésiastiq.* Sa *Vie* a été publiée par J.-B. Rufus, Rome, 1657, in-8.

PANTALÉON (St), natif de Nicomédie, souffrit le martyre vers 303, sous l'empire de Galère. — Un autre Pantaléon, diacre de l'église de Constantinople dans le 13° S., est auteur d'un *traité* contre les erreurs des Grecs, inséré dans la *Bibliothèque des Pères.*

PANTALÉON (Henri), historien, né à Bâle en 1522, occupa avec distinction plusieurs chaires de littérature et de médecine dans sa patrie, où il était revenu après quelq. voyages en Italie et en France, et où il mourut en 1595. Outre un certain nombre d'*Opuscules* en vers latins, de *Notes*, de *Préfaces* et de *Traductions*, on a de lui : *Prosopographia heroum et illustrium virorum totius Germaniæ,* 1566, 3 vol. in-fol. — *Diarium historicum*, 1572, in-fol. — *Militaris ordinis johannitarum rhodiorumque, aut melitensium equitum historia nova*, 1581, in-fol., fig., rare, etc.

PANTÈNE (St), né en Sicile de parents païens, renonça à l'étude des sciences profanes après avoir embrassé la foi chrétienne, et vint se fixer à Alexandrie, y fut placé, vers l'an 179, à la tête de la célèbre école qu'avaient fondée les disciples de St Marc. Institué apôtre des nations orientales par le patriarche Démétrius, il passa dans les Indes, y séjourna plus. années, et revint à Alexandrie, où il remplissait encore en 216 les fonctions de catéchiste sous St Clément. Ce Père, dans ses *Commentaires*, parle avec beaucoup de vénération de Pantène, dont l'Église honore la mémoire le 7 juill.

PANVINIO (Onuphre), antiq., né en 1529 à Vérone, prit l'habit des ermites de St-Augustin, enseigna la théologie à Florence (en 1554), parcourut ensuite l'Italie pour recueillir des inscriptions et autres monum. d'antiquité, fut attaché à la bibliothèque du Vatican sous le pape Marcel II, accompagna le cardin. Alexandre Farnèse en Sicile, et mourut à Palerme en 1568. On a de lui un grand nombre d'ouvr., parmi lesq. on distingue : *Epitome pontificum romanorum usque ad Paulum IV*, 2° édit., 1567, in-4.—*Fasti et triumphi Romanorum, à Romulo usque ad Carolum V*, 1557.—*De sybillis et carminibus sybillinis*, 1567, in-8. — *De triumpho commentarius*, 1575, in-fol. — *De ritu sepeliendi mortuos*, etc., 1572, in-8. — *De republica romanâ libri III*, 1581, in-8.—*Amplissimi ornatissimique triumphi, ex antiq. lapidum, nummorum monumentis..... descriptio*, 1618, in-fol. oblong, fig., très rare, etc., etc.

PANYASIS, poète d'Halycarnasse, avait composé un poème sur les 12 travaux d'Hercule, fort vanté par les anc., mais dont il ne nous est rien parvenu.

PANZACHIA (Marie-Hélène), peintre, née à Bologne en 1688, avait un talent remarquable pour le paysage. Elle a traité avec succès quelq. objets d'histoire.

PANZER (George-Wolfgang-Franç.), ministre du St-Évangile et bibliogr., né à Sulzbach en 1729, mort à Nuremberg en 1805, s'est fait connaître surtout par ses *Annales typographici, ab artis inventæ origine ad annum MD*, etc., 1793-1803, 11 vol. in-4. On a en outre de lui : *Descript. des plus anciennes bibles allemandes*, 1777, in-4.—*Hist. de l'imprimerie dans les premiers temps à Nuremberg*, 1779, in-4. — *Annales de l'ancienne littérat. allem.*, 1788, gr. in-4. On trouve une *No-*

tice détaillée sur Panzer en tête du prem. vol. du *Catalogue* de sa bibliothèque, en latin, 1806-07, 3 vol. in-8.

PAOLI (D. Sébastien), littérateur et antiquaire distingué, né à Lucques en 1684, embrassa la vie religieuse dans la congrégat. des clercs réguliers de la Mère de Dieu, parvint aux prem. dignités de son ordre, et mourut en 1751, membre de plus. académies. Il a publié dans les journaux d'Italie beaucoup de *Dissertat.*, dont plus. ont été réimpr. depuis séparément, entre autres : *Della poesia de' SS. Padri greci e latini*, Naples, 1714, in-8. — *Dissertatio de numo aureo Valentis imperatoris*, Lucques, 1722, in-4, etc. On lui doit en outre *Codice diplomatico del ordine Gerosolimitano oggi di Malta*, 1733-38, 2 vol. in-fol. Cette collect. est très recherchée. Le P. Paciaudi a publ. : *De rebus Sebast. Paulli, congregat. matris Dei, comment. epistol.*, etc., Naples, 1751.

PAOLI (Hyacinthe), général corse, d'une famille plébéienne, ne dut son élévation qu'à la supériorité de ses lumières, et la justifia par son intrépidité dans l'insurrection de la Corse contre les Génois en 1734. Chargé du commandement avec Giafferi et Ceccaldi, et réduit à une lutte trop inégale, il pensa à adoucir le joug dont il devenait impossible d'affranchir sa patrie, et, de concert avec ses collègues, il en proposa sans succès la dominat. aux cours de Rome et de Madrid. Ils placèrent alors leur pays sous la protect. de l'*Immaculée Conception*. Cepend. l'enthousiasme public s'y affaiblissait de plus en plus ; l'arrivée du baron de Neuhof sembla le relever un moment. Paoli et ses collègues déposèrent dans ses mains le pouvoir suprême ; mais la fortune trahit les espérances de l'aventureux baron, et des négociations entamées entre la France et l'Allemagne allaient replacer la Corse sous le joug détesté des Génois. Alors Paoli fit parvenir à Louis XV un manifeste qu'il avait rédigé au nom de ses concitoyens, et dans lequel il peignait leur triste situation avec un sentim. vrai. Cette ressource désespérée ne fut pas moins vaine que les dern. efforts du patriote général, qui du moins, avant de céder à la fortune de Maillebois (1739), s'honora par un trait d'humanité qui lui mérita l'estime de ses ennemis : il parvint à sauver la vie à six compagnies franç. qu'allaient égorger les Corses, entre les mains de qui elles étaient tombées. Réfugié à Naples avec sa famille, après la conquête de sa patrie, il y fut mis à la tête d'un régim., et mourut vers 1755, lors des prem. succès de son fils, dont l'art. suit.

PAOLI (Pascal), fils du précéd., né en 1726, au village de la Stretta, dans la pière de Rostino, dépendante de la juridiction de Bastia, suivit son père dans l'exil, et fut élevé sous ses yeux, à Naples, dans la haine du nom génois. Il était simple enseigne dans un régim. de cavalerie, lorsqu'il alla rejoindre en Corse son frère aîné, Clemente, qui venait d'être nommé l'un des magistr. suprêmes de l'île. Ce fut vers le jeune Pascal que se tournèrent bientôt tous les regards. En 1755, il

fut proclamé, quoique absent, chef unique de l'île. La fortune ne fut pas d'abord favorable à ses armes, et l'un de ses rivaux, Marius-Emmanuel Matra, s'étant fait le stipendié des Génois, profita de ce moment pour l'accabler encore. Pascal dut son salut aux prompts secours d'un autre ennemi plus généreux, Thomas Cervoni, et dès-lors il fit oublier ses revers par des victoires dont il sut profiter. Non content de triompher sur terre, il créa une petite marine qui fit beaucoup de mal au commerce de Gênes. Les anciens maîtres de la Corse en étant venus à faire des propositions de paix, il fit décréter en 1761 que la nation ne se prêterait à aucun accommodem., à moins que son territoire ne fût évacué et son indépend. reconnue. Il poursuivait en même temps ses succès contre tous les ennemis du nouv. gouvernem., tant étrangers que nationaux, et commençait l'époq. la plus brillante de sa vie. Les places maritimes restant seules aux Génois, et tout l'intérieur de l'île étant reconquis sur eux, Paoli crut devoir saisir le beau rôle de législateur. L'établissem. de tribunaux permanents, l'uniformité introduite dans les poids et les mesures, une nouv. monnaie mise en circulation, des soins donnés au maintien de la paix intérieure, l'agriculture ranimée, les bienfaits de l'instruct. offerts aux jeunes Corses dans l'université nouv. de Corté, enfin les priviléges de la juridict. ecclésiastique, sinon détruits, du moins combattus avec courage, tels furent les actes qui recommandèrent le nom de Paoli à l'admiration de l'Europe. J.-J. Rousseau, invité par lui à venir se fixer dans son île, céda à ces instances faites au nom d'une nation qu'il estimait ; des circonstances indépendantes de la volonté du philosophe purent seules l'empêcher d'aller travailler, sous les auspices du guerrier libérat., à la législat. de cette république naissante. Cependant des troupes franç., commandées par le comte de Marbeuf, débarquèrent en Corse. Paoli, alarmé d'abord, se laissa rassurer par les démonstrations de neutralité du ministre de France, le duc de Choiseul, et se crut même assez en sûreté pour aller enlever Capraïa aux Génois (1767). Mais enfin ceux-ci cédèrent à la France leurs prétentions sur la Corse. Paoli protesta contre ce traité, et résolut d'en empêcher l'exécution par la force des armes. Après quelques avantages obtenus sur le marquis de Chauvelin, il fut complétement défait par le comte de Vaux, qui avait remplacé dans le commandem. le présomptueux marquis. L'Angleterre fut l'asile du défenseur de la Corse jusqu'en 1789, époque où l'assemblée constituante fit cesser son exil. Accouru de Londres à Paris, il y reçut l'accueil le plus flatteur, et fut nommé par le roi Louis XVI lieuten.-général commandant en Corse. Investi de la confiance de ses concitoyens, il seconda sincèrem. les vues de l'assemblée constituante ; mais les maux de la révolution qui s'étendirent jusqu'en Corse, et d'autres motifs légitimes le détachèrent insensiblem. de la métropole. Accusé de trahison à la tribune de la convention, il rompit alors tous les liens qui l'attachaient à la France; il fut élu par les mécontents généralissime et présid. d'une consulte formée à Corté (1793). Mis dans le même temps hors la loi par la convention, il offrit la Corse au roi d'Angleterre, qui ne dédaigna point cet hommage, mais qui fut assez peu reconnaissant pour donner la vice-royauté, et même la présidence du parlem. du nouveau royaume, à d'autres qu'à Paoli. Ce gr. citoyen étouffa son ressentim., et fit tout pour engager ses compatriotes à rester fidèles au roi George, persuadé que cette alliance était leur seul moyen de salut. Il se rendit toutefois à Londres en 1796, pour y faire entendre des plaintes auxquelles on ne fit pas attention. Il passa ses dern. jours sur cette terre étrangère, désespéré de voir son pays au pouvoir de la France, et la France gouvernée par un homme qu'il avait protégé, et qui n'avait pu rester son ami. Il mourut dans un village près de Londres en 1807. L'ouvrage de Pompéi : De l'état de la Corse, Paris, 1821, in-8, contient des renseignem. exacts et curieux sur Paoli.

PAOLILLO, peintre, élève de Sabbattini, a peint à Naples, sa ville natale, un St-Jean et un Tableau de la Vierge, qui lui ont fait beaucoup de réputation.

PAOLINI (Pétronille), né à Tagliacozzo en 1663, mort en 1726, publia des poésies dans les recueils de son temps, cinq oratorios en musique, et deux drames intit. : il Tradimento vindicato, ovvero la Dona illustre, et la Tomiri.

PAON, DU PAON ou LE PAON, peintre de batailles, né vers 1740, fils d'un paysan des environs de Paris, vint s'établir dans cette ville après avoir servi plusieurs années dans un régim. de dragons. Muni de dessins qu'il avait exécutés au milieu des camps, où s'était fortifié son goût naturel pour l'art dans lequel il devait plus tard se distinguer, il se présenta à Carle Vanloo, prem. peintre du roi, en reçut des encouragem., et devint en peu de temps l'émule de Casanova, sous lequel il commença à peindre. Cet artiste mourut en 1785. Div. morceaux qu'il a exécutés au Palais-Bourbon et dans la salle du conseil de l'École-Milit., dénotent un dessin ferme et correct, une grande exactitude d'imitat., mais sont d'un ton parfois un peu froid.

PAPADOPOLI (Nicolas COMMÈNE), littérateur, né dans l'île de Candie en 1655, fit ses études à Rome d'une manière brillante. Il entra dans l'institut des jésuites; mais il ne tarda pas à le quitter pour pouvoir se livrer plus tranquillement à ses goûts studieux, fut mis à la tête du collége de Capo-d'Istria, puis nommé profess. de droit-canon à Bologne, où il mourut en 1740. Il a publié divers ouvrages qui dénotent une grande connaiss. des lang. et du droit. Mais le seul que recherchent les curieux est l'Historia gymnasii patavini, Venise, 1726, 2 vol. in-fol.

PAPE, nom sous lequel on désigna d'abord tous les évêques, ne devint particulier aux successeurs de St Pierre que depuis Grégoire VII. Comme les autres évêq., les papes furent élus par le peuple et le clergé, jusqu'à ce que les emper. s'étant faits

chrétiens, s'attribuèrent le droit de confirmer leur choix; Justinien et ses success. exigèrent même une somme d'argent pour leur accorder cette confirmation. Constantin-Pogonat délivra l'Église de cette servitude en 681. Louis-le-Débonnaire déclara en 824 que l'élect. des papes serait libre à l'avenir. Mais sous Innocent II les cardinaux s'arrogèrent le droit de faire seuls cette élection (vers 1143). Le pape Honorius III, en 1215, ou plutôt Grégoire, en 1274, ordonna que l'élect. se ferait à l'avenir dans un conclave, ce qui s'est pratiqué jusqu'à nous. Les papes forment depuis St Pierre, que l'on regarde comme le prem., une suite non interrompue. Ils se sont succédé dans l'ordre suivant :

St Pierre, mort en	66	Sixte III.	440
St Lin.	67	St Léon-le-Grand.	461
St Clément.	76	St Hilaire.	468
St Clet.	83	Simplicius.	483
St Anaclet.	96	Félix III.	492
St Évariste.	108	Gélase.	496
St Alexandre Ier.	117	Anastase II.	498
St Sixte Ier.	127	Symmaque.	514
St Télesphore.	138	Laurent, antip.	
St Higyn.	142	Hormisdas.	523
St Pie Ier.	150	Jean Ier.	526
St Anicet.	161	Félix IV.	530
St Soter.	171	Boniface II.	532
St Éleuthère.	185	Jean II.	535
St Victor Ier.	197	Agapet.	536
St Zéphirin.	217	Sylvère.	538
St Calixte Ier.	222	Vigile.	555
St Urbain Ier.	230	Pélage Ier.	560
St Pontien.	233	Jean III.	573
St Anthère.	236	Benoît Ier.	578
St Fabien.	250	Pélage II.	590
St Corneille.	252	St Grégoire-le-Gr.	604
Novatien, antip.	251	Sabinien.	606
St Luce Ier.	254	Boniface III.	607
St Étienne Ier.	257	St Boniface IV.	613
St Sixte II.	259	Dieudonné Ier.	615
St Denis.	268	Boniface V.	624
St Félix Ier.	274	Honorius Ier.	638
St Eutichien.	283	Séverin.	640
St Caie.	295	Jean IV.	642
St Marcellin.	304	Théodore.	649
St Marcel.	310	St Martin Ier.	655
St Eusèbe.	310	Eugène Ier.	657
St Melchiade.	314	Vitalien.	672
St Sylvestre.	335	Dieudonné II.	676
St Marc.	336	Donnus Ier.	679
St Jules Ier.	352	St Agathon.	682
Libère.	366	Léon II.	683
Félix II.		St Benoît II.	685
St Damase.	384	St Jean V.	686
Ursicin, antip.		Pierre, antip.	
St Sirice.	399	Théodore, antip.	
St Anastase.	401	Conon.	687
Innocent Ier.	417	St Sergius Ier.	701
Zozime.	418	Théodore, antip.	
Boniface Ier.	422	Pascal, antip.	
Célestin Ier.	432	Jean VI.	705

PAPEBROCH, ou plus exactement PAPEBROECK (DANIEL), savant jésuite, un des plus laborieux éditeurs des *Acta sanctorum*, naquit à Anvers en 1628. L'immense travail qu'il avait entrepris avec les Pères Bollandus et Henschenius fut interrompu par les querelles que lui suscitèrent les carmes, irrités de ce qu'il avait dit de l'orig. de leur ordre. Il fallut que la cour de Rome imposât silence à ses adversaires. Papebroch reprit alors ses trav., qu'il continua tant que ses forces le lui permirent. Devenu aveugle à 82 ans, il consacra les 5 dern. ann. de sa vie à des exercices de piété, et mourut à Anvers en 1714. Outre une gr. part aux *Acta sanctorum* des mois de mars, avril, mai et juin, il a publié : *Propylœum ad Acta maii*, in-fol., et des *Réponses aux accusations des carmes*, 4 vol. in-4. Sa *Vie*, par le P. Piens, en tête du 6e vol. du mois de juin, a été reproduite dans le tome II des *Mém.* de Niceron.

PAPENDRECHT (CORNEILLE-PAUL HOŸNCK van), chanoine et archiprêtre, né en 1686 à Dordrecht, mort à Malines en 1753, avec la réput. d'un homme instruit, laborieux et zélé, a publié : *Historia Ecclesiæ ultrajectinæ à tempore mutatæ religionis in fœderato Belgio*, 1725, in-fol. — *Sex epistolæ de hæresi et schismate aliquot presbyterorum ultrajectensiüm*, 1729, in-4.—*Specimen eruditionis broedersianæ*, 1730, in-4.—*Analecta belgica*, 1743, 6 vol. in-4. Cette collection très importante pour l'histoire des Pays-Bas est peu commune.

PAPHNUCE (St), évêque de la Haute-Thébaïde, souffrit des persécutions sous Maximin, et assista en 325 au concile de Nicée. On ignore l'époque de sa mort. — Un autre confesseur du même nom, évêq. de Saïs, assista en 362 au concile d'Alexandrie, et fut banni par l'empereur Constance.

PAPIAS (St), disciple de St-Jean, devint évêque d'Hiéraples, et composa vers le 2e S. de J.-C. un ouvrage intitulé : *Exposition des discours du Seigneur*, dont il ne reste que des fragments. Quelq. canonistes lui imputent d'avoir le premier donné cours à l'opinion des millenaires, si répréhensible depuis que Cérinthe y mêla de grossières erreurs, mais qui du temps de St Augustin, comme l'avoue ce Père, était admise par la presq. totalité des fidèles. — PAPIAS, grammairien du 11e S., est aut. d'un *Vocabularium latinum*, dont toutes les édit. sont rares ; la première est de Milan, 1476, in-fol.

PAPILLON (ALMAGUE), contemporain de Marot, et comme lui valet-de-chambre de François Ier, qu'il suivit dans sa captivité en Espagne après la bataille de Pavie, était né à Dijon en 1487, et mourut dans cette ville en 1559. On a de lui : *le Nouv. amour*, souv. impr.; *Victoire et triomphe d'argent contre le dieu d'amour*, 1537; *Ordonnances d'argent; Victoire et triomphe d'honneur et d'amour contre argent*. — Thomas, savant juriscons., de la même famille, né à Dijon en 1514, avocat au parlement de Paris, mort en 1596, outre un traité *de Jure accrescendi*, 1571, in-8, en a laissé 2 autres, *de Directis hæredum substitut.*, 1616, in-8; et *Comment. in IV priores titulos libri primi Digestorum*, 1624, in-12, insérés par Otto dans son *Thesaur. juris.*

PAPILLON (PHILIBERT), chanoine de la Chapelleaux-Riches à Dijon, où il était né en 1666, consacra toute sa vie à des recherches historiques et littéraires. Il fournit à plusieurs savants des mém. et des observat.; mais ce ne fut qu'après sa mort, arrivée en 1738, que parut sa *Bibliothèque de Bourgogne*, 1742-45, 2 vol. in-fol., ouvrage qui prouve sa vaste érudition et son assiduité au travail.

PAPILLON (JEAN), graveur sur bois, né en 1639 à Rouen, mort à Paris en 1710, a laissé des ouvr. où l'on remarque un grand talent d'exécution; mais son ignorance des règles du dessin ne lui permit pas d'aller aussi loin que semblaient l'annoncer ses dispositions. — Son fils, Jean PAPILLON le Jeune, né à St-Quentin en 1661, mort à Paris en 1710, suivit la même carrière et y atteignit un plus haut degré de perfection. Il travailla pour les tapissiers, les brodeurs, les gaziers, et surtout pour les libraires. Il inventa le *trusquin*. Les amat. recherch. ses portraits de *Paul III*, *Jules III* et *Pie IV*, sur bois. — PAPILLON (Jean-Nicolas), frère du précéd., né à St-Quentin en 1663, mort à Paris en 1714, obtint moins de succès, parce qu'il apporta moins de zèle et d'ardeur aux études de son art. — Jean-Bapt. PAPILLON, neveu du précéd., se distingua dans la même carrière. On admire encore les culs-de-lampe qu'il exécuta pour l'édit. in-folio des *Fables* de La Fontaine. Il a publ. *Traité historique et pratique de la gravure sur bois*, 1766, 2 vol. in-8. Cet habile graveur, né en 1698 à Paris, y mourut en 1776. — PAPILLON (Jean-Bapt.-Michel), frère du précéd., mais d'un second lit, son élève, mort en 1746 à 26 ans, annonçait de rares dispositions. — Marie-Anne ROUILLON, 2e femme de Jean-Bapt. Papillon, a cultivé aussi la *grav.* avec succès.

PAPILLON DE LA FERTÉ (DENIS-PIERRE-JEAN), intendant des menus-plaisirs, né à Châlons-sur-Marne en 1727, mort en 1794 sur l'échafaud révolutionnaire à l'âge de 67 ans, a publié : *Extrait des différents ouvrages sur la vie des peintres*, 1776, 2 vol. in-8. — *Éléments d'architecture et de navigation*, 1787, in-8. — *Éléments de géographie*, 1785, in-8. — *Leçons élémentaires de mathématiques*, 1784, 2 vol in-8.

PAPIN (ISAAC), théologien, né à Blois, en 1657, était, par sa mère, neveu du ministre Pajon, auprès duq. il puisa un grand esprit de tolérance et une certaine hardiesse de principes sur quelq. points de dogme, notamment sur la grâce efficace. Cette sorte de dissidence lui attira de la part de ses coreligionn., entre autres du fameux Jurieu, des désagréments qui le décidèrent à passer en Angleterre. L'évêque d'Éli l'admit dans son clergé; mais peu de temps après il fut réduit à se réfugier en Allemagne, où le poursuivit encore la haine de ses ennemis. Revenu en France, il fit son abjuration (1690) entre les mains de Bossuet, et mourut à Paris en 1709. Ses réponses aux attaques de ses adversaires ont été publiées avec sa *Vie*, par l'oratorien Pajon, son cousin, 1723, 3 vol. in-12. — Denys PAPIN, célèbre physicien et le premier qui ait connu l'emploi de la vapeur appliquée au mouvem. des machines, était né à Blois vers le milieu du 17e S., il prit ses degrés en médecine à la faculté de Paris, et pratiqua ensuite avec succès, consacrant ses loisirs à l'étude de la physique. S'étant rendu en Angleterre, il y fut accueilli avec distinct. par les savants, dont il s'était déjà fait connaître, et fut associé par Boyle à ses belles expériences sur la nature de l'air. Il fut admis en 1681 à la société royale de Londres, et, en 1687, l'université de Marbourg lui offrit une chaire de mathématiq., qu'il remplit avec beaucoup de succès. Enfin, il fut nommé en 1699 correspondant de l'acad. des sciences. Ce savant, laborieux et estimable, mourut en 1710, laissant, outre un gr. nombre de *lettres* et de *mémoires* dans le *Journal des savants*, les *Transactions philosophiques;* les *Nouvelles de la république des lettres*, et les *Acta erudit. lips.*, plus. ouvr. parmi lesquels on distingue : *la Manière d'amollir les os et de faire cuire toutes sortes de viandes en fort peu de temps et à peu de frais*, etc., Paris, 1682, in-12; Amst., 1688, in-4; trad. en angl., Londres, 1681-82, in-4. C'est la descript. de sa fameuse machine appelée *digesteur*, autrefois si usitée, mais que de nouv. découvertes ont fait abandonner.

PAPIN (Élie), maréchal-de-camp, né à Bordeaux, fils d'un négociant, avait lui-même embrassé le commerce, lorsque la réquisition de 1793 le porta sur les champs de bataille. Employé à l'armée des Pyrénées, il s'y éleva rapidement, par des actions d'éclat, au grade de général de brigade. Cependant, en 1796, quelq. circonstances le déterminèrent à abandonner la carrière qui lui offrait un si brillant avenir, et il reprit ses occupations commerciales. Bientôt sur le bruit de sa démission inopinée, un des agents de Louis XVIII, M. Dupont-Constant, vint lui proposer, au nom du roi, le brevet confirmatif de son grade, qu'il accepta avec le titre de commandant en chef de la Guienne. Trompant la surveillance des autorités locales, il concourut à organiser sur le territoire de Bordeaux, au milieu d'obstacles de toute nature, un armement secret de 6,000 hommes. Mais la police impériale pensa se saisir de Papin, qui n'échappa qu'en se sauvant en Amérique, où il fut transporté secrètement à fond de cale d'un navire. Pendant un séjour de huit années sur cette terre lointaine, Papin, en se livrant aux spéculations commerciales, amassa une certaine fortune, qu'il s'empressa d'embarquer pour la France, sitôt qu'il eut connaissance du retour de la famille royale. La traversée fut des plus périlleuses; le navire qu'il montait périt avec tout son avoir. Recueilli sur un bâtiment marchand, il est transporté à Londres, et de là se rend à Paris, où il présente ses titres à faire partie de la nouv. armée dans son grade. Cette faveur ne lui fut accordée qu'après la révision préalable du jugement qui le condamnait à la peine capitale, c'est-à-dire en 1821. Mais il eut à peine le temps d'oublier, dans la faveur qu'il recouvrait, les maux et les traverses affreuses au prix desquels il l'avait payée. Il mourut en 1825, commandant d'une subdivision militaire, à Agen. M. Lestrade, qui prend le titre de *capitaine-organisateur de l'armée royale de la Guienne sous le général Papin*, lui a consacré une *notice* dans le *Moniteur* du 20 août 1825.

PAPINIEN (ÆMILIUS PAPINIANUS ou), regardé comme le premier jurisconsulte de l'antiquité, vivait vers le commencement du 3e S. Il fut, sous Septime-Sévère, d'abord préfet du fisc, puis du prétoire, charge la plus considérable de l'empire. Après la mort de Sévère, qui lui avait recommandé ses deux fils, il tenta d'établir entre eux une paix durable; mais n'ayant pu en venir à bout, il se déclara pour Géta, d'un caractère plus doux que Caracalla. Lorsque Caracalla eut fait égorger son frère, Papinien, plus courageux que Sénèque, refusa de faire l'apologie d'un parricide et fut décapité l'an 212 à 70 ans, selon l'opinion la plus probable. Le *Digeste* renferme plus. lois de Papinien, qui, suivant Herménopule (*Prompt.*, lib. 2, *tit.* 4), existaient encore au 14e S.; il ne reste plus que des fragments de ses ouvrages. Cujas en a formé un *recueil*, auquel il a joint d'excellents *commentaires*. On a : *Papinianus, seu optimi icti et veri Forma, in Æmil. Papiniano spectata à Buviâ Voordâ*, Leyde, 1770, in-4. La *Vie* de ce jurisconsulte, autrefois révéré comme un oracle, a été écrite par Éverard Otto.

PAPIRIUS (PUBLIUS-SEXTUS), patricien, sous Tarquin-le-Superbe, fut chargé par le sénat et le peuple de recueillir les lois rendues par les six premiers rois de Rome. La reconnaissance de ses concitoyens nomma ce travail *Code papirien.* — PAPIRIUS-CURSOR (Lucius), l'un des premiers capitaines de l'ancienne Rome, fut 5 fois consul, 2 fois dictateur, et obtint 3 fois les honneurs du triomphe comme vainqueur des Samnites. Sa fermeté et sa prudence égalaient son courage. L'extrême agilité qui le distinguait lui valut le surnom de *Cursor.* Durant sa première dictature, il donna un exemple mémorable de rigidité pour le maintien de la discipline, en faisant traîner au supplice le jeune patricien Q.-Fab.-Maximus, gén. de la cavalerie, qui, malgré sa défense, avait attaqué l'ennemi à l'improviste, et l'avait complètement défait. L'inflexible dictateur n'accorda la grâce au coupable que sur l'intercession du peuple, et après que la discipline eut été vengée par l'humiliation de l'imprudent général. — PAPIRIUS-CURSOR (Lucius), fils du précédent, marcha sur les traces de son père. Il fut deux fois consul avec Carvilius, en 461 et 482 de Rome. Chaque fois il remporta une victoire complète : la première sur les Samnites, la seconde sur les Brutiens, et les honneurs du triomphe lui furent décernés. — PAPIRIUS-CRASSUS vainquit les Privernates, et triompha avec son armée sur le mont Albin, n'ayant pu obtenir cet honneur dans Rome. — PAPIRIUS, surn. *Fœnerator*, l'usurier, fut l'occasion de la loi qui défendait à Rome d'emprisonner un homme libre pour dettes. — PAPIRIUS-PRÆTEXTATUS, de la même famille, est célèbre pour avoir répondu d'une manière très adroite aux questions indiscrètes de sa mère, qui voulait savoir ce qui s'était passé au sénat. C'est à cette occasion que les dames romaines, alarmées par la prétendue nouvelle que leur avait communiquée la mère de Papirius, se présentèrent au sénat surpris pour demander qu'on décidât qu'il était moins dangereux qu'une femme épousât deux hommes, qu'un homme deux femmes.

PAPON (JEAN), né en 1505, près de Roanne, mort en 1590 à Montbrison, lieuten.-général du bailliage, avait été maître des requêtes de la reine Catherine de Médicis, il a laissé : des *Comment.* (latins) *sur la coutume du Bourbonnais*, 1550, in-fol. — *Rapport des deux princes de l'éloquence gr. et lat.*, 1554, in-8. — *Recueil d'arrêts notables*, 1556, 3 vol. in-fol.

PAPON (JEAN-PIERRE), historien, associé de l'Institut, né au Pujet-Téniers, près de Nice, en 1734, entra de bonne heure dans l'Oratoire, et y professa avec distinct. les humanités. Après avoir rempli successivement la chaire de rhétorique à Marseille, Riom, Nantes et Lyon, il fut chargé par ses supérieurs d'une mission auprès du roi de Sardaigne, qui intéressait sa congrégation, et fut à son retour nommé bibliothéc. de la ville de Marseille ; il fit ens. un voyage en Italie pour visiter les archives, quitta l'Oratoire pour suivre avec plus de liberté ses trav. littér., et s'établit à Paris. Au temps de la terreur, il chercha un asile dans le département du Puy-de-Dôme, et revint à Paris, où il mourut en 1803. On a de lui : *Ode sur la mort*, insérée dans le *Recueil des Jeux-Floraux de Toulouse.* — *L'Art du poète et de l'orateur*; la 5e édit., 1801, in-8, est augmentée d'un *Essai sur l'éducation.* — *Oraison funèbre de Charles-Emmanuel III, roi de Sardaigne* (franç. et ital.), 1775, in-8. — *Voy. littéraire de Provence*, 1787, 2 vol. in-12. — *Histoire générale de Provence*, 1777-86, 4 vol. in-4. — *Histoire du gouvern. français depuis l'assemblée des notables du 22 février 1787 jusqu'à la fin de l'année 1788*, in-8. — *Époques mémorables de la peste*, 1800, 2 vol. in-8. — *Histoire de la révolution*, publ. par son frère, 1814, 6 vol. in-8.

PAPPENHEIM (GODEFROI-HENRI, comte de), général allemand, qui joignait à une rare prudence et à une grande valeur, un zèle ardent pour la religion catholique, naquit en 1594, et se distingua dans la guerre de 30 ans. A la bataille de Lutzen, il avait fait des prodiges de valeur, et peut-être la victoire allait-elle échapper aux Suédois lorsqu'il reçut la blessure dont il mourut au mois de nov. 1632, âgé seulem. de 38 ans, mais couvert de plus de cent cicatrices. — Émile, baron de PAPPENHEIM, lieutenant-général, ministre de Hesse-Darmstadt à Paris, y est mort en 1826.

PAPPONI (JÉRÔME), célèbre jurisc. de Pise, où il mourut en 1605, après avoir professé pendant 45 ans à l'université de cette ville, a laissé divers *traités, conseils* et *décisions*, dont on trouve les titres au t. III, p. 289; des *Mem. istor. di più uomini illustri pisani*, Pise, 1792.

PAPPUS, mathématicien d'Alexandrie, florissait sous le règne de Théodose-le-Grand vers la fin du 4e S. Il est connu par sa *Collectio mathematica*, publ. avec la version latine et des notes de Commandino, Pesaro, 1588, in-fol., et Bologne, 1660, in-fol. Il nous reste l'abrégé en latin d'une *Géographie* de Pappus, qui fait regretter que l'ouvrage entier n'ait pas été conservé.

PAQUOT (JEAN-NOEL), ancien profess. à l'univ.

de Louvain, membre de l'académie de Bruxelles, conseiller historiogr. de l'impératrice Marie-Thérèse, né à Florennes en 1722, mort en 1803 à Liége, était très savant dans les langues anciennes. On a de lui : *Mémoires pour servir à l'hist. littér. des dix-sept provinces des Pays-Bas*, etc., Louvain, 1753-70, 3 vol. in-fol., ou 18 vol. in-12. — *Hist. flandricæ synopsis*, 1781, in-4, et d'autres ouvr. moins importants.

PAR. — V. PARR.

PARA, roi d'Arménie, fils d'Arsace II et de la reine Pharandsem, est appelé Bab par les auteurs arméniens. Il eut besoin du secours de l'empereur Valens pour remonter sur un trône d'où Sapor avait chassé son frère ; il réussit dans son entreprise ; mais, s'étant rapproché de ce même Sapor, il devint suspect à l'empereur, qui le fit assassiner dans un festin en 374.

PARABOSCO (JÉRÔME), poète comique, né à Plaisance vers le commencem. du 16e S., a laissé plus. comédies italiennes en prose et en vers : *il Ladro, il Marinajo, la Notte, il Pellegrino*, etc., Venise, 1560, édit. de Giolito. — Des nouvelles imprimées sous le titre de *Diporti*, 1558, in-8. — *Lettere amorose*, 1546, in-12.

PARACCA (JEAN-ANTOINE), sculpt. du 16e S., né à Valsoldo dans le diocèse de Côme, fut employé par Grégoire XIII à restaurer plus. belles statues, et mourut très misérable à Rome dans un âge avancé.

PARACELSE (AURÉOLE-PHIL.-THÉOPHRASTE BOMBAST DE HOHENHEIM), fameux charlatan, ou , si l'on veut, alchimiste, naquit dans un bourg du canton de Schwitz, en 1493. Il passa sa jeunesse à courir le monde pour pénétrer les secrets relatifs à son art, et s'établit à Bâle en 1526. Quelq. cures heureuses ne tardèrent pas à lui faire une réputation. Il fut nommé à la chaire de médecine, et vit le public accourir à ses leçons, qu'il faisait en langue vulgaire, et dans lesquelles il se mettait sans façon au-dessus d'Hippocrate et de Gallien. Son langage emphatiq. et sa conduite crapuleuse le firent promptem. juger par les hommes sensés; mais il fallut plus de temps pour désabuser le vulgaire sur le compte de ce singulier personnage. On finit cependant par se dégoûter du professeur, et moins favorisé de la fortune, il n'eut plus de malades. Il reprit alors le métier de médecin ambulant, et fut promener sa science de ville en ville jusqu'à Salzbourg, où il mourut en 1541, à l'hôpital de St-Étienne. Il avait rendu quelques services réels à la médecine, mais il ne peut être regardé comme un homme de mérite. On lui doit l'art de préparer les médicam. par le moyen de la chimie, la connaissance de l'opium, du mercure, et quelq. autres découvertes; mais il se vantait d'avoir trouvé le secret de prolonger la vie pendant plus. siècles, ce qui ne l'empêcha pas de mourir à 48 ans. La meilleure édition de ses *OEuvres* (en lat.) est de Genève, 1658, 3 vol. in-fol.

PARADÈS (VICTOR-CLAUDE-ANTOINE-ROBERT, comte de), intrigant, né en 1752, fils, selon l'opinion la plus probable, d'un pâtissier de Phalsbourg nommé Richard, se prétendait issu de la maison espagnole de Paradès, et se présenta comme tel, en 1778, à la cour de France, où il obtint des grades et des pensions. Employé par le ministre Sartine qui l'envoya reconnaître l'état des différents ports d'Angleterre, la manière dont il s'acquitta de cette mission périlleuse lui valut de nouvelles faveurs à son retour; mais, soupçonné de trahison, il fut mis à la Bastille en 1730, et n'en sortit qu'au bout de 13 mois; il partit alors pour St-Domingue, et il mourut en 1786. On a les *Mémoires secrets de Robert, comte de Paradès*, etc., Paris, 1789, in-8.

PARADIN (GUILL.), laborieux écrivain, né à Cuisseaux, dans la Bresse-Châlonnaise, mort à 80 ans en 1590 à Beaujeu, doyen du chapitre, a publ. : *Histoire d'Aristée*, touchant la version du Pentateuque, in-4. — *Histoire de notre temps*, Lyon, 1552, in-16; trad. en latin sous ce titre : *Hist. Galliæ à Francisci I coronatione ad anum* 1550. — *Annales de la Bourgogne*, 1566, in-fol. — *De motibus Galliæ... comment.*, 1558, in-4. — *Mém. de l'hist. de Lyon*, 1573, in-fol. — *De rebus in Belgio anno* 1543 *gestis*, in-8. — *Chronique de Savoie*, 1552. — *Hist. Eccles. gallic.*, etc. — Claude PARADIN, son frère, chanoine de Beaujeu, mort postérieurem. à 1569, a laissé : *Alliances généalog. des rois de France et princes des Gaules*, in-fol. — *Devises héroïques et emblèmes*, in-8. — *Quadrins historiques de la Bible*, 1553 et 1583, in-8. — PARADIN ou PARRADIN (Jean), de la même famille, né à Louhans en Bourgogne, mort en 1558, à Belleneuve, près de Mirebau, a publié entre autres ouvrages la *Micropédie*, Lyon, 1546, in-8; Paris, 1547, in-16.

PARADIS ou PARADISI (PAUL), appelé *le Canose*, juif d'origine, né à Venise, est le prem. qui enseigna la langue hébraïque à Paris; il mourut catholique en 1559. On a de lui : *Dialogue sur la manière de lire l'hébreu*, publ. en latin par Jean Dufresne, l'un de ses disciples, Paris, 1534, in-8.

PARADIS DE RAYMONDIS (JEAN-ZACHARIE), né à Bourg en 1746, succéda à son père dans la charge de lieuten.-général du bailliage de Bresse; mais la faiblesse de sa santé l'ayant obligé de se démettre de ses fonctions, il se voua tout entier à l'étude et à la pratique de l'agriculture. Après avoir séjourné quelq. temps en Italie, où il s'était retiré aux approches de la révolut., il rentra en France en 1797, et mourut en 1800 à Lyon. On a de lui : *Traité élémentaire de morale et de bonheur*, 1784, 2 vol. in-18; le meill. livre qu'on ait écrit sur cette matière. — *Moyen le plus économiq., le plus prompt, le plus facile d'améliorer la terre d'une manière durable*, 1789, in-12, et quelques opuscules de circonstance.

PARADISI (le comte AGOSTINO), littérat. distingué, né sur le territoire de Reggio en 1736, fut membre de plus. acad., secrét. perpét. de celle de Mantoue, président des études et ministre de la justice à Reggio, et mourut dans cette ville en 1783. On a de lui : *Versi sciolti*, Bologne, 1762. —

Scelta di alcune eccellenti tragedie francesi, trad. in verso sciolto, 1764. — *Orazione nel solenne aprimento dell' università di Modena*, etc., 1772; réimpr. à Turin en 1775, avec une trad. franç. — *Elogio di Raimondo Montecuccoli, con note*, 1776; réimpr. à Venise en 1782, dans le t. VI des *Elogj ital.*, etc. Ses œuvres choisies (*Poesie e prose scelte*) ont été publ., Reggio, 1827, 2 vol. in-12, précédées de l'*Éloge* de l'aut. par Louis Cagnoli.

PARASOLS (B. de), poète provençal du 14e S., ne nous est connu que par la vie de Jean de Nostre-Dame qui nous le donne comme un ecclésiastique mort chanoine de Sisteron, sa patrie, vers 1585, et le prem. auteur connu des *Mystères*. Cette dernière circonstance ne peut être vraie.

PARAVICINO Y ARTEAGA (HORTENSIO-FELIZ), de Madrid, provincial de l'ordre de la Trinité et prédicateur de Philippe III, mort dans sa patrie en 1633, à 53 ans, a publié : *Recueil de sermons sur divers sujets*, réimpr. plus. fois. — *Discours sur la tranquillité de l'âme*, MS. — *Obras*, rec. de poésies mystiq., Lisbonne, 1645; Madrid, 1650.

PARCALINI (JEAN-BAPTISTE), grav., né à Cento en 1661, a exécuté, entre autres estampes, l'*Aurore devançant le soleil*, d'après le Guide; et des figures allégoriques : la *Mémoire*, l'*Intelligence*, la *Volonté*.

PARCELLES (JEAN), peintre de marines, né à Leyde vers 1597, mort à Leyerdorfs, fut élève de Henri Vroom, et acquit une très gr. facilité d'exécution. Cet artiste, qui se distingua surtout par l'imitation fidèle de la nature, laissa un fils, Jules PARCELLES, digne héritier de ses talents. Plus. de leurs tableaux ont été gravés par Visscher.

PARCK (THOMAS), littérat. anglais, né en 1759, joignait au goût des lettres celui des arts, et se fit connaître comme graveur par des portraits et des estampes d'après plus. maîtres d'Italie. Ses prem. publicat. poétiques datent de 1797 : ce sont des *Sonnets* et des *Poèmes* dans lesq. on remarque de gr. beautés. En 1803 il fit paraître le curieux ouvr. de John Harrington : *Nugæ antiquæ*, avec de nombreuses additions. En 1806 il publia, de concert avec John Scott, le *Catalogue des auteurs illustres de Walpole*, augmenté de notices sur les écriv. de l'Écosse et de l'Irlande, et enrichi de 150 portraits. Il revit en 1813 la 2e édit. des *Chansons populaires angl.*, et s'associa pour la rédact. de quelq. journaux littér. à Brydger, Égerton, etc. Peu de temps après parut son *Heliconia*, choix de poésies composées sous le règne d'Élisabeth, 3 vol. in-4. En 1818 il mit au jour les *Nugæ modernæ*, suite de l'ouvr. de Harrington. L'un de ses dern. ouvr. est son recueil intit. : *les Souvenirs des chrétiens*, choix de vers pour la consolation de l'âge mûr. Il mourut à Church-Row le 21 nov. 1834. Parck était dep. 30 ans membre de la soc. des antiquaires de Londres.

PARDAILLAN. — V. GONDRIN.

PARDIES (IGNACE-GASTON), jésuite, né en 1636 à Pau, fils d'un conseiller au parlem. embrassa le système de Descartes, ce qui l'obligea plus. fois à de pénibles explications avec ses supérieurs. Il mourut jeune en 1675, après avoir professé avec une gr. distinction les mathématiques au collège de Louis-le-Grand. Ses ouvr. sont : *Horologium thaumanticum duplex*, 1662, in-4. — *Dissertatio de motu et naturâ cometarum*, 1665, in-12. — *Discours sur le mouvement local*, 1670, in-12. — *Éléments de géométrie*, 1671, in-12. — *Discours de la connaissance des bêtes*, 1672, in-12. — *Statique*, 1675, in-12. — *Descript. de deux machines propres à faire des cadrans, etc.*, 1678. — *Globi cœlestis in tabulas planas redacti descriptio latino-gallica*, 1674, in-fol., publ. par le P. de Fonteney, après la mort de l'auteur.

PARDOUX (BARTHÉLEMI), *Perdulcis*, médecin, né en 1545 à Bouillec dans le Vivarais, mort en 1611, se distingua comme professeur et comme médecin. Ses principaux ouvr. sont : *Universa medicina ex medicorum principum sententiis, etc.*, Lyon, 1659, in-4 : édition augmentée d'un livre *de Animi morbis; In Jacobi Sylvii Anatomen, et in librum Hippocratis de naturâ humanâ commentarii*, Paris, 1643, in-4.

PARÉ (AMBROISE), le père de la chirurg. franç., né à Laval vers le commencement du 16e S., de parents peu aisés, fut élevé chez un chapelain qui l'employait au service de sa maison, en même temps qu'il lui enseignait les éléments de la langue latine. Le hasard l'ayant rendu témoin d'une opération de la taille, Paré, en qui se développa tout à coup une vocation décidée pour la chirurgie, quitta son précepteur, et vint à Paris se livrer aux études anatomiques. Ses progrès furent si rapides que le colonel-général des gens de pied, René de Montejean, le choisit pour son chirurgien, et l'emmena en Italie, alors théâtre de la guerre. Revenu en France, il prit ses degrés au collège de St-Edme, et fut ensuite nommé prevôt de la corporation des chirurgiens. En 1552 Henri II le choisit pour son chirurgien, et Paré remplit successivement les mêmes fonct. auprès de François II, de Charles IX et de Henri III. Il jouit constamment d'une haute considération, et mourut à Paris en 1590, laissant la réputation du plus habile chirurgien qu'eût eu jusqu'alors la France. Ses *OEuvres* forment un vol. in-fol., divisé en XXVIII livres, Paris, 1561 ; elles ont été plus. fois réimpr., et trad. à div. reprises en allem., en angl., etc. : on en doit une bonne trad. lat. à J. Guillemeau, 1582, in-fol. Indépendamment de ce rec., on a de Paré : *Manière de traiter les plaies faites par arquebuses, flèches, etc.*, in-8, Paris, 1545, 1552, 1564. — *Brière collection de l'administration anatomique*, 1549, in-8. — *Traité de la peste*, 1568, in-8. L'*Éloge de Paré* a été mis au concours par l'acad. de Bordeaux : le prix a été décerné au docteur Vimont, en 1814.

PAREJA (BARTHOLOMO RAMO), l'un des réformateurs de la musique, enseigna cet art à Salamanque, puis à Bologne (1482), et écrivit contre le système de Gui d'Arezzo un ouvr. intitulé : *Tractatus de musicâ*, Bologne, S. D., très rare, quoiq. réimprimé dans la même ville en 1595, etc.

PAREJA (JUAN de), peintre, né en 1606 à Séville, de parents esclaves, étant tombé en la possession de Velasquez, se prit d'un goût décidé pour la peinture. Il s'exerça d'abord en secret à dessiner et à copier les tableaux de son maître, et devint habile dans le portrait et les tableaux de genre. Lorsque Philippe envoya Velasquez en Italie pour y recueillir divers objets d'art, Pareja l'y accompagna, et ce voyage ne contribua pas médiocrem. à ses progrès. A leur retour, le roi étant venu, suivant sa coutume, visiter l'atelier de Velasquez, porta les yeux sur un tableau qu'il trouva de son goût : c'était l'ouvrage du modeste esclave, qui jusque-là s'était caché soigneusem. pour se livrer à des études qu'avait couronnées un si rapide succès. Le monarque fit affranchir Pareja, qui n'en demeura pas moins fidèlem. attaché à son maître, à la fille duquel il reporta ensuite ses services et son affection, jusqu'à sa mort, arrivée en 1670. On cite comme son chef-d'œuvre la *Vocat. de St Matthieu*, au palais d'Aranjuez.

PARENT (ANTOINE), savant mathémat., membre de l'acad. des sciences, né à Paris en 1766, mort en 1716, avait suivi dans deux campagnes le marq. d'Alègre pour mieux connaître la science des fortifications. Il a laissé : *Recherches de mathématiq. et de physique*, 1714, 3 vol. in-12. — *Arithmétique théorico-pratique en sa plus grande perfection*, 1714, in-8. — *Éléments de mécanique et de physique, etc.*, 1700, in-12; et plus. MSs. — Franç.-Nicolas PARENT, né à Melun en 1752, était curé en 1790 de Boissy-les-Bertrand, près de cette ville. Ayant embrassé avec chaleur les principes de la révolution, il abjura publiquem. les fonct. sacerdotales, devint, pendant la terreur, le principal rédacteur du *Journal des Campagnes*, et publia, entre autres opuscules, un rec. d'*Hymnes philos., civiques et moraux..., pour faciliter dans les campagnes la célébration des fêtes républicaines*, 1799, in-8. Sous le gouvernement impérial il remplit un emploi subalterne dans les bureaux de la police. Exclu de cette place à la restaurat., il se fit correcteur dans un imprimerie, et mourut à Paris en 1822.

PARENT-DUCHATELET (ALEX.-JEAN-BAPT.), médecin philanthrope, né à Paris vers 1790, fut reçu docteur en 1814, et dès-lors exerça son art d'une manière distinguée. En 1821 il commença à se livrer à des recherches d'hygiène, auxq. il se consacra tout entier dans les dern. temps de sa vie. Membre adjoint du conseil de salubrité en 1825, il composa en cette qualité un gr. nombre de *Mém.* et de *Rapports* sur les questions les plus import. d'hygiène appliquée aux travaux et professions d'utilité publique. Ce furent ses observat. qui décidèrent la ville de Paris à faire pratiquer des égouts dans ses différ. quartiers. En 1833 il fut nommé membre de la commission chargée de présenter un rapport sur la marche du choléra et sur ses effets dans Paris et les environs. Cet homme estimable mourut le 7 mars 1836, à l'âge de 46 ans, à la suite d'une maladie causée par l'excès de travail. Ses princip. ouvr. sont : *Recherches et considérat. sur la rivière de Bièvre ou des Gobelins, et sur les moyens d'améliorer son cours*, etc., 1822, in-8. — *Essai sur les cloaques ou égouts de la ville de Paris*, 1824, in-8. Il est l'un des auteurs du *Dictionn. de l'industrie manufacturière*, et l'un des rédact. des *Annales d'hygiène*.

PARENT-RÉAL (Nicolas-Joseph-Marie), avocat, né à Ardres (Pas-de-Calais) en 1768, mort à Paris en 1834, était venu y achever ses études au collége de Ste-Barbe et y avait été reçu avocat en 1790. Après la suppression des cours souveraines, il exerça sa profess. près le tribunal de St-Omer, fut ensuite nommé secrétaire en chef du district de Calais, administrateur de ce district, enfin juge de paix du canton d'Ardres. A l'installation du directoire, il devint sous-commissaire près de l'administrat. municipale de St-Omer, fut ensuite nommé secrét. en chef du district de Calais, administrat. de ce district, enfin juge de paix du canton d'Ardres. A l'installat. du directoire, il devint sous-commissaire près de l'administrat. municipale de St-Omer, ensuite près de l'administrat. centrale du Pas-de-Calais. Nommé administrat. du départem. après le coup d'état du 18 fructidor, il en était président lorsqu'il fut élu député au conseil des cinq-cents. Après le 18 brumaire, il fut nommé membre du tribunat, d'où il sortit en l'an X par voie d'élimination. Dès-lors il se fit reporter au tableau des avocats à la cour royale. Appliqué aux consultat. du cabinet, il ne laissa pas que de cultiver les lettres. C'était l'un des collaborateurs de la *Revue encyclopédique*. Il a publié une *Petite revue des institutions oratoires* de M. Delamalle, 1819, in-8; 2e édit., augm. d'une *Lettre à Benjamin Constant*, 1822, in-8. — *Du régime municipal et de l'administration de départem.*, 1820, in-8. — *Questions politiques : de la pairie, de la loi électorale, des administrat. municipales*, etc., 1830, in-8.

PARET D'ALCAZAR (Louis), peintre de genre, né à Madrid en 1747, étudia sous Velasquez, puis entra dans l'école de Traverse, et alla se perfectionner en Italie. Chargé par le roi, en 1780, de peindre les ports d'Espagne, il remplit cette tâche avec succès, entreprit encore d'autres travaux import., parmi lesquels on cite : le *Serment du prince des Asturies dans l'église de St-Jérôme* au palais de Madrid : et un *Tournoi* où il a peint tous les membres de la famille royale. Ce dern. tableau décore le cabinet du palais d'Aranjuez. Paret mourut dans la force de son talent, en 1799.

PAREUS (David Wængler, plus connu sous le nom de), ministre de la religion réformée, né à Frankenstein en 1548, mort en 1622, mérita, par ses heureuses dispositions, d'être tiré d'une condition obscure pour entrer à l'acad. d'Heidelberg, où son application et son savoir lui valurent une chaire de théologie. Son esprit de conciliation et de paix, dans les discussions qu'occasionnait alors la réforme, furent pour lui une source de désagréments. Ses *OEuvres* ont été publ. à Francfort, 1647, 5 vol. in-fol. — Philippe Wængler ou Pareus,

son fils, l'un des plus laborieux philologues de l'Allemagne, né à Hemsbach en 1576, étudia d'abord à Neustadt et à Heidelberg, puis à Genève sous Théod. de Bèze, et, après différ. voyages, occupa successiv. les rectorats de Neustadt et de Hanau, où il mourut vers 1648. Il a publié un gr. nombre d'ouvr.; les plus import. sont ceux qu'il a écrits sur Plaute : *Plauti Comediæ cum dissertat. et notis perpetuis*, 1610, in-8 ; 1619, in-4 ; 1641, in-8. — *Lexicon plautinum*, in-8 ; 1614, 1634, etc. — Pareus (Daniel), fils du précéd., l'accompagna dans ses voyages, se fixa ensuite aux environs de Metz, puis alla enseigner les humanités à Kaiserslautern. Il fut assassiné par des voleurs en 1645. Outre des éditions de Musée, de Quintilien, d'Hérodien, de Lucrèce, d'Héliodore, de Salluste, on lui doit entre autres ouvr. : *Mellificium atticum*, 1627, in-4. — *Medulla historiæ univ. profanæ*, 1631, in-12. — *Lexicon lucretianum*, 1631, in-8. — *Historia palatina*, 1633, in-8.

PARFAICT (François), né à Paris en 1698, mort en 1753, avait fait du théâtre et de son histoire sa principale étude. On a de lui : *Histoire générale du Théâtre-Français*, 1734-49, 15 vol. in-12. — *Mémoires pour servir à l'histoire des spectacles de la foire*, 1743, 2 vol. in-12. — *Hist. de l'ancien Théâtre-Italien*, 1753, in-12. — *Hist. de l'Opéra*, en MS. — *Dictionn. des théâtres de Paris*, 1756, 1767, 7 vol. in-12. — *Atrée*, trag., et *Panurge*, ballet. — *Aurore* et *Phébus*, hist. espagn. Parfaict travailla avec Marivaux au *Dénoûm. imprévu* et à *la fausse Suivante*, et fut l'éditeur des OEuvres de Boindin, 1753, 2 vol. in-12. — Claude Parfaict, son frère, né à Paris vers 1701, mort en 1777, fut son collaborateur dans la rédaction de ses principaux ouvr., et traduisit du grec la *Lettre d'Hippocrate sur la prétendue folie de Démocrite*, 1730, in-12.

PARFRE (Jean), l'un des plus anciens auteurs dramatiques anglais, n'est guère connu que comme auteur d'une pièce intitulée *la Chandeleur, ou le Massacre des enfants d'Israël*, imprim. dans la *Collection* d'Hawkins.

PARIATI (Pierre), littérateur, né en 1665 à Reggio (Lombardie), mort dans sa patrie vers 1715, fut attaché comme poète dramatique à la cour impériale, et concourut avec Apostolo Zeno, son intime ami, à la réforme du théâtre ital. On lui doit entre autres : *il Sidonio*, 1706. — *La Svanvita*, 1708. — *Il Ciro*, 1710. — *L'Anfitrione*, imité de Plaute. — Plusieurs *Oratorio*, etc.

PARIGI (Jules), architecte et graveur à l'eau forte, né à Florence, mort en 1635, avait été chargé d'enseigner le dessin et l'archit. milit. aux fils du grand-duc de Toscane Ferdinand Ier, qui le nomma plus tard son ingén. Les titres de Parigi, comme archit., sont : la maison de plaisance dite *Poggio imperiale*, et le palais *Manetti*. Parmi ses estampes, on remarque *la Flotte des Argonautes*. La *Vie* de cet artiste a été écrite par Baldinucci. — Son fils Alfonso rétablit l'équilibre de la façade du palais *Pitti*, qui penchait de plus de huit pouces du côté de la place, et construisit le palais *Scarlati*. Il mourut en 1656.

PARINI (Joseph), poète italien, né à Bosizio, dans le Milanez, en 1729, mort en 1799, éprouva dans sa vie plusieurs persécutions, et montra beaucoup de fermeté. Il eut aussi des protecteurs, occupa diverses chaires avec distinction, et fut nommé membre de plusieurs soc. savantes. Son principal ouvr., et celui qui fit sa réputation, est son poème *il Mattino*, publié en 1763, auquel il joignit dans la suite trois autres petites pièces, *le Midi, le Soir, la Nuit*. Les *OEuvres* de Parini ont été réunies en 6 vol. in-8, Milan, 1801, 1804. *Les quatre Parties du jour à la ville* ont été traduites en franç. par l'abbé Desprades, 1776, in-12, et une seconde fois, 1814, in-18. *Le Jour*, a été trad. en franç. par J.-L.-A. Raymond, 1826, in-8.

PARIS, *Lutetia Parisii* et *Lutetia Parisiorum*, formait, avant la conquête des Francs, un état indépendant, dont l'existence remontait aux temps antérieurs à César. Devenu capitale du nouvel empire, Paris, successiv. embelli par Charlemagne et ses successeurs, fut entouré de murailles à la fin du 12e S., agrandi et fortifié par François Ier et Henri IV. Louis XIV y commença les boulevards qui depuis sont devenus l'un des plus beaux ornements de cette ville; mais l'étonnante progression d'assainissement et de perfectionnement qui la distingue ne date guère que de la fin du 18e S., époq. cepend. si funeste de son histoire. Cette capitale, siège métropolitain de l'Église gallicane, a été le lieu de réunion d'un grand nombre de conciles, notamment en 360, 551, 557, 573, 577, 614, 825, 829, 847, 1059, 1145, 1185, 1188, 1196, 1212, 1284, 1290, 1302, 1344, 1379, 1398, 1429, 1528, etc. Un nombre considérable de traités y ont été conclus, savoir : en 1635, 1641, 1657, 1658, 1659, 1660, 1661, 1662, 1665, 1666, 1718, 1721, 1739, 1742, 1761, 1763, 1778, 1782, 1785, 1795, 1796, 1798, 1799, 1800, 1801, 1802, 1803, 1805, 1806, 1808, 1810, 1812, 1814, 1815, 1816, 1817, 1818, etc. Depuis les temps de la Ligue et de la Fronde, Paris n'avait point été le théâtre de la guerre. En 1814, il fut occupé par les armées de la coalition, en vertu de la capitulation du 30 mars. La restauration des Bourbons suivit de près cet événement. Paris fut encore occupé par les armées alliées le 3 juillet 1815 à la suite de la *bataille de Waterloo* (v. les art. NAPOLÉON et LOUIS XVIII). Entre une foule d'ouvrages écrits sur Paris, on distingue ceux de Félibien et Lobineau, de Sainte-Foix et de Mercier, de Dulaure, 10 vol. in-8; de M.-J.-B. de Saint-Victor, 2e édit., 1821-27, 4 vol. en 8 part. in-8, et un *atlas* in-4.

PARIS, pantomime romain et favori de Néron, accusa impunément Agrippine devant l'empereur. — Un autre PARIS, favori de Domitien, fit exiler le poète Juvénal.

PARIS (François), diacre, né en 1690, fils d'un conseiller au parlement de Paris, se rendit recommandable par son zèle, sa charité et sa vie pénitente et pleine d'austérités, et mourut exténué par les jeûnes et les macérations en 1727. Mais il est moins connu par la sainteté de sa vie que par les prétendus miracles opérés sur son tombeau dans le cimetière de St-Médard. On a de lui : des *Explications sur l'Épître de St Paul aux Romains*, sur *l'Épître aux Galates;* une *Analyse de l'épître aux Hébreux*, etc.

PARIS (Louis-Michel), ecclésiast., instituteur, né à Argentan en 1740, passa 9 ans à Londres, pendant la révolution, et mourut en France en 1806. Il a publié une *Introduct. à l'étude de la géogr.;* des *Élém. de gramm. franç.*, etc., in-18.

PARIS (Pierre-Adrien), archit., né à Besançon en 1747, mort dans sa patrie en 1819, se distingua par ses talents, son désintéressem. et sa modestie. Dans un voyage qu'il fit à Rome, il fut chargé par le gouvernement d'acheter les antiques de la Villa-Borghèse et de diriger les fouilles du Colysée. Il fut architecte de l'Opéra, membre de l'académie d'architecture. Son principal ouvrage est le portail de la cathédrale d'Orléans. — Jean-Joseph PARIS, ex-sous-préfet, mort à Paris en 1824, avait été, pendant l'occupat. des Français, secrétaire en chef de la commission du gouvernement dans la républ. septensulaire. On a de lui des *Considérations sur la crise actuelle de l'empire othoman*, etc., Paris, 1821, in-8; et deux *Mém.* couronnés par la société d'agriculture de la Marne : l'un sur les blés (1819), l'autre sur l'industrie nationale (1821). — PARIS de Boisrouvray (le baron), né à Chartres en 1776, mort à Metz en 1825, officier au 24e régiment d'infanterie, a publié : *Système général du monde, et cause du mouvement des astres*, 1819, in-8; et *un Mot sur l'électricité*, 1823, in-8.

PARIS (myth.), un des fils de Priam et d'Hécube. On raconte qu'Hécube, pend. sa grossesse, ayant songé qu'elle portait dans son sein un flambeau qui devait un jour embraser Troie, Priam, pour détourner ce présage, fit exposer cet enfant; mais Hécube le sauva, et le fit élever par les bergers du mont Ida. Pâris se distingua bientôt au milieu des bergers par sa beauté et son adresse., et épousa la nymphe OEnone. Il fut choisi par Jupiter pour juge du différend qui s'était élevé entre Junon, Pallas et Vénus, au sujet de la beauté, et adjugea à Vénus la pomme d'or que la discorde avait adressée *à la plus belle*. Quelque temps après il alla à Troie pour combattre dans des jeux funèbres, et y fut reconnu de son père, qui le reçut avec joie. Envoyé peu après dans la Grèce pour réclamer la succession d'Hésione, sœur de Priam, il y fut accueilli par Ménélas, époux d'Hélène; mais, profitant d'une absence de ce prince, il séduisit sa femme, et l'emmena en Asie. Cet enlèvement devint la cause de la guerre de Troie, dans laquelle Pâris ne se distingua que par sa lâcheté et sa perfidie. Il prit la fuite devant Ménélas, et tua Achille en trahison. Il fut lui-même blessé à mort par Pyrrhus, ou, selon d'autres, par Philoctète (v. HÉLÈNE).

PARIS-DUVERNEY (Joseph), célèbre financier, d'une famille qui a fourni plusieurs personnages égalem. distingués par leur mérite et par les fonctions qu'ils occupèrent, né dans le Dauphiné, entra jeune dans la garde royale. Il quitta le service pour aider son frère, chargé de la direction des vivres de l'armée de Flandre, se fit bientôt connaître par sa capacité pour les affaires, et remit au régent des mémoires sur les finances qui fixèrent l'attention de ce prince. Ayant montré les vices du système de Law, il fut exilé avec son frère; mais il ne tarda pas d'être rappelé pour aider à réparer le mal qu'il avait prédit. Mêlé dans des intrigues de cour, il tomba de nouveau dans la disgrâce; mais on sentit la nécessité de le faire revenir à Paris en 1730, et dès-lors il ne cessa plus d'être consulté par le gouvernement sur toutes les gr. opérations de finances, et toujours on reconnut que ses plans étaient justes et bien combinés. Il mourut en 1770. On lui attribue : *Examen du livre intit. : Réflex. politiques sur les finances et le commerce*, Paris, 1740, 2 vol. in-12. Grimoard a publié : *Correspondances de Richelieu, du comte de St-Germain et du card. de Bernis avec Paris-Duverney*, Paris, 1789, in-8. — PARIS de MONTMARTEL, garde du trésor royal en 1730, frère cadet du précédent, partagea ses trav., devint banquier de la cour, et s'acquit une certaine influence. — Le marquis de BRUNOY, si zélé pour les cérémonies religieuses, était fils de Paris de Montmartel.— PARIS de MEYZIEU (Jean-Baptiste), neveu des précéd., mort en 1778, passe pour l'auteur du *Tremblem. de terre de Lisbonne.* Il possédait une riche bibliothèque.

· PARISAU (PIERRE-GERMAIN), poète dramatique, né à Paris, mort sur l'échafaud révolutionnaire en 1793, fut un des rédacteurs de la *Feuille du jour.* Ses principales pièces sont : *le Prix académique*, 1780; la*Veuve de Cancale*, 1780; *Richard*, 1781; *la Soirée d'été*, 1782; *les Étrennes et le Bouquet; le Rendez-vous*, 1784; *Julien et Colette*, 1788, in-8.

PARISETTI (LOUIS), littérateur, né en 1503 à Reggio , mort à Rome en 1570, avait renoncé au barreau pour se consacrer à la poésie, et se fit de son temps une grande réputation d'élégance et de savoir. Il prit pour modèles, dans ses poèmes, Lucrèce, et dans ses épîtres, Horace. C'est principalement dans ce dern. genre qu'il s'est exercé. Ses *Epistolæ* forment trois recueils, dont l'un parut à Reggio en 1541, in-4 ; l'autre à Venise, chez les fils d'Alde Manuce, 1553, in-8 ; et le 5e à Bologne, 1560, in-8. Parmi ses poèmes, on distingue les deux suivants : *de Immortalitate animæ*, Reggio, 1541, in-4 ; et *Thœopeiæ lib. VI*, Venise, Alde, 1550, in-8.

PARISIÈRE (JEAN-CÉSAR ROUSSEAU de LA), év. de Nîmes, né à Poitiers en 1667, mort dans son diocèse en 1736, avait consacré ses loisirs aux lettres, et composé div. pièces ingénieuses en vers et en prose; mais un retour sur lui-même lui fit brûler ces product., dont on peut au moins se faire une idée par l'échantillon qui en est resté : c'est la fable allégorique *sur le Bonheur et l'Imagination*, impr. parmi les œuvres de Mlle Bernard. Après la mort de ce prélat, plus recommandable par la modérat. dont il usa envers les réformés de son dioc. que par ses talents comme orateur, on recueillit

ses *Harangues, Panégyriques, Sermons et Mandements*, 1740, in-12.

PARK (MUNGO), célèbre voyageur, né à Fowlshiels dans l'Écosse en 1771, offrit à la société d'Afrique d'aller remplacer Hougton en Nigritie, partit le 12 mai 1795 sur un navire qui allait à l'embouchure de la Gambie, et continua sa route pour découvrir le Niger, sur les bords duq. il arriva après bien des fatigues. De retour en Europe, il exerça quelque temps la médec., puis entreprit en 1805 un nouveau voyage en Afrique, pendant lequel il mourut. Park avait publié la relation de son prem. voy., sous le titre de : *Voy. dans les contrées intérieures de l'Afrique, faits en* 1795-96-97, Lond., 1799, in-4. On en a des traductions dans presque toutes les langues; il y en a deux en français, par Castera, an VIII (1800), 2 vol. in-8, fig., et par l'abbé Duvoisin, Hamb., 1779, 2 vol. in-8. Celle-ci passe pour la meilleure. Le major Rennel a publié le journal de la 2e expédition de Mungo Park, avec sa *Vie* et d'autres pièces, sous ce titre : *Dernier voyage dans les contrées de l'Afrique, fait en* 1805, Londres, 1815 et 1816, in-8; trad. en franç., Paris, 1820, in-8, fig. et cartes. Les inexactitudes que renferme cette dernière relation ont été relevées dans l'ouvr. de M. Bowdich intitulé : *Contradictions in Park's last Journey explained*, etc., Paris, 1821, in-4.

PARKER (MATTH.), 2e archevêque protest. de Cantorbéry, né en 1504 à Norwich , obtint, dès son entrée dans la carrière ecclésiast., la protect. de l'archevêque Cranmer, dont il partageait les principes en matière de dogme, et devint successivem. chapelain d'Anne Boleyn, doyen du collège de Stoke, chapelain de Henri VIII, et vice-chancelier de l'univers. (1545). Il continua de jouir de la plus haute faveur sous Édouard VI, auquel dans plus. circonstances il donna des preuves de son dévouement. Mais lorsque la reine Marie monta sur le trône, Parker se trouva en butte à des persécut. qu'il n'avait que trop provoquées par son zèle extrème pour la réforme. Dépouillé de ses charges et envoyé en exil, il n'en fut rappelé qu'après l'avénement d'Élisabeth, qui le créa archev. de Cantorbéry (1559). On dit qu'on fut obligé de faire violence à sa modestie pour qu'il acceptât ce riche bénéfice. Élisabeth trouva dans Parker un ministre tout dévoué à ses projets. Il mourut en 1575, laissant, outre diverses édit. des historiens Matthieu de Westminster, Matthieu Pàris, Thomas Walsingham, etc., une trad. des *Psaumes* en vers, quelques écrits en faveur du mariage des prètres, et les *Vies* de ses prédécesseurs sur le siège de Cantorbéry : la meilleure édition de ce dernier ouvrage, ayant pour titre : *de Antiquitate britannicæ Ecclesiæ*, est de Londres, 1729, in-fol.

PARKER (RICHARD), marin, né à Exeter, se distingua dans la guerre d'Amérique. En 1797 il servait sur le *Sandwich*. Chef de la révolte qui éclata sur l'escadre de l'amiral Bridport, il fut, après un moment de succès, abandonné par ses complices, pris, condamné à mort, et exécuté le 30 juin. —

PARKER (Henri, lord MORLEY), contribua puissamment au divorce de Henri VIII.—PARKER (George), comte de Macclesfield, mathématicien distingué, mort en 1766, membre de la soc. roy., était fils du lord-chancelier Thomas Parker, mort en 1732. George eut une grande part à l'admission du nouveau style en Angleterre; il en rédigea le bill, et publia un discours à cette occasion. — PARKER (sir Hyde), amiral anglais, mort en 1802, servit avec beauc. d'activité dans la guerre contre la France, et se distingua surtout à la défaite de la flotte espagnole par lord Saint-Vincent en 1797. — PARKER (William), capitaine de vaisseau, mort en 1801, des suites de blessures qu'il avait reçues devant Boulogne, se distingua dans la guerre de la révolution; le 28 mai 1794, monté sur l'*Audacieux* de 74, il soutint un combat contre le vaisseau *la Bretagne*, de 112 canons. — PARKER (Samuel), chimiste, né vers 1760 dans le comté de Worcester, mort le 23 décembre 1825 à Londres, où il s'était fixé depuis de longues années, s'est fait connaître comme un philanthrope zélé en même temps que comme un savant estimable. Les différents ouvr. qu'il a écrits sur la chimie ne se sont guère répandus hors de l'Angleterre.

PARKHURST (JOHN), ministre anglican, né en 1728 à Catesby-House, dans le Northampton, se distingua par l'étendue de ses connais. en théol. et dans la langue hébraïque, et mourut en 1797 à Epsan, en Surrey. On lui doit : *Lexiq. grec et anglais du Nouveau-Testam.*, avec une grammaire grecque, 1764, in-4. — *Dictionn. hébreu et angl.*, avec une gramm. hébraïq. et chaldaique, Londres, 4e édition, 1802, gros in-8. — *La divinité et la préexistence de J.-C. prouvée par l'Écriture.*

PARME (FERDINAND, duc de), petit-fils de Philippe V, roi d'Espagne, né en 1751, succéda en 1765 dans les états de Parme, Plaisance et Guastalla, à son père, l'infant don Philippe, et épousa en 1769 Marie-Amélie de Lorraine, archiduchesse d'Autriche, une des filles de l'empereur François Ier. La vie de ce prince offre peu d'événements; la fin en fut troublée par l'invas. des Français en Italie. Il fit sa paix avec Bonaparte, et mourut en 1802. Après sa mort, ses états furent réunis à la France en vertu d'une convention de 1801.—PARME (Louis de), fils du précédent, né en 1773, épousa en 1795 la fille cadette du roi d'Espagne, eut en partage, en 1801, le grand-duché de Toscane, avec le titre de roi d'Étrurie, fut couronné sous le nom de Louis Ier. Mais, attaqué d'une maladie de cerveau, il ne put se livrer aux affaires, et mourut en 1803, après avoir institué par testam. son épouse tutrice de ses enfants et régente du royaume.

PARME. — V. FARNÈSE et PHILIPPE (don).

PARMÉNIDE, philosophe grec d'Élée, disciple de Xénophane et d'Anaximandre, florissait vers l'an 435 avant J.-C. Il admettait que le monde est éternel; que tout est formé du feu et du froid; que les prem. hommes ont été produits par le soleil. Il pensait que la terre est ronde et placée au centre du monde. Il avait exposé son système dans un poème dont il ne reste que quelques fragments recueillis par H. Estienne sous le titre de *Poesis philosophica*. Platon a donné le nom de Parménide à un dialogue dans lequel il traite des idées.

PARMÉNION, gén. de Philippe et d'Alexandre, accompagna ce dernier en Asie. Il contribua puissamm. au gain des batailles du Granique et d'Issus, et s'empara de Damas et de toute la Syrie. Au siége de Tyr, Darius ayant fait proposer à Alexandre de lui abandonner la moitié de ses états en lui donnant une de ses filles en mariage, et 10,000 talents d'or: « J'accepterais, lui dit Parménion, si j'étais Alexandre. — Et moi aussi, répondit le roi, si j'étais Parménion. » Après la conquête de la Perse, il obtint le gouvernement de la Médie; mais sa puiss. ayant bientôt excité la jalousie, il fut accusé avec son fils Philotas de conspirat., et mis à mort l'an 330 avant J.-C.

PARMENTIER (JEHAN), navigateur, né à Dieppe en 1494, est, dit-on, le prem. pilote qui ait conduit des vaisseaux au Brésil, et le prem. Français qui se soit avancé dans la mer des Indes jusqu'à l'île de Sumatra. Dans un second voy., il y mourut à 49 ans. On a de lui des mappemondes, des cartes marines, et un recueil de poésies imprimé en 1536, in-4, sous le titre : *Descript. nouv. des merveilles de ce monde.* — PARMENTIER (Jacques), peintre, né en France en 1658, s'établit en Angleterre, où il mourut en 1730. Parmi ses ouvrages, qui sont presque tous des tableaux d'autel, on remarque un *St Pierre de Leeds.*

PARMENTIER (ANTOINE-AUGUSTIN), célèbre agronome, membre de l'Institut, né à Montdidier en 1757, se distingua d'abord en qualité de pharmac. à l'armée de Hanovre, où il donna des preuves multipliées de ses talents et de sa courageuse humanité. De retour à Paris, il y exerça pend. quelq. années les fonctions de pharmacien de l'hôtel des Invalides; mais, s'étant livré à l'étude des substances alimentaires, il abandonna la pharmacie pour s'appliquer à la cult. de la pomme-de-terre, introd. en France par les Anglais, mais dont une prévention aveugle arrêtait la propagat. Il obtient du gouvernement cinquante-quatre arpents de la plaine des Sablons pour une expérience en grand, il ensemence ce sol aride, condamné jusque-là à une stérilité absolue; on traite sa confiance de folie; mais les fleurs poussent en abondance; il en compose un bouquet, et va l'offrir à Louis XVI, qui a favorisé son entreprise. Le monarq. en pare sa boutonnière; un nouvel essai est ordonné dans la plaine de Grenelle. Bientôt la précieuse semence est répandue sur tous les points de la France, et la pomme-de-terre prend le rang qui lui appartient parmi nos richesses agricoles. Heureux de ce premier succès, Parmentier perfectionna la boulangerie, et propagea la mouture économiq., dont l'emploi augmente d'un sixième le prod. de la farine. Il décida le gouvernem. à ouvrir une école pratique de boulangerie, et résuma tous ses principes dans son *Parfait Boulanger*, 1778. Le maïs, la châtaigne, l'eau, le lait, le vin, le sirop de raisin, devinrent tour à tour l'objet de ses recherches et de ses écrits. Nommé successiv. présid. du conseil de santé, inspect.-gén. du service de santé des armées, administrat. des hospices, il donna dans ces diverses fonctions de nouvelles preuves de son dévouement au bien public, et mourut en 1813, environné de toute l'estime que lui avaient méritée ses utiles travaux. Cuvier, Silvestre et Cadet-Gassicourt ont publié des *Éloges* de Parmentier. La liste de ses nombreux écrits se trouve dans la *Bibliographie agronomique* de Musset-Pathay.

PARMESAN (LE). — V. MAZZUOLI.

PARNELL (THOMAS), poète anglais, né à Dublin en 1679, entra dans les ordres, obtint plusieurs bénéfices, fut lié avec Pope et d'autres grands littérateurs de l'Angleterre, et mourut à Chester en 1717. Ses principales productions sont : *l'Ermite*, trad. en franç. par Hennequin, 1801, in-12, poème rempli de facilité et d'élégance, que l'on regarde avec raison comme son chef-d'œuvre ; le *Conte des Fées* ; l'*Églogue sur la santé* ; et *Hésiode, ou la Naissance de la femme* ; une *Vie d'Homère*, que Pope recorrigea pour la mettre en tête de sa trad. de l'*Iliade*, et quelq. opusc. en prose. Pope tira de ses MSs. un vol. in-8, 1621. On en a donné à Dublin, 1758, un autre vol., et tous deux ont été réimpr. à Londres dans la collect. des poètes anglais, et dans celle d'Édimbourg en 1775. Goldsmith a écrit la *Vie de Parnell*. — Will. PARNELL, membre du parlement, mort en 1820 à Castle-Howard (Irlande), est auteur de quelques brochures politiq.

PARNY (ÉVARISTE-DÉSIRÉ DESFORGES, chev., puis vicomte de), surn. à juste titre le *Tibulle français*, naquit à l'île Bourbon en 1753. Envoyé en France à l'âge de neuf ans, il fit ses études au collége de Rennes, se crut ensuite appelé à l'état ecclésiastique, et voulut même entrer dans l'ordre de la Trappe. Mais bientôt ses idées changèrent ; il embrassa la carrière militaire, et retourna à l'île Bourbon au moyen d'un congé. C'est là qu'il connut Éléonore, jeune créole qui lui inspira une vive passion. N'étant pas libre de lui donner son nom, il revint en France, et, pour charmer ses chagrins, composa ces *Élégies* qui lui ont assuré pour jamais un des prem. rangs parmi les poètes érotiq. Les élégies dans lesq. il peint les regrets de l'amour après en avoir célébré les plaisirs, sont des chefs-d'œuvre de sentim. Dans les *Tableaux*, *les Fleurs*, *les Déguisements de Vénus*, on reconnaît la même touche et la même grâce. Mais l'heureux rival de Tibulle ne fut plus qu'une faible copie de Voltaire, lorsque, cessant d'être inspiré par les émotions de son âme, il ne le fut plus que par les idées de son siècle ; le *Paradis perdu*, les *Galanteries de la Bible* et la *Guerre des dieux* nuisirent à sa réputat. plus qu'ils n'y ajoutèrent : ce dernier poème l'écarta même quelque temps de l'Institut ; il y fut reçu en 1803, et mourut en 1814 d'une maladie de langueur. Ses œuvr. ont été recueillies en 5 vol. in-18. C'est à M. Boissonnade qu'est due la meilleure et la plus belle édition des *OEuvres choisies de Parny* ; elle fait partie de la *Collect. des classiq. franç.* de Le-

fèvre, in-8, avec notes et portr. Des *Poésies inéd.* de Parny ont été publiées en 1826, in-18, précéd. d'une *Notice* sur sa vie et ses ouvr., par M. Tissot.

PARODI (FILIPPO), l'un des plus habiles sculpt. du 17e S., né à Gênes vers 1640, mourut dans la même ville en 1708. Ses principaux ouvrages sont une statue de la *Vierge*, dans l'église de St-Charles, une autre de *St Jean-Bapt.*, et la porte du jardin du palais Brignole.— Ses fils Domenico et Battista, ainsi que son petit-fils Pellegrino, se distinguèrent également dans la peinture et dans la sculpt.

PAROLETTI (VICTOR-MODESTE), né à Turin en 1765, fut destiné par sa famille à la carrière de la magistrature, et, après avoir terminé son droit, reçut le laurier doctoral. Des talents remarquables lui ouvrirent aussitôt l'entrée de l'acad. de Turin, à laq. il communiqua plus. mémoires très import. Bon physicien, naturaliste éclairé, il ne brillait pas moins par son goût pour les arts et par la facilité avec laq. il traitait des questions les plus opposées en apparence aux sujets habituels de ses études. En 1799, il fut nommé secrét. du gouvernement provisoire établi en Piémont, et l'année suiv. membre de la *consultà*. Dep. 1807 à 1811 il siégea comme député du départ. du Pô au corps-législatif de France. Après les événem. de 1814, il reçut des lettres de naturalisation, et continua de vivre à Paris, occupé de la culture des sciences et des lettres. Toutefois il ne put résister au désir de revoir son pays, où le rappelaient ses amis et les bontés de son souverain. Il revint à Turin en 1825, et il y mourut en 1834, vivem. regretté. Ses principaux ouvr. sont : *Recherches sur l'influence que la lumière exerce sur la propagat. du son*, Paris, 1805, in-4. — *Descript. histor. de la basilique de Superga*, 1808, in-fol. — *Correspond. vaudoise*, *sur les tremblem. de terre*, 1808, in-8. — *Dissert. sur les maladies des vers à soie*, 1810, in-8. — *Disc. sur le caractère et l'étude des deux langues franç. et ital.*, 1811, in-4. — *Vite di sessanta illustri Piemontesi*, 1826, in-fol. — *Viaggio romantico pittorico delle provincie occidentali dell' antica e moderna Italia*, 1828, 5 vol.

PAROY (JACQ. de), peintre sur verre, né à St-Pourcain-sur-Allier vers la fin du 16e S., vécut 102 ans. Parmi ses ouvrages on cite le *Jugement de Suzanne* et les vitraux du chœur de l'église de St-Méry.

PAROY (JEAN-PHILIPPE-GUY LEGENTIL, marquis de), né en 1750 d'une famille origin. de Bretagne, embrassa la profession des armes, et parvint au grade de colonel. Ayant pris alors sa retraite, il cultiva son talent pour la peinture, sans songer que ce talent serait un jour son unique ressource. Moins artiste qu'amateur, il fut admis à l'académie dans la classe des académic. libres. N'ayant point émigré, il courut de grands dangers pend. la terreur, ainsi que son père, député de la noblesse de Provins à l'assembl. constituante. Lorsque les circonstances le lui permirent, il se rendit en Espagne, d'où il ne revint en France qu'à l'époque du consulat. On doit au marquis de Paroy un procédé de

32.

stéréotypage, où les matrices formées par une couche de plâtre appliquée sur des pages en caractères mobiles, reçoivent, sans altérat., la matière fondue. Il est aussi l'invent. d'un vernis à faïence, entremêlé de poudre d'or, qui paraît susceptible d'un très bel effet. Il mourut à Paris en 1824. Nous citerons de lui : *Précis historique de l'origine de l'acad. roy. de peinture, sculpture et grav.*, 1816, in-8. — *Précis sur la stéréotypie, précédé d'un coup d'œil rapide sur l'origine de l'imprimerie et ses progrès*, etc., 1822, in-8.

PARQUES (mythol.), divinités des enfers, chargées de filer la vie des hommes ; elles sont au nombre de trois : Clotho, Lachésis et Atropos. La première présidait à la naissance et tenait en main la quenouille ; la seconde tournait le fuseau, et la troisième coupait le fil.

PARR (CATHERINE), 6e femme de Henri VIII, roi d'Angleterre, avait eu pour prem. époux le baron Latimer, et trente-quatre jours après la mort du monarque, arrivée en janv. 1547, elle se maria à l'amiral Thomas de Seymours. Son zèle pour le luthéranisme l'avait exposée, du vivant de son royal époux, à de grands dangers, que son adresse sut écarter. Elle mourut en 1548 (*v.* HENRI VIII).

PARR (THOMAS), paysan de la plus grande frugalité et très pauvre, né dans la province de Shropshire, se maria, dit-on, à l'âge de 120 ans, travailla de ses mains jusqu'à 130, et mourut à Londres chez le comte d'Arundel en 1635, à 152 ans 9 mois. — Richard PARR, théologien angl., né dans le comté de Cork en 1617, mort en 1691, a publ. un recueil des *Lettres de l'archev. Usher*, précéd. de la *Vie* de ce prélat. — William PARR, gentilhomme gallois, zélé partisan de Marie Stuart, et défenseur ardent de la religion catholique, fut mis à mort en 1584 comme ayant conspiré contre la reine Élisabeth.

PARRENNIN (DOMINIQUE), jésuite, né en 1665 au Russey, près de Pontarlier, fut envoyé, à l'âge de 35 ans dans les missions de la Chine. Il obtint un grand crédit auprès des empereurs Kang-hi et Kian-loung, et mourut à Pé-king en 1741. C'est à lui que sont dues les *Cartes de l'empire de la Chine*, insérées dans l'ouvrage de Duhalde. On a imprimé sa correspond. avec Mairan, 1759, in-12.

PARRHASIUS, l'un des plus célèbres peintres de l'antiquité, contemporain et rival de Zeuxis et de Timanthe, vivait vers l'an 420 avant J.-C. On lui reproche une vanité qui ternit un peu la gloire qu'il s'était acquise par ses talents. Pline donne l'énumération de ses ouvr. dans le XXXVe livre de son *Hist*. On cite comme le plus remarq. le tableau de *Méléagre et Atalante*, qui fut acheté par Tibère 150,000 livres de notre monnaie.

PARRHASIUS (AULUS-JANUS), grammair., dont le nom véritable était Parisio, naquit à Cosenza en 1470, et ne jouit pas d'une vie tranquille. Il eut plusieurs places qu'il fut presque toujours forcé d'abandonner, et mourut très pauvre vers 1534. L'ouvrage qui lui a fait le plus d'honn. est intit. : *de Rebus per epistolam quæsitis*, in-8, Paris, 1567, et Naples, 1771 : il y explique avec érudition plus.

passages des auteurs anciens, et jette un gr. jour sur différents points de l'hist.

PARROCEL (BARTHÉL.), peintre, né à Montbrison, mort à Brignoles en 1660, serait à peine connu sans son fils, dont l'art. suit. — Joseph PARROCEL, né à Brignoles en 1648, n'avait que 12 ans à la mort de son père. De bonne heure il montra du talent pour la peinture, et s'étant rendu à Rome pour y perfectionner ses dispositions, il entra dans l'école de Courtois, célèbre peintre de batailles. De retour en France en 1675, il fut admis à l'académie sur la présentation d'un tableau représentant *une Sortie de la garnison de Maestricht repoussée par les Français*. Il mourut en 1704, conseiller de l'acad. Le musée possède de lui le *Passage du Rhin par Louis XIV*. Il a gravé à l'eau forte plusieurs sujets de sa composition, entre autres une suite très estimée de 48 pièces, représentant la *Vie de Jésus-Christ*.— PARROCEL (Charles), fils et élève du précédent, né à Paris en 1688, mort en 1752, excella dans le même genre que son père, et fut choisi pour peindre les *Conquêtes de Louis XV*. On a de lui une suite de dessins et de gravures représent. différentes attitudes de la cavalerie et de l'infanterie, grand in-4. — Pierre et Ignace, neveux et élèves de Joseph Parrocel, se distinguèrent comme lui dans la peinture. Ignace travailla pour le prince Eugène dans le même genre que son oncle, et mourut à Mons en 1722. L'ouvrage le plus considérable de Pierre est l'*Histoire de Tobie*, en seize tableaux, dans une galerie de l'hôtel de Noailles, et son chef-d'œuvre, un *Enfant Jésus couronnant la Vierge* : il mourut en 1759, âgé de 74 ans. — Joseph-Ignace PARROCEL, fils de Pierre, et le dernier peintre de cette famille, mort vers la fin du règne de Louis XV, était membre de l'acad. de peinture.

PARSEVAL-GRANDMAISON (FRANÇ.-AUGUSTE), membre de l'Acad. française, né en 1759 à Paris, d'une famille de finance, s'essaya d'abord dans la peinture, et voyant qu'il ne pouvait y réussir, l'abandonna pour se livrer exclusivem. aux lettres. La vue des désordres qu'entraînait la révolution fortifia ses goûts studieux, et ce fut alors qu'il chercha dans le culte des muses une diversion aux idées pénibles dont son âme était obsédée. Il trad. en vers franç. l'épisode d'Armide de la *Jérusalem délivrée*, et reçut des encouragem. de l'abbé Delille, auquel il avait communiqué cet essai ; mais effrayé des difficultés que présentait une traduct. complète du chef-d'œuvre du Tasse, il y renonça bientôt, et conçut l'idée d'un ouvr. dans leq. l'épisode qu'il avait trad. devait trouver naturellem. sa place. Cet ouvr. était celui qu'il a fait paraître plus tard sous le titre des *Amours épiques*, et dans leq. il a fait entrer tous les chants composés sur l'amour par les plus gr. poètes anciens et modernes. Parseval suivit Bonaparte dans son expédition d'Égypte, et fit partie de l'institut du Caire. De retour en France, il fut appelé au conseil des prises ; mais cette place ne le détourna point de sa passion pour la poésie. La publicat. de ses *Amours épiques*, en 1804, lui ouvrit peu de temps après les portes de l'Acad. française, reconstituée par le 1er consul. Le succès de son prem. ouvr. engagea Parseval à chercher dans notre histoire le sujet d'une épopée, et il crut la trouver dans le règne de Philippe-Auguste. Il travailla vingt années à ce gr. ouvr., qu'il fit paraître en 1825. Charles X, à qui l'auteur le présenta, lui remit, comme un témoignage de son estime, une tabatière ornée de son chiffre en brillants. Le poème de *Philippe-Auguste*, l'un des plus beaux monum. littér. du 19e s., est loin cependant de mériter de prendre place à côté des épopées du Tasse et du Camoëns; à côté de beautés du prem. ordre, on peut y signaler de graves défauts. Le sujet manque d'intérêt; le héros du poème ne domine pas assez les autres personnages; le merveilleux employé par l'auteur n'a pas de réalité, on sent trop que le prem. il ne croit pas aux machines qu'il a imaginées. Parseval avait entrepris de composer un poème *sur les arts;* il y revint après avoir mis la dernière main à son épopée, et se décida à l'achever pour combattre, disait-il, le romantisme dont il déplorait les écarts. Il s'occupait aussi de traduire *Sophocle*, ainsi que les plus beaux fragm. de *Shakespeare;* enfin ses souvenirs d'Orient lui avaient inspiré l'idée d'un poème *sur la conquête de l'Égypte*, auquel il travaillait dans ses dern. jours. Sa mort, arrivée le 7 déc. 1834, ne lui a pas permis de terminer ces différ. ouvrages.

PARSIN (JOACHIM), grav., né à Utrecht en 1501, s'est fait connaître par les *portr. des frères Crabert*, qu'il grava en 1528.

PARSONS (ROBERT), en lat. *Personius*, jésuite, né à Nether-Stowey, dans le Sommerset, en 1547, fut élevé dans la religion catholique par son père, qui périt sur l'échafaud, victime de son attachem. à sa croyance; mais il prêta le serment de suprématie pour recevoir le doctorat. Il l'abjura en 1574, et se rendit l'année suivante à Rome pour y entrer chez les jésuites. Cinq ans après il fut envoyé en Angleterre avec son confrère le P. Campian, puis en Espagne, où il se servit de son crédit pour faire ériger des collèges et des séminaires pour les Anglais exilés. De retour à Rome, il fut nommé rect. du collège anglais, et mourut en 1610. Nous ne citerons des nombreux ouvrages de R. Parsons que le *Christian directory guiding men to their salvation*, livre plus. fois réimpr. et mis en langue moderne : la 8e édition est de 1782.

PARTHAMASIRIS, prince de la race des Arsacides, roi d'Arménie, fils de Pacorus, auquel il succéda, fut détrôné, et mis à mort par l'ordre de Trajan, auquel il avait adressé des paroles injurieuses en présence de l'armée romaine, indignée de la conduite de ce prince à son égard.

PARTHAMASPATES, prince arsacide, déclaré l'an 115, roi des Parthes par ordre de Trajan, fut ensuite chassé par ses sujets à qui ne pouvait plaire un prince élevé sur le trône par les Romains. Adrien le fit venir alors à Rome, et lui donna le gouvernem. d'un roy. que les anciens histor. n'ont point nommé.

PARTHENAY (ANNE de), femme du comte de Marennes, fut, par son esprit et ses talents, un des ornem. de la cour de Renée de France, duch. de Ferrare et fille de Louis XII. Elle avait embrassé les opinions de Calvin, et elle contribua à les répandre. —Catherine de PARTHENAY, sa nièce, née en 1552, fut deux fois veuve, d'abord du baron de Pont-Kuellevé, puis de René, vicomte de Rohan, prince de Léon. Attachée au parti calviniste, elle inspira les mêmes sentiments à ses enfants. Cette dame et sa fille déployèrent un grand courage au siége de La Rochelle. Catherine mourut en nov. 1631. Pendant le siége de La Rochelle, elle avait fait jouer une tragédie de *Judith*. — Jean LARCHEVÊQUE DE PARTHENAY, seigneur de Soubise et l'un des plus vaillants capit. des huguenots, en Poitou, oncle de la précédente, remplaça le baron des Adrets dans le commandement de Lyon, et sut conserver cette ville assiégée par le duc de Nemours, malgré la barbare menace que lui firent les catholiques d'égorger sous ses yeux sa femme et sa fille. Cet intrépide capitaine mourut en 1566 à 54 ans. On a oublié les odieuses inculpations dont l'assassin du duc de Guise, Poltrot, avait cherché à le noircir. — Emmanuel de PARTHENAY, aumônier de la duchesse de Berri, mort en 1761 à 96 ans, publia la traduct. latine du *Discours de Bossuet sur l'hist. universelle*, sous ce titre : *Commentarii universam complectentes historiam*, 1718, in-12. — V. DESROCHES.

PARTHÉNIENS, nom donné à Sparte aux enfants issus du commerce qu'eurent, pendant la longue guerre de Messénie, les femmes de la ville avec des jeunes gens que l'on y détacha de l'armée pour suppléer à l'absence des maris, et empêcher que l'état ne périt faute de citoyens.

PARTHÉNIUS, *de Nicée*, poète qui vivait un S. avant J.-C., fut fait prisonnier dans la guerre contre Mithridate, et, ayant été amené à Rome, y obtint la liberté en faveur de ses talents. Ce poète, que Tibère estimait, et à qui Virgile et Ovide paraissent avoir fait quelq. emprunts, avait composé plus. ouvrages, dont le seul qui nous soit parvenu a paru pour la prem. fois à Bâle, avec une trad. lat. de Janus Cornarius, sous ce titre : *De amatoriis affectionibus liber*, 1531, in-8. Il a été plus. fois réimpr. et traduit. La meilleure édit. est celle de Heyne, 1798, in-8. La traduct. française de Jehan Fornier a été reproduite avec de légers changem. dans le style, sous ce titre : *Affections de divers amants*, Paris, 1743, petit in-8. Fabricius a consacré, t. II de sa *Bibliotheca græca*, p. 675 et suiv., un art. à Parthénius, sur qui les curieux doivent consulter la *lettre critiq.* de Bast à M. Boissonnade, 1805, in-8.

PARTHÉNOPE (mythologie), l'une des syrènes, s'éprit d'un violent amour pour Ulysse, dont les dédains la portèrent à se précipiter dans la mer. Son corps fut repoussé sur le rivage d'Italie, vers l'endroit où l'on bâtit Naples, qui prit de là le nom de *Parthénope*.

PARTHES, peuple belliqueux de l'Asie, Scythes

d'origine, furent long-temps tributaires des Mèdes, des Perses et des rois de Syrie. Mais ils secouèrent le joug sous Antiochus-Théos, roi de Syrie, l'an 250 av. J.-C., ayant à leur tête Arsace, dont les descendants régnèrent sur eux sous le nom d'Arsacides. Sous ces princes, les Parthes formèrent l'empire le plus puissant de l'Asie, et furent continuellem. en guerre avec les Romains, sans être jamais soumis. Après une existence de près de 560 ans, l'empire des Parthes fut détruit et soumis au nouv. royaume des Perses par Artaxerce 1er, l'an 229 de J.-C.

PARTICIPATIO ou PARTICIACCIO (ANGE), originaire d'Héraclée, défendit Venise contre les attaques de Pépin, et fut élu doge en 806. — Sous son fils, Justinien PARTICIPATIO, les reliques de St Marc furent apportées à Venise. — Orso PARTICIPATIO, 7e doge de cette famille en 912, est connu sous le nom de Badoero.

PARTOUNEAUX (LOUIS, comte de), lieutenant-général, né en 1776 à Romilly-sur-Seine (Champagne), entra simple grenadier en 1791 dans les bataillons de volontaires de Paris, et fut fait peu de temps après offic. dans le régim. de Hainault. Employé à l'armée des Alpes, il ne tarda pas à se signaler par la prise du fort d'Utell, qu'il enleva à la baïonnette. En 1793 il se distingua d'une manière non moins brillante au siége de Toulon, où il fut blessé en montant à l'assaut de la fameuse redoute angl., dont la prise décida la reddit. de la place. Nommé alors adjud.-gén. chef de bataillon, il servit ensuite à l'armée d'Italie, sous les ordres de Bonaparte et de Joubert. A la paix, chargé de missions à Rome et à Venise, il s'en acquitta de manière à se concilier l'estime des habitants. Après la reprise des hostilités avec l'Autriche, il prit part aux sanglantes batailles livrées sous Vérone, et fut fait général de brigade en 1799. Nommé génér. de division en 1803, il fut envoyé en Italie en 1805, et contribua à tous les succès de cette campagne. Lors de l'invas. des états napolitains, il s'empara de Capoue et fit capituler Naples, où sa division entra l'une des premières. Établi gouverneur des Abruzzes, il y maintint la tranquillité publique; en 1809 il préserva les Calabres des entreprises des Anglais. Il fit la campagne de Russie en 1812, et, fait prisonn. dans la désastreuse retraite, il ne rentra en France qu'après la restauration. Dévoué franchement à la cause des Bourbons, il écrivit pend. les *cent-jours* à Napoléon une lettre dans laq. on remarque ce passage : « Je n'irai point abandonner un prince malheureux, qui n'a pu opposer au torrent de votre fortune que des droits et des vertus. » Au second retour du roi il fut nommé gouvern. de la 8e division, et vers la fin de 1815 il passa au commandem. de la 10e à Toulouse, où il contribua grandement à la pacificat. des troubles. Placé en 1820 à la tête de la 1re division d'infanterie de la garde, il fut envoyé peu de temps après, par la départem. du Var, à la chambre des députés, où il vota constamm. avec le ministère. Une attaque d'apoplexie qu'il éprouva en 1828 le décida à quit-

ter son commandem. dans la garde, pour reprendre celui de la 8e division militaire. Il fut mis à la retraite en 1830, et mourut le 14 janv. 1835 à Menton, dans la principauté de Monaco.

PARTS (JACQUES des). — V. DESPARTS.

PARUTA (PAUL), historien, surn. par ses contemporains le *Caton de Venise*, né dans cette ville en 1540, devint successivem. historiographe de la république, sénateur, membre de l'administration générale, gouvern. de Brescia, et, après avoir rempli div. missions diplomat., mourut en 1598, procurat. de St-Marc. Il a laissé, entre autres ouvrages : *Della Perfezzione della vita polit., lib. III*, souvent réimpr. et trad. en anglais et en français. — *Discorsi polit.*, *Storia Veniziana*. L'édit. de 1718 est la meilleure ; elle est précédée de la *Vie* de l'auteur par Apostolo Zeno.

PARY (ÉTIENNE-OLIVIER), né à Paris, mort en 1782, a donné : *le Guide des corps de marchands et des communautés des arts et métiers*, Paris, 1766, in-12.

PARYSATIS, reine de Perse, mère d'Artaxercès-Mnémon et de Cyrus-le-Jeune, favorisa la révolte de celui-ci contre son frère, et lorsqu'il eut été vaincu à la bataille de Cunaxa, elle empoisonna Statira, femme d'Artaxercès, et s'abandonna à tous les excès de la vengeance (*v.* ARTAXERCÈS).

PAS ou PAAS (CRISPIN de), en latin *Passœus*, dessinateur et graveur, élève de Coornhaert, né à Armuyde, en Zélande, vers 1536, travailla à Amsterdam, Cologne, Londres et Paris. Il grava toutes les histoires de la Bible et plus. portraits. — Ses fils CRISPIN, GUILLAUME et SIMON, se distinguèrent dans le même art, ainsi que MADELEINE et BARBE, leurs sœurs (*v.* FEUQUIÈRES).

PASCAL ou PASCHAL (PIERRE), né à Sauveterre en 1522, parvint, avec quelque connaissance de la langue latine, à se faire passer pour savant. Il suivit le cardinal d'Armagnac à Rome ; après l'assassinat de Jean de Mauléon, chargé par la famille de poursuivre la punit. de ce crime, il le dénonça au sénat de Venise dans une *Harangue* qu'il fit imprimer, 1548, in-8 : c'est à peu près son seul titre littéraire. De retour en France, il annonça le projet de continuer l'*Éloge des savants*, de Paul Jove, et d'écrire l'hist. de France. Cette annonce lui valut non-seulem. beauc. de protecteurs et d'amis, mais encore une pension de Henri II qui lui fut payée jusqu'à la mort de ce prince, après quoi, sa vaine jactance étant découverte, il se sauva pour échapper à ses nombreux créanciers, et mourut à Toulouse en 1565.

PASCAL (BLAISE), géomètre du prem. ordre, et l'un des plus illustres écrivains que la France ait produits, né à Clermont, en Auvergne, le 19 juin 1723, fut amené de bonne heure à Paris par son père, qui, pour s'occuper exclusivem. de son éducation, se démit de la place de premier présid. de la cour des aides. Le goût du jeune Blaise pour les mathématiques s'était révélé, mais son père, préférant l'appliquer d'abord à l'étude des langues, lui défendit de travailler à la géométrie; néanmoins, sur une simple définition de cette science, Pascal parvint, dit-on, sans maître et sans aucun secours, jusqu'à la 32ᵉ proposition d'Euclyde. Libre enfin d'étudier sa science favorite, il composa, dès l'âge de 16 ans, un *Traité des sections coniques;* à 19, il inventa la *machine arithmétique;* à 23, il répéta les expériences de Torricelli sur le vide, et quelq. années après, 1649, il publia à Paris, in-4, la solution d'un problème proposé par le P. Mersenne, et que n'avaient pu résoudre les premiers mathémat. du temps. Les études précoces et continuelles de Pascal avaient considérablem. altéré sa santé; sa piété augmentant avec sa science, il se retira à Port-Royal-des-Champs. C'est là qu'il écrivit ces fam. *Lettres provinciales,* l'un des chefs-d'œuvre de notre littérature, que les jésuites eurent le crédit de faire condamner. Les 18 lettres parurent successivem. dans le format in-4, dep. le mois de janvier 1656 jusqu'au mois de mars de l'année suivante. Cependant la santé de Pascal s'altérait de plus en plus, et sans que son génie parût en souffrir; mais sa tête était dérangée. Un accident terrible, qui lui était arrivé au pont de Neuilly en 1654, avait augmenté de beaucoup ce dérangem. : et toujours de plus en plus souffrant, Pascal mourut à Paris le 19 août 1662, âgé de 59 ans et 2 mois. Outre les ouvrages que nous avons cités, on a de lui : *Pensées sur la religion*, Paris, 1715, in-12; on ne doit aucune confiance à l'édit. de Condorcet, avec des *notes* et un *éloge*, Londres, 1776, in-8; mais celle de M. Frantin, Dijon, 1835, in-8, dans laq. les pensées sont rétablies pour la prem. fois, d'après le plan de l'auteur, mérite de servir de base à toutes celles qui suivront. Les édit. les plus estimées des *Lettres provinciales* sont celles de 1657, in-12, qui fait partie de la collect. des Elzevirs franç.; d'Amst., 1749, 4 vol. in-12, notes de Wendrock; et de Paris, 1754, 4 vol. in-12, avec un *disc. prélimin.* de Rondet. La prem. édit. complète des œuvres de Pascal a été publ. par Bossut, Paris, 1779, 5 vol. in-8; celle de 1819, 6 vol. in-8, fait partie de la *Collection des chefs-d'œuvre de la langue française.* — Gilberte PASCAL, veuve de Florin Périer, a mis en tête des *Pensées sur la religion* une *Vie* de son frère.

PASCAL-VALLONGUE (JOSEPH-SECRET), général de brigade du génie, né en 1763 à Sauve (Gard), passa des ponts-et-chaussées dans le génie milit., et fit les campagnes du Nord et d'Italie. Fait prisonn. au combat d'Aboukir, il fut livré aux Turcs, et resta quelq. années enfermé au bagne de Constantinople. De retour en France, il servit encore en Allemagne et en Italie, et fut tué au siége de Gaëte, en 1806. Il cultiva la poésie, publia plus. *relations* d'événements contemporains, et fournit plus. articles aux six prem. vol. du *Mémorial topographique et militaire.*

PASCH (GEORGES), professeur à l'université de Kiel et philologue distingué, né à Dantzig en 1661, mort en 1707, a publié, outre plus. *thèses* intéressantes, quelq. ouvr. entre autres : *Tractatus de novis inventis quorum accuratiori cultui facem*

prætulit antiquitas, Leipsig, 1700, in-4, savant et recherché. — PASCH (Jean), né à Ratzeburg, dans le comté de Lauembourg, professa la philos. à Rostock, et mourut à l'hôpital de Hambourg en 1709. Ce qu'il a laissé de plus remarquable est son *Gynæceum doctum, seu de Fœminis eruditis*, Wittemberg, 1686, in-4.

PASCH (JEAN), peintre suédois, né en 1706, étudia son art en Hollande, en France et en Italie, se fit dans ses voyages une collect. précieuse de tableaux et de dessins, fut chargé de peindre le plafond de la chapelle du roi au palais de Stockholm, et mourut en 1769, laissant un certain nombre de paysages, de marines et de tableaux de fleurs. — Laurent PASCH, autre peintre suédois, se distingua dans le portrait. — Sa fille ULRIQUE-FRÉDÉRIQUE, née en 1735, morte en 1796, fut membre de l'académie de peinture et de sculpture.

PASCHAL, antipape, contendant de Théodore après la mort de Conon (688), était archidiacre de Rome lorsqu'il tenta d'usurper le St-siége par la protect. de l'exarque de Ravenne. L'élect. de Sergius mit fin aux prétent. obstinées de cet intrus.

PASCHAL (St), *Paschasius*, souverain pontife, né à Rome, fut chargé par Léon III de la direct. d'un monastère. Élu successeur d'Étienne IV (817), il envoya en France des légats avec des présents pour l'empereur Louis-le-Débonnaire, qui confirma les donations de Pépin et de Charlemagne au St-siége, en y ajoutant les îles de Corse, de Sardaigne et de Sicile. Ce pontife couronna Lothaire, empereur, en 823; peu de temps après, deux partisans de ce prince, Théodore, primicier de l'Église romaine, et son gendre Léon, nomenclateur, furent tués dans le palais de Latran. On soupçonna le pape d'avoir ordonné ou conseillé ces meurtres. Ce fut en vain que les fils de l'empereur se rendirent à Rome pour éclaircir le fait : Paschal protesta par serment de son innocence, mais refusa de livrer les assassins sous le prétexte qu'ils étaient de la famille de St Pierre, et alléguant d'ailleurs pour leur justificat. qu'ils n'avaient commis ce meurtre que pour punir Théodore et Léon d'un crime de lèse-majesté. Après un pontificat de 7 ans 3 mois et 17 jours, pendant lequel il avait réparé ou orné quantité d'églises ou de monastères, et établi une maison de refuge à Rome pour les Grecs qu'y faisait affluer la persécution des iconoclastes, Paschal mourut le 11 mai 824. L'Église honore sa mémoire le 14. Il eut pour successeur Eugène II.

PASCHAL II (RAINIERI), success. d'Urbain II, naquit à Blède, en Toscane, et fut d'abord, comme religieux de Cluny, chargé des affaires du son ordre auprès de Grégoire VII, qui, après l'avoir décoré de la pourpre, le fit abbé de St-Paul *extra muros*. Devenu souverain pontife en 1099, il eut au sujet des investitures de longs démêlés avec Henri Iᵉʳ, roi d'Angleterre, l'emper. Henri IV et Henri V. Ce dernier le fit emprisonner sur son refus de le couronner. Il eut ensuite à combattre l'antipape Bourdin et plusieurs rebelles. Il mourut en 1118, Gélase II fut son success. Il reste de Paschal plus.

Lettres, dont deux assez importantes ont été publ. dans le t. XV de la *Collect. des hist. de France.*

PASCHAL (CHARLES PASQUALI, plus connu sous le nom de), en latin *Paschalius*, né en 1547, à Coni, en Piémont, acheva ses études à Paris et se fit naturaliser franç. Chargé de plus. ambassades, il remplit ensuite divers emplois honorables, fut, en récompense de ses services, nommé conseiller-d'état, et mourut en 1625 dans son château de Quente, près d'Abbeville. On a de lui un assez gr. nombre d'ouvr.; les principaux sont : *Viti Fabricii Pibrachii vita*, 1584, in-12; trad. en franç. (par Gui du Faur), 1617, in-12. — *De optimo genere elocutionis tractatus*, 1595, in-12. — *Legatus*, Leyde, Elzevir, 1645, in-12. — *Legatio rhœtica*, *sive relatio*, etc., 1620, in-8. — *Coronœ, lib. X*, 1610, in-4.

PASCHAL (FRANÇOISE), né à Lyon vers 1630, a donné quelq. pièces de théâtre, impr. de 1655 à 1661, et parmi lesquelles on distingue : *Agathonphile, martyr*, tragi-comédie; 1655, in-8, et *Endymion*, 1657, in-8.

PASCHAL III (GUI de Crème, antipape, sous le nom de). — V. ALEXANDRE III.

PASCOLI (LÉON), biographe, né à Pérouse en 1674, mort à Rome en 1744, a publ. : *Vite de' pittori, scultori, ed architetti moderni*, 1730-36, 2 vol. in-4. — *Vite de' pittori, scultori ed architetti perugini*, 1752, in-4. — *Testamento politico in cui si fanno diversi progetti*, etc., 1733, in-4. — *Il Tevere navigato e navigabile*, etc., 1744, in-4; et quelq. pamphlets peu remarq. — Alexandre PASCOLI, son frère, médec., né à Pérouse en 1669, professa l'anatomie à Rome, et y mourut en 1757. Ses ouvr. ont été recueillis en 2 vol. in-4, 1741 et 1757. Le plus important a pour titre : *il Corpo umano, o breve storia dove con nuovo metodo, si descrivono tutti gli organi suoi.*

PASINELLI (LORENZO), peintre d'histoire, né à Bologne en 1629, mort à Parme en 1700, se distingua par une manière pleine de feu et une grande imagination; on lui reproche un peu trop d'affectation, en ce qui tient à la représentat. des étoffes et au luxe des vêtements et des accessoires. On cite parmi ses tableaux : l'*Entrée de Jésus-Christ à Jérusalem*; la *Descente du Fils de Dieu dans les limbes*, et l'*Hist. de Coriolan*. Il a gravé à l'eau-forte, d'après ses propres dessins, le *Martyre de plus. saints*, gr. in-fol.; la *Prédicat. de St Jean-Baptiste*, et, d'après le Pérugin, les *Noces de Jacob et de Rachel.*

PASINI (JOSEPH), né à Turin en 1696, embrassa l'état ecclésiast., se livra de bonne heure à l'étude de l'hébreu, devint bibliothécaire de l'université de Turin, obtint le titre de conseiller du roi, fut pourvu de l'abbaye de Monte-Canisiò, et mourut vers 1770. On a de lui : *De præcipuis bibliorum linguis et versionibus*, 1716, in-8.—*Dissertationes selectæ in Pentateuchum*, 1722, in-4. — *Grammatices linguæ sanctæ institutio*, 1739, 1756. — *Vocabolario italiano-latino*, 1757, 2 vol. in-4. — *Storia del Nuovo-Testamento*, etc., 1749.—*Codices*

manuscripti bibliothecæ regiæ taurinensis Athenœi per linguas digesti, 1749, 2 vol. in-fol.

PASIPHAÉ (mythol.), fille d'Apollon et de la nymphe Perséide, et femme de Minos, donna le jour, par un monstrueux adultère, au Minotaure que le roi de Crète enferma dans un labyrinthe pour mettre fin à ses ravages (*v.* THÉSÉE). Pasiphaé avait eu de son époux, Androgée, Ariadne et Phèdre.

PASITÈLES, sculpteur grec qu'on a quelquefois confondu avec Praxitèle, vint s'établir à Rome après la guerre de Macédoine, et fit en ivoire la statue de Jupiter, pour le prem. temple élevé en marbre, à Rome, sous Métellus-le-Macédonique. Il avait décrit en V livres les plus beaux monum. connus de son temps.

PASOR (GEORGE), sav. philologue, né en 1570, à Herborn, comté de Nassau, fut, à l'âge de 27 ans, nommé professeur de théologie et d'hébreu à l'université de cette ville. Appelé en 1636 à Francker pour y professer la langue grecque, il y mourut en 1637. Outre l'*Oraison funèbre* de J. Piscator, on a de lui les écrits suiv.; publ. par son fils Mathias : *Manuale græcarum vocum Novi Testamenti, deque græcis N. T. accentibus.*—*Syllabus, sive idea omnium Nov. Testam. dictionum seu dialectarum.* — *Grammatica græca Nov. Testamenti in III libros distributa.*—*Lexicon græco-latin. in Nov. Testam.*, Amsterdam, 1675, in-8. On lui donne encore un *Index* fort utile, impr. plus. fois à la suite des poésies d'Hésiode.

PASQUIER (ÉTIENNE), célèbre jurisconsulte et écrivain, né à Paris en 1529, fut destiné dès l'enfance à suivre la carrière du barreau. Il reçut les prem. leçons du fameux Cujas à Toulouse, et se rendit ensuite à Bologne, où il étudia sous Marianus Socin. De retour à Paris, il se fit recevoir avocat en 1549, mais il resta plusieurs années sans être connu, et, dans cet intervalle, il se livra avec un nouveau zèle à la culture des lettres. A force de constance, il commençait à se faire remarquer au barreau, lorsqu'il publia les prem. livres de ses *Recherches sur la France*, un dialogue intitulé le *Pourparler du prince*, et des dissertations sur l'amour, sous le titre de *Monophile*. Ces écrits, surtout les *Recherches*, eurent un grand succès, et lui acquirent une réputation parmi ses confrères. Mais ce fut en 1564 seulement qu'une circonstance fortuite devint la source de sa fortune et la cause de sa juste renommée. Les jésuites, ayant demandé à faire partie de l'université, venaient d'être éconduits. Sur leur pourvoi au parlement, l'affaire fut mise en instance; et Pasquier, bien que n'étant pas au nombre des avocats ordinaires de l'univ., fut chargé de plaider, et s'acquitta de cette mission avec un éclat extraordinaire. Il chercha à prouver que les jésuites avaient d'autres intérêts que ceux de la France, et s'appliqua à démontrer que de leur institut il ne peut résulter que corruption de la religion et trouble chez les peuples. Le parlement appointa seulement la cause, et laissa les parties en l'état; mais Pasquier se trouva porté par cette plaidoirie au premier rang des avocats, et fut dès-lors employé dans les affaires les plus importantes. En 1579, il suivit la commission du parlement, qui alla tenir les grands jours à Poitiers, et y séjourna quelques années. En 1585, il fut nommé, par Henri III, avocat-général à la chambre des comptes. Député aux états-généraux de Blois en 1588, il fut témoin de l'assassinat du duc de Guise, et il en fait, dans ses lettres, un récit exact et impartial. Après la dissolution des états, il ne quitta point le roi, et le suivit à Tours. Il ne revint à Paris qu'après que cette ville eut ouvert ses portes à Henri IV; lorsque la paix fut rétablie dans le royaume, il jugea le moment favorable pour faire paraître la suite de ses *Recherches sur la France*; il y inséra son *plaidoyer* contre les jésuites, et y ajouta de nouv. attaques. Il s'ensuivit une vive polémique entre les Pères et leur éloquent adversaire. Pasquier mourut en 1615. Douze ans auparavant, il s'était démis de sa charge d'avocat-général en faveur de son fils aîné, Théodore. Ses ouvrages, furent réunis en 1723 en 2 vol. in-fol. Dans cette édit., qualifiée de complète, on ne trouve ni les *Ordonnances d'amour* (le Mans, 1564, in-8), ni le *Manifeste* après le procès de l'assassin Barrière, ni le *Catéchisme des jésuites* (inséré dans un *Recueil de pièces historiques et curieuses*, Delft, 1717, 2 vol. in-12). On a joint aux *OEuvres* de Pasquier les *Lettres* de Nicolas, l'un de ses fils.

PASQUIN, torse d'une statue en marbre à Rome, ainsi nommé parce qu'on y attache toutes sortes de pamphlets et d'épigrammes, que l'on appelle en Italie *pasquins*.

PASSAROTTI ou PASSEROTTI (BARTHÉLEMY), peintre, né à Bologne au commencem. du 16e S., élève de Jacopo Vignola, fut rival des Carraches, et se distingua dans l'histoire et le portrait. On cite de lui : la *Décollation de St Paul à Rome aux Trois-Fontaines*; *la Vierge entourée de saints* dans l'église de St-Jacques de Bologne; un *Tytie*, et la *suite des portraits de la famille Legnami*. — Ses nombreux enfants cultivèrent aussi la peinture; Tiburzio, mort en 1612, montra un véritable talent dans le tableau du *Martyre de Ste Catherine*.

PASSE. — V. PAS (Crispin de).

PASSEMANT (CLAUDE-SIMÉON), ingénieur du roi, né à Paris en 1702, après avoir reçu une éducation soignée, s'était vu forcé, pour vivre, de s'établir marchand mercier. Dès l'enfance, il avait montré un goût décidé pour les hautes sciences, et particulièrement pour l'astronomie. Pour se livrer tout entier à ce penchant, il abandonna à sa femme le soin de son négoce, et, au bout de quelq. années, il s'était déjà fait connaître par des ouvrages dignes d'une attention particulière, tels que la *pendule astronom.* qu'il présenta à Louis XV; un gr. *miroir ardent* de glace et deux *globes*, l'un céleste, l'autre terrestre, qui tournent sur eux-mêmes. En 1765, il eut encore l'honneur de présenter au roi un *Mémoire contenant des moyens simples pour faire arriver les vaisseaux à Paris*. Cet habile mécani-

cien mourut en 1769, après avoir obtenu, comme récompense de ses trav., une pension de 1,000 fr. et un logem. au Louvre. On a de lui : *Construction d'un télescope de réflexion*, 1738, in-4. — *Description et usage des télescopes*, etc , in-12. Son *Éloge historique* a été publié par Sue le jeune (son gendre), 1778, in-8.

PASSERANI (ALBERT RADICATI, comte de), seigneur piémontais, attaché au service du roi Victor-Amé II, prit parti pour son maître dans ses démêlés avec la cour de Rome, fut condamné par l'inquisit., et réduit à se réfugier en Angleterre, puis en France, et enfin en Hollande, où l'on croit qu'il mourut. Il avait publié en 1736, à Rotterdam, un recueil de pamphlets sous le titre de *Pièces curieuses sur les matières les plus intéress.*, etc. On prétend qu'il rétracta dans la suite, devant les ministres du culte réformé, ses sarcasmes contre le christianisme. Ce qui est plus certain, c'est qu'il institua les pauvres ses héritiers. On conçoit qu'un tel homme n'a pu manquer d'ennemis. Les curieux trouveront plus de détails sur ses aventures dans le récit qu'il en a fait lui-même en tête de son *Recueil*.

PASSERAT (JEAN), poète, né à Troyes en 1534, cultiva la littérature, et obtint une chaire d'humanités au collége du Plessis. Pour se rendre plus digne de la confiance qu'on lui témoignait, il se remit à étudier les classiques latins, et se rendit à Valence pour s'y familiariser, sous la direction de Cujas, avec le style de jurisconsulte. Il fut, en 1572, choisi pour remplacer Ramus, comme professeur d'éloquence au collége royal. Ses leçons furent interrompues par les troubles de la Ligue, et reprises à la rentrée de Henri IV. Passerat mourut en 1602. Il fit des *vers* latins et français, et composa une partie de ceux que l'on trouve dans la *Satire Ménippée*. On a de lui : *De litterarum inter se cognatione ac permutatione*, 1606, in-8. — *Orationes et præfationes*, 1606 et 1637, in-8. — *Des Comment.* sur Catulle, Tibulle et Properce, 1608, in-fol. — Une trad. de la *Biblioth. d'Apollodore*, 1604, in-8. — *Kalendæ januariæ et varia quædam poemata*, 1603, 1606. — *OEuvres poétiques*, 1597, in-8. — PASSERAT (François) a donné un recueil d'*OEuvres dédiées à S. A. E. de Bavière*, La Haye, 1695, in-12.

PASSERI (JEAN-BAPTISTE), poète et peintre médiocre, né en 1610, mort à Rome en 1679, cultivait les belles-lettres lorsque, vers l'an 1635, il fit la connaissance du Dominiquin, dont les avis le décidèrent à s'appliquer à la peinture. Il ne réussit guère qu'à connaître la théorie de cet art; ce qui ne l'empêcha pas de devenir prince de l'acad. de St-Luc. Cet artiste, que l'on recherchait de son temps pour ses belles manières et son esprit, ne doit guère le souvenir qu'on conserve de lui qu'à un ouvr. qu'il a laissé MS., et qui, près de cent ans après sa mort, parut, par les soins de Botari, sous le titre de *Vite de' pittori, scultori ed architecti che hanno lavorato in Roma, morti dal 1641, fino al 1673*, 1772, in-4. — Jos. PASSERI, son neveu, né à Rome en 1654, reçut les leçons de Carle Maratte, et mourut à Rome en 1715, après s'être fait un nom par les belles fresques qui décorent les voûtes de St-Nicolas *in Arcione*, de Ste-Marie *in Campitelli*, ainsi que le salon de l'Aurore à la villa *Corsini*. Parmi ses tableaux, on distingue le *Jugement dernier*, qu'il peignit à Pesaro, et son *Moïse portant les tables de la loi*, dans la *Chiesa nuova* à Rome.

PASSERI (Jean-Baptiste), savant antiquaire, né en 1694 à Farnèse, d'une ancienne famille de Pesaro, exerça d'abord la profess. d'avocat, faisant ses délassements de la numismatique et de l'architecture; devenu veuf après douze années d'une heureuse union, il entra dans les ordres, fut nommé vicaire-général de Pesaro, auditeur de Rote, puis protonotaire apostolique, et mourut en 1780; il était membre de l'acad. d'Olmutz, de la soc. roy. de Londres, etc. Parmi ses ouvr., dont on trouve la liste à la suite de sa *Vie* par Oliv. Degli Abbati, 1780, in-4, on distingue : *Lucernœ fictiles musœi Passeri, cum animadvers.*, 1759-43-51, 3 vol. in-fol., publ. aux frais de l'acad. de Pesaro. — *Picturœ Etruscorum in vasculis*, etc., 1767-1775, 3 vol. in-fol., avec 300 pl. — *Novus Thesaurus gemmarum veterum ex insignioribus dactyliothecis selectarum cum explicat.*, 1781-83, 3 vol. in-fol.

PASSERONI (Jean-Charles), ecclésiast., dont le caractère jovial, burlesque même, forme un singulier contraste avec l'austérité et la réserve qu'il s'imposa toujours comme règle de conduite, naquit en 1713 à Lantosca, village du comté de Nice. Ce fut à Milan qu'il reçut les éléments de l'instruct., et dès-lors il regarda toujours cette ville comme sa patrie. Il revint s'y fixer après avoir accompagné à Rome et à Cologne le nonce Lucini qui lui offrit en vain de lui ouvrir la voie des hauts emplois. Après avoir passé dans cette ville, au sein d'une humble médiocrité, de longues années toutes remplies par les jouissances de l'étude et de l'amitié qu'il préférait à la fortune et aux distinctions, il y mourut en 1802, à l'âge de 89 ans, membre de l'Institut de la *république cisalpine*. En mettant sa vieillesse à l'abri des besoins, les honoraires de cette place lui fournirent les moyens de soulager les pauvres, dont lui-même avait connu toutes les privations sans presque les ressentir. Les ouvrages de ce poète sont : *il Cicerone*, poème *in ottava rima*, Venise, 1750, 2 vol. in-8; Milan, 1768, 6 vol. in-8; Turin, 1774, 6 vol. in-12. — *Traduzione di alcuni epigrammati greci*, Milan, 1786-94, 9 part. in-8. — *Favole Esopiane*, ibid., 1786, 6 vol. in-12.

PASSEROTTI (Hippolyte), jeune dame de Bologne, d'une rare beauté, empoisonna son mari, et fut décapitée avec son amant, le 3 janvier 1587. Ses charmes et le courage qu'elle montra jusque sur l'échafaud, furent célébrés par les poètes. On imprima la même année, à Bologne, deux recueil de pièces de vers, in-4, sur ce sujet; l'un, dédié au Tasse, valut à l'éditeur (Alex. Benacci) une lettre de félicitations du grand poète : elle se trouve dans presque toutes les éditions de ses œuvres.

PASSIÉNUS (Crispus), orateur romain, premier mari de Domitia, épousa ensuite Agrippine, et depuis fut deux fois nommé consul. C'est de lui que Pline raconte la bizarre vénération qu'il voua à un mûrier, dont il fit sa divinité favorite.

PASSIGNANO (Domenico CRESTI) surnommé du lieu de sa naissance Il), peintre, né en 1560, élève de Machietti, puis de J.-B. Naldi, travailla sous Fréd. Zuccaro, lorsque ce maître fut appelé à continuer la gr. coupole de *Sta Maria del Fiore* à Florence, laissée imparfaite par Vesari. Devenu après différ. voyages premier maître de l'acad. de dessin à Florence, il mourut dans cette ville en 1638, laissant une gr. réputat. Parmi ses tableaux nous citerons le *Martyre de Sta Reparata*, qu'il fit en huit jours pour le palais *Pitti*; *St Jean-Gualbert*, peint en moins de 18 heures, et de nuit; enfin sa *Présentat. de la Vierge au temple*, commandée par Urbain VIII pour la basilique de St-Pierre à Rome. Le jeu de mots populaire qu'on fit sur son nom et sur son genre de talent mérite d'être rappelé : on l'appelait *Passa-Ognuno* (qui surpasse les autres). Le musée possède de cet artiste l'*Invention de la Ste-Croix*.

PASSIONEI (Dominique), savant cardinal, né en 1682 à Fossombrone, dans le duché d'Urbin, fut élevé à Rome et fit des études très brillantes au collége *Clementino*; il voyagea ensuite en France et en Hollande, fut nommé légat au congrès d'Utrecht (1712) et de Bade (1714), nonce en Suisse et archevêque d'Éphèse (1721), nonce à Vienne (1730), reçut le chapeau de cardinal en 1738, succéda à Quirini dans la place de conservat. en chef de la biblioth. du Vatican en 1755, et mourut à Frascati en 1761, d'une attaque d'apoplexie. Il était membre de la plupart des sociétés littér. d'Italie, et associé étranger de l'acad. des inscriptions, où Lebeau prononça son *Éloge*, inséré dans le t. XXXI du recueil de cette acad. Outre la part qu'il eut avec Fontanini à la révision du *Liber diurnus pontificum*, on a du card. Passionei deux *Discours latins*, insérés par Pez dans le 6e vol. de la *Biblioth. ascetica*; l'*Oraison funèbre du prince Eugène*, 1737, in-4 et in-8; trad. en franç. par Mme Duboccage; plus, *lettres*, deux pièces diplomatiques, et des essais de traductions, insérés par Galetti dans les *Memorie* pour servir à l'histoire de sa vie, 1762, in-4. L'abbé Goujet a publ. l'*Éloge historique* du card. Passionei, La Haye, 1763, in-12. — PASSIONEI (Benoit), neveu du précédent, élevé à la dignité épiscopale, et mort à Terni en 1787, s'était aussi distingué par son goût pour l'antiquité. Outre une trad. ital., avec des notes, de la *Vie de D. Calmet*, 1770, in-4, et la *Raccolta delle lettere inedite del card. Bona*, ib., 1759, il a publ. un rec. d'inscript. grecques et lat., rassemblées par son oncle, sous le titre d'*Iscrizioni antiche, con annotazioni*, 1765, in-fol.

PASSWAN-OGLOU (Osman), fameux rebelle turk, né en 1758, était, selon l'opinion la plus commune, fils de Passwan-Omar-Agba, *ayan* ou notable de la ville de Widdin (Bulgarie), qui avait commandé un corps de volontaires pend. la guerre contre les Russes et les Autrichiens, et à qui le gr.-visir avait fait trancher la tête parce qu'il lui était devenu suspect par son crédit et ses richesses. Enveloppé dans la disgrâce de son père, Passwan-Oglou fut arrêté; mais étant parvenu à s'échapper, il se réfugia dans les montagnes, devint chef de partisans, s'empara de Widdin, et soutint pendant plusieurs années une guerre opiniâtre contre toutes les forces réunies de l'empire. Presque toujours victorieux, il dicta des lois à la Porte othomane, rompit plus. fois les traités qu'il avait faits avec elle, et ne mit enfin bas les armes, en 1798, qu'après avoir obtenu, avec son pardon, le pachalick de Widdin et les trois queues. Dep. le nouveau pacha servit fidèlement la Porte, et conserva une autorité presque absolue, jusqu'à sa mort, arrivée en 1807.

PASTEUR (JEAN-DAVID), savant et littérat., né à Leyde en 1763, fut membre des diverses assemblées nationales qui se succédèrent en Hollande, de 1795 à 1798, et mourut en 1804. On a de lui en hollandais: *Hist. naturelle des mammifères*, 3 vol. in-8. — *Les Russes en Nord-Hollande*, drame. Il a trad. dans la même langue les *Voyages de Cook*, *l'an 2440*, de Mercier, le *Voyage d'Utrecht à Francfort*, de Cognan, etc.

PASTORET (JEAN), présid. au parlem. de Paris et membre du conseil de régence, pendant la minorité de Charles VI, était né vers 1328, et mourut en 1405. Son aïeul, appelé aussi Jean, avait été, en 1301, l'un des deux prem. avocats du roi au parlem. Jean Pastoret fut un de ceux qui contribuèrent le plus, avec Maillard et Charny, à remettre Paris sous l'obéissance de Charles V, alors régent du royaume (1358). Il porta l'étendard de France aux halles, et précéda le dauphin à sa rentrée dans Paris. Ce digne magistrat fut enterré à St-Denis, ainsi que sa femme. Un de ses descendants a laissé des *Mémoires*, où l'on trouve quelques détails curieux sur l'état de la Provence pendant la minorité de Louis XIV. M. le marquis de Pastoret, pair de France, appartient à la même famille.

PASUMOT (FRANÇ.), né à Beaune en 1733, se consacra d'abord à l'enseignem.; il reçut en 1756 le brevet d'ingénieur-géographe, et fut envoyé en Auvergne, pour étudier les volcans éteints de cette province, en mesurer les hauteurs et les distances, et en dresser des cartes. Appelé ensuite à professer la physique et les mathématiques au collége d'Auxerre, il fut admis à la société des sciences et belles-lettres de cette ville, et rédigea pour cette compagnie des *Mém. géographiques sur quelques antiquités des Gaules*, publ. en 1765 avec de fort bonnes cartes. Des contrariétés imprévues l'ayant forcé de quitter sa chaire, il vint à Paris, se dévoua pend. 11 ans à des leçons particulières, fut attaché, dans les dern. années de sa vie, en qualité de sous-chef, au bureau des plans et cartes de

la marine, et mourut à Beaune en 1804. Le plus important de ses ouvrages est intitulé : *Voyages physiques dans les Pyrénées en 1788 et 1789*, Paris, an V (1797), in-8. Grivaud de la Vincelle a publ. un recueil de *Dissertat. et mém. sur différ. sujets d'antiquités et d'hist. par Pasumot*, Paris, 1810 à 1813, in-8, précédé d'une *Notice* sur ce savant, avec une liste complète de ses écrits. Il a pris une grande part à la rédaction du *Journal de physique* de l'abbé Rosier, et de l'*Hist. de Beaune*, par Gandelot.

PATARIN ou PATERIN (CLAUDE), seigneur de Croix, prem. présid. au parlem. de Bourgogne, né à Lyon vers 1475, occupa successivem. divers emplois de magistrature, et succéda en 1525 dans la dernière à Hugues Fournier, son compatriote, qui lui-même avait été revêtu de la dignité de prem. président à la mort de Humbert de Villeneuve. Patarin mourut à Dijon en 1531, après s'être distingué dans l'exercice de ses fonctions par ses hautes vertus, qui lui méritèrent le surnom de *Père du peuple*. Il avait assisté en 1526 à l'assemblée des notables tenue à Cognac, relativement à l'exécution du traité de Madrid, par lequel François Ier s'était engagé à céder le duché de Bourgogne pour sa rançon : on sait que la courageuse résistance des députés de cette province empêcha sa séparation du royaume de France.

PATAROLI (LAURENT), antiq. et naturaliste, né en 1674 à Venise, où il mourut en 1727, est aut. de différents ouvr. dont on trouve la liste complète dans le *Giornale d'Italia*, part. 2, t. XXXVIII : les principaux ont été recueillis sous le titre de *Opera omnia numismatica et philol.*, etc., 1743, 2 vol. in-4, précédé de la *Vie* de l'auteur par Dalle Laste.

PATAUD (JEAN-JACQ.-FRANÇ.), chan. honoraire et aumônier du collége d'Orléans, était né dans cette ville en 1752, et y mourut en 1817. Il a publ. des *Discours* dans lesquels on remarque l'*Éloge de Jeanne d'Arc*, 1813, in-8. — *Essais historiques sur quelques rues de la ville d'Orléans*, dans les *Étrennes orléanaises*. Il a laissé MS. une *Histoire d'Orléans et des principales villes du Loiret dep. Jeanne d'Arc*.

PATEL (PIERRE), peintre, surnommé *Patel-le-Tué*, ou *le Bon Patel*, né en 1654, tué en duel en 1703, s'est distingué dans le paysage. Le musée possède un tableau de cet artiste.—Son fils, Pierre PATEL marcha sur ses traces.

PATENIER (JOACHIM), peintre, né en 1487 à Dinant, apprit les éléments de son art à Anvers et se distingua dans le paysage; malheureusem. sa conduite déshonorait son talent. On cite comme l'un de ses principaux tableaux : *Jésus-Christ baptisé dans le Jourdain*, au musée de Munich.

PATERCULUS. — V. VELLÉIUS.

PATÈRE ou PATÉNA (ATTIUS), né à Bayeux, fut élevé au collége des Druides de cette ville, enseigna la grammaire et les lettres à Bordeaux, et professa la rhétorique à Rome vers l'an 326. Ausone a fait de lui un pompeux éloge. Il eut pour fils Delphidius (Attius-Tyro). — Patère, en latin, *Paterius*, notaire de l'Église romaine, évêque de Brescia au 6e S., fut élève et ami de St Grégoire-le-Grand. Il est connu par un *Commentaire* sur l'Écriture sainte, imprimé à la suite des ouvr. de St Grégoire.

PATERIN (Claude). — V. Patarin.

PATERNO (Ignace-Vincent), surintendant et ingénieur des ponts-et-chaussées, né à Biscari, fit construire à ses frais sur le Simeto un pont de 31 arches, ayant 200 cannes de longueur, commencé en 1765 et terminé en 1777. On a de lui : *Ragionamento a madama..... sopra gli antichi ornamenti e trastulli de' Bambini*, 1781, in-4.

PATERSON (Samuel), libraire, né à Londres en 1728, commença par faire dans cette ville le commerce des livres étrangers, mais avec peu de succès. Il se livra ensuite à la rédaction des catalogues bibliographiques, devint bibliothécaire du marquis de Lansdown, et mourut en 1802. On lui doit : *Remarques rapides dans un voyage aux Pays-Bas*, 1769, 3 vol. in-12. — *Joineriana, ou Livre des rognures*, 1772, 2 vol. in-8. — *Le Templier*, feuille hebdomadaire. — *Considérations sur la jurisprudence et les gens de loi*, in-8. — *Bibliotheca croftiana*, 1783, in-8. — *Bibliotheca westiana*, 1773, in-8. — *Bibliotheca beauclerckiana*, 1781, in-8.

PATERSON (William), gouvern. de New-Jersey, sa patrie, l'un des juges de la cour supérieure des États-Unis, succéda à Livingston, premier gouverneur de New-Jersey, et mourut à Albany en 1806. Son nom est attaché aux différents changements politiques opérés à cette époque dans sa patrie.

PATICCHI (Antonio), peintre célèbre, né à Rome en 1762, peignit fort jeune le réfectoire des carmes de Velletri, et la galerie du comte Toruzzi, qui ne fut pas achevée. La mort, qui le frappa dans sa 26e année, l'empêcha de réaliser les belles espérances qu'il avait fait concevoir.

PATIN (Gui), médecin, fameux par son esprit satirique et la singularité de ses manières, né en 1601 à Houdan en Beauvoisis, et mort à Paris en 1672, se montra grand partisan des anciens et ennemi de l'antimoine, et dans div. circonstances eut avec ses confrères des querelles très vives. On a de lui, entre autres ouvr., *Tr. de la conservation de la santé*, 1632, in-12, réimpr. dans le *Médecin charitable* de Guilbert, ainsi que ses *Notes sur le traité de la peste*, de Nicolas Allain. Mais Patin doit maintenant toute sa réputation à son *Recueil de lettres*, Amsterdam, 1718, 7 vol. in-12; elles sont écrites avec beauc. de franchise, et l'on y trouve bien des anecdotes curieuses. — Son fils aîné Robert, qui obtint la survivance de sa chaire de médecine au Collège de France, mourut avant lui en 1670. — Patin (Charles), second fils de Gui, né à Paris en 1633, se distingua, comme son père, dans la pratique et l'enseignement de la médecine; mais accusé d'avoir distribué des exemplaires injurieux

à une grande princesse, il fut forcé de s'exiler, et condamné par contumace à la prison des galères. Il voyagea pendant quelque temps en Allemagne, puis en Italie, et finit par s'établir à Padoue. Il fut, en 1677, nommé prem. professeur de chirurgie à l'université de cette ville, puis créé chevalier de St-Marc, et admis dans plus. académies. Il mourut à Padoue en 1693. On trouva annexée à son testament une *Lettre* au roi, dans laquelle il protestait de son innocence, et le priait d'accepter cinq marbres précieux et une collection de dessins de médailles. Ch. Patin était aussi savant antiquaire que bon médecin. Il a publ. : *Familiæ romanæ ex antiquis numismatibus*, 1663, in-fol. — *Traité des tourbes combustibles*, 1663, in-4. — *Introduction à l'hist. par la connaissance des médailles*, 1665, in-12. — *Imperatorum romanorum numismata*, 1671, in-fol. — *Relat. historiq. de divers voyages en Europe*, 1673, in-12. — *Pratica delle medaglie*, 1673. — *Suetonius ex numismatibus illustratus*, 1675, in-4. — *De optimâ medicorum sectâ*, 1676. — *De febribus*, 1677. — *De scorbuto*, 1679. — *Lycæum patavinum*, 1682. — *Thesaurus numismatum à Petro Mauroceno collectorum*, 1684, in-4. — *Commentarii in monumenta antiqua marcellina*, 1688. — *Thesaur. numismatum è musæo Caroli Patini*, 1672, in-4, fig. — Patin (Charlotte et Gabrielle), filles du préc., étaient, ainsi que leur mère (Marguerite Homets), de l'académie des *Ricovrati* de Padoue, que leur père présida longtemps. La mère publia un recueil de *Réflexions morales et chrétiennes*, 1680. Les ouvrages de Charlotte sont : une *Harangue* latine sur la levée du siège de Vienne; et *Tabellæ selectæ ac explicatæ*, 1691, in-fol. On doit à Charlotte une *Panégyrique de Louis XIV*; et de Phenice in *numismate imper. Ant. Caracallæ expressa epistola*, 1683, in-4.

PATINHO (Balthasar), marquis de Castellar, né à Milan, mort à Paris en 1733, consacra ses talents diplomatiques au service de l'Espagne, qui le revêtit de plusieurs charges et missions importantes. — Son frère aîné, Joseph Patinho, né en 1667, fut d'abord jésuite au collége de Rome, puis devint, par son frère, ministre d'Espagne, et mourut en 1736.

PATISSON (Mamert), habile imprimeur, né à Orléans, exerça sa profession à Paris, épousa en 1580 la veuve de Robert Estienne, 2e du nom, et mourut en 1600. Parmi les belles et correctes édit. sorties de ses presses on cite la *Vénerie d'Oppian*, 1575, in-4. — *Discours sur les médailles et gravures antiques*, 1579, in-4. — *OEuvres de Scévole de Sainte-Marthe*. — *De emendatione temporum*, de Joseph Scaliger, 1583, in-fol., etc.

PATKUL (Jean-Renaud de), gentilhomme livonien, né dans une prison de Stockholm en 1660, servait en qualité de capitaine dans l'armée suédoise, lorsqu'en 1689 il fut appelé à faire partie d'une députation chargée de défendre les droits de la Livonie devant Charles XI. Quoique aussi vives que justes et mesurées, les représentat. de ces nobles patriotes demeurèrent sans fruit; et, après la diète de Wenden, qu'il avait présidée, Patkul reçut mission d'adresser au gouvern.-général suédois, à Riga, de nouvelles et plus pressantes doléances. Il paraît que cette fois les expressions du représent. de la Livonie peignirent avec peu de ménagem. l'inique oppress. qui pesait sur sa patrie, et on le manda à Stockholm, avec quelques autres nobles, pour rendre compte de ses démarches. Patkul, que les conséquences d'une rixe avec l'un des chefs du corps suédois où il servait venait d'obliger à se réfugier en Courlande, reçut un saufconduit pour se rendre dans la capitale de la Suède, où il s'aperçut bientôt qu'on ne l'avait appelé que pour le perdre plus sûrement. Tandis qu'il regagnait clandestinem. la Courlande, une condamnat. capitale était prononcée contre lui. Il erra quelque temps en Suisse, en Italie et en France, puis accepta du service en Saxe, où il fut nommé conseiller intime en 1698. Le noble proscrit vit bientôt encore sa sécurité compromise : une guerre allait s'engager entre la Suède et la Saxe. Enflammé à la fois par des motifs particuliers de vengeance et par l'intérêt sacré de la patrie, Patkul saisit ou fait naître vingt occasions de porter obstacle aux succès de Charles XII. L'activité et l'intelligence qu'il avait déployées en 1702 dans une mission dont il était chargé par Auguste II à la cour de Russie, portèrent le tzar Pierre Ier à l'attacher à son service, et après l'avoir nommé commissaire-général des guerres, il l'accrédita son ministre plénipotentiaire auprès du roi de Pologne. Dans ce poste, qu'il n'occupa que peu de temps, Patkul tenta en vain d'animer l'ardeur des Livoniens, et de les porter à seconder les projets qu'il roulait pour les affranchir du joug : les prestiges de gloire de l'habile Charles XII en avaient déjà fait oublier le poids à ses compatriotes. Renonçant alors au rôle trop peu actif de diplomate, Patkul demande en 1702 le commandem. du corps de troupes russes envoyé au secours du roi de Pologne; il l'obtient avec le grade de lieuten.-général, et dès-lors dirige à la fois contre le monarque suédois les efforts de sa plume et de son épée. Les succès qu'il obtint exaspérèrent encore l'animosité de Charles XII : Patkul devait tomber dans cette lutte inégale. Abandonné par le faible et versatile Auguste, dénoncé comme traître à la cour de Russie sous de spécieuses apparences, il fut, contre le droit des gens, jeté dans la forteresse de Kœnigstein par les ordres même de l'indigne allié du tzar, avant que celui-ci lui eût retiré le caractère politique dont il l'avait revêtu. De Kœnigstein Patkul fut conduit au quartier-général d'Alt-Ranstadt, puis traîné dans Casimir, en Pologne, à la suite de l'armée. Là, Charles XII le fit condamner par un conseil de guerre à être roué et écartelé; il subit le 10 octobre 1707 cette horrible sentence, dont l'exécution fut encore prolongée par la maladresse du bourreau. La *Vie* de Patkul a été publiée à Berlin, 1792-97, 3 vol. in-8. Le prem. contient ses *Rapports officiels* au tzar pendant sa dernière

mission auprès d'Auguste II. On a d'autres écrits de l'infortuné Livonien, parmi lesquels il suffira de citer sa traduction française du traité *De officio hominis et civis* de Puffendorf, et les *Actes* de son prem. procès (en 1694), adressés à une commission d'échevins de Leipsig.

PATON (RICHARD), peintre de marines et grav. à l'eau-forte, né en Angleterre vers 1720, peignit et grava avec succès plusieurs *Combats de mer*. On cite parmi ses tableaux 4 *Vues* représentant les opérat. de la flotte russe contre les Turks, dans la guerre de 1770.

PATOUILLET (NIC.), jésuite, supér. de la mission franç. à Londres, né à Salins en 1622, mort en 1710 dans la maison de l'institut à Besançon, a publié : *Sentiments d'une âme pour se recueillir en Dieu*, 1700, in-12.—Étienne PATOUILLET, son frère, abbé d'Acey, né en 1634 à Salins, où il mourut en 1696, est auteur d'une *Oraison funèbre de Marie-Thérèse d'Autriche, reine de France*, 1684, in-8. — PATOUILLET (Louis), jésuite, né à Dijon en 1699, mort à Avignon vers 1779, a publié entre autres ouvrages l'*Apologie de Cartouche*, 1733, in-12, et l'*Histoire du pélagianisme*, 1767, in-12. On lui doit une édit. augm. du *Dictionnaire des livres jansénistes*, 1752, 4 vol. in-12. Il fut l'éditeur de quelq. vol. des *Lettres édifiantes*, etc. Voltaire a joint quelquefois le nom du P. Patouillet à ceux des écrits qu'il voue au ridicule dans ses satires et ses facéties.

PATRAT (JOSEPH), auteur et acteur comique, né à Arles vers 1752, mort à Paris en 1801, a fait représenter et imprimer un assez grand nombre de comédies ou d'opéras-comiques, parmi lesq. on distingue : l'*Heureuse erreur*, les *Déguisements amoureux*, le *Fou raisonnable*, les *Méprises par ressemblance*, le *Complot inutile*, les *Deux Morts*, les *Deux Frères*, la *Kermesse, ou la Foire allemande, Isabelle de Rosalvo*, les *Amants protées*, *Adélaïde de Mirval*, etc.

PATRIARCHES, chefs de famille chez le peuple hébreu, qui ont conservé la connaissance du vrai Dieu, avant Abraham et ses descendants, jusqu'à Moïse. En voici la liste chronologique :

Adam, né av. J.-C.	4004	Heber.	2281
Caïn.	4003	Phaleg.	2247
Abel.	4002	Rebu.	2247
Seth.	3874	Sarog.	2185
Énos.	3769	Nachor.	2155
Caïnan.	3710	Tharé.	2126
Malaléel.	3609	Abraham.	1999
Jared.	3544	Sara.	1986
Énoch.	3382	Melchisédech bénit Abraham.	1912
Mathusala.	3317		
Lamech.	3130	Ismaël.	1910
Noé.	2978	Isaac.	1896
Japhet.	2448	Jacob.	1856
Sem.	2446	Ruben.	1752
Déluge.	2348	Simon.	1749
Arphaxad.	2346	Lévi.	1748
Salé.	2311	Juda et Dan.	1747

Nephtali et Gad.	1746	Caath, fils de Lévi.	1662
Issachar et Aser.	1741	Amram, fils de	
Zabulon.	1740	Caath.	1650
Joseph.	1737	Aaron, fils d'Am-	
Benjamin.	1729	ram.	1574
Manassé.	1712	Moïse, fils d'Am-	
Éphraïm.	1711	ram.	1571

PATRICE (St), né en Écosse l'an 372, fut évêq. et apôtre d'Irlande en 431, et mourut vers l'an 460. Il fonda l'église métropolit. d'Armagh, et introduisit l'usage des lettres en Irlande. On raconte beaucoup de fables sur le purgatoire de St Patrice: c'était une caverne d'une île d'Ultonie où l'on conjecture que le saint avait l'habitude de se retirer, où les peines de l'enfer étaient représentées. Jac. Ware a publié à Londres en 1658, in-8, les *OEuvres* de St Patrice, qui se trouvent aussi dans la *Biblioth. des Pères*.

PATRICE (Pierre), né dans le 6ᵉ S. à Thessalonique, fut ambassad. et maître du palais sous Justinien. Il avait composé en grec une *Histoire des ambassad.*, dont il ne nous reste que des fragments. Chanteclair les a trad. en latin, en y joignant des notes sav., auxquelles Henri de Valois en ajouta d'autres. On trouve les unes et les autres avec des fragments dans l'*Hist. byzantine*, 1648, in-fol. — Patrice (André), prélat polonais du 16ᵉ S., prevôt de Varsovie, archidiacre de Wilna, enfin premier évêque de Wenden, dans la Livonie, où il mourut en 1585, a laissé des *Harangues lat.*, des *commentaires* sur deux discours de Cicéron, et quelq. ouvr. de controverse.

PATRICIUS. — V. Patrice et Patrizi.

PATRICK (Simon), né en 1626 à Gainsborough (Lincolnshire), fils d'un meunier, dut à ses talents un avancem. rapide, il parcourut tous les degrés des honneurs ecclésiastiq., fut élevé, en 1689, à l'évêché de Chichester, puis transféré, en 1691, sur le siége d'Ély, et mourut dans le 18ᵉ S. On a de lui des *comment. et paraphrases* sur l'Écriture sainte, souv. réimpr. — Patrick (Samuel), sav. et laborieux philologue, attaché au collége d'Éton, a été l'édit. d'un gr. nombre d'ouvrages, tels que *Plauti comediæ IV, cum notis Jacob. Operarii* (v. OEuvre), 1724, in-8.—*Clavis homerica, 1784*, in-4, 5ᵉ édit., etc. — Richard Patrick, chapelain de la marquise douairière de Townshend, mort en 1815 à Hull, où il était vicaire de Sculcoates, a publié : *Tableau des dix premiers chiffres en 200 langues*, 1812, in-8. — *État des mœurs dans un port de mer*, sermon, 1509, in-8. — *La mort du prince Bagration*, poème, 1813, in-8.

PATRIN (Eugène-Louis-Melchior), célèbre minéralogiste, né à Lyon en 1742, fit avec succès ses cours de physiq. et de chimie. Après avoir achevé ses études, il voulut voyager dans le nord pour vérifier quelques hypothèses et étendre ses connaissances géologiques; il consacra des années à ces courses périlleuses, et revint en France avec une magnifique collect. de minéraux de la Sibérie. Il s'établit à Paris, où il devait trouver plus de ressources que dans sa ville natale, pour cultiver les sciences naturelles. Quoique devenu étranger à la ville de Lyon, ses compatriotes l'élurent député à la convention, il y montra des sentiments modérés, et vota le bannissem. du malheureux Louis XVI. Proscrit quelq. mois après, il parvint à se soustraire au supplice, devint bibliothécaire de l'école des mines, qu'il enrichit de sa collection. Il était correspondant de l'Institut, membre de l'académie de Pétersbourg, etc. Sur la fin de sa vie il vint habiter St-Vallier, près de Lyon; il y mourut en 1815. Outre un gr. nombre de pièces dans le *Journal de physique*, les *Annales des mines*, etc., on a de Patrin : *Relation d'un voyage au mont d'Altaïce*, Pétersbourg, 1783, in-8. — *Hist. naturelle des minéraux*, 1801, 5 vol. in-18. — *Notes sur les Lettres à Sophie*, par M. Aimé Martin, 1810, 2 vol. in-8. M. Villermé a donné une *Notice* sur Patrin dans les *Annales encyclopédiq.*, 1818, IV, 58-71.

PATRINI (Joseph), graveur, né à Parme, mort dans cette ville en 1786, avait travaillé sous la direction de Zanetti à la collection des *Statues antiques de Venise*, 2 vol. in-fol.

PATRIX (Pierre), né à Caen en 1585, fils d'un conseiller au bailliage, cultiva la poésie avec succès, et ne s'avisa que sur le retour de l'âge de tirer parti de ses talents pour sa fortune. Ayant été présenté à Gaston de France, duc d'Orléans. Ce prince lui donna la charge de son maréchal-des-logis: il fut ensuite écuyer de la veuve de ce prince, Marguerite de Lorraine, et mourut à Paris en 1671. On a de lui : *la Miséricorde de Dieu sur un pécheur pénitent*, Blois, 1660, in-4. — *Plaintes des consonnes qui n'ont pas l'honneur d'entrer au nom de Neuf-Germain*, dans les *OEuvres* de Voiture. — *Poésies div.*, dans le *Rec. des plus belles pièces des poètes français*, etc., 1692, 5 vol. in-12.

PATRIZI ou PATRIZIO (François), *Patricius*, év. de Gaète, était né à Sienne, et mourut en 1494. Il est connu par les ouvr. suiv.: *de Regno et regis institutione*, Paris, 1519, in-fol.; trad. en franç. par J. de Ferrey. 1577, in-8. — *De institutione reipubl.*, 1519, in-fol.; trad. en français par La Mouchetière, 1520, in-fol. — Un autre François Patrizi ou Patrizio, né en 1529 dans l'île de Cherso, mort en 1597, professeur de philos. à Rome, avait occupé la même chaire à Padoue, et s'était fait connaître à la fois comme géomètre, historien, militaire et poète. Toutefois il doit surtout le souvenir qu'on a conservé de lui à son attachem. à la philosophie platonicienne, alors que celle d'Aristote, protégée par le cardinal Bellarmin, dominait à Rome. Il fut éditeur des liv. attribués à Mercure Trismégiste, et on lui doit plus. ouvr. Les princip. sont : *Della storia dieci dialoghi*, Venise, 1560, in-4; trad. en latin par Nicolas Stupano, et réimpr. avec le *Methodus historica* de Bodin, Bâle, 1576, in-8. — *La milizia romana di Polibio, di Livio e di Dionisio Alicarnasseo*, Ferrare, 1583, in-4, fig.; traduit en latin par Kuster, et insér. au tome X du *Thesaur. antiq. romanor.* de Grævius. — *Paralleli milit.,*

Rome, 1594-95, 2 vol. in-fol. — *Procli elementa theol. et phys. lat. reddita*, Ferrare, 1583, in-4. — *Della poetica*, etc., 1586, in-4, etc.

PATROCLE (myth.), ami d'Achille, qu'il suivit au siége de Troie, était fils de Menætius, roi des Locriens. Lorsqu'Achille, irrité de l'affront que lui avait fait Agamemnon, s'enferma dans sa tente et refusa de combattre, Patrocle se couvrit des armes de son ami, espérant par cette ruse inspirer de la terreur aux Troyens. En effet, il eut d'abord quelques succès, mais il fut bientôt vaincu et tué par Hector dans un combat singulier. A la nouvelle de son trépas, Achille furieux courut au combat, et immola le héros troyen lui-même aux mânes de son ami.

PATRONA-KALIL, Albanais, d'abord soldat de marine sur la 2ᵉ galère de l'empire appelée *Patrona*, d'où il prit son nom, puis janissaire, se mit en 1730 à la tête d'une sédit., dont le prétexte était l'établissem. d'un nouvel impôt. Après avoir demandé les têtes du muphti, du grand-visir, et de quelq. autres ministres, Patrona finit par déposer le sulthan Achmet, et donna l'empire à Mahmoud, nev. de ce prince. Le nouv. impôt fut aboli, et Patrona resta tranquille pend. quelque temps. Mais bientôt l'audace et l'insolence de ce chef de révolte reprirent un nouveau cours. Mahmoud, par le conseil de son ancien précepteur, Khodja Dgiamau, fit massacrer Patrona et deux de ses complices dans la salle du divan.

PATRU (Olivier), avocat, plus célèbre par l'amitié de Boileau et de Racine que par ses ouvr., né à Paris en 1604, suivit le barreau en même temps qu'il cultivait la littérature. Reçu à l'Acad. franç. en 1640, ce fut lui qui introduisit l'usage des disc. de remercîment. Ses succès comme orateur furent éclatants, mais se contribuèrent point à sa fortune. Insouciant sur ses affaires personnelles, ébréchant chaque jour son modeste patrimoine, il était sur le point de se défaire de sa bibliothèq. pour arrêter les poursuites de ses créanciers ; mais il trouva dans Boileau un acquéreur génér. qui lui en laissa l'usage. Peu de jours avant sa mort, qui arriva en 1681, il obtint du roi, sur les sollicitations longtemps infructueuses du duc de Montausier, une gratificat. de 500 écus. Patru a passé pour l'homme de son temps le plus versé dans la connaissance du mécanisme de notre langue. Il était dur et tranch., dans ses censures ; mais son tact de critique fut souvent en défaut. Ses discours, plaidoyers, mém., dissertations, lettres, etc., ont été recueillis. La meilleure édit. de ses *OEuvres* est celle de Paris, 1732, 2 vol. in-4.

PATTE (Pierre), architecte, né à Paris en 1723, mort à Mantes en 1814, fut d'abord associé aux collaborateurs de l'*Encyclopédie* pour la direction des dessins et gravures, et se brouilla avec les entrepreneurs de ce grand ouvrage. Comme il aimait la vie retirée et l'étude, il écrivit plus sur son art qu'il n'exécuta. Il critiqua les plans de Soufflot pour la construction de l'église de Ste-Geneviève, démontra l'insuffisance des piliers qui devaient porter le fardeau du dôme, et vit ses observat. justifiées par l'événement. Patte prenait le titre d'architecte du duc de Deux-Ponts. Parmi ses ouvrages on distingue : *Mém. sur la construction de la coupole projetée pour couronner l'église de Ste-Geneviève*, 1770, in-4.— *Monum. érigés en France en l'honn. de Louis XV*, etc., 1765, in-fol., fig.— *Traité de la construct. des bâtiments*, 3 vol. in-8, faisant suite au *Cours d'architecture civile* de Blondel.— *Mém. qui intéressent particulièrem. Paris*, 1801, in-4. — *Études d'architecture*, etc., 1755, in-fol. Patte a été l'édit. des *Mém. de Ch. Perrault*, 1759, in-12, et des *OEuvres d'architecture* de Boffrand, 1755, in-fol. On connaît de lui une suite de six estampes de perspective et d'architecture, d'après Piranesi, et un *Temple* (allégorique) *de Vénus*, d'après les dessins de Le Lorrain.

PATTISON (William), poète anglais, mort de la petite-vérole en 1727, à l'âge de 21 ans, était fils d'un fermier du comté de Sussex. Ses *Poésies*, recueillies en 1728, 2 vol. in-8, font regretter qu'une mort prématurée l'ait empêché de réaliser les espérances qu'elles faisaient concevoir de son talent.

PATU (Claude-Pierre), avocat, né à Paris en 1729, mort en 1758, s'occupa plus de littérat. que de jurisprudence, et fut lié avec Palissot. On a de lui : *les Adieux du goût*, comédie en un acte et en vers libres (avec Portelance), 1754, in-12.—*Choix de pet. pièces du théâtre angl.*, 1756, 2 vol. in-12.

PAUCTON (Alexis-Jean-Pierre), mathématic., né en 1736 dans un village du Maine, mort à Paris en 1798, associé de l'Institut, est auteur des ouvr. suivants : *Théorie de la vis d'Archimède*, 1768.— *Métrologie, ou Traité des mesures, poids et monnaies des anciens peuples et des modernes*, 1780, in-4.— *Théorie des lois de la nature*, ou *la Science des causes et des effets*, 1781, in-8. Il a laissé MS. une trad. des *Hymnes* d'Orphée, un traité gnomonique, et une théorie du ptérophore, et d'un char volant, dont les premières idées avaient été déjà exposées dans la *Théorie de la vis d'Archimède*.

PAUDITZ (Christophe), peintre, l'un des meill. élèves de Rembrandt, né vers 1618 dans la Basse-Saxe, travailla long-temps pour l'évêque de Ratisbonne et pour le duc de Bavière, Albert Sigismond. On ignore l'époque de sa mort. Parmi les tableaux de cet artiste on regarde comme les plus remarquables *le Réveil de St Jérôme*, et celui dans leq. il a représenté *un Vieillard avec un enfant*.

PAUL-ÉMILE (Lucius-Æmilius-Paulus), surn. *l'Ancien*, gén. romain, fait consul avec M.-Livius Salinator l'an 219 avant J.-C., fut chargé avec son collègue de terminer la guerre contre Démétrius, roi d'Illyrie. Les succès qu'il obtint dans cette guerre lui valurent à son retour les honn. du triomphe. Il éprouva ensuite quelq. revers ; mais sa sagesse et sa prudence reconnues le firent rappeler au consulat avec Varron, en 216. Il périt la même ann. à la bataille de Cannes, après y avoir fait des prodiges de valeur. — PAUL-ÉMILE (Lucius-Æmilius-Paulus), surnommé *le Macédonique*, l'un des plus grands capitaines de l'ancienne Rome, né l'an 228 avant J.-C., était fils du précéd. Après avoir passé par différentes charges et remporté plus. victoires éclatantes, il fut élu consul en l'an 182, défit les Liguriens, reçut les honn. du triomphe, et abandonna la carrière des emplois publics. Mais rappelé au consulat en l'an 168, il se remit à la tête des armées, vainquit Persée, roi de Macédoine, l'emmena à Rome avec tous ses trésors, et reçut pour la seconde fois les honn. du triomphe. Paul-Émile était alors dans sa 60° année. Il mourut huit ans après, l'an 160 avant J.-C. Plutarque, à qui nous devons la *Vie* de Paul-Émile, le compare à Timoléon.

PAUL (St), l'apôtre des Gentils, nommé *Saul*, né à Tarse, dans la Cilicie, de parents juifs, fut d'abord un des plus acharnés ennemis des chrét. Sa conversion miracul. est racontée dans les *Actes* des apôtres. Devenu l'un des plus zélés propagat. de la relig. du Christ, St Paul la prêcha dans toute l'Asie-Mineure, dans la Grèce et à Rome. Condamné à mort sous l'empire de Néron, il eut la tête tranchée au lieu appelé *les Eaux-Salviennes*, le 29 juin, l'an 66 de J.-C., et fut enterré sur le chemin d'Ostie, où St Grégoire-le-Grand fit construire une église sous son invoc. On a de St Paul 14 *Épîtres*, qui renferment toute la doctrine des évangiles, auxq. elles sont réunies parce qu'elles en forment le complément indispensable.

PAUL (St), prem. ermite, né dans la Thébaïde vers 229, se retira dès l'âge de 22 ans dans le désert, pour se soustraire à la persécution suscitée contre les chrétiens par l'empereur Dèce. Une caverne lui servait d'abri, et il tirait sa subsistance et son vêtement de quelq. palmiers environnants. Il mourut en 341, âgé de 113 ans, après avoir reçu la visite de St Antoine. St Jérôme et St Athanase écrivirent sa *Vie*; et l'Église célèbre sa fête le 15 de janvier. — Un autre St PAUL, né à Thessalonique, fut patriarche de Constantinople, où son zèle à défendre la foi contre les ariens lui attira des persécutions de la part de l'empereur Constance, qui protégeait l'hérésie. Il finit par en être la victime, et mourut étranglé dans une caverne du mont Taurus, où ses ennemis l'avaient laissé six jours enfermé sans nourriture, en 350 ou 551.

PAUL de *Samosate*, d'abord évêque de sa ville natale, fut élu l'an 260 patriarche d'Antioche. Peu de temps après il renouvela les erreurs de Sabellius, fut excommunié en 270 par un concile tenu à Antioche, sous la présidence du patriarche de Jérusalem, et dépossédé de sa dignité. Mais il se maintint dans la maison patriarcale avec l'appui de Zénobie, alors maîtresse de la Syrie, et n'abandonna son siège qu'après la défaite de sa protectrice. Ses sectateurs peu nombreux prirent le nom de Paulianistes.

PAUL Ier (St), pape, succéda à Étienne II, son frère, et fut élu en 757. Il gouverna 10 ans l'Église, et se distingua plus par sa piété que par sa prudence. On trouve 22 *Lettres* de lui dans le *Recueil* de Crester. — PAUL II (Pierre BARBO), neveu du pape Eugène IV, succéda à Pie II en 1464, à l'âge

de 48 ans. Son pontificat n'est remarquable que par l'excommunicat. du roi de Bohème, la guerre contre les Turks, et la réunion des princes d'Italie. Paul II occupa sept ans la chaire de St Pierre, et mourut en 1471. On a de lui des *Lettres*, des *Ordonnances*, et on le croit auteur d'un *Traité des règles de la chancellerie*. Sa *Vie* a été publiée par le cardinal Quirini, Rome, 1740, in-4. — PAUL III (Alexandre FARNÈSE), évêque d'Ostie et doyen du sacré collège, avait 68 ans lorsque le vœu unanime des cardinaux l'appela à remplacer Clément VII dans la chaire de St Pierre en 1534. Il l'occupa près de 15 ans, convoqua un concile général d'abord à Mantoue, puis à Trente, chercha à réconcilier Charles-Quint avec François Ier, qu'il protégeait, traita avec beaucoup de rigueur le roi d'Angleterre Henri VIII, et mourut en 1549. On a de lui quelq. *Lettres* adressées à Érasme, à Sadolet, etc. — PAUL IV (Jean-Pierre CARAFFA), fut élu souverain pontife en 1555, à l'âge de 80 ans. Il avait été revêtu d'un grand nombre de dignités, et chargé par ses prédécess. de missions aussi délicates qu'importantes. Il employa les quatre années que dura son pontific. à corriger les abus, et à lancer l'anathème contre les hérétiques; mais il irrita contre lui, par son excessive sévérité, le peuple romain, qui, après sa mort, en 1559, s'en vengea sur sa statue, et la jeta dans le Tibre. On a de Paul IV : *De Symbolo; de emendandâ Ecclesiâ; la Règle des théatins*, dont il fut un des instituteurs. — PAUL V (Camille BORGHÈSE), né à Rome vers 1552, obtint la tiare en 1605, à la mort de Léon XI. Les prem. années de son pontificat furent troublées par une querelle qu'il eut avec la république de Venise, au sujet de la juridiction, et qui fut accommodée par Henri IV. Pendant les seize années de son pontificat, il embellit Rome, qui lui doit plus. beaux monuments, et tâcha d'apaiser, plutôt que de terminer, les disputes qui s'étaient élevées relativement à divers articles de foi. Il mourut en 1621, âgé de 69 ans. Ce fut lui qui acheva le frontispice de St-Pierre et le palais de Monte-Cavallo.

PAUL de *Saumur*, connu sous le nom de *chevalier Paul*, célèbre marin, né dans un bateau en déc. 1597, était fils d'une lavandière qui faisait le trajet de Marseille au château d'If. Il servit d'abord comme mousse sur les galères de Malte, s'y distingua de la manière la plus brillante, et remplaça son commandant tué dans un combat. Le cardinal de Richelieu le demanda au gr.-maître, et le fit capitaine de haut-bord. Paul devint successivem. chef d'escadre, lieut.-général, vice-amiral des mers du Levant. Il mourut à Toulon en 1667. Son oraison funèbre prononcée par le P. de Villecrose, de l'Oratoire, n'a pas été imprimée.

PAUL (FRANÇOIS), médecin, mort en 1774, membre des académies de Marseille et de Montpellier, était du bourg de St-Chamas, en Provence. On lui doit, dans la *Collection académique*, partie étrangère, les *Mémoires des acad. de Prusse, de Bologne et de Turin*. Il a traduit les *Institutions chirurgicales* d'Heister, 1770, 2 vol. in-4, et

4 in-8; et les *Traités* de van Swieten sur *la perip-neumonie, la pleurésie* et *les maladies des enfants.*

— Amand-Laurent PAUL, son frère, jésuite, né à St-Chamas en 1740, mort à Lyon en 1809, avait enseigné les belles-lettres dans divers colléges de sa société jusqu'à sa suppression; il devint alors professeur de rhétorique à Arles. La mort de son frère le fit renoncer à l'enseignement, il se retira dans le sein de sa famille pour s'y livrer tout entier à la traduct. des classiq. latins. On a de lui celles de *Velléius-Paterculus, Florus, Justin*, et des morc. choisis de *Tite-Live, Cornélius-Népos, Phèdre, Sulpice-Sévère* et *Eutrope.*

PAUL Ier (PÉTROWITSCH), emper. de Russie, né en 1754, était fils de la grande-duchesse, depuis Catherine II, et du gr.-duc, qui régna quelq. mois sous le nom de Pierre III. Son enfance fut abreuvée de chagrins. Son père, qui désavouait ce titre, n'eut pour lui que de l'aversion; et sa mère, livrée à ses projets ambitieux, se montra souv. disposée à le sacrifier à ses favoris. L'impératrice Élisabeth, dans un moment où elle était réconciliée avec Catherine, ayant présenté le jeune Paul aux gardes comme leur futur souverain, cette scène, à laq. le gr.-duc Pierre n'avait point été admis, dut contribuer beaucoup à envenimer la haine qu'il lui portait déjà. Aussi, dès qu'il fut sur le trône, il résolut de désavouer son fils par un ukase. Catherine prévint ce coup, dont elle sentait bien que les conséquences lui seraient funestes à elle-même, et Pierre III fut assassiné en 1762. Paul ne fit que changer de maître par cette révolution, et, pend. le long et glorieux règne de sa mère, il donna l'exemple d'une soumission qui, sans rien prouver en faveur de sa piété filiale, attestait sa faiblesse de caractère et la médiocrité de ses talents. Il parut se résigner à une existence oisive et rétrécie, dont les seuls événem. furent ses deux mariages avec une fille du landgrave de Hesse-Darmstadt (1774), puis avec la princesse de Wurtemberg, nièce du grand Frédéric (1776), et son dispendieux voyage avec la grande-duchesse en Pologne, en Autriche, en Italie, en France et en Hollande. Lors de la guerre de la Russie avec la Porte, en 1788, il sollicita vainement la permission d'aller combattre les Turks, et ne fut dédommagé du refus qu'il essuya que par l'autorisation de se montrer à l'armée de Finlande. Il ne tarda pas à rentrer dans son inaction obligée, d'où il ne sortit qu'en 1796 par la mort de Catherine; mais il n'avait pas appris dans la retraite à gouverner. Il lâcha le frein à ses passions impétueuses, long-temps comprimées, et renouvela la face de l'empire avec une imprudente précipitation. La plupart des serviteurs de Catherine furent exilés et remplacés par ceux qu'elle avait disgraciés. C'était une double faute, d'abord de faire tant de changements, ensuite de respecter si peu les choix d'une aussi habile souveraine. Tout fut bouleversé dans l'administration et dans l'armée, dont un caprice ridicule changea les uniformes et jusqu'à la coiffure. Les moindres transgressions à ces ordonnances sur le costume

étaient souvent punies du knout ou de l'exil en Sibérie. Il obligea toutes les personnes qui se trouvaient sur son passage à descendre de voiture et à se prosterner devant lui. Il porta la même violence aveugle dans sa politique extérieure, et, se déclarant le défenseur des principes monarchiques, il entra dans la coalition contre la France, et envoya des armées en Italie, en Suisse et en Hollande. Mais tandis que Suvarow faisait une brill. campagne en Italie, le corps russe débarqué en Hollande, était obligé de capituler; et l'armée commandée par Korsakow, abandonnée par les Autrich., était détruite devant Zurich (v. MASSÉNA, BRUNE et SOUWAROW). Ce double revers excita le mécontentement de Paul au plus haut degré. S'étant d'ailleurs aperçu que l'Autriche songeait à s'agrandir, et contrarié par l'Angleterre dans ses vues sur l'île de Malte dont il s'était proclamé le gr.-maître, il se rapprocha des Français, conclut un traité d'alliance avec Bonaparte, alors prem. consul, et devenu pour lui l'objet d'une admiration exaltée. Mais il ne sut pas garder plus de mesure dans cette circonstance que dans les autres, et força de sortir de ses états les malheureux princes de la maison de Bourbon, qu'il avait d'abord accueillis avec des honneurs extraordinaires. Toutefois sa fermeté en imposa aux cabinets de Vienne et de Londres, et les paix d'Amiens et de Lunéville furent conclues. Paul ne changea pas de conduite envers ses sujets; il encouragea la délation, l'organisa même sur un plan régulier, et multiplia les condamnations arbitraires. Quelques actes imprévus de justice ou de générosité venaient parfois surprendre la nation russe, mais ne pouvaient lui faire oublier tant de misères et une si outrageuse tyrannie. Quelques hommes de la cour, fatigués d'un tel état de choses, se chargèrent d'y mettre un terme, et pénétrèrent jusqu'au despote, dans la nuit du 11 au 12 mars 1801. Paul Ier, attaqué dans son lit, essaya en vain d'opposer quelque résistance. Il fut étranglé, et sa force prodigieuse ne servit qu'à prolonger la durée de son supplice. Lorsqu'on apprit cet événement, le 12 mars à la pointe du jour, la joie fut une ivresse véritable, et le soir la capitale de la Russie fut illuminée. Le successeur de Paul Ier fut Alexandre Ier, son fils aîné.

PAUL DE LA CROIX, né en 1694 à Ovada, petite ville de l'état de Gênes, fonda l'ordre régulier qui porte le nom de *clercs déchaussés de la croix et passion de N. S. J. C.*, passa sa vie dans l'exercice des vertus chrétiennes, et mourut en 1775.

PAUL-LE-SILENCIAIRE, ainsi nommé de la charge qu'il remplissait dans le sacré palais de Constantinople sous Justinien, a écrit en vers grecs: *Histoire de l'église de Sainte-Sophie*, impr. avec la *traduction* et les *notes* de Ducange dans l'*Histoire byzantine*, 1670, in-fol. — *Carmen in Thermas Pythias*, impr. grec-latin, avec les *notes* de Huet, 1698, in-4; et un assez grand nombre d'*épigrammes* dans l'*Anthologie* (celle de Brunck en contient 83).

PAUL (WARNEFRIDE, plus connu sous son

prénom de), diacre d'Aquilée, fut secrétaire de Didier, dernier roi des Lombards. Après avoir séjourné quelque temps à la cour de Charlemagne, il se fit moine au monastère du Mont-Cassin, où il mourut vers 801. On a de lui une *Histoire des Lombards* et l'*Historia miscella*, qui se trouvent dans le prem. vol. des *rerum italicarum scriptores;* la *Vie de St Grégoire-le-Grand;* une *Histoire des évêques de Metz*, et l'hymne *Ut queant laxis.*

PAULA (JULIA-CORNÉLIA), dame romaine aussi vertueuse que belle, inspira une violente passion à l'emper. Héliogabale, qui l'épousa, mais la répudia bientôt après.

PAULE (STE), dame romaine de la famille des Scipions et des Gracques, née vers 347, embrassa le christianisme, et, devenue veuve, se retira au monastère de Bethléem, pour y pratiquer, sous la conduite de St Jérôme, toutes les austérités d'une vie pénitente. Elle devint abbesse de ce monastère, et y mourut en 407. On a une *lettre* de St Jérôme à cette dame, dans laq. il cherche à la consoler de la perte de Blésille, sa fille aînée : dans une autre lettre à Eutochie, sa 3e fille, le même saint s'étend sur les vertus de la mère; cette pièce est connue sous le titre d'*Épitaphe de Ste Paule.*

PAULET (le chevalier), d'origine irlandaise, était depuis quelq. temps fixé en France lorsqu'en 1772 il y fit le premier essai de la méthode d'enseignement mutuel. Quoique d'abord négligée par le gouvernem., cette institution obtint un succès remarquable. Des familles distinguées s'empressèrent de placer leurs enfants dans cette école, que le fondateur n'avait destinée qu'aux fils des militaires morts ou blessés au service de l'état, et qui devaient y être admis sans distinction pour être préparés à la profession de leur choix. D'illustres élèves sont sortis de cette école; et l'un d'eux (le maréchal duc de Tarente), a donné dans le *Journal d'éducation*, juillet 1816, p. 229, d'intéressants détails sur cet établissem. Louis XVI venait de prendre sous sa protection l'école de Paulet, et l'avait dotée d'un fonds de 36,000 fr., lorsque la révolution obligea celui-ci d'abandonner son ouvrage. — Jean PAULET, né à Nîmes, fils d'un ouvrier en soie, avait travaillé sur le métier avant d'étudier la théorie de son art. La *Descript.* qu'il en a publ., 1773-76, in-fol., fait partie de la Collection des arts et métiers.

PAULET (JEAN-JACQUES), médecin, né en 1740 à Andèse (Gard), prit ses degrés à l'école de Montpellier, et s'annonça de bonne heure par une *Hist. de la variole*, en 2 vol. (1765), contenant la trad. du Traité de Rhazès. Le courage avec lequel, en soutenant que la petite-vérole était contagieuse et pouvait devenir épidémique, il attaquait l'un des préjugés nationaux les plus enracinés, ne lui valut de la part de ses confrères que plus. critiques fort acerbes, et qu'une menace de la Bastille de la part de l'autorité. Il fit paraître en 1776 des *Recherches historiques et physiques sur les maladies épizootiques*, 2 vol. in-8; et cet ouvrage, dont le succès fut complet, plaça l'auteur au rang que lui assignaient ses connaissances et la justesse de ses vues. Rédacteur de la *Gazette de santé*, qu'il continua plus. années, il bannit de cette feuille la pompe de style, la jactance fleurie qui font tant de torts à la médecine moderne; et en même temps qu'il y combattait à outrance la manie de l'introduct. des poisons en médecine, il se montrait le censeur inflexible des systèmes exclusifs. Partageant ses instants entre les expériences scientifiq. et la culture des lettres, il se délassa quelquefois de ses travaux en prenant part à des discussions polémiques, notamm. à celle que souleva Mesmer, contre qui il décocha plus d'un trait. Paulet mourut à Fontainebleau en oct. 1826. Outre les écrits déjà cités on distingue parmi ses ouvr. : *Traité des champignons*, 1775. 2 vol. in-4, pl. — *Observations sur la morsure de la vipère-aspic de Fontainebleau*, 1805, in-8. — *Flore et Faune de Virgile*, 1824, in-8. La plupart des feuilles périodiques lui ont consacré des *notices.*

PAULIAN (AIMÉ-HENRI), jésuite, né à Nîmes en 1722, professa la physique avec succès dans divers collèges, revint, après l'extinction de la société, dans sa ville natale, et mourut en 1802. On a de lui : *Dictionnaire de physique*, 1761, 3 vol. in-4, souv. réimpr. — *Dictionnaire des nouv. découv. en physique*, 1787, 2 vol. in-8. — *Nouv. conjectures sur les causes des phénomènes électriques*, 1762, in-4. — *Traité de paix entre Descartes et Newton*, 1764, 3 vol. in-12. — *Système général de philosophie*, 1769, 4 vol. in-12. — *Dictionnaire philosophico-théologique*, 1774, in-4, etc.

PAULIN (St), *Pontius Meropius Paulinus*, né à Bordeaux vers 353, fit ses études sous Ausone, parut ensuite avec éclat au barreau de Rome, s'attira la faveur de l'emper. Gratien, et devint consul en 378. Mais, désabusé bientôt des grandeurs, il se retira en Espagne avec Thérasie, son épouse, et se dépouilla de ses biens en faveur des églises et des monastères. Thérasie ayant pris le voile, Paulin fut ordonné prêtre à Barcelone en 393, et passa à Nole, dont il fut élu év. L'invas. des Goths lui fournit, dès le commencem. de son épiscopat, une occasion de donner des preuves de sa charité. Il mourut en 431. Les ouvr. qui restent de lui sont : des *lettres*, des *poésies*, des *discours* et une *Histoire du martyre de St Genès d'Arles.* L'édition la plus complète de ses *Œuvres* est celle de Vérone, 1736, in-fol.; mais elle est moins recherchée que celle de Lebrun-Desmarets, Paris, 1685, in-4. La *Vie de St Paulin*, par le P. Sacchini, a été insérée dans les *Acta sanctorum*, avec les remarques de Papebrock. — PAULIN (St), évêque de Trèves en 349, fut exilé par l'empereur Constance, et mourut l'an 359 en Phrygie. Son crime était d'avoir soutenu au concile d'Arles, en 353, les décrets de Nicée et l'innocence de St Athanase. L'Église célèbre sa fête le 31 août. — PAULIN (St), patriarche d'Aquilée, né dans le Frioul vers l'an 730, enseignait les lettres, lorsqu'il attira l'attent. de Charlemagne, qui lui donna un fief en Lombardie, et peu de temps après (777) le fit monter sur le siège patriarcal. Paulin assista, par les ordres de ce prince, aux divers conciles qui furent tenus sous son règne, et mourut en 804. Ses *OEuvres* ont été recueill. et impr. plus. fois; les meill. éditions sont celles de Venise, 1757, in-fol. et 1782. L'Église célèbre sa fête le 28 janvier.

PAULIN DE SAINT-BARTHÉLEMI (JEAN-PHILIPPE WERDIN, plus connu sous le nom de), sav. missionnaire, né en 1748 à Hof sur la Leitha, près de Mannersdorf, dans la Basse-Autriche, prit l'habit du Mont-Carmel en 1768, s'embarqua pour la côte de Malabar en 1774, et passa 14 ans dans les missions de l'Inde, où il remplit plusieurs fonct. import. Il revint à Rome en 1790, se crut obligé de fuir devant les Français victorieux en 1798, et après un exil de deux ans qui n'avait pas été pour lui sans consolation, reparut dans la capitale de la chrétienté. Il y remplit encore quelq. emplois honorables qu'il dut à la faveur de Pie VII, et y mourut en 1806. Quelq. progrès qu'ait faits la science dep. un petit nombre d'années, on ne saurait contester au P. Paulin le mérite d'avoir répandu des notions plus justes que celles qu'on avait avant lui sur les mœurs, les opinions philosophiques et religieuses, la littérature et les langues des peuples de l'Hindoustan. On peut dire qu'il a ouvert la carrière à des rivaux qui ont été plus heureux, parce qu'ils sont venus après lui. Les titres seuls des livres qu'il a publ. forment un catalogue étendu. Nous citerons seulem. : *Sidharubam, seu grammatica, samscrdamica, cum dissertatione historico-critica in linguam samscrdamicam*, Rome, 1790, in-4. — *Viaggio alle Indie Orientali*, ibid., 1796, in-4, fig.; trad. en franç. par Marchena, avec des *observations* de Forster, d'Anquetil-Duperron et de Sylvestre de Sacy, 1808, 3 vol. in-8, avec atlas in-4.

PAULLI (SIMON), médecin, naturaliste, né à Rostock en 1603, fut nommé à une chaire de l'académie de cette ville, vint ensuite professer la phisiologie à Copenhague, et mérita la confiance du roi Frédéric III, qui le décora du titre de son premier médecin. Christian V lui donna l'évêché d'Aarhusen, qu'il eut l'autorisation de transmettre à son fils aîné. Il mourut à Copenhague en 1680. On a de lui : *Digress. de verá... causá Febrium*, 1678, in-4. — *De l'abus du tabac et du thé* (en lat.), 1661, in-4. — *Quadripartitum de simplicium medicamentorum facultatibus*, 1668, in-4. — *Icones Floræ danicæ cum explicationibus*, 1648, in-4. — *Viridaria regia varia et academica*, 1653, in-12. — Des trad. allemandes de plus. ouvr. de médecine. — PAULLI (Oliger), 3e fils du précéd., né à Copenhague en 1644, suivit la carrière du commerce, fit une fortune rapide et devint un des plus riches négociants de Danemarck; mais au milieu de ses prospérités, son cerveau se dérangea. Il eut des visions, et, après plus. extravagances, il fit banqueroute, abandonna sa femme et ses enfants, et vint en France. Étant à Paris, il eut une nouvelle visite à la suite de laq. il annonça qu'il descendait en ligne directe de David, et prétendit que son bisaïeul, en embrassant le christianisme, n'avait pu lui ôter ses droits au trône d'Israël. Il écrivit à Louis XIV et à plusieurs autres souverains, pour les engager à l'aider dans son projet de reconquérir la Judée. Il s'imagina ensuite être appelé au trône de Pologne, puis s'étant établi au milieu des juifs d'Amsterdam, dont quelq.-uns devinrent ses partisans, se déclara le plus ardent ennemi du christianisme. Mis en prison et condamné à scier du bois de Brésil, il obtint plus tard sa liberté, se rendit à Altona, d'où il fut chassé, revint à Copenhague en 1705, et y mourut obscur en 1715. On a de lui une douzaine de brochures, en allem. et en holland., qui toutes attestent sa démence. Sa *Vie* a été écrite par Adelung, dans le 4e vol. de l'*Hist. de la folie humaine*, Leipsig, 1787.

PAULLINI (CHRISTIÁN-FRANÇOIS), médecin, naturaliste, né à Eisenach en 1643, acquit une réputation brillante, occupa des postes import. auprès de plus. princes d'Allemagne, et mourut en 1712. On a de lui, entre autres ouvr. : *Onograph., seu de Asino*, 1695, in-8. — *Cynographia curiosa*, 1648, 1683, in-4. — *Lagographia*, 1691, in-8. — *Licographia*, 1694, in-8.

PAULMIER DE GRENTEMESNIL (JULIEN LE), en latin *Palmarius*, médecin, né en 1520 dans le Cotentin, guérit le roi Charles IX d'une maladie grave, suivit le duc d'Anjou dans les Pays-Bas, et mourut à Caen en 1588. Il a publ. : *De vino pomaceo*, Paris, 1588, in-8. Cet ouvr. sur le cidre est rare et curieux. — *De Lue venereá*, in-8 — *De morbis contagiosis*, in-4 : ces différents traités ont été trad. en franç. par Cahagnes, son compatriote. — PAULMIER de GRENTEMESNIL (Jacques Le), fils du précédent, né dans le pays d'Auge en 1587, suivit d'abord la carrière milit., puis revint à Caen, fut, avec Moissant, l'un des fondateurs de l'acad. de cette ville, et mourut en 1670. Il a laissé, entre autres ouvr. : *Exercitationes in optimos ferè auctores græcos*, Leyde, 1668, in-4. — *Antiq. Græciæ descriptio*, 1678, in-4. — Des *poésies* en grec, lat., franç., ital., espagn.

PAULMI — V. VOYER DE PAULMY.

PAULO ou PAULE (ANTOINE de), grand-maître de Malte, né à Toulouse en 1570, augmenta les forces de son ordre, lui rendit d'autres services import., et mourut en 1636, après 15 ans d'exercice de la grande-maîtrise. La ville de Toulouse a placé son buste dans la galerie de ses personnages illustres.

PAULUS (PETERS), homme d'état hollandais, né à Axel, en 1754, fut d'abord conseiller et avocat fiscal de l'amirauté de la Meuse. Destitué en 1787, il resta sans fonctions jusqu'à la chute du stathouderat; obligé alors de quitter la Hollande, il vint en France, et fut accueilli avec distinction par la cour de Versailles; il visita quelques-uns des ports de France, et de retour dans sa patrie en 1795, il présida le prem. l'assemblée des représentants provisoires de la Hollande. Il fut ensuite membre du *comité de marine*, négociateur du traité de paix avec la France, et député de sa province aux délibérations qui avaient pour objet la convocat. d'une assemblée constituante. Il mourut en 1796. On a de lui différ, ouvr. de politiq. dont les plus remarquables sont : un *Comment. sur l'union d'Utrecht*, 1775, 5 vol. in-8. — *Du stathouderat*, 1773 et 1778.

PAUSANIAS, fils de Cléombrote, roi de Sparte, fut tuteur de Plistarque, fils de Léonidas. Il contribua beauc. à la victoire de Platée (470 av. J.-C.), où fut anéantie l'armée de Mardonius, et contraignit les Perses à évacuer les villes qu'ils possédaient encore dans les colonies grecques. Mais ses succès lui donnèrent de l'orgueil, et il aspira à devenir le tyran de sa patrie, avec l'appui du roi de Perse, auquel il fit des propositions. Devenu suspect aux Spartiates, ceux-ci le rappelèrent, et un esclave ayant remis aux éphores une lettre de Pausanias, qui prouvait sa trahison, il se réfugia dans le temple de Minerve, dont on mura les portes, et il mourut de faim l'an 477 av. J.-C. Cornélius-Népos a écrit la vie de ce personnage, qui a fourni à Trouvé le sujet d'une tragédie impr. en 1810. — PAUSANIAS, roi de Sparte, petit-fils du précédent, succéda l'an 408 av. J.-C. à Mistonase son père, et eut pour collègue à la royauté Agis II. Plusieurs expéditions dont il fut chargé n'ayant pas réussi au gré des Lacédémoniens, il se retira à Tégée, où il finit ses jours.

PAUSANIAS, historien et orateur grec, s'établit à Rome, où l'on sait qu'il travailla à ses recherches, l'an 174 de J.-C., et y mourut dans un âge très avancé. Son *Voyage histor. dans la Grèce* est un ouvr. très précieux, et qui semble destiné à guider les voyageurs dans cette contrée. Parmi les nombr. édit. qu'on a en faites, les meilleures sont celle de Leipsig, avec une version lat. d'Amaseo, 1794-97, 4 vol. in-8, et celle de Clavier, avec une traduction franç., Paris, 1814-21, 6 vol. in-8.

PAUSE (JEAN DE PLANTAVIT DE LA), né en 1576, dans le Gévaudan, fut élevé dans les principes du protestantisme, qu'il abjura de bonne heure, puis placé à l'académie de Nîmes, où il se livra particulièrem. à l'étude de l'hébreu. Ayant pris les ordres, il se rendit à Rome, voyagea en Italie et en Allemagne, et, de retour dans la capitale du monde chrétien, fut employé par Paul V dans ses négociations avec la république de Venise. Il y donna des preuves de talent qui fixèrent l'attention de l'ambassad. de France. Recommandé par lui à Marie de Médicis, il devint aumônier de cette princesse, et plus tard de la reine d'Espagne, Elisabeth de France, qu'il suivit à Madrid, et à la protection de laq. il dut en 1625 l'évêché de Lodève. Le nouveau prélat s'engagea dans les intrigues polit.; prit une part active à la révolte de Gaston d'Orléans et du maréchal de Montmorency (1632), et, lorsqu'elle eût été découverte par Richelieu, La Pause, excepté de l'amnistie, n'obtint sa grâce qu'à force d'abaissement. Il retourna alors dans son diocèse, s'occupa surtout de travaux philologiques et lexicographiques jusqu'à l'âge de 72 ans, et alla mourir au sein de sa famille, au château de Margon, près de Béziers. On a de lui : *Chronolog. præsulum lodovensium Galliá narbonensi*, 1634, in-4. — Un *Dictionn. hébraïq.*, 1644-45, 3 vol. in-fol., dont la

1re part. a pour titre : *Thesaurus synon. hœbr.-caldaico-rabbinicus*; la 2e *Florilegium biblicum*, et la 3e *Florilegium rabbinicum*. Poitevin-Peitavi a publ. une notice sur sa *Vie*, 1817, in-8.

PAUSIAS, peintre grec, né à Sicyone, vers l'an 360 avant J.-C, fut disciple de Pamphile, qui lui apprit à peindre à l'*encaustique*, genre dans leq. il acquit une grande réputat. Pausanias cite de cet artiste une figure de l'*Ivresse* et un *Amour* qui se trouvait dans un temple d'Esculape.

PAUSON, peintre grec, dont Aristote, Plutarque, Élien et Lucien ont parlé avec éloge, florissait vers l'an 420 avant J.-C. La pauvreté dans laquelle cet artiste passa sa vie dut nuire beauc. au perfectionnement de son talent, qui du reste ne pouvait être très relevé, vu l'époque.

PAUW (REGNIER), né à Amsterdam en 1564, fut employé par le stathouder Maurice dans plus. négociations, et, par ses services, se concilia la faveur de ce prince, qui le revêtit d'honorables distinctions. Mais à la mort de son maître (1626), il vit son crédit renversé, et pendant les dix années qu'il lui survécut, il fut en butte aux épigrammes de Vondel et de quelques autres poètes, qui ne lui pardonnaient pas son trop grand dévouement aux volontés de Maurice. — Ses fils, Adrien, mort en 1653, et Corneille, né en 1593, jouèrent aussi un rôle dans les affaires du temps.

PAUW (JEAN-CORNEILLE de), philologue, né à Utrecht sur la fin du 17e S., fut l'édit. de quelques ouvr. grecs, entre autres d'Anacréon, 1732, in-8. Dans sa préface il émet l'opinion paradoxale que les *Poésies* qui portent le nom d'Anacréon sont de différ. auteurs. — PAUW (Corneille de), savant littérateur, né à Amsterdam en 1739, mort en 1799, chanoine de Xanten, est connu par ses *Recherches philosophiq. sur les Grecs, sur les Américains, sur les Égyptiens et les Chinois*. On a donné à Paris, en 1785, une édit., en 7 vol. in-8, de ces trois grands ouvr. pleins de recherches intéressantes, et qui méritent d'être lus, bien que l'auteur y ait avancé et soutenu beaucoup de paradoxes. C. de Pauw était oncle du baron de Clootz, dit *Anacharsis* (v. CLOOTZ).

PAUWELS (JEAN), compositeur, né en 1771 à Bruxelles, où il mourut en 1804, avait été attaché pendant 3 ans à l'orchestre du théâtre Feydeau. De retour à Bruxelles, il composa, pour le théâtre de cette ville où il était chef d'orchestre, la musique de trois opéras; *la Maisonnette dans les bois*, *l'Auteur malgré lui*, et *Léontine et Fonrose*.

PAVILLON (NICOLAS), né à Paris en 1597, d'une famille de robe, fut d'abord associé aux nobles travaux de St Vincent-de-Paul. A un gr. zèle et à une charité ardente, il joignait des talents pour la prédication, qui lui valurent, en 1639, l'évêché d'Aleth. S'étant opposé à Louis XIV dans l'affaire de la régale, il encourut la disgrâce du monarque. Il mourut dans son évêché en 1677. On lui doit : *Rituel à l'usage du diocèse d'Aleth*, Paris, 1667-70, in-4. — *Ordonnances et statuts synodaux*, 1675, in-12. Sa *Vie* ou plutôt son *Panégyrique* a paru en

1733, in-12.—Etienne PAVILLON, neveu du précédent, né à Paris en 1632, fut d'abord avocat-gén. au parlem. de Metz, se démit de cette place pour se livrer dans la retraite à son goût pour la poésie, et mourut en 1705, membre de l'Acad. franç. Ses *Poésies* ont été impr. plus. fois, in-12. Elles sont presque toutes dans le genre de Voiture. Son *Éloge* a été prononcé à l'Acad. par son success. Brulart-Sillery, évêque de Soissons.

PAVILLON (JEAN-FRANÇOIS DU CHEYRON du), marin, né à Périgueux en 1730, entra en 1745 sous-lieutenant dans Normandie (infanterie), et, 3 ans après, fut admis au concours dans le corps de la marine. Il y servit de la manière la plus honorable, s'occupant, dans le cours même de ses campagnes, d'études relatives à la tactique, et s'éleva de grade en grade jusqu'à celui de major-général de l'armée navale, sous les ordres du comte d'Orvilliers. Du Pavillon, qui avait commandé tour à tour divers vaisseaux avec une haute distinction, périt en 1782 à bord du *Triomphant*, de l'escadre du marq. de Vaudreuil. Ce n'est pas seulement pour ses longs et bons services que s'est distingué ce brave marin; il s'est encore rendu recommandable par les changem. utiles qu'il introduisit dans les signaux de nuit et de jour. Dès 1778, il avait rédigé le livre de *Tactique navale*, impr. pour les officiers de marine. C'est le seul ouvr. qu'on connaisse de lui.

PAXINO DI VILLA, peintre, né à Bergame dans le 14e S., avait exécuté plusieurs tableaux de l'*Hist. de Ste Catherine*, dans l'anc. cathédrale de cette ville.—Un autre PAXINO ou PÉCINO DE NOVA, de Bergame, travailla, de 1362 à 1389, pour l'église de Santa-Maria-Maggiore. Cet artiste, dont la manière approchait de celle du Giotto, mourut en 1403.—Piétro, son frère et son collaborat., mort vers 1409, est cité dans le t. I des *Vite de' pitt., scultori ed architetti bergamaschi*, du comte Franç. Tassi.

PAYNE (JOHN), graveur, né à Londres en 1608, est regardé comme le premier Anglais qui se soit distingué dans cet art. Son maitre fut Simon de Pas. Parmi ses estampes on distingue celle qui représente le vaisseau *le Royal-Souverain*, construit par Phinéas Pitt, en deux planches de 3 pieds de large sur 2 pieds 3 pouces de haut. Il a gravé quelques portraits d'après van Dyck, etc. Cet artiste mourut en 1648.

PAYNE (ROGER), fameux relieur anglais, né à Windsor en 1739, faisait payer son travail fort cher, mais, ne travaillant que lorsqu'il y était forcé par le besoin, n'en devint pas plus riche. Un libraire, nommé Thomas Payne, qui n'était pas son parent, le recueillit dans sa vieillesse, et fut obligé de le faire enterrer à ses frais en 1797.—Ce même PAYNE (Thomas), mort à 82 ans en 1799, était versé dans la bibliographie. On a de lui un *Catalogue de livres rares*, impr. en 1740.

PAYNE (NEVIL), auteur dramatique, qui vivait sous Charles II, a donné : *la Jalousie fatale*, tragédie ; *la Promenade du matin*, comédie; et le

Siége de Constantinople, tragédie, 1675, in-4.

PAYNE (THOMAS).—V. PAINE.

PAZZI (JACQUES), banquier de Florence, fit assassiner Julien de Médicis en 1478, et fut pendu avec deux de ses neveux et la plupart de ceux qui avaient pris part à cet attentat. Ange Politien a publié la même année l'hist. de cette catastrophe, dont il avait été témoin oculaire : *Pactianæ conjurationis commentariolum*, Florence, 1478, in-4, réimpr. avec de nombreux éclaircissements, par J. Adimari, Naples, 1769, in-4, fig. La conjurat. des Pazzi a fourni à Alfieri le sujet de l'une de ses meilleures tragédies. — PAZZI (Côme), archevêque de Florence en 1508, de la même famille, a traduit du grec en lat. *Maxime de Tyr.*—PAZZI (Alexandre), frère du précéd., donna quelq. tragédies, et traduisit la *Poétique* d'Aristote. Paul Jove fait l'éloge de cette traduction.

PAZZI (ANTOINE), graveur florentin du 18e S., a fourni plus. portraits d'artistes, au *Museum Florentinum;* une *Vierge*, d'après Ant. van Dyck, etc.

PAZZIS (MAXIME DE SEGUINS de), né à Carpentras, était prêtre à l'époque de la révolut. Obligé de chercher une asile en Angleterre, il ne revint en France qu'après la paix de Lunéville; mais il ne reprit point alors ses fonct. Ce ne fut qu'en 1809 qu'il accepta le titre de gr.-vicaire de l'évêque de Troyes. Plus tard il suivit à Gand le prélat nommé par Napoléon pour succéder à M. de Broglie sur le siége de cette ville. Il revint à Paris après les événements de 1814 et mourut en 1819, âgé d'environ 52 ans. On a de lui : *Notice historiq.* de Malachie d'Inguimbert, 1805, in-8.—*Mémoire statistique sur le département de Vaucluse*, 1808, in-4.—*Vœu de Louis XIII*, 1814, in-8. — *Observat.* sur le récit des troubles du diocèse de Gand, dans le journal intitulé *l'Ami de la religion et du roi* (20 juillet 1816).

PEARCE (ZACHARIE), savant évêque anglais, né à Londres en 1690, mourut doyen de Westminster en 1774. On a de lui : *Commentaire sur les quatre évangélistes et les actes des apôtres*, 1777. — *Sermons* sur divers sujets, 1777, 4 vol. in-8. On lui doit de bonnes édit. des traités de Cicéron *de Oratore* et *de Officiis*, et du *Traité du sublime* de Longin. On peut consulter sur ce prélat l'ouvrage de John Derby, *Mém. de Pearce*.

PEARCE (NATHANIEL), voyageur anglais, né en 1780 à East-Acton, près de Londres, passa la plus grande partie de sa vie en Afrique. Dépouillé en 1814 de la propriété qu'il avait acquise à Callicut dans le Tigré (Abyssinie), il était sur le point de revenir en Europe, lorsqu'il mourut à Alexandrie d'Égypte en 1820. M. Salt, à qui Pearce a légué ses MSS., se dispose à les publier. Ils jetteront un gr. jour sur l'histoire civile et morale de l'Abyssinie. Pearce avait été chargé, par la société biblique de Londres, de distribuer des bibles en langue copte aux églises de cette contrée.

PECCHIO (DOMINIQUE), peintre, né à Vérone au commencement du 18e S., fut d'abord perruquier, et parvint ensuite à se faire un nom dans la peinture. On voit quelques-uns de ses tabl. à Ferrare.

PÉCHANTRÉ (Nicolas de), poète dramatique, né à Toulouse en 1638, exerça d'abord la profess. de médecin, qu'il abandonna pour venir à Paris travailler pour le théâtre. Il avait donné trois tragédies : *Géta*, 1687 ; *Jugurtha, roi de Numidie*, 1692 ; *la Mort de Néron*, 1703, et venait de terminer un opéra d'*Amphion et Parthénopée*, lorsqu'il mourut en 1708. Péchantré avait en outre composé pour le collège d'Harcourt *Joseph vendu par ses frères* et le *Sacrifice d'Abraham*, deux traged. qui n'ont pas été impr. Une aventure de cet auteur a fourni à Sewrin le sujet d'une petite pièce intit. : *Péchantré, ou une Scène de comédie*.

PÊCHEUX (Marie-Nicolas-Louis), lieuten.-général, né en 1769 à Bucilly, près de Vervins, partit comme capit. dans le 4ᵉ bataillon de volontaires de l'Aisne. Promu presque aussitôt au grade de chef de bataillon, il fit avec distinction les campagnes d'Italie, pendant lesq. il obtint le commandement d'une demi-brigade. Il fit ensuite la campagne de 1805 en Autriche, et celles de Prusse et de Pologne ; en 1808, il passa en Espagne, où il se distingua de nouveau. En 1813, Pêcheux fut nommé général de division, passa en Allemagne et fut enfermé à Magdebourg, où il se maintint pendant la campagne de France. Après la bataille de Waterloo, il se retira dans sa famille, où il s'occupait de l'exploitation de ses propriétés, lorsqu'il fut appelé en 1818 au commandem. de la 12ᵉ divis., à Nantes, puis à l'armée d'Espagne, où il contribua puissamment à la prise de Pampelune. Mis en disponibilité, il mourut à Paris en 1831, à 62 ans.

PECHMEJA (Jean), littérat., né à Villefranche, dans le Rouergue, en 1741, professa l'éloquence au collège de La Flèche, et vint à Paris remplir les fonctions pénibles de professeur. Il obtint en 1773 un *accessit* à l'Académie française par l'*Éloge de Colbert ;* mais il doit sa réputat. à *Téléphe*, poème en prose en XII livres, 1784, in-8, et 2 vol. in-12 ; réimpr. en 1795, 2 vol. in-18, et trad. en anglais et en allemand. Pechmeja, encore plus célèbre dans les fastes de l'amitié, par la tendresse qui l'unissait au médecin Dubreuil, que dans ceux de la littérature, mourut à St-Germain-en-Laye en 1785. vingt jours après l'ami dont il déplorait la perte. Il avait fourni à l'abbé Raynal, pour son *Histoire philosophique*, plusieurs morceaux qui, dans la première édit., furent distingués par l'initiale P : celui *sur la Traite des nègres*, entre autres, lui appartient entièrement.

PÉCHON DE RUBY, gentilhomme breton, a décrit les tours et escroqueries des bohémiens, avec lesquels il avait passé sa première jeunesse : cet ouvrage, devenu fort rare, est accompagné d'un dictionn. du langage blesquin, et a pour titre : *Vie généreuse des mattois, gueux, bohémiens et cagoux*, Paris, 1622, in-8.

PECK (François), membre de la société des antiquaires de Londres, né à Stamford en 1692, mort en 1743, se fit un nom comme naturaliste, poète et littérateur. Parmi ses nombreux ouvrages nous bornerons à citer : *Hist. natur. et antiquités des comtés de Leicester et de Rustand*, 1740, in-4. — *Mém. sur la vie et les productions poétiques de Milton*, 1740, 2 vol. in-4. Le muséum britannique possède plus. de ses MSs., entre autres la *Suite de l'hist. natur. et des antiquités du comté de Leicester*, et *Monasticum anglicanum, vol. quartum*, en 4 vol. in-8.

PECKHAM (John), archevêque de Cantorbéry, né dans le comté de Sussex vers 1240, mort en 1292, fonda le collège de Wingham, dans le comté de Kent. Parmi les écrits qu'il a laissés, et dont Tanner donne la liste, on distingue : *Collectanea bibliorum libri V*, Cologne, 1513, 1591 ; Paris, 1514 ; et *Perspectiva communis*, Venise, 1504 ; Nuremb., 1542 ; Paris, 1556 ; Cologne, 1592, in-4. Quelq.-unes de ses lettres ont été publ. par Warton, et ses *statuts*, *institut.*, etc., ont été insérés dans les *Concil. Magnæ Britanniæ et Hiberniæ*, t. II.

PÉCOURT, maître des ballets à l'Opéra, mort à Paris en 1729, à l'âge de 78 ans, mit le premier du caractère et de l'expression dans la danse, et enseigna cet art à la duchesse de Bourgogne.

PECQUET (Jean), célèbre anatom., né à Dieppe au commencement du 17ᵉ S., était encore sur les bancs à Montpellier, lorsqu'il découvrit d'abord dans les animaux, et ensuite dans l'homme, le canal thorachiq. et le réservoir du chyle, qui a conservé le nom de *Pecquet*. Après avoir pris le doctorat, il exerça la médec. dans sa ville natale, puis s'établit à Paris, fut nommé membre de l'académie des sciences à sa fondat., en 1666, et mourut en 1674. On lui doit plusieurs observations nouvelles sur les sécrétions, sur l'organe de la vue, et principalement sur les fonctions de la rétine. Pecquet associa son nom à ceux de Pellisson et de La Fontaine, en montrant le plus noble dévouement au surintendant Fouquet, lors de sa disgrâce. Il a publié : *Experimenta nova anatomica*, etc., Paris, 1651, in-12. — *De circulatione sanguinis et chyli motu dissert.* — *Epistola de thoracis lacteis* : ces ouvr. ont été réunis en un vol. in-4, Paris, 1654, réimpr. plus. fois.

PECQUET (Antoine), grand-maître des eaux et forêts de Rouen, intendant de l'école militaire en survivance, né à Paris en 1704, mort dans cette ville en 1762, a publié : *Analyse de l'esprit des lois.* — *Esprit des maximes politiq.*, 1756, 3 vol. in-12. — *L'Art de négocier*, in-12. — *Lois forestières de France*, 1753, 2 vol. in-4. — *Pensées sur l'homme*, 1758, in-12. — Des trad. du *Pastor fido* de Guarini, de l'*Aminte* du Tasse, et de l'*Arcadie* de Sannazar.

PEDRO D'ALCANTARA (Antoine-Joseph), empereur du Brésil, né le 12 octobre 1798, au palais de Quéluz, était l'aîné des fils de Jean VI, roi de Portugal, et de Charlotte-Joachime, infante d'Espagne. Transporté, lors de l'invas. franç. en 1807, au Brésil, où la famille royale fut obligée de se retirer, son éducation y fut confiée à un habile maître qui sut lui inspirer le goût des lettres et des arts. Jeune encore il avait composé des poésies très remarquables ; il était bon musicien et il s'était rendu familiers les arts mécaniques. Adroit dans tous les exercices du corps, il était surtout habile écuyer. En 1817 il épousa l'archiduchesse d'Autriche Marie-Léopoldine. Lors de la révolution de Portugal en 1820, le roi Jean VI revint à Lisbonne, laissant au Brésil don Pedro, chargé du gouvernem. de cette vaste contrée sous la direction d'un conseil. Après le départ de son père, il résolut de profiter des dispositions hostiles des Brésiliens contre les Portugais pour se déclarer souverain indépendant. Une circonstance favorable à ses projets s'étant présentée, il en profita pour placer la couronne sur sa tête, tout en ayant l'air de céder au vœu national. Il eut d'abord le titre de défenseur perpétuel du Brésil, puis, en 1822, celui d'empereur. Lorsqu'en 1823 le Portugal eut détruit sa constitution et rétabli le gouvernement absolu, le nouveau ministère parut d'abord vouloir recourir à des mesures énergiques pour faire rentrer le Brésil sous l'obéissance de la métropole, et Jean VI envoya des commissaires vers son fils. Mais le cabinet de St-James interposant sa médiation, fit conclure un traité par lequel le vieux roi de Portugal reconnut le Brésil comme un état indépendant et don Pedro comme empereur. Après la mort de Jean VI, le 1er mars 1826, don Pedro, malgré sa renonciat. antérieure, fut égalem. reconnu roi de Portugal et des Algarves par les gouvernem. étrangers, à l'exception de l'Espagne. Il confirma sa sœur Isabelle-Marie dans la régence de Portugal, et pour se concilier l'affection des Portugais, les gratifia d'une charte calquée sur celle qu'il avait donnée précédenm. au Brésil. Le 2 mai de la même année 1826, il abdiqua la couronne de Portugal en faveur de sa fille dona Maria da Gloria, alors âgée de 7 ans. Bientôt la constitution excita des troubles qui furent réprimés. De nouvelles tentatives de la part des ennemis de cette constitution ayant également échoué, les mécontents prirent le parti de négocier, et soutenus par l'ambassadeur anglais à Lisbonne, ils parvinrent à obtenir que don Miguel, frère de don Pedro et oncle de la jeune reine, qu'il devait épouser, reviendrait en Portugal avec le titre de régent. Cet arrangement ne pouvait que déplaire à don Pedro ; mais les circonstances le forcèrent d'y consentir, et par un décret du 3 juillet 1827 il nomma don Miguel régent de Portugal et son lieuten.-général en ce royaume. Il publia en même temps un acte d'abdicat. pure et simple en faveur de dona Maria, sans indiquer la manière dont le royaume serait gouverné jusqu'à la majorité de cette princesse. Mais à son arrivée en Portugal don Miguel fut proclamé roi, et le 25 avril 1828 il annula la constitut. La situat. du Brésil ne permettait pas à don Pedro de prendre des mesures efficaces pour soutenir les droits de sa fille. Un parti s'était formé dans les deux chambres pour le renverser et lui substituer son fils. Obligé de quitter sa capitale avec l'impératrice le 29 déc. 1830, il alla dans la province de Minas-Geraës chercher des défenseurs. Son re-

tour à Rio-Janeiro fut signalé par de nouveaux troubles, et le 7 avril 1831 il crut devoir abdiquer en faveur de son fils, né en 1825, qui fut proclamé sous le nom de Pierre II d'Alcantara. Le même jour l'ex-empereur se transporta sur le vaisseau anglais le *Warspite*, d'où il écrivit à ses anciens ministres pour leur recommander ses enfants, et le 12 il fit voile pour l'Europe. La même année il se trouvait à Paris pour les fêtes anniversaires de juillet, et le roi Louis-Philippe lui donna le grand-cordon de la Lég.-d'Honn. Le 26 janv. 1832, il se rendit à Belle-Isle, où était rassemblé par ses soins une flotte destinée à chasser don Miguel du Portugal. Arrivé le 6 mars avec sa flotte à Terceira, il déclara l'île de Madère en état de blocus, et revint le 7 juillet opérer son débarquem. sur les côtes du Portugal. Il réussit à entrer à Lisbonne, et contraignit son frère à sortir du royaume. Il prit ensuite les rênes du gouvernem. sous le titre de régent, et s'occupa des moyens d'affermir en Portugal le régime constitutionnel. Étant tombé malade en 1834, il demanda le 17 sept. les secours de la relig., et le lendemain il écrivit au présid. de la chambre des députés que, venant de satisfaire aux devoirs d'un fils de l'Église, il devait dans sa position quitter l'administrat., et qu'il priait la chambre de prendre les mesures que commandaient les circonst. Dona Maria fut aussitôt déclarée majeure par les cortès, qui lui concédèrent les pleins pouvoirs de la royauté. C'était le vœu de don Pedro, qui mourut le 24 sept., dans le même château de Quéluz, où il était né 36 ans auparav. Veuf en 1826, il avait épousé en 1829 Amélie, fille du prince Eugène de Beauharnais, duc de Leuchtenberg.

PÉDRUZI (PAUL), antiquaire, né à Mantoue en 1644, entra fort jeune chez les jésuites de Parme, et devint directeur du collège de cette ville. A ces fonctions, il ne craignit pas d'ajouter la tâche pénible que lui avait imposée le duc de Parme, de faire le catalogue raisonné de toutes les médailles de la riche collection Farnèse. La mort le surprit au milieu de ses travaux en 1720, comme il terminait le 8e tome in-fol. de son savant et volumineux commentaire. Le P. Piovène compléta l'œuvre de son confrère, ce qui porta l'ouvr. à 10 vol., dont le premier avait été publ. à Parme en 1694, sous le titre de *I Cesari in oro, argento, medaglioni*, etc., *raccolti nel farnese museo*, avec le portr. de l'auteur, et dont le dernier parut en 1727.

PEELE (GEORGE), poète anglais, sous le règne d'Élisabeth, était né dans le comté de Doven. On connaît de lui quatre pièces de théâtre : *le Jugem. de Pâris, Édouard Ier, le roi David et la belle Bethsabée, Mahomet le Turk et Irène la belle Grecque ;* un conte intit. : *the old Wives*, et quelques poésies pastorales.

PEGEL (MAGNUS), savant saxon, né au 16e S., mort en 1610 à Helmstädt, où il enseignait les mathématiq., resta inconnu, malgré les découvertes utiles qu'il a consignées dans un ouvr. intit. : *Thesaurus rerum selectarum, magnarum, dignarum*, etc., 1604, in-4, très rare. G. Pasch en a publié, dans la préface des *Inventa novantiq.*, plus extraits qui donnent une idée favorable des talents de Pegel. Il paraît, d'après un passage de cet aut., qu'il avait eu bien avant le P. Lana Terzi l'idée des moyens employés pour élever et soutenir les aérostats.

PEGGE (Samuel), savant anglais, membre de la société des antiquaires de Londres, né en 1704 à Chesterfield, mort en 1796, est connu principalem. par sa *Vie de Robert Grosse-Tête, év. de Lincoln*, 1793, in-4. Presque tous ses autres écrits roulent sur des sujets d'antiquités. Il a composé un grand nombre d'articles pour l'*Archæologia britannica*, depuis 1746 jusqu'en 1795, et 7 mém. pour la *Biblioth. topogr. anglaise* de Gough. — Son fils, Samuel Pegge, né en 1731, mort en 1800, a publié : *Curialia, ou Essai historique sur quelques branches de la maison royale*, 1782-84-91, in-4. — *Anecdotes sur la langue angl.*, 1803 et 1814, in-8.

PÉGOLOTTI (François-Balducci), voyag. ital. du 14e S., né à Florence, se rendit à la Chine pour des affaires de commerce. Il inséra son itinéraire dans un autre ouvrage de sa composition, intit. : *Traité des poids et mesures et des marchandises, ainsi que d'autres choses que doivent savoir les marchands des différentes parties du monde* (en ital.) : un MS. de ce traité, conservé dans la bibliothèque *Riccardiana* à Florence, est intit. : *Divvisamenti di prezzi e misure usanze di varie parti del mondo*.

PÉGUILLAIN (Aimeri de), troubad. toulousain du 13e S., dont il nous reste 48 pièces, fut en fav. auprès d'Alphonse, roi de Castille, et mourut dans un âge fort avancé. Raynouard a publié quelq. *poés.* de ce troubad., et une *Notice* sur sa vie en langue provençale, pleine de détails très curieux sur les mœurs du temps.

PEIGNÉ (A.), professeur émérite de l'univers., mort à Paris en 1822, est auteur d'un *Précis de la vie de J.-C.*, etc., Paris, 1821 ; réimpr. en 1822, in-12 et in-18; et de plus. ouvrages posthumes, entre autres *la Harpe d'Israël*, 1828, 2 vol in-8.

PEINS (Grégoire), et non George Pentz, ainsi qu'il a été nommé par erreur dans quelq. biogr., né à Nuremberg en 1500, se fit un nom comme peintre et gràv. au burin, et mourut en 1556. La galerie de Vienne possède de quelques tableaux fort estimés de ce maitre. La collection de ses gravures, dont plusieurs sont des chefs-d'œuvre, s'élève à 250 : on en trouve le détail dans le *Manuel des amat. de l'art* de Huber et Rost. Le musée possède de cet artiste *l'Évangéliste St Marc*, nu à mi-corps et entouré d'emblèmes variés.

PEIRESC (Nicolas-Claude FABRI de), conseill. au parlem. de Provence, né au château de Beaugensier en 1580, étendit ses recherches à tous les genres d'érudition, parcourut un grand nombre de pays, fut lié avec les plus illustres savants de son siècle, et accorda toute sa vie aux sciences et aux lettres une généreuse protect. Il mourut en 1637. On n'a impr. de lui qu'une *Dissert.* sur un trépied ancien, dans le 10e vol. des *Mém. de littérature du*

P. Desmolets, et un grand nombre de *Lettres* dans différents recueils, et notamment dans le *Magasin encyclop.* La liste de ses nombreux ouvr. inéd. se trouve dans le tome II de la *Biblioth. des MSs.*, par Montfaucon. L'*Éloge* de Peiresc a été publié dans presque toutes les langues de l'Europe. Sa *Vie*, en lat., par Gassendi, a été trad. en franç. par Requier.

PEIROUSE (Philippe PICOT, baron de LA), naturaliste, né à Toulouse en 1744, fut, à l'âge de 24 ans, pourvu de la charge d'avocat-général près de la chambre des eaux-et-forêts; mais la révolution opérée en 1771 dans la magistrature par le chancelier Maupeou, lui permit de se retirer dans les Pyrénées et d'y commencer ses recherches de botanique et de minéralog. La mort d'un oncle, qui lui laissa en 1775 son titre et sa fortune, le mit en position de se livrer sans réserve à sa passion pour les sciences naturelles. Il resta ainsi quelq. ann. sans fonctions. En 1789, il fut chargé de la rédact. des cahiers de la noblesse de la sénéchaussée de Toulouse, et, l'année suiv., il accepta une place d'administr. du district de cette ville. Plus tard il fut arrêté, passa 18 mois en prison, et ne fut délivré qu'après la mort de Robespierre. Il fut alors nommé successivem. inspecteur des mines et professeur d'histoire natur. à l'école centrale de Toulouse, puis maire de cette ville. Il mourut en 1818, associé de l'Institut, de plus. acad. étrang., etc. Le nomb. des plantes nouvelles que l'on doit à La Peirouse monte à plus d'une centaine. Le princip. objet de ses travaux avait été une hist. détaillée des plantes des Pyrénées, qui devait se composer de 200 planches in-fol., dont 45 ont paru en 1795. L'auteur n'ayant pu exécuter son plan dans toute son étendue, en publia un sommaire sous le titre d'*Histoire abrégée des plantes des Pyrénées, et itinéraire des botanistes dans ces montagnes*, 1813. Sans parler de ses autres écrits publiés séparém., on trouve de lui plus. *Mém.* dans les recueils des académies de Toulouse, de Stockholm, et dans le *Journal de physique.*

PÉLAGE Ier, pape romain, fils du vice-préfet du prétoire, était apocrisiaire de l'Église de Rome, lorsqu'il fut choisi, en 555, pour succéder à Vigile. Il occupa la chaire de St Pierre pend. 4 années. Il avait commencé à faire bâtir l'église de St-Philippe et St-Jacques, qui fut achevée sous Jean III, son successeur. On a de lui 16 *épitres.* — Pélage II, pape, né à Rome, succéda à Benoît Ier en 578. Il travailla, avec peu de succès, à ramener les évêq. d'Italie qui faisaient schisme en soutenant les trois chapitres (v. Vigile), et mourut en 590. Il avait fait de sa demeure un hospice pour de pauvres vieillards et rebàti le palais de Latran. Il eut pour successeur St Grégoire-le-Grand.

PÉLAGE Ier, roi des Asturies, issu du sang roy. des Goths, se retira en Biscaye en 711, après la fameuse bataille de Xérès, dont la perte livra l'Espagne aux Maures. Caché dans une grotte profonde, il y mûrit pend. 5 ans le projet de secouer le joug des vainqueurs, obtint ensuite sur eux plus. avantages remarquables, et mourut en 757, roi de Léon et des Asturies, laissant la couronne à son fils Favila. Sobre, ennemi du luxe, plein de valeur et de piété, Pélage n'a pas obtenu dans l'histoire le surn. de *Grand*, mais il le mérita. Ce prince, dont la vie a fourni le sujet de plus. pièces au théâtre espagn., est le héros d'un poème en prose de M. Pratbernon, Vesoul, 1826, in-8.

PÉLAGE, hérésiarq. du 4ᵉ S., né dans la Grande-Bretagne, reçut de son père le nom de *Morgan*, qui, dans la langue du pays, signifie *né sur les bords de la. mer*. Ayant embrassé l'état monastique, il vint à Rome, s'y fit connaître et estimer de plus. personnages vénérables, entre autres St Augustin, et composa quelq. livres utiles, tels qu'un traité *de la Trinité* et un recueil de passages de l'Écriture sainte *sur la morale*. Mais ayant embrassé les erreurs qui circulaient alors en Orient sur la grâce, il se déclara l'apôtre de cette nouvelle doctrine dont les points principaux étaient : qu'Adam avait été créé sujet à la mort; que son péché n'avait pu être imputé à ses descendants; que les enfants, en naissant, sont dans le même état où se trouvait Adam avant son péché; que ce péché n'est pas plus la cause de la mort du genre humain que la résurrection de J.-C. n'est la cause de la résurrection des hommes; que l'observance de la loi de Moïse conduit au ciel, comme l'observance des lois évangéliques; qu'avant la venue de J.-C. il y avait des hommes impeccables; que les enfants morts sans baptême n'en jouissent pas moins de la vie éternelle; enfin que l'homme peut, par ses seules forces, parvenir à la perfection. Cette doctrine, déférée en 415 au concile de Diospolis, fut condamnée l'ann. suivante par un concile tenu à Carthage. Pélage composa une apologie captieuse qui retarda pend. quelque temps la décision pontificale. Un nouveau concile, qui s'ouvrit à Carthage en 418, et où assistaient 214 évêques, frappa d'anathème, le pélagianisme. Au mépris des décisions de ces conciles et de quatre autres qui succédèrent, du jugement de deux papes et de l'appui donné par l'autorité civile à l'autorité ecclésiastique pour proscrire cette hérésie, ses partisans refusèrent de se soumettre, en appelèrent à un concile *plénier*, s'adressèrent d'abord à Constantinople où on ne voulut pas les écouter, et ne furent pas mieux accueillis à Éphèse. Un concile, tenu à Antioche en 424, les condamna de nouv., et Pélage fut chassé des saints lieux. On croit qu'il mourut peu de temps après. A toutes ces condamnat. se joignit le jugem. définitif du concile d'Éphèse, de l'an 431. Toutefois cette hérésie conserva de nombreux défenseurs. Des lettres du pape Gélase prouvent qu'à la fin du 5ᵉ S. elle avait encore des partisans en Dalmatie. Le card. Noris et le jésuite Patouillet ont écrit l'histoire du pélagianisme.

PÉLAGIE (Ste), née dans le 5ᵉ S., avait été comédienne à Antioche; désabusée des vains plaisirs du monde, elle se fit religieuse, se retira sur la montagne des Oliviers, et y finit ses jours dans la plus austère pénitence. — Les légendes font mention d'une autre sainte du même nom, également

née à Antioche, et qui périt pendant la persécut. suscitée en Orient dans le 4ᵉ S.

PÉLÉE (myth.), fils d'Éaque et père d'Achille, qu'il eut de la déesse Thétis, régna sur la Thessalie, après avoir renversé du trône Acaste, qui l'avait voulu faire périr. — V. ACASTE.

PÉLÉE DE VARENNES (MARIE-JOSEPH-HIPPOLYTE), littérateur, né à Sens en 1741, fut d'abord imprimeur dans sa ville natale, puis receveur des finances à Montargis, et périt sur l'échafaud révolutionnaire en 1794. On a de lui : *les Loisirs des bords du Loing, ou Recueil de pièces fugitives*, imprimé par Léorier de Lisle, 1784, in-12, sur papier rose.

PÉLETIER (JACQ.), littérateur et mathématic. distingué pour son temps, né au Mans en 1517, s'appliqua d'abord à l'étude de la jurisprud., puis devint principal du collége de Bayeux, étudia ensuite la médecine, qu'il exerça à Bordeaux, à Poitiers et à Lyon, visita l'Italie en 1557, vint à Paris l'année suivante, puis voyagea en Suisse et en Savoie, fut nommé en 1573 principal du collége du Mans à Paris, et mourut dans cette ville en 1582. Le P. Niceron a donné, dans le tome XXI de ses *Mém.* la liste des ouvrages de Péletier, qu'il porte à vingt. Nous nous bornerons à citer : *l'Art poétique d'Horace*, trad. en vers français, 1545, in-8. — *OEuvres poétiques*, 1547, in-8. — *Dialogue de l'ortografe et prononciat. francoese*, 1550, in-8. — *Art poétique françois*, 1555, in-8. — *Les Amours des Amours*, conten. 96 sonnets, 1555, in-8, rare. — *La Savoie*, poème de 2,200 vers, 1572, in-8, très rare. — *OEuvres poétiques* intitul. : *les Louanges*, 1581, in-8. Comme mathématic., Péletier a donné une *Arithmétique* en IV liv., une *Algèbre* en II liv., un *Traité de l'usage de la géométrie*, et une trad. des *Éléments d'Euclide*. Ses opuscules de médec. n'offrent aucun intérêt. — Jean PÉLETIER, frère du précédent, grand-maître du collége de Navarre et curé de St-Jacques-de-la-Boucherie à Paris, où il mourut en 1585, fut envoyé par Charles IX au concile de Trente. — Jacques et non pas Julien PÉLETIER, neveu des précédents, ligueur forcené, et comme son oncle curé de St-Jacques-de-la-Boucherie, fut en 1595 exécuté en effigie par contumace, comme ayant eu part à la mort du président Brisson.

PELETIER (CLAUDE LE), contrôleur-général des finances, né à Paris en 1630, remplit d'abord plus. charges honorables dans la magistrature, et se distingua surtout comme prevôt des marchands en 1668. A cette époque il fit achever le quai qu'on appelle de son nom *Peletier*. Nommé en 1683 pour succéder à Colbert dans la charge de contrôleurgén., il s'en démit peu de temps après, et mourut dans la retraite en 1685. Il a publié, d'après les MSs. de P. Pithou le *Corps de droit canon*, l'*Anc. Code ecclés.*, et des *Observat. sur le Code et les Novelles*. On lui doit deux excell. choix de poésies tirées de div. auteurs, intit. : *Comes rusticus ex optimis latinæ linguæ scriptoribus collectus*, 1692, in-12; 1708, in-8. — *Comes senectutis*, 1709, in-12. Il avait donné de nouv. éditions du *Comes juridicus* et du *Comes theologus* de P. Pithou ; et il a laissé MSs. des mémoires pour la vie de Jér. Bignon, de Matthieu Molé, et de plusieurs autres personnages contemporains. J. Boivin a publié la *Vie de Cl. Le Peletier*, en latin, 1716, in-4. — PELETIER de SOUSI (Michel LE), frère du précéd., né à Paris en 1640, fut successivem. avocat du roi au Châtelet, conseill. au parlem., intend. de Franche-Comté, puis de Flandre, conseiller-d'état, intendant des finances, enfin direct.-général des fortifications. Il quitta les affaires à l'âge de 80 ans, se retira dans l'abbaye de St-Victor à Paris, et y mourut en 1725. Son *Éloge*, par de Boze, a été inséré dans le 7ᵉ vol. du rec. de l'acad. des inscriptions, dont il était membre honoraire.

PELETIER. — V. LEPELLETIER.

PELHAM (HENRI), frère cadet du duc de New-castle, commandait une campagnie de dragons lors de la rébellion d'Écosse en 1715. Il fut nommé à la chambre des communes en 1718, entra en 1724 dans le ministère comme secrétaire-d'état au département de la guerre, devint premier lord de la trésorerie, puis chancelier de l'échiquier, et conserva ce poste jusqu'à sa mort, en 1754. Ce ministre s'attacha à augmenter le crédit national et à faire fleurir le commerce : l'une des opérat. qui ont fait le plus d'honneur à son administration, à laquelle on reproche peu de fautes, fut d'avoir diminué, sans aucun soulèvement, le fardeau de la dette publique, en réduisant l'intérêt de quatre à trois pour cent.

PELHESTRE (PIERRE), littérateur, fils d'un tailleur de Rouen, né vers 1635 et mort en 1710, sous-bibliothécaire du couvent des Grands-Cordeliers, partagea son temps entre la prière et l'étude. Il fut lié avec Mabillon et les savants les plus distingués de la congrégat. de St-Maur. Bien qu'il eût acquis une grande érudition, il ne publia que quelques opusc. On a de lui une édition du *Traité de la lecture des Pères*, avec des notes, 1697, in-12 ; des *Remarques critiques* contre les Essais de littérat. de l'abbé Tricaud, 1703, in-12 ; des articles dans les *Mém.* de Trévoux. Il a laissé MS. une critique sévère de la *Biblioth.* de Dupin, et des notes sur les *Scriptores ecclesiast.* de Cave.

PELL (JOHN), mathém., né en 1610 à South-wark, dans le comté de Sussex, enseigna avec distinction les mathématiq. à Amsterdam et à Breda, fut nommé par Cromwell son résid. près des cantons suisses protestants, et, de retour en Angleterre, devint chapelain de l'archevêque de Cantorbéry. Il mourut en 1685, dans un état voisin de la misère. On a de lui plus. ouvr. sur la science qu'il professait. Lé meilleur est : *An idea of mathematics*, 1650, in-12.

PELLEGRIN (SIMON-JOSEPH), littérateur, né à Marseille en 1663, fut forcé par son père d'entrer dans l'ordre des religieux servites ; mais, ennuyé de la vie du cloître, il parvint à se faire employer comme aumôn. de vaisseau. Après plus. courses, il revint à Marseille, et remporta en 1704 le prix de poésie à l'Académie française. Ce succès le décida bientôt à se rendre à Paris, et le prod. de ses messes ne lui suffisant pas, il ouvrit un bureau d'épigrammes, madrigaux, etc., et travailla pour plus. théâtres, surtout pour l'Opéra-Comique ; il mourut en 1745. On a de lui : *Cantiq. spirituels*, in-8. — *Nouv. cantiq.*, 1725, in-12. — *Histoire de l'Ancien et du Nouveau-Testament*, mise en cantiques sur des airs d'opéras et de vaudev., 1705, 2 vol. in-8. — *Psaumes de David*, en vers franç., sur les plus beaux airs de Lulli, etc., 1705, in-8.— *L'Imitat. de J.-C.*, mise en cantiq. sur des airs de vaudevilles, 1727, in-8. — Les *OEuvres d'Horace*, trad. en vers, 1715, 2 vol. in-12. De toutes les pièces de théâtre de Pellegrin, nous ne citerons que les trois suivantes, qui dans le temps eurent quelque succès : *le Nouveau Monde*, comédie en 5 actes et en vers, 1723 ; *Jephté*, tragédie-opéra, 1732 ; *Pélopée*, tragédie, 1733. La malheur. fécondité de cet aut. a fourni en 1801 à MM. Tourray et Audras le sujet d'un vaudeville intit. : *l'abbé Pellegrin, ou la Manufacture de vers*.

PELLEGRINI (PELLEGRINO-TIBALDO de'), ou plus communém. *Tibaldi*, peintre et archit., né dans le Milanez en 1527, s'établit à Bologne avec sa famille, y reçut son éducat., et fut conduit à Rome en 1547 par Vasari, qui lui fit étudier les chefs-d'œuvre que renfermait cette ville. De retour à Bologne, il y exécuta pour l'institut, en concurrence avec Niccolini, une suite de tableaux qui représentent div. sujets tirés de l'*Odyssée*, et pour l'église St-Jacques, deux compositions estim. Il fit aussi à Lorette et dans quelques villes voisines d'autres tableaux, se livra ensuite à l'architect., et acquit bientôt une si grande réputation, qu'il fut nommé ingénieur en chef de l'état de Milan et archit. de la grande fabrique du dôme de cette ville. Appelé en Espagne par Philippe II, il y fut ce que le Primatice et Nicolo-del-Abate avaient été pour la France. Il y introduisit le goût de la peinture, peignit le cloître et la bibliothèque de l'Escurial, et fut magnifiquem. récompensé de ces travaux par le roi. De retour en Italie, il se fixa à Modène, et y mourut en 1592. J.-P. Zanotti a publié *le Pitture di Pellegrino Tibaldi, e di Nicc. Abati esistenti nell' istituto di Bologna*, 1756, gr. in-fol. — PELLEGRINI-TIBALDI (Dominique), frère du précédent, comme lui peintre et archit., né en 1541, mort en 1582, s'est fait connaître principalement par la construction d'une des chapelles de la cathédrale de Bologne, du palais de la Gabelle, et par le palais *d'ei Magnani*. On ne connaît point d'ouvr. de son pinceau ; mais il a gravé à l'eau forte plus. pièces estimées des amat., telles que la *Vierge à la rose*, d'après le Parmesan ; *la Trinité*, d'après Horace Samacchini ; *la Paix foulant aux pieds le dieu de la guerre*, d'après son frère.

PELLEGRINI (FÉLIX), peintre, né à Pérouse en 1567, et son frère, né en 1575, furent élèves du Barroche : le dern., mort dans sa patrie en 1612, reçut le surnom de *Pittor bello*, à cause de la beauté de sa figure. On ne connaît aucun des ouvrages de ces deux artistes qui eurent quelque célébrité dans leur temps. — Ludovica ou Antonia PELLEGRINI, née à Milan vers la fin du 16e S., peintre à l'aiguille, acquit une gr. reputation en ce genre. On a d'elle le *Pallium* et quelq. autres ornements sacrés, conservés avec soin dans la cathédrale de Milan. Ses contempor. l'appelaient *la Minerve lombarde*. — André PELLEGRINI, cousin de la précéd., peintre, orna de quelq. tabl. l'église de St-Jérôme à Milan. — Pellegrino PELLEGRINI, frère d'André, fut employé dans les travaux de l'Escurial, obtint le titre d'architecte et de peintre de la cour d'Espagne, et mourut en 1654. — Antoine PELLEGRINI, peintre, né à Venise en 1685, parcourut une partie de l'Europe, laissa plus. gr. tableaux en Angleterre, et peignit à Paris le plafond d'une des principales galeries de la Banque royale, aujourd'hui Biblioth. du roi. De retour à Venise, il fut chargé de peindre l'église de St-Moïse, y exécuta le beau tableau du *Serpent d'Airain*, et mourut en 1741. Pendant son séjour à Paris il s'était présenté à l'académie en 1733. Le musée possède son tableau de réception. — Jérôme PELLEGRINI, peintre, né à Rome dans le 17e S., imita la manière du Caravage. Après avoir exécuté plus. gr. tableaux dans sa patrie, il peignit plus. vastes fresques à Venise. On ignore l'époque de sa mort.

PELLEGRINI (CAMILLE), historien, né à Capoue en 1598, mort à Naples en 1663, a publ. : *Apparato alle antichità di Capua*, etc., Naples, 1651, in-4. — *Historia princip. longobardorum*, 1643, in-4. C'est un des savants qui ont le plus contribué à éclaircir l'histoire de l'Italie au moyen-âge. On peut consulter sur lui les *Storici napoletani* de Soria, t. II, et la *Storia della letterat.* de Tiraboschi, t. VIII.

PELLEGRINI, célèbre chanteur, né en Italie vers 1780, entra au Théâtre-Italien de Paris lorsque ce théâtre était sous la direction de Mme Catalani. Il y fut attaché environ 10 ans en qualité de prem. *bouffe* pour le chant, et se retira en 1825. Il continua néanmoins d'habiter Paris et de professer la partie du chant au conservatoire royal de musique. Cet artiste distingué est mort le 21 déc. 1832.

PELLEGRINO DI SAN-DANIELO (JEAN-MARTIN D'UDINE, plus connu sous le nom de), l'un des bons peintres du 16e S., fut appelé à la cour d'Alphonse d'Este, duc de Ferrare, et mourut en 1546. On a de lui, entre autres composit., une *Madone assise entre les quatre vierges d'Aquilée*, etc., qui passe pour l'un des morceaux les plus précieux du Frioul, et divers sujets tirés de la *Vie de J.-C.* — PELLEGRINO, *de Modène*, fut élève de Raphaël, et fit pend. la vie de ce gr. peintre quelq. tableaux qui ornent divers monum. de Rome. Il revint à Modène après la mort de son maître, et y mourut en 1523. Son principal ouvr. est une *Nativité de Jésus-Christ*, à Rome, dans l'église de St-Paul. — PELLEGRINO (César), surn. *Aretusi*, fils du précédent, se distingua aussi dans la peinture, s'attacha à copier les gr. ouvr., et mourut en 1612. On cite ses copies du célèbre tableau de la *Nuit*, et de la

Madone couronnée. Il composa de concert avec J.-B. Fiorini, quelq. tabl., parmi lesq. on remarque une *Nativité de la Vierge*, à Ste-Afra de Brescia.

PELLEPRAT (PIERRE), jésuite, né à Bordeaux en 1606, se fit un nom comme prédicat., et mourut dans les missions au Mexique en 1667. On a de lui : *Prolusiones oratoriæ*, 1644, in-8. — *Relation des missions des jésuites dans les îles et dans la terreferme de l'Amérique-Meridionale*, 1655, in-8. — *Introduction à la langue des Galibis, Sauvages de l'Amérique-Méridion.*, 1655, in-8, recherché.

PELLERIN (JOSEPH), savant antiquaire, né en 1684 à Marly-le-Roi, près de Versailles, fut commissaire-génér., puis prem. commis de la marine. Les devoirs de cette place qu'il remplissait avec exactitude ne l'empêchant pas de se livrer à son goût pour la numismatiq., il forma une collect. de médailles la plus précieuse qu'ait jamais possédée un particulier; elle se composait de 32,500 pièces. Le roi en fit l'acquisition, en 1776, pour 300,000 fr. et lui en laissa la jouissance. Pellerin mourut à Paris en 1782 dans sa 99e année. Il a publié : *Recueils de médailles des rois, peuples et villes*, 1762-78, 10 vol. in-4.

PELLETAN (JEAN-GABRIEL), voyageur, né à Marseille en 1747, mort en 1802, séjourna quelque temps au Sénégal, ainsi qu'à l'île Saint-Louis, et fut à son retour nommé direct.-général de la compagnie. Privé de sa place pendant la révolution et enfermé à Saint-Lazare, il composa dans sa prison un intéressant *Mémoire sur la colonie française du Sénégal*, an IX (1801), in-8.

PELLETAN (PHILIPPE), chirurgien, né à Paris en 1752, se livra d'abord à l'enseignement de la physiologie, professa successivem. avec éclat plus. branches de la médecine, succéda à Dessault dans la place de chirurgien en chef de l'Hôtel-Dieu, et fut employé à l'armée des Pyrénées et à l'armée du Nord. À la créat. de l'Institut, il en fut nommé membre; il reçut la croix-d'honneur de la main de Bonaparte à la prem. promotion qui eut lieu aux Invalides. En 1815, il occupa la chaire de médecine opératoire à la faculté, et doué d'un talent remarq. d'improvisation et d'un bel organe, attira de nombreux audit. à ses cours par le charme de son élocution. Mis à la retraite sans l'avoir demandé, il mourut en 1829. Il a publ. : *Clinique chirurgicale ou Mémoires et observat. de chirurgie clinique*, 1810, 3 vol. in-8. — *Observations sur un osteosarcome de l'humérus, simulant un anévrisme*, 1815, in-8, etc.

PELLETIER (BERTRAND), pharmacien, né à Bayonne en 1761, vint étudier la chimie et la pharmacie à Paris sous Darcet et Bayen, fit de gr. progrès, fut reçu membre du collège de pharmacie à 21 ans, se livra avec succès à des travaux chimiques importants, devint membre de l'acad. des sciences en 1791, fit partie de l'Institut à la création de ce corps savant, professa la chimie à l'école polytechnique, et mourut en 1797, à peine âgé de 36 ans. Il a beaucoup contribué aux progrès des diverses branches de la chimie pneumatique, et a rendu de grands services à la métallurgie et à la chimie appliquée aux arts. Ses princip. écrits ont été publiés par son fils, sous ce titre : *Mém. et observations de chimie*, Paris, 1798, 2 vol. in-8, précédés de son *Éloge* par Sédillot. Outre cet *Éloge* publ. dans le t. III des *Mémoires* de la société de médecine, on en a trois autres, par Lassus, dans les *Mémoires* de l'Institut, *Sciences physiques*, t. II; par Bouillon-Lagrange, dans le *Journal de la société des pharmaciens*, t. Ier; enfin par Lartigue, *Journal de la société de santé et d'histoire naturelle de Bordeaux*, tom. II. — PELLETIER-VOLMERANGE (Benoît), auteur dramatique, né à Orléans en 1756, mort à Paris en 1824, a publié quelq. pièces de théâtre, parmi lesq. on distingue le *Mariage du capucin*, comédie, 1798, in-8, et la *Servante de qualité*, drame, 1811, in-8.

PELLEVÉ (Nicolas de), cardinal, archevêque de Reims, né au château de Jouy en 1518, obtint la pourpre pour avoir parlé au concile de Trente contre les libertés de l'Église gallicane, qu'il était chargé de défendre. Il fut un des chefs les plus fanatiques et les plus acharnés de la Ligue, et mourut de chagrin en 1594, en apprenant l'entrée de Henri IV dans Paris.

PELLICER (Jean-Antoine), bibliographe, né vers 1750, mort à Madrid en 1806, bibliothécaire du roi d'Espagne, a publ. : *Ensayo de una biblotheca de traductores españoles*, 1778, in-4. — *Disertacion historico-geographica sobre el origen, nombre y poblacion de Madrid, asi en tiempo de Moros como de Cristianos*, 1806, in-4. On lui doit une excellente édit., avec *notes*, du *Don-Quixote* de Cervantes, 1797, 5 vol. pet. in-8; réimprimé avec des *corrections*, 1798, 1800, 9 part. pet. in-8.

PELLICIER (Guillaume), homme d'état et sav. distingué, né vers la fin du 15e S. à Melgueil ou Maugaio en Languedoc, acquit de bonne heure de gr. connaissances en théologie et en droit, et fut nommé en 1527 évêque de Maguelone, à la place de son oncle. Chargé de plus. missions importantes par François Ier, il justifia la confiance de ce monarque. Il obtint, non sans peine, que le siège de son évêché fût transféré de Maguelone à Montpellier. En 1540, il fut envoyé à Venise pour maintenir cette république dans l'alliance de la France. Il était en même temps chargé de recueillir des MSs. des auteurs anciens, et l'on trouve encore aujourd'hui à la bibliothèque du roi des monum. de son zèle à remplir cette mission. A la mort de François Ier, il perdit toute la faveur dont il avait joui, et se voua dès-lors exclusivem. aux soins de son diocèse; mais il ne tarda pas à le voir troublé par les discussions religieuses auxq. donna lieu la réforme, et il fut lui-même emprisonné sur les dépositions d'un calomniateur. Bientôt il fut rétabli dans tous ses droits; mais, en 1567, il eut la douleur de voir sa cathédrale tomber aux mains des réformés, et il mourut l'année suivante à son château de Montferrand.

PELLIEUX (Jacq.-Nicolas), né dans le départ.

du Loiret en 1749, mort en 1832, fit à Paris ses études médicales, s'embarqua en qualité de chirurg.-major sur un bâtim. de l'état, et fit, en 1772 et 1773, deux voyages en Amérique. En 1780, il fut appelé aux fonctions de chirurg. de l'hospice de Beaugenci, où il exerça son art avec habileté jusqu'à sa mort. Pellieux, malgré son dévouem. pour l'humanité, se livrait avec ardeur à l'étude des sciences. On lui doit un ouvr. fort intéressant, intitulé : *Essais historiques sur la ville de Beaugenci et ses environs*, 1799-1801, 2 vol. in-12. L'un des fondateurs de l'acad. celtique en 1806, il publia, sur les antiquités nationales, plusieurs *Mémoires*, entre autres : *Lettre sur un tombeau antique découvert à Beaugenci ; Dissertation sur les monum. celtiques en général*. Comme médecin, on lui doit plusieurs *Mémoires* sur l'*asphyxie*, le *dragonneau d'eau douce*, la *régénérat. des os*, etc.

PELLISSON-FONTANIER (Paul), de l'Acad. française, né à Béziers en 1624, d'une famille protestante, depuis long-temps illustrée dans la robe, s'adonna d'abord à la jurisprudence ; il commençait à se distinguer au barreau de Castres, lorsque la petite-vérole, en le défigurant, dérangea sa santé, et le força de se retirer à la campagne, où il trouva des consolations dans l'étude. Il vint se fixer à Paris en 1652, et bientôt après acheta une charge de secrétaire du roi. Fouquet lui reconnut des talents, le fit son premier commis, et lui obtint une place de conseiller-d'état en 1660; mais, l'année suivante, la disgrâce du ministre entraîna celle de Pellisson. Enfermé à la Bastille, il y rédigea, pour la défense de son ancien protecteur, trois *Mémoires* qui sont des chefs-d'œuvre d'éloquence judiciaire, aussi-bien que des monuments de la plus courageuse fidélité à l'amitié. Le roi, qui ne put s'empêcher d'admirer le dévouement de Pellisson, le fit sortir du cachot où il avait passé cinq ans, et chercha à lui en faire oublier la rigueur. Louis XIV le désigna pour l'accompagner dans sa prem. conquête de la Franche-Comté dont il écrivit la relation. Son crédit augmenta lorsqu'il eut embrassé la religion catholique. Il fut pourvu de plus. bénéfices, et chargé de la caisse des économats, dont le tiers était affecté aux nouv. convertis. Pellisson mourut à Versailles en 1693. C'est moins à ses talents comme écrivain qu'il doit la réputation dont il jouit, qu'à sa noble conduite envers Fouquet. Outre ses *Mémoires*, nous citerons de lui : *Histoire de l'Acad. française*, continuée par l'abbé d'Olivet, 1730, 2 vol. in-12. — *Histoire de Louis XIV, depuis la mort de Mazarin jusqu'à la paix de Nimègue*, 1749, 5 vol. in-12. — *Hist. de la conquête de la Franche-Comté en 1668*, dans les *Mémoires* du P. Desmolets. En 1739, on imprima les *OEuvres diverses*, 5 vol. in-12; et, en 1805, Desessarts a publié les *OEuvres choisies de Pellisson*, 2 vol. in-12. — PELLISSON (George), frère aîné du précéd., vint à Paris où il vécut dans une solitude studieuse jusqu'en 1677. On a de lui : *Mélanges de divers problèmes sur plus. choses de morale et autres sujets*, 1647, in-12. — PELLISSON

(Jean), principal du collége de Tournon, est aut. d'un *Éloge latin du cardinal de Tournon*, 1534, et d'un *Abrégé de la grammaire lat. de Despautère*, 1530, in-12.

PELLIZZARI (Beltrame), Vénitien, découvrit aux sénateurs l'horrible complot du doge Marino Falieri, qui voulait tous les massacrer pour régner sans partage sur sa patrie. Pellizzari obtint des récompenses qui ne lui parurent pas suffisantes, se plaignit, fut exilé dans l'île d'Augusta, et périt misérablement comme il passait en Dalmatie. — Pellizzari (François), jésuite de Plaisance, professa la théologie à Ferrare, et mourut sur la fin du 17e S. Il a donné deux ouvrages, qui ont été défendus par la cour de Rome : *Tractatio de monialibus*, Venise, 1690, in-4. — *Manuale regularium*, en 2 vol.

PELLOUTIER (Simon), historien, né en 1694, à Leipsig, d'une famille, que la révocation de l'édit de Nantes avait forcée de s'expatrier, devint ministre de l'Église française à Berlin, membre et bibliothécaire de l'acad. de cette ville, et mourut en 1757. L'*Histoire des Celtes*, dont le 1er vol. parut en 1740, et le 2e 10 ans après, est son seul titre à l'estime de la postérité; mais il n'en a pas fallu davantage pour lui assurer une réputat. durable. Cet ouvrage a été réimprimé avec de nombreuses additions, tirées des MSs. de l'auteur par Chiniac, sous ce titre : *Hist. des Celtes et particulièrement des Gaulois et des Germains, depuis les temps fabuleux jusqu'à la prise de Rome par les Gaulois*, Paris, 1771, 2 vol. in-4, ou 8 vol. in-12. Cette édition est augmentée de plus. *Mém.* et autres écrits de Pelloutier, et des *Opuscules* de Gibert et de Schœpflin *sur les Celtes*. On y trouve aussi l'*Éloge* du savant historien, par Formey.

PÉLOPIDAS, fils d'Hippoclus, d'une des prem. familles de Thèbes, et possesseur de biens immenses, s'attacha au parti populaire, dont il devint l'un des chefs. Blessé gravem. à Mantinée, il dut la vie au dévouement d'Épaminondas. Mais bientôt l'autorité étant passée entre les mains des nobles, grâce à l'appui que leur prêtèrent les Lacédémoniens, en s'emparant de la Cadmée, Pélopidas fut banni avec 400 citoyens, et se réfugia dans Athènes. Trois ou quatre ans après (l'an 379 ou 378 avant J.-C.), il rentre dans Thèbes avec quelques-uns de ses amis, déguisés, ainsi que lui, en chasseurs, et, profitant des dispositions de ses concitoyens, qui lui défèrent le commandement, il reprend la Cadmée, et en chasse les Lacédémoniens. Pour diviser les forces auxq. il n'avait pu résister, il leur suscite une guerre avec les Athéniens, et remporte sur eux, près de Tégyre, une victoire long-temps disputée. Il commande à la bataille de Leuctres le bataillon sacré, qui décide le succès de cette journée, partage avec Épaminondas (l'an 370 avant J.-C.) le titre de polémarque ou chef de la ligue béotienne, et humilie par de nombreux succès l'orgueil de Sparte. Mais, de retour à Thèbes, les deux amis furent traduits en justice pour avoir gardé le commandem. au-delà du terme fixé. Épaminondas osa seul braver le jugement de ses concitoyens. Pélopidas alla chercher au-dehors des occasions d'exercer son courage. Il protégea les Thessaliens contre Alexandre, tyran de Phérès, intervint aussi dans les affaires de la Macédoine; mais, étant tombé entre les mains du tyran de Phérès, il fut retenu prisonnier, et ne dut sa liberté qu'au courage d'Épaminondas. Envoyé en ambassade à Suse, il déconcerta les mesures des députés d'Athènes et de Lacédémone, et obtint d'Artaxercès un traité conforme aux intérêts de sa patrie. Sa mission terminée, il rentra dans la Thessalie pour punir Alexandre de sa mauvaise foi, et, après avoir obtenu sur lui quelq. avantages, périt dans une bataille, l'an 364 avant J.-C.

PÉLORE, pilote d'Annibal, fut mis à mort par ordre de ce général, en Sicile, à l'endroit qui porte aujourd'hui son nom. Annibal qui se croyait trahi, ayant reconnu l'innocence de son pilote, érigea au même lieu une statue pour apaiser ses mânes. D'autres disent que le cap *Pélore* doit son nom à un pilote d'Ulysse, qui s'y noya.

PÉLOPS, fils de Tantale, roi de Lydie, passa en Élide où il épousa Hyppodamie, fille d'OEnomaüs, roi de ce pays. Successeur de ce prince, il se rendit puissant dans toute la presqu'île qui reçut de lui le nom de Péloponèse. Il laissa plusieurs enfants, dont les plus célèbres sont Atrée et Thyeste. La fable raconte que Tantale, ayant reçu les dieux dans son palais, voulut éprouver leur puissance en leur servant à table le corps de son propre fils. Cérès seule, dont l'attention était absorbée par la douleur que lui causait la perte de sa fille, toucha à ce mets détestable; mais les autres dieux découvrirent aussitôt le crime; ils punirent Tantale, rendirent la vie à Pélops, et lui donnèrent une épaule d'ivoire, pour remplacer celle que Cérès avait mangée.

PELS (André), poète hollandais, mort à Amsterdam en 1681, donna en 1667 une traduction en vers de l'*Art poétique* d'Horace, et quatre ans après un poème *sur l'usage et l'abus du théâtre*. Il fit jouer aussi, en 1668, une tragédie de *Didon* et une comédie intit. *Julfus*, toutes deux en 3 actes. Il faisait partie d'une société poétiq. qui a enrichi le théâtre hollandais d'un grand nombre de pièces, la plupart trad. du franç., et qui était fort attachée aux principes professés en France sur l'art dramatique.

PELTIER (Jean-Gabriel), né à Nantes, paraissait destiné à suivre la carrière du commerce; mais se trouvant à Paris en 1789, il se sentit de la vocation pour le métier de journaliste, et fonda le pamphlet périodique intitulé les *Actes des Apôtres*, où l'on trouve de l'esprit, sans doute, mais un esprit frivole et souvent de mauvais goût, et dont le succès fut dû surtout aux calembours, aux allusions mordantes, aux plaisanteries personnelles, et à toutes les ressources grossières du style burlesque. Peltier se réfugia à Londres après le 10 août, et continua d'y servir l'ancienne monarchie à sa manière, c'est-à-dire, par des pamphlets et des feuilles périodiques d'une grande virulence contre les div.

gouvernements qui se succédèrent en France. Bonaparte, après la paix d'Amiens, le fit poursuivre devant les tribunaux anglais, par son ambassad. à Londres, et obtint contre lui une condamnation insignifiante, qui, grâce aux hostilités recommencées vers la même époque entre la France et l'Angleterre, eut pour unique résultat de donner plus de vogue aux écrits de l'infatigable pamphlétaire. La double restauration des Bourbons lui permit de venir deux fois visiter le sol natal, en 1814 et 1815; mais il retourna en Angleterre, et se signala par de nouv. déclamat. contre le ministère de M. Decazes. Plus tard, il revint définitivement se fixer à Paris, où il mourut en 1825. On trouve la liste de ses nombreux ouvr. dans *la France littéraire* de Querard; le plus important est le *Précis historiq. de la révolut. du 10 août, des causes qui l'ont produite, des événem. qui l'ont précédée et des crimes qui l'ont suivie*, Londres, 1792, 2 vol. in-8; réimpr. à Paris en 1795.

PEMBERTON (HENRI), sav. profess. de médec. au collége Gresham d'Oxford, né à Londres en 1694, mort en 1771, avait eu d'abord l'intention de se livrer à la pratique; mais la faiblesse de sa santé l'obligea de se borner au travail du cabinet. Lié intimement avec plus. hommes supérieurs, entre autres avec Newton, il l'aida à préparer une nouv. édition de ses *Principia*, et rédigea le tableau de ses découvertes philosophiq. sous ce titre : *View of sir Isaac Newton's philosophy*, Londres, 1728, in-4, fig. Parmi ses ouvr. nous citerons : *Cours de physiologie, en vingt leçons*, 1773.— *De facultate oculi quâ ad diversas rerum conspectarum distantias se accommodat*, Gottingue, 1751, in-4, publié par Haller.— PEMBERTON (Ébenezer), ministre à Boston, prédicateur distingué, et précepteur au collége d'Harward où il avait pris ses degrés en 1691, mourut en 1717 dans sa 45e année. On a impr. ses *Sermons* en 1727.—PEMBERTON (Ébenezer), fils du précéd., né en 1704, mort en 1777, fut aussi ministre à Boston, et publia des *Sermons* sur différents sujets, entre autres : *Discours moraux sur divers textes*, 1741, in-12. — PEMBERTON (James), quaker, né à Philadelphie en 1714, mort dans la même ville en 1809, fut un des plus zélés défenseurs des nègres, et fit tous ses efforts pour hâter l'abolition de la traite. Il avait succédé à Franklin dans la présidence de la société établie pour s'occuper du sort des esclaves.—PEMBERTON (Thomas), né à Boston en 1728, mort en 1807, membre de la société historiq. de Massachusett, contribua beauc. à former la *Collect.* de cette compagnie, à laquelle il légua ses MSs. Ce sont une *Chronol. du pays de Massachusett pendant le 18e S.*, en 5 vol., dont le doct. Holmes s'est servi pour ses *Annales;* et des *Mém. historiq. et biogr.*, pouvant former 15 vol.

PEMBROKE (THOMAS), peintre anglais, mort à Londres, vers 1730, à l'âge de 28 ans, réussissait dans l'hist. et le portrait. Il était élève de Larroon, dont il imita la manière.

PEMBROKE (MARIE-HERBERT), femme de Henri, comte de Pembroke, morte à Londres en 1821,

cultiva la poésie avec succès. On trouve de cette dame une trad. des psaumes en vers anglais dans les *Nugæ antiquæ* d'Harrington, 1779, 3 vol. in-12.

PÉNALOSA (JEAN de), peintre, né à Baesa, dans l'Andalousie, en 1582, a laissé plus. tableaux estimés que l'on voit encore à Cordoue, où il mourut en 1636.

PÉNÉLOPE, épouse d'Ulysse, roi d'Ithaque, était fille d'Icarius, prince spartiate. Pendant l'absence d'Ulysse, qui était allé au siége de Troie, et qui demeura 20 ans éloigné de ses états, elle résista constamm. aux sollicitations de plus. princes qui lui demandaient sa main. Pour se délivrer de leurs poursuites, elle promit de faire un choix quand elle aurait achevé une pièce de toile qu'elle avait commencée; mais elle défaisait la nuit ce qu'elle avait tissu le jour, et éludait ainsi l'accomplissem. de sa promesse. Elle fut enfin récompensée de sa constance par le retour de son époux. Elle avait eu d'Ulysse, avant son départ, un fils nommé Télémaque. Malgré la réputation de chasteté qu'on accorde généralem. à Pénélope, quelques écrivains, Pausanias entre autres, disent qu'elle se livra à tous ses amants pendant l'absence d'Ulysse; que ce prince, à son retour, la chassa de ses états, et qu'elle se retira d'abord à Sparte, puis à Mantinée, où elle finit ses jours.

PENN (WILLIAM), père du législat. de la Pensylvanie, dont l'art. suit, naquit à Bristol, en 1621, et entra de bonne heure au service de la marine. Il était à 31 ans vice-amiral. Après s'être distingué dans plus. campagnes, notamment aux Indes-Occidentales, il fut nommé commissaire de l'amirauté en 1660, et commanda 4 ans après, sous les ordres du duc d'York, une escadre qui détruisit presque entièrement eelle des Hollandais. Il se retira, pour des motifs de santé, à Wanstead, dans le comté d'Essex, où il mourut en 1670. Sa veuve fit son épitaphe, ou plutôt le précis de sa vie, dont on trouve la traduct. franç. dans le *Dictionnaire* de Chauffepié, art. *Penn*, remarq. A.

PENN (WILLIAM), législateur de la Pensylvanie, né à Londres en 1644 étudiait à Oxford, lorsqu'il entendit prêcher le quaker Thomas Loë; et dès-lors il cessa d'assister au service des églises réformées, forma des réunions particulières, et montra une indépendance d'opinions qui le fit chasser du collége. Son père crut qu'un voyage en France et dans les Pays-Bas diminuerait son exaltation; mais il revint avec les mêmes idées, et bientôt ses conférences avec Thomas Loë le décidèrent à faire profession publique de la doctrine des quakers. Emprisonné quelque temps en Irlande, il ne revit la maison paternelle que pour en être chassé. Toutes les concessions que lui faisait son père ne purent l'engager à contrarier ce qu'il appelait la volonté divine. En 1668, il commença à prêcher et à écrire pour sa secte. Le scandale fut grand dans l'Église anglicane, et l'ardent apôtre des quakers subit 7 mois d'emprisonnement à la Tour de Londres. A peine rendu à la liberté, il alla en Irlande recommencer ses prédications et se faire emprisonner de noùveau. Les persécutions ayant fortifié son enthousiasme et agrandi sa renommée, il fut honoré à Londres d'une visite de G. Fox, patriarche de la secte, avec lequel il alla propager dans les pays étrangers la doctrine des *Amis*: c'est ainsi qu'on appelle les quakers en Angleterre et en Hollande. Il revint dans sa patrie pour assister aux derniers moments de son père, qui lui avait enfin pardonné et qui lui laissait 1,500 liv. sterl. de rentes, et une créance de 16,000 liv. sterl. sur la couronne, pour des dépenses faites par lui dans des expédit. maritimes. Penn se fit céder en 1684, pour cette créance, la propriété et la souveraineté du territoire contigu au New-Jersey, et situé à l'ouest de la Delaware. Il destinait ce territoire, qui prit dès lors le nom de *Pensylvanie*, à servir d'asile aux sectaires de tous les cultes. Plus. familles d'Angleterre et d'Écosse ayant répondu à son appel, il chargea des commissaires d'aller les installer dans leur nouv. patrie, et il s'y rendit lui-même l'année suiv. Il commença par traiter amiablement avec les Sauvages du prix des terres qu'ils avaient cédées, le leur paya, et leur fit des présents. Ayant ensuite convoqué les colons, il leur fit accepter une constitution en 24 art., qui a servi de base à celle des États-Unis, en 1776. Il bâtit Philadelphie, fit tout pour resserrer les liens d'amitié qu'il avait établis entre les Sauvages et les colons, et, au bout de deux ans, il remit le gouvernem. à cinq commissaires, et revint en Angleterre, comblé des bénédictions de tout un peuple dont le bonheur était son ouvrage. La bienveillance que lui témoigna Jacques II, le rendit suspect à la dynastie qui remplaça les Stuart, et quatre fois il fut traduit devant les juges. On lui enleva le gouvernem. de la Pensylvanie, qui pourtant lui fut rendu en 1696. L'année suiv. il fit ajourner indéfiniment la discussion d'un bill contre les blasphémateurs, que la chambre haute devait examiner. En 1699, il retourna en Amérique, où il passa 2 ans, adoré et vénéré des Sauvages comme des colons. Enfin il leur dit adieu, pour ne jamais les revoir. Son départ avait été motivé par le projet du ministère anglais de le dépouiller de son gouvernem.: les embarras résultant des grandes dépenses qu'il avait été obligé de faire, et diverses tracasseries dont la protect. de la reine Anne ne put le garantir, achevèrent de répandre l'amertume sur ses derniers jours. Il mourut en 1718: il était membre de la soc. roy. de Londres. On a de lui un gr. nombre d'opuscules en anglais, qui ont été recueillis en 1726, in-fol., précédés de la *Vie* de l'aut., et réimpr. à Londres sous le titre d'*OEuvres choisies*, 1782, 4 vol. On peut consulter: *Revue histor. de la constitution et du gouvernement de Pensylvanie, dep. l'origine*, Londres, 1759. Cette brochure est de Franklin, qui ne partage pas l'opinion générale. adoptée sur les talents et les vertus tant vantés de Penn, que Montesquieu appelle *le Lycurgue moderne*. — *Hist. de la Pensylvanie*, par Proud, 1745, 2 vol. in-8; 1793, in-8.— *Vie de Guill. Penn*, par J. Marsillac, 1791, 2 vol. in-8, et surtout *Mém. de la vie pu-*

blique et privée de Penn, par Thomas Clarkson, Londres, 1813, 2 vol. in-8.

PENNA (FRANÇOIS-HORACE della), capucin missionnaire, né à Macerata en 1680, fut envoyé au Thibet, avec douze religieux de son ordre, en 1719. Il revint à Rome, en 1735, demander un renfort pour la mission, qui avait pénétré jusque dans Lassa, capitale du Thibet. Il repartit de Rome, avec 9 compagnons, en 1738, et arriva à sa destination en 1741. Ses devoirs l'ayant appelé dans le Népâl, il y mourut en 1757. Ce fut d'après ses renseignem. que la société de la Propagande publia., en italien: *Relation du commencem. et de l'état présent du royaume du Thibet, et de deux autres roy. voisins*, Rome, 1742, in-4. Il a laissé beaucoup d'autres morceaux MSs. dont le P. Giorgi a fait usage dans son *Alphabetum Tibetanum*. — PENNA (Laurent), carme de la congrégation de Mantoue, mort à Bologne, sa patrie, en 1693, s'adonna avec succès à l'étude de la musique. On trouve le catalogue de ses *œuvres* dans les *Notices sur les écrivains de Bologne*, t. VI, p. 346.

PENNANT (THOMAS), naturaliste et antiquaire, né en 1736, à Downing, comté de Flint, voyagea dans diverses parties de la Grande-Bretagne et de l'Europe, et publia des relat. de ses voyages, dans lesquelles on trouve beaucoup de recherches historiques et littéraires. Mallet a traduit en français son *Voyage en Écosse et aux îles Hébrides*, fait en 1772. Parmi ses ouvr. relatifs à l'hist. naturelle, nous citerons: *la Zoologie britannique, ou l'Hist. des animaux de la Grande Bretagne*, 4 vol. in-8. — *Histoire des quadrupèdes*, 1781, 2 vol. in-4; 1793, 2 vol. in-4. — *Zoologie arctique*, 1784-85-87, 3 vol. in-4, 1768-77, abrégé en franç. par Letourneur sous ce titre: *Le nord du globe avec le tableau de la nature dans les contrées septentrionales*, 1789, 2 vol. in-8. Pennant mourut en 1798. Il avait donné en 1793, in-4, une histoire de ses travaux sous le titre plaisant de: *Vie littéraire de feu Thomas Pennant, écrite par lui-même.*

PENNI (FRANÇOIS), peintre florentin, né en 1488, mort en 1528, fut surn. le *Fattore*, parce qu'il avait commencé par être garçon d'atelier (*fattorino*) dans l'école de Raphaël. Ce grand peintre, frappé de ses dispositions, se plut à les cultiver, et le traita plutôt comme un fils que comme un élève. Il se fit aider par lui dans un gr. nombre de travaux et l'institua son héritier, avec Jules Romain. Le *Fattore* séjourna successivem. à Rome, à Florence et à Naples, où il forma un gr. nombre d'élèves; mais sa passion pour le jeu l'empêcha toujours de s'enrichir. — PENNI (Lucas), peintre et graveur, frère du précédent, né à Florence vers 1500, reçut des leçons de Raphaël et de Perino del Vaga, et cultiva le genre historique avec succès, mais sans égaler son frère. Le musée possède un de ses dessins, représentant les *Saintes Femmes au sépulcre de J.-C., trouvant à sa place un ange qui leur annonce la résurrection du Sauveur.*

PENNINGTON (ISAAC), lord-maire de Londres en 1640, fut l'un des juges de l'infortuné Charles Ier, et mourut en prison après la restauration. — PEN-NINGTON (Miss), anglaise, morte en 1759, à l'âge de 25 ans, est connue par une *Ode au matin*, et un petit poème intit. *le Liard*.

PENNY (THOMAS), médecin et naturaliste angl., mort en 1589, voyagea beaucoup et découvrit plus. plantes, entre autres une qu'il rapporta de l'île de Majorque, et que Clusius a appelée *Myrtocistus Pennœi*. Il fut très utile à plus. naturalistes, tels que Lobel, l'Écluse, Gesner et Wolf, et il eut beaucoup de part à l'ouvr. de Moufet : *Insectorum sive minorum animalium theatrum*.

PENROSE (THOMAS), poète angl., né à Newbury, dans le Berkshire en 1743, fit de bonnes études à Oxford, et s'échappa av. l'âge de 20 ans, pour servir comme lieuten. de marine dans une expédit. secrète contre Buénos-Ayres, sous les ordres d'un aventurier nommé Macnamara. De retour en Angleterre, et dégoûté des aventures par le mauvais succès de son début, il embrassa l'état ecclésiastique, et succéda à son père, recteur de Newbury. Il venait d'obtenir la cure lucrative de Beckington et de Standerwik, lorsqu'il mourut à Bristol en 1779. Ses *OEuvres*, 1781, in-12, réimpr. depuis, sont estimées, et font partie d'une collect. des poètes classiques anglais.

PENRUDDOCK (JEAN), colonel anglais, du comté de Wilt, prit les armes pour la défense du roi, dans la révolut. d'Angleterre, fut fait prisonnier et eut la tête tranchée en 1655. Steel a publ. dans son *Lover* les *lettres* que cet infortuné écrivit à sa femme, après sa condamnation.

PENTHIÈVRE (LOUIS-JEAN-MARIE DE BOURBON, duc de), gr.-amiral de France, dern. héritier des fils légitimés de Louis XIV, naquit à Rambouillet le 16 nov. 1725; dès l'année 1737, la mort du comte de Toulouse, son père, fit passer sur sa tête tous ses titres et toutes ses dignités. Il fit ses premières armes sous le maréchal de Noailles, se distingua à la journée de Dettingue, à la bat. de Fontenoi, et garantit la Bretagne d'une descente des Anglais. Après avoir ainsi donné des preuves de courage et de talent, il quitta le service; les douceurs de la vie privée et les soins de la bienfaisance occupèrent le reste de ses jours. L'amour et la vénération des Français de toutes les classes furent la récompense de ses paisibles vertus. Il avait, peu avant la bataille de Fontenoi, épousé une princesse de Modène; la perte de cette femme chérie, la mort prématurée de son fils, le prince de Lamballe, le plongèrent dans une profonde mélancolie, à laq. il était naturellement porté, et qu'il ne charmait qu'en faisant du bien. Il protégea la jeunesse de Florian, et ce fut pour le distraire que cet écrivain composa ses Fables. Au commencement de la révolut., le duc put s'apercevoir qu'il conservait une grande popularité; mais la fin tragique de sa belle-fille, l'intéressante princesse de Lamballe, et les malheurs de la famille royale empoisonnèrent les derniers jours de sa vie. Il fut assez heureux pour mourir à Vernon, le 4 mars 1793, 56 jours avant que la convention n'eût décrété l'arrestation de tous les princes de la maison de Bourbon. Le duc de Penthièvre avait eu six enfants. La duchesse d'Orléans, héritière de ses vertus, fut la seule qui lui survécut. Mme Guénard a publié une *Vie* romanesque du comte de Penthièvre. Les *Mémoires* sur la vie de ce prince, par Fortaire, 1808, in-12, sont plus exacts, mais remplis de détails minutieux qui en détruisent l'intérêt. L'abbé Carron a resserré et corrigé cet ouvrage dans ses *Vies des justes dans les plus hauts rangs de la société*.

PENZEL (ABRAHAM-JACQUES), philologue, né en 1749 dans la principauté de Dessau, remplit dans différentes villes plus. emplois de l'instruction publique, mais ne sut pas les garder. Il travaillait à la *Gazette littéraire* d'Iéna, et était maître d'anglais, lorsqu'il mourut dans cette ville en 1819. Outre une traduct. allemande de la *Géographie de Strabon*, Lemgo, 1775-77, 4 vol. in-8., et celle d'une partie de l'*Hist. romaine* de Dion-Cassius, t. II, Leipsig, 1786-89, on a de Penzel entre autres ouvr. : *De arte historicâ libellus*, 1782. — *Essai sur les principes de la foi catholique*, 1782. Il a fourni des articles à plus. ouvr. périodiques.

PÉPIN-LE-VIEUX ou DE LANDEN, maire du palais du royaume d'Austrasie, sous Dagobert, et durant la minorité de Sigebert, n'eut point d'influence dans le gouvernem.; on ne connaît de lui aucune gr. action; et aucun reproche d'ambition ne s'est élevé contre sa mémoire. Son illustration n'est fondée que sur ses vertus privées et sur l'honneur d'être la tige de la famille de Charlemagne. Il mourut en 640.

PÉPIN-LE-GROS ou D'HÉRISTAL, petit-fils de Pépin-le-Vieux par sa mère, et père de Charles-Martel, gouverna l'Austrasie avec le titre de duc, après l'assassinat de Dagobert en 680, et résista aux efforts d'Ébroin, maire du palais, qui voulait remettre ce royaume sous l'autorité de Thierri. Ébroin ayant été tué en 681, Pépin porta la guerre en Neustrie, défit les troupes de Thierri, força ce prince de le nommer maire du palais, et restant duc souverain d'Austrasie devint ainsi maître de toute la France. Pendant 27 ans que dura son gouvernement sous les rois Thierri, Clovis III, Childebert III et Dagobert II, il s'approcha toujours de la royauté sans oser s'en emparer, et mourut en 714, laissant héritier de ses projets son fils Charles Martel.

PÉPIN, dit *le Bref*, ou le petit, 2e fils de Charles Martel, partagea la France avec son frère aîné Carloman, en 741, et prit pour lot la Neustrie, la Bourgogne, l'Aquitaine et quelques autres provinces, sans se donner et sans recevoir le nom de roi. Mais après avoir confiné dans un monastère l'infortuné Childéric III, dernier roi mérovingien, il ceignit la couronne à Soissons, l'an 752, et obtint en 754 l'approbation du pape, qui le sacra lui et ses deux fils. En reconnaissance Pépin passa les Alpes pour combattre Astolphe, roi des Lombards, et lui enleva l'exarchat de Ravenne, qu'il donna en 756 au St-siége. Ainsi commença la puissance temporelle des papes. Des victoires remportées sur les

Saxons et Waifre, duc d'Aquitaine, sont les autres exploits de Pépin, que l'on regarderait comme un de nos plus grands rois, si l'on n'était accoutumé à le voir auprès de Charlemagne, et, pour ainsi dire, de toute la hauteur de la gloire que ce dern. s'est acquise. Pépin mourut à St-Denis, en 768, laissant à ses deux fils un trône qu'il avait élevé sur les débris de celui de Clovis, et qu'il avait affermi par son courage et sa prudence.

PÉPIN, second fils de Charlemagne, fut nommé dès l'âge de cinq ans roi d'Italie en 781. Il commanda dans les armées, sous son père, et entreprit lui-même plusieurs expéditions, qui lui font honneur. Il mourut en 810, laissant cinq filles et un fils, l'infortuné Bernard, que Louis-le-Débonnaire, son cousin, fit périr d'une manière cruelle. On conserve, dans le recueil des lois lombardes, 49 actes ou constitut. de Pépin, comme roi d'Italie.

PÉPIN, roi d'Aquitaine, 2e fils de Louis-le-Débonnaire, prit les armes contre son père, et mourut en 838. — PÉPIN II, fils du précéd., fut dépouillé de ses états par son aïeul, qui, à la sollicit. de Judith, en disposa en faveur de Charles-le-Chauve. Pépin, voulant les reconquérir, s'unit aux Normands, les seconda dans leurs courses sanguinaires, et causait de grands ravages en diverses contrées d'Aquitaine; mais livré par ses propres vassaux, il fut renfermé dans l'abbaye de St-Médard de Soissons, et y finit ses jours.

PEPIN (MARTIN), peintre, né en 1578 à Anvers, alla dans sa jeunesse étudier à Rome, et revint dans sa patrie. On ignore le lieu et l'époque de la mort de cet artiste. Parmi ses composit. on cite une *Descente de croix*, dont le dessin et le coloris approchent de la manière de Rubens.

PEPOLI (ROMEO), le plus riche particulier de l'Italie au 14e S., employa sa fortune à se frayer un chemin à la souveraineté de Bologne, sa patrie, et gagna le bas peuple par de grandes largesses; de cette manière il parvint à se former un parti, qui fut appelé de l'*Échiquier*. Heureusement les amis de la liberté éclairèrent le peuple sur ses intérêts: Pepoli, attaqué dans sa maison en 1521, parvint à s'échapper; mais tous ses biens furent confisqués, et il mourut dans l'exil. — Son fils Tadeo PEPOLI fut rappelé à Bologne en 1527, à l'époque où les factions guelfe et gibeline agitaient l'Italie. Héritier du crédit et de l'ambition de son père, il chercha en 1554 à succéder au card. Bertrand du Poïet, qui pendant 7 ans avait gouverné Bologne, et qui venait d'en être chassé par une émeute. A force d'intrigues et de proscriptions, Pepoli parvint en 1557 à se faire investir de la souveraineté, et s'y maintint jusqu'à sa mort en 1548, par les mêmes moyens qu'il avait employés pour l'obtenir. — Jean et Jacques PEPOLI, fils du précéd., succédèrent à la puissance mal affermie de leur père, mais ils ne purent la conserver. Entourés d'ennemis, détestés de leurs sujets, pour sortir d'embarras ils vendirent honteusem. Bologne en 1550 à l'archevêque Visconti, seigneur de Milan; ils ne jouirent pas long-temps du prix de leur infamie : Jacques fut

condamné avec son fils, comme traîtres, à une prison perpétuelle, et Jean fut retenu à Milan, sous une garde sévère. Leurs descendants reparurent dans la suite à Bologne, mais dans la condition de simples citoyens. — Un d'eux, le comte Cornelio PEPOLI, sénateur de Bologne, protégea et cultiva les lettres; mais, ayant eu quelq. démêlés avec le cardinal-légat, en 1730, il alla s'établir à Venise, où sa famille était inscrite sur le livre d'or depuis le 15e S.; il y mourut en 1777. On a de lui une traduction du *Tableau de Cébès*, en vers sciolti, suivie de quelq. autres poésies, 1763, in-4, et autres écrits, dont on trouve les titres dans les *Notizie degli scrittori bolognesi* de Ch. Fantuzzi, t. VI.

PÉPUSCH (JEAN-CHRISTOPHE), compositeur, né à Berlin en 1667, fut chargé d'enseigner la musiq. au prince royal, fils de Frédéric Ier, passa ensuite en Hollande, où il publia quelq. morceaux de sa composition, puis en Angleterre, où il mourut en 1752, membre de la société royale de Londres. On a de lui des *sonates*, des *cantales*, beaucoup de musique d'église, les opéras de *Vénus et Adonis*, de *la Mort de Didon*, du *Sieur d'Alsace*, etc. Il s'adjoignit à Gay pour arrêter les airs du fameux opéra des *Gueux*, dont il composa seul l'ouverture. Il avait formé une riche biblioth. d'anciens ouvr. sur l'art harmonique.

PÉRAC (ÉTIENNE du). — V. DUPÉRAC.

PERANDA (SANTO), peintre vénitien, né en 1566, perfectionna son talent à Rome, fut l'un des plus célèbres artistes de son temps, orna de ses compositions le palais du doge dans sa patrie, ceux du duc de Modène et du prince de la Mirandole, les galeries de plus. riches particuliers, et mourut en 1638. On peut consulter la *Vite de' pittori*, de Ridolfi, t. II.

PERARD (ÉTIENNE), doyen de la chambre des comptes de Dijon, né en 1590, et mort en 1665, a laissé un *Recueil de pièces servant à l'histoire de Bourgogne*, Paris, 1669, in-fol. — Son fils Jules PERARD, né à Dijon, mort en 1690, conseiller au parlem. de cette ville, est auteur de plus. pièces franç. et latines, en vers et en prose. — Un autre PERARD (Bénigne), avocat dans la même ville et à la même époque, a laissé diverses pièces sur les événem. de son temps et de son pays.

PERARD-CASTEL (FRANÇOIS), savant canoniste, né à Vire (Normandie) en 1647, se fit recevoir avocat au parlem. de Paris, puis au gr.-conseil, se partagea entre la plaidoirie et le travail du cabinet, et mourut en 1687. On a de lui : *Paraphrase* du comment. de Dumoulin *sur les règles de la chancellerie romaine*, 1683 ou 1685, in-fol. — *Traité sommaire de l'usage et de la pratique de la cour de Rome pour l'expédition des signatures*, 1717, 2 vol. in-12, avec des additions de G. Dunoyer. — *Remarques sur les définit. du droit canon sur les natures bénéficiales*, par Desmaisons, 1700, in-fol. — *Nouveau recueil de plus. questions notables sur les matières bénéficiales*, 1689, 2 vol. in-fol.

PERAU (GABRIEL-LOUIS CALABRE), littérat., né en 1700 à Semur en Auxois, embrassa l'état ecclésiastique sans vouloir recevoir la prêtrise, consacra sa vie à des travaux littéraires, et mourut en 1767. On a de lui la continuat. des *Vies des hommes illustres de France*, par d'Auvigny, t. XIII à XXIII. — *Lettres au sujet de M. le marquis de Tavannes*, accusé de rapt, 1743, in-12.—*Le secret des francs-maçons*, 1744, in-12.—*Recueil A. B. C.*, 1745-62, 24 vol. in-12 : c'est une collect. de pièces histor., assez bien choisies; Perau n'en a publié que les 2 prem. vol. — *Description histor. de l'hôtel royal des Invalides*, 1756, in-fol., avec pl. grav. par Cochin, et des éditions de plusieurs ouvrages avec des notices et préfaces. On trouve une *Notice* sur Perau dans le *Nécrologe des hommes célèbres de France*, 1769.

PERCEVAL (SPENCER), homme d'état, né à Londres en 1762, était le 2e fils de John Perceval, prem. lord de l'amirauté sous le ministère de lord Bute. Après avoir suivi la carrière du barreau, Spencer, élu membre du parlem., en 1797, par le crédit de sa famille, se fit remarquer dans le parti ministériel par son éloquence, son zèle et ses connaissances en matières de finances. Successivem. solliciteur et procur.-génér., chancelier de l'échiquier en 1807, prem. lord de la trésorerie en 1809, il fut tué le 11 mai 1812, d'un coup de pistolet que lui tira un individu nommé *Bellingham*, au moment où il entrait dans le vestibule de la chambre des communes. Bien que les Anglais ne le placent point au rang de leurs hommes d'état du prem. ordre, ils lui reconnaissent des qualités très remarquables. On a publié à Londres une *Essai biographique sur M. Perceval*, qui a été trad. en franç. par M. H. de la Salle, 1812, in-8.

PERCIN. — V. MONTGAILLARD.

PERCIVAL (THOMAS), médecin, né à Warrington en 1740, s'établit à Manchester en 1767, fut un des fondateurs et des principaux soutiens de la société littéraire et philosophique de cette ville, et mourut en 1804. On a de lui : *Essais de médecine et de physique expérimentale*, 3 vol. in-8. C'est un recueil de *Mém.* adressés par l'auteur à la soc. roy. de Londres et à celle de Manchester. Quelq. autres de ses écrits, relatifs à la médecine, ont été réunis en 1807, 4 vol. in-8.

PERCLIGIA, chef de fanatiques et sectaire turk, prêcha les armes à la main dans la Natolie, vers l'an de l'hégyre 820 (1418 de J.-C.), et parvint à réunir un grand nombre de disciples. Le sulthan Mohammed Ier envoya contre lui une armée de 60,000 hommes. Après une lutte opiniâtre, les fanatiques furent taillés en pièces; Percligia, fait prisonnier, fut conduit à Éphèse, et cloué sur une croix, où il expira en persistant à se dire l'envoyé de Dieu, l'apôtre de la vérité, et en assurant qu'il était immortel.

PERCY (HENRI), comte de Northumberland, se distingua dans les armées anglaises, et gagna sur les Écossais, commandés par le comte de Douglas, la bataille de Halidown-Hill. Il porta ensuite les armes contre l'Angleterre, avec son fils Hotspur, et fut tué en 1403 à la bataille de Shrewsbury. Son fils perdit la vie dans une autre bataille qu'il livra dans le comté d'York.

PERCY (THOMAS), savant prélat, né à Bridge-north, dans le Shrosphire, en 1728, mort en 1811, à Dromore, en Irlande, dont il était évêque dep. 1782, a laissé plusieurs ouvr. estimés, parmi lesquels on distingue : *Han-kiou-chouan*, roman traduit du chinois, 1761, 4 vol. in-12. — *Cinq morceaux de poésie runique*, trad. de l'islandais, 1763. — *Reliques d'ancienne poésie anglaise*, 1775, 3 vol. in-12; 1794 et 1812, 3 vol. in-8. Cet ouvr., qui parut pour la prem. fois en 1765, fait époque dans l'histoire de la littérat. angl. du 18e S.

PERCY (PIERRE-FRANÇOIS, baron), célèbre chirurgien, né en 1754 à Montagney, en Franche-Comté, reçut à 21 ans le grade de doct. en médec. à Besançon, vint alors perfectionner ses talents à Paris, et remporta pendant plus. années les prix proposés par l'acad. de chirurgie, qui s'empressa de le nommer associé-règnicole. Il fut depuis couronné 16 fois dans les concours publics ouverts par les principales acad. de l'Europe. Pendant la révolution, il fut successivem. chirurgien en chef des armées de la Moselle, de Sambre-et-Meuse, du Rhin, et de la plupart de celles qui portèrent la guerre depuis par toute l'Europe. Entre autres innovations utiles qu'il introduisit dans le service, il en est une dont Larrey partagea avec lui l'honneur : c'est l'institut. de ces corps de chirurgiens ambulants, portés sur des chars légers, parcourant avec rapidité le champ de bataille, cherchant au milieu des rangs les milit. blessés et les pansant sous le feu même de l'ennemi. La reconnaissance et l'amour des soldats, l'estime des princes étrangers eux-mêmes furent la récompense de son dévouem. continuel. En 1814, après l'occupation de Paris, il fit ouvrir les abattoirs à 12,000 soldats des armées alliées, blessés et presque abandonnés; il leur prodigua ses secours et les sauva pour la plupart. Déjà nommé par Bonaparte command. de la Lég.-d'Honneur et baron, il mérita, par ce nouveau service rendu à l'humanité, les distinctions que lui décernèrent plusieurs souver. étrangers. Il représenta le départ. du Doubs à la chambre éphémère des *cent-jours*, se trouva à son poste à la journée de Waterloo, et fut mis à la retraite après le second retour des Bourbons. Il consacra ses dern. jours à des travaux scientifiques et à l'exercice d'une bienfaisance inépuisable, dans sa terre de Mongey, près de Lagny, et mourut à Paris en 1825. Nous citerons de lui : *Mém. sur les ciseaux à incision, couronné par l'acad. royale de chirurgie*, 1785, in-4. — *Manuel du chirurgien d'armée*, 1792, in-12, fig. — *Pyrotechnie chirurgicale-pratique, ou l'Art d'appliquer le feu en chirurgie*, 1794, in-8. Il a coopéré à différents journaux de médecine, donné des articles au *Magasin encyclopédique*, au *Dictionnaire des sciences médicales*, et lu des *dissertations* et des *rapports* dans plus. sociétés savantes (*v.* sa *Notice biographique*, par A.-F. Silvestre, dans les *mém.* de la soc. d'agricult., 1825, et l'*Histoire de la vie et des ouvr. de Percy, composés sur les MSs. originaux*, par C. Laurent, 1827, in-8, avec portrait).

PERDICCAS Iᵉʳ, roi de Macédoine, monta sur le trône l'an 729 avant J.-C., ajouta plus. provinces à son roy., et régna 40 ans. — PERDICCAS II monta sur le trône vers l'an 457, ou, selon d'autres, en 436, secourut les Lacédémoniens dans la guerre du Péloponèse, repoussa le roi des Thraces, et mourut après un long règne en 413. — PERDICCAS III monta sur le trône l'an 371 avant J.-C., eut à défendre ses droits contre deux compétiteurs, Pausanias et Ptolémée-Loritès, et fut tué dans un combat contre les Illyriens en 360.

PERDICCAS, l'un des lieutenants d'Alexandre-le-Grand, et celui auquel ce prince, en mourant, remit son anneau, devint le premier ministre du nouveau roi, Aridée, fils naturel de Philippe. Bientôt les partisans de Roxane, veuve d'Alexandre, ayant fait décider que, si elle accouchait d'un fils, il serait associé au trône de Macédoine, Perdiccas en fut nommé le tuteur. Il aida Roxane à faire périr Statira, veuve comme elle d'Alexandre, ordonna d'exterminer les Grecs transplantés par ce prince dans la Haute-Asie et qui voulaient retourner dans leur patrie, donna la Cappadoce à Eumènes, dont il connaissait le dévouem., maintint ou fit rentrer dans le devoir les villes de la Pisidie, et, enhardi par le succès de toutes ses entrepr., résolut de répudier sa femme pour épouser Cléopâtre, sœur d'Alexandre ; mais les autres génér. se liguèrent pour empêcher cette alliance, qui lui aurait frayé le chemin au trône de la Macédoine. Perdiccas, appuyé d'Eumènes, crut pouvoir faire tête à l'orage. Il commença par faire tuer Méléagre, son associé dans la tutelle du jeune roi, et déclara la guerre à Antigone, gouverneur de la Lydie et de la Phrygie, qui chercha un asile en Égypte auprès de Ptolémée. Perdiccas l'y suivit ; mais il s'était aliéné par son orgueil les cœurs de ses soldats, qui, voyant d'ailleurs la fortune cesser de lui sourire, l'égorgèrent avec la plupart de ses amis, environ deux ans après la mort d'Alexandre, l'an 322 avant J.-C.

PEREDA (ANTOINE de), peintre, né à Valladolid en 1599, mort à Madrid en 1669, peignit avec succès l'hist., la nature morte, des vases, des tapis, etc., et se distingua surtout par la vigueur et l'éclat de son coloris ; mais la vérité de l'imitation l'empêcha de s'élever jusqu'à l'idéal, sans leq. il n'y a point de perfection dans les arts. Parmi ses beaux ouvr. on cite un *Père éternel, ayant à ses pieds une foule de saints et de saintes qui lui offrent leur cœur.*

PÉRÉFIXE (HARDOUIN de BEAUMONT de), le meilleur historien qu'ait eu jusqu'ici Henri IV, né en 1605, fut nommé précepteur de Louis XIV en 1644, évêque de Rodez en 1648, bientôt après confesseur du roi, membre de l'Acad. française en 1654, et archevêque de Paris en 1662. Il mourut en 1670, généralement regretté pour ses mœurs douces, son esprit conciliant et la sagesse avec laquelle il avait administré son Église dans des temps de divisions. Il avait composé à l'usage de son royal

élève un livre intitulé : *Institutio principis*, 1647, in-16 ; mais son prem. titre est la *Vie de Henri IV*, 1661, in-4, qui fait bien connaître et aimer ce gr. prince. Elle a été traduite dans toutes les langues de l'Europe, et les édit. en sont nombreuses ; dans le nombre on distingue celles de 1661, in-12, et de 1664, qui est augmentée d'un *Recueil de quelques belles actions et paroles de Henri-le-Grand*. On a prétendu, mais en vain, ravir à Péréfixe l'honn. de cette production estimable pour l'attribuer, les uns à Mézeray, les autres au P. Annat, confesseur de Louis XIV. On trouve l'*Éloge* historique de Péréfixe, par Martignac, dans le *Journal des savants* de 1698, p. 191.

PEREIRA (D. NUNEZ-ALVAREZ), fils de D. Alvarez, premier connétable de Portugal, appartenait à l'une de ces familles nobles qui font remonter leur origine jusqu'au roi D. Ramirez, frère d'Alphonse IV ; c'est de cette même famille qu'est issu le duc actuel de Cadaval, et elle est, par les femmes, la tige de la maison de Bragance. D'abord écuyer de la reine Éléonore Tellez, D. Nuñez l'abandonna pour se jeter dans le parti du frère natur. de Ferdinand, le gr.-maître de l'ordre d'Aviz, lorsque ce prince eut été déclaré régent après l'assassinat du comte Andeiro, amant de la reine. Admis au rang des conseill.-d'état, il fut envoyé dans l'Alentejo, réduisit plus. villes à la soumission, s'avança contre un parti d'Espagnols qui comptait son frère (don Diego Alvarez) au nombre de ses chefs, le défit à la bataille d'Atoleïros, et, pendant le reste de la guerre, eut une si grande part à l'affermissement de l'autorité du roi Jean, que ce prince, après l'avoir nommé connétable et majordome, lui prodigua les plus éclatantes faveurs. A la célèbre bataille d'Aljubarota (1385), où les Castillans, bien supér. en nombre, perdirent près de 12,000 hommes, il commandait une aile de l'armée portug., dont l'autre aile était conduite par le jeune roi en personne. Il rendit encore de nouveaux services à ce souverain qui l'avait si généreusem. récompensé ; mais sur la fin de sa vie, las des grandeurs, et peut-être désabusé de l'espoir qu'il avait conçu de voir sa patrie plus heureuse sous un roi tel que Jean Iᵉʳ, il se retira dans un couvent en 1421, et mourut 10 ans après, à l'âge de 71 ans. Rodriguez Lobo a publié un poème à sa louange sous ce titre : *O Condestabre de Portugal D. Nuñ-Alvarez Pereira*, 1785, in-12. Outre l'*Hist. gén. de Portugal*, par La Clède, on peut consulter le tome X des *Chroniq.* de Froissard, édit. de M. Buchon, et les trois chroniques qui ont été faites sur la vie de ce célèbre capitaine et homme d'état. L'une est écrite en lat., les deux autres en portugais, sous ce titre : *Cronica do condestabre de Portugal D. Nuñez-Alvarez Pereira*. Bouterweck, dans son *Essai sur la littérature espagn.*, donne un long extr. de la plus ancienne, qui passe pour un modèle de style. — D. Rui PEREIRA, oncle du précédent, fut l'âme du complot qui mit fin aux brigues et à la vie de Jean d'Andeiro. Ce fut sous ses coups que tomba ce malheureux, déjà frappé d'un coup de poignard par le gr.-maître d'Aviz (*v.* JEAN Ier et Jean de REGRAS).

PEREIRA (GOMEZ), médec. espagnol, vivait probablement au 16e S., car c'est à cette époque que furent publiés ses écrits, parmi lesquels nous citerons : *Antoniana Margarita, opus physicis, medicis ac theologis non minùs utile quàm necessarium,* Medina del Campo, 1554, in-fol.; Francfort, 1610; et *Nova veraque medicina experimentis et evidentibus rationibus comprobata,* 1558, in-fol. Ces deux ouvrages ont été réimprimés à Madrid en 1749. On a prétendu que Descartes avait pris dans le prem. ses idées sur l'âme des bêtes ; mais Descartes méditait beaucoup, lisait peu, et n'avait pas besoin d'emprunter des idées, même fausses, à personne : nous croyons donc cette imput. mal fondée.

PEREIRE (JACOB-RODRIGUE), membre de la soc. royale de Londres, né en 1716 à Berlango dans l'Estramadure, est le premier qui se soit occupé en France de l'éducation des sourds-muets ; il obtint les suffrages de l'acad. des sciences et une pension du roi Louis XV, et mourut à Paris en 1780. Il eut le tort de cacher sa méthode, et fut éclipsé d'ailleurs par un homme plus généreux, le vénérable abbé de l'Épée, dont il essaya vainem. de réfuter la méthode, qui lui semblait impraticable. Nous citerons de Pereire : *Observ. sur les sourds et muets,* dans le *Rec. des sav. étrang.,* 5e vol., 1769.

PERELLE (GABRIEL), dessinateur et graveur à l'eau forte, né à Vernon-sur-Seine au commencement du 17e S., mort à Paris en 1675, a laissé un grand nombre de vues et de paysages que les connaisseurs estiment. La plupart de ses productions ont été réunies en deux recueils intitulés : *Délices de Paris et de ses environs,* et *Délices de Versailles et des maisons royales.* — Ses deux fils, Nicolas et Adam, l'aidèrent dans ses travaux : le premier, né à Paris, mourut à Orléans ; le second, né en 1658, mourut à Paris en 1695.

PERÈS-LAGESSE (EMMANUEL), né en 1752, était avocat en 1789, lorsqu'il fut élu député-suppléant du tiers-état du pays de Rivière-Verdun aux états-gén., où il ne parut point. Nommé, au mois de sept. 1792, député de la Haute-Garonne à la convention, il vota dans le procès du roi la détention et le bannissem. à la paix, et fut de l'avis du sursis. Tous ceux de ses collègues qui avaient voté avant lui avaient opiné pour la mort. A la fin de 1795 il se rendit à l'armée de Sambre-et-Meuse, d'où il transmit à la convention les vœux des Belges pour leur réunion à la France. Devenu membre du conseil des cinq-cents, il réfuta Perès (du Gers), qui s'opposait à une amnistie en faveur des citoyens détenus pour opinions politiques. Cependant, en août, il signala les prêtres déportés et rentrés, comme les ennemis de la chose publique. Il coopéra ensuite à la révolution du 18 fructidor. Sorti du conseil dans le mois de mai, il fut réélu aussitôt à celui des anciens, dont il devint successivement secrétaire et présid. Nommé préfet de Sambre-et-Meuse après le 18 brumaire, il exerça ces fonctions jusqu'en 1814. Perès était âgé de 82 ans, lorsqu'il mourut à Boulogne, près St-Gaudens, en 1832.

PEREYRA (DIOGO), peintre portugais, né vers 1570, mort en 1640, montra un rare talent pour le paysage. Il peignait de préférence des incendies, des purgatoires, des enfers. Il a répété plus. fois, mais toujours d'une manière différente, l'*Incendie de Troie* et l'*Embrasement de Sodome.* C'est à Lisbonne qu'on trouve le plus grand nombre de ses product. : le cabinet du duc d'Almeida en renferme plus de 60. — PEREYRA (Manuel), l'un des plus habiles sculpt. qu'ait produits le Portugal, naquit en 1614, et alla de bonne heure à Madrid, où il a laissé un très grand nombre d'ouvr., parmi lesq. on cite le *Christ del Perdon,* qui se trouve dans l'église des Dominicains-du-Rosaire. On prétend que cet artiste, étant devenu aveugle sur la fin de sa vie, fit le modèle de la statue de *St Jean-de-Dieu,* et qu'il en dirigea l'exécution par le tact. Il mourut en 1667.

PEREZ (don ANTONIO), ministre espagnol, est surtout connu par ses malheurs, dont l'amour fut la première cause. Chargé de faire agréer à la princesse d'Éboli les hommages de Philippe II, il parla pour lui-même, et devint le rival heureux de son souverain. Cette intrigue, demeurée quelq. temps secrète, fut remarquée enfin par un certain Escovedo, qui fit part de sa découv. à Perez lui-même. Celui-ci le peignit au roi comme un homme dangereux, et le fit assassiner (1578). Mais bientôt Philippe, assuré que son favori livrait les secrets de l'état à la princesse d'Éboli, le fit juger et condamner à une forte amende, à deux ans de prison et au bannissement pendant huit ann. Les parents d'Escovedo ayant profité de ce mom. pour demander justice, Perez avoua son crime, mais ajouta qu'il avait agi d'après un ordre supér. Il parvint à s'évader dans cette circonstance (1590) et à gagner l'Aragon ; mais il fut arrêté et conduit à Saragosse, où sa présence causa de grands troubles par l'acharnement du peuple à le défendre contre les familiers de l'inquisition, qui voulaient le juger à leur tour comme blasphémat. Il s'échappa encore cette fois (1591) et pour toujours. Accueilli en France par Henri IV, et en Angleterre par Élisabeth et Leicester, il finit par se fixer à Paris, où il mourut en 1611. Sa femme, dona Coëllo, était morte en prison en 1602, victime de sa tendresse conjugale et de l'injuste ressentim. du roi d'Espagne. Perez a laissé des mém. et des lettres, impr. séparém. plusieurs fois, et recueill. sous le titre d'*Obras y relaciones,* Paris, 1598, in-4; Genève, 1631, 1644, in-8.

PERFETTI (BERNARDIN), célèbre improvisateur, né à Sienne en 1681, fut professeur d'institutes de droit civil et canonique à l'univ. de Pise, et reçut en 1725 la couronne poétique dont le Tasse n'avait pu jouir. Il mourut en 1747. On n'a de lui que des *fragments* recueillis à la hâte et à son insu pendant qu'il chantait. Il a désavoué toutes ces copies, persuadé qu'il était que les plus brillantes improvisations perdent beaucoup à être imprim. et lues. Le rec. le plus complet a été publié, par le doct. Cianfogni, sous ce titre : *Saggi di poesie parte dette all' improvviso, e parte scritte dal cav. Bern.*

Perfetti, Sanese, etc., Florence, 1748, 2 vol. in-8.

PERGAME, petit royaume dans la partie occidentale de l'Asie-Mineure, dont la ville principale était Pergame, et dont les limites varièrent souvent. Il fut fondé par l'eunuque Philétère, qui enleva cette province à Lysimaque, l'an 283 av. J.-C. D'abord borné à la Mysie, il comprit ensuite presque toute l'Asie-Mineure. Les rois s'y succédèrent dans l'ordre suiv. :

Philétère	383 av. J.-C.	Eumène II	197 av. J.-C.
Eumène Ier	263	Attale II	159
Attale Ier	241	Attale III	134

Ces rois furent, pour la plupart, alliés fidèles des Romains, et Attale III, le dernier, leur légua son royaume. Mais Aristonicus, qui avait usurpé le trône à la mort de ce prince, leur en disputa longtemps la possession, et ce ne fut que l'an 126 que le royaume de Pergame fut réduit en province romaine. Les rois de Pergame favorisèrent les lettres, et fondèrent une bibliothèque, qui devint presque aussi célèbre que celle d'Alexandrie.

PERGOLA (ANGE de LA), l'un des plus habiles généraux de l'Italie au 13e S., était à la tête d'une troupe de 600 chevaux, lorsqu'en 1405 il secourut les Pisans contre les Florentins. Sa petite armée ayant été défaite et dispersée, il en forma une autre, passa en Lombardie, s'attacha au duc de Milan, Philippe-Marie, et contribua à lui faire recouvrer les états de son père. Sa gendarmerie était réputée la meilleure de l'Italie, et sa renommée fut justifiée par de nombreuses victoires; mais en 1427, se battant sous les ordres de Malatesti de Pesaro, il perdit presque tous ses soldats à la bataille de Macalo, et manqua d'être fait prisonnier. Il mourut subitement à Bergame peu après cette grande défaite, et sa mort détermina le duc de Milan à faire la paix avec ses ennemis.

PERGOLÈSE (JEAN-BAPTISTE), célèbre compositeur, né en 1704 à Casoria, petite ville du roy. de Naples, mort en 1737 dans une retraite que lui avait offerte, au pied du Vésuve, le duc de Mondragone, est surtout connu par son *Stabat*, qui réunit, au jugement de Grétry, *tout ce qui doit caractériser la musique d'église dans le genre pathétique*. Cependant il a donné quelques opéras, entre autres la *Serva Padrona*, que toute l'Europe voulut entendre, et l'*Olimpiade*, qui fut sifflée par ses envieux, et qui ne méritait certainem. pas un pareil accueil. On trouve une *Notice* sur sa vie et ses ouvrages dans le *Mercure*, juillet 1772, pag. 191.

PERI (GIOV.-DOMENICO), pauvre berger de Toscane, que la lecture de l'Arioste rendit poète, vivait au 17e S. Il s'exerça d'abord dans les montagnes à composer des drames et des poèmes, qu'il récitait à ses camarades et aux voyageurs, mais bientôt sa réputation s'étendit au-delà de ces étroites limites. Outre une fable intit. *il Siringo*, nous avons de lui deux poèmes (*in ottava rima*), l'un *Fiesole distrutta*, Florence, 1619, in-4; l'autre *il*

Mondo desolato. — PERI (Jacopo), maître de chapelle à Florence, a composé la musique de deux opéras de Rinuccini, *la Dafne*, en 1594, et l'*Euridice*, en 1600. Ce dernier ouvrage fut représenté lors de la célébration du mariage de Henri IV avec Marie de Médicis.

PÉRIANDRE, tyran de Corinthe, succéda à son père Cypsélus l'an 633 avant J.-C., suiv. Larcher, ou 585, suivant La Nauze. Il gouverna d'abord sagement, limita lui-même son autorité, fit tout pour maintenir la paix, et s'occupa de faire fleurir les arts et les lettres; mais bientôt le mécontentem. causé par son usurpation et les troubles qui s'ensuivirent le portèrent à chercher sa sûreté dans des mesures sévères, et insensiblem. il devint cruel. Il se débarrassa des plus illustres citoyens par l'exil ou par les supplices, exerça des vexations même contre les femmes, et maltraita la sienne, au point de la faire périr. Lycophron, le plus jeune de ses fils, ne prit aucun soin de cacher son ressentim. légitime, et fut exilé dans l'île de Corcyre. Plus tard, Périandre le pria de venir occuper le trône de Corinthe; mais le jeune prince ayant déclaré qu'il ne voulait point habiter la même ville que son père, celui-ci lui promit d'aller se fixer dans l'île de Corcyre. Cet arrangem. effraya les Corcyréens, qui, pour en empêcher l'exécution, tuèrent Lycophron. Périandre fit encore couler du sang pour venger son fils, et mourut dans un âge très avancé l'an 565 avant J.-C., selon Larcher. Cette date est en contradiction avec l'opinion d'Aristote et de tous les chronologistes, qui veulent que Périandre ait régné 44 ans. Ce tyran est compté assez généralement parmi les sept sages de la Grèce; mais quelq. auteurs mettent à sa place Chilon ou Lassus. La *Mort de Périandre* est le sujet d'une tragédie de Luce de Lancival.

PÉRICLÈS, orateur, guerrier, politique, et l'un des plus grands hommes d'Athènes, a mérité de donner son nom au plus beau siècle de la Grèce. Sa naissance doit être placée entre les années 500 et 490 avant l'ère chrét. Il montra dans sa jeunesse beaucoup d'ardeur pour tous les genres d'études, mais son goût dominant l'entraîna vers la politique, qui devint le sujet de ses entretiens même avec son maître de musique. Il eut l'adresse de se cacher d'abord pour être mieux aperçu, et il attendit sans impatience le moment de saisir le rôle auquel l'appelaient ses talents, sa fortune et l'illustration de sa famille. Lorsqu'il vit Cimon à la tête de l'aristocratie, il aspira à être le chef du parti populaire, qui n'en avait point alors, et bientôt il eut écarté tous ses rivaux par l'habileté de sa conduite, par l'ascendant de sa parole flatteuse et insinuante, et plus encore peut-être par ses largesses. Il eut le crédit de faire bannir Cimon, en l'accusant de favoriser les intérêts de Lacédémone, et le rappela pour conclure un traité avec cette même république. Après la mort de ce vertueux citoyen, son beau-frère Thucydide, qu'il ne faut pas confondre avec l'historien, fut le chef de l'aristocratie. Périclès le fit bannir aussi (444), et resta seul maître de l'administration. Délivré de cet adversaire, qui censurait amèrement ses fastueuses entreprises, il acheva l'Odéon, le Parthénon et d'autres monuments dont les débris fournissent encore des modèles ou des inspirations aux artistes. Il rechercha aussi la gloire milit., moins peut-être pour elle-même que pour le prestige dont elle pouvait environner son pouvoir. Il ravagea le Péloponèse en 455, vainquit les Sicyoniens deux ans après, et parcourut en tous sens les mers de la Grèce, dévastant les côtes de l'Acarnanie, retenant les alliés dans l'obéissance, et frappant de terreur les peuples barbares : enfin il soumit l'Eubée, qui s'était révoltée en 446. Dès-lors il put se dispenser d'être trop complaisant pour le peuple, et il n'en travailla que plus efficacement à lui assurer le repos et le bonheur. Il s'opposa aux projets de conquêtes de ses concitoyens, et eut le courage de braver les murmures populaires ; mais en 441 il entreprit une guerre contre les Samiens, dont les Milésiens avaient à se plaindre, on l'accusa d'avoir cédé cette fois aux prières d'Aspasie, née à Milet. Cette accusation ne paraît pas fondée : il est vrai toutefois que Périclès aima passionnément Aspasie, et que, pour l'épouser, il répudia sa prem. femme dont il avait eu deux fils, Xantippus et Paralus. Plus d'une fois il se vit en butte aux sarcasmes des poètes comiques, sans en témoigner la moindre colère, et l'on sait qu'il encourageait Aristophane qui, dans sa verve satyrique ne l'épargnait pas toujours. En 432, il fit envoyer des secours aux Corcyréens, attaqués par les Corinthiens, pour ne pas être obligé de rendre des comptes, s'il faut en croire Diodore de Sicile. On lui reprocherait avec plus de raison d'avoir trop faiblement défendu Corcyre et de n'avoir pas prévenu la défection de Potidée. Ses ennemis, n'osant encore l'attaquer lui-même, persécutèrent ses partisans les plus illustres, Phidias, Anaxagore. Cependant la guerre du Péloponèse vint encore une fois mettre en évidence son habileté. Il sut enchaîner l'impatience de ses concitoyens, et les sauver ainsi de l'invasion des Lacédémoniens, qui se retirèrent après d'inutiles efforts. Ce fut là son dernier succès. Le peuple le taxa de lâcheté, lui ôta le pouvoir et le condamna à une forte amende. Pour comble de malheur, ce grand citoyen perdit presque toute sa famille dans une peste qui ravagea l'Attique. Bientôt il fut rappelé à la tête de l'administrat.; mais ses jours de gloire étaient passés. Il fut forcé de lever le siége de Méthone et d'abandonner les places du Péloponèse, et il eût encouru, sans doute, une nouvelle disgrâce, s'il n'eût été emporté par la peste, l'an 429 avant J.-C. Il ne nous reste aucun monum. de son éloquence, qui fut presque aussi vantée que ses talents politiques : les discours que lui prête Thucydide ne sont pas de lui, quoiqu'il en ait réellement prononcé dans les mêmes circonstances. — Un fils qu'il avait eu d'Aspasie, et qui porta aussi le nom de Périclès, était un des génér. athéniens qui, en 406, après avoir vaincu les Lacédémoniens, commandés par Callicratidas, furent con-

damnés à mort pour avoir négligé de faire inhumer les guerriers morts dans cette bataille.

PÉRIER (Scipion Du), jurisconsulte, né en 1588 à Aix, était fils de ce Franç. du Périer, à qui Malherbe a adressé de si belles stances, il parut avec éclat au barreau, obtint les suffrages d'Arnaud d'Andilly, de Jérôme Bignon, et du sav. Peiresc, fut élu consul de sa ville natale en 1638, et mourut en 1667. Il a laissé quelq. écrits recueillis sous le titre d'*OEuvres de du Périer*, Toulouse, 1760, 3 vol. in-4. Cette édit., la meilleure, est précédée d'une bonne *Notice* sur l'auteur. — PÉRIER (Aimar du), sieur de Chameloc, etc., conseiller au parlem. de Grenoble, de la même famille, a publ. : *Discours historique* touchant l'état général des Gaules, et principalem. du Dauphiné et de la Provence, tant sous les Romains que sous les Français et Bourguignons, etc., Lyon, 1610, in-8. — V. Dupérier.

PÉRIER (Jacq.-Constantin), habile mécanicien, membre de l'acad. des sciences, naquit à Paris en 1742. Il avait deux frères, qui comme lui s'appliquèrent à la mécanique : le plus jeune mourut à l'âge de 24 ans ; mais l'autre (Auguste-Charles), ne cessa de le seconder dans ses nombreux travaux. La pompe centrifuge, plus de cent machines à vapeur, des cylindres à papier, des machines à filer le coton, une foule d'autres inventions utiles, et un nombre prodigieux d'appareils d'usines, sont sortis de leur établissem. Pendant la révolut. ils se chargèrent de div. entreprises qui réussirent la plupart ; mais le discrédit des assignats porta un coup funeste à leur fortune. Jacques-Constantin est aut. d'un *Essai sur les machines à vapeur*, et de plus. *Mém.* insérés dans le *Recueil* de l'acad. des sciences. Il mourut en 1818.

PÉRIER (Scipion), né à Grenoble en 1776, d'une autre famille que le précéd., dirigea les améliorat. importantes qui furent faites dans les mines de houille d'Anzin, dont son père avait acheté une partie considérable, fonda une maison de banque à Paris, avec son frère Casimir, et créa ou perfectionna plus. établissem. d'industrie. A sa mort, en 1821, il était un des régents de la banque de France. Il a fourni plus. articles aux *Annales de chimie*. M. Degérando a publ. son *Éloge* dans le *Bulletin de la société d'encouragem.*, avril 1821.

PÉRIER (Casimir), présid. du conseil des ministres et ministre de l'intérieur, né à Grenoble en 1777, fils d'un négociant, fut élevé à Lyon chez les prêtres de l'Oratoire, qu'il quitta pour embrasser l'état militaire ; il fit les campagnes d'Italie en 1799 et 1800; mais, quoiqu'il eût été nommé offic. du génie, il préféra se livrer au commerce. En 1802, il ouvrit à Paris une maison de banque avec Scipion Périer, son frère, concourut à divers établissem. industriels, et se créa ainsi une fortune considérable. Jusqu'en 1815, absorbé par le développem. de ses affaires, il ne songea point à la politique. Mais en 1816 il publia contre les emprunts à l'étranger un écrit remarquable, et, dès l'année suivante, le départ. de la Seine le nomma député, le jour même où il atteignait l'âge de 40 ans voulu par la charte. Pendant 15 années, constamm. réélu par divers arrondissem., il fit aussi constamment cause commune avec l'opposition, dont il devint l'un des chefs les plus distingués et les plus influents ; mais son opposition, même dans les moments de la plus grande exaspérat. de son parti, fut toujours exprimée avec dignité et convenance. Il s'attachait principalem. aux questions de finances, dans lesq. il avait des connaissances spéciales : aussi M. de Villèle, bon juge en ces matières, ne manquait-il jamais de monter à la tribune après lui, pour atténuer l'effet produit par ses *Discours* et ses amendem. sans cesse renaissants. L'histoire des sessions de 1823 à 1826 en offre la preuve. Vers cette époque, il cessa de prendre part aux discussions de la chambre, soit à cause de sa santé, soit pour d'autres motifs ; mais il ne perdit rien de son influence, qui l'amena, à la session de 1828, à être un des candidats à la présidence. On lui préféra M. Royer-Collard. En 1830, Casimir Périer fut du nombre des 221 qui déclarèrent à Charles X qu'il ne pouvait y avoir concours entre la chambre des députés et le ministère du prince de Polignac. Le *roi*, qui avait dissous la chambre, voyant que les élections renvoyaient les mêmes députés, se décida à prononcer une nouvelle *dissolution, même avant qu'ils fussent réunis* ; il signa les ordonnances du 25 juillet, par lesquelles, en vertu de l'article 14 de la charte, il s'élevait momentanément au-dessus des lois. Pendant la résistance qui s'organisa contre ces ordonnances, Casimir Périer, présent aux diverses réunions des députés qui eurent lieu du 26 au 31, s'en tint constamment à opiner pour la voie des remontrances et des doléances. Nommé membre de la commission municipale qui s'installa le 29 à l'hôtel-de-ville pour rétablir l'ordre dans Paris, il s'y trouvait lorsque des envoyés de Charles X vinrent déclarer que le roi avait retiré ses ordonnances, et formé, sous la présidence du duc de Mortemart, un ministère nouveau dont Casimir Périer faisait partie. Mais trois des commissaires municipaux prononcèrent, par l'organe de Lafayette, que le roi avait cessé de régner : Casimir Périer garda le silence. Enfin quand, après avoir attribué la lieutenance-gén. au duc d'Orléans, la majorité des députés présents lui eut décerné la couronne, Casimir Périer, bien que nommé la veille présid. de la chambre par le lieutenant-général, n'assista point à la fameuse séance du 7 août, qui fut présidée par M. Lafitte. Il ne consentit même à accepter la présidence qu'*afin de ne pas retarder les travaux de la chambre*, et, le 23 août, il donna sa démission, s'excusant sur l'état de sa santé, ce qui ne l'empêcha point d'accepter de nouveau la présidence, lorsqu'elle lui fut donnée une seconde fois par la chambre, après que M. Lafitte eut été appelé, le 11 novembre, à la tête du ministère. Alors il cessa de faire partie du conseil, dans lequel il était entré dès le commencem. avec le titre de ministre sans portefeuille. Cependant les scènes du 15 févr. 1831 et les désordres qui s'ensuivirent, ayant ébranlé dans l'opinion le

minist. Lafitte, Casimir Périer, après de longues négociations, accepta le ministère de l'intérieur avec la présidence du conseil. Du moment que ses conditions eurent été acceptées, Casimir Périer employa toute l'énergie de sa volonté de fer à faire régner l'ordre et la tranquillité dans le nouvel état de choses créé par la révolution. De là les lois qu'il obtint des chambres pour la répression des émeutes et l'affaiblissement des partis qui attaquaient le gouvernement. Il s'était fait un point d'honneur de ne recourir qu'aux lois, appuyées de la force publique, pour paralyser ou punir les révoltes contre la royauté du 7 août, et pour donner à celle-ci une base solide dans la justice du pouvoir, autant que dans l'obéissance passive des populations. Sa conduite à l'égard de la Vendée, de Lyon et de Grenoble, fut réglée par ces principes. On le vit même au commencement de son ministère, rappeler aux préfets des principes de liberté bien larges en matière d'élection, puisqu'il déclarait que le fonctionnaire public ne devait point être responsable aux yeux du gouvernement du vote que lui dicterait sa conscience. Mais les faits les plus importants de son administration furent l'abolition de l'hérédité de la pairie, l'érection de la Belgique en royaume indépendant, l'occupation d'Ancône, et la transformat. presque violente de la chambre des députés en une majorité favorable à ses principes de légalité, d'ordre au-dedans et de paix au-dehors. Casimir Périer, convaincu que l'opinion des députés était contraire à l'hérédité de la pairie, mais croyant que l'hérédité était nécessaire à la dignité ainsi qu'à l'indépendance de ce corps, n'en proposa qu'à regret l'abolition, exprimant même l'espoir qu'on reviendrait un jour à ce qu'il laissait détruire malgré lui. Mais ce qui fait réellem. honneur à Casimir Périer, comme prem. ministre d'un gouvernem. qui ne faisait que de naître et que les passions attaquaient de toutes parts, c'est d'avoir eu la force de comprimer l'esprit de propagande qui animait la chambre des députés. L'opposit. réclamait souvent des lois d'exception pour la Vendée et les départem. du Midi ; il les repoussa toujours, et dans deux occasions il fit donner une approbation positive à son système par un vote exprès de la chambre, en ne lui montrant au-delà de son ministère qu'anarchie et peut-être guerre générale. Lors de la discussion sur la proposition Bricqueville contre les Bourbons de la branche aînée, il combattit toute espèce de mesure pénale comme odieuse et inutile. Cependant, le 3 mai 1832, Casimir Périer fut atteint du choléra ; il mourut le 16 dans des sentim. très relig. Remplacé quelq. jours auparav. dans le ministère de l'intérieur par M. de Montalivet, il avait conservé le titre de président du conseil. Peut-être n'avait-on pas vu, depuis Bonaparte, de volonté plus énergique et plus opiniâtre que la sienne. *Je suis arrivé*, disait-il, *aux affaires en homme de cœur, j'espère en sortir en homme d'honneur.* En effet, il mourut à la tâche. Casimir Périer fut universellement regretté, sans acception d'opinion. Le gouvernement lui fit faire de magnifiques obsèques, auxquelles assistèrent les ministres, les deux chambres, les hauts fonctionnaires civils et militaires et une grande partie de la garde nationale de Paris et de la banlieue. Plusieurs discours remarquables furent prononcés sur sa tombe.

PÉRIER (Augustin), frère du précéd., né à Grenoble en mai 1773, mort à sa terre de Frémilly en décembre 1833, siégea à la chambre des députés, où il se montra homme d'expérience et de cœur, et où il fit preuve d'une instruction assez étendue. Revêtu de la pairie à la mort de son frère, il semblait appelé à en jouir long-temps, quand la mort l'arrêta dans sa carrière à 59 ans.

PÉRIGNON (le marquis Dominique-Catherine de), maréchal de France, né à Grenade près de Toulouse, en 1754, après avoir fait d'excellentes études, entra sous-lieuten. dans les gardes royaux, et devint aide-de-camp du comte de Preissac. Député en 1791 à l'assemblée législat. par le département de la Haute-Garonne, il quitta bientôt des fonctions incompatibles avec ses goûts, pour aller prendre le commandem. d'une légion à l'armée des Pyrénées-Orientales. Nommé général de brigade, puis de division, il succéda, en 1794, à Dugommier dans le commandem. en chef. Les batailles de la Jonquière, de St-Sébastien et de la Madeleine, la prise du fort de Figuières et celle de Roses sont ses titres militaires. A la paix avec l'Espagne, il fut nommé ambassadeur à Madrid, où il signa, en 1796, un traité d'alliance offensive et défensive entre les deux pays. De retour en France, en 1798, il reçut un commandem. à l'armée d'Italie; l'année suiv. il commanda l'aile gauche à la bataille de Novi qui fut perdue, malgré des prodiges de valeur, et fut fait prisonnier. Après la révolution de brumaire, il fut nommé sénateur, et plus tard créé maréchal. En 1806, il devint gouvern. de Parme et Plaisance. En 1808, il remplaça Jourdan à Naples. Après la restaurat., en 1814, il fut nommé par le comte d'Artois commissaire extraordin. de la prem. division militaire. Lors du retour de Bonaparte, il essaya d'organiser un plan de résistance dans le Midi, et se retira ensuite dans ses terres. A la seconde rentrée du roi, il eut le gouvernem. de la première division militaire et fut nommé pair de France. Il mourut à Paris, le 25 décembre 1818.

PERILLE ou PERILLUS, sculpteur athénien, florissait 570 ans avant l'ère chrétienne. Voulant flatter la cruauté de Phalaris, tyran d'Agrigente, il fit un taureau d'airain pour brûler vifs les criminels; mais il éprouva le prem. ce supplice par ordre de ce tyran.

PERINGSKIOELD (Jean), profess. d'antiquités à Upsal, conseiller de la chancellerie pour la même science, etc., né à Strengnès, dans la Sudermanie, en 1654, mort en 1720, est un des savants qui ont rendu le plus de services à l'histoire du Nord, surtout en publiant des MSs. importants; mais il eut moins de sagacité que de zèle. Parmi les éditions qu'on lui doit, nous citerons : *Heimskringla, sive Historiæ regum septentrionalium, à Snorrone*

Sturnolide conscriptæ, Stockholm, 1697, 2 vol. in-fol. — *Joannis Messenii scondia illustrata, sive Chronologia de rebus Succiæ, Daniæ et Norvegiæ, ex MSs. ipsius auctoris*, ib., 1700, 1704, 14 t. en 2 vol. in-fol.

PERINO DEL VAGA, ou BUONACCORSI (Pierre), peintre florentin, élève de Raphaël, naquit en 1501. Ses prem. essais annoncèrent du talent, et le Vaga, qui les vit, protégea le jeune artiste qui, par reconnaissance, joignit à son nom celui de son maître. Raphaël l'employa dans les différents travaux dont il était chargé. Lors de la dispersion de l'école qu'avait formée ce gr. peintre, Perino vint à Gênes, où il fut employé par le prince Doria à l'embellissement du palais qu'il faisait construire hors de la porte St-Thomas. C'est là surtout que l'élève de Raphaël fit preuve d'un beau talent. Il revint dans la suite à Rome où il peignit la fameuse salle connue sous le nom de *Salle royale*. Il mourut en 1547. Parmi ses tableaux on remarque : la *Naissance d'Ève*; un *Saint Jean dans le désert*; le *Combat d'Horatius Coclès*, et des *Jeux d'enfants*. Vasari le regarde comme le meilleur dessinat. de l'école de Florence après Michel-Ange, et comme le meilleur de tous les peintres qui aidèrent Raphaël dans ses travaux. Le Musée possède de lui un seul tableau : *le défi de Périclès*.

PERION (Joachim), sav. philologue de l'ordre des bénédictins, né vers la fin du 15e S. à Cormeri, en Touraine, mort à l'abbaye de cette ville en 1561, a laissé un gr. nombre de traduct., dont les plus remarquables sont celles des *ouvrages* de morale et de politique d'Aristote, des *Harangues* d'Eschine et de Démosthènes pour la couronne, etc. Parmi ses autres écrits on distingue : *De vitis et rebus gestis apostolorum*, 1551, in-16; trad. en franç. par Jean de La Fosse, 1552, in-16. — *De sanctorum virorum, qui patriarchæ ab Ecclesiá appellantur, rebus gestis ac vitis*, 1555, in-4; trad. en franç. par La Fosse, sous ce titre : *les Vies des patriarches de l'Ancien-Testament*, 1557, in-8.

PÉRIPATÉTICIENS, nom donné aux disciples d'Aristote, soit parce qu'ils recevaient leurs leçons en se promenant (περιπατειν, *se promener*), soit parce qu'ils se réunissaient dans les salles du Lycée (περιπτοι, *salles*). Après Aristote, les plus célèbres péripatéticiens furent Théophraste, Straton, Hiéronyme de Rhodes, Critolaüs, Diodore de Tyr, Démétrius de Phalère. Vers le temps d'Auguste, la doctrine péripatéticienne se répandit par tout l'empire, et fut illustrée par Nicolas de Damas, Ammonius d'Alexandrie, Alexandre d'Aphrodisie, etc. Négligée dans les prem. siècles du christianisme, elle fut remise en honneur par Boèce et Cassiodore, vers le 5e S., et, de toutes les sectes du paganisme, ce fut la seule qui se conserva dans le moyen-âge. Elle prit alors le nom de philosophie scolastique, et l'on sait combien Descartes eut de peine à renverser ce fantôme puissant qu'il voyait placé entre lui et la lumière de la vérité.

PERIPOT-DURAN, rabbin aragonais, vivant au commencem. du 15e S., se réfugia en Égypte pour professer librement la religion de ses pères. Le christianisme a eu peu d'adversaires aussi emportés et aussi astucieux dans le raisonnement. Nous citerons de lui : *Iggereth al tebi Caavodecha* (lettre sur les fondements de la loi, pour répondre aux Épicuriens qui adorent les images); *Mahasseh Ephod* (œuvre du pectoral). Le premier de ces écrits est une attaque violente contre la religion chrétienne; le second est une grammaire très estimée de la langue hébraïque.

PERISADÈS Ier, 7e roi du Bosphore-Cimmérien, de la dynastie des Leuconides, prend sur quelq.-uns de ses monuments les titres de roi des Sindes, des Torètes et des Dandariens, et sur d'autres la qualité de roi de tous les Mœotes et des Thates. Il joignait à ces titres celui d'archonte de Bosporus et de Théodosia, les deux princip. villes grecques du Bosphore-Cimmérien. Cette circonstance montre que les princes de la race des Leuconides ne jouissaient pas encore de toute la plénitude de la puissance royale, ou qu'ils avaient laissé aux Grecs, leurs sujets, quelques-unes des formes du gouvernem. républicain. Périsadès monta sur le trône, selon Diodore de Sicile, la 4e année de la 107e olympiade (549 av. J.-C.). Il paraît qu'il partagea l'autorité avec ses frères, Satyrus et Gorgippus; mais, du reste, les événements de sa vie ne sont guère connus. Il régna 38 ans, et mourut par conséquent vers 512, laissant trois fils, Satyrus, Eumélus et Prytanis, qui se firent la guerre. Eumélus resta, par la mort de ses frères, maître de tout le Bosphore. — PERISADÈS II était fils du roi Spartocus, qui paraît être Spartocus IV, fils d'Eumélus, fils de Perisadès Ier. Le titre de roi lui est formellement donné dans les monuments du Bosphore. Ce Spartocus, que nous croyons le prédécesseur de Perisadès II, était mort la 4e année de la 122e olympiade (289 av. J.-C.). — PERISADÈS III, dernier roi du Bosphore, de la race des Leuconides, dut cesser de régner vers l'an 118. Il prit le parti de céder ses états au célèbre Mithridate-Eupator, pour se soustraire aux prétentions vexatoires des Scythes, dont il était tributaire.

PERIZONIUS (JACQUES), sav. philologue et critique judicieux, né en 1651 à Dam, dans la province de Groningue, après avoir occupé quelques fonctions honorables dans l'enseignement à Delft et à Franeker, professa à Leyde l'histoire, l'éloquence et la langue grecque, et mourut dans cette ville en 1715. Nous citerons de lui : *Animadversiones historicæ*, etc., Amst., 1685, in-8. — *Origines babylonicæ et ægyptiacæ*, Utrecht, 1736, 2 vol. in-8. — *Rerum per Europam seculo* 16° *maximè gestarum commentarii historici*, 1710, in-8. (v. son *Éloge* dans l'*Histoire critique de la république des lettres*, t. IX et X).

PERKIN-WAERBECK est le nom d'un personnage qui joua un rôle important dans l'histoire d'Angleterre, sous le règne de Henri VII. Nous allons rapporter en peu de mots les faits relatifs à sa singulière destinée. Vers l'an 1490, on put remarquer dans le palais de la duch. de Bourgogne,

sœur d'Édouard IV, un jeune homme dont la ressemblance avec ce prince était frappante. La duchesse le reconnut solennellement pour son neveu, et l'envoya en Irlande (1492), où il prit le nom de duc d'Yorck. Un moment il eut l'espoir d'être secondé par Charles VIII, qui l'accueillit à la cour de France; mais bientôt ce prince fit la paix avec le roi d'Angleterre, et le prétendant se réfugia près de la duchesse de Bourgogne, qui lui donna le surn. de *Rose-Blanche*. Cependant Henri VII cherchait, sans beaucoup de succès, à démontrer que son rival était un imposteur, et faisait des démarches inutiles auprès du gouvern. des Pays-Bas pour se le faire livrer. Le jeune homme, poursuivant ses desseins sous les auspices de la princesse qui s'avouait sa tante, fit une tentative sur la côte de Kent (1495), puis en Irlande, et, n'ayant point réussi, alla se jeter entre les bras du roi d'Écosse, Jacques IV, qui le reconnut publiquem., l'attacha à sa famille par un mariage, et entra même avec lui dans le Northumberland (1496). Leurs armes ne furent pas heureuses, ni cette année, ni la suiv., et le prétendant alla attendre en Irlande une occasion plus favorable. Une révolte qui éclata dans le comté de Cornouailles lui ayant permis de reparaître, il débarqua dans la baie de White-Sand (1498), et se porta aussitôt sur Badmin. Ce fut là que, pour la prem. fois, il prit le titre de Richard IV dans une proclamation que Bâcon nous a conservée. Il échoua encore dans cette nouv. entreprise, réclama et obtint le droit d'asile dans l'abbaye de Beaulieu, mais, se laissant séduire par les promesses artificieuses de Henri, il se livra volontairement, et fut conduit à la tour de Londres. Au bout d'un an de captivité, pendant lequel son heureux rival travailla plus que jamais à le faire passer pour un imposteur, sans y réussir toutefois, le vrai ou le faux Richard IV s'évada, et se réfugia dans le monastère de Bethléem, dont le prieur consentit à le livrer, après avoir stipulé que l'infortuné aurait la vie sauve. Henri VII fit subir à son prisonnier deux expositions publiques, et le renferma ensuite à la Tour; mais bientôt il le fit comparaître, comme coupable d'une conspiration, devant des commissaires qui le firent attacher au gibet (1499). Telle fut la fin de ce Perkin, qui avait été reconnu par plus. princes de l'Europe comme le légitime héritier de la couronne d'Angleterre, et dont les droits ont paru incontestables à quelques auteurs contemporains, ainsi qu'à plus. historiens modernes. *Voy.* Rapin-Thoiras, et les *Essais historiq. et critiq. sur Richard III*, par M. Joseph Rey, Paris, 1818, in-8. On doit à Dorion un roman intit. *Perkin-Waerbeck*. M. Brazier a donné, en 1827, une pièce sous le même titre au théâtre de Madame.

PERKINS (ELISHA), médecin établi aux États-Unis, s'est fait connaître par l'invent. d'un moyen thérapeutique, qui consiste à promener sur la partie malade deux aiguilles coniques, qu'il appelait le *tracteur métallique*. L'enthousiasme fut gr. d'abord pour le perkinisme (c'est le nom qu'on donna à cette nouv. méthode); mais bientôt son fondateur ne fut plus qu'un charlatan aux yeux même de ses enthousiastes qui s'étaient multipliés en Amérique et dans plus. contrées de l'Europe. Il n'avait d'abord appliqué son remède qu'à la goutte, au rhumatisme, etc.; mais bientôt il prétendit guérir par ce procédé toutes les maladies, et le proposa contre la fièvre jaune, à laq. il succomba lui-même à Plainfield, dans les dern. années du 18e S., malgré toutes les promenades qu'il fit faire à ses aiguilles sur lui-même. — Son fils, le doct. Benjamin-Douglas Perkins, soutint l'utilité de cette invention dans un ouvrage imprimé à Londres en 1799, in-8, sous ce titre : *Influence des tracteurs métalliques sur le corps humain*. Le perkinisme, restreint à quelq. maladies, a été regardé comme salutaire par des médecins distingués, et a survécu à son auteur; mais aujourd'hui il est relégué parmi les rêveries médicales.

PERMISSION (Bernard BLUET, plus connu sous le nom de comte de), né en 1566, au village d'Arbères, près de Divonne, au pays de Gex, se figura qu'il était appelé à jouer un grand rôle, quoiqu'il eût passé ses prem. années à garder les troupeaux, et s'échappa de chez ses parents. Il séjourna quelq. temps à la cour du duc de Savoie, qui s'en amusa, et vint ensuite à celle de Henri IV, qui ne voulut pas de lui. On conjecture qu'il mourut de misère à Paris vers 1606. On ne sait de sa vie que ce qu'il en a raconté lui-même dans l'ouvr. intit. : *Recueil de toutes les œuvres de Bernard de Bluet, d'Arbères, comte de Permission, chevalier des ligues des treize cantons suisses*, etc., in-12, dont on trouve la descript. dans la *Bibliograph.* de Debure, t. IV, n° 5990, et dans le catalog. *Delaleu*, par Nyon, 1775, in-8, n° 1055.

PERMOSER (Balthasar), sculpteur, plus connu sous son prénom, né en 1650 à Cammer, en Bavière, fit un long séjour en Italie et travailla ensuite principalem. pour le prince Eugène, dont il a fait aussi la statue, que l'on voit dans un des jardins des faubourgs de Vienne. Ses ouvrages les plus renommés sont : *la Charité; la Peinture et la Sculpture qui s'embrassent; une Mauresque avec son enfant*, et surtout un *Maure tenant un poisson*. Il mourut à Dresde en 1732.

PERNE (François-Louis), né à Paris en 1772, fut attaché pendant plusieurs années à la chapelle impériale, puis à l'académie royale de musique, et remplit avec distinction le poste d'inspecteur-général du conservatoire et de bibliothécaire de cet établissem., dans leq. il comptait déjà des années de service en qualité de profess. de composition et de déclamation lyrique. Comme compositeur, ses *Oratorios*, ses *Messes*, ses *Recueils de musique sacrée*, son *Cours d'harmonie et d'accompagnement*, sa *Méthode de piano*, suffisent à sa renommée. Comme littérateur, on lui doit d'excellents *articles* dans la *Revue musicale*, de nombreuses recherches sur la musique ancienne et du moyen-âge, notamment sur les romances du *Châtelain de Coucy*, et enfin un travail précieux sur la *Notation musicale*

des Grecs, travail immense qui jusqu'à nos jours avait rebuté les plus érudits. La mort surprit Perne à Laon en 1832, au moment où il s'occupait d'une *Histoire de la musique ecclésiastique du 7e S.*

PFRNETTI (Jacques), prêtre, historiographe de la ville de Lyon, né dans le Forez en 1696, mort à Lyon en 1777, cultiva les lettres avec plus d'ardeur que de succès. Nous citerons de lui : *Le repos de Cyrus*, Paris, 1732, in-8, fig., dont on trouve l'analyse dans la *Biblioth. des romans*, déc. 1775. — *Lettres philosophiques sur les physionomies*, 1748, 3 part. in-12; Lyon, 1760, in-8. — *Recherches pour servir à l'histoire de Lyon*, ou *les Lyonnais dignes de mémoire*, Lyon, 1757, 2 vol. petit in-8.

PERNETY (dom Antoine-Joseph), bénédictin de la congrégat. de St-Maur, né à Roanne dans le Forez, en 1716, quitta son monastère et même son habit, et fut pendant quelque temps conservateur de la bibliothèque de Berlin. De retour à Paris, il refusa de rentrer dans son ordre, obtint à ce sujet un arrêt du parlement, et resta dans le monde. Il mourut en 1801. Il s'était beaucoup occupé d'alchimie, et croyait même avoir trouvé la pierre philosophale. On prétend qu'il forma à Avignon une espèce de secte, dont on ne connaît pas bien les dogmes, et qui comptait en 1787 une centaine d'affiliés. Au reste, il était très savant, mais n'avait aucune méthode dans les idées. Nous citerons de lui : *Dictionnaire portatif de peinture, sculpture et gravure*, Paris, 1757, in-8. — *Hist. d'un voyage aux îles Malouines*, fait en 1763 et 1764, 2e édit., Paris, 1770, 2 vol. in-8, avec 16 pl. Pernety avait accompagné Bougainville aux îles Malouines en qualité d'aumônier. — *Dissertation sur l'Amérique et les Américains*, Berlin, 1770, in-12.

PÉRON (François), naturaliste et voyageur, né en 1775 à Cérilly, petite ville du Bourbonnais, venait d'achever ses études au collège de sa ville natale, lorsque la révolution le jeta dans la carrière militaire. Il assista à quelq. combats; fut fait prisonnier, et profita de sa captivité pour lire les historiens et les voyageurs. De retour en France en 1794, il fut réformé pour ses blessures, et vint étudier la médecine à Paris. Il allait être reçu docteur lorsqu'il obtint, non sans peine, d'être employé comme zoologiste dans l'expédit. aux terres australes, commandée par Baudin, et qui partit du Havre le 19 oct. 1800. Ce fut dans ce voyage, terminé le 7 avril 1804, que Péron fit les belles expériences qui démontrent que les eaux de l'Océan sont d'autant plus froides qu'on descend à une plus grande profondeur. Sa collection d'animaux, d'après le rapport de la commission chargée de l'examiner, contient plus de cent mille échantillons d'animaux, et le nombre des espèces nouvelles s'élève à plus de deux mille cinq cents : d'où il résulte que Péron, aidé toutefois de M. Le Sueur, son collaborateur et son ami, a fait connaître plus d'animaux que tous les natural. des dern. temps. Sa santé était affaiblie par de longues fatigues. Il mourut dans le lieu de sa naissance en 1810. On a de lui : *Observations sur l'Anthropologie*, Paris, an VIII, in-8. — *Voyage de découvertes aux terres australes pend. les années* 1800-1804, Paris, 1807, 1816, 3 vol. in-4 et atlas. Le 2e vol. était impr. à moitié à la mort de Péron, la publicat. en est due à M. L. de Freycinet, l'un des officiers de l'expédit., auquel appartient d'ailleurs en entier le 3e vol., et qui a présidé aussi à la confect. de l'atlas. Arthus-Bertrand a publié, en 1824 et années suiv., une 2e édit. de cet ouvrage, format in-8. On a l'*Éloge* de Péron, par MM. Alard et Deleuze, 1811, in-4.

PERONI (JOSEPH), sculpteur, né à Rome, où il mourut en 1663, à l'âge de 56 ans, montra du talent pour son art; mais ses passions fougueuses et sa vie errante furent de gr. obstacles à ses progrès et à sa fortune. Il fit à Stockholm la *statue de la reine Christine*, et à Naples un *Neptune* destiné à une fontaine de Madrid.

PEROTTI (NICOLAS), célèbre grammairien, né en 1430 à Sasso-Ferrato, étudia à l'acad. de Boulogne, où le défaut de fortune l'obligea d'accepter une chaire de rhétorique et de poésie; mais bientôt il se concilia la bienveillance de l'emper. Frédéric III et du pape Nicolas, et fit un chemin rapide. Après avoir rempli plus. fonctions honorables à Rome, il fut nommé, en 1458, archevèque de Siponto ou de Manfredonia dans la Pouille, et fut pourvu en 1465, du gouvernem. de l'Ombrie, et en 1474, de celui de Pérouse. Il mourut dans la petite île de *Centipera*, près de Sasso-Ferrato, en 1480, après avoir pris part à toutes les affaires import. qui furent traitées de son temps. Les bibliothèques d'Italie possèdent un gr. nombre de *Harangues*, de *lettres* et d'autres *opusc.* de Perotti : Apostolo Zeno en a recueilli les titres dans ses *Dissertaz. vossiane*, I, 1256-74. Nous citerons de lui: *Rudimenta grammatices*, Rome, 1473, in-fol., souv. réimpr. dans le reste de l'Italie, et à Paris. — *Cornucopia sive Commentaria linguæ latinæ,* Venise, 1489, in-fol.; ib., chez les Aldes, 1499, 1513 et 1526, in-fol. C'est un commentaire sur quelques livres de Martial.

PEROTTI-LEVI (JUSTINE), contemporaine de Pétrarque, eut avec lui une correspondance littéraire et poétique. C'est elle qui adressa à l'amant de Laure le sonnet si connu, qui commence par ce vers : *Io vorrei pur drizzar queste mie piume*, etc.; et elle en reçut pour réponse le sonnet qui commence ainsi : *La gola, il sonno, e l'oziose piume,* etc. V. les *Dissert. vossiane* d'Apost. Zeno, t. I, p. 257.

PÉROUSE (JEAN-FRANÇ. GALAUP DE LA), célèbre navigat., né à Alby en 1741, était enseigne en 1764. Les quatorze années qui suivirent lui donnèrent l'occasion de parcourir une grande partie du globe. Lors de la reprise des hostilités, en 1778, il commanda une frégate dans l'escadre du comte d'Estaing, et mérita par sa belle conduite le grade de capitaine de vaisseau (1780), dont il se rendit de plus en plus digne par de nouveaux faits d'armes. En 1782, il fut chargé d'aller attaquer les établissements anglais de la baie d'Hudson, et il eut un plein succès dans cette entreprise, qui l'exposa à la plupart des dangers que la navigation peut offrir

dans les parages les plus redoutés. Cette expédition, d'ailleurs peu import. par ses résultats politiques, développa du moins et fit connaître en même temps les talents de La Pérouse. Ce fut alors que Louis XVI lui confia la direction de cette belle campagne de découvertes qui a mis fin à sa carrière et rendu son nom immortel. Les bases du projet, résumées par le prince lui-même et écrites de sa main, étaient le commerce d'une part et les reconnaissances de l'autre. L'expédition, composée des frégates *la Boussole* et *l'Astrolabe,* la première commandée par La Pérouse, la seconde par Delangle, son ami, fit voile le 1er août 1785. La relation du voyage de La Pérouse, rédigée par M. Milet de Mureau, a été publiée à Paris en 1797, 4 vol. in-4, avec atlas. On y voit la route qu'a suivie l'infortuné navigateur. Tout ce que nous pouvons dire ici, c'est que, depuis son départ de Botany-Bay on n'a reçu de lui aucune nouvelle. Dans sa dern. lettre, datée du 7 février 1788, il annonçait l'intention de remonter aux îles des Amis, de passer entre la Nouvelle-Guinée et la Nouvelle-Hollande, par un autre canal que celui de l'Endéavour, si toutefois il en existait un, de visiter le golfe de la Carpentarie et toute la côte occidentale de la Nouvelle-Hollande jusqu'à la terre de Diemen, de manière cependant à pouvoir arriver à l'Ile-de-France, au commencement de déc. 1788. Tel est, à peu de chose près, le fil qui a conduit d'Entrecasteaux sur les traces de La Pérouse ; mais ni lui ni d'autres n'ont rien pu découvrir de certain sur le sort de cet intrépide marin et de ses compagnons. Il paraît constant qu'ils ne sont pas venus aux îles des Amis, comme ils l'annonçaient, et tout porte à croire qu'ils auront péri en s'y rendant de Botany-Bay. Au reste, l'on ne peut faire sur ce triste événem. que des conjectures plus ou moins probables. On a découvert en 1826, des *lettres inédites* de La Pérouse, sur lesq. on peut consulter la *Revue encyclopédique*, t. Ier de 1827, p. 527.

PEROZAMAD, prince arsacide qui vivait au 3e S. dans la Bactriane, était fils de Vehsadjan, roi de Balkh dans le pays de Kouschan (la Bactriane), et appartenait à la branche des Arsacides, connue sous le nom de caréniane. Il échappa au massacre de toute sa famille; mais son existence donna quelque inquiétude à Ardeschir, usurpateur du royaume de Perse, qui fit tout pour l'avoir en sa puissance, le fit élever à sa cour, et le rétablit ensuite dans tous les honneurs dont ses ancêtres avaient joui. Sous le règne de Sapor, successeur d'Ardeschir, Perozamad eut le commandem. des armées, et fut envoyé contre le *vezerg Khakan* ou *grand Khakan* des régions orientales qui séparent la Perse de la Chine. Il fut vainqueur; mais ses succès et les alliances illustres qui en furent la suite, éveillèrent les soupçons du roi de Perse. Une guerre éclata entre ce monarque et le prince carénian, qui, après avoir obtenu de nombreux avantages, périt empoisonné par les partisans de Sapor.

PERPENNA, consul l'an 130 av. J.-C., battit et

fit prisonnier Aristonicus, qui disputait aux Romains le royaume de Pergame. — PERPENNA-CENSORINUS, consul l'an 92 av. J.-C., et censeur 6 ans après, arriva aux plus hautes dignités quoiqu'il fût Grec.

PERPENNA, général romain, embrassa le parti de Marius, et devint lieutenant de M.-Æm.-Lepidus. Après la défaite et la mort de son chef, il lui succéda dans le commandem., recueillit les débris de l'armée et passa en Espagne. Il n'avait pas le projet de réunir ses forces à celles de Sertorius, dont il méprisait l'origine obscure; mais ses soldats l'y obligèrent. Le désir de se venger de cet affront, joint à la jalousie que lui donnait la haute rénommée de ce général, le porta à le faire assassiner dans un festin. Devenu alors commandant en chef des troupes, il ne tarda pas à montrer toute son incapacité. Il alla se jeter dans une embuscade, fut fait prisonnier, et mis à mort par l'ordre de Pompée, l'an 680 de Rome, 74 ans avant J.-C.

PERPINIAN (PIERRE-JEAN), en esp. *Perpiñan*, jésuite, né à Elche, dans le royaume de Valence, vers 1530, professa l'éloquence à Coïmbre, la rhétorique à Rome, l'Écriture-Sainte à Lyon et ensuite à Paris, où il mourut en 1566. Il est compté parmi les bons latinistes modernes. Le P. Lazery, jésuite, a publié le recueil de ses ouvrages, Rome, 1749, 4 vol. petit in-8.

PERPONCHER (W.-E. de), écrivain hollandais, avait été envoyé à Paris comme otage par ordre du général Molitor en 1813. Il mourut à Utrecht en 1819, dans un âge fort avancé. Nous citerons de lui : *Observations sur les épîtres de St Paul*, et un *Rec. de poésies hollandaises*, Utrecht, 1808, in-8.

PERRACHE (JACQ.) est aut. du *Triomphe du brelan*, etc. (en vers et en prose), Paris, 1585, in-8.

PERRACHE (MICHEL), sculpt., né à Lyon en 1685, visita les acad. d'Italie et d'Anvers, obtint le droit de bourgeoisie à Malines pour avoir décoré une église de cette ville, revint dans sa patrie, qui lui doit aussi plus. ouvr., et y mourut en 1750. — Son fils, mort en 1779, fut un sculpt. médiocre; mais il est connu à Lyon par le projet qu'il conçut d'étendre cette ville au midi, et pour cela de reculer d'une demi-lieue le confluent du Rhône et de la Saône. On construisit une chaussée qui porte son nom; mais les autres travaux ne furent pas exécutés, et il est probable qu'on a pour toujours abandonné ce plan d'agrandissem. de Lyon sur sa longueur, déjà si disproportionnée avec sa largeur.

PERRAULT (CLAUDE), célèbre architecte, né à Paris en 1613, étudia la médec., et obtint même le titre de docteur; mais les trav. qu'il fut obligé de faire sur Vitruve, que Colbert l'avait chargé de traduire, lui révélèrent les rares dispositions qu'il avait pour l'architecture. Devenu membre de l'académie des sciences, il fournit les dessins et les plans des bâtiments de l'Observatoire, monument d'un style lourd, et qui ne remplit qu'imparfaitement son but, quoique certaines parties soient bien touchées. On était loin de pressentir alors à

quelle hauteur s'élèverait dans la suite ce médec., transformé tout d'un coup en architecte par la puissance d'une vocation décidée. Lorsque Colbert fit un appel à tous les artistes pour la construction du Louvre, Perrault envoya un dessin auquel ne purent être comparés ceux de ses concurrents, et qui obtint les suffrages du chev. Bernini, venu de Rome à la voix du ministre français. Mais l'envie se vengea en déclarant que ce beau plan était impraticable; et il fallut que l'exécution d'un modèle en petit écartât toutes les objections, et fit disparaître jusqu'à l'apparence même des difficultés. Alors seulement fut élevé ce monument, que l'on peut regarder comme le chef-d'œuvre de l'architecture française et le plus bel édifice qui existe à Paris : la colonnade surtout, malgré quelq. défauts, est admirable. Des modifications ont eu lieu sous Bonaparte, notamment dans l'intérieur de la cour. La seule façade, dite de l'*Horloge*, et qui est de Jean Goujon et de Philibert Delorme, a été conservée; les trois autres ont été achevées conformém. aux plans de Perrault. On reconnaît dans ces plans un génie né pour les grandes choses. Après la conquête de la Flandre et de la Franche-Comté, un arc de triomphe fut élevé à la gloire du roi à l'extrémité de la grande rue St-Antoine, encore d'après les dessins de Perrault. Une partie de ce monument ne fut construite qu'en plâtre, et il fut d'ailleurs détruit un an après la mort de Louis XIV; mais la superbe estampe que Leclerc en a gravée prouve qu'il surpassait en grandeur et en magnificence tous ceux du même genre que l'on connaît. Perrault a laissé d'autres ouvrages qui auraient suffi à la réputation d'un artiste moins habile, tels que la chapelle de Notre-Dame de Navonne, dans l'église des Petits-Pères, et la plupart des dessins des vases, soit de bronze, soit de marbre, qui ornent les jardins de Versailles. Il mourut à Paris en 1688, assuré de jouir d'une gloire impérissable, malgré les efforts de l'envie et les plaisanteries injustes de Boileau. Parmi ses écrits, nous citerons sa traduct. de *Vitruve*, 1673; 2e édit., 1684, in-fol. — *Ordonnances des cinq espèces de colonnes, selon la méthode des anciens*, in-fol. — *Essais de physique*, 2 vol. in-4 et 4 vol. in-12, dont les trois prem. parur. en 1680, et le 4e en 1688. — *Recueil d'un grand nombre de machines de son invention*, etc., 1700, in-4.

PERRAULT (CHARLES), frère du précédent, né à Paris en 1628, trouva le burlesque à la mode, et perdit son temps, avec deux de ses frères, le médecin et le docteur de Sorbonne, à écrire quelques bagatelles dans le goût de Scarron. Il faisait des vers avec cette extrême facilité, indice presque certain d'un talent qui ne mûrira jamais. Cepend. il s'était déterminé à suivre la carrière du barreau, et y avait même débuté d'une manière assez honorable; mais il suivit bientôt l'exemple de son frère aîné, jeta de côté la robe d'avocat, et devint le commis de ce frère, qui venait d'acheter la charge de receveur-gén. des finances. Libre alors de suivre son penchant, il publia des poésies friroles et quelques odes de circonstance, et fut applaudi du public et sifflé par Boileau. Le satirique était destiné à avoir raison contre Perrault le poète, autant qu'il avait tort contre l'architecte. Nommé par Colbert en 1664 prem. commis de la surintendance des bâtim. du roi, Ch. Perrault usa noblem. de la confiance du ministre pour protéger les arts, les sciences et les lettres. Le comité de devises et de médailles qu'il formait avec Chapelain, Cassagne et l'abbé Bourzeis, fut le berceau de l'acad. des inscriptions : et c'est aux mémoires qu'il dressa que doit être attribuée en partie la fondat. de l'acad. des sciences et de celle de peinture, sculpture et architecture. Admis à l'acad. franç. en 1671, il la fit établir au Louvre, lui fit assigner des jetons à titre de droits de présence, et l'engagea à adopter deux changem. avantageux dans son organisation, la publicité de quelques-unes de ses séances, et l'élection de ses membres par le scrutin. Malheureusem. pour sa réputation littéraire, il renonça à ses places, eut plus de loisir, et publia son *Parallèle des anciens et des modernes* (Paris, 1688-96, 4 vol. in-12) : ce fut le signal d'une mémorable querelle, assez oiseuse du reste, et dans laquelle nous ne prétendons pas entrer. Nous remarquerons seulement la maladresse de Perrault, qui, au lieu d'opposer La Fontaine à Phèdre, Molière à Térence, Bossuet à Cicéron, Boileau même à Horace, s'avisa, pour détruire le culte de l'antiquité, d'attaquer Homère et de lui préférer Chapelain et d'autres écriv. de cette force. De tous les auteurs du temps, il n'eut pour lui que Fontenelle, qui se garda bien d'aller aussi loin. Perrault fut écrasé, et il devait l'être, par Racine et par Boileau. Cependant on parvint à le réconcilier avec ce dernier en 1694. Le champion des anciens répara le temps qu'il avait perdu dans cette polémique ridicule, où pourtant il avait fait preuve d'une rare modération, et publia les *Éloges des hommes illustres du 17e S.*, 1696-1701, 2 vol. in-fol. Il mourut à Paris en 1703, estimé pour son caractère, ses connaissances étendues et l'attachement sincère qu'il avait voué à tous les gens de mérite, plutôt que pour ses écrits et son goût. Parmi ses ouvr., nous citerons encore : les *Contes des Fées*, publ. en 1697 sous le nom de son fils, Perrault d'Armancour. — *Cabinet des beaux-arts, ou Rec. d'estampes suivies d'explications en vers et en prose*, 1690, in-fol.; et des *Mémoires* sur sa vie publ. par Patte, 1759, petit in-12. (v. son *éloge* par d'Alembert). — PERRAULT (PIERRE), l'aîné de cette famille, d'abord avocat honoraire, puis receveur-général des finances de Paris, fut renvoyé par Colbert pour avoir pris quelq. valeurs sur sa caisse dans un moment de détresse. Nous citerons de lui : *Défense de l'opéra d'Alceste* (de Quinault), impr. dans le *Recueil de divers ouvrages de prose et de vers*, de Lelaboureur, 1675, in-4. — PERRAULT (Nicolas), frère des précéd., mort jeune en 1661, avait été exclu de la Sorbonne avec Arnault. On lui attribue : *Morale des jésuites, extraite fidèlem. de leurs livres imprimés avec l'approbation*

et *permission de leurs supérieurs*, 1667, in-4; 1669, 3 vol. in-12; 1702, 1739.

PERRAY (MICHEL DU). — V. DUPERRAY.

PERREAU (JEAN-ANDRÉ), né à Nemours en 1749, mort à Toulouse en 1813, dans l'exercice de ses fonctions d'inspecteur des écoles de droit, avait été précédemment profess. de législation à l'école centrale de la Seine, professeur suppléant du droit de la nature et des gens au collége de France, et membre du tribunat, où il avait présenté comme rapporteur dans la discussion du Code civil, les titres de l'adoption et de l'usufruit. Il cultiva les lettres sans beaucoup de succès. Nous citerons de lui : *Éléments de législation naturelle*, in-8. — *Études de l'homme physique et moral dans ses quatre âges*, 2 vol. in-8.

PERRECIOT (CLAUDE-JOSEPH), historien, né en 1728 à Roulans, bailliage de Baume, se fit recevoir avocat au parlement, et sut concilier les devoirs de son état avec l'ardeur qu'il avait pour l'étude. Il accepta la charge de procur. du roi près de la maîtrise de Baume, s'en démit dès qu'il eut fait disparaître les abus de la police forestière, fut nommé maire de cette ville en 1768, et trésorier au bureau des finances de Besançon en 1782. Il fut un des commiss. choisis pour rédiger les cahiers de ce bailliage, lors de la convocation des états-généraux, et fut élu membre du conseil général du départem. du Doubs en 1790. Emprisonné en 1793, il ne recouvra la liberté qu'au 9 thermidor, et mourut à Roulans en 1799. Il était membre de l'acad. de Besançon. Son principal ouvr. est intit. : *De l'état civil des personnes et de la condition des terres dans les Gaules, depuis les temps celtiques jusqu'à la rédaction des coutumes*, 1786, 2 vol. in-4; contrefait en 1790, 5 vol. in-12.

PERRÉE (JEAN-BAPTISTE-EMMANUEL), contre-amiral, né à St-Valeri-sur-Somme en 1761, était capitaine dans la marine du commerce, lorsqu'en 1793, il passa dans celle de l'état avec le grade de lieutenant de vaisseau. Après une croisière qui mit en son pouvoir 63 bâtiments, il fut nommé capitaine (1794), alla détruire les établissem. anglais à la côte d'Afrique, et revint avec 54 bâtiments richement chargés. Il s'était signalé par de nouv. faits d'armes, et venait d'être élevé au grade de chef de division, lorsqu'il fut envoyé en Égypte (1798) sous les ordres de Brueys. Avec une flotille de bâtiments légers, tirant peu d'eau, il suivit sur le Nil toutes les opérations de l'armée de terre, à laquelle il rendit d'importants services. Il tomba aux mains des Anglais comme il revenait en France (1799), fut échangé presque aussitôt, et nommé contre-amiral. Chargé d'aller ravitailler Malte, il rencontra une escadre anglaise, l'attaqua le premier lorsqu'il vit que le combat était inévitable, et périt dans cette lutte inégale (1800), avant d'avoir vu sa défaite.

PERREIN (JEAN), naturaliste, membre de la société des sciences et belles-lettres de Bordeaux, mourut en 1805, âgé de 55 ans, à New-Yorck, où il était allé pour se perfectionner dans la connaissance de l'histoire naturelle, et compléter ses collections. Il a donné beaucoup de notes importantes dans le *Cours d'histoire naturelle* de Sonnini.

PERRELLE (JEAN), professeur de belles-lettres à Châtillon-sur-Seine, où il était né vers la fin du 15e S., a trad. du grec *Theodori Gazæ liber de mensibus atticis* (Paris), 1535, in-8), et formé quelques élèves remarquables, tels que Hubert Languet et Philandrier.

PERRIER (FRANÇOIS), peintre, né à St-Jean-de-Lône vers 1590, mort à Paris vers 1650, avait séjourné à deux reprises en Italie : ce fut pendant son second voyage qu'il grava la suite des statues et des bas-reliefs d'après l'antique, qui ont fait sa réputation. Toutefois le dessin de ces planches manque d'exactitude et de précision. L'édition la plus estimée est celle que l'auteur publia lui-même à Rome, sous ce titre : *Statuæ antiquæ centum*, 1638 ; et *Icones et Segmenta illustrium è marmore tabularum, quæ Româ adhuc extant*, 1645. Cette collection, comme on voit, se compose de deux suites, l'une des statues, l'autre des bas-reliefs. Parmi ses tableaux qui ne sont pas sans défauts, mais qui sont pleins de feu et annoncent une gr. fougue d'imagination, on cite l'hist. de *St Antoine, ermite*.

PERRIER (FRANÇOIS), avocat, puis substitut du procur.-général au parlem. de Dijon, né à Beaune en 1645, mort à Dijon en 1700, ne vit pas une seule fois la cour s'écarter de ses conclusions pendant les 21 ans qu'il remplit les fonctions du ministère public. Il avait laissé un recueil d'*Arrêts notables du parlement de Dijon, avec des observations sur chaque question*, publ. par Guillaume Raviot, 1755, 2 vol. in-fol.

PERRIER (M.-VICTORINE PATRAS, dame), née vers 1770, morte à Paris en 1821, est auteur d'une comédie en un acte et en vers (l'*Emprunteur*), jouée avec succès à la Porte-St-Martin, en 1820, et de quelq. poésies publ. dans les *Quatre saisons du Parnasse* et le *Petit magasin des dames*. On lui doit encore : *Récréations d'une bonne mère avec ses filles, ou Instructions morales sur chaque mois de l'année, à l'usage des jeunes demoiselles*, 1804, in-12.

PERRIER (l'abbé), bienfaiteur de l'humanité, mort à Rodez en 1833, fonda dans cette ville une école pour les sourds-muets, et persévéra jusqu'à sa dern. heure dans l'œuvre précieuse qu'il avait entreprise. Sa charité lui a même survécu, puisqu'il a légué au départem. la maison et le mobilier de l'école, à condition qu'on y donnera à perpétuité l'instruction aux sourds-muets, et qu'on y en recevra quelq.-uns gratuitement.

PERRIGNY (TAILLEVIS de), capit. de vaisseau, né en 1720, se distingua par sa valeur, ses talents militaires, et par ses travaux et ses connaissances en hydraughaphie. C'est à lui que l'on doit la carte des sondes du golfe de Gascogne, qui fait partie du *Neptune français*. Il périt glorieusement dans un combat de la corvette l'*Émeraude*, qu'il commandait, contre la frégate le *Southampton*, en 1757.

Vers le même temps, le marquis de Perrigny, son frère, était fait prisonnier par les Anglais qui le relâchèrent en considération de la belle défense du capitaine de l'*Émeraude*.

PERRIN (PIERRE), connu sous le nom d'*abbé Perrin*, quoiqu'il ne fut point ecclésiastique et ne possédât aucun bénéfice était né à Lyon, on ne sait en quelle année, et mourut en 1680. C'est comme créateur de l'opéra français qu'il mérite l'attention de la postérité. En 1659, il fit chanter à Issy, dans la maison de M. de la Haye, une pastorale en cinq actes, dont Cambert avait fait la musique. Vers le même temps, le marquis de Sourdeac perfectionnait les machines propres à l'opéra et faisait représenter la *Toison d'Or* (de Corneille) dans son château de Neubourg en Normandie ; mais ce ne fut que le 28 juin 1669 que Perrin obtint des lettres-patentes pour l'établissement d'une acad. de musique, où l'on chanterait des pièces de théâtre. En mars 1671 fut joué l'opéra de *Pomone*, paroles de Perrin, musique de Cambert, dans un jeu de paume, rue Mazarine, en face de la rue Guénégaud. Ce fut là le berceau d'un théâtre qui devait s'élever plus tard à un si haut degré de magnificence. Perrin, comme poète, fut souvent maltraité par Boileau, et le méritait. Nous citerons de lui : *Prem. comédie française en musique, représentée en France, pastorale*, 1659, in-4 ; réimpr. dans les *Poésies* de l'auteur, 1661, in-12.

PERRIN (OLIVIER-STANISLAS), peintre, né en 1761 à Rostrenen, montra dès son enfance un goût décidé pour le dessin. En 1794 il fut nommé professeur de dessin au collége de Quimper. Il se livra dès-lors avec ardeur à l'étude des usages bretons, et les représenta dans une suite de dessins. Riche de ces documents, il entreprit en 1808 de les publier, et, sans être rebuté par les difficultés, il poursuivit ce travail immense. Il voulut aussi reproduire l'hist. ancienne et moderne dans une longue suite de dessins, et déjà toute l'hist. ancienne était terminée en 6,830 dessins, lorsqu'une attaque d'apoplexie vint l'enlever, le 14 déc. 1832. Depuis sa mort la publicat. de ses deux ouvrages a été commencée : *la Galerie bretonne, ou mœurs, usages et coutumes des Bretons de l'Armorique*, a été promise en 1834, en 60 ou 70 livrais. in-8, précéd. d'une *Notice* sur l'auteur par M. Alex. Duval, et *la Galerie chronologique et pittoresque de l'histoire ancienne* en 34 livrais., texte in-8, avec planches gr. in-fol.

PERRIN-DULAC (F.-M....), mort sous-préfet de Rambouillet en 1824, a publ. : *Voyage dans les deux Louisianes, et chez les nations sauvages du Missouri, par les États-Unis, l'Ohio, et les provinces qui les bordent, dans les années 1801 à 1803*, etc., Lyon, 1805, in-8, fig. Il a traduit de l'anglais *Prior Salvum*, poème, 1808, in-8.

PERRONET (JEAN-RODOLPHE), ingén. des ponts-et-chaussées, né à Surène, près Paris, en 1708, fut à l'âge de 17 ans chargé de diriger plus. constructions importantes, et justifia la confiance de ses chefs. Nommé, en 1747, directeur de l'école des ponts-et-chaussées, nouvellement fondée, il soutint dans ce poste la haute idée qu'il avait donnée de ses talens, et mit le sceau à sa réputation par les travaux qui furent exécutés d'après ses plans. Ses ponts de Neuilly, de Nemours, de Pont-Ste-Maxence, et le pont *Louis XVI* à Paris, n'ont pas encore été surpassés. Celui de Neuilly était le prem. exemple d'un pont horizontal. On doit encore à Perronet le *canal de Bourgogne*, et le projet de rendre navigable et d'amener à Paris la rivière d'Yvette, entreprise dont le but a été rempli d'une manière plus avantageuse par l'exécution du canal de l'Ourcq. Les travaux relatifs à ses divers projets ont été décrits dans 5 vol. in-fol., 1782 et ann. suiv., *impr. aux frais du gouvernem.* Cet ouvrage important a été imprimé en 1788, 2 vol. gr. in-4, accompagné d'un atlas in-fol. de 108 pl. Perronet mourut en 1794. Il était membre de l'acad. de la soc. royale de Londres, des acad. de Stockholm, de Berlin, etc. Outre plus. *Mémoires* dans le rec. de l'acad. des sciences, il en a publ. quelq.-uns séparément, entre autres : *Mémoire* sur la recherche des moyens que l'on pourrait employer pour construire de grandes arches de pierre, de 200 jusqu'à 500 pieds d'ouverture, etc., 1793, in-4 ; une *Notice pour servir à l'éloge de Perronet,* a été publ. en 1805 par Lesage.

PERROT (sir JOHN), homme d'état anglais, né en 1527, d'une ancienne famille du comté de Pembroke, jouit de la fav. d'Édouard VI et d'Élisabeth. Après une courte disgrâce qu'il subit sous la reine Marie, il fut nommé par Élisabeth président de Munster, amiral de la flotte sur la côte d'Irlande, et ensuite lord-député d'Irlande. La trop gr. sévérité dont il usa dans ce dern. emploi le fit rappeler et enfermer à la Tour. Condamné à mort en 1592, il obtint de la reine un sursis ; mais il mourut la même année.

PERRY (JOHN), ingénieur anglais, fut appelé en Russie par le tzar Pierre Ier, auquel il fut d'un gr. secours pour établir des communications par eau entre les diverses parties de ce vaste empire ; mais ne pouvant obtenir d'être payé de ses appointem., il quitta le service du tzar. De retour en Angleterre en 1712, Perry desssécha plus. marais, construisit des digues, et mourut en 1733. On cite de lui : *État présent de la Russie ou Moscovie, conten. une relat. de ce que S. M. tzarienne a fait de plus remarquable dans ses états, et une description de la religion, des mœurs, etc., tant des Russes que des Tartares et autres peuples voisins,* 1716, in-8; trad. en français par Hugony, 1717, in-12.

PERRY (JACQUES), publiciste, né à Aberdeen en 1756, écrivit plusieurs brochures politiq., et concourut successivement à la rédaction du *General Advertiser,* de l'*European magazine*, du *Gazetteer*, et enfin du *Morning-Chronicle,* dont il devint propriétaire avec son ami Gray. On sait que cette feuille est, dep. plus de 20 ans, le principal journal de l'opposit. en Angleterre. Perry mourut à Brighton en 1821. Le club de Fox lui a voté un monum.

PERSE (la), contrée d'Asie, l'une des prem. et des plus vastes monarchies qui aient existé, comptait déjà, lors de la fondation de Rome, plusieurs dynasties de souver. (celles des *Kayoumariens*, des *Pischédadiens*). La réputation de sagesse et de justice acquise aux Perses près des autres peuples de l'antiquité précède tout ce qu'on a d'authentiq. sur leur histoire. Ils la devaient au respect sévère qu'ils avaient conservé pour les institutions de Zoroastre ou Zerdoscht, législateur, dont encore aujourd'hui des tribus indoues se flattent d'observer la doctrine dans toute sa pureté (*v.* l'art. GUÈBRES). Tandis que l'empire d'Asie passait des Assyriens aux Mèdes, puis aux Babyloniens, la monarchie persane se maintenait indépendante; mais à cela paraît s'être bornée sa gloire jusqu'au règne de Cyrus (Key-Kosrou), l'un des successeurs de Key-Kaoûs (le même que le prince nommé Phraortès par les histor. grecs), fondat. de la 3e dynastie, dite des *Keyaniens*. Agrandi des débris de l'empire des Mèdes (559 av. J.-C.) par ce jeune guerrier, l'admiration et l'épouvante de l'Asie, le roy. de Perse atteignit l'apogée de sa gloire sous les successeurs de Cyrus, pour passer ensuite, avec le reste du monde connu, sous le sceptre d'Alexandre, en 331. Plus tard, une tribu de soldats-pasteurs, sortie du sein de l'anarchie dont les guerres que se firent les lieutenants du roi de Macédoine couvrirent l'empire immense que laissait ce conquérant, les Parthes, vainqueurs des Syriens les Séleucides, et établis sur les bords du Tigre dans la province appelée l'Irak-Adjémi, s'y agrandirent peu à peu, et fondèrent par les armes cette puissance, un instant l'heureuse émule de Rome, et dont l'éclat rappela celui qu'avait jeté le trône de Perse aux temps de sa gloire. Vers l'an 230 de notre ère, un soldat pers., Ardeschir (Artaxercès), homme plein d'audace et de génie, après s'être élevé aux prem. charges de l'état, fit revivre l'antiq. monarchie de Cyrus sur le trône même d'Artaban, dern. roi des Parthes, qu'il en avait précipité. Durant cette troisième époq., que termine la conquête des Arabes sous la conduite de Saad, lieutenant du khalyfe Omar (vers 650), l'histoire n'offre que des lueurs passagères d'intérêt au travers d'une foule d'incertitudes, d'hypothèses et de contradictions. Rayée en quelque sorte de la liste des nations, et passant alternativement, durant une période de 870 ann., du joug des Arabes sous celui des Turks, des Arméniens, des Tatars, la Perse fut le théâtre de guerres presq. continuelles, et gémit sous les persécutions religieuses qu'entraîna l'établissem. de l'islamisme. Enfin, en propageant le schisme d'Ali parmi les Persans, un novateur, soi-disant descendant du gendre de Mahomet, le scheïk Eïdurh-Sefi, prépara l'affranchissem. de sa nation, qu'effectua son fils Ismaël, fondateur de la dynastie des Sofis, et vainqueur du sulthan Sélim Ier (1516). Depuis le règne de ce grand prince, la Perse, détachée de l'union musulmane, c'est-à-dire de la dépendance des khalyfes ou chefs spirituels des *vrais croyants*, a été la rivale de Constantinople. Sous des prétextes de religion, ces deux puissances n'ont cessé jusqu'à nos jours la lutte acharnée qui fait la base de toute leur politique. De fréquentes révolutions ont fait passer les rênes de l'état aux mains d'usurpateurs ; mais ces révolutions n'ont apporté aucun changement bien notable à la condition du peuple de la Perse, qui toutefois passe pour le plus civilisé de l'Asie. Celle qui, en 1722, mit fin au règne de Schah-Hussein, le dern. des Sofis, avait été depuis long-temps préparée par l'incurie des prédécesseurs de ce prince ; mais le mépris que sa stupide indolence excitait parmi le peuple s'était joint au mécontentement que les cruautés et la tyrannie des grands avaient rendu gén., on se trouva hors d'état de comprimer les fréquentes révoltes de quelques ambitieux chefs de tribus. Ainsi s'effectua l'usurpation des Afgans, dont le premier dynaste, Nader-Schah (Thamas-Kouli-Khan), sut gagner l'affection de la multitude par une activité et une modérat. qu'on n'était plus habitué à trouver réunies dans le même souverain. Toutefois la confiante sécurité qu'avaient fait naître les feintes vertus d'un anc. bandit couronné ne tarda pas à être dissipée par les cruautés et les rapines qu'il fit peser sur son propre royaume. Il fut assassiné par ses compagn. d'armes, et l'anarchie recommença avec une nouvelle fureur. En moins de 40 ans, remplis par des guerres civiles sans fin, trois dynasties se succédèrent sur un trône souillé de sang et de crimes. Enfin l'avénem. d'Aga-Mohammed-Khan arrêta la ruine qu'tant de calamités allaient précipiter la Perse. Cet eunuque-roi, de la dynastie khourder parvint à réunir sous son autorité les fragm. morcelés de l'anc. monarchie (1794) ; mais, au moment où il se disposait à pousser plus activem. la guerre qu'il soutenait avec avantage contre les Russes, il tomba sous le poignard d'un assassin, et ce fut l'un de ses neveux, Baba-Khan, qui se saisit du pouv. avec le titre de régent (1797). Couronné sous le nom de Fatey-Aly-Schah, ce prince n'a rien négligé pour faire refleurir la Perse au sein de la paix ; et dans les circonstances où se trouve aujourd'hui ce royaume, ce ne peut être qu'en se montrant guerrier valeureux et habile que le prince Abbas-Mirza, héritier de la couronne, justifiera les espérances que ses autres qualités ont fait concevoir au peuple. Le cadre resserré de cette notice ne nous a pas permis d'y admettre une foule de détails curieux sur l'état des mœurs et des instit. des Persans modernes. On en trouvera un exposé succinct et habilement tracé dans le *Résumé de l'histoire de la Perse*, par C.-D. Raffenel, 2e édit., 1825, in-18.

PERSE (AULUS-PERSIUS-FLACCUS), poète satiriq. latin, naquit à Volterre, ville de Toscane, l'an 34 de J.-C., sous le règne de Tibère. Aux avantages de la naissance et de la fortune il joignait des qualités personnelles qui le firent chérir de ses contempor., et qui recommandent sa mémoire à la postérité. Les grâces de la figure étaient relevées en lui par la plus douce aménité de mœurs et par des vertus solides, qui, plus encore que ses satires, étaient la censure vivante de son siècle. Lié d'une étroite amitié avec Cornutus, stoïcien célèbre, il s'attachla

sincèrem. à des doctrines qui s'accordaient si bien avec ses inclinations morales ; et ce ne fut point en paroles seulement qu'il se borna à les professer. Il les avait mises en pratique dans sa conduite avant de les consigner en beaux vers dans le recueil qu'il nous a laissé. Il se compose de six *Satires*, qui excèdent à peine 600 vers ; et c'est avec ce modeste bagage qu'il arrivera à la dernière postérité. Ainsi continuera de se réaliser l'avenir de gloire que lui avait présagé Quintilien dès l'apparition de ses satires. Perse ne jouit point de sa célébrité. Il mourut à l'âge de 28 ans, la 8e année du règne de Néron. C'est, avec la verve satirique et la vertueuse indignat. qui semble l'inspirer, une conformité de plus avec notre célèbre et malheureux Gilbert : mais le satirique français mourut dans un hôpital, et le poète romain légua à son ami Cornutus 100,000 sesterces, environ 75,000 francs de notre monnaie. Ses *Satires*, publiées après sa mort par Cæsius-Bassus, mais d'après la révision et peut-être même les corrections de Cornutus, furent reçues du public avec une avidité qu'elles ne durent point à leur seul mérite littér. Une curieuse malignité y chercha et crut y voir de fréquentes allusions au règne et à la personne même de Néron ; et il faut convenir que la mystérieuse obscurité d'un grand nombre de passages ouvrait à cet égard un vaste champ aux conjectures. C'est une des causes de l'obscurité si souvent reprochée à notre poète ; mais ce n'est pas la seule, et malheureusement ses nombreux commentateurs n'ont guère fait qu'épaissir les nuages qu'ils se proposaient de dissiper. Perse a été plus heureux en traducteurs, et surtout en traducteurs franç. Lemonnier et Sélis, en prose, L.-V. Raoul et M. Théry, en vers, ont réhabilité le satiriq. lat. aux yeux de ceux qui, sur la foi de critiques ou de panégyristes également passionnés, le mettaient, faute de le bien connaître, au-dessus ou au-dessous de sa valeur réelle. Amar-Devivier eut, en 1616, l'idée assez heureuse de réunir dans un seul vol. les traduct. de Sélis et de Lemonnier, et de mettre ainsi le lecteur instruit en état de prononcer entre deux habiles traducteurs, qui ne s'étaient pas toujours rendu la justice qu'ils se devaient. La meill. édit. latine de Perse est celle publiée en 1812 par N.-L. Achaintre, in-8.

PERSÉE (myth.), un des plus célèbres héros de la fable, naquit de Jupiter et de Danaé. Acrisius, père de Danaé, sur la foi d'un oracle qui lui avait prédit que son pet.-fils lui donnerait la mort, avait enfermé sa fille dans une tour, pour qu'elle restât sans époux et sans postérité ; mais Jupiter s'y introduisit en pluie d'or, et donna le jour à Persée. Acrisius, instruit de la naissance de cet enfant, le fit exposer avec sa mère à la merci des flots ; mais la nacelle qui les portait aborda dans l'île de Sériphe, dont le roi, Polydecte, les sauva et fit élever Persée. Celui-ci, devenu grand, s'illustra par ses exploits. Il vainquit Méduse avec le secours du bouclier de Minerve, délivra Andromède, qui allait être dévorée par un monstre marin, et épousa cette princesse. Dans un de ses voyages, il se rendit à

Larisse pour prendre part à des jeux qu'on y célébrait ; mais il eut le malheur d'y tuer Acrisius, son grand-père, sans le connaître. Cette mort le rendait maître du trône d'Argos ; mais, affligé d'un si funeste accid., il ne voulut point habiter cette ville, et alla fonder, vers l'an 1513 avant J.-C., Mycènes, où il régna environ 30 ans. Il laissa plus. enfants : Alcée, Sthénélus, Nestor et Électryon.

PERSÉE, dernier roi de Macédoine, fils de Philippe, 5ᵉ de ce nom, et d'une de ses concubines, fut élevé dans les camps, et se fit par quelq. faits d'armes une réputation qu'il ne soutint pas longtemps. Jaloux de Démétrius, son frère cadet, il le calomnia auprès de Philippe, obtint l'ordre de le faire périr, et s'assura ainsi la possession du trône, sur lequel il monta l'an 179 avant J.-C. Il dissimula d'abord sa haine contre les Romains, et s'efforça de leur prouver son dévouement, pendant qu'il travaillait en secret à leur susciter de nouv. ennemis. Sa conduite ne put rester long-temps sans être suspecte, et l'assassinat d'Eumènes, dont il se rendit coupable, acheva d'ouvrir les yeux aux Romains, alliés de ce malheureux prince. La guerre était inévitable ; elle fut déclarée (l'an 165 avant J.-C.). Le roi de Macédoine eut d'abord quelq. avantages ; mais bientôt, poursuivi par le consul Q. Marcius, il s'enfuit à Pydna, où il fut défait par Paul-Émile. Il se réfugia, avec ses trésors et ses enfants, dans l'île de Samothrace ; mais bientôt il n'eut plus d'autre ressource que de s'abandonner à la clémence de son vainq., qui le fit servir d'ornem. à son triomphe. Persée acheva ses jours dans une prison, où il se laissa mourir de faim vers l'an 167 av. J.-C. Il avait régné 11 ans. L'un de ses fils, nommé Philippe, exerça à Rome la charge de greffier.

PERSIUS (Caïus), orateur romain, le plus sav. homme de son temps, remplit les charges de questeur et de tribun du peuple, et fut élu préteur l'an 620 de Rome (132 av. J.-C.). Il paraît certain qu'il avait composé plusieurs ouvr., dont il ne nous est resté aucun fragment.

PERSONA (Gobelin), chroniqueur. né en Westphalie en 1358, embrassa l'état ecclésiast., et plus tard la vie monastiq. à Badeken, où il mourut vers 1420. On a de lui : *Cosmodromium, hoc est chronicon universale complectens res Eccles. et reipubl. ab orbe condito usque ad ann. Christi*, 1418, Francfort, 1599, in-fol., inséré par Meibom le jeune dans les *Scriptor. germanicar. rerum.* On lui attribue : *Vita S. Meinulphi, paderbornensis diaconi et confessoris*, publ. par les bollandistes (oct., t. III, p. 216-25).

PERSONA (Christophe), religieux guillelmite, direct. de la biblioth. du Vatican, né à Rome vers 1416 ; mort dans cette ville en 1485, a traduit du grec en latin : 25 *Homélies* de St Jean-Chrysostôme, Rome, S. D., in-4 ; Bologne, 1475 ; l'ouvr. d'*Origène contre Celse*, Rome, 1481, in-fol. ; l'*Hist. de la guerre des Goths*, par Procope, Rome, 1509, in-fol. ; l'*Hist.* d'Agathias, continuateur de Procope, ib., 1516, in-fol. ; Augsbourg, 1619, in-4, etc.

PERSOON (Chrétien), sav. botaniste, né vers 1760 au cap de Bonne-Espérance, fut amené dès l'âge de 12 ans en Europe pour y faire ses études. Il suivit avec succès les cours de philosophie, de médecine et d'hist. natur. dans les univ. de Leyde et de Gottingue, et se fit recevoir doct. à la faculté de Leyde ; mais il abandonna bientôt la pratique de son art pour se livrer exclusiv. à la botanique. Il s'attacha particulièrem. à l'observat. des plantes cryptogames, sur lesq. la science lui est redevable de plusieurs travaux intéressants. Persoon mourut en 1836, membre des sociétés ou acad. de Londres, Philadelphie, Berlin et Gottingue, dont les *Recueils* contiennent de lui plus. mémoires. Ses princip. ouvr. sont : *Systema vegetalium*, 15ᵉ édit., 1797, in-8. — *Icones et descriptiones fungorum minùs cognitorum*, 1799-1800, in-4. — *Synopsis methodica fungorum*, 1801, 2 part. in-8. — *Synopsis plantarum*, 1805, 2 vol. in-12. — *Traité sur les champignons comestibles*, contenant l'indication des espèces nuisibles, etc., 1818, in-8, fig.

PERSUIS (Loiseau de), composit., né en 1769 à Metz, fils du maître de musique de la cathédrale de cette ville, se rendit très habile sur le violon, et donna des leçons de cet instrum. dans plus. villes de province. Venu à Paris vers 1790, il y fut attaché d'abord à l'orchestre du théâtre Montansier, puis de l'Opéra, dont il devint le chef en 1810, après la mort de Rey. Plus tard il fut direct.-général de l'Acad. royale de musiq. Sa santé venant de l'obliger à donner sa démission de cette place, lorsqu'il mourut en 1819. Ses principaux ouvr. sont : au Grand-Opéra : *le Triomphe de Trajan*, avec Lesueur, et *la Jérusalem délivrée*, son chef-d'œuvre ; à l'Opéra-Comique : *Léonidas ; Fanni Morna, ou l'Écossaise ; le Fruit défendu ; Marcel, ou l'Héritier supposé ; Phanor et Angela.* On lui doit encore la musique des ballets d'*Ulysse*, de *Nina*, de *l'Épreuve villageoise*, du *Carnaval de Venise* et le *Chant franç.*

PERSYN (Regnier de), né à Amsterdam en 1636, grava à Rome, avec Corneille Bloemaert, les statues du palais Giustiniani. Il nous reste encore de cet artiste les *Portraits* de Balthasar Castiglioni et de l'Arioste, et la *Mort de Léandre.*

PERTARITE, roi des Lombards, succéda en 661 à son père Aribert, qui avait partagé son royaume entre ses deux fils, Pertarite et Godebert. La division s'étant mise entre les deux rois, qui régnaient, le prem. à Milan, le second à Pavie, Godebert implora l'assistance de Grimoald, duc de Bénévent. Celui-ci massacra Godebert et vainquit Pertarite. Privé de son royaume, cet infortuné prince se réfugia auprès du caghan, ou roi des Avares, et plus tard en France, où il fut accueilli par Clotaire III. Il partait pour l'Angleterre lorsqu'il apprit la mort de Grimoald. Il remonta sur son trône en 671, et l'occupa paisiblement et avec sagesse jusqu'à sa mort, arrivée en 688. Ce prince a fourni au grand Corneille le sujet d'une tragédie : ce n'est pas une des meilleures.

PERTHUIS DE LAILLEVAUT (Léon de), ingénieur et agronome, né à Germini-l'Évêque, près de Meaux, en 1757, mort à Paris en 1818, fut un des officiers chargés de la construction du fort de Château-Neuf, à St-Malo. Ayant quitté le service en 1791, il se retira dans un domaine qu'il possédait près d'Anvers, et se livra lui-même à son exploitation avec un succès remarquable. Outre de nombreux *Rapports* faits à la société d'agriculture, dont il était membre, on lui doit deux *Mém.*, l'un *sur l'art de perfectionner les construct. rurales*, couronné par la société d'agriculture de Paris, 1805, in-4, et l'autre *sur l'améliorat. des prairies naturelles et sur leur irrigation*, 1805, in-8, fig.

PÉRTI (Jacques-Antoine), l'un des plus fameux professeurs de l'ancienne école de musique en Italie, né à Bologne en 1656, mort à Venise en 1723, a composé, pour le théâtre, 27 à 30 pièces, dont les principales sont : *Alide*, 1679; *Marzio Coriolano*, 1683; *Flavio*, 1686; *Furio Camillo*, 1692; *il Venceslas*, 1708; *Morte di Giesù*, oratorio, 1718.

PERTICARI (le comte Jules), littérat., né à Savignano en 1779, mort à Rome en 1822, mérite des éloges pour avoir essayé de rappeler ses concitoyens aux mâles exemples et aux doctrines élevées de leurs ancêtres, persuadé qu'il était qu'on ne peut être bon écrivain sans être en même temps bon citoyen et vrai philosophe. Les fragm. qu'il a publ. se trouvent impr. avec les *Proposte* de Monti (propositions de quelq. correct. et additions au dictionnaire *della Crusca*). Il fut un des princip. collaborateurs du *Giornale arcadico* de Rome. Ses MSs. sont entre les mains de sa veuve, fille du célèbre poète Monti.

PERTINAX (Publius-Helvius), emper. romain, né l'an 126 à Villa-Martis, près d'Alba-Pompéia (Albe, dans le Montferrat), d'un affranchi qui se livrait avec succès au commerce, lui fut un éducat. brillante, et ouvrit même une école dans sa province. Mais bientôt il embrassa le parti des armes, et se signala dans plus. occasions, notamm. dans la guerre de Germanie. Admis au sénat par Marc-Aurèle. Il fut élevé au consulat avec Didius-Julianus, et appelé successivem. à gouverner les deux Mésies, la Dacie et la Syrie : partout il se fit aimer des peuples, partout il rendit d'importants services à l'emper. Après avoir été exilé pendant 3 ans par Perpennis, il revint en faveur sous Commode, qui l'envoya dans la Grande-Bretagne pour apaiser la révolte des légions, et ensuite en Afrique avec le titre de proconsul. Il avait été désigné pour la seconde fois consul et nommé préfet de Rome, lorsque les prétoriens et le sénat lui donnèrent l'empire, qui venait d'être arraché à Commode avec la vie. Pertinax gouverna avec beaucoup de modération et de sagesse; mais en annonçant le projet de réformer les abus, il se fit un grand nombre d'ennemis, et en rétablissant la discipline militaire, il souleva les prétoriens, qui l'assassinèrent le 18 mars 193. Il avait près de 67 ans. Son règne, qui rappelait déjà ceux de Marc-Aurèle et des Antonins, n'avait été que de 87 jours. — Helvius Pertinax, son fils, fut tué, l'an 216, par l'ordre de Caracalla, pour s'être permis contre ce prince une plaisanterie injurieuse, quoique bien méritée.

PERTUSIER (Charles), né en 1779 à Besançon, d'une famille honorable, fut admis à 15 ans à l'école polytechnique, d'où il sortit avec un brevet de sous-lieuten. dans un régim. d'artillerie légère. Il n'avait pas 20 ans lorsqu'il publia, sous le titre de *Berger arcadien*, un recueil d'idylles en prose, qui lui valut une lettre flatteuse de Bernardin de Saint-Pierre. Détaché avec une partie de son régiment à Zara, dans la Dalmatie-Vénitienne, il profita de son séjour dans ce pays pour en étudier les antiquités. Plus tard il fut attaché à l'ambassade de Constantinople, d'où il ne revint qu'en 1814, après la restauration. Nommé lieuten.-colonel du régim. du train d'artillerie de la garde, en garnison à Vincennes, il fut ensuite attaché à la direct. d'artillerie à Auxonne, puis nommé directeur à St-Omer. A la révolut. de 1830 il refusa de prêter le serment, fut mis à la retraite et revint à Besançon, où il mourut au mois de mars 1836. Il était membre de l'acad. de cette ville et de la société de géographie. Outre quelq. opuscules anonymes on lui doit : *Promenades pittoresques dans Constantinople et sur le Bosphore*, Paris, 1815, 3 vol. in-8, avec atlas in-fol., trad. en anglais. — *De la fortification ordonnée d'après les principes de la stratégie et de la balistique moderne*, 1820, in-8, trad. en allem.; l'auteur y soutient le système des forts détachés. — *La Bosnie considérée dans ses rapports avec l'empire othoman*, 1822, in-8.—*La Romélie; de Constantinople et de la Propontide; l'Hellespont et le Bosphore de Thrace*, in-8 : ces trois opuscules présentent le tableau politique et moral de l'empire othoman. — *La Valachie et la Moldavie, et de l'influence politique des Grecs du Fanal*, 1822, in-8.

PÉRUGIN (Pietro VANUCCI, plus généralement connu sous le nom du), peintre célèbre, né à Città-della-Pieve, en 1446, et non à Pérouse, quoiqu'il doive à cette ville son surnom de *Pérugin*, mort dans sa patrie, en 1524, fut la tige de cette école romaine, qui devint bientôt la première de toutes. Raphaël fut son élève, et ce grand peintre s'est plu à consacrer sa reconnaissance dans le tableau de l'*École d'Athènes*, où il s'est représenté écoutant les leçons de son maître. Du reste, le style du Pérugin a toujours un peu de sécheresse et de crudité; ses draperies sont pauvres, et il y a peu de variété dans ses compositions, qu'il a répétées trop souvent, satisfait qu'il était de ne piller que lui-même; mais ces défauts sont bien compensés par la beauté de ses têtes, surtout celles de jeunes gens et de femmes, par la grâce des mouvements, par l'amabilité du coloris, et par d'autres qualités précieuses. C'est à Florence, à Pérouse et à Rome, qu'on trouve la plupart de ses product. Son tableau du *Mariage de la Vierge* est un des plus curieux qu'offre la ville de Pérouse, c'est pour ainsi dire le résumé de tous ses ouvr., trop semblables entre eux. Toutefois ses fresques ont mérité, presque sans restriction, les éloges des connaisseurs. Son chef-d'œuvre en ce genre est l'admirable suite de peintures dont il a orné la salle du Change à Pérouse. Le Musée possède de lui cinq tableaux : *la Vierge tenant l'enfant Jésus; la Sainte-Famille; Jésus couronné d'épines, entre la Vierge et saint Jean; Jésus ressuscité qui apparaît à la Madeleine,* et *le Combat de la chasteté contre l'amour.* Ce peintre, né dans l'indigence, amassa une fortune considérable : mais son avarice égala ses talents (*v.* les *Brevi notizie delle pitture e sculture che adornano l'augusta città di Perugia,* 1683, in-16, et les *Lettere pitt. Perugine*). — V. CERINI, dit le *chevalier Pérugin.*

PÉRUSE (JEAN de LA), né vers 1530 à Angoulême, mort en 1556, près de Poitiers, fut lié avec Ronsard, Remi Belleau, Jodelle, etc. Outre quelq. pièces de vers, on a de lui une tragéd. de *Médée,* impr. pour la prem. fois à Poitiers, S. D., in-4.

PERUZZI (BALTHASAR), peintre et architecte, né en 1481, dans la partie du diocèse de Volterre qui dépendait de la république de Florence, connut à Rome Raphaël, qu'il a imité, surtout dans les *Saintes-Familles.* Ses tableaux d'autel et de galerie, à l'huile, sont extrêmement rares; on ne connaît de lui, comme authentique et en ce genre, qu'un tableau composé de 3 demi-figures, représentant la *Vierge entre St Jean-Baptiste et St Jérôme,* que l'on conserve à Torre-Balbiana. Il approcha beauc. de Raphaël dans ses fresques, parmi lesq. on cite comme son chef-d'œuvre, la *Sibylle prédisant à Auguste l'enfantem. de la Vierge.* C'est une des plus belles peintures que l'on voie à Sienne. Cependant, comme peintre, il a plus souvent imité que composé, et il est trop inégal; mais on s'accorde à le regarder comme un des plus habiles architectes de son temps. Entre autres ouvr. remarquables, tant publics que particuliers, dus à Peruzzi, on signale le palais Massimi, à Rome, élevé et distribué d'après ses dessins. Il venait d'être chargé de l'exécution de la basilique de St-Pierre, avec Antoine de San-Gallo, lorsqu'il mourut en 1536. Le Musée possède de lui un tableau représentant la *Vierge qui couvre d'un voile l'enfant Jésus endormi,* et trois dessins.

PESARÈSE (SIMON CANTARINI, surnommé LE), peintre et graveur, né en 1612 à Pesaro, apprit de Jacq. Pandolfi les élém. du dessin, entra depuis dans l'atelier de Cl. Ridolfi, et finit par s'attacher au Guide, dont il fut l'imitateur. Son amour-propre exclusif et les critiques peu mesurées qu'il se permit de faire des ouvr. du Dominiquin, de l'Albano et du Guide lui-même le brouillèrent avec son maître. Il partit pour Rome, où il étudia les chefs-d'œuvre de Raphaël et les marbres antiques, et, de retour à Bologne, il y donna des leçons de son art, se rendit à la cour du duc de Mantoue, qui se déclara son protecteur. Mais l'expérience ne l'avait pas guéri de sa présomption; il eut la maladresse de se brouiller avec son patron, et, chassé de Mantoue, il vint à Vérone, où il mourut de chagrin en 1648, à 36 ans. Pesarèse est l'un des meilleurs coloristes et des plus corrects dessinat. de l'école bolonaise. Ses tableaux les plus estimés sont en Italie. Le musée en possède deux;

ce sont deux *Sainte-Famille :* dans l'une la Vierge contemple avec amour l'enfant Jésus, tandis que St Joseph se livre au sommeil; dans l'autre on voit la Vierge, l'enfant Jésus, Ste Anne et St Joseph; deux anges répandent des fleurs sur la Vierge. Le Pesarèse est égalem. célèbre comme grav. à l'eau forte; ses nombreuses estampes jouissent d'une grande estime; pour l'esprit et pour le fini elles approchent de celles du Guide; on en trouve l'indicat. dans le *Catalogue* d'Adam Bartsch.

PESCATORE (GIAN-BATTISTA), poète ital., mort en 1558, sénateur de Ravenne, sa patrie, a publ., entre autres ouvrages : *la Morte di Ruggiero* en XL chants, Venise, 1548 et suiv., in-4; traduit en franç., Lyon, 1585, in-8. — *La Vendetta di Ruggiero,* etc., ib., 1557. — *La Nina,* coméd., ib., 1557.

PESCENNIUS-NIGER (CAÏUS), emper. romain, originaire d'Aquino, embrassa le parti des armes sous les Antonins, et s'éleva par son courage jusqu'au consulat, après avoir obtenu le gouvernem. de Syrie et le commandem. des légions de l'Asie. Pescennius déploya de grandes qualités et parvint à faire régner dans son armée la plus exacte et la plus sévère discipline. Vers la fin d'avril 193, pendant que Didius-Julianus occupait le trône ensanglanté par le meurtre de Pertinax, les légions romaines saluèrent Pescennius emper. à Antioche; mais au même moment, les troupes d'Illyrie proclamaient Sévère. Ce dern. marche sur Rome, qu'il délivre de Didius, et se fait reconnaître par le sénat. Pescennius, après avoir essayé vainem. d'entrer en accommodem. avec son rival, et se voyant déclaré par lui ennemi de l'état, se prépare à la guerre. Il eut d'abord quelq. succès; mais vaincu près de Nicée et près d'Issus, il cherchait à gagner le pays des Parthes, lorsqu'il fut tué, non loin de Cyzique, par des soldats qui portèrent sa tête à Sévère (l'an 195).

PESCETTI (JEAN-BAPT.), l'un des bons compositeurs de l'école moderne d'Italie, né à Venise où il mourut en 1758, travailla pour l'église et le théâtre. On cite de lui : *Dorinda,* 1729; *Alessandro nell' Indie,* de Métastase, 1739; *Tullo Ostilio,* 1740; *Narcisso al fonte,* cantate; *la Cantatrice; Ezio,* de Métastase, 1747.

PESCHIER (JACQUES), pharmacien, mort à Genève dans un âge peu avancé, le 27 déc. 1832, était connu par plusieurs travaux qui ont été insérés dans les *Annales de chimie et de physique* et dans la *Bibliothèque universelle.* Les principaux sont relatifs à quelques analyses végétales et délicates, à celle de la neige rouge des Alpes, à celle de plusieurs sources minérales, et à des recherches spéciales sur le titane. L'acad. des sciences de Paris a entendu avec intérêt la lecture d'un *Mémoire* de ce chimiste *sur la décomposition du gypse par les feuilles prairiales.*

PESELLI (FRANCESCO PESELLO), peintre, né à Florence en 1380, excella surtout à peindre les animaux et leurs divers mouvements. Il mourut du chagrin que lui causa la mort prématurée de son fils unique, et la même année, 1457. — Ce fils, nommé aussi Francesco PESELLO, et surnommé *Pesellino*, était né en 1426. Le musée possède de lui un retable d'autel divisé en deux tableaux peints sur bois, qui représentent, le premier : *St François d'Assise recevant les stygmates;* le second, *Sts Côme et Damien visitant un malade.*

PESMES (FRANÇ.-LOUIS de), plus connu sous le nom de *général Saint-Saphorin*, qu'il tenait du château où il naquit en 1668, au pays de Vaud, se distingua comme militaire et comme diplomate au service de la Hollande, de l'Allemagne, de l'Angleterre, etc., jouit constamment d'une grande considération dans les principaux cabinets de l'Europe, et mourut dans son château de St-Saphorin en 1757.

PESNE (JEAN), graveur, né à Rouen vers 1623, mort à Paris en 1700, doit sa réputation plutôt aux circonstances qu'à ses talents, qui n'avaient rien d'extraordinaire. Il eut le bonheur de pouvoir exécuter une foule de sujets capitaux d'après des maîtres célèbres, tels que le Poussin, Raphaël, van Dyck, le Guerchin. Parmi ses ouvrages, nous citerons : *le Ravissement de St Paul*, dont le tabl. est au musée; *Jésus apparaissant à la Madeleine; Esther devant Assuérus; l'Adoration des bergers.* — PESNE (Antoine), neveu du précédent, né à Paris en 1683, mourut en 1745 à Berlin, prem. peintre du roi de Prusse. Le musée possède de lui le *Portrait du chev. Vleugels*, peintre-directeur de l'académie de Rome.

PESSELIER (CHARLES-ÉTIENNE), littérateur, né à Paris en 1712, mort en 1763, sut allier le goût des lettres avec l'esprit des affaires, et remplit dans les fermes une place assez lucrative, qui lui permit de se livrer à ses paisibles inclinations. Nous citerons de lui : *l'École du temps*, comédie en un acte et en vers, donnée au Théâtre-Ital. en 1738 ; *Ésope au Parnasse*, en 1739; un recueil de *Fables*, 1748, in-8. Ses pièces de théâtre, suivies de quelq. poésies fugit., ont été réun. en un vol. in-8, Paris, 1742.

PESTALOZZI (HENRI), célèbre instituteur, né à Zurich en 1745, étudia d'abord les langues, y renonça pour s'occuper de la théologie, qu'il abandonna bientôt pour la jurisprudence et ensuite la littérature. A l'âge de 22 ans, après avoir brûlé ses notes, ses extraits, ses collections sur le droit et sur l'histoire de la Suisse, il se voua à l'économie rurale dans une petite campagne du canton d'Argovie, qu'il appela *Neuhof*. Ce fut alors qu'il eut occasion de remarquer l'état de misère intellectuelle et morale des classes infér. de la société. Son âme fut émue profondément, et dès 1775 il forma dans sa petite propriété une institution pédagogiq. pour des enfants pauvres et abandonnés. Il soutint quelque temps sa généreuse entreprise avec ses seules ressources ; mais il était loin de pouv. exécuter ses projets comme il savait les concevoir, et il perdit la plus gr. partie de sa fortune, malgré les mœurs simples et la vie frugale qu'il avait introd. dans sa colonie, et malgré les sources de prospérité qu'il espérait trouver dans l'agriculture et l'industrie manufacturière, deux bases importantes de son système d'éducation. Ce mauvais succès et les

sarcasmes qu'il lui attira ne le découragèrent point. Quoiqu'il ne pût réaliser ses théories, il ne leur fut pas un moment infidèle, et les propagea par plus. écrits. Sa persévérance fut enfin récompensée. En 1798, de l'aveu et sous la protection du gouvernement helvétiq., il établit un institut à Stantz. Peu de temps après, il eut le chagrin de le voir détruit par l'approche des armées étrangères; mais il n'avait pas perdu pour cela l'appui du gouvernem., et il obtint à un prix de louage très modéré le château de Berthoud (canton de Berne) et le domaine qui en dépendait. Là, il réorganisa son établissement, qu'il eut la consolation de voir prospérer, grâce à ses travaux assidus et au zèle de ses collaborateurs, dont quelques-uns étaient ses élèves. En 1804, l'institut fut transporté à Munchen-Bouchsée, puis à Yverdun, où il s'éleva d'abord à un très haut degré de prospérité et de célébrité, puis en quelques années fut complètement détruit. Il se retira en 1825 à sa campagne de Neuhof, où la société helvétique d'Olten vint le chercher pour le nommer son président. Il mourut à Brougg (canton d'Argovie) le 27 février 1827, emportant dans la tombe l'assurance d'avoir répandu quelq. idées utiles, qui porteront des fruits durables. C'est à tort que l'on a cru trouver une gr. analogie entre la marche de l'instituteur suisse et la méthode lancastérienne. La première est un système psycologique d'éducat., tandis que la seconde n'est qu'un mode simplifié d'instruction. On peut consulter : *Esprit de la méthode de Pestalozzi*, précédé d'un *Précis sur l'institut d'Yverdun*, par M. A. Jullien, 1812, 2 vol. in-8. — *Des principales opinions sur l'origine des idées*, par André Gindroz, 1817, in-4 de 66 pages. — *Meine Lebenschicksale*, etc., Leipsig, 1826, in-8 (cet ouvr., sous le nom de Pestalozzi, est attribué à M. Schmidt). — *Beitrag zur biographie H. Pestalozzi's*, 1827, in-8. Les *OEuvres complètes* de Pestalozzi ont été publiées de 1819 à 1827 en 15 vol. in-12. Le plus connu de ses écrits est le roman populaire et moral : *Léonard et Gertrude*, dont il existe plusieurs traductions franç.; on fait cas aussi de son *Manuel des mères*, traduit de l'allem., 1821, in-12, et réimpr., 1834, in-18.

PETAU (PAUL), antiquaire, né à Orléans en 1568, mort en 1614, conseiller au parlement de Paris, a laissé quelq. écrits, dont les plus connus sont : *Antiquariæ supellectilis portioncula*, 1610, in-4, et *Veterum numismatum gnorisma*, 1620, in-4. — PETAU (Denis), *Petavius*, savant jésuite, de la même famille, né à Orléans en 1583, obtint à 19 ans la chaire de philosophie de l'université de Bourges, et peu après un canonicat de la cathédr. de sa ville natale. Ce fut à l'instigation du P. Fronton-du-Duc qu'il embrassa la règle de St Ignace en 1605. Seize ans plus tard, ayant succédé à ce Père dans la chaire de théologie positive à Paris, il consacra plus particulièrement aux investigat. chronologiques les loisirs que lui laissait cette place. La réputat. que lui firent ses nombreux ouvrages lui valut, de la part du roi d'Espagne et du pape même, des offres brillantes, qu'il eut la modestie de refuser. Ce sav. estimable et laborieux mourut en 1652 dans une humble cellule du collége de Clermont. Outre des éditions excellentes, on doit au P. Petau : *de Doctrinâ temporum*, et *Uranologion*, Amsterd., 1703 et 1705, 3 vol. in-fol. — *Rationarium tempor.*, Paris, 1633-34, 2 vol. in-12, réimpr. un grand nombre de fois. — *Theologica dogmata*, ibid., 1644-50, 5 vol. in-fol. — *Les Psaumes*, trad. en vers grecs, ib., 1637, in-12. — *De ecclesiasticâ hierarchiâ*, 1643, in-fol. On ne lit plus aujourd'hui ses écrits contre Saumaise et La Peyre, et la réputat. du P. Petau n'a pu qu'y gagner ; car, malgré la douceur naturelle de son caractère, il n'était jamais en reste envers ses antagonistes pour l'âpreté des répliques. Sa *Vie*, par H. de Valois, est en tête de l'édition des œuvres de St Épiphane, et le P. Oudin lui a consacré une *Notice* fort étendue au tome XXXVII des *Mém.* de Niceron.

PETERBOROUGH (CHARLES MORDAUNT, comte de), guerrier et homme d'état, célèbre surtout par la tournure origin. de son esprit, né en 1662, était fils aîné du vicomte d'Arason et d'Élisabeth Carrey. Entré dans la carrière militaire, il se distingua en Espagne à la tête des troupes envoyées au secours de l'archiduc Charles, en 1705 et en 1706. N'ayant point obtenu, comme il l'espérait, le commandement des différents corps qui venaient de se réunir sous Madrid, il quitta l'Espagne, et son départ fut suivi de revers qui finirent par forcer l'archiduc à se retirer dans la Catalogne. Sa conduite devint l'objet d'une enquête ; il se justifia pleinem., mais il ne voulut pas reprendre du service et fut dès-lors employé dans diverses négociat., puis envoyé comme ambassad. auprès des différ. princes d'Italie, et enfin près de l'empereur. Il était allé en Portugal pour rétablir sa santé un peu chancelante, lorsqu'il mourut à Lisbonne en 1735. Péterborough avait épousé en secondes noces miss Robinson, célèbre cantatrice, après avoir entretenu long-temps avec elle une liaison qui paraît n'avoir eu rien que d'honorable. Cette dame jeta au feu des mémoires qu'il avait laissés sur sa vie. Ami de Pope, cet illustre poète lui a prodigué les éloges. On trouve plus de vérité dans le portrait plaisant que Swift a tracé de Peterborough. Il suffit, pour le juger, de rappeler ce qu'il disait de lui-même et du génér. franç. qui lui était opposé dans la guerre de la success. d'Espagne : « Nous sommes de bien gr. ânes de combattre pour ces deux benêts ! »

PETERKIN. — V. PERKIN.

PETERS (HUGUES), puritain, né en 1599 à Fowey dans le pays de Cornouail, prit ses degrés au collége de la Trinité à Cambridge, et prêcha d'abord avec quelque éclat. En 1635, il passa en Amérique, et fut chargé de l'église de Salem dans le Massachusett ; puis, ayant été envoyé en Angleterre par le conseil-général (1641), il se montra le partisan dévoué du parlement. Après la restaurat., Peters fut exécuté comme complice de Cromwell, le 16 octobre 1660. Outre les pamphlets pleins de fiel qu'il publia durant la rébellion, on a de lui en anglais :

Legs d'un père mourant à son fils unique, 1660 et 1717, in-8. — PETERS, jésuite, confesseur et l'intime conseil du roi Jacques II, fut banni en 1688 sur le soupçon d'avoir sourdement provoqué les troubles qui venaient d'éclater dans le royaume (v. JACQUES II).

PETERSEN (JEAN-GUILLAUME), visionnaire, né à Osnabruck en 1649, était pasteur à Hanovre, et y jouissait d'une réputation honorable, quand tout à coup il s'érigea en prophète, annonçant le rétablissement de toutes choses par la venue du Christ sur la terre, et enseignant que, par le mérite de son divin sacrifice, toute créature, même les démons, obtiendra grâce devant Dieu au jour suprême. Ces rêveries le firent déposer en 1692, et il mourut ignoré près de Magdebourg, laissant une histoire de sa *Vie*, impr. en 1717, in-8. — Jeanne-Éléonore de Merlan, sa femme, qui avait partagé ses illus., fit réimprimer cette *Vie* l'année suiv., et y ajouta la sienne.

PÉTHION DE VILLENEUVE (JÉRÔME), maire de Paris à l'époque des massacres de septembre, né à Chartres en 1759, exerçait la profession d'avocat dans sa ville natale, lorsqu'il fut nommé député aux états-génér. en 1789. Un extérieur avantageux et beaucoup de facilité à s'exprimer lui valurent dès les prem. années de la révolut. cette influence qu'il n'a pas seulement expiée par une fin déplorable, mais encore par la sévérité des jugements dont ses intentions et sa conduite ont été l'objet. Antagoniste infatigable des abus de l'ancien ordre de choses, il ne laissa échapper aucune occasion d'émettre son avis sur presque toutes les matières ; il le fit surtout avec éclat dans les débats relatifs à l'affranchissem. des noirs, ainsi que dans la discussion sur le droit de paix ou de guerre. Lors de l'arrestat. du roi à Varennes, il fut, avec Barnave et Latour-Maubourg, chargé de ramener à Paris cet infortuné prince, dont il demanda la mise en jugem. avec sept autres députés. Après la session, Péthion fut porté en triomphe, ainsi que Robespierre. Le parti dominant, qui les avait en quelq. sorte confondus dans une même catégorie, en donnant à celui-ci le titre de *vertueux*, à celui-là le surnom d'*incorruptible*, les destinait tous deux à des fonctions importantes. Le prem. fut nommé maire, et l'autre accusateur public près le tribunal criminel de Paris. Empressé de justifier les espérances des démagogues, dont il était devenu l'instrument, il fit célébrer en l'honneur des Suisses du régim. de Château-Vieux, condamnés aux galères pour insubordination, une fête triomphale, à l'issue de laq. l'assemblée législative se vit forcée de lui accorder les honneurs de sa séance. L'insurrection du 20 juin 1792 (v. LOUIS XVI) fut son ouvrage. Suspendu un moment de ses fonctions, Péthion les recouvra par une insurrection nouvelle de la populace. Député par le départem. d'Eure-et-Loire à la convention, il présida le prem. cette assemblée, dont il avait provoqué la réunion, et dans le procès du roi il vota pour l'appel au peuple, la mort, puis contre le sursis. Cependant, à cette époque d'effervescence et de délire, les partis se faisaient les vengeurs de l'humanité en s'entre-détruisant. Celui des girondins voulait la recherche et le supplice des auteurs des massacres de septembre. Péthion, gravement compromis, tenta de se disculper, en alléguant l'impossibilité où il s'était vu de les empêcher. On doit à la justice de dire qu'alors Péthion était revenu à des sentiments modérés. Enveloppé dans la proscript. du 31 mai, il se réfugia d'abord dans le départ. du Calvados, soulevé contre la convention; puis, réduit à la fuite, et ne pouvant trouver d'asile, il erra quelq. temps dans les Landes de Bordeaux, et finit par y périr de besoin. On trouva son cadavre à moitié dévoré par les loups. Cet homme, dont la fin déplorable n'a pu désarmer la haine de ses adversaires politiques, a été jugé plus honorablem. par Mme Roland, dans ses *Mémoires*, et par Mme de Genlis, qu'on ne peut cepend. soupçonner d'avoir partagé ses opinions (*v.* le *Précis de sa conduite pendant la révolution*). On a réuni sous le titre d'*OEuvres* de Péthion, ses *discours*, ses *comptes-rendus*, et divers opuscules politiques, 1793, 4 vol. in-8.

PETIET (CLAUDE), ministre de la guerre, né en 1749 à Châtillon-sur-Seine, entra de bonne heure dans la gendarmerie de la maison du roi, fut ensuite pourvu d'une charge de commissaire des guerres, puis nommé secrétaire en chef et subdélégué-général de l'intendance de Bretagne. Il avait rempli pend. 20 ans cet emploi difficile lorsqu'en 1790 il fut élu par ses administrés procur.-génér.-syndic du départem. d'Ille-et-Vilaine. Appelé peu de temps après aux fonct. de *commissaire-ordonnateur*, puis nommé commissaire-général, il servit en cette qualité aux armées du Centre, de Sambre-et-Meuse et de l'Ouest. La modération de ses principes lui valut les honneurs d'une destitution pendant la terreur. Député d'Ille-et-Vilaine au conseil des anciens en 1795, il fut presque aussitôt chargé du portefeuille de la guerre, et, à force d'activité et de zèle, il parvint à remettre de l'ordre dans cette administrat. Il ne porta qu'un an ce lourd fardeau : mais ce fut assez pour lui mériter la reconnaissance publique; les comptes qu'il rendit de sa gestion ne firent pas moins honneur à sa probité rigoureuse qu'à sa bonne entente des diverses branches de l'administrat. qui lui avait été confiée. Depuis Petiet fut député de la Seine au conseil des cinq-cents (1799); il passa un an après au conseil-d'état, puis fut nommé au gouvernem. de la Lombardie après la seconde invas. de l'Italie. Pendant un séjour de deux années à Milan, il travailla sans relâche à mériter la confiance et l'estime des Italiens; puis les nouveaux projets de Napoléon nécessitant sa participation, il fut nommé intend.-général de l'armée rassemblée à Boulogne. Cepend. les travaux et les fatigues commençaient à altérer sa santé, lorsque, mandé à Vienne par l'empereur, il va y remplir la tâche qui lui est imposée, et, sans renoncer un seul jour aux soins de son emploi, revient expirer à Paris en mars 1806,

Petiet venait d'être nommé membre du sénat et gr.-offic. de la Légion-d'Honneur.

PÉTION (ALEXANDRE SABÈS), président de la république d'Haïti, né en 1770 au Port-au-Prince, d'un colon aisé et d'une mulâtresse, reçut une éducation assez soignée, ce qui, joint aux qualités milit. qu'il déploya durant les guerres civiles et la guerre extérieure qui déchirèrent sa patrie, lui avait valu le grade d'adjudant-général. Attaché au général Rigaud, il fut chargé de défendre la place de Jacmel, assiégée par Toussaint-Louverture, et si la fortune ne seconda pas ses efforts, il s'honora du moins par la prudence et l'habileté qu'il opposa à son heureux adversaire. Retiré en France avec les officiers les plus distingués de son parti, il s'y livrait paisiblem. à des études sérieuses, lorsque le gouvernem. projeta de ramener à l'obéissance la plus riche de ses colonies. Pétion accepta l'emploi de colonel dans l'expédition confiée au général Leclerc. Indigné de la conduite déloyale de Leclerc envers Toussaint et Rigaud lui-même, il quitta les rangs français avec ceux de ses compatriotes qui purent le suivre, et se réunit au gén. Dessalines. A peine les hasards de la fortune avaient-ils assuré l'indépendance haïtienne, que la jeune république devint la proie d'un despote. Une conjuration se forma entre les hommes de couleur qu'on voulait massacrer; ils se réunirent au Port-au-Prince à l'insu de Pétion, qui y commandait : sa loyauté était trop connue pour qu'on jugeât à propos de l'initier à ce complot, dont le résultat devait être l'assassinat de Dessalines. A celui-ci ne tarda pas de succéder le nègre Christophe. Cependant la partie de l'île où commandait Pétion refusant de reconnaître un maître dans celui qui ne voulait d'autre titre que celui de roi, et prête à défendre ses droits par les armes, élut solennellem. pour présid. l'intrépide et loyal command. du Port-au-Prince. La guerre civile recommença avec une nouvelle fureur, jusqu'à ce que, effrayés eux-mêmes des sinistres projets de leur maître, les principaux officiers et presque toute la garde de Christophe passèrent sous les étendards de Pétion. Dès-lors le présid. de la république haïtienne ne songea plus qu'à y faire fleurir le commerce, et à rendre respectable le nouv. gouvernem. qu'il avait tant contribué à établir. La sagesse de son administration lui mérita le nom de *Père de la patrie*, et à sa mort, en 1818, il emporta les justes regrets de toute la population haïtienne, qui long-temps honorera sa mémoire comme celle de son premier héros. Un mausolée lui a été érigé par l'ordre du sénat, et le général Boyer, son ami et son lieuten., lui a succédé dans le titre de président.

PÉTIOT (JEAN-JOSEPH), était procureur du roi au bailliage de Châlon-sur-Saône, lorsqu'il fut nommé en 1789, par le tiers-état, premier député aux états-généraux. Il y vota constamm. avec la majorité dans les rangs des modérés. Après la session, il se retira dans ses foyers, qu'il ne quitta pendant quelq. mois que pour se soustraire aux agents de la terreur. Membre depuis 1789 de tous les colléges électoraux; l'un de ces colléges l'élut président. Mis en réquisition le 12 frimaire an III, par un député en mission, pour remplir une place d'administrateur du départ., il obéit, mais comme il ne crut pas devoir ajouter à la sévérité des lois contre les émigrés, il fut remplacé après 10 mois d'exercice. Nommé, le 8 frimaire an IV, commiss. du gouvernem. près de l'administration du canton qu'il habitait, il fut révoqué en l'an VI, par suite du même esprit de modérat. Membre du conseil-général du départem. depuis son établissem., il en fut présid. pendant trois sessions. Appelé en avril 1809 au tribunal du chef-lieu, sur la demande des juges qui le composaient, il le présida jusqu'en janvier 1816, époque où on l'admit à la retraite. Petiot avait été député en 1815 pour aller à Lyon, représenter au duc d'Albuféra que les habitants de Châlon, quoiqu'ils eussent arrêté les Autrichiens pendant un mois lors de la première invasion, ne pourraient seuls empêcher le passage de la Saône; sur la réponse du maréchal qu'il ne pouvait fournir aucun secours, la ville ouvrit ses portes. Petiot mourut à Châlon le 14 févr. 1833.

PÉTIS (FRANÇOIS), sav. orientaliste, né en 1622, d'une famille originaire d'Angleterre, fut pourvu à 30 ans de la charge de secrét.-interprète du roi pour les langues turque et arabe, et mourut en 1695. Il avait traduit en arabe l'histoire de France, et rédigé les trois vol. des *Voyages en Orient*, de Thévenot le neveu, ainsi que le *Catalogue raisonné de tous les MSs. turks et persans de la bibliothèque du roi*. On lui doit un *Dictionnaire franç.-turk et turk-français*, resté MSs., ainsi qu'une *Hist. du grand Gengiz-Can* (Djenguyz-Khan), *prem. empereur des Mogols et Tartares*, 1710, in-12, publié par son fils, dont l'art. suit. — PÉTIS DE LA CROIX (François), né en 1653 à Paris, où il mourut en 1713, avait fait plus. voyages en Orient par ordre de la cour. Il obtint ensuite une chaire d'arabe, et succéda à son père dans la charge de secrét.-interprète. Outre une traduct. persane de l'*Hist. de Louis XIV par les médailles*, qui fut présentée en 1708 au roi de Perse par l'ambassad. extraordin. Michel. On lui doit : *les Mille et un Jours*, contes persans, 1710-12, in-12. in-12. — *Hist. de la sultane de Perse et des vizirs*, contes turks, trad. de Cheikh-Zadeh, 1707, in-12. — *Voyage en Syrie et en Perse*, de 1670 à 1680, publié par Langlès à la suite de la relation de Dourry-Effendi, 1810, in-8, ainsi que dans le *Magasin encyclopédiq.* de 1808, t. V. — *Histoire de Timur-Bec* (Tamerlan), 1722, 4 vol. in-12, dont son fils fut l'édit. — Alexandre-Louis-Marie PÉTIS DE LA CROIX, son fils, né à Paris en 1698, fut de bonne heure envoyé en Syrie, où il passa 6 années, remplit à son retour la charge de secrét.-interprète de la marine, dont il avait été nommé titulaire avant son départ, devint ensuite interprète des langues orient. à la biblioth. du roi, et mourut en 1751, après avoir occupé 6 ans la chaire d'arabe au collége royal. Outre plus. trad. d'ouvr. arabes qu'il a laissés MSs., on a de lui : *Canon du sultan Suleiman II*, trad. du turk, in-12.

— *Lettres critiq. de Hadgi-Mohammed-Effendi à Mme la marquise de G****, 1755, in-12.

PETIT (JEAN), doct. en théologie de la faculté de Paris, mort à Hesdin, sa patrie, en 1411, s'était dévoué, par des vues de cupidité, au duc de Bourgogne Jean-sans-Peur, et tenta de le justifier du meurtre du duc d'Orléans, son cousin. La harangue qu'il prononça sur ce sujet, le 8 mars 1408, dans la grand'salle de l'hôtel St-Paul, souleva tous les auditeurs, que la crainte seule du meurtrier put retenir. Mais en 1414, sur la requête du chancelier de l'univ. Gerson, l'évêque de Paris condamna la doctrine de Petit et fit brûler son plaidoyer, où était professée la dangereuse maxime reproduite depuis, et si monstrueusement interprétée, qu'*il est permis de tuer un tyran*. Cette proposition, anathématisée par le concile de Constance, au jugem. duquel le duc de Bourgogne en avait appelé, fut encore l'objet d'une condamnation prononcée par le parlement le 4 juin 1416, ainsi que d'un arrêt du 16 septembre même année contre quiconque oserait la reproduire. Le *Plaidoyer de J. Petit* a été inséré par Monstrelet dans sa *Chronique*, livre Ier, chap. 59, et Dupin l'a fait impr. de nouveau à la suite des *OEuvres* de Gerson.

PETIT (SAMUEL), savant ministre de l'Église réformée, né en 1594 à Nîmes, y professa avec beaucoup de distinct. la théologie, le grec et l'hébreu, et mourut dans cette ville en 1643. Entre autres ouvr., il a laissé : *Miscellaneor. lib. IX*, 1630, in-4. — *Eclogæ chron.*, 1631, 1632, in-4. — *Variarum lectionum in sacram Script. lib. IV*, 1633, in-4. — *Leges atticæ*, grec-lat., Leyde, 1745, in-fol., bonne édit., etc.

PETIT (PIERRE), intend.-général des fortificat. de France, né à Mont-Luçon en 1594, mort en 1677 à Lagny-sur-Marne, reçut des lettres de noblesse en récompense de ses services. Conciliant avec les diverses fonct. dont il fut chargé l'étude des-mathémat. et de la physique, il prit part à la discuss. que fit naître la *Dioptrique* de Descartes, fut l'un des prem. à signaler les importantes vérités que renferme cet ouvr., et répéta avec Pascal, dont il était l'intime ami, les expériences de Toricelli sur le vide. Outre des *Observations* sur la plupart des phénomènes arrivés de son temps, insérées dans les *Journaux des savants*, on a de lui quelq. opuscules : *L'usage ou le moyen de pratiquer par la règle toutes les opérations du compas de proportion*, etc., 1634, in-8.—*Avis sur la conjonction proposée des mers Océane et Méditerranée, par les rivières d'Aude et de Garonne*, in-4, etc.

— Pierre PETIT, poète latin, né à Paris en 1617, fut d'abord destiné à la médecine. prit ses degrés à Montpellier, puis renonça à la pratique de cet état pour se charger de l'éducat. des fils du prem. président Lamoignon. La réputation que lui firent diverses pièces de poésie lui valut l'honneur d'être admis dans la *Pléiade* de Paris, et de plus la protection du premier président de la chambre des comptes, Nicolaï, dont les libéralités le mirent à même de suivre son goût pour les lettres. Petit mourut à Paris en 1687. Ses princip. ouvr. sont : *Selectorum poematum lib. II : accessit dissert. de furore poetico*, 1683, in-8. — *De amazonibus dissertat.*, 1685, in-12, trad. en franç., 1718, in-12, fig. — *De sibyllâ lib. III*, 1686, in-8. — *Miscellanearum observat. lib. IV*, 1683, in-8. — *De naturâ et moribus anthropophagorum*, 1688, in-8.

PETIT (FRANÇ. POURFOUR du), médec., né en 1664 à Paris, où il mourut en 1741, montra dans sa jeunesse plus d'applicat. que d'aptitude; mais dès que son goût l'eut porté vers l'étude des sciences natur., il y fit de rapides progrès. Après avoir suivi les leçons de Chirac à Montpellier, où il prit le grade de docteur, il vint étudier à Paris l'anatomie sous Duverney, la botanique sous Tournefort, et se livra aussi à la chirurgie. Il obtint en 1693 une commiss. de méd. à l'armée de Flandre, s'en démit après la paix de Ryswick pour la reprendre lors de la guerre de la succession, et ne quitta les hôpit. militaires qu'à la paix d'Utrecht, en 1713. Du Petit se fixa à cette époque à Paris, et il y mourut en 1741, membre de l'académie des sciences. Non moins habile professeur que pratic. distingué, il a imaginé, pour mesurer les diverses parties de l'organe de la vue, un instrum. nommé *ophtalmomètre*. Outre de nombreux mém. dans le recueil de l'acad. des sciences, on a de lui, entre autres opuscules : *Lettres d'un médecin des hôpitaux du roi... sur un nouv. système du cerveau*, 1710, in-8. — *Dissertation sur une nouv. méthode de faire l'opération de la cataracte*, 1727, in-12. —*Lettres contenant des réflexions sur des décour. faites sur les yeux*, 1732, in-4. Mairan a fait son *Éloge* à l'acad. des sciences.

PETIT (JEAN-LOUIS), chirurgien célèbre, né à Paris en 1674, étudia l'anatomie sous Littre, et fit de tels progrès dans l'art de disséquer, qu'avant sa 16e année il fut chargé de faire des répétitions aux élèves à l'amphithéâtre. Il partit pour l'armée en qualité de chirurgien en 1692, fit quelques campagnes, et à la paix de 1697 obtint la place de chirurgien-aide-major de l'hôpital de Tournai. Étant venu trois ans après se fixer à Paris, il y ouvrit des cours d'anat. et de chirurg. qui lui firent promptement une réputat. méritée. Démonstrat. à l'école de chirurgie, il fut en 1731 nommé directeur de l'acad. royale, et mourut à Paris en 1750. Il était membre de l'acad. des sciences depuis 1705, et de la société roy. de Londres. Ce grand pratic., digne de toute la réputation qu'il s'était acquise, fut appelé pour donner des soins à plus. souver. étrang., et d'autres le chargèrent de choisir des hommes de l'art qu'ils voulaient attacher à leurs personnes ou placer aux prem. emplois, soit dans les hôpitaux, soit dans les armées. Des recherches auxquelles il se livra sur la nature des hémorrag. lui firent imaginer un tourniquet pour suspendre le cours du sang dans les artères : il fut également conduit par d'autres explorat. à trouver un moyen d'extraire les corps étrangers de l'œsophage. On trouvera la description de ses instruments, ainsi que ses sav. considérat. sur les tumeurs produites dans la vési-

cule biliaire, etc., dans le recueil de l'académie des sciences, qu'il a enrichi de nombr. mém. On a en outre de lui : *l'Art de guérir les maladies des os*, etc., Paris, 1705, in-12 : cet ouvr., qui fonda la réputat. de l'aut., fut l'objet des plus violentes attaques ; mais elles ne firent qu'en constater le mérite, et il a été réimpr. plus. fois sous le titre de *Traité des maladies des os*, etc., 2 vol. in-12. — *Traité des maladies chirurgicales et des opérations qui leur conviennent*, 1774, 3 vol. in-8. Cet ouvrage, impr. long-temps après la mort de l'auteur, n'est que l'ébauche d'un plus grand travail qu'il n'eut malheureusement pas le temps de terminer. — Son fils, né en 1710, chirurg.-major des armées à 24 ans, mourut en 1757, victime de son zèle pour l'anatomie. On trouve son *Éloge*, tome II, p. 43, des *Mém.* de l'acad. de chirurgie.

PETIT (ANTOINE), célèbre médecin, né en 1718 à Orléans, fils d'un pauvre tailleur, après avoir fait de bonnes études, vint à Paris, ouvrit bientôt des cours qui le mirent en réputation, et devint successivement memb. de l'acad. des sciences (1760), et profess. d'anatomie au Jardin-du-Roi, en remplacement de Ferrein. Il illustra cette chaire par la profondeur et la clarté de ses leçons jusqu'en 1676, qu'il se retira à Fontenay-aux-Roses : plus tard il alla se fixer au village d'Olivet, où il mourut en 1794. Portal avait été adjoint comme suppléant à Petit, qui voulait faire nommer Vicq-d'Azyr, l'un de ses élèves. Les ouvr. qu'il a publ. sont : *l'Anatomie chirurg. de Palfyn*, Paris, 1753, 2 vol. in-12, et 1757, in-4.—*Recueil de pièces concernant les naissances tardives*, 1766, 2 vol. in-8. — *Rapport en faveur de l'inoculation*, 1768, in-8. *Projet de réforme sur l'exercice de la médecine*, in-8. Il n'est pas certain qu'il soit l'auteur de la *Lettre de M. Duchanoy à M. Portal*, Amsterdam, 1761, in-12.

PETIT (MARC-ANT.), né en 1766 à Lyon, obtint à 17 ans une place de chirurg.-interne à l'hôpital de cette ville, se fit recevoir docteur en médecine à Montpellier, et, de retour à Lyon, y remplit six ans les fonctions de chirurgien en chef de l'hôpital général. Il mourut en 1811, correspondant de l'Institut. Son humanité et sa bienfaisance ne lui firent pas moins d'honneur que son instruct. et son habileté. On a de lui, outre quelques opusc. dans les *Actes* de la société de médecine de Lyon, et divers morc. de poésie dans les rec. du temps, un *Éloge de Desault*, 1795, in-8. — *Essai sur la médec. du cœur*, 1806, in-8. — *Onan, ou le Tombeau du Mont-Cindre*, 1809, in-8. — *Collection d'observat. cliniques*, 1815, in-8, publ. par les soins de A. Lusterbourg et T. Jobert. Outre *l'Hommage rendu à la mémoire de Petit*, par M. Dumas, 1811, in-8, on a deux *Éloges* de ce médecin, par M. Cartier, 1812, in-8, et par M. Parat, in-4, le premier lu à l'acad., et le second à la société de médecine de Lyon.

PETIT (ALEXIS-THÉRÈSE), né à Vesoul en 1791, avait à 10 ans toutes les connaiss. exigées pour être admis dans les écoles : cependant rien ne fut négligé pour les accroître encore jusqu'à ce qu'il atteignit sa 16ᵉ année. Attaché d'abord en qualité de professeur au lycée Bonaparte, il étonna ses examinateurs en prenant ses différents grades; enfin le meilleur élève de l'école polytechnique, y obtint promptement la chaire de physique, qu'il remplit avec la plus grande distinction jusqu'à sa mort, en 1820. Les *Annales de chimie et de physique* et le *Journal de l'école polytechnique* contiennent plus. art. de ce jeune savant, que la mort a enlevé trop tôt à une science que ses travaux eussent enrichie. M. Biot a lu à la société philomatique une *Notice historiq.* sur Petit, 1821, in-4 ; reprod. au t. XVI des *Annales physiq.*, et inséré par M. Mahul dans le 1ᵉʳ vol. de son *Annuaire nécrologique*.

PETIT (MARIE), aventurière, naquit vers 1675 à Moulins. En 1702 elle tenait à Paris une maison de jeu, lorsque, s'étant liée avec J.-B. Fabre, négoc. de Marseille, elle s'engagea par écrit à « le suivre partout où il irait, à l'assister de ses soins, sans pouvoir prétendre à aucune rétribution ni se dispenser en aucune manière de l'accompagner. » Fabre ayant été nommé en 1703 envoyé extraordinaire de Louis XIV à la cour de Perse, Marie l'alla joindre à Marseille, vêtue en homme, et s'embarqua avec lui à Toulon le 22 mars 1705. Cependant le comte de Ferriol, alors ambassadeur de France à Constantinople, ennemi de Fabre, mit tout en œuvre pour susciter des obstacles à sa mission, et n'y réussit que trop bien. Fabre, que le pacha d'Alep refusait de laisser partir, se jette sur un esquif avec sa compagne, et, laiss. à Samos la plus grande part. de sa suite ainsi que les présents destinés au roi de Perse, va descendre à Constantinople chez un ambassad. persan. Il part avec lui, arrive à Érivan, où il doit attendre le reste de ses gens, mais y meurt peu après, non sans soupçons de poison (août 1706). Après avoir mis ordre aux affaires du défunt, Marie prend à tâche de terminer, avec un jeune fils de Fabre, la mission commencée sous de si funestes auspices. Elle obtient que les présents, retenus par le pacha d'Erzroum, lui soient remis ; mais les gens de sa suite, excités par une lettre du P. Mounier, jésuite, signalent leur entrée à Érivan par un soulèvem. contre elle, et n'échappent toutefois que par son intervention à la juste punit. que le khan menaçait de leur faire subir, ainsi qu'à leur imprud. conseiller, pour les fâcheuses conséquences qu'avait eues leur émeute. Ces faits parvinrent à la connaissance du chah Houceim, qui, curieux de voir la belle ambassadrice, ordonna qu'elle lui fût amenée. Marie Petit avait été devancée à Tauriz par un envoyé de Ferriol, qui, payant d'audace, s'empara des présents destinés au sofi, et voulut faire arrêter celle qui s'était arrogé l'honn. de les porter. Le roi de Perse était alors en pèlerinage sur la route de Mesched. Marie à son tour gagne les devants, et elle revenait après avoir eu son audience de congé, lorsqu'elle retrouva cet envoyé à Tauriz, qui, changeant de conduite à son égard, lui donna des lettres de recommandat. et lui en fit délivrer par les missionn. Tout fut mis en œuvre pour abuser cette malheu-

reuse pendant le reste de son excursion ; et ce ne fut qu'après son retour à Marseille (8 févr. 1709) qu'elle connut l'indignité des trahisons qu'on lui avait réservées. Traînée dans une maison de force et accablée d'imputat. qui pouvaient la conduire au supplice, elle parvint à intéresser en sa faveur le chancel. Pontchartrain, qui l'arracha à ses nombreux et puissants ennemis. Rendue à la liberté, elle poursuivit devant les tribunaux le remboursement d'une somme de 1,200 pistoles qui lui était due sur la success. Fabre ; mais ses réclamations furent vaines, bien qu'elles fussent appuyées par le chancel., et l'infortunée Petit dut s'estimer heureuse d'aller mourir dans une sorte d'exil, après avoir subi d'autres persécutions. Elle avait composé des *Mém.* que l'aut. de *Gil-Blas* se proposait de publier ; mais des considérat. de politique lui firent abandonner ce travail, et le MS. qui lui avait été confié n'a point été retrouvé.

PETIT-DIDIER (dom MATTHIEU), bénédictin, évêque de Macra, *in partibus*, mort en 1728, abbé de Senones, était né en 1659 à St-Nicolas en Lorraine. Ses principaux écrits sont : *Remarques sur les prem. tomes de la bibliothèq. ecclésiastique de Dupin*, Paris, 1691-92-93, 3 vol. in-8.—*Apologie des lettres provinciales contre les entretiens de Cléandre et d'Eudoxe*, 1697-98, 2 vol. in-12. — *Dissertations historiques et théologiq. sur le sentiment du concile de Constance, touchant l'autorité et l'infaillibilité des papes*, 1725, in-12.

PETIT-RADEL (LOUIS-FRANÇ.), architecte, né à Paris en 1740, fit un voyage en Italie après avoir remporté successivem. plus. médailles d'émulat. à l'acad. d'architecture, et à son retour ouvrit un cours particulier, d'où sont sortis des élèves d'une haute distinction. Il consacra une grande partie de sa fortune à former un précieux cabinet d'antiques et d'objets d'arts les plus curieux, et mourut en 1818. Outre les travaux dont il fut chargé comme inspecteur des bâtiments civils, il a construit le grand abattoir du Roule. On a de lui un certain nombre de gravures de ruines et d'architecture, et un opuscule intitulé *Projet pour la restauration du Panthéon français*, 1799, in-4. — PETIT-RADEL (Philippe), son frère, né à Paris en 1749, obtint jeune au concours une place de chirurgien-aide-major des Invalides, partit ensuite comme chirurgien-major pour les Indes-Orientales, et, après un séjour de trois années à Surate, revint occuper à Paris la chaire de chirurgie (1782). Il fit un nouv. voyage aux Indes pour se soustraire aux calamités de la révolution, ne revit la France qu'en 1797, fut nommé l'année suivante professeur de clinique chirurgicale à l'école de médecine de Paris, et jusqu'à sa mort, en 1815, consacra tous ses loisirs à des travaux littéraires. Entre autres ouvr., nous citerons de lui : *Introduct. méthodiq. à la théorie et à la pratique de la médecine*, trad. de l'anglais de Macbride ; avec *Notes*, 1787, 2 vol. in-8.—*Dictionnaire de chirurgie*, 1790 et suiv., 3 vol. in-4, faisant partie de l'*Encyclopédie.* — *Instit. de méd.*, 2 vol. in-8. —*Voyage hist., chorograph. et philo-*

sophiq. dans les principales villes d'Italie, 1815, 5 vol. in-8. Petit-Radel, qui avait un goût très-vif pour la littérature latine, a publié, outre des traductions en vers de quelq. opuscules grecs en cette langue: *De amoribus Pancharitis et Zoroœ, poema. erotico-didacticum*, 1800, 1801, in-8.

PETIT-RADEL (Louis-Charles-François), frère du précéd., né à Paris en 1756, embrassa l'état ecclésiast., fut reçu docteur en Sorbonne et pourvu de l'emploi de sacristain de l'hôpital du St-Esprit. Ayant refusé de prêter serment, il partit pour l'Italie avec des lettres de recommandat. pour le cardinal de Bernis, et, à son arrivée à Rome fut placé dans une maison de chanoines réguliers. Son instruct. variée et son zèle pour la science lui procurèrent bientôt des connaiss. honorables. Il établit dans le couvent qu'il habitait un jardin botanique, et y fit un cours d'après la méthode de Jussieu. Dans une de ses excursions aux environs de Rome, il découvrit les restes d'une construction qui lui parut antérieure aux Romains. L'examen qu'il en fit lui donna la prem. idée des monum. cyclopéens ou pélasgiques, inconnus jusqu'alors aux archéologues. De retour en France en 1801, il obtint l'année suiv. une place au bureau de statistique du ministère de l'intérieur, et fut ensuite attaché comme conservat. à la biblioth. Mazarine, dont il devint plus tard administrat. en chef. En 1806 il fut admis à l'Institut (acad. des inscript.), et fit partie de la commiss. chargée de continuer l'*Hist. littér. de France*, commencée par les bénédictins. L'abbé Petit-Radel mourut en 1836, à 80 ans. Outre plusieurs mémoires dans le *Recueil* de l'acad. des inscript. (nouv. série), on citera de lui : *Notice des aqueducs des anciens et sur la dérivat. du canal de l'Ourcq*, 1803, in-8. — *Explicat. des monuments antiques du musée Napoléon*, 1804-06, 4 vol. in-4. — *Recherches sur les biblioth. anc. et modernes*, 1819, in-8. — *Examen analytique et tableau comparatif des synchronismes des temps héroïques de la Grèce*, 1827, in-4. Il a laissé MSs. plus. ouvr., entre autres : *Recherches sur les monuments cyclopéens*, dont la publicat. est vivem. désirée des antiquaires.

PETITAIN (Louis-Germain), né à Paris en 1765, abandonna la place d'avoué au tribunal civil, pour celle de commis dans les bureaux où l'on inventoriait les biens nationaux, et, après avoir été employé pendant la révolut. dans divers secrétariats, devint sous-chef de l'octroi de Paris, et mourut en 1820. Petitain eut l'honneur de réclamer le prem. en faveur des enfants de Louis XVI alors détenus au Temple, par un écrit intitulé : *un Mot pour deux individus auxquels personne ne pense*, etc., an III, in-8. On lui doit encore : *Traité complet d'économie domestique....., par un homme qui n'a plus rien*, 1800, in-8. — *L'Émulation est-elle un bon moyen d'éducation?* 1801, in-8. — *Annuaire du départem. de Loir-et-Cher pour l'année 1806*, Blois, in-12 ; des articles dans la *Décade* et autres journaux, et l'édition des *OEuvres de J.-J. Rousseau*, chez Lefèvre, 1819-20, 22 vol. in-8.

PETITOT (Jean), peintre en miniature, né à Genève en 1607, apprit d'abord la profess. de joaillier sous Bordier, qui, frappé du talent avec lequel son élève réussissait à préparer les émaux, lui conseilla de s'attacher à peindre le portrait en émail. Après de nombreux essais, dont le maître lui abandonna de bonne heure la direct., les deux artistes se rendirent en Italie, et de là en Angleterre, où Petitot acheva de porter son art à un haut degré de perfection. Il fut présenté par le médecin Mayerne au roi Charles Ier, qui le logea dans White-Hall, et le fit chevalier. Ce fut à cette époque que Petitot connut van Dyck. Ce gr. peintre se plut à diriger par ses conseils et ses leçons l'habile émailleur qu'on avait chargé de faire des copies de ses tabl. Petitot se retira en France à la suite de Charles II, qu'il refusa de suivre lors de la restauration, pour demeurer attaché à Louis XIV. Son associat. avec Bordier, dont il était devenu le beau-frère, continuait toujours. Mais leur famille s'étant accrue, ils se séparèrent amis, après avoir partagé le produit de leurs travaux communs durant une association de 50 ans, qu'aucun nuage n'avait troublée. Lors de la révocation de l'édit de Nante, Petitot, sollicita la permission de se retirer à Genève. Il fut enfermé au Fort-l'Évêque après une tentative d'évasion, et Bossuet eut commission de chercher à le convertir. On lui rendit la liberté parce qu'une maladie causée par le chagrin fit craindre pour ses jours, et il en profita pour se réfugier à Genève. Bientôt, pour se soustraire à l'importunité des visites, il fut obligé de se retirer à Vevei, où il mourut d'une attaque d'apoplexie en 1691. Une finesse de dessin, une douceur et une vivacité de coloris vraiment admirables forment le caractère des ouvr. de cet artiste. On cite comme un de ses chefs-d'œuvre, le portrait de *Rachel de Rouvigni, comtesse de Southampton*, d'après van Dyck. Le musée possède dans un même cadre plus. portraits des grands hommes du 17e S. peints par Petitot.—

PETITOT (Simon), né à Dijon en 1682, mort à Montpellier en 1746, s'est fait un nom par son habileté dans l'architecture hydraulique. Parmi ses travaux, on cite le puits de l'hôtel des Invalides.

PETITOT (Claude-Bernard), né en 1772 à Dijon, fit ses études au collége de cette ville, et vint à l'âge de 18 ans à Paris, où il ne s'occupa que de littérature jusqu'en 1800, époque à laquelle il fut nommé chef du bureau de l'instruction publique à la préfecture de la Seine. Il quitta cette place en 1804, et cinq ans après Fontanes, dont il était l'ami, lui fit donner celle d'inspect.-général de l'université. Petitot, qui, dans les *cent jours*, se démit de ses fonct., fut, au second retour du roi, nommé secrét.-général de la commission d'instruction publique. Il fut appelé en 1821 au conseil royal, et mourut en 1825. Outre trois tragédies, *la Conjuration de Pison*, 1795; *Géta et Caracalla*, 1797, et *Laurent de Médicis*, 1799, on lui doit de bonnes traduct. des *tragédies* d'Alfieri, 1802, 4 vol. in-8; et des *Nouvelles de Cervantès*, 4 vol. in-18. Il a été l'éditeur du *Répertoire du Théâtre-Français*, avec

Notices, etc., 1803-04, 25 vol. in-8; 2e édit., augmentée, 1817-18, 55 vol. in-8; des *OEuvres choisies et posthumes de La Harpe*, 1806, 4 vol. in-8; enfin des *Mém. relatifs à l'hist. de France*, 1819 à 1824. Cette dern. collection a été continuée par M. Monmerqué, qui a placé une *Notice sur Petitot*, en tête du 57e vol. de la 2e série des *Mémoires sur l'histoire de France.*

PETITY (JEAN-RAIMOND de), né vers 1715 à St-Paul-Trois-Châteaux, embrassa l'état ecclésiast., vint à Paris où il eut quelq. succès comme prédicateur, abandonna cepend. la chaire pour cultiver les lettres, et mourut en 1780. Son principal ouvr. est la *Bibliothèq. des artistes et des amateurs*, etc., Paris, 1766, 2 t. en 3 vol. in-4, reproduite sous le titre d'*Encyclopédie élémentaire.*

PETIVER (JAMES), célèbre botaniste anglais, mort en 1718, membre de la soc. royale de Londres, acquit, dans l'exercice de la pharmacie, une fortune considérable dont il employa la plus grande partie à former une riche collection d'histoire naturelle. Ses ouvr., surpassés depuis, n'ont pas été sans utilité pour les progrès de la botanique, dont ils ont contribué à répandre le goût. Publiés de 1695 à 1717, ils ont été recueillis, Londres, 1764 ou 1775, 2 vol. in-fol. Plumier lui a dédié sous le nom de *Petiveria*, un genre de plantes de la famille des atriplicées.

PETLINE (JEAN), cosaque sibérien, envoyé de Tomsk en 1620 pour déterminer les limites de l'empire russe en Sibérie, explora le cours de l'Ob. La relat. de son voyage, seul titre par lequel Petline nous soit connu, a été impr. à St-Pétersbourg en 1818, dans la 2e partie du *Messager sibérien.*

PÉTRARQUE (FRANÇ.), un des plus gr. poètes dont s'enorgueillit l'Italie, naquit le 20 juillet 1304 à Arezzo. Son père, attaché au parti gibelin, était ami de Dante. Ce fut au sein de l'agitation et des guerres intestines que s'écoulèrent ses premières années. Il avait environ dix ans lorsqu'il fut emmené par son père dans le comtat d'Avignon, où Clément V venait de transférer la cour pontificale. Après avoir terminé ses prem. études, il alla passer à l'univ. de Montpellier quatre années qui ne furent pas consacrées exclusivem. à la jurisprud.; mais son père, courroucé de la préférence qu'il donnait à Cicéron et à Tite-Live sur les commentateurs du Digeste, livra aux flammes ses livres chéris, et l'envoya suivre à Bologne les leçons du canoniste Jean d'Andrea. Un poète illustre fréquentait cette université, Cino da Pistoja, et Pétrarque obtint bientôt ses conseils et son amitié. Orphelin à 20 ans, il reporte sa pensée vers ces sites agrestes où les premières inspirat. poétiques l'ont fait tressaillir, et il vient se fixer à Avignon. Ce fut dans cette terre natale des troubadours, qu'il composa ses premiers vers. On a parlé de la violente passion qui l'enchaîna pour toujours à la belle Laure (*v.* NOVES). Sans cesse poursuivi par son souvenir, il visita en courant le midi de la France, Paris, la Flandre, les Pays-Bas, la forêt des Ardennes, etc., remplissant de ses douces plaintes tous les lieux où il passa. Il était revenu s'ensevelir à Vaucluse après huit mois d'exil (1334), lorsqu'à la nouvelle d'une croisade projetée par Jean XXII, et de la promesse vaguement exprimée par ce pontife de rétablir à Rome la chaire de St-Pierre, il s'arrache un mom. aux pensers d'amour pour chanter la gloire que va reconquérir la ville éternelle. Entré dans les ordres, il cherche encore dans divers voyages une distraction qui le fuit : Rome même, où l'accueillent les Colonne, ne peut le retenir et il revient à Avignon. Il trace dans sa retraite l'ébauche d'une épopée régulière, *l'Africa.* La 2e guerre punique lui en fournit le sujet; Scipion en doit être le héros. Une année s'écoule à peine que Pétrarque est simultaném. invité à venir recevoir la couronne poétique à Rome et à Paris. S'embarquant aussitôt pour Naples, où régnait Robert d'Anjou, il présente son épopée à ce prince, qui le proclame digne du triomphe et le revêt de sa robe, dont il veut que le poète soit paré au jour fixé pour la cérémonie (8 avril 1341). Conduit avec la plus grande pompe au Capitole, il fut couronné des mains du sénateur Orso, comte d'Anguillara; ensuite le cortège s'achemina vers l'église St-Pierre, où Pétrarque déposa ses lauriers. Dans le même temps il recevait du roi de Naples, avec le titre d'aumônier ordin., des lettres-patentes portant entre autres l'autorisat. *de porter dans tous les actes la couronne de laurier, de lierre ou de myrte, à son choix.* De Rome il se rendit à Parme, près d'Azon de Corrège, qui lui fit accepter les fonctions d'archidiacre. Pétrarque y termina son poème de l'*Afrique;* ce fut aussi dans cette ville qu'il essuya les prem. attaques de l'envie. Cepend. Clément VI ceignait la tiare (1342). Choisi pour haranguer ce pontife, il en reçut l'accueil le plus distingué et quelques places honorifiques, mais ne put obtenir qu'il effectuât la translation tant promise du St-siége à Rome. Le pape lui confia la mission de faire valoir ses droits à la régence de Naples durant la minorité de Jeanne, petite-fille du roi Robert; mais il la remplit égalem. sans succès. Lorsqu'il revit enfin sa retraite de Vaucluse, il ne tarda pas à en être tiré par l'éclat soudain des succès de Rienzi (*v.* ce nom). L'illusion du poète fut courte; elle disparut avec le tribun et le fantôme de liberté qu'avait évoqué celui-ci sous l'ombre de l'ancien Capitole. Mais une perte plus cuisante que celle des Colonne, dont il pleurait encore le massacre, vint mettre le comble aux chagrins de Pétrarque : la peste de 1348 enleva l'objet de sa passion toujours brûlante : Laure cessa de vivre le 6 avril de cette année, le même jour et à la même heure qu'il l'avait vue pour la prem. fois. Après avoir épanché quelque temps sa douleur dans cette solitude, témoin déjà de tant de larmes d'amour, il se rend aux sollicitations de Louis de Gonzague, et fixe sa demeure à Mantoue. Dep. l'an 1350, époque où il vint assister au jubilé ouvert à Rome, Pétrarque mit dans ses mœurs et dans ses habitudes un degré de sévérité dont l'empreinte se retrouve dans ses dernières poésies. Ce fut vers le même temps que le sénat de Florence lui députa Boccace, pour lui offrir, avec la restitution du patrimoine de ses pères ainsi que de ses droits de citoyen, la direction de l'université récemm. fondée dans la première ville de Toscane. Pétrarque préféra retourner dans sa retraite de Vaucluse. Il y fut troublé, sous Innocent VI, par les absurdes préventions que ses ennemis étaient parvenus à soulever contre lui dans l'esprit du pontife. Milan devint alors son séjour. Admis au conseil de Jean Visconti, lié avec le doge André Dandolo, et surtout plein du désir de voir enfin la paix rétablie dans l'Italie, il consentit à se charger encore de diverses missions; mais aucune n'eut le succès qu'il se flattait d'obtenir. Il finit par concevoir un invincible dégoût pour l'agitation des cours, et ne fit plus que promener ses ennuis, moins sans doute pour se délasser que pour chercher des inspirations nouvelles. C'est dans l'une de ces excursions que, l'an 1362, il fit don à la république de Venise de sa bibliothèq., que jusque-là il avait emmenée à sa suite à grands frais. Une autre circonstance se rattache à son séjour à Venise : profitant de la présence du grammairien grec Léonce Pilate de Thessalonique, il y reprit, quoique sexagénaire, l'étude de la langue de Platon, dont le moine Barlaam lui avait autrefois appris les éléments à Avignon. Incapable de repos et privé de toutes consolat., il cherchait à tromper, dans les ennuis d'une étude rebutante, les longs ennuis de sa vieillesse, lorsque l'avénement d'Urbain V lui rendit la faveur de la cour d'Avignon. Ce pontife accéda enfin aux vœux qu'il lui avait exprimés dans une lettre fort véhémente, de faire cesser le veuvage de l'Église romaine. Pétrarque désireux à son tour de faire honneur à l'invitation flatteuse d'Urbain, se met en route, est surpris à Ferrare par une maladie à laquelle il n'échappe que par les soins empressés des seigneurs d'Este, est reporté à Padoue couché dans un bateau, et ne se rétablit, que pour apprendre bientôt la mort d'Urbain, qui, las des tumultueuses agitat. de Rome, était retourné en France. Il était dans la destinée de Pétrarque de survivre à tout ce qu'il avait chéri. L'âme brisée et livré néanmoins à des travaux sans relâche ainsi qu'aux plus rudes austérités, il succomba le 18 juillet 1374. On le trouva mort dans sa bibliothèque, la tête courbée sur un livre ouvert. Ainsi finit cet homme dont la vie si pleine a été si diversement agitée; dont le nom, lié à tous les noms illustres du 14e S., se trouve mêlé aussi à la plupart des événements notables de cette époque. Le monde littéraire doit à ses infatigables investigations la découverte et peut-être la conservation de divers morceaux de Quintillien, de Cicéron, etc.; et par la persévérance avec laquelle il poursuivit dans ses écrits l'alchimie, l'astrologie, la scholastique, il purifia les lettres du bizarre alliage dont les avait souillées l'ignorance. Pétrarque a eu de nombreux commentateurs, et sa *Vie* a été écrite près de trente fois. Parmi les ouvr. qui le concernent, les plus estimés sont : le *Petrarca redivivus*, de Tomasini;

les *Mém.* de l'abbé de Sade, 1767, 3 vol. in-4; le grand ouvr. de Tiraboschi, et celui de Baldelli : *del Petrarca e delle sue opere*, 1797, in-4. L'édit. la plus complète de ses *OEuvres* est celle de Bâle, 1581, in-fol., mais elle est loin de mériter ce titre. On conserve de lui beaucoup de *Lettres* et de MSs. inédits dans les biblioth. d'Italie. Ce qu'on estime surtout parmi tant de compositions diverses sont ses poésies italiennes. Les *Rime* de Pétrarque se composent de *Sonnets*, *Odes* ou *Canzoni*, d'*Églogues*, *Épîtres*, *Triomphes*, etc. : elles ont été plus. fois réimpr. Depuis l'édition grand in-4 de Venise, 1470, on distingue surtout celle d'Alde, 1501, in-8; de Lyon, 1574, in-16; de Padoue, 1722, in-8; de Venise, 1727, in-4, avec les *Notes* de Muratori; de Bodoni, 1799, in-fol., ou 2 vol. in-8; de Morelli, avec les remarques de Beccadelli, Vérone, 1799, 2 vol. in-8; de Buttura, dans la *Bibliot. poet. ital.*, 3 vol. in-24; enfin, de Biagioli, avec *Commentaires*, 1821, 2 vol. in-8 : c'est la plus estimée. Les autres ouvrages de Pétrarque sont, outre ses poésies latines, des *Discours* ou *Harangues*, des *Opuscules* historiques, des *Traités* de philosophie, tels que : *De remediis utriusque fortunæ*, Cologne, 1471, in-4. — *De otio religiosorum*, *de verá sapientiá*, etc. — Enfin les *Vitæ de' pontifici ed imperatori romani*, Florence, 1478, in-fol. Guinguené, dans son *Hist. littéraire d'Italie*, a donné une *Notice* très étendue sur Pétrarque.

PÉTRÉIUS (Marcus), lieutenant du consul Antoine, qui feignit une indisposition pour ne point marcher contre Catilina, poursuivit lui-même les conjurés et les tailla en pièces. Plus tard l'un des lieutenants de Pompée en Espagne, il fut obligé de se rendre à César avec son armée qui manquait de vivres et de munitions. Mis en liberté par le vainqueur, il rejoignit Pompée et combattit à Pharsale. Il trouva un asile auprès de Caton, à Patras, suivit Scipion en Afrique, et, après la défaite de Thapsus, se donna la mort, si l'on en croit Tite-Live. D'autres histor. prétendent qu'il s'entre-tua avec Juba, roi de Mauritanie. On s'accorde toutefois à placer sa mort à l'an 706 de Rome, 46 ans avant J.-C.

PÉTRÉIUS (Théodore), bibliographe, de l'ordre des chartreux, né à Kampen, dans l'Over-Yssel, en 1567, mort à Cologne en 1640, a laissé des écrits de controverse, des traduct. lat. de livres ascétiques, et quelq. autres ouvr., parmi lesquels on distingue : *Bibliotheca cartusiana, sive illustr. ordin. cartusiani scriptor. catalog.*, 1609, in-8. — *Catalogus hæreticorum, seu de moribus et mortibus omnium propemodùm hæresiarcharum*, etc., 1629, in-4. — Nicolas Pétréius, historien danois du 16e S., s'est rendu célèbre comme le premier fauteur de l'hypothèse gothlandaise tant et si vivement débattue, et qui ferait remonter l'histoire danoise jusqu'au 1er S. après le déluge. La priorité d'origine du Danemarck et de la Suède était, au temps de Pétréius, l'objet d'une rixe très animée entre les sav. de ces deux nations : l'un et l'autre parti avaient employé toutes les ressources de l'érudition pour accréditer des fables et des tradit. plus ou moins absurdes à la place d'une réalité impossible à découvrir et encore moins à prouver. Sur ces entrefaites, un abbé Jean de Bonsac, se disant possesseur de vieux documents runiques recueillis dans l'île de Gothlande, communique ces documents à Pétréius, qui, intéressé à admettre sans plus de critique leur authenticité, y puise les matériaux qu'il s'empresse de coordonner avec les notions contenues dans les livres sacrés, et produit des générations de rois inconnus, dont la généalogie remonte en ligne directe à Japhet et à Gomer. Ainsi, par l'imposture de cette fabrication, se trouvèrent perdus pour l'histoire ces docum., sans doute précieux, mais dont la critique seule eût pu établir l'authenticité. L'ouvr. de Pétréius, écrit vers 1570, fut impr. à Leipsig en 1695, sous ce titre : Cimbrorum et Gothorum origines et migrat, etc., in-8 (v. LYSCHANDER).

PETRI ou PETERSON (LAURENT), prem. archevêque protestant d'Upsal, né en 1499, dans la ville d'Oerebro., répandit en Suède les principes de Luther, sous les yeux duq. il avait fait ses études à l'univ. de Wittenberg. Il fut mis à la tête du nouveau clergé, et obtint toute la confiance de Gustave-Vasa, qui profita de son zèle pour l'établissement de la réforme. Outre une traduction de la Bible, Peterson publia plus. ouvr. de théologie, et mourut en 1573. Voy. la Vie des trois réformat. suédois, Anderson, Olaüs et Laurent Peterson, par J.-Ad. Schinmeier, Lubeck, 1783, in-4, en allemand. — PETRI (Olaüs-Phase), frère du précédent, né en 1497, prêcha le luthéranisme en Suède avec un tel enthousiasme, qu'il fut sur le point d'y faire naître une guerre civile. En 1539, il devint pasteur à Stockholm, où il organisa le nouveau culte ; mais bientôt son esprit inquiet, n'ayant plus d'aliment dans les querelles religieuses, se porta vers la politique. Il se lia avec les ennemis du gouvernement, et fut condamné à avoir la tête tranchée. Cependant il obtint sa grâce, à la sollicitation de ses paroissiens, continua ses fonctions de pasteur et mourut paisiblement en 1562. On a de lui plus. ouvr., notamm. des Mémoires MSs. sur l'histoire de Suède. La biblioth. du roi en possède une copie, dont Kerolio a donné une analyse, en 1787, dans les Notices et extraits des manuscrits, I, 440-76. — PETRI (Jonas), évêque de Lindkœping, dans le 17e S., publia : Dictionar. lat.-sueco-german., etc., 1640, in-fol.

PETROEUS (HENRI), médecin, né à Smakalde, en 1589, professa l'anatomie, la botanique et la chirurgie à Marpurg, et mourut en 1620. On a de lui Nosologia harmonica, dogmatica et hermetica, 1614-16, 2 t. in-4. — Enchiridion chirurgicum, 1617, in-4 (en allem.).

PETROF (BASILE-PÉTROVITSCH), poète et philologue russe, né à Moscou eu 1736, se destinait aux ordres sacrés, lorsqu'en 1763 une ode, qu'il composa à l'occasion du couronnement de Catherine II, lui valut de la part de cette princesse le titre de son lecteur avec un emploi dans l'admi-

nistration civile. Des raisons de santé l'ayant contraint à se démettre de ses places en 1780, Patrof en conserva les honoraires, reçut même le titre de conseiller-d'état, et passa le reste de ses jours partagé entre les occupations littéraires et les douceurs de la retraite. Ce fut, dit-on, le chagrin que lui causa la mort de l'impératrice qui le conduisit lui-même au tombeau, le 4 déc. 1799. Comme Pétrarque, ce poète entreprit à 60 ans d'étudier le grec vulgaire, que bientôt il connut à fond. Moins harmonieux dans la versification que riche d'idées et d'images poétiques, Petrof s'est placé par ses odes au premier rang des littérateurs de sa nation. On a publié ses OEuvres complètes, Pétersbourg, 1811, 3 vol. in-8. Il avait publié lui-même isolém. la plupart des pièces qui composent ce recueil, ainsi qu'une traduct. de l'Énéide, en 1781 et 1786.

PÉTRONE, Pétronius, surn. Arbiter, né aux environs de Marseille, est, à ce qu'on croit, le même personnage qui, sous l'empereur Claude, fut proconsul en Bythinie. Il était connu dès-lors par ses galanteries et par son goût pour les beauxarts. Le jeune Néron le nomma surintendant de ses plaisirs ; mais plus tard, sur une accusation d'intelligences avec Pison portée contre lui par un esclave à l'instigation de Tigellin, l'emper. le fit arrêter à Cumes (l'an de J.-C. 66); tandis qu'on délibérait sur le genre de son supplice, Pétrone se fit ouvrir les veines, et expira en s'entretenant avec ses amis de sujets lascifs, tels que ceux dont il a fait le texte habituel de ses compositions. Il ne paraît pas que ses penchants voluptueux eussent énervé son âme : ses derniers instants le prouveraient, au défaut des renseignements qu'on a sur la manière dont il remplit les fonctions qui lui furent confiées. Se réjouissant de pouvoir encore braver l'empereur, il lui légua (car c'était assez l'usage que les victimes de Néron l'instituassent leur héritier), l'ingénieuse satire du Festin de Trimalcion, où l'infamie des mœurs et des débauches de ce tyran est peinte de si vives couleurs. Voltaire a émis l'opinion que ce roman poétique, tel qu'il nous est parvenu, n'est pas l'ouvrage original de Pétrone, mais un extrait fait sans goût et sans choix par quelque obscur amateur d'obcénités. Il avait été déjà publ. plusieurs éditions des fragments de Pétrone, lorsqu'en 1663 J. Lucius découvrit à Traù, en Dalmatie, un MS. (aujourd'hui à la Bibliothèque du Roi), qui a fourni un supplém. considérable aux édit. subséquentes du satirique. Les meilleures sont celles d'Amsterdam, 1669, in-8 : Varior., 1677, in-24, avec notes de Boschius ; de Burman, 1743, 2 vol, in-4 : cette dernière contient le fragment apocryphe produit en 1694 par Nodot. Il existe des trad. du Satyricon dans la plupart des langues d'Europe ; en France on en connaît deux complètes, l'une de Durand, 1803, 2 vol. in-8. ; l'autre de M. Heguin de Guerle, qui a profité des travaux de son beau-père, 1834, 2 vol. in-8. Celle-ci fait partie de la Biblioth. lat.-franç. de Panckoucke.

PÉTRONE (St), évêque de Bologne au 5e S., a

écrit la *Vie* des moines d'Égypte; il avait fait, pour les mieux connaître, un voyage dont la relation se trouve dans le second livre des *Vies des Pères* (*v. Historia litt. Eccl. aquileiensis* de Fontanini).

PETRONI (Richard), cardinal, l'un des restaurateurs de la science du droit à Naples, né à Sienne vers le milieu du 15e S., mort légat à Gênes en 1314, avait, avant d'être revêtu de la pourpre, enseigné le droit dans sa patrie et à Naples. Il fut un des trois juriscons. chargés par Boniface VIII de compiler le recueil de décrétales, connu sous le nom de *Sexte*, Mayence, 1465, in-fol.

, PETRUCCI (Pandolfe), citoyen siennois, du parti aristocratique et de l'ordre des Neuf, devint l'arbitre de sa patrie à la fin du 15e S. Pour épouvanter ses adversaires et se débarrasser d'un concurrent redoutable, il fit assassiner son beau-père, Nicolas Borghèse, en 1500, et demeura seul à la tête de la république. Il était l'allié de l'infâme César Borgia, dont il recevait même une solde. Plus. autres petits seigneurs de la Toscane et de , l'état ecclésiastique, qui suivaient la même politique, furent massacrés par ce monstre; et Pétrucci n'échappa à sa fureur que pour être exilé de Sienne par sa funeste influence en 1503. Rappelé, deux mois après, sur l'intercession du roi de France, il fut bientôt délivré de toute crainte par la mort d'Alexandre VI et l'arrestat. de César Borgia, et gouverna dès-lors ses concitoyens avec une autorité absolue, qu'il transmit à son fils, Borghèse, à sa mort arrivée en 1512. — Achille Petrucci, né à Sienne, fut un des assassins de l'amiral de Coligny, auquel il donna les premiers coups de poignard, et dont il se chargea de porter la tête à Médicis.

PETTY (William), mécanicien et économiste, né en 1623 à Rumsey, dans le Hampshire, fils d'un drapier qui ne lui laissa rien, fut l'artisan de sa fortune. Après avoir, tout en luttant contre la misère, étudié la médecine en Hollande et à Paris, il retourna en Angleterre, et remplit entre autres fonctions, celles de profes. au collége de Gresham à Londres, et de médecin de l'armée d'Irlande. Il n'oubliait pas, dans ces places honorables, le soin de ses intérêts pécuniaires; il sut se concilier tour à tour la faveur de Cromwel et des Stuart, fit partie du parlem. sous l'un et l'autre régime, et parvint à se faire donner, entre autres titres, celui de comte de Kilmore. Tandis qu'il se livrait à une foule d'entreprises qui l'enrichissaient, il trouvait le temps de s'occuper de l'économie politique, de la construction maritime et des arts mécaniques, et se faisait recevoir à la société royale. Il offrit à ses collègues le modèle d'un navire à double-coque, qui devait résister à toutes les tempêtes, et qui n'en fit pas moins naufrage. Il avait levé des cartes topographiques des baronies d'Irlande, et c'est probablement le même atlas que l'on conserve à Paris au cabinet des MSs de la bibliothèque du roi. Nous citerons de lui : *Traité des taxes et contributions*, 1662, in-4; 1667, 1685, 1691. — *Essai sur la multiplication de l'espèce humaine*, 1686,

in-8. — *Arithmét. polit.*, 1690, in-8; 1755. Petty était mort en 1687. Ses descend. se sont distingués sous les noms de Shelburne et de Lansdowne.

PETUS ou POETUS (Cécina). — V. Arria.

PEUCER (Gaspar), médecin et mathématicien, gendre de Mélanchthon, né en 1525 à Bautzen, dans la Lusace, professa les mathématiques, puis la médecine, avec beaucoup de succès, à l'univ. de Wittemberg, et fut comblé de faveurs par l'électeur de Saxe; mais, accusé de partager les opinions des calvinistes, il fut emprisonné, malgré ses protestations (1574), et eut la faiblesse de se reconnaître le chef d'un complot formé contre la religion de la Saxe. Il recouvra la liberté en 1586, se retira à Zerbst, dans les états du prince d'Anhalt, qui avait intercédé pour lui, et mourut à Dessau en 1602. Parmi ses ouvrages, presque tous oubliés aujourd'hui, nous citerons : *Elementa doctrinæ de circulis cœlestibus et primo motu*, 1561, in-8; et le récit de ses persécutions qu'il avait rédigé lui-même sous ce titre : *Historia carcerum et liberationis divinæ Gaspar. Peuceri*, Zurich, 1605, in-8.

PEURBACH (George), *Purbachius*, astronome, ainsi nommé de la petite ville d'Autriche où il était né en 1423, mort en 1461, eut une gr. réputation dans un temps où l'imprimerie, récemment inventée, n'avait encore multiplié aucun ouvrage de mathématiques, où les MSs. étaient rares, où l'on n'avait, pour étudier l'astronomie, que le livre de Sacrobosco, une mauvaise traduct. d'Albateghius, une d'Alfragan, et deux versions assez inexactes et souvent inintelligibles, de Ptolémée, dont le texte grec fut apporté plus tard en Europe, par Bessarion. On peut juger, d'après cela, des connaissances de Peurbach. Son mérite fut de lire toutes les traduct. existantes, de les débarrasser des démonstrations géométriques et des calculs ennuyeux, et de s'attacher au fond de la doctrine, qu'il expliquait, non à des gens qui prétendissent devenir astronomes, mais à ceux qui se contentaient de comprendre à peu près le mécanisme des phénomènes et l'arrangement des corps célestes. Il essaya de développer la théorie des planètes dans un livre qui fut imprimé, pour la prem. fois, en 1488, sous le titre de *Theoricæ planetarum*, Venise, in-4, à la suite de la sphère de Sacrobosco, et réimpr. successivement et avec divers commentaires, de 1490 à 1604, au moins vingt fois. Ce serait aujourd'hui temps perdu que de lire les théoriques de Peurbach. On pourrait tirer plus de fruit de l'ouvrage terminé par son élève Jean *Regiomontanus* (*v.* Muller.) : *Epitome in Cl. Ptolemœi magnam constructionem*, Bâle, 1543; Nuremberg, 1550.

PEUTEMAN (Pierre), peintre, né à Rotterdam, en 1650, excellait à représenter la nature morte. Chargé de peindre un tableau allégorique de la puissance de la mort, il s'enferma, pour mieux se pénétrer de la vanité des choses humaines et donner plus de vérité à son dessin, dans un cabinet d'anatomie. Il s'endormit, fut réveillé en sursaut pär le tremblement de terre du 18 sept. 1692, et vit s'agiter autour de lui les os, les crânes et les squelettes par un mouvement qui lui parut surnaturel. Un tel spectacle le frappa d'une frayeur dont il ne put se remettre, et il mourut quelq. temps après à 42 ans.

PEUTINGER (CONRAD), secrétaire du sénat d'Augsbourg, où il était né en 1465, et où il mourut en 1547, est le prem. savant de l'Allemagne qui se soit occupé de recueillir des antiquités. Quoique distrait continuellement par les détails de sa place et obligé d'assister à presque toutes les diètes, qui ne furent jamais si fréquentes, il trouva le loisir de se livrer à des études suivies et de rendre aux lettres d'immenses services. Toutefois l'ouvr. auquel il doit la plus grande partie de sa célébrité, n'est pas de lui : c'est une carte connue sous le nom de *Tabula Peutingeriana*, qui a été exécutée à Constantinople en 393 ou 435. Ce précieux monument de la géographie des anciens, découvert à Spire vers la fin du 15e S., par Conrad Celtes, et légué par lui à Peutinger, n'a pas même été publ. par ce dernier; car la prem. édit. qui en fut faite date de 1598. On estime particulièrement celles de Scheyb, 1753, in-fol., et de J.-D. Podocatarus Christianopulus, Iesi, 1809, in-fol. Parmi les ouvr. qui sont réellem. de Peutinger, nous citer. : *Inscript. vetustæ romanæ et earum fragmenta in Augustâ Vindelicorum*, etc., 1520, in-fol. — *Sermones convivales, in quibus multa de mirandis Germaniæ antiquitatibus referuntur*, Strasbourg, 1530, même format; nouv. édit. très augm., Augsbourg, 1781, in-8.

PEYRARD (FRANÇOIS), ancien professeur de mathématiques spéciales au lycée Bonaparte et bibliothécaire de l'école polytechnique, né vers 1760 à St-Victor-Malescourt (Haute-Loire), après s'être fait un nom dans les sciences par son érudition, tomba faute de conduite dans une dégoûtante abjection, et mourut à l'hôpital St-Louis à Paris le 3 oct. 1822. Il avait été chargé par le gouvernem. de plus. missions scientif. à Milan et dans d'autres villes d'Italie, et ses services lui avaient valu une pension. On a de lui, outre plus. édit. du Cours de mathématiq. de Bezout, revu, modifié et complété : *De la nature et de ses lois*, 4e édit., 1794 (an II), in-18; une trad. avec Batteux des *Poésies complètes d'Horace*, 1803, 2 vol. in-12. — *De la supériorité de la femme, par H. Corneille Agrippa, avec un commentaire par Roetltg* (Peyrard), 1803, in-12. — *Éléments de géométrie d'Euclyde*, trad. littéralement, et suivis d'un Traité du cercle, du cylindre, etc., 1804, in-8. — *Alphabet français*, 1805, in-8. — *Les OEuvres d'Archimède*, trad. littéralem., avec un commentaire, précéd. de sa vie et de l'analyse de ses ouvr., etc., 1807, in-4; 2e édit., 1808, 2 vol. in-8, revue par Delambre. *Statistique géométrique démontrée à la manière d'Archimède*, 1812, in-8. — *Les OEuvres d'Euclyde, en grec, latin et franç., d'après un MS. très ancien qui était resté inconnu*, 1814-18, 3 vol. in-4, fig. — *Les principes fondamentaux de l'a-*

rithmétique, etc., 5e édit., 1822, in-8, et une traduct. lat. et franç. des *Coniques d'Apollonius de Perge*, dont le MS. est revêtu de l'approbation de l'acad. des sciences.

PEYRAUD DE BEAUSSOL, né à Lyon vers 1755, mort à Paris maître de géographie en 1799, parvint à faire jouer, en 1775, une tragédie des *Arsacides*, en 6 actes, qu'il avait déjà fait imprim. sous le titre de *Stratonice*. Jamais pièce ne fit tant rire, et on se porta en foule à la seconde représentation par un sentiment de curiosité, que l'auteur prit naïvement pour une marque d'intérêt. On lui doit quelq. autres ouvr. dont le plus important est une *Vie du chevalier d'Eon*, 1799, in-8, sous le pseudonyme de la Fortelle.

PEYRE (MARIE-JOSEPH), architecte du roi, et membre de l'acad. d'architect., né à Paris en 1730, mort en 1785, contrôleur des bâtiments de la couronne, avait fait comme pensionnaire le voyage de Rome, où il s'appliqua surtout à l'étude des monuments antiques. Dès ses débuts il se fit remarquer par un style ferme et raisonné, et par une grande hardiesse de concept. Plus tard il fut un de ceux qui, pour l'architecture, posèrent les bases d'une révolution analogue à celle que Vien commençait dans la peinture. En 1765, il publ. ses *OEuvres d'architecture*, in-fol., où l'on remarque surtout ses plans d'un palais, et celui d'une église cathédrale. Bien que ces projets ne soient pas exempts des défauts du temps, tous portent l'empreinte du génie, et se distinguent par un style élevé, une grande habileté dans la disposition des plans, et dans l'emploi des différents ordres. Le monument le plus important qui nous reste de ce célèbre architecte est l'Odéon, qu'il construisit de concert avec Wailly. Ses projets pour une salle d'opéra, pour la reconstruction du palais de Versailles, son plan de maison de plaisance pour le roi soutiennent le parallèle avec les plus beaux monum. On a de lui une *Dissertation sur les distribut. des anciens comparées à celles des modernes*, etc. C'est à son fils, archit. du gouvernem., qu'est due la 2e édition de ses *OEuvres d'architecture*, 1795, in-fol.

PEYRE (ANTOINE-FRANÇOIS), frère du précéd., né en 1739 à Paris, étudia d'abord la peinture, puis suivit la même carrière que son aîné, sous les auspices duquel il concourut, et obtint le gr. prix en 1763. A l'étude toute spéciale des monuments antiques, il joignit pend. son séjour en Italie celle de la perspective, et il parvint dans cette branche importante de l'art, à une connaissance profonde, qu'attestent ses trois beaux dessins qui ornent le musée roy. : l'*Intérieur de la basiliq. de St-Pierre*; la *Vue de la coupole et du baldaquin, éclairés par la croix lumineuse du vendredi-saint*, et une *Vue de la colonnade au moment de la procession de la Fête-Dieu*. A son retour, nommé successivement contrôleur des bâtiments à Fontainebleau, puis à St-Germain, il bâtit dans cette dernière ville deux petites églises, dans la construction desquelles il mit en pratique ces théories du bon goût, qu'alors l'étude seule des anciens pouvait enseigner. L'acad.

d'architecture, où il fut admis en 1777, le désigna deux ans après pour ériger à Coblentz le palais de l'électeur de Trèves, commencé sur un plan vicieux, et il le termina avec succès. Retiré à Fontainebleau au moment de la révolution, il s'efforça de soustraire à la spoliation divers objets d'art qui enrichissaient cette résidence royale, et il ne dépendit pas de son zèle qu'il n'en sauvât un plus-gr. nombre. Pendant la terreur il fut détenu dans le château, devenu une maison de force, et ne recouvra sa liberté qu'après le 9 thermidor. Depuis il fut nommé membre de l'Institut, du conseil des bâtiments civils, de l'administration des hospices, et mourut le 7 mars 1823, après avoir joui des succès brillants de l'école d'architecture qu'il avait fondée. Son *Éloge*, par M. Quatremère de Quincy, a été reproduit dans l'*Annuaire nécrolog.* Outre divers *mém.* dans le rec. de l'Institut, on a de lui : *Restauration du Panthéon franç. : compte-rendu*, etc., 1799, in-4. Ses *OEuvres d'architecture* ont été imprimées, 1819-20, in-fol. On a publié : *Notice des tableaux, dessins, gouaches*, etc., *composant le cabinet de feu M. Peyre*, 1825, in-8.

PEYRÈRE (Isaac de La), si connu par son système du *préadamisme*, naquit à Bordeaux, en 1594, d'une famille calviniste. Il fit partie en 1644 de l'ambassade française à Copenhague, alla ensuite en Espagne pour le service du prince de Condé, son protecteur, et l'accompagna dans sa retraite aux Pays-Bas. Un jour qu'il tomba sur le chapitre 5 de l'Épître de St Paul aux Romains, il crut y apercevoir la preuve qu'il avait existé des hommes avant Adam, et bientôt il publia ses *Præadamitæ*, ouvr. qui souleva contre lui une foule d'adversaires, même parmi les protestants. Il fut arrêté à Bruxelles en 1656, et jeté dans une prison, d'où il sortit au bout de quelques mois, par le crédit du prince de Condé, après avoir promis de rétracter son livre et d'abjurer le calvinisme. Il se rendit à Rome, où il fut accueilli avec bienveill. par le pape Alexandre III, et rentra en France en 1659 à la suite de son ancien protecteur, dont il devint le bibliothéc. Il mourut en 1676 au séminaire de Notre-Dame-des-Vertus, près de Paris. Nous citerons de lui : *Relation de l'Islande*, Paris, 1663, in-8, fig. — *Relation du Groënland*, 1647, 1651, in-8, et dans le t. Ier du *Rec. des voyages au Nord*. — *Præadamitæ, sive exercitatio super versiculis* 12, 13, 14, *capitis* 5, *Epistolæ Pauli ad Romanos*, etc., 1654, in-4, 1656, in-12. — PEYRÈRE (Abraham de La), frère du précédent, avocat au parlement de Bordeaux, mort en 1704, est aut. d'un rec. de *Décisions sommaires du palais*, par ordre alphabétique, ouvr. qui eut un assez grand nombre d'éditions. La sixième, 1749, 2 vol. in-fol., est la meilleure.

PEYRILHE (Bernard), médec., né à Perpignan en 1755, fut professeur de matière médicale à la faculté de Paris, et mourut en 1804. On a de lui, avec Dujardin : *Histoire de la chirurgie*, 1774-80, 2 vol. in-4; le 5e vol., qu'il a composé seul, est resté inédit. — *Mémoire sur le cancer* (en latin) couronné par l'acad. de Dijon. — *Tableau d'histoire naturelle des médicaments*, 1800, in-8. Lullier-Winslow en a donné une édition, 1818, 2 vol. in-8, avec des *notes*. — Enfin un gr. nombre de MSs. inédits, dont Sue a donné l'énumération.

PEYRON (Jean-François-Pierre), peintre, né en 1744 à Aix, fut porté de bonne heure, par un sentiment naturel du beau, à étudier les ouvr. du Poussin, bien que ce maître fût discrédité depuis long-temps. Il remporta le grand prix en 1773, par un tableau représentant la *Mort de Sénèque*, qui était déjà une protestation contre le mauvais goût de l'époq., et résolut de marcher sur les traces de Vien, qui avait commencé une réforme. Admis à l'acad. en 1783, nommé directeur de la manufacture des Gobelins en 1785, et chargé de plus. trav. importants pour le roi, il perdit tout à la révolut., et dep. ne fit guère que languir jusqu'à sa mort en 1813. David, qui assistait à ses obsèques, fit son éloge d'un seul mot : *Peyron m'a ouvert les yeux*. En effet, la manière de Peyron rappelle, par ses défauts comme par ses qualités, la réforme à laq. David a tant contribué. Nous citerons de lui : *Cimon qui se dévoue à la prison pour en retirer et faire inhumer le corps de son père; Paul-Émile s'indignant de l'humiliation où se réduit Persée, qui se prosterne à ses pieds*. Ces deux tableaux sont au musée. On estime sa *Mort de Socrate*, qui décore une des salles du palais des députés. — PEYRON (Jean-Fr.), son frère, né à Aix en 1748, mort en 1784 à Goudelour, commissaire des colonies, a traduit plusieurs ouvr. anglais. On lui doit en outre : *Essais sur l'Espagne*, 1780, 2 vol. in-8, contrefait sous le titre de *Voyage en Espagne pendant* 1777 *et* 1778, 1782, 2 vol. in-8.

PEYRONIE (François Gigot de La), célèbre chirurgien, né à Montpellier en 1678, fut nommé très jeune encore, chirurg.-major de l'Hôtel-Dieu, puis démonstrateur d'anatomie aux écoles de la faculté de médecine. Appelé à Paris en 1714, il y obtint peu après la place de chirurgien-major de l'hôpital de la Charité. Ses succès lui valurent la survivance de la charge de premier chirurgien du roi en 1717, des lettres de noblesse en 1721, et le titre d'associé libre de l'acad. des sciences en 1732. Il faisait déjà partie de la soc. royale de Montpellier. En 1733 il devint médecin du roi par quartier, et prem. chirurgien en 1736. Il accompagna Louis XV à l'armée de Flandre, et contribua à réformer une foule d'abus dans le service de santé militaire. Enfin, comblé d'honneurs et de distinctions, il mourut à Versailles en 1747. Les écrits qui nous restent de lui se bornent à des *mém.* et à des *observat.* consignés dans les rec. des acad. dont il était membre. Il avait converti son château de Marigny en une sorte d'hospice ouvert aux indigents, et il légua sa fortune presque entière aux établissements qu'il avait conservés, augmentés ou créés, tous consacrés à l'enseignement, à l'exercice ou au perfectionnem. de la chirurgie. Son *Éloge*, par Briot, a été couronné par la soc. de médecine pratique de Montpellier, 1820, in-8.

PEYROUSE ou LAPÉROUSE (le baron de La),

professeur d'hist. naturelle à Toulouse, directeur du Jardin-des-Plantes de cette ville et membre de l'acad., mort en 1833, à 58 ans, en avait consacré 50 à former un *Herbier des Pyrénées*. Cet ouvrage unique, qui a coûté des soins immenses, a été offert à la ville de Toulouse par le fils du sav. naturaliste, et fait aujourd'hui partie de son riche cabinet.

PEYSSONEL (CHARLES de), antiq., né à Marseille en 1700, exerça d'abord la profess. d'avocat dans sa ville natale, et contribua, avec un de ses frères, dont l'article suit, à y fonder une académ. Secrétaire de l'ambassade de France à Constantinople, en 1735, il prit part au congrès de Belgrade, et employa ses loisirs à parcourir les plaines de l'Asie-Mineure et à visiter les restes de Nicomédie et de Nicée. Ses recherches ne furent pas sans résultats pour la science. Il passa, en 1747, au consulat de Smyrne, où il mourut en 1757. Il était associé depuis dix ans à l'acad. des inscriptions. Il a laissé la *Relation de ses voyages au Levant;* plus. *Mémoires* ; un *Éloge du maréchal de Villars*, dans le *Recueil* de l'acad. de Marseille, ann. 1754. C'est probablement sur ses *mémoires* qu'a été rédigé l'*Essai sur les troubles actuels de Perse et de Géorgie*, qu'on lui a faussement attribué. — PEYSSONEL (J.-Ant.), frère du précéd., médecin, né à Marseille en 1694, associé des acad. des sciences de Paris, Montpellier, Rome, etc., et membre de la soc. roy. de Londres, n'est connu que par ses articles relatifs à divers points de l'hist. naturelle, insérés dans la traduct. des *Transactions philosophiques*, de 1756 à 1759; les plus importants sont ses *Observations sur le corail*. — PEYSSONEL (de), fils de Charles, né à Marseille en 1727, mort à Paris en 1790, suivit les traces de son père, fut comme lui consul-général à Smyrne, et acquit de grandes connaissances dans les antiquités. Nous citerons de lui : *Observations historiques et géographiques sur les peuples barbares qui ont habité les bords du Danube et du Pont-Euxin*, 1765, in-4, fig. — *Traité sur le commerce de la mer Noire*, 1787, 2 vol. in-8. — *Examen du livre intitulé : Considérations sur la guerre actuelle des Turks*, par Volney, 1788, in-8, réimpr. en 1821. — *Discours sur l'alliance de la France avec les Suisses et les Grisons*, 1790, in-8. On conserve de lui plus. MSs. intéress. à la biblioth. du roi, carton n° 33. On lui attribue la rédaction de l'*Essai sur les troubles actuels de Perse et de Géorgie*, Paris, 1754, in-12.

PEZ (dom BERNARD), savant bénédictin, né en 1683, à Ips, petite ville de la Basse-Autriche, s'occupa beaucoup de l'histoire du moyen-âge, dont l'étude était alors très négligée dans les états autrichiens, et parcourut la plus grande partie de l'Allemagne avec son frère, pour recueillir des documents dans les bibliothèques. De retour d'un voyage qu'il avait fait en France en 1728, il fut nommé bibliothécaire de l'abbaye de Mœlck, où il mourut en 1735. Nous citerons de lui : *De irruptione bavaricâ in Tyrolim anno* 1703 *à Gallis et*

Bavaris factâ, 1709, in-12. — *Bibliotheca ascetica antiquo-nova, hoc est collectio*, etc., 1723-1740, 12 vol. in-8, 466-76. — PEZ (dom Jérôme), frère du précéd., né en 1685, mort en 1762, fut, après lui, bibliothécaire de Mœlck jusque vers 1760, et publia : *Scriptores rerum austriacarum veteres ac genuini plurimam partem nunc primùm editi*, 1721-1745, 3 vol. in-fol. — *Historia S. Leopoldi, Austriæ marchionis*, 1747, in-fol.

PEZAY (ALEXANDRE-FRÉDÉRIC-JACQ. MASSON, marquis de), littérateur, né à Versailles en 1741, prit pour modèle Dorat, dont il n'eut point la facilité, mais dont il sut éviter la manière prétentieuse. Son goût pour les vers et pour les plaisirs ne l'empêcha pas d'obtenir des succès dans la carrière milit. et administrative. Il donna des leçons de tactique au dauphin, depuis Louis XVI; contribua, dit-on, à la chute de l'abbé Terray, et indiqua Necker comme l'homme le plus propre à rétablir l'ordre dans les finances. Il avait du talent, et même des talents divers; mais il se fit beauc. de tort par son excessive vanité. Éloigné de la cour au moyen d'une charge, qu'on créa pour lui, d'inspecteur-général des côtes, il fut, pour avoir mortifié un intendant en crédit, exilé dans sa terre de Pezay, près de Blois, et y mourut en 1777. On a recueilli ses poés. sous le titre d'*OEuvr. agréables et morales, ou Variétés littéraires*, Liége, 1791, 2 vol. in-16. On lui doit en outre : *Soirées helvét., alsaciennes et franc-comtoises*, 1771, in-8; 1772, 2 vol. in-12. — *Hist. des campagnes de Maillebois en Italie en* 1745 et 1746, Paris, imprimerie royale, 1775, 3 vol. in-4 et un atlas, ouvrage recherché des militaires.

PEZENAS (ESPRIT), jésuite, instruit en mathématiques et en astronomie, né à Avignon en 1692, mort dans cette ville en 1776, a laissé : *Élém. du pilotage*, 1733 et 1754, in-8. — *Pratique du pilotage*, 1741 et 1749, in-12. — *Théorie et pratique du jaugeage des tonneaux, des navires et leurs segments*, 1749, 1778, in-8. — *Astronomie des marins*, 1766, in-8. On lui doit en outre les traduct. du *Traité des fluxions de Maclaurin*, 1749, 2 vol. in-4, de son *Algèbre*, du *Microscope* de Backer, 1754, in-8; de l'*Optique* de Smith, 1767, 2 vol. in-4, etc.

PEZRON (PAUL), chronologiste habile et philologue aussi savant que paradoxal, né en 1639 à Hennebon en Bretagne, embrassa la vie religieuse dans la congrégation de Cîteaux, y remplit plus. places importantes, et mourut à Chessi en 1706. Nous citerons de lui : *l'Antiquité des temps rétablie et défendue*, 1687, in-4; 1688, in-8. — *Essai d'un comment. littéral et historique sur les prophètes*, 1693, in-12. — *L'Histoire évangélique confirmée par la judaïque et la romaine*, 1696, 2 vol. in-12. — *Antiquité de la nation et de la langue des Celtes, autrem. appelés Gaulois*, 1703, in-12.

PFEFFEL (JEAN-CONRAD), jurisconsulte du roi en Alsace, et stettmestre de Colmar, né en 1684 à Moundinger, mort en 1758, n'est connu que par différents mémoires en latin, adressés par lui au ministre des affaires étrangères, et imprimés dans les recueils diplomatiques du temps. — PFEFFEL (Christian-Frédéric), fils ainé du précéd., naquit à Colmar en 1726. Son père avait obtenu pour lui la survivance de sa charge de jurisconsulte du roi. Après de bonnes études, et des voyages entrepris pour les perfectionner, il eut en 1768 ce titre qu'il avait encore mérité par lui-même. Dès cette époque il avait rempli plusieurs fonctions diplomatiq. pour les cours de Saxe, de France et de Deux-Ponts. Il mourut en 1807. Nous citerons de lui : *Abrégé chronologique de l'hist. et du droit public d'Allemagne*, 1776, 2 vol. in-4; 1777, 2 vol. in-8. — *Recherches historiq. concernant les droits du pape sur la ville et l'état d'Avignon, avec pièces justificatives*, 1768, in-8. — *État de la Pologne, avec un abrégé de son droit public et les nouv. constitutions*, etc., 1770, in-12. — PFEFFEL (Conrad-Théophile), frère cadet du précédent, né à Colmar en 1756, mort dans cette ville en 1809, est auteur de plusieurs pièces de théâtre et de différ. traités à l'usage de la jeunesse. Nous citerons : *le Trésor*, pastorale; *l'Ermite*, tragédie; *Philémon et Baucis*, drame, qui parurent en 1761, 62 et 63. —*Les amusements dramatiq., d'après des modèles français* (en 5 collections, 1763-66-67-70-74), formant environ 25 pièces, tragédies ou comédies, parmi lesquelles on remarque *la Veuve* de Collé, *la Jeune Indienne* de Champfort, *le Philos. sans le savoir* de Sedaine. — *Essais poétiques*, 1802-10, 10 vol. in-8. — *Principes du droit natur. à l'usage de l'école militaire de Colmar* (en français), 1781. — PFEFFEL (Jean-André), né à Augsbourg vers 1690, a gravé les planches de la *Physique sacrée*, 1725-31 et 35.

PFEIFFER (AUGUSTE), savant orientaliste, né à Lauenbourg, dans la Basse-Saxe, en 1640, remplit successivement plusieurs fonctions dans le clergé et dans l'enseignem., fut appelé à Lubeck en 1690, y obtint la charge de surintendant, et y mourut en 1698. Nous citerons de lui : *Dubia vexata Scripturæ sacræ, sive loca difficiliora Vet. Test., circa quæ auctores dissident, vel hærent*, etc., 5e édit., 1713.— *Hermeneutica sacra, sive legitima sacras litteras interpretandi ratio*, 1694, in-8. — *Antiquitates hebraicæ selectæ*, etc., 1687, in-12.— *Critica sacra, quæ agit de sacri codicis partitione, editionibus variis*, etc., 1680, in-8. Tous ces ouvrages et quelques autres ont été recueillis en 2 vol. in-4, Utrecht, 1704, sous le titre d'*Opera philologica*.

PFEIFFER (JEAN-FRÉDÉRIC), économ., né à Berlin en 1718, remplit plusieurs charges import. à la cour de Prusse et auprès de plusieurs princes d'Allemagne. Il mourut en 1787 à Mayence, avec le titre de professeur des sciences économiq. Parmi les nombr. écrits qu'il a composés, nous citerons : *Précis de toutes les sciences économiq.*, 1770-78, 4 vol. in-4. — *Hist. de la houille et de la tourbe*, 1774, in-8. — *Secret d'améliorer la houille et la tourbe*, 1777, in-8 : cet ouvrage et le précéd. ont été trad. en français, 1787, in-8. — *Principes de*

la science forestière, 1781, in-8. — *Principes de la science financière*, 1781. — *Principes de l'économie génér.*, 1782-83, 2 vol. in-8.

PFENNINGER (MATTHIEU), dessinateur et grav., né à Zurich en 1739, mort vers 1810, a gravé les premières livraisons des *Vues coloriées de la Suisse* d'Aberli; celles du *Tombeau de Virgile près de Naples*, et de la *Statue de Marc-Aurèle à Rome*, d'après Brandoin : des *Vues de la Suisse*, d'après ses propres dessins, au nombre de 13, etc.—PFENNINGER (Henri), peintre et graveur de la même famille, né à Zurich en 1749, grava pour Lavater plus. estampes du *Traité de physiognomonie*. On lui doit encore les 75 portraits de l'*Abrégé historique de la vie des hommes illustres de la Suisse*, par Léonard Meister (1781, 3 vol. in-8), et les 54 qui accompagnent la *Collection des portraits des plus célèbres poètes allemands*, recueillis par le même auteur, 1785, in-8, etc.

PFIFFER ou PFYFFER (LOUIS), colonel suisse, né en 1530 à Lucerne, entra jeune au service de la France et fut employé en Piémont, puis en Picardie, jusqu'à la paix de Cateau-Cambresis. En 1567, il commandait un corps de 6,000 Suisses, avec lesquels il assura la retraite du jeune roi Charles IX, qui se trouvait à Meaux près de tomber entre les mains des protestants. Après s'être signalé dans plusieurs batailles durant la guerre civile, il se retira dans sa ville natale, et grâce aux places importantes et aux missions qu'il remplit, il obtint tant d'influence dans les assemblées générales des cantons catholiques, qu'il fut surnommé *le Roi des Suisses*. Il mourut à Lucerne en 1594 (v. l'*Histoire des officiers suisses*, par l'abbé Girard, XI, 193-208. — PFIFFER (François-Louis de), seigneur de Wyher, etc., lieutenant-général au service de la France, né en 1716 à Lucerne, était de la même famille. Après cinquante années durant lesquelles il s'était distingué aux siéges de Menin, d'Ypres et de Fribourg, et aux journ. de Rocoux et de Laufeld, il se retira dans sa patrie. Ce fut alors qu'il travailla au *Plan relief de la Suisse*, qui a répandu partout sa réputation. Ce plan, qu'il n'a pu terminer, a 22 pieds et demi de longueur, sur 12 de largeur, et se compose de 156 pièces qu'on peut séparer à volonté. C'est un beau monument dont la précision est admirable. Il a été gravé dans les *Tableaux pittoresq. de la Suisse*. Le burin de Méchel l'a reprod. en 1785 avec plus d'exactitude, et Pfiffer l'a fait graver en 1795 par Clauster, à Zug, dans la forme d'une carte géographique.

PFINTZING (MELCHIOR), conseiller de l'emper. Maximilien, qui lui donna plusieurs riches bénéfices, naquit à Nuremberg en 1481, et mourut à Mayence en 1535. Il est auteur d'un célèbre poème intitulé : *Die Gueuerlicheiten*, etc., c'est-à-dire les hauts faits d'armes et quelq. aventures de l'illustre chevalier Theuerdanck. C'est l'histoire romanesque de l'empereur Maximilien. La première édit., Nuremberg, 1517, in-fol., et la suivante, de 1519, sont deux chefs-d'œuvre de typographie. Les bibliogr. en citent jusqu'à 8 édit., impr. à Francfort, à Augsbourg et à Ulm, toutes in-fol., excepté celle de 1596, qui est in-8.

PFISTER (ALBERT), imprimeur allemand, avait probablem. appris son art à Mayence chez Guttemberg. Ce fut à Bamberg qu'il travailla le plus et qu'il s'établit. On ne connaît que cinq ouvr. imprimés par Pfister, et l'on présume qu'il mourut peu après avoir achevé l'impress. du recueil des *Quatre hist.* (vers 1462). Camus en parle dans sa *Notice* d'un liv. imprimé à Bamberg.

PFLUGUER (MARC-ADAM-DANIEL), agronome, né en 1777 à Morges, dans le canton de Vaud, mort en 1824 à Paris, où il était fixé depuis son jeune âge, joignit la culture des lettres aux études de la science à laquelle il s'était particulièrement voué. On a de lui : *Cours d'agriculture pratique*, etc., 1809, 2 vol. in-8.— *Les Amusements du Parnasse, ou Mélanges de poésies légères*, 1810, in-18. — *Manuel d'instruction morale*, 1811, 2 vol. in-12. — *Cours d'étude à l'usage de la jeunesse*, etc., 1811, in-12, fig. — *La Maison des champs, ou Manuel du cultivateur*, 1819, 4 vol. in-8.

PHACÉE, fils de Romélias, général de Phacéias, roi d'Israël, assassina ce prince et s'empara de sa couronne l'an 759 avant J.-C., fit avec succès plus. invasions dans le royaume de Juda, subit à son tour l'invasion des Assyriens, sous le règne de Teglat-Phalasar, acheta la paix, et fut assassiné par Osée, l'an 739 avant J.-C.

PHACEIAS, roi d'Israël, success. de Manahem, fut massacré dans son palais de Samarie par Phacée, qui usurpa la couronne.— V. l'art. précéd.

PHAINUS, astronome athénien, vivait vers l'an 432 avant J.-C. Il fournit à Méton la première idée de son cycle de 19 ans, connu sous le nom de *nombre d'or*. Il ne reste de lui aucun écrit.

PHALARIS, tyran d'Agrigente, était originaire d'Astapylée, ville de Crète. Les chronologistes ne s'accordent ni sur l'époque ni sur la durée de son règne. Banni de sa ville natale en raison de ses desseins ambitieux, il vint à Agrigente, s'y fit un parti considérable, et s'empara de l'autorité. Les fréquentes séditions auxquelles son usurpat. donna lieu le rendirent cruel. Il fit couler le sang des plus illustres citoyens. On varie sur le genre de sa mort. L'opinion la plus accréditée est qu'il fut lapidé par les Agrigentins. La Nauze fixe la durée de son règne à 16 années, et place sa mort à l'an 556 avant J.-C. On a sous le nom de Phalaris des *Lettres* au nombre de 146, qui sont reconnues pour l'ouvr. de quelq. sophiste. Elles ont été publ. pour la première fois à Venise, 1498, in-4 ; cette édit. est très rare. La plus récente et la plus remarquable est celle de Groningue, 1777, in-4. Parmi les trad. lat. de ces lettres on distingue celle de Fr. Accolti d'Arezzo, dont il a paru plus. édit. dans le 15e S. (*v.* Fr. ACCOLTI). Elles ont été traduites en italien par Barth. Fonti, Florence, 1491 ; Venise, 1548, in-8 ; et en français par Gruget, Paris, 1550, in-8 ; par Beauvais (le général), 1797, in-12 ; enfin par Benaben, Angers, 1803, in-8.

PHARAMOND, que l'on a désigné long-temps comme le prem. roi de France, était chef ou duc des Francs, lorsq. ce peuple, essayant de secouer le joug des Romains, faisait de fréquentes incurs. dans les Gaules. On ne sait pas où était située sa résidence, ni combien de temps il a régné. La *Chronique* de St Denis place sa mort à l'ann. 420. On croit que ce prince fut enterré à Framont, aujourd'hui Frankenberg, entre la Lorraine et l'Alsace.

PHARANDSEM, reine d'Arménie, femme d'Arsace II, était célèbre par sa beauté. Lorsque son mari, dont elle avait eu long-temps à se plaindre, eut été emmené en Perse, son royaume fut envahi par Sapor. Cette princesse, réfugiée dans la forteresse d'Artogerassa, y soutint un long siège contre les Persans et les Arméniens révoltés, et finit par être livrée à Sapor, qui la fit mettre à mort vers l'an 368.

PHARAON, nom commun aux rois d'Égypte. La Bible en mentionne 10 : deux dans la *Genèse*, deux dans l'*Exode*, cinq dans les *Rois*, un dans *Jérémie*.

PHARASMANE, nom commun à sept rois d'Ibérie (Asie-Mineure). — Le premier, fils de Mithridate, régnait l'an 35 de J.-C. Allié des Romains, il fit la guerre à Artaban III, roi des Parthes, puis à son propre frère, qui portait le nom de Mithridate et occupait le trône d'Arménie. Pour se débarrasser de son fils Rhadamiste, trop impatient de régner, il lui fit espérer la couronne d'Arménie, lui facilita la conquête de ce royaume, et le fit ensuite assassiner, sous le règne de Néron, vers l'an 54. Ce prem. Pharasmane n'est connu que par les historiens romains ; les annales de Géorgie n'en font aucune mention.— PHARASMANE II, roi d'Ibérie ou de Géorgie, commença, selon la chronologie géorgienne, de régner en l'an 72. De son temps, Érovand ou Iarvand, roi d'Arménie, fit une irruption dans l'Ibérie et soumit une partie de ce pays. Pharasmane se maintint dans l'autre partie, et mourut l'an 87 à Armazi, capitale de ses états. — PHARASMANE III succéda, l'an 113, à son père Hamazasp sur le trône d'Armazi, et mourut empoisonné vers l'an 122. — PHARASMANE IV, petit-fils du précéd., monta sur le trône d'Armazi l'an 125. Les annales de Géorgie ne rappellent aucun des événements de son règne, et placent sa mort en 182. Ce prince doit être le roi d'Ibérie du même nom qui refusa de se rendre auprès d'Adrien, lequel avait invité tous les princes d'Asie à venir le trouver dans la Cappadoce en 130. Plus tard Pharasmane se repentit de sa conduite, alla à Rome avec sa femme et son fils, y fut bien traité, et reçut de magnifiques présents.— PHARASMANE V succéda l'an 405 à son frère Tiridate, chassa les Persans de la Géorgie, et mourut en 408. — PHARASMANE VI succéda l'an 528 à Pacorus. Sous son règne la Géorgie fut ravagée par les Persans à diverses reprises.— PHARASMANE VII, successeur et neveu du précédent, monta sur le trône l'an 532, ne fit rien de remarquable, et mourut l'an 557, laissant la couronne à Pacorus II.

PHARÈS, fils aîné du patriarche Juda et de Thamar, est compté parmi les ancêtres de J.-C.

PHARISIENS (les), sectaires juifs, affectaient une

grande sévérité de principes, une exactitude minutieuse à payer la dîme et à observer toutes les cérémonies relig., mais cachaient sous ce masque des mœurs dissolues. Ils se distinguaient des sadducéens par leur croyance à l'existence des anges et à l'immortalité de l'âme.

PHARNABASE, en géorgien *Pharnavaz*, nom de deux rois d'Ibérie. Le prem., dont on ne trouve aucune mention dans les auteurs grecs et latins, a donné son nom à la première dynastie des rois ibériens. Les annales géorgiennes placent son règne vers l'an 250 avant J.-C. Long-temps caché dans les montagnes du Caucase, il en sortit pour se mettre à la tête d'une troupe de révoltés, délivra son pays du joug des Persans, lui donna une nouvelle organisation, le divisa en huit provinces, dont l'administration fut confiée à des gouverneurs généraux, construisit un gr. nombre de villes et forteresses, et mourut à l'âge de 65 ans, dont il en avait régné 25.—Un autre PHARNABASE régnait en Ibérie vers l'an 37 avant J.-C., lorsque Marc-Antoine le triumvir entreprit son expédition contre les Parthes. Contraint de faire alliance avec les Romains, ce prince se joignit à eux dans la même expédit. C'est tout ce qu'on sait de lui, et les annales géorgiennes ne mentionnent même pas le fait que nous venons de rapporter d'après les histor. romains.

PHARNACE Ier roi de Pont, succéda à son père Mithridate V vers l'an 184 av. J.-C. Il voulut faire la guerre à Ariarathe, roi de Cappadoce, et à Eumène, roi de Pergame, alliés des Romains ; mais n'ayant point assez de forces pour la continuer, il fit la paix, et mourut vers l'an 157 avant J.-C. Les historiens le représentent comme un prince injuste et turbulent. Son fils, Mithridate VI, *Évergète*, lui succéda. On ne connaît aucune médaille qu'on puisse attribuer avec certitude à Pharnace, bien que Visconti ait placé son portr. dans l'*Iconographie grecq*. (tome II, pl. 42), d'après un médaillon d'or du grand-duc de Toscane. — PHARNACE II, roi de Pont, fils du fameux Mithridate, succéda à son père en 64 av. J.-C., et régna avec assez de succès et d'éclat jusqu'à l'an 47. A cette époque, César ayant porté ses armes dans le royaume de Pont, Pharnace, après avoir essayé de le fléchir par des ambassadeurs, fut complétement vaincu auprès de Zéla, dans les lieux mêmes où Mithridate avait défait, 50 ans auparavant, une armée romaine. C'est à cette occasion que César, qui avait reconnu et battu l'armée ennemie dans la même journée, écrivit au sénat cette phrase devenue célèbre : *Veni, vidi, vici*. Après cette défaite, Pharnace se retira à Sinope, y fut assiégé par Calvinus, capitula, et obtint la faculté de se retirer sur le Bosphore avec 1,000 cavaliers qui ne l'avaient point abandonné. Ayant passé la mer pour faire rentrer sous son obéissance une province qui s'était révoltée, il obtint d'abord quelques succès ; mais il périt ensuite dans un combat, à l'âge de 50 ans ; il en avait régné 15. Son fils Darius fut remis plus tard en possess. du royaume de Pont par Marc-Antoine.

PHAZAEL, frère d'Hérode-le-Grand, fut gouverneur de la Judée l'an 47 avant J.-C. Devenu prisonnier des Parthes, il se brisa la tête contre une pierre, vers l'an 39 av. notre ère. Son père donna le nom de *Phazaël* à une des tours de Jérusalem, et à une ville qu'il bâtit dans la vallée de Jéricho.

PHÉDON, disciple de Socrate, était d'Élée ; après la mort du philosophe, il retourna dans sa patrie, où il se consacra, à l'exemple de son maître, à l'enseignem. de la morale. Son école donna naissance à la secte éléatique, qui plus tard prit le nom d'érythréenne, de la ville d'Érythrée, où elle fut transportée par Ménédème. Platon a donné le nom de Phédon à son beau dialog. sur l'immortalité de l'âme. C'est à ce touchant hommage que le fidèle ami de Socrate doit toute sa célébrité ; car ses ouvrages, s'il en avait composé, sont perdus.

PHÈDRE (myth.), fille de Minos, roi de Crète, et de Pasiphaé, épousa Thésée, et conçut pour Hippolyte, fils de ce prince, une passion criminelle. Hippolyte n'ayant pas voulu y répondre, elle l'accusa auprès de Thésée, qui, dans sa fureur, livra son malheureux fils au courroux de Neptune. Phèdre, tourmentée par ses remords, s'étrangla. Les malheurs de cette princesse ont été mis sur la scène par Euripide, Sénèque et Racine.

PHÈDRE (JULIUS-PHÆDRUS), célèbre fabuliste latin, était né sur les confins de la Thrace et de la Macédoine : affranchi d'Auguste, il devint sous Tibère, son successeur, l'objet de la haine et des persécutions de Séjan ; mais il trouva dans cette même cour des appuis et des protecteurs, et c'est à ses nobles patrons qu'il dédia l'ingénieux ouvrage où, sous le voile d'une allégorie perpétuelle, il couvre alternativem. ses ennemis de honte ou de ridicule, et donne à tous les hommes de belles leçons de sagesse, de justice et de modérat., dans la bonne comme dans la mauvaise fortune. Quant au silence absolu des contemporains et des écrivains des siècles suivants sur la personne et le mérite du fabuliste latin, il s'explique par la nature même et l'objet de l'ouvrage. Il paraît toutefois que Phèdre avait pris les précautions nécess. pour que ses fables lui survécussent, puisque, grâce au zèle et aux soins de François Pithou, qui les découvrit, et de Pierre, son frère, qui les publia, elles furent rendues, plus de 1,500 ans après la mort de l'auteur, à l'admirat. de l'Europe lettrée. En vain quelq. savants s'efforcèrent alors d'en nier l'authenticité : elle est demeurée incontestable ; et la découverte récente de trente-deux fables attribuées à Phèdre n'a fait que confirmer de nouv. l'authenticité des prem. On distingue parmi les nombr. édit. d'un aut. si souvent réimprimé, celles de Burmann, Leyde, 1727, in-4 ; *ad usum*, Paris, 1675 ; de Desbillons, Manheim, 1786, in-12 ; d'Adry, Paris, 1807 ; celles des fables anc. et nouvelles, avec notes, par M. Chambry, 1812, in-8 ; celle enfin de J.-Gott.-Sam. Schwabe, avec un volumineux commentaire, reproduit dans la collect. de Lemaire, avec les additions de Gail, qui lui-même a donné une traduct. de Phèdre dans sa collection des *Trois fabulistes*.

Une trad. de Phèdre, par M. l'abbé Beuzelin, 1826, in-8, est accompagnée d'un bon comment. franç.

PHELAIR (OLAH), célèbre poète persan, mort à Ispahan en 1825, à l'âge de 96 ans, a laissé un nombre très considérable d'ouvrages sur les mathématiques, l'astronomie, la politique et la littérature. Il ne nous appartient pas de prononcer sur le mérite de product. vantées par les nationaux; mais elles ne peuvent manquer de fournir un nouvel alim. aux investigat. critiq. des orientalistes.

PHÉLIPPEAUX (JEAN), docteur en théologie et chanoine de Troyes, fut placé par Bossuet auprès de son neveu, pour le diriger dans ses études. Il accompagna son élève en Italie, devint ensuite official et grand-vicaire de l'évêché de Meaux, et mourut en 1708 dans un âge avancé. On a de lui: *Discours en forme de méditation sur le sermon de J.-C. sur la montagne*, 1730, in-12. — *Relat. de l'origine, des progrès et de la condamnat. du quiétisme*, 1732 et 1733, 2 parties, in-8, sans nom d'auteur, de ville, ni d'imprimeur. Cet ouvrage, suivant M. le cardinal de Bausset, décèle la partialité la plus marquée et l'acharnem. le plus odieux contre Fénélon. On trouve plus. lettres de Phélippeaux dans la *Correspondance sur le quiétisme*, qui fait partie des *OEuvres* de Bossuet. Il a laissé MS. une *Chron.* des évêq. de Meaux, en latin.

PHELIPPEAUX (A. LE PICARD DE), offic. d'artillerie, né en J768, élève de l'école milit. de Pont-le-Voy, passa en 1783 à celle de Paris, où il fut le condisciple et le rival de Bonaparte, et, en 1786, entra lieut. dans le régim. d'artillerie de Besançon. Émigré en 1791, il fit la campagne de 1792 sous les princes; il rentra en France en 1795 pour y organiser une insurrect. dans les provinces du centre, leva un corps à la tête duquel il s'empara de Sancerre, et se maintint quelque temps dans le Berri. Mais ne se trouvant plus en état de résister à des forces imposantes, il se tint caché avec plus. autres chefs royalistes. Arrêté et conduit à Bourges, il trouva les moyens de s'évader, vint à Paris, et conçut le projet de délivrer Sidney Smith de la prison du Temple et de le conduire à Londres. Ce projet, il l'exécuta. Sir Sidney reconnaiss. lui fit obtenir le grade de colonel au service d'Angleterre, et l'emmena dans une expéd. dont il était chargé dans la Méditerranée. Phélippeaux eut part à ses succès; puis, chargé des trav. de défense de St-Jean-d'Acre, assiégé par Bonaparte, contribua puissamment à la levée du siége, et mourut en 1799, à l'âge de 31 ans, de fatigue ou de la peste. On doit croire que, s'il eût vécu, l'expérience et l'habitude du commandement aurait mûri son talent, et qu'il aurait parcouru avec gloire une carrière dans laquelle le destin ne lui a permis de faire que le prem. pas.

PHÉLYPEAUX (RAIMOND-BALTHASAR, marquis de), petit-fils de Phélypeaux d'Herbault, secrét.-d'état, entra d'abord au service en 1671, et fut successivement colonel et maréchal-de-camp. Le roi le nomma en 1698 son envoyé extraordin. auprès de l'électeur palatin et de l'élect. de Cologne, puis en 1700, ambassad. à la cour de Savoie. Ayant in-

formé Louis XIV des intelligences que Victor-Amédée entretenait avec la cour de Vienne, le roi donna l'ordre de désarmer les troupes piémontaises. A cette nouvelle, le duc de Savoie ordonna d'arrêter Phélypeaux, sous prétexte qu'abusant de son caractère il avait formé le projet de l'enlever. Il fut mis en liberté l'année suiv. et rentra en France. En 1709, il fut envoyé au Canada comme gouverneur, et y mourut en 1713, sans laisser de postérité. — PHÉLYPEAUX D'HERBAULT (George-Louis), archevêq. de Bourges, mort en 1787, fut un prélat recommandable par sa piété et son zèle. Son *Oraison funèbre* a été prononcée par l'abbé Fauchet, et Blin de Saintmore a composé son *Éloge* historique.

PHÉRÉCRATE, poète comique, né à Athènes, contemporain de Platon et d'Aristophane, vivait vers l'an 420 avant J.-C. Suidas, à qui nous devons quelq. détails sur ce poète, lui attribue dix-sept comédies; mais Meursius et Fabricius (*Bibl. græca*) en portent le nombre à 23, dont ils donnent les titres, d'après les anc. aut. Il en reste des fragm. qui ont été recueillis par J. Hertel dans les *Vetustissimor. comicorum sententiæ*. Le plus remarquable est celui qui reste de la pièce intitulée *Chiron*; Burette en a donné une bonne analyse dans ses *Remarques* sur le dialogue de Plutarque *touchant la musique*. Phérécrate avait inventé une sorte de vers, appelé de son nom *phérécratien*, composé d'un spondée et des deux dern. pieds *de l'hexamètre*.

PHÉRÉCYDE, célèbre philosophe grec, né vers la 45e olympiade (600 ans avant J.-C.) dans l'île de Syros, fut maître de Pythagore. Il avait composé, *sur la nature des dieux*, un traité qui ne nous est pas parvenu; c'était, suivant Théopompe, le premier philosophe grec qui eût écrit sur cette matière. Les histor. varient sur le genre de sa mort; mais l'opinion la plus commune est qu'il mourut d'une maladie pédiculaire dans un âge très avancé. On trouve dans les *Mémoires* de l'acad. de Berlin, année 1747, une *Dissertat.* trad. du latin de J.-Ph. Hein, sur Phérécyde, ses ouvr. et ses sentiments. — PHÉRÉCYDE, historien, né dans l'île de Léros, vivait, suivant Suidas, dans la 75e olympiade (480 ans avant J.-C.), et habitait Athènes, où ses talents l'avaient mis en considération. Il recueillit, dit-on, les *Hymnes* d'Orphée, et composa une histoire intitulée les *Autochthones*, parce qu'elle contenait la généalogie des familles indigènes de l'Attique. Il n'en reste que des *Fragments*, publ. avec ceux d'Acusilas, par Sturz, Gera, 1789, 1798, in-8; l'édit. a fait précéder ce recueil d'une *Dissertation* sur les deux Phérécyde, le philosophe et l'histor.

PHIDIAS, célèbre sculpt. athénien, naquit dans la 3e ou 4e année de la 70e olympiade (498 ou 497 ans avant J.-C.). Malgré l'immense réputation dont il a joui dans l'antiquité et dont il n'a rien perdu, son histoire est peu connue. Selon Dion Chrysostôme, il fut élève du statuaire Hippias; mais, un des scholiastes d'Aristophane, lui donne pour maître Éladas, que l'on croit être le même qu'Ageladas, l'un des sculpteurs les plus renommés de son temps. On présume que le prem. ouvrage de

Phidias fut la statue de Minerve *aréa* ou guerrière, érigée du produit des dépouilles enlevées aux Perses après la bataille de Marathon, ainsi qu'une Minerve *poliade* ou protectrice de la ville, qu'il exécuta ensuite et qui fut placée dans l'Acropolis : la prem. était en bois doré, la tête, les mains et les pieds en marbre pentélique ; la deuxième était en bronze dans des proportions colossales. Quelq. temps après Phidias exécuta une troisième statue de Minerve, en ivoire et en or, pour la ville de Pellène en Achaïe. Il en fit encore plus. autres également admirées. Pausanias affirme que celle qui fut appelée *Lemnienne*, parce que les habitants de Lemnos en avaient fait hommage aux Athéniens, était la plus digne de la déesse ; cet ouvr. est le prem. sur lequel Phidias inscrivit son nom. Périclès, parvenu au gouvernem. d'Athènes, fit nommer Phidias surintend. de tous les travaux entrepris par ordre du peuple. C'est en cette qualité qu'il dirigea la construction du temple de Minerve ou *Parthénon*, pour lequel il exécutait en même temps la statue de la déesse, placée dans l'intérieur, et plusieurs bas reliefs. Les ennemis de Périclès, accusèrent Phidias d'avoir dérobé une partie de l'or destiné à la statue de Minerve ; cette accusation avait pour objet d'impliquer le chef de la république dans la procédure. Forcés de renoncer à ce moyen par l'absurdité de l'imputat., ils accusèrent l'artiste de sacrilége pour avoir placé son portrait et celui de Périclès sur le bouclier de Minerve. Bien que cette nouvelle accusation fût dérisoire, Phidias, craignant les suites d'une procédure instruite devant un peuple fanatique, se retira chez les Éléens. C'est dans cet exil qu'il commença la célèbre statue de Jupiter-Olympien, qu'il termina, à ce que l'on croit, dans la 85e olympiade. Ce magnifique ouvr. était en ivoire et en or ; et de tous les chefs-d'œuvre créés par le génie des anc., il n'en est aucun, si l'on en excepte la Vénus de Praxitèle, qui ait excité une aussi vive admiration. Un des dern. ouvr. de Phidias est une statue en bronze représentant le jeune Pantarcès, vainqueur à la lutte des enfants, la première année de la 86e olympiade. Phidias mourut à Élis, la prem. année de la 87e (431 ans avant J.-C.). Il règne une très grande incertitude parmi les savants sur les circonstances de la vie et de la mort de Phidias, qui nous ont été transmises par les anciens. On peut consulter sur les ouvr. de ce célèbre artiste le *Catalogus architectorum, pictorum, sculptorum*, etc., de Fr. Junius, 1694, in-fol. — *Mém. sur les ouvr. de sculpture qui appartenaient au Parthénon, et qu'on voit à présent dans la collect. du comte Elgin à Londres*, par Visconti, 1818, in-8. — *Lettres adressées de Londres à Canova, par M. Quatremère de Quincy*, 1820, in-8 ; et l'article *Phidias* d'Émeric David, dans la *Biographie universelle*.

PHILANDRIER ou FILANDRIER (GUILLAUME), plus connu sous le nom de *Philander*, savant, né à Châtillon-sur-Seine en 1505, fut d'abord lecteur de George d'Armagnac, évêque de Rodez. Ayant puisé dans les écrits de Vitruve un gr. goût pour l'architect., il enrichit Rodez de plus. monum.; fit terminer la cathédrale de cette ville, accompagna en Italie George d'Armagnac, son patron, ambassadeur à Venise ; séjourna quelque temps à Rome, et y reçut le titre de citoyen, fut à son retour à Rodez pourvu d'un canonicat, et mourut à Toulouse en 1565. On a de lui : *In institutionum Quintiliani specimen annotationum*, 1535, in-8 ; plus. fois réimpr.—*Annotationes in Vitruvium*, Rome, 1544, et dont la meilleure édit. est celle d'Elzevir, 1649, in-fol. Philibert de La Mare a publ. une *Lettre au cardinal Barberini, De vitá, moribus et scriptis Guill. Philandri, castilionei, civis romani*, 1667, in-4 de 63 pages.

PHILARAS (LÉONARD), sav. grec, dont le nom a été défiguré par ses contemporains qui l'ont appelé *Villeré, Villaré, Villeret*, etc., était né à Athènes vers la fin du 16e S. Il vint étudier à Rome, où son savoir lui acquit bientôt de la réputation. Employé dans diverses négociat. par Charles de Gonzague, duc de Mantoue, il passa ensuite au service du duc de Parme, Édouard Farnèse, fut chargé des affaires de ce prince à Venise et à Paris, fit un voyage en Angleterre, où il se lia avec Milton, et mourut à Paris en 1673, lorqu'il venait d'obtenir du sénat de Venise la place de garde de la bibliothèque de St-Marc. On a de lui une trad. en grec vulgaire du traité de Bellarmin sur la *Doctrine chrétienne*, Paris, 1633, in-8. — *Ode in immaculatam conceptionem Deiparæ cum aliis quibusdam epigrammatibus*, etc., ibid., 1644, in-4. Cette ode avait été couronnée par l'acad. de Rouen. On conserve de lui à la biblioth. du roi une copie in-4 de l'*Anthologie*, appelée *inédite*.

PHILARÈTE (en arménien et en arabe *Philardus*), né en Arménie dans le 11e S., était un des principaux officiers de l'empereur grec Romain-Diogène, et l'accompagna dans son expédit. contre les Turks seldjoukides. Il lui resta fidèle lors de la révolte de Michel Parapinace, se cantonna dans les provinces orientales de l'empire, s'y déclara indépend., rassembla autour de lui toutes les troupes arméniennes, prit bientôt après le titre d'emper., et réduisit tous les pays voisins qui étaient soumis aux Grecs, aux Arméniens et aux musulmans. Après s'être maintenu assez long - temps dans l'indépendance et avoir fait sa paix avec le successeur de Michel, l'empereur Nicéphore-Botoniate, qui lui conféra le duché d'Antioche, il se soumit au sulthan Malek-Schah. Comptant beauc. sur l'appui et la protection de ce prince, il fut trompé dans ses espérances, et mourut en 1086. Dans le cours de ses prospérités, il avait cru utile à ses intérêts d'embrasser le musulmanisme ; mais les historiens arméniens disent qu'avant sa mort il retourna à la religion chrét.

PHILÉ (MANUEL), poète grec, né à Éphèse vers l'an 1275, vint dans sa jeunesse à Constantinople, suivit les leçons de George Pachymère, passa sa vie à solliciter un emploi qu'il ne put obtenir, et à mendier la faveur des courtisans, dont il était méprisé. On conjecture qu'il mourut vers 1340. Il a laissé plus. ouvr., dont le plus connu est un poème de *Animalium proprietate*, composé de morceaux tirés d'Élien, et publié pour la première fois à Venise en 1533, in-8, rare et recherché. J. Conrad de Paw a reproduit cette édit., avec des additions, Utrecht, 1730, in-4. Les autres poèmes de Philé, dont Allatius et Fabricius avaient fait connaître quelques-uns, ont été publiés avec une vers. lat. et des notes par J. Wernsdorf, Leipsig, 1768, in-8, précédés d'une savante dissertation sur la vie et les ouvr. de l'auteur.

PHILELPHE (Franç.), célèbre philologue, né à Tolentino en 1598, fit ses études à Padoue, et y professa l'éloquence dès l'âge de 18 ans. Appelé ensuite à Venise, il y obtint le droit de cité, et fut nommé secrétaire de légation à Constantinople. Il profita de cette occasion pour se perfectionner dans la langue grecque, et se fit connaître de l'emper. Jean Paléologue, qui l'envoya en 1523 auprès de l'empereur Sigismond pour implorer son secours contre les Turks. De retour en Italie, il enseigna successivement à Venise, à Florence, à Sienne, à Bologne et à Milan avec un succès extraordinaire, obtint ensuite une chaire de philosophie morale à Rome, enfin une autre de langue et de littérature grecque à Florence, où il mourut en 1481. On lui reproche un orgueil excessif. Il se regardait comme l'homme le plus érudit et le plus éloquent qui eût jamais paru, et traitait avec mépris les littérat. les plus distingués. Malgré ces défauts, il faut convenir qu'il rendit d'importants services aux lettres. Il a laissé une foule d'écrits en vers et en prose, et des trad. d'anc. ouvr. grecs. On peut consulter la *Vie* de Philelphe par M. de Rosmini, Milan, 1808, 3 vol. in-8, dont Ginguené a donné une analyse très bien faite dans son *Histoire littér. de l'Italie*, tome III, pages 526-50. — Philelphe (Mario), fils aîné du précédent, né à Constantinople en 1426, fut élevé en Italie, retourna dans sa ville natale pour y occuper un emploi à la cour de l'empereur Paléologue, puis revint en Italie, où, après s'être brouillé avec son père, il mena pendant quelque temps une vie errante, donnant des leçons de littérature dans les villes où il s'arrêtait. La curiosité l'ayant attiré en Provence, le roi René lui donna un emploi à Marseille. En 1431 Philelphe obtint, à la demande de son père, la chaire de belles-lettres à l'acad. de Gênes, et peu de temps après il quitta cette place pour s'établir à Turin, où il exerçait en 1433 la profess. d'avocat. Le pape Pie II le nomma en 1459 avocat consistorial à Mantoue; mais l'humeur inconstante de Mario ne lui permit pas de se fixer dans ce poste. Après avoir encore professé les lettres à Venise, à Bologne, à Ancône et à Mantoue, il mourut dans cette dern. ville en 1480. On a de lui des disc., des poésies latines et ital., des épigr., des tragéd., des coméd., div. commentaires, des lettres, etc. On trouve des détails sur Mario dans la *Storia della letterat. ital.* de Tiraboschi, et dans les biographes de son père.

PHILÉMON, poète comique grec, contemporain de Ménandre, mourut, dit-on, de rire, à l'âge de 97 ans. Il avait composé 97 *comédies*, mais il ne reste des fragments que de quelq.-unes, recueillis par Hertel et Gronovius, publ. à la suite des fragments de Ménandre, et trad. en français par Poinsinet de Sivry. — Philémon laissa un fils surn. *le Jeune*, qui avait aussi composé des *comédies* que l'on a peut-être confondues avec celles de son père.

PHILÉMON, grammairien grec, sur lequel on n'a que des notions très incomplètes, vivait, suiv. quelques auteurs, vers le milieu du 8e S., mais plus probablement dans le 12e. Il reste de lui un lexique, publ. en entier pour la prem. fois par Ch. Burney, *Lexicon technologicum græcum è bibliothecâ parisiensi typis evulgatum*, Londres, 1812, in-8 : cette édition ne contient que le texte; mais M. Frédéric Osann, professeur à l'université de Iéna, en a donné une nouvelle, augmentée de plus. fragments inédits, sous ce titre : *Philemonis grammat. quæ supersunt*, etc., Berlin, 1821, in-8, avec des *notes* et une *dissertat.* sur les différents grammairiens qui ont porté le nom de Philémon, et sur le Lexique technologique.

PHILÈNES, nom de deux frères carthaginois, qui s'illustrèrent en sacrifiant leur vie pour agrandir le territoire de leur patrie. Carthage et Cyrène étant convenus de faire partir deux hommes en même temps et de placer les limites des deux villes à l'endroit où ils se rencontreraient, les Philènes, choisis par les Carthaginois, mirent tant de diligence dans leur marche qu'ils arrivèrent jusqu'aux environs de Cyrène. Les Cyréniens accusèrent les Carthaginois de fraude, et refusèrent d'admettre pour limite le lieu où ils se trouvaient, à moins que les Philènes ne consentissent à s'y faire enterrer vivants. Ceux-ci pour conserver à leur patrie une limite aussi reculée, acceptèrent la proposition, et firent de leur tombeau la borne du territoire carthaginois. Carthage leur éleva des autels sur le lieu de leur dévouem. héroïque. On ne connaît pas bien l'époque de cet événem.; Salluste est celui qui le retrace avec plus de détails dans la *guerre de Jugurtha*.

PHILIBERT. — V. Savoie.

PHILIDOR (François - André DANICAN dit), compositeur, né à Dreux en 1726, fut élevé aux pages de la musique du roi, et montra des dispositions si précoces, qu'à l'âge de 15 ans il obtint la faveur de faire exécuter à la chapelle un motet de sa composition. Sorti des pages, il donna des leçons de musique à Paris; mais bientôt une passion plus vive que celle de son art se manifesta chez lui. C'était celle du jeu d'échecs, et il se flatta, en raison des succès qu'il obtint, d'en faire l'instrument de sa fortune. Il parcourut dans ce but la Hollande, l'Allemagne et l'Angleterre. Étant à Londres en 1749, il y fit imprimer par souscription son *Analyse du jeu des échecs*. Quelques années après, il mit en musique l'ode de Dryden, *la Fête d'Alexandre*, et cette composition lui valut quelq. éloges du célèbre Haendel. De retour en France en 1754, Philidor continua de cultiver la musique, et ne considéra plus les *échecs* que comme une distraction. Il travailla pour le théâtre de la Foire-St-Laurent, et après avoir débuté en 1759, par un petit opéra, *Blaise le Savetier*, il en fit jouer régulièrement chaque année un nouveau. Ces pièces eurent toutes du succès; mais, à l'exception du *Maréchal-ferrant*, aucune n'est restée au répertoire. Philidor a donné trois grands opéras : *Ernelinde*, qui fut assez bien accueilli ; *Persée* et *Thémistocle*, qui ne réussirent point. Réfugié à Londres pendant la terreur, il y mourut en 1795. Sa musique manque de couleur et d'originalité. Ses partisans firent grand bruit, dans le temps, de son *Carmen seculare*, qu'ils proclamèrent à la fois son chef-d'œuvre et le chef-d'œuvre de l'art; mais ce jugement n'a point été confirmé : l'*Analyse du jeu des échecs* a été souvent réimpr. L'édition de Londres, 1777, in-8, est ornée de son portrait, gravé par Bartolozzi.

PHILIPEAUX (Pierre), conventionnel, né à Ferrières en 1759, était avocat avant la révolution, dont il embrassa les principes. Nommé, par le départem. de la Sarthe, député à la convention, il s'y conduisit d'abord avec modération, mais bientôt entraîné par l'exemple, il se plaça parmi les révolutionnaires les plus exaltés. Après avoir provoqué l'accélération du jugement de Louis XVI, il vota pour la mort, et fit ou appuya les proposit. les plus extravagantes. Mais bientôt envoyé dans les départ. de l'Ouest, il vit de près les horreurs de la guerre civile; et fut ému à l'aspect des désastres qui frappaient une population exaspérée. Se trouvant en opposition avec ses collègues en mission dans les mêmes contrées, il conçut un système de guerre tout différent de celui que suivaient les députés et les chefs militaires réunis à Saumur, et qu'il appelait par dérision la *cour de Saumur*. Ses ennemis prirent le dessus et le firent rappeler. Aigri par cette disgrâce, il accusa ses adversaires de prolonger la guerre par leurs cruautés; il s'éleva contre le comité de salut public lui-même, et répéta ses dénonciations à la tribune. Ces attaques imprudentes le perdirent. Il fut compris dans le nombre des complices de Danton, et condamné à mort par le tribunal révolutionnaire le 5 avril 1794. Plus tard la convent. rendit hommage à sa mémoire et accorda des secours à sa veuve. On a impr., en 1793, ses *Mémoires historiques sur la Vendée*, in-8; ils font partie de la collect. des *Mémoires sur la révolution*.

PHILIPON DE LA MADELEINE (Louis), littérateur, né à Lyon en 1734, fut d'abord avocat du roi à la chambre des comptes de Besançon, puis intendant des finances du comte d'Artois. Privé de cet emploi par la révolution, il eut le bonheur d'échapper aux proscript. de la terreur, obtint, sous le régime directorial, la place de bibliothécaire du ministère de l'intérieur, consacra ses loisirs aux muses, et mourut en 1818. Outre un assez grand nombre de vaudevilles, dont plusieurs ont été faits en société avec MM. de Ségur, Le Prévost-d'Iray, etc., on lui doit un *recueil* de chansons,

4e édit., 1810, in-18. — *Géographie élémentaire de la France*, 2e édit., 1801, in-12. — *Manuel et nouveau guide du promeneur aux Tuileries*, 1806, in-18. — *Des homonymes français*, 3e édit., 1817, in-8. — *Manuel épistolaire*, 7e édit., 1820, in-12. *Grammaire des gens du monde*, 2e édit., 1807, in-12. — *Dictionnaire portatif des poètes franç., morts depuis 1050*, etc., 1805, in-18. — *Dictionnaire portatif des rimes*, etc., 2e édit., 1806, in-18. — *Dictionnaire portatif de la langue française*, etc., 3e édit., 1819, in-18; plus. *discours moraux et littéraires;* quelques écrits sur l'éducation; des *Voyages de Cyrus* de Ramsay; des *Lettres de la duchesse du Maine et de la marquise de Simiane;* des *Éléments de la grammaire française* de Lhomond; d'un *Traité sur les participes*, des *Morceaux choisis* de la Bruyère, avec une courte *notice* sur cet écrivain, 1808, in-12.

PHILIPPE (St), né à Bethsaïde en Galilée, fut appelé par le Sauveur le jour qui suivit la vocation de St Pierre et de St André. Il est placé par les évangélistes le 5e en rang. Après la descente du St-Esprit et la séparation des apôtres, il alla prêcher l'Évangile dans la Phrygie, et y termina sa carrière dans un âge très avancé. L'Église grecque célèbre sa fête le 14 nov., et l'Église lat. le 1er mai, avec celle de St Jacques. — PHILIPPE (St), fut un des sept disciples que les apôtres choisirent, peu de temps après la descente du St-Esprit, pour remplir les fonctions de diacre; il alla prêcher l'évangile à Samarie, et fit un grand nombre de conversions dans cette ville; il baptisa le trésorier de la reine d'Éthiopie, qui était venue visiter le temple de Jérusalem, et mourut, à ce que l'on croit, à Césarée, vers l'an 70 de l'ère chrétienne.

PHILIPPE, après la déposition de l'anti-pape Constantin, fut tiré d'un monastère par la faction du prêtre Valdibert, le 11 juillet 768, pour être placé sur le St-siège; mais Étienne III l'emporta sur ce compétiteur, et le déposa.

PHILIPPE, roi de Macédoine, 3e fils d'Amyntas II, père d'Alexandre-le-Grand, naquit l'an 383 avant J.-C. Il n'avait que dix ans lorsque la mort de son frère aîné, Alexandre II, laissa deux prétendants au trône, Perdiccas, 2e fils d'Amyntas, et Ptolémée, fils naturel de ce prince. On choisit pour arbitre de ce différend le gén. thébain Pélopidas, qui prononça en faveur de Perdiccas, et, afin d'assurer l'exécut. du traité, emmena en ôtage 30 jeunes gens des prem. familles, parmi lesq. se trouva Philippe. Confié aux soins d'Épaminondas, le jeune prince apprit sous lui l'art de la guerre, apprentissage qui fut dans la suite bien funeste à la Grèce. Dix ans plus tard, la mort de Perdiccas laissa vacant le trône de Macédoine. Des voisins puissants se disposaient à l'envahir, et deux prétendants se le disputaient avec acharnement : personne ne songeait au fils de Perdiccas. Philippe alors s'échappe de Thèbes, et comme tuteur de son neveu s'empare des rênes du gouvernement. Bientôt les prétendants sont éloignés, les ennemis extérieurs sont désarmés par des traités de paix, ou vigoureusement attaqués. Au bout de quelques années, tous étaient soumis et Philippe avait usurpé le trône qu'il n'avait feint d'occuper que pour le rendre au roi légitime. Il avait reculé les bornes de son royaume ; Méthonte, Olynthe, Amphipolis, étaient sous sa domination. Avec cette phalange macédonienne si fameuse qu'il créa lui-même, et surtout avec de l'argent et des traitres, toutes ces conquêtes lui avaient coûté peu de temps. Les dissensions des Grecs étaient encore pour lui un nouveau secours. En vain Démosthène tonnait contre le Macédonien, il ne put qu'exciter quelquefois ses indolents concitoyens, et la valeur de Phocion ne fit que retarder l'asservissement des Grecs. Philippe était déjà du nombre des amphictyons, et ce conseil le nomma général de la Grèce contre les Locriens d'Amphisse, que l'on accusait d'avoir renouvelé le sacrilége des Phocéens. Alors Philippe s'empara des Thermopyles, et prit Élatée, en feignant de marcher contre Amphisse. A cette nouvelle les Athéniens et les Thébains se réunirent pour s'opposer à l'ennemi commun, qu'ils rencontrèrent dans les plaines de Chéronée. Phocion ne commandait point cette armée, et les Grecs ne surent pas vaincre ; ils ne surent que mourir avec courage. Dès-lors Philippe, maître de la Grèce, fut nommé par les amphictyons général contre les Perses, et déjà il avait envoyé en Asie Attale et Parménion, deux de ses généraux. Des dissensions domestiques avaient troublé quelq. temps son bonheur ; elles étaient assoupies ; mais, parmi les qualités de Philippe, on ne pouvait pas toujours compter la justice. Attale, oncle de sa seconde femme, avait insulté le jeune Pausanias, et celui-ci n'ayant pu en obtenir justice, crut pouvoir s'en venger sur le prince qui la lui refusait : au milieu d'un sacrifice offert aux dieux avec la plus grande pompe, pour le succès de ses armes en Asie, Philippe fut assassiné l'an 336, après 24 ans de règne. Il eut un mérite réel comme conquérant, mais avec des vertus il eut des vices qui ont laissé des taches à sa mémoire.

PHILIPPE V, roi de Macédoine, fils de Démétrius, monta sur le trône à l'âge de 14 ans, dans la 221e année av. J.-C.; Antigone-Dozon, son cousin, lui remit le sceptre dont il n'était que dépositaire. Tant que ce prince suivit les conseils d'Aratus, général des Achéens, son règne fut glorieux et prospère. Il s'était liguée avec les Achéens dans la guerre dite des alliés, contre les Étoliens, et il s'y montra gr. capitaine. Ayant fait ensuite alliance avec Annibal, il se disposait à passer en Italie pour appuyer ses opérat., lorsqu'il fut prévenu par les Romains qui le battirent sur les côtes d'Épire. Dans cette conjoncture, Aratus étant devenu pour Philippe un censeur incommode, ce prince l'éloigna de sa cour, et finit par le faire périr, ainsi que son fils, d'un poison lent. La guerre entre les Romains, les Macédoniens et les alliés se continua avec des succès divers; mais trop occupé de ses affaires en Italie, Rome prit moins de part à celles de la Grèce. La paix fut conclue par l'entremise

du consul Sempronius. Elle ne fut pas de longue durée. Le sénat, excité par les plaintes des Athéniens, des Rhodiens et d'Attale, roi de Pergame, auxquels Philippe faisait une guerre injuste et cruelle, instruit d'ailleurs que ce prince avait envoyé des soldats et de l'argent en Afrique, lui déclara de nouveau la guerre. Le consul Q. Flaminius battit les Macédoniens en Épire, passa en Thessalie, soumit la plupart des villes de cette contrée, de la Phocide et de Locride, détacha les Achéens de l'alliance de Philippe, et défit complètement ce dernier dans la mémorable bataille de Cynocéphales, près de Larisse. Le roi de Macédoine se vit dans la nécessité d'implorer la paix que le sénat lui accorda sous des conditions humiliantes. Des chagrins domestiq. vinrent se joindre à ces revers. Dans un secret mouvem. de jalousie contre son fils Démétrius, il venait d'ordonner son supplice sur d'odieuses calomnies répandues par Persée. Ce prince, qu'un fratricide rendait l'unique héritier du trône, leva tout à coup le masque et brava impunément le coupable et malheureux Philippe. Pour enlever à Persée le fruit du crime auquel il s'était si aveuglément associé, il s'efforçait d'assurer la couronne à Antigone, lorsqu'une maladie causée par de continuelles insomnies le conduisit au tombeau l'an 179. Ainsi finit l'avant-dernier roi de Macédoine, prince dont l'ambition fut profitable aux Romains, et dont les fautes hâtèrent leur domination sur la Grèce. — Trois autres PHILIPPE occupèrent le trône de Macédoine, l'un prétendu fils de Persée, fut vaincu et tué par Tremellius-Scropha ; l'autre, fils du grand Alexandre et de Roxane, ne fut qu'un fantôme bientôt renversé; le troisième enfin, fils de Cassandre, ne régna qu'un an.

PHILIPPE, prince du sang des Séleucides, fils d'Antiochus VIII, surnommé Grypus, occupa quelque temps le trône de Syrie. Vers l'an 95 av. J.-C. il s'unit à son frère jumeau Antiochus XI, contre leur ennemi commun, Antiochus X. Après qu'ils l'eurent vaincu, Philippe tenta de surprendre son frère et de s'emparer de ses états ; mais il ne put l'en dépouiller entièrement, ni même les enlever à son neveu, qui perdit son père en bas âge. Vers l'an 80, les peuples de Syrie, lassés des dissensions continuelles de leurs princes, appelèrent Tigrane, roi d'Arménie, et lui remirent la couronne. Ce fut vers cette époque probablement que Philippe fut chassé du trône. Il mourut l'an 57 av. J.-C.

PHILIPPE, fils d'Hérode-le-Grand, était l'époux de Salomé, qui demanda la tête de St Jean-Baptiste. Il obtint de l'empereur Auguste le titre de tétrarque, avec plus. provinces de Judée, qu'il gouverna avec sagesse. Il mourut vers l'an 33 de J.-C., après un règne de 37 ans. — Un autre PHILIPPE, fils d'Hérode, comme le précédent, mais de Mariamne, fut le père de cette même Salomé dont on vient de parler.

PHILIPPE (MARCUS-JULIUS), empereur romain, était né vers l'an 204 de J.-C., dans la Trachonite, province d'Arabie. Parvenu à la dignité de préfet du prétoire, pend. la minorité du jeune Gordien, il osa aspirer à l'empire. Après avoir excité un soulèvement dans l'armée, alors employée contre les Perses, il fit déposer et mettre à mort Gordien en 244. Son premier soin fut ensuite de terminer la guerre, afin de pouvoir aller se faire reconnaître à Rome. D'autres guerres, dont il est difficile de déterminer la succession, occupèrent la plus grande partie du règne de Philippe, qui obtint de fréquents avantages sur les Barbares; mais sa mauvaise administration excita des mécontentements sur plus. points de l'empire. La Syrie se révolta; Jotapianus, Arabe d'origine, issu de l'anc. race roy. d'Émèse, prit le titre d'empereur, et entraîna une partie de l'Orient dans sa rébellion. Un autre aventurier, nommé Pacatianus, en fit autant dans une autre partie de l'empire. Les légions de la Mésie et de la Pannonie se soulevèrent, et proclamèrent emper. un centenier nommé Marinus. Philippe ayant envoyé contre ces rebelles une armée, dont il confia le commandement au sénateur Décius ou Dèce, les légions massacrèrent Marinus, et proclamèrent le génér. qui venait pour le combattre. Philippe marcha contre ce nouv. compétiteur avec une armée supérieure en nombre; mais il fut vaincu et tué à Vérone par ses propres soldats, en 247. A la nouv. de sa mort, les prétoriens massacrèrent à Rome son fils, âgé de 12 ans, qu'il avait associé à l'empire. On a des médailles de ces deux princes et de Marcia-Otacilia-Sévéra, femme de l'un et mère de l'autre.

PHILIPPE, empereur d'Allemagne, né en 1178, eut en partage, après la mort de son père, la Souabe et la Toscane, et se fit décerner à la mort de Henri VI, son frère, la tutelle de Frédéric II, son neveu, déjà reconnu roi des Romains. Mais le pape ayant fait élever à l'empire Berthold, duc de Zeringhen, Philippe acheta les droits de ce dernier pour 11,000 marcs d'argent, et se fit sacrer à Mayence en 1198. Quelques électeurs, mécontents de voir le trône devenir hérédit. dans la maison de Souabe, élurent dans le même temps à Cologne Othon, duc de Brunswick. L'Allemagne et l'Italie se divisèrent alors entre les deux compétiteurs. Soutenu par la France, Philippe, après avoir obtenu plus. avantages sur son rival, le força de s'éloigner, fut reconnu empereur par plus. princes allemands, et se fit couronner de nouv. à Aix-la-Chapelle en 1205. L'année suivante il remporta une victoire signalée sur Othon, soutenu par le pape et le roi d'Angleterre. Le pape proposa une alliance au vainqueur, et Philippe commençait à affermir son autorité, lorsqu'il fut assassiné à Bamberg en 1208, à l'âge de trente ans, par Othon de Witelsbach, qui fut mis au ban de l'empire et pour ce crime condamné à mort.

PHILIPPE Ier, roi de France, succéda à son père, Henri Ier, en 1060, à l'âge de 8 ans, sous la tutelle de Baudouin V, comte de Flandre, son oncle, à l'exclusion de la reine-mère, Anne de Russie. Baudouin s'acquitta avec prudence de l'emploi qui lui était confié, et mourut en 1067, laissant à son pupille, âgé de 15 ans, un royaume tranquille. Les

fils du comte de Flandre ne tardèrent pas à se faire la guerre pour l'héritage paternel. Philippe prit les armes en faveur de l'aîné, fut battu près de Mont-Cassel, et fit la paix avec Robert, son adversaire, dont il épousa la belle-fille nommée Berthe. Il fut plus heureux contre Guillaume-le-Conquérant (v. ce nom). Le vainqueur des Anglais, occupé à faire le siége de Dol en Bretagne en 1705, fut obligé de se retirer dev. le roi de France, qui le poursuivit vivement et lui fit essuyer une grande perte. Dégoûté de la reine Berthe, quoiqu'il en eût un fils (Louis VI, dit le Gros), il supposa qu'elle était sa parente, la répudia, enleva Bertrade, 5e femme de Foulque, comte d'Anjou, et trouva des évêq. assez complaisants pour bénir ce nouveau mariage. Le pape Urbain II intervint dans ce désordre, et Philippe fut excommunié ainsi que Bertrade, dont il ne voulut pas se séparer. Cette malheur. affaire, commencée en 1092, ne fut terminée qu'en 1105. Les époux reçurent l'absolution et la permission de se voir devant témoins; mais on ne sait pas positivement si le mariage fut autorisé. L'excommunication de Philippe avait servi de prétexte à plus. révoltes, dont ce prince réussit à paralyser les résultats fâcheux, en associant son fils Louis au trône. Philippe mourut à Melun le 29 juillet 1108, dans la 48e année de son règne et la 57e de son âge.

PHILIPPE II, plus communément appelé Philippe-Auguste, roi de France, fils de Louis VII et d'Alix, sa 3e femme, reçut en naissant (1165) le surnom de Dieu-Donné. Associé au trône par son père à l'âge de 14 ans, il fut, après la cérémonie de son sacre à Reims, marié à Isabelle de Hainaut, du sang de Charlemagne, qui lui apporta en dot le comté d'Artois. Du vivant de son père, Philippe rendit plus. édits, entre autres contre les blasphémateurs et les hérétiques; mais il est naturel d'imputer la violence de ces lois à l'influence sous laq. était encore le jeune prince, à peine hors de la tutelle de ses précepteurs. Plusieurs gr. vassaux, jugeant les circonstances favorables, avaient levé simultanément l'étendard de la révolte. Il les contraignit par les armes à reconnaître son autorité. Dans le même temps il bannit les juifs, dont les biens furent confisqués. Leurs nombreux débiteurs furent libérés moyennant le versement au trésor royal du 5e de leurs obligations. Philippe assura la prospérité de la France, après lui avoir conquis la paix par sa valeur. Il réprima les déprédations de la noblesse, chassa les bandes de brigands qui infestaient les provinces, et, par ses soins et à ses frais, Paris, assaini et entouré de murailles, eut pour la prem. fois des rues pavées (1182 et 1183). En 1187 une contestation s'élève entre Philippe et le vieux roi d'Angleterre, Henri II, au sujet de la restitut. du Vexin, dot de Marguerite de France, sa belle-fille. Le monarq. anglais, frappé de la fermeté et des habiles dispositions de Philippe, est le premier à demander la paix, et les deux princes prennent la croix. Lorsque s'effectua l'expédit. projetée, Richard avait succédé à Henri II (v. CROISADES). Avant son départ, Philippe eut l'adresse d'imposer au clergé, sous le nom de *dime sala-dine*, une contribution du 10e de tous ses biens. La régence fut confiée à la reine-mère et à l'archevêque de Reims, Guillaume de Champagne, oncle du roi. De Vezelai, rendez-vous des croisés, et où Philippe s'était rendu en hâte après avoir été prendre l'oriflamme à St-Denis, les Français vinrent s'embarquer à Gênes; ils devancèrent l'armée en Sicile, et furent aussi les premiers devant les murs de Ptolémaïs. Cette ville tombe au pouv. des croisés; mais des mésintelligences les divisent. Philippe, atteint d'une maladie singulière, qu'on imputait faussement à du poison que lui aurait fait donner Richard, revint en France respirer l'air natal par le conseil de ses médecins. En quittant Richard, il lui promit de ne rien entreprendre contre ses états pendant son absence. A son passage à Rome, il tenta vainement de se faire relever de son serment par le pape; et dès qu'il eut pris les mesures nécessaires, soit pour sa sûreté personnelle, soit pour assurer la tranquillité dans son royaume, informé que Richard, en quittant la Palestine, avait été fait prisonn. par les Allemands, il eut une entrevue avec Jean-sans-Terre, et convint avec lui de se partager les dépouilles du roi prisonnier. Cependant la reine Isabelle avait cessé de vivre : dans l'espoir de se donner un puissant auxiliaire, Philippe épouse en secondes noces l'intéressante Ingelburge; mais Canut VI, roi de Danemarck, son frère, refuse à Philippe toute coopération à ses projets. Bientôt s'engage une longue série de guerres acharnées entre Philippe et Richard : la mort de ce dernier (1199) y met à peine un terme (*v.* RICHARD Ier); elles avaient ensanglanté la France, et lorsque Philippe touchait au moment de s'emparer des fiefs que possédait l'Angleterre sur le contin., des démêlés qu'il eut avec le St-siége au sujet de son mariage avec Agnès de Méranie, plongèrent de nouveau son roy. dans le deuil. Trop grand pour ne pas immoler ses affections au bien-être de ses sujets, il eut le louable courage de se séparer d'Agnès, qui mourut de chagrin la même année, et il rappela Ingelburge. De l'époque où nous sommes parvenus jusqu'à celle où Philippe cita Jean-sans-Terre devant la cour des pairs pour y rendre compte du meurtre d'Arthus de Bretagne, l'histoire n'offre que des alternatives de paix et de guerre entre la France et l'Angleterre, dont furent successivem. détachés la Normandie, le Maine, la Touraine, l'Anjou et le Poitou. Innocent III, ayant excommunié Jean-sans-Terre, offrit son royaume à Philippe; et ce prince qui pour en aller prendre possess. venait d'armer une flotte; outré de dépit en apprenant que par de nouvelles dispositions le pape se déclarait protecteur d'un trône naguère anathématisé, se jeta dans une aventureuse expédition contre le comte de Flandre Ferrand. Celui-ci obtint d'abord des succès marqués sur son aggresseur, et bientôt souleva contre lui la formidable coalition que devait dissoudre (27 juillet 1214) d'une manière si glorieuse pour Philippe la célèbre bataille de Bouvine (*v.* ce

mot). Revenu triomphant dans son royaume après avoir recueilli sur toute sa route les plus flatteuses acclamations, il ne songea plus qu'à justifier par son administrat. les preuves de fidélité et d'amour qu'il avait reçues de ses sujets. Un grand nombre de places furent fortifiées; les principales villes eurent des baillis, juges des cas royaux; enfin une foule de mesures concoururent à affermir la puissance royale contre la turbulence des seigneurs; et en même temps que la France s'embellissait d'une foule d'édifices, on vit s'ouvrir dans le royaume de nouvelles communications pour le commerce. Les arts, les sciences et les lettres reçurent aussi des encouragem. de ce prince, qui fut l'un des hommes les plus instruits de son temps. Philippe mourut à Mantes le 14 juill. 1223, après avoir vu la couronne d'Angleterre à la tête de son fils Louis VIII, qu'il avait (du moins en apparence) refusé d'aider dans l'entreprise d'une guerre durant laquelle la France demeura calme et heureuse. Outre les historiens Rigord et Guillaume-le-Breton, plus. écrivains ont retracé l'histoire de Philippe-Auguste (*v.* entre autres Baudot de Juilly et Lussan).

PHILIPPE III, dit *le Hardi*, né en 1245, fut salué roi de France sur les rivages d'Afrique, après la mort de Louis IX, son père, le 25 août 1270. Il ne pouvait être appelé à gouverner dans des circonstances plus difficiles. Ses prem. actes furent d'écrire en France pour confirmer les régents institués par son père, et de fixer à 14 ans, par une ordonnance datée du camp près de Carthage, la majorité de Louis, l'aîné de ses enfants. Jusque-là les rois de France n'avaient été majeurs qu'à 21 ans. Malgré la contagion qui régnait toujours dans l'armée et à laquelle il manqua de succomber, le jeune monarque obtint sur les Sarrasins, tant par lui que par ses alliés et ses lieutenants, des avantages qui amenèrent une paix aussi honorable qu'on pouvait l'espérer (1270). Philippe arriva à Paris en 1271, et après avoir rendu les derniers honneurs aux illustres morts dont il rapportait les cendres, et s'être fait sacrer à Reims, il visita diverses parties de son royaume. Il se vit dans la nécessité de soumettre par la force Roger-Bernard, comte de Foix, et cet acte de vigueur effraya tous les grands vassaux, puisqu'il n'y eut pas d'autre révolte sous ce règne. Après avoir assisté en 1274 au concile général de Lyon, où les Grecs reconnurent la primauté du pape (ce ne fut pas pour long-temps), le roi épousa l'année suiv., en secondes noces, Marie, sœur de Jean, duc de Brabant. Un favori, Pierre de La Brosse, alarmé de l'étroite union des deux époux, qui pouvait ruiner son crédit, fit de vains efforts pour la troubler, et périt victime de ses insinuations calomnieuses. La même année, un des trois fils de Philippe, celui qui régna depuis sous le nom de Philippe-le-Bel, épousa Jeanne, unique héritière de Henri Ier, roi de Navarre et comte de Champagne et de Brie, qui lui avait prescrit par son testament de s'unir à un prince franç. Ce mariage ne fut pas conclu sans une vive opposit. des grands de la Navarre, de Jacques, roi d'Aragon, et d'Alphonse, roi de Castille, qui prétendaient tous deux avoir des droits sur cette couronne. Robert, comte d'Artois, soumit la Navarre (1276), tandis que Philippe se préparait à pénétrer dans la Castille; mais il en fut empêché par la difficulté de franchir les Pyrénées, et plus tard par la défense du pape Jean, qui voulait engager les princes chrétiens dans une nouvelle croisade. Un événement affreux eut lieu sous le règne de Philippe : ce fut le massacre gén. des Français à Palerme (30 mars 1282), connu sous le nom de *Vêpres siciliennes*. Le roi, pour venger à la fois la France et Charles d'Anjou, roi de Sicile, alla ravager l'Aragon; il accepta du pape Martin IV l'investit. des royaumes d'Aragon et de Valence et du comté de Barcelone, pour son second fils, le jeune comte de Valois, et se disposa à soutenir ses droits par une nouvelle guerre (1285). Philippe, après quelques succès, repassa les Pyrénées pour aller hiverner en Provence; mais, dans sa retraite, qui fut vivem. inquiétée par les Aragonais, il ne put se préserver de l'épidémie qui ravageait son armée, et mourut à Perpignan en 1285. Ce prince, auq. on a donné le surnom de *Hardi*, ne paraît l'avoir mérité que par son ardeur à commencer de grandes entreprises; mais il ne montra jamais assez de suite dans l'exécution.

PHILIPPE IV, dit *le Bel*, succéda à son père, Philippe-le-Hardi, à l'âge de 17 ans, en 1285, et joignit au titre de roi de France celui de roi de Navarre, qu'il tenait de Jeanne son épouse. Après avoir rendu à Édouard Iᵉʳ, roi d'Angleterre, la partie de la Saintonge qui est au-delà de la Charente, et avoir reçu l'hommage de ce puissant vassal, il songea à continuer la guerre d'Aragon, pour assurer le succès de la donat. faite de ce royaume à son frère, Charles de Valois; mais celui-ci ayant renoncé à ses prétendus droits, et sa renonciation n'ayant pas été révoquée, on posa les armes de part et d'autre, et la Sicile appartint définitivem. à la maison d'Aragon. Cependant la paix ne tarda pas à être troublée par de nouveaux événem. Il y avait eu sur mer plus. engagem. entre des vaisseaux anglais et bretons : Philippe envoya demander satisfaction à Édouard, qui voulut bien la donner, mais devant les tribunaux de son pays, et qui refusa de comparaître devant la cour des pairs de France. Les domaines qu'il possédait, à titre de vassal de Philippe, furent confisqués; mais on ne mit pas si facilem. cet arrêt à exécut. Les deux monarques se préparèrent à la guerre en cherchant à se ménager de puissantes alliances. Toutefois au milieu de ces préparatifs, on était parvenu à leur faire accepter un arrangement; mais il paraît que la mauvaise foi de Philippe rompit tout accord. La guerre fut inévitable et la nation anglaise fit les plus gr. sacrifices pour la soutenir. Les hostilités, conduites avec des succès variés de part et d'autre, n'eurent aucun résultat. Seulement Philippe, tout en combattant le roi d'Angleterre, fut assez heureux pour soumettre la plupart des villes de la Flandre, dont le comte prétendait ne plus recon-

naître de suzerain. Ces avantages du roi de France amenèrent entre lui et son rival Édouard une suspension d'armes, bientôt suivie d'une trève (1297), confirmée deux ans après à Montreuil, et prorogée d'année en année jusqu'en 1303, époque où la paix fut définitivement conclue. Un motif puissant devait porter les deux rois à se réconcilier, malgré leur orgueil; c'était le besoin de résister aux prétent. ambitieuses de Boniface VIII. Tout le règne de ce pontife est rempli de ses différends avec Philippe, dont l'histoire, écrite par Baillet, a fourni un vol. in-fol. de documents recueillis par Dupuy. Il serait trop long d'énumérer toutes les bulles par lesquelles Boniface essaya de soustraire les ecclésiastiques à l'obéissance de leur roi légitime, et d'amener ce prince lui-même à abaisser sa couronne devant l'autorité du St-siége. Philippe lutta contre l'excommunication même avec constance, et fut dignem. secondé par tous les corps du royaume. Les états, convoqués au Louvre en 1303, appelèrent au concile général et au pape futur, légitimement élu, de tout ce que Boniface avait fait et pourrait faire par ses excommunicat. et par ses interdits, tant contre le roi que contre ses vassaux. Enfin la longue querelle du sacerdoce et de l'empire finit par la mort du pontife, au moment où Philippe, qui l'avait fait enlever, se disposait à le faire déposer dans un concile général. Pend. cette querelle, les événem. polit. n'avaient pas cessé de marcher. Le comte de Flandre, voyant Charles de Valois maître de Gand, était venu implorer la clémence du roi (1299), et avait été retenu prisonn., tandis que son comté était réuni à la couronne de France. Mais Philippe, qui d'abord avait su gagner le cœur des Flamands, leur donna pour gouvern. Jacques de Châtillon, et vit bientôt sa nouv. conquête transformée en un foyer de continuelles révoltes. Pour soutenir la guerre, qui lui enleva une grande partie de sa noblesse, il fut obligé de faire murmurer ses peuples par des impôts exorbitants et par une élévation considérable dans le prix des monnaies. Enfin la bataille de Mons-en-Puelle (1304), où il fut vainqueur, amena une trève, et, l'année suivante, une paix, qui lui donnait Lille, Douai, Orchies, Béthune et tout le reste du pays en deçà de la Lys, et qui affaiblissait ainsi beauc. les comtes de Flandre, les plus redoutables de tous les gr. vassaux de la couronne, après les rois d'Angleterre. Philippe fut aussi heureux du côté du St-siége, occupé successivem., après la mort de Boniface, par le pacifique Benoît XI et par Clément V, prélat franç., qui devait en gr. partie son intronisat. à l'influence de son souverain, et qui ne fut pas ingrat. Le roi de France envoya Louis, son fils aîné, prendre possession de la Navarre (1307), qui lui était échue par la mort de Jeanne, donna sa fille Isabeau à Édouard II, roi d'Angleterre, reçut l'hommage de ce prince pour le duché de Guienne et le comté de Ponthieu (1308), et obtint enfin, non sans de longues démarches, que le souver. pontife ordonnât l'instruct. du procès de Boniface, comme hérétique; mais il échoua cette fois dans son projet le plus cher : cette accusation d'hérésie fut examinée au concile de Vienne, et déclarée sans fondem. Il se consola de cet échec, en faisant brûler les Templiers (*v.* ce nom). Ses derniers jours s'écoulèrent sans gloire, au milieu des chagrins que lui causèrent les désordres de sa famille, la lenteur des Flamands à exécuter le dern. traité, et les révoltes prêtes à éclater dans tout le royaume, écrasé d'impôts. Philippe mourut à Fontainebleau en 1314, après un règne mêlé, comme tant d'autres, de bien et de mal. Il s'était créé des ressources, aux dépens de ses sujets, en altérant les monnaies, et avait mérité le surnom de *faux monnayeur ;* il gouverna toutefois avec une gr. habileté dans des temps difficiles ; il réunit le prem. les trois ordres aux états-génér. (1303), porta de grands coups à l'autorité des seigneurs et fit fléchir même celle du St-siége.

PHILIPPE V, dit *le Long,* 2ᵉ fils de Philippe-le-Bel, dut concevoir le légitime espoir de régner à la mort de Louis-le-Hutin, son frère (1316); mais celui-ci avait laissé une fille nommée Jeanne, qu'un parti puissant regardait comme héritière du royaume, à moins que la reine Clémence de Hongrie, qui était enceinte à la mort de Louis, ne vînt à accoucher d'un prince. Philippe commença par se faire reconnaître *gardien de l'état,* et Clémence ayant mis au monde un enfant mâle, qui ne vécut que huit jours (quelq.-uns le nomment Jean Iᵉʳ), il se déclara roi par le *droit de la nation,* qui excluait les filles du trône. De grandes contestations s'élevèrent au sujet de ce certain prétendu de la loi salique, avant et après le sacre du nouv. souver. de la France, qui eut lieu à Reims en 1317, au milieu des plus vives appréhensions. Philippe s'empressa de convoquer une assemblée à Paris, où il fut unanimem. reconnu que la loi salique ne permettait pas aux femmes de régner. Jusque-là il n'avait pas été fait mention de cette loi dans l'histoire de France. Rassuré par cette décision nécessaire, il obtint du pape Jean XXII une menace d'excommunication contre les mécontents qui ne rentreraient pas dans le devoir, et, de son côté, il fit tout pour attirer à lui la noblesse et le peuple. Il ne songea plus alors qu'à terminer la guerre contre les Flamands, et, en effet, il conclut avec eux une paix assez avantageuse en 1320. Désormais tranquille dans ses états, il revint à son idée chérie, celle d'une expédition contre les infidèles. Cette fois, ce fut le pape qui fut obligé de modérer l'ardeur du roi de France. Philippe mourut en 1322 à l'âge de 28 ans. Ce fut un prince pieux, plein de bonnes intentions, qui fit quelque bien, et amena dans les campagnes une révolution à peu près semblable à celle que l'établissem. des communes avait produite dans les villes.

PHILIPPE VI, dit de *Valois,* premier roi de France de la branche collatérale des Valois, né en 1293, fut nommé régent du roy. en 1328, après la mort de Charles IV, dit *le Bel,* qui laissait sa femme enceinte de 7 mois. Comme cette régence était un acheminement au trône, dans le cas où la veuve du feu roi n'aurait point d'enfant mâle, Édouard III, roi d'Angleterre, s'était mis sur les rangs pour l'obtenir. Il alléguait comme un droit incontestable à la couronne de France, qu'il était fils d'Isabelle, sœur du dern. roi, tandis que son compétit. n'en était que le cousin germain, étant fils de Charles de Valois, frère de Philippe-le-Bel. Le prince franç., de son côté, prétendait que la mère d'Édouard n'avait pu transmettre à son fils un droit qu'elle n'avait pas elle-même, et s'appuyait sur la loi salique et l'applicat. qui en avait été faite après la mort de Louis-le-Hutin. Les pairs et les barons franç. se prononcèrent en faveur de Philippe, qui prit d'abord la régence, puis la couronne, dès que la reine, en mettant au monde une fille, lui en eut donné le droit. Il commença son règne sous d'heureux auspices, et reçut le nom de *Bien-Fortuné.* Il porta secours au comte de Flandre, Louis de Cressy, contre ses sujets révoltés, et remporta sur eux la victoire de Mont-Cassel, qui mit tout le pays à sa disposition. Il ne voulut point profiter de ses avantages pour dépouiller le prince qu'il était venu secourir, et retourna en France, où il força enfin le fier Édouard à lui rendre hommage, comme duc de Guienne et comte de Ponthieu. Le monarq. anglais trouva bientôt l'occasion de se venger de ce qu'il croyait un affront. Robert III d'Artois, sorti de France après avoir vainement essayé, au moyen d'une pièce fausse, d'enlever le comté dont il portait le nom à Mathilde, sa cousine germaine, fille et héritière de Robert II, alla envenimer encore la haine du roi d'Angleterre contre son suzerain, qui d'ailleurs avait accueilli David Bruce et soutenait le parti de ce dern. en Écosse. Au milieu des négociations pour entretenir la paix, les deux monarques rivaux s'assuraient d'utiles alliances et se préparaient à la guerre, qui fut enfin déclarée par Édouard. Il n'eut pas l'avantage d'abord, ni sur terre ni sur mer ; il sentit qu'ı ne pouvait rien faire sans l'appui des Flamands ; mais ceux-ci avaient prêté serment de fidélité au roi de France, et ce fut pour lever leurs scrupules que, d'après l'avis d'Artevelle et de Robert d'Artois, il ajouta ce titre à celui de roi d'Angleterre. La victoire navale de l'Écluse, à l'embouchure de l'Escaut, fut le prélude pour lui de quelq. succès moins importants, qui amenèrent toutefois une trève (1340), prolongée à plus. reprises, mais non la paix. En 1341 les hostilités recommencèrent par la mort de Jean III, duc de Bretagne, dont l'héritage fut disputé par Jean de Montfort, soutenu d'Édouard, et par Charles de Blois, qui avait l'appui de Philippe. Une trève eut lieu par l'intervention du pape Clément VI, puis la guerre reco.mença. Ce fut alors que, pour arrêter les succès d'Édouard en Guienne, Philippe, dont le trésor était vide, mit un impôt sur le sel, qui le fit surnommer par son rival *l'Auteur de la loi salique.* Cependant le monarque anglais évacua la Guienne, mais ce fut pour transporter la guerre en Normandie et de là jusque sous les murs de Paris. Sa retraite n'en fut que plus difficile, et il dut peut-être plus à son bonheur qu'à sa prudence la faculté de gagner les rives de la Somme. Les Français le poursuivirent avec une aveugle impétuosité, et, quoique plus nombreux, se firent écraser à la bataille de Créci. Bientôt après commença ce siége de Calais, si mémorable par la résistance qu'éprouva Édouard de la part des Calaisiens et par le beau dévouem. de six d'entre eux (*v.* EUSTACHE DE SAINT-PIERRE et ÉDOUARD III). Après sa conquête (1347), le monarque anglais souscrivit à une trève, qui fut prorogée jusqu'en 1350. Mais la France n'en fut pas plus heureuse. D'abord la trève ne fut pas exactement observée, et la peste ainsi que la famine étendirent partout leurs ravages. Ces fléaux empêchèrent peut-être seuls la rupture définitive du traité. Enfin le malheureux Philippe mourut à Nogent-le-Rotrou en 1350, dans la 57e année de son âge et la 23e de son règne. Il avait des qualités brillantes; mais il eut pour rival un prince aussi vaillant que lui, plus grand capit. et plus habile politiq. On doit lui savoir gré toutefois d'avoir pu, au milieu de tant d'orages, réunir à la couronne les comtés de Champagne, de Brie, d'Anjou, du Maine, la baronnie de Montpellier et le Dauphiné (*v.* HUMBERT II). Gaillard a écrit l'*Histoire de la querelle de Philippe-de-Valois et d'Édouard III*, Paris, 1774, 4 vol. in-12.

PHILIPPE Ier, dit *le Beau*, roi d'Espagne, né en 1478, fils de l'archiduc, depuis empereur, Maximilien Ier, et de Marie de Bourgogne, était devenu par la mort de sa mère souverain des Pays-Bas, lorsque, guidé par des vues d'ambition, il épousa en 1496, Jeanne, dite *la Folle*, principale héritière du roi d'Aragon, Ferdinand V, et d'Isabelle de Castille. Ingrat envers celle à qui il allait devoir un trône, Philippe, le plus bel homme de son temps, saisit tous les prétextes qui s'offrirent pour voyager. Il vint visiter à Lyon Louis XII, convint avec lui d'un accommodem. dans le partage, alors en litige, des provinces de Naples, et fit entrer dans les conditions de ce traité le mariage de son fils (Charles-Quint), avec Claude, fille ainée du roi de France. Ayant pris avec Jeanne le titre et les armes des rois de Castille, à la mort d'Isabelle, Philippe eut plus. démêlés avec Ferdinand, son beau-père, qui non-seulem. songeait à un nouvel hymen pour le frustrer des couronnes d'Aragon et de Naples, mais encore s'était emparé de la régence de Castille, qu'il ne résigna que lorsqu'enfin une révolution, opérée en faveur de l'époux de Jeanne, le contraignit à rentrer dans ses états d'Aragon. Les nobles castillans n'eurent pas long-temps à se louer du prince auquel ils avaient donné une si gr. preuve de dévouem.; car Philippe, à peine affermi sur le trône, en confia toute l'autorité à des favoris étrangers; il se livra à la débauche et à l'intempérance, et mourut à Burgos en 1506, d'une fièvre qu'il gagna en prenant une trop gr. quantité de boisson rafraîchissante après un excès de table. Il avait tenté vainem. de s'affranchir de l'importune, mais trop juste jalousie de sa femme en la faisant interdire par les *cortès*, comme incapable de s'occuper des affaires du gouvernement.

PHILIPPE II, roi d'Espagne, fils de Charles-Quint et d'Élisabeth de Portugal ; né à Valladolid en 1527, fut nourri dans des principes d'intolérance religieuse qui, se combinant plus tard avec l'inflexibilité de caractère, la profonde dissimulation, la persévérance et l'impitoyable dureté qui lui étaient naturelles, firent de lui ce que sous Clément X les nations catholiq. ont pu appeler un gr. monarque, mais ce que l'impartiale histoire nommera désormais un tyran sanguinaire. Devenu par l'abdicat. de son père, en 1554, roi de Naples et de Sicile, puis, par les autres céssions successives du vieil emper., souver. des Pays-Bas (oct. 1555), et enfin monarque des Espagnes (janvier 1556), Philippe, veuf de doña Maria de Portugal, ajouta par son mariage avec la reine d'Angleterre, Marie, à tous ces titres celui de roi d'Angleterre. Sa puissance était formidable ; ses richesses seules la surpassaient. Les courtisans lui donnèrent le surnom de *Prudent :* la flatterie n'en pouvait guère choisir un plus convenable pour un prince d'un esprit aussi délié. Philippe ne se targuait ni de bravoure ni de magnanimité. Il montra d'abord une certaine espèce de modérat.; mais elle était *toute de calcul;* et apparemm. que le pape Paul IV l'avait mise trop long-temps à l'épreuve, lorsque le dévot monarque lui déclara la guerre. Ligué avec les Anglais, après avoir rompu la trève conclue avec la France par Charles-Quint, Philippe fait entrer en Picardie une armée de 40,000 hommes. Grâce aux talents du duc de Savoie Philibert-Emmanuel, qui la commande, elle remporte sur les Français une gr. victoire près de St-Quentin (10 août 1557); et après une défense désespérée que Coligny prolongeait depuis 17 jours, cette ville même tombe au pouvoir de Philippe, qui, assisté de son confess., avait voulu se montrer devant ses murs au jour marqué pour l'assaut général, mais y fit vœu de ne plus se trouver à aucune bataille. La paix fut signée à Cateau-Cambresis (13 avril 1559), à des conditions avantageuses pour Philippe, à l'habileté duq. ce traité fait honneur; elle fut cimentée par un troisième hymen de ce prince encore veuf, avec Élisabeth de France, fille de Henri II. Tournant alors contre les Barbaresques les armes de ses généraux, il échoue dans deux prem. expédit. contre Dragut, qu'ensuite François Mendoza parvient à dompter devant Malte. Songeant à fixer son séjour dans sa capitale d'Espagne, Philippe va installer, comme régente des Pays-Bas, sa sœur naturelle, Marguerite, duchesse de Parme. On a vu à l'article HOLLANDE (t. II, pag. 226) quelles violences odieuses le rendirent l'objet de l'exécrat. des religionnaires dans ces malheureuses provinces, et comment celles-ci secouèrent enfin le joug espagnol (*v.* EGMONT, GRANVELLE, HORN et Guill. d'ORANGE). Philippe, outré de dépit, arrivait à Valladolid après avoir juré d'anéantir l'hérésie de Luther. L'affreuse pompe qu'il demande pour sa récept. est un *auto-da-fé*, et il y assiste solennellem. entouré de sa famille et de ses gardes : 33 malheureux subirent devant lui le plus atroce supplice sans qu'il mon-

PHILIPPE II.

Publié par Furne à Paris.

trât d'autre émotion que celle d'une satisfaction féroce. Mais il devait bientôt se montrer tout aussi impitoyable envers son propre fils, don Carlos. En réunissant à ses autres couronnes celle du Portugal, sur laquelle il fit valoir par les armes les droits qu'il tenait de sa mère Isabelle (*v.* Antoine, prieur de Crato), Philippe réparait une perte bien sensible, celle des Pays-Bas, totalement détachés de son obéissance. Il songe alors à punir la reine d'Angleterre Élisabeth de l'appui qu'elle a prêté aux Provinces-Unies, ou plutôt il saisit ce prétexte pour se venger des dédains qu'il a autrefois essuyés de cette grande reine, dont son ambition lui avait fait convoiter la main. Il est à peine nécessaire de parler encore ici de cette *invincible Armada*, qui mit à la voile pour réduire l'Angleterre, et qu'une tempête dispersa. C'est dans le même temps que, protecteur de la Ligue en France (*v.* Ligue), il se flattait déjà de faire sa proie de ce qu'il nommait *ses bonnes villes de Paris, d'Orléans*, etc. Il alla jusqu'à tramer dans le Béarn une conspirat. pour enlever Jeanne d'Albret, la livrer comme hérétique à l'inquisition d'Espagne, et se faire adjuger ses domaines à titre de confiscation. Les triomphes du bon Henri le contraignirent à signer le traité de Vervins. Philippe, vieilli prématurément par les débauches de sa jeunesse, par les soucis de l'ambition, et probablement accablé dans les derniers temps, par de poignants remords, vit sa fin approcher lentem. : les douleurs auxquelles il était en proie lui rendirent peu regrettable une vie trop longue, qu'il termina après 43 ans de règne en 1598. Avec lui finit la prépondérance que Charles-Quint avait donnée à l'Espagne. Les princip. historiens de Philippe II, sont Sepulveda, Ant. Herrera, Greg. Leti et Watson. M. Alexis Dumesnil a publ. en 1822 (in-8) une *Hist.* de ce prince, dont il a su n'être ni le détracteur ni le panégyriste.

PHILIPPE III, surnommé *le Pieux*, fils du précédent et d'Anne d'Autriche, sa 4e femme, né à Madrid en 1578, avait 20 ans lorsque la mort de Philippe II l'appela à régner. Dénué des facultés les plus médiocres de l'esprit et du jugem., il eut pourtant avec son père un trait de ressemblance : cette haine fanatique avec laq. ils poursuivirent l'un et l'autre les sectateurs de tout autre culte que celui de l'Église romaine. On avait de bonne heure marié Philippe III à Marguerite d'Autriche, fille de l'archiduc de Graetz, Charles. Déposant toute l'autorité aux mains de son prem. ministre le duc de Lerme, ce monarque ne montra quelque force de volonté que pour faire exécuter le désastreux édit de proscript. qu'il lança dans toute l'Espagne contre les Mauresques, ou descendants convertis de ces anciens Maures, qui se dominant. desquels plus. provinces de la péninsule avaient vu fleurir durant sept siècles l'agriculture, les lettres et les arts. Nous n'énumérerons pas toutes les fautes qui signalent l'administrat. du duc de Lerme; mais pour terminer l'ébauche de ce règne sans gloire, qu'il nous suffise de parler des succès éphémères du duc Albert à Ostende, du traité de 1609

qui suspendit, au profit des Provinces-Unies, la guerre commencée contre elles par Philippe II, de la conspirat. du duc d'Ossuna, vice-roi de Naples, et enfin de l'édit par lequel Philippe promit des lettres de noblesse et l'exemption des droits de guerre, à quiconque voudrait bien s'occuper de l'agriculture. Ce prince mourut en 1631, d'une maladie lente, dont le terme fut hâté par une circonstance tellement ridicule qu'on est obligé de la rappeler. Étant au conseil, il se sentit incommodé par la vapeur d'un brasier : on s'empressa de chercher l'officier de la chambre à qui appartenait le service de ces foyers mobiles, encore usités en Espagne, mais personne ne s'avisa de le remplacer dans les soins de son attribution, et le malheureux roi fut victime de ce singulier respect pour l'étiquette. On a plus. *Vies* de Philippe III; celle de Watson, continuée par W. Tomson, a été trad. en franç., par L.-J.-A. Bonnet, 1809, 3 vol. in-8.

PHILIPPE IV, fils et success. du précéd., né en 1605, monta sur le trône l'année même où finissait la trève conclue avec les Pays-Bas. Déterminé par le comte d'Olivarez, son prem. ministre, à recommencer la guerre, il eut d'abord quelq. succès, grâce aux talents de Spinola, mais finit par voir ses troupes défaites par les Hollandais (1628). A cette époque la ligue formée par Richelieu contre la maison d'Autriche avait mis toute l'Europe en armes. Philippe en soutint quelque temps le choc avec avantage; mais il perdit bientôt plus. provinces; et tandis qu'une révolut. habilem. conduite appelait le duc de Bragance à régner sur le Portugal détaché de sa domination, une perte plus vivement sentie accablait le bon mais faible monarque espagnol. La mort de sa femme Élisabeth, fille de Henri III, le laissait atterré. Il songea enfin au salut de ses états, fit renouer des négociat. avec la France, et le célèbre traité de paix, dit des *Pyrénées*, fut conclu en 1659 dans l'île des Faisans (*v.* D. Luis de Haro et Mazarin). Après avoir vu décroître dans une effrayante proport. la puissance que lui avaient léguée ses ancêtres, Philippe mourut en 1665. Il avait régné 44 ans. Plusieurs qualités personnelles peuvent expliquer l'affection qu'eurent pour lui ses sujets; mais aucun de ses actes ne justifie le titre de *Grand* qui lui fut donné par Olivarez à son avénem. au trône. Charles II, son fils, lui succéda.

PHILIPPE V, fils du dauphin Louis de France et de Marie-Anne de Bavière, né à Versailles en 1683, portait le titre de *duc d'Anjou*, lorsqu'en 1700 il fut appelé au trône d'Espagne par le testament de Charles II. Déclaré roi à Fontainebleau, puis proclamé à Madrid, il fit son entrée dans cette capitale le 14 avril 1701, et y fut reçu avec des sentiments divers de joie et de mécontentem. Toutefois, mettant en pratique les leçons de Louis XIV, son aïeul, il ne tarda pas à gagner beaucoup dans les esprits dont la disposit. lui était le moins favorable; et le cardin. Porto-Carrero, qui guida aussi avec succès ses premiers pas dans le gouvernem. de la nation fière sur laquelle il était appelé à régner, ne négligea rien pour le façonner à ses préjugés, qu'il lui eût été difficile de ne pas heurter d'abord. Marié à Louise de Savoie, il venait d'être reconnu par plus. souverains, lorsque la fameuse coalition connue sous le nom de *grande alliance* se forma contre la France et l'Espagne. L'emper. Léopold, héritier naturel de Charles II, avait mis à profit la jalousie, la crainte ou la haine qu'excitaient la puissance et les projets ambitieux de Louis XIV, pour former un parti redoutable à son fils, l'archiduc Charles, qui prétendait contester par les armes la validité du testament de son oncle. La longue guerre qui s'engagea alors est fameuse sous le nom de *guerre de la succession d'Espagne.* A la nouvelle des prem. succès obtenus à Carpi et à Chiari par les impériaux sous les ordres du prince Eugène, Philippe, qui était venu visiter l'Italie, s'empressa d'aller joindre l'armée franç. commandée par le duc de Vendôme. Peu après la célèbre bataille de Luzzara, à laquelle il avait assisté, il regagna en toute hâte sa capitale que menaçaient déjà sur plus. points les forces des puissances alliées. Nous ne reproduirons pas le détail des principales opérations de cette guerre (v. BERWICK, CHARLES, ORMOND et RENAU), qui durait dep. plus de 6 ans, avec beaucoup de fureur et presque sans succès de la part des Espagnols, lorsque la bataille d'Almanza, gagnée par Berwick sur les troupes confédérées (25 avril 1707), rétablit les affaires de Philippe. De nombreuses intrigues de cour avaient, pendant cet intervalle, fait passer les rênes du gouvernem. des mains de Porto-Carrero et de D. Manuel Arias, à celles du card. d'Estrées, du financier franç. Orri, etc., etc.; elles avaient fait tomber aussi plus. têtes illustres. L'arrivée du duc d'Orléans et ses prem. succès soulevèrent contre lui des intrigues nouv., et il fut obligé de quitter l'Espagne, après avoir replacé sous l'autorité du jeune monarque les royaumes de Valence et d'Aragon, ainsi qu'une partie de la Catalogne. Lorsque Louis XIV fut réduit par les revers à demander la paix à ses ennemis et à ceux de Philippe, on y mit pour condition qu'il se joignît à ces dern. contre son petit-fils, dont alors le trône s'écroulait : il ne fallait rien moins que le succès des journées de Villa-Viciosa et de Denain (v. VENDÔME et VILLARS) pour rendre quelque avantage à la maison des Bourbons : l'Espagne n'eut enfin une ombre de paix extérieure bien chèrem. payée qu'à la conclusion du traité d'Utrecht (11 avril 1713), et il fallut encore une année à Philippe pour réduire toutes les provinces du royaume sous son obéissance. Devenu veuf en 1714, il parut d'abord inconsolable, bien qu'alors la princesse des Ursins, qui avait sur son cœur un ascendant extraordin., eût redoublé d'efforts pour lui faire oublier la feue reine; mais il se remaria avec la princesse hérédit. de Parme, Élisabeth Farnèse, et dès-lors commença le règne d'Albéroni, qui mit fin à celui de la favorite (v. ALBÉRONI et URSINS). Un moment relevé sur le penchant de sa ruine par l'habile, mais fantasque ministre, le royaume d'Espagne allait être de nouveau précipité par l'insuccès de ses projets gigantesques,

quand Philippe le sacrifia pour obtenir la paix du régent de France et du roi d'Angleterre, dont les forces réunies le pressaient de toutes parts. En 1720, il accéda au traité de la triple alliance; et délivré peu après de toute inquiétude extérieure par la levée du siége de Ceuta par les Maures, il parut s'endormir dans une stupide inertie jusqu'à ce que, las peut-être d'obéir sur un trône, il l'abdiqua en 1724 en faveur de l'infant Louis, qui mourut après 7 mois de règne. Reprenant avec peine les rênes de l'état, il vit enfin effectuée la paix entre l'empire et l'Espagne (30 avril 1725), paix que les plus gr. politiques avaient en vain cherché à conclure depuis 13 ans, et qui fut l'ouvrage du Hollandais Riperda, attiré à la cour de Madrid comme direct.-général des manufactures. Ce fut à peu près le dern. acte import. du règne de Philippe V, qui mourut en 1746, pend. la guerre de la succession d'Autriche, à laquelle il avait pris part. Son fils Ferdinand VI lui succéda. Outre les ouvr. mentionnés à l'art. ÉLISABETH FARNÈSE, on peut consulter l'*Éloge* de ce prince par D. Joseph de Viera y Clavijo, trad. en français par Bongars, 1780, in-8.

PHILIPPE Ier, duc de Bourgogne, surnommé *de Rouvre*, du lieu de sa naissance, près de Dijon, succéda, dès l'âge de 18 mois, à Jeanne, son aïeule, dans les comtés de Bourgogne et d'Artois; il eut pour tutrice Jeanne de Boulogne, sa mère, et remplaça, en 1350, son aïeul, Eudes IV, dans le duché de Bourgogne. Pendant sa minorité les états de son duché secoururent la France d'armes et d'argent, et s'exposèrent par-là aux fureurs des Anglais, dont ils ne se débarrassèrent qu'au moyen d'une forte rançon et en donnant des otages. Le jeune duc, déclaré majeur à la mort de sa mère, prit les rênes du gouvernem. à l'âge de 15 ans. Il tenait d'elle le comté d'Auvergne, avait épousé, déjà depuis trois ans, Marguerite, fille et héritière de Louis, comte de Flandre, et se trouvait ainsi l'un des principaux souver. de l'Europe. Mais il mourut un an après sa déclaration de majorité en 1361, et en lui finit la prem. branche royale, qui avait régné en Bourgogne depuis Robert de France. Le duché de Bourgogne fut réuni, malheureusem. pour peu de temps (v. l'art. qui suit), à la couronne de France, dont il avait été détaché par Hugues Capet en faveur de Henri, son frère.

PHILIPPE-LE-HARDI, duc de Bourgogne, 4e fils de Jean, roi de France, né en 1342, avait à peine 15 ans, lorsqu'il fut blessé et fait prisonnier à la bataille de Poitiers, en défendant son père. Pour prix de sa piété filiale, dont il avait donné bien d'autres preuves, il reçut d'abord le comté de Touraine, puis le duché de Bourgogne, avec le titre de prem. pair de France. Plus tard il remit le duché de Touraine à son frère Charles V, mais garda celui de Bourgogne. A ce brillant apanage vinrent se joindre les comtés de Bourgogne et de Flandre, d'Artois, de Réthel et de Nevers en 1384 par la mort du comte de Flandre, dont il avait épousé la fille Marguerite : il est à remarquer toutefois que celle-ci conserva son sceau particulier et sa secrétairerie-d'état, et que tous les actes furent faits en son nom dans les domaines qui lui étaient échus. Philippe, après avoir arrêté les progrès des Anglais en France et soumis les Gantois par la douceur, fut appelé par Charles V mourant à partager l'autorité avec le duc de Berri, son frère, sous la minorité de Charles VI, quoique la régence eût été dévolue au duc d'Anjou. Mais il eut bientôt mécontenté les courtisans, qui suggérèrent au jeune roi de gouverner par lui-même. Le duc de Bourgogne ne manqua pas de ressaisir le pouvoir, avec le duc de Berri, pendant la maladie de Charles VI; mais le duc d'Orléans, neveu du monarque, parvint à le leur enlever, et la médiation de la reine put seule empêcher la guerre civile d'éclater entre les Orléanais et les Bourguignons. Les conventions stipulées alors furent favorables à Philippe, qui reprit les rênes du gouvernement et se montra plus digne que ses rivaux de les tenir. Il mourut à Halle en 1404, laiss. pour success. Jean-sans-Peur, son fils aîné.

PHILIPPE-LE-BON, duc de Bourgogne, né en 1596 à Dijon, fils de Jean-sans-Peur et de Marguerite de Bavière, était marié à la sœur du dauphin, depuis Charles VII, lorsqu'il reçut la nouvelle de l'assassinat de son père (v. JEAN-SANS-PEUR). Se jetant aussitôt entre les bras du roi d'Angleterre Henri V, il médita avec lui l'envahissement de la France; la perte du légitime héritier de ce roy. est jurée à Troyes, et Paris est bientôt au pouvoir des deux princes coalisés. Cependant une contestation survient entre eux au sujet des prétentions du duc de Gloucester, nouvel époux de Jacqueline de Bavière, sur la souver. de Brabant, et ces mésintelligences sont mises habilement à profit par le dauphin, que les succès du duc de Bourgogne avaient réduit à la fuite (v. CHARLES VII et JEANNE D'ARC). Tandis que Philippe, suivi de la noblesse bourguign., dont le régent Bedfort est abandonné, va harceler les Anglais dans le Hainaut et la Hollande, les troupes royales, après la levée du siége d'Orléans, s'avancent victorieuses vers Reims, et le duc, plus. fois appelé à Paris, consent enfin à entrer en accommodem. avec le parti de Charles. Vers le même temps il instituait l'ordre célèbre de la Toison-d'Or, en l'honneur d'Isabelle de Portugal, qui lui donnait sa main. La guerre avait recommencé avec une fureur nouvelle, et l'avantage en était toujours de son côté; mais il sut s'honorer par le refus positif de livrer aux Anglais l'héroïque Pucelle, tombée en son pouvoir au siége de Compiègne. A la mort du duc de Brabant, son cousin, il eut encore à repousser les prétentions de Jacqueline, qui lui laissa enfin la paisible possession de la Hollande et du Brabant. Quelques autres démêlés partiels avaient encore compliqué les sanglantes querelles qui remplissent cette époque, lorsqu'après de longs préliminaires fut signé dans Arras le célèbre traité du 21 sept. 1435. Philippe reconnut la suzeraineté de Charles VII, qui, de son côté, désavouant le meurtre de Jean-

sans-Peur, promit une amnistie générale, et céda au duc, entre autres immunités, plus. seigneuries limitrophes du duché de Bourgogne, ainsi que la souveraineté de Picardie, déclarée toutefois rachetable moyennant 400,000 écus. Cette union fut cimentée par la rupture définitive de Philippe avec l'Angleterre, où avaient été insultés les ambassad. qu'il chargeait d'offrir sa médiation à Henri VI, en lui présentant le traité d'Arras. Diverses révoltes des Gantois, la soumiss. du duché de Luxembourg à l'autorité d'Élisabeth, tante de Philippe, qui par reconnaissance lui céda tous ses droits moyennant une pension de 10,009 liv. tournois, enfin quelq. préparatifs pour une croisade qui n'eut pas lieu, et d'infructueuses tentat. pour réconcilier Louis XI avec le roi son père, remplirent les dern. années de la vie de Philippe-le-Bon, qui mourut à Bruges en 1467, pleuré de ses sujets et respecté de l'Europe. Protecteur éclairé des lettres et des arts, il fonda l'université de Dole, encouragea les talents du peintre J. van Eyck, dressa les coutumes de Bourgogne et de Franche-Comté, étendit et favorisa le commerce des Hollandais, enfin mérita par ses vertus autant que par la sagesse de son administration le surnom que lui a conservé l'histoire. Il avait été marié trois fois, et on lui donne 14 enfants naturels. Son fils Charles-le-Téméraire lui succéda (v. l'*Histoire des ducs de Bourgogne*, par M. de Barante, 3e édit., 1825-27, 13 vol. in-8).

PHILIPPE (l'infant don), duc de Parme, né en 1720, fils du roi d'Espagne Philippe V et d'Élisabeth Farnèse, fut marié à 18 ans avec Louise-Élisabeth de France, fille de Louis XV, et après plus de 7 années de machinat. et de guerres sanglantes que soutinrent l'Espagne et la France (v. CONTI, GAGES, MAILLEBOIS et MINAS), pour lui procurer un établissem., il fut mis en possession des duchés de Parme, Plaisance et Guastalla en vertu du traité d'Aix-la-Chapelle (1748). Don Philippe ne négligea rien pour faire oublier par une bonne administration à quel prix il avait eu cette souveraineté, et il mourut de la petite-vérole à Alexandrie en 1765. Six ans auparavant la même maladie avait enlevé sa femme à Versailles. L'abbé de Beauvais, évêq. de Senez, a prononcé l'*Oraison funèbre* de D. Philippe, Paris, 1766, in-4. — V. DREUX, HESSE, ORLÉANS, SAVOIE.

PHILIPPE, médecin grec, né dans l'Acarnanie, ne désespéra point de la guérison d'Alexandre, lorsque ce prince tomba malade après s'être baigné dans les eaux froides du Cydnus. Ce fut sans doute cette confiance même qui fit soupçonner Philippe. Parménion écrivit à Alexandre que ce médecin devait l'empoisonner par un breuvage qu'il lui présenterait. Le prince donna la lettre de Parménion à lire au médecin en même temps qu'il prenait la coupe de ses mains; et, rassuré par la contenance tranquille de Philippe, il prit sans hésiter le remède qui le guérit.

PHILIPPE de Thessalonique, poète grec, qui vivait sous les règnes de Trajan et de Nerva, est connu par quelques *épigrammes* spirituelles, et surtout par la collect. que les philologues désignent sous le nom de *deuxième Anthologie*, ou *Anthologie de Philippe*. Elle n'a jamais été imprimée séparém.; mais on la trouve dans les grandes édit. de l'*Anthologie* de Planude, parmi lesquelles nous citerons celles de Brunck : *Analecta poetarum græcorum*, Strasbourg, 1776, 5 vol. in-8; et de Jacobs, Leipsig, 1794, 12 vol. in-12, regardée comme un chef-d'œuvre de goût, de critique et d'érudition.

PHILIPPE *de la Sainte-Trinité*, carme déchaussé, né à Melaucène (comtat d'Avignon), visita comme missionnaire la Perse, l'Arabie, l'Arménie et plusieurs autres contrées de l'Orient. En 1665, il fut nommé général de son ordre à Rome, et mourut à Naples en 1671. Outre plusieurs ouvr. en faveur de son ordre, on a de lui : *Itinerarium orientale*, etc., Lyon, 1649, in-8, traduit en français sous le titre de *Voyage d'Orient*, etc., 1652 et 1669, en italien et en allemand.

PHILIPPE (CLAUDE-AMBROISE), savant magistrat et habile négociateur, né en 1614 à Besançon, joua un rôle assez marquant dans les guerres que fit Louis XIV pour réunir la Franche-Comté à la couronne de France. Les négociations qu'il entreprit, les soins qu'il se donna ne réussirent point à conserver cette province au roi d'Espagne, mais ce prince récompensa son zèle en le nommant prem. présid. du parlement de Dole. La réunion définitive de la Franche-Comté à la France rendit nulle cette faveur du monarque espagnol ; mais par la suite Louis XIV, instruit des talents de Philippe, le nomma présid. à mortier au parlem. de Besançon, charge qu'il remplit jusqu'à sa mort, arrivée en 1698. Il a laissé MSs. deux vol. de *Mémoires*; l'*Histoire de la diète de Ratisbonne*, 2 vol. in-fol., et un *Rec. des principales questions de droit sur les décisions du parlement de Franche-Comté*, 2 vol. in-fol.

PHILIPPE DE PRÉTOT (ÉTIENNE-ANDRÉ), littérateur, né à Paris vers 1710, fils d'un maître de pension, consacra sa vie à l'enseignement, ouvrit des cours particuliers d'histoire et de géographie qui eurent beaucoup de succès, surveilla la réimpression des classiq. latins publiés par Coustelier, tels que Catulle, Tibulle, Properce, Salluste, Virgile, Horace, Juvénal, Perse, etc., en y joignant des *préfaces* et des *notes*. Il mourut à Paris en 1787, censeur royal et membre des acad. d'Angers et de Rouen. On a de lui plus. livres élémentaires qui ont été surpassés ; mais on recherche encore de lui : *Tablettes géographiques pour l'intelligence des historiens et poètes latins*, 1755, 2 vol. in-12. Il a été l'éditeur des *Amusements du cœur et de l'esprit*, 1741-45, 15 vol. in-12, et du *Recueil du Parnasse*, 1743, 4 vol. in-12.

PHILIPPE DE NÉRI (ST). — V. NÉRI.

PHILIPPI ou PHILIPPY (JEAN), savant magistrat, né à Montpellier en 1518, fut d'abord conseiller, puis présid. à la cour des aides de la même ville, et intendant de justice auprès du connétable de Montmorenci, gouvern. du Languedoc. Il se distingua dans ces divers emplois par son intégrité et ses connaissances, et mourut dans un âge très avancé. On a de lui : *Édits et ordonnances du roy. concernant l'autorité des cours des aides de France*, etc., Montpellier, 1597, in-fol. — *Juris responsa*, recueil de décisions sur toutes sortes de matières de droit, 2e édit., 1603, in-fol. — *Histoire de la guerre civile en Languedoc pour le fait de la religion jusqu'en l'année 1598* : cet ouvr. est resté MS. — Son fils Louis lui succéda dans sa charge de président, et mourut en 1635.

PHILIPPICUS-BARDANES, empereur d'Orient, né en Arménie vers la fin du 7e S., suivit de bonne heure la carrière des armes, se signala par sa valeur et son intelligence, et parvint bientôt aux emplois supérieurs de la milice. Étant devenu suspect à l'empereur Justinien II, il fut exilé dans la Chersonèse, et s'y fit proclamer empereur par les habitants. C'est alors qu'il prit le nom de Philippicus. Ayant entraîné dans son parti les troupes que Justinien avait envoyées contre lui, il marcha sur Constantinople, surprit l'emper. ainsi que Tibère, son fils, les fit massacrer, et fut couronné sans obstacle en 711. Mais ce prince se montra encore moins digne du trône que son prédécesseur. Entièrement livré aux plus sales débauches, il enhardit par son indolence les Barbares, qui ravagèrent diverses provinces de l'empire, et se rendit odieux aux habitants de Constantinople par la protection qu'il accorda aux monothélites. Le domestique d'un patrice, nommé Rufus, ayant pénétré dans ses appartem. pendant la nuit à la faveur du désordre d'une fête, lui creva les yeux l'an 713. Conduit en exil, Philippicus y termina ses jours dans la misère. On a des médailles de cet empereur.

PHILIPS (ÉDOUARD), neveu de Milton, né à Londres en 1630, a publié en 1675 : *Theatrum poetarum* ou *Recueil complet des poètes les plus éminents de tous les siècles*, avec un *discours* sur la poésie et des *jugements critiques*, qui font soupçonner que Milton y a mis la main. C'est le plus important de ses ouvrages. On lui doit encore : *Tractatus de modo et ratione formandi voces derivatas linguæ latinæ*, 1684, in-4 ; et *Speculum linguæ latinæ*, 1684, in-4 ; deux traités extraits en partie du *Thesaurus latinus* de Milton. — Jean PHILIPS, autre neveu de l'aut. du *Paradis perdu*, traduisit en latin la *défense* de Milton, en réponse à l'*Apologia pro rege*. On a de lui les 5e et 6e livres de l'*Énéide*, travestis, 1678, in-18 ; et une continuation de la *Chronique* de Heath, 1676, in-fol.

PHILIPS (AMBROISE), poète angl., né à Bampton en 1676, mort à Hereford en 1708, a laissé, entre autres ouvr., les poèmes intit. : *Pomone* ou *le Cèdre*; la *Bataille d'Hochstedt*, et le *précieux Schelling*, qui ont été trad. en français, par l'abbé Yart, dans son *Idée de la poésie anglaise*.

PHILIPS (AMBROISE), poète anglais, né dans le comté de Leicester, mort en 1749, est *principalem.* connu par des *Pastorales*, que Richard Steele, son ami, mettait au-dessus de celles de Pope; mais les lecteurs ne sanctionnèrent point ce jugement.

On lui doit encore : la *Vie de lord John Williams*, 1700; trois tragéd. (*the Distressed Mother*, imitation de l'*Andromaque* de Racine, 1711; *the Briton*, 1721; *Humfrey, duke of Gloucester*), et quelques morceaux de politique, réimpr. dans le *Free Thinker*, 3 vol. in-8. Hennet, dans sa *Poétique anglaise*, a mis en parallèle quelques passages des pastorales de Pope, Gay et Philips.

PHILIPS (CATHERINE), fille d'un négociant de Londres nommé Fowler, née en 1631, morte en 1664, se fit connaître de bonne heure par quelque talent pour la poésie, et traduisit en anglais les tragédies de *Pompée* et des *Horaces*, de Corneille. On a d'elle des *lettres* et plus. pièces de vers réunies en 1669 sous le titre de *Poésies de l'incomparable mistress Catherine Philips*, in-fol.; elles ont été réimpr. en 1678.

PHILISTE, historien, né à Syracuse la 2e année de la 87e olympiade (481 ans av. J.-C.), suivit à Athènes les leçons d'Isocrate, et, de retour dans sa patrie, s'associa aux projets ambitieux de Denys-l'Ancien, et contribua de tous ses moyens à l'asservissem. de ses concitoyens. Sa valeur et son éloq. furent égalem. utiles au tyran dans les guerres que celui-ci eut à soutenir. Plus tard Denys, oubliant ses services, le bannit de Syracuse. Retiré dans Adria, il employa ses loisirs à écrire l'*Hist. de Denys*, auquel, malgré son injustice, il prodigua les plus grands éloges. Toutefois, il ne put revenir à Syracuse qu'après la mort du tyran. Il y fut bien accueilli de Denys-le-Jeune, et profita de son ascendant sur ce prince pour éloigner Dion et Platon. Chargé du commandement de la flotte de Denys à l'époque où Dion reparut en Sicile. Philiste, après avoir rendu long-temps la victoire incertaine dans un combat contre les Syracusains, se tua, dit-on, pour ne pas tomber vivant entre les mains de ses concitoyens. D'autres auteurs prétendent que le vaisseau qu'il montait ayant échoué sur la côte, il fut pris par les partisans de Dion qui lui tranchèrent la tête l'an 410 ou 411 av. J.-C. Il avait composé l'*Histoire de la Sicile*, en XIII livres, dont il ne reste qu'un seul *fragment*, conservé par St Clément d'Alexandrie. On peut consulter les *recherches* de l'abbé Sevin sur la vie et les ouvrages de Philiste, dans le t. XIII du Recueil de l'acad. des inscript.

PHILLIP (ARTHUR), navigat., né à Londres en 1738, était fils d'un Allemand, qui enseignait dans cette ville la langue de son pays. Il entra dans la marine à l'âge de 17 ans, et parvint au grade de capitaine de vaisseau. Nommé en 1787 gouvern.-général de la *Nouvelle-Galle-Méridionale* (New-South-Wales), découverte par Cook, il y arriva, en janv. 1788, avec une escadre composée d'une frégate, d'un aviso et de neuf transports. Ayant reconnu que le point de Botany-Bay, indiqué par Cook comme le plus favorable à un établissement, ne répondait point à l'idée que ce navigateur en avait donnée, il préféra le port Jackson. Il établit l'ordre dans la nouv. colonie destinée à recevoir les condamnés à la déportation, et jeta les bases de la prospérité à laq. elle est parvenue de nos jours.

Le mauvais état de sa santé l'ayant forcé de revenir en Europe au bout de 5 ans, il fut élevé au rang de vice-amiral, passa le reste de ses jours à Lymington, dans le comté de Hamp, et mourut à Bath en 1814. On a publié : *Voyage du gouverneur Philip à Botany-Bay, avec une description de l'établissement des colonies du port Jackson et de l'île de Norfolk*, etc., etc., Londres, 1789, in-4, avec *cartes*. Cet ouvr., mal rédigé, a été fort mal traduit en franç., 1791, in-8. Le traducteur a négligé quelq. écrits publiés en 1791 et 1792, pour faire suite à cet ouvrage. C'est à Phillip que la France est redevable des dernières dépêches reçues de La Pérouse (*v.* PÉROUSE).

PHILLIS - WHEATLEY, négresse enlevée en Afrique à l'âge de 7 à 8 ans, et vendue à John Wheatley en 1761, reçut une éducation soignée, et publia en 1772, à l'âge de 19 ans, un recueil de *poésies*. Affranchie en 1775, elle épousa un homme de sa couleur, remarquable comme elle par ses connaissances, et qui, sous le nom de Peter, devint un avocat distingué. Les embarras du ménage, auxq. elle n'avait point été accoutumée, et quelq. mauvais traitements de son mari, l'ayant plongée dans une mélancolie profonde, elle mourut du *spleen* en 1787. L'abbé Grégoire a trad. quelq.-unes des pièces de Philis, dans sa *Littérat. des nègres*.

PHILOCHORE, historien ou plutôt antiquaire grec, vivait, à ce que l'on conjecture, vers la fin du 4e S. avant J.-C. Il avait composé un ouvrage en XVII livres, intit. *Atthis*, dont il ne reste que des fragm., publ. sous ce titre : *Philochori Athen librorum Fragmenta*, etc., Leipsig, 1811, in-8.

PHILOCLÈS, poète dramatique grec, que son style amer avait fait surnommer *la Bile*, était contemporain de Sophocle, et remporta le prix dans un concours où le célèbre tragique avait présenté son *OEdipe à Colonne*, l'un de ses chefs-d'œuvre.

PHILOCRATE, orateur grec, vendu à Philippe, contemporain de Demade, était moins éloquent et encore plus intempérant que lui. Convaincu d'avoir reçu de riches présents du roi de Macédoine, il prit la fuite pour se dérober au supplice.

PHILOCTÈTE (mythologie), héros grec, fut le compagnon d'Hercule, qui, près de mourir, lui enjoignit de déposer ses flèches dans sa tombe, lui fit prêter serment de ne jamais découvrir ce dépôt, et lui légua en même temps ses autres armes, teintes du sang de l'hydre. L'oracle ayant annoncé aux Grecs qu'ils ne se rendraient point maîtres de Troie sans avoir les flèches d'Hercule, Philoctète leur indiqua le lieu où elles étaient renfermées, en frappant du pied la sépulture du demi-dieu. Il fut puni à l'instant de ce parjure. En retirant les flèches du tombeau, il en laissa tomber une sur le pied indicateur. L'infection de la plaie qui résulta de cet accident fut si grande, que les Grecs ne purent la supporter, et abandonnèrent Philoctète dans l'île de Lemnos. Mais, après la mort d'Achille, Ulysse, envoyé par l'armée grecque, sut décider adroitement Philoctète à venir devant Troie, dont sa présence devait hâter la chute. Sophocle a composé sur ce sujet une tragédie, traduite ou plutôt heureusement imitée par La Harpe.

PHILODÈME, philosophe grec, dont Cicéron a fait l'éloge dans sa harangue contre Pison, était de la secte d'Épicure. Burmann a inséré dans le t. II de son *Anthologie* 31 épigr. de cet auteur, et Chardon-la-Rochette en a publié deux nouvelles avec un comment. Parmi les MSs. d'Herculanum on a trouvé des fragments d'un *Traité de musique* qui ont été insérés dans le t. Ier du recueil *Herculanens. voluminum quæ supersunt*, 1793, in-fol.

PHILOLAUS, philosophe, né à Crotone dans le 5e S. avant J.-C., fut d'abord disciple de Pythagore, puis d'Archytas de Tarente, et composa sur la physique trois livres, dont Platon faisait tant de cas, qu'il les acheta 10,000 deniers ou 100 mines, s'il faut en croire Diogène-Laërce. Philolaüs paraît être le premier auteur de l'idée du mouvement annuel de la terre; et Bouilliau a intit. *Astronomie philolaïque* un traité qu'il a composé suivant ce système.

PHILOMÈLE (mythologie), fille de Pandion, roi d'Athènes, et épouse de Térée, roi de Thrace, ayant souffert de la part de ce prince les plus cruels traitements, Progné, sa sœur, accourut pour la venger; et, après l'avoir délivrée, elle servit à Térée dans un festin le cadavre de son fils Itys. Ce prince allait assouvir sa colère contre les deux sœurs, lorsque les dieux le changèrent en épervier, Progné en hirondelle, et Philomèle en rossignol.

PHILOMUSUS. — V. Locher.

PHILON, juif, de la race sacerdotale, né vers l'an 30 av. J.-C., à Alexandrie, s'appliqua dès sa jeunesse à l'étude des lettres et de la philosophie, et y acquit une grande célébrité. On l'appelait communém. le *Platon juif* ou *Philon-le-Platonicien*. Tout en s'initiant aux sciences humaines, il ne négligea point l'étude des livres sacrés du peuple hébreu. Il y chercha les dogmes de Platon, et les y trouva. Dans sa vieillesse, il fut député par les Juifs d'Alexandrie vers Caligula, à Rome, pour lui demander la confirmation du droit de bourgeoisie, qui leur avait été octroyé par les Ptolémée et les César, ainsi que la restitution de quelques synagogues qu'on leur avait enlevées. Philon ne réussit point dans cette mission. Il en avait écrit la relation, qui ne nous est point parvenue. L'ouvrage qu'on a de lui sous le titre *de Virtutibus, sive de Legatione ad Caium*, t. II de l'édit. de Th. Mangey, diffère de cette relation qui a été connue d'Eusèbe et de St Jérôme. Suivant les mêmes PP., Suidas et quelq. autres anciens, Philon, âgé de près de 100 ans, fit un second voyage à Rome, et y embrassa le christianisme; mais St Augustin déclare positivement que Philon n'a jamais professé la religion chrétienne. L'époque de sa mort est inconnue. Il avait composé un gr. nombre d'ouvrages sur l'Écriture-Sainte, la philosophie et la morale, dont la plupart se sont perdus. Ceux qui restent, au nombre de 28, écrits en grec, ont été recueillis et impr. à Genève, 1613, in-fol., avec la traduct. latine de Gelenius; à Paris, 1640, in-fol.;

à Wittemberg, 1690, in-fol.; à Londres (par les soins de Mangey), 1742, 2 vol. in-fol. Cette édition est la meilleure. Celle de F.-A. Pfeiffer, 1785-92, 5 vol. in-8, n'est pas complète. Quelq.-uns des traités de Philon ont été publiés séparém. en latin, en franç. et en d'autres langues. On peut consulter sur cet écrivain : l'*Hist. générale des auteurs sacrés et ecclésiastiques*, de Ceillier, t. I; la *Biblioth. græca*, de Fabricius ; la dissertat. de Dan.-G. Werner, *de Philone Judæo*, etc. Stargard, 1743, in-fol.; la *Chrestomathia philoniana*, de Dahl, Hambourg, 1800, in-8. L'abbé Mai a publié à Milan, en 1816, un traité, qu'il croyait de Philon, sous ce titre : *de Virtute ejusque partibus ;* mais il a été reconnu depuis que ce traité, déjà impr. deux fois, était de Gemiste-Plethon (*v.* Gemiste).

PHILON de Bysance, ingénieur grec, né dans le 2e S. avant J.-C., nous apprend lui-même qu'il séjourna quelque temps à Alexandrie pour se perfectionner dans l'étude de la mécanique, et qu'il s'arrêta dans l'île de Rhodes pour y étudier l'architecture. Il était très versé dans la géométrie. On connaît de lui un traité de *Poliorcétique*, dont il ne reste plus que le 4e et le 5e livre, publiés avec une version latine dans les *Veterum mathematic. opera*, Paris, 1693, in-fol. On lui attribue encore un opuscule : *De septem orbis spectaculis*, assez curieux, mais qui ne nous est pas parvenu en entier, et qui a été publié avec une vers. lat. et des notes par Allatius, Rome, 1640, in-8. Gronovius l'a inséré dans le tome VIII du *Thesaurus antiquitat. græc.;* et Boissieu en a donné une nouvelle traduction latine dans ses *Miscellanea*, 1661. Montucla a fait honn. à Philon de Byzance d'un *Traité de mécanique*, que Fabricius attribue à Philon de Tyane.

PHILON, docteur arménien, surn. *Diragatsi*, de Dirag, bourg du pays de Daron, vivait en 690. Ayant été chargé par un patrice d'Arménie de traduire dans la langue du pays l'*Hist. ecclésiastique* de Socrates, pour faire suite à celle d'Eusèbe, il s'acquitta de cet emploi, et ajouta même à l'original plusieurs faits omis, et le récit de plus. événements postérieurs à Socrates. C'est là tout ce que l'on sait de ce docteur.

PHILON DE BYBLOS, ainsi nommé du lieu de sa naissance, est surnommé encore, comme il nous l'apprend lui-même, *Herennius*, né, selon Vossius, dans le 1er S., la 10e année de Tibère, s'acquit une gr. réputation par ses ouvr. Il avait composé : *de Urbibus et claris viris quos unaquæque tulit, lib. XXX*, abrégé par *Ælius Serenus* (suiv. Suidas), ou *Ælius Severus athenæus* (selon Vossius). — *De comparandis et diligendis libr., lib. XII.* — *Commentarius de Judæis*, cité par Origène ; *de imperio Adriani*. Il avait traduit en grec l'*Histoire* du Sanchoniaton; Eusèbe a conservé quelq. fragments de la *préface*, et un long fragm. de l'*histoire*, formant le chap. 10 du liv. Ier. Dodwell en a publ. un *discours* en angl. sur ce sujet en 1681, et Fourmont en a fait la matière d'un des livres de ses *Réflexions critiques sur les histoires des anciens peuples*. Quelques écrivains semblent croire que Philon est l'auteur de l'*Histoire* qu'il a attribuée à Sanchoniaton; mais cette opinion n'est pas fondée. (V. la *Bibl. critiq.*, de Rich. Simon, t. Ier; l'*Antiquité expliquée*, du P. Montfaucon, liv. IV; van Dale, dom Calmet et le P. Tournemine, *Journal de Trévoux*, janvier 1714.)

PHILOPOEMEN, célèbre général de la ligue achéenne, né à Mégalopolis, principale ville de l'Arcadie, fit ses premières armes contre les Spartiates en guerre avec sa patrie, décida, par une manœuvre hardie, le succès de la bataille de Sellasie, où Cléomène, roi de Sparte fut complétem. défait par Antigone-Dozon, roi de Macédoine, et se distingua par de nouveaux exploits dans l'île de Crète, où il servit comme volontaire après la paix. Nommé général de la cavalerie des Achéens, il donna à cette arme une organisation qui la rendit bientôt la première des forces publiques. Il gagna, l'an 208 avant J.-C., la bataille de Larisse contre les Étoliens. Élevé ensuite à la dignité de préteur, ou de généralissime de la ligue achéenne, il défit complétement l'armée lacédémonienne à la journée de Mantinée, et tua de sa main le tyran Machanidas. Les Athéniens élevèrent au vainqueur une statue de bronze dans le temple d'Apollon à Delphes, et la Grèce entière lui rendit hommage dans la solennité des jeux néméens. Plus tard, il délivra, avec les seules forces de Mégalopolis, la ville de Messène assiégée par Nabis. Ayant hasardé contre ce même Nabis une bataille navale, il la perdit par son inexpérience des manœuvres nautiques; mais il répara bientôt cet échec en surprenant son advers. sous les murs de Gythium. Une nouv. victoire le rendit maître de Sparte, qu'il attacha à la ligue achéenne, et il refusa le présent que les vaincus, touchés de sa modérat., voulaient lui offrir. Dans la suite, les Spartiates cherchant à se détacher des Achéens, Philopœmen, d'autant plus sévère qu'il les avait épargnés deux fois, fit démanteler Lacédémone, bannit une partie de la populat., et abolit les lois de Lycurgue, qui rendaient cet état belliqueux et entreprenant. Il refusa aux Romains la grâce des bannis, pour que ceux-ci la dussent exclusivement à la confédération achéenne. Il venait d'être élu préteur pour la huitième fois, lorsq. les Messéniens (détachés de la ligue achéenne par les intrigues de Dinocrate, ennemi personnel de Philopœmen), firent une excursion dans l'Arcadie. Le héros marche à leur rencontre à la tête de la jeunesse mégalopolitaine; mais, forcé à la retraite par la supériorité numérique de ses adversaires, après avoir fait des prodiges de valeur, renversé de cheval, il fut pris et conduit à Messène, où Dinocrate s'en défit par le poison, l'an 183 avant J.-C. Les Achéens, conduits par Lycortas, père de Polybe, vengèrent sa mort, et rapportèrent ses cendres dans sa ville natale. Dinocrate se tua lui-même pour ne pas tomber entre les mains des vainqueurs. Philopœmen, que l'histoire a nommé *le dern. des Grecs*, réunissait toutes les qualités d'un gr. gén.; Folard vante surtout la promptitude et la sûreté de son coup-d'œil militaire. La simplicité de son ex-

térieur formait un contraste frappant avec le rang qu'il occupait. Aussi austère dans ses mœurs qu'Épaminondas, il eut le même désintéressement et le même respect pour la vérité; mais on lui reproche de n'avoir pas eu, comme son modèle, cette égalité d'âme que les injustices populaires ne pouvaient troubler. La *Vie* de Philopœmen a été écrite par Plutarque.

PHILOSTORGE, historien ecclésiastique, né en Cappadoce vers l'an 364, vint à Constantinople à l'âge de 20 ans pour se perfectionner dans la connaissance des lettres et des sciences, dont il avait reçu les premiers éléments dans la ville de Borisse (l'ancienne *Prusium*), sa patrie. Séduit par la lecture des ouvrages d'Arius, il adopta les erreurs de cet hérésiarque, s'en montra le défenseur, et composa, pour rendre odieux ses adversaires, l'*Hist. de l'Église depuis l'avénem. de Constantin jusqu'à la mort d'Honorius, en 425*. Cette histoire s'est perdue; mais il en reste un abrégé par Photius, qu'a publ. Godefroy, Genève, 1642, in-4, avec des savantes dissert. et une version latine très mauv. H. Valois en a donné une édit. plus correcte, avec une nouvelle version et des notes, à la suite d'Eusèbe et des autres historiens ecclésiastiq., Paris, 1673. Cette édit. a été suivie de plus. autres dont on trouve la liste dans la *Biblioth. gr.* de Fabricius.

PHILOSTRATE, nom porté par plusieurs philosophes et sophistes grecs. Les plus connus sont : — PHILOSTRATE, de Lemnos, qu'Eusèbe, Syncelle et quelques autres auteurs font naître à Athènes, professa la rhétorique dans cette ville, et vint enseigner à Rome, où il fut bien accueilli de l'impératrice Julie, femme de Septime-Sévère. Ce fut à l'instigation de cette princesse qu'il écrivit la *Vie d'Apollonius de Tyane*, le plus considérable des ouvrages qui nous restent de lui, trad. en français par Castillon, Berlin, 1774, 4 vol. in-12; et par Legrand d'Aussy, 1808, 2 vol. in-8. On doit encore au rhéteur de Lemnos : *lés Héroïques, ou Dialog. entre Vinitor et Phœnix*, dont M. Boissonnade a donné en 1806 une édition, avec des scholies et de savantes remarques. — *Les Tableaux*, description de 76 peintures qui décoraient le portiq. de Naples, traduit en français sous ce titre : *les Images, ou Tableaux de platte peinture*, par Blaise de Vigenère, 1614, in-fol. — *Les Vies des sophistes*, en II liv.; un recueil de 73 lettres sur des sujets érotiques ou galants. — PHILOSTRATE, dit *le Jeune*, neveu du précédent, vivait sous les emper. Macrin et Héliogabale. On a de lui un ouvrage qui a pour titre aussi : *les Tableaux*. Ce sont, suivant Heyne, moins des descriptions de peintures déjà exécutées, que des espèces de programmes proposés à l'émulation des artistes. Les *OEuvres* de ces deux Philostrate ont été réunies; l'édit. la plus complète est celle donnée par Oléarius, Lepsig, 1709, in-fol.

PHILOXÈNE, poète grec dithyrambiq., né dans l'île de Cythère, mort l'an 380 av. J.-C. à Éphèse, jouit d'un gr. crédit à la cour de Denys-le-Tyran, où il composa ses divers ouvr. Il ne fut pas moins renommé par sa gourmandise et son érudition en cuisine; on dit même qu'il avait composé un poème intitulé *le Souper*. Toutefois il était poète encore plus que parasite. Denys lisant un jour à table de mauvais vers de sa façon, demanda l'avis de Philoxène. Le poète répondit avec une courageuse franchise que ces vers ne valaient rien, et le tyran irrité l'envoya dans une prison qu'on appelait *les Carrières*. Le lendemain Philoxène reçut avec la liberté une nouvelle invitation à la table de Denys. Nouvelle lecture des vers de la veille, et nouv. avis demandé. Philoxène se lève alors, et pour toute réponse : « Qu'on me reconduise, dit-il, aux Carrières. » Cette saillie désarma Denys, et épargna au poète un second emprisonnement; mais celui-ci prit le sage parti de renoncer à la table du tyran métromane, se retira à Tarente, d'où il passa à Éphèse, et mourut dans la prem. année de la 100e olympiade, 380 ans avant J.-C.

PHILOXÈNE, autrement nommé XENAIAS, savant écrivain, de la secte des monophysites ou jacobites syriens, né à Tabal, bourg de la Susiane, appartenait à la population syrienne et chrétienne, alors répandue dans une grande partie de la Perse. Nommé par l'emper. Zénon évêque de Maboug ou Hiérapolis en 485, il fit, de concert avec Pierre, dit *le Foulon*, patriarche d'Antioche, de gr. efforts pour détruire en Syrie l'autorité du concile de Chalcédoine. Il alla deux fois à Constantinople pour y soutenir les intérêts de sa secte, et fut bien accueilli de l'empereur Anastase; mais après la mort de ce prince il fut exilé par l'emper. Justin, dit *le Vieux*, à Philippopolis de Thrace, puis à Gangra, où on le fit périr en le suffoquant avec de la fumée, en 522. Les jacobites le regardent comme un martyr, et célèbrent sa mém. le 18 févr., le 1er avril et le 10 déc. On conserve de lui un grand nombre d'ouvrages théologiques et polémiques, parmi les MSs. de la biblioth. du Vatican. Le plus célèbre de tous est la nouvelle version syriaque des 4 Évangiles qu'il avait faite en 508 sur le texte grec, et qui est la seule que lisent les Syriens jacobites. Elle a été publ. par J. Withe, Oxford, 1778, 2 vol. in-8, ainsi que le 1er vol. de celle des Actes des apôtres et des Épîtres de St Paul, etc., ib., 1801.

PHINÉAS (Bible), fils d'Éléazar et petit-fils d'Aaron, troisième grand-prêtre des Juifs, montra un zèle dont le Seigneur fut content, et qu'il récompensa en promettant à ce pontife que le sacerdoce ne sortirait point de sa famille.

PHLÉGON, historien, surnommé *Trallien* parce qu'il était né à Tralles en Lydie, fut affranchi d'Adrien, et vécut jusqu'au règne d'Antonin-le-Pieux. Il avait composé une *Hist.* ou *Chroniq.* en XVI liv., qui finissait à l'an 141; une *Description de la Sicile*; un *Traité des fêtes des Romains*, et quelques autres ouvrages dont Suidas rapporte les titres, mais qui se sont perdus. Il ne nous reste que les suiv. : *de Rebus mirabilibus liber; de Longævis libellus; de Olympiis*. Ces trois opusc. ont été publiés pour la première fois, avec une vers. lat., par Guillaume Xylander, Bâle, 1568, in-8. Meursius en a donné une édition plus belle et plus cor-

recte, avec une préface et des notes, Leyde, 1620, in-4. L'édit. la plus récente est celle de G. Franz, avec les notes de Meursius, Halle, 1775, in-8. On trouve ces opuscules réunis à ceux d'Antigone de Caryste et d'Apollonius Dyscole, sous ce titre : *Histor. mirabilium auctores græci*, Leyde, 1622, in-4; et ces différents auteurs font partie du t. VII des Œuvres de Meursius. Les opusc. de Phlégon ont été insérés dans les tomes VIII et IX du *Thes. antiquitat. græcar.*

PHOCAS (St), martyr, vivait du produit d'un jardin près de Synope, qu'il cultivait de ses mains, et trouvait encore les moyens de faire des aumônes, lorsque, pendant une persécution que l'on croit être celle de Dioclétien vers l'an 303, sa piété et sa charité parurent un si grand crime qu'on ne se donna pas la peine de le juger. Des soldats envoyés dans sa demeure lui tranchèrent la tête. Après la conversion de Constantin, les chrétiens élevèrent en l'honneur du St martyr une basilique où fut déposée une partie de ses dépouilles, et qui devint célèbre dans tout l'Orient. Dans la suite, une portion de ses reliq. ayant été envoyée à Constantinople, la ville célébra sa fête pendant deux jours; St Chrysostôme prononça à cette occasion deux discours, dont un se trouve dans ses *Œuvres*. Les Latins célèbrent la fête de St Phocas le 14 juillet.

PHOCAS, empereur d'Orient, né à Chalcédoine, ou, selon d'autres, en Cappadoce dans le 6e S., d'une famille obscure, embrassa de bonne heure la profession des armes, parvint au grade de centurion par la protection de Priscus, l'un des lieutenants de Maurice, et fut député par les soldats auprès de cet emper. pour lui demander la faveur de passer l'hiver dans leurs familles. Le refus de Maurice souleva l'armée, et les séditieux déférèrent le commandem. à Phocas, qui les amena des rives du Danube sous les murs de Constantinople. Maurice, abandonné de ses gardes et des habitants de sa capitale, s'éloigna sur un frêle esquif avec sa femme et sa famille, et le 4e jour après son départ (25 nov. 602), Phocas, revêtu de la pourpre, fit son entrée à Constantinople, au bruit des applaudissements du peuple et de la milice. L'un de ses premiers soins fut de donner l'ordre d'aller égorger Maurice et ses fils; mais, par politiq. ou par pitié, il fit épargner les femmes et les filles de ce prince, qui furent ramenées à Constantinople. Phocas, sans capacité militaire, ne devant son élévation qu'au hasard et au caprice d'une soldatesq. indisciplinée, n'aimait pas la vie des camps; il n'avait vu, dans le pouvoir suprême, qu'un moyen de se livrer plus facilement à ses habitudes de débauches; et, dans ce but, il s'occupa de procurer la paix à l'empire, disposé à faire tous les sacrifices pour l'obtenir. Mais Cosroès, roi de Perse, retint prisonnier son ambassadeur, lui déclara la guerre, et envahit les provinces d'Asie. Phocas, tourmenté par des craintes continuelles, fit verser des flots de sang à Constantinople, Alexandrie, Antioche, et devint un objet d'horreur, même pour ses partisans. Crispus, son gendre, excita Héraclius, exarque d'Afrique, à délivrer l'empire du monstre, qui souillait le trône. Héraclius aborda avec une flotte près d'Abydos, où il fut bientôt rejoint par une foule de mécontents. Phocas, trompé par Crispus sur l'imminence du danger, ne fit des préparatifs de défense que lorsqu'il vit la flotte d'Héraclius sous les murs de son palais; et, après une action sanglante, s'étant caché dans la ville, il fut découvert, dépouillé de la pourpre et conduit au vainqueur, qui lui fit trancher la tête le 5 octobre 610. Son corps fut traîné dans les rues par le peuple. On a des médailles de ce prince, en or, en argent et en bronze. Il avait fait composer en grec, par Théophile, une paraphrase des *Institutes* de Justinien, et traduire également en gr. le *Digeste* et le *Code*. Ces trois ouvr. devaient servir de base à l'enseignem. du droit.

. PHOCION, général athénien, l'un des hommes les plus illustres de l'antiquité, né 400 ans avant J.-C., était d'une famille obscure. Les leçons de Platon et de Xénocrate développèrent en lui les germes de la vertu et l'élévation de l'âme. Simple soldat sous Chabrias, il acquit bientôt un ascendant remarquable sur ce général, qui lui dut, en partie, le succès de la bataille navale de Naxos. Chabrias, incapable d'une basse jalousie, le fit connaître aux Grecs en lui confiant des missions importantes et hasardeuses. Phocion sut allier la science militaire à celle du gouvernement. Toute sa vie politique fut dominée par la crainte de soumettre la fortune publique aux chances d'une guerre que ses concitoyens ne pouvaient soutenir long-temps. Orateur inflexible dans ses conseils, il comptait sur les succès de sa persévérance. Supérieur aux applaudissem. comme aux clameurs de la multitude, il ne craignait point de braver la puissance populaire, et ses vertus imposaient à toutes les passions. Appelé 45 fois à la tête des armées athéniennes, nul général ne commanda un plus gr. nombre d'expéditions, et sa réputat. ne fut jamais démentie par les événements. Dans les camps, sa vie était celle d'un soldat; dans ses foyers, celle d'un sage. Il refusa toujours d'augmenter son faible patrimoine. « Si mes enfants, disait-il, vivent en bons citoyens, mon champ les nourrira; sinon, je ne veux pas accroître leurs vices par des richesses. Son éloquence était l'express. naturelle de son caractère et de ses mœurs. Il parlait à ses concit. avec le calme d'un philosophe et la conscience d'un Spartiate. Démosthènes appelait ce grand homme la *hache de ses discours*. Inaccessible aux illusions de la multitude, comme à l'ambit. de fixer les regards de la Grèce, Phocion jugeait les ressources réelles de sa république en capit. et en homme d'état, alors que Démosthène appelait les Athéniens aux armes contre Philippe de Macédoine, et traçait des plans de campagne dans ses harangues éloquentes. L'événement justifia ses craintes. Les Athéniens perdirent la bataille de Chéronée. Phocion, mis à la tête de la république, ne chercha plus qu'à lui assurer une paix honorable. Lorsqu'Alexandre, fils de Phi-

lippe, maître de Thèbes et de la Grèce, demanda que Démosthène lui fût livré avec quelq. autres, Phocion, sollicité à plusieurs reprises de donner son avis dans cette circonstance, hésita long-temps. Enfin, désignant Nicoclès, le plus cher de ses amis : « Si Alexandre vous le demandait, dit-il au peuple, je vous conseillerais de le livrer, quelque innocent qu'il fût; car je serais heureux de périr moi-même pour vous sauver : c'est assez que les Grecs déplorent la perte de Thèbes, ne leur faisons point pleurer Athènes. » Chargé de réconcilier sa patrie avec le vainqueur, il acheva de déterminer Alexandre à tourner ses armes contre les Barbares. Au milieu de ses conquêtes en Asie, le vainqueur du Granique avait envoyé 100 talents (600,000 fr.) au général athénien. « Si Alexandre m'estime, dit Phocion, surpris par les envoyés de ce prince dans les soins de son modeste ménage, qu'il me laisse ma réputation et la vertu. » Le roi de Macédoine essuya un nouveau refus, lorsqu'il offrit au sage de choisir entre quatre villes de l'Asie-Mineure. Après la mort d'Alexandre, la Grèce reprit les armes contre l'avis de Phocion, et alors commença la guerre lamiaque, qui finit par mettre les Athéniens à la merci d'Antipater. Ce fut inutilem. que Phocion, déjà octogénaire, battit les Macédoniens sur les côtes de l'Attique. Polyperchon ayant rétabli dans Athènes le gouvernem. populaire au nom du fils d'Alexandre, dont il était le tuteur, refusa d'entendre Phocion, chef de l'ancien gouvernem., et le renvoya chargé de fers devant l'assemblée générale des Athéniens. Accusé de trahison, Phocion dédaigna de se défendre, et but la ciguë, après avoir ordonné à son fils de ne jamais se souvenir de l'injustice des Athéniens. Ceux-ci, après avoir d'abord refusé la sépulture au héros, lui élevèrent bientôt une statue de bronze, et mirent à mort son accusateur. Phocion mourut dans sa 85e année, 317 avant J.-C. Cornélius-Nepos et Plutarque ont été ses biographes. Le dernier, plus exact et plus judicieux, compare le héros athénien à Caton d'Utique. Mably a choisi Phocion pour le principal interlocuteur de ses *Entretiens sur le rapport de la morale avec la politique*.

PHOCYLIDE, poète et philosophe grec, né à Milet, contemporain de Théognis, vivait vers la fin du 6e S. avant J.-C. Il composa quelques poèmes héroïques, et des élégies citées avec éloge. Il nous reste, sous son nom, un poème moral (*Carmen notheticon*) de 217 vers, dont aucun ancien auteur n'a parlé, si ce n'est le scholiaste de Nicandre. Ce poème se trouve dans toutes les éditions des Sentences de Théognis et des autres poètes gnomiques, et fait aussi partie d'un recueil d'opuscules, publié à Paris en 1507, très recherché des curieux. Nous citerons encore, parmi les édit. séparées du poème de Phocylide, celle qu'a publiée J.-A. Schier, grec et lat., avec des notes, Leipsig, 1751, in-8. Il en existe trois traduct. françaises, sous ce titre : *les Préceptes de Phocylide*, par Duché, 1698; par Levesque, 1782, etc.; par Coupé, 1798, in-8.

PHORMION, général athénien, succéda à Callias l'an 452 av. J.-C., se distingua dans la guerre du Péloponèse, et vendit ses biens pour faire subsister les troupes. Les Athéniens payèrent ses dettes, et lui offrirent de nouv. le commandem., qu'il refusa. — PHORMION, philosophe péripatéticien, enseignait à Éphèse alors qu'Annibal était réfugié dans cette ville. Le général carthaginois, assistant un jour aux leçons de ce philosophe, et l'entendant discourir à tort et à travers sur l'art militaire et sur les devoirs d'un général, ne put s'empêcher de dire : « J'ai quelquefois entendu radoter des vieillards, mais je n'ai jamais vu de plus grand radoteur que ce philosophe. »

PHOTIUS, patriarche de Constantinople, né dans cette ville au 9e.S., d'une ancienne et illustre famille, fit, sous d'habiles maitres, des progrès rapides dans les lettres et dans les sciences. Envoyé par Michel en ambass. dans l'Assyrie, il s'acquitta parfaitement de cette mission, et fut à son retour nommé *protospathaire* (commandant des gardes) en même temps que *protosecrétaire* de l'empereur. Bardas, oncle de Michel, fit élire Photius, bien qu'il fût laïque, patriarche de Constantinople, en 857, à la place d'Ignace. Celui-ci, exilé à l'ile de Térébinthe, rendait nulle, par son refus, l'élection de son successeur. L'ambitieux Photius, après avoir employé les moyens les plus odieux pour vaincre la résistance du pontife déchu, fit annuler son ordination par des prêtres et des évêques dont il avait acheté les suffrages, l'anathématisa, et écrivit au pape Nicolas Ier qu'Ignace, à raison de son grand âge, s'étant retiré dans un monastère, lui Photius avait accepté, par obéissance aux ordres de l'empereur, une charge dont le poids l'accablait. Nicolas Ier, soupçonnant que Photius ne lui disait pas la vérité, chargea les légats qu'il envoyait à Constantinople, pour détruire l'hérésie des iconoclastes, de prendre des informations sur ce qui s'était passé. Séduits par Photius, les légats déclarèrent Ignace coupable, et présidèrent le concile qui, en 861, confirma la déposition du vertueux patriarche, et excommunia tous ceux qui lui restaient attachés. Le pape, mieux informé, écrivit à Photius pour l'engager à rétablir sur son siége le pasteur légitime. Photius supprima cette missive, et en composa une autre, qu'il se fit remettre publiquem. par un misérable nommé Custrate. La fourberie ayant été découverte, Custrate fut condamné au fouet; mais Photius eut assez de crédit pour le dédommager de cette punition par un emploi lucratif. Indigné de la perfidie du patriarche intrus, Nicolas assembla dans Rome un concile qui interdit Photius et l'excommunia au cas où il persisterait dans ses erreurs. Photius réunit de son côté à Constantinople un autre concile, qui excommunia le pape. C'est ainsi que fut provoqué le schisme des Grecs, qui s'est perpétué jusqu'à nos jours. Toutefois la prudence de Nicolas et de ses successeurs, Adrien II et Jean VIII, en retardèrent l'explosion. Sur ces entrefaites, Basile, *le Macédonique*, monta sur le trône d'Orient. Photius avait d'abord cherché à se ménager l'appui de

ce prince; mais, changeant tout à coup d'idée, lorsque l'usurpateur se présenta dans l'église de Ste-Sophie, il osa lui dire : « Vous êtes indigne d'approcher des saints mystères, vous qui avez les mains encore souillées du sang de votre bienfaiteur. » Basile irrité exila Photius dans l'île de Cypre, et rétablit Ignace sur le siége patriarcal. L'intrus fut anathématisé par un concile tenu à Constantinople; mais plus tard, ayant su flatter la vanité de Basile, il obtint la permission de revenir habiter cette capitale. A la mort d'Ignace, Photius s'empara de la basilique de Ste-Sophie, reprit les fonctions de patriarche, et réussit à obtenir l'approbation du pape, qui ne vit dans cet acte de condescendance qu'un moyen de rendre la paix à l'Église d'Orient. Photius éluda les conditions que le souver. pontife avait mises à sa confirmation, en trompant ses légats, et assembla un nombreux synode, dans lequel, loin de se rétracter, il déclara persister dans toutes ses opinions. Le pape fulmina une nouvelle excommunicat. Photius se maintint en possess. de son siège jusqu'à l'avénem. de Léon-le-Philosophe à l'empire. Instruit des désordres du patriarche, le nouvel empereur l'exila dans un monastère d'Arménie, et l'on croit que Photius y termina sa carrière en 891. Il joignait à une vaste érudition un esprit vif et pénétrant. Ses opinions sur quelques principes dogmatiques de l'Église romaine lui ont rendu favorables plusieurs écriv. protestants, entre autres Hanckius, dans son traité *De bysantinarum rerum scriptorib*. On a de Photius : *Myriobiblon, sive bibliotheca librorum quos legit et censuit*, etc. C'est un des monuments les plus précieux de la littérat. ancienne et le modèle des journaux littéraires ; la prem. et la plus belle édition du texte grec est celle de D. Hoeschel, Augsbourg, 1601, in-fol. Cet ouvrage a été trad. en latin par A. Schott, ibid., 1606, in-fol., réimpr. en grec et en latin, Genève, 1611, in-fol.; Rouen, 1653, in-fol. — *Lexicon græcum*, publié pour la prem. fois à Leipsig, 1808, in-4, par les soins de M. G. Hermann.—*Epistolæ*, Londres, 1651, in-fol., avec une *version* lat. et des *notes*. Cette édit. ne renferme que 248 *lettres*, mais on en a un plus gr. nombre. Trois sont insérées dans l'*Auctarium bibl. Patrum*, une dans les *Prolégomènes* de l'édit. des *Homélies*, de Théophane; une dans les *Monumenta* de Cotelier ; un *Traité* (en IV· livres) *contre les nouveaux Manichéens* ou *les Pauliciens*, dans les biblioth. de Paris, du Vatican et de Hambourg. — *Nomocanon, id est legum imperialium et canonum ecclesiasticorum harmonia*, publ. pour la prem. fois en tête du recueil des *Canons ecclés.*, Paris, 1551, in-fol., avec une traduct. latine de Gentien-Hervet, et les *notes* de Th. Balsamon, réimpr. plus. fois depuis; des *dissertat.* et *traités* théologiques, trad. en latin, et publ. dans le tome V des *Antiquæ lectiones*, et dans l'*Auctarium;* un traité *Adversùs Latinos, de processione Spiritùs sancti*, dans la *Panoplie*, d'Euthyme-Tergobyste, 1710, in-fol.; un grand nombre d'*opuscules* inédits, dont on trouve les titres dans la *Biblioth. græca* de Fabricius. Le P. Ch. Faucher a publié la *Vie de Photius*, 1772, in-12.

PHRAHATACES, 16e roi des Parthes, fils et successeur de Phrahates IV, qu'il avait fait périr de concert avec sa mère, monta sur le trône l'an 9 de l'ère chrétienne : mais le règne de ce paricide ne fut pas de longue durée. A son premier crime il avait ajouté l'inceste. Les Parthes indignés se révoltèrent et le massacrèrent, ainsi que sa coupable mère.

PHRAHATES Ier, 5e roi des Parthes, fils et success. d'Arsace III, ou Priapatius, monta sur le trône vers l'an 178 av. J.-C. Les événements et la durée de son règne, sont peu connus. On sait seulement qu'il vainquit et subjugua les Mardes, peuple nomade de la Médie, et qu'il les établit dans le pays qui avoisine les Portes-Caspiennes. Il mourut peu de temps après, appelant au trône, au préjudice de ses enfants, son frère Mithridate. — PHRAHATES II, fils et success. de Mithridate Ier, monta sur le trône vers l'an 139 av. J.-C. Il hérita du titre de roi des rois qu'avait pris son illustre père et qui lui donnait l'empire de l'Asie. Il eut à soutenir une guerre très active contre Antiochus VII ou Sidetès, roi de Syrie, qui, vainqueur dans trois batailles, reconquit Séleucie et Babylone, entra en Médie et se rendit maitre d'Ecbatane. Bientôt Phrahates fut réduit aux seules provinces de la première monarchie parthique. Pressé à l'occident et au midi par les armes d'Antiochus, il l'était également à l'orient par les Grecs de la Bactriane. Dans cette extrémité, il eut l'idée de recourir aux Scythes, dont les secours avaient été si utiles à ses ancêtres, et les décida par de forts subsides à combattre pour sa cause. L'imprudence d'Antiochus le servit encore mieux que son courage et ses nouveaux moyens de défense. L'armée du roi de Syrie, livrée à l'indiscipline, était disséminée dans des cantonnem. très étendus, pour ne pas épuiser les ressources du pays. Phrahates informé que les habitants étaient disposés à se soulever, vint attaquer les troupes d'Antiochus dans leurs quartiers. Le roi de Syrie n'ayant pas le temps de rassembler une masse assez forte pour résister à cette agression, fut vaincu, et périt dans le combat. Sa mort fut suivie de l'anéantissem. de son armée, et les provinces envahies retombèrent sous la puissance des Parthes. Phrahates n'avait plus besoin des Scythes : après leur avoir refusé la somme qu'il leur avait promise, il les congédia insolemment ; mais ils ne tardèrent pas à se venger en se jetant sur le roy. grec de la Bactriane, qui était dépendant des Parthes. Phrahates marcha contre les agresseurs, fut vaincu, et périt dans le combat qui eut lieu vers l'an 127 av. J.-C. Parmi les médailles qui nous restent des rois parthes, il en est un assez gr. nombre qu'on attribue avec raison à Phrahates II. Il y prend les surnoms de *Philopator*, *Théopator*, *Nicator*, *Autocrator*, *Épiphanes*, *Évergètes* et *Philellène*. Il avait emprunté la plupart de ces surnoms aux Séleucides. Il est appelé aussi, dans quelques monuments, *Dicæus* (Juste),

nom tout-à-fait propre aux rois parthes, qui le firent placer sur leurs monnaies. — PHRAHATES III, 12e roi des Parthes, fils de Sanatrocès, monta sur le trône, selon Phlégon de Tralles, en la 3e année de la 177e olympiade (70e et 69e année av. J.-C.). Il fit alliance avec les Romains dans la guerre de Lucullus contre Tigrane et Mithridate-Eupator, mais il refusa de seconder Pompée dans son expédition contre le même Mithridate. Toutefois, après la dernière défaite du roi de Pont, il entra dans l'Arménie pour y appuyer les prétentions de son gendre Tigrane-le-Jeune. Pompée, malgré ses nombreux griefs contre le roi des Parthes, n'osa point lui faire la guerre, craignant qu'elle ne fût désapprouvée par le sénat. Ce prince périt l'an 58 av. J.-C., victime d'une conspirat. formée par ses fils Mithridate et Orodès, qui régnèrent successivement après lui. — PHRAHATES IV, 15e roi des Parthes, fils et successeur d'Orodès, monta sur le trône l'an 37 avant J.-C. Comme plusieurs de ses prédécesseurs, ce fut par un parricide qu'il hâta son avénement, après avoir fait égorger tous ses frères, dont il redoutait la concurrence. Il était à peine en possess. de la couronne qu'il dut soutenir la guerre contre les Romains. Il les fatigua par une multitude de petits combats, et força Marc-Antoine, qui s'était avancé jusque dans la Médie, à une retraite longue et désastreuse ; il fit ensuite une irruption dans l'Arménie, passa au fil de l'épée les troupes qu'Antoine y avait laissées et rétablit Artaxès sur le trône de ses pères. A la suite de ces succès, les sujets de Phrahates s'étant révoltés contre lui, il fut obligé d'aller chercher un asile chez les Scythes, et les Parthes placèrent sur le trône un prince du sang royal, nommé Tiridates. Mais Phrahates rentra bientôt dans ses états, à la tête d'une armée que les Scythes lui fournirent. Tiridates fut vaincu et alla chercher un asile chez les Romains. Quelques années après, Phrahates fit la paix avec ces derniers, et renvoya à l'empereur Auguste les prisonniers et les enseignes tombés au pouvoir des Parthes par les défaites de Crassus et d'Antoine. Cet événem. combla de joie tout l'empire romain ; les poètes s'empressèrent de le célébrer, et on frappa un grand nombre de médailles pour le rappeler à la postérité. Phrahates périt, comme son père, l'an 9 de J.-C., par les mains d'un fils aussi criminel qu'il l'avait été lui-même. Il existe plus. médailles de ce prince, où il prend les surn. de *Dicæus*, *Évergètes*, *Épiphanes* et *Philellène*, alors communs à tous les rois parthes, avec des dates de l'ère des Séleucides. — PHRAHATES V, fils du précéd., avait été envoyé en otage à Rome avec trois de ses frères. Long-temps après la mort de son père et celle de tous ses frères, l'an 35 de J.-C., pend. qu'Artaban III régnait sur les Parthes, l'empereur Tibère, irrité contre ce dernier, consentit à remettre le jeune Phrahates en ambassadeur de la nation parthe, qui le réclamait pour lui donner la couronne qui fut ravie à Artaban. Phrahates mourut de maladie peu de temps après son arrivée en Syrie, et Tibère lui donna pour success. Tiridates, son neveu. Le nom de Phrahates, consacré dans les auteurs grecs et romains, est le même que celui de *Ferad*, en usage chez les Persans, et se trouve chez les Arméniens avec une légère altération, sous la forme *Hrahad*.

PHRANZA ou PHRANTZÈS (George), l'un des écrivains de l'histoire bysantine, né à Constantinople en 1401, fut élevé à la cour de l'empereur Manuel Paléologue, dont il était le parent éloigné. Il devint chambellan et secrétaire de ce prince, qui le recommanda en mourant à Jean, son fils et son successeur. Il obtint en 1446 le gouvernem. de a Morée, et fut ensuite revêtu de la dignité de gr.-logothète. Cet emploi, qu'il vint exercer à Constantinople, le rendit témoin de tous les événem. du siége de cette ville par Mahomet II; et il les a décrits avec exactitude et impartialité. Après la prise de Constantinople, il resta au pouvoir des Turks, et fut esclave de l'un des princip. officiers, qui le traita avec humanité et lui donna la liberté au bout de 4 mois. Phranza se rendit alors en Morée, où il trouva un asile près du prince Thomas Paléologue, qui se soutenait encore dans cette province. Ayant pris l'habit monastique, il se retira dans un couvent de l'île de Corfou sous le nom de Grégoire. C'est là qu'il rédigea l'*Hist.* ou la *Chronique* de Constantinople de 1259 à 1477, que l'on conjecture avoir été l'année de sa mort. Le P. Pontan ayant découvert dans la bibliothèq. de Munich une copie de cette chronique divisée en quatre liv., la réduisit en trois, qu'il publia en lat., Ingolstadt, 1604, in-4. Cet abrégé a été inséré dans l'édition de l'*Hist. byzantine*, à la suite de l'hist. de Joseph Genesius. Le texte grec de Phranza a été publié pour la prem. fois, d'après le MS. qui avait servi au P. Pontan, par M. F.-Ch. Alter, profess. de grec à l'académie de Vienne, 1796, in-fol.

PHRAORTES, 2e roi des Mèdes suiv. Hérodote, succéda à Déjocès, son père, en 657 av. J.-C. Il fit la guerre à presque tous les peuples de l'Asie pour étendre sa domination; mais après de nombreux succès, il échoua contre les Assyriens, et fut tué dans une bataille livrée non loin de l'Euphrate et du Tigre, vers l'an 635 av. J.-C. Plus. savants ont pensé que ce prince est le même que le roi des Mèdes, nommé Arphaxad dans le livre de *Judith*. Il eut pour successeur Cyaxare Ier.

· PHRYNÉ, musicienne et célèbre courtisane de la Grèce, était née à Thespies, et florissait dans le 4e S. avant J.-C. Accusée d'impiété, elle allait être condamnée à mort lorsque Hypéride, son défenseur, la sauva en soulevant le voile, et exposant ainsi aux yeux des juges la beauté de sa cliente. — Athénée parle d'une autre courtisane du même nom, fameuse par sa cupidité.

· PHRYNICUS, poète tragique, né à Athènes, fut disciple de Thespis, l'inventeur de la tragédie, et, suivant Suidas, remporta le prix dans la 67e olympiade (511 av. J.-C.). Ce fut lui qui, le premier, introduisit dans ses pièces les rôles de femmes, et fit adopter l'usage des masques par les acteurs. Il employa aussi le premier le vers tétramètre, dont on le regarde comme l'inventeur. Suidas attribue à Phrynicus neuf tragédies dont il donne les titres, et qui se sont perdues. — Le même critique distingue Phrynicus dont nous venons de parler d'un autre poète du même nom, fils de Mélanthe, et lui attribue trois tragédies, *Andromène*, *Érigone* et la *Prise de Milet*, auxquelles Hésychius et Athénée ajoutent *Tantale* et les *Phéniciennes*. — Un troisième Phrynicus, l'un des dern. aut. de la vieille comédie, né à Athènes, vivait dans la 86e olymp. (environ 454 av. J.-C.). Plutarque cite un passage de l'une de ses pièces, et Aristophane raille ce poète, dans le prem. acte des *Grenouilles*, de ce qu'il mettait trop souvent en scènes des personnages ignobles. Il avait composé dix tragédies, dont il ne reste que les titres et quelq. fragments publ. par G. Morel., *Ex veter. comic. Fabulis quæ integræ non extant*, 1553; par Hertelius, *Vetustissimor. comicor. sententiæ*, Bâle, 1560; et par Grotius, *Excerpta ex tragediis et comediis*, gr. lat., 1626.

PHRYNICUS ARRHABIUS, grammairien grec, né dans la Bythinie, vivait vers le milieu du 2e S., sous les règnes de Marc-Aurèle et de Commode. Il avait composé un rec. de tous les termes du dialecte attique, dont il nous est parvenu un abrégé sous ce titre: *Eclogæ nominum et verborum atticorum*, publ. pour la prem. fois par Zach. Calliergi, Rome, 1517, et réimpr. à Venise en 1524 à la suite du *Dictionar. græcum*; à Paris en 1552 avec quelques autres petits *tr.* de gramm.; à Augsbourg, avec une *version* latine et des *notes*, 1601, in-4. On estime l'édit. publiée à Utrecht par Jean-Corn. de Pauw, 1759, in-4. La plus récente est celle de Leipsig, 1814, in-8. On a encore de Phrynicus des fragm. d'un ouvr. qu'il avait intitulé: *Apparatus rhetoricus sive sophisticus*. Ils ont été publ. dans la *Biblioth. coisliniana* du P. Montfaucon.

PHRYNIS, poète et musicien de Mitylène, dans l'île de Lesbos, né vers l'an 480 av. J.-C., se rendit si habile sur la cythare, qu'il remporta le prix de cet instrument aux jeux des Panathénées, célébrés à Athènes. Il fut moins heureux lorsqu'il disputa ce prix à Timothée, qui fut déclaré vainqueur. Phrynis est regardé comme l'auteur des premiers changements arrivés à l'ancienne musiq.; aux sept cordes qui composaient la cythare, il en ajouta deux nouvelles; et, croyant effacer ses prédécess. par un jeu plus brillant et plus difficile, il introduisit dans l'harmonie un mode efféminé qui nuisit à sa réputat. comme musicien. On peut consulter sur Phrynis les *remarques* de Burette sur le *Dialogue* de Plutarque *touchant la musique* (*Mém.* de l'acad. des inscript., t. X).

PHRYXUS (mythologie), fils d'Athamas et frère d'Hellé, avait été condamné à mourir avec sa sœur, d'après un oracle qui demandait les deux dernières personnes de la maison royale d'Iolchos. Le peuple allait les immoler; mais un belier, sorti du milieu d'une nuée, les enleva, et prit le chemin de la Colchide. Hellé se noya dans cette partie de mer qu'on appela depuis, de son nom, Hellespont, et Phryxus, arrivé en Colchide, sacrifia à Jupiter le belier qui l'avait sauvé, et en suspendit la toison, qui était d'or, dans une forêt consacrée au dieu Mars. C'est cette fameuse toison d'or que Jason enleva dans la suite.

PHYLIS (mythol.), fille de Lycurgue, roi de Thrace, devait épouser Démophoon, fils de Thésée, après son retour de Crète. Impatiente de l'absence de ce prince, elle se pendit, et fut changée en amandier.

PIA (PHILIPPE-NICOLAS), chimiste, né à Paris en 1721, servit d'abord en Allemagne comme pharmacien en chef de l'armée française, s'y fit recevoir maître en 1744, et, de retour à Paris, il exerça sa profession pendant 24 ans, avec une gr. distinction, devint échevin de la ville, reçut le cordon de St-Michel, fut administrateur des hôpitaux de Paris pend. la révolut., et mourut en 1799. On lui doit l'établissem. des dépôts de secours pour les noyés. Il rédigea une instruct. claire et précise pour diriger les dépositaires, consacra lui-même tout entier à l'exercice de ces secours dans Paris, et les entretint plusieurs années à ses frais. On a de lui : *Description de la boîte-entrepôt pour les secours des noyés*, 1776, in-8. — *Détail des succès de l'établissement que la ville de Paris a fait en faveur des personnes noyées*, 1774-89, 8 part. in-8.

PIACENTINI (DENIS-GRÉGOIRE), sav. philologue et antiquaire, né à Viterbe en 1684, entra de bonne heure dans l'ordre de St-Basile, fut appelé à Rome pour y professer le grec, et se retira ensuite dans la maison de son ordre à Velletri, où il mourut en 1754. On a de lui : *Epitome gr. paleographiæ*, etc., 1735, in-4.—*Diatriba de sepulcro Benedicti IX*, etc., 1747, in-4. — *Commentarium græcæ pronuntiationis*, etc., 1751, in-4. — *De sigillis veterum Græcorum, et de Tusculano Ciceronis*, etc. (ouvr. posth.), 1757, in-4.

PIAGGIO (TERAMO), peintre, né dans le territoire de Gênes en 1485, fut un des premiers qui s'éloignèrent du style gothique. L'église de Notre-Dame-des-Grâces, près de Chiavari, celle de St-Laurent à Gênes, la ville de Zoagli, sa patrie, conservent quelq.-uns de ses ouvr., parmi lesq. on distingue *Ste Thérèse entourée de St Nicolas de Bari, de St Jean-Baptiste, de Ste Claire et d'un évêque.*

PIALI, capitan-pacha, était né en Hongrie de parents chrétiens. Abandonné dans son enfance sur le champ de bataille de Mohacz, en 1526, il fut recueilli par des soldats qui le présentèrent à Soliman Ier, et ce prince ordonna qu'on en prît soin. Élevé dans le sérail, il occupa successivem. plus. emplois du palais, avant d'être nommé pacha du banc des visirs. En 1555, il fut envoyé, avec le titre de capitan-pacha, au secours de François Ier, alors allié de Soliman. Piali se joignit à la flotte française, et de concert avec elle, eut part à la prise des villes de Messine et de Reggio, et des îles de Majorque, Minorque et Iviça. Il obtint, en 1559, un avantage signalé sur l'armée navale combinée du roi d'Espagne Philippe II et des princes d'Italie. Il commanda, en 1565, la flotte qui assiégea Malte, mais il échoua dans cette entreprise. Plus

tard il conduisit l'expédition contre l'île de Chypre; mais Sélim.II, irrité de la lenteur de cette guerre, le déposa avant la prise de Famagouste. Piali mourut peu de temps après à Constantinople, laissant la réputation d'un des plus illustres amiraux qu'ait eus l'empire othoman.

PIAST, chef de la seconde race des ducs ou rois de Pologne, fut ainsi nommé à cause de sa taille courte et ramassée. Né vers la fin du 8e S., il habitait un village de la Cujavie où il s'occupait de la culture de quelq. arpents de terre qui formaient tout son patrimoine, lorsque les palatins, après un interrègne de 12 ans, s'étant décidés enfin à faire le choix d'un monarque, s'accordèrent pour élire Piast, que ses vertus rendaient digne d'un trône auquel il était bien loin d'aspirer. Cette élection eut lieu en 842. L'histoire a conservé peu de détails du règne de Piast, regardé comme une des époques les plus heureuses de la Pologne. Il apaisa, dit-on, les factions, fit fleurir la justice, le commerce et l'agriculture, n'abusa jamais du pouvoir, et sut toujours conserver, au milieu d'une cour fastueuse, la simplicité de ses mœurs patriarcales. Il mourut dans un âge très avancé, en 861, à Gnesne où il avait établi sa résidence, et laissa la couronne à son fils Zemowitz, dont la postérité a occupé le trône de Pologne jusqu'à l'avénément de Jagellon, chef de la 3e dynastie de Pologne.

PIAT (St), né à Bénévent, au pays des Samnites (roy. de Naples), accompagna St Denis lorsqu'il vint prêcher l'évangile dans les Gaules, et s'attira un gr. nombre de disciples par son éloquence, sa piété et sa charité. Il eut la tête tranchée vers 287 : il est honoré comme martyr, principalement à Tournai et à Chartres. Hérisson, a publié une *Notice historique sur St Piat*, Chartres, 1816, in-8 de 85 pages.

PIAT (LOUIS-CHARLES), né à Villeneuve-le-Roi en 1759, fut d'abord professeur d'humanités au collége de Montaigu, à Paris, devint ensuite principal du collége de sa ville natale, puis de celui de Melun, qu'il organisa en 1804. Admis à la retraite en 1816, il mourut à Melun en 1822. On a de lui un grand nombre d'ouvrages élémentaires, tels que : *Præludia ad syntaxim latinam*, etc., in-12. — *Éléments lexicologiques de la langue latine*, in-8. — *Fables de Phèdre, mises à la portée des commençants*, in-16.—*Le second Livre des écoles chrétiennes*, etc., 6e édit., 1826, in-18.—*Nouvel essai sur la conjugaison des verbes franç.*, in-12, etc.

PIAZZA (CALIXTE), peintre de l'école vénitienne, né à Lodi vers la fin du 15e S., fut un des élèves les plus distingués du Titien; il parcourut l'Italie, et laissa partout des preuves de son talent. On cite comme ses chefs-d'œuvre des *fresques* dans la ville de Lodi, et les *Noces de Cana* qu'il peignit à Milan en 1543. On ignore l'époque de sa mort.—

PIAZZA (Paul), peintre, né à Castel-Franco en 1557, fut élève de J. Palma-le-Jeune, quitta le monde de bonne heure pour entrer dans l'ordre des capucins où il prit le nom de P. Côme; mais son nouvel état ne l'empêcha point de se livrer à la culture de son art. Il mourut en 1621. On cite parmi ses compositions les plus estimées, une *Descente de croix*, à Rome, dans le palais du Capitole.—André PIAZZA, neveu du précéd., fut son élève. Le tableau des *Noces de Cana*, conservé dans l'église de Ste-Marie à Castel-Franco, passe pour le meilleur ouvrage de cet artiste, qui mourut dans sa patrie vers 1670.

PIAZZETTA (JEAN-BAPTISTE), peintre, né à Venise en 1682, mort en 1754, s'attacha à la manière des Carrache et du Guerchin. On cite de lui une *Décollation de St Jean-Baptiste*, dans l'église de St-Antoine de Padoue. Plus. de ses composit. ont été gravées par Bartolozzi, Pelli, Monaca, etc. Il a fait les dessins de deux *Recueils* de l'*Hist. sacrée et profane*, et de la *Jérusalem délivrée*. Le musée possède un tableau de cet artiste, représentant un *Militaire en habit polonais, et un jeune homme battant de la caisse*.

PIAZZI (JOSEPH), direct.-général des observatoires de Naples et de Palerme, né en 1746 à Ponte dans la Valteline, entra dans l'ordre des théatins, et se destinant à l'enseignement, il alla professer la philosophie à Gênes ; il fut appelé à Malte, pour y remplir la chaire de mathémat. dans l'université nouvellement fondée, et lors de la suppression de cet établissement, il se rendit à Rome, puis à Ravenne, où il occupa la chaire de philosophie et de mathémat. au collège des Nobles. Quelq. propositions hardies qu'il émit dans div. thèses philosophiques lui attirèrent des ennemis. Les théatins ayant renoncé à l'administration du collège de Ravenne, il vint habiter Crémone, et fut choisi pour remplacer le prédicateur ordinaire de cette ville. Nommé plus tard lecteur de théologie dogmatique à Rome, il y eut pour collègue le P. Chiaramonti, qui, devenu pape (Pie VII), lui conserva toujours la même estime et le même attachem. Piazzi, appelé en 1780 à Palerme comme profess. de hautes mathématiques à l'acad., y réforma la méthode de l'enseignem. en propageant le goût des bons livres, et provoqua l'établissem. d'un observatoire qu'il fut chargé de munir d'instrum., et que depuis ses découvertes ont rendu célèbre. Il s'était mis en rapport avec les astronomes les plus renommés durant le voyage qu'il avait été obligé de faire en France et en Angleterre pour les div. acquisitions nécessaires au nouvel établissem., qui fut mis en activité en 1791 : le résultat des prem. observat. fut publ. l'année suiv. Piazzi commença par dresser un nouveau catalogue des étoiles, et ce fut dans le cours de ce long et pénible travail qu'il fut conduit à la découverte d'une 8e planète (1er janv. 1801), à laquelle il donna le nom de *Ceres Ferdinandea*. Son catalogue, terminé en 1814, contenait 7,646 étoiles. Aux travaux de l'observatoire il joignit d'autres travaux que lui confia le gouvernem. de Naples ; il eut entre autres commissions celle de former un code métrique pour établir l'uniformité des poids et des mesures en Sicile. En 1812 il eut part à la nouvelle division territoriale ; cinq ans après on l'appela à Naples pour examiner les plans

du nouvel observatoire fondé par Murat sur les hauteurs de Capo-di-Monte, et il en eut quelque temps la direct., qui fut donnée ensuite au savant Cacciatore, son élève. Piazzi mourut à Naples le 22 juillet 1826. Il était membre de l'académie des sciences de Naples, de celles de Turin, de Gœttingue, de Berlin, de Pétersbourg, associé étranger de l'Institut de France, de la société royale de Londres, membre ordinaire de la société italienne, correspond. de l'institut de Milan, etc. La *Biblioth. de Genève*, août 1826, contient une *Notice* sur la vie et les ouvr. de Piazzi, dont M. Xavier Scrofani a publ. l'*Éloge*, Palerme, 1826, in-8. Outre ses *Mém.* envoyés aux corps sav. dont il faisait partie, des *Lettres* et autres *Morceaux* dans les *Transact. philos.* et le *Journal des Savants*, on distingue parmi ses ouvr. : *Della specola astronomica de' regj studj di Palermo, libri IV*, Palerme, 1792, in-fol., fig. : un 5e livre fut publ. en 1795.— *Sull' orologio italiano e l'europeo*, ibid., 1798, in-8.— *Della scoperta del nuovo pianeta Cerere Ferdinandea*, etc., ibid., 1802, in-8.—*Præcipuarum stellar. inerrantium positiones, ineunte seculo XIX*, etc., ibid., 1803, in-fol. : ce prem. catalogue est moins étendu que celui qu'il publia sous le même titre en 1814.— *Codice metrico siculo*, Catane, 1812, 2 part. petit in-fol. — *Lezioni di astronomia, ad uso del real osservatorio di Palermo*, 1817, 2 vol. in-8.— *Ragguaglio del reale osservatorio di Napoli*, etc., 1821, in-4, figures.

PIBRAC (GUI DU FAUR, seigneur de), né en 1529 à Toulouse, commença ses études dans cette ville, les continua à Paris, puis alla se perfectionner dans la jurisprudence à Padoue, sous André Alciat. De retour dans sa patrie il y fut nommé conseiller au parlement, et ensuite juge - mage. Choisi par Charles IX, en 1562, pour être l'un des ambassad. de France au concile de Trente, il y défendit les intérêts de la couronne et les libertés de l'Église gallicane. Le chancelier de Lhôpital le fit nommer, en 1565, avocat-général au parlem. de Paris, et, en 1570, conseiller-d'état. Pibrac accompagna, trois ans après, le duc d'Anjou en Pologne. L'énergie et la fermeté qu'il déploya dans plus. circonstances difficiles lui acquirent beaucoup de considérat. A son retour de Pologne, où il avait fait d'inutiles efforts pour conserver la couronne à Henri III, il négocia un traité de paix entre la cour et les protestants. Pour récompenser ses services le roi lui conféra une charge de président à mortier, la reine de Navarre le nomma son chancelier, et il fut aussi chancelier du duc d'Alençon. Le chagrin que lui donnèrent les troubles qui agitaient l'état, lui causa une maladie de langueur, dont il mourut en 1584. On a de lui : le *Discours* qu'il prononça en latin au concile de Trente, traduit en franç. par Ch. Choquart. Paris, 1562, in-8.—*Rec. des points princip. des deux remontrances faites en la cour, à l'ouverture du parlem. de 1569*, ibid., 1570, in-4. — *Ornatissimi cujusdam viri de rebus gallicis ad Stanislaum Elvidium epistola*, 1575, in-4 ; trad. en franç., ibid., 1575, même format (c'est une apologie de la St-Barthélemi, qui lui fut commandée par la cour, et dont il eut le tort inexcusable de se charger : on a fait à cet écrit deux réponses impr. dans le prem. vol. des *Mém. du règne de Charles IX*). — *Discours de l'âme et des sciences*, 1635, in-8. — *Poème sur les plaisirs de la vie rustique*, non achevé, mais impr. dans plus. édit. des *Quatrains*, publ. pour la prem. fois sous ce titre : *Cinquante quatrains contenant préceptes et enseignements utiles pour la vie de l'homme, composés à l'imitation de Phocilides, Epicharmus et autres poètes grecs*, Paris, 1574, in-4. A ces 50 quatrains Pibrac en ajouta 76, ce qui fait en tout 126. Florent Chrestien les a mis en vers grecs et latins ; Auguste Prévost, Jean Richard et Chr. Loisel en ont aussi publ. des vers. latines. P. Dumoulin les a trad. en prose grecque; et cette version a été reproduite avec une traduct. latine interlinéaire, par Boulard, à la suite de son édit. des *Distiques de Caton*, 1802, in-8. Martin Opitz et Ant. Stettlern, en ont aussi donné des traduct allem., en vers et en prose. On a joint dans beaucoup d'édit. aux *Quatrains* de Pibrac ceux du président Favre et de Pierre Matthieu; la dern. dans laq. on les a réunis est celle de l'abbé de La Roche, sous ce titre : *la Belle vieillesse*, 1746, in-12. Ch. Paschal, ami de Pibrac a publié l'*Hist. de sa vie*, en latin, 1584, in-12; trad. en franç. par du Faur d'Hermay, 1617, in-12. On a des *Mém. sur la vie de Pibrac, augmentés par l'abbé Sepher, avec les pièces justificatives*, etc., Amsterdam (Paris), 1758, 1761, in-12.

PIC DE LA MIRANDOLE. — V. MIRANDOLE.

PICARD (JEAN), savant astronome, né à La Flèche (Anjou) en 1620, s'appliqua avec ardeur à l'étude des mathématiques, et s'attacha spécialement à l'astronomie. Il observa l'éclipse de soleil du 15 août 1645, avec Gassendi qu'il remplaça dans la chaire d'astronomie du collége de France, et devint membre de l'acad. des sciences à sa formation en 1666. Il y lut un *mémoire*, dans lequel il traçait le plan d'une astronomie perfectionnée par ses propres inventions et celle de Huygens. Dans la vue de rendre plus sûrement utiles les observat. de Tycho-Brahé, il fit le voyage d'Uranienbourg pour déterminer exactem. la longitude et la latitude de cet observatoire célèbre. Ce fut lui qui fit appeler en France Cassini pour l'aider dans ses travaux, et il eut le chagrin de voir ce savant devenir l'objet de toutes les préférences du gouvernement. Picard avait contribué par ses plans et son crédit à la construction de l'Observatoire : Cassini en fut déclaré directeur; les projets du premier furent négligés ou ajournés. Blessé par une chute qu'il avait faite dans une observation difficile, Picard passa ses dernières années dans un état languissant, et mourut à Paris en 1682, ou selon d'autres en 1683 ou 1684. On a de lui, outre des *observations* recueillies par Lemonnier, dans son *Histoire céleste*, etc., 1741 : *La mesure de la Terre*, 1671, in-fol. — *Voyage d'Uranienbourg*, etc., 1680, in-fol. — *Observations astronomiques* faites en divers endroits du royaume,

— *La connaissance des temps*, de 1670 à 1683, 5 vol.; plus. *traités* et *mém.* dans le Recueil de l'acad. des sciences, où l'on trouve son *éloge* par Condorcet. On peut consulter, pour plus de détails, l'*Histoire de l'astron. moderne*, par Delambre, t. II.

PICARD (LOUIS-BENOÎT), auteur dramatique, né à Paris en 1769, fit de brillantes études, au sortir desquelles son père, avocat distingué, et son oncle maternel, médecin non moins renommé, le pressèrent d'opter entre ces deux professions; mais un penchant irrésistible l'entraînait vers la carrière où il a obtenu de si nombr. succès. Sous les auspices d'Andrieux, qui fut lié avec lui d'une étroite amitié, il donna au théâtre de *Monsieur* sa prem. pièce, *le Badinage dangereux*, qu'on accueillit assez favorablem. La même troupe, transplantée peu de temps après au théâtre Feydeau, y représenta sa seconde comédie, *Encore des Ménechmes*. Il donna ensuite à l'Opéra-Comique *les Visitandines*, qui furent suivies de quelques ébauches de circonstances, jouées dans les prem. années de la révolut. Picard, dont le goût pour l'art dramatiq. était devenu une véritable passion, après avoir souvent joué la comédie en société et s'être même montré sur le petit théâtre Mareux, rue St-Antoine, débuta, ainsi que son frère, à la salle de Louvois, dont il prit la direction. La salle plus vaste de l'Odéon lui ayant été concédée en 1801, il y continua ses triples fonctions d'auteur, d'acteur et de directeur, et ce fut pend. sa prem. direction de ce théâtre qu'il obtint ses plus beaux triomphes littéraires. Il quitta au bout de quelq. années la profession de comédien, dans l'espoir de composer plus d'ouvrages et d'entrer à l'Institut, où il fut admis en 1807, dans la 2e classe (Acad. française). Bonaparte lui donna peu de temps après la croix de la Lég.-d'Honn. et l'administrat. du gr. Opéra, à laquelle il renonça en 1816 pour reprendre la direction de l'Odéon. A cette occasion il s'éleva entre lui et M. Alex. Duval quelques débats qui furent portés devant les tribunaux, et qui se terminèrent par une transaction à l'amiable entre les deux auteurs, sans fournir au public tout le scandale qu'il avait espéré. Ce fut après le second incendie de l'Odéon, et pendant qu'il était l'hôte passager de la salle Favart, que Picard obtint l'autorisation de jouer tout le répertoire du Théâtre-Français. Ce privilége demeura la propriété de l'Odéon; mais ce malheureux théâtre, abandonné définitivem. par celui qui l'avait si long-temps dirigé, ne compta plus que de loin en loin, et comme par hasard, quelques jours de prospérité. Picard mourut à Paris le 31 déc. 1828. Il avait déjà, en 1824, composé 70 pièces de théâtre. Malheureusement il n'était pas riche; il avait d'ailleurs une fille en bas âge, dont le sort l'inquiétait, et pour laquelle il se crut obligé, vers la fin de sa vie, de multiplier les ouvrages faibles. On n'aurait presque rien à citer de lui, dans cette dernière période, s'il n'avait donné *les Trois Quartiers*, en société avec M. Mazères. Mais, parmi ses product. dramatiques d'un âge plus heureux, on est embarrassé de choisir les plus remarquables. Nous citerons pourtant : *Médiocre et Rampant ; Duhautcours, ou le Contrat d'union ; le Conteur, ou les deux Postes ; la petite Ville ; la grande Ville, ou les Provinciaux à Paris ; M. Musard ; les Capitulations de conscience ; les Marionnettes ; les Ricochets ; les deux Philibert* (avec Radet). On a imprimé le *Théâtre de L.-B. Picard*, 1821-23, 10 vol. in-8. Outre quelq. poésies légères dans les recueils périodiques, on a encore de ce fécond écriv. plusieurs romans, tels que *l'Exalté, ou Histoire de Gabriel Désodry*, etc., 3e édit., 1824, 5 vol. in-12 ; et *le Gilblas de la révolution, ou les Confessions de Laurent Giffard*, 3e édit., 1825, 5 vol. in-12, productions qui n'ont rien ajouté à sa réputation. Le caractère distinctif de son talent, comme auteur dramatique, est une gaîté franche et naturelle, à laquelle il joint une entente parfaite de la scène et un dialogue vif et animé. S'abandonnant trop à sa facilité, il a parfois négligé son style, et l'on s'en aperçoit surtout dans le petit nombre de ses pièces qu'il a essayé de rimer. Picard a attaché son nom à une édit. des *OEuvres complètes de Molière*, 1826-1828, 5 vol. in-8 ; et il s'est fait aussi (avec M. Peyrot) le directeur en nom d'une édition portative du *Répertoire du Théâtre-Français*, en 2 vol. in-8, Paris, 1825-29.

PICARDET (Hugues), procur.-général au parlement de Dijon, né à Mirebeau en 1560, demeura fidèle aux rois Henri III et Henri IV, pendant les troubles de la Ligue, maria sa fille au président J.-A. de Thou, et mourut à Dijon en 1641. On a de lui : *Remontrances faites en la cour du parlement de Bourgogne*, Paris, 1618 et 1624, in-8. — *Remontrances sur l'édit de Nantes, les duels, blasphèmes*, etc., 1614, in-12. — *L'Assemblée des notables à Rouen*, 1617, in-8. — *L'Assemblée des notables tenue à Paris, années* 1626 *et* 1627, 1652, in-4. — Picardet a publ. l'ouvrage de George Fiori, *de Bello italico et rebus Gallorum præclarè gestis lib. VI*, etc., 1613, in-4.

PICART (Étienne), surn. *le Romain*, graveur, né à Paris en 1631, séjourna long-temps en Italie, et de retour en France, fut un des artisles employés à la gravure de la grande collection connue sous le nom de *Cabinet du roi*. En 1710, il passa en Hollande avec son fils, et mourut à Amsterdam en 1721. Il a gravé le portrait et l'histoire ; on lui reproche d'avoir laissé trop dominer l'eau-forte dans ses estampes, ce qui les rend d'un aspect un peu dur. — Bernard Picart, fils du précédent, né à Paris en 1663, acquit de bonne heure une grande réputation comme graveur et comme dessinateur. Les libraires d'Amst. s'empressèrent de mettre ses talents à contribution ; mais la multitude de travaux qu'on lui commanda l'empêcha d'apporter à leur exécution le soin qu'il avait mis à ses prem. ouvrages. Il gagna beaucoup d'argent, mais ce fut aux dépens de sa réputation. Il était très laborieux et avait le travail facile ; aussi a-t-il exécuté une grande quantité de pièces ; plusieurs sont

d'après ses propres dessins. Il mourut à Amsterdam en 1733. Son œuvre est curieux, et piquant par la variété des sujets et par l'esprit avec lequel ils sont composés. Nous citerons : *le Massacre des Innocents*, sa pièce capitale, une suite d'*Epithalames* en 12 pl., *le Temps découvrant la Vérité*, et les *Bergers d'Arcadie* d'après Le Poussin ; les portraits de *son père*, de *Roger de Piles*, du *prince Eugène*, du *duc d'Orléans, régent ; mais ce qui a rendu son nom populaire, ce sont les planches des cérémonies religieuses de toutes les nations*, 1723-43, 11 vol. in-fol. Prud'homme en a publié une édit. (Paris, 1810, 13 vol. in-fol.), peu recherchée des amateurs, parce qu'on y a fait servir les anc. planches qui sont fort usées.

PICATRIX ou PISCATRIS, médecin ou plutôt charlatan arabe, vivait en Espagne vers le 13e S. Il s'était acquis dans l'astrologie une telle réputation, qu'Alphonse X, roi de Castille, fit traduire en espagnol ses ouvr., en 1252. Cette traduct. n'a jamais été imprimée, mais Corneille Agrippa qui en eut connaissance pend. son séjour en Espagne, lui emprunta, dit-on, une partie de la prétendue science qu'il développa plus tard dans son traité *de occultâ Philosophiâ*.

PICCADORI (Jean-Baptiste), supérieur-général des clercs-réguliers-mineurs, né à Rieti, prit l'habit religieux à l'âge de 14 ans, et fut chargé plus tard par ses supérieurs d'enseigner la philosophie et la théologie. Il n'avait que 25 ans lorsqu'un concours fut ouvert à la *Sapience* pour la chaire de morale, qui est affectée à l'ordre dont il faisait partie. Le P. Piccadori obtint cette chaire et la remplit avec la plus gr. distinction jusqu'à la fin de sa vie. Il devint en même temps curé de la paroisse des SS. Vincent et Anastase, qualificateur de l'inquisition, consulteur de l'*Index*, membre du collège philosophique et de plusieurs sociétés littéraires. Il avait aussi rempli différentes charges dans son ordre, lorsque Léon XII le nomma supérieur-général dans le mois de sept. 1826. Il mourut le 29 déc. 1829 à Rome, à l'âge de 63 ans. Piccadori a publié des *Institutions d'éthique* ou de *philosophie morale*. Il se proposait de donner des *Institutions du droit des gens*, que la mort ne lui permit pas d'achever.

PICCININO (Nicolas), célèbre capitaine ital., né à Pérouse dans le 15e S., s'attacha dans sa jeunesse à Braccio de Montone, et devint bientôt l'un de ses meilleurs lieutenants. Il s'engagea ensuite au service des Florentins, mais il le quitta la même année (1425), pour entrer à celui de Phil.— M. Visconti, duc de Milan, et dès-lors il lui resta constamment attaché. Général des armées milanaises, il remporta des avantages signalés sur le comte d'Urbin, sur Carmagnole et sur Fr. Sforza, le plus brave des génér. vénitiens. Battu à Anghiari par les troupes florentines en 1440, il s'empara l'année suivante des forteresses de Bressan et du Bergamasque. Tant de succès lui méritèrent l'honneur d'être adopté dans la maison Visconti, et dans celle d'Aragon par le roi Alphonse de Naples. La fin le sa carrière glorieuse fut marquée par des revers, et il mourut de chagrin en 1444. — Franç. PICCININO, fils du précéd., formé par son père, le servit en qualité de lieutenant. Il se laissa surprendre dans Bologne. Cette ville secoua l'autorité de son père, et lui-même fut fait prisonn. par une troupe de révoltés. De nouv. revers marquèrent sa carrière. Il mourut à Milan en 1449. — Jacq. PICCININO, frère du précéd., lui succéda dans le commandement des troupes milanaises, et passa avec son armée du côté des Vénitiens, lorsque Franç. Sforza se fit proclamer duc de Milan en 1450. Devenu général en chef des armées vénitiennes, Jacq., opposé à Fr. Sforza, ne se distingua point dans cette guerre, qui se termina en 1454. Congédié à cette époque par le sénat de Venise, il forma une compagnie d'aventuriers, vint attaquer la république de Sienne, s'empara de plus. forts sur son territoire, accepta ensuite les proposit. d'Alphonse d'Aragon qui l'appelait dans le royaume de Naples, passa plus tard au service de Jean, duc d'Anjou, auquel les barons napolitains avaient offert la couronne, et abandonna ce prince en 1463, en se faisant donner par Ferdinand d'Aragon, fils d'Alphonse, des terres et une pension de 90,000 florins. Deux ans après, il fut arrêté par les ordres de ce même Ferdinand, paisible possesseur du royaume de Naples, et étranglé dans sa prison.

PICCINNI (NICOLAS), célèbre compositeur, né en 1728 à Bari, sur le roy. de Naples, fut placé très jeune au conservatoire de Sant'-Onofrio, alors dirigé par Léo. A quinze ans il avait composé une messe, que Léo fit exécuter en sa présence, et dans laquelle il trouva le germe d'un beau talent. Il débuta dans la carrière dramatique, en 1754, par un opéra buffa, joué sur le grand théâtre de Naples. Le succès qu'il obtint deux ans après dans l'opera seria de Zénobie, décida sa vocation. Il donna en 1760, sur le théâtre de Rome, la Cecchina de Goldoni, opéra plus connu en France sous le titre de la Bonne Fille. Cette composition, où l'on entendit pour la première fois le gr. morceau d'ensemble appelé final, fut accueilli avec le plus vif enthousiasme. L'auteur ajouta encore à sa réputation par son Olympiade, où il avait eu à lutter contre le souvenir de la musique de Pergolèse et Jomelli, dont il triompha complètement. Après un séjour de 15 ans à Rome, il quitta cette ville, affligé d'un passe-droit qu'on lui fit en faveur du musicien Anfossi, et revint à Naples, où bientôt il reçut des proposit. qui influèrent sur le reste de son existence. Il quitta l'Italie pour venir en France, où sa réputation lui avait acquis de nombreux partisans, et où l'appelait la reine Marie-Antoinette. Arrivé à Paris à la fin de 1776, il s'y lia particulièrem. avec Marmontel, qui lui apprit le français. Le Roland, de Quinault, retouché par cet académicien, servit aux prem. études de Piccinni, qui en composa la musique. La représentat. de cet opéra éprouva de grandes difficultés. Gluck venait de donner Armide, et possédait alors toute la faveur du public. La reine Marie-Antoinette

choisit Piccinni pour son maître de chant, et témoigna le désir de voir cesser la division qui avait éclaté entre les deux musiciens. Ceux-ci se rapprochèrent ; mais les hostilités n'en continuèrent pas moins entre leurs partisans. Tout Paris prit part à cette guerre musicale, dont on a peine à concevoir la violence, et qui produisit une multitude de pamphlets. Enfin Gluck quitta la France ; mais Piccinni trouva un nouv. rival dans Sacchini. Il donna successivem. Atys, Didon, Diane et Endymion, Pénélope, et dans l'intervalle deux opéras comiques. Nommé en 1782 directeur de l'école royale de chant, il semblait chercher le repos dans les loisirs de cette place, lorsque la révolution de 1789 le priva de ses traitements. Le séjour de Paris lui paraissant insupportable, il revint à Naples en 1791. Mais, ayant eu la maladresse de manifester des opinions contraires à celles de la cour, il tomba dans une disgrâce complète, et passa plus. années dans l'abandon et l'indigence. Il revint en France vers la fin de 1799, obtint une pension du directoire, et mourut à Passy en 1800. Il a laissé plus de 150 ouvr. dramatiques de divers genres ; mais il n'en est resté qu'un seul au théâtre, l'opéra de Didon. Ginguené a publié une Notice sur sa vie et ses ouvrages, 1801, in-8. — PICCINNI (Joseph), fils aîné du précédent, mort à Paris en 1826, âgé de 68 ans, est auteur des paroles de plus. opéras comiques, tels que le faux Lord, le Mensonge officieux, Lucette, mis en musique par son père. Il a aussi donné plus. comédies : les Valets, singes de leurs maîtres ; Arlequin, empereur dans la lune ; les deux Français à Naples ; le Coffre ; l'Auteur mécontent ; les Infidélités imaginaires.

PICCIONI (MATTHIEU), peintre et graveur, né à Ancône dans le 17e S., a gravé à l'eau forte d'après Raphaël, Paul Véronèse et plus. autres maîtres.

PICCOLOMINI (JACQUES AMMANATI, plus connu sous le nom de), cardinal, né près de Lucques en 1422, fut d'abord sécrétaire du card. Capranica, devint ensuite secrétaire apostoliq. sous le pape Calixte III, puis évêque de Pavie sous Pie II, qui lui donna, par une sorte d'adoption, le nom de Piccolomini, qui était celui de sa famille, et le revêtit de la pourpre romaine en 1461. Nommé successivement par Sixte IV, légat de l'Ombrie, évêque de Tusculum, puis de Lucques, il mourut en 1479. On a de lui des commentaires, dans lesquels il a continué l'histoire de son temps, commencée par Pie II, Milan, 1506, avec 782 lettres, les unes de lui, les autres qui lui sont adressées, et sa Vie, par J. de Volterre, son secrétaire. Il a laissé plus. autres ouvr. tous inédits, dont un, De officiis summi pontificis et cardinalium, fait partie des MSs. de la biblioth. royale.

PICCOLOMINI (ALEXANDRE), archev. de Patras, né à Sienne, en 1508, de la même famille que le pape Pie II, acquit de grandes connaissances dans les langues hébraïque, grecque et latine, dans la théologie, la jurisprudence, la médecine, la philosophie et les mathématiq., fut nommé en 1574 ;

par le pape Grégoire XIII, à l'archevêché (*in partibus*) de Patras, et coadjuteur de celui de Sienne, et mourut en 1578. On a de lui un assez grand nombre d'ouvr., parmi lesquels on cite : la *Rafaella*, *o dello Creanza delle donne*, Milan, 1558, in-8; Venise, 1574, in-12; Londres, 1750, in-8, trad. en franç. par Fr. d'Amboise, sous le pseudonyme de Thierry de Timophile, en forme de dialogue, etc., Lyon, in-16; 2e édit., S.D., sous le titre de *Dialogues et devis des demoiselles pour les rendre vertueuses*, etc., Paris, 1583, in-16. — *Instituzione di tutta la vita dell' uomo nato nobile*, etc., Venise, 1542, in-4; refondu sous le titre *dell' Instituzione morale*, *libri XII*, etc., 1560; trad. en français par Larivey. — *Orazione in lode delle donne*, 1549, in-8. — *Della sfera del mondo*, 1540, in-4; trad. en franç. par Goupil, 1580, in-8. Ses autres ouvrages consistent en *pièces* dramatiques, en *traductions* et *paraphr.* d'Aristote, de Xénophon, etc. Sa *Vie* a été écrite par Fabiani, 1749, 1759, in-8. — François PICCOLOMINI, parent du précéd., né en 1520 à Sienne, y professa la logique, la philosophie à Macerata, à Pérouse, à Padoue, et mourut dans sa patrie en 1604. On a de lui : *Universa philosophia de moribus*, etc., Venise, 1583, in-fol. — *Comes politicus pro rectâ ordinis ratione Propugnator*, 1596, in-8. — *De arte definiendi et eleganter discurrendi*, etc., 1600, in-4. — *Libri de scientiæ naturâ V partibus*, ibid, 1597, in-4, etc.

PICCOLOMINI (ALPHONSE), duc de Montemariano, né dans le 16e S., de la même famille que les précéd., possédait des fiefs considérables dans les états du pape; il avait reçu de la nature un caractère violent et impétueux, auq. une mauvaise éducation avait donné encore plus de développem. L'esprit militaire de l'Italie, alors comme dans le siècle précédent, ne se fondait ni sur l'amour de la patrie ni sur le point d'honneur. Les chefs et les soldats se louaient au plus offrant. Les seigneurs stipendiaient des soldats licenciés et des spadassins, pour les employer à venger leurs injures privées. Piccolomini ne pouvait manquer de suivre cet exemple, et sa bande fut plus nombreuse qu'aucune autre. Excommunié par le pape Grégoire XIII, qui confisqua de plus ses biens, il résolut de s'en venger sur la société entière. Bientôt il réunit tous les brigands de la Toscane, de la Romagne, de la Marche et du patrimoine de St Pierre, et porta la désolat. dans les états de l'Église. Le pape, de son côté, mit toutes ses forces sur pied pour le combattre. Piccolomini repoussé trouva un refuge dans les états de François de Médicis, grand-duc de Toscane, et recommença ses ravages en 1581. Le pape, dont les troupes étaient dispersées alors, entra en négociat., lui rendit tous ses biens, et accorda une amnistie à ceux qui avaient suivi son parti. Mais, dans cette conduite indulgente, il n'avait d'autre but que de gagner du temps. En effet, dès qu'il eut réuni ses troupes, il oublia le traité conclu. Piccolomini battit les troupes de l'Église, força le pape à tenir ses en-

gagements, passa en France la même année (1582), y trouva du service, et y séjourna 8 ans. La mort de François de Médicis le ramena en Italie, et il réunit une bande de 500 hommes, avec lesq. il commença à ravager la province de Pistoie en 1590. Chassé par les milices du grand-duc de Toscane, il se cacha pendant quelque temps, puis s'approcha de Rome avec une nouv. troupe de brigands, pendant la tenue du conclave dans lequel fut élu Grégoire XIV. Défait de nouv. et arrêté par les troupes du gr.-duc, il fut pendu par les ordres de ce prince en 1591.

PICCOLOMINI (OCTAVE), l'un des généraux autrichiens les plus disting. de la guerre de 30 ans, né en 1599, de la même famille que les précéd., se consacra de bonne heure à la profess. des armes, et fit ses premières campagnes en Italie dans les troupes espagnoles. Capitaine dans un régiment de cavalerie que le grand-duc envoyait à l'emper., il se distingua par son courage à la bataille de Lutzen, où périt Gustave-Adolphe (*v.* ce nom), et fut promu successivem. à des grades supérieurs. Il commandait les impériaux à la bataille de Nordlingen, où le duc de Weimar fut défait, parcourut ensuite la Souabe et la Franconie, et s'empara de plus. villes. L'année suivante, il conduisit à Namur un renfort de 12,000 hommes de pied et de 7,000 cavaliers, et mit pour un moment les Pays-Bas à l'abri de l'invasion des Français. Il fut moins heureux dans les campagnes qui suivirent; cepend. en 1639 il réussit à délivrer Thionville assiégé par le maréchal de Châtillon. Obligé de se replier sur l'Allemagne, il arrêta les ravages de Banier dans la Bohème, et sauva l'Autriche de l'invasion des Suédois, alors si redoutables. Appelé sur sa réputation en Espagne, il s'y rendit avec l'agrément de son souverain, et fut nommé général en chef des forces espagn. dans les Pays-Bas. Il ne put obtenir de grands succès avec une armée qui n'était pas encore remise des pertes qu'elle avait essuyées à Rocroy; mais il soutint sans désavantage un combat naval contre la flotte combinée des Français et des Hollandais. Les progrès que firent de nouveau les Suédois en 1648 déterminèrent l'emper. à le rappeler, et il lui conféra le grade de feld-maréch. Il justifia la confiance de son souver., en contribuant à ralentir la marche des ennemis. Mais bientôt l'empereur se vit dans la nécessité de conclure la paix. Nommé principal commissaire de l'Autriche au congrès rassemblé à Nuremberg pour l'exécut. du traité de Westphalie, il fut élevé après cette miss. au rang de prince de l'empire. Il mourut à Vienne en 1656, sans laisser d'enfants. Il avait obtenu le duché d'Amalfi dans le royaume de Naples. Ce duché et le titre de prince passèrent à son petit-neveu, Énée Piccolomini. Octave Piccolomini est le principal personnage de la seconde partie de la *Trilogie* de Schiller, dont le sujet est l'élévation et la mort de Wallenstein.

PICHAT (MICHEL), né à Vienne (Isère) en 1786, mort le 25 janv. 1828 dans toute la force de l'âge, s'était fait connaître par une tragédie de *Turnus*, dont quelques scènes seulem. furent représentées en 1824, à l'Odéon. Elles faisaient partie d'un *Prologue* qui avait pour titre *les Trois genres*. Peu après il mit sur la scène le dévouem. de *Léonidas*. Le succès de cette pièce fut l'un des plus brillants qu'ait vus le théâtre. Le troisième sujet qu'il traita, mais que la mort ne lui permit pas de voir représenter, fut *Guillaume Tell*, joué avec succès le 22 juillet 1830. La touche de Pichat est vigoureuse, son coloris a de l'éclat; mais toutes ses inspirations sont prises dans des sujets républicains, à l'except. de *Turnus*, dont l'inspirat. était prise dans l'amour de la patrie; la censure en supprima pourtant le 4e acte, ce qui l'empêcha de faire représenter cette pièce.

PICHEGRU (Charles), général français, né en 1761 à Arbois, y fit de bonnes études, puis fut envoyé répétiteur au collège de Brienne, où Bonaparte était alors élève. Bientôt Pichegru, fort jeune encore, s'engagea comme simple soldat dans le premier régim. d'artill., et il était parvenu au grade d'adjudant-sous-offic., lorsqu'éclata la révolution de 1789. Il en adopta les principes, fréquenta les clubs, et, par l'influence de celui de Besançon, fut appelé au commandement d'un bataillon de volontaires du Gard. En 1792, il fut employé dans l'état-major de l'armée du Rhin, et s'éleva rapidem. aux grades de général de brigade et de général de division. Ses talents, ses opinions connues, et peut-être aussi son origine peu relevée déterminèrent Saint-Just et Lebas, alors en mission près de l'armée du Rhin, à lui en confier le commandement en chef. Les lignes de Weissembourg étaient forcées, et l'Alsace envahie. Avant de songer à prendre l'offensive, il fallait remonter le moral des soldats par quelques succès; et Pichegru y parvint en se bornant à arrêter la marche de l'ennemi. Mais son système de prudence et de circonspect. fut peu goûté. On lui préféra l'aventureuse audace du jeune gén. Hoche, entre les mains duquel on réunit le commandement des deux armées de la Moselle et du Rhin. Avec une modestie toute républicaine, Pichegru seconda l'exécution des plans de son collègue. Lors de la disgrâce de celui-ci, il le remplaça, puis il passa peu après au commandem. de l'armée du Nord. Son premier soin fut d'y rétablir la discipline; ensuite il se fit autoriser par le comité de salut public à substituer aux instructions qui lui avaient été données ses propres combinaisons, dont le résultat fut la défaite des alliés à Cassel, à Courtrai, à Menin, à Rousselaer, à Hooglède. Bruges, Gand, Anvers, Bois-le-Duc, Venloo et Nimègue ouvrirent leurs portes à l'armée française. Celle-ci passa le Wahal sur la glace, et pénétra en Hollande. Pichegru entre dans Amsterdam le 21 janvier 1795, et dans les premiers jours de février, les Provinces-Unies sont occupées. Le 3 mars, le conquérant de la Hollande reçoit l'ordre d'aller diriger les opérations de l'armée du Rhin-et-Moselle. Il passe par Paris, accepte le commandem. de cette capit., et y rétablit la tranquillité par des mesures de modération et de sagesse; mais les scènes d'anarchie dont il a été témoin le désenchantent de son

enthousiasme pour une cause que la vertu ne pouvait plus servir. Dans le même temps, un agent du prince de Condé lui fait des ouvertures pour le gagner à la cause royale, et il y accède sous la seule condition qu'on lui garantira la coopérat. des Autrichiens. Le prince n'ayant pas cru devoir mettre ceux-ci dans ses secrets, les négociat. traînèrent en longueur. Il paraîtrait qu'on assurait à Pichegru le gouvernem. de l'Alsace, le cordon rouge, la propriété du château de Chambord, un million comptant, 200,000 fr. de rente, 12 pièces de canon en présent; enfin la ville d'Arbois, qui aurait pris le nom de Pichegru, aurait été exempte de contributions pendant 15 ans. Le général répondit : « Je ne ferai rien d'incomplet; je ne veux pas être le troisième tome de La Fayette et de Dumouriez. » Sur ces entrefaites, la correspondance de Pichegru et du prince de Condé fut connue du génér. Wurmser et de l'archiduc Charles, qui en profitèrent dans l'intérêt de leur cour, et mirent obstacle aux résultats qu'elle aurait pu avoir dans le sens des vues du prince français. Conformément aux ordres de la convention, Pichegru avait repassé le Rhin. Il ne reprit point l'offensive, dans l'espoir de favoriser la cause qu'il avait embrassée, et se contenta d'ordonner des marches et des contremarches sans but comme sans résultat. Mais ses intrigues commençaient à être connues. Le directoire, récemm. installé, s'en tint à le rappeler, puis lui offrit l'ambassade de Suède. Déclinant cette espèce d'exil, Pichegru se retira près de Besançon, et il y vécut quelque temps, sans que sa conduite privée confirmât en rien les bruits fâcheux qui avaient circulé sur le changement de ses opinions. En mars 1797, nommé membre du conseil des cinq-cents, il en fut élu président dans la première séance, et devint aussitôt le chef du parti appelé *clichien*, dans leq. se trouvaient un certain nombre d'individus dévoués à la cause roy. Le 20 juillet, Pichegru fit un rapport sur la nécessité de réorganiser la garde nationale, pour l'opposer aux troupes dont s'entourait le directoire; le 26 il prononça un disc. véhément sur la marche de ces mêmes troupes, qui s'approchaient de Paris, et présenta à la suite deux projets pour fixer les limites constitutionnelles autour du corps-législatif. Ces projets, accueillis par le conseil des cinq-cents, furent rejetés par celui des anciens. Pichegru propose alors de tenter un coup de main: mais il ne put surmonter la circonspection des uns, les scrupules des autres, et la frayeur de presque tous. Le 5 septemb., des troupes placées sous les ordres d'Augereau envahirent les avenues du corps-législatif. Pichegru, arrêté avec plus. de ses collègues, fut conduit à la prison du Temple, et condamné le lendemain, ainsi que 50 autres députés, à être déporté. Après ce coup d'état, le directoire s'empressa de publier la correspondance de Pichegru avec le prince de Condé, que les hasards de la guerre avaient fait tomber au mois de mai précédent dans les mains de Moreau. Peu de personnes crurent à l'authenticité de cette correspondance, et les royalistes eux-mêmes la considérèrent comme une invention du directoire. Après quelques mois de séjour à Sinamari, Pichegru parvint à s'évader avec plusieurs de ses compagnons d'infortune. Il se rendit à travers mille dangers en Angleterre, où il fut accueilli avec beauc. d'empressement, passa de là en Allemagne au moment de la campagne de 1799, puis alla en Suisse au quartier-génér. de Korsakow, et, après la retraite des Russes, vécut quelque temps ignoré dans la principauté de Bareuth. Il retourna ensuite en Angleterre, et y resta jusqu'en 1804, époque à laq. il vint secrètement à Paris, avec George Cadoudal et plusieurs autres royalistes, pour tenter de renverser le gouvernem. consulaire. Lorsque ce complot fut découvert (*v.* George CADOUDAL), la police de Paris rechercha Pichegru avec la plus grande activité. Ce général, trahi par son hôte, fut arrêté et conduit au Temple. Interrogé plusieurs fois, il mit toujours la plus grande réserve dans ses réponses. Quelques jours après on le trouva mort dans son cachot. Des médec., appelés à la visite du cadavre, attestèrent que Pichegru s'était étranglé avec sa cravate. Le bruit courut que Bonaparte avait ordonné ce crime ; mais on doit s'empresser de dire que ce bruit n'a pas le moindre fondement. L'écrit du comte de Montgaillard intit. : *Mém. concernant la trahison de Pichegru*, dans les années III, IV et V de la républ. (1795 à 1797), fut à cette époq. répandu à un très gr. nombre d'exemplaires. On peut consulter les *Notices sur Moreau et Pichegru*, par Fauche-Borel, 1810, in-8 ; et la brochure de Rœderer, *Moreau et Pichegru*, 1804, in-8. Après la restauration, une statue en bronze de Pichegru fut élevée à Besançon, et une autre en marbre à Lons-le-Saunier : elles ont été renversées à la révolution de 1830.

PICKEN (ANDREW), né à Paislay en 1788, d'un négociant, fut lui-même élevé pour exercer le commerce, voyagea dans les Indes-Occidentales, revint en Europe, abandonna sa profession pour une place dans la banque d'Irlande, mais se retira bientôt à Glascow, où il publia son prem. ouvrage : *Contes et essais de l'ouest de l'Écosse*, qui eut un prodigieux succès. Privé de sa fortune par quelq. spéculat. malheureuses, il s'en consola avec la littérature. Son roman intitulé *le Secrétaire*, le mit définitivem. en vogue, et il devint dès-lors un des collaborateurs actifs des revues et magasins littéraires les plus répandus. La publicat. du livre intitulé : *Dominic's legacy*, en 1830, mit le sceau à sa réputation. Picken avait fait paraître encore d'autres ouvr., et l'année 1833 avait vu éclore les *Histoires traditionnelles des anciennes familles*, fondées sur de vieilles légendes anglaises, écossaises et irlandaises. Elles devaient avoir une suite, mais le 23 nov. 1833 la mort frappa l'auteur, qui laissa pour tout héritage un roman intitulé : *The Back Watch*, du temps de la bataille de Fontenoy, et qu'on dit être son chef-d'œuvre.

PICOT (EUSTACHE), sous-maître de la chapelle de Louis XIII, a laissé quelques morceaux qui ne sont bons qu'à donner une idée de la musiq. d'église

à cette époque. Le roi lui avait donné l'abbaye de Chaulmoy et un canonicat de la Ste-Chapelle de Paris. — PICOT (Bernard-Franç.-Bertrand), marquis de La Motte, maréchal-de-camp, né en 1734, servit dans la marine, et, à la paix de 1763, fut nommé commandant - général de la côte du Malabar et gouvern. de Mahé ; il se retira du service avant la révolution, fut un des otages de Louis XVI, et mourut à Senlis en 1797.

PICOT (PIERRE), ministre du St Évangile, né en 1746 à Genève, où il mourut en 1822, descendait de Nicolas Picot, le compatriote et le compagnon de Calvin. Après quelques voyages en France, en Hollande et en Angleterre, où il se lia avec Franklin, il revint dans sa patrie, fut attaché dix ans comme pasteur à la paroisse de Sattigny, puis fut nommé en 1787 professeur de théologie à Genève, où ses prédications eurent beaucoup d'éclat. Ses *Sermons* ont été publiés par le professeur Chenevière, Genève, 1823, in-8.

PICQUET (FRANÇOIS), missionnaire, né à Lyon en 1626, fut nommé en 1652 consul à Alep, dont le pacha eut bientôt en lui assez de confiance pour l'établir juge des différends qui s'élèveraient entre les chrétiens. Après la défaite et le remplacement de ce pacha, qui s'était révolté contre la Porte, le consul franç. n'en conserva pas moins son crédit, dont il se servit pour protéger le commerce des Francs de toutes les sectes. Cependant il renonça à ses fonctions en 1660, et revint en France, où il entra dans les ordres, et fut revêtu de plusieurs dignités ecclésiast. Il retourna à Alep en 1679 avec le titre d'évêque (*in partibus*) de Césarople en Macédoine, et de vicaire apostolique de l'archevêché de Naxivan en Arménie ; mais il s'aperçut bientôt que ses efforts pour ranimer la foi des chrét. dans ces contrées et pour convertir les hérétiq. seraient plus efficaces s'il était investi de la dignité d'ambassad., très respectée en Perse. Il la brigua donc par un zèle désintéressé, et l'obtint en 1681. Il partit aussitôt d'Alep, et s'achemina vers Ispahan, en passant par Diarbekr, Erzeroum, Érivan, Naxivan, Agulis, Tuscit, Vanand et Tauris, honoré partout des chrétiens qu'il rencontrait sur sa route, et les affermissant dans leur foi et leurs espérances. Il arriva dans la capitale de la Perse en 1682, fut assez bien accueilli par le schah, et fit tourner son séjour dans le pays au bien de la religion. En 1683, il fut nommé évêque de Bagdad, et l'année suiv. il se rendit à Hamadan pour se rapprocher de sa ville épiscopale, en attendant que les circonstances lui permissent de s'y rendre. Ce fut là qu'il mourut en 1685 (*v.* sa *Vie*, attribuée à Anthelmy, évêq. de Grasse, Paris, 1732, in-12 ; et le 6ᵉ vol. des *Mém.* du chev. d'Arvieux). — PICQUET (François), né à Bourg en Bresse en 1708, partit pour les missions de l'Amérique en 1735, et bientôt il eut toute la confiance des diverses castes d'Indiens qui environnaient les établissements français du Canada : il ne se contentait pas de les instruire, mais il savait encore leur ménager des avantages matériels. Aussi, dans la guerre de 1742 et dans celle de 1755, il rendit de grands services à la France en dirigeant lui-même les Indiens contre les Anglais. Après la défaite et la mort de Montcalm, qui furent suivies de la perte du Canada, Picquet gagna la Nouvelle-Orléans, escorté par ses fidèles Indiens à travers une immense étendue de forêts et de déserts. De retour en France, il exerça quelque temps encore son ministère, puis se retira dans une chaumière aux portes de Bourg, et y mourut en 1781. Sa *Vie*, par l'astron. Lalande, se trouve en tête du t. XXVI des *Lettres édifiantes*, édition de 1786.

PICTET (Bénédict), ministre protestant, né à Genève en 1655, mort en 1724, professa la théologie avec éclat dans sa ville natale, et fut membre de l'acad. de Berlin. On a de lui 50 ouvrages, dont on trouve les titres dans le tome Ier des *Mém.* de Niceron. Nous citerons : *Traité contre l'indifférence des religions,* 1661, in-12.— *Theologia christiana,* 1676, 2 vol. in-8; trad. en français par l'auteur, 1701, 2 vol. in-4. — *Histoire de l'Église et du monde,* etc., 1712, in-4. — PICTET (Jean-Louis), astron., de la même famille, né à Genève en 1759, fut, en 1768, chargé d'aller avec Mallet observer le passage de Vénus sur le soleil dans les parties les plus éloignées de l'empire russe. L'état du ciel l'empêcha de faire cette observation; mais il sut utiliser son voyage par plusieurs remarques importantes. De retour à Genève, il entra au conseil des deux cents, fut élu conseiller-d'état, puis syndic, et mourut en 1781. Il a publié : *Observat. variæ occasione transitûs Veneris per solis discum, in Siberiá, anno 1769, institutæ in Umbæ pago,* tome II des *Mém.* de l'acad. de Pétersbourg, 1769.

PICTET (Marc-Auguste), successeur de Saussure dans la chaire de philosophie de l'académie de Genève, et président de la société pour l'avancem. des arts de la même ville, où il naquit en 1752, mort en 1825, correspond. de l'Institut de France, membre des sociétés royales de Londres, d'Édimbourg, de Munich, etc., avait fait partie en 1798 de la députation chargée de négocier la réunion de Genève à la France et d'acquitter les dettes de l'ancien gouvernement. L'un des quatorze délégués chargés, sous la dénomination de *Société économique,* d'administrer les fonds destinés à l'entretien du culte protestant et des établissements de l'instruction publique, il ne cessa point de cultiver les sciences physiques et naturelles, à l'étude desq. il s'était spécialement voué. Membre, puis secrétaire du tribunat (1802-03), lors de sa suppression il fut nommé l'un des cinq inspecteurs-génér. de l'univ. impériale. Après les événements de 1814, il se retira dans sa patrie, et y finit ses jours au sein des occupations scientifiques et du commerce des savants. Il avait, depuis quelques années, ouvert un cours d'histoire natur. qui fut très suivi. Outre plusieurs morceaux dans le *Journal de Paris,* dans les *Lettres* de Deluc, les *Voyages* de Saussure, etc., il a publié différ. opuscules, entre autres : *Essai sur le feu,* 1791, in-8, et *Voyage de trois mois en Angleterre, en Écosse et en Irlande,* 1803, in-8 : c'est un recueil des lettres qu'il a insérées dans la

Bibliothèque britannique, journal créé en 1796 par Pictet, et qui, dep. 1816, a été continué sous le titre de *Biblioth. univers.* — Charles PICTET de ROCHEMONT, frère puîné du précédent, né en 1755 à Genève, entra à 20 ans dans le régiment suisse de Diesbach au service de France, y passa dix années, au bout desquelles il revint dans sa patrie; et lorsqu'en 1789 elle rentra sous le régime polit. d'où l'avait fait sortir sept ans auparavant une révolut. aristocratique, il fut chargé d'organiser les milices genev. Ce fut à lui que la ville remit le soin de sa défense en 1792 contre l'attaq. dont elle était menacée par le général Montesquiou. La mort de son beau-frère, M. de Rochemont, condamné par le tribunal révolutionnaire, accrut encore la haine qu'il avait vouée au parti qui, de la France, lançait sur son pays des brandons de discorde. Il renonça aux emplois civils, du moment que Genève fut soumise à la France; et, retiré à la campagne en 1796, il partagea son temps entre l'agriculture et les lettres. A la *Biblioth. britannique,* où il rédigeait principalement les articles de littérature, de philosophie, d'économie politique et d'art militaire, était joint un *Journal d'agriculture,* qu'il remplit pend. 29 ans de détails instructifs sur les observat. et les expériences qu'il faisait à sa ferme de Lancy, devenue un modèle d'établissem. rural. La marche des événements politiques, à la fin de 1813, le rappela dans la carrière où il devait acquérir sa plus grande gloire. Les souverains alliés occupaient Bâle : il s'y rend à la tête d'une députation, et obtient d'eux la promesse que l'indépendance de Genève sera reconnue dans la réorganisation qu'ils préparaient. Encore l'organe de cette république auprès des monarques alliés à Paris, puis à Vienne (décembre 1814), il fut choisi l'année suivante par la confédération helvétiq. comme ministre plénipotentiaire au congrès tenu en août dans la capitale de France. Son heureuse issue pour la Suisse mérita à l'éloquent négociat., après qu'il eut achevé sa mission dans un semblable voyage à Berlin, un diplôme où, au nom des 22 cantons, la diète lui exprima sa reconnaissance. Entouré de la considération que lui avaient acquise ses talents et de nombr. services, il mourut à Genève le 29 déc. 1824. Le tome XV de la *Revue encyclopéd.* contient une *Nécrologie* de Pictet. Parmi les ouvrages qu'il a publiés on distingue : *Tableau de la situation actuelle des États-Unis d'Amérique,* 1795-96, 2 vol. in-8. — *Éducation pratique,* trad. libre de l'angl. de Marie Edgeworth, 1800, in-8; 1801, 2 vol. in-8. — *Traité des assolements,* 1801, in-8.— *Théologie naturelle,* etc., trad. librem. de l'angl. de Paley, 1804, 1817, in-8. — *Cours d'agricult. angl., avec les développements utiles aux agriculteurs du continent,* 1810, 10 vol. in-8 : c'est la réimpress. de la partie qui, dans chaque numéro de la *Biblioth. britannique,* était consacrée à l'agricult.

PICTON (Thomas), général anglais, né dans la principauté de Galles, servit avec distinction dans la guerre maritime dont le résultat fut pour la France et l'Espagne la perte de leurs colonies. Il se distingua depuis, sous les ordres du duc de Wellington, en Espagne, en Portugal et en Flandre, et fut tué d'un boulet à Waterloo, le 18 juin 1815. C'était un militaire estimé, ferme dans ses résolutions, incapable de cacher sa pensée, et doué surtout d'un rare désintéressem.

PIDOU DE SAINT-OLON (FRANÇ.), diplomate, né en Touraine en 1640, fut souvent employé par Louis XIV dans des miss. de confiance. En 1693, il fut envoyé en ambassade auprès de Mouley-Ismaël, empereur de Maroc, qui avait donné par écrit des espérances très positives de conclure un traité de commerce favorable à la France; mais il reçut de ce prince, presque en même temps, sa prem. audience et son audience de congé, et s'en revint sans avoir pu rien entreprendre. Il mourut en 1720. On a de lui : *État présent de l'empire de Maroc*, Paris, 1694, in-12, fig. On lui attribue, avec assez de probabilité, la traduction de l'ouvrage de Marana : *les Événem. les plus considérables du règne de Louis-le-Grand*, 1690. — PIDOU DE SAINT-OLON (Louis-Marie), évêq. de Babylone, était frère du précéd., et naquit à Paris en 1637. On lui dut la réunion de l'Église arménienne à la romaine, en Pologne; mais ses efforts n'eurent pas un résultat aussi heureux en Perse, où il avait été envoyé comme consul. Il mourut paralytique à Ispahan en 1717, âgé de plus de 80 ans. Sa vers. de la *Liturgie arménienne* a été insérée dans le tome III de l'*Explication des cérémonies de la messe* par le P. Lebrun. Il avait composé une *Courte relat. de l'état, des commencements et des progrès de la mission apostolique aux Arméniens de Pologne, de Valachie et provinces circonvoisines*, etc., restée MS. dans la biblioth. de St-Silvestre de Monte-Cavallo, à Rome.

PIDOUX (JEAN), médecin de Henri III, de Henri IV et de Louis de Gonzague, duc de Nevers, né à Paris au milieu du 16e S., mort en 1610, doyen de la faculté de Poitiers, a rendu son nom illustre dans la médec. par la découverte des eaux de Pougues en Nivernais, et par l'administration de la douche, inconnue en France avant lui. Il est aut. de deux pet. traités : l'un *De la vertu et des usages des fontaines de Pougues*, Poitiers, 1597, in-4; l'autre *sur la Peste* (en latin), 1605, in-8. — PIDOUX (François), son fils, et médecin comme lui, mort en 1662 à 78 ans, est connu par quelq. écrits, parmi lesquels on remarque : *In actiones juliodunensium virginum exercitatio*, Poitiers, 1655, où il attribue à la possess. du diable les faits et gestes des religieuses de Loudun.

PIE Ier (St), pape, successeur d'Hygin, était d'Aquilée. Élu en 142, il mourut en odeur de sainteté après avoir gouverné l'Église pendant 8 ans, suivant Lenglet du Fresnoy, 15 ans suivant Alletz, et 10 suivant le P. Pagi. Sa piété lui avait mérité le surnom de *Pie*, et son zèle à combattre les hérésies de Valentin et de Marcion lui valurent le titre de *martyr*. L'histoire ne nous fait connaître aucun acte remarquable de son pontificat. On trouvera dans Fontanini (*Hist. d'Aquilée*) des détails étendus

sur ce souverain pontife, et une discuss. approfondie sur l'authenticité de quelq.-unes des lettres qui lui sont attribuées. St Anicet lui succéda.

PIE II (ÆNEAS-SYLVIUS PICCOLOMINI, pape sous le nom de), né en 1405 à Corsignano dans le Siennois, dont il changea le nom en celui de Pienza, fut employé de bonne heure dans les affaires ecclésiastiq. : en 1431, il remplissait au concile de Bâle la place de secrétaire du cardinal Dominique Capranica; il fut ensuite attaché en la même qualité à plusieurs autres cardinaux, passa au service de Frédéric III, et s'acquitta de diverses ambassades à Rome, à Naples, à Milan, en Bohême et dans d'autres cours. Il occupa dep. les siéges de Trieste et de Sienne, fut revêtu de la pourpre par Calixte III, en 1456, et lui succéda deux ans après, en 1458. Il s'était d'abord montré partisan des conciles; mais à peine monté sur le trône pontific., tous ses efforts parurent tendre à l'anéantissement de leurs décisions, quand elles contrarièrent son autorité. En rétractant ce qu'il avait écrit en faveur du concile de Bâle, il s'excusa sur sa jeunesse et son inexpérience. Il fit des efforts à peu près infructueux pour organiser une croisade contre les Turks. Dans l'espoir d'entraîner les souver. par son exemple, il annonça, pour l'année 1464, le départ d'une expédition à la tête de laquelle il voulait se mettre; mais la mort le frappa à Ancône, au moment où il se disposait à s'embarquer. Ce fut sous le pontificat de Pie II que fut agitée l'affaire de la *pragmatiq. sanction*. Ses *OEuvres* ont été recueill. en un vol. in-fol., Bâle, 1571; mais on a imprimé séparém. ses ouvr. historiq. et géograph., Helmstadt, 1699, et Leipsig, 1707, 3 vol. in-4, publiés par Gaspard Cœrber et J.-A. Schmidt; ses *Harangues*, Lucques, 1755-59, 4 vol. in-4, mises au jour par J.-D. Mansi; des *Lettres*, dont l'édit. la plus complète est celle de Nuremberg, 1481; enfin son roman d'*Euryale et Lucrèce*, trad. en franç. par J. Millet et par Octavien de Saint-Gelais. On le croit auteur des *Mémoires sur sa vie*, publ. par J. Gobellin, Rome, 1584, in-4; et Francfort, 1614, in-fol., avec une continuat. par Jacq. Piccolomini, card. de Pavie. Paul II lui succéda.

PIE III (FRANÇ. TODESCHINI), pape, fils d'une sœur du pape Pie II, fut fait par son oncle archevêque de Sienne et cardinal. En 1503, il succéda au pape Alexandre VI, et mourut le 18 octobre de la même année, 25 jours après son élect. Ses vertus avaient fait concevoir l'espérance qu'il réparerait le tort qu'avaient fait au St-siége les crimes de son prédécesseur. Cependant, dès son avénement au trône pontifical, voulant user de représailles à l'égard de Louis XII qui protégeait le duc de Valentinois, fils du pape précédent, il avait banni tous les Français des états ecclésiastiques. Jules II fut son successeur.

PIE IV (JEAN-ANGE MEDICI ou MEDICHINO, pape sous le nom de), était originaire de Milan et frère du marquis de Marignan, général de Charles-Quint. Il occupa plusieurs postes importants sous Clément VII, Paul III, Jules III et Paul IV, auq.

il succéda le 25 déc. 1559. Il montra beaucoup de zèle pour la relig., fit la guerre aux Turks, et reprit le concile de Trente, qu'il eut la gloire de terminer en 1563. Rome lui dut des embellissements ; il répara les églises, établit au Vatican une imprimerie destinée à reproduire les meilleures éditions des SS. Pères, institua les séminaires, et donna une bulle pour le rétablissem. de l'ordre de St-Lazare-de-Jérusalem. On lui reproche la rigueur avec laq. il poursuivit les Caraffa ; mais il y fut forcé par l'indignation publiq., et son empressem. à adoucir le sort des condamnés prouve assez qu'il ne mit dans cette affaire aucune passion. Il mourut le 9 déc. 1565, âgé de 66 ans. Son neveu, St Charles Borromée, lui ferma les yeux. Pie V lui succéda.

PIE V (Mich. GHISLERI, pape sous le nom de), né à Bosco, près d'Alexandrie, en 1504, entra dans l'ordre de St-Dominique à l'âge de 15 ans, enseigna la philosophie et la théologie dans divers couvents, fut ensuite prieur, et fit revivre la règle dans toute son austérité. Son zèle contre les hérétiq. le fit nommer inquisit. dans le Milanez et la Lombardie, puis inquisiteur-général et cardinal. Élu pape en 1566, il s'occupa de rétablir la discipline, corrigea les mœurs, et mit en vigueur les principes du concile de Trente. Les annales du temps offrent de déplorables exemples de sa sévérité à l'égard des hérétiques. Aonius Paléarius, écriv. célèbre, ne fut pas la seule victime de ses rigueurs. Pie V fit de vains efforts pour établir la suprématie de l'Église sur toutes les puissances. La bulle *In Cœná Domini*, qu'il avait publ. dans cette vue, est tombée en désuétude dep. Clément XIV. La mémorable victoire de Lépante, qu'il avait préparée en contribuant aux frais de l'armement, est l'événement le plus remarquable de son pontific. Toute sa vie fut remplie par des actes de bienfaisance, et cependant à sa mort, en 1572, le peuple se réjouit d'être débarrassé de sa censure. Il a été béatifié par Clément X cent ans après sa mort, et canonisé par Clément XI en 1713. On a de lui des *Lettres*, Anvers, 1640, in-4. Une double *Vie* de Pie V, en italien par Jérôme Catena, son secrétaire, et en latin par Ant. Cabutio, supér. des barnabites, se trouve dans le recueil des bollandistes. Le P. Touron en a donné une très détaillée dans les *Hommes illustres de l'ordre de St-Dominique*, tome IV.

PIE VI (JEAN-ANGE BRASCHI, pape sous le nom de), naquit à Césène en 1717. Sous Benoît XIV, il fut trésorier de la chambre apostoliq. ; son mérite l'éleva au cardinalat sous Clément XIV, et après la mort de ce pontife, il fut appelé à lui succéder, le 14 février 1775, par les suffrages presque unanimes des cardinaux et avec l'agrém. des puissances. Ses prem. actes annoncèrent un pontife pieux et charitable, en même temps qu'un souver. digne du trône. Rome fut embellie par ses soins de plusieurs monuments, les malheureux furent soulagés ; il entreprit le desséchement des marais Pontins, et sans les infortunes qui l'ont accablé, peut-être eût-il réussi dans ce grand et noble projet. Concilier les esprits par des voies de modération et de douceur, était ce

qu'il désirait le plus. En 1782, il fit le voyage de Vienne pour s'entendre avec Joseph sur les réformes qu'il projetait dans ses états héréditaires, et ce voyage eut tout le succès qu'il en pouvait espérer. Il avait montré la même déférence avec la cour de Naples ; et, par cette sage conduite, il sut, en défendant les intérêts de l'Église, se concilier l'estime et le respect des rois. Son inépuisable charité, sa figure douce et majestueuse, l'air noble et religieux avec lequel il officiait et paraissait en public, lui avaient attiré l'amour et l'admiration des peuples. Pie VI méritait un règne tranquille ; il avait tout fait pour le préparer, lorsque la révolution franç. éclata. Le pape, ne pouvant approuver la nouvelle constitut. du clergé, expliqua ses motifs dans plus. brefs écrits avec autant de modérat. que d'éloquence ; il condamna les prêtres qui s'écartaient de leurs devoirs, il consola ceux qui étaient persécutés, et ouvrit un asile à ceux qui se réfugiaient au-delà des Alpes. L'assassinat de Basseville dans une émeute qu'il avait provoquée par son imprudence, devint un prétexte pour calomnier le pontife, et dès cette époque, si les circonstances l'eussent permis, il aurait été détrôné. Ce que la convent. n'avait pu faire, le directoire l'exécuta. Bonaparte, maître de la Lombardie, reçut en 1796 l'ordre d'entrer dans les états de l'Église. La paix de Tolentino, achetée par la cession des légations de Bologne et de Ferrare, et par celle de plus. des chefs-d'œuvre qui décoraient Rome, retarda un instant la chute du trône pontifical. La mort de Duphot, tué d'un coup de feu dans une émeute, fournit au directoire un nouveau prétexte pour accomplir ses projets ; on accusa Pie VI, malade à cette époque, d'un événement auquel la cour romaine était étrangère, et le général Berthier vint camper (29 janv. 1798) dev. Rome, dont les portes lui furent ouvertes. Maître de la personne du pape, il le fit conduire à Sienne, puis dans une chartreuse près de Florence. Alarmé des progrès des armées russe et autrichienne, le direct. crut devoir s'assurer de la personne de son auguste prisonnier, en le faisant amener en France. Le vénérable et malheureux pontife, puisant toutes ses forces dans la religion, montra une patience et une douceur inaltérables. Il eut pour consolat. dans ses disgrâces les témoignages d'amour que lui prodiguèrent les peuples à Gap, à Grenoble, à Veiron. Arrivé à Valence, Pie VI sentit redoubler ses douleurs, et il expira le 29 août 1798, entouré de quelques amis fidèles. On lui accorda quelq. honneurs funèbres. A l'époque du concordat, son corps fut transporté à la basilique de St-Pierre ; mais ses entrailles ont été rendues à Valence. Les *Mémoires historiques et philosophiques* de Bourgoing sont une virulente diatribe contre Pie VI ; l'abbé Blanchard a défendu la mém. de ce pontife dans un *Précis sur sa vie*, Lond., 1800, in-12. Nous citerons en outre, comme utiles à consulter pour l'histoire de ce pontife, *les Martyrs de la foi*, par M. l'abbé Aimé Guillon. — *Viaggio del pelegrino apostolico*, Rome, 1799. — Les *Mémoires de M. l'abbé d'Hesmivy d'Auribeau*,

Rome, 1794-95, 2 vol. in-8. — *Bienfaits de Pie VI et de ses états envers les Français émigrés*, 1796, in-8. — *Oraison funèbre de Pie VI*, prononcée en latin par Mgr Brancadoro, in-8, trad. en français. M. Durosoir a publié en 1825 : *Éloge historique de Pie VI*, Paris, in-8.

PIE VII (Grégoire-Louis-Barnabé CHIARAMON-TI), né en 1740, à Césène dans la Romagne, d'une famille alliée à la maison de Clermont, prit de bonne heure l'habit de bénédictin, et prononça ses vœux au couvent de Ste-Marie dans sa ville natale (1758). Il alla peu après commencer à Ste-Justine de Padoue, ses études théologiques, qu'il termina au collége de St-Anselme à Rome. Devenu à son tour professeur, il y enseignait depuis 9 ans la théologie dogmatique, lorsqu'à son avénement, Pie VI, dont il était parent, l'éleva à la dignité d'abbé dans son ordre. Nommé à 40 ans évêque de Tivoli, il fut décoré de la pourpre en 1785, et transféré sur le siége d'Imola, en remplacem. du card. Bondi, oncle maternel de Pie VI. Dans ce nouv. diocèse, comme dans celui qu'il quittait, il se fit aimer par sa modérat. et sa charité; et lorsqu'en 1796 le traité de Tolentino eut incorporé son diocèse à la république cisalpine, non-seulement il prêcha la soumission et l'obéissance, mais il prévint une foule de vengeances par le crédit que sa conduite lui avait acquis auprès des vainqueurs de l'Italie. A la mort de Pie VI, le sacré collège fut convoqué à Venise. Les débats du conclave furent longs; deux factions obstinées le partageaient; et c'est à l'impossibilité où elles furent d'assurer les suffrages à leurs candidats que Chiaramonti dut son élection (14 mars 1800). Le pontife, qu'on cherchait à retenir, partit incontinent pour Rome; il y fit son entrée solennelle le 3 juillet, et put bientôt s'applaudir d'être venu lutter en faveur de la tolérance et de l'humanité contre les vexations qu'exerçaient dans l'état romain les troupes napolitaines, puis contre les réactions de la cour de Sicile envers Naples. Il choisit l'habile Conzalvi pour son ministre, et porta ses soins vers l'administration intérieure. La bulle *Post diurnas*, qu'il lança le 30 nov. 1800, établit des réglements d'une haute sagesse; l'agriculture, les beaux-arts commencèrent à renaître, et le commerce affranchi de toutes entraves prit dans Rome un essor jusqu'alors inconnu. Les intérêts de l'Église ne réclamaient pas moins instamment la sagesse et les efforts de Pie VII. C'était alors une opinion fort accréditée que cette révolut. française, qui avait porté de si rudes atteintes à la hiérarchie sacerdotale, était surtout l'œuvre des philosophes : de là naquit la pensée de relever la société des jésuites, milice toute dévouée au St-siége, et qui avait montré, dans l'instruct. de la jeunesse, tant d'adresse à restreindre dans un cercle donné la marche des esprits, et tant de persévérance à combattre les innovat., quelle qu'en fût la nature ou l'espèce. Accédant aux demandes spontanées des cours de Pétersbourg et de Naples, Pie VII donna aux jésuites des brefs d'autorisat. pour se

reformer par maisons dans certaines provinces de la Russie et de la Sicile : la société fut rétablie par la bulle du 7 août 1814, et c'est dans ce même temps que le St-siége lançait ses foudres contre les francs-maçons, contre les sociétés secrètes d'Italie, et enfin contre les sociétés bibliques ellesmêmes. Mais n'anticipons point sur la marche des événements. La France prenait une face nouvelle. Bonaparte, qui venait de renverser le gouvernem. directorial, voulut faire concourir la religion aux nouvelles usurpations qu'il méditait. Du champ de bataille de Marengo il ouvrit avec le St-siége les prem. négociations d'un concordat, qui fut signé le 15 juillet 1801. Mais une longue série de mécontentements réciproques et de démêlés allait naître de l'exécution même ou de l'interprétation de ce traité. Vers 1804, le consul, devenu empereur, voulut engager le pape à venir le sacrer à Paris : il se montra un peu plus traitable. Pie VII ne se dissimulait pas que par cette démarche il allait s'attirer l'animadversion de toutes les têtes couronnées; mais il se flattait qu'elle lui fournirait l'occasion et les moyens d'obtenir ce qu'il demandait dans l'intérêt de l'Église : il céda aux désirs de Napoléon et vint à Paris. Ses espérances furent trompées; et quelq. mois après son retour à Rome, le général Gouvion-Saint-Cyr s'emparait d'Ancône ainsi que des villes maritimes sur l'Adriatique. Les réclamations de Pie VII eurent pour réponse, que, s'il voulait conserver ses états, il devait en fermer les ports aux Anglais. Résolu de ne point rompre sa neutralité naturelle, le pape alors montra toute sa fermeté; les états de l'Église étaient un domaine qui lui était confié; il ne pouvait les céder; il ne pouvait le défendre : il attendit les événements. Une bulle d'excommunication qu'il lança contre son ambitieux ennemi était le seul moyen qui lui restât de protester publiquement contre ses usurpat. En 1809, les généraux Miollis et Radet occupèrent Rome; Pie VII était assiégé dans le palais Quirinal. Radet y pénétra dans la nuit du 5 au 6 juillet, et signifia au pape qu'il fallait, ou renoncer à la puissance temporelle, ou le suivre. Pie VII se leva sans répondre et obéit. Bientôt il fut amené à Fontainebleau, où il montra la même constance. Les prem. revers de Napoléon, et surtout la révolte du roi Joachim, l'engagèrent à renvoyer le pape en Italie, et il le fit partir le 23 janvier 1814. Le pontife fut aussi ferme contre les offres de Joachim que contre les menaces de l'empereur, et après avoir lutté quelque temps, il eut la consolation de voir l'intégrité et l'indépendance de ses états respectées par le congrès de Vienne. La sagesse de son gouvernement le fit alors aimer de ses sujets, comme sa fermeté dans le malheur lui avait mérité leur intérêt et leur admiration. Digne chef d'une religion qui prescrit le pardon des offenses, il reçut dans ses états la famille persécutée de celui qui avait été son plus cruel ennemi. Il jouissait enfin du repos qu'il avait si bien acheté, lorsque le 6 juillet 1823, anniversaire du jour où il avait été enlevé de Rome, il fit une chute grave ; il mourut des suites de cet accident, le 20 août, à 75 ans. Parmi ses écrits peu nombreux aucun n'a fait plus de bruit que l'*Omelia del cittadino card. Chiaramonti, vescovo d'Imola.... nel giorno del santissimo natale, l'anno 1795*, trad. en franç. par l'abbé Grégoire, Paris, 1814, in-8 ; 3e édit. avec le texte, 1818, in-8 : c'est sur cette version qu'ont été faites celles qui ont paru en allem., en angl., en espagnol. On peut consulter sur son pontificat, *Correspondance authentique de la cour de Rome avec la France,* 1814, in-8 , plus. fois réimpr. — *Histoire des malheurs et de la captivité de Pie VII*, par de Beauchamp, 1814, in-12. — *Relation authentique de l'assaut donné le 6 juillet 1809 au palais Quirinal*, trad. de l'italien par *Lemière d'Argy*, 1814, in-8. — *Les quatre concordats*, etc., par M. de Pradt, 1818, 2 vol. in-8, plus. fois réimpr. — *Du pape et des jésuites, ou Exposé de quelques événements du pontificat de Pie VII* (par M. Tabaraud), 1815, in-8, 2e édit. — *Esquisses histor. et politiques sur Pie VII*, etc., par M. Guadet, 1823, in-8. — *Précis histor. sur Pie VII*, etc., par J. Cohen, in-8. — *Vie du souverain pontife Pie VII*, par H. Simon, 1823, in-18. — Les *Mémoires* du cardinal Pacca, 1833, 2 vol. in-8, — L'*Histoire de Pie VII*, par M. Artaud, 1837, in-8.

PIE VIII (FRANÇ.-XAVIER CASTIGLIONI), né à Cingoli, dans l'état de l'Église, le 20 nov. 1761, fut fait en 1800 évêque de Monte-Alto, dans la Marche-d'Ancône. En 1816, Pie VII, qui connaissait son mérite et ses vertus, le créa cardinal, et le fit évêque de Césène, ville natale du pontife. En 1821, Castiglioni passa dans l'ordre des cardinaux-évêques, fut transféré à Frascati, l'un des évêchés suburbicaires, et obtint les deux charges import. de gr.-pénitencier et de préfet de la congrégation de l'*Index*. Pie VII lui avait prédit, dit-on, qu'il deviendrait pape ; et déjà les voix s'étaient arrêtées sur lui au conclave qui élut Léon XII ; celui-ci étant mort le 10 février 1829, le cardinal Castiglioni fut appelé à lui succéder le 31 mars suiv., et prit le nom de Pie VIII. Quelques jours avant son élection, il avait eu à répondre comme chef d'ordre aux deux ambassadeurs de France et d'Autriche, MM. de Chateaubriand et de Lutzow. Dans sa réponse à M. de Chateaubriand, le card. disait : « Le sacré collège connaît la difficulté des temps. Toutefois, plein de confiance dans la main toute-puissante du divin auteur de la foi, il espère que Dieu mettra une digue au désir effréné de se soustraire à toute autorité, et que, par un rayon de sa sagesse, il éclairera les esprits de ceux qui se flattent d'obtenir le respect pour les lois humaines indépendamm. de la puissance divine. Tout ordre de société et de puissance législat. vient de Dieu ; la seule véritable foi chrétienne peut rendre sacrée l'obéissance. » Le gouvernem. de Pie VIII, homme éclairé et de mœurs extrèmem. douces, le fit chérir des Romains. Au-dehors, l'acte le plus remarquable de son pontificat fut le bref adressé aux évêques de la nouvelle province ecclésiastique de

Fribourg en Brisgaw, qui supportaient sans réclamation les empiétem. des puissances temporelles. La chute de Charles X et l'avénement du duc d'Orléans au trône appelèrent encore Pie VIII à professer les règles invariables de la morale chrétienne, dans ce qui a rapport à l'obéissance due aux puissances de la terre. Dans plusieurs brefs, adressés à différents évêques, il déclara que chacun pouvait en conscience prêter serment au nouveau pouvoir, et que rien ne s'opposait à ce qu'on fit dans les églises les prières publiques d'usage pour le *roi des Français Louis-Philippe*, puisqu'il régnait paisiblement, *nunc tranquillis rebus*. Ce furent là ses derniers actes. Tout à coup l'état de souffrance qui lui était habituel dep. long-temps augmenta d'une manière alarmante, et il mourut le 30 novembre 1830 après un règne d'un an huit mois : il avait 69 ans 10 jours. Son successeur fut Grégoire XVI.

PIEMONT (NICOLAS OPANG, surnommé), peintre paysagiste, né à Amsterdam en 1659, mort à Vellenhoven, dans le Piémont, en 1709, fut élève de Martin Saagmolen et de Nicolas Molenaer. Ayant séjourné fort long-temps en Italie, il y a laissé ses ouvr., et on n'en trouve que très peu dans la Hollande, sa patrie.

PIENNES (JEANNE DE HALLUYN DE), fille d'honneur de la reine Catherine de Médicis, fut passionnément aimée de François de Montmorency, fils du connétable, et en reçut par écrit une promesse de mariage. La famille y ayant mis opposition, elle se retira au couvent des *Filles-Dieu* à Paris. Le P. Berthier (*Histoire de l'Église gallicane*) a donné d'amples détails sur ce fait.

PIÉPAPE (NICOLAS-JOSEPH PHILIPIN DE), lieuten.-général du bailliage de Langres, était né dans cette ville en 1731. Il fut appelé à Paris en 1787, par le garde-des-sceaux, pour être chargé en qualité de commissaire du roi, de la rédaction des règlements relatifs aux frais de justice. Il publia des *Observat. sur les lois criminelles de France*, 1789-90, 2 vol. in-4, où l'on trouve des principes très favorables à l'armée. Lors de la révolution il vint habiter un domaine qu'il possédait près de Langres, et ne dédaigna pas d'accepter la modeste place de président du bureau de paix. Arrêté pendant la terreur comme suspect, il mourut dans les prisons de Langres en 1793. Parmi ses MSs. on cite entre autres : des *Observations sur l'histoire ;* une *Traduction de Florus* et des *Poésies fugitives*.

PIERCE (EDWARD), peintre angl., mort à Londres vers la fin du 17e S., se distingua dans les genres de l'histoire et du paysage, sous les règnes de Charles Ier et de Charles II. La plupart de ses tableaux périrent dans l'incendie de Londres de 1666.

PIÉRIDES (mythologie), filles de Piérus, roi de Macédoine, furent, selon la fable, métamorphosées en pies, pour avoir disputé aux Muses le prix de la poésie. On donne quelquefois aux Muses elles-mêmes le nom de Piérides, soit à cause de leur victoire sur les filles de Piérus, soit à cause du mont Piérus, en Thessalie, qui leur était consacré.

PIERQUIN (Jean), né à Charleville vers 1772, embrassa l'état ecclésiastique, fut pourvu de la cure de Châtel-sur-Aisne, diocèse de Reims, et mourut en 1742. Il avait consacré ses loisirs à l'étude de la physique. On a de lui : *OEuvres philosophiques et géographiques*, 1744, in-12. — *Vie de St Juvin*, 1752, in-8; et deux *dissertations*, l'une *sur la conception de J.-C.*, et l'autre sur une *Ste Face* conservée dans le monastère de Montreuil-sous-Laon, abbaye de filles de Citeaux.

PIERRE (St), dit *le prince des apôtres*, frère de St André, se nomma d'abord *Simon*. Son frère, le prem. disciple du Sauveur, le conduisit à Jésus, qui le choisit pour son vicaire, et lui donna le nom de *Cephas* (Pierre), par lequel il sembla faire allusion à son église. Nous ne rapporterons point toutes les circonstances de la vie de ce saint. L'Évangile en donne les détails jusqu'à la descente du Saint-Esprit. Après ce gr. événement, on sait que ses discours et ses miracles convertirent dans Jérusalem un grand nombre de Juifs. Dans la suite, ayant quitté cette ville pour prêcher parmi les nations, il fixa son premier siége à Antioche. On croit qu'il vint à Rome sous le règne de Néron, et qu'il y souffrit le martyre avec saint Paul l'an 68. On a de lui 2 *épîtres* adressées de Rome aux Juifs convertis.

PIERRE (St), occupait vers l'an 300 le siége d'Alexandrie, et souffrit le martyre en 311. Pend. son épiscopat, il avait composé des *canons pénitentiaux*; il a laissé quelques *lettres*, qui ont été conservées par Théodoret dans le 4e livre de son *Histoire*.

PIERRE (St), archevêque de Tarentaise, naquit l'an 1100 au village de St-Maurice, diocèse de Vienne, et jeune embrassa la règle de St Bernard. Élevé malgré lui sur le siége de Tarentaise en Savoie, il travailla 13 ans à réparer le mal causé par la négligence de son prédécesseur, et voulut ensuite retourner dans le cloître; mais on l'obligea de rester à la tête de son église. Il était si renommé pour sa sagesse et ses vertus, que le pape le choisit pour conciliateur entre Louis VII, roi de France, et Henri II, roi d'Angleterre. Il réussit; et, s'il n'eut pas le même succès lorsqu'il voulut réconcilier le roi d'Angleterre avec son fils, ce n'est point le pieux archev. qu'il faut en accuser. Il mourut à Bellevaux, abb. du dioc. de Besançon en 1174, et fut mis au rang des saints en 1191, sous le pontificat de Célestin III. On trouve sa *Vie* dans l'*Histoire de Citeaux*, par D. Lenain, t. II.

PIERRE CHRYSOLOGUE (St), archevêque de Ravenne, né à Imola, élu vers 433, et mort en 452, se distingua par son attachement à la foi orthodoxe. Son éloquence lui mérita le surnom de *Chrysologue* (parole dorée). Ses *discours* ou *homélies*, au nombre de 176, ont été recueillis par le P. Sébastien Paoli, Venise, 1750, in-fol. Cette édition, la meilleure, a été reproduite en Allemagne, 1758.

PIERRE *d'Alcantara* (St), fils d'un gouverneur de cette ville, où il naquit en 1499, renonça, dès l'âge de 16 ans, aux avantages de sa naissance, pour entrer dans l'ordre de St-François. Il y devint un modèle de pénit. et de mortificat. Ste Thérèse, qui fait un grand éloge de ses vertus, a donné plus. détails sur l'austérité de sa vie, qu'il termina en 1562. On a de lui : un *Traité de l'oraison mentale*, et un autre *de la Paix de l'âme*. Il fut béatifié par Grégoire XV en 1622, et mis au rang des saints par Clément IX en 1629.

PIERRE DE COURTENAI, empereur de Constantinople et comte de Nevers, était cousin-germain de Philippe-Auguste, qu'il accompagna dans la croisade de 1190, et signala sa valeur à la bataille de Bouvines en 1214. Il fut, en 1216, appelé sur le trône de Constantinople à la mort de Henri Ier, frère de Baudouin, et se rendit avec sa femme et ses enfants dans cette capitale de l'Orient. Trahi d'abord par les Vénitiens, et ensuite par Théodore Lange, de la famille des Comnène, il fut pris par ce dernier, et mis à mort en 1119 après deux ans de captivité.

PIERRE Ier, empereur de Russie, surnommé *le Grand*, naquit en 1072. Il était fils du tzar Alexis Michaëlowitsch, et n'avait que dix ans lorsqu'il fut appelé par les grands à remplacer Fédor, son frère aîné, au préjudice de son second frère Iwan. Les strélitz prirent le parti du prince que l'on frustrait du trône, et Pierre fut obligé de le partager. Bientôt la mort lui enleva son collègue. Déjà il avait montré une partie de son ardeur milit. et de ses talents politiq. La prise d'Azof, en 1696, donna aux Russes une place qui leur servit de barrière contre les attaques des Turks. Le tzar avait établi dans ses armées une discipline nouvelle. Il méditait un plus grand projet. Parmi les nations civilisées de l'Europe la Russie seule était plongée dans la barbarie. Pierre méditait de visiter les autres peuples, pour s'instruire de tout ce qui pouvait contribuer à la fortune et à la prospérité d'un état; dans ce dessein il se rendit en Hollande en 1697. Les chantiers de Saardam étaient alors les plus célèbres pour la construction des vaisseaux. Sous le nom de Peter Michaëlof, le tzar se fit inscrire parmi les ouvriers, reçut leurs leçons, et devint bientôt un habile charpentier. De Hollande, il passa en Angleterre, où il gagna des ingénieurs capables d'achever et de diriger le canal qui devait joindre le Don et le Wolga. Pierre, de retour à Amsterdam, en partit bientôt pour Vienne, où l'emper. Léopold le reçut avec beaucoup de magnificence. Il se disposait à passer en Italie, lorsqu'une nouvelle révolte des strélitz l'obligea de revenir à Moscou. Presque tous les rebelles, au nombre de 40,000, périrent par ses ordres dans les supplices, et lui-même en tua plusieurs de sa main. Il établit à cette époque plusieurs réformes; mais bientôt de législateur il voulut devenir conquérant. Charles XII venait de monter sur le trône de Suède. Auguste, roi de Pologne, et le tzar s'allièrent pour lui enlever les conquêtes de ses aïeux. De là cette guerre qui fut, pend. 9 ans, si glorieuse pour le jeune monarque suédois; mais, comme le disait Pierre, ses ennemis lui apprirent eux-mêmes à les vaincre, et la journée de Pultawa, en 1709, abattit la fortune des Suédois. La Livonie, l'Ingrie, la Finlande, une partie de la Poméranie-Suédoise furent les fruits de cette victoire. A son tour le tzar fut enfermé par les Turks près de la rivière de Pruth. Catherine, sa seconde femme, le tira d'embarras en traitant avec le gr.-visir, et lui sauva ainsi les suites fâcheuses d'une défaite. Ce fut en reconnaissance de ce service qu'il institua en son honneur l'ordre de Ste-Catherine, comme au retour de ses voyages il avait institué ceux de St-André et de St-Alex.-Neuski pour récompenser le mérite, soit civil, soit milit. Quand il vit ses états pacifiés, il songea encore à aller étudier les autres nations d'Europe. Il vint en France en 1717, et, après avoir parcouru tous les pays, observant tout, et cherchant à profiter de tout, il retourna dans son empire exercer de nouvelles cruautés. Celui qui s'était montré envers les Suédois captifs vainqueur clément et magnanime, fut envers son fils Alexis le tyran le plus injuste et le plus barbare. Ce jeune prince fut condamné à mort sur un soupçon, et l'on a accusé son père d'avoir été lui-même l'exécuteur de ce jugement. Le tzar ne s'occupa plus que de ses réformes et de ses établissements. La ville de Pétersbourg, qu'il avait fondée, s'embellissait et prenait un accroissement qui devait la rendre bientôt la capitale de l'empire; on dressait, par l'ordre de Pierre, le plan de la mer Caspienne, dont ses troupes avaient, en 1722 et 1723, soumis les bords; enfin il avait, par ses réformes et ses institut., assuré le progrès de la puissance russe, lorsqu'il fut attaqué d'une rétention d'urine, dont il mourut le 28 janv. 1725, âgé de 53 ans. L'*Hist. de la Russie*, sous son règne, par Voltaire, n'est qu'une apologie et un panégyrique. Quoique Montesquieu l'accuse de s'y être mal pris pour policer ses états et d'avoir agi en tyran, on ne peut nier que, comme législateur, il ne mérite d'occuper un rang distingué dans l'histoire; il faut pourtant convenir qu'il mérite plutôt la réputat. d'homme extraordinaire que celle de grand homme. Sa cruauté, poussée jusqu'à la barbarie, et d'autres vices qu'on lui reproche en sont la preuve. On peut consulter sur ce prince, entre autres écrits : *Mémoires du règne de Pierre-le-Grand*, par Rousset, sous le nom d'Iwan-Neste-Suranoi, La Haye, 1725, 4 vol. in-12. — *Hist. de Pierre Ier*, Amsterdam, 1742, in-4 et 3 vol. in-12. — *Anecdotes originales de Pierre-le-Grand*, par Staehlin, trad. de l'allem., 1787, in-8. — *Hist. de Pierre-le-Grand*, par Halem (en allem.), Munster, 1803-05, 3 vol. in-8. Thomas a laissé un poème intitulé : *la Pétréide*, dont Pierre est le héros, et M. Carions-Nisas a donné en 1804 une tragédie de *Pierre-le-Grand*.

PIERRE II, emper. de Russie, fils de l'infortuné tzarowitsch Alexis, succéda en 1727 à l'impératr. Catherine. Il n'avait encore que 12 ans, et il mourut de la petite-vérole en 1730. Son règne de deux ans et quelq. mois n'offre rien de remarquable que la disgrâce de Mentchikoff, relégué en Sibérie. Anne Ivanowna lui succéda.

PIERRE III, emper. de Russie, né en 1728, fils de Charles-Frédéric, duc de Holstein-Gottorp, et d'Anne, fille aînée de Pierre-le-Grand, fut nommé en 1742 gr.-duc de Russie par sa tante Élisabeth. La veille du jour où Pierre fut déclaré son successeur, des ambassadeurs suédois vinrent lui offrir la couronne, mais il les remercia. Deux ans après, Pierre fut fiancé à sa cousine, la célèbre Catherine II, et monta sur le trône le 5 janvier 1762. Les commencem. de son règne furent heureux; mais, ayant pris pour modèle le roi de Prusse, il alla trop vite dans les réformes qu'il projetait de faire subir à l'organisat. de son armée, et commit une faute plus grande en annonçant l'intention de s'emparer des biens du clergé. Des murmures on en vint à la révolte. Catherine, qu'il se proposait de faire descendre du trône, sentit la nécessité de le prévenir. Appuyée d'un parti nombreux, elle fut reconnue impératrice le 6 juillet. Jeté en prison, Pierre III six jours après périt étranglé. On trouvera des détails circonstanciés de cette catastrophe dans l'ouvrage de Rulhières. L'*Histoire de la vie de Pierre III*, par Saldern, 1802, in-8, est un panégyrique et l'*Histoire de Pierre III et des amours de Catherine II*, par Lavaux, 1798, 3 vol. in-8, un pamphlet.

PIERRE, surnommé *Calo-Pierre*, ou *le Beau-Pierre*, fut avec son frère Azan le fondateur du second royaume de Bulgarie. Dès l'an 1186, il avait formé le projet de secouer le joug de l'empire grec, et, malgré de premiers revers, il poursuivit avec constance l'exécut. de ses desseins, et réussit à former un petit royaume, qui subsista jusqu'à la conquête qu'en firent les Turks sous le sulthan Amuraht. Azan et Pierre moururent assassinés. Joanice ou Jean Ier, surnommé *Calo-Jean*, leur succéda.

PIERRE Ier ou PEDRO, roi de Navarre et d'Aragon, fut proclamé après la mort de Sanche-Ramire, son père, dans le camp devant la ville d'Huesca, en 1094. Après la cérémonie de son couronnem., et les premiers soins donnés à l'administration de son royaume, il continua la guerre, et prit Huesca en 1096, après avoir gagné la bataille d'Alcaraz. Ce succès fut suivi de la prise de Balbastro et de plus. autres avantages considérables. Don Pedro mourut le 28 sept. 1104. Alphonse, son frère, surnommé *le Batailleur*, lui succéda.

PIERRE II, roi d'Aragon, fils et successeur d'Alphonse II, monta sur le trône en 1196. Son premier soin fut de poursuivre les Vaudois. Bientôt il s'unit à Alphonse IX, roi de Castille, pour faire la guerre au roi de Navarre. Le principal événement de son règne est la bataille des Naves de Tolosa, dans laquelle, aidé des rois de Castille et de Navarre, il battit complétem. les mahométans en 1212. Peu après, s'étant mis à la tête des Albigeois, il fut défait et tué, le 17 sept. 1213, à la bataille de Muret. Le prince Jayme ou Jacques, son fils, encore mineur, fut reconnu pour son successeur dans une assemblée des états, et la tutelle confiée à don Sanche, són oncle, et au gr.-maître des Templiers.

PIERRE III, surnommé *le Grand*, roi d'Aragon, né en 1239, succéda en 1276 à Jacques Ier, son père. Les prem. temps de son règne furent troublés par quelques démêlés domestiques. Manfred, roi de Sicile, son beau-père, avait été détrôné par Charles d'Anjou. Il aspirait à se rendre maître de ce royaume; il était alors sur les côtes d'Afrique avec une flotte qu'il conduisit à Palerme, et se fit couronner roi de Sicile malgré l'excommunicat. du pape Martin IV. On le soupçonna même d'avoir conseillé les *Vépres siciliennes*. Irrité de ses succès, le pontife fit prêcher une croisade contre le roi d'Aragon et le déclara déchu de la couronne, dont il donna l'investiture à Charles, comte de Valois, fils de Philippe-le-Hardi. Philippe s'avança en Espagne à la tête de 100,000 hommes, mais ses succès furent éphémères. Pierre III obtint l'absolution des censures dont il était frappé, et mourut à Villefranche-de-Panadès en 1285. Son fils, Alphonse III, lui succéda.

PIERRE IV, roi d'Aragon, surnommé *le Cruel*, né en 1319, succéda en 1336 à son père Alphonse IV. Moins aimé que craint de ses sujets, il eut à se défendre contre plusieurs révoltes qu'il parvint à comprimer, mais non sans peine. Il s'unit aux rois de Castille et de Navarre pour combattre les Maures, et le fit avec succès. Les troubles de la Sardaigne et ses démêlés avec Pierre-le-Cruel, roi de Sicile, l'occupèrent pendant une gr. partie de son règne. Il avait réussi à rétablir la paix, et on venait de célébrer la 50e année de son règne, lorsqu'il mourut le 5 janv. 1387, âgé de 68 ans. Jean, son fils aîné, lui succéda.

PIERRE-LE-CRUEL, roi de Castille, né à Burgos le 30 août 1334, succéda en 1350 à son père Alphonse XI. Ses cruautés excitèrent la révolte des grands; il crut pouvoir se mettre au-dessus de leur ressentiment, en faisant mourir Frédéric, son frère, don Juan, son cousin, et Blanche de Bourbon, son épouse, dont le malheur avait touché les Castillans. Ces nouv. crimes firent donner la couronne à Henri de Transtamare, frère naturel de Pierre. Réfugié en Guienne, il fut, en 1367, rétabli sur le trône par les Anglais. Mais l'année suiv. Transtamare, avec l'aide de Duguesclin, vainquit Pierre dans une bataille, et le tua traitreusement. On peut consulter, pour l'histoire de ce prince: *El rey don Pedro (llamado el Cruel, el Justiciero, y el necessitado rey de Castilla) defendido*, par don J.-A. de Vera y Zuniga, comte de La Roca, Madrid, 1648, in-4. — *History of the reign of Peter the Cruel*, par J. Talbot-Dillon, Londres, 1788, 2 vol. in-8; trad. en allem., Leipsig, 1790, in-8, et en franç. par Mlle Froudire de Rezelle, Paris, 1790, 2 vol. in-8. Nous avons une tragédie de *Pierre-le-Cruel*, par du Belloy, jouée en 1772, et une autre intit.: *Don Pèdre*, par Voltaire, impr. en 1775, précédée d'un *Discours historique et critique*.

PIERRE, roi de Hongrie, surnommé *l'Allemand* à cause de sa prédilect. pour cette nation, succéda à Étienne Ier, son oncle, l'an 1038. Ses cruautés et ses débauches l'ayant rendu odieux à son peuple et surtout aux grands, qu'il avait dépouillés de tous les emplois pour les donner à des étrangers, il fut momentaném. forcé de descendre du trône, et de céder la place à Aba, beau-frère d'Étienne. Mais il y remonta l'an 1044, avec le secours de l'emper. Henri III. Au lieu de chercher à calmer les esprits, il les irrita par les cruautés qu'il exerça envers les partisans d'Étienne. Une nouvelle conspiration, dont le chef était André, prince du sang royal de Hongrie, éclata contre lui. Surpris par André, il eut les yeux crevés, et fut jeté dans une prison, où il mourut au bout de 3 jours, l'an 1047.

PIERRE Ier, roi de Portugal, né à Coimbre en 1320, fils et success. d'Alphonse IV, monta sur le trône en 1357. Son premier soin fut de venger la mort de l'infortunée Inès de Castro, son épouse, qui avait été assassinée par les ordres d'Alphonse. Il donna des réglements utiles, diminua les impôts, et mourut regretté de ses sujets le 18 janv. 1367, à l'âge de 48 ans. Son histoire, par Fernand Lopez, a été publiée avec des *augmentations* par Joseph Pereira Bayam, prêtre de Lisbonne, sous ce titre: *Chron. del rey D. Pedro 1º deste nome, cognominado o Justiciero*, etc., Lisbonne, 1735, in-8.

PIERRE ou PÈDRE II, roi de Portugal, 3e fils de Jean IV, né en 1648, seconda les projets de la jeune reine sa belle-sœur, Marie de Savoie, et profita de la disposition des esprits pour faire déclarer son frère Alphonse incapable de régner. On soutenait que le mariage de la reine n'était pas consommé. Devenu régent, Pierre, déjà l'amant de sa belle-sœur, se fit autoriser par le pape à l'épouser; il monta sur le trône à la mort de son frère, en 1683, et l'occupa jusqu'en 1706, où il mourut âgé de 58 ans. Jean V, son fils, lui succéda. On trouve des détails circonstanciés sur le règne de ce prince dans la *Relation de la cour du Portugal, sous D. Pèdre II*, trad. de l'anglais, Amsterdam, 1702, 2 vol. in-12. La *Vie de la reine*, son épouse, par le P. Dorléans, a été publiée en 1696, in-12.

PIERRE II, roi de Sicile, succéda en 1337 à Frédéric Ier, son père. Son règne ne dura que cinq ans, et, pendant ce court espace de temps, il se fit haïr de ses sujets par ses mauvaises qualités. La révolte troublait son roy., et ses voisins se disposaient à en profiter, lorsqu'il mourut en 1342, laissant un fils en bas âge, nommé Louis, qui régna sous la tutelle du duc de Randazzo, son oncle.

PIERRE, surnommé *Mauclerc*, duc ou comte de Bretagne, était fils de Robert, comte de Dreux, et n'acquit de droits sur la Bretagne que par son mariage avec Alix, fille de Gui de Thouars et héritière de ce duché. Pierre, peu reconnaissant envers Philippe-Auguste, qui lui avait procuré cette alliance, se révolta plus. fois pendant la minorité de St Louis, et entra dans la ligue des seigneurs contre Blanche de Castille, régente du royaume.

Ses rébellions n'eurent d'autre résultat que de le rendre malheureux. En 1240, il tourna contre les Sarrasins son humeur inquiète, et prit la croix; mais il revint en France sans être corrigé. Alix était morte dep. long-temps. L'aîné de ses fils était majeur; et Pierre ne pouvait occasionner de gr. troubles. Il suivit St Louis en Égypte, fut fait prisonnier comme les autres compagnons du monarque français, et mourut en revenant en France en 1250.

PIERRE II, duc de Bretagne, succéda, en 1450, à François Ier, son frère, et sut, en rendant ses sujets heureux, se faire aimer des nobles, du clergé et du peuple. On lui reproche une superstition poussée jusqu'à la faiblesse. Il mourut sans enfants à Nantes en 1457.

PIERRE Ier, patriarche d'Arménie, surnommé *Kedatards*, succéda en 1019 à Sergius Ier. Pendant la durée de son patriarcat, l'Arménie fut troublée par des dissensions intestines; et Pierre, tantôt sous la domination d'un parti, tantôt soumis à un autre, eut quelques mauvais traitements à subir. Il mourut l'an 1058 au monastère de Ste-Croix, laissant des *Homélies* et des *Cantiques*, qui n'ont pas été publiés. — PIERRE II, surnommé *Hromglaietsi*, fut élevé, en 1748, à la dignité patriarcale, après la déposition de Lazare de Djahoug. Mais le parti qui l'avait favorisé ayant eu le dessous, son rival le fit enfermer dans un cachot, où il mourut de faim.

PIERRE (JEAN-BAPTISTE-MARIE), prem. peintre du roi, mort en 1789 à Paris, âgé de 75 ans, réunissait les agréments de la figure et de l'esprit aux avantages d'une fortune indépendante; et cet ensemble contribua, plus peut-être que son talent, à lui faire un nom dans le monde, et à son avancement à la cour. On cite, parmi ses tableaux : *St Pierre guérissant le Boiteux; la Mort d'Hérode*, à St-Germain-des-Prés; *St François*, à l'église de St-Sulpice; un autre *St François*, à l'église de St-Louis à Versailles; la *Coupole* de la chapelle de la Vierge à St-Roch. Il se distingue par une manière large et facile.

PIERRE-ALPHONSE (RABBI-MOÏSE-SEPHARDI), médec. juif, né à Huesca, en Espagne, l'an 1062, reçut le baptême à l'âge de 44 ans. Ses talents lui méritèrent le titre de médecin d'Alphonse VI, roi de Léon et de Castille, son protecteur. On ignore l'époque de sa mort. Il a laissé des dialogues, publ. sous ce titre : *Dialogi lectu dignissimi in quibus impiæ Judæorum opiniones........ confutantur, quædamque prophetarum abstrusiora loca explicantur*, Cologne, 1536, in-8, insérés dans la *Bibliothèque des Pères*, t. XXI.

PIERRE de Blois, ainsi nommé du nom de la ville où il naquit vers le milieu du 12e S., précepteur, puis secrétaire de Guillaume II, roi de Sicile, fut appelé en Angleterre par Henri II, qui lui donna l'archidiaconat de Bath et celui de Londres. Il fut fort estimé de son temps, bien qu'il s'élevât avec force contre les déréglem. du siècle. Pierre mourut en Angleterre vers l'an 1200. La meilleure édit.

de ses œuvres est celle de Goussainville, Paris, 1667, in-fol. Ce recueil se compose de lettres, de sermons et de quelq. traités. On trouve dans l'*Hist. littéraire de la France*, t. XV, une savante analyse de ces ouvr. par D. Brial.

PIERRE de Poitiers, théologien scolastique, né dans le Poitou sous le règne de Louis VI, mort chancelier de l'église de Paris sous celui de Philippe-Auguste, avait pendant 38 ans donné des leçons de théologie. Son nom figure avec ceux de Gilbert de La Porée, d'Abailard et de Pierre-Lombard, dans l'ouvr. de Gautier de Saint-Victor. On a de lui cinq livres de *Stances*, publiés par dom Mathoud à la suite des *OEuvres* de Robert Pullus (Paris, 1655, in-fol.). — Il ne faut confondre le précéd. avec un autre PIERRE de Poitiers, moine de Cluny au 12e S., secrétaire de Pierre-le-Vénérable, et auteur de *Poésies latines*, de *Lettres*, et de div. *Opuscules* en prose, ni avec un religieux de St-Victor portant le même nom, ou du moins qu'on désigne en lat. sous celui de *Petrus Pictavinus*, et qui a écrit un *Pénitentiel* vers le commencem. du 13e S.

PIERRE le Vénérable, abbé de Cluny, était né en Auvergne de l'ancienne et noble famille des comtes de Montboissier. D'abord prieur de Vezelay, il fut, en 1121, élevé aux premières dignités de son ordre. Modèle de vertus et de piété sincère, il établit la discipline dans les maisons placées sous sa direct., et y fit fleurir les lettres. Abailard persécuté trouva en lui un père, et les hérésiarques un adversaire redoutable, mais prêt à oublier leurs erreurs du moment où ils voulaient les abjurer. Il mourut dans son abbaye en 1156, âgé d'environ 65 ans. On lui a contesté sa noble origine; mais tout le monde convient de ses vertus. Ses ouvr., qui consistent en *Lettres* et en *Traités* sur divers sujets, ont été publ. avec son *Apologie* dans la *Bibliothèque de Cluny*, Paris, 1614, et réimpr. dans la *Bibliothèque des Pères*, t. XXII. Quelques-uns ont été réimpr. séparém. On en trouve l'analyse dans l'*Hist. littér. de France*, t. XIII.

PIERRE (JEAN DE LA), en lat. *Joannes à Lapide*, dont le véritable nom était HEYNLIN, docteur en théologie, né à Bâle dans le 15e S., se fixa de bonne heure à Paris, y devint préteur de la société de Sorbonne, et recteur de l'univ. en 1469. Ce fut pendant son rectorat que, de concert avec son ami Guill. Fichet, il fit venir en France les premiers imprimeurs qui y aient exercé leur art. Après avoir brillé dans l'université de Paris, il alla enseigner à Bâle la philosophie d'Aristote. Il avait eu beauc. de part à la fondation de l'université de Tubingue, et y avait professé la théologie. En 1482, il entra dans l'ordre des chartreux, et mourut au commencement du 16e S. On a de lui quelq. ouvr., dont les plus connus sont : *Resolutorium dubiorum circa celebrationem missarum occurrentium*, Bâle, 1492, in-8; Cologne, 1500, 1506, in-4.—*Conclusiones aut propositiones physicales*, sur un aérolithe tombé à Ensisheim en 1492, et qui pesait 2 quintaux et demi. Jean de La Pierre concourut aux édit. des *OEuvres* de St Ambroise et de St Augustin, données par Amerbach.

PIERRE *de Saint-Louis* (le P.), poète fameux par son extravagance, naquit en 1626 à Valréas, diocèse de Vaison. Il eut la douleur de perdre une femme qu'il aimait beaucoup et qu'il était sur le point d'épouser. Dans son désespoir, il résolut de renoncer au monde et se décida pour l'ordre du Carmel. Lorsque le temps eut adouci sa douleur, il se rappela qu'il avait jadis fait des vers et composa le poème de *la Madelaine au désert de la Ste-Baume*, 1668, in-12, dont le succès surpassa son attente et celle de ses confrères. L'auteur mourut en 1684. Son poème, réimpr. en 1694, a été inséré par La Monnoye dans le recueil de *Pièces choisies tant en vers qu'en prose*, La Haye, 1714, 2 vol. in-8. Il avait fait un second ouvrage dans le même genre intitulé l'*Éliade* qui n'a point paru. Sa *Vie*, par l'abbé Folard, chanoine de Nîmes, se trouve dans le *Mercure* de juillet 1750. Pierre *de St-Louis* avait fait des *Anagrammes* sur les noms des papes, des emper., des rois, des princes, des génér. de son ordre, des saints et des saintes, etc.

PIERRE DES VIGNES (*de Vineis*), chancelier de l'emper. Frédéric II, né à Capoue vers la fin du 12ᵉ S. d'une famille pauvre, obtint un grand crédit auprès de son maître. Étant tombé dans sa disgrâce, il ne voulut pas survivre à ce malheur, et se brisa la tête contre les murs de son cachot, en 1246. On trouve un examen raisonné des causes de sa catastrophe dans la *Storia della letteratur.* de Tiraboschi. Outre des *Poésies*, on a de lui six livres de *Lettres*, Bâle, 1566, in-8, précédées de la *Vie* de l'auteur et de celle de l'empereur Frédéric ; un *Traité de la puissance impériale*, et un autre *de la Consolation*, imité de Boëce. Les *Lettres* de Pierre des Vignes renferment des renseignements très précieux pour l'histoire.

PIERRE L'ERMITE, né à Amiens vers le milieu du 11ᵉ S., avait quitté la profession des armes pour embrasser la vie religieuse ; c'était l'époque où une fausse prédiction de la fin prochaine du monde entraînait au pèlerinage de la Terre-Sainte. Ce fut vers l'an 1093 que Pierre entreprit le sien. Le malheur des chrétiens dans cette contrée le toucha vivement, et il en fit au pape Urbain II un tableau si pathétique que le pontife le chargea de prêcher une croisade. Ses prédicat. produisirent un effet miraculeux, et au concile de Clermont, le nouvel apôtre vit les rois et les plus grands seigneurs s'armer à sa voix pour la défense des saints lieux. Pierre prit le commandem. de la prem. armée qui se mit en marche pour l'Orient (v. l'art. CROISADES). Mais il ne put maintenir ses soldats, qui, pillant tout sur leur passage, excitèrent la vengeance des peuples, et furent presque tous détruits. Il n'est plus question de cet ermite jusqu'au siége d'Antioche. On ignore l'époque de son retour en France ; mais on sait qu'il y mourut en 1115 au monastère de Neu-Moutier, qu'il avait fondé, près de Huy, diocèse de Liége.

PIERRES (PHILIPPE-DENIS), imprim., né à Paris

en 1741, d'une famille qui depuis 200 ans était connue dans la librairie, se distingua par la beauté et la correction des ouvr. sortis de ses presses. En 1787 il établit une imprimerie à Versailles pour le service de l'assemblée des notables, mais la révolution lui enleva son état et sa fortune ; il fut réduit à accepter en 1807 une place dans le bureau des postes de Dijon, et mourut dans cette ville l'année suiv. Il a publ. divers *articles* dans les journaux, entre autre une *Lettre* à Fréron sur le Salluste stéréotypé par Ged en 1759 (*Année littér.*, 1775, tome VI); une *Lettre* sur les essais de polytipage (*Journal de Paris*, mai 1786); la *Descript. d'une nouvelle presse d'imprimerie*, 1786, in-4. Il avait commencé, sur l'invitation de l'acad. des sciences, un ouvr. intit. l'*Art de l'imprimerie*, qui était destiné à faire partie de la *Collect.* des arts et métiers. On trouvera des détails sur cet ouvr. dans la *Notice* sur l'auteur, insérée par Leschevin dans le *Magasin encyclopédique*, 1808. On doit à Pierres une édit. estimée du *Lexicon* de Schrevelius, 1767, 2 vol. in-8.

PIERSON (JEAN), critique estimable, né dans la Frise en 1731, mort en 1759 à 29 ans, avait été nommé recteur du gymnase de Leeuwarden à 24, et s'était fait connaître par ses *Verisimilium libri II*, Leyde, 1752, in-8, ouvr. dans lequ. il propose différentes corrections et conjectures pour la restitution du texte des classiques grecs et latins.

PIETERS (GÉRARD), peintre, né à Amsterdam vers 1580, fut élève de Cornélius Cornélissens ; il voyagea en Italie, séjourna long-temps à Rome, et de retour dans sa patrie, y peignit avec succès le portrait en petit des *assemblées* ou *conversations*. —PIETERS (Bonaventure), le meill. peintre de marines de son temps, né en 1614 à Anvers, mort dans cette ville en 1652, cultiva aussi la poésie. Il a laissé un grand nombre de tableaux. La ville de Bruxelles en possède trois des plus estimés. — Jean PIETERS, frère du précédent, né à Anvers en 1625, cultiva le même genre de peinture. Ses tableaux ne le cèdent en rien à ceux de son aîné. — PIETERS, peintre d'hist., né à Anvers en 1648, avait un talent distingué. Il passa en Angleterre dans l'espoir d'y mettre son talent à profit; mais il se vit forcé de se mettre aux gages de Kneller, qui l'engageait à draper ses figures : ce travail le détourna du genre historiq., dans lequel il aurait certainem. excellé. On lui doit quelq. copies de *Rubens*, dans lesquelles il est parvenu à imiter très heureusem. la touche et le coloris de ce grand maître.

PIÉTISTES, sectaires appelés aussi *Séparatistes*, s'établirent vers le commencem. du 18ᵉ S. à Bischwiller, près de Strasbourg, où ils ont continué de professer leur croyance. Également séparée de l'Église catholique et des deux communions protestantes, cette secte, quoique reconnaissant la divinité de J.-C., n'admet aucune cérémonie religieuse, ni d'autre autorité dans l'interprétation des saintes écritures que celle de l'inspiration. Se regardant comme égaux entre eux, ils n'ont ni chefs ni prêtres : le père de famille est le précepteur de ses enfants; mais dans les réunions c'est celui qui est inspiré qui parle et instruit ses frères. En 1825 les réunions des piétistes excitèrent la surveillance de l'autorité civile : saisi de déposit. faites contre eux, le tribunal de Strasbourg en fit la matière d'un jugem. rendu le 25 juin, et dont les prévenus interjetèrent appel à la cour de Colmar, qui l'infirma. Enfin le 3 août 1826 intervint un jugem. de la cour de cassation sur cette même affaire, qu'on trouvera résumée dans le *Moniteur* du 5 août 1826.

PIÈTRE (Simon), l'un des médec. les plus renommés de son temps, né à Paris vers 1565, occupa la chaire de médecine au collège royal, et mourut vers 1616. On a de lui : *Disputatio de vero usu anastomoseon vasorum cordis in embryo*, 1593, in-8.— *Nova demonstratio et vera historia anastomoseon vasorum*, etc., 1593, in-8.—*Lienis censura in acerbam admonitionem Andreæ Laurentii*, 1593, in-8.

PIETRO (Michel di), card., né à Albano en 1747, montra de bonne heure des connaiss. dans l'hist. et le droit canonique, de la capacité pour les affaires, et avant tout de l'attachem. pour les principes ultramontains. Élevé successiv. aux dignités d'évêque (*in partibus*) d'Isaure, de consulteur de l'inquisition , etc., il fut nommé délégué apostolique par Pie VI, lorsque ce pontife fut forcé de quitter Rome (1798). Il reçut de Pie VII le titre de patriarche de Jérusalem et le chapeau de cardinal (1801), l'accompagna en France en 1804, et devint son délégué en 1809, lorsque ce pontife fut arraché de sa capit. ; mais bientôt il fut contraint lui-même de se rendre à Paris. Son refus d'assister à la célébration du mariage de Napoléon avec l'archiduch. d'Autriche, et les raisons qu'on eut de le croire le rédacteur du bref adressé par le pape au cardinal Maury en 1810, lui attirèrent quelq. persécut. De retour à Rome après la chute de Bonaparte, il obtint, en récompense de son zèle, l'év. d'Albano, puis celui de Porto et Ste-Ruffine, et mourut en 1821, sous-doyen du sacré collège.

PIETROLINO, peintre italien, n'est connu que par les fresques que l'on voit encore à Rome sur les murs de l'église *de' Santi-Quattro-Coronati*, et qu'il exécuta de 1110 à 1120, avec l'aide de Guido Guiduccio.

PIGAFETTA (Antoine), voyageur, né à Vicence vers la fin du 15 S., se trouvait à Rome au moment où Charles-Quint, après avoir disputé au Portugal la propriété des Moluques, consentit à vendre ses prétentions. L'empereur ne tarda pas à se repentir de ce marché, et envoya dans ces îles une expéd. sous les ordres de Magellan, qui était chargé de se frayer un chemin par l'Ouest. Pigafetta fit partie de cette périlleuse entreprise en qualité de volontaire, et trouva le temps d'en consigner tous les événem. dans un journ. non interrompu. Grâce à sa robuste santé, il fut un des 18 navigateurs qui revinrent à Séville en 1522, après un voyage de 1124 jours, et reçut l'accueil le plus flatteur de plus. souverains, du pape Clément VII, et du grand-maître Ph. de Villiers de l'Ile-Adam, qui le fit chev. de Rhodes

en 1524. On présume qu'il passa le reste de sa vie dans le repos et qu'il mourut dans sa patrie, on ne sait à quelle époque. Le journal qu'il avait fait de son voyage n'avait paru qu'incomplet et mutilé, lorsqu'Amoretti en découvrit une copie entière dans la bibliothèq. ambrosienne de Milan ; il l'a publié en italien, puis en français, sous ce titre : *Prem. voyage autour du monde, par le chev. Pigafetta, sur l'escadre de Magellan, pendant les ann.* 1519, 1520, 1521 *et* 1522, etc., Paris, an IX, in-8, cartes et fig.— Pigafetta (Philippe), voyag., de la même famille, né à Vicence vers 1533, embrassa l'état militaire, fit la guerre dans plusieurs contrées de l'Europe, visita Constantinople, la Syrie, l'Égypte, la Suède, fut chargé par Sixte-Quint de deux ambassades importantes, l'une auprès du roi de Perse, l'autre en France, et mourut dans sa patrie en 1603. On cite de lui : *Lettres et disc. du card. Bessarion, adressés aux princes d'Italie pour les engager à former une ligue et à déclarer la guerre aux Turcs*, trad. en italien, Venise, 1573, in-4.— *Relation du royaume de Congo et des pays voisins, tirée des écrits d'Édouard Lopez*, 1591, in-4, fig.; Venise, 1728, in-4. — *Relation du siège de Paris en* 1590, *avec le plan de cette ville et des lieux voisins*, Bologne, 1591, in-8; Rome, 1592, in-4.— Pigafetta, (Jérôme), de l'ordre des Frères prêcheurs, prieur de Ste-Sabine à Rome, né à Vicence, mort dans cette ville en 1453, a laissé des *Sermons* et la *Vie de St Dominique* en vers héroïques.

PIGALLE (Jean-Bapt.), sculpteur, né à Paris en 1714, fils d'un menuisier-entrepreneur des bâtim. du roi, fut mis dès l'âge de 8 ans chez un sculpt., et montra dès-lors un penchant décidé, mais peu de dispositions en apparence, pour l'art qui devait l'illustrer. Après avoir concouru vainem. pour le gr. prix de l'acad., il partit presque découragé pour l'Italie, dont il étudia les chefs-d'œuvre pendant plus de 3 ans, et finit par acquérir un juste sentiment de ses forces. De retour en France, les premiers trav. auxquels il se livra le firent connaître avantageusem., mais le laissèrent dans le besoin. Il sortit de cet état de gêne par la protection de Mme de Pompadour, qui lui commanda sa statue, celle du *Silence* et le groupe de *l'Amour et l'Amitié*. Il commença dès-lors à travailler pour la gloire, fut reçu à l'académie, et décoré de l'ordre de St-Michel. Il mourut en 1785, laissant une grande réputation, quoiqu'on lui ait reproché de sentir et d'aimer plus le vrai que le beau. Cependant l'on ne trouve point ce défaut d'idéal dans sa *Vénus* et surtout dans son *Mercure*, qui furent envoyés en présent au roi de Prusse, en 1748. L'ouvr. qui lui fit le plus d'honneur est le tombeau du maréchal de Saxe à Strasbourg. Il manqua de goût en persistant à représenter un Voltaire, dont l'extrême maigreur et les formes grêles ne pouvaient offrir qu'un spectacle repoussant : cette statue est aujourd'hui dans la biblioth. de l'Institut de France. Suard a publié l'*Éloge* de Pigalle dans ses *Mélanges de littérature*, tome III, 1806.

PIGANIOL DE LA FORCE (Jean-Aymar de), historien et géographe, né en Auvergne en 1673, mort à Paris en 1755, a publié entre autres ouvrages : *Description historique et géograph. de la France*, 1715, in-12; 1752-53, 15 vol. in-12. — *Descript. de la ville de Paris et de ses environs*, nouv. édit. augmentée, 1765, 10 vol. in-12. — *Nouv. voyage en France*, 1724, 1755, 1770, 2 vol. in-12, avec cart.

PIGEAU (Eustache-Nicolas), juriscons., était né à Mont-Lévêque, près de Senlis, en 1750, d'une famille pauvre. Destiné à une profession mécanique, il fut envoyé à Paris, après avoir reçu d'un vénérable ecclésiastiq. les élém. de l'instruction; mais il quitta bientôt l'atelier où il faisait son apprentissage pour entrer chez un procureur, dont il devint premier clerc au bout de six mois. L'aptitude singulière qu'il apporta à l'étude des lois, son ardeur infatigable à en comparer l'esprit avec les applications si souvent divergentes de l'anc. procédure, lui firent de bonne heure concevoir le plan d'un ouvr., où le chaos des formulaires de la chicane fit place à une méthode à la fois plus sûre et plus simple. Cet ouvrage, qui devint classique en naissant, parut sous le titre de *Procédure civile du Châtelet de Paris*, 1778, 2 vol. in-4, et fut réimpr. en 1780 et 1787. Le succès n'en fut éclipsé que par celui qu'obtint un autre ouvr. de Pigeau, *Introduction à la procédure civile*, 1784, in-18; 1822, in-8, 5e édition, revue par M. Poncelet. Devenu l'oracle de la procédure, le modeste aut. ne s'en vit pas moins réduit à accepter l'emploi de secrétaire de l'avocat-général Hérault de Séchelles, depuis si tristement célèbre. Mais loin de profiter, comme tant d'autres, des circonstances pour s'élever aux emplois ou à la fortune, Pigeau préféra descendre à l'obscure condit. de commis-libraire. Il reprit ses travaux dès que les temps devinrent meilleurs, et, en ouvrant des cours de droit, il concourut à raviver les sources de l'instruct. publique taries par de si violentes commotions. Lorsque Napoléon voulut qu'enfin la législation fut réduite à des règles uniformes, Pigeau devint l'un des rédacteurs du nouveau Code de procéd. Une chaire de cette science fut fondée pour lui en 1805, et depuis il la remplit avec succès jusqu'à sa mort, en 1818. La science des lois lui est encore redevable des ouvrages suivants : *Procédure civile des tribunaux de France*, 1808-09, 2 vol. in-4, réimprimée pour la 5e fois en 1826, avec des notes de M. Crivelli. — *Notions élémentaires sur le droit civil*, 1804, 4 vol. in-8; 2e édit. augm., sous le titre de *Cours élémentaire de Code civil*, 1818, 2 vol. in-8.— Enfin *Comment. sur le Code de procédure civile*, ouvr. posth., revu et publié par MM. Poncelet et Lucas-Championnière, 1827, 2 vol. in-4, précédé d'une *Notice historique* sur l'auteur (par M. Gairal, avocat). Bellart lui a consacré une *Notice nécrol.* dans le *Moniteur* du 1er janv. 1819.

PIGAULT-LEBRUN (Guill.-Charles-Antoine), romancier, auteur dramatique et historien, né en 1753 à Calais, d'une famille de magistrats, fit ses études au collège de Boulogne-sur-Mer, et fut ensuite envoyé à Paris pour y faire son cours de droit. Mais son caractère l'éloignait de la profession sérieuse de jurisconsulte; il hésita long-temps sur le choix d'un état, et finit par se décider pour la carrière des lettres. Avant la révolution il avait composé quelq. pièces de théâtre. Sa prem. comédie : *Il faut croire à sa femme*, jouée et impr. en Hollande en 1786, le fut postérieurem. à Paris sous le titre du *Jaloux corrigé*. Le succès de *l'Optimiste*, de Collin d'Harleville, lui donna l'idée de mettre en scène *le Pessimiste*, et cette petite comédie en un acte fut très applaudie. Sans abandonner le théâtre, il s'essaya dans le genre du roman. Son seul but, dans ceux qu'il a composés en gr. nombre paraît avoir été de produire des effets comiques; quelquefois cependant, comme dans *l'Enfant du Carnaval*, des peintures grotesques et bouffonnes sont suivies de scènes graves et pathétiques. Il rend les scènes populaires avec beauc. de verve; mais sa facilité dans ce genre l'a souvent égaré. A force de vouloir être naturel et vrai, il tombe presque toujours dans le trivial; mais on ne peut lui contester la fécondité et l'originalité. Pigault, dans ses romans, ne respecte ni la religion ni les mœurs; mais il les attaqua bien plus ouvertement dans le *Citateur*, espèce de centon composé de passages tirés des œuvres de Voltaire et des autres philosophes du 18e S. Cet ouvr., publié en 1803, fut saisi par la police impériale avant de l'être par la police de la restauration. L'auteur des *Barons de Felsheim*, de *Mon oncle Thomas*, de *M. Botte*, et de tant d'autres romans si gais, s'avisa sur la fin de sa carrière, de s'occuper de trav. plus sérieux. Il se fit historien, et publia de 1823 à 1828, en 8 vol. in-8, une *Histoire de France abrégée, critique et philosophiq., à l'usage des gens du monde*. La réputation que Pigault s'était faite comme romancier détruisit d'avance et avec raison l'autorité à laq. il aspirait comme historien. Son ouvr. n'eut pas de succès et n'en méritait point. La réimpression de quelq.-uns de ses romans, connus depuis plus de trente ans, donna lieu à des poursuites et à des saisies qui l'affligèrent beaucoup. Il perdit en 1825 une place d'inspect. dans les salines, qu'il avait obtenue sous le directoire. Alors il alla demeurer à Valence, auprès de M. Victor Augier, son gendre, qu'il avait associé à la composition de ses dern. ouvrages. Au bout de quelq. temps il revint à Paris; mais il ne put s'y fixer, et se retira bientôt à Lucelle, près de St-Germain, où il mourut en 1835, à 82 ans. Ses *OEuvres complètes* ont été publ., Paris, 1822-24, 20 vol. in-8. Cette collect. ne contient que les romans, les pièces de théâtre et les mélanges. Son *Théâtre* avait été impr. séparément, Paris, 1806 ou 1818, 6 vol. in-12. La 2e édit. contient *le Memnon français, ou la Manie de la sagesse*, comédie en un acte et en prose, jouée en 1816.

PIGENAT (François), fameux ligueur, né à Autun, fut un de ceux qui, dans ces temps de discorde, contribuèrent le plus par des prédications à troubler le royaume. Il signa le décret de dégradation de Henri III, fit l'orais. funèbre des Guise, qu'il appela des martyrs, et déclara qu'il était impossible que Henri IV se convertît, que le pape ne pouvait l'absoudre, et que, s'il le faisait, il serait lui-même excommunié. Ce prêtre fanatique mourut en 1590, environ quatre ans avant l'entrée de Henri dans sa capitale. — PIGENAT (Odon), frère du précédent, aussi acharné que lui, fut du conseil des Seize. On attribue à l'un des deux frères : *Aveuglement des politiq., hérétiq. et maheustres, lesq. veulent introduire Henri de Bourbon, jadis roi de Navarre, à la couronne de France, à cause de la prétendue succession*, par F. Jean Pigenat, Paris, Thiéry, 1592, in-8. Pourtant aucun des deux Pigenat ne se nommait Jean (*v.* le *Dictionnaire des anonymes*, n° 1516, 2e édit.).

PIGET (SIMON), libraire et imprimeur de Paris au 17e S., a donné quelques édit. qui sont encore recherch., entre autres celles des *OEuvres d'Amphyloque*, 1644, in-fol., et d'un *Rituel grec*, par Goar, in-fol.

PIGHIUS (ALBERT), mathématicien et controversiste, né à Kempen dans l'Over-Issel vers 1490, prêcha avec éclat dans les principales chaires des Pays-Bas, se rendit plus tard en Allemagne pour y combattre les réformateurs, fut chargé de div. négociations par les papes Clément VII et Paul III, prit part à toutes les décis. des diètes de Worms et de Ratisbonne, et mourut à Utrecht en 1542. Aucun controversiste n'a poussé plus loin que lui le zèle pour la défense des prétentions de l'Église romaine. Ses ouvrages nombr., et qui dans le temps eurent beaucoup de vogue, sont mainten. oubliés. On recherche cepend. encore le suivant : *De æquinoctiorum solstitiorumque inventione, necnon de ratione paschalis celebrationis, et de restitutione ecclesiastici kalendarii*, Paris, 1520, in-4. — PIGHIUS (Étienne VINAND), savant antiquaire, neveu du précéd., né à Kempen en 1520, fut retenu huit ans à Rome par son goût pour les antiquités, et conçut le projet d'éclaircir l'hist. romaine ; mais il ne put mettre la dernière main à ce grand travail, qui fut terminé par André Schott, et mourut en 1604 à Xanten, où le duc de Clèves lui avait procuré un canonicat. L'ouvr. dont nous avons parlé a pour titre : *Annales magistratuum et provinciarum S. P. Q. R. ab urbe conditâ, incomparabili labore ex auctorum antiquitatumque variis monumentis suppleti*, Anvers, 1599-1615, 3 vol. in-fol. Le prem. vol. seul a été donné par Pighius ; mais ses MSs. servirent pour la publicat. des deux autres.

PIGNA (JEAN-BAPT. NICOLUCCI, surn.), histor. et littérat. distingué, né à Ferrare en 1529, consacra sa vie entière à des travaux littér. Il refusa toutes les dignités dont voulut le combler le duc Alphonse II, dont il était l'ami, et mourut dans sa patrie, généralement admiré et regretté, en 1575. Ses ouvr. sont : *il Principe*, Venise, 1561, in-8.— *Il duello nel quale si tratta dell' onore e dell' ordine della cavaleria*, 1554, in-4. — *Istoria de' principi di Este*, Ferrare, 1570, in-8.—*I Romanzi ne' quali della poesia e della vita d'Ariosto si tratta*,

Venise, 1554, in-4.— *Carmin. libri IV*, 1553, in-8.

PIGNATELLI (FRANÇ.), capitaine-gén. du roy. de Naples, né en 1732 dans la capitale de cet état, appartenait à la famille des princes de Strongoli. Il commença sa carrière militaire sous Charles III, dont il encourut la disgrâce par suite d'un duel où il tua son adversaire (le chev. Polatrelli). Devenu plus tard le confident du jeune Ferdinand, à qui Charles III, son père, appelé au trône d'Espagne, avait transmis la couronne de Naples, Pignatelli accrut sa faveur en acceptant de la reine Caroline la mission d'abuser ces deux monarques sur leurs dispositions réciproques, relativement au fameux Acton, dont le premier, plus clairvoyant, exigeait le renvoi comme indispensable au maintien de la bonne harmonie, tant dans leurs rapports politiques que dans leurs rapports de famille. Sa fourbe fut récompensée par la reine, qui lui fit donner le gouvernem. des Calabres, où, sous prétexte de réparer les maux que d'affreux tremblements de terre avaient causés à ces provinces, on envoya une commiss. qui ne fut qu'un nouveau fléau pour le pays. Pignatelli en revint gorgé de richesses, et bientôt, nommé gouvern. de Naples, il réunit à ces fonctions celles de chef de la police, après la disgrâce de Medici. C'est pend. sa gestion que furent construits les fameux greniers d'abondance que Naples montre aujourd'hui aux étrangers comme un objet de curiosité et de luxe. Leur construction avait été encore pour lui une occas. d'augmenter sa fortune. Il fut élevé à la dignité de capitaine-général, et chargé de la police de tout le royaume en 1789. Ferdinand, avant d'abandonner ses états, nomma, sur la proposition d'Acton, Pignatelli vicaire-génér. du roy. Prompt à désespérer des moyens de résistance que l'honneur du moins lui prescrivait de tenter, il laissa Naples en proie à une affreuse anarchie, en commettant à la populace armée le soin de sa défense. Aussi les Français furent-ils accueillis en libérateurs par une notable portion de la ville. Réduit à se sauver en Sicile pendant l'occupation de Naples, Pignatelli n'y revint qu'après le roi, dont il ne put jamais regagner la confiance. Il trempa toutefois dans un complot tendant à rappeler la cour de Sicile dans cette capitale durant le règne éphémère de Joseph Bonaparte. Envoyé en exil pour cette cause, il fut rappelé ensuite par Joachim Murat, et continua d'habiter Naples ou ses environs, jusqu'en 1812, époque où il mourut.

PIGNEAU DE BEHAINE (PIERRE-JOSEPH-GEORGE), missionnaire, né en 1741 au bourg d'Origny, dioc. de Laon, se dévoua, malgré ses parents, à la carrière périlleuse des miss. étrang., et quitta la France secrètement en 1765. Après quelques contrariétés qu'il éprouva dans l'Inde, et dont tout autre aurait été rebuté, il fut nommé par le pape en 1770 évêque d'Adran, *in partibus*, et coadjut. de l'év. de Canathe, auq. il succéda l'année suiv. comme vicaire apostolique. En 1774, il se rendit à Macao, puis au Camboge, d'où il entra dans la Basse-Cochinchine, dont deux rois avaient été mis à mort successivement par les rebelles, appelés Tay-son. Il donná un asile dans sa maison à Nguyên-Anh, frère cadet du dernier monarque, qui parvint à se faire proclamer roi en 1779, et ne fut point ingrat. L'évêq. d'Adran, appelé à la cour du nouv. prince, s'attacha à lui par d'autres services et suivit sa fortune, qui ne tarda pas à être mauvaise. En effet, les rebelles ayant encore une fois forcé Nguyên-Ahn à la fuite en 1782, son fidèle conseiller abandonna aussi la Cochinchine, et, après avoir mené la vie la plus misérable dans le Camboje et dans d'autres pays voisins, fit voile pour Siam (1783). Il avait traîné jusqu'alors avec lui ses chers élèves du collège des missions, et il espérait pouvoir asseoir son établissement chez les Siamois, les alliés de son souver. adoptif; mais il fut bientôt désabusé sur le compte de ce peuple perfide, qui n'avait paru s'unir au prince cochinchinois que pour entrer dans ses états et les ravager. Ce malheureux prince était sur le point de se jeter dans les bras des Hollandais ou des Portugais, lorsque Pigneau conçut le projet de le placer sous la protection de la France, qui probablem. aurait retiré de ce patronage, s'il eût eu lieu, profit et honneur. Il fit donc voile pour son ancienne patrie en 1786, investi des pouvoirs illimités de Nguyên-Ahn, qui d'ailleurs lui avait confié son fils aîné, âgé de 6 ans, comme une garantie de ses intentions pleines de bonne foi. Il parvint à triompher des préventions du ministre de la marine, de Castries, et obtint la conclus. d'un traité par lequel le roi de France s'engageait à envoyer sans délai à son nouv. allié un secours d'hommes, de vaisseaux, d'armes et de munitions, et le roi de Cochinchine à faire des concess. de territoire aux Français. Malheureusement le comte de Conway, gouverneur-général des établissem. français dans l'Inde, fut chargé de commander l'expédition projetée, et eut la faculté d'en surseoir ou hâter l'exécution. Cet offic. crut devoir ne rien entreprendre, et l'évêque d'Adran eut recours aux négociants de Pondichéri, dont il obtint quelq. secours. Le roi de Cochinchine, qui s'était déjà remis en possess. des provinces méridionales, prit dès-lors (1789) un ascendant toujours croissant sur les usurpateurs (les Tay-son), et les renforts venus de Pondichéri contribuèrent beaucoup à cette révolution. L'infatigable missionnaire se réunit la même année à son souver. adoptif, et continua à le servir de ses conseils, malgré les insinuations envieuses des courtisans, qui ne purent l'empêcher de jouir presque constamment de l'estime et du respect du roi et de son fils. A la mort du sage prélat, en 1799, les deux princes montrèrent la plus vive douleur, et rendirent des honneurs à cet ami fidèle qui, jusqu'à son dernier soupir, avait travaillé à leur ménager l'appui de la France. Voy. les *Nouvelles des miss. étrang.*, Londres, 1797, et les *Nouvelles Lettres édifiantes.*

PIGNONE (Sim.), peintre florentin, né en 1614, mort en 1698, a laissé plus. tableaux qui sont admirés des connaisseurs, entre autres, le *B. Bernard Tolomei*, à Monte-Oliveto, et *St Louis, roi*

de France, dans l'église de Ste-Félicité de Florence.

PIGNORIA (Laurent), antiquaire, né en 1571 à Padoue, où il mourut en 1631, curé de la paroisse Saint-Laurent, a publ. un assez gr. nombre d'ouvr., parmi lesq. nous citerons : *Mensa isiaca, quâ sacrorum apud Ægyptios ratio et simulacra subjectis tabulis æneis simul exhibentur et explicantur*, Amsterdam, 1669, in-4, édit. estimée. — *De servis et eorum apud veteres ministeriis commentarius*, 1674, in-12. — *Le origini di Padova*, 1625, in-4, fig., et dans le t. VI du *Thesaurus antiquitatum Italiæ. — La vita di S. Giustina, vergine e protomartire padovana*, 1626, in-4.

PIGNOTTI (Laurent), le plus célèbre des fabulistes italiens, né en 1739 à Figline, petite ville entre Florence et Arezzo, se livra à l'étude de la médecine, qu'il pratiqua surtout à Florence. Il y remplit la chaire de physique que le gr.-duc venait de fonder pour la jeune noblesse; puis fut nommé professeur à l'université de Pise, dont il devint un des conseillers en 1802. D'autres honneurs vinrent le chercher, entre autres celui d'auditeur de la même université : la première dignité littéraire de la Toscane. Il mourut en 1812. Physicien, naturaliste, poète, littérateur, historien, antiquaire, c'est surtout comme fabuliste qu'il est connu des étrangers, quoique les critiques italiens eux-mêmes conviennent qu'il est resté fort audessous de notre inimitable Lafontaine. Outre ses *poésies*, recueillies à Florence, 1812-13, 6 vol. in-8, et Pise, 6 vol. in-12, nous citerons : *Congetture meteorologiche,* dans les *Novelle letterarie,* de Lastri, 1780. — *Storia della Toscana sino al principato, con diversi saggi sulle scienze, lettere ed arti*, 1813, 9 vol. in-8, et 10 vol. gr. in-8.

PIGRAY (Pierre), *Pigræus,* célèbre chirurgien, fut l'élève et l'émule d'Ambroise Paré, dont il propagea les bons principes, excepté celui de la ligature si salutaire des vaisseaux. Il mourut à Paris en 1613, prem. chirurgien de Louis XIII; il avait eu le même titre à la cour de Henri IV. On a de lui : *Chirurgia cum aliis medicinæ partibus conjuncta*, 1609, in-8. — *Epitome præceptorum medicinæ, chirurgiæ,* etc., 1612, in-8, en français; 1628, 1658, in-8. — *Chirurgie mise en théorie et en pratique*, 1610, in-8.

PIGRÈS, poète antérieur à Aristote, est surtout connu pour avoir ridiculement entrepris d'ajouter un vers pentamètre de sa façon à chaque hexamètre de l'Iliade.

PIIS (Pierre-Antoine-Augustin de), chansonnier, né à Paris en 1755, était fils d'un chev. de St-Louis qui avait été major au Cap-Français. Destiné à servir dans le régim. du Cap, la faiblesse de sa santé le força de renoncer à l'état militaire : il suivit son inclination pour les lettres et se lia avec l'abbé Latteignant et Sainte-Foix, dont les conseils contribuèrent à l'engager dans un genre de littérature bien frivole. Ce fut en 1776 qu'il donna à la Comédie-Italienne *la Bonne Femme,* parodie de l'opéra d'*Alceste;* 16 *comédies* mêlées de couplets, dont Piis a grossi le répert. du Vaudeville, furent la conséquence du bon accueil que reçut la *Bonne Femme*. Dans quelq.-unes, l'auteur s'était associé Barré. Piis fut nommé en 1784 secrét.-interprète du comte d'Artois, place qu'il exerça jusqu'à la révolut., et qui lui fut rendue depuis la restauration. Dans l'intervalle, il occupa divers emplois, tels que ceux d'agent de la commune de Chenevière-sur-Marne, de commissaire du directoire près du canton de Sucy, et ensuite près du 1er arrondissement de Paris, de membre du bureau central de cette ville. Après le 18 brumaire, il devint secrétaire-général de la préfecture de police, place qu'il conserva jusqu'à l'époque des *cent-jours*. Le gouvernem. impérial le nomma alors archiviste de la préfecture de police. Rétabli dans ses premières fonctions par la seconde restauration, il ne tarda pas à les perdre; il vécut dès-lors dans la retraite, et mourut en 1832. Au commencement de la révolut. il avait fondé le *Théâtre du Vaudeville*, où il fit représenter un grand nombre de pièces de circonstances. Il composa aussi beaucoup de *Chansons* sur toutes les phases de la république et de l'empire, mais il désavoua plus tard ses anciennes opinions. De Piis fut l'un des membres les plus féconds du Caveau. En 1798 ou 1799 il avait fondé, avec Cubières, le *Portique républicain*, dont les réglements excluaient les membres de l'Institut. L'Institut lui tint rigueur, car lorsque plus tard il se présenta à l'Acad. française, il ne put parvenir, malgré ses tentatives réitérées, à s'en faire ouvrir les portes. Vaudevilliste d'un talent fort inégal, de Piis fut l'objet d'un gr. nombre de sarcasmes, et le calembourg qu'il avait manié si souvent fut employé pour le tourner lui-même en ridicule : l'un, prétendant que dans ses pièces la plus gr. partie devait être attribuée à son spirituel associé, disait que dans les ouvrages de Piis *il y avait beaucoup de choses à barrer* (à Barré); un autre, parodiant Virgile et jouant sur le nom de l'auteur, s'écriait : *Di meliora Piis;* enfin il y en avait qui, parodiant les paroles du Rituel, ajoutaient : *Auge Piis ingenium*. Lorsqu'il était à la préfecture de police, de Piis avait publié lui-même par souscription une édit. de ses *OEuvres* en 4 vol. in-8.

PIJON, conseiller au présidial de Provins, où il était né en 1736, et où il mourut en 1766 a publ. une tragédie de *Progné*, et les *Muses françaises*, ou *Tableau des théâtres de France*, 1764, in-12.

PIKLER (JEAN-ANTOINE), grav. en pierres fines et en pierres dures, né à Brixen, dans le Tyrol, en 1700, s'établit à Naples, où ses talents lui méritèrent l'estime des plus gr. personnages, et lui fournirent les moyens de faire une honnête fortune. Il mourut en 1779 à Rome, où il s'était fixé depuis 1743. Parmi ses dernières productions, on remarque 2 *Homères*, l'un en cornaline, et l'autre en camée, qui donnent une haute idée de son talent. — PIKLER (le chevalier Jean), fils du précéd., le plus habile graveur en pierres fines et en pierres dures de son siècle, naquit à Naples en 1734. Ses ouvrages lui méritèrent l'admiration de ses contemporains, et les bonnes grâces de l'emper. Joseph II, qui le nomma chevalier. Il avait commencé un *Recueil de planches gravées*, d'après les peintures de Raphaël au Vatican; et un *Choix d'empreintes de pierres gravées et de camées;* mais ces deux ouvrages, qui indépendamment de ses autres travaux auraient suffi pour assurer sa réputation, sont restés inédits. Il mourut en 1791. Sa *Vie* par de Rossi a été trad. en franç. dans le *Magasin encyclopédique* (5e année, III, 472).

PIKOULIN, médecin russe, né en 1784 dans le gouvernem. de Tver, fut professeur d'anatomie et de physiologie à l'université de Pétersbourg, et secrétaire pour la section de ces deux sciences à l'acad. médico-chirurgicale. Un *Traité sur la contagion* qu'il avait observée en Géorgie lui mérita, en 1814, le grade de docteur en médecine et en chirurgie, le titre de correspondant de la société de médecine de Paris, et l'avantage d'être attaché, en 1816, à l'armée d'occupation en France. Il mourut à Moscou en 1824.

PILASTRE DE LA BRADIÈRE (URBAIN-RENÉ), anc. maire d'Angers, mort le 24 avril 1830 à l'âge de 77 ans, dans sa terre de Soudou, habitait le bourg de Cheffes dans l'ancienne province d'Anjou, lorsqu'il fut nommé député à la sénéchaussée d'Anjou aux états-généraux. Élu de nouveau dans le mois de sept. 1792 à la convention, dans le procès du roi il vota la réclusion pend. la guerre et le bannissem. à la paix; rejeta la ratificat. du peuple et admit le sursis. Après la session il passa au conseil des anciens, d'où il sortit le 20 mai 1798 : il devint alors l'un des administrat. des hospices de Paris, place qu'il cessa de remplir à la révolution du 18 brumaire. En décembre 1799 il fut élu membre du corps-législatif, dont il cessa de faire partie en 1803. On ne le vit reparaître sur la scène politique qu'en 1820, lorsqu'il fut nommé membre de la chambre des députés, où il vota avec le côté gauche. On le cite comme l'un des plus ardents propagateurs de la vaccine.

PILATE. — V. PONCE-PILATE.

PILATI DE TASSULO (CHARLES-ANTOINE), publiciste distingué, né à Trente en 1733, quitta une chaire de droit, qu'il remplissait avec éclat au lycée de cette ville, pour visiter les principaux états de l'Europe et en étudier les divers gouvernements. Le roi de Danemark voulut le retenir à sa cour; le grand Frédéric lui donna des preuves multipliées de sa bienveillance; enfin l'empereur Joseph, son souver., le consulta sur les réformes qu'il se proposait d'introduire dans ses états, et Léopold l'appela plus. fois auprès de lui à Vienne. Il mourut à Tassulo en 1802. Parmi ses nombreux ouvr., nous citerons : *di una Riforma d'Italia*, Villafranca (Venise), 1767, in-8; trad. et abrégé en français, sous ce titre : *l'Italie réformée*, ou *Nouveau plan de gouvernement pour l'Italie*, Rimini, 1768, in-12 de 96 p. — *La storia dell' imperio germanico e dell' Italia del tempi de' Carolingi sino alla pace di Vestfalia*, Stockholm (Coire), 1769-72, 2 vol. in-4. — *Traité des lois civiles*, La

Haye, 1774, 2 vol. in-8. — *Voyages en différents pays de l'Europe, de 1774 à 1776, ou Lettres écrites de l'Allemagne, de la Suisse*, etc., ibid, 1777, 2 vol. in-12. — *L'Observateur français à Amsterdam, ou Lettres sur la Hollande, écrites en 1778 et 1779*, ib., 1780, 2 vol. in-12.

PILATRE DE ROZIER (JEAN-FRANÇOIS), physicien, né à Metz en 1756, apprit un peu de chimie, de botaniq. et de minéralogie chez un apothicaire, et vint ensuite à Paris où il étudia les mathématiques, la physique, et ouvrit même un cours où il fit quelques expériences d'électricité, et professa quelque temps la chimie à Reims. Pourvu de la charge d'intendant des cabinets de physique de MONSIEUR (Louis XVIII), il se livrait avec ardeur à tout ce qui pouvait seconder le progrès des sciences, lorsque la découverte des aérostats, par les frères Montgolfier, vint offrir un nouvel aliment à l'activité de son esprit. Il fit plus. ascensions qui furent couronnées du succès, et conçut bientôt le projet de passer en Angleterre par la voie des airs; mais, dans la construction de son aérostat, pour lequel le gouvernement avait mis à sa disposition une somme de 40,000 fr., il combina le procédé de Montgolfier avec celui de Charles, quoique ce dernier eût prédit que c'était placer un réchaud sur un baril de poudre. Cette imprudence causa sa perte. Le 15 juin 1785, il s'éleva de Boulogne-sur-Mer avec Romain; mais, parvenu à une hauteur de 2 ou 300 toises, le ballon s'enflamma, et, au bout d'une demi-heure, les deux voyageurs furent précipités à terre. Pilâtre était sans vie; son compagnon expira au bout de quelq. minutes. Rœderer a publié l'*Éloge* de Pilâtre de Rozier; Lenoir son *Éloge funèbre*, 1775, in-8; et Tournon de la Chapelle sa *Vie* et ses *Mémoires*, 1786, in-12.

PILES (PAUL DE FORTIA, seigneur de), gouverneur des îles de Marseille, né à Carpentras en 1559, d'une famille ancienne, dut ses services l'estime et l'amitié de Henri III et de Henri IV. Comblé de leurs faveurs, il mourut dans son gouvernem. en 1621. — Paul II de PILES, son fils aîné, né à Avignon en 1600, fut attaché dès son enfance à Louis XIII, alors dauphin, qui le favorisa depuis par un prompt avancement. Sa valeur et son courage lui méritèrent de plus en plus la faveur du monarque. Louis XIV le protégea comme avait fait son prédécesseur, et en 1660 lui donna la charge de gouverneur-viguier de Marseille, restée dans sa famille jusqu'en 1789. Paul II mourut en 1682. — Ludovic de PILES, baron de Baumes, frère du précédent, n'est guère connu que comme duelliste. L'une des victimes de sa fatale adresse fut le fils de Malherbe, qu'il tua en 1628, n'étant pas encore âgé de 25 ans lui-même. Il périt en 1646 à l'attaque des îles Ste-Marguerite. — Paul III de FORTIA, marquis de PILES, 2e fils de Paul II, né à Baumes en 1633, fut chevalier de Malte et gouverneur des îles de Marseille. — ALPHONSE, marquis de Forville, 5e fils de Paul II, lui succéda dans la charge de gouverneur-viguier de Marseille. après avoir occupé divers grades militaires, et

mourut en 1708. — Louis-Alphonse de FORTIA, marquis de PILES, fils de Paul III, né en 1665, fut gouverneur du château d'If, puis de Marseille, et mourut en 1729; après avoir rendu dans la peste de très grands services qui ne furent pas laissés sans récompense. — Toussaint-Alphonse, fils du précéd., né en 1714, fut gouvern.-viguier de Marseille, et mourut en 1801.

PILES (ROGER de), littérateur, né à Clameci en 1635, fut chargé de l'éducation du fils du présid. Amelot, et suivit son élève dans plus. ambassades en qualité de secrétaire. Partout il montra une gr. aptitude pour les affaires. Dans ses loisirs il cultivait son goût pour la peinture. On trouve dans ses tableaux une gr. intelligence du clair-obscur, le sentiment de la couleur et le talent de l'imitation porté à un degré remarquable. Parmi ses portraits on remarque ceux de *Boileau* et de *M*me *Dacier*. De Piles mourut à Paris en 1709. On lui doit plus. ouvr. presque tous relatifs à la peinture. Nous citerons : *Conversations sur la connaissance de la peinture*, 1677, in-12. — *Dissertations sur les ouvrages des plus fameux peintres avec la vie de Rubens*, 1681, in-12. — *Les premiers éléments de la peinture pratique*, 1684, in-12. — *Abrégé de la vie des peintres*, 1715, in-12. — *Cours de peinture par principe*, 1708, in-8. — *Dialogues sur le coloris*. Ces ouvr. ont été réunis en 1767, sous le tit. d'*OEuvres diverses de M. de Piles*, 5 vol. in-12.

PILKINGTON (LÆTITIA), fille du docteur van Lewen et femme du rév. Matt. Pilkington, auteur de quelq. mélanges, naquit à Dublin en 1712. Elle cultiva la littérature avec assez de succès; mais elle ne put vivre long-temps avec son époux, qui avait à lui reprocher une conduite plus que légère et qui peut-être même était animé contre elle par une jalousie de métier. Elle mourut à Dublin en 1750, laissant quelq. pièces de théâtre, des *Mém.* de sa vie, et des *poésies* légères qui ne sont pas sans mérite.

PILLADE (LAURENT) chanoine de Saint-Dié, au 16e S., est l'auteur d'un poème latin sur la guerre des paysans d'Alsace, Metz, 1548, petit in-8, et réimprimé par D. Calmet dans la *Bibliothèque de Lorraine*.

PILLE (LOUIS-ANTOINE, comte), ancien ministre de la guerre, né à Soissons en 1749, secrétaire de l'intendant de Bourgogne en 1790, organisa les gardes nationales de la Côte-d'Or, et partit en 1791 pour la Belgique à la tête du 1er bataillon des volontaires de ce département. Il fut promu successivem. au grade d'adjudant-général et de général de brigade. Chargé en l'an II du ministère de la guerre sous le titre de *commissaire du mouvem. des armées*, il s'acquitta, pendant deux années, de ces fonctions difficiles avec tout le zèle et toute l'activité que nécessitait l'administrat. de quatorze armées. En l'an VI, lorsqu'il commandait les 22 départem. du Midi, il reçut ce compliment de Bonaparte, qui savait si bien apprécier les hommes : *On ne pouvait confier en des mains plus sages des fonctions plus importantes*. Admis à la retraite en 1816, il reçut de Louis XVIII le titre de comte, et mourut à Soissons en 1828.

PILLET (René), général, né à Tours en 1762, était clerc chez un procur. au Châtelet, lorsqu'en 1789 il devint aide-de-camp de Lafayette. Il fut ensuite commissaire des guerres à l'armée du Centre et à celle du Nord, fut proscrit le 10 août 1792, et profita de son exil pour voyager. De retour en France, il reprit du service, obtint de l'avancement, mais fut fait prisonn. en Portugal (1808) et conduit en Angleterre. La restaurat. lui rendit la liberté, mais non la santé. Il mourut à Paris en 1816. On a de lui : l'*Angleterre vue à Londres et dans ses provinces, pendant un séjour de dix années, dont six comme prisonnier de guerre*, Paris, 1815, in-8.

PILLET (Claude-Marie), sav. biographe, était né à Chambéry, vers 1773. Modeste et simple autant que laborieux, il était loin d'annoncer par son extérieur les vastes connaissances qu'il possédait. Content de peu, il faisait sur sa nourriture et sur ses vêtements des épargnes afin d'accroître les sommes qu'il consacrait au soulagement de ses parents, ainsi qu'à l'acquisition de livres dont il se plaisait à enrichir la biblioth. de sa ville natale. Il mourut à Paris en 1826. Barbier, dans le *Discours préliminaire* du *Dictionn. des anonymes*, l'appelle ingénieusem. *le chef du bureau de la Biographie universelle*. Outre sa coopération à cette immense collection, qu'il a dirigée depuis le t. V jusques et y compris le t. XLIV, ainsi qu'à la *Biographie des hommes vivants*, dans laquelle il ne voulut point avoir d'article, il a revu et amélioré plus. ouvr., et donné quelq. opuscules, entre autres : *Barèmes des mesures agraires de Savoie, de Tarentaise, de Morienne*, publ. en l'an XI, in-8, et l'*Analyse des cartes et plans dressés pour l'hist. des Croisades*, in-8, avec une suite publiée en 1814, en tout 35 p. avec cinq cartes.

PILNITZ (convention de), l'une des plus importantes négociations qui aient été entamées auprès des puissances européennes en faveur de l'infortuné Louis XVI et des princes français émigrés, fut réglée entre l'emper. d'Allemagne, le roi de Prusse et l'élect. de Saxe, au château de Pilnitz, à quelq. lieues de Dresde. Outre les princes héréditaires des maisons d'Autriche et de Prusse, et les princes et princesses de la famille de l'élect., on vit, aux conférences qui s'ouvrirent le 25 août 1791, le comte d'Artois (Charles X), le prince de Nassau, l'ex-ministre Calonne et le marquis de Bouillé. Après trois jours de délibérat. (27 août), l'emper. et le roi de Prusse signèrent la déclaration fameuse par laquelle, réclamant le concours des puissances *pour mettre le roi de France en état d'affermir dans la plus parfaite liberté les bases d'un gouvernement monarchique*, ils s'engageaient à agir promptement et d'un mutuel accord pour atteindre ce but. Indépendamm. de la pièce officielle dont on vient de rapporter la substance, il paraît que six articles secrets avaient été signés la veille. Par le 2e, le trône de Pologne était promis à l'électeur

de Saxe, le 3e article avait trait à des échanges de territoire, et dans le 4e les deux monarques contractants établissaient les bases d'une alliance que réalisa un peu plus tard le traité de Vienne.

PILON (Germain), l'un des plus habiles sculpteurs français, né à Loué, petite ville à six lieues du Mans, vint à Paris vers 1550, après avoir exécuté dans sa province plus. ouvr. remarquables, et fut l'émule de Jean Goujon, avec lequel il contribua à naturaliser parmi nous le bon goût de l'antique. Malgré la gr. réputat. dont il a joui, on n'a presq. point de renseignem. sur sa vie, et c'est seulem. d'après des probabil. qu'on place sa mort à l'année 1590. Parmi ses nombr. ouvr. nous citerons : le *Mausolée de Guillaume Langei du Bellay*, dans la cathédrale du Mans ; la *Foi*, l'*Espérance*, la *Charité* et les *Bonnes œuvres*, ainsi que les statues en bronze de *Catherine de Médicis* et de *Henri II*, faisant partie du monument érigé à la mémoire de ce prince et placé à St-Denys ; le *Mausolée du chancelier de Birague*, avec deux *Figures de génies qui éteignent le flambeau de la vie*, enfin le *Groupe des trois Grâces* (au Louvre).

PILON (Frédéric), né à Cork en Irlande, se destina d'abord à la médecine, et se livra ensuite à son goût pour le théâtre. N'ayant eu aucun succès comme acteur, il s'avisa de faire lui-même des comédies, et chercha presque toujours ses inspirat. dans l'à-propos des circonstances, qui le servirent parfois assez bien. Il mourut en 1788, âgé de 38 ans. Nous citerons de lui : l'*Invasion*, ou *Voyage à Brighthelmstone*, 1778, in-8. — *L'Amant sourd*, 1780, in-8. — *Les menées d'une élection*, 1780, in-8.

PILPAY ou PIDPAY, ou plutôt BIDPAI, bramine et gymnosophiste indien, fut, à ce que l'on croit, gouvern. d'une partie de l'Hindoustan. On présume qu'il florissait quelq. siècles avant J.-C. ; mais on ne sait rien de bien certain sur sa vie ni sur ses ouvr. Son nom, attaché à un recueil de fables ingénieuses et pleines de sagesse, est devenu immortel. Ce recueil, connu dans tout l'Orient sous le titre de *Calilah el Dimnah*, et dans l'Occident sous celui de *Fables de Pilpay* ou *Bidpaï*, est une espèce de roman moral et politique, dont les principaux personnages sont deux chacals, animaux auxquels les Indiens attribuent la même finesse que les Européens aux renards. (*V.* le curieux article inséré par de Chézy dans le *Journal des Savants* (mai 1817), sur l'édit. arabe de *Calila et Dimna*, ou *Fables de Bidpaï*, etc., publ. par Sylvestre de Sacy, 1816, in-4.) — V. Vichnou-Sarma.

PIMENOFF, sculpteur distingué, membre de l'académie impériale des beaux-arts, mort à Pétersbourg le 22 mars 1833, a produit plusieurs ouvr. estimés. Ses élèves, dont il avait su se concilier l'attachement non moins que l'admiration, voulurent porter son cercueil depuis sa demeure jusqu'à la chapelle de l'académie.

PINA (Ruy de), *cronista-mor* ou historiographe de Portugal sous le règne du roi Emmanuel, et mort en 1521, est auteur des *Chroniques* qui comprennent les règnes de Sanche Ier, Alphonse II,

Sanche II, Alphonse III, Denis et Alphonse IV. La dern. parut à Lisbonne en 1653, in-fol. : les autres furent publiées en 1727-29, et recueillies avec la chronique d'Alphonse-Henri, par Duarte Galvam, sous le titre de *Chronicas dos seis reis primeiros*. Trois autres *Chroniques* de Pina, celles de Duarte, d'Alfonse V et Jean II, ont été publ. dans le *Rec.* de livres inédits de l'histoire portugaise, Lisbonne, 1790-92, in-4.

PINAIGRIER (ROBERT), peintre sur verre du 15e S., n'est connu que par ses ouvr. On ignore le lieu et l'époque de sa naissance ainsi que de sa mort; on sait seulem. qu'il naquit vers l'an 1490 et qu'il se fixa à Tours vers la fin de sa vie. Il ne nous reste guère que des fragments de cet artiste. On cite les vitraux de l'ancienne église de St-Hilaire de Chartres, démolie en 1804, et qui décorent aujourd'hui la chapelle de la Vierge dans l'église de St-Père ou St-Pierre de la même ville; trois vitraux complets et les fragments de deux autres représentant l'histoire de la Vierge, et qui ornent la chapelle de la Vierge de l'église de St-Gervais, et enfin les vitraux de l'église de St-Médéric, représentant l'hist. de Joseph. Ces dern. passent pour les chefs-d'œuvre de ce maître. — Ses trois fils, Nicolas, Jean et Louis, cultivèrent le même art, mais avec moins de succès que leur père. — En 1618 et 1635, un autre Nicolas PINAIGRIER, petit-fils de Robert, peignit à Paris des vitraux qui n'existent plus.

PINAMONTI (JEAN-PIERRE), jésuite, né à Pistoie en 1632, se consacra aux missions de la campagne. Choisi par la duch. de Modène et le gr.-duc Côsme III pour être leur confess., il n'abandonna que le moins qu'il put ses travaux apostoliques, et mourut à Orta, dans le diocèse de Novare, en 1703. Il a laissé divers ouvr. ascétiq. écrits en italien, dont on trouve la liste dans Moréri, et qui ont été recueillis à Parme, 1706, in-fol. Le P. Courbeville en a trad. deux en franç. : *le Directeur dans les voies du salut*, 1728, in-12; et *Lectures chrétiennes sur les obstacles du salut*, 1737, in-12.

PINART (MICHEL), savant orientaliste, né à Sens en 1659, mort dans cette ville en 1717, fut membre de l'acad. des inscriptions, et fournit au recueil de cette société plus. *mémoires* sur le nom de Byrsa, donné à la citadelle de Carthage, sur une médaille d'Hélène, sur les médailles samaritaines, etc.; on a en outre de lui une *Notice* de toutes les bibles hébraïques impr. jusqu'à cette époque. Son *Éloge*, par de Boze, fait partie du t. III du Rec. de l'acad.

PINAS (JEAN), peintre, né à Harlem vers 1596, peignit avec un égal succès la figure et le paysage. On cite parmi ses tableaux historiques une *Hist. de Joseph vendu par ses frères*. Le musée du Louvre possède de ce maître un paysage à la plume et colorié. — Jacques PINAS, son frère, suivit la même carrière, et ne s'y distingua pas moins. On confond quelquefois leurs ouvrages.

PINCHBECK, mécanicien, mort à Londres en 1783, composa plus. instrum. et mécanismes qui excitèrent l'admiration de ses contemporains, mais qui depuis ont été surpassés. Il doit une réputat. plus durable à l'invention d'un métal imitant l'or, que les Anglais par reconnaissance ont appelé *pinchbeck*.

PINCHESNE (ÉTIENNE-MARTIN), contrôleur de la maison du roi, a laissé deux vol. in-4 de *poésies*, auxquels on ne penserait plus sans quelques traits satiriques de Boileau. Pinchesne était neveu de Voiture.

PINDARE, le modèle et le désespoir des lyriques de tous les temps, naquit à Thèbes de Béotie, la 3e année de la 64e olymp. (522 ans av. J.-C.), et d'après les supputations d'un de ses plus récents éditeurs, Bœckh, mourut environ 442 ans av. J.-C. Il s'était exercé avec un égal succès dans tous les genres de poésie lyrique : il ne reste que des fragments de ses *parthénies*, de ses *thrènes*, de ses *prosodes*, de ses *dithyrambes*; mais nous possédons de lui 45 *hymnes*, composés en l'honneur des athlètes qui remportèrent les prix aux jeux olympiques, pythiques, isthmiques et néméens. Comme tous les hommes qui sortent de l'ordre commun, Pindare a rencontré des partisans et des détracteurs également passionnés. Des critiques incapables de mesurer la hardiesse de son vol, l'ont attaqué sous le double rapport des sujets et de la manière dont il les traite. Mais est-ce à la lecture froide et tranq. du cabinet que l'on peut éprouver quelq. chose de l'enthousiasme qui animait le chantre thébain, lorsq., spectat. lui-même de ces luttes fameuses, où la force, l'adresse et l'agilité se disputaient l'honneur du triomphe, le poète associait pour ainsi dire sa muse à ces glorieux débats auxquels les sages législateurs de la Grèce attachaient avec raison une si haute importance. C'est donc souvent moins le vainqueur que la victoire elle-même qui occupe Pindare|: c'est la gloire de sa nation; et quand elle n'éclate pas assez dans ses héros, il va la chercher dans leurs aïeux, dans leur patrie, dans les instituteurs mêmes de ces jeux célèbres. De là ces écarts qui semblent quelquefois l'entraîner si loin de son sujet, et qui s'y rattachent néanmoins toujours, mais par des rapports qui échappent facilement à des yeux inattentifs ou peu familiarisés avec les mystères de cette haute poésie. Au surplus, il n'est pas surprenant que tant de scholiastes, de traducteurs et d'interprètes se soient égarés à la suite de Pindare, et aient subi le sort dont Horace menaçait la présomptueuse témérité de ses imitateurs. Il est glorieux sans doute pour la France, que deux de ses poètes, J.-B. Rousseau et P.-D. Lebrun, aient seuls mérité jusqu'ici l'honneur d'être nommés à côté de Pindare. Six cents ans après sa mort, Pausanias retrouva dans Thèbes la statue que l'admiration reconnaissante de ses concitoyens lui avait érigée; mais cette statue elle-même a cédé aux efforts du temps: cette maison devant laquelle s'étaient deux fois arrêtées les fureurs de la guerre, est depuis long-temps ensevelie sous ses ruines. Un seul monument a bravé jusqu'ici le temps et la guerre : c'est celui que Pindare lui-même s'est élevé, dans ce qui nous reste de ses ouvr., publiés pour la prem. fois à Venise, 1513, in-8, par Alde l'Ancien; et quelq. années après par H. Estienne, 1560, in-4. La prem. édit. critiq. est celle d'Érasme Schimdt, Wittemberg, 1616, in-4; réimpr. 4 ans après à Saumur, par les soins de J. Benoît. La critique du texte ne fit aucun progrès dep. Schmidt et Benoît jusqu'en 1773, époque de la prem. édit. publ. par Heyne, Gottingue, 2 vol. in-8; réimpr. en 1798, en 3 vol. in-8, avec de notables améliorations, et un excellent traité de M. Hermann, sur le mètre de Pindare : cette dernière est réputée classique, sous le rapport de l'interprétation. La principale, la plus complète et la plus savante de toutes les édit. de Pindare est jusqu'ici celle de M. Aug. Bœckh, Leipsig, 2 vol. in-4, 1811-1821. Nous n'avons en français que deux traduct. complètes (en prose), des odes de Pindare : celle de Gin, et celle de Tourlet, infiniment supérieure, sous tous les rapports, à celle de son devancier : elle a d'ailleurs l'avantage d'offrir le texte grec, soigneusement revu et accompagné de notes savantes. Les Italiens ont plus. traduct. de Pindare, en vers, entre autres, d'Adimari, de Mazari, de Jérocades. On cite les versions anglaises de Gowley et de West, quoiq. incomplètes ; et les Allemands font de celle de Gedike un cas particulier.

PINDARE de Thèbes, nom sous lequel on a un poème latin intit. : Abrégé de l'Iliade d'Homère, dont on ignore le véritable auteur et l'époque où il vivait. M. Wernsdorf l'a inséré dans le 4e vol. de ses Poetæ minores, et M. Henri Weytingh en a publ. une nouv. édit., 1809, in-8.

PINDEMONTE (MARC-ANT.), gentilhomme véronais, né en 1694, mort vers 1744, était versé dans les langues grecque et latine, et cultiva plus particulièrem. la poésie. La nature l'avait doué d'une mémoire prodigieuse. On a de lui : des Discours sur les règles de l'art dramatique; Poesie latine e volgari, Vérone, 1721, in-8; Venise, 1776, 2 vol. in-8, édit. augmentée; et une traduct. en vers de l'Argonautique de Valérius-Flaccus, Vérone, 1776, in-4. — PINDEMONTE (Charles), neveu du précéd., né à Vérone en 1735, est aut. d'une bonne trad. ital. du poème de Vida sur les échecs. — PINDEMONTE (Didier), frère du précéd., gentilhomme du duc de Hesse-Darmstadt, a publ. : Riposta universale alle opere del Scip. Maffei, 1754, in-8. — PINDEMONTE (Jean), de la même famille, né à Vérone en 1751, a laissé des tragéd. qui ont été recueill. sous le titre de Componimenti teatrali, Milan, 1804, 4 vol. in-8. — Hippolyte PINDEMONTE, son frère cadet, né à Vérone en 1753, mort en 1828, fut l'un des plus gr. poètes de l'Italie moderne. Son ouvr. le plus connu est le recueil intit. : Prose e poesie campestri, dont la meilleure édit. est celle de Vérone, 1817, in-8. Parmi les autres productions en vers et en prose de cet illustre littérateur on citera : Arminio, trag., con tre discorsi, 1819, in-8 ou in-4.—Epistole in versi, 7e édit. 1817, in-4. — Sermoni, 1819, in-8 ou in-4.—Elogi di letterati, 1825-26, 2 vol. in-8.—Trad. en vers des

deux prem. chants de l'Odyssée, 1810, in-8, avec quelques fragm. des Géorgiques et deux Épîtres, l'une à Virgile et l'autre à Homère. M. Benass. Montanari a publ. une excellente Biographie de Pindemonte, 1834, in-8. .

PINE (JOHN), graveur au burin, né à Londres vers 1700, mort vers 1760, a laissé plus. estampes estimées, parmi lesquelles on distingue surtout : la Destruction de la flotte invincible de Philippe, roi d'Espagne ; les Plans de la ville de Londres et de Westminster, 1746, 25 feuilles. On lui doit en outre une belle édition d'Horace, dont le texte est gravé, 1737, 2 vol. in-8. — Robert-Edge PINE, fils du précéd., peintre, s'adonna au genre du portrait, et s'y fit une réputation. Des prix ayant été proposés pour la peinture historique, Pine fut couronné successivement en 1760 et 1762. Les sujets qu'il traita étaient : la Prise de Calais par Édouard III, et Canut entendant les vagues de la mer. Cet artiste passa en Amérique, et y mourut en 1790.

PINEAU (SÉVERIN), Pinæus, chirurgien, né à Chartres vers le milieu du 16e S., mort en 1619, doyen du collége de chirurgie de Paris, y professa avec distinction; il se rendit surtout célèbre par l'opération de la taille au grand appareil, et publia à ce sujet : Discours touchant l'invent. et instruction pour l'opération et extraction du calcul de la vessie, 1610, in-8. On a encore de lui : De virginitatis notis, graviditatis et partu. Ce rec., publ. pour la prem. fois, Paris, 1597, in-8, a eu plus. éditions; l'une des plus jolies est celle de Leyde, 1640, in-12.

PINEAU (GABRIEL DU), jurisconsulte, né à Angers en 1573, alla de bonne heure à Paris, où il fit briller son savoir au parlem. et au gr. conseil dans plus. causes importantes. De retour dans sa ville natale, il y remplit les fonctions de conseiller au présidial, et devint maître des requêtes de l'hôtel de Marie de Médicis, pour laquelle son dévouem. fut toujours subordonné à ses devoirs de sujet fidèle envers Henri IV. Du Pineau se distingua par son intégrité, son affabilité, autant que par ses lumières et ses connaissances. Il mourut en 1644, maire et capitaine-général d'Angers. On a de lui : Comment. sur la coutume d'Anjou, regardé comme son chef-d'œuvre, des Consultations et des Dissertat. sur diverses matières de jurisprudence.

PINEL (le P.), de l'Oratoire, né vers la fin du 17e S. à St-Domingue, fut d'abord régent dans les colléges de Juilly et de Vendôme; mais les discussions qui divisaient alors les théologiens devinrent pour lui la source de quelq. traverses et de quelq. disgrâces; exclus de la congrégat., il donna bientôt dans le ridicule du millénarisme et des convulsions. Il parcourait les provinces s'annonçant comme le précurseur d'Élie, lorsqu'il mourut dans un village avant 1777. Il avait publ. : Horoscope des temps, ou Conjectures sur l'avenir ; et un livre de la Primauté du pape, Londres ou La Haye, 1769, in-4. On trouve des détails sur cet enthousiaste dans l'écrit intit. : Notion de l'œuvre des *convulsions et des secours,* attribué au Père Crêpe, dominicain, Lyon, 1788.

PINEL (PHILIPPE), célèbre médecin, né en 1745 à St-Paul, près de Lavour, fut reçu docteur à la faculté de Toulouse en 1764, se rendit aussitôt à Montpellier, pour se perfectionner dans son art, et vint ensuite à Paris étudier la botanique, la zoologie, l'anatomie comparée et les autres sciences qui tiennent à l'art de guérir. Il s'était fait connaître comme traduct. et comme éditeur, ainsi que par sa coopération à la *Gazette de santé*, et au recueil intit. *la Médecine éclairée par les sciences physiques*, lorsqu'il fut appelé, en 1792, aux fonctions de médec. en chef de Bicêtre. Persuadé qu'on ne faisait qu'empirer l'état des aliénés par des châtiments et une réclusion rigoureuse, il résolut de les traiter avec douceur, de les laisser jouir des bienfaits de l'exercice, du travail et d'un air salubre; en un mot il fit tomber leurs chaînes. De Bicêtre, il passa à l'hospice de la Salpêtrière en qualité de médec. en chef, et l'on peut dire que ce magnifique établissement est son ouvr. Occupé tout entier des progrès de la science, auxquels il aidait puissamment par sa pratique pleine de sagesse, par d'utiles écrits et par ses leçons dans les salles de la Salpêtrière et de l'école de médecine, devenues trop étroites pour ses auditeurs, il ne rechercha aucune des récompenses que le gouvernement impérial prodiguait aux savants, et n'eut que le ruban de la Légion-d'Honneur et une place dans la prem. classe de l'Institut. Sa modération et sa bienfaisance l'empêchèrent même d'avoir part aux faveurs de la fortune, qui sourit toujours aux médecins de grand renom qui veulent la poursuivre. L'aisance dont il jouissait fut encore diminuée par la réorganisation de l'ancienne école de médecine : il ne fut plus qu'honoraire dans la nouvelle, avec une très modique retraite. Mais il lui restait la gloire d'avoir ramené en France le goût des bonnes études médicales et de la médecine d'observation. Il mourut en 1826. Dupuytren lui a consacré une *Notice*, in-8 de 52 pag. Nous citerons de Pinel : *Traité médico-philosophique sur l'aliénation mentale*, Paris, 1791, in-8, fig.; 1809, in-8.— *Nosographie philosophique, ou la Méthode de l'analyse appliquée à la médecine*, an VI, 2 vol. in-8, réimpr. plusieurs fois, entre autres en 1818, 5 vol. in-8.—*Médecine clinique*, 1802, in-8; 1804, 1815, in-8. — *Discours inaugural sur la nécessité de rappeler l'enseignem. de la médecine aux principes de l'observation*, an XIV, in-4.

PINELIÈRE (ANT. de LA), poète dramatique, né à Angers, est auteur d'une tragédie d'*Hippolyte*, imitée de Sénèque, avec un *Prologue* en vers libres, Paris, 1635, in-8.

PINELLI (JEAN-VINCENT), savant bibliophile, né à Naples en 1535, de parents fort riches, vint s'établir à Padoue en 1559, consacra sa fortune et ses loisirs à la formation d'une bibliothèq. nombr., bien choisie, et riche surtout en MSs.; il se montra très généreux envers les gens de lettres, et mourut en 1601. On ne connaît de lui que quelques *Lettres* éparses dans divers recueils, et des *Notes* sur la chronique vénitienne de Dandolo, publ. par Foscarini dans son traité *De origine et statu biblioth. ambrosianæ*, livre 1er. Paul Gualdo a écrit en italien la *Vie de J.-V. Pinelli*, trad. en latin, et imprimé à Augsbourg, 1607, in-4. Elle fait partie du recueil de G. Bates, *Vitæ selectorum virorum eruditorum*. — PINELLI (Maffeo), bibliophile non moins célèbre que le précéd., avec leq. il a été confondu, né à Venise en 1736, joignit au goût des livres celui des tableaux et des antiquités, fut, comme son père et son aïeul, directeur de l'imprimerie ducale, et mourut en 1785. Outre les langues anciennes, il possédait le français et l'anglais, et il était très versé dans l'histoire littéraire. On a de lui : *Prospetto di varie edizioni degli autori classici greci e lat.*, Venise, 1780, in-8; mais il est surtout célèbre par sa collection de livres et de tableaux, dont Morelli a publ. le catalogue sous ce titre : *Bibliotheca Maphœi Pinelli magno jam studio collecta*, Venise, 1787, 6 vol. in-8.

PINELO (ANTONIO DE LÉON), le plus laborieux écriv. de l'Amérique-Espagnole, né au Pérou dans les dern. années du 16e S., s'était proposé de bonne heure de recueillir tout ce qui concernait l'hist. des Indes. L'insuffisance des matériaux qu'il pouvait trouver à Lima l'ayant obligé de passer en Espagne, il y fut nommé rapporteur au conseil des Indes, ce qui le mit à même de reconnaître combien la législation civile et administrative des colonies espagnoles était compliquée et embarrassée par la multitude d'édits et d'ordonnances, souvent contradictoires. Il en entreprit la collection méthodique, et, après beaucoup de veilles, il vint à bout de cet immense travail, dont il publia quelq. extraits. L'ouvrage complet ne fut impr. qu'après sa mort, en 1680, 4 vol. in-fol., sous le titre de *Recopilacion general de las leys de las Indias*. L'auteur avait composé plus. écrits ascétiques sans aucun intérêt ; mais parmi ses autres productions on distingue : *Traité des confirmations royales*, Madrid, 1630, in-4, ouvr. important pour la jurisprudence de l'Amérique-Espagnole.—*Abrégé de la Biblioth. orientale et occidentale, nautique et géographiq.*, Madrid, 1739, 3 vol. in-fol. : c'est un ample répertoire bibliographique de tous les livres impr. ou MSs. sur les voyages, les missions et relations étrangères, etc. Ces ouvr. sont en espagnol. Il en a laissé beaucoup d'autres MSs., sur lesq. on peut consulter la *Biblioth. hisp.* de Franckenau.

PINGERON (JEAN-CLAUDE), laborieux littérat., né à Lyon vers 1730, mort à Versailles en 1795, fut l'un des coopérateurs du *Journal de l'agricult., du commerce, des arts et des finances*, dans leq. il inséra un gr. nombre d'*articles* sur des objets d'utilité publique. On lui doit en outre des traduct. d'ouvr. italiens et anglais, parmi lesquelles nous citerons : *Traité des vertus et des récompenses*, de Dragonetti, 1768, in-12. — *Conseils d'une mère à son fils*, de Mme Piccolomini Gerardi, 1769, in-12. —*Traité des violences publiques et particulières de* Muréna, 1769, in-12. — *Le poème des Abeilles*, de

Ruccellaï, 1770, in-8. — *Essai sur la peinture*, d'Algarotti, in-12. — *Vie des architectes anciens et modernes*, de Milizia, 1771, 2 vol. in-12. — *Lettre de l'abbé Sestini sur l'Italie, la Sicile et la Turquie*, 1789, 3 vol. in-8.— *Voyage dans la partie septentrionale de l'Europe*, par Marshal, 1776, in-8. — *Description de l'île de la Jamaïque*, 1782, in-12. — *Description de la machine électrique de Cuthberson*, 1790, in-8. — *Expériences et recherches utiles à l'humanité, aux hospices, au commerce et aux beaux-arts*, trad. de plusieurs langues, et recueillies de divers voyages, 1805, in-8. Il a fourni des *articles* à la *Biblioth. physico-économique* et d'autres recueils du même genre.

PINGRÉ (ALEXANDRE-GUI), savant astronome, né à Paris en 1711, entra dans la congrégation des génovéfains à l'âge de 16 ans, et commença par professer la théologie. Il était à Rouen à l'époque où le célèbre chirurgien Lecat y fonda une acad. des sciences, Pingré, d'après ses conseils, se livra dès-lors exclusivement à l'étude de l'astronomie, et y fit de très grands progrès. L'observat. du passage de Mercure, en 1753, lui valut le titre de correspondant de l'acad. de Paris, il obtint peu de temps après la place de bibliothéc. de Ste-Geneviève et le titre de chancel. de l'université. Chargé d'essayer les montres marines de Berthoud et de Le Roi, il fit à cet effet trois voyages, le premier avec Courtanvaux et Messier en 1767, le second avec Fleurieu en 1769, et le troisième avec Verdun et Borda en 1771. Il mourut en 1796, laissant plus. *Mém.* dans le *Recueil* de l'acad., et quelques autres écrits, dont le plus important est la *Cométographie, ou Traité historique et théorique des comètes*, Paris, imprimerie royale, 1783, 2 vol. in-4. On trouve le détail de ses observations et de ses ouvr. astronomiques dans les *Tables* de l'acad. des sciences, dans les *Mém.* de Trévoux de 1762-à 1765, et dans la *Bibliographie astronomique* de Lalande. Son *Éloge*, par Prony, fait partie des *Mémoires* de l'Institut (sciences mathématiq. et physiq.). Une *Notice* sur Pingré, par Ventenat, a été publ. dans le *Mercure* du 10 prairial an IV, et dans le *Magasin encyclopédiq.* (2ᵉ année, 1ᵉʳ vol., page 342).

PINI (le P. ERMENEGILD), de la congrégation des prêtres de St-Paul, dits *barnabites*, né à Milan vers 1750, mort en 1825, avait cultivé avec un soin particulier les sciences physiques et l'histoire naturelle, et contribué à augmenter la célébrité du collège de St-Alexandre à Milan, qui le comptait parmi ses professeurs. Il était devenu sous Bonaparte inspecteur-général des études, membre de l'institut d'Italie, et chevalier de la Couronne-de-Fer. On lui doit une foule d'écrits importants sur la minéralogie, la géologie, etc., parmi lesq. nous citerons : *Osservazioni mineralogiche, sulla miniera di ferro, di Rio ed altre parti dell' isola d'Elba*, Milan, 1777, in-8.—*Mémoires sur de nouvelles cristallisations de feld-spath et autres singularités des granits*, ibid., 1779, in-8. — *De venarum metallicarum excoctione*, Vienne, 1785,

2 vol. in-4, traité de métallurgie fort important. Cette édition est la meilleure.— *Viaggio geologico per diverse parti meridionali dell'Italia*, 2ᵉ édit., in-8. — *Réflexions analytiques sur les systèmes géologiques* (en italien), Milan, 1811.

PINKERTON (JEAN), géographe, membre de la société des antiquaires de Londres et de plusieurs autres soc. savantes, naquit à Édimbourg en 1758, et, après avoir fait d'excellentes études, fut destiné à la carrière du barreau, et placé chez un avocat, où il resta cinq ans ; mais, ayant perdu son père, il alla en 1780 s'établir à Londres, où il se lia avec plusieurs littérateurs distingués, et publia quelq. poëmes élégiaques qui eurent du succès. Il abandonna bientôt la poésie pour se livrer à des recherches historiques et à une étude approfondie de la numismatique. Ces nouvelles occupations ne l'empêchèrent pas de jeter dans le public en 1785, sous le nom supposé de *Robert Héron*, des *Lettres sur la littérature* qui causèrent un grand scandale pour les étranges doctrines qu'il y manifestait : on lui reprochait des paradoxes débités avec un ton de hauteur et d'autorité, et des jugements portés avec une hardiesse présomptueuse sur les écriv. anciens et modernes. Il mourut à Paris en 1826, sans avoir su prendre un ton plus convenable avec ses confrères les gens de lettres, qui ne lui ont pas pardonné. Parmi ses nombreux ouvr., il en est un qui jouit d'une réputation européenne : c'est sa *Géographie rédigée sur un nouveau plan*, 1802, 2 vol. in-4, dont il a lui-même donné un *Abrégé* souvent réimpr. Nous citerons en outre : *Essai sur les médailles*, 1784, 2 vol. in-8, trad. en français avec notes et addit., par J.-G. Lipsius, Dresde, 1794, in-4. — *Recherches sur l'origine et les progrès des Scythes ou Goths*, 1787, in-8 ; trad. en français par Miel, 1804, in-8. — *Histoire d'Écosse depuis l'avénement de la maison des Stuart*, 1797, 2 vol. in-4. — *Recollections*, etc., ou *Souvenirs de Paris*, en 1801, 1802, 1803, 1804 et 1805, 2 vol. in-8.— *Collection générale des voyages*, 15 vol. in-4, de 1808 à 1813.

PINKNEY (WILLIAM), diplomate, né à Annopolis, dans le Maryland, en 1764, exerça avec talent la profession d'avocat, lorsqu'il fut élu membre du congrès en 1790. Six ans après, il fut envoyé en Angleterre, de là en France, pour négocier avec le directoire, qui refusa de l'admettre, puis en Espagne, où il régla les intérêts de son pays relativement à la cession de la Floride, enfin en Italie, où il inspecta les consulats américains. De retour en Amérique en 1804, il reprit ses fonctions d'avocat, qu'il quitta de nouveau en 1806, pour se rendre en Angleterre, où il eut à traiter la grande affaire du droit des neutres en matière de navigation, sans pouvoir toutefois obtenir de concessions importantes. A son retour, en 1811, il fut promu au poste de procureur-général, dont il se démit en 1814, après avoir pris une grande part aux discussions qui eurent lieu au sujet de la déclaration de guerre de la Grande-Bretagne. Il commanda un corps de volontaires, et fut blessé grièvement à l'attaque de la ville de Washington par les Anglais. En 1816, il fut envoyé à Pétersbourg comme ministre plénipotentiaire, et fut chargé en même temps de passer à Naples et d'y réclamer une indemnité, probablement trop ambitieuse, pour les pertes que le commerce américain avait eu à souffrir des confiscations effectuées sous le règne de Murat. Pinkney mourut dans sa patrie en 1822, peu de temps après avoir été élu sénateur par la législat. de Maryland. On a publié : *Some accounts of the life, writings and speeches of W. Pinkney, by Henry Wheaton,* New-Yorck, 1826, in-8.

PINS (JEAN de), *Pinus,* évêque de Rieux, né vers 1740, en Languedoc, d'une ancienne famille, se rendit à Bologne pour y suivre les leçons de Philippe Bervaldo. De retour à Toulouse, il embrassa l'état ecclésiastique et fut nommé conseiller-clerc au parlement de cette ville. Il accompagna le cardinal Duprat en Italie, et gagna la confiance de Louis XII, qui l'envoya en ambassade à Rome et à Venise. Renvoyé plus tard à Venise par François Ier, il y acquit un gr. nombre de MSs. précieux, dont il enrichit la bibliothèque de Fontainebleau, qui venait d'être formée. Il fut récompensé de ses services diplomatiques par l'évêché de Pamiers, d'où il passa en 1523 au siége de Rieux, et mourut à Toulouse en 1537. On a de lui : *D. Catharinæ senensis Vita,* etc., 1505, in-4, très rare, et inséré dans le recueil *De claris fœminis,* qu'on a par erreur attribué à de Pins. — *S. Rochi narbonensis legenda,* etc., 1516, in-4. — *De vitâ aulicâ libellus,* in-4. — Quelques *Épigr.* latines en l'honn. d'Urcéus-Codrus, dans le rec. des *OEuvres* d'Urcéus. Le P. Charron a publié des *Mém. pour servir à l'éloge historiq. de J. de Pins,* avec un recueil de ses lettres, 1746, in-12.

PINSON, membre de plus. sociétés savantes, mort en 1828, âgé de 82 ans, joignait à la connaissance de l'anatomie l'art de modeler en cire et de colorier les parties du corps humain les plus difficiles à représenter et à conserver. En 1770 ses premiers essais obtinrent les suffrages de l'acad. des sciences ; depuis, il donna à ses travaux toute la perfection dont ce genre était susceptible, et le cabinet d'anatomie du Jardin-du-Roi possède une collection de pièces exécutées par ses soins. Catherine II lui fit faire les offres les plus séduisantes pour l'attirer en Russie ; mais il préféra consacrer ses talents à son pays. Nommé chirurg.-major des cent-suisses en 1777, il fut mis en 1792 à la tête des hôpitaux milit. de St-Denis et de Courbevoie, et attaché en 1794 à l'école de médecine. Plus de 200 morceaux d'anatomie, tant humaine que comparée, et de ces accidents rares et singuliers que produit la nature sont représentés en cire et déposés dans cet établissement pour l'instruction des élèves. Frappé des fréquents malheurs occasionnés par l'usage des champignons, Pinson avait aussi exécuté en cire 550 espèces de ce végétal, représentées dans leurs différents âges, avec leur coupe verticale, afin de faire connaître ceux qui sont vénéneux et ceux dont on peut se servir sans danger.

Le roi les acheta en 1825 pour le Muséum d'histoire naturelle.

PINSSON (FRANÇOIS), avocat, né à Bourges en 1612, mort à Paris en 1691, a publié de nombreux ouvrages de jurisprud., parmi lesq. on distingue : *la Pragmatique-Sanction de St Louis,* et celle de Charles IX, avec des comment., 1666, in-fol. — *Notes sommaires sur les indults accordés par plus. papes à Louis XIV. — Traité des régales,* 1688, 2 vol. in-4.

PINSSON DE LA MARTINIÈRE (JEAN), procur. du roi près la connétablie et maréchaussée de France, mort à Paris en 1753, a publié : *le Vrai état de la France,* 1649, 1653. — *Recueil des priviléges des officiers de la maison du roi,* 1645. — *Des États des maisons du roi, de la reine,* etc., 1649, 1652. — *Traité de la connétablie et maréchaussée de France,* 1661, in-fol. C'est un recueil des ordonnances ou déclarations sur le pouv. des connétables et maréch. en la justice roy., exercée par lieut. à la table de marbre du Palais.

PINTELLI (BACCIO), archit. florentin du 15e S., vint à Rome sous le pontificat de Sixte IV, et s'y fit connaître par la construction de l'église de Ste-Marie, *della Pace,* faite sur ses dessins, et surtout par celle du dôme de l'église de St-Augustin, élevée en 1483. On pense que le genre de construction de ces deux édifices a suggéré à Michel-Ange l'idée du dôme de St-Pierre.

PINTO (FERNAND-MENDEZ), l'un des plus céléb. voyag. portugais, né dans les environs de Coimbre vers 1510, de parents très obscurs, embrassa dès l'âge de 13 ans le métier de marin. Se trouvant dans les mers de l'Inde en 1537, il fut pris par des Turks, et traité en esclave. Le gouverneur portugais d'Ormus le tira de la servitude et lui donna les moyens de se rendre à Goa. Pendant un séjour de 20 ans, Pinto y fut témoin des plus grands événements, et eut une existence très aventureuse. Il avait été fait 13 fois esclave et vendu 16 fois, lorsqu'il revint en 1558 en Portugal, où il jouit du fruit de ses travaux, et composa la relation de ses voy., laquelle n'a été publiée que long-temps après sa mort, Lisbonne, 1614. Elle a été trad. en français par Bernard Figuier, Paris, 1628, in-4 ; de Surgi en a extrait une histoire intéressante, qu'il a insérée dans les *Vicissitudes de la fortune,* 2 vol. in-12. — PINTO (Isaac), juif portugais, habita successiv. Bordeaux, Amsterdam et La Haye, où il mourut en 1787. Il était fort instruit, et prit la défense de ses coreligionnaires contre Voltaire, ce qui lui fit une sorte de célébrité. Ses principaux ouvr. sont : *Essai sur le luxe,* 1762, in-8. — *Traité de la circulation et du crédit,* 1771, in-8. — *Précis des arguments contre les matérialistes,* 1774, in-8. — *Réflexions critiques sur le premier chapitre du 7e t. des œuvres de M. de Voltaire au sujet des juifs,* 1762, in-12. — *Lettre à l'occas. des troubles des colonies, contenant des réflexions politiques sur l'état actuel de l'Angleterre,* 1776, in-8. — *Deuxième lettre* sur le même sujet, même année. — *Réponse aux observations d'un homme impar-*

tial, au sujet des troubles qui agitent actuellement toute l'Amérique-Septentrionale, 1776, in-8.

PINTO-DELGADO (JEAN), né à Tavira dans le royaume d'Algarve, mort en 1590, avait voyagé en Italie et en Flandre, où il publia quelques poésies qui eurent du succès. On cite entre autres un poème d'*Esther*, les *Lamentations de Jérémie*, en vers espagnols, et l'histoire de *Ruth*, réimpr. à Rouen en 1627. Il laissa MS. une trad. de Pétrarque en octaves portugaises.

PINTO-RIBEIRO (JEAN), présid. de la chambre des comptes et garde des archives royales de Portugal, fut d'abord secrétaire du duc de Bragance. Le rôle qu'il joua dans la fameuse conspiration à laquelle son maître dut la couronne a rendu son nom célèbre, et lui mérita la faveur de ce prince. Pinto mourut à Lisbonne en 1643. Ses ouvrages ont été réunis à Coimbre, 1729, in-fol. Ce sont des réponses aux manifestes du roi d'Espagne, des discours sur l'administrat., etc. Il a laissé MSs. le *Recueil des lois de Portugal*, et un *Commentaire sur les poésies lyriq. du Camoëns*. On trouve une *Notice sur Pinto*, par le comte Louis d'Ericeira, dans les *Mém.* de Niceron et dans le *Dictionnaire* de Moréri. Pinto est le héros d'une comédie historique de M. Lemercier, représ. avec succès en 1800.

PINTURICCHIO (BERNARDINO BETTÉ, dit), peintre, né à Pérouse en 1454, fut élève du Pérugin, suivit ce maître à Rome, et l'aida dans la plupart de ses travaux. Lié ensuite avec Raphaël, il accompagna ce grand peintre à Sienne, où il partagea ses trav. Il mourut en 1513. Rome possède quelques-unes des productions de cet artiste. Son chef-d'œuvre se trouve dans la sacristie de la cathédrale de Sienne. C'est une suite de dix tabl. représentant les *Faits mémorables de la vie du pape Pie II*. Il en existe dans l'église un onzième, dont le sujet est le *Couronnement de Pie III*, qui avait ordonné l'exécut. des autres. Le musée possède deux tableaux de cet artiste : la *Vierge et l'enfant Jésus*, et *Jésus mis en croix*.

PINZI (JOSEPH-ANT.), littérateur et numismate, né à Ravenne en 1713, professa la rhétorique au séminaire de cette ville, et fut, très jeune encore, admis à l'acad. des *infermi*. Bientôt après il suivit le card. Alberic Lucini à Cologne, et y mourut en 1769. On a de lui : *De nummis ravennatibus dissertatio singularis*, 1750. — *Appendix ad dissertationem de nummis*, etc., 1751. — *Dissertazione epistolare sulla letteratura ravennate*, 1749. — *Dissertazione nella quale si dimostra che la città di Ravenna non è stata colonia, ma municipio de' Romani*, dans le *Recueil* de l'acad. de Ravenne, 1767. On trouve des détails étendus sur Pinzi dans les *Memorie degli scrittori ravennati*.

PINZON (VINCENT-YANEZ), navigateur espagnol, fit partie de la première expédition de Christophe Colomb, en 1492, dans laquelle il commandait *la Niña*. On ne sait pas positivement s'il accompagna le célèbre Génois dans sa seconde expédit.; mais il est certain que, parti d'Espagne avec la permiss. du roi, en 1499, il navigua vers le Sud, et fut le premier Espagnol qui passa la ligne. Il découvrit, au mois de janvier 1500, le cap St-Augustin à la côte du Brésil, puis arriva à l'embouch. du fleuve des Amazones. Allant ensuite sur la côte de Guiane, près de la rivière qui depuis a pris son nom, il aborda au golfe de Paria. Au mois de septembre il rentra dans un port espagnol, après avoir perdu deux bâtiments dans un ouragan sur la mer des Antilles. Il repartit en 1507 avec Juan Diaz de Solis, pour suivre les dern. découvertes de Colomb; il reconnut le golfe que la mer forme entre la côte de l'Amérique du Sud et celle du Tymatan, et poussa au Nord jusqu'à cette île. A son retour en Espagne, il reçut ordre de se rendre à la cour avec Solis, Améric Vespuce et Jean de la Cosa, pour tenir conseil sur les nouvelles explorat. à faire. Pinzon fut nommé l'un des pilotes royaux et capitaines-généraux pour la terre. Solis et lui prolongèrent le continent américain jusqu'à 40 degrés de latitude sud. On conjecture qu'après cette campagne, où la conduite des deux navigateurs provoqua des informations juridiques, Pinzon ne se remit plus en mer. On ignore l'époque de sa mort. Il avait écrit la relation de ses voyages; mais elle est restée, comme tant d'autres, ensevelie dans la poussière des archives espagnoles.

PIOMBINO (les princes de). — APPIANO, fils et successeur de Gérard Appiano (*v.* ce nom), qui avait échangé en 1398 la seigneurie de Pise contre la principauté de Piombino, transmit cette même principauté à son fils Jacques II, sous la tutelle de la république de Florence. Les Florentins protégèrent pendant tout le 15e S. les différ. princes de cette maison. — Jacques V APPIANO, mort en 1545, dépouillé de ses états par Cosme Ier de Médicis, s'étant mis sous la protection de Charles-Quint, fut rétabli par cet emper. dans sa souveraineté. — Jacques VI, fils du précédent, demeura pend. tout son règne dans la dépendance absolue des Médicis, et était sur le point de vendre l'île d'Elbe, qui faisait partie de ses états, au gr.-duc François, lorsqu'il mourut en 1585. — Alexandre, fils naturel du précédent, légitimé par l'empereur, fut confirmé dans la principauté de Piombino sous la condition de recevoir garnison espagnole, et fut assassiné par suite d'un complot tramé par sa femme et le commandant de la garnison, en 1589. La principauté de Piombino demeura long-temps en séquestre entre les mains des Espagnols, puis fut adjugée en 1619 à la maison de Mendoça, qui la vendit à celle de Ludovici, dont héritèrent les Buon-Compagni, ducs de Soria, qui la possédèrent jusqu'à la fin du 18e S. Napoléon donna ensuite à sa sœur Élisa cette principauté, qui fut en 1814 réunie aux états du grand-duc de Toscane.

PIOZZI (HESTER LYNCH), née en 1739 à Boswell, épousa un riche brasseur du bourg de Southwark, membre du parlem., et se lia d'une manière intime avec Samuel Johnson, qui lui fit un plaisir de cultiver ses dispositions pour les lettres. Devenue veuve, elle se remaria avec un maître de musique florentin, établi à Bath, nommé Piozzi. Elle cessa dès-lors toute relat. avec Johnson, qui avait désapprouvé ce second mariage, se rendit à Florence peu de temps après, et y publia quelq. ouvr. Elle visita ensuite plus. contrées de l'Europe, revint dans son pays natal en 1786, fit paraître de nouv. productions littéraires, fut recherchée dans les sociétés pour son esprit et l'amabilité de ses manières, et mourut à Clifton en 1825. On a de cette dame : *Anecdotes of doctor Johnson*, 1786, in-8, — *Observat. et réflexions faites dans un voyage par la France, l'Italie et l'Allemagne* (en anglais), 1789, 2 vol. in-8. — *English synonymes*, 1794, 2 vol. in-8. — *Retrospection*, etc., ou *Revue* des événements et des caractères les plus frappants ou les plus importants que les dix-huit dern. siècles ont présentés au monde, 1801, 2 vol. in-4. — *Florence Miscellany*, 1785, impr. à un petit nombre d'exemplaires.

PIPELET (FRANÇOIS), chirurgien, né à Coucy-le-Château, près de Soissons, en 1722, fit ses études à Paris, s'y établit, fut successivem. secrétaire du roi, conseiller et direct. de l'acad. de chirurgie, se retira dans sa patrie en 1792, et y mourut en 1809. On a de lui, dans les *Mémoires de l'acad. de chirurgie: Nouvelles observations sur les hernies de la vessie et de l'estomac. — Observations sur les signes illusoires des hernies épiploïques.* Sédillot a lu à la société de médecine une *Notice* sur ce chirurgien. — Jean-Baptiste PIPELET, médecin, fils du précédent, mort à Tours en 1823, doit la célébrité qu'a eue son nom à la réputat. de sa femme, devenue par un nouv. mariage la princesse Constance de Salm-Dyck. On a de Pipelet *Manuel des personnes incommodées de hernies*, etc., 5e édit., 1805, in-12.

PIPER (CHARLES, comte de), sénateur suédois, né vers 1660 dans une condition obscure, parvint aux places et aux honneurs par ses talents et la souplesse de son caractère. Il gagna la confiance entière du roi Charles XI, et sut flatter si habilem. les goûts de Charles XII, que ce monarque l'éleva au rang de ministre principal. Piper accompagna son maître dans toutes ses campagnes. Prisonnier à la bataille de Pultawa, il fut traité avec peu de ménagement par les Russes, et, renfermé dans la forteresse de Schlusselbourg, où il mourut en 1716. — Son fils, Charles-Frédéric de PIPER, devint le favori du roi Adolphe-Frédéric, qui l'éleva aux premiers emplois. Mais le comte de Brahé, son gendre, ayant été décapité en 1756, il se retira dans une de ses terres, où il mourut en 1770.

PIPER (FRANÇOIS LE), peintre, né dans le comté de Kent, mort en 1740, acquit quelque réputation dans la *caricature.* On cite de lui plusieurs scènes de *Prédicateurs* de diverses sectes, un *Constable* dans l'exercice de ses fonctions, etc.

PIQUER (ANDRÉ), médecin espagnol, né en 1711 dans le royaume d'Aragon, mort en 1772 à Madrid, eut beaucoup de succès dans la pratique, et publia plus. ouvr., entre autres : *Instit. medicæ ad usum scholæ valentinæ*, 1762. — *Praxis medica ad usum*, etc., 1764. — *Tr. des fièvres*, 1768, traduit

en français, Montpellier, 1776; 2e édit., 1801, in-8. — *Les pronostics d'Hypocrate commentés*, etc., traduit de l'espagnol par Laborie, 1822, in-8, précédés d'une notice biographique sur l'auteur.

PIRANESI (JEAN-BAPTISTE), grav. à l'eau-forte et au burin, né à Rome en 1707, y établit, pour le commerce des estampes, une maison dont les relations s'étendirent dans toute l'Europe, et mourut en 1778. Il n'a, point eu d'égal dans le talent de dessiner l'architecture et les ruines. Son *OEuvre* se compose de 16 vol., format atlantique, dans lesq. il a réuni tout ce que Rome ancienne et moderne offre d'édifices remarquables, et ce que l'antiquité a laissé de plus précieux en bas-reliefs, vases, autels, tombeaux, etc.— François PIRANESI, son fils, né à Rome en 1748, se livra comme son père au dessin et à la gravure, et avec le même succès. Lorsque son père lui eut abandonné la direction de son établissem., il s'associa son frère Pierre et sa sœur Laure, qui cultivaient aussi la gravure avec succès, et la maison de commerce continua de prospérer. Lors de l'occupat. de Rome par les Français, il accepta une place dans le nouveau gouvernem., et fut envoyé à Paris en 1798, comme ministre de la république romaine. De retour en Italie, il vit bientôt changer la face des affaires, et, ne se croyant plus en sûreté, il se rendit à Naples, avec sa collection, dans l'intent. de s'embarquer pour la France. Il fut arrêté par ordre du monarque napolit., et le séquestre mis sur ses planches. La liberté lui ayant été rendue par l'intervention du prem. consul, il vint à Paris, et y transporta ses planches qui faisaient toute sa fortune. C'est dans cette ville qu'il publia une édit. complète de ses *Antiquités romaines*, une magnifique collect. de dessins coloriés, et plus. œuvres nouv. de gravures. Il y fonda dans le même temps une manufacture de vases peints, candelabres, trépieds, etc., en terre cuite, à l'imitat. des vases étrusques; mais cette entreprise lui étant devenue ruineuse, il se vit dans la nécessité de se défaire de son établissem. Un décret impérial décida qu'il serait acquis par le gouvernement, et réuni aux richesses de la calcographie du musée. Piranesi mourut en 1810. Les événem. survenus dep. cette époque ont empêché l'acquisit. d'être consommée, et la collection de Piranesi, qui se compose de 1733 planches, est entre les mains de ses héritiers.

PIRCKHEIMER (BILIBALD), historien et philologue, né à Nuremberg en 1470, étudia la jurisprudence, les mathématiq., la théologie, la médecine, la langue grecque dans les universités de Padoue et de Pise, prit ensuite le parti des armes, obtint le commandem. du contingent que sa patrie envoya en 1499 au secours de l'emper. Maximilien contre les Suisses, et reçut de ce prince, à la paix, le titre de conseiller aulique. De retour à Nuremberg, il devint membre du sénat, fut chargé de différentes négociations diplomatiques, et mourut en 1530. On a de lui, outre plus. traduct. latines d'anciens aut. grecs : *Germaniæ ex variis scriptoribus perbrevis explicatio*, 1530, in-8, inséré dans le t. Ier des *Scriptor. rerum germanicar.*, par Schard. — *Priscorum numorum æstimatio*, dans le recueil de Budel (*De monetis et re numariâ*). — *Opera politica, histor., philologica et epistolica*, publ. par M. Goldast, Francfort, 1610, in-fol., rare. Les biographes allemands ont publié des *Notices* très étendues sur Pirckheimer, et on a frappé une médaille en son honneur.

PIRÈS (THOMAS), Portugais, exerçait, dans les établissem. de sa nation aux Indes, des fonctions peu relevées, lorsqu'il fut choisi, en 1517, par Fern. Perez d'Andrada, gouverneur de Malacca, pour traiter avec le gouvernem. chinois d'affaires relatives au commerce. Après avoir été retenu long-temps à Canton, il obtint la permission de se rendre à Pe-king, où il arriva vers l'an 1521. Mais dans le même temps, l'emper. de la Chine ayant reçu du gouverneur de Nan-king des rapports peu favorables aux Portugais, Pirès, considéré comme espion, fut reconduit à Canton, mis à la torture, et exilé dans l'intérieur de l'empire où l'on croit qu'il mourut vers 1540. On trouve dans la relation de Fern. Mendez Pinto quelques détails sur ce personnage, dont le seul titre à la célébrité est d'avoir été le prem. Européen qui ait été envoyé près du gouvernem. chinois comme négociateur.

PIRI-PACHA, grand-visir, était trésorier de Sélim Ier dans la guerre de ce sulthan contre Schah-Ismaël, sophi de Perse en 1514, et avait mérité sa faveur en conseillant la fameuse bataille de Tchaldiran. Sélim lui confia l'éducation de son fils, dep. Soléiman-le-Grand, qui, lors de son avénement au trône, le nomma son gr.-visir. Il s'opposa, en 1522, au siége de Rhodes ; mais Soléiman ne lui confia pas moins le soin de cette expédit., dont le commandem. fut dévolu au pacha Mustapha Kirlou, beau-frère du sulthan. Piri se conduisit dans cette guerre avec une modération bien remarquable. Il désarma la colère de Soléiman qui, humilié de la résistance héroïque des chevaliers de Rhodes, voulait faire périr le pacha Mustapha, l'auteur de l'expédition. Ce fut Piri-Pacha qui fit aux assiégés les prem. propositions d'une capitulation honorable. On ignore l'époque de sa mort ; mais on présume qu'elle eut lieu vers 1524.

PIRINGER (BENOÎT), grav., membre de l'acad. de peinture de Vienne, sa patrie, mort à Paris en 1826, âgé d'environ 50 ans, a gravé dans la manière du lavis un assez gr. nombre de paysages d'après Claude Lorrain, le Poussin, Rembrand et autres maîtres. Son principal ouvr. est l'atlas des *Promenades pittoresques dans Constantinople et sur les bords du Bosphore* (1817, in-fol. max.), par Ch. Pertusier, gravé d'après les dessins de M. Préault.

PIRITHOUS (mythol.), roi des Lapithes en Thessalie, était fils d'Ixon. Ami et compagnon de Thésée, il concourut à plus. entreprises de ce héros, entre autres à celle dont l'objet était d'enlever Proserpine, femme de Pluton roi des enfers ; mais ils échouèrent dans ce dessein, et Pirithoüs resta prisonnier de Pluton jusqu'à ce qu'Hercule vint

le délivrer. Il avait épousé Hippodamie dont les noces sont célèbres par le combat des Centaures et des Lapithes.

PIRKER (MARIE-ANNE), cantatrice allemande attachée à la chapelle du duc de Wurtemberg, obtint de grand succès dans toutes les villes où elle se fit entendre, telles que Vienne, Londres, Turin et Naples. En 1755, le duc de Wurtemberg s'étant séparé de son épouse, Mme Pirker fut enveloppée dans la disgrâce de la duchesse qui lui avait montré de l'attachement, et subit un emprisonnement de 10 ans, pend. leq. sa raison s'aliéna. Elle n'en recouvra l'usage que dix ans avant sa mort qui arriva en 1783.

PIRON (AIMÉ), poète bourguignon, né à Dijon en 1640, était apothicaire dans cette ville, dont il devint échevin. Quoique connu comme poète, il l'est encore plus comme père de l'aut. de la *Métromanie*. Il célébra dans le patois de sa province, dont personne avant lui n'avait soupçonné les grâces naïves, la plupart des-événements contemporains. Mais il s'occupa plus spécialement de la composit. de *noëls*, qu'il fit paraître pend. 50 ans, mais qu'ont fait oublier ceux de La Monnoye, son ami. Il s'exerça égalem. avec succès dans la poésie lat., et mourut en 1727.

PIRON (ALEXIS), fils du précéd., né à Dijon en 1689, reçut de son père une éducation sévère, fit de bonnes études, prit ses degrés en droit à Besançon et se fit recevoir avocat à Dijon. Un revers de fortune, essuyé par sa famille, le força de renoncer au barreau avant d'y avoir débuté. Dominé, dès son enfance, par le goût de la poésie, il revint sans peine aux idées d'indépendance et de gloire qu'il avait sacrifiées, malgré lui, au désir de ses parents. Toutefois la gloire ne s'empressa pas de venir le trouver ; et il faut dire qu'il fit trop peu d'efforts pour l'atteindre. Son séjour à Dijon, qu'il ne quitta qu'à l'âge de 50 ans, n'est marqué que par les épigrammes auxquelles donna lieu sa dispute avec les Beaunois. Ayant reçu d'un de ses amis une *Ode* terminée par une pensée très obscène, il eut l'idée malheureuse d'y répondre par une autre *Ode*, qui n'est que trop connue, et qui lui attira de sévères réprimandes de la part du procureur-général du parlem. Plus tard, en plus d'une occasion, il condamna lui-même cette pièce et ses autres écrits licencieux. Il prit enfin la résolution de venir à Paris où il arriva sans crédit et sans argent. Après y avoir fait le métier de copiste, privé même de cette chétive ressource, qui ne pouvait être long-temps de son goût, il se fit poète, par nécessité. L'entrepreneur de l'Opéra-Comique eut recours à lui pour soutenir son théâtre abandonné par Lesage et Fuselier, et Piron composa son *Arlequin-Deucalion*, qui fut bientôt suivi d'une foule d'autres bagatelles, toujours gaies et quelquefois ingénieuses. Méconnaissant lui-même la portée de son talent, il n'osait s'élever au-dessus des tréteaux de la foire. Il fallut de pressantes sollicitations pour l'engager à travailler pour un théâtre plus digne de lui. En 1728, il donna l'*École des pères*, sous le titre des *Fils ingrats*. Ce drame, qui eut du succès et qui le méritait sous quelq. rapports, fut suivi d'une tragédie de *Callisthène* (1730), qui ne réussit pas et ne devait pas réussir. A cette pièce succéda *Gustave Wasa* (1733), dont quelq. scènes attestent du talent, mais dont l'ensemble justifie ce mot de Boindin : C'est la révolution de Suède, corrigée et augmentée; et celui de Maupertuis : Ce n'est pas un événement en 24 heures, mais 24 événements en une heure. Enfin parut, 1738, la *Métromanie*, ce chef-d'œuvre d'intrigue, de style, de verve comique et de gaîté, dont le seul défaut peut-être est de ne fronder qu'un ridicule trop peu gén. Outre ses pièces de théâtre, Piron a laissé des *Odes*, des *Poèmes*, des *Contes*, des *Épitres*, des *Satires* et des *Épigrammes*, dont quelques-unes sont excellentes. Il ne fut point de l'acad., et il a pris soin lui-même de nous l'apprendre; mais ce qu'il n'a point dit, c'est qu'il avait fait plus. fois des démarches pour entrer dans cette corporation tant raillée par lui. L'amitié des gens de lettres et des académiciens même dut le consoler de cet échec. Il était digne, par sa franchise, son désintéressement et ses douces vertus, d'avoir beaucoup d'amis, et il en compta parmi les plus illustres personnages; quelques-uns réparèrent à son égard les torts de la fortune. Il mourut en 1773. Ses *OEuvres* ont été publiées en 1776, par Rigoley de Juvigny, 7 vol. in-8, et 9 in-12; mais de ce gros bagage poétique, une comédie, une trag., quelq. odes, deux ou trois contes, et une vingtaine d'épigrammes, voilà tout ce qui méritait d'être conservé. On a publié ses *Poésies diverses*, Neuchâtel, 1775 et 1793, in-8. Ses bons mots ont été recueillis en un vol. in-18. Son *Éloge*, lu à l'acad. de Dijon, par Perret, secrét. de cette compagnie, a été impr., 1774, in-8 de 48 pages.

PIRON, général vendéen, né à La Varenne, près d'Ancenis, en 1775, d'une famille noble, quitta la France en 1791, et servit quelque temps dans l'armée des princes. Rentré en Bretagne en 1793, il se réunit aux insurgés vendéens, et combattit avec une gr. distinction dans les affaires de Vihiers et de Coron (17 juillet et 18 sept. 1793), où le général républicain Santerre fut complétem. défait. C'est alors qu'il obtint le commandement d'une division, avec laquelle il continua de se signaler aux combats de Mortagne, de Chollet, aux affaires de Laval et de Granville, et surtout aux déroutes du Mans et de Savenai où il commandait l'arrière-garde, et qui furent si funestes à la cause royale. Après la dispersion de l'armée vendéenne, Piron se tint caché dans les environs de Nantes; mais las de cette inaction, il traversait la Loire pour aller rejoindre les royalistes qui combattaient encore dans le Poitou, lorsqu'il fut aperçu par l'équipage d'une canonnière, et tué à coups de fusils dans son embarcation, vers le mois de mars 1794.

PIRRO (Roch), *Pirrus*, historien, né en 1577, à Neto, dans la Sicile, reçut à Catane le même jour le laurier doctoral en théologie et en droit,

embrassa l'état ecclésiastique, devint chanoine de Palerme, trésor. de la chapelle royale, s'appliqua particulièrem. à éclaircir l'histoire ecclésiastique de la Sicile, fut nommé historiographe du roi Philippe IV en 1643, et mourut à Palerme en 1651. On a de lui : *Synonymi*, 1594, in-8, réimpr. en 1637 et 1640. — *Historia del glorioso san Corado piacentino*, 1595, in-8. — *Chronologia regum penès quos Siciliæ fuit imperium, post exactos Saracenos*, 1630, in-fol., refondu dans les *Notitiæ siciliensium ecclesiarum*, 1630-35, in-fol., qui fut réimpr. avec des additions considérables, sous ce titre : *Sicilia sacra disquisitionibus et notitiis illustrata libri IV*, 1644-1647, 3 vol. in-fol., et inséré dans le t. X du *Thesaur. antiquitat. Italiæ*. On peut consulter pour plus de détails la *Biblioth. sicula* de Montgitore, t. II.

PISANDRE, l'un des généraux qui renversèrent la démocratie à Athènes, et y fondèrent l'oligarchie des quatre-cents. — V. THÉRAMÈNES.

PISANELLO (VICTOR), peintre véronais du milieu du 15e S., approcha de Masaccio plus qu'aucun des artistes de son époque, et exécuta, tant à Rome qu'à Venise, de nombreux travaux, qui, pour la plupart, n'existent plus. Il est connu des antiquaires comme graveur de médailles.

PISANI (NICOLAS), amiral vénitien du 14e S., trouva la marine de Venise à son plus haut point de prospérité; maîtresse du commerce, cette ville ne reconnaissait de rivale que Gênes. Les deux républiques se disputèrent souvent et avec acharnement une domination qui donnait la gloire et les richesses. Ce fut dans la troisième de ces guerres, de 1350 à 1355, que Pisani devint célèbre. Avant cette époque on ne sait rien de lui : car les histor. vénitiens se bornaient alors à consigner dans leurs chroniques les événements publics. Dès le commencement des hostilités, il fut chargé de commander une flotte, qui, composée d'abord de 20 galères, était forte de 70, lorsqu'il vint attaquer Paganino Doria (1352), à l'ouvert. du Bosphore de Thrace. Il perdit dans ce combat 26 galères, mais il ne se retira qu'après avoir causé beaucoup de dommage aux Génois. L'année suivante il se vengea de cet échec sur leur amiral Grimaldi, qu'il défit complétem. devant la pointe de la Loiera en Sardaigne. En 1354, il fut surpris dans Porto-Longo, près de Modon, par Paganino Doria, fut fait prisonnier avec toute sa flotte et conduit à Gênes, où il orna le triomphe du vainqueur. Relâché à la paix qui fut conclue l'année suivante, il retomba dans l'obscurité. — PISANI (Victor), fils ou neveu du précéd., fut en 1378 chargé du commandem. de la flotte des Vénitiens, lorsque éclata leur quatrième guerre avec les Génois. Le premier combat qu'il leur livra devant Antium fut un triomphe. Il eut alors, avec des forces plus considérables, la mission de chasser les Génois de l'Adriatique, de protéger les convois qui venaient de la Pouille, de punir les révoltés de Dalmatie, de reprendre sur les Hongrois Cattaro, Sebenico et Arbo, et le succès couronna toutes ses entreprises.

En vain demanda-t-il alors du repos pour ses équipages malades; il fut obligé de les remplacer par de nouv. recrues, et de tenir la mer pour éloigner l'amiral génois. Battu par le même amiral Lucien Doria (1579); lorsqu'il rentra dans le port de Venise avec les débris de sa flotte, il fut mis en prison par ordre du sénat; mais de nouveaux succès des Génois et les murmures des matelots de Venise forcèrent bientôt le sénat à le nommer capitaine de la mer. En fortifiant les canaux de la lagune pour arrêter les Génois qui s'étaient emparés de Chiozza, il les enferma dans le pays qu'ils étaient venus conquérir. Un renfort qu'il reçut de Charles Zeno lui permit de les presser de jour en jour davantage, au point de les forcer à se rendre avec tous leurs vaisseaux (1580). Il mourut la même année à Manfredonia. Sa mort fut considérée comme une calamité publique et détermina les Vénitiens à rechercher la paix (*v.* les *Memorie per servire alla storia di Vettor Pisani*).

PISANO (Giunta), peintre célèbre, né à Pise, florissait en 1230. Il n'existe de lui dans sa ville natale qu'une seule peinture authentique, c'est une demi-figure de *Christ*, à laquelle il a mis son nom, et dont on peut voir la gravure dans le t. II de la *Pisa illustrata nelle arti del disegno*, par Alexandre Morona. Appelé dans Assise vers l'an 1230, par le général des frères mineurs, c'est dans cette ville qu'il exécuta ses plus beaux ouvrages: celui qui s'est le mieux conservé est un *Christ* peint sur une croix de bois, aux extrémités latérales et au sommet de laquelle on voit la figure à mi-corps de la Vierge et de deux saints. On présume que Pisano mourut jeune encore vers 1236. Il fut un des plus habiles artistes de son temps, et ouvrit à Cimabué la route dans laquelle ce dernier s'est immortalisé. — Pisano (Jean), fils et élève de Nicolas de Pise, obtint les mêmes succès dans la sculpture et l'architecture. Sa réputation ne tarda pas à se répandre en Italie, et toutes les villes se disputèrent l'honn. de l'employer. Parmi ses nombr. ouvr. on remarque surtout l'autel de la cathédrale d'Arezzo, la chaire de l'église de St-André à Pistoie, le mausolée de Benoît XI dans l'église neuve de sa patrie, et le *Groupe de la Vierge tenant dans ses bras l'enfant Jésus qu'adorent deux anges à genoux*. Ce dernier morceau, qui passe pour son plus bel ouvrage, est placé au-dessus de la porte méridion. du dôme de Florence. Pisano mourut en 1320.

PISANO (André). — V. Andrea.

PISANSKI (George-Christophe), théologien né à Johannisburg en 1725, se consacra à l'instruction publique et obtint de gr. succès dans cette carrière à l'université de Kœnigsberg. Il possédait parfaitement l'histoire de Prusse. Il mourut de la pierre en 1790. Parmi ses nombr. écrits les princip. sont: *Curiosités du lac de Spirding*, 1749, in-4. — *De felicitate docentium in scholis*, in-fol. — *Eclaircissements sur quelques restes du paganisme et du papisme en Prusse*, 1756, in-4. — *Commentatio de linguâ polonicâ*, 1763, in-4. — *De errore Ire-*

næi in determinandâ œtate Christi, 1778, in-4. — *Remarques sur la mer Baltique*, 1781, in-8. — *Esquisse d'une histoire littéraire de la Prusse*, 1791, in-8. On trouve en tête de cet ouvrage une *Notice* sur l'auteur par Borowski.

PISE, *Nisæ*, très ancienne et magnifique ville de Toscane, située sur l'Arno, fut la capitale d'une petite républ. jadis très florissante. Elle vit sous sa domination, aux jours de sa puissance, les côtes de la Sardaigne, de la Corse et de la Barbarie, et joua un certain rôle dans plus. croisades, auxq. elle prit part avec la France. Long-temps ensanglantée par les guerres des guelfes et des gibelins, elle vit sa prépondérance décroître à mesure que grandit celle des Génois; et, après une lutte opiniâtre, elle tomba, en 1406, sous la domination de Florence. Patrie de Galilée et de plus. autres hommes fameux, Pise n'a pas été moins célèbre par l'éclat qu'eut son université, fondée en 1472 par Laurent de Médicis. Il s'y est tenu trois conciles en 1134, en 1409 et en 1511.

PISIDES. — V. George.

PISISTRATE, Athénien, osa concevoir le projet d'asservir sa patrie. Plein d'éloquence, illustré par plusieurs faits d'armes, doué de ces avantages extérieurs qui en imposent toujours à la multitude, possesseur d'une fortune considérable qu'il savait prodiguer à propos, il fit encore servir la ruse à ses vues ambitieuses. Un jour il parut sur la place publique couvert de blessures qu'il s'était faites lui-même, et qu'il attribuait à la haine du sénat et des princip. citoyens. Le peuple, indigné de voir son plus ardent défenseur ainsi maltraité, lui accorda des gardes pour sa sûreté. Il lève alors le masque et s'empare de la citadelle d'Athènes, l'an 560 av. J.-C. Il en est chassé, mais il y rentre quelque temps après; expulsé de nouveau, il subit un exil de 11 ans, après lequel il saisit irrévocablement le pouvoir; il le conserva 17 ans, et à sa mort, l'an 528 avant J.-C., il le transmit à ses fils Hipparque et Hippias. On cite de Pisistrate des traits qui prouvent que sa modération égalait son habileté. Solon lui-même se laissa gagner à ses douces vertus, et consentit à l'aider de ses soins. Avec un tel conseiller, Pisistrate ne put faire que le bien. Il ranima l'agriculture et l'industrie, embellit Athènes, fit refleurir les arts, donna une nouv. édit. d'Homère, et fit présent à ses concitoyens d'une bibliothèque précieuse: il aurait fait bénir sa tyrannie, si les souvenirs de la liberté pouvaient s'effacer du cœur des peuples.

PISON (Lucius-Calpurnius), jurisconc., histor. et orateur, surnommé *Frugi* à cause de sa frugalité, fut tribun du peuple l'an 149 avant J.-C., et ensuite consul. Il est l'auteur de la loi Calpurnia *De pecuniis repetendis*. — Pison (Caïus-Calpurnius, consul l'an 67 av. J.-C., est aut. de la loi Calpurnia *De ambitu*. Il se fit remarquer dans plus. circonstances par une fermeté inébranlable et un gr. zèle pour la république.

PISON (Lucius-Calpurnius), consul l'an 60 avant J.-C., est plus connu par ses vices que par ses talents. Il figura parmi les ennemis de Cicéron et contribua à le faire exiler. *L'illustre orateur avait oublié sa conduite dans cette circonstance*; mais Pison ayant eu l'impudence de l'attaquer dans un discours devant le sénat, Cicéron lui répondit par sa harangue *in L. C. Pisonem*, où il dévoila tous les crimes dont s'était souillé cet indigne proconsul dans le gouvernem. de la Macédoine, qui lui était échu au sortir du consulat. Pison n'évita que par le crédit de César, son gendre, déjà tout-puiss., la honte de subir une condamnation méritée. Cependant, au bout de quatre ans (702 de Rome et 50 avant J.-C.), il fut élevé à la dignité de censeur. Chargé de l'exécution du testament de César, il fut ensuite député vers Antoine, pour l'engager à lever le siége de Modène, et ne réussit qu'à se faire mépriser par son peu de dignité. On pense qu'il survécut peu à cette négociation.

PISON (Cnéius-Calpurnius), consul sous Auguste, et gouvern. de Syrie sous Tibère, fut chargé de faire mourir Germanicus, et l'on croit généralement qu'il l'empoisonna. On cite de lui des traits de cruauté capables de confirmer cette opinion.

PISON (C.), Romain consulaire, de l'illustre famille Calpurnia, n'est connu que pour avoir pris part à la conjuration contre Néron, dont la découv. entraîna sa mort, celle de Sénèque, de Lucain et d'une foule de sénateurs. Il avait quelq. qualités brillantes, mais un amour effréné pour les plaisirs. Ce fut l'ambit. plutôt que l'amour de la patrie qui le poussa à conspirer contre le tyran. Il devait, pendant que Néron serait frappé au milieu du cirque le jour de la fête de Cérès (19 avril), se rendre au camp des prétoriens et les gagner par son éloquence et par ses largesses. L'emper. ayant tout découvert par un affranchi du sénateur Scévinus, Pison, au lieu de profiter du temps qui lui restait pour tenter de soulever les prétoriens et le peuple, se fit ouvrir les veines, et remit aux satellites du tyran un testament dans lequel il lui prodiguait les adulations, pour l'engager à laisser jouir de sa fortune Arria, sa femme, dont la beauté était le seul mérite. Cet événement eut lieu de l'an 65.

PISON (Licinius), fils de M.-Crassus, entra par adoption dans la famille des Pison. Ses vertus et ses talents attirèrent sur lui les regards de Galba, et ce prince, voulant se donner un collègue, le déclara césar. Othon profita du mécontentement qu'excitait chez les prétoriens la sage parcimonie de Galba pour les pousser à la révolte. Vainement Pison voulut défendre son bienfaiteur; après l'avoir vu périr, il fut lui-même assassiné par deux émissaires d'Othon le 14 janvier de l'an 69, à l'âge de 31 ans, cinq jours après son élévation à l'empire.

PISON (Lucius—Calpurnius), sénateur romain, suivit en 258 l'emper. Valérien dans la Perse. Ce prince ayant été fait prisonn., Pison passa au service de Macrien, nouvellement proclamé par les légions de l'Orient. Chargé par ce nouv. maître de surprendre et de faire périr Valens, qui se hâta de revêtir la pourpre, il ne put réussir, et prit le parti de se faire proclamer lui-même empereur par une partie de l'armée. Il fut tué par les soldats de Valens, l'an 261, après un règne de quelq. semaines.

PISON (Guillaume), naturaliste hollandais du 17ᵉ S., pratiqua la médecine d'abord à Leyde, puis à Amsterdam, et accompagna le prince de Nassau dans son voyage au Brésil. Il paraît qu'après avoir perdu son protecteur, il passa au service du gr. électeur Frédéric-Guillaume. On ignore la date de sa mort. Ses découvertes, réunies à celles de Marggraff, jeune savant qu'il avait emmené avec lui au Brésil, furent publiées par Laet, sous le titre de *Historia naturalis Brasiliæ*, Leyde, 1648, in-fol. *De medicinâ brasiliensi libri IV*, tel est le titre spécial de l'ouvrage de Pison, dont il donna lui-même une seconde édition dans un recueil intit. : *de Indiæ utriusq. re naturali et medicâ lib. XIV*, Amsterdam, 1658, in-fol. C'est Pison et Marggraff qui, les prem., ont apporté en Europe et décrit l'*ipécacuanha*. Plumier a consacré au premier le *pisonia* (*arbos spinis horrida*), genre de la famille des nyctaginées.

PISSAREF (Alexandre), poète russe, né en 1801, mort en 1828, avait débuté dans la carrière des lettres, à l'âge de 20 ans, par quelq. poésies dramatiques. Plus tard, il résolut de travailler exclusivement pour le théâtre, et ses essais dans ce genre, surtout sa comédie historiq. intit. *Colomb*, prouvent que ce n'est pas en France seulem. qu'on tente de frayer des routes nouv. à l'art dramatiq. Pissaref voulait, disait-il, arracher le poignard des mains de Melpomène pour le remettre aux mains de Thalie. Une *Notice* nécrologique lui a été consacrée par M. Serge Glinka, dans le *Bulletin du Nord* (avril 1828).

PISSOT (Noel-Laur.), né à Paris vers 1770, fils d'un libraire de cette ville qui ne s'était pas enrichi à vendre des livres, suivit d'abord la profess. de son père, sans y réussir davantage. Il la quitta bientôt pour celle d'auteur, qui l'envoya mourir à l'hôpital en 1815. Comme éditeur ou comme aut., il a donné : *Marcellin, ou les Épreuves du monde*, an VIII, in-18. — *Les friponneries de Londres mises au jour*, trad. de l'anglais, 1805, in-12. — *La campagne de trois mois en vaudevilles*, 1806, in-12. — *Manuel du culte catholique*, 1810, in-12. — *Précis historique sur les Cosaques*, 1812, in-8. — *Célestine, où les Preuves de l'amour*, 1813, in-18. — *Adieux de la Samaritaine aux Parisiens*, 1813, in-18. — *Le meâ culpâ de Napoléon Bonaparte*, 1814, in-8. — *Poésies de maître Adam*, 1805, in-12. — *OEuvres inéd. de Chrétien-Guill. Lamoignon de Malesherbes, avec un précis histor.*, 1808, in-12.

PISTOIA (Léonard), peintre, ainsi nommé du lieu de sa naissance, et dont on ignore le véritable nom, fut élève de François Penni, qui l'emmena à Naples, et le laissa, lorsqu'il mourut, à la tête de son école. Il avait été précédemm. employé dans les travaux que Raphaël était chargé d'exécuter au Vatican. Parmi les compositions de Pistoia qui ont été conservées, on remarque à Cassal-Guidi, dioc. de Pistoie, un tableau représentant *St Pierre et d'autres saints qui couronnent le trône de la*

Vierge. — Pistoia (Gerino da), peintre, élève du Pérugin, florissait en 1529. Le Pinturicchio l'employa avec succès à Rome. On voit encore quelq.-uns de ses tableaux à Città-san-Sepolcro, et il y en a un dans la galerie de Florence. — Pistoia (le Frère Paul de), disciple et heureux imitat. de frà Bartolommeo della Porta, hérita des nombreuses études de ce maître, et, d'après ses dessins, exécuta plusieurs des tabl. que lui demanda la ville de Pistoie. On remarque surtout celui qui orne le maître-autel de l'église de St-Paul.

PISTON, sculpteur ancien, élève de Tisicrate, exécuta un *Mars* et un *Mercure*, qui furent placés à Rome dans le temple de la Concorde.

PISTORIUS (Jean), histor., né en 1546 à Nidda, petite ville de la Hesse, se fit recevoir docteur en médecine, renonça ensuite à l'art de guérir pour étudier le droit, devint conseiller du margrave de Bade-Dourlach, et contribua beauc. à introduire dans cette partie de l'Allemagne le libre exercice de la réforme. Il rentra plus tard dans le sein de l'Église romaine, étudia la théologie, se fit prêtre, et fut l'un des plus zélés adversaires des protest. Il mourut à Fribourg en 1608. Nous citerons de lui : *Rerum polonicarum scriptores*, Bâle, 1582, 3 vol. in-fol. — *Rerum germanicarum scriptores*, 1582-84-1607, 3 vol. in-fol.; réimpr. avec quelq. additions par les soins de Burch.-Got. Struvius, Ratisbonne, 1726, 3 vol. in-fol.

PITARD (Jean), chirurg. du roi St Louis, qu'il suivit dans ses expéditions à la Terre-Sainte, et des rois Philippe-le-Hardi et Philippe-le-Bel, mourut à Paris en 1315, à 87 ans. C'est à lui que sont dus la fondat. du collége de chirurgie autorisé par St-Louis, et les statuts de la compagnie des chirurgiens, réglés par un édit de Philippe-le-Bel.

PITARD DE BOIS-PITARD (Franç.), né à Domfront en Normandie en 1533, a laissé un journ. curieux sur la prise de cette ville par les protestants, en 1574.

PITAU (Nicolas), grav. au burin, né à Anvers en 1633, vint à Paris vers 1660, et adopta la manière de Jean Poilly, mais en donnant à ses tailles un style plus mâle et une plus grande vigueur. On peut voir le détail de ses divers ouvrages dans le *Manuel des amateurs de l'art*, d'Huber et Rost. Son chef-d'œuvre est la gravure de la *Ste famille* de Raphaël, l'un des plus beaux ornem. du musée. Cet artiste mourut à Paris en 1676.—Pitau (Nic.), fils du précédent, et comme lui graveur, mourut en 1724. On ne connaît de lui d'autre morceau authentique que le portrait du *comte de Toulouse*, d'après Gobert.

PITCARNE (Archibald), méd., né à Édimbourg, en 1652, étudia d'abord la théol. et la jurispr. avec une ardeur qui manqua de lui être funeste, puis la médecine à Montpellier et à Paris. A peine était-il rentré dans sa patrie, que sa réputation se répandit avec ses écrits dans toutes les facultés de l'Europe. Celle de Leyde lui offrit une chaire de médecine, dans laquelle il fut installé en 1692, et qu'il quitta l'année suivante. De retour en Écosse, il devint l'un des adversaires les plus redoutables de la chimiatrie, et l'un des défenseurs les plus opiniâtres des erreurs de la secte iatro-mathématique. Il mourut dans sa ville natale en 1713, laissant un grand nombre de productions qui ont été rassemblées sous le titre de *Opera omnia*, Venise, 1793, et Leyde, 1797, in-4.

PITHOIS (Claude), littérat., né en Champagne vers 1596, entra jeune dans l'ordre des minimes, et se fit connaître comme prédicateur. Dégoûté par des tracasseries de la vie monastique, il s'enfuit à Sedan, où il fit profess. de la réforme, et mourut en 1676, bibliothécaire du duc de Bouillon et professeur de philosophie de ce prince. Nous citerons de lui : *l'Apocalypse, ou Révélation des mystères cénobitiques, par Méliton, Saint-Léger, Chartier* (Elzevir), 1662, in-12, réimprimé sous le titre de *l'Apocalypse de Méliton.*

PITHON, un des offic. d'Alexandre, fut, après la mort de ce prince, gouvern. de la Médie. Il se révolta l'an 22 av. J.-C. contre Perdiccas, et le tua ; puis fut nommé tuteur du fils d'Alexandre et généraliss. de la Macédoine ; mais il se démit de cette charge en fav. d'Antipater. Il fut mis à mort l'an 316 avant J.-C., par Antigone, qu'il avait trahi.

PITHON-COURT, curé de Boissi-le-Sec, près de Verneuil, diocèse de Chartres, né à Carpentras, mort à Verneuil en 1780, est connu par son *Hist. de la noblesse du comté Venaissin, d'Avignon et de la principauté d'Orange*, Paris, 1743-50, 4 vol. in-4.

PITHOU (Pierre), né à Troyes en 1539, fils d'un avoc. qui figurait avec avantage parmi les érudits, reçut sa première éducation dans la maison paternelle, acheva ses études à Paris sous la direction de Turnèbe, et fut confié à Cujas, dont il suivit les cours pend. 5 ans. Il s'annonça dès cette époq. comme jurisconsulte par des essais sur div. points de la législation romaine, et prit à 21 ans la robe d'avocat ; mais ce ne fut qu'après avoir consacré quatre années encore à l'étude, qu'il plaida sa première cause. Il la gagna, et renonça néanmoins aux luttes du barreau, dont l'éloignaient sa timidité naturelle et son dégoût pour la pratique. Il se contenta de suivre les audiences du parlement, et de rendre dans le silence du cabinet des décisions toujours respectées. A l'approche des troubles religieux, il chercha un asile dans sa ville natale ; mais il se vit repoussé du barreau comme calviniste. Il se vengea de cet affront en rédigeant la coutume du territoire protestant de Sedan, sur la demande du duc de Bouillon, et se retira ensuite à Bâle, où il employa ses loisirs à publier des éditions de *Paul Diacre* et de la *Vie de l'emper. Frédéric-Barberousse*, par Othon de Freisengen. Ramené dans sa patrie par l'édit de pacificat. de 1570, il faillit être une des victimes de la St-Barthélemi. Peu de temps après il rentra dans le sein de l'Église romaine ; mais personne ne s'avisa de révoquer en doute sa bonne foi, et les plus chauds partisans de la cause qu'il abandonnait continuèrent à entretenir avec lui des relations amicales. Se refusant aux faveurs qui vinrent le chercher, mais qui l'auraient distrait de ses études chéries, Pithou se contenta de l'emploi de bailli de Tonnerre, dans leq. il sut se rendre très utile, en simplifiant les formes de la procédure civile et de l'instruct. criminelle. Plus tard, lorsqu'on forma une chambre tempor. pour rendre la justice dans la Guienne, il consentit à y remplir la charge de procureur-général, et, après trois ans d'un exercice pénible, il rentra avec dignité dans les rangs des avocats, où les étrangers vinrent le consulter même sur l'interprétation de leurs propres lois, Durant les troubles de la Ligue, il continua de fréquenter le palais tant que le corps des magistrats n'eut pas subi le joug des factieux; mais, lorsque les ligueurs eurent décimé le parlement, il prit le parti de se retirer, et chercha des consolations dans l'étude. Cependant il ne perdit pas de vue les intérêts de la cause roy. Il chercha à ménager un rapprochement entre les partis, fit tout pour inspirer à ses concitoyens l'horreur du joug étranger, et contribua beaucoup à dissiper les prévent. qui s'élevaient contre le chef de la maison de Bourbon. Il fut un des auteurs de la satire *Ménippée*, ce pamphlet qui déversa le ridicule avec tant de succès sur les meneurs de la *Ste-Union*. On a dit, sans exagération, que cette pièce fit plus pour Henri IV qu'il n'avait fait lui-même par ses victoires d'Arques et d'Ivry. Pithou composa ensuite un *Mémoire* pour démontrer aux évêq. qu'ils pouvaient, de leur propre autorité, relever le Béarnais de l'excommunication, et se soumettre à lui. Aussi, lorsque ce prince fut enfin maître de Paris, il exigea que Pithou exerçât la charge de procur.-général au parlement installé provisoirement dans la capitale. Le vertueux citoyen remplit ces importantes fonctions avec zèle, et se confondit ensuite de nouveau avec les avocats. Il mourut à Nogent-sur-Seine en 1596. Quelq.-unes de ses dern. paroles furent : « O mon roi! ô mon roi! que tu es mal servi! Pauvre royaume, que tu es déchiré! » Ce peu de paroles et toutes ses actions d'ailleurs font foi de ses vertus civiques. Il resterait à parler de ses nombreux écrits, qui appartiennent à la littérature, à l'hist., au droit civil et canoniq.; mais nous ne pouvons citer que les principaux : *Corpus juris canonici*, 1687, 2 vol. in-fol., avec son frère. — *Codex canonum vetus ecclesiasticum*, in-fol.— *Gallicæ Ecclesiæ in schismate status*, in-8. — *Libertés de l'Église gallicane*, liv. qui devint la base de la déclarat. du clergé en 1682, et dont Clavier a donné une nouvelle édition, 1817, in-8. — Enfin un *Parallèle* (en latin) des lois de Moïse avec les lois romaines, auquel on a réuni ses *Observations sur le Code et les Novelles*, Paris, in-fol. — PITHOU (François), frère puîné du précédent, né à Troyes en 1543, profita aussi des leçons de Cujas, et adopta les principes de Calvin. Il préféra d'abord un exil volontaire à un changement de religion ; mais plus tard il se convertit à la foi catholique, et fut reçu avocat au parlement en 1580. Il combattit par ses écrits les prétentions ambitieuses de l'Espagne, fut chargé, après l'avènement de Henri IV, de ré-

gler les limites de la France et des Pays-Bas, conformément au traité de Vervins, remplit les fonctions de procureur-général auprès d'une chambre instituée pour rechercher les malversat. des gens de finance, et mourut à Troyes en 1621. Nous citerons de lui un *Traité de la grandeur des droits, prééminence et prérogatives des rois et du roy. de France*, 1587, in-8. — Un autre de *l'Excommunication et de l'interdit ;* un *Glossaire* pour l'intelligence des capitulaires, et un autre destiné à éclaircir la loi salique. — Deux frères aînés de Pithou, Jean et Nicole, se firent connaître, l'un comme médecin, l'autre comme jurisconsulte, et furent en grande estime parmi leurs coreligionn. Grosley a écrit la *Vie* des membres distingués de cette famille en 2 vol. in-12. P. Pithou avait déjà eu pour biographes J. Mercier, Loisel et Boivin.

PITISCUS (Samuel), savant philologue, neveu d'un habile mathématicien, né en 1637 à Zutphen, fut recteur du collège de cette ville, puis de celui de St-Jérôme à Utrecht, où il mourut en 1717. On a de lui : *Lexicon antiquitat. romanarum*, Leeuwarden, 1713, 2 vol. in-fol., ouvrage très estimé et dont l'abbé Barral a donné un *Abrégé* en français en 3 vol. in-8, Paris, 1766; et de bonnes éditions avec des notes, entre autres des *Plinianæ exercitationes* de Saumaise, Utrecht, 1689, 2 vol. in-fol.; et des *Antiquitates romanæ* de J. Rosini, 1701, in-4.

PITOT (Henri), géomètre et ingénieur, né en 1695 à Aramon (Languedoc), parvint à l'âge de 20 ans sans avoir acquis la moindre instruction, et l'on désespérait même qu'il pût jamais en acquérir, lorsqu'il vit par hasard un livre de géométrie dont les figures piquèrent si vivem. sa curiosité, qu'il devint tout à coup passionné pour l'étude. S'étant rendu à Paris pour y perfectionner ses connaissances, il fut reçu élève à l'acad. des sciences en 1724, et devint en peu d'années pensionnaire. Pitot publia en 1731 une *Théorie de la manœuvre des vaisseaux*, in-4, que le gouvernement adopta pour l'instruction de la marine, et cet excell. ouvrage ayant été trad. en anglais, la société royale de Londres en admit l'auteur au nombre de ses membres. Ingénieur en chef en 1740 des états du Languedoc, il fut en même temps nommé inspecteur-gén. du canal royal, et il enrichit cette province d'un grand nombre de monum. qui attestent ses talents. Son plus bel ouvrage est l'aqueduc de la fontaine de St-Clément à Montpellier, qui parcourt un espace de 15,000 mètres sur des arcades quelquefois à double rang, ou creusé dans le roc sur une longueur de 400 mètres, et qui fournit à la ville au moins 80 pouces d'eau. Il a donné sur cet ouvr., qui lui coûta, dit-on, 15 ans de peines et de travaux, une *Notice* fort intéressante à la société royale de Montpellier, à laquelle il a fourni d'importantes observations sur les inondations du Rhône. Cet ingénieur mourut en 1771. Son *Éloge*, par Grandjean de Fouchy, est dans le recueil de l'acad. des sciences, qui contient plus. mémoires de cet habile géomètre.

PITT.

Publié par Furne, Paris.

PITROU (ROBERT), inspecteur-génér. des ponts-et-chaussées, né à Mantes en 1684, mort en 1750, se livra dès sa jeunesse à l'étude des mathématiques, et acquit sans maître des connaissances très étendues dans la géométrie, la mécaniq., les différentes branches de l'architect., et se fit surtout dans cette dernière partie une réputation méritée. On lui doit l'invention des *cintres retroussés*, et celle d'un échafaudage volant, aussi solide qu'ingénieux, dont il fit faire le prem. essai pour sculpter les armes du roi au sommet de la pyramide qui couronnait le pont de Blois. Outre les services que Pitrou a rendus à l'architecture, il a formé d'excellents élèves, et a laissé un recueil de différents projets d'architecture, de charpente et autres, mis en ordre et publié par l'ingén. Tardif, son gendre, Paris, 1756, gr. in-fol.

PITS (JEAN), *Pitseus*, biographe, né vers 1560 à Southampton, fit ses premières études en Angleterre, vint ensuite en France, où il embrassa la religion catholiq., et reçut les ordres sacrés. Protégé par le cardinal de Lorraine, il obtint un canonicat à Verdun, devint confesseur de la duchesse de Clèves, sœur du card., et fut nommé doyen de Liverdun, après la mort de cette princesse. Outre quelques ouvrages de théologie, on a de lui: *Relationum historicarum de rebus anglicis, seu de academiis et illustribus Angliæ scriptoribus*, 1619, in-4. Ce vol., le seul qui ait paru, devait être suivi de trois autres, qui auraient contenu les vies des rois, des évêques, etc.

PITT (CHRISTOPHE), poète angl., né à Blandfort en 1699, mort en 1748, se fit d'abord connaître par une trad. en vers de la *Pharsale* de Lucain, qu'il acheva pend. le cours de ses études. Bientôt après il en donna une de l'*Art poétique* de Vida, et mit le sceau à sa réputat. par celle de l'*Énéide* de Virgile, où l'on remarque un véritable talent. On lui doit encore un vol. de *Mélanges de poésies*, publié en 1727, et réimpr. à Paris.

PITT (WILLIAM), premier comte de Chatham, l'un des hommes d'état les plus remarquables qu'ait produits l'Angleterre, était petit-fils de Thomas Pitt, gouverneur du fort St-Georges de Madras, et qui rapporta de l'Inde le fameux diamant connu sous le nom de *régent*. Né à Westminster en 1708, il embrassa d'abord la carrière des armes; mais une goutte héréditaire, dont il éprouva des attaq. dès l'âge de 16 ans, l'ayant obligé de renoncer à l'état militaire, il profita des loisirs que lui laissait cette cruelle maladie pour acquérir des connaiss. utiles; il s'attacha particulièrement à l'étude des lois, à celle des grands écrivains de l'antiquité, et ce qui semblait pour lui le plus grand malheur fut en quelque sorte la principale cause de son élévat. Nommé membre du parlement en 1735, il se plaça dès son début au rang des orateurs les plus distingués, et dans la suite il contribua beaucoup à renverser le cabinet de Robert Walpole, qui fit d'inutiles efforts pour l'attirer dans son parti. Les sentiments généreux que Pitt annonçait, ses principes inébranlables, et la sagacité qu'il montrait

dans les affaires, lui firent de nombreux admirat. En 1744, la duchesse de Marlborough lui donna une marque particulière de son estime, en lui léguant dix mille livres sterl., « à cause, disait-elle, de son mérite personnel et du noble désintéressement avec lequel il avait soutenu l'autorité des lois et empêché la ruine de l'Angleterre. » L'opinion que Pitt avait donnée de son caractère était trop généralem. répandue pour qu'on ne s'aperçût pas qu'il importait de le faire concourir aux actes du gouvernement; en 1746, il fut nommé vice-trésorier d'Irlande, puis conseiller privé et payeur-général des troupes angl.; mais en 1755 il se démit de tous ces emplois pour s'opposer plus librement aux alliances que le ministère formait sur le continent, et resta sans fonctions jusqu'en 1756, époq. à laquelle il fut nommé secrétaire-d'état. Dans ce poste éminent il réussit mieux à gagner la confiance du peuple que celle du roi, dont il se crut souvent obligé de contrarier les vues, et il ne tarda pas à être exclu ainsi que Legge, chancelier de l'échiquier, qui partageait avec lui la faveur publique; mais le renvoi de ces deux hommes d'état excita des regrets si universels, et ces regrets se manifestèrent si hautem., que le roi se crut obligé de les rappeler en 1757. Les affaires de la Grande-Bretagne étaient alors dans l'état le plus déplorable. Pitt, nommé prem. ministre, leur fit prendre tout à coup une nouv. face: il procura d'éclatants succès aux armées anglaises par la sagesse de ses plans, ramena les esprits à la soumission par la vigueur de ses mesures, et parvint ainsi à rétablir la prospérité publique. Il était depuis trois ans à la tête de l'administration lorsque George II mourut soudainem. le 25 oct. 1760. Son successeur monta sur le trône au moment où la France venait de conclure avec l'Espagne le fameux traité d'alliance connu sous le nom de *pacte de famille*. Pitt, qui avait refusé d'admettre l'Espagne aux négociations ouvertes à Londres entre la France et l'Angleterre, n'eut pas plus tôt avis de ce traité qu'il en demanda la communicat., et, sur le refus du ministère espagnol, il proposa au conseil privé de frapper immédiatement les prem. coups en attaquant l'Espagne; mais ses vues ne furent point secondées, et trop fier pour paraître à la tête d'un cabinet qu'il ne dirigeait plus, il donna sa démission le 5 oct. 1761, et ne reparut qu'au moment où la paix étant sur le point de se conclure, les préliminaires en furent discutés au parlement. Pitt, attaqué d'un violent accès de goutte, se fit porter à la chambre des communes pour censurer avec amertume les condit. du traité, qu'il trouvait contraires aux intérêts de la Grande-Bretagne; mais, malgré son improbat., la paix fut conclue le 10 févr. 1763. Vivant dans la retraite il ne se montra plus au parlement que dans les occasions où il crut son intervention nécessaire. En janv. 1765, sir Pynsent, propriétaire d'une fortune considér. et admirateur enthousiaste de cet homme d'état, l'institua, au préjudice de sa famille, héritier de tous ses biens. Dans le mois d'avril suiv. Pitt reçut de nouvelles proposit. pour rentrer au ministère; mais comme il exigeait le renouvellem. de tous ceux qui occupaient les gr. charges, et refusait même de laisser à la cour la disposit. des emplois inférieurs, les démarches commencées auprès de lui n'eurent alors aucun résultat. Ce ne fut qu'en 1766 qu'il obtint du roi les pouvoirs nécessaires pour former un nouveau cabinet. Il n'y admit que des hommes de talents soutenus par l'opinion publique, et ne réserva pour lui-même que la place de garde-des-sceaux. Mais étant passé à cette époque dans la chambre haute avec le titre de vicomte Pitt, comte de Chatham, ces dignités lui coûtèrent une partie de sa popularité. Du reste les infirmités dont il était accablé dep. long-temps ne lui permettaient plus de prendre une part bien active à l'administration; il l'abandonna même tout-à-fait en 1768, en résignant le titre de garde-des-sceaux, sans cesser toutefois de s'occuper encore avec zèle des grands intérêts de sa patrie. En 1775, malgré l'état déplorable de sa santé, il combattit les mesures prises par le ministère contre les Américains, et lorsqu'en 1778 les malheurs de la guerre forcèrent à reconnaître l'indépendance de l'Amérique, il se fit transporter au parlem., quoique déjà il fût pour ainsi dire environné des ombres de la mort, pour protester contre une telle mesure, qu'il jugeait incompatible avec la dignité de l'Angleterre; mais ayant voulu répliquer au duc de Richemont, qui lui avait répondu, cet effort fut au-dessus de ses forces; il porta la main sur son cœur et tomba dans un accès convulsif, sans avoir pu articuler un seul mot. Cette scène touchante a été transmise à la postérité dans un tableau. Lord Chatham n'y survécut que peu de jours; les débats avaient eu lieu le 8 avril 1778, il mourut le 11 mai suiv. dans la 70e année de sa vie. La mémoire de ce gr. homme d'état fut honorée de tous les partis. Le parlement vota pour lui l'exécut. d'un monum. dans l'abbaye de Westminster aux frais de la nation, et le roi assigna sur les revenus de la liste civile une pension de 4,000 liv. sterl. à ses héritiers. Lord Grenville a publié des *lettres* de lord Chatham à son neveu *Thomas Pitt*, lord Camelford; elles contiennent d'excellents avis et sont écrites d'un style élégant. On a de lui quelques *Essais poétiques*, cités par lord Orford et par son continuateur M. Park. Il a paru en Angleterre un recueil intit.: *Anecdotes de la vie du comte de Chatham et des principaux événements de son temps*, 5 vol. in-8.

PITT (WILLIAM), second fils du précéd., né en 1759 à Hayes, dans le comté de Kent, hérita de tous les talents de son père et surtout de sa haine contre les Français. Élevé jusqu'à l'âge de 14 ans sous les yeux de lord Chatham, il contracta de bonne heure l'habitude de parler avec facilité, et acquit à un haut degré cette assurance et cette présence d'esprit si nécessaires à un homme d'état. Après avoir terminé ses études à l'université de Cambridge, il fut reçu avocat en 1780, et ses succès au barreau annoncèrent tout ce qu'on pouvait attendre de lui. Mais, déjà tourmenté par l'ambition de se distinguer. Il assistait aux séances importantes des deux chambres, étudiant avec soin les ressources de l'éloquence parlementaire. Après s'être vainement présenté en 1780, comme candidat à l'université de Cambridge, il fut élu l'année suiv. par le bourg d'Appleby, et dès son entrée à la chambre se jeta dans le parti de l'opposition formée contre lord North. Pitt, alors à peine âgé de 22 ans, se montra digne de soutenir le nom de Chatham, et se fit dès son début une telle réputation, qu'un an après il obtint la place de chancelier de l'échiquier. C'est à cette époque que commença entre Fox et lui cette longue inimitié qui dura autant que leur vie. Lord Shelburne, qui tenait alors le timon des affaires, fut bientôt contraint de donner sa démission, et Pitt, resté seul, soutint pendant six semaines le poids de toutes les discussions parlementaires. Le roi le pressa souv. de se mettre à la tête du cabinet; mais, sentant la nécessité de ployer pendant quelque temps sous la coalit. de North et de Fox, il refusa constamm., et résigna la charge de chancelier de l'échiquier le 31 mars 1783. Au mois d'avril suiv. cette coalition devint le ministère, et, à la prorogation du parlem., qui eut lieu au mois de juillet, Pitt se rendit en France, séjourna quelque temps à Reims, puis à Paris, et reçut partout l'accueil le plus distingué. De retour en Angleterre, il ne se montra pas d'abord en opposition avec le ministère de la coalition; mais quand Fox présenta son bill sur l'administration de l'Inde, il s'éleva avec force contre ce mode d'administration, prouva qu'il était attentatoire aux droits de la couronne, et le bill, adopté par la chambre des communes, fut rejeté par la chambre haute. Le roi ayant ordonné aux ministres de se retirer, Pitt fut nommé prem. lord de la trésorerie, chancelier de l'échiquier, et se trouva par ces deux charges à la tête du nouveau ministère. Il n'avait alors que 24 ans, peu d'influence, peu de fortune; et il avait à lutter contre des hommes habiles, puissants et d'une expérience consommée. Cepend. il ne se laissa point abattre par tant d'obstacles. Soutenu par le roi et la chambre des pairs, il parvint à faire dissoudre le parlem., et ce coup d'état, qui étonna toute l'Europe, donna la plus haute idée de son caractère. Ce fut à cette occasion que lord North, qui se piquait de connaître les ressorts des gouvern., dit, en parlant de Pitt: « Cet homme est né ministre. » Une grande irritation suivit cette crise: les adversaires de Pitt faillirent se ruiner pour l'empêcher de triompher dans la nouv. élection; il triompha cependant et ouvrit la session avec une majorité très prononcée: sa position n'en restait pas moins difficile. Tout languissait dans l'intérieur, le trésor était vide, la contrebande faisait des progrès alarmants, et l'administrat. de l'Inde demandait une main aussi ferme qu'habile. Pitt, dirigeant ses prem. soins sur les finances, arrêta les fraudes commerciales en diminuant les droits sur les matières que l'on importait frauduleusem., et pour que le trésor ne souffrît pas de cette diminution;

il augmenta l'impôt sur les fenêtres, en créa sur divers objets de luxe, et parvint, à force d'économies partielles et de taxes additionnelles, à réaliser un fonds d'un million sterling, qu'il appliqua au rachat progressif de la dette publique. Ce fonds d'amortissement, qui s'augmenta chaque année par l'intérêt des effets publics rachetés, et auquel il ajoutait encore les sommes disponibles, fut livré par quartier à des commissaires choisis dans les plus hautes classes, et Pitt ne souffrit jamais qu'on en détournât la moindre partie pour l'appliquer à un autre usage. Il s'occupa ensuite des affaires de l'Inde, soutint le crédit chancelant de la compagnie, et régla d'une manière aussi avantageuse que solide l'administration de ce pays. Tant de travaux ne l'empêchèrent point de prendre une part très active aux diverses discussions qui eurent lieu au parlem. jusqu'au commencem. de la révolution franç. C'est sous les auspices de Pitt que fut conclue, en 1788, la triple alliance de l'Angleterre, du roi de Prusse et du stathouder contre la France, qu'il avait toujours eu le dessein d'humilier. On le vit aussi en 1789 soulever la Suède contre la Russie, dont il redoutait l'ambition; et enfin lorsque la révolut. française éclata, quoiqu'il parût d'abord la regarder avec indifférence, il en suivit les progrès avec une profonde attention, et ne contribua pas peu, dit-on, à fomenter les troubles qui conduisirent le meilleur des rois à l'échafaud. Soigneux d'éloigner de sa patrie le fléau qui menaçait d'envahir l'Europe; mais fidèle à son odieux système par rapport à la France, il refusa les proposit. de la Prusse et de l'Autriche qui demandaient que l'Angleterre s'unît à elles pour sauver Louis XVI, et conserva cette fatale neutralité jusqu'en 1792. Ce ne fut qu'après l'emprisonnement du roi qu'il rappela l'ambassadeur d'Angleterre à Paris; mais le marquis de Chauvelin, ambassad. de France, n'en continua pas moins de résider à Londres et ne reçut l'ordre formel de quitter le royaume qu'après le supplice de l'infortuné monarque. Habile à profiter de l'impression profonde que cette mort produisit sur ses compatriotes, Pitt sut alors leur communiquer toute la haine dont il était animé contre la France; il souleva contre elle tous les cabinets de l'Europe, et parvint enfin à établir les bases de cette hostilité permanente, et de cette coalition qu'il soumit aux ordres de la Grande-Bretagne. Les préparatifs que cette puissance avait faits en augmentant ses forces de terre et de mer, en restreignant l'exportation des armes et des munitions, avaient amené la convention à lui déclarer elle-même la guerre; les hostilités commencèrent, et les alliés eurent d'abord quelques succès; mais les levées immenses ordonnées par la convention, l'inaction calculée de la Russie, et plus encore la bravoure des Français changèrent bientôt la face des choses. L'Espagne, forcée par le directoire, déclare la guerre en 1796 à la Grande-Bretagne; celle-ci, abandonnée ensuite par les autres puissances, entame quelq. négociat. pour traiter de la paix avec la France, mais c'est inutilem., et le ministre anglais se trouve engagé dans une lutte des plus difficiles à soutenir. Le débarquem. de 15 à 1800 Français dans le pays de Galles porte l'épouvante dans les comtés de l'ouest et du nord de l'Angleterre; une insurrection est près d'éclater en Irlande, et les marins menacent aussi de se révolter. D'un autre côté les dépenses énormes de la guerre avaient porté un coup terrible au système de finances qu'il avait établi; la dette publique prenait chaque jour un nouvel accroissement et la banque réclamait les avances qu'elle avait faites. Au milieu d'une situation si critique, Pitt ne se laisse point abattre, et remédie à tout par la hardiesse et l'habileté de ses mesures. Ne pouvant rembourser la banque, il l'autorise par un bill à continuer l'émission de ses billets, et la dispense provisoirem. de les acquitter en espèce. Il parvient aussi à apaiser l'Irlande, empêche la révolte des marins et réussit encore en 1798 à former une nouvelle coalition avec l'Autriche, la Russie et la Turquie. Cette coalition n'a pas plus de succès que la prem. Partout les armées françaises sont victorieuses, et l'emperenr d'Autriche est forcé de signer la paix de Lunéville en 1801. D'un autre côté Paul Ier, devenu tout à coup admirateur enthousiaste de Bonaparte, avait rompu avec l'Angleterre, dont il était mécontent, et lui donnait les plus vives inquiétudes lorsque l'assassinat du tzar vint la délivrer de ses craintes. Ce fut à cette époque que Pitt se retira du ministère. Depuis long-temps il s'occupait de l'union de l'Angleterre et de l'Irlande sous une même législation. Cette union, approuvée par le roi le 2 juillet 1800, eut son effet le 1er janvier 1801; mais une des conditions avait été l'émancipation des catholiques irlandais, et le roi ayant refusé de tenir la promesse que ses ministres avaient faite en son nom, Pitt, qui d'ailleurs voyait avec peine la paix avec la France près de se conclure, donna sa démission, et concourut lui-même à la formation du nouveau ministère. S'étant brouillé ensuite avec ceux qu'il avait choisis, il ne tarda pas à les écarter, ressaisit le pouvoir, et forma une nouv. coalition contre la France. Mais les rapides triomphes de Bonaparte trompèrent encore une fois ses desseins. Bientôt le profond chagrin qu'il en conçut agrava les souffrances de la goutte, maladie héréditaire dans sa famille : l'usage immodéré du vin avait encore rendu en lui cette maladie plus violente, et il cessa d'exister le 23 janvier 1806. Ses restes furent déposés à Westminster, malgré l'opposit. de Fox, qui, tout en faisant l'éloge des talents, du grand caractère et du rare désintéressement de son rival, attribua au système qu'il avait suivi la situation alarmante dans laquelle l'Angleterre se trouvait alors placée. Sans prétendre décider ici cette question, on peut affirmer du moins que Pitt ne fut point irréprochable dans les actes de sa vie publique. Dominé par une passion aveugle, l'entêtement remplaça souvent en lui les vues saines et grandes qu'il aurait pu déployer. On ne saurait lui pardonner le machiavélisme de sa politique

40.

extérieure et les actes commis aux Indes sous son gouvernement. Mais on ne peut disconvenir qu'il n'ait été un administrateur habile, un financier supérieur et un orateur très distingué. Ses mœurs furent sévères : on l'appelait le *ministre sans tache ;* et quoique toute sa vie il ait été animé du désir insatiable de gouverner, il se montra toujours insensible aux titres et aux richesses ; il ne voulut jamais être que *William Pitt*, et ne laissa point de fortune. Plus. écrits ont paru sur cet homme d'état. M. Gifford a publ. une *Histoire de la vie politique de Pitt*, etc., 3 vol. in-4, 1809, dans laq. on trouve beaucoup de partialité. L'évêque de Winchester, ancien précepteur et secrétaire de Pitt, a fait paraître les *Mémoires et la Vie* de cet homme d'état, 2 vol. in-4 et 3 vol. in-8, qui ont eu quatre édit.; mais cet auteur montre encore plus de partialité pour son ancien pupille que le précédent. Les principaux discours de Pitt ont été publ. avec ceux de Fox, en franç., par MM. de Jussieu et Janvry, 1819-1820, 12 vol. in-8.

PITTACUS, l'un des sept sages de la Grèce, né à Mytilène dans l'île de Lesbos, s'unit aux frères d'Alcée pour délivrer son pays des tyrans qui l'opprimaient. Nommé commandant lors de la guerre contre les Athéniens, il fit proposer à Phrynon, leur général, de la terminer par un combat singulier. Celui-ci accepta, se croyant sûr de la victoire; mais Pittacus ayant enveloppé son ennemi d'un filet qu'il avait caché sous son bouclier, demeura vainqueur, et ses concitoyens le récompensèrent de ce service en lui conférant l'autorité souveraine. Pittacus ne l'accepta que pour rétablir la paix et donner à sa patrie les lois dont elle avait besoin. Il abdiqua ensuite volontairement le pouvoir qui lui avait été confié. Ses compatriotes lui offrirent alors, à titre de récompense, un terrain de plus. milliers d'arpens; mais, ne voulant ni mépriser leurs offres, ni exciter l'envie par de trop grandes richesses, il lança son javelot, et ne voulut accepter que les terres qui se trouvaient dans sa portée. Il mourut l'an 579 av. J.-C., à l'âge de 70 ans. Laërce, qui rapporte quelques vers de Pittacus, nous apprend qu'il avait composé des *élégies* et un *discours sur les lois*, adressé à ses concitoyens. On trouve un grand nombre de *maximes* de ce philosophe dans le recueil intitulé *Septem sapientùm dicta*, Paris, Fed. Morel, 1551-53, in-8. Les traits de Pittacus nous ont été conservés sur une médaille, gravée dans l'*Iconographie* de Visconti.

PITTERI (JEAN-MARC), graveur à l'eau-forte et au burin, né à Venise en 1703, mort dans cette ville en 1787, a exécuté un assez gr. nombre d'estampes estimées, dont on peut voir le détail dans le *Manuel de l'amateur de l'art* de Huber et Rost.

PITTONI (BATISTA), de Vicence, peintre et grav. du 16e S., a exécuté, entre autres sujets, les 40 pl. des antiquités de Rome, dans l'ouvr. de Scamozi, Venise, 1582, intitulé : *Discorsi sopra le antichità di Roma, con 40 tavole intagliate da Batista Pittoni Vicentino*, in-fol. — PITTONI (Jean-Baptiste), peintre, né à Venise en 1687, et que plusieurs biographes ont confondu avec Batista, a laissé un grand nombre d'ouvr., qui l'ont mis au rang des plus habiles artistes de son temps. Il mourut dans sa ville natale en 1767.

PITTORIO (LOUIS BIGI, plus connu sous le nom de), *Pictorius*, poète latin, né à Ferrare en 1454, mort vers 1525, a publié : *Candida*, poème, Modène, 1491, in-4. — *Tumultuarior. carminum lib. VII*, ib., 1492, in-4. — *Christianorum opusculorum lib. III*, ibid., 1496 ou 1498, in-4. — *Meditatio de oratione dominicâ*, etc., Venise, 1502, in-4. — *Epigrammatum in Christi vitam libellus*, Milan, 1513, in-4. — *In celestes proceres hymnorum epitaphiorumque liber*, etc., 1514, in-4. — *Sacra et satyrica Epigrammata, Elegiæ*, etc., 1514, in-4. — *Hippolytæ epigrammatum per dialogos opus libri VI*, Venise, 1516 ; un recueil d'*Homélies*, en ital., sur les épitres et évangiles de l'année, etc., etc. Tous ses ouvrages sont rares et recherchés; Freytag en a donné la liste complète dans les *Amœnitates litterariæ*, et David Clément dans sa *Bibliothèq. curieuse.*

PIX (MARIE), dame anglaise, mort vers 1720, a composé 10 à 12 *tragédies* ou *comédies*, dont aucune n'est restée au théâtre.

PIXODARE, dynaste ou souverain de Carie, dans l'Asie-Mineure, vivait au 4e S. avant J.-C. Il fut le père de Mausole et d'Artémise, dont les noms sont devenus célèbres dans l'histoire. On connaît de lui quelques médailles très rares, avec la légende ΠΙΞΩΔΑΡΟΥ, sans aucun titre.

PIZARRE (FRANÇ.), conquérant du Pérou, né à Truxillo, dans l'Estramadure, en 1475, était fils naturel d'un gentilhomme, dont il prit le nom. Son éducation fut négligée au point, dit-on, qu'il n'apprit pas même à lire, et sa prem. occupat. fut de garder des pourceaux dans une campagne de son père. Un jour en ayant perdu un et n'osant rentrer dans la maison paternelle, il prit la fuite, s'embarqua pour les Indes, et embrassa la carrière des armes, où son caractère entreprenant et hardi semblait devoir lui assurer des succès. Il ne tarda pas en effet à se distinguer sous Nuñes de Balboa, qui découvrit la mer du Sud. Animé lui-même de la passion des découvertes, il projeta de pénétrer dans le Pérou et de le conquérir, s'associa Diégo d'Almagro, partit de Panama le 14 sept. 1524, et découvrit la côte de l'empire péruvien. Mais ne pouvant poursuivre cette entreprise sans le secours du gouvernem. espagnol, il revint en Europe, se présenta devant Charles-Quint, et après en avoir obtenu le titre de gouverneur de tout le pays qu'il avait découvert, il retourna en Amérique avec ses frères, équipa trois vaisseaux, mit à la voile en février 1531, et s'empara de l'île de Puna, qui lui facilitait l'entrée du Pérou. Usant en politique de sa prem. victoire, Pizarre traita les Indiens avec douceur malgré la vive résistance qu'ils avaient faite, et la renommée exagérant la force, les exploits des Espagnols et le mérite de leur chef, l'inca Huascar lui envoya une ambassade pour lui demander sa protection contre son frère Atahualpa, qui, après l'avoir dépouillé de son empire, voulait lui arracher la vie. Pizarre avait trop de pénétrat. et d'habileté pour laisser échapper les avantages que lui promettait cette guerre intestine : il se dirigea en conséquence vers le centre du Pérou ; mais il était à peine en marche qu'Huascar fut défait par Atahualpa. Celui-ci intimidé par l'arrivée d'hommes barbus, portant le tonnerre et conduisant des animaux formidables, se hâta de dépêcher deux ambassadeurs à Pizarre avec des présents magnifiques, en le priant de sortir de ses états; Pizarre précipita sa marche et arriva bientôt à Caxamarca, où l'emper. était campé avec 40,000 hommes. Après une sorte de négociation l'inca consentit à le recevoir en qualité d'ambassad. d'Espagne ; mais le jour même de l'entrevue, Pizarre fondit sur les Indiens qui escortaient l'empereur, se saisit de ce prince après avoir massacré ses gardes, et le fit mourir ensuite sous prétexte qu'il avait donné des ordres pour exterminer les Espagnols. Cette mort ayant facilité l'entière réduct. du Pérou, Pizarre n'eut plus à soutenir que de faibles attaques de la part des Indiens ; mais la discorde éclata ensuite parmi les conquérants : ils se battirent avec acharnement sous les murs de Cusco. Pizarre triompha, abusa de la victoire, en opprimant ses compagnons vaincus, et fut assassiné par eux en 1541.—PIZARRE (Gonzale), frère du précéd., l'accompagna dans la conquête du Pérou et l'aida puissamm. à triompher, en 1538, du parti d'Almagro. Nommé gouvern. de Quito, il entreprit une expédit. pénible et hardie, qui le conduisit jusqu'à la rivière des Amazones; il ne rentra au Pérou qu'après l'assassinat de son frère, se mit à la tête des mécontents, et devint maitre absolu du Pérou. Mais attaqué, en 1548, par le présid. La Gasca, que Charles-Quint avait envoyé au Pérou avec des pouvoirs illimités, il se vit abandonné de ses troupes, fut pris et condamné à mort comme rebelle. — Aucun de ses frères ne vit la fin des troubles du Pérou. Jean PIZARRE fut tué par les Péruviens, et Fernand, ramené à Madrid, y languit pend. 23 ans dans une prison.

PIZZI (JOACHIM), ecclésiastique, né à Rome en 1716, se fit connaître dès sa jeunesse par diverses composit. poétiques, où l'on remarquait de l'élégance, de la facilité, et surtout une gr. correct. de style. Reçu à l'acad. des *Arcades* en 1751, il y succéda en 1759 à l'abbé Morelli dans la place de *custode*, et sous son administrat. cette société acquit un nouveau lustre. Elle eut la gloire de compter parmi ses membres les hommes les plus distingués par leurs talents et plus. souverains de l'Europe. Une époque intéressante de son directorat fut le couronnement de *Corilla Olimpica*, qui eut lieu au Capitole le 31 août 1766. Cet hommage, rendu au talent d'une femme célèbre, mais si rarement accordé aux génies les plus marquants d'Italie, excita des murmures et des satires où l'abbé Pizzi ne fut point épargné, ce qui lui fit dire en riant « que le couronnem. de Corilla était devenu pour lui le couronnem. d'épines. » L'abbé Pizzi mourut

en 1790. Ses principaux ouvr. sont : *Discours sur la poésie tragique et comique*, 1772. — *Dissertat. sur un camée antique.* — *La vision de l'Éden*, poème en IV chants, 1778. — *Le Triomphe de la poésie*, Parme, Bodoni, 1782, dans la collection qui a pour titre : *Actes du couronnement solennel de Corilla Olimpica.*

PLAAT (ANDRÉ-HENRI-JEAN, van der), ingén. et hydraulicien hollandais, naquit à Grave en 1761. Entré au service dès l'âge de 12 ans, et parvenu au grade de lieutenant de génie, il passa en 1787 au service de Russie avec le rang de major dans la même arme; se distingua dans la campagne contre les Suédois en 1788, dans celles contre les Turks en 1789, 90 et 91, reçut trois blessures à la prise d'Ismaïl, contribua à la défaite du gr.-visir Youçouf-Pacha, et obtint, en récompense de ses services, le grade de colonel, une épée d'honneur que lui envoya l'impératrice Catherine II, et la décorat. de l'ordre de St-Wladimir. Chargé de la défense des provinces méridionales de l'empire russe, ainsi que des travaux du port d'Odessa, il dirigea en outre la construct. de Tiraspol, sur le Dniester, d'autres importants ouvr. dans la Chersonnèse-Taurique, et fut nommé en 1797 direct.-gén. du département du génie pour la province de Livonie. Il obtint ensuite sur sa demande, et dans les termes les plus honorables, sa démission du service de la Russie, et rentra en qualité de gén.-major à celui de Hollande. Nommé en déc. 1813 gouvern. de Bréda, il parvint à sauver cette ville assiégée par les Français ; l'emper. Alexandre le décora à cette occas. de la grand'croix de l'ordre de Ste-Anne. En 1815 il fut nommé lieuten.-gén., commandant de la province du Brabant-Septentrional. Le gouvern. d'Anvers et le commandem. général de la quatrième division milit. lui furent ensuite confiés. Il mourut à Anvers en 1819.

PLACCIUS (VINCENT), né à Hambourg en 1642, mort en 1699, remplit pendant 24 ans, dans cette ville, la chaire de morale et d'éloquence. Parmi ses ouvr., dont le nombre ne s'élève pas à moins de 33, et dont on peut voir la liste dans le t. Ier des *Mémoires* de Niceron, nous citerons : *Theatrum anonymorum et pseudonymorum*, publ. d'abord en 1674, in-4 ; puis par les soins de Fabricius, à Hambourg en 1708, 2 part. in-fol., c'est le second écrit qui ait paru sur les ouvrages anonymes; il est curieux, quoique les fautes y fourmillent. Mylius y a fait un *Supplém.*, 1740, in-fol. — *Liber de jurisconsulto perito*, 1693, in-8. — *Carmina Juvenilia*, 1667, in-12. — *De arte excerpendi*, 1689, in-8.

PLACE (PIERRE de LA), à *Plateá* ou *Plateanus*, né vers 1520 à Angoulême, d'une famille ancienne, fut successivem. avocat, conseiller, et prem. président de la cour des aides. Ayant professé dès 1560, les principes de la réforme, il vit sa vie souvent menacée pendant les troubles qui éclatèrent peu après : sa demeure fut saccagée, sa biblioth. pillée et ses revenus mis en séquestre. Enfin, ce magistrat, qui avait mérité l'estime de François Ier, celle de Henri II, et l'amitié de Lhôpital, fut enveloppé dans le massacre de la St-Barthélemi. Son cadavre, porté d'abord dans une écurie près de l'hôtel-de-ville, fut jeté le lendemain (27 août 1572) dans la rivière. Outre une *Paraphrase* de quelques titres des instituts, on a de lui : *Traité de la vocation et manière de vivre à laquelle chacun est appelé*, 1561, in-4; 1574, in-8 (ce livre est dédié à Charles IX). — *Traité du droit usage de la philosophie morale avec la doctrine chrétienne*, 1562, in-8; Leyde, Elzevir, 1658, in-12. — *Les Commentaires de l'état de la religion et république sous les rois Henri II, François II et Charles IX*, 1565, in-8. — *Traité de l'excellence de l'homme chrétien*, 1572, in-8; 1581, in-12 : cette édit. est augm. du *brief Recueil des principaux points de la vie de P. de La Place*, par P. de Farnace.

PLACE (PIERRE-ANTOINE de LA), l'un des écriv. les plus féconds et les plus médiocres du 18e S., né à Calais en 1707, mort à Paris en 1793, obtint en 1762 le privilége du *Mercure;* mais n'ayant pas assez de talent pour soutenir ce journal, il fut obligé de l'abandonner au bout de 2 ans. Tourmenté d'un besoin de célébrité qu'il fut loin de pouvoir satisfaire, il avait eu la singulière idée de faire annoncer sa mort dans les *feuilles* de l'abbé Desfontaines, par une lettre dans laquelle on déplorait la perte d'un jeune homme qui donnait de si grandes espérances. Le tour fut trouvé fort plaisant, et quelq. littérat. l'ont renouvelé depuis. La Place, qui n'avait nul talent pour le théâtre, a composé cependant des tragéd. et des comédies. Sa *Venise sauvée*, imitée d'Otway, est la seule qui obtint quelq. succès. Il a donné la traduct. du *Théâtre anglais*, 1745-48, 8 vol. in-12, mais défectueuse, qui n'eut quelque vogue que parce qu'il n'existait encore aucune traduct. des chefs-d'œuvre de la scène anglaise. Il en est de même de ses traduct. du roman de Fielding *Tom Jones*, et de quelques autres qui pourtant ont été réunis en 1788, 8 vol. in-8. Parmi ses compilations on citera : *Recueil d'épitaphes, ouvrage moins triste qu'on ne pense*, 1782, 3 vol. in-12. — *Pièces intéressantes et peu connues pour servir à l'histoire et à la littérature*, Maestricht, 1785-90, 8 vol. in-12, que M. Nodier nomme le meilleur des *Ana;* c'est beaucoup dire. La Harpe a publié sur La Place une piquante *Notice* dans son *Cours de littérature*. — V. LAPLACE.

PLACETTE (JEAN de LA), surnommé le *Nicole des protestants*, né à Pontac, dans le Béarn, le 19 janvier 1639, fut placé en 1660 à la tête de l'église d'Orthez; il obtint 4 ans après une vocation pour Nay, dans la même province. La révocation de l'édit de Nantes l'ayant forcé de s'expatrier, il accepta le pastorat de l'église française de Copenhague, où il resta chargé jusqu'en 1711. Ses infirmités l'obligèrent alors de renoncer à ses fonctions, et il se retira d'abord à La Haye, ensuite à Utrecht, où il mourut en 1718. Ses princip. ouvr. sont : *Nouveaux essais de morale*, Amsterd., 1692, 4 vol.; ibid., 1714, 2 vol. in-12. — *Traité de l'orgueil*, 1693. — *Traité de la conscience*, 1695,

in-12. — *La mort des justes, ou la Manière de bien mourir*, 1695, in-12. — *La morale chrétienne abrégée et réduite à trois principaux devoirs : la repentance des pécheurs, la persévérance des justes et les progrès dans la piété*, 2e édit., 1701, in-12. — *Traité de la restitution*, 1696, in-12; 1716, in-4. — *Traité des jeux de hasard*, 1714, in-12. Cartier de Saint-Philippe ayant découvert le MS. de son *Avis sur la manière de prêcher*, l'a publié en 1733, in-8, précédé de la *Vie* de l'auteur.

PLACIDE DE SAINTE-HÉLÈNE (le P.), né en 1649 à Paris, reçut dans son enfance des leçons de Pierre Duval, géographe, qui avait épousé sa sœur, et fit de rapides progrès sous cet habile maître. Entré en 1666 dans l'ordre des augustins déchaussés, il continua de se livrer à l'étude de la géographie, publia un gr. nombre de *cartes*, obtint en 1705 la place de géographe ordinaire du roi, et mourut à Paris en 1734. Outre la réimpress. de la *Sphère, ou Traité de géogr.* de Duval, et de sa *Carte de France*, en 4 feuilles, avec de nouvelles observat., on cite du P. Placide : *le cours du Danube*, en 3 feuilles; *l'Allemagne; la Flandre française*, publ. en 1690; *la Savoie, le cours du Pô*, en 5 feuilles; *les ports de France et d'Italie; les états du duc de Savoie*, et *les Pays-Bas catholiques*.

PLACIDIE (GALLA-PLACIDIA-AUGUSTA), impératrice, fille de Théodose-le-Grand et de Galla, naquit à Constantinople vers l'an 388. Amenée en Italie, elle tomba dans les mains du farouche Alaric lors de la prise de Rome en 409, et ne sortit d'esclavage qu'en épousant Ataulphe, beau-frère d'Alaric, qui s'était épris pour elle d'une passion violente. Elle profita de son ascendant sur l'esprit d'Ataulphe pour le décider à tourner ses armes contre les Vandales, qui venaient d'envahir l'Espagne; mais à peine arrivé dans la Catalogne il fut assassiné. Placidie, retombée au rang des esclaves, ne recouvra sa liberté qu'à la faveur d'un traité conclu avec les Barbares; qui exigèrent 600,000 mesures de grains pour sa rançon. Elle devint peu après l'épouse de Constance, l'un des gén. d'Honorius, son frère. Veuve pour la seconde fois, et s'étant brouillée avec Honorius, auprès duquel elle avait joui jusque-là d'un crédit absolu, Placidie se réfugia à Constantinople, y fut accueillie par son neveu Théodose-le-Jeune, et parvint dans la suite à faire monter son fils Valentinien sur le trône d'Occident. Elle régna pend. 35 ans sous le nom de ce prince, et mourut à Rome le 27 nov. 450. Ses restes furent transportés à Ravenne dans une chapelle qu'elle avait édifiée sous l'invocation des SS. Nazaire et Celse, où l'on montrait encore son tombeau au commencem. du 18e S. On a des médailles de cette princesse en or, en argent et en bronze de différents modules.

PLANCHE (LOUIS REGNIER de LA), gentilhomme parisien, calviniste et confident du maréchal de Montmorenci, a donné l'*Hist. de l'état de France, tant de la république que de la religion, sous le règne de François II*, 1574 et 1576, in-8.

PLANCHER (dom URBAIN), bénédictin de la congrégat. de St-Maur, né en 1667 à Chenus, dans l'Anjou, remplit les fonctions de supérieur dans divers monastères de Bourgogne, et mourut dans celui de St-Bénigne de Dijon en 1750. On a de lui : *Histoire générale et particulière du duché de Bourgogne*, avec *notes, dissertat.*, etc., 1739-48, 5 vol. in-fol. Le 4e vol., composé par D. Merle, fut publ. en 1781.

PLANCIUS (PIERRE), théolog., né à Drenoutre en Flandre en 1552, se voua au ministère de l'église réformée, et fut appelé pasteur à Bruxelles en 1578. Le duc de Parme s'étant emparé de cette ville en 1585, Plancius se réfugia en Hollande, et ne tarda pas à être nommé pasteur de l'église d'Amsterdam, où il signala plus que jamais son zèle pour la doctrine de Calvin. Il figura en 1619 au fameux synode de Dordrecht, et fut un des réviseurs de la traduct. hollandaise de l'Anc.-Testament, dans la Bible des *États*. Mais ce qui le recommande plus particulièrem. à la reconnaissance des Hollandais, ce sont les services qu'il rendit à leur commerce par ses connaissances astronomiq. et nautiques. Ce fut lui qui traça l'itinéraire des prem. vaisseaux expédiés d'Amsterdam aux Indes-Orientales, et il conseilla les expéditions pour le pôle austral, dans l'espérance de trouver par le nord un nouveau passage à la Chine. Il mourut à Amsterdam en 1622. Il est plus. fois question de Plancius dans les négociat. de Jeannin, qui voulait engager Henri IV à établir aussi en France la navigat. des Indes-Orientales. W. Delfius a gravé un bon portrait de Plancius ; il porte à côté de son nom les titres de *theologus et mathematicus insignis.*

PLANCUS (LUCIUS-MUNATIUS), regardé comme le fondateur de la ville de Lyon, né l'an de Rome 680 (73 avant J.-C.), fut envoyé pour combattre Antoine pendant les troubles de la guerre civile, embrassa ensuite sa cause, le suivit en Égypte, et devint le vil courtisan de l'homme qu'il avait auparavant appelé *brigand abject et perdu*. Mais dès que la fortune se montra contraire à Antoine, il se porta son dénonciateur, et, pour prix de sa perfidie, obtint la place de censeur. Il parvint au consulat l'année 763, la dern. du règne d'Auguste. Plancus, alors très âgé, ne dut pas vivre longtemps au-delà. Il avait été disciple de Cicéron, et fut lui-même un habile orateur. Nous avons 14 *lettres* de Cicéron à Plancus et 11 de Plancus à Cicéron. — PLANCUS (Caïus-Plotius), frère du précédent et proscrit sur sa demande par les triumvirs, se signala par un trait héroïque. Il fut obligé de se cacher, et ses esclaves soutinrent au milieu des supplices qu'ils ignoraient où était leur maître. Touché de leur fidélité, il ne put souffrir qu'on les tourmentât davantage, et, sortant soudain de sa retraite, il présenta sa tête aux soldats.

PLANCUS (JANUS). — V. BIANCHI.

PLANCY (GUILLAUME), *Plantius,* médecin, né au Mans, mort en 1568, était très versé dans la littérat. grecque. Il traduisit en latin divers morceaux d'Hippocrate, de Galien, de Plutarque, de Philon et de Synésius. Il fit aussi des *notes* aux ouvr. de Fernel, dont il a écrit la *Vie*, impr. pour la prem. fois avec les ouvr. de ce médecin dans l'édit. de Francfort, 1607. On a encore de lui : *Hippocratis aphorismi grecè et lat.*, Paris, 1555, in-16 ; réimpr. plus. fois dans le 16e et le 17e S.

PLANER (JEAN-JACQUES), médecin et botaniste, né à Erfurt en 1743, dans un état voisin de l'indigence, dut à la protection de quelques personnes généreuses les moyens de se livrer à l'étude des sciences naturelles, et de suivre les cours des universités de Berlin et de Leipsig. Ce fut surtout dans la botanique, l'anatomie et la météorologie, qu'il fit les progrès les plus rapides. Nommé prosecteur à l'amphithéâtre d'Erfurt, il devint membre de l'acad. de cette ville : les sociétés des sciences naturelles de Berlin, Manheim et Vienne le mirent au nombre de leurs correspondants ; et, en 1779, il obtint une chaire de médec., qui ne tarda pas à être suivie de celles de chimie et de botanique. Dès ce moment il eut une clientelle considérable. On dit qu'il a laissé des *notices* sur six mille cas de maladies dont il avait suivi les progrès. Indépendamment de ce soin, il s'appliquait avec un zèle infatigable à sa science favorite, la botanique ; mais une fièvre nerveuse le mit au tombeau le 10 déc. 1789. Voici ses principaux ouvr. : *Essai d'une nomenclature allem. des genres de Linné*, Erfurt, 1771, in-8. — *Traduction du système de Linné d'après la 6e édition*, Gotha, 1774, in-8.— *Dissertation sur la méthode d'étamer le cuivre par le moyen du sel ammoniac*, 1776. — *Projet pour perfectionner la poterie*, 1776. — *Recherches sur le bleu et la garance*, 1779. — *De l'influence de l'électricité sur l'état barométrique*, 1782.

PLANK (THÉOPHILE-JACQ.), célèbre historien ecclésiastique, mort en 1833 à Gœttingen, à l'âge de 82 ans, était origin. de Wurtemberg. Il fut appelé à Gœttingen en 1784, et fit partie de cette illustre promotion de professeurs d'histoire, de théologie et de jurisprudence, qui a tant contribué à l'éclat européen dont jouit l'univ. de Gœttingen.

PLANQUE (FRANÇ.), médecin, né en 1696 à Amiens, mort en 1765, a donné : *Chirurgie complète suivant le système des modernes*, Paris, 1744, 2 vol. in-12 ; ib., 1757, in-8, ouvrage qui a passé long-temps pour un des meilleurs manuels élémentaires. — *Bibliothèque choisie de médecine, tirée des ouvr. périodiq., tant français qu'étrangers, avec plus. pièces rares et des remarques,* 1748, 1770, 10 vol. in-4, ou 31 vol. in-12 : recueil alphabétique qui a été terminé par Goulin. — La traduct. des *Observations rares de médecine et de chirurgie,* de van der Viel, 1758, 2 vol. in-12.

PLANTERRE, auteur et acteur, mort à Paris en 1799, a donné : *Agnès de Châtillon*, opéra en 3 actes ; *Midas au Parnasse*; *les deux Ermites*, opéra en un acte ; *la Famille indigente ; le Bailli coiffé ; la Tentation de St Antoine ; les Charlatans ; la Triple vengeance*, etc.

PLANTIN (CHRISTOPHE), célèbre imprimeur, né

à Mont-Louis, près de Tours, en 1514, vint fort jeune à Paris, où il apprit l'état de relieur; il entra ensuite chez un imprimeur de Caen, puis visita les principaux ateliers de France, notamm. ceux de Lyon, passa dans les Pays-Bas, et s'établit à Anvers, où il porta bientôt l'art typographique à un haut degré de perfection. Le bâtiment qui servait à ses presses était regardé comme un des principaux ornem. de cette ville. A l'exemple de Robert Estienne, il exposait ses épreuves devant sa porte, en promettant une récompense à ceux qui y trouveraient quelq. fautes. Le roi d'Espagne Philippe II le nomma son prem. imprimeur, et le chargea de donner une nouv. édit. de la *Bible polyglotte* d'Alcala. Cette édition, regardée comme le chef-d'œuvre de Plantin, parut de 1569 à 1572, en 8 vol. gr. in-fol. Il existe de cette Bible un exemplaire sur vélin à la bibliothèque du roi. On trouvera beaucoup de détails sur Plantin et ses success. dans le t. III des *Annales typographiques* de Maittaire.

PLANTIN (JEAN-BAPT.), historien, né à Lausanne vers 1625, ministre de la paroisse d'Oex, dans le canton de Berne, mort vers 1678, a publ.: *Helvetia antiqua et nova*, 1656, in-12. — *Abrégé de l'histoire générale de la Suisse*, 1666, in-8. — *Dictionnaire français-latin*, 1667, in-8. — *Chronique de Berne*, 1678, in-12. Il avait aussi composé une *Chronique de Lausanne*, et une autre *du pays de Vaud*, qui sont conservées MSs. dans quelques bibliothèques de la Suisse.

PLANUDE (MAXIME), moine à Constantinople dans le 14e S., est auteur d'une *Vie d'Ésope* qu'on regarde comme un tissu de contes absurdes et d'anachronismes grossiers. On lui doit aussi une édition de l'*Anthologie*, dont la prem. édit. est de Florence, 1494, in-4, et la meilleure de Francfort, 1600, in-fol. Il a laissé en outre beaucoup d'écrits, dont les uns sont de simples versions de livres latins en langue grecque, et les autres des compositions originales. On connaissait depuis 1495 sa trad. en vers grecs des *Distiques moraux* de Caton, souv. réimpr. jusqu'en 1754 et 1759. Les *Métamorphoses d'Ovide*, trad. par Planude en prose grecq.; ont été publ. pour la prem. fois en 1822, enrichies d'une *préface* et de *notes* sav. par M. Boissonade, en un vol. in-8, qui fait partie de la *Collection des classiques latins* de Lemaire.

PLASSCHAERT (Jos.), membre de la 2e chambre des états-généraux du royaume des Pays-Bas, né vers 1760 à Bruxelles, mort à Louvain en 1821, avait fait partie en 1793 de la junte administrative chargée, au nom de la républ. franç., d'organiser les provinces belges soumises par ses armes. Admis plus tard à l'intime confiance de M. de Pontécoulant, alors préfet de la Dyle, il administra en son absence, avec le titre de conseiller de préfecture, jusqu'en 1806, qu'il partit pour la Hollande dans les gardes-d'honneur. Il fut peu après porté au corps-législatif par le département de la Dyle, et remplit en même temps les fonctions de maire de Louvain. Depuis quatre ans il vivait éloigné des fonctions publiq., lorsqu'en 1818 il fut élu membre des états-gén., où il se signala par des vues sages et beaucoup de fermeté de principes. On ne connaît de lui que les deux opuscules suiv. : *De l'influence des langues sur la civilisation; et De la noblesse, des titres et de la féodalité.*

PLATEN (BALTHAZ-BOGISLAS, comte de), gouverneur-général de Norwége, né en 1766 dans l'île de Rugen, mort à Christiana en janv. 1830 à l'âge de 65 ans, était fils du baron Bernard de Platen, gouvern.-général en Poméranie. Il s'était destiné au service de mer, et, depuis sa 17e année jusqu'à sa 20e, il avait voyagé dans presque toutes les parties du monde. C'est à son génie actif, éclairé et persévérant que l'on doit l'exécution du projet formé depuis des siècles de faire communiquer la mer du Nord avec la Baltique. Il était direct.-gén. de la grande entreprise du canal de Gotha, qui fait l'admirat. de tous ceux qui l'ont vu; les travaux furent conduits avec tant d'activité que ce canal a été terminé peu de temps après la mort du fondat.

PLATER (FÉLIX), célèbre médecin, né à Bâle en 1536, s'appliqua dès sa première jeunesse à l'étude de l'art de guérir, et fut reçu docteur à l'âge de 20 ans; il parcourut ensuite la France et une partie de l'Allemagne, et revint dans sa patrie, riche d'une foule de connaissances acquises dans ses voyages. Nommé archiâtre et professeur de médecine-pratique, il remplit cette double charge avec succès pendant 54 ans, et rendit d'importants services à ses concitoyens, surtout à l'époque des fièvres pestilentielles qui désolèrent une partie de la Suisse, en 1564 et en 1610. Plater mourut le 28 juillet 1614. Il avait établi à Bâle un jardin botanique, dont il abandonnait la disposition à ses élèves, et formé un riche cabinet d'histoire naturelle qui a subsisté jusqu'à l'extinction de sa famille. On a de lui un gr. nombre d'ouvr. dont on peut voir les titres dans le *Dictionnaire* d'Éloy, et dans l'*Athenæ rauricæ*, p. 182. Les princip. sont : *De corporis humani structurâ et usu libri III*, 1583, in-fol.; 1603, même format; la plupart des planches qui décorent ce vol. sont tirées de Vesal et de Coiter; celles qui concernent l'organe de l'ouïe et de la vue sont les seules qui appartiennent à Plater. — *De mulierum partibus generat. dicatis*, 1586, in-4; Strasb., 1597, in-fol. — *Praxeos medicæ tomi III*, 1602, souvent réimprim. : la meilleure édition est celle qu'Emmanuel Kœnig a donnée en 1736, in-4 avec une préface.—*Observationum libri III*, 1614, in-8, réimpr. avec des addit. en 1641 et en 1680. — PLATER (Thomas), frère du précéd., né en 1574, s'adonna comme lui aux sciences médicales, devint professeur d'anatomie et de botanique à l'acad. de Bâle, en 1614, obtint ensuite la chaire de médecine-pratique, et mourut le 1er déc. 1628. On lui doit une édit. du *Traité-pratique* de son frère, 1625, in-8, avec des correct. et addit. — PLATER (Félix), fils du précéd., né en 1605, se livra à la médec. à l'exemple de son oncle et de son père, et se distingua comme eux dans la pratique de son art. Nommé archiâtre de la ville de Bâle, en 1656, il fut reçu sénateur en 1664, et mourut en 1671. On lui doit une *Centurie de questions médicales*, et un gr. nombre de *thèses*, dont on trouve les titres dans les *Athenæ rauricæ*, p. 359. — PLATER (François), le plus jeune des fils du précéd., et le dernier rejeton de cette famille recommandable, mourut à Bâle en 1711, après avoir exercé la médecine avec succès pend. 40 ans. — PLATER (Félix), lieuten.-colonel au service de France, a laissé MSs. des *Mémoires* de sa vie, en un vol. in-4, que Haller dit être fort curieux.

PLATIÈRE (IMBERT de LA), plus connu sous le nom de *Maréchal de Bourdillon*, né dans le 16e S., d'une ancienne maison du Nivernais, fit ses prem. armes en 1544, à la bataille de Cerisoles, et fut employé depuis dans les affaires les plus importantes du royaume. Il sauva le tiers de l'armée et deux pièces de canon après la malheureuse bataille de St-Quentin. En 1559 il fut envoyé comme ambassadeur à la diète d'Augsbourg. Ce fut malgré ses remontrances réitérées qu'on rendit, en 1562, au duc de Savoie, le marquisat de Saluce et les places du Piémont, où il commandait avec le titre de lieutenant du roi : encore ne les rendit-il qu'après que le duc eut payé les garnisons et prêté 50,000 écus au roi de France. De retour dans son pays, il servit au siége du Hàvre-de-Grâce, en 1563, reçut le bâton de maréchal l'année suiv., et mourut à Fontainebleau en 1567.

PLATINA (BARTHÉLEMI DE' SACCHI, plus connu sous le nom de), historien, né en 1421, dans un village nommé Piadena (en latin *Platina*), dont il prit le nom, suivit d'abord la carrière des armes, s'appliqua ensuite aux sciences, et s'étant rendu à Rome, mérita la protection du card. Bessarion qui obtint pour lui, du pape Pie II, quelq. petits bénéfices, et ensuite la charge d'abréviateur apostolique. Paul II, successeur de Pie II, ayant cassé tous les abréviateurs, Platine écrivit au pape pour se plaindre d'une mesure qui le réduisait à l'indigence, et finit par le menacer de dénoncer cet acte de despotisme à toute l'Europe, et de provoquer la convocation d'un concile. Le pape, au lieu de mépriser les vaines menaces de Platina, l'envoya dans une prison où il subit pend. 4 mois les traitements les plus rigoureux. Il n'obtint sa liberté qu'aux sollicitations du cardinal de Gonzague. L'acad. de Pomponius-Lætus, dont il était membre, ayant été représentée au pape comme une réunion d'hommes irréligieux, occupés sans cesse à tramer des complots contre l'Église et leur chef, Platina fut arrêté avec ses compagnons d'étude, mis à la torture et enfermé au château Saint-Ange, où on le retint pend. une année. Enfin Sixte IV le consola de toutes ses disgrâces en le nommant bibliothécaire du Vatican, en 1475, et en le comblant de ses bienfaits. Platina mourut de la peste en 1481. Il est regardé comme l'un des prem. littérateurs de son temps. Celui de ses ouvr. qui a le plus de réputation est son histoire des papes : *In vitas summorum pontificum ad Sixtum IV, pontificem*

maximum, præclarum opus, impr. pour la première fois à Venise, 1479, in-fol. Cette édit. est fort rare. Ant. Koburger en donna une copie exacte à Nuremberg en 1481, in-fol. Il y en a eu depuis un gr. nombre d'édit. : celles du 15e et du 16e S. sont les plus recherchées. L'ouvr. a été continué par Onufre Pavinio, et par d'autres écrivains. On en connait des traduct. en français, en italien, en allem. et en flamand. Les autres ouvr. de Platina sont : des *Dialogues sur le vrai et le faux bien* (en latin). — Un livre *du Remède d'amour*, qui est trad. en franç. et joint à celui de Fulgose, Paris, 1582, in-4. — Un *Dialogue de la vraie noblesse*. — Deux *du Bon citoyen*. — Le *Panégyrique du card. Bessarion*. — Un traité *De pace Italiæ componendâ, et de bello Turcis inferendo*. — *L'Histoire de Mantoue et de la famille des Gonzague*, en latin, publ. par Lambecius en 1676, in-4. — Une *Vie de Nerio Caponi*, insérée par Muratori dans le 20e tome *de Scriptor. Italiæ*. — *Traité sur les moyens de conserver la santé, et de la science de la cuisine*, Boulogne, 1498, et Lyon, 1541, in-8. Didier Christol en a donné une trad. française imprimée plus. fois dans le 16e S. Les *OEuvres* de Platina ont été impr. à Cologne en 1529 et 1574, et à Louvain en 1572, in-fol.

PLATNER (JEAN-ZACHARIE), médecin et chirurgien oculiste, né à Chemnitz en Misnie, en 1694, obtint, en 1720, la chaire d'anatomie et de chirurgie à l'université de Leipsig, passa successivem. à celles de physiologie, de pathologie et de thérapeutique, devint doyen perpétuel de la faculté, et médecin-consultant de la cour de Saxe, et mourut en 1747. Ses nombr. ouvr. brillent par l'érudition et la pureté du style, plus que par l'excellence de la doctrine, quoiqu'ils ne soient pas non plus dénués de tout mérite sous ce rapport. Ceux qui ont été impr. après sa mort se ressentent de toutes les négligences et des additions des éditeurs. Les *programmes, mém. et thèses* qu'il a mis au jour, de 1721 à 1745, ont été réunis en 3 vol. sous ce titre : *Opusculorum chirurgicorum et anatomicorum dissertationes et prolusiones*, Leipsig, 1749, in-4. On a encore de lui : *Institutiones chirurgiæ rationalis tùm medicæ tùm manualis*, ib., 1745, in-8 ; 1758, in-8 ; 1761, in-8 ; Venise, 1747, in-4 ; trad. en allem. par J.-B. Boehmer, en hollandais par Houttuyn. — *Ars medendi singularis morbis accomodata*, 1765, in-8. — PLATNER (Ernest), médecin et moraliste, fils du précéd., né à Leipsig en 1744, mort en 1818, fut successivem. maître ès-arts, docteur en médecine, profess. dans cette faculté, et son doyen perpétuel, à dater de 1796. Il réunit à ses titres académiques, en 1789, celui de décemvir de l'univ., et de conseiller aulique de l'électeur, depuis roi de Saxe, et fut surnommé le *Nestor* de la philosophie allemande. On doit à ce savant un gr. nombre d'ouvr. estimables sur div. parties de la médecine et de la chirurgie ; mais c'est uniquem. à ses livres élémentaires de philosophie rationnelle et morale qu'il doit sa célébrité et l'influence qu'il exerça sur plus. branches de la métaphysiq. et de l'anthropologie. Parmi ses écrits on cite : *l'Anthropologie*, 1772, in-8. — *Nouvelle Anthropologie*, 1790, in-8. — *Questionum physiologicarum, libri II*, 1793, 2 vol. in-8. — *Aphorismes philosophiques.*

PLATON, philosophe grec, que les anciens ont surnommé *le Divin*, né à Athènes vers l'an 430 avant J.-C., eut pour père Ariton qui descendait de Cadmus, et pour mère Perictyone qui descendait du frère de Solon. Doué d'une imaginat. vive et brillante, il se distingua dès sa plus tendre jeunesse par ses progrès dans l'étude de la poésie, de la musique et de la peinture; mais ce fut surtout à celle de la philosophie qu'il se livra ensuite avec le plus d'ardeur. Il devint, à l'âge de 20 ans, disciple de Socrate, qui, reconnaissant en lui un vaste génie, capable des plus grandes conceptions, l'appela *le Cygne de l'académie*. Après la mort de ce philosophe, Platon se rendit à Mégare pour y entendre Euclide; de là il passa en Italie, où il vit les illustres philosophes sortis de l'école de Pythagore; puis se rendit à Cyrène, où il se perfectionna dans l'étude de la géométrie; il visita ensuite l'Égypte, accompagné, dit-on, par Euripide; c'est à son retour à Athènes qu'il ouvrit cette école célèbre, d'où sortirent un si grand nombre d'hommes distingués. Platon fit à diverses époq. trois voyages en Sicile : dans le premier, qu'il entreprit pour son instruct. sous le règne de Denys-l'Ancien, il s'attacha à Dion par l'affection la plus vive; mais ayant encouru la haine du tyran en exposant devant lui avec une courageuse éloquence les droits sacrés de la justice, il n'échappa qu'avec peine à sa vengeance. Trahi par Pollis, envoyé de Sparte, qui, pour complaire à Denys, le conduisit à Égine, et l'y vendit comme esclave, il fut racheté par Annicéris, philosophe cyrénaïque. Platon revint à Athènes, y reçut une lettre du vieux tyran qui le suppliait de ne point répandre sa perfidie; il lui répondit : « Je n'ai pas assez de loisir pour me souvenir de Denys. » Son second voyage fut déterminé par l'invitation de Denys-le-Jeune et les instances de Dion. On faisait espérer à Platon que le nouveau tyran de Syracuse était disposé à suivre les conseils de la sagesse, et qu'en lui inspirant l'amour de la vertu, il pourrait assurer le bonheur de la Sicile. Le philosophe fut reçu avec les plus grands honneurs : Denys parut goûter ses maximes, et les suivit pendant quelque temps; mais bientôt la flatterie vint détruire l'ouvrage de Platon, qui, ne pouvant plus rien sur l'esprit du tyran, parvint à se soustraire à l'espèce de captivité dans laquelle il voulait le retenir. Plus tard, et dans un âge déjà très avancé, Platon, cédant aux mêmes prières, fit, dit-on, son troisième voyage dans l'espoir de réconcilier Denys avec Dion; mais cette nouvelle tentative fut moins heureuse encore que la prem. : le zèle qu'il montra pour la défense de Dion, de Théodote et d'Héraclite, excita des soupçons qui lui firent courir plus. dangers; et il fallut l'intervention d'Architas le Pythagoricien pour qu'il lui fût permis de retourner en Grèce. La sublimité des doctrines de Platon, la beauté de son génie et l'étendue de ses connaissances, avaient fixé sur lui les yeux de toutes les nations : les habitants de Cyrène, les Arcadiens et les Thébains lui demandèrent des lois; il les refusa aux premiers parce qu'ils se montraient trop attachés aux richesses; aux autres parce qu'ils ne voulaient point d'égalité; mais il donna aux Crétois 12 livres de lois pour la fondation de Magnésie, envoya Phormion aux habitants d'Élée, Ménédème à ceux de Pyrrha pour ordonner leurs républiques, et dirigea la Thrace par ses conseils. Du reste, Platon ne voulut jamais prendre une part active dans les affaires publiques, même dans sa patrie. Il mourut à l'âge de 83 ans, l'an 347 avant J.-C., sans avoir été marié. Les Athéniens consacrèrent sa mémoire par les plus grands honneurs; le Persan Mithridate lui éleva une statue, Aristote un autel dans l'académie, et son école célébrait chaque année, par un banquet, le jour de sa naissance. Platon est le premier philosophe de l'antiquité dont les écrits nous soient parvenus presque en entier. On a de lui : *Eutyphron, ou de la Santé*, du genre délibératif; *l'Apologie de Socrate; Criton, ou du Devoir; Phédon, ou de l'Ame*, dialogues moraux; *Cratyle, ou de la Justesse des noms*, logique; *Théætète, ou de la Science*, délibératif; *le Sophiste, ou de l'Être*, et *le Politique, ou du Gouvernement*, logique; *Parménide, ou des Idées*, logique; *Philèbe, ou de la Volupté; le Banquet, ou de l'Amour; Phèdre, ou de la Beauté*, moraux; *Alcibiade, ou de la Nature de l'homme*, dialogue par induction; *le Second Alcibiade, ou de la Prière*, du même genre; *Hipparque, ou de l'Amour du gain*, et *les Rivaux, ou de la Philosophie*, genre moral; *Théagès, ou de la Sagesse*, par induction; *Charmide, ou de la Modération*, délibératif; *Lachès, ou du Courage*, et *Lysis, de l'Amitié*, même genre que *Théagès; Euthydème, ou le Disputeur*, réfutation; *Protagoras, ou les Sophistes*, satirique; *Gorgias, ou de la Rhétorique*, pour réfuter; *Ménon, de la Vertu*, délibératif; *le premier Hippias, ou du Beau; le second Hippias, ou du Mensonge*, tous deux réfutatifs; *Ion, ou de l'Iliade*, délibératif; *Ménexène, ou le Discours funèbre*, moral; *Clitophon, ou l'Exhortation*, moral; les dix livres de la *République, ou du Juste*, politique; *Timée, ou de la Nature*, physique; *Critias, ou l'Atlantique*, moral; *Minos, ou de la Loi*; les douze livres des *Lois, ou de la Législation*; *l'Épinomis, ou le Philosophe*, tous dialogues politiques; et 13 *Lettres morales*. Les éditions complètes de Platon sont celles d'Alde, 1513; de Bâle, 1534 et 1556; d'Henri Estienne, Paris, 1578; de Lyon, 1590; de Francfort, 1602; de Deux-Ponts, 1782-86; de Bekker, Berlin, 1816-18. Les plus beaux morceaux de Platon se trouvent réunis dans l'ouvr. intit. : *Pensées de Platon sur la religion, la morale et la politique*, recueillies et trad. par M. J.-V. Le Clerc, Paris, 1819, 2e édit., 1824. Louis Le Roy, J. Racine, Maucroix, Dacier, le P. Grou, avaient trad. quelq. ouvr. de Platon. M. Cousin en a entrepris en 1822 une traduction complète dont il a déjà paru 11 vol. in-8.—PLATON, poète grec, né à Corinthe, florissait environ cent ans après Platon le philosophe. Il passe pour le chef de la moyenne comédie. Il ne nous reste que quelques fragm. de ses pièces. — Plusieurs autres PLATON figurent dans les monum. de l'antiquité, mais aucun ne mérite de mention spéciale.

PLATOW ou PLATOFF (le comte), hetmann des Cosaques du Don, né vers 1765, dans la Russie-Méridionale, entra très jeune au service, devint hetmann (général) à la suite de plusieurs actions d'éclat, et fit les campagnes de 1806 et 1807 contre les Français. Après la paix de Tilsitt, il fut employé à l'armée de Moldavie, battit les Turks en plus. rencontres, et prit d'assaut la ville de Babad ; cette campagne lui valut le grade de général de ca- valerie. En 1812, il était à l'armée chargée de s'opposer à l'invasion des Français. Battu plus. fois, et particulièrem. près de Grodno, il fut obligé, avec les débris de l'armée russe, de se retirer précipitamment dans l'intérieur ; mais bientôt la fortune changea avec les élém. Platow, harcelant l'armée française, ajouta beaucoup aux désastres auxquels elle fut en proie, et triompha presque sans combattre. Il eut de nouveaux succès en 1813, à Altenbourg, fit ensuite les campagnes de France, 1814 et 1815, et mourut à Novotscherkask en 1818. Aucun chef n'a eu autant d'autorité que lui sur les Cosaques ; ils avaient pour sa personne un attachement et un respect inviolables ; il est vrai que dans la guerre il les laissait se livrer sans entraves à leur ardeur extrême pour le pillage. Il a paru en 1822, à Pétersbourg, une *Vie de Platow* par Smirnof.

PLAUTE (MARCUS-ACCIUS-PLAUTUS); le véritable père de la comédie latine et le génie le plus éminemment comique que Rome ait possédé, naquit l'an de Rome 527, avant J.-C. 227, à Sarsine, village de l'Ombrie. Auteur de comédies et acteur dans ses propres ouvr., il avait fait, à ce qu'il paraît, une petite fortune en exerçant cette double profession, et il voulut la réaliser. Mais moins heureux en spéculation de commerce qu'en pièces de théâtre, il hasarda et perdit dans des entreprises périlleuses le fruit de ses économies, et fut réduit, si l'on en croit Aulugelle, à se mettre aux gages d'un meunier pour tourner la meule. Il demeura toutefois fidèle à son génie, et ce fut, dit-on, dans l'intervalle que lui laissaient des fonct. si peu faites pour lui, qu'il composa quelq.-unes des pièces qui ont fait et soutenu sa réputation depuis deux mille ans. On lui en attribuait cent trente du temps de Varron ; mais ce grand critique n'en reconnaissait que vingt et une comme authentiques. Vingt sont parvenues jusqu'à nous, parmi lesquelles il faut distinguer l'*Amphytrion*, si heureusement imité et embelli par Molière : l'*Aulularia, ou la Cassette*, qui lui a fourni l'idée prem. et quelq. traits heureux de son *Avare* ; *Mostellaria, ou le Revenant* : c'est l'original du *Retour imprévu* de Regnard, et du *Tambour nocturne* de Destouches ; les *Ménechmes* enfin, dont la fable a été successivement transportée dans toutes les langues et sur tous les théâtres de l'Europe. Plaute, si habilem. imité par les modernes, avait commencé par être imitateur lui-même : Diphile, Démophile, Philémon, Épicharme et Ménandre, lui ont fourni, comme à Térence, le sujet de presque toutes ses pièces, qui ne reproduisent que les intrigues, les mœurs et le costume de la comédie grecque. Elles n'en firent pas moins les délices des Romains de son temps et surtout de la populace ignorante, qu'elles frappaient par des coups de théâtre imprévus, par un dialogue étincelant de verve et de gaîté, et largem. assaisonné de ces pointes, de ces jeux de mots, de ces équivoques grossières, qui ne manquent jamais leur effet sur la multitude. Aussi le siècle plus raffiné d'Auguste et d'Horace s'éleva-t-il avec force contre le mauvais goût qui avait applaudi trop long-temps à des pièces où le bon sens n'était pas plus respecté que les bonnes mœurs. La prem. édit. du Théâtre de Plaute est de 1472, Venise, in-fol. On distingue parmi les édit. des siècles suiv., celles d'Alde, in-fol., 1516 ; de Robert Estienne, avec les *Comment.* de Lambin, 1576. — *Ad usum delphini*, 1669, 2 vol. in-4. — *Cum notis variorum*, Amsterdam, 1684, 2 vol. in-8 ; celle enfin de Brunck, Deux-Ponts, 1788, 3 vol. in-8 : c'est jusqu'ici la meilleure que nous ayons, quoique ce gr. critique fût loin d'être satisfait de son travail, dont il allait donner une nouvelle édit., lorsque la mort l'enleva. Une traduction complète des comédies de Plaute est peut-être ce que la timidité et la modestie de notre langue pouvaient tenter de plus hardi : Mme Dacier en fut épouvantée, et n'osa hasarder que trois pièces : l'*Amphytrion*, l'*Epidicus* et le *Rudens*, 1683. Gueudeville et de Limiers, plus confiants, publièrent la même année 1719, en Hollande, la traduct. complète de notre poète. Le traduct. de Térence, l'abbé Lemonnier, s'était occupé, dit-on, d'une traduct. de Plaute ; mais on n'a rien retrouvé de son travail. M. J.-B. Levée y a suppléé de son mieux, et les 8 prem. vol. du *Théâtre des Latins* renferment une traduct. nouvelle du comique romain, accompagnée d'observat. littéraires, par MM. Amaury et Alexandre Duval. Enfin M. Naudet a donné une *Traduct. complète* de Plaute infinim. supérieure à toutes celles qui ont paru jusqu'ici. Cette traduct., qui fait partie de la *Bibliothèq. lat. franç.* de Panckoucke, a paru de 1831 à 1837, 9 vol., in-8. Chaque vol. est accompagné de notes littér. et grammat. Le premier est précédé d'une excellente *Notice sur la vie* et les ouvr. de Plaute.

PLAUTIEN (FULVIUS-PLAUTIANUS), d'une naissance obscure, devint le favori de l'emper. Sévère, qui le fit en 202 préfet de Rome. Aussi avide qu'orgueilleux, il égala son maître en pouvoir et le surpassa en richesses, acquises par les voies les plus odieuses. Il n'y avait aucune ville qui ne lui payât tribut, et la tyrannie qu'il exerçait serait à peine croyable si l'on n'avait pour l'attester le témoignage de Dion, écrivain contemporain. Il eut une grande part dans les meurtres si fréquemment ordonnés par Sévère, et s'enrichit des dépouilles de ses victimes. Cet homme odieux s'était fait ériger un nombre infini de statues. Il ne voulait point qu'on l'approchât sans permission, et lorsqu'il paraissait dans les rues, on criait de ne pas se trouver sur son passage, de se détourner et de baisser les yeux. Parvenu au faîte du pouvoir, il eut l'adresse de faire épouser sa fille, Plautille, à Antonin Caracalla, fils de Sévère. Ce mariage fut célébré en 203, et Plautille reçut une dot qui aurait suffi, dit-on, pour marier 50 reines; mais ses richesses ne purent faire oublier à son époux qu'il l'avait prise à regret; elle avait d'ailleurs le caractère impérieux de son père, et ce défaut la lui rendit bientôt si odieuse, que Caracalla la menaçait du plus triste sort dès qu'il aurait en main l'autorité. Plautien instruit des desseins de son gendre, conspira contre Sévère et son fils; mais ce complot ayant été découvert, il fut mis à mort, et Plautille envoyée en exil dans l'île de Lipari avec Plautius son frère. Après qu'ils y eurent langui pend. sept années, Caracalla leur fit ôter la vie. Plautille avait eu deux enfants : un fils mort en bas âge, et une fille qui la suivit dans son exil, et que Caracalla eut l'atrocité de faire poignarder avec sa mère. On a des médailles de Fulvia-Plautilla en toutes sortes de métaux. Les plus rares sont celles en gr. bronze de coin romain.

PLAVILSCHTSCHIKOF (PIERRE-ALEKSEÏEVITSCH), auteur dramatique, né à Moscou en 1760, joua la comédie et la tragédie avec le plus grand succès au théâtre de la cour à Pétersbourg, passa à celui de Moscou en 1793, fut admis en 1811, dans la *Société des amateurs de la littérature russe*, et périt, en 1812, comme il fuyait au moment où sa ville natale était la proie des flammes. On a de lui 5 *trag.*, 5 *comédies*, 2 *drames*, des *poésies lyriques*, des *discours* en prose, etc. Ces écrits, généralem. estimés, ont été insérés dans les feuilles littéraires, et imprimés séparément.

PLAYFAIR (JOHN), mathémat. et géologue, né en 1749 au village de Benvie, en Écosse, était fils d'un ministre auq. il succéda dans sa cure, et partagea son temps entre les devoirs de sa place et la culture des sciences. L'un des prem. membres de la société royale d'Édimbourg, en 1784, il en devint secrétaire; et pourvu d'une chaire de mathématique à l'université, il mourut en 1819, il était rédacteur de l'*Edinburgh Review*. On a de lui : *Éléments de géométrie*, 1796. — *Éclaircissem. sur la théorie de la terre par Hutton*, 1812, in-8. — *Esquisse de philosophie naturelle* (Outlines of natural philosophy), 1812, in-8. — *Système complet de géographie, ancienne et moderne*, 5 vol. in-4, dont le prem. parut en 1815. On a publ. à Édimbourg, en 1822, 2 vol. de ses *OEuvres; la collect.* doit former 4 vol.

PLÉE (AUGUSTE), ancien chef de division à la secrétairerie des conseils du roi, mort en 1825 au Fort-Royal, à la Martinique, avait été envoyé en 1819 comme voyageur naturaliste dans l'Amérique du Sud. Le muséum d'histoire naturelle de Paris a été enrichi par ses soins de plusieurs collect. On cite de lui : *Herborisat. artificielles aux environs de Paris*, 1811-14, 18 livraisons in-8, fig. (avec

Fr. Plée). — *Le jeune botaniste, ou Entretiens d'un père avec son fils sur la botaniq. et la physiologie végétale*, etc., 1812, 2 vol. in-12.

PLÉLO (LOUIS-ROBERT-HIPPOLYTE de BREHAN, comte de), diplomate, né en 1699, d'une ancienne famille de Bretagne, était ambassadeur de France en Danemarck, lorsque Stanislas fut élu pour la seconde fois roi de Pologne en 1733. Ce prince se retrancha dans Dantzig, où une armée russe vint l'assiéger. Le comte de Plélo osa, avec 1,500 Français, attaquer 30,000 Russes, et força trois de leurs retranchements; mais, accablé par le nombre, il fut percé de mille coups, le 27 mai 1734, et les braves qu'il commandait furent prisonniers. Aux sentiments d'un héros, Plélo joignait le goût des lettres et de la philosophie. Il faisait avec méthode des recherches savantes et des observations astronomiques (*v.* le *Rec.* de l'acad. des sciences). Il cultivait même la poésie avec succès. On a de lui des pièces légères, pleines de délicatesse et de naïveté. La plus connue est une idylle intitulée *la Manière de prendre les oiseaux*, insérée dans le *Portefeuille d'un homme de goût*.

PLEMP ou **PLEMPÉIUS** (VOPISCUS-FORTUNATUS), né à Amsterdam en 1601, mort à Louvain en 1671, occupe une place distinguée parmi les médec. de son temps. L'archiduchesse Isabelle-Claire-Eugénie, gouvernante des Pays-Bas, le fit nommer professeur de médecine à Louvain, et il honora par ses talents et par ses écrits la chaire confiée à ses soins. On a de lui : *Ophtalmographia, sive de oculi fabricâ*, Amsterdam, 1632, in-4; réimpr. avec ses *Medicinæ fundamenta*, Louvain, 1659, in-fol. — *De affectibus capillorum et unguium*, 1662, in-4. — *De togatorum valetudine tuendâ*, 1670, in-4. — *Loimographia, sive Tractatus de peste*, Amsterdam, 1664, in-4. — *Antimus Coningius peruviani pulveris defensor, repulsus à Melippo Protymo*, Louvain, 1655, in-8.

PLESCHTSCHEIEF (SERGE-IVANOVITSH), conseill. privé de Russie, né à Moscou en 1752, mort à Montpellier en 1802, après avoir servi dans la marine et rempli diverses missions diplomatiq., est auteur du *Coup-d'œil sur l'état et l'organisat. actuels de la Russie*, 1790. C'est le premier ouvrage complet qui ait été publié sur ce vaste empire. On lui doit encore : *Notes journalières d'un voyage de l'île de Paros, en Syrie, pend. l'année 1772, 1775.*

PLESSIS-RICHELIEU (FRANÇOIS Du), père du célèbre cardinal, signala sa valeur à la bataille de Montcontour, et fut chargé de plusieurs missions importantes sous Henri III, qui, lui accordant une confiance particulière, lui donna la charge de gr. prevôt, et le fit chevalier de ses ordres en 1586. Honoré aussi de l'estime de Henri IV, Du Pessis venait d'être nommé capitaine des gardes, lorsqu'il mourut, pend. le siége de Paris, en 1590, à l'âge de 42 ans.

PLEUVRI (JACQ.-OLIVIER), littérat., né en 1707 au Hâvre, embrassa l'état ecclésiastique, vint à Paris, où il cultiva les lettres sans négliger les devoirs de son état, et mourut dans cette ville en

1788. Outre des discours, des sermons et des panégyriques qui sont oubliés, on a de lui : *Histoire, antiquités et description de la ville et du port du Hâvre-de-Grâce*, 1765; 2ᵉ édit., 1769, in-12. — *Tables chronologiques des principales époques et des plus mémorables événements de l'hist. universelle*, etc., 1787, in-24.

PLÉVILLE-LE-PELLEY (GEORGE-RENÉ), ministre de la marine, né à Granville en 1726, montra dès sa plus tendre jeunesse un penchant irrésistible vers la carrière de la marine. A l'âge de 12 ans, il quitta en secret la maison paternelle, s'embarqua comme mousse sous le nom de *Duvivier*, et bientôt illustra ce nom par des prodiges de valeur. Il était à peine âgé de vingt ans, lorsqu'il eut la jambe emportée par un boulet anglais; mais, dans plusieurs autres affaires, les boulets ennemis ne purent fracasser que sa jambe de bois. Nommé successivem, lieuten. de frégate, capitaine de brûlot et lieuten. de port, il servait en cette qualité à Marseille à la fin de 1770, lorsque la frégate anglaise *l'Alarme*, commandée par le capitaine Jervis (depuis lord Saint-Vincent), fut jetée par la tempête, au milieu d'une nuit obscure, dans la baie de ce port. Ce bâtiment, se trouvant affalé sur la côte, courait le danger de se briser sur les nombreux rochers dont elle est semée. Pléville, informé de sa détresse, et ne consultant que son humanité et son courage, se rend au fort St-Jean, se passe autour du corps un cordage assez fort pour le tenir suspendu, saisit le bout d'un câble qu'il avait eu la précaution de faire amarrer fortement à terre, et, se laissant descendre du haut des rochers jusqu'à la mer en fureur, il réussit à aborder la frégate, et la fait entrer dans le port au moyen des manœuvres qu'il ordonne. L'amirauté anglaise lui témoigna son admiration et sa reconnaissance par un présent magnifique, et, en 1778, le fils de cet intrépide marin ayant été fait prisonn. par les Anglais, elle donna des ordres pour qu'il fût renvoyé en France, et il eut la faculté d'emmener avec lui plusieurs de ses camarades. Dans cette même année, Pléville reçut l'ordre de se rendre à Toulon, où il fut embarqué comme lieutenant sur *le Languedoc*. Il fit toute la guerre d'Amérique, reçut en récompense de ses services l'ordre de Cincinnatus, et, de retour en France, fut nommé capitaine de vaisseau. Appelé en 1794 à faire partie des comités de la marine et du commerce, il devint chef de division au ministère de la marine, fut envoyé en 1797, comme ministre plénipotentiaire, au congrès de Lille, et fut nommé pendant sa mission ministre de la marine, en remplacement de Truguet. Pléville montra le plus noble désintéressement dans l'exercice de ses nouvelles fonctions, et eut beaucoup de peine à faire accepter sa démission, lorsque sa santé le força de se retirer. Il avait été créé vice-amiral en 1798; il fut fait sénateur en 1799, et peu après grand-officier de la Légion-d'Honneur. Mais il ne jouit pas long-temps de ces distinctions. Une maladie de quelq. jours l'enleva en 1805, à l'âge de près de 80 ans.

PLEYEL (IGNACE), facteur de pianos et compositeur, né en 1757 à Rupperstahl, près de Vienne, était le 24ᵉ enfant du maître d'école du lieu, et coûta la vie à sa mère, demoiselle d'une haute naissance, que ce mariage disproportionné avait fait déshériter de ses parents. Son père se remaria et eut 14 autres enfants. Jeune encore, Pleyel se distingua sur le piano, et devint l'un des prem. élèves de Haydn. Après avoir voyagé en Italie, il accepta les fonct. de maître de chapelle de la cathédrale de Strasbourg, et ce fut alors qu'il composa la plupart de ses *OEuvres*. Il vint à Paris en 1795, et le succès de ses composit. l'engagea à se faire édit. de musique, et bientôt après facteur de pianos. Ses établissem. eurent une gr. prospérité. Il mourut en 1833.

PLINE (CAÏUS-PLINIUS-SECUNDUS), dit *l'Ancien*, naquit la 9ᵉ année du règne de Tibère, et la 23ᵉ de l'ère vulgaire, à Vérone, selon quelques écrivains, ou à Côme, selon quelques autres. Ce qui est certain, c'est que la famille *Plinia* était établie dans cette dernière ville, qu'elle y possédait de grands biens, et que l'on y a découvert des inscript. relatives à plusieurs de ses membres. Pline se distingua d'abord dans la profession des armes. Admis dans le collège des augures, il fut ensuite envoyé comme gouvern. en Espagne, puis chargé du commandem. de la flotte de Misène, il mérita l'amitié de Vespasien et de Titus, qui lui confièrent souv. des affaires importantes. Malgré le temps que lui dérobaient ses emplois et les fatigues de la vie militaire, Pline en trouvait encore pour se livrer à l'étude. Il ne perdait ni celui des repas, ni celui des voyages. On lisait à sa table; et, dans ses voy., il avait toujours dans sa litière son livre, ses tablettes et son copiste; car il ne lisait rien dont il ne fît des extraits. Les fruits d'une vie si constamment occupée ne pouvaient manquer d'être nombreux. Pline fut un des écrivains les plus féconds de l'ancienne Rome. Malheureusem. son *Histoire naturelle*, en XXXVII liv., est le seul de ses ouvr. qui soit arrivé jusqu'à nous; mais celui-là embrasse tout l'ensemble des connaiss. humaines. C'est l'hist. du monde, c'est un tableau habilement tracé du savoir des anciens, presq. en tous genres; et si ce livre étonn. fait regretter les autres écrits de Pline, il en console du moins par son universalité. Les circonstances de la mort de ce gr. écriv. ajoutent encore à l'intérêt qu'il inspire. Il commandait la flotte de Misène lors de l'embrasement du Mont-Vésuve, arrivé l'an 79 de J.-C. Ayant voulu s'approcher de cette montagne pour observer ce terrible phénomène, il fut étouffé par une fumée brûlante et sulfureuse. Il n'était alors âgé que de 56 ans. Pline-le-Jeune, son neveu, a raconté les circonstances de sa mort et de cet embrasement dans la 26ᵉ lettre de son 6ᵉ livre, adressée à Tacite. Les livres perdus de Pline étaient la plupart historiques ou relatifs à l'art oratoire. On en peut voir l'énumérat. dans une lettre de Pline-le-Jeune à Marcus (*III*, 5). Il laissa en outre 160 vol. de notes et d'extr., dont un nommé Larcius Licinius lui avait offert 400,000 sesterces, avant que ce recueil fût aussi complet. L'*Hist. natur.* de Pline, qui fut pend. bien des siècles la princip. et même la seule source où l'on puisât quelques notions sur cette science, a eu un très grand nombre d'édit. Les plus estim. sont celles du P. Hardouin, 1723, 3 vol. in-fol., et de l'abbé Brotier, 1779, 6 vol. in-12, réimpression de celle qu'il avait donnée *ad usum delphini*, 1685, 5 vol. in-4 ; les édit. d'Elzevir, 1634, 3 vol. in-12; *cum notis varior.*, Leyde, 1669, 3 vol. in-8; de Théodore Gronovius, Leyde, 1778, in-8, ont aussi leurs partisans; celles de Venise, 1469 et 1472, et de Rome, 1470 et 1473, sont plus recherchées pour leur rareté que pour leur bonté. L'édit. la plus récente a été donnée, 1827-28, par M. Alexandre, dans la *Collect. des classiques* de Lemaire. L'ancienne trad. de Dupinet a long-temps été la seule en franç. Poinsinet de Sivry en a donné une, Paris, 1771-82, 12 vol. in-4, qui était loin de satisfaire les savants; mais la nouvelle traduction par M. Ajasson de Grandsagne, 1829-33, 20 vol. in-8, avec des notes de Cuvier et autres natural., a mérité les suffrages des juges les plus éclairés. Elle fait partie de la *Biblioth. latine-française* de Panckoucke, mais se vend détachée. C.-B. Gueroult a trad. avec autant de fidélité que d'élégance des *Morceaux choisis de l'hist. natur.* de Pline, Paris, 1809, 2 vol. in-8, et les *Livres sur les animaux*, avec le texte en regard, Paris, 1802, 3 vol. in-8. David Durand a fait imprimer l'*Hist. de l'or et de l'argent*, extraite de Pline, Londres, 1725, in-fol. Étienne Falconet a donné une traduct. des 34e, 35e et 36e livres de Pline, La Haye, 1775, 2 vol. in-8.

PLINE-LE-JEUNE (Caïus-Cæcilius-Plinius - Secundus), neveu et fils adoptif du précédent, naquit à Côme l'an de J.-C. 61 ou 62. Disciple de Quintilien, il eut des succès au barreau dès l'âge de 19 ans, s'éleva par son mérite aux premières charges sous l'empire de Trajan, et devint consul l'an 100 de J.-C. C'est pendant son consulat qu'il prononça dans le sénat le panégyrique de son bienfaiteur. Quelque temps après il fut envoyé dans le Pont et dans la Bithynie en qualité de proconsul. Il gouverna ces provinces avec douceur, diminua les impôts, rétablit la justice, et fit régner le bon ordre. Il mourut l'an 115, emportant les regrets de ses contempor., qui n'estimaient pas moins ses vertus qu'ils admiraient ses talents. Les plaidoyers de Pline-le-Jeune ne sont pas venus jusqu'à nous, non plus qu'une histoire de son temps, qu'on doit encore plus regretter. Il ne nous reste de lui que ses *Lettres* et son *Panégyrique de Trajan*, trad. par Sacy. Cette trad. souvent réimpr. a été retouchée par M. Pienot dans l'édit. de 1828-33, 3 vol. in-8, qui fait partie de la *Biblioth. latine* de Panckouke. L'édit. *princeps* des *Lettres* de Pline est de Venise, 1471, in-fol.; et la prem. complète, celle des Aldes, 1508, in-8. Nous citerons, parmi les meilleures, celles d'Elzevir, 1640, in-12; — *Variorum*, 1669, in-8; Oxford, 1703; Amsterd., 1754; Nuremberg, 1746, in-4.

PLOT (Robert), naturaliste né en 1640, mort en 1696, fut le premier qui s'occupa de l'histoire naturelle de l'Angleterre. On a de lui : *Hist. naturelle des comtés d'Oxford et Stafford ;* la 1re partie, 1677, in-fol., fut réimpr. en 1705, avec des *addit.* et *correct.*, par John Burman, son fils adoptif; la seconde fut publiée en 1686. — *De origine fontium tentamen philos.*, 1685, in-8. — *Notice sur quelques antiquités de Kent*, 1714, et plusieurs *Mémoires* dans les *Transact. philosophiq.* D'abord conservateur du musée d'Absmoh, qu'il enrichit d'un grand nombre d'échantillons, Plot fut nommé profess. de philosophie à Oxford en 1683; s'étant démis de sa chaire, trois ans après il fut créé historiogr. par Jacques II, et, lors de l'expulsion de ce prince, hérault d'armes et archiviste de la cour d'honneur.

PLOTIN, philosophe platonicien, né à Lycopolis, en Égypte, l'an 205 de l'ère vulgaire, suivit les leçons d'Ammonius-Saccas à Alexandrie, et résolut ensuite d'aller s'instruire en Orient. Lorsque l'emper. Gordien allait faire la guerre aux Perses en 243, Plotin suivit l'armée; mais cette expédit. ayant échoué, il courut les plus grands dangers. Il avait alors 39 ans. L'année suiv. il ouvrit une école à Rome, et sa doctrine inspira bientôt un tel enthousiasme qu'il se fit des disciples jusqu'au milieu du sénat. L'empereur Gallien et l'impératrice Salonine lui accordèrent une considération distinguée. Il passait pour si habile et à la fois si vertueux que les mourants lui confiaient, dit-on, leurs biens et leurs familles, comme à une espèce d'ange gardien. Plotin mourut dans la Campanie l'an 270. Ses écrits réunis forment 54 livres, divisés en 6 *Ennéades*. Il composa les 21 prem. dans la 49e année de son âge. Porphyre étant devenu son disciple un an après ; il en composa pour lui 24 autres, et depuis il écrivit les 9 derniers. Marsile Ficin donna à Florence, en 1492, in-fol., une *traduct.* latine de Plotin, avec des *sommaires* et des *analyses* sur chaque livre. Cette *version* fut imprimée à Bâle en 1559, et avec le *texte* grec en 1580.

PLOTINE (Plotina-Pompéia), femme de l'emper. Trajan, est l'une des princesses les plus parfaites qui aient occupé le trône des césars. Elle contribua beaucoup à la suppression des abus et à la diminut. des impôts. Sa sagesse et sa modestie lui gagnaient tous les cœurs. Elle accompagnait son époux en Orient, lorsque ce prince mourut à Sélinunte l'an 117, et elle apporta ses cendres à Rome, où elle revint avec Adrien, dont elle avait préparé l'élévation en le faisant adopter par Trajan. Le nouvel empereur conserva toujours pour Plotine la plus tendre reconnaissance, et il la fit mettre au rang des dieux après sa mort, que Tillemont place à l'an 129.

PLOUCQUET (Godefroi), né en 1716 à Stuttgard, mort en 1790, fut appelé en 1750 à la chaire de logique et de métaphysique à Tubingue, où il enseigna encore la philosophie et l'économie politique. Non-seulement il avait profondém. étudié les anciens, mais il avait beaucoup puisé dans les

OEuvres de Leibnitz, Malebranche, Locke et Descartes, et il combattit divers philosophes de l'école moderne. Outre un très gr. nombre de *Dissertat.*, il a publié : *Fundamenta philosophiæ speculativæ*, 1759. — *Methodus calculandi in logicis*, 1763. — *Institutiones philosophiæ theoreticæ*, 1772, réimprimées sous ce titre : *Expositiones philos. theor.*, Stuttgard, 1782.—*Elementa philosophiæ contemplativæ, sive de scientiâ ratiocidandi*, etc., 1778. — *Commentationes philosoph. selectiores, anteà seorsim editæ*, 1781, in-4. — *Variæ quæstiones metaphysicæ*, 1782, in-4.

PLOWDEN (FRANÇ.), fils d'une dame d'honneur de la reine d'Angleterre, femme de Jacques II, fut placé au séminaire des Anglais à Paris, et y reçut les ordres. Mais, plutôt que de signer le formulaire, il renonça aux dignités de l'Église, et même au cardinalat que le prétendant lui réservait. Après un séjour de trois ans en Angleterre, il revint à Paris, et entra chez les doctrinaires de la maison de St-Charles, où il mourut en 1788. On a de lui : *Traité du sacrifice de J.-C.*, Paris, 1778, 3 vol. in-8. Quelques passages de cet ouvrage excitèrent des divisions entre les appelants, et donnèrent lieu à plusieurs écrits, pour et contre : *Élévations sur la vie et les mystères de J.-C.*, œuvre posthume, Paris, 1804, 2 vol. in-12.

PLOWDEN (FRANÇ.), historien et publiciste irlandais, mort en 1829 à Paris, où il demeurait depuis long-temps, fut élevé au collège anglais de St-Omer. Lorsque les lois anglaises s'adoucirent en faveur des catholiques au point de leur permettre l'entrée du barreau, il fut un des premiers qui usèrent de cette liberté. Il se distingua bientôt comme jurisconsulte par ses profondes connaissances; mais la chaleur avec laquelle il défendit la cause des Irlandais lui attira tant de désagrém., qu'il prit le parti de se retirer en France. Il doit sa réputat. principalem. à son *Histoire*, ou plutôt à ses *Histoires de l'Irlande;* car il a écrit trois fois l'hist. de sa patrie. Ses autres écrits roulent sur la politique, l'économie publique et le droit. Tels sont le *Traité de l'Église et de l'état, Jura Anglorum*, le *Traité sur les dîmes*. L'université d'Oxford avait conféré à Plowden le titre de docteur ès-lois.

PLUCHE (NOEL-ANTOINE), écrivain laborieux, né à Reims en 1688, fut nommé profess. d'humanités au collége de cette ville, et ne tarda pas à passer dans la chaire de rhétorique. Il venait d'être admis dans l'état ecclésiast., lorsque l'évèque de Laon lui offrit la direction de son collége. L'abbé Pluche accepta; mais, dénoncé comme janséniste, il fut contraint de quitter son emploi. L'intend. de Normandie (Gasville) lui confia l'éducat. de son fils, à la recommandat. de Rollin; lorsqu'elle fut terminée il vint à Paris où il donna quelque temps des leçons; mais il renonça à l'enseignem. pour travailler à l'ouvrage qui devait faire et qui fit sa réputation. Il mourut à Varenne-St-Maur en 1761. On a de lui : le *Spectacle de la nature, ou Entretiens sur l'histoire naturelle et les sciences*, Paris, 1732, 8 tom. en 9 vol. in-12 : réimpr. plus. fois et

traduit en plus. langues. Jauffret en a donné une édit. abrégée en 1803, 8 vol. in-18; le marquis de Puységur en avait publié l'*Analyse* et l'*Abrégé*, 1772 ou 1786, in-12. — *Hist. du Ciel*, considérée selon les idées des poètes, des philosophes et de Moïse, 1739, 2 vol. in-12, trad. en anglais et en allemand.—*La mécanique des langues et l'art de les enseigner*, 1751, in-12, trad. en latin par l'aut. sous ce titre : *De linguarum artificio et doctrinâ*, in-12. — *Harmonie des psaumes et de l'Évangile, ou Traduction des psaumes et des cantiques de l'Église, avec des notes relatives à la Vulgate, aux septante et au texte hébreu*, 1764, in-12. — *Concorde de la géographie des différents âges*, 1765, in-12, avec cartes, le portrait de l'auteur et son *Éloge historique*, par Robert Estienne.

PLUKENET (LÉONARD), botaniste anglais, né en 1642, mort vers 1710, s'était ménagé des correspondances dans toutes les parties du monde pour obtenir des plantes nouvelles. Ce ne fut que vers la fin de sa carrière qu'il obtint la surintendance du jardin d'Hamptoncourt, et le titre de profess. royal de botanique. On a de lui : *Phytographia, seu plantarum icones*, Londres, 1691, 1692 et 1696, 3 vol. in-fol., avec 328 pl. — *Almagestum botanicum, sive phytographiæ onomasticon*, 1696, petit in-fol. — *Almagesti botanici mantissa,' plantas novissimè detectas complectens*, 1700, pl. 329 à 350, petit in-fol.—*Amaltheum botanicum, id est, stirpium indicarum alterum cornucopiæ*, 1705, planches 351 à 454. Ces ouvr. réunis contiennent environ 2,748 fig. toutes gravées aux frais de l'auteur. Son *herbier*, composé de 8,000 plantes, est au musée britannique. Tous ces ouvr. réunis ont été réimpr. avec des addit. en 1769, 6 t. en 4 vol. Le P. Plumier a donné le nom de *Plukenet* à une plante originaire des deux Indes.

PLUMIER (CHARLES), minime, né à Marseille en 1646, étudia d'abord les mathématiq. à Toulouse sous le P. Maignan, son confrère, et s'adonna ensuite à la botanique, qui devint son occupat. spéciale. Louis XIV, instruit de son mérite, l'envoya en Amérique pour y recueillir les plantes les plus utiles à la médecine. Il y fit trois voyages, dont il rapporta chaque fois de nouvelles richesses, et reçut en récompense le titre de botaniste du roi, avec une pension qui s'accrut à proportion de ses services. Il retournait une quatrième fois en Amérique, à la sollicitation de Fagon, pour examiner l'arbre qui produit le quinquina, lorsqu'il mourut au port Ste-Marie, près de Cadix, en 1706. On a de lui : *Description des plantes de l'Amérique*, Paris, 1693, in-fol., 108 pl. — *Traité des fougères de l'Amérique*, latin-français, Paris, 1705, in-fol., 172 pl. —*Nova plantarum americanarum genera*, Paris, 1703, in-4. — Deux *dissertat.* sur la cochenille, dans le *Journal des savants*, 1694, et dans les *Mémoires de Trévoux*, 1705. — *L'art de tourner ou de faire en perfection toutes sortes d'ouvr. au tour*, Lyon, 1701, in-fol., avec 80 pl.; 2e édit., augmentée d'une 2e partie, Paris, 1749; et un gr. nombre d'ouvr. MSs. sur différ. branches de l'histoire naturelle, ainsi que des dessins non publiés. Tournefort a consacré au P. Plumier le genre *plumeria* (le *frangipanier*), de la classe des *apocynées*.

PLUNKETT (Olivier), primat d'Irlande, né dans le comté de Meath en 1629, termina ses études à Rome, où le pape lui confia une chaire de théologie. Nommé archevêque d'Armagh en 1669, son retour dans sa patrie fut célébré par de nombreux témoignages d'enthousiasme. Le zèle avec lequel il remplissait ses fonct. le rendit suspect aux protestants. Accusé de conspirat., il fut condamné, sans aucune preuve, à perdre la vie sur un échafaud. Cet arrêt fut exécuté le 10 juillet 1681 : il avait alors 65 ans. La mémoire de ce prélat fut réhabilitée dans la suite et ses accusateurs punis du dernier supplice. On a de lui des *Mandem. et instructions pastorales*, 1686, 2 vol. in-4.

PLUQUET (François-André-Adrien), sav. et judicieux écrivain, né à Bayeux en 1716, embrassa l'état ecclésiastique, et prit ses grades dans l'univ. de Paris ; il fit ensuite quelques éducat., et se lia particulièrement avec Fontenelle, Montesquieu, Helvétius, et plusieurs auteurs savants et littérat. distingués. Nommé professeur de philosophie morale au collége de France en 1776, il se démit de sa chaire en 1782, et mourut à Paris, d'apoplexie, en 1790. On a de lui : *Examen du fatalisme*, 1757, 3 vol. in-12. — *Mém. pour servir à l'histoire des égarem. de l'esprit humain*, 1762, 2 vol. in-8. Cet ouvr., plus connu sous le nom de *Dictionn. des hérésies*, a été réimpr. à Besançon en 1818, 2 vol. in-8, avec des addit. de l'abbé Filsjean. — *Traité de la sociabilité*, 1767, 2 vol. in-12. — *Livres classiques de la Chine, recueillis par le P. Noël*, précédés d'observations sur l'origine, la nature et les effets de la philosophie morale et politique de cet empire, trad. du latin, 1784-86, 7 vol. in-8. — *Essai philosophique et politique sur le luxe*, 1786, 2 vol. in-12. — *De la superstition et de l'enthousiasme*, ouvr. posthume, publié par Ricard, 1804, in-12. Il a laissé quelq. autres ouvr. MSs. — Jean-Jacq.-Adrien Pluquet, son frère, né à Bayeux en 1720, mort dans cette ville en 1807, y avait exercé la médecine avec distinction pend. 60 ans. Il a laissé MSs. 42 vol. in-8 d'*Observations*.

PLUTARQUE, célèbre philosophe et historien, était né à Chéronée, dans la Béotie, d'une famille honorable, où le goût de l'étude et des lettres était héréditaire. On ignore l'année précise de sa naissance ; mais il nous apprend lui-même qu'il suivait à Delphes les leçons d'Ammonius, au temps du voyage de Néron dans la Grèce, ce qui se rapporte à l'an 66, il pouvait avoir alors 17 ou 18 ans ; ainsi l'on peut conjecturer qu'il vit le jour 5 ou 6 ans avant la mort de l'empereur Claude, vers le milieu du prem. siècle. Il paraît que ses talents éclatèrent de très bonne heure, car fort jeune encore il fut employé par ses concitoyens dans des négociations importantes. Il alla ensuite à Rome, où il donna des leçons de philosophie, et il acquit une si gr. célébrité, qu'il comptait au nombre de ses auditeurs les personnages les plus illustres. Les savants ont pensé que Plutarque fit plus. fois le voyage de Rome, mais qu'aucun de ces voyages n'eut lieu depuis le règne de Domitien, car il paraît qu'il se retira dans sa patrie vers l'âge de 44 ou 45 ans, et qu'il y resta dès-lors sans interruption pour faire jouir ses concitoyens de la gloire attachée à son nom, et leur donner l'exemple de toutes les vertus qu'il mettait en pratique. Il fut nommé archonte, c'est-à-dire premier magistrat : il avait exercé auparavant des charges inférieures, avec le même zèle qu'il montra dans les plus importantes. Un emploi qu'il paraît avoir rempli pendant de longues années, c'est la dignité de prêtre d'Apollon. Il fut attaché au temple de Delphes. L'époque précise de sa mort ne nous est pas plus connue que celle de sa naissance ; mais plusieurs de ses écrits font présumer qu'il parvint à une vieillesse assez avancée. Nous avons de lui les *Vies des hommes illustres* et des *Traités de morale*, dont les meilleures éditions, grecq. et lat., sont celles de H. Estienne, 1572, 13 vol. in-8, et de Maussac, 1654, 2 vol. in-fol. Les *Vies* ont été réimprimées, Londres, 1729, 5 vol. in-4. La collection de ses œuvres a été donnée à Leipsig en 12 vol. in-8, avec des *Notes*. Nous avons quatre traduct. des *Vies*, par Amyot, Tallemand, Dacier et Ricard. Une des meilleures édit. des *OEuvres* de Plutarque, trad. d'Aragot, est celle qu'a donnée Clavier, Paris, 1801, 1806, 25 vol. in-8. Les *Vies des hommes illustres*, trad. par Ricard, ont été réimprimées en un seul vol. in-8, Paris, 1826, 1827. M. Dubois en publie une magnifique édit. gr. in-4 avec fig., annoncée en 15 vol., dont il en a déjà paru 12.

FIN DU TOME QUATRIÈME.

— BESANÇON, IMPRIMERIE DE CH. DEIS. —